保荐代表人胜任能力考试辅导教材

投资银行业务（第二版）

上册·法律法规一

朱保丛　编著

中国金融出版社

责任编辑：石　坚
责任校对：潘　洁
责任印制：陈晓川

图书在版编目（CIP）数据

投资银行业务（Touzi Yinhang Yewu）：第二版/朱保丛编著 . —北京：中国金融
出版社，2017.5
保荐代表人胜任能力考试辅导教材
ISBN 978 – 7 – 5049 – 8942 – 0

Ⅰ. ①投…　Ⅱ. ①朱…　Ⅲ. ①投资银行—银行业务—资格考试—自学参考资料
Ⅳ. ①F830. 33

中国版本图书馆 CIP 数据核字（2017）第 055765 号

出版
发行　中国金融出版社

社址　北京市丰台区益泽路 2 号
市场开发部　（010）63266347，63805472，63439533（传真）
网 上 书 店　http：//www. chinafph. com　（010）63286832，63365686（传真）
读者服务部　（010）66070833，62568380
邮编　100071
经销　新华书店
印刷　北京市松源印刷有限公司
尺寸　210 毫米×285 毫米
印张　86. 25
字数　1318 千
版次　2017 年 5 月第 2 版
印次　2017 年 5 月第 1 次印刷
定价　360. 00 元（上、中、下册）
ISBN 978 – 7 – 5049 – 8942 – 0
如出现印装错误本社负责调换　联系电话　（010）63263947

本书编委会

主编：朱保丛

成员：王　佳　李守法
　　　李续征　周福齐
　　　赵清杰

作者简介

朱保丛（笔名"热爱投行"），中国科学技术大学硕士研究生，中国注册会计师，高分通过保荐代表人胜任能力考试，近几年来一直致力于对保荐代表人胜任能力考试的研究，并联合多名资深高分通过的保荐代表人共同创建了我爱投行网。

我爱投行网简介

我爱投行网专注于证券业资格考试辅导，以保荐代表人胜任能力考试辅导为核心，网站课程包括在线题库与视频精讲。朱保丛老师是保荐代表人胜任能力考试辅导的资深讲师，其授课风格深入浅出、诙谐幽默，对诸多知识点采用形象的方法进行总结归纳，方便学员记忆，易使学员抓住要领并掌握考点，其辅导的学员考试通过率是自然通过率的3倍以上。

编写说明

　　一、凡购买此正版教材的读者，凭正规机打购书发票可享受我爱投行网保荐代表人胜任能力考试辅导课程 7 折优惠，具体适用课程请咨询我爱投行网。

　　二、我爱投行网将会在第一时间根据考纲变化的内容以及需要更新的法律法规，提供增补内容电子版供读者免费下载。为了保障购买正版教材读者的权益，我们将会采取一定的验证措施，仅对购买正版教材的读者提供上述免费下载内容。

　　三、我爱投行网联系方式

网址：www. 52touhang. com

邮箱：www. 52touhang@ vip. 126. com

全国免费热线：400 – 168 – 9982

QQ：858585359

官方微信：

前　　言

保荐代表人胜任能力考试自 2004 年首次开考以来至今已有 13 个年头。考试要求掌握的知识面宽，包括证券、财务、法律等诸多方面的专业知识，考点比较分散，考试难度之大已为众多考生所熟知。究其原因，除了因为考试内容所涉及的专业知识本身难度较大以外，考生在复习时没有系统的教材进行学习和专门配套的习题进行练习也是重要的因素，众多考生在复习时感到漫无边际、无从下手，没有系统教材以及无题可做成为长期困扰保荐代表人胜任能力考试考生的两大问题。

鉴于此，我爱投行网应广大考生之需，严格按照中国证券业协会公布的最新考试大纲的要求精心编写了《保荐代表人胜任能力考试辅导教材——投资银行业务》，并于 2016 年 1 月由中国金融出版社首次出版。教材得到了市场的广泛认可和一致好评，为了能够更好地满足读者需求，我们在保留上一版教材结构严谨、知识点清晰等优点的前提下，对其进行全面升级改版，新版教材相对于上一版教材而言具有以下特点：

一、内容全面扩充，达到大纲要求的 100％覆盖，不留死角

在 2015 年新考试制度以前，保荐代表人胜任能力考试有一个非常重要的特点是核心考点高频率出现、集中度高，很多考纲要求的内容从未涉及。因此，在编写上一版教材时，对于从未涉及的考纲内容，本着重要性原则，大多采取省略处理的方式。而在 2016 年的四次考试中，诸多考题突破了这一规律，虽保留了核心考点高频率出现的特点，但集中度大大降低，这就出现了以前很少考核的知识点分别交叉于不同考次中偶有考核的问题。为了能够全面覆盖考纲要求，新版教材对上一版教材进行全面扩充，大纲要求掌握的每一个知识点均辅以真题或模拟题予以说明，真正做到 100％覆盖，不留死角。

二、篇幅结构适当调整，分类明晰，便于系统学习与记忆

保荐代表人胜任能力考试大纲共七章内容，其中第二章为篇幅较大且较为独立的财务分析，其余各章均为法律法规方面的内容。上一版教材完全按照大纲七章的

先后顺序编排，第一章、第二章内容编为上册，第三章至第七章编为下册，这样就出现了上册教材法律法规与财务混编的情况，不太利于考生的分类学习。新版教材在不改变大纲具体要求的情况下，对整个教材的架构与篇幅进行合理调整，调整后的教材分为两大部分：第一部分为法律法规，第二部分为财务分析。财务分析单独成册，主要包括会计、财务管理、审计、税法、资产评估等内容；法律法规根据考试需要增加了一章以《中华人民共和国公司法》《中华人民共和国证券法》的规定为主要内容的基本法规，其余各章仍为原大纲的内容，保持不变，调整后的法律法规共七章内容，分别为基本法规、保荐业务监管、股本融资、债务融资、定价销售、财务顾问与持续督导。

三、涉及的法律法规均更新至截稿日

保荐代表人胜任能力考试涉及的法律法规更新较快，新版教材对于大纲内容所涉及的法律法规均更新至截稿日，包括《上市公司非公开发行股票实施细则》最新修订的内容以及《发行监管问答——关于引导规范上市公司融资行为的监管要求》的内容等已完整更新。对于截稿日后，如有涉及考纲要求更新的法律法规，我爱投行网会实时将更新的内容以电子版的形式发布于官网。

四、科学筛选、收录真题，精心编排模拟题，所有题目当前均为有效状态

新版教材收录的真题与模拟题相对于上一版而言，有如下变化：

首先，增加了真题、模拟题的收录量。新版教材对新考试制度以来的2015年3次考试以及2016年4次考试中90%以上的真题，根据知识点要求还原编入教材，并对每个重要的知识点辅以模拟题形式编入，真正达到全面覆盖。

其次，对有些不适用的真题予以删除或改编，使收录教材的题目均为有效状态。随着一些法规的更新，以往部分真题已经完全无效，新版教材予以删除，不再收录。部分真题的题干、题支无效，如果仍然原封不动地放入教材中，则可能会误导读者，如果全部予以删除，则会遗漏考点。新版教材对此类真题按照最新法规要求进行改编，同时对原题的表述予以注明，这样在保留原考点的同时，也适用了最新的规定。

再次，新版教材对过往相似度较高、不同考次的真题，本着时间优先原则，后者保留收录，先者不予收录，编入同步练习中，使教材脉络更加清晰、繁简得当。

最后，新版教材增加了模拟题的题量，模拟题的编写主要从两个方面着手：第一，对过往真题未涉及的知识点，按真题风格编写模拟题，来应对近几期考试突出的考点范围逐渐放大、出题老师逐渐挖掘新考点的特点；第二，结合过往真题，放

大真题所涉及的知识点范围，寻找其周边相关考点，对应编排模拟题，达到举一反三的效果。

五、增加了跨章节内容的总结，进一步提高了考生的学习效率与效果

新版教材继续保留第一版教材的总结特点，对于很多重要的知识点和考点采取图表的形式进行总结，各种纵向、横向的对比分析，简洁直观、方便记忆，同时增加了跨章节总结，对于分列于不同章节的相同知识点予以贯穿总结，可以使考生轻松、高效学习并精准把握考点。

需要说明的是，对于保荐代表人胜任能力考试，由于每次考试中国证券业协会并不公布考题与答案，因此本教材中的历年真题均为作者根据网上考生回忆同时结合大纲要求的考点进行的复原，并非协会所考原题，诸多题干及题支均为作者根据考生回忆进行复原而独立创作，而后配有相应的答案及解析。因此，如有其他以盈利为目的的培训机构出现与本教材完全相同或整体相似度较大的内容，实为抄袭本教材，我们将保留对其诉诸法律的权利，严格维护本教材的著作权。

由于保荐代表人胜任能力考试要求掌握的知识面广、专业度高，因此本教材编写工作较为浩繁，难免有所疏漏，不足甚至错误之处，恳请读者指正。

本书编委会
2017 年 3 月

目　　录

上册·法律法规一

第一章 基本法规

本章考情分析

如教材前言所述，本章基本法规包括《中华人民共和国公司法》（以下简称《公司法》）与《中华人民共和国证券法》（以下简称《证券法》）的相关内容，关于《公司法》与《证券法》的规定，在以前旧的考试制度中，每次考试均会单独出题，且占比较大。而2014年12月修订的考试大纲，把对《公司法》与《证券法》的要求仅在"附件：参考书目及常用法规目录"中列举，未作具体要求；2015年执行新的考试制度以来的7次考试中，也几乎不再对该两部法规单独命题，有关《公司法》内容的考核，放在上市公司治理中进行要求，主要以《上市公司章程指引》为命题法规依据，而对《证券法》内容的考核，则直接考具体某一融资类型所涉及的《证券法》的规定。然而《公司法》与《证券法》作为两部基本大法，是后续各章节所涉及的法律法规、部门规章制定的依据，诸多条款也被后续的法规反复引用，因此，本教材"证券法规"部分增加"基本法规"作为第一章，作为后续章节学习的基础。

【注1】旧的考试制度是指2014年12月新大纲之前的考试制度，考两科，分别为"证券综合知识"和"投资银行业务能力"。

【注2】除特别说明外，本章内容无需特别记忆，规定的内容理解即可。

本章思维导图

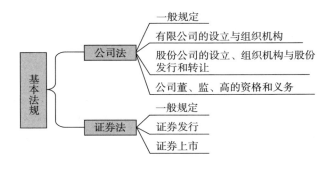

本章核心法规

序号	法规名称	施行年月	星级
1	《公司法》	2014-03	2
2	《证券法》	2014-08	2

【说明】《证券法》与《公司法》尽管是核心法规，且是基本法规，但对目前的"保代"考试而言无需全看，大家仅需掌握以下本章具体内容中列示的、与后续章节关联度较高的内容即可，无需全文展开学习。

本章具体内容

第一节　公司法

目前施行的《公司法》为 2013 年 12 月修订，2014 年 3 月 1 日起实施的新修订的《公司法》，相比上版《公司法》，主要修订内容包括：取消关于最低注册资本的要求，除特殊行业有特殊要求外，一般公司注册时，均不再对最低注册资本作出要求，相应取消首次出资比例及认缴出资缴足的期限要求，新《公司法》规定，股东只要在公司存续期内将认缴出资缴足即可；取消了有限责任公司货币出资不得低于注册资本的 30% 的规定；取消公司成立必须进行验资的规定等。

一、一般规定

（一）公司定义及有限责任的含义

1. 公司定义

《公司法》所称公司是指依照本法在中国境内设立的有限责任公司和股份有限公司。

2. 有限责任的含义

（1）公司的责任有限

公司是企业法人，有独立的法人财产，享有法人财产权。公司以其全部财产对公司的债务承担责任。

（2）股东的责任有限

①有限责任公司的股东以其认缴的出资额为限对公司承担责任。

②股份有限公司的股东以其认购的股份为限对公司承担责任。

（二）公司成立日期与住所

1. 公司营业执照签发日期为公司成立日期。

2. 公司以其主要办事机构所在地为住所。

（三）营业执照应载明的事项

公司营业执照应当载明公司的名称、住所、注册资本、经营范围、法定代表人姓名等事项。

【注】旧《公司法》还包括"实收资本"，新《公司法》把"实收资本"删除了。

（四）公司章程与法定代表人

1. 公司章程的制定

（1）有限公司章程的制定。

①普通有限及一人有限：由股东共同制定。

②国有独资公司：由国有资产监督管理机构制定，或者由董事会制定报国有资产监督管理机构批准。

【注】①见《公司法》第二十三条和第六十条。②具体见《公司法》第六十五条。

（2）股份公司章程的制定

由发起人制定，采取募集方式设立的经创立大会通过。

2. 公司章程约束力

公司章程对公司、股东、董事、监事、高级管理人员具有约束力。

3. 公司法定代表人

公司法定代表人依照公司章程的规定，由董事长、执行董事或者经理担任，并依法登记。

（五）分公司与子公司

公司可以设立分公司与子公司，分公司不具有法人资格，其民事责任由公司承担，子公司具有法人资格，依法独立承担民事责任。

【注】分公司虽然不具有法人资格，但是其具有独立的诉讼主体资格。

（六）公司对外投资及担保的审议

公司对外投资及担保依照公司章程的规定由董事会或股东（大）会决议，章程规定有限额的（单项或总额），不得超过规定的限额。

1. 公司为股东或者实际控制人提供担保的，必须经股东（大）会决议，该股东或该实际控制人控制的股东回避表决，表决由出席会议的其他股东所持表决权的过半数通过。

2. 上市公司在 1 年内购买、出售重大资产或者担保金额超过公司资产总额 30% 的，应当由股东大会作出决议，并经出席会议的股东所持表决权的 2/3 以上通过。

（七）股东（大）会、董事会决议的效力

1. 内容违法无效

董事会或股东（大）会决议内容违反法律、法规的无效。

2. 内容违章、程序违法、违章可撤销

董事会或股东（大）会决议内容违反公司章程或会议召集程序、表决方式违反法律法规或者公司章程的，则股东可以自决议作出之日起 60 日内，请求人民法院撤销。

（八）股东知情权、分红权与表决权

相关权利	有限公司规定	股份公司规定
知情权	股东有权查阅、复制公司章程、股东会会议记录、董事会会议决议、监事会会议决议和财务会计报告。股东可以要求查阅公司会计账簿，要求查阅的，应向公司提出书面请求（注：会计账簿不能复制）	股东有权查阅公司章程、股东名册、公司债券存根、股东大会会议记录、董事会会议决议、监事会会议决议、财务会计报告（注：只能查阅，不能复制，较有限公司少一个查阅会计账簿，多出股东名册和公司债券存根）
分红权	有约定按约定，无约定按实缴比例：股东按照实缴的出资比例分取红利；公司新增资本时，股东有权优先按照实缴的出资比例认缴出资。但全体股东约定不按照出资比例分取红利或者不按照出资比例优先认缴出资的除外	
表决权	有规定按规定，没规定按出资比例：股东会会议由股东按照出资比例行使表决权；但是，公司章程另有规定的除外	按照持有股份的比例（不可约定，或在章程中另有规定）

注：知情权为常考考点。

二、有限公司的设立与组织机构

（一）有限公司的设立

有限公司共分为三种类型，分别为一人有限公司、国有独资公司和普通有限公司。一人有限公司是指只有一个自然人股东或者一个法人股东的有限公司；国有独资公司是指由国家单独出资，由国务院或地方政府授权本级政府国资监管机构履行出资职责的有限公司；一人有限公司与国有独资公司的股东均只为一"人"；除一人有限公司和国有独资公司外的有限公司则为普通有限公司，其股东为 2~50 人。

有限公司设立需符合法定设立条件，包括股东符合法定人数、有公司住所、建立符合有限公司要求的组织机构等，设立时先进行名称预先核准，由股东认缴出资，股东共同制定公司章程并依法提出设立申请，经工商部门登记并签发公司法人营业执照后即行成立。

【注】除特殊行业特别规定外，有限公司在成立时不再强制对出资进行验资。

（二）有限公司的组织机构

有限公司的组织机构包括股东会、董事会（或执行董事）、监事会（或监事）、经理等。为便于学习，以下将股份公司的相关规定同时予以对比说明。

1. 股东（大）会

有限公司称为股东会，股份公司称为股东大会。

（1）股东会的职权

《公司法》所列有限公司与股份公司的职权相同，具体内容此处不予说明，我们将会在教材第七章"持续督导"的"上市公司法人治理"中进行详细说明。

需要注意的是，因一人有限公司和国有独资公司股东只有 1 人，因此，一人有限公司和国有独资公司不设股东会。

（2）定期会议与临时会议

会议类型	有限公司	股份公司
定期会议	定期会议应当依照公司章程的规定按时召开	股东大会应当每年召开一次年会（6 月 30 日前）
临时会议	代表 1/10 以上表决权的股东，1/3 以上的董事，监事会或者不设监事会的公司的监事提议召开临时会议的，应当召开临时会议	有下列情形之一的，应当在两个月内召开临时股东大会：①董事人数不足《公司法》规定人数或者公司章程所定人数的 2/3 时；②公司未弥补的亏损达实收股本总额 1/3 时；③单独或者合计持有公司 10% 以上股份的股东请求时；④董事会认为必要时；⑤监事会提议召开时；⑥公司章程规定的其他情形

注：①未弥补的亏损达"实收股本"总额 1/3 时，非"注册资本"。

②股份公司临时股东大会召开的情形为以前老制度常考考点，几乎每次必考，新制度以来未曾考核。

（3）会议通知

有限公司：召开股东会会议，应当于会议召开 15 日前通知全体股东，章程另有规定或者全体股东另有约定的除外。（不管是定期会议还是临时会议，均是 15 日）

股份公司：①年度股东大会：会议召开 20 日前通知各股东会议召开的时间、地点和审议事项；②临时股东大会：会议召开 15 日前通知各股东，并在事由出现之日起 2 月内举行；③发行无记名股票的：会议召开 30 日前通知各股东。

（4）普通会议与特别会议

增资、减资、合并、分立、解散、变更公司形式、修改公司章程等事项需经股东（大）会特别决议通过。特别会议决议需经出席会议的 2/3 以上（≥2/3）表决权股东表决通过。

特别会议外的为普通会议，普通会议的决议需经出席会议的过半数（＞1/2）表决权股东表决通过。

【注】不管是普通会议的决议还是特别会议的决议，均是经一定比例"出席会议的表决权股东"表决通过，非"全体表决权股东"的一定比例。

2. 董事会

有限公司，股东人数较少或规模较小，可设 1 名执行董事，不设董事会；执行董事可以兼任经理，其职权由章程规定。股份公司则应当设立董事会。

（1）董事会的职权

有限公司、股份公司规定相同，具体内容此处不予说明，详见教材第七章"持续督导"的"上市公司法人治理"部分内容。

（2）董事会组成

事项	有限公司	股份公司
人数	董事会由全体董事组成，成员为 3～13 人	董事会由全体董事组成，成员为 5～19 人
产生	①职工代表董事：由公司职工通过职工代表大会、职工大会或其他形式民主产生	
	②非职工董事 a. 普通有限公司与股份公司：非职工董事均由股东（大）会选换（聘任或解聘，并决定其报酬） b. 1 人有限公司：不设股东会，因此其非职工董事由该 1 人股东选换 c. 国有独资公司：不设股东会，非职工董事成员由国有资产监管机构委派	
任期	①董事每届任期不得超过 3 年，具体由公司章程规定，任期届满，连选可以连任 ②董事任期届满未及时改选，或者董事在任期内辞职：导致董事会成员低于法定人数的，在改选出的董事就任前，原董事仍应当依照法律、法规和公司章程的规定，履行董事职务	
董事长	董事会设董事长 1 人，可以设副董事长	
	①董事长、副董事长由章程规定产生办法 ②国有独资公司由国有资产监管机构从董事会成员中指定	董事长、副董事长由董事会以全体董事过半数选举产生
职工董事	国有有限公司、国有独资公司董事会成员中应当有公司职工代表，其他有限公司中可以有公司职工代表	董事会成员中可以有公司职工代表

注：国有有限公司是指由两个以上国有企业或两个以上其他国有投资主体投资设立的有限公司。

（3）定期会议与临时会议

会议类型	有限公司	股份公司
常规会议	未对是否有定期会议与临时会议进行明确说明，应看章程具体规定	董事会每年应至少召开 2 次会议，每次会议应于会议召开 10 日前通知全体董事和监事
临时会议		代表 1/10 以上表决权的股东、1/3 以上董事或者监事会，可以提议召开董事会临时会议

（4）议事规则

董事会应有过半数的董事出席方可举行，董事会作出决议必须经全体董事过半数通过，董事会决议的表决实行一人一票制。

3. 监事会

股东人数较少或者规模较小的有限公司，可以设一至二名监事，不设监事会。股份公司则应当设立监事会。

（1）监事会的职权

有限公司、股份公司规定相同，具体内容此处不予说明，详见教材第七章"持续督导"的"上市公司法人治理"部分内容。

（2）监事会的组成

事项	有限公司	股份公司
人数	成员≥3 人（国有独资公司≥5 人）	成员≥3 人
产生	①非职工监事由股东（大）会聘任解聘 ②职工监事由职工代表大会选举（但国有独资公司的非职工监事均由国有资产监管机构委派，职工监事由职工代表大会选举） ③董事、高级管理人员不得兼任监事	
任期	①监事的任期每届为 3 年，任期届满，连选可以连任 ②监事任期届满未及时改选，或者监事在任期内辞职导致监事会成员低于法定人数的，在改选出的监事就任前，原监事仍应当依照法律、法规和公司章程的规定，履行监事职务	
监事会主席	监事会设主席 1 人；由全体监事过半数选举产生	监事会设主席一人，可以设副主席。监事会主席和副主席由全体监事过半数选举产生
职工代表监事	①监事会应当包括股东代表和适当比例的公司职工代表，其中职工代表的比例≥1/3，具体比例由公司章程规定 ②监事会中的职工代表由公司职工通过职工代表大会、职工大会或者其他形式民主选举产生	

（3）定期会议与临时会议

有限公司：每年应至少召开 1 次会议，监事可以提议召开临时监事会会议。

股份公司：每 6 个月至少召开 1 次会议，监事可以提议召开临时监事会会议。

（4）议事规则

监事会决议应当经半数以上监事表决通过，决议的表决实行一人一票制。

4. 经理

除国有独资公司外，有限公司可以不设经理，股份公司应当设经理。

（1）经理职权

有限公司、股份公司规定相同，具体内容此处不予说明，详见教材第七章"持续督导"的"上市公司法人治理"部分内容。

（2）经理产生

经理由董事会决定聘任或者解聘。

关于有限公司，除了上述关于设立与组织机构的规定外，《公司法》还对有限公司的股权转让作出规定，因相关性与"保代"考试较低，不再予以说明。

三、股份公司的设立、组织机构与股份发行和转让

（一）股份公司的设立

股份公司的设立分为发起设立与募集设立两种类型。发起设立是指由发起人认购公司应发行的全部股份而设立公司；募集设立是指由发起人认购公司应发行股份的一部分，其余股份向社会公开募集或者向特定对象募集而设立公司。

股份公司设立需符合法定设立条件，包括发起人人数符合法律规定、建立股份公司要求的组织机构、股份发行筹办事项符合法律规定等。根据规定，采取发起设立的，注册资本为在公司登记机关登记的全体发起人认购的股本总额，募集设立的，注册资本为在公司登记机关登记的实收股本总额。可见，募集方式仍需股份缴足方可设立，而对于发起设立，同有限公司一样，认足公司章程规定其认购的股份，并按照公司章程规定缴纳出资即可，并不要求成立前全部缴纳完毕，也无首次出资比例的限制。另外，对于募集方式设立的，《公司法》规定，发起人认购的股份不得少于公司股份总数的35%，法律法规另有规定的除外。

对于发起设立，不再强制对出资进行验资，而对于募集设立，因股款缴足是其设立的前提，因此，仍规定需经会计师事务所验资后方可申请设立。

股份公司由董事会向登记机关申请设立登记，经工商部门登记并核发公司法人营业执照后即行成立。

【注】董事会由全体发起人大会或创立大会选举产生。

（二）股份公司的组织机构

已在"有限公司"部分进行了对比说明，不再赘述。

关于股份公司，除了上述关于设立与组织机构的规定外，《公司法》还对股份公司的股权转让作出规定，因相关性与"保代"考试较低，不再予以说明。

（三）股份发行与转让

1. 股份发行

股份的发行，实行公平、公正的原则，同种类的每一股份应当具有同等权利。同次发行的同种类股票，每股的发行条件和价格应当相同；任何单位或者个人所认购的股份，每股应当支付相同价额。

股票发行价格可以按票面金额，也可以超过票面金额，但不得低于票面金额。

2. 股份转让

（1）记名股票与无记名股票转让

记名股票由股东以背书方式或者法律、行政法规规定的其他方式转让；转让后由公司将受让人的姓名或者名称及住所记载于股东名册。

无记名股票的转让，由股东将该股票交付给受让人后即发生转让的效力。

（2）股份转让限制

①发起人转让的限制

发起人持有的股份，自公司成立之日起1年内不得转让。公司公开发行股份前已发行的股份，自公司股票上市交易之日起1年内不得转让。

②董、监、高转让的限制

a. 在任职期间每年转让的股份不得超过其所持有本公司股份总数的25%。

b. 所持公司股份自公司股票上市交易之日起1年内不得转让。

c. 离职后半年内，不得转让其所持有的本公司股份。

【注】a、b、c 应同时遵守，例如，1 月 1 日上市，5 月 1 日离职，则 11 月 2 日仍不能转让。

【说明】关于股份转让的限制，后续各章节中的具体规定均需遵守此处规定，部门规章或沪深交易所可根据此处规定制定更加严格的规定，当事人也可作出更为严格的转让限制承诺，但不得违背《公司法》此处的规定。

（3）公司股份收购转让

公司不得收购本公司股份。但是，有下列情形之一的除外：

①减少公司注册资本。

②与持有本公司股份的其他公司合并。

③将股份奖励给本公司职工。

④股东因对股东大会作出的公司合并、分立决议持异议，要求公司收购其股份的。

【注1】公司因第①至第③项的原因收购本公司股份的，应当经股东大会决议。

【注2】属于第①项情形的，应当自收购之日起 10 日内注销；属于第②项、第④项情形的，应当在 6 个月内转让或者注销；属于第③项情形的，收购的本公司股份，不得超过本公司已发行股份总额的 5%，用于收购的资金应当从公司的税后利润中支出，所收购的股份应当在一年内转让给职工。

四、公司董、监、高的资格和义务

《公司法》第一百四十六条规定，有下列情形之一的，不得担任公司的董事、监事、高级管理人员：

（一）无民事行为能力或者限制民事行为能力。

（二）因贪污、贿赂、侵占财产、挪用财产或者破坏社会主义市场经济秩序，被判处刑罚，执行期满未逾 5 年，或者因犯罪被剥夺政治权利，执行期满未逾 5 年。

（三）担任破产清算的公司、企业的董事或者厂长、经理，对该公司、企业的破产负有个人责任的，自该公司、企业破产清算完结之日起未逾 3 年。

（四）担任因违法被吊销营业执照、责令关闭的公司、企业的法定代表人，并负有个人责任的，自该公司、企业被吊销营业执照之日起未逾 3 年。

（五）个人所负数额较大的债务到期未清偿。

公司违反前款规定选举、委派董事、监事或者聘任高级管理人员的，该选举、委派或者聘任无效。

董事、监事、高级管理人员在任职期间出现本条第一款所列情形的，公司应当解除其职务。

【注1】本条规定将会在后续章节中进行大量引用，修订前的《公司法》关于本条规定的条款为第一百四十七条。

【注2】根据《民法通则》的规定，关于民事行为能力的划分如下表所示：

能力划分	无民事行为能力	限制民事行为能力	完全民事行为能力
精神状态	完全不能辨认自己的行为	不能完全辨认自己的行为	完全能够辨认自己的行为
年龄	不满 10 周岁	年满 10 周岁，不满 18 周岁	年满 18 周岁
特殊规定：对于已年满 16 周岁，不满 18 周岁，生活来源完全来自其个人的劳动收入，视为具备完全民事行为能力			

《公司法》第一百四十八条规定，董事、高级管理人员不得有下列行为：

（一）挪用公司资金。

（二）将公司资金以其个人名义或者以其他个人名义开立账户存储。

（三）违反公司章程的规定，未经股东会、股东大会或者董事会同意，将公司资金借贷给他人或者以公司财产为他人提供担保。

（四）违反公司章程的规定或者未经股东会、股东大会同意，与本公司订立合同或者进行交易。

（五）未经股东会或者股东大会同意，利用职务便利为自己或者他人谋取属于公司的商业机会，自营或者为他人经营与所任职公司同类的业务。

（六）接受他人与公司交易的佣金归为己有。

（七）擅自披露公司秘密。

（八）违反对公司忠实义务的其他行为。

董事、高级管理人员违反前款规定所得的收入应当归公司所有。

《公司法》还对"公司财务、会计"、"公司合并、分立、增资、减资"、"公司解散和清算"以及"外国公司的分支机构"等作出规定，因与新制度"保代"考试相关性不强，此处不再予以说明。

第二节 证券法

现行的是 2014 年 8 月修订后的《证券法》，目前《证券法》正在进一步修订之中，早在 2013 年注册制提出之时，大幅修订《证券法》便已提上日程，正当市场"呼之欲出"之际，2015 年年中的股票二级市场重大波动严重影响了其推出的进程，而此时注册制的实施已箭在弦上，于是，2015 年 12 月，全国人大常委会发布《关于授权国务院在实施股票发行注册制改革中调整适用〈中华人民共和国证券法〉有关规定的决定》（以下简称《决定》），《决定》于 2016 年 3 月 1 日起施行，实施期限为二年。《决定》授权国务院对拟在沪深交易所上市交易的股票的公开发行，调整适用《证券法》关于股票公开发行核准制度的有关规定，实行注册制度。

【注】目前实务审核中仍为核准制，注册制尚未实施。

一、一般规定

关于《证券法》的适用范围规定如下：

（1）境内股票、公司债和国务院依法认定的其他证券的发行和交易。

（2）政府债券、证券投资基金份额的上市交易。

（3）证券衍生品种发行、交易的管理办法，由国务院依照本法的原则规定。

二、证券发行

（一）公开发行与核准、保荐

1. 公开发行的情形

有下列情形之一的，为公开发行：

（1）向不特定对象发行证券的。

（2）向特定对象发行证券累计超过 200 人的。

（3）法律、行政法规规定的其他发行行为。

非公开发行证券，不得采用广告、公开劝诱和变相公开方式。

【注】公开发行的两种基本情形需记住，后续章节反复用到。

2. 公开发行的核准、保荐

（1）公开发行证券，必须符合法律、行政法规规定的条件，并依法报经国务院证券监督管理机构或者国务院授权的部门核准；未经依法核准，任何单位和个人不得公开发行证券。

（2）发行人申请公开发行股票、可转换为股票的公司债券，依法采取承销方式的，或者公开发行法律、行政法规规定实行保荐制度的其他证券的，应当聘请具有保荐资格的机构担任保荐人。

【注】此处"保荐人"是指保荐机构，非保荐代表人，关于"保荐"的相关规定是写入《证券法》的。近两年来，国务院本着简政放权的思路，陆续取消了诸多职业资格的行政许可，其中包含保荐代表人职业资格，需要注意的是，"取消职业资格行政许可"并非"取消职业资格"，而是取消对其"行政许可"，勿混淆。过去，取得保荐代表人职业资格需中国证监会的行政许可，而取消行政许可后则将其下放至中国证券业协会实行自律管理，不再由中国证监会进行许可。因此，保荐代表人资格考试如同其他职业资格考试一样，是监管部门及自律组织遴选人才的方式，不会取消，并将长期存在。

（二）公开发行新股、公司债券的条件及不得再次公开发行公司债券的情形

1. 公开发行新股的条件

公司公开发行新股，应当符合下列条件：

（1）具备健全且运行良好的组织机构。

（2）具有持续盈利能力，财务状况良好。

（3）最近3年财务会计文件无虚假记载，无其他重大违法行为。

（4）经国务院批准的国务院证券监督管理机构规定的其他条件。

上市公司非公开发行新股，应当符合经国务院批准的国务院证券监督管理机构规定的条件，并报国务院证券监督管理机构核准。

【注】"最近3年无违法"是公开发行股票的基本条件，需记忆，后续章节会反复出现。

2. 公开发行公司债券的条件

公开发行公司债券，应当符合下列条件：

（1）股份有限公司的净资产不低于人民币3 000万元，有限责任公司的净资产不低于人民币6 000万元。

（2）累计债券余额不超过公司净资产的40%。

（3）最近3年平均可分配利润足以支付公司债券1年的利息。

（4）筹集的资金投向符合国家产业政策。

（5）债券的利率不超过国务院限定的利率水平。

（6）国务院规定的其他条件。

公开发行公司债券筹集的资金，必须用于核准的用途，不得用于弥补亏损和非生产性支出。

上市公司发行可转换为股票的公司债券，除应当符合上述条件外，还应当符合关于公开发行股票的条件，并报中国证监会核准。

【注1】可分配利润的计算口径是合并报表中归属于母公司所有者的净利润，不含少数股东损益；并不要求每年均为正数。

【注2】"累计债券余额不超过公司净资产的40%"将会在后续公开发行金融债券、公司债券、企业债券中均作出规定，关于其含义，详见后续教材第四章"债务融资中公司""债券"部分的解释。

【注3】（1）至第（3）条需记忆，后续章节较多涉及。

3. 不得再次公开发行公司债券的情形

有下列情形之一的，不得再次公开发行公司债券：

（1）前一次公开发行的公司债券尚未募足。

（2）对已公开发行的公司债券或者其他债务有违约或者延迟支付本息的事实，仍处于继续状态。

（3）违反《证券法》规定，改变公开发行公司债券所募资金的用途。

【注】"不得再次公开发行公司债券的情形"需记忆，后续章节会用到。

（三）证券承销

1. 承销协议

发行人向不特定对象发行的证券，法律、行政法规规定应当由证券公司承销的，发行人应当同证券公司签订承销协议。

2. 代销与包销

证券承销业务采取代销或者包销方式。

（1）证券代销

代销是指证券公司代发行人发售证券，在承销期结束时，将未售出的证券全部退还给发行人的承销方式。

（2）证券包销

包销是指证券公司将发行人的证券按照协议全部购入或者在承销期结束时将售后剩余证券全部自行购入的承销方式。

3. 承销商与承销团

（1）公开发行证券的发行人有权依法自主选择承销的证券公司。证券公司不得以不正当竞争手段招揽证券承销业务。

（2）向不特定对象发行的证券票面总值超过人民币5 000万元的，应当由承销团承销。承销团应当由主承销和参与承销的证券公司组成。

4. 承销期限

证券的代销、包销期限最长不得超过90日。

5. 代销的发行失败

（1）发行失败的认定

股票发行采用代销方式，代销期限届满，向投资者出售的股票数量未达到拟公开发行股票数量70%的，为发行失败。

（2）发行失败的处理

发行人应当按照发行价并加算银行同期存款利息返还股票认购人。

【注】我们将会在第三章"股本融资"中介绍到配股，其采取的便是代销方式，存在发行失败的规定。

【说明】关于整个"（三）证券承销"需熟练掌握，后续章节会结合各种融资类型述及。

三、证券上市

（一）股票上市交易的条件及暂停与终止

1. 股票上市交易的条件

股份有限公司申请股票上市，应当符合下列条件：

（1）股票经国务院证券监督管理机构核准已公开发行。

（2）公司股本总额不少于人民币3 000万元。

（3）公开发行的股份达到公司股份总数的25%以上；公司股本总额超过人民币4亿元的，公开发行股份的比例为10%以上。

（4）公司最近3年无重大违法行为，财务会计报告无虚假记载。

证券交易所可以规定高于前款规定的上市条件，并报国务院证券监督管理机构批准。

【注1】"公开发行的股份达到公司股份总数的25%以上；公司股本总额超过人民币4亿元的，公开发行股份的比例为10%以上"的理解：本句话完整的表达应当为："发行后股本总额未超过人民币4亿元的，公开发行的股份应达到发行后公司股份总数的25%以上；发行后公司股本总额超过人民币4亿元的，公开发行股份的比例为10%以上"。

【注2】上述条件需熟练掌握，后续章节会反复引用。

2. 暂停与终止上市的情形

暂停上市的情形	终止上市的情形
上市公司有下列情形之一的，由证券交易所决定暂停其股票上市交易	上市公司有下列情形之一的，由证券交易所决定终止其股票上市交易
（1）公司股本总额、股权分布等发生变化不再具备上市条件	（1）出现暂停情形，在证券交易所规定的期限内仍不能达到上市条件
（2）公司不按照规定公开其财务状况，或者对财务会计报告作虚假记载，可能误导投资者	（2）公司不按照规定公开其财务状况，或者对财务会计报告作虚假记载，且拒绝纠正
（3）公司最近3年连续亏损	（3）公司最近3年连续亏损，在其后1个年度内未能恢复盈利
（4）公司有重大违法行为	（4）公司解散或者被宣告破产
（5）证券交易所上市规则规定的其他情形	（5）证券交易所上市规则规定的其他情形

（二）公司债券上市交易的条件及暂停与终止

1. 公司债券上市交易的条件

公司申请公司债券上市交易，应当符合下列条件：

（1）公司债券的期限为1年以上。

（2）公司债券实际发行额不少于人民币5 000万元。

（3）公司申请债券上市时仍符合法定的公司债券发行条件。

【注】上述条件需熟练掌握，后续章节会反复引用。

2. 暂停与终止上市的情形

暂停上市的情形	终止上市的情形
公司债券上市交易后，公司有下列情形之一的，由证券交易所决定暂停其公司债券上市交易	公司债券上市交易后，公司有下列情形之一的，由证券交易所决定终止其公司债券上市交易
（1）公司有重大违法行为	（1）公司有重大违法行为，经查实后果严重的
（2）未按照公司债券募集办法履行义务	（2）未按照公司债券募集办法履行义务，经查实后果严重的
（3）公司情况发生重大变化不符合公司债券上市条件	（3）公司情况发生重大变化不符合公司债券上市条件，在限期内未能消除的
（4）发行公司债券所募集的资金不按照核准的用途使用	（4）发行公司债券所募集的资金不按照核准的用途使用，在限期内未能消除的
（5）公司最近2年连续亏损	（5）公司最近2年连续亏损，在限期内未能消除的
	（6）公司解散或者被宣告破产的

（三）持续信息公开

1. 定期报告

（1）上市公司和公司债券上市交易的公司，应当在每一会计年度上半年结束之日起2个月内，向国务院证券监督管理机构和证券交易所报送中期报告，并予以公告。

（2）上市公司和公司债券上市交易的公司，应当在每一会计年度结束之日起4个月内，向国务院证券监督管理机构和证券交易所报送年度报告，并予以公告。

（3）上市公司董事、高级管理人员应当对公司定期报告签署书面确认意见。上市公司监事会应当对董事会编制的公司定期报告进行审核并提出书面审核意见。

【注1】年度报告需经具有证券期货资质的会计师事务所审计，半年报不强制审计。

【注2】关于定期报告的报送、公告时间要求及签署与审核需把握，后续章节以此规定为宗。

2. 临时报告（《证券法》第六十七条）

《证券法》第六十七条规定，发生可能对上市公司股票交易价格产生较大影响的重大事件，投资者尚未得知时，上市公司应当立即将有关该重大事件的情况向国务院证券监督管理机构和证券交易所报送临时报告，并予以公告，说明事件的起因、目前的状态和可能产生的法律后果。

下列情况可称为重大事件：

（1）公司的经营方针和经营范围的重大变化。

（2）公司的重大投资行为和重大的购置财产的决定。

（3）公司订立重要合同，可能对公司的资产、负债、权益和经营成果产生重要影响。

（4）公司发生重大债务和未能清偿到期重大债务的违约情况。

（5）公司发生重大亏损或者重大损失。

（6）公司生产经营的外部条件发生重大变化。

（7）公司的董事、1/3以上监事或者经理发生变动。

（8）持有公司5%以上股份的股东或者实际控制人，其持有股份或者控制公司的情况发生较大变化。

（9）公司减资、合并、分立、解散及申请破产的决定。

（10）涉及公司的重大诉讼，股东大会、董事会决议被依法撤销或者宣告无效。

（11）公司涉嫌犯罪被司法机关立案调查，公司董事、监事、高级管理人员涉嫌犯罪被司法机关采取强制措施。

（12）国务院证券监督管理机构规定的其他事项。

（四）禁止的交易行为

在证券交易中，禁止的交易行为主要包括内幕交易、操纵市场与证券欺诈。

1. 禁止内幕交易

证券交易内幕信息的知情人和非法获取内幕信息的人，在内幕信息公开前，不得买卖该公司的证券，或者泄露该信息，或者建议他人买卖该证券。

《证券法》第七十五条规定，内幕信息是指证券交易活动中，涉及公司的经营、财务或者对该公司证券的市场价格有重大影响的尚未公开的信息，下列信息皆属内幕信息：

（1）本法第六十七条第二款所列重大事件。

（2）公司分配股利或者增资的计划。

（3）公司股权结构的重大变化。

（4）公司债务担保的重大变更。

（5）公司营业用主要资产的抵押、出售或者报废一次超过该资产的30%。

（6）公司的董事、监事、高级管理人员的行为可能依法承担重大损害赔偿责任。

（7）上市公司收购的有关方案。

（8）国务院证券监督管理机构认定的对证券交易价格有显著影响的其他重要信息。

【注】 重大事件一定属于内幕消息，但内幕消息未必是重大事件。

2. 禁止操作市场（《证券法》第七十七条）

禁止任何人以下列手段操纵证券市场：

（1）单独或者通过合谋，集中资金优势、持股优势或者利用信息优势联合或者连续买卖，操纵证券交易价格或者证券交易量。

（2）与他人串通，以事先约定的时间、价格和方式相互进行证券交易，影响证券交易价格或者证券交易量。

（3）在自己实际控制的账户之间进行证券交易，影响证券交易价格或者证券交易量；

（4）以其他手段操纵证券市场。

操纵证券市场行为给投资者造成损失的，行为人应当依法承担赔偿责任。

3. 禁止证券欺诈（《证券法》第七十九条）

禁止证券公司及其从业人员从事下列损害客户利益的欺诈行为：

（1）违背客户的委托为其买卖证券。

（2）不在规定时间内向客户提供交易的书面确认文件。

（3）挪用客户所委托买卖的证券或者客户账户上的资金。

（4）未经客户的委托，擅自为客户买卖证券，或者假借客户的名义买卖证券。

（5）为牟取佣金收入，诱使客户进行不必要的证券买卖。

（6）利用传播媒介或者通过其他方式提供、传播虚假或者误导投资者的信息。

（7）其他违背客户真实意思表示，损害客户利益的行为。

欺诈客户行为给客户造成损失的，行为人应当依法承担赔偿责任。

除上述内容外，《证券法》对证券交易所、证券公司、证券登记结算机构、证券服务机构、证券业协会及证券监督管理机构等与证券业相关的监管、登记、自律及中介机构等相关事项进行了规定，此处不再说明，详见《证券法》相关内容。

第二章　保荐业务监管

本章考情分析

本章主要包括四节内容，分别为资格管理、主要职责、工作规程与执业规范。主要内容为《证券发行上市保荐业务管理办法》（以下简称《保荐办法》），部分内容涉及《深圳证券交易所上市公司保荐工作指引》、《上海证券交易所上市公司持续督导工作指引》和《关于进一步加强保荐业务监管有关问题的意见》及其适用问答的相关规定。

本章属整个"保代"考试中的重点章节，篇幅不大，但考点密度较大且比较集中，复习难度不大。执行新考试政策以来，平均每次命制4道题左右，考分3分左右，其中2016年4次考试平均每次7至8道题，考分6分左右，需高度关注。其中《保荐办法》属一级核心法规，需熟练掌握。

2016年4次考试题型、题量分析表

题型＼题量　　時间	2016－05	2016－09	2016－10	2016－11
单选	2题1分	3题1.5分	3题1.5分	2题1分
组合单选	5题5分	5题5分	5题5分	5题5分
合计	6分	6.5分	6.5分	6分
分值占比	6%	6.5%	6.5%	6%

2015年、2016年主要考点分析表

节次	考点	2015年 5	2015年 9	2015年 11	2016年 5	2016年 9	2016年 10	2016年 11
资格管理	发行人应当聘请保荐机构履行保荐职责的业务	✓	✓		✓	✓		✓
	同一保荐				✓			
	应当进行联合保荐情形	✓			✓	✓	✓	✓
	证券公司申请保荐机构资格应当具备的条件	✓			✓		✓	
	个人申请保荐代表人资格应当具备的条件					✓	✓	
主要职责	首发辅导对象	✓			✓	✓	✓	✓
	持续督导的期间				✓	✓		✓
工作规程	保荐工作需要建立的相关制度体系				✓		✓	
	因撤销保荐机构资格而更换保荐机构的相关规定				✓			
	保荐机构及保荐代表人履行职责时可以行使的权利		✓					
	上市公司出现的应及时通知保荐机构的情形					✓		
	保荐代表人进行现场检查时可以采取的手段		✓				✓	
	保荐机构应发表独立意见的事项		✓			✓	✓	
	上海证券交易所持续督导工作指引关于现场检查等综合规定				✓			
执业规范	保荐机构及保荐代表人承担相应责任的时间起点		✓			✓		✓
	违反《保荐办法》的监管措施		✓					
	中国证监会可对保荐代表人采取证券市场禁入措施的情形							✓

本章思维导图

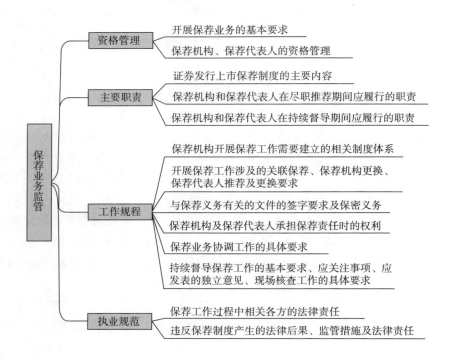

本章核心法规

序号	法规名称	施行年月	星级
1	《证券发行上市保荐业务管理办法》	2009 – 05	5
2	《深圳证券交易所上市公司保荐工作指引》	2014 – 10	3
3	《上海证券交易所上市公司持续督导工作指引》	2009 – 07	1

本章具体内容

第一节　资格管理

【大纲要求】

内容	程度
1. 开展保荐业务的基本要求	—
2. 保荐机构、保荐代表人注册、变更登记的条件和程序	掌握
3. 维持保荐机构、保荐代表人资格的条件	掌握

【注】"1. 开展保荐业务的基本要求"并非大纲明确要求掌握的内容，但其内容相对比较重要，考点考频较高，因此将其纳入掌握范围，对应《保荐办法》第一章"总则"部分内容。

【内容精讲】

一、开展保荐业务的基本要求

（一）发行人应当聘请具有保荐机构资格的证券公司履行保荐职责的事项

《保荐办法》第二条规定，发行人应当就下列事项聘请具有保荐机构资格的证券公司履行保荐职责：

（1）首次公开发行股票并上市。

（2）上市公司发行新股、可转换公司债券。

（3）中国证券监督管理委员会（以下简称中国证监会）认定的其他情形。

【注1】"（2）"中所说"上市公司发行新股"包括增发、配股、非公开发行和上市公司发行优先股。（"上市公司发行优先股"中的"上市公司"包括两种主体，一为境内注册境内上市的上市公司，即 A 股上市公司，二为境内注册境外上市的上市公司，如 N 股、H 股上市公司。对于境内注册境内上市的上市公司，既可以公开发行优先股，也可以非公开发行优先股。另外，根据《优先股试点管理办法》第三条的规定，非上市公众公司可以非公开发行优先股，对于非上市公众公司非公开发行优先股不需要保荐机构保荐）

【注2】"（2）"中所说"上市公司发行可转换公司债券"包含发行"可分离交易的可转换公司债券"。

【注3】"（3）"中所说"中国证监会认定的其他情形"主要包括上市公司重大资产重组涉及发行股份购买资产并募集配套资金事项，募集配套资金部分需要聘请保荐机构保荐。

【注4】政府债券、金融债券、公司债券（不含可转债及分离交易可转债）、企业债券（含非金融企业债务融资工具）、资产证券化均不需要聘请保荐机构履行保荐职责。（引申：原《公司债券发行试点办法》第十四条规定："发行公司债券，应当由保荐人保荐，并向中国证监会申报"，2015 年 1 月 15 日，中国证监会令第 113 号公布《公司债券发行与交易管理办法》，对原试点办法主要修订内容之一就是取消公司债券公开发行的保荐制和发审委制度，以简化审核流程）

【注5】上市公司收购、上市公司重大资产重组不涉及发行股份购买资产的及涉及发行股份购买资产并募集配套资金事项中的发行股份购买资产部分，不需要聘请保荐机构，但需要聘请财务顾问。因为《上市公司重大资产管理办法》中规定："募集配套资金部分与购买资产部分应当分别定价，视为两次发行。具有保荐人资格的独立财务顾问可以兼任保荐机构。"若在考试中遇到题支为"上市公司并购重组"的笼统性描述，严格来说，不作特别交代是无法判定是否需要聘请保荐机构履行保荐职责的，但出题人可能是想考关于发行股份购买资产并配套募集资金的规定，因此，对于组合单选，应综合考虑选择，如果包含该题支的选项是最佳组合，则需要将其选入。

【注6】根据《全国中小企业股份转让系统业务规则（试行）》5.1 条的规定，推荐申请挂牌公司股票挂牌，持续督导挂牌公司，为挂牌公司定向发行、并购重组等提供相关服务的推荐业务，主办券商应当具有证券承销与保荐业务资格。但并不需要聘请保荐机构履行保荐职责。

【注7】创业板上市公司非公开发行股票适用简易程序且采取自行销售的，可免予聘请保荐机构。

【说明】本教材中所有表述为诸如"上市公司发行股票"、"上市公司公开增发"、"配股"、"非公开发行"等未提及"优先股"的，均指上市公司发行普通股。

保荐及承销事项总结

业务类型			是否需要保荐	法规依据
首发、增发、配股、非公开发行、可转换公司债券（含分离交易）【注】创业板上市公司非公开发行股票适用简易程序且采取自行销售的除外			是	《证券法》第十一条：发行人申请公开发行股票、可转换为股票的公司债券，依法采取承销方式的，或者公开发行法律、行政法规规定实行保荐制度的其他证券的，应当聘请具有保荐资格的机构担任保荐人《上市公司证券发行管理办法》第四十五条：上市公司申请公开发行证券或者非公开发行新股，应当由保荐人保荐，并向中国证监会申报《创业板上市公司证券发行管理暂行办法》第三十五条：上市公司申请发行证券，应当由保荐人保荐，但是根据本办法第三十七条规定适用简易程序且根据本办法第四十条规定采取自行销售的除外
优先股	上市公司发行优先股		是	《优先股试点管理办法》第三条：上市公司可以发行优先股，非上市公众公司可以非公开发行优先股（注：此处上市公司包括境内注册境内上市和境内注册境外上市的上市公司）《优先股试点管理办法》第三十九条：上市公司申请发行优先股应当由保荐人保荐并向中国证监会申报，其申请、审核、核准、发行等相关程序参照《上市公司证券发行管理办法》和《证券发行与承销管理办法》的规定
	非上市公众公司发行优先股		否	
新三板	推荐业务		否	《全国中小企业股份转让系统业务规则（试行）》：5.1 主办券商是指在全国股份转让系统从事下列部分或全部业务的证券公司（一）推荐业务：推荐申请挂牌公司股票挂牌，持续督导挂牌公司，为挂牌公司股票发行、并购重组等提供相关服务（二）经纪业务：代理开立证券账户、代理买卖股票等业务（三）做市业务（四）全国股份转让系统公司规定的其他业务从事前款第一项业务的，应当具有证券承销与保荐业务资格；从事前款第二项业务的，应当具有证券经纪业务资格；从事前款第三项业务的，应当具有证券自营业务资格
	经纪业务		否	
	做市业务		否	
政府债券、金融债券、公司债券、企业债券、资产证券化			否	《公司债发行与交易管理办法》废止了原《公司债券发行试点办法》关于发行公司债需保荐机构保荐的规定（注：此处公司债券不含可转债及分离交易可转债）
上市公司收购			否	《上市公司收购管理办法》第九条：收购人进行上市公司的收购，应当聘请在中国注册的具有从事财务顾问业务资格的专业机构担任财务顾问
上市公司重大资产重组	不涉及发行股份购买资产的		否	《上市公司重大资产重组管理办法》第十七条：上市公司应当聘请独立财务顾问、律师事务所以及具有相关证券业务资格的会计师事务所等证券服务机构就重大资产重组出具意见
	发行股份购买资产	发行股份购买资产部分	否	《上市公司监管法律法规常见问题与解答修订汇编》：二、募集配套资金的定价方法、锁定期、聘请中介机构的具体要求有哪些答：发行股份购买资产部分应当按照《上市公司重大资产重组管理办法》、《上市公司并购重组财务顾问业务管理办法》等相关规定执行，募集配套资金部分应当按照《上市公司证券发行管理办法》、《创业板上市公司证券发行管理暂行办法》、《证券发行上市保荐业务管理办法》等相关规定执行。募集配套资金部分与购买资产部分应当分别定价，视为两次发行。具有保荐人资格的独立财务顾问可以兼任保荐机构
	并配套募集资金	配套募集资金部分	是	

【链接】《创业板上市公司证券发行管理暂行办法》第三十七条：上市公司申请非公开发行股票融资额不超过人民币 5 000 万元且不超过最近一年末净资产 10% 的，中国证监会适用简易程序，但是最近 12 个月内上市公司非公开发行股票的融资总额超过最近一年末净资产 10% 的除外。

第四十条：上市公司公开发行证券，应当由证券公司承销。非公开发行股票符合以下情形之一的，可以由上市公司自行销售：

（1）发行对象为原前 10 名股东。

（2）发行对象为上市公司控股股东、实际控制人或者其控制的关联方。

（3）发行对象为上市公司董事、监事、高级管理人员或者员工。

（4）董事会审议相关议案时已经确定的境内外战略投资者或者其他发行对象。

（5）中国证监会认定的其他情形。

上市公司自行销售的，应当在董事会决议中确定发行对象，且不得采用竞价方式确定发行价格。

【真题回顾（1505）】以下事项中，需要聘请保荐机构履行保荐职责的有（　　）。

A. 首次公开发行股票

B. 资产证券化产品发行

C. 上市公司发行分离交易可转换公司债券

D. 上市公司发行公司债券

E. 创业板上市公司非公开发行股票适用简易程序且自行销售

答案：AC

【真题回顾（1611）】发行人应当就下列事项聘请具有保荐机构资格的证券公司履行保荐职责的是（　　）。

A. 首次公开发行股份并上市　　　　　B. 上市公司非公开发行股票

C. 上市公司公开发行公司债券　　　　D. 上市公司公开发行股票

E. 上市公司发行可转换公司债券

答案：ABDE

【模拟练习】以下事项中，需要聘请保荐机构履行保荐职责的有（　　）。

A. 上市公司发行优先股

B. 非上市公众公司发行优先股

C. 创业板上市公司非公开发行股票适用简易程序且自行销售

D. 主办券商为挂牌公司股票发行提供相关服务

E. 上市公司股东发行可交换公司债券

F. 上市公司重大资产重组涉及发行股份购买资产并配套募集资金，配套募集资金部分

答案：AF

【真题回顾（1610）】根据《证券发行上市保荐业务管理办法》，发行人应当聘请具有保荐资格的证券公司履行保荐职责的有（　　）。

A. 上市公司发行新股　　　　　　　　B. 上市公司发行可转换公司债券

C. 上市公司发行公司债券　　　　　　D. 首次公开发行股票并上市

E. 上市公司并购重组

答案：ABD

解析：对于 E 选项，需根据题目的组合具体分析，如果包含该题支的选项是最佳组合，则需要将其选入。

（二）同一保荐与联合保荐

事项	具体规定	
同一保荐	同次发行的证券，其发行保荐和上市保荐应当由同一保荐机构承担	
联合保荐	（1）可以联合保荐	①证券发行规模达到一定数量的，可以采用联合保荐，但参与联合保荐的保荐机构不得超过 2 家 ②证券发行的主承销商可以由该保荐机构担任，也可以由其他具有保荐机构资格的证券公司与该保荐机构共同担任
	（2）应当联合保荐	保荐机构及其控股股东、实际控制人、重要关联方持有发行人的股份合计超过 7%，或者发行人持有、控制保荐机构的股份超过 7% 的，保荐机构在推荐发行人证券发行上市时，应联合 1 家无关联保荐机构共同履行保荐职责，且该无关联保荐机构为第一保荐机构

【注1】同一保荐与可以联合保荐由《保荐办法》第六条规定，应当联合保荐由《保荐办法》第四十三条规定。

【注2】注意联合保荐与联合主承销的区别。不管是可以联合保荐还是应当联合保荐的情形，在采取联合保荐时，保荐机构均不得超过两家，而联合主承销没有"不得超过两家"的限制。

【注3】保荐业务的主承销商。

根据"证券发行的主承销商可以由该保荐机构担任，也可以由其他具有保荐机构资格的证券公司与该保荐机构共同担任"可以得出以下结论：

（1）发行人发行证券时，可以聘任两个或两个以上主承销商。

（2）同次发行的证券保荐机构一定是主承销商（可能是主承销商之一，但是必须是主承销商）。

（3）若同一次证券发行采取联合主承销，则除了保荐机构担任主承销商外，担任其他主承销商的证券公司应具备保荐资格。（主承销商一定要具有保荐资格）

【注4】"证券发行规模达到一定数量的，可以采用联合保荐"，对于"一定数量"为多少，法规并无明确规定，实务中一般为发行人和保荐机构存在应当联合保荐的关联关系时而采取联合保荐。此处"可以"包含两层含义：

（1）证券发行规模达到一定数量的，可以采用联合保荐，也可以不采取联合保荐。

（2）在不存在应当联合保荐情形时，证券发行规模需达到一定数量方可采取联合保荐，并非所有 IPO、再融资项目均可采取联合保荐形式。

【注5】对于应当联合保荐的情形应当注意以下几点：

（1）涉及 7% 的，均为超过，不含 7% 本数，防止考边界问题。

（2）"保荐机构持有及其控股股东、实际控制人、重要关联方持有发行人的股份合计超过 7%"，保荐机构后面有相关关联方的后缀，重要关联方包括子公司等，上述主体单独或合计持股超过 7% 的均应联合保荐；而"发行人持有控制保荐机构的股份"中"发行人"没有相关后缀。

（3）无相关第几大股东的规定，若题目交代比例同时交代是第几大股东，仅看比例是否符合即可，第几大股东属于干扰信息。

【真题回顾（1605）】 根据《证券发行上市保荐业务管理办法》，下列关于保荐业务的相关表述正确的有（　　）。

A. 同次发行的证券，其发行保荐和上市保荐可以选择不同保荐机构承担

B. 保荐机构依法对发行人申请文件、证券发行募集文件进行核查，向中国证监会、证券交易所出具保荐意见

C. 所有的 IPO、再融资项目发行都可以采用联合保荐形式，但参与联合保荐机构不得超过 2 家

D. 证券发行的主承销商可以由为本次证券发行进行保荐的保荐机构担任，也可以由其他具有保荐机构资格的证券公司与该保荐机构共同担任

E. 不管是发行保荐还是上市保荐，保荐机构均应当保证所出具的文件真实、准确、完整

答案：BDE

【真题回顾（1605）】 保荐机构与发行人存在的下列关联关系中，保荐机构应当联合一家无关联保荐机构共同履行保荐职责的有（　　）。

A. 发行人持有保荐机构 5% 的股份

B. 保荐机构持有发行人 3% 的股份，为其第五大股东

C. 保荐机构的控股股东持有发行人 8% 的股份

D. 发行人的控股子公司持有保荐机构 6% 的股份，为其第十大股东

E. 发行人持有保荐机构 6% 的股份，发行人的控股子公司持有保荐机构 2% 的股份

答案：C

解析：本题考查的为应当关联保荐的内容。

【模拟练习】 以下情形中需要联合一家无关联保荐机构共同保荐的有（　　）。

A. 保荐机构持有发行人 7% 的股份

B. 保荐机构持有发行人 3% 的股份，保荐机构的控股股东持有发行人 4% 的股份

C. 发行人持有保荐机构 8% 的股份

D. 发行人的控股股东持有保荐机构 8% 的股份

E. 发行人持有保荐机构 4% 的股份，发行人的控股股东持有保荐机构 4% 的股份

答案：C

（三）其他规定

《保荐办法》第四条："保荐机构及其保荐代表人应当遵守法律、行政法规和中国证监会的相关规定，恪守业务规则和行业规范，诚实守信，勤勉尽责，尽职推荐发行人证券发行上市，持续督导发行人履行规范运作、信守承诺、信息披露等义务。

保荐机构及其保荐代表人不得通过从事保荐业务谋取任何不正当利益。"

第五条："保荐代表人应当遵守职业道德准则，珍视和维护保荐代表人职业声誉，保持应有的职业谨慎，保持和提高专业胜任能力。

保荐代表人应当维护发行人的合法利益，对从事保荐业务过程中获知的发行人信息保密。保荐代表人应当恪守独立履行职责的原则，不因迎合发行人或者满足发行人的不当要求而丧失客观、公正的立场，不得唆使、协助或者参与发行人及证券服务机构实施非法的或者具有欺诈性的行为。

保荐代表人及其配偶不得以任何名义或者方式持有发行人的股份。"

第七条："发行人及其董事、监事、高级管理人员，为证券发行上市制作、出具有关文件的律师事务所、会计师事务所、资产评估机构等证券服务机构及其签字人员，应当依照法律、行

政法规和中国证监会的规定，配合保荐机构及其保荐代表人履行保荐职责，并承担相应的责任。

保荐机构及其保荐代表人履行保荐职责，不能减轻或者免除发行人及其董事、监事、高级管理人员、证券服务机构及其签字人员的责任。"

第八条："中国证监会依法对保荐机构及其保荐代表人进行监督管理。

中国证券业协会对保荐机构及其保荐代表人进行自律管理。"

【模拟练习】根据《保荐办法》的规定，以下说法正确的有（　　　）。

A. 保荐代表人不得以任何名义或者方式持有发行人的股份，保荐代表人的配偶不得直接持有发行人的股份，但可以他人名义持有发行人的股份

B. 保荐机构及其保荐代表人履行保荐职责，不能免除发行人及其董事、监事、高级管理人员、证券服务机构及其签字人员的责任，但可视具体情况减轻上述人员的责任

C. 中国证监会依法对保荐机构及其保荐代表人进行监督管理，中国证券业协会对保荐机构及其保荐代表人进行自律管理

D. 保荐机构及其保荐代表人不得通过从事保荐业务谋取任何不正当利益

答案：CD

二、保荐机构、保荐代表人的资格管理

（一）注册条件及维持条件

1. 证券公司申请保荐机构资格

《保荐办法》第九条规定，证券公司申请保荐机构资格，应当具备下列条件：

（1）注册资本不低于人民币1亿元，净资本不低于人民币5 000万元。

（2）具有完善的公司治理和内部控制制度，风险控制指标符合相关规定。

（3）保荐业务部门具有健全的业务规程、内部风险评估和控制系统，内部机构设置合理，具备相应的研究能力、销售能力等后台支持。

（4）具有良好的保荐业务团队且专业结构合理，从业人员不少于35人，其中最近3年从事保荐相关业务的人员不少于20人。

（5）符合保荐代表人资格条件的从业人员不少于4人。

（6）最近3年内未因重大违法违规行为受到行政处罚。

（7）中国证监会规定的其他条件。

【注】本条是"保代"考试重要考点，需准确记忆。出题人常在概念上和数字上更换。"（1）"的1亿元、5 000万元分别是"注册资本"和"净资本"，出题人经常更换为"实收资本"和"净资产"，即便数据正确，也是错误的；"（2）"、"（3）"属于性质描述项，在题中出现往往不好更换概念，一般都是正确的；"（4）"、"（5）"需要对数字和相应的人员作精准记忆；"（6）"中所述受到行政处罚包括中国证监会在内的所有行政处罚。

《保荐办法》第十五条："证券公司取得保荐机构资格后，应当持续符合本办法第九条规定的条件。保荐机构因重大违法违规行为受到行政处罚的，中国证监会撤销其保荐机构资格；不再具备第九条规定其他条件的，中国证监会可责令其限期整改，逾期仍然不符合要求的，中国证监会撤销其保荐机构资格。"

【注】第九条规定的注册条件中的所有条件均应持续符合，其中"（6）最近3年内未因重大违法违规行为受到行政处罚"若不符合的，则中国证监会直接撤销保荐机构资格，其他条件不满足的，中国证监会可责令限期整改，逾期仍然不符合要求的，中国证监会撤销其保荐机构资格，并非直接撤销。

关于证券公司申请保荐机构资格应当具备的条件以及维持保荐机构资格的条件可总结如下表所示。

序号	注册条件	维持资格条件	未满足资格 维持条件的处理
（1）	注册资本不低于人民币 1 亿元，净资本不低于人民币 5 000万元	持续符合	限期整改，逾期仍然不符合要求的，中国证监会撤销其保荐机构资格
（2）	具有完善的公司治理和内部控制制度，风险控制指标符合相关规定	持续符合	
（3）	保荐业务部门具有健全的业务规程、内部风险评估和控制系统，内部机构设置合理，具备相应的研究能力、销售能力等后台支持	持续符合	
（4）	具有良好的保荐业务团队且专业结构合理，从业人员不少于 35 人，其中最近 3 年从事保荐相关业务的人员不少于 20 人	持续符合	
（5）	符合保荐代表人资格条件的从业人员不少于 4 人	持续符合	
（6）	最近 3 年内未因重大违法违规行为受到行政处罚	持续符合	直接撤销
（7）	中国证监会规定的其他条件	持续符合	限期整改，逾期不符撤销

【真题回顾（1605）】 根据《证券发行上市保荐业务管理办法》，下列关于证券公司申请保荐机构资格应当具备的条件，说法正确的有（　　）。

A. 实收资本应不低于人民币 1 亿元

B. 净资本应不低于人民币 5 000 万元

C. 应具有良好的保荐业务团队且专业结构合理，从业人员不少于 35 人

D. 符合保荐代表人资格条件的从业人员应不少于 4 人

E. 最近 3 年从事保荐相关业务的人员应不少于 25 人

答案：BCD

【模拟练习】 证券公司取得保荐机构资格后，应当持续符合《保荐办法》规定的相关条件。以下情形中，中国证监会可直接撤销其保荐机构资格有（　　）。

A. 注册资本低于人民币 1 亿元

B. 最近 3 年内因重大违法违规行为受到国家工商局的行政处罚

C. 从业人员不足 35 人

D. 风险控制指标不符合相关规定

E. 最近 3 年内因重大违法违规行为受到中国证监会的行政处罚

答案：BE

解析：本题考查的是证券公司申请保荐机构资格应当具备的条件以及维持保荐机构资格的条件。可以直接撤销的情形是最近 3 年内因重大违法违规行为受到行政处罚。

2. 个人申请保荐代表人资格

《保荐办法》第十一条规定，个人申请保荐代表人资格，应当具备下列条件：

（1）具备 3 年以上保荐相关业务经历。

（2）最近 3 年内在本办法第二条规定的境内证券发行项目中担任过项目协办人。

（3）参加中国证监会认可的保荐代表人胜任能力考试且成绩合格有效。

（4）诚实守信，品行良好，无不良诚信记录，最近 3 年未受到中国证监会的行政处罚。

（5）未负有数额较大到期未清偿的债务。

（6）中国证监会规定的其他条件。

【注1】"（1）"防止更换为"具备 3 年以上投资银行（或证券从业）相关业务经历"。

【注2】"（2）"中所述指在"发行人应当聘请具有保荐机构资格的证券公司履行保荐职责的事项"中担任过项目协办人；常考的不符合规定的干扰项是担任"公司债券"的项目协办人；最近 3 年内，是指距申报时在三年内，比如某人 2014 年 2 月完成某上市公司公开增发股票项目，担任项目协办人，2017 年 3 月申请注册"保代"，则过了有效期，需重新签项目。

【注3】"（4）"中所述仅限于中国证监会的行政处罚，若只是受到其他部门的行政处罚，不构成注册障碍，注意与保荐机构注册条件的关于行政处罚的区别。

【注4】"（5）"需注意，负有数额较大的债务，未到期或虽到期但已清偿，不构成注册障碍。

【注5】《保荐办法》第十六条规定了维持保荐代表人资格的条件，需持续符合上述第十一条第（4）项、第（5）项和第（6）项规定的条件。注意，"（1）"、"（2）"、"（3）"所述仅首次注册的时候要求符合即可，并不要求之后持续符合。对于第"（4）"、第"（5）"、第"（6）"项需持续符合的条件中，若第（4）项不符合，即持续期内受到中国证监会的行政处罚的，中国证监会直接撤销其保荐代表人资格，对于第"（5）"、第"（6）"项不符合的，中国证监会责令其限期整改，逾期仍然不符合要求的，撤销其保荐代表人资格。另外需要注意的是，《保荐办法》第十六条还规定，保荐代表人被吊销、注销证券业执业证书的，中国证监会撤销其保荐代表人资格；个人取得保荐代表人资格后，应当定期参加中国证券业协会或者中国证监会认可的其他机构组织的保荐代表人年度业务培训，保荐代表人未按要求参加保荐代表人年度业务培训的，中国证监会撤销其保荐代表人资格。第十六条还规定，个人通过中国证监会认可的保荐代表人胜任能力考试后，应当定期参加中国证券业协会或者中国证监会认可的其他机构组织的保荐代表人年度业务培训，未按要求参加保荐代表人年度业务培训的，其保荐代表人胜任能力考试成绩不再有效。

对于保荐代表人注册及维持资格的条件总结如下表所示。

序号	注册条件	维持资格条件	未满足资格维持条件的处理
（1）	具备 3 年以上保荐相关业务经历	无须持续符合	不适用
（2）	最近 3 年内在《保荐方法》第二条规定的境内证券发行项目中担任过项目协办人		
（3）	参加中国证监会认可的保荐代表人胜任能力考试且成绩合格有效		
（4）	诚实守信，品行良好，无不良诚信记录，最近 3 年未受到中国证监会的行政处罚	持续符合	直接撤销
（5）	未负有数额较大到期未清偿的债务	持续符合	限期整改，逾期不符合撤销
（6）	中国证监会规定的其他条件	持续符合	

【链接1】中国证券业协会2014年10月15日中证协发〔2014〕177号文《关于进一步完善保荐代表人管理的通知》中对保荐代表人业务培训规定："凡具有保荐代表人胜任能力考试有效成绩的人员，须参加并完成每年度的保荐代表人业务培训。具有保荐代表人胜任能力考试有效成绩的离职人员可通过个人报名的方式完成保荐代表人年度业务培训（即参加协会远程培训方式）。"

【链接2】中国证监会2011年7月21日发行监管函〔2011〕185号《关于保荐代表人调任本公司直投子公司任职后保荐代表人资格问题的通知》中规定："保荐代表人调任本公司直投子公司任职后，可以保留其保荐代表人资格，但不能执行保荐业务，即不能签字推荐项目。保荐代表人在本公司内部其他部门兼任职务的，比照执行。"

【模拟练习】根据《证券发行上市保荐业务管理办法》，刘某于2017年3月申请注册保荐代表人资格，仅单个条件而言，下列事项中，符合注册条件的有（　　　）。

A. 于2015年11月通过了保荐代表人胜任能力考试，2016年未参加保荐代表人年度业务培训

B. 自2014年2月入职某证券公司投行部门，一直从事保荐承销相关业务

C. 于2015年3月完成某上市公司公开发行公司债券项目，担任项目负责人

D. 于2014年8月完成某上市公司非公开发行股票项目，担任项目协办人

E. 于2014年2月完成某上市公司公开增发股票项目，担任项目协办人

答案：BD

解析：A，未参加年度业务培训，成绩失效；B，符合"具备3年以上保荐相关业务经历"的规定；C，公司债券非保荐类项目；E，时间不在3年以内，签字协办失效。

【模拟练习】根据《保荐办法》的规定，以下属于个人在取得保荐代表人资格后，应当持续符合的条件有（　　　）。

A. 具备3年以上保荐相关业务经历

B. 最近3年内在境内证券发行项目中担任过项目协办人

C. 诚实守信，品行良好，无不良诚信记录，最近3年未受到中国证监会的行政处罚

D. 未负有数额较大到期未清偿的债务

答案：CD

解析：A、B为注册时需要具备的条件，其中A，注册时具备3年以上保荐相关业务经历，则后续一直会具备此条件，因此不需持续符合。

【模拟练习】个人取得保荐代表人资格后，应当持续符合《保荐办法》规定的相关条件，以下情形中，中国证监会可直接撤销其保荐代表人资格有（　　　）。

A. 负有数额较大到期未清偿的债务　　　B. 受到税务部门的行政处罚

C. 受到中国证监会的行政处罚　　　　　D. 证券业执业证书被吊销

E. 未定期参加保荐代表人年度业务培训

答案：CDE

解析：A，应限期改正，逾期仍然不符合要求的，中国证监会撤销其保荐代表人资格。B，根据条文是受到中国证监会的行政处罚直接撤销资格，税务局行政处罚不影响。

【模拟练习】以下可以作为证券公司保荐代表人执行保荐业务的人员有（　　　）。

A. 已通过保荐代表人资格考试，尚未注册为保荐代表人

B. 某保荐代表人因未按要求参加保荐代表人年度业务培训被撤销其保荐代表人资格

C. 被调任为证券公司直投子公司总经理的某保荐代表人

D. 刚完成注册的保荐代表人

答案：D

（二）注册登记及变更登记的程序

1. 保荐机构、保荐代表人注册登记的程序

程序	保荐机构注册程序	保荐代表人注册程序
（1）提交申请材料	证券公司向中国证监会提交申请注册保荐机构的材料（第十条）	个人通过所任职的保荐机构向中国证监会提交申请注册保荐代表人的材料（第十二条）
	申请文件内容发生重大变化的，应当自变化之日起 2 个工作日内向中国证监会提交更新资料（第十三条）	
（2）受理审查（第十四条）	对保荐机构资格的申请，中国证监会自受理之日起 45 个工作日内作出核准或者不予核准的书面决定	对保荐代表人资格的申请，自受理之日起 20 个工作日内作出核准或者不予核准的书面决定
（3）注册登记（第十七条）	中国证监会依法对保荐机构、保荐代表人进行注册登记管理	

2. 保荐机构、保荐代表人变更登记的程序

《保荐办法》第二十条：保荐机构、保荐代表人注册登记事项发生变化的，保荐机构应当自变化之日起 5 个工作日内向中国证监会书面报告，由中国证监会予以变更登记。

【注】VS 证券公司、个人申请文件内容发生重大变化的。

《保荐办法》第二十一条：保荐代表人从原保荐机构离职，调入其他保荐机构的，应通过新任职机构（非原机构）向中国证监会申请变更登记。

【注】中国证券业协会 2012 年 10 月 15 日《关于保荐代表人资格管理有关问题的通知》中规定："根据中国证监会关于保荐代表人管理工作的安排，保荐代表人注册、变更执业机构等资格管理职责移交我会。"因此现行保荐代表人的注册、变更等事项由中国证券业协会管理。

第二节　主要职责

【大纲要求】

内容	程度
1. 证券发行上市保荐制度的主要内容	熟悉
2. 保荐机构和保荐代表人在尽职推荐和持续督导期间应履行的职责	掌握
3. 保荐机构和保荐代表人在持续督导期间应履行的职责	掌握

【注】"4. 尽职调查过程中问核程序的相关要求"调整入第三章第一节中对尽职调查的相关要求。

【内容精讲】

一、证券发行上市保荐制度的主要内容

2003 年 12 月 28 日中国证监会令第 18 号文发布《证券发行上市保荐制度暂行办法》，该暂行办法已被《证券发行上市保荐业务管理办法》（2009 年 5 月 13 日中国证监会令第 63 号）废止，因此关于证券发行上市保荐制度的主要内容就是《证券发行上市保荐业务管理办法》中关于资格管理、主要职责、工作规程、执业规范的相关规定。

二、保荐机构和保荐代表人在尽职推荐期间应履行的职责

《保荐办法》第二十三条规定，保荐机构应当尽职推荐发行人证券发行上市。发行人证券上市后，保荐机构应当持续督导发行人履行规范运作、信守承诺、信息披露等义务。

（一）首发上市前的辅导

1. 辅导对象

保荐机构在推荐发行人首次公开发行股票并上市前，应当对发行人进行辅导，辅导对象包括以下人员：

（1）发行人的董、监、高。

（2）持有 5% 以上股份的股东和实际控制人或者其法定代表人。

【注 1】首发上市前的辅导是"保代"考试中的重要考点，几乎每次都考，需重点把握。

【注 2】"（1）"中，①含独立董事；②仅仅是发行人的董、监、高，不包含持有 5% 以上股份的股东、控股股东和实际控制人的董、监、高；③《公司法》规定的高管是指公司的经理、副经理、财务负责人，上市公司董事会秘书和公司章程规定的其他人员，如无其他说明，证券事务代表不是高管。

【注 3】"（2）"中，①如果是自然人，则是其本人，如果是法人，则是其法定代表人；②《公司法》规定，公司法定代表人依照公司章程的规定，由董事长、执行董事或者经理担任；③此处说的是"5% 以上股份的股东"，若题目中出现"控股股东"则根据常规情况，控股股东持股比例应该在 5% 以上，也应当选。所以，基于股权关系的辅导对象为 5% 以上股份的股东、控股股东、实际控制人，或者前三者的法定代表人；④注意，此处是"持有 5% 以上股份的股东"，无第几大股东的说法，若题目中交代比例同时交代是第几大股东，只要不是控股股东，则仅看比例是否符合即可，第几大股东属于干扰信息。

2. 辅导验收

保荐机构辅导工作完成后，应由发行人所在地的中国证监会派出机构进行辅导验收。

【真题回顾（1605）】根据《证券发行上市保荐业务管理办法》，保荐机构在推荐发行人首次公开发行股票并上市前，应当对发行人进行辅导，下列属于应该接受辅导的人员有（　　　）。

A. 发行人的董事、监事　　　　　　B. 发行人的副总经理

C. 发行人的实际控制人或其法定代表人　D. 持有发行人 3% 以上股份的股东

E. 发行人实际控制人的董事、监事、高管

答案：ABC

解析：B，《公司法》第二百一十六条对高级管理人员的含义进行解释，是指公司的经理、副经理、财务负责人，上市公司董事会秘书和公司章程规定的其他人员。

【模拟练习】根据《证券发行上市保荐业务管理办法》，保荐机构在推荐发行人首次公开发行股票并上市前，应当对发行人进行辅导，下列属于应该接受辅导的人员有（　　　）。

A. 发行人的财务负责人

B. 发行人董事会秘书

C. 持有发行人3%股份的自然人股东，是发行人的第三大股东

D. 发行人的证券事务代表

E. 发行人控股股东的监事

答案：A（B）

解析：A、B、D，财务负责人、上市公司董事会秘书属于高管，证券事务代表不属于高管；C，持股比例未达到5%。注意，《公司法》规定"上市公司董事会秘书"属于高管，因此B选项若在考试中出现，需根据具体组合综合判断。

【模拟练习】根据《证券发行上市保荐业务管理办法》，保荐机构在推荐发行人首次公开发行股票并上市前，应当对发行人进行辅导，下列属于应该接受辅导的人员有（　　　　）。

A. 发行人的实际控制人

B. 持有发行人10%股份的法人股东的董事

C. 发行人的实际控制人的监事

D. 持有发行人5%股份法人股东的董事长

E. 发行人实际控制人的总经理

F. 发行人控股股东的法定代表人

答案：AF

解析：A中，实际控制人须为自然人，否则其法定代表人为辅导对象。

（二）尽职调查

《保荐办法》第二十四条规定，保荐机构推荐发行人证券发行上市，应当遵循诚实守信、勤勉尽责的原则，按照中国证监会对保荐机构尽职调查工作的要求，对发行人进行全面调查，充分了解发行人的经营状况及其面临的风险和问题。

1. 签订保荐协议

《保荐办法》第二十七条规定，保荐机构应当与发行人签订保荐协议，明确双方的权利和义务，按照行业规范协商确定履行保荐职责的相关费用。

保荐协议签订后，保荐机构应在5个工作日内报发行人所在地的中国证监会派出机构备案。

2. 具体尽调

《保荐办法》第二十九条规定，对发行人申请文件、证券发行募集文件中有证券服务机构及其签字人员出具专业意见的内容，保荐机构应当结合尽职调查过程中获得的信息对其进行审慎核查，对发行人提供的资料和披露的内容进行独立判断。

保荐机构所作的判断与证券服务机构的专业意见存在重大差异的，应当对有关事项进行调查、复核，并可聘请其他证券服务机构提供专业服务。

《保荐办法》第三十条规定，对发行人申请文件、证券发行募集文件中无证券服务机构及其签字人员专业意见支持的内容，保荐机构应当获得充分的尽职调查证据，在对各种证据进行综合分析的基础上对发行人提供的资料和披露的内容进行独立判断，并有充分理由确信所作的判断与发行人申请文件、证券发行募集文件的内容不存在实质性差异。

3. 组织编制申请文件、发行保荐与上市保荐

《保荐办法》第二十八条规定，保荐机构应当确信发行人符合法律、行政法规和中国证监会的有关规定，方可推荐其证券发行上市。保荐机构决定推荐发行人证券发行上市的，可以根据发行人的委托，组织编制申请文件并出具推荐文件。

第三十一条规定，保荐机构推荐发行人发行证券，应当向中国证监会提交发行保荐书、保荐代表人专项授权书以及中国证监会要求的其他与保荐业务有关的文件。发行保荐书应当包括

下列内容：

（1）逐项说明本次发行是否符合《公司法》、《证券法》规定的发行条件和程序。

（2）逐项说明本次发行是否符合中国证监会的有关规定，并载明得出每项结论的查证过程及事实依据。

（3）发行人存在的主要风险。

（4）对发行人发展前景的评价。

（5）保荐机构内部审核程序简介及内核意见。

（6）保荐机构与发行人的关联关系。

（7）相关承诺事项。

（8）中国证监会要求的其他事项。

【注1】发行保荐书的必备内容是"保代"考试大纲明确要求掌握的内容，除《保荐办法》第三十一条的规定外，《发行证券的公司信息披露内容与格式准则第27号——发行保荐书和发行保荐工作报告》也对此进行了规定，二者规定整体一致，过往考试命题的法条依据为《保荐办法》第三十一条的规定。注意和下述及沪深交易所股票上市规则中关于上市保荐书的必备内容的区别，命题人往往会把属于上市保荐书的内容混入题支中作为干扰项。

【注2】《发行证券的公司信息披露内容与格式准则第27号——发行保荐书和发行保荐工作报告》第二十二条规定，发行保荐书应由保荐机构法定代表人、保荐业务负责人、内核负责人、保荐代表人和项目协办人签字，加盖保荐机构公章并注明签署日期。

《保荐办法》第三十二条规定，保荐机构推荐发行人证券上市，应当向证券交易所提交上市保荐书以及证券交易所要求的其他与保荐业务有关的文件，并报中国证监会备案。上市保荐书应当包括下列内容：

（1）逐项说明本次证券上市是否符合《公司法》、《证券法》及证券交易所规定的上市条件。

（2）对发行人证券上市后持续督导工作的具体安排。

（3）保荐机构与发行人的关联关系。

（4）相关承诺事项。

（5）中国证监会或者证券交易所要求的其他事项。

4. 配合证监会的审核并承担相应工作

《保荐办法》第三十四条规定，保荐机构提交发行保荐书后，应当配合中国证监会的审核，并承担下列工作：

（1）组织发行人及证券服务机构对中国证监会的意见进行答复。

（2）按照中国证监会的要求对涉及本次证券发行上市的特定事项进行尽职调查或者核查。

（3）指定保荐代表人与中国证监会职能部门进行专业沟通，保荐代表人在发行审核委员会会议上接受委员质询。

（4）中国证监会规定的其他工作。

【真题回顾（1311）】保荐机构发现会计师出具的审计报告的专业意见与保荐代表人根据尽职调查过程中获得的信息所作出的判断存在重大差异的，应当对有关事项进行调查、复核，并可聘请其他会计师事务所出具专项核查报告。

答案：✓

【模拟练习】根据《保荐办法》的规定，以下说法正确的有（　　　　）。

A. 对发行人申请文件、证券发行募集文件中有证券服务机构及其签字人员出具专业意见的内容，保荐机构可直接引用证券服务机构及其签字人员出具专业意见的结论

B. 对发行人申请文件、证券发行募集文件中有证券服务机构及其签字人员出具专业意见的内容，保荐机构所作的判断与证券服务机构的专业意见存在重大差异的，应当独立对有关事项进行调查、复核，不可聘请其他证券服务机构提供服务

C. 对发行人申请文件、证券发行募集文件中无证券服务机构及其签字人员专业意见支持的内容，保荐机构应当获得充分的尽职调查证据，在对各种证据进行综合分析的基础上对发行人提供的资料和披露的内容进行独立判断

D. 保荐机构推荐发行人证券发行上市，应当遵循诚实守信、勤勉尽责的原则，按照中国证监会对保荐机构尽职调查工作的要求，对发行人进行全面调查，充分了解发行人的经营状况及其面临的风险和问题

答案：CD

【真题回顾（1511）】以下属于发行保荐书必须包含的内容的有（　　　）。

A. 发行人存在的主要风险　　　　　　B. 保荐机构内部审核程序简介及内核意见

C. 对发行人发展前景的评价　　　　　D. 保荐机构与发行人的关联关系

E. 申请上市的股票的发行情况

答案：ABCD

解析：根据股票上市规则的规定，E 选项属于上市保荐书的必备内容。

三、保荐机构和保荐代表人在持续督导期间应履行的职责

（一）持续督导期间应履行的职责

《保荐办法》第三十五条规定，保荐机构应当针对发行人的具体情况，确定证券发行上市后持续督导的内容，督导发行人履行有关上市公司规范运作、信守承诺和信息披露等义务，审阅信息披露文件及向中国证监会、证券交易所提交的其他文件，并承担下列工作：

（1）督导发行人有效执行并完善防止控股股东、实际控制人、其他关联方违规占用发行人资源的制度。

（2）督导发行人有效执行并完善防止其董事、监事、高级管理人员利用职务之便损害发行人利益的内控制度。

（3）督导发行人有效执行并完善保障关联交易公允性和合规性的制度，并对关联交易发表意见。

（4）持续关注发行人募集资金的专户存储、投资项目的实施等承诺事项。

（5）持续关注发行人为他人提供担保等事项，并发表意见。

（6）中国证监会、证券交易所规定及保荐协议约定的其他工作。

（二）持续督导期间的要求

1. 持续督导期间的一般要求

《保荐办法》第三十六条规定，首次公开发行股票并在主板上市的，持续督导的期间为证券上市当年剩余时间及其后 2 个完整会计年度；主板上市公司发行新股、可转换公司债券的，持续督导的期间为证券上市当年剩余时间及其后 1 个完整会计年度。

首次公开发行股票并在创业板上市的，持续督导的期间为证券上市当年剩余时间及其后 3 个完整会计年度；创业板上市公司发行新股、可转换公司债券的，持续督导的期间为证券上市当年剩余时间及其后 2 个完整会计年度。

【注1】上述主板包含中小板。

【注2】首发及再融资的持续督导期间，创业板比主板均多出一个会计年度。

2. 持续督导期间的延长

《深圳证券交易所上市公司保荐工作指引》第十一条规定，在持续督导期间，上市公司出现以下情形之一的，本所可以视情况要求保荐机构延长持续督导时间：

（1）上市公司在规范运作、公司治理、内部控制等方面存在重大缺陷或者较大风险的。

（2）上市公司受到中国证监会行政处罚或者本所公开谴责的。

（3）上市公司连续二年信息披露考核结果为 D 的。

（4）本所认定的其他情形。

持续督导时间应延长至相关违规行为已经得到纠正、重大风险已经消除时，且不少于上述情形发生当年剩余时间及其后一个完整的会计年度。

《上海证券交易所上市公司持续督导工作指引》第十三条规定，持续督导期届满，上市公司或相关当事人存在下列事项之一的，保荐人或财务顾问应继续履行持续督导义务，直至相关事项全部完成：

（1）募集资金未全部使用完毕

（2）可转换公司债券、可交换公司债券、分离交易的可转换公司债券的转股、换股、行权尚未完成

（3）上市公司或相关当事人承诺事项未完全履行

（4）其他尚未完结的事项。

保荐人或财务顾问在持续督导期间未勤勉尽责的，其相应责任不因持续督导期届满而免除或终止。

3. 更换保荐机构的持续督导期间

《保荐办法》第四十七条规定，另行聘请的保荐机构应当完成原保荐机构未完成的持续督导工作。

因原保荐机构被撤销保荐机构资格而另行聘请保荐机构的，另行聘请的保荐机构持续督导的时间不得少于 1 个完整的会计年度。

另行聘请的保荐机构应当自保荐协议签订之日起开展保荐工作并承担相应的责任。原保荐机构在履行保荐职责期间未勤勉尽责的，其责任不因保荐机构的更换而免除或者终止。

【注1】关于"另行聘请的保荐机构应当完成原保荐机构未完成的持续督导工作"的理解。

该种情形下持续督导的截止时间应当为原持续督导结束日和再次发行证券持续督导结束日二者孰晚，例如，甲公司于 2009 年 9 月首次公开发行股票并在创业板上市，聘请的保荐机构为 A 证券公司，2011 年 10 月发行了可转换公司债券，聘请的保荐机构为 B 证券公司，A 证券公司原持续督导期间应截至 2012 年 12 月 31 日，因发行可转债 B 证券公司持续督导期间应截至 2013 年 12 月 31 日，B 证券公司既要完成 A 未完成的持续督导工作（即到 2012 年 12 月 31 日止），又要完成自身的持续督导期间，应当为二者孰晚。则 B 证券公司对于甲公司持续督导截止日期应到 2013 年 12 月 31 日止。

【注2】关于"因原保荐机构被撤销保荐机构资格而另行聘请保荐机构的，另行聘请的保荐机构持续督导的时间不得少于 1 个完整的会计年度"的理解。

例如，A 证券公司作为甲公司首次公开发行并于 2012 年 4 月 1 日在中小板上市的保荐机构，其持续督导截止时间应当为 2014 年 12 月 31 日，2014 年 4 月 1 日，A 因重大违法违规行为受到

中国证监会行政处罚并被撤销保荐机构资格，甲公司于 2014 年 4 月 28 日与 B 证券公司签订保荐协议，另行聘请 B 作为其保荐机构对其进行后续的持续督导，则 B 对甲公司的持续督导的期限为 2015 年 12 月 31 日。

【注3】 "另行聘请的保荐机构应当自保荐协议签订之日起开展保荐工作并承担相应的责任。"

注意与《保荐办法》第六十四条的规定区分，保荐办法第六十四条规定："自保荐机构向中国证监会提交保荐文件之日起，保荐机构及其保荐代表人承担相应的责任。"

【真题回顾（1605）】 上交所上市公司发行新股，其持续督导期间为（　　）。

A. 证券上市当年剩余时间及其后 1 个完整会计年度

B. 证券上市当年剩余时间及其后 2 个完整会计年度

C. 证券上市当年剩余时间及其后 3 个完整会计年度

D. 证券上市当年剩余时间及其后 4 个完整会计年度

E. 证券上市当年剩余时间

答案：A

【真题回顾（1611）】 根据《证券发行上市保荐业务管理办法》，下列关于持续督导期间的相关表述，错误的是（　　）。

A. 首次公开发行股票并在主板上市的，持续督导的期间为证券上市当年剩余时间及其后 2 个完整会计年度

B. 主板上市公司发行可转换公司债券的，持续督导期间为证券上市当年剩余时间及其后债券存续期间

C. 创业板上市公司发行新股，持续督导期间为证券上市当年剩余时间及其后 2 个完整会计年度

D. 首次公开发行股票并在创业板上市的，持续督导期间为证券上市当年剩余时间及其后 3 个完整会计年度

答案：B

【模拟练习】 甲公司首次公开发行股票并在上交所上市，乙公司首次公开发行股票并在深交所创业板上市，丙公司为深交所中小板上市公司，发行可转换公司债券，丁公司为深交所创业板上市公司，非公开发行股票，则对甲、乙、丙、丁的持续督导期间为证券上市当年剩余时间及其后（　　）完整会计年度。

A. 3 个、2 个、2 个、1 个　　　　　　B. 2 个、3 个、1 个、2 个

C. 3 个、2 个、3 个、2 个　　　　　　D. 2 个、3 个、2 个、3 个

E. 2 个、1 个、3 个、2 个

答案：B

【模拟练习】 下列有关持续督导的说法中，正确的有（　　）。

A. 甲公司于 2015 年 8 月 20 日首发并在上交所上市，则持续督导期间截至 2017 年 12 月 31 日

B. 乙公司为深交所中小板上市公司，2016 年 5 月 15 日发行可转换公司债券，则持续督导期间截至 2018 年 12 月 31 日

C. 丙公司于 2015 年 8 月 15 日首发并在创业板上市，则持续督导期间截至 2019 年 12 月 31 日

D. 丁公司于 2014 年 9 月 15 日首发并在创业板上市，聘请的保荐机构为 A 证券公司，2015 年 10 月 15 日发行可转债，聘请的保荐机构为 B 证券公司，则持续督导期间截至 2017 年 12 月 31 日

答案：AD

解析：B，中小板参照主板。C，应截至 2018 年 12 月 31 日。

【模拟练习】以下关于持续督导的说法正确的是（　　）。

A. 甲公司为在创业板上市公司，在持续督导期间，甲公司连续二年信息披露考核结果为 D 的，深交所可以视情况要求保荐机构延长持续督导时间

B. 乙公司为在中小板上市公司，在持续督导期间，乙公司受到中国证监会行政处罚的，深交所可以视情况要求保荐机构延长持续督导时间

C. 丙公司为在深交所主板上市公司，在持续督导期间，丙公司受到深交所公开谴责的，深交所可以视情况要求保荐机构延长持续督导时间

D. 丁公司为在深交所主板上市公司，在持续督导期间，丁公司在规范运作、公司治理、内部控制等方面存在重大缺陷或者较大风险的，深交所可以视情况要求保荐机构延长持续督导时间

E. 戊公司为在上交所上市的公司，持续督导期届满，募集资金未全部使用完毕，保荐机构应继续履行持续督导义务，直至相关事项全部完成

答案：ABCDE

【模拟练习】以下关于持续督导说法正确的有（　　）。

A. 甲证券公司作为 A 公司首次公开发行并于 2012 年 4 月 1 日在创业板上市的保荐机构，2012 年 10 月 31 日，A 公司与乙证券公司签订保荐协议聘请乙证券公司作为 A 公司定向增发并于 2012 年 12 月 31 日上市交易的保荐机构，则乙对 A 公司的持续督导的期限为 2015 年 12 月 31 日

B. 甲证券公司作为 A 公司首次公开发行并于 2012 年 4 月 1 日在中小板上市的保荐机构，2014 年 4 月 1 日，甲因重大违法违规行为受到中国证监会行政处罚并被撤销保荐机构资格，A 公司于 2014 年 4 月 28 日与乙证券公司签订保荐协议，另行聘请乙作为其保荐机构对其进行后续的持续督导，则乙对 A 公司的持续督导的期限为 2014 年 12 月 31 日

C. A 中所述乙证券公司应当自中国证监会提供保荐文件之日起承担相应的责任

D. B 中所述乙证券公司应当自 2014 年 4 月 28 日开展保荐工作并承担相应的责任

答案：AD

（三）创业板上市公司跟踪报告

《保荐办法》第三十六条规定，首次公开发行股票并在创业板上市的，持续督导期内保荐机构应当自发行人披露年度报告、中期报告之日起 15 个工作日内在中国证监会指定网站披露跟踪报告。

根据《企业会计准则》的规定，中期报告指少于一个会计年度的财务报告，包括月报、季报、半年报。实务中有些创业板上市公司是在年度报告、半年度报告披露后 15 个工作日内披露保荐机构的跟踪报告，也有些是在年度、半年度、季度报告披露后 15 个工作日内披露。

《深圳证券交易所上市公司保荐工作指引》第四十二条规定，创业板上市公司的保荐机构应当在公司披露年度报告、半年度报告后 15 个交易日内向本所报送并在指定网站披露跟踪报告。

两处的说法有冲突，考试时应当会回避，若考到此考点，根据后法优于前法原则及监管层

的"立法"意图，应当以"半年度"报告为准，而非中期报告，而对于"15 个交易日"和"15 个工作日"的说法均应当是正确的。

保荐机构持续督导的期间

业务类型	持续督导的期间	
	主板（含中小板）	创业板
首次公开发行股票并上市	证券上市当年剩余时间及其后 2 个完整会计年度	证券上市当年剩余时间及其后 3 个完整会计年度
发行新股、可转债	证券上市当年剩余时间及其后 1 个完整会计年度	证券上市当年剩余时间及其后 2 个完整会计年度
恢复上市	股票恢复上市当年剩余时间及其后 1 个完整会计年度	
退市公司重新上市	重新上市后当年剩余时间及其后 2 个完整会计年度	
上市公司收购	自收购人公告上市公司收购报告书之日起至收购完成后的 12 个月内	
上市公司重大资产重组（包括发行股份购买资产，不包括构成借壳重组标准的）	自本次重大资产重组实施完毕之日起，不少于 1 个会计年度	
上市公司重大资产重组（构成借壳的）	自中国证监会核准本次重大资产重组之日起，不少于 3 个会计年度	
股改	股改前非流通股东承诺全部履行完毕	
上市公司所属企业分拆境外上市	财务顾问应当在所属企业到境外上市当年剩余时间及其后 1 个完整会计年度，持续督导上市公司维持独立上市地位	
变更保荐机构	另行聘请的保荐机构应当完成原保荐机构未完成的持续督导工作 因原保荐机构被撤销保荐机构资格而另行聘请保荐机构的，另行聘请的保荐机构持续督导的时间不得少于 1 个完整的会计年度	

第三节　工作规程

【大纲要求】

内容	程度
1. 保荐机构开展保荐工作需要建立的相关制度体系	掌握
2. 开展保荐工作涉及的关联保荐、保荐机构更换、保荐代表人推荐要求及更换要求	熟悉
3. 与保荐义务有关的文件的签字要求及保密义务等	熟悉
4. 保荐机构和保荐代表人承担保荐责任时的权利	掌握
5. 保荐业务协调工作的具体要求	熟悉
6. 持续督导保荐工作的基本要求、应关注事项、应发表的独立意见、现场核查工作的具体要求	掌握

【内容精讲】

一、保荐机构开展保荐工作需要建立的相关制度体系

（一）总体要求

《保荐办法》第三十八条规定，保荐机构应当建立健全保荐工作的内部控制体系，切实保证保荐业务负责人、内核负责人、保荐业务部门负责人、保荐代表人、项目协办人及其他保荐业务相关人员勤勉尽责，严格控制风险，提高保荐业务整体质量。

（二）制度体系

《保荐办法》第三十九条至第四十一条对保荐机构开展保荐工作需要建立的相关制度进行具体规定如下：

保荐机构应当建立健全证券发行上市的尽职调查制度、辅导制度、对发行上市申请文件的内部核查制度、对发行人证券上市后的持续督导制度。

保荐机构应当建立健全对保荐代表人及其他保荐业务相关人员的持续培训制度。

保荐机构应当建立健全工作底稿制度，为每一项目建立独立的保荐工作底稿。保荐代表人必须为其具体负责的每一项目建立尽职调查工作日志，作为保荐工作底稿的一部分存档备查；保荐机构应当定期对尽职调查工作日志进行检查。保荐工作底稿应当真实、准确、完整地反映整个保荐工作的全过程，保存期不少于 10 年。

《保荐办法》第四十二条规定，保荐机构的保荐业务负责人、内核负责人负责监督、执行保荐业务各项制度并承担相应的责任。

【注1】保荐机构需建立的制度体系包括尽调制度、辅导制度、内核制度、持续督导制度、持续培训制度、工作底稿制度。（需精准记忆这 6 项制度，当然实务工作中远不止这些制度，但考试题目的命制会以此明文规定为依据）

【注2】负责监督、执行保荐业务各项制度并承担相应的责任的人员为保荐业务负责人和内核负责人。

【注3】注意工作底稿的保存期不少于 10 年。

【真题回顾（1605）】根据《证券发行上市保荐业务管理办法》的规定，下列关于保荐机构管理的说法正确的有（ ）。

A. 保荐机构应当建立健全对保荐人及其保荐业务相关人员的持续培训制度

B. 保荐机构应当建立健全工作底稿制度，为每一项目建立独立的保荐工作底稿

C. 保荐工作底稿保存期不少于 7 年

D. 除保荐业务负责人以外，内核负责人也应负责监督、执行保荐业务各项制度并承担相应的责任

E. 保荐机构应当建立健全对发行上市申请文件的内部核查制度

答案：ABDE

二、开展保荐工作涉及的关联保荐、保荐机构更换、保荐代表人推荐及更换要求

（一）开展保荐工作涉及的关联保荐的要求

详见第一节"联合保荐"的相关规定。

（二）保荐机构更换的要求

《保荐办法》第四十四条至第四十七条对保荐机构更换的要求进行了相关规定，具体如下：

1. 终止保荐协议、更换保荐机构的期间、情形及处理

（1）刊登证券发行募集文件前终止保荐协议的，保荐机构和发行人应当自终止之日起5个工作日内分别向中国证监会报告，说明原因。

（2）刊登证券发行募集文件以后直至持续督导工作结束，保荐机构和发行人不得终止保荐协议，但发行人因再次申请发行证券另行聘请保荐机构、保荐机构被中国证监会撤销保荐机构资格的，应当终止保荐协议。终止保荐协议的，保荐机构和发行人应当自终止之日起5个工作日内向中国证监会、证券交易所报告，说明原因。

（3）持续督导期间，保荐机构被撤销保荐机构资格的，发行人应当在1个月内另行聘请保荐机构，未在规定期限内另行聘请的，中国证监会可以为其指定保荐机构。

2. 保荐机构更换后的处理

（1）另行聘请的保荐机构应当完成原保荐机构未完成的持续督导工作。

（2）因原保荐机构被撤销保荐机构资格而另行聘请保荐机构的，另行聘请的保荐机构持续督导的时间不得少于1个完整的会计年度。

（3）另行聘请的保荐机构应当自保荐协议签订之日起开展保荐工作并承担相应的责任。

（4）原保荐机构在履行保荐职责期间未勤勉尽责的，其责任不因保荐机构的更换而免除或者终止。

【注】此处变更保荐机构承担责任的时间起点为"自保荐协议签订之日起"，而初始保荐机构承担责任的时间起点为"自保荐机构向中国证监会提交保荐文件之日起"保荐机构及其保荐代表人承担相应的责任，注意区分。

【模拟练习】在持续督导期间，如保荐机构被撤销保荐机构资格，发行人应当另行聘请保荐机构，下列说法正确的有（　　　）。

A. 发行人应当在3个月内另行聘请保荐机构

B. 发行人未在规定期限内另行聘请的，中国证监会可为其指定保荐机构

C. 另行聘请的保荐机构应当自保荐协议签订之日起开展保荐工作并承担相应的责任

D. 另行聘请的保荐机构持续督导的时间不得少于1个完整的会计年度

E. 另行聘请的保荐机构持续督导的时间不得少于2个完整的会计年度

答案：BCD

解析：A，发行人应当在1个月内另行聘请保荐机构。

（三）保荐代表人推荐及更换要求

1. 保荐代表人推荐要求

《保荐办法》第四十八条规定，保荐机构应当指定2名保荐代表人具体负责1家发行人的保荐工作，出具由法定代表人签字的专项授权书，并确保保荐机构有关部门和人员有效分工协作。保荐机构可以指定1名项目协办人。

【注1】《关于进一步加强保荐业务监管有关问题的意见》（2012年3月15日）规定：在两名保荐代表人可在主板（含中小企业板）和创业板同时各负责一家在审企业的基础上，调整为可同时各负责两家在审企业。但下述两类保荐代表人除外：①最近3年内有过违规记录的保荐代表人，违规记录包括被中国证监会采取过监管措施、受到过证券交易所公开谴责或中国证券业协会自律处分的；②最近3年内未曾担任过已完成的首发、再融资项目签字保荐代表人的。

【注2】《关于进一步加强保荐业务监管有关问题的意见》适用问答（2012年3月29日）"已完成的首发、再融资项目签字保荐代表人"应同时满足以下两个条件：①项目取得中国证监

会核准批文；②以保荐代表人身份签字推荐的项目。

2. 保荐代表人更换要求

《保荐办法》第四十九条规定，证券发行后，保荐机构不得更换保荐代表人，但因保荐代表人离职或者被撤销保荐代表人资格的，应当更换保荐代表人。

保荐机构更换保荐代表人的，应当通知发行人，并在 5 个工作日内向中国证监会、证券交易所报告，说明原因。原保荐代表人在具体负责保荐工作期间未勤勉尽责的，其责任不因保荐代表人的更换而免除或者终止。

【真题回顾（2012）】 下列不符合"保代"双签规定的是（　　）。

A. 最近 3 年内受到过中国证监会监管措施

B. 最近 3 年内受到证券交易所公开谴责

C. 最近 3 年内签了首发项目，已取得证监会核准批文，但 6 个月内未发行

D. 最近 3 年内签了再融资项目，发审会已通过，尚未取得中国证监会核准批文

答案：ABD

三、与保荐义务有关的文件的签字要求及保密义务

（一）与保荐义务有关的文件的签字要求

"保代"考试比较喜欢考的是发行保荐书、保荐工作报告书及证券发行募集文件的签字人员。

1. 发行募集文件的签字人员

《保荐办法》第五十条规定，保荐机构法定代表人、保荐业务负责人、内核负责人、保荐代表人和项目协办人应当在发行保荐书上签字，保荐机构法定代表人、保荐代表人应同时在证券发行募集文件上签字。

【注】 证券发行募集文件主要是指招股说明书、配股说明书、上市公司公开发行证券募集说明书等。除发行人全体董事、监事、高级管理人员应在募集说明书正文的尾页声明外，保荐机构的法定代表人、保荐代表人应同时在证券发行募集文件上签字。另外，律师、会计师、资产评估机构等相关人员也需在文件上签署声明。

2. 保荐总结报告书的报送、签字及内容

《保荐办法》第五十二条规定，持续督导工作结束后，保荐机构应当在发行人公告年度报告之日起的 10 个工作日内向中国证监会、证券交易所报送保荐总结报告书。保荐机构法定代表人和保荐代表人应当在保荐总结报告书上签字。保荐总结报告书应当包括下列内容：

（1）发行人的基本情况。

（2）保荐工作概述。

（3）履行保荐职责期间发生的重大事项及处理情况。

（4）对发行人配合保荐工作情况的说明及评价。

（5）对证券服务机构参与证券发行上市相关工作情况的说明及评价。

（6）中国证监会要求的其他事项。

【注1】 注意报送的时间要求。

【注2】 注意保荐总结报告书包括的内容。

【真题回顾（1311）】 保荐总结报告书应当包括（　　）。

A. 发行人控股股东的基本情况

B. 履行保荐职责期间发生的重大事项及处理情况

C. 对发行人配合保荐工作情况的说明及评价

D. 对证券服务机构参与证券发行上市相关工作情况的说明及评价

答案：BCD

【真题回顾（1311）】下列关于持续督导说法正确的是（　　　）。

A. 保荐人应当自持续督导工作结束后 10 个工作日内向证券交易所报送保荐总结报告书

B. 中小板发行新股、可转换公司债券的，持续督导的期间为股票或者可转换公司债券上市当年剩余时间及其后一个完整会计年度

C. 创业板的恢复上市持续督导期间为恢复上市当年及其后 2 个完整会计年度

D. 创业板首发上市持续督导的期间为股票上市当年剩余时间及其后两个完整会计年度

答案：B

发行文件签字人员总结

序号	文件	签字要求
与保荐义务有关的文件的签字要求		
1	证券发行募集文件（招股说明书、配股说明书、上市公司公开发行证券募集说明书）	发行人董事、监事、高管；保荐代表人、保荐机构法定代表人或其授权代表、项目协办人
2	发行保荐书	保荐代表人、保荐机构法定代表人、项目协办人、内核负责人、保荐业务负责人
3	保荐代表人专项授权委托书	保荐机构法定代表人
4	发行保荐工作报告	保荐代表人、法定代表人、项目协办人、内核负责人、保荐业务负责人、保荐业务部门负责人、其他项目组成员
5	保荐总结报告书	保荐机构法定代表人和保荐代表人
6	上市保荐书	保荐机构法定代表人（或授权代表）和保荐代表人
7	优先股募集说明书	发行人董事、监事、高管；项目协办人、保荐代表人、保荐机构法定代表人或其授权代表（完全同"1"中规定）
其他业务文件的签字要求		
8	公司债券主承销商核查意见	主承销商法定代表人、债券承销业务负责人、内核负责人、项目负责人及其他成员
9	公司债募集说明书	发行人全体董事、监事、高管；项目负责人、公司法定代表人或其授权代表
10	独立财务顾问报告	法定代表人或者其授权代表人、部门负责人、内核负责人、财务顾问主办人和项目协办人
11	上市公司收购报告书	各收购人的法定代表人（或主要负责人）或者其指定代表；财务顾问法定代表人或授权代表人、财务顾问主办人
12	上市公司要约收购报告书	各收购人的法定代表人（或主要负责人）或者其指定代表、财务顾问法定代表人

续表

序号	文件	签字要求
13	上市公司重大资产重组报告书	上市公司董事、监事、高管；财务顾问法定代表人或授权代表人、财务顾问主办人
14	公众公司重大资产重组报告书	公众公司董事、监事、高管；独立财务顾问法定代表人或授权代表人、项目负责人、独立财务顾问主办人

注：① "保代"考试大纲中明确要求掌握的为"与保荐义务有关的文件的签字要求"，考试会按照大纲要求出题，因此对于8～14项仅作了解之用，无须记忆。重点记忆1～7项。

②证券发行募集文件主要指招股说明书、配股说明书、上市公司公开发行证券募集说明书等。除发行人全体董事、监事、高级管理人员应在募集说明书正文的尾页声明外，保荐机构的法定代表人、保荐代表人应同时在证券发行募集文件上签字。另外，律师、会计师、资产评估机构等相关人员也需在文件上签署声明。

③《关于进一步加强保荐业务监管有关问题的意见》规定：《发行保荐工作报告》中须说明保荐代表人和其他项目人员所从事的具体工作，相关人员在项目中发挥的作用。保荐代表人和其他项目人员应在《发行保荐工作报告》上签字，并根据自己所从事的具体工作承担相应的责任。

因此，发行保荐工作报告应由保荐机构法定代表人、保荐代表人、保荐业务负责人、内核负责人、保荐业务部门负责人、项目协办人和其他项目人员签字，加盖保荐机构公章并注明签署日期。

（二）保密义务

保荐代表人及其他保荐业务相关人员属于内幕信息的知情人员，应当遵守法律、行政法规和中国证监会的规定，不得利用内幕信息直接或者间接为保荐机构、本人或者他人谋取不正当利益。

四、保荐机构及保荐代表人承担保荐责任时的权利

《保荐办法》第五十四条规定：保荐机构及其保荐代表人履行保荐职责可对发行人行使下列权利：

（1）要求发行人按照本办法规定和保荐协议约定的方式，及时通报信息。

（2）定期或者不定期对发行人进行回访，查阅保荐工作需要的发行人材料。

（3）列席发行人的股东大会、董事会和监事会。

（4）对发行人的信息披露文件及向中国证监会、证券交易所提交的其他文件进行事前审阅。

（5）对有关部门关注的发行人相关事项进行核查，必要时可聘请相关证券服务机构配合。

（6）按照中国证监会、证券交易所信息披露规定，对发行人违法违规的事项发表公开声明。

（7）中国证监会规定或者保荐协议约定的其他权利。

【注】"（2）"中注意既可定期，也可不定期；"（3）"中为列席，非出席，另外列席的是"三会"，不含经理会；"（4）"中为"事前审阅"，非"事后审阅"。

【真题回顾（1509）】 保荐代表人履行保荐职责可对发行人行使的权利有（ ）。

A. 列席发行人的经理会

B. 对发行人的信息披露文件及向中国证监会、证券交易所提交的其他文件进行事后审阅

C. 对发行人违法违规的事项发表公开声明

D. 不定期对发行人进行回访，查阅保荐工作需要的发行人材料

E. 出席发行人董事会

答案：CD

五、保荐业务协调工作的具体要求

《保荐办法》第五十五条至第六十一条对保荐业务协调工作的具体要求作出了规定，具体如下：

（一）与发行人的协调

1. 证券发行前，发行人不配合保荐机构履行保荐职责的，保荐机构应当发表保留意见，并在发行保荐书中予以说明；情节严重的，应当不予保荐，已保荐的应当撤销保荐。

2. 证券发行后，保荐机构有充分理由确信发行人可能存在违法违规行为以及其他不当行为的，应当督促发行人作出说明并限期纠正；情节严重的，应当向中国证监会、证券交易所报告。

（二）与证券服务机构及其签字人员协调

保荐机构应当组织协调证券服务机构及其签字人员参与证券发行上市的相关工作。

1. 发行人为证券发行上市聘用的会计师事务所、律师事务所、资产评估机构以及其他证券服务机构，保荐机构有充分理由认为其专业能力存在明显缺陷的，可以向发行人建议更换。

2. 保荐机构对证券服务机构及其签字人员出具的专业意见存有疑义的，应当主动与证券服务机构进行协商，并可要求其作出解释或者出具依据。

3. 保荐机构有充分理由确信证券服务机构及其签字人员出具的专业意见可能存在虚假记载、误导性陈述或重大遗漏等违法违规情形或者其他不当情形的，应当及时发表意见；情节严重的，应当向中国证监会、证券交易所报告。

4. 证券服务机构及其签字人员应当保持专业独立性，对保荐机构提出的疑义或者意见进行审慎的复核判断，并向保荐机构、发行人及时发表意见。

六、持续督导保荐工作的基本要求、应关注事项、应发表的独立意见、现场核查工作的具体要求

本部分内容由《深圳证券交易所上市公司保荐工作指引》（以下简称《保荐工作指引》）及《上海证券交易所上市公司持续督导工作指引》（以下简称《持续督导工作指引》）进行规范，以对《保荐工作指引》的相关规定进行介绍，对《持续督导工作指引》相对应的内容作出标注。

（一）保荐工作的基本要求

1. 保荐协议

《保荐工作指引》第八条：保荐机构在推荐公司证券上市之前，应当与公司签订保荐协议，明确双方在推荐公司证券上市期间以及持续督导期间的权利和义务。

公司证券上市后，保荐机构与公司对保荐协议内容作出修改的，应当于修改后 5 个交易日内报本所备案。

终止保荐协议的，保荐机构和公司应当自终止之日起 5 个交易日内向本所报告，并说明原因。

【注】《持续督导工作指引》第七条：保荐人和财务顾问应根据中国证监会相关规定，在持续督导工作开始前，与上市公司或相关当事人签署持续督导协议（以下简称协议），明确双方在持续督导期间的权利义务，并报本所备案。

持续督导期间，协议相关方对协议内容作出修改的，应于修改后 5 个工作日内报本所备案。

终止协议的，协议相关方应自终止之日起 5 个工作日内向本所报告，并说明原因。

《保荐工作指引》第九条：保荐机构与公司应当在保荐协议中约定以下内容：

（1）保荐机构及其保荐代表人有权列席公司的股东大会、董事会和监事会。

（2）保荐机构及其保荐代表人有权随时查询公司募集资金专用账户资料。

（3）公司应当及时提供保荐机构发表独立意见事项所必需的资料，确保保荐机构及时发表意见。

（4）公司应当积极配合保荐机构和保荐代表人的现场检查工作以及参加保荐机构组织的培训等，不得无故阻挠保荐机构正常的持续督导工作。

（5）公司有下列情形之一的，应当及时通知保荐机构并按约定方式及时提交相关文件：

①变更募集资金及投资项目等承诺事项。

②发生关联交易、为他人提供担保等事项。

③履行信息披露义务或者应向中国证监会、本所报告的有关事项。

④公司或者其董事、监事、高级管理人员、控股股东、实际控制人等发生违法违规行为。

⑤《证券法》第六十七条、第七十五条规定的重大事件或者其他对公司规范运作、持续经营、履行承诺和义务具有影响的重大事项。

⑥中国证监会、本所规定或者保荐协议约定的其他事项。

（6）合理确定保荐费用的金额和支付时间，本所鼓励保荐机构按照保荐工作进度分期收取保荐费用。

【注】须注意第（5）项，可单独出题。

2. 保荐工作期间内，保荐机构发生变更的处理

《保荐工作指引》第十条：在保荐工作期间内，保荐机构发生变更的，原保荐机构应当配合做好交接工作，并在发生变更的 5 个交易日内向新保荐机构提交以下文件，已公开披露的文件除外：

（1）现场检查报告、专项检查报告和保荐工作报告。

（2）向证券监管机构报送的与上市公司相关的其他报告。

（3）其他需要移交的文件。

【注】《持续督导工作指引》第十条：持续督导期间，保荐人或财务顾问依法发生变更的，原保荐人或财务顾问应配合做好交接工作，在发生变更的 5 个工作日内向继任保荐人或财务顾问提交以下文件，并向本所报告：

（1）关于上市公司或相关当事人存在的问题、风险以及需重点关注事项的书面说明文件。

（2）在持续督导期间向中国证监会、本所等监管部门报送的函件、现场检查报告、工作报告书等资料。

（3）需要移交的其他文件。

3. 持续督导专员制度

《保荐工作指引》第十五条：本所在部分保荐机构实行持续督导专员制度，同时鼓励其他保荐机构参照实行持续督导专员制度。

实行持续督导专员制度的保荐机构应为所保荐的上市公司指定持续督导专员，持续督导专员应专职协助保荐代表人履行持续督导职责，保荐代表人可以委托持续督导专员实施督导上市公司内部制度的建立与执行、现场检查、上市公司信息披露文件审阅，以及对上市公司相关当事人进行培训等持续督导工作，但并不因此减轻或者免除保荐代表人对上市公司持续督导工作应负的责任。

实行持续督导专员制度的保荐机构，应当建立健全相关工作制度，明确持续督导专员的工作要求和职责，建立有效的激励和约束机制，并确保持续督导专员有充分的时间开展持续督导工作。

4. 对上市公司文件的审阅

《保荐工作指引》第二十一条：保荐机构和保荐代表人可以对上市公司的信息披露文件进行事前审阅，未进行事前审阅的，应当在上市公司履行信息披露义务后 5 个交易日内，完成对有关文件的审阅工作，发现问题的应当及时督促上市公司更正或者补充。

保荐机构和保荐代表人应当对上市公司向中国证监会、本所提交的其他文件进行事前审阅，发现问题的及时督促上市公司更正或者补充。

【注】《持续督导工作指引》第十九条：保荐人可以对上市公司的信息披露文件及向中国证监会、本所提交的其他文件进行事前审阅，对存在问题的信息披露文件应及时督促上市公司予以更正或补充，上市公司不予更正或补充的，应及时向本所报告。

第二十条：保荐人对上市公司的信息披露文件未进行事前审阅的，应在上市公司履行信息披露义务后 5 个交易日内，完成对有关文件的审阅工作，对存在问题的信息披露文件应及时督促上市公司更正或补充，上市公司不予更正或补充的，应及时向本所报告。

5. 年度保荐工作报告、跟踪报告、持续督导年度报告书和保荐总结报告书的报送

《保荐工作指引》第四十三条：保荐机构应当在主板和中小企业板上市公司披露年度报告之日起的 10 个交易日内按照本指引规定的内容与格式向本所报送年度保荐工作报告，持续督导期开始之日至该年度结束不满 3 个月的除外。

创业板上市公司的保荐机构应当在公司披露年度报告、半年度报告后 15 个交易日内按照本指引规定的内容与格式向本所报送并在指定网站披露跟踪报告。

【注】《持续督导工作指引》第二十九条：在上市公司年度报告披露后 5 个工作日内，保荐人应向本所提交《持续督导年度报告书》。

第三十条：持续督导工作结束后，保荐人应在上市公司披露年度报告之日起的 10 个工作日内向本所报送《保荐总结报告书》。（深交所也一样，是 10 个工作日内，此为《保荐办法》第五十二条的统一规定，深交所《保荐工作指引》未明确，但应遵照《保荐办法》的规定）。

【链接】《保荐办法》第五十二条：持续督导工作结束后，保荐机构应当在发行人公告年度报告之日起的 10 个工作日内向中国证监会、证券交易所报送保荐总结报告书。

【真题回顾（1609）】根据《深圳证券交易所上市公司保荐工作指引》，中小板上市公司出现下列（　　　）情形的，应及时通知保荐机构。

A. 变更募集资金及投资项目等承诺事项　　B. 上市公司董事发生违法行为

C. 上市公司为他人提供担保事项　　　　　D. 上市公司持续经营出现重大不确定情形

答案：ABCD

【模拟练习】根据《深圳证券交易所上市公司保荐工作指引》的规定，在保荐工作期间内，保荐机构发生变更的，原保荐机构应当配合做好交接工作，并在发生变更的五个交易日内向新保荐机构提交的文件包括（　　　）。

A. 现场检查报告　　　　　　　　　B. 专项检查报告

C. 保荐工作报告　　　　　　　　　D. 已公开披露的发行保荐书

答案：ABC

【模拟练习】根据《深圳证券交易所上市公司保荐工作指引》的规定，以下关于持续督导专员制度的说法正确的有（　　　）。

A. 在深交所上市的上市公司的保荐机构均应实行持续督导专员制度

B. 持续督导专员应专职协助保荐代表人履行持续督导职责

C. 保荐代表人可以委托持续督导专员实施督导上市公司内部制度的建立与执行、现场检查、上市公司信息披露文件审阅，以及对上市公司相关当事人进行培训等持续督导工作

D. 持续督导专员在履行持续督导专员职责时，因专员自身原因导致的重大责任，应全部由专员承担，但并不因此免除保荐代表人对上市公司持续督导工作应负有的责任，可以酌情减轻保荐代表人对上市公司持续督导工作应负有的责任

答案：BC

【模拟练习】根据《深圳证券交易所上市公司保荐工作指引》和《上海证券交易所持续督导工作指引》的规定，以下说法正确的有（　　　）。

A. 沪深交易所上市公司的保荐机构和保荐代表人均可以对上市公司信息披露文件进行事前审阅，未进行事前审阅的，应当在上市公司履行信息披露义务后 5 个交易日内，完成对有关文件的审阅工作

B. 深交所上市公司应当对上市公司向中国证监会、交易所提交的除信息披露外的其他文件进行事前审阅，发现问题的及时督促上市公司更正或者补充

C. 上交所上市公司应当对上市公司向中国证监会、交易所提交的除信息披露外的其他文件进行事前审阅，对存在问题的信息披露文件应及时督促上市公司予以更正或补充

D. 深交所上市公司应当对上市公司信息披露文件进行事前审阅

答案：AB

解析：C、D 为可以审阅的情形。

（二）应关注事项

《保荐工作指引》第二十三条规定，保荐机构和保荐代表人应当主动、持续关注并了解上市公司以下事项：

（1）经营环境和业务变化情况，包括行业发展前景、国家产业政策或者法规的变化、经营模式的转型、主营业务的变更、产品或者服务品种结构的变化等。

（2）股权变动情况，包括控股股东及实际控制人变更、有限售条件股份的变动等。

（3）管理层重大变化情况，包括重要管理人员的变化、管理结构的变化等。

（4）采购和销售变化情况，包括市场开发情况、采购和销售渠道、采购和销售模式的变化、市场占有率的变化、主要原材料或者主导产品价格的变化、重大客户和重要资产的变化等。

（5）核心技术变化情况，包括技术的先进性和成熟性的变化、新产品开发和试制等。

（6）财务状况，包括会计政策的稳健性、债务结构的合理性、经营业绩的稳定性等。

（7）保荐机构和保荐代表人认为需要关注的其他事项。

上述事项发生重大变化时，如达到信息披露标准，保荐机构和保荐代表人应当督促上市公司及时履行信息披露义务。

【模拟练习】根据《深圳证券交易所上市公司保荐工作指引》，上市公司以下事项中，保荐机构和保荐代表人应当主动、持续关注并了解的有（　　　）。

A. 国家产业政策或者法规的变化情况　　　B. 有限售条件股份的变动情况

C. 重大客户的变化情况　　　　　　　　　D. 管理层重大变化情况

E. 核心技术变化情况

答案：ABCDE

解析：如此类题目，若在复习时，相关知识没有关注到，或记忆不是特别清晰时，除特别明显的例外题支外，一般情况下均为全选，因该类题本身题干所涉范围较大，里面包含很多

"等"的事项，若出题老师出干扰的非选项，则存在较大该选项所述内容符合题干要求而出题老师本身也未关注到的风险，出题老师往往会回避如此出题。

（三）应发表的独立意见

《保荐工作指引》第二十八条规定，保荐机构应当对上市公司应披露的下列事项发表独立意见：

（1）募集资金使用情况。

（2）限售股份上市流通。

（3）关联交易。

（4）对外担保（对合并范围内的子公司提供担保除外）。

（5）委托理财。

（6）提供财务资助（对合并范围内的子公司提供财务资助除外）。

（7）风险投资、套期保值等业务。

（8）本所或者保荐机构认为需要发表独立意见的其他事项。

【注】"（4）"与"（6）"对"合并范围内的子公司提供担保"和"合并范围内的子公司提供财务资助"除外。但"（3）"中的"关联交易"，并无"与合并范围内的子公司之间的关联交易除外"的规定。

【真题回顾（1511）】在持续督导深交所上市公司期间，以下不需要保荐代表人发表独立意见的事项是（　　）。

A. 募集资金的使用情况　　　　　B. 对合并范围内的子公司提供担保

C. 套期保值　　　　　　　　　　D. 委托理财

E. 限售股上市流通

答案：B

【真题回顾（1609）】某中小板上市公司的下列事项中，其保荐机构应发表独立意见的有（　　）。

A. 募集资金使用情况　　　　　　B. 风险投资业务

C. 为控股股东提供担保　　　　　D. 为控股子公司提供财务资助

E. 限售股份上市流通

答案：ABCE

解析：D，对合并范围内的子公司提供财务资助除外。

【模拟练习】保荐机构应对在深圳证券交易所上市的上市公司披露的哪些情况发表独立意见（　　）。

A. 募集资金使用情况　　　　　　B. 委托理财

C. 与控股子公司发生的关联交易　D. 对全资子公司提供担保

E. 套期保值业务

答案：ABCE

解析：C项所述情形实务中并非均发表独立意见，但根据法条理解，若考试中出现，应当选择。

（四）现场核查工作的具体要求

1. 现场检查的一般规定

《保荐工作指引》对保荐机构现场检查的规定主要包括以下内容：

（1）第三十条：保荐机构和保荐代表人应当每年对上市公司至少进行一次定期现场检查，持续督导时间不满 3 个月的除外。

在持续督导期间，如果所保荐的上市公司上一年度信息披露工作考核结果为 C 或者 D 的，保荐机构和保荐代表人应当至少每半年对上市公司进行一次定期现场检查。

【注 1】"持续督导时间不满 3 个月的除外"是指上市当年剩余持续督导的时间不足 3 个月的，例如，甲公司 2015 年 10 月 15 日上市，保荐机构为 A 证券公司，则距离当年剩余持续督导的时间（2015 年 12 月 31 日）不足 3 个月，因此 2015 年 A 证券公司可免予现场检查。

【注 2】《持续督导工作指引》第二十五条：保荐人对上市公司的定期现场检查每年不应少于一次，负责该项目的两名保荐代表人至少应有一人参加现场检查。

（2）第三十二条：现场检查工作应至少有一名保荐代表人参加，实行持续督导专员制度的保荐机构，保荐代表人按照本指引第十五条规定委托持续督导专员实施现场检查工作的，视为保荐代表人参加现场检查工作。

（3）第三十七条：保荐机构应当在现场检查结束后的 10 个交易日内以书面方式告知上市公司现场检查结果及提请公司注意的事项，并对存在的问题提出整改建议。

【注 3】《持续督导工作指引》第二十七条：现场检查结束后的 5 个工作日内，保荐人应以书面方式将现场检查结果及提请公司注意的事项告知上市公司，并对存在的问题提出整改建议。

（4）第三十八条：保荐机构应当在现场检查结束后的 10 个交易日内完成现场检查报告，并报送本所备案。

《持续督导工作指引》第二十八条：现场检查结束后的 5 个工作日内，保荐人应完成《现场检查报告》并报送本所备案。

【真题回顾（1306）】以下关于保荐机构对深交所上市公司现场检查说法正确的有（　　）。

A. 主板上市公司 2012 年 10 月 15 日公开增发，至少 2012 年 12 月 31 日前要现场检查一次

B. 创业板公司 2012 年 4 月 15 日首发上市，至少 2012 年 12 月 31 日前要现场检查一次

C. 中小板上市公司 2012 年 10 月 15 日配股，至少 2012 年 12 月 31 日前要现场检查一次

D. 创业板上市公司上一年信息披露工作考核结果为 C，保荐机构和保荐代表人应当至少每季度对上市公司进行一次定期现场检查

答案：B

解析：D，应该为每半年进行一次定期现场检查。

【模拟练习】以下关于保荐机构对深交所上市公司现场检查说法正确的有（　　）。

A. 现场检查工作要求两名保荐代表人同时参加

B. 保荐代表人按照规定委托持续督导专员参加现场检查的，视为保荐代表人参加现场检查工作

C. 保荐机构应当在现场检查结束后的 10 个交易日内以书面方式告知上市公司现场检查结果及提请公司注意的事项，并对存在的问题提出整改建议

D. 保荐机构应当在现场检查结束后的 15 个交易日内完成现场检查报告，并报送深交所备案

答案：BC

解析：A，现场检查工作应至少有一名保荐代表人参加。D，保荐机构应当在现场检查结束后的 10 个交易日内完成现场检查报告，并报送深交所备案。

2. 专项现场检查

《保荐工作指引》第三十条：上市公司出现以下情形之一的，保荐机构和保荐代表人在知悉

或者应当知悉之日起 15 日内或者本所规定的期限内就相关事项进行专项现场检查：

（1）控股股东、实际控制人或者其他关联方非经营性占用上市公司资金。

（2）违规为他人提供担保。

（3）违规使用募集资金。

（4）违规进行风险投资、套期保值业务等。

（5）关联交易显失公允或者未履行审批程序和信息披露义务。

（6）应本所要求的其他情形。

保荐机构应当明确现场检查工作要求，确保现场检查工作质量。

【注】上交所多一条"业绩出现亏损或营业利润比上年同期下降 50% 以上"的情形。日期自"知道或应当知道之日起 15 日内"。

【真题回顾（1605）】根据《上海证券交易所上市公司持续督导工作指引》，下列表述正确的有（　　）。

A. 保荐人对上市公司的信息披露文件未进行事前审阅的，应在上市公司履行信息披露义务后 5 个交易日内，完成对有关文件的审阅工作，对存在问题的信息披露文件应及时督促上市公司更正或补充，上市公司不予更正或补充的，应及时向上交所报告

B. 保荐人对上市公司的定期现场检查每年不应少于 2 次，负责该项目的两名保荐代表人至少应有一人参加现场检查

C. 当上市公司出现控股股东、实际控制人或其他关联方非经营性占用上市公司资金等特定情形时，保荐人应自知道或应当知道之日起 10 日内或上交所要求的期限内，对上市公司进行专项现场检查

D. 在上市公司年度报告披露后 5 个工作日内，保荐人应向上交所提交持续督导年度报告书

E. 持续督导工作结束后，保荐人应在上市公司披露年度报告之日起的 15 个工作日内向上交所报送保荐总结报告书

答案：AD

解析：B，为每年不少于 1 次；C，应当为 15 日内；E，应为 10 个工作日内。

【模拟练习】根据《深圳证券交易所保荐工作指引》，下列表述正确的有（　　）。

A. 保荐机构和保荐代表人应当对上市公司的信息披露文件进行事前审阅

B. 保荐的上市公司上一年度信息披露工作考核结果为 C 的，保荐机构和保荐代表人应当至少每年对上市公司进行一次定期现场检查

C. 保荐的上市公司上一年度信息披露工作考核结果为 D 的，保荐机构和保荐代表人应当至少每半年对上市公司进行一次定期现场检查

D. 当上市公司出现违规为他人提供担保情形时，保荐机构和保荐代表人应当在知悉或者应当知悉之日起 15 日内或者深交所规定的期限内就相关事项进行专项现场检查

E. 创业板上市公司的保荐机构应当在公司披露年度报告之日起的 10 个交易日内按规定的内容与格式向深交所报送年度保荐工作报告

答案：CD

解析：A，对于信息披露文件，可以事前审阅，未进行事前审阅的，应当在上市公司履行信息披露义务后 5 个交易日内，完成对有关文件的审阅工作。B、C，在持续督导期间，如果所保荐的上市公司上一年度信息披露工作考核结果为 C 或者 D 的，保荐机构和保荐代表人应当至少每半年对上市公司进行一次定期现场检查。E，创业板上市公司的保荐机构应当在公司披露年度

报告、半年度报告后 15 个交易日内按照本指引规定的内容与格式向本所报送并在指定网站披露跟踪报告。

3. 现场检查手段

保荐机构和保荐代表人可以采取以下现场检查手段，以获取充分和恰当的现场检查资料和证据：

（1）对上市公司董事、监事、高级管理人员及有关人员进行访谈。

（2）察看上市公司的主要生产、经营、管理场所。

（3）对有关文件、原始凭证及其他资料或者客观状况进行查阅、复制、记录、录音、录像、照相。

（4）检查或者走访对上市公司损益影响重大的控股或参股公司。

（5）走访或者函证上市公司的控股股东、实际控制人及其关联方。

（6）走访或者函证上市公司重要的供应商或者客户。

（7）聘请会计师事务所、律师事务所、资产评估机构以及其他证券服务机构提供专业意见。

（8）保荐机构、保荐代表人认为的其他必要手段。

【真题回顾（1511）】深交所主板上市公司持续督导期间，保荐代表人进行现场检查时可采取的措施有（　　　）。

A. 对上市公司财务负责人进行现场访谈

B. 实地察看上市公司的生产厂房

C. 复制上市公司的有关原始凭证

D. 函证上市公司的控股股东、实际控制人及其关联方

E. 聘请会计师事务所提供专业意见

答案：ABCDE

第四节　执业规范

【大纲要求】

大纲内容	程度
1. 保荐工作过程中相关各方的法律责任	掌握
2. 违反保荐制度的法律后果、监管措施及法律责任	掌握

【内容精讲】

一、保荐工作过程中相关各方的法律责任

把握保荐机构及保荐代表人承担相应责任的时间起点。《保荐办法》第六十四条规定，自保荐机构向中国证监会提交保荐文件之日起，保荐机构及其保荐代表人承担相应的责任。

【注】保荐机构变更中，另行聘请的保荐机构应当自保荐协议签订之日起开展保荐工作并承担相应的责任。

【真题回顾（1509）】保荐机构及其保荐代表人自（　　　）之日起承担相应的责任。

A. 保荐机构向中国证监会提交保荐文件　　B. 发审会审核通过

C. 签订保荐协议　　　　　　　　　D. 发行募集文件签署

答案：A

【真题回顾（1611）】根据《证券发行上市保荐业务管理办法》保荐机构及其保荐代表人承担保荐责任的时间起点为（　　　）。

A. 向证监局申请 IPO 辅导备案之日起　　B. 发行人股票发行之日起

C. 向中国证监会提交保荐文件之日起　　D. 与发行人签署承销保荐协议之日起

E. 发行人股票上市之日起

答案：C

二、违反保荐制度产生的法律后果、监管措施及法律责任

（一）监管措施

1. 保荐机构、保荐代表人、保荐业务负责人和内核负责人违反"保荐办法"规定的监管措施

《保荐办法》第六十六条规定，保荐机构、保荐代表人、保荐业务负责人和内核负责人违反本办法，未诚实守信、勤勉尽责地履行相关义务的，中国证监会责令改正，并对其采取监管谈话、重点关注、责令进行业务学习、出具警示函、责令公开说明、认定为不适当人选等监管措施。

【真题回顾（1511）】保荐代表人未诚实守信、勤勉尽责履行相关义务的，中国证监会可以采取的监管措施有（　　　）。

A. 监管谈话　　　B. 出具警示函　　　C. 重点关注　　　D. 责令公开说明

E. 认定为不适当人选

答案：ABCDE

【模拟练习】保荐机构、保荐代表人、保荐业务负责人和内核负责人违反《保荐办法》的规定，未诚实守信、勤勉尽责地履行相关义务的，中国证监会责令改正，并可对其采取的监管措施有（　　　）。

A. 监管谈话　　　B. 警告　　　C. 重点关注　　　D. 罚款

E. 责令进行业务学习

答案：ACE

解析：B、D 属于行政处罚。

2. 发行人及其董、监、高违反《保荐办法》规定的监管措施

《保荐办法》第七十六条规定，发行人及其董事、监事、高级管理人员违反本办法规定，变更保荐机构后未另行聘请保荐机构，持续督导期间违法违规且拒不纠正，发生重大事项未及时通知保荐机构，或者发生其他严重不配合保荐工作情形的，中国证监会可以责令改正，予以公布并可根据情节轻重采取下列监管措施：

（1）要求发行人每月向中国证监会报告接受保荐机构督导的情况。

（2）要求发行人披露月度财务报告、相关资料。

（3）指定证券服务机构进行核查。

（4）要求证券交易所对发行人证券的交易实行特别提示。

（5）36 个月内不受理其发行证券申请。

（6）将直接负责的主管人员和其他责任人员认定为不适当人选。

【模拟练习】发行人违反《保荐办法》的规定，中国证监会可以对其采取的监管措施有

（　　）。

A. 要求发行人披露月度财务报告，每月向中国证监会报告接受保荐机构督导的情况

B. 指定证券服务机构进行核查

C. 要求证券交易所对发行人证券实行暂停交易

D. 36 个月内不受理其发行证券申请

E. 将直接负责的主管人员认定为不适当人选

答案：ABDE

解析：C，应为"要求证券交易所对发行人证券的交易实行特别提示"。

3. 证券服务机构及其签字人员违反《保荐办法》规定的监管措施

《保荐办法》第七十七条规定，证券服务机构及其签字人员违反本办法规定的，中国证监会责令改正，并对相关机构和责任人员采取监管谈话、重点关注、出具警示函、责令公开说明、认定为不适当人选等监管措施。

（二）法律后果及法律责任

过往考试关于法律后果及法律责任主要是考出现相关情形时，对保荐代表人采取的措施。

1. 暂停"保代"资格 3 ~ 12 个月，情节特别严重的撤销资格的情形

（1）保荐代表人出现相关情形

保荐代表人出现下列情形之一的，中国证监会可根据情节轻重，自确认之日起 3 个月到 12 个月内不受理相关保荐代表人具体负责的推荐；情节特别严重的，撤销其保荐代表人资格：

①尽职调查工作日志缺失或者遗漏、隐瞒重要问题。

②未完成或者未参加辅导工作。

③未参加持续督导工作，或者持续督导工作未勤勉尽责。

④因保荐业务或其具体负责保荐工作的发行人在保荐期间受到证券交易所、中国证券业协会公开谴责。

⑤唆使、协助或者参与发行人干扰中国证监会及其发行审核委员会的审核工作。

⑥严重违反诚实守信、勤勉尽责义务的其他情形。

【注 1】简化记忆为：一日两导三干扰，会所公谴。

【注 2】是"尽职调查工作日志"缺失等，不是"尽职调查"缺失等，如果是"尽职调查"不到位，直接撤销资格，情节严重的采取市场禁入措施，详见下文内容。

（2）发行人在持续督导期出现相关情形

发行人在持续督导期间出现下列情形之一的，中国证监会可根据情节轻重，自确认之日起 3 个月到 12 个月内不受理相关保荐代表人具体负责的推荐；情节特别严重的，撤销相关人员的保荐代表人资格：

①证券上市当年累计 50% 以上募集资金的用途与承诺不符。

②公开发行证券并在主板上市当年营业利润比上年下滑 50% 以上。

③首次公开发行股票并上市之日起 12 个月内控股股东或者实际控制人发生变更。

④首次公开发行股票并上市之日起 12 个月内累计 50% 以上资产或者主营业务发生重组。

⑤上市公司公开发行新股、可转换公司债券之日起 12 个月内累计 50% 以上资产或者主营业务发生重组，且未在证券发行募集文件中披露。

⑥实际盈利低于盈利预测达 20% 以上。

⑦关联交易显失公允或者程序违规，涉及金额较大。

⑧控股股东、实际控制人或其他关联方违规占用发行人资源，涉及金额较大。

⑨违规为他人提供担保，涉及金额较大。

⑩违规购买或出售资产、借款、委托资产管理等，涉及金额较大。

⑪董事、监事、高级管理人员侵占发行人利益受到行政处罚或者被追究刑事责任。

⑫违反上市公司规范运作和信息披露等有关法律法规，情节严重的。

⑬中国证监会规定的其他情形。

【注1】"①"中关键字有"上市当年"、"累计50％"，注意，包含公开发行和非公开发行。"②"中关键字有"公开发行证券并在主板上市"（非创业板）、"当年"、"营业利润"（非利润总额、净利润），注意，不包含非公开发行。

【注2】无"上市公司公开发行新股、可转换公司债券之日起12个月内控股股东或者实际控制人发生变更，且未在证券发行募集文件中披露"的情形。

【注3】过往考题中考第"①"至第"⑥"项规定居多。

2. 撤销"保代"资格，情节严重的，证券市场禁入的情形

保荐代表人出现下列情形之一的，中国证监会撤销其保荐代表人资格；情节严重的，对其采取证券市场禁入的措施：

（1）在与保荐工作相关文件上签字推荐发行人证券发行上市，但未参加尽职调查工作，或者尽职调查工作不彻底、不充分，明显不符合业务规则和行业规范。

（2）通过从事保荐业务谋取不正当利益。

（3）本人及其配偶持有发行人的股份。

（4）唆使、协助或者参与发行人及证券服务机构提供存在虚假记载、误导性陈述或者重大遗漏的文件。

（5）参与组织编制的与保荐工作相关文件存在虚假记载、误导性陈述或者重大遗漏。

【真题回顾（1306）】保荐代表人出现下述情形之一的，中国证监会撤销其保荐代表人资格；情节严重的，对其采取证券市场禁入的措施（　　）。

A. 配偶持有发行人股份

B. 通过从事保荐业务谋取不正当利益

C. 尽职调查工作不彻底、不充分，明显不符合业务规则和行业规范

D. 发行保荐工作报告存在重大遗漏

E. 未完成或者未参加辅导工作

答案：ABCD

解析：E，属于暂停3～12个月，情节特别严重的撤销其保荐代表人资格的情形。

【真题回顾（1611）】根据《证券发行上市保荐业务管理办法》，保荐代表人存在下列情形且情节严重的，中国证监会有权对其采取证券市场禁入措施的有（　　）。

A. 保荐代表人配偶持有发行人的股份

B. 通过从事保荐业务谋取不正当利益

C. 因保荐业务或其具体负责保荐工作的发行人在保荐期间受到证券交易所、中国证券业协会公开谴责

D. 在与保荐工作相关文件上签字推荐发行人证券发行上市，但未参加尽职调查工作，或者尽职调查工作不彻底、不充分，明显不符合业务规则和行业规范

答案：ABD

解析：C，属于暂停保代资格 3~12 个月，情节特别严重的撤销其保荐代表人资格的情形。

3. 直接撤销"保代"资格的情形

发行人出现下列情形之一的，中国证监会自确认之日起暂停保荐机构的保荐机构资格 3 个月，撤销相关人员的保荐代表人资格：

（1）证券发行募集文件等申请文件存在虚假记载、误导性陈述或者重大遗漏。

（2）公开发行证券上市当年即亏损。

（3）持续督导期间信息披露文件存在虚假记载、误导性陈述或者重大遗漏。

【注】简化记忆为：两虚一亏。

【真题回顾（2010）】发行人在持续督导期间出现下列情形之一的，中国证监会可根据情节轻重，自确认之日起 3 到 12 个月内不受理相关保荐代表人具体负责的推荐，情节特别严重的，撤销其保荐代表人资格（　　）。

A. 证券上市第二年累计 50% 以上募集资金的用途与承诺不符

B. 公开发行证券并在创业板上市当年营业利润比上年下滑 50% 以上

C. 上市公司公开发行新股之日起 12 个月内控股股东或者实际控制人发生变更

D. 首次公开发行股票并上市之日起 12 个月内累计 50% 以上资产或者主营业务发生重组

E. 盈利预测净利润 5 000 万元，实际实现净利润 4 000 万元

答案：DE

【真题回顾（1406）】以下情形中，中国证监会可根据情节轻重，自确认之日起 3 到 12 个月内不受理相关保荐代表人具体负责的推荐，情节特别严重的，撤销其保荐代表人资格的有（　　）。

A. 保荐代表人尽职调查工作日志缺失或者遗漏、隐瞒重要问题

B. 发行人公开发行股票并在主板上市当年净利润比上年下滑 50% 以上

C. 发行人在持续督导期间信息披露文件存在虚假记载、误导性陈述或者重大遗漏

D. 保荐代表人参与组织编制的发行保荐书存在虚假记载、误导性陈述或者重大遗漏

E. 保荐代表人唆使、协助或者参与发行人干扰中国证监会及其发行审核委员会的审核工作

答案：AE

解析：C、D 为直接撤销其保荐代表人资格的情形。

第三章　股本融资

本章考情分析

本章属于绝对重点章节，平均每次命题 22 道左右，平均分值约 19 分。大大超过按 100 分计算的七个章节每章的平均分值。2016 年的 4 次考试中，首发、新股、新三板平均分值分别为 7.2 分、8.8 分和 3 分，新股分值略高于首发，从教材篇幅上来看，首发篇幅略大于新股，新股考点密度相对较大，尤其是非公开发行，是股本融资中最喜欢考核也是占比最大的部分；新三板分值略呈上升趋势，总体应该会维持在 4 分左右。整个第三章在每次考试中分值相对稳定，具体考点分布详见考点分析表。

2016 年 4 次考试题型、题量分析表

节次 ＼ 题型题量 ＼ 时间	2016—05	2016—09	2016—10	2016—11
首发	1 单 5 组 5.5 分	5 单 8 组 10.5 分	3 单 7 组 8.5 分	0 单 4 组 4 分
新股	4 单 9 组 11 分	1 单 8 组 8.5 分	2 单 5 组 6 分	6 单 7 组 10 分
新三板	1 单 3 组 3.5 分	1 单 1 组 1.5 分	1 单 2 组 2.5 分	2 单 3 组 4 分
合计	6 单 17 组 20 分	7 单 17 组 20.5 分	6 单 14 组 17 分	8 单 14 组 18 分
分值占比	20%	20.5%	17%	18%

2015 年、2016 年主要考点分析表

第一节　首次公开发行股票

知识点	考点	2015 年 5	2015 年 9	2015 年 11	2016 年 5	2016 年 9	2016 年 10	2016 年 11
发行条件	主板、中小板首发一般条件	✓	✓	✓				✓
	创业板首发一般条件	✓					✓	
	主板、中小板首发财务条件				✓			✓
	创业板首发财务条件	2		2	✓	✓		
	主板（含中小板）首发募集资金的计算		✓					
尽职调查	保荐人尽职调查工作准则的相关要求					✓	✓	✓
	保荐机构落实尽职调查问核程序的要求（"问核表"内容）		✓	✓				
	关于做好企业信用信息尽职调查工作的相关要求		✓				✓	
	证券发行上市保荐业务工作底稿的内容与要求				✓		✓	

续表

知识点	考点	2015 年			2016 年			
		5	9	11	5	9	10	11
推荐申报	首发工作中对律师事务所及相关经办人员的要求		✓			✓		
	发行保荐书、发行保荐工作报告的要求和主要内容			✓		✓		
	主板、中小板首发申请文件的内容与要求			✓	✓		✓	
	创业板首发申请文件的内容与要求	✓		✓	✓		✓	
核准发行	主板和中小板首发企业征求国家发展改革委意见的材料					✓		
	发审会的审核工作程序					✓	2	
	首次公开发行股票中止审查的情形	✓			✓	✓		
	会后封卷、暂缓发行等相关事项的要求						✓	✓
	主板（含中小板）首发并在交易所上市的条件				✓			
信息披露	信息披露相关当事人的法律责任，虚假陈述行为人的范围					✓		
	首次公开发行股票需预先披露的文件	✓	✓					
	创业板首发信息披露的基本要求				✓	✓	✓	
	首发招股说明书备案文件（通常主板、创业板对比）					✓		
	创业板招股说明书应披露的内容与要求（募集资金等）					✓	✓	✓
	股票上市公告书的内容及披露要求——财务会计情况					✓		
	首发应在招股说明书上签字的人员		✓					
	首发招股书财报审计截止日后主要财务信息及经营状况信息披露	✓						

注：①2015 年、2016 年下方的数字表示当年对应的月份；②表格中打"✓"的，表示该考点当次考到 1 题，表格中的数字，则表示该考点当次考到的题目数量；③下同。

第二节　上市公司发行新股

知识点	考点	2015 年			2016 年			
		5	9	11	5	9	10	11
发行条件	主板上市公司公开发行股票的条件（含配股、增发特别规定）	✓	4	✓	3	2	✓	3
	创业板上市公司公开发行股票的条件（含配股、增发特别规定）	✓	2			✓		
	主板上市公司非公开发行股票的条件	✓	✓	✓	3			✓
	"违规对外提供担保且尚未解除"的理解和适用						✓	
	创业板上市公司非公开发行股票的条件	✓	2	3				✓
	上市公司发行优先股的条件	✓		✓		✓	✓	
	商业银行发行优先股的特殊规定					✓		
	优先股股东的权利	✓		3	✓			✓
	优先股合格投资者	✓						
尽职调查	未曾考过							

知识点	考点	2015 年			2016 年			
		5	9	11	5	9	10	11
推荐申报	上市公司公开发行股票申请文件				✓			
	上市公司非公开发行股票申请文件					✓	✓	✓
核准发行	上市公司发行新股董事会决议应确定的内容（非公开）						✓	✓
	上市公司发行新股股东大会决议应确定的内容				✓			
	创业板上市公司非公开发行适用简易程序、自行销售的情形及规定	✓	✓	2	✓		✓	
	优先股储架发行	✓						
	国有控股上市公司发行证券的特殊规定					✓		✓
信息披露	上市公司发行新股过程中需履行信息披露义务的时点					✓		✓
	公开发行证券募集说明书关于历次募集资金运用的披露规定				✓			
	公开发行证券募集说明书关于财务会计信息的披露							✓
	上市公司非公开发行股票预案和发行情况报告书				2	✓		✓
	优先股发行预案和发行情况报告书						✓	

第三节　非上市公司股份公开转让

知识点	考点	2015 年			2016 年			
		5	9	11	5	9	10	11
股票挂牌	股份公司在股转系统挂牌的条件				✓			✓
挂牌公司发行股票	可以参与挂牌公司股票公开转让的合格投资者		✓	✓				
	可以参与挂牌公司股票定向发行的合格投资者			✓	✓		✓	✓
	股票向特定对象转让导致股东累计超过 200 人的信息披露	✓						
挂牌公司股票转让	挂牌公司股票转让限制的解除					✓	✓	
	挂牌公司股票做市转让的相关规定		✓			✓	✓	✓
挂牌公司信息披露	首次挂牌信息披露文件		✓					
非上市公众公司发行优先股	定向发行优先股发行情况报告书							✓
证券公司在股转系统从事相关业务的规定	主办券商从事新三板业务的资格						✓	✓
	主办券商从事推荐业务的相关规定						✓	
股转公司的职能和自律监管	未曾考过							

本章思维导图

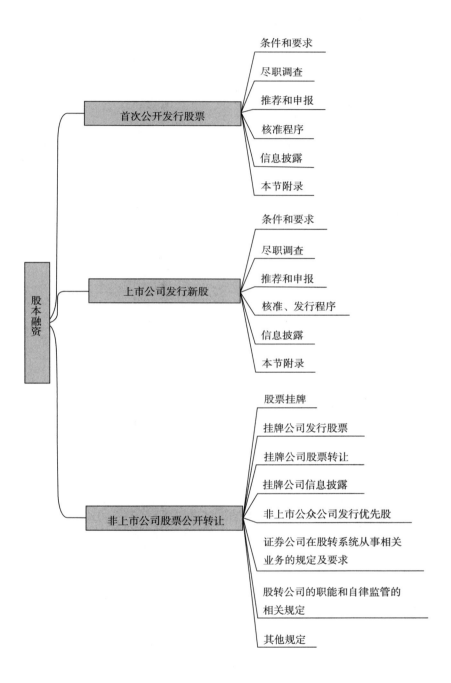

《公司法》、《证券法》关于首次公开发行股票并上市的条件和要求

《首次公开发行股票并上市管理办法》的规定/主板首次公开发行股票的条件

《首次公开发行股票并在创业板上市管理办法》的规定/创业板首次公开发行股票的条件

其他法律、法规及部门规章中关于首次公开发行股票并上市的条件和要求

条件和要求

尽职调查

工作底稿

尽职调查

保荐机构向监管机构推荐企业发行上市的要求及有关工作流程

首发工作中对律师事务所、会计师事务所、评估机构及相关经办人员的要求

首次公开发行并在创业板上市对公司成长性及自主创新能力等的相关要求

发行保荐书、发行保荐工作报告的要求和主要内容

主板和创业板首次公开发行股票申请文件及其基本要求

主板和创业板首次公开发行申请文件的目录和形式的相关要求

推荐和申报

主板和创业板首次公开发行股票并上市的核准程序

股票发行审核制度

中止审查、恢复审查、反馈意见回复、变更中介机构等程序的具体要求

通过发审会后拟发行证券公司封卷及会后事项监管的相关要求

证券交易所上市条件和上市保荐书的内容

核准程序

信息披露的法律规定、操作规范及相关当事人的法律责任

首次公开发行股票并在主板及创业板上市工作中的信息披露要求

招股说明书（意向书）及摘要的编制和披露要求

招股说明书（意向书）的内容与格式

招股说明书摘要的内容与格式

股票上市公告书的内容及披露要求

创业板上市招股书备查文件的披露及发行公告、投资风险特别公告等信息披露的特殊要求

特殊行业招股文件的主要披露要求

中国证监会和中国证券业协会新股发行体制改革最新规定及配套文件的相关要求

其他关于首发信息披露的相关规定

信息披露

发行人最近3年内主营业务没有发生重大变化的适用意见——证券期货法律适用意见第3号

实际控制人没有发生变更的理解和适用——证券期货法律适用意见第1号

本节附录

首次公开发行股票

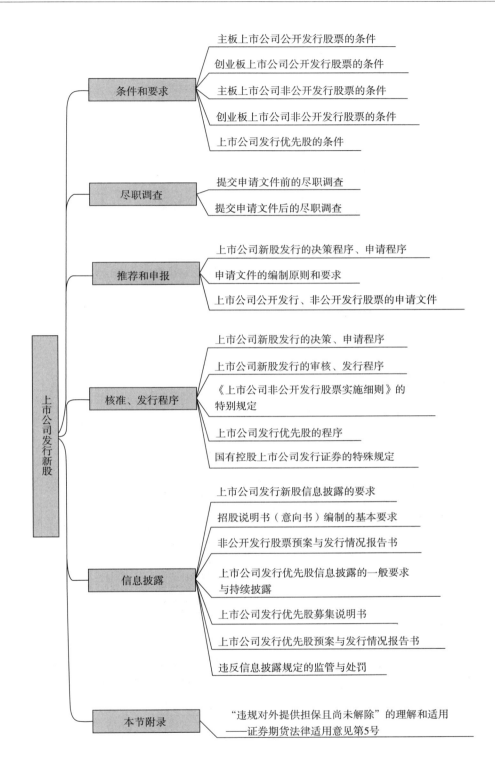

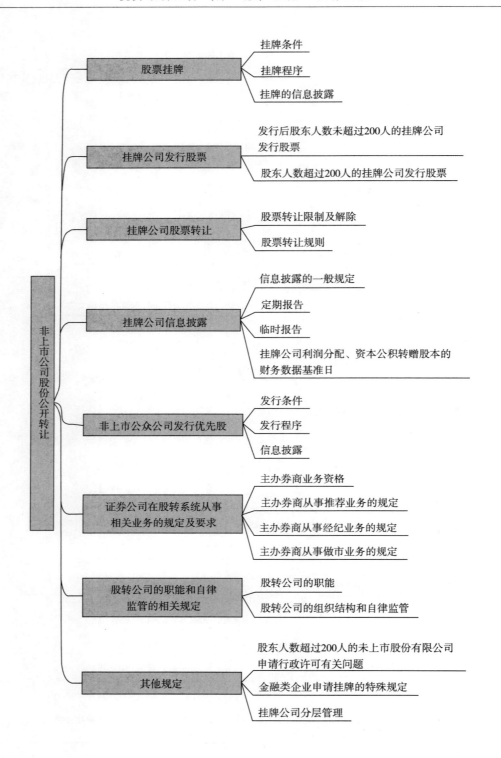

本章核心法规

第一节 首次公开发行股票

序号	法规名称	施行年月	星级
1	《首次公开发行股票并上市管理办法》	2016－01	5
2	《首次公开发行股票并在创业板上市管理办法》	2016－01	5
3	《实际控制人没有发生变更的理解和适用——证券期货法律适用意见第1号》	2007－11	1
4	《发行人最近3年内主营业务没有发生重大变化的适用意见——证券期货法律适用意见第3号》	2008－05	1
5	《保荐人尽职调查工作准则》	2006－05	3
6	《关于进一步加强保荐机构内部控制有关问题的通知》	2013－12	1
7	《关于做好企业信用信息尽职调查工作的通知》	2011－11	2
8	《证券发行上市保荐业务工作底稿指引》	2009－03	2
9	《律师事务所从事证券法律业务管理办法》	2007－03	2
10	《〈律师事务所从事证券法律业务管理办法〉第十一条有关规定的适用意见——证券期货法律适用意见》	2007－11	2
11	《发行证券的公司信息披露内容与格式准则第27号——发行保荐书和发行保荐工作报告》	2009－03	2
12	《公开发行证券的公司信息披露内容与格式准则第9号——首次公开发行股票并上市申请文件》	2006－05	2
13	《公开发行证券的公司信息披露内容与格式准则第29号——首次公开发行股票并在创业板上市申请文件》	2014－06	2
14	《中国证监会发行监管部首次公开发行股票审核工作流程》	2016－12	3
15	《发行监管问答——关于首次公开发行股票中止审查的情形》	2016－12	2
16	《发行监管问答——在审首发企业中介机构被行政处罚、更换等的处理》	2016－12	2
17	《关于加强对通过发审会的拟发行证券的公司会后事项监管的通知》	2002－02	2
18	《股票发行审核标准备忘录第5号——关于已通过发审会拟发行证券的公司会后事项监管及封卷工作的操作规程》	2002－05	2
19	《最高人民法院关于审理证券市场因虚假陈述引发的民事赔偿案件的若干规定》	2013－01	1
20	《公开发行证券的公司信息披露内容与格式准则第1号——招股说明书》	2016－01	3
21	《公开发行证券的公司信息披露内容与格式准则第28号——创业板公司招股说明书》	2016－01	3
22	沪深交易所《股票上市公告书内容与格式指引》（看一个即可）	2013－12	1

注：施行年月中，有的是指首次发布并实行的日期，有的则是其修订后实施的日期。

第二节　上市公司发行新股

序号	法规名称	施行年月	星级
1	《上市公司证券发行管理办法》	2006－05	5
2	《创业板上市公司证券发行管理暂行办法》	2014－05	5
3	《上市公司非公开发行股票实施细则》（附1：上市公司非公开发行股票申请文件目录）	2017－02	5
4	《〈上市公司证券发行管理办法〉第三十九条"违规对外提供担保且尚未解除"的理解和适用——证券期货法律适用意见第5号》	2009－07	1
5	《优先股试点管理办法》	2013－12	3
6	《商业银行发行优先股补充一级资本的指导意见》	2014－03	1
7	《公开发行证券的公司信息披露内容与格式准则第10号——上市公司公开发行证券申请文件》	2006－05	2
8	《公开发行证券的公司信息披露内容与格式准则第37号——创业板上市公司发行证券申请文件》	2014－06	2
9	《关于规范上市公司国有股东发行可交换公司债券及国有控股上市公司发行证券有关事项的通知》	2009－06	1
10	《公开发行证券的公司信息披露内容与格式准则第11号——上市公司公开发行证券募集说明书》	2006－05	2
11	《公开发行证券的公司信息披露内容与格式准则第35号——创业板上市公司公开发行证券募集说明书》	2014－06	2
12	《公开发行证券的公司信息披露内容与格式准则第25号——上市公司非公开发行股票预案和发行情况报告书》	2007－09	3
13	《公开发行证券的公司信息披露内容与格式准则第36号——创业板上市公司非公开发行股票预案和发行情况报告书》	2014－06	3
14	《公开发行证券的公司信息披露内容与格式准则第33号——发行优先股预案和发行情况报告书》	2014－04	1

第三节　非上市公司股份公开转让

序号	法规名称	施行年月	星级
1	《全国中小企业股份转让系统业务规则（试行）》	2013－12	3
2	《全国中小企业股份转让系统股票挂牌条件适用基本标准指引（试行）》	2013－06	2
3	《全国中小企业股份转让系统挂牌业务问答——关于挂牌条件适用若干问题的解答（一）》	2015－09	2
4	《全国中小企业股份转让系统挂牌业务问答——关于挂牌条件适用若干问题的解答（二）》	2016－09	2
5	《全国中小企业股份转让系统投资者适当性管理细则（试行）》	2013－12	3
6	《非上市公众公司监管问答——定向发行（一）》	2015－07	1
7	《非上市公众公司监管问答——定向发行（二）》	2015－11	1
8	《关于〈非上市公众公司监管问答——定向发行（二）〉适用有关问题的通知》	2015－12	1
9	《全国中小企业股份转让系统股票转让细则（试行）》	2013－12	3
10	《全国中小企业股份转让系统主办券商管理细则（试行）》	2013－02	1
11	《关于拓宽证券投资咨询公司业务范围的通知》	2015－01	2
12	《全国中小企业股份转让系统主办券商推荐业务规定（试行）》	2013－02	2

本章具体内容

第一节　首次公开发行股票

一、条件和要求

【大纲要求】

内容	程度
1.《公司法》、《证券法》关于首次公开发行股票并上市的条件和要求	掌握
2.《首次公开发行股票并上市管理办法》的规定	掌握
3.《首次公开发行股票并在创业板上市管理办法》的规定	掌握
4. 其他法律、法规及部门规章中关于首次公开发行股票并上市的条件和要求	掌握

【内容精讲】

　　首次公开发行股票，简称首发，即我们平时所说的 IPO（Initial Public Offerings）。首次公开发行并上市的股票俗称"新股"，注意这里的新股和我们将在本章第二节中讲述的上市公司发行新股中的"新股"并非同一概念，此处"新股"是指相对于目前沪深交易所已经上市交易的存量股票而言由新的发行主体发行并上市的"新股"，而本章第二节中所述上市公司发行新股中"新股"则是指已经上市的公司，相对于其本身原有存量股票而言新发行并上市交易的"新股"。

　　首次公开发行股票并上市应遵守《公司法》、《证券法》的总体规定，其包含两个阶段，第一阶段为公开发行，第二阶段为上市。首次公开发行应经中国证监会核准，上市则需经证券交易所批准。

　　目前国内资本市场中，股票上市交易的场所有上海证券交易所、深圳证券交易所，上海证券交易所目前仅包含主板市场，原呼声较高的战略新兴板尚未开板，深圳证券交易所分为三个板块，分别为主板、中小板和创业板。对于申请首次公开发行股票并在上交所、深交所主板、中小板上市的企业而言，适用《首次公开发行股票并上市管理办法》的具体规定，申请在创业板上市的，则适用《首次公开发行股票并在创业板上市管理办法》的具体规定。

　　2014 年 3 月，中国证监会发布《发行监管问答——首发企业上市地选择和申报时间把握等》，对"首发企业上市地选择有何要求？"的答复为："首发企业可以根据自身意愿，在沪深市场之间自主选择上市地，不与企业公开发行股数多少挂钩。中国证监会审核部门将按照沪深交易所均衡的原则开展首发审核工作。企业应当在预先披露材料时确定上市地，并在招股书等申报文件中披露。本问答发布前已申报的企业可本着自愿原则，重新确认上市地并更新申报文件。"鉴于创业板主要适用于自主创新企业及其他成长型企业，因此实务中尽管企业在选择上市地时不与企业公开发行股数挂钩，但仍应考虑企业的业务与性质。

　　（一）《公司法》、《证券法》关于首次公开发行股票并上市的条件和要求

　　1. 公开发行的界定

　　《证券法》第十条规定，公开发行证券，必须符合法律、行政法规规定的条件，并依法报经

国务院证券监督管理机构或者国务院授权的部门核准；未经依法核准，任何单位和个人不得公开发行证券。

有下列情形之一的，为公开发行：

（1）向不特定对象发行证券的。

（2）向特定对象发行证券累计超过 200 人的。

（3）法律、行政法规规定的其他发行行为。

非公开发行证券，不得采用广告、公开劝诱和变相公开方式。

【注】另外需注意，《国务院办公厅关于严厉打击非法发行股票和非法经营证券业务有关问题的通知》（以下简称《通知》）规定，向特定对象转让股票，未依法报经证监会核准的，转让后，公司股东累计不得超过 200 人。

可见，向特定对象转让未经核准，股东人数也不准超过 200 人，若超过 200 人，属于违反《通知》规定情形，但并非公开发行。

2. 《公司法》、《证券法》关于首次公开发行股票并上市的条件和要求

《公司法》规定，股份的发行，实行公平、公正的原则，同种类的每一股份应当具有同等权利。同次发行的同种类股票，每股的发行条件和价格应当相同；任何单位或者个人所认购的股份，每股应当支付相同价额。股票发行价格可以按票面金额，也可以超过票面金额，但不得低于票面金额。

《证券法》第十三条规定，公司公开发行新股，应当符合下列条件：

（1）具备健全且运行良好的组织机构。

（2）具有持续盈利能力，财务状况良好。

（3）最近 3 年财务会计文件无虚假记载，无其他重大违法行为。

（4）经国务院批准的国务院证券监督管理机构规定的其他条件。

上市公司非公开发行新股，应当符合经国务院批准的国务院证券监督管理机构规定的条件，并报国务院证券监督管理机构核准。

【注1】《证券法》的此条规定是对公开发行新股的统一规定，首发、上市公司公开增发、配股等公开发行股票的，均应遵守上述规定。

【注2】主板、创业板首发办法均依据《证券法》此条规定进行细化，如对持续盈利能力的细化。

【真题回顾（2008）】下列哪些情形属于公开发行证券（　　　）。

A. 向不特定对象发行，结果 150 人认购

B. 向特定对象发行，结果 201 人认购

C. 通过报刊等广告发行

D. 某股东将所持股权转让给 200 人，转让后公司股东达到 300 人

答案：ABC

解析：B 选项需注意，"累计超过 200 人"方构成公开发行，若刚好为 200 人，则不构成。D 选项违反《通知》的规定，但并非公开发行。

（二）《首次公开发行股票并上市管理办法》的规定／主板首次公开发行股票的条件

在境内首次公开发行股票并在主板（含中小板）上市，适用《首次公开发行股票并上市管理办法》。境内公司股票以外币认购和交易的，不适用《首次公开发行股票并上市管理办法》。

【注】境内股票以外币认购和交易，即 B 股，不适用《首次公开发行股票并上市管理办

法》。B 股适用《国务院关于股份有限公司境内上市外资股的规定》。

1. 主体资格

（1）发行人应当是依法设立且合法存续的股份有限公司，自股份有限公司成立后，持续经营时间应当在 3 年以上，但经国务院批准的除外。

有限责任公司按原账面净资产值折股整体变更为股份有限公司的，持续经营时间可以从有限责任公司成立之日起计算。

【注1】 "3 年以上"的含义。2016 年发行专题"保代"培训内容中明确，此处"3 年以上"是指自成立时满 3 年（即 36 个自然月）即可申报，例如，某股份公司于 2014 年 5 月 31 日成立，则理论上其在 2017 年 6 月 1 日即可申报 IPO，但鉴于《首次公开发行股票并上市管理办法》中对发行人净利润、现金流量净额及营业收入三项财务指标的要求均是以最近 3 个会计年度为计算依据，通常应以完整的 3 个会计年度计算各项财务指标，因此实务中在无国务院特批的情况下，多以成立后运行 3 个完整的会计年度后进行申报，但对考试来说，若出现相关考题，则应以 36 个自然月为推算依据。

创业板关于此处的规定含义相同。

【注2】 "经国务院批准可免于持续经营 3 年以上"的理解。根据最新"保代"培训的内容，可以豁免的条件包括公司规模足够大、整体改制成立、至少要持续经营 1 年以上、通常为国企等。上述豁免条件并非"保代"考试考核内容，仅作了解即可，无须记忆。

需要注意的是，"持续经营 3 年以上"的要求，仅主板有国务院特批豁免规定，创业板无豁免规定。

【注3】 "有限责任公司按原账面净资产值折股整体变更为股份有限公司，持续经营时间可以从有限责任公司成立之日起计算"的理解。

《公司法》第九十五条规定，有限责任公司变更为股份有限公司时，折合的实收股本总额不得高于公司净资产额。因此有限公司整体改制变更为股份公司，折合的股本是小于净资产额的，差额部分作资本公积处理。注意，折合股本的基数"净资产额"是需要审计并评估的，实务中部分地方工商机关对此种变更并不强制要求进行评估，即企业没有进行评估也能取得工商变更登记，但对于拟上市企业来说，应当进行评估为宜，有的企业改制时未评估，后续有上市计划时，应对未评估事项进行补正。

需要特别说明的是，此处整体变更时评估的意义，是为了确定经审计的、将来用以折股的"净资产"值不大于经评估的"净资产"值参考之用，而非整体折股的净资产价值计算依据，企业不能依据评估值调账，否则持续经营时间将不能连续计算。例如，某有限责任公司于 2014 年 5 月 31 日成立，该公司以 2015 年 5 月 31 日为基准日进行了审计、评估，经审计的净资产值为 1.2 亿元，评估值为 1.5 亿元，公司以经审计的净资产值 1.2 亿元为基数按照 1:1 的折股比例整体变更为股份公司，则其持续经营时间可以从 2014 年 5 月 31 日有限责任公司成立时起算，即其在 2017 年 6 月 1 日即可申报 IPO。若该公司以经评估的净资产值 1.5 亿元整体折股，则折股后仍需运行 3 年方可申报。

（2）发行人的注册资本已足额缴纳，发起人或者股东用做出资的资产的财产权转移手续已办理完毕，发行人的主要资产不存在重大权属纠纷。

【注1】 不管股东用于出资的财产价值大小，也不管财产权属转移未来是否有法律障碍（如律师出具法律意见书认为取得相关产权证书或财产转移手续不存在法律障碍），只要在报送发行申请文件时点，股东用做出资的资产的财产权转移手续未办理完毕，就不符合发行条件，

从而构成首发上市实质性障碍。

【注2】一般来说，发行人的主要资产包括发行人所拥有的房产、土地使用权、商标、专利、特许经营权以及主要生产经营设备等。

【注3】创业板与主板规定完全相同。

（3）发行人的生产经营符合法律、行政法规和公司章程的规定，符合国家产业政策。

【注】主板（含中小板）只要生产经营合法、合规即可，对主业数量并无限制。而对于创业板，要求主要经营一种业务，即主业突出，但并非要求只能经营一种业务。

（4）发行人最近3年内主营业务和董事、高级管理人员没有发生重大变化，实际控制人没有发生变更。

【注1】"最近3年内主营业务没有发生重大变化"的理解。

对于此条件，中国证监会于2008年5月19日专门出台了《证券期货法律适用意见第3号》（证监会公告〔2008〕22号）对其进行解释，详见本节附录一：发行人最近3年内主营业务没有发生重大变化的适用意见——证券期货法律适用意见第3号。

【注2】"最近3年内董事、高级管理人员没有发生重大变化"的理解。

关于董事、高管的重大变化没有量化标准，应考虑变动原因，相关人员的岗位和作用，对生产经营的影响等因素。注意，这里不包括监事，监事的重大变化并不会构成首发障碍。

【注3】"最近3年内实际控制人没有发生变更"的理解。

此处仅对"实际控制人"没有发生变更作出要求，并未要求"控股股东"未发生变更，若控股股东发生了变更，且变化前后的控股股东属于同一实际控制人控制，则不构成发行障碍。

另外对于此条件，中国证监会于2007年11月25日专门出台了《证券期货法律适用意见第1号》（证监法律字〔2007〕15号）对其进行解释，详见本节附录二：实际控制人没有发生变更的理解和适用——证券期货法律适用意见第1号。

【注4】上述注释同样适用创业板，只是创业板规定全部为"2年"。

（5）发行人的股权清晰，控股股东和受控股股东、实际控制人支配的股东持有的发行人股份不存在重大权属纠纷。

【注1】职工持股会及工会持股问题。

（1）职工持股会属于单位内部团体，不再由民政部门登记管理，职工持股会将不再具有法人资格，不能成为公司的股东。工会作为上市公司的股东，其身份与工会的设立和活动宗旨不一致，可能会对工会正常活动产生不利影响，因此，中国证监会也暂不受理工会作为股东或发起人的公司公开发行股票的申请。目前中国证监会已停止受理和审批职工持股会及工会作为发起人或股东的公司的发行申请。

（2）与发行申请人有关的工会或职工持股会持股的三种情形，建议分别处理：

①对已上市公司而言，在受理其再融资申请时，应要求发行人的股东不存在职工持股会及工会，如存在的，应要求其按照法律部〔2000〕24号文要求规范。

②对拟上市公司而言，受理其发行申请时，应要求发行人的股东不属于职工持股会及工会持股，同时，应要求发行人的实控人不属于职工持股会或工会持股。

③对于工会或职工持股会持有拟上市公司或已上市公司的子公司股份的，可以不要求其清理。

【注2】股份代持、信托持股、委托持股的处理。

任何股份代持行为，上市之前代持必须全部解除。存在信托持股和委托持股的，要求进行处理，股权应转至个人名下，不清理的构成发行障碍。

【真题回顾（1505）】甲公司拟于 2015 年 6 月首次公开发行股票并在主板上市，以下情形构成实质性障碍的有（　　）。

A. 2012 年 4 月甲公司的主营业务发生重大变化

B. 甲公司的一栋厂房尚未取得所有权证，律师发表意见取得所有权证不存在障碍

C. 甲公司在 2013 年 4 月更换了监事

D. 甲公司的总经理在其实际控制人处兼任董事并领取薪酬

答案：ABD

解析：A，属于报告期内主营业务发生重大变化，构成障碍；B，在申报前对于独立产权资产必须取得所有权凭证；D，兼任董事不领薪是允许的。

2. 规范运行

（1）发行人已经依法建立健全股东大会、董事会、监事会、独立董事、董事会秘书制度，相关机构和人员能够依法履行职责。

（2）发行人的董事、监事和高级管理人员符合法律、行政法规和规章规定的任职资格，且不得有下列情形：

①被中国证监会采取证券市场禁入措施尚在禁入期的。

②最近 36 个月内受到中国证监会行政处罚，或者最近 12 个月内受到证券交易所公开谴责。

③因涉嫌犯罪被司法机关立案侦查或者涉嫌违法违规被中国证监会立案调查，尚未有明确结论意见。

【注1】此处是对董、监、高的禁止情形，包含监事。

【注2】禁止的是发行人的董、监、高，不包括纳入合并范围的子公司的董、监、高，不包括控股股东及其实际控制人及其控制的其他关联方的董、监、高。

【注3】此处禁止情形是指申报时仍在职的董、监、高，若已撤换或离任，则不构成障碍。

（3）发行人不得有下列情形：

①最近 36 个月内未经法定机关核准，擅自公开或者变相公开发行过证券；或者有关违法行为虽然发生在 36 个月前，但目前仍处于持续状态。

②最近 36 个月内违反工商、税收、土地、环保、海关以及其他法律、行政法规，受到行政处罚，且情节严重。

③最近 36 个月内曾向中国证监会提出发行申请，但报送的发行申请文件有虚假记载、误导性陈述或重大遗漏；或者不符合发行条件以欺骗手段骗取发行核准；或者以不正当手段干扰中国证监会及其发行审核委员会审核工作；或者伪造、变造发行人或其董事、监事、高级管理人员的签字、盖章。

④本次报送的发行申请文件有虚假记载、误导性陈述或者重大遗漏。

⑤涉嫌犯罪被司法机关立案侦查，尚未有明确结论意见。

⑥为控股股东、实际控制人及其控制的其他企业进行违规担保的情形。

⑦资金被控股股东、实际控制人及其控制的其他企业以借款、代偿债务、代垫款项或者其他方式占用的情形。

【注1】此处禁止行为的主体仅包括发行人（含分公司和纳入合并范围的子公司），不包括控股股东及其实际控制人。

【注2】"②"，若受到行政处罚，但情节不严重的话，则不构成障碍，例如，某公司拟于 2017 年 5 月申报 IPO，其于 2015 年 10 月因违法行为被当地工商行政管理部门罚款 1 万元，当地

工商行政管理部门经认定情节不构成严重情形，则该情形不构成发行障碍。

【注3】"⑥为控股股东、实际控制人及其控制的其他企业进行违规担保的情形"所述违规担保，法规并未明确规定是在什么期间内不存在违规担保，本教材倾向于认为应当是报告期至申报前不存在违规担保，理由是对于相同的事项，IPO的条件一般均严于再融资的要求，而《上市公司证券发行管理办法》和《创业板上市公司证券发行管理暂行办法》均明确规定"最近12个月内不存在违规对外提供担保的行为"，在做题时，对于组合单选，可根据对其他选项的判断结合在一起综合判断。

【注4】存在"⑦"中所述情形，在申报前进行清理解决即可。

【模拟练习】甲公司拟于2016年9月在中小板首次公开发行并上市，以下构成发行障碍的有（　　　）。

A. 2016年2月，一名监事因违法买卖股票被交易所公开谴责，2016年7月该名监事从公司离职

B. 2014年9月，因违法行为被工商行政管理部门罚款1万元，工商部门出具证明，认定不构成严重情形

C. 2013年10月，向中国证监会提出发行申请时，报送的发行申请文件有重大遗漏

D. 2013年6月至12月，有资金被控股股东子公司占用情形，2014年1月已经清理解决

E. 2013年10月，为控股股东进行违规担保

答案：CE

解析：A，已经离职的不构成发行障碍；B，违法行为的性质应该是重大才构成发行障碍。D，申报前进行了清理解决不构成障碍。

3. 财务与会计

（1）内控有效，无保留内部控制鉴证报告

发行人的内部控制在所有重大方面是有效的，并由注册会计师出具了无保留结论的内部控制鉴证报告。

（2）会计规范，无保留意见审计报告

发行人会计基础工作规范，并由注册会计师出具了无保留意见的审计报告。

（3）关联关系披露、关联价格公允

发行人应完整披露关联方关系并按重要性原则恰当披露关联交易。关联交易价格公允，不存在通过关联交易操纵利润的情形。

（4）依法纳税，无严重税收优惠依赖

发行人依法纳税，各项税收优惠符合相关法律法规的规定。发行人的经营成果对税收优惠不存在严重依赖。

（5）无重大偿债风险与影响持续经营的重大或有事项

发行人不存在重大偿债风险，不存在影响持续经营的担保、诉讼以及仲裁等重大或有事项。

（6）发行人不得有下列影响持续盈利能力的情形

①发行人的经营模式、产品或服务的品种结构已经或者将发生重大变化，并对发行人的持续盈利能力构成重大不利影响。

②发行人的行业地位或发行人所处行业的经营环境已经或者将发生重大变化，并对发行人的持续盈利能力构成重大不利影响。

③发行人最近1个会计年度的营业收入或净利润对关联方或者存在重大不确定性的客户存在重大依赖。

④发行人最近 1 个会计年度的净利润主要来自合并财务报表范围以外的投资收益。

⑤发行人在用的商标、专利、专有技术以及特许经营权等重要资产或技术的取得或者使用存在重大不利变化的风险。

⑥其他可能对发行人持续盈利能力构成重大不利影响的情形。

【注】创业板无本条关于持续盈利能力的要求。

（7）财务指标

《首发公开发行股票并上市管理办法》第二十六条：发行人应当符合下列条件：

①最近 3 个会计年度净利润均为正数且累计超过人民币 3 000 万元，净利润以扣除非经常性损益前后较低者为计算依据。

②最近 3 个会计年度经营活动产生的现金流量净额累计超过人民币 5 000 万元；或者最近 3 个会计年度营业收入累计超过人民币 3 亿元。

③发行前股本总额不少于人民币 3 000 万元。

④最近一期末无形资产（扣除土地使用权、水面养殖权和采矿权等后）占净资产的比例不高于 20%。

⑤最近一期末不存在未弥补亏损。

【注 1】应注意上述条件中①~⑤应同时满足方符合主板首发财务指标条件。

【注 2】"①"中净利润的口径为合并报表中归属于母公司普通股股东的净利润。注意，要求不仅"累计超过人民币 3 000 万元"而且需要"最近三年均为正数"，比如某公司拟于 2017 年 4 月申报 IPO，2014 年、2015 年、2016 年度扣非前后孰低的净利润分别为 - 100 万元、1 500 万元、2 000 万元，不符合主板首发财务条件要求。

【注 3】"②"中现金流量净额指标和营业收入指标二者符合其一即可，且并不要求每年为正数，只要累计符合指标即可。比如某公司拟于 2017 年 4 月申报 IPO，2014 年、2015 年、2016 年度经营活动产生的现金流量净额分别为 - 500 万元、2 500 万元、3 500 万元，符合要求；再如某公司拟于 2017 年 4 月申报 IPO，2014 年、2015 年、2016 年度经营活动产生的现金流量净额分别为 - 500 万元、2 500 万元、3 000 万元，营业收入分别为 800 万元、1.2 亿元、1.5 亿元，尽管现金流条件不满足，但收入条件满足，二者满足其一即符合此处对财务指标的要求。

【注 4】"③"中注意，是"发行前"股本总额不少于人民币 3 000 万元，创业板为"发行后"。一股对应的股本为一元，有的时候题目中可能表述为股，要会计算并判断，比如"某公司发行前股本为 2 250 万股，本次拟公开发行 750 万股"，不符合主板规定，但符合创业板规定。这里需要同时注意《证券法》中关于 25% 及 10% 比例的限制，比如"某公司拟首次公开发行股票并在创业板上市，发行前股本为 2 500 万股，本次拟公开发行 500 万股"，虽然发行后总股本为 3 000 万股符合《首次公开发行股票并上市管理办法》的规定，但公开发行的占发行后的比例为 500/3 000 不足 25%，不符合《证券法》的规定。

【注 5】无形资产一般包括商标、专利、非专利技术、土地使用权等，《首次公开发行股票并上市管理办法》中规定无形资产占比不可过大（≤20%）主要是防止公司资产偏"虚"，但对于很多工业企业（包括矿产企业）来说，土地使用权、水面养殖权和采矿权是其生产经营必不可少的资产，而该类资产归属于无形资产，且往往资产价值较高，因此，在设定 20% 比例限制的时候将其扣除，实质上主要是对商标、专利、非专利技术占比的限制。

注意，主板并无"最近一期末净资产不低于 2 000 万元"的限制。防止与创业板规定混淆。

【注 6】"⑤"中是"最近一期末"，非最近一年末，因申报时提供财务报表是 3 年 1 期的，只要最近一期末不存在未弥补亏损即可，有时候是以三年作为申报数据，则此时最近一年和最近一期重合。

【注7】"①"、"②"中的相关数据均为"超过"，不含本数，而"③"、"④"中的相关数据包含本数。

【模拟练习】根据《首次公开发行股票并上市管理办法》，下列关于发行人在财务会计方面需要符合的发行条件，说法正确的有（　　　　）。

A. 最近 3 个会计年度净利润均为正数且累计达到人民币 3 000 万元，净利润以扣除非经常性损益前后较低者为计算依据

B. 最近 3 个会计年度经营活动产生的现金流量净额累计超过人民币 5 000 万元，且最近 3 个会计年度营业收入累计超过人民币 3 亿元

C. 最近一期末无形资产（扣除土地使用权、水面养殖权和采矿权等后）占净资产的比例不高于 20%

D. 发行后股本总额不少于人民币 3 000 万元

E. 最近一期末不存在未弥补亏损

答案：CE

解析：A，应当是超过 3 000 万元；B，经营活动现金流和营业收入两套指标满足其一即可；D，应当是发行前。

【模拟练习】甲、乙、丙、丁、戊拟于 2016 年 8 月申报主板 IPO，不考虑其他因素，根据《首次公开发行股票并上市管理办法》，以下符合条件的有（　　　　）。

A. 甲公司 2013～2015 年净利润分别为 750 万元、1 200 万元、1 300 万元，非经常性损益分别为 50 万元、200 万元、－200 万元

B. 乙公司 2013～2015 年经营活动净现金流量分别为 －500 万元、3 000 万元、2 800 万元，营业收入分别为 8 000 万元、1 亿元、1.1 亿元

C. 丙公司发行前股本总额 3 000 万元

D. 丁公司 2015 年 12 月 31 日净资产为 4 亿元，无形资产 1 亿元，其中专利技术 6 000 万元，商标 3 000 万元；2016 年 6 月 30 日净资产为 5 亿元，无形资产 1.5 亿元，其中土地使用权 4 200 万元，采矿权 2 800 万元，专利技术 5 500 万元，商标 2 500 万元

E. 戊公司 2015 年 12 月 31 日存在未弥补亏损，2016 年 6 月 30 日不存在未弥补亏损

答案：BCDE

解析：A，甲公司 2013～2015 年扣非后净利润为 700 万元、1 000 万元、1 500 万元，前后孰低应为 700 万元、1 000 万元和 1 300 万元，三年合计为 3 000 万元，不符合累计超过 3 000 万元的要求。B，2013～2015 年累计经营活动净现金流量 ＝ －500 ＋ 3 000 ＋ 2 800 ＝ 5 100（万元），符合要求；注意，尽管三年累计营业收入为 2.9 亿元，未达到"累计超过人民币 3 亿元"的要求，但其与前面累计经营活动净现金流量的指标要求只要二者符合其一即可。D，扣除土地使用权和采矿权后，最近一期末无形资产占净资产的比例 ＝（1.5 － 0.42 － 0.28）/5 ＝ 0.8/5 ＝ 16% ＜20%。注意，不用最近一年末的数据。

4. 独立性

说明：（1）2015 年 12 月 30 日中国证监会修订《首次公开发行股票并上市管理办法》时将独立性的要求删除（《首次公开发行股票并在创业板上市管理办法》同样删除），同时在第四章"信息披露"中增加一条（第四十二条），规定为："发行人应当在招股说明书中披露已达到发

行监管对公司独立性的基本要求。"同期修订的《公开发行证券的公司信息披露内容与格式准则第 1 号——招股说明书》中相应增加第五十一条（从《首次公开发行股票并上市管理办法》中直接移至《公开发行证券的公司信息披露内容与格式准则第 1 号——招股说明书》，内容完全一致），作为招股说明书应当披露的内容。（2）《上市公司证券发行管理办法》、《创业板上市公司证券发行管理暂行办法》依然保留有独立性要求。

以下是关于独立性方面的具体内容：

发行人应当具有完整的业务体系和直接面向市场独立经营的能力，除应符合以下"五独立"的要求之外，在独立性方面不得有其他严重缺陷。

（1）资产完整。生产型企业应当具备与生产经营有关的生产系统、辅助生产系统和配套设施，合法拥有与生产经营有关的土地、厂房、机器设备以及商标、专利、非专利技术的所有权或者使用权，具有独立的原料采购和产品销售系统；非生产型企业应当具备与经营有关的业务体系及相关资产。

（2）人员独立。发行人的总经理、副总经理、财务负责人和董事会秘书等高级管理人员不得在控股股东、实际控制人及其控制的其他企业中担任除董事、监事以外的其他职务，不得在控股股东、实际控制人及其控制的其他企业领薪；发行人的财务人员不得在控股股东、实际控制人及其控制的其他企业中兼职。

【注】由以上法条，可得出以下几点结论：

①发行人高管仅能在控股股东、实际控制人及其控制的其他企业中担任董事、监事职务，且不得领薪，不得担任其他职务。②限制的是发行人高管在"控股股东、实际控制人及其控制的其他企业"担任其他职务，并不限制发行人高管在发行人、发行人子公司担任职务。③发行人的财务人员不得在控股股东、实际控制人及其控制的其他企业中兼职任何职务（董事、监事不领薪也不可），但并不限定发行人的财务人员在发行人、发行人子公司担任职务。④对发行人的非高管及财务人员未有任职限制，包括在控股股东、实际控制人及其控制的其他企业中任职的限制。

另外需要注意的是，根据字面理解，财务负责人属于财务人员，应不得在控股股东、实际控制人及其控制的其他企业中兼职。但根据关于高管兼职的规定，财务负责人可以在控股股东、实际控制人及其控制的其他企业中担任董事、监事，不领薪即可。因此，对于"发行人的财务人员不得在控股股东、实际控制人及其控制的其他企业中兼职"中的"财务人员"应理解为一般财务人员（非高管），考试时对于财务负责人、财务总监应按照高管处理，而如表述为"财务经理"、"财务主管"等且又没明确表明其是高管人员的，则按照一般财务人员处理。

（3）财务独立。发行人应当建立独立的财务核算体系，能够独立作出财务决策，具有规范的财务会计制度和对分公司、子公司的财务管理制度；发行人不得与控股股东、实际控制人及其控制的其他企业共用银行账户。

（4）机构独立。发行人应当建立健全内部经营管理机构，独立行使经营管理职权，与控股股东、实际控制人及其控制的其他企业间不得有机构混同的情形。

（5）业务独立。发行人的业务应当独立于控股股东、实际控制人及其控制的其他企业，与控股股东、实际控制人及其控制的其他企业间不得有同业竞争或者显失公平的关联交易。

【真题回顾（1511）】以下构成首次公开发行股票发行障碍的有（　　　）。

A. 发行人的财务经理在控股股东处担任监事

B. 发行人与控股股东共同使用同一银行账户

C. 发行人的副经理在控股股东的一个控股子公司担任董事

D. 发行人的董事会秘书在控股股东处担任监事并领取薪酬

答案：ABD

解析：A，发行人财务人员不得在控股股东处兼职；B，违反财务独立性规范要求；C，发行人的高管可以在控股股东、实际控制人及其控制的其他企业中担任董事、监事职务；D，发行人高管不得在控股股东、实际控制人及其控制的其他企业中领薪。

【真题回顾（1406）】 甲公司拟在中小板上市，乙公司为其控股股东，丙公司为乙公司全资子公司。李某为甲公司董事长兼总经理，下列说法正确的有（　　　　）。

A. 李某可以兼任乙公司总经理　　　　B. 李某可以兼任乙公司和丙公司董事长

C. 李某可以兼任乙公司监事会主席　　D. 李某可以兼任甲公司董事会秘书

答案：BCD

解析：李某为发行人高管，不得在控股股东、实际控制人及其控制的其他企业中担任除董事、监事以外职务，A 错误，B、C 正确。《深圳证券交易所中小企业板上市公司规范运作指引》规定："董事会秘书应当由上市公司董事、副总经理、财务负责人或者公司章程规定的其他高级管理人员担任。"关于董事会秘书由谁担任创业板的规定与中小板一致，深主板的规定为鼓励由上述人员担任，并非强制。

（三）《首次公开发行股票并在创业板上市管理办法》的规定/创业板首次公开发行股票的条件

在中华人民共和国境内首次公开发行股票并在创业板上市，适用《首次公开发行股票并在创业板上市管理办法》。

1. 主体资格

（1）发行人是依法设立且持续经营 3 年以上的股份有限公司。有限责任公司按原账面净资产值折股整体变更为股份有限公司的，持续经营时间可以从有限责任公司成立之日起计算。

【注】 对于"持续经营 3 年以上"以及"整体改制的时间起算"含义与主板完全相同，需要注意的是，对于"持续经营 3 年以上"的要求创业板无"经国务院批准的除外"的例外规定，主板有此规定。

（2）发行人的注册资本已足额缴纳，发起人或者股东用做出资的资产的财产权转移手续已办理完毕，发行人的主要资产不存在重大权属纠纷。

【注】 与主板规定完全相同。（不管股东用于出资的财产价值大小，也不管财产权属转移在未来是否有法律障碍，只要在报送发行申请文件时点，股东用做出资的资产的财产权转移手续未办理完毕，就不符合发行条件，从而构成首发上市实质性障碍。一般来说，发行人的主要资产包括发行人所拥有的房产、土地使用权、商标、专利、特许经营权以及主要生产经营设备等）

（3）发行人应当主要经营一种业务，其生产经营活动符合法律、行政法规和公司章程的规定，符合国家产业政策及环境保护政策。

【注1】 创业板要求主要经营一种业务，即主业突出，主营一种业务，也即创业板要求发行人主营业务为一种，但并非要求只能经营一种业务，除了主营业务外还可以辅营其他业务，但若只经营一种业务，也当然是符合要求的。主板（含中小板）只要生产经营合法、合规即可，对主业数量并无限制。

【注2】 "一种业务"如何理解：①是指同一种类业务或相关联相近的集成业务，如与主营业务相关的上下游关系，或者源自同一核心技术或同一原料、资源的业务。②主营一种业务之

外还有其他不相关业务的，则最近两个会计年度合并报表其他业务收入占营业收入的比、其他业务利润占利润总额的比均不超过30%。

（4）发行人最近2年内主营业务和董事、高级管理人员均没有发生重大变化，实际控制人没有发生变更。

【注】关于主营业务和董事、高级管理人员均没有发生重大变化，实际控制人没有发生变更，创业板的要求是最近2年内，主板的要求是最近3年内。除了年限要求不一样外，其他含义及要求相同。

（5）发行人的股权清晰，控股股东和受控股股东、实际控制人支配的股东持有的发行人股份不存在重大权属纠纷。

【注】与主板规定完全相同。

【真题回顾（1511）】以下符合创业板首次公开发行股票的条件要求的有（　　）。

A. 公司注册资本1亿元，截至申报日，实缴股本为8 000万元

B. 公司最近一期末净资产为2 500万元

C. 公司成立于2012年5月，2014年6月进行股份制改造，以资产评估后的净资产进行调账折股，2015年10月申请IPO

D. 公司最近2年主营业务没有发生变更

答案：BD

解析：A，根据《首次公开发行股票并在创业板上市管理办法》的规定，发行人的注册资本应已足额缴纳，发起人或者股东用做出资的资产的财产权转移手续已办理完毕。C，根据规定，发行人应是依法设立且持续经营3年以上的股份有限公司，有限责任公司按原账面净资产值折股整体变更为股份有限公司的，持续经营时间可以从有限责任公司成立之日起计算；本题中描述是以资产评估后的净资产进行调账折股，需要从2014年6月起再运行3年方可申报。

【真题回顾（1412）】以下为首次公开发行股票并在创业板上市的发行条件的有（　　）。

A. 发行人只能经营一种业务

B. 发行人最近3年主营业务未发生重大变化

C. 发行人最近2年董事、高管未发生重大变化

D. 发行人最近2年控股股东未发生变更

E. 发行人最近2年实际控制人未发生变更

答案：CE

解析：创业板IPO条件的主体资格规定，发行人最近2年内主营业务和董事、高级管理人员均没有发生重大变化，实控人没有发生变更。D，规定说是实际控制人未发生变更，并未禁止控股股东发生变化，若变化前后的控股股东属于同一实际控制人控制，并不构成发行障碍。

2. 规范运行

（1）发行人具有完善的公司治理结构，依法建立健全股东大会、董事会、监事会以及独立董事、董事会秘书、审计委员会制度，相关机构和人员能够依法履行职责。

【注】较主板多出"审计委员会制度"，2015年2月深交所修订规范运作指引，已不再强制要求上市公司设立包括审计委员会在内的董事会专门委员会，但2015年12月，证监会修订《首次公开发行股票并在创业板上市管理办法》时，依然保留了发行人需要建立审计委员会制度的规定。考试时，应有针对性作答，若考到的是持续督导中的关于专门委员会的相关规定，则

作答依据应当为修订后的规范运作指引的规定，即不再强制要求建立审计委员会。若考的是创业板首发的条件，则需要。

（2）发行人的董事、监事和高级管理人员具备法律、行政法规和规章规定的资格，且不存在下列情形：

①被中国证监会采取证券市场禁入措施尚在禁入期的。

②最近3年内受到中国证监会行政处罚，或者最近1年内受到证券交易所公开谴责的。

③因涉嫌犯罪被司法机关立案侦查或者涉嫌违法违规被中国证监会立案调查，尚未有明确结论意见的。

【注1】"最近3年内"、"最近1年内"与主板"最近36个月内"、"最近12个月内"说法不一样，含义相同，均指申报前。

【注2】其他注解同主板。（是对董、监、高的禁止情形，包含监事；禁止的是发行人的董、监、高，包括纳入合并范围的子公司的董、监、高，不包括控股股东及其实际控制人及其控制的其他关联方的董、监、高；禁止情形是指申报时仍在职的董、监、高，若已撤换或离任，则不构成障碍）

（3）发行人及其控股股东、实际控制人不得有下列情形：

①最近3年内存在损害投资者合法权益和社会公共利益的重大违法行为。

②最近3年内存在未经法定机关核准，擅自公开或者变相公开发行证券，或者有关违法行为虽然发生在3年前，但目前仍处于持续状态的情形。

【注1】注意，此处的禁止行为主体既包括发行人（含分公司和纳入合并范围的子公司），也包括控股股东及其实际控制人，而主板仅包括发行人（含分公司和纳入合并范围的子公司），不包括控股股东及其实际控制人。

【注2】《首次公开发行股票并在创业板上市管理办法》并未明文规定发行人不得有重大违法行为，但根据《证券法》公开发行条件规定：最近3年财务会计文件无虚假记载，无其他重大违法行为。因此主板对于重大违法行为的规定也适用于创业板。

【注3】对于主板规范运行条件中有关发行人禁止情形中的"违规担保"、"资金占用"等情形，原《首次公开发行股票并在创业板上市管理办法》中也有相同规定，但2014年5月中国证监会修订的《首次公开发行股票并在创业板上市管理办法》将其删除。而《首次公开发行股票并在创业板上市管理办法》要求发行人内部控制制度健全且被有效执行，而资金管理、担保本身属于内部控制的重要因素，因此创业板首次公开发行股票对于资金占用、违规担保等有同主板一样的要求。

【说明】关于"关联关系披露、关联价格公允"、"无重大偿债风险与影响持续经营的重大或有事项"创业板未作明确规定，关于"依法纳税，无严重税收优惠依赖"、"发行人不得有影响持续盈利能力的情形"等在2014年5月修订时予以删除。

3. 财务与会计

（1）内控有效，无保留内部控制鉴证报告。

发行人内部控制制度健全且被有效执行，并由注册会计师出具无保留结论的内部控制鉴证报告。

【注】完全同主板规定。

（2）会计规范，无保留意见审计报告

发行人会计基础工作规范，并由注册会计师出具了无保留意见的审计报告。

【注】完全同主板规定。

（3）财务指标

①最近 2 年连续盈利，最近 2 年净利润累计不少于 1 000 万元；或者最近 1 年盈利，最近 1 年营业收入不少于 5 000 万元。净利润以扣除非经常性损益前后孰低者为计算依据。

②最近一期末净资产不少于 2 000 万元。

③发行后股本总额不少于 3 000 万元。

④最近一期末不存在未弥补亏损。

【注1】关于盈利性为两套指标，满足其一即可。注意第一套指标不仅要求 2 年净利润累计不少于 1 000 万元，而且要求两年均为正数。另外注意，其两套指标中对最近一年均要求盈利，因此若题目中给出的申报期最近一年扣除非经常性损益前后孰低的净利润为负数的话，则一定不符合条件。

【注2】"②"规定为"最近一期末净资产不少于 2 000 万元"，无"最近一期末无形资产（扣'三权'）占净资产的比例不高于 20%"的规定，防止与主板规定混淆。

【注3】"③"中注意为"发行后股本不少于 3 000 万元"，主板规定为"发行前股本不少于 3 000 万元"。

【注4】"①"、"②"、"③"中数据均包含本数，注意与主板的区别。

【模拟练习】不考虑其他因素，下列公司中不符合《首次发行股票并在创业板上市管理办法》规定的首次发行股票并在创业板上市条件的是（　　　）。

A. 甲公司，2014 年、2015 年、2016 年未扣除非经常性损益的净利润分别为 1 900 万元、2 000 万元、3 000 万元，2014 年、2015 年、2016 年的非经常性损益分别为 100 万元、300 万元和 500 万元

B. 乙公司，2014 年、2015 年、2016 年营业收入分别为 3 000 万元、5 000 万元、9 000 万元，2014 年、2015 年、2016 年的扣除非经常性损益前后孰低的净利润分别为 -100 万元、1 000 万元、2 000 万元

C. 丙公司，最近一期末净资产 3 000 万元，不存在未弥补亏损，无形资产 2000 万元，包括土地使用权 500 万元，专利技术 1 500 万元

D. 丁公司，总股本为 2 100 万股，最近一期末的未分配利润为 50 万元，拟首发 700 万股

E. 戊公司，发行前总股本 2 250 万股，不存在未弥补亏损，本次拟首发 750 万股

答案：D

解析：A，甲公司 2014 年、2015 年、2016 年扣除非经常性损益后孰低计算的净利润分别为 1 800 万元、1 700 万元、2 500 万元，满足"最近 2 年连续盈利，最近 2 年净利润累计不少于 1 000 万元"的条件；B 选项所述情形满足创业板关于盈利指标的两种情形；C，创业板关于对净资产的要求满足"最近一期末净资产不少于 2 000 万元"即可；D，发行后股本总额为 2 800 万元，不符合要求；E，发行后股本总额为 3 000 万元，且 750/3 000≥25%，符合规定。

4. 独立性

说明：（1）2015 年 12 月 30 日中国证监会修订《首次公开发行股票并在创业板上市管理办法》时将独立性的要求删除（主板同样删除），同时在第四章"信息披露"中增加一条（第三十四条），规定为："发行人应当在招股说明书中披露已达到发行监管对公司独立性的基本要求。"同期修订的《公开发行证券的公司信息披露内容与格式准则第 28 号——创业板公司招股说明书》中相应增加第四十九条，作为招股说明书应当披露的内容。（2）《上市公司证券发行管

理办法》、《创业板上市公司证券发行管理暂行办法》依然保留有独立性要求。

原《首次公开发行股票并在创业板上市管理办法》关于独立性的规定如下：

发行人应当符合资产完整、人员独立、财务独立、机构独立、业务独立的要求。

【注】即五独立，含义与主板完全相同。

【真题回顾（1611）】根据《首次公开发行股票并在创业板上市管理办法》，下列关于发行人发行条件的相关表述，正确的有（　　　）。

A. 最近两年连续盈利，最近两年净利润累积不少于 1 000 万元，或者最近 1 年盈利，最近一年营业收入不少于 5 000 万元，净利润以扣除非经常性损益前后孰低为计算依据

B. 发行人及其控股股东、实际控制人最近 3 年内不存在未经法定机关核准，擅自公开或者变相公开发行债券，或者有关违法行为虽然发生在 3 年前，但目前仍处于持续状态的情形

C. 发行人的注册资本已足额缴纳，发起人或者股东用做出资的财产权转移手续已办理完毕，发行人的主要资产不存在重大权属纠纷

D. 发行人只能经营一种业务，其生产经营活动符合法律、行政法规和公司章程的规定，符合国家产业政策及环境保护政策

E. 发行人自股份有限公司成立后，持续经营时间应当在 3 年以上，但经国务院批准的除外

答案：ABC

解析：A、B、C 表述均为法条原文规定，需要注意的是，对于 B 中所述，主板仅限制发行人不存在该种情形，不包括对发行人的控股股东、实际控制人的限制。D，创业板要求发行人应当主要经营一种业务，并非要求只能经营一种业务。E，创业板对于"持续经营 3 年以上"的要求无"经国务院批准的除外"的例外规定。

（四）其他法律、法规及部门规章中关于首次公开发行股票并上市的条件和要求

1. 《关于改革调整上市环保核查工作制度的通知》的相关规定

2014 年 10 月，环境保护部发布《关于改革调整上市环保核查工作制度的通知》，对上市环保核查作出了最新规定，主要是落实国务院关于简政放权、转变政府职能要求，取消原上市环保核查工作制度相关环保核查的要求。具体规定如下：

（1）自通知发布之日起，环境保护部停止受理及开展上市环保核查，环境保护部已印发的关于上市环保核查的相关文件予以废止，其他文件中关于上市环保核查的要求不再执行。对通知印发前已经受理的核查申请，环境保护部将函复申请核查公司，提出环保持续改进要求。

（2）地方各级环保部门也应自通知发布之日起，停止受理及开展上市环保核查工作，并尽快调整本行政区内上市环保核查相关规定，做好制度调整前后相关工作衔接，尽量减少对企业上市、融资的影响。

（3）各级环保部门应加强对上市公司的日常环保监管，加大监察力度，发现上市公司存在环境违法问题的，应依法处理并督促整改。同时，各地应清理不符合环保法律、法规的地方规定，避免干扰环保部门对上市公司的正常环保监管，指导和监督上市公司遵守环保法律法规。

（4）督促上市公司切实承担环境保护社会责任。上市公司作为公众公司，应当严格遵守各项环保法律法规，建立环境管理体系，完善环境管理制度，实施清洁生产，持续改进环境表现。上市公司应按照有关法律要求及时、完整、真实、准确地公开环境信息，并按《企业环境报告书编制导则》（HJ 617—2011）定期发布企业环境报告书。

（5）加大对企业环境监管信息公开力度。各级环保部门应参照国控重点污染源环境监管信

息公开要求，加大对上市公司环境信息公开力度，方便公众查询和监督。根据减少行政干预、市场主体负责原则，各级环保部门不应再对各类企业开展任何形式的环保核查，不得再为各类企业出具环保守法证明等任何形式的类似文件。保荐机构和投资人可以依据政府、企业公开的环境信息以及第三方评估等信息，对上市企业环境表现进行评估。

【真题回顾（1509）】 根据环境保护部《关于改革调整上市环保核查工作制度的通知》的规定，以下关于上市公司环保核查的说法正确的有（　　）。

A. 自通知发布之日起，环境保护部停止受理及开展上市环保核查，环境保护部已印发的关于上市环保核查的相关文件予以废止，其他文件中关于上市环保核查的要求继续执行

B. 自通知发布之日起环境保护部停止受理及开展上市环保核查，但地方各级环保部门可继续受理及开展上市环保核查工作，对辖区企业进行环保核查

C. 各级环保部门不应再对各类企业开展任何形式的环保核查，不得再为各类企业出具环保守法证明等任何形式的类似文件

D. 保荐机构和投资人可以依据政府、企业公开的环境信息以及第三方评估等信息，对上市企业环境表现进行评估

答案：CD

解析：A，其他文件中关于上市环保核查的要求不再执行。B，地方各级环保部门也应自通知发布之日起，停止受理及开展上市环保核查工作。

2.《发行监管问答——中小商业银行发行上市审核》的相关规定

（1）中国证监会审核中小商业银行发行上市时重点关注哪些问题？

答：中国证监会在审核中小商业银行发行上市时，重点关注下列问题：

①中小商业银行是否符合产权清晰、公司治理健全、风险管控能力强、资产质量好、有一定规模且业务较为全面、竞争力和盈利能力较强的要求。

②最近两年银行业监管部门监管评级的综合评级结果。

③最近三年年末及最近一期末风险监管核心指标是否符合银行业监管部门的相关规定。

④持续经营能力。

⑤最近一年及最近一期末存款或贷款规模在主要经营地中小商业银行的市场份额排名中是否居于前列。

⑥最近三年内是否进行过重大不良资产处置、剥离，或发生过重大银行案件。

⑦报告期内监管评级、风险监管核心指标的变动情况及变动原因。

⑧内部职工持股是否符合财政部、中国人民银行、中国银监会、中国证监会、中国保监会《关于规范金融企业内部职工持股的通知》（财金〔2010〕97号）的规定。

⑨银行设立、历次增资和股权转让是否按规定向银行业监管部门履行了必要的审批或者备案等手续。

⑩是否已结合资本状况、股权结构、业务现状及其发展状况等因素，合理确定资本金补充机制，并在招股说明书中予以披露。

⑪是否参照《公开发行证券的公司信息披露编报规则第26号——商业银行信息披露特别规定》（证监会公告〔2008〕33号）的规定编制招股说明书。

【注】 该规定实际上已被2014年1月6日发布的《公开发行证券的公司信息披露编报规则第26号——商业银行信息披露特别规定（2014年修订）》废止。

（2）保荐机构在推荐中小商业银行发行上市时应履行哪些核查义务？

答：保荐机构应结合所推荐中小商业银行的实际情况，重点对下列事项进行核查：

①贷款风险分类制度的健全性和执行的有效性，确认所推荐的中小商业银行已根据银行业监管部门要求制定贷款分类制度并在报告期内得到有效执行。

②公司治理结构、风险管理体系和内部控制制度的健全性和有效性，确认所推荐的中小商业银行已建立健全的公司治理结构、完善的风险管理体系和内部控制制度，并确认其报告期内各项风险管理与内部控制措施得到全面有效执行。

③重点风险领域相关业务的风险与合法性、合规性，确认所推荐的中小商业银行相关业务合法性、合规，不存在重大风险。

④贷款集中度和关联贷款，确认所推荐中小商业银行不存在重大信用风险。

3. 《中共中央、国务院关于深化国有企业改革的指导意见》的规定

说明：此文件并非对首发相关的条件进行的规定，因 2015 年 9 月曾考到过，放在此处进行说明，适当关注即可。

2015 年 8 月 24 日，中共中央、国务院印发《中共中央、国务院关于深化国有企业改革的指导意见》，为解决一些国有企业存在的管理混乱、内部人控制、利益输送、国有资产流失等突出问题，继续推进国有企业改革，切实破除体制机制障碍，坚定不移做强做优做大国有企业，提出了三十条意见，其中比较重要的几点意见如下：

（1）划分国有企业不同类别。根据国有资本的战略定位和发展目标，结合不同国有企业在经济社会发展中的作用、现状和发展需要，将国有企业分为商业类和公益类。

（2）推进商业类国有企业改革。商业类国有企业按照市场化要求实行商业化运作，以增强国有经济活力、放大国有资本功能、实现国有资产保值增值为主要目标，依法独立自主开展生产经营活动，实现优胜劣汰、有序进退。

主业处于充分竞争行业和领域的商业类国有企业，原则上都要实行公司制股份制改革，积极引入其他国有资本或各类非国有资本实现股权多元化，国有资本可以绝对控股、相对控股，也可以参股，并着力推进整体上市。对这些国有企业，重点考核经营业绩指标、国有资产保值增值和市场竞争能力。

主业处于关系国家安全、国民经济命脉的重要行业和关键领域、主要承担重大专项任务的商业类国有企业，要保持国有资本控股地位，支持非国有资本参股。对自然垄断行业，实行以政企分开、政资分开、特许经营、政府监管为主要内容的改革，根据不同行业特点实行网运分开、放开竞争性业务，促进公共资源配置市场化；对需要实行国有全资的企业，也要积极引入其他国有资本实行股权多元化；对特殊业务和竞争性业务实行业务板块有效分离，独立运作、独立核算。对这些国有企业，在考核经营业绩指标和国有资产保值增值情况的同时，加强对服务国家战略、保障国家安全和国民经济运行、发展前瞻性战略性产业以及完成特殊任务的考核。

（3）推进公益类国有企业改革。公益类国有企业以保障民生、服务社会、提供公共产品和服务为主要目标，引入市场机制，提高公共服务效率和能力。这类企业可以采取国有独资形式，具备条件的也可以推行投资主体多元化，还可以通过购买服务、特许经营、委托代理等方式，鼓励非国有企业参与经营。对公益类国有企业，重点考核成本控制、产品服务质量、营运效率和保障能力，根据企业不同特点有区别地考核经营业绩指标和国有资产保值增值情况，考核中要引入社会评价。

【真题回顾（1509）】根据《中共中央、国务院关于深化国有企业改革的指导意见》的规

定，以下说法正确的有（　　　）。

A. 根据国有资本的战略定位和发展目标，结合不同国有企业在经济社会发展中的作用、现状和发展需要，将国有企业分为商业类和公益类

B. 对主业处于充分竞争行业和领域的商业类国有企业，原则上都要实行公司制股份制改革，积极引入其他国有资本或各类非国有资本实现股权多元化，国有资本要绝对控股或相对控股，也可以参股，并着力推进整体上市

C. 对主业处于关系国家安全、国民经济命脉的重要行业和关键领域、主要承担重大专项任务的商业类国有企业，要保持国有资本100%控股地位，非国有资本不得参股

D. 对于公益类国有企业以保障民生、服务社会、提供公共产品和服务为主要目标，这类企业采取国有独资形式，非国有企业不得参与经营

答案：AB

解析：C，对于主业处于关系国家安全、国民经济命脉的重要行业和关键领域、主要承担重大专项任务的商业类国有企业，要保持国有资本控股地位，支持非国有资本参股。D，对于公益类国有企业以保障民生、服务社会、提供公共产品和服务为主要目标，这类企业可以采取国有独资形式，具备条件的也可以推行投资主体多元化，还可以通过购买服务、特许经营、委托代理等方式，鼓励非国有企业参与经营。

主板和创业板首次公开发行股票的条件

	具体条件	主板 IPO 规定	创业板 IPO 规定
主体资格	成立满 3 年股份公司	①自股份公司成立后，持续经营时间应当在 3 年以上；②有限公司按原账面净资产值折股整体变更为股份公司的，持续经营时间可从有限公司成立之日起计算 注：对于持续经营满 3 年的规定，主板有国务院特批例外情形，创业板无特批例外情形	
	注册资本/出资资产	注册资本已足额缴纳，出资资产的财产权转移手续已办理完毕，主要资产不存在重大权属纠纷	
	生产经营合法	发行人的生产经营符合法律、行政法规和公司章程的规定，符合国家产业政策	生产经营活动符合法律、行政法规和公司章程的规定，符合国家产业政策及环境保护政策
	主营一种业务	无主营业务数量限制	发行人应当主要经营一种业务
	主营业务重大变化	最近 3 年内主营业务没有发生重大变化	最近 2 年内主营业务没有发生重大变化
	董事、高管重大变化	最近 3 年内董事、高管没有发生重大变化	最近 2 年内董事、高管没有发生重大变化
	实际控制人变更	最近 3 年内实际控制人没有发生变更	最近 2 年内实际控制人没有发生变更
	股权清晰	发行人的股权清晰，控股股东和受控股股东、实际控制人支配的股东持有的发行人股份不存在重大权属纠纷	

具体条件		主板 IPO 规定	创业板 IPO 规定
规范运行	内部制度	依法建立健全股东大会、董事会、监事会、独立董事、董事会秘书制度	依法建立健全股东大会、董事会、监事会以及独立董事、董事会秘书、审计委员会制度，建立健全股东投票计票制度，建立发行人与股东之间的多元化纠纷解决机制
	董、监、高禁止情形	发行人的董、监、高符合规定的任职资格，且不得有下列情形 ①被中国证监会采取证券市场禁入措施尚在禁入期的 ②最近 36 个月内受到中国证监会行政处罚，或者最近 12 个月内受到证券交易所公开谴责 ③因涉嫌犯罪被司法机关立案侦查或者涉嫌违法违规被中国证监会立案调查，尚未有明确结论意见	
	发行人禁止情形	①最近 36 个月内未经法定机关核准，擅自公开或者变相公开发行过证券；或者有关违法行为虽然发生在 36 个月前，但目前仍处于持续状态	
		②最近 36 个月内违反工商、税收、土地、环保、海关及其他法律、行政法规，受到行政处罚，且情节严重 ③最近 36 个月内曾向中国证监会提出发行申请，但报送的发行申请文件有虚假记载、误导性陈述或重大遗漏；或者不符合发行条件以欺骗手段骗取发行核准；或者以不正当手段干扰中国证监会及其发行审核委员会审核工作；或者伪造、变造发行人或其董事、监事、高管签字、盖章 ④本次报送的发行申请文件有虚假记载、误导性陈述或者重大遗漏 ⑤涉嫌犯罪被司法机关立案侦查，尚未有明确结论意见	近 3 年内不存在损害投资者合法权益和社会公共利益的重大违法行为 注：①创业板此处的重大违法行为可理解为包括左侧主板所列②～⑤的情形，故创业板和主板除了主体不一致外，禁止情形可以理解为一致 ②主板主体只包括发行人，创业板包括发行人及其控股股东和实际控制人
		⑥为控股股东、实际控制人及其控制的其他企业进行违规担保 ⑦有资金被控股股东、实际控制人及其控制的其他企业以借款、代偿债务、代垫款项或者其他方式占用	《首次公开发行股票并在创业板上市管理办法》2014 年 2 月修订时予以删除（原规定与主板一致），调整为信息披露要求

续表

具体条件		主板 IPO 规定	创业板 IPO 规定
财务与会计	内控有效、无保留内控鉴证报告	发行人的内部控制在所有重大方面是有效的/内部控制健全且被有效执行，并由注册会计师出具了无保留结论的内部控制鉴证报告	
	会计规范、无保留意见审计报告	发行人会计基础工作规范，并由注册会计师出具了无保留意见的审计报告	
	关联关系与关联交易	发行人应完整披露关联方关系并按重要性原则恰当披露关联交易	创业板未作明确规定
	财务指标	①最近 3 个会计年度净利润均为正数且累计超过人民币 3 000 万元，净利润以扣除非经常性损益前后较低者为计算依据 ②最近 3 个会计年度经营活动产生的现金流量净额累计超过人民币 5 000 万元；或者最近 3 个会计年度营业收入累计超过人民币 3 亿元 ③发行前股本总额不少于人民币 3 000 万元 ④最近一期末无形资产（扣除土地使用权、水面养殖权和采矿权等后）占净资产的比例不高于 20% ⑤最近一期末不存在未弥补亏损	①最近两年连续盈利，最近两年净利润累计不少于 1 000 万元；或者最近一年盈利，最近一年营业收入不少于 5 000 万元。净利润以扣除非经常性损益前后孰低者为计算依据 ②发行后股本总额不少于 3 000 万元 ③最近一期末净资产不少于 2 000 万元 ④最近一期末不存在未弥补亏损
	税收优惠依赖	发行人经营成果对税收优惠不存在严重依赖	2014 年 2 月修订时予以删除
	持续盈利能力	发行人不得有下列影响持续盈利能力的情形 ①经营模式、产品或服务的品种结构已经或者将发生重大变化，并对发行人的持续盈利能力构成重大不利影响 ②行业地位或发行人所处行业的经营环境已经或者将发生重大变化，并对发行人的持续盈利能力构成重大不利影响 ③最近 1 个会计年度的营业收入或净利润对关联方或者存在重大不确定性的客户存在重大依赖 ④最近 1 个会计年度的净利润主要来自合并财务报表范围以外的投资收益 ⑤在用的商标、专利、专有技术以及特许经营权等重要资产或技术的取得或者使用存在重大不利变化的风险	
		注：创业板原来有与主板完全相同的规定，2014 年 2 月修订时予以删除	

二、尽职调查

【大纲要求】

内容		程度
1. 尽职调查	（1）保荐机构及保荐代表人关于尽职调查工作勤勉尽责、诚实守信的基本标准	掌握
	（2）尽职调查工作的目的、一般要求、特别要求与具体要求	掌握
	（3）尽职调查工作对专利、商标、诉讼和仲裁、关联方以及招股说明书等文件中披露的其他重要事项进行全面核查的要求	掌握
	（4）对保荐机构落实尽职调查内部控制、质量控制和问核程序等制度的要求	掌握
	（5）对企业信用信息尽职调查工作的特别要求	掌握
2. 工作底稿	（1）工作底稿的总体要求	掌握
	（2）工作底稿的编制要求	掌握
	（3）工作底稿必须涵盖的内容	掌握
	（4）工作底稿的管理	—
	（5）工作底稿目录	掌握
	（6）招股说明书验证工作	掌握

【内容精讲】

（一）尽职调查

为了规范和指导保荐人尽职调查工作，提高尽职调查工作质量，中国证监会于 2006 年 5 月制定了《保荐人尽职调查工作准则》。

准则所称尽职调查是指保荐人对拟推荐公开发行证券的公司（以下简称发行人）进行全面调查，充分了解发行人的经营情况及其面临的风险和问题，并有充分理由确信发行人符合《证券法》等法律法规及中国证监会规定的发行条件以及确信发行人申请文件和公开发行募集文件真实、准确、完整的过程。

【注】非公开发行证券的，保荐人尽职调查工作参照《保荐人尽职调查工作准则》的有关规定进行。

诸如"《保荐人尽职调查工作准则》适用保荐机构对拟推荐公开发行证券的发行人进行全面调查，对于非公开发行证券的另行适用其他准则"的表述是错误的。

1. 保荐机构及保荐代表人关于尽职调查工作勤勉尽责、诚实守信的基本标准

中国证监会于 2006 年 5 月 29 日公告《关于发布〈保荐人尽职调查工作准则〉的通知》，通知中明确《保荐人尽职调查工作准则》是衡量保荐人、保荐代表人是否勤勉尽责、诚实守信的基本标准。各保荐人应当组织全体保荐代表人及相关部门工作人员认真学习、深入领会，做好相应的制度安排，切实采取有效措施，将《保荐人尽职调查工作准则》落到实处，努力提高尽职调查工作质量。

【注】《保荐人尽职调查工作准则》每条的具体要求均是衡量保荐机构及保荐代表人是否勤勉尽责、诚实守信的基本标准。

2. 尽职调查工作的目的与要求

尽职调查的目的是保荐机构通过对发行人进行全面调查，能够充分了解发行人的经营情况及其面临的风险和问题，并有充分理由确信发行人符合《证券法》等法律法规及中国证监会规定的发行条件，确信发行人申请文件和公开发行募集文件真实、准确、完整。为完成上述目的，《保荐人尽职调查工作准则》对尽职调查工作要求如下：

（1）《保荐人尽职调查工作准则》主要针对首次公开发行股票的工业企业的基本特征制定。保荐人应当在参照《保荐人尽职调查工作准则》的基础上，根据发行人的行业、业务、融资类型不同，在不影响尽职调查质量的前提下调整、补充、完善尽职调查工作的相关内容。

【注】《保荐人尽职调查工作准则》适用首发、上市公司发行新股等所有保荐类业务，《保荐人尽职调查工作准则》按照首发工业企业特征制定，其他融资类型或行业，参照《保荐人尽职调查工作准则》调整、补充、完善。

（2）《保荐人尽职调查工作准则》是对保荐人尽职调查工作的一般要求。不论《保荐人尽职调查工作准则》是否有明确规定，凡涉及发行条件或对投资者作出投资决策有重大影响的信息，保荐人均应当勤勉尽责地进行尽职调查。

（3）保荐人尽职调查时，应当考虑其自身专业胜任能力和专业独立性，并确保参与尽职调查工作的相关人员能够恪守独立、客观、公正的原则，具备良好的职业道德和专业胜任能力。

（4）对发行人公开发行募集文件中无中介机构及其签名人员专业意见支持的内容，保荐人应当在获得充分的尽职调查证据并对各种证据进行综合分析的基础上进行独立判断。

对发行人公开发行募集文件中有中介机构及其签名人员出具专业意见的内容，保荐人应当结合尽职调查过程中获得的信息对专业意见的内容进行审慎核查。对专业意见存有异议的，应当主动与中介机构进行协商，并可要求其作出解释或出具依据；发现专业意见与尽职调查过程中获得的信息存在重大差异的，应当对有关事项进行调查、复核，并可聘请其他中介机构提供专业服务。

【注1】无中介机构及其签名人员专业意见支持的内容，保荐人应进行独立判断，有中介机构及其签名人员出具专业意见的内容，保荐人应当对专业意见的内容进行审慎核查。

诸如"有中介机构及其签名人员出具专业意见的内容，保荐机构可直接引述专业意见的内容，无须再进行核查"的表述是错误的。

【注2】对专业意见存有异议的，可要求其作出解释或出具依据。诸如"对专业意见存有异议的，应当主动与中介机构进行协商，并可要求其作出解释，但无权要求其出具依据"的表述是错误的。

【注3】发现专业意见与获得的信息存在重大差异的，可聘请其他中介机构提供专业服务。诸如"发现专业意见与获得的信息存在重大差异的，应当对有关事项进行调查、复核，但不可再聘请其他中介机构提供专业服务"的表述是错误的。

（5）保荐人应在尽职调查的基础上形成发行保荐书，同时，应当建立尽职调查工作底稿制度。工作底稿应当真实、准确、完整地反映尽职调查工作。

（6）尽职推荐受理后、证券发行上市前，保荐人应当参照《保荐人尽职调查工作准则》的规定，持续履行尽职调查义务。

【注】尽职调查义务的期间是推荐受理后、证券发行上市前，上市以后的持续督导期间不需要履行尽职调查义务。

（7）《保荐人尽职调查工作准则》规定的需要专项核查的情形。

①发现异常财务事项或财务报表被出具非标准审计报告时，应采取现场察看，核查相关会计记录和业务文件，向董事会、监事会、业务人员和经办人员询问等多种形式进行专项核查。（第七章　财务与会计调查）

②如果发行人经营活动产生的现金流量净额持续为负或远低于同期净利润的，应进行专项核查，并判断其真实盈利能力和持续经营能力。对最近3个会计年度经营活动产生的现金流量净额的编制进行必要的复核和测算。（第七章　财务与会计调查）

③对发行人影响重大的风险，应进行专项核查。（第十章　风险因素及其他重要事项调查）

【注1】"①"中发现异常财务事项时及财务报表被出具非标准审计报告时均应当进行专项核查，另外，注意"非标准审计报告"又包括保留意见、否定意见、无法表示意见、带强调事项段无保留意见、带其他事项段无保留意见审计报告，考试时可能会给出一个具体的审计报告类型，应当会判断。

【注2】"②"中发行人经营活动产生的现金流量净额持续为负或远低于同期净利润两种情形出现其一均应当进行专项核查。

(8)《保荐人尽职调查工作准则》中其他重要条款的要求。

①取得发行人主要供应商（至少前10名）的相关资料，计算最近3个会计年度发行人向主要供应商的采购金额、占发行人同类原材料采购金额和总采购金额比例（属于同一实际控制人的供应商，应合并计算采购额）。

②获取或编制发行人报告期对主要客户（至少前10名）的销售额占年度销售总额的比例及回款情况，是否过分依赖某一客户（属于同一实际控制人的销售客户，应合并计算销售额）。

③对经注册会计师审计或发表专业意见的财务报告及相关财务资料的内容进行审慎核查。审慎核查时，不仅需关注会计信息各构成要素之间是否相匹配，还需关注会计信息与相关非会计信息之间是否相匹配。

④对于发行人财务报表中包含的分部信息，应获取相关分部资料，进行必要的核查。

⑤对纳入合并范围的重要控股子公司的财务状况应同样履行充分的审慎核查程序。

⑥对发行人披露的参股子公司，应获取最近一年及一期的财务报告及审计报告（如有）。

⑦对发行人运行不足3年的，应核查发行人设立前利润表编制的会计主体及确定方法。财务报表存在剥离调整的，还应核查剥离调整的原则、方法和具体剥离情况。

⑧如发行人最近一年及一期内收购兼并其他企业资产（或股权），且被收购企业资产总额或营业收入或净利润超过收购前发行人相应项目20%（含20%）的，应获得被收购企业收购前一年的利润表，并核查其财务情况。

【注1】"①"、"②"为"第三章　业务与技术调查"部分的要求，"③"～"⑧"为"第七章　财务与会计调查"部分的要求。

【注2】"①"中"至少前10名"，非"至少前5名"；计算最近3个会计年度；计算两个比例：向主要供应商的采购金额/同类原材料采购金额和向主要供应商的采购金额/总采购金额；属于同一实际控制人的供应商，应合并计算采购额。（"应分别计算采购额"的表述是错误的）

【注3】"②"中"至少前10名"，非"至少前5名"；计算报告期；计算"对主要客户的销售额/年度销售总额"的比例；属于同一实际控制人的销售客户，应合并计算销售额。（"应分别计算销售额"的表述是错误的）

【注4】"③"中需关注会计信息与相关非会计信息之间是否匹配。

3. 尽职调查工作对专利、商标、诉讼和仲裁、关联方及其他重要事项进行全面核查的要求说明：本部分内容不是很好命题，简单了解即可。

（1）专利、商标的核查要求

①发起人、股东的出资情况核查中的要求

核查股东出资资产（包括房屋、土地、车辆、商标、专利等）的产权过户情况。对以实物、知识产权、土地使用权等非现金资产出资的，应查阅资产评估报告，分析资产评估结果的合理性；对以高新技术成果出资入股的，应查阅相关管理部门出具的高新技术成果认定书。

②独立情况核查中的要求

查阅商标、专利、版权、特许经营权等无形资产以及房产、土地使用权、主要生产经营设备等主要财产的权属凭证、相关合同等资料，并通过咨询中介机构意见，走访房产管理、土地管理、知识产权管理等部门，必要时进行实物资产监盘等方法，调查发行人是否具备完整、合法的财产权属凭证以及是否实际占有。

调查商标权、专利权、版权、特许经营权等的权利期限情况，核查这些资产是否存在法律纠纷或潜在纠纷。

③生产情况核查中的要求

取得发行人专利、非专利技术、土地使用权、水面养殖权、探矿权、采矿权等主要无形资产的明细资料，分析其剩余使用期限或保护期情况，关注其对发行人生产经营的重大影响。

④核心技术人员、技术与研发情况核查中的要求

调查发行人拥有的专利、非专利技术、技术许可协议、技术合作协议等，分析发行人主要产品的核心技术，考察其技术水平、技术成熟程度、同行业技术发展水平及技术进步情况。

调查专利技术和非专利技术许可方式、允许使用期限及到期的处理方法，考察主要产品的技术含量和可替代性；对于专利技术，应关注专利的有效期及到期后对发行人的影响，并核查侵权情况及发行人具体的保护措施与效果；对于非专利技术，应取得发行人相关保密制度及其与核心技术人员签订的保密协议等，调查发行人具体的技术保护措施和实际的保护状况；对发行人未来经营存在重大影响的关键技术，应当予以特别关注和专项调查。

⑤销售情况核查中的要求

查阅发行人产品的注册商标，了解其市场认知度和信誉度，评价产品的品牌优势。了解市场上是否存在假冒伪劣产品，如有，调查发行人的打假力度和维权措施实施情况。

（2）诉讼和仲裁的核查要求

①销售情况核查中的要求

获取发行人最近几年产品返修率、客户诉讼和产品质量纠纷等方面的资料，调查发行人销售维护和售后服务体系的建立及其实际运行情况，分析客户诉讼和产品质量纠纷对未来销售的影响及销售方面可能存在的或有负债。

②或有负债核查中的要求

调查发行人是否存在重大仲裁、诉讼和其他重大或有事项，并分析该等已决和未决仲裁、诉讼与其他重大或有事项对发行人的重大影响。

③风险因素核查中的要求

调查发行人是否存在因内部控制有效性不足导致的风险、资产周转能力较差导致的流动性风险、现金流状况不佳或债务结构不合理导致的偿债风险、主要资产减值准备计提不足的风险、主要资产价值大幅波动的风险、非经常性损益或合并财务报表范围以外的投资收益金额较大导致净利润大幅波动的风险、重大担保或诉讼等或有事项导致的风险情况，评价其对发行人经营

是否产生重大影响。

调查发行人是否存在可能严重影响发行人持续经营的其他因素，如自然灾害、安全生产、汇率变化、外贸环境、担保、诉讼和仲裁等情况，评价其对发行人经营是否产生重大影响。

④诉讼和担保情况核查中的要求

通过高管人员出具书面声明、查阅合同、走访有关监管机构、与高管人员或财务人员谈话、咨询中介机构等方法，核查发行人所有对外担保（包括抵押、质押、保证等）合同，调查发行人及其控股股东或实际控制人、控股子公司、发行人高管人员和核心技术人员是否存在作为一方当事人的重大诉讼或仲裁事项以及发行人高管人员和核心技术人员是否存在涉及刑事诉讼的情况，评价其对发行人经营是否产生重大影响。

（3）关联方的核查要求

①改制与设立情况核查中的要求

调查发行人成立以来，在生产经营方面与主要发起人的关联关系及演变情况，分析判断发行人改制是否清晰、彻底，是否已将与发行人业务有关的生产经营性资产及辅助设施全部投入股份公司，是否保证了发行人供应系统、生产系统、销售系统等方面的独立性和完整性，以及与原企业或主要发起人在法律关系、产权关系、业务关系（如现实的或潜在的关联交易和同业竞争等）、管理关系（如托管等）等方面是否存在重大瑕疵。

②独立情况核查中的要求

计算发行人关联采购额和关联销售额分别占其同期采购总额和销售总额的比例，分析是否存在影响发行人独立性的重大或频繁的关联交易，判断其业务独立性。

③采购情况核查中的要求

与主要供应商、发行人律师沟通，调查发行人高管人员、核心技术人员、主要关联方或持有发行人5%以上股份的股东在主要供应商中所占的权益情况，是否发生关联采购。

如果存在影响成本的重大关联采购，抽查不同时点的关联交易合同，分析不同时点的关联采购价格与当时同类原材料市场公允价格是否存在异常，判断关联采购的定价是否合理，是否存在大股东与发行人之间的利润输送或资金转移情况。

④生产情况核查中的要求

涉及关联方租赁的，应分析租赁的必要性、合理性和租赁价格的公允性。

⑤销售情况核查中的要求

调查主营业务收入、其他业务收入中是否存在重大的关联销售，关注高管人员和核心技术人员、主要关联方或持有发行人5%以上股份的股东在主要客户中所占的权益。

抽查不同时点的关联销售合同，分析不同时点销售价格的变动，并与同类产品当时市场公允价格比较；调查上述关联销售合同中，产品最终实现销售的情况。如果存在异常，分析其对收入的影响，分析关联销售定价是否合理，是否存在大股东与发行人之间的利润输送或资金转移现象。

⑥关联方及关联交易情况核查中的要求

通过与发行人高管人员谈话、咨询中介机构、查阅发行人及其控股股东或实际控制人的股权结构和组织结构、查阅发行人重要会议记录和重要合同等方法，按照《公司法》和《企业会计准则》的规定，确认发行人的关联方及关联方关系，调档查阅关联方的工商登记资料。

调查发行人高管人员及核心技术人员是否在关联方单位任职、领取薪酬，是否存在由关联方单位直接或间接委派等情况。

通过与发行人高管人员、财务部门和主要业务部门负责人交谈，查阅账簿、相关合同、会议记录、独立董事意见，发函询证，咨询律师及注册会计师意见，查阅同类交易的市场价格数据等方法，调查发行人关联交易的以下内容（包括但不限于）：

a. 是否符合相关法律法规的规定。

b. 取得与关联交易相关的会议资料，判断是否按照公司章程或其他规定履行了必要的批准程序。

c. 定价依据是否充分，定价是否公允，与市场交易价格或独立第三方价格是否有较大差异及其原因，是否存在明显属于单方获利性交易。

d. 向关联方销售产生的收入占发行人主营业务收入的比例、向关联方采购额占发行人采购总额的比例，分析是否达到了影响发行人经营独立性的程度。

e. 计算关联方的应收、应付款项余额分别占发行人应收、应付款项余额的比例，关注关联交易的真实性和关联方应收款项的可收回性。

f. 关联交易产生的利润占发行人利润总额的比例是否较高，是否对发行人业绩的稳定性产生影响。

g. 调查关联交易合同条款的履行情况，以及有无大额销售退回情况及其对发行人财务状况的影响。

h. 是否存在关联交易非关联化的情况。对于缺乏明显商业理由的交易，实质与形式明显不符的交易，交易价格、条件、形式等明显异常或显失公允的交易，与曾经的关联方持续发生的交易，与非正常业务关系单位或个人发生的偶发性或重大交易等，应当予以重点关注，分析是否为虚构的交易、是否实质上是关联交易，调查交易背后是否还有其他安排。

i. 分析关联交易的偶发性和经常性。对于购销商品、提供劳务等经常性关联交易，分析增减变化的原因及是否仍将持续进行，关注关联交易合同重要条款是否明确且具有可操作性以及是否切实得到履行；对于偶发性关联交易，分析对当期经营成果和主营业务的影响，关注交易价格、交易目的和实质，评价交易对发行人独立经营能力的影响。

j. 参照财政部关于关联交易会计处理的相关规定，核查发行人主要关联交易的会计处理是否符合规定。

（4）其他重要事项的核查要求

①重大合同

通过发行人高管人员出具书面声明、向合同对方函证、与相关人员谈话、咨询中介机构等方法，核查有关发行人的重大合同是否真实、是否均已提供，并核查合同条款是否合法、是否存在潜在风险。对照发行人有关内部订立合同的权限规定，核查合同的订立是否履行了内部审批程序、是否超越权限决策，分析重大合同履行的可能性，关注因不能履约、违约等事项对发行人产生或可能产生的影响。

②诉讼和担保情况

通过高管人员出具书面声明、查阅合同、走访有关监管机构、与高管人员或财务人员谈话、咨询中介机构等方法，核查发行人所有对外担保（包括抵押、质押、保证等）合同，调查发行人及其控股股东或实际控制人、控股子公司、发行人高管人员和核心技术人员是否存在作为一方当事人的重大诉讼或仲裁事项以及发行人高管人员和核心技术人员是否存在涉及刑事诉讼的情况，评价其对发行人经营是否产生重大影响。

③信息披露制度的建设和执行情况

通过与董事会秘书、证券部门人员、股东或股东单位人员谈话等方法，调查相关人员是否了解监管部门制定的信息披露制度，公司是否具备认真履行信息披露义务的条件。核查发行人是否已建立起有关信息披露和投资者关系的负责部门，并委任了相关负责人，向投资者提供了沟通渠道。

④中介机构执业情况

调查与本次发行有关中介机构是否具有相应的执业资格、是否有被监管机构处罚的记录，通过查看行业排名、与项目签名人员沟通等方法，了解中介机构及其经办人员的诚信状况、执业水平。

【真题回顾（1609）】 根据《保荐人尽职调查工作准则》，以下说法正确的有（　　）。

A.《保荐人尽职调查工作准则》是衡量保荐人、保荐代表人是否勤勉尽责、诚实守信的基本标准

B. 凡涉及发行条件或投资者作出投资决策有重大影响的信息，保荐人均应当勤勉尽责地进行尽职调查

C. 保荐人发现中介机构及其签名人员专业意见与尽职调查过程中获得的信息存在重大差异的，可要求中介机构及其签名人员作出说明，但不得聘请其他中介机构提供专业服务

D. 尽职推荐受理后、持续督导结束前，保荐人应当参照《保荐人尽职调查工作准则》的规定，持续履行尽职调查义务

答案：AB

解析：C，保荐机构可以再聘请其他中介机构提供专业服务；D，尽职调查义务期间是尽职推荐受理后、证券上市前，持续督导期间不需履行尽职调查义务。

【真题回顾（1610）】 根据《保荐人尽职调查工作准则》，在进行财务与会计尽职调查过程中，需进行专项核查的情形有（　　）。

A. 发行人报告期财务报表被出具非标准审计报告

B. 发行人报告期内存在会计政策变更

C. 发行人报告期内存在资金被控股股东占用的情形

D. 发行人报告期内存货大幅波动

E. 发行人报告期内经营活动产品的现金流量净额远低于同期净利润

答案：AE

解析：注意《保荐人尽职调查工作准则》规定的需要专项核查的三种情形。

【模拟练习】 根据《保荐人尽职调查工作准则》，保荐机构在尽职调查过程中，需进行专项核查的情形有（　　）。

A. 业务与技术调查中，报告期内已经发生经营模式转型的

B. 财务与会计调查中，发现异常财务事项

C. 内部控制调查中，内部控制存在缺陷的

D. 财务与会计调查中，发行人产品毛利率、营业利润率与同行业企业比较存在重大异常的

E. 风险因素调查中，发现对发行人影响重大的风险

答案：BE

解析：A、C、D均是需重点核查的情形，但并非专项核查，注意《保荐人尽职调查工作准则》规定的需要专项核查的三种情形。

4. 对保荐机构落实尽职调查内部控制、质量控制和问核程序等制度的要求

2011 年 4 月，中国证监会发布《关于实施〈关于保荐项目尽职调查情况问核程序的审核指引〉的通知》，对尽职调查情况问核程序有关事项进行规定，2013 年 12 月，中国证监会发布《关于进一步加强保荐机构内部控制有关问题的通知》，对保荐机构尽职调查问核程序有关事项进一步规定，并对保荐机构尽职调查内部控制提出要求，以下是《关于进一步加强保荐机构内部控制有关问题的通知》中规定的内容：

（1）内部控制的要求

保荐机构应进一步提升内控制度的执行效果，建立配套的追责机制。保荐机构主要负责人要高度重视保荐业务内部控制体系的健全与运行，保荐业务负责人、内核负责人应切实监督、执行各项制度。对保荐代表人和其他项目人员违反制度规定的行为，要及时予以制止，情节严重的要追究其责任。责任与利益相匹配，切实发挥内控制度对保荐执业全过程的约束机制。

【注】保荐业务负责人与内核负责人应切实监督、执行各项制度。注意二者均需要，需准确注意。另外，注意防止出题人以"保荐业务部门负责人"进行混淆。

（2）问核程序的要求

保荐机构应建立健全公司内部问核机制，进一步完善关于问核的具体制度，明确问核内容、程序、人员和责任。

①保荐机构应在《发行保荐工作报告》中详细说明问核的实施情况、问核中发现的问题，以及在尽职调查中对重点事项采取的核查过程、手段及方式。

②保荐机构履行问核程序时，应要求项目的两名签字保荐代表人填写"关于保荐项目重要事项尽职调查情况问核表"（以下简称"问核表"），誊写该表所附承诺事项，并签字确认。

③保荐业务负责人或保荐业务部门负责人应当参加问核程序，并在"问核表"上签字确认。

④"问核表"作为发行保荐工作报告的附件，在受理发行人上市申请文件时一并提交。

【注 1】"①"中说明问核情况的文件是"发行保荐工作报告"，而非"发行保荐书"；"④"中"问核表"是作为"发行保荐工作报告"的附件，而非"发行保荐书"的附件。

【注 2】"②"中两名保荐代表人需要分别誊写"问核表"所附承诺事项并签名，不能合并誊写成一份。注意不需要协办人及项目组其他人员誊写并签名。

【注 3】注意"保荐业务负责人或保荐业务部门负责人"中间是"或"的关系，二者有一人参加问核程序并签字即可，不要求两人都参加。另外需要注意防止出题人以"内核负责人"进行混淆。

需要特别关注的是，对于"问核表"的格式，《关于进一步加强保荐机构内部控制有关问题的通知》附表 1 和附表 2 分别对主板（含中小板）和创业板的核查事项与核查方式作出说明（详见下表：关于保荐项目重要事项尽职调查情况问核表），并且在附表后作出如下填写说明：

①保荐机构应当根据《保荐人尽职调查工作准则》的有关规定对核查事项进行独立核查。保荐机构可以采取走访、访谈、查阅有关资料等方式进行核查，如果独立走访存在困难的，可以在发行人或其他中介机构的配合下进行核查，但保荐机构应当独立出具核查意见，并将核查过程资料存入尽职调查工作底稿。

②走访是保荐机构尽职调查的一种方式，保荐机构可以在进行走访核查的同时，采取要求当事人承诺或声明、由有权机关出具确认或证明文件、进行互联网搜索、查阅发行人贷款卡等有关资料、咨询专家意见、通过央行企业征信系统查询等有效、合理和谨慎的核查方式。

③表中核查事项对发行人不适用的，可以在备注中说明。

【注 1】保荐机构无论采取何种尽职调查方式，包括与其他中介机构联合核查，都应当独立出具核查意见，不能与其他中介机构出具联合核查意见。

【注2】表中核查事项对发行人不适用的，可以在备注中说明，不可直接把该核查事项从表中删除，或不在表中列示。

关于保荐项目重要事项尽职调查情况问核表

序号	核查事项（主板/创业板）	核查方式
1	行业排名和行业数据/发行人披露的行业或市场信息	核查招股说明书引用行业排名和行业数据是否符合权威性、客观性和公正性要求
2	主要供应商、经销商情况	全面核查发行人与主要供应商、经销商的关联关系
3	环保情况	取得相应环保批文，实地走访主要经营所在地核查生产过程中的污染情况，了解环保支出及环保设施的运转情况
4	拥有或使用专利情况	走访国家知识产权局并取得专利登记簿副本
5	拥有或使用商标情况	走访国家工商行政管理总局商标局并取得相关证明文件
6	拥有或使用计算机软件著作权情况	走访国家版权局并取得相关证明文件
7	发行人拥有或使用集成电路布图设计专有权情况	走访国家知识产权局并取得相关证明文件
8	拥有采矿权和探矿权情况	核查发行人取得的省级以上国土资源主管部门核发的采矿许可证、勘查许可证
9	拥有特许经营权情况	走访特许经营权颁发部门并取得其出具的相关证书或证明文件
10	拥有与生产经营相关资质情况（如生产许可证、安全生产许可证、卫生许可证等）	走访相关资质审批部门并取得其出具的相关证书或证明文件
11	发行人违法违规事项/发行人、控股股东、实际控制人违法违规事项	走访工商、税收、土地、环保、海关等有关部门进行核查
12	关联方披露情况	走访工商、公安机关或对有关人员进行访谈等方式进行全面核查
13	发行人与本次发行有关的中介机构及其负责人、高管、经办人员存在股权或权益关系情况	由发行人、发行人主要股东、有关中介机构及其负责人、高管、经办人等出具承诺等方式全面核查
14	控股股东、实际控制人直接或间接持有发行人股权质押或争议情况/—	走访工商登记机关并取得其出具的证明文件 【注】本条主板有，创业板无
15	重要合同情况	以向主要合同方函证方式进行核查
16	对外担保情况	通过走访相关银行等方式进行核查
17	曾发行内部职工股情况	以与相关当事人当面访谈的方式进行核查
18	曾存在工会、信托、委托持股情况	以与相关当事人当面访谈的方式进行核查

续表

序号	核查事项（主板/创业板）	核查方式
19	涉及诉讼、仲裁情况	走访发行人注册地和主要经营所在地相关法院、仲裁机构
20	实际控制人、董事、监事、高管、核心技术人员涉及诉讼、仲裁情况	走访有关人员户口所在地、经常居住地相关法院、仲裁机构
21	董事、监事、高管遭受行政处罚、交易所公开谴责、被立案侦查或调查情况	与相关当事人当面访谈、登录监管机构网站或互联网搜索方式进行核查
22	律师、会计师出具的专业意见	对相关机构出具的意见或签名情况履行审慎核查，并对存在的疑问进行独立审慎判断
23	会计政策和会计估计	如发行人报告期内存在会计政策或会计估计变更，核查变更内容、理由和对发行人财务状况、经营成果的影响
24	销售收入情况	（1）走访重要客户、主要新增客户、销售金额变化较大客户等，并核查发行人对客户销售金额、销售量的真实性 （2）核查主要产品销售价格与市场价格对比情况 （3）核查前五名客户及其他主要客户与发行人及其股东、实际控制人、董事、监事、高管和其他核心人员是否存在关联关系 （4）核查报告期内综合毛利率波动的原因 【注】主板（1）、（2），创业板（1）～（4）
25	销售成本情况	（1）走访重要供应商、新增供应商和采购金额变化较大供应商等，并核查公司当期采购金额和采购量的完整性和真实性 （2）核查重要原材料采购价格与市场价格对比情况 （3）核查前五大及其他主要供应商或外协方与发行人及其股东、实际控制人、董事、监事、高管和其他核心人员之间是否存在关联关系 【注】主板（1）、（2），创业板（1）～（3）
26	期间费用情况	查阅各项期间费用明细表，并核查期间费用的完整性、合理性，以及存在异常的费用项目
27	货币资金情况	（1）核查大额银行存款账户的真实性，查阅发行人银行账户资料、向银行函证等 （2）抽查货币资金明细账，核查大额货币资金流出和流入的业务背景
28	应收账款情况	（1）核查大额应收款项的真实性，并查阅主要债务人名单，了解债务人状况和还款计划 （2）核查应收款项收回情况，回款资金汇款方与客户的一致性
29	存货	核查存货的真实性，查阅发行人存货明细表，实地抽盘大额存货

续表

序号	核查事项（主板/创业板）	核查方式
30	固定资产情况	观察主要固定资产运行情况，并核查当期新增固定资产的真实性
31	银行借款情况	（1）走访发行人主要借款银行，核查借款情况（2）查阅银行借款资料，核查在主要借款银行的资信评级情况，存在逾期借款及原因
32	应付票据情况	核查与应付票据相关的合同及合同执行情况
33	税收缴纳情况	走访发行人主管税务机关，核查发行人纳税合法性
34	关联交易定价公允性情况/报告期关联交易	走访主要关联方，核查重大关联交易金额真实性和定价公允性
35	从事境外经营或拥有境外资产情况	
36	控股股东、实际控制人为境外企业或居民	【注】未提供确定核查方式，由尽调人员填写
37	是否存在关联交易非关联化的情况	
38	—/生产经营和本次募集资金项目符合国家产业政策情况	【注】未提供确定核查方式，由尽调人员填写
39	—/发行人资产完整性	实际核验是否存在租赁或使用关联方拥有的与发行人生产经营相关的土地使用权、房产、生产设施、商标和技术等的情形
40	—/发行人最近一个会计年度并一期是否存在新增客户	以向新增客户函证方式进行核查
41	—/发行人董事、监事、高管任职资格情况	以与相关当事人当面访谈、登录有关主管机关网站或互联网搜索方式进行核查
42	—/发行人技术纠纷情况	以与相关当事人当面访谈、互联网搜索等方式进行核查

注：①第 14 项是主板有创业板无的事项；第 38 至第 42 项是创业板有主板无的事项。

②考试的时候可能会考到重点事项的核查方式，重点注意"3. 环保情况"、"19. 涉及诉讼、仲裁情况"、"24. 销售收入情况"、"25. 销售成本情况"、"27. 货币资金情况"、"28. 应收账款情况"、"29. 存货"，注意对销售收入及销售成本情况的核查系核查前 5 名客户/供应商，对应收账款的情况的核查并无强制函证的要求。

③"3. 环保情况"中取得相关批文的规定已废止。

【真题回顾（1509）】 根据《关于进一步加强保荐机构内部控制有关问题的通知》，保荐机构应当对保荐项目的重要事项进行尽职调查并填写"问核表"，以下说法正确的有（　　　）。

A. 保荐机构应当核查存货的真实性，并查阅发行人存货明细表，实地抽盘大额存货

B. 对于发行人重要子公司属于污染行业的，保荐代表人实地走访发行人主要经营所在地核查生产过程中的污染情况，了解发行人环保支出及环保设施的运转情况，不应仅以主管环保部部门的环保核查意见为依据

C. 关于发行人的诉讼事项，保荐代表人应亲自到法院、仲裁机构进行调查

D. 如保荐代表人独立走访存在困难，可以和其他中介机构一起共同核查，并出具联合核查意见

E. 保荐业务负责人或保荐业务部门负责人应当参加问核程序

答案：ABCE

解析：D，可以共同核查，但应当独立出具核查意见；A，存货事项的核查方式；B，环保情况事项的核查方式；C，涉及诉讼、仲裁情况的核查方式。

【模拟练习】 根据《关于进一步加强保荐机构内部控制有关问题的通知》，以下说法正确的有（　　　）。

A. 保荐机构主要负责人要高度重视保荐业务内部控制体系的健全与运行，保荐业务负责人、保荐业务部门负责人应切实监督、执行各项制度

B. 保荐机构应在《发行保荐书》中详细说明问核的实施情况、问核中发现的问题，以及在尽职调查中对重点事项采取的核查过程、手段及方式

C. 保荐机构履行问核程序时，要求两名保荐代表人及其他项目组成员填写"问核表"，誊写该表所附承诺事项，并签字确认

D. 保荐业务负责人或内核负责人应当参加问核程序，并在"问核表"上签字确认

E. "问核表"作为发行保荐工作报告的附件，在受理发行人上市申请文件时一并提交，在首发企业审核过程中，不再设问核环节

答案：E

解析：A，保荐业务负责人与内核负责人应切实监督、执行各项制度；B，是《发行保荐工作报告》而不是《发行保荐书》；C，项目协办人及其他项目组成员不需要在"问核表"上签字；D，保荐业务负责人或保荐业务部门负责人。

5. 对企业信用信息尽职调查工作的特别要求

为进一步提高创业板保荐工作质量，充分利用社会信用体系建设成果，就保荐机构使用金融业统一征信平台做好发行申请人信用信息尽职调查工作，2011 年 11 月，中国证监会发行部发布《关于做好企业信用信息尽职调查工作的通知》，对保荐机构对企业信用信息尽职调查工作作出要求。

（1）企业信用信息尽职调查工作的基本要求

①保荐机构应当将企业的征信平台信用信息纳入尽职调查范围，通过征信平台获得企业基本信用信息报告（简单版）和企业基本信用信息报告（明细版），并对两份报告所载明的信息进行核查，与招股说明书披露信息逐项对照，分析差异并说明原因。对于其中招股说明书不需要披露或未披露的信息也需予以分析说明。在上述分析基础上出具《××××股份有限公司金融业统一征信平台信用信息专项核查意见》。

②2011 年 11 月 30 日前申报的企业，保荐机构应在该企业上发审会前提交《××××股份有限公司金融业统一征信平台信用信息专项核查意见》；2011 年 11 月 30 日后申报的企业，应在申报时提交前述核查意见。

③《××××股份有限公司金融业统一征信平台信用信息专项核查意见》作为封卷必备文件，在封卷目录上单独编号，列在《发行保荐工作报告》文件之后。

【注 1】 "①"中需注意：应将企业征信平台信用信息纳入尽职调查范围，通过平台获得简单版和明细版两份报告进行核查，并与招股说明书披露信息逐项对照；对于企业基本信用信息报告中的信息，不管招股说明书是否披露，均应予以分析说明；需要出具《专项核查意见》。

【注 2】 注意"②"中规定的提交《专项核查意见》的时点，例如，长江公司拟于 2017 年 7 月申报创业板 IPO，则其应在申报时提交《长江股份有限公司金融业统一征信平台信用信息专项

核查意见》，而非在上发审会前提交。

【注3】《专项核查意见》作为封卷必备文件，列在《发行保荐工作报告》（非《发行保荐书》）文件之后。

（2）专项核查意见的必备内容

发行人、保荐机构对企业基本信用信息报告的信息进行核查，主要应包括：

①企业基本信息。

②被行政处罚情况。

③获得行政许可情况。

④获得认证情况。

⑤获得资质情况。

⑥法院判决和执行情况。

⑦欠税情况。

⑧社会保险参保缴费情况。

⑨住房公积金缴费情况。

⑩对外投资情况。

⑪借款人财务情况。

⑫期末未结清信贷信息（余额）。

⑬未结清不良信贷信息。

⑭已结清不良信贷信息。

⑮当前对外担保及被担保情况。

⑯支付信用信息。

⑰质检通关及企业进出口监管信息。

如以上事项为招股说明书披露事项，发行人、保荐机构应分析以上事项与招股说明书披露事项是否一致，并解释差异产生的原因，保荐机构应对查询结果与信息披露之间的差异是否构成虚假记载、误导性陈述或重大遗漏发表明确的核查意见。如以上事项为非披露事项，发行人、保荐机构应分析以上事项中的异常情况，并说明异常事项产生原因及对本次首发申请的影响。

【注1】因上述列举内容是必备内容中主要应包括的情形，意即尚有一些未列举的非主要的必备内容，因此，考试时应当会采取正向列举出题，若考试中遇到"以下属于保荐机构信用信息专项核查意见必备内容的有"问题时，一般情况下应当全选，除非有非常明显的不属于必备内容的干扰项。出题时，若有干扰项，则也应是从上述17项中抽取部分易混淆的进行反向变形，在17项以外增加新项目作为干扰项可能性不大。

【注2】"⑧"、"⑨"分别为社保缴费情况和住房公积金缴费情况，注意"⑦"并非"税款缴纳情况"，而是"欠税情况"。

【注3】"⑬"、"⑭"，对于不良信贷信息，不管是已结清还是未结清，均属于必备内容，若在同一道题的两个题支中同时出现，要敢于都选；"⑫"，对于未结清的贷款，不管是不是不良贷款，均应将"期末未结清信贷信息（余额）"作为必备内容。

【注4】"⑮"，注意是当前的，其反向变形题支为"已解除的对外担保及被担保情况"。

【真题回顾（1509）】根据《关于做好企业信用信息尽职调查工作的通知》的规定，以下说法正确的有（　　）。

A. 保荐机构应当将企业的征信平台信用信息纳入尽职调查范围，通过征信平台获得企业基本信用信息报告（明细版），并对企业基本信用信息报告（明细版）所载明的信息进行核查，与招股说明书披露信息逐项对照，分析差异并说明原因，对于企业基本信用信息报告（简单版）可不用核查

B. 保荐机构应当通过征信平台获得企业基本信用信息报告（简单版）和企业基本信用信息报告（明细版），并对两份报告所载明的信息进行核查，与招股说明书披露信息逐项对照，分析差异并说明原因

C. 如企业基本信用信息报告涉及招股说明书披露的内容，保荐机构应将取得的企业基本信用信息报告与招股说明书披露信息对比分析，并解释差异产生的原因

D. 如企业基本信用信息报告中未涉及招股说明书披露事项的，保荐机构不需要分析说明

E. 如企业基本信用信息报告涉及招股说明书披露的内容，保荐机构应对查询结果和信息披露之间的差异是否构成虚假记载、误导性陈述或者重大遗漏发表明确的核查意见

答案：BCE

【模拟练习】根据《关于做好企业信用信息尽职调查工作的通知》，以下属于保荐机构信用信息专项核查意见必备内容的有（　　　　）。

A. 被行政处罚情况　　　　　　　　　B. 获得认证的情况

C. 对外投资情况　　　　　　　　　　D. 已结清不良信贷信息

E. 未结清不良信贷信息

答案：ABCDE

（二）工作底稿

为了规范和指导保荐机构编制、管理证券发行上市保荐业务工作底稿，中国证监会于2009年3月制定了《证券发行上市保荐业务工作底稿指引》（以下简称《指引》），要求保荐机构应当按照《指引》的要求编制工作底稿。

《指引》所称工作底稿，是指保荐机构及其保荐代表人在从事保荐业务全部过程中获取和编写的、与保荐业务相关的各种重要资料和工作记录的总称。

1. 工作底稿的总体要求

（1）工作底稿应当真实、准确、完整地反映保荐机构尽职推荐发行人证券发行上市、持续督导发行人履行相关义务所开展的主要工作，并应当成为保荐机构出具发行保荐书、发行保荐工作报告、上市保荐书、发表专项保荐意见以及验证招股说明书的基础。

工作底稿是评价保荐机构及其保荐代表人从事保荐业务是否诚实守信、勤勉尽责的重要依据。

（2）《指引》的规定，仅是对保荐机构从事证券发行上市保荐业务时编制工作底稿的一般要求。

无论《指引》是否有明确规定，凡对保荐机构及其保荐代表人履行保荐职责有重大影响的文件资料及信息，均应当作为工作底稿予以留存。

（3）《指引》主要针对首次公开发行股票的工业企业的保荐工作基本特征制定。保荐机构应当在参照《指引》的基础上，根据发行人的行业、业务、融资类型不同，在不影响保荐业务质量的前提下调整、补充、完善工作底稿。

2. 工作底稿的编制要求

（1）工作底稿可以纸质文档、电子文档或者其他介质形式的文档留存，其中重要的工作底稿应当采用纸质文档的形式。以纸质以外的其他介质形式存在的工作底稿，应当以可独立保存的形式留存。

【注】诸如"工作底稿只能以纸质文档留存"、"工作底稿应当以电子文档留存"、"重要的

工作底稿应当采用电子文档的形式"均是错误的。"以电子文档形式存在的工作底稿，应当以可独立保存的形式留存"等表述是正确的。

（2）保荐机构应当按照《指引》的要求，对工作底稿建立统一目录，该目录应当便于查阅与核对。对于《指引》中确实不适用的部分，应当在工作底稿目录中注明"不适用"。

【注】"根据《指引》的规定，保荐机构应当对工作底稿建立统一目录，对于《指引》中确实不适用的部分，根据繁简得当原则，可不在目录中列示"的表述是错误的。

（3）工作底稿应当内容完整、格式规范、标识统一、记录清晰。工作底稿各章节之间应当有明显的分隔标识，不同章节中存在重复的文件资料，可以采用相互引征的方法。

【注】"不同章节中存在重复的文件资料，均应在相应章节中分别列示，不可采用相互引征的方法"的表述是错误的。

（4）保荐机构应当对招股说明书进行验证，并按照《指引》的要求在验证文件与工作底稿之间建立起索引关系。

（5）发行人子公司对发行人业务经营或财务状况有重大影响的，保荐机构可参照《指引》根据重要性和合理性原则对该子公司单独编制工作底稿。

【注】"对于发行人的子公司，不管其对发行人的业务经营或财务状况是否有重大影响，保荐机构均应当将该子公司纳入发行人一同编制工作底稿，不得对该子公司单独编制工作底稿"的表述是错误的。

3. 工作底稿的内容

根据工作底稿的定义，保荐机构及其保荐代表人在从事保荐业务全部过程中获取和编写的、与保荐业务相关的各种重要资料和工作记录均构成工作底稿。工作底稿至少应当包括以下内容：

（1）保荐机构根据有关规定对项目进行立项、内核以及其他相关内部管理工作所形成的文件资料。

（2）保荐机构在尽职调查过程中获取和形成的文件资料。

（3）保荐机构对发行人相关人员进行辅导所形成的文件资料。

（4）保荐机构在协调发行人和证券服务机构时，以定期会议、专题会议以及重大事项临时会议的形式，为发行人分析和解决证券发行上市过程中的主要问题形成的会议资料、会议纪要。

（5）保荐机构、为证券发行上市制作、出具有关文件的律师事务所、会计师事务所、资产评估机构等证券服务机构及其签字人员，对发行人与发行上市相关的重大或专题事项出具的备忘录及专项意见等。

（6）保荐机构根据实际情况，对发行人及其子公司、发行人的控股股东或实际控制人及其子公司等的董事、监事、高级管理人员以及其他人员进行访谈的访谈记录。

（7）保荐机构根据实际情况，对发行人的客户、供应商、开户银行，工商、税务、土地、环保、海关等部门、行业主管部门或行业协会以及其他相关机构或部门的相关人员等进行访谈的访谈记录。

（8）发行申请文件、反馈意见的回复、询价与配售文件以及上市申请和登记的文件。

（9）在持续督导过程中获取的文件资料、出具的保荐意见书及保荐总结报告等相关文件。

（10）保荐代表人为其保荐项目建立的尽职调查工作日志。

（11）其他对保荐机构及其保荐代表人履行保荐职责有重大影响的文件资料及信息。

【注】上述内容包括从立项、尽职调查到推荐申报再到发行上市后的持续督导全过程，具体

包括会议资料、会议纪要、备忘录及专项意见、访谈记录、工作日志，申请文件、反馈意见的回复、询价与配售文件、上市申请和登记的文件以及持续督导过程中获取的文件资料等。考试时若考到，一般给到的选项基本上都属于工作底稿的内容。注意，保荐机构与发行人签订的发行、上市保荐协议不属于工作底稿的内容，同样，其他证券服务机构与发行人签订的审计、法律服务等的相关协议也不属于工作底稿的内容。

4. 工作底稿的管理

（1）保荐机构应当建立工作底稿管理制度，明确工作底稿收集整理的责任人员、归档保管流程、借阅程序与检查办法等。

工作底稿应当至少保存 10 年。

【注】"至少保存 10 年"需要记忆，考过很多次。

（2）在项目每一阶段工作完成后，保荐机构应当及时整理工作底稿并归档，并于项目结束时对工作底稿进行统一存放和管理。

【注】"在项目每一阶段工作完成后，保荐机构应当及时整理工作底稿，并于项目结束时对工作底稿进行统一归档"的表述是错误的。

（3）保荐机构及相关人员对工作底稿中的未公开披露的信息负有保密责任。

5. 工作底稿目录

《证券发行上市保荐业务工作底稿指引》附件 1 对证券发行上市保荐业务工作底稿目录进行了详细列举。证券发行上市保荐业务工作底稿共包括三部分内容，分别为保荐机构尽职调查文件、保荐机构从事保荐业务的记录以及申请文件和其他文件，其中每一部分又包括诸多章节。总体如下表所示。

证券发行上市保荐业务工作底稿整体目录

第一部分　保荐机构尽职调查文件	
第一章　发行人基本情况调查	第二章　业务与技术调查
第三章　同业竞争与关联交易调查	第四章　董事、监事、高级管理人员及核心技术人员调查
第五章　组织机构与内部控制调查	第六章　财务与会计调查
第七章　业务发展目标调查	第八章　募集资金运用调查
第九章　股利分配情况调查	第十章　风险因素及其他重要事项调查
第二部分　保荐机构从事保荐业务的记录	
第一章　会议纪要	第二章　备忘录
第三章　访谈提纲及记录	第四章　对发行人进行现场尽职调查的记录
第五章　招股说明书验证	
第三部分　申请文件和其他文件	
第一章　保荐机构内部控制文件	第二章　辅导文件
第三章　发行申请文件及反馈意见回复	第四章　询价、簿记等发行阶段相关文件
第五章　上市申请文件及证券登记公司文件	第六章　持续督导文件

每一章又包括诸多具体内容，详见《证券发行上市保荐业务工作底稿指引》附件 1。

对"保代"考试而言，以下内容需作留意：

（1）第一部分的"1-6　控股股东及实际控制人、发起人及主要股东情况"

1-6-1　发行人控股股东或实际控制人的组织结构（参控股子公司、职能部门设置）

1-6-2　发行人的组织结构（参控股子公司、职能部门设置）

1-6-3　控股股东及实际控制人、发起人及主要股东的营业执照、公司章程、最近1年及1期的财务报告及审计报告

1-6-4　控股股东及实际控制人、发起人及主要股东如为自然人的，应提供关于国籍、永久境外居留权、身份证号码以及住所的说明

1-6-5　控股股东及实际控制人控制的其他企业的营业执照、公司章程、最近1年及1期的财务报告及审计报告

1-6-6　控股股东及实际控制人、发起人及主要股东持有发行人股份是否存在质押或权属争议情况的说明及相关文件

1-6-7　控股股东及实际控制人、发起人及主要股东及作为股东的董事、监事、高级管理人员作出的重要承诺及其履行情况的说明

1-6-8　发行人关于全部股东名称、持股数量及比例、股份性质的说明

1-6-9　股东中战略投资者持股的情况及相关资料

【注1】"控股股东及实际控制人、发起人及主要股东情况"中的"主要股东"实务中一般对持股5%以上股份的股东情况进行说明，但对于战略投资者股东而言，不管其持股比例为多少，均应对其情况进行说明。

【注2】"1-6-3"、"1-6-5"中，对于发行人控股股东及实际控制人、发起人及主要股东，以及控股股东及实际控制人控制的其他企业，需要提供其"最近1年及1期的财务报告及审计报告"。而对发行人而言，需要提供其"最近3年及1期的财务资料"。

（2）第一部分的"1-7　发行人控股子公司、参股子公司的情况"

1-7-1　发行人控股子公司、参股子公司的营业执照、公司章程、最近1年及1期的财务报告及审计报告

1-7-2　发行人重要控股子公司、参股子公司的主要其他合作方情况和相关资料

【注1】何为"控股子公司、参股子公司"？

子公司是指一定比例以上的股份被另一公司持有或通过协议方式受到另一公司实际控制的公司。这其中包含两种情况，一种是50%以上的股份被另一公司持有而无其他附加说明，另一种是虽然被另一公司持有的股份不足50%，但通过协议或其他安排的方式受到另一公司实际控制，前者为控股子公司，后者则为参股子公司。

【注2】根据"1-7-1"，对于发行人控股子公司、参股子公司，需要提供其"最近1年及1期的财务报告及审计报告"。而"第六章　财务会计调查"中"6-1-2"又规定需提供"下属子公司最近3年及1期经审计的财务报告或原始财务报表"，"6-1-3"规定需提供"披露的参股子公司最近1年及1期的财务报告及审计报告"。

（3）第一部分的"2-2采购情况"

2-2-1　行业和发行人采购模式的说明文件

2-2-2　与原材料、辅助材料以及能源动力供求相关的研究报告和统计资料

2-2-3　发行人以往3年的采购情况以及成本变动分析

2-2-4　主要供应商（至少前10名）的各自采购额占年度采购总额的比例说明

2－2－5　与主要供应商（至少前 10 名）的供货合同

2－2－6　发行人关于采购来源以及价格稳定性的说明

2－2－7　与采购相关的管理制度、存货管理制度及其实施情况

2－2－8　发行人关于关联采购情况的说明

2－2－9　董事、监事、高管人员和核心技术人员、主要关联方或持有发行人 5% 以上股份的股东在主要供应商中所占权益的说明

【注 1】"2－2－3 发行人以往 3 年的采购情况以及成本变动分析"，"以往 3 年"需要记忆。

【注 2】"2－2－4 主要供应商（至少前 10 名）的各自采购额占年度采购总额的比例说明"，注意括号中"至少前 10 名"的规定，一般考试时题支中会以"至少前 5 名"作为干扰。另外，需注意"主要供应商（至少前 10 名）的各自采购额占前十名采购总额的比例说明"的说法是错误的，注意，分母为"年度采购总额"。

【注 3】"2－2－5　与主要供应商（至少前 10 名）的供货合同"，注意括号中"至少前 10 名"的规定，一般考试时题支中会以"至少前 5 名"作为干扰。

（4）第一部分的"2－4 销售情况"

2－4－1　行业和发行人销售模式的说明文件

2－4－2　销售合同（包括关联销售合同）、销售部门对销售退回的处理意见等资料

2－4－3　权威市场调研机构关于销售情况的报告

2－4－4　主要产品市场的地域分布和市场占有率的资料

2－4－5　报告期按区域分布的销售记录

2－4－6　报告期对主要客户（至少前 10 名）的销售额占年度销售总额的比例及回款情况

2－4－7　与主要客户（至少前 10 名）的销售合同

2－4－8　会计期末销售收入异常增长情况的收入确认凭证

2－4－9　报告期产品返修率、客户诉讼和产品质量纠纷等方面的资料

2－4－10　重大关联销售情况的说明

2－4－11　董事、监事、高管人员和核心技术人员、主要关联方或持有发行人 5% 以上股份的股东在主要客户中所占权益的说明

【注 1】"2－4－6 报告期对主要客户（至少前 10 名）的销售额占年度销售总额的比例及回款情况"，同样需要注意括号中"至少前 10 名"的规定，一般考试时题支中会以"至少前 5 名"作为干扰。另外，需注意计算占比的分母为"年度销售总额"。

【注 2】"2－4－7　与主要客户（至少前 10 名）的销售合同"，注意括号中"至少前 10 名"的规定，一般考试时题支中会以"至少前 5 名"作为干扰。

（5）第一部分的"6－1 发行人最近 3 年及 1 期的财务资料"

6－1－1　最近 3 年及 1 期经审计的财务报告及原始财务报表

6－1－2　下属子公司最近 3 年及 1 期经审计的财务报告或原始财务报表

6－1－3　披露的参股子公司最近 1 年及 1 期的财务报告及审计报告

6－1－4　如发行人最近 1 年及 1 期内收购兼并其他企业资产（或股权），且被收购企业资产总额或营业收入或净利润超过收购前发行人相应项目 20%（含 20%），需要被收购企业收购前一年的利润表并核查其财务状况

6－1－5　如接受过国家审计，需要该等审计报告

6-1-6　对财务资料中重点事项进行调查、复核或进行专项核查的相关资料

【注】关于发行人的为"最近 3 年及 1 期经审计的财务报告及原始财务报表"，发行人下属子公司的为"最近 3 年及 1 期经审计的财务报告或原始财务报表"，披露的参股子公司的为"最近 1 年及 1 期的财务报告及审计报告"。

工作底稿中相关主体财务资料的要求

控股股东及实际控制人、发起人及主要股东	最近 1 年及 1 期的财务报告及审计报告
控股股东及实际控制人控制的其他企业	
发行人	最近 3 年及 1 期经审计的财务报告及原始财务报表
控股子公司、参股子公司	最近 1 年及 1 期的财务报告及审计报告（发行人基本情况调查中的要求）
下属子公司	最近 3 年及 1 期经审计的财务报告或原始财务报表
披露的参股子公司	最近 1 年及 1 期的财务报告及审计报告

注：①上表左栏除"发行人"外，其他均指"发行人的……"；②"控股子公司、参股子公司，需提供最近 1 年及 1 期的财务报告及审计报告"是第一部分"第一章发行人基本情况调查"中的要求，"下属子公司需提供最近 3 年及 1 期经审计的财务报告或原始财务报表"和"披露的参股子公司需提供最近 1 年及 1 期的财务报告及审计报告"是第一部分"第六章　财务与会计调查"中的要求。

（6）"第二部分 保荐机构从事保荐业务的记录"共分五章，分别为会议纪要、备忘录、访谈提纲及记录、对发行人进行现场尽职调查的记录、招股说明书验证，该五章的标题需要记忆，另外，"第二章 备忘录"的内容稍作留意

2-1　保荐机构就重大或专题事项出具的备忘录

2-2　发行人律师就重大或专题事项出具的备忘录

2-3　会计师就重大或专题事项出具的备忘录

2-4　评估师就重大或专题事项出具的备忘录

2-5　承销商律师就重大或专题事项出具的备忘录

2-6　其他中介机构就重大或专题事项出具的备忘录

【注】尽管第二部分的标题为"保荐机构从事保荐业务的记录"，但备忘录中除保荐机构外其他各中介机构出具的备忘录均构成保荐机构从事保荐业务的记录。

6. 招股说明书验证工作

《证券发行上市保荐业务工作底稿指引》附件 2 对招股说明书验证方法进行说明及示例，具体如下：

（1）验证方法说明

保荐机构应当对招股说明书中记载的重要信息、数据以及其他对保荐业务或投资者作出投资决策有重大影响的内容进行验证。验证方法为在所需验证的文字后插入脚注，并对其进行注释，说明对应的工作底稿目录编号以及相应的文件名称。招股说明书验证版本的打印稿应当留存于工作底稿。

（2）验证示例

以下为《××股份有限公司首次公开发行 A 股股票招股说明书（验证版）》片段：

第五章　发行人基本情况

……

200×年××月××日，××人民政府出具《关于同意设立××股份有限公司的批复》（××［200×］××号）①，批准由××集团作为主发起人，联合甲、乙、丙、丁共同发起设立本公司。其中，××集团以其经评估后的净资产②认缴出资人民币××万元，占本公司注册资本的××%；甲以现金缴纳出资××万元，占本公司注册资本的××%；乙以现金缴纳出资××万元，占本公司注册资本的××%；丙以现金缴纳出资××万元，占本公司注册资本的××%；丁以现金缴纳出资××万元，占本公司注册资本的××%。××会计师事务所于200×年××月××日出具《验资报告》（××［200×］验字第××号)③，验证各发起人出资均已到位。200×年××月××日本公司召开了创立大会④，审议并通过了设立公司及批准公司章程的决议。200×年××月××日，本公司在××工商行政管理局注册登记并领取了《企业法人营业执照》（注册号：××)⑤，公司设立时注册资本为××万元。

【注】 验证方法说明中的一段话需要注意，考试时可能会直接出文字题。注意验证方法为在所需验证的文字后插入脚注，并对其进行注释，不仅需要说明对应的工作底稿目录编号，还要说明相应的文件名称。"验证方法为在所需验证的文字后插入脚注，并对其进行注释，说明对应的文件名称，无须标出对应的工作底稿目录编号"的表述是错误的。

【真题回顾（1511）】 根据《证券发行上市保荐业务工作底稿指引》，以下属于工作底稿的有（　　）。

A. 保荐机构根据有关规定对项目进行立项、内核以及其他相关内部管理工作所形成的文件资料

B. 保荐机构对发行人相关人员进行辅导所形成的文件资料

C. 保荐机构根据实际情况，对发行人的客户、供应商的相关人员等进行访谈的访谈记录

D. 保荐代表人为其保荐项目建立的尽职调查工作日志

E. 股票发行过程中的询价记录

答案：ABCDE

【模拟练习】 根据《证券发行上市保荐业务工作底稿指引》，以下说法错误的是（　　）。

A. 保荐机构应当对招股说明书中记载的重用信息、数据以及对保荐业务或投资者作出投资决策有重大影响的内容进行验证

B. 保荐代表人尽职调查工作日志属于保荐业务工作底稿的必备内容

C. 保荐机构从事保荐业务的记录包括会议纪要、保荐机构及其他中介机构出具的备忘录、访谈提纲及记录、对发行人进行现场尽职调查的记录和招股说明书验证等

D. 在发行人业务与技术调查部分的工作底稿中，应有发行人与主要供应商（至少前5名）的供货合同，发行人与主要客户（至少前5名）的销售合同

E. 工作底稿应当至少保存10年

答案：D

解析：D，供应商与客户均应当至少前10名。

---

① ××人民政府《关于同意设立××股份有限公司的批复》（××［200×］××号），1-1-5-1。
② ××资产评估机构关于××集团的《资产评估报告》（××评字［200×］××号），1-1-4-2。
③ ××会计师事务所《验资报告》（××［200×］验字××号），1-1-4-3。
④ 创立大会文件，1-1-6-2。
⑤ 《企业法人营业执照》（注册号：××），1-1-5-3。

三、推荐和申报

【大纲要求】

内容	程度
1. 保荐机构向监管机构推荐企业发行上市的要求及有关工作流程	掌握
2. 首发工作中对律师事务所、会计师事务所、评估机构及相关经办人员的要求	掌握
3. 首次公开发行并在创业板上市对公司成长性及自主创新能力等的相关要求	掌握
4. 发行保荐书、发行保荐工作报告的要求和主要内容	掌握
5. 主板和创业板首次公开发行股票申请文件及其基本要求	掌握
6. 主板和创业板首次公开发行申请文件的目录和形式的相关要求	熟悉

【内容精讲】

（一）保荐机构向监管机构推荐企业发行上市的要求及有关工作流程

1. 推荐企业发行上市的要求

保荐机构应当尽职推荐发行人证券发行上市。发行人证券上市后，保荐机构应当持续督导发行人履行规范运作、信守承诺、信息披露等义务。

保荐机构推荐发行人证券发行上市，应当遵循诚实守信、勤勉尽责的原则，按照中国证监会对保荐机构尽职调查工作的要求，对发行人进行全面调查，充分了解发行人的经营状况及其面临的风险和问题。

保荐机构在推荐发行人首次公开发行股票并上市前，应当对发行人进行辅导，对发行人的董事、监事和高级管理人员、持有5%以上股份的股东和实际控制人（或者其法定代表人）进行系统的法规知识、证券市场知识培训。

保荐机构应当确信发行人符合法律、行政法规和中国证监会的有关规定，方可推荐其证券发行上市。

2. 推荐企业发行上市的有关工作流程

（1）签订保荐协议

保荐机构应当与发行人签订保荐协议，明确双方的权利和义务，按照行业规范协商确定履行保荐职责的相关费用。

（2）尽职调查

详见本节"二、尽职调查"相关内容。

（3）推荐发行、上市

保荐机构决定推荐发行人证券发行上市的，可以根据发行人的委托，组织编制申请文件并出具推荐文件。

保荐机构推荐发行人发行证券，应当向中国证监会提交发行保荐书、保荐代表人专项授权书以及中国证监会要求的其他与保荐业务有关的文件。

保荐机构提交发行保荐书后，应当配合中国证监会的审核，并承担下列工作：

①组织发行人及证券服务机构对中国证监会的意见进行答复。

②按照中国证监会的要求对涉及本次证券发行上市的特定事项进行尽职调查或者核查。

③指定保荐代表人与中国证监会职能部门进行专业沟通，保荐代表人在发行审核委员会会

议上接受委员质询。

④中国证监会规定的其他工作。

保荐机构推荐发行人证券上市，应当向证券交易所提交上市保荐书以及证券交易所要求的其他与保荐业务有关的文件，并报中国证监会备案。

保荐机构应当针对发行人的具体情况，确定证券发行上市后持续督导的内容，督导发行人履行有关上市公司规范运作、信守承诺和信息披露等义务，审阅信息披露文件及向中国证监会、证券交易所提交的其他文件，并承担下列工作：

①督导发行人有效执行并完善防止控股股东、实际控制人、其他关联方违规占用发行人资源的制度。

②督导发行人有效执行并完善防止其董事、监事、高级管理人员利用职务之便损害发行人利益的内控制度。

③督导发行人有效执行并完善保障关联交易公允性和合规性的制度，并对关联交易发表意见。

④持续关注发行人募集资金的专户存储、投资项目的实施等承诺事项。

⑤持续关注发行人为他人提供担保等事项，并发表意见。

⑥中国证监会、证券交易所规定及保荐协议约定的其他工作。

（二）首发工作中对律师事务所、会计师事务所、评估机构及相关经办人员的要求

本部分内容包括对律师事务所、会计师事务所、评估机构等各类证券服务机构及其经办人员在为发行人证券发行上市中提供服务的相关要求，过往诸多次考试中，对本部分内容的考查重点集中在对律师事务所及相关经办人员的要求上，因此，以下重点对此部分内容进行介绍。

1. 《律师事务所从事证券法律业务管理办法》的规定

为了加强对律师事务所从事证券法律业务活动的监督管理，规范律师在证券发行、上市和交易等活动中的执业行为，完善法律风险防范机制，维护证券市场秩序，保护投资者的合法权益，根据《证券法》和《律师法》，中国证监会和司法部于2007年3月联合制定了《律师事务所从事证券法律业务管理办法》（以下简称《办法》），《办法》主要规定如下：

（1）业务范围

律师事务所从事证券法律业务，可以为下列事项出具法律意见：

①首次公开发行股票及上市。

②上市公司发行证券及上市。

③上市公司的收购、重大资产重组及股份回购。

④上市公司实行股权激励计划。

⑤上市公司召开股东大会。

⑥境内企业直接或者间接到境外发行证券、将其证券在境外上市交易。

⑦证券公司、证券投资基金管理公司及其分支机构的设立、变更、解散、终止。

⑧证券投资基金的募集、证券公司集合资产管理计划的设立。

⑨证券衍生品种的发行及上市。

⑩中国证监会规定的其他事项。

【注】本部分内容非考核重点，简单了解即可。

（2）禁止情形

①律师被吊销执业证书的，不得再从事证券法律业务；被中国证监会采取证券市场禁入措

施或者被司法行政机关给予停止执业处罚的，在规定禁入或者停止执业的期间不得从事证券法律业务。

②同一律师事务所不得同时为同一证券发行的发行人和保荐人、承销的证券公司出具法律意见，不得同时为同一收购行为的收购人和被收购的上市公司出具法律意见，不得在其他同一证券业务活动中为具有利害关系的不同当事人出具法律意见。

③律师担任公司及其关联方董事、监事、高级管理人员，或者存在其他影响律师独立性的情形的，该律师所在律师事务所不得接受所任职公司的委托，为该公司提供证券法律服务。

【注1】"①"，被吊销证书的，在重新取得证书之前，不得再从事；在禁入期及暂停期的期间，不得从事。

【注2】"②、③"是《办法》第十一条规定的内容。2007年11月，中国证监会发布"《律师事务所从事证券法律业务管理办法》第十一条有关规定的适用意见——证券期货法律适用意见［2007］第2号"，就《办法》第十一条有关规定提出适用意见如下：

下列情形，属于同一律师事务所"同时为同一证券发行的发行人和保荐人、承销的证券公司出具法律意见"，应予禁止：

①同一律师事务所以口头或书面等形式，有偿或无偿地同时接受同一证券发行的发行人和保荐人、承销的证券公司委托，为同一证券发行的发行人、保荐人、承销的证券公司出具法律意见的。

②同一律师事务所虽未同时接受同一证券发行的发行人和保荐人、承销的证券公司委托，但在接受发行人委托为证券发行人出具法律意见的同时，另外向同一证券发行的保荐人、承销的证券公司出具作为保荐人、承销的证券公司履行自身法定职责依据的专项法律意见，或者出具作为保荐人、承销的证券公司用以证明自己勤勉尽责及减免法律责任目的的专项法律意见的。

③同一律师事务所虽未同时接受同一证券发行的发行人和保荐人、承销的证券公司委托，但在接受发行人委托为证券发行人出具法律意见的同时，将该法律意见向同一证券发行的保荐人、承销的证券公司出具，供保荐人、承销的证券公司作为自己履行法定职责的依据，或者用以证明自己勤勉尽责及减免法律责任目的的。

【注】"（1）"可简化为：以口头或书面、有偿或无偿地同时接受；"（2）"、"（3）"可简化为：虽未同时接受，但向同一证券发行的发行人和保荐人、承销的证券公司出具专项法律意见或将向发行人出具的法律意见向同一证券发行的发行人和保荐人、承销的证券公司出具，作为证券发行的发行人和保荐人、承销的证券公司履行自身法定职责的依据或用以证明证券发行的发行人和保荐人、承销的证券公司勤勉尽责及减免法律责任目的。

（3）业务规则

①律师事务所及其指派的律师从事证券法律业务，应当勤勉尽责，审慎履行核查和验证义务；律师进行核查和验证，可以采用面谈、书面审查、实地调查、查询和函证、计算、复核等方法。

②律师在出具法律意见时，对与法律相关的业务事项应当履行法律专业人士特别的注意义务，对其他业务事项履行普通人一般的注意义务。

③律师从公共机构直接取得的文书，可以作为出具法律意见的依据，但律师应当履行特别或一般注意义务并加以说明；对于不是从公共机构直接取得的文书，经核查和验证后方可作为出具法律意见的依据。

律师从公共机构抄录、复制的材料，经该机构确认后，可以作为出具法律意见的依据，但律师应当履行特别或一般注意义务并加以说明；未取得公共机构确认的，对相关内容进行核查和验证后方可作为出具法律意见的依据。

【注】公共机构是指国家机关、具有管理公共事务职能的组织、会计师事务所、资产评估机构、资信评级机构、公证机构等。

④律师进行核查和验证，需要会计师事务所、资产评估机构等证券服务机构作出判断的，应当直接委托或者要求委托人委托会计师事务所、资产评估机构等证券服务机构出具意见。

⑤律师应当归类整理核查和验证中形成的工作记录和获取的材料，并对法律意见书等文件中各具体意见所依据的事实、国家相关规定以及律师的分析判断作出说明，形成记录清晰的工作底稿。工作底稿由出具法律意见的律师事务所保存，保存期限不得少于 7 年；中国证监会对保存期限另有规定的，从其规定。

（4）法律意见

法律意见是律师事务所及其指派的律师针对委托人委托事项的合法性，出具的明确结论性意见，是委托人、投资者和中国证监会及其派出机构确认相关事项是否合法的重要依据。法律意见应当由律师在核查和验证所依据的文件资料内容的真实性、准确性、完整性的基础上，依据法律、行政法规及相关规定作出。

法律意见书应当列明相关材料、事实、具体核查和验证结果、国家有关规定和结论性意见。法律意见不得使用"基本符合"、"未发现"等含糊措辞。

律师从事证券法律业务，其所出具的法律意见应当由 2 名执业律师和所在律师事务所负责人签名，加盖该律师事务所印章，并签署日期。

法律意见书等文件在报送中国证监会及其派出机构后，发生重大事项或者律师发现需要补充意见的，应当及时提出补充意见。

【模拟练习】以下关于律师事务所从事证券法律业务的说法正确的有（　　）。

A. 同一律师事务所可以同时为同一收购行为的收购人和被收购的上市公司出具法律意见

B. 同一律师事务所在以书面形式有偿接受证券发行的发行人委托的同时，可以以口头形式无偿接受该证券发行的保荐人的委托，为该证券发行的发行人、保荐人出具法律意见

C. 律师进行核查和验证，可以采用面谈、书面审查、实地调查、查询和函证、计算、复核等方法

D. 律师在出具法律意见时，对与法律相关的业务事项应当履行法律专业人士特别的注意义务，对其他业务事项履行普通人一般的注意义务

E. 法律意见书应当列明相关材料、事实、具体核查和验证结果、国家有关规定和结论性意见，法律意见不得使用"基本符合"、"未发现"等措辞

答案：CDE

解析：A，不得同时为同一收购行为的收购人和被收购的上市公司出具法律意见；B，属于同时为同一证券发行的发行人和保荐人、承销的证券公司出具法律意见的情形。

【模拟练习】根据《律师事务所从事证券法律业务管理办法》的规定，以下说法正确的有（　　）。

A. 律师李某在甲公司兼任董事，则李某所在律师事务所不得接受甲公司的委托，为甲公司提供证券法律服务

B. 律师事务所在接受发行人委托为证券发行人出具法律意见的同时，将该法律意见向同一证券发行的保荐人出具，供保荐人作为自己履行法定职责的依据不符合规定

C. 律师从国家机关抄录、复制的材料，可以直接作为出具法律意见的依据，但律师应当履行特别或一般注意义务并加以说明

D. 律师从事证券法律业务，其所出具的法律意见应当由 2 名执业律师和所在律师事务所负责人签名，加盖该律师事务所印章，并签署日期

E. 法律意见书等文件在报送中国证监会及其派出机构后，发生重大事项或者律师发现需要补充意见的，应当及时提出补充意见

答案：ABDE

解析：B，属于同时为同一证券发行的发行人和保荐人、承销的证券公司出具法律意见的情形；C，律师从公共机构抄录、复制的材料，经该机构确认后，可以作为出具法律意见的依据。不可直接作为依据。

2.《公开发行证券公司信息披露的编报规则第 12 号——公开发行证券的法律意见书和律师工作报告》的规定

2001 年 3 月，中国证监会发布《公开发行证券公司信息披露的编报规则第 12 号——公开发行证券的法律意见书和律师工作报告》，对律师事务所从事证券法律业务时法律意见书和律师工作报告的编报规则作出规定，主要规定如下：

（1）法律意见书和律师工作报告是发行人向中国证监会申请公开发行证券的必备文件。

（2）律师在法律意见书中应对编报规则规定的事项及其他任何与本次发行有关的法律问题明确发表结论性意见。

【注】即使规则没有明确规定，但只要是与本次发行有关的法律问题，均应明确发表结论性意见。

（3）律师签署的法律意见书和律师工作报告报送后，不得进行修改。如律师认为需补充或更正，应另行出具补充法律意见书和律师工作报告。

【注】报送后不能修改，不能"重新出具"，如有需要补充或更正，应"另行出具"。

（4）律师出具法律意见书和律师工作报告所用的语词应简洁明晰，不得使用"基本符合条件"或"除×××以外，基本符合条件"一类的措辞。

对不符合有关法律、法规和中国证监会有关规定的事项，或已勤勉尽责仍不能对其法律性质或其合法性作出准确判断的事项，律师应发表保留意见，并说明相应的理由。

【注】对不符合规定事项和已勤勉尽责仍不能对其法律性质或其合法性作出准确判断的事项，应发表保留意见，并说明相应的理由。注意，这里应发表"保留意见"，不是"否定"、"无法表示"意见，也不能不发表意见。

（5）提交中国证监会的法律意见书和律师工作报告应是经二名以上经办律师和其所在律师事务所的负责人签名，并经该律师事务所加盖公章、签署日期的正式文本。

【注】法规原文规定是"……经二名以上具有执行证券期货相关业务资格的经办律师和其所在律师事务所的负责人签名……"。此处删除"具有执行证券期货相关业务资格"的规定。

2002 年 12 月，中国证监会、司法部发布《关于取消律师及律师事务所从事证券法律业务资格审批的通告》，取消律师事务所从事证券法律业务资格审批、律师从事证券法律业务资格审批、外国律师事务所协助中国企业到境外发行股票和股票上市交易备案。律师及律师事务所从事证券法律业务不再受资格的限制。

（6）发行人申请文件报送后，律师应关注申请文件的任何修改和中国证监会的反馈意见，发行人和主承销商也有义务及时通知律师。上述变动和意见如对法律意见书和律师工作报告有

影响的，律师应出具补充法律意见书。

【注】注意与"（3）"的区别，"（3）"认为需补充或更正而主动出具补充法律意见书和律师工作报告，这里是出现一定的情形时，出具补充法律意见书。

（7）发行人向中国证监会报送申请文件前，或在报送申请文件后且证券尚未发行前更换为本次发行证券所聘请的律师或律师事务所的，更换后的律师或律师事务所及发行人应向中国证监会分别说明。

更换后的律师或律师事务所应对原法律意见书和律师工作报告的真实性和合法性发表意见。如有保留意见，应明确说明。在此基础上，更换后的律师或律师事务所应出具新的法律意见书和律师工作报告。

（8）律师在制作法律意见书和律师工作报告的同时，应制作工作底稿。

工作底稿是指律师在为证券发行人制作法律意见书和律师工作报告过程中形成的工作记录及在工作中获取的所有文件、会议纪要、谈话记录等资料。

律师应及时、准确、真实地制作工作底稿，工作底稿的质量是判断律师是否勤勉尽责的重要依据。

工作底稿的正式文本应由两名以上律师签名，其所在的律师事务所加盖公章，其内容应真实、完整、记录清晰，并标明索引编号及顺序号码。

凡涉及律师向有关当事人调查所作的记录，应由当事人和律师本人签名。

工作底稿由制作人所在的律师事务所保存，保存期限至少7年。中国证监会根据需要可随时调阅、检查工作底稿。

【真题回顾（1509）】下列首次公开发行股票并上市的发行人的律师的做法，正确的是（　　）。

A. 在判断发行人是否符合发行上市条件时，法律意见书中表述为"发行人基本符合《公司法》、《证券法》、《首次公开发行股票并上市管理办法》的规定"

B. 对于勤勉尽责仍不能对其法律性质或其合法性作出准确判断的某重大事项，律师仅作了客观描述，未发表法律意见

C. 中国证监会的反馈意见对法律意见书和律师工作报告有影响，律师应出具补充法律意见书

D. 律师工作底稿的正式文本由一名经办律师签名，并加盖事务所公章

E. 发行人报送申请文件后变更律师事务所的，更换后的律师事务所应参照更换前的律师事务所出具的法律意见书和律师工作报告，出具补充法律意见书和补充律师工作报告

答案：C

解析：B，必须发表明确结论性意见；D，由两名经办律师签名；E，更换后的律师事务所应对原法律意见书和律师工作报告的真实性和合法性发表意见，在此基础上，更换后的律师事务所应出具新的法律意见书和律师工作报告。

（三）首次公开发行并在创业板上市对公司成长性及自主创新能力等的相关要求

《首次公开发行股票并在创业板上市管理办法》第二十四条规定，保荐人保荐发行人发行股票并在创业板上市，应当对发行人的成长性进行尽职调查和审慎判断并出具专项意见。发行人为自主创新企业的，还应当在专项意见中说明发行人的自主创新能力，并分析其对成长性的影响。

《公开发行证券的公司信息披露内容与格式准则第29号——首次公开发行股票并在创业板

上市申请文件》第五条规定，保荐人应当对发行人的成长性出具专项意见，并作为发行保荐书的附件。发行人为自主创新企业的，还应当在专项意见中说明发行人的自主创新能力。

【注1】成长性专项意见是作为发行保荐书的附件，非发行保荐工作报告的附件。（"关于保荐项目重要事项尽职调查情况问核表"是发行保荐工作报告的附件）

【注2】自主创新能力是在成长性专项意见中说明，并非另行出具专项意见。

《公开发行证券的公司信息披露内容与格式准则第29号——首次公开发行股票并在创业板上市申请文件》附件2"发行人成长性专项意见编制指引"规定，保荐人编制发行人成长性专项意见，应当符合以下原则和要求：

（1）保荐人应当按照勤勉尽责原则，结合企业的行业前景及其地位、业务模式、技术水平和研发能力、产品或服务的质量及市场前景、营销能力等因素，同时考虑企业持续成长的制约条件，综合分析判断企业的成长性，出具结论明确的成长性专项意见。成长性专项意见应有严密论证和依据充分的专业意见作支撑。

【注】"成长性专项意见"一定要结论明确，诸如"保荐人勤勉尽责仍不能准确判断企业的成长性，仅作了客观描述，未出具结论明确的成长性专项意见"的说法是错误的。

（2）保荐人对不同业务类型的企业应重点关注不同方面：企业的业务属于产品制造类的，应就其核心技术和持续技术创新能力对成长性的影响发表明确分析意见；企业的业务属于非产品制造类的，应就其业务的特色和业务模式的创新性对成长性的影响明确发表分析意见。

【注】注意区分不同业务对成长性意见的不同，如"企业的业务属于产品制造类的，应就其业务的特色和业务模式的创新性对成长性的影响明确发表分析意见"的表述是错误的。

（3）保荐人应当充分关注企业的自主创新能力，深入核查企业是否拥有关键的核心技术、突出的研发优势、创新的业务模式以及较强的市场开拓能力，并重点分析企业自主创新能力对成长性的影响。

（4）保荐人应充分揭示企业的成长性风险，并督促发行人在招股说明书中作"重大事项提示"。

【模拟练习】下列关于首次公开发行并在创业板上市对公司成长性及自主创新能力的要求说法正确的有（　　　　）。

A. 保荐机构应当对发行人的成长性出具专项意见，并作为发行保荐工作报告的附件

B. 发行人为自主创新企业的，保荐机构应对发行人的自主创新能力出具专项意见

C. 保荐人勤勉尽责仍不能准确判断企业的成长性，仅作了客观描述，未出具结论明确的成长性专项意见

D. 企业的业务属于产品制造类的，应就其业务的特色和业务模式的创新性对成长性的影响明确发表分析意见

E. 保荐人应充分揭示企业的成长性风险，并督促发行人在招股说明书中作"重大事项提示"

答案：E

解析：A，作为发行保荐书的附件；B，自主创新能力是在成长性专项意见中说明，并非另行出具专项意见；C，"成长性专项意见"一定要结论明确；D，企业的业务属于产品制造类的，应就其核心技术和持续技术创新能力对成长性的影响发表明确分析意见。

（四）发行保荐书、发行保荐工作报告的要求和主要内容

为了规范发行保荐书、发行保荐工作报告的报送行为，加强证券发行的信息披露，提高保

荐机构及其保荐代表人的执业水准，2009 年 3 月，中国证监会发布《发行证券的公司信息披露内容与格式准则第 27 号——发行保荐书和发行保荐工作报告》，要求保荐机构在首发、上市公司发行新股或可转债等业务中，按照《发行证券的公司信息披露内容与格式准则第 27 号——发行保荐书和发行保荐工作报告》的要求出具发行保荐书和发行保荐工作报告。

【注1】上市公司发行优先股，属于上市公司发行新股，也需要出具发行保荐书和发行保荐工作报告。

【注2】创业板上市公司非公开发行采取自行销售并适用简易程序的，可免予聘请保荐机构保荐，不聘请保荐机构的，不需提交发行保荐书与发行保荐工作报告。若发行人仍选择聘请保荐机构保荐的，则保荐机构仍需提交发行保荐书与发行保荐工作报告。

1. 发行保荐书、发行保荐工作报告的要求

（1）发行保荐书是保荐机构及其保荐代表人为推荐发行人证券发行而出具的正式法律文件，也是评价保荐机构及其保荐代表人从事保荐业务是否诚实守信、勤勉尽责的重要依据。

保荐机构应在发行保荐书中对发行人是否符合发行条件，发行人存在的主要风险，保荐机构与发行人的关联关系，保荐机构的推荐结论等事项发表明确意见。

（2）发行保荐工作报告是发行保荐书的辅助性文件。保荐机构应在发行保荐工作报告中，全面记载尽职推荐发行人的主要工作过程，详细说明尽职推荐过程中发现的发行人存在的主要问题及解决情况，充分揭示发行人面临的主要风险。

凡是对投资者作出投资决策有重大影响的问题或者风险，发行保荐工作报告均应予以充分关注和揭示，并详尽、完整地陈述分析，就主要问题的解决情况予以说明。

【注】"发行保荐书是发行保荐工作报告的辅助性文件"的表述是错误的。

（3）发行保荐书、发行保荐工作报告必须建立在对发行人进行全面调查，充分了解发行人经营状况及其面临风险和问题的基础上，并具备相应的保荐业务工作底稿支持。

（4）发行保荐书和发行保荐工作报告开头部分应当载明，保荐机构及其保荐代表人是否根据《公司法》、《证券法》等有关法律、法规和中国证监会的有关规定，诚实守信，勤勉尽责，严格按照依法制定的业务规则、行业执业规范和道德准则出具发行保荐书和发行保荐工作报告，并保证所出具文件的真实性、准确性和完整性。

（5）保荐机构报送发行保荐书和发行保荐工作报告后，发行人情况发生重大变化并影响本次证券发行条件的，保荐机构应当及时对发行保荐书和发行保荐工作报告进行补充、更新。

【注】与律师出具补充法律意见书不同，发行保荐书和发行保荐工作报告是直接在原文件上进行补充、更新，不需要另行出具补充文件。

2. 发行保荐书的必备内容

（1）本次证券发行基本情况

①保荐机构应简述本次具体负责推荐的保荐代表人，包括保荐代表人姓名、保荐业务执业情况等内容；简述本次证券发行项目协办人及其他项目组成员，包括项目协办人姓名、保荐业务执业情况，项目组其他成员姓名等内容。

②保荐机构应简述发行人情况，包括发行人名称、注册地及时间、联系方式、业务范围、本次证券发行类型等内容。上市公司非公开发行股票的，还应当披露发行人的最新股权结构、前十名股东情况、历次筹资、现金分红及净资产变化表、主要财务数据及财务指标。

【注】是"上市公司非公开发行股票"的，还应当披露发行人的最新股权结构、前十名股东情况等，注意考试中往往会更换为"首次公开发行并在创业板上市"、"上市公司公开增发"等。

③保荐机构应详细说明发行人与保荐机构是否存在下列情形：

a. 保荐机构或其控股股东、实际控制人、重要关联方持有发行人或其控股股东、实际控制人、重要关联方股份的情况。

b. 发行人或其控股股东、实际控制人、重要关联方持有保荐机构或其控股股东、实际控制人、重要关联方股份的情况。

c. 保荐机构的保荐代表人及其配偶，董事、监事、高级管理人员拥有发行人权益、在发行人任职等情况。

d. 保荐机构的控股股东、实际控制人、重要关联方与发行人控股股东、实际控制人、重要关联方相互提供担保或者融资等情况。

e. 保荐机构与发行人之间的其他关联关系。

存在上述情形的，应当重点说明其对保荐机构及其保荐代表人公正履行保荐职责可能产生的影响。

④保荐机构应简述其内部审核程序和内核意见。

（2）保荐机构承诺事项

保荐机构应承诺已按照法律、行政法规和中国证监会的规定，对发行人及其控股股东、实际控制人进行了尽职调查、审慎核查，同意推荐发行人证券发行上市，并据此出具本发行保荐书。

保荐机构应就《证券发行上市保荐业务管理办法》第三十三条所列事项作出承诺。

【链接】《证券发行上市保荐业务管理办法》第三十三条规定如下：

在发行保荐书和上市保荐书中，保荐机构应当就下列事项作出承诺：

①有充分理由确信发行人符合法律法规及中国证监会有关证券发行上市的相关规定。

②有充分理由确信发行人申请文件和信息披露资料不存在虚假记载、误导性陈述或者重大遗漏。

③有充分理由确信发行人及其董事在申请文件和信息披露资料中表达意见的依据充分合理。

④有充分理由确信申请文件和信息披露资料与证券服务机构发表的意见不存在实质性差异。

⑤保证所指定的保荐代表人及本保荐机构的相关人员已勤勉尽责，对发行人申请文件和信息披露资料进行了尽职调查、审慎核查。

⑥保证保荐书、与履行保荐职责有关的其他文件不存在虚假记载、误导性陈述或者重大遗漏。

⑦保证对发行人提供的专业服务和出具的专业意见符合法律、行政法规、中国证监会的规定和行业规范。

⑧自愿接受中国证监会依照本办法采取的监管措施。

⑨中国证监会规定的其他事项。

（3）对本次证券发行的推荐意见

保荐机构应在进行充分尽职调查、审慎核查的基础上，对本次证券发行明确发表推荐结论。

保荐机构应逐项说明发行人是否已就本次证券发行履行了《公司法》、《证券法》及中国证监会规定的决策程序；逐项说明本次证券发行是否符合《证券法》规定的发行条件；逐项说明本次证券发行是否符合《首次公开发行股票并上市管理办法》或者《上市公司证券发行管理办法》规定的发行条件，并载明得出每项结论的查证过程及事实依据；结合发行人行业地位、经营模式、产品结构、经营环境、主要客户、重要资产以及技术等影响持续盈利能力的因素，详细说明发行人存在的主要风险，并对发行人的发展前景进行简要评价。

【注】"详细说明主要风险，对发展前景进行简要评价"，若表述为诸如"简要说明主要风险，对发展前景进行详细评价"则是错误的。

【链接】上述发行保荐书必备内容是《发行证券的公司信息披露内容与格式准则第27号——发行保荐书和发行保荐工作报告》的规定，此外，在《证券发行上市保荐业务管理办法》中也对发行保荐书的内容作出规定，规定发行保荐书应当包括下列内容：

（1）逐项说明本次发行是否符合《公司法》、《证券法》规定的发行条件和程序。

（2）逐项说明本次发行是否符合中国证监会的有关规定，并载明得出每项结论的查证过程及事实依据。

（3）发行人存在的主要风险。

（4）对发行人发展前景的评价。

（5）保荐机构内部审核程序简介及内核意见。

（6）保荐机构与发行人的关联关系。

（7）相关承诺事项。

（8）中国证监会要求的其他事项。

3. 发行保荐工作报告的必备内容

（1）项目运作流程

保荐机构应详细说明其内部的项目审核流程。

详细说明对本次证券发行项目的立项审核主要过程，包括申请立项时间、立项评估决策机构成员构成及立项评估时间。

详细说明本次证券发行项目执行的主要过程，包括项目执行成员构成、进场工作的时间、尽职调查的主要过程、保荐代表人参与尽职调查的工作时间以及主要过程等。

详细说明内部核查部门审核本次证券发行项目的主要过程，包括内部核查部门的成员构成、现场核查的次数及工作时间。

详细说明内核小组对发行人本次证券发行项目的审核过程，包括内核小组成员构成、内核小组会议时间、内核小组成员意见、内核小组表决结果等。

（2）项目存在问题及其解决情况

保荐机构应详细说明立项评估决策机构成员意见、立项评估决策机构成员审议情况。

详细说明项目执行成员在尽职调查过程中发现和关注的主要问题以及对主要问题的研究、分析与处理情况（如协调发行人和证券服务机构召开定期会议、专题会议以及重大事项临时会议的主要内容等），重点说明对主要问题的解决情况。

详细说明内部核查部门关注的主要问题，逐项说明对内部核查部门意见的具体落实情况。详细说明内核小组会议讨论的主要问题及审核意见，逐项说明对内核小组意见的具体落实情况。

陈述核查证券服务机构出具专业意见的情况，说明证券服务机构出具专业意见与保荐机构所作判断存在的差异，对其中的重大差异，应详细说明研究并予以解决的过程。

4. 发行保荐书与发行保荐工作报告的签署

发行保荐书应由保荐机构法定代表人、保荐业务负责人、内核负责人、保荐代表人和项目协办人签字，加盖保荐机构公章并注明签署日期。

发行保荐工作报告应由保荐机构法定代表人、保荐业务负责人、内核负责人、保荐业务部门负责人、保荐代表人和项目协办人签字，加盖保荐机构公章并注明签署日期。

【真题回顾（1511）】 以下属于发行保荐书必须包含的内容的有（　　）。

A. 发行人存在的主要风险

B. 保荐机构内部审核程序简介及内核意见

C. 对发行人发展前景的评价

D. 保荐机构与发行人的关联关系

E. 申请上市的股票的发行情况

答案：ABCD

解析：根据股票上市规则的规定，E 选项属于上市保荐书的必备内容。

【模拟练习】 以下关于发行保荐书和发行保荐工作报告的说法正确的有（　　）。

A. 保荐机构应在发行保荐工作报告中详细说明问核的实施情况、问核中发现的问题，以及在尽职调查中对重点事项采取的核查过程、手段及方式

B. 发行保荐书应简述发行人情况，申请首次公开发行股票并在创业板上市的，还应当披露发行人的最新股权结构、前十名股东情况、现金分红及净资产变化表、主要财务数据及财务指标

C. 凡是对投资者作出投资决策有重大影响的问题或风险，发行保荐工作报告均应予以充分关注和揭示，并详尽、完整地陈述分析，就主要问题的解决情况予以说明

D. "关于保荐项目重要事项尽职调查情况问核表"应作为发行保荐书的附件，在发行人报送上市申请文件时一并提交

E. 保荐机构履行问核程序时，应要求项目的两名签字保荐代表人填写"关于保荐项目重要事项尽职调查情况问核表"。保荐业务负责人和保荐业务部门负责人均应当参加问核程序，并在"问核表"上签字确认

答案：AC

解析：A、D、E，考查的是《关于进一步加强保荐机构内部控制有关问题的通知》的相关规定；D，应作为"发行保荐工作报告"的附件；E，保荐业务负责人或保荐业务部门负责人参加问核程序，并不要求二者同时参加；B，上市公司非公开发行股票的，还应当披露发行人的最新股权结构、前十名股东情况等。

【模拟练习】 下列关于保荐机构出具的发行保荐书和发行保荐工作报告的说法，正确的是（　　）。

A. 发行保荐书是发行保荐工作报告的辅助性文件，保荐机构应在发行保荐书中对发行人是否符合发行条件，发行人存在的主要风险，保荐机构与发行人的关联关系，保荐机构的推荐结论等事项发表明确意见

B. 发行保荐书是保荐机构及其保荐代表人为推荐发行人证券发行而出具的正式法律文件，也是评价保荐机构及其保荐代表人从事保荐业务是否诚实守信、勤勉尽责的重要依据

C. 保荐机构报送发行保荐书和发行保荐工作报告后，发行人情况发生重大变化并影响本次证券发行条件的，保荐机构应当及时另行出具补充发行保荐书和补充发行保荐工作报告进行补充、更新

D. 上市公司公开增发股票的，应当在发行保荐书中披露发行人的最新股权结构、前十名股东情况、历次筹资、现金分红及净资产变化表、主要财务数据及财务指标

E. 保荐机构应结合影响发行人持续盈利能力的因素，在发行保荐书中简要说明发行人存在的主要风险，并对发行人的发展前景进行详细评价

答案：B

解析：A，发行保荐工作报告是发行保荐书的辅助性文件；C，保荐机构应当及时对发行保荐书和发行保荐工作报告进行补充、更新，无须另行出具；D，"上市公司非公开发行股票的，还应当披露……"；E，详细说明风险，对发展前景进行简要评价。

（五）主板和创业板首次公开发行股票申请文件及其基本要求

为了规范首次公开发行股票并/在创业板上市申请文件的格式和报送方式，中国证监会分别于2006年5月和2009年7月发布《公开发行证券的公司信息披露内容与格式准则第9号——首次公开发行股票并上市申请文件》和《公开发行证券的公司信息披露内容与格式准则第29号——首次公开发行股票并在创业板上市申请文件》（已于2014年6月修订），相关规定如下表所示。

主板和创业板首次公开发行股票申请文件基本要求

事项	主板要求	创业板要求
最低要求	（1）9号、29号准则附录规定的申请文件目录是对发行申请文件的最低要求 （2）根据审核需要，中国证监会可以要求发行人和中介机构补充材料 （3）如果某些材料对发行人不适用，可不提供，但应向中国证监会作出书面说明	
确认意见		发行人控股股东、实际控制人应当对招股说明书出具确认意见
成长性专项意见		保荐人应当对发行人的成长性出具专项意见，并作为发行保荐书的附件。发行人为自主创新企业的，还应当在专项意见中说明发行人的自主创新能力
受理后文件变更	申请文件一经受理，未经中国证监会同意，不得增加、撤回或更换	
申请文件份数	初次报送，原件一份，复印件三份	初次报送，原件一份，复印件两份
不能提供原件的处理	应由发行人律师提供鉴证意见，或由出文单位盖章，以保证与原件一致。如原出文单位不再存续，由承继其职权的单位或作出撤销决定的单位出文证明文件真实性	
签名要求	（1）申请文件所有需要签名处，均应为签名人亲笔签名，不得以名章、签名章等代替 （2）申请文件中需要由发行人律师鉴证的文件，发行人律师应在该文件首页注明"以下第××页至第××页与原件一致"，并签名和签署鉴证日期，律师事务所应在该文件首页加盖公章，并在第××页至第××页侧面以公章加盖骑缝章	
反馈意见处理	（1）发行人应根据中国证监会对申请文件的反馈意见提供补充材料 （2）有关中介机构应对反馈意见相关问题进行尽职调查或补充出具专业意见	
封面、侧面应标明	申请文件的封面和侧面应标明"××公司首次公开发行股票并上市申请文件"字样	
扉页应标明事项	申请文件的扉页应标明发行人董事会秘书及有关中介机构项目负责人的姓名、电话、传真及其他方便的联系方式	
分隔标识、页码相符	（1）申请文件章与章之间、节与节之间应有明显的分隔标识 （2）申请文件中的页码应与目录中标识的页码相符	
同时电子文件	（1）发行人在每次报送书面申请文件的同时，应报送一份相应的标准电子文件 （2）发行结束后，发行人应将招股说明书的电子文件及历次报送的电子文件汇总报送中国证监会备案	
反馈意见处理	（1）发行人应根据中国证监会对申请文件的反馈意见提供补充材料 （2）有关中介机构应对反馈意见相关问题进行尽职调查或补充出具专业意见	

（六）主板和创业板首次公开发行申请文件的目录和形式的相关要求

信息披露内容与格式准则第9号附录和第29号的附件1分别对主板、创业板首发申请文件目录进行列示，详见下表。

主板、创业板首次公开发行申请文件的目录和形式

主板	创业板
第一章 招股说明书与发行公告	第一章 招股说明书与发行公告
1－1 招股说明书（申报稿）	1－1 招股说明书（申报稿）
1－2 招股说明书摘要（申报稿）	1－2 发行人控股股东、实际控制人对招股说明书的确认意见
1－3 发行公告（发行前提供）	1－3 发行公告（发行前提供）
第二章 发行人关于本次发行的申请及授权文件	第二章 发行人关于本次发行的申请及授权文件
2－1 发行人关于本次发行的申请报告	2－1 发行人关于本次发行的申请报告
2－2 发行人董事会有关本次发行的决议	2－2 发行人董事会有关本次发行的决议
2－3 发行人股东大会有关本次发行的决议	2－3 发行人股东大会有关本次发行的决议
第三章 保荐人关于本次发行的文件	第三章 保荐人和证券服务机构文件
	3－1 保荐人关于本次发行的文件
3－1 发行保荐书	3－1－1 发行保荐书（附：发行人成长性专项意见）
【注】"9号准则"未明确列示，但也应提供	3－1－2 发行保荐工作报告（附：关于保荐项目重要事项尽职调查情况问核表）
第四章 会计师关于本次发行的文件	3－2 注册会计师关于本次发行的文件
4－1 财务报表及审计报告	3－2－1 财务报表及审计报告
	3－2－2 发行人审计报告基准日至招股说明书签署日之间的相关财务报表及审阅报告（发行前提供）
4－2 盈利预测报告及审核报告	3－2－3 盈利预测报告及审核报告
4－3 内部控制鉴证报告	3－2－4 内部控制鉴证报告
4－4 经注册会计师核验的非经常性损益明细表	3－2－5 经注册会计师鉴证的非经常性损益明细表
第五章 发行人律师关于本次发行的文件	3－3 发行人律师关于本次发行的文件
5－1 法律意见书	3－3－1 法律意见书
5－2 律师工作报告	3－3－2 律师工作报告
第六章 发行人的设立文件	第四章 发行人的设立文件
6－1 发行人的企业法人营业执照	4－1 发行人的企业法人营业执照
6－2 发起人协议	4－2 发起人协议
6－3 发起人或主要股东的营业执照或有关身份证明文件	4－3 发起人或主要股东的营业执照或有关身份证明文件
6－4 发行人公司章程（草案）	4－4 发行人公司章程（草案）
	4－5 发行人关于公司设立以来股本演变情况的说明及其董事、监事、高级管理人员的确认意见

续表

主板	创业板
第七章 关于本次发行募集资金运用的文件	6-1 关于本次发行募集资金运用的文件
	6-1-1 发行人关于募集资金运用的总体安排说明
7-1 募集资金投资项目的审批、核准或备案文件	6-1-2 募集资金投资项目的审批、核准或备案文件
7-2 发行人拟收购资产（或股权）的财务报表、资产评估报告及审计报告	6-1-3 发行人拟收购资产（或股权）的财务报表、资产评估报告及审计报告
7-3 发行人拟收购资产（或股权）的合同或合同草案	6-1-4 发行人拟收购资产（或股权）的合同或合同草案
第八章 与财务会计资料相关的其他文件	第五章 与财务会计资料相关的其他文件
8-1 发行人关于最近 3 年及 1 期的纳税情况的说明	5-1 发行人关于最近 3 年及 1 期的纳税情况的说明
8-1-1 发行人最近 3 年及 1 期所得税纳税申报表	5-1-1 发行人最近 3 年及 1 期所得税纳税申报表
8-1-2 有关发行人税收优惠、财政补贴的证明文件	5-1-2 有关发行人税收优惠、财政补贴的证明文件
8-1-3 主要税种纳税情况的说明及注册会计师出具的意见	5-1-3 主要税种纳税情况的说明及注册会计师出具的意见
8-1-4 主管税收征管机构出具的最近 3 年及 1 期发行人纳税情况的证明	5-1-4 主管税收征管机构出具的最近 3 年及 1 期发行人纳税情况的证明
8-2 成立不满 3 年的股份有限公司需报送的财务资料	5-2 成立不满 3 年的股份有限公司需报送的财务资料
8-2-1 最近 3 年原企业或股份公司的原始财务报表	5-2-1 最近 3 年原企业或股份公司的原始财务报表
8-2-2 原始财务报表与申报财务报表的差异比较表	5-2-2 原始财务报表与申报财务报表的差异比较表
8-2-3 注册会计师对差异情况出具的意见	5-2-3 注册会计师对差异情况出具的意见
8-3 成立已满 3 年的股份有限公司需报送的财务资料	5-3 成立已满 3 年的股份有限公司需报送的财务资料
8-3-1 最近 3 年原始财务报表	5-3-1 最近 3 年原始财务报表
8-3-2 原始财务报表与申报财务报表的差异比较表	5-3-2 原始财务报表与申报财务报表的差异比较表
8-3-3 注册会计师对差异情况出具的意见	5-3-3 注册会计师对差异情况出具的意见
8-4 发行人设立时和最近 3 年及 1 期的资产评估报告（含土地评估报告）	5-4 发行人设立时和最近 3 年及 1 期的资产评估报告（含土地评估报告）
8-5 发行人的历次验资报告	5-5 发行人的历次验资报告
8-6 发行人大股东或控股股东最近 1 年及 1 期的原始财务报表及审计报告	5-6 发行人大股东或控股股东最近 1 年及 1 期的原始财务报表及审计报告
第九章 其他文件	第六章 其他文件
9-1 产权和特许经营权证书	6-2 产权和特许经营权证书
9-1-1 发行人拥有或使用的商标、专利、计算机软件著作权等知识产权以及土地使用权、房屋所有权、采矿权等产权证书清单（需列明证书所有者或使用者名称、证书号码、权利期限、取得方式、是否及存在何种他项权利等内容，并由发行人律师对全部产权证书的真实性、合法性和有效性出具鉴证意见）	6-2-1 发行人拥有或使用的商标、专利、计算机软件著作权等知识产权以及土地使用权、房屋所有权、采矿权等产权证书清单（需列明证书所有者或使用者名称、证书号码、权利期限、取得方式、是否及存在何种他项权利等内容，并由发行人律师对全部产权证书的真实性、合法性和有效性出具鉴证意见）
9-1-2 特许经营权证书	6-2-2 特许经营权证书

续表

主板	创业板
	6－4 承诺事项
	6－4－1 发行人及其实际控制人、控股股东、持股5%以上股东以及发行人董事、监事、高级管理人员等责任主体的重要承诺以及未履行承诺的约束措施
9－2 有关消除或避免同业竞争的协议以及发行人的控股股东和实际控制人出具的相关承诺	6－4－2 有关消除或避免同业竞争的协议以及发行人的控股股东和实际控制人出具的相关承诺
9－3 国有资产管理部门出具的国有股权设置批复文件及商务部出具的外资股确认文件	4－6 国有资产管理部门出具的国有股权设置及转持批复文件及商务主管部门出具的外资股确认文件
9－4 发行人生产经营和募集资金投资项目符合环境保护要求的证明文件（重污染行业的发行人需提供省级环保部门出具的证明文件）	6－6 发行人生产经营和募集资金投资项目符合环境保护要求的证明文件（重污染行业的发行人需提供符合国家环保部门规定的证明文件）
9－5 重要合同	6－3 重要合同
9－5－1 重组协议	6－3－3 重组协议
9－5－2 商标、专利、专有技术等知识产权许可使用协议	6－3－1 商标、专利、专有技术等知识产权许可使用协议
9－5－3 重大关联交易协议	6－3－2 重大关联交易协议
9－5－4 其他重要商务合同	6－3－4 其他重要商务合同
9－6 保荐协议和承销协议	6－8 保荐协议和承销协议
9－7 发行人全体董事对发行申请文件真实性、准确性和完整性的承诺书	6－4－3 发行人全体董事、监事、高级管理人员对发行申请文件真实性、准确性、完整性、及时性的承诺书
	6－5 发行人律师关于发行人董事、监事、高级管理人员、发行人控股股东和实际控制人在相关文件上签名盖章的真实性的鉴证意见
9－8 特定行业（或企业）的管理部门出具的相关意见	6－7 特定行业（或企业）的管理部门出具的相关意见

　　"9号准则"除上表中所列第一至第九章文件外，还包括"第十章定向募集公司还应提供的文件"的文件，相关内容在下文"注3"中具体列示。

　　【注1】"9号准则"并未列明主板需要提供发行保荐工作报告，这是因为"9号准则"是2006年颁布的，而《发行证券的公司信息披露内容与格式准则第27号——发行保荐书和发行保荐工作报告》第二条规定："申请首次公开发行股票并上市的股份有限公司、发行新股或可转换公司债券的上市公司所聘请的保荐机构应当按照本准则的要求出具发行保荐书和发行保荐工作报告"；第九条规定："保荐机构报送发行保荐书和发行保荐工作报告后，发行人情况发生重大变化并影响本次证券发行条件的，保荐机构应当及时对发行保荐书和发行保荐工作报告进行补充、更新"，因此主板也需要报送发行保荐工作报告，实务中也如此操作。

【注2】发行人财务报表都是最近3年及1期，控股股东的财务报表都是最近1年及1期（主板和创业板均是如此）。

【注3】根据上表，进一步总结主板、创业板首发申请文件相异之处，即主板创业板各自特有的文件。

主板、创业板首次公开发行申请文件的目录和形式（差异）

主板所特有的申请文件	创业板所特有的申请文件
1-2 招股说明书摘要（申报稿）	1-2 发行人控股股东、实际控制人对招股说明书的确认意见
3-1 发行保荐书	3-1-1 发行保荐书（附：发行人成长性专项意见）
9-7 发行人全体董事对发行申请文件真实性、准确性和完整性的承诺书	6-4-3 发行人全体董事、监事、高级管理人员对发行申请文件真实性、准确性、完整性、及时性的承诺书
第十章 定向募集公司还应提供的文件 10-1 有关内部职工股发行和演变情况的文件 10-1-1 历次发行内部职工股的批准文件 10-1-2 内部职工股发行的证明文件 10-1-3 托管机构出具的历次托管证明 10-1-4 有关违规清理情况的文件	6-5 发行人律师关于发行人董事、监事、高级管理人员、发行人控股股东和实际控制人在相关文件上签名盖章的真实性的鉴证意见
10-1-5 发行人律师对前述文件真实性的鉴证意见 10-2 省级人民政府或国务院有关部门关于发行人内部职工股审批、发行、托管、清理以及是否存在潜在隐患等情况的确认文件	3-2-2 发行人审计报告基准日至招股说明书签署日之间的相关财务报表及审阅报告（发行前提供） 4-5 发行人关于公司设立以来股本演变情况的说明及其董事、监事、高级管理人员的确认意见 6-1-1 发行人关于募集资金运用的总体安排说明
10-3 中介机构的意见 10-3-1 发行人律师关于发行人内部职工股审批、发行、托管和清理情况的核查意见 10-3-2 保荐人关于发行人内部职工股审批、发行、托管和清理情况的核查意见	6-4-1 发行人及其实际控制人、控股股东、持股5%以上股东以及发行人董事、监事、高级管理人员等责任主体的重要承诺以及未履行承诺的约束措施

【真题回顾（1605）】以下文件中，需要在申请首次公开发行股票并在创业板上市时申报，而在申请首次公开发行股票并在主板上市时不予申报的有（　　　）。

A. 招股说明书摘要（申报稿）

B. 发行人的历次验资报告

C. 发行人关于募集资金运用的总体安排说明

D. 发行人控股股东、实际控制人对招股说明书出具的确认意见

E. 发行人或主要股东的营业执照或有关身份证明文件

答案：CD

【模拟练习】发行人拟首次公开发行股票并在创业板上市，以下属于必备的申请文件的有（　　　）。

A. 招股说明书摘要

B. 发行人及其实际控制人、控股股东、持股5%以上股东以及发行人董事、监事、高级管理人员等责任主体的重要承诺

C. 发行保荐工作报告

D. 发行人关于公司设立以来股本演变情况的说明及其董事、监事、高级管理人员的确认意见

E. 保荐机构关于发行人董事、监事、高级管理人员、发行人控股股东和实际控制人在相关文件上签名盖章的真实性的核查意见

答案：BCD

解析：E，为"发行人律师关于……"。

四、核准程序

【大纲要求】

内容	程度
1. 主板和创业板首次公开发行股票并上市的核准程序	掌握
2. 股票发行审核制度，发行审核委员会的组成、职责和工作程序，主板和创业板股票发行审核制度的区别	掌握
3. 发行人报送申请文件并预披露后中止审查、恢复审查、反馈意见回复、变更中介机构等程序的具体要求	掌握
4. 通过发审会后拟发行证券公司封卷及会后事项监管的相关要求	掌握
5. 证券交易所上市条件和上市保荐书的内容	掌握
6. 关于股票限售期的一般规定以及董事、监事和高级管理人员所持股票的特别规定，创业板上市公司董事、监事和高级管理人员买卖本公司股票的特别规定	掌握

【内容精讲】

（一）主板和创业板首次公开发行股票并上市的核准程序

《首次公开发行股票并上市管理办法》、《首次公开发行股票并在创业板上市管理办法》及《中国证监会发行监管部首次公开发行股票审核工作流程》规定了首发申报及核准程序，总体来说分为决策申报程序及审核工作程序，具体如下所示。

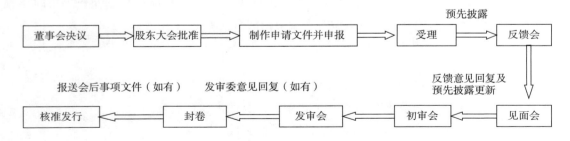

首次公开发行股票决策、审核流程图

1. 决策申报程序

（1）董事会决议

发行人董事会应当依法就本次股票发行的具体方案、本次募集资金使用的可行性及其他必须明确的事项作出决议，并提请股东大会批准。

【注】创业板多出"本次发行股票时发行人股东公开发售股份的，发行人董事会还应当依法合理制订股东公开发售股份的具体方案并提请股东大会批准"。对创业板多出的这段要求，其实主板也应当是有的，只是《首次公开发行股票并上市管理办法》在修订的时候没有体现。

（2）股东大会批准

发行人股东大会就本次发行股票作出决议，至少应当包括下列事项：

①本次发行股票的种类和数量。

②发行对象。

③价格区间或者定价方式。

④募集资金用途。

⑤发行前滚存利润的分配方案。

⑥决议的有效期。

⑦对董事会办理本次发行具体事宜的授权。

⑧其他必须明确的事项。

【注】创业板股东大会决议除具备上述①～⑧外，另外多一项"发行方式"。

（3）制作申请文件并申报

发行人应当按照中国证监会的有关规定制作申请文件，由保荐人保荐并向中国证监会申报。特定行业的发行人应当提供管理部门的相关意见。

【注1】创业板未明确提出"特定行业的发行人应当提供管理部门的相关意见"的要求，但《公开发行证券的公司信息披露内容与格式准则第29号——首次公开发行股票并在创业板上市申请文件》中包含了此项申请文件，因此创业板也同样需要满足此项要求。

【注2】创业板特殊要求：保荐人保荐发行人发行股票并在创业板上市，应当对发行人的成长性进行尽职调查和审慎判断并出具专项意见。发行人为自主创新企业的，还应当在专项意见中说明发行人的自主创新能力，并分析其对成长性的影响。

【注3】主板中小板申请企业需同时送国家发展改革委征求意见。

2. 审核工作程序

（1）受理和预先披露

中国证监会收到申请文件后，在5个工作日内作出是否受理的决定。决定受理的，受理部门依法受理首发申请文件，并按程序转发行监管部。

发行监管部在正式受理后即按程序安排预先披露，并将申请文件分发至相关监管处室，相关监管处室根据发行人的行业、公务回避的有关要求以及审核人员的工作量等确定审核人员。

【注】预先披露文件只包括招股说明书（申报稿）和相关承诺函，不包括招股说明书摘要。

（2）反馈会

相关监管处室审核人员审阅发行人申请文件后，从非财务和财务两个角度撰写审核报告，提交反馈会讨论。反馈会主要讨论初步审核中关注的主要问题，确定需要发行人补充披露以及中介机构进一步核查说明的问题。

反馈会按照申请文件受理顺序安排。反馈会由综合处组织并负责记录，参会人员有相关监管处室审核人员和处室负责人等。反馈会后将形成书面意见，履行内部程序后反馈给保荐机构。反馈意见发出前不安排发行人及其中介机构与审核人员沟通。

保荐机构收到反馈意见后，组织发行人及相关中介机构按照要求进行回复。综合处收到反馈意见回复材料进行登记后转相关监管处室。审核人员按要求对申请文件以及回复材料进行审核。

发行人及其中介机构收到反馈意见后，在准备回复材料过程中如有疑问可与审核人员进行沟通，如有必要也可与处室负责人、部门负责人进行沟通。

审核过程中如发生或发现应予披露的事项，发行人及其中介机构应及时报告发行监管部并补充、修改相关材料。初审工作结束后，将形成初审报告（初稿）提交初审会讨论。

【注1】2015年5月22日中国证监会新闻发布会：二是优化再融资安排。优先股实施快速审核机制，减少排队等待环节；对运作规范、市场表现良好的上市公司，在符合法定条件的前提下，取消反馈环节，可以不再要求发行人到发审会上接受询问，15个工作日内作出行政许可决定。

【注2】"反馈意见发出前安排发行人及其中介机构与审核人员沟通"的表述是错误的。

【注3】"发行人及其中介机构收到反馈意见后，在准备回复材料过程中如有疑问可与审核人员进行沟通，但不可与处室负责人、部门负责人进行沟通"的表述是错误的。

（3）见面会

反馈会后按照申请文件受理顺序安排见面会。见面会旨在建立发行人与发行监管部的初步沟通机制，参会人员包括发行人代表、发行监管部相关负责人、相关监管处室负责人等。

【注1】2015年5月22日中国证监会新闻发布会：一是简化见面会方式。改进审核环节中见面会的方式，由目前"在反馈意见后，将发行人高管和保荐机构分批集中至发行部，当面宣讲审核程序和纪律要求"的形式，简化为"以书面形式将审核程序和相关要求告知发行人和保荐机构"的形式。

【注2】2015年5月22日中国证监会新闻发布会：除了上述"简化见面会方式"及"优化再融资安排"外，本次新闻发布会还包含以下内容：

三是完善了中止审核程序。调整了前期市场条件下实行的财务资料过有效期即中止审查的做法，对符合《中国证监会行政许可实施程序规定》应中止审查的情形企业实行中止审查，财务资料过有效期的，在企业补充审计报告期间不再中止审查。同时，在财务资料允许延长一个月的有效期内，均正常安排初审会、发审会及核准发行，不再中止初审会和发审会。

四是依法处理举报事项。举报事项是审核关注的重要内容，对举报事项坚持依法核查的要求，对发行上市不构成实质影响的举报事项，在依法核查的同时，不中止相关的审核程序。

五是企业在满足上市条件的基础上，可自主确定公众股发行比例。在坚持低价持续发行的原则下，企业可按照实际资金需求量提高拟发行的公众股比例。

六是企业可以根据自身需要自主确定主承销商数量。参照上市公司再融资的做法，取消首发联合主承销商家数限制，企业可以根据自身需要聘请主承销商。

另外，中国证监会还对发行审核内部工作安排作了进一步优化，如进行分组反馈，完善了诚信档案查询方式，简化了核准办文程序等，以进一步提高审核效率。

（4）预先披露更新

反馈意见已按要求回复、财务资料未过有效期，且需征求意见的相关政府部门无异议的，将安排预先披露更新。对于具备条件的项目，发行监管部将通知保荐机构报送发审会材料和用于更新的预先披露材料，并在收到相关材料后安排预先披露更新，以及按受理顺序安排初审会。

（5）初审会

中国证监会受理申请文件后，由相关职能部门对发行人的申请文件进行初审。

初审会由审核人员汇报发行人的基本情况、初步审核中发现的主要问题及反馈意见回复情况。初审会由综合处组织并负责记录，发行监管部相关负责人、相关监管处室负责人、审核人员以及发审委委员（按小组）参加。

根据初审会讨论情况，审核人员修改、完善初审报告。初审报告是发行监管部初审工作的总结，履行内部程序后与申请材料一并提交发审会。

初审会讨论决定提交发审会审核的，发行监管部在初审会结束后出具初审报告，并书面告知保荐机构需要进一步说明的事项以及做好上发审会的准备工作。初审会讨论后认为发行人尚有需要进一步披露和说明的重大问题、暂不提交发审会审核的，将再次发出书面反馈意见。

【注1】主板特殊要求：中国证监会在初审过程中，将征求发行人注册地省级人民政府是否同意发行人发行股票的意见。

【注2】2015年12月最新修订的《首次公开发行股票并上市管理办法》，把原"就发行人的募集资金投资项目是否符合国家产业政策和投资管理的规定征求国家发展和改革委员会的意见"删除。

【链接】《发行监管问答——关于调整首次公开发行股票企业征求国家发展改革委意见材料的要求》

2014年4月，中国证监会发布监管问答，对"首发企业用于征求国家发展改革委意见的材料是否有调整？"进行答复，答复如下：

答：为贯彻国务院关于进一步深化行政审批制度改革的精神，落实《中国证监会关于进一步推进新股发行体制改革的意见》的要求，中国证监会与国家发展改革委经协商一致，对主板和中小板首发企业提交用于征求国家发展改革委意见的材料进行简化，简化后的材料包括：申请文件电子版光盘一份，募集资金投资项目的项目备案（核准、批复）文件、环评批复、土地预审意见、节能评估文件等固定资产投资管理文件的复印件单行本一份。请各发行人和保荐机构按照上述要求，在报送预先披露材料的同时报送相关材料。

【注3】"初审会由审核人员汇报发行人的基本情况……"，注意，把"审核人员"表述为"保荐代表人"或"发行人"等，都是错误的。

【注4】注意初审会的参会人员：发行监管部相关负责人、相关监管处室负责人、审核人员以及发审委委员（按小组）。

（6）发审会

发审委制度是发行审核中的专家决策机制。目前主板中小板发审委委员共25人，创业板发审委委员共35人，每届发审委成立时，均按委员所属专业划分为若干审核小组，按工作量安排各小组依次参加初审会和发审会。各组中委员个人存在需回避事项的，按程序安排其他委员替补。发审委通过召开发审会进行审核工作。

发审委会议审核首发申请适用普通程序。发审委委员投票表决采用记名投票方式，会前需撰写工作底稿，会议全程录音。

发审会召开5天前中国证监会发布会议公告，公布发审会审核的发行人名单、会议时间、参会发审委委员名单等。首发发审会由审核人员向委员报告审核情况，并就有关问题提供说明，委员发表审核意见，发行人代表和保荐代表人各2名到会陈述和接受询问，聆询时间不超过45分钟，聆询结束后由委员投票表决。发审会认为发行人需要进一步披露和说明问题的，形成书面审核意见后告知保荐机构。

保荐机构收到发审委审核意见后，组织发行人及相关中介机构按照要求回复。综合处收到审核意见回复材料后转相关监管处室。审核人员按要求对回复材料进行审核并履行内部程序。

（7）封卷

发行人的首发申请通过发审会审核后，需要进行封卷工作，即将申请文件原件重新归类后存档备查。封卷工作在按要求回复发审委意见后进行。如没有发审委意见需要回复，则在通过发审会审核后进行封卷。

（8）会后事项

会后事项是指发行人首发申请通过发审会审核后，招股说明书刊登前发生的可能影响本次发行上市及对投资者作出投资决策有重大影响的应予披露的事项。发生会后事项的需履行会后事项程序，发行人及其中介机构应按规定向综合处提交会后事项材料。综合处接收相关材料后转相关监管处室。审核人员按要求及时提出处理意见。需重新提交发审会审核的，按照会后事项相关规定履行内部工作程序。如申请文件没有封卷，则会后事项与封卷可同时进行。

（9）核准发行

核准发行前，发行人及保荐机构应及时报送发行承销方案。

中国证监会依照法定条件对发行人的发行申请作出予以核准或者不予核准的决定，并出具相关文件。（创业板规定：中国证监会自申请文件受理之日起3个月内，依法对发行人的发行申请作出予以核准、中止审核、终止审核、不予核准的决定，并出具相关文件。发行人根据要求补充、修改发行申请文件的时间不计算在内）

发行人领取核准发行批文后，无重大会后事项或已履行完会后事项程序的，可按相关规定启动招股说明书刊登工作。

审核程序结束后，发行监管部根据审核情况起草持续监管意见书，书面告知日常监管部门。

自中国证监会核准发行之日起，发行人应在6个月内发行股票；超过6个月未发行的，核准文件失效，须重新经中国证监会核准后方可发行。（主创相同）

【注1】"中国证监会自申请文件受理之日起3个月内，依法对发行人的发行申请作出予以核准、中止审核、终止审核、不予核准的决定，并出具相关文件。"是《首次公开发行股票并在创业板上市管理办法》明文规定的内容，根据《中国证监会关于进一步推进新股发行体制改革的意见》同样适用主板。

【注2】根据2016年9月中国证监会发布的《中国证监会关于发挥资本市场作用服务国家脱贫攻坚战略的意见》，对注册地和主要生产经营地均在贫困地区且开展生产经营满3年、缴纳所得税满3年的企业，或者注册地在贫困地区、最近一年在贫困地区缴纳所得税不低于2 000万元且承诺上市后3年内不变更注册地的企业，申请首次公开发行股票并上市的，适用"即报即审、审过即发"政策。

（10）核准后、发行结束前发生重大事项的处理

主板规定：发行申请核准后、股票发行结束前，发行人发生重大事项的，应当暂缓或者暂停发行，并及时报告中国证监会，同时履行信息披露义务。影响发行条件的，应当重新履行核准程序。

创业板规定：发行申请核准后至股票发行结束前，发行人应当及时更新信息披露文件内容，财务报表过期的，发行人还应当补充财务会计报告等文件；保荐人及证券服务机构应当持续履行尽职调查职责；期间发生重大事项的，发行人应当暂缓或者暂停发行，并及时报告中国证监会，同时履行信息披露义务；出现不符合发行条件事项的，中国证监会撤回核准决定。

（11）发行

发行人应当自中国证监会核准之日起12个月内发行股票，发行时点由发行人自主选择；超

过 12 个月未发行的，核准文件失效，须重新经中国证监会核准后方可发行。

【注】 主板首发办法中的表述是 "6 个月"，《中国证监会关于进一步推进新股发行体制改革的意见》（证监会公告〔2013〕42 号）："（八）放宽首次公开发行股票核准文件的有效期至 12 个月"，此处应该是《首次公开发行股票并上市管理办法》中没能进行相应的修订，应统一为 "12 个月"。

【真题回顾（1505）】 证券发行审核过程中，需要进行预先披露的文件是（　　）。

A. 招股说明书摘要　　　　　　　　　B. 招股说明书（申报稿）

C. 发行保荐书　　　　　　　　　　　D. 发行保荐工作报告

答案：B

解析：需要进行预先披露的文件只有招股说明书（申报稿）。

【真题回顾（1609）】 下列关于发行审核委员会的说法，正确的有（　　）。

A. 主板中小板发审委委员共 25 人，创业板发审委委员共 35 人

B. 发审会以记名投票方式对首发申请进行表决

C. 发审会召开 5 日前，中国证监会公布发审会审核的发行人名单、会议时间、参会发审委委员名单

D. 首发发审会上，发行人代表和保荐代表人各 2 名到会陈述和接受询问，聆询时间不超过 45 分钟

答案：ABCD

【真题回顾（1610）】 以下关于首次公开发行股票审核工作流程说法错误的是（　　）。

A. 见面会目前采取在反馈后，将发行人高管和保荐机构分批集中至发行部，当面宣讲审核程序和纪律要求的形式

B. 在财务资料允许延长 1 个月的有效期内，均正常安排初审会、发审会及核准发行，不中止初审会和发审会

C. 对举报事项坚持依法核查的要求，对发行上市不构成实质影响的举报事项，在依法核查的同时，不中止相关的审核程序

D. 发行人及其中介机构收到反馈意见后，在准备回复材料过程中，如有疑问可与审核人员进行沟通，如有必要也可与处室负责人、部门负责人进行沟通

E. 首次公开发行股票审核工作流程分为受理、反馈会、见面会、初审会、发审会、封卷、核准发行等主要环节

答案：A

解析：A、B、C，2015 年 5 月 22 日中国证监会新闻发布会的内容。A，简化为 "以书面形式将审核程序和相关要求告知发行人和保荐机构" 的形式。

【模拟练习】 以下属于主板和中小板首发企业征求国家发展改革委意见的材料有（　　）。

A. 申请文件电子版光盘一份

B. 募集资金投资项目的项目备案（核准、批复）文件

C. 土地预审意见

D. 节能评估文件

答案：ABCD

解析：《发行监管问答——关于调整首次公开发行股票企业征求国家发展改革委意见材料的要求》规定的内容。

（二）股票发行审核制度

为了保证在股票发行审核工作中贯彻公开、公平、公正的原则，提高股票发行审核工作的质量和透明度，2009 年 4 月，中国证监会发布《中国证券监督管理委员会发行审核委员会办法》，自 2009 年 6 月 14 日起施行。

1. 一般规定

（1）中国证监会设立主板发审委、创业板发审委和并购重组委。主板发审委、创业板发审委审核发行人股票发行申请和可转换公司债券等中国证监会认可的其他证券的发行申请。

并购重组委的组成、职责、工作规程等另行规定。

（2）发审委对发行人的发行申请文件和中国证监会有关职能部门的初审报告进行审核。中国证监会依照法定条件和法定程序作出予以核准或者不予核准的决定。

（3）发审委通过发审委会议履行职责。

（4）中国证监会负责对发审委事务的日常管理以及对发审委委员的考核和监督。

【注】由中国证监会核准，非发审委。

2. 发审委的组成

（1）聘任与任期

①发审委委员由中国证监会的专业人员和中国证监会外的有关专家组成，由中国证监会聘任。

②发审委委员每届任期一年，可以连任，但连续任期最长不超过 3 届。

③主板发审委委员、创业板发审委委员和并购重组委委员不得相互兼任。

④具有本人提出辞职申请、2 次以上无故不出席发审委会议以及违反法律法规、未勤勉尽责等情形的，中国证监会应当予以解聘。发审委委员的解聘不受任期是否届满的限制。发审委委员解聘后，中国证监会应及时选聘新的发审委委员。

【注】主板发审委委员、创业板发审委委员和并购重组委委员三者不得相互兼任。

（2）委员组成

主板发审委委员为 25 名，部分发审委委员可以为专职。其中，中国证监会的人员 5 名，中国证监会以外的人员 20 名。（5 + 20）

创业板发审委委员为 35 名，部分发审委委员可以为专职。其中，中国证监会的人员 5 名，中国证监会以外的人员 30 名。（5 + 30）

3. 发审委的职责

（1）发审委的职责是：

①审核股票发行申请是否符合相关条件。

②审核保荐人、会计师事务所、律师事务所、资产评估机构等证券服务机构及相关人员为股票发行所出具的有关材料及意见书。

③审核中国证监会有关职能部门出具的初审报告。

④依法对股票发行申请提出审核意见。

（2）发审委委员以个人身份出席发审委会议，依法履行职责，独立发表审核意见并行使表决权。

（3）发审委委员可以通过中国证监会有关职能部门调阅履行职责所必需的与发行人有关的资料。

【注】不可自行直接调阅。

（4）发审委委员审核股票发行申请文件时，有下列情形之一的，应及时提出回避：

①发审委委员或者其亲属担任发行人或者保荐人的董事（含独立董事，下同）、监事、经理或者其他高级管理人员的。

②发审委委员或者其亲属、发审委委员所在工作单位持有发行人的股票，可能影响其公正履行职责的。

③发审委委员或者其所在工作单位近两年为发行人提供保荐、承销、审计、评估、法律、咨询等服务，可能妨碍其公正履行职责的。

④发审委委员或者其亲属担任董事、监事、经理或者其他高级管理人员的公司与发行人或者保荐人有行业竞争关系，经认定可能影响其公正履行职责的。

⑤发审委会议召开前，与本次所审核发行人及其他相关单位或者个人进行过接触，可能影响其公正履行职责的。

⑥中国证监会认定的可能产生利害冲突或者发审委委员认为可能影响其公正履行职责的其他情形。

所称亲属，是指发审委委员的配偶、父母、子女、兄弟姐妹、配偶的父母、子女的配偶、兄弟姐妹的配偶。

【注】①是绝对回避情形，②～⑤是相对回避情形，需要达到"可能影响其公正履行职责"的程度方需回避。

4. 发审委会议

（1）一般规定

①发审委会议表决采取记名投票方式。表决票设同意票和反对票，发审委委员不得弃权。发审委委员在投票时应当在表决票上说明理由。

②发审委会议结束后，参会发审委委员应当在会议记录、审核意见、表决结果等会议资料上签名确认，同时提交工作底稿。审核材料应当由委员妥善保管，不得对外泄露，待发审委会议结束后由发行监管部收回。

③发审委会议对发行人的股票发行申请形成审核意见之前，可以请发行人代表和保荐代表人到会陈述和接受发审委委员的询问。

④发审委会议对发行人的股票发行申请只进行一次审核。

⑤发审委会议可以邀请发审委委员以外的行业专家到会提供专业咨询意见，但行业专家没有表决权。

⑥发审委每年应当至少召开一次全体会议，对审核工作进行总结。

【注1】诸如"发审委会议表决采取记名投票方式，表决票设同意票、反对票和弃权票"的说法是错误的。

【注2】诸如"发审委会议可以邀请行业专家到会提供专业咨询意见，行业专家同其他发审委委员具有同等表决权"的说法是错误的。

（2）普通会议

①适用范围：公开发行股票、可转换公司债券及中国证监会认可的其他公开发行证券。

【注1】此处"其他公开发行证券"不包括发行公司债券。2015年1月，中国证监会发布《公司债券发行与交易管理办法》，取消公司债券公开发行的保荐制和发审委制度。

【注2】根据《优先股试点管理办法》，上市公司发行优先股，不管是公开发行还是非公开发行，均不适用普通程序，而适用特别程序。

②通知公告：中国证监会有关职能部门应当在发审委会议召开 5 日前，将会议通知、股票发行申请文件及中国证监会有关职能部门的初审报告送达参会发审委委员，并将发审委会议审核的发行人名单、会议时间、发行人承诺函和参会发审委委员名单在中国证监会网站上公布。

③表决规则（5/7 通过）：每次参会委员 7 名。表决投票时同意票数达到 5 票为通过，未达到 5 票为未通过。

④暂缓表决：a. 发审委委员发现存在尚待调查核实并影响明确判断的重大问题，应当在会议前以书面方式提议暂缓表决。b. 发审委会议首先对该股票发行申请是否需要暂缓表决进行投票，同意票数达到 5 票的，可以对该股票发行申请暂缓表决；同意票数未达到 5 票的，发审委会议按正常程序对该股票发行申请进行审核。c. 暂缓表决的发行申请再次提交发审委会议审核时，原则上仍由原发审委委员审核。d. 发审委会议对发行人的股票发行申请只能暂缓表决一次。

⑤结果公布：发审委会议对发行人的股票发行申请投票表决后，中国证监会在网站上公布表决结果。

⑥会后事项：发审委会议表决通过后至中国证监会核准前，发行人发生了与所报送的股票发行申请文件不一致的重大事项，中国证监会有关职能部门可以提请发审委召开会后事项发审委会议，重新进行审核。会后事项发审委会议的参会委员不受是否审核过该发行人的股票发行申请的限制。

（3）特别程序

①适用范围：上市公司非公开发行股票及中国证监会认可的其他非公开发行证券。

【注】根据《优先股试点管理办法》，上市公司发行优先股（含公开、非公开）适用特别程序。

②会议通知：在发审委会议召开前，将会议通知、股票发行申请文件及初审报告送达参会发审委委员。

③表决规则（3/5 通过）：每次参会委员 5 名。表决投票时同意票数达到 3 票为通过，未达到 3 票为未通过。

④暂缓表决：特别程序不得提议暂缓表决。

⑤结果不公布：中国证监会不公布发审会审核的发行人名单、会议时间、发行人承诺函、参会委员名单和表决结果。

【注】需辨识普通程序和特别程序的差异，总体来说，普通程序适用公开发行证券，其特点是公开性，包括公布委员名单、表决结果；特别程序适用非公开发行证券，其特点是非公开性，包括不公布委员名单、表决结果。此外两者差异还表现在表决规则和暂缓表决上。

【真题回顾（2008）】下列关于发审委的工作规程正确的是（　　　）。

A. 发审委会议表决采取不记名投票方式

B. 会后事项发审委会议的参会发审委委员不受是否审核过该发行人的股票发行申请的限制

C. 中国证监会不公布发审委会议审核的发行人名单、会议时间、发行人承诺函、参会发审委委员名单和表决结果

D. 暂缓表决的发行申请再次提交发审委会议审核时，原则上仍由原发审委委员审核

答案：BD

解析：A，发审会表决采取记名投票方式。C，发审会普通程序需要中国证监会公布相关内容，特别程序不需要公布。

【真题回顾（2008）】发审委委员审核股票发行申请文件时，有下列情形之一的，应及时提

出回避（ ）。

A. 某发审委委员持有发行人的股票

B. 某发审委委员私下与本次所审核的发行人进行过接触

C. 某发审委委员担任经理的公司与发行人有行业竞争关系

D. 某发审委委员的弟弟的配偶担任发行人所聘请的保荐人的独立董事

答案：D

解析：A、B、C属于相对禁止事项。

【模拟练习】根据《中国证券监督管理委员会发行审核委员会办法》，以下属于发审委的职责的是（ ）。

A. 审核股票发行申请是否符合相关条件

B. 审核保荐机构、会计师事务所、律师事务所、资产评估机构等证券服务机构及相关人员为股票发行所出具的有关材料及意见书

C. 审核中国证监会有关职能部门出具的初审报告

D. 依法对股票发行申请提出核准或不予核准的意见

答案：ABC

解析：D，应为"依法对股票发行申请提出审核意见"。核准或不予核准是中国证监会的职权。

（三）中止审查、恢复审查、反馈意见回复、变更中介机构等程序的具体要求

2016年12月9日，中国证监会对《发行监管问答——关于首次公开发行股票中止审查的情形》进行修订，修订的内容包括中止审查的情形及中止审查后如何恢复审查，同日对《发行监管问答——在审首发企业中介机构被行政处罚、更换等的处理》进行了修订，修订内容将在下述具体内容中说明。

1. 首次公开发行股票中止审查的情形

实践中，主要有以下四类情形需中止审查：

（1）申请文件不齐备等导致审核程序无法继续的情形

①对有关法律、行政法规、规章的规定，需要请求有关机关作出解释，进一步明确具体含义。

②发行人及其中介机构未在规定的期限内提交反馈意见回复。

③发行人发行其他证券品种需要履行信息披露义务，导致审核程序冲突。

④负责本次发行的保荐机构、保荐代表人发生变更，会计师事务所、律师事务所或者签字会计师、律师发生变更，需要履行相关程序。

【注1】删除原"发行人申请文件中记载的财务资料已过有效期"的规定，即发行人申请文件中记载的财务资料已过有效期不再中止审查，但需注意"发行人申请文件中记载的财务资料已过有效期且逾期3个月未更新的，将直接终止审查"。

【注2】将原"负责本次发行的保荐代表人发生变更……"修订为"负责本次发行的保荐机构、保荐代表人发生变更……"。

根据修订前的规定，保荐机构发生变更需要终止审查重新履行申报程序，本次修订对更换保荐机构的处理需进行具体分析，不再一概要求重新履行申报程序，因此，在"中止审查"情形中，增加对"更换保荐机构"的体现。

【注3】"未在规定的期限内提交反馈意见回复"将中止审查，但需注意"未在规定的期限

内提交书面回复意见"且"未提交延期回复的报告，或者虽提交延期回复的报告，但未说明理由或理由不充分的；二次反馈或多次反馈要求在书面反馈意见发出之日起 30 个工作日内提交书面回复意见，未在要求期限内提交书面回复意见的"应终止审查。

（2）发行人主体资格存疑或中介机构执业行为受限导致审核程序无法继续的情形

①发行人、发行人的控股股东、实际控制人及发行人的保荐机构或律师因涉嫌违法违规被行政机关调查，或者被司法机关侦查，尚未结案。

②保荐机构或其他中介机构被中国证监会依法采取限制业务活动、责令停业整顿、指定其他机构托管、接管等监管措施，尚未解除。

【注1】 注意，对于被调查或侦查，尚未结案的，中止审查，若已经结案，则根据具体结案情况不同处理；同样，对于被采取限制业务活动等监管措施的，尚未解除的，中止审查，若已经解除，则正常审核。

【注2】 从法条原文来看，"①"中不包含 5% 以上非控股股东和会计师事务所。对于 5% 以上非控股股东很可能会出考题，对于未把会计师事务所列明纳入，本教材认为可能是法条遗漏内容，考试时应该不会刻意以此出题。此处"律师"指的是律师事务所。另外，不包括保荐代表人、律师、注册会计师个人。

【注3】 "②"中包含保荐机构、律师事务所、会计师事务所、资产评估机构等，不包含个人。

（3）对发行人披露的信息存在重大质疑需要进一步核查的情形

①发行人申请文件中记载的信息存在自相矛盾，或就同一事实前后存在不同表述且有实质性差异。

②根据发行申请文件披露的信息，对发行人是否符合发行条件明显存疑，需要进一步核实。

③媒体报道、信访举报反映或者通过其他途径发现发行人申请文件涉嫌违法违规，或者存在其他影响首次公开发行的重大事项，经初步核查无法澄清。

【注】 出现第"①"中情形的，《中国证监会关于进一步推进新股发行体制改革的意见》同时规定，在中止审查的同时，在 12 个月内不再受理相关保荐代表人推荐的发行申请。

（4）发行人主动要求中止审查或者其他导致审核工作无法正常开展的情形

【注】 注意区别以下需终止审查的情形：

（1）发行人申请文件中记载的财务资料已过有效期且逾期 3 个月未更新的，将直接终止审查。

（2）中止审查期间，发现发行人不符合《证券法》、《首次公开发行股票并上市管理办法》等规定的发行条件的，将依程序终止审查或作出不予核准的决定。

（3）《中国证券监督管理委员会行政许可实施程序规定》中规定的应当作出终止审查的情形：

①申请人主动要求撤回申请、申请人死亡或者丧失行为能力或依法终止的。

②申请人未在规定的期限内提交书面回复意见，且未提交延期回复的报告，或者虽提交延期回复的报告，但未说明理由或理由不充分的。

③确需由申请人作出进一步说明、解释的，审查部门可以提出第二次书面反馈意见，并要求申请人在书面反馈意见发出之日起 30 个工作日内提交书面回复意见，未在 30 个工作日内提交书面回复意见的。

④申请人的书面回复意见不明确，情况复杂，审查部门难以作出准确判断的，经中国证监

会负责人批准，可以增加书面反馈的次数，并要求申请人在书面反馈意见发出之日起 30 个工作日内提交书面回复意见，未在 30 个工作日内提交书面回复意见的。

2. 首发中止审查后的恢复审查

关于首发中止审查后的恢复审查，2013 年 12 月中国证监会发布的《关于首次公开发行股票预先披露等问题的通知》（以下简称《通知》）和《发行监管问答——关于首次公开发行股票中止审查的情形》中均有述及，以下综合进行说明，对于《通知》规定的，予以注明，未注明的，是《发行监管问答——关于首次公开发行股票中止审查的情形》规定的内容。具体如下：

发生中止审查事项后，发行人及中介机构需及时补充相关材料或提供书面说明，中国证监会将视情况分别采取要求发行人和中介机构自查、委托其他中介机构或派出机构核查或者直接现场核查等措施。

发现存在违规行为的，将对相关责任人采取相应监管措施；发现违法犯罪线索的，将移送稽查部门调查或移送司法机关侦查。

（1）恢复审查的情形

①中止审查后，如果中止审查事项已经消除、发行人及中介机构已经进行澄清或者采取纠正措施的，恢复审查。

②发行人的保荐机构因涉嫌违法违规被行政机关调查，尚未结案的，保荐机构按规定完成其对发行人保荐工作的复核后，申请恢复审查。

③申请人主动要求中止审查的，申请恢复审查时，应当提交书面申请，经审核同意后恢复审查。

【注1】注意区别应终止审查的情形。

【注2】保荐机构应如何履行其对发行人保荐工作的复核程序详见下文知识点链接。

（2）恢复审查申请

中止审查项目申请恢复审查的，由发行人及其保荐机构书面提交申请及相关材料。中国证监会根据有关要求出具恢复审查通知。

【注】此为《通知》中的规定。

（3）恢复审查后如何排队

恢复审查后，中国证监会将参照发行人首次公开发行申请的受理时间安排其审核顺序。

【注1】对于恢复审查后如何排队，《通知》规定为"恢复审查时，根据其中止审查前已进入的审核环节，排在恢复审查通知之日该审核环节全部企业之后，并安排后续审核工作"。

【注2】恢复审查后如何排队，《通知》与《发行监管问答——关于首次公开发行股票中止审查的情形》的规定不一致，前者规定为排在恢复审查通知之日原中止审查时所处的审核环节全部企业之后，而后者的规定为参照首发申请受理时间安排，鉴于《发行监管问答——关于首次公开发行股票中止审查的情形》首次发布时间为 2014 年 4 月，而《关于首次公开发行股票预先披露等问题的通知》为 2013 年 12 月发布，根据时间判断，应以《发行监管问答——关于首次公开发行股票中止审查的情形》的规定为准，但该规定又相对模糊，仅说明是"参照首发申请受理时间安排"，并未明确说明如何进行排队审核，实务中具体分析中止审查前企业所处的审核环节作不同的处理，总之，诸如"中止审查后恢复审查的企业，视同新申报企业重新排队审核"的表述是错误的。

【知识点链接】发行人的保荐机构因保荐相关业务（首发、再融资、并购重组）涉嫌违法违规被行政机关调查，尚未结案的，保荐机构应当如何履行其对发行人保荐工作的复核程序？

2016 年 12 月 9 日新修订的《发行监管问答——关于首次公开发行股票中止审查的通知》专门增加了此项问答，具体回答如下：

保荐机构应当对其推荐的所有在审发行申请项目进行全面复核，重新履行保荐机构内核程序和合规程序，最终出具复核报告，确定相关项目是否仍符合发行条件，是否仍拟推荐。

经复核，拟继续推荐的，可同时申请恢复审查；经复核，不拟继续推荐的，应当同时申请终止审查。

【注 1】保荐机构内核负责人、合规总监和公司法定代表人应当在复核报告上签字确认。复核报告应当将内核小组会议纪要、合规部门会议纪要作为附件，一并报送。

【注 2】是对所有在审发行申请项目进行全面复核，并非仅对涉案项目复核。

【注 3】对于被调查或侦查事项涉及的保荐代表人签字的其他保荐项目，保荐机构除按上述要求进行复核外，还应当更换相应保荐代表人后，方可申请恢复审查。

【注 4】对于已过发审会的项目，保荐机构因涉嫌违法违规被行政机关调查，尚未结案的，相关保荐机构也应当按照上述复核要求完成复核工作。经复核，拟继续推荐的，可继续依法履行后续核准发行程序（不需重新上发审会）；经复核，不拟继续推荐的，应当同时申请终止审查。

保荐机构被行政机关调查尚未结案的复核程序

对推荐的所有在审项目全面复核，重新履行内核和合规程序，最终出具复核报告	经复核，拟继续推荐的	未过发审会的：同时申请恢复审查
		已过发审会的：继续履行后续核准发行程序
	经复核，不拟继续推荐的	不管是否已过发审会：同时申请终上审查

3. 反馈意见回复

2015 年 1 月，中国证监会发布《发行监管问答——关于反馈意见和发审会询问问题等公开的相关要求》，对首次公开发行、再融资反馈意见及反馈意见回复，以及发审委员在发审会上提出询问的主要问题和发审委审核意见的具体要求予以回答，具体回答如下：

为进一步接受媒体和社会监督，提高发行审核工作的透明度，中国证监会将公开首次公开发行和再融资反馈意见及反馈意见回复，以及发审委员在发审会上提出询问的主要问题和发审委审核意见。

自 2015 年 2 月 1 日起，对于新受理的企业再融资申请，在证监会办公厅受理处向发行人出具反馈意见后的当周周五晚，在公开再融资审核工作流程及申请企业情况表的同时，在中国证监会网站发行部专区"再融资反馈意见"子栏目公开再融资反馈意见，发行人的反馈回复按临时公告要求披露后向中国证监会报送，具体披露要求将由沪深证券交易所通知上市公司。

对截至 2015 年 2 月 1 日首次公开发行申请企业审核状态为未出具反馈意见的企业，新出具的反馈意见在发行人落实反馈意见后、更新预先披露招股说明书时在中国证监会网站发行部专区"首次公开发行反馈意见"子栏目公开，并督促发行人在更新招股说明书中披露反馈意见回复中应当补充披露的内容和制作招股说明书更新内容对照表。反馈意见回复中不属于应当披露的解释说明可以不披露，涉及商业秘密的可以申请豁免。

自 2015 年 2 月 1 日起，对于首发、配股、增发、可转债等适用普通程序的融资品种，在发审会召开当日，将委员在发审会上提出询问的主要问题随会议表决结果一并向社会公开。每周五将本周发出的发审委审核意见在中国证监会网站发行部专区"发审委审核意见"子栏目公开。对于发审会上和发审委审核意见中提出的要求发行人和中介机构补充披露的内容，发行人应在封卷时提交并在正式刊登招股说明书时予以披露。

4．变更中介机构的具体要求

2014 年 4 月，中国证监会发布《发行监管问答——在审首发企业中介机构被行政处罚、更换等的处理》，对"申请首次公开发行股票的企业相关中介机构及相关签字人员被行政处罚、采取监管措施或更换的，审核中如何把握"予以回答，2016 年 12 月 9 日，中国证监会对该发行监管问答进行修订，对于在审首发企业涉及中介机构更换等情形的处理，具体回答如下：

（1）更换保荐机构的处理

①三方说明更换原因：发行人、原保荐机构及更换后的保荐机构应当说明更换的原因。

②不同更换原因的不同处理。

a．主动终止保荐协议更换的，一律需要重新履行申报程序。

b．不属于上述因主动终止保荐协议而更换的，更换后的保荐机构应当重新履行完整的保荐工作程序，对原保荐机构辅导情况进行复核确认，重新出具保荐文件，并在保荐文件中对新出具的文件与原保荐机构出具的文件内容是否存在重大差异发表明确意见。

如更换后的保荐机构认为其新出具的文件与原保荐机构出具的文件内容无重大差异的，则继续安排后续审核工作。

如存在重大差异的，则依据相关规定进行相应处理；已通过发审会的，需重新上发审会。

【注1】不管是主动终止保荐协议的更换，还是非主动终止保荐协议的更换，均需三方说明更换的原因。

【注2】主动终止保荐协议具体包括以下几种情形：（1）原保荐机构因发行人不配合其履行保荐职责而主动终止；（2）原保荐机构认为发行人不符合发行上市条件而主动终止；（3）发行人非因保荐机构被立案或执业受限而主动终止。（注：因保荐机构被立案或执业受限而终止属于被动终止）

【注3】对于更换保荐机构的处理，相对修订前的规定而言，修订内容较多，其中最主要的一个变化是，修订以前，只要更换保荐机构，需要重新履行申报程序，已过发审会的，需重新上发审会，而现行规定需视情况进行具体分析。

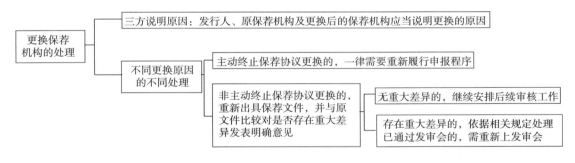

更换保荐机构的处理程序

（2）更换保荐代表人、律师事务所、会计师事务所或签字律师、会计师的处理

更换后的机构或个人需要重新进行尽职调查并出具专业意见，保荐机构应进行复核。

如保荐机构认为新出具的文件与原机构或个人出具的文件内容无重大差异的，则继续安排后续审核工作；如保荐机构认为有重大差异的，则依据相关规定进行相应处理；已通过发审会的，需重新上发审会。

（3）审核过程中，保荐机构、律师事务所、会计师事务所或相关保荐代表人、签字律师、签字会计师被行政处罚、采取监管措施的处理。

保荐机构及所涉中介机构均应就其出具的专业意见进行复核并出具复核意见，但相关机构或人员在被立案调查阶段已经进行过复核工作的除外。

如复核后不存在影响发行人本次发行上市的重大事项的，则继续安排后续审核工作；已通过发审会的，可不重新上发审会。

相关行政处罚或监管措施导致机构或人员执业受限制的，在相关行政处罚或监管措施实施完毕之前，不安排后续审核工作。

（4）原机构、个人的承诺处理

更换保荐代表人、保荐机构、律师、律师事务所、会计师、会计师事务所的，原签字机构和个人需出具承诺，对其原签署的相关文件的真实、准确、完整承担相应的法律责任。如发现其出具的文件存在问题的，中国证监会将依法从严追责。

【总结】根据《发行监管问答——关于首次公开发行股票中止审查的情形》、《发行监管问答——在审首发企业中介机构被行政处罚、更换等的处理》的规定需重新上发审会的情形：

（1）主动终止保荐协议更换保荐机构的，一律需要重新履行申报程序。（重新申报，免不了要重新上发审会）

（2）更换保荐机构，更换后的保荐机构认为其新出具的文件与原保荐机构出具的文件内容有重大差异，已通过发审会的，需重新上发审会。

（3）更换保荐代表人、律师事务所、会计师事务所或签字律师、会计师的，更换后的机构或个人需要重新进行尽职调查并出具专业意见，保荐机构应进行复核，如保荐机构认为新出具的文件与原机构或个人出具的文件内容有重大差异，已通过发审会的，需重新上发审会。

【真题回顾（1610）】根据《发行监管问答——在审首发企业中介机构被行政处罚、更换等的处理》，以下说法正确的有（　　　）。

A. 已过发审会的企业更换保荐机构的，需要重新履行申报程序

B. 审核过程中，签字注册会计师被行政处罚导致执业受限制的，在相关行政处罚实施完毕之前，不安排后续审核工作

C. 已过发审会的企业更换律师的，需重新上发审会审核

D. 更换保荐代表人的，原签字个人需出具承诺，对其原签署的相关文件的真实、准确、完整承担相应的法律责任

E. 保荐结构被行政处罚的，保荐机构应就其出具的专业意见进行复核并出具复核意见

答案：BDE

解析：A，考试时点应当选择，2016年12月修订后规定，发审会后更换保荐机构是否需要重新履行申报程序需具体分析。

【真题回顾（1605）】发行人提交首次公开发行股票申请文件后，下列情形中将导致发行人被中止审查的是（　　　）。

A. 发行人及其中介机构未在规定的期限内提交反馈意见回复

B. 发行人发行其他证券品种需要履行信息披露义务，导致审核程序冲突

C. 负责本次发行的保荐机构、会计师事务所、律师事务所发生变更

D. 发行人申请文件中记载的信息存在自相矛盾，或就同一事实前后存在不同表述且有实质性差异

E. 发行人申请文件中记载的财务资料已过有效期且逾期3个月未更新

答案：ABCD

解析：E，属于应当直接终止审查的情形；本题 C 选项，在考试时点《发行监管问答——关于首次公开发行股票中止审查的情形》尚未修订，彼时保荐机构发生变更需要终止审查重新履行申报程序，修订后，变更保荐机构属于应中止审查的情形之一，因此本题按现行规定 C 当选。

【模拟练习】根据《发行监管问答——关于首次公开发行股票中止审查的情形》，以下属于应当中止审查的情形有（　　　）。

A. 发行人的控股股东因涉嫌违法违规被司法机关立案侦查，尚未结案的

B. 发行人申请文件中记载的财务资料已过有效期且逾期 3 个月未更新的

C. 申请首次发行并在主板上市的发行人不符合《首次公开发行股票并上市管理办法》规定的发行条件的

D. 发行人及其中介机构未在规定的期限内提交反馈意见回复的

E. 保荐机构或其他中介机构被中国证监会依法采取限制业务活动尚未解除的

答案：ADE

解析：B，属于应当直接终止审查的情形；C，属于终止审查或作出不予核准的决定的情形。

【模拟练习】根据《发行监管问答——关于首次公开发行股票中止审查的情形》，以下属于应当中止审查的情形有（　　　）。

A. 发行人申请文件中记载的财务资料已过有效期

B. 负责本次发行的保荐机构发生变更

C. 申请人未在规定的期限内提交书面回复意见，且未提交延期回复的报告

D. 持有发行人 5% 股份的股东（非控股股东）因涉嫌违法违规被行政机关调查，尚未结案

E. 发行人申请文件中记载的信息自相矛盾

答案：BE

解析：A，2016 年 12 月 9 日修订的《发行监管问答——关于首次公开发行股票中止审查的情形》，对于需中止发行的情形，删除原"发行人申请文件中记载的财务资料已过有效期"的规定；B，2016 年 12 月 9 日修订的《发行监管问答——关于首次公开发行股票中止审查的情形》增加"保荐机构变更"需中止审查的规定；C，属于应终止审查的情形；D，不包含 5% 以上非控股股东。

（四）通过发审会后拟发行证券公司封卷及会后事项监管的相关要求

为加强对通过发审会的申请首发、增发、配股公司会后事项的监管，确保拟发行公司符合发行上市条件，中国证监会于 2002 年 2 月发布《关于加强对通过发审会的拟发行证券的公司会后事项监管的通知》，对主承销商、律师事务所及会计师事务所提出相应工作要求；同时，为了明确会后事项监管及封卷工作的具体操作规程，中国证监会于 2002 年 5 月发布《股票发行审核标准备忘录第 5 号——关于已通过发审会拟发行证券的公司会后事项监管及封卷工作的操作规程》，以下分别进行说明。

【注】申请直接上市及发行可转换公司债券的公司的会后事项处理参照执行。

【说明】因 2002 年保荐制度尚未建立，尚无"保荐人"和"保荐机构"的说法，根据现行规定，本部分内容中所称"主承销商"严格意义上应该指的是我们现在所说的"保荐机构"，为体现法规原貌，关于本部分内容，以下仍以"主承销商"表述。

1.《关于加强对通过发审会的拟发行证券的公司会后事项监管的通知》的相关规定

对通过发审会的拟发行公司，在获准上市前，主承销商和相关专业中介机构仍应遵循勤勉

尽责、诚实信用的原则，继续认真履行尽职调查义务，对拟发行公司是否发生重大事项给予持续、必要的关注。

所谓重大事项是指可能影响本次发行上市及对投资者作出投资决策有重大影响的应予披露的事项。

（1）发审会后至招股说明书（意向书）刊登日之前发生重大事项的处理

①拟发行公司应于该事项发生后2个工作日内向中国证监会书面说明，并对招股说明书（意向书）作出修改或进行补充披露。

②主承销商及相关专业中介机构应对重大事项发表专业意见。

③中国证监会在收到上述补充材料和说明后，将按审核程序决定是否需要重新提交发审会讨论。

【注】注意各个动作的主体与客体以及时间要求。诸如"发审会后至招股说明书或招股意向书刊登日之前发生重大事项的，保荐机构应于该事项发生后2个工作日内向中国证监会书面说明"的说法是错误的。

（2）对拟发行公司的申请文件进行封卷时处理

拟发行公司应提供招股说明书（意向书）《封卷稿》。

《封卷稿》根据发审委意见修改、经中国证监会审核、并经全体董事签署，其中发行价格、发行时间及发行方案待定。

【注】《封卷稿》经中国证监会审核，而非发审委审核；《封卷稿》中的发行价格、发行时间及发行方案为待定，非明确状态。

（3）刊登招股说明书（意向书）前一工作日的处理

①拟发行公司应向中国证监会说明拟刊登的招股说明书（意向书）与《封卷稿》之间是否存在差异。

②主承销商及相关专业中介机构应出具声明和承诺。

③发行人律师还应出具补充法律意见书。

④中国证监会同时将上述文件归档。

（4）招股说明书（意向书）刊登后至获准上市前发生重大事项的处理

①拟发行公司应于该事项发生后第一个工作日向中国证监会提交书面说明；如发生重大事项后拟发行公司仍符合发行上市条件的，拟发行公司应在报告中国证监会后第二日刊登补充公告。

②主承销商和相关专业中介机构应出具专业意见。

③如发生重大事项导致拟发行公司不符合发行上市条件的，中国证监会在收到上述补充材料和说明后，将按审核程序决定是否需要重新提交发审会讨论。

2.《关于已通过发审会拟发行证券的公司会后事项监管及封卷工作的操作规程》的相关规定

《关于加强对通过发审会的拟发行证券的公司会后事项监管的通知》主要对发审会后至获准上市前不同时间段发生重大事项和特殊具体时点的具体处理措施，《关于已通过发审会拟发行证券的公司会后事项监管及封卷工作的操作规程》（以下简称《操作规程》）则主要对由发行部决定是否重新提交发审会讨论、需重新提交发审会审核和直接作出不予核准的决定的情形予以说明，具体如下：

公司发行前，审核员应督促发行人提供会后重大事项说明，要求主承销商及发行人律师、

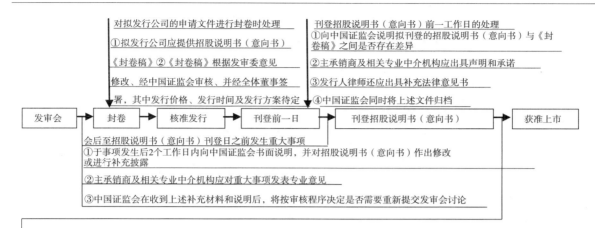

会后事项的处理程序

会计师对公司在通过发审会审核后是否发生重大事项分别出具专业意见。

发行公司在发审会通过后有重大事项发生或者需要重新上发审会审核的，将暂缓安排发行；无重大事项发生的，办理最终封卷手续。

（1）需暂缓发行由中国证监会决定是否需要重新提交发审会审议的情形

发行人具有以下情形之一的，需暂缓发行，由中国证监会按审核程序决定是否需要重新提交发审会审议：

①被 CPA 出具了保留意见、否定意见或无法表示意见的审计报告。

②主承销商出具的专项说明和发行人律师出具的法律意见书中有影响公司发行新股的情形出现。

③公司有重大违法违规行为。

④公司的财务状况不正常，报表项目有异常变化。

⑤公司发生重大资产置换、股权、债务重组等公司架构变化的情形。

⑥公司的主营业务发生变更。

⑦公司的管理层及核心技术人员不稳定，出现了对公司的经营管理有重大影响的人员变化。

⑧公司发生了未履行法定程序的关联交易，或发生了未在申报的招股说明书中披露的重大关联交易。

⑨经办公司业务的主承销商、会计师和律师受到有关部门的处罚，或发生更换。

⑩公司的盈利状况与盈利预测（如有）趋势未达到基本相符状态。

⑪公司及其董事长、总经理、主要股东发生了重大诉讼、仲裁和股权纠纷，存在影响公司发行新股的潜在纠纷。

⑫存在大股东占用公司资金和侵害小股东利益的情形。

⑬发生了影响公司持续发展的法律、政策、市场等方面的重大变化。

⑭公司的业务、资产、人员、机构、财务的独立性发生了变化。

⑮公司的主要财产、股权出现了限制性障碍。

⑯上市公司存在违反信息披露要求的事项。

⑰公司存在其他影响发行上市和投资者判断的重大事项。

若上述情形均不具有的，不再提交发审会审核。

【注1】原规定中对于"（1）"的描述为"发行人如果满足以下全部条件，不再提交发审会审核"，本教材在编写时，为了理解方便，对其进行了反向变形，对后面所列情形也均对应进行变形处理。

【注2】原文对于"⑨"的规定为"经办公司业务的主承销商、会计师和律师未受到有关部门的处罚，或未发生更换"。本教材认为此处法条原意应当是"未受到有关部门的处罚且未发生更换"，因此，在进行变形时，仍转换为"或发生更换"。

【注3】上述事项属于重大事项，即根据《操作规程》的规定，会后发生重大事项的，需暂缓发行。

（2）由发行部决定是否重新提交发审会讨论的情形

拟发行公司若最近一年实现的净利润低于上一年的净利润或盈利预测数（如有），或净资产收益率未达公司承诺的收益率，由发行部决定是否重新提交发审会讨论。

（3）中国证监会对发行人的本次发行申请作出不予核准的决定，无须提交发审会（重新）审核的情形

①申请增发的上市公司申报时前3年加权平均净资产收益率低于6%，同时公司本次发行前最近3年加权平均净资产收益率低于6%，且本次发行前最近1年净资产收益率低于前1年净资产收益率。

②申请配股的上市公司，招股说明书披露前最近3个会计年度扣除非经常性损益后的加权平均净资产收益率低于6%。

【注】"①"中"同时"的含义为"且"，表述为"或"的是错误的。

【真题回顾（1610）】根据《关于已通过发审会拟发行证券的公司会后事项监管及封卷工作的操作规程》，下列情形中，属于通过发审会后需要暂缓发行的有（　　）。

A. 发行人主要资产、股权出资限制性障碍

B. 注册会计师出具保留意见的审计报告

C. 申请更换发行人律师

D. 发行人董事长发生了重大的仲裁

E. 申请公开增发的上市公司申报时前3年加权平均净资产收益率低于5%，同时公司本次发行前最近3年加权平均净资产收益率低于6%，且本次发行前最近一年净资产收益率低于前1年净资产收益率

答案：ABCD

解析：E，属于中国证监会对发行人的本次发行申请作出不予核准的决定，无须提交发审会（重新）审核的情形。

【模拟练习】下列关于首次公开发行股票的公司会后事项的表述，说法正确的有（　　）。

A. 拟发行公司在发审会后至招股说明书或招股意向书刊登日之前发生重大事项的，应于该事项发生后2个工作日内向中国证监会书面说明并对招股说明书或招股意向书作出修改或进行补充披露，中国证监会在收到上述补充材料和说明后，将按审核程序决定是否需要重新提交发审会讨论

B. 拟发行股票的公司在对申请文件进行封卷时，应提供经中国证监会审核、根据发审委意见修改并经全体董事签署的招股说明书或招股意向书《封卷稿》，其中发行价格、发行时间及发行方案需予以明确

C. 拟发行股票的公司在刊登招股说明书或招股意向书的前一工作日，应向中国证监会说明拟刊登的招股说明书或招股意向书与招股说明书或招股意向书《封卷稿》之间是否存在差异，主承销商及相关专业中介机构应出具声明和承诺，发行人律师还应出具补充法律意见书

D. 拟发行股票的公司招股说明书或招股意向书刊登后至获准上市前，发生重大事项的，应于该事项发生后第一个工作日向中国证监会提交书面说明，主承销商和相关专业中介机构应出具专业意见

答案：ACD

解析：B，招股说明书或招股意向书《封卷稿》的发行价格、发行时间及发行方案待定。

【模拟练习】下列关于首次公开发行股票的公司会后事项的表述，说法正确的有（　　）。

A. 发审会后至招股说明书或招股意向书刊登日之前发生重大事项的，保荐机构应于该事项发生后2个工作日内向中国证监会书面说明

B. 拟发行公司应提供招股说明书或招股意向书《封卷稿》，《封卷稿》应经发审委审核并经全体董事签署

C. 刊登招股说明书或招股意向书前一工作日，拟发行公司应向中国证监会说明拟刊登的招股说明书或招股意向书与《封卷稿》之间是否存在差异，主承销商及相关专业中介机构应出具声明和承诺，发行人律师还应出具补充法律意见书

D. 招股说明书或招股意向书刊登后至获准上市前发生重大事项的，拟发行公司应于该事项发生后2个工作日内向中国证监会提交书面说明

答案：C

解析：A，应当是"拟发行公司"向中国证监会书面说明；B，《封卷稿》根据发审委意见修改、经中国证监会审核、并经全体董事签署；D，拟发行公司应于该事项发生后第一个工作日向中国证监会提交书面说明。

（五）证券交易所上市条件和上市保荐书的内容

1. 证券交易所上市条件

（1）《证券法》关于上市条件的规定

《证券法》第五十条规定，股份有限公司申请股票上市，应当符合下列条件：

①股票经国务院证券监督管理机构核准已公开发行。

②公司股本总额不少于人民币3 000万元。

③公开发行的股份达到公司股份总数的25%以上；公司股本总额超过人民币4亿元的，公开发行股份的比例为10%以上。

④公司最近3年无重大违法行为，财务会计报告无虚假记载。

证券交易所可以规定高于前款规定的上市条件，并报国务院证券监督管理机构批准。

（2）证券交易所关于上市条件的规定

《深圳证券交易所股票上市规则》、《深圳证券交易所创业板股票上市规则》和《上海证券交易所股票上市规则》规定的上市条件遵从《证券法》上述四点的规定，其中关于公司股本总额，深主板（含中小板）及上交所均规定不少于人民币5 000万元，创业板规定为不少于3 000万元。交易所上市规则关于股票上市条件的具体规定如下表所示。

主板、创业板股票上市条件

沪深主板（含中小板）	创业板
①股票已公开发行	①股票已公开发行
②公司股本总额不少于5 000万元	②公司股本总额不少于3 000万元
③公开发行的股份达到公司股份总数的25%以上；公司股本总额超过4亿元的，公开发行股份的比例为10%以上	③公开发行的股份达到公司股份总数的25%以上；公司股本总额超过4亿元的，公开发行股份的比例为10%以上
④公司最近3年无重大违法行为，财务会计报告无虚假记载	④公司最近3年无重大违法行为，财务会计报告无虚假记载
⑤本所要求的其他条件	⑤公司股东人数不少于200人
	⑥本所要求的其他条件

注："公开发行的股份达到公司股份总数的25%以上；公司股本总额超过人民币4亿元的，公开发行股份的比例为10%以上"的理解：本句话完整的表达应当为"发行后股本总额未超过人民币4亿元的，公开发行的股份应达到发行后公司股份总数的25%以上；发行后公司股本总额超过人民币4亿元的，公开发行股份的比例为10%以上"。比如，某公司发行前股本为X，本次拟发行Y股，则应满足，如（X+Y）≤4亿元，则Y/（X+Y）应≥25%，如（X+Y）>4亿元，则Y/（X+Y）应≥10%。此规定旨在保证公司上市后有充足的公众流通股，而实务中诸多企业原股东并不情愿股份稀释太多，另外还存在担心公司控制权丧失等问题，因此实务中大都采取刚好是25%或10%的比例发行，在计算本次应发行的股本数时，若为"小盘股"（此处指发行后不超过4亿元），则本次应发行的股本数=［1/（1-25%）-1］×X，若为"大盘股"（此处指发行后超过4亿元），则本次应发行的股本数=［1/（1-10%）-1］×X。

2. 上市保荐书的内容

《证券发行上市保荐业务管理办法》、《深圳证券交易所股票上市规则》、《深圳证券交易所创业板股票上市规则》和《上海证券交易所股票上市规则》均作出规定，其中沪深交易所上市规则的规定整体一致，《证券发行上市保荐业务管理办法》与《深圳证券交易所创业板股票上市规则》的规定稍有差异，现将二者内容合并归纳如下：

（1）发行人概况。

（2）申请上市的证券的发行情况。

（3）保荐机构与发行人的关联关系，是否存在可能影响公正履行保荐职责情形的说明。

（4）保荐机构按照有关规定应当承诺的事项。

（5）逐项说明本次证券上市是否符合《公司法》、《证券法》及证券交易所规定的上市条件。

（6）对发行人证券上市后持续督导工作的具体安排。

（7）保荐机构和相关保荐代表人的联系地址、电话和其他通信方式。

（8）保荐机构认为应当说明的其他事项。

（9）中国证监会或者证券交易所要求的其他事项。

上市保荐书应当由保荐人的法定代表人（或者授权代表）和相关保荐代表人签字，注明日期并加盖保荐人公章。

【注1】申请上市的证券包括股票、可转换公司债券、分离交易可转换公司债券。

【注2】注意与发行保荐书的内容结合记忆。

【真题回顾（1412）】某有限责任公司2014年股改，股改前经审计净资产60 000万元，拟以经审计净资产折股。计划2015年申报，预计2015年净利润15 000万元，市盈率20倍。拟募集资金60 000万元，请问以下折股比例和发行股份数量合理的有（   ）。

A. 2∶1 和 7 500 万股　　　　　　　B. 1. 25∶1 和 12 000 万股

C. 2. 5∶1 和 6 000 万股　　　　　　D. 1. 5∶1 和 10 000 万股

答案：BD

解析：发行并上市的条件：公开发行的股份达到公司股份总数的 25% 以上；公司股本总额超过人民币 4 亿元的，公开发行股份的比例为 10% 以上。

公司股本总额（发行后）	公开发行股份/公司股份总数
≤4 亿元	≥25%
>4 亿元	≥10%

A. 2∶1 折股，则折合的股本总额为 3 亿元，发行后股本总额为 3. 75 亿元，≤4 亿元，公开发行股份/公司股份总数应≥25%，7 500/（30 000＋7 500）＝20%，不符合规定。

B. 1. 25∶1 折股，则折合的股本总额为 4. 8 亿元，发行后股本总额一定 >4 亿元，公开发行股份/公司股份总数应≥10%，12 000/（48 000＋12 000）＝20%，符合规定。

C. 2. 5∶1 折股，则折合的股本总额为 2. 4 亿元，发行后股本总额为 3 亿元，公开发行股份/公司股份总数应≥25%，6 000/（24 000＋6 000）＝20%，不符合规定。

D. 1. 5∶1 折股，则折合的股本总额为 4 亿元，公开发行后股本总额一定 >4 亿元，公开发行股份/公司股份总数应≥10%，10 000/（40 000＋10 000）＝20%，符合规定。

【模拟练习】根据《上海证券交易所股票上市规则》，发行人首次公开发行股票后申请其股票在上交所上市应当符合的条件中，下列说法正确的是（　　）。

A. 股票经中国证监会核准已公开发行

B. 公司股本总额不少于人民币 5 000 万元

C. 公司最近 3 年无重大违法行为，财务会计报告无虚假记载

D. 公开发行的股份达到公司股份总数的 25% 以上；公司本次公开发行的股份超过人民币 4 亿元的，公开发行股份的比例为 10% 以上

答案：ABC

解析：《上海证券交易所股票上市规则》5. 1. 1 。D，应当是（发行后）股本总额超过人民币 4 亿元的，公开发行股份的比例为 10% 以上。

（六）股票限售期的一般规定以及董事、监事和高级管理人员所持股票的特别规定

关于对股票限售期的相关规定，详见本教材"第七章　持续督导"部分的内容。

五、信息披露

【大纲要求】

内容	程度
1. 信息披露的法律规定、操作规范及相关当事人的法律责任	掌握
2. 首次公开发行股票并在主板及创业板上市工作中的信息披露要求及二者的区别	掌握
3. 主板招股说明书（意向书）及摘要的编制和披露要求	掌握
4. 招股说明书的内容与格式	掌握
5. 招股说明书摘要的内容与格式	掌握
6. 股票上市公告书的内容及披露要求	掌握
7. 创业板上市招股书备查文件的披露及发行公告、投资风险特别公告等信息披露的特殊要求	掌握
8. 特殊行业招股文件的主要披露要求	熟悉
9. 中国证监会和中国证券业协会新股发行体制改革最新规定及配套文件的相关要求	掌握
10. 其他关于首发信息披露的相关规定	—

【内容精讲】

（一）信息披露的法律规定、操作规范及相关当事人的法律责任

1. 信息披露的法律规定、操作规范

首次公开发行股票信息披露涉及的法律规定和操作规范主要包括发行办法、内容与格式准则、编报规则、规范问答等，具体有《首次公开发行股票并上市管理办法》、《首次公开发行股票并在创业板上市管理办法》、《内容与格式准则第 1 号——招股说明书》（以下简称 1 号准则）、《内容与格式准则第 28 号——创业板公司招股说明书》（以下简称 28 号准则）、沪深交易所《股票上市公告书内容与格式指引》，以及信息披露编报规则第 1 号、第 3 号、第 5 号、第 10 号、第 17 号等。

2. 相关当事人的法律责任

根据《公司法》、《证券法》、《首次公开发行股票并上市管理办法》、《证券发行与承销管理办法》及其他相关部门规章的规定，股份公司公开发行股票并上市，必须同时向所有投资者公开信息披露，依法披露的信息，必须真实、准确、完整，不得有虚假记载、误导性陈述或者重大遗漏。

《证券法》第六十九条规定，发行人、上市公司公告的招股说明书、公司债券募集办法、财务会计报告、上市报告文件、年度报告、中期报告、临时报告以及其他信息披露资料，有虚假记载、误导性陈述或者重大遗漏，致使投资者在证券交易中遭受损失的，发行人、上市公司应当承担赔偿责任；发行人、上市公司的董事、监事、高级管理人员和其他直接责任人员以及保荐人、承销的证券公司，应当与发行人、上市公司承担连带赔偿责任，但是能够证明自己没有过错的除外；发行人、上市公司的控股股东、实际控制人有过错的，应当与发行人、上市公司承担连带赔偿责任。

《最高人民法院关于审理证券市场因虚假陈述引发的民事赔偿案件的若干规定》第七条规定，虚假陈述证券民事赔偿案件的被告，应当是虚假陈述行为人，包括：

（1）发起人、控股股东等实际控制人。

（2）发行人或者上市公司。

（3）证券承销商。

（4）证券上市推荐人。

（5）会计师事务所、律师事务所、资产评估机构等专业中介服务机构。

（6）上述（2）、（3）、（4）项所涉单位中负有责任的董事、监事和经理等高级管理人员以及（5）项中直接责任人。

（7）其他作出虚假陈述的机构或者自然人。

综合以上内容，对相关当事人的法律责任的承担方式总结如下表。

信息披露相关当事人的法律责任

相关当事人	法律责任
（1）发行人、上市公司	应当承担赔偿责任
（2）证券承销商、证券上市推荐人	应当与发行人、上市公司承担连带赔偿责任，但是能够证明自己没有过错的除外
（3）会计师事务所、律师事务所、资产评估机构等专业中介服务机构	
（4）发行人或上市公司、证券承销商、证券上市推荐人中负有责任的董、监、高	
（5）会计师事务所、律师事务所、资产评估机构等专业中介服务机构的直接责任人	

续表

相关当事人	法律责任
（6）发起人、控股股东等实际控制人	有过错的，应当与发行人、上市公司承担连带赔偿责任

注：①发行人、上市公司是信息披露的第一责任人，只要违反了信息披露的规定，给投资者造成损失的，均应承担赔偿责任。

②上表中（2）～（5）相关主体，承担连带赔偿责任，但是能够证明自己没有过错的除外。证明无过错需自己举证。注意，上述主体中涉及个人的，是指发行人或上市公司、证券承销商、证券上市推荐人中负有责任的董、监、高和会计师事务所、律师事务所、资产评估机构等专业中介服务机构的直接责任人，不包含保荐代表人、合规负责人等人员。

③发行人的控股股东、实际控制人有过错的承担连带赔偿责任。即控股股东、实际控制有过错方承担连带赔偿责任，该过错应他方举证。

另外，除了上述《证券法》及《最高人民法院关于审理证券市场因虚假陈述引发的民事赔偿案件的若干规定》关于信息披露相关当事人的法律责任的规定外，主板及创业板首发办法也均作出了规定，对比说明如下：

（1）相关当事人报送或出具的文件有虚假记载、误导性陈述或者重大遗漏的处理

相关当事人	主板 IPO	创业板 IPO
发行人	《证券法》有关规定处罚＋中国证监会将终止审核并在 36 个月内不受理发行人的股票发行申请	
保荐机构	《证券法》有关规定处罚＋中国证监会自确认之日起暂停保荐资格 3 个月；情节严重的，暂停 6 个月，并可责令保荐机构更换保荐业务负责人、内核负责人；情节特别严重的，撤销保荐资格	
证券服务机构	中国证监会 12 个月内不接受相关机构出具的证券发行专项文件，36 个月内不接受相关签字人员出具的证券发行专项文件	

【注】上市公司发行新股与此规定完全一致。

（2）发行人盈利预测不符的处理

业务类型	利润实现未达到盈利预测的 80%	利润实现未达到盈利预测的 50%
主板 IPO	①法定代表人、盈利预测审核报告签字 CPA 应当在股东大会及中国证监会指定报刊上公开作出解释并道歉；②中国证监会可以对法定代表人处以警告	中国证监会还可以自确认之日起 36 个月内不受理该公司的公开发行证券申请
创业板 IPO	①法定代表人、财务负责人应当在股东大会及中国证监会指定网站、报刊上公开作出解释并道歉；②情节严重的，中国证监会给予警告等行政处罚	

【注】上市公司发行新股与此规定完全一致。

【真题回顾（1306）】发行人公告的招股说明书存在虚假陈述，以下责任承担方式说法正确的有（　　）。

A. 保荐代表人承担连带赔偿责任，能证明自己无过错的除外

B. 控股股东有过错的，应承担连带赔偿责任

C. 发行人的董事，不管有没有过错，都应承担连带赔偿责任

D. 发行人应承担赔偿责任

E. 主承销商不管有没有过错，均应承担连带责任

答案：BD

【模拟练习】根据《最高人民法院关于审理证券市场因虚假陈述引发的民事赔偿案件的若干规定》，虚假陈述证券民事赔偿案件的被告，应当是虚假陈述行为人，包括（　　）。

A. 发起人、控股股东等实际控制人

B. 发行人或者上市公司

C. 证券承销商

D. 会计师事务所、律师事务所、资产评估机构等专业中介服务机构

E. 负有责任的发行人董事、监事和经理等高级管理人员

答案：ABCDE

（二）首次公开发行股票并在主板及创业板上市工作中的信息披露要求

《首次公开发行股票并上市管理办法》和《首次公开发行股票并在创业板上市管理办法》第四章均对首发信息披露提出要求，以下对比进行说明：

主板、创业板首发上市信息披露要求

主板首发上市信息披露要求	创业板首发上市信息披露要求
（1）招股说明书内容与格式准则是信息披露的最低要求。不论准则是否有明确规定，凡是对投资者作出投资决策有重大影响的信息，均应予以披露	
（2）发行人应在招股说明书中披露已达到发行监管对公司独立性的基本要求	
（3）发行人及其全体董、监、高应在招股说明书上签字、盖章，保证招股说明书的内容真实、准确、完整（及时）。保荐人及其保荐代表人应当对招股说明书的真实性、准确性、完整性（及时性）进行核查，并在核查意见上签字、盖章	
【注】"及时"、"及时性"是创业板多出的	对于"（3）"，创业板另外多出要求："发行人的控股股东、实际控制人应当对招股说明书出具确认意见，并签名、盖章。"
（4）招股说明书中引用的财务报表在其最近一期截止日后 6 个月内有效。特别情况下发行人可申请适当延长，但至多不超过 1 个月。财务报表应当以年度末、半年度末或者季度末为截止日	
（5）招股说明书的有效期为 6 个月，自中国证监会核准发行申请前招股说明书最后一次签署之日起计算	（5）招股说明书的有效期为 6 个月，自公开发行前招股说明书最后一次签署之日起计算
（6）申请文件受理后，发行人应将招股说明书（申报稿）在中国证监会网站预先披露。发行人可以将招股说明书（申报稿）刊登于其企业网站，但披露内容应当完全一致，且不得早于在中国证监会网站的披露时间	
（7）发行人及其全体董事、监事和高级管理人员应当保证预先披露的招股说明书（申报稿）的内容真实、准确、完整	
（8）预先披露的招股说明书（申报稿）不是发行人发行股票的正式文件，不能含有价格信息，发行人不得据此发行股票。发行人应当在预先披露的招股说明书（申报稿）的显要位置声明："本公司的发行申请尚未得到中国证监会核准。本招股说明书（申报稿）不具有据以发行股票的法律效力，仅供预先披露之用。投资者应当以正式公告的招股说明书全文作为作出投资决定的依据。"	

续表

主板首发上市信息披露要求	创业板首发上市信息披露要求
（9）发行人应当在发行前在至少一种中国证监会指定的报刊刊登招股说明书摘要，同时将招股说明书全文刊登于中国证监会指定的网站	（9）发行人应当在发行前将在中国证监会指定的报刊刊登提示性公告，同时将招股说明书全文刊登于中国证监会指定的网站
（10）保荐人出具的发行保荐书、证券服务机构出具的文件及其他与发行有关的重要文件应当作为招股说明书备查文件，在中国证监会指定网站和公司网站披露	
（11）发行人应当将招股说明书及备查文件置备于发行人、拟上市证券交易所、保荐人、主承销商和其他承销机构的住所，以备公众查阅	
（12）发行人可以将招股说明书摘要、招股说明书全文、有关备查文件刊登于其他报刊和网站，但披露内容应当完全一致，且不得早于在中国证监会指定报刊和网站的披露时间	（12）发行人应当将招股说明书披露于公司网站，时间不得早于在中国证监会指定报刊和网站的披露时间

首发创业板信息披露的要求除了在上述（3）、（5）、（9）、（12）中与主板有差异之外，另外还多出以下几点要求：

（1）特别风险提示

发行人应当在招股说明书显要位置作如下提示："本次股票发行后拟在创业板市场上市，该市场具有较高的投资风险。创业板公司具有业绩不稳定、经营风险高、退市风险大等特点，投资者面临较大的市场风险。投资者应充分了解创业板市场的投资风险及本公司所披露的风险因素，审慎作出投资决定。"

（2）持续盈利能力相关披露

发行人应当在招股说明书中分析并完整披露对其持续盈利能力产生重大不利影响的所有因素，充分揭示相关风险，并披露保荐人对发行人是否具备持续盈利能力的核查结论意见。

（3）承诺事项相关披露

发行人应当在招股说明书中披露相关责任主体以及保荐人、证券服务机构及相关人员作出的承诺事项、承诺履行情况以及对未能履行承诺采取的约束措施，包括但不限于：

①本次发行前股东所持股份的限售安排、自愿锁定股份、延长锁定期限或者相关股东减持意向的承诺。

②稳定股价预案。

③依法承担赔偿或者补偿责任的承诺。

④填补被摊薄即期回报的措施及承诺。

⑤利润分配政策（包括现金分红政策）的安排及承诺。

（4）发行人及保荐人应当对预先披露的招股说明书（申报稿）负责，一经申报及预披露，不得随意更改，并确保不存在故意隐瞒及重大差错。

【模拟练习】根据《首次公开发行股票并在创业板上市管理办法》，下列关于创业板拟上市公司信息披露，说法正确的是（   ）。

A. 发行人应当在招股说明书中披露相关责任主体以及保荐人、证券服务机构及相关人员作出的承诺事项、承诺履行情况以及对未能履行承诺采取的约束措施

B. 发行人应当在招股说明书中分析并完整披露对其持续盈利能力产生重大不利影响的所有因素，充分揭示相关风险，并披露保荐人对发行人是否具备持续盈利能力的核查结论意见

C. 发行人及其全体董事、监事和高级管理人员应当在招股说明书上签名、盖章，保证招股说明书内容真实、准确、完整、及时

D. 保荐人及其保荐代表人应当对招股说明书的真实性、准确性、完整性、及时性进行核查，并在核查意见上签名、盖章

答案：ABCD

（三）招股说明书（意向书）及摘要的编制和披露要求

1. 招股说明书的编制和披露要求

为规范首次公开发行股票的信息披露行为，保护投资者合法权益，中国证监会分别制定并发布《公开发行证券的公司信息披露内容与格式准则第 1 号——招股说明书》和《公开发行证券的公司信息披露内容与格式准则第 28 号——创业板公司招股说明书》，目前实行的两部准则均于 2015 年 12 月 30 日修订，关于招股说明书的编制和信息披露的要求均在总则中进行规定，具体如下：

主板、创业板招股说明书编制和披露要求

主板招股说明书编制和披露要求	创业板招股说明书编制和披露要求
（1）发行人应按本准则编制招股说明书（及其摘要），作为向中国证监会申请首次公开发行股票的必备法律文件，并按规定披露	
（2）本准则的规定是对招股说明书信息披露的最低要求。不论本准则是否有明确规定，凡对投资者作出投资决策有重大影响的信息，均应披露	
（3）本准则某些具体要求对发行人确实不适用的，发行人可根据实际情况，在不影响披露内容完整性的前提下作适当调整，但应在申报时作书面说明	
（4）若发行人有充分依据证明本准则要求披露的某些信息涉及国家机密、商业秘密及其他因披露可能导致其违反国家有关保密法律法规规定或严重损害公司利益的，发行人可向中国证监会申请豁免按本准则披露	
（5）在不影响信息披露的完整性和不致引起阅读不便的前提下，发行人可采用相互引证的方法，对各相关部分的内容进行适当的技术处理，以避免重复和保持文字简洁	
（6）发行人在招股说明书及其摘要中披露的所有信息应真实、准确、完整	（6）发行人是信息披露的第一责任人，发行人的信息披露应真实、准确、完整、及时
（7）发行人报送申请文件后，中国证监会核准前，发生应予披露事项的，应向中国证监会书面说明情况，并及时修改招股说明书及其摘要。发行人公开发行股票的申请经中国证监会核准后，发生应予披露事项的，应向中国证监会书面说明情况，并经中国证监会同意后相应修改招股说明书及其摘要。必要时发行人公开发行股票的申请应重新经过中国证监会核准	（7）发行人报送申请文件后至股票发行结束前，发生应予披露事项的，应向中国证监会书面说明情况，并按照有关规定及时修改招股说明书或者进行补充披露
（8）发行人在招股说明书（及其摘要）中披露的财务会计资料应有充分的依据，所引用的发行人的财务报表、盈利预测报告（如有）应由具有证券期货相关业务资格的会计师事务所审计或审核	
（9）发行人应针对实际情况在招股说明书首页作"重大事项提示"，提醒投资者给予特别关注	（9）发行人应针对实际情况在招股说明书首页作"重大事项提示"，提醒投资者需特别关注的重要事项，并提醒投资者认真阅读招股说明书"风险因素"一章的全部内容

续表

主板招股说明书编制和披露要求	创业板招股说明书编制和披露要求
（10）招股说明书还应符合以下一般要求 ①引用的数据应有充分、客观的依据，并注明资料来源 ②引用的数字应采用阿拉伯数字，货币金额除特别说明外，应指人民币金额，并以元、千元或万元为单位 ③发行人可根据有关规定或其他需求，编制招股说明书外文译本，但应保证中、外文文本的一致性，并在外文文本上注明："本招股说明书分别以中、英（或日、法等）文编制，在对中外文本的理解上发生歧义时，以中文文本为准"；在境内外同时发行股票的，应按照从严原则编制招股说明书，并保证披露内容的一致性 ④招股说明书全文文本应采用质地良好的纸张印刷，幅面为209毫米×295毫米（相当于标准的A4纸规格） ⑤招股说明书应使用事实描述性语言，保证其内容简明扼要、通俗易懂，突出事件实质，不得有祝贺性、广告性、恭维性或诋毁性的词句	
（11）发行人应在招股说明书（及其摘要）披露后10日内，将正式印刷的招股说明书全文文本一式五份，分别报送中国证监会及其在发行人注册地的派出机构	
（12）发行人编制招股说明书（及其摘要）时应当准确引用有关中介机构的专业意见或报告	
（13）发行人下属企业的资产规模、收入或利润对发行人有重大影响的，应参照本准则的规定披露该下属企业的相关信息。特定行业的发行人，除执行本准则的规定外，还应执行中国证监会就该行业信息披露制定的特别规定	

注：①上表"（1）"、"（8）"、"（11）"、"（12）"中主板有"及其摘要"，创业板无。

②上表"（10）"是主板原文规定，创业板的描述基本相同，仅是语言组织上的不同，法律规定上无实质性差异。

2. 主板招股说明书摘要的编制和披露要求

招股说明书摘要的编制和披露，还应符合以下要求：

（1）招股说明书摘要的目的仅为向公众提供有关本次发行的简要情况，无须包括招股说明书全文各部分的主要内容。

（2）招股说明书摘要内容必须忠实于招股说明书全文，不得出现与全文相矛盾之处。

（3）招股说明书摘要应尽量采用图表或其他较为直观的方式准确披露发行人的情况，做到简明扼要、通俗易懂。

（4）在中国证监会指定的信息披露报刊刊登的招股说明书摘要最小字号为标准小5号字，最小行距为0.35毫米。

【注】诸如"招股说明书摘要应对招股说明书全文各部分的主要内容作简要介绍"的说法是错误的。

3. 创业板提示性公告的编制和披露要求

发行人应在中国证监会指定网站披露招股说明书及其附件，并同时在中国证监会指定报刊上披露首次公开发行股票并在创业板上市提示性公告："本公司首次公开发行股票申请已获中国证监会核准，招股说明书及附件披露于中国证监会指定网站（www.××××.×××）和公司网站（www.××××.×××），并置备于本公司、拟上市的证券交易所、保荐人、主承销商和其他承销机构的住所，供公众查阅。"提示性公告应当载有下列内容：

（1）发行股票的类型。

（2）发行股数，股东公开发售股数（如有）。

（3）每股面值。

（4）发行方式与发行对象。

（5）承销方式。

（6）预计发行日期。

（7）发行人、保荐人、主承销商的联系地址及联系电话。

【注】适当注意记忆创业板提示性公告应当载有的内容。

4. 与招股说明书（及其摘要）一同披露的备查文件

首发主板上市的发行人应在披露招股说明书及其摘要的同时，在招股说明书结尾列明备查文件，并在指定网站上披露。首发创业板上市的发行人应在披露招股说明书的同时在招股说明书结尾列明附件，并在中国证监会指定网站披露。（注：附件实质上就是备查文件）

根据 1 号准则第一百三十六条和 28 号准则第一百零六条的规定，备查文件包括下列文件：

主板、创业板招股说明书备查文件

主板招股说明书备查文件	创业板招股说明书备查文件
（1）发行保荐书	（1）发行保荐书（附：发行人成长性专项意见）及发行保荐工作报告
	（2）发行人关于公司设立以来股本演变情况的说明及其董事、监事、高级管理人员的确认意见
	（3）发行人控股股东、实际控制人对招股说明书的确认意见
（2）财务报表及审计报告	（4）财务报表及审计报告
	（5）发行人审计报告基准日至招股说明书签署日之间的相关财务报表及审阅报告（如有）
（3）盈利预测报告及审核报告（如有）	（6）盈利预测报告及审核报告（如有）
（4）内部控制鉴证报告	（7）内部控制鉴证报告
（5）经注册会计师核验的非经常性损益明细表	（8）经注册会计师鉴证的非经常性损益明细表
（6）法律意见书及律师工作报告	（9）法律意见书及律师工作报告
（7）公司章程（草案）	（10）公司章程（草案）
（8）中国证监会核准本次发行的文件	（11）中国证监会核准本次发行的文件
（9）其他与本次发行有关的重要文件	（12）其他与本次发行有关的重要文件

【注1】上表中所列文件为备查且应当披露的文件，如果题目中问的是应当披露的文件或内容，则除了表中文件之外，主板还应当包括招股说明书及其摘要，创业板还应当包括招股说明书和提示性公告。

【注2】1 号准则未明确列明《发行保荐工作报告》作为招股说明书的备查文件，但实务中均是作为备查文件进行披露的，考试时若出现相应题支，应当选。

【注3】注意创业板的备查文件与主板的相同及相异之处。

（1）相同的备查文件

上述创业板备查文件中的（4）、（6）～（12）共 8 个文件与主板的文件完全相同。

（2）相似的备查文件

对于发行保荐书而言，创业板需附发行人成长性专项意见。

（3）不同的备查文件

上述创业板备查文件中的（2）、（3）、（5）是完全不同于主板的文件，这些文件是创业板独有的，主板没有，需特别注意。

【注4】对于此处的备查文件需结合申请文件一起记忆，备查文件一定是应于披露的文件，应于披露的文件一定是申报文件，但反过来则不一定是，三者的范围为备查文件 $\in$ ＜应披露的文件 $\in$ ＜申报文件。

【真题回顾（1609）】下列文件中，不属于首次公开发行股票并在创业板上市招股说明书备案文件的是（　　）。

A. 发行人关于公司设立以来股本演变情况的说明

B. 招股说明书摘要

C. 内部控制鉴证报告

D. 发行人控股股东、实际控制人对招股说明书的确认意见

E. 公司章程（草案）

答案：B

解析：招股说明书摘要是主板应披露的文件。

【模拟练习】下列文件中，不属于首次公开发行股票并在主板上市招股说明书备案文件的是（　　）。

A. 主板发行保荐书（附：发行人成长性专项意见）

B. 发行保荐工作报告

C. 招股说明书摘要

D. 发行人控股股东、实际控制人对招股说明书的确认意见

E. 发行人审计报告基准日至招股说明书签署日之间的相关财务报表及审阅报告

答案：ACDE

解析：A，主板发行保荐书不需要附发行人成长性专项意见；B，尽管1号准则未列明，但应当选；C，是披露文件，但非备查文件；D、E均是创业板独有的备查文件。

【模拟练习】下列文件中，不属于首次公开发行股票并在主板上市需披露的文件的是（　　）。

A. 发行人关于公司设立以来股本演变情况的说明及其董事、监事、高级管理人员的确认意见

B. 发行人关于最近3年及1期的纳税情况的说明

C. 招股说明书摘要

D. 发行人的历次验资报告

E. 发行人控股股东最近1年及1期的原始财务报表及审计报告

答案：ABDE

解析：A属于创业板招股说明书备查文件，当然也是需要披露的；B、D、E属于申报文件，但并不要求披露；C，虽然不是备查文件，但需要披露。

（四）招股说明书（意向书）的内容与格式

1号准则、28号准则的第二章分别对主板、创业板招股说明书的内容与格式进行了具体说明，以下仍以对比的方式进行说明，有差异的，作出说明，未作说明的，两个板块规定一致。有些区别仅是文字表述上的差异，并无实质性规定的区别，对于此类区别除特殊作出说明外，

不再区分说明，而是以主板表述为准。

　　1. 封面、书脊、扉页、目录、释义

主板	创业板
（1）招股说明书全文文本封面应标有"×××公司首次公开发行股票招股说明书"字样，并载明发行人、保荐人、主承销商的名称和住所	（1）招股说明书文本封面应标有"×××公司首次公开发行股票并在创业板上市招股说明书"字样，并载明发行人、保荐人、主承销商的名称和住所。同时，明确提示创业板投资风险，作出恰当的声明
（2）招股说明书全文文本书脊应标明"×××公司首次公开发行股票招股说明书"字样	（2）招股说明书文本书脊应标有"×××公司首次公开发行股票并在创业板上市招股说明书"字样
（3）招股说明书扉页应载有如下声明及承诺 ①发行人及全体董、监、高承诺招股说明书（及其摘要）不存在虚假记载、误导性陈述或重大遗漏，并对其真实性、准确性、完整性（及时性）承担个别和连带的法律责任 ②公司负责人和主管会计工作的负责人、会计机构负责人保证招股说明书及其摘要中财务会计资料真实、完整 ③保荐人承诺因其为发行人首次公开发行股票制作、出具的文件有虚假记载、误导性陈述或者重大遗漏，给投资者造成损失的，将先行赔偿投资者损失 ④中国证监会、其他政府部门对本次发行所作的任何决定或意见，均不表明其对发行人股票的价值或投资者的收益作出实质性判断或者保证。任何与之相反的声明均属虚假不实陈述 ⑤根据《证券法》的规定，股票依法发行后，发行人经营与收益的变化，由发行人自行负责，由此变化引致的投资风险，由投资者自行负责 【注】创业板另外多出如下承诺要求：⑥发行人及全体董事、监事、高级管理人员、发行人的控股股东、实际控制人以及保荐人、承销的证券公司承诺因发行人招股说明书及其他信息披露资料有虚假记载、误导性陈述或者重大遗漏，致使投资者在证券发行和交易中遭受损失的，将依法赔偿投资者损失。⑦证券服务机构承诺因其为发行人本次公开发行制作、出具的文件有虚假记载、误导性陈述或者重大遗漏，给他人造成损失的，将依法赔偿投资者损失	
（4）招股说明书全文文本扉页应载有如下内容	
①发行股票类型	
②发行股数	②发行股数，股东公开发售股数（如有）
③每股面值 ④每股发行价格 ⑤预计发行日期 ⑥拟上市的证券交易所 ⑦发行后总股本，发行境外上市外资股的公司还应披露在境内上市流通的股份数量和在境外上市流通的股份数量 ⑧保荐人、主承销商 ⑨招股说明书签署日期	

续表

主板	创业板
⑩本次发行前股东所持股份的流通限制、股东对所持股份自愿锁定的承诺	【注】发行人股东公开发售股份的，还应当载明发行人拟发行新股和股东拟公开发售股份的数量，并提示股东公开发售股份所得资金不归发行人所有
（5）招股说明书（及其摘要）的目录应标明各章、节的标题及相应的页码，内容编排也应符合通行的中文惯例	
（6）发行人应对可能造成投资者理解障碍及有特定含义的术语作出释义。招股说明书的释义应在目录次页排印	

【注1】"（3）"中"①"的"及其摘要"是主板有的，"及时性"是创业板有的。

【注2】对于此处内容了解即可，无实质性考点。有些区别（如上表"（4）"中的"⑥"、"⑦"）并非实质性区别，仅是1号准则和28号准则表述的不同，有些是可以推断相同的，如上表"（4）中的"⑥"、"⑦"，实务中主板同样要予以承诺的。

2. 概览

主板	创业板
（1）发行人应声明："本概览仅对招股说明书全文作扼要提示。投资者作出投资决策前，应认真阅读招股说明书全文。"	
（2）发行人应披露发行人及其控股股东、实际控制人的简要情况，发行人的主要财务数据及主要财务指标，本次发行情况及募集资金用途等	（2）发行人应简要披露发行人及其控股股东、实际控制人的情况，概述发行人的主营业务、主要财务数据及财务指标、募集资金用途

3. 本次发行概况

主板	创业板
（1）发行人应披露本次发行的基本情况，主要包括	
①股票种类；②每股面值	
③发行股数、占发行后总股本的比例	③发行股数、股东公开发售股数（如有）、占发行后总股本的比例
④每股发行价；⑤标明计算基础和口径的市盈率；⑥预测净利润及发行后每股收益（如有）；⑦发行前和发行后每股净资产；⑧标明计量基础和口径的市净率；⑨发行方式与发行对象；⑩承销方式；⑪预计募集资金总额和净额	
⑫发行费用概算（包括承销费、保荐费、审计费、评估费、律师费、发行手续费、审核费等）	⑫发行费用概算（包括承销费、保荐费、审计费、评估费、律师费、发行手续费等）
【注】右侧"注"的内容是28号准则关于此处要求多出的一段话，虽然1号准则未明确说明，但同样是适用1号准则的（即主板）	【注】发行人股东公开发售股份的，还应当披露具体方案，包括本次预计发行新股数量，发行人股东公开发售股份的数量，发行费用的分摊原则，拟公开发售股份的股东名称、持股数量及拟公开发售股份数量等
（3）发行人应披露下列机构的名称、法定代表人、住所、联系电话、传真，同时应披露有关经办人员的姓名	

续表

主板	创业板
①发行人	【注】28号准则未明确列明"发行人"
②保荐人、主承销商及其他承销机构	①保荐人、主承销商及其他承销机构
③律师事务所	②律师事务所
④会计师事务所	③会计师事务所
⑤资产评估机构	④资产评估机构
⑥股票登记机构	⑤股票登记机构
⑦收款银行	⑥收款银行
⑧其他与本次发行有关的机构	⑦其他与本次发行有关的机构
（4）发行人应披露其与本次发行有关的中介机构及其负责人、高级管理人员、经办人员之间存在的直接或间接的股权关系或其他权益关系	
（5）发行人应针对不同的发行方式，披露预计发行上市的重要日期，主要包括	
①询价推介时间	①刊登发行公告日期
	②询价推介时间
②刊登定价公告日期	③刊登定价公告日期
③申购日期和缴款日期	④申购日期和缴款日期
④股票上市日期	⑤股票上市日期

4. 风险因素

主板	创业板
（1）发行人应当遵循重要性原则，按顺序披露可能直接或间接对发行人生产经营状况、财务状况和持续盈利能力产生重大不利影响的所有因素	
（2）发行人应针对自身的实际情况，充分、准确、具体地描述相关风险因素	
（3）发行人应对所披露的风险因素作定量分析，无法进行定量分析的，应有针对性地作出定性描述	
（4）有关风险因素可能对发行人生产经营状况、财务状况和持续盈利能力有严重不利影响的，应作"重大事项提示"	（4）发行人对所披露的风险因素应明确说明该因素对其报告期内的实际影响以及可能对将来的具体影响
（5）发行人应披露的风险因素包括但不限于产品或服务的市场前景的变化、经营模式发生变化、内部控制有效性不足、技术不成熟、法律、法规、政策变化、自然灾害、安全生产、汇率变化、外贸环境等引起的风险	（5）发行人披露风险因素时，应当针对该风险的实际情况概括描述其风险点，不得采用普遍适用的模糊表述
	（6）风险因素中不得包含风险对策、发行人竞争优势及类似表述，一项风险因素不得描述多个风险

【注1】表中主板"（4）"，28号准则未列明，但同样适用。

【注2】表中主板"（5）"是概括说明，详细见1号准则第二十八条。

【注3】重点注意创业板（1）～（6）的规定。诸如"发行人应对所披露的风险因素有针

对性地作出定性描述，无须作定量分析"、"发行人必须对所有风险因素作定量分析"、"发行人对所披露的风险因素应明确说明该因素对其报告期内的实际影响，因对将来的影响无法确定，因此无须说明可能对将来造成的具体影响"、"风险因素中不得包含风险对策、发行人竞争优势及类似表述，为能够更充分地披露风险，一项风险因素应描述多个风险"的表述是错误的。

5. 发行人基本情况

主板	创业板
（1）发行人应披露其基本情况，主要包括 ①注册中、英文名称；②注册资本；③法定代表人；④成立日期；⑤住所和邮政编码；⑥电话、传真号码；⑦互联网网址；⑧电子信箱（创业板多：⑨负责信息披露和投资者关系的部门、负责人和电话号码。1号准则在"其他重要事项"中作出了同样的规定）	
（2）发行人应详细披露改制重组情况，主要包括：①设立方式；②发起人；③在改制设立发行人之前，主要发起人拥有的主要资产和实际从事的主要业务；④发行人成立时拥有的主要资产和实际从事的主要业务；⑤在发行人成立之后，主要发起人拥有的主要资产和实际从事的主要业务；⑥改制前原企业的业务流程、改制后发行人的业务流程，以及原企业和发行人业务流程间的联系；⑦发行人成立以来，在生产经营方面与主要发起人的关联关系及演变情况；⑧发起人出资资产的产权变更手续办理情况	（2）发行人应简要披露公司的设立情况、设立方式，发行人属于有限责任公司整体变更为股份有限公司的，还应披露有限责任公司的设立情况
（3）发行人应详细披露设立以来股本的形成及其变化和重大资产重组情况，包括其具体内容、所履行的法定程序以及对发行人业务、管理层、实际控制人及经营业绩的影响。发行人应简要披露设立时发起人或股东出资及设立后历次股本变化的验资情况，披露设立时发起人投入资产的计量属性	（3）发行人应简要披露设立以来的重大资产重组情况，发行人最近一年及一期内收购兼并其他企业资产（或股权）且被收购企业资产总额或营业收入或净利润超过收购前发行人相应项目20%（含）的，应披露被收购企业收购前一年利润表的主要数据
（4）发行人应采用方框图或其他有效形式，全面披露发起人、持有发行人5%以上股份的主要股东、实际控制人，控股股东、实际控制人所控制的**其他企业**，发行人的职能部门、分公司、控股子公司、参股子公司，以及其他有重要影响的关联方	（4）发行人应采用方框图或其他有效形式，全面披露持有发行人5%以上股份的主要股东、实际控制人，控股股东、实际控制人所控制的其他企业，发行人的分公司、控股子公司、参股公司，以及其他有重要影响的关联方
（5）发行人应简要披露其控股子公司、参股公司的情况，主要包括成立时间、注册资本、实收资本、注册地和主要生产经营地、股东构成及控制情况、主营业务（及其与发行人主营业务的关系）、最近1年及1期末的总资产、净资产、最近1年及1期的净利润，并标明有关财务数据是否经过审计及审计机构名称	
（6）发行人应披露（发起人、）持有发行人5%以上股份的主要股东及实际控制人的基本情况，主要包括	

主板	创业板
①发起人、持有发行人5%以上股份的主要股东及实际控制人如为法人，应披露成立时间、注册资本、实收资本、注册地和主要生产经营地、股东构成、主营业务、最近1年及1期的总资产、净资产、净利润，并标明有关财务数据是否经过审计及审计机构名称；如为自然人，则应披露国籍、是否拥有永久境外居留权、身份证号码、住所	①持有发行人5%以上股份的主要股东及实际控制人为法人的，应披露成立时间、注册资本、实收资本、注册地和主要生产经营地、股东构成、主营业务及其与发行人主营业务的关系；为自然人的，应披露国籍、是否拥有永久境外居留权、身份证号码；为合伙企业的，应披露合伙人构成、出资比例及合伙企业的实际控制人。发行人的控股股东及实际控制人为法人的，还应披露最近1年及1期末的总资产、净资产、最近1年及1期的净利润，并标明有关财务数据是否经过审计及审计机构名称
②控股股东和实际控制人控制的其他企业的情况，主要包括成立时间、注册资本、实收资本、注册地和主要生产经营地、主营业务（及其与发行人主营业务的关系）、最近1年及1期的总资产、净资产、净利润，并标明有关财务数据是否经过审计及审计机构名称	
③控股股东和实际控制人直接或间接持有发行人的股份是否存在质押或其他有争议的情况。实际控制人应披露到最终的国有控股主体或自然人为止	
	④无控股股东、实际控制人的，应参照对发行人控股股东及实际控制人的要求披露对发行人有重大影响的股东情况
（7）发行人应披露有关股本的情况，主要包括	
①本次发行前的总股本、本次发行的股份，以及本次发行的股份占发行后总股本的比例	①本次发行前的总股本、本次发行及公开发售的股份，以及本次发行及公开发售的股份占发行后总股本的比例
②前十名股东	②本次发行前后的前十名股东
③前十名自然人股东及其在发行人处担任的职务	③本次发行前后的前十名自然人股东及其在发行人处担任的职务
④发行人股本有国有股份或外资股份的，应根据有关主管部门对股份设置的批复文件披露相应的股东名称、持股数量、持股比例。涉及国有股的，应在国有股东之后标注"SS"（State-owned Shareholder的缩写），披露前述标识的依据及标识的含义，并披露国有股转持情况	
⑤股东中的战略投资者持股及其简况	⑤最近一年发行人新增股东的持股数量及变化情况、取得股份的时间、价格和定价依据。属于战略投资者的，应予以注明并说明具体的战略关系。新增股东为法人的，应披露其主要股东及实际控制人；为自然人的，应披露国籍、拥有永久境外居留权情况（如有）、身份证号码；为合伙企业的，应披露其普通合伙人及实际控制人、有限合伙人（如有）的情况
⑥本次发行前各股东间的关联关系及关联股东的各自持股比例	

续表

主板	创业板
⑦本次发行前股东所持股份的流通限制和自愿锁定股份的承诺	⑦发行人股东公开发售股份的，应披露公开发售股份对发行人的控制权、治理结构及生产经营产生的影响，并提示投资者关注上述事项
⑧发行人曾存在工会持股、职工持股会持股、信托持股、委托持股或股东数量超过二百人的，应详细披露有关股份的形成原因及演变情况；进行过清理的，应当说明是否存在潜在问题和风险隐患，以及有关责任的承担主体等	⑧发行人应披露正在执行的对其董事、监事、高级管理人员、其他核心人员、员工实行的股权激励（如员工持股计划、限制性股票、股票期权）及其他制度安排和执行情况
⑨发行人应简要披露员工及其社会保障情况，主要包括：员工人数及变化情况、员工专业结构、员工受教育程度、员工年龄分布、发行人执行社会保障制度、住房制度改革、医疗制度改革情况	⑨发行人应简要披露员工情况，主要包括员工人数及最近三年变化情况、员工专业结构
⑩发行人应披露持有5%以上股份的主要股东以及作为股东的董事、监事、高级管理人员作出的重要承诺及其履行情况	⑩发行人应充分披露发行人，发行人的股东、实际控制人，发行人的董事、监事、高级管理人员及其他核心人员以及本次发行的保荐人及证券服务机构等作出的重要承诺、履行情况以及未能履行承诺的约束措施，承诺事项及其约束措施应当合法合理、具体明确，具备可操作性

【注1】另外，1号准则规定，如发行过内部职工股，发行人应披露以下情况：

①内部职工股的审批及发行情况，包括审批机关、审批日期、发行数量、发行方式、发行范围、发行缴款及验资情况。

②本次发行前的内部职工股托管情况，包括托管单位、前十名自然人股东名单、持股数量及比例、应托管数量、实际托管数量、托管完成时间、未托管股票数额及原因、未托管股票的处理办法。省级人民政府对发行人内部职工股托管情况及真实性的确认情况。

③发生过的违法违规情况，包括超范围和超比例发行的情况，通过增发、配股、国家股和法人股转配等形式变相增加内部职工股的情况，内部职工股转让和交易中的违法违规情况，法人股个人化的情况，这些违法违规行为的纠正情况及省级人民政府对清理、纠正情况的确认意见。

④对尚存在内部职工股潜在问题和风险隐患的，应披露有关责任的承担主体等。

【注2】注意关注上表"（3）"中28号准则"发行人最近1年及1期内收购兼并其他企业资产（或股权）且被收购企业资产总额或营业收入或净利润超过收购前发行人相应项目20%（含）的，应披露被收购企业收购前一年利润表的主要数据"的规定，1号准则在"财务会计信息"中作出了同样的规定，见下文"10.财务会计信息"中"（6）"的规定。注意是1年1期，非3年1期。

【注3】上表中"（5）"、"（6）"中"及其与发行人主营业务的关系"是创业板的规定，主板不包含括号中的这个规定。"（6）"中括号里的"发起人"是主板的规定，创业板没有。

6. 业务和技术

主板	创业板
（1）发行人应披露其主营业务、主要产品（或服务）及设立以来的变化情况。包括：①主要产品或服务的用途；②主要经营模式，包括采购模式、生产模式和销售模式；③主要产品的工艺流程图或服务的流程图 　　发行人从事多种业务和产品（或服务）生产经营的，业务和产品（或服务）分类的口径应前后一致。如果发行人的主营业务和产品（或服务）分属不同行业，则应按不同行业分别披露相关信息	（1）发行人应清晰、准确、客观地披露主营业务、主要产品或服务的情况，包括：①主营业务、主要产品或服务的基本情况，主营业务收入的主要构成；②主要经营模式，如盈利模式、采购模式、生产或服务模式、营销及管理模式等，分析采用目前经营模式的原因、影响经营模式的关键因素以及经营模式和影响因素在报告期内的变化情况及未来变化趋势；发行人的业务及其模式具有创新性的，还应披露其独特性、创新性及持续创新机制；③设立以来主营业务、主要产品或服务、主要经营模式的演变情况；④主要产品的工艺流程图或服务的流程图
（2）发行人应披露其所处行业的基本情况，包括但不限于	（2）发行人应结合所处行业基本情况披露其竞争状况，主要包括
①行业主管部门、行业监管体制、行业主要法律法规及政策等	①行业主管部门、行业监管体制、行业主要法律法规和政策及对发行人经营发展的影响等
②行业竞争格局和市场化程度、行业内的主要企业和主要企业的市场份额、进入本行业的主要障碍、市场供求状况及变动原因、行业利润水平的变动趋势及变动原因等；行业技术水平及技术特点、行业特有的经营模式、行业的周期性、区域性或季节性特征等；发行人在行业中的竞争地位，包括发行人的市场占有率、近3年的变化情况及未来变化趋势，主要竞争对手的简要情况等	②结合行业竞争格局、市场化程度、行业内主要企业情况、行业特有的经营模式及盈利模式，披露发行人产品或服务的市场地位、技术水平及特点、竞争优势与劣势，以及上述情况在最近3年的变化情况及未来可预见的变化趋势
③影响行业发展的有利和不利因素，如产业政策、技术替代、行业发展瓶颈、国际市场冲击等	
④发行人所处行业与上下游行业之间的关联性，上下游行业发展状况对本行业及其发展前景的有利和不利影响	④发行人与上下游行业之间的关系
⑤出口业务比例较大的发行人，还应披露产品进口国的有关进口政策、贸易摩擦对产品进口的影响，以及进口国同类产品的竞争格局等情况	
（3）发行人应披露销售情况和主要客户，包括 ①报告期内各期主要产品或服务的规模（产能、产量、销量，或服务能力、服务量）、销售收入，产品或服务的主要客户群体、销售价格的总体变动情况。（存在多种销售模式的，应披露各销售模式的规模及占当期销售总额的比重）②报告期内各期向前5名客户合计的销售额占当期销售总额的百分比，向单个客户的销售比例超过总额的50%、（前5名客户中新增的客户）或严重依赖于少数客户的，应披露其名称或姓名、销售比例。该客户为发行人关联方的，则应披露产品最终实现销售的情况。受同一实际控制人控制的销售客户，应合并计算销售额 【注】如前五名客户中的×公司是发行人的关联方，则应披露×公司向发行人购买的产品最终实现销售的情况	

续表

主板	创业板
（4）发行人应披露采购情况和主要供应商，包括	
①报告期内主要产品的原材料和能源及其供应情况，主要原材料和能源的价格变动趋势、主要原材料和能源占成本的比重	①报告期内采购产品、原材料、能源或接受服务的情况，相关价格变动趋势
②报告期内各期向前5名供应商合计的采购额占当期采购总额的百分比，向单个供应商的采购比例超过总额的50%、（前5名供应商中新增的供应商）或严重依赖于少数供应商的，应披露其名称或姓名、采购比例。受同一实际控制人控制的供应商，应合并计算采购额。 【注】注意，并无如供应商是关联方应向供应商上游供应商追踪披露的规定	
（5）发行人应按对业务经营的重要性程度列表披露与其业务相关的主要固定资产、无形资产等资源要素，主要包括：①经营使用的主要生产设备、房屋建筑物，披露取得和使用情况、成新率或尚可使用年限、在发行人及下属企业的分布情况以及设备大修或技术改造的周期、计划实施安排及对公司经营的影响；②主要无形资产情况，主要包括商标、已取得的专利、非专利技术、土地使用权、水面养殖权、探矿权、采矿权等的数量、取得方式和时间、使用情况以及目前的法律状态，披露使用期限或保护期、最近一期末账面价值，以及上述资产对发行人生产经营的重要程度；③其他对发行人经营发生作用的资源要素。发行人允许他人使用自己所有的资源要素，或作为被许可方使用他人资源要素的，应简要披露许可合同的主要内容，包括许可人、被许可人、许可使用的具体资源要素内容、许可方式、许可年限、许可使用费等，以及合同履行情况。若发行人所有或使用的资源要素存在纠纷或潜在纠纷的，应明确说明	
（6）发行人应披露拥有的特许经营权的情况，主要包括特许经营权的取得情况，特许经营权的期限、费用标准，对发行人持续生产经营的影响	
（7）发行人应披露主要产品生产技术所处的阶段，如处于基础研究、试生产、小批量生产或大批量生产阶段。发行人应披露正在从事的研发项目及进展情况、拟达到的目标，最近3年及1期研发费用占营业收入的比例等。与其他单位合作研发的，还需说明合作协议的主要内容、研究成果的分配方案及采取的保密措施等。发行人应披露保持技术不断创新的机制、技术储备及技术创新的安排等	（7）发行人应披露其主要产品或服务的核心技术及技术来源，说明技术属于原始创新、集成创新或引进消化吸收再创新的情况，披露核心技术与已取得的专利及非专利技术的对应关系，以及在主营业务及产品或服务中的应用，并披露核心技术产品收入占营业收入的比例。发行人应披露最近3年及1期研发费用的构成、占营业收入的比例。与其他单位合作研发的，还需说明合作协议的主要内容、研究成果的分配方案及采取的保密措施等。发行人应披露其核心技术人员、研发人员占员工总数的比例，所取得的专业资质及重要科研成果和获得的奖项，披露最近两年核心技术人员的主要变动情况及对发行人的影响
（8）发行人若在中华人民共和国境外进行生产经营，应对有关业务活动进行地域性分析。若发行人在境外拥有资产，应详细披露该资产的具体内容、资产规模、所在地、经营管理和盈利情况等	

续表

主板	创业板
（9）发行人应披露董事、监事、高级管理人员和核心技术人员，主要关联方或持有发行人5%以上股份的股东在上述供应商或客户中所占的权益。若无，也应说明	（9）发行人应披露发行当年和未来三年的发展规划及拟采取的措施。发行人披露的发展规划应当具体明确，合理说明发展规划所依据的假设条件，实施过程中可能面临的主要困难，确保实现发展规划采用的方法或途径。发行人应声明在上市后通过定期报告公告发展规划的实施情况。发行人披露的发展规划、措施以及相应的分析，应与招股说明书其他相关内容相衔接
（10）存在高危险、重污染情况的，应披露安全生产及污染治理情况、因安全生产及环境保护原因受到处罚的情况、近三年相关费用成本支出及未来支出情况，说明是否符合国家关于安全生产和环境保护的要求	
（11）发行人应披露主要产品和服务的质量控制情况，包括质量控制标准、质量控制措施、出现的质量纠纷等	【注】1号准则在"业务发展目标"中作出相应规定
（12）发行人名称冠有"高科技"或"科技"字样的，应说明冠以此名的依据	

【注1】上表"（3）"中的"存在多种销售模式的，应披露各销售模式的规模及占当期销售总额的比重"和"前5名客户中新增的客户"及"（4）"中的"前5名供应商中新增的供应商"均是创业板相对主板多出的内容。

【注2】上表"（5）"是28号准则（即创业板）的表述，1号准则表述内容基本相同，对于文中"资源要素"，1号准则表述为"资产"，无实质性区别。

【注3】上表（1）～（8）对于两个板块规定一致的，合并进行了说明，不一致的，进行了对比分析，但这些不一致仅是语言表述上的差异，无实质性规定差异。

【注4】上表中创业板的（9）并非与主板的（9）～（12）在内容上对应，而是主板相对于创业板规定多出其（9）～（12），创业板相对主板多出其（9），此处"（9）"中的规定对应主板"业务发展目标"的规定，见"12.业务发展目标"。需要注意的是（12），创业板没有这个要求。参考案例汉王科技（002363）、蓝思科技（300433）。

7. 同业竞争与关联交易

主板	创业板
（1）发行人应披露已达到发行监管对公司独立性的下列基本要求：①资产完整；②人员独立方面；③财务独立方面；④机构独立方面；⑤业务独立方面	
（2）发行人应披露是否存在与控股股东、实际控制人及其控制的其他企业从事相同、相似业务的情况。对存在相同、相似业务的，发行人应对是否存在同业竞争作出合理解释	
（3）发行人应披露控股股东、实际控制人作出的避免同业竞争的承诺	
（4）发行人应根据《公司法》和《企业会计准则》的相关规定披露关联方、关联关系和关联交易	
（5）发行人应根据交易的性质和频率，按照经常性和偶发性分类披露关联交易及关联交易对其财务状况和经营成果的影响。购销商品、提供劳务等经常性的关联交易，应分别披露最近3年及1期关联交易方名称、交易内容、交易金额、交易价格的确定方法、占当期营业收入或营业成本的比重、占当期同类型交易的比重以及关联交易增减变化的趋势，与交易相关应收应付款项的余额及增减变化的原因，以及上述关联交易是否仍将持续进行。偶发性的关联交易，应披露关联交易方名称、交易时间、交易内容、交易金额、交易价格的确定方法、资金的结算情况、交易产生利润及对发行人当期经营成果的影响、交易对公司主营业务的影响	

续表

主板	创业板
（6）发行人应披露是否在章程中对关联交易决策权力与程序作出规定。公司章程是否规定关联股东或利益冲突的董事在关联交易表决中的回避制度或作必要的公允声明。发行人应披露最近3年及1期发生的关联交易是否履行了公司章程规定的程序，以及独立董事对关联交易履行的审议程序是否合法及交易价格是否公允的意见	（6）发行人应披露报告期内发生的关联交易是否履行公司章程规定的程序，披露独立董事对关联交易履行的审议程序是否合法及交易价格是否公允的意见
（7）发行人应披露拟采取的减少关联交易的措施	（7）发行人应披露报告期内所发生的全部关联交易的简要汇总表

　　【注1】关于"（1）"中对独立性的要求，具体要求及注解详见本节"一、条件和要求"中的具体规定，此处不再赘述。

　　【注2】上表（1）～（5）规定完全一致；整体来说，本部分内容考点在独立性上，归入"条件和要求"部分掌握。

8. 董事、监事、高级管理人员与核心技术人员

主板	创业板
（1）发行人应披露董、监、高及核心技术人员的简要情况，主要包括 ①姓名、国籍及境外居留权；②性别；③年龄；④职称；⑤曾经担任的重要职务及任期；⑥现任职务及任期	
⑦学历	⑦学历及专业背景
⑧主要业务经历	⑧主要业务经历及实际负责的业务活动；对发行人设立、发展有重要影响的董事、监事、高级管理人员及其他核心人员，还应披露其创业或从业历程
⑨对于董事、监事，应披露其提名人，并披露上述人员的选聘情况	⑨对于董事、监事，应披露其提名人；对于董事、监事、高级管理人员，还应披露其了解股票发行上市相关法律法规及其法定义务责任的情况
⑩对核心技术人员还应披露其主要成果及获得的奖项	⑩兼职情况及所兼职单位与发行人的关联关系 ⑪兼职情况及所兼职单位与发行人的关联关系
（3）发行人应列表披露董、监、高、核心技术人员及其近亲属以任何方式直接或间接持有发行人股份的情况、持有人姓名，近三年所持股份的增减变动以及所持股份的质押或冻结情况	（3）发行人应列表披露董事、监事、高级管理人员、其他核心人员及其近亲属以任何方式直接或间接持有发行人股份的情况、持有人姓名及所持股份的质押或冻结情况
（4）发行人应披露董、监、高及其他核心人员对外投资情况，包括投资金额、持股比例、有关承诺和协议，对于存在利益冲突情形的，应披露解决情况，不存在的，则应予以说明	

续表

主板	创业板
（5）发行人应披露董、监、高及核心技术人员最近一年从发行人及其关联企业领取收入的情况，以及所享受的其他待遇和退休金计划等	（6）发行人应披露董、监、高及其他核心人员的薪酬组成、确定依据、所履行的程序及最近三年内薪酬总额占各期发行人利润总额的比重，最近一年从发行人及其关联企业领取收入的情况，以及所享受的其他待遇和退休金计划等
（7）发行人应披露与董、监、高及核心技术人员所签订的协议，董、监、高及核心技术人员作出的重要承诺，以及有关协议或承诺的履行情况	（7）发行人应披露与董、监、高及其他核心人员所签订的协议，以及有关协议的履行情况
（8）发行人董、监、高在近三年内曾发生变动的，应披露变动情况和原因	（8）发行人董、监、高在近两年内曾发生变动的，应披露变动情况和原因

【注1】1号准则除上述（1）～（8）规定外，另外还规定：（1）发行人应披露董事、监事、高级管理人员及核心技术人员的兼职情况及所兼职单位与发行人的关联关系。没有兼职的，应予以声明。（2）发行人应披露董事、监事、高级管理人员及核心技术人员相互之间存在的亲属关系。（3）发行人应披露董事、监事、高级管理人员是否符合法律法规规定的任职资格。这三点规定尽管28号准则中未明确列示，但创业板也应当同样披露。

【注2】适当留意上表"（3）"和"（8）"中的两个板块规定的区别。

9. 公司治理

主板	创业板
（1）发行人应披露股东大会、董事会、监事会、独立董事、董事会秘书制度的建立健全及运行情况，说明上述机构和人员履行职责的情况。发行人应披露战略、审计、提名、薪酬与考核等各专门委员会的设置情况	（1）发行人应披露股东（大）会、董事会、监事会、独立董事、董事会秘书以及审计委员会等机构和人员的运行及履职情况。包括披露报告期内发行人公司治理存在的缺陷及改进情况、报告期内发行人股东（大）会、董事会、监事会的实际运行情况、独立董事出席董事会等履职情况、审计委员会及其他专门委员会的人员构成及运行情况
（2）发行人应披露近三年内是否存在违法违规行为，若存在违法违规行为，应披露违规事实和受到处罚的情况，并说明对发行人的影响；若不存在违法违规行为，应明确声明	
（3）发行人应披露近三年内是否存在资金被控股股东、实际控制人及其控制的其他企业占用的情况，或者为控股股东、实际控制人及其控制的其他企业担保的情况；若不存在资金占用和对外担保，应明确声明	
（4）发行人应披露公司管理层对内部控制完整性、合理性及有效性的自我评估意见以及注册会计师对公司内部控制的鉴证意见。注册会计师指出公司内部控制存在缺陷的，应予披露并说明改进措施	

【注1】上述（1）～（4）主板与创业板的规定基本一致，无实质性差异。

【注2】28号准则除上表中（1）～（4）规定外，关于公司治理，另外还有如下规定：

（1）发行人应披露资金管理、对外投资、担保事项的政策及制度安排，说明决策权限及程序等规定，并说明最近三年的执行情况。

（2）发行人应披露投资者权益保护的情况，说明在保障投资者尤其是中小投资者依法享有获取公司信息、享有资产收益、参与重大决策和选择管理者等权利方面采取的措施，主要包括：

①建立健全内部信息披露制度和流程。

②完善股东投票机制。建立累计投票制选举公司董事，中小投资者单独计票等机制，对法定事项采取网络投票方式召开股东大会进行审议表决。

③其他保护投资者合法权益的措施。

【注3】上述"注2"中的规定，尽管1号准则未明确列示，但主板也应当同样披露。

10. 财务会计信息

主板	创业板
（1）发行人运行3年以上的，应披露最近3年及1期的资产负债表、利润表和现金流量表；运行不足3年的，应披露最近3年及1期的利润表以及设立后各年及最近1期的资产负债表和现金流量表。发行人编制合并财务报表的，应同时披露合并财务报表和母公司财务报表	（1）发行人应披露最近3年及1期的资产负债表、利润表和现金流量表。发行人编制合并财务报表的，应披露合并财务报表
（2）发行人应披露会计师事务所的审计意见类型。财务报表被出具带强调事项段的无保留审计意见的，应全文披露审计报告正文以及董事会、监事会及注册会计师对强调事项的详细说明	（2）发行人应披露会计师事务所的审计意见类型
（3）发行人应披露财务报表的编制基础、合并财务报表范围及变化情况。发行人运行不足三年的，应披露设立前利润表编制的会计主体及确定方法；存在剥离调整的，还应披露剥离调整的原则、方法和具体剥离情况（1号准则）	
（4）发行人应结合业务特点充分披露报告期内采用的主要会计政策和会计估计。发行人重大会计政策或会计估计与可比上市公司存在较大差异的，应分析重大会计政策或会计估计的差异产生的原因及对公司利润产生的影响	
（5）发行人的财务报表中包含了分部信息的，应披露分部信息	（5）发行人财务报表包含了分部信息的，应披露分部信息。编制合并财务报表的，分部信息的披露应当以合并财务报表为基础。分部信息应当与合并财务报表或发行人财务报表中的总额信息相衔接。发行人分析公司财务会计信息时，应当利用分部信息
（6）发行人最近1年及1期内收购兼并其他企业资产（或股权），且被收购企业资产总额或营业收入或净利润超过收购前发行人相应项目20%（含）的，应披露被收购企业收购前一年利润表（1号准则）	
（7）发行人应依据经注册会计师核验的非经常性损益明细表，以合并财务报表的数据为基础，披露最近3年及1期非经常性损益的具体内容、金额及对当期经营成果的影响，并计算最近3年及1期扣除非经常性损益后的净利润金额	
（8）发行人应扼要披露最近一期末主要固定资产类别、折旧年限、原价、净值；对外投资项目及各项投资的投资期限、初始投资额、期末投资额、股权投资占被投资方的股权比例及会计核算方法，编制合并报表时采用成本法核算的长期股权投资按照权益法进行调整的方法及影响金额（1号准则）	

主板	创业板
（9）发行人应扼要披露最近一期末主要无形资产的取得方式、初始金额、摊销年限及确定依据、摊余价值及剩余摊销年限。无形资产的原始价值是以评估值作为入账依据的，还应披露资产评估机构名称及主要评估方法（1号准则）	
（10）发行人应结合自身业务特点深入分析影响收入、成本、费用和利润的主要因素，以及对发行人具有核心意义，或其变动对业绩变动具有较强预示作用的财务或非财务指标。分析报告期内上述因素和指标对财务状况和盈利能力的影响程度，并分析其对公司未来财务状况和盈利能力可能产生的影响；目前已经存在新的趋势或变化，可能对公司未来财务状况和盈利能力产生重大影响的，应分析具体的影响（28号准则）	
（11）发行人信息披露应当满足及时性要求，应当披露财务报告审计基准日至招股说明书签署日之间的相关财务信息。发行人应明确提醒投资者公司已披露财务报告审计基准日后的主要财务信息和经营状况，注明相关财务信息是否经过审计或审阅，并作"重大事项提示"。若审计基准日后存在发行人经营状况恶化、经营业绩下降等不利变化的，应明确披露相关风险并说明原因 【注】此为28号准则的特殊规定	
（12）发行人应披露报告期内执行的主要税收政策、缴纳的主要税种，并按税种分项说明执行的法定税率。存在税负减免的，应按税种分项说明相关法律法规或政策依据、批准机关、批准文号、减免幅度及有效期限（28号准则）	
（13）发行人应扼要披露会计报表附注中的期后事项、或有事项及其他重要事项	（13）发行人应扼要披露会计报表附注中的资产负债表日后事项、或有事项及其他重要事项，并结合目前存在重大担保、诉讼、其他或有事项和重大资产负债表日后事项的情况，说明对发行人财务状况、盈利能力及持续经营的影响
（14）发行人应列表披露最近3年及1期的主要财务指标。主要包括流动比率、速动比率、资产负债率（母公司）、应收账款周转率、存货周转率、息税折旧摊销前利润、（归属于发行人股东的净利润、归属于发行人股东扣除非经常性损益后净利润）、利息保障倍数、每股经营活动产生的现金流量、每股净现金流量、基本每股收益、稀释每股收益、归属于发行人股东的每股净资产、净资产收益率、无形资产（扣除土地使用权、水面养殖权和采矿权等后）占净资产的比例。除特别指出外，上述财务指标应以合并财务报表的数据为基础进行计算。其中，净资产收益率和每股收益的计算应执行中国证监会的有关规定	
（15）如果发行人认为提供盈利预测报告将有助于投资者对发行人及投资于发行人的股票作出正确判断，且发行人确信有能力对最近的未来期间的盈利情况作出比较切合实际的预测，发行人可以披露盈利预测报告（发行人本次募集资金拟用于重大资产购买的，则应当披露发行人假设按预计购买基准日完成购买的盈利预测报告及假设发行当年1月1日完成购买的盈利预测报告）	
（16）发行人披露盈利预测报告的，应声明："本公司盈利预测报告是管理层在最佳估计假设的基础上编制的，但所依据的各种假设具有不确定性，投资者进行投资决策时应谨慎使用。"	
（17）发行人披露的盈利预测报告应包括盈利预测表及其说明。盈利预测表的格式应与利润表一致，其中预测数应分栏列示已审实现数、未审实现数、预测数和合计数。（需要编制合并财务报表的发行人，应分别编制母公司盈利预测表和合并盈利预测表）盈利预测说明应包括编制基准、所依据的基本假设及其合理性、与盈利预测数据相关的背景及分析资料等。盈利预测数据包含了特定的财政税收优惠政策或非经常性损益项目的，应特别说明	

续表

主板	创业板
（18）发行境内上市外资股和境外上市外资股的发行人，由于在境内外披露的财务会计资料所采用的会计准则不同，导致净资产或净利润存在差异的，发行人应披露财务报表差异调节表，并注明境外会计师事务所的名称。境内外会计师事务所的审计意见类型存在差异的，还应披露境外会计师事务所的审计意见类型及差异原因（1 号准则）	
（19）发行人在设立时以及在报告期内进行资产评估的，应扼要披露资产评估机构名称及主要评估方法，资产评估前的账面值、评估值及增减情况，增减变化幅度较大的，应说明原因	
（20）发行人应扼要披露设立时及以后历次验资报告，简要说明历次资本变动与资金到位情况	

【注 1】28 号准则对应的标题为"财务信息与管理层分析"，此处为方便与 1 号准则对比说明，将其分拆为"财务会计信息"及下文的"管理层讨论与分析"分别进行说明。

【注 2】"（14）"括号中的"归属于发行人股东的净利润、归属于发行人股东扣除非经常性损益后的净利润"是 28 号准则多出的，1 号准则虽未明确列示，也应予以披露；"（15）"括号中的"发行人本次募集资金拟用于重大资产购买的，则应当披露发行人假设按预计购买基准日完成购买的盈利预测报告及假设发行当年 1 月 1 日完成购买的盈利预测报告"及"（17）"括号中的"需要编制合并财务报表的发行人，应分别编制母公司盈利预测表和合并盈利预测表"是 1 号准则多出的，28 号准则虽未明确列示，也应披露。

【注 3】"（6）"是 1 号准则此处明确规定的内容，28 号准则在"发行人基本情况"中作出了同样的规定，见"5. 发行人基本情况"中"（3）"的规定。

【注 4】上表"（4）"中"发行人重大会计政策或会计估计与可比上市公司存在较大差异的，应分析重大会计政策或会计估计的差异产生的原因及对公司利润产生的影响"是 1 号准则"管理层讨论与分析"中的规定。

【注 5】"（3）"、"（8）"、"（9）"、"（18）"是 1 号准则明确规定的内容，28 号准则虽未明确列示，也应按要求披露；"（10）"、"（12）"是 28 号准则明确规定的内容，1 号准则虽未明确列示，也应按要求披露。

11. 管理层讨论与分析

主板	创业板
（1）发行人应主要依据最近 3 年及 1 期的合并财务报表分析扼露发行人财务状况、盈利能力及现金流量的报告期内情况及未来趋势	
①分析不应仅限于财务因素，还应包括非财务因素；②不应仅以引述方式重复财务报表的内容，应选择使用逐年比较、与同行业对比分析等便于理解的形式进行分析（选择同行业公司对比分析时，发行人应披露选择相关公司的原因，分析所选公司与发行人之间的可比性。发行人分析时应结合公司业务情况，将财务信息与非财务信息进行相互印证）	
（2）财务状况分析一般应包括以下内容	
①发行人应披露公司资产、负债的主要构成，分析说明主要资产的减值准备提取情况是否与资产质量实际状况相符；最近 3 年及 1 期资产结构、负债结构发生重大变化的，发行人还应分析说明导致变化的主要因素	

续表

主板	创业板
②发行人应分析披露最近 3 年及 1 期流动比率、速动比率、资产负债率、息税折旧摊销前利润及利息保障倍数的变动趋势，并结合公司的现金流量状况、在银行的资信状况、可利用的融资渠道及授信额度、表内负债、表外融资情况及或有负债等情况，分析说明公司的偿债能力	②发行人应披露最近 3 年及 1 期末应收款项的账面原值、坏账准备、账面价值，结合应收款项的构成、比例、账龄、信用期、主要债务人等，分析说明报告期内应收款项的变动情况及原因；披露最近 3 年及 1 期末应收账款中主要客户的应收账款金额、占比及变化情况，新增主要客户的应收账款金额及占比情况
③发行人应披露最近 3 年及 1 期应收账款周转率、存货周转率等反映资产周转能力的财务指标的变动趋势，并结合市场发展、行业竞争状况、公司生产模式及物流管理、销售模式及赊销政策等情况，分析说明公司的资产周转能力	③发行人应披露最近 3 年及 1 期末存货的类别、账面价值、存货跌价准备，结合存货的构成、比例等，分析说明报告期内存货的变动情况及原因；如发行人期末存货余额较大，周转率较低，应结合业务模式、市场竞争情况和行业发展趋势等因素披露原因，同时分析并披露发行人的存货减值风险
④发行人最近一期末持有金额较大的交易性金融资产、可供出售的金融资产、借与他人款项、委托理财等财务性投资的，应分析其投资目的、对发行人资金安排的影响、投资期限、发行人对投资的监管方案、投资的可回收性及减值准备的计提是否充足	【注】"①"中以 1 号准则表述为准，28 号准则表述基本一致。1 号准则与 28 号准则关于"②"、"③"的规定可认为整体是一致的，无实质性差异。"④"是 1 号准则明文的规定，28 号虽未明确，但也应按要求分析
⑤发行人应扼要披露最近一期末的主要债项，包括主要的银行借款，对内部人员和关联方的负债，主要合同承诺的债务、或有债项的金额、期限、成本，票据贴现、抵押及担保等形成的或有负债情况。有逾期未偿还债项的，应说明其金额、利率、贷款资金用途、未按期偿还的原因、预计还款期等（结合主要债项的构成、比例、借款费用资本化情况、用途等，分析说明报告期内债项的变动情况及原因。发行人应分析可预见的未来需偿还的负债金额及相应利息金额，并结合公司的现金流量状况、在银行的资信状况、可利用的融资渠道及授信额度、表内负债、表外融资情况及或有负债等情况，分析公司的偿债能力和流动性风险） 【注】括号中是 28 号准则多出的文字描述，无实质性差异	
⑥发行人应披露所有者权益变动表，扼要披露报告期内各期末股东权益的情况，包括股本、资本公积、盈余公积、未分配利润及少数股东权益的情况	⑥发行人应扼要披露报告期内各期末股东权益的情况，包括股本、资本公积、盈余公积、未分配利润及少数股东权益的情况。发行人应分析说明报告期内股东权益各项目的变动情况及原因
（3）盈利能力分析一般应包括以下内容	
①发行人应按照利润表项目逐项分析最近 3 年及 1 期经营成果变化的原因，对于变动幅度较大的项目应重点说明	
②发行人应列表披露最近 3 年及 1 期营业收入的构成及比例，并分别按产品（或服务）类别及业务、地区分部列示，分析营业收入增减变化的情况及原因；（披露主要产品或服务的销售价格、销售量的变化情况及原因）营业收入存在季节性波动的，应分析季节性因素对各季度经营成果的影响 【注】括号中是 28 号准则多出的文字描述，无实质性差异	
③发行人应结合最近 3 年及 1 期营业成本的主要构成情况，主要原材料和能源的采购数量及采购价格等，披露最近 3 年及 1 期发行人营业成本增减变化情况及原因 【注】此为 28 号准则规定，但同样适用主板	

续表

主板	创业板
④发行人应披露最近 3 年及 1 期销售费用、管理费用和财务费用的构成及变化情况；应披露最近 3 年及 1 期的销售费用率，如果与同行业可比上市公司的销售费用率存在显著差异，还应结合发行人的销售模式和业务特点分析差异的原因；应披露管理费用、财务费用占销售收入的比重，并解释异常波动的原因 【注】此为 28 号准则规定，但同样适用 1 号准则	
⑤发行人应依据所从事的主营业务、采用的经营模式及行业竞争情况，分析公司最近 3 年及 1 期利润的主要来源、可能影响发行人盈利能力连续性和稳定性的主要因素	⑤发行人应披露营业利润、利润总额和净利润金额，分析发行人净利润的主要来源及净利润增减变化情况及原因
⑥发行人主要产品的销售价格或主要原材料、燃料价格频繁变动且影响较大的，应针对价格变动对公司利润的影响作敏感性分析	
⑦发行人应披露最近 3 年及 1 期的综合毛利率、分产品或服务的毛利率及变动情况；报告期内毛利率发生重大变化的，还应用数据说明相关因素对毛利率变动的影响程度（应与同行业上市公司中与发行人相同或相近产品或服务的毛利率对比，如存在显著差异，应结合发行人经营模式、产品销售价格和产品成本等，披露差异的原因及对净利润的影响） 【注】括号中是 28 号准则多出的文字描述，无实质性差异	
⑧发行人最近 3 年及 1 期非经常性损益、合并财务报表范围以外的投资收益对公司经营成果有重大影响的，应当分析原因及对公司盈利能力稳定性的影响（应披露报告期内收到的政府补助，披露其中金额较大项目的主要信息） 【注】括号中是 28 号准则多出的文字描述，无实质性差异	
⑨发行人应按税种分项披露最近 3 年及 1 期公司缴纳的税额，说明所得税费用（收益）与会计利润的关系；应披露最近 3 年及 1 期税收政策的变化及对发行人的影响，是否面临即将实施的重大税收政策调整及对发行人可能存在的影响 【注】此为 28 号准则规定，但同样适用主板	
【注】关于盈利能力的分析，28 号准则多出如下规定："发行人应分析并完整披露对其持续盈利能力产生重大不利影响的所有因素，包括报告期内实际发生以及未来可能发生的重大不利影响，披露保荐人对发行人是否具备持续盈利能力的核查结论意见，并在招股说明书首页作'重大事项提示'"	
（4）现金流量的分析一般应包括下列内容	
①发行人应扼要披露最近 3 年及 1 期经营活动产生的现金流量、投资活动产生的现金流量、筹资活动产生的现金流量的基本情况和变动原因，披露不涉及现金收支的重大投资和筹资活动及其影响	
②发行人最近 3 年及 1 期经营活动产生的现金流量净额为负数或者远低于当期净利润的，应分析披露原因	
③发行人应披露最近 3 年及 1 期重大的资本性支出情况；如果资本性支出导致公司固定资产大规模增加或进行跨行业投资的，应当分析资本性支出对公司主营业务和经营成果的影响 【注】此为 1 号准则规定，但同样适用创业板	
④发行人应披露未来可预见的重大资本性支出计划及资金需求量；未来资本性支出计划跨行业投资的，应说明其与公司未来发展战略的关系	

续表

主板	创业板
（5）发行人应披露本次募集资金到位当年发行人每股收益相对上年度每股收益的变动趋势。计算每股收益应按照《公开发行证券的公司信息披露编报规则第 9 号——净资产收益率和每股收益的计算及披露》的规定分别计算基本每股收益和稀释每股收益，同时扣除非经常性损益的影响	
（6）如果预计本次募集资金到位当年基本每股收益或稀释每股收益低于上年度，导致发行人即期回报被摊薄的，发行人应披露	
①董事会选择本次融资的必要性和合理性	
②本次募集资金投资项目与发行人现有业务的关系，发行人从事募集资金项目在人员、技术、市场等方面的储备情况	
③发行人同时应根据自身经营特点制定并披露填补回报的具体措施，增强发行人持续回报能力	
（7）发行人应披露董事、高级管理人员根据中国证监会相关规定对公司填补回报措施能够得到切实履行作出的承诺	
（8）发行人目前存在重大担保、诉讼、其他或有事项和重大期后事项的，应说明对发行人财务状况、盈利能力及持续经营的影响 【注】此为 1 号准则规定，但同样适用创业板	
（9）发行人应结合其在行业、业务经营方面存在的主要优势及困难，谨慎、客观地对公司财务状况和盈利能力的未来趋势进行分析。对报告期内已对公司财务状况和盈利能力有重大影响的因素，应分析该等因素对公司未来财务状况和盈利能力可能产生的影响；如果目前已经存在新的趋势或变化，可能对公司未来财务状况和盈利能力产生重大影响的，应分析影响情况 【注】此为 1 号准则规定，但同样适用创业板	

　　【注】此部分规定，两个准则的要求整体一致，无实质性区别。考试时往往喜欢考创业板，需重点关注上表（1）、（6）、（7）的规定。

12. 业务发展目标

　　关于业务发展目标，主板专门在此主题下作出规定，创业板未设此主题，在"业务与技术"中作出相应规定。

主板	创业板
（1）发行人应披露发行当年和未来两年的发展计划，包括提高竞争能力、市场和业务开拓、筹资等方面的计划	（1）发行人应披露发行当年和未来三年的发展规划及拟采取的措施
（2）发行人披露的发展计划应当具体，并应说明拟定上述计划所依据的假设条件，实施上述计划可能面临的主要困难，以及确保实现上述发展计划拟采用的方式、方法或途径	（2）发行人披露的发展规划应当具体明确，合理说明发展规划所依据的假设条件，实施过程中可能面临的主要困难，确保实现发展规划采用的方法或途径
（3）发行人应披露上述业务发展计划与现有业务的关系。若实现上述计划涉及与他人合作的，应对合作方及合作条件予以说明	（3）发行人应声明在上市后通过定期报告公告发展规划的实施情况
（4）发行人可对其产品、服务或者业务的发展趋势进行预测，但应采取审慎态度，并披露有关的假设基准等。涉及盈利预测的，应遵循盈利预测的相关规定	（4）发行人披露的发展规划、措施以及相应的分析，应与招股说明书其他相关内容相衔接

【注】重点注意下上表中"（1）"的规定，注意主板是"未来 2 年"，创业板是"未来 3 年"。

13. 募集资金运用

主板	创业板
（1）发行人应披露预计募集资金数额，募集资金原则上应用于主营业务。按投资项目的轻重缓急顺序，列表披露预计募集资金投入的时间进度及项目履行的审批、核准或备案情况；若所筹资金不能满足项目资金需求的，应说明缺口部分的资金来源及落实情况	（1）发行人募集资金应当围绕主营业务进行投资安排，列表简要披露募集资金使用的具体用途、预计募集资金数额、预计投资规模、预计投入的时间进度情况。发行人应根据重要性原则披露募集资金运用情况
（2）发行人应披露董事会对募集资金投资项目可行性的分析意见，并说明募集资金数额和投资项目与企业现有生产经营规模、财务状况、技术水平和管理能力等相适应的依据	
（3）募集资金用于偿还债务的，应披露债务产生的原因及用途、偿债的总体安排及对发行人财务状况、偿债能力和财务费用的具体影响	
（4）募集资金用于补充营运资金的，发行人应披露补充营运资金的必要性和管理运营安排，说明对公司财务状况及经营成果的影响和对提升公司核心竞争力的作用	
（5）发行人使用自有资金或其他资金已先期投资于募集资金具体用途的，应披露募集资金具体用途的启动及进展情况、发行人已投资的资金来源、本次募集资金拟投资的资金数额 **【注】**此为 28 号准则明文规定，应同样适用主板	

【注1】注意上表"（1）"中创业板与主板规定的区别，主板按照"按投资项目的轻重缓急顺序"、创业板"根据重要性原则"披露募集资金运用情况。

【注2】注意（1）～（5）为 28 号准则关于募集资金运用的所有表述，考试喜欢考创业板的规定。

【注3】根据《发行监管问答——募集资金运用信息披露》，初审过程中，发行人需调整募集资金用途的，应履行相应的法律程序；已通过发审会的，发行人原则上不得调整募集资金项目，但可根据募投项目实际投资情况、成本变化等因素合理调整募集资金的需求量，并可以部分募集资金用于公司一般用途，但需在招股说明书中说明调整的原因。

【注4】1 号准则除上表中规定外，还包括如下规定：

（1）发行人应披露保荐人及发行人律师对募集资金投资项目是否符合国家产业政策、环境保护、土地管理以及其他法律、法规和规章规定出具的结论性意见。

注：此为 1 号准则特有规定。

（2）发行人应披露募集资金专项存储制度的建立及执行情况。

（3）发行人应披露募集资金投资项目实施后不产生同业竞争或者对发行人的独立性不产生不利影响。

（4）募集资金用于扩大现有产品产能的，发行人应结合现有各类产品在报告期内的产能、产量、销量、产销率、销售区域，项目达产后各类产品新增的产能、产量，以及本行业的发展趋势、有关产品的市场容量、主要竞争对手等情况对项目的市场前景进行详细的分析论证。募集资金用于新产品开发生产的，发行人应结合新产品的市场容量、主要竞争对手、行业发展趋势、技术保障、项目投产后新增产能情况，对项目的市场前景进行详细的分析论证。

（5）募集资金投入导致发行人生产经营模式发生变化的，发行人应结合其在新模式下的经营管理能力、技术准备情况、产品市场开拓情况等，对项目的可行性进行分析。

（6）发行人原固定资产投资和研发支出很少、本次募集资金将大规模增加固定资产投资或研发支出的，应充分说明固定资产变化与产能变动的匹配关系，并充分披露新增固定资产折旧、研发支出对发行人未来经营成果的影响。

（7）募集资金直接投资于固定资产项目的，发行人可视实际情况并根据重要性原则披露以下内容：

①投资概算情况，预计投资规模，募集资金的具体用途，包括用于购置设备、土地、技术以及补充流动资金等方面的具体支出。

②产品的质量标准和技术水平，生产方法、工艺流程和生产技术选择，主要设备选择，核心技术及其取得方式。

③主要原材料、辅助材料及燃料的供应情况。

④投资项目的建设完工进度、竣工时间及达产时间、产量、产品销售方式及营销措施。

⑤采取的环保措施以及环保设备和资金投入情况。

⑥投资项目的选址，拟占用土地的面积、取得方式及土地用途，投资项目有关土地使用权的取得方式、相关土地出让金、转让价款或租金的支付情况以及有关产权登记手续的办理情况。

⑦项目的组织方式、项目的实施进展情况。

（8）募集资金拟用于合资经营或合作经营的，除需披露上述（7）中的内容外，还应披露：

①合资或合作方的基本情况，包括名称、法定代表人、住所、注册资本、实收资本、主要股东、主营业务，与发行人是否存在关联关系；投资规模及各方投资比例；合资或合作方的出资方式；合资或合作协议的主要条款以及可能对发行人不利的条款。

②拟组建的企业法人的基本情况，包括设立、注册资本、主营业务、组织管理和控制情况。不组建企业法人的，应详细披露合作模式。

（9）募集资金拟用于向其他企业增资或收购其他企业股份的，应披露：

①拟增资或收购的企业的基本情况及最近1年及1期经具有证券期货相关业务资格的会计师事务所审计的资产负债表和利润表。

②增资资金折合股份或收购股份的评估、定价情况。

③增资或收购前后持股比例及控制情况。

④增资或收购行为与发行人业务发展规划的关系。

（10）募集资金拟用于收购资产的，应披露：

①拟收购资产的内容。

②拟收购资产的评估、定价情况。

③拟收购资产与发行人主营业务的关系。若收购的资产为在建工程的，还应披露在建工程的已投资情况、尚需投资的金额、负债情况、建设进度、计划完成时间等。募集资金向实际控制人、控股股东及其关联方收购资产，如果对被收购资产有效益承诺的，应披露效益无法完成时的补偿责任。

注：上述（2）～（10）尽管28号准则未明文规定，但应同样适用。

14. 股利分配政策

主板	创业板
（1）发行人应披露最近三年股利分配政策、实际股利分配情况以及发行后的股利分配政策	（1）发行人应披露最近3年及1期的实际股利分配情况以及发行后的股利分配政策
（2）发行人应披露本次发行完成前滚存利润的分配安排和已履行的决策程序。若发行前的滚存利润归发行前的股东享有，应披露滚存利润的审计和实际派发情况，同时在招股说明书首页对滚存利润中由发行前股东单独享有的金额以及是否派发完毕作"重大事项提示"	
（3）发行人已发行境外上市外资股的，应披露股利分配的上限为按中国会计准则和制度与上市地会计准则确定的未分配利润数字中较低者	

【注1】 关于股利分配政策，创业板未设此主题，而是在"管理层分析"中作出相应规定。上述（1）、（2）是28号准则"财务信息与管理层分析"中的规定。

【注2】 上表（3）是1号准则明文规定，28号准则未明文规定，但应同样适用。

15. 其他重要事项

主板	创业板
（1）发行人应披露交易金额在500万元以上或者虽未达到500万元但对生产经营活动、未来发展或财务状况具有重要影响的合同内容。主要包括：当事人的名称和住所；标的；数量；质量；价款或者报酬；履行期限；地点和方式；违约责任；解决争议的方法；对发行人经营有重大影响的附带条款和限制条件。总资产规模为10亿元以上的发行人，可视实际情况决定应披露的交易金额，但应在申报时说明	（1）发行人应披露正在履行的合同的金额或交易金额、所产生的营业收入或毛利额相应占发行人最近一个会计年度经审计的营业收入或营业利润的10%以上的合同以及其他对发行人生产经营活动、未来发展或财务状况具有重要影响的合同的基本情况，包括合同当事人、合同标的、合同价款或报酬、履行期限、实际履行情况等。与同一交易主体在一个会计年度内连续发生的相同内容或性质的合同应累计计算
（2）发行人应披露对外担保的有关情况，包括：①被担保人的名称、注册资本、实收资本、住所、生产经营情况、与发行人有无关联关系，以及最近一年及一期的总资产、净资产和净利润；②主债务的种类、金额和履行债务的期限；③担保方式：采用保证方式还是抵押、质押方式；采用抵押、质押方式的，应披露担保物的种类、数量、价值等相关情况；④担保范围；⑤担保期间；⑥解决争议的方法；⑦其他对担保人有重大影响的条款；⑧担保履行情况。发行人不存在对外担保的，应予说明	

主板	创业板
（3）发行人应披露对财务状况、经营成果、声誉、业务活动、未来前景等可能产生较大影响的诉讼或仲裁事项，主要包括：①案件受理情况和基本案情；②诉讼或仲裁请求；③判决、裁决结果及执行情况；④诉讼、仲裁案件对发行人的影响	
（4）发行人应披露控股股东或实际控制人、控股子公司，发行人董事、监事、高级管理人员和核心技术人员作为一方当事人的重大诉讼或仲裁事项	
（5）发行人应披露董事、监事、高级管理人员和核心技术人员涉及刑事诉讼的情况	

【注】适当注意"（1）"中两个准则规定的区别。适当注意（4）、（5）的规定。

16. 董事、监事、高级管理人员及有关中介机构声明

本部分内容1号、28号准则规定几乎完全相同，差异处仅体现为主板包括招股说明书及其摘要，创业板无"及其摘要"的规定，另外创业板多一个"及时性"的承诺，其他规定完全一致。

以下"人员"应在招股说明书正文的尾页进行相关声明，声明由相关人员签名，并由相关单位盖章，具体如下表所示。

声明人	声明内容	声明的签章
发行人全体董、监、高	本公司全体董、监、高承诺……	全体董、监、高签名＋发行人加盖公章
保荐人（主承销商）	本公司已……	法定代表人、保荐代表人、项目协办人签名＋保荐人（主承销商）加盖公章
律师（律所＋签字律师）	本所及签字的律师已……	经办律师、所在律师事务所负责人签名＋律师事务所加盖公章
会计师事务所（会所＋CPA）	本所及签字注册会计师已……	签字CPA、所在会计师事务所负责人签名＋会计师事务所加盖公章
资产评估机构（机构＋签字资产评估师）	本机构及签字的资产评估师已……	签字的资产评估师及资产评估机构负责人签名＋资产评估机构加盖公章
会计师事务所（会所＋CPA）	本所及签字注册会计师已……	签字CPA、所在验资机构负责人签名＋验资机构加盖公章

17. 备查文件

已在上文"（三）招股说明书（意向书）及摘要的编制和披露要求"作出说明，此处不再赘述。

【真题回顾（1509）】首次公开发行股票并上市，应在招股说明书上签字的有（　　）。

A. 发行人的董事　　　　　　　B. 发行人的监事

C. 发行人的董事会秘书　　　　D. 发行人的财务负责人

E. 保荐代表人

答案：ABCDE

【模拟练习】根据《公开发行证券的公司信息披露内容与格式规则第 28 号——创业板公司招股说明书》，下列关于募集资金披露的说法，正确的是（　　　）。

A. 如果预计本次募集资金到位当年基本每股收益或稀释每股收益低于上年度，导致发行人即期回报被摊薄的，发行人应披露本次募集资金投资项目与发行人现有业务的关系，同时应根据自身经营特点制定并披露填补回报的具体措施

B. 可不披露募集资金的使用的具体用途

C. 应根据轻重缓急原则披露募集资金的运用情况

D. 发行人使用自有资金或其他资金已先期投资于募集资金具体用途的，应披露募集资金具体用途的启动及进展情况、发行人已投资的资金来源、本次募集资金拟投资的资金数额

答案：AD

解析：B、C，发行人募集资金应当围绕主营业务进行投资安排，列表简要披露募集资金使用的具体用途、预计募集资金数额、预计投资规模、预计投入的时间进度情况。发行人应根据重要性原则披露募集资金运用情况。

【模拟练习】甲公司拟首次公开发行股票并申请创业板上市，下列关于其招股说明书应当披露内容的说法，正确的有（　　　）。

A. 必须披露"最近一年新增股东的持股数量及变化情况"

B. 如果甲公司名称中含有"科技"字样，应当说明冠以此名的依据

C. 甲公司应披露报告期内各期向前 5 名客户的合计销售额，如前五名客户中乙公司是甲公司关联方，同时应披露乙公司向甲公司购买的产品最终实现销售的情况

D. 甲公司应披露报告期内各期间前五名供应商的合计采购额，如前五名供应商中丙公司为甲公司关联方，同时应披露丙公司向甲公司提供原材料的上游供应商采购情况

E. 甲公司应披露发行当年和未来三年的发展规划及拟采取的措施，同时应声明在上市后通过定期报告公告发展规划的实施情况

答案：ACE

解析：A，发行人应披露有关股本的情况，包括最近一年发行人新增股东的持股数量及变化情况、取得股份的时间、价格和定价依据。（注：最近一年发行人新增股东的持股数量及变化情况、取得股份的时间、价格和定价依据系创业板特别规定）B，创业板不需要说明冠名依据。C，发行人应披露报告期内各期向前五名客户合计的销售额占当期销售总额的百分比，该客户为发行人关联方的，则应披露产品最终实现销售的情况。D，报告期内各期向前五名供应商合计的采购额占当期采购总额的百分比，受同一实际控制人控制的供应商，应合并计算采购额。注意，对于采购，没有向上一级采购商追踪的规定。

【模拟练习】下列关于首次公开发行股票并在创业板上市招股说明书信息披露要求的表述，正确的是（　　　）。

A. 风险因素中，发行人应当遵循重要性原则按顺序披露可能直接或间接对发行人经营状况、财务状况、持续经营和盈利能力以及对本次发行产生重大不利影响的所有风险因素

B. 风险因素中，不得包含风险对策、发行人竞争优势及类似表述，一项风险因素不得描述多个风险

C. 发行人基本情况中，发行人最近 3 年及 1 期内收购其他企业股权且被收购企业资产总额

或营业收入或净利润超过收购前发行人相应项目20%（含）的，应披露被收购企业收购前一年利润表的主要数据

D. 业务和技术中，发行人应披露设立以来主营业务、主要产品或服务、主要经营模式的演变情况

答案：ABD

解析：C，应为最近1年1期内。

（五）招股说明书摘要的内容与格式

1. 声明与承诺

招股说明书摘要应在显要位置载有如下声明及承诺：

（1）本招股说明书摘要的目的仅为向公众提供有关本次发行的简要情况，并不包括招股说明书全文的各部分内容。招股说明书全文同时刊载于×××网站。投资者在作出认购决定之前，应仔细阅读招股说明书全文，并以其作为投资决定的依据。

（2）投资者若对本招股说明书及其摘要存在任何疑问，应咨询自己的股票经纪人、律师、会计师或其他专业顾问。

（3）发行人及全体董事、监事、高级管理人员承诺招股说明书及其摘要不存在虚假记载、误导性陈述或重大遗漏，并对招股说明书及其摘要的真实性、准确性、完整性承担个别和连带的法律责任。

（4）公司负责人和主管会计工作的负责人、会计机构负责人保证招股说明书及其摘要中财务会计资料真实、完整。

（5）保荐人承诺因其为发行人首次公开发行制作、出具的文件有虚假记载、误导性陈述或者重大遗漏，给投资者造成损失的，其将先行赔偿投资者损失。

（6）中国证监会、其他政府部门对本次发行所作的任何决定或意见，均不表明其对发行人股票的价值或者投资者的收益作出实质性判断或者保证。任何与之相反的声明均属虚假不实陈述。

2. 具体内容

招股说明书摘要内容包括重大事项提示、本次发行概况、发行人基本情况、募集资金运用、风险因素和其他重要事项、本次发行各方当事人和发行时间安排以及备查文件。

（六）股票上市公告书的内容及披露要求

为了规范首次公开发行股票公司上市的信息披露行为，保护投资者合法权益，中国证监会于2001年3月制定《公开发行证券的公司信息披露内容与格式准则第7号——股票上市公告书》，沪深交易所于2006年5月分别制定并实施《上海证券交易所股票上市公告书内容与格式指引》、《深圳证券交易所股票上市公告书内容与格式指引》，之后分别于2009年、2012年、2013年进行了修订，目前最新执行的是2013年12月修订后的规定。

1. 股票上市公告书的披露要求

关于股票上市公告书的披露要求是指引总则部分规定的内容，除了深交所多出对创业板披露的特别要求外，沪深交易所关于此处的规定整体一致。

以下以深交所指引的要求作出说明，除创业板特别规定外，上交所与其规定一致。

（1）最低要求

指引的规定是对上市公告书信息披露的最低要求，无论指引是否有明确规定，凡在招股意向书披露日至上市公告书刊登日期间所发生的对投资者作出投资决策有重大影响的信息，发行人均应当披露。

指引某些具体要求对发行人确实不适用的，经交易所同意，发行人可以根据实际情况，在不影响披露内容完整性的前提下作出适当修改。

【注】不适用的经同意可适当修改，诸如"发行人关于指引某些具体要求不适用的，可标明不适用字样，但不得修改"的表述是错误的。

（2）豁免披露

由于商业秘密等特殊原因致使某些信息确实不便披露的，发行人可以向交易所申请豁免披露，经同意豁免的，可以不予披露，但应当在上市公告书相关章节说明未按要求进行披露的原因。

【注】商业秘密不便披露，经豁免可不予披露，但应说明原因。

（3）相互引征

在不影响信息披露的完整性和不致引起阅读不便的前提下，发行人可以采用相互引征的方法，对相关部分的内容进行适当的技术处理，以避免不必要的重复。

（4）其他要求

发行人在编制上市公告书时还应当遵循以下一般要求：

①引用的数据应当有充分、客观的依据，并注明资料来源。

②引用的数字应当采用阿拉伯数字，货币金额除特别说明外，指人民币金额，并以元、千元、万元或者亿元为单位。

③发行人可以根据有关规定或者其他需求，编制上市公告书外文译本，但应当保证中、外文文本的一致性，并在外文文本上注明"本上市公告书分别以中、英（或者日、法等）文编制，在对中外文本的理解上发生歧义时，以中文文本为准"。

④上市公告书应当采用质地良好的纸张印刷，幅面为 209 毫米×295 毫米（相当于标准的A4 纸规格）。

⑤上市公告书封面应当载明发行人的名称、"上市公告书"的字样、公告日期等，可以载有发行人的英文名称、徽章或者其他标记、图案等。

⑥上市公告书应当使用事实描述性语言，保证其内容简明扼要、通俗易懂，不得有祝贺性、广告性、恭维性、推荐性或者诋毁性的词句或者题字。

（5）上市公告书的刊载

①发行人应在其首次公开发行股票上市前，将上市公告书全文刊登在至少一种由中国证监会指定的报刊及中国证监会指定的网站上。

在创业板上市的，发行人应在其首次公开发行股票上市前，将上市公告书全文披露于中国证监会指定网站，将上市公告书的提示性公告刊登在至少一种由中国证监会指定的报刊上。提示性公告应当披露下列内容：

"经深圳证券交易所审核同意，本公司发行的人民币普通股股票将于××××年××月××日在深圳证券交易所创业板上市，上市公告书全文和首次公开发行股票的招股说明书全文披露于中国证监会指定网站（www.××××.×××），供投资者查阅。"

提示性公告还应当包括股票简称、股票代码、首发后总股本、首发股票数量、发行人和保荐机构的联系地址及联系电话以及交易所要求的其他内容。

②发行人可以将上市公告书或者提示性公告刊载于其他报刊和网站，但其披露时间不得早于在中国证监会指定报刊和网站的披露时间。

（6）在上市公告书披露前，任何当事人不得泄露有关信息，或者利用相关信息谋取不正当利益。

（7）发行人及其全体董、监、高应保证上市公告书内容的真实性、准确性、完整性，承诺其中不存在虚假记载、误导性陈述或者重大遗漏，并就其保证承担个别和连带的法律责任。

2. 股票上市公告书的内容

沪深交易所关于股票上市公告书的内容的要求总体一致，以下采取表格形式对比说明。

（1）重要声明与提示

①发行人应在上市公告书显要位置作如下重要声明与提示：

"本公司及全体董、监、高保证上市公告书所披露信息的真实、准确、完整，承诺上市公告书不存在虚假记载、误导性陈述或重大遗漏，并承担个别和连带的法律责任。"

"证券交易所、其他政府机关对本公司股票上市及有关事项的意见，均不表明对本公司的任何保证。"

"本公司提醒广大投资者注意，凡本上市公告书未涉及的有关内容，请投资者查阅刊载于××网站的本公司招股说明书全文。"

②发行人应当在上市公告书显要位置，就首次公开发行股票上市初期的投资风险作特别提示，提醒投资者充分了解风险、理性参与新股交易。

首次公开发行股票并在本所创业板上市的发行人，还应当在上市公告书显要位置作如下声明与提示：

"本公司股票将在深圳证券交易所创业板市场上市，该市场具有较高的投资风险。创业板公司具有业绩不稳定、经营风险高、退市风险大等特点，投资者面临较大的市场风险。投资者应当充分了解创业板市场的投资风险及本公司所披露的风险因素，审慎作出投资决定。"

③发行人控股股东、持有发行人股份的董事和高级管理人员应在上市公告书中公开承诺：

所持股票在锁定期满后两年内减持的，其减持价格不低于发行价；公司上市后6个月内如公司股票连续20个交易日的收盘价均低于发行价，或者上市后6个月期末收盘价低于发行价，持有公司股票的锁定期限自动延长××个月（至少6个月）。

对于已作出承诺的董事、高级管理人员，应明确不因其职务变更、离职等原因而放弃履行承诺。

【注】"对于已作出承诺的董事、高级管理人员，应明确不因其职务变更、离职等原因而放弃履行承诺"是上交所作出的规定，但推断深交所应同样适用。

④发行人及其控股股东、公司董事及高级管理人员应当在上市公告书中提出在上市后3年内公司股价低于每股净资产（根据最近一期经审计的财务报告计算）时稳定公司股价的预案。

发行人未来新聘的公司董事、高级管理人员，也应明确要求其受到上述稳定公司股价的预案的约束。

⑤发行人及其控股股东应在上市公告书中公开承诺，发行人招股说明书存在虚假记载、误导性陈述或者重大遗漏，对判断发行人是否符合法律规定的发行上市条件构成重大、实质影响时，发行人将依法回购首次公开发行的全部新股，发行人控股股东将购回已转让的原限售股份。

⑥发行人及其控股股东、实际控制人、董事、监事、高级管理人员等相关责任主体应在上市公告书中公开承诺，发行人招股说明书有虚假记载、误导性陈述或者重大遗漏，致使投资者在证券交易中遭受损失的，将依法赔偿投资者损失。

⑦保荐机构、会计师事务所等证券服务机构应在上市公告书中公开承诺，因其为发行人首次公开发行制作、出具的文件有虚假记载、误导性陈述或者重大遗漏，给投资者造成损失的，将依法赔偿投资者损失。

⑧发行人应在上市公告书中披露公开发行前持股5%以上股东的持股意向及减持意向。该等

股东应承诺在减持前 3 个交易日予以公告，并明确未履行该项承诺时将承担的责任和后果。

⑨发行人及其控股股东、公司董事及高级管理人员等责任主体，就指引规定的事项或其他事项作出公开承诺的，承诺内容应当具体、明确，并同时披露未能履行承诺时的约束措施，接受社会监督。

⑩保荐机构应对公开承诺内容以及未能履行承诺时的约束措施的合法性、合理性、有效性等发表意见。发行人律师应对上述承诺及约束措施的合法性发表意见。

（2）股票上市情况

发行人应披露股票发行上市审核情况及股票上市的相关信息，此处内容沪深交易所规定基本一致，无实质性差异。

（3）发行人、股东和实际控制人情况

沪深交易所股票上市公告书之发行人、股东和实际控制人情况

上交所	深交所
①发行人应当披露公司基本情况，包括中英文名称、注册资本、法定代表人、住所、经营范围、主营业务、所属行业、电话、传真、电子邮箱、董事会秘书	
②发行人应当披露全体董事、监事、高级管理人员的姓名、任职起止日期以及直接或者间接持有公司的股票、债券情况等	
③发行人应当披露控股股东及实际控制人情况（若控股股东、实际控制人为个人，应当披露除发行人以外的其他投资情况；若控股股东、实际控制人为法人，应当披露营业执照号及最近一个年度报告期的主要财务状况和经营情况）	
④发行人应披露本次发行前后的股本结构变动情况，本次上市前的股东人数，持股数量前 10 名股东的名称或姓名、持股数量及持股比例	发行人应披露本次上市前的股东人数，持股数量前 10 名股东的名称、持股数量及持股比例

注："③"括号中"若……；若……"是深交所规定，但可推断上交所应同样适用。

（4）股票发行情况

沪深交易所股票上市公告书之股票发行情况

上交所	深交所
①发行数量；②发行价格；③发行方式	
④每股面值	④认购情况
⑤募集资金总额及注册会计师对资金到位的验证情况	
⑥发行费用总额及明细构成、每股发行费用	
⑦募集资金净额	⑦募集资金净额及发行前公司股东转让股份资金净额
⑧发行后每股净资产（以最近一期经审计的归属于发行人股东的净资产与本次发行募集资金净额的合计数和本次发行后总股本计算）	
⑨发行后每股收益（以最近一个会计年度经审计的归属于发行人股东的净利润和本次发行后总股本摊薄计算）	

注：①交易所指的首次公开发行股票，既包括公开发行新股，也包括公司股东公开发售股份。

②"⑧"、"⑨"括号中"以……"是深交所规定，但可推断上交所应同样适用。

（5）财务会计情况

对于主要会计数据及财务指标的披露，是否在定期报告（包括年度报告、中期报告和季度报告）披露期间刊登上市公告书其处理方式也不同，具体如下：

沪深交易所股票上市公告书之财务会计情况

上交所	深交所
①在定期报告披露期间刊登上市公告书的处理	
a. 发行人在招股意向书中已披露当期定期报告的主要会计数据及财务指标的，上市公告书中不需再次披露	发行人应当披露当期主要会计数据、财务指标以及下一报告期的业绩预计；如招股说明书已进行相应披露，则可以免予披露 【注】深交所特殊要求，需要披露下一报告期的业绩预计。另外此处深交所的规定没有进行具体细化，可推断其应于上交所的规定是一致的
b. 发行人在招股意向书中未披露当期定期报告的主要会计数据及财务指标的，可以在上市公告书中披露，上市后不再披露当期定期报告	
c. 发行人在上市公告书中未披露当期定期报告的主要会计数据及财务指标的，应在上市公告书中披露年初至当期期末的累计净利润以及扣除非经常性损益后孰低的净利润是否较上年同期发生重大变动，如有重大变动，应分析并披露出现的情况及主要原因	
d. 发行人在上市公告书中未披露当期定期报告的主要会计数据及财务指标的，还应在上市后按照股票上市规则等要求披露当期定期报告	
②在非定期报告披露期间刊登上市公告书的处理	
如在招股意向书中未披露最近一期定期报告的主要会计数据及财务指标，应在上市公告书中披露 【注】此处最近一期与上交所"上一报告期"含义相同	应披露上一报告期的主要会计数据、财务指标以及当期的业绩预计；如招股说明书已进行相应披露，则可以免予披露 【注】深交所特殊要求，需披露"当期的业绩预计"
③发行人如预计年初至上市后的第一个报告期期末的累计净利润以及扣除非经常性损益后孰低的净利润可能较上年同期发生重大变动，应分析并披露可能出现的情况及主要原因	【注】左侧③上交所的规定尽管深交所未明文规定，但应同样适用
④发行人在上市公告书中披露定期报告的主要会计数据及财务指标的，应在提交上市申请文件时提供以下文件，并与上市公告书同时披露：报告期及上年度期末的比较式资产负债表、报告期与上年同期的比较式利润表、报告期的现金流量表。上述资产负债表、利润表、现金流量表应经现任法定代表人、主管会计工作的负责人、总会计师（如有）、会计机构负责人（会计主管人员）签字并盖章	
⑤发行人披露当期定期报告的主要会计数据及财务指标，应以表格形式列明，并应简要说明报告期的经营情况、财务状况及影响经营业绩的主要因素。对于变动幅度在30%以上的项目，应说明变动的主要原因	

　　注：①上文所述"中期报告"实际上应当指的是"半年度报告"。年度报告应在每个会计年度结束之日起4个月内，半年度报告应在每个会计年度的上半年结束之日起2个月内，季度报告应在每个会计年度第3个月、第9个月结束后的1个月内编制完成并披露。

　　②对于上表"①"的理解，如某企业首发并于深交所上市，拟于2017年1月刊登上市公告书，假如招股说明书披露的2013～2015年度及2016年1～9月的财务数据，则上市公告书中应披露的主要会计数据、财务指标为2016年度，业绩预计的期间为2017年第一季度。此处的"当期"是指定期报告的当期，下一期则是指该定期报告的下一期。

　　③对于上表"②"的理解，如某企业首发并于深交所上市，拟于2017年5月刊登上市公告书，此时因已超过第一季报披露时间（2017年4月30日），所以不能上市后再披露一季报。如果此时招股说明书未披露第一季度主要财务信息，为了能够使投资者了解第一季度情况，企业应当在上市公告书中披露此信息，否则，投资者将无法获取第一季度信息。此时的"上一报告期"指的是2017年1～3月，即上交所的"最近一期"，当期指的是2017年1～6月。

（6）其他重要事项

发行人应当披露招股意向书刊登日至上市公告书刊登前已发生的可能对发行人有较大影响的其他重要事项，主要包括：

①主要业务发展目标的进展；②生产经营情况、外部条件或者生产环境发生重大变化（包括原材料采购和产品销售价格、原材料采购和产品销售方式、所处行业或者市场的重大变化等发生重大变化）；③订立重要合同，可能对发行人的资产、负债、权益和经营成果产生重大影响；④重大关联交易事项，包括发行人资金是否被关联人非经营性占用等；⑤重大投资；⑥重大资产（或者股权）购买、出售及置换；⑦发行人住所的变更；⑧董事、监事、高级管理人员及核心技术人员的变化；⑨重大诉讼、仲裁事项；⑩对外担保等或有事项；⑪财务状况和经营成果的重大变化；⑫董事会、监事会和股东大会决议及其主要内容；⑬其他应披露的重大事项。

【注1】上文规定是深交所的原文，上交所规定整体一致；

【注2】适当注意此处重大事项期间是招股意向书刊登日至上市公告书刊登前。具体内容了解即可。

（7）上市保荐机构及其意见

发行人应披露保荐机构的有关情况，包括名称、法定代表人、住所、联系电话、传真、保荐代表人和联系人等。

发行人应披露保荐机构的保荐意见。

【注】沪深交易所规定一致。

【真题回顾（1609）】某公司申请首发并在创业板上市，于2016年1月20日刊登了上市公告书，公司2012~2014年及2015年1~9月的财务数据已经会计事务所审计，并在招股说明书中进行了披露，根据《深圳证券交易所股票上市公告书内容与格式指引》的相关规定，其在上市公告书中应披露的主要会计数据、财务指标以及业绩预计的期间分别是（　　）。

A. 主要会计数据、财务指标的期间为2015年度，业绩预计的期间为2016年第一季度

B. 主要会计数据、财务指标的期间为2012~2014年及2015年1~6月，业绩预计的期间为2015年度及2016年第一季度

C. 主要会计数据、财务指标的期间为2012~2014年及2015年1~9月，业绩预计的期间为2015年度

D. 主要会计数据、财务指标的期间为2012~2014年，业绩预计的期间为2015年度

答案：A

解析：2016年1月20日处在2015年度报告定期报告披露期间，因此发行人应当披露当期主要会计数据、财务指标以及下一报告期的业绩预计（注，此处当期指此定期报告当期，下一期则指此定期报告下一期），因2012~2014年及2015年1~9月的财务数据已在招股说明书中进行了披露，因此不需要再重复披露，下一报告期的业绩预计则为2016年第一季度。

（七）创业板上市招股书备查文件的披露及发行公告、投资风险特别公告等信息披露的特殊要求

关于创业板的特殊要求，已在上述（二）～（六）中具体进行了说明，详见对应各部分内容。

（八）特殊行业招股文件的主要披露要求

本部分内容主要涉及公开发行证券公司信息披露编报规则第1号、第3号、第5号、第10号、第17号分别对商业银行、保险公司、证券公司、从事房地产开发业务的公司及外商投资股

份有限公司招股说明书内容与格式的特别规定，大纲对本部分内容的要求为"熟悉"，过往也没有考过，因此关于本部分内容不再赘述，详见编报规则第 1 号、第 3 号、第 5 号、第 10 号、第 17 号的规定。中小商业银行发行上市审核应同时参照《公开发行证券的公司信息披露编报规则第 26 号——商业银行信息披露特别规定（2014 年修订）》的规定编制招股说明书。

（九）中国证监会和中国证券业协会新股发行体制改革最新规定及配套文件的相关要求

1. 《中国证监会关于进一步推进新股发行体制改革的意见》的最新规定

2013 年 11 月，中国证监会发布《中国证监会关于进一步推进新股发行体制改革的意见》，进一步推进新股发行体制改革，主要内容如下：

（1）推进新股市场化发行机制

①进一步提前招股说明书预先披露时点，加强社会监督。发行人招股说明书申报稿正式受理后，即在中国证监会网站披露。（受理即披露）

②招股说明书预先披露后，发行人相关信息及财务数据不得随意更改。审核过程中，发现发行人申请材料中记载的信息自相矛盾、或就同一事实前后存在不同表述且有实质性差异的，中国证监会将中止审核，并在 12 个月内不再受理相关保荐代表人推荐的发行申请。发行人、中介机构报送的发行申请文件及相关法律文书涉嫌虚假记载、误导性陈述或重大遗漏的，移交稽查部门查处，被稽查立案的，暂停受理相关中介机构推荐的发行申请；查证属实的，自确认之日起 36 个月内不再受理该发行人的股票发行申请，并依法追究中介机构及相关当事人责任。

③股票发行审核以信息披露为中心。

发行人作为信息披露第一责任人，应当及时向中介机构提供真实、完整、准确的财务会计资料和其他资料，全面配合中介机构开展尽职调查。

保荐机构应当严格履行法定职责，遵守业务规则和行业规范，对发行人的申请文件和信息披露资料进行审慎核查，督导发行人规范运行，对其他中介机构出具的专业意见进行核查，对发行人是否具备持续盈利能力、是否符合法定发行条件作出专业判断，并确保发行人的申请文件和招股说明书等信息披露资料真实、准确、完整、及时。

会计师事务所、律师事务所、资产评估机构等证券服务机构及人员，必须严格履行法定职责，遵照本行业的业务标准和执业规范，对发行人的相关业务资料进行核查验证，确保所出具的相关专业文件真实、准确、完整、及时。

中国证监会发行监管部门和股票发行审核委员会依法对发行申请文件和信息披露内容的合法合规性进行审核，不对发行人的盈利能力和投资价值作出判断。发现申请文件和信息披露内容存在违法违规情形的，严格追究相关当事人的责任。

投资者应当认真阅读发行人公开披露的信息，自主判断企业的投资价值，自主作出投资决策，自行承担股票依法发行后因发行人经营与收益变化导致的风险。

④中国证监会自受理证券发行申请文件之日起 3 个月内，依照法定条件和法定程序作出核准、中止审核、终止审核、不予核准的决定。

⑤发行人首次公开发行新股时，鼓励持股满 3 年的原有股东将部分老股向投资者转让，增加新上市公司可流通股票的比例。老股转让后，公司实际控制人不得发生变更。老股转让的具体方案应在公司招股说明书和发行公告中公开披露。

发行人应根据募投项目资金需要量合理确定新股发行数量，新股数量不足法定上市条件的，可以通过转让老股增加公开发行股票的数量。新股发行超募的资金，要相应减持老股。

⑥申请首次公开发行股票的在审企业，可申请先行发行公司债。鼓励企业以股债结合的方

式融资。

　　⑦发行人通过发审会并履行会后事项程序后，中国证监会即核准发行，新股发行时点由发行人自主选择。

　　⑧放宽首次公开发行股票核准文件的有效期至12个月。

　　发行人自取得核准文件之日起至公开发行前，应参照上市公司定期报告的信息披露要求，及时修改信息披露文件内容，补充财务会计报告相关数据，更新预先披露的招股说明书；期间发生重大会后事项的，发行人应及时向中国证监会报告并提供说明；保荐机构及相关中介机构应持续履行尽职调查义务。发行人发生重大会后事项的，由中国证监会按审核程序决定是否需要重新提交发审会审议。

　　【注1】适当注意①、⑥、⑦的规定。

　　【注2】"④"中关于"3个月内"的规定，仅是法规条文规定的理想状态。另外，根据2016年9月中国证监会发布的《中国证监会关于发挥资本市场作用服务国家脱贫攻坚战略的意见》（以下简称《意见》），对注册地和主要生产经营地均在贫困地区且开展生产经营满三年、缴纳所得税满三年的企业，或者注册地在贫困地区、最近一年在贫困地区缴纳所得税不低于2 000万元且承诺上市后三年内不变更注册地的企业，申请首次公开发行股票并上市的，适用"即报即审、审过即发"政策。

　　【注3】《发行监管问答——关于首次公开发行股票中止审查的情形》第三条对上述"②"中发行人申请材料记载的信息自相矛盾，或就同一事实前后存在不同表述且有实质性差异，中国证监会将中止审核在审核过程中具体如何把握进行了回答。（非重点，了解即可，此处不再赘述）

　　（2）强化发行人及其控股股东等责任主体的诚信义务

　　说明：以下相关声明与承诺的内容与上文"（六）股票上市公告书的内容及披露要求"的"2. 股票上市公告书的内容"的"（1）重要声明与提示"重复。（实际是上市公告书按《意见》要求进行相关声明与提示的披露）为体现《意见》关于本部分内容规定的完整性，此处依然进行说明。

　　①加强对相关责任主体的市场约束

　　a. 发行人控股股东、持有发行人股份的董事和高级管理人员应在公开募集及上市文件中公开承诺：所持股票在锁定期满后两年内减持的，其减持价格不低于发行价；公司上市后6个月内如公司股票连续20个交易日的收盘价均低于发行价，或者上市后6个月期末收盘价低于发行价，持有公司股票的锁定期限自动延长至少6个月。

　　【注】上述人员也可根据具体情形提出更高、更细的锁定要求。对于已作出承诺的董事、高级管理人员，应明确不因其职务变更、离职等原因，而放弃履行承诺。（源自《发行监管问答——落实首发承诺及老股转让规定》）

　　b. 发行人及其控股股东、公司董事及高级管理人员应在公开募集及上市文件中提出上市后三年内公司股价低于每股净资产时稳定公司股价的预案，预案应包括启动股价稳定措施的具体条件、可能采取的具体措施等。具体措施可以包括发行人回购公司股票，控股股东、公司董事、高级管理人员增持公司股票等。上述人员在启动股价稳定措施时应提前公告具体实施方案。

　　【注1】《发行监管问答——落实首发承诺及老股转让规定》问：股价稳定预案应包括哪些具体内容？答：预案应明确发行人回购公司股票、控股股东增持、董事及高级管理人员增持的具体情形和具体措施，确定出现相关情形时股价稳定措施何时启动，将履行的法律程序等，以

明确市场预期。稳定股价措施可根据公司的具体情况自主决定。对于未来新聘的董事、高级管理人员，也应要求其履行公司发行上市时董事、高级管理人员已作出的相应承诺要求。

【注2】《发行监管问答——关于相关责任主体承诺事项的问答》问：关于上市三年内公司股价低于每股净资产时承诺稳定公司股价的预案，有何审核要求？答：启动预案的触发条件必须明确，比如公司股票连续20个交易日收盘价均低于每股净资产；发行人、控股股东、董事及高级管理人员都必须提出相应的股价稳定措施，具体措施可以是发行人回购公司股票，控股股东增持公司股票，董事、高级管理人员增持公司股票、减薪等；股价稳定措施应明确可预期，比如明确增持公司股票的数量或资金金额。

c. 发行人及其控股股东应在公开募集及上市文件中公开承诺，发行人招股说明书有虚假记载、误导性陈述或者重大遗漏，对判断发行人是否符合法律规定的发行条件构成重大、实质影响的，将依法回购首次公开发行的全部新股，且发行人控股股东将购回已转让的原限售股份。发行人及其控股股东、实际控制人、董事、监事、高级管理人员等相关责任主体应在公开募集及上市文件中公开承诺：发行人招股说明书有虚假记载、误导性陈述或者重大遗漏，致使投资者在证券交易中遭受损失的，将依法赔偿投资者损失。

【注】《发行监管问答——落实首发承诺及老股转让规定》问：股份回购承诺的具体要求？答：招股说明书及有关申报文件应明确如招股说明书存在对判断发行人是否符合法律规定的发行条件构成重大、实质影响的虚假记载、误导性陈述或者重大遗漏需回购股份情形的，发行人、控股股东将如何启动股份回购措施、以什么价格回购等；公司及控股股东、实际控制人、董事、监事、高级管理人员及相关中介机构作出的关于赔偿投资者损失的承诺应当具体、明确，确保投资者合法权益得到有效保护。

d. 保荐机构、会计师事务所等证券服务机构应当在公开募集及上市文件中公开承诺：因其为发行人首次公开发行制作、出具的文件有虚假记载、误导性陈述或者重大遗漏，给投资者造成损失的，将依法赔偿投资者损失。

②提高公司大股东持股意向的透明度。发行人应当在公开募集及上市文件中披露公开发行前持股5%以上股东的持股意向及减持意向。持股5%以上股东减持时，须提前三个交易日予以公告。

【注1】《发行监管问答——落实首发承诺及老股转让规定》问：关于持股5%以上股东持股意向的透明度如何披露？答：招股说明书及相关申报材料应披露该等股东持有股份的锁定期安排，将在满足何种条件时，以何种方式、价格在什么期限内进行减持；并承诺在减持前3个交易日予以公告。如未履行上述承诺，要明确将承担何种责任和后果。

【注2】《发行监管问答——关于相关责任主体承诺事项的问答》问：关于提高大股东持股意向的透明度，是否有数量、期限等标准要求？答：发行前持股5%及其以上的股东必须至少披露限售期结束后两年内的减持意向，减持意向应说明减持的价格预期、减持股数，不可以"根据市场情况减持"等语句敷衍。

③强化对相关责任主体承诺事项的约束。发行人及其控股股东、公司董事及高级管理人员等责任主体作出公开承诺事项的，应同时提出未能履行承诺时的约束措施，并在公开募集及上市文件中披露，接受社会监督。证券交易所应加强对相关当事人履行公开承诺行为的监督和约束，对不履行承诺的行为及时采取监管措施。

【注】《发行监管问答——落实首发承诺及老股转让规定》问：关于承诺事项的约束措施，发行人及其控股股东、中介机构各应履行什么职责？答：发行人及其控股股东等责任主体所作

出的承诺及相关约束措施，是招股说明书等申报文件的必备内容，应按要求进行充分披露。除上述承诺外，包括发行人、控股股东等主体作出的其他承诺，如控股股东、实际控制人关于规范关联交易等的承诺，也应同时提出未能履行承诺时的约束措施。

保荐机构应对相关承诺的内容合法、合理，失信补救措施的及时有效等发表核查意见。发行人律师应对相关承诺及约束措施的合法性发表意见。

2. 《首次公开发行股票时公司股东公开发售股份暂行规定》的相关要求

为了规范首次公开发行股票时公司股东向投资者公开发售股份的行为，2013 年 12 月，中国证监会发布《首次公开发行股票时公司股东公开发售股份暂行规定》，并于 2014 年 3 月进行修订，目前执行的是修订后的规定。具体如下：

（1）所谓公司股东公开发售股份，是指发行人首次公开发行新股时，公司股东将其持有的股份以公开发行方式一并向投资者发售的行为，即老股转让。

（2）首次公开发行股票，既包括公开发行新股，也包括公司股东公开发售股份。公司股东公开发售股份的发行价格应当与新发行股票的价格相同。

（3）公司股东应当遵循平等自愿的原则协商确定首次公开发行时各自公开发售股份的数量。

（4）公司首次公开发行时，公司股东公开发售的股份，其已持有时间应当在 36 个月以上。

公司股东公开发售股份后，公司的股权结构不得发生重大变化，实际控制人不得发生变更。

【注】36 个月持有期的要求，是指拟减持公司股份的股东自取得该等股份之日起至股东大会通过老股转让方案表决日止，不低于 36 个月。已通过发审会的发行人变更老股转让方案的，需重新提交发审会审核。（源自《发行监管问答——落实首发承诺及老股转让规定》）

（5）公司股东公开发售的股份，权属应当清晰，不存在法律纠纷或质押、冻结等依法不得转让的情况。

（6）公司股东拟公开发售股份的，应当向发行人董事会提出申请；需要相关主管部门批准的，应当事先取得相关部门的批准文件。

发行人董事会应当依法就本次股票发行方案作出决议，并提请股东大会批准。

（7）发行人与拟公开发售股份的公司股东应当就本次发行承销费用的分摊原则进行约定，并在招股说明书等文件中披露相关信息。

（8）公司股票发行方案应当载明本次公开发行股票的数量。公司发行新股的同时，其股东拟公开发售股份的，发行方案应当载明公司预计发行新股数量、公司相关股东预计公开发售股份的数量和上限，并明确新股发行与老股转让数量的调整机制。

公司首次公开发行股票应主要用于筹集企业发展需要的资金。新股发行数量应根据企业实际的资金需求合理确定；公司股东公开发售股份数量不得超过自愿设定 12 个月及以上限售期的投资者获得配售股份的数量。

【注】《发行监管问答——落实首发承诺及老股转让规定》问：在审企业可以增加募投项目及募集资金需求量吗？答：《意见》要求发行人应根据募投项目资金需要量合理确定新股发行数量。审核过程中，发行人提出调整募投项目及其资金需求量的，需履行相应的审核程序。《意见》发布前已通过发审会审核的企业，募集资金需求量及新股发行数量上限以通过发审会时披露的情况为准，经我会核准发行后预计将超募的，应按《发行监管问答——落实首发承诺及老股转让规定》要求减少新股发行数量。已通过发审会的发行人如提出增加募集资金需求量或增加新股发行数量的，需重新提交发审会审核。

（9）发行人应当在招股说明书扉页载明公司拟发行新股和公司股东拟公开发售股份的数量，

并提示股东发售股份所得资金不归公司所有；在招股说明书披露本次公开发行的股数、预计发行新股数量和公司股东公开发售股份的数量、发行费用的分摊原则及拟公开发售股份的投东情况，包括股东名称、持股数量及拟公开发售股份数量等。

发行公告应该披露公司股东拟公开发售股份总数及股东名称、各自公开发售股份数量等情况，并应当提示投资者关注公司将不会获得公司股东发售股份所得资金。

（10）发行价格确定后，投资者网上申购前，发行人、保荐机构（主承销商）应当披露新发行股票及公司股东公开发售股份的具体数量及拟公开发售股份的股东名称及数量。

（11）首次公开发行时，拟公开发售股份的公司股东属于下列情形之一的，招股说明书及发行公告应当说明并披露此次股东公开发售股份事项对公司控制权、治理结构及生产经营等产生的影响，提示投资者就上述事项予以关注：

①公司控股股东。

②持股 10% 以上的股东。

③本次公开发行前 36 个月内担任公司董事、监事、高级管理人员、核心技术人员。

④对发行人经营有重大影响或与发行人有特殊关系的其他股东。

⑤上述股东的关联方或一致行动人。

【注】此规定为常考考点，需重点记忆。"②"包含持股 10% 的股东，注意此处是 10%，非5%，需精准记忆。

（12）保荐机构、发行人律师应当按照执业规范就公司股东公开发售股份是否符合法律、法规及公司章程的规定，是否履行相关决策或审批程序，所公开发售的股份是否存在权属纠纷或存在质押、冻结等依法不得转让的情况进行充分尽职调查，并对公司股东公开发售股份后公司股权结构是否发生重大变化、实际控制人是否发生变更发表意见，分析公司股东股份公开转让事项对公司治理结构及生产经营产生的具体影响。

（13）自愿设定 12 个月及以上限售期的投资者不得与公开发售股份的公司股东及相关利益方存在财务资助或者补偿、股份代持、信托持股等不当利益安排。

【真题回顾（1406）】以下关于会后事项的说法正确的有（　　　）。

A. 过会后发行人变更保荐机构的，需重新履行申报程序

B. 过会后发行人变更老股转让方案的，需重新提交发审会审核

C. 过会后更换签字注册会计师，保荐机构通过重新尽职调查复核后认为新出具的文件与原机构出具的文件内容有重大差异的，需重新提交发审会审核

D. 过会后发行人提出增加募集资金需求量的，需重新提交发审会审核

答案：BCD

解析：A，在考试时点是正确的，2016 年 12 月修订的《发行监管问答——在审首发企业中介机构被行政处罚、更换等的处理》对于已过发审会的企业，更换保荐机构的，不再一律重新履行申报程序，按现行规定，A 的说法是错误的；根据《发行监管问答——落实首发承诺及老股转让规定》，B、D 说法正确。

【真题回顾（1412）】IPO 老股转让时，股东属于下列情形之一时，应在招股说明书中披露对公司控制权，治理结构及生产经营等产生的影响（　　　）。

A. 本次公开发行前 24 个月担任公司的监事，12 个月前离职

B. 持股 15% 的股东

C. 公司控股股东

D. 本次公开发行前 36 个月至发行时一直担任公司核心技术人员

答案：ABCD

【真题回顾（1406）】 IPO 老股转让时，公司股东拟公开发售的股份需持有 36 个月的起止日为（   ）。

A. 自取得股份之日起至股东大会通过老股转让方案表决日

B. 自股份公司成立之日起至首发申请材料受理之日

C. 自股份公司成立之日起至招股说明书预披露日

D. 自取得股份之日起至发审会召开日

E. 自取得股份之日起至首发申请获得证监会批文日

答案：A

3.《关于首次公开发行股票预先披露等问题的通知》的相关要求

为贯彻落实《中国证监会关于进一步推进新股发行体制改革的意见》有关要求，进一步强化社会监督和提高审核工作透明度，严格审核秩序，现就预先披露等问题通知如下：

（1）保荐机构应当按照下列时点要求提交用于预先披露的材料，包括招股说明书（申报稿）和承诺函等。中国证监会审核部门收到上述材料后，即按程序安排预先披露。

①保荐机构应在向中国证监会提交首发申请文件的同时，一并提交预先披露材料。

②发行人及其中介机构按要求回复反馈意见后，审核部门将通知保荐机构提交用于更新的预先披露材料，保荐机构应在收到通知后 5 个工作日内将更新后的预先披露材料提交至审核部门。

③遇其他需更新预先披露材料情形的，审核部门可通知保荐机构提交用于更新的预先披露材料，保荐机构应在收到通知后 5 个工作日内将更新后的预先披露材料提交至审核部门。

（2）审核部门将按照申请文件受理时间有序开展初审工作，并严格执行《中国证监会行政许可实施程序规定》有关中止审查、终止审查的规定。

①发行人及其保荐机构应在规定时间内提交反馈意见回复材料；不能在规定时间内提交的，可申请延期一次，但应书面说明理由和延期时间，延期时间不得超过 2 个月。无法在上述期限内提交相关材料的，发行人及其保荐机构应按要求申请中止审查。

②保荐机构应在报送预先披露更新材料的同时报送发审会材料、招股说明书修改情况的书面说明。不能在规定时间内提交的，应书面说明理由和延期提交的具体时间，并按要求申请中止审查。

③审核部门在发行人预先披露更新后安排初审会。初审会结束后，审核部门以书面形式将需要发行人及其中介机构进一步说明的事项告知保荐机构，并告知发行人及其保荐机构做好提请发审会审议的准备工作。

④发审会前，发行人及其保荐机构无须根据审核部门的意见修改已提交的发审会材料和预先披露材料。涉及修改招股说明书等文件的，在申请文件封卷材料中一并反映。

⑤发审会前，相关保荐机构应持续关注媒体报道情况，并主动就媒体报道对信息披露真实性、准确性、完整性提出的质疑进行核查。

⑥中止审查项目申请恢复审查的，由发行人及其保荐机构书面提交申请及相关材料。中国证监会出具恢复审查通知。恢复审查时，根据其中止审查前已进入的审核环节，排在恢复审查通知之日该审核环节全部企业之后，并安排后续审核工作。

⑦未能在规定时间提交反馈意见回复材料、预先披露材料和发审会材料，也不申请延期或

者中止审查的，将予以终止审查。

【注】"⑥"中关于恢复审查后的排队问题，《发行监管问答——关于首次公开发行股票中止审查的情形》（2016 年 9 月修订）规定："恢复审查后，中国证监会将参照发行人首次公开发行申请的受理时间安排其审核顺序"，与此处规定有出入，鉴于《发行监管问答——关于首次公开发行股票中止审查的情形》的发布时间晚于《关于首次公开发行股票预先披露等问题的通知》，应以《发行监管问答——关于首次公开发行股票中止审查的情形》为准。但若考题中题干表述为"根据《关于首次公开发行股票预先披露等问题的通知》的规定，以下说法正确的有"，则题支出现相关选项时，应以《关于首次公开发行股票预先披露等问题的通知》的规定为准。

（3）审核过程中，审核部门对中介机构尽职履责情况存在重大疑问的，将调阅中介机构工作底稿，发现涉嫌违法违规重大问题的，立即移交稽查部门介入调查。

【真题回顾（1406）】根据《关于首次公开发行股票预先披露等问题的通知》，下列说法正确的有（　　）。

A. 发行人及其保荐机构不能在规定的时间内提交反馈意见回复材料的，可书面申请延期一次，延期时间不得超过 2 个月，否则需申请中止审查

B. 中止审查后恢复审查的，视同新申报企业重新排队

C. 申请恢复审查时，应当提交书面申请，经审核同意后恢复审查

D. 未能在规定时间提交反馈意见回复材料，也不申请延期或者中止审查的，将予以终止审查

答案：ACD

解析：B，根据其中止审查前已进入的审核环节，排在恢复审查通知之日该审核环节全部企业之后，安排后续审核工作。

（十）其他关于首发信息披露的相关规定

1. 首发招股说明书财务报告审计截止日后主要财务信息及经营状况信息披露

为进一步提高信息披露质量，增强信息披露的及时性，保护投资者的合法权益，中国证监会于 2013 年 12 月制定并发布了《关于首次公开发行股票并上市公司招股说明书财务报告审计截止日后主要财务信息及经营状况信息披露指引》，规定如下：

首发发行人在刊登招股说明书时，应充分披露财务报告审计截止日后的财务信息及主要经营状况，保荐机构应关注发行人在财务报告审计截止日后经营状况是否发生重大变化，并督促发行人做好信息披露工作。

（1）总体要求

①发行人财务报告审计截止日至招股说明书签署日之间超过 1 个月的，应在招股说明书中披露审计截止日后的主要经营状况。

②发行人财务报告审计截止日至招股说明书签署日之间超过 4 个月的，还应补充提供期间季度的未经审计的财务报表，并在招股说明书中披露审计截止日后的主要财务信息。

③发行人提供并披露未经审计财务报表的：a. 发行人董事会、监事会及其董、监、高需出具专项声明，保证该等财务报表所载资料不存在虚假记载、误导性陈述或者重大遗漏，并对其内容的真实性、准确性及完整性承担个别及连带责任；b. 发行人负责人、主管会计工作负责人及会计机构负责人（会计主管人员）应出具专项声明，保证该等财务报表的真实、准确、完整；c. 会计师事务所应就该等财务报表出具审阅意见。

【注1】首发的一期是以季度为单位的，因此，期间超过4个月的，补充期间季度财务报表，例如，审计截止日是2016年12月31日，招股说明书签署日是2017年4月28日，因未超过4个月，在招股说明书中披露2016年12月31日后的主要经营状况即可，若招股说明书签署日是2017年5月8日，超过了4个月，除了应披露审计截止日（2016年12月31日）后的主要经营状况外，还应补充提供2017年第一季度财务报表（截止日期为2017年3月31日）及2016年12月31日后的主要财务信息。如审计截止日期是2017年3月31日，招股说明书签署日是2017年8月1日，超过4个月，除了应披露2017年3月31日后至招股说明书签署日主要经营状况外，还应补充提供2017年第二季度财务报表（截止日期为2017年6月30日）及2017年3月31日后的主要财务信息。

【注2】财务报表未经审计，但应经审阅。（当然也可以经审计，此处是不要求审计）

（2）主要财务信息的披露

①发行人提供季度未经审计的财务报表的，应在招股说明书中以列表方式披露该季度末和上年末（或该季度和上年同期及年初至该季度末和上年同期）的主要财务信息，并披露纳入非经常性损益的主要项目和金额。应注明相关财务信息未经审计，但已经会计师事务所审阅。

【注1】主要财务信息包括但不限于：总资产、所有者权益、营业收入、营业利润、利润总额、净利润、归属于母公司股东的净利润、扣除非经常性损益后的归属于母公司股东的净利润、经营活动产生的现金流量净额等。

【注2】"该季度末和上年末"适用资产负债表，"该季度和上年同期"适用利润表，"年初至该季度末和上年同期"适用利润表和现金流量表。如审计截止日期是2017年6月30日，招股说明书签署日期是2017年11月1日，除了按要求披露主要经营状况外，还应披露2017年第三季度财务报表及主要财务信息，主要财务信息的期间如下表所示。

首发招股说明书财务报告审计截止日后主要财务信息披露

财务信息类别	本年度	上年度比较
资产负债表项目	2017年9月30日	2016年12月31日
利润表项目	2017年7月1日至9月30日	2016年7月1日至9月30日
	2017年1月1日至9月30日	2016年1月1日至9月30日
现金流量表项目	2017年1月1日至9月30日	2016年1月1日至9月30日

②若该季度的主要会计报表项目与财务报告审计截止日或上年同期相比发生较大变化的，应披露变化情况、变化原因以及由此可能产生的影响。

③如发行人报告期内最近一期营业收入或营业利润呈现下滑趋势的，应进一步披露申报财务报告中最近1年及1期各季度的简要经营业绩，并与最近一季度未经审计的数据进行比较分析，同时充分披露由此可能带来的风险。

④发行人如果预计年初至发行上市后第一个报告期期末的累计净利润以及扣除非经常性损益后孰低的净利润可能较上年同期发生重大变动的，应分析披露可能出现的情况及主要原因。

（3）主要经营状况的披露

①发行人应结合自身经营业绩波动的周期性和季节性特点，以及财务报告审计截止日后未经审计的财务信息（如有），在招股说明书中简要披露审计截止日后的主要经营状况。相关情况披露的截止时点应尽量接近招股说明书签署日。

②发行人还应结合自身所处行业在过去若干年内出现的波动情况，分析披露该行业是否具备较强的周期性特征。如果属于强周期性行业，应进一步披露行业当前的发展状况。如果有明

显迹象显示行业的景气指数已接近或处于顶峰，或已出现下滑趋势，且短期内主要影响因素将持续存在，应就该情况及可能对发行人未来经营业绩产生的不利影响作重大事项提示。

③保荐机构应关注发行人在以下方面是否发生重大变化：发行人经营模式，主要原材料的采购规模及采购价格，主要产品的生产、销售规模及销售价格，主要客户及供应商的构成，税收政策以及其他可能影响投资者判断的重大事项。保荐机构应在发行保荐书中说明相关结论，并在发行保荐工作报告中详细说明核查的过程、了解并收集到的相关情况，得出结论的依据。

【注】发行保荐书是结论性意见，发行保荐工作报告是对工作过程的说明及得出结论的依据。

④如果发行人经营状况存在重大变化，保荐机构应督促发行人在招股说明书中予以充分披露。

（4）重大事项提示

①发行人应在招股说明书重大事项提示中提醒投资者，发行人已披露财务报告审计截止日后的主要财务信息（如有）及经营状况。需注明相关财务信息未经审计，但已经会计师事务所审阅。

②发行人应结合财务报告审计截止日后的财务信息及经营状况，及时评估可能对发行人未来经营产生不利影响的风险因素，以及发行人经营中可能存在的主要困难，关注可能导致发行人经营业绩出现较大下降的因素。

③若审计截止日后发行人经营状况发生了较大不利变化，或延续之前即已存在的经营业绩下降趋势，应在重大事项提示中披露相关风险。

④预计年初至发行上市后第一个报告期期末的累计净利润可能较上年同期发生较大下降的，应在重大事项提示中明确披露可能出现的情况及主要原因。

【真题回顾（1505）】关于首次公开发行股票并上市公司招股说明书财务报告审计截止日后主要信息的披露说法正确的有（　　　）。

A. 在招股说明书中简要披露审计截止日后的主要经营状况，相关情况披露的截止时点应尽量接近招股说明书签署日

B. 发行人还应结合自身所处行业在过去若干年内出现的波动情况，分析披露该行业是否具备较强的周期性特征

C. 发行人如果预计年初至发行上市后第一个报告期期末的累计净利润以及扣除非经常性损益后孰低的净利润可能较上年同期发生重大变动的，应分析可能出现的情况及主要原因，无须披露

D. 发行人提供季度未经审计的财务报表的，应在招股说明书中以列表方式披露该季度末和上年末的主要财务信息，并注明相关财务信息未经审计，但已经会计师事务所审阅

答案：ABD

解析：C，应在重大事项提示中明确披露可能出现的情况及主要原因。

2. 首发招股说明书中与盈利能力相关的信息披露

为提高首发上市财务信息披露质量，2013年12月，中国证监会制定了《关于首次公开发行股票并上市公司招股说明书中与盈利能力相关的信息披露指引》，要求：（1）发行人在披露与盈利能力相关的信息时，除应遵守招股说明书准则的一般规定外，应结合自身情况，有针对性地分析和披露盈利能力；（2）相关中介机构应结合发行人所处的行业、经营模式等，制订符合发行人业务特点的尽职调查方案，尽职调查的内容、程序、过程及结论应在各自工作底稿中予以反映，保荐机构还应在保荐工作报告中说明其尽职调查情况及结论。具体如下：

（1）收入方面

发行人应在招股说明书中披露下列对其收入有重大影响的信息，包括但不限于：

①按产品或服务类别及业务、地区分部列表披露报告期各期营业收入的构成及比例。

②发行人主要产品或服务的销售价格、销售量的变化情况及原因。

③报告期营业收入增减变化情况及原因。

④发行人采用的销售模式及销售政策。

⑤按业务类别披露发行人所采用的收入确认的具体标准、收入确认时点。

⑥发行人应根据会计准则的要求，结合自身业务特点、操作流程等因素详细说明其收入确认标准的合理性。

⑦报告期各期发行人对主要客户的销售金额、占比及变化情况，主要客户中新增客户的销售金额及占比情况。

⑧报告期各期末发行人应收账款中主要客户的应收账款金额、占比及变化情况，新增主要客户的应收账款金额及占比情况。

（2）成本方面

发行人应在招股说明书中披露下列对其成本有重大影响的信息，包括但不限于：

①结合报告期各期营业成本的主要构成情况，主要原材料和能源的采购数量及采购价格等，披露报告期各期发行人营业成本增减变化情况及原因。

②报告期各期发行人对主要供应商的采购金额、占比及变化情况，对主要供应商中新增供应商的采购金额及占比情况。

③报告期各期发行人存货的主要构成及变化情况。如发行人期末存货余额较大，周转率较低，应结合其业务模式、市场竞争情况和行业发展趋势等因素披露原因，同时分析并披露发行人的存货减值风险。

（3）期间费用方面

发行人应在招股说明书中披露下列对其期间费用有重大影响的信息，包括但不限于：

①报告期各期发行人销售费用、管理费用和财务费用的构成及变化情况。

②报告期各期发行人的销售费用率，如果与同行业上市公司的销售费用率存在显著差异，应披露差异情况，并结合发行人的销售模式和业务特点，披露存在差异的原因。

③报告期各期发行人管理费用、财务费用占销售收入的比重，如报告期内存在异常波动，应披露原因。

（4）净利润方面

发行人应在招股说明书中披露下列对其净利润有重大影响的信息，包括但不限于：

①报告期各期发行人的营业利润、利润总额和净利润金额，分析发行人净利润的主要来源以及净利润增减变化情况及原因。

②报告期各期发行人的综合毛利率、分产品或服务的毛利率，同行业上市公司中与发行人相同或相近产品或服务的毛利率对比情况。如存在显著差异，应结合发行人经营模式、产品销售价格和产品成本等，披露原因及对发行人净利润的影响。

③报告期内发行人的各项会计估计，如坏账准备计提比例、固定资产折旧年限等与同行业上市公司同类资产相比存在显著差异的，应披露原因及对发行人净利润的累计影响。

④根据《公开发行证券的公司信息披露解释性公告第2号——财务报表附注中政府补助相关信息的披露》的相关规定，应在报表附注中作完整披露；政府补助金额较大的项目，应在招股说明书中披露主要信息。

⑤报告期内税收政策的变化及对发行人的影响，是否面临即将实施的重大税收政策调整及

对发行人可能存在的影响。

六、本节附录

（一）附录一：发行人最近 3 年内主营业务没有发生重大变化的适用意见——证券期货法律适用意见第 3 号（2008 年 5 月 19 日，证监会公告〔2008〕22 号）

该规定主要规范的是报告期内存在对同一公司控制权人下相同、类似或相关业务进行重组时如何判断主业没有发生重大变化、发生不同程度的变化如何进行处理等，对于非同一公司控制权人下的重组的相关规定，仅在"保代"培训中作过要求，但不属于考试内容，不予赘述。另外，本规定出台时《首次公开发行股票并在创业板上市管理办法》尚未出台，在《首次公开发行股票并在创业板上市管理办法》出台后，本规定同样适用创业板首发。

《证券期货法律适用意见第 3 号》的具体规定如下：

1. 发行人对同一公司控制权人下相同、类似或相关业务进行重组的作用

发行人在发行上市前，对同一公司控制权人下与发行人相同、类似或者相关的业务进行重组整合，有利于避免同业竞争、减少关联交易、优化公司治理、确保规范运作，对于提高上市公司质量，发挥资本市场优化资源配置功能，保护投资者特别是中小投资者的合法权益，促进资本市场健康稳定发展，具有积极作用。

2. 视为主营业务没有发生重大变化的条件

发行人报告期内存在对同一公司控制权人下相同、类似或相关业务进行重组情况的，如同时符合下列条件，视为主营业务没有发生重大变化：

（1）自始同控

被重组方应当自报告期期初起即与发行人受同一公司控制权人控制，如果被重组方是在报告期内新设立的，应当自成立之日即与发行人受同一公司控制权人控制。

【注】例如，甲公司于 2016 年 4 月申报 IPO，甲、乙公司同时受 A 公司控制，则报告期初应是 2013 年 1 月 1 日，假定乙公司于 2013 年 1 月 1 日以前成立，2013 年 5 月（属于报告期期内）甲公司对乙公司进行重组，则乙公司应于报告期期初即 2013 年 1 月 1 日与甲公司同为 A 公司控制方可。若在 2013 年 1 月 1 日以后方与甲公司同为 A 公司控制，则其不符合自始同控的条件，对于甲公司而言应当视为主营业务发生了变化。若被重组方是在报告期内新设立的，比如乙公司于 2013 年 8 月 1 日成立，则应当自成立之日起即与甲公司同受 A 公司控制方可。

（2）业务相关

被重组进入发行人的业务与发行人重组前的业务具有相关性（相同、类似行业或同一产业链的上下游）。

3. 重组方式

重组方式遵循市场化原则，包括但不限于以下方式：

（1）发行人收购被重组方股权。

（2）发行人收购被重组方的经营性资产。

（3）公司控制权人以被重组方股权或经营性资产对发行人进行增资。

（4）发行人吸收合并被重组方。

4. 不同比例的不同处理

发行人报告期内存在对同一公司控制权人下相同、类似或相关业务进行重组的，被重组方重组前一个会计年度末的资产总额或前一个会计年度的营业收入或利润总额达到或超过重组前发行人相应项目的不同比例的，应当进行不同的处理，具体如下表所示。

被重组方/发行人	具体处理
[20%，50%)	申报财务报表至少须包含重组完成后的最近一期资产负债表
[50%，100%)	保荐机构和律师应将被重组方纳入尽职调查范围并发表相关意见
	发行申请文件还应按照《首次公开发行股票并上市申请文件》附录第四章和第八章的要求提交会计师关于被重组方的有关文件以及与财务会计资料相关的其他文件
[100%，＋∞)	发行人重组后运行一个会计年度后方可申请发行

【注1】"重组方/发行人"相应指标的理解：

（1）是指"被重组方重组前一个会计年度末的资产总额或前一个会计年度的营业收入或利润总额/发行人重组前相应项目"，此处的三个指标分别为资产总额、营业收入、利润总额，注意与上市公司重大资产重组判断标准里相应指标的区别（那里分别为"资产总额"、"资产净额"和营业收入）。

（2）指标计算的口径应当为发行人和被重组方重组前一个会计年度合并报表数据，而非合并日合并报表数据或其他单体数据。

（3）被重组方重组前一会计年度与重组前发行人存在关联交易的，资产总额、营业收入或利润总额按照扣除该等交易后的口径计算。

（4）发行人提交首发申请文件前一个会计年度或一期内发生多次重组行为的，重组对发行人资产总额、营业收入或利润总额的影响应累计计算。

例如，甲公司2016年7月申报IPO，报告期为2013年、2014年、2015年、2016年1～6月，假定2015年8月甲公司重组了同一公司控制下的A公司，2016年3月重组了同一公司控制下的B公司，甲公司2015年12月31日资产总额为10亿元，A公司2015年12月31日资产总额为5亿元，B公司2015年12月31日资产总额为5亿元，不考虑其他因素，"重组方/发行人" ＝（5＋5）/10＝100%。

【注2】上述三个指标的比例，只要有一个相应落入对应的区间，就应当按照该区间对应的处理方式处理。而且三个指标选择比例大的适用。例如，甲公司于2016年4月对乙公司进行了同一控制下重组，2015年末甲公司资产总额5亿元，乙公司资产总额1.5亿元，2015年度甲公司营业收入4亿元，乙公司营业收入3亿元，2015年度甲公司利润总额2亿元，乙公司利润总额2亿元，则"被重组方/发行人"在资产总额、营业收入、利润总额的占比分别为30%、75%和100%，则处理方式应选择[100%，＋∞)区间的处理方式，即发行人重组后运行一个会计年度后方可申请发行。

【注3】"申报财务报表至少须包含重组完成后的最近一期资产负债表"的理解：

例如，甲公司于2016年1月对乙公司进行了同一控制下重组，2015年末甲公司资产总额5亿元，乙公司资产总额1.5亿元，"被重组方/发行人"资产总额指标比例为30%，落入[20%，50%)区间范围，在不交代其他条件的情况下，发行人申报财务报表至少须包含重组完成后的最近一期资产负债表。由于IPO的一期是以季度为单位的，所以申报财务报表需要包括截至2016年3月31日的资产负债表，因此最早的申报时间应当是2016年4月。

另外，需要注意的是，对于落入[50%，100%)和[100%，＋∞)区间的，《证券期货法律适用意见第3号》没有明确说明也应当有"申报财务报表至少须包含重组完成后的最近一期资产负债表"的要求，但根据包含的逻辑关系，也应包括此要求。

【注4】《首次公开发行股票并上市申请文件》附录第四章和第八章要求提交会计师关于被重组方的有关文件以及与财务会计资料相关的其他文件的具体内容如下表所示。

主板首发申请文件中会计师文件及与财务会计资料相关的其他文件	创业板首发申请文件中会计师文件及与财务会计资料相关的其他文件
第四章　会计师关于本次发行的文件 4-1 财务报表及审计报告 4-2 盈利预测报告及审核报告 4-3 内部控制鉴证报告 4-4 经注册会计师核验的非经常性损益明细表	第三章　保荐人和证券服务机构文件 3-2 注册会计师关于本次发行的文件 3-2-1 财务报表及审计报告 3-2-2 发行人审计报告基准日至招股说明书签署日之间的相关财务报表及审阅报告（发行前提供） 3-2-3 盈利预测报告及审核报告 3-2-4 内部控制鉴证报告 3-2-5 经注册会计师鉴证的非经常性损益明细表
第八章　与财务会计资料相关的其他文件 8-1 发行人关于最近3年及1期的纳税情况的说明 8-1-1 发行人最近3年及1期所得税纳税申报表 8-1-2 有关发行人税收优惠、财政补贴的证明文件 8-1-3 主要税种纳税情况的说明及注册会计师出具的意见 8-1-4 主管税收征管机构出具的最近3年及1期发行人纳税情况的证明 8-2 成立不满3年的股份有限公司需报送的财务资料 8-2-1 最近3年原企业或股份公司的原始财务报表 8-2-2 原始财务报表与申报财务报表的差异比较表 8-2-3 注册会计师对差异情况出具的意见 8-3 成立已满3年的股份有限公司需报送的财务资料 8-3-1 最近3年原始财务报表 8-3-2 原始财务报表与申报财务报表的差异比较表 8-3-3 注册会计师对差异情况出具的意见 8-4 发行人设立时和最近3年及1期的资产评估报告（含土地评估报告） 8-5 发行人的历次验资报告 8-6 发行人大股东或控股股东最近1年及1期的原始财务报表及审计报告	第五章　与财务会计资料相关的其他文件 5-1 发行人关于最近3年及1期的纳税情况的说明 5-1-1 发行人最近3年及1期所得税纳税申报表 5-1-2 有关发行人税收优惠、财政补贴的证明文件 5-1-3 主要税种纳税情况的说明及注册会计师出具的意见 5-1-4 主管税收征管机构出具的最近3年及1期发行人纳税情况的证明 5-2 成立不满3年的股份有限公司需报送的财务资料 5-2-1 最近3年原企业或股份公司的原始财务报表 5-2-2 原始财务报表与申报财务报表的差异比较表 5-2-3 注册会计师对差异情况出具的意见 5-3 成立已满3年的股份有限公司需报送的财务资料 5-3-1 最近3年原始财务报表 5-3-2 原始财务报表与申报财务报表的差异比较表 5-3-3 注册会计师对差异情况出具的意见 5-4 发行人设立时和最近3年及1期的资产评估报告（含土地评估报告） 5-5 发行人的历次验资报告 5-6 发行人大股东或控股股东最近1年及1期的原始财务报表及审计报告

【注5】关于"发行人重组后运行一个会计年度后方可申请发行"的理解：

接【注2】"被重组方/发行人"资产总额的比为100%，则应选择[100%，+∞)区间的处理方式，即发行人重组后运行一个会计年度后方可申请发行，此时甲公司应运行2017年一个完整的会计年度，最早于2018年1月方可申请发行。

5. 申报报表编制

发行人提交首发申请文件前一个会计年度或一期内发生多次重组行为的，重组对发行人资产总额、营业收入或利润总额的影响应累计计算。

重组属于《企业会计准则第20号———企业合并》中同一控制下的企业合并事项的，被重组方合并前的净损益应计入非经常性损益，并在申报财务报表中单独列示。

重组属于同一公司控制权人下的非企业合并事项，但被重组方重组前一个会计年度末的资产总额或前一个会计年度的营业收入或利润总额达到或超过重组前发行人相应项目20%的，在编制发行人最近3年及1期备考利润表时，应假定重组后的公司架构在申报报表期初即已存在，并由申报会计师出具意见。

【真题回顾（2012）】甲企业计划IPO，为了消除同业竞争，2010年2月28日吸收合并同一控制下乙企业，乙企业已成立3年以上，有关资料如下：

单位：万元

项目	总资产	营业收入	利润总额
甲企业	7 000	6 000	1 200
乙企业	4 000	5 000	1 100

下列说法正确的有（　　　）。

A. 甲企业最早于2010年申报材料

B. 甲企业最早于2011年申报材料

C. 甲企业最早于2012年申报材料

D. 甲企业如果于2011年2月申报材料，那么必须提供乙企业过去三年的利润表、资产负债表和历次验资报告

答案：AD

解析：乙企业重组前一个会计年度末的资产总额、营业收入、利润总额/甲企业重组前相应项目的比例分别为57%、83%、92%，三项指标均处在[50%，100%)区间，根据《证券期货法律适用意见第3号》的规定，被重组方重组前一个会计年度末的资产总额或前一个会计年度的营业收入或利润总额达到或超过重组前发行人相应项目50%，但不超过100%的，保荐机构和发行人律师应按照相关法律法规对首次公开发行主体的要求，将被重组方纳入尽职调查范围并发表相关意见，同时提交会计师关于被重组方的有关文件以及与财务会计资料相关的其他文件。因此D正确。

同时由于各项指标占比超过了20%，申报财务报表至少须包含重组完成后的最近一期资产负债表。需要包括2010年第一季度的资产负债表，在2010年3月31日之后才可以申报，因此选项A说法正确。

（二）附录二：实际控制人没有发生变更的理解和适用——证券期货法律适用意见第1号

1. 从立法意图看，《首次公开发行股票并上市管理办法》第十二条规定要求发行人最近3年

内实际控制人没有发生变更，旨在以公司控制权的稳定为标准，判断公司是否具有持续发展、持续盈利的能力，以便投资者在对公司的持续发展和盈利能力拥有较为明确预期的情况下作出投资决策。

2. 公司控制权是能够对股东大会的决议产生重大影响或者能够实际支配公司行为的权力，其渊源是对公司的直接或者间接的股权投资关系。因此，认定公司控制权的归属，既需要审查相应的股权投资关系，也需要根据个案的实际情况，综合对发行人股东大会、董事会决议的实质影响，对董事和高级管理人员的提名及任免所起的作用等因素进行分析判断。

3. 发行人及其保荐人和律师主张多人共同拥有公司控制权的，应当符合以下条件：

（1）每人都必须直接持有公司股份和/或者间接支配公司股份的表决权。

（2）发行人公司治理结构健全、运行良好，多人共同拥有公司控制权的情况不影响发行人的规范运作。

（3）多人共同拥有公司控制权的情况，一般应当通过公司章程、协议或者其他安排予以明确，有关章程、协议及安排必须合法有效、权利义务清晰、责任明确，该情况在最近 3 年内且在首发后的可预期期限内是稳定、有效存在的，共同拥有公司控制权的多人没有出现重大变更。

（4）发行审核部门根据发行人的具体情况认为发行人应该符合的其他条件。

【注 1】发行人及其保荐人和律师应当提供充分的事实和证据证明多人共同拥有公司控制权的真实性、合理性和稳定性，没有充分、有说服力的事实和证据证明的，其主张不予认可。相关股东采取股份锁定等有利于公司控制权稳定措施的，发行审核部门可将该等情形作为判断构成多人共同拥有公司控制权的重要因素。

【注 2】如果发行人最近 3 年内持有、实际支配公司股份表决权比例最高的人发生变化，且变化前后的股东不属于同一实际控制人，视为公司控制权发生变更。

【注 3】发行人最近 3 年内持有、实际支配公司股份表决权比例最高的人存在重大不确定性的，比照【注 2】的规定执行。

4. 发行人不存在拥有公司控制权的人或者公司控制权的归属难以判断的，如果符合以下情形，可视为公司控制权没有发生变更：

（1）发行人的股权及控制结构、经营管理层和主营业务在首发前 3 年内没有发生重大变化。

（2）发行人的股权及控制结构不影响公司治理有效性。

（3）发行人及其保荐人和律师能够提供证据充分证明。

相关股东采取股份锁定等有利于公司股权及控制结构稳定措施的，发行审核部门可将该等情形作为判断公司控制权没有发生变更的重要因素。

5. 因国有资产监督管理需要，国务院或者省级人民政府国有资产监督管理机构无偿划转直属国有控股企业的国有股权或者对该等企业进行重组等导致发行人控股股东发生变更的，如果符合以下情形，可视为公司控制权没有发生变更：

（1）有关国有股权无偿划转或者重组等属于国有资产监督管理的整体性调整，经国务院国有资产监督管理机构或者省级人民政府按照相关程序决策通过，且发行人能够提供有关决策或者批复文件。

（2）发行人与原控股股东不存在同业竞争或者大量的关联交易，不存在故意规避《首次公开发行股票并上市管理办法》规定的其他发行条件的情形。

（3）有关国有股权无偿划转或者重组等对发行人的经营管理层、主营业务和独立性没有重大不利影响。

按照国有资产监督管理的整体性调整，国务院国有资产监督管理机构直属国有企业与地方国有企业之间无偿划转国有股权或者重组等导致发行人控股股东发生变更的，比照前款规定执行，但是应当经国务院国有资产监督管理机构批准并提交相关批复文件。

不属于前两款规定情形的国有股权无偿划转或者重组等导致发行人控股股东发生变更的，视为公司控制权发生变更。

6. 发行人应当在招股说明书中披露公司控制权的归属、公司的股权及控制结构，并真实、准确、完整地披露公司控制权或者股权及控制结构可能存在的不稳定性及其对公司的生产、经营及盈利能力的潜在影响和风险。

7. 律师和律师事务所就公司控制权的归属及其变动情况出具的法律意见书是发行审核部门判断发行人最近 3 年内"实际控制人没有发生变更"的重要依据。律师和律师事务所应当确保法律意见书的结论明确，依据适当、充分，法律分析清晰、合理，违反相关规定的，除依法采取相应的监管措施外，监管部门还将对法律意见书的签字律师和签字的律师事务所负责人此后出具的法律意见书给予重点关注。律师和律师事务所存在违法违规行为的，将依法追究其法律责任。

【真题回顾（1412）】 关于多人拥有公司控制权，以下说法正确的有（　　）。

A. 如果发行人最近 3 年内持有、实际支配公司股份表决权比例最高的人发生变化，且变化前后的股东不属于同一实际控制人，视为公司控制权发生变更

B. 相关股东采取股份锁定等有利于公司控制权稳定措施的，发行审核部门可根据该等情形判断构成多人共同拥有公司控制权

C. 多人共同拥有公司控制权的情况，一般应当通过公司章程、协议或者其他安排予以明确

D. 发行人及其保荐人和律师主张多人共同拥有公司控制权的，发行人公司治理结构健全、运行良好，多人共同拥有公司控制权的情况不影响发行人的规范运作

答案：ACD

解析：B，相关股东采取股份锁定等有利于公司控制权稳定措施的，发行审核部门可将该等情形作为判断构成多人共同拥有公司控制权的重要因素。

【模拟练习】 甲公司有 A、B、C 三个股东，持股比例分别为 36%、32% 和 32%，三个人对甲公司共同控制，以下说法正确的有（　　）。

A. 2011 年 2 月，A 转让 3% 股份给 B，转让前后 A 与 B 无关联关系，假定不考虑其他因素，则 2014 年 5 月甲公司申请 IPO 因公司控制权发生变更而构成障碍

B. 2011 年 6 月，A 转让 1% 股份给 B，转让前后 A 与 B 无关联关系，假定不考虑其他因素，则 2014 年 5 月甲公司申请 IPO 因公司控制权发生变更而构成障碍

C. 2011 年 6 月，A 转让 3% 股份给 B，转让前后 A 与 B 均受李某实际控制，假定不考虑其他因素，则该转让行为不能视为公司控制权发生了变更，甲公司 2014 年 5 月申请 IPO 不会因此构成障碍

D. 2011 年 6 月，A 转让 3% 股份给 B，则不管转让前后 A 与 B 是否受同一控制人控制，则甲公司 2014 年 5 月申请 IPO 时应认定为实际控制人发生了变更，从而构成障碍

答案：AC

第二节　上市公司发行新股

　　大纲对第一节"首次公开发行股票"的要求共分五个知识点，分别为"条件和要求"、"尽职调查"、"推荐和申报"、"核准程序"、"信息披露"，大纲对本节的要求为三个知识点，分别为"条件和要求"、"推荐和申报"、"发行上市程序及信息披露"，为了保持总体上与第一节知识点对称，本教材编写时在不改变大纲具体要求的情况下对其结构进行调整，调整后的知识点类似第一节的五个知识点。

一、条件和要求

【大纲要求】

内容	程度
1. 主板上市公司公开发行股票的条件	掌握
2. 创业板上市公司公开发行股票的条件	掌握
3. 主板上市公司非公开发行股票的条件	掌握
4. 创业板上市公司非公开发行股票的条件	掌握
5. 上市公司发行优先股的条件	掌握

【内容精讲】

　　上市公司发行新股是指已经上市的公司，相对于其本身原有存量股票而言新发行并上市交易的股票，上市公司发行新股包括公开增发、配股与定向增发普通股，也包括上市公司公开、定向发行优先股，以下在未直接提及"优先股"的情况下，均指上市公司发行普通股，其中公开增发与配股为公开发行，定向增发为非公开发行。

　　上市公司发行新股属于上市公司再融资的一类，上市公司再融资分为狭义与广义两种，狭义上的再融资除了上述所说发行新股外，还包括上市公司发行具有股票与债券双重性质的可转换公司债券、分离交易可转换公司债券等，而广义上的再融资，则指所有上市公司发行证券的行为，除了狭义上包含的融资类型外，还包括发行公司债券等，本教材中所述再融资采用狭义上的含义。

　　（一）主板上市公司公开发行股票的条件

　　为了规范（主板）上市公司证券发行行为，保护投资者的合法权益和社会公共利益，中国证监会于2006年5月发布实施《上市公司证券发行管理办法》"以下简称《办法》"，对上市公司申请在境内发行股票、可转换公司债券及中国证监会认可的其他证券品种进行规范。

　　《办法》第二章为公开发行证券的条件，包括发行股票与可转换公司债券，鉴于可转换公司债券是属于公司债券的一种，在大纲"债务融资"一章进行要求，本章节不对其进行说明，但应注意可转换公司债券的发行同样受《办法》的规范。

　　需要说明的是，《办法》发布实施时，创业板并未开板，此时，《办法》自然仅适用于主板上市公司。2009年3月，中国证监会发布实施《首次公开发行股票并在创业板上市管理暂行办法》，创业板开板，自此，《办法》同时适用于主板、创业板上市公司。2014年5月，中国证监会发布实施《创业板上市公司证券发行管理暂行办法》，对创业板上市公司发行证券单独进行规范，此后，《办法》仅适用于主板上市公司。

《办法》第二章第一节对公开发行证券的条件作出一般规定，即所有主板上市公司再融资中公开发行证券的均应当符合相关要求。《办法》采用正向列举发行应符合的规定和反向列举出现一定情形不得公开发行证券两种方式，对于反向列举的不得公开发行证券的情形只要出现，必然构成发行障碍，对于正向列举的应当符合的条件，符合只是必要条件，但并非一定就可以发行，但若不符合，审核时也是一定构成障碍，因此本教材在编写时，为便于理解，将不得公开发行证券的情形变形为公开发行证券应符合的条件。

《办法》第一节列举的内容较多，本教材仅对与考试相关的重要条款进行列举说明，详细情况见《办法》原文规定。

1. 一般规定（19 + 2 + 2）

下述（1）～（13）是对上市公司（即发行人）的要求，（14）～（17）是对上市公司董、监、高、核心技术人员及控股股东、实际控制人的对应要求。注意，（19）仅适用增发、配股、非公开发行股票，不适用可转债、分离交易可转债。

（1）与控股股东或实际控制人的人员、资产、财务分开，机构、业务独立，能够自主经营管理。

【注】与首发一样，同样须满足"五独立"的要求。

（2）募集资金的数额和使用应当符合下列规定：

①募集资金数额不超过项目需要量。

②募集资金用途符合国家产业政策和有关环境保护、土地管理等法律和行政法规的规定。

③除金融类企业外，本次募集资金使用项目不得为持有交易性金融资产和可供出售的金融资产、借予他人、委托理财等财务性投资，不得直接或间接投资于以买卖有价证券为主要业务的公司。

④投资项目实施后，不会与控股股东或实际控制人产生同业竞争或影响公司生产经营的独立性。

⑤建立募集资金专项存储制度，募集资金必须存放于公司董事会决定的专项账户。

（3）最近12个月内不存在违规对外提供担保的行为。

（4）最近12个月内不存在受到过证券交易所的公开谴责的情形。（变形而来）

（5）最近12个月内不存在有未履行向投资者作出的公开承诺的行为。（变形而来）

【注】控股股东、实际控制人需同样满足。

（6）最近24个月内曾公开发行证券的，不存在发行当年营业利润比上年下降50%以上的情形。

【注】注意关键字：最近24个月、公开发行证券（不包括公司债）、当年比上年、营业利润（合并报表口径）、50%以上（含50%）。

（7）最近3个会计年度连续盈利。净利润以扣除非经常性损益前后孰低者为计算依据。

【注】仅要求三年连续盈利，并无具体指标要求。创业板要求最近两年盈利。

（8）最近3年以现金方式累计分配的利润不少于最近3年实现的年均可分配利润的30%。

【注1】2006年法条原文规定为"最近3年以现金或股票方式累计分配的利润不少于最近3年实现的年均可分配利润的20%"，2008年10月《关于修改上市公司现金分红若干规定的决

定》（证监会令第 57 号），将其修改为上述规定。在阅读法规时注意辨识。

【注 2】"最近三年实现的年均可分配利润"指"合并报表中归属于母公司股东的净利润"，不要求扣除非经常性损益，非母公司单体报表。由于是最近三年"实现"的可分配利润，所以应当是最近三年每年的净利润，而非未分配利润，净利润是期间的概念，年均的话有实际意义，未分配利润是时点的概念，年均无实际意义。考试时题干的描述仍会为"可分配利润"。

【注 3】注意是三年累计不少于三年平均的 30%，累计满足即可，并非要求每年分红均不少于三年平均的 30%，也未要求每年分红均不少于三年平均的 10%，不要求每年都分红。

（9）最近 3 年及 1 期财务报表未被注册会计师出具保留意见、否定意见或无法表示意见的审计报告；被注册会计师出具带强调事项段的无保留意见审计报告的，所涉及的事项对发行人无重大不利影响或者在发行前重大不利影响已经消除。

【注 1】保、否、无是"绝对禁止"事项，被出具保留意见审计报告的，即便不利影响已经消除也构成障碍；带强调事项段的是"相对禁止"事项，无重大不利影响，或重大不利影响已消除的，不构成障碍；标准无保留、带其他事项段的是"非禁止"事项。

知识点链接：审计报告类型。

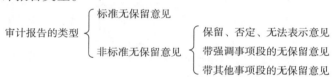

标准无保留意见与带其他事项段的无保留意见均属于"非禁止"事项，因此，对于公开发行，并不要求审计报告必须为标准无保留意见。诸如"最近 3 年及 1 期财务报告审计意见不得为非标准无保留意见"的说法是错误的。

【注 2】注意要求的是最近 3 年及 1 期，包含最近一期的。

（10）最近 36 个月内财务会计文件无虚假记载，且不存在下列重大违法行为：

①违反证券法律、行政法规或规章，受到中国证监会的行政处罚，或者受到刑事处罚。

②违反工商、税收、土地、环保、海关法律、行政法规或规章，受到行政处罚且情节严重，或者受到刑事处罚。

【注】受到中国证监会的行政处罚，或者是受到刑事处罚（不管哪个部门），只要存在，即构成重大；而对于除中国证监会外其他部门的行政处罚，情节严重的方构成重大。

（11）本次发行申请文件不存在虚假记载、误导性陈述或重大遗漏。（变形而来）

【注】所有融资类型，只要当次发行申请文件存在虚、误、漏，则一定构成发行障碍。

（12）不存在擅自改变前次公开发行证券募集资金的用途而未作纠正的情形。（变形而来）

【注】《证券法》第十五条规定，公司对公开发行股票所募集资金，必须按照招股说明书所列资金用途使用。改变招股说明书所列资金用途，必须经股东大会作出决议。擅自改变用途而未作纠正的，或者未经股东大会认可的，不得公开发行新股。

（13）不存在因涉嫌犯罪被司法机关立案侦查或涉嫌违法违规被中国证监会立案调查的情形。（变形而来）

（14）高级管理人员和核心技术人员稳定，最近 12 个月内未发生重大不利变化。

【注】对董事、监事没有"未发生重大变化"的要求；另稍微注意，此处对高管和核心技术人员的要求是最近 12 个月内未发生重大不利变化，若是重大变化，但是有利于发行人的，则不

构成障碍。比如，某主板上市公司拟于 2017 年 8 月公开增发，2016 年 10 月，因研发需要，核心技术人员由 5 人增加到 20 人，构成重大变化，但该变化是有利的，不构成发行障碍。

（15）现任董事、监事和高级管理人员具备任职资格，不存在违反《公司法》第一百四十八条、第一百四十九条规定的行为，且最近 36 个月内未受到过中国证监会的行政处罚、最近 12 个月内未受到过证券交易所的公开谴责。

【注 1】此处包含董、监、高，另外强调的是现任，如果已经离任或者辞职的董、监、高发生上述情形则不构成发行障碍。

【注 2】因 2014 年修订《公司法》时，条目发生了变化，上述条文所述《公司法》第一百四十八条、第一百四十九条对应当前《公司法》第一百四十七条、第一百四十八条。

【注 3】第一百四十七条：董事、监事、高级管理人员不得利用职权收受贿赂或者其他非法收入，不得侵占公司的财产。

【注 4】第一百四十八条：董事、高级管理人员不得有下列行为：（1）挪用公司资金；（2）将公司资金以其个人名义或者以其他个人名义开立账户存储；（3）违反公司章程的规定，未经股东会、股东大会或者董事会同意，将公司资金借贷给他人或者以公司财产为他人提供担保；（4）违反公司章程的规定或者未经股东会、股东大会同意，与本公司订立合同或者进行交易；（5）未经股东会或者股东大会同意，利用职务便利为自己或者他人谋取属于公司的商业机会，自营或者为他人经营与所任职公司同类的业务；（6）接受他人与公司交易的佣金归为己有；（7）擅自披露公司秘密；（8）违反对公司忠实义务的其他行为。

（16）现任董事、高级管理人员不存在因涉嫌犯罪被司法机关立案侦查或涉嫌违法违规被中国证监会立案调查。（变形而来）

【注】对最近 36 个月未受到过中国证监会的行政处罚、最近 12 个月内未受到过证券交易所的公开谴责，要求的是董、监、高均需符合，而这里的立案侦查、立案调查仅对董事、高管有要求，不包含监事。

（17）控股股东、实际控制人最近 12 个月内不存在有未履行向投资者作出的公开承诺的行为。（变形而来）

（18）上市公司申请再融资时，除金融类企业外，原则上最近一期末不得存在持有金额较大、期限较长的交易性金融资产和可供出售的金融资产、借予他人款项、委托理财等财务性投资的情形。

【注】此为 2017 年 2 月 17 日，中国证监会《发行监管问答——关于引导规范上市公司融资行为的监管要求》第三条的规定。

（19）上市公司申请增发、配股、非公开发行股票的，本次发行董事会决议日距离前次募集资金到位日原则上不得少于 18 个月。

【注 1】此为 2017 年 2 月 17 日，中国证监会《发行监管问答——关于引导规范上市公司融资行为的监管要求》第二条的规定。

【注 2】注意，此次融资董事会决议日至前募到位不少于 18 个月的限制，仅限制本次增发、配股、非公开发行股票，不适用可转债、分离交易可转债、优先股等。

【注 3】前次募集资金包括首发、增发、配股、非公开发行股票。上市公司发行可转债、优先股，不适用。

（20）其他法规特别规定（2 + 2）

①以协议方式进行上市公司收购的，在收购过渡期内，被收购公司不得公开发行股份募集

资金。

②上市公司在本次重大资产重组前不符合中国证监会规定的公开发行证券条件，或者本次重组导致上市公司实际控制人发生变化的，上市公司申请公开发行新股或公司债券，距本次重组交易完成的时间应当不少于一个完整会计年度。

③上市公司在回购股份期间不得发行新股。

④上市公司发行证券，存在利润分配方案、公积金转增股本方案尚未提交股东大会表决或者虽经股东大会表决通过但未实施的，应当在方案实施后发行。相关方案实施前，主承销商不得承销上市公司发行的证券。

【注1】①、②、③、④分别为《上市公司收购管理办法》、《上市公司重大资产重组管理办法》、《上市公司回购社会公众股份管理办法（试行）》、《证券发行与承销管理办法》的规定。

【注2】①、②限定的是"公开发行"，仅适用公开发行新股，③、④限定的是"发行"，适用公开发行与非公开发行。即③、④在我们后面要讲到的非公开发行的条件中也应当符合。

【注3】上述规定同样适用于创业板。

【真题回顾（1605）】甲公司是深交所主板上市公司，拟于2016年8月进行公开增发，以下事项中将导致其不符合公开增发条件的有（   ）。

A. 甲公司的现任董事张某因涉嫌内幕交易正在被中国证监会立案调查，尚未有明确结论

B. 甲公司于2015年6月因信息披露违规受到证券交易所的公开谴责

C. 甲公司2013年度的财务报表被注册会计师出具保留意见的审计报告，该保留意见所涉事项的重大影响已经在2014年消除

D. 甲公司2014年下半年总经理及超过半数的副总经理离职

E. 甲公司的现任监事王某曾于2013年12月受到过中国证监会的行政处罚

答案：ACE

解析：A，董事、高管被立案调查或立案侦查均构成障碍，监事没关系。B，"2015年6月"发生在"近12个月"以前，不构成障碍。D，描述的高管重大不利变化，未发生在近12个月内（2015年8月以后），因此不构成障碍。

【模拟练习】某主板上市公司拟于2016年5月进行公开增发，其最近3个会计年度的可分配利润如下表所示，以下选项中符合公开增发现金分红条件的有（   ）。

单位：万元

年份	合并	母公司	合并报表中归属于母公司
2013	5 000	2 000	2 500
2014	5 500	5 000	3 500
2015	4 500	1 400	1 500

A. 2013年度未进行现金分红，2014年度现金分红1 200万元，2015年度分红300万元

B. 2013年度现金分红250万元，2014年度现金分红350万元，2015年度现金分红150万元

C. 2013年度现金分红500万元，2014年度现金分红800万元，2015年度现金分红1 100万元

D. 2013年度现金分红300万元，2014年度现金分红350万元，2015年度现金分红200万元

E. 2013年度、2014年度未进行现金分红，2015年度现金分红1 000万元

答案：ABCDE

解析："最近 3 年以现金方式累计分配的利润不少于最近 3 年实现的年均可分配利润的 30%"，此处是对上市公司（创业板另有规定）公开发行证券的一般规定。注意，"可分配利润"为合并报表归属于母公司的口径，不考虑非经常性损益。本题最近 3 年合并报表归属于母公司年均可分配利润的 30% 为（2 500 + 3 500 + 1 500）/3 × 30% = 750（万元），所有选项均符合。

【模拟练习】根据《上市公司证券发行管理办法》，主板上市公司财务报表出现下列情形时，不得公开发行股票的有（　　）。

A. 上年和最近 1 期财务报表被注册会计师出具标准无保留意见，前年财务报表被注册会计师出具保留意见，但重大不利影响已经清除

B. 最近 3 年及 1 期财务报表中，仅本期财务报表被注册会计师出具带强调事项段的无保留意见审计报告，但所涉及的事项对发行人无重大不利影响

C. 最近 3 年以现金方式累计分配的利润为最近 3 年实现的年均可分配利润的 35%

D. 上年度财务报表被注册会计师出具否定意见

答案：AD

【模拟练习】某公司于 2016 年首次公开发行股票并在深交所主板上市，募集资金于 2016 年 5 月 15 日到位，不考虑其他情形，该公司可以于 2017 年 6 月 24 日召开董事会审议的再融资类型有（　　）。

A. 增发　　　　　　　　　　　　　　B. 配股

C. 非公开发行股票　　　　　　　　　D. 发行可转换公司债券

E. 发行优先股

答案：DE

解析：前募到位不得少于 18 个月的融资类型限制是申请增发、配股、非公开发行股票。

2. 配股的特别规定（一般规定 + 3）

（1）配股应符合的条件

所谓配股是指向原股东配售股份，配股除应符合上述一般规定外，还应符合下列规定：

①拟配售股份数量不超过本次配售股份前股本总额的 30%。

②控股股东应当在股东大会召开前公开承诺认配股份的数量。

③采用《证券法》规定的代销方式发行。

【注 1】注意是"配售前"，非"配售后"；拟配数量≤30%，注意包含 30%，可以刚好是 30%。

【注 2】控股股东公开承诺认配是配股发行的必要条件，如果控股股东无认购意愿，则无法选择配股方式。并不要求其他非控股股东也在股东大会前公开承诺认配数量。

【注 3】配股对于发行价格无限制，由发行人与保荐机构协商确定发行价格。实务中，配股发行底价为公司每股净资产，一般采用市价折扣法，可以在每股净资产和股票交易价格之间根据实际情况选择合适的价格作为发行价，因配股价低于市场价，故基本不会出现因配股价格高而发行失败的情况。

【注 4】《证券法》规定的承销方式包括包销与代销，包销是指证券公司将发行人的证券按照协议全部购入或者在承销期结束时将售后剩余证券全部自行购入。因配股是向原股东配售股份，鉴于证券公司未必是上市公司股东，因此配股不适宜采用包销方式，而只能选择代销方式。

《证券法》规定证券的代销、包销期限最长不得超过90日。

（2）配股失败的判定及处理

①控股股东不履行认配股份的承诺。

②代销期限届满，原股东认购股票的数量未达到拟配售数量70%。

出现上述任一情形的，为配股失败，发行人应当按照发行价并加算银行同期存款利息返还已经认购的股东。

【注1】注意配股失败与不得配股的区别。上述①、②情形出现其一即为配股失败，发行人应当按照发行价并加算银行同期存款利息返还已经认购的股东（注意是同期"存款利息"非"贷款利息"）。我们在一般规定中讲了公开发行应具备的条件，如果违反一般规定，则不得公开发行证券，配股属于公开发行的情形，当然不得配股，那是属于不得配股的情形，谈不上配股失败，也不存在按照发行价并加算银行同期存款利息返还已经认购的股东的事情，比如发行人募集资金数额超过项目需要量、上市公司最近12个月内受到证券交易所公开谴责等，这些均是不得配股的情形。

【注2】注意几个概念：（1）拟配售比例。等于拟配售股份数量/本次配售前股本总额，该比例应≤30%。（2）拟配售股份数量。是指本次计划向所有股东配售的股份数量，该数量应≤本次配售前股本总额30%。（3）承诺认购股份数量。要求控股股东在股东大会召开前公开承诺认配数量，其他股东不要求承诺，但也可以承诺。但"股东认购股份数量/发行前持有股份数量"须≤拟配售比例（一定≤30%）。（4）实际认购股份数量。即最终所有股东实际认购的股票数量。同样应符合"（3）"中的比例要求。

【注3】控股股东必须严格履行认配承诺，承诺认配多少就必须认配多少，否则即为配股失败，但上限是拟配售比例。比如控股股东公开认配1 000万股，最后实际认配800万股，此时就算最后所有股东实际配股数达到拟配售数量的70%，也属于配股失败。

【注4】配股权属于股东的一种权利，某个股东放弃该权利，不代表其他股东自动取得该权利，因此，股东不能认配其他股东放弃的股份，所有股东最高可认配数量等于本次配售前该股东自身所持股本总额×拟配售比例，控股股东也是如此。

【注5】代销期限届满，并不要求原股东中每一个股东认购股票的数量，达到其拟配售数量的70%，而是所有股东合计达到70%即可。比如，某主板上市公司总股本10亿股，甲持股6亿股，为控股股东，本次拟配售2亿股，甲公开承诺认配0.8亿股，实际认配0.8亿股，其他股东实际认配0.6亿股，本次配股应当是成功的。拟配售数量2亿股，甲最多可认配1.2亿股，尽管甲实际认配的数量未达到其最多可认配的数量的70%（1.2亿股×70%＝0.84亿股），但因所有实际认配的数量为1.4亿股，达到了本次拟配售数量的70%（2亿股×70%），因此并不导致发行失败。

【注6】考试中常会要求计算控股股东或非控股股东至少认配多少股份方能保证发行成功。鉴于保证发行成功的所有认购数量应当是本次拟配售数量的70%，而每个股东最高认购的数量是其本次配股前的持股比例与本次拟配售数量的乘积，因此在计算保证发行成功时某股东至少应认配多少股份时，应当是其他股东把所有配售数量均按比例全额认购后，剩余的便是该股东至少认购股份数。公式如下：

某股东至少应认购股份数＝本次拟配售数量×70%－本次拟配售数量×本次配售前其他股东持股比例＝本次拟配售数量×（70%－本次配售前其他股东持股比例）

该公式适用任何股东，包括控股股东及其他非控股股东。

【注7】考试中常会把发行条件与定价销售综合考查，《证券发行与承销管理办法》第十九条规定："上市公司向原股东配售股票，应当向股权登记日收市后登记在册的股东配售，且配售比例应当相同"。即配股的发行对象为股权登记日收市后登记在册的全体股东。

【注8】配股除权价的计算有两个公式，具体如下：

公式一：配股除权价 =（股权登记日收盘价×原总股本 + 配股价×配股股本）/（原总股本 + 配股股本）

将公式一中右边分子分母同时除以"原总股本"可得：

公式二：配股除权价 =（除权登记日收盘价 + 配股价×配股比例）/（1 + 配股比例）

【真题回顾（1509）】某主板上市公司总股本 5 亿股，控股股东甲持有 2 亿股，现进行配股，拟配售股份数量为本次配售股份前股本总额的 30%，下列说法正确的有（　　）。

A. 控股股东甲至少应认购 1 500 万股，否则将导致本次配股失败

B. 非控股股东累计至少应认购 4 500 万股，否则将导致本次配股失败

C. 本次配股承销商应采取代销方式进行承销

D. 控股股东甲承诺认购 6 000 万股，实际认购 4 000 万股，其他股东足额认购，最终原股东认购股票的数量为拟配售数量的 86.67%，则本次配售成功

E. 本次配股发行对象为股权登记日收市后登记在册的全体股东

答案：ABCE

解析：A，控股股东至少应认购股份数 = 本次拟配售数量×（70% − 本次配售前其他股东持股比例）= 15 000（万股）×（70% − 60%）= 1 500（万股）；B，非控股股东至少应认购股份数 = 本次拟配售数量×（70% − 本次配售前控股股东持股比例）= 15 000（万股）×（70% − 40%）= 14 500（万股）；D，控股股东应履行其认购 6 000 万股承诺，否则配股失败。

【模拟练习】下列关于深交所中小企业板上市公司配股的发行条件，说法正确的是（　　）。

A. 拟配售股份数量不超过本次配售股份前股本总额的 30%

B. 采用《证券法》规定的余额包销或代销方式发行

C. 最近 24 个月内曾发行证券的，不存在发行当年营业利润比上年下降 50% 以上的情形

D. 最近 3 年及 1 期的财务报告审计意见不得为非标准无保留意见

E. 最近 3 个会计年度加权平均净资产收益率平均不低于 6%，净利润以扣除非经常性损益后孰低者为计算依据

答案：A

解析：B，配股只能采取代销的方式；C，原条文描述为"曾公开发行证券的"；D，可以为带其他事项段的无保留意见，或者带强调事项段的无保留意见无不利影响或不利影响已消除；E，所述情形是公开增发和发行可转债应满足的条件，并非配股条件。

【模拟练习】某上市公司进行配股，该公司总股本为 2 亿股，其中控股股东持股 8 000 万股，控股股东承诺按其持有公司股份的比例全额认购其可认配股份，股权登记日收盘价为 15 元/股，配股价为 8 元/股，拟配股数量为 6 000 万股（每 10 股配 3 股），最终实际配股数量为 5 000 万股，关于本次配股，以下说法正确的有（　　）。

A. 控股股东认购 2 000 万股，其他股东认购 3 000 万股，本次配股成功

B. 本次配股除权价 13.38 元/股

C. 本次配股除权价为 13.60 元/股

D. 主承销商必须采用代销方式进行承销

答案：BD

解析：A，控股股东应认配其承诺认配的股份即 8 000×30% = 2 400（万股），否则配股失败；B、C，配股除权价 =（除权登记日收盘价 + 配股价×配股比例）/（1 + 配股比例）=（15 + 8×0.3）/（1 + 0.3）= 13.38（元/股），B 正确。

【模拟练习】根据《上市公司证券发行管理办法》，主板拟配股上市公司发生下列情形时，发行人应当按照发行价并加算银行同期存款利息返还已经认购的股东的是（　　）。

A. 控股股东不履行认配股份的承诺

B. 募集资金数额超过项目需要量

C. 违反募集资金专项存储制度，募集资金未存放于公司董事会决定的专项账户

D. 非金融企业本次募集资金使用项目为委托理财等财物性投资

答案：A

解析：B、C、D 属于不得配股的情形。

3. 公开增发的特别规定（一般规定 +3）

公开增发除应符合上述一般规定外，还应符合下列规定：

（1）最近 3 个会计年度加权平均净资产收益率平均不低于 6%。以扣非前后孰低的净利润作为加权平均净资产收益率的计算依据。

（2）除金融类企业外，最近 1 期末不存在持有金额较大的交易性金融资产和可供出售的金融资产、借予他人款项、委托理财等财务性投资的情形。

（3）发行价格应不低于公告招股意向书前 20 个交易日公司股票均价或前 1 个交易日的均价。

【注1】应结合一般规定中"最近 3 年连续盈利"综合进行判断，若不满足"最近 3 年连续盈利"条件，比如某年净利润为负，则即便"最近 3 个会计年度加权平均净资产收益率平均不低于 6%"也不满足公开增发的条件。

【注2】注意公开增发定价基准日为公告招股意向书前 20 个交易日，或公告招股意向书前 1 个交易日。价格不打折；考法条规定时经常会把"或"更换为"和"，注意区别。

【注3】考试中常会把发行条件与定价销售综合考查，《证券发行与承销管理办法》第十九条规定：上市公司公开增发或发行可转换公司债券，可以全部或部分向原股东优先配售，优先配售比例应当在发行公告中披露。

第二十条规定："上市公司增发或者发行可转换公司债券，主承销商可以对参与网下配售的机构投资者进行分类，对不同类别的机构投资者设定不同的配售比例，对同一类别的机构投资者应当按相同的比例进行配售。主承销商应当在发行公告中明确机构投资者的分类标准。

主承销商未对机构投资者进行分类的，应当在网下配售和网上发行之间建立回拨机制，回拨后两者的获配比例应当一致。"

【真题回顾（1509）】某主板上市公司进行公开增发，以下说法正确的是（　　）。

A. 增发发行价格应不低于公告招股意向书前 20 个交易日的均价或前一个交易日的均价

B. 2012 年 10 月曾公开发行股票，发行当年营业利润比上年下降 55%，2015 年 7 月可以再次公开发行股票

C. 前 3 年合并报表实现的归属于母公司的可分配利润分别为 2 000 万元、3 000 万元、4 000 万元。公司最近 1 年累计现金分红 1 200 万元，符合公开增发的条件

D. 本次公开增发由发行人与主承销商协商确定采用代销方式

E. 主承销商未对机构投资者进行分类的，应当在网下配售和网上发行之间建立回拨机制，回拨后两者的获配比例应当一致

答案：ABCE

解析：B，2015 年 7 月距离 2012 年 10 月已超过 24 个月，不构成障碍；1 200 万元≥（2 000 + 3 000 + 4 000）/3×30% 万元，符合分红条件；D，公开增发有限价规定。

【模拟练习】某上市公司进行公开增发，于 2016 年 1 月 5 日公告了董事会关于公开增发事宜的决议，并于 2016 年 5 月 9 日公告了招股意向书，该上市公司于 2016 年 1 月 5 日和 5 月 9 日有关股票交易均价情况如下表所示。

单位：元/股

2016 年 1 月 5 日			2016 年 5 月 9 日		
前 1 个交易日股票交易均价	前 20 个交易日股票交易均价	前 30 个交易日股票交易均价	前 1 个交易日股票交易均价	前 20 个交易日股票交易均价	前 30 个交易日股票交易均价
36	34	32	44	40	42

该上市公司确定的以下公开增发价格中，符合《上市公司证券发行管理办法》规定的有（　　）。

A. 34.10 元　　　　B. 36.00 元　　　　C. 39.60 元　　　　D. 41.00 元

E. 45.00 元

答案：DE

（二）创业板上市公司公开发行股票的条件

为了规范创业板上市公司证券发行行为，保护投资者的合法权益和社会公共利益，中国证监会于 2014 年 5 月发布并实施《创业板上市公司证券发行管理暂行办法》（以下简称《暂行办法》），对创业板上市公司申请在境内发行股票、可转换公司债券及中国证监会认可的其他证券品种进行规范。

《暂行办法》第二章为"发行证券的条件"，第一节为"一般规定"，要求创业板上市公司发行证券，包括公开发行与非公开发行均需符合规定，对于非公开发行不适用的，采取除外条款进行说明。以下一般规定中，除特别说明外，均为创业板上市公司公开发行、非公开发行均需符合的条件。

1. 一般规定（19 + 2 + 2）

下述（1）～（14）是对上市公司（即发行人）的要求，（15）～（17）是对上市公司董、监、高及控股股东、实际控制人的对应要求。注意，（19）仅适用增发、配股、非公开发行股票，不适用可转债。

（1）与控股股东或实际控制人的人员、资产、财务分开，机构、业务独立，能够自主经营管理。

【注】完全同主板规定，与首发一样，同样须满足"五独立"的要求。

（2）募集资金的数额和使用应当符合下列规定：

①前次募集资金基本使用完毕，且使用进度和效果与披露情况基本一致。

②本次募集资金用途符合国家产业政策和法律、行政法规的规定。

③除金融类企业外，本次募集资金使用不得为持有交易性金融资产和可供出售的金融资产、借予他人、委托理财等财务性投资，不得直接或者间接投资于以买卖有价证券为主要业务的公司。

④本次募集资金投资实施后，不会与控股股东、实际控制人产生同业竞争或者影响公司生产经营的独立性。

【注1】"①"的规定与主板规定不同，主板规定为：募集资金数额不超过项目需要量。

【注2】"②"、"③"、"④"的规定与主板规定相同。

【注3】主板多出"⑤建立募集资金专项存储制度，募集资金必须存放于公司董事会决定的专项账户"的规定，《暂行办法》虽未明文规定，但根据《深圳证券交易所创业板上市公司规范运作指引》，也是同样要求的。

（3）最近12个月内不存在违规对外提供担保的行为。

【注】完全同主板规定。

（4）最近12个月内不存在受到过证券交易所的公开谴责的情形。（变形而来）

（5）最近12个月内不存在有未履行向投资者作出的公开承诺的行为。（变形而来）

【注】关于"上市公司最近12个月内不存在有未履行向投资者作出的公开承诺的行为"的规定同主板，但需注意，主板对上市公司的控股股东、实际控制人同样要求不存在上述未履行的公开承诺，创业板则对控股股东、实际控制人无相应要求。

（6）最近1期末资产负债率高于45%。

【注1】此为创业板特有的规定，主板无此要求；"高于"即"不低于"，包含本数，即≥45%。

【注2】注意是"最近一期末"，非"最近一年末"。资产负债率＝负债/资产×100%。

【注3】创业板上市公司非公开发行股票的，不需要符合此规定。

（7）最近2年盈利，净利润以扣除非经常性损益前后孰低者为计算依据。

【注1】主板要求最近3年连续盈利。

【注2】仅要求最近两年盈利，无具体盈利指标要求。

【注3】注意，是最近两年连续盈利，不是3年中有两年盈利即可，也并不要求3年均盈利，比如某创业板上市公司拟于2017年7月申请公开发行股票，2014年、2015年、2016年的净利润分别为1 000万元、−300万元、800万元，则不符合发行条件，若为−300万元、1 000万元、800万元，则符合发行条件。另外需要注意的是，不管是首发还是再融资中均未对最近1期的盈利作出要求，但根据法条原意，如果法条原文中要求最近3年、最近2年盈利的话，对最近1期应当是要求盈利的，目前实务审核中也是如此。

【注4】创业板上市公司非公开发行股票募集资金用于收购兼并的，免予适用"最近两年盈利"的要求。

（8）最近两年按照上市公司章程的规定实施现金分红。

【注】主板的要求为"最近3年以现金方式累计分配的利润不少于最近3年实现的年均可分配利润的30%"，注意区别。

（9）最近3年及一期财务报表未被注册会计师出具否定意见或者无法表示意见的审计报告；被注册会计师出具保留意见或者带强调事项段的无保留意见审计报告的，所涉及的事项对上市公司无重大不利影响或者在发行前重大不利影响已经消除。

【注1】否定、无法表示意见是"绝对禁止"事项；保留意见和带强调事项段的无保留意见

是"相对禁止"事项，无重大不利影响，或重大不利影响已消除的，不构成障碍；标准无保留、带其他事项段的是"非禁止"事项。

【注2】与主板的区别是，对于保留意见的审计报告，主板为"绝对禁止"事项，创业板此处放宽要求，将保留意见规定为"相对禁止"事项。

【注3】注意要求的是最近3年及一期，包含最近一期。

（10）最近36个月内不存在因违反法律、行政法规、规章受到行政处罚且情节严重，或者受到刑事处罚，或者因违反证券法律、行政法规、规章受到中国证监会的行政处罚的情形。（变形而来）

【注1】36个月内存在除中国证监会外其他部门的行政处罚且情节严重、中国证监会的行政处罚、刑事处罚的，构成发行障碍。总体规定与主板一致。

【注2】较主板少一个"最近36个月内财务会计文件无虚假记载"的规定，但推断创业板也是应当符合此规定的。

（11）本次发行申请文件不存在虚假记载、误导性陈述或重大遗漏。（变形而来）

【注】同主板规定。

（12）不存在擅自改变前次公开发行证券募集资金的用途而未作纠正的情形。（推断而来）

【注】《暂行办法》虽未明文规定，但根据《证券法》第十五条"公司对公开发行股票所募集资金，必须按照招股说明书所列资金用途使用。改变招股说明书所列资金用途，必须经股东大会作出决议。擅自改变用途而未作纠正的，或者未经股东大会认可的，不得公开发行新股"的规定，创业板也应同样适用此规定。

（13）不存在因涉嫌犯罪被司法机关立案侦查或涉嫌违法违规被中国证监会立案调查的情形。（变形而来）

【注】同主板规定。

（14）最近12个月内不存在资金被上市公司控股股东、实际控制人及其控制的其他企业以借款、代偿债务、代垫款项或者其他方式占用的情形。

【注】此为创业板多出的规定，主板未明确规定。

（15）现任董事、监事和高级管理人员不存在违反《公司法》第一百四十七条、第一百四十八条规定的行为，或者最近36个月内受到中国证监会的行政处罚、最近12个月内受到证券交易所的公开谴责的情形。（变形而来）

【注】完全同主板规定，注解详见主板相应说明。

（16）现任董事、监事和高级管理人员不存在因涉嫌犯罪被司法机关立案侦查或涉嫌违法违规被中国证监会立案调查的情形。

【注】与主板对应规定有区别，主板关于此事项限定的主体为董事、高管，不含监事，创业板此处限制的是董、监、高。

（17）控股股东、实际控制人最近12个月内不存在因违反证券法律、行政法规、规章，受到中国证监会的行政处罚，或者受到刑事处罚。（变形而来）

【注】此为创业板独有的规定，主板并未对上市公司控股股东或者实际控制人作出此限定。

（18）上市公司申请再融资时，除金融类企业外，原则上最近一期末不得存在持有金额较大、期限较长的交易性金融资产和可供出售的金融资产、借予他人款项、委托理财等财务性投资的情形。

（19）上市公司申请增发、配股、非公开发行股票的，本次发行董事会决议日距离前次募集资金到位日原则上不得少于18个月。

【注1】18个月的限制，仅限制本次增发、配股、非公开发行股票，不适用可转债。（也不适用优先股）

【注2】前次募集资金包括首发、增发、配股、非公开发行股票。上市公司发行可转债、优先股和创业板小额快速融资，不适用。

【注3】小额快速融资是指融资额不超过人民币5 000万元且不超过最近一年末净资产10%的适用简易程序的非公开发行股票。

（20）其他法规特别规定（2+2）

完全同主板规定，详见"（一）主板上市公司公开发行新股的条件"部分相应内容。

主板、创业板上市公司公开发行股票条件的一般规定对比

具体事项	主板公开发行股票应符合的规定		创业板公开发行股票应符合的规定
五独立	与控股股东或实际控制人的人员、资产、财务分开，机构、业务独立，能够自主经营管理		
募资使用	①募集资金数额不超过项目需要量		①前次募集资金基本使用完毕，且使用进度和效果与披露情况基本一致
	②本次募集资金用途符合国家产业政策和法律、行政法规的规定 ③除金融类企业外，本次募集资金使用项目不得为持有交易性金融资产和可供出售的金融资产、借予他人、委托理财等财务性投资，不得直接或间接投资于以买卖有价证券为主要业务的公司 ④投资项目实施后，不会与控股股东或实际控制人产生同业竞争或影响公司生产经营的独立性 ⑤建立募集资金专项存储制度，募集资金必须存放于公司董事会决定的专项账户		
近12个月内	①不存在违规对外提供担保的行为		
	②不存在受到过证券交易所的公开谴责的情形		
	③不存在有未履行向投资者作出的公开承诺的行为		
	④现任董、监、高不存在受到证券交易所的公开谴责的情形 【注】与下述"董、监、高、核"中相应内容是同一项规定		
	⑤控股股东、实际控制人不存在有未履行向投资者作出的公开承诺的行为		⑤不存在资金被上市公司控股股东、实际控制人及其控制的其他企业以借款、代偿债务、代垫款项或者其他方式占用的情形
	【注】右侧⑥与下述"虚假陈述与违法行为"中右侧③指的是同一事项		⑥控股股东、实际控制人不存在因违反证券法律、行政法规、规章，受到中国证监会的行政处罚，或受到刑事处罚
财务条件	最近3年连续盈利		最近2年盈利
	最近3年以现金方式累计分配的利润不少于最近3年实现的年均可分配利润的30%		最近2年按照上市公司章程的规定实施现金分红

续表

具体事项	主板公开发行股票应符合的规定	创业板公开发行股票应符合的规定
财务条件	最近 3 年及 1 期财务报表未被 CPA 出具保留、否定、无法表示意见；被 CPA 出具带强调事项段无保留意见的，所涉事项对发行人无重大不利影响或在发行前重大不利影响已消除	最近 3 年及 1 期财务报表未被 CPA 出具否定、无法表示意见；被 CPA 出具保留意见或带强调事项段无保留意见的，所涉事项对上市公司无重大不利影响或在发行前重大不利影响已经消除
	最近 24 个月内曾公开发行证券的，不存在发行当年营业利润比上年下降 50% 以上的情形	最近一期末资产负债率高于 45%
虚假陈述与违法行为	①本次发行申请文件不存在虚假记载、误导性陈述或重大遗漏	
	②最近 36 个月内财务会计文件无虚假记载，最近 36 个月内不存在因违反法律、行政法规、规章受到行政处罚且情节严重，或者受到刑事处罚，或者因违反证券法律、行政法规、规章受到中国证监会的行政处罚的情形	
	【注】右侧③与上述"近 12 个月内"中右侧⑥指的是同一事项	③控股股东、实际控制人最近 12 个月内不存在因违反证券法律、行政法规、规章，受到中国证监会的行政处罚，或受到刑事处罚
立案处理	不存在因涉嫌犯罪被司法机关立案侦查或涉嫌违法违规被中国证监会立案调查的情形	
擅改前募	不存在擅自改变前次公开发行证券募集资金的用途而未作纠正的情形	
董监高核	现任董、监、高具备任职资格，不存在违反《公司法》第一百四十八条、第一百四十九条规定的行为，且最近 36 个月内未受到过中国证监会的行政处罚、最近 12 个月内未受到过证券交易所的公开谴责	
	现任董、高不存在因涉嫌犯罪被司法机关立案侦查或涉嫌违法违规被中国证监会立案调查	现任董、监、高不存在因涉嫌犯罪被司法机关立案侦查或涉嫌违法违规被中国证监会立案调查的情形
	高级管理人员和核心技术人员稳定，最近 12 个月内未发生重大不利变化	
财务性投资限制	除金融类企业外，原则上最近一期末不得存在持有金额较大、期限较长的交易性金融资产和可供出售的金融资产、借予他人款项、委托理财等财务性投资的情形	
前募时间	本次发行董事会决议日距离前次募集资金到位日原则上不得少于 18 个月	

【模拟练习】下列属于创业板上市公司公开发行股票条件的有（　　　）。

A. 最近 3 个会计年度加权平均净资产收益率平均不低于 6%，净利润以扣除非经常性损益前后较低者为计算依据

B. 最近 3 年以现金方式累计分配的利润不少于最近三年实现的年均可分配利润的 30%

C. 最近 2 年盈利，净利润以扣除非经常性损益前后孰低者为计算依据

D. 最近 1 期末资产负债率高于 45%

E. 最近 3 年及 1 期财务报表未被注册会计师出具否定意见或者无法表示意见的审计报告；被注册会计师出具保留意见或者带强调事项的无保留意见的审计报告的，所涉及的事项对上市公司无重大不利影响或者在发行前重大不利影响已经消除

答案：CDE

解析：本题题干考查的是公开发行的一般条件，A 项所述是主板上市公司公开增发应符合的条件，创业板公开增发无此要求，一般规定中更没有这样的要求；B，创业板关于分红的要求为"最近 2 年按照上市公司章程的规定实施现金分红"，B 项题支是主板上市公司的要求。

【模拟练习】 不考虑其他情形，下列上市公司拟于 2016 年 9 月公开发行股票，其中不符合公开发行股票条件的有（　　）。

A. 甲公司为创业板上市公司，现任监事王某曾于 2015 年 12 月受到深交所的公开谴责

B. 乙公司为中小板上市公司，其控股股东周某曾于 2015 年 12 月发生未履行向投资者作出的公开承诺的行为

C. 丙公司为主板上市公司，最近一次公开增发时间为 2013 年 12 月，发行当年营业利润比上年下降了 50%

D. 丁公司为中小板上市公司，最近 3 年及 1 期财务报表被注册会计师出具保留意见审计报告，但所涉及的事项对上市公司无重大不利影响

E. 戊公司为创业板上市公司，其实际控制人李某曾于 2015 年 2 月受到中国证监会的行政处罚

答案：ABD

解析：A，主板创业板均规定，现任董、监、高最近 12 个月内不存在受到证券交易所的公开谴责的情形；B，主板（含中小板）特别规定，控股股东、实际控制人最近 12 个月内不存在有未履行向投资者作出的公开承诺的行为；C，2013 年 12 月不在"最近 24 个月"内，不构成障碍；D，保留意见对主板来说是"绝对禁止"事项，对创业板来说是"相对禁止"事项；E，创业板特别规定，控股股东、实际控制人最近 12 个月内不存在有未履行向投资者作出的公开承诺的行为。本题 E 中"2015 年 2 月"不在最近 12 个月时间范围内，不构成障碍。

【模拟练习】 不考虑其他情形，下列上市公司拟于 2017 年 7 月公开发行股票，其中不符合公开发行股票条件的有（　　）。

A. 甲公司为主板上市公司，现任监事张某因涉嫌犯罪被司法机关立案侦查

B. 乙公司为中小板上市公司，2016 年 8 月 5 名高管和 1 名核心技术人员离职，对公司生产经营造成重大影响

C. 丙公司为创业板上市公司，现任监事王某于 2016 年 6 月受到中国证监会行政处罚

D. 丁公司为创业板上市公司，2016 年 12 月 31 日资产总额为 4 亿元，负债总额为 2 亿元，2017 年 6 月 28 日资产总额为 5 亿元，负债总额为 2.5 亿元，2017 年 6 月 29 日，丁公司偿还银行短期借款 5 000 万元，29 日、30 日无其他资产负债变动

E. 戊公司为创业板上市公司，2014～2017 年按扣非前后孰低计算的净利润分别为 1 000 万元、−200 万元、1 200 万元

答案：BCDE

解析：A，主板上市公司董、高被立案侦查、立案调查构成障碍，创业板为董、监、高，包含监事；B，主板（含中小板）上市公司特别规定，高级管理人员和核心技术人员稳定，最近12 个月内未发生重大不利变化，乙公司2016 年8 月发生的重大不利变化在"近12 个月"的时间范围内；C，主板创业板均规定，现任董、监、高最近36 个月内未受到过中国证监会的行政处罚、最近12 个月内未受到过证券交易所的公开谴责；D，创业板特别规定，上市公司最近一期末资产负债率高于45%，本题应采用2017 年6 月30 日的数据计算资产负债率，（2.5 - 0.5）÷（5 - 0.5）<45%，不符合规定；E，不符合最近两年盈利的要求。

【模拟练习】深交所某创业板上市公司拟于2017 年申请配股，董事会决议日为2017 年7 月8 日，股东大会决议日为7 月24 日，拟于8 月30 日申报，以下情形中构成发行障碍的有（　　）。

A. 首发募集资金于2016 年1 月5 日到位，2016 年7 月5 日使用完毕，期间无其他融资

B. 前次公开增发募集资金2016 年1 月22 日到位，2016 年7 月22 日使用完毕，期间无其他融资

C. 前次发行可转换公司债券募集资金2016 年1 月22 日到位，2016 年7 月22 日使用完毕，期间无其他融资

D. 前次发行优先股募集资金2016 年1 月22 日到位，2016 年7 月22 日使用完毕，期间无其他融资

E. 2016 年非公开发行股票融资额4 000 万元，且未超过上年末净资产的10%，中国证监会适用简易程序审核，募集资金2016 年1 月22 日到位，2016 年7 月22 日使用完毕，期间无其他融资

答案：B

解析：A、B，董事会决议日距离前募集到位日不少于18 个月，A，超过18 个月，B 在18 个月以内；C、D、E，前次募集资金不包括发行可转债、优先股和创业板小额快速融资。

【模拟练习】某公司于2016 年首次公开发行股票并在深交所主板上市，募集资金于2016 年5 月15 日到位，不考虑其他情形，该公司可以于2017 年6 月24 日召开董事会审议的再融资类型有（　　）。

A. 增发　　　　　　　　　　　　　　B. 配股

C. 非公开发行股票　　　　　　　　　D. 发行可转换公司债券

E. 发行优先股

答案：DE

解析：前募到位不得少于18 个月的融资类型限制是申请增发、配股、非公开发行股票。

2. 配股的特别规定（一般规定 + 3）

（1）配股应符合的条件

配股除应符合上述一般规定外，还应符合下列规定：

①拟配售股份数量不超过本次配售股份前股本总额的30%。

②控股股东应当在股东大会召开前公开承诺认配股份的数量。

③采用《证券法》规定的代销方式发行。

【注】与主板规定完全相同。

（2）配股失败的判定及处理

①控股股东不履行认配股份的承诺。

②代销期限届满，原股东认购股票的数量未达到拟配售数量 70%。

出现上述任一情形的，为配股失败，发行人应当按照发行价并加算银行同期存款利息返还已经认购的股东。

【注】与主板规定完全相同。

3. 公开增发的特别规定（一般规定 +2）

公开增发除应符合上述一般规定外，还应符合下列规定：

（1）除金融类企业外，最近一期末不存在持有金额较大的交易性金融资产和可供出售的金融资产、借予他人款项、委托理财等财务性投资的情形。

（2）发行价格应不低于公告招股意向书前 20 个交易日公司股票均价或前 1 个交易日的均价。

【注】创业板无"最近 3 个会计年度加权平均净资产收益率平均不低于 6%"的要求。

主板、创业板上市公司配股、公开增发的特别规定对比

融资类型	主板应符合的规定	创业板应符合的规定
配股	（1）拟配售股份数量不超过本次配售股份前股本总额的 30%	
	（2）控股股东应当在股东大会召开前公开承诺认配股份的数量	
	（3）采用《证券法》规定的代销方式发行	
公开增发	（1）最近 3 个会计年度加权平均净资产收益率平均不低于 6%	
	（2）除金融类企业外，最近一期末不存在持有金额较大的交易性金融资产和可供出售的金融资产、借予他人款项、委托理财等财务性投资的情形	
	（3）发行价格应不低于公告招股意向书前 20 个交易日公司股票均价或前 1 个交易日的均价	

【真题回顾（1505）】甲为上交所上市公司，乙为中小板上市公司，丙、丁、戊为创业板上市公司，其中丁准备以本次募集资金用于收购，其他资料如下表所示，不考虑其他因素，甲、乙、丙、丁、戊拟于 2014 年 3 月申请公开增发股票，以下符合条件的公司为（　　　）。

单位：万元

公司	2011 年			2012 年			2013 年		
	净利润	非经常性损益	平均净资产	净利润	非经常性损益	平均净资产	净利润	非经常性损益	平均净资产
甲	600	−100	10 000	800	50	12 000	900	50	15 000
乙	1 000	−100	10 000	1 250	50	12 000	−150	−50	15 000
丙	500	−100	10 000	600	50	12 000	150	−50	15 000
丁	500	−100	10 000	600	50	12 000	−150	50	15 000
戊	500	−100	10 000	600	50	12 000	−100	50	15 000

A. 甲　　　　　　B. 乙　　　　　　C. 丙　　　　　　D. 丁　　　　　　E. 戊

答案：C

解析：甲公司最近 3 个会计年度加权平均净资产收益率为（600/10 000 + 750/12 000 + 850/15 000）÷3 = 5.97%，不足 6%，因此不符合条件；

乙公司为中小板上市公司公开增发，最近一年净利润为 − 150 万元，不需要再计算加权平均净资产收益率，不符合最近 3 年连续盈利的规定，不符合条件；

丙公司是创业板上市公司公开增发，对加权平均净资产收益率无 ≥6% 的要求，因此尽管其实际加权平均净资产收益率 3 年平均低于 6%，但并不影响；

丁、戊不符合最近两年连续盈利的要求，不符合公开发行的条件。（注：尽管丁准备以本次募集资金用于收购，但因其是公开发行，不能免予对于最近两年连续盈利的要求）

【模拟练习】甲为上交所上市公司，乙为创业板上市公司，甲、乙均拟于 2017 年 5 月公开增发股票，则不考虑其他因素，以下为甲、乙均需符合的条件的有（　　　）。

A. 最近 24 个月内曾公开发行证券的，不存在发行当年营业利润比上年下降 50% 以上的情形

B. 最近 3 年以现金方式累计分配的利润不少于最近 3 年实现的年均可分配利润的 30%

C. 最近 3 个会计年度加权平均净资产收益率平均不低于 6%

D. 发行价格应不低于公告招股意向书前 20 个交易日公司股票均价和前 1 个交易日的均价

E. 除金融类企业外，最近 1 期末不存在持有金额较大的交易性金融资产和可供出售的金融资产、借予他人款项、委托理财等财务性投资的情形

答案：E

解析：A、B 为主板上市公司公开发行证券应符合的条件的一般规定，创业板不要求；C 为主板上市公司公开增发的特别规定，创业板无此要求；D，应当是"或"。

（三）主板上市公司非公开发行股票的条件

2017 年 2 月 17 日，中国证监会对《上市公司非公开发行股票实施细则》进行修订，修订内容主要包括两点：一是将定价基准日由原来多个调整为仅按市价发行，即定价基准日为"本次非公开发行股票发行期的首日"；二是删除原第十六条关于出现股东大会决议有效期已过、发行方案发生变化需重新召开董事会确定新定价基准日的规定，这也是根据第一点的修订作出的相应修订，即定价基准日不会再调整。其余条款均是根据上述修订作相应文字上的调整。

1. 一般规定

（1）与控股股东或实际控制人的人员、资产、财务分开，机构、业务独立，能够自主经营管理。

【注】虽未明文规定，但根据上市公司规范运作指引的规定，需满足此条件。

（2）募集资金的数额和使用应当符合下列规定：

①募集资金数额不超过项目需要量。

②募集资金用途符合国家产业政策和有关环境保护、土地管理等法律和行政法规的规定。

③除金融类企业外，本次募集资金使用项目不得为持有交易性金融资产和可供出售的金融资产、借予他人、委托理财等财务性投资，不得直接或间接投资于以买卖有价证券为主要业务的公司。

④投资项目实施后，不会与控股股东或实际控制人产生同业竞争或影响公司生产经营的独

立性。

⑤建立募集资金专项存储制度，募集资金必须存放于公司董事会决定的专项账户。

【注】完全同主板公开发行的要求。

（3）不存在违规对外提供担保且尚未解除的情形（上市公司及其附属公司）。

【注1】此处指在申报之前存在违规担保且尚未解除构成障碍，不管该违规担保起点发生在什么时候，是12个月以前，还是12个月以内，只要该违规担保在申报前已解除，则不构成障碍，在申报之前尚未解除，则构成障碍。比如，甲是主板上市公司，拟于2017年5月申请非公开发行股票，2016年4月未履行董事会审批程序即对外提供担保，截至目前尚未解除，则尽管其违规担保发生于12个月之前，但因申报前尚未解除，因此构成障碍，此处不要和公开发行中"最近12个月内不存在违规担保"混淆。再如，假如上述甲公司于2017年2月存在违规担保，但2017年4月已经解除，则不构成障碍。

【注2】何为"违规对外提供担保且尚未解除"？详见本节附录一：《上市公司证券发行管理办法》第三十九条"违规对外提供担保且尚未解除"的理解和适用——证券期货法律适用意见第5号。

（4）最近1年及1期财务报表未被注册会计师出具保留意见、否定意见或无法表示意见的审计报告。保留意见、否定意见或无法表示意见所涉及事项的重大影响已经消除或者本次发行涉及重大重组的除外。

【注】对主板非公开发行审计意见类型而言，无绝对"禁止事项"，保留、否定、无法表示意见为"相对禁止"事项，标准无保留、带强调事项段无保留、带其他事项段无保留均为"非禁止事项"。

（5）本次发行申请文件不存在虚假记载、误导性陈述或重大遗漏。

（6）不存在因涉嫌犯罪被司法机关立案侦查或涉嫌违法违规被中国证监会立案调查的情形。

【注】同公开发行的规定。

（7）现任董事、高级管理人员不存在最近36个月内受到过中国证监会的行政处罚，或者最近12个月内受到过证券交易所公开谴责的情形。

【注】此处不包含监事，主板公开发行关于36个月内、12个月内限制的人员为董、监、高，包含监事。

（8）现任董事、高级管理人员不存在因涉嫌犯罪被司法机关立案侦查或涉嫌违法违规被中国证监会立案调查情形。

【注】此处不包含监事，同主板公开发行的规定。

（9）不存在上市公司的权益被控股股东或实际控制人严重损害且尚未消除的情形。

（10）除金融类企业外，原则上最近一期末不得存在持有金额较大、期限较长的交易性金融资产和可供出售的金融资产、借予他人款项、委托理财等财务性投资的情形。

（11）本次发行董事会决议日距离前次募集资金到位日原则上不得少于18个月。

【注】含义与公开发行中规定相同。

（12）其他法规特别规定

①上市公司在回购股份期间不得发行新股。

②上市公司发行证券，存在利润分配方案、公积金转增股本方案尚未提交股东大会表决或者虽经股东大会表决通过但未实施的，应当在方案实施后发行。相关方案实施前，主承销商不得承销上市公司发行的证券。

【注】上市公司协议收购过渡期和上市公司重大资产重组后再融资的，并不限制非公开发行。

【真题回顾（2012）】以下是上市公司（主板）公开发行股票和非公开发行股票共同需具备的条件的有（　　　）。

A. 高管和核心技术人员最近 12 月内稳定，未发生重大不利变化

B. 募集资金不超过项目需要量

C. 现任监事最近 12 个月内未受到交易所公开谴责

D. 上市公司不存在因涉嫌违法违规正被中国证监会立案调查的情形

E. 现任监事不存在因涉嫌犯罪正被司法机关立案侦查的情形

答案：BD

解析：A、C 均为公开发行要求但非公开发行不予要求的；E，主板公开发行与非公开发行均要求现任董、高不存在因涉嫌犯罪被司法机关立案侦查或涉嫌违法违规被中国证监会立案调查的情形，不包含监事。创业板限制的为董、监、高，包含监事。

【真题回顾（1605）】某主板上市公司拟于 2016 年 7 月非公开发行股票，根据《上市公司证券发行管理办法》，以下将导致该上市公司不符合非公开发行股票的条件的是（　　　）。

A. 该上市公司因违规占用耕地曾于 2013 年 9 月受到土地主管部门的行政处罚

B. 该上市公司 2015 年度的财务报表被注册会计师出具了带强调事项的无保留意见审计报告

C. 2014 年 8 月该上市公司对其关联公司提供担保，未按相关规定提交股东大会审议，该上市公司于 2015 年主动撤销了对该关联公司的担保

D. 该上市公司现任董事因涉嫌内幕交易正被中国证监会立案调查

E. 现任监事李某于 2013 年 8 月受到过中国证监会的行政处罚

答案：D

解析：A，主板非公开发行未对发行人最近 36 个月内财务会计文件无虚假记载、最近 36 个月内不存在违法违规等作出要求；C，申报前违规担保已经解除，不再构成障碍；E，主板非公开发行对于近 36 个月内中国证监会行政处罚、近 12 个月内交易所公开谴责的限制不含监事。

2. 特别规定

（1）发行对象不超过 10 名，发行对象为境外战略投资者的，应当经国务院相关部门事先批准。

【注 1】指认购并获得本次非公开发行股票的法人、自然人或者其他合法投资组织不超过 10 名。（注：包括控股股东在内）

【注 2】证券投资基金管理公司以其管理的 2 只以上基金认购的，视为一个发行对象。

【注 3】信托公司作为发行对象，只能以自有资金认购，不能以信托计划认购。

（2）拟发行的股份数量不得超过本次发行前总股本的 20%。

【注 1】此为 2017 年 2 月 17 日中国证监会《发行监管问答——关于引导规范上市公司融资行为的监管要求》第一条的要求。

【注 2】注意，是不超过本次发行前总股本的 20%，非发行后。

（3）发行价格不低于定价基准日前 20 个交易日公司股票均价的 90%。

【注 1】2017 年 2 月 17 日，中国证监会修订《非公开发行股票实施细则》，将定价基准日进行调整，由原规定"可以为董事会决议公告日、股东大会决议公告日、发行期的首日"三个基

准日，调整为只有一个市价发行的基准日，"注2"为调整后的规定。

【注2】"定价基准日"是指计算发行底价的基准日，为本次非公开发行股票发行期的首日。上市公司应按不低于该发行底价的价格发行股票。

【注3】定价基准日前 20 个交易日股票交易均价 = 定价基准日前 20 个交易日股票交易总额 ÷ 定价基准日前 20 个交易日股票交易总量。

【注4】参考交易均价只有价基准日前 20 个交易日一个参考标准，没有前 1 个交易日、前 30 个交易日的规定。

【注5】价格可打折，最低折扣为 9 折。

（4）定价发行、竞价发行与锁定期

所谓定价发行是指由上市公司董事会决议确定具体发行对象及定价原则，并经股东大会批准。发行对象属于下列情形之一的，应当采取定价发行方式，认购的股份自发行结束之日起 36 个月内不得转让：

①上市公司的控股股东、实际控制人或其控制的关联人。

②通过认购本次发行的股份取得上市公司实际控制权的投资者。

③董事会拟引入的境内外战略投资者。

所谓竞价发行是指上市公司董事会决议不确定或仅确定部分发行对象，不确定定价原则，仅确定发行价格的下限，具体发行对象与发行价格由上市公司在取得发行批文后在发行环节通过竞价方式予以确定。在上市公司董事会决议中确定的部分发行对象不参与竞价，接受最终竞价结果。

发行对象为定价发行对象以外的情形的，应采用竞价发行方式，竞价方式下发行对象认购的股份自发行结束之日起 12 个月内不得转让。

注意，在竞价方式下，若有在上市公司董事会决议中确定的部分发行对象，该部分发行对象的锁定期为 36 个月。

【注1】《关于上市公司实施员工持股计划试点的指导意见》规定，每期员工持股计划的持股期限不得低于 12 个月，以非公开发行方式实施员工持股计划的，持股期限不得低于 36 个月，自上市公司公告标的股票过户至本期持股计划名下时起算。

【注2】上市公司董、监、高认购本公司非公开发行股票的，通常锁定期为 12 个月。

【注3】上述①、②、③特定认购对象只能以定价方式参与认购，或者接受最终竞价结果，不得以竞价方式参与认购。

【真题回顾（1511）】某主板上市公司向下列对象非公开发行股票，则需要锁定 36 个月的情形有（　　）。

A. 控股股东的子公司　　　　　　　　B. 上市公司董事会秘书

C. 该上市公司设立的员工持股计划　　D. 董事会引入的境内战略投资者

E. 发行人的前 10 名股东

答案：ACD

解析：B，上市公司董、监、高认购本公司非公开发行股票的，通常锁定期为 12 个月；C，以非公开发行方式实施员工持股计划的，持股期限不得低于 36 个月；D，非公开发行董事会拟引入的境内外战略投资者锁定期均为 36 个月，首发中境外战略投资者锁定 3 年，境内战略投资者锁定 1 年。

【真题回顾（1605）】上市公司非公开发行股票，下列发行对象中可以竞价方式参与认购的

有（　　）

　　A. 境内战略投资者

　　B. 已具备两年 A 股投资经验的个人投资者

　　C. 信托公司的信托产品

　　D. 基金公司的专户产品

　　E. 通过认购本次发行的股份取得上市公司实际控制权的投资者

　　答案：BD

　　解析：A、E，属于不得采取竞价方式参与认购的特定对象；C，信托公司作为发行对象，只能以自有资金认购。

　　【真题回顾（1611）】 某主板上市公司于 2016 年 8 月 9 日召开董事会审议通过了非公开发行股票的决议，于 8 月 10 日公告了非公开发行股票的预案及董事会决议，于 8 月 30 日召开了股东大会对本次非公开发行股票事宜进行审议，于 8 月 31 日公告了股东大会决议，并于 11 月 15 日开始发行，则本次非公司发行股票的定价基准日可以是（　　）。

　　A. 2016 年 8 月 9 日

　　B. 2016 年 8 月 10 日

　　C. 2016 年 8 月 30 日

　　D. 2016 年 8 月 31 日

　　E. 2016 年 11 月 15 日

　　答案：E

　　解析：原题答案为 BDE，根据最新修订的《非公开发行股票实施细则》，定价基准日只有一个，即发行期的首日。

　　【模拟练习】 某主板上市公司 2017 年非公开发行股票，董事会决议公告日为 3 月 10 日，股东大会决议公告日为 3 月 30 日，并于 5 月 23 日发行，有关股票交易均价如下表所示。

单位：元/股

2017 年 3 月 10 日			2017 年 5 月 23 日		
前 1 个交易日	前 20 个交易日	前 30 个交易日	前 1 个交易日	前 20 个交易日	前 30 个交易日
16	18	17	19	20	21

　　则下列价格符合规定的有（　　）。

　　A. 16　　　　　　B. 17　　　　　　C. 18　　　　　　D. 19　　　　　　E. 20

　　答案：CDE

　　解析：发行价格不低于定价基准日前 20 个交易日公司股票均价的 90%，定价基准日为本次非公开发行股票发行期的首日。本题定价基准日应为 2017 年 5 月 23 日，则发行底价为 $20 \times 90\% = 18$（元/股）。

　　（四）创业板上市公司非公开发行股票的条件

　　1. 一般规定

　　创业板上市公司非公开发行股票的一般规定除以下两点外，与公开发行的完全一致，详见"（二）创业板上市公司公开发行股票的条件"。

　　（1）上市公司非公开发行股票募集资金用于收购兼并的，免予"最近 2 年盈利"的要求。

（2）上市公司非公开发行股票无"最近一期末资产负债率高于45%"的要求。

2. 特别规定

（1）发行对象不超过5名，发行对象为境外战略投资者的，应当遵守国家的相关规定。

【注1】主板非公开发行对象不超过10名。

【注2】并非刚好5名，小于等于5名均可。

（2）拟发行的股份数量不得超过本次发行前总股本的20%。

（3）发行价格不低于定价基准日前20个交易日或前1个交易日公司股票均价的90%。

【注1】《暂行办法》未明文规定，可根据下述"（4）"得出此结论。

【注2】创业板非公开发行定价基准日有两个，发行期首日和董事会决议公告日，发行期首日是竞价发行的定价基准日，董事会决议公告日是定价发行的定价基准日。

【注3】注意"前20"和"前1"之间是"或"的关系，考试时喜欢考最低发行底价的判定，注意应按孰低原则来确定。例如，定价基准日前前1个交易日公司股票均价为10元每股，前20个交易日均价为12元每股，则最低发行底价可以设定为9元每股。

（4）定价发行、竞价发行与锁定期

①发行对象为控股股东、实际控制人或其控制的关联方以及董事会引入的境内外战略投资者的，以不低于董事会决议公告日前20个交易日或者前1个交易日公司股票均价的90%认购的，本次发行股份自发行结束之日起36个月内不得上市交易。

上市公司非公开发行股票将导致上市公司控制权发生变化的，锁定36个月。

【注1】"上市公司非公开发行股票将导致上市公司控制权发生变化的，锁定36个月"和主板中"通过认购本次发行的股份取得上市公司实际控制权的投资者须锁定36个月"实质上是一个意思。

【注2】注意与主板的区别，主板中当发行对象为上述特定对象时，应当采用定价发行方式，一定锁定36个月，而创业板非公开发行的上述特定对象，选择定价发行的，即"以不低于董事会决议公告日前20个交易日或者前1个交易日公司股票均价的90%认购的"，需锁定36个月。若选择竞价发行，则锁定期视下述具体情况而定。

②发行价低于发行期首日前20个交易日公司股票均价但不低于90%，或者发行价低于发行期首日前一个交易日公司股票均价但不低于90%的，本次发行股份自发行结束之日起12个月内不得上市交易。

③发行价不低于发行期首日前1个交易日公司股票均价的，本次发行股份自发行结束之日起可上市交易。

【注1】只要不低于发行期首日前一个交易日均价，不管是否低于发行期首日前20个交易日均价，均无锁定期，自发行结束之日起可上市交易。

【注2】若低于发行期首日前一个交易日公司均价，不管是否低于发行期首日前20个交易日均价，均应锁定12个月，即有一种情形，当低于发行期首日前一个交易日公司均价，高于发行期首日前20个交易日均价时，也应当锁定12个月。

【注3】注意与主板的区别，主板非公开发行所有发行对象均需至少锁定12个月，创业板有不予锁定的情形。

创业板非公开发行股票发行方式、发行价格与锁定期

发行方式	发行对象	发行价格区间	锁定期
竞价发行	不管是否为特定对象	［首日前 1 日均价，＋∞）	自发行结束之日起可上市交易
		［首日前 1 日 90％，首日前 1 日）或 ［首日 20 日 90％，首日前 20 日）	自发行结束之日起 12 个月内不得上市交易
定价发行	特定对象	［董事会日前 1 日 90％，＋∞）或 ［董事会日前 20 日 90％，＋∞）	自发行结束之日起 36 个月内不得上市交易

【注1】上表所指特定对象为控股股东、实际控制人或其控制的关联方以及董事会引入的境内外战略投资者。

【注2】上表中"定价发行"中的发行对象只能是特定对象，因为，非特定对象的，需采取竞价方式发行，其发行定价及锁定期参照竞价发行的规定。

主板、创业板上市公司发行股票条件的一般规定

具体事项	主板公开发行	主板非公开发行	创业板发行股票
五独立	与控股股东或实际控制人的人员、资产、财务分开，机构、业务独立，能够自主经营管理		
募资使用	①募集资金数额不超过项目需要量		①前次募集资金基本使用完毕，且使用进度和效果与披露情况基本一致
	②本次募集资金用途符合国家产业政策和法律、行政法规的规定 ③除金融类企业外，本次募集资金使用项目不得为持有交易性金融资产和可供出售的金融资产、借予他人、委托理财等财务性投资，不得直接或间接投资于以买卖有价证券为主要业务的公司 ④投资项目实施后，不会与控股股东或实际控制人产生同业竞争或影响公司生产经营的独立性 ⑤建立募集资金专项存储制度，募集资金必须存放于公司董事会决定的专项账户		
本次申请	本次发行申请文件不存在虚假记载、误导性陈述或重大遗漏		
擅改前募	不存在擅自改变前次公开发行证券募集资金的用途而未作纠正的情形	—	不存在擅自改变前次公开发行证券募集资金的用途而未作纠正的情形
立案处理	不存在因涉嫌犯罪被司法机关立案侦查或涉嫌违法违规被中国证监会立案调查的情形		
	现任董、高不存在因涉嫌犯罪被司法机关立案侦查或涉嫌违法违规被中国证监会立案调查的情形		现任董、监、高不存在……
违规担保	最近 12 个月内不存在违规对外提供担保的行为	上市公司及其附属公司不存在违规对外担保且尚未解除的情形	最近 12 个月内不存在违规对外提供担保的行为
公开谴责	最近 12 个月内不存在受到过证券交易所的公开谴责的情形	—	最近 12 个月内不存在受到过证券交易所的公开谴责的情形

续表

具体事项	主板公开发行	主板非公开发行	创业板发行股票
未履承诺	最近 12 个月内不存在未履行向投资者作出的公开承诺的行为	—	最近 12 个月内不存在未履行向投资者作出的公开承诺的行为
	最近 12 个月内控股股东、实际控制人不存在未履行向投资者作出的公开承诺的行为	根据《上市公司监管指引第 4 号——上市公司实际控制人、股东、关联方、收购人以及上市公司承诺及履行》	
权益损害	—	不存在上市公司的权益被控股股东或实际控制人严重损害且尚未消除的情形	不存在资金被上市公司控股股东、实际控制人及其控制的其他企业以借款、代偿债务、代垫款项或者其他方式占用的情形
违法行为	最近 36 个月内财务会计文件无虚假记载，最近 36 个月内不存在因违反法律、行政法规、规章受到行政处罚且情节严重，或者受到刑事处罚，或者因违反证券法律、行政法规、规章受到中国证监会的行政处罚的情形	—	最近 36 个月内财务会计文件无虚假记载，最近 36 个月内不存在因违反法律、行政法规、规章受到行政处罚且情节严重，或者受到刑事处罚，或者因违反证券法律、行政法规、规章受到中国证监会的行政处罚的情形
	—	—	最近 12 个月内控股股东、实际控制人不存在因违反证券法律、行政法规、规章，受到中国证监会的行政处罚，或受到刑事处罚
财务条件	最近 3 年连续盈利		最近 2 年盈利（非公开发行本次募集资金用于收购兼并的除外）
	最近 3 年以现金方式累计分配的利润不少于最近 3 年实现的年均可分配利润的 30%	根据《上市公司监管指引第 3 号——上市公司现金分红》	最近 2 年按照上市公司章程的规定实施现金分红
	最近 3 年及 1 期财务报表未被 CPA 出具保留、否定、无法表示意见；被 CPA 出具带强调事项段无保留意见的，所涉事项对发行人无重大不利影响或在发行前重大不利影响已消除	最近 1 年及 1 期财务报表未被 CPA 出具保留、否定、无法表示意见；保留、否定、无法表示意见所涉事项重大影响已消除或本次发行涉及重大重组的除外	最近 3 年及 1 期财务报表未被 CPA 出具否定、无法表示意见；被 CPA 出具保留意见或带强调事项段无保留意见的，所涉事项对上市公司无重大不利影响或在发行前重大不利影响已经消除
	最近 24 个月内曾公开发行证券的，不存在发行当年营业利润比上年下降 50% 以上的情形	—	—
	—	—	最近一期末资产负债率高于 45%（非公开发行的，无此要求）

续表

具体事项	主板公开发行	主板非公开发行	创业板发行股票
董监高核	现任董、监、高具备任职资格，且最近 36 个月内未受到过中国证监会的行政处罚、最近 12 个月内未受到过证券交易所的公开谴责	现任董事、高管不存在最近 36 个月内受到过中国证监会的行政处罚，或者最近 12 个月内受到过证券交易所公开谴责的情形	现任董、监、高具备任职资格，且最近 36 个月内未受到过中国证监会的行政处罚、最近 12 个月内未受到过证券交易所的公开谴责
	高管和核心技术人员稳定，最近 12 个月内未发生重大不利变化	—	—
财务性投资限制	除金融类企业外，原则上最近一期末不得存在持有金额较大、期限较长的交易性金融资产和可供出售的金融资产、借予他人款项、委托理财等财务性投资的情形		
前募时间	本次发行董事会决议日距离前次募集资金到位日原则上不得少于 18 个月		
过渡期内	以协议方式进行上市公司收购的，在收购过渡期内，被收购公司不得公开发行股份	—	以协议方式进行上市公司收购的，在收购过渡期内，被收购公司不得公开发行股份（仅适用公开发行）
组后融资	上市公司在本次重大资产重组前不符合中国证监会规定的公开发行证券条件，或者本次重组导致上市公司实际控制人发生变化的，上市公司申请公开发行新股或公司债券，距本次重组交易完成的时间应当不少于一个完整会计年度	—	上市公司在本次重大资产重组前不符合中国证监会规定的公开发行证券条件，或者本次重组导致上市公司实际控制人发生变化的，上市公司申请公开发行新股或公司债券，距本次重组交易完成的时间应当不少于 1 个完整会计年度（仅适用公开发行）
回购期间	上市公司在回购股份期间不得发行新股		
未了方案	上市公司发行证券，存在利润分配方案、公积金转增股本方案尚未提交股东大会表决或者虽经股东大会表决通过但未实施的，应当在方案实施后发行。相关方案实施前，主承销商不得承销上市公司发行的证券		

主板、创业板非公开发行股票特别规定

具体项目	主板应符合的规定	创业板应符合的规定
发行对象	不超过 10 名	不超过 5 名
发行数量	拟发行的股份数量不得超过本次发行前总股本的 20%	
定价基准日	发行期首日	竞价发行：发行期首日 定价发行：董事会决议公告日
发行价格	不低于定价基准日前 20 个交易日公司股票均价的 90%	不低于定价基准日前 20 个交易日或前 1 个交易日公司股票均价的 90%

续表

具体项目	主板应符合的规定	创业板应符合的规定
锁定期	①上市公司的控股股东、实际控制人或其控制的关联人、战略投资者、通过认购本次发行的股份取得上市公司实际控制权的投资者锁定36个月	①控股股东、实际控制人或其控制的关联方、境外战略投资者，以不低于董事会决议公告日前20个交易日或者前1个交易日公司股票均价的90%认购的，锁定36个月；非公开发行股票将导致上市公司控制权发生变化的，锁定36个月
	②非上述特定对象的，锁定12个月	②发行价低于发行期首日前20个交易日公司股票均价但不低于90%，或者发行价低于发行期首日前1个交易日公司股票均价但不低于90%的，锁定12个月
		③发行价不低于发行期首日前1个交易日公司股票均价的，无锁定期

【真题回顾（1511）】 以下构成创业板上市公司非公开发行股票发行障碍的有（　　　）。

A. 上市公司最近2年净利润分别为4 000万元和－500万元

B. 上市公司现任监事最近12个月内受到证券交易所的公开谴责

C. 上市公司最近2年财务报表分别被出具否定意见、保留意见审计报告，所涉事项在申报前已经消除

D. 上市公司最近12个月内未履行向投资者作出的公开承诺

E. 上市公司最近12个月内违规为控股股东担保，申报前已经解除

答案：ABCDE

解析：A，根据《暂行办法》的规定，上市公司发行证券，应最近2年盈利，扣非前后熟低；（非公开发行募集资金用于收购、兼并的除外）B，创业板发行证券，董、监、高最近36个月内受到中国证监会行政处罚，或者最近12个月内受到证券交易所公开谴责均构成障碍；C，最近3年及1期财务报表未被CPA出具否定、无法表示意见，否定意见是"绝对禁止"事项；E，要求最近12个月内不存在违规对外提供担保的行为。

【模拟练习】 某创业板上市公司实施非公开发行股票，全部以竞价方式发行，发行期首日前1个交易日公司股票均价为23元每股，发行期首日前20个交易日公司股票均价为20元每股，以下操作符合相关规定的有（　　　）。

A. 最终确定发行对象为3名

B. 若发行价格最终确定为24元每股，则投资者获配股份自发行结束之日起可上市交易

C. 若发行价格最终确定为20元每股，则投资者获配股份自发行结束之日起可上市交易

D. 此次非公开发行的底价最低可设定为20.7元每股

E. 此次非公开发行的底价最低可设定为18元每股

答案：ABE

解析：发行价不低于发行期首日前1个交易日公司股票均价的，本次发行股份自发行结束之日起可上市交易，B正确，C错误。发行价格不低于定价基准日前20个交易日或前1个交易日公司股票均价的90%，此次非公开发行的底价最低可设定为18元每股（20×90%）。

【**模拟演练**】甲为上交所上市公司，乙为创业板上市公司，2017 年 5 月，甲、乙均拟非公开发行股票，以下说法错误的有（　　　）。

A. 甲、乙募集资金的使用均需符合募集资金数额不超过项目需要量的要求

B. 甲、乙均需符合最近 12 个月内不存在违规对外担保的行为的要求

C. 甲、乙现任监事均需符合不存在因涉嫌犯罪被司法机关立案的情形的要求

D. 乙需符合最近 1 期末资产率不低于 45% 的要求

E. 甲、乙发行价格均不得低于定价基准日前 1 交易日或前 20 个交易日公司股票交易均价的 90%

答案：ABCDE

（五）上市公司发行优先股的条件

为规范优先股发行和交易行为，保护投资者合法权益，中国证监会于 2013 年 12 月发布并实施《优先股试点管理办法》。

1. 优先股的概念及总体规定

（1）优先股的概念

《优先股试点管理办法》所称优先股是指在一般规定的普通股之外，另行规定的其他种类股份，其股份持有人优先于普通股股东分配公司利润和剩余财产，但参与公司决策管理等权利受到限制。

（2）优先股的发行主体

上市公司可以发行优先股，非上市公众公司可以非公开发行优先股。

【**注**】《国务院关于开展优先股试点的指导意见》规定，公开发行优先股的发行人限于中国证监会规定的上市公司，非公开发行优先股的发行人限于上市公司（含注册地在境内的境外上市公司）和非上市公众公司。

（3）优先股的交易转让及登记结算

公开发行的优先股可以在证券交易所上市交易。上市公司非公开发行的优先股可以在证券交易所转让，非上市公众公司非公开发行的优先股可以在全国中小企业股份转让系统转让，转让范围仅限合格投资者。

中国证券登记结算公司为优先股提供登记、存管、清算、交收等服务。

【**注1**】《优先股试点管理办法》第六十七条：注册在境内的境外上市公司在境外发行优先股，应当符合境外募集股份及上市的有关规定。注册在境内的境外上市公司在境内发行优先股，参照执行《优先股试点管理办法》关于非上市公众公司发行优先股的规定，以及《非上市公众公司监督管理办法》等相关规定，其优先股可以在全国中小企业股份转让系统进行转让。

【**注2**】优先股交易或转让环节的投资者适当性标准应当与发行环节保持一致；非公开发行的相同条款优先股经交易或转让后，投资者不得超过 200 人。

综合上述（2）与（3），关于优先股的发行主体与交易场所总结如下表所示。

发行主体		发行方式	交易对象	交易场所
上市公司	境内上市公司	公开发行	不限	在证券交易所上市交易
		非公开发行	仅限合格投资者	在证券交易所转让
	境内注册境外上市公司	非公开发行		在全国中小企业股份转让系统转让
	非上市公众公司	非公开发行		

（4）优先股的合格投资者

《优先股试点管理办法》所称合格投资者包括：

①经有关金融监管部门批准设立的金融机构，包括商业银行、证券公司、基金管理公司、信托公司和保险公司等。

②上述金融机构面向投资者发行的理财产品，包括但不限于银行理财产品、信托产品、投资连接险产品、基金产品、证券公司资产管理产品等。

③实收资本或实收股本总额不低于人民币 500 万元的企业法人。

【注】是"实收资本或实收股本"，非注册资本，仅注册资本达到 500 万元，但实收未达到的，不符合条件。

④实缴出资总额不低于人民币 500 万元的合伙企业。

【注】是"实缴出资"，非"认缴出资"，仅认缴出资达到 500 万元，但实缴未达到的，不符合条件。

⑤合格境外机构投资者（QFII）、人民币合格境外机构投资者（RQFII）、符合国务院相关部门规定的境外战略投资者。

⑥除发行人董事、高级管理人员及其配偶以外的，名下各类证券账户、资金账户、资产管理账户的资产总额不低于人民币 500 万元的个人投资者。

【注】董事、高管及其配偶不可作为非公开发行优先股合格投资者，监事及其配偶可以；董事、监事、高管均可以认购发行人公开发行的优先股。

⑦经中国证监会认可的其他合格投资者。

（5）优先顺序的条款设置

试点期间在股息分配和剩余财产分配上不允许发行具有不同优先顺序的优先股，但在其他条款上允许发行具有不同设置的优先股。

【注】同一公司既发行强制分红优先股，又发行不含强制分红条款优先股的，不属于发行在股息分配上具有不同优先顺序的优先股。但不得在同一次发行中既发行强制分红优先股，又发行不含强制分红条款优先股。

（6）同股同权

相同条款的优先股应当具有同等权利，同次发行的相同条款优先股，每股发行的条件、价格和票面股息率应当相同；任何单位或者个人认购的股份，每股应当支付相同价额。

【模拟练习】甲公司为境内注册境内上市的股份公司，乙公司为境内注册境外上市的公司，丙公司为在新三板挂牌的非上市公众公司，丁公司为实缴出资总额 500 万元的合伙企业，则

（1）以下按照中国证监会《优先股试点管理办法》的规定，可以公开发行优先股的有（   ）。

A. 甲公司　　　　　B. 乙公司　　　　　C. 丙公司　　　　　D. 丁公司

答案：A

（2）以下按照中国证监会《优先股试点管理办法》的规定，可以非公开发行优先股的有（   ）。

A. 甲公司　　　　　B. 乙公司　　　　　C. 丙公司　　　　　D. 丁公司

答案：ABC

【真题回顾（1505）】公司非公开发行优先股，具有合格投资者资格的有（   ）。

A. QFII

B. 民营企业 1 000 万元注册资本，实际经营 3 年以上

C. 信托公司

D. 实缴出资总额不低于人民币 500 万元的合伙企业

答案：ACD

解析：B，企业法人需实收资本不低于 500 万元。

【模拟练习】 以下主体中，可以作为上市公司非公开发行优先股认购对象的有（　　）。

A. 某合伙企业，认缴出资总额 600 万元

B. 信托公司面向投资者发行的信托产品

C. 人民币合格境外机构投资者

D. 发行人董事，其名下证券账户、资金账户、资产管理账户的资产总额为 500 万元

E. 发行人监事，其名下证券账户、资金账户、资产管理账户的资产总额 300 万元

答案：BC

解析：A，需实缴出资总额不低于 500 万元；D，发行人董事、高管不得参与认购非公开发行优先股；E，不满足"资产总额不低于 500 万元的要求"。

2. 优先股股东的权利

《国务院关于开展优先股试点的指导意见》和《优先股试点管理办法》均对优先股股东的权利作出规定，以下结合进行说明。

（1）优先分配利润

优先股股东按照约定的票面股息率，优先于普通股股东分配公司利润。公司应当以现金的形式向优先股股东支付股息，在完全支付约定的股息之前，不得向普通股股东分配利润。

【注】 此处现金非会计上"现金"的含义，包括银行存款，此处指"非股票"方式。

（2）优先分配剩余财产

公司因解散、破产等原因进行清算时，公司财产在按照《公司法》和《企业破产法》有关规定进行清偿后的剩余财产，应当优先向优先股股东支付未派发的股息和公司章程约定的清算金额，不足以支付的按照优先股股东持股比例分配。

【注】 不足以支付的，按照优先股股东持股比例分配，诸如"公司进行清算时，剩余财产应当优先向优先股股东支付未派发的股息和公司章程约定的清算金额，不足以支付的，按照优先股与普通股股东持股比例分配"的说法是错误的。

（3）优先股转换和回购

公司可以在公司章程中规定优先股转换为普通股、发行人回购优先股的条件、价格和比例。

转换选择权或回购选择权可规定由发行人或优先股股东行使。发行人要求回购优先股的，必须完全支付所欠股息，但商业银行发行优先股补充资本的除外。优先股回购后相应减计发行在外的优先股股份总数。

【注1】 此为《国务院关于开展优先股试点的指导意见》的规定，《优先股试点管理办法》规定上市公司不得发行可转换为普通股的优先股（商业银行可非公开发行触发事件发生时强制转换为普通股的优先股），以后者为准。

【注2】 回购优先股包括发行人要求赎回优先股和投资者要求回售优先股两种情况。但商业银行回购优先股的，只能由商业银行主动行使赎回权回购，投资者没有回售权，不能由投资者主动回售而回购。

（4）表决权限制

一般情况下，优先股股东不出席股东大会会议，所持股份没有表决权。但符合以下情形之

一的，优先股股东可出席股东大会会议，所持股份具有表决权：

①修改公司章程中与优先股相关的内容。

②一次或累计减少公司注册资本超过10%。

③公司合并、分立、解散或变更公司形式。

④发行优先股。

⑤公司章程规定的其他情形。

上述事项的决议，除须经出席会议的普通股股东（含表决权恢复的优先股股东）所持表决权的2/3以上通过之外，还须经出席会议的优先股股东（不含表决权恢复的优先股股东）所持表决权的2/3以上通过。

【注1】"①"，修改公司章程的内容一定是与优先股相关的方可，若题支仅描述为修改公司章程或修改公司章程的其他内容，则优先股股东没有表决权。

【注2】"②"，注意包括单次或累计两种情形，累计并未要求在多长时间内；注意是减少注册资本，且超过10%，刚好是10%的，不符合条件；注意不包括增资；注意，此处必须明确表述为"减少注册资本超过10%"方可，若表述为"回购普通股超过10%"则不能选，因为回购普通股不一定是用于减资，也可用于奖励职工等。

【注3】"③"，此处合并指吸收合并和新设合并，不包括会计意义上的控股合并。

【注4】"④"，必须是发行优先股，发行普通股及其他融资类型的，不符合条件。

（5）表决权恢复

公司累计3个会计年度或连续2个会计年度未按约定支付优先股股息的，优先股股东有权出席股东大会，每股优先股股份享有公司章程规定的表决权。

对于股息可累计到下一会计年度的优先股，表决权恢复直至公司全额支付所欠股息。对于股息不可累计的优先股，表决权恢复直至公司全额支付当年股息。公司章程可规定优先股表决权恢复的其他情形。

【注1】此点需注意表决权恢复的情形与表决权恢复期，恢复的情形为公司累计3个会计年度或连续2个会计年度未按约定支付优先股股息。符合上述恢复情形的，自股东大会批准当年不按约定分配利润的方案次日起，优先股股东表决权恢复，即为恢复期的起点，恢复期的终点为公司全额支付了所欠股息，起点至终点则为恢复期。出现恢复情形且在恢复期内的（即恢复期未终止），优先股股东方有表决权。

【注2】此处"连续2年"并未要求是股东大会召开的"最近两个会计年度连续"，只要曾经出现过，且在股东大会召开前公司尚未支付完应支付的股息的，均符合这里所说的条件。例如，甲上市公司拟于2017年3月15日召开年度股东会，公司2014年度、2015年度未按约定支付优先股股息，股东大会召开前公司尚未支付完应支付的股息，则优先股股东有表决权。

【注3】注意考试时往往会结合上述（4）综合出题，题干为"以下情形中，优先股股东有权出席股东大会会议，与普通股股东分类表决的有"。

（6）知情权

优先股股东有权查阅公司章程、股东名册、公司债券存根、股东大会会议记录、董事会会议决议、监事会会议决议、财务会计报告。

【注】完全同《公司法》中规定的股份公司股东的知情权，注意所有上述资料只能查阅，不能复制，注意不能查阅公司账簿；另外，关于"三会"需要注意，股东大会是会议记录，董事会、监事会是会议决议，内容不一样。

（7）董、监、高转让优先股比例限制

公司董、监、高在任职期间每年转让的股份不得超过其所持本公司优先股股份总数的25%。

【真题回顾（1511）】股份公司的下列资料中，优先股股东可以查阅的有（　　）。

A. 股东名册
B. 股东大会会议记录
C. 董事会会议记录
D. 监事会会议决议
E. 会计账簿

答案：ABD

解析：优先股股东的知情权完全同《公司法》规定的股份公司（不管是否上市）的普通股股东知情权。C，应当为董事会会议决议；E，股份公司股东不可查阅公司账簿，有限公司股东可以。

【真题回顾（1605）】根据《优先股试点管理办法》，下列事项中优先股股东有权出席并表决的是（　　）。

A. 上市公司拟召开股东大会审议回购5%的普通股股份
B. 上市公司拟召开股东大会审议发行优先股
C. 上市公司拟召开股东大会修改公司章程中有关对外投资权限的规定
D. 上市公司拟召开股东大会审议公开发行普通股事项
E. 上市公司拟召开股东大会审议选举独立董事

答案：B

解析：本题考查的是优先股的表决权限制解除的情形。A选项有两点原因不能选，首先，回购普通股是否用于减资目的并不清楚，其次5%未超过10%，不符合要求；C，必须修改与优先股相关事项方可；D、E，须审议发行优先股事项方可。

【模拟练习】甲上市公司拟于2017年3月15日召开年度股东会，以下情形中，优先股股东有权出席股东大会会议，与普通股股东分类表决的有（　　）。

A. 修改公司章程中对外投资审批权限事宜
B. 与其他公司合并
C. 公司2014年度、2015年度未按约定支付优先股股息，其他年度均按约定支付，股东大会召开前，公司尚未支付完应支付的股息
D. 公司2014年度、2016年度未按约定支付优先股股息，其他年度均按约定支付，股东大会召开前，公司尚未支付完应支付的股息
E. 公司2015年度、2016年度未按约定支付优先股股息，其他年度均按约定支付，股东大会召开前，公司尚未支付完应支付的股息

答案：BCE

解析：A，修改公司章程内容与优先股无关；D，累计2年未支付，未达到累计3年，也未达到连续2年的要求。

假如本题不考虑《优先股试点管理办法》发布实施的时间，有一F选项为"公司2012年度、2014年度、2016年度未按约定支付优先股股息，其他年度均按约定支付，股东大会召开前，公司尚未支付完应支付的股息"，也应当选。

【模拟练习】根据《国务院关于开展优先股试点的指导意见》和《优先股试点管理办法》的规定，以下说法正确的有（　　）。

A. 优先股股东按照约定的票面股息率，优先于普通股股东分配公司利润，公司可以现金或

股票或现金加股票的形式向优先股股东支付股息，在完全支付约定的股息之前，不得向普通股股东分配利润

B. 公司进行清算时，剩余财产应当优先向优先股股东支付未派发的股息和公司章程约定的清算金额，不足以支付的，按照优先股与普通股股东持股比例分配

C. 发行人要求回购优先股的，必须完全支付所欠股息，但商业银行发行优先股补充资本的除外

D. 发行人回购优先股是指发行人要求赎回优先股，不包括投资者要求回售优先股的情况

答案：C

解析：A，应当以现金的形式支付股息；B，不足以支付的，按照优先股股东持股比例分配；D，回购优先股包括发行人要求赎回优先股和投资者要求回售优先股两种情况。

3. 上市公司发行优先股的一般规定

除了上述总体规定不管是公开发行还是非公开发行优先股均应共同遵守外，此处一般规定也是上市公司公开发行、非公开发行优先股均需符合的规定。

（1）上市公司应当与控股股东或实际控制人的人员、资产、财务分开，机构、业务独立。

【注】关于"五独立"，是主板、创业板 IPO 及主板、创业板上市公司公开、非公开发行普通股及优先股均需符合的条件。

（2）募集资金使用符合下列规定：

①有明确用途，与公司业务范围、经营规模相匹配。

②募集资金用途符合国家产业政策和有关环境保护、土地管理等法律和行政法规的规定。

③除金融类企业外，本次募集资金使用项目不得为持有交易性金融资产和可供出售的金融资产、借予他人等财务性投资，不得直接或间接投资于以买卖有价证券为主要业务的公司。

【注】"①""有明确用途，与公司业务范围、经营规模相匹配"是与主板、创业板发行股票（普通股）的区别，②、③与其规定相同。

（3）最近 3 年现金分红情况应当符合公司章程及中国证监会的有关监管规定。

【注】符合公司章程规定，监管规定主要指《上市公司监管指引第 3 号——上市公司现金分红》。

（4）最近 3 个会计年度实现的年均可分配利润应当不少于优先股 1 年的股息。

【注 1】公开发行、非公开发行均有本要求，主要对支付优先股股息的利润进行保障，注意，仅仅是需要满足不少于优先股 1 年的股息即可，不包括公司债券等利息。

【注 2】注意是"年均"，非"累计"，表述为"最近三年实现的可分配利润应当不少于优先股 1 年的股息"是错误的。

（5）上市公司已发行的优先股不得超过公司普通股股份总数的 50%，且筹资金额不得超过发行前净资产的 50%，已回购、转换的优先股不纳入计算。

【注 1】指的是本次拟发行优先股，连同已有的优先股合计，即本次发行后的优先股不得超过公司普通股股份总数的 50%。

【注 2】筹资金额不得超过"发行前"净资产的 50%，非"发行后"，需注意考试时有时会偷换。另外，需注意是"净资产"，防止偷换为"总资产"。

【注 3】不得超过公司"普通股股份总数"的 50%，防止考试时偷换为"上市公司本次发行优先股不得超过公司已发行优先股股份总数的 50%"。

【注 4】"已发行的优先股"不得超过公司普通股股份总数的 50%，防止考试时偷换为"本次发行的优先股不得超过公司普通股股份总数的 50%"。

【注 5】注意两个 50% 的要求中间是"且"的关系，二者须同时满足，非"或"的关系。

（6）同一次发行的优先股，条款应当相同。每次优先股发行完毕前，不得再次发行优先股。

【注】不允许同一次发行中就同一事项有不同条款，比如前面说到同一公司可以既发行强制分红优先股，又发行不含强制分红条款优先股，但不能在同一次发行，两者可以不同次发行。需要说明的是，这里的不同次发行也不是同次核准，如果是一次核准、分次发行的话，不同次发行的优先股除票面股息率外，其他条款应当相同。

（7）本次发行申请文件不存在有虚假记载、误导性陈述或重大遗漏情形。

（8）最近 12 个月内不存在受到过中国证监会的行政处罚情形。

【注】这个是优先股比较特殊的规定，主板公开发行、创业板发行证券均要求最近 36 个月内不存在受到中国证监会的行政处罚、最近 12 个月内不存在受到证券交易所的公开谴责的情形；注意发行优先股无"最近 12 个月内不存在受到证券交易所的公开谴责的情形"的要求。

（9）不存在因涉嫌犯罪正被司法机关立案侦查或涉嫌违法违规正被中国证监会立案调查的情形。

【注】这是主板、创业板 IPO 及主板、创业板上市公司公开、非公开发行普通股及优先股均需符合的条件。

（10）不存在上市公司的权益被控股股东或实际控制人严重损害且尚未消除的情形。

（11）不存在可能严重影响公司持续经营的担保、诉讼、仲裁、市场重大质疑或其他重大事项。

（12）董事、高级管理人员符合法律、行政法规和规章规定的任职资格。

【注】无"最近 36 个月内未受到中国证监会的行政处罚"、"最近 12 个月内未受到证券交易所的公开谴责"的要求。

（13）优先股每股票面金额为 100 元，发行价格不得低于优先股票面金额，可溢价、平价发行，但不得折价发行。

（14）上市公司不得发行可转换为普通股的优先股。但商业银行可根据商业银行资本监管规定，非公开发行触发事件发生时强制转换为普通股的优先股，并遵守有关规定。

【真题回顾（1406）】根据《优先股试点管理办法》的规定，下列关于上市公司发行优先股的说法正确的有（　　　）。

A. 不得公开发行可转换为普通股的优先股

B. 不得公开发行浮动股息率的优先股

C. 公司累计减少注册资本超过 5% 的，在召开股东大会时应通知优先股股东，表决该事项优先股股东享有表决权

D. 上市公司可以发行强制分红优先股，又发行不含强制分红条款的优先股，但二者不得同次发行

答案：AD

解析：B，公开发行要求发行固定股息率优先股，非公开发行可以发行浮动股息率的优先股；C，超过 10% 方可。

【真题回顾（1505）】以下有关优先股发行符合规定的有（　　　）。

A. 非上市公众公司可以公开发行优先股

B. 上市公司可以非公开发行优先股

C. 最近 3 年以现金方式累计分配的利润不少于最近 3 年实现的年均可分配利润的 30%

D. 最近 3 个会计年度实现的年均可分配利润应当不少于优先股 1 年的股息

答案：BD

解析：A，上市公司可以公开发行、非公开发行优先股，非上市公众公司只能非公开发行优先股。

【模拟练习】 某化工行业上市公司，发行的优先股类型可以是（ ）。

A. 在剩余财产分配上具有不同优先顺序的优先股

B. 股息分配上具有不同优先顺序的优先股

C. 可转换为普通股的优先股

D. 既发行强制分红优先股，又发行不含强制分红条款的优先股

答案：D

解析：A、B、D，试点期间在股息分配和剩余财产分配上不允许发行具有不同优先顺序的优先股，但在其他条款上允许发行具有不同设置的优先股。同一公司既发行强制分红优先股，又发行不含强制分红条款优先股的，不属于发行在股息分配上具有不同优先顺序的优先股。

C，上市公司不得发行可转换为普通股的优先股。但商业银行可根据商业银行资本监管规定，非公开发行触发事件发生时强制转换为普通股的优先股，并遵守有关规定。化工企业不是商业银行，因此不可发行可转换为普通股的优先股。

4. 公开发行优先股的特别规定

以下内容是公开发行优先股需要符合的条件，不适用非公开发行优先股，需重点记忆。

（1）最近3个会计年度应当连续盈利。净利润以扣非前后孰低为计算依据。

【注】 上市公司非公开发行优先股对盈利能力无要求。

（2）最近3年财务报表被注册会计师出具的审计报告应当为标准审计报告或带强调事项段的无保留意见的审计报告。

【注1】 注意是"最近3年"，不包括1期。

【注2】 此处标准审计报告是指标准无保留意见审计报告。非标准审计报告包括保留、否定、无法表示、带强调事项段无保留意见、带其他事项段无保留意见5种。对于标准无保留意见不用特别记忆，因为任何一种融资类型，审计报告为标准无保留意见的，就这点而言一定是符合发行条件的。

【注3】 关于此处需说明的是，法条没有写"带其他事项段无保留意见"也符合要求，根据审计意见的"质量"程度，"带其他事项段无保留意见"优于"带强调事项段无保留意见"，因此可推断，"带其他事项段无保留意见"也符合要求。

【注4】 根据上述，标准、带强调事项段无保留、带其他事项段无保留均属于"非禁止"事项，保留、否定、无法表示意见属于"绝对禁止"事项。

（3）最近36个月内不存在因违反工商、税收、土地、环保、海关法律、行政法规或规章，受到行政处罚且情节严重的情形。

【注】 主板公开发行、创业板发行证券业均需符合此要求。

（4）最近12个月内应当不存在违反向投资者作出的公开承诺的行为。

（5）控股股东或实际控制人最近12个月内应当不存在违反向投资者作出的公开承诺的行为。

（6）上市公司公开发行优先股，应当符合以下情形之一：

①其普通股为上证50指数成分股。

②以公开发行优先股作为支付手段收购或吸收合并其他上市公司。

③以减少注册资本为目的回购普通股的，可以公开发行优先股作为支付手段，或者在回购

方案实施完毕后，可公开发行不超过回购减资总额的优先股。

中国证监会核准公开发行优先股后不再符合第①项情形的，上市公司仍可实施本次发行。

【注1】"普通股为上证50指数成分股"只要在核准前符合即可，核准后不符合的，不影响已核准的本次发行。

【注2】收购或吸收合并的主体必须为其他上市公司，非上市公司不可以，收购本公司或子公司的其他少数股权也不可以。

【注3】"③"中回购普通股的目的必须是"以减少注册资本为目的"，其他如用于奖励职工等目的则不可以，回购普通股予以注销的，即为以减资为目的的回购。

【注4】以减少注册资本为目的回购普通股公开发行优先股的，公开发行优先股可在回购方案实施前，也可在回购方案实施后，在回购方案实施后的，要求公开发行优先股的数量，以其融资额不超过回购减资总额为限。

【注5】实质上本条是公开发行优先股第一步应考虑的条件，或上市主体是上证50成分股，或公开发行优先股有上述特殊目的，否则不可公开发行优先股，但需注意，反过来说并非不是上证50成分股就不能公开发行优先股，上述①、②、③符合其一即可。

（7）上市公司公开发行优先股应当在公司章程中规定以下事项：

①采取固定股息率。

②在有可分配税后利润的情况下必须向优先股股东分配股息。

③未向优先股股东足额派发股息的差额部分应当累计到下一会计年度。

④优先股股东按照约定的股息率分配股息后，不再同普通股股东一起参加剩余利润分配。

【注】商业银行发行优先股补充资本的，可就第②项和第③项另行约定。上市公司非公开发行优先股，可就第①至第④项另行约定。

（8）上市公司公开发行优先股的，可以向原股东优先配售。

（9）公开发行优先股的价格或票面股息率以市场询价或中国证监会认可的其他公开方式确定。

【真题回顾（1605）】 根据《优先股试点管理办法》，以下符合公开发行优先股条件的有（　　）。

A. 甲上市公司，其普通股为上证50指数成分股

B. 乙上市公司，拟以公开发行优先股作为支付手段收购非上市公司股权

C. 丙上市公司，拟以公开发行优先股作为支付手段吸收合并另一家上市公司

D. 丁上市公司，拟以公开发行优先股作为支付手段回购普通股予以注销

E. 戊上市公司，以减少注册资本为目的回购普通股回购方案已实施完毕，拟公开发行不超过回购减资总额的优先股

答案：ACDE

解析：B，收购或吸收合并的主体必须为其他上市公司，非上市公司不可以。

5. 非公开发行优先股的特别规定

（1）最近1年财务报表被出具非标准审计报告的，所涉及事项对公司无重大不利影响或在发行前重大不利影响已经消除。

【注1】是最近1年，不包括1期。

【注2】标准审计报告为"非禁止"事项，非标准审计报告，包括保留、否定、无法表示、带强调事项段、带其他事项段等均为"相对禁止"事项，无绝对禁止的类型。

（2）非公开发行优先股的票面股息率不得高于最近 2 个会计年度的年均加权平均净资产收益率。

【注1】此处加权平均净资产收益率并不要求按照扣非前后孰低的净利润作为计算依据。非经常性损益扣除后孰低主要用于衡量企业稳定的盈利能力，而此处限制股息率主要是衡量并保障优先股股息的支付，是对现金流量的要求，因此无须扣非。

【注2】公开发行优先股的票面股息率以市场询价或中国证监会认可的其他公开方式确定。

【注3】注意是"最近 2 个会计年度"，非"最近 3 个会计年度"。

（3）非公开发行优先股仅向合格投资者发行，每次发行对象不得超过 200 人，且相同条款优先股的发行对象累计不得超过 200 人。发行对象为境外战略投资者的，还应当符合国务院相关部门的规定。

（4）公司应当在公司章程中明确以下事项：

①优先股股息率是采用固定股息率还是浮动股息率。

②公司在有可分配税后利润的情况下是否必须分配利润。

③如果公司因本会计年度可分配利润不足而未向优先股股东足额派发股息，差额部分是否累计到下一个会计年度。

④优先股股东按照约定的股息率分配股息后，是否有权同普通股股东一起参加剩余利润分配。

【注】注意①与公开发行的比较，公开发行应采取固定股息率方式，非公开发行可采取固定股息率或浮动股息率方式。

公开发行优先股与非公开发行优先股特别规定

事项	公开发行优先股	非公开发行优先股
盈利要求	最近 3 个会计年度应当连续盈利	—
违法行为	最近 36 个月内不存在因违反工商、税收、土地、环保、海关法律、行政法规或规章，受到行政处罚且情节严重的情形	—
未履承诺	最近 12 个月内应当不存在违反向投资者作出的公开承诺的行为	—
	控股股东或实际控制人最近 12 个月内不存在违反向投资者作出的公开承诺的行为	—
特殊规定	应当符合以下情形之一 ①其普通股为上证 50 指数成分股；②以公开发行优先股作为支付手段收购或吸收合并其他上市公司；③以减少注册资本为目的回购普通股的，可以公开发行优先股作为支付手段，或者在回购方案实施完毕后，可公开发行不超过回购减资总额的优先股	—
审计意见	最近 3 年财务报表被出具标准审计报告或带强调事项段的无保留意见的审计报告	最近 1 年财务报表被出具非标准审计报告的，所涉及事项对公司无重大不利影响或在发行前重大不利影响已经消除

续表

事项	公开发行优先股	非公开发行优先股
章程事项	应当在公司章程中明确以下事项 ①采取固定股息率；②在有可分配税后利润的情况下必须向优先股股东分配股息；③未向优先股股东足额派发股息的差额部分应当累积到下一个会计年度；④优先股股东按照约定的股息率分配股息后，不再同普通股股东一起参加剩余利润分配	应当在公司章程中明确以下事项 ①优先股股息率是采用固定股息率还是浮动股息率；②在有可分配税后利润的情况下是否必须分配利润；③未向优先股股东足额派发股息，差额部分是否累计到下一个会计年度；④优先股股东按照约定的股息率分配股息后，是否有权同普通股股东一起参加剩余利润分配
发行价或票面股息率	价格或票面股息率以市场询价或中国证监会认可的其他公开方式确定	票面股息率不得高于最近2个会计年度的年均加权平均净资产收益率
发行对象	公开发行优先股的，可以向原股东优先配售	仅向合格投资者发行，每次发行对象不得超过200人，且相同条款优先股的发行对象累计不得超过200人。发行对象为境外战略投资者的，还应当符合国务院相关部门的规定

【真题回顾（1509）】上市公司出现的下列情形中，构成其非公开发行优先股障碍的有（   ）。

A. 最近12个月内受到过中国证监会的行政处罚

B. 最近12个月内受到过证券交易所公开谴责

C. 一控股子公司违规对外提供担保且尚未解除

D. 涉嫌违法违规正被中国证监会立案调查

E. 最近36个月内因违反工商规章规定，被行政处罚且情节严重

答案：ACD

解析：B，优先股发行条件中没有"最近12个月内不存在受到证券交易所的公开谴责的情形"的相关限制；E选项是公开发行限制的情形，非公开发行不构成障碍。

【模拟练习】下列属于上市公司非公司发行优先股条件的有（   ）。

A. 最近3个会计年度实现的年均可分配利润不少于优先股和已发行债券1年的股息和利息

B. 最近3年财务报表被注册会计师出具的审计报告应当为标准审计报告或者带强调事项段的无保留意见的审计报告

C. 剔除已回购、转换的优先股，已发行的优先股不得超过公司普通股股份总数的50%，且筹资金额不得超过发行前净资产的50%

D. 上次优先股必须发行完毕

E. 最近12个月内未受到过中国证监会的行政处罚

答案：CDE

解析：A，最近3个会计年度实现的年均可分配利润应当不少于优先股1年的股息，不包含债券利息，该规定公开发行优先股也应符合；B选项所述是公开发行优先股对审计报告的要求，非公开发行优先股所有非标准审计意见报告均为"相对禁止"事项。C、D、E均为一般规定，公开、非公开发行优先股均应符合。

【模拟练习】某上市公司拟于2016年6月发行优先股，以下将导致其不符合优先股发行条

件的有（　　）。

A. 该上市公司于 2014 年 8 月未履行董事会审批程序即对外提供担保，截至目前尚未解除

B. 该上市公司现任监事于 2016 年 1 月因涉嫌内幕交易受到中国证监会罚款 10 万元的行政处罚

C. 其普通股不属于上证 50 指数成分股

D. 该上市公司因涉嫌违规正被中国证监会立案调查

答案：AD

解析：B，发行优先股对董事、高管的要求相对宽松，仅要求其符合规定任职资格即可，并无受到行政处罚、公开谴责的限制，也无立案侦查、立案调查的限制，监事，在条文中则没有提出任何要求；本题 C 选项比较特殊，需要注意，首先其是公开发行中的选择性条件之一，与非公开发行无关，因此根据题干，不应选择，假如题干描述的是"以下将导致其不符合公开发行优先股发行条件的有"，C 选项仍不应选，因为其是公开发行中需符合的选择性条件之一，并非必要条件；不存在 D 项情形是发行优先股的一般规定，公开发行、非公开发行均应遵守，存在的则构成障碍。

【模拟练习】以下是上市公司非公开发行股票应符合的条件的有（　　）。

A. 最近 3 年实现的可分配利润应当不少于优先股 1 年的股息

B. 上市公司本次发行的优先股不得超过公司普通股股份总数的 50%

C. 不存在上市公司的权益被控股股东或实际控制人严重损害且尚未消除的情形

D. 控股股东或实际控制人最近 12 个月内不存在违反向投资者作出的公开承诺的行为

E. 最近 36 个月内不存在因违反工商、税收、土地、环保、海关法律、行政法规或规章，受到行政处罚且情节严重的情形

答案：C

解析：A，应为"年均可分配利润"；B，应为"已发行的优先股不得超过"；D、E 是公开发行应符合的特别条件，对非公开发行不作要求。

【模拟练习】甲上市公司拟于 2017 年 5 月公开发行优先股，以下情形中，构成发行障碍的有（　　）。

A. 2016 年 4 月受到过中国证监会行政处罚

B. 现任董事李某于 2016 年 6 月受到证券交易所的公开谴责

C. 2014～2016 年度和 2017 年第一季度财务报表分别被注册会计师出具带强调事项段的无保留意见的审计报告和保留意见的审计报告

D. 因涉嫌违法违规正被中国证监会立案调查

E. 票面股息率为 6.5%，2015 年、2016 年加权平均净资产收益率分别为 6%、6.8%

答案：D

解析：A，发行优先股要求发行人最近 12 个月内不存在受到过中国证监会的行政处罚情形，A 选项所述情形在 12 个月以外，不构成障碍；B，发行优先股要求董事、高管符合法律、行政法规和规章规定的任职资格即可；C，公开发行优先股要求最近 3 年财务报表被注册会计师出具标准审计报告或带强调事项段的无保留意见的审计报告，并未对"一期"作出此要求，实际上一期是不要求审计的；E，票面股息率为 6.5% 高于最近两年年均加权平均净资产收益率 6.4%，是非公开发行优先股的障碍，但公开发行无限制。

【模拟练习】下列关于上市公司公开发行优先股的说法，说法正确的有（　　）。

A. 以减少注册资本为目的回购普通股的，只能在回购方案实施完毕后公开发行不超过回购

减资总额的优先股

  B. 最近 12 个月内不得存在违规为控股股东提供担保的情形

  C. 应当采取固定股息率

  D. 其普通股应当为上证 50 指数成分股

  E. 可以全部向原股东优先配售

答案：CE

解析：A，也可以在方案实施前公开发行；B，应为申报前不存在违规对外担保且尚未解除的情形；D，是可选三种条件之一，并非必要条件。

至此，上市公司发行新股的条件全部讲述完，包括主板发行股票、创业板发行股票和上市公司发行优先股，为能够更好地比较记忆各部分内容，同时结合首发发行条件的相关要求，特总结为以下各表。

上市公司发行新股应符合的条件的一般规定

具体事项	主板发行普通股		创业板发行普通股		上市公司发行优先股	
	公开发行	非公开发行	公开发行	非公开发行	公开发行	非公开发行
五独立	与控股股东或实际控制人的人员、资产、财务分开，机构、业务独立，能够自主经营管理					
募资使用	①募资数额不超过项目需要量		①前募基本使用完毕，且使用进度和效果与披露情况基本一致		①募集资金应有明确用途，与公司业务范围、经营规模相匹配	
	②本次募集资金用途符合国家产业政策和法律、行政法规的规定 ③除金融类企业外，本次募集资金使用项目不得为持有交易性金融资产和可供出售的金融资产、借予他人、委托理财等财务性投资，不得直接或间接投资于以买卖有价证券为主要业务的公司 ④投资项目实施后，不会与控股股东或实际控制人产生同业竞争或影响公司生产经营的独立性 ⑤建立募集资金专项存储制度，募集资金必须存放于公司董事会决定的专项账户 【注】④、⑤两项《优先股试点管理办法》未明确规定，但根据上市公司规范运作指引等相关规定，可推断符合					
本次申请	本次发行申请文件不存在虚假记载、误导性陈述或重大遗漏					
擅改前募	不存在擅自改变前次公开发行证券募集资金的用途而未作纠正的情形	—	不存在擅自改变前次公开发行证券募集资金的用途而未作纠正的情形		—	—
立案处理	不存在因涉嫌犯罪被司法机关立案侦查或涉嫌违法违规被中国证监会立案调查的情形					
	现任董、高不存在……		现任董、监、高不存在……		—	—
违规担保	最近 12 个月内不存在违规对外提供担保的行为	上市公司及其附属公司不存在违规对外担保且尚未解除的情形	最近 12 个月内不存在违规对外提供担保的行为		上市公司及其附属公司不存在违规对外担保且尚未解除的情形	

续表

具体事项	主板发行普通股		创业板发行普通股		上市公司发行优先股	
	公开发行	非公开发行	公开发行	非公开发行	公开发行	非公开发行
公开谴责	最近12个月内不存在受到证券交易所的公开谴责的情形	—	最近12个月内不存在受到证券交易所的公开谴责的情形		—	
未履承诺	最近12个月内不存在未履行向投资者作出的公开承诺的行为	—	最近12个月内不存在未履行向投资者作出的公开承诺的行为		最近12个月内不存在违反向投资者作出的公开承诺的行为	—
	最近12个月内控股股东、实际控制人不存在未履行向投资者作出的公开承诺的行为	—（监管指引第4号）	—（监管指引第4号）	—（监管指引第4号）	最近12个月内控股股东、实际控制人不存在违反向投资者作出的公开承诺的行为	—
权益损害	—（未明确列明，可推断应符合）	不存在上市公司的权益被控股股东或实际控制人严重损害且尚未消除的情形	不存在资金被上市公司控股股东、实际控制人及其控制的其他企业以借款、代偿债务、代垫款项或者其他方式占用的情形		不存在上市公司的权益被控股股东或实际控制人严重损害且尚未消除的情形	
违法行为	最近36个月内财务会计文件无虚假记载，最近36个月内不存在违法违规情形	—	最近36个月内财务会计文件无虚假记载，最近36个月内不存在违法违规情形		最近36个月内不存在违法违规情形	—
行政处罚	最近36个月内不存在受到中国证监会行政处罚情形	—	最近36个月内不存在受到中国证监会行政处罚情形		最近12个月内不存在受到中国证监会行政处罚情形	

续表

具体事项	主板发行普通股		创业板发行普通股		上市公司发行优先股	
	公开发行	非公开发行	公开发行	非公开发行	公开发行	非公开发行
财务条件	最近3年连续盈利	—	最近2年盈利	最近2年盈利（本次募集资金用于收购兼并的除外）	最近3年连续盈利	—
	最近3年以现金方式累计分配的利润不少于最近3年实现的年均可分配利润的30%	—（根据监管指引第3号）	最近2年按照上市公司章程的规定实施现金分红		最近3年现金分红情况应当符合公司章程及中国证监会的有关监管规定	
	最近3年及1期未被出具保留、否定、无法表示意见；被出具带强调事项段无保留意见的，所涉事项对发行人无重大不利影响或在发行前重大不利影响已消除	最近1年及1期未被出具保留、否定、无法表示意见；保留、否定、无法表示意见所涉事项重大影响已消除或本次发行涉及重大重组的除外	最近3年及1期未被出具否定、无法表示意见；被出具保留意见或带强调事项段无保留意见的，所涉事项对上市公司无重大不利影响或在发行前重大不利影响已经消除		最近3年的审计报告应当为标准审计报告或带强调事项段的无保留意见的审计报告	最近1年被出具的审计报告为非标准审计报告的，所涉及事项对公司无重大不利影响或者在发行前重大不利影响已经消除
	最近24个月内曾公开发行证券的，不存在发行当年营业利润比上年下降50%以上的情形	—	—	—	—	—
	—	—	最近1期末资产负债率高于45%	—	—	—
董监高核	董、监、高无36个月/12个月	董、高无36个月/12个月	董、监、高无36个月/12个月		董事和高管符合法律、行政法规和规章规定的任职资格	

注：①"违法违规"是指因违反法律、行政法规、规章受到行政处罚且情节严重，或者受到刑事处罚。②"董监高核"中"36个月/12个月"是指"最近36个月内未受到过中国证监会的行政处罚、最近12个月内未受到过证券交易所的公开谴责"。

IPO、再融资常考一般条件一览

序号	事项	IPO		发行普通股				优先股	
				主板		创业板			
		主	创	公	非	公	非	公	非
1.1	最近3年内主营业务和董事、高管没有发生重大变化，实际控制人没有发生变更	✓		—	—	—	—	—	—
1.2	最近2年内主营业务和董事、高管没有发生重大变化，实际控制人没有发生变更		✓	—	—	—	—	—	—
2.1	现任董、监、高最近36个月内不存在受到中国证监会行政处罚，最近12个月内不存在受到证券交易所公开谴责情形	✓	✓	✓		✓	✓	—	—
2.2	现任董、高最近36个月内不存在受到中国证监会行政处罚，最近12个月内不存在受到证券交易所公开谴责情形				✓				
3.1	现任董、监、高不存在因涉嫌犯罪被司法机关立案侦查或者涉嫌违法违规被中国证监会立案调查情形（注：IPO表述多"尚未有明确结论意见"）	✓	✓			✓	✓	—	—
3.2	现任董、高不存在因涉嫌犯罪被司法机关立案侦查或者涉嫌违法违规被中国证监会立案调查情形			✓	✓				
4	最近36个月内不存在因违反法律、行政法规、规章受到行政处罚且情节严重，或者受到刑事处罚	✓	✓	✓	—	✓	✓	✓	
5	不存在因涉嫌犯罪被司法机关立案侦查或涉嫌违法违规被中国证监会立案调查的情形（注：IPO表述多"尚未有明确结论意见"）	✓	✓	✓	✓	✓	✓	✓	✓
6.1	（报告期内）不存在为控股股东、实际控制人及其控制的其他企业进行违规担保的情形	✓	?						
6.2	最近12个月内不存在违规对外提供担保的行为			✓		✓	✓		
6.3	上市公司及其附属公司不存在违规对外担保且尚未解除的情形				✓			✓	✓
7.1	最近36个月内不存在受到中国证监会行政处罚情形	—	—	✓	—	✓	✓		
7.2	最近12个月内不存在受到中国证监会行政处罚情形	—	—					✓	✓
8	最近12个月内不存在受到证券交易所的公开谴责的情形	—	—	✓		✓	✓		
9	最近12个月内不存在未履行向投资者作出的公开承诺的行为	—	—	✓		✓	✓	✓	
10	最近12个月内控股股东、实际控制人不存在未履行向投资者作出的公开承诺的行为	—	—	✓		✓	✓		
11.1	不存在上市公司的权益被控股股东或实际控制人严重损害且尚未消除的情形			—	✓			✓	✓
11.2	不存在资金被上市公司控股股东、实际控制人及其控制的其他企业以借款、代偿债务、代垫款项或者其他方式占用的情形	✓	?	—		✓	✓		
12.1	最近3年以现金方式累计分配的利润不少于最近3年实现的年均可分配利润的30%	—	—	✓	—				
12.2	最近2年按照上市公司章程的规定实施现金分红	—	—	—		✓	✓		

续表

序号	事项	IPO		发行普通股				优先股	
				主板		创业板			
		主	创	公	非	公	非	公	非
12.3	最近3年现金分红情况应当符合公司章程及中国证监会的有关监管规定	—	—		—			✓	✓
13.1	最近3年连续盈利（主板IPO要求且累计超过3 000万元）	✓		✓	—			✓	—
13.2	最近两年连续盈利，最近两年净利润累计不少于1 000万元；或者最近1年盈利，最近1年营业收入不少于5 000万元				✓				—
13.3	最近2年盈利（创业板非公开发行本次募集资金用于收购兼并的除外）					✓	✓		
14	最近24个月内曾公开发行证券的，不存在发行当年营业利润比上年下降50%以上的情形	—	✓	—	—	—	—	—	—
15	最近1期末资产负债率高于45%	—	—	—	—	✓	—	—	—
16	本次发行董事会决议日距离前次募集资金到位日原则上不得少于18个月	—	—	✓	✓	✓	✓	—	—
17	除金融类企业外，原则上最近一期末不得存在持有金额较大、期限较长的交易性金融资产和可供出售的金融资产、借予他人款项、委托理财等财务性投资的情形	—	—	✓	✓	✓	✓	—	—

注：①表格中"主"表示主板，"创"表示创业板，"公"表示公开发行，"非"表示非公开发行，"✓"表示此种融资类型有明确要求，"空格"表示此种融资类型没有本条要求，但有与本条相似的对应要求，"—"表示此种融资类型没有本条要求，也没有与本条相似的对应要求。

②省略主语的句子其主语为"发行人"或"上市公司"，比如"最近3年内主营业务和董事、高管没有发生重大变化，实际控制人没有发生变更"指的是发行人最近3年内主营业务和董事、高管没有发生重大变化，实际控制人没有发生变更。

③关于违规担保原条文的表述为"不存在为控股股东、实际控制人及其控制的其他企业进行违规担保的情形"，括号中的"'报告期内'不存在"是本教材编者的观点。"?"表示《首次公开发行股票并在创业板上市管理办法》2014年2月修订版未明确规定（本次修订删除，原规定与主板一致），调整为信息披露要求。

各种融资类型、事项对审计报告意见类型要求的总结

序号	融资类型	法规条文	非标准无保留意见				
			否定	无法表示	保留	带强调事项段	带其他事项段
1	IPO	出具了无保留意见的审计报告	×	×	×	?	?
2	主板公开发行股票、可转债	最近3年及1期未被出具保留、否定、无法表示意见；被出具带强调事项段无保留意见的，所涉事项对发行人无重大不利影响或在发行前重大不利影响已消除	×	×	×	?	?
3	主板非公开发行股票	最近1年及1期未被出具保留、否定、无法表示意见；保留、否定、无法表示意见所涉事项重大影响已消除或本次发行涉及重大重组的除外	?	?	?	✓	✓

续表

序号	融资类型	法规条文	非标准无保留意见				
			否定	无法表示	保留	带强调事项段	带其他事项段
4	创业板发行股票、可转债	最近3年及1期未被出具否定、无法表示意见；被出具保留意见或带强调事项段无保留意见的，所涉事项对上市公司无重大不利影响或在发行前重大不利影响已经消除	×	×	？	？	√
5	上市公司公开发行优先股	最近3年被出具的审计报告应当为标准审计报告或带强调事项段的无保留意见的审计报告	×	×	×	√	√
6	上市公司非公开发行优先股	最近1年财务报表被出具的审计报告为非标准审计报告的，所涉及事项对公司无重大不利影响或者在发行前重大不利影响已经消除	？	？	？	？	？
7	非上市公众公司发行优先股	无明确规定					
8	新三板挂牌	最近2年1期被出具标准无保留意见审计报告；被出具带强调事项段的无保留审计意见的，应全文披露审计报告正文及董事会、监事会和注册会计师对强调事项的详细说明，并披露董事会和监事会对审计报告涉及事项的处理情况，说明该事项影响是否重大、影响是否已经消除、违反公允性的事项是否已纠正	×	×	×	披露并说明即可	
9	公开发行公司债	会计师事务所曾对发行人近3年财务报告出具非标准无保留意见的，发行人应披露发行人董事会关于非标准无保留意见审计报告涉及事项处理情况的说明，以及会计师事务所及注册会计师关于非标准无保留意见审计报告的补充意见	披露并说明即可				
10	非公开发行公司债券	最近2年内财务报表曾被出具否定或无法表示意见的发行人被列为负面清单	×	×	√	√	√
11	上市公司股权激励	最近1个会计年度被出具否定意见或无法表示意见的，不得实行股权激励	×	×	√	√	√
12	上市公司发行股票购买资产	最近1年及1期被出具无保留意见；被出具保留、否定或无法表示意见的，须经CPA专项核查确认，该保留、否定或无法表示意见所涉事项的重大影响已经消除或将通过本次交易予以消除	？	？	？	√	√

续表

序号	融资类型	法规条文	非标准无保留意见				
			否定	无法表示	保留	带强调事项段	带其他事项段
13	利润分配	出具了无法表示意见的审计报告的，上市公司当年不得进行利润分配；如保留或否定意见涉及事项对上市公司利润产生影响，CPA估计了该事项对利润影响数的，上市公司应当在制订利润分配方案时扣除上述审计意见的影响数，待该审计意见涉及事项及其对利润的影响消除后再行分配	？	×	？	✓	✓

注：①表中列示的"非标准无保留意见"从左到右分别为否定意见、无法表示意见、保留意见、带强调事项段无保留意见、带其他事项段无保留意见。

②"×"表示是"绝对禁止"事项，出现则构成障碍；"✓"表示"非禁止"事项，不会构成障碍；"？"表示"相对禁止"事项，无重大不利影响或重大不利影响已消除的或涉及重大资产重组的不构成障碍。

③本表未列明"标准无保留意见"，该意见不管是何种融资类型，均为"非禁止"事项。

④1~4中"发行股票"是指发行普通股。

6. 商业银行发行优先股的特别规定

为规范商业银行优先股发行，提升商业银行资本质量，保护利益相关方的合法权益，2014年4月，中国银监会、中国证监会联合发布并实施《商业银行发行优先股补充一级资本的指导意见》，就商业银行发行优先股补充一级资本提出如下指导意见：

（1）商业银行发行优先股，应符合国务院、中国证监会的相关规定及中国银监会关于募集资本补充工具的条件，且核心一级资本充足率不得低于中国银监会的审慎监管要求。

【注】《商业银行资本管理办法（试行）》规定，商业银行核心一级资本充足率不得低于5%，一级资本充足率不得低于6%，资本充足率不得低于8%。

（2）商业银行发行优先股补充一级资本，应符合其他一级资本工具合格标准。

【注1】《商业银行资本工具创新的指导意见》规定：①"其他一级资本工具触发事件"指商业银行核心一级资本充足率降至5.125%（或以下）；②包含减计条款的资本工具，当其他一级资本工具触发事件发生时，其他一级资本工具的本金应立即按照合同约定进行减计；③包含转股条款的资本工具，当其他一级资本工具触发事件发生时，其他一级资本工具的本金应立即按合同约定转为普通股。

【注2】由上可见，其他一级资本工具合格标准为核心一级资本充足率不低于5.125%。

【注3】试点期间，商业银行发行优先股只能补充一级资本，不得用于其他。

（3）商业银行应在发行合约中明确有权取消优先股的股息支付且不构成违约事件；未向优先股股东足额派发的股息不累计到下一计息年度。

商业银行决定取消优先股股息支付的，应在付息日前至少10个工作日通知投资者。

【注】上市公司非公开发行优先股可以在公司章程中约定有利润的情形下是否必须分配利润，商业银行发行优先股补充资本的，可另行约定，即可约定有利润的情形下不分配利润，也可约定分配利润。但对于未向优先股股东足额派发的股息，必须明确约定不累计到下一计息年度。

（4）商业银行不得发行附有回售条款的优先股，可以发行附赎回条款的优先股，行使赎回权。

【注1】商业银行回购优先股的，只能由商业银行主动行使赎回权回购，投资者没有回售权，

不能由投资者主动回售而回购。

【注2】非商业银行发行优先股的，回购优先股包括发行人要求赎回优先股和投资者要求回售优先股两种情况。

【注3】商业银行发行优先股补充资本，当其要求回购优先股时，不必完全支付所欠股息。

（5）非公开发行可转换为普通股的优先股：

①商业银行应设置将优先股强制转换为普通股的条款，即当触发事件发生时，商业银行按合约约定将优先股转换为普通股。

②商业银行发行包含强制转换为普通股条款的优先股，应采取非公开方式发行。

③优先股强制转换为普通股的转换价格和转换数量的确定方式，由发行人和投资者在发行合约中约定。

④商业银行设置优先股强制转换为普通股条款的，股东大会应就优先股强制转换为普通股有关事项进行审议。

⑤商业银行披露定期报告时，应专门披露优先股强制转换情况。

⑥商业银行发生优先股强制转换为普通股的情形时，应当报中国银监会审查并决定，并履行临时报告、公告等信息披露义务。优先股转换为普通股导致公司控制权变化的，还应符合中国证监会的有关规定。

（6）商业银行发行优先股，应向中国银监会提出发行申请，由中国银监会相关监管部门一次性予以受理、审查并决定。

（7）商业银行取得中国银监会的批准文件后，向中国证监会提出发行申请。

（8）非上市商业银行发行优先股的，应申请在全国股转系统挂牌公开转让股票，纳入非上市公众公司监管。

以上（1）～（5）为发行条件，（6）～（8）为发行程序。

【真题回顾（1505、1509）】商业银行核心一级资本充足率不得低于（　　　），一级资本充足率不得低于（　　　），资本充足率不得低于（　　　）。

A. 4%、6%、7%　　　　　　　　　B. 5%、6%、8%

C. 6%、8%、10%　　　　　　　　D. 4%、8%、6%

答案：B

解析：《商业银行资本管理办法（试行）》规定，商业银行核心一级资本充足率不得低于5%，一级资本充足率不得低于6%，资本充足率不得低于8%。

【真题回顾（1609）】以下关于商业银行发行优先股的说法，错误的是（　　　）。

A. 商业银行应在发行合约中明确有权取消优先股的股息支付且不构成违约事件

B. 商业银行取消优先股股息支付的，其未向优先股股东足额派发的股息可以不累计到下一计息年度

C. 非上市商业银行发行优先股的，应当申请在全国中小企业股权转让系统挂牌公开转让股票，纳入非上市公众公司监管

D. 商业银行可以发行附有回售条款的优先股

E. 商业银行发行优先股，应向中国银监会提出发行申请，商业银行取得中国银监会的批准文件后，向中国证监会提出发行申请

答案：D

解析：商业银行不得发行附有回售条款的优先股，可以发行附赎回条款的优先股，行使赎

回权。商业银行回购优先股的，只能由商业银行主动行使赎回权回购，投资者没有回售权，不能由投资者主动回售而回购。

二、尽职调查

【大纲要求】

内容	程度
发行申请新股前保荐机构尽职调查内容	掌握

说明：关于尽职调查的考核，根据历年真题，一般均考查首发尽职调查的要求，对于此处的要求作为"保代"考试未涉及过考题，因此本部分内容一般了解即可。

【内容精讲】

（一）提交申请文件前的尽职调查

我们在第一节"二、尽职调查"中已述及，《保荐人尽职调查工作准则》主要针对首次公开发行股票的工业企业的基本特征制定，保荐人应当在参照《保荐人尽职调查工作准则》的基础上，根据发行人的行业、业务、融资类型不同，在不影响尽职调查质量的前提下调整、补充、完善尽职调查工作的相关内容。《保荐人尽职调查工作准则》所称尽职调查是指保荐人对拟推荐公开发行证券的公司进行全面调查，非公开发行证券的，保荐人尽职调查工作参照《保荐人尽职调查工作准则》的有关规定进行。

因此，对于上市公司发行新股，不管是公开发行还是非公开发行，尽职调查的要求也遵照《保荐人尽职调查工作准则》执行，具体内容详见本章第一节"二、尽职调查"部分内容。

（二）提交申请文件后的尽职调查

提交发行新股申请文件并经受理后，上市公司新股发行申请进入核准阶段，但此时保荐机构（主承销商）的尽职调查责任并未终止，仍应遵循勤勉尽责、诚实信用的原则，继续认真履行尽职调查义务。

1. 发审会前重大事项的调查

在发行申请提交发审会前，如果发生对发行人发行新股法定条件产生重大影响，或对发行人股票价格可能产生重大影响，以及对投资者作出投资决策可能产生重大影响的重大事项，保荐机构应在两个工作日内向中国证监会书面说明，并对招股说明书或招股意向书作出修改或进行补充披露并发表专业意见，同时督促相关专业中介机构对该等重大事项发表专业意见。

2. 发审会后重大事项的调查

（1）申请公开发行证券的再融资公司会后事项的相关要求

发审会后至封卷期间，如果发行人公布了新的定期报告、重大事项临时公告或调整盈利预测，封卷材料中的募集说明书应包括初次申报时的募集说明书以及根据发审会意见修改并根据新公告内容更新的募集说明书。同时，发行人、保荐机构、律师应出具会后重大事项说明或专业意见；公告内容涉及会计师新出具专业报告的，会计师也应出具会后重大事项的专业意见。中国证监会将根据发行人和中介机构的专项说明或专业意见，决定是否需要重新提交发审会审核。

封卷后至刊登募集说明书期间，如果发行人公布了新的定期报告、重大事项临时公告或调整盈利预测，发行人、保荐机构、律师应在 5 个工作日内，向中国证监会报送会后重大事项说明或专业意见以及修改后的募集说明书；公告内容涉及会计师新出具专业报告的，会计师也应出具会后重大事项的专业意见。中国证监会将根据发行人和中介机构的专项说明或专业意见，决定是否需要重新提交发审会审核。发行人取得核准批文后因发生重大事项或重大变化而不再符合发行条件的，保荐机构应督促发行人主动交回已取得的核准批文。

发审会后发行人新公布定期报告、重大事项临时公告，如果定期报告（年度报告和半年度报告除外）和重大事项临时公告未涉及重大不利变化，募集说明书中可以以索引的方式就发行人定期报告、重大事项临时公告的相关信息进行提示性披露；如果定期报告和重大事项临时公告涉及重大不利变化，应按照募集说明书内容与格式准则的要求详细披露相关内容，并作重大事项提示。

发审会后发行人调整盈利预测，除上述文件外，还应补充提供董事会编制的调整后盈利预测或调整说明以及会计师的审核意见。

保荐机构在报送再融资公司会后事项材料时，应重点关注发行人会后是否符合不再提交发审会审核的条件，除此之外，还需关注发行人本次募集资金拟收购资产是否发生重大不利变化、拟收购资产的评估结果仍然有效等其他重要事项。

（2）申请非公开发行股票的再融资公司会后事项的相关要求

发审会后至发行前期间，如果发行人公布了新的定期报告、重大事项临时公告或调整盈利预测，发行人、保荐机构、律师应在5个工作日内，向中国证监会报送会后重大事项说明或专业意见；公告内容涉及会计师新出具专业报告的，会计师也应出具会后重大事项的专业意见。中国证监会将根据发行人和中介机构的专项说明或专业意见，决定是否需要重新提交发审会审核。发行人取得核准批文后因发生重大事项或重大变化而不再符合发行条件的，保荐机构应督促发行人主动交回已取得的核准批文。

3. 招股说明书刊登前一个工作日的核查验证事项

拟发行公司在刊登招股说明书或招股意向书的前一个工作日，应向中国证监会说明拟刊登的招股说明书或招股意向书与招股说明书或招股意向书（封卷稿）之间是否存在差异，保荐机构及相关专业中介机构应出具声明和承诺。保荐机构应督促发行人律师出具补充法律意见书，说明已对所有与本次发行上市有关的事项进行了充分的核查验证，保证不存在虚假记载、误导性陈述及重大遗漏。中国证监会同时将上述文件归档。

4. 上市前重大事项的调查

招股说明书或招股意向书刊登后至获准上市前，拟发行公司发生重大事项的，应于该事项发生后第1个工作日向中国证监会提交书面说明，保荐机构和相关专业中介机构应出具专业意见。如发生重大事项导致拟发行公司不符合发行上市条件的，中国证监会将依照有关法律、法规执行并依照审核程序决定是否需要重新提交发审会讨论。如发生重大事项后，拟发行公司仍符合发行上市条件的，拟发行公司应在报告中国证监会后第2日刊登补充公告。

三、推荐和申报

【大纲要求】

内容	程度
1. 上市公司新股发行的决策程序、申请程序	掌握
2. 申请文件的编制原则和要求	掌握
3. 上市公司公开发行、非公开发行股票的申请文件	掌握

【内容精讲】

（一）上市公司新股发行的决策程序、申请程序

为能够完整体现上市公司发行新股的全部程序，将此处的决策与申报程序并入本节第四个知识点"核准、发行程序"中一起进行说明，详见后续内容。

（二）申请文件的编制原则和要求

中国证监会于 2006 年 5 月、2014 年 6 月、2014 年 4 月发布的《公开发行证券的公司信息披露内容与格式准则第 10 号——上市公司公开发行证券申请文件》、《公开发行证券的公司信息披露内容与格式准则第 37 号——创业板上市公司发行证券申请文件》、《公开发行证券的公司信息披露内容与格式准则第 32 号——发行优先股申请文件》分别对相应申请文件的编制原则和要求作出规范，具体如下：

主板、创业板上市公司发行新股申请文件的编制原则和要求

事项	主板要求	创业板要求
最低要求	（1）10 号、37 号准则规定的申请文件目录是对发行申请文件的最低要求 （2）根据审核需要，中国证监会可以要求发行人和中介机构补充材料 （3）如果某些材料对发行人不适用，可不提供，但应向中国证监会作出书面说明	
受理后文件变更	申请文件一经受理，未经中国证监会同意，不得增加、撤回或更换	
反馈意见处理	（1）发行人应根据中国证监会对发行申请文件的反馈意见提供补充材料 （2）有关中介机构应对反馈意见相关问题进行尽职调查或补充出具专业意见	
申请文件份数	保荐机构报送申请文件，初次报送应提交原件一份，复印件两份；在提交发行审核委员会审核之前，根据中国证监会要求的份数补报申请文件 【注】主板首发要求为一原三复	
不能提供原件的处理	应由发行人律师提供鉴证意见，或由出文单位盖章，以保证与原件一致。如原出文单位不再存续，由承继其职权的单位或作出撤销决定的单位出文证明文件真实性	
签名要求	（1）申请文件所有需要签名处，均应为签名人亲笔签名，不得以名章、签名章等代替 （2）申请文件中需要由发行人律师鉴证的文件，发行人律师应在该文件首页注明"以下第××页至第××页与原件一致"，并签名和签署鉴证日期，律师事务所应在该文件首页加盖公章，并在第××页至第××页侧面以公章加盖骑缝章	
封面、侧面应标明	申请文件的封面和侧面应标明"×××公司配股/增发/可转换公司债券/分离交易的可转换公司债券）申请文件"字样	申请文件的封面和侧面应标明"×××公司配股/公开增发/可转换公司债券/非公开发行股票）申请文件"字样
	申请文件的封面和侧面应标明"×××公司公开发行/非公开发行优先股申请文件"字样	
扉页应标明事项	申请文件的扉页应标明发行人董事会秘书及有关中介机构项目负责人的姓名、电话、传真及其他方便的联系方式	
分隔标识、页码相符	（1）申请文件章与章之间、节与节之间应有明显的分隔标识 （2）申请文件中的页码应与目录中标识的页码相符	

事项	主板要求	创业板要求
同时电子文件	（1）在每次报送书面文件的同时，发行人应报两份相应的电子文件（应为标准 . doc 或 . rtf 文件）	
	（2）发行结束后，发行人应将募集说明书的电子文件及历次报送的电子文件汇总报送中国证监会备案	

注：上表适用主板、创业板上市公司发行普通股与优先股。

（三）上市公司公开发行、非公开发行股票的申请文件

1. 主板、创业板上市公司公开发行申请文件目录

10 号准则附录和 37 号准则附件 1 分别对主板和创业板上市公司公开发行申请文件目录进行详细列举，以下对比进行说明，详见下表。

主板、创业板上市公司公开发行普通股申请文件目录

章节	主板上市公司申请文件目录	创业板上市公司申请文件目录
第一章　本次证券发行的募集文件	1－1 募集说明书（申报稿） 1－2 发行公告（发审会后按中国证监会要求提供）	
	1－3 募集说明书摘要	
第二章　发行人关于本次证券发行的申请与授权文件	2－1 发行人关于本次证券发行的申请报告 2－2 发行人董事会决议 2－3 发行人股东大会决议	
		2－4 关于本次发行涉及/不涉及重大资产重组的说明 2－5 公告的其他相关信息披露文件
第三章　保荐机构关于本次证券发行的文件	3－1 证券发行保荐书	
	3－2 保荐机构尽职调查报告	3－2 发行保荐工作报告
第四章　发行人律师关于本次证券发行的文件	4－1 法律意见书 4－2 律师工作报告	
第五章 关于本次证券发行募集资金运用的文件	5－1 募集资金投资项目的审批、核准或备案文件 5－2 发行人拟收购资产（包括权益）有关的财务报告、审计报告、资产评估报告 5－3 发行人拟收购资产（包括权益）的合同或其草案	

续表

章节	主板上市公司申请文件目录	创业板上市公司申请文件目录
第六章　其他文件	6－1 发行人最近 3 年的财务报告和审计报告及最近 1 期的财务报告 6－2 会计师事务所关于发行人内部控制制度的鉴证报告 6－3 会计师事务所关于前次募集资金使用情况的专项报告	
	6－4 经注册会计师核验的发行人最近 3 年加权平均净资产收益率和非经常性损益明细表	6－4 经注册会计师核验的发行人非经常性损益明细表
	6－5 发行人董事会、会计师事务所及注册会计师关于非标准无保留意见审计报告的补充意见 6－6 盈利预测报告及盈利预测报告审核报告 6－7 最近 3 年内发生重大资产重组的发行人提供的模拟财务报告及审计报告和重组进入公司的资产的财务报告、资产评估报告和/或审计报告 6－8 控股股东（企业法人）最近 1 年的财务报告、审计报告以及保荐机构出具的关于实际控制人情况的说明 6－9 发行人公司章程（限于电子文件）	
	6－10 资信评级机构为本次发行可转换公司债券或分离交易的可转换公司债券出具的资信评级报告	6－10 资信评级机构为本次发行可转换公司债券出具的资信评级报告
	6－11 本次发行可转换公司债券或分离交易的可转换公司债券的担保合同、担保函、担保人就提供担保获得的授权文件	6－11 本次发行可转换公司债券的担保合同、担保函、担保人就提供担保获得的授权文件
	6－12 特定行业（或企业）主管部门出具的监管意见书 6－13 承销协议（发行前按中国证监会要求提供）	
	6－14 发行人全体董事对发行申请文件真实性、准确性和完整性的承诺书	6－14 发行人全体董事、监事、高级管理人员对发行申请文件真实性、准确性和完整性的承诺书

【注1】主板也应有"发行保荐工作报告"。

《公开发行证券的公司信息披露内容与格式准则第 10 号——上市公司公开发行证券申请文件》并没有列明主板公开发行新股需要提供发行保荐工作报告，而根据《发行证券的公司信息披露内容与格式准则第 27 号——发行保荐书和发行保荐工作报告》第二条规定："申请首次公开发行股票并上市的股份有限公司、发行新股或可转换公司债券的上市公司所聘请的保荐机构应当按照本准则的要求出具发行保荐书和发行保荐工作报告"；第九条规定："保荐机构报送发行保荐书和发行保荐工作报告后，发行人情况发生重大变化并影响本次证券发行条件的，保荐机构应当及时对发行保荐书和发行保荐工作报告进行补充、更新"，可推断出主板公开发行新股也需要报送发行保荐工作报告，目前实务中报送申请文件的目录是"3－1 证券发行保荐书"下设两个子目录："3－1－1 发行保荐书"、"3－1－2 发行保荐工作报告"。

【注2】根据"6－1 发行人最近三年的财务报告和审计报告及最近一期的财务报告"，发行人最近一期财务报告可不用审计，诸如"发行人最近三年及一期的财务报告和审计报告"的说法是错误的。

【注3】根据"6－8 控股股东（企业法人）最近一年的财务报告、审计报告以及保荐机构出具的关于实际控制人情况的说明"，说明控股股东最近一年财务报告需经过审计，但不需报送实际控制人最近一年的财务报告。

【注4】盈利预测报告及盈利预测报告审核报告非强制性提供，除特殊情形外，企业可自愿提供。

【注5】根据上表，进一步总结出主板、创业板上市公司公开发行新股申请文件目录相异之处，即主板创业板各自特有的申请文件。

主板公开发行所特有的申请文件	创业板公开发行所特有的申请文件
1－3 募集说明书摘要	
	2－4 关于本次发行涉及/不涉及重大资产重组的说明
3－2 保荐机构尽职调查报告	
6－4 经注册会计师核验的发行人最近 3 年加权平均净资产收益率和非经常性损益明细表	6－4 经注册会计师核验的发行人非经常性损益明细表
6－11 本次发行可转换公司债券或分离交易的可转换公司债券的担保合同、担保函、担保人就提供担保获得的授权文件	6－11 本次发行可转换公司债券的担保合同、担保函、担保人就提供担保获得的授权文件
6－14 发行人全体董事对发行申请文件真实性、准确性和完整性的承诺书	6－14 发行人全体董事、监事、高级管理人员对发行申请文件真实性、准确性和完整性的承诺书

2. 主板、创业板上市公司非公开发行申请文件目录

《上市公司非公开发行股票实施细则》附件 1 和 37 号准则附件 2 分别对主板和创业板上市公司非公开发行申请文件目录进行详细列举，以下对比进行说明，详见下表。

主板、创业板上市公司非公开发行普通股申请文件目录

章节	主板非公开发行申请文件目录	创业板非公开发行申请文件目录
第一章　发行人的申请报告及相关文件	1－1 发行人申请报告	
	1－2 本次发行的董事会决议和股东大会决议	1－2 本次发行的董事会决议
		1－3 股东大会决议，或最近 1 年年度股东大会授权董事会决定发行融资总额不超过最近 1 年末净资产 10% 的股票的决议
		1－4 发行申请如适用简易程序是否符合相关条件的专项说明
	1－3 本次非公开发行股票预案	1－5 本次非公开发行股票预案
		1－6 关于本次发行涉及/不涉及重大资产重组的说明
	1－4 公告的其他相关信息披露文件	1－7 公告的其他相关信息披露文件

续表

章节	主板非公开发行申请文件目录	创业板非公开发行申请文件目录
第二章　保荐人和律师出具的文件	2-1 保荐人出具的证券发行保荐书	2-1 保荐人出具的证券发行保荐书（按规定适用简易程序且采取自行销售的除外）
	2-2 保荐人尽职调查报告	2-2 发行保荐工作报告（按规定适用简易程序且采取自行销售的除外）
	2-3 发行人律师出具的法律意见书 2-4 发行人律师工作报告	
第三章　财务信息相关文件	3-1 发行人最近1年的财务报告和审计报告及最近1期的财务报告	3-1 发行人最近2年的财务报告和审计报告及最近1期的财务报告
	3-2 最近3年1期的比较式财务报表（包括合并报表和母公司报表） 3-3 本次收购资产相关的最近1年1期的财务报告及其审计报告、资产评估报告 3-4 发行人董事会、会计师事务所及注册会计师关于上市公司最近1年及1期的非标准无保留意见审计报告的补充意见 3-5 会计师事务所关于前次募集资金使用情况的专项报告	
第四章　其他文件	4-1 有关部门对募集资金投资项目的审批、核准或备案文件 4-2 特定行业主管部门出具的监管意见书 4-3 国务院相关主管部门关于引入境外战略投资者的批准文件 4-4 附条件生效的股份认购合同 4-5 附条件生效的资产转让合同	
	4-6 发行人全体董事对相关申请文件真实性、准确性和完整性的承诺书	4-6 发行人全体董事、监事、高级管理人员对相关申请文件真实性、准确性和完整性的承诺书

【注1】主板也应有"发行保荐工作报告"。

【注2】创业板非公开发行适用简易程序且采取自行销售时，不需报送发行保荐书和发行保荐工作报告。

【注3】注意"3-1"中主板与创业板分别为"1年及1期"和"2年及1期"，其中"1年"和"2年"提供财务报告的同时，需提供相应审计报告，而"1期"仅提供财务报告即可，无须提供审计报告。诸如"最近1年及1期的财务报告和审计报告"及"最近2年及1期的财务报告和审计报告"的说法均是错误的。

【注4】主板和创业板非公开发行股票需要报送的都是最近3年1期的比较式财务报表。

【注5】不需要报送控股股东（企业法人）最近一年的财务报告、审计报告。

【注6】根据上表，进一步总结出主板、创业板上市公司非公开发行新股申请文件目录相异之处，即主板创业板各自特有的申请文件。

主板非公开发行所特有的申请文件	创业板非公开发行所特有的申请文件
1－2 股东大会决议	1－3 股东大会决议，或最近一年年度股东大会授权董事会决定发行融资总额不超过最近一年末净资产10%的股票的决议
	1－4 发行申请如适用简易程序是否符合相关条件的专项说明
	1－6 关于本次发行涉及/不涉及重大资产重组的说明
2－2 保荐人尽职调查报告	
3－1 发行人最近1年的财务报告和审计报告及最近1期的财务报告	3－1 发行人最近2年的财务报告和审计报告及最近1期的财务报告
4－6 发行人全体董事对相关申请文件真实性、准确性和完整性的承诺书	4－6 发行人全体董事、监事、高级管理人员对相关申请文件真实性、准确性和完整性的承诺书

【注1】对于创业板"发行申请如适用简易程序是否符合相关条件的专项说明"，只有在采用简易程序时才需要提供，如不采用简易程序，则不需要提供。

【注2】对于创业板来说，无论本次发行是否涉及重大资产重组，都需要提供"关于本次发行涉及/不涉及重大资产重组的说明"。

【注3】对于主板公开发行和非公开发行，保荐机构的尽职调查报告都属于必备申请文件；对于创业板公开发行和非公开发行来说，都不需要提供保荐机构的尽职调查报告。

主板、创业板上市公司公开、非公开发行普通股申请文件目录

公开发行		非公开发行	
主板	创业板	主板	创业板
募集说明书（申报稿）、发行公告			
募集说明书摘要			
申请报告			
董事会决议			
股东大会决议（注：创业板非公开发行，"或最近一年年度股东大会授权董事会决定发行融资总额不超过最近一年末净资产10%的股票的决议"）			
	关于本次发行涉及/不涉及重大资产重组的说明		关于本次发行涉及/不涉及重大资产重组的说明
【注】无"本次公开发行股票预案"		本次非公开发行股票预案	
			发行申请如适用简易程序是否符合相关条件的专项说明
证券发行保荐书、发行保荐工作报告（发行保荐工作报告主板准则未明文规定，但应当提供）			
尽职调查报告		尽职调查报告	
法律意见书、律师工作报告			

续表

公开发行		非公开发行	
最近 3 年的财务报告和审计报告及最近 1 期的财务报告		最近 1 年的财务报告和审计报告及最近 1 期的财务报告	最近 2 年的财务报告和审计报告及最近 1 期的财务报告
会计师事务所关于发行人内部控制制度的鉴证报告			
关于非标准无保留意见审计报告的补充意见		关于最近 1 年及 1 期的非标准无保留意见审计报告的补充意见	
经注册会计师核验的（发行人最近 3 年加权平均净资产收益率和）非经常性损益明细表（注：括号中为主板多出）		最近 3 年 1 期的比较式财务报表（包括合并报表和母公司报表）	
募集资金投资项目的审批、核准或备案文件			
会计师事务所关于前次募集资金使用情况的专项报告			
发行人拟收购资产（包括权益）有关的财务报告、审计报告、资产评估报告		本次收购资产相关的最近 1 年 1 期的财务报告及其审计报告、资产评估报告	
盈利预测报告及盈利预测报告审核报告			
最近 3 年内发生重大资产重组的发行人提供的模拟财务报告及审计报告和重组进入公司的资产的财务报告、资产评估报告和/或审计报告			
控股股东（企业法人）最近 1 年的财务报告、审计报告以及保荐机构出具的关于实际控制人情况的说明			
发行人公司章程（限于电子文件）			
资信评级机构为本次发行可转换公司债券（或分离交易的可转换公司债券）出具的资信评级报告（注：括号中为主板多出）			
本次发行可转换公司债券（或分离交易的可转换公司债券）的担保合同、担保函、担保人就提供担保获得的授权文件（注：括号中为主板多出）			
发行人拟收购资产（包括权益）的合同或其草案		附条件生效的股份认购合同、资产转让合同	
特定行业（或企业）主管部门出具的监管意见书			
		国务院相关主管部门关于引入境外战略投资者的批准文件	
全体董事对发行申请文件真实性、准确性和完整性的承诺书	全体董、监、高对发行申请文件真实性、准确性和完整性的承诺书	全体董事对发行申请文件真实性、准确性和完整性的承诺书	全体董、监、高对发行申请文件真实性、准确性和完整性的承诺书

　　上表中内容较多，需要注意主板、创业板公开、非公开发行均需提供的文件，公开发行与非公开发行特有文件，主板与创业板各自特有的文件，常考考点主要有以下几点：

　　（1）主板、创业板上市公司公开发行与非公开发行均需提供的文件

　　①申请报告；②董事会决议、股东大会决议；③证券发行保荐书、发行保荐工作报告（注：创业板适用简易程序且自行销售的除外）；④法律意见书、律师工作报告；⑤募集资金投资项目的审批、核准或备案文件；⑥会计师事务所关于前次募集资金使用情况的专项报告。

　　（2）各自特有及相异的文件

公开发行		非公开发行	
主板	创业板	主板	创业板
募集说明书（申报稿）、发行公告			
募集说明书摘要			
会计师事务所关于发行人内部控制制度的鉴证报告			
盈利预测报告及盈利预测报告审核报告			
		本次非公开发行股票预案	
	关于本次发行涉及/不涉及重大资产重组的说明		关于本次发行涉及/不涉及重大资产重组的说明
保荐机构尽职调查报告		保荐机构尽职调查报告	
			如适用简易程序是否符合相关条件的专项说明
发行人最近3年的财务报告和审计报告及最近1期的财务报告；控股股东（企业法人）最近一年的财务报告、审计报告	发行人最近1年的财务报告和审计报告及最近1期的财务报告	发行人最近2年的财务报告和审计报告及最近1期的财务报告	

　　【注1】（1）"募集说明书（申报稿）"、"发行公告"、"募集说明书摘要"、"会计师事务所关于发行人内部控制制度的鉴证报告"、"盈利预测报告及盈利预测报告审核报告"是公开发行特有文件，非公开发行没有，其中"募集说明书摘要"创业板无；（2）"发行股票预案"是非公开发行特有文件，公开发行无预案之说；（3）"关于本次发行涉及/不涉及重大资产重组的说明"是创业板特有文件，公开发行与非公开发行均需提供，主板无；（4）"尽职调查报告"是主板特有文件，公开发行、非公开发行均需提供，创业板无；（5）"发行申请如适用简易程序是否符合相关条件的专项说明"是创业板非公开发行特有文件；（6）注意财务报告及审计报告的相异之处。

　　【注2】盈利预测报告及盈利预测报告审核报告非强制性提供，除特殊情形外，企业可自愿提供。

　　【注3】关于财务报告与审计报告的期间要求需注意。

　　【真题回顾（1605）】根据《公开发行证券的公司信息披露内容与格式准则第37号——创业板上市公司发行证券申请文件》，创业板上市公司申请公开发行必备文件包括（　　）。

　　A. 募集说明书（申报稿）

　　B. 关于本次发行涉及/不涉及重大资产重组的说明

C. 发行人最近 3 年的财务报告和审计报告及最近 1 期的财务报告

D. 本次公开发行股票预案

E. 发行申请如适用简易程序是否符合相关条件的专项说明

答案：ABC

解析：D，"发行股票预案"为非公开发行特有文件，公开发行没有。E 项所述是创业板非公开发行的特有必备文件。

【真题回顾（1609）】创业板某上市公司拟申请非公开发行股票，以下属于申请必备文件的有（　　）。

A. 非公开发行股票预案

B. 关于本次发行是否涉及重大资产重组的说明

C. 最近 3 年的财务报告和审计报告及最近 1 期的财务报告

D. 保荐机构的尽职调查报告

E. 本次发行的董事会决议

答案：ABE

解析：B 选项是创业板特有文件，不管是公开发行还是非公开发行均需提供；C，应为"最近 2 年的财务报告和审计报告及最近 1 期的财务报告"；D，为主板特有文件。

【真题回顾（1610）】某主板上市公司拟申请非公开发行股票，以下属于申请必备文件的有（　　）。

A. 非公开发行股票预案

B. 发行保荐工作报告

C. 最近 3 年的财务报告和审计报告及最近 1 期的财务报告

D. 保荐机构的尽职调查报告

E. 本次发行的股东大会决议

答案：ADE

解析：B，尽管《上市公司非公开发行股票实施细则》附件 1 未明确列明，但属于必备文件；C，应当为"发行人最近 1 年的财务报告和审计报告及最近 1 期的财务报告"。

【模拟练习】根据《公开发行证券的公司信息披露内容与格式准则第 10 号——上市公司公开发行证券申请文件》，下列文件中，主板上市公司公开发行证券申请必备的文件是（　　）。

A. 保荐机构尽职调查报告

B. 募集资金投资项目的审批、核准或备案文件

C. 会计师事务所关于内部控制制度的鉴证报告

D. 发行人最近 3 年及最近 1 期的财务报告和审计报告

E. 律师工作报告

答案：ABCE

解析：B，为主板、创业板上市公司公开、非公开发行新股均需提供的文件；C，为公开发行特有文件，主板创业板均需提供；D，应当为"发行人最近 3 年的财务报告和审计报告及最近 1 期的财务报告"，注意，最近 1 期财务报告不强制审计。

3. 上市公司发行优先股申请文件目录

《公开发行证券的公司信息披露内容与格式准则第 32 号——发行优先股申请文件》附录列举了上市公司发行优先股（公开、非公开）的申请文件目录，具体如下表所示。

上市公司发行优先股申请文件目录

第一章 本次发行优先股的募集文件	1－1 募集说明书（申报稿）
	1－2 募集说明书概览（申报稿）
第二章 发行人的申请与授权文件	2－1 申请报告
	2－2 发行预案
	2－3 董事会决议
	2－4 股东大会决议
第三章 保荐机构和发行人律师出具的文件	3－1 证券发行保荐书
	3－2 保荐工作报告
	3－3 法律意见书
	3－4 律师工作报告
第四章 关于本次发行优先股募集资金使用的文件	4－1 发行人拟收购资产（包括权益）最近1年的财务报告和审计报告及最近1期的财务报告、资产评估报告
	4－2 发行人拟收购资产（包括权益）的合同或其草案
第五章 其他文件	5－1 发行人最近3年的财务报告和审计报告及最近1期的财务报告、最近3年及1期比较式财务报表，如最近3年发生重大资产重组的，还应提供重组时编制的重组前模拟财务报告及审计报告
	5－2 发行人最近3年及1期非经常性损益明细表
	5－3 审计机构关于发行人最近1年末内部控制的审计报告或鉴证报告
	5－4 发行人董事会、审计机构关于报告期内非标准审计报告涉及事项对公司是否有重大不利影响或重大不利影响是否已经消除的说明（如有）
	5－5 盈利预测报告及盈利预测报告审核报告（如有）
	5－6 资信评级机构为本次发行优先股出具的资信评级报告（如有）
	5－7 本次发行优先股的担保合同、担保函、担保人就提供担保获得的授权文件（如有）
	5－8 发行人对本次发行优先股作出的有关声明和承诺
	5－9 审计机构关于本次发行优先股相关会计处理事项的专项意见
	5－10 发行人公司章程（限电子文件）
	5－11 特定行业（或企业）主管部门出具的监管意见书
	5－12 承销协议（发行前按中国证监会要求提供）
	5－13 发行人全体董事对发行申请文件真实性、准确性和完整性的承诺书

注：上表要注意以下几点：（1）有"发行预案"；（2）无"尽职调查报告"；（3）关于提供的财务文件"发行人最近3年的财务报告和审计报告及最近1期的财务报告"同主板公开发行普通股一样。

【模拟练习】以下为主板上市公司非公开发行优先股申请必备的文件是（　　）。

A. 保荐机构尽职调查报告

B. 发行保荐书

C. 发行人最近1年的财务报告和审计报告及最近1期的财务报告

D. 审计机构关于发行人最近1年末内部控制的审计报告或鉴证报告

E. 发行人发行预案

答案：BDE

解析：A，发行优先股不需要报送尽职调查报告；C，应当报送"发行人最近3年的财务报告和审计报告及最近 1 期的财务报告"。

四、核准、发行程序

【大纲要求】

内容	程度
1. 上市公司新股发行的决策、申请程序	掌握
2. 上市公司新股发行的审核、发行程序	掌握
3.《上市公司非公开发行股票实施细则》的特别规定	—
4. 上市公司发行优先股的程序	掌握
5. 国有控股上市公司发行证券的特殊规定	掌握

说明：大纲要求掌握增发、配股的发行方式，新增股票上市业务操作流程，鉴于"保代"考试关于本部分未曾涉及过考题，故予以省略。

【内容精讲】

（一）上市公司新股发行的决策、申请程序

《上市公司证券发行管理办法》第四章、《上市公司非公开发行股票实施细则》第三章与第四章以及《创业板上市公司证券发行管理暂行办法》第三章均对主板及创业板上市公司发行证券的发行程序作出介绍；中国证监会 2016 年 12 月发布的《发行监管部再融资审核工作流程》对上市公司发行新股审核程序作出规定。结合上述文件，上市公司发行新股整体决策申报及审核程序如下图所示。

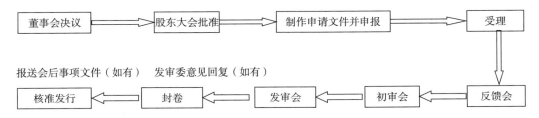

上图中从董事会决议到制作申请文件并申报属于决策申请程序，从受理到核准发行属于审核程序。

1. 董事会决议

上市公司申请发行证券，董事会应当依法就下列事项作出决议，并提请股东大会批准：

主板申请发行证券董事会决议事项	创业板申请发行证券董事会决议事项
（1）本次证券发行的方案	
（2）前次募集资金使用的报告	（2）本次发行方案的论证分析报告（独董专项意见）
（3）本次募集资金使用的可行性报告	
（4）其他必须明确的事项	

【注1】创业板较主板多出要求对"本次发行方案的论证分析报告"进行审议；董事会在编制本次发行方案的论证分析报告时，应当结合上市公司所处行业和发展阶段、融资规划、财务

状况、资金需求等情况进行论证分析，独立董事应当发表专项意见。

【注2】创业板发行新股的董事会、股东大会不再对前次募集资金使用情况的报告进行决议，但是要求前次募集资金按预期基本使用完毕。

【模拟练习】根据《上市公司证券发行管理办法》主板上市公司拟非公开发行股票，下列事项中不属于应当提股东大会批准的是（　　　）。

A. 本次证券发行的方案

B. 本次募集资金使用的可行性报告

C. 本次发行聘请的中介机构

D. 前次募集资金使用的报告

答案：C

2. 股东大会批准

（1）股东大会审议的事项

股东大会就发行股票作出的决定，至少应当包括下列事项：

①本次发行证券的种类和数量

②发行方式、发行对象及向原股东配售的安排

③定价方式或价格区间

④募集资金用途

⑤决议的有效期

⑥对董事会办理本次发行具体事宜的授权

⑦其他必须明确的事项

【注】股东大会决议的事项主板、创业板规定完全相同。

（2）股东大会的表决

主板	创业板
①股东大会就发行证券事项作出决议，必须经出席会议的股东所持表决权的2/3以上通过	①股东大会就发行证券事项作出决议，必须经出席会议的股东所持表决权的2/3以上通过，中小投资者表决情况应当单独计票
②向本公司特定的股东及其关联人发行证券的，股东大会就发行方案进行表决时，关联股东应当回避	
③上市公司就发行证券事项召开股东大会，应当提供网络投票的方式，公司还可以通过其他方式为股东参加股东大会提供便利	

【注】创业板上市公司年度股东大会可以根据公司章程的规定，授权董事会决定非公开发行融资总额不超过最近一年末净资产10%的股票，该项授权在下一年度股东大会召开日失效。本次股票发行申请有效期自董事会审议通过之日（非股东大会审议通过之日）起算。

【真题回顾（1511）】主板上市公司股东大会就发行股票作出的决定，应当包括的事项有（　　　）。

A. 本次发行证券的种类和数量

B. 定价方式或价格区间

C. 募集资金用途

D. 向原股东配售的安排

E. 对董事会办理本次发行具体事宜的授权

答案：ABCDE

3. 保荐申报

上市公司申请公开发行证券或者非公开发行新股，应当由保荐人保荐，并向中国证监会申报。

【注1】创业板上市公司非公开发行股票同时满足适用简易程序和自行销售两个条件时，可免予聘请保荐机构保荐。

【注2】适用简易程序和可以自行销售的条件详见下述"（二）上市公司新股发行的审核、发行程序"的具体规定。

（二）上市公司新股发行的审核、发行程序

1. 受理

中国证监会收到申请文件后，在 5 个工作日内决定是否受理，发行监管部在正式受理后，将申请文件分发至相关监管处室，相关监管处室根据发行人的行业、公务回避的有关要求以及审核人员的工作量等确定审核人员。

【注】首发要求受理后即预披露招股说明书（申报稿）和相关承诺函，相对于首发而言，再融资无受理后即行预披露的规定。

2. 反馈会、初审会、发审会、封卷、会后事项

上述审核程序完全同首发审核程序的规定，详见本章第一节"四、核准程序"部分相关内容，此处不再赘述。

【注1】需要注意的是，首发反馈会与初审会之间有一个"见面会"，再融资无此环节。

【注2】发审会对上市公司发行股票的审核要求中需要注意，公开发行股票、可转换公司债券适用普通程序；非公开发行股票、优先股（包括公开发行和非公开发行）适用特别程序。

3. 核准发行

主板	创业板
（1）中国证监会自受理证券发行申请文件之日起 3 个月内，依照法定条件和法定程序作出核准、中止审核、终止审核、不予核准的决定（《关于进一步推进新股发行体制改革的意见》规定）	
（2）自中国证监会核准发行之日起，上市公司应在 6 个月内发行证券；超过 6 个月未发行的，核准文件失效，须重新经中国证监会核准后方可发行	
（3）上市公司发行证券前发生重大事项的，应暂缓发行，并及时报告中国证监会。该事项对本次发行条件构成重大影响的，发行证券的申请应重新经过中国证监会核准	
	（4）申请非公开发行股票融资额不超过人民币 5 000 万元且不超过最近一年末净资产 10% 的，适用简易程序，自受理之日起 15 个工作日内作出核准或者不予核准决定，但最近 12 个月内上市公司非公开发行股票的融资总额超过最近一年末净资产 10% 的除外

【注】创业板非公开发行股票简易程序为常考考点，简易程序的条件可总结为：非公开发行融资额≤5 000 万元 ∧ ≤最近一年末净资产 10% ∧ 最近 12 个月内非公开发行股票融资总额≤最近一年末净资产 10%。注意以下几点：（1）"不超过最近一年末净资产 10%"，非"最近一期

末"。（2）最近12个月内上市公司非公开发行股票的融资总额超过最近一年末净资产10%的，不适用简易程序，注意，若上市公司最近12个月内公开发行股票，或者非公开发行债券融资额超过最近一年末净资产10%的，并不因此不适用简易程序。（3）对"最近12个月内"仅限制"10%"，并无"5 000万元"的限制，比如某创业板上市公司拟于2017年8月非公开发行股票，2016年12月31日净资产为7亿元，2016年10月曾非公开发行股票融资额为6 000万元，不考虑其他因素的话，不构成适用简易程序的障碍。另外要注意，不是"最近一个会计年度内"。

【真题回顾（1605）】创业板某上市公司拟于2016年6月非公开发行股票，2015年末该上市公司净资产为8亿元，根据《创业板上市公司证券发行管理暂行办法》，以下说法正确的有（　　）。

A. 该上市公司本次非公开发行股票融资额为6 000万元，可适用中国证监会简易程序

B. 该上市公司本次非公开发行股票融资额为1亿元，发行对象为控股股东、该上市公司拟自行销售，则无须聘请保荐机构

C. 该上市公司本次非公开发行股票融资额为4 000万元，且发行对象均为原前十名股东的，该上市公司可自行申报材料，不聘请保荐机构

D. 该上市公司2015年8月曾非公开发行股票融资6 000万元，本次拟再非公开发行股票融资为3 000万元，本次申请可适用中国证监会简易程序

E. 该上市公司2016年2月22日召开2015年股东大会，则2014年度股东大会关于授权董事会决定非公开发行股票总额超过4 000万元的决议于当日失效

答案：CDE

解析：A，本次融资额超过了5 000万元，不适用简易程序；B，非公开发行股票融资额为1亿元，超过了5 000万元，不适用简易程序，不可免予保荐机构保荐；C，同时满足适用简易程序和自行销售的条件，可免予保荐；D，6 000万元，超过了8亿元的10%，可适用简易程序；E，创业板上市公司年度股东大会可以根据公司章程的规定，授权董事会决定非公开发行融资总额不超过最近一年末净资产10%的股票，该项授权在下一年度股东大会召开日失效。

【真题回顾（1509）】某国有控股创业板上市公司拟非公开发行股份，其最近一年末净资产为6亿元，以下情形中可免予聘请保荐机构保荐的有（　　）。

A. 最近12个月内完成一单公开增发项目，融资总额7 000万元，本次拟向核心员工非公开发行，预计融资6 000万元

B. 最近12个月内完成向大股东的定向发行，融资总额7 000万元，本次拟向战略投资者非公开发行，预计融资额不超过5 000万元，该战略投资者已由董事会审核确定

C. 发行人之前未曾进行再融资，本次拟向公司前10名自然人股东非公开发行，预计融资不超过5 000万元

D. 发行人最近12个月内完成一单非公开发行公司债项目，发行总额7 000万元，本次拟向实际控制人控制的子公司非公开发行，预计融资不超过5 000万元

答案：D

解析：创业板上市公司非公开发行股票同时满足适用简易程序和自行销售两个条件时，可免于聘请保荐机构保荐。A，本次融资额超过5 000万元，不适用简易程序；B，最近12个月内非公开发行股票融资额超过最近一年末净资产的10%，不适用简易程序；C，"前10名自然人股东"不一定是原前10名股东，不符合自行销售条件。

4. 发行承销

上市公司公开发行证券，应当由证券公司承销。非公开发行股票符合以下情形之一的，可

以由上市公司自行销售：

主板	创业板
（1）发行对象均属于原前 10 名股东	（1）发行对象为原前 10 名股东
	（2）发行对象为上市公司控股股东、实际控制人或其控制的关联方 （3）发行对象为上市公司董、监、高或员工 （4）董事会审议相关议案时已经确定的境内外战略投资者或者其他发行对象

【注 1】《证券发行与承销管理办法》规定，上市公司发行证券，存在利润分配方案、公积金转增股本方案尚未提交股东大会表决或者虽经股东大会表决通过但未实施的，应当在方案实施后发行。相关方案实施前，主承销商不得承销上市公司发行的证券。

【注 2】创业板另外规定，上市公司自行销售的，应当在董事会决议中确定发行对象，且不得采用竞价方式确定发行价格。

【注 3】"（1）"中"发行对象为原前 10 名股东"，考试时经常会以"前 10 名自然人股东"混淆，注意，前 10 名自然人股东未必是前 10 名股东。

【注 4】创业板"（2）"中的关联方必须是控股股东、实际控制人能够控制的关联方，如果是非控制关联方，比如联营企业或者合营企业，则不能自行销售。

【真题回顾（1511）】创业板上市公司非公开发行股票，以下发行对象中，能够采取自行销售的有（　　）。

A. 前十大自然人股东

B. 高级管理人员

C. 董事会审议相关议案时已经确定的境外战略投资者

D. 上市公司控股股东

E. 上市公司实际控制人的联营企业

答案：BCD

解析：A，前十大自然人股东未必是前 10 名股东；E，联营企业非能够控制的关联方。

【模拟练习】某创业板上市公司拟非公开发行股票并自行销售，以下表述正确的有（　　）。

A. 发行对象可以为原前 20 名股东

B. 发行对象可以为上市公司控股股东、实际控制人或其控制的关联方

C. 发行对象可以为上市公司董事、监事、高级管理人员或者员工

D. 发行对象应当在董事会决议中予以确定

E. 发行价格可以采用竞价方式确定

答案：BCD

解析：A，发行对象为原前 10 名股东；D、E，上市公司自行销售的，应当在董事会决议中确定发行对象，且不得采用竞价方式确定发行价格。

5. 再次申请

证券发行申请未获核准的上市公司，自中国证监会作出不予核准的决定之日起 6 个月后，可再次提出证券发行申请。

【注】主板、创业板规定相同。

【真题回顾（1511）】下列关于创业板上市公司非公开发行股票的说法，正确的是（　　）。

A. 非公开发行股票融资额不超过人民币 5 000 万元且不超过最近一年末净资产 10% 的，中国证监会自受理之日起 15 个工作日内核准

B. 最近 12 个月内非公开发行股票融资总额超过最近一期末净资产的 10% 的，申请非公开发新股，中国证监会不适用简易程序

C. 非公开发行股票自行销售的，可以采取竞价发行方式

D. 适用简易程序且采取自行销售的创业板上市公司非公开发行股票，可以不聘请保荐机构保荐

E. 非公开发行股票募集资金用于收购兼并的，应当满足连续两年盈利的条件

答案：D

解析：A，中国证监会自受理之日起 15 个工作日内作出核准或者不予核准决定；B，应为"最近一年末"；C，非公开发行股票自行销售的，应当在董事会决议中确定发行对象，且不得采用竞价方式确定发行价格；E，非公开发行股票募集资金用于收购兼并的，可免予连续两年盈利的条件要求。

（三）《上市公司非公开发行股票实施细则》的特别规定

1. 董事会与股东大会决议

《上市公司非公开发行股票实施细则》第三章对上市公司非公开发行董事会与股东大会决议作出特别规定，具体如下：

（1）董事会决议确定具体发行对象的，上市公司应当在召开董事会的当日或前 1 日与相应发行对象签订附条件生效的股份认购合同。

认购合同应载明该发行对象拟认购股份的认购价格或定价原则、数量或数量区间、限售期，同时约定本次发行一经上市公司董事会、股东大会批准并经中国证监会核准，该合同即应生效。

【注】日期为当日或前一日，诸如"次日"等的描述均是错误的。

（2）上市公司董事会作出非公开发行股票决议，应当符合下列规定：

①应当确定本次发行的定价基准日，并提请股东大会批准。

②董事会决议确定具体发行对象的，董事会决议应当确定具体的发行对象名称及其认购价格或定价原则、认购数量或者数量区间、限售期；发行对象与公司签订的附条件生效的股份认购合同应当经董事会批准。

【注】董事会决议应当确定的事项需要记忆。注意第四项是"限售期"，非"限售额"。

③董事会决议未确定具体发行对象的，董事会决议应当明确发行对象的范围和资格，定价原则、限售期。

④本次非公开发行股票的数量不确定的，董事会决议应当明确数量区间（含上限和下限）。董事会决议还应当明确，上市公司的股票在定价基准日至发行日期间除权、除息的，发行数量和发行底价是否相应调整。

⑤董事会决议应当明确本次募集资金数量的上限、拟投入项目的资金需要总数量、本次募集资金投入数量、其余资金的筹措渠道。募集资金用于补充流动资金或者偿还银行贷款的，应当说明补充流动资金或者偿还银行贷款的具体数额；募集资金用于收购资产的，应当明确交易对方、标的资产、作价原则等事项。

（3）董事会决议经表决通过后，上市公司应当在 2 个交易日内披露。

董事会应当编制非公开发行股票预案，作为董事会决议的附件，与董事会决议同时刊登。

（4）本次发行涉及资产审计、评估或者上市公司盈利预测的，资产审计结果、评估结果和经审核的盈利预测报告至迟应随召开股东大会的通知同时公告。

【注】注意是召开股东大会"通知"的同时，非"召开"或"决议"的同时。

（5）非公开发行股票的董事会决议公告后，出现以下情况需要重新召开董事会的，应当由董事会重新确定本次发行的定价基准日：

①本次非公开发行股票股东大会决议的有效期已过。

②本次发行方案发生变化。

③其他对本次发行定价具有重大影响的事项。

【模拟练习】非公开发行股票董事会确定具体发行对象的，董事会决议应当确定的内容有（　　）。

A. 具体的发行对象名称　　　　　　　B. 认购价格或定价规则

C. 认购数量或者数量区间　　　　　　D. 限售额

答案：ABC

解析：《上市公司非公开发行股票实施细则》第十三条："……董事会决议确定具体发行对象的，董事会决议应当确定具体的发行对象名称及其认购价格或定价原则、认购数量或者数量区间、限售期；发行对象与公司签订的附条件生效的股份认购合同应当经董事会批准。"

本题 D 选项，为"限售期"，非"限售额"。

2. 核准与发行

（1）发审会后及中国证监会核准后的信息披露

上市公司收到中国证监会发审委关于本次发行申请获得通过或者未获通过的结果后，应当在次一交易日予以公告，并在公告中说明，公司收到中国证监会作出的予以核准或者不予核准的决定后，将另行公告。

上市公司收到中国证监会予以核准决定后作出的公告中，应当公告本次发行的保荐人，并公开上市公司和保荐人指定办理本次发行的负责人及其有效联系方式。

上市公司、保荐人对非公开发行股票进行推介或者向特定对象提供投资价值研究报告的，不得采用任何公开方式，且不得早于上市公司董事会关于非公开发行股票的决议公告之日。

【注】任何时候均不得公开，定向（非公开）推介与提供的，不得早于董事会决议公告日。反过来说，在董事会决议公告日后可采取非公开方式进行推介。

（2）发行

董事会决议确定具体发行对象的，上市公司在取得核准批文后，应当按照规定和认购合同的约定发行股票。

董事会决议未确定具体发行对象的，在取得核准批文后，由上市公司及保荐人在批文的有效期内选择发行时间。

①认购邀请书

在发行期起始的前 1 日，保荐人应当向符合条件的特定对象提供认购邀请书。

认购邀请书发送对象的名单由上市公司及保荐人共同确定。认购邀请书发送对象的名单除应当包含董事会决议公告后已经提交认购意向书的投资者、公司前 20 名股东外，还应当包含下列询价对象：

a. 不少于 20 家证券投资基金管理公司。

b. 不少于 10 家证券公司。

c. 不少于 5 家保险机构投资者。

【注】注意，认购邀请书发送对象包括 5 类，分别为董事会决议公告后已经提交认购意向书的投资者、公司前 20 名股东、不少于 20 家证券投资基金管理公司、不少于 10 家证券公司、不少于 5 家保险机构投资者。

②申购报价

认购邀请书发出后，上市公司及保荐人应当在认购邀请书约定的时间内收集特定投资者签署的申购报价表。

在申购报价期间，上市公司、保荐人应当确保任何工作人员不泄露发行对象的申购报价情况，申购报价过程应当由发行人律师现场鉴证。

③确定发行结果

申购报价结束后，上市公司及保荐人应当对有效申购按照报价高低进行累计统计，按照价格优先的原则合理确定发行对象、发行价格和发行股数。

【注】价格优先为第一顺位考虑，考试时有时候还会告知采取"价格优先、数量优先"的原则，此时，优先考虑报价高的进行配售，报价相同时，按照认购数量高的进行配售，基于"同股同价"原则，最终发行价只能有一个，为最后认配对象的报价。例如，某上市公司拟非公开发行股票 1 000 万股，甲报价 10 元每股，申购 800 万股，乙、丙报价 8 元每股，乙申购 300 万股，丙申购 200 万股，则发行价应为 8 元每股，甲获配 800 万股，乙获配 200 万股。

④缴款、验资

发行结果确定后，上市公司应当与发行对象签订正式认购合同，发行对象应当按照合同约定缴款。

发行对象的认购资金应先划入保荐人为本次发行专门开立的账户，验资完毕后，扣除相关费用再划入发行人募集资金专项存储账户。

⑤提交备案材料

验资完成后的次一交易日，上市公司和保荐人应当向中国证监会提交《证券发行与承销管理办法》第五十条规定的备案材料。

（3）保荐机构、律师对发行结果发表意见

保荐人关于本次发行过程和认购对象合规性的报告应当详细记载本次发行的全部过程，列示发行对象的申购报价情况及其获得配售的情况，并对发行结果是否公平、公正，是否符合非公开发行股票的有关规定发表意见。

报价在发行价格之上的特定对象未获得配售或者被调减配售数量的，保荐人应当向该特定对象说明理由，并在报告书中说明情况。

发行人律师关于本次发行过程和认购对象合规性的报告应当详细认证本次发行的全部过程，并对发行过程的合规性、发行结果是否公平、公正，是否符合非公开发行股票的有关规定发表明确意见。

发行人律师应当对认购邀请书、申购报价表、正式签署的股份认购合同及其他有关法律文书进行鉴证，并在报告书中确认有关法律文书合法有效。

【注】保荐机构、律师、会计师等中介机构均为发行人聘请，诸如"主承销商（或保荐机构）聘请的律师应当对认购邀请书、申购报价表、正式签署的股份认购合……"的表述是错误的。

【真题回顾（1509）】 下列说法符合《上市公司证券发行管理办法》中关于非公开发行股票规定的是（　　）。

A. 非公开发行股票的发行价格不低于定价基准日前 20 个交易日均价的 90% 或前一个交易日均价的 90%

B. 主板上市公司连续 3 年不分红，不可以非公开发行股票

C. 上市公司最近一年财务报告被出具否定意见的审计报告，但在发行前所涉事项重大不利影响已消除

D. 非公开发行股票的董事会决议公告日后，采取非公开方式进行推介

E. 上市公司发生重大资产重组，且本次重大资产重组导致上市公司实际控制人发生变化，本次重组交易完成 1 个完整会计年度后，方可非公开发行股票

答案：CD

解析：A，不低于定价基准日前 20 个交易日均价的 90%；D，不得早于上市公司董事会关于非公开发行股票的决议公告之日，在董事会决议公告日后可采取非公开方式进行推介；E，《上市公司重大资产重组管理办法》第五十一条："上市公司在本次重大资产重组前不符合中国证监会规定的公开发行证券条件，或者本次重组导致上市公司实际控制人发生变化的，上市公司申请公开发行新股或者公司债券，距本次重组交易完成的时间应当不少于一个完整会计年度"。此处要求不得公开发行新股或者公司债券，对非公开发行股票则没有时间要求。

【真题回顾（1509）】 某主板上市公司非公开发行不超过 3 000 万股，募集资金不超过 3 亿元，定价基准日确定的发行底价为 10 元每股，配售原则为：（1）申报价格高的优先配股；（2）申报价格相同时，申报数量多的优先配股。共有 6 家参加申报，其报价如下表，则关于配售结果，正确的有（　　）。

项目	甲	乙	丙	丁	戊	己
价格（元/股）	20	18	15	15	10	10
数量（万股）	800	600	600	900	600	400

A. 发行价格确定为 10 元/股

B. 丙获配股 600 万股

C. 最终发行股数确定为 3 000 万股

D. 戊获配 60 万股

E. 丁获配 600 万股

答案：ABC

解析：按照价格优先的原则，甲、乙、丙、丁累计配售 2 900 万股，尚有 100 万股，戊与己报价相同，则根据数量优先原则，应向戊配售 100 万股，同次发行只能有一个发行价，因此应以戊的报价 10 元/股作为最终发行价格。

【真题回顾（1412）】 以下哪些在招股意向书发布后，主承销商可以提供认购邀请书（　　）。

A. 董事会决议公告后已提交认购意向书的投资者

B. 20 家证券投资基金公司

C. 10 家证券公司

D. 5 家保险公司

E. 前 30 名股东

答案：ABCD

解析：E，公司前20名股东。

（四）上市公司发行优先股的程序

《优先股试点管理办法》第三章第四节对上市公司发行优先股的程序作出规定。

说明：本部分的考点集中在优先股的储架发行，需重点掌握，其他部分内容了解即可。

1. 董事会决议

上市公司申请发行优先股，董事会应当按照中国证监会有关信息披露规定，公开披露本次优先股发行预案，并依法就以下事项作出决议，提请股东大会批准。

（1）本次优先股的发行方案。

（2）非公开发行优先股且发行对象确定的，上市公司与相应发行对象签订的附条件生效的优先股认购合同。

【注】①认购合同应当载明发行对象拟认购优先股的数量、认购价格或定价原则、票面股息率或其确定原则，以及其他必要条款。②认购合同应当约定发行对象不得以竞价方式参与认购，且本次发行一经上市公司董事会、股东大会批准并经中国证监会核准，该合同即应生效。

（3）非公开发行优先股且发行对象尚未确定的，决议应包括发行对象的范围和资格、定价原则、发行数量或数量区间。

上市公司的控股股东、实际控制人或其控制的关联人参与认购本次非公开发行优先股的，按照上述第（2）项执行。

2. 股东大会决议

上市公司股东大会就发行优先股进行审议，应当就下列事项逐项进行表决：

（1）本次发行优先股的种类和数量。

（2）发行方式、发行对象及向原股东配售的安排。

（3）票面金额、发行价格或其确定原则。

（4）优先股股东参与分配利润的方式，包括：票面股息率或其确定原则、股息发放的条件、股息支付方式、股息是否累计、是否可以参与剩余利润分配等。

（5）回购条款，包括回购的条件、期间、价格及其确定原则、回购选择权的行使主体等（如有）。

（6）募集资金用途。

（7）公司与发行对象签订的附条件生效的优先股认购合同（如有）。

（8）决议的有效期。

（9）公司章程关于优先股股东和普通股股东利润分配、剩余财产分配、优先股表决权恢复等相关政策条款的修订方案。

（10）对董事会办理本次发行具体事宜的授权。

（11）其他事项。

【注1】上述决议，需经出席会议的普通股股东（含表决权恢复的优先股股东）所持表决权的2/3以上通过。已发行优先股的，还需经出席会议的优先股股东（不含表决权恢复的优先股股东）所持表决权的2/3以上通过。

【注2】上市公司向公司特定股东及其关联人发行优先股的，股东大会就发行方案进行表决时，关联股东应当回避。

【注3】上市公司就发行优先股事项召开股东大会，应当提供网络投票，还可以通过中国证

监会认可的其他方式为股东参加股东大会提供便利。

3. 保荐申报与审核

上市公司申请发行优先股应当由保荐人保荐并向中国证监会申报，其申请、审核、核准、发行等相关程序参照《上市公司证券发行管理办法》和《证券发行与承销管理办法》的规定。发审委会议按照《中国证券监督管理委员会发行审核委员会办法》规定的特别程序，审核发行申请。

【注1】上市公发行优先股，不管是公开发行还是非公开发行，均需要保荐机构保荐。

【注2】上市公发行优先股，不管是公开发行还是非公开发行，均适用发审委特别程序。

4. 储架发行

（1）上市公司发行优先股，可以申请一次核准，分次发行，不同次发行的优先股除票面股息率外，其他条款应当相同。

（2）自中国证监会核准发行之日起，公司应在6个月内实施首次发行，剩余数量应当在24个月内发行完毕。超过核准文件时限的，须申请中国证监会重新核准。

（3）首次发行数量应当不少于总发行数量的50%，剩余各次发行的数量由公司自行确定，每次发行完毕后5个工作日内报中国证监会备案。

【注1】公开发行、非公开发行均适用储架发行。

【注2】"剩余数量应当在24个月内发行完毕"，是指自"核准发行之日"24个月内发行完毕，非首次发行日或首次发行结束日。

【真题回顾（1505）】以下关于优先股发行说法正确的有（　　　）。

A. 可以申请一次核准、分期发行

B. 公司应在3个月内实施首次发行，剩余数量应当在12个月内发行完毕

C. 首次发行数量应当不少于总发行数量的50%

D. 剩余各次发行的数量由公司自行确定，每次发行完毕后5个工作日内报中国证监会备案

答案：ACD

解析：B，公司应在6个月内实施首次发行，剩余数量应当在24个月内发行完毕。

【真题回顾（1509）】以下有关公开优先股发行符合规定的有（　　　）。

A. 应自中国证监会核准之日起6个月内实施首次发行，且首次发行数量不低于总发行量的50%

B. 已发行的优先股不得超过公司普通股总数的50%，筹资金额不得超过发行后净资产50%

C. 最近3年以现金方式累计分配的利润不少于最近3年实现的年均可分配利润的30%

D. 最近3个会计年度实现的年均可分配利润应当不少于优先股一年的股息

E. 公司可以在公司章程中约定此次发行的优先股采取浮动股息率

答案：AD

解析：B，不得超过发行前净资产50%；E，公开发行要求发行固定股息率优先股，非公开发行可以发行浮动股息率的优先股。

（五）国有控股上市公司发行证券的特殊规定

为规范上市公司国有股东发行可交换公司债券及国有控股上市公司发行证券行为，维护证券市场健康发展，国务院国资委于2009年6月发布《关于规范上市公司国有股东发行可交换公司债券及国有控股上市公司发行证券有关事项的通知》（以下简称《通知》），以下对《通知》中关于国有控股上市公司发行证券的相关规定进行说明。

1. 适用范围

《通知》所称国有控股上市公司发行证券包括上市公司采用公开方式向原股东配售股份、向不特定对象公开募集股份，采用非公开方式向特定对象发行股份以及发行（分离交易）可转换公司债券等。

2. 条件要求

（1）国有控股上市公司发行证券应当遵守有关法律、行政法规及规章制度的规定，有利于提高上市公司的核心竞争力，完善法人治理结构，有利于维护上市公司全体投资者的合法权益，募集资金的投向应当符合国家相关产业政策及公司发展规划。

（2）国有控股上市公司发行证券，涉及国有股东或经本次认购上市公司增发股份后成为上市公司股东的潜在国有股东，以资产认购所发行证券的，应当按照国务院国有资产监督管理机构关于规范国有股东与上市公司进行资产重组的有关规定开展相关工作。

（3）国有控股股东应当协助上市公司根据国家有关产业政策规定、资本市场状况，以及上市公司发展需要，就发行证券事项进行充分的可行性研究，并严格按照国家有关法律法规的要求，规范运作。

3. 发行程序

国有控股上市公司发行证券决策及审核程序如下图所示。

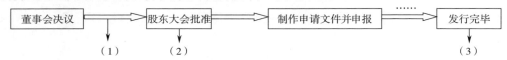

（1）方案报批

国有控股股东应当在上市公司董事会审议通过证券发行方案后，股东大会召开前不少于20个工作日，按规定程序将该方案逐级报省级或省级以上国有资产监督管理机构审核。

国有股东为中央单位的，由中央单位通过集团母公司报国务院国有资产监督管理机构审核。

国有股东为地方单位的，由地方单位通过集团母公司报省级国有资产监督管理机构审核。

国有资产监督管理机构在上市公司股东大会召开前5个工作日出具批复意见。

（2）股东大会批准或延期召开

国有控股股东在上市公司召开股东大会时，应当按照国有资产监督管理机构出具的批复意见，对上市公司拟发行证券的方案进行表决。

上市公司股东大会召开前未获得国有资产监督管理机构批复的，国有控股股东应提议上市公司延期召开股东大会。

（3）登记结算

上市公司证券发行完毕后，国有控股股东应持国有资产监督管理机构的批复，到证券登记结算机构办理相关股份变更手续。

【真题回顾（1311）】 下列关于国有控股上市公司发行证券相关规定正确的有（　　　）。

A. 国有控股股东应当在上市公司股东大会审议通过证券发行方案后，逐级报国有资产监督管理机构审核，取得批复文件后，报中国证监会审核

B. 国有股东为中央单位的，由中央单位通过集团母公司报国务院国有资产监督管理机构审核

C. 国有股东为地方单位的，由地方单位通过集团母公司报地方国有资产监督管理机构审核

D. 国有控股股东在上市公司召开股东大会时，应当按照国有资产监督管理机构出具的批复

意见，对上市公司拟发行证券的方案进行表决

答案：BD

解析：A，董事会审议通过发行方案后，逐级报国有资产监督管理机构审核；C，报省级国有资产监督管理机构审核。

【模拟练习】某国有控股上市公司拟发行证券，下列表述正确的有（　　　　）。

A. 国有控股股东应当在上市公司董事会审议通过发行方案后，逐级报国有资产监督管理机构审核

B. 国有控股股东应当在上市公司股东大会审议通过发行方案后，逐级报国有资产监督管理机构批复

C. 上市公司股东大会召开前未获得国有资产监督管理机构批复的，国有控股股东应当提议上市公司延期召开股东大会

D. 上市公司申报中国证监会前未获得国有资产监督管理机构批复的，国有控股股东应当提议上市公司延期向中国证监会提交申请文件

E. 上市公司证券发行完毕后，国有控股股东应持国有资产监督管理机构的批复，到证券登记结算机构办理相关股份变更手续

答案：ACE

五、信息披露

【大纲要求】

内容		程度
1. 上市公司发行新股信息披露的要求	（1）公开发行申请前后及发行过程中的信息披露要求	掌握
	（2）非公开发行申请前后的信息披露要求	掌握
2. 招股说明书（意向书）编制的基本要求		掌握
3. 非公开发行股票预案与发行情况报告书		掌握
4. 上市公司发行优先股信息披露的一般要求与持续披露		—
5. 上市公司发行优先股募集说明书		—
6. 上市公司发行优先股预案与发行情况报告书		—
7. 违反信息披露规定的监管与处罚		—

【内容精讲】

（一）上市公司发行新股信息披露的要求

《上市公司证券发行管理办法》第五章和《创业板上市公司证券发行管理暂行办法》第四章均对上市公司发行新股信息披露提出要求，二者除了主板会涉及招股意向书摘要之外，其他规定一致。

1. 公开发行申请前后及发行过程中的信息披露要求

（1）董事会后的信息披露

证券发行议案经董事会表决通过后，应当在2个工作日内报告证券交易所，公告召开股东大会的通知。

使用募集资金收购资产或者股权的，应当在公告召开股东大会通知的同时，披露该资产或

者股权的基本情况、交易价格、定价依据以及是否与公司股东或其他关联人存在利害关系。

（2）股东大会后的信息披露

股东大会通过本次发行议案之日起 2 个工作日内，上市公司应当公布股东大会决议。

（3）不予受理、终止审查、核准与不予核准、撤回申请的信息披露

上市公司提出发行申请后，出现下列情形之一的，应当在次一工作日予以公告：

①收到中国证监会不予受理或者终止审查决定。

②收到中国证监会不予核准或者予以核准决定。

③上市公司撤回证券发行申请。

【注】上述情形为法定应当履行信息披露义务的情形，注意，不包含申请材料中国证监会正式受理、完成对中国证监会反馈意见的书面回复、收到中国证监会关于召开发审委会议的通知、中止审查等。

（4）募集说明书（及摘要）的披露

主板披露要求	创业板披露要求
上市公司在公开发行证券前的 2 至 5 个工作日内，应当将经中国证监会核准的募集说明书摘要或者募集意向书摘要刊登在至少一种中国证监会指定的报刊，同时将其全文刊登在中国证监会指定的互联网网站，置备于中国证监会指定的场所，供公众查阅	上市公司在公开发行证券前的 2 至 5 个工作日内，应当将经中国证监会核准的公司发行证券募集说明书刊登在中国证监会指定的互联网网站，并置备于中国证监会指定的场所，供公众查阅

【注】公开募集证券说明书自最后签署之日起 6 个月内有效。公开募集证券说明书不得使用超过有效期的资产评估报告或者资信评级报告。

（5）信息披露相关责任人

上市公司全体董、监、高应当在公开募集证券说明书上签字，保证不存在虚假记载、误导性陈述或者重大遗漏，并声明承担个别和连带的法律责任。

保荐机构及保荐代表人应当对公开募集证券说明书的内容进行尽职调查并签字，确认不存在虚假记载、误导性陈述或者重大遗漏，并声明承担相应的法律责任。

为证券发行出具专项文件的注册会计师、资产评估人员、资信评级人员、律师及其所在机构，应按规定出具文件，并声明对所出具文件的真实性、准确性和完整性承担责任。

公开募集证券说明书所引用的审计报告、盈利预测审核报告、资产评估报告、资信评级报告，应当由有资格的证券服务机构出具，并由至少 2 名有从业资格的人员签署。

公开募集证券说明书所引用的法律意见书，应当由律师事务所出具，并由至少 2 名经办律师签署。

2. 非公开发行申请前后的信息披露要求

上述公开发行中的（1）、（2）、（3）同样适用非公开发行。

上市公司在非公开发行新股后，应当将发行情况报告书刊登在至少一种中国证监会指定的报刊，同时将其刊登在中国证监会指定的互联网网站，置备于中国证监会指定的场所，供公众查阅。

【真题回顾（1609）】根据《上市公司证券发行管理办法》，主板上市公司在申请公开增发过程中，以下哪些时点需要履行信息披露义务（　　）。

A. 申请材料经中国证监会正式受理

　　B. 完成对中国证监会反馈意见的回复

　　C. 收到中国证监会关于召开发审会审核其公开增发申请的通知

　　D. 收到中国证监会核准其公开增发申请的决定

　　E. 撤回发行申请文件

　　答案：DE

　　【模拟练习】 以下关于上市公司发行证券信息披露的说法正确的有（　　　）。

　　A. 证券发行议案经董事会表决通过后，应当在 2 个工作日内报告证券交易所，公告召开股东大会的通知

　　B. 股东大会通过本次发行议案的次日，上市公司应当公布股东大会决议

　　C. 上市公司收到中国证监会不予受理的决定，应当在次一工作日予以公告

　　D. 上市公司收到中国证监会中止审查的决定，应当在次一工作日予以公告

　　E. 上市公司全体董、监、高应当在公开募集证券说明书上签字，保证不存在虚假记载、误导性陈述或者重大遗漏

　　答案：ACE

　　解析：B，股东大会通过本次发行议案之日起 2 个工作日内，上市公司应当公布股东大会决议；D，需要履行信息披露义务的法定情形不包括中止审查。

　　（二）招股说明书（意向书）编制的基本要求

　　1. 招股说明书（意向书）编制的基本要求

　　《公开发行证券的公司信息披露内容与格式准则第 11 号——上市公司公开发行证券募集说明书》和《公开发行证券的公司信息披露内容与格式准则第 35 号——创业板上市公司公开发行证券募集说明书》的"总则"分别对主板、创业板上市公司招股说明书（意向书）编制的基本要求作出规定，具体如下：

主板、创业板招股说明书（意向书）编制基本要求

主板编制基本要求	创业板编制基本要求
（1）发行人编制配股说明书、增发招股说明书（意向书）、可转换公司债券募集说明书、分离交易的可转换公司债券募集说明书等募集说明书及其摘要，应当符合 11 号准则的要求	（1）发行人因配股、增发、发行可转换公司债券等编制募集说明书，应当符合 35 号准则的要求
（2）募集说明书的编制应遵循以下要求 ①使用通俗易懂的事实描述性语言，并采用表格或其他较为直观的方式披露公司及其产品、财务等情况 ②引用的资料应注明来源，事实依据应充分、客观 ③引用的数字应采用阿拉伯数字，有关金额的资料除特别说明之外，应指人民币金额，并以元、千元或万元为单位 ④发行人可编制募集说明书外文译本，但应保证中外文文本的一致性，在对中外文文本的理解上发生歧义时，以中文文本为准 ⑤募集说明书摘要的编制必须忠实于募集说明书全文的内容，不得出现与全文相矛盾之处	
（3）在不影响信息披露的完整并保证阅读方便的前提下，发行人可采用相互引征的方法，对各相关部分的内容进行适当的技术处理；对于曾在募集说明书、上市公告书和定期报告、临时报告中披露过的信息，如事实未发生变化，发行人可采用索引的方法进行披露，以免重复	

续表

主板编制基本要求	创业板编制基本要求
（4）发行人将募集说明书及其摘要全文刊登并保留在公司网站的，其内容应当与在报刊上刊登的一致	（4）发行人将募集说明书披露于公司网站的，其内容应当与在中国证监会指定网站披露的一致
（5）增发招股意向书与招股说明书 ①增发招股意向书除发行数量、发行价格及筹资金额等内容可不确定外，其内容和格式应与增发招股说明书一致 ②增发招股意向书应载明"本招股意向书的所有内容均构成招股说明书不可撤销的组成部分，与招股说明书具有同等法律效力" ③发行价格确定后，发行人应编制增发招股说明书，刊登于中国证监会指定的互联网网站，并报中国证监会备案	

注：关于上表中内容，创业板与主板主要存在两点区别：①主板有发行分离交易的可转换公司债券的相关规定，创业板没有；②主板有募集说明书摘要，创业板没有。

2. 募集说明书（及其摘要）一同披露的备查文件

主板上市公司在披露募集说明书及其摘要的同时，应在募集说明书结尾列明备查文件，并在指定网站上披露。创业板上市公司在披露募集说明书的同时，应在募集说明书结尾列明备查文件，并在中国证监会指定网站披露。

根据11号准则第七十五条和35号准则第八十条的规定，备查文件包括下列文件（主板、创业板规定相同）：

（1）发行人最近3年的财务报告及审计报告和已披露的中期报告。

（2）保荐机构出具的发行保荐书（和发行保荐工作报告）。

（3）法律意见书和律师工作报告。

（4）注册会计师关于前次募集资金使用情况的专项报告。

（5）中国证监会核准本次发行的文件。

如有下列文件，应作为备查文件披露：

（1）资信评级报告。

（2）担保合同和担保函。

（3）盈利预测报告及盈利预测报告的审核报告。

（4）发行人董事会关于非标准无保留意见审计报告涉及事项处理情况的说明。

（5）会计师事务所及注册会计师关于非标准无保留意见审计报告的补充意见。

（6）最近3年内发生重大资产重组的发行人提供的模拟财务报告及审计报告和重组进入公司的资产的财务报告、资产评估报告和/或审计报告。

（7）拟收购资产的资产评估报告及有关审核文件。

（8）其他与本次发行有关的重要文件。

【注1】"（2）"中11号准则规定的为"保荐机构出具的发行保荐书"，但如前所述，主板上市公司保荐机构保荐时同样需要出具发行保荐工作报告。

【注2】关于备查文件的考核以往比较喜欢考的是首发招股说明书备查文件，此处一般了解即可。

3. 募集说明书的内容与格式

本部分内容较多，考试时主要集中在两个方面，一是"财务会计信息"，二是"募集资金运用"，以下分别进行说明。

（1）财务会计信息的披露

①发行人应披露最近3年审计意见的类型

被出具带强调事项段的无保留意见的（创业板为被出具保留意见或带强调事项段的无保留

意见的），还应披露审计报告正文以及董事会对相关事项的详细解释，并说明相关事项是否对公司有重大影响或影响是否已经消除，会计师事务所及注册会计师关于相关事项对发行人是否有重大影响或影响是否已经消除所发表的意见。

②发行人应披露最近 3 年及 1 期的资产负债表、利润表、现金流量表及所有者权益变动表

发行人编制合并财务报表的，应同时披露合并财务报表和母公司财务报表。最近 3 年及 1 期合并财务报表范围发生重大变化的，还应披露合并财务报表范围的具体变化情况、变化原因及其影响。

最近 3 年内进行过导致公司主营业务和经营性资产发生实质变更的重大资产购买、出售、置换的发行人，披露的最近 3 年及 1 期的财务报表应包括：重组完成后各年的资产负债表、利润表、现金流量表和所有者权益变动表，以及重组时编制的重组前模拟利润表和模拟报表的编制基础。

发行人本次募集资金拟用于重大资产购买的，即拟购买的总资产或净资产占发行人最近 1 年末合并财务报表总资产或净资产的 50% 以上、或拟购买的资产在前 1 年产生的营业收入占发行人前 1 年合并财务报表营业收入的 50% 以上，还应披露假设前 3 年已完成购买并据此编制的前 3 年备考合并利润表、前 1 年末备考合并资产负债表。

③发行人应列表披露最近 3 年及 1 期的流动比率、速动比率、资产负债率（母公司）、应收账款周转率、存货周转率、每股经营活动现金流量、每股净现金流量、研发费用占营业收入的比重等财务指标以及非经常性损益明细表，除特别说明外，上述财务指标以合并财务报表的数据为基础进行计算。

【注】3 年及 1 期的财务指标中，仅资产负债率为母公司口径，其余均是合并报表口径。

④发行人本次募集资金拟用于重大资产购买的，应当披露发行人假设按预计购买基准日完成购买的盈利预测报告及假设发行当年 1 月 1 日完成购买的盈利预测报告及会计师事务所的审核意见。其他发行人认为提供盈利预测报告将有助于投资者对发行人及投资于发行人的证券作出正确判断，且发行人确信有能力对最近的未来期间的盈利情况作出切合实际的预测，可以披露盈利预测报告及会计师事务所的审核意见。

（2）本次募集资金运用的信息披露

11 号、35 号准则对主板、创业板公开发行证券募集说明书关于本次募集资金运用的信息披露要求完全一致，且与主板首发招股说明书中关于募集资金运用的信息披露完全一致，具体参见本章第一节相关内容。

（3）历次募集资金运用的信息披露

主板	创业板
①披露最近 5 年内募集资金运用的基本情况	
②列表披露前次募集资金实际使用情况。若募集资金的运用和项目未达到计划进度和效益，应进行说明	②列表披露前次募集资金实际使用情况，说明前次募集资金是否已基本使用完毕，且使用进度和效果与披露情况一致
③发行人对前次募集资金投资项目的效益作出承诺并披露的，列表披露投资项目效益情况；项目实际效益与承诺效益存在重大差异的，还应披露原因	
④发行人最近 5 年内募集资金的运用发生变更的，应列表披露历次变更情况，并披露募集资金的变更金额及占所募集资金净额的比例；发行人募集资金所投资的项目被以资产置换等方式置换出公司的，应予以单独披露	
⑤发行人应披露会计师事务所对前次募集资金运用所出具的专项报告结论	

注：（1）"②"中对"前次募集资金实际使用情况"应列表进行披露，不能仅以文字形式披露，注意"③"、"④"所述情形也应列表披露，不能仅以文字形式披露；（2）"④"中"占所募集资金净额的比例"，非"募集资金总额"；（3）注意"前次"与"历次"的不同适用情况；（4）"①"、"④"中的"最近 5 年内"需准确理解，考试时往往是考法条的规定，并非考包含的逻辑关系。比如题干为"关于历次资金运用信息披露的说法正确的有"，则"披露了最近 3 年内募集资金运用的基本情况"的说法应该是错误的。

【真题回顾（1611）】某创业板上市公司拟于 2016 年 8 月申请公开发行普通股，募集资金拟用于收购某标的公司 100% 的股权，预计购买基准日为 2016 年 12 月 1 日，该标的公司 2015 年末的总资产占该上市公司 2015 年末总资产的比例为 86%，根据《公开发行证券的公司信息披露内容与格式准则第 35 号——创业板上市公司公开发行证券募集说明书》，其在公开发行证券募集说明书中至少应披露以下内容（　　　）。

A. 假设 2013 年已完成购买并据此编制的 2013～2015 年备考合并利润表

B. 假设 2013 年已完成购买并据此编制的 2015 年末备考合并资产负债表

C. 假设 2013 年已完成购买并据此编制的 2013～2015 年备考现金流量表

D. 假设 2016 年 12 月 1 日完成购买并据此编制的盈利预测报告

E. 假设 2016 年 1 月 1 日完成购买并据此编制的盈利预测报告

答案：ABDE

解析：题干所述总资产 86% 的占比构成重大资产购买，根据规定，发行人本次募集资金拟用于重大资产购买的，除披露最近 3 年及 1 期的资产负债表、利润表、现金流量表及所有者权益变动表外，还应披露假设前 3 年已完成购买并据此编制的前 3 年备考合并利润表、前 1 年末备考合并资产负债表，披露发行人假设按预计购买基准日完成购买的盈利预测报告及假设发行当年 1 月 1 日完成购买的盈利预测报告及会计师事务所的审核意见。

【真题回顾（1605）】根据《公开发行证券的公司信息披露内容与格式准则第 11 号——上市公司公开发行证券募集说明书》，主板上市公司公开发行证券募集说明书关于历次募集资金运用的说法正确的有（　　　）。

A. 仅披露了最近 3 年内募集资金运用的基本情况

B. 未以列表方式，仅以文字描述方式详细披露了前次募集资金实际使用情况

C. 项目实际效益与承诺效益存在重大差异，披露了项目实际收益与承诺效益重大差异的原因

D. 披露了会计师事务所对前次募集资金运用所出具的专项报告结论

E. 发行人最近 5 年内募集资金的运用发生了变更，应列表披露历次变更情况，并披露募集资金的变更金额及占所募集资金总额的比例

答案：CD

解析：A，应披露最近 5 年内募集资金运用的基本情况；B，应列表披露；E，应为"占所募集资金净额的比例"。

（三）非公开发行股票预案与发行情况报告书

2007 年 9 月和 2014 年 6 月，中国证监会分别发布并实施《公开发行证券的公司信息披露内容与格式准则第 25 号——上市公司非公开发行股票预案和发行情况报告书》和《公开发行证券的公司信息披露内容与格式准则第 36 号——创业板上市公司非公开发行股票预案和发行情况报告书》，分别对主板、创业板上市公司非公开发行股票预案和发行情况报告书的编制与披露作出规范。

关于发行股票预案和发行情况报告书的总体要求主板、创业板规定总体一致，仅就法条而言，稍微有些区别，列表对比如下所示。

主板	创业板
（1）上市公司非公开发行股票，应编制非公开发行股票预案，作为董事会决议的附件，与董事会决议同时刊登	

续表

主板	创业板
（2）上市公司非公开发行股票结束后，应当编制并刊登发行情况报告书	（2）上市公司非公开发行股票结束后，应当编制并刊登发行情况报告书，并在中国证监会指定网站披露，同时在中国证监会指定报刊上刊登相关提示性公告
（3）在不影响信息披露的完整并保证阅读方便的前提下，对于曾在定期报告、临时公告或者其他信息披露文件中披露过的信息，如事实未发生变化，发行人可以采用索引的方法进行披露，并须提供查询网址	
（4）准则某些具体要求对本次发行确实不适用或者需要豁免适用的，上市公司可以根据实际情况调整，但应当在提交发行申请文件时作出专项说明	（4）准则某些具体要求对发行人确不适用的，发行人可以根据实际情况调整，并在发行预案中作出说明
	（5）本次发行涉及重大资产重组的，发行预案的信息披露内容还应当符合中国证监会有关重大资产重组的规定

注："（2）"中创业板多"刊登相关提示性公告"的要求；"（4）"并无实质性差异；"（5）"应当同样适用主板。

1. 非公开发行股票预案

关于非公开发行股票预案的具体要求，主板、创业板规定总体一致，对于相异之处，以下对比予以说明，未作说明的，二者规定完全一致。

（1）非公开发行股票预案应当包括以下内容：

基本内容	①本次非公开发行股票方案概要 ②董事会关于本次募集资金使用的可行性分析 ③董事会关于本次发行对公司影响的讨论与分析 ④其他有必要披露的事项
发行对象为上市公司控股股东、实际控制人及其控制的关联人、境内外战略投资者，或者发行对象认购本次发行的股份将导致公司实际控制权发生变化的，除包括上述①~④内容外，还应披露	⑤发行对象的基本情况 ⑥附条件生效的股份认购合同的内容摘要
本次募集资金用于收购资产的，除应包括上述①~⑥内容外，还应披露	⑦目标资产的基本情况 ⑧附条件生效的资产转让合同的内容摘要 ⑨董事会关于资产定价合理性的讨论与分析

【注1】上市公司拟收购的资产在首次董事会前尚未进行审计、评估，以及相关盈利预测数据尚未经注册会计师审核的，在首次董事会决议公告中应披露相关资产的主要历史财务数据，注明未经审计，并作出关于"目标资产经审计的历史财务数据、资产评估结果以及经审核的盈利预测数据将在发行预案补充公告中予以披露"的特别提示。上市公司应当在审计、评估或者盈利预测审核完成后再次召开董事会，对相关事项作出补充决议，并编制非公开发行股票预案

的补充公告。

【注2】"本次募集资金使用的可行性分析"，无须对前次募集资金使用进行分析。

（2）本次非公开发行股票方案概要应当根据情况说明以下内容：

①上市公司本次非公开发行的背景和目的。

②发行对象及其与公司的关系。

③发行股份的价格及定价原则、发行数量、限售期。

④募集资金投向。

⑤本次发行是否构成关联交易。

⑥本次发行是否导致公司控制权发生变化。

⑦本次发行方案已经取得有关主管部门批准的情况以及尚需呈报批准的程序。

（3）董事会关于本次募集资金使用的可行性分析应当包括以下内容：

①简要说明本次募集资金的使用计划、投资项目基本情况、项目发展前景，以及本次发行对公司经营管理、财务状况等的影响。

②募集资金用于补充流动资金或者偿还银行贷款的，应当说明补充流动资金或者偿还银行贷款的具体数额，并详细分析其必要性和对公司财务状况的影响。

③募集资金用于收购他人资产的，应当披露相关资产的信息。

④本次募集资金投资项目涉及立项、土地、环保等有关报批事项的，应当说明已经取得有关主管部门批准的情况以及尚需呈报批准的程序。

（4）发行对象为上市公司控股股东、实际控制人及其控制的关联人、境内外战略投资者，或其认购本次发行的股份将导致公司实际控制权发生变化的，以及本次募集资金用于收购资产的，发行对象的基本情况说明应当包括：

①发行对象是法人的，应披露发行对象名称、注册地、法定代表人，与其控股股东、实际控制人之间的股权控制关系结构图，主营业务情况，最近3年主要业务的发展状况和经营成果，并披露其最近1年简要财务会计报表，注明是否已经审计。

②发行对象是自然人的，应披露姓名、住所，最近5年内的职业、职务，应注明每份职业的起止日期以及所任职单位、是否与所任职单位存在产权关系，以及其所控制的核心企业和核心业务、关联企业的主营业务情况。

③发行对象及其董事、监事、高级管理人员（或者主要负责人）最近5年受过行政处罚（与证券市场明显无关的除外）、刑事处罚或者涉及与经济纠纷有关的重大民事诉讼或者仲裁的，应当披露处罚机关或者受理机构的名称、处罚种类、诉讼或者仲裁结果以及日期、原因和执行情况。

④本次发行完成后，发行对象及其控股股东、实际控制人所从事的业务与上市公司的业务是否存在同业竞争或者潜在的同业竞争，是否存在关联交易；如存在，是否已作出相应的安排确保发行对象及其关联方与上市公司之间避免同业竞争以及保持上市公司的独立性。

⑤本次发行预案披露前24个月内发行对象及其控股股东、实际控制人与上市公司之间的重大交易情况。

（5）通过本次发行拟进入的资产为非股权资产的，应当重点说明相关资产的下列基本情况：

①相关的资产名称、类别以及所有者和经营管理者的基本情况。

②资产权属是否清晰、是否存在权利受限、权属争议或者妨碍权属转移的其他情况。

③相关资产独立运营和核算的情况。披露最近 1 年 1 期主营业务发展情况和经审计的财务信息摘要。分析其财务状况、经营成果、现金流量状况及其发展趋势。

④资产的交易价格及定价依据。披露相关资产经审计的账面值；交易价格以资产评估结果作为依据的，应当披露资产评估方法和资产评估结果；相关资产在最近 3 年曾进行资产评估或者交易的，还应当说明评估价值和交易价格、交易对方。

（6）拟进入的资产为股权的，还应当重点说明相关股权的下列基本情况：

①股权所在公司的名称、企业性质、注册地、主要办公地点、法定代表人、注册资本；股权及控制关系，包括公司的主要股东及其持股比例、股东出资协议及公司章程中可能对本次交易产生影响的主要内容、原高管人员的安排。

②股权所在公司主要资产的权属状况及对外担保和主要负债情况。

③股权所在公司最近 1 年 1 期主营业务发展情况和经审计的财务信息摘要。分析其主要财务指标状况及其发展趋势。

（7）拟进入的资产将增加上市公司的债务或者或有负债的，披露内容还应包括：

①债务的本息、期限、债权人等基本情况。

②上市公司承担该债务的必要性。

③交易完成后上市公司是否存在偿债风险和其他或有风险。

④是否已取得债权人的书面同意，对未获得同意部分的债务处理安排等。

（8）附生效条件的合同的内容摘要应当包括：

股份认购合同的内容摘要应当包括	①合同主体、签订时间 ②认购方式、支付方式 ③合同的生效条件和生效时间 ④合同附带的任何保留条款、前置条件 ⑤违约责任条款
资产转让合同的内容摘要除上述①～④内容外，至少还应当包括	⑥目标资产及其价格或定价依据 ⑦资产交付或过户时间安排 ⑧资产自评估截止日至资产交付日所产生收益的归属 ⑨与资产相关的人员安排

（9）董事会关于资产定价合理性的讨论与分析，应当分别对资产交易价格或者资产评估价格的合理性进行说明。

①资产交易价格以经审计的账面值为依据的，上市公司董事会应当结合相关资产的盈利能力说明定价的公允性。

②本次资产交易根据资产评估结果定价的，在评估机构出具资产评估报告后，应当补充披露上市公司董事会及独立董事对评估机构的独立性、评估假设前提和评估结论的合理性、评估方法的适用性等问题发表的意见。采取收益现值法等基于对未来收益预测的评估方法进行评估的，应当披露评估机构对评估方法的适用性、评估假设前提及相关参数的合理性、未来收益预测的谨慎性的说明。

（10）董事会关于本次发行对公司影响的讨论与分析部分，应当根据情况说明以下内容：

主板	创业板
①本次发行后上市公司业务及资产是否存在整合计划，公司章程等是否进行调整；预计股东结构、高管人员结构、业务结构的变动情况 ②本次发行后上市公司财务状况、盈利能力及现金流量的变动情况 ③上市公司与控股股东及其关联人之间的业务关系、管理关系、关联交易及同业竞争等变化情况 ④本次发行完成后，上市公司是否存在资金、资产被控股股东及其关联人占用的情形，或上市公司为控股股东及其关联人提供担保的情形 ⑤上市公司负债结构是否合理，是否存在通过本次发行大量增加负债（包括或有负债）的情况，是否存在负债比例过低、财务成本不合理的情况 ⑥本次股票发行相关的风险说明。如市场风险、业务与经营风险、财务风险、管理风险、政策风险，因发行新股导致原股东分红减少、表决权被摊薄的风险和其他风险	
	⑦本次发行前后发行人的股利分配政策是否存在重大变化，包括最近 3 年现金分红情况、母公司及重要子公司的现金分红政策、发行人股东依法享有的未分配利润等 ⑧与本次发行相关的董事会声明及承诺事项 a. 董事会关于除本次发行外未来 12 个月内是否有其他股权融资计划的声明 b. 本次发行摊薄即期回报的，发行人董事会按照国务院和中国证监会有关规定作出的有关承诺并兑现填补回报的具体措施

以上内容重点关注（1）、（4）、（9）和（10）的规定，其他内容了解即可。

【真题回顾（1605）】 根据《公开发行证券的公司信息披露内容与格式准则第 36 号——创业板上市公司非公开发行股票预案和发行情况报告书》，下列属于董事会关于本次发行对公司影响的讨论与分析必备内容的是（　　）。

A. 本次发行后公司章程是否进行调整

B. 本次发行后现金流量的变动情况

C. 本次发行前后发行人的股利分配政策是否存在重大变化，包括最近 3 年现金分红情况

D. 董事会关于未来 12 个月是否有其他股权融资计划的声明

E. 上市公司负债结构是否合理，是否存在负债比例过低的情况

答案：ABCDE

解析：C、D 为创业板独有的内容，ABE 为主板、创业板均有的必备内容。

【真题回顾（1609）】 主板某上市公司拟向李某等 10 名特定自然人非公开发行股票募集资金，则本次非公开发行股票预案中必须披露的有关李某等 10 名特定自然人的信息有（　　）。

A. 最近 5 年内的任职单位，同时应说明与所任职单位是否存在产权关系

B. 所控制的核心企业与核心业务

C. 最近 5 年受过的刑事处罚

D. 本次发行预案披露前 24 个月与上市公司之间的重大交易情况

E. 未来增持或出售上市公司股份的计划

答案：ABCD

【模拟练习】 上市公司募集资金拟用于收购资产，根据《公开发行证券的公司信息披露内容与格式准则第 25 号——上市公司非公开发行股票预案和发行情况报告书》，下列内容中，首次董事会通过的非公开发行股票预案应当披露的有（　　）。

A. 发行对象的基本情况

B. 附条件生效的资产转让合同的内容摘要

C. 目标资产的基本情况

D. 董事会关于资产定价合理性的讨论与分析

E. 经审核的盈利预测数据

答案：ABCD

解析：E，盈利预测数据尚未经注册会计师审核的，在首次董事会决议公告中作出"经审核的盈利预测数据将在发行预案补充公告中予以披露"的特别提示即可。

2. 发行情况报告书

（1）发行情况报告书至少应当包括以下内容：

①本次发行的基本情况。

②发行前后相关情况对比。

③保荐人关于本次发行过程和发行对象合规性的结论意见（创业板上市公司适用简易程序且采取自行销售的，不适用本项要求，但应当披露董事会关于本次非公开发行过程和发行对象合规性的结论意见）。

④发行人律师关于本次发行过程和发行对象合规性的结论意见。

⑤发行人全体董事的公开声明。

⑥备查文件。

由于情况发生变化，导致董事会决议中关于本次发行的讨论与分析需要修正或者补充说明的，董事会应当在发行情况报告书中作出专项的讨论与分析。

【注】（1）主板备查文件包括：①保荐机构出具的发行保荐书和尽职调查报告；②发行人律师出具的法律意见书和律师工作报告。（2）创业板备查文件包括：①保荐机构出具的发行保荐书和发行保荐工作报告（按规定适用简易程序且采取自行销售的除外）；②发行人律师出具的法律意见书和律师工作报告。

（2）本次发行的基本情况应当包括：

①本次发行履行的相关程序，包括但不限于董事会和股东大会表决的时间、监管部门审核发行申请的发审会场次及时间、取得核准批文的时间、核准文件的文号、资金到账和验资时间、办理股权登记的时间等内容。

②本次发行证券的类型、发行数量、证券面值、发行价格、募集资金量、发行费用等；其中，应当公告各发行对象的申购报价情况及其获得配售的情况，发行价格与发行底价、发行日前 20 个交易日均价的比率。

③各发行对象的名称、企业性质、注册地、注册资本、主要办公地点、法定代表人、主要经营范围及其认购数量与限售期，应明示限售期的截止日；与发行人的关联关系，该发行对象及其关联方与发行人最近 1 年重大交易情况（按照偶发性和经常性分别列示）以及未来交易的安排。发行对象是自然人的，应当披露其姓名、住所。

④本次发行相关机构名称、法定代表人、经办人员、办公地址、联系电话、传真。包括：保荐人和承销团成员、发行人律师事务所、审计机构、资产评估机构等。

（3）发行前后相关情况对比，发行人应着重披露以下内容：

①本次发行前后前 10 名股东持股数量、持股比例、股份性质及其股份限售比较情况。

②本次发行对公司的影响，包括股本结构、资产结构、业务结构、公司治理、高管人员结构、关联交易和同业竞争等的变动情况。

（4）发行情况报告书应当披露保荐人关于本次非公开发行过程和发行对象合规性报告的结论意见。内容至少包括：

①关于本次发行定价过程合规性的说明。

②关于发行对象的选择是否公平、公正，是否符合上市公司及其全体股东的利益的说明。

创业板适用简易程序且采取自行销售的，不适用上述规定，但应当披露董事会关于本次非公开发行过程和发行对象合规性的结论意见。

（5）发行情况报告书应当披露发行人律师关于本次非公开发行过程和发行对象合规性报告的结论意见。内容至少包括：

①关于发行对象资格的合规性的说明。

②关于本次发行相关合同等法律文件的合规性的说明。

③本次发行涉及资产转让或者其他后续事项的，应当陈述办理资产过户或者其他后续事项的程序、期限，并进行法律风险评估。

（6）发行人全体董事应在发行情况报告书的首页声明："本公司全体董事承诺本发行情况报告书不存在虚假记载、误导性陈述或重大遗漏，并对其真实性、准确性、完整性承担个别和连带的法律责任"。

声明应由全体董事签名，并由发行人加盖公章。

【注】声明仅是董事，不包括监事、高管。

【模拟练习】下列关于上市公司非公开发行股票的表述，正确的是（　　　　）。

A. 上市公司非公开发行股票，存在利润分配方案经股东大会表决通过但未实施的，能保证在股东大会表决通过后两个月内完成证券发行和利润分配的，可在证券发行完成后再实施利润分配方案

B. 主承销商应当聘请律师对认购邀请书、申购报价表、正式签署的股份认购合同及其他有关法律文书进行鉴证，并在报告书中确认有关法律文书合法有效

C. 创业板上市公司非公开发行按规定适用简易程序且采取自行销售的，发行情况报告书应当披露董事会关于本次非公开发行过程和发行对象合规性的结论意见

D. 发行人全体董事、监事、高级管理人员应在发行情况报告书首页声明发行情况报告书不存在虚假记载、误导性陈述或重大遗漏，并对其真实性、准确性、完整性承担个别和连带的法律责任

答案：C

解析：A，上市公司发行证券，存在利润分配方案、公积金转增股本方案尚未提交股东大会表决或者虽经股东大会表决通过但未实施的，应当在方案实施后发行。相关方案实施前，主承销商不得承销上市公司发行的证券。B，发行人律师，应由发行人聘请。C，创业板上市公司适用简易程序且采取自行销售的，不适用披露"保荐人关于本次发行过程和发行对象合规性的结论意见"的要求，但应当披露董事会关于本次非公开发行过程和发行对象合规性的结论意见。D，仅全体董事声明即可，不包含监事、高管。

（四）上市公司发行优先股信息披露的一般要求与持续披露

1. 信息披露的一般要求

《优先股试点管理办法》第五十条规定，公司应当按照中国证监会有关信息披露规则编制募集优先股说明书或其他信息披露文件，依法履行信息披露义务。

上市公司相关信息披露程序和要求参照《上市公司证券发行管理办法》和《上市公司非公

开发行股票实施细则》及有关监管指引的规定。非上市公众公司非公开发行优先股的信息披露程序和要求参照《非上市公众公司监督管理办法》及有关监管指引的规定。

2. 定期报告中信息披露的要求

《优先股试点管理办法》第五十一条规定，发行优先股的公司披露定期报告时，应当以专门章节披露已发行优先股情况、持有公司优先股股份最多的前 10 名股东的名单和持股数额、优先股股东的利润分配情况、优先股的回购情况、优先股股东表决权恢复及行使情况、优先股会计处理情况及其他与优先股有关的情况，具体内容与格式由中国证监会规定。

【注 1】 第五十一条规定适用所有发行优先股的公司，包括上市公司与非上市公众公司。

【注 2】 持续信息披露属"持续督导"章节内容，为方便优先股整体认识，此处列举《优先股试点管理办法》关于发行优先股定期报告披露的整体规定，具体规定详见本书"持续督导"章节部分的内容。

（五）上市公司发行优先股募集说明书

为规范上市公司发行优先股的信息披露行为，中国证监会于 2014 年 4 月发布并实施《公开发行证券的公司信息披露内容与格式准则第 34 号——发行优先股募集说明书》，规定申请发行优先股的上市公司，应按照 34 号准则的要求编制优先股募集说明书，作为向中国证监会申请发行优先股的必备文件。公开发行优先股，募集说明书应按规定披露；非公开发行优先股，募集说明书在发行结束之前不能公开披露。

发行优先股募集说明书的编制要求与上市公司发行普通股募集说明的编制要求基本相同，此处不再赘述。

优先股募集说明书的内容与格式准则内容较多，对于"保代"考试而言，应适当关注财务会计信息的披露和募集资金运用的信息披露。

1. 财务会计信息的披露

（1）审计机构曾对发行人最近 3 年财务报表出具非标准审计报告的，发行人应披露董事会和审计机构关于非标准审计报告涉及事项对公司是否有重大不利影响或重大不利影响是否已经消除的说明。

（2）发行人应简要披露最近 3 年及 1 期的资产负债表、利润表及现金流量表。

编制合并财务报表的，仅需披露合并财务报表。最近 3 年及 1 期合并财务报表范围发生重大变化的，应披露具体变化情况。最近 3 年内发生重大资产重组的，披露的最近 3 年及 3 期财务报表应包括：重组完成后各年的资产负债表、利润表和现金流量表，以及重组时编制的重组前模拟利润表和模拟报表的编制基础。

【注】 注意与发行普通股的区别：（1）上市公司发行普通股，应披露最近 3 年及 1 期的资产负债表、利润表、现金流量表及所有者权益变动表。（2）上市公司发行普通股，编制合并财务报表的，应同时披露合并财务报表和母公司财务报表。（3）上市公司发行普通股，最近 3 年内发生重大资产重组的，披露的最近 3 年及 3 期财务报表应包括：重组完成后各年的资产负债表、利润表、现金流量表和所有者权益变动表，以及重组时编制的重组前模拟利润表和模拟报表的编制基础。

（3）发行人应简要披露最近 3 年及 1 期的主要财务指标。

2. 募集资金运用的披露

（1）发行人应提请投资者，欲完整了解公司募集资金运用情况，应查阅公司本次优先股发行预案。

（2）发行人应列表披露本次募集资金的用途。

（3）发行人应披露本次优先股发行预案公布后的募集资金投资项目的进展情况。

【真题回顾（1412）】 以下关于优先股的说法正确的有（　　　）。

A. 上市公司对章程中重大投资事项进行修改时，需要优先股股东参与股东大会行使表决权

B. 一次性减资 15%，需要优先股股东参与股东大会行使表决权

C. 上市公司应该在年报中披露优先股持股前 10 名的股东及其情况

D. 非公开发行优先股，可以上市交易和转让，但是每次发行对象不得超过 200 人

E. 上市公司发行优先股的，在披露定期报告时，应披露优先股表决权恢复的情况

答案：BCE

解析：A，修改公司章程中与优先股相关的内容时，优先股股东表决权方可恢复；C、E，均是发行优先股的公司定期报告需披露的内容；D，非公开发行优先股不可上市交易。

【模拟练习】 某主板上市公司公开发行优先股，需要编制合并财务报表，以下属于募集说明书应当披露的财务信息的有（　　　）。

A. 合并口径的最近 3 年及 1 期的资产负债表、利润表及现金流量表

B. 合并口径的最近 3 年及 1 期的资产负债表、利润表、现金流量表和所有者权益变动表

C. 母公司最近 3 年及 1 期的资产负债表、利润表及现金流量表

D. 母公司最近 3 年及 1 期的资产负债表、利润表、现金流量表和所有者权益变动表

E. 合并及母公司口径的最近 3 年及 1 期的资产负债表、利润表及现金流量表

答案：A

（六）上市公司发行优先股预案与发行情况报告书

2014 年 4 月，中国证监会发布并实施《公开发行证券的公司信息披露内容与格式准则第 33 号——发行优先股预案和发行情况报告书》，对上市公司发行优先股预案和发行情况报告书的编制与披露作出规范。总体要求如下：

（1）申请发行优先股的上市公司，应编制发行优先股预案，作为董事会决议的附件，与董事会决议同时披露。

【注】 上市公司发行普通股，仅非公开发行方需编制发行预案，发行优先股，不管是公开发行还是非公开发行，均需编制发行预案。

（2）公开发行优先股发行结束后，发行人应按交易所的规定披露上市公告书；非公开发行优先股发行结束后，发行人应当按本准则的要求编制并披露发行情况报告书。

（3）在不影响信息披露的完整性并保证阅读方便的前提下，对于已在公司日常信息披露文件中披露过的信息，如事实未发生变化，发行人可以采用索引的方法进行披露，并须提供查询网址。

（4）本准则某些具体要求对发行人确不适用的，发行人可以根据实际情况调整，并在发行预案中作出说明。

（5）本次发行涉及重大资产重组的，发行预案的信息披露内容还应当符合中国证监会有关重大资产重组的规定。

1. 发行优先股预案

（1）发行预案的总体内容

发行预案应当包括以下内容：

基本内容	①本次优先股发行的目的 ②本次优先股发行方案 ③本次优先股发行带来的主要风险 ④本次发行募集资金使用计划 ⑤董事会关于本次发行对公司影响的讨论与分析 ⑥本次优先股发行涉及的公司章程修订情况 ⑦其他有必要披露的事项
非公开发行优先股发行对象属于上市公司的控股股东、实际控制人或其控制的关联人，或董事会已确定的发行对象	发行预案应披露具体发行对象及其认购价格或定价原则
非公开发行优先股且发行对象已确定的	发行预案还应包括以下内容 ①发行对象的基本情况，并明确发行对象与发行人是否存在关联关系 ②优先股认购合同的主要内容，例如，a. 合同主体、签订时间；b. 认购价格、认购方式、支付方式；c. 合同的生效条件和生效时间；d. 违约责任条款

发行预案披露后，公司发生与本次发行相关的重大事项，发行人应按有关规定及时履行信息披露义务。

【注】注意上表④，仅需披露"本次募集资金使用计划"，无披露"本次募集资金使用情况"或"上次募集资金使用情况"的要求。

（2）发行预案的具体内容

①本次优先股发行的目的

发行预案披露本次发行目的时，应结合公司行业特点、业务发展和资本结构等情况，说明确定本次发行品种和融资规模的依据。

②本次优先股发行方案

公司确定发行方案时，应符合相关法律法规的要求，披露内容包括：

a. 本次发行优先股的种类和数量；b. 发行方式、发行对象或发行对象范围及向原股东配售的安排、是否分次发行；c. 票面金额、发行价格或定价原则；d. 票面股息率或其确定原则；e. 优先股股东参与分配利润的方式，包括：股息发放的条件及设定条件所依据的财务报表口径、股息支付方式、股息是否累计、是否可以参与剩余利润分配等；f. 回购条款，包括发行人要求赎回和投资者要求回售的条件、期间、价格或其确定原则、回购选择权的行使主体等；g. 商业银行在触发事件发生时，将优先股强制转换为普通股的转换价格的确定方式（如有）；h. 表决权的限制和恢复，包括表决权恢复的情形及恢复的具体计算方法；i. 清偿顺序及清算方法；j. 信用评级情况及跟踪评级安排（如有）；k. 担保方式及担保主体（如有）；l. 本次优先股发行后上市交易或转让的安排。

③本次优先股发行带来的主要风险

发行人应当遵循重要性原则，披露可能直接或间接对发行人及原股东产生重大不利影响的所有因素。发行人应结合自身的实际情况及优先股的条款设置，充分、准确、具体地揭示相关风险因素，可以量化分析的，应披露具体影响程度。例如：

a. 分红减少的风险。量化分析本次优先股股息发放对普通股及已发行优先股股息发放的影响。

b. 表决权被摊薄的风险。优先股表决权恢复导致的原股东表决权被摊薄的风险，特别是可能发生控制权变更的风险。

c. 普通股股东的清偿顺序风险。

d. 税务风险。

④本次发行募集资金使用计划

发行人应列表披露本次募集资金的使用计划。

本次发行募集资金用于补充流动资金的，应当分析与同行业上市公司对流动资金的需求水平是否相当。

募集资金用于偿还银行贷款的，应当结合市场利率水平、公司融资成本说明偿还银行贷款后公司负债结构是否合理；银行、证券、保险等金融行业公司募集资金补充资本的，应结合行业监管指标、对普通股现金分红的影响分析本次融资规模的合理性。

募集资金用于项目投资的，应披露项目需要资金数额、项目内容及进度和涉及的审批情况。募集资金投入项目导致发行人生产经营模式发生变化的，发行人应结合其在新模式下的经营管理能力、技术准备情况、产品市场开拓情况等，对项目的可行性进行分析。

募集资金用于收购资产并以评估作为价格确定依据的，应披露评估报告，用于收购企业或股权的，还应披露拟收购资产前一年度经审计的资产负债表、利润表及最近 1 期的经营状况。

拟收购的资产在首次董事会前尚未进行审计、评估的，发行人应当在审计、评估完成后再次召开董事会，对相关事项作出补充决议，并编制优先股发行预案的补充公告。

募集资金用于收购资产的，发行预案应披露以下内容：

a. 目标资产的主要情况，如资产构成、成新率、适用情况。

b. 资产转让合同主要内容，如交易价格及确定依据、资产交付、合同的生效条件和生效时间、违约责任条款等。

c. 资产权属是否清晰，是否存在权利受限、权属争议或者妨碍权属转移的其他情况。

d. 董事会对资产收购价格公允性的分析说明、相关评估机构对其执业独立性的意见和独立董事对收购价格公允性的意见；相关资产在最近 3 年曾进行资产评估或者交易的，还应当说明评估价值和交易价格、交易对方。

e. 如收购企业或股权的，还应披露因收购而新增的重要债务，分析说明给公司增加的偿债风险及是否取得债权人的书面同意或经债券持有人会议审议通过；发行人尚需履行的义务，包括员工安置及潜在负债情况；资产自评估截止日至资产交付日所产生收益的归属等。

⑤董事会关于本次发行对公司影响的讨论与分析。

发行人董事会应分析本次优先股发行对公司的影响，例如：

a. 本次发行优先股相关的会计处理方法。

b. 本次发行的优先股发放的股息能否在所得税前列支及政策依据。

c. 本次发行对公司股本、净资产（净资本）、营运资金、资产负债率、净资产收益率、归属于普通股股东的每股收益等主要财务数据和财务指标的影响，并注明财务数据和财务指标的相关报表口径。

d. 本次发行对金融行业发行人资本监管指标的影响及相关行业资本监管要求。

e. 最近 3 年内利用募集资金投资已完工项目的实施效果及尚未完工重大投资项目的资金来源、进度和与本次发行的关系。

f. 本次发行募集资金进行项目投资或购买资产的，应披露项目实施后上市公司与控股股东及其关联人之间的关联交易及同业竞争等变化情况；向控股股东或其关联方购买的，还应披露本次发行完成后，公司是否存在资金、资产被控股股东及其关联人占用的情形，或公司为控股股东及其关联人提供担保的情形。

g. 最近 3 年现金分红情况，并结合母公司及重要子公司的现金分红政策、发行人股东依法享有的未分配利润、已发行优先股的票面股息率及历史实际支付情况、未来需要偿还的大额债务和重大资本支出计划等，分析披露发行人本次优先股股息或优先股回购的支付能力。

h. 与本次发行相关的董事会声明及承诺事项：

董事会关于除本次发行外未来 12 个月内是否有其他股权融资计划的声明。

本次发行摊薄即期回报的，发行人董事会按照国务院和中国证监会有关规定作出的关于承诺并兑现填补回报的具体措施。

⑥本次优先股发行涉及的公司章程修订情况。

发行预案应说明本次优先股发行涉及的公司章程修订情况，例如：

a. 利润分配条款，包括票面股息率、是否强制分红、是否可累计、是否参与剩余利润分配。

b. 剩余财产分配条款。

c. 表决权限制与恢复条款。

d. 回购优先股的具体条件、优先股转换为普通股的具体条件（如有）。

e. 与优先股股东权利义务相关的其他内容。

2. 发行情况报告书

【注】仅适用非公开发行优先股。

（1）发行情况报告书应列表说明本次非公开发行的基本情况：

①本次发行履行的相关程序。

②各发行对象的名称、类型和认购数量，并备注与发行人的关联方及关联交易情况。

③本次发行优先股的类型及主要条款。

④本次发行相关机构及经办人员。

（2）发行情况报告书应当披露保荐人关于本次非公开发行过程和发行对象合规性报告的结论意见及持续督导责任。

（3）发行情况报告书应当披露发行人律师关于本次非公开发行过程和发行对象合规性报告的结论意见。

（4）发行人全体董事应在发行情况报告书的首页披露声明和承诺：

"本公司全体董事承诺本发行情况报告书不存在虚假记载、误导性陈述或重大遗漏，并对其真实性、准确性、完整性承担个别和连带的法律责任。"

本次发行摊薄即期回报的，董事会关于填补回报具体措施的承诺。声明和承诺应由全体董事签名，并由发行人加盖公章。

（5）发行情况报告书应将募集说明书作为备查文件，并在指定网站上披露。

【模拟练习】下列不属于上市公司优先股发行预案必备内容的是（　　　）。

A. 本次发行优先股的目的

B. 本次发行优先股的方案

C. 前次发行优先股募集资金的使用情况

D. 本次发行优先股涉及的公司章程和修订情况

E. 本次发行优先股募集资金的使用情况

答案：ABD

解析：C、E，应为"本次发行募集资金使用计划"，无披露"本次募集资金使用情况"或"上次募集资金使用情况"的要求。

（七）违反信息披露规定的监管与处罚

《上市公司证券发行管理办法》与《创业板上市公司证券发行管理暂行办法》均对监管与处罚作出规定，相关规定与第一节首发相关规定总体一致，以下列表进行说明。

（1）相关当事人报送或出具的文件有虚假记载、误导性陈述或者重大遗漏的处理

相关当事人	主板IPO、发行新股	创业板IPO、发行新股
发行人	《证券法》有关规定处罚 + 中国证监会将终止审核并在36个月内不受理发行人的股票发行申请	
保荐机构	《证券法》有关规定处罚 + 中国证监会自确认之日起暂停保荐资格3个月；情节严重的，暂停6个月，并可责令保荐机构更换保荐业务负责人、内核负责人；情节特别严重的，撤销保荐资格	
证券服务机构	中国证监会12个月内不接受相关机构出具的证券发行专项文件，36个月内不接受相关签字人员出具的证券发行专项文件	

（2）发行人盈利预测不符的处理

业务类型	利润实现未达到盈利预测的80%	利润实现未达到盈利预测的50%
主板IPO、发行新股	①法定代表人、盈利预测审核报告签字CPA应当在股东大会及中国证监会指定报刊上公开作出解释并道歉；②中国证监会可以对法定代表人处以警告	中国证监会还可以自确认之日起36个月内不受理该公司的公开发行证券申请
创业板IPO	①法定代表人、财务负责人应当在股东大会及中国证监会指定网站、报刊上公开作出解释并道歉；②情节严重的，证监会给予警告等行政处罚	中国证监会可以自确认之日起36个月内不受理该公司的公开发行证券申请
创业板发行新股		中国证监会可以自确认之日起36个月内不受理该上市公司的发行证券申请

注：关于盈利预测创业板发行新股多出一条规定："注册会计师为盈利预测出具审核报告的过程中未勤勉尽责的，中国证监会将视情节轻重，对相关机构和责任人员采取监管谈话等监管措施，记入诚信档案并公布；情节严重的，给予警告等行政处罚。"

六、本节附录

附录一：《上市公司证券发行管理办法》第三十九条"违规对外提供担保且尚未解除"的理解和适用——证券期货法律适用意见第5号

1. 上市公司及其附属公司的含义

《上市公司证券发行管理办法》所规定的"上市公司及其附属公司"是指上市公司及其合并报表的控股子公司。

【注】控股子公司包含全资子公司，全资子公司是控股子公司的一种特例。

2. 违规担保的认定

《上市公司证券发行管理办法》所规定的违规担保，是指上市公司及其附属公司违反相关法律及公司章程规定对外提供担保，主要包括以下情形：

（1）未按照相关法律规定履行董事会或股东大会表决程序。

（2）董事会或股东大会作出对外担保事项决议时，关联董事或股东未按照相关法律规定回避表决。

（3）董事会或股东大会批准的公司对外担保总额或单项担保的数额超过中国证监会或者公司章程规定的限额。

（4）董事会或股东大会批准对外担保事项后，未按照中国证监会规定的内容在指定媒体及时披露信息。

（5）独立董事未按规定在年度报告中对对外担保事项进行专项说明，并发表独立意见。

（6）其他违反相关法律规定的对外担保行为。

【注】此处为考试重点，需特别关注。

3.尚未解除或已经解除的认定

尚未解除，是指上市公司递交非公开发行股票申请文件时，上市公司及其附属公司违规担保尚未解除或其风险隐患尚未消除，上市公司及其股东的利益安全存在重大不确定性，而不局限于《合同法》中"合同解除"的概念。

担保责任解除主要指上市公司及其附属公司违规担保状态的停止、担保责任的消灭，或者上市公司及其附属公司已经采取有效措施消除了违规担保为上市公司及股东带来的重大风险隐患等。

递交非公开发行股票申请文件前，保荐机构和发行人律师经核查存在下列情形之一的，可以出具意见认定违规担保已经解除或其对上市公司的风险隐患已经消除：

（1）上市公司及其附属公司已经采取相应纠正措施，自律组织、行政监管部门或司法机关已依法追究违规单位及相关人员的法律责任（包括立案调查或立案侦查），相关信息已及时披露。

【注】需纠正措施、追究责任、及时披露三者同时满足。

（2）上市公司及其附属公司已按《企业会计准则》的要求对因违规担保而承担的付款义务确认预计负债或者已经承担担保责任，自律组织、行政监管部门或司法机关已依法追究违规单位及相关人员的法律责任（包括立案调查或立案侦查），相关信息已及时披露。

【注1】本项规定赋予上市公司及其附属公司一定选择权，但不鼓励其通过提前承担担保责任而直接给上市公司及其股东带来经济损失。上市公司及其附属公司选择确认预计负债方式可以给予投资者明确预期，同时，应努力通过法定途径避免或减少损失。

【注2】相关会计师事务所可以就上市公司及其附属公司对违规担保而承担的付款义务是否确认预计负债出具专项审核意见。

（3）担保合同未成立、未生效或已经被宣告无效、解除或撤销，上市公司及其附属公司不再继续承担担保责任以及其他相关赔偿责任。

（4）由于债务人已经全额偿还债务，或债权人未依法要求上市公司及其附属公司承担责任等原因，导致担保责任已经解除。

（5）因其他事由导致担保事项不再继续对上市公司及其社会公众股东利益产生重大不利影响。

4.实施重大资产重组的上市公司，对于重组前遗留的违规担保，除适用前述"3.尚未解除或已经解除的认定"的规定外，保荐机构和发行人律师经核查存在下列情形之一的，可出具意见认定违规担保对上市公司的风险隐患已经消除：

（1）实施重大资产重组前，重组方已经知晓违规担保的事实，虽然递交非公开发行股票申请文件前违规担保尚未解除，但上市公司及其附属公司已按《企业会计准则》的要求对因违规担保而承担的付款义务确认预计负债，且自律组织、行政监管部门或司法机关已依法追究违规单位及相关人员的法律责任（包括立案调查或立案侦查），相关信息已及时披露。

【注】相关会计师事务所可以就上市公司及其附属公司对违规担保而承担的付款义务是否确认预计负债出具专项审核意见。

（2）相关当事方已签署有效的法律文件，约定控股股东、实际控制人或重组方全部承担上市公司及其附属公司因违规担保可能产生的债务本息，且控股股东、实际控制人或重组方切实具备履约能力。

【模拟练习】根据《上市公司证券发行管理办法》，上市公司及其附属公司存在违规对外担保且尚未解除的情形的不得非公开发行股票，下列属于"违规担保"的有（　　）。

A. 甲公司资产负债率75%，鉴于甲公司盈利能力较好、企业信誉较佳且向上市公司提供了足额的反担保，经上市公司董事会审议通过，为甲公司提供的担保

B. 上市公司控股股东提出临时议案并直接提交股东大会，由上市公司股东大会审议通过，为控股股东提供的担保

C. 上市公司章程规定"单笔担保金额不得超过最近一期经审计净资产的15%"，经股东大会审议通过，上市公司为乙公司提供单笔担保金额为最近一期经审计净资产20%的担保

D. 董事会或股东大会批准对外担保事项后，上市公司未及时在中国证监会指定媒体进行披露

E. 独立董事未在年度报告中对对外担保事项进行专项说明并发表独立意见

答案：ABCDE

解析：A项，为资产负债率超过70%的担保对象提供的担保，需经股东大会审议通过；B项，控股股东提出临时议案应书面提交召集人，直接提交股东大会违反程序规定；C项，担保金额超过公司章程规定的限额。

第三节　非上市公司股份公开转让

【大纲要求】

内容		程度
1. 股票挂牌	（1）挂牌条件	掌握
	（2）挂牌程序	掌握
	（3）挂牌的信息披露	掌握
2. 挂牌公司发行股票	（1）挂牌公司发行股票的条件	掌握
	（2）挂牌公司发行股票的程序	掌握
	（3）挂牌公司发行股票的信息披露	掌握
3. 挂牌公司股票转让		熟悉
4. 挂牌公司信息披露		熟悉
5. 非上市公司发行优先股的条件、要求及程序		熟悉
6. 证券公司在全国中小企业股份转让系统从事相关业务的规定及要求		掌握
7. 全国中小企业股份转让系统有限责任公司的职能和自律监管的相关规定		熟悉
8. 其他规定		—

说明：（1）关于"1. 股票挂牌"，大纲的要求为"掌握非上市公众公司股票在全国中小企业股份转让系统挂牌的条件、程序和信息披露要求"，实际上，申请挂牌时并不要求其主体为公众公司，反而是挂牌以后成为了公众公司，根据《国务院关于全国中小企业股份转让系统有关问题的决定》，境内符合条件的股份公司均可通过主办券商申请在全国股份转让系统挂牌，公开转让股份，进行股权融资、债权融资、资产重组等。因此，笔者在编写教材时，将上述大纲要求简化为"挂牌条件"、"挂牌程序"和"挂牌的信息披露"。（2）为方便理解，将大纲要求的"全国中小企业股份转让系统有关投资者适当性管理的规定"放入"挂牌公司发行股票"中进行说明，不再单独说明。（3）"8. 其他规定"是大纲未明确要求的内容。

【内容精讲】

一、股票挂牌

我们在第一节学习了公司首次公开发行股票并在沪深交易所上市，简称首发，首发时既可公开发行股票，也可老股转让，对公司和股东来说都能够很好地融资，但首发对公司运行时间、公司规模及公司盈利能力等均具有较为严格的要求，而对于全国为数众多的中小企业来说，却难以满足，长期以来，融资难成为困扰我国中小企业良好、快速发展亟待解决的问题。

早在2001年7月，中国证监会授权中国证券业协会设立证券公司代办股份转让系统，解决原STAQ系统、NET系统挂牌公司股份转让遗留问题，该系统后来还承接了沪深交易所退市公司的股份转让职责，以两网公司和退市公司为股票转让主体的证券公司代办股份转让系统称为"老三板"。

2006年1月，为落实国家自主创新战略、推动科技型企业借力资本市场发展，国务院决定在原有证券公司代办股份转让系统内增设中关村科技园区股份报价转让试点，允许中关村科技园区内注册企业在符合条件的情况下，进入证券公司代办股份转让系统实行协议式报价转让，此时，包括中关村园区企业为股票转让主体的证券公司代办股份转让系统称为"新三板"。

2012年7月，国务院批准《关于扩大中关村试点逐步建立全国中小企业股份转让系统的请示》，同意筹建全国股份转让系统，并将试点范围扩大到上海张江、天津滨海和武汉东湖高新区。

2013年1月，全国中小企业股份转让系统（以下简称股份转让系统）正式揭牌运营，对原证券公司代办股份转让系统挂牌企业全部承接，市场运作平台的运营管理工作由中国证券业协会转为全国中小企业股份转让系统有限责任公司负责，股转系统作为经国务院批准，依据证券法设立的全国性证券交易场所，在全国范围内符合挂牌条件的公司均可申请挂牌，"新三板"全面扩容，随后，新规则陆续发布，2013年12月，国务院发布《关于全国中小企业股份转让系统有关问题的决定》，至此，"新三板"正式扩容至全国。

（一）挂牌条件

公众公司分为上市公众公司和非上市公众公司，前者即我们平时所说的上市公司，后者顾名思义，即为没有上市的公众公司。根据《非上市公众公司管理办法》的规定，非上市公众公司是指有下列情形之一且其股票未在证券交易所上市交易的股份有限公司：

（1）股票定向发行导致股东累计超过200人。

（2）股票定向转让导致股东累计超过200人。

（3）股票公开转让。

《非上市公众公司管理办法》将"非上市公众公司"简称为"公众公司"，此"公众公司"为狭义上的含义，即不包含上市公司，仅指非上市公众公司。

股票定向发行导致股东累计超过 200 人，视为公开发行，需依法报经中国证监会核准；股票定向转让导致股东累计超过 200 人的，应自该行为发生之日起 3 个月内，向中国证监会申请核准，在 3 个月内股东人数降至 200 人以内的，可免予提出申请。

股票定向发行、转让未导致股东累计超过 200 人的，符合《公司法》相关规定即可。

股票公开转让分为两种情形，股东人数未超过 200 人的股份公司，直接向全国股份转让系统公司申请挂牌；股东人数超过 200 人的股份公司，公开转让申请经中国证监会核准后，向全国股份转让系统公司申请挂牌。

综上，关于三类公众公司的形成及审批总结如下表。

类型		审核及挂牌	公众公司？
定向发行导致股东累计超过 200 人		中国证监会审核	是
定向转让导致股东累计超过 200 人		自该行为发生之日起 3 个月内，向中国证监会申请核准，在 3 个月内股东人数降至 200 人以内的，可免予提出申请	是
公开转让	未超过 200 人的公司申请公开转让	直接向股转系统申请挂牌	是
	超过 200 人的公司申请公开转让	经中国证监会核准后，向股转系统申请挂牌	是

以上简要介绍了非上市公众公司的概念和申请挂牌的两种情形，以下对挂牌条件进行具体说明。

根据《全国中小企业股份转让系统业务规则（试行）》第二章"股票挂牌"的规定，股份有限公司申请股票在全国股份转让系统挂牌，不受股东所有制性质的限制，不限于高新技术企业，应当符合下列条件：

1. 依法设立且存续满两年

（1）公司设立的主体、程序合法、合规。

①国有企业需提供相应的国有资产监督管理机构或国务院、地方政府授权的其他部门、机构关于国有股权设置的批复文件。

②外商投资企业须提供商务主管部门出具的设立批复文件。

③《公司法》修改（2006 年 1 月 1 日）前设立的股份公司，须取得国务院授权部门或者省级人民政府的批准文件。

【注】"①"中申请挂牌公司涉及国有控股或国有参股情形，如无法提供国资主管部门出具的股权设置批复文件的，在中介机构明确发表公司不存在国有资产流失的意见的前提下，可按以下方式解决：（1）以国有产权登记表（证）替代国资部门批复文件。根据国资委《国家出资企业产权登记管理暂行办法》的规定，国有产权登记表（证）是经过国资管理部门审核通过的，如申请挂牌公司无法提供国资主管部门批复文件的，可以用国有产权登记表（证）替代。（2）针对财政参与出资的政府引导型股权投资基金，可以决策文件替代国资或财政部门的批复文件。若财政参与出资的政府引导型股权投资基金有地方政府（含地市、区县级）批准的章程或管理办法，并且章程或管理办法对引导性投资基金的决策程序作了合法、明确的规定，且该基金对申请挂牌公司的投资符合决策程序，则经过各部门代表签字的决策文件可替代国资或财政部门

批复文件，作为国有股权设置依据。对于不规范的决策文件（如会议纪要等），应由律师事务所对该类型文件的有效性进行鉴证，以保证文件的真实、有效、合法。（3）针对不属于国资部门管理的申请挂牌公司以及央企或国企多级子公司，可提供上级主管部门出具的批复或经其盖章的产权登记表。对于国有股权不归属国资部门（包括财政部、国资委，及其地方机关）监管的申请挂牌公司（如归属中科院、教育部、地方政府、地方教委、地方文资办等管理的申请挂牌公司），以及属于央企或国企多级子公司的申请挂牌公司，可提供上级主管部门（或国有集团公司）出具的批文或经主管部门盖章的产权登记表，作为国有股权设置批复文件。（4）对国有做市商暂不要求其提供国资或财政部门的批复文件。针对做市商不以长期持有或参与公司经营为目的，证券公司不再做市后，其所持有挂牌公司股票也将转入证券公司自营账户中的情形，不要求其提供国资或财政部门批复文件。

（2）公司股东的出资合法、合规，出资方式及比例应符合《公司法》相关规定。

①以实物、知识产权、土地使用权等非货币财产出资的，应当评估作价，核实财产，明确权属，财产权转移手续办理完毕。

②以国有资产出资的，应遵守有关国有资产评估的规定。

③公司注册资本缴足，不存在出资不实情形。

（3）存续两年是指存续两个完整的会计年度。

（4）有限责任公司按原账面净资产值折股整体变更为股份有限公司的，存续时间可以从有限责任公司成立之日起计算。整体变更不应改变历史成本计价原则，不应根据资产评估结果进行账务调整，应以改制基准日经审计的净资产额为依据折合为股份有限公司股本。申报财务报表最近一期截止日不得早于改制基准日。

2. 业务明确，具有持续经营能力

（1）业务明确

业务明确是指公司能够明确、具体地阐述其经营的业务、产品或服务、用途及其商业模式等信息。公司可同时经营一种或多种业务，每种业务应具有相应的关键资源要素，该要素组成应具有投入、处理和产出能力，能够与商业合同、收入或成本费用等相匹配。

①公司业务如需主管部门审批，应取得相应的资质、许可或特许经营权等。

②公司业务须遵守法律、行政法规和规章的规定，符合国家产业政策以及环保、质量、安全等要求。

（2）具有持续经营能力

具有持续经营能力是指公司基于报告期内的生产经营状况，在可预见的将来，有能力按照既定目标持续经营下去。

①公司业务在报告期内应有持续的营运记录，不应仅存在偶发性交易或事项。营运记录包括现金流量、营业收入、交易客户、研发费用支出等。

②公司应按照《企业会计准则》的规定编制并披露报告期内的财务报表，公司不存在《中国注册会计师审计准则第1324号——持续经营》中列举的影响其持续经营能力的相关事项，并由具有证券期货相关业务资格的会计师事务所出具标准无保留意见的审计报告。

财务报表被出具带强调事项段的无保留审计意见的，应全文披露审计报告正文以及董事会、监事会和注册会计师对强调事项的详细说明，并披露董事会和监事会对审计报告涉及事项的处理情况，说明该事项对公司的影响是否重大、影响是否已经消除、违反公允性的事项是否已予以纠正。

【注】挂牌对审计意见的要求为标准无保留或带强调事项段无保留。

③公司不存在依据《公司法》第一百八十一条规定解散的情形，或法院依法受理重整、和解或者破产申请。

（3）申请挂牌公司存在以下情形之一的，应被认定其不具有持续经营能力：

①未能在每一个会计期间内形成与同期业务相关的持续营运记录。

②报告期连续亏损且业务发展受产业政策限制。

③报告期期末净资产额为负数。

④存在其他可能导致对持续经营能力产生重大影响的事项或情况。

【注】"②"中，非科技创新类公司最近两年及一期连续亏损，但最近两年营业收入连续增长，且年均复合增长率不低于50%的除外。

3. 公司治理机制健全，合法规范经营

（1）公司及其控股股东、实际控制人合法合规，最近24个月内不存在涉及以下情形的重大违法违规行为：

①受到刑事处罚。

②受到与公司规范经营相关的行政处罚，且情节严重。

③涉嫌犯罪被司法机关立案侦查，尚未有明确结论意见。

受到行政处罚且情节严重（或称重大违法违规情形的行政处罚）是指，凡被给予没收违法所得、没收非法财物以上行政处罚的行为，属于重大违法违规情形，但处罚机关依法认定不属于的除外；被罚款的，除主办券商和律师能依法合理说明或处罚机关认定该行为不属于重大违法违规行为之外，都视为重大违法违规情形。

【注】《行政处罚法》第八条规定的行政处罚的种类有：（1）警告；（2）罚款；（3）没收违法所得、没收非法财物；（4）责令停产停业；（5）暂扣或者吊销许可证、暂扣或者吊销执照；（6）行政拘留；（7）法律、行政法规规定的其他行政处罚。

（2）现任董、监、高不存在最近24个月内受到中国证监会行政处罚或者被采取证券市场禁入措施的情形。

【注】只要董、监、高任一在24个月内受到中国证监会行政处罚，不管是否严重，均构成障碍。

（3）公司报告期内不存在股东、实际控制人及其关联方占用公司资金、资产或其他资源的情形。如有，应在申请挂牌前予以归还或规范。

【注1】占用公司资金、资产或其他资源的具体情形包括：向公司拆借资金；由公司代垫费用，代偿债务；由公司承担担保责任而形成债权；无偿使用公司的土地房产、设备动产等资产；无偿使用公司的劳务等人力资源；在没有商品和劳务对价情况下使用公司的资金、资产或其他资源。

【注2】申请挂牌前予以归还或规范是指，在申请挂牌相关文件签署前予以归还或规范。资金或其他动产应当予以归还（完成交付或变更登记）；人力资源等或其他形式的占用的，应当予以规范。

（4）公司应设有独立财务部门进行独立的财务会计核算，相关会计政策能如实反映企业财务状况、经营成果和现金流量。

申请挂牌公司存在以下情形的应视为财务不规范，不符合挂牌条件：

①报告期内未按照《企业会计准则》的要求进行会计处理且需要修改申报报表。

②控股股东、实际控制人及其控制的其他企业占用公司款项未在申报前归还。

③因财务核算不规范情形被税务机关采取核定征收企业所得且未规范。

④其他财务不规范情形。

（5）申请挂牌公司及其子公司的环保应满足下列要求：

①申请挂牌公司及其子公司所属行业为重污染行业，根据相关法规规定应办理建设项目环评批复、环保验收、排污许可证以及配置污染处理设施的，应在申报挂牌前办理完毕；如公司尚有在建工程，则应按照建设进程办理完毕相应环保手续。

②申请挂牌公司及其子公司所属行业不属于重污染行业，但根据相关法规规定必须办理排污许可证和配置污染处理设施的，应在申报挂牌前办理完毕。

③申请挂牌公司及其子公司最近 24 个月内不应存在环保方面的重大违法违规行为。

④申请挂牌公司及其子公司按照相关法规规定应制定环境保护制度、公开披露环境信息的，应按照监管要求履行相应义务。

（6）失信被执行申请挂牌

申请挂牌公司及其控股子公司、申请挂牌公司的"法定代表人、控股股东、实际控制人、董事、监事、高级管理人员"，自申报报表审计基准日至申请挂牌文件受理时不应存在被列入失信被执行人名单、被执行联合惩戒的情形。挂牌审查期间被列入失信被执行人名单、被执行联合惩戒的，应在规范后重新提交申请挂牌文件。

【注】如某股份公司拟于 2017 年 5 月申请挂牌，审计基准日为 2017 年 2 月 28 日，2017 年 5 月 8 日向股转公司提供申请文件并被依法受理，则 2017 年 2 月 28 日至 5 月 8 日期间，不应存在被列入失信被执行人名单或被执行联合惩戒的情形，否则，不予受理。

4. 股权明晰，股票发行和转让行为合法合规

股权明晰，是指公司的股权结构清晰，权属分明，真实确定，合法合规，股东特别是控股股东、实际控制人及其关联股东或实际支配的股东持有公司的股份不存在权属争议或潜在纠纷，包括：

（1）公司的股东不存在国家法律、法规、规章及规范性文件规定的不适宜担任股东的情形。

（2）申请挂牌前存在国有股权转让情形的，应遵守国资管理规定。

（3）申请挂牌前外商投资企业的股权转让应遵守商务部门的规定。

股票发行和转让合法合规，是指公司的股票发行和转让依法履行必要内部决议、外部审批（如有）程序，股票转让须符合限售的规定，包括：

（1）公司股票发行和转让行为合法合规，不存在下列情形：

①最近 36 个月内未经法定机关核准，擅自公开或者变相公开发行过证券。

②违法行为虽然发生在 36 个月前，目前仍处于持续状态，但《非上市公众公司监督管理办法》实施前形成的股东超 200 人的股份有限公司经中国证监会确认的除外。

（2）公司股票限售安排应符合《公司法》和《全国中小企业股份转让系统业务规则（试行）》的有关规定。

【注 1】在区域股权市场及其他交易市场进行权益转让的公司，申请股票在全国股份转让系统挂牌前的发行和转让等行为应合法合规。

【注 2】公司的控股子公司或纳入合并报表的其他企业的发行和转让行为需符合规定。

5. 主办券商推荐并持续督导

（1）公司须经主办券商推荐，双方签署了《推荐挂牌并持续督导协议》。

（2）主办券商应完成尽职调查和内核程序，对公司是否符合挂牌条件发表独立意见，并出

具推荐报告。

6. 挂牌准入负面清单

全国股转公司对挂牌准入实行负面清单管理，规定存在负面清单情形之一的公司不符合挂牌准入要求。负面清单将根据市场发展情况定期评估修订，具体内容如下：

（1）科技创新类公司最近 2 年及 1 期营业收入累计少于 1 000 万元，但因新产品研发或新服务培育原因而营业收入少于 1 000 万元，且最近 1 期末净资产不少于 3 000 万元的除外。

（2）非科技创新类公司最近 2 年累计营业收入低于行业同期平均水平。

（3）非科技创新类公司最近 2 年及 1 期连续亏损，但最近 2 年营业收入连续增长，且年均复合增长率不低于 50% 的除外。

（4）公司最近 1 年及 1 期的主营业务中存在国家淘汰落后及过剩产能类产业。

【注1】负面清单定期评估修订，非一成不变。

【注2】科技创新类公司是指最近 2 年及 1 期主营业务均为国家战略性新兴产业的公司，包括节能环保、新一代信息技术、生物产业、高端装备制造、新材料、新能源、新能源汽车。不符合科技创新类要求的公司为非科技创新类。

【注3】科技创新类公司的各期主营业务收入中，属于战略新兴产业的业务收入占比应不低于 50%。未达到标准的，应执行非科技创新类公司相关要求。

【注4】非科技创新类公司营业收入行业平均水平以主办券商专业意见为准。年均复合增长率以最近三年的经审计财务数据为计算依据。

【注5】"国家淘汰落后及过剩产能类产业"主要包括：炼铁、炼钢、焦炭、铁合金、电石、电解铝、铜冶炼、水泥、平板玻璃、制革、印刷、铅蓄电池等。

【模拟练习】某公司拟申请在全国中小企业股份转让系统股票挂牌，该公司的下列情形不构成挂牌障碍的是（　　　）。

A. 该公司因违法违规，被有权机关没收违法所得，处罚机关已出具证明，依法认定不属于重大违法违规情形

B. 该公司因违法违规，被有权机关给予罚款，主办券商和律师已依法合理说明该处罚不属于重大违法违规

C. 该公司报告期合计实现营业收入 1 亿元，净利润 1 000 万元，报告期末净资产为 −500 万元

D. 该公司报告期内存在股东占用公司资金的情形，该股东已承诺在公司申请挂牌后积极筹备资金，在全国股份转让系统公司下达反馈前予以归还

答案：AB

解析：A 项，凡被给予没收违法所得、没收非法财物以上行政处罚的行为，属于重大违法违规情形，但处罚机关依法认定不属于的除外；B 项，被罚款的，除主办券商和律师能依法合理说明或处罚机关认定该行为不属于重大违法违规行为的外，都视为重大违法违规情形；C 项，申请挂牌公司报告期末净资产额为负数，应被认定其不具有持续经营能力，构成挂牌障碍；D 项，应在申请挂牌前予以归还或规范。

【模拟练习】以下公司拟申请在全国中小企业股份转让系统股票挂牌，下列情形中将导致公司不符合挂牌条件的是（　　　）。

A. 甲公司实际控制人为张某、李某、王某三人，其中，王某持股 12%，现任公司董事长兼副总经理，最近 24 个月内因违法受过刑事处罚

B. 乙公司为科技创新类企业，2013 年、2014 年 1～6 月处于持续研发投入期，未实现产品

销售收入，2014 年 7 月开始陆续有研发产品销售收入，2014 年度实现主营业务收入 1 000 万元，2015 年度实现主营业务收入 5 000 万元，该公司以 2014 年度、2015 年度作为报告期

　　C. 丙公司注册资本 5 000 万元，报告期末实收资本 4 000 万元，净资产为 3 000 万元

　　D. 丁公司现任监事周某最近 24 个月内受到过中国证监会行政处罚，不属于情节严重情形，也未被采取证券市场禁入措施

　　答案：ACD

　　解析：A 项，根据规定，公司及其控股股东、实际控制人合法合规，最近 24 个月内不存在受到刑事处罚、受到与公司规范经营相关的行政处罚且情节严重及涉嫌犯罪被司法机关立案侦查尚未有明确结论意见的情形，王某为实际控制人，构成障碍；B 项，"科技创新类公司最近 2 年及 1 期营业收入累计少于 1 000 万元"方可能列入负面清单；C 项，公司注册资本未缴足，构成障碍；D 项，受到中国证监会行政处罚，不管是否严重，均构成障碍。

　　（二）挂牌程序

　　1. 董事会、股东大会决议

　　公司申请其股票（挂牌并）公开转让的，董事会应当依法就股票公开转让的具体方案作出决议，并提请股东大会批准。

　　2. 推荐挂牌并申报

　　申请挂牌公司应当与主办券商签订推荐挂牌并持续督导协议，按照全国股份转让系统公司的有关规定编制申请文件，并向全国股份转让系统公司申报。

　　（1）股东人数未超过 200 人的股份公司，直接向全国股份转让系统公司申请挂牌。

　　（2）股东人数超过 200 人的股份公司，应制作公开转让的申请文件，公司持申请文件向中国证监会申请核准，中国证监会受理申请文件后，依法对公司治理和信息披露进行审核，在 20 个工作日内作出核准、中止审核、终止审核、不予核准的决定。

　　公开转让申请经中国证监会核准后，向全国股份转让系统公司申请挂牌。

　　3. 审查与挂牌

　　全国股份转让系统公司对挂牌申请文件审查后，出具是否同意挂牌的审查意见。

　　申请挂牌公司取得全国股份转让系统公司同意挂牌的审查意见后，按照规定的有关程序办理挂牌手续。

　　【注】申请挂牌公司应当在其股票挂牌前与全国股份转让系统公司签署挂牌协议，明确双方的权利、义务和有关事项。

　　（三）挂牌的信息披露

　　1. 总体规定

　　（1）申请挂牌公司应当在其股票挂牌前披露公开转让说明书等文件。

　　（2）申请挂牌公司在其股票挂牌前实施限制性股票或股票期权等股权激励计划且尚未行权完毕的，应当在公开转让说明书中披露股权激励计划等情况。

　　【注】股权激励计划尚未行权完毕的，公开披露的，不构成挂牌障碍。

　　2. 挂牌申请文件及披露文件

　　为规范挂牌申请文件内容与格式，2013 年 2 月，股转系统发布并实施《全国中小企业股份转让系统挂牌申请文件内容与格式指引（试行）》。其附录 1 和附录 2 分别对"申请时股东人数未超过 200 人"和"申请时股东人数超过 200 人"申请文件目录进行列示，以下对比进行说明。

全国中小企业股份转让系统挂牌申请文件目录

章节	股东人数未超过 200 人的申请文件目录	股东人数超过 200 人的申请文件目录
第一章 公开转让说明书及推荐报告（属于要求披露的文件）	1-1 公开转让说明书（申报稿）	1-1 公开转让说明书（中国证监会核准的最终稿）
	1-2 财务报表及审计报告 1-3 法律意见书 1-4 公司章程 1-5 主办券商推荐报告 1-6 股票发行情况报告书（如有）	
		1-7 中国证监会核准文件
第二章 申请挂牌公司相关文件	2-1 申请股票在全国股份转让系统挂牌及股票发行（如有）的报告 2-2 有关股票在全国股份转让系统挂牌及股票发行（如有）的董事会决议 2-3 有关股票在全国股份转让系统挂牌及股票发行（如有）的股东大会决议 2-4 企业法人营业执照 2-5 股东名册及股东身份证明文件 2-6 董事、监事、高级管理人员名单及持股情况	
	2-7 设立时和最近 2 年及 1 期的资产评估报告 2-8 最近两年原始财务报表与申报财务报表存在差异时，需要提供差异比较表 2-9 全体董事、监事和高级管理人员签署的《董事（监事、高级管理人员）声明及承诺书》	2-7 全体董事、监事和高级管理人员签署的《董事（监事、高级管理人员）声明及承诺书》 2-8 证券简称及证券代码申请书 2-9 国有资产管理部门出具的国有股权设置批复文件及商务主管部门出具的外资股确认文件 2-10 中国证监会核准后至申请挂牌前新增重大事项的说明文件（如有）
第三章 主办券商相关文件（注：超过 200 人的为"证券服务机构相关文件"）	3-1 主办券商与申请挂牌公司签订的推荐挂牌并持续督导协议	
	3-2 尽职调查报告 3-3 尽职调查工作文件 3-4 内核意见 3-5 主办券商推荐挂牌内部核查表及主办券商对申请挂牌公司风险评估表 3-6 主办券商自律说明书	
	3-7 主办券商业务备案函复印件（加盖机构公章并说明用途）及项目小组成员任职资格说明文件（注：超过 200 人的标题序号为"3-2"，内容相同）	
		3-3 律师、注册会计师及所在机构的相关执业证书复印件（加盖机构公章并说明用途）

章节	股东人数未超过 200 人的申请文件目录	股东人数超过 200 人的申请文件目录
第四章 其他相关文件	4-1 申请挂牌公司全体董事、主办券商及相关中介机构对申请文件真实性、准确性和完整性的承诺书 4-2 相关中介机构对纳入公开转让说明书等文件中由其出具的专业报告或意见无异议的函 4-3 申请挂牌公司、主办券商对电子文件与书面文件保持一致的声明 4-4 律师、注册会计师及所在机构的相关执业证书复印件（加盖机构公章并说明用途） 4-5 国有资产管理部门出具的国有股权设置批复文件及商务主管部门出具的外资股确认文件 4-6 证券简称及证券代码申请书	

注：①上表中重点关注第一章内容，此为申请并需信息披露的文件，注意，在信息披露时"1-2"～"1-7"作为公开转让说明书的附件进行披露，此外，附件还包括"全国股份转让系统公司同意挂牌的审查意见"，该文件也应作为附件一同披露，但非申报文件。

②为方便记忆，表中把"1-5 主办券商推荐报告"放在"1-3 法律意见书"下方。

③上表中左方"2-9"与右方"2-7"、左方"4-6"与右方"2-8"、左方"4-5"与右方"2-9"、左方"4-4"与右方"3-3"内容均相同，仅是排列顺序不同而已。

④学习时需注意的几种考试角度：（1）哪些是申请但不需披露的文件，哪些是需要披露的文件；（2）超过200人和未超过200人申请文件与披露文件的区别。

综上所述，"申请时股东人数未超过 200 人"和"申请时股东人数超过 200 人"申请文件目录中相同、相异及各自特有的文件如下表所示。

相同文件	（1）财务报表及审计报告 （2）法律意见书 （3）主办券商推荐报告 （4）公司章程 （5）股票发行情况报告书（如有） （6）申请股票在全国股份转让系统挂牌及股票发行（如有）的报告 （7）有关股票在全国股份转让系统挂牌及股票发行（如有）的董事会决议 （8）有关股票在全国股份转让系统挂牌及股票发行（如有）的股东大会决议 （9）企业法人营业执照 （10）股东名册及股东身份证明文件 （11）董事、监事、高级管理人员名单及持股情况 （12）全体董事、监事和高级管理人员签署的《董事（监事、高级管理人员）声明及承诺书》 （13）证券简称及证券代码申请书 （14）国有资产管理部门出具的国有股权设置批复文件及商务主管部门出具的外资股确认文件 （15）主办券商与申请挂牌公司签订的推荐挂牌并持续督导协议

续表

	（16）主办券商业务备案函复印件（加盖机构公章并说明用途）及项目小组成员任职资格说明文件 （17）律师、注册会计师及所在机构的相关执业证书复印件（加盖机构公章并说明用途）	
相异文件	股东人数未超过 200 人的申请文件	股东人数超过 200 人的申请文件
	公开转让说明书（申报稿）	公开转让说明书（中国证监会核准的最终稿）
超过 200 人特有文件	（1）设立时和最近 2 年及 1 期的资产评估报告 （2）最近两年原始财务报表与申报财务报表存在差异时，需要提供差异比较表 （3）尽职调查报告 （4）尽职调查工作文件 （5）内核意见 （6）主办券商推荐挂牌内部核查表及主办券商对申请挂牌公司风险评估表 （7）主办券商自律说明书 （8）全体董事、主办券商及相关中介机构对申请文件真实性、准确性和完整性的承诺书 （9）相关中介机构对纳入公开转让说明书等文件中由其出具的专业报告或意见无异议的函 （10）申请挂牌公司、主办券商对电子文件与书面文件保持一致的声明	
未超过 200 人特有文件	（1）中国证监会核准文件 （2）中国证监会核准后至申请挂牌前新增重大事项的说明文件（如有）	

3. 挂牌公开转让说明书

为规范公开转让股票的信息披露行为，全国股份转让系统于 2013 年 2 月发布并实施《全国中小企业股份转让系统公开转让说明书内容与格式指引（试行)》（以下简称《指引》），申请挂牌公司应按《指引》编制公开转让说明书并披露。

《指引》关于公开转让说明书的编制和披露的总体要求如下：

（1）《指引》的规定是对公开转让说明书信息披露的最低要求。不论《指引》是否有明确规定，凡对投资者投资决策有重大影响的信息，均应披露。申请挂牌公司可根据自身及所属行业或业态特征，在《指引》的基础上增加有利于投资者判断和决策的相关内容。

（2）《指引》部分条款具体要求不适用的，申请挂牌公司可根据实际情况，在不影响内容完整性的前提下作适当调整，但应在申报时作书面说明；由于涉及特殊原因申请豁免披露的，应有充分依据，主办券商及律师应出具意见。

（3）申请挂牌公司编制公开转让说明书应准确引用有关中介机构的专业意见、报告和财务会计资料，并有充分的依据。所引用的财务报表应由具有证券期货业务资格的会计师事务所审计，财务报表在其最近一期截止日后 6 个月内有效。特殊情况下申请挂牌公司可申请延长，但延长期至多不超过 1 个月。

（4）申请挂牌公司应在全国股份转让系统指定信息披露平台披露公开转让说明书及其附件，并作提示性公告："本公司公开转让股票申请已经中国证监会核准，本公司的股票将在全国股份转让系统公开转让，公开转让说明书及附件披露于全国股份转让系统指定信息披露平台 www.neeq.com.cn 或 www.neeq.cc，供投资者查阅"。

（5）公开转让说明书封面应标有"×××公司公开转让说明书"字样，扉页应载有如下声明：

"本公司及全体董事、监事、高级管理人员承诺公开转让说明书不存在虚假记载、误导性陈述或重大遗漏，并对其真实性、准确性、完整性承担个别和连带的法律责任。"

"本公司负责人和主管会计工作的负责人、会计机构负责人保证公开转让说明书中财务会计资料真实、完整。"

"中国证监会、全国股份转让系统公司对本公司股票公开转让所作的任何决定或意见，均不表明其对本公司股票的价值或投资者的收益作出实质性判断或者保证。任何与之相反的声明均属虚假不实陈述。"

"根据《证券法》的规定，本公司经营与收益的变化，由本公司自行负责，由此变化引致的投资风险，由投资者自行承担。"

以上是公开转让说明书编制及披露的总体要求，公开转让说明书的内容包括基本情况、公司业务、公司治理、公司财务、有关声明，针对相对重要的条款，对申请挂牌公司应披露的内容说明如下：

（1）基本情况

①应简要披露下列情况：公司名称、法定代表人、设立日期、注册资本、住所、邮编、董事会秘书或信息披露事务负责人、所属行业、主要业务、组织机构代码等。

②应披露股票代码、股票简称、股票种类、每股面值、股票总量、挂牌日期，股东所持股份的限售安排及股东对所持股份自愿锁定的承诺。

③应披露公司股权结构图，并披露控股股东、实际控制人、前10名股东及持有5%以上股份股东的名称、持股数量及比例、股东性质、直接或间接持有的股份是否存在质押或其他争议事项的具体情况及股东之间关联关系。

④应披露控股股东和实际控制人基本情况以及实际控制人最近2年内是否发生变化。

⑤应简要披露设立以来股本的形成及其变化和重大资产重组情况。如果股权变化情况较复杂，可采用流程图、表格或其他形式梳理归并，并作为附件披露。

⑥应扼要披露董事、监事、高级管理人员的情况，主要包括：姓名、国籍及境外居留权、性别、年龄、学历、职称、现任职务及任期、职业经历。

⑦应披露最近2年及1期的主要会计数据和财务指标简表，财务指标应以合并财务报表的数据为基础进行计算。

【注】财务指标以合并报表口径计算，非母公司口径。

⑧挂牌同时定向发行的，应披露拟发行股数、发行对象或范围、发行价格或区间、预计募集资金金额。同时，在公开转让说明书"公司财务"后增加"定向发行"章节，披露相关信息。

⑨应披露主办券商、律师事务所、会计师事务所、资产评估机构、证券登记结算机构、做市商（如有）以及其他与公开转让有关的机构的名称、法定代表人、住所、联系电话、传真，同时应披露有关经办人员（包括项目小组负责人、项目小组成员）的姓名。

（2）公司业务

①应披露主要业务、主要产品或服务及其用途。

②应结合内部组织结构（包括部门、生产车间、子公司、分公司等），披露主要生产或服务流程及方式（包括服务外包、外协生产等）。

③应遵循重要性原则披露与其业务相关的关键资源要素，包括：

a. 产品或服务所使用的主要技术。

b. 主要无形资产的取得方式和时间、实际使用情况、使用期限或保护期、最近一期末账面价值。

c. 取得的业务许可资格或资质情况。

d. 特许经营权（如有）的取得、期限、费用标准。

e. 主要生产设备等重要固定资产使用情况、成新率或尚可使用年限。

f. 员工情况，包括人数、结构等。其中，核心技术（业务）人员应披露姓名、年龄、主要业务经历及职务、现任职务与任期及持有申请挂牌公司的股份情况。核心技术（业务）团队在近两年内发生重大变动的，应披露变动情况和原因。

g. 其他体现所属行业或业态特征的资源要素。

【注1】"遵循重要性原则披露"、"遵循账面价值大小"等的表述均是错误的。

【注2】"b"中为"最近一期末账面价值"，适当注意，非"最近一年末"。

④应扼要披露与业务相关的情况，包括：

a. 报告期业务收入的主要构成及各期主要产品或服务的规模、销售收入。

b. 产品或服务的主要消费群体，报告期内各期向前5名客户的销售额及占当期销售总额的百分比。

c. 报告期内主要产品或服务的原材料、能源及供应情况，占成本的比重，报告期内各期向前5名供应商的采购额及占当期采购总额的百分比。

d. 报告期内对持续经营有重大影响的业务合同及履行情况。

【注】注意"b"、"c"中为"各期向前5名"及"占当期"的百分比，非"占报告期"。

⑤应归纳总结其商业模式，说明如何使用产品或服务、关键资源要素获取收入、利润及现金流。

⑥应扼要披露其所处行业概况、市场规模及基本风险特征（如行业风险、市场风险、政策风险），并分析公司在行业中的竞争地位。

（3）公司治理

①应披露公司及其控股股东、实际控制人最近2年内是否存在违法违规及受处罚的情况。

②应披露与控股股东、实际控制人及其控制的其他企业在业务、资产、人员、财务、机构方面的分开情况。

③应披露是否存在与控股股东、实际控制人及其控制的其他企业从事相同、相似业务的情况。对存在相同、相似业务的，应对是否存在同业竞争作出合理解释。

④应披露控股股东、实际控制人为避免同业竞争采取的措施及作出的承诺。

⑤应披露最近2年内是否存在资金被控股股东、实际控制人及其控制的其他企业占用，或者为控股股东、实际控制人及其控制的其他企业提供担保，以及为防止股东及其关联方占用或者转移公司资金、资产及其他资源的行为发生所采取的具体安排。

⑥董事、监事、高级管理人员在近2年内发生变动的，应披露变动情况和原因。

（4）公司财务

①应披露最近2年及1期的财务报表，并由注册会计师出具无保留意见的审计报告。编制合并财务报表的，应同时披露合并财务报表和母公司财务报表。应披露财务报表的编制基础、合并财务报表范围及变化情况。

【注】编制合并报表的，合并财务报表和母公司财务报表应同时披露。

②应披露会计师事务所的审计意见类型。被出具带强调事项段无保留审计意见的，应全文

披露审计报告正文以及董事会、监事会和注册会计师对强调事项的详细说明。

③应结合业务特点充分披露报告期内采用的主要会计政策、会计估计及其变更情况和对公司利润的影响。

重大会计政策或会计估计与可比公司（如有）存在较大差异，或者按规定将要进行变更的，应分析重大会计政策或会计估计的差异或变更对公司利润产生的影响。

④应对最近 2 年及 1 期的主要会计数据和财务指标进行比较，发生重大变化的应说明原因。

a. 根据业务特点披露各类收入的具体确认方法，以表格形式披露报告期内各期营业收入、利润、毛利率的主要构成及比例，按照产品（服务）类别及业务、地区分部列示，报告期内发生重大变化的应予以说明。

b. 披露报告期内各期主要费用（含研发）、占营业收入的比重和变化情况。

c. 披露报告期内各期重大投资收益情况、非经常性损益情况、适用的各项税收政策及缴纳的主要税种。

d. 披露报告期内各期末主要资产情况及重大变动分析，包括但不限于：主要应收款项的账面余额、坏账准备、账面价值、账龄、各期末前 5 名情况；主要无形资产的取得方式、初始金额、摊销方法、摊销年限、最近一期末的摊余价值及剩余摊销年限。

e. 披露报告期内各期末主要负债情况。有逾期未偿还债项的，应说明其金额、未按期偿还的原因、预计还款期等。

f. 披露报告期内各期末股东权益情况，主要包括股本、资本公积、盈余公积、未分配利润及少数股东权益的情况。如果在挂牌前实施限制性股票或股票期权等股权激励计划且尚未行权完毕的，应披露股权激励计划内容及实施情况、对资本公积和各期利润的影响。

【注】"a"中"以表格形式"，非"以文字形式"；"d"中，主要应收款项"各期末前 5 名情况"，主要无形资产"最近一期末"的摊余价值。

⑤应披露关联方、关联关系、关联交易，并说明相应的决策权限、决策程序、定价机制、交易的合规性和公允性、减少和规范关联交易的具体安排等。应根据交易的性质和频率，按照经常性和偶发性分类披露关联交易及其对财务状况和经营成果的影响。如果董事、监事、高级管理人员、核心技术（业务）人员、主要关联方或持有公司 5% 以上股份股东在主要客户或供应商中占有权益的，应予以说明。

⑥应扼要披露会计报表附注中的资产负债表日后事项、或有事项及其他重要事项，包括对持续经营可能产生较大影响的诉讼或仲裁、担保等事项。

⑦在报告期内进行资产评估的，应简要披露资产评估情况。

⑧应披露最近 2 年股利分配政策、实际股利分配情况以及公开转让后的股利分配政策。

⑨应简要披露其控股子公司或纳入合并报表的其他企业的情况，主要包括注册资本、主要业务、股东构成及持股比例、最近 1 年及 1 期末的总资产、净资产、最近 1 年及 1 期的营业收入、净利润。

【注】并非只是控股子公司，只要纳入合并报表的，均需披露；上述主体需披露的财务数据期间为"最近 1 年及 1 期"。

⑩应遵循重要性原则，结合自身及所处行业实际情况，对可能影响公司持续经营的风险因素进行自我评估，重点披露特有风险，其中对持续经营有严重不利影响的风险应作"重大事项提示"。

【注】风险因素遵循重要性原则披露。

⑪申请挂牌公司可披露公司经营目标和计划。如披露，应遵循诚信原则，并说明合理依据。

【注】"经营目标和计划"为选择性披露，非强制披露。

（5）有关声明

①全体董事、监事、高级管理人员应在公开转让说明书正文的尾页签名，并由申请挂牌公司加盖公章。

②主办券商应对公开转让说明书的真实性、准确性、完整性进行核查，并在公开转让说明书正文后声明。声明应由法定代表人、项目负责人及项目小组成员签名，并由主办券商加盖公章。

③为申请挂牌公司股票公开转让提供服务的机构应在公开转让说明书正文后声明。声明应由经办人员及所在机构负责人签名，并由机构加盖公章。

（6）附件

公开转让说明书结尾应列明附件，并在全国股份转让系统指定信息披露平台披露。附件应包括下列文件：

①财务报表及审计报告。

②法律意见书。

③主办券商推荐报告。

④公司章程。

⑤中国证监会核准文件（适用超过 200 人的公司）。

⑥全国股份转让系统公司同意挂牌的审查意见。

【注】上述①～⑥均需与公开转让说明书一同披露；①～⑤均需在申报时与公开转让说明书一同申报，⑥是披露文件，非申报文件。

【真题回顾（1509）】以下属于在全国中小企业股份转让系统挂牌首次信息披露的文件的是（　　）。

A. 有关股票在全国中小企业股份转让系统公开转让的股东大会决议

B. 主办券商推荐报告

C. 公司章程

D. 主办券商尽职调查报告

E. 主办券商内核意见

答案：BC

解析：A 项，为申报文件，非披露文件；D、E 项，为未超过 200 人公司特有的申报文件，非披露文件。

【模拟练习】根据《全国中小企业股份转让系统挂牌申请文件内容与格式指引（试行）》，以下属于股东人数超过 200 人的股份公司申请挂牌的文件有（　　）。

A. 公开转让说明书（申报稿）

B. 全体董事、监事和高级管理人员签署的《董事（监事、高级管理人员）声明及承诺书》

C. 主办券商尽职调查报告

D. 主办券商推荐报告

E. 中国证监会核准文件

F. 全国股份转让系统公司同意挂牌的审查意见

答案：BDE

解析：A 项，应为中国证监会核准的最终稿；B、D 项，为超过 200 人公司与未超过 200 人公司均需提供的文件；C 项，为未超过 200 人公司特有的申报文件；E 项，为超过 200 人公司特有的申报文件；F 项，为披露的文件，非申报文件。

【模拟练习】根据相关规定，以下为股东人数未超过 200 人的公司申请在全国股份转让系统挂牌需披露的文件有（　　　　）。

A. 公开转让说明书（申报稿）

B. 法律意见书

C. 公司章程

D. 全体董事、监事和高级管理人员签署的《董事（监事、高级管理人员）声明及承诺书》

E. 主办券商尽职调查报告

F. 全国股份转让系统公司同意挂牌的审查意见

答案：ABCF

解析：D、E 为申报文件，但非披露文件。

【模拟练习】根据《全国中小企业股份转让系统公开转让说明书内容与格式指引（试行）》，以下说法错误的有（　　　　）。

A. 申请挂牌公司应披露公司股权结构图，并披露控股股东、实际控制人、前 5 名股东及持有 5% 以上股份股东的名称、持股数量及比例、股东性质等

B. 申请挂牌公司应披露最近 2 年及 1 期的主要会计数据和财务指标简表，财务指标应以母公司报表的数据为基础进行计算

C. 申请挂牌公司应披露主要无形资产的取得方式和时间、实际使用情况、使用期限或保护期、最近一年末账面价值

D. 申请挂牌公司应扼要披露报告期内各期向前 5 名客户的销售额及占报告期销售总额的百分比

E. 申请挂牌公司应简要披露其控股子公司或纳入合并报表的其他企业的最近 2 年及 1 期末的总资产、净资产、最近 2 年及 1 期的营业收入、净利润

答案：ABCDE

解析：A 项，应为"前 10 名股东"；B 项，应以合并财务报表的数据为基础进行计算；C 项，应为"最近 1 期末账面价值"；D 项，应为占当期销售总额的百分比；E 项，1 年及 1 期。

二、挂牌公司发行股票

根据规定，股份公司可以在申请挂牌的同时申请定向发行股票，也可在挂牌后申请定向发行股票。

股份公司定向发行股票导致股东累计超过 200 人或股东人数超过 200 人的非上市公众公司定向发行股票，应向中国证监会提出申请；挂牌公司定向发行股票后股东人数累计未超过 200 人的，中国证监会豁免核准，挂牌公司直接向全国中小企业股份转让系统有限责任公司（以下简称股转公司）报送材料履行备案手续。以下分别就发行后股东人数未超过 200 人的挂牌公司发行股票和股东人数超过 200 人的挂牌公司发行股票进行说明。

（一）发行后股东人数未超过 200 人的挂牌公司发行股票

1. 发行股票的条件

为了规范挂牌公司的股票发行行为，股转公司于 2013 年 12 月发布并实施《全国中小企业

股份转让系统股票发行业务细则（试行）》（以下简称《细则》），对挂牌公司向符合规定的投资者发行股票，发行后股东人数累计不超过 200 人的股票发行进行规范。根据《细则》的规定，挂牌公司发行股票条件如下：

说明：《细则》对发行条件的要求直接引用《非上市公众公司监督管理办法》中公司治理、信息披露及发行对象的规定，以下是《非上市公众公司监督管理办法》中的相关规定，有些描述为"公众公司"的，可以直接替代为"挂牌公司"。

（1）公司治理规范

说明：关于公司治理的规定了解即可，无实质性考点，一般情况下不易设置考题。

①公众公司应当依法制定公司章程。结合公司的实际情况在章程中约定建立表决权回避制度及纠纷解决机制。中国证监会依法对公众公司章程必备条款作出具体规定，规范公司章程的制定和修改。

【注】关于章程必备条款具体内容详见《非上市公众公司监管指引第 3 号——章程必备条款》。

②公众公司应当建立股东大会、董事会、监事会制度，明晰职责和议事规则。

股东大会、董事会、监事会的召集、提案审议、通知时间、召开程序、授权委托、表决和决议等应当符合法律、行政法规和公司章程的规定；会议记录应当完整并安全保存。

股东大会的提案审议应当符合程序，保障股东的知情权、参与权、质询权和表决权；董事会应当在职权范围和股东大会授权范围内对审议事项作出决议，不得代替股东大会对超出董事会职权范围和授权范围的事项进行决议。

董事会应当对公司的治理机制是否给所有的股东提供合适的保护和平等权利等情况进行充分讨论、评估。

③公众公司应当建立健全投资者关系管理，保护投资者的合法权益。

④公众公司应当强化内部管理，按照相关规定建立会计核算体系、财务管理和风险控制等制度，确保公司财务报告真实可靠及行为合法合规。

⑤公众公司进行关联交易应当遵循平等、自愿、等价、有偿的原则，保证交易公平、公允，维护公司的合法权益，根据法律、行政法规、中国证监会的规定和公司章程，履行相应的审议程序。

⑥公众公司应当采取有效措施防止股东及其关联方以各种形式占用或者转移公司的资金、资产及其他资源。

（2）信息披露真实、准确、完整、及时

①一般规定

公司及其他信息披露义务人应真实、准确、完整、及时地披露信息，不得有虚假记载、误导性陈述或者重大遗漏，应当向所有投资者同时公开披露信息。

公司的董事、监事、高级管理人员应保证公司披露信息的真实、准确、完整、及时。

②定期报告

a. 股票公开转让与定向发行的公众公司应当披露半年度报告、年度报告。年度报告中的财务会计报告应当经具有证券期货业务资格的会计师事务所审计。

b. 股票定向转让导致股东累计超过 200 人的公众公司，应当披露年度报告。年度报告中的财务会计报告应当经会计师事务所审计。

公众公司董事、高级管理人员应当对定期报告签署书面确认意见，监事会应当对董事会编制的定期报告进行审核并提出书面审核意见。

【注】"a"中定向发行为发行后致股东人数超过200人，从而成为公众公司。我们此处说的挂牌公司，是"a"中公开转让的公众公司。

③临时报告

发生可能对股票价格产生较大影响的重大事件，投资者尚未得知时，公众公司应当立即将有关该重大事件的情况报送临时报告，并予以公告，说明事件的起因、目前的状态和可能产生的后果。

④信息披露事务管理制度

公众公司应当制定信息披露事务管理制度并指定具有相关专业知识的人员负责信息披露事务。

⑤信息披露发布形式

除监事会公告外，公众公司披露的信息应当以董事会公告的形式发布。董事、监事、高级管理人员非经董事会书面授权，不得对外发布未披露的信息。

【注】监事会议以监事会公告，其他的均以董事会公告的形式发布。

（3）发行对象符合要求

根据《全国中小企业股份转让系统投资者适当性管理细则（试行）》的规定，可以参与挂牌公司股票定向发行的对象包括可参与挂牌公司股票公开转让的投资者和其他特定投资者。具体如下：

可参与挂牌公司股票公开转让的投资者包括：

①以下机构投资者

a. 注册资本500万元人民币以上的法人机构。

b. 实缴出资总额500万元人民币以上的合伙企业。

【注】法人机构投资者注册资本500万元以上即可，不要求实收资本；合伙企业为实缴出资，非认缴出资。

②金融产品或资产

包括集合信托计划、证券投资基金、银行理财产品、证券公司资产管理计划，以及由金融机构或者相关监管部门认可的其他机构管理的金融产品或资产。

③同时符合下列条件的自然人投资者

a. 投资者本人名下前一交易日日终证券类资产市值500万元人民币以上。

b. 具有2年以上证券投资经验，或具有会计、金融、投资、财经等相关专业背景或培训经历。

【注1】市值500万元以上仅指证券类资产，非全部金融资产。证券类资产包括客户交易结算资金、在沪深交易所和全国股份转让系统挂牌的股票、基金、债券、券商集合理财产品等，信用证券账户资产除外。

【注2】投资经验的起算时间点为投资者本人名下账户在全国股份转让系统、上海证券交易所或深圳证券交易所发生首笔股票交易之日。

可参与挂牌公司股票定向发行的投资者包括：

①公司股东。

②公司的董事、监事、高级管理人员、核心员工。

③可参与挂牌公司股票公开转让的投资者。

【注1】对于公司股东，无持股比例的要求。公司挂牌前的股东、通过定向发行持有公司股份的股东等，如不符合参与挂牌公司股票公开转让条件，只能买卖其持有或曾持有的挂牌公司股票。

【注2】公司确定发行对象时，符合第②项、第③项规定的投资者合计不得超过 35 名，对"①"公司股东人数无 35 名的相关限制。发行对象数量不像上市公司非公开发行股票那样有不得超过 10 名、5 名的限制。

【注3】核心员工的认定，应当由公司董事会提名，并向全体员工公示和征求意见，由监事会发表明确意见后，经股东大会审议批准。

【注4】发行对象可用现金或者非现金资产认购发行股票，以现金认购的，公司现有股东在同等条件下有权优先认购，每一股东可优先认购的上限为股权登记日其在公司的持股比例与本次发行股份数量上限的乘积。公司章程对优先认购另有规定的，从其规定。

【注5】①、②所述主体只能参与本挂牌公司的定向发行，而③所述的符合适当性条件的投资者参与的定性发行与公开转让，是指所有挂牌公司均可参与。另外也需注意，①、②并不需要满足适当性要求即可参与本公司的定向发行，比如某董事，不具备投资经验或仅具备 1 年投资经验，其也可参与本公司定向发行，但公开转让不可，也不可参与其他挂牌公司的定向发行，否则，应符合适当性要求。

【注6】根据《非上市公众公司监管问答——定向发行（二）》（以下简称《定向发行（二）》）：（1）单纯以认购股份为目的而设立的公司法人、合伙企业等持股平台，不具有实际经营业务的，不符合投资者适当性管理要求，不得参与非上市公众公司的股份发行。（2）挂牌公司设立的员工持股计划，认购私募股权基金、资产管理计划等接受中国证监会监管的金融产品，已经完成核准、备案程序并充分披露信息的，可以参与非上市公众公司定向发行。

【注7】根据 2015 年 12 月《关于〈非上市公众公司监管问答——定向发行（二）〉适用有关问题的通知》：（1）发行后股东人数不超过 200 人的股票发行，发行对象涉及持股平台（单纯以认购股份为目的而设立的公司法人、合伙企业等持股平台，不具有实际经营业务）的，如果在《定向发行（二）》发布前发行方案已经过股东大会审议通过的，可继续按照原有的规定发行，但发行方案中没有确定发行对象的，则发行对象不应当为持股平台；如果在《定向发行（二）》发布前发行方案尚未经过股东大会审议通过的，应当按照《定向发行（二）》的规定发行。（2）在《定向发行（二）》发布前已经存在的持股平台，不得再参与挂牌公司的股票发行。（3）主办券商和律师事务所应当分别在"主办券商关于股票发行合法合规性意见"和"股票发行法律意见书"中就本次发行对象是否存在持股平台发表明确意见。

【注8】根据 2015 年 10 月《全国中小企业股份转让系统机构业务问答（一）——关于资产管理计划、契约型私募基金投资拟挂牌公司股权有关问题》：（1）基金子公司可通过设立专项资产管理计划投资拟挂牌公司股权；证券公司定向、专项资产管理计划可由券商与客户约定投资拟挂牌公司股权；私募基金（包括契约型私募基金）可投资拟挂牌公司股权；因此，依法设立、规范运作且已经在中国基金业协会登记备案并接受证券监督管理机构监管的基金子公司资产管理计划、证券公司资产管理计划、契约型私募基金，其所投资的拟挂牌公司股权在挂牌审查时可不进行股份还原，但须做好相关信息披露工作。（2）上述基金子公司及证券公司资产管理计划、契约型私募基金所投资公司申请在挂牌时，股份可直接登记为产品名称。

对于可参与挂牌公司股票公开转让与定向发行的投资者总结如下：

投资者	参与定向发行	参与公开转让
（1）注册资本500万元人民币以上的法人机构	✓	✓
（2）实缴出资总额500万元人民币以上的合伙企业	✓	✓
（3）集合信托计划、证券投资基金、银行理财产品、证券公司资产管理计划，以及由金融机构或者相关监管部门认可的其他机构管理的金融产品或资产	✓	✓
（4）符合条件的自然人投资者	✓	✓
（5）公司股东	✓	符合条件方可
（6）公司的董事、监事、高级管理人员、核心员工	✓	

（4）其他事项

①《挂牌公司股票发行常见问题解答（一）——股份支付》的规定

根据规定，挂牌的公司在股票发行业务中符合《企业会计准则第11号——股份支付》规定情形的，均应适用股份支付的会计准则并相应进行账务处理。

在股票发行中，如果符合以下情形的，挂牌公司的主办券商应就本次股票发行是否适用股份支付进行说明：

a. 向公司高管、核心员工、员工持股平台或者其他投资者发行股票的价格明显低于市场价格或者低于公司股票公允价值的。

b. 股票发行价格低于每股净资产的。

c. 发行股票进行股权激励的。

d. 全国股转系统认为需要进行股份支付说明的其他情形。

②《挂牌公司股票发行常见问题解答（二）——连续发行》的规定

实践中，部分挂牌公司连续启动决策程序进行多次股票发行，称为连续发行。根据规定，拟连续发行股票的挂牌公司，只有在前一次股票发行的新增股份登记手续完成后，才能召开董事会审议下一次股票发行方案，也就是说，挂牌公司前一次股票发行新增股份没有登记完成前，不得启动下一次股票发行的董事会决策程序。

此外，挂牌公司股票发行在取得全国股转系统出具的新增股份登记函后，应当在10个工作日内向中国结算申请办理新增股份登记手续。

2. 发行股票的程序

（1）董事会与股东大会决议

挂牌公司董事会应当就股票发行有关事项作出决议，决议应符合下列规定：

事项	处理	备注
①董事会决议确定具体发行对象的	董事会决议应当明确具体发行对象（是否为关联方）及其认购价格、认购数量或数量上限、现有股东优先认购办法等事项	认购办法中应当明确现有股东放弃优先认购股票份额的认购安排
		已确定的发行对象（现有股东除外）与公司签署的附生效条件的股票认购合同应当经董事会批准
②董事会决议未确定具体发行对象的	董事会决议应当明确发行对象的范围、发行价格区间、发行价格确定办法、发行数量上限、现有股东优先认购办法等事项	
③发行对象用非现金资产认购发行股票的	董事会决议应当明确交易对手（应当说明是否为关联方）、标的资产、作价原则及审计、评估等事项	
④董事会应当说明本次发行募集资金的用途		

【注】董事会决议确定具体发行对象的，挂牌公司应当与相关发行对象签订附生效条件的股票认购合同。认购合同应当载明该发行对象拟认购股票的数量或数量区间、认购价格、限售期，同时约定本次发行经公司董事会、股东大会批准后，该合同即生效。

挂牌公司股东大会应当就股票发行等事项作出决议。股东大会审议通过股票发行方案后，董事会决议作出重大调整的，公司应当重新召开股东大会就股票发行等事项作出决议。

【注】股东大会后董事会作出重大调整的，需重新召开股东大会审议。

（2）发行与备案

①确定发行对象、发行价格和发行股数

事项	处理	
董事会确定具体发行对象的（定价发行）	依据股票认购合同的约定发行股票；有优先认购安排的，应当办理现有股东优先认购手续	
董事会未确定具体发行对象的（询价发行）	挂牌公司及主办券商向询价对象询价	询价对象包括挂牌公司股东、主办券商经纪业务客户、机构投资者、集合信托计划、证券投资基金、证券公司资产管理计划以及其他个人投资者
		询价对象应当符合投资者适当性的规定
	确定发行对象、发行价格和发行股数	挂牌公司及主办券商应当在确定的询价对象范围内接收询价对象的申购报价
		主办券商应根据询价对象的申购报价情况，按照价格优先的原则，并考虑认购数量或其他因素，与挂牌公司协商确定发行对象、发行价格和发行股数
		现有股东优先认购的，在相同认购价格下应优先满足现有股东的认购需求

②缴款与验资

确定发行价格后，发行对象应按照认购合同约定缴款。挂牌公司应当在股票发行认购结束后及时办理验资手续，验资报告应当由具有证券、期货相关业务资格的会计师事务所出具。

③备案

挂牌公司在验资完成后 10 个转让日内，按规定向股转公司报送材料，履行备案程序。

④审查并出具登记函

股转公司对材料进行审查，并根据审查结果出具股份登记函，送达挂牌公司并送交中国证券登记结算有限责任公司和主办券商。

以非现金资产认购股票的情形，尚未完成相关资产权属过户或相关资产存在重大法律瑕疵的，不予出具股份登记函。

⑤股份登记

挂牌公司按照中国结算相关规定，向中国结算申请办理股份登记，并取得股份登记证明文件。

⑥挂牌转让

完成股份登记办理后，新增股票按照挂牌转让公告中安排的时间在股转系统挂牌转让。

【注】根据《全国中小企业股份转让系统机构业务问答（二）——关于私募投资基金登记备案有关问题的解答》，在申请挂牌、发行融资、重大资产重组等环节，私募投资基金管理人自身参与上述业务的，其完成登记不作为相关环节审查的前置条件；已完成登记的私募投资基金管理人管理的私募投资基金参与上述业务的，其完成备案不作为相关环节审查的前置条件。上述私募投资基金管理人及私募投资基金在审查期间未完成登记和备案的，私募投资基金管理人需出具完成登记或备案的承诺函，并明确具体（拟）登记或备案申请的日期。

3. 发行股票的信息披露

（1）信息披露基本要求

《细则》第五章对挂牌公司发行股票信息披露作出要求，要点如下：

①挂牌公司应当分别在董事会和股东大会通过股票发行决议之日起 2 个转让日内披露董事会、股东大会决议公告。

②以非现金资产认购股票涉及资产审计、评估的，资产审计结果、评估结果应当最晚和召开股东大会的通知同时公告。

【注】最迟与股东大会召开通知一同公告，非股东大会召开日。实务中股东大会召开通知一般与董事会决议一同公告。

③挂牌公司应当在披露董事会决议的同时，披露经董事会批准的股票发行方案。

④挂牌公司应当在缴款期前披露股票发行认购公告，其中应当披露缴款的股权登记日、投资者参与询价、定价情况，股票配售的原则和方式及现有股东优先认购安排（如有），并明确现有股东及新增投资者的缴款安排。

⑤挂牌公司应当按照要求披露股票发行情况报告书、股票发行法律意见书、主办券商关于股票发行合法合规性意见和股票挂牌转让公告。

（2）备案及信息披露文件

2013 年 12 月 30 日，股转公司发布并实施《全国中小企业股份转让系统股票发行业务指引第 1 号——备案文件的内容与格式（试行）》，对挂牌公司向股转公司履行股票发行备案程序需报送备案文件及需披露的文件进行规定。具体如下：

全国中小企业股份转让系统股票发行备案文件目录

第一部分 要求披露的文件	1－1　股票发行方案 1－2　股票发行情况报告书 1－3　公司关于股票发行的董事会决议 1－4　公司关于股票发行的股东大会决议 1－5　股票发行认购公告 1－6　主办券商关于股票发行合法合规性意见 1－7　股票发行法律意见书 1－8　具有证券、期货业务资格的会计师事务所或资产评估机构出具的资产审计或评估报告（如有）
第二部分 不要求披露的文件	一、挂牌公司相关文件 2－1　备案登记表 2－2　股票发行备案报告 2－3　认购合同或认购缴款凭证

续表

	二、其他文件 2-4 全体董事对备案文件真实性、准确性和完整性的承诺书 2-5 本次股票发行的验资报告 2-6 资产权属证明文件（如有） 2-7 资产生产经营所需行业的资质证明或批准文件（如有） 2-8 签字注册会计师、律师或者资产评估师的执业证书复印件及其所在机构的执业证书复印件 2-9 要求报送的其他文件

【注】 涉及非现金资产认购的：①非现金资产若为股权资产，应当提供具有证券、期货相关业务资格的会计师事务所出具的标的资产最近一年及一期（如有）的审计报告，审计截止日距审议该交易事项的股东大会召开日不得超过6个月；②非现金资产若为股权以外的其他非现金资产，应当提供资产评估事务所出具的评估报告，评估基准日距审议该交易事项的股东大会召开日不得超过1年。

（3）股票发行方案

2013年12月30日，股转公司发布《发行业务指引第2号——股票发行方案及发行情况报告书的内容与格式（试行）》，规定挂牌公司向股转公司履行股票发行备案程序，编制并披露的股票发行方案和发行情况报告书应当符合指引的要求。

在不影响信息披露完整性并保证阅读方便的前提下，对定期报告、临时公告或者其他信息披露文件中曾经披露过的信息，如未发生变化，公司可以采取索引的方法进行披露。

股票发行方案具体内容如下表所示。

股东未超过200人挂牌公司定向发行股票发行方案的内容

项目	应披露的发行方案的内容
基本内容	股票发行方案应当至少包括以下内容 ①公司基本信息 ②发行计划 ③非现金资产的基本信息，包括资产名称、权属关系，及其审计或资产评估情况等 ④董事会关于资产定价合理性的讨论与分析（如有） ⑤董事会关于本次发行对公司影响的讨论与分析 ⑥其他需要披露的重大事项 ⑦有关声明
董事会决议确定具体发行对象的，应当披露股票认购合同的内容摘要	至少应包括以下内容 ①合同主体、签订时间 ②认购方式、支付方式 ③合同的生效条件和生效时间 ④合同附带的任何保留条款、前置条件 ⑤自愿限售安排 ⑥估值调整条款（如以达到约定业绩为条件的股权质押、股权回购或现金支付等） ⑦违约责任条款 资产转让合同的内容摘要除满足前款规定外，至少还应包括 ⑧目标资产及其价格或定价依据

续表

项目	应披露的发行方案的内容
	⑨资产交付或过户时间安排 ⑩资产自评估截止日至资产交付日或过户日所产生收益的归属 ⑪与资产相关的负债及人员安排
发行对象以非现金资产认购发行股票的，除需披露上述资产转让合同的内容摘要①～⑪外，还应披露	以非股权资产认购发行股票的，应披露相关资产的下列基本情况 ①相关资产的名称、类别以及所有者和经营管理者的基本情况 ②资产权属是否清晰、是否存在权利受限、权属争议或者妨碍权属转移的其他情况 ③相关资产独立运营和核算的，披露最近1年及1期（如有）经具有证券、期货相关资格的会计师事务所审计的财务报表及审计意见，被出具非标准审计意见的应披露涉及事项及其影响 ④资产的交易价格、定价依据，资产评估方法及资产评估价值
	以股权资产认购发行股票的，应披露相关股权的下列基本情况 ①股权所在公司的名称、企业性质、注册地、主要办公地点、法定代表人、注册资本、实收资本；股权及控制关系，包括公司的主要股东及其持股比例、最近两年控股股东或实际控制人的变化情况、股东出资协议及公司章程中可能对本次交易产生影响的主要内容、原高管人员的安排 ②股权权属是否清晰、是否存在权利受限、权属争议或者妨碍权属转移的其他情况 ③股权对应公司主要资产的权属状况及对外担保和主要负债情况 ④披露最近1年及1期（如有）经具有证券、期货相关业务资格的会计师事务所审计的财务报表及审计意见，被出具非标准审计意见的应当披露涉及事项及其影响 ⑤股权的交易价格、定价依据，资产评估方法及资产评估价值（如有）
	【注】资产交易价格以经审计的账面值为依据的，公司董事会应当对定价合理性予以说明

（4）发行情况报告书

根据《发行业务指引第2号——股票发行方案及发行情况报告书的内容与格式（试行）》，股票发行情况报告书应至少包括以下内容：①本次发行的基本情况；②发行前后相关情况对比；③新增股份限售安排（如有）；④主办券商关于本次股票发行合法合规性的结论性意见；⑤律师事务所关于本次股票发行的结论性意见；⑥公司全体董事、监事、高级管理人员的公开声明；⑦备查文件。具体内容如下表所示。

事项	具体内容
①本次发行的基本情况	包括本次发行股票的数量、发行价格、现有股东优先认购的情况、其他发行对象情况及认购股份数量等
②发行前后相关情况对比	应至少包括以下内容 a. 本次发行前后前10名股东持股数量、持股比例及股票限售等比较情况 b. 本次发行前后股本结构、股东人数、资产结构、业务结构、公司控制权以及董事、监事、高级管理人员及核心员工持股的变动情况 c. 发行后主要财务指标变化。最近2年主要财务指标、按股票发行完成后总股本计算的每股收益等指标的变化情况

事项	具体内容
③股票发行限售安排	本次股票发行股份如有限售安排的，应当予以说明；如无限售安排的，也应说明
④主办券商关于本次股票发行合法合规性的结论性意见	至少包括以下内容 a. 关于本次股票发行是否符合豁免申请核准条件的意见 b. 关于公司治理规范性的意见 c. 关于公司是否规范履行了信息披露义务的意见 d. 关于本次股票发行对象是否符合投资者适当性要求的意见 e. 关于发行过程及结果是否合法合规性的意见 f. 关于发行定价方式、定价过程是否公正、公平，定价结果是否合法有效的意见 g. 关于公司本次股票发行现有股东优先认购安排规范性的意见 h. 主办券商认为应当发表的其他意见
⑤律师事务所关于本次股票发行的结论性意见	至少包括以下内容 a. 公司是否符合豁免向中国证监会申请核准股票发行的条件 b. 发行对象是否符合中国证监会及全国股份转让系统公司关于投资者适当性制度的有关规定 c. 发行过程及结果合法合规性的说明，包括但不限于：董事会、股东大会议事程序是否合规，是否执行了公司章程规定的表决权回避制度，发行结果是否合法有效等 d. 与本次股票发行相关的合同等法律文件是否合法合规 e. 安排现有股东优先认购的，应当对优先认购的相关程序及认购结果进行说明；依据公司章程排除适用的，也应当对相关情况进行说明 f. 以非现金资产认购发行股份的，应当说明资产评估程序是否合法合规，是否存在资产权属不清或者其他妨碍权属转移的法律风险；标的资产尚未取得完备权属证书的，应说明取得权属证书是否存在法律障碍；以非现金资产认购发行股份涉及需呈报有关主管部门批准的，应说明是否已获得有效批准；资产相关业务需要取得许可资格或资质的，应说明是否具备相关许可资格或资质 g. 律师认为需要说明的其他问题
⑥全体董事、监事、高级管理人员的公开声明	申请人全体董、监、高应在发行情况报告书的首页声明 "公司全体董事、监事、高级管理人员承诺本发行情况报告书不存在虚假记载、误导性陈述或重大遗漏，并对其真实性、准确性、完整性承担个别和连带的法律责任。" 声明应由全体董事、监事、高级管理人员签名，并由申请人加盖公章

【真题回顾（1509）】 根据《全国中小企业股份转让系统投资者适当性管理细则》，以下可以参与挂牌公司股票公开转让的有（　　　）。

A. 注册资本 500 万元人民币以上的合伙企业

B. 证券投资基金

C. 自然人李某本人名下前一交易日日终证券类资产市值 800 万元人民币，其中用于融资融券的信用证券账户资产为 350 万元，李某具有 2 年以上证券投资经验

D. 注册资本 300 万元人民币的法人机构

答案：B

解析：A 项，实缴出资总额 500 万元人民币以上的合伙企业方可。C 项，投资者本人名下前一交易日日终证券类资产市值 500 万元人民币以上，信用证券账户资产除外。D 项，注册资本 500 万元人民币以上的法人机构方可。

【真题回顾（1511）】下列关于全国中小企业股份转让系统投资者适当性的说法，错误的是（　　）。

A. 某有限合伙企业实缴出资总额 1 000 万元，该有限合伙企业可参与挂牌公司公开转让

B. 某自然人名下前一交易日日终证券类资产市值 400 万元，其可参与挂牌公司公开转让

C. 某有限责任公司注册资本 1 000 万元，该公司可参与挂牌公司公开转让

D. 集合信托计划可参与挂牌公司公开转让

E. 公司挂牌前的股东如不符合参与挂牌公司股票公开转让条件，只能买卖其持有或曾持有的挂牌公司的股票

答案：B

【真题回顾（1605）】下列投资者中可以参与全国股份转让系统挂牌公司股票定向发行的有（　　）。

A. 挂牌公司的董事、监事、高级管理人员

B. 甲合伙公司，实缴出资总额为 300 万元人民币

C. 乙公司，注册资本 500 万元人民币，实缴注册资本 300 万元，根据《公司法》、《公司登记管理条例》以及乙公司公司章程，注册资本将于 2017 年缴足

D. 丙契约型私募基金，该基金是该挂牌公司挂牌前股东在挂牌公司申请在全国股份转让系统挂牌时，股份直接登记为产品名称

E. 某自然人投资者本人名下前一交易日日终股票市值为 400 万元，银行存款 200 万元

【注】原题没有 E 选项。

答案：ACD

解析：B，合伙企业需实缴出资 500 万元以上；C，法人企业注册资本 500 万元以上即可，并不要求缴足；D，根据《全国中小企业股份转让系统机构业务问答（一）——关于资产管理计划、契约型私募基金投资拟挂牌公司股权有关问题》，契约型私募基金所投资公司申请在挂牌时，股份可直接登记为产品名称，符合适当性条件；E，证券类资产 500 万元以上，银行存款不属于证券类资产。

【真题回顾（1610）】甲公司为非上市公众公司，根据《非上市公众公司监管管理办法》，甲公司定向发行的对象可以为（　　）。

A. 某上市公司，注册资本为 5 000 万元

B. 甲公司的监事王某，有一年的证券投资经验

C. 甲公司经股东大会认定的 50 名核心员工

D. 甲公司的原有股东，共 50 名

E. 某合伙企业，其实缴出资额为 300 万元

答案：ABD

解析：B，挂牌公司的股东、董事、监事、高级管理人员、核心员工，不需具备适当性便可参加本公司股票定向发行；C，挂牌公司的董事、监事、高级管理人员、核心员工及符合公开转

让条件的合格投资者合计不得超过 35 名；D，对原股东作为定向发行对象的，无 35 名的相关限制；E，合伙企业实缴出资应达到 500 万元。

【真题回顾（1611）】下列关于非上市公众公司股份发行的表述，正确的是（　　）。

A. 认购并获得非上市公司定向发行股票的法人、自然人或其他投资组织不超过 10 名，证券投资基金管理公司以其管理的 2 只以上基金认购的，视为一个发行对象

B. 单纯以认购股份为目的而设立的甲公司，不具有实际经营业务，注册资本为 1000 万元，可以参与非上市公众公司的股份发行

C. 公司的核心员工参与非上市公众公司定向发行，需由公司监事会提名，并向全体员工公示和征求意见，由董事会发表明确意见后经股东大会审核批准

D. 挂牌公司设立的员工持股计划、认购私募股权基金、资产管理计划等接受证监会监管的金融产品，已经完成核准备案程序并充分披露信息的，可参与公众公司股份的定向发行

答案：D

解析：A，非上市公司定向发行股票对发行对象无不超过 10 名、5 名的限制；B，单纯持股平台，不具有实际经营业务的，不符合投资者适当性管理要求；C，董事会提名，监事会发表意见。

（二）股东人数超过 200 人的挂牌公司发行股票

说明：以下是对股东人数超过 200 人的挂牌公司发行股票的相关规定进行的说明，除有特别说明外，以下内容同样适用定向发行导致股东人数超过 200 人的情形。

1. 发行股票的条件

与"（一）发行后股东人数未超过 200 人的挂牌公司发行股票"相同，详见上文规定。

2. 发行股票的程序

（1）董事会与股东大会决议

公司董事会应当依法就本次股票发行的具体方案作出决议，并提请股东大会批准，股东大会决议必须经出席会议的股东所持表决权的 2/3 以上通过。

（2）制作申请文件并向中国证监会申报

公司制作定向发行的申请文件，并向中国证监会申请核准。根据 2013 年 12 月中国证监会发布并实施的《非上市公众公司信息披露内容与格式准则第 4 号——定向发行申请文件》，非上市公众公司（200 人）定向发行申请文件目录如下：

章节	内容
第一章 定向发行说明书及授权文件	1-1 申请人关于定向发行的申请报告
	1-2 定向发行说明书
	1-3 申请人关于定向发行的董事会决议
	1-4 申请人关于定向发行的股东大会决议
第二章 定向发行推荐文件	2-1 主办券商定向发行推荐工作报告
第三章 证券服务机构关于定向发行的文件	3-1 申请人最近 2 年及 1 期的财务报告及其审计报告
	3-2 法律意见书
	3-3 本次定向发行收购资产相关的最近 1 年及 1 期的财务报告及其审计报告、资产评估报告（如有）

注：上表"3-1"中年度财务报告应当经过具有证券期货相关业务资格的会计师事务所审计。财务报告在最近一期截止日后 6 个月内有效，特殊情况下，可以申请延长，但延长期至多不超过一个月。申请行政许可提交的财务报告应当是公开披露的定期报告。鼓励有持续融资安排的挂牌公司自愿披露季度报告。

（3）中国证监会核准

中国证监会受理申请文件后，依法对公司治理和信息披露以及发行对象情况进行审核，在20个工作日内作出核准、中止审核、终止审核、不予核准的决定。

（4）储架发行

公司申请定向发行股票，可申请一次核准、分期发行。自中国证监会予以核准之日起，公司应当在3个月内首期发行，剩余数量应当在12个月内发行完毕。超过核准文件限定的有效期未发行的，须重新经中国证监会核准后方可发行。首期发行数量应当不少于总发行数量的50%，剩余各期发行的数量由公司自行确定，每期发行后5个工作日内将发行情况报中国证监会备案。

【注】关于定向发行的储架发行，适用范围为股东人数超过200人的挂牌公司发行股票和定向发行导致股东人数超过200人，不适用发行后股东人数未超过200人的挂牌公司发行股票。

各类融资类型储架发行总结

融资类型	具体要求	简便记忆
200人公众公司定向发行股票（包括优先股）	①自中国证监会核准发行之日起，应在3个月内首期发行，剩余数量应当在12个月内发行完毕 ②首期发行数量应不少于总发行数量的50%，剩余各期发行的数量由公司自行确定	3 + 12 + 50%
上市公司发行优先股（公开与非公开）	①自中国证监会核准发行之日起，应在6个月内实施首次发行，剩余数量应在24个月内发行完毕 ②首次发行数量应不少于总发行数量的50%，剩余各次发行的数量由公司自行确定	6 + 24 + 50%
证券公司次级债券	自批准发行之日起，应在6个月内完成首期发行，剩余债券应在24个月内完成发行	6 + 24
公开发行公司债券	自中国证监会核准发行之日起，应在12个月内完成首期发行，剩余数量应在24个月内发行完毕	12 + 24
项目收益债券	可申请一次核准，根据项目资金需求进度分期发行，但应自核准起2年内发行完毕，超过2年的未发行额度即作废	—
非公开定向债务融资工具	在注册有效期内可分期发行定向工具，首期发行应在注册后6个月内完成	—

3. 发行股票的信息披露

（1）信息披露基本要求

非上市公众公司及其董事、监事、高级管理人员应当保证披露的信息真实、准确、完整，不存在虚假记载、误导性陈述或者重大遗漏，并对其真实性、准确性、完整性承担相应的法律责任。

（2）定向发行说明书

2013年12月，中国证监会发布并实施《非上市公众公司信息披露内容与格式准则第3号——定向发行说明书和发行情况报告书》（以下简称3号准则），要求申请人应按3号准则的要求编制定向发行说明书，作为向中国证监会申请定向发行的必备法律文件，并按3号准则的规定进行披露；申请人定向发行结束后，应按3号准则的要求编制并披露发行情况报告书。

定向发行说明书的内容具体如下表所示。

项目	应披露的内容
基本内容	申请人应披露以下内容 ①本次定向发行的目的 ②发行对象及公司现有股东优先认购安排。如董事会未确定具体发行对象的，应披露股票发行对象的范围和确定方法 ③发行价格和定价原则。如董事会未确定具体发行价格的，应披露价格区间 ④股票发行数量或数量上限 ⑤发行对象关于持有本次定向发行股票的限售安排及自愿锁定的承诺。如无限售安排，应说明 ⑥募集资金投向 ⑦本次定向发行涉及的主管部门审批、核准或备案事项情况
股票认购合同的内容摘要	除上述内容外，申请人还应披露如下附生效条件的股票认购合同的内容摘要 ①合同主体、签订时间 ②认购方式、支付方式 ③合同的生效条件和生效时间 ④合同附带的任何保留条款、前置条件 ⑤相关股票限售安排 ⑥违约责任条款
以非股权资产认购本次定向发行股份的	申请人应披露上述"基本内容"＋"相关资产基本情况"＋"附生效条件的资产转让合同的内容摘要"相关资产的基本情况如下 ①资产名称、类别以及所有者和经营管理者的基本情况 ②资产权属是否清晰，是否存在权利受限、权属争议或者妨碍权属转移的其他情况 ③资产独立运营和核算的，披露最近1年及1期经具有证券期货相关业务资格会计师事务所审计的财务信息摘要 ④资产的交易价格及定价依据。披露相关资产经审计的账面值；交易价格以资产评估结果作为依据的，应披露资产评估方法和资产评估结果 附生效条件的资产转让合同的内容摘要，除包括附生效条件的股票认购合同的内容摘要①~⑥外还包括 ①目标资产及其价格或定价依据 ②资产交付或过户时间安排 ③资产自评估截止日至资产交付日所产生收益的归属 ④与资产相关的人员安排
以股权资产认购本次定向发行股份的	申请人应披露上述"基本内容"＋"相关股权基本情况"＋"附生效条件的资产转让合同的内容摘要"相关股权基本情况如下 ①股权所投资的公司的名称、企业性质、注册地、主要办公地点、法定代表人、注册资本；股权及控制关系，包括公司的主要股东及其持股比例、最近2年控股股东或实际控制人的变化情况、股东出资协议及公司章程中可能对本次交易产生影响的主要内容、原高管人员的安排 ②股权所投资的公司主要资产的权属状况及对外担保和主要负债情况 ③股权所投资的公司最近1年及1期的业务发展情况和经具有证券期货相关业务资格会计师事务所审计的财务信息摘要 ④股权的资产评估价值（如有）、交易价格及定价依据

（3）发行情况报告书

申请人定向发行结束后，应按 3 号准则的要求编制并披露发行情况报告书。发行情况报告书包括本次发行的基本情况、本次发行前后相关情况对比、相关股票限售安排、主办券商关于本次股票发行合法合规性的结论性意见，律师事务所关于本次股票发行的结论性意见，公司全体董事、监事、高级管理人员的公开声明以及备案文件，具体如下表所示。

事项	具体内容
①本次发行的基本情况	包括本次定向发行股票的数量、发行价格、认购人、认购股票数量等
②本次定向发行前后相关情况对比	申请人应披露以下内容 a. 本次定向发行前后前 10 名股东持股数量、持股比例及股票限售等比较情况 b. 本次定向发行前后股本结构、股东人数、资产结构、业务结构、公司控制权、董事、监事和高级管理人员持股的变动情况
③相关股票限售安排	本次股票发行股份如有限售安排的，应当予以说明；如无限售安排的，也应说明
④主办券商关于本次股票发行合法合规性的结论性意见	内容至少包括 a. 关于本次定向发行过程、定价方法及结果的合法合规性的说明 b. 关于本次发行对象是否符合《非上市公众公司监督管理办法》的规定，是否符合公司及其全体股东的利益的说明 c. 主办券商认为需要说明的其他事项
⑤律师事务所关于本次股票发行的结论性意见	内容至少包括 a. 关于发行对象资格的合规性的说明 b. 关于本次定向发行过程及结果合法合规性的说明 c. 关于本次定向发行相关合同等法律文件的合规性的说明 d. 本次定向发行涉及资产转让或者其他后续事项的，应陈述办理资产过户或者其他后续事项的程序、期限，并进行因资产瑕疵导致不能过户的法律风险评估 e. 律师认为需要说明的其他事项
⑥全体董事、监事、高级管理人员的公开声明	申请人全体董、监、高应在发行情况报告书的首页声明 "公司全体董事、监事、高级管理人员承诺本发行情况报告书不存在虚假记载、误导性陈述或重大遗漏，并对其真实性、准确性、完整性承担个别和连带的法律责任。"声明应由全体董事、监事、高级管理人员签名，并由申请人加盖公章

【注】由于情况发生变化，导致董事会决议中关于本次定向发行的有关事项需要修正或者补充说明的，申请人应在发行情况报告书中作出专门说明。

【真题回顾（1505）】对于股票向特定对象转让导致股东累计超过 200 人的非上市公众公司，以下说法正确的有（　　）。

A. 应当披露半年度报告

B. 年度报告中的财务会计报告应当经会计师事务所审计

C. 应向中国证监会申请核准

D. 在 2 个月内股东人数降至 200 人以内的，可以不向中国证监会提出申请

E. 年度报告中的财务会计报告应当经具有证券期货业务资格的会计师事务所审计

答案：BCD

解析：A、B、E，定向转让超过 200 人的，应当披露年度报告，半年报不强制披露，年度报告需经会计师事务所审计，不强制要求具有证券期货业务资格；C，200 人公司均需核准，在 3 个月内股东人数降至 200 人以内的，可以不提出申请。

三、挂牌公司股票转让

（一）股票转让限制及解除

1. 股票转让限制

（1）控股股东及实际控制人持股的转让限制

①挂牌公司控股股东及实际控制人在挂牌前直接或间接持有的股票分三批解除转让限制，每批解除转让限制的数量均为其挂牌前所持股票的 1/3，解除转让限制的时间分别为挂牌之日、挂牌期满 1 年和 2 年。（2 年 3 批）

②挂牌前 12 个月以内控股股东及实际控制人直接或间接持有的股票进行过转让的，该股票的管理按照"①"中的规定执行，主办券商为开展做市业务取得的做市初始库存股票除外。

因司法裁决、继承等原因导致有限售期的股票持有人发生变更的，后续持有人应继续执行股票限售规定。

（2）发起人持股的转让限制

须遵守《公司法》的规定：发起人持有的本公司股份，自公司成立之日起一年内不得转让。

【注】此处成立一年是指自股份公司成立之日起算。

（3）董、监、高持股的转让限制

须遵守《公司法》的规定：公司董事、监事、高级管理人员应当向公司申报持有的本公司的股份及其变动情况，在任职期间每年转让的股份不得超过其所持有公司股份总数的 25%。上述人员离职后半年内，不得转让其所持有的本公司的股份。

【注】由于新三板无公开发行股份，因此，在新三板挂牌交易的股票不受《公司法》"公司公开发行股份前已发行的股份，自公司股票在证券交易所上市交易之日起一年内不得转让"的限制。

（4）挂牌前 12 个月内增资持股的转让限制

若是股改前增资，并作为发起人成立股份公司，那么需要遵守发起持股转让限制的规定；若是股改后增资，那么不受转让限制。若增资主体涉及挂牌公司控股股东及实际控制人的，则需要符合上述"（1）"中相关规定。

（5）挂牌公司发行新股的转让限制

①《全国中小企业股份转让系统股票发行业务细则（试行）》第九条规定，发行对象承诺对其认购股票进行转让限制的，应当遵守其承诺，并予以披露。

因此发行新股无强制转让限制要求，但可自愿限售。

②《优先股试点管理办法》第四十七条规定，优先股发行后可以申请上市交易或转让，不设限售期。

因此挂牌公司发行优先股无强制限售要求，但可以自愿限售。

（6）收购股份转让限制

《非上市公众公司监督管理办法》第十六条规定，在公众公司收购中，收购人持有的被收购公司的股份，在收购完成后 12 个月内不得转让。

2. 股票转让限制的解除

股票解除转让限制，应由挂牌公司向主办券商提出，由主办券商报全国股份转让系统公司备案。全国股份转让系统公司备案确认后，通知中国结算办理解除限售登记。

【注】挂牌公司提出，主办券商报备。

【真题回顾（1609）】甲公司于2016年3月在全国中小企业股份转让系统挂牌，王某为甲公司控股股东且未在公司任职，挂牌时持有甲公司2 100万股股份，李某于2015年8月从王某处受让甲公司210万股股份，乙证券公司为甲公司的主办券商，于2016年2月从王某处受让150万股股份作为做市库存股票，以下关于股份锁定的说法正确的有（　　　　）。

A. 王某所持股份应锁定至2019年3月

B. 截至2017年1月，王某解除锁定的股份为700万股

C. 李某所持股份应锁定至2017年3月，此后可全部卖出

D. 截至2017年8月，李某解除锁定的股份为140万股

E. 乙证券公司持有的股份于挂牌之日起可全部流通

答案：BDE

解析：挂牌公司控股股东及实际控制人在挂牌前直接或间接持有的股票分三批解除转让限制，每批解除转让限制的数量均为其挂牌前所持股票的1/3，解除转让限制的时间分别为挂牌之日、挂牌期满1年和2年。挂牌前12个月以内控股股东及实际控制人直接或间接持有的股票进行过转让的，该股票的管理按照控股股东及实际控制人规定执行，主办券商为开展做市业务取得的做市初始库存股票除外。

本题王某为控股股东且未在公司任职，需遵守控股股东转让限制规定，无须考虑公司法规定的关于董、监、高转让限制问题。因此其2016年3月可解除转让限制700万股，2017年3月累计解除转让限制1 400万股，至2018年3月全部解除完毕，B正确，A错误；李某210万股是挂牌前12个月内从控股股东处取得的，因此其2016年3月可解除转让限制70万股，2017年3月累计解除转让限制140万股，至2018年3月全部解除完毕，C错误，D正确；主办券商为开展做市业务取得的做市初始库存股票挂牌之日即可全部流通，E正确。

【模拟练习】甲公司于2014年10月8日在股转系统挂牌，主办券商为乙证券公司。2013年10月10日，王某自控股股东李某处购入股票90万股，2014年8月1日，为做市需要，控股股东李某转让300万股给乙证券公司作为做市库存股。挂牌前李某、乙证券公司和王某分别持有公司3 000万股、300万股和90万股股票，不考虑其他因素，以下说法正确的有（　　　　）。

A. 2014年10月8日，李某所持3000万股中1000万股可公开转让

B. 2014年10月8日，王某所持90万股中30万股可公开转让

C. 2015年10月8日，李某所持3 000万股中1 000万股解除转让限制，应由挂牌公司报股转公司备案，股转公司备案确认后，通知中国结算办理解除限售登记

D. 2014年10月8日，乙证券公司所持300万股中100万股可公开转让

E. 2014年10月8日，乙证券公司所持300万股中300万股可全部公开转让

答案：ABE

解析：李某、王某所持股份应分三批解除限制，分别是挂牌之日、挂牌满1年和2年。因此挂牌时李某、王某可转让的分别为1 000万股和30万股。做市商做市库存股不设转让限制。C项，应由挂牌公司提出，主办券商报备。

（二）股票转让规则

关于公众公司股票转让的规定，《非上市公众公司管理办法》、《全国中小企业股份转让系统业务规则（试行）》（以下简称《业务规则（试行）》）和《全国中小企业股份转让系统股票转

让细则（试行）》（以下简称《转让细则（试行）》）均作出了规定，《非上市公众公司管理办法》主要对定向转让200人及200人公司定向转让以及公开转让等的程序作出规定，如公司董事会、股东大会的决策程序，以及是否需要向中国证监会申请审核等程序，这些规定我们已在"一、股票挂牌"中述及，以下重点对《业务规则（试行）》和《转让细则（试行）》中关于挂牌公司股票转让的规则进行说明。

《转让细则（试行）》关于股票转让的规定基本覆盖了《业务规则（试行）》的相关规定，因此，以下除特别注明外，为《转让细则（试行）》中的相关规定。

1. 转让市场

（1）全国股份转让系统为股票转让提供相关设施，包括交易主机、交易单元、报盘系统及相关通信系统等。

（2）主办券商进入全国股份转让系统进行股票转让，应当向全国股份转让系统公司申请取得转让权限，成为转让参与人。

（3）转让参与人应当通过在全国股份转让系统申请开设的交易单元进行股票转让。

交易单元是转让参与人向全国股份转让系统公司申请设立的、参与全国股份转让系统证券转让，并接受全国股份转让系统公司服务及监管的基本业务单位。

（4）主办券商在全国股份转让系统开展证券经纪、证券自营和做市业务，应当分别开立交易单元。

2. 转让方式

股票可以采取做市转让方式、协议转让方式、竞价转让方式之一进行转让。挂牌公司提出申请并经股转公司同意，可以变更股票转让方式。

【注】目前实务中竞价转让方式尚未实行。

3. 转让的一般规定

（1）转让时间

股票转让时间为每周一至周五9：15至11：30、13：00至15：00。转让时间内因故停市的，转让时间不作顺延。

遇法定节假日和全国股份转让系统公司公告的休市日，全国股份转让系统休市。

（2）转让委托

投资者可以通过书面委托或自助委托方式委托主办券商买卖股票。对于委托的未成交部分，投资者可以撤销委托。被撤销或失效的委托，主办券商应当在确认后及时向投资者返还相应的资金或股票。

【注】自助委托方式主要包括电话、自助终端、互联网委托等。

（3）申报数量

买卖股票的申报数量应当为1 000股或其整数倍，单笔申报最大数量不得超过100万股。卖出股票时，余额不足1 000股部分，应当一次性申报卖出。

（4）转让计价

股票转让的计价单位为"每股价格"。股票转让的申报价格最小变动单位为0.01元人民币。按成交原则达成的价格不在最小价格变动单位范围内的，按照四舍五入原则取至相应的最小价格变动单位。

【注】股转公司可以根据市场需要，调整股票单笔申报数量、申报价格的最小变动单位和单笔申报最大数量。

（5）申报生效

申报当日有效。买卖申报和撤销申报经全国股份转让系统交易主机确认后方为有效。主办券商向交易主机发送买卖申报指令，经交易主机撮合成交后，转让即告成立，交易于转让成立时生效，交易的成交结果以交易主机记录的成交数据为准，交易记录由全国股份转让系统公司发送至主办券商。

【注】①因不可抗力、意外事件、交易系统被非法侵入等原因造成严重后果的转让，股转公司可以采取适当措施或认定无效。②对显失公平的转让，经股转公司认定，可以采取适当措施。③违反《转让细则（试行）》的规定，严重破坏证券市场正常运行的转让，股转公司有权宣布取消转让。由此造成的损失由违规转让者承担。

（6）涨跌幅限制

股转系统对股票转让不设涨跌幅限制。股转公司另有规定的除外。

（7）T + 1 与 T + 0 交易

投资者买入的股票，买入当日不得卖出；做市商买入的股票，买入当日可以卖出。股转公司另有规定的除外。

【注】做市商当日从其他做市商处买入的股票，当日不得卖出。

（8）转让信息

①股转公司每个转让日发布股票转让即时行情、股票转让公开信息等转让信息，及时编制反映市场转让情况的各类报表，并通过股转系统指定信息披露平台或其他媒体予以公布。

②股转系统对采取做市、协议和竞价转让方式的股票即时行情实行分类揭示。

③股转公司负责股转系统信息的统一管理和发布。未经许可，任何机构和个人不得发布、使用和传播转让信息。经许可使用转让信息的机构和个人，未经同意不得将转让信息提供给其他机构和个人使用或予以传播。

④股转公司可以根据市场需要，调整即时行情和股票转让公开信息发布的内容和方式。

⑤股转公司可以根据市场发展需要，编制综合指数、成分指数、分类指数等股票指数，随即时行情发布。

4. 做市转让

（1）做市条件

股票采取做市转让方式的，应当有 2 家以上做市商为其提供做市报价服务，具体如下：

①挂牌时即采取做市转让方式应符合的条件

a. 应当有 2 家以上做市商为其提供做市报价服务，且其中一家做市商应为推荐其股票挂牌的主办券商或该主办券商的母（子）公司。

b. 初始做市商应当取得合计不低于挂牌公司总股本 5% 或 100 万股（以孰低为准），且每家做市商不低于 10 万股的做市库存股票。

【注】不低于 10 万股的做市库存股票是初始库存股最低要求，但并非实时要求。

②已挂牌公司由协议转让方式变更为做市转让方式应符合的条件

a. 2 家以上做市商同意为该股票提供做市报价服务。

b. 每家做市商已取得不低于 10 万股的做市库存股票。

【注】由协议方式变更为做市转让方式时，做市商可以不是推荐该股票挂牌的主办券商或其母（子）公司。

做市商的做市库存股票可通过股东在挂牌前转让、股票发行、在全国股份转让系统买入以及其他合法方式取得。

（2）做市商管理

①申请备案。证券公司开展做市业务前，应向全国股份转让系统公司申请备案。

②做市专用账户。做市商开展做市业务，应通过专用证券账户进行，做市专用证券账户应向中国结算和股转公司报备。做市商不再为挂牌公司股票提供做市报价服务的，应将库存股票转出做市专用证券账户。做市商证券自营账户不得持有其做市股票或参与做市股票的买卖。

③挂牌时采取做市转让方式的股票，后续加入的做市商须在该股票挂牌满3个月后方可为其提供做市报价服务。

④退出做市。a. 挂牌时采取做市转让方式的股票和由其他转让方式变更为做市转让方式的股票，其初始做市商为股票做市不满6个月的，不得退出为该股票做市。后续加入的做市商为股票做市不满3个月的，不得退出为该股票做市。b. 做市商退出做市的，应当事前提出申请并经全国股份转让系统公司同意。退出做市后，1个月内不得申请再次为该股票做市。

【注】退出做市后1个月内不得申请再次为该股票做市，仅限制该公司股票，非"不得申请再次为挂牌公司股票做市"。

⑤终止做市。出现下列情形时，做市商自动终止为相关股票做市：

a. 该股票摘牌。

b. 该股票因其他做市商退出导致做市商不足2家而变更转让方式。

c. 做市商被暂停、终止从事做市业务或被禁止为该股票做市。

d. 全国股份转让系统公司认定的其他情形。

（3）做市商间转让

做市商间为调节库存股等进行股票转让的，可以通过互报成交确认申报方式进行。股转系统接受做市商成交确认申报和成交确认的时间为每个转让日的15：00至15：30。

①做市商间转让股票，其成交价格应在该股票当日最高、最低成交价之间；当日无成交的，其成交价格不得高于前收盘价的110%且不低于前收盘价的90%。

②做市商当日从其他做市商处买入的股票，买入当日不得卖出。

③做市商间转让不纳入即时行情和指数的计算，成交量在每个转让日做市商间转让结束后计入该股票成交总量。

④每个转让日做市商间转让结束后，全国股份转让系统公司逐笔公布做市商间转让信息，包括证券名称、成交量、成交价以及买卖双方做市商名称等。

（4）委托与申报

①投资者可以限价委托主办券商买卖股票，股转系统接受主办券商的限价申报、做市商的做市申报。限价委托应包括证券账户号码、证券代码、买卖方向、委托数量、委托价格等内容。

【注】限价委托是指投资者委托主办券商按其限定的价格买卖股票，主办券商必须按限定的价格或低于限定的价格申报买入股票，按限定的价格或高于限定的价格申报卖出股票。

②股转系统接受限价申报、做市申报的时间为每个转让日的9：15至11：30、13：00至15：00。股转公司可以调整接受申报的时间。

③做市商应在股转系统持续发布买卖双向报价，并在其报价数量范围内按其报价履行与投资者的成交义务。做市转让方式下，投资者之间不能成交。全国股份转让系统公司另有规定的除外。

a. 做市商每次提交做市申报应当同时包含买入价格与卖出价格，且相对买卖价差不得超过

5%。相对买卖价差计算公式为

相对买卖价差 =（卖出价格 – 买入价格）÷ 卖出价格 × 100%

卖出价格与买入价格之差等于最小价格变动单位的，不受上述限制。

b. 做市商提交新的做市申报后，前次做市申报的未成交部分自动撤销。

c. 做市商前次做市申报撤销或其申报数量经成交后不足 1 000 股的，做市商应于 5 分钟内重新报价。

d. 做市商持有库存股票不足 1 000 股时，可以免予履行卖出报价义务。此时，做市商应及时向股转公司报告并调节库存股票数量，并最迟于该情形发生后第 3 个转让日恢复正常双向报价。

e. 单个做市商持有库存股票达到挂牌公司总股本 20% 时，可以免予履行买入报价义务。此时，做市商应及时向股转公司报告，并最迟于该情形发生后第 3 个转让日恢复正常双向报价。

【注】买卖价差不得超过 5%、相对买卖价差计算公式中的分母为"卖出价格"（非"买入价格"）、库存不足 1 000 股免予卖出报价、库存达到挂牌公司总股本 20% 时免予买入报价均需注意。

（5）成交

①每个转让日的 9：30 至 11：30、13：00 至 15：00 为做市转让撮合时间。做市商每个转让日提供双向报价的时间应不少于做市转让撮合时间的 75%。

②股转系统对到价的限价申报即时与做市申报进行成交。如有 2 笔以上做市申报到价的，按照价格优先、时间优先原则成交。成交价以做市申报价格为准。

做市商更改报价使限价申报到价的，股转系统按照价格优先、时间优先原则将到价限价申报依次与该做市申报进行成交。成交价以做市申报价格为准。

【注】到价是指限价申报买入价格大于或等于做市申报卖出价格，或限价申报卖出价格小于或等于做市申报买入价格。

③限价申报之间、做市申报之间不能成交。

（6）开盘价与收盘价

采取做市转让方式的股票，开盘价为该股票当日第一笔成交价，收盘价为该股票当日最后一笔成交价。当日无成交的，以前收盘价为当日收盘价。

【注】开盘、收盘价为当日第一笔和最后一笔成交价。收盘价不是以最后多长时段的加权平均价为准。

5. 协议转让

（1）委托与申报

投资者可意向委托、定价委托和成交确认委托主办券商买卖股票，股转系统接受主办券商的意向申报、定价申报和成交确认申报。

【注】意向委托是指投资者委托主办券商按其确定价格和数量买卖股票，意向委托不具有成交功能。定价委托是指投资者委托主办券商按其指定的价格买卖不超过其指定数量股票。成交确认委托是指投资者买卖双方达成成交协议，或投资者拟与定价委托成交，委托主办券商以指定价格和数量与指定对手方确认成交。

交易主机接受申报的时间为每个转让日的 9：15 至 11：30、13：00 至 15：00。股转公司可以调整接受申报的时间。

股转系统收到拟与定价申报成交的成交确认申报后，如系统中无对应的定价申报，该成交确认申报以撤单处理。

（2）成交

①成交确认时间

每个转让日的9：30至11：30、13：00至15：00为协议转让的成交确认时间。

②成交原则

股转系统按照时间优先原则，将成交确认申报和与该成交确认申报证券代码、申报价格相同，买卖方向相反及成交约定号一致的定价申报进行确认成交。

成交确认申报与定价申报可以部分成交。成交确认申报股票数量小于定价申报的，以成交确认申报的股票数量为成交股票数量；成交确认申报股票数量大于定价申报的，以定价申报的股票数量为成交股票数量。成交确认申报未成交部分以撤单处理。

股转系统对证券代码、申报价格和申报数量相同，买卖方向相反，指定对手方交易单元、证券账户号码相符及成交约定号一致的成交确认申报进行确认成交。

每个转让日15：00，股转系统按照时间优先原则，将证券代码和申报价格相同、买卖方向相反的未成交定价申报进行匹配成交。

（3）开盘价与收盘价

采取协议转让方式的股票，开盘价为当日该股票的第一笔成交价，收盘价为当日最后30分钟转让时间的成交量加权平均价，最后30分钟转让时间无成交的，以当日成交量加权平均价为当日收盘价。当日无成交的，以前收盘价为当日收盘价。

【注】根据《业务规则（试行）》的规定，挂牌股票采取协议转让方式的，全国股份转让系统公司同时提供集合竞价转让安排。因实务中目前竞价交易方式尚未实行，因此目前对于实务中协议转让方式的也并未同时提供集合竞价转让安排。

6. 竞价转让

因实务中竞价转让方式尚未实行，因此，考虑到竞价转让方式的相关规定的可能性较小，故此处省略处理。以往喜欢考的仍是做市转让方式的相关规定。

7. 转让方式的变更

2014年7月，股转公司发布并实施《全国中小企业股份转让系统股票转让方式确定及变更指引（试行）》，对股票转让方式的确定、变更等进行规范，其中关于变更的规定如下：

挂牌公司拟申请变更股票转让方式的，其股东大会应当就股票转让方式变更事宜作出决议。挂牌公司应当在股东大会会议结束后2个转让日内在股转公司指定信息披露平台公告决议内容。

采取做市转让方式的股票，拟变更为协议或竞价转让方式的，挂牌公司应事前征得该股票所有做市商同意。

（1）协议转让变更为做市转让

协议转让变更为做市转让的条件已在前述"做市条件"中述及，此处不再赘述。

挂牌公司应当在作出有关变更转让方式的决议后3个月内，向股转公司提交申请材料；股转公司在3个转让日内出具意见，并于出具意见当日（T日）收市后通知挂牌公司和相关做市商。挂牌公司应当于T日在指定网站公告。

同意变更为做市转让方式的，自T+2转让日起该股票转让方式变更为做市转让方式，相关做市商应当履行对该股票的做市报价义务。

（2）做市转让变更为协议转让

采取做市转让方式的股票，挂牌公司申请变更为协议转让方式的，应当符合以下条件：

①该股票所有做市商均已满足《转让细则（试行）》关于最低做市期限的要求，且均同意退出做市。

②全国股份转让系统公司规定的其他条件。

挂牌公司应当在作出有关变更转让方式的决议后 5 个转让日内，向股转公司提交申请材料；股转公司收到申请材料后，在 3 个转让日内出具意见，并于出具意见当日（T 日）收市后通知挂牌公司和相关做市商。挂牌公司应当于 T 日在指定网站公告。

同意变更为协议转让方式的，自 T＋2 转让日起该股票转让方式变更为协议转让方式，相关做市商停止为该股票提供做市报价服务，并应当按照《转让细则（试行）》有关规定将该挂牌公司股票转出做市专用证券账户。

【注】采取做市转让方式的股票，为其做市的做市商不足 2 家，且未在 30 个转让日内恢复为 2 家以上做市商的，如挂牌公司未按规定提出股票转让方式变更申请，其转让方式将强制变更为协议转让方式。

由于目前竞价交易尚未实施，因此，关于协议与竞价、做市与竞价之间的变更，指引未作出相应规定。

8. 其他转让事项

（1）转托管

①投资者可以以同一证券账户在单个或多个主办券商的不同证券营业部买入股票。

【注】诸如"投资者只能在单个主办券商的同一营业部买入股票"或"投资者只能在单个主办券商的不同营业部买入股票"及"投资者可以以不同证券账户在单个或多个主办券商的不同证券营业部买入股票"的说法是均是错误的。

②投资者买入的股票可以通过原买入股票的交易单元委托卖出，也可以向原买入股票的交易单元发出转托管指令，转托管完成后，在转入的交易单元委托卖出。

【注】可进行转托管，诸如"投资者买入的股票只能通过原买入股票的交易单元委托卖出"的说法是错误的。

（2）挂牌、摘牌、暂停与恢复转让

①股转系统对股票实行挂牌转让。股票依法不再具备挂牌条件的，股转公司终止其挂牌转让，予以摘牌。股转公司可以对出现异常转让情况的股票采取盘中临时停止转让措施并予以公告。

②挂牌公司股票暂停转让时，股转公司发布的行情中包括该股票的信息；股票摘牌后，行情中无该股票的信息。

【注】暂停，行情包括；摘牌，行情不包括。

③股票的挂牌、摘牌、暂停与恢复转让，由股转公司予以公告。相关信息披露义务人应当按照股转公司的要求及时公告。

（3）除权与除息

①股票发生权益分派、公积金转增股本等情况的，股转系统在权益登记日的次一转让日对该股票作除权除息处理。股转公司另有规定的除外。

②除权（息）参考价计算公式为：除权（息）参考价＝（前收盘价－现金红利）÷（1＋股份变动比例）。

挂牌公司认为有必要调整上述计算公式时，可以向股转公司提出调整申请并说明理由。经同意的，挂牌公司应当向市场公布该次除权（息）适用的除权（息）参考价计算公式。

③除权（息）日股票买卖，按除权（息）参考价作为计算涨跌幅度和有效申报价格区间的

基准，股转公司另有规定的除外。

④在除权（息）日，挂牌公司应变更股票简称，在简称前冠以"XR"、"XD"、"DR"等字样。"XR"代表除权；"XD"代表除息；"DR"代表除权并除息。

【注】XR 为 Exit Right 的缩写；XD 为 Exit Divident 的缩写；DR 为 Exit Divident and Right 的缩写。

（4）转让异常情况处理

发生下列转让异常情况之一，导致部分或全部转让不能正常进行的，股转公司可以决定单独或同时采取暂缓进入清算交收程序、技术性停牌或临时停市等措施：

①不可抗力。

②意外事件。

③技术故障。

④全国股份转让系统公司认定的其他异常情况。

出现无法申报或行情传输中断情况的，主办券商应及时向股转公司报告。无法申报或行情传输中断的证券营业部数量超过全部主办券商所属证券营业部总数 10% 以上的，属于转让异常情况，股转公司可以实行临时停市。

【真题回顾（1509）】股票挂牌时，拟采取做市转让的，根据《全国中小企业股份转让系统股票转让方式确定及变更指引（试行）》，下列说法正确的（　　）。

A. 做市商退出做市后不得申请再次为该股票做市

B. 初始做市商每家须取得不低于挂牌公司总股本的 5% 或 100 万股做市库存股，且每家做市商不低于 10 万股

C. 需由 2 家以上做市商同意为其提供做市报价服务

D. 做市商合计持有小于 10 万股做市库存股票的，挂牌公司股票转让方式应由做市转让方式变更为协议转让方式

E. 公司挂牌时采取做市转让方式的，后续拟加入新做市商的，必须先由做市转让方式变更为协议转让方式，拟新加入的做市商通过协议转让的方式取得库存股，然后再由协议转让方式变更为做市转让方式

答案：C

解析：A 项，1 个月内不得申请再次为该股票做市，并非禁止再次做市。B 项，应是"做市商合计取得不低于申请挂牌公司总股本 5% 或 100 万股（以孰低为准），并且每家做市商不低于 10 万股的做市库存股票"。D 项，不低于 10 万股的做市库存股票是初始库存股最低要求，非实时要求。在满足此要求并满足做市其他条件时，做市商便开始做市报价，随时会出现卖出股票从而导致库存股低于 10 万股的情形。另外，根据"做市商持有库存股票不足 1 000 股时，可以免予履行卖出报价义务"可推断，实际上做市以后对实施库存股并无最低要求。而对于强制变更转让方式，规定为做市商不足 2 家，且未在 30 个转让日内恢复为 2 家以上做市商的，方强制变更，并无因库存股不符而强制变更的情形。E 项，后续加入的做市商须在股票挂牌满 3 个月后方可为其提供做市报价服务，应当向股转公司提出申请。并不需要变更转让方式，可通过从其他做市商处或定向发行等方式取得库存股。

【模拟练习】以下关于在新三板挂牌的公司采取做市转让方式转让股票的说法正确的有〔　　〕。

A. 申请挂牌公司股票拟采取做市转让方式的，应当有 2 家以上做市商为其提供做市报价服务，其中一家做市商应为推荐其股票挂牌的主办券商或该主办券商的母公司，该主办券商的子公

司不可以成为做市商

B. 做市商买入的股票，买入当日可以卖出，但做市商当日从其他做市商处买入的股票，买入当日不得卖出

C. 做市商证券自营账户不得持有其做市股票或参与做市股票的买卖

D. 甲公司挂牌时采取做市转让方式，甲公司总股本为 10 000 万股，A 与 B 证券公司为其初始做市商，则 A 与 B 合计应取得不低于 500 万股的做市库存股票

答案：BC

解析：A 项，根据规定，申请挂牌公司股票拟采取做市转让方式的，应当有 2 家以上做市商为其提供做市报价服务。其中一家做市商应为推荐其股票挂牌的主办券商或该主办券商的母（子）公司，子公司也是可以的。D 项，根据《全国中小企业股份转让系统股票转让细则（试行）》的规定，挂牌时采取做市转让方式的股票，初始做市商应当取得合计不低于挂牌公司总股本 5% 或 100 万股（以孰低为准），且每家做市商不低于 10 万股的做市库存股票。

【真题回顾（1311）】以下关于在全国中小企业股份转让系统挂牌的公司转让股票的说法正确的有（　　　）。

A. 转让时间内因故停市的，转让时间不作顺延

B. 股票转让不设涨跌幅限制，股转公司另有规定的除外

C. 买卖挂牌公司股票，申报数量应当为 1 000 股或其整数倍，卖出挂牌公司股票时，余额不足 1 000 股部分，应当一次性申报卖出

D. 股票转让的申报价格最小变动单位为 0.01 元人民币

答案：ABCD

【真题回顾（1605）】根据《全国中小企业股份转让系统股票转让细则（试行）》，下列关于全国股份转让系统股票转让的说法正确的是（　　　）。

A. 主办券商在全国股份转让系统开展经纪、证券自营和做市业务，应当分别开立交易单元

B. 投资者可以以同一证券账户在单个或多个主办券商的不同证券营业部买入股票

C. 在除权（息）日，挂牌公司应变更股票简称，在简称前冠以"XD"、"XR"、"DR"等字样，"XD"代表除权；"XR"代表除息；"DR"代表除权并除息

D. 挂牌公司股票暂停转让时，全国股份转让系统公司发布的行情中暂不包括该股票的信息

答案：AB

解析：C 项，"XR"代表除权；"XD"代表除息；D 项，暂停转让时，行情中包括该股票的信息，摘牌后，行情中无该股票的信息。

【模拟练习】下列关于全国中小企业股份转让系统做市转让方式的表述，正确的是（　　　）。

A. 投资者可以采用限价委托方式委托主办券商买卖股票，限价委托应包括证券账户号码、证券代码、买卖方向、委托数量、委托价格等内容

B. 做市商每次提交做市申报应同时包含买入价格与卖出价格，且相对买卖价差不得超过 10%。相对买卖价差计算公式为：相对买卖价差 =（卖出价格 - 买入价格）÷ 买入价格 ×100%

C. 挂牌时采取做市转让方式的股票，初始做市商应当取得合计不低于挂牌公司总股本 5% 或 100 万股（以孰低为准），且每家做市商不低于 10 万股的做市库存股票

D. 做市商间转让股票，其成交价格应在该股票当日最高、最低成交价之间，当日无成交的，其成交价格不得高于前收盘价的 150% 且不低于前收盘价的 50%

E. 采取做市转让方式的股票，以当日最后 3 分钟转让时间的成交量加权平均价为当日收盘

价，当日无成交的，以前收盘价为当日收盘价

答案：AC

解析：B项，该选项有两处错误，一为买卖价差不得超过5%，二为公式中的分母应当是"卖出价格"；D项，当日无成交的，其成交价格不得高于前收盘价的110%且不低于前收盘价的90%；E项，收盘价为该股票当日最后一笔成交价，当日无成交的，以前收盘价为当日收盘价。

四、挂牌公司信息披露

《非上市公众公司监督管理办法》、《全国中小企业股份转让系统业务规则（试行）》、《全国中小企业股份转让系统挂牌公司信息披露细则（试行）》（以下简称《信息披露细则（试行）》）均对挂牌公司信息披露作出了规定，其中《非上市公众公司监督管理办法》对包含挂牌公司在内的公众公司信息披露进行规范，其部分规定适用挂牌公司的信息披露，相关规定已在本节"二、挂牌公司发行股票"中"发行股票的条件"中述及，以下主要是对《业务规则（试行）》和《信息披露细则（试行）》的相关规定进行介绍。

（一）信息披露的一般规定

1. 挂牌公司应当制定信息披露事务管理制度，经董事会审议后及时向全国股份转让系统公司报备并披露。

2. 挂牌公司披露重大信息之前，应当经主办券商审查，公司不得披露未经主办券商审查的重大信息。

3. 主办券商应当指导和督促所推荐挂牌公司规范履行信息披露义务，对其信息披露文件进行事前审查。

发现拟披露的信息或已披露信息存在任何错误、遗漏或者误导的，或者发现存在应当披露而未披露事项的，主办券商应当要求挂牌公司进行更正或补充。挂牌公司拒不更正或补充的，主办券商应当在两个转让日内发布风险揭示公告并向全国股份转让系统公司报告。

（二）定期报告

1. 挂牌公司应当披露的定期报告包括年度报告、半年度报告，可以披露季度报告。

挂牌公司应当在每个会计年度结束之日起4个月内编制并披露年度报告，在每个会计年度的上半年结束之日起2个月内披露半年度报告；披露季度报告的，公司应当在每个会计年度前3个月、9个月结束后的一个月内披露季度报告，第一季度报告的披露时间不得早于上一年的年度报告。

【注1】挂牌公司一般指股票公开转让的公众公司，注意定向转让致股东超过200人的公众公司仅要求强制披露年度报告。

【注2】根据《关于金融类企业挂牌融资有关事项的通知》，已挂牌的其他具有金融属性企业应当披露季度报告。（其他具有金融属性企业包括小额贷款公司、融资担保公司、融资租赁公司、商业保理公司、典当公司等）

2. 挂牌公司年度报告中的财务报告必须经具有证券、期货相关业务资格的会计师事务所审计。

挂牌公司不得随意变更会计师事务所，如确需变更的，应当由董事会审议后提交股东大会审议。

【注】挂牌公司半年度报告不强制审计；定向转让致股东超过200人的公众公司的年度报告需要审计，但并不要求须经具有证券、期货相关业务资格的会计师事务所审计。

3. 挂牌公司应当与全国股份转让系统公司约定定期报告的披露时间，全国股份转让系统公司根据均衡原则统筹安排各挂牌公司定期报告披露顺序。

4. 挂牌公司董事会应当确保公司定期报告按时披露，公司不得披露未经董事会审议通过的

定期报告。

董事会因故无法对定期报告形成决议的，应当以董事会公告的方式披露，说明具体原因和存在的风险。

公司不得以董事、高级管理人员对定期报告内容有异议为由不按时披露。

【注】《非上市公众公司监督管理办法》规定，（挂牌）公司的董事、监事、高级管理人员应保证公司披露信息的真实、准确、完整、及时。公众公司董事、高级管理人员应当对定期报告签署书面确认意见，监事会应当对董事会编制的定期报告进行审核并提出书面审核意见。

5. 年度报告出现下列情形的，主办券商应当最迟在披露前一个转让日向全国股份转让系统公司报告：

（1）财务报告被出具否定意见或者无法表示意见的审计报告。

（2）经审计的期末净资产为负值。

6. 挂牌公司财务报告被注册会计师出具非标准审计意见的，公司在向主办券商送达定期报告的同时应当提交下列文件：

（1）董事会针对该审计意见涉及事项所作的专项说明，审议此专项说明的董事会决议以及决议所依据的材料。

（2）监事会对董事会有关说明的意见和相关决议。

（3）负责审计的会计师事务所及注册会计师出具的专项说明。

（4）主办券商及全国股份转让系统公司要求的其他文件。

（三）临时报告

1. 一般规定

（1）临时报告应当加盖董事会公章并由公司董事会发布。

（2）挂牌公司应当在临时报告所涉及的重大事件最先触及下列任一时点后及时履行首次披露义务：

① 董事会或者监事会作出决议时。

② 签署意向书或者协议（无论是否附加条件或者期限）时。

③ 公司（含任一董事、监事或者高级管理人员）知悉或者理应知悉重大事件发生时。

（3）对挂牌公司股票转让价格可能产生较大影响的重大事件正处于筹划阶段，虽然尚未触及上述"（2）"中规定的时点，但出现下列情形之一的，公司也应履行首次披露义务：

①该事件难以保密。

②该事件已经泄露或者市场出现有关该事件的传闻。

③公司股票及其衍生品种交易已发生异常波动。

2. "三会"决议

（1）董事会决议

挂牌公司召开董事会会议，应当在会议结束后及时将经与会董事签字确认的决议（包括所有提案均被否决的董事会决议）向主办券商报备。

决议涉及应当披露的重大信息的，公司应当以临时公告的形式及时披露。

决议涉及应当提交经股东大会审议的事项的，公司应当在决议后及时以临时公告的形式披露。

【注】即便是所有提案均被否决的董事会决议，也应向主办券商报备。

（2）监事会决议

挂牌公司召开监事会会议，应当在会议结束后及时将经与会监事签字的决议向主办券商报备。

涉及应当披露的重大信息的，公司应当以临时公告的形式及时披露。

（3）股东大会决议

挂牌公司召开股东大会，应当在会议结束后 2 个转让日内将相关决议公告披露。年度股东大会公告中应当包括律师鉴证意见。

【注 1】 挂牌公司应当在年度股东大会召开 20 日前或者临时股东大会召开 15 日前，以临时公告方式向股东发出股东大会通知。

【注 2】 年度股东大会公告中应当包括律师鉴证意见，并非所有股东大会公告中均应当包括。

特别需要注意的是，根据上述规定可见，董事会决议、监事会决议要求向主办券商报备，非法定必须披露，只有涉及应当披露的重大信息时，方应以临时公告的形式及时披露。而对于股东大会决议，为法定披露情形，不管是否涉及重大信息，均应在会议结束后 2 个转让日内将相关决议公告披露。

另外，稍微注意一下，并无总经理会需要进行报备和披露的要求。

3. 关联交易

挂牌公司董事会、股东大会审议关联交易事项时，应当执行公司章程规定的表决权回避制度。并按以下要求披露：

（1）对于每年发生的日常性关联交易，挂牌公司应当在披露上一年度报告之前，对本年度将发生的关联交易总金额进行合理预计，提交股东大会审议并披露。

（2）除日常性关联交易之外的其他关联交易，挂牌公司应当经过股东大会审议并以临时公告的形式披露。

（3）挂牌公司与关联方进行下列交易，可以免予按照关联交易的方式进行审议和披露：

①一方以现金认购另一方发行的股票、公司债券或企业债券、可转换公司债券或者其他证券品种。

②一方作为承销团成员承销另一方公开发行的股票、公司债券或企业债券、可转换公司债券或者其他证券品种。

③一方依据另一方股东大会决议领取股息、红利或者报酬。

④挂牌公司与其合并报表范围内的控股子公司发生的或者上述控股子公司之间发生的关联交易。

4. 其他重大事件

（1）挂牌公司对涉案金额占公司最近一期经审计净资产绝对值 10% 以上的重大诉讼、仲裁事项应当及时披露。

【注 1】 ①未达到上述标准或没有具体涉案金额的，董事会、主办券商或股转公司认为有必要的，也应及时披露；②涉及股东大会、董事会决议被申请撤销或者宣告无效的诉讼，公司也应当及时披露。例如，某挂牌公司于 2017 年 6 月 22 日召开第一届董事会第 10 次会议临时审议一重大诉讼，涉案金额为最近一期经审计净资产绝对值 15%，该董事会决议已被股东向法院申请撤销，此时也应及时披露。

【注 2】 编制合并报表的，净资产是指合并报表中归属于母公司的所有者权益，不含少数股东权益。

（2）挂牌公司应当在董事会审议通过利润分配或资本公积转增股本方案后，及时披露方案具体内容，并于实施方案的股权登记日前披露方案实施公告。

（3）股票转让被股转公司认定为异常波动的，挂牌公司应当于次一股份转让日披露异常波动公告。如果次一转让日无法披露，公司应当向股转公司申请股票暂停转让直至披露后恢复转让。

【注】 异常波动次一转让日无法披露异常波动公告，也是需要暂停转让的情形之一。

（4）公共媒体传闻可能或已经对公司股票转让价格产生较大影响的，挂牌公司应当及时向主办券商提供有助于甄别传闻的相关资料，并决定是否发布澄清公告。

【注】 并非一定要发布澄清公告。

（5）挂牌公司出现以下情形之一的，应当自事实发生之日起2个转让日内披露：

①控股股东或实际控制人发生变更。

②控股股东、实际控制人或者其关联方占用资金。

③法院裁定禁止有控制权的大股东转让其所持公司股份。

④任一股东所持公司5%以上股份被质押、冻结、司法拍卖、托管、设定信托或者被依法限制表决权。

⑤公司董事、监事、高级管理人员发生变动；董事长或者总经理无法履行职责。

⑥公司减资、合并、分立、解散及申请破产的决定；或者依法进入破产程序、被责令关闭。

⑦董事会就并购重组、股利分派、回购股份、定向发行股票或者其他证券融资方案、股权激励方案形成决议。

⑧变更会计师事务所、会计政策、会计估计。

⑨对外提供担保（挂牌公司对控股子公司担保除外）。

⑩公司及其董事、监事、高级管理人员、公司控股股东、实际控制人在报告期内存在受有权机关调查、司法纪检部门采取强制措施、被移送司法机关或追究刑事责任、中国证监会稽查、中国证监会行政处罚、证券市场禁入、认定为不适当人选，或受到对公司生产经营有重大影响的其他行政管理部门处罚。

⑪因前期已披露的信息存在差错、未按规定披露或者虚假记载，被有关机构责令改正或者经董事会决定进行更正。

⑫主办券商或全国股份转让系统公司认定的其他情形。

【注1】 注意与上市公司临时披露重大事件的差异。

【注2】 发生违规对外担保、控股股东或者其关联方占用资金的，公司应当至少每月发布一次提示性公告，披露违规对外担保或资金占用的解决进展情况。

【注3】 "④"是5%以上股份被限制，而非持股5%以上股东的股份被限制。

【注4】 "⑤"董、监、高只要发生变动，就属于重大事项，需进行披露，无数量和比例的要求。上市公司中是"1/3监事变动"，注意区别。

【注5】 "⑥"中不含增资情形。

【注6】 "⑨"例外情况，挂牌公司对控股子公司担保，含全资子公司（全资子公司是控股子公司的一种特例）。

5. 风险警示、暂停与恢复转让、终止与重新挂牌

（1）风险警示

挂牌公司出现下列情形之一的，股转公司对股票转让实行风险警示，在公司股票简称前加注标识并公告：

①最近一个会计年度的财务会计报告被出具否定意见或者无法表示意见的审计报告。

②最近一个会计年度经审计的期末净资产为负值。

③全国股份转让系统公司规定的其他情形。

（2）暂停与恢复转让

挂牌公司发生下列事项，应当向股转公司申请暂停转让，直至按规定披露或相关情形消除后恢复转让：

①预计应披露的重大信息在披露前已难以保密或已经泄露，或公共媒体出现与公司有关传闻，可能或已经对股票转让价格产生较大影响的。

②涉及需要向有关部门进行政策咨询、方案论证的无先例或存在重大不确定性的重大事项，或挂牌公司有合理理由需要申请暂停股票转让的其他事项。

③向中国证监会申请公开发行股票并在证券交易所上市，或向证券交易所申请股票上市。

④向股转公司主动申请终止挂牌。

⑤未在规定期限内披露年度报告或者半年度报告。

⑥主办券商与挂牌公司解除持续督导协议。

⑦出现依据《公司法》第一百八十一条规定解散的情形，或法院依法受理公司重整、和解或者破产清算申请。

（3）终止与重新挂牌

挂牌公司出现下列情形之一的，全国股份转让系统公司终止其股票挂牌：

①中国证监会核准其公开发行股票并在证券交易所上市，或证券交易所同意其股票上市。

②终止挂牌申请获得全国股份转让系统公司同意。

③未在规定期限内披露年度报告或者半年度报告的，自期满之日起2个月内仍未披露年度报告或半年度报告。

④主办券商与挂牌公司解除持续督导协议，挂牌公司未能在股票暂停转让之日起3个月内与其他主办券商签署持续督导协议的。

⑤挂牌公司经清算组或管理人清算并注销公司登记的。

⑥全国股份转让系统公司规定的其他情形。

导致公司终止挂牌的情形消除后，经公司申请、主办券商推荐及股转公司同意，公司股票可以重新挂牌。

【注】上述③、④项情形终止挂牌的公司，股转公司可以为其提供股票非公开转让服务。

（四）挂牌公司利润分配、资本公积转增股本的财务数据基准日

本部分内容与挂牌公司定期报告信息披露相关，因此将其归入挂牌公司信息披露中来。

根据股转公司2016年1月发布并实施的《挂牌公司信息披露及会计业务问答（一）——利润分配与公积金转增股本》，挂牌公司进行利润分配和资本公积转增股本时财务数据基准日应遵照以下规定：

1. 不能以验资报告或除定期报告之外的任何时点的财务数据为基准进行权益分派。

【注】利润分配和资本公积转增股本即为权益分派。

2. 拟进行权益分派的挂牌公司，权益分派方案中应当以公开披露过的仍在有效期内（报告期末日起6个月内）的最近一期定期报告期末日作为基准日，也就是说，挂牌公司进行权益分派，应当以已披露的年度报告、半年度报告或季度报告的财务数据为依据。如未披露季度报告的，可以以年度报告、半年度报告为基础。

【注1】基准日的财务数据指的是未分配利润和资本公积，实施权益分派的股本基数如无特

殊安排，均以股权登记日的股本数为准。

【注2】权益分派方案经股东大会审议通过后2个月必须实施完毕，如未能实施则需重新履行审议程序。

3. 权益分派应当依据的财务数据基准日如下表所示。

权益分派方案审议日期	依据的财务数据基准日
1月1日至3月31日	上年度12月31日
4月1日至6月30日	上年度12月31日或本年度3月31日，如已披露一季报，依据一季报分派
7月1日至9月30日	本年度6月30日
10月1日至12月31日	本年度6月30日或本年度9月30日，如已披露三季报依据三季报分派

【模拟练习】根据《非上市公众公司监督管理办法》及《全国中小企业股份转让系统挂牌公司信息披露细则（试行）》，以下关于挂牌公司信息披露的说法正确的有（　　）。

A. 挂牌公司的董事、监事、高级管理人员应保证公司披露信息的真实、准确、完整、及时，并对定期报告签署书面确认意见，监事会应当对董事会编制的定期报告进行审核并提出书面审核意见

B. 主办券商应当指导和督促所推荐挂牌公司规范履行信息披露义务，对其信息披露文件进行事后审查

C. 挂牌公司应当披露的定期报告包括年度报告、半年度报告和季度报告

D. 挂牌公司年度报告、半年度报告中的财务报告必须经具有证券、期货相关业务资格的会计师事务所审计

E. 挂牌公司董事会应当确保公司定期报告按时披露，公司不得披露未经董事会审议通过的定期报告

F. 挂牌公司应当与股转公司约定定期报告的披露时间，股转公司根据预约时间先后顺序安排各挂牌公司定期报告披露顺序

答案：E

解析：A项，董事、高级管理人员应当对定期报告签署书面确认意见，监事不需要签署。B项，事前审查。C项，挂牌公司年度、半年度报告强制披露，季度报告不强制披露。另外注意定向转让超过200人的公众公司仅强制披露年度报告。D项，半年度报告不强制审计。F项，根据均衡原则统筹安排各挂牌公司定期报告披露顺序。

【模拟练习】根据《全国中小企业股份转让系统挂牌公司信息披露细则（试行）》，挂牌公司应及时披露重大事件的时点有（　　）。

A. 董事会就相关重大事件作出决议时

B. 挂牌公司股票及其衍生品种交易已发生异常波动

C. 董事、监事或者高级管理人员知悉该重大事件发生时

D. 有关各方就相关重大事件签署附条件生效的意向书时

E. 相关重大事件难以保密时

答案：ABCDE

解析：D，无论是否附加条件或者期限，签署意向书或者协议时就需要披露。

【模拟练习】根据《全国中小企业股份转让系统挂牌公司信息披露细则（试行）》，以下说法正确的有（　　）。

A. 挂牌公司召开董事会会议，应当在会议结束后及时将经与会董事签字确认的决议予以公告

B. 挂牌公司召开董事会会议，应当在会议结束后及时将经与会董事签字确认的决议向主办券商报备，所有提案均被否决的董事会决议无须报备

C. 挂牌公司召开监事会会议，涉及应当披露的重大信息的，公司应当以临时公告的形式及时披露

D. 挂牌公司召开股东大会，应当在会议结束后 2 个转让日内将相关决议公告披露，公告中应当包括律师鉴证意见

E. 挂牌公司召开经理会，应当在会议结束后及时将决议向主办券商报备，涉及应当披露的重大信息的，公司应当以临时公告的形式及时披露

答案：C

解析：董事会决议、监事会决议要求向主办券商报备，非法定必须披露，只有当涉及应当披露的重大信息时，方应以临时公告的形式及时披露。而对于股东大会决议，为法定披露情形，不管是否涉及重大信息，均应在会议结束后 2 个转让日内将相关决议公告披露，A 错误，C 正确；B，所有提案均被否决的董事会决议也需报备；D，年度股东大会公告中应当包括律师鉴证意见；E，无经理会相关报备及披露要求。

【模拟练习】下列关于挂牌公司进行利润分配的说法，正确的有（　　）。

A. 可以以验资报告时点的财务数据作为基准进行利润分配

B. 可以以月度报告时点的财务数据作为基准进行利润分配

C. 利润分派方案经股东大会审议通过后 2 个月内必须实施完毕，特别情况可适当延长 1 个月

D. 实施权益分派的股本基数如无特殊安排，应该以股权登记日的股本数为准

E. 挂牌公司进行权益分派，应以已公开披露的仍在有效期内的最近一期定期报告期末日作为基准日

答案：DE

解析：挂牌公司进行权益分派，应以已公开披露的仍在有效期内的最近一期定期报告期末日作为基准日，不得以验资报告或除定期报告之外的任何时点的财务数据为基准，A、B 错误，E 正确。C，无延长规定，如 2 个月内未能实施则须重新履行审议程序。

【模拟练习】甲挂牌公司拟进行利润分配，利润分配方案审议日期为 2017 年 4 月 10 日，2017 年第一季度报告已经公开披露，则以下可以作为利润分配依据的财务数据基准日的是（　　）。

A. 2016 年 12 月 31 日

B. 2017 年 2 月 28 日

C. 2016 年 12 月 31 日或 2017 年 3 月 31 日

D. 2017 年一季报

E. 2016 年 10 月 31 日

答案：D

解析：挂牌公司权益分派基准日为最近一期已披露的有效期内的定期报告期末截止日，本题中 2017 年第一季度报告已经披露，不可再以 2016 年 12 月 31 日为基准日，尽管仍在有效期内。

五、非上市公众公司发行优先股

根据《优先股试点管理办法》的规定，非上市公众公司发行优先股只能以非公开的方式发

行，以下分别从发行条件、发行程序及信息披露几个方面进行说明。对于境内注册境外上市的公司，同样适用以下规定。

（一）发行条件

1. 总体规定

非上市公众公司非公开发行优先股应符合下列条件：

（1）合法规范经营。

（2）公司治理机制健全。

（3）依法履行信息披露义务。

2. 具体规定

（1）已发行的优先股不得超过公司普通股股份总数的50%，且筹资金额不得超过发行前净资产的50%，已回购、转换的优先股不纳入计算。

（2）同一次发行的优先股，条款应当相同。每次优先股发行完毕前，不得再次发行优先股。

（3）存在下列情形之一的，不得发行优先股：

①本次发行申请文件有虚假记载、误导性陈述或重大遗漏。

②最近12个月内受到过中国证监会的行政处罚。

③因涉嫌犯罪正被司法机关立案侦查或涉嫌违法违规正被中国证监会立案调查。

④公司的权益被控股股东或实际控制人严重损害且尚未消除。

⑤公司及其附属公司违规对外提供担保且尚未解除。

⑥存在可能严重影响公司持续经营的担保、诉讼、仲裁、市场重大质疑或其他重大事项。

⑦其董事和高级管理人员不符合法律、行政法规和规章规定的任职资格。

⑧严重损害投资者合法权益和社会公共利益的其他情形。

（4）优先股每股票面金额为100元，发行价格不得低于优先股票面金额。

（5）票面股息率不得高于最近2个会计年度的年均加权平均净资产收益率。

（6）不得发行可转换为普通股的优先股。但商业银行可根据商业银行资本监管规定，非公开发行触发事件发生时强制转换为普通股的优先股，并遵守有关规定。

（7）仅向《优先股试点管理办法》规定的合格投资者发行，每次发行对象不得超过200人，且相同条款优先股的发行对象累计不得超过200人。

【注】具体规定（1）～（7）的要求与上市公司非公开发行优先股的规定完全相同，其中（1）～（4）与（6）的规定与上市公司公开发行优先股的规定也完全相同，详见本章第二节相关内容。

根据以上内容，结合上市公司发行优先股的相关规定，对上市公司公开发行优先股、非公开发行优先股及公众公司非公开发行优先股相关规定总结如下表所示。

相关规定	上市公司公开发行	上市公司定向发行	公众公司定向发行
（1）已发行的优先股不得超过公司普通股股份总数的50%，且筹资金额不得超过发行前净资产的50%，已回购、转换的优先股不纳入计算	✓	✓	✓
（2）同一次发行的优先股，条款应当相同。每次优先股发行完毕前，不得再次发行优先股	✓	✓	✓

续表

相关规定	上市公司公开发行	上市公司定向发行	公众公司定向发行
（3）存在下列情形之一的，不得发行优先股 ①本次发行申请文件有虚假记载、误导性陈述或重大遗漏 ②最近 12 个月内受到过中国证监会的行政处罚 ③因涉嫌犯罪正被立案侦查或涉嫌违法违规正被中国证监会立案调查 ④公司的权益被控股股东或实际控制人严重损害且尚未消除 ⑤公司及其附属公司违规对外提供担保且尚未解除 ⑥存在可能严重影响公司持续经营的担保、诉讼、仲裁、市场重大质疑或其他重大事项 ⑦其董事和高级管理人员不符合法律、行政法规和规章规定的任职资格 ⑧严重损害投资者合法权益和社会公共利益的其他情形	✓	✓	✓
（4）每股票面金额为 100 元，发行价格不得低于优先股票面金额	✓	✓	✓
（5）不得发行可转换为普通股的优先股。但商业银行可根据商业银行资本监管规定，非公开发行触发事件发生时强制转换为普通股的优先股，并遵守有关规定	✓	✓	✓
（6）最近 3 个会计年度实现的年均可分配利润应当不少于优先股 1 年的股息	✓	✓	×
（7）最近三年现金分红情况应符合公司章程及中国证监会的有关监管规定	✓	✓	×
（8）募集资金使用符合下列规定 ①有明确用途，与公司业务范围、经营规模相匹配 ②募集资金用途符合国家产业政策和有关环境保护、土地管理等法律和行政法规的规定 ③除金融类企业外，本次募集资金使用项目不得为持有交易性金融资产和可供出售的金融资产、借予他人等财务性投资，不得直接或间接投资于以买卖有价证券为主要业务的公司	✓	✓	×
（9）储架发行 ①可以申请一次核准、分次发行，不同次发行的优先股除票面股息率外，其他条款应当相同 ②自中国证监会核准发行之日起，公司应在 6 个月内实施首次发行，剩余数量应当在 24 个月内发行完毕。超过核准文件时限的，须申请中国证监会重新核准 ③首次发行数量应当不少于总发行数量的 50%，剩余各次发行的数量由公司自行确定，每次发行完毕后 5 个工作日内报中国证监会备案	✓	✓	×

相关规定	上市公司 公开发行	上市公司 定向发行	公众公司 定向发行
（10）发行优先股，应当符合以下情形之一 ①其普通股为上证50指数成分股 ②以公开发行优先股作为支付手段收购或吸收合并其他上市公司 ③以减少注册资本为目的回购普通股的，可以公开发行优先股作为支付手段，或者在回购方案实施完毕后，可公开发行不超过回购减资总额的优先股 中国证监会核准公开发行优先股后不再符合第①项情形的，上市公司仍可实施本次发行	✓	×	×
（11）最近三个会计年度应当连续盈利	✓	×	×
（12）最近36个月内不存在因违反工商、税收、土地、环保、海关法律、行政法规或规章，受到行政处罚且情节严重的情形	✓	×	×
（13）最近12个月内应当不存在违反向投资者作出的公开承诺的行为	✓	×	×
（14）控股股东或实际控制人最近12个月内应当不存在违反向投资者作出的公开承诺的行为	✓	×	×
（15）①可以向原股东优先配售。②价格或票面股息率以市场询价或中国证监会认可的其他公开方式确定	✓	×	×
（16）最近3年财务报表被出具标准审计报告或带强调事项段的无保留意见的审计报告	✓	×	×
（17）①仅向合格投资者发行，每次发行对象不得超过200人，且相同条款优先股的发行对象累计不得超过200人。②票面股息率不得高于最近2个会计年度的年均加权平均净资产收益率	×	✓	✓
（18）最近1年财务报表被出具非标准审计报告的，所涉及事项对公司无重大不利影响或在发行前重大不利影响已经消除	×	✓	—

注：①上表中（1）～（5）是发行优先股的统一规定，不管何种发行主体，公开发行与定向发行均需符合；（6）～（9）是上市公司发行优先股的规定，非上市公众公司无须符合；（10）～（16）是上市公司公开发行优先股的特有规定，非公开发行无须符合；（17）是非公开发行的特有规定，上市公司、公众公司非公开发行均需符合；（18）是上市公司非公开发行特有规定，非上市公众公司发行优先股关于审计意见无明确要求。

注：②另外，对于上市公司发行优先股（公开、非公开），独立董事应就本次发行对公司各类股东权益的影响发表专项意见，并与董事会决议一同披露；上市公司发行优先股，要求在公司章程中明确规定相关事项，其中公开发行与非公开发行的要求又不同，详见前述本章第二节相关内容。非上市公众公司发行优先股对于公司章程须明确规定的事项无相关要求。

（二）发行程序

1. 董事会决议

非上市公众公司拟发行优先股的，董事会应依法就具体方案、本次发行对公司各类股东权益的影响、发行优先股的目的、募集资金的用途及其他必须明确的事项作出决议，并提请股东大会批准。

（1）董事会决议确定具体发行对象的，董事会决议应当确定具体的发行对象名称及其认购价格或定价原则、认购数量或数量区间等；同时应在召开董事会前与相应发行对象签订附条件生效的股份认购合同。

（2）董事会决议未确定具体发行对象的，董事会决议应当明确发行对象的范围和资格、定价原则等。

2. 股东大会决议

非上市公众公司股东大会就发行优先股进行审议，表决事项参照《优先股试点管理办法》第三十七条执行（同上市公司发行优先股股东大会决议事项，详见本章第二节中上市公司发行股票的程序相关内容）。

发行优先股决议，需经出席会议的普通股股东（含表决权恢复的优先股股东）所持表决权的 2/3 以上通过。已发行优先股的，还需经出席会议的优先股股东（不含表决权恢复的优先股股东）所持表决权的 2/3 以上通过。非上市公众公司向公司特定股东及其关联人发行优先股的，股东大会就发行方案进行表决时，关联股东应当回避，公司普通股股东（不含表决权恢复的优先股股东）人数少于 200 人的除外。

【注】关于表决票通过的规定与上市公司发行优先股规定一致；关于关联回避的规定，此处有"公司普通股股东（不含表决权恢复的优先股股东）人数少于 200 人"免予回避的规定，上市公司发行优先股无此规定。

3. 发行备案及办理挂牌文件

发行后普通股与优先股股东人数合并累计超过 200 人的非上市公众公司定向发行优先股，应当向中国证监会申请核准，然后再报股转公司申请优先股挂牌手续；发行后不超过 200 人的，中国证监会豁免核准，由股转系统自律管理，申请人直接报股转公司备案。注册在境内的境外上市公司在境内发行优先股，应当向中国证监会申请核准。

（1）股东人数超过 200 人的核准与优先股挂牌

①向中国证监会申请核准

根据《非上市公众公司信息披露内容与格式准则第 8 号——定向发行优先股申请文件》，发行人应向中国证监会提交如下申请文件：

非上市公众公司定向发行优先股申请文件目录

章节	申请文件
第一章 定向发行优先股说明书及授权文件	1－1 申请人关于定向发行优先股的申请报告
	1－2 定向发行优先股说明书
	1－3 申请人关于定向发行优先股的董事会决议
	1－4 申请人关于定向发行优先股的股东大会决议
	1－5 特定行业主管部门出具的监管意见（如有）
第二章 定向发行优先股推荐文件	2－1 证券公司定向发行优先股推荐工作报告
第三章 证券服务机构关于定向发行优先股的文件	3－1 申请人最近 2 年及 1 期的财务报告及其审计报告
	3－2 法律意见书
	3－3 本次定向发行优先股收购资产相关的最近 1 年及 1 期的财务报告及其审计报告、资产评估报告或资产估值报告（如有）
	3－4 资信评级机构为本次定向发行优先股出具的资信评级报告（如有）
	3－5 本次定向发行优先股的担保合同、担保函、担保人就提供担保获得的授权文件（如有）

续表

章节	申请文件
第四章　注册在境内的境外上市公司的补充文件	4-1 申请人的企业法人营业执照 4-2 公司章程（草案） 4-3 国有资产管理部门出具的国有股权设置批复文件及商务主管部门出具的外资股确认文件（如有）

注：申请人的普通股在股转系统公开转让的，申请文件中的审计报告、资产评估报告应由具有证券期货相关业务资格的会计师事务所、资产评估机构出具。即未在股转系统公开转让的，可不用证券期货业务资格。

②向股转公司申请办理优先股挂牌手续

优先股发行经中国证监会核准的，发行人申请办理优先股挂牌手续，应当提交如下优先股发行登记表和该登记表中列明的文件。股转公司对文件审查后出具优先股登记函，送达发行人并送交中国结算和主办券商。发行人将优先股登记证明文件扫描件提交股转公司，并确定优先股挂牌转让日期。

优先股发行备案登记表（经中国证监会核准的优先股发行适用）

项目	内容	备注
一、发行基本信息		
发行人名称		
发行前的优先股股本		
本次新增优先股股本		
发行价格、票面股息率		
募集资金总额		
本次发行优先股的会计处理方式		
募集资金用途		
二、中介机构信息		
主办券商		
会计师事务所		
律师事务所		
资产评估机构（如有）		
三、备案材料清单		
中国证监会的核准批文		
向全国股转系统申请优先股挂牌的报告		
与发行对象签署的认购合同		
验资报告		
资信评级机构为本次发行优先股出具的资信评级报告（如有）		
本次发行优先股的担保合同、担保函、担保人就提供担保获得的授权文件（如有）		
优先股发行情况报告书		
主办券商关于本次优先股发行的推荐工作报告		
律师事务所关于本次优先股发行的法律意见书		
资产权属证明文件（如有）		
签字注册会计师、律师或资产评估师执业证书复印件及其所在机构的执业证书复印件		
主办券商项目组及负责人的联络方式		
全国股转公司要求的其他文件		

（2）股东人数未超过 200 人的备案

股东人数未超过 200 人的，发行人应当在验资完成后的 10 个转让日内，向股转公司直接报送以下备案文件：

优先股发行备案登记表（豁免申请核准的优先股发行适用）

项目	内容	备注
一、发行基本信息		
发行人名称		
发行前的优先股股本		
本次新增优先股股本		
发行价格、票面股息率		
募集资金总额		
本次发行优先股的会计处理方式		
募集资金用途		
二、中介机构信息		
主办券商		
会计师事务所		
律师事务所		
资产评估机构（如有）		
三、备案材料清单		
公司向全国股转公司提交的备案申请报告		
公司董事会决议		
公司股东大会决议		
特定行业主管部门出具的监管意见（如有）		
定向发行优先股说明书		
认购公告		
与发行对象签署的认购合同		
验资报告		
资信评级机构为本次发行优先股出具的资信评级报告（如有）		
本次发行优先股的担保合同、担保函、担保人就提供担保获得的授权文件（如有）		
优先股发行情况报告书		
主办券商关于本次优先股发行的推荐工作报告		
律师事务所关于本次优先股发行的法律意见书		
本次发行优先股收购资产相关的最近 1 年及 1 期（如有）的财务报告及其审计报告、评估报告（如有）		
资产权属证明文件（如有）		
资产生产经营所需行业资质的资质证明或批准文件（如有）		
签字注册会计师、律师或资产评估师执业证书复印件及其所在机构的执业证书复印件		
主办券商项目组及负责人的联络方式		
全国股转公司要求的其他文件		

综上所述，对于未超过 200 人的与超过 200 人的备案文件，"发行基本信息"和"中介机构信息"完全一致，备案材料清单存在一定的差异，对比如下表所示。

优先股发行备案登记表之备案材料清单比较表

备案材料清单	未超过 200 人	超过 200 人
中国证监会的核准批文	×	✓
向全国股转系统申请优先股挂牌的报告	✓	✓
与发行对象签署的认购合同	✓	✓
验资报告	✓	✓
资信评级机构为本次发行优先股出具的资信评级报告（如有）	✓	✓
本次发行优先股的担保合同、担保函、担保人就提供担保获得的授权文件（如有）	✓	✓
优先股发行情况报告书	✓	✓
主办券商关于本次优先股发行的推荐工作报告	✓	✓
律师事务所关于本次优先股发行的法律意见书	✓	✓
资产权属证明文件（如有）	✓	✓
签字注册会计师、律师或资产评估师执业证书复印件及其所在机构的执业证书复印件	✓	✓
主办券商项目组及负责人的联络方式	✓	✓
全国股转公司要求的其他文件	✓	✓
公司董事会决议	✓	×
公司股东大会决议	✓	×
特定行业主管部门出具的监管意见（如有）	✓	×
定向发行优先股说明书	✓	×
认购公告	✓	×
本次发行优先股收购资产相关的最近 1 年及 1 期（如有）的财务报告及其审计报告、评估报告（如有）	✓	×
资产生产经营所需行业资质的资质证明或批准文件（如有）	✓	×

（三）信息披露

根据《优先股试点管理办法》的规定，非上市公众公司非公开发行优先股的信息披露程序和要求参照《非上市公众公司监督管理办法》及有关监管指引的规定。

上述信息披露无实质性内容，以下对非上市公众公司非公开发行优先股的定向发行说明书和发行情况报告书进行说明。

根据 2014 年 9 月中国证监会发布并实施的《非上市公众公司信息披露内容与格式准则第 7 号——定向发行优先股说明书和发行情况报告书》，申请人定向发行优先股，应按照准则的要求编制定向发行优先股说明书并披露。定向发行结束后，应按照准则的要求编制并披露发行情况报告书。

1. 定向发行优先股说明书

根据《非上市公众公司信息披露内容与格式准则第 7 号——定向发行优先股说明书和发行情况报告书》，非上市公众公司定向发行优先股说明书应披露的内容如下表所示。

项目	应披露的内容
（1）基本情况	申请人应披露本次定向发行的基本情况 ①发行目的和发行总额。拟分次发行的，披露分次发行安排 ②发行方式、发行对象及公司现有股东认购安排（如有）。如董事会未确定具体发行对象的，应披露发行对象的范围和确定方法 ③票面金额、发行价格或定价原则 ④本次发行优先股的种类、数量或数量上限 ⑤募集资金投向 ⑥本次发行涉及的主管部门审批、核准或备案事项情况 申请人应在基本情况中披露本次定向发行的优先股的具体条款设置 ①优先股股东参与利润分配的方式，包括：票面股息率或其确定原则、股息发放的条件、股息支付方式、股息是否累计、是否可以参与剩余利润分配等；涉及财务数据或财务指标的，应注明相关报表口径 ②优先股的回购条款，包括：回购选择权的行使主体、回购条件、回购期间、回购价格或确定原则及其调整方法等 ③优先股转换为普通股的条款（仅商业银行适用），包括：转换权的行使主体、转换条件（含触发事项）、转换时间、转换价格或确定原则及其调整方法等 ④表决权的限制和恢复，包括表决权恢复的情形及恢复的具体计算方法 ⑤清偿顺序及每股清算金额的确定方法 ⑥有评级安排的，需披露信用评级情况 ⑦有担保安排的，需披露担保及授权情况 ⑧其他中国证监会认为有必要披露的重大事项
（2）附生效条件的优先股认购合同的内容摘要	董事会确定具体发行对象的，申请人还应披露如下附生效条件的优先股认购合同的内容摘要 ①合同主体、签订时间 ②认购价格、认购方式、支付方式 ③合同的生效条件和生效时间 ④合同附带的任何保留条款、前置条件 ⑤违约责任条款 ⑥优先股股东参与利润分配和剩余财产分配的相关约定 ⑦优先股回购的相关约定 ⑧优先股股东表决权限制与恢复的约定 ⑨其他与定向发行相关的条款
（3）以非股权资产认购本次定向发行股份的	申请人应披露上述"基本情况"＋"相关资产基本情况"＋"附生效条件的资产转让合同的内容摘要"相关资产的基本情况如下 ①资产名称、类别以及所有者和经营管理者的基本情况 ②资产权属是否清晰，是否存在权利受限、权属争议或者妨碍权属转移的其他情况 ③资产独立运营和核算的，披露最近1年及1期经会计师事务所审计的主要财务数据 ④资产的交易价格及定价依据。披露相关资产经审计的账面值；交易价格以资产评估结果作为依据的，应披露资产评估方法和资产评估结果 附生效条件的资产转让合同的内容摘要，除包括上述（2）附生效条件的优先股认购合同的内容摘要①～⑤外还包括

续表

项目	应披露的内容	
	①目标资产及其价格或定价依据 ②资产交付或过户时间安排 ③资产自评估截止日至资产交付日所产生收益的归属（如有） ④与资产相关的人员安排	
（4）以股权资产认购本次定向发行股份的	申请人应披露上述"基本情况"＋"相关股权基本情况"＋"附生效条件的资产转让合同的内容摘要"相关股权基本情况如下 ①股权所投资的公司的名称、企业性质、注册地、主要办公地点、法定代表人、注册资本；股权及控制关系，包括公司的主要股东及其持股比例、最近2年控股股东或实际控制人的变化情况、股东出资协议及公司章程中可能对本次交易产生影响的主要内容、原高管人员的安排 ②股权所投资的公司主要资产的权属状况及对外担保和主要负债情况 ③股权所投资的公司最近1年及1期的业务发展情况和经会计师事务所审计的主要财务数据和财务指标 ④股权的资产评估价值（如有）、交易价格及定价依据	
（5）本次定向发行的影响	对申请人的影响	申请人应披露以下内容 ①本次发行对申请人经营管理的影响 ②本次发行后申请人财务状况、盈利能力、偿债能力及现金流量的变动情况，申请人应重点披露本次发行优先股后公司资产负债结构的变化 ③本次发行对公司股本、净资产（净资本）、资产负债率、净资产收益率、归属于普通股股东的每股收益等主要财务数据和财务指标的影响 ④申请人与控股股东及其关联人之间的业务关系、管理关系、关联交易及同业竞争等变化情况 ⑤以资产认购优先股的行为是否导致增加本公司的债务或者或有负债 ⑥本次发行对申请人的税务影响 ⑦申请人应有针对性、差异化地披露属于本公司或者本行业的特有风险以及经营过程中的不确定性因素 ⑧银行、证券、保险等金融行业公司还需披露本次发行对其资本监管指标的影响及相关行业资本监管要求
	对股东权益的影响	申请人应披露本次定向发行对申请人普通股股东权益的影响；已发行优先股的，还应说明对其他优先股股东权益的影响
（6）风险因素	申请人应结合自身的实际情况及优先股的条款设置，披露可能直接或间接对申请人以及优先股投资者产生重大不利影响的相关风险因素，如不能足额派息的风险、表决权受限的风险、回购风险、交易风险、分红减少和权益摊薄风险、税务风险等	
（7）会计处理方法及相关税费	申请人应披露本次定向发行相关的会计处理方法以及本次发行的优先股发放的股息是否在所得税前列支及政策依据	
	申请人应披露投资者与本次发行的优先股转让、股息发放、回购等相关的税费、征收依据及缴纳方式	
（8）对外担保情况	申请人应披露公司最近一期末的对外担保情况，并披露对公司财务状况、经营成果、声誉、业务活动、未来前景等可能产生较大影响的未决诉讼或仲裁事项，可能出现的处理结果或已生效法律文书的执行情况	

【注】对上述"（3）"与"（4）"，资产交易价格以经审计的账面值为依据的，公司董事会应对定价的合理性予以说明。资产交易根据资产评估结果定价的，公司董事会应对定价的合理性予以说明，并对资产定价是否存在损害公司和股东合法权益等情形发表意见。

另外，注册在境内的境外上市公司在境内发行优先股的，应当按照《企业会计准则》的规定编制财务报表，并经具有证券期货财务资格的会计师事务所审计，并应进行如下披露：

（1）应披露公司的基本情况、控股股东和实际控制人的基本情况、公司组织架构和管理模式以及董事、监事、高级管理人员名单。

【注】实际控制人应披露到最终的国有控制主体、集体企业或自然人为止。

（2）应结合所处的行业特点、财务信息、分部报告、主要对外投资等情况披露公司从事的主要业务、主要产品及各业务板块的经营状况。

（3）最近2年财务报表被会计师事务所出具非标准无保留意见审计报告的，公司应披露董事会关于非标准无保留意见审计报告所涉及事项的说明和会计师事务所及注册会计师关于非标准无保留意见审计报告的补充意见。

（4）应简要披露财务会计信息，主要包括：最近2年及1期资产负债表、利润表及现金流量表简表。编制合并财务报表的，应披露合并财务报表。最近2年及1期合并财务报表范围发生重大变化的，应披露具体变化情况。最近2年内发生重大资产重组的，应披露重组完成后各年的财务报表以及重组时编制的重组前模拟财务报表和编制基础；最近2年及1期的主要财务指标。

定向发行优先股说明书结尾应列明备查文件，备查文件应包括：

（1）申请人最近2年及1期的财务报告及审计报告。

（2）定向发行优先股推荐工作报告。

（3）法律意见书。

（4）中国证监会核准本次定向发行的文件（如有）。

（5）公司章程及其修订情况的说明。

（6）其他与本次定向发行有关的重要文件。

如有下列文件，也应作为备查文件披露：

（1）资产评估报告或资产估值报告。

（2）资信评级报告。

（3）担保合同和担保函。

（4）申请人董事会关于非标准无保留意见审计报告涉及事项处理情况的说明。

（5）会计师事务所及注册会计师关于非标准无保留意见审计报告的补充意见。

（6）通过本次定向发行拟进入资产的资产评估报告或资产估值报告及有关审核文件。

2. 发行情况报告书

（1）申请人应在发行情况报告书中披露本次定向发行履行的相关程序、优先股的类型及主要条款、发行对象及认购数量、相关机构及经办人员。

（2）申请人应披露本次发行前后股本结构、股东人数、资产结构、业务结构、主要财务指标的变化情况。

（3）申请人应在发行情况报告书中披露证券公司关于本次定向发行过程、结果和发行对象合规性的结论意见。

（4）申请人应在发行情况报告书中披露律师关于本次定向发行过程、结果和发行对象合规性的结论意见。

（5）由于情况发生变化，导致董事会决议中关于本次定向发行的有关事项需要修正或者补充说明的，申请人应在发行情况报告书中作出专门说明。

（6）申请人全体董事、监事、高级管理人员应在发行情况报告书的首页声明。声明应由全体董事、监事、高级管理人员签名，并由申请人加盖公章。

【模拟练习】根据《非上市公众公司信息披露内容与格式准则第 7 号——定向发行优先股说明书和发行情况报告书》，下列表述正确的有（　　）。

A. 发行后普通股与优先股股东人数合并累计超过 200 人，但普通股股东人数不超过 200 人的非上市公众公司定向发行优先股，由全国中小企业股份转让系统自律管理

B. 申请人应披露票面股息率或其确定原则

C. 申请人应披露定向发行优先股对申请人普通股股东权益的影响

D. 注册在境内的境外上市公司在境内发行优先股的，应当按照《企业会计准则》的规定编制财务报表

答案：BCD

解析：A，发行后普通股与优先股股东人数合并累计超过 200 人的非上市公众公司定向发行优先股，应当向中国证监会申请核准，发行后不超过 200 人的，中国证监会豁免核准，由股转系统自律管理。

六、证券公司在股转系统从事相关业务的规定及要求

本部分内容包括主办券商业务资格和主办券商从事推荐业务、经纪业务、做市业务的规定等，以下分别进行说明。

（一）主办券商业务资格

《全国中小企业股份转让系统业务规则（试行）》第五章对主办券商在股转系统从事业务需要具备的业务资格进行了规定。

1. 主办券商的概念及相关业务资格

主办券商是指在全国股份转让系统从事推荐、经纪、做市业务的部分或全部业务的证券公司。

不同业务所需的业务资格及其不同业务内容如下表所示。

业务名称	业务资格	业务内容
（1）推荐业务	（证券投资咨询）承销与保荐业务资格	推荐申请挂牌公司股票挂牌，持续督导挂牌公司，为挂牌公司股票发行、并购重组等提供相关服务
（2）经纪业务	证券经纪业务资格	代理开立证券账户，代理买卖股票
（3）做市业务	（证券投资咨询）自营业务资格	发布买卖双向报价，并在其报价数量范围内按其报价履行与投资者成交的义务

【注1】从事推荐业务需要证券公司具备承销与保荐业务资格，但推荐业务本身并不属于保荐业务。

【注2】根据 2015 年 1 月中国证券业协会发布并实施的《关于拓宽证券投资咨询公司业务范围的通知》（以下简称《通知》）的规定，证券投资咨询公司在向中国证监会备案后可在全国股转系统开展公司挂牌推荐、做市业务。因此上表是《业务规则（试行）》的规定与《通知》规定的总结。需要注意的是，根据《通知》规定，证券投资咨询公司从事推荐业务仅限挂牌推荐，

不可从事持续督导、挂牌公司股票发行、并购重组等相关服务。其从事挂牌推荐与做市业务需经中国证监会备案。另外，根据《通知》规定，证券投资咨询公司可申请在全国股转系统挂牌，通过全国股转系统进行股权转让。

【注3】由上表可见从事经纪业务须具备证券经纪业务资格，但从事推荐业务或做市业务，并不必须具备承销与保荐业务资格或自营业务资格，具备证券投资咨询业务资格也可。

【注4】私募基金参与做市业务目前中国证监会正在研究试点，需关注后续中国证监会、股转公司、证券业协会的文件。

2. 主办券商开展业务的一般规定

（1）证券公司在全国股份转让系统开展相关业务前，应向股转公司申请备案。股转公司同意备案的，与其签订协议，出具备案函并公告。

主办券商应在取得股转公司备案函后5个转让日内，在股转系统指定信息披露平台披露公司基本情况、主要业务人员情况及股转公司要求披露的其他信息。

（2）主办券商开展业务期间，应按股转公司要求报送并披露相关执业情况等信息。所披露信息内容发生变更的，应按规定及时报告股转系统公司并进行更新。

（3）主办券商应当实现推荐业务、经纪业务、做市业务以及其他业务之间的有效隔离，防范内幕交易，避免利益冲突。

（4）主办券商应持续督导所推荐挂牌公司诚实守信、规范履行信息披露义务、完善公司治理机制。与挂牌公司解除持续督导协议前，应当报告股转公司并说明理由。

（5）主办券商应当建立健全投资者适当性管理工作制度和业务流程，严格执行投资者适当性管理各项要求。

（6）股转公司对主办券商及其从业人员的执业行为进行持续管理，开展现场检查和非现场检查，记录其执业情况、违规行为等信息。

【注】对主办券商及其从业人员的执业行为进行持续管理的主体为股转公司，非中国证券业协会。

【真题回顾（1609）】以下关于证券公司在全国中小企业股份转让系统开展业务的说法，正确的是（　　）。

A. 具备证券经纪业务资格的证券公司可以申请在全国中小企业股份转让系统开展做市业务

B. 证券公司开展做市业务，应通过专用证券账户进行，专用账户应向中国证券登记结算有限公司和全国中小企业股份转让系统公司报备

C. 证券公司在全国中小企业股份转让系统开展业务前，应向中国证券业协会申请备案

D. 具备证券投资咨询资格的证券公司可以申请在全国中小企业股份转让系统开展推荐业务

答案：BD

解析：C，应向股转公司申请备案。D选项严格说应该是可申请在全国中小企业股份转让系统开展公司挂牌推荐，因为挂牌推荐属于推荐业务的一种，因此题支表述是正确的。

【模拟练习】以下关于证券公司在全国股份转让系统开展业务的说法，正确的是（　　）。

A. 具备证券投资咨询资格的证券公司可以申请在全国股份转让系统开展做市业务

B. 具备证券投资咨询资格的证券公司可以申请在全国股份转让系统开展为挂牌公司股票发行提供服务的推荐业务

C. 证券投资咨询公司在向全国股份转让系统公司备案后可在全国股转系统开展做市业务

D. 证券投资咨询公司可申请在全国股转系统挂牌，通过全国股转系统进行股权转让

E. 具备自营业务资格的证券公司可代理客户开立证券账户，代理买卖股票

答案：AD

解析：B，仅可申请从事推荐挂牌的推荐业务；C，应向中国证监会备案。

【模拟练习】某证券公司具有承销与保荐业务资格，以下是其可以从事的业务的有（　　　）。

A. 为甲公司首次公开发行股票提供保荐业务服务

B. 推荐乙公司股票在全国股份转让系统挂牌并持续督导挂牌公司

C. 为在全国股份转让系统挂牌的丙公司提供并购重组服务

D. 为在全国股份转让系统挂牌的丁公司提供做市服务

E. 为某证券投资者提供证券投资咨询服务

答案：ABC

解析：D，须具备自营业务资格；E，须具备投资咨询业务资格。

（二）主办券商从事推荐业务的规定

2013年2月，股转公司发布并实施《全国中小企业股份转让系统主办券商推荐业务规定（试行）》，对主办券商从事推荐业务涉及的尽职调查、内核、推荐挂牌规程及持续督导等作出总体规定，同时股转公司分别于2013年2月、2014年10月和2016年6月发布并实施《主办券商尽职调查工作指引（试行）》、《主办券商持续督导工作指引（试行）》和《主办券商内核工作指引（试行）》，对主办券商从事推荐业务涉及的尽职调查、内核及持续督导作出具体规定。对于考试而言，过往均是直接考核《业务规定（试行）》的相关内容，相关工作指引了解即可。

股转公司对主办券商推荐业务进行自律管理，审查推荐文件，履行审查程序。

1. 项目小组与人员及尽职调查

（1）主办券商应针对每家申请挂牌公司设立专门项目小组，负责尽职调查，起草尽职调查报告，制作推荐文件等。

（2）项目小组应由主办券商内部人员组成，其成员须取得证券执业资格，其中注册会计师、律师和行业分析师至少各一名。

【注1】行业分析师应具有申请挂牌公司所属行业的相关专业知识，并在最近一年内发表过有关该行业的研究报告。

【注2】由主办券商内部人员组成，不可外聘。

（3）主办券商应在项目小组中指定一名负责人，对项目负全面责任，项目小组负责人应具备下列条件之一：

①参与2个以上推荐挂牌项目，且负责财务会计事项、法律事项或相关行业事项的尽职调查工作。

②具有3年以上投资银行从业经历，且具有主持境内外首次公开发行股票或者上市公司发行新股、可转换公司债券的主承销项目经历。

【注】"①"、"②"符合其一即可；"②"中主持相关业务主承销项目经历，并不要求是保荐业务经历。

（4）存在以下情形之一的人员，不得成为项目小组成员：

①最近3年内受到中国证监会行政处罚或证券行业自律组织纪律处分。

②本人及其配偶直接或间接持有申请挂牌公司股份。

③在申请挂牌公司或其控股股东、实际控制人处任职。

④未按要求参加全国股份转让系统公司组织的业务培训。

⑤全国股份转让系统公司认定的其他情形。

【注】"①"不包含受到股转公司监管措施的情形。出现上述情形之一，不得成为项目小组成员，也当然不可成为项目小组负责人。

（5）项目小组进行尽职调查前，主办券商应与申请挂牌公司签署保密协议。

（6）项目小组尽职调查范围至少应包括公开转让说明书和推荐报告中所涉及的事项。

（7）项目小组中应指定注册会计师、律师、行业分析师各一名分别负责对申请挂牌公司的财务会计事项、法律事项、相关行业事项进行尽职调查，并承担相应责任。

（8）项目小组的尽职调查可以在注册会计师、律师等外部专业人士意见的基础上进行。

项目小组应判断专业人士发表意见所基于的工作是否充分，对专业人士意见有疑义或认为专业人士发表的意见所基于的工作不够充分的，项目小组应进行独立调查。

对推荐文件、挂牌申请文件中无证券服务机构及其签字人员专业意见支持的内容，项目小组应当获得充分的尽职调查证据，在对各种证据进行综合分析的基础上对申请挂牌公司提供的资料和披露的内容进行独立判断，并有充分理由确信所作的判断与挂牌申请文件、推荐文件的内容不存在实质性差异。

（9）项目小组完成尽职调查工作后，应出具尽职调查报告，各成员应在尽职调查报告上签名，承诺已参加尽职调查工作并对其负责。

（10）主办券商应当建立健全尽职调查工作底稿制度，要求项目小组真实、准确、完整地记录整个尽职调查过程。

2. 内核机构与人员及内核会议

（1）主办券商应设立内核机构，负责推荐文件和挂牌申请文件的审核。

（2）内核机构应由10名以上成员组成，可以外聘；内核机构成员中由推荐业务部门人员兼任的，不得超过内核机构总人数的1/3。最近3年内受到中国证监会行政处罚或证券行业自律组织纪律处分的人员，不得聘请为内核机构成员。

【注】内核机构成员并不要求全部为专职，可以外聘；注意是受到中国证监会行政处罚和协会自律处分受聘有限制。

（3）主办券商内核机构根据项目小组的申请召开内核会议。每次会议须7名以上内核机构成员出席，其中律师、注册会计师和行业专家至少各一名。

（4）主办券商内核机构应针对每个项目在内核会议成员中指定一名内核专员。

（5）内核机构成员存在以下情形之一的，不得参与该项目的内核：

①担任该项目小组成员的。

②本人及其配偶直接或间接持有申请挂牌公司股份。

③在申请挂牌公司或其控股股东、实际控制人处任职的。

④其他可能影响公正履行职责的情形。

（6）内核会议应在成员中指定注册会计师、律师及行业专家各一名分别对项目小组中的财务会计事项调查人员、法律事项调查人员及行业分析师出具的调查意见进行审核，分别在其工作底稿中发表独立的审核意见，提交内核会议。

（7）项目小组成员可以列席内核会议，向内核会议汇报尽职调查情况和需提请关注的事项，回答质询。

【注】是列席，非出席。

（8）内核会议可采取现场会议、电话会议或视频会议的形式召开。

【注】并非只能现场形式。

（9）内核机构成员应以个人身份出席内核会议，发表独立审核意见并行使表决权。因故不能出席的，应委托他人出席并提交授权委托书及独立制作的审核工作底稿。每次会议委托他人出席的内核会议成员，不得超过应出席成员的1/3。

【注】不能亲自出席的可委托他人出席，每次委托出席的不得超过应出席成员的1/3。委托的人应是内核机构成员。

（10）内核会议应对是否同意推荐股票挂牌进行表决。表决应采取记名投票方式，每人一票，2/3以上赞成且指定注册会计师、律师和行业专家均为赞成票为通过。

【注】并非2/3以上赞成即为通过，要同时满足注册会计师、律师和行业专家均为赞成票方为通过。

（11）主办券商应对内核会议过程形成记录，在内核会议表决的基础上形成内核意见。内核意见应包括审核意见、表决结果、出席会议的内核机构成员名单和投票记录。

内核会议成员均应在内核意见上签名。

（12）主办券商应根据内核意见，决定是否推荐申请挂牌公司股票挂牌。决定推荐的，应出具推荐报告。

3. 推荐挂牌规程

（1）存在下列情形之一的，主办券商不得推荐申请挂牌公司股票挂牌：

①主办券商直接或间接合计持有申请挂牌公司7%以上的股份，或者是其前5名股东之一。

②申请挂牌公司直接或间接合计持有主办券商7%以上的股份，或者是其前5名股东之一。

③主办券商前10名股东中任何一名股东为申请挂牌公司前3名股东之一。

④主办券商与申请挂牌公司之间存在其他重大影响的关联关系。

【注】"①"，主办券商以做市目的持有的申请挂牌公司股份，不受限制。

（2）主办券商应对申请挂牌公司进行风险评估，审慎推荐该公司股票挂牌。

（3）主办券商推荐申请挂牌公司股票挂牌，应当向股转公司提交推荐报告及股转公司要求的其他文件，推荐报告应包括下列内容：

①尽职调查情况。

②逐项说明申请挂牌公司是否符合《业务规则（试行）》规定的挂牌条件。

③内核程序及内核意见。

④推荐意见。

⑤提醒投资者注意事项。

⑥股转公司要求的其他内容。

（4）主办券商可以根据申请挂牌公司的委托，组织编制挂牌申请文件，并协调证券服务机构及其签字人员参与该公司股票挂牌的相关工作。

（5）主办券商向全国股份转让系统公司报送推荐文件后，应当配合全国股份转让系统公司的审查，并承担下列工作：

①组织申请挂牌公司及证券服务机构对全国股份转让系统公司的意见进行答复。

②按照股转公司的要求对涉及本次挂牌的特定事项进行尽职调查或核查。

③指定项目小组成员与全国股份转让系统公司进行专业沟通。

④全国股份转让系统公司规定的其他工作。

（6）主办券商应将尽职调查工作底稿、内核会议成员审核工作底稿、内核会议记录、内核意见等妥善保存，保存期限不少于10年。

【注】"10年"需要记忆。

4. 持续督导

（1）主办券商应与所推荐挂牌公司签订持续督导协议，持续督导挂牌公司诚实守信、规范履行信息披露义务、完善公司治理机制。

（2）主办券商应建立持续督导工作制度，明确持续督导工作职责、工作流程和内部控制机制。

（3）主办券商应至少配备2名具有财务或法律专业知识的专职督导人员，履行督导职责。

主办券商在任免专职督导人员时，应将相关人员名单及简历及时报送股转公司备案。

（4）主办券商与挂牌公司因特殊原因确需解除持续督导协议的，应当事前报告股转公司并说明合理理由。

解除持续督导协议后，挂牌公司应与承接督导事项的主办券商另行签订持续督导协议，报股转公司备案并公告。

（5）承接督导事项的主办券商应当自持续督导协议签订之日起开展督导工作并承拒相应的责任。原主办券商在履行督导职责期间未勤勉尽责的，其责任不因主办券商的更换而免除。

【注】注意承担相应的责任时间起点为"自持续督导协议签订之日起"。

【真题回顾（1610）】A公司拟在全国中小企业股份转让系统挂牌，根据《全国中小企业股份转让系统主办券商推荐业务规定（试行）》，以下证券公司可以作为A公司的主办券商推荐其申请挂牌的是（　　　）。

A. 甲公司，A公司持有其10%的股份

B. 乙公司，以做市目的持有A公司8%的股份

C. 丙公司，A公司持有其3%且为其第四大股东

D. 丁公司，其第六大股东持有A公司6%的股份且为A公司第三大股东

答案：BC

解析：除主办券商做市为目的持有挂牌公司股份外，主办券商与挂牌公司之间单向持有股7%以上或为对方前5名股东的，在限制之列，A不可，B可；主办券商前10名股东中任何一名股东为申请挂牌公司前3名股东之一的，在限制之列，D在限制之列，C不在限制之列。

【模拟练习】依据《全国中小企业股份转让系统主办券商推荐业务规定（试行）》，下列关于主办券商从事推荐业务的说法正确的是（　　　）。

A. 内核会议应对是否同意推荐申请挂牌公司股票挂牌进行表决，表决应采取记名投票方式，每人一票，2/3以上赞成为通过

B. 主办券商应将尽职调查工作底稿、内核会议成员审核工作底稿、内核会议记录、内核意见等妥善保存，保存期限不少于7年

C. 最近3年内受到中国证监会行政处罚或证券业协会自律组织纪律处分的，不得成为该项目小组负责人，也不得成为该项目小组成员

D. 内核机构应独立、客观、公正履行职责，内核机构成员中有推荐业务部门人员兼任的，不得超过内核机构总人数的1/2

E. 项目小组应由主办券商内部人员和外部聘请的专家组成，外部聘请的专家也须取得证券执业资格，其中注册会计师、律师和行业分析师至少各一名

答案：C

解析：A，2/3 以上赞成且指定注册会计师、律师和行业专家均为赞成票方为通过；B，不少于 10 年；D，不得超过内核机构总人数的 1/3；E，项目小组应由主办券商内部人员组成，其成员须取得证券执业资格，其中注册会计师、律师和行业分析师至少各一名。不可外聘。

【模拟练习】根据《全国中小企业股份转让系统主办券商推荐业务规定（试行）》，以下说法错误的有（　　　）。

A. 项目小组应进行独立尽职调查，不可在注册会计师、律师等外部人士意见的基础上进行

B. 内核机构应由 10 名以上成员组成，每次会议须 9 名以上内核机构成员出席，其中律师、注册会计师和行业专家至少各一名

C. 项目小组成员可以出席内核会议，向内核会议汇报尽职调查情况和需提请关注的事项，回答质询

D. 内核会议须以现场会议的形式召开

E. 内核机构成员应以个人身份出席内核会议，因故不能出席的，应委托他人出席，每次会议委托他人出席的内核会议成员，不得超过应出席成员的 1/2

答案：ABCDE

解析：A，项目小组的尽职调查可以在注册会计师、律师等外部专业人士意见的基础上进行；B，每次会议须 7 名以上内核机构成员出席；C，应为列席；D，还可采取电话会议或视频会议的形式召开；E，不得超过应出席成员的 1/3。

（三）主办券商从事经纪业务的规定

股转公司未发布诸如《主办券商推荐业务规定（试行）》关于经纪业务的相关规定，但《全国中小企业股份转让系统主办券商管理细则（试行）》第三章第三节对经纪业务的管理作出了规定，以下是细则中的具体规定（本部分内容了解即可）。

（1）主办券商代理投资者买卖挂牌公司股票，应当与投资者签订证券买卖委托代理协议，并按照股转系统的股票转让制度要求接受投资者的买卖委托。

（2）主办券商应当按照股转公司要求，建立健全投资者适当性管理制度。主办券商代理投资者买卖挂牌公司股票前，应当充分了解投资者的身份、财务状况、证券投资经验等情况，评估投资者的风险承受能力和风险识别能力。

主办券商不得为不符合投资者适当性要求的投资者提供代理买卖服务，股转公司另有规定的除外。

（3）主办券商接受客户股票买卖委托时，应当查验客户股票和资金是否足额，法律、行政法规、部门规章另有规定的除外。

（4）主办券商对客户的资金、股票以及委托、成交数据应当有完整、准确、翔实的记录或者凭证，按户分账管理，并向客户提供对账与查询服务。主办券商应当采取有效措施，妥善保存上述文件资料，保存期限不得少于 20 年。

（四）主办券商从事做市业务的规定

1.《全国中小企业股份转让系统主办券商管理细则（试行）》的规定

（1）主办券商开展做市业务，应通过专用证券账户、专用交易单元进行。做市业务专用证券账户应向中国证券登记结算有限责任公司和全国股份转让系统公司报备。

（2）主办券商应建立做市资金的管理制度，明确做市资金的审批、调拨、使用流程，确保做市资金安全。

（3）主办券商应建立做市股票的管理制度，明确做市股票获取、处置的决策程序，以及库

存股票头寸管理制度。

（4）主办券商应当建立以净资本为核心的做市业务规模监控和调整机制，根据自身财务状况和中国证监会关于证券公司风险监控指标规定等要求，合理确定做市业务规模。

【注】以净资本为核心。

（5）主办券商应建立做市业务内部报告制度，明确业务运作、风险监控、业务稽核及其他有关信息的报告路径和反馈机制。

（6）主办券商应当建立健全做市业务动态风险监控机制，监控做市业务风险的动态变化，提高动态监控效率。

（7）主办券商开展做市业务，对报价和成交数据等应有完整、准确、翔实的记录或者凭证，并采取有效措施妥善保存，保存期限不得少于20年。

2.《全国中小企业股份转让系统做市商做市业务管理规定（试行）》的规定

2014年6月，股转公司发布并实施《全国中小企业股份转让系统做市商做市业务管理规定（试行）》，对做市商做市业务进行管理和规范。

证券公司在股转系统开展做市业务前，应当向股转公司申请备案。其他机构在股转系统开展做市业务的具体规定，由股转公司另行制定。

（1）证券公司申请在股转系统开展做市业务，应当具备下列条件：

①具备证券自营业务资格。

②设立做市业务专门部门，配备开展做市业务必要人员。

③建立做市业务管理制度。

④具备做市业务专用技术系统。

⑤股转公司规定的其他条件。

（2）做市商做市业务人员应当具备下列条件：

①已取得证券从业资格。

②具备证券投资、投资顾问、投资银行、研究或类似从业经验。

③熟悉相关法律、行政法规、部门规章以及做市业务规则。

④具备良好的诚信记录和职业操守，最近24个月内未受到过中国证监会行政处罚，最近12个月内未受到过股转公司、证券交易所、证券业协会、基金业协会等自律组织处分。

④股转公司规定的其他条件。

（3）做市商应设立做市业务部门，专职负责做市业务的具体管理和运作。

（4）做市商应当于每月的前五个转让日内向股转公司报送上月做市业务情况报告。

（5）做市商主动终止从事做市业务的，应当向股转公司提出申请。股转公司同意其终止从事做市业务的，自受理之日起10个转让日内书面通知该做市商并公告。

（6）做市商违反本规定的，股转公司可以视情况采取以下措施，并记入诚信档案：

①约见谈话。

②要求提交书面承诺。

③出具警示函。

④责令改正。

⑤通报批评。

⑥公开谴责。

⑦暂停、限制直至终止其从事做市业务。

⑧向中国证监会报告有关违法违规行为。

七、股转公司的职能和自律监管的相关规定

2013 年 1 月，中国证监会发布并实施《全国中小企业股份转让系统有限责任公司管理暂行办法》。规定，全国股份转让系统是经国务院批准设立的全国性证券交易场所。中国证监会对全国股份转让系统公司、全国股份转让系统的各项业务活动及各参与人实行统一监督管理。

【注 1】 股转系统经国务院批准设立，接受中国证监会统一监管。

【注 2】 挂牌公司，股东人数超过 200 人的，接受中国证监会的统一监管，未超过 200 人的，由股转公司自律监管。

（一）股转公司的职能

1. 总体规定

全国股份转让系统公司的职能包括：

（1） 建立、维护和完善股票转让相关技术系统和设施。

（2） 制定和修改全国股份转让系统业务规则。

（3） 接受并审查股票挂牌及其他相关业务申请，安排符合条件的公司股票挂牌。

（4） 组织、监督股票转让及相关活动。

（5） 对主办券商等全国股份转让系统参与人进行监管。

（6） 对挂牌公司及其他信息披露义务人进行监管。

（7） 管理和公布全国股份转让系统相关信息。

（8） 中国证监会批准的其他职能。

2. 具体规定

（1） 制定与修改业务规则

全国股份转让系统公司应当就股票挂牌、股票转让、主办券商管理、挂牌公司管理、投资者适当性管理等依法制定基本业务规则。

制定与修改基本业务规则，应当经中国证监会批准。制定与修改其他业务规则，应当报中国证监会备案。

（2） 挂牌新的证券品种或采用新的转让方式

全国股份转让系统挂牌新的证券品种或采用新的转让方式，应当报中国证监会批准。

（3） 股票转让即时行情

全国股份转让系统公司应当公布股票转让即时行情。未经股转公司许可，任何单位和个人不得发布、使用或传播股票转让即时行情。

（4） 专项财务管理规则

全国股份转让系统公司应当制定专项财务管理规则，并报中国证监会备案。

（5） 设立风险基金

全国股份转让系统公司应当从其收取的费用中提取一定比例的金额设立风险基金。

（6） 登记结算

全国股份转让系统的登记结算业务由中国证券登记结算有限责任公司负责。全国股份转让系统公司应当与其签订业务协议，并报中国证监会备案。

（二）股转公司的组织结构和自律监管

1. 组织结构

（1） 全国股份转让系统公司章程的制定和修改，应当经中国证监会批准。

（2）全国股份转让系统公司新增股东或原股东转让所持股份的，应当报中国证监会批准。

（3）全国股份转让系统公司董事会、监事会的组成及议事规则应当报中国证监会备案。

（4）全国股份转让系统公司董事长、副董事长、监事会主席及高级管理人员由中国证监会提名，任免程序和任期遵守《公司法》和公司章程的有关规定。

【注】证监会提名，并非任命。

（5）全国股份转让系统公司应当根据需要设立专门委员会。各专门委员会的组成及议事规则报中国证监会备案。

2. 自律监管

（1）全国股份转让系统实行主办券商制度。主办券商业务包括推荐股份公司股票挂牌，对挂牌公司进行持续督导，代理投资者买卖挂牌公司股票，为股票转让提供做市服务及其他全国股份转让系统公司规定的业务。

（2）全国股份转让系统公司依法对股份公司股票挂牌、定向发行等申请及主办券商推荐文件进行审查，出具审查意见。全国股份转让系统公司应当与符合条件的股份公司签署挂牌协议，确定双方的权利义务关系。

（3）全国股份转让系统实行投资者适当性管理制度。参与股票转让的投资者应当具备一定的证券投资经验和相应的风险识别和承担能力，了解熟悉相关业务规则。

（4）全国股份转让系统公司应当督促申请股票挂牌的股份公司、挂牌公司及其他信息披露义务人，依法履行信息披露义务，真实、准确、完整、及时地披露信息，不得有虚假记载、误导性陈述或者重大遗漏。

（5）挂牌公司应当符合全国股份转让系统持续挂牌条件，不符合持续挂牌条件的，全国股份转让系统公司应当及时作出股票暂停或终止挂牌的决定，及时公告，并报中国证监会备案。

（6）挂牌股票转让可以采取做市方式、协议方式、竞价方式或中国证监会批准的其他转让方式。

（7）因突发性事件而影响股票转让的正常进行时，全国股份转让系统公司可以采取技术性停牌措施；因不可抗力的突发性事件或者为维护股票转让的正常秩序，可以决定临时停市。

全国股份转让系统公司采取技术性停牌或者决定临时停市，应当及时报告中国证监会。

（8）全国股份转让系统公司发现相关当事人违反法律法规及业务规则的，可以依法采取自律监管措施，并报中国证监会备案。依法应当由中国证监会进行查处的，全国股份转让系统公司应当向中国证监会提出查处建议。

根据上述内容，对需要证监会批准和备案的事项总结如下表所示。

需要报中国证监会批准的事项	需要报中国证监会备案的事项
①制定与修改基本业务规则	①制定与修改除基本业务规则以外的其他业务规则，制定专项财务管理规则
②挂牌新的证券品种或采用新的转让方式	②股转公司与中国结算签订业务协议
③公司章程的制定和修改	③董事会、监事会的组成及议事规则；各专门委员会的组成及议事规则
④新增股东或原股东转让所持股份	④股转公司作出挂牌公司股票暂停或终止挂牌的决定
	⑤发现相关当事人违反法律法规及业务规则，依法采取自律监管措施

【模拟练习】根据《全国中小企业股份转让系统有限责任公司管理暂行办法》，全国股份转让系统公司以下事项中需要经中国证监会批准的有（　　　）。

A. 制定与修改《全国中小企业股份转让系统业务规则（试行）》

B. 公司章程的制定和修改

C. 原股东转让所持股份

D. 制定专项财务管理规则

E. 董事会、监事会的组成及议事规则

答案：ABC

解析：A项，属于基本业务规则。

【模拟练习】根据《全国中小企业股份转让系统有限责任公司管理暂行办法》，以下说法正确的有（　　　）。

A. 全国股份转让系统是经中国证监会批准设立的全国性证券交易场所

B. 在股转系统挂牌的公司，股东人数超过 200 人的，接受中国证监会的统一监管，未超过 200 人的，由股转公司自律监管

C. 全国股份转让系统公司董事长由中国证监会指定

D. 全国股份转让系统公司应当公布股票转让即时行情，未经许可，任何单位和个人不得发布、使用或传播股票转让即时行情

E. 全国股份转让系统公司应当从其收取的费用中提取一定比例的金额设立风险基金

答案：BDE

解析：A项，由国务院批准设立；C项，由中国证监会提名，非指定。

八、其他规定

（一）股东人数超过 200 人的未上市股份有限公司申请行政许可有关问题

2013 年 12 月，中国证监会发布并实施《非上市公众公司监管指引第 4 号——股东人数超过 200 人的未上市股份有限公司申请行政许可有关问题的审核指引》（以下简称《指引》），《指引》规定，股东人数已经超过 200 人的未上市股份有限公司（以下简称 200 人公司），可申请公开发行并在证券交易所上市、在全国股份转让系统挂牌公开转让等行政许可，对 200 人公司合规性的审核纳入行政许可过程中一并审核，不再单独审核。

【注】申请行政许可的 200 人公司的控股股东、实际控制人或者重要控股子公司也属于 200 人公司的，应当依照《指引》的要求进行规范。

其审核标准、申请文件、股份代持及间接持股处理等事项的监管要求明确如下：

1. 审核标准

标准	具体规定
（1）公司依法设立且合法存续	①200 人公司的设立、增资等行为不违反当时法律明确的禁止性规定，目前处于合法存续状态。城市商业银行、农村商业银行等银行业股份公司应当符合《关于规范金融企业内部职工持股的通知》（财金［2010］97 号）
	②200 人公司的设立、历次增资依法需要批准的，应当经过有权部门的批准。存在不规范情形的，应当经过规范整改，并经当地省级人民政府确认
	③200 人公司在股份形成及转让过程中不存在虚假陈述、出资不实、股权管理混乱等情形，不存在重大诉讼、纠纷以及重大风险隐患

续表

标准		具体规定
（2）股权清晰	①股权权属明确	200人公司应当设置股东名册并进行有序管理，股东、公司及相关方对股份归属、数量及持股比例无异议。股东与公司之间、股东之间、股东与第三方之间不存在重大股份权属争议、纠纷或潜在纠纷
		股份公司股权结构中存在工会代持、职工持股会代持、委托持股或信托持股等股份代持关系，或者存在通过"持股平台"间接持股的安排以致实际股东超过200人的，应当将代持股份还原至实际股东、将间接持股转为直接持股，并依法履行了相应的法律程序 【注1】"持股平台"是指单纯以持股为目的的合伙企业、公司等持股主体 【注2】以私募股权基金、资产管理计划以及其他金融计划进行持股的，如果该金融计划是依据相关法律法规设立并规范运作，且已经接受证券监督管理机构监管的，可不进行股份还原或转为直接持股
	②股东出资行为真实，不存在重大法律瑕疵，或者相关行为已经得到有效规范，不存在风险隐患	
	③申请行政许可的200人公司应当对股份进行确权，通过公证、律师鉴证等方式明确股份的权属	申请公开发行并在证券交易所上市的，经过确权的股份数量应当达到股份总数的90%以上（含90%）
		申请在全国股份转让系统挂牌公开转让的，经过确权的股份数量应当达到股份总数的80%以上（含80%）
		未确权的部分应当设立股份托管账户，专户管理，并明确披露有关责任的承担主体
（3）经营规范	200人公司持续规范经营，不存在资不抵债或者明显缺乏清偿能力等破产风险的情形	
（4）制度健全	200人公司按照中国证监会的相关规定，已经建立健全了公司治理机制和履行信息披露义务的各项制度	

2. 申请文件

文件类型	具体文件
基本文件	200人公司申请行政许可，应当提交下列文件 （1）企业法人营业执照 （2）公司关于股权形成过程的专项说明 （3）设立、历次增资的批准文件 （4）证券公司出具的专项核查报告 （5）律师事务所出具的专项法律意见书，或者在提交行政许可的法律意见书中出具专项法律意见 【注】以上各项文件如已在申请公开发行并在证券交易所上市或者在全国股份转让系统挂牌公开转让的申请文件中提交，可不重复提交

续表

文件类型	具体文件
特殊文件	（1）存在下列情形之一的，应当报送省级人民政府出具的确认函 ①公司法成立前的定向超发或公开发行 a. 1994年7月1日《公司法》实施前，经过体改部门批准设立，但存在内部职工股超范围或超比例发行、法人股向社会个人发行等不规范情形的定向募集公司 b. 1994年7月1日《公司法》实施前，依法批准向社会公开发行股票的公司 ②按照《国务院办公厅转发证监会关于清理整顿场外非法股票交易方案的通知》（国办发〔1998〕10号），清理整顿证券交易场所后"下柜"形成的股东超过200人的公司 ③中国证监会认为需要省级人民政府出具确认函的其他情形 【注】省级人民政府出具的确认函应当说明公司股份形成、规范的过程以及存在的问题，并明确承担相应责任
	（2）股份托管情况的证明或省级人民政府的确认函 ①股份已经委托股份托管机构进行集中托管的，应当由股份托管机构出具股份托管情况的证明 ②股份未进行集中托管的，应当提供省级人民政府的确认函
	（3）属于200人公司的城市商业银行、农村商业银行等银行业股份公司应当提供中国银行业监督管理机构出具的监管意见

3. 相关各方的责任

（1）公司及其相关人员的责任

在申请文件制作及申报过程中，公司及其控股股东、实际控制人、董事、监事及高级管理人员应当在申请文件中签名保证内容真实、准确、完整。

公司控股股东、实际控制人、董事、监事及高级管理人员应当积极配合相关证券公司、律师事务所、会计师事务所开展尽职调查。

（2）中介机构的职责

证券公司、律师事务所应当勤勉尽责，对公司股份形成、经营情况、公司治理及信息披露等方面进行充分核查验证，确保所出具的文件无虚假记载、误导性陈述或者重大遗漏。

【真题回顾（1406）】根据《非上市公众公司监管指引第4号——股东人数超过200人的未上市股份有限公司申请行政许可有关问题的审核指引》的规定，以下说法正确的有（　　）。

A. 股东人数超过200人的股份有限公司申请在全国中小企业股份转让系统挂牌公开转让的，经过确权的股份数量应当达到股份总数的50%以上（含50%）

B. 股东人数超过200人的股份有限公司申请公开发行并在证券交易所上市的，经过确权的股份数量应当达到股份总数的80%以上（含80%）

C. 在提交申请文件时，股份已经委托股份托管机构进行集中托管的，应当由股份托管机构出具股份托管情况的证明

D. 股东人数超过200人的股份有限公司的设立、历次增资依法需要批准的，应当经过有权部门的批准。存在不规范情形的，应当经过规范整改，并经当地方人民政府确认

E. 申请行政许可的200人公司的控股股东也属于200人公司的，应按照《指引》的要求进行规范，重要控股子公司也属于200人公司的，仅对母公司按《指引》的要求进行规范即可

答案：C

解析：A，80% 以上（含 80%）；B，90% 以上（含 90%）；D，并经当地省级人民政府确认；E，重要控股子公司也需按《指引》的要求进行规范。

【模拟练习】根据《非上市公众公司监管指引第 4 号——股东人数超过 200 人的未上市股份有限公司申请行政许可有关问题的审核指引》，以下关于股份代持及间接持股的处理说法正确的有（　　　　）。

A. 股份公司股权结构中存在委托持股或信托持股股份代持关系以致实际股东超过 200 人的，应当将代持股份还原至实际股东并依法履行了相应的法律程序

B. 股份公司股权结构中存在工会代持、职工持股会股份代持关系以致实际股东超过 200 人的，可不将代持股份还原至实际股东

C. 股份公司股权结构中存在通过单纯以持股为目的的合伙企业、公司等持股平台间接持股的安排以致实际股东超过 200 人的，应当将间接持股转为直接持股，并依法履行了相应的法律程序

D. 以私募股权基金、资产管理计划以及其他金融计划进行持股的，可不进行股份还原或转为直接持股

答案：AC

解析：A、B，工会代持、职工持股会代持、委托持股或信托持股等股份代持关系，均应还原；D，该金融计划是依据相关法律法规设立并规范运作，且已经接受证券监督管理机构监管的方可。

（二）金融类企业申请挂牌的特殊规定

2016 年 5 月，股转公司发布并实施《关于金融类企业挂牌融资有关事项的通知》，就金融类企业挂牌准入标准、信息披露等事项作出规定，具体如下：

1. 挂牌准入标准

企业类型	挂牌条件
（1）"一行三会"监管的企业	按现行挂牌条件审核其挂牌申请，对其日常监管将进一步完善差异化的信息披露安排
	【注】"一行三会"监管的企业是指中国人民银行、中国银监会、中国证监会、中国保监会监管并持有相应监管部门颁发的"金融许可证"等证牌的企业
（2）私募机构	在现行挂牌条件的基础上，对私募基金管理机构新增 8 个方面的挂牌条件 ①管理费收入与业绩报酬之和须占收入来源的 80% 以上 ②私募机构持续运营 5 年以上，且至少存在一只管理基金已实现退出 ③私募机构作为基金管理人在其管理基金中的出资额不得高于 20% ④私募机构及其股东、董事、监事、高级管理人员最近三年不存在重大违法违规行为，不属于中国证券基金业协会"黑名单"成员，不存在"诚信类公示"列示情形 ⑤创业投资类私募机构最近 3 年年均实缴资产管理规模在 20 亿元以上，私募股权类私募机构最近 3 年年均实缴资产管理规模在 50 亿元以上 ⑥已在中国证券基金业协会登记为私募基金管理机构，并合规运作、信息填报和更新及时准确 ⑦挂牌之前不存在以基金份额认购私募机构发行的股份或股票的情形；募集资金不存在投资沪深交易所二级市场上市公司股票及相关私募证券类基金的情形，但因投资对象上市被动持有的股票除外 ⑧全国股转公司要求的其他条件
	【注】现行挂牌条件具体详见本节"一、挂牌条件"

企业类型	挂牌条件	
（3）其他具有金融属性企业	①在相关监管政策明确前，暂不受理其他具有金融属性企业的挂牌申请	已受理的，予以终止审查
	②虽不属于其他具有金融属性企业，但其持有其他具有金融属性企业的股权比例20%以上（含20%）或为第一大股东的，也暂不受理	
	【注】其他具有金融属性企业包括小额贷款公司、融资担保公司、融资租赁公司、商业保理公司、典当公司等	

注：上表内容，重点应从总体上把握，比如"一行三会"监管的企业挂牌条件与一般企业挂牌条件相同，只是日常监管更加严格，差异化持续信息披露；私募机构在现行挂牌条件的基础上须新增8个挂牌条件；其他具有金融属性企业暂不受理。

2. 挂牌准入新老划断的处理

对"一行三会"监管的企业、私募机构、其他具有金融属性企业（包括申请挂牌公司虽不属于其他具有金融属性企业，但其持有其他具有金融属性企业的股权比例20%以上（含20%）或为第一大股东的）处于新申报、在审、已取得挂牌函、已挂牌等不同阶段，全国股转公司采取以下新老划断处理措施如下表所示。

所处阶段	"一行三会"监管企业	私募机构			其他金融属性企业
新申报	执行现行挂牌条件，正常受理	符合新增挂牌条件，正常受理			相关监管政策明确前，暂不受理
在审	按正常程序审查，因暂停审查而致财务报表过期的，经补充审计报告后，继续审查	按新增挂牌条件审查，因暂停审查而致财务报表过期的，应在通知发布之日起1年内按新增挂牌条件补充材料和审计报告，如符合新增挂牌条件的，继续审查			终止审查，待相关监管政策明确后，重新申报
已取得挂牌函	按正常程序办理后续挂牌手续	按照新增挂牌条件重新审查	符合新增挂牌条件的，办理后续挂牌手续		终止挂牌手续，撤销已取得的挂牌函，待相关监管政策明确后，重新申报
			不符合新增挂牌条件的，应在通知发布之日起1年内进行整改	整改后符合新增挂牌条件的，办理后续挂牌手续	
				整改后不符合新增挂牌条件的，撤销已取得的挂牌函	
已挂牌	按监管规定履行信息披露义务	（1）对是否符合新增挂牌条件①、④、⑤、⑥、⑧进行自查，并经主办券商核查后，披露自查整改报告和主办券商核查报告。（2）不符合上述新增挂牌条件的，应在通知发布之日起1年内进行整改，未按期整改的或整改后仍不符合要求的，将予以摘牌。（3）已挂牌的私募机构发行股票（包括发行对象以其所持有该挂牌私募机构所管理的私募基金份额认购的情形），发行对象已完成认购的，可以完成股票发行备案并办理新增股份登记手续			不得采用做市转让方式，但本通知发布前已采用做市转让方式的除外

3. 信息披露及监管的要求

信息披露及监管的要求包括挂牌准入的差异化信息披露要求及挂牌期间的差异化信息披露及监管要求，前者省略处理，以下对挂牌期间的差异化信息披露及监管要求进行说明。

（1）已挂牌的"一行三会"监管的企业

应当按照相关监管机构的规定合法规范经营；切实履行信息披露义务；做好风险防控工作；在此基础上，可以进行股票发行、并购重组等业务。

（2）已挂牌的私募机构

对监管和信息披露提出以下四方面的要求：①股票发行，每次发行股票募集资金的金额不得超过其发行前净资产的50%，前次发行股票所募集资金未使用完毕的，不得再次发行股票募集资金；不得以其所管理的基金份额认购其所发行的股票；募集资金不得用于投资沪深交易所二级市场上市公司股票及相关私募证券类基金，但因投资对象上市被动持有的股票除外；②规范运作，应当建立受托管理资产和自有资金投资之间的风险隔离、防范利益冲突等制度；作为基金管理人在其挂牌后新设立的基金中的出资额不得高于20%；③涉及私募基金管理业务的并购重组，如收购人收购挂牌公司的，其所控制的企业中包括私募基金管理人的，应当承诺收购人及其关联方在完成收购后，不以重大资产重组的方式向挂牌公司注入私募基金管理业务相关的资产；④信息披露要求，应当披露季度报告，在定期报告中充分披露在管存续基金的基本情况和项目投资情况等。

（3）已挂牌的其他具有金融属性企业

应当披露季度报告，在定期报告披露中，合法合规经营、监管指标、主要财务数据、风险因素及其风险防控机制等方面的披露口径，与申请挂牌准入的披露口径保持一致。

不属于其他具有金融属性企业的挂牌公司，其募集资金不得用于参股或控股其他具有金融属性的企业。

【模拟练习】根据《关于金融类企业挂牌融资有关事项的通知》，以下向股转公司申请挂牌的企业中，股转公司暂不受理的有（　　　）。

A. 受中国银监会监管并持有"金融许可证"的甲商业银行

B. 乙私募基金管理机构

C. 丙小额贷款公司

D. 丁公司，持有某小额贷款公司20%的股权

E. 戊公司，持有某融资租赁公司15%的股权，是其第一大股东

答案：CDE

解析：A，"一行三会"监管企业，正常受理；B，一般挂牌条件+8项新增条件，正常受理。

【模拟练习】根据全国股份转让系统发布的《关于金融类企业挂牌融资有关事项的通知》，下列符合已挂牌的私募机构股票发行监管要求的有（　　　）。

A. 每次发行股票募集资金的金额不得超过其发行后净资产的50%

B. 前次发行股票所募集资金未使用完毕的，不得再次发行股票募集资金

C. 不得以其所管理的基金份额认购其所发行的股票

D. 募集资金投资于某公司，后该公司申请IPO并在深圳证券交易所创业板上市

E. 最近两年财务报表被注册会计师出具保留意见的审计报告，不得再次发行股票募集资金

答案：BC

解析：A，应为"发行前"；D，被动持有的符合要求；E，全国股份转让系统发行股票对审计报告类型无要求。

（三）挂牌公司分层管理

说明：本部分内容非大纲明确要求内容，应从总体上把握，对于具体分层标准一般了解即可。2016年6月《全国中小企业服务转让系统挂牌公司分层管理办法（试行）》出台，出台后的9月、10月、11月三次考试均未涉及考题。

2016年6月27日，股转公司发布并实施《全国中小企业股份转让系统挂牌公司分层管理办法（试行）》，根据规定，进入创新层的挂牌公司应设立董事会秘书并作为公司高级管理人员，董事会秘书应当在规定时间内取得资格证书。私募基金管理机构按照相关监管要求整改后，符合创新层标准的，可以进入创新层；小额贷款公司、融资担保公司、融资租赁公司、典当行、商业保理公司以及互联网金融等特殊行业挂牌公司，在相关监管政策明确前，暂不进入创新层。具体分层标准如下：

1. 已挂牌公司进入创新层的标准及条件

（1）满足以下条件之一的挂牌公司可以进入创新层

标准	具体要求
标准一	①最近两年连续盈利，且年平均净利润不少于2 000万元（以扣非前后孰低为计算依据）
	②最近两年加权平均净资产收益率平均不低于10%（以扣非前后孰低为计算依据）
标准二	①最近两年营业收入平均不低于4 000万元
	②最近两年营业收入连续增长，且年均复合增长率不低于50%
	③股本不少于2 000万股
标准三	①最近有成交的60个做市转让日的平均市值不少于6亿元
	②最近一年年末股东权益不少于5 000万元
	③做市商家数不少于6家
	④合格投资者不少于50人

注：①上表中三个标准符合其一即可，每个标准中的不同条件需同时满足方符合该标准。

②净利润是指归属于挂牌公司股东的净利润，不包括少数股东损益。

③年均复合增长率 $= \sqrt{\dfrac{R_n}{R_{n-2}}} - 1 = \sqrt{(1 + 增长率1) \times (1 + 增长率2)} - 1$，其中 R_n 代表最近一个完整会计年度（第 n 年）的营业收入。比如，2014年收入为1亿元，2015年收入为1.5亿元，2016年收入为3亿元，则年均复合增长率 $= \sqrt{\dfrac{3}{1}} - 1 = 73.2\%$，或者年均复合增长率 $= \sqrt{(1 + 50\%) \times (1 + 100\%)} - 1 = 73.2\%$。

④最近60个可转让日是指以4月30日为截止日，扣除暂停转让日后的最近60个转让日。

⑤股东权益是指归属于挂牌公司股东的所有者权益，不包括少数股东权益。

⑥合格投资者是指符合《全国中小企业股份转让系统投资者适当性管理细则（试行）》第三条至第五条规定的投资者，即参与公开转让的投资者，而非定向发行的投资者。

（2）按"（1）"中规定进入创新层的挂牌公司，还应当满足以下条件：

①最近12个月完成过股票发行融资（包括申请挂牌同时发行股票），且融资额累计不低于1 000万元；或者最近60个可转让日实际成交天数占比不低于50%。

②公司治理健全，股东大会、董事会和监事会制度，对外投资管理制度、对外担保管理制

度、关联交易管理制度、投资者关系管理制度、利润分配管理制度和承诺管理制度完备；公司设立董事会秘书并作为公司高级管理人员，董事会秘书取得全国股转系统董事会秘书资格证书。

③最近 12 个月不存在以下情形：

a. 挂牌公司或其控股股东、实际控制人，现任董事、监事和高级管理人员因信息披露违规、公司治理违规、交易违规等行为被全国股转公司采取出具警示函、责令改正、限制证券账户交易等自律监管措施合计 3 次以上的，或者被全国股转公司等自律监管机构采取了纪律处分措施。

b. 挂牌公司或其控股股东、实际控制人，现任董事、监事和高级管理人员因信息披露违规、公司治理违规、交易违规等行为被中国证监会及其派出机构采取行政监管措施或者被采取行政处罚，或者正在接受立案调查，尚未有明确结论意见。

c. 挂牌公司或其控股股东、实际控制人，现任董事、监事和高级管理人员受到刑事处罚，或者正在接受司法机关的立案侦查，尚未有明确结论意见。

④按照全国股转公司的要求，在会计年度结束之日起 4 个月内编制并披露年度报告；最近 2 个会计年度的财务会计报告被会计师事务所出具标准无保留意见的审计报告；按照标准二进入创新层的挂牌公司，最近 3 个会计年度的财务会计报告被会计师事务所出具标准无保留意见的审计报告。

⑤全国股转公司规定的其他条件。

2. 申请挂牌公司进入创新层的标准及条件

（1）申请挂牌公司满足以下条件之一的，可以挂牌时直接进入创新层：

标准	具体要求
标准一	①最近两年连续盈利，且年平均净利润不少于 2 000 万元（以扣非前后孰低为计算依据）
	②最近两年加权平均净资产收益率平均不低于 10%（以扣非前后孰低为计算依据）
	③申请挂牌同时发行股票，且融资额不低于 1 000 万元
标准二	①最近两年营业收入平均不低于 4 000 万元
	②最近两年营业收入连续增长，且年均复合增长率不低于 50%
	③股本不少于 2 000 万股
标准三	①按发行价格计算的公司市值不少于 6 亿元，且融资额不低于 1 000 万元
	②最近一年年末股东权益不少于 5 000 万元
	③做市商家数不少于 6 家
	④申请挂牌同时发行股票，发行对象中包括不少于 6 家做市商

（2）根据上述"（1）"的规定进入创新层的申请挂牌公司，还应当满足以下条件：

①申请挂牌即采用做市转让方式。

②公司治理健全，股东大会、董事会和监事会制度，对外投资管理制度、对外担保管理制度、关联交易管理制度、投资者关系管理制度、利润分配管理制度和承诺管理制度完备；公司设立董事会秘书并作为公司高级管理人员，董事会秘书取得全国股转系统董事会秘书资格证书。

③最近 12 个月不存在以下情形：申请挂牌公司或其控股股东、实际控制人，现任董事、监事和高级管理人员被中国证监会及其派出机构采取行政监管措施或者被采取行政处罚，或者正在接受立案调查，尚未有明确结论意见。

④最近 2 年及 1 期的财务会计报告被会计师事务所出具标准无保留意见的审计报告；按照标

准二的规定进入创新层的申请挂牌公司，最近 3 个会计年度的财务会计报告被会计师事务所出具标准无保留意见的审计报告。

⑤全国股转公司规定的其他条件。

3. 进入创新层的挂牌公司维持的标准及条件

（1）申请挂牌公司满足以下条件之一的，可以挂牌时直接进入创新层：

标准	具体要求
标准一	①最近两年连续盈利，且年平均净利润不少于 1 200 万元（以扣非前后孰低为计算依据）
	②最近两年加权平均净资产收益率平均不低于 6%（以扣非前后孰低为计算依据）
标准二	①最近两年营业收入平均不低于 4 000 万元
	②最近两年营业收入连续增长，且年均复合增长率不低于 30%
	③股本不少于 2 000 万股
标准三	①最近有成交的 60 个做市转让日的平均市值不少于 3.6 亿元
	②最近一年年末股东权益不少于 5 000 万元
	③做市商家数不少于 6 家

（2）进入创新层的挂牌公司除满足上述"（1）"规定的维持条件外，还应当满足以下条件：

①合格投资者不少于 50 人。

②最近 60 个可转让日实际成交天数占比不低于 50%。

③公司治理健全，股东大会、董事会和监事会制度，对外投资管理制度、对外担保管理制度、关联交易管理制度、投资者关系管理制度、利润分配管理制度和承诺管理制度完备；公司设立董事会秘书并作为公司高级管理人员，董事会秘书取得全国股转系统董事会秘书资格证书。

④最近 12 个月不存在以下情形：

a. 挂牌公司或其控股股东、实际控制人，现任董事、监事和高级管理人员因信息披露违规、公司治理违规、交易违规等行为被全国股转公司采取出具警示函、责令改正、限制证券账户交易等自律监管措施合计 3 次以上的，或者被全国股转公司等自律监管机构采取了纪律处分措施。

b. 挂牌公司或其控股股东、实际控制人，现任董事、监事和高级管理人员因信息披露违规、公司治理违规、交易违规等行为被中国证监会及其派出机构采取行政监管措施或者被采取行政处罚，或者正在接受立案调查，尚未有明确结论意见。

c. 挂牌公司或其控股股东、实际控制人，现任董事、监事和高级管理人员受到刑事处罚，或者正在接受司法机关的立案侦查，尚未有明确结论意见。

⑤按照全国股转公司的要求，在会计年度结束之日起 4 个月内编制并披露年度报告；最近 3 个会计年度的财务会计报告被会计师事务所出具标准无保留意见的审计报告。

⑥全国股转公司规定的其他条件。

4. 层级划分和调整

（1）全国股转公司根据分层标准及维持标准，于每年 5 月最后一个交易周的首个转让日调整挂牌公司所属层级（进入创新层不满 6 个月的挂牌公司不进行层级调整）。基础层的挂牌公司，符合创新层条件的，调整进入创新层；不符合创新层维持条件的挂牌公司，调整进入基础层。

（2）全国股转公司可以根据分层管理的需要，适当提高或降低挂牌公司层级调整的频率。

（3）层级调整期间，挂牌公司出现上述"1－（1）－③"最近12个月内禁止情形及以下情形之一的，不得调整进入创新层。自该情形认定之日起20个转让日内直接调整至基础层：

①挂牌公司因更正年报数据导致财务指标不符合创新层标准的。

②挂牌公司被认定存在财务造假或者市场操纵等情形，导致挂牌公司不符合创新层标准的。

③挂牌公司不符合创新层公司治理要求且持续时间达到3个月以上的。

④全国股转公司认定的其他情形。

【模拟练习】 根据《全国中小企业股份转让系统挂牌公司分层管理办法（试行）》，以下主体符合创新层标准及条件可进入创新层的有（　　　）。

A. "一行三会"监管的企业

B. 私募基金管理机构按照相关监管要求整改后

C. 小额贷款公司

D. 融资租赁公司

E. 互联网金融企业

答案：AB

解析：小额贷款公司、融资担保公司、融资租赁公司、典当行、商业保理公司以及互联网金融等特殊行业挂牌公司，在相关监管政策明确前，暂不进入创新层。

【模拟练习】 根据《全国中小企业股份转让系统挂牌公司分层管理办法（试行）》，以下说法正确的有（　　　）。

A. 进入创新层的挂牌公司应设立董事会秘书并作为公司高级管理人员

B. 已挂牌公司进入创新层的标准中对于合格投资者人数要求为不得少于50人，此处合格投资者指参与挂牌公司定向发行的合格投资者

C. 全国股转公司根据分层标准及维持标准，于每年4月最后一个交易周的首个转让日调整挂牌公司所属层级

D. 全国股转公司根据分层标准及维持标准对挂牌公司所属层级进行调整时，对于进入创新层不满6个月的挂牌公司不进行层级调整

E. 全国股转公司可以根据分层管理的需要，适当提高或降低挂牌公司层级调整的频率

答案：ADE

解析：B，指参与公开转让的合格投资者；C，于每年5月最后一个交易周的首个转让日调整。

保荐代表人胜任能力考试辅导教材

投资银行业务（第二版）
中册·法律法规二

朱保丛　编著

中国金融出版社

目　　录

中册·法律法规二

第四章　债务融资

本章考情分析

本章属于绝对重点章节，平均每次考试命制约 20 道题，分值 16 分左右。本章总体难度不大，且考点相对集中。本章共分五节，分别为政府债券、金融债券、公司债券、企业债券与资产证券化，其中政府债券与金融债券考点较为集中与固定，政府债券主要考核地方政府一般债券与专项债券的异同，每次考试一道题，金融债券则主要考核与券商相关的证券公司次级债和证券公司短期融资券，而对商业银行次级债、保险公司次级债与混合资本债券则几乎不考。公司债券为本章重中之重，其本身包含公司债券、可转债（含分离交易）、可交债和中小企业私募债，考点主要集中在公司债券，需重点把握。企业债券在新制度以前命题较少，随着 2015 年以来一些专项债券指引的陆续出台，企业债券题量有所上升，大多是对专项债券的考核；企业债券涉及法规较多，国家发展改革委在出台新法规时，往往采取对之前相关法规部分条款进行修正的方式，而并非完全废止之前法规，这样就出现很多法规条款交叉重叠而又部分失效的情形，如不细心甄别，较易混淆，因此，本部分内容复习难度较大，但本教材已作出较为详细的总结归纳；企业债券中另有一项非金融企业债务融资工具也是近年喜欢命题的地方，每次考试约一道题，考点集中，复习难度不大。资产证券化每次固定命制一道题，内容篇幅不大，考点相对集中，较易应对。

2016 年四次考试题型、题量分析表

节次＼题型题量＼时间	2016－05		2016－09		2016－10		2016－11	
政府债券	1 组	1 分	1 组	1 分	1 组	1 分	1 单 1 组	1.5 分
金融债券	1 组	1 分	1 组	1 分	1 组	1 分	1 单 1 组	1.5 分
公司债券	4 单 8 组	10 分	6 单 8 组	11 分	5 单 8 组	10.5 分	4 单 8 组	10 分
企业债券	1 单 3 组	3.5 分	1 单 2 组	2.5 分	2 单 2 组	3 分	1 单 2 组	2.5 分
资产证券化	1 单 1 组	1.5 分	1 单 1 组	1.5 分	1 单 1 组	1.5 分	1 单 1 组	1.5 分
合计	6 单 14 组	17 分	8 单 13 组	17 分	8 单 13 组	17 分	8 单 13 组	17 分
分值占比	17%		17%		17%		17%	

核心考点分析表

节次	考点	星级
政府债券	1. 对国债销售价格产生影响的因素	1
	2. 地方政府一般债券或专项债券	3
金融债券	1. 证券公司短期融资券的规定	2
	2. 证券公司次级债的规定	2

节次	考点	星级
公司债券	1. 公开发行公司债券的条件（大公募、小公募）	3
	2. 公司债券发行程序中应决议的事项	1
	3. 非公开发行公司债券发行与转让的相关规定	1
	4. 非公开发行公司债券项目承接负面清单	2
	5. 非公开发行公司债券的备案管理	1
	6. 公司债券的承销资格	1
	7. 公司债券合格投资者	3
	8. 公司债券承销业务尽职调查相关规定	1
	9. 公开发行公司债券存续期内应及时披露的重大事项	5
	10. 公开发行公司债券募集说明书披露事项的声明事项	1
	11. 公司债券发行及存续期间，承销机构应当履行的职责	1
	12. 受托管理人应当向市场公告临时受托管理事务报告的情形	1
	13. 公司债券受托管理人资格	1
	14. 公司债券增信机制	1
	15. 债券持有人会议议事规则	1
	16. 公司债券发行、上市、交易及分类监管的相关规定	5
	17. 可转换公司债券的发行条件	3
	18. 可转换公司债券的条款设计	3
	19. 可转换公司债券应当及时向证券交易所报告并披露的情形	3
	20. 可转换公司债券转股价格的计算	2
	21. 可交换公司债券的发行条件	3
企业债券	1. 企业债券的发行条件	1
	2. 豁免委内复审环节的情形	1
	3. 企业债券存续期的监管	1
	4. 企业债券持有人保护的相关规定	1
	5. 项目收益债券	2
	6. 绿色债券	2
	7. 城市停车场建设专项债券	1
	8. 非金融企业债务融资工具的持续信息披露	1
	9. 非金融企业债务融资工具流通转让与自动失效的相关规定	1
	10. 非金融企业债务融资工具信用评级	1
	11. 非金融企业超短期融资券的相关规定	1
资产证券化	1. 资产支持证券投资者享有的权利	2
	2. 资产支持证券管理人的职责	2
	3. 资产证券化业务基础资产负面清单	2

本章核心法规

节次	法规名称	施行年月	星级
政府债券	1.《地方政府一般债券发行管理暂行办法》	2015 - 03	3
	2.《地方政府专项债券发行管理暂行办法》	2015 - 04	3
金融债券	3.《证券公司次级债管理规定》	2012 - 12	3
	4.《证券公司短期融资券管理办法》	2004 - 11	3
公司债券	5.《公司债券发行与交易管理办法》	2015 - 01	5
	6.《非公开发行公司债券备案管理办法》	2015 - 04	2
	7.《非公开发行公司债券项目承接负面清单指引》	2015 - 04	3
	8.《公司债券承销业务尽职调查指引》	2015 - 10	1
	9.《公开发行证券的公司信息披露内容与格式准则第 23 号——公开发行公司债券募集说明书》	2015 - 03	1
	10.《公开发行证券的公司信息披露内容与格式准则第 24 号——公开发行公司债券申请文件》	2015 - 03	2
	11.《公司债券受托管理人执业行为准则》	2015 - 06	2
	12.《深圳证券交易所公司债券上市规则》	2015 - 05	2
	13.《上市公司股东发行可交换公司债券试行规定》	2008 - 10	2
企业债券	14.《企业债券管理条例》	2011 - 01	1
	15.《国家发展改革委关于推进企业债券市场发展、简化发行核准程序有关事项的通知》	2008 - 01	1
	16.《国家发展改革委办公厅关于进一步强化企业债券风险防范管理有关问题的通知》	2012 - 12	3
	17.《国家发展改革委办公厅关于进一步改进企业债券发行审核工作的通知》	2013 - 04	1
	18.《关于全面加强企业债券风险防范的若干意见》	2014 - 09	2
	19.《国家发展改革委办公厅关于充分发挥企业债券融资功能支持重点项目建设促进经济平稳较快发展的通知》	2015 - 05	2
	20.《城市地下综合管廊建设专项债券发行指引》	2015 - 03	1
	21.《战略性新兴产业专项债券发行指引》	2015 - 03	1
	22.《养老产业专项债券发行指引》	2015 - 04	1
	23.《城市停车场建设专项债券发行指引》	2015 - 04	1
	24.《项目收益债券管理暂行办法》	2015 - 07	2
	25.《双创孵化专项债券发行指引》	2015 - 11	1
	26.《配电网建设改造专项债券发行指引》	2015 - 11	1
	27.《绿色债券发行指引》	2015 - 12	3

节次	法规名称	施行年月	星级
企业债券	28.《银行间债券市场非金融企业债务融资工具管理办法》	2008－04	2
	29.《银行间债券市场非金融企业短期融资券业务指引》	2008－04	1
	30.《银行间债券市场非金融企业中期票据业务指引》	2008－04	1
	31.《银行间债券市场中小非金融企业集合票据业务指引》	2009－11	1
	32.《银行间债券市场非金融企业超短期融资券业务规程（试行）》	2010－12	1
	33.《银行间债券市场非金融企业资产支持票据指引》	2012－08	1
	34.《银行间债券市场非金融企业项目收益票据业务指引》	2014－07	1
资产证券化	35.《证券公司及基金管理公司子公司资产证券化业务管理规定》	2014－11	3
	36.《资产支持专项计划备案管理办法》	2014－12	1
	37.《资产证券化业务基础资产负面清单指引》	2014－12	3

本章思维导图

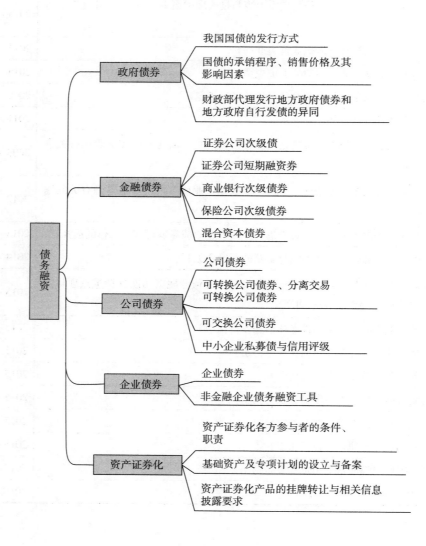

本章具体内容

第一节 政府债券

【大纲要求】

内容	程度
1. 我国国债的发行方式	掌握
2. 国债的承销程序、销售价格及其影响因素	熟悉
3. 财政部代理发行地方政府债券和地方政府自行发债的异同	掌握

【内容精讲】

说明：（1）"2"中"国债的销售价格及其影响因素"并非大纲明确要求掌握的内容，但与国债发行与承销相关，且在 2016 年 11 月考到，因此调入教材内容；（2）本节考点集中在"三、财政部代理发行地方政府债券和地方政府自行发债的异同"，对于"一、我国国债的发行方式"和"二、国债的承销程序"的内容，一般了解即可。

一、我国国债的发行方式

1988 年以前，我国国债发行采用行政分配方式；1988 年，财政部首次通过商业银行和邮政储蓄柜台销售了一定数量的国债；1991 年，开始以承购包销方式发行国债；自 1996 年起，公开招标方式被广泛采用。目前，凭证式国债发行完全采用承购包销方式，记账式国债发行完全采用公开招标方式。

（一）公开招标方式

公开招标方式是通过投标人的直接竞价来确定发行价格（或利率）水平，发行人将投标人的标价自高价向低价排列，或自低利率排到高利率，发行人从高价（或低利率）选起，直到达到需要发行的数额为止。因此，所确定的价格恰好是供求决定的市场价格。我国国债发行招标规则的制定借鉴了国际资本市场中的美国式、荷兰式规则，并发展出混合式招标方式。

1. 根据中华人民共和国财政部财库［2009］12 号文件《财政部关于印发 2009 年记账式国债招投标规则的通知》，目前记账式国债的招标方式如下：

（1）荷兰式招标。标的为利率或利差时，全场最高中标利率或利差为当期国债票面利率或基本利差；各中标机构均按面值承销；标的为价格时，全场最低中标价格为当期国债发行价格，各中标机构均按发行价格承销。

（2）美国式招标。标的为利率时，全场加权平均中标利率为当期国债票面利率，中标机构按各自中标标位利率与票面利率折算的价格承销；标的为价格时，全场加权平均中标价格为当期国债发行价格，中标机构按各自中标标位的价格承销。

背离全场加权平均投标利率或价格一定数量的标位视为无效投标，全部落标，不参与全场加权平均中标利率或价格的计算。

（3）混合式招标。标的为利率时，全场加权平均中标利率为当期国债票面利率，低于或等于票面利率的标位，按面值承销；高于票面利率一定数量以内的标位，按各中标标位的利率与票面利率折算的价格承销；高于票面利率一定数量以上的标位，全部落标。标的为价格时，全场加权平均中标价格为当期国债发行价格，高于或等于发行价格的标位，按发行价格承销；低于发行价格一定数量以内的标位，按各中标标位的价格承销，低于发行价格一定数量以上的标位，全部落标。

背离全场加权平均投标利率或价格一定数量的标位视为无效投标，全部落标，不参与全场加权平均中标利率或价格的计算。

2. 对于投标，则有如下限定：

（1）投标标位变动幅度。利率或利差招标时，标位变动幅度为0.01%；价格招标时，标位变动幅度在当期国债发行文件中另行规定。

（2）投标量限定。国债承销团成员单期国债最低、最高投标限额按各期国债招标量的一定比例计算，具体是：乙类成员最低、最高投标限额分别为当期国债招标量的0.5%、10%；甲类成员最低投标限额为当期国债招标量的3%，对于不可追加的记账式国债，最高投标限额为当期国债招标量的30%，对于可追加的记账式国债，最高投标限额为当期国债招标量的25%。单一标位最低投标限额为0.2亿元，最高投标限额为30亿元。投标量变动幅度为0.1亿元的整数倍。

（3）最低承销额限定。国债承销团成员单期国债最低承销额（含追加承销部分）按各期国债竞争性招标额的一定比例计算，甲类成员为1%，乙类成员为0.2%。

上述比例要求均计算至0.1亿元，0.1亿元以下四舍五入。

3. 具体的中标原则为：

（1）全场有效投标总额小于或等于当期国债招标额时，所有有效投标全额募入；全场有效投标总额大于当期国债招标额时，按照低利率（利差）或高价格优先的原则对有效投标逐笔募入，直到募满招标额为止。

（2）边际中标标位的投标额大于剩余招标额，以该标位投标额为权数平均分配，最小中标单位为0.1亿元，分配后仍有尾数时，按投标时间优先原则分配。

对于记账式国债，有时会允许进行追加投标：对于允许追加承销的记账式国债，在竞争性招标结束后，记账式国债承销团甲类成员有权通过投标追加承销当期国债；甲类机构最大追加承销额为该机构当期国债竞争性中标额的25%；荷兰式招标追加承销价格与竞争性招标中标价格相同；美国式和混合式招标追加承销价格，标的为利率时为面值，标的为价格时为当期国债发行价格。

（二）承购包销方式

承购包销方式是由发行人和承销商签订承购包销合同，合同中的有关条款是通过双方协商确定的。对于事先已确定发行条款的国债，我国仍采取承购包销方式，目前主要运用于不可上市流通的凭证式国债的发行。

二、国债的承销程序、销售价格及其影响因素

（一）国债的承销程序

1. 记账式国债的承销程序

（1）招标发行

记账式国债是一种无纸化国债，主要通过银行间债券市场向具备全国银行间债券市场国债承购包销团资格的商业银行、证券公司、保险公司、信托投资公司等机构，以及通过证券交易所的交易系统向具备交易所国债承购包销团资格的证券公司、保险公司和信托投资公司及其他投资者发行。

（2）远程投标

记账式国债发行招投标工作通过"财政部国债发行招投标系统"进行，国债承销团成员通过上述系统远程终端投标。远程终端出现技术问题时，可在规定的时间内以填写"应急投标书"和"应急申请书"的形式委托中央国债登记结算有限责任公司代为投标。

（3）债权托管

在招投标工作结束后，各中标机构应通过国债招投标系统填制"债权托管申请书"，在中央国债登记结算有限责任公司和中国证券登记结算有限责任公司上海、深圳分公司选择托管。逾时未填制的，系统默认全部在中央国债登记结算有限责任公司托管。中央国债登记结算有限责任公司以及中国证券登记结算有限责任公司上海、深圳分公司于规定的债权登记日，对当期国债进行总债权登记和分账户债权托管。国债债权确认时间按国债发行款划入财政部指定的资金账户的时间确定。国债发行缴款与债权确立方式以当期发行文件规定为准。

（4）分销

记账式国债分销是指在规定的分销期内，国债承销团成员将中标的全部或部分国债债权额度销售给非国债承销团成员的行为。记账式国债采取场内挂牌、场外签订分销合同和试点商业银行柜台销售的方式分销。具体分销方式以当期发行文件规定为准。分销对象为在中央国债登记结算有限责任公司开立债券账户及在中国证券登记结算有限责任公司开立股票和基金账户的各类投资者。国债承销团成员间不得分销。非国债承销团成员通过分销获得的国债债权额度，在分销期内不得转让。国债承销团成员根据市场情况自定价格分销。

2. 凭证式国债的承销程序

凭证式国债是一种不可上市流通的储蓄型债券，由具备凭证式国债承销团资格的机构承销。财政部和中国人民银行一般每年确定一次凭证式国债承销团资格，各类商业银行、邮政储蓄银行均有资格申请加入凭证式国债承销团。财政部一般委托中国人民银行分配承销数额。承销商在分得所承销的国债后，通过各自的代理网点发售。发售采取向购买人开具凭证式国债收款凭证的方式，发售数量不能突破所承销的国债量。由于凭证式国债采用"随买随卖"、利率按实际持有天数分档计付的交易方式，因此，在收款凭证中除了注明投资者身份外，还须注明购买日期、期限、发行利率等内容。从2002年第2期开始，凭证式国债的发行期限改为1个月，发行款的上划采取一次缴款办法，国债发行手续费也由财政部一次拨付。各经办单位对在发行期内已缴款但未售完及购买者提前兑取的凭证式国债，仍可在原额度内继续发售，继续发售的凭证式国债仍按面值售出。为了便于掌握发行进度，担任凭证式国债发行任务的各个系统一般每月要汇总本系统内的累计发行数额，上报财政部及中国人民银行。

（二）国债的销售价格及其影响因素

1. 国债销售的价格

在传统的行政分配和承购包销的发行方式下，国债按规定以面值出售，不存在承销商确定销售价格的问题。在现行多种价格的公开招标方式下，每个承销商的中标价格与财政部按市场情况和投标情况确定的发售价格是有差异的。如果按发售价格向投资者销售国债，承销商就可能亏损，因此，财政部允许承销商在发行期内自定销售价格，随行就市发行。

2. 国债销售价格的影响因素

（1）市场利率

市场利率趋于上升，就限制了承销商确定销售价格的空间；市场利率趋于下降，就为承销商确定销售价格拓展了空间。

（2）承销商承销国债的中标成本

国债销售的价格一般不应低于承销商与发行人的结算价格；反之，就有可能发生亏损。所以，通过投标获得较低成本的国债，有利于分销工作的顺利开展。

（3）流通市场中可比国债的收益率水平

如果国债承销价格定价过高，即收益率过低，投资者就会倾向于在二级市场上购买已流通的国债，而不是直接购买新发行的国债，从而阻碍国债分销工作顺利进行。

（4）国债承销的手续费收入

在国债承销中，承销商可获得其承销金额一定比例的手续费收入。对于不同品种的国债，该比例可能不一样，一般为千分之几。由于该项手续费收入的存在，为了促进分销活动，承销商有可能压低销售价格。

（5）承销商所期望的资金回收速度

降低销售价格，承销商的分销过程会缩短，资金的回收速度会加快，承销商可以通过获取这部分资金占用其中的利息收入来降低总成本，提高收益。

（6）其他国债分销过程中的成本。

【真题回顾（1611）】下列因素中，会对国债销售价格产生影响的因素有（　　）。

A. 流通市场中可比国债的收益率水平　　　　B. 承销商承销国债的中标成本

C. 国债承销的手续费收入　　　　D. 承销商所期望的资金回收速度

答案：ABCD

三、财政部代理发行地方政府债券和地方政府自行发债的异同

关于本部分内容，在 2015 年、2016 年新政策下的几次考试中，考核的主要是地方政府自行发债的相关规定，包括一般债券与专项债券，分别由《地方政府一般债券发行管理暂行办法》和《地方政府专项债券发行管理暂行办法》进行规范，以下表对要点进行对比说明。

地方政府一般债券与专项债券发行承销及条款设计对比

项目	地方政府一般债券	地方政府专项债券
概念	是指省、自治区、直辖市政府（含经省级政府批准自办债券发行的计划单列市政府）为	
	没有收益的公益性项目发行的、约定一定期限内主要以一般公共预算收入还本付息的政府债券	有一定收益的公益性项目发行的、约定一定期限内以公益性项目对应的政府性基金或专项收入还本付息的政府债券
附息形式	采用记账式固定利率附息形式	
自发自还	由各地按照市场化原则自发自还，遵循公开、公平、公正的原则，发行和偿还主体为地方政府	
偿债来源	省、自治区、直辖市依照国务院下达的限额举借的债务，列入本级预算调整方案，报本级人民代表大会常务委员会批准。债券资金收支列入一般公共预算管理	单只专项债券可以对应单一项目发行，也可以对应多个项目集合发行。但单只专项债券只能以单项政府性基金或专项收入为偿债来源
债券期限	期限为 1 年、3 年、5 年、7 年和 10 年，由各地根据资金需求和债券市场状况等因素合理确定	期限为 1 年、2 年、3 年、5 年、7 年和 10 年，由各地综合考虑项目建设、运营、回收周期和债券市场状况等合理确定

续表

项目	地方政府一般债券	地方政府专项债券
发行规模	单一期限债券的发行规模不得超过一般债券当年发行规模的30%	7年期和10年期债券的合计发行规模不得超过专项债券全年发行规模的50%
信用评级	各地按照有关规定开展信用评级，择优选择信用评级机构，与信用评级机构签署信用评级协议，明确双方的权利和义务	
承销商	（1）各地组建承销团，承销团成员应当是在境内依法成立的金融机构，具有债券承销业务资格，资本充足率、偿付能力或者净资本状况等指标达到监管标准	
	（2）地方政府财政部门与承销商签署债券承销协议，明确双方的权利和义务。承销商可以书面委托其分支机构代理签署并履行债券承销协议	
	（3）各地可在承销商中择优选择主承销商，主承销商为一般债券提供发行定价、登记托管、上市交易等咨询服务	
发行利率	发行利率采用承销、招标等方式确定。采用承销或招标方式的，发行利率在承销日或招标日前1至5个工作日相同待偿期记账式国债的平均收益率之上确定	
投资者范围	各地应积极扩大债券投资者范围，鼓励社会保险基金、住房公积金、企业年金、职业年金、保险公司等机构投资者和个人投资者在符合法律法规规定的前提下投资一般债券、专项债券	
信息披露	各地应当在一般债券、专项债券发行定价结束后，通过中国债券信息网和本地区门户网站等媒体，及时公布债券发行结果	
登记托管	应当在中央国债登记结算有限责任公司办理总登记托管，在国家规定的证券登记结算机构办理分登记托管	
交易场所	发行结束后，应按有关规定及时在全国银行间债券市场、证券交易所债券市场等上市交易	
利息免税	企业和个人取得的一般债券利息收入，免征企业所得税和个人所得税	

注：①"概念"中包含发行主体及偿债来源，均是"保代"考点，均需注意；一般债券主要以一般公共预算收入还本付息，专项债券以政府性基金或专项收入还本付息。

②"附息形式"只能采用固定利率附息形式，不可采用浮动利率附息形式。

③"偿债来源"对于地方政府专项债券，只能以单项，不可同时以政府性基金和专项收入为偿债来源；对于一般债券，注意"债券资金收支列入一般公共预算管理"。

④投资者范围不仅包括机构投资者（需要记忆具体），还包括个人投资者。

⑤"发行利率注意两点：a. 并非只能采用承销、招标方式确定，还可以采用其他方式确定；b. 采用承销或招标方式的，应在承销日或招标日前1至5个工作日相同待偿期记账式国债的平均收益率之上确定，非"凭证式国债"。

⑥a. 关于信用评级，为强制信用评级；b. 根据《关于做好2015年地方政府一般债券发行工作的通知》，一般债券与专项债券只需进行债项信用评级，无须进行主体评级；c. 一般债券只需进行涵盖各期限一般债券（1年期、3年期、5年期、7年期和10年期）的综合性评级，专项债券原则上应当对不同专项债券分别开展信用评级；d. 首次评级进行一次，此后跟踪评级每年开展一次。

⑦应当在"中央国债登记结算有限责任公司"办理总登记托管，非"中国证券结算登记有限责任公司"。

【真题回顾（1505）】 根据《地方政府一般债券发行管理暂行办法》，地方政府一般债券的期限有（　　）。

A. 1年、3年、5年、7年　　　　　　　　B. 3年、5年、7年、9年

C. 1 年、3 年、5 年、7 年、10 年   D. 1 年、3 年、5 年、7 年、9 年

答案：C

【真题回顾（1505）】 下列对地方政府发行债券的表述正确的有（   ）。

A. 地方政府专项债券的期限为 1 年、3 年、5 年、7 年和 10 年，但单一期限债券的发行规模不得超过一般债券当年发行规模的 30%

B. 地方政府发行专项债券由省、自治区、直辖市（含经省政府批准自办债券发行的计划单列市）人民政府依法自行组织本地区专项债券发行、利息支付和本金偿还

C. 地方政府发行一般债券的资金用于没有收益的公益性项目，发行专项债券的资金用于有收益的公益性项目

D. 地方政府发行专项债券只需进行债项信用评级，首次评级进行一次，此后跟踪评级每年开展一次

E. 地方政府专项债券由各地按照市场化原则自发自还，发行和偿还主体为地方政府，债券资金收支列入一般公共预算管理

答案：BCD

解析：A，是一般债券的有关规定；E，"债券资金收支列入一般公共预算管理"是一般债券的有关规定。

【真题回顾（1509）】 根据《地方政府一般债券发行管理暂行办法》，以下可以发行地方政府一般债券的主体有（   ）。

A. 省级政府   B. 自治区政府

C. 直辖市政府   D. 经省级政府批准的计划单列市政府

E. 地级政府

解析：ABCD

【真题回顾（1609）】 根据《地方政府专项债券发行管理暂行办法》的规定，关于地方政府专项债券发行，以下说法正确的是（   ）。

A. 专项债券可以采用记账式固定利率附息形式，也可采用浮动利率附息形式

B. 地方政府专项债券是指省、自治区、直辖市政府（含经省级政府批准自办债券发行的计划单列市政府）为有一定收益的公益性项目发行的，约定一定期限内以公益性项目对应的政府性基金、专项收入或一般公共预算收入还本付息的政府债券

C. 专项债券的期限为 1 年、3 年、5 年、7 年和 10 年，由各地综合项目建设、运营、回收周期和债券市场状况等合理确定，但单一期限债券的发行规模不得超过专项债券全年发行规模的 30%

D. 专项债券发行利率采用承销、招标等方式确定，采用承销或招标方式的，发行利率在承销日或招标日前 1 至 5 个工作日相同待偿期记账式国债的平均收益率之上确定

E. 单只专项债券应当以单项政府性基金或专项收入为偿债来源。单只专项债券应当对应单一项目发行，不可以对应多个项目集合发行

答案：D

解析：A，只能采用记账式固定利率附息形式；B，不包括一般公共预算收入；C，有两处错误，一是专项债券的期限为 1 年、2 年、3 年、5 年、7 年和 10 年，二是其发行规模的限制为"7 年期和 10 年期债券的合计发行规模不得超过专项债券全年发行规模的 50%"，选项中为一般债券发行规模的限制；E，可以对应单一项目发行，也可以对应多个项目集合发行。

【真题回顾（1611）】 地方政府专项债券期限为 1 年、2 年、3 年、5 年、7 年和 10 年，由各

地综合考虑项目建设、运营、回收周期和债券市场状况等合理确定，但是 7 年期和 10 年期债券的合计发行规模上限不得超过专项债券全年发行规模的（　　）。

A. 30%　　　　　　B. 20%　　　　　　C. 10%　　　　　　D. 50%

E. 70%

答案：D

【真题回顾（1610）】根据《地方政府专项债券发行管理暂行办法》的规定，鼓励在符合法律法规等相关规定的前提下投资专项债券的机构投资者有（　　）。

A. 社会保险基金　　　B. 住房公积金　　　C. 企业年金　　　D. 职业年金

E. 保险公司

答案：ABCDE

【模拟练习】下列对地方政府发行债券的表述正确的有（　　）。

A. 地方政府专项债券，单只专项债券可以对应单一项目发行，也可以对应多个项目集合发行。单只专项债券可以单项政府性基金或专项收入为偿债来源，也可以同时以政府性基金和专项收入为偿债来源

B. 社会保险基金、企业年金、职业年金等机构投资者可以投资地方政府发行专项债券，个人投资者不可以投资地方政府发行专项债券

C. 采用承销或招标方式的，发行利率在承销日或招标日前 1 至 5 个工作日相同待偿期凭证式国债的平均收益率之上确定

D. 企业和个人取得的一般债券利息收入，免征企业所得税和个人所得税

E. 专项债券发行结束后，应按有关规定及时在全国银行间债券市场、证券交易所债券市场等上市交易

答案：DE

解析：A，不可以同时以政府性基金和专项收入为偿债来源；B，个人投资者也可以投资；C，应为记账式国债。

【本节重要考点总结】本节重要考点及对应法条总结如下表所示（统计基数为 2015 年 5 月至今的所有考次）。

地方政府一般债券与专项债券考点重要条款

考点	法条		对应条文	考次
1. 发行主体	2	2	省、自治区、直辖市政府（含经省级政府批准自办债券发行的计划单列市政府）	2
2. 概念	2		为没有收益的公益性项目发行的、约定一定期限内主要以一般公共预算收入还本付息的政府债券	1
		2	为有一定收益的公益性项目发行的、约定一定期限内以公益性项目对应的政府性基金或专项收入还本付息的政府债券	1
3. 附息形式	2	3	采用记账式固定利率附息形式	1
4. 偿债主体	5	6	由各地按照市场化原则自发自还，遵循公开、公平、公正的原则，发行和偿还主体为地方政府	1
5. 债券资金收支管理	3		债券资金收支列入一般公共预算管理	1

考点	法条	对应条文	考次
6. 偿债来源	4	单只专项债券应当以单项政府性基金或专项收入为偿债来源。单只专项债券可以对应单一项目发行，也可以对应多个项目集合发行	1
7. 债券期限	4	一般债券期限为 1 年、3 年、5 年、7 年和 10 年，由各地根据资金需求和债券市场状况等因素合理确定，但单一期限债券的发行规模不得超过一般债券当年发行规模的 30%	1
	5	专项债券期限为 1 年、2 年、3 年、5 年、7 年和 10 年，由各地综合考虑项目建设、运营、回收周期和债券市场状况等合理确定，但 7 年期和 10 年期债券的合计发行规模不得超过专项债券全年发行规模的 50%	3
8. 利率确定	13　15	发行利率采用承销、招标等方式确定。采用承销或招标方式的，发行利率在承销日或招标日前 1 至 5 个工作日相同待偿期记账式国债的平均收益率之上确定	1
9. 投资者范围	16　18	鼓励社会保险基金、住房公积金、企业年金、职业年金、保险公司等机构投资者和个人投资者在符合法律法规等相关规定的前提下投资	1

注：表中法条左方标注的为《地方政府一般债券发行管理暂行办法》中的对应条款，右方标注的为《地方政府专项债券发行管理暂行办法》中的对应条款，两列同时标准的，两个法规中的规定条款相同。

第二节　金融债券

【大纲要求】

内容	程度
1. 证券公司次级债的发行条件、申报与备案、信息披露等规定	掌握
2. 证券公司短期融资券的发行条件、申报与备案、信息披露等规定	掌握
3. 商业银行发行次级债券的一般性规定	掌握
4. 保险公司发行次级债券的一般性规定	掌握
5.（商业银行）混合资本债券的一般性规定	熟悉

说明：（1）2015 年 1 月，中国证监会发布并实施《公司债券发行与交易管理办法》，废止了《证券公司债券管理暂行办法》，目前证券公司债的发行、申报等在《公司债券发行与交易管理办法》下规范，不再单独适用，因此对大纲中证券公司债的相关要求予以删除；（2）因"证券公司次级债"和"证券公司短期融资券"与证券公司直接相关，因此喜欢在考试中考查，过往真题也比较容易集中在此，应重点复习，而对于商业银行、保险公司发行次级债券以及混合资本债券的相关规定，了解即可。

【内容精讲】

一、证券公司次级债

2012 年 12 月，中国证监会发布并实施《证券公司次级债管理规定》，对证券公司借入或发行次级债进行规范。

（一）一般规定

1. 证券公司次级债的概念

证券公司次级债包括次级债务与次级债券，定义见下表。

次级债类别	定义	备注
（1）次级债务	向股东或机构投资者定向借入的、清偿顺序在普通债之后的次级债务	借入对象可以是股东、机构投资者
（2）次级债券	向机构投资者发行的、清偿顺序在普通债之后的有价证券	①发行对象为机构投资者
		②只能以非公开方式发行，每期债券的机构投资者合计不得超过200人

注：①次级债务、次级债券为证券公司同一清偿顺序的债务。

②证券公司次级债的借入或发行对象不可为个人投资者；证券公司不得向其实际控制的子公司借入或发行次级债。

2. 证券公司次级债的合格投资者

从概念中可知，次级债务既可以向证券公司的股东借入，也可以向机构投资者借入，次级债券只能向机构投资者非公开发行。机构投资者是指经国家金融监管部门批准设立的金融机构，包括：

（1）商业银行、证券公司、基金管理公司、信托公司和保险公司等。

（2）上述金融机构面向投资者发行的理财产品，包括银行理财产品、信托产品、投连险产品、基金产品、证券公司资产管理产品等。

（3）注册资本不低于人民币1 000万元的企业法人。

（4）认缴出资总额不低于人民币5 000万元，实缴出资总额不低于人民币1 000万元的合伙企业。

（5）经中国证监会认可的其他投资者。

【注】合伙企业是认缴不低于5 000万元且实缴不低于1 000万元，二者须同时满足。

3. 证券公司次级债的分类

次级债根据期限分为长期次级债和短期次级债，其定义及计入净资本等相关规定见下表。

项目	短期次级债	长期次级债
定义	期限在3个月以上（含3个月）、1年以下（含1年）的次级债为短期次级债［3个月，1年］	期限在1年以上（不含1年）的次级债为长期次级债（1年，∞）
计入净资本或扣减风险资本准备	短期次级债不计入净资本，但可按照一定标准扣减风险资本准备	长期次级债可按一定比例计入净资本，到期期限在3年、2年、1年以上的，原则上分别按100%、70%、50%的比例计入净资本，数额不得超过净资本（不含长期次级债累计计入净资本的数额）的50%

续表

项目	短期次级债	长期次级债
计入净资本或扣减风险资本准备	证券公司为满足承销股票、债券业务的流动性资金需要而借入或发行的短期次级债，可按照以下标准扣减风险资本准备 （1）承销期内：按债务资金与承销业务风险资本准备的孰低值扣减风险资本准备 （2）承销结束：①发生包销情形的，按照债务资金与因包销形成的自营业务风险资本准备的孰低值扣减风险资本准备；②未发生包销情况的，借入或发行的短期次级债不得扣减风险资本准备	（1）证券公司可自长期次级债资金到账之日起按规定比例计入净资本。但是，长期次级债资金于获批日之前到账的，只能在获得批复后按规定比例计入净资本（到账日与获批日孰晚原则） （2）短期次级债务转为长期次级债务或长期次级债务展期的：在获得批复后方可按规定比例将长期次级债务计入净资本 （3）提前偿还长期次级债务后1年之内再次借入新的长期次级债务的：①新借入的次级债务应先按照提前偿还的长期次级债务剩余到期期限对应的比例计入净资本；在提前偿还的次级债务合同期限届满后，再按规定比例计入净资本。②新借入的长期次级债务数额超出提前偿还的长期次级债务数额的，超出部分的次级债务可按规定比例计入净资本

注：①不管是长期次级债还是短期次级债，均分为借入的次级债务和发行的次级债券。

②对于承销期内，因存在承销风险，所以需计提销业务风险资本准备，在抵减时，按照债务资金与之孰低抵减；对于承销结束，发生包销的，需计提自营业务风险资本准备，在抵减时，按照债务资金与之孰低抵减。对于未发生包销的，不需计提自营业务风险资本准备，可以理解为此时自营业务风险资本准备为0，因此按照孰低抵减时，可抵减的为0，也即不得扣减风险资本准备，是孰低抵减的一种特例。

③证券公司向其他证券公司借入长期次级债务或发行长期次级债券的，作为债权人的证券公司在计算自身净资本时应将借出或融出资金全额扣除。

【真题回顾（1611）】 根据《证券公司次级债管理规定》，证券公司借入的长期次级债到期期限在3年、2年、1年以上的，原则上分别按（　　）比例计入净资本。

A. 100%、50%、30%　　　　　　　　　B. 100%、70%、30%

C. 100%、70%、50%　　　　　　　　　D. 70%、50%、30%

答案：C

【真题回顾（1509）】 关于证券公司发行次级债券，以下说法正确的有（　　）。

A. 短期次级债的期限是3个月以上（含3个月）、1年以下（含1年）

B. 证券公司提前偿还长期次级债务后1年之内再次借入新的长期次级债务的，新借入的次级债务到期期限在3年、2年、1年以上的，原则上按照100%、70%、50%的比例计入净资本

C. 证券公司为满足承销股票、债券业务的流动性资金需要而借入或发行的短期次级债，承销结束，发生包销情形的，按照债务资金与因包销形成的自营业务风险资本准备的孰低值扣减风险资本准备

D. 证券公司为满足承销股票、债券业务的流动性资金需要而借入或发行的短期次级债，在承销期内，按债务资金与承销业务风险资本准备的孰低值扣减风险资本准备

E. 长期次级债计入净资本的数额不得超过发行后证券公司净资本的50%

答案：ACD

解析：B，新借入的次级债务应先按照提前偿还的长期次级债务剩余到期期限对应的比例计入净资本；E，长期次级债计入净资本的数额不得超过净资本（不含长期次级债累计计入净资本的数额）的50%。

【模拟练习】甲公司和乙公司分别持有A证券公司60%和5%的股份，甲公司是控股股东，A公司拟非公开发行次级债券，以下可以作为其发行对象的投资者有（　　）。

A. 信托公司　　　　　　　　　　　　　B. 甲公司

C. 乙公司　　　　　　　　　　　　　　D. 保险公司发行的投连险产品

E. 实收资本500万元的企业法人　　　　F. 实缴出资总额1 500万元的合伙企业

答案：AD

解析：B、C，次级债券只能向机构投资者发行，不能向股东发行。

【模拟练习】甲证券公司于2014年3月5日向其股东借入一笔3 000万元的3年期次级债务（合同期为2014年3月5日至2017年3月4日），资金于3月5日到账，3月8日获得批复，于2015年2月15日提前偿还，2016年2月14日又向某机构投资者借入一笔5 000万元3年期的长期次级债务（合同期为2016年2月14日至2019年2月13日），则以下说法正确的有（　　）。

A. 2014年3月5日，应以3 000万元为基数，按照100%的比例计入净资本

B. 再次借入的5 000万元长期次级债务，应以5 000万元为基数，按照100%的比例计入净资本

C. 再次借入的5 000万元长期次级债务，应以5 000万元为基数，按照70%的比例计入净资本

D. 再次借入的5 000万元长期次级债务，3 000万元在借入时按照70%的比例计入净资本，2 000万元在借入时按100%的比例计入净资本

E. 2017年3月5日，5 000万元长期次级债务应全部按照100%的比例计入净资本

答案：DE

解析：本题仅作练习理解记忆之用，考试中在证券公司次级债中以案例的形式考核的可能性很小。本题属于长期次级债务提前归还后1年内又借入的情形。A，应于3月8日计入，到账日与获批日孰晚原则；对于再次借入的5 000万元长期次级债务，应于借入时以2 000万元（超过部分5 000 – 3 000）为基数按照100%的比例计入净资产，3 000万元应按照70%的比例计入（2015年2月15日距离2017年3月4日为两年以上情形），B、C错误，D正确；2017年3月5日，提前偿还的次级债务合同期限届满，所有5 000万元均应按照相同比例计提（注，此时不需要按照剩余期限），E正确。

（二）借入或发行条件

证券公司借入或发行次级债应符合以下条件：

借入次级债务	发行次级债券
（1）借入资金有合理用途	（1）募集资金有合理用途
（2）以现金或中国证监会认可的其他形式借入	（2）以现金或中国证监会认可的其他形式融入
（3）长期次级债计入净资本的数额不得超过净资本（不含长期次级债累计计入净资本的数额）的50%	
（4）净资本与负债的比例、净资产与负债的比例等各项风险控制指标不触及预警标准	
（5）次级债务合同条款符合证券公司监管规定	（5）募集说明书内容符合证券公司监管规定

【注】同时，投资者应符合上述"一般规定"中的规定。

（三）申报与备案

《证券公司次级债管理规定》第十三条规定，中国证监会及其派出机构对证券公司借入或发行次级债进行批准，2014 年 11 月 24 日国务院发布《国务院关于取消和调整一批行政审批项目等事项的决定》（国发〔2014〕50 号），对"从事证券相关业务的证券类机构借入或发行、偿还或兑付次级债审批"予以取消，改为向所在地证监局和中国证券业协会备案，不再进行行政审批。

1. 作出决议

证券公司借入或发行次级债应根据公司章程的规定对以下事项作出决议：

（1）次级债的规模、期限、利率以及展期和利率调整。

（2）借入或募集资金的用途。

（3）与借入或发行次级债相关的其他重要事项。

（4）决议有效期。

2. 申请文件

证券公司申请借入或发行次级债，应提交以下申请文件（说明：为能够对比进行说明，此处将申请次级债务展期、申请偿还次级债务需提交的文件一并说明）：

借入或发行次级债		次级债务展期及偿还	
发行次级债券	借入次级债务	次级债务展期	偿还次级债务
（1）申请书			
（2）发行次级债的决议	（2）借入次级债的决议	（2）次级债务展期的决议	（2）提前偿还次级债务的决议
（3）募集说明书	（3）借入次级债务合同	（3）借入次级债务合同	（3）借入次级债务合同
（4）募集资金的用途说明	（4）借入资金的用途说明	（4）债务资金的用途说明	（4）债务资金使用情况的说明（仅适用短期）
（5）证券公司最近 6 个月的风险控制指标情况及相关测算报告		（5）证券公司最近 3 个月的风险控制指标情况及相关测算报告	（5）证券公司最近 1 个月的风险控制指标情况及相关测算报告
（6）债权人资产信用的说明材料		—	—
（7）中国证监会要求提交的其他文件		（6）中国证监会要求提交的其他文件	
—	（8）合同当事人之间的关联关系说明	—	—

注：①次级债务展期，包括将短期次级债务转为长期次级债务。

②证券公司申请偿还次级债务，应在债务到期前至少 10 个工作日提交上述申请文件。

③对偿还次级债务申请文件的"（2）提前偿还次级债务的决议"，仅适用提前偿还，到期偿还的，不需要提交此文件。

④对偿还次级债务申请文件的"（4）债务资金使用情况的说明"，仅适用偿还短期次级债务，偿还长期次级债务的，不需提交。

⑤重点关注"（5）"中的不同规定，分别为最近 6 个月、最近 3 个月和最近 1 个月。

【真题回顾（1505）】以下关于证券公司次级债的说法正确的有（　　　）。

A. 证券公司次级债券可由具备承销业务资格的其他证券公司承销，也可由证券公司自行销售

B. 证券公司借人或发行次级债，应当向所在地证监局和中国证券业协会备案

C. 证券公司次级债券经批准后，可分期发行，分期发行的，自批准发行之日起，证券公司应在6个月内完成首期发行，首期发行额应不低于拟发行总额的50%

D. 证券公司次级债券分期发行的，首期发行后，剩余债券应自首期发行完毕之日起24个月内完成发行

答案：AB

解析：B，原考题题支为"证券公司申请发行次级债券由中国证监会批准，发行次级债务由中国证监会派出机构批准"，此处根据最新规定将其改编；C，无首期发行额应不低于拟发行总额的50%的规定；D，应当为自批准（备案）之日起24个月内完成发行。

【模拟练习】下列关于证券公司次级债的说法，正确的是（　　　）。

A. 证券公司申请次级债务展期，应提交的申请文件中包括证券公司最近3个月的风险控制指标情况及相关测算报告

B. 证券公司申请偿还次级债务，应在债务到期前至少10个工作日提交的申请文件中包括证券公司最近3个月的风险控制指标情况及相关测算报告

C. 长期次级债可按一定比例计入净资本，到期期限在3年、2年、1年以上的，原则上分别按100%、70%、30%的比例计入净资本

D. 次级债务、次级债券为证券公司不同清偿顺序的债务

E. 证券公司次级债券可依法向机构投资者和自然人投资者同时发行

答案：A

解析：《证券公司次级债管理规定》第二条、第四条、第十一条、第十二条。B，应为"最近1个月的"；C，分别按100%、70%、50%。

（四）发行与承销

1. 储架发行

证券公司次级债券可分期发行，分期发行的，自批准发行之日起，证券公司应在6个月内完成首期发行，剩余债券应在24个月内完成发行。

【注】无首期不低于50%的规定。

2. 发行与交易场所

（1）证券公司次级债券可在证券交易所或中国证监会认可的交易场所依法向机构投资者发行、转让，发行或转让后，债券持有人不得超过200人。

（2）经中国证监会认可，并遵守银行间市场的相关规定，证券公司可在银行间市场发行次级债券。

【注】可在银行间市场发行，不可转让，在交易所可以发行并转让。

3. 发行方式

证券公司次级债券只能以非公开方式发行，不得采用广告、公开劝诱和变相公开方式。每期债券的机构投资者合计不得超过200人。

【注】另外，证券公司次级债券的发行不强制信用评级和担保。

4. 承销

证券公司次级债券可由具备承销业务资格的其他证券公司承销，也可由证券公司自行销售。

（五）提前偿还与兑付

1. 证券公司风险控制指标不符合规定标准或偿还次级债务后将导致风险控制指标不符合规定标准的，不得偿还到期次级债务本息。次级债务合同应明确约定前述事项。

【注】证券公司到期偿还次级债券不受上述规定约束。

2. 除以下情形外，证券公司不得提前偿还或兑付次级债：

（1）证券公司偿还或兑付全部或部分次级债后，各项风险控制指标符合规定标准且未触及预警指标，净资本数额不低于借入或发行长期次级债时的净资本数额（包括长期次级债计入净资本的数额）。

（2）债权人将次级债权转为股权，且次级债权转为股权符合相关法律法规规定并经批准。

（3）中国证监会认可的其他情形。

（六）信息披露

1. 证券公司应自借入次级债务获批之日起 3 个工作日内在公司网站公开披露借入次级债务事项，自发行次级债券获批之日起 2 个工作日内在公司网站公开披露获准发行次级债券事项，并及时披露次级债券的后续发行情况。

2. 证券公司偿还或兑付次级债，应在到期日前至少 3 个工作日在公司网站公开披露，并在实际偿还或兑付次级债后 3 个工作日内公开披露偿还或兑付情况。

【注1】证券公司在交易场所发行次级债券，还应遵守其信息披露的要求。

【注2】上市证券公司借入或发行、偿还或兑付次级债的，还应按照上市公司信息披露管理的规定，履行信息披露义务。

二、证券公司短期融资券

2004 年 11 月，中国人民银行发布并实施《证券公司短期融资券管理办法》，对证券公司短期融资券的发行和交易进行规范。

（一）一般规定

1. 概念

证券公司短期融资券是指证券公司以短期融资为目的，在银行间债券市场发行的，约定在一定期限内还本付息的金融债券。

【注】①从概念中可看出，证券公司短期融资券只能在银行间债券市场发行，不可在交易所市场发行；②约定期限内是指在 91 天内。

2. 监管机构

证券公司短期融资券的发行和交易接受中国人民银行的监管。

【注】监管机构为中国人民银行，非中国银监会、中国证监会。

3. 期限

证券公司短期融资券的期限最长不得超过 91 天。发行短期融资券的证券公司可在上述最长期限内自主确定短期融资券的期限。

【注1】中国人民银行有权根据市场发展情况对短期融资券的期限上限进行调整。

【注2】非金融企业债务融资工具中的短期融资券最长不得超过 365 天。

（二）发行条件

1. 基本条件

申请发行短期融资券的证券公司，应当符合以下基本条件，并经中国证监会审查认可：

（1）取得全国银行间同业拆借市场成员资格1年以上。

（2）发行人至少已在全国银行间同业拆借市场上按统一的规范要求披露详细财务信息达1年，且近1年无信息披露违规记录。

（3）客户交易结算资金存管符合中国证监会的规定，最近1年未挪用客户交易结算资金。

（4）内控制度健全，受托业务和自营业务严格分离管理，有中台对业务的前后台进行监督和操作风险控制，近两年内未发生重大违法违规经营。

（5）采用市值法对资产负债进行估值，能用合理的方法对股票风险进行估价。

（6）中国人民银行和中国证监会规定的其他条件。

2. 募集资金用途

证券公司不得将发行短期融资券募集资金用于以下用途：

（1）固定资产投资和营业网点建设。

（2）股票二级市场投资。

（3）为客户证券交易提供融资。

（4）长期股权投资。

（5）中国人民银行禁止的其他用途。

【注】可用于补充流动资金和债券二级市场投资。

（三）申报备案

经中国证监会认可具有发行短期融资券资格的证券公司，拟在银行间债券市场发行短期融资券的，应向中国人民银行提交备案材料。

【注】向中国人民银行提交备案材料，非中国银监会、中国证监会。

中国人民银行自收到备案材料之日起10个工作日内，以备案通知书的形式确认收到备案材料并核定证券公司发行短期融资券的最高余额。

（四）发行

1. 信用评级

拟发行短期融资券的证券公司应当聘请资信评级机构进行信用评级。

【注】强制信用评级，但不强制担保。

2. 余额管理

证券公司发行短期融资券实行余额管理，待偿还短期融资券余额不超过净资本的60%。在此范围内，证券公司自主确定每期短期融资券的发行规模。

【注】①是"净资本"，非"净资产"；②是"60%"，非"40%"；③是指本次发行后累计余额不超过净资本的60%。

（1）中国人民银行根据中国证监会提供的证券公司净资本情况，每半年调整1次发行人的待偿还短期融资券余额上限，并将该余额上限情况向全国银行间债券市场公示。

（2）中国人民银行有权根据市场情况和发行人的情况，对证券公司待偿还短期融资券余额与该证券公司净资本的比例上限进行调整。

3. 发行期

证券公司短期融资券的发行期最长不超过3个工作日，即从短期融资券发行招标日到确立债权债务关系日，不超过 3 个工作日。

4. 发行方式

证券公司短期融资券的发行应采取拍卖方式，发行利率或发行价格由供求双方自行确定。

【注】拍卖方式属于公开发行方式，证券公司短期融资券只能采取公开方式发行，不可非公开发行。

5. 发行时间

中国人民银行授权中央国债登记结算有限责任公司（以下简称中央结算公司负责安排短期融资券的发行时间。证券公司发行每期短期融资券前应向中央结算公司申请安排发行时间，由中央结算公司根据各发行人申请的先后顺序排期发行。

中央结算公司应在收到申请材料后 2 个工作日内确定发行日期并通知发行人。

（五）交易与托管

1. 短期融资券在全国银行间债券市场进行交易，于债权债务登记日的次一工作日即可流通转让，交易必须通过同业拆借中心的电子交易系统进行。

【注】只能在全国银行间债券市场进行交易。

2. 短期融资券采用簿记方式在中央结算公司进行登记、托管和结算。

（六）信息披露

1. 发行信息披露

（1）发行人应在中央结算公司确定的发行日前 3 个工作日，通过中国债券信息网公布当期短期融资券的募集说明书。募集说明书必须由律师事务所出具法律意见书。

（2）短期融资券发行完毕后，发行人应在完成债权债务登记日的次一工作日，通过中国债券信息网向市场公告当期短期融资券的实际发行规模、实际发行利率、期限等发行情况。中央结算公司应定期汇总发行公告，并向中国人民银行报告短期融资券的发行情况。

2. 持续信息披露

发行短期融资券的证券公司的董事会或主要负责人应当保证所披露的信息真实、准确、完整，并承担相应的法律责任。

（1）定期报告

①每年 1 月 20 日以前，披露上年末的资产负债表、净资本计算表、上年度的利润表及利润分配表。

②每年 7 月 20 日以前，披露当年 6 月 30 日的资产负债表、净资本计算表、当年 1～6 月的利润表和利润分配表。

③每年 4 月 30 日前，披露经具有从事证券期货相关业务资格的会计师事务所及其会计师审计的年度财务报表和审计报告，包括审计意见全文、经审计的资产负债表、净资本计算表、利润表及利润分配表和会计报表附注。

【注】已经成为上市公司的证券公司可以豁免定期披露上述第①、第②项内容。

（2）临时公告

发行人出现下列情形之一时，应当及时予以公告：

①预计到期难以偿付利息或本金。

②减资、合并、分立、解散及申请破产。

③股权变更。

④中国人民银行规定应该公告的其他情形。

【真题回顾（1509）】关于证券公司发行短期融资券，下列说法正确的有（　　）。

A. 证券公司发行短期融资券实行余额管理，待偿还短期融资券余额不超过净资本的 60%

B. 证券公司发行短期融资券实行余额管理，待偿还短期融资券余额不超过净资本的 40%

C. 短期融资券的期限最长不得超过 91 天

D. 发行短期融资券的证券公司应当聘请资信评级机构进行信用评级

E. 证券公司发行短期融资券可以公开发行或非公开发行

答案：ACD

解析：B，证券公司短期融资券"待偿还余额不超过净资本的 60%"，但非金融企业短期融资券需要满足"待偿还余额不超过净资产的 40%"；E，只能采取拍卖方式公开发行。

【真题回顾（1605）】下列关于证券公司短期融资券的说法，正确的有（　　）。

A. 证券公司短期融资券的期限最长不超过 365 天

B. 证券公司发行短期融资券待偿还金额不超过净资产的 40%

C. 证券公司不得将发行短期融资券募集资金用于长期股权投资

D. 证券公司短期融资券的发行和交易接受中国人民银行的监管

E. 证券公司短期融资券可在银行间市场和交易所市场同时发行

答案：CD

解析：A，期限最长不得超过 91 天；B，待偿还余额不超过净资本的 60%；E，只能在银行间市场发行和交易。

【真题回顾（1611）】根据《证券公司短期融资券管理办法》，证券公司不得将发行短期融资券募集资金用于以下用途（　　）。

A. 固定资产投资　　　　B. 股票二级市场投资　　C. 债券二级市场投资　　D. 长期股权投资

E. 营业网点建设

答案：ABDE

解析：可用于补充流动资金和债券二级市场投资。

三、商业银行次级债券

（一）一般规定

1. 概念

商业银行次级债券是指商业银行发行的、本金和利息的清偿顺序列于商业银行其他负债之后、先于商业银行股权资本的债券。

【注 1】经中国银监会批准，次级债券可以计入附属资本。

【注 2】次于其他负债，但先于股权资本。

【注 3】发行人为依法在中国境内设立的商业银行法人。

2. 发行方式

（1）次级债券：可在全国银行间债券市场公开发行或私募发行。

（2）次级定期债券：以私募方式募集次级定期债务。

3. 监管机构

中国银监会和中国人民银行依法对次级债券发行进行监督管理。中国银监会负责对发行次级债券资格进行审查，并对次级债券计入附属资本的方式进行监管；中国人民银行对次级债券在银行间债券市场的发行和交易进行监管。

商业银行以私募方式募集次级定期债务应遵循中国银监会发布的相关规定，此处不予说明，以下是商业银行发行次级债券的相关规定。

（二）发行条件

公开发行次级债券应具备以下条件	以私募方式发行次级债券应符合以下条件
（1）实行贷款 5 级分类，贷款 5 级分类偏差小	
（2）核心资本充足率不低于 5%	（2）核心资本充足率不低于 4%
（3）贷款损失准备计提充足	
（4）具有良好的公司治理结构与机制	
（5）最近三年没有重大违法、违规行为	

注：商业银行募集次级定期债务应符合的条件与以私募方式发行次级债券应符合的条件相同。

（三）发行申请及批准

1. 核准证明或股东大会决议

商业银行发行次级债券应由国家授权投资机构出具核准证明，或提交发行次级债券的股东大会决议。

2. 提交申请文件

商业银行发行次级债券应分别向中国银监会、中国人民银行提交申请并报送有关文件。中国银监会应当自受理之日起 3 个月内，进行资格审查，并作出批准或不批准的书面决定，同时抄送中国人民银行。中国人民银行应当自收到中国银监会作出的批准文件之日起 5 个工作日内决定是否受理申请，决定受理的，应当自受理申请之日起 20 日内作出批准或不批准的决定。

（四）次级债券的发行

1. 信用评级：（1）商业银行公开发行次级债券应聘请证券信用评级机构进行信用评级；（2）私募发行次级债券，可免于信用评级。

2. 商业银行次级债券的发行可采取一次足额发行或限额内分期发行的方式。

3. 承销：（1）发行次级债券时，发行人应组成承销团，承销团在发行期内向其他投资者分销次级债券；（2）次级债券的承销可采用包销、代销和招标承销等方式，承销人应为金融机构。

4. 发行人应在中国人民银行批准次级债券发行之日起 60 个工作日内开始发行，并在规定期限内完成发行。未能在规定期限内完成发行时，原批准文件自动失效，如仍需发行，应另行申请。

5. 次级债券发行结束后 5 个工作日内，发行人应向中国人民银行、中国银监会报告次级债券发行情况。

6. 交易市场：（1）次级债券的交易按照全国银行间债券市场债券交易的有关规定执行，其中私募发行的次级债券只能在认购人之间进行转让；（2）次级定期债务经批准可比照私募发行的次级债券转让方式进行转让。

（五）登记、托管

中央国债登记结算有限责任公司为次级债券的登记、托管机构。发行期结束后，发行人应及时向中央结算公司确认债权。在债权确认完成后，中央结算公司应及时完成债权登记工作。

（六）信息披露

1. 发行信息披露

商业银行公开发行次级债券时，发行人应在中国人民银行批准发行次级债券后，在发行次级债券前 5 个工作日将发行公告报中国人民银行备案，并刊登于中国人民银行指定的媒体，同时印制、散发募集说明书。

经中国人民银行批准分期发行次级债券的，发行人应在每期次级债券发行前 5 个工作日在中国人民银行指定的媒体公布发行公告，并披露本次发行与上次发行之间发生的重大事件。

2. 持续信息披露

（1）定期报告

次级债券到期前，发行人应于每年 4 月 30 日前向中国人民银行提交经注册会计师审计的发行人上一年度的年度报告。公开发行次级债券的，发行人应通过有关媒体披露年度报告。

（2）临时公告

对影响发行人履行债务的重大事件，发行人应在第一时间将该事件有关情况报告中国人民银行、中国银监会，并按照中国人民银行指定的方式向投资者披露。

四、保险公司次级债券

（一）一般规定

1. 概念

保险公司次级债是指依照中国法律在中国境内设立的中资保险公司、中外合资保险公司和外资独资保险公司为了弥补临时性或者阶段性资本不足，经批准募集、期限在 5 年以上（含 5 年），且本金和利息的清偿顺序列于保单责任和其他负债之后、先于保险公司股权资本的保险公司债务。

【注】①保险集团（或控股）公司募集次级债适用办法规定；②次于保单责任和其他负债、先于保险公司股权资本；③发行主体为中资、中外合资、外资独资保险公司，保险集团、保险控股公司同样可以。

2. 监管机构

中国保监会依法对保险公司次级债的募集、管理、还本付息和信息披露行为进行监督管理。

（二）募集条件

保险公司偿付能力充足率低于 150% 或者预计未来两年内偿付能力充足率将低于 150% 的，可以申请募集次级债。保险公司申请募集次级债，应当符合下列条件：（1）开业时间超过 3 年；（2）经审计的上年度末净资产不低于人民币 5 亿元；（3）募集后，累计未偿付的次级债本息额不超过上年度末经审计的净资产的 50%；（4）具备偿债能力；（5）具有良好的公司治理结构；（6）内部控制制度健全且能得到严格遵循；（7）资产未被具有实际控制权的自然人、法人或者其他组织及其关联方占用；（8）最近 2 年内未受到重大行政处罚；（9）中国保监会规定的其他条件。

（三）申请及审批

1. 保险公司募集次级债应当由董事会制订方案，股东（大）会作出专项决议，保险公司应聘请律师事务所对本次次级债募集出具法律意见书。

2. 募集人可以聘请资信评级机构对本次次级债进行信用评级。

【注】信用评级非强制。

3. 保险公司申请募集次级债，应当向中国保监会报送文件，中国保监会审批。

（四）募集

1. 募集人应当在中国保监会批准之日起 6 个月内完成募集工作，募集工作可以分期完成。未能在规定期限内完成募集的，原批准文件自动失效，如需募集次级债，应当另行申请。

2. 保险公司次级债应当向合格投资者募集。

合格投资者是指具备购买次级债的独立分析能力和风险承受能力的境内和境外法人，但不包括：

（1）募集人控制的公司。

（2）与募集人受同一第三方控制的公司。

3. 募集人的单个股东和股东的控制方持有的次级债不得超过单次或者累计募集额的10%，并且单次或者累计募集额的持有比例不得为最高。募集人的全部股东和所有股东的控制方累计持有的次级债不得超过单次或者累计募集额的20%。

4. 募集人可以自行或者委托具有证券承销业务资格的机构募集次级债。

5. 募集人应当在次级债募集结束后的10个工作日内向中国保监会报告募集情况，并将与次级债债权人签订的次级债合同的复印件报送中国保监会。

（五）登记结算及管理

1. 募集人可以委托中央国债登记结算有限责任公司或者中国证券登记结算有限责任公司作为次级债的登记、托管机构，并可委托其代为兑付本息。

2. 募集人应当对次级债募集的资金实施专户管理，严格按照可行性研究报告中募集资金的用途和次级债管理方案使用募集资金。

3. 次级债募集资金的运用应当符合中国保监会的有关规定，不得用于投资股权、不动产和基础设施。

4. 募集人只有在确保偿还次级债本息后偿付能力充足率不低于100%的前提下，才能偿付本息。

5. 募集人在不能按时偿付次级债本息期间，不得向股东分配利润。

6. 募集人可以对次级债设定赎回权，赎回时间应当设定在次级债募集5年后。次级债合同中不得规定债权人具有次级债回售权。

7. 债权人可以向其他合格投资者转让次级债。

（六）信息披露

1. 次级债招募说明书、专题财务报告及重大事项告知等信息披露文件的内容及其制作、发布等，应当符合中国保监会的有关规定。

2. 在次级债存续期间，募集人应当在每个会计年度结束后4个月内，向次级债债权人披露上一年度的次级债专题财务报告。

五、混合资本债券

1. 混合资本债券是指商业银行发行的期限在15年以上，自发行之日起10年内不得赎回，当发行人清算时，本金和利息的清偿顺序列于一般债务和次级债务之后、先于股权资本的债务。

混合资本债券另外还具有以下两点特征：

（1）到期前，如果发行人核心资本充足率低于4%，发行人可以延期支付利息；如果出现最近一期经审计的资产负债表中盈余公积与未分配利润之和为负，且最近12个月内未向普通股股东支付现金红利，则发行人必须延期支付利息。当不满足延期支付利息的条件时，发行人应立即支付欠息及欠息产生的复利。

（2）到期时，如果发行人无力支付清偿顺序在该债券之前的债务或支付该债券将导致无力支付清偿顺序在混合资本债券之前的债务，发行人可以延期支付该债券的本金和利息。

2. 商业银行发行混合资本债券应向中国人民银行报送有关发行申请文件。

3. 混合资本债券可以公开发行，也可以定向发行。

4. 混合资本债券公开发行和定向发行均应进行信用评级。

5. 混合资本债券存续期内，发行人应按季度披露财务信息。

金融债券相关事项总结表

项目	证券公司次级债	证券公司短期融资券	商业银行次级债	保险公司次级债	混合资本债券
概念	证券公司向股东或机构投资者定向借入、向机构投资者发行清偿顺序在普通债之后的债务	证券公司以短期融资为目的发行的约定在一定期限内还本付息的债务	商业银行发行的本金和利息的清偿顺序列于其他负债之后、先于股权资本的债务	保险公司经批准募集的，本金和利息清偿顺序列于保单责任和其他负债之后、先于股权资本的债务	商业银行发行的清算时，本金和利息的清偿顺序列于一般债务和次级债务之后、先于股权资本的债务
期限	不得低于3个月	不得超过91天	—	5年以上（含5年）	15年以上
监管机构	中国证监会、派出机构	中国人民银行	中国银监会、中国人民银行	中国保监会	中国人民银行
备案、审批	证监局、协会备案	经中国证监会认可，向中国人民银行备案	中国银监会、中国人民银行批准	中国保监会审批	中国人民银行审批
分期发行	可分期发行，6个月内完成首期发行，24个月内完成发行	不可分期发行，发行期最长不超过3个工作日	批准之日起60日内开始发行，并在规定期限内完成发行	批准之日起6个月内完成募集，募集工作可以分期完成	—
发行、交易场所	证券交易所、银行间市场发行（适用次级债券）	只能在全国银行间债券市场进行发行和交易	可在全国银行间债券市场发行（适用次级债券）	不适用	全国银行间债券市场
发行方式	只能非公开	只能公开（拍卖）	债券：公开、私募　债务：私募	定向（向合格投资者募集）	公开、定向均可
信用评级	不强制信用评级	应当信用评级	债券：应当评级　债务：可免于评级	可信用评级，非强制	公开、定向发行均应进行信用评级
担保	均未明确要求提供担保，不强制担保				
销售	证券公司承销或自行销售均可	公开拍卖	承销，不可自销债券应组承销团	不适用	承销
登记结算	中国证券登记结算有限责任公司	中央国债登记结算有限责任公司		中央国债登记结算有限责任公司或中国证券登记结算有限责任公司	中央国债登记结算有限责任公司

【本节重要考点总结】 本节重要考点及对应法条总结见下表（统计基数为 2015 年 5 月至今的所有考次）。

一、证券公司次级债

考点	法条	对应条文	考次
1. 长期次级债计入净资本	4	长期次级债可按一定比例计入净资本，到期期限在 3 年、2 年、1 年以上的，原则上分别按 100%、70%、50% 的比例计入净资本。	3
	7	长期次级债计入净资本的数额不得超过净资本（不含长期次级债累计计入净资本的数额）的 50%	1
	15	证券公司提前偿还长期次级债务后 1 年之内再次借入新的长期次级债务的，新借入的次级债务应先按照提前偿还的长期次级债务剩余到期期限对应的比例计入净资本	1
2. 短期次级债扣减风险准备	4	短期次级债不计入净资本。证券公司为满足承销股票、债券业务的流动性资金需要而借入或发行的短期次级债，可按照以下标准扣减风险资本准备： （1）承销期内：按债务资金与承销业务风险资本准备的孰低值扣减风险资本准备； （2）承销结束：①发生包销情形的，按照债务资金与因包销形成的自营业务风险资本准备的孰低值扣减风险资本准备；②未发生包销情况的，借入或发行的短期次级债不得扣减风险资本准备	1
3. 期限分类	3	借入或发行期限在 1 年以上（不含 1 年）的次级债为长期次级债；借入或发行期限在 3 个月以上（含 3 个月）、1 年以下（含 1 年）的次级债为短期次级债	1
4. 同一顺序	2	次级债务、次级债券为证券公司同一清偿顺序的债务	1
5. 承销与销售	10	证券公司次级债券可由具备承销业务资格的其他证券公司承销，也可由证券公司自行销售	1
6. 申请文件	8	证券公司申请借入或发行次级债，应提交证券公司最近 6 个月的风险控制指标情况及相关测算报告	0
	11	证券公司申请次级债务展期，应提交证券公司最近 3 个月的风险控制指标情况及相关测算报告	1
	12	证券公司申请偿还次级债务，应在债务到期前至少 10 个工作日提交证券公司最近 1 个月的风险控制指标情况及相关测算报告	1
7. 储架发行	13	证券公司次级债券可分期发行。分期发行的，自批准发行之日起，证券公司应在 6 个月内完成首期发行，剩余债券应在 24 个月内完成发行	1

注：法条为《证券公司次级债管理规定》中对应的条款。

二、证券公司短期融资券

考点	法条	对应条文	考次
1. 监管机构	3	证券公司短期融资券的发行和交易接受中国人民银行的监管	2
2. 发行交易市场	5	证券公司短期融资券只在银行间债券市场发行和交易	2
3. 评级与担保	11	拟发行短期融资券的证券公司应当聘请资信评级机构进行信用评级	1
	无	证券公司发行短期融资券不强制担保	1
4. 余额管理	13	证券公司发行短期融资券实行余额管理，待偿还余额不超过净资本的60%	3
5. 最长期限	14	短期融资券的期限最长不得超过91天	4
6. 发行方式	16	短期融资券的发行应采取拍卖方式，发行利率或发行价格由供求双方自行确定	2
7. 募资用途	20	证券公司不得将发行短期融资券募集资金用于以下用途 （1）固定资产投资和营业网点建设 （2）股票二级市场投资 （3）为客户证券交易提供融资 （4）长期股权投资 （5）中国人民银行禁止的其他用途	3
8. 登记结算	22	短期融资券采用簿记方式在中央结算公司进行登记、托管和结算	1

注：法条为《证券公司短期融资券管理办法》中对应的条款。

第三节　公司债券

本节共包括公司债券、可转换公司债券、分离交易的可转换公司债券、可交换公司债券、中小企业私募债券和信用评级六部分内容，以下分别进行说明。

一、公司债券

【大纲要求】

内容			程度
1. 公司债券发行	（1）一般规定及条款设计要求		掌握
	（2）发行条件		掌握
	（3）合格投资者（实际上属于发行条件中的发行对象条件，此处单列）		掌握
	（4）尽职调查		—
	（5）公开发行的申报核准程序	（包括申请文件内容）	掌握
	（6）非公开发行的申报备案程序		掌握
	（7）发行与承销		—
	（8）信息披露		—

续表

内容		程度
2. 公司债券上市	（1）上市条件	掌握
	（2）上市申请和核准程序	掌握
	（3）上市后持续信息披露	掌握
	（4）暂停与终止上市	掌握
	（5）专业机构职责	—
3. 公司债券持有人权益保护的相关规定		掌握
4. 公司债券发行、上市、交易及分类监管的相关规定		掌握

说明：大纲中要求的熟悉"创业板上市公司申请非公开发行公司债券的要求及操作流程"不再适用，因此予以删除。

【内容精讲】

2015 年 1 月以前，公司债券的发行由《公司债券发行试点办法》进行规范，彼时，发行主体仅限沪深交易所上市公司、证券公司和发行境外上市外资股的境内股份公司，除证券公司、创业板上市公司外，以公开方式发行，发行需要保荐机构保荐、发审委审核、中国证监会核准。2015 年 1 月 15 日，中国证监会发布并实施《公司债券发行与交易管理办法》，将发行主体扩大至除地方融资平台企业外的所有公司制法人，发行方式可以公开发行也可非公开发行，公开发行需要中国证监会核准，但无须上发审会审核，也不再需要保荐机构保荐，同时将交易场所由沪深交易所扩大至全国中小企业股份转让系统。

【注】以前，证券公司单独适用《证券公司债券管理暂行办法》，可公开、非公开发行，创业上市公司依据中国证券监督管理委员会公告［2011］29 号执行《公司债券发行试点办法》可非公开发行，前述文件均已废止，目前统一按照《公司债券发行与交易管理办法》执行。

（一）公司债券发行

1. 一般规定与条款设计要求

（1）公司债券，是指公司依照法定程序发行、约定在一定期限内还本付息的有价证券。

【注】原《公司债券试点管理办法》规定期限为"1 年以上"，此处为"一定期限"，可以在 1 年以内，但如公开发行并在交易所上市，则须在 1 年以上，非公开发行上市的，没有期限限制，可以在 1 年以内。

（2）公司债券可以公开发行，也可以非公开发行，非公开发行的，只能向合格投资者发行。

（3）公开发行应经中国证监会核准，非公开发行由中国证券业协会备案，承销机构或自行销售的发行人应当在每次发行完成后 5 个工作日内向中国证券业协会备案。

（4）中国证监会依法对公司债券的公开发行、非公开发行及其交易或转让活动进行监督管理。

【注】不管是公开发行还是非公开发行，均由中国证监会监管。

（5）上市公司、股票公开转让的非上市公众公司发行的公司债券，可以附认股权、可转换成相关股票等条款，其股东可发行附可交换成其股票条款的公司债券。商业银行等金融机构可以按照有关规定发行附减记条款的公司债券。

【注】此处的非上市公众公司是指股票公开转让的非上市公众公司，即挂牌公司，为挂牌的非上市公众公司不可。

（6）公开发行公司债券，应当委托具有从事证券业务资格的资信评级机构进行信用评级。

非公开发行公司债券是否进行信用评级由发行人确定，并在债券募集说明书中披露。

【注】 公开发行强制评级，非公开发行不强制；公开发行、非公开发行均不强制担保。

（7）公开发行的公司债券，在证券交易所上市交易，或在全国股份转让系统及国务院批准的其他证券交易场所转让；非公开发行公司债券，可以申请在证券交易所、全国股份转让系统、机构间私募产品报价与服务系统、证券公司柜台转让。

【注】 公司债券可持有至到期不转让。

【模拟练习】 按照现行规定，可发行公司债券的主体有（　　　）。

A. 深交所创业板上市公司　　　　　　　B. 发行境外上市外资股的境内股份公司

C. 在全国股份转让系统挂牌的公司　　　D. 地方融资平台公司

E. 净资产超过 6 000 万元的合伙企业

答案：ABCDE

【真题回顾（1509）】 非公开发行公司债券，承销机构或自行销售的发行人应当在每次发行完成后 5 个工作日内向（　　　）备案。

A. 中国证券业协会　　　　　　　　　　B. 中国证券投资基金业协会

C. 证券交易所　　　　　　　　　　　　D. 全国中小企业股份转让系统

答案：A

【真题回顾（1511）】 非公开发行公司债券，转让场所包括（　　　）。

A. 银行间债券交易市场　　　　　　　　B. 商业银行柜台

C. 全国中小企业股份转让系统　　　　　D. 机构间私募产品报价与服务系统

E. 证券交易所

答案：CDE

【真题回顾（1511）】 以下关于发行公司债的说法正确的有（　　　）。

A. 公司债券可以公开发行，也可以非公开发行

B. 只要是境内公司制法人主体均可以发行公司债

C. 股票公开转让的非上市公众公司可以发行附认股权、可转换成相关股票等条款的公司债券

D. 上市公司可以发行附认股权、可转换成相关股票等条款的公司债券

E. 公司债券期限在一年以上（含一年）

答案：ACD

解析：B，地方政府融资平台公司不可以发行公司债券；E，"一定期限"，可以为 1 年以内。

【模拟练习】 以下关于公司债券的发行说法正确的有（　　　）。

A. 公司债券可以公开发行，也可以非公开发行，未在证券交易所上市也未在全国中小企业股份转让系统挂牌的公司只能非公开发行

B. 公开发行公司债券需中国证监会发审委审核，并经中国证监会核准，非公开发行公司债券经中国证券业协会备案即可

C. 非公开发行公司债券，不管是否是自行销售，均应由发行人在每次发行完成后 5 个工作日内向中国证券业协会备案

D. 某有限责任公司发行的公司债券，可以附认股权、可转换成相关股票等条款

E. 非公开发行的公司债券应当向合格投资者发行，不得采用广告、公开劝诱和变相公开方式，每次发行对象不得超过 200 人

答案：E

解析：B，《公司债券发行与交易管理办法》简化了公司债券的审核流程，取消了公开发行的保荐制和发审委制度；C，承销机构或自行销售的发行人；D，上市公司、股票公开转让的非上市公众公司方可。

2. 发行条件

（1）公开发行的条件

公司债券公开发行分为"大公募"和"小公募"，前者既可以向公众投资者公开发行，也可以向合格投资者公开发行，后者则仅面向合格投资者公开发行。当然，符合大公募条件的公司，也可自主性选择仅面向合格投资者发行。"大公募"与"小公募"二者发行条件不尽相同，具体见下表。

大公募、小公募均需符合的一般条件		大公募需符合的附加特有条件
公开发行公司债券应符合的条件	不得公开发行公司债券的情形	
①股份公司的净资产不低于人民币3 000万元，有限公司的净资产不低于人民币6 000万元 ②累计债券余额不超过公司净资产的40% ③最近3年平均可分配利润足以支付公司债券1年的利息 ④筹集的资金投向符合国家产业政策；募集资金应当用于核准的用途，除金融类企业外，募集资金不得转借他人 ⑤债券的利率不超过国务院限定的利率水平	①最近36个月内公司财务会计文件存在虚假记载，或公司存在其他重大违法行为 ②本次发行申请文件存在虚假记载、误导性陈述或者重大遗漏 ③对已发行的公司债券或者其他债务有违约或者迟延支付本息的事实，仍处于继续状态 ④前一次公开发行的公司债券尚未募足 ⑤违反规定，改变公开发行公司债券募集资金用途 ⑥严重损害投资者合法权益和社会公共利益的其他情形	资信状况符合以下标准 ①债券信用评级达到AAA级 ②发行人最近3年无债务违约或者迟延支付本息的事实 ③发行人最近3个会计年度实现的年均可分配利润不少于债券一年利息的1.5倍 ④中国证监会根据投资者保护的需要规定的其他条件

注：①符合"大公募"条件的，可以向公众投资者公开发行，也可以自主选择仅面向合格投资者公开发行。

②可分配利润的计算口径是合并报表中归属于母公司所有者的净利润，不含少数股东损益；并不要求每年均为正数，只要三年平均达到要求即可，最后一年为负数也可发行。进一步推断，任何两年为负（含近两年连续亏损），但只要满足三年平均的要求，均不构成公开发行障碍，但若近三年连续亏损，则一定不符合条件。

③募集资金应用于核准的用途，比如房地产公司募集资金用于购买信托等理财产品，则违反了规定。

④"累计债券余额不超过公司净资产的40%"的理解。a. 净资产：根据《公开发行公司债券监管问答（一）》，净资产指合并报表所有者权益，包括少数股东权益；净资产为最近一期末，非最近一年末；b. 累计债券余额：根据深交所《债券业务办理指南第1号》，累计债券余额的计算范围包括公开发行1年期以上的公司债券、企业债券以及境外公开发行的债券，不包括1年期以下的短期公司债券、非公开发行的公司债券、短期融资券、中期票据等；发行人子公司发行在外的债券余额全额计算，不按比例进行折算。

⑤有违约或延迟支付状态在申报前仍处于持续状态为禁止情形，若曾经有但申报前已解决，则不构成除大公募外的发行障碍，注意如果是3年内有的，不管发行前是否持续，均构成大公募的障碍。注意包括其他债务的违约或延迟支付。

⑥对于财务会计文件虚假记载和其他重大违法，不管是否受到处罚，只要近36个月内存在，均构成公开发行障碍。非公开发行的存在的障碍时限是近12个月内，相对宽松一些；但非公开发行有一个近12个月内存在被中国证监会采取监管措施构成障碍的情形，公开发行没有，需注意。

⑦大公募信用评级达到AAA级，注意是"债券信用评级"，即债项评级，非主体评级，未对主体评级须达到AAA级有要求。

⑧对于小公募，中国证监会简化了核准程序，发行人先向交易所提交申请材料，交易所进行预审，通过后再向中国证监会提交材料，中国证监会根据预审情况简化核准程序，形成核准意见，由交易所发放核准批文。

⑨"不得公开发行公司债券的情形"中①②③⑥是《公司债券发行与交易管理办法》的规定，④⑤为《证券法》第十八条的规定。

（2）非公开发行的条件

非公开发行公司债券项目承接实行负面清单管理，承销机构项目承接不得涉及负面清单限制的范围，不得承接，则当然不得发行。《非公开发行公司债券项目承接负面清单指引》共列举了11项负面清单，其中6项为行为负面清单，5项为主体负面清单，凡是具备负面清单列举情形之一的，均不符合非公开发行公司债券条件。实际上，负面清单可以理解为消极条件或禁止性条件。

非公开发行公司债券，募集资金应当用于约定的用途，除金融类企业外，募集资金不得转借他人。非公开发行公司债券项目承接负面清单见下表。

行为清单	主体清单
①最近12个月内公司财务会计文件存在虚假记载，或公司存在其他重大违法行为的发行人	①地方融资平台公司。
②最近12个月内因违反《公司债券发行与交易管理办法》被中国证监会采取监管措施的发行人	②典当行
③对已发行的公司债券或者其他债务有违约或迟延支付本息的事实，仍处于继续状态的发行人	③非中国证券业协会会员的担保公司
④最近2年内财务报表曾被注册会计师出具否定意见或者无法表示意见审计报告的发行人	④相关部门认定的存在"闲置土地"、"炒地"、"捂盘惜售"、"哄抬房价"等违法违规行为的房地产公司
⑤擅自改变前次发行债券募集资金的用途而未作纠正，或本次发行募集资金用途违反相关法律法规的发行人	⑤未能满足以下条件的小贷公司：a. 经省级主管机关批准设立或备案，且成立时间满2年；b. 省级监管评级或考核评级连续2年达到最高等级；c. 主体信用评级达到AA-级或以上
⑥存在严重损害投资者合法权益和社会公共利益情形的发行人	

注：①公开发行与非公开发行公司债券的条件中，相同之处包括"已发行的公司债券或者其他债务有违约或迟延支付本息的事实，仍处于继续状态的"及主体为"地方融资平台公司"的既不可公开发行也不可非公开发行公司债券，其余条件均为各自特有条件，需注意区分；曾经有过违约或延迟支付本息情形的，但申报前已解决不处于持续状态的，不在清单之列；曾经为地方融资平台公司，若在申报时已退出的，则不在清单之列。

②地方融资平台公司是指根据国务院相关文件规定，由地方政府及其部门和机构等通过财政拨款或注入土地、股权等资产设立，承担政府投资项目融资功能，并拥有独立法人资格的经济实体。

③注意，审计报告意见是最近2年内否定或无法表示，只要在2年内被出具了，就不行，董事会的说明、解释不影响其仍为负面清单之列。

④注意，地方融资平台公司、典当行，无附加条件，只要是，就在禁止之列；而担保公司、房地产公司、小贷公司并非一概禁止，有限定条件。

⑤中国证券业协会负责组织研究确定并在协会网站发布负面清单。协会可以邀请相关主管部门、证券交易场所、证券公司及其他行业专家成立负面清单评估专家小组，至少每半年对负面清单进行一次评估，可以根据业务发展与监管需要不定期进行评估。

【真题回顾（1511）】 上市公司净资产40亿元，已发行企业债2亿元，短期融资券4亿元，中期票据5亿元，非公开发行公司债券3亿元，公开发行公司债券2亿元，上市公司最多可再公开发行公司债券（　　）。

A. 0　　　　　　　B. 4亿元　　　　　　C. 5亿元　　　　　　D. 9亿元

E. 12亿元

答案：E

解析：累计债券余额不超过公司净资产的40%，累计债券余额包括公开发行1年期以上的公司债券、企业债券等，不包括1年期以下的短期公司债券、非公开发行的公司债券、短期融资券、中期票据等。

本题短期融资券4亿元，中期票据5亿元，非公开发行公司债券3亿元均不计算在内，上市公司最多可再公开发行公司债券40×40% − 2 − 2 = 12"亿元"。

【真题回顾（2010改编）】 甲公司是乙公司的母公司，持有乙公司80%的股权，甲公司拟于2016年9月申请发行公司债券，相关指标见下表，则甲公司本次最多可发行的公司债券额度为（　　）。

单位：亿元

指标	2015年12月31日	2016年6月30日
合并报表股东权益	40	50
合并报表股东权益（归属于母公司）	35	40
甲公司中期票据余额	1	1
甲公司短期融资券余额	1	2
甲公司公开发行企业债券余额	1	3
乙公司公开发行企业债券余额	0	5
乙公司短期融资券余额	1	1

A. 10亿元　　　　　　B. 11亿元　　　　　　C. 12亿元　　　　　　D. 13亿元

E. 15亿元

答案：C

解析：最多可发行额度 = 50×40% − 3 − 5 = 12"亿元"。

【真题回顾（1509）】 以下为非公开发行公司债券项目承接时承销机构不得承接的主体有（　　）。

A. 对已发行的公司债券存在迟延支付本息的事实，但在承接时本息已经支付

B. 最近两年内财务报表曾被注册会计师出具保留意见的审计报告

C. 地方融资平台公司

D. 非中国证券业协会会员的担保公司

E. 成立时间未满2年的小贷公司

答案：CDE

解析：A，仍处于继续状态的方纳入；B，否定或无法表示，保留意见无妨。

【真题回顾（1609）】 下列情形中，对公开发行公司债券构成障碍的有（　　）。

A. 最近一年扣除非经常性损益后的净利润为负

B. 前次已发行公司债券至今未能完全兑付

C. 经评级机构综合评定，发行人主体评级为BBB，评级展望为负面

D. 某房地产公司公开发行10亿元公司债券，募集资金拟用于购买一款信托产品

答案：BD

解析：B，违约且持续，公开、非公开发行均构成障碍；C，仅面向合格投资者的公开发行无评级要求，即便是大公募，其评级是对债项评级需达AAA，因此C必不选；D，募集资金应当

用于核准的用途，购买信托产品，非核准用途。

【模拟练习】某公司拟于 2016 年 12 月申请向合格投资者公开发行公司债并于上交所上市，以下不会对该公司债券发行构成实质性障碍的有（　　　）。

A. 2014 年 7 月，该公司因财务报表虚增利润受到中国证监会处罚，该公司于处罚后立即予以纠正

B. 该公司债券发行申请文件未提交上交所预审核，直接提交中国证监会

C. 经评级机构评定，该公司债券评级为 AA－

D. 该公司于 2012 年 7 月发生延期支付债券利息，但立即予以纠正

答案：CD

解析：A，2014 年 7 月财务会计文件存在虚假记载，处于 36 个月内，构成障碍；B，小公募需先经交易所预审；C，小公募无评级要求；D，小公募违约或延期支付申报前不处于持续状态即无碍。

【真题回顾（1605）】某证券公司于 2016 年 5 月准备承接公司债券项目，根据《非公开发行公司债券项目承接负面清单指引》，下列属于承接限制范围的有（　　　）。

A. 发行人 2015 年年度报表被注册会计师出具否定意见，但公司董事会对注册会计师否定意见进行了说明、解释

B. 发行人 2014 年被中国银监会列入政府融资平台名单，2015 年已退出

C. 发行人为典当行

D. 发行人为非中国证券业协会会员的担保公司

E. 2013 年发行 2 年期公司债券，2015 年到期违约未归还，2016 年 4 月已全部归还

答案：ACD

解析：B，承接时已退出不在限制范围。

【模拟练习】某公司拟于 2016 年发行公司债券，出现以下（　　　）情形将使该公司无法选择面向公众投资者公开发行方式。

A. 公司 2011 年因财务会计文件存在虚假记载曾受到中国证监会行政处罚

B. 公司主体评级为 AA，通过担保安排，拟发债券，债项评级为 AAA

C. 公司最近三个会计年度实现的年均可分配利润为债券一年利息的 1.2 倍

D. 公司最近两个财务会计年度连续亏损

答案：C

解析：解题时需注意，首先判断是否会对公开发行造成障碍，其次看是否对大公募造成障碍；A，2011 年财务会计文件存在虚假记载，不在近 36 个月内，不构成公开发行的障碍，同时也不构成大公募的障碍；D，满足 3 年平均条件即可，不构成公开发行障碍，大公募关于盈利也无附加要求；C，大公募需达到 1.5 倍。

3. 合格投资者

公司债券的合格投资者，应符合下列资质条件：

（1）经有关金融监管部门批准设立的金融机构

包括证券公司、基金管理公司及其子公司、期货公司、商业银行、保险公司和信托公司等，以及经中国证券投资基金业协会登记的私募基金管理人。

（2）上述金融机构面向投资者发行的理财产品

包括但不限于证券公司资产管理产品、基金及基金子公司产品、期货公司资产管理产品、

银行理财产品、保险产品、信托产品以及经中国证券投资基金业协会备案的私募基金。

（3）净资产不低于人民币 1 000 万元的企事业单位法人、合伙企业。

（4）合格境外机构投资者（QFII）、人民币合格境外机构投资者（RQFII）。

（5）社会保障基金、企业年金等养老基金，慈善基金等社会公益基金。

（6）名下金融资产不低于人民币 300 万元的个人投资者。

（7）经中国证监会认可的其他合格投资者。

"小公募"及非公开发行公司债券，只能向合格投资者发行，非公开发行的公司债券也仅限于在合格投资者之间转让，但发行人的董事、监事、高管及持股比例超过 5% 的股东，可以参与本公司非公开发行的认购与转让，不受上述合格投资者资质条件的限制。

【注1】基金管理公司及其子公司均可；私募基金管理人是经"中国证券投资基金业协会"登记，非"中国证券业协会"。

【注2】公司债券合格投资者关于法人单位与合伙企业的要求统一为净资产不低于 1 000 万元，不是注册资本、实收资本、认缴资本及实缴资本等指标，需注意；另外注意，此处法人不仅包括公司制法人，还包括事业单位法人。

【注3】个人投资者需名下有不低于 300 万元的金融资产，不能依据"通过风险测评"等判定其是合格投资者；金融资产包括银行存款、股票、债券、基金份额、资产管理计划、银行理财产品、信托计划、保险产品、期货权益等，不包括房产等非金融资产。

【注4】注意不受合格投资者资质限制的人员中，股东是"超过 5%"持股比例的，不含 5%。

【真题回顾（1605）】根据《公司债券发行与交易管理办法》，以下属于合格投资者的有（　　）。

A. 经有关金融监管部门批准设立的金融机构面向投资者发行的理财产品

B. 通过风险测评的个人投资者

C. 社会保障基金、企业年金等养老基金，慈善基金等社会公益基金

D. 净资产不低于人民币 300 万元的企事业单位法人

答案：AC

解析：B，个人投资者需名下有不低于 300 万元的金融资产；D，不低于人民币 1 000 万元。

【模拟练习】以下属于公司债券合格投资者的有（　　）。

A. 经中国证券业协会登记的私募基金管理人

B. 慈善基金

C. 净资产不低于 500 万元人民币的企事业单位法人，合伙企业

D. 名下金融资产不低于 200 万元的个人投资者

E. 基金管理公司的子公司

答案：BE

解析：A，经中国证券投资基金业协会登记；C，不低于 1 000 万元；D，不低于 300 万元。

【模拟练习】某公司拟采取非公开方式发行公司债券，以下可以参与认购的投资人有（　　）。

A. 发行人的董事

B. 持有发行人 10% 股份的股东

C. 证券公司

D. 总资产不低于人民币 1 000 万元的企业法人

E. 名下有 200 万元价值的房产和 100 万元现金资产的个人投资者

答案：ABC

解析：A、B，发行人的董、监、高、超过 5% 股份的股东，可以参与本公司非公开发行的认购与转让，不受合格投资者资质条件的限制；D，净资产；E，房产不是金融资产，不可以计算在内。

4. 尽职调查

发行公司债券应由承销机构承销（符合自行销售条件的可自行销售），承销机构开展公司债券承销业务，机构及其业务人员应对发行人进行尽职调查，2015 年 10 月，中国证券业协会发布《公司债券承销业务尽职调查指引》对该尽职调查进行规范。内容较多，列举与考试相关的要点如下：

（1）独立判断

尽职调查过程中，对发行人发行募集文件中无中介机构及其签名人员专业意见支持的内容，承销机构应当在获得合理的尽职调查材料并对各种尽职调查材料进行综合分析的基础上进行独立判断。

对发行人发行募集文件中有中介机构及其签名人员出具专业意见的内容，承销机构应当结合尽职调查过程中获得的信息对专业意见的内容进行审慎核查。对专业意见存有异议的，应当主动与中介机构进行协商，并可以要求其作出解释或出具依据；发现专业意见与尽职调查过程中获得的信息存在重大差异的，应当对有关事项进行调查、复核，并可以聘请其他中介机构提供专业服务。

（2）尽职调查报告与尽职调查工作底稿

尽职调查工作完成后，承销机构应当撰写尽职调查报告。尽职调查报告应当说明尽职调查涵盖的期间、调查内容、调查程序和方法、调查结论等。尽职调查报告应当对发行条件相关的内容是否符合相关法律法规及部门规章规定、是否建议承销该项目等发表明确结论。对于非公开发行公司债券，承销机构应当对承接项目是否属于负面清单发表明确意见。尽职调查人员应当在尽职调查报告上签字，并加盖公章和注明报告日期。

承销机构应当建立尽职调查工作底稿制度，工作底稿应当真实、准确、完整地反映尽职调查工作。

尽职调查报告及尽职调查工作底稿应当妥善存档，保存期限在公司债券到期或本息全部清偿后不少于 5 年。

（3）中国证券业协会对承销机构的尽职调查工作实施自律管理

【模拟练习】根据《公司债券承销业务尽职调查指引》，尽职调查工作底稿及尽职调查报告保存期限在公司债券到期或本息全部清偿后不少于（　　）。

A. 10 年　　　　　　B. 1 年　　　　　　C. 2 年　　　　　　D. 3 年

E. 5 年

答案：E

5. 公开发行的申报核准程序

（1）作出决议

发行公司债券，发行人应当对以下事项作出决议：

①发行债券的数量。

②发行方式。

③债券期限。

④募集资金的用途。

⑤决议的有效期。

⑥其他按照法律法规及公司章程规定需要明确的事项。

⑦对增信机制、偿债保障措施作出的安排（如有）。

【注1】不包括价格或利率，公开发行的价格或利率以询价或公开招标等市场化方式确定，非公开发行的定价发行方式，由承销机构和发行人协商确定；也不包括聘请中介机构、聘请债券受托管理人以及向公司股东配售的安排等事项。

【注2】增信机制、偿债保障措施并非发行公司债券强制要求，但如果有的话，也应当在决议事项中载明。考试中若出现，一般应当选。

【注3】发行方式包括分期发行事宜。

（2）申报与核准

发行人应当按照规定编制和报送公开发行公司债券的申请文件。申请文件内容见下表。

中国证监会受理申请文件后，依法审核公开发行公司债券的申请，自受理发行申请文件之日起3个月内，作出是否核准的决定，并出具相关文件。

【注】如果是"小公募"的话，适用简化审核程序，由交易所预审后，报中国证监会核准。

公开发行公司债券申请文件目录

章节	具体内容
第一章　本次公司债券发行的募集文件	1-1　募集说明书（申报稿） 1-2　募集说明书摘要
第二章　发行人关于本次公司债券发行的申请与授权文件	2-1　发行人关于本次公司债券发行的申请报告 2-2　发行人董事会决议、股东会或股东大会决议（或者法律法规以及公司章程规定的有权机构决议）
第三章　中介机构关于本次公司债券发行的文件	3-1　主承销商核查意见 3-2　发行人律师出具的法律意见书
第四章　其他文件	4-1　发行人最近3年的财务报告和审计报告及最近1期的财务报告或会计报表（截至此次申请时，最近3年内发生重大资产重组的发行人，同时应当提供重组前1年的备考财务报告以及审计或审阅报告和重组进入公司的资产的财务报告、资产评估报告和/或审计报告） 4-2　发行人董事会（或者法律法规及公司章程规定的有权机构）、会计师事务所及注册会计师关于非标准无保留意见审计报告的补充意见（如有） 4-3　本次公司债券发行募集资金使用的有关文件 4-4　债券受托管理协议 4-5　债券持有人会议规则 4-6　资信评级机构为本次发行公司债券出具的资信评级报告 4-7　本次发行公司债券的担保合同、担保函、担保人就提供担保获得的授权文件（如有）；担保财产的资产评估文件（如为抵押或质押担保） 4-8　担保人最近1年的财务报告（并注明是否经审计）及最近1期的财务报告或会计报表 4-9　特定行业主管部门出具的监管意见书 4-10　发行人全体董事、监事和高管对发行申请文件真实性、准确性和完整性的承诺书

注："3-1"核查意见应当由主承销商法定代表人、债券承销业务负责人、内核负责人、项目负责人及其他成员签字，加盖主承销商公章并注明签署日期。

【真题回顾（1511）】 公开发行公司债券应在主承销商核查意见上签字的人员有（　　）。

A. 主承销商法定代表人　　　　　　B. 内核负责人

C. 项目负责人　　　　　　　　　　D. 合规负责人

E. 债券承销业务负责人

答案：ABCE

【模拟练习】 根据《公司债券发行与交易管理办法》，发行人发行公司债券应当依照《公司法》或者公司章程作出决议的事项有（　　）。

A. 发行债券的数量　　B. 发行利率　　　C. 债券期限　　　D. 增信机制

E. 决议的有效期

答案：ACDE

6. 非公开发行的申报备案程序

公开发行需要在发行前申请核准，非公开发行则是在发行后进行报备。2015年4月，中国证券业协会发布并实施《非公开发行公司债券备案管理办法》，主要规定如下：

（1）自律及承办

中国证券业协会对非公开发行公司债券备案实施自律管理。中证机构间报价系统股份有限公司具体承办非公开发行公司债券备案工作。

（2）报送方式

非公开发行公司债券的承销机构、自行销售的发行人或受托管理人应当指定专人以电子方式报送备案材料。

【注】 这是公司债券备案的最大特点，即仅以电子方式报备，无须报备纸质文件。

（3）备案登记表与报送材料

拟在证券交易场所挂牌、转让的非公开发行公司债券，承销机构或自行销售的发行人应当在每次发行完成后5个工作日内向协会报送备案登记表。

拟在证券公司柜台转让或持有到期不转让的非公开发行公司债券，承销机构或自行销售的发行人应当在每次发行完成后5个工作日内向协会报送备案登记表，同时报送附加材料。

【注1】 非公开发行的公司债券可在证券交易所、全国中小企业股份转让系统、机构间私募产品报价与服务系统、证券公司柜台转让，也可持有至到期不转让。

【注2】 拟在证券公司柜台转让或持有到期不转让的，不仅要报送备案登记表，还要报送附加材料，在证券交易场所挂牌、转让的，只报送备案登记表即可。

（4）复核备案

协会对备案材料进行齐备性复核，并在备案材料齐备后5个工作日内予以备案。备案材料不齐备的，协会在收到备案材料后5个工作日内，一次性告知承销机构或自行销售的发行人需要补正的全部内容。承销机构或自行销售的发行人按照要求补正的，协会在文件齐备后5个工作日内予以备案。

【注】 注意几个日期全部是5个工作日内，收到备案材料后5个工作日内判断材料是否齐备，不齐备的，一次性告知需补正的全部内容，齐备后5个工作日内予以备案。注意，对于不需要补正的，也是在材料齐备后5个工作日内予以备案，并非收到备案材料后5个工作日予以备案。

（5）备案确认情况公示

协会在其网站公示非公开发行公司债券的发行备案确认情况。

备案登记表及附加材料的内容

备案登记表应当包括但不限于如下内容	同时报送的附加材料
①发行人相关信息 ②债券发行相关信息 ③中介机构相关信息 ④债券持有人保护相关安排信息 ⑤承销机构或自行销售的发行人关于报备信息内容真实、准确、完整的承诺；承销机构或自行销售的发行人关于非公开发行公司债券的销售符合适当性要求的承诺；承销机构对项目承接符合负面清单规定的承诺	①发行人内设有权机构关于本期非公开发行公司债券发行事项的决议；②公司债券募集说明书；③担保合同、担保函等增信措施证明文件（如有）；④受托管理协议；⑤发行人经具有从事证券服务业务资格的会计师事务所审计的最近2个会计年度（未满2年的，自成立之日起）的财务报告；⑥律师事务所出具的关于本期债券发行的法律意见书；⑦信用评级报告（如有）；⑧债券持有人名册；⑨协会要求报备的其他材料

【模拟练习】关于非公开发行公司债券发行与转让，以下说法正确的有（　　　）。

A. 非公开发行公司债券可以不进行信用评级

B. 非公开发行公司债券备案工作由中证机构间报价系统股份有限公司具体承办

C. 非公开发行公司债券备案材料报送应采用纸质形式，材料应包括一份原件和两份复印件

D. 非公开发行公司债券，可以申请在证券交易所、全国中小企业股份转让系统、机构间私募产品报价与服务系统、证券公司柜台转让，也可以持有到期不转让

E. 发行人的董事、监事、高级管理人员及持股比例超过5%的股东，可以参与本公司非公开发行公司债券的认购与转让

答案：ABDE

解析：C，应当以电子方式报送备案材料。

【模拟练习】根据《非公开发行公司债券备案管理办法》，下列说法正确的有（　　　）。

A. 中国证券业协会对备案材料进行齐备性复核，并在备案材料齐备后5个工作日内予以备案

B. 备案材料不齐备的，中国证券业协会在收到备案材料后10个工作日内，一次性告知承销机构或自行销售的发行人需要补正的全部内容

C. 承销机构或自行销售的发行人按照要求补正的，中国证券业协会在文件齐备后5个工作日内予以备案

D. 拟在证券公司柜台转让或持有到期不转让的非公开发行公司债券，承销机构或自行销售的发行人应当在每次发行完成后10个工作日内向中国证券业协会报送备案登记表

答案：AC

解析：B，5个工作日内；D，还需同时报送附加材料。

7. 发行与承销

（1）承销资格

①发行公司债券应当由具有证券承销业务资格的证券公司承销。

②取得证券承销业务资格的证券公司、中国证券金融股份有限公司及中国证监会认可的其他机构非公开发行公司债券可以自行销售。

【注1】发行公司债券，承销即可，不需要保荐，承销时只要具备承销业务资格即可，并不需要具备保荐业务资格，当然，具备保荐业务资格的证券公司是可以承销的；注意，不符合自行销售的条件的，必须承销，不管是公开发行还是非公开发行。

【注2】可以自行销售的明确的两类主体分别为取得证券承销业务资格的证券公司和中国证券金融股份有限公司，必须牢记；注意，并非所有证券公司均可自行销售，而是要取得承销业务资格的方可；自行销售仅适用非公开发行，公开发行的，就算是前述两类主体，也不可自行销售。

【注3】"发行公司债券应当由具有证券承销业务资格的证券公司承销"这句话是绝对正确的，不能因为非公开发行有自行销售的例外情况而否定此话的正确性，考试时若出现，应按正确处理。但如果出现一些类似"不管什么情况"或"所有发行公司债券都应"等绝对性词语，则应按错误处理。

（2）承销方式

承销机构承销公司债券，应当采用包销或者代销方式。代销、包销期限最长不得超过90日。

【注】包销又分全额包销和余额包销。

（3）承销协议与承销团协议

①按规定应由承销团承销的，组成承销团的承销机构应当签订承销团协议（又称分销协议），由主承销商负责组织承销工作；承销团由3家以上承销机构组成的，可以设副主承销商，协助主承销商组织承销活动。

②由2家以上承销机构联合主承销的，所有担任主承销商的承销机构应当共同承担主承销责任，履行相关义务。

③发行人和主承销商应当签订承销协议。

【注1】发行人应和所有主承销商签订承销协议，若只有一家承销商的，则与该承销商签订协议即可。

【注2】《证券法》第三十二条规定，向不特定对象发行的证券票面总值超过人民币5 000万元的，应当由承销团承销。

【注3】注意上述"注2"中，不是"公开发行的证券票面总值超过人民币5 000万元的，应当由承销团承销"。向不特定对象发行是公开发行的一种，向特定对象发行超过200人的也属与公开发行，但不需要承销团。

（4）发行价格或利率的确定

①公开发行的价格或利率以询价或公开招标等市场化方式确定。

②非公开发行的定价发行方式，由承销机构和发行人协商确定。

（5）公开发行特有的规定

①暂缓或暂停发行

公开发行申请核准后，公司债券发行结束前，发行人发生重大事项，导致可能不再符合发行条件的，应当暂缓或者暂停发行，并及时报告中国证监会。影响发行条件的，应当重新履行核准程序。

②储架发行

公开发行公司债券，可以申请一次核准，分期发行。自中国证监会核准发行之日起，发行人应当在12个月内完成首期发行，剩余数量应当在24个月内发行完毕。

③募集说明书有效期

公开发行公司债券的募集说明书自最后签署之日起6个月内有效。采用分期发行方式的，发行人应当在后续发行中及时披露更新后的债券募集说明书，并在每期发行完成后5个工作日内报中国证监会备案。

④律师见证

公开发行公司债券的，发行人和主承销商应当聘请律师事务所对发行过程、配售行为、参与认购的投资者资质条件、资金划拨等事项进行见证，并出具专项法律意见书。

【真题回顾（1511）】根据《公司债券发行与交易管理办法》，以下非公开发行公司债券可以自行销售的有（　　）。

A. 具备证券承销资格的证券公司 　　　　B. 商业银行

C. 信托公司 　　　　　　　　　　　　　D. 保险公司

E. 中国证券金融股份有限公司

答案：AE

【模拟练习】下列关于公司债券承销资格说法正确的有（　　）。

A. 发行公司债券应当由具有证券承销业务资格的证券公司承销

B. 发行公司债券不可以自行销售

C. 取得证券承销业务资格的证券公司非公开发行公司债券可以自行销售

D. 中国证券金融股份有限公司非公开发行公司债券可以自行销售

E. 承销机构承销公司债券，只能采用包销方式

答案：ACD

解析：E，还可以代销。

8. 信息披露

公开发行公司债券的发行人应当按照规定及时披露债券募集说明书，并在债券存续期内披露中期报告和经具有从事证券服务业务资格的会计师事务所审计的年度报告。

非公开发行公司债券的发行人信息披露的时点、内容，应当按照募集说明书的约定履行，相关信息披露文件应当由受托管理人向中国证券业协会备案。

申请公开发行公司债券的公司，应编制公司债券募集说明书及其摘要，作为向中国证监会申请发行的必备文件，并按规定披露。

公开发行公司债券募集说明书内容较多，总结要点如下：

（1）风险因素

发行人应当遵循重要性原则，按顺序披露可能直接或间接对本期债券的偿付产生重大不利影响的所有因素，包括发行人自身、担保或其他增信措施（如有）、外部环境、政策等的相关风险。

发行人应对所披露的风险因素作定量分析，无法进行定量分析的，应有针对性地进行定性描述。

【注】遵循重要性原则，按顺序披露；定量分析，针对性地进行定性描述。

（2）财务会计信息

募集说明书引用的财务报表在其最近一期截止后6个月内有效。特别情况下发行人可申请适当延长，但最多不超过1个月。财务报表应以年度末、半年度末或者季度末为截止日。

发行人应简要披露财务会计信息，主要包括：

①最近3年及1期的资产负债表、利润表及现金流量表，发行人编制合并财务报表的，应同时披露合并财务报表和母公司财务报表。

【注】不含所有者权益变动表，编制合并的，合并报表、母公司报表均需披露。

②最近 3 年内进行过重大资产购买、出售、置换，且导致了公司主营业务和经营性资产发生实质变更，披露最近 3 年及 3 期的财务报表应包括：重组完成后各年的资产负债表、利润表、现金流量表，以及重组前 1 年的备考财务报表和备考报表的编制基础。

③最近 3 年及 1 期的主要财务指标以及公司管理层作出的关于公司最近 3 年及 1 期的财务分析的简明结论性意见，主要以合并财务报表为基础分析说明发行人资产负债结构、现金流量、偿债能力、近 3 年的盈利能力、未来业务目标以及盈利能力的可持续性。

【注】财务指标主要以合并报表为基础分析。

（3）募集资金运用

发行人应披露募集资金的用途、使用计划、专项账户管理安排等。

募集资金用于项目投资、股权投资或收购资产的，发行人应当披露拟投资项目的基本情况、股权投资情况、拟收购资产的基本情况；用于补充流动资金或偿还银行贷款的，应披露补充流动资金或者偿还银行贷款的金额和对公司财务状况的影响。募集资金运用涉及立项、土地、环保等有关报批事项的，发行人应当披露已经取得有关主管部门批准的情况。

（4）发行人、中介机构及相关人员声明

以下"人员"应在募集说明书正文的尾页进行相关声明，声明由相关人员签名，并由相关单位盖章，具体见下表：

声明人	声明内容	声明的签章
发行人	本公司符合公开发行公司债券的条件……	发行人法定代表人签名＋发行人加盖公章
发行人全体董、监、高	本公司全体董、监、高承诺……	全体董、监、高签名＋发行人加盖公章
主承销商（仅指机构）	本公司已……	项目负责人、公司法定代表人或其授权代表签名＋公司加盖公章
律师（律所＋签字律师）	本所及签字的律师已……	签字律师、所在律师事务所负责人签名＋律师事务所加盖公章
会计师事务所（会所＋CPA）	本所及签字注册会计师已……	签字 CPA、所在会计师事务所负责人签名＋会计师事务所加盖公章
资信评级、资产评估机构（机构＋相关人员）	本机构及签字的资信评级人员（或资产评估人员）已……	签字的资信评级人员（或资产评估人员）及单位负责人签名＋机构加盖公章

注：①需要弄清声明人与签字人的区别，须注意：发行人声明中由发行人法定代表人签名，并非由法定代表人声明；主承销的法定代表人或其授权代表、项目负责人、律师事务所负责人、会计师事务所负责人、资信评级及资产评估机构负责人这些人员只是签名人，非声明人；但签字律师（个人）、CPA、签字的资信评级人员或资产评估人员均为声明人。

②上述涉及董、监、高声明的，只有发行人董、监、高，中介机构董、监、高无须声明。

③主承销商需要声明，分销商不强制声明。

（5）备查文件（均需与募集说明书一同披露）

募集说明书结尾应列明备查文件，并在指定网站上披露。备查文件包括下列文件：

基本文件（必须披露）	选择性文件（如有下列文件，应作为备查文件披露）
①发行人最近 3 年的财务报告及审计报告，最近 1 期财务报告或会计报表 ②主承销商出具的核查意见 ③法律意见书 ④资信评级报告 ⑤债券持有人会议规则 ⑥债券受托管理协议 ⑦中国证监会核准本次发行的文件	①担保合同和担保函 ②提供保证担保的，如保证人为法人或其他组织，应提供保证人最近一年的财务报告（并注明是否经审计）以及最近一期财务报告或会计报表 ③采用抵押或质押担保的，应提供抵/质押物的权属证明、资产评估报告及与抵/质押相关的登记、保管、持续监督安排等方面的文件 ④采用其他增信机制或偿债保障措施的，应提供相关协议文件 ⑤发行人董事会（或者法律法规及公司章程规定的有权机构）关于报告期内被出具非标准无保留意见审计报告涉及事项处理情况的说明 ⑥注册会计师关于报告期内非标准无保留意见审计报告的补充意见 ⑦最近 3 年内发生重大资产重组的发行人提供的重组前一年的备考财务报告以及审计或审阅报告和重组进入公司的资产的财务报告、资产评估报告和/或审计报告 ⑧拟收购资产的资产评估报告及有关审核文件 ⑨其他与发行有关的重要文件

公开发行募集说明书摘要的内容至少包括下列各部分：

（1）发行概况。

（2）评级情况。

（3）发行人基本情况。

（4）公司的资信情况。

（5）财务会计信息。

（6）募集资金运用，简要披露募集资金的用途、使用计划和专项账户管理安排。

【模拟练习】根据《公开发行证券的公司信息披露内容与格式准则第 23 号——公开发行公司债券募集说明书》，需在公开发行公司债券募集说明书正文的尾页作出声明的有（   ）。

A. 发行人法定代表人

B. 发行人全体董事、监事、高级管理人员

C. 为本次债券提供增信的增信机构全体董事、监事、高级管理人员

D. 本次债券主承销商

E. 本次债券发行的签字律师

答案：BDE

解析：A，发行人法定代表人需签字，但非声明人；C，不含中介机构董、监、高。

（二）公司债券上市

关于公司债券上市，上交所和深交所均以公司债券上市规则进行规范，目前执行的最新规则为 2015 年 5 月两个交易所分别修订后的《上海证券交易所公司债券上市规则》和《深圳证券交易所公司债券上市规则》，以下关于公司债券上市的相关说明，均以上交所规则为准，深交所有不同的，作出说明，或以对比形式同时说明。

1. 上市条件

发行人申请债券上市，应当符合下列条件：

（1）公司债券的期限为一年以上。

（2）公司债券实际发行额不少于人民币 5 000 万元。

（3）经有权部门核准并依法完成发行。

（4）申请债券上市时仍符合法定的债券发行条件。

（5）债券持有人符合交易所投资者适当性管理规定。

（6）交易所规定的其他条件。

交易所可以根据市场情况，调整债券上市条件。

【注1】 仅从法条上来看，深交所规则"3.1.1"少一款"申请债券上市时仍符合法定的债券发行条件"，但该款在《证券法》中有规定，因此实质上是一致的。"法定的债券发行条件"包括公开发行应符合的条件和不得公开发行的情形，公开发行应符合的条件包括：①股份公司的净资产不低于人民币3 000万元，有限公司的净资产不低于人民币6 000万元；②累计债券余额不超过公司净资产的40%；③最近3年平均可分配利润足以支付公司债券1年的利息；④筹集的资金投向符合国家产业政策；募集资金应当用于核准的用途，除金融类企业外，募集资金不得转借他人；⑤债券的利率不超过国务院限定的利率水平。不得公开发行的情形 详见"（一）公司债券发行"相关规定。

【注2】 考试时经常会把上市后分类监管的相关规定混入作为干扰项，比如最近一期末净资产不低于5亿元、最近3个会计年度实现的年均可分配利润不少于债券一年利息的1.5倍、最近一期末的资产负债率不高于75%等，注意辨析。

【真题回顾（1311）】 关于公司债上市的条件，下列说法正确的是（ ）。

A. 最近一期末的净资产不低于5亿元人民币

B. 债券须经信用评级机构评级，且债券信用评级达到AA级及以上

C. 实际发行金额不低于5 000万元

D. 最近3个会计年度实现的年均可分配利润不少于公司债券1年的利息

E. 债券期限在一年以上

答案：CDE

解析：A，上市后分类监管的相关规定；B，债券上市应当评级，但对具体级别无要求，上市后采取分类监管，对应有评级要求。

2. 上市申请和核准程序

（1）申请债券上市，应向交易所提交申请文件，交易所收到上市申请后，进行审核，并在5个交易日内作出同意上市或者不予上市的决定。

（2）债券发行人在提出上市申请至其债券上市交易期间，发生重大事项的，应当及时报告交易所。

（3）债券上市交易前，发行人应当在交易所网站披露债券募集说明书、上市公告书等文件，并将上市公告书、核准文件及有关上市申请文件备置于指定场所供公众查阅。

申请债券上市，申请文件内容如下：

①债券上市申请书。

②有权部门核准债券发行的文件。

③发行人出具的申请债券上市的决议。

④承销机构出具的关于本次债券符合上市条件的意见书。

⑤公司章程。

⑥公司营业执照复印件。

⑦债券募集说明书、财务报告和审计报告、评级报告、法律意见书、债券持有人会议规则、

受托管理协议、担保文件（如有）、发行结果公告等债券发行文件。

⑧上市公告书。

⑨债券实际募集数额的证明文件。

⑩交易所要求的其他文件。

【注1】 发行人为上市公司的，可免于提交上述第⑤、第⑥项文件。

【注2】 以上为上交所规定的内容，深交所列举的更细，除以上外还包括：债券持有人名册、指定登记结算机构出具的登记托管证明文件、法律意见书、债券资信评级报告及信用跟踪评级安排的说明、担保文件（如有）、债券受托管理协议（如有）及债券终止上市后续安排的相关协议、债券持有人会议规则、发行人最近3年是否存在违法违规行为的说明（若为上市公司不需要）等。两个交易所都有兜底条款，因此，申请文件的具体内容以深交所详细列举的为准，本部分内容了解即可。

【注3】 注意，"具有从事证券服务业务资格的会计师事务所出具的最近3年审计报告或财政主管机关的有关批复"是申请企业债券上市需提交的申请文件，公司债券不需要。

3. 上市后持续信息披露

（1）一般规定

①报告类型与核对

信息披露义务人应当披露的信息包括定期报告和临时报告。沪深交易所对报告的完备性核对规定文字表述略有不同，但实质规定相同，对于定期报告，实行事后完备性核对，对于临时报告，视情况事前核对或事后核对，事后核对的，需要事前进行登记。

②披露方式与时间

信息披露义务人披露的信息应当在交易所网站及以交易所认可的其他方式予以披露，且披露时间不得晚于在其他交易场所、媒体或者其他场合公开披露的时间。

信息披露义务人不得以新闻发布或者答记者问等形式代替信息披露义务。

③暂缓披露

拟披露的信息存在不确定性、属于临时性商业秘密或者具有交易所认可的其他情形，及时披露可能会损害其利益或者误导投资者，且符合以下条件的，信息披露义务人可以申请暂缓披露，说明暂缓披露的理由和期限：

a. 拟披露的信息未泄露。

b. 有关内幕信息知情人已书面承诺保密。

c. 债券交易未发生异常波动。

暂缓披露的期限一般不超过2个月。暂缓披露的原因已经消除或者暂缓披露的期限届满的，信息披露义务人应当及时披露。

④豁免披露

拟披露的信息属于国家机密、商业秘密或者交易所认可的其他情况，披露可能导致其违反国家有关保密法律、行政法规规定或者损害信息披露义务人利益的，可以向交易所申请豁免披露，经批准的，可以豁免披露。

（2）定期报告

①债券存续期间发行人应当披露的定期报告包括年度报告和中期报告。

【注】 此处中期报告指"半年报"，下同；季度报告不强制披露。

②发行人应当在每一会计年度结束之日起4个月内和每一会计年度的上半年结束之日起2个

月内，分别向交易所提交并披露上一年度年度报告和本年度中期报告。

③发行人应当按时披露定期报告。因故无法按时披露的，应当提前 10 个交易日披露定期报告延期披露公告，说明延期披露的原因，以及是否存在影响债券偿付本息能力的情形和风险。

【注】深交所未作出"应当提前 10 个交易日"的规定。

（3）临时报告

关于临时报告，近几次的考试中数次考到需要临时报告的重大事项的情形，上交所的规定与《公司债券发行与交易管理办法》（以下简称《办法》）的规定完全一致，深交所的规定在表述上略有不同，但实质性内容一致。考试时往往直接以《办法》为依据命题，因此，此处采用《办法》的规定。

公开发行公司债券的发行人应当及时披露债券存续期内发生可能影响其偿债能力或债券价格的重大事项。重大事项包括：

①发行人经营方针、经营范围或生产经营外部条件等发生重大变化；

【注】注意两点：第一，是经营方针，非经营计划。第二，是外部条件，非内部条件，比如行业政策发生重大变化，属于外部条件发生重大变化，属于此处的重大事件；再如公司一条生产线停产，这是内部条件发生变化，不属于需要披露的重大事件。

②债券信用评级发生变化。

【注】注意两点：第一，此处是债项评级的变化，非主体评级变化，主体评级变化不属于此处的重大事项，如主体评级从 A 级调到 AA 级，不需要披露；第二，包括上调与下调，均需披露，如债券评级从 AA 级调到 A 级，需要披露。

③发行人主要资产被查封、扣押、冻结。

④发行人发生未能清偿到期债务的违约情况。

⑤发行人当年累计新增借款或对外提供担保超过上年末净资产的 20%。

【注1】关键字："新增借款或担保"各自，而非合计；"超过 20%"，不含本数；口径为"上年末净资产"，非本年，非总资产。

【注2】根据《公司债券日常监管问答（五）》：a. 发行人在债券存续期内的每月月初 5 个交易日内，如发现上月末借款余额（合并口径）与上年末借款余额（合并口径）的差额超过上年末净资产（合并口径）的 20%，应及时披露相关信息。上述财务数据已经审计的，应当使用经审计的数据；未经审计的，应当符合真实准确完整的财务信息披露要求。b. 本条中的借款，包括但不限于发行人通过以下方式筹借的资金：银行贷款；委托贷款、融资租赁借款、小额贷款；发行公司债券、企业债券、金融债券、非金融企业债务融资工具。发行人为商业银行或保险公司的，吸收的存款、收缴的保费不计入借款。c. 新增借款并非统计当月新增借款情况，而是统计当年累计新增借款情况。d. 新增借款超过 20% 后，如后续超过 40%、60%、80%……（以此类推）时，仍需披露；新增借款超过 20% 后，如因偿还借款而降至 20% 以内，后又新增借款升至 20% 以上的，再次超过 20% 时仍需披露。新增借款超过 40%、60%、80%……（以此类推）的类似情况，均需披露。

⑥发行人放弃债权或财产，超过上年末净资产的 10%。

⑦发行人发生超过上年末净资产 10% 的重大损失。

【注】⑤、⑥、⑦结合在一起理解记忆，⑥与⑦是已经成为事实的损失，因此触及比例较低，为 10%，⑤只是存在风险，尚未确定为损失，因此触及比例较高，为 20%。

⑧发行人作出减资、合并、分立、解散及申请破产的决定。

【注】不包括增资情形，如发行人发行股票，属于增资情形，不属于此处的重大事项；发行人收回购普通股注销的，则属于减资，注意，回购普通股用于如股权激励等事项不予注销的，不是减资行为，不属于此处的重大事项。注意，也不包括利润分配（即分红），分红不属于减资。

⑨发行人涉及重大诉讼、仲裁事项或受到重大行政处罚。

⑩保证人、担保物或者其他偿债保障措施发生重大变化。

⑪发行人情况发生重大变化导致可能不符合公司债券上市条件。

⑫发行人涉嫌犯罪被司法机关立案调查，发行人董事、监事、高级管理人员涉嫌犯罪被司法机关采取强制措施。

⑬其他对投资者作出投资决策有重大影响的事项。

【注】根据《公开发行公司债券监管问答（四）》，其他事项包括但不限于：a. 发行人公开发行公司债券、企业债券；b. 发行人发行债券、其他债务融资工具募集资金累计超过上年末净资产的 10%；c. 发行人发生重大亏损；d. 发行人发生被媒体质疑的重大事项；e. 发行人控股股东或实际控制人发生变更；f. 发行人发生重大资产重组；g. 发行人涉嫌违法违规被有权机关调查；发行人董事、监事、高级管理人员涉嫌违法违纪被有权机关调查或者采取强制措施。

【说明1】本知识点涉及的几个比率问题，均为超过，不含本数，需注意。

【说明2】上述注解中关于《公开发行公司债券监管问答（四）》和《公司债券日常监管问答（五）》可帮助理解相应条款，无须太多记忆，考试仍以考大条规定为主。

【说明3】沪深交易所《非公开发行公司债券业务管理暂行办法》对非公开发行公司债券在债券存续期内出现需要公告的重大事项的情形规定中，除上述公开披露的 13 项外（其□对应⑪项的为"发行人情况发生重大变化导致可能不符合公司债券挂牌条件"），还包括一条："发行人的实际控制人、控股股东、1/3 以上的董事、2/3 以上的监事、董事长或者总经理发生变动；董事长或者总经理无法履行职责"。

关于临时报告，以下应披露事项也比较重要，需注意：

①发行人和资信评级机构至少于年度报告披露之日起的 2 个月内披露上一年度的债券信用跟踪评级报告。评级报告原则上在非交易时间披露。

②发行人应当在债权登记日前，披露付息或者本金兑付等有关事宜。

③债券附利率调整条款的，发行人应当在利率调整日前，及时披露利率调整相关事宜。

④债券附赎回条款的，发行人应当在满足债券赎回条件后及时发布公告，明确披露是否行使赎回权。行使赎回权的，发行人应当在赎回期结束前发布赎回提示性公告。赎回完成后，发行人应当及时披露债券赎回的情况及其影响。

⑤债券附回售条款的，发行人应当在满足债券回售条件后及时发布回售公告，并在回售期结束前发布回售提示性公告。回售完成后，发行人应当及时披露债券回售情况及其影响。

⑥债券附发行人续期选择权的，发行人应当于续期选择权行权年度按照约定及时披露其是否行使续期选择权。

【注】深交所对利率调整、赎回、回售等披露的频率有要求，分别为应在利率调整日前、赎回权行权日前、回售申报结束日前至少披露三次。

受托管理人应至少在每年 6 月 30 日前披露上一年度受托管理事务报告。因故无法按时披露的，应当提前披露受托管理事务报告延期披露公告，说明延期披露的原因及其影响。

4. 暂停与终止上市

（1）暂停上市

公司债券上市交易后，公司有下列情形之一的，由证券交易所决定暂停其公司债券上市交易：

①公司有重大违法行为。

②未按照公司债券募集办法履行义务。

③募集资金不按照核准用途使用。

④公司情况发生重大变化不符合公司债券上市条件。

⑤公司最近2年连续亏损。

（2）终止上市

公司债券发生下列情形之一的，由交易所决定终止其上市交易：

①公司有重大违法行为，经查实后果严重的。

②未按照公司债券募集办法履行义务，经查实后果严重的。

③募集资金不按照核准用途使用，在限期内未能消除的。

④公司情况发生重大变化不符合公司债券上市条件，在限期内未能消除的。

⑤公司最近2年连续亏损，在限期内未能消除的。

⑥发行人发生解散、依法被责令关闭、被宣告破产等情形。

⑦债券持有人会议同意终止债券在交易所上市交易，且向交易所提出申请，并经交易所认可。

⑧债券到期前2个交易日或者依照募集说明书的约定终止上市。

⑨法律、行政法规、规章及交易所规定的其他终止上市的情形。

【真题回顾（1511）】公司债券上市交易后，证券交易所可以决定暂停其公司债券上市交易的情形有（　　）。

A. 发行公司债券所募集的资金不按照核准的用途使用

B. 公司有重大违法行为

C. 未按照公司债券募集办法履行义务

D. 公司最近2年连续亏损

答案：ABCD

【真题回顾（1609）】根据《公司债券发行与交易管理办法》，公开发行公司债券的发行人应当及时披露债券存续期内发生可能影响其实际偿债能力或债券价格的重大事项，下列不属于重大事项的是（　　）。

A. 发行人作出公开发行股票的决定

B. 发行人发生未能清偿到期债务的违约情况

C. 发行人当年累计新增借款或对外提供担保超过上年末净资产的20%

D. 债券信用评级发生变化

E. 发行人作出减资决定

答案：A

解析：《公司债券发行与交易管理办法》第四十五条。A属于增资行为，不属于需临时公告的重大事项。

【模拟练习】公开发行债券的发行人应当及时披露债券存续期间发生可能影响其偿债能力或

债券价格的重大事项。以下不属于重大事项的是（　　　）。

A. 发行人监事涉嫌犯罪被司法机关采取强制措施

B. 发行人发生超过上年末净资产 10% 的重大损失

C. 发行人放弃债权的金额达到上年末净资产的 8%

D. 发行人当年累计新增借款或对外提供担保超过上年末净资产的 20%，但不超过 30%

E. 发行人作出合并的决定

答案：C

解析：C，超过上年末净资产的 10%。

【模拟练习】某公司公开发行公司债券，在存续期内发生下列事项，需及时披露的有（　　　）。

A. 该公司主体信用评级从 AA 提升至 AA +

B. 本次债券的保证人出现重大变化

C. 该公司发生超过上年末净资产 5% 的重大损失

D. 该公司当年累计新增对外担保超过上年末净资产的 10%

E. 该公司主要资产被查封

答案：BE

解析：A，评级变化是指债项，非主体评级；C，超过 10%；D，超过 20%。

【模拟练习】根据《公司债券发行与交易管理办法》，在债券存续期间内，公开发行公司债券的发行人应当及时披露可能影响其偿债能力或债券价格的重大事项包括（　　　）。

A. 债券信用评级上升

B. 发行人当年累计新增借款或对外提供担保超过上年末净资产的 10%

C. 发行人拟将当年盈利的 80% 向股东分红

D. 发行人涉嫌犯罪被司法机关立案调查

E. 发行人一条生产线停产 3 个月

答案：AD

解析：E，属于内部条件变化，不属于需披露的重大事件。

5. 专业机构职责

《上海证券交易所公司债券上市规则》第四章，专门以一章介绍专业机构职责，深交所未作出类似规定。主要包括承销机构、资信评级、审计、法律、资产评估、受托管理人等职责，其中承销机构的职责为考试重点。

承销机构应当履行以下职责：

（1）在债券发行中按照交易所投资者适当性管理规定遴选符合条件的投资者。

（2）协助发行人申请债券上市，承诺债券上市符合交易所相关规定。

（3）按照行业规范要求，对发行人债券发行、上市相关情况进行全面核查，出具核查意见，并对其应承担的责任作出安排和承诺。

（4）督导发行人履行有关承诺、信息披露等义务。

（5）配合受托管理人履行受托管理职责，协助债券持有人维护法定或者约定的权利。

（6）交易所规定的其他职责。

组成承销团承销债券的，上述规定的职责主要由主承销商履行。

【注】考试时，往往会把债券受托管理人的职责混入一起考核，注意辨析。债券受托管理人

的职责见下述内容。

【模拟练习】根据《上海证券交易所公司债券上市规则》，在公司债券发行及存续期间，承销机构应当履行的职责有（ ）。

A. 在债券发行中按照交易所投资者适当性管理规定遴选符合条件的投资者

B. 协助发行人申请债券上市，承诺债券上市符合交易所相关规定

C. 履行受托管理职责，协助债券持有人维护法定或者约定的权利

D. 督促发行人履行有关承诺、信息披露等义务

E. 代表债券持有人查询债券持有人名册及相关登记信息

答案：ABD

解析：C、E，属于债券受托管理人职责。

（三）公司债券持有人权益保护的相关规定

根据《公司债券发行与交易管理办法》（以下简称《办法》）的规定，保护公司债券持有人权益的规定包括受托管理人制度、债券持有人会议及内外部增信机制及偿债保障措施等，规定较为宽泛，沪深交易所公司债券上市规则作出了较为细致的规定，同时中国证券业协会发布的《公司债券受托管理人执业行为准则》（以下简称《准则》）专门对债券受托管理作出规定。

1. 债券受托管理

2015 年 6 月，中国证券业协会发布《办法》的配套文件之一《准则》，对公司债券受托管理人行为进行规范，以下为内容要点：

（1）一般规定

发行公司债券的，发行人应当为债券持有人聘请受托管理人。在公司债券存续期内，受托管理人应当依照《准则》的规定和受托协议的约定维护债券持有人的利益。

【注】不管是公开发行还是非公开发行，均应当聘请受托管理人。

（2）受托管理人资格

①受托管理人应当为中国证券业协会会员。

②本次发行的承销机构、其他经中国证监会认可的机构可以担任受托管理人。

③为本次发行提供担保的机构、自行销售的发行人不得担任本次债券发行的受托管理人。

【注】两个可以担任，两个不得担任；担任的，应为协会会员。

另外，需要注意委托禁止与聘请允许，即在公司债券存续期内，受托管理人不得将其职责和义务委托其他第三方代为履行，但受托管理人在履行职责或义务时，可以聘请律师事务所、会计师事务所等第三方专业机构提供专业服务。

（3）受托管理人职责（或称权利与义务）

①在公司债券存续期内，受托管理人应当持续关注发行人的资信状况，监测发行人是否出现重大事项。

【注】《准则》第十一条列举的重大事项，较前述临时报告中需披露的重大事项少一款"保证人、担保物或者其他偿债保障措施发生重大变化"，其余均完全一致；紧接着，《准则》第十二条又要求"受托管理人应当持续关注公司债券增信机构的资信状况、担保物价值和权属情况以及内外部增信机制、偿债保障措施的实施情况"，因此，合并后与需披露的临时报告重大事项一致。

②受托管理人应当对发行人指定专项账户用于公司债券募集资金的接收、存储、划转与本息偿付情况进行监督。受托管理人应当在募集资金到位后 1 个月内与发行人以及存放募集资金

的银行订立监管协议。

③在公司债券存续期内，受托管理人应当持续监督并定期检查发行人募集资金的使用情况是否与公司债券募集说明书的约定一致。

④受托管理人应当将披露的信息刊登在本期债券交易场所的互联网网站，同时将披露的信息或信息摘要刊登在至少一种中国证监会指定的报刊，供公众查阅。

⑤受托管理人应当建立对发行人的定期跟踪机制，监督发行人对公司债券募集说明书所约定义务的执行情况，并在每年6月30日前向市场公告上一年度的受托管理事务报告。

⑥在公司债券存续期内，出现以下情形之一的，受托管理人在知道或应当知道该等情形之日起5个工作日内向市场公告临时受托管理事务报告：

a. 发行人经营方针、经营范围或生产经营外部条件等发生重大变化。

b. 债券信用评级发生变化。

c. 发行人主要资产被查封、扣押、冻结。

d. 发行人发生未能清偿到期债务的违约情况。

e. 发行人当年累计新增借款或对外提供担保超过上年末净资产的20%。

f. 发行人放弃债权或财产，超过上年末净资产的10%。

g. 发行人发生超过上年末净资产10%的重大损失。

h. 发行人作出减资、合并、分立、解散及申请破产的决定。

i. 发行人涉及重大诉讼、仲裁事项或受到重大行政处罚。

j. 内外部增信机制、偿债保障措施发生重大变化（保证人、担保物或者其他偿债保障措施发生重大变化）。

k. 发行人情况发生重大变化导致可能不符合公司债券上市条件。

l. 发行人涉嫌犯罪被司法机关立案调查，发行人董事、监事、高级管理人员涉嫌犯罪被司法机关采取强制措施。

m. 其他对投资者作出投资决策有重大影响的事项。

n. 受托管理人在履行受托管理职责时发生利益冲突。

o. 发行人募集资金使用情况和公司债券募集说明书不一致。

【注】a～m中，除"j. 内外部增信机制、偿债保障措施发生重大变化"的表述与临时报告中需要披露的重大事项表述为"保证人、担保物或者其他偿债保障措施发生重大变化"外，其他完全一致，而两者之间仅表述不一致，实质含义相同。n、o是此处较临时报告中需要披露的重大事项多出的两项，需要注意。

⑦受托管理人应当至少提前20个工作日掌握公司债券还本付息、赎回、回售、分期偿还等的资金安排，督促发行人按时履约。

⑧受托管理人预计发行人不能偿还债务时，要求发行人追加担保，或依法申请法定机关采取财产保全措施，同时告知债券交易场所和债券登记托管机构。

⑨发行人不能偿还债务时，可以接受全部或部分债券持有人的委托，以自己的名义代表债券持有人提起民事诉讼、参与重组或者破产的法律程序。

⑩在公司债券存续期内，受托管理人应当勤勉处理债券持有人与发行人之间的谈判或者诉讼事务。

⑪发行人为公司债券设定担保的，受托协议可以约定担保财产为信托财产，受托管理人应当在债券发行前或公司债券募集说明书约定的时间内取得担保的权利证明或者其他有关文件，

并在担保期间妥善保管。

⑫受托管理人为履行受托管理职责，有权代表债券持有人查询债券持有人名册及相关登记信息，专项账户中募集资金的存储与划转情况。

【注】以上重点注意第②、第③、第⑤、第⑥、第⑩、⑫项。第①至第⑫项为公开发行受托管理人的职责，第②项与⑫项是非公开发行受托管理人的职责。

（4）受托管理人变更

在公司债券存续期内，出现下列情形之一的，应当召开公司债券持有人会议，履行变更受托管理人的程序：

①受托管理人未能持续履行本准则或受托协议约定的受托管理人职责。

②受托管理人停业、解散、破产或依法被撤销。

③受托管理人提出书面辞职。

④受托管理人不再符合受托管理人资格的其他情形。

受托管理人未召集债券持有人会议时，单独或合计持有本期债券总额 10% 以上的债券持有人有权自行召集债券持有人会议。

【注】履行变更受托管理人程序，须召开公司债券持有人会议。

（5）自律管理

受托管理人应当妥善保管其履行受托管理事务的所有文件档案及电子资料，保管时间不得少于债券到期之日或本息全部清偿后 5 年。

协会可以采取现场检查、非现场检查等方式对受托管理人进行定期或不定期检查。

【真题回顾（1511）】某证券公司拟非公开发行公司债券，并且自行销售，则下列说法正确的是（ ）。

A. 该证券公司应当与受托管理人签订受托管理协议

B. 本次非公开发行可以不聘请受托管理人

C. 为本次发行公司债券提供担保的担保人可以担任受托管理人

D. 该证券公司可以自行担任受托管理人

E. 受托管理人应当为中国证券业协会会员

答案：AE

【模拟练习】根据《公司债券受托管理人执业行为准则》的规定，公司债券受托管理人应当向市场公告临时受托管理事务报告的情形不包括（ ）。

A. 发行人信用评级上调

B. 发行人涉及重大诉讼、仲裁事项或者受到重大行政处罚

C. 发行人信用评级下调

D. 发行人当年累计新增借款或对外提供担保超过上年末净资产的 10%

E. 发行人募集资金使用情况和公司债券募集说明书不一致

答案：ACD

解析：A、C，信用评级变化是债项评级，非主体评级；D，超过上年末净资产的 20%；E，属于需公告临时受托管理事务报告的情形，但不属于需临时公告的重大事项。

【模拟练习】以下关于公司债券承销机构说法正确的是（ ）。

A. 证券公司非公开发行公司债券，可以自行组织销售，不聘请承销机构

B. 承销机构承销公开发行公司债券的，应当具有保荐资格

C. 公开发行公司债券超过 5 000 万元的，必须由承销团承销

D. 承销机构不可以担任本次发行债券的受托管理人

E. 自行销售的发行人可以担任本次债券发行的受托管理人

答案：C

解析：A，需具有承销资格；B，具有承销资格即可；E，为本次发行提供担保的机构、自行销售的发行人不得担任本次债券发行的受托管理人。

【模拟练习】以下属于公司债券受托管理人应履行的职责的有（　　　）。

A. 持续关注公司和保证人的资信状况，出现可能影响债券持有人重大权益的事项时，召集债券持有人会议

B. 对发行人的偿债能力和增信措施的有效性进行全面调查和持续关注，并至少每年向债券持有人提交一次受托管理事务报告

C. 在债券持续期内勤勉处理债券持有人与公司之间的谈判或者诉讼事务

D. 发行人不能偿还债务时，可以接受全部或部分债券持有人的委托，以债券持有人的名义提起民事诉讼、参与重组或者破产的法律程序

答案：AC

解析：B，应为"在每年 6 月 30 日前向市场公告上一年度的受托管理事务报告"；D，应当以自己的名义代表债券持有人提起民事诉讼、参与重组或者破产的法律程序。

2. 债券持有人会议

关于债券持有人会议，《公司债券发行与交易管理办法》第四章作出了简要的规定，沪深交易所公司债券上市规则第五章第三节均作出较为详细的规定，覆盖了《办法》的相关规定，且二者全一致，具体内容如下：

（1）发行人应当在债券募集说明书中约定债券持有人会议规则

（2）应召集债券持有人会议的情形

债券存续期间，出现下列情形之一的，受托管理人应当及时召集债券持有人会议：

①拟变更债券募集说明书的重要约定。

②拟修改债券持有人会议规则。

③拟变更债券受托管理人或者受托管理协议的主要内容。

④发行人不能按期支付本息。

⑤发行人减资、合并、分立、解散或者申请破产。

⑥增信机构、增信措施或者其他偿债保障措施发生重大变化且对债券持有人利益带来重大不利影响。

⑦发行人管理层不能正常履行职责，导致发行人债务清偿能力面临严重不确定性，需要依法采取行动。

⑧发行人提出债务重组方案。

⑨发行人、单独或者合计持有本期债券总额 10% 以上的债券持有人书面提议召开的其他情形。

⑩发生其他对债券持有人权益有重大影响的事项。

【注 1】第⑥项《办法》中对应表述为"保证人、担保物或者其他偿债保障措施发生重大变化"。

【注 2】注意与需要临时报告的重大事项情形的区别。

【注3】 总体把握，如有利于债券持有人的事项，则不需要召开会议，比如增资，比如发行人信用评级上调等。

（3）债券持有人会议议事规则

①受托管理人应当自收到书面提议之日起 5 个交易日内书面回复是否召集会议。同意召集的，应于书面回复日起 15 个交易日内召开会议。受托管理人应当召集而未召集的，发行人、单独或者合计持有本期债券总额 10% 以上的债券持有人有权自行召集。

②受托管理人或者自行召集债券持有人会议的提议人（召集人）应当至少于会议召开日前 10 个交易日发布召开会议的公告。

③受托管理人可以作为征集人，征集债券持有人委托其代为出席债券持有人会议，并代为行使表决权。

④发行人、债券清偿义务承继方等关联方及债券增信机构应当列席债券持有人会议。

⑤持有人会议应当由律师见证，并出具法律意见书。见证律师原则上由为债券发行出具法律意见的律师担任。法律意见书应当与债券持有人会议决议一同披露。

⑥债券持有人进行表决时，每一张未偿还的债券享有一票表决权。另有约定的，从其约定。

【注】 已偿还的，不再具有表决权。

⑦债券持有人会议作出决议，经超过持有本期未偿还债券总额且有表决权的 1/2 的债券持有人同意方可生效。另有约定的，从其约定。

⑧债券持有人会议通过的决议，对所有债券持有人均有同等约束力。

【注】 包括所有出席会议、未出席会议、反对议案或者放弃投票权、无表决权的债券持有人，以及在相关决议通过后受让债券的持有人。

⑨持有人会议应当有书面会议记录，并由出席会议的召集人代表和见证律师签名。

⑩召集人应当在债券持有人会议表决截止日次一交易日披露会议决议公告。

【说明】 以上"（2）"可能会单独命题，其他重点注意"（3）"中的①、②、⑥、⑧可能会作为题支出现。

【真题回顾（1406）】 上市公司公开发行可转债，出现下列哪些事项需要召开债券持有人会议（　　）。

A. 拟变更募集说明书的约定　　　　　B. 发行人信用评级上调

C. 担保物发生重大变化　　　　　　　D. 发行人不能按期支付本息

E. 发行人提出债务重组方案

答案：ACDE

【真题回顾（1311）】 以下应当召开债券持有人会议的情形的有（　　）。

A. 发行人减资、合并、分立、解散或者申请破产

B. 拟变更债券受托管理人

C. 保证人或者担保物发生重大变化

D. 发行人不能按期支付本息

E. 拟变更债券募集说明书的重要约定

答案：ABCDE

【真题回顾（1609）】 根据《上海证券交易所公司债券上市规则》，下列说法正确的有（　　）。

A. 发行人应当按时披露定期报告，因故无法按时披露的，应当提前 10 个交易日披露定期报告延期披露公告，说明延期披露的原因，以及是否存在影响债券偿付本息能力的情形和风险

B. 发行人和资信评级机构至少于年度报告披露之日起 2 个月内披露上一年度的债券信用跟踪评级报告，评级报告原则上在非交易时间披露

C. 上交所收到公司债券上市申请后，对债券上市申请进行审核，并在 5 个交易内作出同意上市或者不予上市的决定

D. 受托管理人应当建立对发行人的定期跟踪机制，监督发行人对债券募集说明书所约定义务的履行情况，对发行人的偿债能力和增信措施的有效性进行全面调查和持续关注，并至少在每年 8 月 31 日前披露上一年度受托管理事务报告

E. 受托管理人或者自行召集债券持有人会议的提议人应当至少于持有人会议召开日前 10 个交易日发布召开持人会议的公告

答案：ABCE

解析：D，至少在每年 6 月 30 日前。

3. 内外部增信机制及偿债保障措施

发行人可采取内外部增信机制、偿债保障措施，提高偿债能力，控制公司债券风险。内外部增信机制、偿债保障措施包括但不限于下列方式：

外部	（1）第三方担保 （2）商业保险
内部	（3）资产抵押、质押担保 （4）限制发行人债务及对外担保规模 （5）限制发行人对外投资规模 （6）限制发行人向第三方出售或抵押主要资产 （7）设置债券回售条款

注：①资产抵押、质押担保指的是发行人以自己的资产进行抵押或质押，他人以资产为公司债券提供抵押、质押属于第三方担保。

②注意不包括"设置债券赎回条款"，赎回条款有利于发行人而不利于债券持有人，不属于增信情形。

③此为《办法》中的规定，交易所上市规则与此处相对应的内容为第五章第一节"偿债保障义务与措施"其规定为：a. 发行人应当按照规定和约定按时偿付债券本息，履行回售、利率调整、分期偿还等义务；b. 发行人无法按时偿付债券本息时，增信机构和其他具有偿付义务的机构，应当按照规定或者约定及时向债券持有人履行偿付义务；c. 发行人无法按时偿付债券本息时，应当对后续偿债措施作出安排，并及时通知债券持有人。后续偿债措施可以包括但不限于：部分偿付及其安排；全部偿付措施及其实现期限；由增信机构或者其他机构代为偿付的安排；重组或者破产的安排（注意，深交所对"c"未作出如上具体规定）。

【真题回顾（1605）】 以下属于公司债券内部增信机制的是（　　）。

A. 限制发行人对外担保规模　　　　　　B. 限制发行人对外投资规模

C. 商业保险　　　　　　　　　　　　　D. 限制发行人向第三方出售主要资产

E. 设置债券赎回条款

答案：ABD

解析：C，属于外部增信机制。

（四）公司债券发行、上市、交易及分类监管的相关规定

公司债券发行的分类已在上文"（一）公司债券发行"中述及，即公司债券既可以公开发行，也可以非公开发行，非公开发行只能对合格投资者发行；公开发行又分为可以向公众投资者和合格投资者同时发行的"大公募"和仅面向合格投资者发行的"小公募"，具体规定详见上

文，以下对公司债券上市、交易分类监管规定进行说明。

1. 上市交易方式的分类

投资者范围		上交所	深交所
（1）面向公众投资者和合格投资者公开发行的公司债券在本所上市的		采取竞价、报价、询价和协议交易方式	采取竞价和协议交易方式
（2）仅面向合格投资者公开发行的公司债券在本所上市，且不能达到右侧条件（之一）的：	①债券信用评级达到 AA 级或以上	采取报价、询价和协议交易方式（不可竞价）	只能采取协议交易方式（不可竞价）
	②债券上市前，发行人最近一期末净资产不低于 5 亿元，或最近一期末的资产负债率不高于 75%		
	③债券上市前，发行人最近 3 个会计年度实现的年均可分配利润不少于债券一年利息的 1.5 倍		

注：①上表"（2）"中条件，只要未达到其中之一，即采取相应处理。

②深交所以集合形式发行债券的，上述"（2）"中关于资产负债率的要求为"发行人最近一期末的加权平均资产负债率不高于 75%"；"（3）"的要求为"所有发行人最近 3 个会计年度经审计的加总年均可分配利润不少于债券一年利息的 1.5 倍"。

③根据上述内容，可得出结论：沪深交易所仅面向合格投资者公开发行上市，且未达到上述四个条件之一的，不能采取竞价交易方式。这也是"保代"考试的核心考点，即不能采取竞价交易方式的情形。或者也可以理解为仅面向合格投资者公开发行的公司债券在交易所上市的（小公募），只有当同时符合上表三个条件时，方可采取竞价交易方式，这也是"保代"考试常考方向，注意上述三点是特有条件，有时候题目中会加入一些公开发行并上市的一般条件，比如"公司债券期限在 1 年以上"，这是公司债券上市交易的条件，竞价交易当然需要同时满足。

④上表为根据法条直接整理，不太符合我们的记忆习惯，可将其转换为以下内容。

投资者范围		上交所	深交所
（1）面向公众投资者和合格投资者公开发行的公司债券在本所上市的		采取竞价、报价、询价和协议交易方式	采取竞价和协议交易方式
（2）仅面向合格投资者公开发行的公司债券在本所上市，同时符合右侧所有条件的	①债券信用评级达到 AA 级或以上	同（1），否则，只能报价、询价和协议方式，不可竞价交易	同（1），否则只能协议方式，不可竞价交易
	②债券上市前，发行人最近一期末净资产不低于 5 亿元，或最近一期末的资产负债率不高于 75%		
	③债券上市前，发行人最近 3 个会计年度实现的年均可分配利润不少于债券一年利息的 1.5 倍		

【真题回顾（1509）】 根据《深圳证券交易所公司债券上市规则》的规定，仅面向合格投资者公开发行的债券在深交所申请上市，可以采取竞价交易方式应符合的条件包括（　　）。

A. 债券信用评级达到 AA 级及以上

B. 发行人最近一期末的资产负债率不高于 75% 或发行人最近一期末的净资产不低于 5 亿元

人民币

　　C. 发行人最近 3 个会计年度经审计的年均可分配利润不少于债券一年的利息

　　D. 发行人最近 3 个会计年度经审计的年均可分配利润不少于债券一年利息的 1.5 倍

　　答案：ABD

　　【真题回顾（1511）】根据《深圳证券交易所公司债券上市规则》，仅面向合格投资者公开发行的债券在深交所申请上市，并采取竞价交易方式，需要满足的条件有（　　）。

　　A. 债券信用评级达到 A 级或以上

　　B. 发行人最近一期末的净资产不低于 5 亿元人民币，或最近一期末的资产负债率不高于 75%

　　C. 发行人最近 3 个会计年度实现的年均可分配利润不少于债券一年利息的 1 倍

　　D. 公司债券的期限为 1 年以上

　　E. 公司债券实际发行额不少于人民币 5 000 万元

　　答案：BDE

　　解析："公司债券的期限为 1 年以上"是上市条件之一，竞价交易，当然也需要满足，E 项所述情形也是上市条件之一，当选。

　　2. 上市交易对象的分类

　　（1）债券符合下列条件且面向公众投资者公开发行的，公众投资者和合格投资者可以参与交易：

　　①债券信用评级达到 AAA 级。

　　②发行人最近 3 年无债务违约或者延迟支付本息的事实。

　　③发行人最近 3 个会计年度实现的年均可分配利润不少于债券一年利息的 1.5 倍。

　　【注 1】与上文公司债券发行中所述"大公募"发行的附加条件完全相同。

　　【注 2】深交所以集合形式发行债券的，要求"发行人最近 3 个会计年度经审计的加总年均可分配利润不少于债券一年利息的 1.5 倍"。

　　【注 3】符合"大公募"条件向公众投资者公开发行的，公众投资者和合格投资者均可以参与交易。

　　【注 4】第③项关于"3 年平均 1.5 倍利息"的要求是公司债券发行时"大公募"的必要条件，也是"大公募"发行股票上市前应符合的条件，但上市后公司债券存续期间，并不要求持续符合，利润下降等导致利息覆盖倍数不足 1.5 倍的，其债券投资者范围仍为公众投资者和合格投资者均可参与，不会把合格投资者排除在外。

　　（2）债券在存续期间发生以下情形之一的，公众投资者不得再买入，原持有债券的公众投资者可以选择持有到期或者卖出债券：

　　①债券信用评级下调，低于 AAA 级。

　　②发行人发生债务违约，延迟支付本息，或者其他可能对债券还本付息产生重大影响的事件。

　　【注 1】债券存续期间出现上述①、②情形之一的，"大公募"降板为"小公募"，公众投资者被排除"出局"，即只能将原有的卖出或持有至到期，不可再行买入。

　　【注 2】上述降板、公众投资者"出局"，仅限①、②情形，对于出现"净资产低于 5 亿元人民币"、"最近一期末的资产负债率高于 75%"或"最近 3 个会计年度实现的年均可分配利润少于债券一年利息的 1.5 倍"情形的，公众投资者不用"出局"，不会导致投资者范围发生变化。

　　【注 3】对于符合"大公募"条件发行的"大公募"债券，在债券上市交易后存续期间，出现上述①、②情形之一的，"降板"为"小公募"，公众投资者被排除"出局"，对于"小公募"

债券在上市存续期间，债券信用评级上调达到 AAA 级等情形，不可"升板"为"大公募"，公众投资者仍无法"入局"参与交易。

【注4】"大公募"出现"降板"情形仅是"投资者范围"发生变化，并不会导致交易方式发生变化，仍可采用竞价交易方式，注意与"小公募"需要债项评级在 AA 级以上（含）方可竞价交易的区别，勿混淆。

以上关于公司债券发行及上市交易时的投资者范围总结见下表。

发行方式	发行认购对象	挂牌或上市存续期间投资者范围
"大公募"发行的公司债券	公众投资者、合格投资者	公众投资者、合格投资者。存续期间发生降板情形的，公众投资者"出局"，不可买入。投资者范围调整为仅合格投资者
"小公募"发行的公司债券	仅限合格投资者	仅合格投资者。存续期间评级升级至 AAA 级等情形的，不可"升板"为"大公募"，公众投资者仍无法"入局"
非公开发行公司债券	仅限合格投资者	仅限合格投资者之间转让

3. 风险警示与质押式回购

（1）风险警示

2015 年 5 月沪深交易所均对债券上市规则进行修订，修订后的公司债券上市规则，取消了原出现一定情形需风险警示的相关要求。《关于对公司债券实施风险警示相关事项的通知》（上证发〔2014〕39 号）和《关于对公司债券交易实行风险警示等相关事项的通知》（深证会〔2014〕92 号）均已废止。

（2）质押式回购

根据 2016 年 7 月中国证券登记结算有限责任公司修订后的《质押式回购资格准入标准及标准券折扣系数取值业务指引》（以下简称《指引》）的规定，可以作为回购质押品在相应市场开展回购业务的公司债券应当符合下列条件：债项和主体评级均为 AA 级（含）以上，其中主体评级为 AA 级的，其评级展望应当为正面或稳定。

【注1】2006 年 5 月 8 日起上交所推出新质押式债券回购交易，在此之前称为质押式回购。

【注2】《指引》规定以下产品可作为回购质押品在相应市场开展回购业务：①证券交易所上市交易的国债、地方政府债和政策性金融债；②满足多边净额结算标准，且债项和主体评级均为 AA 级（含）以上的信用债（包括公司债、企业债、分离交易可转换公司债中的公司债、可转换公司债、可交换公司债等），其中，主体评级为 AA 级的，其评级展望应当为正面或稳定；③所有标的债券均在证券交易所上市交易且持续满足回购质押品资格条件的债券型基金产品。

【真题回顾（1609）】某发行人于 2016 年初发行公司债券，发行时公司主体评级为 AA + 级，债项评级为 AAA 级，面向公众投资者公开发行，发行后在上海证券交易所上市流通，债券存续期内，主体评级与债券评级被下调至 AA 级，评级展望为稳定，以下表述正确的有（　　）。

A. 该公司债券投资者范围调整为仅限合格投资者

B. 该公司债券投资者范围保持不变

C. 该公司债券将无法采用竞价方式交易

D. 该公司债券可进行新质押式回购

E. 该公司债券将面临交易所债券风险警示

答案：AD

解析：A、B，降级至低于 AAA 级，需降板处理，投资者范围由公众投资者调整至仅限合格投资者；C，降板不影响竞价交易方式；D，债项和主体评级均为 AA 级（含）以上，其中主体评级为 AA 级的，评级展望为正面或稳定的，仍可参与新质押式回购；E，风险警示制度已经取消。

【模拟练习】 某发行人于 2016 年初发行公司债券，发行时公司主体评级为 AA + 级，债项评级为 AAA 级，面向公众投资者公开发行，发行后在上海证券交易所上市流通，债券存续期内，主体评级与债券评级被下调至 AA 级，评级展望为负面，以下表述正确的有（　　）。

A. 该公司债券投资者范围将调整为仅限合格投资者

B. 该公司债券投资者范围不变

C. 该公司债券将无法采用竞价方式交易

D. 该公司债券可进行新质押式回购

E. 该公司债券将面临交易所债券风险警示

答案：A

解析：债券评级被下调至 AA，低于 AAA，需降板处理，投资者范围调整为仅限合格投资者，A 正确，B 错误；D，评级展望为正面或稳定方可。

【模拟练习】 由某民营上市公司发行的 AAA 级无担保公司债券面向公众投资者和合格投资者公开发行，发行后在上海证券交易所上市流通，债券存续期内，发行人近 3 个会计年度实现的年均可分配利润为债券一年利息的 0.8 倍，则以下事项会发生的是（　　）。

A. 该公司债券投资者范围将调整为仅限合格投资者

B. 该公司债券投资者范围保持不变

C. 该公司债券将无法采用竞价方式交易

D. 该公司债券仍可进行新质押式回购

E. 该公司债券将面临交易所债券风险警示

答案：BD

解析："发行人最近 3 个会计年度实现的年均可分配利润不少于债券一年利息的 1.5 倍"的条件上市交易存续期间不需要持续符合，持续期间发生低于 1.5 倍情形的，不作处理。

【模拟练习】 某发行人于 2017 年初发行公司债券，发行时公司主体评级为 AA 级，债项评级为 AA + 级，仅面向合格投资者公开发行，发行后在上海证券交易所以竞价交易方式流通，债券存续期内，主体评级下调为 A + 级，债券评级被上调至 AAA 级，评级展望为正面，以下表述正确的有（　　）。

A. 该公司债券投资者范围将调整为公众投资者和合格投资者

B. 该公司债券投资者范围保持不变

C. 该公司债券将无法采用竞价方式交易

D. 该公司债券可进行新质押式回购

E. 该公司债券将面临交易所债券风险警示

答案：B

解析：B，采取竞价交易方式需满足的条件之一是"债券信用评级达到 AA 级或以上"，为债项评级，非主体评级，主体评级下调不影响交易方式；D，债项和主体评级均为 AA 级（含）以上方可进行质押式回购。

4. 投资者适当性分类

前述公司债券上市交易中，大公募发行的，可参与认购与交易的投资者包括公众投资者与合格投资者，小公募发行的，仅限合格投资者。其中关于合格投资者的条件标准，沪深交易所规定一致，均与"（一）公司债券发行"中所述参与公司债券发行认购的合格投资者条件相同，此处不再赘述。

前文一直在说明公司债券的投资者分类，包括公众投资者和合格投资者以及相应的交易方式等，以下将对合格投资者与公众投资者分别可以进行哪些债券产品的认购与交易进行说明。

（1）合格投资者可以认购及交易的债券品种

《上海证券交易所债券市场投资者适当性管理办法》第八条规定：合格投资者可以认购及交易在本所上市交易或者挂牌转让的债券、资产支持证券，但非公开发行的公司债券、企业债券仅限合格投资者中的机构投资者认购及交易。

【注1】发行人的董事、监事、高级管理人员及持股比例超过5%的股东，可以认购及交易该发行人非公开发行的公司债券，不受合格投资者条件的限制。

【注2】承销机构可参与其承销的非公开发行公司债券的认购及交易。

（2）公众投资者可以认购及交易的债券品种

《上海证券交易所债券市场投资者适当性管理办法》第九条规定，公众投资者可以认购及交易在本所上市的下列债券：

①国债。

②地方政府债券。

③政策性银行金融债券。

④公开发行的可转换公司债券。

⑤公开发行的分离交易可转换公司债券。

⑥大公募发行并上市的公司债券。

【注1】"③"是政策性银行金融债券，非商业银行金融债券。我国政策性银行包括国家开发银行、中国进出口银行和中国农业发展银行。

【注2】金融债券仅包括政策性银行金融债券，不包括商业银行金融债券。不包含证券公司次级债；因证券公司短期融资券、商业银行次级债券、商业银行混合资本债券都只能在全国银行间债券市场发行和交易，故也不包括；保险公司次级债是债务，非债券，不适用上市挂牌转让或交易。

【注3】不包括非公开发行的公司债券和仅向合格投资者公开发行的公司债券。

【真题回顾（1605）】根据《上海证券交易所债券市场投资者适当性管理办法》，公众投资者可以认购在上交所上市或挂牌的债券有（　　）。

A. 国债　　　　　　　　　　　　　　B. 地方政府债券

C. 商业银行金融债券　　　　　　　　D. 公开发行的可转债

E. 证券公司次级债券

答案：ABD

【模拟练习】根据《上海证券交易所债券市场投资者适当性管理办法》，公众投资者可以认购在上交所上市或挂牌的债券有（　　）。

A. 非公开发行的公司债券　　　　　　B. 证券公司短期融资券

C. 中国农业银行发行的金融债券　　　D. 中国农业发展银行发行的金融债券

E. 商业银行次级债券

答案：D

解析：C，为商业银行金融债券，不包括，我国政策性银行包括国家开发银行、中国进出口银行和中国农业发展银行；B、E，不得在交易所挂牌和转让。

二、可转换公司债券、分离交易可转换公司债券

【大纲要求】

内容		程度
1. 可转债发行	（1）发行条件	掌握
	（2）条款设计要求（含股份转换、债券偿还、转股价格调整、转股价格修正、赎回及回售等概念）	掌握
	（3）发行申报程序和申请文件要求	掌握
	（4）发行核准程序、发行方式	掌握
	（5）信息披露（申报前的信息披露、募集说明书及摘要和上市公告书披露的基本要求）	掌握
2. 可转债上市	（1）上市的一般规定	掌握
	（2）沪深交易所的规定	掌握
	（3）上市后持续信息披露	掌握

说明：（1）大纲中对可转换公司债券、分离交易可转换公司债券分别提出要求，鉴于二者有诸多相似之处，将其合并处理；（2）大纲中要求掌握发行可转换公司债券相关的会计处理及发行后每股收益的计算，属于财务分析部分的内容，此处删除处理；（3）可转债常考考点为发行条件（一般为附加条件，一般条件较少考核）、条款设计要求及上市信息披露，对于申报与审核，因基本与公开发行股票程序相同，故很少考核。

（一）可转换公司债券发行

1. 发行条件

（1）主板发行条件

可转换公司债券，是指发行公司依法发行、在一定期间内依据约定的条件可以转换成股份的公司债券。可转换公司债券须以公开的方式发行。根据《上市公司证券发行管理办法》的规定，发行可转换公司债券首先应当符合上市公司公开发行证券的一般规定，具体规定详见本教材第三章第二节的相关内容（共20条，除"（19）"和"（20）"中的①、③不适用外，其他条件均需符合）。

公开发行可转换公司债券的公司，除应当符合上市公司公开发行证券的一般规定外，还应当符合下列规定：

①最近3个会计年度加权平均净资产收益率平均不低于6%（扣非前后净利润孰低，作为计算依据）。

②本次发行后累计公司债券余额不超过最近一期末净资产额的40%。

③最近3个会计年度实现的年均可分配利润不少于公司债券1年的利息。

分离交易可转换公司债是指上市公司公开发行的认股权和债券分离交易的可转换公司债

券，上市公司发行分离交易可转换公司债券，除应符合公开发行证券的一般规定外，还应当符合下列规定：

①最近 3 个会计年度经营活动产生的现金流量净额平均不少于公司债券一年的利息，符合"最近 3 个会计年度加权平均净资产收益率平均不低于 6%"的除外（扣非前后净利润孰低，作为计算依据）。

②本次发行后累计公司债券余额不超过最近一期末净资产额的 40%，预计所附认股权全部行权后募集的资金总量不超过拟发行公司债券金额。

③最近 3 个会计年度实现的年均可分配利润不少于公司债券 1 年的利息。

④公司最近一期末经审计的净资产不低于人民币 15 亿元。

根据以上规定，对主板上市公司发行可转换公司债券及分离交易可转换公司债券的发行条件总结见下表。

可转换公司债券发行附加条件	分离交易可转换公司债券发行附加条件
（1）最近 3 个会计年度加权平均净资产收益率平均不低于 6%	（1）最近 3 个会计年度加权平均净资产收益率平均不低于 6% 或最近 3 个会计年度经营活动产生的现金流量净额平均不少于公司债券 1 年的利息
（2）本次发行后累计公司债券余额不超过最近一期末净资产额的 40%	（2）本次发行后累计公司债券余额不超过最近一期末净资产额的 40%，预计所附认股权全部行权后募集的资金总量不超过拟发行公司债券金额
（3）最近 3 个会计年度实现的年均可分配利润不少于公司债券 1 年的利息	
	公司最近 1 期末经审计的净资产不低于人民币 15 亿元

注："①"以扣非前后孰低的净利润作为计算加权平均净资产收益率的依据；根据此条进行是否符合发行条件的判断时，应结合一般条件中关于盈利性的要求，若只满足"不低于 6%"的要求，但不满足"最近 3 个会计年度连续盈利"的一般条件，则仍不符合发行条件，比如某公司拟于 2017 年 7 月申请公开发行可转换公司债券，2014 年度、2015 年度、2016 年度按照扣非后孰低计算的净资产收益率分别为 10%、−2%、10%，尽管加权平均净资产收益率为 6% 满足要求，但 2015 年亏损，不符合 3 年连续盈利的要求。

②分离交易可转换公司债券的第（1）个条件二者符合其一即可。

③分离交易可转换公司债券较可转债多出一条关于最近 1 期末经审计的净资产不低于人民币 15 亿元的要求，后面我们会说到，分离交易可转换公司债券不强制担保，因其发行条件中关于净资产要求比较高，而可转债强制担保，但最近 1 期末经审计的净资产不低于人民币 15 亿元的可免于担保。

④是"最近 3 个会计年度实现的年均可分配利润"，不是"最近 3 个会计年度实现的可分配利润"，考试中有时会故意漏掉"年均"设置陷阱。

⑤（2）中注意："发行后"，非"发行前"；"最近一期"，非"最近一年"，"净资产"，非"总资产"。

⑥"累计公司债券余额不超过最近一期末净资产额的 40%"及"最近 3 个会计年度实现的年均可分配利润"的含义同公司债券。

⑦分离交易可转换公司债券应当申请在股票上市的证券交易所上市交易，其公司债券和认股权分别符合证券交易所上市条件的，应当分别上市交易。

（2）创业板发行条件

《创业板上市公司证券发行管理暂行办法》未明确作出附加发行条件的规定，但其发行证券应符合《证券法》的规定，《证券法》第十六条明确规定公开发行债券需满足"本次发行后累计公司债券余额不超过最近一期末净资产额的 40%"和"最近 3 个会计年度实现的年均可分配利润不少于公司债券 1 年的利息"的规定。因此，创业板上市公司发行可转换公司债券除应符合公开发行证券应符合的一般条件外，还需符合上述两个附加条件。公开发行应符合的一般条件详见本教材第三章第二节的相关内容（共 20 条，除"（19）"和"（20）"中的①、③不适用外，其他条件均需符合）。

创业板上市公司发行可转换公司债券无"最近 3 个会计年度加权平均净资产收益率平均不低于 6%"的规定，这与创业板上市公司公开增发新股较主板上市公司公开增发新股的附加条件的区别是一样的，创业板都没有"最近 3 个会计年度加权平均净资产收益率平均不低于 6%"的要求。

创业板上市公司不得发行分离交易可转换公司债券。主板、创业板上市公司发行可转换公司债券需具备的附加条件见下表。

主板上市公司发行可转债需具备的附加条件	创业板上市公司发行可转债需具备的附加条件
①最近 3 个会计年度加权平均净资产收益率平均不低于 6%（扣非后净利润孰低作为计算依据）	
②本次发行后累计公司债券余额不超过最近一期末净资产额的 40%	①本次发行后累计公司债券余额不超过最近一期末净资产额的 40%
③最近 3 个会计年度实现的年均可分配利润不少于公司债券 1 年的利息	②最近 3 个会计年度实现的年均可分配利润不少于公司债券 1 年的利息

关于上述发行条件，考试中大多直接考此处的附加条件，但也有将公开发行证券的一般条件结合此处附加条件一同考核的，因此对于一般条件，须精准掌握，详细规定见第三章相关内容，以下对本部分常见结合考查的一般条件列举总结如下：

现任董、（监、）高任职资格及禁止情形

情形	主创 IPO	创业板发行	主板公开发行	主板定向发行	发行优先股
①近 36/12 个月内	董、监、高	董、监、高	董、高		—
②立案侦查、立案调查	董、监、高	董、高	董、高		

注：①"近 36/12 个月内"是指最近 36 个月内受到中国证监会的行政处罚或最近 12 个月内受到证券交易所的公开谴责。则为禁止情形。

②"立案侦查、立案调查"是指因涉嫌犯罪被司法机关立案侦查或者涉嫌违法违规被中国证监会立案调查，尚未有明确结论意见。则为禁止情形。

③发行优先股重要董事和高管符合法律、行政法规和规章规定的任职资格即可，无上述禁止性规定。

其他常考的需符合的一般条件（未标明主体的为"发行人"）

序号	事项	IPO		发行普通股				优先股	
				主板		创业板			
		主	创	公	非	公	非	公	非
1	最近 36 个月内不存在受到中国证监会行政处罚情形	—	—	✓	—	✓	✓		
2	最近 12 个月内未受到证券交易所的公开谴责	—	—	✓		✓		—	—
3	不存在可能严重影响公司持续经营的担保、诉讼、仲裁或其他重大事项	✓	✓	✓	？	✓	？	✓	✓

续表

序号	事项	IPO		发行普通股				优先股	
				主板		创业板			
		主	创	公	非	公	非	公	非
4	最近 36 个月内不存在因违反法律、行政法规、规章受到行政处罚且情节严重，或者受到刑事处罚	✓	✓	✓	—	✓	✓	✓	—
5	不存在因涉嫌犯罪被司法机关立案侦查或涉嫌违法违规被中国证监会立案调查的情形	✓	✓	✓	✓	✓	✓	✓	✓
6	最近 12 个月内不存在违规对外提供担保的行为			✓		✓	✓		
7	最近 12 个月内不存在未履行向投资者作出的公开承诺的行为	—	—	✓	—	✓	✓	✓	—
8	最近 12 个月内控股股东、实际控制人不存在未履行向投资者作出的公开承诺的行为	—	—	✓				✓	—

注：①对"不存在可能严重影响公司持续经营的担保、诉讼、仲裁或其他重大事项"尽管非公开发行的相关文件中未作明确规定，但应该也是要求符合的。

②对于违规担保，最近 12 个月内存在的，构成发行可转换公司债券的障碍，但若表述最近一期末对外担保余额超过公司净资产的××%，则只有履行了正常的程序，符合担保要求，不存在违规担保即不构成障碍。

【真题回顾（1412）】甲、乙、丙、丁、戊均是主板上市公司，拟于 2014 年 3 月发行可转换公司债券，2011 年、2012 年、2013 年加权平均净资产收益率见下表：

公司	2011 年		2012 年		2013 年	
	扣非前	扣非后	扣非前	扣非后	扣非前	扣非后
甲	5.5%	7%	7%	6.5%	5.9%	6.1%
乙	5%	6%	6%	7.5%	6.5%	7%
丙	6%	5.5%	6.5%	7.5%	7%	6%
丁	−1%	1%	8%	8.5%	10%	10%
戊	1%	−0.5%	9%	9.5%	10%	11%

则不考虑其他因素，以下可以发行可转换公司债券的有（　　　）。

A. 甲　　　　　　　　B. 乙　　　　　　　　C. 丙　　　　　　　　D. 丁

E. 戊

答案：C

解析：发行可转换公司债券应符合的条件之一为：最近 3 个会计年度加权平均净资产收益

率平均不低于6%（扣非前后净利润孰低，作为加权平均净资产收益率的计算依据）。另外还需要注意，上市公司公开发行证券，最近3年应连续盈利（扣非前后孰低计算净利润）。

本题A，甲近3个会计年度加权平均净资产收益率平均为（5.5% +6.5% +5.9%）/3 = 5.97%，不足6%；B，乙为（5% +6% +6.5%）/3 =5.84%，不足6%；C，丙为（55% +6.5% +6%）/3 =6%，满足不低于6%的要求；D、E，丁和戊扣非前和扣非后均出现了加权平均净资产收益率小于0的情况，因加权平均净资产收益率＝净利润/平均净资产，因此丁和戊扣非前和扣非后出现了净利润小于0的情况，不满足近3年连续盈利的条件。

【真题回顾（1505）】以下情形中，不构成主板上市公司发行可转换债券障碍的有（　　　）。

A. 最近3个会计年度加权平均净资产收益率扣非前为6.05%，扣非后为5.48%

B. 公司现任监事因涉嫌犯罪被司法机关立案侦查

C. 公司最近12个月内受到过证券交易所的公开谴责

D. 上市公司最近一期末经审计的净资产为16亿元，发行可转换公司债券未提供担保

答案：BD

解析：D，上市公司最近一期末经审计的净资产不低于15亿元的，可免于提供担保。

【模拟练习】某主板上市公司发行可转换公司债券，需要满足的条件有（　　　）。

A. 最近3个会计年度加权平均净资产收益率不低于6%，扣除非经常性损益后的净利润与扣除前的净利润相比，以低者作为加权平均净资产收益率的计算依据

B. 本次发行后累计公司债券余额不超过最近一期末净资产额的40%

C. 最近3个会计年度实现的可分配利润不少于公司债券1年的利息

D. 最近一期末经审计的净资产不低于人民币15亿元

E. 最近3个会计年度经营活动产生的现金流量净额平均不少于公司债券一年的利息

答案：AB

解析：C，应当是"年均可分配利润"；D、E，是发行分离交易可转换公司债券要求的条件，其中E为选择性要求。

【模拟练习】主板上市公司发行可转换公司债券需要满足的条件包括（　　　）。

A. 近3个会计年度加权平均净资产收益率平均不低于6%，扣非前后的净利润，以低者作为加权平均净资产收益率的计算依据

B. 本次发行后累计公司债券余额不超过最近一期末净资产额的40%

C. 最近3个会计年度实现的年均可分配利润不少于公司债券1年的利息

D. 最近一期末经审计的净资产不低于人民币15亿元

E. 最近3个会计年度连续盈利，扣除非经常性损益后的净利润与扣除前的净利润相比，以低者作为计算依据

答案：ABCE

【模拟练习】某主板上市公司拟发行可转债，下列事项构成发行障碍的有（　　　）。

A. 该公司上个会计年度利润表中扣除非经常性损益后的净利润为负数

B. 该公司现任监事李某最近12个月内受到证券交易所的公开谴责

C. 该公司最近一期末对外担保余额超过公司净资产的10%

D. 该公司与主要供应商产生法律诉讼，该诉讼判决后可能严重影响公司持续经营能力

答案：ABD

2. 条款设计要求

条款设计	主板可转换公司债券	创业板可转换公司债券	分离交易可转换公司债券
（1）债券期限	最短为 1 年，最长为 6 年	最短为 1 年	最短为 1 年
（2）面值与利率	每张面值 100 元，利率由发行人与主承销商协商确定		
（3）资信评级	应当委托具有资格的资信评级机构进行信用评级和跟踪评级。资信评级机构每年至少公告一次跟踪评级报告		
（4）债券偿还	上市公司应当在债券期满后 5 个工作日内办理完毕偿还债券余额本息的事项		
（5）持有人保护	公开发行可转换公司债券，应当约定保护债券持有人权利的办法，以及债券持有人会议的权利、程序和决议生效条件。存在下列事项之一的，应当召开债券持有人会议 ①拟变更募集说明书的约定 ②发行人不能按期支付本息 ③发行人减资、合并、分立、解散或者申请破产 ④保证人或者担保物发生重大变化 ⑤其他影响债券持有人重大权益的事项		
（6）赎回与回售	①募集说明书可以约定赎回条款，规定上市公司可按事先约定的条件和价格赎回尚未转股的可转换公司债券 ②募集说明书可以约定回售条款，规定债券持有人可按事先约定的条件和价格将所持债券回售给上市公司 ③募集说明书应当约定，上市公司改变公告的募集资金用途的，赋予债券持有人一次回售的权利	分离交易可转换公司债券募集说明书应当约定，上市公司改变公告的募集资金用途的，赋予债券持有人一次回售的权利	

注：①"（1）"中分离交易可转换公司债券，其认股权证的存续期间不超过公司债券的期限，自发行结束之日起不少于 6 个月。

②"（1）"中，需主板可转债期限为 1～6 年，分离交易可转债与创业板可转债期限为 1 年以上，未对上限作出规定；注意考试可能会考条文规定，也可能会考实务设计，比如，"可转债期限最长为 4 年"，说法错误，"可转债期限设计为 4 年"则正确。

③"（3）"中，为强制评级，无最近一期末经审计的净资产不低于人民币 15 亿元可免于评级的规定；也不同于利率由发行人与主承销商协商确定，注意勿混淆。

④"（4）"中是 5 个工作日内"办理完毕"，非"开始办理"。

⑤"（6）"中，赎回、回售条款为"可以约定"，即为选择性条款；第③项为应当约定，强制性条款，是赋予债券持有人一次回售的权利，非赋予上市公司一次"赎回"的权利。

（7）担保

主板上市公司公开发行可转换公司债券，应当提供担保，但最近一期末经审计的净资产不低于人民币 15 亿元的公司除外。

①提供担保的，应当为全额担保，担保范围包括债券的本金及利息、违约金、损害赔偿金和实现债权的费用。

②以保证方式提供担保的，应当为连带责任担保，且保证人最近一期经审计的净资产额应

不低于其累计对外担保的金额。

③证券公司或上市公司不得作为发行可转债的担保人，但上市商业银行除外。

④设定抵押或质押的，抵押或质押财产的估值应不低于担保金额。估值应经有资格的资产评估机构评估。

创业板上市公司发行可转换公司债券，未对相关担保条款作出明确要求，可理解为不强制担保，无论最近一期末经审计的净资产是否不低于人民币 15 亿元，均不需要担保。

分离交易可转换公司债券可以不提供担保，提供担保的，应遵循上述主板上市公司公开发行可转换公司债券①~④的担保要求。

【注1】 关键字："全额担保"，不可只为本金；"连带责任"，不可为一般责任担保；"非商业银行上市公司和证券公司不可担保"，此处证券公司是指所有证券公司，并非仅指为此次可转债发行上市提供保荐承销服务的证券公司；"强制担保"，最近一期末经审计的净资产不低于人民币 15 亿元免除担保，但不因此免除信用评级。

【注2】 需注意，免于担保的指标是"净资产"，非"总资产"。

（8）转股或行权期限

主板、创业板可转债：①自发行结束之日起 6 个月后方可转换为公司股票，转股期限由公司根据可转债的存续期限及公司财务状况确定；②债券持有人对转换股票或者不转换股票有选择权，并于转股的次日成为发行公司的股东。

分离交易可转债券的认股权：认股权证自发行结束至少已满 6 个月起方可行权，行权期间为存续期限届满前的一段期间，或者是存续期限内的特定交易日。

【注1】 是"自发行结束之日起"，非"发行之日起"，也非董事会、股东大会或发审会审议通过日。

【注2】 "6 个月后方可"，并非 6 个月后必须转股，这里说的是最早的转股时间，并非要求满 6 个月就要转股。

（9）转股价格、行权价格

转股价格，是指募集说明书事先约定的可转换公司债券转换为每股股份所支付的价格。

主板、创业板可转换公司债券：转股价格应不低于募集说明书公告日前 20 个交易日该公司股票交易均价和前 1 个交易日的均价。

分离交易可转换公司债券的认股权：行权价格应不低于募集说明书公告日前 20 个交易日该公司股票交易均价和前 1 个交易日的均价。

根据转股价格，可计算出转股数量，即转换比例，再根据可转债的市场价值及股票的市场价格计算转股收益，具体公式如下：

转股数量（转换比例）＝可转换公司债券的面值÷转股价格

转股收益＝转股数量×股票市价－可转换公司债券市价

例如，某上市公司公开发行可转债，面值 100 元，初始转股价格为 8 元/股，当前可转债市价 120 元，二级市场股票价格为 10 元/股，若买入可转债一手并立即转股，则，转股数量＝100÷8×10＝125（股），转股收益＝125×10－120×10＝30（元）。

【注1】 关于转股价格的几个关键字："募集说明书公告日前"，非"股东大会决议公告日前"或其他日期；"和"，非"或"。

【注2】 股票一手为 100 股，可转债一手为 10 张。

（10）转股价格调整

募集说明书应当约定转股价格调整的原则及方式。发行可转换公司债券后，因配股、增发、送股、派息、分立及其他原因引起上市公司股份变动的，应当同时调整转股价格。调整公式如下：

①派发现金股利：$P = P_0 - D$

②派发股票股利或转增股本：$P = P_0 / (1 + N)$

③增发新股或配股：$P = (P_0 + A \times K) / (1 + K)$

④上述三项同时进行时：$P = (P_0 - D + A \times K) / (1 + N + K)$

其中 P 为调整后转股价（调整值保留小数点后两位，最后一位实行四舍五入），P_0 为调整前转股价，D 为每股派发现金股利，N 为每股送股或转增股本率，A 为增发新股价或配股价，K 为每股增发新股或配股率。

上述公式④为通用公式，记忆该公式可随意组合，如同时①与②两项时，K 为 0，公式为：$P = (P_0 - D) / (1 + N)$；同时②与③两项时，D 为 0，公式为：$P = (P_0 + A \times K) / (1 + N + K)$；同时①与③两项时，$N$ 为 0，公式为：$P = (P_0 - D + A \times K) / (1 + K)$，故两项组合公式不需要单独记忆，对于单项公式进行理解，并理解记忆通用公式④即可。理解公式含义之后，也可不用记忆公式，直接根据题意解题即可。其他类似需要调整价格的，适用此公式。

【注 1】转股价格调整的原则及方式"应当"在募集说明书中约定，非"可以"约定。

【注 2】对转股价格的调整不需要经股东大会（2/3 以上）同意，注意命题人会以此与转股价格修正的规定设置陷阱。

【注 3】在计算派发股利时，须用税前的数字，比如题中交代每 10 股派发 0.8 元现金股利（含税），则直接以 0.8 元为基础进行计算即可，不应考虑扣税的问题。若上述 0.8 元是扣完税后的股利，题中应该会交代税率，则需还原为税前进行计算。

（11）转股价格修正

上市公司发行可转换公司债券可以在募集说明书中约定转股价格向下修正条款，约定向下修正条款的，应当同时约定：

①转股价格修正方案须提交公司股东大会表决，且须经出席会议的股东所持表决权的 2/3 以上同意。股东大会进行表决时，持有公司可转换债券的股东应当回避。

②修正后的转股价格不低于前项规定的股东大会召开日前 20 个交易日该公司股票交易均价和前 1 个交易日的均价。

【注 1】"可以"约定转股价格向下修正条款，非"应当"约定。

【注 2】须经股东大会特别决议通过（2/3 以上）。

【注 3】"股东大会召开日"前，非"股东大会决议公告日"前。

【真题回顾（1306）】以下关于上市公司发行可转换公司债券的说法符合规定的有（　　）。

A. 可转换公司债券的期限约定为 4 年

B. 自发行结束之日起 12 个月后方可转换为公司股票

C. 发行可转换公司债券后，因配股、增发、送股、派息、分立及其他原因引起上市公司股份变动的，应当同时调整转股价格

D. 可转换公司债券募集说明书公告前 20 个交易日股票交易均价为 5.7 元，前 1 个交易日股票交易均价为 5 元，转股价确定为 5.6 元

答案：AC

解析：B，6 个月；D，"和"。

【真题回顾（1509）】 以下情形中，符合主板上市公司发行可转换公司债券规定的有（　　　）。

A. 主板可转换公司债券的期限最短为 1 年，最长为 6 年

B. 最近一期末经审计的净资产不低于人民币 15 亿元的，可以不提供担保

C. 在上海证券交易所挂牌上市的乙能源股份有限公司为其此次公开发行可转换公司债券提供连带责任担保

D. 可转换公司债券的转股价格不低于募集说明书公告前 20 个交易日均价或前一个交易日的均价

E. 公开发行可转换公司债券，发行人可以根据实际情况与主承销商协商确定进行信用评级或跟踪评级

答案：AB

解析：C，能源股份有限公司非商业银行上市公司，不可提供担保；D，"和"；E，强制评级。

【模拟练习】 关于主板上市公司发行可转换公司债券的说法，以下不符合相关规定的有（　　　）。

A. 可转换债券的期限最短为 1 年，最长为 10 年

B. 可转换公司债券自发行结束之日起 6 个月后方可转换为公司股票

C. 发行可转换公司债券后，因配股、增发、送股、派息、分立及其他原因引起上市公司股份变动的，调整转股价格应经股东大会 2/3 以上的股东同意

D. 可转换债券募集说明书必须约定赎回条款，且可以加入回售条款

E. 可转换公司债券修正后的转股价格不低于审议转股价修正方案的股东大会召开日前 20 个交易日该公司的股票交易均价或前一交易日的均价

答案：ACDE

解析：A，主板最长期限为 6 年；C，转股价格调整不需要经股东大会（2/3 以上）同意；D，赎回与回售均为选择性条款；E，"和"。

【模拟练习】 甲上市公司发行可转换公司债券，其最近一期末经审计的净资产为 20 亿元，以下说法正确的有（　　　）。

A. 某担保公司为甲公司可转债发行提供担保，但担保范围只限于债券的本金

B. 设定抵押或质押的，抵押或质押财产的估值应不低于担保金额

C. 甲公司发行可转债，应按要求提供担保

D. 某担保公司为甲公司可转债发行提供担保，担保方式为一般保证担保

E. 因最近一期末经审计的净资产超过 15 亿元，因此甲公司发行可转债可免于信用评级

答案：B

解析：A，应为全额担保；D，应为连带保证，净资产不低于 15 亿元，可免于担保，但不可免于评级。

【模拟练习】 上交所某上市公司拟于 2017 年 8 月申请发行可转换公司债券，该公司 2016 年 12 月 31 日和 2017 年 6 月 30 日经审计的净资产分别为 12 亿元和 15 亿元，则以下说法正确的有（　　　）。

A. 应当进行信用评级，应当提供担保　　　　B. 应当进行信用评级，可以不提供担保

C. 可以不进行信用评级，应当提供担保　　　　D. 可以不进行信用评级，可以不提供担保

答案：B

【模拟练习】 关于创业板上市公司发行可转换公司债券的说法，以下不符合相关规定的有

（　　）。

A. 可转换债券的期限最短为 1 年，最长为 6 年

B. 可转换公司债券自发行之日起 6 个月后方可转换为公司股票

C. 发行可转换公司债券是否进行评级由发行人与主承销商协商确定

D. 上市公司应当在债券期满后 5 个工作日内开始办理偿还债券余额本息的事项

E. 募集说明书应当约定，上市公司改变公告的募集资金用途的，上市公司有一次赎回的权利

答案：ABCDE

解析：A，创业板无最长期限规定；B，"发行结束之日起"；C，为强制评级；D，"办理完毕"；E，赋予债券持有人一次回售的权利。

【模拟练习】某上市公司公开发行可转债，面值 100 元，初始转股价格为 8 元/股，当前可转债市价 123.5 元，二级市场股票价格为 10 元/股。若买入可转债一手并立即转股，收益是（　　）。该上市公司随后公布年度分红派息每 10 股派发 0.9 元（含税）的分配方案。若调整转股价格，则转股价格调整为（　　）。

A. 1.5 元；7.91 元　　　　　　　　　　B. 2 元；7.6 元

C. 15 元；7.91 元　　　　　　　　　　D. 23.6 元；9.91 元

E. 20 元；7.91 元

答案：C

解析：转股收益 $= 100 \div 8 \times 10 \times 10 - 123.5 \times 10 = 15$（元）；调整后转股价格 $= P_0 - D = 8 - 0.09 = 7.91$（元）。

【模拟练习】某上市公司公开发行可转债，面值 100 元，初始转股价格为 5 元/股，当前可转债市价 155 元，二级市场股票价格为 8 元/股。若买入可转债一手并立即转股，收益是（　　）。该上市公司随后公布年度分红派息每 10 股派发 0.8 元（含税），同时每 10 股送 2 股派发股票股利的分配方案。若调整转股价格，则转股价格调整为（　　）。

A. 3 元；3 元　　　B. 5 元；3.5 元　　　C. 50 元；4.1 元　　　D. 55 元；6 元

E. 500 元；6.6 元

答案：E

解析：转股收益 $=$（$100 \div 5 \times 8 - 155$）$\times 10 = 50$（元）；调整后转股价格 $=$（$P_0 - D$）$/$（$1 + N$）$=$（$5 - 0.08$）$/1.2 = 4.1$（元）。

3. 申报程序

上市公司发行可转换公司债券的申报程序完全同上市公司公开发行新股，包括董事会作出决议、股东大会批准、保荐人保荐并向中国证监会申报。

董事会的决议内容完全是上市公司发行新股的内容。股东大会决议的内容见下表。

融资类型	股东大会决议事项
发行新股	（1）本次发行证券的种类和数量 （2）发行方式、发行对象及向原股东配售的安排 （3）定价方式或价格区间 （4）募集资金用途 （5）决议的有效期 （6）对董事会办理本次发行具体事宜的授权 （7）其他必须明确的事项

续表

融资类型	股东大会决议事项
可转换公司债券（1）～（14）	（8）债券利率 （9）债券期限 （10）担保事项 （11）回售条款 （12）还本付息的期限和方式 （13）转股期 （14）转股价格的确定和修正
分离交易可转换公司债券（1）～（17）	（15）认股权证的行权价格 （16）认股权证的存续期限 （17）认股权证的行权期间或行权日

注：股东大会审议规则完全同新股规定。股东大会就发行证券事项作出决议，必须经出席会议的股东所持表决权的 2/3 以上通过。向本公司特定的股东及其关联人发行证券的，股东大会就发行方案进行表决时，关联股东应当回避。上市公司就发行证券事项召开股东大会的，应当提供网络或者其他方式为股东参加股东大会提供便利。

上市公司申请公开发行证券应当由保荐人保荐，并向中国证监会申报。申报文件的要求与内容完全同公开发行新股，详见本教材第三章。

4. 核准发行程序及发行方式

可转换公司债券核准发行程序包括中国证监会受理、反馈会、初审会、发审会、封卷、会后事项、核准发行、发行与承销以及再次申请的相关规定完全同上市公司公开发行新股的程序，具体规定详见本书第三章第二节"四、核准、发行程序"的相关内容。

上市公司发行可转换公司债券只能采取公开发行的方式，具体包括以下四种类型：

（1）全部网上定价发行。

（2）网上定价发行与网下向机构投资者配售相结合。

（3）部分向原社会公众股股东优先配售，剩余部分网上定价发行。

（4）部分向原社会公众股股东优先配售，剩余部分采用网上定价发行和网下向机构投资者配售相结合的方式。

经中国证监会核准后，可转换公司债券的发行人和主承销商可向上海证券交易所、深圳证券交易所申请上网发行。

5. 信息披露

（1）信息披露的要求

上市公司发行可转换公司债券的信息披露的要求完全同上市公司发行新股信息披露的要求，主板与创业板除了主板有募集说明书摘要的要求外，其他规定完全一致。具体包括董事会后信息披露、股东大会后信息披露及不予受理、终止审查、核准与不予核准、撤回申请的信息披露要求等，具体规定详见本教材第三章第二节"五、信息披露"之"（一）上市公司发行新股信息披露的要求"对应部分内容，此处不予赘述。

（2）募集说明书及其摘要的编制要求及内容与格式

与上市公司公开发行新股规定完全一致，具体规定详见本教材第三章第二节"五、信息披露"之"（二）招股说明书（意向书）编制的基本要求"对应部分内容，此处不予赘述。

（二）可转换公司债券上市

1. 上市条件

上市公司申请可转换公司债券在交易所上市，应当符合下列条件：

（1）可转换公司债券的期限为一年以上。

（2）可转换公司债券实际发行额不少于人民币 5 000 万元。

（3）申请上市时仍符合法定的发行条件。

【注】对于"申请上市时仍符合法定的发行条件"主板、创业板的规定是不一样的，除了应符合的一般条件有差异外，附加条件中创业板无"最近 3 个会计年度加权平均净资产收益率平均不低于 6%"的要求，详见"（一）可转换公司债券发行"的相关内容。

上市公司申请分离交易的可转换公司债券中公司债券和认股权证在交易所上市，应当符合下列条件：

（1）公司最近一期末经审计的净资产不低于 15 亿元。

（2）分离交易的可转换公司债券中公司债券的期限为一年以上。

（3）分离交易的可转换公司债券中公司债券的实际发行额不少于 5 000 万元。

（4）分离交易的可转换公司债券中的认股权证自上市之日起存续时间不少于 6 个月。

（5）申请分离交易的可转换公司债券中公司债券和认股权证上市时公司仍符合法定的分离交易的可转换公司债券发行条件。

2. 上市申请

上市公司申请可转换公司债券上市的，应当提交下列文件：

深交所（主板、创业板）	上交所
（1）上市报告书（申请书）	（1）上市申请书
（2）申请可转换公司债券上市的董事会决议	（2）有关本次发行上市事宜的董事会和股东大会决议
（3）保荐协议和上市保荐书	
（4）法律意见书	（4）按照有关规定编制的上市公告书
（5）发行完成后经具有从事证券期货相关业务资格的会计师事务所出具的验资报告	
（6）结算公司对可转换公司债券已登记托管的书面确认文件	
（7）可转换公司债券募集办法（募集说明书）	
（8）公司关于可转换公司债券的实际发行数额的说明	

【注】一般了解即可，无须特别记忆。

3. 信息披露

（1）上市公告

上市公司应当在可转换公司债券上市前 5 个交易日内，在指定媒体上披露上市公告书。

【注】上市公告属于可转债上市时的信息披露，以下（2）～（7）为上市后的持续信息披露内容。

（2）特别事项

发行可转换公司债券的上市公司出现下列情形之一时，应当及时向交易所报告并披露：

①因发行新股、送股、分立或者其他原因引起股份变动，需要调整转股价格，或者依据募

集说明书约定的转股价格向下修正条款修正转股价格的。

②转换为股票的数额累计达到开始转股前公司已发行股份总额的 10% 的。

③未转换的可转换公司债券总额少于 3 000 万元的。

④公司信用状况发生重大变化，可能影响如期偿还债券本息的。

⑤有资格的信用评级机构对可转换公司债券或公司的信用进行评级，并已出具信用评级结果的。

⑥担保人发生重大资产变动、重大诉讼、合并、分立等情况的。

⑦可能对可转换公司债券交易价格产生较大影响的其他重大事件。

⑧中国证监会和交易所规定的其他情形。

【注1】上述① ~ ⑥需熟练记忆，此为"保代"考试常考核心考点。

【注2】①中，调整转股价格与修正转股价格的均需公告并披露。

【注3】②中，注意关键字："累计"，非"单次"；"开始转股前"，非"可转债发行前"；"已发行股份总额"，非"可转债发行总额"；"10%"，勿与 6%、20% 等混淆。

【注4】③中 3 000 万元需精准记忆，注意，如果刚好是 3 000 万元，不需要披露。

【注5】④中，仅发生重大变化，不足以需要报告并披露，应附加可能影响如期偿还债券本息方需，如明确不影响如期偿还债券本息的，则不需披露。

【注6】⑥中，合并包括吸收合并、控股合并与新设合并，发生任一种，都应及时报告并披露。

【注7】注意与公司债券需要披露的临时重大事项相区分，考试时常会将其中一些事项混入考查，比如公司债券需临时披露的重大事项中"发行人当年累计新增借款或者对外提供担保超过上年末净资产的 20%"，把 20% 改为 10% 混入。

（3）投资者持有数量变动

①投资者持有上市公司已发行的可转换公司债券达到发行总量的 20% 时，应当在事实发生之日起 2 个交易日内向交易所报告，并通知公司予以公告。

②持有上市公司已发行的可转换公司债券 20% 及以上的投资者，其所持比例每增加或者减少 10% 时，应当在事实发生之日起 2 个交易日内向交易所报告，并通知公司予以公告。

【注】①中比例为 20%，注意与前文"（2）特别事项"的"②转换为股票的数额累计达到开始转股前公司已发行股份总额的 10% 的"区别。

（4）付息与兑付

上市公司应当在可转换公司债券约定的付息日前 3 至 5 个交易日内披露付息公告，在可转换公司债券期满前 3 至 5 个交易日内披露本息兑付公告。

（5）转股与股份变动

上市公司应当在可转换公司债券开始转股前 3 个交易日内披露实施转股的公告；上市公司应当在每一季度结束后及时披露因可转换公司债券转换为股份所引起的股份变动情况。

（6）赎回与回售

上市公司行使赎回权时，应当在每年首次满足赎回条件后的 5 个交易日内至少发布 3 次赎回公告。赎回期结束，公司应当公告赎回结果及影响。

在可以行使回售权的年份内，上市公司应当在每年首次满足回售条件后的 5 个交易日内至少发布 3 次回售公告。回售期结束，公司应当公告回售结果及影响。

经股东大会批准变更募集资金投资项目的，上市公司应当在股东大会通过后 20 个交易日内赋予可转换公司债券持有人一次回售的权利。有关回售公告至少发布 3 次，其中，在回售实施前、股东大会决议公告后 5 个交易日内至少发布一次，在回售实施期间至少发布一次，余下一次回售公告发布的时间视需要而定。

（7）停止交易

上市公司在可转换公司债券转换期结束的 20 个交易日前应当至少发布 3 次提示公告，提醒投资者有关在可转换公司债券转换期结束前的 10 个交易日停止交易的事项。

公司出现可转换公司债券按规定须停止交易的其他情形时，应当在获悉有关情形后及时披露其可转换公司债券将停止交易的公告。

【真题回顾（1511）】 发行可转换公司债券的上市公司应该及时向交易所汇报并披露的重大事项有（　　）。

A. 担保人发生重大资产变动、重大诉讼，或者涉及合并、分立等情况

B. 公司信用状况发生重大变化，但不影响如期偿还债券本息

C. 可转换公司债券转换为股票的数额累计达到可转换公司债券开始转股前公司已发行股份总额的 6%

D. 可转换公司债券单次转换为股票的数额达到发行规模的 10%

E. 发行人当年累计新增借款或者对外提供担保超过上年末净资产的 10%

答案：A

解析：B，只有可能影响如期偿还债券本息的公司信用状况重大变化才属于重大事项；C，应该是 10%；D，无相关规定；E，比例超过 20% 时，属于公司债券需临时披露的重大事项。

【模拟练习】 发行可转换公司债券的上市公司出现下列情形中应当及时向证券交易所报告并披露的是（　　）。

A. 未转换的可转换公司债券面值总额少于 500 万元的

B. 可转换公司债券担保人发生吸收合并情形

C. 投资者持有上市公司已发行的可转换公司债券达到可转换公司债券发行总量 10% 的

D. 可转换公司债券转换为股票的数额累计达到可转换公司债券开始转股前公司已发行股份总额 5% 的

E. 可转换公司债券单次转换为股票的数额达到可转换公司债券开始转股前公司已发行股份总额 1% 的

答案：B

解析：A，3 000 万元；B，20%；C，10%。

三、可交换公司债券

【大纲要求】

内容		程度
1. 发行条件	（1）发行人应符合的条件	了解
	（2）预备用于交换的上市公司股票应具备的条件	了解
2. 可交换公司债券的主要条款		了解
3. 上市公司国有股东发行可交换公司债券的其他要求		了解

【内容精讲】

根据《上市公司股东发行可交换公司债券试行规定》，可交换公司债券是指上市公司的股东依法发行、在一定期限内依据约定的条件可以交换成该股东所持有的上市公司股份的公司债券。根据《公司债券发行与交易管理办法》，对于股票公开转让的非上市公众公司股东，同样可以发行附可交换成非上市公众公司股票条款的公司债券，也为可交换公司债券。我们这里要介绍的是上市公司的股东发行可交换公司债券。

可交换公司债券可以公开发行，也可以非公开发行，适用法规主要有《上市公司股东发行可交换公司债券试行规定》、《公司债券发行与交易管理办法》，以及沪深交易所《非公开发行公司债券业务管理暂行办法》对应内容。

2014 年 8 月，沪深交易所分别发布《可交换公司债券业务实施细则》，对可交换公司债券上市交易进行规范，鉴于大纲仅要求掌握发行相关内容，关于上市的相关规定，教材中未予写入。

对"保代"考试而言，对于可交换公司债券的考核集中在《上市公司股东发行可交换公司债券试行规定》（以下简称《试行规定》）规定的发行条件与条款设计上，因此，本教材主要对《试行规定》的内容进行介绍，以下为具体内容。

【注】发行主体是上市公司的股东，非上市公司，可转债发行主体为上市公司；预备用于交换的股票是股东持有的存量股票，可转债转换时是增发的新股，注意区别。

（一）发行条件

1. 发行人应符合的条件

持有上市公司股份的股东，可以向中国证监会申请发行可交换公司债券，申请发行可交换公司债券，应当符合下列规定：

（1）申请人应当是符合《公司法》、《证券法》规定的有限责任公司或者股份有限公司。

（2）申请人公司组织机构健全，运行良好，内部控制制度不存在重大缺陷。

（3）申请人最近一期末的净资产额不少于人民币 3 亿元。

（4）申请人最近 3 个会计年度实现的年均可分配利润不少于公司债券一年的利息。

（5）本次发行后累计公司债券余额不超过最近一期末净资产额的 40%。

（6）本次发行债券的金额不超过预备用于交换的股票按募集说明书公告日前 20 个交易日均价计算的市值的 70%，且应当将预备用于交换的股票设定为本次发行的公司债券的担保物。

（7）经资信评级机构评级，债券信用级别良好。

（8）不存在不得发行公司债券的情形。

【注1】《公司债券发行与交易管理办法》出台，废止了《试行规定》中关于发行可交换公司债券需要保荐机构保荐的规定。目前发行可交换公司债券，不管是公开发行还是非公开发行，均不需要保荐机构保荐。

【注2】发行主体为所有公司制法人，包括有限公司或者股份公司，并非只有股份公司才能发行。

【注3】最近一期末净资产不少于 3 亿元，需要精准记忆；"最近一期末"，非"最近一年末"；"净资产"，非"总资产"；"3 亿元"，非"15 亿元"或其他数字；另外，需要注意直接考法条和考实务两种出题形式，比如，若考查申请人应符合的条件，"申请人最近一期末的净资产额不少于人民币 4 亿元"的表述为错误的，但申请人最近一期末的净资产额为 4 亿元则符合规定。

【注4】3年1息，非3年1.5息，需精准记忆；另外，此处是"最近3个会计年度实现的年均可分配利润"，非"最近3个会计年度平均经营性现金流量净额"，勿混淆；也非"最近3个会计年度实现的可分配利润"，需注意。

【注5】第（5）项，与公司债券、可转换公司债券含义相同，注意，无"近3个会计年度加权平均净资产收益率平均不低于6%"的规定，勿混淆。

【注6】（6）中，"前20个交易日"，无"和"或"或""前1个交易日"的规定；"市值的70%"，并非市值或其他比例，需精准记忆；必须以预备用于交换的股票设定为担保物，可见可交换债属强制担保；同样需要注意考法条和考实务的不同，比如"本次发行债券的金额为预备用于交换的股票按募集说明书公告日前20个交易日均价计算的市值的60%"的设定是符合规定的，而如果表达为"应当不超过……60%"，则为错误。

【注7】强制评级，信用级别良好，无具体级别要求。

【注8】根据《公司债券发行与交易管理办法》，存在下列情形之一的，不得公开发行公司债券：①最近36个月内公司财务会计文件存在虚假记载，或公司存在其他重大违法行为；②本次发行申请文件存在虚假记载、误导性陈述或者重大遗漏；③对已发行的公司债券或者其他债务有违约或者迟延支付本息的事实，仍处于继续状态；④严重损害投资者合法权益和社会公共利益的其他情形。

2. 预备用于交换的上市公司股票应具备的条件

预备用于交换的上市公司股票应当符合下列规定：

（1）该上市公司最近一期末的净资产不低于人民币15亿元，或者最近3个会计年度加权平均净资产收益率平均不低于6%。扣非前后净利润，以低者作为加权平均净资产收益率的计算依据。

（2）用于交换的股票在提出发行申请时应当为无限售条件股份，且股东在约定的换股期间转让该部分股票不违反其对上市公司或者其他股东的承诺。

（3）用于交换的股票在本次可交换公司债券发行前，不存在被查封、扣押、冻结等财产权利被限制的情形，也不存在权属争议或者依法不得转让或设定担保的其他情形。

【注1】（1）中，"不低于人民币15亿元"与"不低于6%"的要求是"或"的关系，二者符合其一即可，单个的并非必要条件，如题干表述为"以下发行可交换公司债券须符合的条件有"，其中上述单个条件均不能选。

【注2】（2）中，必须是"提出发行申请时"应当为无限售条件股份，并非"限售期满不影响可交换债转换"即可；且约定的换股期间不至于违反承诺，比如某公司于2015年6月完成首发，控股股东承诺股份锁定至2018年12月31日，该控股股东2017年5月发行完毕可交换公司债券，约定2018年6月债券持有人可以交换股票，则违反了承诺。

【注3】（3）中注意，是在"本次可交换公司债券发行前"，不存在被查封、扣押、冻结等财产权利被限制的情形，非"债券持有人交换成上市公司股份前"。

【真题回顾（1509）】上市公司股东发行可交换公司债券，应符合的规定有（　　）。

A. 公司最近一期末的净资产额不少于人民币2亿元

B. 本次发行债券的金额不超过预备用于交换的股票按募集说明书公告日前20个交易日均价计算的市值的60%

C. 经资信评级机构评级，债券信用级别良好

D. 公司最近3个会计年度实现的年均可分配利润不少于公司债券一年的利息

E. 本次发行后累计公司债券余额不超过最近一期末净资产额的 40%

答案：CDE

解析：A，3 亿元；B，70%。

【真题回顾（1605）】 甲公司拟以其持有的上市公司股票发行可交换公司债券，以下说法正确的有（　　）。

A. 该上市公司最近 3 个会计年度平均经营性现金流量净额可以支付债券一年利息

B. 用于交换的上市公司股票在提出发行申请时应当为无限售条件股份，或者限售期满不影响可交换债转换的股份

C. 甲公司在约定的换股期间转让该部分股票不违反其对上市公司或者其他股东的承诺

D. 用于交换的上市公司股票在本次可交换公司债发行前，不存在被查封、扣押、冻结等财产权利被限制的情形

E. 甲公司应当为股份有限公司

答案：CD

解析：A，无此规定；B，提出发行申请时必须为无限售条件股份，无或者情况。

【模拟练习】 关于上市公司股东公开发行可交换公司债，下列说法正确的有（　　）。

A. 申请人应当是符合《公司法》、《证券法》的股份有限公司

B. 申请人公司最近一期的净资产额不少于人民币 3 亿元

C. 申请人公司最近 3 个会计年度实现的年均可分配利润不少于公司债券一年利息的 1.5 倍

D. 本次发行债券的金额不超过预备用于交换的股票按募集说明书公告日前 20 个交易日均价计算的市值的 70%，且应当将预备用于交换的股票设定为本次发行的公司债券的担保物

E. 可交换公司债券自发行结束之日起 12 个月后方可交换为预备交换的股票，债券持有人对交换股票或者不交换股票有选择权

答案：BDE

（二）可交换公司债券的主要条款

主要条款	具体内容
1. 期限	最短为一年，最长为 6 年
2. 面值与发行价格	面值每张人民币 100 元，发行价格由上市公司股东和保荐人通过市场询价确定
3. 赎回与回售条款	（1）募集说明书可以约定赎回条款，规定上市公司股东可以按事先约定的条件和价格赎回尚未换股的可交换公司债券
	（2）募集说明书可以约定回售条款，规定债券持有人可以按事先约定的条件和价格将所持债券回售给上市公司股东
4. 交换期间	可交换公司债券自发行结束之日起 12 个月后方可交换为预备交换的股票，债券持有人对交换股票或者不交换股票有选择权
5. 交换价格及调整	（1）公司债券交换为每股股份的价格应当不低于公告募集说明书日前 20 个交易日公司股票均价和前 1 个交易日的均价
	（2）募集说明书应当事先约定交换价格及其调整、修正原则。若调整或修正交换价格，将造成预备用于交换的股票数量少于未偿还可交换公司债券全部换股所需股票的，公司必须事先补充提供预备用于交换的股票，并就该等股票设定担保，办理相关登记手续

右上角：续表

主要条款	具体内容
6. 担保	（1）应当将预备用于交换的股票设定为本次发行的公司债券的担保物
	（2）预备用于交换的股票的孳息（包括资本公积转增股本、送股、分红、派息等），也是本次发行可交换公司债券的担保物（担保物为用于交换的股票及其孳息）
	（3）除用预备交换的股票（及其孳息）设定担保外，发行人为本次发行的公司债券另行提供担保的：①应当为全额担保，担保范围包括债券的本金及利息、违约金、损害赔偿金和实现债权的费用；②以保证方式提供担保的，应当为连带责任担保；③设定担保的，担保财产权的价值经有资格的资产评估机构评估不低于担保金额

注：①"3"中，赎回与回售条款均是选择性条款，为"可以"，非强制的"应当"。

②"4"中，注意起点日期为"自发行结束之日起"，期间为"12个月后"，可转债为"6个月后"，注意区别。

③"5"中，注意为"20个交易日和前1个交易日"，"和"，非"或"；交换价格及其调整、修正原则应当约定，非可以约定。

【真题回顾（2008）】 以下关于可交换公司债券和可转换公司债券的区别，说法正确的是（　）。

A. 可转换公司债券符合一定条件的也可以不提供担保，可交换公司债券必须以其预备用于交换的股票设定为本次发行的公司债券的担保物

B. 可交换公司债券交换的是上市公司已发行的股票，可转换公司债券转换的是公司新发行的股票

C. 可转换公司债券可以约定转股价向下修正条款，可交换公司债券不可以约定交换价格向下修正条款

D. 可交换公司债券的发行人是上市公司的股东，可转换公司债券的发行人是上市公司

答案：ABD

解析：C，募集说明书应当事先约定交换价格及其调整、修正原则。

【模拟练习】 某上市公司股东拟申请公开发行可交换公司债券，下列情形不符合相关规定的有（　）。

A. 该上市公司股东最近一期末的净资产额为人民币4亿元

B. 本次发行债券的金额为预备用于交换的股票按募集说明书公告日前20个交易日均价计算的市值的60%

C. 用于交换的股票在提出发行申请时为无限售条件股份

D. 债券期限为10年

E. 自发行结束之日起6个月后方可交换为预备交换的股票

答案：DE

解析：A，4亿元＞3亿元，符合规定；B，60%，未超过70%，符合规定；D，最长为6年；E，12个月。

【模拟练习】 某上市公司股东拟申请公开发行可交换公司债券，下列情形不符合相关规定的有（　）。

A. 申请人近3个会计年度加权平均净资产收益率平均不低于6%，扣非前后的净利润，以

低者作为加权平均净资产收益率的计算依据

　　B. 申请人应经信用评级，评级达到 AA 级以上（含 AA 级）

　　C. 拟发行可交换公司债券的申请人，其所持股票的上市公司最近一期末净资产应不低于 15 亿元

　　D. 用于交换的股票在债券持有人交换成上市公司股份前，不存在被查封、扣押、冻结等财产权利被限制的情形

　　E. 申请人最近 3 个会计年度实现的可分配利润不少于公司债券一年的利息

　　答案：ABCDE

　　解析：A，对申请人无此要求；B，良好即可，无具体评级要求；C，不低于 15 亿元与不低于 6% 二者符合其一即可；D，"本次可交换公司债券发行前"；E，"平均"。

　　（三）上市公司国有股东发行可交换公司债券的其他要求

　　2009 年 6 月，国资发产权〔2009〕125 号《关于规范上市公司国有股东发行可交换公司债券及国有控股上市公司发行证券有关事项的通知》对上市公司国有股东发行的可交换公司债券及国有控股上市公司发行证券进行规范，关于前者的规定如下：

　　上市公司国有股东发行的可交换公司债券是指上市公司国有股东依法发行、在一定期限内依据约定的条件可以交换成该股东所持特定上市公司股份的公司债券。

　　1. 发行条件

　　上市公司国有股东发行可交换公司债券应当遵守有关法律法规及规章制度的规定，符合国有资产监督管理机构对上市公司最低持股比例的要求；募集资金的投向应当符合国家相关产业政策及企业主业发展规划。

　　2. 条款设计

　　（1）交换价格

　　上市公司国有股东发行的可交换公司债券交换为上市公司每股股份的价格应不低于债券募集说明书公告日前 1 个交易日、前 20 个交易日、前 30 个交易日该上市公司股票均价中的最高者。

　　【注】不低于前 1 个交易日、前 20 个交易日和前 30 个交易日该上市公司股票均价。一般可交换公司债券的交换价格为不低于前 1 个交易日和前 20 个交易日该上市公司股票均价。

　　（2）利率

　　上市公司国有股东发行的可交换公司债券，其利率通过市场询价合理确定。

　　【注】参照同期银行贷款利率、银行票据利率、同行业其他企业发行的债券利率，以及标的公司股票每股交换价格、上市公司未来发展前景等因素。

　　3. 发行程序

　　国有股东为国有独资公司的，由公司董事会负责制订债券发行方案，并由国有资产监督管理机构依照法定程序作出决定。

　　国有股东为其他类型公司制企业的，债券发行方案在董事会审议后，应当在公司股东会（股东大会）召开前不少于 20 个工作日，按照规定程序将发行方案报省级或省级以上国有资产监督管理机构审核，国有资产监督管理机构应在公司股东会（股东大会）召开前 5 个工作日出具批复意见。

　　国有股东为中央单位的，由中央单位通过集团母公司报国务院国有资产监督管理机构审核；国有股东为地方单位的，由地方单位通过集团母公司报省级国有资产监督管理机构审核。

四、中小企业私募债与信用评级

2015 年 1 月,《公司债券发行与交易管理办法》发布并实施,将发行主体由原来仅限沪深交易所上市公司、证券公司和发行境外上市外资股的境内股份公司扩大至除地方融资平台企业外的所有公司制法人。至此,自 2012 年 5 月起实施的中小企业私募债在实务中逐渐淡出,部分文件已废止。2015 年及 2016 年新考试政策下的 7 次考试对中小企业私募债均未作一次考核,鉴于此,对本部分的内容作省略处理。

信用评级的相关规定自新考试政策以来也未作一次考核,该部分内容也作省略处理。

第四节　企业债券

一、企业债券

【大纲要求】

内容		程度
1. 企业债券发行	(1) 发行条件	掌握
	(2) 条款设计	掌握
	(3) 申报要求(包括申请文件内容)	掌握
	(4) 核准要求	掌握
2. 企业债券存续期的监管		—
3. 企业债券上市	(1) 上市条件	熟悉
	(2) 上市申请和核准	熟悉
	(3) 上市后持续信息披露	熟悉
4. 企业债券持有人权益保护的相关规定		熟悉
5. 专项企业债券		—

【内容精讲】

(一) 企业债券发行

1. 发行条件

(1) 一般条件

企业债券,是指企业依照法定程序发行、约定在一定期限内还本付息的有价证券。除法律和国务院另有规定外,企业债券应采用公开发行方式。目前仅有绿色债券、项目收益债券、债转股专项债项可以采用非公开发行方式。近几年,关于企业债券出台的法规较多,更新较快,后续法规并未对之前法规予以废止,而是以新规定的形式对之前法规相应条款规定进行更新,实质上是废止之前法规的部分条款,为便于理解与记忆,本教材进行综合整理,所有规定均以当前最新规定为准。以下所述一般条件是指公开发行企业债券应符合的一般条件,主要有以下要求:

①股份有限公司的净资产不低于人民币 3 000 万元,有限责任公司和其他类型企业的净资产不低于人民币 6 000 万元。

②累计债券余额不超过企业净资产的40%。

【注1】与公司债券相同，净资产为合并报表口径，包括少数股东权益。

【注2】拟发债企业自身及其直接或间接控股子公司发行债券累计余额之和，不超过该企业净资产的40%。

【注3】申请发债企业为其他企业发债提供担保的，在考察发债规模时，按担保额的1/3计入该企业已发债余额。

③最近3年平均可分配利润（净利润）足以支付企业债券1年的利息。

④筹集资金的投向符合国家产业政策和行业发展方向，所需相关手续齐全。

用于固定资产投资项目的，应符合固定资产投资项目资本金制度的要求，原则上累计发行额不得超过该项目总投资的70%；用于收购产权（股权）的，比照该比例执行；用于调整债务结构的，不受该比例限制，但企业应提供银行同意以债还贷的证明；用于补充营运资金的，不超过发债总额的40%。

【注1】《关于充分发挥企业债券融资功能支持重点项目建设促进经济平稳较快发展的通知》（发改办财金〔2015〕1327号）将债券募集资金占项目总投资比例放宽至不超过70%，注意，该70%比例的放宽，不限行业，适用所有企业债券的发行。

【注2】《关于简化企业债券审报程序加强风险防范和改革监管方式的意见》（发改办财金〔2015〕3127号）支持企业利用不超过发债规模40%的债券资金补充营运资金。

【注3】根据《对发改办财金〔2015〕1327号文件的补充说明》（发改电〔2015〕353号），主体信用评级不低于AA级，且债项级别不低于AA+级的债券，允许企业使用不超过40%的募集资金用于偿还银行贷款和补充营运资金。

【注4】战略性新兴产业、养老产业、双创孵化及配电网建设改造四类专项债券可使用不超过50%的募集资金用于偿还银行贷款和补充营运资金。

⑤债券的利率由企业根据市场情况确定，但不得超过国务院限定的利率水平。

⑥已发行的企业债券或者其他债务未处于违约或者延迟支付本息的状态。

⑦最近3年没有重大违法违规行为。

⑧最近3个会计年度连续盈利。

【注】根据发改办财金〔2015〕1327号，可按照合并利润表中"净利润"和"归属于母公司股东净利润"孰高者测算净利润指标，不需要扣除非经常性损益。

⑨债券筹集资金必须按照核准的用途使用，不得用于弥补亏损和非生产性支出，也不得用于房地产买卖、股票买卖以及期货等高风险投资。

【注】根据发改办财金〔2015〕3127号，允许企业债券募集资金按程序变更用途。

⑩（主体信用级别未达到AAA级的）资产负债率超过85%，债务负担沉重，偿债风险较大的企业，不予核准发债，主体信用级别达到AAA级的，经研究可适当放宽要求。

（2）地方政府投融资平台公司发行企业债券的特别规定

根据《国家发展改革委办公厅关于进一步规范地方政府投融资平台公司发行债券行为有关问题的通知》（发改办财金〔2010〕2881号），地方政府投融资平台公司，是指由地方政府及其部门和机构等通过财政拨款或注入土地、股权等资产设立，从事政府指定或委托的公益性或准公益性项目的融资、投资、建设和运营，拥有独立法人资格的经济实体。

①防范债券融资风险

a. 凡是申请发行企业债券的投融资平台公司，其偿债资金来源70%以上（含70%）必须来自公司自身收益。

b. 经营收入主要来自承担政府公益性或准公益性项目建设，且占企业收入比重超过30%的投融资平台公司发行企业债券，如果所在地政府负债水平超过100%，其发行企业债券的申请将不予受理。

【注】该类投融资平台公司必须向债券发行核准机构提供本级政府债务余额和综合财力的完整信息，作为核准投融资平台公司发行企业债券的参考。

②规范融资担保行为

a. 除法律法规和国务院另有规定外，各级政府及其所属部门、机构和主要依靠财政拨款的经费补助事业单位，均不得以财政性资金、行政事业单位等的国有资产，或其他任何直接、间接方式，为投融资平台公司发行债券提供担保或增信。

b. 以资产抵（质）押方式为投融资平台公司发债提供增信的，其抵（质）押资产必须是可依法合规变现的非公益性有效资产。

【注】可以依法合规变现的非公益性有效资产为投融资平台公司发债提供增信。

③确保公司资产真实有效

申请发行企业债券的投融资平台公司，必须依法严格确保公司资产的真实有效，必须具备真实足额的资本金注入：

a. 不得将公立学校、公立医院、公园、事业单位资产等公益性资产作为资本注入投融资平台公司。

b. 对于已将上述资产注入投融资平台公司的，在计算发债规模时，必须从净资产规模中予以扣除。

【注1】"公益性资产"是指主要为社会公共利益服务，且依据国家有关法律法规不得或不宜变现的资产。

【注2】b中，必须从"净资产"规模中予以扣除，非"总资产"。

④强化募集资金用途监管

投融资平台公司发行企业债券所募资金，应主要用于对经济社会发展和改善人民群众生活具有重要作用的基础设施和市政公用事业领域。

（3）其他特别规定

①申请发债城投企业，其偿债资金来源70%以上（含70%）必须来自企业自身收益；经营收入主要来自承担政府公益性或准公益性项目建设，且占企业收入比重超过30%的城投企业申请发行企业债券，必须提供城投企业所在地政府本级债务余额和综合财力的完整信息以及地方政府对在建项目资金来源的制度性安排。

②申请发债城投企业，不得注入公立学校、公立医院、公园、事业单位资产等公益性资产。对于已将上述资产注入城投企业的，在计算发债规模时，必须从净资产规模中予以扣除。注入资产必须经具有证券期货相关业务资格的资产评估机构评估，并由有关主管部门办理相关权属转移登记及变更工商登记手续。

【注】从"净资产"规模中予以扣除，非"总资产"。

③申请发债企业应收账款、其他应收款、长期应收款合计超过净资产规模40%的企业，审核时会进行重点关注；应收账款、其他应收款、长期应收款以及在建工程等科目风险较大、政府有关部门违规调用资金或未履约付款等情况严重的，且上述科目涉及金额合计超过净资产60%的，不予受理企业债券发行申请。

【真题回顾（1511）】 甲公司 2014 年 12 月 31 日净资产为 80 亿元，2015 年 6 月 30 日净资产为 100 亿元，2012～2014 年年均可分配利润为 2.5 亿元。甲公司拟申请发行企业债券用于城市基础建设，项目投资总额为 45 亿元，假设本次债券票面利率为 5%，则本次发行规模最高为（　　）亿元。

A. 27 　　　　　　　B. 31.5 　　　　　　　C. 40 　　　　　　　D. 50

答案：B

解析：根据"累计债券余额不超过企业净资产（不包括少数股东权益）的 40%"，发行最大金额为 100×40%＝40（亿元），根据"最近 3 年可分配利润（净利润）足以支付企业债券一年的利息"，最近三年平均可分配利润为 2.5 亿元，利率为 5%，则发行最大金额为 2.5÷5%＝50（亿元）；根据债券募集资金占项目总投资比例不超过 70%，则发行最大规模为 45×70%＝31.5（亿元）。三者取其低，B 正确。

【真题回顾（1610）】 以下关于发行企业债券，说法正确的有（　　）。

A. 对政府及有关部门的应收账款、其他应收款、长期应收款合计超过净资产规模 40% 的企业，审核时不予核准

B. 申请发债城投企业，将公立学校、公立医院、公园、事业单位资产等公益性资产注入城投企业的，在计算发债规模时，必须从总资产规模中予以扣除

C. 对资产负债率超过 80% 的发债企业发行企业债券，不予核准

D. 有限责任公司发行企业债券，净资产不得低于 6 000 万元

答案：D

解析：A，超过净资产规模 40% 的，重点关注，超过净资产规模 60% 的，不予受理；B，从净资产中扣除；C，对资产负债率超过 85% 的发债企业发行企业债券，不予核准。

2. 条款设计

（1）债券期限

《企业债券管理条例》等文件均没有对企业债券的期限作出明确的规定，实务操作中为 1 年以上。

（2）债券利率

企业债券的利率由发行人与其承销商协商确定，但不得高于银行相同期限居民储蓄定期存款利率的 40%。

（3）信用评级

《企业债券管理条例》规定，企业发行企业债券，可以向经认可的债券评信机构申请信用评级；《关于进一步改进和加强企业债券管理工作的通知》规定，发行人应当聘请有资格的信用评级机构对其发行的企业债券进行信用评级。

《企业债券管理条例》中的规定是最低的要求，有另行规定的，以另行规定为准，因此，应当评级。

（4）债券担保

根据《关于推进企业债券市场发展、简化发行核准程序有关事项的通知》，企业可发行无担保信用债券、资产抵押债券、第三方担保债券。

可见，发行企业债券，并不强制进行担保。以保证方式担保的，担保人应承担连带担保责任。

（5）债券承销

①发行企业债券应当由具有承销资格的证券经营机构承销，企业不得自行销售企业债券。

②主承销商由企业自主选择，需要组织承销团的，由主承销商组织承销团。

③承销商承销企业债券，可以采取代销、余额包销或全额包销方式，承销方式由发行人和主承销商协商确定。

④企业债券发行采用包销方式的，各承销商包销的企业债券金额原则上不得超过其上年末净资产的1/3。

（6）法律意见书

发行人应当聘请律师事务所对发行人发行企业债券的条件和合规性进行法律鉴证，并出具法律意见书。

（7）发行人及其担保人提供的最近3年财务报表（包括资产负债表、利润和利润分配表、现金流量表）应当经具有从业资格的会计师事务所审计。

【注】担保人的最近3年财务报表也需要经具有从业资格的会计师事务所审计。

【真题回顾（1406）】下列关于企业债券发行的说法正确的有（　　　）。

A. 发行人最近3年财务报表应当审计，担保人则不用审计

B. 可以采取余额包销或全额包销方式，但不得采取代销的方式

C. 企业不得自行销售企业债券

D. 发行人应当进行信用评级

E. 发行人应当聘用律师事务所出具法律意见书

答案：CDE

3. 申报要求

2015年11月30日《国家发展改革委办公厅关于简化企业债券审报程序加强风险防范和改革监管方式的意见》进一步简化申报程序，精简申报材料，提高审核效率，规定如下：

（1）简化申报程序

①中央直接管理企业的申请材料直接申报。

②国务院行业管理部门所属企业的申请材料由行业管理部门转报。

③地方企业直接向省级发展改革部门提交企业债券申报材料，抄送地市级、县级发展改革部门；省级发展改革部门应于5个工作日内向国家发展改革委转报。

（2）精简申报材料

企业债券申报不再要求提供省级发展改革部门预审意见（包括土地勘察报告，当地已发行企业债、中期票据占GDP比例的报告等）、募集说明书摘要、地方政府关于同意企业发债文件、主承销商自查报告、承销团协议、定价报告等材料，改为要求发行人对土地使用权、采矿权、收费权等与债券偿债直接有关的证明材料进行公示，纳入信用记录事项，并由征信机构出具信用报告。

（3）提高审核效率

国家发展改革委将委托第三方专业机构就债券申报材料的完备性、合规性开展技术评估，同时优化委内审核程序。债券从省级发展改革部门转报直至国家发展改革委核准，应在30个工作日内完成（情况复杂的不超过60个工作日），其中第三方技术评估不超过15个工作日。

4. 核准要求

根据2013年4月《关于进一步改进企业债券发行审核工作的通知》（发改办财金〔2013〕

957号），国家发展改革委将对企业债券发行申请，按照"加快和简化审核类"、"从严审核类"以及"适当控制规模和节奏类"三种情况进行分类管理，具体如下：

（1）加快和简化审核类

①项目属于当前国家重点支持范围的发债申请

a. 国家重大在建续建项目。

b. 关系全局的重点结构调整或促进区域协调发展的项目。

c. 节能减排和环境综合整治、生态保护项目。

d. 公共租赁住房、廉租房、棚户区改造、经济适用房和限价商品房等保障性安居工程项目，重点支持纳入目标任务的保障性住房建设项目；城镇基础设施建设项目；大宗农产品及鲜活农产品的储藏、运输及交易等流通项目。

e. 小微企业增信集合债券和中小企业集合债券。

②信用等级较高，偿债措施较为完善及列入信用建设试点的发债申请

a. 主体或债券信用评级为 AAA 级的债券。

b. 由主体评级在 AA + 级及以上的担保公司提供无条件不可撤销保证担保的债券。

c. 使用有效资产进行抵（质）押担保，且债项级别在 AA + 级及以上的债券。

d. 资产负债率低于20%，信用安排较为完善且主体信用级别在 AA + 级及以上的无担保债券。

e. 由重点推荐的证券公司、评级公司等中介机构提供发行服务，且主体信用级别在 AA 级及以上的债券（中介机构重点推荐办法另行制定）。

f. 全信用记录债券，即发行人法人代表、相关管理人员等同意披露个人信用记录且签署信用承诺书的债券；

g. 同意列入地方政府负债总规模监测的信用建设试点城市平台公司发行的债券。

h. 地方政府所属区域城投公司申请发行的首只企业债券，且发行人资产负债率低于30%的债券。

【注1】d 中的20%及 h 中的30%由《关于全面加强企业债券风险防范的若干意见》对《关于进一步改进企业债券发行审核工作的通知》修订而来。

【注2】注意 a 中，包含主体或债项评级为 AAA 级两种情形。

【注3】除上述事项以外，城市地下综合管廊建设、战略性新兴产业、养老产业、城市停车场建设、双创孵化、配电网建设改造六项专项债券及绿色债券也属于"加快和简化审核类"。

【注4】②中 a、b、c 豁免委内审核环节。

（2）从严审核类

对于以下发债申请，要从严审核，有效防范市场风险：

①募集资金用于产能过剩、高污染、高耗能等国家产业政策限制领域的发债申请。

②资产负债率较高（城投类企业60%以上，一般生产经营性企业70%以上）且债项级别在 AA + 以下的债券。

③企业及所在地地方政府或为其提供承销服务的券商有不尽职或不诚信记录。

④连续发债两次以上且资产负债率高于60%的城投类企业。

⑤企业资产不实，运营不规范，偿债保障措施较弱的发债申请。

【注】②中的60%、70%及④中的60%由《关于全面加强企业债券风险防范的若干意见》对《关于进一步改进企业债券发行审核工作的通知》修订而来。

（3）适当控制规模和节奏类

除符合"加快和简化审核类"、"从严审核类"两类条件的债券外，其他均为适当控制规模

和节奏类。

发审委审核时的分类管理除上述内容外，还包括对信用优良企业发债豁免委内复审环节，根据《国家发展改革委办公厅关于简化企业债券审报程序加强风险防范和改革监管方式的意见》（发改办财金〔2015〕3127号）的规定，符合以下条件之一，并仅在机构投资者范围内发行和交易的债券，可豁免委内复审环节，在第三方技术评估机构进行技术评估后由国家发展改革委直接核准：

①主体或债券信用等级为AAA级的债券。

②由主体评级在AA＋级及以上担保公司提供无条件不可撤销保证担保的债券。

③使用有效资产进行抵（质）押担保，且债项级别在AA＋级及以上的债券。

【注1】注意前提条件：仅在机构投资者范围内发行和交易。

【注2】①中，主体或债项有一个达到AAA级即可，并不要求二者同时达到AAA级。

【真题回顾（1406）】下列属于加快和简化审核类企业债的有（　　）。

A. 主体或债券信用等级为AAA级

B. 使用有效资产进行担保，且债项级别在AA＋级及以上

C. 由主体评级在AA＋级及以上担保公司提供无条件不可撤销保证担保的债券

D. 地方政府所属区域城投公司申请发行的首只企业债，且发行人资产负债率低于50％

E. 资产负债率低于30％，信用安排较为完善且主体信用级别在AA＋级及以上的无担保债券

答案：ABC

解析：本题在考试时点D、E也是正确的；2014年9月《关于全面加强企业债券风险防范的若干意见》将D、E选项中的比例对应调整为30％、20％。

【真题回顾（1605）】根据《国家发展改革委办公厅关于简化企业债券申报程序加强风险防范和改革监管方式的意见》，属于信用优良企业发债豁免委内复审环节的有（　　）。

A. 主体及债项信用等级均为AA＋级的地方融资平台债券

B. 由主体评级在AA＋级及以上担保公司提供无条件不可撤销保证担保的债券

C. 由主体评级在AAA级的省级国有资产投资公司提供无条件不可撤销保证担保的债券

D. 使用土地资产进行抵押担保，且债项级别为AA级债券

E. 使用上市公司股权进行质押担保，且债项级别为AA＋级债券

答案：BCE

（二）企业债券存续期的监管

根据《国家发展改革委办公厅关于进一步加强企业债券存续期监管工作有关问题的通知》及《关于全面加强企业债券风险防范的若干意见》，对于企业债券存续期的监管包括规范企业资产重组程序、完善信息披露、加强债券资金用途监管、实施企业偿债能力动态监控等诸多内容，以下分别对规范企业资产重组程序和完善信息披露进行说明。

1. 规范企业资产重组程序

在债券存续期内进行资产重组，事关企业盈利前景和偿债能力，属于对债券持有人权益具有影响的重大事项，政府部门或主要股东在作出重组决策前应充分考虑债券募集说明书规定的相关义务，并履行以下必要的程序：

（1）重组方案必须经企业债券持有人会议同意。

（2）应就重组对企业偿债能力的影响进行专项评级，评级结果应不低于原来评级。

（3）应及时进行信息披露。

（4）重组方案应报送国家发展改革委备案。

省级发展改革部门要对企业债券发行人的重组过程进行监管，督促发行人按照合规的程序进行资产重组并履行相关义务。

【注】（4）中是备案，非审核；是报国家发展改革委备案，非地方发改部门。

2. 完善信息披露

除定期披露信息之外，在企业债券存续期内，出现以下情形之一的，应及时披露相关信息：

（1）发行人经营方针和经营范围发生重大变化。

（2）生产经营外部条件发生重大变化。

（3）未能清偿到期债务。

（4）净资产损失超过10%。

（5）作出减资、合并、分立、解散及申请破产决定。

（6）涉及重大诉讼、仲裁事项或受到重大行政处罚。

（7）申请发行新的债券。

如发行人拟变更债券募集说明书约定条款，拟变更债券受托管理人，担保人或担保物发生重大变化，作出减资、合并、分立、解散及申请破产决定等对债券持有人权益有重大影响的事项，应当召开债券持有人会议并取得债券持有人法定多数同意方可生效，并及时公告。

【真题回顾（1609）】根据《国家发展改革委办公厅关于进一步加强企业债券存续期监管工作有关问题的通知》（发改办财金〔2011〕1765号）的规定，企业债券发行人在债券存续期内进行资产重组，事关企业盈利前景和偿债能力，属于对债券持有人权益具有影响的重大事项，政府部门或主要股东在作出重组决策前应充分考虑债券募集说明书规定的相关义务，并履行必要的程序有（　　）。

A. 重组方案必须经企业债券持有人会议同意

B. 应就重组对企业偿债能力的影响进行专项评级，评级结果应不低于原来评级

C. 应及时进行信息披露

D. 重组方案应报送国家发展改革委审批

答案：ABC

解析：D，应报送国家发展改革委备案。

（三）企业债券上市

根据沪深交易所《公司债券上市规则》，企业债券的上市交易参照《公司债券上市规则》执行，因此，关于企业债券的上市相关内容，包括上市条件、上市申请与核准及上市后的持续信息披露义务与本章第三节"公司债券"相关内容相同，具体参加本章第三节相关规定。

【注】诸如可转换公司债券的发行申报与审核、企业债券的上市等跟之前讲述的内容相同的，往往都不涉及考题，相应知识点的考题会在第一次出现的要求中考核，比如尽职调查，考试的时候会考首发尽职调查的要求，而对于上市公司发行新股的尽职调查则没有直接考查过。

（四）企业债券持有人权益保护的相关规定

1. 偿债保障措施与规范担保

根据《国家发展改革委办公厅关于进一步强化企业债券风险防范管理有关问题的通知》（发改办财金〔2012〕3451号），为进一步加强企业债券偿债风险防范，保障债券持有人权益，对偿债保障及规范担保规定如下：

（1）偿债保障措施

划分方法	企业类型	主体信用评级	具体保障措施
根据发行主体资产负债率情况细化风险防范措施	城投类企业	未达到 AA＋级的	资产负债率在 65％ 以上的，须提供保障措施
		达到 AA＋级，未达到 AAA 级的	资产负债率在 70％ 以上的，须提供保障措施
		达到 AAA 级的	资产负债率在 75％ 以上的，须提供保障措施
	一般企业	未达到 AA＋级的	资产负债率在 75％ 以上的，须提供保障措施
		达到 AA＋级，未达到 AAA 级的	资产负债率在 80％ 以上的，须提供保障措施
		达到 AAA 级的	资产负债率在 85％ 以上的，须提供保障措施
	城投和一般	未达到 AAA 级的	资产负债率在 85％ 以上的，债务负担沉重，偿债风险较大企业，不予核准发债
		达到 AAA 级的	经研究，可适当放宽要求
根据发债主体信用等级完善相应偿债保障措施	城投类企业	AA－级及以下的	应采取签订政府（或高信用企业）回购协议等保障措施或提供担保
	一般企业	AA－级及以下的	应采取抵（质）押或第三方担保等措施

注：表中的比率是根据 2015 年 5 月 1327 号文对《国家发展改革委办公厅关于进一步强化企业债券风险防范管理有关问题的通知》的规定进行调整而来。

（2）规范企业担保

①禁止发债企业互相担保或连环担保。

②申请发债企业为其他企业发债提供担保的，在考察资产负债率指标时按担保额 50％ 计入本企业负债额，在考察发债规模时，按担保额的 1/3 计入该企业已发债余额。

③加强对抵（质）押担保行为的监管。

抵（质）押物须经过具有证券从业资格的评估机构进行价值评估。在债券征信工作中，关注发行人是否有不良征信记录情况，发行人在综合信用承诺书中要对抵（质）押物没有"一物多押"进行承诺。加强对债券存续期抵（质）押资产状况的监管和信息披露。

2. 债券持有人会议

在企业债券存续期内，发生以下情形之一的，应当召开债券持有人会议，并取得债券持有人法定多数同意方可生效，并及时公告：

（1）发行人拟变更债券募集说明书约定条款。

（2）拟变更债券受托管理人。

（3）担保人或担保物发生重大变化。

（4）作出减资、合并、分立、解散及申请破产决定。

【模拟练习】根据《国家发展改革委办公厅关于进一步强化企业债券风险防范管理有关问题的通知》，发债企业为其他企业发债提供担保的，在考察资产负债率指标时按担保额（　　）计入本企业负债额。

A. 全额 　　　　B. 25％ 　　　　C. 三分之一 　　　　D. 50％

答案：D

【模拟练习】根据《国家发展改革委办公厅关于进一步强化企业债券风险防范管理有关问题的通知》，在考察资产负债率指标时按担保额（　　）计入本企业负债额，在考查发债规模时，按担保额的（　　）计入该企业已发债余额。

A. 30%；1/2　　　　　　B. 50%；1/3　　　　　　C. 50%；1/2　　　　　　D. 30%；1/3

E. 一半；1/3

答案：BE

解析：本题 E 的设置旨在提醒读者，一半或 50% 的说法均是正确的。

（五）专项企业债券

1. 项目收益债券

2015 年 7 月，发改办财金〔2015〕2010 号文发布并实施《项目收益债券管理暂行办法》，具体内容如下：

（1）一般规定

①概念：项目收益债券，是由项目实施主体或其实际控制人发行的，与特定项目相联系的，债券募集资金用于特定项目的投资与建设，债券的本息偿还资金完全或主要来源于项目建成后运营收益的企业债券。

②资金用途：发行项目收益债券募集的资金，只能用于该项目建设、运营或设备购置，不得置换项目资本金或偿还与项目有关的其他债务，但可以偿还已使用的超过项目融资安排约定规模的银行贷款。

（2）发行与上市

①发行方式

a. 项目收益债券可以以招标或簿记建档形式公开发行，也可以面向机构投资者非公开发行。

b. 非公开发行的，每次发行不超过 200 人，单笔认购不少于 500 万元人民币。

【注1】非公开发行的，只能向机构投资者发行，不可向个人投资者发行。

【注2】项目收益债券属于企业债券的一种，通常情况下，企业债券应公开发行，除非另有规定，项目收益债与绿色债券便属于例外情况，可以非公开的方式发行。

【注3】注意，单笔认购不少于 500 万元人民币是对非公开发行的要求。

②信用评级

a. 发行项目收益债券，应由有资质的评级机构进行债券信用评级。

b. 公开发行的项目收益债券，应按有关要求对发行人进行主体评级和跟踪评级。

c. 非公开发行的项目收益债券的债项评级应达到 AA 级及以上。

【注】公开发行的，需主体评级并跟踪评级，无具体级别要求；非公开发行的，进行债项评级，应 AA 级及以上，无跟踪要求，无主体评级要求。

③申报方式

发行项目收益债券，应按照企业债券申报程序和要求报国家发展改革委核准。

【注】项目收益债券属于企业债券一种，申报与审批程序与企业债券相同，需国家发展改革委核准。

④承销

发行项目收益债券，应由有资质的承销机构进行承销。

【注】发行人不可自行销售项目收益债券。

⑤分期发行

项目收益债券可申请一次核准，根据项目资金需求进度分期发行，但应自核准起2年内发行完毕，超过2年的未发行额度即作废。

【注】无首期发行的相关限制，比如多长时间内完成首期发行及首期发行量应达到多少。

⑥期限要求

项目收益债券的存续期不得超过募投项目运营周期。

【注】设置了上限，即不得超过募投项目运营周期，但无具体期限要求，运营周期可以超过6年甚至20年、50年；没有设置最低期限要求。

⑦债券形式与登记要求

项目收益债券为实名制记账式债券，在登记结算机构进行登记、托管。非公开发行的项目收益债券，应在中央国债登记结算有限责任公司统一登记、托管，且存续期内不得转托管。

⑧上市交易

公开发行的项目收益债券发行后，可在证券交易所、银行间债券市场交易流通。非公开发行的项目收益债券，仅限于在机构投资者范围内流通转让。转让后，持有项目收益债券的机构投资者合计不得超过200人。

（3）项目及收益

①项目实施主体

a. 项目实施主体应是境内注册的具有法人资格的企业或仅承担发债项目投资、建设、运营的特殊目的载体。

b. 项目实施主体负责募投项目的投资、建设和运营，享有项目的收益权，也是保证债券还本付息的第一责任人。

②项目可研

a. 鼓励聘请具有相应行业甲级资质的中介机构编制项目可行性研究报告。

b. 项目收益和现金流应由独立第三方进行评估，并对项目收益和现金流覆盖债券还本付息资金出具专项意见。

【注】独立第三方包括但不限于具有咨询、评估资质的会计师事务所、咨询公司、资产评估机构等。

③项目财务效益评价

a. 在项目运营期内的每个计息年度，项目收入应该能够完全覆盖债券当年还本付息的规模。

b. 项目投资内部收益率原则上应大于8%。

c. 对于政府购买服务项目，或债券存续期内财政补贴占全部收入比例超过30%的项目，或运营期超过20年的项目，内部收益率的要求可适当放宽，但原则上不低于6%。

【注1】a中，若有题支表述为"在债券存续期内的每个计息年度，项目收入应该能够完全覆盖债券当年还本付息的规模"也是正确的，因存续期不超过募投项目运营周期，所以同样需要遵照运营期内的规定。但如在组合单选中遇到这样的题，则需要根据组合情况综合判断，因为可能出题老师仅仅是为了偷换文字概念而没有注意到二者的实质包含关系；注意为"完全覆盖债券当年还本付息"，非"完全覆盖债券还本付息"；注意是覆盖"本、息"规模，不仅包括本金，还包括利息；注意，是每个计息年度都要求。

【注2】注意内部收益率可以低于8%的三种情形：政府购买服务项目、债券存续期内财政补贴占全部收入比例超过30%的项目、运营期超过20年的项目。

【注3】注意对于绝对地说"项目投资内部收益率应大于8%"的说法是错误的。

④项目收入的认定

a. 项目收入是指与项目建设、运营有关的所有直接收益和可确认的间接收益。

b. 项目收入包括但不限于直接收费收入、产品销售收入、财政补贴等。

c. 财政补贴应逐年列入相应级别人民政府的财政预算并经同级人大批准列支，条件成熟后还应纳入有权限政府的中期财政规划。

d. 债券存续期内合法合规的财政补贴占项目收入的比例合计不得超过50%。

【注1】项目收入不仅包括所有直接收益，还包括可确认的间接收益。

【注2】b、d需要记忆；对于b，题支出现往往为正确选项，因其后面有"等"，范围较大，出题老师一般不会"贸然"加入不属于项目收入的干扰项；d，占比不超过50%，"财政补贴"占比，非"直接收费收入"或"产品销售收入"占比，需准确记忆。

⑤项目收益权的排他性

a. 发行人合法享有项目及其收益的所有权，相关项目的所有直接和可确认的间接收益将在项目收益债券本息范围内全部用于债券偿债。

b. 在债券存续期内，除根据增信措施的要求，发行人应于募投项目竣工验收并办理权利凭证后10个工作日内，将项目建设、运营所形成的资产或收益权按规定可以抵押或质押的部分，足额向债权代理人办理抵（质）押手续外，不得对项目及其收益设定抵押、质押等他项权利。

【注1】绝对地说"在债券存续期内不得设定抵押、质押"是错误的；注意，不得设定抵押、质押的范围包括项目本身及其收益权，而不仅仅是指项目。

【注2】直接和可确认的间接收益均应在本息范围内全部用于债券偿债，并非仅直接收益；注意，所有收益用于偿还债券本息范围内的债务，若已还本付息完毕，则可作他用。

⑥项目进度的要求

项目收益债券募集资金投资项目原则上应为已开工项目，未开工项目应符合开工条件，并于债券发行后3个月内开工建设。

⑦项目建设保障

为保障项目建设进度，鼓励发行人为募投项目购买工程保险。项目建设期间，承包商应提供工程履约担保。

【注】为募投项目购买工程保险并非强制要求；承包商提供工程履约担保为强制要求。

（4）账户管理

说明：关于本部分的内容仅作一般了解即可，也可不看。

①账户设置

项目收益债券发行人应该在银行设置独立于日常经营账户的债券募集资金使用专户、项目收入归集专户、偿债资金专户，分别存放项目收益债券的募集资金、项目收入资金和项目收益债券还本付息资金。

②募集资金使用专户

a. 募集资金使用专户，专门用于项目收益债券募集资金的接收、存储及划转，不得用于其他用途。

b. 临时闲置的募集资金，只能用于银行存款、国债、地方政府债、金融债、政府支持债券等流动性较好、低风险保本投资，并按约定定期将投资情况告知债权代理人。

③偿债资金专户

a. 偿债资金专户专门用于项目收益债券偿债准备资金的接收、存储及划转，包括但不限于从项目收入归集专户中划转的资金、发行人或差额补偿人划入的其他资金。

b. 除偿还债券本息外，偿债资金专户资金不得用于其他用途。

c. 临时闲置的偿债资金，只能用于银行存款、国债、地方政府债、金融债、政府支持债券等流动性较好、低风险保本投资，并在付息或兑付日前 5 个工作日全部转化为活期存款。投资情况应按约定定期告知债权代理人。

④项目收入归集专户

a. 项目运营期间所有收入必须全部进入项目收入归集专户。

b. 项目收入由可确定的主体支付时，应在相关协议中约定，由该主体直接向项目收入归集专户划转资金。

c. 发行人应将全部项目收入从归集专户向偿债资金专户划转，作为债券偿债准备金。

d. 偿债准备金以待偿付的全部债券本息为限，划转次数和具体时点可由发行人、债权代理人和监管银行根据项目收益实现特点约定，原则上每个计息年度内不少于 2 次。

⑤账户监管协议

发行人、债权代理人与监管银行应签订《项目收益债券账户监管协议》，对以上安排进行详细约定，并约定发行人不得在以上账户设定任何权利限制。

⑥监管银行的监管责任

监管银行应保证各个账户内资金按约定用途和程序使用，发现有关方面违规操作的，应及时采取相关措施并向有关监管部门报告。对于举借银行贷款的项目，项目收入归集专户和偿债资金专户原则上应开立于提供贷款的银行之外的第三方银行机构。

（5）增信措施

①设置差额补偿机制

项目收益债券应设置差额补偿机制，债券存续期内每期偿债资金专户内账户余额在当期还本付息日前 20 个工作日不足以支付本期债券当期本息时，差额补偿人按约定在 5 个工作日内补足偿债资金专户余额与应付债券本息的差额部分。

②外部担保

在设置完善的差额补偿机制的基础上，项目收益债券也可以同时增加外部担保，对项目收益债券还本付息提供无条件不可撤销连带责任保证担保。当偿债资金专户内的余额无法足额还本付息、差额补偿人也无法按时补足差额时，由担保人在还本付息日前 10 个工作日将差额部分划入偿债资金专户。

③资产抵押、质押

发行人应于募投项目竣工验收并办理权利凭证后 10 个工作日内，将项目建设、运营所形成的资产或收益权按规定可以抵押或质押的部分，足额向债权代理人办理抵（质）押手续。

【注 1】②中，增加外部担保的，为连带责任保证担保，非一般责任担保。

【注 2】项目收益债券的增信措施包括设置差额补偿机制、外部担保和资产抵押、质押，其中外部担保属于非强制措施，设置差额补偿机制及资产抵押、质押为强制措施。

【注 3】项目建设、运营所形成的资产或收益权只能向债权代理人设定抵押、质押，不可向其他人设定。

（6）投资者保护

①债权代理人

发行人应当为债券持有人聘请债权代理人，并订立债权代理协议；在债券存续期内，由债权代理人按照规定或协议的约定维护债券持有人的利益。

【注】公开、非公开发行均需聘请。

②重大事项应对措施

发行人应在募集说明书中明确项目发行人或项目本身发生重大事项时的应对措施。

③债券持有人会议

发行人和债权代理人应制定完备的债券持有人会议规则，当发行人或项目本身出现对债券还本付息产生重大影响的事项时或作出重大资产处置决策前，应召开债券持有人会议，提出应对措施并进行表决。

④第三方审计

债权代理人应委托具有证券从业资格的会计师事务所对债券募集资金使用情况、项目收入归集情况每年进行一次专项审计。

⑤加速到期

发行人可在项目收益债券募集说明书中约定加速到期条款。出现启动加速到期条款的情形时，由债权代理人召开债券持有人大会，经债券持有人大会讨论通过后，可提前清偿部分或全部债券本金。可以启动加速到期条款的情形包括但不限于：

a. 债券发行 3 个月后，项目仍未开工。

b. 项目建设运营过程中出现重大不利事项，导致项目收益不能达到可行性研究报告和第三方专项意见的预测水平。

c. 发行人破产，需对项目有关的财产和权益进行清算。

（7）信息披露

①发行信息披露

公开发行的项目收益债券，其募集说明书等法律文件应置备于必要地点并通过中国债券信息网等相关媒体进行公开披露。非公开发行的项目收益债券，其募集说明书等法律文件应通过适当渠道供潜在机构投资者查阅。

②持续信息披露

a. 发行人和承销机构应在发行后 3 个月在中国债券信息网等相关媒体上公告或向机构投资者通报项目实施进展情况及募集资金使用专户、项目收入归集专户和偿债资金专户收支情况，此后每半年公告或通报上述情况。

b. 在债券存续期内，项目建设、运营情况发生重大变化或发行人发生对债券持有人有重大影响的事项，应按照规定或约定履行程序，并及时公告或通报。

【真题回顾（1509）】根据《项目收益债券管理暂行办法》，以下关于项目收益债券的说法正确的是（　　　）。

A. 项目收益债券的募集资金用于特定项目的投资与建设，债券的本息偿还资金完全或主要来源于项目建成后运营收益

B. 项目收益债券可以公开发行，也可以面向机构投资者非公开发行

C. 可以申请一次核准，分期发行，自核准发行之日起，应在 6 个月内首期发行，剩余数量应当在 24 个月内发行完毕

D. 发行项目收益债券，应由有资质的评级机构进行债券信用评级，公开发行的项目收益债券，还应按有关要求对发行人进行主体评级和跟踪评级

E. 发行项目收益债券，可以由有资质的承销机构承销，也可以由发行人自行销售

答案：ABD

解析：C，项目收益债券按规定可以申请一次核准，分期发行，对于具体发行时间无要求，但需要在 2 年内发行完毕；E，项目收益债券不得自行销售，只能由承销机构销售。

【真题回顾（1511）】 非公开发行的项目收益债券的评级应达到（ ）级及以上。

A. A +   B. AA   C. AA –   D. AAA

答案：B

【模拟练习】 根据《项目收益债券管理暂行办法》，以下说法不正确的有（ ）。

A. 发行项目收益债券募集的资金，只能用于该项目建设、运营或设备购置，不得置换项目资本金和偿还银行贷款

B. 项目收益债券可以公开发行，也可以面向机构投资者和符合一定条件的个人投资者非公开发行

C. 公开发行的项目收益债券，参与认购的投资者单笔认购不少于 500 万元人民币

D. 发行项目收益债券，应由有资质的评级机构进行债券信用评级，公开发行的项目收益债券，债项评级应达到 AA 级及以上

E. 公开发行的项目收益债券需报经国家发展改革委核准，非公开发行的项目收益债券需报经国家发展改革委备案

答案：ABCDE

解析：A，可以偿还已使用的超过项目融资安排约定规模的银行贷款；B，只能向机构投资者发行；C，单笔认购不少于 500 万元人民币是对非公开发行的要求；D，公开发行无具体评级要求；E，不管是公开发行还是非公开发行，均需核准。

【模拟练习】 根据《项目收益债券管理暂行办法》，以下说法正确的有（ ）。

A. 在项目运营期内的第一个计息年度，项目收入应该能够完全覆盖债券当年还本付息的规模，后续年度只要能完全覆盖债券当年还本即可

B. 债券存续期内直接收费收入占全部收入比例超过 30% 的项目，内部收益率的要求可适当放宽，但原则上不低于 6%

C. 项目收入包括与项目建设、运营有关的所有直接收益和可确认的间接收益

D. 债券存续期内产品销售收入占项目收入的比例合计不得超过 50%

E. 非公开发行项目收益债券的主体评级应达到 AA 级及以上

答案：C

解析：A，每一个计息年度，均应该能够完全覆盖债券当年还本付息的规模；B，财政补贴占全部收入比例超过 30% 的项目；D，财政补贴占项目收入的比例合计不得超过 50%；E，债项。

【模拟练习】 根据《项目收益债券管理暂行办法》，下列关于项目收入说法正确的有（ ）。

A. 项目收入是指与项目建设、运营有关的所有直接收益

B. 项目收入包括但不限于直接收费收入、产品销售收入、财政补贴等

C. 在项目运营期内的每个计息年度，项目收入应该不仅能够覆盖债券当年本金，还要覆盖利息规模

D. 项目投资内部收益率应大于 8%

E. 债券存续期内合法合规的财政补贴占项目收入的比例合计不得超过 50%

答案：BCE

解析：A，也包括可确认的间接收益；D，存在三种情形内部收益率的要求可适当放宽，但

原则上不低于6%。

【模拟练习】 根据《项目收益债券管理暂行办法》，以下说法正确的有（　　　）。

A. 项目收益债券的期限不得超过6年

B. 非公开发行的项目收益债券，应在中央国债登记结算有限责任公司统一登记、托管，且存续期内不得转托管

C. 非公开发行的项目收益债券，仅限于在机构投资者范围内流通转让，转让后，持有项目收益债券的机构投资者合计不得超过200人

D. 发行的项目收益债券，发行人应聘请具有相应行业甲级资质的中介机构编制项目可行性研究报告

答案：BC

解析：A，不超过募投项目运营周期，无具体期限限制；D，鼓励但非强制。

【模拟练习】 根据《项目收益债券管理暂行办法》，以下说法正确的有（　　　）。

A. 发行人应将项目直接收益在债券本息范围内全部用于债券偿债，间接收益可用于社会公益事业

B. 在债券存续期内，发行人不得向债权代理人办理抵（质）押

C. 项目收益债券募集资金投资项目最迟应于债券发行后2个月内开工建设

D. 关于项目收益债的增信措施，发行人在设置完善的差额补偿机制的基础上，可以同时增加外部担保

E. 债券存续期内合法合规的财政补贴占项目收入的比例合计不得低于50%

答案：D

解析：A，直接和可确认的间接收益均应在债券本息范围内全部用于债券偿债；C，3个月；E，不超过50%。

2. 绿色债券

2015年12月，发改办财金〔2015〕3504号文发布并实施《绿色债券发行指引》，对企业发行绿色债券的审核要求及相关政策进行规范。针对"保代"考试而言，关于绿色债券的核心考点为审核要求。

绿色债券是指募集资金主要用于支持节能减排、绿色城镇化、循环经济、生态农林业、低碳环保等绿色循环低碳发展项目的企业债券。其审核要求如下：

（1）在相关手续齐备、偿债保障措施完善的基础上，比照"加快和简化审核类"债券审核程序。

（2）企业申请发行绿色债券，可适当调整企业债券现行审核政策及《关于全面加强企业债券风险防范的若干意见》中规定的部分准入条件：

①债券募集资金占项目总投资比例放宽至80%（相关规定对资本金最低限制另有要求的除外）。

②发行绿色债券的企业不受发债指标限制。

③在资产负债率低于75%的前提下，核定发债规模时不考察企业其他公司信用类产品的规模。

④鼓励上市公司及其子公司发行绿色债券。

【注1】 除绿色债券外，其他放宽至70%；

【注2】 ③资产负债率低于75%的前提，需精准记忆。

【注3】上市公司及其子公司均可以发行绿色债券。

（3）在偿债保障措施完善的情况下，允许企业使用不超过50%的债券募集资金用于偿还银行贷款和补充营运资金。

（4）主体信用评级达AA＋级且运营情况较好的发行主体，可使用募集资金置换由在建绿色项目产生的高成本债务。

【注】主体，非债项；达到AA＋级，需精准记忆。

（5）针对特殊项目，鼓励项目实施主体以集合形式发行绿色债券。

【注1】特殊项目包括：环境污染第三方治理企业开展流域性、区域性或同类污染治理项目，以及节能、节水服务公司以提供相应服务获得目标客户节能、节水收益的合同管理模式进行节能、节水改造的项目。

【注2】鼓励以集合的形式发行，并非强制；如"环境污染第三方治理企业开展同类污染治理项目，应以集合形式发行绿色债"的表述是错误的。

（6）绿色债券可以公开发行，也可以面向机构投资者非公开发行；非公开发行的，每次发行不超过200人，单笔认购不少于500万元人民币。

【注】原法条表述为"允许绿色债券面向机构投资者非公开发行……"，为方便记忆，改编成上文，与项目收益债完全一致。

【真题回顾（1605）】依据国家发展改革委办公厅发布的《绿色债券发行指引》，下列说法正确的是（ ）。

A. 在资产负债率低于80%的前提下，核定发债规模时不考虑企业其他公司信用类产品的规模

B. 债券募集资金占项目总投资比例放宽至70%（相关规定对资本金额最低限制另有要求的除外）

C. 在偿债保障措施完善的情况下，允许企业使用不超过50%的债券募集资金用于偿还银行贷款和补充营运资金

D. 对于主体信用评级AA且运营情况较好的发行主体，可使用募集资金置换由在建绿色项目产生的高成本债务

E. 绿色债券比照"适当控制规模和节奏类"债券审核程序审核

答案：C

解析：A，75%；B，80%；D，AA＋；E，在相关手续齐备、偿债保障措施完善的基础上，比照"加快和简化审核类"债券审核程序。

【模拟练习】根据国家发展改革委办公厅发布的《绿色债券发行指引》，在资产负债率低于（ ）的前提下，核定发债规模时不考虑企业其他公司信用类产品的规模。

A. 70%　　　　　　B. 75%　　　　　　C. 80%　　　　　　D. 65%

E. 85%

答案：B

【模拟练习】依据国家发展改革委办公厅发布的《绿色债券发行指引》，下列说法正确的是（ ）。

A. 发行绿色债券的企业不受发债指标限制

B. 上市公司及其子公司均可发行绿色债券

C. 发行债项评级达AA＋级且运营情况较好的发行主体，可使用募集资金置换由在建绿色项目产生的高成本债务

　　D. 环境污染第三方治理企业开展同类污染治理项目，应以集合形式发行绿色债券

　　E. 绿色债券只能公开发行

　　答案：AB

　　解析：C，主体评级 AA＋；D，可以以集合形式发行绿色债券。

　　3. 城市地下综合管廊建设专项债券

　　2015 年 3 月，发改办财金［2015］755 号文发布并实施《城市地下综合管廊建设专项债券发行指引》，具体内容如下：

　　（1）在相关手续齐备、偿债措施完善的基础上，比照"加快和简化审核类"债券审核程序。

　　（2）在偿债保障措施较为完善的基础上，企业申请发行城市地下综合管廊建设专项债券，可适当放宽企业债券现行审核政策及《关于全面加强企业债券风险防范的若干意见》中规定的部分准入条件：

　　①发行城市地下综合管廊建设专项债券的城投类企业不受发债指标限制。

　　②募集资金占城市地下综合管廊建设项目总投资比例由不超过 60％ 放宽至不超过 70％。

　　③将城投类企业和一般生产经营性企业须提供担保措施的资产负债率要求分别放宽至 70％ 和 75％；主体评级达 AAA 级的，资产负债率要求进一步放宽至 75％ 和 80％。

　　④不受"地方政府所属城投企业已发行未偿付的企业债券、中期票据余额与地方政府当年 GDP 的比值超过 8％ 的，其所属城投企业发债应严格控制"的限制。

　　⑤城投类企业不受"单次发债规模，原则上不超过所属地方政府上年本级公共财政预算收入"的限制。

　　⑥对于与新区、开发区、新型城镇化建设规划相配套的综合管廊项目，若项目建设期限超过 5 年，可将专项债券核准文件的有效期从现行的 1 年延长至 2 年。企业可在该期限内根据项目建设资金需求和市场情况自主择机发行。

　　【注 1】②中，目前除了绿色债券募集资金占项目总投资比例放宽至 80％ 外，其他均为放宽至 70％。

　　【注 2】③，根据 2015 年 5 月 1327 号文，对于城投类企业，主体信用评级未达到 AA＋级的，资产负债率在 65％ 以上须提供保障措施；主体信用评级达到 AA＋级，未达到 AAA 级的，资产负债率在 70％ 以上须提供保障措施；主体信用评级达到 AAA 级的，资产负债率在 75％ 以上须提供保障措施；对于一般企业，资产负债率统一在城投类企业的基础上上浮 10％。

　　【注 3】④中，2015 年 1327 号文调整到 12％。

　　4. 战略性新兴产业专项债券

　　2015 年 3 月，发改办财金［2015］756 号文发布并实施《战略性新兴产业专项债券发行指引》，具体内容如下：

　　（1）在相关手续齐备、偿债措施完善的基础上，比照"加快和简化审核类"债券审核程序。

　　（2）在偿债保障措施较为完善的情况下，允许企业使用不超过 50％ 的募集资金用于偿还银行贷款和补充营运资金。

　　（3）允许发债募集资金用于战略性新兴产业领域兼并重组、购买知识产权等。

　　（4）需提供担保措施的资产负债率要求放宽至 75％；主体评级达到 AAA 级的企业，资产负债率要求进一步放宽至 80％。

　　【注】战略性新兴产业的发债主体不可是城投类企业，只能是一般生产企业；根据 2015 年 5 月 1327 号文，主体信用评级未达到 AA＋级的，资产负债率在 75％ 以上须提供保障措施；主体

信用评级达到 AA + 级，未达到 AAA 级的，资产负债率在 80% 以上须提供保障措施；主体信用评级达到 AAA 级的，资产负债率在 85% 以上须提供保障措施。

5. 养老产业专项债券

2015 年 4 月，发改办财金［2015］817 号文发布并实施《养老产业专项债券发行指引》，具体内容如下：

（1）在相关手续齐备、偿债措施完善的基础上，比照"加快和简化审核类"债券审核程序。

（2）在偿债保障措施较为完善的基础上，企业申请发行养老产业专项债券，可适当放宽企业债券现行审核政策及《关于全面加强企业债券风险防范的若干意见》中规定的部分准入条件：

①发行养老产业专项债券的城投类企业不受发债指标限制。

②债券募集资金可用于房地产开发项目中配套建设的养老服务设施项目，具体投资规模可由房地产开发项目审批部门根据房地产开发项目可行性研究报告内容出具专项意见核定。

③募集资金占养老产业项目总投资比例由不超过 60% 放宽至不超过 70%。

④将城投类企业和一般生产经营性企业须提供担保措施的资产负债率要求分别放宽至 70% 和 75%；主体评级达 AAA 级的，资产负债率要求进一步放宽至 75% 和 80%。

⑤不受"地方政府所属城投企业已发行未偿付的企业债券、中期票据余额与地方政府当年 GDP 的比值超过 8% 的，其所属城投企业发债应严格控制"的限制。

⑥城投类企业不受"单次发债规模，原则上不超过所属地方政府上年本级公共财政预算收入"的限制。

（3）在偿债保障措施较为完善的情况下，允许企业使用不超过 50% 的募集资金用于偿还银行贷款和补充营运资金。

（4）支持以出让或租赁建设用地使用权为债券设定抵押。

（5）发债企业以出让方式获得的养老服务设施用地，可以计入发债企业资产；对于政府通过 PPP、补助投资、贷款贴息、运营补贴、购买服务等方式，支持企业举办养老服务机构、开展养老服务的，在计算相关发债指标时，可计入发债企业主营业务收入。

【注 1】（2）中④同前述"城市地下综合管廊建设专项债券"（2）中③相同，已进行了调整，不再赘述。

【注 2】⑤中，2015 年 1327 号文调整到 12%。

【真题回顾（1511）】某城投类企业拟发行养老产业专项债券用于支持专门为老年人提供服务，下列符合《养老产业专项债券发行指引》规定的是（　　）。

A. 该企业发行养老产业专项债券不受发债指标限制

B. 单次发债规模原则上不超过所属地方政府上年本级公共财政预算收入

C. 债券募集资金可用于房地产开发项目中配套建设的养老服务设施项目

D. 该城投公司资产负债率为 67%，须提供相应担保

E. 募集资金占养老产业项目总投资比例不超过 60%

答案：AC

解析：A，城投类企业发行养老产业专项债券不受发债指标限制，一般企业受限；B，城投类企业不受"单次发债规模，原则上不超过所属地方政府上年本级公共财政预算收入"的限制；D，城投类企业主体评级达到 AAA 级的，资产负债率 75% 以上须提供保障措施；E，70%。

6. 城市停车场建设专项债券

2015 年 4 月，发改办财金［2015］818 号文发布并实施《城市停车场建设专项债券发行指

引》，具体内容如下：

（1）在相关手续齐备、偿债措施完善的基础上，比照"加快和简化审核类"债券审核程序。

（2）在偿债保障措施较为完善的基础上，企业申请发行城市停车场建设专项债券，可适当放宽企业债券现行审核政策及《关于全面加强企业债券风险防范的若干意见》中规定的部分准入条件：

①发行城市停车场建设专项债券的城投类企业不受发债指标限制。

②债券募集资金可用于房地产开发、城市基础设施建设项目中配套建设的城市停车场项目，具体投资规模可由主体项目审批部门根据主体项目可行性研究报告内容出具专项意见核定。

③募集资金占城市停车场项目总投资比例由不超过60%放宽至不超过70%。

④将城投类企业和一般生产经营性企业须提供担保措施的资产负债率要求分别放宽至70%和75%；主体评级达AAA级的，资产负债率要求进一步放宽至75%和80%。

⑤不受"地方政府所属城投企业已发行未偿付的企业债券、中期票据余额与地方政府当年GDP的比值超过8%的，其所属城投企业发债应严格控制"的限制。

⑥城投类企业不受"单次发债规模，原则上不超过所属地方政府上年本级公共财政预算收入"的限制。

【注1】（2）中④同前述"城市地下综合管廊建设专项债券"（2）中③相同，已进行了调整，不再赘述。

【注2】⑤中，2015年1327号文调整到12%。

【真题回顾（1611）】根据《城市停车场建设专项债券发行指引》，某地市城投公司拟发行停车场建设专项债券，下列说法正确的有（　　　）。

A. 本次发行停车场建设专项债券的城投类企业不受发债指标限制

B. 债券募集资金可用于房地产开发项目中配套建设的城市停车场项目

C. 该公司最近一期经审计的财务报表投资负债率为65%，本期债券须提供担保

D. 单次发债规模原则上不超过所属地方政府上年本级公共财政预算收入

答案：AB

解析：C，城投类企业主体评级达到AAA级的，资产负债率75%以上须提供保障措施；D，城投类企业不受"单次发债规模，原则上不超过所属地方政府上年本级公共财政预算收入"的限制。

【模拟练习】某一般性生产企业拟发行城市停车场建设专项债券，下列说法符合《城市停车场建设专项债券发行指引》规定的有（　　　）。

A. 该企业发行城市停车场建设专项债券不受发债指标限制

B. 不受"单次发债规模，原则上不超过所属地方政府上年本级公共财政预算收入"的限制

C. 债券募集资金可用于房地产开发、城市基础设施建设项目中配套建设的城市停车场项目

D. 该城投公司资产负债率为70%，须提供相应担保

E. 募集资金占养老产业项目总投资比例不超过70%

答案：CE

解析：A、B，城投类企业方可不受限制；D，城投类企业主体评级达到AAA级的，资产负债率75%以上须提供保障措施。

7. 双创孵化专项债券

2015年11月，发改办财金〔2015〕2894号文发布并实施《双创孵化专项债券发行指引》，

具体内容如下：

（1）在相关手续齐备、偿债措施完善的基础上，比照"加快和简化审核类"债券审核程序。

（2）在偿债保障措施较为完善的基础上，企业申请发行双创孵化专项债券，可适当调整企业债券现行审核政策及《关于全面加强企业债券风险防范的若干意见》中规定的部分准入条件：

①允许上市公司子公司发行双创孵化专项债券。

②双创孵化专项债券发行主体不受发债指标限制。

③对企业尚未偿付的短期高利融资余额占总负债比例不进行限制，但发行人需承诺采取有效的风险隔离措施。

④不受"地方政府所属城投企业已发行未偿付的企业债券、中期票据余额与地方政府当年GDP的比值超过12%的，其所属城投企业发债应严格控制"的限制。

（3）允许发债企业在偿债保障措施较为完善的情况下，使用不超过50%的募集资金用于偿还银行贷款和补充营运资金。

【模拟练习】 某一般性生产企业拟发行双创孵化专项债券，下列说法符合《双创孵化专项债券发行指引》规定的有（　　）。

A. 该企业发行双创孵化专项债券不受发债指标限制

B. 不受"单次发债规模，原则上不超过所属地方政府上年本级公共财政预算收入"的限制

C. 对企业尚未偿付的短期高利融资余额占总负债比例不进行限制

D. 地方政府所属城投企业已发行未偿付的企业债券、中期票据余额与地方政府当年GDP的比值超过12%的，其所属城投企业发债应严格控制

E. 允许发债企业在偿债保障措施较为完善的情况下，使用不超过40%的募集资金用于偿还银行贷款和补充营运资金

答案：AC

解析：A，双创孵化专项债券、绿色债券此二者发债主体不管是否是城投类企业，均无指标限制，而其他几项专项债券则只有城投类企业才无限制，一般企业仍有限制；B，双创债券无此规定；D，双创孵化专项债券不受该限制；E，50%。

8. 配电网建设改造专项债券

2015年11月，发改办财金〔2015〕2909号文发布并实施《配电网建设改造专项债券发行指引》，具体内容如下：

（1）在相关手续齐备、偿债措施完善的基础上，比照"加快和简化审核类"债券审核程序。

（2）在偿债保障措施较为完善的基础上，企业申请发行配电网建设改造专项债券，可适当调整企业债券现行审核政策及《关于全面加强企业债券风险防范的若干意见》中规定的部分准入条件：

①允许上市公司子公司发行配电网建设改造专项债券。

②对企业尚未偿付的短期高利融资余额占总负债比例不进行限制，但发行人需承诺采取有效的风险隔离措施。

③项目建设期限较长的，企业可申请将专项债券核准文件的有效期从现行的1年延长至2年。在该期限内根据项目建设资金需求和市场情况自主择机发行。

（3）在偿债保障措施较为完善的情况下，允许企业使用不超过50%的募集资金用于偿还银行贷款和补充营运资金。

（4）允许配售电企业以应收售电款、电网资产收益权等为专项债券提供质押担保。允许装

备制造企业以对资质优良且无不良信用记录的企业应收账款为专项债券提供抵押担保。

9. 市场化银行债权转股权专项债券

2016 年 12 月 26 日，国家发展改革委办公厅公布了《市场化银行债权转股权专项债券发行指引》。根据该指引，银行债权转股权实施机构可以在银行间市场向机构投资者发行债转股专项债券。具体如下：

（1）发行人

发行人为市场化债转股实施机构，包括但不限于国有资本投资运营公司、地方资产管理公司等。

（2）转股债权要求

①转股债权范围以银行对企业发放贷款形成的债权为主，适当考虑其他类型债权。

②债转股对象企业应符合以下相关要求：

债转股对象企业必备条件	鼓励类债转股对象企业	禁止类债转股对象企业
市场化债转股对象企业应当具备以下条件 a. 发展前景较好，具有可行的企业改革计划和脱困安排 b. 主要生产装备、产品、能力符合国家产业发展方向，技术先进，产品有市场，环保和安全生产达标 c. 信用状况较好，无故意违约、转移资产等不良信用记录	鼓励面向发展前景良好但遇到暂时困难的优质企业开展市场化债转股，包括 a. 因行业周期性波动导致困难但仍有望逆转的企业 b. 因高负债而财务负担过重的成长型企业，特别是战略性新兴产业领域的成长型企业 c. 高负债居于产能过剩行业前列的关键性企业以及关系国家安全的战略性企业	禁止将下列情形的企业作为市场化债转股对象 a. 扭亏无望、已失去生存发展前景的"僵尸企业" b. 有恶意逃废债行为的企业 c. 债权债务关系复杂且不明晰的企业 d. 有可能助长过剩产能扩张和增加库存的企业

【注1】市场化债转股对象企业由各相关市场主体依据国家政策导向自主协商确定。

【注2】上表内容是《关于市场化银行债权转股权的指导意见》中的相关规定。

（3）债券申报核准

发行人向积极稳妥降低企业杠杆率工作部际联席会议办公室报送项目基本信息后，即可向国家发展改革委申报发行债转股专项债券。在国家发展改革委核准债券前，发行人应完成市场化债转股合同签订并正式生效，向国家发展改革委提供相关材料，并向联席会议办公室报送项目进展信息。

（4）债券募集资金用途

①主要用于银行债权转股权项目，债转股专项债券发行规模不超过债转股项目合同约定的股权金额的 70%。

②发行人可利用不超过发债规模 40% 的债券资金补充营运资金。

③债券资金既可用于单个债转股项目，也可用于多个债转股项目。

④对于已实施的债转股项目，债券资金可以对前期已用于债转股项目的银行贷款、债券、基金等资金实施置换。

（5）债券期限

对于有约定退出时间的债转股项目，债券期限原则上与债转股项目实施期限一致，到期一次还本。也可在实施期限的基础上，设置可续期条款。

（6）偿债保障

债转股专项债券优先以股权市场化退出收益作为偿债资金来源。

（7）增信措施

债转股专项债券原则上应以转股股权作为抵押担保，如果该股权早于债券存续期提前变现，应将变现后不低于债券存续期规模的资金用于债券抵押。对于债项级别为 AAA 级的债转股专项债券，可不提供上述增信措施。

（8）债券发行

核准文件有效期 1 年，可选择分期发行方式。债转股专项债券在银行间市场面对机构投资者发行。

【注】债转股专项债券只能面对机构投资者发行，不可面向个人投资者发行。

（9）发行方式

可以公开或非公开方式发行债转股专项债券，非公开发行时认购的机构投资者不超过 200人，单笔认购不少于 500 万元人民币。

（10）加速到期条款

债转股专项债券应设置加速到期条款，如债转股项目的股权早于债券存续期提前变现，由债权代理人召开债券持有人大会，经债券持有人会议通过后，可提前清偿部分或全部债券本金。

（11）信息披露

发行人应按规定做好债券信息披露。债转股项目实施后，债转股项目专项债券发行人应每半年公开披露债转股对象企业经营情况。

【模拟练习】某市场化债转股实施机构拟发行市场化银行债权转股权专项债券，下列符合《市场化银行债权转股权专项债券发行指引》规定的有（　　　）。

A. 债权转股权专项债券为一次核准一次发行

B. 债权转股权专项债券募集资金只能用于单个债转股项目

C. 债权转股权专项债券募集资金不可对已实施的前期已用于债转股项目的银行贷款实施置换

D. 该实施机构资产负债率为 65%，须提供相应担保

E. 债转股专项债券发行规模不超过债转股项目合同约定的股权金额的 70%

答案：E

解析：A，可分期发行；B，可单个，也可多个；C，可置换；D，主体评级达到 AAA 的，城投类企业资产负债率在 75% 以上的，须提供保障措施，一般性企业资产负债率在 85% 以上的，须提供保障措施。

【模拟练习】根据《市场化银行债权转股权专项债券发行指引》，以下银行债权转股权专项债券的发行说法正确的有（　　　）。

A. 发行人为市场化债转股实施机构，包括国有资本投资运营公司，不包括地方资产管理公司

B. 转股债权范围只能是银行对企业发放贷款形成的债权，其他类型债权不可以

C. 国家发展改革委核准债券后，发行人应完成市场化债转股合同签订并正式生效

D. 债转股专项债券发行规模不超过债转股项目合同约定的股权金额的 70%

E. 发行人可利用不超过发债规模 40% 的债券资金补充营运资金

答案：DE

解析：A，包括地方资产管理公司；B，以银行对企业发放贷款形成的债权为主，适当考虑其他类型债权；C，国家发展改革委核准债券前。

【模拟练习】根据《市场化银行债权转股权专项债券发行指引》，以下银行债权转股权专项债券的发行说法正确的有（　　　）。

A. 银行债权转股权专项债券债券资金只能用于单个债转股项目

B. 对于已实施的债转股项目，债券资金可以对前期已用于债转股项目的银行贷款、债券、基金等资金实施置换

C. 银行债权转股权专项债券可分期发行方式，发行人应在核准后 6 个月内完成首期发行

D. 银行债权转股权专项债券只能以公开的方式发行

答案：B

解析：A，也可用于多个债转股项目；C，无首期发行期限及比例的限制；D，可以公开或非公开方式发行。

总结：各类企业债券重要条款总结表。

（1）所有类型企业债券须提供保障措施的资产负债率标准

企业类型	主体信用评级	须提供保障措施的资产负债率标准
城投类企业	未达到 AA + 级的	资产负债率在 65% 以上的，须提供保障措施
	达到 AA + 级，未达到 AAA 级的	资产负债率在 70% 以上的，须提供保障措施
	达到 AAA 级的	资产负债率在 75% 以上的，须提供保障措施
一般企业	未达到 AA + 级的	资产负债率在 75% 以上的，须提供保障措施
	达到 AA + 级，未达到 AAA 级的	资产负债率在 80% 以上的，须提供保障措施
	达到 AAA 级的	资产负债率在 85% 以上的，须提供保障措施

注：①根据《国家发展改革委办公厅关于进一步强化企业债券风险防范管理有关问题的通知》（发改办财金〔2012〕3451 号）并在 2015 年 5 月 1327 号文的基础上修订。

②记忆时仅记城投类企业即可，一般企业统一比城投类企业上浮 10%。

③战略性新兴产业的发债主体不可是城投类企业，只能是一般生产企业，因此其资产负债率达标比率仅适用一般企业标准。

④资产负债率在 85% 以上的企业，若其主体信用评级未达到 AAA 级的，不予核准发债；达到 AAA 级的，须提供担保措施。

（2）募集资金用途

运用类型	债券类型	募集资金使用的规定
特殊规定	项目收益债券	发行项目收益债券募集的资金，只能用于该项目建设、运营或设备购置，不得置换项目资本金或偿还与项目有关的其他债务，但可以偿还已使用的超过项目融资安排约定规模的银行贷款
	转股债券	①债券资金既可用于单个债转股项目，也可用于多个债转股项目
		②对于已实施的债转股项目，债券资金可以对前期已用于债转股项目的银行贷款、债券、基金等资金实施置换
	绿色债券	主体信用评级 AA + 级且运营情况较好的发行主体，可使用募集资金置换由在建绿色项目产生的高成本债务

续表

运用类型	债券类型	募集资金使用的规定
特殊规定	战略性新兴债券	允许发债募集资金用于战略性新兴产业领域兼并重组、购买知识产权等
	养老产业债券	债券募集资金可用于房地产开发项目中配套建设的养老服务设施项目
	停车场建设债券	债券募集资金可用于房地产开发、城市基础设施建设项目中配套建设的城市停车场项目
偿还银行贷款与补充营运资金	收益、转股、管廊、停车场债券	发行人使用不超过40%的债券募集资金用于偿还银行贷款和补充营运资金（注：其中转股债券明确规定为"可用不超过发债规模40%的债券资金补充营运资金"，其余均遵守统一规定）
	绿色、新兴、养老、双创、配电	在偿债保障措施完善的情况下，允许企业使用不超过50%的债券募集资金用于偿还银行贷款和补充营运资金

注：①a. 养老产业债券募集资金用于房地产开发项目中配套建设的养老服务设施项目的，具体投资规模可由房地产开发项目审批部门根据房地产开发项目可行性研究报告内容出具专项意见核定；b. 停车场建设债券募集资金用于房地产开发、城市基础设施建设项目中配套建设的城市停车场项目的，具体投资规模可由主体项目审批部门根据主体项目可行性研究报告内容出具专项意见核定。

②注意，特殊规定中的绿色债券、养老产业债券、停车场建设债券为常考考点；而对于转股债券，因其为2016年12月新出台，也应重点关注。

（3）发债规模限制

债券类型	规模限制
绿色债券	在资产负债率低于75%的前提下，核定发债规模时不考察企业其他公司信用类产品的规模
管廊建设债券、养老产业债券、停车场建设债券	①不受"地方政府所属城投企业已发行未偿付的企业债券、中期票据余额与地方政府当年GDP的比值超过12%的，其所属城投企业发债应严格控制"的限制
	②城投类企业不受"单次发债规模，原则上不超过所属地方政府上年本级公共财政预算收入"的限制
双创孵化债券	①不受"地方政府所属城投企业已发行未偿付的企业债券、中期票据余额与地方政府当年GDP的比值超过12%的，其所属城投企业发债应严格控制"的限制
	②对企业尚未偿付的短期高利融资余额占总负债比例不进行限制，但发行人需承诺采取有效的风险隔离措施
配电网建设债券	对企业尚未偿付的短期高利融资余额占总负债比例不进行限制，但发行人需承诺采取有效的风险隔离措施

注：①以上是该几类债券的特殊规定。所有企业债券均需遵守"募集资金占项目总投资比例不超过70%"的规定（绿色债券为80%），同时需遵守累计余额不超过净资产40%及在设定的利率下最近三年平均可分配利润足以支付企业债券一年利息的规定。

②尤其需要注意绿色债券75%的资产负债率的规定，为常考考点。

（4）其他重要条款的规定

条款设计	具体内容	收益	转股	绿色	管廊	新兴	养老	停车	双创	配电
发行方式	可以公开发行，也可以面向机构投资者非公开发行；非公开发行的，每次发行不超过200人，单笔认购不少于500万元人民币	✓	✓	✓	只能公开发行，不可非公开发行					
信用评级	公开发行的，应对发行人进行主体评级和跟踪评级；非公开发行的，债项评级应达到AA级及以上	✓	强制评级，无具体级次要求							
承销	应由有资质的承销机构进行承销	✓	✓	✓	✓	✓	✓	✓	✓	✓
期限	存续期不得超过募投项目运营周期	✓	—	—	—	—	—	—	—	—
	有约定退出时间的项目，原则上与债转股项目实施期限一致，到期一次还本。也可设置可续期条款	—	✓	—	—	—	—	—	—	—
分期发行	可一次核准，分期发行，应自核准日起2年内发行完毕	✓								
	可选择分期发行方式		✓							
审核类别	在相关手续齐备、偿债措施完善的基础上，比照"加快和简化审核类"债券审核程序	—	—	✓	✓	✓	✓	✓	✓	✓
募资占比	债券募集资金占项目总投资比例放宽至70%	✓	✓	80%	✓	✓	✓	✓	✓	✓
指标限制	发行本债券的（城投类）企业不受发债指标限制	—	—	✓	✓	—	✓	✓	✓	—

　　注：①转股债券关于募资占比的规定为："发行规模不超过债转股项目合同约定的股权金额的70%"。

　　②对于"指标限制"条款，注意，绿色债券的规定为："发行绿色债券的企业不受发债指标限制"，双创债券的规定为："双创孵化专项债券发行主体不受发债指标限制"，此二者发债主体不管是否是城投类企业，均无指标限制，而其他几项专项债券则只有城投类企业才无限制，一般企业仍有限制。

　　③注意项目收益债券信用评级的特殊规定，为常考考点。注意分期发行中项目收益债券和转股债券的特殊规定。

　　根据以上总结，编制以下几道练习题，该几道练习题仅作练习之用，实际考试以该种组合形式考到的可能性很小，但对知识点的掌握会在真实考试的题支中出现。

　　【模拟练习】根据相关规定，以下既可以公开发行也可以非公开发行的债券品种有（　　　）。

A. 公司债券　　　　　　　　　　　　B. 项目收益债券

C. 绿色债券　　　　　　　　　　　　D. 停车场建设专项债券

E. 债权转股权专项债券

　　答案：ABCE

　　解析：专项企业债券中，仅项目收益债券、绿色债券、债权转股权专项债券可公开与非公开发行，其余只能公开发行。

　　【模拟练习】根据相关规定，以下在相关手续齐备、偿债措施完善的基础上，比照"加快和简化审核类"债券审核程序的债券有（　　　）。

A. 地下管廊建设债券　　　　　　　　B. 项目收益债券

C. 绿色债券　　　　　　　　　　　　　　　D. 停车场建设专项债券

E. 债权转股权专项债券

答案：ACD

解析：专项企业债券中，除项目收益债券债权转股权专项债券外，其他均比照"加快和简化审核类"债券审核程序。

【模拟练习】 根据相关规定，以下债券中，将债券募集资金占项目总投资比例放宽至70%的品种有（　　　）。

A. 配电网建设改造专项债券　　　　　　　B. 双创孵化专项债券

C. 项目收益债券　　　　　　　　　　　　D. 绿色债券

E. 债权转股权专项债券

答案：ABC

解析：D，放宽至80%；E，为"发行规模不超过债转股项目合同约定的股权金额的70%"。

【模拟练习】 根据相关规定，以下债券中，可以分期发行的品种有（　　　）。

A. 项目收益债券　　　　　　　　　　　　B. 双创孵化专项债券

C. 地下管廊建设债券　　　　　　　　　　D. 绿色债券

E. 债权转股权专项债券

答案：AE

【模拟练习】 某一般性生产企业拟发行企业债券，以下品种中，其发行该债券不受发债指标限制的有（　　　）。

A. 项目收益债券　　　　　　　　　　　　B. 绿色债券

C. 地下管廊建设债券　　　　　　　　　　D. 停车场建设专项债券

E. 双创孵化专项债券

答案：BE

解析：C、D，城投类企业才无限制，一般企业仍有限制；A，不管是否城投类企业均有限制。

以上是九类专项债券的全部内容，任何一类单独记忆均较为容易，但因九类债券混合在一起，诸多条款各有相同及相异之处，全部记忆会有一定难度，笔者在总结了上述内容的基础上，对常考的重要考点总结如下，以方便重点把握：

（1）项目收益债券的概念

项目收益债券，是由项目实施主体或其实际控制人发行的，与特定项目相联系的，债券募集资金用于特定项目的投资与建设，债券的本息偿还资金完全或主要来源于项目建成后运营收益的企业债券。

（2）发行方式

只有项目收益债券、绿色债券、债权转股权专项债券三类债券既可以公开发行，也可以非公开发行，其余只能公开发行。

（3）分期发行

只有项目收益债券、债权转股权专项债券两类债券可分期发行，并注意，分期的具体规定，均无首期6个月内发行50%的规定。

（4）资信评级

项目收益债券要求公开发行的，应对发行人进行主体评级和跟踪评级；非公开发行的，债项评级应达到AA级及以上。其他债券要求评级，但未作具体要求，因此项目收益债券的评级要求为其特殊条款，非常重要，为五星级考点，必须牢记。

（5）承销

所有九类专项债券，均应由有资质的承销机构进行承销，不可自行销售。

（6）项目收益债券的"项目及收益"部分内容非常重要，应重点把握

（7）绿色债券"在资产负债率低于75%的前提下，核定发债规模时不考虑企业其他公司信用类产品的规模"的特殊规定

（8）绿色债券募集资金占项目总投资比例放宽至80%的特殊规定；其余均为放宽至70%

（9）募集资金运用的特殊规定

①绿色债券，主体信用评级达 AA + 级且运营情况较好的发行主体，可使用募集资金置换由在建绿色项目产生的高成本债务的特殊规定。

②养老产业债券，债券募集资金可用于房地产开发项目中配套建设的养老服务设施项目的特殊规定。

③停车场建设债券，债券募集资金可用于房地产开发、城市基础设施建设项目中配套建设的城市停车场项目的特殊规定。

另外，需要关注转股债券、战略性新兴债券关于募集资金使用的特殊规定。

（10）"在偿债保障措施完善的情况下，允许企业使用不超过50%的债券募集资金用于偿还银行贷款和补充营运资金"适用的五类专项债券分别为绿色、新兴、养老、双创、配电专项债券，其余均为40%

（11）对于发行债券的企业不受发债指标限制的规定

①绿色与双创两类债券其发债主体，不管是城投类企业还是一般企业，在发债时均不受发债指标限制。

②管廊、养老与停车三类专项债券，城投类企业在发债时均不受发债指标限制。

③除上述以外的五类债券不管是城投类企业还是一般性企业，均无不受限制的规定。

（12）"单次发债规模，原则上不超过所属地方政府上年本级公共财政预算收入"的规定

管廊、养老、停车场三类债券，发行的城投类企业不受"单次发债规模，原则上不超过所属地方政府上年本级公共财政预算收入"的限制。

（13）资产负债率达到一定标准须提供保障措施的规定

主体评级达到 AAA 级的，城投类企业资产负债率在75%以上的，须提供保障措施，一般性企业资产负债率在85%以上的，须提供保障措施。

二、非金融企业债务融资工具

【大纲要求】

掌握非金融企业债务融资工具的发行条件、发行规模、资金使用、询价机制、信用评级、信息披露、后续管理和监督管理等一般性规定。

说明：本部分内容由《银行间债券市场非金融企业债务融资工具管理办法》对非金融企业发行短期融资券、中期票据、集合票据等融资工具进行统一规定，每一个融资工具又配有专门的业务指引对该工具的发行进行具体规定，以下根据知识点要求以《银行间债券市场非金融企业债务融资工具管理办法》的统一规定为纲，结合各指引的具体要求进行说明。

【内容精讲】

本部分内容主要是对非金融企业发行债务融资工具的相关规定进行说明，非金融企业债务

融资工具具体包括短期融资券、超短期融资券、中期票据、集合票据、资产支持票据和项目收益票据六项常规工具，由《银行间债券市场非金融企业债务融资工具管理办法》（以下简称《管理办法》）对其注册管理等进行总体规定，六项工具又分别由《银行间债券市场非金融企业短期融资券业务指引》、《银行间债券市场非金融企业超短期融资券业务规程（试行）》、《银行间债券市场非金融企业中期票据业务指引》、《银行间债券市场中小非金融企业集合票据业务指引》、《银行间债券市场非金融企业资产支持票据指引》和《银行间债券市场非金融企业项目收益票据业务指引》作出具体规定。另外还有一项定向工具，由《银行间债券市场非金融企业债务融资工具非公开定向发行规则》进行规范。

本部分内容过往考试中较为综合，往往是针对特定的事项考核到多个工具，因此，为便于对比学习，以下对本部分内容的编写是以《管理办法》的统一规定为纲，结合各指引的具体要求分项进行介绍，而非单独对每一个工具分开具体介绍，但每个工具相对应指引的重要规定已全部总结入各部分特定内容中。

（一）基本概念

非金融企业债务融资工具，是指具有法人资格的非金融企业在银行间债券市场发行的，约定在一定期限内还本付息的有价证券。具体包括七项融资工具，各自具体概念见下表。

1. 短期融资券	具有法人资格的非金融企业在银行间债券市场发行的，约定在 1 年内还本付息的债务融资工具
2. 超短期融资券	具有法人资格、信用评级较高的非金融企业在银行间债券市场发行的，期限在 270 天以内的短期融资券
3. 中期票据	具有法人资格的非金融企业在银行间债券市场按照计划分期发行的，约定在一定期限还本付息的债务融资工具
4. 集合票据	2 个（含）以上、10 个（含）以下具有法人资格的企业，在银行间债券市场以统一产品设计、统一券种冠名、统一信用增进、统一发行注册方式共同发行的，约定在一定期限还本付息的债务融资工具
5. 资产支持票据	非金融企业在银行间债券市场发行的，由基础资产所产生的现金流作为还款支持的，约定在一定期限内还本付息的债务融资工具
	【注】（1）基础资产是指权属明确，能够产生可预测现金流的财产、财产权利或财产和财产权利的组合；（2）基础资产不得附带抵押、质押等担保负担或其他权利限制
6. 项目收益票据	非金融企业在银行间债券市场发行的，募集资金用于项目建设且以项目产生的经营性现金流为主要偿债来源的债务融资工具
	【注】项目包括但不限于市政、交通、公用事业、教育、医疗等与城镇化建设相关的、能产生持续稳定经营性现金流的项目
7. 定向工具	具有法人资格的非金融企业，向银行间市场特定机构投资人在银行间债券市场以非公开定向发行方式发行的债务融资工具

注：①从概念中可见，对于短融与超短融作出了具体期限的规定，分别为 1 年和 270 日以内，其他均未作具体规定；需注意此处非金融企业短期融资券与本章第二节金融债券中证券公司短期融资券的区别，后者期限为 91 天内。

②定向工具较前面六个工具多出的一个特点是，只能向银行间市场特定机构投资人发行，其发行主体与发行场所同前六项规定，即均为非金融企业在银行间债券市场发行。

（二）注册管理与条款设计

1. 注册单位

企业发行债务融资工具应在中国银行间市场交易商协会注册。其中，集合票据要求一次注册、一次发行；中期票据应按计划分期发行，其余均为可一次注册一次发行，也可分期发行。

2. 交易服务单位

全国银行间同业拆借中心为债务融资工具在银行间债券市场的交易提供服务。

3. 登记、托管、结算

债务融资工具在中央国债登记结算有限责任公司登记、托管、结算。

【注】2009 年 11 月，上海清算所成立。非金融企业债务融资工具也可在上海清算所登记、托管、结算；超短期融资券指引规定超短期融资券在上海清算所登记、托管、结算。

4. 自律管理

（1）中国银行间市场交易商协会对债务融资工具的发行与交易实施自律管理。制定相关自律管理规则，并报中国人民银行备案。

（2）全国银行间同业拆借中心负责债务融资工具交易的日常监测，每月汇总债务融资工具交易情况向中国银行间市场交易商协会报送。

（3）中央结算公司负责债务融资工具登记、托管、结算的日常监测，每月汇总发行、登记、托管、结算、兑付等情况向中国银行间市场交易商协会报送。

5. 信用评级

《管理办法》统一规定	各项指引具体规定	
企业发行债务融资工具应由境内注册且具备债券评级资质的评级机构进行信用评级	（1）资产支持票据	企业选择公开发行方式发行资产支持票据，应当聘请两家具有评级资质的资信评级机构进行信用评级
	（2）项目收益票据	鼓励对项目收益票据探索新型信用评级方式，鼓励采用投资者付费模式等多元化信用评级方式进行信用评级

注：①指引未具体规定的，统一适用《管理办法》的规定；此项把握非金融企业债务融资工具均需强制评级即可。

②对于定向工具信用评级和跟踪评级的具体安排由发行人与定向投资人协商确定，并在《定向发行协议》中明确约定。

③尽管资产支持票据的公开发行中要求应聘请两家具有评级资质的资信评级机构进行信用评级，但发行资产支持票据并不要求披露关于信用评级的相关内容，关于评级信息披露的具体内容见下文"（四）信息披露与投资者保护机制"的具体规定。

（三）发行与承销

1. 发行方式

非金融企业债务融资工具可以在银行间债券市场公开发行，也可以定向发行。

【注1】其中短期融资券、中期票据与集合票据指引中未作出可非公开发行的规定；资产支持票据与项目收益票据指引中明确作出可非公开发行的规定。

【注2】2016 年 2 月，中国银行间市场交易商协会发布并实施《非金融企业债务融资工具注册发行规则》、《非金融企业债务融资工具公开发行注册工作规程》，对非金融企业发行债务融资工具具体规程进行说明，其中《非金融企业债务融资工具注册发行规则》的诸多内容与《管理办法》一致，《非金融企业债务融资工具公开发行注册工作规程》对具体包括注册分层分类管理安排、注册办公室预评、注册会议评议、公开发行注册、定向发行注册等程序作出详细的规定。

2011 年 4 月中国银行间市场交易商协会发布并实施的《银行间债券市场非金融企业债务融资工具非公开定向发行规则》对非公开定向债务融资工具的注册、发行、登记、托管、流通、信息披露作出具体详细的规定，2013 年中国银行间市场交易商协会对《银行间债券市场非金融企业债务融资工具非公开定向发行规则》进行更新修订，修订稿并未公开发布实施。过往考题考核的均为《管理办法》及六项指引的规定，结合本部分内容在债务融资中的重要性，对具体发行规程考查的可能性较小，因此本教材对具体详细的发行规程内容不予说明，欲了解详细内容可参见上述法规。以下为《管理办法》及六项指引的相关规定。

2. 发行利率、发行价格

债务融资工具发行利率、发行价格和所涉费率以市场化方式确定。

3. 发行规模（余额管理）

融资类型	具体规定
（1）短期融资券	待偿还余额不得超过企业净资产的 40%
（2）中期票据	
（3）集合票据	任一企业集合票据待偿还余额不得超过该企业净资产的 40%
	任一企业集合票据募集资金金额不超过 2 亿元人民币
	单只集合票据注册金额不超过 10 亿元人民币

注：①非金融企业债务融资工具中，有"待偿还余额不得超过企业净资产的 40%"规定的有短期融资券、中期票据、集合票据。

②关于"待偿还余额不得超过企业净资产的 40%"，《证券法》规定公开发行公司债券累计债券余额不超过公司净资产的 40%，因此对于本章第三节内所述的公司债券，公开发行的，均应遵循这一规定，但对于非公开发行，则并无此要求。发行企业债券（包括非金融企业债务融资工具）则借鉴了《证券法》关于发行公司债券的此条规定，但对于企业债券并非要求所有公开发行都须遵守 40% 的限制，往往只能以公开方式发行的工具会有此限制，而对于既可公开发行也可非公开发行的往往没有限制，对于非公开发行的，则一定没有此限制。比如非金融企业债务融资工具中仅短期融资券、中期票据、集合票据三项须遵守 40% 的限制，而对于超短期融资券和资产支持票据以及项目收益票据则未予设置 40% 的限定；再比如金融债券中的证券公司短期融资券，因其只能公开发行，故设置了比例限制，只是那里的规定是"不超过净资本的 60%"，比较特殊。

4. 承销机构

《管理办法》统一规定		各项指引具体规定
（1）企业发行债务融资工具应由金融机构承销	①短期融资券	企业发行短期融资券、中期票据应由已在中国人民银行备案的金融机构承销
	②中期票据	
	③集合票据	企业发行集合票据应由符合条件的承销机构承销
（2）企业可自主选择主承销商	④超短期融资券	企业发行超短期融资券可设主承销团，每期发行可设一家联席主承销商或副主承销商
（3）需要组织承销团的，由主承销商组织承销团		

注：①对于超短期融资券、资产支持票据、项目收益票据指引中没有明确说明的，统一适用"应由符合条件的金融机构承销"的规定。

②短期融资券与中期票据明确规定应由已在中国人民银行备案的金融机构承销，注意是在"中国人民银行"备案，非在"中国银行间市场交易商协会"或其他单位备案的金融机构，此为常考考点。

③所有非金融企业债务融资工具均应由承销机构承销，不可自行销售。

④不管哪一种类型的（非金融企业债务）融资工具，企业均可自主选择主承销商。

⑤需要组织承销团的，由"主承销商组织"，发行人不可自行组织承销团。

5. 逆向询价

关于逆向询价，中期票据、集合票据指引均规定：投资者可就特定投资需求向主承销商进行逆向询价，主承销商可与企业协商发行符合特定需求的中期票据。

【注1】记住可以逆向询价的两类工具：中期票据、集合票据。

【注2】注意，是主承销商与企业协商，不是与投资者协商。

6. 募集资金使用

（1）短期融资券、中期票据、集合票据、资产支持票据

四项指引均规定：募集的资金应用于企业生产经营活动，并在发行文件中明确披露具体资金用途。

（2）超短期融资券

指引规定，募集资金应用于符合国家法律法规及政策要求的流动资金需要，不得用于长期投资。

（3）项目收益票据

募集资金应专项用于约定项目，且应符合法律法规和国家政策要求。企业在项目收益票据存续期内变更募集资金用途的，变更后的用途应满足上述要求。

【注】各项指引均规定，在存续期内变更募集资金用途的应提前披露。即募集资金可以变更用途，履行合规程序并提前披露即可。

【真题回顾（1509）】以下在银行间债券市场发行的非金融企业债务融资工具中，有待偿还余额不得超过企业净资产的40%的规定的有（　　　　）。

A. 短期融资券　　　　　　　　　　　B. 中期票据

C. 超短期融资券　　　　　　　　　　D. 中小企业集合票据

E. 非公开定向债务融资工具

答案：ABD

解析：在非金融债务融资工具中，仅短期融资券、中期票据、中小企业集合票据有待偿还余额不得超过企业净资产的40%的规定；所有仅非公开发行的债券，均无此限定，E不选。

（四）信息披露与投资者保护机制

1. 信息披露

《办法》规定，企业发行债务融资工具应在银行间债券市场披露信息。各项指引又对发行各融资工具的信息披露作出具体规定如下：

（1）短期融资券

企业发行短期融资券应披露企业主体信用评级和当期融资券的债项评级。

【注】应披露主体评级和当期债项评级。

（2）中期票据

①企业发行中期票据应披露企业主体信用评级，中期票据若含可能影响评级结果的特殊条款，企业还应披露中期票据的债项评级。

②应于中期票据注册之日起3个工作日内，在银行间债券市场一次性披露中期票据完整的发行计划。

【注】应披露主体评级，债项评级在含可能影响评级结果的特殊条款时须披露；完整发行计划是在注册后披露，并非在注册前披露。

（3）集合票据

企业发行集合票据应披露集合票据债项评级、各企业主体信用评级以及专业信用增进机构

（若有）主体信用评级。

【注】 应披露各企业的主体评级，和集合票据的债项评级；如有第三方专业增信机构提供增信的，还需披露增信机构主体评级。

（4）超短期融资券

企业应披露当期超短期融资券发行文件，发行文件包括但不限于以下内容：

①发行公告。

②募集说明书。

③法律意见书。

④企业主体评级报告。

⑤企业最近3年经审计的财务报告和最近一期会计报表。

【注1】 如已在银行间债券市场披露上述④、⑤要求的有效文件，则在当期发行时可不重复披露。

【注2】 企业发行超短期融资券，应至少于发行日前1个工作日公布发行文件；企业发行超短期融资券期限在1个月以内的可在公告发行文件的同时公布本息兑付事项。

【注3】 上述文件中仅包含主体评级报告，不需要披露债项评级内容。

（5）资产支持票据、项目收益票据

资产支持票据	项目收益票据
企业发行资产支持票据应披露以下信息	企业发行项目收益票据应披露以下信息
①资产支持票据的交易结构和基础资产情况	①项目收益票据交易结构和项目具体情况
②相关机构出具的现金流评估预测报告	②由第三方专业机构出具的项目收益预测情况
③现金流评估预测偏差可能导致的投资风险	③由资金监管行出具的存续期内现金流归集和管理情况
④在存续期内，定期披露基础资产的运营报告	④在存续期内，定期披露项目运营情况

注：①尽管资产支持票据的公开发行中要求应聘请两家具有评级资质的资信评级机构进行信用评级，但此处发行资产支持票据并未要求披露关于信用评级的相关内容，包括主体评级及债项评级，需注意。

②项目收益票据发行，同样未要求披露主体与债项评级内容。

（6）定向工具

企业应在定向工具完成债权债务登记的次一工作日，以合理方式告知定向投资人当期定向工具实际发行规模、期限、利率等情况。

【说明1】 企业在各类融资工具存续期内变更募集资金用途的，应提前披露；对于集合票据，任一企业在集合票据存续期内变更募集资金用途均须经有权机构决议通过，并应提前披露。

【说明2】 对于上述超短期融资券、资产支持票据、项目收益票据应披露的信息应结合各自的定义、特点进行精准记忆，为考试重点内容。

【说明3】 对于各项工具须披露的评级情况总结见下表。

融资类型	须披露的评级信息
①短期融资券、集合票据	主体、债项评级信息均须披露，其中集合票据应披露各企业主体评级信息，有增信机构的，还须披露增信机构评级信息
②中期票据	须披露主体评级信息，若含可能影响评级结果的特殊条款，还应披露债项评级
③超短期融资券	仅须披露企业主体评级报告，无须披露债项评级信息
④资产支持票据、项目收益票据、定向工具	无须披露主体与债项评级信息

2. 投资者保护机制

中期票据、集合票据、资产支持票据、项目收益票据四项指引均规定，企业应在票据发行文件中约定投资者保护机制，具体内容如下：

（1）中期票据与集合票据

企业应在中期票据发行文件中约定投资者保护机制，包括应对企业信用评级下降、财务状况恶化或其他可能影响投资者利益情况的有效措施，以及中期票据发生违约后的清偿安排。

企业应在集合票据发行文件中约定投资者保护机制，包括应对任一企业及信用增进机构主体信用评级下降或财务状况恶化、集合票据债项评级下降以及其他可能影响投资者利益情况的有效措施。

（2）资产支持票据与项目收益票据

资产支持票据	项目收益票据
企业应在资产支持票据发行文件中约定投资者保护机制，包括但不限于 ①债项评级下降的应对措施 ②基础资产现金流恶化或其他可能影响投资者利益情况的应对措施 ③资产支持票据发生违约后的债权保障及清偿安排 ④发生基础资产权属争议时的解决机制	企业应在项目收益票据发行文件中约定投资者保护机制，包括但不限于 ①债项评级下降的应对措施 ②项目现金流恶化或其他可能影响投资者利益情况的应对措施 ③项目收益票据发生违约后的债权保障及清偿安排 ④发生项目资产权属争议时的解决机制

注：关于投资者保护，掌握到四项票据需要在发行文件中约定投资者保护机制即可，具体内容可不用把握。

【模拟练习】根据相关规定，企业发行银行间债券市场非金融企业资产支持票据应当披露的信息包括（　　）。

A. 资产支持票据的交易结构和基础资产情况

B. 相关机构出具的现金流评估预测报告

C. 法律意见书

D. 现金流评估预测偏差可能导致的投资风险

E. 两家资信评级机构出具的信用评级报告

答案：ABD

解析：C属于超短期融资券应披露的信息；E，无须披露。

【模拟练习】根据相关规定，企业发行银行间债券市场非金融企业项目收益票据应当披露的信息包括（　　）。

A. 项目收益票据交易结构和项目具体情况

B. 由第三方专业机构出具的项目收益预测情况

C. 企业主体评级报告

D. 项目收益票据债项评级报告

E. 法律意见书

答案：AB

解析：信用评级信息无须披露。

【模拟练习】根据相关规定，非金融企业在发行债务融资工具时，应披露企业主体信用评级信息的有（　　）。

A. 短期融资券　　　B. 超短期融资券　　　C. 中期票据　　　D. 资产支持票据

E. 项目收益票据

答案：ABC

【模拟练习】 根据相关规定，企业发行银行间债券市场非金融企业超短期融资券应当披露的信息包括（　　）。

A. 募集说明书

B. 法律意见书

C. 超短期融资券债项评级报告

D. 企业最近 3 年经审计的财务报告和最近一期会计报表

E. 企业主体评级报告

答案：ABDE

【模拟练习】 根据相关规定，企业发行非金融企业债务融资工具，以下应当在发行文件中约定投资者保护机制的有（　　）。

A. 短期融资券　　　B. 中期票据　　　C. 集合票据　　　D. 项目收益票据

E. 非公开定向债务融资工具

答案：BCD

解析：四项票据工具应当在发行文件中约定投资者保护机制。

（五）流通转让与自动失效

1. 流通转让

短期融资券、中期票据、集合票据，三项指引均明确规定，在债权债务登记日的次一工作日即可在银行间债券市场流通转让。

【注 1】 债权债务登记日的"次一工作日"，非"当日"。

【注 2】 其中短期融资券、中期票据规定只能在场机构投资者之间流通转让。

【注 3】 其他几项工具尽管没有明确规定，实务中也是在次一工作日流通转让，但考试均考明文规定，因此关于此点考核时一般会出到上述三项品种。

2. 自动失效

（1）短期融资券

在注册有效期内，企业的主体信用级别低于发行注册时信用级别的，短期融资券发行注册自动失效，中国银行间市场交易商协会将有关情况进行公告。

（2）中期票据

在注册有效期内，企业主体信用级别低于发行注册时信用级别的，中期票据发行注册自动失效，中国银行间市场交易商协会将有关情况进行公告。

（3）集合票据

在注册有效期内，对于已注册但尚未发行的集合票据，债项信用级别低于发行注册时信用级别的，集合票据发行注册自动失效，中国银行间市场交易商协会将有关情况进行公告。

【注】 因降低信用级别而会导致注册自动失效的有三类工具，分别为短期融资券、中期票据和集合票据，其中短期融资券与中期票据是因主体信用级别低于发行注册时信用级别而导致发行注册自动失效，而集合票据则为债项信用级别低于发行注册时信用级别导致发行注册自动失效，注意区别，此为常考考点。

【真题回顾（1609）】 关于银行间非金融企业债务融资工具，以下说法正确的有（　　）。

A. 银行间非金融企业债务融资工具由全国银行间同业拆借中心为其在银行间债券市场的交易提供服务

B. 银行间非金融企业债务融资工具发行人可以自由选择主承销商并自行组织承销团

C. 企业发行债务融资工具应在中国银行间市场交易商协会注册

D. 企业发行短期融资券应由已在中国银行间交易商协会备案的金融机构承销

E. 企业的主体信用级别低于发行注册时信用级别的，短期融资券和中期票据发行注册均自动失效

答案：ACE

解析：B，需要组织承销团的，由主承销商组织承销团；D，已在中国人民银行备案。

【模拟练习】某非金融企业拟发行超短期融资券，以下说法正确的有（　　　）。

A. 该超期融资券需要在银行间债券市场发行，并且期限不能超过 12 个月

B. 该企业发行的超期融资券在债权债务登记日当日即可在银行间债券市场流通转让

C. 该短期融资券投资者可就特定投资需求向主承销商进行逆向询价，主承销商可与该投资者协商发行符合特定需求的超短期融资券

D. 该发行短期融资券企业主体信用评级和当期融资券的债项评级均须披露

E. 企业的债项评级级别低于发行注册时信用级别的，短期融资券发行注册自动失效

答案：AD

解析：B，登记日次日方可流通转让；C，主承销商可与企业协商；E，主体评级低于发行注册时信用级别的自动失效。

（六）非金融企业债务融资工具信用评级业务

为规范非金融企业债务融资工具信用评级业务，中国银行间市场交易商协会于 2013 年 1 月发布并实施《非金融企业债务融资工具信用评级业务自律指引》（以下简称《指引》），根据《指引》的规定，评级分为委托评级与主动评级，委托评级中，发行人与投资人均可委托，《指引》对非金融企业债务融资工具信用评级的机构及人员要求、信用评级业务基本要求及发行人、投资人委托评级及主动评级进行说明，以下对考试相关的信用评级业务基本要求进行说明。

【注】主动评级是指信用评级机构未经委托，对相关发债主体或债项开展的信用评级。这里的"主动"是指评级机构的主动。

非金融企业债务融资工具信用评级的机构开展信用评级业务基本要求如下：

1. 立项与评级小组

（1）项目立项前，信用评级机构应对评级项目进行自我评估，保证本机构具备相应的评级能力。

（2）确定立项的，信用评级机构应组建至少由 2 名专业分析人员组成的评级小组，小组成员应符合相关资质要求。

（3）评级小组成员不得连续 5 年为同一受评企业或其相关第三方连续提供信用评级服务，自期满未逾两年的不得再参与该受评企业或其关联企业的评级活动。

2. 评级报告的形成与评级结果的确定

（1）评级小组应在多渠道、多方式收集受评企业信用质量相关资料并开展研究分析工作的基础上撰写评级报告初稿，提出信用等级及相关建议，并至少经过小组初审、部门复审、公司三审的三级审核，形成评级报告。

（2）信用评级结果应由信用评审委员会通过召开评审会议以投票表决方式确定。

评审会议应至少由 5 名评审委员参加，参会评审委员独立发表评审意见。评级小组成员不

得参与其负责项目最终级别的确定。信用评级机构应按多数决策原则设立科学合理的投票表决机制并中国银行间市场提交交易商协会。中国银行间市场交易商协会鼓励信用评级机构实行参会评审委员轮换制。

3. 评估结果和报告的发布

信用评级机构应按有关规定或协议约定发布评级结果和报告。评级结果和报告公开发布的，信用评级机构应在中国银行间市场交易商协会网站及中国银行间市场交易商协会认可的网站披露。

4. 定期跟踪评级结果和报告的发布

在信用评级结果和报告有效期内，除主动评级外，信用评级机构应持续跟踪受评对象信用状况的变化情况，发布定期跟踪评级结果和报告。

（1）对于主体评级，信用评级机构应在受评企业年报公布后 3 个月内出具跟踪评级结果和报告。

（2）对于一年期内的短期债务融资工具，信用评级机构应在正式发行后 6 个月内发布定期跟踪评级结果和报告。

（3）对于一年期以上债务融资工具，在评级有效期内每年应至少完成一次跟踪评级，应在受评企业年报披露后 3 个月内发布跟踪评级结果和报告。

【注】上述（2）和（3）包括主体评级和债项评级；实际上，上述三条是从三个维度说明跟踪评级结果和报告的公布要求，一个维度是主体评级还是债项评级，另一个维度是短期工具还是长期工具，还有则是发行后跟踪还是年报后的连续跟踪，总结见下表。

跟踪类型	评级类别	债务融资工具期限	
		1 年期内的短期债务融资工具	1 年期以上债务融资工具
年报跟踪	主体评级	应在受评企业年报公布后 3 个月内出具跟踪评级结果和报告	
	债项评级		应在受评企业年报披露后 3 个月内发布
发行后跟踪	主体评级	应在正式发行后 6 个月内发布定期跟踪评级结果和报告	
	债项评级		

由此可见，对于主体评级而言，不管是 1 年期内的短期债务融资工具，还是 1 年期以上债务融资工具，均应在受评企业年报公布后 3 个月内出具主体跟踪评级结果和报告；而债项评级，只有当受评企业发行的是 1 年期以上债务融资工具时方需于受评企业年报披露后 3 个月内发布跟踪评级结果和报告。

对于发行后跟踪评级而言，仅一年期内的短期债务融资工具要求于正式发行后 6 个月内发布包括主体与债项的跟踪评级结果和报告，一年以上的不作要求。

5. 信用评级机构可终止已公布信用评级结果和报告的情形

出现以下情形之一，信用评级机构可终止已公布信用评级结果和报告，并公告原因：

（1）信用评级委托方不按约定支付评级费用的。

（2）信用评级协议约定的合同期满或主动评级有效期届满的。

（3）受评企业不配合提供信用评级所需材料或提供的材料存在虚假记载、误导性陈述或重大遗漏的。

（4）受评对象不再存续的。

（5）信用评级机构被主管部门等机构吊销评级业务资质或中止评级业务的。

信用评级机构在终止跟踪评级时，应公布最近一次的评级结果及其有效期，说明此项信用评级此后不再更新。

6. 评估业务资料的保存

信用评级机构应完整保存评级业务开展过程中的资料、文档、记录和报告等业务信息。业务档案的保存期限应不低于 10 年，且不低于债务融资工具存续期满或受评主体违约后 5 年。

【模拟练习】根据《非金融企业债务融资工具信用评级业务自律指引》，在信用评级结果和报告有效期内，对于主体评级，信用评级机构应在受评企业年报公布后（　　）月内出具具体跟踪评级结果和报告，对于一年内的短期债务融资工具，信用评级机构应在正式发行后（　　）个月内发布定期跟踪评级结果和报告，对于一年期以上债务融资工具，在评级有效期内每年应至少完成一次跟踪评级，跟踪评级结果和报告发布时间应在受评企业年报披露后（　　）个月内。

A. 3 个月、6 个月、3 个月　　　　　　B. 4 个月、3 个月、4 个月

C. 2 个月、6 个月、2 个月　　　　　　D. 1 个月、3 个月、1 个月

E. 3 个月、3 个月、3 个月

答案：A

【模拟练习】根据《非金融企业债务融资工具信用评级业务自律指引》，在信用评级结果和报告有效期内，除主动评级外，信用评级机构应持续跟踪受评对象信用状况的变化情况，发布定期跟踪评级结果和报告，以下说法正确的有（　　）。

A. 受评企业发行的为一年期内的短期债务融资工具，信用评级机构应在受评企业年报公布后 3 个月内发布债项跟踪评级结果和报告

B. 对于主体评级，信用评级机构应在受评企业年报公布后 3 个月内出具跟踪评级结果和报告

C. 对于债项评级，信用评级机构应在受评企业年报公布后 3 个月内出具跟踪评级结果和报告

D. 对于一年期以上的融资工具，信用评级机构应在正式发行后 6 个月内发布跟踪评级结果和报告

E. 对于一年期以上债务融资工具，在评级有效期内每年应至少完成一次跟踪评级，应在受评企业年报披露后 3 个月内发布跟踪评级结果和报告

答案：BE

解析：对于主体评级，信用评级机构应在受评企业年报公布后 3 个月内出具跟踪评级结果和报告，债项的，受评人发行 1 年以上的需要在受评企业年报公布后 3 个月内出具跟踪评级结果和报告，A、C 错误，B 正确；D，一年期以下短期融资工具方需发布发行后跟踪评级结果和报告。

非金融企业债务融资工具考点总结

项目	具体规定	适用的工具类型
期限	短期融资券 1 年，可以说 12 个月或 365 天以内；超短期融资券 270 天以内；其他均未明确要求，实务中运用均为可以超过 1 年	
注册单位	在中国银行间市场交易商协会注册	所有工具
交易服务单位	全国银行间同业拆借中心为债务融资工具在银行间债券市场的交易提供服务	所有工具

续表

项目	具体规定	适用的工具类型
承销机构	企业发行债务融资工具应由金融机构承销；企业可自主选择主承销商；需要组织承销团的，由主承销商组织承销团	所有工具
	由已在中国人民银行备案的金融机构承销	短期融资券、中期票据
逆向询价	投资者可就特定投资需求向主承销商进行逆向询价，主承销商可与企业协商发行符合特定需求的中期票据	中期票据、集合票据
余额管理	待偿还余额不得超过企业净资产的40%	短期融资券、中期票据、集合票据
流通转让	在债权债务登记日的次一工作日即可在银行间债券市场流通转让	短期融资券、中期票据、集合票据
自动失效	（1）在注册有效期内，企业的主体信用级别低于发行注册时信用级别的，短期融资券、中期票据发行注册自动失效 （2）在注册有效期内，债项信用级别低于发行注册时信用级别的，集合票据发行注册自动失效	短期融资券、中期票据、集合票据
投资者保护机制	企业应在票据发行文件中约定投资者保护机制	中期票据、集合票据、资产支持票据、项目收益票据
分期发行	除了集合票据要求只能一次注册、一次发行外，其余工具均可分期发行	
信息披露	主体、债项评级信息均需披露	短期融资券、集合票据
	主体评级须披露，债项评级视情况披露（若含可能影响评级结果的特殊条款）	中期票据
	仅须披露企业主体评级报告，无须披露债项评级信息	超短期融资券
	无须披露主体与债项评级信息	资产支持票据、项目收益票据、定向工具

注：①关于"由已在中国人民银行备案的金融机构承销"《指引》有明确规定的为短期融资券与中期票据。

②关于"流通转让""在债权债务登记日的次一工作日即可在银行间债券市场流通转让"的三类为短期融资券、中期票据、集合票据，是《指引》中有明确规定的，当然实务中其他几种也是如此，而考试则考明文规定的东西，因此，关于流通转让的考题设置一定是短期融资券、中期票据或集合票据，注意是次日而不是当日即可；其他关于余额管理及自动失效的规定在实务中也只有此三类适用。

③上述中，短期融资券与中期票据的共同点最多，因此考试中喜欢考二者相同相异之处，二者相同之处除所有工具均相同的注册单位、交易服务单位之外，由已在中国人民银行备案的金融机构承销、40%的余额管理、次一工作日流通转让、主体信用级别低于发行注册时信用级别自动失效、分期发行等规定均相同，不同之处包括中期票据期限可以超过1年，短期融资券必须1年以内，中期票据可以逆向询价，短期融资券不可，中期票据应在票据发行文件中约定投资者保护机制，短期融资券不需要，短期融资券主体、债项评级信息均须披露，中期票据主体评级信息须披露，债项评级信息视情况选择性披露。

④所有非金融企业债务融资工具均强制评级，但都无强制担保的规定。

【真题回顾（2012）】以下属于短期融资券和中期票据的共同点的有（　　）。

A. 投资者都可以逆向询价

B. 都可以分期发行

C. 主体信用级别低于发行注册时信用级别时都自动失效

D. 都是向中国银行间市场交易商协会申请注册

E. 都应当约定投资者保护机制

答案：BCD

解析：A，短期融资券不可以逆向询价；E，中期票据需约定投资者保护机制，短期融资券没有此要求。

【真题回顾（1311）】现行法律中对目前发行债券类性质金融产品有明确最长期限规定的包括（　　）。

A. 主板可转换公司债券

B. 短期融资券

C. 公司债券

D. 可交换公司债券

E. 分离交易可转债

答案：ABD

解析：本题原考题 A 选项为"可转换公司债券"。A，主板可转换公司债券期限为 1～6 年，创业板可转换公司债券为 1 年以上，无上限规定；B，短期融资券为 1 年以内；D，可交换公司债券期限为 1～6 年；E，分离交易可转换公司债券为 1 年以上，未规定上限。

第五节　资产证券化

【大纲要求】

内容	程度
1. 资产证券化各方参与者的条件、职责等相关内容	掌握
2. 基础资产及专项计划的设立与备案	—
3. 资产证券化产品的相关信息披露要求	掌握

【内容精讲】

我国资产证券化共有三种类型，分别为由中国人民银行和中国银监会主管的金融机构信贷资产证券化、由中国证监会主管的企业资产证券化及由中国银行间市场交易商协会主管的资产支持票据，资产支持票据的内容我们已在第四节中述及，本节不再赘述。自 2015 年执行新大纲要求的考试制度以来，关于资产证券化部分内容的考核主要集中在企业资产证券化的要求上，核心考点有资产支持证券投资者享有的权利、资产证券化业务基础资产的范围及资产证券化业务尽职调查相关要求，涉及的核心法规包括《证券公司及基金管理公司子公司资产证券化业务管理规定》、《资产证券化业务基础资产负面清单指引》和《证券公司及基金管理公司子公司资产证券化业务尽职调查工作指引》，须重点把握；信贷资产证券化涉及的核心法规为《信贷资产证券化试点管理办法》，了解即可。以下重点对企业资产证券化的相关规定进行说明。

一、资产证券化各方参与者的条件、职责

2014 年 11 月，中国证监会发布并实施《证券公司及基金管理公司子公司资产证券化业务管理规定》，（以下简称《管理规定》）对证券公司、基金管理公司子公司等相关主体开展资产证券化业务进行规范。

根据《管理规定》，所谓资产证券化，是指通过设立专项计划的方式，由原始权益人按规定及约定向专项计划转移其合法拥有的基础资产，由管理人对专项计划进行管理、托管人对专项计划相关资产进行保管，以基础资产所产生的现金流为偿付支持而发行证券的整个过程。

按上述要求发行的证券称为资产支持证券，开展发行资产支持证券的业务活动则称为资产证券化业务；购买资产支持证券并享有相关权利的主体则称为资产支持证券投资者。

根据定义，资产证券化参与人有原始权益人、管理人、托管人及资产支持证券投资者，涉及的业务活动及事项有设立专项计划、移交基础资产及发行资产支持证券。（注：另外还可能有资信评估机构，因资产证券化业务并不要求强制评级，因此作为参与人的资信评估机构为或有情形，此处不予说明）

以下对上述各方参与者的条件、职责等相关规定进行说明。

（一）原始权益人

原始权益人是指按照规定及约定向专项计划转移其合法拥有的基础资产以获得资金的主体。

1. 原始权益人的条件

原始权益人应当确保基础资产真实、合法、有效，业务经营可能对专项计划以及资产支持证券投资者的利益产生重大影响的原始权益人（以下简称特定原始权益人）还应当符合下列条件：

（1）生产经营符合法律、行政法规、特定原始权益人公司章程或者企业、事业单位内部规章文件的规定。

（2）内部控制制度健全。

（3）具有持续经营能力，无重大经营风险、财务风险和法律风险。

（4）最近3年未发生重大违约、虚假信息披露或者其他重大违法违规行为。

上述特定原始权益人，在专项计划存续期间，应当维持正常的生产经营活动或者提供合理的支持，为基础资产产生预期现金流提供必要的保障。发生重大事项可能损害资产支持证券投资者利益的，应当及时书面告知管理人。

2. 原始权益人的职责

原始权益人不得侵占、损害专项计划资产，并应当履行下列职责：

（1）依照规定或者约定移交基础资产。

（2）配合并支持为资产证券化业务提供服务的机构履行职责。

（3）专项计划法律文件约定的其他职责。

（二）管理人

管理人是指为资产支持证券持有人的利益，对专项计划进行管理及履行其他法定及约定职责的证券公司、基金管理公司子公司。

证券公司、基金管理公司子公司为开展资产证券化业务专门设立的资产支持专项计划或中国证监会认可的其他特殊目的载体开展资产证券化业务适用《管理规定》。因此，管理人可以是证券公司、基金管理公司子公司及它们设立的资产支持专项计划。

1. 管理人的条件

开展资产证券化业务的证券公司须具备客户资产管理业务资格，基金管理公司子公司须由证券投资基金管理公司设立且具备特定客户资产管理业务资格。除此之外，还应当符合以下条件：

（1）具有完善的合规、风控制度以及风险处置应对措施，能有效控制业务风险。

（2）最近1年未因重大违法违规行为受到行政处罚。

2. 管理人的职责

（1）一般职责

①按照规定对相关交易主体和基础资产进行尽职调查。

【注1】可聘请具有从事证券期货相关业务资格的会计师事务所、资产评估机构等相关中介机构出具专业意见。

【注2】尽职调查的具体内容见下文"（4）尽职调查职责"。

②在专项计划存续期间，督促原始权益人以及为专项计划提供服务的有关机构，履行法律规定及合同约定的义务。

③办理资产支持证券发行事宜。

④按照约定及时将募集资金支付给原始权益人。

⑤管理专项计划资产。

⑥建立基础资产现金流归集机制。

⑦监督、检查特定原始权益人持续经营情况和基础资产现金流状况，出现重大异常情况的，采取必要措施，维护专项计划资产安全。

⑧按照约定向资产支持证券投资者分配收益。

⑨履行信息披露义务。

⑩负责专项计划的终止清算。

【说明】结合管理人的概念理解其职责，过往考试中没有直接考到过管理人的此项职责，几次考查均考查资产支持证券投资者的权利，但将此处管理人的职责混入作为干扰项，常见的为"办理资产支持证券发行事宜"、"管理专项计划资产"、"建立基础资产现金流归集机制"、"履行信息披露义务"、"负责专项计划的终止清算"。

（2）有关事项的披露与说明

有下列情形之一的，管理人应当在计划说明书中充分披露有关事项，并对可能存在的风险以及采取的风险防范措施予以说明：

①管理人持有原始权益人5%以上的股份或出资份额。

②原始权益人持有管理人5%以上的股份或出资份额。

③管理人与原始权益人之间近3年存在承销保荐、财务顾问等业务关系。

④管理人与原始权益人之间存在其他重大利益关系。

（3）专项计划终止时的清算职责

①专项计划终止的，管理人应当按照计划说明书的约定成立清算组，负责专项计划资产的保管、清理、估价、变现和分配。

②管理人应当自专项计划清算完毕之日起10个工作日内，向托管人、资产支持证券投资者出具清算报告，并将清算结果向中国证券投资基金业协会报告，同时抄送辖区内中国证监会派出机构。

③管理人应当聘请具有证券期货相关业务资格的会计师事务所对清算报告出具审计意见。

【注1】注意②中，出具清算报告的对象为托管人、投资者，报告的对象为中国证券投资基金业协会，非中国证券业协会，抄送对象为辖区内中国证监会派出机构。

【注2】注意成立清算组、出具清算报告、聘请会计师事务所对清算报告出具审计意见均是管理人的职责，非托管人、原始权益人或其他人员的职责。

（4）尽职调查职责

根据中国证监会2014年11月发布并实施的《证券公司及基金管理公司子公司资产证券化业务尽职调查工作指引》，管理人应勤勉尽责地通过查阅、访谈、列席会议、实地调查等方法对业务参与人及拟证券化的基础资产进行调查。

①对参与人的尽职调查

参与人包括原始权益人、资产服务机构、托管人、信用增级机构以及对交易有重大影响的其他交易相关方。

尽职调查过程中，对于单一应收款债务人的入池应收款的本金余额占资产池比例超过15%，或者债务人及其关联方的入池应收款本金余额合计占资产池的比例超过20%的，应当视为重要债务人。对于重要债务人，应当全面调查其经营情况及财务状况，反映其偿付能力和资信水平。

②对基础资产的尽职调查

对基础资产的尽职调查包括基础资产的法律权属、转让的合法性、基础资产的运营情况或现金流历史记录，同时应当对基础资产未来的现金流情况进行合理预测和分析。

③尽职调查报告

管理人应当建立尽职调查工作底稿制度。尽职调查工作底稿是指管理人在尽职调查过程中获取和制作的、与资产证券化业务相关的各种工作记录和重要资料的总称。

管理人应当在尽职调查的基础上形成尽职调查报告。尽职调查报告应当说明调查的基准日、调查内容、调查程序等事项。尽职调查报告应当对资产证券化项目是否符合相关规定发表明确意见。尽职调查工作组全体成员应当在尽职调查报告上签字，并加盖管理人公司公章和注明报告日期。

管理人应当保留尽职调查过程中的相关资料并存档备查，相关资料自资产支持专项计划终止之日起至少保存10年。

【真题回顾（1605）】根据《证券公司及基金管理公司子公司资产证券化业务尽职调查工作指引》，在尽职调查过程中，对于单一应收款债务人的入池应收款的本金余额占资产池比例超过（　　），或者债务人及其关联方的入池应收款本金余额合计占资产池的比例超过（　　）的，应该视为重要债务人。

A. 15%、25%　　　　　B. 10%、20%　　　　　C. 15%、20%　　　　　D. 10%、25%

E. 10%、30%

答案：C

【模拟练习】根据《证券公司及基金管理公司子公司资产证券化业务管理规定》，当资产专项计划终止时，以下说法正确的是（　　）。

A. 管理人应当按照计划说明书的约定成立清算组，负责专项计划资产的保管、清理、估价、变现和分配

B. 管理人应将清算结果向中国证券投资基金业协会报告，同时抄送管理人有辖区监管权的中国证监会派出机构

C. 原始权益人应当聘请具有证券期货相关业务资格的会计师事务所对清算报告出具审计意见

D. 管理人应当自专项计划清算完毕之日起10个工作日内，向托管人、资产支持证券投资者

出具清算报告

E. 管理人应将清算结果向中国证券业协会报告，同时抄送管理人有辖区监管权的中国证监会派出机构

答案：ABD

解析：C，属于管理人的职责；E，向中国证券投资基金业协会报告。

【模拟练习】根据《证券公司及基金管理公司子公司资产证券化业务管理规定》，以下可以开展资产证券化业务的有（　　　　）。

A. 具备客户资产管理业务资格的证券公司

B. 具备经纪业务资格的证券公司

C. 具备客户资产管理业务资格的基金管理公司

D. 基金管理公司的子公司，具备客户资产管理业务资格

E. 具备客户资产管理业务资格的证券公司设立的资产支持专项计划载体

答案：ADE

解析：B，需具备客户资产管理业务资格；C，基金公司子公司。

（三）托管人

托管人是指为资产支持证券持有人的利益，按照规定或约定对专项计划相关资产进行保管，并监督专项计划运作的商业银行或其他机构。

1. 托管人的条件

托管人应当由具有相关业务资格的商业银行、中国证券登记结算有限责任公司、具有托管业务资格的证券公司或者中国证监会认可的其他资产托管机构担任。

2. 托管人的职责

托管人办理专项计划的托管业务，应当履行下列职责。

（1）保管专项计划相关资产。

（2）监督管理人专项计划的运作。

【注】发现管理人的管理指令违反计划说明书或者托管协议约定的，应当要求改正；未能改正的，应当拒绝执行并及时向中国证券投资基金业协会报告，同时抄送对管理人有辖区监管权的中国证监会派出机构。

（3）出具资产托管报告。

（4）计划说明书以及相关法律文件约定的其他事项。

（四）资产支持证券投资者

1. 资产支持证券投资者的条件

资产支持证券应当面向合格投资者发行，发行对象不得超过200人，单笔认购不少于100万元人民币发行面值或等值份额。

合格投资者应当符合《私募投资基金监督管理暂行办法》规定的条件。《私募投资基金监督管理暂行办法》规定的合格投资者包括：

（1）投资于单只私募基金的金额不低于100万元且符合下列相关标准的单位和个人：

①净资产不低于1 000万元的单位。

②金融资产不低于300万元或者最近三年个人年均收入不低于50万元的个人。

（2）社会保障基金、企业年金等养老基金，慈善基金等社会公益基金。

（3）依法设立并在中国证券投资基金业协会备案的投资计划。

（4）投资于所管理私募基金的私募基金管理人及其从业人员。

【注】金融资产包括存款、股票、债券、基金份额、资产管理计划、银行理财产品、信托计划、保险产品、期货权益。

另外，沪深交易所《资产证券化业务指引》也对参与资产支持证券认购和转让的合格投资者的条件作出规定，二者规定相同，应当符合以下条件：

（1）经有关金融监管部门批准设立的金融机构，包括银行、证券公司、基金管理公司、信托公司和保险公司等。

（2）上述金融机构面向投资者发行的理财产品，包括但不限于银行理财产品、信托产品、保险产品、基金产品、证券公司资产管理产品等。

（3）经有关金融监管部门认可的境外金融机构及其发行的金融产品，包括但不限于合格境外机构投资者（QFII）、人民币合格境外机构投资者（RQFII）。

（4）社会保障基金、企业年金等养老基金，慈善基金等社会公益基金。

（5）在行业自律组织备案或登记的私募基金及净资产不低于人民币1 000万元的私募基金管理人。

（6）其他净资产不低于人民币1 000万元的单位。

【说明】《私募投资基金监督管理暂行办法》和沪深交易所《资产证券化业务指引》规定的合格投资者条件不尽相同，本部分内容了解即可，无须特别记忆。

2. 资产支持证券投资者的权利

资产支持证券投资者享有下列权利：

（1）分享专项计划收益。

（2）按照认购协议及计划说明书的约定参与分配清算后的专项计划剩余资产。

（3）按规定或约定的时间和方式获得资产管理报告等专项计划信息披露文件，查阅或者复制专项计划相关信息资料。

（4）依法以交易、转让或质押等方式处置资产支持证券。

（5）根据证券交易场所相关规则，通过回购进行融资。

（6）认购协议或者计划说明书约定的其他权利。

【注1】此内容为"保代"考试绝对核心考点，关于资产支持证券各方参与者的职责（权利），多次考到此处规定，需在理解的基础上全面精准记忆。

【注2】常见的干扰项是把其他参与方的职责混入，如把属于管理人职责的"办理资产支持证券发行事宜"、"管理专项计划资产"等混入干扰。

【注3】（2）中注意是参与分配清算后的"专项计划"剩余资产。

【注4】（3）中，对于专项计划相关信息资料可以查阅，也可以复制。

【注5】（4）中转让包括无偿转让，即赠与；除了交易、转让或质押外，还可以继承方式处置资产支持证券；但投资者不得主张分割专项计划资产。

【注6】（5）中通过回购进行融资，是指资产支持证券投资者按交易所质押式回购的要求将所持资产支持证券出质给资金融出方融入资金，约定将来给付本息时，资金融出方将证券返还给投资者。注意，此处的回购，不是专项计划回购，投资者不得要求专项计划回购资产支持证券。

【真题回顾（1511）】根据《证券公司及基金管理公司子公司资产证券化业务管理规定》，资产支持证券投资者享有的权利包括（　　）。

A. 复制专项计划相关信息资料

B. 对资产支持证券设置质押

C. 参与分配原始权益人因依法解散进行清算的清算后的剩余资产

D. 无偿转让给他人

E. 通过回购进行融资

答案：ABCD

解析：E，参与分配清算后的"专项计划"剩余资产。

【真题回顾（1605）】 根据《证券公司及基金管理公司子公司资产证券化业务管理规定》，资产支持证券投资者享有的权利有（ ）。

A. 管理专项计划资产

B. 分享专项计划收益

C. 按照认购协议及计划说明书的约定参与分配清算后的专项计划剩余资产

D. 办理资产支持证券发行事宜

E. 依法以交易、转让或质押等方式处置资产支持证券

答案：BCE

解析：A、D，属于管理人应当履行的职责。

【模拟练习】 根据《证券公司及基金管理公司子公司资产证券化业务管理规定》，资产支持证券投资者享有的权利有（ ）。

A. 获得资产管理报告等专项计划信息披露文件

B. 办理资产支持证券发行事宜

C. 主张分割专项计划资产

D. 要求专项计划回购资产支持证券进行融资

E. 依法转让资产支持证券

答案：AE

二、基础资产及专项计划的设立与备案

所谓专项计划，其全称为资产支持专项计划，是指由管理人以原始权益人的基础资产为依据设计的、以基础资产所产生的现金流为支持以偿付所发行的资产支持证券本息的整体规划。列为专项计划的基础资产则称为专项计划资产。在了解专项计划的设立与备案之前，需先了解基础资产，即原始权益人提供的基础资产需满足哪些要求。

（一）基础资产

1. 基础资产的概念、内容与要求

（1）概念与内容

基础资产，是指符合法律法规规定，权属明确，可以产生独立、可预测的现金流且可特定化的财产权利或者财产。

基础资产可以是单项财产权利或者财产，也可以是多项财产权利或者财产构成的资产组合。具体包括企业应收款、租赁债权、信贷资产、信托受益权等财产权利，基础设施、商业物业等不动产财产或不动产收益权，以及中国证监会认可的其他财产或财产权利。

上述财产权利或者财产，其交易基础应当真实，交易对价应当公允，现金流应当持续、稳定。

【注】 租赁债权是指因租赁形成的债权，比如融资租赁中融出资金形成的债权、证券公司融

资融券业务融出资金形成的债权。

（2）要求

①基础资产不得附带抵押、质押等担保负担或者其他权利限制，但通过专项计划相关安排，在原始权益人向专项计划转移基础资产时能够解除相关担保负担和其他权利限制的除外。

②基础资产转让应当根据法律法规的规定办理批准、登记手续，法律法规没有要求办理登记或者暂时不具备办理登记条件的，管理人应当采取有效措施，维护基础资产安全；基础资产为债权的，应当按照规定将债权转让事项通知债务人。

③基础资产的规模、存续期限应当与资产支持证券的规模、存续期限相匹配。

2. 基础资产负面清单

中国证券投资基金业协会根据基础资产风险状况对可证券化的基础资产范围实施负面清单管理，2014 年 12 月，中国证券投资基金业协会发布并实施《资产证券化业务基础资产负面清单指引》，对列入清单的资产，不得作为资产证券化基础资产，资产证券化基础资产负面清单如下：

（1）以地方政府为直接或间接债务人的基础资产。

但地方政府按照事先公开的收益约定规则，在政府与社会资本合作模式（PPP）下应当支付或承担的财政补贴除外。

【注】注意除外条款是常考考点。

（2）以地方融资平台公司为债务人的基础资产。

地方融资平台公司是指根据国务院相关文件规定，由地方政府及其部门和机构等通过财政拨款或注入土地、股权等资产设立，承担政府投资项目融资功能，并拥有独立法人资格的经济实体。

（3）产生现金流的能力具有较大不确定性的资产。如矿产资源开采收益权、土地出让收益权等。

【注】只要是矿产资源开采收益权或土地出让收益权，就是清单所列范畴，不得作为基础资产，不管题目如何描述，比如描述当年或未来 3 年甚至 5 年能产生多少现金流，仍然为清单范畴。

（4）有下列情形之一的与不动产相关的基础资产：

①因空置等原因不能产生稳定现金流的不动产租金债权。

②待开发或在建占比超过 10% 的基础设施、商业物业、居民住宅等不动产或相关不动产收益权。当地政府证明已列入国家保障房计划并已开工建设的项目除外。

【注1】如何理解"待开发或在建占比超过 10%"，比如甲房地产企业在建房地产项目，已建成部分达到 80%，则待开发或在建比例为 20%，超过 10%，属清单范畴，不可作为基础资产。

【注2】注意除外条款，列入国家保障房计划并已开工建设的，即便待开发或在建占比超过 10%，也不属于清单范畴，比如上述甲房地产企业在建的房地产项目若为列入国家保障房计划的保障房项目，则尽管其待开发或在建比例为 20%，超过 10%，也不属于清单范畴，可作为基础资产。注意，这种保障房项目一定是已开工的，未开工的，仍为清单范畴，比如甲房地产企业在建的房地产项目为列入国家保障房计划的保障房项目，目前尚未开工，则其仍为清单范畴，不可作为基础资产。

（5）不能直接产生现金流、仅依托处置资产才能产生现金流的基础资产。如提单、仓单、产权证书等具有物权属性的权利凭证。

（6）法律界定及业务形态属于不同类型且缺乏相关性的资产组合，如基础资产中包含企业应收账款、高速公路收费权等两种或两种以上不同类型资产。

【注】企业应收账款、高速公路收费权单独均可以作为基础资产，但不得打包"混搭"，缺乏相关性的资产"混搭"的，属于清单范畴，不可作为基础资产。

（7）违反相关法律法规或政策规定的资产。

（8）最终投资标的为上述资产的信托计划受益权等基础资产。

【注】信托计划受益权本身不在负面清单范围，可以作为基础资产，只有以负面清单上所列资产为投资标的的信托计划受益权才属于负面清单范围，不得作为基础资产。

【说明】资产证券化基础资产负面清单是"保代"考试的核心考点，需全面精准记忆。

【真题回顾（1509）】根据《资产证券化业务基础资产负面清单指引》，下列内容可以作为资产证券化业务基础资产的有（　　）。

A. 最终投资标的为负面清单指引所列资产以外的资产的信托受益权

B. 土地出让收益权

C. 矿产资源开采收益权

D. 应收账款和高速公路收费权组合

E. 提单、仓单

答案：A

解析：B、C、D、E，均是负面清单明确列举的内容。

【真题回顾（1611）】下列资产中不可以作为资产证券化基础资产的是（　　）。

A. 某民营建筑企业的高速公路工程应收款30亿元，应收款债务人为省交通局

B. 某国有大型煤矿公司拥有煤矿资源开采收益权，当年能产生2亿元现金流入

C. 某房地产企业在建的保障房项目，已建成部分达到50%，预计当年建成交付使用，建成后每年可产生2亿元租金

D. 某企业下属高速公路每年收费5亿元，同时拥有对非平台企业的应收款10亿元，为提高发行规模，拟将两个资产打包发行资产证券化产品

答案：ABD

解析：A，属于以地方政府为直接或间接债务人的基础资产；C，保障房项目，除外情形；D，缺乏相关性的资产"混搭"。

【模拟练习】根据《资产证券化业务基础资产负面清单指引》，下列内容属于资产证券化业务基础资产负面清单的是（　　）。

A. 地方政府按照事先公开的收益约定规则，在政府与社会资本合作模式（PPP）下应当支付或承担的财政补贴

B. 以地方融资平台公司为债务人的基础资产

C. 矿产资源开采收益权

D. 基础资产中包含了企业应收账款和高速公司收费权两种资产

E. 证券公司两融业务融出资金债权

答案：BCD

解析：A，属于以地方政府为直接或间接债务人的基础资产的除外条款情形；E，如融资租赁中融出资金形成的债权、证券公司融资融券业务融出资金形成的债权均属于租赁债权，可以作为基础资产。

【模拟练习】根据《证券公司及基金管理公司子公司资产证券化业务管理规定》，以下关于

基础资产说法正确的有（　　）。

　　A. 基础资产只能是单项财产权利或者财产，不可以是多项财产权利或者财产构成的资产组合

　　B. 基础资产可以是应收债权，比如应收账款，但不可以是租赁债权，比如融资租赁融出资金形成的债权

　　C. 基础资产可以是基础设施、商业物业等不动产，但这些不动产收益权不可以作为基础资产

　　D. 基础资产转让没有要求办理登记的，不得作为专项计划资产

　　E. 某项资产在设立专项计划时设定了质押，尚未解除，但专项计划安排在原始权益人向专项计划转移该资产时能够解除相关质押担保，该资产可以作为基础资产

　　答案：E

　　解析：D，没有要求办理登记的，管理人应当采取有效措施维护基础资产安全。

　　（二）专项计划资产

　　1. 专项计划资产的独立性与衍生性

　　（1）专项计划资产独立于原始权益人、管理人、托管人及其他业务参与人的固有财产。

　　（2）原始权益人、管理人、托管人及其他业务参与人因依法解散、被依法撤销或者宣告破产等原因进行清算的，专项计划资产不属于其清算财产。

　　（3）因专项计划资产的管理、运用、处分或者其他情形而取得的财产，归入专项计划资产。因处理专项计划事务所支出的费用、对第三人所负债务，以专项计划资产承担。

　　2. 专项计划资产的管理、运用

　　（1）管理人管理、运用和处分专项计划资产所产生的债权，不得与原始权益人、管理人、托管人、资产支持证券投资者及其他业务参与人的固有财产产生的债务相抵销。

　　（2）管理人管理、运用和处分不同专项计划资产所产生的债权债务，不得相互抵销。

　　（3）以基础资产产生现金流循环购买新的同类基础资产方式组成专项计划资产的，专项计划的法律文件应当明确说明基础资产的购买条件、购买规模、流动性风险以及风险控制措施。

　　（三）专项计划的设立与备案

　　1. 专项计划的设立

　　（1）设立完成与设立失败

　　资产支持证券按照计划说明书约定的条件发行完毕，专项计划设立完成。

　　发行期结束时，资产支持证券发行规模未达到计划说明书约定的最低发行规模，或者专项计划未满足计划说明书约定的其他设立条件，专项计划设立失败。管理人应当自发行期结束之日起10个工作日内，向投资者退还认购资金，并加算银行同期活期存款利息。

　　【注】注意专项计划设立完成的时点，可作为单选题考查；注意设立失败的情形，未达到计划说明书约定的最低发行规模，并非"未达到计划说明书约定的最低发行规模的70%"，勿与配股失败混淆。

　　（2）设立要求

　　①专项计划的货币收支活动均应当通过专项计划账户进行。

　　②专项计划可以通过内部或者外部信用增级方式提升资产支持证券信用等级。同一专项计划发行的资产支持证券可以划分为不同种类。同一种类的资产支持证券，享有同等权益，承担同等风险。

　　③专项计划应当指定资产支持证券募集资金专用账户，用于资产支持证券认购资金的接收与划转。

2. 专项计划的备案

2014 年 12 月，中国证券投资基金业协会发布并实施《资产支持专项计划备案管理办法》，对资产支持专项计划备案管理进行规范，主要内容如下：

（1）自律管理

中国证券投资基金业协会负责专项计划的备案和自律管理。

（2）报送方式

管理人应当指定专人通过中国证券投资基金业协会备案管理系统以电子方式报送备案材料。

【注】仅以电子方式报备，无须报备纸质文件。

（3）报送材料

管理人应在专项计划设立完成后 5 个工作日内，向中国证券投资基金业协会报送材料。

（4）复核备案

中国证券投资基金业协会对备案材料进行齐备性复核，并在备案材料齐备后 5 个工作日内出具备案确认函。备案材料不齐备的，中国证券投资基金业协会在收到备案材料后 5 个工作日内，一次性告知管理人需要补正的全部内容。管理人按照要求补正的，中国证券投资基金业协会在文件齐备后 5 个工作日内出具备案确认函。

【注】此处规定与非公开发行公司债券的备案程序相同，几个日期全部是 5 个工作日内，收到备案材料后 5 个工作日内判断材料是否齐备，不齐备的，一次性告知需补正的全部内容，齐备后 5 个工作日内予以备案。注意，对于不需要补正的，也是在材料齐备后 5 个工作日内予以备案，并非收到备案材料后 5 个工作日予以备案。

（5）备案确认情况公示

专项计划设立的备案确认情况在中国证券投资基金业协会网站上公示。

【模拟练习】根据《证券公司及基金管理公司子公司资产证券化业务管理规定》，以下为专项计划设立完成的时点为（　　　）。

A. 原始权益人移交基础资产完成

B. 资产支持证券按照计划说明书约定的条件发行完毕

C. 中国证券投资基金业协会受理管理人备案材料

D. 管理人与托管人就专项计划资产的托管协议签订完毕

答案：B

【模拟练习】根据《资产支持专项计划备案管理办法》，下列说法正确的有（　　　）。

A. 中国证券投资基金业协会对备案材料进行齐备性复核，并在备案材料齐备后 5 个工作日内出具备案确认函

B. 备案材料不齐备的，中国证券投资基金业协会在收到备案材料后 10 个工作日内，一次性告知管理人需要补正的全部内容

C. 管理人按照要求补正的，中国证券投资基金业协会在文件齐备后 5 个工作日内出具备案确认函

D. 管理人应在原始权益人移交基础资产完成后 5 个工作日内，向中国证券投资基金业协会报送材料

E. 专项计划的备案材料报送应采用纸质形式，材料应包括一份原件和两份复印件

答案：AC

解析：B，5 个工作日内；D，应在专项计划设立完成后；E，以电子方式报送备案材料。

三、资产证券化产品的挂牌转让与相关信息披露要求

（一）资产支持证券的挂牌、转让

1. 转让场所

资产支持证券可以按照规定在证券交易所、全国中小企业股份转让系统、机构间私募产品报价与服务系统、证券公司柜台市场以及中国证监会认可的其他证券交易场所进行挂牌、转让。

【注】与非公开发行公司债券转让场所相同，注意不包括商业银行柜台市场和全国银行间债券市场。

2. 转让范围

资产支持证券仅限于在合格投资者范围内转让。转让后，持有资产支持证券的合格投资者合计不得超过 200 人。

资产支持证券初始挂牌交易单位所对应的发行面值或等值份额应不少于 100 万元人民币。

3. 与双边报价

证券公司等机构可以为资产支持证券转让提供双边报价服务。

4. 净价转让与全价转让

深交所资产支持证券采用全价交易方式转让；上交所资产支持证券采取分级转让方式，优先级档资产支持证券按净价交易方式转让，次级档资产支持证券按全价交易方式转让。

【模拟练习】根据《证券公司及基金管理公司子公司资产证券化业务管理规定》，资产支持证券可以挂牌、转让的场所有（　　　）。

A. 证券交易所　　　　　　　　　　　B. 机构间私募产品报价与服务系统

C. 商业银行柜台市场　　　　　　　　D. 全国银行间债券市场

E. 全国中小企业股份转让系统

答案：ABE

（二）资产证券化产品相关信息披露要求

根据 2014 年 11 月中国证监会发布并实施的《证券公司及基金管理公司子公司资产证券化业务信息披露指引》，资产证券化产品相关信息披露要求如下：

1. 发行环节信息披露

（1）管理人应当在资产支持证券发行前向合格投资者披露计划说明书、法律意见书、评级报告（如有）等文件。

（2）管理人应当在计划说明书中披露有关基础资产的相关信息。

（3）管理人应当聘请律师事务所对专项计划的有关法律事宜发表专业意见，并向合格投资者披露法律意见书。

（4）管理人应在每期资产支持证券发行结束的当日或次一工作日向资产支持证券认购人披露资产支持证券发行情况。

【注】发行结束的当日或次一工作日都可以。

2. 持续信息披露

（1）定期报告

①管理人披露专项计划收益分配报告和上年度资产管理报告

管理人应在每期资产支持证券收益分配日的 2 个交易日前向合格投资者披露专项计划收益分配报告，每年 4 月 30 日前披露经具有从事证券期货相关业务资格的会计师事务所审计的上年度资产管理报告。对于设立不足两个月的，管理人可以不编制年度资产管理报告。

②托管人披露托管报告

托管人应当在管理人披露资产管理报告的同时披露相应期间的托管报告。

③资信评级机构披露评级报告

聘请资信评级机构针对资产支持证券出具评级报告的，在评级对象有效存续期间，资信评级机构应当于资产支持证券存续期内每年 6 月 30 日前向合格投资者披露上年度的定期跟踪评级报告，并应当及时披露不定期跟踪评级报告。

【注】上述①、②项属于强制披露，此项属于选择性披露，聘请资信评级机构评级的，方披露，否则无从披露。资产支持证券评级非强制要求，可以不评级。

（2）临时报告

在发生可能对资产支持证券投资价值或价格有实质性影响的重大事件时，管理人应及时向合格投资者披露相关信息，并向中国证券投资基金业协会报告。重大事件包括但不限于以下事项：

①未按计划说明书约定分配收益。

②资产支持证券信用等级发生不利调整。

③专项计划资产发生超过资产支持证券未偿还本金余额 10% 以上的损失。

④基础资产的运行情况或产生现金流的能力发生重大变化。

⑤特定原始权益人、管理人、托管人等资产证券化业务参与人或者基础资产涉及法律纠纷，可能影响按时分配收益。

⑥预计基础资产现金流相比预期减少 20% 以上。

⑦原始权益人、管理人、托管人等资产证券化业务参与人违反合同约定，对资产支持证券投资者利益产生不利影响。

⑧特定原始权益人、管理人、托管人等资产证券化业务参与人的经营情况发生重大变化，或者作出减资、合并、分立、解散、申请破产等决定，可能影响资产支持证券投资者利益。

⑨管理人、托管人、资信评级机构等资产证券化业务参与人发生变更。

⑩特定原始权益人、管理人、托管人等资产证券化业务参与人信用等级发生调整，可能影响资产支持证券投资者利益。

【注】适度注意③、⑥、⑧；③中超过"未偿还本金余额"10% 以上，不是超过"未偿还本息余额"10% 以上或未超过"资产支持证券发行额"10% 以上；⑧中不包含增资情形。

（3）清算报告

管理人应当自专项计划清算完毕之日起 10 个工作日内，向合格投资者披露清算报告。

各类融资类型合格投资者总结

类型	合格投资者范围
优先股	（1）经有关金融监管部门批准设立的金融机构，包括商业银行、证券公司、基金管理公司、信托公司和保险公司等 （2）上述金融机构面向投资者发行的理财产品，包括但不限于银行理财产品、信托产品、投连险产品、基金产品、证券公司资产管理产品等 （3）实收资本或实收股本总额不低于人民币 500 万元的企业法人 （4）实缴出资总额不低于人民币 500 万元的合伙企业 （5）合格境外机构投资者（QFII）、人民币合格境外机构投资者（RQFII）、符合国务院相关部门规定的境外战略投资者 （6）除发行人董事、高级管理人员及其配偶以外的，名下各类证券账户、资金账户、资产管理账户的资产总额不低于人民币 500 万元的个人投资者 【注】董事、高管及其配偶不可作为非公开发行优先股合格投资者，监事及其配偶可以；董事、监事、高管均可以认购发行人公开发行的优先股

续表

类型	合格投资者范围
新三板	1. 可参与挂牌公司股票公开转让的投资者包括 （1）以下机构投资者 ①注册资本 500 万元人民币以上的法人机构 ②实缴出资总额 500 万元人民币以上的合伙企业 （2）金融产品或资产 包括集合信托计划、证券投资基金、银行理财产品、证券公司资产管理计划，以及由金融机构或者相关监管部门认可的其他机构管理的金融产品或资产 （3）同时符合下列条件的自然人投资者 ①投资者本人名下前一交易日日终证券类资产市值 500 万元人民币以上 ②具有两年以上证券投资经验，或具有会计、金融、投资、财经等相关专业背景或培训经历 【注】证券类资产包括客户交易结算资金、在沪深交易所和全国中小企业股份转让系统挂牌的股票、基金、债券、券商集合理财产品等，信用证券账户资产除外 2. 可参与挂牌公司股票定向发行的投资者包括 （1）公司股东 （2）公司的董事、监事、高级管理人员、核心员工 （3）可参与挂牌公司股票公开转让的投资者
公司债	（1）经有关金融监管部门批准设立的金融机构 包括证券公司、基金管理公司及其子公司、期货公司、商业银行、保险公司和信托公司等，以及经中国证券投资基金业协会登记的私募基金管理人 （2）上述金融机构面向投资者发行的理财产品 包括但不限于证券公司资产管理产品、基金及基金子公司产品、期货公司资产管理产品、银行理财产品、保险产品、信托产品以及经中国证券投资基金业协会备案的私募基金 （3）净资产不低于人民币 1 000 万元的企事业单位法人、合伙企业 （4）合格境外机构投资者（QFII）、人民币合格境外机构投资者（RQFII） （5）社会保障基金、企业年金等养老基金，慈善基金等社会公益基金 （6）名下金融资产不低于人民币 300 万元的个人投资者
证券公司次级债	（1）商业银行、证券公司、基金管理公司、信托公司和保险公司等 （2）上述金融机构面向投资者发行的理财产品，包括银行理财产品、信托产品、投连险产品、基金产品、证券公司资产管理产品等 （3）注册资本不低于人民币 1 000 万元的企业法人 （4）认缴出资总额不低于人民币 5 000 万元，实缴出资总额不低于人民币 1 000 万元的合伙企业 （5）经中国证监会认可的其他投资者
资产证券化（交易所）	（1）经有关金融监管部门批准设立的金融机构，包括银行、证券公司、基金管理公司、信托公司和保险公司等 （2）上述金融机构面向投资者发行的理财产品，包括但不限于银行理财产品、信托产品、保险产品、基金产品、证券公司资产管理产品等 （3）经有关金融监管部门认可的境外金融机构及其发行的金融产品，包括但不限于合格境外机构投资者（QFII）、人民币合格境外机构投资者（RQFII） （4）社会保障基金、企业年金等养老基金，慈善基金等社会公益基金 （5）在行业自律组织备案或登记的私募基金及净资产不低于人民币 1 000 万元的私募基金管理人 （6）其他净资产不低于人民币 1 000 万元的单位
资产证券化（中国证券投资基金业协会）	（1）投资于单只私募基金的金额不低于 100 万元且符合下列相关标准的单位和个人 ①净资产不低于 1 000 万元的单位 ②金融资产不低于 300 万元或者最近三年个人年均收入不低于 50 万元的个人 （2）社会保障基金、企业年金等养老基金，慈善基金等社会公益基金 （3）依法设立并在中国证券投资基金业协会备案的投资计划 （4）投资于所管理私募基金的私募基金管理人及其从业人员

注：新三板与公司债的规定为考试重点，优先股适当关注，其他了解即可。

第五章　定价销售

本章考情分析

本章为整个"保代"考试中分值最低的章节，篇幅较"保荐业务监管"一章稍多一些。平均每次考试命制 5 道题左右，分值 5 分左右。本章考点相对集中，但有一定复习难度，估值模型涉及部分数理知识，股票发行与承销部分涉及的计算也较为复杂。本章另外一个特点就是大量大纲要求掌握的知识历次考试中均未涉及，本教材为保持知识的完整性，也将其列入教材内容，但均作以说明与提示，比如证券价值分析与估值方法的概念与原理、股票投资分析中的宏观经济因素分析等。去除该部分较少涉及考点的内容，则涉及考点的篇幅已不大，因此，复习起来相对容易。

2016 年四次考试题型、题量分析表

时间 节次　　　题型题量	2016 – 05		2016 – 09		2016 – 10		2016 – 11	
股票估值	2 组	2 分	1 组	1 分	1 组	1 分	0	0
债券估值	1 组	1 分	1 单 1 组	1.5 分	1 单 1 组	1.5 分	0	0
股票发行与销售	2 组	2 分	2 组	2 分	2 组	2 分	1 单 5 组	5.5 分
债券发行与销售	0	0	0	0	1 组	1 分	0	0
合计	5 组	5 分	1 单 4 组	4.5 分	1 单 5 组	5.5 分	1 单 5 组	5.5 分
分值占比	5%	4.5%	5.5%	5.5%				

核心考点分析表

节次	考点	星级
股票估值	1. 股票估值模型	1
	2. 行业分类	3
债券估值	1. 可转债中债券价值部分的计算与股票期权价值部分的计算模型	2
	2. 可转换公司债券升水与贴水	3
	3. 影响可转换公司债券价值的因素	2
	4. 金融期权估值	2
股票发行与销售	1. 首次公开发行股票，应当中止发行的情形	2
	2. 首发路演推介的相关规定	3
	3. 首次公开发行股票投资价值研究报告	5
	4. 首次公开发行股票网下配售的相关规定	5
	5. 首次公开发行股票网下投资者管理	3
	6. 首次公开发行股票网下询价相关规定	3
	7. 首次公开发行股票可以参与网上发行的投资者	1
	8. 上市公司公开增发的配售规定	2

续表

节次	考点	星级
股票发行 与销售	9. 配股的具体操作	1
	10. 超额配售选择权相关规定	1
债券发行 与销售	公司债券承销业务规范	1

本章核心法规

节次	法规名称	施行年月	星级
股票估值	1.《上市公司行业分类指引》	2012 – 10	2
股票发行 与销售	2.《证券发行与承销管理办法》	2016 – 01	3
	3.《首次公开发行股票承销业务规范》	2016 – 01	3
	4.《首次公开发行股票网下投资者管理细则》	2016 – 01	2
	5.《关于战略配售有关问题的通知》	2007 – 03	1
	6.《超额配售选择权试点意见》	2001 – 09	1
债券发行 与销售	7.《公司债券承销业务规范》	2015 – 10	1

本章思维导图

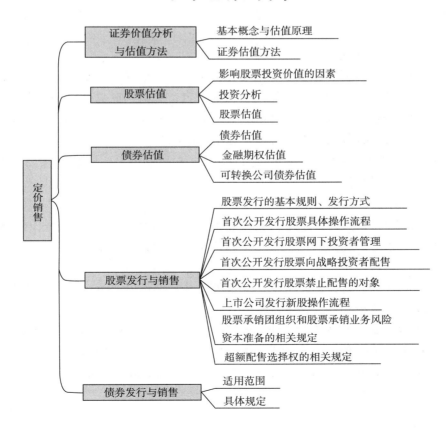

本章具体内容

第一节　证券价值分析与估值方法

【大纲要求】

内容	程度
1. 基本概念与估值原理	掌握
2. 证券估值方法	掌握

说明：原大纲对本章要求共四节，分别为股票估值、债券估值、股票发行与销售、债券发行与销售，其中在股票估值中包含了"掌握证券的投资价值分析及估值方法"的要求，此内容适用股票估值与债券估值，因此本教材在篇章结构上进行微幅调整，将其独立成一节进行说明，调整后共分为五节，分别为证券价值分析与估值方法、股票估值、债券估值、股票发行与销售及债券发行与销售。

【内容精讲】

本节内容是对所有证券价值分析、估值方法所涉及的概念和基本方法进行的总体概述，过往考试中均未涉及考题，作为大纲要求掌握的内容，对"保代"考试而言，我们仅作一般了解即可。

一、基本概念与估值原理

证券估值是指对证券价值的评估。有价证券的买卖双方根据各自掌握的信息对证券价值分别进行评估，然后以双方均接受的价格成交，从这个意义上讲，证券估值是证券交易的前提和基础。而另一方面，当证券的持有者参考市场上同类或同种证券的价格给自己持有的证券进行估价时，我们发现，此时证券估值似乎又成为证券交易的结果。

证券估值的复杂性很大程度上来源于人们对价格、价值等重要市场经济概念理解的多重性，梳理这些概念对讨论证券估值至为重要。

1. 虚拟资本及其价格

随着信用制度的日渐成熟，产生了对实体资本的各种要求权，这些要求权的票据化就是有价证券，以有价证券形态存在的资本就称为虚拟资本。我们将要讨论的股票、债券均属虚拟资本的范畴。

作为虚拟资本载体的有价证券，本身并无价值，其交换价值或市场价格来源于其产生未来收益的能力。它们的价格运动形式具体表现为：

（1）其市场价值由证券的预期收益和市场利率决定，不随职能资本价值的变动而变动。

（2）其市场价值与预期收益的多少成正比，与市场利率的高低成反比。

（3）其价格波动，既决定于有价证券的供求，也决定于货币的供求。

2. 市场价格、内在价值、公允价值与安全边际

（1）市场价格。有价证券的市场价格是指该证券在市场中的交易价格，反映市场参与者对该证券价值的评估。根据产生该价格的证券交易发生时间，我们通常又将其区分为历史价格、当前价格和预期市场价格。

（2）内在价值。市场价格对投资者至关重要，很多投资者仅仅因为预期市场价格上涨而买入证券，因预期市场价格下跌而卖出证券。与此同时，几乎所有投资者常常会问这样的问题："以当前价格买（卖），是不是合算呢？这个证券到底应该值多少钱？"换言之，投资者在心理上会假设证券都存在一个由证券本身决定的价格，投资学上将其称为内在价值（Intrinsic Value）。这个概念大致有两层含义：

①内在价值是一种相对"客观"的价格，由证券自身的内在属性或者基本面因素决定，不受外在因素（比如短期供求关系变动、投资者情绪波动等）影响。

②市场价格基本上是围绕内在价值形成的。20 世纪有名的犹太投资人科斯托兰尼（Andre Kostolany）曾妙喻，市场价格与内在价值的关系犹如"小狗与牵着它的主人一般。小狗前前后后地跑，尽管不会离主人太远，但方向未必一致"。

现代金融学关于证券估值的讨论，基本上是运用各种主观的假设变量，结合相关金融原理或者估值模型，得出某种理论价格，并认为那就是证券的内在价值。在这种理论的指导下，投资行为简化为：

市场价格＜内在价值→价格被低估→买入证券

市场价格＞内在价值→价格被高估→卖出证券

有趣的是，由于每个投资者对证券"内在"信息的掌握并不相同，主观假设（比如未来市场利率、通货膨胀率、汇率等）也不一致，即便大家都采用相同的计算模型，每个人算出来的内在价值也不会一样。

（3）公允价值。投资者可以参考当前的市场价格来估计自己持有（或打算买入/卖出）的证券价值，也可以运用特定的估值模型计算证券的内在价值。在证券市场完全有效的情况下，证券的市场价格与内在价值是一致的，但是现实中的证券市场却并非完全有效。多数情况下，两者存在差异，而且两者均存在缺陷：

①在某些情况下，某种证券可能没有活跃的市场价格（如股票停牌）；有些情况下，即便发生了交易，交易价格可能也未必真实。因此，采用市场价格来为证券估值不完全可靠。

②估值模型千差万别，相关变量和假设各不相同，内在价值并不具有唯一性。著名投资人巴菲特甚至宣称，很多情况下，用模型定价（Marking to Model）等于"用神话定价"（Marking to Myth）。

为解决证券估值难题给投资业绩计算、企业会计处理、所得税征收、基金申购和赎回等带来的麻烦，实践中将市场价值和模型定价两者相结合，引入了公允价值（Fair Value）的概念。根据我国财政部颁布的《企业会计准则第 22 号——金融工具确认和计量》，如果存在活跃交易的市场，则以市场报价为金融工具的公允价值；否则，采用估值技术确定公允价值。

（4）安全边际。按照格雷厄姆和多德在其经典著作《证券分析》一书中的理论，安全边际是指证券的市场价格低于其内在价值的部分，任何投资活动均以之为基础。"就债券或优先股而言，它通常代表盈利能力超过利率或者必要红利率，或者代表企业价值超过其优先索偿权的部分；对普通股而言，它代表了计算出的内在价值高于市场价格的部分，或者特定年限内预期收益或红利超过正常利息率的部分。"

（二）估值原理——货币的时间价值、复利、现值与贴现

1. 货币的时间价值

货币的时间价值是指货币随时间的推移而发生的增值。在介绍证券估值之前，我们先研究一下最基本的金融工具——货币的价值。不妨做一个试验，给你两种选择：一是现在给你100元钱；二是1年后给你100元钱。理性的个人通常都会选A。原因大致有三个：

（1）只要利率是正数，今天的100元存入银行（或进行其他无风险投资），1年后收回的金额肯定大于100元。

（2）如果通货膨胀率是正数，今天100元所代表的购买力比明年的100元要大。

（3）今天拿到100元是肯定的，1年后存在兑现风险。

这个例子说明，今天到手的资金比预期未来获得相同金额的资金更有价值，我们把这种现象称为货币的时间价值（Time Value of Money，TVM）。

2. 复利

由于资金具有时间价值，如果将时间价值让渡给别人（把钱贷给别人），将会得到一定的报酬（利息）。

下面我们再来看一个例子。如果今天把100元钱贷给别人1年，约定年利率为10%，则到期将收回：

到期值 = 100 × （1 + 10%） = 110（元）

接下来，把收回的本息合计110元再按10%年息贷出1年，到期将收回：

到期值 = 110 × （1 + 10%）

= 100 × （1 + 10%） × （1 + 10%）

$= 100 × （1 + 10\%）^2$

= 121（元）

……

同理，如果你重复上述过程5年，到期将收回：

到期值 $= 100 × （1 + 10\%）^5 = 161.05$（元）

换言之，货币时间价值的存在使资金的借贷具有利上加利的特性，我们将其称为复利。在复利条件下，一笔资金的期末价值（称为终值）的计算公式如下：

$$FV = PV × （1 + i）^n$$

式中，FV为终值；PV为本金（现值）；i为每期利率；n为期数。

若每期付息m次，则到期本利和变为：

$$FV = PV × （1 + i/m）^{mn}$$

3. 现值和贴现

由前述资金借贷的例子我们发现，1年后的110元才能与今天的100元等值，2年后必须要121元才能与今天的100元等值……5年后的161.05元才等于今天的100元。

于是，在这个例子中，1年后110元、2年后121元……5年后161.05元的现值均为100元。而对给定的终值计算现值的过程，我们称为贴现。

现值（PV）计算公式为：

$$PV = \frac{FV}{（1 + i）^n}$$

例如，计算2年后121元的现值。

现值 = 121 ÷ （1 + 10%）² = 121 ÷ 1. 21 = 100 （元）

4. 现金流贴现与净现值

投资项目、企业和有价证券都存在现金流。所谓现金流，就是在不同时点上流入或流出的一系列现金。从财务投资者的角度看，买入某个证券就等于买进了未来一系列现金流，证券估值也就等价于现金流估值。

我们通常用时间轴来描述有价证券的现金流。例如，某公司按面值（100 元）平价发行 5 年期公司债券，年息 10%，每年付息一次，到期还本。对于购买该债券的投资者而言，其现金流时间轴见下图。

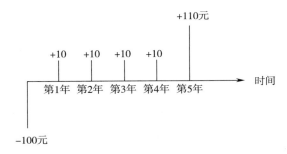

在上图中，我们把投资者支出用于购买债券的 100 元画在时间轴的下方，用负号表示，即为初始现金流出。随后 4 年每年收到利息 10 元和第 5 年本息 110 元是因持有债券带来的现金流入，画在时间轴上方，用正号表示。

简单地看，投资者今天用 100 元的现金换回了未来 5 年总计 150 元的现金。可是，在了解货币时间价值之后，我们已经知道，不能把未来 5 年的现金流简单相加进行比较。正确的做法是，根据一定的贴现率把所有未来现金流入的现值加在一起与今天的现金流出比较。

（1）如果年贴现率为 20%，每年保持不变，则未来现金流入现值为：

$$\frac{10}{1 + 20\%} + \frac{10}{(1 + 20\%)^2} + \frac{10}{(1 + 20\%)^3} + \frac{10}{(1 + 20\%)^4} + \frac{110}{(1 + 20\%)^5} = 70.09（元）$$

（2）如果年贴现率为 10%，每年保持不变，则未来现金流现值为：

$$\frac{10}{1 + 10\%} + \frac{10}{(1 + 10\%)^2} + \frac{10}{(1 + 10\%)^3} + \frac{10}{(1 + 10\%)^4} + \frac{110}{(1 + 10\%)^5} = 100（元）$$

（3）如果年贴现率为 5%，每年保持不变，则未来现金流现值为：

$$\frac{10}{1 + 5\%} + \frac{10}{(1 + 5\%)^2} + \frac{10}{(1 + 5\%)^3} + \frac{10}{(1 + 5\%)^4} + \frac{110}{(1 + 5\%)^5} = 121.65（元）$$

换言之，如果贴现率为 20%，则投资者相当于花 100 元现金购买 5 年期债券换来 70. 09 元现值，从现值角度看，亏了 29. 91 元；若贴现率为 10%，则现金流入与现金流出的现值正好相等；若贴现率为 5%，则相当于赚了 21. 65 元的现值。

我们也可以把现金流入的现值（正数）和现金流出的现值（负数）加在一起，得到该投资项目的净现值。在上例中，不同的贴现率条件下，购买该债券所获得的净现值分别为 - 29. 91元、0 和 21. 65 元。

公平交易要求投资者现金流出的现值正好等于现金流入的现值，或者说，该投资行为所产生的现金流的净现值等于 0。

二、证券估值方法

观察角度、估值技术甚至价值哲学的巨大差异，导致证券估值相关领域的理论和方法层出不穷。

（一）绝对估值法

绝对估值是指通过对证券基本财务要素的计算和处理得出该证券的绝对金额。各种基于现金流贴现的方法均属此类。

贴现现金流估值法基本框架

模型	现金流	贴现率
红利贴现模型	预期红利	必要回报率
企业自由现金流贴现模型	企业自由现金流	加权平均资本成本
股东现金流贴现模型	股东自由现金流	必要回报率
经济利润估值模型	经济利润	加权平均资本成本

（二）相对估值法

相对估值的哲学基础在于，不能孤立地给某个证券进行估值，而是参考可比证券的价格，相对地确定待估证券价值。通常需要运用证券的市场价格与某个财务指标之间存在的比例关系对证券进行估值。如常见的市盈率、市净率、市销率、市值回报增长比等均属相对估值方法。

相对估值常用指标比较

指标	指标简称	适用	不适用
市盈率	P/E	周期性较弱企业、一般制造业、服务业	亏损公司、周期性公司
市净率	P/B	周期性公司、重组型公司	重置成本变动较大的公司、固定资产较少的服务行业
市销率	P/S	销售收入和利润率较稳定的公司	销售不稳定的公司
经济增加值与利息折旧摊销前收入比	EV/EBITDA	资本密集、准垄断或具有巨额商誉的收购型公司	固定资产更新变化较快的公司
市值回报增长比	PEC	IT 等成长性行业	成熟行业

注：EV/EBITDA，EV 指企业价值，EBIT 指息税前利润，DA 指累计和摊销，全部公式含义是指企业价值与利息、所得税、折旧及摊销前收益的比率。

（三）资产价值法

根据企业资产负债表的编制原理，企业的资产价值、负债价值与权益价值三者之间存在下列关系：

权益价值 = 资产价值 - 负债价值

因此，如果可以评估出三个因素中的两个，则剩下的一个也就可以计算出来了。常用方法包括重置成本法和清算价值法，分别适用于可以持续经营的企业和停止经营的企业。

（四）其他估值方法

在金融工程领域中，常见的估值方法还包括无套利定价和风险中性定价，它们在衍生产品估值中得到广泛应用。

1. 无套利定价。无套利定价的理论基础是经济学中的一价定律，是指相同的商品在同一时刻只能以相同的价格出售，否则市场参与者就会低买高卖，最终导致价格趋同。根据这一原理，合理的金融资产价格应该消除套利机会。

2. 风险中性定价。在现实世界中，投资者会有不同的风险偏好，从而导致金融资产估值必须选择不同的贴现率。风险中性定价假设投资者不存在不同的风险偏好，对风险均持中性态度，从而简化了分析过程，可以采用无风险利率作为贴现率。

第二节　股票估值

【大纲要求】

内容			程度
1. 影响股票投资价值的因素			熟悉
2. 投资分析	（1）宏观因素分析		—
	（2）行业分析	①行业的概念与分类	熟悉
		②行业的市场结构分析	熟悉
		③行业的竞争结构分析	熟悉
		④行业的经济周期分析	熟悉
		⑤目前国家主要产业政策的相关规定	熟悉
	（3）公司基本分析	公司基本分析与财务分析的要素与方法	熟悉
3. 股票估值	（1）绝对估值法	现金流量模型参数的估计方法与现金流量法估值模型	掌握
	（2）相对估值法	可比公司法估值模型（相对估值法）	掌握
4. 投资价值分析报告的要求、内容及格式要点			熟悉

说明：对于"投资价值分析报告的要求、内容及格式要点"完全属于证券分析师的内容，"保代"考试考到的可能性较小，本书不予说明。

【内容精讲】

一、影响股票投资价值的因素

（一）内部因素

一般来讲，影响股票投资价值的内部因素主要包括公司净资产、盈利水平、股利政策、股份分割、增资和减资以及资产重组等。

1. 公司净资产

净资产也称所有者权益，是总资产减去总负债后的资产净值，是全体股东的权益，是决定股票投资价值的重要基准。公司经过一段时间的营运，其资产净值必然有所变动。股票作为投资的凭证，每一股代表一定数量的净值。从理论上讲，净值应与股价保持一定比例，即净值增加，股价上涨；净值减少，股价下跌。

2. 公司盈利水平

公司业绩好坏集中表现于盈利水平高低。公司的盈利水平是影响股票投资价值的基本因素之一。在一般情况下，预期公司盈利增加，可分配的股利也会相应增加，股票市场价格上涨；预期公司盈利减少，可分配的股利相应减少，股票市场价格下降。但值得注意的是，股票价格的涨跌和公司盈利的变化并不完全同时发生。

3. 公司的股利政策

股份公司的股利政策直接影响股票投资价值。在一般情况下，股票价格与股利水平成正比。股利水平越高，股票价格越高；反之，股利水平越低，股票价格越低。股利来自公司的税后盈利，但公司盈利的增加只为股利分配提供了可能，并非盈利增加股利一定增加。公司为了合理地在扩大再生产和回报股东之间分配盈利，会有一定的股利政策。股利政策体现了公司的经营作风和发展潜力，不同的股利政策对各期股利收入有不同影响。此外，公司对股利的分配方式也会给股价波动带来影响。

4. 股份分割

股份分割又称拆股或拆细，是将原有股份均等地拆成若干较小的股份。股份分割一般在年度决算月份进行，通常会刺激股价上升。股份分割给投资者带来的不是现实的利益，因为股份分割前后投资者持有的公司净资产和以前一样，得到的股利也相同。但是，投资者持有的股份数量增加了，给投资者带来了今后可多分股利和更高收益的预期，因此股份分割往往比增加股利分配对股价上涨的刺激作用更大。

5. 增资和减资

公司因业务发展需要增加资本额而发行新股的行为，对不同公司股票价格的影响不尽相同。在没有产生相应效益前，增资可能使每股净资产下降，因而可能促使股价下跌。但对那些业绩优良、财务结构健全、具有发展潜力的公司而言，增资意味着将增加公司经营实力，会给股东带来更多回报，股价不仅不会下跌，可能还会上涨。当公司宣布减资时，多半是因为经营不善、亏损严重、需要重新整顿，所以股价会大幅下降。

6. 公司资产重组

公司重组总会引起公司价值的巨大变动，因而其股价也随之产生剧烈的波动。但需要分析公司重组对公司是否有利，重组后是否会改善公司的经营状况，因为这些是决定股价变动方向的决定因素。

（二）外部因素

一般来讲，影响股票投资价值的外部因素主要包括宏观经济因素、行业因素及市场因素。

1. 宏观经济因素

宏观经济走向和相关政策是影响股票投资价值的重要因素。宏观经济走向包括经济周期、通货变动以及国际经济形势等因素。国家的货币政策、财政政策、收入分配政策和对证券市场的监管政策等都会对股票的投资价值产生影响。

2. 行业因素

产业的发展状况和趋势对该产业上市公司的影响是巨大的，因而产业的发展状况和趋势、国家的产业政策和相关产业的发展等都会对该产业上市公司的股票投资价值产生影响。

3. 市场因素

证券市场上投资者对股票走势的心理预期会对股票价格走势产生重要的影响。市场中的散户投资者往往有从众心理，对股市产生助涨助跌的作用。

影响股票投资价值的内部、外部因素总结

影响因素		影响标识	具体影响
内部因素	净资产	理论上讲↑	理论上讲，净资产增加，股价上涨；净资产减少，股价下跌
	盈利水平	同向不完全同时	一般情况下，盈利增加，股票价格上涨；盈利减少，股票价格下降；但股票价格的涨跌和公司盈利的变化并不完全同时发生
	股利政策	一般情况↑	一般情况下，股票价格与股利水平成正比。股利水平越高，股票价格越高；反之，股利水平越低，股票价格越低
	股份分割	通常↑	股份分割通常会刺激股价上升
	增资	↓ or ↑	在没有产生相应效益前，可能促使股价下跌；业绩优良、具有发展潜力的公司而言，不仅不会下跌，可能还会上涨
	减资	↓	多半股价会大幅下降
	资产重组	↓ or ↑	需根据情况具体分析，有利则升，不利则降
外部因素	宏观经济因素	↓ or ↑	需根据情况具体分析，有利则升，不利则降
	行业因素		
	市场因素		

注：↑表示同向变化，↓表示反向变化。

【模拟练习】 以下会对股票价格产生影响的因素有（　　　）。

A. 公司的净资产　　　　　　　　　　　B. 公司的盈利水平

C. 公司资产重组　　　　　　　　　　　D. 行业发展因素

E. 公司的股利政策

答案：ABCDE

二、投资分析

在对股票进行投资前，需要对影响其价值的因素进行分析，具体包括宏观经济因素、行业因素与公司基本面的分析，宏观经济因素、行业因素属于影响股价的外部因素，公司基本面则属于影响股价的内部因素。

（一）宏观经济因素分析

宏观经济因素分析主要包括宏观经济运行分析和宏观经济政策分析两个方面，另外，国际市场环境也会对国内证券市场产生影响，在进行分析时也应作为考虑的因素。因"保代"考试大纲并未明确对宏观经济因素作出要求，本教材仅简要对其予以说明，学习时也仅作一般了解即可。

1. 宏观经济运行分析

（1）宏观经济运行对证券市场的影响

宏观经济因素是影响证券市场长期走势的唯一因素，其他因素可以暂时改变证券市场的中期和短期走势，但改变不了证券市场的长期走势。宏观经济环境对整个证券市场的影响，既包括经济周期波动这种纯粹的经济因素，也包括政府经济政策及特定的财政金融行为等混合因素。宏观经济运行对证券市场的影响主要表现在以下方面：

①企业经济效益

宏观经济运行周期、宏观经济政策、利率水平和物价水平等宏观经济因素会对公司的经济效益产生直接的影响。宏观经济运行趋好，企业总体盈利水平提高，证券市场的市值自然上涨；如果政府采取强有力的宏观调控政策，紧缩银根，企业的投资和经营会受到影响，盈利下降，证券市场市值就可能缩水。

②居民收入水平

在经济周期处于上升阶段或在提高居民收入政策的作用下，将会直接促进居民收入水平提高，而居民收入水平提高将会在一定程度上拉动消费需求，从而增加相关企业的经济效益。另外，居民收入水平的提高也会直接促进证券市场投资需求的提高。

③投资者对股价的预期

当宏观经济趋好时，投资者预期公司效益和自身的收入水平会上升，证券市场自然人气旺盛，从而推动市场平均价格走高；反之，则会令投资者对证券市场信心下降。

④资金成本

当国家经济政策发生变化，如采取调整利率水平、实施消费信贷政策、征收利息税等政策，居民、单位的资金持有成本将随之变化。如利率水平的降低和征收利息税的政策，将会促使部分资金由银行储蓄变为投资，从而影响证券市场的走向。

（2）宏观经济变动与证券市场波动的关系

①国内生产总值变动

不能简单地认为 GDP 增长，证券市场就必将伴之以上升的走势，实际走势有时恰恰相反。我们必须将 GDP 与经济形势结合起来进行考察。

a. 持续、稳定、高速的 GDP 增长

此种情形下，证券市场将呈现上升走势。主要原因有三个：一是伴随总体经济成长，上市公司利润持续上升，股息不断增长，企业经营环境不断改善，产销两旺，投资风险也越来越小，从而公司的股票和债券全面得到升值，促使价格上扬；二是人们对经济形势形成了良好的预期，投资积极性得以提高，从而增加了对证券的需求，促使证券价格上涨；三是随着 GDP 的持续增长，国民收入和个人收入都不断得到提高，收入增加也将增加证券投资的需求，从而导致证券价格上涨。

b. 高通货膨胀下的 GDP 增长

高的通货膨胀率，通常是由经济严重失衡下的高速增长，总需求大大超过总供给引起的。此种高通货膨胀下的 GDP 失衡增长是经济形势恶化的征兆，如不采取调控措施，必将导致未来的滞胀（通货膨胀与经济停滞并存）。这时，经济中的各种矛盾会突出表现出来，企业经营将面临困境，居民实际收入也将降低，因而失衡的经济增长必将导致证券市场行情下跌。

c. 宏观调控下的 GDP 减速增长

当 GDP 呈失衡的高速增长时，政府可能采取宏观调控措施以维持经济的稳定增长，这样必然减缓 GDP 的增长速度。如果调控目标得以顺利实现，GDP 仍以适当的速度增长而未导致 GDP 负增长或低增长，说明宏观调控措施十分有效，经济矛盾逐步得以缓解，并为进一步增长创造了有利条件。这时，证券市场也将反映这种好的形势而呈平稳渐升的态势。反之，则可能导致证券市场行情下跌。

d. 转折性的 GDP 变动

如果 GDP 一定时期以来呈负增长，当负增长速度逐渐减缓并呈现向正增长转变的趋势时，证券市场走势也将由下跌转为上升。当 GDP 由低速增长转向高速增长时，证券市场也将伴之以快速上涨之势。

②经济周期变动

经济周期是一个连续不断的过程，表现为扩张和收缩的交替出现。某个时期产出、价格、利率、就业不断上升直至某个高峰——繁荣，之后可能是经济的衰退，产出、产品销售、利率、就业率开始下降，直至某个低谷——萧条。接下来则是经济重新复苏，进入一个新的经济周期。

证券市场综合了人们对经济形势的预期，这种预期较全面地反映了人们对经济发展过程中表现出的有关信息的切身感受。这种预期又必然反映到投资者的投资行为中，从而影响证券市场的价格。

③通货变动

a. 通货膨胀对证券市场的影响

通货膨胀对证券市场特别是个股的影响，没有一成不变的规律可循，完全可能产生反方向影响，所以应具体情况具体分析。

b. 通货紧缩对证券市场的影响

通货紧缩将损害消费者和投资者的积极性，造成经济衰退和经济萧条。对投资者来说，通货紧缩将使投资产出的产品未来价格低于当前预期，促使投资者更加谨慎，或推迟原有投资计划。投资的下降减少了总需求，使物价继续下降，从而步入恶性循环。从利率角度分析，通货紧缩形成了利率下调的稳定预期，由于真实利率等于名义利率减去通货膨胀率，下调名义利率降低了社会的投资预期收益率，导致有效需求和投资支出进一步减少，工资降低，失业增多，企业的效益下滑，居民收入减少，引致物价更大幅度地下降。

可见，因通货紧缩带来的经济负增长，使股票、债券及房地产等资产价格大幅下降。

2. 宏观经济政策分析

（1）财政政策

财政政策分为扩张性财政政策、紧缩性财政政策和中性财政政策。实施紧缩性财政政策时，政府财政在保证各种行政与国防开支外，并不从事大规模的投资，紧缩性财政政策将使过热的经济受到控制，证券市场也将走弱；而实施扩张性财政政策时，政府积极投资于能源、交通、住宅等建设，从而刺激相关产业的发展，扩张性财政政策将刺激经济发展，证券市场则将走强。具体而言，实施积极财政政策对证券市场的影响有：

①减少税收，降低税率，扩大减免税范围

证券市场价格与税收呈反向关系，减少税收，降低税率，扩大减免税范围，证券市场价格将上升。

减少税收对证券市场的影响原理为：增加收入直接引起证券市场价格上涨，增加投资需求和消费支出又会拉动社会总需求；而总需求增加又反过来刺激投资需求，从而使企业扩大生产规模，增加企业利润；利润增加，又将刺激企业扩大生产规模的积极性，进一步增加利润总额，从而促使股票价格上涨。因市场需求活跃，企业经营环境改善，盈利能力增强，进而降低了还本付息风险，债券价格也将上扬。

②扩大财政支出，加大财政赤字

财政支出对证券市场价格的影响需要具体分析。通常情况下，政府财政支出的增强投入将会增加企业的利润，从而导致证券市场价格上升；但过度的支出可能导致通货膨胀，导致股价的下跌。

其政策效应是：扩大社会总需求，从而刺激投资，扩大就业。政府通过购买和公共支出增加对商品和劳务的需求，激励企业增加投入，提高产出水平，于是企业利润增加，经营风险降低，使股票价格和债券价格上升。同时，居民在经济复苏中增加了收入，持有货币增加，景气的趋势更增强了投资者的信心，证券市场和债券市场趋于活跃，价格自然上扬。特别是与政府购买和支出相关的企业将最先、最直接从财政政策中获益，有关企业的股票价格和债券价格将率先上涨。但过度使用此项政策，财政收支出现巨额赤字时，虽然进一步扩大了需求，但却进而增加了经济的不稳定因素。通货膨胀加剧，物价上涨，有可能使投资者对经济的预期不乐观，反而造成股价下跌。

③减少国债发行（或回购部分短期国债）

证券市场价格与国债发行呈反向关系，减少国债发行，将导致更多的资金转向股票，推动证券市场上扬，反之则会导致股价下跌。

④增加财政补贴

证券市场价格与财政补贴呈正向关系。财政补贴往往使财政支出扩大，进而扩大社会总需求和刺激供给增加，从而使整个证券市场的总体水平趋于上涨。紧缩性财政政策的经济效应及其对证券市场的影响与上述情况相反。

（2）货币政策

所谓货币政策，是指政府为实现一定的宏观经济目标所制定的关于货币供应和货币流通组织管理的基本方针和基本准则。货币政策主要包括利率政策、公开市场业务、调节货币供应量与选择性货币政策工具，具体影响如下：

①利率

一般来说，利率下降时，股票价格就上升；而利率上升时，股票价格就下降。原因有三个：第一，利率是计算股票内在投资价值的重要依据之一。当利率上升时，同一股票的内在投资价值下降，从而导致股票价格下跌；反之，则股价上升。第二，利率水平的变动直接影响到公司的融资成本，从而影响股票价格。利率低，可以降低公司的利息负担，增加公司盈利，股票价格也将随之上升；反之，利率上升，股票价格下跌。第三，利率降低，部分投资者将把储蓄投资转成股票投资，需求增加，促成股价上升；反之，若利率上升，一部分资金将会从证券市场转向银行存款，致使股价下降。

利率与股价运动呈反向变化是一般情况，不能将此绝对化，股价和利率并不是呈现绝对的负相关关系。当形势看好、股票行情暴涨的时候，利率的调整对股价的控制作用就不会很大。同样，当股市处于暴跌的时候，即使出现利率下降的调整政策，也可能会使股价回升乏力。

②公开市场业务

当政府倾向于实施较为宽松的货币政策时，中央银行就会大量购进有价证券，从而使市场上的货币供给量增加。这会推动利率下调，资金成本降低，从而使企业和个人的投资和消费热情高涨，生产扩张，利润增加，这又会推动股票价格上涨；反之，股票价格将下跌。

③调节货币供应量

中央银行可以通过法定存款准备金率和再贴现政策调节货币供应量，从而影响货币市场和资本市场的资金供求，进而影响证券市场。如果提高法定存款准备金率，这在很大程度上限制了商业银行体系创造派生存款的能力，等于冻结了一部分商业银行的超额准备。由于法定存款准备金率对应着数额庞大的存款总量，并通过货币乘数的作用使货币供应量更大幅度减少，证券市场价格便趋于下跌。同样，如果提高再贴现率，对再贴现资格加以严格审查，商业银行资金成本增加，市场贴现利率上升，社会信用收缩，证券市场的资金供应减少，使证券市场行情走势趋软。反之，如果中央银行降低法定存款准备金率或降低再贴现率，通常都会导致证券市场行情上扬。

④选择性货币政策工具

为了实现国家的产业政策和区域经济政策，我国对不同行业和区域采取区别对待的方针。一般来说，该项政策会对证券市场整体走势产生影响，而且还会因为板块效应对证券市场产生结构性影响。当直接信用控制或间接信用指导降低贷款限额、压缩信贷规模时，从紧的货币政策使证券市场行情呈下跌走势，但如果在从紧的货币政策前提下，实行总量控制，通过直接信用控制或间接信用指导区别对待，紧中有松，那么一些优先发展的产业和国家支柱产业以及农业、能源、交通、通信等基础产业及优先重点发展的地区的证券价格则可能不受影响，甚至逆势而上。总的来说，此时贷款流向反映了当时的产业政策与区域政策，并引起证券市场价格的比价关系作出结构性的调整。

（3）外汇政策

外汇政策体现为汇率制度，即一国货币对其他国家的货币规定兑换率的制度。通常来讲，汇率制度主要有四种：自由浮动汇率制度、有管理的浮动汇率制度、目标区间管理和固定汇率制度。

汇率对证券市场的影响是多方面的，对证券市场价格的影响需要具体分析。

一般来说，汇率上升，本币贬值，本国产品竞争力强，出口型企业将增加收益，从而导致其股票和债券价格上涨，进口企业则相反。

另外，汇率上升时，本币表示的进口商品价格提高，进而带动国内物价水平上涨，引起通货膨胀。而通货膨胀既可能导致证券市场价格上升，也可能导致证券市场价格下跌。

（4）收入政策

收入政策是国家为实现宏观调控总目标和总任务，针对居民收入水平高低、收入差距大小在分配方面制定的原则和方针。与财政政策、货币政策相比，收入政策具有更高一层次的调节功能，它制约着财政政策和货币政策的作用方向和作用力度，而且收入政策最终也要通过财政政策和货币政策来实现。

我国个人收入分配实行以按劳分配为主体、多种分配方式并存的收入分配政策。在以劳动收入为主体的前提下，国家依法保护法人和居民的一切合法收入和财产，鼓励城乡居民储蓄和投资，允许属于个人的资本等生产要素参与分配。

自1979年经济体制改革以来，我国对劳动者个人实行按劳分配原则，大大提高了劳动者的工作积极性，从而使劳动者收入有了较大提高。收入的增长使城乡居民的可自由支配收入增长很快。随着经济的发展，居民的金融投资意识也将逐步增强，越来越多的人进入证券市场，购买债券或进行股票投资。

同时，由于对企业放权让利，企业收入也得到较大增长，从而也会在符合治理要求的情况下将盈余的资金用于证券市场投资。

影响股票投资价值的宏观经济因素分析

影响因素		影响标识	具体影响
GDP 变动	持续、稳定、高速增长	↑	证券市场将呈现上升走势
	高通胀下增长	↓	将导致证券市场行情下跌
	宏观调控下的 GDP 减速增长	↑ or ↓	调控措施有效，证券市场也将呈平稳渐升的态势。反之，则可能导致证券市场行情下跌
	转折性的 GDP 变动	↑ or ↓	当负增长速度逐渐减缓并呈现向正增长转变的趋势时，证券市场走势也将由下跌转为上升，反之，由正增长向负增长转折时，情况相反
经济周期变动		↑ or ↓	不同时期影响不同，需要具体分析
通货变动	通货膨胀	↑ or ↓	需具体分析，既可能导致证券市场价格上升，也可能导致证券市场价格下跌
	通货紧缩	↓	通货紧缩带来经济负增长，使股票、债券及房地产等资产价格大幅下降
财政政策	税收政策	↓	证券市场价格与税收呈反向关系，减少税收，降低税率，扩大减免税范围，证券市场价格将上升
	财政支出	↑ or ↓	财政支出对证券市场价格的影响需要具体分析。通常情况下，财政支出增加投入将会增加企业的利润，从而导致证券市场价格上升；但过度的支出可能导致通货膨胀，导致股价下跌
	国债发行	↓	证券市场价格与国债发行呈反向关系，减少国债发行，将导致更多的资金转向股票，推动证券市场上扬，反之，则会导致股价下跌
	财政补贴	↑	证券市场价格与财政补贴呈正向关系。财政补贴往往使财政支出扩大，从而使证券市场的总体水平趋于上涨。紧缩的财政政策则相反
货币政策	利率政策	通常↑，不是绝对	一般来说，利率下降，股票价格上升；利率上升，股票价格下降
			当形势看好、股票暴涨时，利率调整对股价的控制作用就不会很大。同样，当股市暴跌时，即使出现利率下降的调整政策，也可能会使股价回升乏力
	公开市场业务	宽松业务↑	宽松的货币政策，中央银行大量购进有价证券，市场上货币供给量增加，推动利率下调，资金成本降低，生产扩张，利润增加，股票价格上涨；反之，股票价格将下跌
		收紧业务↓	

续表

影响因素		影响标识	具体影响
货币政策	货币供应量	法定存款准备金率↓	提高法定存款准备金率导致货币供应量减少，从而导致股价下跌
		再贴现率↓	提高再贴现率，资金成本增加，货币供应量减少，从而导致股价下跌
	选择性货币政策工具	具体分析	对证券市场产生结构性影响
外汇政策	汇率	↑ or ↓	一般来说，汇率上升，本币贬值，本国产品竞争力强，出口企业证券价格上涨，进口企业则相反；同时汇率上升，会引起通货膨胀，而通胀既可能导致证券价格上升，也可能导致证券价格下跌
收入政策		↑ or ↓	需要具体分析。收入政策最终也要通过财政政策和货币政策来实现

（二）行业分析

1. 行业的概念与分类

所谓行业，是指从事国民经济中同性质的生产或其他经济社会活动的经营单位和个体等构成的组织结构体系，如林业、汽车业、银行业、房地产业等。从严格意义上讲，行业与产业有差别，主要是适用范围不一样。产业一般具有三个特点：一是规模性，即产业的企业数量、产品或服务的产出量达到了一定的规模；二是职业化，即形成了专门从事这一产业活动的职业人员；三是社会功能性，即这一产业在社会经济活动中承担一定的角色，而且是不可缺少的。

行业虽然也拥有职业人员，也具有特定的社会功能，但一般没有规模上的约定。比如，国家机关和党政机关行业就不构成一个产业。我们在分析时关注的往往都是具有相当规模的行业，特别是含有上市公司的行业，所以业内一直约定俗成地把行业分析与产业分析视为同义语。

行业的分类在国际上有道·琼斯分类法、标准行业分类法，我国的行业分类分为国民经济行业分类和上市公司的行业分类，对"保代"考试而言，新的考试制度以来，考到过几次关于上市公司行业的分类，以下重点对该分类进行介绍。

我国证券市场建立之初，对上市公司没有统一的分类。上海、深圳证券交易所根据各自工作的需要，分别对上市公司进行了简单划分。2001年4月4日，中国证监会发布并实施《上市公司行业分类指引》，2012年10月，中国证监会重新制定并发布实施《上市公司行业分类指引》（以下简称《指引》），2001年《指引》废止。新的《指引》主要规定如下：

（1）分类原则与方法

以上市公司营业收入等财务数据为主要分类标准和依据，所采用的财务数据为经过会计师事务所审计并已公开披露的合并报表数据。

①当上市公司某类业务的营业收入比重大于或等于50%时，将其划入该业务相对应的行业。

②当上市公司没有一类业务的营业收入比重大于或等于50%，但某类业务的收入和利润均在所有业务中最高，而且均占到公司总收入和总利润的30%以上（包含本数）时，该公司归属该业务对应的行业类别。

③不能按照上述分类方法确定行业归属的，由上市公司行业分类专家委员会根据公司实际经营状况判断公司行业归属；归属不明确的，划为综合类。

上述判断标准可用下图表示。

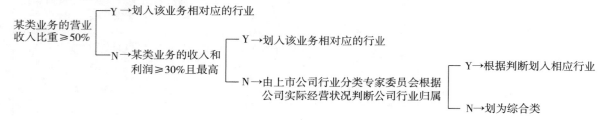

【注1】关于分类原则与方法是"保代"考试重点，2016 年 5 月、9 月均考到，需重点关注。

【注2】采用财务数据为合并报表数据，非母公司报表数据。

【注3】营业收入标准→某类业务的收入和利润≥30%且最高→专家委员会判断归属→划为综合类，注意其适用的先后顺序，前面不适用的，才适用后面的指标。比如，像"不能按照分类方法确定行业归属的，划为综合类"的表述是错误的。

【注4】"营业收入比重大于或等于50%"的指标，注意，只要该类业务营业收入比重≥50%，不管该类业务营业利润是否≥50%，均划分为该业务所对应行业，反之，该类业务营业收入比重未达到50%，即便该业务产生的营业利润比重达到50%以上，也不能划入该业务所属行业。例如，某公司有多项业务，A 业务营业收入占公司总收入的55%，利润占公司总利润的45%，B 业务营业收入占公司总收入的45%，利润占公司总利润的55%，应将公司所属行业划分为 A 类业务对应的行业。

【注5】第二个判断指标注意，是收入和利润占比均占30%以上（含本数），且收入和利润均最高方可划分为该业务对应行业。理论上存在同时有两种或三种业务同时符合上述条件，因该种可能在实务中几乎不存在，因此《指引》对此如何划分未作说明。

【注6】上市公司行业分类专家委员会由中国上市公司协会建立，非"中国证券业协会"或其他组织建立，需防止命题人偷换概念。

（2）管理机构及其职责

①中国证监会统筹指导上市公司行业分类工作，负责制定、修改和完善《指引》，对《指引》及相关制度进行解释，对外发布上市公司行业分类结果。

②中国上市公司协会负责按照《指引》组织对上市公司进行行业分类，向中国证监会报送上市公司行业分类结果，并向证券交易所、中证指数公司等相关机构通报上市公司行业分类结果。

③中国上市公司协会建立上市公司行业分类专家委员会，由有关部委、证券期货监管系统和证券经营机构的专家组成。专家委员会负责就上市公司行业分类制度的修订提出意见和建议；依据专业判断，确定上市公司行业分类结果。

【注1】中国上市公司协会负责对上市公司进行行业分类，中国证监会对外发布上市公司行业分类结果。注意不同主体及其职责对应，防止偷换概念。

【注2】上市公司行业分类专家委员会是由中国上市公司协会建立的。

（3）沟通反馈机制

中国上市公司协会应当建立与上市公司的日常沟通机制，就行业类别划分及变更情况征求上市公司意见；上市公司提出不同意见的，应提请专家委员会讨论作出最终判断。

（4）行业分类流程

①上市公司行业分类按季度进行

每年 3 月 20 日、6 月 10 日、9 月 20 日和 12 月 20 日为当季行业分类工作起始日；原则上应于季度末完成当季上市公司行业分类工作。

【注】注意 6 月的特殊性，为 6 月 10 日，非 20 日。

②行业分类包括初次分类和定期调整

初次分类是对新上市公司的行业分类，依据公司《招股说明书》进行。公司上市首日在每季度行业分类工作起始日（不含当日）之前的，纳入当季行业分类；上市首日在行业分类工作起始日至季末之间的，转入下一季度进行行业分类。

定期调整是对已上市公司行业分类结果的重新确认或变更。原则上未发生重大资产重组的公司，每年依据上市公司年报调整一次，纳入第二季度的行业分类工作；完成重大资产重组的公司，依据重大资产重组相关公告，纳入最近季度的上市公司行业分类。

【注 1】初次分类依据公司"招股说明书"进行，注意上市首日所处的期间，在起始日之前的，纳入当季行业分类，在起始日至季末之间的，转入下一季度进行行业分类。诸如"上市首日在行业分类工作起始日至季末之间的，仍纳入当季行业分类"的说法是错误的。

【注 2】注意，并非未发生重大资产重组就不调整，未发生重大资产重组的应依据上年年报调整。需要注意未发生与发生的不同处理。

③行业分类的初评、沟通、确认和结果公布

中国上市公司协会在行业分类工作起始日当日召开上市公司行业分类专家委员会会议，形成行业分类初评结果；从起始日开始（不含当日），7 日内完成与上市公司沟通工作，并形成由专家委员会确认的分类结果；从起始日开始（不含当日）第 8 日将上市公司行业分类最终结果报送中国证监会。

中国证监会于每季度末公布上市公司行业分类结果。

遇节假日或重大事项，上市公司行业分类工作进程可相应后延。

【真题回顾（1605）】根据《上市公司行业分类指引》，下列说法正确的是（　　）。

A. 某上市公司教育业务营业收入占公司总收入的 45%，利润占公司总利润的 70%，体育业务营业收入占公司总收入的 55%，利润占公司总利润的 30%，那么该上市公司应该归属于综合类

B. 某上市公司教育业务营业收入占公司总收入的 35%，利润占公司总利润的 31%，且教育业务收入、利润均在所有业务中占比最高，那么该上市公司应归属于教育行业

C. 上市公司确定行业归属后，在没有发生重大资产重组的情况下，不再变更行业归属

D. 某上市公司教育业务收入占公司总收入的 35%，利润占公司总利润的 28%，教育业务收入和利润均在公司业务中占比最高，那么该上市公司应归属于教育行业

E. 上市公司行业分类以上市公司营业收入等财务数据为主要分类标准和依据，所采用的财务数据为经过会计师事务所审计并已公开披露的母公司数据

答案：B

解析：A，应划分为体育类；C，未发生重大资产重组的公司，每年依据上市公司年报调整一次，纳入第二季度的行业分类工作；D，应由上市公司行业分类专家委员会根据公司实际经营状况判断公司行业归属；归属不明确的，划为综合类。

【模拟练习】 根据《上市公司行业分类指引（2012 年修订)》，下列说法正确的有（　　　）。

A. 上市公司某类业务的营业收入比重等于 50% 且最高，则将其划入该业务相对应的行业

B. 某类业务的收入和利润均在所有业务中最高，该公司即可归属于该业务对应的行业类别

C. 上市公司行业分类按季度进行

D. 不能按照分类方法确定行业归属的，由中国证券业协会组成上市公司行业分类专家委员会，根据公司实际经营状况判断公司行业归属

E. 初次分类依据公司"招股说明书"进行

答案：ACE

解析：B，还需均占比 30% 以上；D，上市公司行业分类专家委员会由中国上市公司协会建立。

【模拟练习】 根据《上市公司行业分类指引（2012 年修订)》，下列说法不正确的有（　　　）。

A. 在对上市公司进行行业分类时，不能按照分类方法确定行业归属的，划为综合类

B. 某类业务的收入占公司总营业收入的 35%，且在所有业务中最高，该公司应归属该业务对应的行业类别

C. 某类业务的利润占公司总利润的 55%，且在所有业务中最高，该公司应归属该业务对应的行业类别

D. 中国证监会负责对上市公司进行行业分类，中国证券业协会对外发布上市公司行业分类结果

E. 初次分类是对新上市公司的行业分类，依据公司"招股说明书"进行，公司上市首日在行业分类工作起始日至季末之间的，纳入当季行业分类

答案：ABCDE

【模拟练习】 根据《上市公司行业分类指引（2012 年修订)》，以下公司是新上市公司，在依据公司"招股说明书"进行行业分类的说法中正确的有（　　　）。

A. 上市公司行业分类按季度进行

B. 甲公司于 2016 年 3 月 18 日上市，则甲公司应纳入第一季度进行行业分类

C. 乙公司于 2016 年 6 月 15 日上市，则乙公司应纳入第二季度进行行业分类

D. 丙公司于 2016 年 9 月 22 日上市，则丙公司应纳入第三季度进行行业分类

E. 戊公司于 2016 年 12 月 16 日上市，则戊公司应纳入第四季度进行行业分类

答案：ABE

解析：C，6 月比较特殊，上市首日在 6 月 10 日前的，纳入当季，否则纳入下个季度，乙公司应纳入第三季度分类；D，应纳入第四季度分类。

2. 行业的市场结构分析

现实中各行业的市场是不同的，即存在着不同的市场结构。市场结构就是市场竞争或垄断的程度。根据该行业中企业数量的多少、进入限制程度和产品差别，行业基本上可分为四种市场结构：完全竞争、垄断竞争、寡头垄断、完全垄断。

（1）完全竞争

完全竞争型市场是指竞争不受任何阻碍和干扰的市场结构。其特点是：

①生产者众多，各种生产资料可以完全流动。

②产品不论是有形的或是无形的，都是同质的、无差别的。

③没有一个企业能够影响产品的价格，企业永远是价格的接受者而不是价格的制定者。

④企业的盈利基本上由市场对产品的需求来决定。

⑤生产者可自由进入或退出这个市场。

⑥市场信息对买卖双方都是畅通的，生产者和消费者对市场情况非常了解。

从上述特点可以看出，完全竞争是一个理论上的假设，该市场结构得以形成的根本因素在于企业产品的无差异，所有的企业都无法控制产品的市场价格。在现实经济中，完全竞争的市场类型是少见的，初级产品（如农产品）的市场类型较类似于完全竞争。

（2）垄断竞争

垄断竞争型市场是指既有垄断又有竞争的市场结构。在垄断竞争型市场上，每家企业都在市场上具有一定的垄断力，但它们之间又存在激烈的竞争。其特点是：

①生产者众多，各种生产资料可以流动。

②生产的产品同种但不同质，即产品之间存在着差异。产品的差异性是指各种产品之间存在着实际或想象上的差异。这是垄断竞争与完全竞争的主要区别。

③由于产品差异性的存在，生产者可以树立自己产品的信誉，从而对其产品的价格有一定的控制能力。可以看出，垄断竞争型市场中有大量企业，但没有一个企业能有效影响其他企业的行为。该市场结构中，造成垄断现象的原因是产品差别；造成竞争现象的是产品同种，即产品的可替代性。在国民经济各行业中，制成品（如纺织、服装等轻工业产品）的市场类型一般都属于垄断竞争。

（3）寡头垄断

寡头垄断型市场是指相对少量的生产者在某种产品的生产中占据很大的市场份额，从而控制了这个行业的供给的市场结构。

该市场结构得以形成的原因有：

①这类行业初始投入资本较大，阻止了大量中小企业的进入。

②这类产品只有在大规模生产时才能获得好的效益，这就会在竞争中自然淘汰大量的中小企业。

在寡头垄断的市场上，由于这些少数生产者的产量非常大，因此他们对市场的价格和交易具有一定的垄断能力。同时，由于只有少量的生产者生产同一种产品，因而每个生产者的价格政策和经营方式及其变化都会对其他生产者产生重要影响。

因此，在这个市场上，通常存在着一个起领导作用的企业，其他企业跟随该企业定价与经营方式的变化而相应进行某些调整。资本密集型、技术密集型产品，如钢铁、汽车等重工业以及少数储量集中的矿产品如石油等的市场多属这种类型。因为生产这些产品所必需的巨额投资、复杂的技术或产品储量的分布限制了新企业对这个市场的侵入。

（4）完全垄断

完全垄断型市场是指独家企业生产某种特质产品的情形，即整个行业的市场完全处于一家企业所控制的市场结构。特质产品是指那些没有或缺少相近的替代品的产品。

完全垄断可分为两种类型：

①政府完全垄断。通常在公用事业中居多，如国有铁路、邮电等部门。

②私人完全垄断。如根据政府授予的特许专营，或根据专利生产的独家经营以及由于资本雄厚、技术先进而建立的排他性的私人垄断经营。

完全垄断型市场结构的特点是：

①市场被独家企业所控制，其他企业不可以或不可能进入该行业。

②产品没有或缺少相近的替代品。

③垄断者能够根据市场的供需情况制定理想的价格和产量，在高价少销和低价多销之间进行选择，以获取最大的利润。

④垄断者在制定产品的价格与生产数量方面的自由性是有限度的，要受到有关反垄断法和政府管制的约束。

在当前的现实生活中没有真正的完全垄断型市场，每个行业都或多或少地引进了竞争。公用事业（如发电厂、煤气公司、自来水公司和邮电通信等）和某些资本、技术高度密集型或稀有金属矿藏的开采等行业属于接近完全垄断的市场类型。

3. 行业的竞争结构分析

迈克尔·波特认为，一个行业激烈竞争的局面源于其内在的竞争结构。一个行业内存在着五种基本竞争力量，即潜在入侵者、替代产品、供方、需方以及行业内现有竞争者。

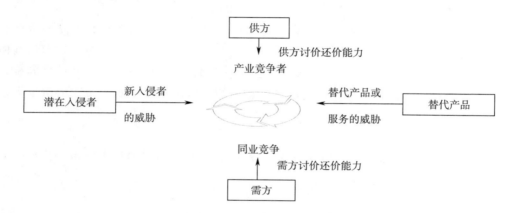

从静态角度看，这五种基本竞争力量的状况及其综合强度决定着行业内的竞争激烈程度，决定着行业内的企业可能获得利润的最终潜力。从动态角度看，这五种竞争力量抗衡的结果共同决定着行业的发展方向，共同决定行业竞争的强度和获利能力。但是，各种力量的作用是不同的，常常是最强的某个力量或某几个力量处于支配地位、起着决定性的作用。例如，一个企业在某行业中处于极为有利的市场地位时，潜在的加入者可能不会对它构成威胁。但如果它遇到了高质量、低成本的替代品竞争时，可能会失去其有利的市场地位，只能获得低的收益。有时，即使没有替代品和大批的加入者，现有竞争者之间的激烈抗衡也会限制该企业的潜在收益。

五种力量中每种力量的优势都是行业结构或作为行业基础的经济特征和技术特征的一个函数。行业结构是相对稳定的，但又随行业发展的进程而变化。结构变化改变了竞争力量总体的相对强度，从而能够以积极或消极的方式影响行业的盈利能力。

4. 行业的经济周期分析

通常，每个行业都要经历一个由成长到衰退的发展演变过程。这个过程便称为行业的生命周期。一般来说，行业的生命周期可分为幼稚期、成长期、成熟期和衰退期。

（1）幼稚期

一个行业的萌芽和形成，最基本和最重要的条件是人们的物质文化需求。社会的物质文化需要是行业经济活动的最基本动力。资本的支持与资源的稳定供给是行业形成的基本保证。行业形成的方式有三种：分化、衍生和新生长。分化是指新行业从原行业（母体）中分离出来，分解为一个独立的新行业，比如电子工业从机械工业中分化出来，石化行业从石油工业中分化出来等。衍生是指出现与原有行业相关、相配套的行业，如汽车业衍生出来的汽车修理业，房地产业衍生出来的房地产咨询业等。新生长方式是指新行业以相对独立的方式进行，并不依附于原有行业。这种行业的产生往往是科学技术产生突破性进步的结果，经常萌芽于实验室或者科技园区。

在这一阶段，由于新行业刚刚诞生或初建不久，只有为数不多的投资公司投资于这个新兴的行业。另外，创业公司的研究和开发费用较高，而大众对其产品尚缺乏全面了解，致使产品市场需求狭小，销售收入较低，因此这些创业公司财务上可能不但没有盈利，反而出现较大亏损。

同时，较高的产品成本和价格与较小的市场需求之间的矛盾使创业公司面临很大的市场风险，而且还可能因财务困难而引发破产风险。因此，这类企业更适合投机者和创业投资者。

在幼稚期后期，随着行业生产技术的成熟、生产成本的降低和市场需求的扩大，新行业逐步由高风险、低收益的幼稚期迈入高风险、高收益的成长期。

（2）成长期

行业的成长实际上就是行业的扩大再生产。各个行业成长的能力是有差异的。成长能力主要体现在生产能力和规模的扩张、区域的横向渗透能力以及自身组织结构的变革能力。

判断一个行业的成长能力，可以从以下几个方面考察：

①需求弹性。一般而言，需求弹性较高的行业成长能力也较强。

②生产技术。技术进步快的行业，创新能力强，生产率上升快，容易保持优势地位，其成长能力也强。

③产业关联度。产业关联度强的行业，成长能力也强。

④市场容量与潜力。市场容量和市场潜力大的行业，其成长空间也大。

⑤行业在空间的转移活动。行业在空间转移活动停止，一般可以说明行业成长达到市场需求边界，成长期也就进入尾声。

⑥产业组织变化活动。在行业成长过程中，一般伴随着行业中企业组织不断向集团化、大型化方向发展。

在成长期的初期，企业的生产技术逐渐成形，市场认可并接受了行业的产品，产品的销量迅速增长，市场逐步扩大，然而企业可能仍然处于亏损或者微利状态，需要外部资金注入以增加设备、人员，并着手下一代产品的开发。进入加速成长期后，企业的产品和劳务已为广大消费者接受，销售收入和利润开始加速增长，新的机会不断出现，但企业仍然需要大量资金来实现高速成长。在这一时期，拥有较强研究开发实力、市场营销能力、雄厚资本实力和畅通融资渠道的企业逐渐占领市场。这个时期的行业增长非常迅猛，部分优势企业脱颖而出，投资于这些企业的投资者往往获得极高的投资回报，所以成长期阶段有时被称为投资机会时期。

随着市场需求上升，新行业也随之繁荣起来。投资于新行业的厂商大量增加，产品也逐步从单一、低质、高价向多样、优质和低价方向发展，出现了生产厂商之间和产品之间相互竞争的局面。这种状况会持续数年或数十年。其间，市场竞争不断加剧、产品产量不断增加、生产厂商数量也不断增加。进入成长期后期，生产厂商不仅依靠扩大产量和提高市场份额获得竞争优势，还需不断提高生产技术水平，降低成本，研制和开发新产品，从而战胜或紧跟竞争对手、维持企业的生存。

这一时期企业的利润虽然增长很快，但所面临的竞争风险也非常大，破产率与被兼并率相当高。由于市场竞争优胜劣汰规律的作用，市场上生产厂商的数量会在一个阶段后出现大幅度减少，之后开始逐渐稳定下来。由于市场需求趋向饱和，产品的销售增长率减慢，迅速赚取利润的机会减少，整个行业便开始进入成熟期。

（3）成熟期

行业成熟表现在以下四个方面：

①产品的成熟。产品的成熟是行业成熟的标志。产品的基本性能、式样、功能、规格、结构都将趋向成熟，且已经被消费者习惯使用。

②技术上的成熟，即行业内企业普遍采用的是适用的且至少有一定先进性、稳定性的技术。

③生产工艺的成熟。

④产业组织上的成熟。也就是说，行业内企业间建立起了良好的分工协作关系，市场竞争是有效的，市场运作规则合理，市场结构稳定。

行业的成熟期是一个相对较长的时期。具体来看，各个行业成熟期的时间长短往往有所区别。一般而言，技术含量高的行业成熟期历时相对较短，而公用事业行业成熟期持续的时间较长。行业处于成熟期的特点主要有：

①企业规模空前、地位显赫，产品普及程度高。

②行业生产能力接近饱和，市场需求也趋于饱和，买方市场出现。

③构成支柱产业地位，其生产要素份额、产值、利税份额在国民经济中占有一席之地。但通常在短期内很难识别一个行业何时真正进入成熟期。

进入成熟期的行业市场已被少数资本雄厚、技术先进的大厂商控制，各厂商分别占有自己的市场份额，整个市场的生产布局和份额在相当长的时期内处于稳定状态。厂商之间的竞争手段逐渐从价格手段转向各种非价格手段，如提高质量、改善性能和加强售后服务等。行业的利润由于一定程度的垄断达到了较高的水平，而风险却因市场结构比较稳定、新企业难以进入而较低。

在行业成熟期，行业增长速度降到一个适度水平。在某些情况下，整个行业的增长可能会完全停止，其产出甚至下降。行业的发展很难较好地保持与国民生产总值同步增长。当然，由于技术创新、产业政策、经济全球化等各种原因，某些行业可能会在进入成熟期之后迎来新的增长。

（4）衰退期

行业衰退是客观的必然，是行业经济新陈代谢的表现。行业衰退可以分为自然衰退和偶然衰退。自然衰退是一种自然状态下到来的衰退。偶然衰退是指在偶然的外部因素作用下，提前或者延后发生的衰退。行业衰退还可以分为绝对衰退和相对衰退。绝对衰退是指行业本身内在的衰退规律起作用而发生的规模萎缩、功能衰退、产品老化。相对衰退是指行业因结构性原因或者无形原因引起行业地位和功能发生衰减的状况，而并不一定是行业实体发生了绝对的萎缩。

衰退期出现在较长的稳定期之后。由于大量替代品的出现，原行业产品的市场需求开始逐渐减少，产品的销售量也开始下降，某些厂商开始向其他更有利可图的行业转移资金，因而原行业出现了厂商数目减少、利润水平停滞不前或不断下降的萧条景象。至此，整个行业便进入了衰退期。但在很多情况下，行业的衰退期往往比行业生命周期的其他三个阶段的总和还要长，大量的行业都是衰而不亡，甚至会与人类社会长期共存。例如，钢铁业、纺织业在衰退，但是人们却看不到它们的消亡。烟草业更是如此，难有终期。

综上所述，在一个行业生命周期的不同阶段会表现出不同特点，如下图所示。

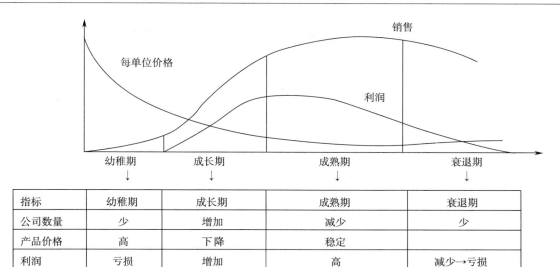

指标	幼稚期	成长期	成熟期	衰退期
公司数量	少	增加	减少	少
产品价格	高	下降	稳定	
利润	亏损	增加	高	减少→亏损
风险	高	高	降低	增大

5. 目前国家主要产业政策的相关规定

产业政策是国家干预或参与经济的一种形式，是国家（政府）系统设计的有关产业发展的政策目标和政策措施的总和。一般认为，产业政策可以包括产业结构政策、产业组织政策、产业技术政策和产业布局政策等部分。其中，产业结构政策与产业组织政策是产业政策的核心。

（1）产业结构政策

产业结构政策是选择行业发展重点的优先顺序的政策措施，其目标是促使行业之间的关系更协调、社会资源配置更合理，使产业结构高级化。产业结构政策是一个政策系统，主要包括以下内容：

①产业结构长期构想。它是根据现阶段发展水平和进一步发展的要求，遵循产业发展演变的规律，提出在较长一段时期内产业发展的目标和方向。

②对战略产业的保护和扶植。对战略产业的保护和扶植政策是产业结构政策的重点。所谓战略产业，一般是指具有较高需求弹性和收入弹性、能够带动国民经济其他部门发展的产业。

③对衰退产业的调整和援助。对衰退产业的调整和援助政策主要包括限制进口、财政补贴、减免税等。对衰退产业及时进行救援和调整，有利于减少经济损失、避免社会动乱。

（2）产业组织政策

产业组织政策是调整市场结构和规范市场行为的政策，以"反对垄断、促进竞争、规范大型企业集团、扶持中小企业发展"为主要核心，其目的在于实现同一产业内企业组织形态和企业间关系的合理化。产业组织政策主要包括以下内容：

①市场秩序政策。其目的在于鼓励竞争、限制垄断。

②产业合理化政策。其目的在于确保规模经济的充分利用，防止过度竞争。

③产业保护政策。其目的在于减小国外企业对本国幼稚产业的冲击。

（3）产业技术政策

产业技术政策是促进产业技术进步的政策，是产业政策的重要组成部分。它主要包括两方面内容：

①产业技术结构的选择和技术发展政策。主要涉及制定具体的技术标准，规定各产业的技术发展方向，鼓励采用先进技术等方面。

②促进资源向技术开发领域投入的政策。主要包括技术引进政策、促进技术开发政策和基础技术研究的资助与组织政策。

（4）产业布局政策

产业布局是产业存在和发展的空间形式。产业布局政策的目标是实现产业布局的合理亿。

（5）我国目前主要产业政策的相关规定

我国比较系统地实行产业政策是在20世纪80年代后半期。在此以前，产业政策的内容主要体现在国民经济发展计划之中。1988年，原国家发展计划委员会成立了产业政策司；1989年2月14日，国务院颁布了《中国产业政策大纲》，在政府文件中首次使用"产业政策"一词；1989年3月15日，国务院发布《关于当前产业政策要点的决定》，成为我国第一个正式的产业政策。进入20世纪90年代，我国产业政策工作逐渐步入正轨，国家先后制定并颁布了一系列的产业政策、规划。

我国目前实行的主要产业政策有2013年12月国务院发布的《政府核准的投资项目目录（2013年本）》、2014年8月国家发展改革委发布的《西部地区鼓励类产业目录》、2015年3月由国家发展改革委和商务部联合发布的《外商投资产业指导目录（2015年修订)》以及国务院2016年11月发布的《"十三五"国家战略性新兴产业发展规划》等。

（三）公司基本分析与财务分析

就投资者个人而言，宏观分析与行业分析难度均较大，不具备分析基础，而相对简单、直接且行之有效的就是公司分析。

公司分析包括公司基本分析和公司财务分析。

1. 公司基本分析

公司基本分析主要是对公司的基本情况进行的分析，主要包括公司行业地位分析、公司经济区位分析、公司产品竞争能力分析、公司经营能力分析、公司盈利能力分析、公司偿债能力分析及公司成长性分析等，此处不再展开说明。

2. 公司财务分析

公司的财务分析包括公司主要财务报表分析、公司财务比率分析及会计报表附注分析。其中，财务报表分析包括对资产负债表、利润表、现金流量表及所有者权益变动表的分析，财务比率分析包括偿债能力分析、营运能力分析、盈利能力分析及现金流分析等。具体内容不再展开说明。

三、股票估值

股票估值方法分为绝对估值法与相对估值法，后者又叫可比公司估值法。绝对估值法主要有现金流贴现模型，也有人采用实物期权定价法、资产评估法等方法为股票估值，以下主要介绍现金流贴现模型绝对估值法与相对估值法。

（一）绝对估值法

现金流贴现模型（Discounted Cash Flow，DCF）是运用收入的资本化定价方法来决定普通股票内在价值的方法。按照收入的资本化定价方法，任何资产的内在价值是由拥有资产的投资者在未来时期所接受的现金流决定的。由于现金流是未来时期的预期值，因此必须按照一定的贴现率返还成现值。也就是说，一种资产的内在价值等于预期现金流的贴现值。常用的现金流贴现模型有两类，一是股利贴现模型，二是自由现金流贴现模型。

1. 股利贴现模型

（1）一般公式

$$P_0 = \frac{D_1}{1+k} + \frac{D_2}{(1+k)^2} + \frac{D_3}{(1+k)^3} + \cdots + \frac{D_\infty}{(1+k)^\infty}$$

$$= \sum_{t=1}^{\infty} \frac{D_t}{(1+k)^t}$$

式中，P_0 为股票在期初的内在价值；D_t 为时期 t 末以现金形式表示的每股股息；k 为一定风险程度下现金流的适合贴现率，即必要收益率。

在上述公式中，假定所有时期内的贴现率都是一样的。需要指出的是，股票期初的内在价值与该股票的投资者在未来时期是否中途转让无关。根据公式，可以引出净现值的概念。净现值（NPV）等于内在价值（P_0）与成本（V）之差，即

$$NVP = P - V = \sum_{t=1}^{\infty} \frac{D_t}{(1+k)^t} - V$$

式中，V 为在 $t=0$ 时购买股票的成本。

如果 $NPV>O$，意味着所有预期的现金流入的现值之和大于投资成本，即这种股票被低估价格，因此购买这种股票可行。

如果 $NPV<O$，意味着所有预期的现金流入的现值之和小于投资成本，即这种股票价格被高估，因此不可购买这种股票。

（2）内部收益率

内部收益率就是指使投资净现值等于零的贴现率。如果用 k^* 代表内部收益率，根据内部收益率的定义可得下式：

$$NVP = P - V = \sum_{t=1}^{\infty} \frac{D_t}{(1+k)^t} - V$$
$$= 0$$
$$V = \sum_{t=1}^{\infty} \frac{D_t}{(1+k)^t}$$

由此可见，内部收益率实际上是使未来股息流贴现值恰好等于股票市场价格的贴现率。

由上述公式可以解出内部收益率 k^*。将 k^* 与具有同等风险水平股票的必要收益率 k 相比较：如果 $k^*>k$，则可以考虑购买这种股票；如果 $k^*<k$，则不要购买这种股票。

运用现金流贴现模型决定普通股票内在价值存在一个困难，即投资者必须预测所有未来时期支付的股息。由于普通股票没有一个固定的生命周期，因此通常要给无穷多个时期的股息流加上一些假定，以便于计算股票的内在价值。

这些假定始终围绕着股息增长率 g。一般假定相邻两个时期的股息 D_{t-1} 和 D_t 之间满足如下关系：

$$D_t = D_{t-1}(1+g)$$
$$g = \frac{D_t - D_{t-1}}{D_{t-1}} \times 100\%$$

例：若预期在 $t=3$ 时每股股息是 4 元，在 $t=4$ 时每股股息是 4.2 元，那么有：

$$g_4 = (4.2 - 4) \div 4 \times 100\% = 5\%$$

不同股息增长率的假定派生出不同类型的贴现现金流模型。

（3）零增长模型、不变增长模型及可变增长模型

①零增长模型

a. 零增长模型公式

零增长模型假定股息增长率等于零，即 $g=0$。也就是说，未来的股息按一个固定数量支付。

根据这个假定，我们用 D_0 来替换 D_t，得：

$$p = \sum_{t=1}^{\infty} \frac{D_0}{(1+k)^t} = D_0 \sum_{t=1}^{\infty} \frac{1}{(1+k)^t}$$

因为 $k>0$，按照数学中无穷级数的性质，可知：

$$\sum_{t=1}^{\infty} \frac{1}{(1+k)^t} = \frac{1}{k}$$

因此，零增长模型公式为：$P = \dfrac{D_0}{k}$

式中，P 为股票的内在价值；D_0 为未来每期支付的每股股息；k 为必要收益率。

例：假定某公司在未来每期支付的每股股息为 8 元，必要收益率为 10%，运用零增长模型，可知该公司股票的价值为 80 元（$=8 \div 0.1$）；而当时股票价格为 65 元，每股股票净现值为 15 元（$=80-65$）。这说明该股股票被低估 15 元，因此可以购买该种股票。

b. 内部收益率

零增长模型也可用于计算投资于零增长证券的内部收益率。用 k^*（内部收益率）替换 k，零增长模型可变形为：

$$P = \sum_{t=1}^{\infty} \frac{D_0}{(1+k^*)^t} = \frac{D_0}{k^*}$$

进行转换，可得：

$$k^* = \frac{D_0}{P} \times 100\%$$

利用这一公式计算上例中公司股票的内部收益率，其结果是：

$$k^* = 8 \div 65 \times 100\% = 12.31\%$$

由于该股票的内部收益率大于其必要收益率（12.31% > 10%），表明该公司股票价格被低估了。

c. 应用

零增长模型的应用似乎受到相当的限制，毕竟假定对某一种股票永远支付固定的股息是不合理的，但在特定的情况下，对于决定普通股票的价值仍然是有用的。在决定优先股的内在价值时这种模型相当有用，因为大多数优先股支付的股息是固定的。

②不变增长模型

a. 公式

不变增长模型可以分为两种形式：一种是股息按照不变的增长率增长；另一种是股息以固定不变的绝对值增长。相比之下，前者比后者更为常见。因此，我们主要对股息按照不变增长率增长这种情况进行介绍。如果我们假设股息永远按不变的增长率增长，就可以建立不变增长模型。假设时期 t 的股息为：

$$D_t = D_{t-1}(1+g) = D_0(1+g)^t$$

将 $D_t = D_0(1+g)^t$ 代入现金流贴现模型公式中，可得：

$$P = \sum_{t=1}^{\infty} \frac{D_0(1+g)^t}{(1+k)^t} = D_0 \sum_{t=1}^{\infty} \frac{(1+g)^t}{(1+k)^t}$$

运用数学中无穷级数的性质，如果 $k>g$，可得：

$$\sum_{t=1}^{\infty} \frac{(1+g)^t}{(1+k)^t} = \frac{1+g}{k-g}$$

从而得出不变增长模型：

$$P = D_0 \frac{1+g}{k-g} = \frac{D_1}{k-g}$$

例：2010 年某公司支付每股股息为 1.80 元，预计在未来日子里该公司股票的股息按每年 5% 的速率增长。因此，预期下一年股息为 1.89 元 [= 1.80 × （1 + 5%）]。假定必要收益率是 11%，根据不变增长模型公式可知，该公司股票的价值为：

$$1.80 × （1 + 5\%） ÷ （11\% - 5\%） = 31.50 （元）$$

当前每股股票价格是 40 元，因此股票被高估 8.50 元，投资者应该出售该股票。

b. 内部收益率

利用不变增长模型同样可以用于求解股票的内部收益率。用 k^* 代替 k，其结果是：

$$P = D_0 \frac{1+g}{k^* - g}$$

经过变换，可得：

$$k^* = \left(D_0 \frac{1+g}{P} + g \right) × 100\% = \left(\frac{D_1}{P} + g \right)$$

用该公式来计算上例中公司股票的内部收益率，可得：

$$k^* = [1.80 × （1 + 0.05） ÷ 40 + 0.05] × 100\% = 9.73\%$$

由于该公司股票的内在收益率小于其必要收益率（9.73% < 11%），显示出该公司股票价格被高估。

c. 应用

零增长模型实际上是不变增长模型的一个特例。假定增长率 g 等于零，股息将永远按固定数量支付，这时不变增长模型就是零增长模型。从这两种模型来看，虽然不变增长的假设比零增长的假设有较小的应用限制，但是在许多情况下仍然被认为是不现实的。但由于不变增长模型是多元增长模型的基础，因此这种模型是极为重要的。

【注】重点掌握不变增长模型下股票价格和内部收益率的计算公式：$(1) P = D_0 × (1 + g)/(k - g)$；$(2) k = D_1 / P_0 + g$。

【真题回顾（2009）】某股票为固定增长股票，当前的市场价格是 40 元，每股股利是 2 元，固定增长率为 5%，则期望报酬率为（　　　）。

A. 5%　　　　　　　B. 5.5%　　　　　　　C. 10%　　　　　　　D. 10.25%

答案：D

解析：本题中 $D_0 = 2$，$P = 40$，$g = 5\%$，$K = D_1/P + g = 2 × （1 + 5\%）/40 + 5\% = 10.25\%$。

③可变增长模型

零增长模型和不变增长模型都对股息的增长率进行了一定的假设。事实上，股息的增长率是变化不定的，因此，零增长模型和不变增长模型并不能很好地在现实中对股票的价值进行评估。可变增长模型仍然需要假设其可变的阶段，通常情况下为二阶段增长假设，即假定在时间 L 以前，股息以一个不变的增长速度 g_1 增长；在时间 L 后，股息以另一个不变的增长速度 g_2 增长。其计算公司可以分成两段来进行折现，因"保代"考试新制度以来关于股票绝对估值的计算尚未涉及过考题，过往考试也是集中考不变增长模型，因此，这里对可变增长模型的二阶模型计算不再列举。

2. 自由现金流贴现模型

通常，可以将自由现金流分为企业实体自由现金流和股东自由现金流两种。

（1）企业实体现金流贴现模型

$$企业实体价值 = \sum_{t=1}^{\infty} \frac{实体自由现金流量_t}{(1 + 加权平均资本成本)^t}$$

【注1】公式中加权平均资本成本英文简写为 $WACC$，其计算公式为 $WACC = \frac{E}{E + D} \times K_E + \frac{D}{E + D} \times K_D \times (1 - T)$。

式中，E 为股票市值；D 为负债市值（通常采用账面值）；T 为公司所得税税率；K_E 为公司股本成本；K_D 为公司负债成本。

【注2】由公式可见，加权平均资本成本是影响企业实体价值的关键因素之一，对公司整体价值的计算影响较大。

【注3】公司每股股票价值的计算，分为三个步骤：第一步，根据预期企业自由现金流数值，用加权平均资本成本作为贴现率，计算企业的总价值；第二步，用企业总体价值减去企业的负债价值，得到企业股权价值；第三步，用企业股权价值除以发行在外的总股数，即可获得每股价格。

例：某公司的上年度自由现金流为 5 000 000 元，预计今年自由现金流增长率为 5%，公司的负债比率（负债/总资产）为 20%，股票投资者必要收益率为 16%，负债的税前成本为 8%，税率为 25%，公司负债市场价值 11 200 000 元，公司现有 2 000 000 股普通股发行在外。则该公司股价为：

步骤一：确定现金流

本年自由现金流 = 5 000 000 × （1 +5%） = 5 250 000（元）

步骤二：确定贴现率（WACC）

WACC = 0.8 ×16% +0.2 ×8% × （1 −25%） =12.8% +1.2% =14%

步骤三：计算出股票价值

公司价值 = 5 250 000/ （14% −5%） =58 333 333（元）

公司股权价值 = 58 333 333 − 11 200 000 = 47 133 333（元）

每股内在价值 = 47 133 333/2 000 000 = 23.57（元）

（2）股东自由现金流贴现模型

$$股权价值 = \sum_{t=1}^{\infty} \frac{股权现金流量_t}{(1 + 加权平均资本成本)^t}$$

股权现金流量是一定期间企业可以提供给股权投资人的现金流量，它等于企业实体现金流量扣除对债权人支付后剩余的部分，也可以称为"股权自由现金流量"。

计算步骤。首先计算未来各期股权现金流量，确定股东要求的必要回报率，作为贴现率计算企业的权益价值，进而计算出股票的内在价值。

例：某公司去年股东自由现金流为 1 347 000 元，预计今年增长 5%。公司现有 2 000 000 股普通股发行在外，股东要求的必要回报率为 8%。

则该公司股价计算为：

步骤一：确定未来现金流

本年自由现金流 = 1 347 000 × （1 +5%） = 1 414 350（元）

步骤二：计算股票内在价值

根据固定增长模型进行贴现，公司股权价值 = 1 414 350/ （8% −5%） = 47 145 000（元）

股票内在价值 = 47 145 000/2 000 000 = 23.57（元）

（二）相对估值方法

相对价值模型分为两大类，一类是以股票市价为基础的模型，包括每股市价/每股收益、每股市价/每股净资产、每股市价/每股销售收入等模型。另一类是以企业实体价值为基础的模型，包括实体价值/息税折旧摊销前利润（EV/EBITDA）、实体价值/税后净经营利润、实体价值/实体现金流量、实体价值/投资资本、实体价值/销售收入等模型。以下仅介绍常用的股票市价模型。

1. 市盈率法

（1）基本模型

市盈率（P/E），是每股市价与每股收益之间的比率。

$$市盈率 = 每股市价 / 每股收益$$

$$目标企业每股价值 = 可比企业市盈率 \times 目标企业每股收益$$

【注】计算每股收益的净利润需扣除优先股股息。

（2）模型原理

$$本期市盈率 = \frac{股利支付率 \times (1 + 增长率)}{股权成本 - 增长率}$$

$$内在市盈率 = \frac{股利支付率}{股权成本 - 增长率}$$

可见影响市盈率的驱动因素有：股利支付率、增长潜力（增长率）及风险（股权成本与风险相关），关键因素为增长潜力。

（3）模型的优缺点

市盈率模型的优点：①计算市盈率的数据容易取得，且计算简单；②市盈率把价格和收益联系起来，直观地反映了投入和产出的关系；③市盈率涵盖了风险补偿率、增长率、股利支付率的影响，具有很高的综合性。

市盈率模型的缺点：如果收益是负值，市盈率就失去了意义。因此，市盈率模型最适合连续盈利，并且 β 值接近于 1 的企业。

2. 市净率法

（1）基本模型

市净率（P/B），是每股市价与每股净资产的比率。

$$市净率 = 每股市价 / 每股净资产$$

$$目标企业每股价值 = 可比企业市净率 \times 目标企业每股净资产$$

（2）模型原理

$$本期市净率 = \frac{权益净利率 \times 股利支付率 \times (1 + 增长率)}{股权成本 - 增长率}$$

$$本期市净率 = \frac{权益净利率 \times 股利支付率}{股权成本 - 增长率}$$

市净率的驱动因素有：权益净利率、股利支付率、增长潜力（增长率）及风险，关键因素为权益净利率。

【注】市净率与市盈率相比，前者通常用于考察股票的内在价值，多为长期投资者所重视；后者通常用于考察股票的供求状况，更为短期投资者所关注。市净率与市盈率之间存在如下关系：（P/B）／（P/E）＝E/B＝ROE，或者说，P/B＝P/E×ROE。因此，在市盈率相同的情况下，公司的权益收益率越高，该公司的市净率也就越高。

（3）模型的优缺点

市净率模型的优点：①净利润为负的企业不能用市盈率进行估值，而市净率极少为负值，可用于大多数企业；②净资产账面价值的数据容易取得，并且容易理解；③净资产账面价值比较稳定，不像利润那样经常被人为操纵；④如果会计标准合理且企业会计政策一致，市净率的变化可以反映企业价值的变化。

市盈率的缺点：①账面价值受会计政策选择的影响，如果各企业执行不同的会计标准或会计政策，市净率会失去可比性；②固定资产很少的服务性企业和高科技企业，净资产与企业价值关系不大，其市净率比较没有什么实际意义；③少数企业净资产为负值，市净率没有意义，无法进行比较。

因此，市净率法主要适用于需要拥有大量资产、净资产为正值的企业。

3. 市销率法

（1）基本模型

市销率（P/S）为每股市价与每股销售收入的比率。

$$市销率 = 每股市价 / 每股销售收入$$

$$目标企业每股价值 = 可比企业市销率 \times 目标企业每股销售收入$$

（2）模型原理

$$本期市销率 = \frac{销售净利率 \times 股利支付率 \times (1 + 增长率)}{股权成本 - 增长率}$$

$$内在市销率 = \frac{销售净利率 \times 股利支付率}{股权成本 - 增长率}$$

市销率的驱动因素有：销售净利率、股利支付率、增长率和股权成本，关键因素为销售净利率。

（3）模型的优缺点

市销率模型的优点：①不会出现负值，对于亏损企业和资不抵债的企业，也可以计算出一个有意义的价值乘数；②比较稳定、可靠，不容易被操纵；③市销率对价格政策和企业战略变化敏感，可以反映这种变化的后果。

市盈率的缺点：不能反映成本的变化，而成本是影响企业现金流量和价值的重要因素之一。

因此，市销率法主要适用于销售成本率较低的服务类企业，或者销售成本率趋同的传统行业的企业。

【说明】本期市盈率、市净率、市销率公式中均有共同的要素——股利支付率、增长率和股权成本，因此，在选择可比公司进行估值的时候，股利支付率本身对于不同企业来说可能股利政策不同，因其股利政策的不同将会导致其股票价值的不同。而为了能够保证可比公司于目标公司具有一定的可比性，在选择可比公司时，应当选择风险和成长性相近的公司进行比较。

4. 市值回报增长比

市值回报增长比（PEG）是市盈率对公司利润增长率的倍数，计算公式为：市值回报增长比 = 市盈率 / 增长率。

比如，一只股票当前的市盈率为20倍，其未来预期每股收益复合增长率为20%，那么这只股票的PEG就是1。当PEG等于1时，表明市场赋予这只股票的估值可以充分反映其未来业绩的成长性。如果PEG大于1，则这只股票的价值就可能被高估，或市场认为这家公司的业绩成长性会高于市场的预期。

通常，成长型股票的PEG都会高于1，甚至在2以上，投资者愿意给予其高估值，表明这家公司未来很有可能会保持业绩的快速增长，这样的股票就容易有超出想象的市盈率估值。当 PEG 小于 1 时，要么是市场低估了这只股票的价值，要么是市场认为其业绩成长性可能比预期的要差。通常价值型股票的 PEG 都会低于 1，以反映低业绩增长的预期。

【真题回顾（1509）】 甲公司 2014 年净利润为 6 000 万元，全部普通股的加权平均数为 5 000 万股，优先股数为 1 500 万股，优先股的股息为每股 1 元，2014 年末普通股价格为 18 元，则 2014 年末的市盈率为（　　）。

A. 10　　　　　　　　　B. 12　　　　　　　　　C. 16　　　　　　　　　D. 18

E. 20

答案：E

解析：（6 000 − 1 500）/5 000 = 0.9，18/0.9 = 20。

【真题回顾（1511）】 某上市公司因筹资需要计算市销率，则下列能计算出市销率指标的组合是（　　）。

A. 公司的销售收入　　　　　　　　　　　B. 每股股票的市场价格

C. 公司股票总市值　　　　　　　　　　　D. 公司普通股股数

E. 公司优先股股数

答案：ABD

解析：公司的销售收入/公司普通股股数，计算出每股销售收入，每股市价/每股销售收入，即为市销率。实际上本题股票总市值/公司的销售收入同样可以计算出市销率，且与前面计算结果一致。

【模拟练习】 下列关于股票估值模型的说法，正确的是（　　）。

A. 可比公司法估值时，可以采用 EV/EBITDA 比率指标，该指标的含义是企业价值与利息、所得税、折旧与摊销前收益的比率

B. 可比公司估值时，应当选择风险和成长性相近的公司进行比较

C. 公司每股股票价值等于公司总价值剔除公司负债价值后除以发行在外的总股本计算得出

D. 贴现现金流量法估值时，公司加权平均资本成本对公司整体价值的计算影响不大

答案：ABC

解析：D，加权平均资本成本是折现率，直接影响公司整体价值的计算。

第三节　债券估值

【大纲要求】

内容		程度
1. 债券估值	（1）债券价值的计算、债券收益率的计算、债券转让价格的近似计算	掌握
	（2）债券利率期限结构的概念、类型、理论	掌握
	（3）影响债券估值定价的内部因素和外部因素	熟悉
2. 金融期权估值	（1）金融期权的内在价值与时间价值	掌握
	（2）影响金融期权价格的主要因素	熟悉

续表

内容			程度
3. 可转债估值	（1）可转债的价值	①可转债的投资价值、转换价值与理论价值的计算	掌握
		②可转债的市场价值与投资价值和转换价值之间的关系	掌握
	（2）可转债的转换平价、转换升水、转换贴水的概念及计算		掌握
	（3）可转债中债券价值部分的计算与股票期权价值部分的计算模型		掌握
	（4）影响可转债价值的因素		—

【内容精讲】

一、债券估值

（一）债券价值的计算、收益率的计算、转让价格的近似计算

1. 债券价值的计算

（1）债券估价的基本模型

典型的债券是固定利率、每年计算并支付利息、到期归还本金。按照这种模式，债券价值计算的基本模型是：

$$PV = \frac{I_1}{(1+i)^1} + \frac{I_2}{(1+i)^n} + \cdots + \frac{I_n}{(1+i)^n} + \frac{M}{(1+i)^n}$$

式中，PV 为债券价值；I 为每年的利息；M 为到期的本金；i 为折现率，一般采用当时的市场利率或投资人要求的必要报酬率；n 为债券到期前的年数。

（2）债券估计的其他模型

主要包括平息债券、纯贴现债券、永久债券、流通债券等，此处不予展开说明。

2. 债券收益率的计算

（1）当期收益率（Current Yield）

当期收益率是指债券的年利息收入与买入债券实际价格的比例。

$$当期收益率 = 每年利息收益/债券价格 \times 100\%$$

（2）到期收益率（Yield to Maturity），又称内部到期收益率

债券的收益水平通常用到期收益率来衡量。到期收益率是指以特定价格购买债券并持有至到期日所能获得的收益率。它是使未来现金流量现值等于债券购入价格的折现率。

计算到期收益率的方法是求解含折现率的方程，即

$$购进价格 = 每年利息 \times 年金现值系数 + 面值 \times 复利现值系数$$

$$P = I \times (p/A, i, n) + M \times (p/s, i, n)$$

式中，P 为债券的价格；I 为每年的利息；M 为面值；n 为到期的年数；i 为折现率。

例：ABC 公司 2001 年 2 月 1 日用平价购买一张面额为 1 000 元的债券，其票面利率为 8%，每年 2 月 1 日计算并支付一次利息，并于 5 年后的 1 月 31 日到期。该公司持有该债券至到期日，计算其到期收益率。

$$1\,000 = 80 \times (p/A, i, 5) + 1\,000 \times (p/s, i, 5)$$

求解 i 即可。

【注】债券的不同发行方式下债券收益率与票面利率的关系总结如下：

（1）折价发行：票面利率＜收益率

（2）平价发行：票面利率＝收益率

（3）溢价发行：票面利率＞收益率

【真题回顾（2010）】投资者要求的必要报酬率为10％，则以下债券收益率最低的是（　　）。

A. 面值1 000，票面利率11％ 两年到期，每年付息一次

B. 面值1 000，票面利率11％ 两年到期，每半年付息一次

C. 面值1 000，票面利率12％ 两年到期，到期一次还本付息

D. 面值1 000，无付息，两年到期，以810折价发行

答案：A

解析：本题用终值解题比较方便些，比较几种债券相同期间债券终值的大小。

A ＝ 1 000 × 1.11 × 1.11 ＝ 1 232

B ＝ 1 000 × 1.055 × 1.055 × 1.055 × 1.055 ＝ 1 238

C ＝ 1 000 × （1 ＋ 12% × 2）＝ 1 240

D ＝ 1 000 ÷ 810 × 1 000 ＝ 1 235（810 现值可在 2 年后得 1 000，则 1 000 现值在未来可得到的价值）

从上述终值可得选项为 A，即其收益率最低。

3. 转让价格的近似计算

买入者根据最终收益率计算债券的买入价格，最终收益率是指投资者将债券持有到期时的收益率。

卖出者根据持有期收益率计算债券的卖出价格，持有期收益率是指买入债券后持有一段时间，并在债券到期前将其出售所得到的收益率。

（1）贴现债券的转让价格

①贴现债券的买入价格

$$购买价格 ＝ 面额 / （1 ＋ 最终收益率）^{待偿期限}$$

②贴现债券的卖出价格

$$卖出价格 ＝ 买入价 × （1 ＋ 持有期间收益率）^{持有期限}$$

（2）一次性还本付息债券的转让价格

①买入价格

$$购买价格 ＝ （面额 ＋ 利息总额） / （1 ＋ 最终收益率）^{待偿期限}$$

②卖出价格

卖出价格 ＝ 买入价 × （1 ＋ 持有期间收益率）^{持有期限}（对于一次还本付息债券，因为卖方在到期前卖出，而丧失持有期间收益）

（3）附息债券的转让价格

①买入价格

$$P ＝ C / (1 + r) + \cdots + C / (1 + r)^n + M / (1 + r)^n$$

②卖出价格

卖出价格 ＝ 买入价 × （1 ＋ 持有期间收益率 × 持有期限）－ 年利息收入 × 持有期限

【注】对卖出者来说，持有期间利息收入是不折现的，而对买入者是要折现的。

例：某债券期限为 10 年，每年付息 1 次，利率为 10%，面值为 100 元，某投资者在该债券发行时买入，持有三年后卖出，若该投资者要求的必要收益率为 12%，该债券的卖出价格应为多少？

$$卖出价格 = 买入价 \times (1 + 持有期间收益率 \times 持有期限) - 年利息收入 \times 持有期限$$
$$= 100 \times (1 + 12\% \times 3) - 100 \times 10\% \times 3$$
$$= 106（元）$$

（二）债券利率期限结构的概念、类型、理论

1. 利率期限结构的概念

不同发行人发行的相同期限和票面利率的债券，其市场价格会不相同，从而计算出的债券收益率也不一样。反映在收益率上的这种区别，称为利率的风险结构。

相同的发行人发行的不同期限债券其收益率也不一样，这种不同期限的债券会有不同收益率的关系称为利率的期限结构。

2. 利率期限结构的类型

从形状上来看，收益率曲线主要包括四种类型，如下图所示。

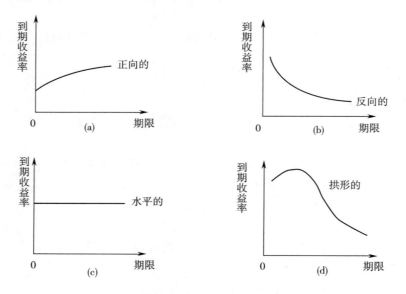

图（a）显示的是一条向上倾斜的利率曲线，表示期限越长的债券利率越高，这种曲线形状被称为正向的利率曲线。

图（b）显示的是一条向下倾斜的利率曲线，表示期限越长的债券利率越低，这种曲线形状被称为相反的或反向的利率曲线。

图（c）显示的是一条平直的利率曲线，表示不同期限的债券利率相等，这通常是正利率曲线与反利率曲线转化过程中出现的暂时现象。

图（d）显示的是拱形利率曲线，表示期限相对较短的债券，利率与期限呈正向关系；期限相对较长的债券，利率与期限呈反向关系。

3. 利率期限结构的理论

在任一时点上，都有以下 3 种因素影响期限结构的形状：对未来利率变动方向的预期、债券预期收益中可能存在的流动性溢价、市场效率低下或者资金从长期（或短期）市场向短期

（或长期）市场流动可能存在的障碍。利率期限结构理论就是基于这三种因素分别建立起来的。

（1）市场预期理论。市场预期理论又称为无偏预期理论，它认为利率期限结构完全取决于对未来即期利率的市场预期。如果预期未来即期利率上升，则利率期限结构呈上升趋势，反之呈下降趋势，利率期限结构与债券期限长短没有关系。

（2）流动性偏好理论。流动性偏好理论认为，债券的期限越长，流动性溢价越大，利率曲线的形状是由对未来利率的预期和延长偿还期所必需的流动性溢价共同决定的。如果预期利率上升，其利率期限结构是向上倾斜的；如果预期利率下降，下降的幅度较小，利率期限结构向上倾斜，但两条曲线趋于重合；如果预期利率下降较多，利率期限结构向下倾斜。在预期利率水平上升和下降的时期大体相当的条件下，期限结构上升的情况要多于下降的情况。如下图所示。

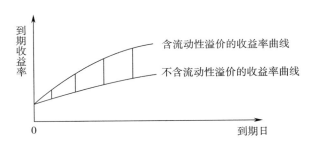

（3）市场分割理论。在市场分割理论下，利率期限结构取决于短期资金市场供求状况与长期资金市场供求状况的比较，或者说取决于短期资金市场供需曲线交叉点的利率与长期资金市场供需曲线交叉点的利率的对比。

如果短期资金市场供需曲线交叉点利率高于长期资金市场供需曲线交叉点利率，利率期限结构则呈向下倾斜的趋势。如果短期资金供需曲线交叉点利率低于长期资金市场供需曲线交叉点利率，利率期限结构则呈向上倾斜的趋势。

【模拟练习】以下关于利率期限结构的理论说法正确的有（　　）。

A. 市场预期理论认为，利率期限结构完全取决于对未来即期利率的市场预期，如果预期未来即期利率上升，则利率期限结构呈上升趋势，反之成下降趋势，利率期限结构与债券期限长短没有关系

B. 流动性偏好理论认为，债券的期限越长，流动性溢价越大，利率曲线的形状是由对未来利率的预期和延长偿还期所必需的流动性溢价共同决定的

C. 流动性偏好理论认为，如果预期利率上升，其利率期限结构是向上倾斜的；如果预期利率下降，其利率期限结构是向下倾斜的

D. 市场分割理论认为，利率期限结构取决于短期资金市场的供求状况与长期资金市场供求状况的比较，如果短期资金市场供需曲线交叉点利率高于长期资金市场供需曲线交叉点利率，利率期限结构呈向下倾斜趋势

答案：ABD

解析：C，流动性偏好理论认为，债券的期限越长，流动性溢价越大，利率曲线的形状是由对未来利率的预期和延长偿还期所必需的流动性溢价共同决定的。

①如果预期利率上升，其利率期限结构是向上倾斜的。

②如果预期利率下降，则分不同情况：下降的幅度较小，利率期限结构向上倾斜，但两条曲线趋于重合；预期利率下降较多，利率期限结构向下倾斜。

③在预期利率水平上升和下降的时期大体相当的条件下，期限结构上升的情况要多于期限结构下降的情况。

【模拟练习】以下关于利率期限结构的流动性偏好理论说法正确的有（　　）。

A. 流动性偏好理论认为，债券的期限越长，流动性溢价越大，利率曲线的形状是由对未来利率的预期和延长偿还期所必需的流动性溢价共同决定的

B. 如果预期利率上升，其利率期限结构是向上倾斜的

C. 如果预期利率下降的幅度较小，利率期限结构向上倾斜，但两条曲线趋于重合

D. 如果预期利率下降较多，利率期限结构向下倾斜

E. 在预期利率水平上升和下降的时期大体相当的条件下，期限结构下降的情况要多于期限结构上升的情况

答案：ABCD

解析：流动性偏好理论认为，债券的期限越长，流动性溢价越大，利率曲线的形状是由对未来利率的预期和延长偿还期所必需的流动性溢价共同决定的。

①如果预期利率上升，其利率期限结构是向上倾斜的。

②如果预期利率下降，则分不同情况：下降的幅度较小，利率期限结构向上倾斜，但两条曲线趋于重合；预期利率下降较多，利率期限结构向下倾斜。

③在预期利率水平上升和下降的时期大体相当的条件下，期限结构上升的情况要多于期限结构下降的情况。

（三）影响债券价值的因素

1. 内部因素

影响因素		与债券价值的关系	
（1）债券面值		正向：债券面值越大，债券价值越大	
（2）票面利率		正向：票面利率越高，债券价值越大	
（3）流动性		正向：流动性越强，债券价值越大	
（4）计息期	①折价发行债券：反向	计息期越多，价值越小	
	②溢价发行证券：正向	计息期越多，价值越大	
	③平价发行债券：无影响	债券价值＝面值，与计息期无关	
（5）折现率	反向：折现率越高，债券价值越小	①折现率＝债券利率，债券价值＝债券面值	
		②折现率＞债券利率，债券价值＜债券面值	
		③折现率＜债券利率，债券价值＞债券面值	
（6）到期时间	①折价发行债券：反向	到期时间越长，债券价值越小，越短则越大	
	②溢价发行证券：正向	到期时间越长，债券价值越大，越短则越小	
	③平价发行债券：无影响	折现率＝票面利率时，到期时间的长短对债券价值没有影响，债券价值＝面值，与到期时间无关	
（7）嵌入式条款	赎回条款	赎回期限越长，越有利于发行人，债券价值越低	
	回售条款	回售期限越长，越有利于投资者，债券价值越高	
（8）信用级别		正向：信用级别越低的债券，投资者要求的收益率越高，债券内在价值越低。反之则越高	

2. 外部因素

（1）税收待遇

免税债券（如政府债券）与应纳税债券相比，价值要大一些。

（2）市场总体利率水平

债券收益固定的情况下，市场总体利率上升，会导致债券内在价值下降。

（3）通货变动、外汇政策等经济环境也会对债券价值造成影响

【真题回顾（2011）】 以下关于债券价值的说法正确的有（　　）。

A. 市场利率低于票面利率时，增加债券期限可以增加债券价值

B. 市场利率不变的情况下，债券价值随着时间逐步向票面价格趋近

C. 市场利率高于票面利率时，债券到期时间越长，债券价值越大

D. 债券价值与市场利率呈正向关系，折现率越大，债券价值越大

E. 在市场利率和票面利率相等的时候，债券价值不会受到计息期和到期时间的影响

答案：ABE

解析：市场利率低于票面利率，此时债券溢价发行，计息期越长，价值越大，增加债券期限可以增加债券价值，A 正确；不管是折价发行的债券还是溢价发行的债券，随着时间的推移，债券价值逐渐向票面价值趋近，B 正确；市场利率高于票面利率时，为折价发行，到期时间越长，债券价值越小，C 错误；D 说反了；E 说法正确。

【真题回顾（1406）】 甲上市公司发行期限为 5 年、每年付息 1 次、到期还本的公司债券，以下关于债券价值的判断正确的有（　　）。

A. 当市场利率保持不变时，随着时间延续，债券价值逐渐接近其面值

B. 随着该债券到期时间的缩短，市场利率的变动对债券价值的影响越来越大

C. 如果该债券票面利率低于市场利率，债券将以折价方式出售

D. 如果该债券票面利率高于市场利率，将其发行方案改为发行期限为 6 年会导致债券价值上升

答案：ACD

解析：B，随着到期时间的缩短，市场利率的变动对债券价值的影响越来越小。

二、金融期权估值

（一）金融期权的内在价值与时间价值

金融期权是指其持有者能在规定的期限内按交易双方商定的价格购买或出售一定数量的某种金融工具的权利。金融期权是一种权利的交易，在期权交易中，期权的买方为获得期权合约所赋予的权利而向期权的卖方支付的费用就是期权的价格。期权的价格从理论上说由两部分组成，即内在价值和时间价值。

1. 内在价值

金融期权的内在价值也称履约价值，是期权合约本身所具有的价值，也就是期权的买方如果立即执行该期权所能获得的收益。

期权有无内在价值以及内在价值的大小取决于该期权的协定价格与其标的物市场价格之间的关系。

对看涨期权而言，若市场价格高于协定价格，期权的买方执行期权将有利可图，此时为实值期权；市场价格低于协定价格，期权的买方将放弃执行期权，为虚值期权。对看跌期权而言，市场价格低于协定价格时为实值期权；市场价格高于协定价格时为虚值期权。若市场价格等于

协定价格，则看涨期权和看跌期权均为平价期权。

如果以 EV_t 表示期权在 t 时点的内在价值，x 表示期权合约的协定价格，S_t 表示该期权标的物在 t 时点的市场价格，m 表示期权合约的交易单位，则每一看涨期权在 t 时点的内在价值可表示为：

$$EV_t = \max\left[(S_t - x)m, 0\right]$$

每一看跌期权在 t 时点的内在价值可表示为：

$$EV_t = \max\left[(x - S_t)m, 0\right]$$

2. 时间价值

金融期权时间价值也称外在价值，是指期权的买方购买期权而实际支付的价格超过该期权内在价值的那部分价值。

期权的时间价值 = 期权的实际价格 − 内在价值

对于美式期权而言，在其他条件不变的情况下，离到期时间越远，股价波动的可能性越大，期权的时间价值也就越大。注意，"期权的时间价值"与我们之前说的"货币的时间价值"是不同的概念，前者是时间带来的"波动的价值"，是未来存在不确定性而产生的价值，不确定性越强，期权的时间价值越大。而后者是时间"延续的价值"，时间延续得越长，货币的时间价值越大。

【模拟练习】根据期权内在价值的含义，以下为实值期权的有（　　　）。

A. 看涨期权，市场价格高于协定价格　　　　B. 看涨期权，市场价格低于协定价格

C. 看涨期权，市场价格等于协定价格　　　　D. 看跌期权，市场价格高于协定价格

E. 看跌期权，市场价格低于协定价格

答案：AE

（二）影响金融期权价格的主要因素

期权价格由内在价值和时间价值构成，因而凡是影响内在价值和时间价值的因素，就是影响期权价格的因素。这些因素主要包括：股票市价、执行价格（或称协定价格、行权价格）、权利期间、标的物价格的波动性、利率和标的资产的收益。

以下因素对金融期权价格的影响，都是假定其他因素不变的情况下该因素相应变化如何影响金融期权的价格。

1. 股票市价与执行价格

根据金融期权的价格 = 内在价值 + 时间价值，看涨期权内在价值 = 市价 − 行权价，因此对看涨期权而言，市价越高，期权价值越高，执行价格越高，期权价值越低。对看跌期权而言是相反的。

2. 权利期间

即到期期限，是指期权剩余的有效时间，即期权成交日至期权到期日的时间。在其他条件不变的情况下，期限越长，期权价格越高；反之，期权价格越低。权利期间与时间价值存在同方向但非线性的影响关系。

但到期期限对欧式期权的影响是不确定的，较长的时间，不一定能增加看涨期权的价值，比如两个欧式看涨期权，一个是 1 个月后到期，另一个是 3 个月后到期，预计标的公司两个月后将发放大量现金股利，股票价格在发放股利后会大幅下跌，则由此可能导致时间长的期权价值低于时间短的期权价值。

3. 标的物价格的波动性

通常，标的物价格的波动性越大，期权价格越高；波动性越小，期权价格越低。

4. 利率

利率对期权价格的影响是复杂的，应根据具体情况作具体分析。对于无风险利率而言，无风险利率越高，看涨期权价值越大，看跌期权相反。主要原因是股票价格不变时，高利率会导致执行价格的降低，从而增加看涨期权的价值。

5. 标的资产的收益

由于标的资产分红付息等将使标的资产的价格下降，而协定价格并不进行相应调整，因此，在期权有效期内，标的资产产生收益将使看涨期权价格下降，使看跌期权价格上升。

以上变量对期权价格的影响，如下表所示。

一个变量增加（其他变量不变）对期权价格的影响

变量	看涨期权		看跌期权	
	欧式看涨	美式看涨	欧式看跌	美式看跌
股票价格	+	−		
执行价格	−	+		
权利期间	不一定	+	不一定	+
标的物价格的波动性	+	+		
利率	对期权价格的影响是复杂的，应根据具体情况作具体分析。对于无风险利率而言，无风险利率越高，看涨期权价值越大，看跌期权反之			
预期红利	−		+	

由以上内容，对于买卖期权，其买卖损益计算见下表。

买卖方式	净损益计算公式	损益特点
买入看涨期权	净损益 = max（股票市价 − 执行价格，0）− 期权费	收益无限，到期日最大值为∞；风险有限（期权费）
买入看跌期权	净损益 = max（执行价格 − 股票市价，0）− 期权费	收益有限，到期日最大值为执行价格；风险有限（期权费）
卖出看涨期权	净损益 = 期权费 − max（股票市价 − 执行价格，0）	收益有限（期权费），风险无限
卖出看跌期权	净损益 = 期权费 − max（执行价格 − 股票市价，0）	收益有限（期权费），最大损失是股票市价为0，风险有限

【真题回顾（2011）】 关于看涨期权，期权价格为5元，行权价为10元，市场价12元，下列说法正确的有（   ）。

A. 时间价值为7元

B. 期权价值与股票价格的波动率呈正相关

C. 无风险利率上升，看涨期权上升，看跌期权价值下降

D. 时间价值与到期时间呈正相关，时间越长，时间价值越大，随着时间的缩小呈线性下降

答案：BC

解析：A，看涨期权的内在价值为 max $[（S_t − x）m，0] = $ max $[（12 − 10），0] = 2$

（元），时间价值＝期权价格－内在价值＝5－2＝3（元）；D，同向但非线性。

【真题回顾（1306）】 以下哪些是风险有限收益有限的期权（　　）。

　A. 买入看涨期权　　　　B. 买入看跌期权　　　　C. 卖出看涨期权　　　　D. 卖出看跌期权

答案：BD

【真题回顾（1406）】 下列关于期权价格的表述正确的有（　　）。

　A. 一般来说，权利期限越长，期权价格越高

　B. 期权价格与基础资产价格的波动性呈正相关

　C. 基础资产分红的时候，若协定价格不调整，则分红会使看涨期权的价格下跌，看跌期权的价格上涨

　D. 市场利率越高，期权价格越高

答案：ABC

解析：D，利率影响比较复杂，要具体分析，对看涨期权而言，无风险利率越高，看涨期权价值越大。

【模拟练习】 下列关于股票期权的说法，正确的有（　　）。

　A. 期权内在价格取决于该期权的协定价格与其标的物市场价格之间的关系

　B. 期权外在价值等同于期权的时间价值

　C. 利率越低，期权价格越高

　D. 标的物价格波动性越大，对应期权价格越高

　E. 对美式期权而言，权利期间越长，看涨期权价值越高，看跌期权价值越低

答案：ABD

解析：C，利率对期权价格的影响是复杂的，应根据具体情况作具体分析。对于无风险利率而言，无风险利率越高，看涨期权价值越大，看跌期权相反；E，美式期权价值与权利期间呈正向关系，不管是看涨期权还是看跌期权。

三、可转换公司债券估值

可转换公司债券是指可以在一定时期内，按一定比例或价格转换成一定数量的标的证券的特殊公司债券，以下简称可转债。可转债的价值计算涉及两个基本概念：一是转换比例，是指一张可转债能够兑换的标的股票的股数；二是转换价格，是指一张可转债按面额兑换成标的股票所依据的每股价格，两者之间的关系可用公式表示为：转换比例＝可转债面额/转换价格。

（一）可转债的价值

1. 可转债的投资价值、转换价值与理论价值的计算

（1）可转债的投资价值

可转债的投资价值是指当它作为不具有转股选择权的一种证券时的价值，实际上就是我们在下册中所说的可转债在初始确认时负债部分与权益部分进行分拆的负债部分的入账价值。

估计可转债的投资价值，首先应估计与它具有同等资信和类似投资特点的不可转债的必要收益率，然后利用这个必要收益率折算出它未来现金流量的现值。公式为：

$$P = \sum_{t=1}^{n} \frac{c}{(1+r)^t} + \frac{F}{(1+r)^n}$$

式中，P 为可转债的投资价值；t 为时期数；n 为持有可转债的时期总数；r 为必要收益率；C 为可转债每期支付的利息；F 为可转债的面值。

例：假定某可转债的面值为 1 000 元，票面利率为 8%，剩余期限为 5 年，同类债券的必要

收益率为9%，到期时要么按面值还本付息，要么按规定的转换比例或转换价格转股，那么该可转债当前的投资价值为：

$$80/(1+0.09) + 80/(1+0.09)^2 + \cdots + 80/(1+0.09)^5 + 1\ 000/(1+0.09)^5$$
$$=961.11\ （元）$$

（2）可转债的转换价值

可转债的转换价值是指实施转换时得到的标的股票的市场价值，等于标的股票每股市场价格与转换比例的乘积，即

$$转换价值 = 标的股票市场价格 \times 转换比例$$

例：若假定上例中可转债的转换比例为40，实施转换时标的股票的市场价格为每股26元，那么该可转债的转换价值（CV）为：

$$CV = 26 \times 40 = 1\ 040\ （元）$$

（3）可转债的理论价值

可转债的理论价值，也称"内在价值"，是指将可转债转股前的利息收入和转股时的转换价值按适当的必要收益率折算的现值。例如，假定投资者当前准备购买可转债，并计划持有该可转债到未来某一时期，且在收到最后一期的利息后便立即实施转股，那么可用下述公式计算该投资者准备购买的可转债的当前理论价值：

$$P = \sum_{t=1}^{n} \frac{C}{(1+r)^t} + \frac{CV}{(1+r)^n}$$

式中，P 为可转债的当前理论价值；t 为时期数；n 为持有可转债的时期总数；r 为必要收益率；C 为可转债每期支付的利息；CV 为可转债在持有期期末的转换价值。

（4）可转债的市场价值

可转债的市场价值就是可转债的市场价格。

2. 可转债的市场价值与投资价值和转换价值之间的关系

可转债的市场价值一般保持在可转债的投资价值和转换价值之上。如果可转债市场价值在投资价值之下，购买该证券并持有到期，就可获得较高的到期收益率；如果可转债市场价值在转换价值之下，购买该证券并立即转化为标的股票，再将标的股票出售，就可获得该可转债转换价值与市场价值之间的价差收益。因此，无论上述两种情况中的哪一种情况发生，投资者的踊跃购买行为都会使该可转债的价格上涨，直到可转债的市场价值不低于投资价值和转换价值为止。

（二）可转债的转换平价、转换升水、转换贴水的概念及计算

1. 转换平价

转换评价是指使可转债市场价值（市场价格）等于该可转债转换价值时的标的股票的每股价格，即转换为股票时，每股所蕴含的可转债的市场价格。

$$转换平价 = 可转债市场价格/转换比例$$

2. 转换升水与升水率

（1）转换升水

当转换平价大于标的股票的市价时，可转债的市场价格大于其转换价值，不考虑标的股票价格未来变化，此时转股对持有人不利，对发行人有利。市场价格减去转换价值的差称为转换升水。即

$$转换升水 = 可转债市场价格 - 转换价值$$

【注1】升水是指对发行人的升水，即可转债持有人转股，对发行人而言，转换出去的股票价值低于免于支付的可转债的市场价格部分。为便于后面升水率计算的理解，此处笔者单独命名一个"转换升价"的概念，是指转换平价高于转股时股票市场单价的部分，公式为：转换升价 = 转换平价 − 转股单价。

【注2】转股单价是指可转债转换为股票时，标的股票每股市价。

（2）转换升水率

转换升水率是指转换升水相对于转换价值的比率，其计算公式如下：

升水率 = 转换升水/转换价值 = （转换价格 − 转换价值）／转换价值 = 转换价格/转换价值 − 1

= 转换升价/转股单价 = （转换平价 − 转股单价）／转股单价 = 转换平价/转股单价 − 1

3. 转换贴水与贴水率

（1）转换贴水

当转换平价小于标的股票的市价时，可转债的市场价格小于其转换价值，不考虑标的股票价格未来变化，此时转股对持有人有利，对发行人不利。转换价值减去市场价格的差称为转换贴水。即

转换贴水 = 转换价值 − 可转债市场价格

【注】贴水是指对发行人的贴水，即可转债持有人转股，对发行人而言，转换出去的股票价值高于免于支付的可转债的市场价格部分。为便于后面贴水率计算的理解，此处笔者单独命名一个"转换贴价"的概念，是指转换平价低于转股时股票市场单价的部分，公式为：转换贴价 = 转股单价 − 转换平价。

（2）转换贴水率

转换贴水率是指转换贴水相对于转换价值的比率，其计算公式如下：

贴水率 = 转换贴水/转换价值 = （转换价值 − 转换价格）／转换价值 = 1 − 转换价格/ 转换价值

= 转换贴价/转股单价 = （转股单价 − 转换平价）／转股单价 = 1 − 转换平价/ 转股单价

【注】不管是升水率还是贴水率，在计算时，分母均为转换价值或转股单价，需注意，并非贴水率在计算时分母就变成了转换价格或转换平价。

由以上转换平价、升水与贴水的概念和计算不难看出，转换平价可被视为已将可转换证券转换为标的股票的投资者的盈亏平衡点。由于可转换证券转股不具有可逆性，即转股后不能将标的股票再转为可转换证券，因此，对于已将可转换证券转换为标的股票的投资者来说，当初购买可转换证券价格的高低并不重要，重要的是依据购买价格计算出转换平价，并将转换平价与目前标的股票市场价格进行比较，以判断出售目前持有的标的股票可否盈利。

对于可转换公司债券的关键计算指标，通过下表予以简要总结。

指标	概念	计算公式
转换价格	是指一张可转债按面额兑换成标的股票所依据的每股价格	转换比例 = 可转债面额/转换价格
转换比例	是指一张可转债能够兑换的标的股票的股数	
转换价值	是指实施转换时得到的标的股票的市场价值	= 标的股票市场价格 × 转换比例
市场价值	是指可转债的市场价格	—
转换平价	是指使可转债市场价值等于该可转债转换价值时的标的股票的每股价格	= 可转债市场价格/转换比例

续表

指标	概念	计算公式
转换升水	可转债转股时，市场价格大于转换价值的差	= 可转债市场价格 - 转换价值
转换升价	是指转换平价高于转股时股票市场单价的部分	= 转换平价 - 转股单价
升水率	是指转换升水相对于转换价值的比率	公式一：= 转换升水/转换价值
		公式二：= 转换升价/转股单价
转换贴水	可转债转股时，转换价值大于市场价格的差	= 转换价值 - 可转债市场价格
转换贴价	是指转换平价低于转股时股票市场单价的部分	= 转股单价 - 转换平价
贴水率	是指转换贴水相对于转换价值的比率	= 转换贴水/转换价值
		= 转换贴价/转股单价

注：转换升水率与贴水率统称为转股溢价率，转股溢价率是指可转债市价相对于其转换后价值的溢价水平。人们通常用转股溢价率来衡量可转债的股性，转股溢价率越低，则可转债的股性就越强。其计算公式为：（可转债市场价格 - 转换价值）/转换价值，当其为正值时，为升水率，负值时，则为贴水率。与转股溢价率相似的还有一个纯债溢价率，是指可转债的当前价值相对于其纯债价值的溢价程度。公式为：纯债溢价率 = （转债价格 - 纯债价值）/纯债价值。

【真题回顾（1406）】 某上市公司发行可转债，面值100元，转换价格为20元，当前可转债的市场价格为120元，股票价格为22元/股，以下说法正确的有（　　）。

A. 可转债升水2元　　　　　　　　　　　　B. 可转债升水10元

C. 可转债转换升水率为8.33%　　　　　　D. 可转债转换升水率为9.09%

答案：BD

解析：转换比例 = 100 ÷ 20 = 5，转换价值 = 22 × 5 = 110（元）< 市场价格120元，升水10元，升水率 = （120 - 110）÷ 110 = 9.09%。

【真题回顾（1610）】 可转债面值为100元，转股价为8元/股，标的股票的市场价格为9元/股，可转债市场价格为108元，下列说法正确的有（　　）。

A. 转换贴水4.5元　　　　　　　　　　　　B. 转换平价8.64元

C. 转换升水率为4.00%　　　　　　　　　　D. 转换价值112.5元

答案：ABD

解析：转换比例 = 100/8 = 12.5；转换平价 = 108/12.5 = 8.64（元），B正确；转换价值 = 12.5 × 9 = 112.5（元），D正确；转换贴水 = 112.5 - 108 = 4.5（元），A正确；转换贴水率 = 4.5/112.5 = 4%，C错误。

（三）可转债中债券价值部分的计算与股票期权价值部分的计算模型

1. 可转债的特殊含义

可转换公司债券的价值可以近似地看做是普通债券与美式股票期权的组合体。其中的股票期权包含以下含义：

（1）在不考虑赎回与回售条款时，由于持有人可以按照约定的转股价格在转股期内行使转股权利，这实际上相当于持有人拥有一张以转股价格为期权执行价格的美式看涨期权。

可转债价值 = 普通债券价值 + 投资人美式看涨期权价值

（2）如果约定了赎回条款，由于赎回条款通常约定股价高于赎回价格时，发行人有权按照一定金额赎回，因此，赎回条款相当于持有人在购买可转债时无对价出售给发行人的一张美式看涨期权。

（3）如果还约定了回售条款，由于回售条款通常约定股价低于回售价格时，债券持有人有权按照一定金额回售给发行人，因此，回售条款相当于债券持有人同时拥有发行人出售的一张美式看跌期权。

【注1】我们通常所说的"对于投资者而言，可转债价值相当于普通债权和美式看涨期权价值之和"，严格意义上说仅指上述含义中的第（1）种情形。

【注2】在同时考虑赎回条款与回售条款的情况下，可转债相当于这样一种投资组合：投资者持有1张与可转债相同利率的普通债券，1张美式看涨期权，1张美式看跌期权，同时向发行人出售一张美式看涨期权。因此，就投资者而言，可转债价值可用以下公式近似表示：

可转债价值≈普通债券价值+投资人美式看涨期权价值+投资人美式看跌期权价值-发行人美式看涨期权价值

【注3】我国可转换公司债券中内含的期权属于美式期权。

【注4】美式期权合同在到期日前的任何时候或在到期日都可以执行合同；欧式期权合同要求其持有者只能在到期日履行合同。

2. 债券价值部分的计算

对于普通债券部分，可以采用现金流贴现法来确定纯债券的价值，即将未来一系列债息加上面值按一定的市场利率折成的现值，可由下式计算：

$$P_i = \sum_{t=1}^{n} \frac{C}{(1+r)^t} + \frac{F}{(1+r)^n}$$

式中，P_i 为普通债券部分价值；C 为债券年利息收入；F 为债券面值；r 为市场平均利率；n 为剩余到期的年限。

【注】由上面公式得出结论：对于债券价值而言，与票面利率、债券面值呈正向关系，票面利率、债券面值越大，债券价值越大；与市场利率（或称折现率，一般用无风险报酬率或市场利率作为折现率）成反比，市场利率越大，债券价值越小；与债券期限，或者说债券的到期时间的关系需具体分析，对于折价发行债券而言，到期时间越长，价值越低，而对于溢价发行债券而言，到期时间越长，其价值越高。

3. 股票期权价值部分的计算

对于股票期权部分，目前有两种定价方法。

（1）布莱克—斯科尔斯（Black-Scholes）期权定价模型

1973年，经济学家Fisher Black与Myron Scholes发表了著名论文《期权定价和公司债券》，在文中提出了动态对冲的概念，建立了欧式期权定价的解析表达式，即Black-Scholes期权定价模型。

布莱克—斯科尔斯模型的假设前提有：

①股票可被自由买进或卖出。

②期权是欧式期权。

③在期权到期日前，股票无股息支付。

④存在一个固定的、无风险的利率，投资者可以此利率无限制地借入或贷出资金。

⑤不存在影响收益的任何外部因素，股票收益仅来自价格变动。

⑥股票的价格变动呈正态分布。

在上述假设下，布莱克—斯科尔斯模型可以用下述方程表示：

$$P_c = PN(d_1) - P_e e^{-RT} Nd_2$$

式中, $d_1 = \dfrac{\ln\left(\dfrac{P}{P_e}\right) + \left(R + \dfrac{\sigma^2}{2}\right)T}{\sigma\sqrt{T}}$; $d_2 = d_1 - \sigma\sqrt{T}$; P_c 为看涨期权的价格; P 为股票当前的市场价格; P_e 为期权履约价格; $N(\cdot)$ 为累积正态分布函数; T 为权利期间（以年表示）; R 为无风险年利率; σ 为股票收益率标准差。

【注】对于上述布莱克—斯科尔斯期权定价模型的计算公式了解即可；其假设前提中期权为欧式期权和期权到期日之前股票无股息支付，与我国可转债含义不符，因此，该模型不太适用于我国可转债的价值评估。

（2）二叉树期权定价模型

1979 年，经济学家 Cox、Ross 和 Rubinstein 发表了论文《期权定价：一种简化的方法》，提出了二叉树模型（Binomial Model）。这个模型建立了期权定价数值算法的基础，解决了美式期权的定价问题。

模型计算步骤为：

①以发行日为基点，模拟转股起始日基础股票的可能价格以及出现这些价格的概率。

②确定在各种可能价格下的期权价值。

③计算期权的期望值并进行贴现求得期权价值。

根据我国可转换公司债券发行的特点，采用二叉树模型进行定价的方法较为可行。

（四）影响可转换公司债券价值的因素

可转换公司债券在不考虑赎回与回售条款时，其价值由债券价值与期权价值两部分组成，可转债价值＝普通债券价值＋投资人美式看涨期权价值。

因此，凡是影响债券价值与期权价值的，均会对可转债价值造成影响，我们结合前面所述期权价值的影响因素对影响可转债的价值因素总结见下表。

影响因素		对债券或期权价值的影响，进而对可转债造成影响
影响债券价值因素	票面利率	正向，票面利率越高，债券价值越大
	债券面值	正向，面值越大，债券价值越大
	债券期限	溢价发行：正向，到期时间越长，债券价值越高
		折价发行：反向，到期时间越长，债券价值越低
影响期权价值因素	股票市价	正向，股票市价越高，可转债的期权价值越高（看涨期权）
	执行价格（转股价格）	反向，执行价格越高，可转债的期权价值越低（看涨期权）
	转股期限	正向：转股权利期间越长，期权价值越大（美式下，适用我国）
	转股溢价率	反向：转股溢价率＝（可转债市场价格－转换价值）/转换价值，转股溢价率越高，表明标的股票市场价格越低，期权价值越低
	股票价格波动性	正向：波动性越大，期权价格越高
	利率	无风险利率越高，可转债权价值越大（看涨期权）
	标的资产的收益	反向：由于标的资产分红付息等将使可转债债权价值降低（看涨期权）
	回售条款	回售期限越长，越有利于持有者，回售价格越高，回售的期权价值就越大
	赎回条款	赎回期限越长，越有利于发行人，赎回价格越低，赎回的期权价值就越大。在股价走势向好时，赎回条款实际上起到强制转股的作用（此时赎回期权价值大，针对发行人而言）

【真题回顾（1605）】 下列关于可转债定价的说法，正确的是（　　）。

A. 可转换公司债券的转换价值等于转换的每股普通股的市价乘以转换比例

B. 股票波动率越大，可转换公司债券的价值越高

C. 转股期限越长，可转换公司债的价值越高

D. 可转换公司债券的纯债券价值可以应用现金流贴现法进行估值

E. 布莱克—斯科尔期权定价模型较二叉树期权定价模型更适用于我国可转换公司债券的定价

答案：ABCD

解析：E，二叉树期权定价模型更适用于我国可转换公司债券的定价。

【模拟练习】 可转债是普通债券（固定收益部分）与看涨期权的组合体，以下描述正确的有（　　）。

A. 标的股票的历史波动率越小，可转债的期权价值越高

B. 可转债的转股溢价率越高，可转债的期权价值越高

C. 可转债的票面利率越大，可转债的债券价值越高

D. 可转债的到期赎回价值越大，可转债的债券价值越高

E. 可转债的债券期限越短，可转债的债券价值越高

答案：C

解析：A，波动率越大，期权价值越高；B，转股溢价率＝（可转债市场价格－转换价值）/转换价值，转股溢价率越高，表明标的股票市场价格越低，期权价值越低；D，赎回价值越大，越有利于发行人，债券部分价值不受赎回条款影响。

第四节　股票发行与销售

【大纲要求】

内容	程度
1. 股票发行的基本规则、发行方式	掌握
2. 首次公开发行股票具体操作流程（含路演推介、询价及配售、回拨机制、信息披露等要求）	掌握
3. 首次公开发行股票网下投资者管理	—
4. 首次公开发行股票向战略投资者配售的相关规定	—
5. 首次公开发行股票禁止配售的对象	—
6. 上市公司发行新股操作流程	—
7. 股票承销团组织和股票承销业务风险资本准备的相关规定	掌握
8. 超额配售选择权的相关规定	掌握

说明：关于首次公开发行股票时老股转让的相关规定，已在教材第三章第一节述及，此处不再予以说明，相关规定可参见第三章第一节内容。

【内容精讲】

一、股票发行的基本规则、发行方式

（一）股票发行的基本规则

1. 公开、公平、公正原则

（1）公开。发行人和主承销商按中国证监会对股票发行的有关精神和规定，公开股票的认购办法、认购地点、认购时间等，利用公共传播媒介进行宣传。

（2）公平。发行人和主承销商为每一位投资者提供认购股票的机会。

（3）公正。发行人和主承销商采取各种措施坚决杜绝各种营私舞弊行为。

2. 高效原则

在整个发行过程中，发行人和主承销商应周密计划发行方案和发行方式，灵活组织，严格管理，认真实施，保证社会秩序的稳定。

3. 经济原则

在发行过程中，发行人和主承销商采取各种措施，最大限度地降低发行成本。

（二）股票发行的方式

股票发行的方式可从诸多角度进行划分，比如根据是面向公众发行还是仅向特定对象发行分为公开发行与非公开发行，根据发行对象及发售渠道的不同又分为网下配售与网上发行等，以下主要从发售渠道角度对发行方式进行分类说明。

1. 目前实行的主要方式

目前，我国股票发行方式主要包括向战略投资者配售、向参与网下配售的询价对象配售以及向参与网上发行的投资者配售等方式。其中，非公开发行只能向战略投资者配售或向参与网下配售的询价对象配售，不可网上发行。

2. 曾经有过的其他方式

我国股票发行历史上还曾采取过全额预缴款方式、与储蓄存款挂钩方式、上网竞价和市值配售等方式。前两种股票发行方式都属于网下发行的方式，其中全额预缴款方式又包括"全额预缴、比例配售、余款即退"方式和"全额预缴、比例配售、余款转存"两种方式。目前，上述发行方式均不再采用。

股票发行的具体操作流程包括首次公开发行股票具体操作流程、上市公司发行新股具体操作流程，将在下文进行专门介绍。

二、首次公开发行股票具体操作流程

以下内容综合《证券发行与承销管理办法》、《首次公开发行股票承销业务规范》、沪深交易所《首次公开发行股票网下发行实施细则》、沪深交易所《首次公开发行股票网上发行实施细则》、《首次公开发行股票网下投资者管理细则》的相关规定，首次公开发行股票具体操作流程如下：

（一）路演推介与投研报告

1. 路演推介

（1）可以推介的时间

首发申请文件受理后至发行申请经中国证监会核准、依法刊登招股意向书前，发行人及与本次发行有关的当事人不得采取任何公开方式或变相公开方式进行与股票发行相关的推介活动，也不得通过其他利益关联方或委托他人等方式进行相关活动。

首发招股意向书刊登后，发行人和主承销商可以向网下投资者进行推介和询价，并通过互联网等方式向公众投资者进行推介。

【注】不可依据"刊登招股意向书前不得推介"推理出"刊登招股意向书的同时可以推介"的结论，因此处明确说明"招股意向书刊登后可以推介和询价"，因此，首发可以推介的时点为"招股意向书刊登后"，刊登后可以定向推介，也可公开推介。

（2）推介的内容

①发行人和主承销商向公众投资者进行推介时，向公众投资者提供的发行人信息的内容及完整性应与向网下投资者提供的信息保持一致。

②在路演推介时，承销商可以和发行人向投资者介绍公司、行业及发行方案等与本次发行相关的内容。

③承销商的证券分析师可以向网下投资者推介其撰写的投资价值研究报告。

④承销商和发行人推介内容不得超出招股意向书及其他已公开信息的范围。

⑤承销商的证券分析师推介内容不得超出投资价值研究报告及其他已公开信息的范围。

【注1】①，公开推介与定向推介的信息应保持一致。

【注2】②，与本次发行相关的内容可以介绍，无关的不可介绍。

【注3】③，投研报告由承销商的证券分析师推介，只能网下推介。但投研报告应由主承销商向网下投资者提供。即投研报告只能由主承销提供，而推介则只要是承销商，其撰写投研报告的分析师即可推介，并不限定为主承销商，勿混淆。

【注4】④、⑤，可得出结论：承销商和发行人推介内容不得超出已公开信息的范围，可以超出招股意向书或投资价值研究报告的范围。

（3）推介的方式

①承销商可以和发行人采用现场、电话、互联网等合法合规的方式进行路演推介。路演推介期间，承销商和发行人与投资者任何形式的见面、交谈、沟通，均视为路演推介。

②可以定向推介，也可公开推介，采用公开方式进行路演推介的，应当事先披露举行时间和参加方式。

③公开推介的，应至少采用互联网方式向公众投资者进行公开路演推介。

④采用现场方式路演时，除承销商、发行人与投资者之外，其他与路演推介工作无关的机构与个人，不得进入路演现场，不得参与承销商和发行人与投资者的沟通交流活动。

【注】推介方式包括定向推介与公开推介，具体包括现场、电话、互联网方式，见面、交谈、沟通也视为路演推介。

（4）独立推介

承销商的证券分析师的路演推介应当与发行人的路演推介分别进行，承销商应当采取有效措施保障证券分析师路演推介活动的独立性。

（5）禁止事项

①承销商和发行人推介不得对投资者报价、发行价格提出建议或对二级市场交易价格作出预测。

②承销商和发行人应当以确切的事实为依据，不得夸大宣传或以虚假广告等不正当手段诱导、误导投资者。

③承销商和发行人不得以任何方式发布报价或定价信息；不得阻止符合条件的投资者报价或劝诱投资者报高价；不得口头、书面向投资者或路演参与方透露未公开披露的财务数据、经

营状况、重要合同等重大经营信息。

④承销商不得自行或与发行人及与本次发行有关的当事人共同以任何方式向投资者发放或变相发放礼品、礼金、礼券等，也不得通过其他利益安排诱导投资者。

2. 投研报告

（1）提供的主体与方式

主承销商可以向网下投资者提供投资价值研究报告，但不得以任何形式公开披露或变相公开投资价值研究报告或其内容，中国证监会另有规定的除外。

【注1】提供投研报告的主体为"主承销商"，副主承销商及承销团其他普通承销商均不可提供。

【注2】除中国证监会另有规定外，投研报告只能网下定向提供，不可公开披露，注意与推介的区别：刊登招股意向书后可以定向推介，也可公开推介。

（2）提供的投研报告的范围

主承销商不得提供承销团以外的机构撰写的投资价值研究报告。

（3）可以提供的时间

主承销商不得在刊登招股意向书之前提供投资价值研究报告或泄露报告内容。

【注】可以在刊登招股意向书之后提供，也可与刊登招股意向书同时提供。注意与前述推介的区别，推介只可之后，不可同时。

（4）投研报告的撰写

①投资价值研究报告应当由主承销商及承销团其他成员的证券分析师独立撰写并署名。

②因经营范围限制，承销商无法撰写投资价值研究报告的，可委托具有证券投资咨询资格的母公司或子公司撰写投资价值研究报告，双方均应当对投资价值研究报告的内容和质量负责，并采取有效措施做好信息保密工作，同时应当在报告首页承诺本次报告的独立性。

③承销商应当从组织设置、人员职责及工作流程等方面保证证券分析师撰写投资价值研究报告的独立性。撰写投资价值研究报告相关人员的薪酬不得与相关项目的业务收入挂钩。

④投资价值研究报告的撰写应当遵守以下原则：

a. 独立、审慎、客观。

b. 资料来源具有权威性。

c. 对发行人所在行业的评估具有一致性和连贯性。

d. 无虚假记载、误导性陈述或重大遗漏。

【注1】①，投研报告应由承销商的证券分析师撰写，包括主承销商、副主承销商及承销团其他承销商。

【注2】②，因经营范围限制，可委托具有证券投资咨询资格的母公司或子公司撰写。注意两点：一是可委托的需具有证券投资咨询资格；二是包括母公司和子公司，不包括其他第三方。

【注3】④，撰写原则一般了解即可。

（5）投研报告的内容

投资价值研究报告应当对影响发行人投资价值的因素进行全面分析，内容不得超出招股意向书及其他已公开信息的范围。至少包括下列内容：

①发行人的行业分类、行业政策，发行人与主要竞争者的比较及其在行业中的地位。

②发行人经营状况和发展前景分析。

③发行人盈利能力和财务状况分析。

④发行人募集资金投资项目分析。

⑤发行人与同行业可比上市公司（如有）的投资价值比较。

⑥其他对发行人投资价值有重要影响的因素。

【注1】结论：投研报告内容不得超出已公开信息的范围，可以超出招股意向书范围，包括选择可比公司等内容，均可超出招股意向书范围。

【注2】具体内容适当关注即可。

（6）行业归属、可比公司选择

①投资价值研究报告应当按照中国证监会有关上市公司行业分类指引中制定的行业分类标准确定发行人行业归属，并说明依据，不得随意选择行业归属。

②投资价值研究报告选择可比公司应当客观、全面，并说明选择可比公司的依据，不得随意选择可比公司。

③投资价值研究报告使用的参数和估值方法应当客观、专业，并分析说明选择参数和估值方法的依据，不得随意调整参数和估值方法。

（7）市值区间及风险分析

①投资价值研究报告可以提供发行人整体市值区间和市盈率等估值区间，不得对每股估值区间、发行价格进行建议或对二级市场交易价格作出预测。

②证券分析师应当在投资价值研究报告中的显著位置进行充分的风险提示。证券分析师应当对所披露的风险因素作定量分析，无法进行定量分析的，应当有针对性地作出定性描述。

【注1】①，可提供整体市值区间和市盈率等估值区间，不得对每股估值区间、发行价格进行建议。

【注2】②，应对风险因素作定量分析，无法定量分析的，应有针对性地作出定性描述。

（8）发布研究报告时间限制

担任发行人股票首次公开发行的保荐机构、主承销商或者财务顾问，自确定并公告发行价格之日起40日内，不得发布与该发行人有关的证券研究报告。

【注】此为《发布证券研究报告执业规范》的规定。

【真题回顾（1605）】下列关于首次公开发行股票提供投资价值研究报告的做法，正确的是（　　）。

A. 刊登招股意向书之前，主承销商分析师依据某公募基金要求提供投资价值研究报告

B. 刊登招股意向书之前，主承销商在巨潮资讯网披露投资价值研究报告

C. 主承销商委托承销团成员外的业界顶级研究机构撰写投资价值报告

D. 投资价值研究报告同时采用可比公司法和现金流量法估值，并提供每股估值区间

E. 因投资范围限制，承销商委托具有证券投资咨询资格的母公司撰写投资价值研究报告

答案：E

【模拟练习】下列关于首次公开发行股票投资价值研究报告的说法，正确的有（　　）。

A. 主承销商可以公开披露投资价值研究报告

B. 可以提供副主承销商撰写的投资价值研究报告

C. 可以在刊登招股意向书的同时向网下投资者提供投资价值研究报告

D. 投资价值研究报告选择的可比公司不得超出招股意向书的范围

E. 因经营范围限制，承销商无法撰写投资价值研究报告的，可委托具有证券投资咨询的公司撰写

答案：BC

（二）发行定价

1. 定价方式

（1）首次公开发行股票，可以通过向网下投资者询价的方式确定股票发行价格，也可以通过发行人与主承销商自主协商直接定价等方式确定发行价格。

①公开发行股票数量在 2 000 万股（含）以下且无老股转让计划的，应当通过直接定价的方式确定发行价格。

②发行人股东拟进行老股转让的，发行人和主承销商应于网下网上申购前协商确定发行价格、发行数量和老股转让数量。

③采用询价方式且无老股转让计划的，发行人和主承销商可以通过网下询价确定发行价格或发行价格区间。

④网上投资者申购时仅公告发行价格区间、未确定发行价格的，主承销商应当安排投资者按价格区间上限申购。

（2）发行人和主承销商应当在招股意向书或招股说明书和发行公告中披露本次发行股票的定价方式。

（3）首次公开发行股票采用询价发行方式的，应当向网下投资者和网上投资者同时发行，网下发行和网上发行同时进行，采用直接定价方式的，全部向网上投资者发行，不进行网下询价和配售。

【注1】定价方式有两种：网下询价和直接定价，直接定价的只能网上发行，询价定价的，应同时在网上、网下发行。

【注2】②中"数量在 2 000 万股（含）以下且无老股转让计划的"，我们称之为小盘股，其只能直接定价发行，不可询价发行，简单理解就是小盘股本身发行股数较少，无须选择操作程序相对复杂的询价发行，这是法规将其直接定位为"只能直接定价发行"的逻辑依据。但并非只有小盘股才可直接定价发行，不符合"数量在 2 000 万股（含）以下且无老股转让计划"的非小盘股同样可以选择直接定价发行（当然也可询价发行），如安正时尚，公开发行 7 126 万股，杭州新坐标，同时老股转让 750 万股，勿逻辑混乱。需要说明的是，即便现有直接定价发行的案例中全部是"数量在 2 000 万股（含）以下且无老股转让计划"的小盘股，也不可以此推定只有小盘股才可直接定价，未见，不代表"无"，或许是你没发现，抑或是其还没出现，必须在正确的逻辑思路下研究案例方能得出正确结论。实际上，前述逻辑关系是我们生活中经常用到的最为简单却容易犯错的逻辑关系，即原命题正确，其否命题、逆命题未必正确，逆否命题一定正确，即若 A→B 成立，则 B——→A——成立，B→A、A——→B——未必成立。

【注3】网下发行是指首次公开发行股票通过沪深交易所网下发行电子平台及中国证券登记结算有限责任公司上海或深圳分公司登记结算平台进行的发行配售。网上发行是指通过交易所交易系统并采用网上按市值申购和配售方式首次公开发行股票。

2. 询价方式的定价

（1）网下投资者报价

网下投资者参与报价时，应当持有一定金额的非限售股份。沪深交易所均规定"持有非限售 A 股市值不少于 1 000 万元（含）的配售对象方可参与网下询价和申购"。

【注1】配售对象是指网下投资者所属或直接管理的，已在协会完成备案，可参与网下申购

的自营投资账户或证券投资产品。

【注2】需要注意的是，该非限售A股应是对应交易所的，比如首发上交所上市，则其持有的应为上交所A股市值不少于1 000万元（含），首发深交所上市，则为深交所股票市值符合此条件。

【注3】发行人和主承销商应要求参与该项目网下申购业务的网下投资者指定的股票配售对象，以该项目初步询价开始前2个交易日为基准日，其在项目发行上市所在证券交易所基准日前20个交易日（含基准日）的非限售股票的流通市值日均值应为1 000万元（含）以上。

关于网下投资者报价，需要注意以下几个问题：

①自主报价

a. 符合条件的网下机构和个人投资者可以自主决定是否报价，主承销商无正当理由不得拒绝；但对不符合条件的投资者应当拒绝或提出其报价。

b. 网下投资者报价应当包含每股价格和该价格对应的拟申购股数，且只能有一个报价；拟申购股数应当为拟参与申购的投资产品拟申购数量总和。

c. 非个人投资者应当以机构为单位进行报价。

d. 首次公开发行股票价格（或发行价格区间）确定后，提供有效报价的投资者方可参与申购。

【注1】只能有一个报价，不可有多档报价。

【注2】有效报价是指网下投资者所申报价格不低于主承销商和发行人确定的发行价格或发行价格区间下限，且符合主承销商和发行人事先确定且公告的其他条件的报价。

②剔除最高报价

a. 网下投资者报价后，发行人和主承销商应当剔除拟申购总量中报价最高的部分。

b. 剔除部分不得低于所有网下投资者拟申购总量的10%，然后根据剩余报价及拟申购数量协商确定发行价格；当最高申报价格与确定的发行价格相同时，对该价格的申报可不再剔除，剔除比例可低于10%。

c. 剔除部分不得参与网下申购。

【注1】结论：剔除比例可低于10%。

【注2】剔除部分不得参与网下申购；因《证券发行与承销管理办法》规定"投资者应当自行选择参与网下或网上发行，不得同时参与"。沪深交易所《首次公开发行股票网下发行实施细则》均规定"配售对象已参与某只新股网下报价、申购、配售的，不得参与该只新股网上申购"。因此，剔除部分也不得再参与该只股票网上申购。

③有效报价投资者的数量

发行股票数量在4亿股（含）以下的，有效报价投资者的数量不少于10家；发行股票数量在4亿股以上的，有效报价投资者的数量不少于20家。剔除最高报价部分后有效报价投资者数量不足的，应当中止发行。

【注1】注意，此处是以"发行股票数量"是否超过4亿股作为判断标准，非"发行后总股本"。

【注2】简记：≤4亿股，≥10家；>4亿股，≥20家。

【注3】"剔除最高报价部分后有效报价投资者数量不足的，应当中止发行"，此为应当中止发行的一种情形。

（2）网上投资者申购

首次公开发行股票，持有一定数量非限售股份的投资者才能参与网上申购。上交所《首次公开发行股票网上发行实施细则》规定："持有上海市场非限售 A 股股份市值 1 万元以上（含 1 万元）的投资者方可参与网上发行。"深交所《首次公开发行股票网上发行实施细则》规定："持有深圳市场非限售 A 股股份市值 1 万元以上（含 1 万元）的投资者方可参与网上发行。"

3. 直接定价

由发行人与主承销商自主协商直接确定发行价格。

【模拟练习】关于首次公开发行新股的网下发行、网上发行，以下说法正确的是（　　）。

A. 网下投资者 T 日参与网下申购时无须交付申购资金

B. 参与初步询价的网下投资者只有在未获得初步配售时，才可以 T 日参与网上申购

C. 网下投资者参与询价时，可以申报三档价格

D. 初步询价时，主承销商必须将不低于所有网下投资者拟申购总量的 10% 作为最高报价剔除

答案：A

解析：B，未获得初步配售的不得参与网上申购；C，只能有一个报价；D，可以低于 10%。

（三）配售

1. 配售原则

（1）网下、网上同时进行

首次公开发行股票的网下发行应和网上发行同时进行，网下和网上投资者在申购时无须交付申购资金。投资者应当自行选择参与网下或网上发行，不得同时参与。

【注】申购时无须交付申购资金，这也是本次修订的内容之一。修订前的规定是在申购时须足额交付认购资金，修订后把交付认购资金由"认购时"推后至"获配后"。

（2）机构投资者应当以其管理的投资产品为单位参与申购、缴款和配售。

（3）主承销商应当和发行人事先确定配售原则，于招股意向书刊登的同时在相关发行公告中披露，并按已确定且公告的原则和方式确定网下配售结果。

【注】应事先确定配售原则，应在刊登招股意向书前确定，并于招股意向书刊登的同时披露，不可在发行价格确定后再确定配售原则。

2. 网上、网下初始发行比例与网下优先配售的规定

事项	具体规定	简记
初始发行比例	（1）发行后总股本 4 亿股（含）以下的，网下初始发行比例不低于本次公开发行股票数量的 60%	≤4 亿股，≥60%
	（2）发行后总股本超过 4 亿股的，网下初始发行比例不低于本次公开发行股票数量的 70%	>4 亿股，≥70%
优先配售	（1）应当安排不低于本次网下发行股票数量的 40% 优先向公募基金、社保基金配售，安排一定比例的股票向企业年金基金、保险资金配售	
	（2）上述公募基金、社保基金简称"公募社保类"，企业年金、保险资金简称"年金保险类"，公募社保类、年金保险类有效申购不足安排数量的，发行人和主承销商可以向其他符合条件的网下投资者配售剩余部分	

事项	具体规定	简记
分类配售	（1）同类配售对象获得配售的比例应当相同。公募社保类、年金保险类投资者的配售比例应当不低于其他投资者的配售比例	
	（2）主承销商和发行人对承诺 12 个月及以上限售期投资者单独设定配售比例的，公募社保类、年金保险类投资者的配售比例应当不低于其他承诺相同限售期的投资者	
持有期限约定	网下投资者可与发行人和主承销商自主约定网下配售股票的持有期限并公开披露	

注：①由上表关于网下初始发行比例的规定可推算网上初始发行比例的规定：发行后总股本 4 亿股（含）以下的，网下初始发行比例不高于本次公开发行股票数量的 40%，发行后总股本超过 4 亿股的，网下初始发行比例不高于本次公开发行股票数量的 30%；安排向战略投资者配售股票的，应当扣除向战略投资者配售部分后确定网下网上发行比例。

②关于优先配售注意两点：为"本次网下发行股票数量"的 40%，非"本次发行数量"的 40%；40% 优先配售的对象为公募基金、社保基金，不含企业年金和保险资金。

③关于分类配售应注意：不管如何，公募社保类、年金保险类投资者的配售比例应当不低于其他投资者的配售比例；结论：主承销商和发行人可以对承诺 12 个月及以上限售期投资者单独设定配售比例。

④关于网下投资者及配售对象的具体规定，会在下文专门介绍，详见下文内容。

3. 网上网下回拨机制

回拨机制是指在同一次发行中采取网下配售和上网发行时，先初始设定不同发行方式下的发行数量，然后根据认购结果，按照预先公布的规则在两者之间适当调整发行数量。

回拨方向	需回拨的情形	回拨比例
网下向网上回拨	（1）网下投资者申购数量低于网下初始发行量的	不得将网下发行部分向网上回拨，应中止发行
	（2）网上投资者有效申购倍数超过 50 倍、低于 100 倍（含）的	应当从网下向网上回拨，回拨比例为本次公开发行股票数量的 20%
	（3）网上投资者有效申购倍数超过 100 倍、低于 150 倍（含）的	应当从网下向网上回拨，回拨比例为本次公开发行股票数量的 40%
	（4）网上投资者有效申购倍数超过 150 倍的	回拨后网下发行比例不超过本次公开发行股票数量的 10%
网上向网下回拨	网上投资者申购数量不足网上初始发行量的，可回拨给网下投资者	

注：①网上投资者有效申购倍数小于等于 50 倍的，不需要从网下向网上回拨。

②上述不同简记为：（50 倍，100 倍]→回拨 20%；（100 倍，150 倍]→回拨 40%；（150 倍，∞）→回拨至网下发行不超过本次发行数量的 10%。

③注意，"网下投资者申购数量低于网下初始发行量"不得回拨，是应当中止发行的情形之一，后文会有对中止发行的总结。

④此处回拨比例的基数为"本次公开发行股票数量"非"本次网下发行股票数量"。

【真题回顾（1311）】下列说法正确的有（　　）。

A. 首次公开发行股票，可以通过发行人与主承销商自主协商直接定价方式确定发行价格

B. 与发行人或主承销商有实际控制关系的询价对象的自营账户不得参与本次发行股票的询

价、网下配售及网上发行

C. 战略投资者可以参与首次公开发行股票的初步询价和累计投标询价，并应当承诺获得本地配售的股票持有期限不少于 12 个月

D. 询价对象与发行人、承销商可自主约定网下配售股票的持有期限为 12 个月

答案：AD

解析：B，可参与网上发行；C，战略投资者不得参与网下询价。

【真题回顾（1509）】某公司首次公开发行股票并上市，发行前公司股本总额为 4 亿股，本次公开发行 1 亿股，根据网上投资者、公募基金、社保基金和其他网下机构投资者的申购情况，不考虑其他因素，下列投资者获配情况说法正确的有（   ）。

A. 如果公募基金、社保基金网下有效申购数量为 2 000 万股，则配售比例为 100%

B. 如果公募基金、社保基金网下有效申购数量为 3 600 万股，则申购倍数为 1.5 倍

C. 如果网下公募基金、社保基金有效申购数量为 1.2 亿股，则公募基金、社保基金中签率为 23.3%

D. 如果网上申购数量为 25 亿股，网下其他机构投资者申购数量为 20 亿股，公募社保类基金申购数量为 2 亿股，则回拨后网上配售数量为 5 200 万股，其他机构投资者的配售比例为 1.44%

E. 如果网上申购数量为 25 亿股，网下其他机构投资者申购数量为 20 亿股，公募社保类基金申购数量为 2 亿股，则回拨后网上配售数量为 4 400 万股，其他机构投资者的配售比例为 1.68%

答案：AC

解析：A，由于发行后为 5 亿股，超过 4 亿股，所以网下初始发行比例应该是 70%，由于发行 1 亿股，所以网下初始配售 7 000 万股，按规定，应将网下配售的 40% 优先配售给公募社保基金，所以公募社保基金配售数量为 2 800 万股，从而申购的 2 000 万股都将全部获得配售，配售比例为 100%，A 正确。B，申购倍数为 3 600/2 800 = 1.29 倍，B 错误。C，中签率 = 配售数量/有效申报数量 = 2 800/12 000 = 23.3%，C 正确。D，网下初始发行比例是 70%，所以网上发行比例是 30%，本次发行 1 亿股，所以网上初始配售 3 000 万股，网上有效申购倍数 = 250 000/3 000 = 83（倍），按规定，网上投资者有效申购倍数在（500，100] 的，应当从网下向网上回拨本次公开发行股票数量的 20%。所以网下回拨给网上的是 10 000 × 20% = 2 000（万股），回拨后网下配售数量为 5 000 万股（7 000 − 2 000），网上数量也是 5 000 万股（3 000 + 2 000）。由于公募社保基金配售网下的 40%，其他投资者配售 60%，即 3 000 万股（5 000 × 60%），所以其他机构投资者的配售比例 = 配售数量/申购数量 = 3 000/200 000 = 1.5%，D 错误。需要注意的是，网上网下回拨计算的基数是本次发行股票数量，不是网上或者网下初始配售数量。E，其他机构者的配售比例为 3 000/200 000 = 1.5%，E 中的 4 400 万股和 1.68% 两个数字是按照网上或者网下初始配售数量作为回拨比例基数计算出来的，计算方法有问题，是一个陷阱。

【真题回顾（1511）】某公司首次公开发行新股 3 000 万股，网下初始发行量为 1 800 万股，网上有效申购倍数为 100 倍，则回拨后网下发行量为（   ）。

A. 1 200 万股　　　　B. 600 万股　　　　C. 300 万股　　　　D. 1 440 万股

E. 1 160 万股

答案：A

解析：本题考的是一个记忆的边界问题，网上有效申购倍数在（50 倍，100 倍] 的，应当

从网下向网上回拨20%，则应回拨3 000×20% =600（万股），注意，回拨的是本次公开发行股票数量的20%，而非网下初始发行量的20%。

【模拟练习】 首次发行股票，应当安排不低于网下发行股票数量的40%优先配售的投资者类型是（　　）。

A. 公募基金，社保基金

B. 公募基金，社保基金，企业年金基金，保险资金

C. 企业年金基金，保险资金

D. 社保基金，保险资金

E. 公募基金、保险资金

答案：A

【模拟练习】 下列关于首次公开发行股票配售的表述正确的是（　　）。

A. 机构投资者应当以其管理的投资产品为单位参与申购和配售

B. 应当在发行价格确定后确定配售原则

C. 公募社保类、年金保险类有效申购不足安排数量的，可以向其他符合条件的网下投资者配售

D. 可以对承诺12个月及以上限售期投资者单独配售比例

答案：ACD

（四）发行与承销

1. 首发承销

证券公司实施承销前，应当向中国证监会报送发行与承销方案。发行人和主承销商应当签订承销协议，在承销协议中界定双方的权利义务关系，约定明确的承销基数。

首次公开发行股票，应当采用包销或者代销方式。

2. 首发中止发行的相关规定

（1）首次公开发行股票数量在4亿股（含）以下的，有效报价投资者的数量不少于10家；首次公开发行股票数量在4亿股以上的，有效报价投资者的数量不少于20家。剔除最高报价部分后有效报价投资者数量不足的，应当中止发行。

（2）首次公开发行股票网下投资者申购数量低于网下初始发行量的，发行人和主承销商不得将网下发行部分向网上回拨，应当中止发行。

（3）需要重新询价或重新提交发审会审核的，发行人及其主承销商应中止发行并公告。

（4）发行人和主承销商还可以约定中止发行的其他具体情形并事先披露。

（5）中国证监会对证券发行承销过程实施事中事后监管，发现涉嫌违法违规或者存在异常情形的，可责令发行人和承销商暂停或中止发行，对相关事项进行调查处理。

（6）网下和网上投资者缴款认购的股份数量合计不足本次公开发行数量的70%时，可以中止发行。

【注1】 （1）、（2）、（3）属于"应当中止"情形，（5）、（6）属于"可以中止"情形。（4）是指可以约定中止发行的情形，可以约定出现一定情形应当中止，或出现一定情形可以选择中止的情形。

【注2】 中止发行后，在核准文件有效期内，经向中国证监会备案，可重新启动发行。

【真题回顾（1605）】 关于首次公开发行股票，以下应当中止发行的情形有（　　）。

A. 网下投资者申购数量低于网下的初始发行量

B. 网上投资者申购数量不足网上初始发行量

C. 公开发行股票数量在 4 亿股（含）以下，剔除有效报价部分后投资者数量不足 10 家的

D. 网下和网上投资者合计缴款认购股份数量不足申购总量的 70%

E. 中国证监会对证券发行承销过程实施事中事后监管，发现涉嫌违法违规或者存在异常情形的

答案：AC

解析：B，网上投资者申购数量不足网上初始发行量的，可回拨给网下投资者；D，为可以中止发行的情形，并非应当中止发行。

（五）足额缴纳认购资金与验资

1. 获配后足额缴纳认购资金

（1）网下和网上投资者获得配售后，应当按时足额交付认购资金。

（2）网上投资者连续 12 个月内累计出现 3 次中签后未足额缴款的情形时，6 个月内不得参与新股申购。

（3）网下和网上投资者缴款认购的股份数量合计不足本次公开发行数量的 70% 时，可以中止发行。

【注1】此处不足 70% 是"可以"中止的情形，并非应当中止。

【注2】（2）中需注意两点：①并非永久不可申购新股，而是 6 个月内不得申购，6 个月后可以申购；②不得申购包括不得网下申购，也包括不得网上申购。

2. 对申购和募集资金的验证（验资）

投资者申购缴款结束后，发行人和主承销商应当聘请具有证券期货相关业务资格的会计师事务所对申购和募集资金进行验证，并出具验资报告；还应当聘请律师事务所对网下发行过程、配售行为、参与定价和配售的投资者资质条件及其与发行人和承销商的关联关系、资金划拨等事项进行见证，并出具专项法律意见书。证券上市后 10 日内，主承销商应当将验资报告、专项法律意见随同承销总结报告等文件一并报中国证监会。

（六）股份登记

已发行的股票在证券交易所上市前，发行人应当在规定的时间内申请办理股票的初始登记。

（七）信息披露

大纲要求掌握路演、申购、初步询价及发行期间的信息披露，此处的信息披露，一般了解即可。规定如下：

1. 采用公开方式进行路演推介的，应当事先披露举行时间和参加方式。

2. 发行人和主承销商应当将发行过程中披露的信息刊登在至少一种中国证监会指定的报刊，同时将其刊登在中国证监会指定的互联网网站，并置备于中国证监会指定的场所，供公众查阅。

3. 发行人披露的招股意向书除不含发行价格、筹资金额以外，其内容与格式应当与招股说明书一致，并与招股说明书具有同等法律效力。

4. 首次公开发行股票发行与承销过程中，主承销商应当和发行人公开披露以下信息：

（1）招股意向书刊登首日的披露

招股意向书刊登首日在相关发行公告中披露发行定价方式、定价程序、参与网下询价投资者条件、股票配售原则、配售方式、有效报价的确定方式、中止发行安排、发行时间安排和路演推介相关安排等信息；实施老股转让的，还应当披露预计老股转让的数量上限，老股转让股东名称及各自转让老股数量，并明确新股发行与老股转让数量的调整机制。

（2）网上申购前的披露

网上申购前披露每位网下投资者的详细报价情况，包括投资者名称、申购价格及对应的拟申购数量；剔除最高报价有关情况；剔除最高报价部分后网下投资者报价的中位数和加权平均数以及公募基金报价的中位数和加权平均数；有效报价和发行价格（或发行价格区间）的确定过程；发行价格（或发行价格区间）及对应的市盈率；网下网上的发行方式和发行数量；回拨机制；中止发行安排；缴款要求等。已公告老股转让方案的，还应当披露老股转让和新股发行的确定数量，老股转让股东名称及各自转让老股数量，并应当提示投资者关注，发行人将不会获得老股转让部分所得资金。按照发行价格计算的预计募集资金总额低于拟以本次募集资金投资的项目金额的，还应当披露相关投资风险。

如拟定的发行价格（或发行价格区间上限）对应的市盈率高于同行业上市公司二级市场平均市盈率，主承销商和发行人应当在网上申购前三周内连续发布投资风险特别公告，每周至少发布一次。投资风险特别公告中明示该定价可能存在因估值过高给投资者带来损失的风险，提醒投资者关注。

（3）发行结果公告中的披露

在发行结果公告中披露获配机构投资者名称、个人投资者基本信息以及每个获配投资者的报价、申购数量和获配数量等，并明确说明自主配售的结果是否符合事先公布的配售原则；对于提供有效报价但未参与申购，或实际申购数量明显少于报价时拟申购量的投资者应当列表公示并着重说明；缴款后的发行结果公告中披露网上、网下投资者获配未缴款金额以及主承销商的包销比例，列表公示获得配售但未足额缴款的网下投资者；实施老股转让的，应当披露最终确定的新发行股票及老股转让的具体数量、公开发售股份的股东名称及数量等信息；发行后还应当披露保荐费用、承销费用、其他中介费用等发行费用信息，其中，新股部分承销费率不能高于老股部分承销费率。

（4）向战略投资者配售股票的披露

向战略投资者配售股票的，应当于招股意向书刊登首日在相关发行公告中披露配售方案；在网下配售结果公告中披露战略投资者的名称、认购数量及持有期限等情况。采用超额配售选择权的，应当于招股意向书刊登首日在相关发行公告中披露其实施方案；在网下配售结果公告中披露超额配售选择权部分的发售情况；在上市公告中披露拟实施的后市稳定计划。

（八）首发网上、网下具体发行流程

1. 网上发行流程

沪深交易所的规定基本一致，以下以上交所为例进行说明。

T-1日，中国结算上海分公司将纳入投资者市值计算的证券账户T-2日前20个交易日（含T-2日）的日均持有市值及T-2日账户组对应关系数据发给上交所，上交所将据此计算投资者可申购额度数据，并发送至证券公司。

T日投资者有效申购数量经确认后，按照以下原则配售新股：（1）当网上申购总量等于网上发行总量时，按投资者的实际申购量配售股票；（2）当网上申购总量小于网上发行总量时，按投资者的实际申购量配售股票后，余额部分按照招股意向书和发行公告确定的方式处理；（3）当网上申购总量大于网上发行总量时，上交所按照每1 000股配一个号的规则对有效申购进行统一连续配号。

上交所将于T日盘后向证券公司发送配号结果数据，各证券公司营业部应于T+1日向投资者发布配号结果。

T+1 日，主承销商公布中签率，并在有效申购总量大于网上发行总量时，在公证部门监督下根据总配号量和中签率组织摇号抽签，于 T+2 日公布中签结果。每一个中签号可认购 1 000 股新股。

上交所将于 T+1 日盘后向证券公司发送中签结果数据，各证券公司营业部应于 T+2 日向投资者发布中签结果。

T+1 日，中国结算上海分公司根据中签结果进行新股认购中签清算，并在日终向各参与申购的结算参与人发送中签清算结果。结算参与人应据此要求投资者准备认购资金。

T+2 日日终，中签的投资者应确保其资金账户有足额的新股认购资金，不足部分视为放弃认购。结算参与人应于 T+3 日 15：00 前，将其放弃认购部分向中国结算上海分公司申报。

中国结算上海分公司于 T+3 日 15:00 ~ 16:00，根据结算参与人申报的放弃认购数据，计算各结算参与人实际应缴纳的新股认购资金。

T+3 日 16:00，中国结算上海分公司从结算参与人的资金交收账户中扣收实际应缴纳的新股认购资金，并于当日划至主承销商的资金交收账户。

主承销商于 T+4 日向市场公告网上发行结果。

T+4 日 8:30 后，主承销商可依据承销协议将新股认购资金扣除承销费用后划转到发行人指定的银行账户。

【注】上述内容，了解即可。T 日为申购日，申购日不需要交付申购资金。

2. 网下发行流程

沪深交易所的规定基本一致，以下以深交所为例进行说明。

X－1 日，主承销商应当向深交所提出使用网下发行电子平台的申请，并向中国结算深圳分公司提出使用登记结算平台的书面委托申请。

初步询价应当在 T－2 日（T 日为网上申购日，下同）15:00 前完成。

T－1 日 15:00 前，主承销商应当在网下发行电子平台录入发行价格等相关信息，网下发行电子平台将自动剔除在初步询价阶段报价低于发行人和主承销商确定的发行价格或发行价格区间下限的初步询价报价及其对应的拟申购数量。

网下申购日为 T 日，T 日 9:30 ~ 15:00，参与网下发行的有效报价投资者应通过网下发行电子平台为其管理的配售对象录入申购单信息，包括申购价格、申购数量及主承销商在发行公告中规定的其他信息。申购时，网下投资者无须为其管理的配售对象交付申购资金。

T+1 日 15:00 前，主承销商通过网下发行电子平台下载网下申购结果，按照规定的格式制作新股网下初步配售结果文件，并将新股网下初步配售结果通过网下发行电子平台交中国结算深圳分公司。

T+2 日 8:30 ~ 16:00，网下投资者应根据发行价格和其管理的配售对象获配股份数量，从配售对象在协会备案的银行账户向中国结算深圳分公司网下发行专户足额划付认购资金，认购资金应当于 T+2 日 16:00 前到账。

T+2 日，中国结算深圳分公司根据配售对象新股认购资金的到账情况以及主承销商提交的网下初步配售结果，按规定进行处理，形成新股网下认购结果后于 T+2 日 17:30 前通过网下发行电子平台交主承销商确认。

T+4 日 9:00 前，中国结算深圳分公司将网下发行新股认购款项划至主承销商的资金交收账户。

【注】注意 T 日为网下申购日，申购时，网下投资者无须为其管理的配售对象交付申购

资金。

三、首次公开发行股票网下投资者管理

2016 年 1 月，中国证券业协会发布并实施《首次公开发行股票网下投资者管理细则》，对首发投资者管理进行规范，具体规定如下：

（一）网下投资者注册

参与首发股票询价和网下申购业务的投资者应在协会注册。

1. 注册条件

网下投资者注册，需满足以下基本条件：

（1）具备一定的证券投资经验

①机构投资者应当依法设立、持续经营时间达到 2 年（含）以上，从事证券交易时间达到 2 年（含）以上。

②个人投资者从事证券交易时间应达到 5 年（含）以上。

【注】①中，经行政许可从事证券、基金、期货、保险、信托等金融业务的机构投资者可不受上述限制。

（2）具有良好的信用记录

最近 12 个月未受到刑事处罚、未因重大违法违规行为被相关监管部门给予行政处罚、采取监管措施，但投资者能证明所受处罚业务与证券投资业务、受托投资管理业务互相隔离的除外。

（3）具备必要的定价能力

机构投资者应具有相应的研究力量、有效的估值定价模型、科学的定价决策制度和完善的合规风控制度。

（4）监管部门和协会要求的其他条件

【注】首发股票项目的发行人和主承销商可以设置网下投资者的具体条件，并在相关发行公告中预先披露。具体条件不得低于上述规定的基本条件。

2. 自行注册与推荐注册

（1）证券公司、基金公司、信托公司、财务公司、保险公司以及合格境外投资者 6 类机构投资者可自行在协会注册。

（2）除上述 6 类机构投资者外，其他机构投资者或个人投资者可由具有证券承销业务资格的证券公司向协会推荐注册。

【注1】个人投资者只能推荐注册；机构投资者中 6 类可自行注册，其余为推荐注册；推荐注册的证券公司须具有证券承销业务资格。

【注2】不管是自行注册还是推荐注册，都只能在中国证券业协会。

【注3】6 类自行注册的主体需熟练记忆，其中有一项为"信托公司"，信托计划、私募股权基金不可自行注册。

3. 完成注册

协会自受理注册申请文件之日起 10 个工作日内完成注册工作，符合注册条件的，在协会网站予以公示；不符合注册条件的，书面说明不予注册的原因。受理日期自受理回执发出之日起计算。

4. 是否符合首发项目的核查

发行人和主承销商应要求参与该项目网下申购业务的网下投资者指定的股票配售对象，以该项目初步询价开始前 2 个交易日为基准日，其在项目发行上市所在证券交易所基准日前 20 个

交易日（含基准日）的非限售股票的流通市值日均值应为 1 000 万元（含）以上。

主承销商应在已完成协会注册的网下投资者和股票配售对象范围内，对其是否符合首发股票项目的预先披露条件进行核查，选定可参与该项目询价和网下申购业务的网下投资者和股票配售对象，对不符合条件的，应当拒绝或剔除其报价。

【真题回顾（1509）】 以下关于参与首次公开发行股票询价和网下申购业务的投资者注册的说法，正确的是（　　　）。

A. 保险公司可自行在中国证券业协会注册

B. 个人投资者在主承销商处注册

C. 私募股权公司可自行在中国证券业协会自行注册

D. 信托计划可自行在中国证券业协会自行注册

答案：A

【真题回顾（1509）】 根据《首次公开发行股票承销业务规范》，关于首次公开发行股票时参与网下配售的投资者的表述正确的是（　　　）。

A. 参与首发股票询价和网下申购业务的投资者应在中国证券业协会注册

B. 参与首发股票询价和网下申购业务的个人投资者应具备 2 年（含）以上的 A 股投资经验

C. 除证券投资基金公司应在中国证券投资基金业协会注册外，证券公司、信托公司、保险公司以及合格境外投资者可自行在中国证券业协会注册

D. 符合条件的个人投资者可自行在中国证券业协会注册

E. 网下投资者参与上海证券交易所的网下申购业务，在初步询价开始日前两个交易日前 20 个交易日（含基准日）所持有上海市场非限售 A 股股份市值的日均市值应为 1 000 万元（含）以上

答案：AE

【模拟练习】 参与首发股票询价和网下申购业务的投资者注册时，需满足的基本条件有（　　　）。

A. 机构投资者从事证券交易时间应达到 5 年以上

B. 经行政许可从事期货等金融业务的机构投资者持续经营时间应达到 2 年以上

C. 最近 12 个月未受到刑事处罚、未因重大违法违规行为被相关监管部门给予行政处罚

D. 机构投资者应具有相应的研究力量、有效的估值定价模型、科学的定价决策制度和完善的合规风控制度

答案：CD

解析：A，2 年以上；B，可免于普通机构投资者需持续经营时间达到 2 年（含）以上，从事证券交易时间达到 2 年（含）以上的规定。

【模拟练习】 以下首次公开发行股票的网下投资者可以直接在中国证券业协会自行注册的有（　　　）。

A. 证券公司　　　　　B. 商业银行　　　　　C. 信托公司　　　　　D. 私募股权公司

E. 财务公司

答案：ACE

（二）网下投资者行为

1. 获配首发股票的网下投资者，应当在获配首发股票上市后的 15 个工作日内分别就其获配首发股票于上市首日、第 3 日和第 10 日收盘时的股票余额情况向协会报送。

2. 网下投资者应当在每年 1 月 31 日前向协会填报年度总结表，对全年的报价和网下申购业务进行总结，对是否持续符合网下投资者条件进行说明。

（三）网下投资者评价

1. 建立网下投资者评价体系实行分类管理

（1）协会建立网下投资者跟踪分析和评价体系，对网下投资者的定价能力进行综合评价。

（2）协会于每年第一季度对网下投资者上年度参与首发股票询价和网下申购业务进行综合评分，并依据评价结果实行分类管理。

（3）评价结果确定后，于每年第一季度末在协会网站公示。

2. 具体分类

（1）根据网下投资者参与首发股票询价和网下申购业务的情况和综合评分结果，将网下投资者划分为 A、B、C 三类。

（2）其中 A 类投资者的比例不高于 30%，C 类投资者的比例不高于 20%。

（3）主承销商在开展投资者选择和股票配售工作时应予以优先考虑 A 类网下投资者，谨慎对待 C 类投资者。B 类网下投资者可正常参与首发股票询价和网下申购业务。

【模拟练习】下列关于首次公开发行股票网下投资者自律管理的说法，正确的是（　　　　）。

A. 参与首次公开发行股票询价和网下申购业务的投资者应在协会注册

B. 网下投资者指定的股票配售对象不得为信托计划

C. 股票配售对象，以初步询价开始前 1 个交易日为基准日，其在项目发行上市所在证券交易所基准日前 20 个交易日（含基准日）的非限售股票的流通市值日均值为 1 000 万元（含）以上

D. 网下投资者划分为 A、B、C 三类，其中 A 类投资者的比例不高于 30%，C 类投资者的比例不高于 20%

答案：ABD

解析：C，前 2 个交易日。

（四）网下投资者黑名单制度

1. 列入黑名单的违规行为

协会建立首发股票网下投资者黑名单制度，将主承销商、协会、证券交易所、监管部门在业务开展和监测检查中发现存在下列违规行为的网下投资者列入黑名单，并在协会网站公示。

（1）使用他人账户报价。

（2）投资者之间协商报价。

（3）同一投资者使用多个账户报价。

（4）网上网下同时申购。

（5）与发行人或承销商串通报价。

（6）委托他人报价。

（7）无真实申购意图进行人情报价。

（8）故意压低或抬高价格。

（9）提供有效报价但未参与申购。

（10）不具备定价能力，或没有严格履行报价评估和决策程序、未能审慎报价。

（11）机构投资者未建立估值模型。

（12）其他不独立、不客观、不诚信的情形。

（13）不符合配售资格。

（14）未按时足额交付认购资金。

（15）获配后未恪守持有期等相关承诺的。

（16）协会规定的其他情形。

2. 列入黑名单的时间

（1）网下投资者或配售对象在 1 个自然年度内出现上述被列入黑名单的单种或多种情形累计 1 至 3 次，协会将其列入黑名单 6 个月。

（2）网下投资者或配售对象在 1 个自然年度内出现上述被列入黑名单的单种或多种情形累计 4 次以上的，协会将其列入黑名单 12 个月。

（3）网下投资者或配售对象最近 12 个月内受到刑事处罚、因重大违法违规行为被相关监管部门给予行政处罚、采取监管措施的，协会将其列入黑名单 12 个月。

（4）在 1 个自然年度内，同一网下投资者被采取 3 次（含）以上警示、责令整改等自律管理措施的，协会将该网下投资者列入黑名单 6 个月。

3. 网下投资者被列入黑名单期满后，应当重新向协会申请注册

【注】关于黑名单制度的内容，掌握被列入黑名单的网下投资者或配售对象不得参与网下配售。其余内容了解即可。

四、首次公开发行股票向战略投资者配售

根据《证券发行与承销管理办法》的规定，首次公开发行股票数量在 4 亿股以上的，可以向战略投资者配售股票。向战略投资者配售的有关规定如下：

（1）发行人应当与战略投资者事先签署配售协议。

（2）发行人和主承销商应当在发行公告中披露战略投资者的选择标准、向战略投资者配售的股票总量、占本次发行股票的比例以及持有期限等。

（3）战略投资者应不超过 20 名，战略投资者配售股票的总量不超过本次公开发行股票数量的 30%。

（4）战略投资者不参与网下询价，且应当承诺获得本次配售的股票持有期限不少于 12 个月，持有期自本次公开发行的股票上市之日起计算。

（5）发行人公告的战略投资者应为本次配售股票的实际持有人，资金来源应为自有资金。

（6）战略投资者参与本次配售，应当就以下事项出具承诺函：①其为本次配售股票的实际持有人，不存在受其他投资者委托或委托其他投资者参与本次战略配售的情形。②资金来源为自有资金，且符合该资金的投资方向。③持有本次配售的股票在限售期内不通过任何形式转让。承诺函应与配售协议同时签署，并报中国证监会发行部备案。

（7）发行人及其主承销商应对战略投资者进行核查，投资者若存在委托他人或受托参与本次战略配售的情形，发行人及其主承销商不应该接受该投资者作为战略投资者的申请。

【注1】首次公开发行股票数量在 4 亿股以上的，发行人和主承销商可以在发行方案中采用超额配售选择。关于超额配售选择权的相关规定，下文将另行说明。

【注2】上述内容重点关注（3）、（4）。

【注3】（3）、（5）、（6）、（7）中的内容是《关于战略配售有关问题的通知》的规定。

五、首次公开发行股票禁止配售的对象

（一）网下发行禁止配售对象

首次公开发行股票时，主承销商应当按照事先披露的配售原则和配售方式，在有效申购的

网下个人投资者和机构投资者中选择股票配售对象。

1. 承销办法、承销规范和配售细则的明文规定

《证券发行与承销管理办法》、《首次公开发行股票承销业务规范》和《首次公开发行股票配售细则》均规定首次公开发行股票网下配售时，主承销商不得向下列对象配售股票：

（1）发行人及其股东、实际控制人、董事、监事、高级管理人员和其他员工；发行人及其股东、实际控制人、董事、监事、高级管理人员能够直接或间接实施控制、共同控制或施加重大影响的公司，以及该公司控股股东、控股子公司和控股公司控制的其他子公司。

（2）主承销商及其持股比例5%以上的股东，主承销商的董事、监事、高级管理人员和其他员工；主承销商及其持股比例5%以上的股东、董事、监事、高级管理人员能够直接或间接实施控制、共同控制或施加重大影响的公司，以及该公司控股股东、控股子公司和控股股东控制的其他子公司。

（3）承销商及其控股股东、董事、监事、高级管理人员和其他员工。

（4）上述第（1）、第（2）、第（3）项所述人士的关系密切的家庭成员，包括配偶、子女及其配偶、父母及配偶的父母、兄弟姐妹及其配偶、配偶的兄弟姐妹、子女配偶的父母。

（5）过去6个月内与主承销商存在保荐、承销业务关系的公司及其持股5%以上的股东、实际控制人、董事、监事、高级管理人员，或已与主承销商签署保荐、承销业务合同或达成相关意向的公司及其持股5%以上的股东、实际控制人、董事、监事、高级管理人员。

（6）通过配售可能导致不当行为或不正当利益的其他自然人、法人和组织。

（7）主承销商或发行人就配售对象资格设定的其他条件。

上述第（2）、第（3）项规定的禁止配售对象管理的公募基金不受限制，但应当符合中国证监会的有关规定。

【注1】配售对象是指网下投资者所属或直接管理的，已在协会完成备案，可参与网下申购的自营投资账户或证券投资产品。

【注2】上述、（1）、（2）、（3）中分别为发行人、主承销商、承销商及其关联方，其限制范围逐渐缩小，至承销商时，仅限制承销商及其控股股东、董事、监事、高级管理人员和其他员工，已不包含持股比例5%以上的股东及其相关关联方，而主承销商则包含，需注意。

【注3】（5）中注意，即便未签署合同，仅"达成相关意向"的，也属限制范畴。

2. 《首次公开发行股票网下投资者管理细则》的明文规定

《首次公开发行股票网下投资者管理细则》第四条第三款规定：网下投资者指定的股票配售对象不得为债券型证券投资基金或信托计划，也不得为在招募说明书、投资协议等文件中以直接或间接方式载明以博取一级、二级市场价差为目的申购首发股票的理财产品等证券投资产品。

【注】此规定主要目的是打击债券型证券投资基金、信托计划"打新"、"炒新"行为。注意，此处规定的是债券型证券投资基金或信托计划不得为网下投资者指定的股票配售对象，并未限定其参与网上申购。

3. 根据相关条款的总结

（1）首次公开发行股票采用询价方式的，网下投资者报价后，发行人和主承销商应当剔除拟申购总量中报价最高的部分，剔除部分不得参与网下申购。

【注】剔除部分也不得再参与网上申购。

（2）对于未报送配售对象关联证券账户资料或未及时根据要求补报和更正相关资料的网下投资者，其所管理的配售对象不得参与网下配售。

（3）网上投资者连续 12 个月内累计出现 3 次中签后未足额缴款的情形时，6 个月内不得参与新股申购。

【注】出现连续 12 个月 3 次情形的投资者，6 个月内不得再参与新股申购，包括网下申购与网上申购。

（4）被中国证监会列入黑名单的网下投资者。

【注】黑名单期满重新注册后，可作为配售对象。

【真题回顾（1412）】首次公开发行股票网下配售时，发行人和主承销商不得向下列对象配售股票（ ）。

A. 主承销商管理的公募基金

B. 持有发行人 3% 股份的股东

C. 持有主承销商 5% 股份的股东

D. 持有分销商 5% 股份的股东（不构成控股）

E. 在过去 6 个月内和主承销商达成 IPO 保荐、承销意向，但没签保荐承销协议的公司

答案：BCE

（二）网上发行禁止配售对象

1. 网上投资者连续 12 个月内累计出现 3 次中签后未足额缴款的情形时，6 个月内不得参与新股申购。

2. 其他不符合条件的情形，比如，沪深交易所均规定持有非限售 A 股股份市值 1 万元以上（含 1 万元）的投资者方可参与网上发行，若不符合，则为禁止对象。

【真题回顾（1611）】某公司首次公开发行股票并拟在深交所中小板上市，可以参与网上发行的投资者有（ ）。

A. 已被网下剔除的投资者

B. 债券型投资基金

C. 连续 12 个月内累计出现 3 次中签后未足额缴款的情形后已满 6 个月的投资者

D. 持有沪市非限售 A 股股份市值 1 万元的投资者

答案：BC

解析：A，投资者应当自行选择参与网下或网上发行，不得同时参与；被剔除后，不得再参与网上发行；B，债券型证券投资基金或信托计划不得为网下配售对象；D，需在深交所持有非限售 A 股股份市值 1 万元以上。

六、上市公司发行新股操作流程

（一）总体规定

《证券发行与承销管理办法》对上市公司配股、公开增发、发行可转换公司债券及非公开发行的操作的定价与配售作出总体性规定，为考试常考考点，内容如下：

1. 基本原则

上市公司发行证券，存在利润分配方案、公积金转增股本方案尚未提交股东大会表决或者虽经股东大会表决通过但未实施的，应当在方案实施后发行。相关方案实施前，主承销商不得承销上市公司发行的证券。

【注1】根据《发行监管问答——关于〈证券发行与承销管理办法〉第十七条相关问题的解答》：（1）对于上述"上市公司发行证券"在没有特别规定的前提下，目前既适用于上市公司发行普通股、优先股，也适用于上市公司发行公司债、可转换公司债券；既适用于 A 股上市公

司发行证券，也适用于 H 股公司等境外上市公司在境内发行证券。（2）利润分配方案实施完毕时间为股息、红利发放日，公积金转增股本方案实施完毕时间为除权日。上市公司发行证券，应当在上述日期后，方可启动发行。

【注2】2015 年 12 月修订的《证券发行与承销管理办法》修订后发生条款变动，原第十七条内容修订后为第十八条。

2. 定价与配售

（1）配股

上市公司向原股东配售股票，应当向股权登记日登记在册的股东配售，且配售比例应当相同。

（2）公开增发与发行可转债

①全部或部分向原股东优先配售

上市公司向不特定对象公开募集股份或者发行可转换公司债券，可以全部或者部分向原股东优先配售，优先配售比例应当在发行公告中披露。

【注】可以全部或部分优先配售，并非"只能部分优先配售"；优先配售是一种选择权，非必须事项。

②对参与网下配售的机构投资者进行分类

上市公司增发或者发行可转换公司债券，主承销商可以对参与网下配售的机构投资者进行分类。

对不同类别的机构投资者设定不同的配售比例，对同一类别的机构投资者应当按相同的比例进行配售。主承销商应当在发行公告中明确机构投资者的分类标准。

主承销商未对机构投资者进行分类的，应当在网下配售和网上发行之间建立回拨机制，回拨后两者的获配比例应当一致。

【注】分类的，不同类别的设定不同的配售比例，同一类别的按相同的比例进行配售；未分类的，应建立回拨机制，回拨后获配比例应当一致。

（3）非公开发行

上市公司非公开发行证券的，主板上市公司发行对象不超过 10 名，创业板上市公司发行对象不超过 5 名；证券投资基金管理公司以其管理的 2 只以上基金认购的，视为一个发行对象；信托公司作为发行对象，只能以自有资金认购，不能以信托计划认购。

【真题回顾（1509）】下列关于上市公司公开增发股票的说法正确的有（   ）。

A. 对网上配售的机构投资者进行分类的，应当在网下配售和网上发行之间建立回拨机制，回拨后两者的获配比例应当一致

B. 上市公司存在利润分配方案未实施的，应在发行公告中披露

C. 上市公司公开增发股票，可以部分向原股东优先配售

D. 发行价不低于公告招股意向书前 20 个交易日和公司股票均价前一个交易日的均价

答案：C

解析：B，应当在方案实施后发行，相关方案实施前，主承销商不得承销上市公司发行的证券；D，应为"或"。

【真题回顾（1511）】某上市公司进行公开增发股票，以下说法正确的有（   ）。

A. 主承销商可以对参与网下配售的机构投资者进行分类，对不同类别的机构投资者设定不同的配售比例

B. 主承销商未对机构投资者进行分类的，应当在网下配售和网上发行之间建立回拨机制，回拨后两者的获配比例应当一致

C. 可以部分向原股东优先配售，优先配售比例应当在发行公告中披露

D. 可以全部向原股东优先配售，优先配售比例应当在发行公告中披露

答案：ABCD

（二）具体操作

对于新股发行的具体操作的规定，过往考试集中在对配股的考核，以下对配股的具体操作进行说明。

配股是指上市公司向原股东发行新股、筹集资金的行为。沪深交易所关于配股的操作流程基本一致，以下以上交所为例进行说明，具体如下：

T-3 日前，发行人和主承销商应向证券交易所发行上市部报送有关材料，并进行发行公告、配股说明书及附件的上网操作。

T-2 日，配股说明书摘要及发行公告见报，配股说明书及附件见证券交易所网站。

T-1 日，进行网上路演（如需）。

T 日，股权登记日。上市公司向原股东配售股票，应当向股权登记日登记在册的股东配售，且配售比例应当相同。

T+1 日至 T+5 日为配股缴款期间。

T+6 日，网下验资，确定原股东认配比例；如发行成功，则中国登记结算上海分公司进行网上清算。

T+7 日，刊登配股发行结果公告，股票恢复正常交易。如发行成功，当日为除权基准日；如发行失败，当日为申购资金退款日。

【注1】注意，如发行成功，T+7 日为除权基准日。

【注2】T+1 日至 T+6 日为配股实施期间，此期间股票连续停牌，T+7 日刊登配股发行结果公告后，股票恢复正常交易。

【注3】目前，关于上市首个交易日无涨跌幅限制的情形，上交所包括首发上市的股票和封闭式基金、增发上市的股票、暂停后恢复上市的股票、退市后重新上市的股票；深交所包括首发上市的股票、暂停后恢复上市的股票。沪深交易所目前均未放开对配股上市首日涨跌幅的限制，均规定，配股上市首日以除权后的价格为基数设定涨跌幅限制。

【模拟练习】上交所某上市公司拟进行配股，以下表述正确的是（　　　）。

A. 应当向股权登记日登记在册的股东配售，且配售比例应当相同

B. 配股上市首日不放开股票交易的涨跌幅限制

C. 如果发行成功，T+7 日为除权基准日

D. 配股实施期间，股票连续停牌日为 T+1 日至 T+6 日

答案：ABCD

七、股票承销团组织和股票承销业务风险资本准备的相关规定

（一）股票承销与承销团组织

1. 承销协议

证券公司实施承销前，应当向中国证监会报送发行与承销方案。发行人和主承销商应当签订承销协议，在承销协议中界定双方的权利义务关系，约定明确的承销基数。采用包销方式的，应当明确包销责任；采用代销方式的，应当约定发行失败后的处理措施。

2. 承销团组织

（1）证券发行依照法律、行政法规的规定应由承销团承销的，组成承销团的承销商应当签订承销团协议，由主承销商负责组织承销工作。

（2）证券发行由两家以上证券公司联合主承销的，所有担任主承销商的证券公司应当共同承担主承销责任，履行相关义务。

（3）承销团由 3 家以上承销商组成的，可以设副主承销商，协助主承销商组织承销活动。

3. 承销方式

首次公开发行股票，应当采用包销或者代销方式。股票发行采用代销方式的，应当在发行公告（或认购邀请书）中披露发行失败后的处理措施。股票发行失败后，主承销商应当协助发行人按照发行价并加算银行同期存款利息返还股票认购人。

【注 1】上市公司非公开发行股票未采用自行销售方式或者上市公司配股的，应当采用代销方式。

【注 2】非公开发行与配股不可包销，其中配股只能代销，非公开发行可自行销售或代销，未采用自行销售方式的，则只能代销。

（二）股票承销业务风险资本准备

根据《关于证券公司风险资本准备计算标准的规定》的规定，证券公司经营证券承销业务的，应当分别按包销再融资项目股票、IPO 项目股票、公司债券、政府债券金额的 30%、15%、8%、4% 计算承销业务风险资本准备。

八、超额配售选择权的相关规定

2001 年，中国证监会发布实施《超额配售选择权试点意见》，对主承销商在上市公司公开增发股票中行使超额配售选择权的行为进行规范。同时根据《证券发行与承销管理办法》的规定，首次公开发行股票数量在 4 亿股以上的，发行人和主承销商可以在发行方案中采用超额配售选择权。因此，超额配售选择权适用公开增发与首发股票数量在 4 亿股以上的两种情形。

1. 超额配售选择权，是指发行人授予主承销商的一项选择权，获此授权的主承销商按同一发行价格超额发售不超过包销数额 15% 的股份，即主承销商按不超过包销数额 115% 的股份向投资者发售。在本次增发包销部分的股票上市之日起 30 日内，主承销商有权根据市场情况选择从集中竞价交易市场购买发行人股票，或者要求发行人增发股票，分配给对此超额发售部分提出认购申请的投资者。

【注 1】超额部分不一定是 15%，上限是 15%。

【注 2】超额股票可以增发或从集中竞价交易市场购买，前者会产生增量股票，后者为存量股票。

2. 发行人计划在增发中实施超额配售选择权的，应当提请股东大会批准，因行使超额配售选择权所发行的新股为本次增发的一部分。发行人应当披露因行使超额配售选择权而可能增发股票所募集资金的用途，并提请股东大会批准。

3. 在实施增发前，主承销商应当向证券登记结算机构申请开立专门用于行使超额配售选择权的账户，并向证券交易所和证券登记结算机构提交授权委托书及授权代表的有效签字样本。

4. 主承销商在决定行使超额配售选择权时，应当保证仅对参与本次发行申购且与本次发行无特殊利益关系的机构投资者作出延期交付股份的安排。

【注】超额配售安排不包括个人投资者。

5. 在超额配售选择权行使期内，如果发行人股票的市场交易价格低于发行价格，主承销商用超额发售股票获得的资金，按不高于发行价的价格从集中竞价交易市场购买发行人的股票，分配给提出认购申请的投资者；如果发行人股票的市场交易价格高于发行价格，主承销商可以根据授权要求发行人增发股票，分配给提出认购申请的投资者，发行人获得发行此部分新股所募集的资金。

6. 超额配售选择权的行使限额，即主承销商从集中竞价交易市场购买的发行人股票与要求发行人增发的股票之和，应当不超过本次增发包销数额的15%。

7. 在超额配售选择权行使期内，主承销商行使超额配售选择权，可以根据市场情况一次或分次进行，从集中竞价交易市场购买发行人股票所发生的费用由主承销商承担。

8. 主承销商应当将预售股份取得的资金存入其在商业银行开设的独立账户。除包销以外，主承销商在发行承销期间，不得运用该账户资金外的其他资金或通过他人买卖发行人上市流通的股票。

9. 超额配售选择权行使完成后，本次发行的新股按以下公式计算：

本次发行的新股数量 = 发行包销股份数量 + 超额配售选择权累计行使数量 − 主承销商从集中竞价交易市场购买发行人股票的数量

$$= 包销数量 + （增发数量 + 购入数量） − 购入数量$$

$$= 包销数量 + 增发数量$$

【注】重点关注本条规定，为常考考点。

10. 主承销商应当在超额配售选择权行使完成后的5个工作日内，通知相关银行将应付给发行人的资金（如有）支付给发行人，应付资金按以下公式计算：

发行人因行使超额配售选择权的筹资额 = 发行价 ×（超额配售选择权累计行使数量 − 主承销商从集中竞价交易市场购买发行人股票的数量） − 因行使超额配售选择权而发行新股的承销费用

11. 发行人在包销数额内的新股发行完成后，应当发布股份变动公告；在实施超额配售选择权所涉及的股票发行验资工作完成后的3个工作日内，应当再次发布股份变动公告；在全部发行工作完成后，发行人还应当按照有关规定办理相关的工商变更登记手续。

12. 在超额配售选择权行使完成后的3个工作日内，主承销商应当在中国证监会指定报刊披露以下有关超额配售选择权的行使情况：

（1）因行使超额配售选择权而发行的新股数量；如未行使，应当说明原因。

（2）从集中竞价交易市场购买发行人股票的数量及所支付的总金额、平均价格、最高与最低价格。

（3）发行人本次增发股份总量。

（4）发行人本次筹资总金额。

13. 主承销商应当保留行使超额配售选择权的完整记录。在全部发行工作完成后15个工作日内，主承销商应当将超额配售选择权的行使情况及其内部监察报告报中国证监会和证券交易所备案。

【真题回顾（2008）】某公司首次公开发行股票，发行规模为100亿股，发行价3元/股，主承销商使用超额配售选择权，数量为初始发行规模的10%，本次发行股票上市之日起30日内，主承销商使用超额配售获得的资金，分别以2.95元/股购入2亿股、以2.90元/股购入2亿股。假如不考虑发行费用，发行人募集的资金为（　　　　）。

A. 330.3 亿元　　　　　B. 330 亿元　　　　　C. 318 亿元　　　　　D. 300 亿元

答案：C

解析：（1）本次发行的新股数量 = 包销数量 + 增发数量，超额配售选择权数量为 100 × 10% = 10（亿股），购买数量为 4 亿股，增发数量 = 10 − 4 = 6（亿股）；（2）发行人募集的资金 = （包销数量 + 增发数量）× 发行价 = （100 + 6）× 3 = 318（亿元）。

【模拟练习】根据《超额配售选择权试点意见》，下列关于超额配售选择权行使完成后，发行新股数量的计算方法正确的是（　　）。

A. 本次发行的新股数量 = 发行包销股份数量 − 超额选择权累计行使数量 − 主承销商从集中竞价交易市场购买发行人股票数量

B. 本次发行的新股数量 = 发行包销股份数量 + 超额选择权累计行使数量 + 主承销商从集中竞价交易市场购买发行人股票数量

C. 本次发行的新股数量 = 发行包销股份数量 + 超额选择权累计行使数量 − 主承销商从集中竞价交易市场购买发行人股票数量

D. 本次发行的新股数量 = 发行包销股份数量 − 超额选择权累计行使数量 + 主承销商从集中竞价交易市场购买发行人股票数量

答案：C

【模拟练习】根据《超额配售选择权试点意见》，下列发行人因行使超额配售选择权的筹资额的计算方法正确的是（　　）。

A. 发行人因行使超额配售选择权的筹资额 = 发行价 × （超额配售选择权累计行使数量 + 主承销商从集中竞价交易市场购买发行人股票的数量）− 因行使超额配售选择权而发行新股的承销费用

B. 发行人因行使超额配售选择权的筹资额 = 发行价 × （超额配售选择权累计行使数量 − 主承销商从集中竞价交易市场购买发行人股票的数量）− 因行使超额配售选择权而发行新股的承销费用

C. 发行人因行使超额配售选择权的筹资额 = 发行价 × （超额配售选择权累计行使数量 − 主承销商从集中竞价交易市场购买发行人股票的数量）

D. 发行人因行使超额配售选择权的筹资额 = 发行价 × （超额配售选择权累计行使数量 + 主承销商从集中竞价交易市场购买发行人股票的数量）

答案：B

第五节　债券发行与销售

【大纲要求】

内容	程度
1. 各类债券的发行方案要点、承销团组织、债券承销业务风险资本准备	掌握
2. 各类债券的发行方式和发行程序	掌握
3. 簿记建档的操作流程和要求	掌握
4. 上市公司发行可转换公司债券的发行方案要点、发行方式和操作流程	掌握
5. 分离交易的可转换公司债券的发行方案要点、发行方式和操作流程	了解
6. 可交换公司债券的发行方案要点、发行方式和操作流程	了解

【内容精讲】

对于证券的发行与销售，历次考试重点为对股票的发行与销售的考核，关于本节内容，历次考试很少涉及。本节大纲要求的诸多内容我们已在第四章"债务融资"中进行了相关介绍，重复内容不再赘述，以下对《公司债券承销业务规范》的相关规定进行说明。

一、适用范围

承销机构承销境内公司债券时，项目承接、发行申请、推介、定价、配售和信息披露等业务活动适用《公司债券承销业务规范》。公司债券发行结束后，由受托管理人按照相关规定持续履行受托管理职责。

【注】适用公司债券、可转换公司债券、分离交易可转换公司债券、可交换公司债券、中小企业私募债券。

二、具体规定

（一）承接与申请

1. 应当由证券公司承销

（1）发行公司债券应当由具有证券承销业务资格的证券公司承销。

（2）取得证券承销业务资格的证券公司及中国证监会认可的其他机构非公开发行公司债券可以自行销售。

【注】①中国证监会认可的其他机构包括中国证券金融股份有限公司；②证券公司非公开发行公司债券可自行销售的条件是其取得证券承销业务资格；③公开发行不可自行销售。

2. 承销协议与承销团

（1）主承销商应当与发行人签订承销协议，在承销协议中界定双方的权利义务关系，约定明确的承销基数。采用包销方式的，应当明确包销责任。

（2）公开发行公司债券依照法律、行政法规的规定应当由承销团承销的，组成承销团的承销机构应当签订承销团协议，由主承销商负责组织承销工作。公司债券发行由2家以上承销机构联合主承销的，所有担任主承销商的承销机构应当共同承担主承销责任，履行相关义务。承销团由3家以上承销机构组成的，可以设副主承销商，协助主承销商组织承销活动。

【注】规定与股票发行承销完全一致。

3. 承销机构尽职调查

（1）承销机构应当依据相关规定开展尽职调查工作。

（2）对发行人申请文件、债券发行募集文件中有证券服务机构及其签字人员出具专业意见的内容，承销机构应当结合尽职调查过程中获得的信息对其进行审慎核查，对发行人提供的资料和披露的内容进行独立判断。

承销机构所作的判断与证券服务机构的专业意见存在重大差异的，应当对有关事项进行调查、复核，并可聘请其他证券服务机构提供专业服务。

（3）对发行人申请文件、债券发行募集文件中无证券服务机构及其签字人员专业意见支持的内容，承销机构应当获得合理的尽职调查证据，在对各种证据进行综合分析的基础上对发行人提供的资料和披露的内容进行独立判断，并有合理理由确信所作的判断与发行人申请文件、债券发行募集文件的内容不存在实质性差异。

4. 对发行人进行培训

承销机构应当向发行人进行有关债券市场的法律法规、基础知识培训，使其掌握公司债券申报发行等方面的法律法规和规则，知悉信息披露和履行承诺等方面的责任和义务。

5. 协助申请备案

承销机构应当依据相关法律法规和规则，协助发行人开展发行申请，做好备案等工作。

（二）路演推介

1. 承销机构可以和发行人采用现场、电话、互联网等合法合规的方式进行路演推介。

2. 采用公开方式进行路演推介的，应当事先披露举行时间、地点和参加方式。在通过互联网方式进行公开路演推介时，不得屏蔽投资者提出的与本次发行相关的问题。

3. 承销机构和发行人在推介过程中不得披露除募集说明书等信息以外的发行人其他信息。

【注】不得披露超出已公开的发行人相关信息，可以披露超出募集说明书以外其他已公开的信息。

4. 承销机构不得自行或与发行人及与本次发行有关的当事人共同以任何方式向投资者发放或变相发放礼品、礼金、礼券等，也不得接受投资者的礼品、礼金、礼券等。不得通过其他利益安排诱导投资者，不得向投资者作出任何不当承诺。

（三）定价与配售

1. 一般要求

（1）承销机构应当建立集体决策制度，对公司债券定价和配售等重要环节进行决策，参与决策的人数不得少于3名。内部监督部门应当参与决策过程，并予以确认。

【注】此为考试重点：参与决策的人数不得少于3名；内部监督部门应当参与决策过程。

（2）承销机构应当依据中国证监会、自律组织规定的投资者适当性制度，建立健全公司债券投资者适当性管理制度。

（3）承销机构应当对承销和投资交易等业务之间进行有效隔离，在办公场所、业务人员、业务流程、文件流转等方面设立防火墙。

（4）公开发行公司债券的，承销机构和发行人应当聘请律师事务所对发行过程、配售行为、参与认购的投资者资质条件、资金划拨等事项进行见证，并出具专项法律意见书。

【注】公开发行公司债券，聘请律师事务所进行见证，并出具专项法律意见书为强制事项。

（5）承销机构和发行人不得操纵发行定价，不得以代持、信托等方式谋取不正当利益或向其他相关利益主体输送利益；不得直接或通过其利益相关方向参与认购的投资者提供财务资助；不得有其他违反公平竞争、破坏市场秩序等行为。

2. 公开发行的定价与配售

（1）公司债券公开发行的价格或利率以询价或公开招标等市场化方式确定。

①采取询价方式的，承销机构与发行人应当进行询价，并协商确定发行价格或利率区间，以簿记建档方式确定最终发行价格或利率。

【注】簿记建档是指承销机构和发行人协商确定价格或利率区间后，向市场公布说明发行方式的发行文件，由簿记管理人记录网下投资者认购公司债券价格或利率及数量意愿，按约定的定价和配售方式确定最终发行价格或利率并进行配售的行为。

②采取公开招标方式的，承销机构与发行人应当遵守相关部门对公开招标的规定。

（2）公开发行公司债券可以采用网下询价配售、网上定价发行，以及网上网下相结合的方式。

（3）公开发行公司债券，承销机构应当和发行人协商确定公开发行的定价与配售方案并予以公告，明确价格或利率确定原则、发行定价流程和配售规则等内容。

（4）承销机构应当督促网下投资者进行合理报价，不得协商报价或者故意压低或抬高价格或利率，获得配售后严格履行缴款义务。符合条件的网下投资者应当自主决定是否报价，承销机构无正当理由不得拒绝。

3. 非公开发行的定价与配售

（1）非公开发行公司债券的定价发行方式，由承销机构和发行人协商确定。

（2）采用簿记建档方式非公开发行公司债券的，参照关于公开发行公司债券簿记建档及配售的相关规定。

【注】簿记建档方式适用公开发行公司债券，也适用非公开发行公司债券。

（3）承销机构应当按照投资者适当性制度，了解和评估投资者对非公开发行公司债券的风险识别和承担能力，确认参与非公开发行公司债券认购的投资者为合格投资者，并充分揭示风险。

（4）非公开发行公司债券应当向合格投资者发行，每次发行对象不得超过200人。

（四）信息披露

1. 承销机构在公司债券承销期间应当督促发行人及时、公平地履行信息披露义务，并对披露信息的真实性、准确性、完整性进行核查。

2. 承销机构对信息披露的内容应当进行核查，确保信息披露的文件处于有效期内，在不同媒体上披露的信息保持一致。

3. 公开发行公司债券的，承销机构应当督促发行人按照规定披露募集说明书。

4. 承销机构应当协助发行人将公开发行过程中披露的信息刊登在其债券交易场所的互联网网站，同时将披露的信息或信息摘要刊登在至少一种中国证监会指定的报刊，供公众查阅。

5. 公开发行公司债券的，发行申请核准后，发行结束前，承销机构应当勤勉履行核查义务，发现发行人发生重大事项，导致可能不再符合发行条件的，应当立即停止承销，并督促发行人及时履行报告义务。

【注】核准后，发行结束前，发生重大事项，导致可能不再符合发行条件的，应当立即停止承销。

（五）自律管理

1. 承销机构应当保留承销过程中的相关资料并存档备查，如实、全面反映承销全过程，相关资料保管时间不得少于债券到期之日或本息全部清偿后5年。

承销过程中的相关资料包括但不限于项目承接、尽职调查、内部控制、发行申请、推介、定价和配售、信息披露等各个环节中的相关文件和资料。

【注】"资料保管时间不得少于债券到期之日或本息全部清偿后5年"为常考考点。

2. 协会可以采取现场检查、非现场检查等方式对承销机构进行定期或不定期检查，承销机构应当对协会的检查予以配合，不得以任何理由拒绝、拖延提供有关资料，或者提供不真实、不准确、不完整的资料。

3. 承销机构及其相关业务人员违反《公司债券承销业务规范》的规定，协会视情节轻重采取自律惩戒措施，记入协会诚信信息管理系统，并与为发行公司债券提供交易、转让服务的场所共享有关自律惩戒措施信息。

【模拟练习】以下关于公司债券承销业务的说法中，正确的有（　　　）。

A. 取得证券承销业务资格的证券公司以公开发行方式发行公司债券，可以自行销售

B. 承销机构应当建立集体决策制度，对公司债券定价和配售等重要环节进行决策，参与决

策的人数不得少于 3 名

C. 承销机构可以和发行人采用现场、电话、互联网等合法合规的方式进行路演推介

D. 承销机构应当保留承销过程中的相关资料并存档备查，相关资料保管时间不得少于本息全部清偿后 2 年

答案：BC

解析：A，只有非公开发行公司债券在符合一定条件下方可自行销售；D，不少于债券到期日或本息全部清偿后 5 年。

【模拟练习】以下关于公司债券承销业务的说法中，正确的有（　　）。

A. 中国证券金融股份有限公司公开发行公司债券，可以自行销售

B. 承销机构在尽职调查中所作的判断与证券服务机构的专业意见存在重大差异的，应当对有关事项进行调查、复核，并作出独立判断，不可聘请其他证券服务机构提供服务

C. 承销机构应当建立集体决策制度，对公司债券定价和配售等重要环节进行决策，内部监督部门应当回避，不得参与决策过程

D. 非公开发行公司债券的，承销机构和发行人应当聘请律师事务所对发行过程、配售行为、参与认购的投资者资质条件、资金划拨等事项进行见证，并出具专项法律意见书

E. 公开发行公司债券和非公开发行公司债券均可以采取簿记建档方式确定发行价格或利率

答案：E

解析：A，非公开发行可以自行销售；B，可聘请；C，内部监督部门应当参与；D，公开发行的，聘请律师事务所为强制要求。

第六章　财务顾问

本章考情分析

本章属于绝对重点章节，平均每次考试命制约 18 道题，分值 15 分左右。本章就专业知识来说，难度较大，很多知识并非单纯记忆即可掌握，但就复习难度来说，因本章考点相对比较集中且涉及法规较少，经过新制度以来的 7 次考试，考点已比较稳定，学习时应把握教材所列重要考点，对每次反复考核的必考知识点须牢牢把握。

本章共分五个小节，分别为业务监管、上市公司收购、上市公司重大资产重组、涉外并购与非上市公众公司并购。其中，上市公司收购与重大资产重组为重中之重，占本章分值的 70% 左右，且考点较为稳定与集中，比如一致行动人的认定、上市公司收购过程中权益披露的相关规定、收购的基本规则与程序、要约收购豁免的相关规定、管理层收购、实施重大资产重组的程序、发行股份购买资产的相关规定、重大资产重组后再融资的相关规定、重大资产重组配套融资的相关规定等，主要集中在这些考点，且每次必考，上述每个考点均须精准全面把握。涉外并购每次考试三道题左右，考点主要集中在三点，分别为安全审查制度、经营者集中规定及外国投资者对上市公司战略投资的条件与程序。非上市公众公司并购每次考试 1~2 道题。

2016 年四次考试题型、题量分析表

节次 ＼ 时间 题型题量	2016 – 05		2016 – 09		2016 – 10		2016 – 11	
业务监管	1 组	1 分	1 组	1 分	1 单 1 组	1.5 分	1 组	1 分
上市公司收购	2 单 4 组	5 分	2 单 4 组	5 分	2 单 2 组	3 分	2 单 4 组	5 分
重大资产重组	2 单 5 组	6 分	2 单 3 组	4 分	2 单 5 组	6 分	2 单 6 组	7 分
涉外并购	1 单 3 组	3.5 分	2 单 2 组	3 分	1 单 2 组	2.5 分	1 单 1 组	1.5 分
公众公司并购	1 单 1 组	1.5 分	1 单 1 组	1.5 分	1 单 1 组	1.5 分	1 单 1 组	1.5 分
合计	6 单 14 组	17 分	7 单 11 组	14.5 分	7 单 11 组	14.5 分	6 单 13 组	16 分
分值占比	17%		14.5%		14.5%		16%	

核心考点分析表

节次	考点	星级
业务监管	1. 证券公司从事上市公司并购重组财务顾问业务应当具备的条件	3
	2. 不得担任财务顾问的情形	1
	3. 不得担任独立财务顾问的情形	1
上市公司收购	1. 上市公司反收购策略	1
	2. 一致行动人的认定	5
	3. 上市公司收购过程中权益披露的相关规定	5
	4. 要约收购的基本原则与程序（含基本规定、收购价格、支付方式、收购程序等）	5
	5. 要约收购豁免的相关规定	5
	6. 管理层收购	5

节次	考点	星级
	7. 协议收购过渡期的安排	2
	8. 间接收购中上市公司实际控制人及受其支配的股东义务及未履行义务的相关处理	1
重大资产重组	1. 上市公司重大资产重组的标准	1
	2. 上市公司实施重大资产重组的程序（含中介聘请、决策、实施等）	3
	3. 发行股份购买资产的相关规定	5
	4. 上市公司重大资产重组后再融资的相关规定	5
	5. 上市公司重大资产重组配套融资的相关规定（含锁定期、审核及配套募集资金用途等）	5
	6. 上市公司重大资产重组中相关的监督管理和法律责任（预测不符）	3
	7. 上市公司并购重组委员会运行规则	2
	8. 首次公开发行及再融资、重大资产重组摊薄即期回报有关事项	1
涉外并购	1. 外国投资者以股权作为支付手段并购境内公司的有关规定	1
	2. 外国投资者并购境内企业安全审查制度	3
	3. 外国投资者并购境内企业的反垄断审查的有关规定（经营者集中）	3
	4. 外国投资者对上市公司战略投资的相关规定	5
公众公司并购	1. 非上市公众公司收购的基本规定	3
	2. 不得收购非上市公司的情形	1
	3. 非上市公众公司重大资产重组的标准	3
	4. 非上市公众公司重大资产重组的基本规定与程序	2
	5. 发行股份购买资产的特别规定	2

本章核心法规

节次	法规名称	施行年月	星级
业务监管	《上市公司并购重组财务顾问业务管理办法》	2008－08	3
上市公司收购	1. 《上市公司收购管理办法》	2014－11	5
	2. 《上市公司监管法律法规常见问题与解答修订汇编》	2015－09	3
重大资产重组	1. 《上市公司重大资产重组管理办法》	2016－09	5
	2. 《证券期货法律适用意见第12号》	2016－09	3
	3. 《关于上市公司业绩补偿承诺的相关问题与解答》	2016－06	2
	4. 《关于上市公司发行股份购买资产同时募集配套资金的相关问题与解答》	2016－06	3
	5. 《上市公司并购重组审核工作规程》	2016－03	2
涉外并购	1. 《关于外国投资者并购境内企业的规定》	2009－06	1
	2. 《国务院办公厅关于建立外国投资者并购境内企业安全审查制度的通知》	2011－02	3
	3. 《国务院关于经营者集中申报标准的规定》	2008－08	3
	4. 《外国投资者对上市公司战略投资管理办法》	2005－12	3
公众公司并购	1. 《非上市公众公司收购管理办法》	2014－07	2
	2. 《非上市公众公司重大资产重组管理办法》	2014－07	2

本章思维导图

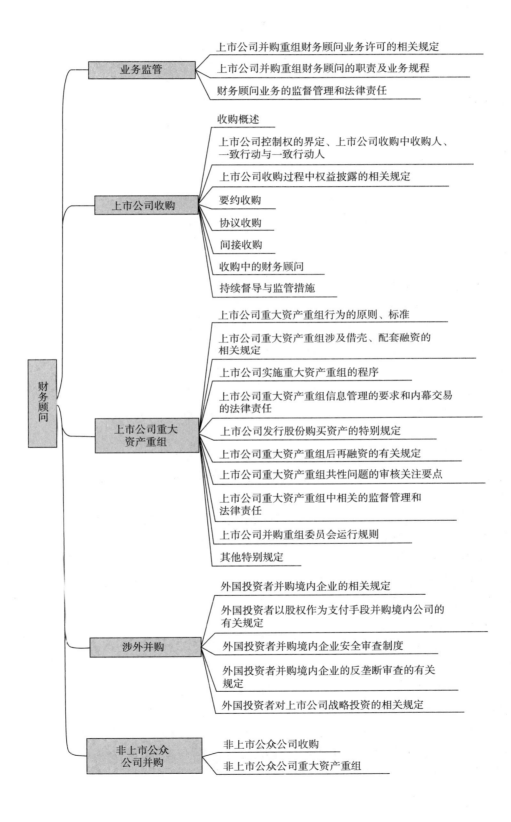

本章具体内容

第一节　业务监管

【大纲要求】

内容	程度
1. 上市公司并购重组财务顾问业务许可的相关规定	掌握
2. 上市公司并购重组财务顾问的职责及业务规程	掌握
3. 财务顾问业务的监督管理和法律责任	掌握

【内容精讲】

一、上市公司并购重组财务顾问业务许可的相关规定

（一）财务顾问业务概念

上市公司并购重组财务顾问业务是指为上市公司的收购、重大资产重组、合并、分立、股份回购等对上市公司股权结构、资产和负债、收入和利润等具有重大影响的并购重组活动提供交易估值、方案设计、出具专业意见等专业服务。

经中国证监会核准具有上市公司并购重组财务顾问业务资格的证券公司、证券投资咨询机构或者其他符合条件的财务顾问机构，可以从事上市公司并购重组财务顾问业务。

（二）业务许可

1. 证券公司从事上市公司并购重组财务顾问业务应当具备的条件

证券公司从事上市公司并购重组财务顾问业务，应当具备下列条件：

（1）公司净资本符合中国证监会的规定。

（2）具有健全且运行良好的内部控制机制和管理制度，严格执行风险控制和内部隔离制度。

（3）建立健全的尽职调查制度，具备良好的项目风险评估和内核机制。

（4）公司财务会计信息真实、准确、完整。

（5）公司控股股东、实际控制人信誉良好且最近3年无重大违法违规记录。

（6）财务顾问主办人不少于5人。

（7）中国证监会规定的其他条件。

【注1】（2）、（3）、（4）、（7）无须记忆，重点关注（1）、（5）、（6）。

【注2】（1）中，为"净资本"符合规定，非"净资产"，防止偷换概念。

【注3】（5）中"公司"是指证券公司；"最近3年"无重大违法违规记录，数字需精准记忆，且在应试时需注意辨别，题目是考核法条规定，还是考核案例判定，比如，题干若为"下列关于证券公司从事上市公司并购重组财务顾问业务应当具备的条件描述正确的有"，则"公司控股股东、实际控制人最近2年无重大违法违规记录"不可选，不符合法条规定，而如题干为"某证券公司拟申请从事上市公司并购重组财务顾问业务，不考虑其他条件，以下符合相关规定的有"则上述题支应当选。

【注4】财务顾问主办人不少于5人，需精准记忆，勿与"证券公司申请保荐机构资格符合保荐代表人资格条件的从业人员不少于4人"混淆。

【注5】除证券公司外，证券投资咨询机构、其他财务顾问机构符合一定条件也可从事上市公司并购重组财务顾问业务，鉴于"保代"考试只考核证券公司的规定，其具体条件此处不再说明。

【注6】上市公司并购重组财务顾问业务会涉及财务顾问与独立财务顾问，二者从事业务内容实质相同，因其服务的对象不同而作区分，财务顾问往往为收购方聘请的服务收购方，独立财务顾问则往往为被收购方聘请的服务被收购方，在上市公司并购重组财务顾问业务中，一般情况下上市公司聘请的为独立财务顾问。

【注7】从事上市公司并购重组财务顾问业务一般情况下不需要具备保荐资格，但若涉及公开发行股份，比如发行股份购买资产同时募集配套资金时，则需要聘请具有保荐机构资格的证券公司担任财务顾问，且需履行保荐职责。

2. 财务顾问主办人应当具备的条件

财务顾问主办人应当具备下列条件：

（1）具有证券从业资格。

（2）具备中国证监会规定的投资银行业务经历。

（3）参加中国证监会认可的财务顾问主办人胜任能力考试且成绩合格。

（4）所任职机构同意推荐其担任本机构的财务顾问主办人。

（5）未负有数额较大到期未清偿的债务。

（6）最近24个月无违反诚信的不良记录。

（7）最近24个月未因执业行为违反行业规范而受到行业自律组织的纪律处分。

（8）最近36个月未因执业行为违法违规受到处罚。

（9）中国证监会规定的其他条件。

3. 不得担任财务顾问的情形

证券公司、证券投资咨询机构和其他财务顾问机构有下列情形之一的，不得担任财务顾问：

（1）最近24个月内存在违反诚信的不良记录。

（2）最近24个月内因执业行为违反行业规范而受到行业自律组织的纪律处分。

（3）最近36个月内因违法违规经营受到处罚或者因涉嫌违法违规经营正在被调查。

4. 不得担任独立财务顾问的情形

证券公司、证券投资咨询机构或者其他财务顾问机构受聘担任上市公司独立财务顾问的，应当保持独立性，不得与上市公司存在利害关系；存在下列情形之一的，不得担任独立财务顾问：

（1）持有或者通过协议、其他安排与他人共同持有上市公司股份达到或者超过5%，或者选派代表担任上市公司董事。

（2）上市公司持有或者通过协议、其他安排与他人共同持有财务顾问的股份达到或者超过5%，或者选派代表担任财务顾问的董事。

（3）最近2年财务顾问与上市公司存在资产委托管理关系、相互提供担保；或者最近一年财务顾问为上市公司提供融资服务。

（4）财务顾问的董事、监事、高级管理人员、财务顾问主办人或者其直系亲属有在上市公司任职等影响公正履行职责的情形。

（5）在并购重组中为上市公司的交易对方提供财务顾问服务。

（6）与上市公司存在利害关系、可能影响财务顾问及其财务顾问主办人独立性的其他情形。

【注1】（1）中，单独或合计直接或间接持有上市公司股份≥5%，不足5%的，不管是第几大股东，均无碍（当然不足5%，不可能为控股股东）；选派代表担任董事，不管该代表是什么身份，只要选派代表担任上市公司董事，则表明对上市公司有一定影响。不包括担任监事、高管。

【注2】（3）中，注意对曾经有过资产委托管理关系、相互提供担保的限制期限为2年，财务顾问为上市公司提供融资服务的限制期限为1年。

【注3】（5）中，是指在本次并购重组中为上市公司的交易对方提供财务顾问服务的，对于过往曾经提供的，不妨碍本次为上市公司担任独立财务顾问。

【真题回顾（1610）】 2016年4月，甲上市公司实施重大资产重组，拟聘请某证券公司作为其独立财务顾问，下列事项影响该证券公司作为独立顾问独立性的有（　　　）。

A. 该证券公司选派普通员工李先生担任甲公司的董事

B. 2015年6月，该证券公司为甲公司提供过融资服务

C. 甲公司持有该证券公司4.2%的股份且为其第4大股东

D. 2015年1月，该证券公司与甲公司存在资产委托管理关系

E. 2016年1月，甲公司实际控制人发生变更，该证券公司当时担任收购方财务顾问

答案：ABD

解析：C，不足5%，不影响；E，非本次，不影响。

【模拟练习】 某证券公司拟从事上市公司并购重组财务顾问业务，下列关于其应当具备的条件描述正确的有（　　　）。

A. 具有健全且运行良好的内部控制和管理制度

B. 建立健全的尽职调查制度，具备良好的项目风险评估和内核机制

C. 该证券公司控股股东、实际控制人信誉良好且最近3年无重大违法违规记录

D. 公司净资产符合中国证监会的规定

答案：ABC

解析：D，应为"净资本"符合中国证监会的规定。

二、上市公司并购重组财务顾问的职责及业务规程

（一）财务顾问的职责

财务顾问从事上市公司并购重组财务顾问业务，应当履行以下职责：

1. 接受并购重组当事人的委托，对上市公司并购重组活动进行尽职调查，全面评估相关活动所涉及的风险。

2. 就上市公司并购重组活动向委托人提供专业服务，帮助委托人分析并购重组相关活动所涉及的法律、财务、经营风险，提出对策和建议，设计并购重组方案，并指导委托人按照上市公司并购重组的相关规定制作申报文件。

3. 对委托人进行证券市场规范化运作的辅导，使其熟悉有关法律、行政法规和中国证监会的规定，充分了解其应承担的义务和责任，督促其依法履行报告、公告和其他法定义务。

4. 在对上市公司并购重组活动及申报文件的真实性、准确性、完整性进行充分核查和验证的基础上，依据中国证监会的规定和监管要求，客观、公正地发表专业意见。

5. 接受委托人的委托，向中国证监会报送有关上市公司并购重组的申报材料，并根据中国证监会的审核意见，组织和协调委托人及其他专业机构进行答复。

6. 根据中国证监会的相关规定，持续督导委托人依法履行相关义务。

7. 中国证监会要求的其他事项。

（二）上市公司并购重组财务顾问的业务规程

1. 接受委托

财务顾问应当与委托人签订委托协议，明确双方的权利和义务。接受委托的，财务顾问应当指定 2 名财务顾问主办人负责，同时，可以安排 1 名项目协办人参与。

2. 尽职调查

（1）财务顾问应当建立尽职调查制度和具体工作规程，委托人应当配合财务顾问进行尽职调查，提供相应的文件资料。委托人不能提供必要的材料、不配合进行尽职调查或者限制调查范围的，财务顾问应当终止委托关系或者相应修改其结论性意见。

（2）财务顾问利用其他证券服务机构专业意见的，应当进行必要的审慎核查，对委托人提供的资料和披露的信息进行独立判断。

（3）财务顾问对同一事项所作的判断与其他证券服务机构的专业意见存在重大差异的，应当进一步调查、复核，并可自行聘请相关专业机构提供专业服务。

【注】（3）中，存在重大差异的，应当进一步调查复核，并可"自行"聘请相关专业机构提供专业服务。无须委托上市公司或他人聘请，可自行聘请。

3. 规范化辅导

财务顾问应当采取有效方式对新进入上市公司的董事、监事和高级管理人员、控股股东和实际控制人的主要负责人进行证券市场规范化运作的辅导，并对辅导结果进行验收，将验收结果存档。验收不合格的，财务顾问应当重新进行辅导和验收。

【注】注意与首发辅导对象有区别；验收也有区别。

4. 内核

财务顾问应当设立由专业人员组成的内部核查机构，内部核查机构应当恪尽职守，保持独立判断，对相关业务活动进行充分论证与复核，并就所出具的财务顾问专业意见提出内部核查意见。

5. 出具财务顾问专业意见

（1）财务顾问应当在充分尽职调查和内部核查的基础上，按照中国证监会的相关规定，对并购重组事项出具财务顾问专业意见。

（2）财务顾问的法定代表人或者其授权代表人、部门负责人、内部核查机构负责人、财务顾问主办人和项目协办人应当在财务顾问专业意见上签名，并加盖财务顾问单位公章。

6. 持续督导

（1）根据中国证监会有关并购重组的规定，自上市公司收购、重大资产重组、发行股份购买资产、合并等事项完成后的规定期限内，财务顾问承担持续督导责任。

（2）在持续督导期间，财务顾问应当结合上市公司披露的定期报告出具持续督导意见，并在定期报告披露后的 15 日内向上市公司所在地的中国证监会派出机构报告。

7. 终止解除协议的处理

（1）财务顾问将申报文件报中国证监会审核期间，委托人和财务顾问终止委托协议的，财务顾问和委托人应当自终止之日起 5 个工作日内向中国证监会报告，申请撤回申报文件，并说明原因。委托人重新聘请财务顾问就同一并购重组事项进行申报的，应当在报送中国证监会的申报文件中予以说明。

（2）在持续督导期间，财务顾问解除委托协议的，应当及时向中国证监会派出机构作出书面报告，说明无法继续履行持续督导职责的理由，并予以公告。委托人应当在 1 个月内另行聘请财务顾问对其进行持续督导。

8. 应当建立的制度体系

（1）内部报告制度

财务顾问应当建立健全内部报告制度，财务顾问主办人应当就中国证监会在反馈意见中提出的问题按照内部程序向部门负责人、内部核查机构负责人等相关负责人报告，并对中国证监会提出的问题进行充分的研究、论证，审慎回复。回复意见应当由财务顾问的法定代表人或者其授权代表人、财务顾问主办人和项目协办人签名，并加盖财务顾问单位公章。

（2）内部检查制度

财务顾问应当建立健全内部检查制度，确保财务顾问主办人切实履行持续督导责任，按时向中国证监会派出机构提交持续督导工作的情况报告。

（3）工作档案和工作底稿制度

财务顾问应当建立并购重组工作档案和工作底稿制度，为每一项目建立独立的工作档案。财务顾问的工作档案和工作底稿应当真实、准确、完整，保存期不少于 10 年。

9. 培训与后续教育

（1）中国证券业协会可以根据规定，制定财务顾问执业规范，组织财务顾问主办人进行持续培训。

（2）财务顾问可以申请加入中国证券业协会。

（3）财务顾问主办人应当参加中国证券业协会组织的相关培训，接受后续教育。

三、财务顾问业务的监督管理和法律责任

（一）监督管理

1. 中国证监会及其派出机构对可以根据审慎监管原则，要求财务顾问提供已按规定履行尽职调查义务的证明材料、工作档案和工作底稿，并对财务顾问的公司治理、内部控制、经营运作、风险状况、从业活动等方面进行非现场检查或者现场检查。财务顾问及其有关人员应当配合中国证监会及其派出机构的检查工作。

2. 财务顾问及其财务顾问主办人出现一定情形的，中国证监会对其采取监管谈话、出具警示函、责令改正等监管措施。

责令改正的，财务顾问及其财务顾问主办人在改正期间，或按照要求完成整改并经中国证监会验收合格之前，不得接受新的上市公司并购重组财务顾问业务。

3. 中国证券业协会对财务顾问及其财务顾问主办人实行自律管理，对其违反自律规范的行为，依法进行调查，给予纪律处分。

4. 财务顾问不再符合规定条件的，应当在 5 个工作日内向中国证监会报告并依法进行公告，由中国证监会责令改正。责令改正期满后，仍不符合《上市公司并购重组财务顾问业务管理办法》规定条件的，中国证监会撤销其从事上市公司并购重组财务顾问业务资格。

5. 财务顾问主办人发生变化的，财务顾问应当在 5 个工作日内向中国证监会报告。财务顾问主办人不再符合规定条件的，中国证监会将其从财务顾问主办人名单中去除，财务顾问不得聘请其作为财务顾问主办人从事相关业务。

（二）法律责任

1. 盈利预测不符处理

上市公司就并购重组事项出具盈利预测报告的，在相关并购重组活动完成后，凡不属于上市公司管理层事前无法获知且事后无法控制的原因：（1）上市公司或者购买资产实现的利润未达到盈利预测报告或者资产评估报告预测金额80%的，中国证监会责令财务顾问及其财务顾问主办人在股东大会及中国证监会指定报刊上公开说明未实现盈利预测的原因并向股东和社会公众投资者道歉；（2）利润实现数未达到盈利预测50%的，中国证监会可以同时对财务顾问及其财务顾问主办人采取监管谈话、出具警示函、责令定期报告等监管措施。

2. 专业意见存在虚、误、漏的处理

财务顾问及其财务顾问主办人或者其他责任人员所发表的专业意见存在虚假记载、误导性陈述或者重大遗漏的，中国证监会责令改正，没收业务收入，暂停或者撤销业务许可；对直接负责的主管人员和其他直接责任人员给予警告，撤销证券从业资格。

第二节　上市公司收购

【大纲要求】

内容		程度
1. 收购概述	（1）公司收购的概念、形式	掌握
	（2）公司收购的基本业务流程	掌握
	（3）公司反收购策略	熟悉
2. 上市公司收购中收购人、一致行动与一致行动人、上市公司控制权的概念		掌握
3. 上市公司收购过程中权益披露的相关规定		熟悉
4. 要约收购（概念、基本规则和操作程序，要约收购义务豁免的相关规定）		掌握
5. 协议收购（概念、基本规则和操作程序）		掌握
6. 间接收购		了解
7. 收购中的财务顾问		—
8. 持续督导与监管措施		—

【内容精讲】

一、收购概述

说明：本部分为大纲要求掌握的内容，但历次考试中很少涉及，新政策以来仅2015年9月考过一道题，因此，本部分内容仅作一般了解即可。

（一）公司收购的概念、形式

收购一般是指一个公司通过产权交易取得其他公司一定程度的控制权，以实现一定经济目标的经济行为。从不同的角度，公司收购可以划分为不同的形式。

1. 按购并双方的行业关联性划分

（1）横向收购

横向收购是指同属于一个产业或行业，生产或销售同类产品的企业之间发生的收购行为。实质上，横向收购是两个或两个以上生产或销售相同、相似产品的公司间的收购，其目的在于消除竞争，扩大市场份额，增加收购公司的垄断实力或形成规模效应。

（2）纵向收购

纵向收购是指生产过程或经营环节紧密相关的公司之间的收购行为。实质上，纵向收购是处于生产同一产品、不同生产阶段的公司间的收购，收购双方往往是原材料供应者或产成品购买者，所以，对彼此的生产状况比较熟悉，有利于收购后的相互融合。

（3）混合收购

混合收购又称复合收购，是指生产和经营彼此没有关联的产品或服务的公司之间的收购行为。

2. 按目标公司董事会是否抵制划分

（1）善意收购

善意收购又称友好收购，是收购者事先与目标公司经营者商议，征得同意后，目标公司主动向收购者提供必要的资料等，并且目标公司经营者还劝其股东接受公开收购要约，出售股票，从而完成收购行动的公开收购。

（2）敌意收购

敌意收购又称恶意收购，是指收购者在收购目标公司股权时，虽然该收购行动遭到目标公司的反对，而收购者仍要强行收购，或者收购者事先未与目标公司协商，而突然提出收购要约。

3. 按支付方式划分

（1）用现金购买资产

用现金购买资产是指收购公司使用现款购买目标公司资产，以实现对目标公司的控制。

（2）用现金购买股票

用现金购买股票是指收购公司以现金购买目标公司的股票，以实现对目标公司的控制。

（3）用股票购买资产

用股票购买资产是指收购公司向目标公司发行收购公司自己的股票，以交换目标公司的资产。通常来说，收购公司同意承担目标公司的债务责任，但在某些情况下，收购公司只在有选择的基础上承担目标公司的一部分债务责任。

（4）用股票交换股票

这种收购方式又称换股，一般是收购公司直接向目标公司的股东发行股票，以交换目标公司的股票。通常来说，至少要达到收购公司能控制目标公司所需的足够多的股票。

（5）用资产收购股份或资产

用资产收购股份或资产是指收购公司使用资产购买目标公司的资产或股票，以实现对目标公司的控制。

4. 按持股对象是否确定划分

（1）要约收购

要约收购是指收购人为了取得上市公司的控股权，向所有的股票持有人发出购买该上市公司股份的收购要约，收购该上市公司的股份。收购要约要写明收购价格、数量及要约期间等收购条件。

（2）协议收购

协议收购是指由收购人与上市公司特定的股票持有人就收购该公司股票的条件、价格、期限等有关事项达成协议，由公司股票的持有人向收购者转让股票，收购人支付资金，达到收购的目的。

（二）公司收购的基本业务流程

1. 收购对象的选择

在充分策划的基础上对潜在的收购对象进行全面、详细的调查，是收购公司增大收购成功机会的重要途径。对收购方而言，收购另一个公司会涉及一系列法律和金融方面的具体事务。这通常由各方面人士的合作来完成，即需要公司高层管理人员、投资银行家、律师和会计师的共同参与。

2. 收购时机的选择

公司的首要环节是选择收购的恰当时机。实际上，收购公司在对目标公司进行收购时，要对自身有一个明确、合理的估价，对目标公司有一个清晰的定位，做到"知己知彼"。同时，还要分析宏观经济环境、法律环境和社会环境等。

3. 收购风险分析

公司收购是高风险经营，收购风险非常复杂和广泛，公司应谨慎对待，尽量避免风险，并把风险消除在收购的各个环节之中，以求收购成功。概括而言，在收购过程中，收购公司主要面临市场风险、营运风险、反收购风险、融资风险、法律风险、整合风险等。

4. 目标公司定价

目标公司定价一般采用现金流量法和可比公司价值定价法。现金流量法也称现金流量贴现法，它是一种理论性较强的方法。可比公司价值定价法是先找出若干家在产品、市场、目前盈利能力、未来成长方面与目标公司类似的上市公司，以这些公司的经营效果指标为参考，来评估目标公司的价值。

5. 制订融资方案

对于融资方式的确定，要在权衡资金成本和财务风险的基础上，根据实际情况，采取一个或者数个融资方式。

（1）公司内部自有资金

公司内部自有资金是公司最稳妥、最有保障的资金来源。这是因为自有资金完全由自己安排支付，而且筹资成本较低，但筹资数额要受到公司自身实力的制约。一般来说，公司内部自有资金的数量都较有限，即使实力相对雄厚的大公司，由于收购所需资金数额巨大，仅靠自身筹资往往也显得力不从心。

（2）银行贷款筹资

银行贷款筹资是公司收购较常采用的一种筹资方式。但是，向银行申请贷款一般有比较严格的审批手续，对贷款的期限及用途也有一定的限制。因此，银行贷款筹资有时会给公司的经营灵活性造成一定的影响。另外，国家金融信贷政策也会给银行的贷款活动带来限制（目前我国法律禁止公司利用银行贷款进行股权投资），这些都是公司申请贷款时必须考虑的因素。

（3）股票、债券与其他有价证券筹资

发行股票、债券及其他有价证券筹集收购所需的资金，是公司适应市场经济要求、适应社会化大生产需要而发展起来的一种筹集资金的有效途径。通过发行股票筹资，可以获得一笔无固定到期日、不用偿还且风险相对较小的资金。但是，由于发行股票费用较高，股息不能在税前扣除，因此，筹资成本较高，并且还有分散公司控制权的弊端。由于债券发行费用较低，且债券利息在税前支付，故发行债券融资筹资成本较低，并保证了公司的控制权，享受了财务杠杆利益。但是，由于存在债券还本付息的义务，加重了公司的财务负担，风险较高。此外，还可以通过发行可转换债券等筹集资金。

在以上融资方式中，收购公司一般应首先选用内部自有资金，因为内部自有资金筹资阻力小，保密性好，风险小，不必支付发行成本；其次，选择向银行贷款（若法律、法规或政策允许），因为速度快，筹资成本低，且易保密；再次，选择发行债券、可转换债券等；最后，发行普通股股票。

6. 选择收购方式

任何进行收购的公司都必须在决策时充分考虑采用何种方式完成收购，不同的收购方式不仅仅是支付方式的差别，而且与公司的自身财务、资本结构密切相关。

（1）现金收购

现金收购是一种单纯的购买行为，它由公司支付一定数额的现金，从而取得目标公司的所有权。现金收购主要有两种方式：以现金购买资产和以现金购买股票。

（2）用股票收购

股票收购是指公司不以现金为媒介完成对目标公司的收购，而是收购者以新发行的股票替换目标公司的股票。

（3）承担债务式收购

在被收购企业资不抵债或资产和债务相等的情况下，收购方以承担被收购方全部或部分债务为条件，取得被收购方的资产和经营权。

7. 谈判签约

谈判是收购中一个非常重要而且需要高度技巧的环节。通过谈判主要确定收购的方式、价格、支付时间以及其他双方认为重要的事项。双方达成一致意见后，由双方法人代表签订收购合同。

8. 报批（如需）

根据国务院 2003 年 5 月 27 日发布的《企业国有资产监督管理暂行条例》（国务院令〔2003〕378 号）的相关规定，收购活动涉及国有股权转让的，应当报国有资产监督管理委员会审核批准。

9. 信息披露

为保护投资者和目标公司合法权益，维护证券市场正常秩序，收购公司应当按照《公司法》、《证券法》、《上市公司收购管理办法》及其他法律和相关行政法规的规定，及时披露有关信息。

10. 登记过户

收购合同生效后，收购双方要办理股权转让登记过户等手续。

11. 收购后的整合

收购公司在实施收购战略之后，是否能够取得真正的成功，在很大程度上还取决于收购后的公司整合运营状况。收购后整合的内容包括收购后公司经营战略的整合、管理制度的整合、经营上的整合以及人事安排与调整等。

（三）公司反收购策略

由于我国证券市场还处在发展初期阶段，各项法律法规还不完善，关于反收购策略，无论是在法律上还是在实践中，都还不成熟，以下主要介绍国际上常用的反收购策略。

1. 事先预防策略

事先预防策略是主动阻止本公司被收购的最积极的方法。最佳的预防策略就是通过加强和改善经营管理，提高本公司的经济效益，提高公司的竞争力。

2. 管理层防卫策略

目标公司拒绝收购，在很大程度上是由于管理层的原因。一是管理层认为，只有拒绝收购，才能提高收购价格；二是管理层认为，收购方的要约收购有意制造股价动荡，从而借机谋利；三是管理层担心，一旦被收购，管理者的身份受到不利影响，如被降职，甚至解职。因此，管理会采用各种策略提高收购方的收购成本，使对方望而却步。经常采用的段主要有：

（1）金降落伞策略

这是指目标公司的董事会提前作出如下决议："一旦目标公司被收购，而且董事、高层管理者都被解职时，这些被解职者可领到巨额退休金，以提高收购成本。"

（2）银降落伞策略

这是指规定目标公司一旦落入收购方手中，公司有义务向被解雇的董事以下高级管理人员支付较"金降落伞策略"稍微逊色的同类的保证金（根据工龄长短支付数周至数月的工资）。

（3）积极向其股东宣传反收购的思想

目标公司的经营者以广告或信函的方式向股东们表达他们的反对意见，劝说股东们放弃接受收购方所提要约。此种策略运用的前提是该公司本来经营相当成功，而收购者的介入可能恶化目标公司的经营状况。

3. 保持公司控制权策略

为了保持控制权，原股东可以采取增加持有股份的方法。如果发行股票，可采用一些股票发行上的技巧，即利用不同股票的性质发行。例如，可以发行优先股、表决权受限制股及附有其他条件的股票。规模较大的集团公司可采用母子公司相互持股的手段，即通过子公司暗中购入母公司股份，达到自我控制，避免股权旁落。在没有遭受收购打击前，各公司还可以通过在公司章程中加入反收购条款，使将来的收购成本加大，接收难度增加。常见的反收购条款有：

（1）每年部分改选董事会成员

如每年改选 1/3 的董事席位，即使收购方获得多数股票，也无法立即取得目标公司控制权。

（2）限制董事资格

目标公司在董事任职资格上进行一些特殊的限制，使公司的董事都由与己方相关联的人来担任，或公司的某些决策须绝大多数股东投票通过，以增加收购方控制公司的难度。对董事资格的特殊限定应以不违背《公司法》的要求为前提。

（3）超级多数条款

如果更改公司章程中的反收购条款时，须经过超级多数股东的同意。超级多数一般应达到股东的 80% 以上。

4. 毒丸策略

目标公司为避免被其他公司收购，采取了一些在特定情况下，如公司一旦被收购，就会对本身造成严重损害的手段，以降低本身吸引力，收购方一旦收购，就好像吞食了毒丸一样不好处理。常见的毒丸计划有：

（1）负债毒丸计划

负债毒丸计划是指目标公司在收购威胁下大量增加自身负债，降低企业被收购的吸引力。例如，发行债券并约定在公司股权发生大规模转移时，债券持有人可要求立刻兑付，从而使收购公司在收购后立即面临巨额现金支出，降低收购兴趣。

（2）人员毒丸计划

人员毒丸计划的基本方法则是公司的绝大部分高级管理人员共同签订协议，在公司被以不公平的价格收购，并且这些人中有 1 人在收购后被降职或革职时，则全部管理人员将集体辞职。这一策略不仅保护了目标公司股东的利益，而且会使收购方慎重考虑收购后更换管理层给公司带来的巨大影响。企业的管理层阵容越强大、越精干，实施这一策略的效果将越明显。当管理层的价值对收购方无足轻重时，人员毒丸计划也就收效甚微了。

5. 白衣骑士策略

当目标公司遇到敌意收购者收购时，可以寻找一个具有良好合作关系的公司，以比收购方所提要约更高的价格提出收购，这时，收购方若不以更高的价格来进行收购，则肯定不能取得成功。这种方法即使不能赶走收购方，也会使其付出较为高昂的代价。当然也有目标公司与"白衣骑士"假戏真做的时候，这种收购一般称为防御性收购。从大量收购案例来看，防御性收购的最大受益者是公司经营者，而不是股东。

6. 股票交易策略

（1）股票回购

目标公司若就自己的股份，以比收购要约价还要高的出价来回购时，则收购方就不得不提高价格，因而增加其收购难度。但是对假装收购、实际进行股票套利的进攻者来讲，目标公司的溢价回购股票正好实现了它赚取炒作股票的资本利润。因此，在这种情况下，也有人称收购方的收购为"绿色勒索"。

（2）管理层收购

管理层收购指目标公司管理层利用杠杆收购这一金融工具，通过负债融资，以少量资金投入收购自己经营的公司。管理层收购是杠杆收购的一种特殊形式。所谓杠杆收购是利用借债所融资本购买目标公司的股份，从而改变公司出资人结构、相应的控制权格局以及公司资产结构的金融工具。

【真题回顾（1509）】 以下属于公司反收购策略中的管理层防卫策略的有（　　　　）。

A. 金降落伞策略　　　　　　　　　　　　B. 积极向其股东宣传反收购的思想

C. 毒丸策略　　　　　　　　　　　　　　D. 白衣骑士策略

E. 管理层收购

答案：AB

解析：管理层防卫策略包括金降落伞策略、银降落伞策略和积极向其股东宣传反收购的思想策略。管理层收购属于股票交易策略。

【真题回顾（1509）】 在上市公司反收购策略中，属于股票交易策略的有（　　　　）。

A. 金降落伞　　　　B. 毒丸计划　　　　C. 白衣骑士　　　　D. 管理层收购

E. 股份回购

答案：DE

二、上市公司控制权的界定、上市公司收购中收购人、一致行动与一致行动人

（一）上市公司控制权的界定

上市公司收购，是指收购人通过在证券交易所的股份转让活动持有一个上市公司的股份达到一定比例或通过证券交易所的股份转让活动以外的其他合法方式控制一个上市公司的股份达到一定程度，导致其获得或可能获得对该公司实际控制权的行为。

上市公司收购人的目的在于获得对上市公司的实际控制权，不以达到对上市公司的实际控制权而受让上市公司股票的行为，不能称之为收购。

根据《上市公司收购管理办法》第八十四条的规定，有下列情形之一的，为拥有上市公司控制权：

（1）投资者为上市公司持股 50% 以上的控股股东。

（2）投资者可以实际支配上市公司股份表决权超过 30%。

（3）投资者通过实际支配上市公司股份表决权能够决定公司董事会半数以上成员选任。

（4）投资者依其可实际支配的上市公司股份表决权足以对公司股东大会的决议产生重大影响。

（5）中国证监会认定的其他情形。

（二）上市公司收购中的收购人

上市公司收购人是指意图通过取得股份的方式成为一个上市公司的控股股东，或者通过投资关系、协议、其他安排的途径成为一个上市公司的实际控制人的投资者及其一致行动人。收购人包括投资者及与其一致行动的他人。

为了防止收购人虚假收购或恶意收购，《上市公司收购管理办法》第六条规定，有下列情形之一的，不得收购上市公司：

（1）收购人负有数额较大债务，到期未清偿，且处于持续状态。

（2）收购人最近 3 年有或涉嫌有重大违法行为。

（3）收购人最近 3 年有严重的证券市场失信行为。

（4）收购人为自然人的，存在《公司法》第一百四十六条规定的不得担任公司的董事、监事、高级管理人员的情况。

（5）法律、行政法规规定以及中国证监会认定的不得收购上市公司的其他情形。

【链接】《公司法》第一百四十六条规定，有下列情形之一的，不得担任公司的董事、监事、高级管理人员：

（1）无民事行为能力或者限制民事行为能力。

（2）因贪污、贿赂、侵占财产、挪用财产或者破坏社会主义市场经济秩序，被判处刑罚，执行期满未逾 5 年，或者因犯罪被剥夺政治权利，执行期满未逾 5 年。

（3）担任破产清算的公司、企业的董事或者厂长、经理，对该公司、企业的破产负有个人责任的，自该公司、企业破产清算完结之日起未逾 3 年。

（4）担任因违法被吊销营业执照、责令关闭的公司、企业的法定代表人，并负有个人责任的，自该公司、企业被吊销营业执照之日起未逾 3 年。

（5）个人所负数额较大的债务到期未清偿。

（三）一致行动与一致行动人

所谓一致行动，是指投资者通过协议、其他安排，与其他投资者共同扩大其所能够支配的一个上市公司股份表决权数量的行为或者事实。

在上市公司的收购及相关股份权益变动活动中有一致行动的投资者，互为一致行动人。如无相反证据，投资者有下列情形之一的，为一致行动人：

（1）投资者之间有股权控制关系。

（2）投资者受同一主体控制。

（3）投资者的董事、监事或者高级管理人员中的主要成员，同时在另一个投资者担任董事、监事或者高级管理人员。

（4）投资者参股另一投资者，可以对参股公司的重大决策产生重大影响。

（5）银行以外的其他法人、其他组织和自然人为投资者取得相关股份提供融资安排。

（6）投资者之间存在合伙、合作、联营等其他经济利益关系。

（7）持有投资者30%以上股份的自然人，与投资者持有同一上市公司股份。

（8）在投资者任职的董事、监事及高级管理人员，与投资者持有同一上市公司股份。

（9）持有投资者30%以上股份的自然人和在投资者任职的董事、监事及高级管理人员，其父母、配偶、子女及其配偶、配偶的父母、兄弟姐妹及其配偶、配偶的兄弟姐妹及其配偶等亲属，与投资者持有同一上市公司股份。

（10）在上市公司任职的董事、监事、高级管理人员及其前项所述亲属同时持有本公司股份的，或者与其自己或者其前项所述亲属直接或者间接控制的企业同时持有本公司股份。

（11）上市公司董事、监事、高级管理人员和员工与其所控制或者委托的法人或者其他组织持有本公司股份。

（12）投资者之间具有其他关联关系。

一致行动人应当合并计算其所持有的股份。投资者计算其所持有的股份，应当包括登记在其名下的股份，也包括登记在其一致行动人名下的股份。

投资者认为其与他人不应被视为一致行动人的，可以向中国证监会提供相反证据。

【注】（4）中仅从持股比例上判断的话，往往持股20%以上（含）为构成重大影响。

【总结】对上述法条规定进行总结，一致行动人主要包括以下情形：

（1）A与B都是法人

①A控制B，A控制C，则A、B、C均构成一致行动人。

②A与B共同控制C，则A、B、C均构成一致行动人。

③A参股、重大影响B，则A与B构成一致行动人。

④A与B合伙、合作经营C，则A与B构成一致行动人，A与C、B与C不构成。

⑤A的董、监、高同时为B的董、监、高，则A与B构成一致行动人；比如A的董事同时在B担任监事。

（2）A是自然人，B是法人，且A与B共同持有上市公司股票

①A持有B≥30%的股份，则A与B构成一致行动人。

②A是B的董事、监事或高管（三者有其一即可），则A与B构成一致行动人。

③上述①与②情形中A的亲属与B构成一致行动人。

（3）银行外的融资安排

A（非银行）为B取得股份提供融资安排，A与B构成一致行动人。

（4）上市公司董、监、高与

①其亲属同时持有本公司股份。

②自己控制的企业同时持有本公司股份。

③其亲属控制的企业同时持有本公司股份。

【真题回顾（1509）】甲公司拟收购乙上市公司。根据证券法律制度的规定，下列投资者中，如无相反证据，属于甲公司一致行动人的有（　　　）。

A. 由甲公司的董事会秘书担任董事的丙公司

B. 持有乙公司1%股份且为甲公司董事之弟的张某

C. 持有甲公司20%股份且持有乙公司3%股份的王某

D. 在甲公司中担任监事且持有乙公司2%股份的李某

E. 持有甲公司30%股份且对甲公司有重大影响的某公司

答案：ABDE

解析：A，投资者的董事、监事或高级管理人员中的主要成员，同时在另一个投资者担任董事、监事或高级管理人员；B，在投资者任职的董事、监事及高级管理人员，其父母、配偶、子女及其配偶、配偶的父母、兄弟姐妹及其配偶、配偶的兄弟姐妹及其配偶等亲属，与投资者持有同一上市公司股份；C，持有投资者30%以上股份的自然人，与投资者持有同一上市公司股份；D，在投资者任职的董事、监事及高级管理人员，与投资者持有同一上市公司股份；E，投资者参股另一投资者，可以对参股公司的重大决策产生重大影响。

【真题回顾（1605）】甲公司持有某上市公司15%的股份，甲公司收购该上市公司的15%的股份时，某银行为甲公司提供了融资安排，并持有该上市公司13%股份；自然人张某，持有甲公司31%的股权，并持有该上市公司6%的股份，张某的母亲李某，持有该上市公司4%的股份。王某在甲公司担任董事，王某儿子的配偶赵某，持有该上市公3%的股份，根据《上市公司收购管理办法》（2014年），下列与甲公司不构成一致行动关系的是（　　）。

A. 银行　　　　　　B. 张某　　　　　　C. 王某　　　　　　D. 李某

E. 赵某

答案：A

解析：A，银行为投资者取得相关股份提供融资安排，不属于一致行动人。

【模拟练习】根据《上市公司收购管理办法》，下列情形中，甲公司和乙公司一般不被认定为一致行动人的是（　　）。

A. 甲公司和乙公司均为某市国资委下属企业，且相互存在较大金额的按市场价格达成的交易

B. 甲公司和乙公司共同出资设立一家合伙企业

C. 甲公司的董事兼副总经理张某同时担任乙公司董事，张某在乙公司的董事任期已经届满，但乙公司尚未换选

D. 甲公司持有乙公司20%的股份，为乙公司第一大股东

E. 甲公司和乙公司共同出资设立一家联营公司

答案：A

三、上市公司收购过程中权益披露的相关规定

（一）收购人取得被收购公司的股份达到5%及之后每增加或减少5%的权益披露

交易方式	标准	处理
1. 交易所交易	达到5%	（1）该事实发生之日起3日内编制权益变动报告书，向中国证监会、交易所提交书面报告，通知该上市公司，并予以公告 （2）在上述期限内，不得再行买卖上市公司股票
	5%后±5%	（1）该事实发生之日起3日内编制权益变动报告书，向中国证监会、交易所提交书面报告，通知该上市公司，并予以公告 （2）在报告期限内和作出报告、公告后2日内，不得再行买卖该上市公司的股票
2. 协议转让、行政划转或变更、执行法院裁定、继承、赠与等	达到或超过5%	（1）该事实发生之日起3日内编制权益变动报告书，向中国证监会、交易所提交书面报告，通知该上市公司，并予以公告 （2）作出报告、公告前，不得再行买卖该上市公司的股票
	达到或超过5%后±5%	

续表

交易方式	标准	处理
3. 因上市公司减少股本导致	达到或超过5%	（1）投资者及其一致行动人免于履行报告和公告义务 （2）上市公司应当自完成减少股本的变更登记之日起2个工作日内，就因此导致的公司股东拥有权益的股份变动情况作出公告
	达到或超过5%后±5%	（3）因公司减少股本可能导致投资者及其一致行动人成为公司第一大股东或者实际控制人的，该投资者及其一致行动人应当自公司董事会公告有关减少公司股本决议之日起3个工作日内，按照详式权益变动报告书的规定履行报告、公告义务

注：①投资者在一个上市公司中拥有的权益，包括登记在其名下的股份和虽未登记在其名下但该投资者可以实际支配表决权的股份。投资者及其一致行动人在一个上市公司中拥有的权益应当合并计算。因此，"合并计算"是指投资者与一致行动人能够控制上市公司股份的总数。

②在计算持股比例时，仅计算"普通股和表决权恢复的优先股"，优先股不计入。

③"该事实发生之日起3日内"内的"事实发生之日"理解：a. 交易所竞价交易的，指"交易完成当日"；b. 协议收购的，为"达成收购协议之日"，其中共同出资设立新公司的，为"达成出资协议之日"；c. 以协议等方式一致行动的，为"达成一致行动协议或者其他安排之日"；d. 行政划转的，为"获得上市公司所在地国资部门批准之日"；e. 司法裁决的，为"收到法院就公开拍卖结果裁定之日"；f. 继承、赠与的，为"法律事实发生之日"；g. 认购上市公司发行新股的，为"上市公司董事会作出向收购人发行新股的具体发行方案的决议之日"。

④交易所竞价交易中"上述期限内"的理解：是指事实发生之日，至公告权益变动报告书之前，即报告期限内。同时需注意，交易所交易方式下的权益披露较协议转让等方式下的权益披露较为严格，其首次触发5%，要求在报告期限内，不得再行买卖上市公司股票，对于"5%后±5%"，则要求在在报告期限内和作出报告、公告后2日内，不得再行买卖该上市公司的股票。而对于协议等其他方式，则不管是首次触发，还是"5%后±5%"，均是要求报告期内（事实发生之日至作出报告、公告前），不得再行买卖该上市公司的股票。

⑤各标准的含义：a. "达到5%"，指通过证券交易所的证券交易，投资者及其一致行动人拥有权益的股份达到一个上市公司已发行股份的5%时；b. "5%后±5%"，指通过证券交易所证券交易的投资者及其一致行动人，拥有权益的股份达到一个上市公司已发行股份的5%后，通过证券交易所的证券交易，其拥有权益的股份占该上市公司已发行股份的比例每增加或者减少5%；c. "达到或超过5%"，指通过协议转让等方式，投资者及其一致行动人在一个上市公司中拥有权益的股份拟达到或者超过一个上市公司已发行股份的5%时；d. "达到或超过5%后±5%"，指投资者及其一致行动人拥有权益的股份达到一个上市公司已发行股份的5%后，其拥有权益的股份占该上市公司已发行股份的比例每增加或者减少达到或者超过5%的。

⑥为何通过交易所交易披露标准的表述为"达到5%"、"5%后±5%"，而通过协议转让等方式则表述为"达到或超过5%"、"达到或超过5%后±5%"？答：这主要是由交易方式的本身特点决定的，通过证券交易所的证券交易方式交易股票，数量是可以控制的（最小交易单位为100股），投资者可以准确地在5%的时点上停下来。但是协议转让，投资者"精确"控制数量，不能恰好在5%的时点停下来进行报告和公告，因此，《上市公司收购管理办法》对协议转让等方式的权益披露时点有所放松，可以超过5%。比如，甲持有某上市公司7%的股权，2015年9月1日，甲与乙达成协议，约定乙拟受让甲持有的上市公司7%的股权，则这种情形下，甲转让7%股权给乙，由于投资者乙持有的股权"达到或超过"了5%，投资者乙应在协议达成之日起3日内履行权益披露义务。

⑦交易所交易中的"占该上市公司已发行股份的比例每增加或者减少5%"是指通过证券交易所的证券交易，投资者及其一致行动人拥有权益的股份"变动数量"达到上市公司已发行股份的5%时，如从11%降至9%，虽然跨越10%刻度，也不触发相关义务。但投资者及其一致行动人拥有权益的股份降至5%以下时，即使"变动数量"未达到5%，如从5.5%降至4%，也应当披露权益变动报告书、履行相关限售义务。上市公司披露的上市公告书中已包含权益变动信息的，可不再单独披露权益变动报告书。对于因增发股份等原因导致持股比例被动降至5%以下后又主动减持股份的，应当披露权益变动报告书、履行相关限售义务。

⑧"3日"、"2日"是指交易日，不含公告日当天。

【模拟练习】以下情形中，投资者应自事实发生之日起 3 日内编制权益变动报告书，向中国证监会、交易所提交书面报告，通知上市公司，并予公告的有（　　）。

A. 通过证券交易所的证券交易，投资者及其一致行动人拥有权益的股份达到一个上市公司已发行股份的 5%

B. 投资者及其一致行动人通过证券交易所的证券交易拥有权益的股份达到一个上市公司已发行股份的 5% 之后又继续增持 5%

C. 通过协议转让方式，投资者及其一致行动人在一个上市公司中拥有权益的股份一次增至 7%

D. 投资者及其一致行动人通过行政划转的方式在一个上市公司中拥有权益的股份一次增至 6%

E. 因上市公司减少股本导致投资者及其一致行动人在一个上市公司中拥有权益的股份一次增至 8%

答案：ABCD

解析：E，因上市公司减少股本导致投资者及其一致行动人在一个上市公司中拥有权益的股份出现"达到或者超过 5%"或"达到或者超过 5% 后 ±5%"的，投资者及其一致行动人免于履行报告和公告义务，上市公司应当自完成减少股本的变更登记之日起 2 个工作日内，就因此导致的公司股东拥有权益的股份变动情况作出公告。

（二）收购人取得被收购公司的股份达到 5% 但未达到 30% 的权益披露

1. 取得被收购公司的股份达到 5% 但未达到 30% 的权益披露

持股比例	是否为第一大股东或实际控制人	披露材料	是否需要聘请财务顾问出具核查意见
[5%，20%)	否	简式权益变动报告书	否
	是	详式权益变动报告书	
[20%，30%]	否	详式权益变动报告书	否
	是	详式权益变动报告书＋财务顾问意见	是，但国有股行政划转或者变更、股份转让在同一实际控制人控制的不同主体之间进行、因继承取得股份及投资者及其一致行动人承诺至少 3 年放弃行使相关股份表决权的可免于聘请财务顾问出具核查意见

注：①根据《上市公司收购管理办法》第十六条的规定，投资者及其一致行动人不是上市公司的第一大股东或者实际控制人，其拥有权益的股份达到或者超过该公司已发行股份的 5%，但未达到 20% 的，应当编制简式权益变动报告书。投资者及其一致行动人是上市公司的第一大股东或者实际控制人，其拥有权益的股份达到或者超过该公司已发行股份的 5%，但未达到 20% 的，应当按照详式权益变动报告书内容进行披露。

②根据《上市公司收购管理办法》第十七条的规定，投资者及其一致行动人拥有权益的股份达到或者超过一个上市公司已发行股份的 20% 但未超过 30% 的，应当编制详式权益变动报告书，若该投资者及其一致行动人为上市公司第一大股东或者实际控制人的，还应当聘请财务顾问对上述权益变动报告书所披露的内容出具核查意见，但国有股行政划转或者变更、股份转让在同一实际控制人控制的不同主体之间进行、因继承取得股份的除外。投资者及其一致行动人承诺至少 3 年放弃行使相关股份表决权的，可免于聘请财务顾问，免于提供《上市公司收购管理办法》第五十条规定提供的相关文件。

③上述内容除已作特别说明外，不管是何种交易方式，投资者及其一致行动人取得上市公司股份位于 [5%，20%)、[20%，30%] 的，均应按相应的处理方式处理。

④当持股比例＞30% 继续收购时，应当进行要约收购。

2. 权益变动报告书的内容

简式权益变动报告书的内容	详式权益变动报告书的内容	
简式权益变动报告书应包括以下内容	除简式权益变动报告书内容外，还应包括以下内容	《上市公司收购管理办法》第五十条规定提供相关文件
（1）投资者及其一致行动人的姓名、住所；为法人的，其名称、注册地及法定代表人	（1）投资者及其一致行动人的控股股东、实际控制人及其股权控制关系结构图	（1）中国公民的身份证明，或者在中国境内登记注册的法人、其他组织的证明文件
		（2）收购人为法人或者其他组织的，其控股股东、实际控制人最近 2 年未变更的说明
		（3）收购人及其控股股东或实际控制人的核心企业和核心业务、关联企业及主营业务的说明
（2）上市公司的名称，股票的种类、数量、比例	（2）取得相关股份的价格、所需资金额、资金来源，或者其他支付安排	（4）财务顾问关于收购人最近 3 年的诚信记录、收购资金来源合法性、收购人具备履行相关承诺的能力以及相关信息披露内容真实性、准确性、完整性的核查意见
（3）权益变动事实发生之日前 6 个月内通过证券交易所的证券交易买卖该公司股票的简要情况	（3）前 24 个月内投资者及其一致行动人与上市公司之间的重大交易	
（4）持股目的，是否有意在未来 12 个月内继续增加其在上市公司中拥有的权益	（4）未来 12 个月内对上市公司资产、业务、人员、组织结构、公司章程等进行调整的后续计划	（5）基于收购人的实力和从业经验对上市公司后续发展计划可行性的说明。
（5）在上市公司中拥有权益的股份达到或者超过上市公司已发行股份的 5% 或者拥有权益的股份增减变化达到 5% 的时间及方式	（5）投资者、一致行动人及其控股股东、实际控制人所从事的业务与上市公司的业务是否存在同业竞争或者潜在的同业竞争，是否存在持续关联交易；存在同业竞争或者持续关联交易的，是否已作出相应的安排，确保投资者、一致行动人及其关联方与上市公司之间避免同业竞争以及保持上市公司的独立性	（6）收购人及其关联方与被收购公司存在同业竞争、关联交易的，应提供避免同业竞争等利益冲突、保持被收购公司经营独立性的说明

续表

简式权益变动报告书的内容	详式权益变动报告书的内容	
(6) 中国证监会、证券交易所要求披露的其他内容	(6) 不存在不得收购上市公司的情形	(7) 境外法人或境外其他组织进行上市公司收购的，除应当提交上述 (2) ~ (6) 规定的文件外，还应当提交以下文件 ①财务顾问出具的收购人符合对上市公司进行战略投资的条件、具有收购上市公司的能力的核查意见 ②收购人接受中国司法、仲裁管辖的声明
	(7) 能够按照《上市公司收购管理办法》第五十条的规定提供相关文件	

注：①收购人或其实际控制人为两个或两个以上的上市公司控股股东或实际控制人的，还应当提供其持股5%以上的上市公司以及银行、信托公司、证券公司、保险公司等其他金融机构的情况说明。

②收购人成立未满3年的，财务顾问还应当提供其控股股东或者实际控制人最近3年诚信记录的核查意见。

③收购人拟修改公司章程、改选公司董事会、改变或者调整公司主营业务的，还应当补充其具备规范运作上市公司的管理能力的说明。

④详式权益变动报告书是包含简式的权益变动报告书全部内容的。

⑤（1）中，简式权益变动报告书仅需披露投资者及其一致行动人的基本信息即可，无须披露其控股股东、实际控制人及其他关联方的任何信息。详式权益变动报告书则除披露投资者及其一致行动人的信息外，还需披露控股股东、实际控制人及其股权控制关系结构图。

⑥考试一般会给出一定情形，往往该情形是需要披露详式权益变动报告书的情形，然后问需要披露的内容有哪些，给出题支作出选择，实际上就是上述两张表的综合考查。

【真题回顾（1509）】 投资者通过大宗交易购入某上市公司15%股权，成为上市公司新股东且为第二大股东，根据《上市公司收购管理办法》，下列无须披露的是（　　）。

A. 投资者及其一致行动人的姓名、住所

B. 持股目的，是否有意在未来12个月内继续增加其在上市公司中拥有的权益

C. 投资者及其一致行动人的控股股东、实际控制人及其股权控制关系结构图

D. 上市公司的名称，股票的种类、数量、比例

E. 取得相关股份的价格、所需资金额、资金来源，或者其他支付安排

答案：CE

解析：15%，属于［5%，20%），未成为第一大股东，应披露简式权益变动报告书。C、E，属于详式权益变动报告书内容。

【真题回顾（1509）】 某投资者通过协议转让的方式持有上市公司12%的股份，且成为第一大股东，其编制的权益变动报告书应披露的内容包括（　　）。

A. 持有12%股份事实发生之日前6个月内通过证券交易所的证券交易买卖该公司股票的简要情况

B. 取得12%股份的价格、所需资金额、资金来源，或者其他支付安排

C. 前24个月内该投资者及其一致行动人与上市公司之间的重大交易

D. 投资者、一致行动人所从事的业务与上市公司的业务是否存在同业竞争或者潜在的同业竞争，是否存在持续关联交易

E. 投资者的控股股东、实际控制人所从事的业务与上市公司的业务是否存在同业竞争或者潜在的同业竞争，是否存在持续关联交易

答案：ABCDE

解析：根据《上市公司收购管理办法》第十六条的规定，投资者及其一致行动人是上市公司的第一大股东或者实际控制人，其拥有权益的股份达到或者超过该公司已发行股份的5%，但未达到20%的，应当按照详式权益变动报告书的内容进行披露。题中五个选项均是详式权益变动报告书包括的内容。

【模拟练习】 下列上市公司收购过程的说法正确的是（　　）。

A. 投资者通过协议受让持有某上市公司8%的股份，且成为该上市公司第一大股东，投资者应该编制详式权益报告书

B. 投资者在一个上市公司中拥有的权益，包括登记在其名下的股份，但不包括未登记在其名下但该投资者可以实际支配表决权的股份

C. 2015年9月15日，投资者通过二级市场买入某上市公司累计首次达到5%，并于2015年9月17日由上市公司进行了公告，公告前投资者可继续在二级市场购入该上市公司股票

D. 因国有股行政划转导致某投资者持有上市公司25%的股份，且成为第一大股东，该投资者须聘请财务顾问出具核查意见

答案：A

解析：B，包括登记在其名下的股份和虽未登记在其名下但该投资者可以实际支配表决权的股份；C，作出报告、公告前，不得再行买卖该上市公司的股票；D，国有股行政划转或者变更、股份转让在同一实际控制人控制的不同主体之间进行、因继承取得股份的及投资者及其一致行动人承诺至少3年放弃行使相关股份表决权的，可免于聘请财务顾问。

【模拟练习】 甲公司于2015年1月1日成立，其通过协议收购的方式，受让乙上市公司18%股份成为第一大股东，并于2016年4月30日完成股权交割，根据《上市公司收购管理办法》，甲公司应当披露的内容有（　　）。

A. 甲公司及其控股股东或实际控制人的核心企业和核心业务、关联企业及主营业务的说明

B. 持股目的，以及是否有意在未来12个月内继续增加其在乙公司中拥有的权益

C. 甲公司自2015年5月1日至2016年4月30日通过交易所买卖公司股票的情况说明

D. 甲公司及实际控制人与乙公司同业竞争及关联交易的情况

答案：ABD

解析：18%，属于〔5%，20%），且成为第一大股东，应披露详式权益变动报告书。C，应披露"权益变动事实发生之日前6个月内通过证券交易所的证券交易买卖该公司股票的简要情况"，协议收购的，"事实发生之日"是指"达成收购协议之日"，本题未交代协议签订的日期，但题支中表述的其披露的买卖公司股票的情况说明的期间为完成股权交割前12个月内，不符合规定。

（三）权益变动报告书的更新

已披露权益变动报告书的投资者及其一致行动人在披露之日起6个月内，因拥有权益的股份变动需要再次报告、公告权益变动报告书的，可以仅就与前次报告书不同的部分作出报告、公告；自前次披露之日起超过6个月的，投资者及其一致行动人应当按照上述规定编制权益变动报告书，履行报告、公告义务。

四、要约收购

（一）要约收购的概念

对于什么是要约收购，《证券法》与《上市公司收购管理办法》都没有具体界定。从理论上来说，要约收购是收购人在证券交易所的集中竞价系统之外，直接向股东发出购买其持有股票的一种收购方式。

根据要约收购的股份数量（是全部还是部分）不同，要约收购又分为全面要约与部分要约。

全面要约是向被收购公司所有股东发出收购其所持有的全部股份的要约，部分要约是向被收购公司所有股东发出收购其所持有的部分股份的要约。

（二）要约收购基本规则

1. 以要约方式收购一个上市公司股份的，其预定收购的股份比例均不得低于该上市公司已发行股份的 5%。

2. 被收购公司董事会义务

（1）被收购公司董事会针对收购所作出的决策及采取的措施，应当有利于维护公司及其股东的利益，不得滥用职权对收购设置不适当的障碍，不得利用公司资源向收购人提供任何形式的财务资助，不得损害公司及其股东的合法权益。

（2）被收购公司董事会应当对收购人的主体资格、资信情况及收购意图进行调查，对要约条件进行分析，对股东是否接受要约提出建议，并聘请独立财务顾问提出专业意见。

（3）收购人对收购要约条件作出重大变更的，被收购公司董事会应当在 3 个工作日内公告董事会及独立财务顾问就要约条件的变更情况所出具的补充意见。

（4）收购人作出提示性公告后至要约收购完成前，被收购公司除继续从事正常的经营活动或者执行股东大会已经作出的决议外，未经股东大会批准，被收购公司董事会不得通过处置公司资产、对外投资、调整公司主要业务、担保、贷款等方式，对公司的资产、负债、权益或者经营成果造成重大影响。

（5）在要约收购期间，被收购公司董事不得辞职。

【注】（5）中，仅要求"董事"不得辞职，并未要求监事、高管不得辞职。

3. 要约收购价格

（1）采取要约方式收购的，收购人对同一种类股票的要约价格，不得低于要约收购提示性公告日前 6 个月内收购人取得该种股票所支付的最高价格。

（2）要约价格低于提示性公告日前 30 个交易日该种股票的每日加权平均价格的算术平均值的，收购人聘请的财务顾问应当就该种股票前 6 个月的交易情况进行分析，说明是否存在股价被操纵、收购人是否有未披露的一致行动人、收购人前 6 个月取得公司股份是否存在其他支付安排、要约价格的合理性等。

（3）收购要约提出的各项收购条件，适用于被收购公司的所有股东。

【注1】（1）中须注意"提示性公告日前 6 个月"、"收购人支付的最高价格"，非"平均价格"。

【注2】可以对优先股股东和普通股股东提出不同的收购条件。

【注3】①根据《上市公司回购社会公众股份管理办法（试行）》（证监发〔2005〕51 号）第三十条的规定，上市公司以要约方式回购股份的，要约价格不得低于回购报告书公告前 30 个交易日该种股票每日加权平均价的算术平均值；②根据《关于上市公司以集中竞价交易方式回购股份的补充规定》（中国证监会公告〔2008〕39 号）的规定，上市公司回购股份的价格不得

为公司股票当日交易涨幅限制的价格。

4. 要约收购支付方式

（1）收购人可以采用现金、证券、现金与证券相结合等合法方式支付收购上市公司的价款。

（2）收购人以证券支付收购价款的，应当提供该证券的发行人最近3年经审计的财务会计报告、证券估值报告，并配合被收购公司聘请的独立财务顾问的尽职调查工作。

①收购人以在证券交易所上市的债券支付收购价款的，该债券的可上市交易时间应当不少于1个月。

②收购人以未在证券交易所上市交易的证券支付收购价款的，必须同时提供现金方式供被收购公司的股东选择，并详细披露相关证券的保管、送达被收购公司股东的方式和程序安排。

（3）履约保证

收购人应当在作出要约收购提示性公告的同时，提供以下至少一项安排保证其具备履约能力：

①以现金支付收购价款的，将不少于收购价款总额的20%作为履约保证金存入证券登记结算机构指定的银行；收购人以在证券交易所上市交易的证券支付收购价款的，将用于支付的全部证券交由证券登记结算机构保管，但上市公司发行新股的除外。

②银行对要约收购所需价款出具保函。

③财务顾问出具承担连带保证责任的书面承诺，明确如要约期满收购人不支付收购价款，财务顾问进行支付。

（4）发出全面要约的支付方式

收购人为终止上市公司的上市地位而发出全面要约的，或者向中国证监会提出申请但未取得豁免而发出全面要约的，应当以现金支付收购价款；以依法可以转让的证券支付收购价款的，应当同时提供现金方式供被收购公司股东选择。

【注1】（2）中，收购人以上市债券支付收购价款的，可上市交易时间不少于1个月。注意，是"上市债券"，非"上市证券"，防止偷换概念，另外，"1个月"需精准记忆。

【注2】①只有要约收购时采取以现金支付方式的，需提供不少于收购价款总额的20%作为履约保证金，其余收购形式不管是支付现金还是证券，都是以全部收购价款作为履约保证；②发出全面要约的必须有现金选择权，部分要约的，只有用非上市证券作为支付对价时方必须提供现金选择权。

5. 收购要约的期限、撤销与变更及限售的规定

（1）期限

收购要约约定的收购期限不得少于30日，并不得超过60日；但是出现竞争要约的除外。

【注】收购要约期限为［30日，60日］，需精准记忆。

（2）撤销

在收购要约约定的承诺期限内，收购人不得撤销其收购要约。

（3）变更与竞争要约

①收购人需要变更收购要约的，必须及时公告，载明具体变更事项，并通知被收购公司。

②收购要约期限届满前15日内，收购人不得变更收购要约；但是出现竞争要约的除外。

③出现竞争要约时，发出初始要约的收购人变更收购要约距初始要约收购期限届满不足15日的，应当延长收购期限，延长后的要约期应当不少于15日，不得超过最后一个竞争要约的期满日，并按规定追加履约保证。

④发出竞争要约的收购人最迟不得晚于初始要约收购期限届满前 15 日发出要约收购的提示性公告。

（4）限售

采取要约收购方式的，收购人作出公告后至收购期限届满前，不得卖出被收购公司的股票，也不得采取要约规定以外的形式和超出要约的条件买入被收购公司的股票。

【注】绝对限制卖出，相对限制买入，买入只能采取要约规定的形式。

【真题回顾（1412）】要约收购上市公司时，收购人可以下列哪些方式支付收购价款（　　）。

A. 未在证券交易所上市交易的证券

B. 上市交易时间还有 25 天的债券

C. 经有证券从业资格的评估师事务所评估的土地使用权

D. 上市公司发行的新股

E. 现金

答案：ADE

【真题回顾（1509）】收购人对上市公司进行收购，下列行为符合规定的有（　　）。

A. 投资者为终止上市公司的上市地位而发出全面要约，以股票作为支付对价，同时提供现金选择权

B. 投资者以现金方式要约收购，预计收购总金额 9 亿元，以 2 亿元作为履约保证金

C. 控股股东持有上市公司 45% 的股份，投资者拟收购 33% 的股份，计划先通过协议方式收购控股股东 30% 的股份然后向全体股东发出要约收购 3% 的股份

D. 投资者已持有上市公司 30% 股份，现向持有上市公司 20% 股份的另一股东发出部分收购要约

E. 收购价款 10 亿元，收购人以在证券交易所上市交易的证券支付收购价款的，需将用于支付的价值 10 亿元的证券交由证券登记结算机构保管

答案：ABE

解析：A，收购人为终止上市公司的上市地位而发出全面要约的，应当以现金支付收购价款；以依法可以转让的证券支付收购价款的，应当同时提供现金方式供被收购公司股东选择；B，$9 \times 20\% = 1.8$（亿元）；C，预定收购的股份比例均不得低于该上市公司已发行股份的 5%；D，要约收购须向所有股东发出。

【真题回顾（1509）】关于上市公司收购中的收购价格，以下说法符合规定的有（　　）。

A. 上市公司以要约方式回购股份的，要约价格不得低于回购报告书公告前 30 个交易日该种股票每日加权平均价的算术平均值

B. 上市公司以集中竞价方式回购股份的，回购股份的价格不得为公司股票当日交易涨幅限制的价格

C. 要约收购的，不得低于要约收购提示性公告日前 6 个月内收购人取得该种股票所支付的最高价格

D. 上市公司以要约方式回购股份的，要约价格不得低于回购报告书公告前 20 个交易日该种股票每日加权平均价的算术平均值

答案：ABC

解析：B，根据《关于上市公司以集中竞价交易方式回购股份的补充规定》，上市公司回购股份的价格不得为公司股票当日交易涨幅限制的价格；D，根据《上市公司回购社会公众股份管

理办法（试行）》第三十条的规定，上市公司以要约方式回购股份的，要约价格不得低于回购报告书公告前 30 个交易日该种股票每日加权平均价的算术平均值。

【真题回顾（1511）】 以下关于要约收购的说法正确的有（　　）。

A. 收购要约约定的收购期限不得少于 15 日，并不得超过 60 日；但是出现竞争要约的除外

B. 以终止上市地位为目的的要约收购，必须以现金方式进行支付收购价款

C. 收购人作出要约收购提示性公告后，在公告要约收购报告书之前，拟自行取消收购计划的，自公告之日起 6 个月内不得再次对同一上市公司进行收购

D. 在收购要约约定的承诺期限内，收购人不得撤销其收购要约

答案：D

解析：A，不得少于 30 日，并不得超过 60 日；B，可以以现金方式进行支付收购价款，也可以证券方式进行支付，但必须同时提供现金选择权；C，应当是自公告之日起 12 个月内不得再次对同一上市公司进行收购。

【真题回顾（1511）】 根据《上市公司收购管理办法》的规定，在要约收购中，以下符合规定的有（　　）。

A. 被收购公司董事会应当对收购人的主体资格、资信情况及收购意图进行调查，对要约条件进行分析，对股东是否接受要约提出建议

B. 收购人作出提示性公告后至要约收购完成前，经股东大会批准，被收购公司董事会对外投资一项与生产经营直接相关的盈利项目

C. 在要约收购期间，被收购公司董事辞职

D. 被收购方董事会利用公司资源向收购人提供财务资助

E. 聘请财务顾问提出专业意见

答案：ABE

解析：B，经股东大会批准，相关行为是允许的；C，在要约收购期间，被收购公司董事不得辞职。

（三）要约收购的程序

1. 发出收购要约

要约分为全面要约与部分要约，全面要约是指向被收购公司所有股东发出收购其所持有的全部股份的要约，部分要约是指向被收购公司所有股东发出收购其所持有的部分股份的要约。要约又可分为自愿要约与强制要约，具体规定如下：

（1）自愿要约

投资者自愿选择以要约方式收购上市公司股份的，可以发出全面要约或者部分要约。

（2）强制要约

①通过证券交易所交易

通过证券交易所的证券交易，收购人持有一个上市公司的股份达到该公司已发行股份的 30% 时，继续增持股份的，应当采取要约方式进行，发出全面要约或者部分要约。

②协议收购

收购人拥有权益的股份达到该公司已发行股份的 30% 时，继续进行收购的，应当依法向该上市公司的股东发出全面要约或者部分要约。符合豁免申请情形的，收购人可以向中国证监会申请免除发出要约。

收购人拟通过协议方式收购一个上市公司的股份超过 30% 的，超过 30% 的部分，应当改以

要约方式进行；但符合豁免情形的，收购人可以向中国证监会申请免除发出要约。未取得中国证监会豁免或未申请豁免的，在履行其收购协议前，应当发出全面要约。

③间接收购中，收购人拥有权益的股份超过该公司已发行股份的30%的，应当向该公司所有股东发出全面要约。

【注1】 ②，因行政划转、执行法院裁决、继承、赠与等方式取得上市公司控制权的，按协议收购的规定办理。

【注2】 ③，间接收购是指，收购人虽不是上市公司的股东，但通过投资关系、协议、其他安排而导致其拥有权益的股份达到收购的认定。

【注3】 不管是何种交易方式，在持股比例达到30%后继续增持的，不考虑豁免等因素，则均应采取要约方式增持股份。有些情况下，是一笔超过30%，在30%的时点未停下来，比如协议收购，同样也需要约方式。注意，要约分为部分要约与全面要约，对于达到30%时点继续增持的，既可以选择部分要约，也可以选择全面要约，而对于一下子直接超过30%的，则需发出全面要约，比如甲上市公司的控股股东乙，将其持有的甲上市公司40%的股权全部协议转让给丙，首先收购人（丙公司）应当考虑是否可以申请豁免，如符合豁免条件且取得了豁免，则无须进行要约收购，如收购人申请了豁免但未取得豁免，则收购人可以在接到不予豁免通知之日起30日内，将其持有的股份减持到30%或30%以下，否则必须发出全面要约。间接收购的，往往为直接超过30%的情形，须发出全面要约。

2. 编制要约收购报告书、作出提示性公告

（1）以要约方式收购上市公司股份的，收购人应当编制要约收购报告书，聘请财务顾问，通知被收购公司，同时对要约收购报告书摘要作出提示性公告。本次收购依法应当取得相关部门批准的，收购人应当在要约收购报告书摘要中作出特别提示，并在取得批准后公告要约收购报告书。

（2）收购人自作出要约收购提示性公告起60日内，未公告要约收购报告书的，收购人应当在期满后次一个工作日通知被收购公司，并予以公告；此后每30日应当公告一次，直至公告要约收购报告书。

（3）收购人作出要约收购提示性公告后，在公告要约收购报告书之前，拟自行取消收购计划的，应当公告原因；自公告之日起12个月内，该收购人不得再次对同一上市公司进行收购。

【注1】 （3）中12个月内不得再次对"同一上市公司"进行收购，并非限制所有上市公司收购。另外"自公告之日起12个月内"需精准记忆。

【注2】 收购人按照协议收购方式拟收购上市公司股份超过30%，须改以要约方式进行收购的，收购人应当在达成收购协议或者作出类似安排后的3日内对要约收购报告书摘要作出提示性公告，同时免于编制、公告上市公司收购报告书；依法应当取得批准的，应当在公告中特别提示本次要约须取得相关批准方可进行。未取得批准的，收购人应当在收到通知之日起2个工作日内，公告取消收购计划，并通知被收购公司。

3. 预受要约

预受，是指被收购公司股东同意接受要约的初步意思表示，在要约收购期限内不可撤回之前不构成承诺。

（1）预受股东应当委托证券公司办理预受要约的相关手续。

（2）收购人应当委托证券公司向证券登记结算机构申请办理预受要约股票的临时保管。临时保管的预受要约的股票，在要约收购期间不得转让。

（3）在要约收购期限届满 3 个交易日前，预受股东可以委托证券公司办理撤回预受要约的手续，证券登记结算机构根据预受要约股东的撤回申请解除对预受要约股票的临时保管。

（4）在要约收购期限届满前 3 个交易日内，预受股东不得撤回其对要约的接受。

（5）出现竞争要约时，接受初始要约的预受股东撤回全部或者部分预受的股份，并将撤回的股份售予竞争要约人的，应当委托证券公司办理撤回预受初始要约的手续和预受竞争要约的相关手续。

4. 购买预售股份

（1）收购期限届满，发出部分要约的收购人应当按照收购要约约定的条件购买被收购公司股东预受的股份，预受要约股份的数量超过预定收购数量时，收购人应当按照同等比例收购预受要约的股份。

（2）以终止被收购公司上市地位为目的的，收购人应当按照收购要约约定的条件购买被收购公司股东预受的全部股份。

（3）未取得中国证监会豁免而发出全面要约的收购人应当购买被收购公司股东预受的全部股份。

5. 结算过户、公告结果等处理

（1）收购期限届满后 3 个交易日内，接受委托的证券公司应当向证券登记结算机构申请办理股份转让结算、过户登记手续，解除对超过预定收购比例的股票的临时保管；收购人应当公告本次要约收购的结果。

（2）收购期限届满，被收购公司股权分布不符合上市条件，该上市公司的股票由证券交易所依法终止上市交易。

（3）在收购行为完成前，其余仍持有被收购公司股票的股东，有权在收购报告书规定的合理期限内向收购人以收购要约的同等条件出售其股票，收购人应当收购。

（4）收购期限届满后 15 日内，收购人应当向证券交易所提交关于收购情况的书面报告，并予以公告。

【真题回顾（1610）】甲公司拟以要约收购的方式收购乙上市公司，收购报告书部分内容如下：（1）预定收购股份的数量为 10 000 万股，比例为 30%；（2）收购期限为：2016 年 7 月 1 日至 8 月 26 日（8 月 22 日至 26 日均为交易日）；（3）要约收购价格：10 元/股。下列说法正确的有（　　）。

A. 丁公司可以在 2016 年 8 月 15 日发出竞争要约的提示性公告，以 15 元/股的价格收购乙公司

B. 要约收购期间，乙公司董事、监事、高级管理人员不得辞职

C. 2016 年 8 月 10 日，甲公司可以协议转让的方式及 10 元/股的价格，收购丙公司所持有的乙公司 1% 股份

D. 2016 年 8 月 10 日，甲公司可以变更收购要约价格为 11 元/股

E. 2016 年 8 月 22 日，已经预受的股东可以撤回其对要约的预受

答案：DE

解析：A，发出竞争要约的收购人最迟不得晚于初始要约收购期限届满前 15 日发出要约收购的提示性公告，届满日为 8 月 26 日，则 8 月 11 日前可以发出竞争要约提示性公告；C，采取要约收购方式的，收购人作出公告后至收购期限届满前，不得卖出被收购公司的股票，也不得采取要约规定以外的形式和超出要约的条件买入被收购公司的股票；D，收购要约期限届满前 15

日内，收购人不得变更收购要约，本题 D 项 8 月 10 日不在该 15 日内；E，在要约收购期限届满 3 个交易日前，预受股东可以委托证券公司办理撤回预受要约的手续。

【模拟练习】根据《上市公司收购管理办法》，下列关于要约收购上市公司的说法，正确的是（　　）。

A. 收购人进行要约收购的，对同一种类股票的要约价格，不得低于要约收购提示性公告日前 6 个月内收购人取得该种股票所支付的最高价格

B. 收购人以在证券交易所上市的债券支付收购价款的，该债券的可上市交易时间应当不少于 3 个月

C. 在要约收购期间，被要约收购公司董事、高级管理人员不得辞职

D. 收购要约约定的收购期限不得少于 30 日，并不得超过 90 日，但是出现竞争要约的除外

E. 收购人作出要约收购提示性公告后，在公告要约收购报告书之前，拟自行取消收购计划的，应当公告原因；自公告之日起 36 个月内，该收购人不得再次对同一上市公司进行收购

答案：A

解析：B，不少于一个月；C，在要约收购期间，被收购公司董事不得辞职；D，不少于 30 日，不超过 60 日；E，自公告之日起 12 个月内。

【模拟练习】甲公司和乙公司均为股份公司，分别持有某 A 股上市公司 20% 和 11% 的股份，不考虑豁免条约等其他因素，以下说法错误的是（　　）。

A. 丙公司收购甲公司 40% 的股份，收购协议约定收购后甲公司的董事会成员均由丙公司派出。同时乙公司将其持有的上市公司 11% 的股份的表决权委托给丙公司，并预计未来 6 个月内乙公司将所持有的上市公司 11% 的股份转让给丙公司，丙公司应当向上市公司所有股东发出全面要约

B. 丙公司分别向甲公司和乙公司收购其所持有的 20% 和 11% 的股份，丙公司应当向上市公司所有股东发出全面要约

C. 丙公司分别收购甲公司和乙公司 100% 的股份，丙公司应当向上市公司所有股东发出全面要约

D. 丙公司分别收购甲公司 70% 的股份和乙公司 100% 的股份，丙公司应当向上市公司所有股东发出全面要约

答案：B

解析：A、C、D 所述均为间接收购，应发出全面要约。B，所述情形为协议收购，超过 30% 的部分，应当改以要约方式进行；未取得中国证监会豁免或未申请豁免的，应当发出全面要约。本题题干交代不考虑豁免条约等其他因素，因此可以全面要约或部分要约。

（四）要约收购豁免的相关规定

为简政放权，2014 年 12 月中国证监会再次修订《上市公司收购管理办法》，修订后的《上市公司收购管理办法》进一步减少了行政许可事项，简化了行政许可程序。

1. 免于以要约收购方式增持股份

有下列情形之一的，收购人可以向中国证监会提出免于以要约方式增持股份的申请：

（1）收购人与出让人能够证明本次转让是在同一实际控制人控制的不同主体之间进行，未导致上市公司的实际控制人发生变化。

（2）上市公司面临严重财务困难，收购人提出的挽救公司的重组方案取得该公司股东大会批准，且收购人承诺 3 年内不转让其在该公司中所拥有的权益。

（3）中国证监会为适应证券市场发展变化和保护投资者合法权益的需要而认定的其他情形。

收购人报送的豁免申请文件符合规定，并且已经按照《上市公司收购管理办法》的规定履行报告、公告义务的，中国证监会予以受理；不符合规定或者未履行报告、公告义务的，中国证监会不予受理。中国证监会在受理豁免申请后 20 个工作日内，就收购人所申请的具体事项作出是否予以豁免的决定；取得豁免的，收购人可以完成本次增持行为。

【注1】根据《上市公司监管法律法规常见问题与解答修订汇编》（以下简称《修订汇编》），（1）中：①存在以下情形之一的，属于股权转让完成后上市公司的实际控制人未发生变化：a. 收购人与出让人在同一控股集团内，受同一自然人或法人控制；b. 收购人与出让人属于同一出资人出资且控制。对于国有控股的，同一出资人是指同属于国务院国资委或者同属于同一省、自治区、直辖市地方人民政府。②上市公司国有股在不同省、自治区、直辖市的国有企业之间，国务院国资委和地方国有企业之间进行转让时，视为实际控制人发生变化。

【注2】根据《证券期货法律适用意见第 7 号》的规定，上市公司存在以下情形之一的，可以认定其面临严重财务困难：①最近 1 年期末股东权益为负值；②最近 1 年亏损且其主营业务已停顿半年以上；③最近 2 年连续亏损；④因 3 年连续亏损，股票被暂停上市。

2. 适用简易程序免于发出要约收购方式增持股份

有下列情形之一的，投资者可以向中国证监会提出免于发出要约的申请，中国证监会自收到符合规定的申请文件之日起 10 个工作日内（非简易程序为 20 个工作日）未提出异议的，相关投资者可以向证券交易所和证券登记结算机构申请办理股份转让和过户登记手续：

（1）经政府或者国有资产管理部门批准进行国有资产无偿划转、变更、合并，导致投资者在一个上市公司中拥有权益的股份占该公司已发行股份的比例超过 30%。

（2）因上市公司按照股东大会批准的确定价格向特定股东回购股份而减少股本，导致投资者在该公司中拥有权益的股份超过该公司已发行股份的 30%。

（3）中国证监会为适应证券市场发展变化和保护投资者合法权益的需要而认定的其他情形。

3. 免于提交豁免申请，直接办理股份转让和过户

有下列情形之一的，相关投资者可以免于按照上述规定提出豁免申请，直接向证券交易所和证券登记结算机构申请办理股份转让和过户登记手续：

（1）经上市公司股东大会非关联股东批准，投资者取得上市公司向其发行的新股，导致其在该公司拥有权益的股份超过该公司已发行股份的 30%，投资者承诺 3 年内不转让本次向其发行的新股，且公司股东大会同意投资者免于发出要约。

（2）证券公司、银行等金融机构在其经营范围内依法从事承销、贷款等业务导致其持有一个上市公司已发行股份超过 30%，没有实际控制该公司的行为或者意图，并且提出在合理期限内向非关联方转让相关股份的解决方案。

（3）因继承导致在一个上市公司中拥有权益的股份超过该公司已发行股份的 30%。

（4）在一个上市公司中拥有权益的股份达到或者超过该公司已发行股份的 30% 的，自上述事实发生之日起一年后，每 12 个月内增持不超过该公司已发行的 2% 的股份。

（5）在一个上市公司中拥有权益的股份达到或者超过该公司已发行股份的 50% 的，继续增加其在该公司拥有的权益不影响该公司的上市地位。

（6）因履行约定购回式证券交易协议购回上市公司股份导致投资者在一个上市公司中拥有权益的股份超过该公司已发行股份的 30%，并且能够证明标的股份的表决权在协议期间未发生转移。

（7）因所持优先股表决权依法恢复导致投资者在一个上市公司中拥有权益的股份超过该公

司已发行股份的 30%。

【注1】注意（1）中的几个条件：①发行股份经该上市公司股东大会非关联股东的批准；②投资者承诺 3 年内不转让本次向其发行的新股；③公司股东大会同意投资者免于发出要约。

【注2】相关投资者应在上述规定的权益变动行为完成后 3 日内就股份增持情况作出公告，律师应就相关投资者权益变动行为发表符合规定的专项核查意见并由上市公司予以披露。

【注3】（4）中，注意，是"自事实发生之日起一年后"，每 12 个月内增持不超过已发行 2% 的股份方适用，"一年后"须注意。比如，2016 年 3 月 1 日，甲公司通过协议转让取得乙上市公司 30% 的股权，拟继续增持股份，则其在 2017 年 3 月 1 日至 2018 年 2 月 29 日期间增持不超过 2% 的，适用上述规定，可直接向证券交易所和证券登记结算机构申请办理股份转让和过户登记手续。之后每 12 个月，应理解为滚动式"每 12 个月"。

【注4】相关投资者按照上述第（4）项规定采用集中竞价方式增持股份：①每累计增持股份比例达到该公司已发行股份的 1% 的，应当在事实发生之日通知上市公司，由上市公司在次一交易日发布相关股东增持公司股份的进展公告；②增持的不超过 2% 股份的锁定期为增持行为完成之日起 6 个月。

【注5】相关投资者按照上述第（5）项的规定采用集中竞价方式增持股份的：①每累计增持股份比例达到该公司已发行股份的 1% 的，应当在事实发生之日通知上市公司，由上市公司在次一交易日发布相关股东增持公司股份的进展公告；②每累计增持股份比例达到上市公司已发行股份的 2% 的，在事实发生当日和上市公司发布相关股东增持公司股份进展公告的当日不得再行增持股份。

【注6】上述"注3"是常考考点，注意几点：①增持比例达到 1% 的，无"事实发生当日和上市公司发布进展公告的当日不得再行增持股份"的规定，增持比例达到 2% 的，有此规定；②增持比例达到 1% 的，需精准记忆通知上市公司及上市公司发布进展公告的时间，分别为"事实发生之日"和"次一交易日"；③"不得再行增持股份"要求中的"事实当日"是指累计增持股份比例达到上市公司已发行股份的 2% 的当日。

【真题回顾（1511）】根据《上市公司收购管理办法》，以下收购人可以向中国证监会提出免于以要约方式增持股份申请的情形有（　　　）。

A. 上市公司面临严重财务困难，收购人提出的挽救公司的重组方案取得该公司股东大会批准，且收购人承诺 3 年内不转让其在该公司中所拥有的权益

B. 经政府批准进行国有资产无偿划拨、变更、合并，导致投资者在上市公司中拥有权益的股份占该公司已发行股份的比例超过 30%

C. 因上市公司按照股东大会批准的确定价格向特定股东回购股份而减少股本，导致投资者在该公司中拥有的权益的股份超过该公司已发行股份的 30%

D. 在一个上市公司中拥有权益的股份达到或者超过该公司已发行股份的 30%，自上述事实发生之日起一年后，每 12 个月内增持不超过该公司已发行的 2% 的股份

E. 因所持优先股表决权依法恢复，导致在一个上市公司中拥有权益的股份超过该公司已发行股份的 30%

答案：A

【真题回顾（1605）】甲集团公司持有乙上市公司 60% 的股份，2016 年 5 月 16 日（周一），通过交易所采用集中竞价的方式增持了 1% 的股权，关于甲集团公司的相关描述正确的有（　　　）。

A. 甲集团公司可以直接向证券交易所和证券登记结算机构申请办理股份转让和过户登记手续

B. 甲集团公司应向中国证监会提出免于发出要约的申请

C. 甲集团公司应当在 5 月 17 日前通知上市公司其购入上市公司股份的行为

D. 乙上市公司应当在 5 月 17 日发布相关股东增持公司股份的进展公告

E. 甲集团公司在 5 月 17 日不得再行增持乙上市公司的股票

答案：AD

解析：本题题干所述属于"在一个上市公司中拥有权益的股份达到或者超过该公司已发行股份的 50% 的，继续增加其在该公司拥有的权益不影响该公司的上市地位"的情形，可直接向证券交易所和证券登记结算机构申请办理股份转让和过户登记手续，A 正确，B 错误；本题甲集团公司应在 5 月 16 日当日通知上市公司，乙上市公司应当于 5 月 17 日发布相关股东增持公司股份的进展公告。此种情形并无对事实发生当日和上市公司发布相关股东增持公司股份进展公告的当日不得再行增持股份的限制。

【模拟练习】2016 年 3 月 1 日，甲公司通过协议转让取得乙上市公司 30% 的股权，为控股股东，为进一步巩固其控股股东的地位，甲公司拟继续增持乙公司的股权，则下列表述正确的有（　　）。

A. 甲公司拟以要约方式继续增持股份的，可以向部分股东发出收购 5% 股份的要约

B. 甲公司拟以要约方式继续增持股份的，可以发出全面要约

C. 甲公司拟以要约方式继续增持股份的，其预定收购的股份比例不得低于该上市公司已发行股份的 10%

D. 甲公司拟以要约方式继续增持股份的，其要约价格不得低于要约收购提示性公告日前 6 个月内甲公司取得该上市公司股票所支付的平均价格

E. 2016 年 3 月 1 日至 2017 年 2 月 29 日，甲公司计划增持乙公司股份不超过 2%，可不以要约方式增持，其无须向中国证监会申请豁免

答案：B

解析：A、B，协议收购中，收购人拥有权益的股份达到该公司已发行股份的 30% 时，继续进行收购的，应当依法向该上市公司的股东发出全面要约或者部分要约；不管是全面要约，还是部分要约，均应向所有股东发出；C，不得低于该上市公司已发行股份的 5%；D，"最高价格"，非"平均价格"；E，一年后，为 2017 年 3 月 1 日至 2018 年 2 月 29 日。

【模拟练习】下列情况下，投资者可以向中国证监会提出免于发出要约申请，中国证监会自收到申请文件之日起 10 个工作日内未能提出异议的，相关投资者可以申请办理股份转让和过户登记手续的有（　　）。

A. 因继承家族财产，导致持有上市公司的股份达到 30%

B. 因上市公司按照股东大会批准的确定价格向特定股东回购股份而减少股本，使投资者持有上市公司的股份达到 30%

C. 收购人与出让人能够证明本次股份转让是在同一实际控制人控制的不同主体之间进行，未导致上市公司实际控制人发生变化

D. 上市公司面临严重财务困难，投资者提出的挽救公司的重组方案取得该公司股东大会批准，且该投资者承诺 3 年内不转让其在公司中所拥有的权益

E. 经国有资产管理部门批准进行国有资产无偿划转，导致投资者持有上市公司 30% 的股份

答案：BE

解析：C、D，属于可以向中国证监会提出免于以要约方式增持股份的申请的情形，A 属于可以免于提交豁免申请，直接向证券交易所和证券登记结算机构申请办理股份转让和过户登记手续的情形。

【模拟练习】甲公司持有乙上市公司 60% 的股份，2016 年 10 月 17 日、19 日（周一、周三），甲公司分别通过交易所集中竞价交易增持了乙公司 1% 的股权（两次均为 1%），不考虑其他因素，下列说法正确的有（　　　）。

　A. 甲公司可以直接向证券交易所和证券登记结算机构申请办理股份转让和过户登记手续

　B. 甲公司应当在 10 月 17 日和 10 月 19 日通知上市公司其购入上市公司股份的行为

　C. 甲公司应当在 10 月 18 日和 10 月 20 日通知上市公司其购入上市公司股份的行为

　D. 乙公司应当在 10 月 18 日和 10 月 20 日发布相关股东增持公司股份的进展公告

　E. 甲公司在 10 月 17 日不得再行增持上市公司的股票

　F. 甲公司在 10 月 18 日不得再行增持上市公司的股票

　G. 甲公司在 10 月 19 日不得再行增持上市公司的股票

　H. 甲公司在 10 月 20 日不得再行增持上市公司的股票

答案：ABDGH

解析：本题甲公司应在 10 月 17 日、19 日当日通知上市公司，乙上市公司应当于 10 月 18 日、20 日发布相关股东增持公司股份的进展公告。10 月 19 日、20 日不得再行增持上市公司的股票（达到 2% 当日及发布进展公告当日）。

【模拟练习】某上市公司目前股本 1 亿股，拟向新投资者发行 5 000 万股购买其拥有的其他资产，下列不属于该投资者拟向中国证监会提出免于以要约方式增持股份条件的是（　　　）。

　A. 上市公司的股东大会同意该投资者免于发出要约

　B. 该投资者需承诺 3 年内不转让本次向其发行的新股

　C. 本次交易前，该投资者置入上市公司的资产持有时间需为 12 个月以上

　D. 发行股份经该上市公司股东大会非关联股东的批准

答案：C

【真题回顾（1611）】下列情形中，甲公司可以向中国证监会提出免于要约方式增持股票的是（　　　）。

　A. 甲公司、乙公司同受丙公司控制，乙公司将其持有某上市公司 51% 的股份通过协议方式转让给甲公司

　B. 甲公司提出通过现金认购上市公司定向增发股份，持股比例超过 50%，且承诺 3 年内不转让股份，该议案经股东大会审议通过

　C. 甲公司为某上市公司股东，上市公司按照股东大会批准的确定价格向特定股东回购股份而减少股本，导致甲公司在上市公司拥有权益的股份超过该公司已发行股份的 30%

　D. 因经政府批准进行国有资产无偿划转，导致甲公司持有某上市公司中的股份占该公司已发行股份的比例超过 30%

答案：A

【模拟练习】关于上市公司收购，以下说法正确的有（　　　）。

　A. 原来的控股股东甲把股权协议转让给乙，乙成为控股股东，持股比例为 28%。乙无须向中国证监会提出免于发出要约收购的申请

B. 地方国资委控股的国有企业持有上市公司 60% 的股权，由于产业整合将其中的 40% 无偿划拨给央企，可免于以要约收购方式增持股份

C. 某地方国资控制的国有企业甲将其持有的上市公司 56% 股权协议转让给另一地方国资控制的国有企业，两个国资企业分属不同省份国资委控制，可免于以要约收购方式增持股份

D. 因上市公司回购股份减资导致某股东的股权比例由不足 30% 变成 31%，可适用简易程序免于发出要约收购方式增持股份

E. 持股 30% 以上的投资者的股权，在同一实际控制人控制的不同主体之间进行转让，未导致上市公司的实际控制人发生变化，可免于以要约收购方式增持股份

答案：ADE

解析：A，持股 28% 协议转让，未达到强制要约收购的条件；B、C，上市公司国有股在不同省、自治区、直辖市的国有企业之间，国务院国资委和地方国有企业之间进行转让时，视为实际控制人发生变化，不符合免于以要约方式增持股份的条件。

五、协议收购

（一）协议收购的概念

依照法律、行政法规的规定同被收购公司的股票持有人以协议方式进行股权转让的收购为协议收购。

（1）收购人通过协议方式拥有权益的股份达到该公司已发行股份的 30% 时，继续进行收购的，应当依法向该上市公司的股东发出全面要约或者部分要约。符合豁免情形的，收购人可以向中国证监会申请免除发出要约。

（2）收购人拟通过协议方式收购一个上市公司的股份超过 30% 的，超过 30% 的部分，应当改以要约方式进行；符合豁免情形的，收购人可以向中国证监会申请免除发出要约。收购人在取得中国证监会豁免后，履行其收购协议；未取得中国证监会豁免且拟继续履行其收购协议的，或者不申请豁免的，在履行其收购协议前，应当发出全面要约。

【注】（1）中，达到 30% 时点停下来，继续收购的，可全面要约或部分要约；（2）中，一笔交易一下子超过 30% 的，不考虑豁免因素的话，应全面要约。比如，甲公司持有乙上市公司 40% 的股份，现拟向丙公司协议转让 35%，甲与丙之间无关联关系，则超过 30% 部分的 5% 应改以要约方式进行，且应全面要约。

（二）基本规则和操作程序

1. 过渡期安排

以协议方式进行上市公司收购的，自签订收购协议起至相关股份完成过户的期间为上市公司收购过渡期。在过渡期内：

（1）收购人不得通过控股股东提议改选上市公司董事会，确有充分理由改选董事会的，来自收购人的董事不得超过董事会成员的 1/3。

（2）被收购公司不得为收购人及其关联方提供担保。

（3）被收购公司不得公开发行股份募集资金，不得进行重大购买、出售资产及重大投资行为或者与收购人及其关联方进行其他关联交易，但收购人为挽救陷入危机或者面临严重财务困难的上市公司的情形除外。

【注】（3）中，注意与要约收购中董事会义务的区别，要约收购中："未经股东大会批准，被收购公司董事会不得通过处置公司资产、对外投资、调整公司主要业务、担保、贷款等方式，对公司的资产、负债、权益或者经营成果造成重大影响。"即经股东大会批准，可以进行处置公

司资产、对外投资等，而此处是绝对禁止。

2. 出让股份的控股股东的义务

（1）被收购公司控股股东向收购人协议转让其所持有的上市公司股份的，应当对收购人的主体资格、诚信情况及收购意图进行调查，并在其权益变动报告书中披露有关调查情况。

（2）控股股东及其关联方未清偿其对公司的负债，未解除公司为其负债提供的担保，或者存在损害公司利益的其他情形的，被收购公司董事会应当对前述情形及时予以披露，并采取有效措施维护公司利益。

3. 管理层收购

管理层收购是指上市公司董、监、高、员工或者其所控制或者委托的法人或者其他组织，拟对本公司进行收购或者通过间接收购的方式取得本公司控制权。

（1）该上市公司应当具备健全且运行良好的组织机构以及有效的内部控制制度，公司董事会成员中独立董事的比例应当达到或者超过 1/2。

（2）公司应当聘请具有证券期货从业资格的资产评估机构提供公司资产评估报告。

（3）本次收购应当经董事会非关联董事作出决议，且取得 2/3 以上的独立董事同意后，提交公司股东大会审议，经出席股东大会的非关联股东所持表决权过半数通过。

（4）独立董事发表意见前，应当聘请独立财务顾问就本次收购出具专业意见，独立董事及独立财务顾问的意见应当一并予以公告。

（5）上市公司董、监、高存在《公司法》第一百四十八条规定情形，或者最近 3 年有证券市场不良诚信记录的，不得收购本公司。

【注】几个要点：独董≥1/2，证券资质资产评估，董事会决议 + 2/3 以上独董同意 + 股大决议，财务顾问的意见。

需要注意的是，这里没有提到监事会或监事的意见，股东大会决议是一般决议（出席表决权过半数通过），而非特别决议。

【链接】《公司法》第一百四十八条规定，董事、高级管理人员不得有下列行为：

①挪用公司资金。

②将公司资金以其个人名义或者以其他个人名义开立账户存储。

③违反公司章程的规定，未经股东会、股东大会或者董事会同意，将公司资金借贷给他人或者以公司财产为他人提供担保。

④违反公司章程的规定或者未经股东会、股东大会同意，与本公司订立合同或者进行交易。

⑤未经股东会或者股东大会同意，利用职务便利为自己或者他人谋取属于公司的商业机会，自营或者为他人经营与所任职公司同类的业务。

⑥接受他人与公司交易的佣金归为己有。

⑦擅自披露公司秘密。

⑧违反对公司忠实义务的其他行为。

4. 备查文件

收购人公告上市公司收购报告书时，应当提交以下备查文件：

（1）中国公民的身份证明，或者在中国境内登记注册的法人、其他组织的证明文件。

（2）基于收购人的实力和从业经验对上市公司后续发展计划可行性的说明，收购人拟修改公司章程、改选公司董事会、改变或者调整公司主营业务的，还应当补充其具备规范运作上市公司的管理能力的说明。

（3）收购人及其关联方与被收购公司存在同业竞争、关联交易的，应提供避免同业竞争等利益冲突、保持被收购公司经营独立性的说明。

（4）收购人为法人或者其他组织的，其控股股东、实际控制人最近2年未变更的说明。

（5）收购人及其控股股东或实际控制人的核心企业和核心业务、关联企业及主营业务的说明；收购人或其实际控制人为两个或两个以上的上市公司控股股东或实际控制人的，还应当提供其持股5%以上的上市公司以及银行、信托公司、证券公司、保险公司等其他金融机构的情况说明。

（6）财务顾问关于收购人最近3年的诚信记录、收购资金来源合法性、收购人具备履行相关承诺的能力以及相关信息披露内容真实性、准确性、完整性的核查意见；收购人成立未满3年的，财务顾问还应当提供其控股股东或者实际控制人最近3年诚信记录的核查意见。

境外法人或者境外其他组织进行上市公司收购的，除应当提交上述第（2）项至第（6）项规定的文件外，还应当提交以下文件：

（1）财务顾问出具的收购人符合对上市公司进行战略投资的条件、具有收购上市公司的能力的核查意见。

（2）收购人接受中国司法、仲裁管辖的声明。

【真题回顾（1306）】 境外法人机构拟以协议方式收购上市公司，依据《上市公司收购管理办法》，应向中国证监会提交的文件有（　　）。

A. 其控股股东、实际控制人最近2年未变更的说明

B. 财务顾问出具的收购人符合对上市公司进行战略投资的条件、具有收购上市公司能力的核查意见

C. 收购人接受中国司法、仲裁管辖的声明

D. 基于收购人的实力和从业经验对上市公司后续发展计划可行性的说明

答案：ABCD

【真题回顾（1509）】 关于管理层收购，以下说法符合规定的有（　　）。

A. 公司董事会成员中独立董事的比例应当达到或者超过2/3

B. 公司应当聘请具有证券期货从业资格的资产评估机构提供公司资产评估报告

C. 收购应当经董事会非关联董事作出决议，且取得过半数独立董事同意后，提交公司股东大会审议

D. 收购应当经出席股东大会的非关联股东所持表决权2/3以上通过

E. 收购应当经董事会非关联董事作出决议，且经监事会审议同意后，提交公司股东大会审议

答案：B

解析：A，公司董事会成员中独立董事的比例应当达到或者超过1/2；C、D、E，收购应当经董事会非关联董事作出决议，且取得2/3以上的独立董事同意后，提交公司股东大会审议，经出席股东大会的非关联股东所持表决权过半数通过。

【模拟练习】 上市公司的董事、监事、高级管理人员拟筹划实施管理层收购，根据《上市公司收购管理办法》，下列关于该上市公司的说法，错误的是（　　）。

A. 本次收购需要上市公司聘请独立财务顾问出具专业意见

B. 本次收购应当经出席股东大会的非关联股东所持有表决权2/3以上通过

C. 本次收购应当经董事会非关联董事作出决议，且取得2/3以上的独立董事同意

D. 董事会成员中独立董事的比例应当达到或者超过1/2

E．本次收购需要上市公司独立董事发表意见

答案：B

解析：B，经出席股东大会的非关联股东所持表决权过半数通过。

【模拟练习】甲公司、乙公司无任何关联关系，丙公司为持续经营的上市公司，以下说法错误的是（　　）。

A．乙公司持有丙公司51％的股份，甲公司、乙公司可签署协议，由甲公司直接办理乙公司所持丙公司35％的股份的过户登记

B．甲公司以协议方式收购丙公司，并成为丙公司的控制股东，收购协议签订后，甲公司可立即改选丙公司2/3的董事会成员

C．乙公司以协议方式收购丙公司，但收购资金存在一定资金缺口，可要求丙公司为其向银行借款提供担保

D．甲公司以协议方式收购丙公司，签订协议后至股份完成过户前，丙公司可公开发行股份募集资金

答案：ABCD

解析：收购人拟通过协议方式收购一个上市公司的股份超过30％的，超过30％的部分，应当改以要约方式进行；本题A项交代甲公司、乙公司无任何关联关系，即不可能属于"转让是在同一实际控制人控制的不同主体之间进行，未导致上市公司的实际控制人发生变化"从而收购人可以向中国证监会提出免于以要约方式增持股份的申请的情形，更不符合可以免于提出豁免申请，直接向证券交易所和证券登记结算机构申请办理股份转让和过户登记手续的情形，因此，对于5％的部分，应当改以要约方式收购。

六、间接收购

（一）概念与规则

1. 间接收购的概念

除了直接购买上市公司的股权以获得对其控制权之外，收购人还可以通过投资关系、协议、其他安排获得上市公司的控制权，从而间接控制上市公司。这便是间接收购。

2. 间接收购的规则

（1）间接收购导致其拥有权益的股份达到或者超过一个上市公司已发行股份的5％未超过30％的，应当按照规定作相应的权益披露。

（2）收购人拥有权益的股份超过该公司已发行股份的30％的，应当向该公司所有股东发出全面要约；收购人预计无法在事实发生之日起30日内发出全面要约的，应当在前述30日内促使其控制的股东将所持有的上市公司股份减持至30％或者30％以下，并自减持之日起2个工作日内予以公告；其后收购人或者其控制的股东拟继续增持的，应当采取要约方式。

（二）上市公司实际控制人及受其支配的股东义务及未履行义务的相关处理

1. 上市公司实际控制人及受其支配的股东，负有配合上市公司真实、准确、完整披露有关实际控制人发生变化的信息的义务：

（1）实际控制人及受其支配的股东拒不履行上述配合义务，导致上市公司无法履行法定信息披露义务而承担民事、行政责任的，上市公司有权对其提起诉讼。

（2）实际控制人、控股股东指使上市公司及其有关人员不依法履行信息披露义务的，中国证监会依法进行查处。

2. 上市公司实际控制人及受其支配的股东未履行报告、公告义务的：

（1）上市公司应当自知悉之日起立即作出报告和公告。

（2）上市公司就实际控制人发生变化的情况予以公告后，实际控制人仍未披露的，上市公司董事会应当向实际控制人和受其支配的股东查询，必要时可以聘请财务顾问进行查询，并将查询情况向中国证监会、派出机构和证券交易所报告。

（3）中国证监会依法对拒不履行报告、公告义务的实际控制人进行查处。

3. 上市公司知悉实际控制人发生较大变化而未能将有关实际控制人的变化情况及时予以报告和公告的，中国证监会责令改正，情节严重的，认定上市公司负有责任的董事为不适当人选。

4. 上市公司实际控制人及受其支配的股东未履行报告、公告义务，拒不履行配合上市公司真实、准确、完整披露有关实际控制人发生变化的信息的义务，或者实际控制人存在不得收购上市公司情形的：

（1）上市公司董事会应当拒绝接受实际控制人支配的股东向董事会提交的提案或者临时议案，并向中国证监会、派出机构和证券交易所报告。

（2）中国证监会责令实际控制人改正，可以认定实际控制人通过受其支配的股东所提名的董事为不适当人选；改正前，受实际控制人支配的股东不得行使其持有股份的表决权。

（3）上市公司董事会未拒绝接受实际控制人及受其支配的股东所提出的提案的，中国证监会可以认定负有责任的董事为不适当人选。

【模拟练习】甲公司通过投资协议间接控股成为乙上市公司的实际控制人，但其拒不履行配合乙上市公司真实、准确、完整披露有关实际控制人发生变化的信息义务，下列说法正确的有（　　）。

A. 上市公司应当在知悉之日起立即作出报告和公告

B. 上市公司董事会应当拒绝接受受实际控制人支配的股东向董事会提交的临时议案

C. 上市公司董事会应当接受受实际控制人支配的股东向董事会提交召开临时董事会的议案

D. 上市公司董事会应当向实际控制人和受其支配的股东查询，必要时可以聘请财务顾问进行查询

E. 改正前，受实际控制人支配的上市公司股东不得行使其持有股份的表决权

答案：ABDE

七、收购中的财务顾问

（一）收购人聘请的财务顾问

1. 收购人聘请的财务顾问应当履行的职责

（1）对收购人的相关情况进行尽职调查。

（2）应收购人的要求向收购人提供专业化服务，全面评估被收购公司的财务和经营状况，帮助收购人分析收购所涉及的法律、财务、经营风险，就收购方案所涉及的收购价格、收购方式、支付安排等事项提出对策建议，并指导收购人按照规定的内容与格式制作申报文件。

（3）对收购人进行证券市场规范化运作的辅导，使收购人的董事、监事和高级管理人员熟悉有关法律、行政法规和中国证监会的规定，充分了解其应当承担的义务和责任，督促其依法履行报告、公告和其他法定义务。

（4）对收购人是否符合《上市公司收购管理办法》的规定及申报文件内容的真实性、准确性、完整性进行充分核查和验证，对收购事项客观、公正地发表专业意见。

（5）接受收购人委托，向中国证监会报送申报材料，根据中国证监会的审核意见，组织、协调收购人及其他专业机构予以答复。

（6）与收购人签订协议，在收购完成后 12 个月内，持续督导收购人遵守法律、行政法规、中国证监会的规定、证券交易所规则、上市公司章程，依法行使股东权利，切实履行承诺或者相关约定。

2. 收购人出具的财务顾问报告需分析说明并发表明确意见的事项

收购人聘请的财务顾问就本次收购出具的财务顾问报告，应当对以下事项进行说明和分析，并逐项发表明确意见：

（1）收购人编制的上市公司收购报告书或者要约收购报告书所披露的内容是否真实、准确、完整。

（2）本次收购的目的。

（3）收购人是否提供所有必备证明文件，根据对收购人及其控股股东、实际控制人的实力、从事的主要业务、持续经营状况、财务状况和诚信情况的核查，说明收购人是否具备主体资格，是否具备收购的经济实力，是否具备规范运作上市公司的管理能力，是否需要承担其他附加义务及是否具备履行相关义务的能力，是否存在不良诚信记录。

（4）对收购人进行证券市场规范化运作辅导的情况，其董事、监事和高级管理人员是否已经熟悉有关法律、行政法规和中国证监会的规定，充分了解应承担的义务和责任，督促其依法履行报告、公告和其他法定义务的情况。

（5）收购人的股权控制结构及其控股股东、实际控制人支配收购人的方式。

（6）收购人的收购资金来源及其合法性，是否存在利用本次收购的股份向银行等金融机构质押取得融资的情形。

（7）涉及收购人以证券支付收购价款的，应当说明有关该证券发行人的信息披露是否真实、准确、完整以及该证券交易的便捷性等情况。

（8）收购人是否已经履行了必要的授权和批准程序。

（9）是否已对收购过渡期间保持上市公司稳定经营作出安排，该安排是否符合有关规定。

（10）对收购人提出的后续计划进行分析，收购人所从事的业务与上市公司从事的业务存在同业竞争、关联交易的，对收购人解决与上市公司同业竞争等利益冲突及保持上市公司经营独立性的方案进行分析，说明本次收购对上市公司经营独立性和持续发展可能产生的影响。

（11）在收购标的上是否设定其他权利，是否在收购价款之外还作出其他补偿安排。

（12）收购人及其关联方与被收购公司之间是否存在业务往来，收购人与被收购公司的董事、监事、高级管理人员是否就其未来任职安排达成某种协议或者默契。

（13）上市公司原控股股东、实际控制人及其关联方是否存在未清偿对公司的负债、未解除公司为其负债提供的担保或者损害公司利益的其他情形；存在该等情形的，是否已提出切实可行的解决方案。

（14）涉及收购人拟提出豁免申请的，应当说明本次收购是否属于可以得到豁免的情形，收购人是否作出承诺及是否具备履行相关承诺的实力。

【真题回顾（1406）】 关于收购人聘请的财务顾问职责的说法正确的有（　　　）。

A. 对收购人提出的后续计划进行分析

B. 负责编制上市公司收购报告书及财务顾问报告

C. 对收购人进行证券市场规范运作的辅导

D. 说明和分析收购人收购资金来源及其合法性

E. 对被收购公司社会公众股东接受要约提出建议

答案：C

解析：A、D，是财务顾问应进行说明和分析，并逐项发表明确意见的情形。B，上市公司收购报告书由收购人编制。

（二）被收购公司聘请的独立财务顾问

上市公司董事会或者独立董事聘请的独立财务顾问，不得同时担任收购人的财务顾问或者与收购人的财务顾问存在关联关系。

1. 上市公司收购中，需要聘请独立财务顾问的情形

（1）在要约收购中，被收购公司董事会应当聘请独立财务顾问提出专业意见。

（2）管理层收购中，独立董事发表意见前，应当聘请独立财务顾问就本次收购出具专业意见，独立董事及独立财务顾问的意见应当一并予以公告。

（3）为挽救出现严重财务困难的上市公司而进行收购并申请豁免要约收购义务的申请人，应当提出切实可行的重组方案，并提供上市公司董事会的意见及独立财务顾问对该方案出具的专业意见。

2. 独立财务顾问需要发表明确意见的事项

独立财务顾问应当根据委托进行尽职调查，对本次收购的公正性和合法性发表专业意见。独立财务顾问报告应当对以下问题进行说明和分析，发表明确意见：

（1）收购人是否具备主体资格。

（2）收购人的实力及本次收购对被收购公司经营独立性和持续发展可能产生的影响分析。

（3）收购人是否存在利用被收购公司的资产或者由被收购公司为本次收购提供财务资助的情形。

（4）涉及要约收购的，分析被收购公司的财务状况，说明收购价格是否充分反映被收购公司价值，收购要约是否公平、合理，对被收购公司社会公众股股东接受要约提出的建议。

（5）涉及收购人以证券支付收购价款的，还应当根据该证券发行人的资产、业务和盈利预测，对相关证券进行估值分析，就收购条件对被收购公司的社会公众股股东是否公平合理、是否接受收购人提出的收购条件提出专业意见。

（6）涉及管理层收购的，应当对上市公司进行估值分析，就本次收购的定价依据、支付方式、收购资金来源、融资安排、还款计划及其可行性、上市公司内部控制制度的执行情况及其有效性、上述人员及其直系亲属在最近 24 个月内与上市公司业务往来情况以及收购报告书披露的其他内容等进行全面核查，发表明确意见。

上市公司业务中需要聘请独立财务顾问的情形

相关规定	相关法规
（1）在要约收购中，被收购公司董事会应当聘请独立财务顾问提出专业意见 （2）管理层收购中，独立董事发表意见前，应当聘请独立财务顾问就本次收购出具专业意见，独立董事及独立财务顾问的意见应当一并予以公告 （3）为挽救出现严重财务困难的上市公司而进行收购并申请豁免要约收购义务的申请人，应当提出切实可行的重组方案，并提供上市公司董事会的意见及独立财务顾问对该方案出具的专业意见	《上市公司收购管理办法》、《公开发行证券的公司信息披露内容与格式准则第 19 号——豁免要约收购申请文件》

续表

相关规定	相关法规
上市公司应当聘请独立财务顾问和律师事务所就股份回购事宜出具专业意见	《上市公司回购社会公众股份管理办法》
上市公司应当聘请独立财务顾问、律师事务所以及具有相关证券业务资格的会计师事务所等证券服务机构就重大资产重组出具意见	《上市公司重大资产重组管理办法》
重大关联交易应由独立董事认可后，提交董事会讨论；独立董事作出判断前，可以聘请中介机构出具独立财务顾问报告	《关于在上市公司建立独立董事制度的指导意见》
（1）独立董事或监事会认为有必要的，可以建议上市公司聘请独立财务顾问，上市公司未按照建议聘请独立财务顾问的，应当就此事项作特别说明 （2）上市公司未按照《上市公司股权激励管理办法》第二十三条、第二十九条规定的定价原则，而采用其他方法确定限制性股票授予价格或股票期权行权价格的，应当聘请独立财务顾问 （3）上市公司向激励对象授出权益与股权激励计划的安排存在差异时，独立财务顾问（如有）应当发表明确意见	《上市公司股权激励管理办法》

八、持续督导与监管措施

（一）持续督导

1. 自收购人公告上市公司收购报告书至收购完成后 12 个月内，财务顾问应当通过日常沟通、定期回访等方式，关注上市公司的经营情况，结合被收购公司定期报告和临时公告的披露事宜，对收购人及被收购公司履行持续督导职责。

【注1】具体包括以下督导事项：

（1）督促收购人及时办理股权过户手续，并依法履行报告和公告义务。

（2）督促和检查收购人及被收购公司依法规范运作。

（3）督促和检查收购人履行公开承诺的情况。

（4）结合被收购公司定期报告，核查收购人落实后续计划的情况，是否达到预期目标，实施效果是否与此前的披露内容存在较大差异，是否实现相关盈利预测或者管理层预计达到的目标。

（5）涉及管理层收购的，核查被收购公司定期报告中披露的相关还款计划的落实情况与事实是否一致。

（6）督促和检查履行收购中约定的其他义务的情况。

【注2】上市公司收购中，由收购人聘请的财务顾问履行持续督导职责，包括对收购公司和被收购公司的督导；上市公司重大资产重组中对上市公司的持续督导，则是上市公司聘请的独立财务顾问的职责。

2. 在持续督导期间，财务顾问应当结合上市公司披露的季度报告、半年度报告和年度报告出具持续督导意见，并在前述定期报告披露后的 15 日内向派出机构报告。

3. 在上市公司收购行为完成后 12 个月内，收购人聘请的财务顾问应当在每季度前 3 日内就上一季度对上市公司影响较大的投资、购买或者出售资产、关联交易、主营业务调整以及董事、监事、高级管理人员的更换、职工安置、收购人履行承诺等情况向派出机构报告。

收购人注册地与上市公司注册地不同的，还应当将前述情况的报告同时抄报收购人所在地的派出机构。

4. 在上市公司收购中，收购人持有的被收购公司的股份，在收购完成后 12 个月内不得转让。

收购人在被收购公司中拥有权益的股份在同一实际控制人控制的不同主体之间进行转让不受前述 12 个月的限制，但应当遵守豁免的规定。

【注】《修订汇编》规定，对于投资者收购上市公司股份后虽持股比例低于 30% 但成为第一大股东的，也应锁定 12 个月。

（二）监管措施

处以监管措施的情形	具体监管措施
1. 上市公司的收购及相关股份权益变动活动中的信息披露义务人，未按照规定履行报告、公告以及其他相关义务或在报告、公告等文件中有虚假记载、误导性陈述或者重大遗漏的 2. 投资者及其一致行动人取得上市公司控制权而未按照规定聘请财务顾问，规避法定程序和义务，变相进行上市公司的收购，或者外国投资者规避管辖的 3. 收购人未依照《上市公司收购管理办法》的规定履行相关义务或者相应程序擅自实施要约收购的	（1）中国证监会责令改正，采取监管谈话、出具警示函、责令暂停或者停止收购等监管措施 （2）在改正前，相关信息披露义务人或收购人不得对其持有或者实际支配的股份行使表决权
4. 发出收购要约的收购人在收购要约期限届满，不按照约定支付收购价款或者购买预受股份的	自该事实发生之日起 3 年内不得收购上市公司，中国证监会不受理收购人及其关联方提交的申报文件
5. 上市公司控股股东和实际控制人在转让其对公司的控制权时，未清偿其对公司的负债，未解除公司为其提供的担保，或者未对其损害公司利益的其他情形作出纠正的	中国证监会责令改正、责令暂停或者停止收购活动
6. 被收购公司董事会未能依法采取有效措施促使公司控股股东、实际控制人予以纠正，或者在收购完成后未能促使收购人履行承诺、安排或者保证的	中国证监会可以认定相关董事为不适当人选
7. 上市公司董事未履行忠实义务和勤勉义务，利用收购谋取不当利益的	中国证监会采取监管谈话、出具警示函等监管措施，可以认定为不适当人选
8. 为上市公司收购出具资产评估报告、审计报告、法律意见书和财务顾问报告的证券服务机构或者证券公司及其专业人员，未依法履行职责的	（1）中国证监会责令改正，采取监管谈话、出具警示函等监管措施 （2）证券服务机构及其从业人员被责令改正的，在改正前，不得接受新的上市公司并购重组业务

注：重点关注"4"中的规定，其他了解即可。此处是 3 年内不得收购所有上市公司，注意与"收购人作出要约收购提示性公告后，在公告要约收购报告书之前，拟自行取消收购计划的，应当公告原因；自公告之日起 12 个月内，该收购人不得再次对同一上市公司进行收购"的区别。

第三节 上市公司重大资产重组

【大纲要求】

内容	程度
1. 上市公司重大资产重组行为的原则、标准	掌握
2. 上市公司重大资产重组涉及借壳、配套融资等各种情况的相关规定	掌握
3. 上市公司实施重大资产重组的程序	掌握
4. 上市公司重大资产重组信息管理的要求和内幕交易的法律责任	掌握
5. 上市公司发行股份购买资产的特别规定	掌握
6. 上市公司重大资产重组后再融资的有关规定	掌握
7. 上市公司重大资产重组共性问题的审核关注要点	熟悉
8. 上市公司重大资产重组中相关的监督管理和法律责任	掌握
9. 上市公司并购重组委员会运行规则	掌握
10. 其他特别规定	—

说明：大纲要求的"掌握上市公司并购重组委员会运行规则"调整到第一节进行说明。

【内容精讲】

本部分内容主要由《上市公司重大资产重组管理办法》（以下简称《重组办法》）进行规范，2008 年中国证监会颁布《重组办法》，并于 2011 年、2014 年进行了修订，2016 年 9 月，中国证监会令第 127 号对其进行再次修订，目前施行的是 2016 年 9 月修订后的办法。

一、上市公司重大资产重组行为的原则、标准

（一）上市公司重大资产重组的概念与原则

1. 上市公司重大资产重组的概念

上市公司重大资产重组是指上市公司及其控股或者控制的公司在日常经营活动之外购买、出售资产或者通过其他方式进行资产交易达到规定的比例，导致上市公司的主营业务、资产、收入发生重大变化的资产交易行为。

【注1】上市公司发行股份购买资产属于重大资产重组；上市公司按照经中国证监会核准的发行证券文件披露的募集资金用途，使用募集资金购买资产、对外投资的行为，不属于重大资产重组。

【注2】此处的"购买、出售"是指日常经营活动之外的购买、出售，正常生产经营中的采购原料或销售存货，不属于我们此处所说的重大资产重组。

【注3】其他方式进行资产交易，包括：

（1）与他人新设企业、对已设立的企业增资或者减资。

（2）受托经营、租赁其他企业资产或者将经营性资产委托他人经营、租赁。

（3）接受附义务的资产赠与或者对外捐赠资产。

（4）中国证监会根据审慎监管原则认定的其他情形。

2. 上市公司重大资产重组的原则

上市公司实施重大资产重组，应当符合下列要求作出充分说明，并予以披露：

（1）符合国家产业政策和有关环境保护、土地管理、反垄断等法律和行政法规的规定。

（2）不会导致上市公司不符合股票上市条件。

（3）重大资产重组所涉及的资产定价公允，不存在损害上市公司和股东合法权益的情形。

（4）重大资产重组所涉及的资产权属清晰，资产过户或者转移不存在法律障碍，相关债权债务处理合法。

（5）有利于上市公司增强持续经营能力，不存在可能导致上市公司重组后主要资产为现金或者无具体经营业务的情形。

（6）有利于上市公司在业务、资产、财务、人员、机构等方面与实际控制人及其关联人保持独立，符合中国证监会关于上市公司独立性的相关规定。

（7）有利于上市公司形成或者保持健全有效的法人治理结构。

（二）上市公司重大资产重组的标准及计算规则

1. 上市公司重大资产重组的标准

上市公司及其控股或者控制的公司购买、出售资产，达到下列标准之一的，构成重大资产重组：

指标	法条规定	简记
资产总额标准	购买、出售的资产总额占上市公司最近一个会计年度经审计的合并财务会计报告期末资产总额的比例达到50%以上	资产总额比值≥50%
资产净额标准	购买、出售的资产净额占上市公司最近一个会计年度经审计的合并财务会计报告期末净资产额的比例达到50%以上，且超过5 000万元人民币	资产净额比值≥50%且绝对值＞5 000万元
营业收入标准	购买、出售的资产在最近一个会计年度所产生的营业收入占上市公司同期经审计的合并财务会计报告营业收入的比例达到50%以上	营业收入比值≥50%

注：①净资产指标的要求既有相对指标须达到50%的要求，又有绝对指标须超过5 000万元的要求，二者须同时满足，且需要注意，不包含5 000万元本数。

②在计算比例时，分母都是上一年度末或上一年度数据，而不是最近一期数据，且使用的都是合并报表口径，其中净资产额不包括少数股东权益。

2. 上市公司重大资产重组标准的计算规则

（1）总体规定

①上市公司同时购买、出售资产的，应当分别计算购买、出售资产的相关比例，并以二者中比例较高者为准。

②上市公司在12个月内连续对同一或者相关资产进行购买、出售的，以其累计数分别计算相应数额。已按照规定编制并披露重大资产重组报告书的资产交易行为，无须纳入累计计算的范围，但借壳上市除外。在计算相应指标时，应当以第一次交易时最近一个会计年度上市公司经审计的合并财务会计报告期末资产总额、期末净资产额、当期营业收入作为分母。资产交易连续计算的时点为股东大会召开日期。

（2）购买或出售资产为股权资产时的计算规则

指标	股权资产			
	取得/丧失控制权		未取得/丧失控制权	
	购买	出售	购买	出售
资产总额	max（资产总额，成交金额）	资产总额	max（资产总额×比例，成交金额）	资产总额×比例
营业收入	营业收入	营业收入	营业收入×比例	营业收入×比例
资产净额	max（资产净额，成交金额）	资产净额	max（资产净额×比例，成交金额）	资产净额×比例

注：①总口诀：出售、收入无孰高，取控、失控去比例。

②具体计算：购买的资产为股权的，其资产总额以被投资企业的资产总额与该项投资所占股权比例的乘积和成交金额二者中的较高者为准，营业收入以被投资企业的营业收入与该项投资所占股权比例的乘积为准，资产净额以被投资企业的净资产额与该项投资所占股权比例的乘积和成交金额二者中的较高者为准；购买股权导致上市公司取得被投资企业控股权的，其资产总额以被投资企业的资产总额和成交金额二者中的较高者为准，营业收入以被投资企业的营业收入为准，资产净额以被投资企业的净资产额和成交金额二者中的较高者为准；出售的资产为股权的，其资产总额、营业收入以及资产净额分别以被投资企业的资产总额、营业收入以及净资产额与该项投资所占股权比例的乘积为准。出售股权导致上市公司丧失被投资企业控股权的，其资产总额、营业收入以及资产净额分别以被投资企业的资产总额、营业收入以及净资产额为准。

③借壳上市判断标准还涉及净利润指标，应当归属于取得控股权情形，其判断标准为净利润以被投资企业扣除非经常性损益前后的净利润的较高者为准。

（3）购买或出售资产为非股权资产时的计算规则

指标	非股权资产	
	购买	出售
资产总额	max（资产总额，成交金额）	资产总额
营业收入	无	无
资产净额	max［（资产－负债），成交金额］	资产－负债
	如该非股权资产不涉及负债的，则不适用资产净额标准	

注：①总口诀：出售无孰高，取控、失控去比例。

②资产净额标准中，"资产－负债"是指资产与负债的账面值差额，如该非股权资产不涉及负债的，则不适用资产净额标准。

③具体计算：购买的资产为非股权资产的，其资产总额以该资产的账面值和成交金额二者中的较高者为准，资产净额以相关资产与负债的账面值差额和成交金额二者中的较高者为准；出售的资产为非股权资产的，其资产总额、资产净额分别以该资产的账面值、相关资产与负债账面值的差额为准。

【真题回顾（2010）】 A为一家上市公司，2008年资产总额2亿元，营业收入1亿元，资产净额1亿元。2009年收购甲公司，甲公司资产总额0.9亿元，协议支付金额1.1亿元；收购乙公司，乙公司营业收入4 900万元，协议支付金额5 000万元；收购丙公司，丙公司净资产4 900万元，协议支付金额5 000万元；对甲乙丙公司的收购均达到100%控股。参股丁公司，参股比例10%，丁公司资产总额10亿元，协议支付金额9 000万元。以下收购构成重大资产重组的有（　　）。

A. 对甲的收购　　　　B. 对乙的收购　　　　C. 对丙的收购　　　　D. 对丁的收购

答案：AD

解析：甲公司，资产总额比例 $=1.1/2=55\%$，构成重大资产重组；乙公司，营业收入指标比例 $=0.49/1=49\%$，不构成重大资产重组；丙公司，资产净额比例 $=0.5/1=50\%$，但是资产净额未超过 5 000 万元，不构成重大资产重组；丁公司，资产总额比例 $=10\times0.1/2=50\%$，构成重大资产重组。

【真题回顾（1509）】 A 为一家上市公司，2015 年拟收购甲、乙、丙、丁、戊五家公司股权，购买时甲、乙、丙、丁、戊的资产总额、资产净额、营业收入以及交易价格和 A 公司 2014 年相应指标的数据如下表所示，根据《上市公司重大资产重组管理办法》的规定，以下构成重大资产重组的有（　　　）。

单位：亿元

公司	拟收购比例	资产总额	资产净额	营业收入	协议支付价格
A		2	1	1	
甲	100%	0.9			1.1
乙	100%			0.49	0.50
丙	100%		0.49		0.50
丁	10%	10			0.90
戊	80%		0.51		0.50

A. 对甲的收购　　　　B. 对乙的收购　　　　C. 对丙的收购　　　　D. 对丁的收购
E. 对戊的收购

答案：AD

解析：A，对甲的收购，总资产指标 max（0.9，1.1）$\div2\geq50\%$，符合标准。B，对乙的收购，$0.49\div1<50\%$，不符合标准（收入无孰高，不能用 $0.50\div1$ 计算）。C，对丙的收购，max（0.49，0.50）$\div1\geq50\%$，但净资产未超过 5 000 万元，不符合标准。D，对丁的收购，max（$10\times10\%$，0.90）$\div2\geq50\%$，符合标准。E，对戊的收购 max（0.51，0.5）$\div1\geq50\%$，且净资产为 5 100 万元，超过 5 000 万元，符合标准。（注意，E 选项计算中，不能用 $0.51\times80\%$ 与 0.5 孰高去计算，80% 为取得控制权，不需要计算比例）

二、上市公司重大资产重组涉及借壳、配套融资的相关规定

（一）借壳的相关规定

1. 借壳上市的认定

上市公司自控制权发生变更之日起 60 个月内，向收购人及其关联人购买资产，导致上市公司发生以下根本变化情形之一的，构成重大资产重组，应当按照规定报经中国证监会核准：

（1）购买的资产总额占上市公司控制权发生变更的前一个会计年度经审计的合并财务会计报告期末资产总额的比例达到 100% 以上。

（2）购买的资产在最近一个会计年度所产生的营业收入占上市公司控制权发生变更的前一个会计年度经审计的合并财务会计报告营业收入的比例达到 100% 以上。

（3）购买的资产在最近一个会计年度所产生的净利润占上市公司控制权发生变更的前一个会计年度经审计的合并财务会计报告净利润的比例达到 100% 以上。

（4）购买的资产净额占上市公司控制权发生变更的前一个会计年度经审计的合并财务会计报告期末净资产额的比例达到 100% 以上。

（5）为购买资产发行的股份占上市公司首次向收购人及其关联人购买资产的董事会决议前

一个交易日的股份的比例达到100%以上。

（6）上市公司向收购人及其关联人购买资产虽未达到第（1）至第（5）项标准，但可能导致上市公司主营业务发生根本变化。

（7）中国证监会认定的可能导致上市公司发生根本变化的其他情形。

【注1】上市公司自控制权发生变更之日起60个月内，向收购人及其关联人购买资产，导致上市公司发生上述根本变化情形之一的，即为借壳上市。借壳上市是上市公司重大资产重组的一种特例，判定标准包括六项明确指标，其中四项财务指标和两项非财务指标，财务指标分别是资产总额、营业收入、净利润、资产净额；非财务指标分别是购买资产发行的股份比例、主营业务发生根本性变化。借壳上市涉及的比例均在100%以上（含100%），计算期限是自控制权发生变更之日起60个月内。

【注2】资产总额、营业收入、资产净额的计算规则同一般重大资产重组，关于净利润以被投资企业扣除非经常性损益前后的净利润的较高者为准。

【注3】借壳上市需同时满足两个条件：①控制权发生变更；②导致上市公司发生上述根本变化情形之一。

【注4】100%的计算规则需要同时执行累计首次原则、预期合并原则：①执行累计首次原则，即上市公司控制权发生变更之日起60个月内（含上市公司控制权发生变更的同时），向收购人及其关联人购买的资产所对应的资产总额、资产净额、营业收入或净利润，占上市公司控制权发生变更的前一个会计年度经审计的合并财务会计报告的相应指标的比例累计首次达到100%以上的，或者所对应的发行股份的数量，占上市公司首次向收购人及其关联人购买资产的董事会决议前一个交易日的股份比例累计首次达到100%以上的，合并视为一次重大资产重组，应当按规定申报核准；前述60个月内分次购买资产的，每次所购买资产对应的资产总额、资产净额、营业收入、净利润，以该购买事项首次公告日的前一个会计年度经审计的相应指标为准。②执行预期合并原则，即上市公司按累计首次原则申报重大资产重组方案时，如存在同业竞争或非正常关联交易等问题，则对于收购人及其关联人为解决该等问题所制订的承诺方案，涉及未来向上市公司注入资产的，也将合并计算。

【注5】上市公司股权分散，董事、高级管理人员可以支配公司重大的财务和经营决策的，视为具有上市公司控制权。

【注6】创业板上市公司自控制权发生变更之日起，向收购人及其关联人购买资产，不得导致前述根本性变化任一情形。即创业板允许重大资产重组，但禁止借壳上市。

【注7】上市公司自控制权发生变更之日起，向收购人及其关联人购买的资产属于金融、创业投资等特定行业的，由中国证监会另行规定。

【注8】此为2016年9月《重组办法》修订重大调整内容。

2. 借壳上市应符合的条件

上市公司实施借壳上市的重大资产重组，应当符合下列规定：

（1）符合上市公司重大资产重组的原则；符合上市公司发行股份购买资产应当符合的下列规定：

①充分说明并披露本次交易有利于提高上市公司资产质量、改善财务状况和增强持续盈利能力，有利于上市公司减少关联交易、避免同业竞争、增强独立性。

②上市公司最近1年及1期财务会计报告被注册会计师出具无保留意见审计报告；被出具保留意见、否定意见或者无法表示意见的审计报告的，须经注册会计师专项核查确认，该保留意见、否定意见或者无法表示意见所涉及事项的重大影响已经消除或者将通过本次交易予以消除。

③上市公司及其现任董事、高级管理人员不存在因涉嫌犯罪正被司法机关立案侦查或涉嫌违法违规正被中国证监会立案调查的情形，但是，涉嫌犯罪或违法违规的行为已经终止满 3 年，交易方案有助于消除该行为可能造成的不良后果，且不影响对相关行为人追究责任的除外。

④充分说明并披露上市公司发行股份所购买的资产为权属清晰的经营性资产，并能在约定期限内办理完毕权属转移手续。

（2）上市公司购买的资产对应的经营实体应当是股份有限公司或者有限责任公司，且符合《首次公开发行股票并上市管理办法》规定的其他发行条件。

（3）上市公司及其最近 3 年内的控股股东、实际控制人不存在因涉嫌犯罪正被司法机关立案侦查或涉嫌违法违规正被中国证监会立案调查的情形，但是，涉嫌犯罪或违法违规的行为已经终止满 3 年，交易方案能够消除该行为可能造成的不良后果，且不影响对相关行为人追究责任的除外。

（4）上市公司及其控股股东、实际控制人最近 12 个月内未受到证券交易所公开谴责，不存在其他重大失信行为。

（5）本次重大资产重组不存在中国证监会认定的可能损害投资者合法权益，或者违背公开、公平、公正原则的其他情形。

3. 借壳上市的锁定期

（1）上市公司原控股股东、原实际控制人及其控制的关联人，以及在交易过程中从该等主体直接或间接受让该上市公司股份的特定对象应当公开承诺，在本次交易完成后 36 个月内不转让其在该上市公司中拥有权益的股份。

（2）除收购人及其关联人以外的特定对象应当公开承诺，其以资产认购而取得的上市公司股份自股份发行结束之日起 24 个月内不得转让。

【注】发行股份购买资产特定对象以资产认购而取得的上市公司股份一般情况下自股份发行结束之日起 12 个月内不得转让，特定对象为上市公司控股股东、实际控制人或者其控制的关联人，或通过认购本次发行的股份取得上市公司的实际控制权，或取得本次发行的股份时，对其用于认购股份的资产持续拥有权益的时间不足 12 个月的，自股份发行结束之日起 36 个月内不得转让。

4. 借壳上市审核、配套募集资金、持续督导期限

（1）借壳上市应当提交并购重组委审核，自收到中国证监会核准文件之日起超过 12 个月未实施完毕的，核准文件失效。

【注】发行股份购买资产相同。

（2）借壳上市不得同时募集部分配套资金。

【注】发行股份购买资产可募集部分配套资金。

（3）借壳上市持续督导的期限自中国证监会核准本次重大资产重组之日起，应当不少于 3 个会计年度。

【注】一般重大资产重组持续督导的期限自本次重大资产重组实施完毕之日起，应当不少于一个会计年度。

（二）配套融资的相关规定

见本节"五、上市公司发行股份购买资产的特别规定"的相关规定。

三、上市公司实施重大资产重组的程序

（一）初步磋商

上市公司与交易对方就重大资产重组事宜进行初步磋商时，应当立即采取必要且充分的保

密措施，制定严格有效的保密制度，限定相关敏感信息的知悉范围。上市公司及交易对方聘请证券服务机构的，应当立即与所聘请的证券服务机构签署保密协议。

（二）聘请中介机构

上市公司应当聘请独立财务顾问、律师事务所以及具有相关证券业务资格的会计师事务所等证券服务机构就重大资产重组出具意见。资产交易定价以资产评估结果为依据的，上市公司应当聘请具有相关证券业务资格的资产评估机构出具资产评估报告。

【注】独立财务顾问、律师事务所、会计师事务所为必须聘请，资产评估机构并非必须聘请，资产交易定价不以资产评估结果为依据的，也可聘请估值机构进行估值。

1. 独立财务顾问、律师的核查及意见

（1）独立财务顾问和律师事务所应当审慎核查重大资产重组是否构成关联交易，并依据核查确认的相关事实发表明确意见。

（2）重大资产重组涉及关联交易的，独立财务顾问应当就本次重组对上市公司非关联股东的影响发表明确意见。

2. 资产评估

评估机构、估值机构原则上应当采取 2 种以上的方法进行评估或者估值；上市公司独立董事应当出席董事会会议，对评估机构或者估值机构的独立性、评估或者估值假设前提的合理性和交易定价的公允性发表独立意见，并单独予以披露。

（1）资产交易定价以资产评估结果为依据的：①资产评估机构应当按照资产评估相关准则和规范开展执业活动；②上市公司董事会应当对评估机构的独立性、评估假设前提的合理性、评估方法与评估目的的相关性以及评估定价的公允性发表明确意见。

（2）相关资产不以资产评估结果作为定价依据的：①上市公司应当在重大资产重组报告书中详细分析说明相关资产的估值方法、参数及其他影响估值结果的指标和因素。②上市公司董事会应当对估值机构的独立性、估值假设前提的合理性、估值方法与估值目的的相关性发表明确意见，并结合相关资产的市场可比交易价格、同行业上市公司的市盈率或者市净率等通行指标，在重大资产重组报告书中详细分析本次交易定价的公允性。

3. 证券服务机构在其出具的意见中采用其他证券服务机构或者人员的专业意见的，仍然应当进行尽职调查，审慎核查其采用的专业意见的内容，并对利用其他证券服务机构或者人员的专业意见所形成的结论负责。

4. 上市公司及交易对方与证券服务机构签订聘用合同后，非因正当事由不得更换证券服务机构。确有正当事由需要更换证券服务机构的，应当披露更换的具体原因以及证券服务机构的陈述意见。

5. 根据《修订汇编》（2015 年 9 月 18 日），中介机构被立案调查后，并购重组行政许可的受理规定如下：

（1）独立财务顾问（暨保荐机构）因从事并购重组、保荐业务被立案调查后，中国证监会对其出具的文件暂不受理，待立案调查影响消除后，视情况受理。

（2）律师事务所被立案调查后，中国证监会对其出具的文件暂不受理，待立案调查影响消除后，视情况受理。

（3）审计机构、评估机构被立案调查的，中国证监会在受理其出具的财务报告、评估报告等文件后，在审核中将重点关注其诚信信息及执业状况。

（三）决策程序

1. 董事会决议

上市公司进行重大资产重组，应当由董事会依法作出决议，并提交股东大会批准。

（1）上市公司董事会应当就重大资产重组是否构成关联交易作出明确判断，并作为董事会决议事项予以披露。

（2）上市公司独立董事应当在充分了解相关信息的基础上，就重大资产重组发表独立意见。重大资产重组构成关联交易的，独立董事可以另行聘请独立财务顾问就本次交易对上市公司非关联股东的影响发表意见。

（3）上市公司应当在董事会作出重大资产重组决议后的次一工作日至少披露下列文件：

①董事会决议及独立董事的意见。

②上市公司重大资产重组预案。

（4）本次重组的重大资产重组报告书、独立财务顾问报告、法律意见书以及重组涉及的审计报告、资产评估报告和经审核的盈利预测报告至迟应当与召开股东大会的通知同时公告。

（5）上市公司自愿披露盈利预测报告的，该报告应当经具有相关证券业务资格的会计师事务所审核，与重大资产重组报告书同时公告。

（6）上市公司应当在至少一种中国证监会指定的报刊公告董事会决议、独立董事的意见，并应当在证券交易所网站全文披露重大资产重组报告书及其摘要、相关证券服务机构的报告或者意见。

【注1】（4）中，至迟应当与"召开股东大会的通知"同时公告，而非与"股东大会决议日"或"股东大会召开日"同时公告。

【注2】（5），可见，上市公司重大资产重组，盈利预测并非强制要求，而是自愿披露。

2. 股东大会决议

（1）上市公司股东大会就重大资产重组事项作出决议，必须经出席会议的股东所持表决权的2/3以上通过。

①上市公司重大资产重组事宜与本公司股东或者其关联人存在关联关系的，股东大会就重大资产重组事项进行表决时，关联股东应当回避表决。

②交易对方已经与上市公司控股股东就受让上市公司股权或者向上市公司推荐董事达成协议或者默契，可能导致上市公司的实际控制权发生变化的，上市公司控股股东及其关联人应当回避表决。

（2）上市公司就重大资产重组事宜召开股东大会，应当以现场会议形式召开，并应当提供网络投票或者其他合法方式为股东参加股东大会提供便利。

除上市公司的董事、监事、高级管理人员、单独或者合计持有上市公司5%以上股份的股东以外，其他股东的投票情况应当单独统计并予以披露。

（3）上市公司应当在股东大会作出重大资产重组决议后的次一工作日公告该决议，以及律师事务所对本次会议的召集程序、召集人和出席人员的资格、表决程序以及表决结果等事项出具的法律意见书。

【注】属于借壳上市情形的，上市公司还应当按照中国证监会的规定委托独立财务顾问在作出决议后3个工作日内向中国证监会提出申请。

【真题回顾（1511）】关于上市公司实施重大资产重组，以下说法正确的有（　　）。

A. 资产交易定价以资产评估结果为依据的，上市公司应当聘请具有相关证券业务资格的资

产评估机构出具资产评估报告

B. 评估机构、估值机构原则上应当采取两种以上的方法进行评估或者估值

C. 本次重组的重大资产重组报告书、独立财务顾问报告、法律意见书等文件至迟应当与股东大会的决议同时公告

D. 上市公司重大资产重组应当披露盈利预测报告

答案：AB

解析：C，至迟应当与召开股东大会的通知同时公告。

（四）中国证监会审核与重组方案实施

1. 中国证监会审核

中国证监会依照法定条件和法定程序对构成借壳上市的重大资产重组申请作出予以核准或者不予核准的决定。

【注】目前，仅借壳上市和发行股份购买资产需由中国证监会并购重组委审核，一般重大资产重组，无须提交并购重组委审核。

（1）发生交易方案重大调整等事项的处理

期间	事项	处理
股东大会作出重大资产重组的决议后	上市公司拟对交易对象、交易标的、交易价格等作出变更，构成对原交易方案重大调整的	应当在董事会表决通过后重新提交股东大会审议，并及时公告相关文件
中国证监会审核期间		还应当按照规定向中国证监会重新提出申请，同时公告相关文件
中国证监会审核期间	提出反馈意见要求上市公司作出书面解释、说明的	上市公司应当自收到反馈意见之日起30日内提供书面回复意见，独立财务顾问应当配合上市公司提供书面回复意见
		逾期未提供的，上市公司应当在到期日的次日就本次交易的进展情况及未能及时提供回复意见的具体原因等予以公告
	上市公司董事会决议撤回申请的	应当说明原因，予以公告
	上市公司董事会决议终止本次交易的	应当说明原因，予以公告，还应当按照公司章程的规定提交股东大会审议
上市公司在实施重大资产重组的过程中	发生法律、法规要求披露的重大事项，该事项导致本次交易发生实质性变动的	须重新提交股东大会审议，属于借壳上市情形的，还须重新报经中国证监会核准

注：发行股份购买资产的董事会决议可以明确，在中国证监会核准前，上市公司的股票价格相比最初确定的发行价格发生重大变化的，董事会可以按照已经设定的调整方案对发行价格进行一次调整。发行价格调整方案在首次董事会决议公告时充分披露，并按照规定提交股东大会审议。股东大会作出决议后，董事会按照已经设定的方案调整发行价格的，上市公司无须向中国证监会重新提出申请。

（2）重组方案是否构成重大调整的判定

2015年9月18日中国证监会《修订汇编》对于股东大会作出重大资产重组的决议后，如何

认定是否构成对重组方案的重大调整问题，明确审核要求如下：

①关于交易对象

a. 拟增加交易对象的，应当视为构成对重组方案重大调整。

b. 拟减少交易对象的，如交易各方同意将该交易对象及其持有的标的资产份额剔除出重组方案，且剔除相关标的资产后按照下述第②条的规定不构成重组方案重大调整的，可以视为不构成重组方案重大调整。

c. 拟调整交易对象所持标的资产份额的，如交易各方同意交易对象之间转让标的资产份额，且转让份额不超过交易作价20%的，可以视为不构成重组方案重大调整。

②关于交易标的

拟对标的资产进行变更，如同时满足以下条件，可以视为不构成重组方案重大调整。

a. 拟增加或减少的交易标的的交易作价、资产总额、资产净额及营业收入占原标的资产相应指标总量的比例均不超过20%。

b. 变更标的资产对交易标的的生产经营不构成实质性影响，包括不影响标的资产及业务完整性等。

③关于配套募集资金

a. 调减或取消配套募集资金不构成重组方案的重大调整。重组委会议可以审议通过申请人的重组方案，但要求申请人调减或取消配套募集资金。

b. 新增配套募集资金，应当视为构成对重组方案重大调整。

上市公司公告预案后，对重组方案进行调整达到上述①、②、③所属调整范围的，需重新履行相关程序。

【注】综上所述，构成对重组方案重大调整情形包括：增加交易对象、新增配套募集资金；不构成重大调整情形包括：调减或取消配套募集资金；需根据情况具体判断的：减少交易对象、调整交易对象所持标的的资产份额、对标的的资产进行变更。

2. 重组方案的实施

（1）上市公司重大资产重组完成相关批准程序后，应当及时实施重组方案，并于实施完毕之日起3个工作日内编制实施情况报告书，向证券交易所提交书面报告，并予以公告。

上市公司聘请的独立财务顾问和律师事务所应当对重大资产重组的实施过程、资产过户事宜和相关后续事项的合规性及风险进行核查，发表明确的结论性意见。

独立财务顾问和律师事务所出具的意见应当与实施情况报告书同时报告、公告。

（2）自完成相关批准程序之日起60日内，本次重大资产重组未实施完毕的：①上市公司应当于期满后次一工作日将实施进展情况报告，并予以公告；此后每30日应当公告一次，直至实施完毕。②属于借壳上市和发行股份购买资产的交易情形的，自收到中国证监会核准文件之日起超过12个月未实施完毕的，核准文件失效。

（3）上市公司在实施重大资产重组的过程中，发生法律、法规要求披露的重大事项的，应当及时作出公告；该事项导致本次交易发生实质性变动的，须重新提交股东大会审议；属于借壳上市的，还须重新报经中国证监会核准。

（4）采取收益现值法、假设开发法等基于未来收益预期的方法对拟购买资产进行评估或者估值并作为定价参考依据的：①上市公司应当在重大资产重组实施完毕后3年内的年度报告中单独披露相关资产的实际盈利数与利润预测数的差异情况，并由会计师事务所对此出具专项审核意见；②交易对方应当与上市公司就相关资产实际盈利数不足利润预测数的情况签订明确可行的补偿协议；③预计本次重大资产重组将摊薄上市公司当年每股收益的，上市公司应当提出填补每股收益的具体措施，并将相关议案提交董事会和股东大会进行表决。

上市公司向控股股东、实际控制人或者其控制的关联人之外的特定对象购买资产且未导致控制权发生变更的，不适用（4）中规定，上市公司与交易对方可以根据市场化原则，自主协商是否采取业绩补偿和每股收益填补措施及相关具体安排。

【注1】根据《修订汇编》：①交易对方为上市公司控股股东、实际控制人或者其控制的关联人，应当以其获得的股份和现金进行业绩补偿。如构成借壳上市的，应当以拟购买资产的价格进行业绩补偿的计算，且股份补偿不低于本次交易发行股份数量的90%。业绩补偿应先以股份补偿，不足部分以现金补偿。②业绩补偿期限一般为重组实施完毕后的3年，对于拟购买资产作价较账面值溢价过高的，视情况延长业绩补偿期限。

【注2】根据2016年1月15日《关于并购重组业绩补偿相关问题与解答》，交易对方为上市公司的控股股东、实际控制人或者其控制的关联人的：①无论标的资产是否为其所有或控制，也无论其参与此次交易是否基于过桥等暂时性安排，均应以其获得的股份和现金进行业绩补偿；②在交易定价采用资产基础法估值结果的情况下，如果资产基础法中对于一项或几项资产采用了基于未来收益预期的方法，其也应就此部分进行业绩补偿。

【注3】根据2016年6月17日《关于上市公司业绩补偿承诺的相关问题与解答》，上市公司重大资产重组中，重组方的业绩补偿承诺是基于其与上市公司签订的业绩补偿协议作出的，该承诺是重组方案的重要组成部分，因此，重组方应当严格按照业绩补偿协议履行承诺。重组方不得变更其作出的业绩补偿承诺。

【注4】总结：交易对方应当与上市公司就相关资产实际盈利数不足利润预测数的情况签订明确可行的补偿协议的情形：

作为定价参考依据的评估或估值方法	购买资产的特定对象	是否导致控制权发生变更	是否应当签订协议
采取收益现值法、假设开发法等基于未来收益预期的方法，或采用基础资产法，但其中一项或几项资产采用了基于未来收益预期的方法的	向控股股东、实际控制人或其控制的关联人购买资产		是
	向控股股东、实际控制人或其控制的关联人之外的特定对象购买资产	导致控制权发生变更的	是
		未导致控制权发生变更的	否
纯采用资产基础法等不包含任何基于未来收益预期的方法的	不管购买资产的特定对象是否为控股股东、实际控制人或其控制的关联人，也不管是否导致控制权发生变更，均不强制签订补偿协议		否

说明：对于以资产基础法进行估值作为定价依据，其特定对象不是控股股东、实际控制人或其控制的关联人的，无明文规定对其如何处理，若题中出现，则可直接判定其无须强制签订补偿协议。上表中对于将其拆分为包含基于未来收益预期的方法和不包含任何基于未来收益预期的方法的纯采用资产基础法两种情形分别处理是根据2016年1月15日《关于并购重组业绩补偿相关问题与解答》对交易对方为上市公司的控股股东、实际控制人或者其控制的关联人的处理进行推定而来。

（5）上市公司重大资产重组发生下列情形的，独立财务顾问应当及时出具核查意见，并予以公告：

①上市公司完成相关批准程序前，对交易对象、交易标的、交易价格等作出变更，构成对原重组方案重大调整，或者因发生重大事项导致原重组方案发生实质性变动的。

②上市公司完成相关批准程序后，在实施重组过程中发生重大事项，导致原重组方案发生实质性变动的。

【真题回顾（1509）】 以下关于上市公司重大资产重组的说法正确的有（　　）。

A. 中国证监会审核期间，上市公司董事会决议撤回申请的，应当说明原因，予以公告，并提交股东大会审议通过方可撤回申请

B. 中国证监会审核期间，上市公司董事会决议终止本次交易的，应当说明原因，予以公告，并按照公司章程的规定提交股东大会审议

C. 股东大会作出重大资产重组的决议后，拟增加交易对象的，应当视为构成对重组方案重大调整

D. 股东大会作出重大资产重组的决议后，拟减少交易对象的，不视为构成对重组方案重大调整

E. 股东大会作出重大资产重组的决议后，拟对标的资产进行变更，拟增加或减少的交易标的的交易作价、资产总额、资产净额及营业收入占原标的资产相应指标总量的比例均不超过20%的，不视为构成对重组方案重大调整

答案：BC

解析：A、B，中国证监会审核期间，上市公司董事会决议撤回申请的，应当说明原因，予以公告；上市公司董事会决议终止本次交易的，还应当按照公司章程的规定提交股东大会审议。D，拟减少交易对象的，如交易各方同意将该交易对象及其持有的标的资产份额剔除出重组方案，且剔除相关标的资产后按照交易标的的变化标准不构成重组方案重大调整的，方可认定为不构成重组方案重大调整。E，还应当符合"变更标的资产对交易标的的生产经营不构成实质性影响，包括不影响标的资产及业务完整性等"要求。

【模拟练习】 某上市公司拟发行股份购买标的资产，该事项构成重大资产重组，股东大会作出重大资产重组的决议后，通常情况下，下列内容的调整不属于重大调整的是（　　）。

A. 拟增加交易标的的交易作价　　　　B. 新增配套募集资金

C. 取消配套募集资金　　　　　　　　D. 拟增加交易对象

答案：C

解析：B、C，新增配套募集资金一定构成重大调整，调减或取消配套募集资金一定不构成重大调整；D，增加交易对象一定构成重大调整，减少交易对象要视情况而定；A，增加或减少交易标的要相关指标达到一定比例方构成重大调整。

【模拟练习】 甲公司为主板上市公司，2015年拟收购乙公司100%的股权，以下情形中，上市公司与标的公司股东必须就乙公司实际盈利数不足利润预测数的情况签订补偿协议的是（　　）。

A. 收购前标的公司股东与上市公司无关联关系，本次收购以资产基础法对乙公司进行估值作为定价依据

B. 收购前标的公司股东与上市公司无关联关系，收购前后，甲公司控股股东未发生变化，本次收购以收益现值法对乙公司进行估值作为定价依据

C. 标的公司股东为上市公司实际控制人的配偶，本次收购以收益现值法对乙公司进行估值作为定价依据

D. 收购前标的公司股东与上市公司无关联关系，收购完成后，标的公司股东成为上市公司控股股东，本次收购以收益现值法对乙公司进行估值并作为定价依据

答案：CD

解析：B，无关联关系，且控制权未发生变化的，不强制签订补偿协议。

（五）持续督导

1. 持续督导的期间

独立财务顾问应当按照中国证监会的相关规定，对实施重大资产重组的上市公司履行持续督导职责。持续督导的期限自本次重大资产重组实施完毕之日起，应当不少于 1 个会计年度。实施借壳上市的重大资产重组，持续督导的期限自中国证监会核准本次重大资产重组之日起，应当不少于 3 个会计年度。

【注】须注意，构成借壳和不构成借壳的持续督导时间跨度和时间起点均不同，前者为"不少于 3 个会计年度"、"自中国证监会核准本次重大资产重组之日起"，后者为"不少于 1 个会计年度"、"自本次重大资产重组实施完毕之日起"。

2. 出具持续督导意见

（1）独立财务顾问应当结合上市公司重大资产重组当年和实施完毕后的第 1 个会计年度的年报，自年报披露之日起 15 日内，对重大资产重组实施的相关事项出具持续督导意见，并予以公告。

【注1】注意两点：①实施完毕后的"第 1 个会计年度"的年报；②年报披露之日起"15 日内"。

【注2】相关事项具体指：①交易资产的交付或者过户情况；②交易各方当事人承诺的履行情况；③已公告的盈利预测或者利润预测的实现情况；④管理层讨论与分析部分提及的各项业务的发展现状；⑤公司治理结构与运行情况；⑥与已公布的重组方案存在差异的其他事项。

【注3】上述具体相关事项一般了解即可。

（2）独立财务顾问还应当结合借壳上市的重大资产重组实施完毕后的第 2、第 3 个会计年度的年报，自年报披露之日起 15 日内，对上述（1）中第②至第⑥项事项出具持续督导意见，并予以公告。

【注】具体需出具持续督导意见的事项仍无须太多关注。由（1）、（2）得出结论：不构成借壳上市的，独立财务顾问应结合重大资产重组当年和实施完毕后的第 1 个会计年度的年报出具持续督导意见，构成借壳上市的，独立财务顾问应结合重大资产重组当年和实施完毕后的第 1、第 2、第 3 个会计年度的年报，自年报披露之日起 15 日内出具持续督导意见。即不构成借壳的，出具一次意见，构成借壳的，出具三次意见。

【真题回顾（2008）】上市公司应当在董事会作出重大资产重组决议后的次一工作日至少披露下列哪些文件（　　）。

A. 上市公司重大资产重组预案　　　　B. 董事会决议

C. 独立董事的意见　　　　　　　　　D. 财务顾问报告

E. 法律意见书

答案：ABC

【模拟练习】上市公司并购重组的相关业务中，以下关于财务顾问的说法正确的有（　　）。

A. 财务顾问的工作档案和工作底稿应当真实、准确、完整，保存期不少于 10 年

B. 对实施重大资产重组且不构成借壳上市的上市公司，独立财务顾问持续督导期间应当自本次重大资产重组实施完毕之日起不少于 1 个会计年度

C. 上市公司收购中，上市公司董事会聘请的独立财务顾问应在收购完成后 12 个月内持续督导收购人依法行使股东权利

D. 对实施重大资产重组构成借壳上市的上市公司，独立财务顾问持续督导期间应当自中国

证监会核准该重大重组之日起不少于 3 个会计年度

E. 对实施重大资产重组构成借壳上市的上市公司，独立财务顾问持续督导期间应当自本次重大资产重组实施完毕之日起不少于 3 个会计年度

答案：ABD

解析：A，财务顾问的工作档案和工作底稿应当真实、准确、完整，保存期不少于 10 年；构成借壳上市的，持续督导的期限自中国证监会核准本次重大资产重组之日起，不少于 3 个会计年度；不构成借壳的，自本次重大资产重组实施完毕之日起，应当不少于 1 个会计年度；C，持续督导收购人依法行使股东权利是收购人聘请的财务顾问的职责。

【模拟练习】 根据相关规定，下列说法正确的是（　　）。

A. 根据《上市公司并购重组财务顾问业务管理办法》，财务顾问对同一事项所作的判断与其他证券服务机构的专业意见存在重大差异的，应当进一步调查、复核，并可自行聘请相关专业机构提供专业服务

B. 自然人张某、王某、李某无关联关系，分别持有某上市公司 35%、12%、11% 的股份，李某通过协议转让的方式受让了王某持有该上市公司 12% 的股份，则股权转让完成后，李某持有该上市公司 23% 的股份，根据《上市公司收购管理办法》，李某需要聘请财务顾问对上市公司披露的《详式权益变动报告书》中披露的内容出具核查意见

C. 某上市公司拟向其控股股东发行股份购买资产，且符合《上市公司重大资产重组管理办法》规定的重大资产重组的标准，则独立财务顾问应当结合上市公司重大资产重组当年和实施完毕后的 3 个会计年度的年报，自年报披露之日起 15 日内，对重大资产重组实施的相关事项出具持续督导意见，并予以公告

D. 根据《上市公司收购管理办法》，自收购人公告上市公司收购报告书至收购完成后 12 个月内，财务顾问应当通过日常沟通、定期回访等方式，关注上市公司的经营情况，结合被收购公司定期报告和临时公告的披露事宜，对收购人及被收购公司履行持续督导职责

答案：AD

解析：B，因李某未成为第一大股东，不需要聘请财务顾问出具核查意见；C，仅需"第一个会计年度的年报"。

四、上市公司重大资产重组信息管理的要求和内幕交易的法律责任

（一）重大资产重组的信息管理

1. 相关人员的通报并配合披露义务

上市公司的股东、实际控制人以及参与重大资产重组筹划、论证、决策等环节的其他相关机构和人员，应当及时、准确地向上市公司通报有关信息，并配合上市公司及时、准确、完整地进行披露。上市公司获悉股价敏感信息的，应当及时向证券交易所申请停牌并披露。

2. 相关人员的保密义务

上市公司及其董事、监事、高级管理人员，重大资产重组的交易对方及其关联方，交易对方及其关联方的董事、监事、高级管理人员或者主要负责人，交易各方聘请的证券服务机构及其从业人员，参与重大资产重组筹划、论证、决策、审批等环节的相关机构和人员，以及因直系亲属关系、提供服务和业务往来等知悉或者可能知悉股价敏感信息的其他相关机构和人员，在重大资产重组的股价敏感信息依法披露前负有保密义务，禁止利用该信息进行内幕交易。

3. 交易进程备忘录

上市公司筹划重大资产重组事项，应当详细记载筹划过程中每一具体环节的进展情况，包

括商议相关方案、形成相关意向、签署相关协议或者意向书的具体时间、地点、参与机构和人员、商议和决议内容等，制作书面的交易进程备忘录并予以妥当保存。

参与每一具体环节的所有人员应当即时在备忘录上签名确认。

4. 申请停牌的情形

（1）上市公司预计筹划中的重大资产重组事项难以保密或者已经泄露的：①应当及时向证券交易所申请停牌，直至真实、准确、完整地披露相关信息。②停牌期间，上市公司应当至少每周发布一次事件进展情况公告。

（2）上市公司股票交易价格因重大资产重组的市场传闻发生异常波动时，上市公司应当及时向证券交易所申请停牌，核实有无影响上市公司股票交易价格的重组事项并予以澄清，不得以相关事项存在不确定性为由不履行信息披露义务。

【真题回顾（1406）】某上市公司正在筹划重大资产重组事项，下列情形符合规定的有（　　）。

A. 上市公司制作书面的交易进程备忘录并予以妥当保存，参与每一具体环节的所有人员应当即时在备忘录上签名确认

B. 上市公司及交易对方分别聘请了财务顾问，并与财务顾问签署了保密协议

C. 上市公司预计筹划中的重大资产重组事项难以保密或者已经泄露的，应当及时向证券交易所申请停牌。停牌期间，不发布任何进展情况公告

D. 上市公司的股东、实际控制人以及参与重大资产重组筹划、论证、决策等环节的其他相关机构和人员，在方案确定前不得向上市公司通报任何有关信息

答案：AB

解析：C，停牌期间，上市公司应当至少每周发布一次事件进展情况公告；D，上市公司的股东、实际控制人以及参与重大资产重组筹划、论证、决策等环节的其他相关机构和人员，应当及时、准确地向上市公司通报有关信息，并配合上市公司及时、准确、完整地进行披露。

【真题回顾（1511）】以下关于上市公司重大资产重组的说法正确的有（　　）。

A. 为了避免内幕信息泄露造成内幕交易，上市公司的股东、实际控制人以及参与重大资产重组筹划、论证、决策等环节的其他相关机构和人员无须向上市公司通报有关信息

B. 上市公司筹划重大资产重组事项，应当详细记载筹划过程中每一具体环节的进展情况，参与每一具体环节的所有人员应当即时在备忘录上签名确认

C. 上市公司预计筹划中的重大资产重组事项难以保密或者已经泄露的，应当及时向证券交易所申请停牌。停牌期间，不得披露任何信息

D. 上市公司及其董事、监事、高级管理人员，重大资产重组的交易对方及其关联方等人员，在重大资产重组的股价敏感信息依法披露前负有保密义务，禁止利用该信息进行内幕交易

答案：BD

解析：A，上市公司的股东、实际控制人以及参与重大资产重组筹划、论证、决策等环节的其他相关机构和人员，应当及时、准确地向上市公司通报有关信息，并配合上市公司及时、准确、完整地进行披露。上市公司获悉股价敏感信息的，应当及时证券交易所申请停牌并披露。C，停牌期间，上市公司应当至少每周发布一次事件进展情况公告。

（二）内幕交易的法律责任

2012 年 12 月，为防控和打击上市公司重大资产重组中的内幕交易，维护证券市场秩序，中国证监会发布并实施《关于加强与上市公司重大资产重组相关股票异常交易监管的暂行规定》，2016 年 9 月，中国证监会对《关于加强与上市公司重大资产重组相关股票异常交易监管的暂时

规定》进行修订，修订后具体内容如下：

1. 重大资产重组停牌事宜

上市公司和交易对方，及其控股股东、实际控制人，为本次重大资产重组提供服务的证券公司、证券服务机构等重大资产重组相关主体，应做好重大资产重组信息的管理和内幕信息知情人登记工作，增强保密意识。

（1）上市公司及其控股股东、实际控制人等相关方研究、筹划、决策涉及上市公司重大资产重组事项的：

①原则上应当在相关股票停牌后或者非交易时间进行，并尽可能缩小内幕信息知情人范围。

②如需要向有关部门进行政策咨询、方案论证的，应当在相关股票停牌后进行。

③上市公司控股股东、实际控制人等相关方，应当及时主动向上市公司通报有关信息，并配合上市公司做好股票停牌和信息披露工作。

（2）上市公司应当在重大资产重组交易各方初步达成实质性意向或者虽未达成实质性意向但预计该信息难以保密时，及时向证券交易所申请股票停牌，真实、准确、完整、及时、公平地进行分阶段信息披露，充分揭示风险。

（3）上市公司因重大资产重组事项停牌后，证券交易所立即启动二级市场股票交易核查程序，并在后续各阶段对二级市场股票交易情况进行持续监管。

2. 重大资产重组涉嫌内幕交易的受理及审核

（1）上市公司向中国证监会提出重大资产重组行政许可申请，如该重大资产重组事项涉嫌内幕交易被中国证监会立案调查或者被司法机关立案侦查：①尚未受理的，中国证监会不予受理；②已经受理的，中国证监会暂停审核。

（2）按上述（1）中不予受理或暂停审核的行政许可申请，如符合以下条件，未受理的，中国证监会恢复受理，暂停审核的恢复审核：

①中国证监会或司法机关经调查核实未发现上市公司、占本次重组总交易金额比例在20%以上的交易对方（如涉及多个交易对方违规的，交易金额合并计算），以及上述主体的控股股东、实际控制人及其控制的机构存在内幕交易的。

②中国证监会或司法机关经调查核实未发现上市公司董事、监事、高级管理人员，上市公司控股股东、实际控制人的董事、监事、高级管理人员，交易对方的董事、监事、高级管理人员，占本次重组总交易金额比例在20%以下的交易对方及其控股股东、实际控制人及上述主体控制的机构，为本次重大资产重组提供服务的证券公司、证券服务机构及其经办人员，参与本次重大资产重组的其他主体等存在内幕交易的；或者上述主体虽涉嫌内幕交易，但已被撤换或者退出本次重大资产重组交易的。

③被立案调查或者立案侦查的事项未涉及上述第①项、第②项所列主体的。

【注1】依据上述第②项的规定撤换财务顾问的，上市公司应当撤回原重大资产重组行政许可申请，重新向中国证监会提出申请。上市公司对交易对象、交易标的等作出变更导致重大资产重组方案重大调整的，还应当重新履行相应的决策程序。

【注2】①中国证监会根据履行职责掌握的情况，确认不予受理或暂停审核的上市公司重大资产重组行政许可申请符合上述条件的，及时恢复受理或者审核。②上市公司有证据证明其重大资产重组行政许可申请符合上述条件的，经聘请的财务顾问和律师事务所对本次重大资产重组有关的主体进行尽职调查，并出具确认意见，可以向中国证监会提出恢复受理或者审核的申请。中国证监会根据履行职责掌握的情况，决定是否恢复受理或者审核。

（3）因本次重大资产重组事项存在重大市场质疑或者有明确线索的举报：①上市公司及涉及的相关机构和人员应当就市场质疑及时作出说明或澄清；②中国证监会应当对该项举报进行核查。③如果该涉嫌内幕交易的重大市场质疑或者举报涉及事项已被中国证监会立案调查或者被司法机关立案侦查，按照上述（1）、（2）的规定执行。

（4）中国证监会受理行政许可申请后，上市公司、占本次重组总交易金额比例在 20% 以上的交易对方，以及上述主体的控股股东、实际控制人及其控制的机构，因本次重大资产重组相关的内幕交易被中国证监会行政处罚或者被司法机关依法追究刑事责任的，中国证监会终止审核，并将行政许可申请材料退还申请人或者其聘请的财务顾问。

3. 相关处理及信息披露

（1）重大资产重组行政许可申请被中国证监会不予受理、恢复受理程序、暂停审核、恢复审核或者终止审核的，上市公司应当及时公告并作出风险提示。

（2）上市公司披露重大资产重组预案或者草案后主动终止重大资产重组进程的，上市公司应当同时承诺自公告之日起至少 1 个月内不再筹划重大资产重组，并予以披露。

【注】原规定为 3 个月，2016 年 9 月修订为 1 个月，这也是本次唯一一处修订。

（3）重大资产重组行政许可申请因上市公司控股股东及其实际控制人存在内幕交易被中国证监会终止审核的，上市公司应当同时承诺自公告之日起至少 12 个月内不再筹划重大资产重组，并予以披露。

（4）相关主体因涉嫌本次重大资产重组相关的内幕交易被立案调查或者立案侦查的，自立案之日起至责任认定前不得参与任何上市公司的重大资产重组。中国证监会作出行政处罚或者司法机关依法追究刑事责任的，上述主体自中国证监会作出行政处罚决定或者司法机关作出相关裁判生效之日起至少 36 个月内不得参与任何上市公司的重大资产重组。

【注】相关主体是指：上市公司、占本次重组总交易金额比例在 20% 以上的交易对方，以及上述主体的控股股东、实际控制人及其控制的机构，上市公司董事、监事、高级管理人员，上市公司控股股东、实际控制人的董事、监事、高级管理人员，交易对方的董事、监事、高级管理人员，占本次重组总交易金额比例在 20% 以下的交易对方及其控股股东、实际控制人及上述主体控制的机构。

（5）上市公司及其控股股东、实际控制人和交易相关方、证券公司及证券服务机构、其他信息披露义务人，应当配合中国证监会的监管执法工作。拒不配合的，中国证监会将依法采取监管措施，并将实施监管措施的情况对外公布。

五、上市公司发行股份购买资产的特别规定

（一）发行股份购买资产应符合的条件

1. 概念与界定

上市公司发行股份购买资产，是指上市公司以股份作为支付对价购买资产的行为，发行股份购买资产可能构成重大资产重组，也可能不构成重大资产重组，但不管是否构成，均适用《重组办法》的规定。上市公司非公开发行股票募集资金购买资产，一般情况下，因其发行股份募集资金与购买资产为两个相对独立事项，不属于我们此处所说的发行股份购买资产，不适用《重组办法》，而特定对象以现金或者资产认购上市公司非公开发行的股份后，上市公司用同一次非公开发行所募集的资金向该特定对象购买资产的，视同上市公司发行股份购买资产。

2. 应符合的条件

上市公司发行股份购买资产，应当符合下列规定：

（1）充分说明并披露本次交易有利于提高上市公司资产质量、改善公司财务状况和增强持续盈利能力；有利于上市公司减少关联交易和避免同业竞争，增强独立性。

（2）上市公司最近1年及1期财务会计报告被注册会计师出具无保留意见审计报告；被出具保留意见、否定意见或者无法表示意见的审计报告的，须经注册会计师专项核查确认，该保留意见、否定意见或者无法表示意见所涉及事项的重大影响已经消除或者将通过本次交易予以消除。

（3）上市公司及其现任董事、高级管理人员不存在因涉嫌犯罪正被司法机关立案侦查或涉嫌违法违规正被中国证监会立案调查的情形，但是，涉嫌犯罪或违法违规的行为已经终止满3年，交易方案有助于消除该行为可能造成的不良后果，且不影响对相关行为人追究责任的除外。

（4）充分说明并披露上市公司发行股份所购买的资产，应当为权属清晰的经营性资产，并能在约定期限内办理完毕权属转移手续。

（5）中国证监会规定的其他条件。

【注1】上市公司为促进行业或者产业整合，增强与现有主营业务的协同效应，在其控制权不发生变更的情况下，可以向控股股东、实际控制人或者其控制的关联人之外的特定对象发行股份购买资产，所购买资产与现有主营业务没有显著协同效应的，应当充分说明并披露本次交易后的经营发展战略和业务管理模式，以及业务转型升级可能面临的风险和应对措施。

【注2】（2）中，无保留意见审计报告为非禁止报告类型，保留、否定、无法表示意见审计报告为相对禁止报告类型，并非被出具保留、否定、无法表示意见审计报告的就一定不得发行股份购买资产。

【注3】（3）中需注意：①适用主体是"现任董事、高级管理人员"，不含监事，不含已经离职的董事、高管；②存在例外情况，例外情况须同时满足三个条件：涉嫌犯罪或违法违规的行为已经终止满3年、交易方案有助于消除该行为可能造成的不良后果、交易方案不影响对相关行为人追究责任；不能满足其中任何之一的，不得发行股份购买资产，如董事正在被中国证监会立案调查，在立案调查期间，肯定是无法满足"已经终止满3年"的条件，因此，一定构成发行股份购买资产的障碍。

【注4】2016年4月19日，《关于〈上市公司重大资产重组管理办法〉第四十三条"经营性资产"的相关问答》对上述第（4）项内容问答如下：

问：当上市公司发行股份拟购买的资产为少数股权时，应如何理解是否属于"经营性资产"？

答：上市公司发行股份拟购买的资产为企业股权时，原则上在交易完成后应取得标的企业的控股权，如确有必要购买少数股权，应当同时符合以下条件：①少数股权与上市公司现有主营业务具有显著的协同效应，或者与本次拟购买的主要标的资产属于同行业或紧密相关的上下游行业，通过本次交易一并注入有助于增强上市公司独立性、提升上市公司整体质量。②少数股权最近一个会计年度对应的营业收入、资产总额、资产净额三项指标，均不得超过上市公司同期合并报表对应指标的20%。③少数股权对应的经营机构为金融企业的，还应当符合金融监管机构及其他有权机构的相关规定。

上市公司重大资产重组涉及购买股权的，也应当符合前述条件。

【模拟练习】以下关于A股上市公司发行股份购买资产的说法，正确的有（　　　）。

A. 甲上市公司2016年审计报告被注册会计师出具保留意见，则甲公司2017年在任何情况下均不得实施发行股份购买资产的重大资产重组行为

B. 乙上市公司董事长因涉嫌内幕交易被中国证监会立案调查，在立案调查期间，乙上市公

司在任何情况下均不得实施任何发行股份购买资产的重大资产重组行为

C. 丙上市公司经营手机游戏研发业务，丁公司经营手机游戏发行业务，双方拟签订战略合作协议，丙上市公司发行股份购买丁公司 10% 的股份，丁公司经营情况良好，截至 2016 年底资产总额、资产净额、2016 年度的营业收入均不超过丙上市公司的 20%

D. 戊上市公司经营房地产业务，庚公司经营影视制作业务。为提升公司的盈利能力，戊上市公司拟发行股份购买庚公司 10% 的股份，庚公司经营情况良好，截至 2016 年底资产总额、资产净额、2016 年度的营业收入均不超过戊上市公司的 20%

E. 己上市公司发行股份购买张某持有壬公司 100% 的股权，并于 2017 年 5 月实施完毕，发行完成后己上市公司实际控制人未发生变化，张某持有壬公司的股权于 2016 年 6 月自无关联第三方收购取得，张某取得的己上市公司的股份应锁定 36 个月

答案：BCE

解析：A，经注册会计师专项核查确认，该保留意见所涉及事项的重大影响已经消除或者将通过本次交易予以消除的不构成障碍；D，房地产业务与影视制作业务不具有显著的协同效应，也不属于同行业或紧密相关的上下游行业，不构成"经营性资产"；E，用于认购股份的资产持续拥有权益的时间不足 12 个月，须锁定 36 个月。

（二）发行股份购买资产定价

1. 发行股份的定价

上市公司发行股份的价格不得低于市场参考价的 90%。市场参考价为本次发行股份购买资产的董事会决议公告日前 20 个交易日、60 个交易日或者 120 个交易日的公司股票交易均价之一。

【注1】交易均价的计算公式为：董事会决议公告日前若干个交易日公司股票交易均价 = 决议公告日前若干个交易日公司股票交易总额/决议公告日前若干个交易日公司股票交易总量。

【注2】前 20 日、60 日、120 日均为交易日，是"或"的关系，即不低于三者中最低的一个的 90% 即可。

2. 发行价格及定价基准日的调整

（1）发行价格的调整

本次发行股份购买资产的董事会决议可以明确，在中国证监会核准前，上市公司的股票价格相比最初确定的发价格发生重大变化的：①董事会可以按照已经设定的调整方案对发行价格进行一次调整。②发行价格调整方案在首次董事会决议公告时充分披露，并按照规定提交股东大会审议。③股东大会作出决议后，董事会按照已经设定的方案调整发行价格的，上市公司无须向中国证监会重新提出申请。

（2）定价基准日的调整

①发行股份购买资产的首次董事会决议公告后，董事会在 6 个月内未发布召开股东大会通知的，上市公司应当重新召开董事会审议发行股份购买资产事项，并以该次董事会决议公告日作为发行股份的定价基准日。

②发行股份购买资产事项提交股东大会审议未获批准的，上市公司董事会如再次作出发行股份购买资产的决议，应当以该次董事会决议公告日作为发行股份的定价基准日。

【注】关于此处定价基准日调整的规定，为《关于规范上市公司重大资产重组若干问题的规定》（2016 年 9 月修订）规定的内容。

【真题回顾（1406）】以下关于上市公司发行股份购买资产说法正确的有（　　）。

A. 上市公司破产重整的重大资产重组，涉及发行股份购买资产的，其发行股份价格由相关

各方协商确定后，提交股东大会作出决议

B. 发行股份购买资产的首次董事会决议公告后，董事会在 6 个月内未发布召开股东大会通知的，上市公司应当重新召开董事会审议发行股份购买资产事项，并以该次董事会决议公告日作为发行股份的定价基准日

C. 发行股份购买资产事项提交股东大会审议未获批准的，上市公司董事会如再次作出发行股份购买资产的决议，应当以该次董事会决议公告日作为发行股份的定价基准日

D. 定价基准日可以为董事会决议公告日、股东大会决议公告日，也可以为发行期首日

答案：BC

解析：本题考试时点答案为 ABC，按现行规定答案为 BC；A，修订的《上市公司重大资产重组管理办法》废止了《关于破产重整上市公司重大资产重组股份发行定价的补充规定》，取消了破产重整协商定价的规定；D，发行股份购买资产的定价基准日是董事会决议公告日。

【真题回顾（1509）】 某上市公司发行股份购买资产，董事会决议公告日前 20 个交易日、30 个交易日、60 个交易日、120 个交易日的公司股票交易均价分别为 20 元/股、22 元/股、25 元/股和 30 元/股，则以下发行股份的价格符合相关规定的有（　　）。

A. 18 元   B. 16 元   C. 20 元   D. 22.5 元

E. 27 元

答案：ACDE

解析：上市公司发行股份的价格不得低于市场参考价的 90%。市场参考价为本次发行股份购买资产的董事会决议公告日前 20 个交易日、60 个交易日或者 120 个交易日的公司股票交易均价之一。

（三）锁定期

1. 不构成借壳上市的锁定期

（1）特定对象以资产认购而取得的上市公司股份，自股份发行结束之日起 12 个月内不得转让。

（2）属于下列情形之一的，36 个月内不得转让：①特定对象为上市公司控股股东、实际控制人或者其控制的关联人；②特定对象通过认购本次发行的股份取得上市公司的实际控制权；③特定对象取得本次发行的股份时，对其用于认购股份的资产持续拥有权益的时间不足 12 个月。

【注1】 不构成借壳上市的，一般情况下，锁定 12 个月，属于（2）中所述情形之一的，锁定 36 个月。

【注2】 不构成借壳上市的，仅对取得股份的特定对象有此处锁定期的要求。

【注3】 同一实际控制人控制的不同主体之间转让上市公司股份，不受上述 12 个月、36 个月限制。

2. 构成借壳上市的锁定期

（1）上市公司原控股股东、原实际控制人及其控制的关联人，以及在交易过程中从该等主体直接或间接受让该上市公司股份的特定对象应当公开承诺，在本次交易完成后 36 个月内不转让其在该上市公司中拥有权益的股份。

（2）除收购人及其关联人以外的特定对象应当公开承诺，其以资产认购而取得的上市公司股份自股份发行结束之日起 24 个月内不得转让。

【注1】 构成借壳上市的，不仅对取得股份的特定对象有锁定期的要求，对原控股股东、原

实际控制人及其控制的关联人也有要求。

【注2】（2）中收购人及其关联人是指取得上市公司股份达到控制的人，即取得上市公司控制权股份的人，以外的特定对象则是指其他取得股份的但并未取得控制权的特定对象。

【注3】此为2016年9月《重组办法》修订增加的内容。

3. 锁定期延长承诺

上市公司向控股股东、实际控制人或者其控制的关联人发行股份购买资产，或者发行股份购买资产将导致上市公司实际控制权发生变更的，认购股份的特定对象应当在发行股份购买资产报告书中公开承诺：

（1）本次交易完成后6个月内如上市公司股票连续20个交易日的收盘价低于发行价，或者交易完成后6个月期末收盘价低于发行价的，其持有公司股票的锁定期自动延长至少6个月。

（2）如本次交易因涉嫌所提供或披露的信息存在虚假记载、误导性陈述或者重大遗漏，被司法机关立案侦查或者被中国证监会立案调查的，在案件调查结论明确以前，不转让其在该上市公司拥有权益的股份。

【真题回顾（1511）】某上市公司2015年2月发行股份购买资产，以下特定对象认购的股份应予锁定36个月的有（　　　　）。

A. 特定对象为上市公司控股股东控制的关联人

B. 通过认购本次发行的股份取得上市公司的实际控制权

C. 特定对象为上市公司的实际控制人

D. 特定对象用于购买股份的资产于2014年5月取得

答案：ABCD

【模拟练习】甲公司为某主板上市公司，该公司向张某发行股份购买资产，以下情形中，张某取得的股份自发行结束之日起36个月不得转让的是（　　　　）。

A. 张某是甲公司的实际控制人

B. 本次交易完成后，张某成为上市公司的控制股东

C. 张某取得上市公司股份时，其用于认购股份的资产持续拥有权益的时间为11个月

D. 张某为上市公司实际控制人的配偶

E. 张某不是甲公司控股股东、实际控制人，与控股股东、实际控制人无任何关联关系

答案：ABCD

解析：E，应锁定12个月。

（四）发行对象的数量

根据《修订汇编》（2015年9月18日），上市公司实施并购重组中向特定对象发行股份购买资产的发行对象数量原则上不超过200名。

【注】配套募集资金的，主板、中小板发行对象数量不超过10名，创业板发行对象不超过5名。

（五）审核与实施

1. 并购重组委审核

上市公司申请发行股份购买资产，应当提交并购重组委审核。自收到中国证监会核准文件之日起超过12个月未实施完毕的，核准文件失效。

【注1】包含构成借壳上市的情形。

【注2】涉及配套募集资金的，募集配套资金比例不超过拟购买资产交易价格100%的，一

并由并购重组审核委员会予以审核；超过 100% 的，一并由发行审核委员会予以审核。

2. 核准后实施

中国证监会核准上市公司发行股份购买资产的申请后，上市公司应当及时实施。

（1）向特定对象购买的相关资产过户至上市公司后，上市公司聘请的独立财务顾问和律师事务所应当对资产过户事宜和相关后续事项的合规性及风险进行核查，并发表明确意见。

（2）上市公司应当在相关资产过户完成后 3 个工作日内就过户情况作出公告，并向中国证监会及其派出机构提交书面报告，公告和报告中应当包括独立财务顾问和律师事务所的结论性意见。

（3）上市公司完成上述规定的公告、报告后，可以到证券交易所、证券登记结算公司为认购股份的特定对象申请办理证券登记手续。

（六）配套融资的相关规定

1. 一般规定

上市公司发行股份购买资产，除构成借壳上市的外，可以同时募集部分配套资金。购买资产部分按照《重组办法》相关规定执行，募集配套资金部分应当按照主板、创业板非公开发行股票的相关规定执行。募集配套资金部分与购买资产部分应当分别定价，视为两次发行。具有保荐人资格的独立财务顾问可以兼任保荐机构。

【注1】构成借壳上市的发行股份购买资产，不得同时募集部分配套资金。

【注2】购买资产部分的定价和锁定期适用《重组办法》，募集配套资金部分定价和锁定期适用上市公司非公开发行股票，视为两次发行，因此，发行股份购买资产中购买资产部分和募集配套资金部分的发行价格和锁定期可以不同，二者相互独立。

【注3】对募集配套资金部分，需保荐机构保荐，具有保荐人资格的独立财务顾问可以兼任。

【注4】配套募集资金部分可以询价发行，也可以锁价发行。

【注5】最新规定"募集配套资金部分与购买资产部分应当分别定价，视为两次发行"。2012 年《〈关于修改上市公司重大资产重组与配套融资相关规定的决定〉的问题与解答》中规定的"采用锁价方式募集资金的重组项目，募集资金部分的发行价格应当与购买资产部分一致，视为一次发行；对于采用询价方式募集资金的重组项目，募集资金部分与购买资产部分应当分别定价，视为两次发行"已废止。

2. 审核主体

上市公司发行股份购买资产同时募集配套资金，所配套资金比例不超过拟购买资产交易价格 100% 的，一并由并购重组审核委员会予以审核；超过 100% 的，一并由发行审核委员会予以审核。

【注1】此为 2016 年 9 月 8 日修订的《证券期货法律适用意见第 12 号》的规定。

【注2】根据 2016 年 6 月 17 日《关于上市公司发行股份购买资产同时募集配套资金的相关问题与解答》，"拟购买资产交易价格"是指本次交易中以发行股份方式购买资产的交易价格，但不包括交易对方在本次交易停牌前 6 个月内及停牌期间以现金增资入股标的资产部分对应的交易价格。

【注3】由上可见募集配套资金从法条上理解，是没有限额的，可以低于或等于拟购买资产交易价格，也可高于拟购买资产交易价格，前者由重组委审核，后者由发审委审核。

3. 募集资金用途

所募资金仅可用于：支付本次并购交易中的现金对价；支付本次并购交易税费、人员安置费用等并购整合费用；投入标的资产在建项目建设。募集配套资金不能用于补充上市公司和标的资产流动资金、偿还债务。

【注1】 此为2016年6月17日《关于上市公司发行股份购买资产同时募集配套资金的相关问题与解答》的最新规定，《修订汇编》中的"募集配套资金用于补充公司流动资金的比例不应超过交易作价的25%；或者不超过募集配套资金总额的50%，构成借壳上市的，不超过30%"废止。

【注2】 募集资金可用于支付交易现金对价、交易税费、人员安置费；可用于投入标的资产在建项目建设；不可补流和偿还债务，包括上市公司和标的资产的补流和还债。

【注3】 注意此处是用于"标的资产"在建项目，非上市公司的原在建项目，比如甲上市公司发行股份购买乙公司资产，同时募集配套资金，甲公司有一在建项目A，收购的乙公司资产中有一在建项目B，则配套资金可用于投入B项目的建设，但不可用于投入A项目的建设。

【模拟练习】 某上市公司目前股本规模为6 000万股，2017年5月拟分别向无关联关系的甲投资者、乙投资者发行2 000万股的方式收购其持有的资产（该资产是甲、乙投资者于2015年12月收购的），同时，向丙投资者发行2 000万股进行配套融资，假定上述投资者及上市公司原股东之间不存在关联关系，且甲投资者以资产认购后取得该上市公司的控制权，不考虑其他特殊情况，下列相关描述正确的有（　　）。

A. 甲投资者以资产认购而新增的股份自股份发行结束之日起至少36个月内不得转让

B. 乙投资者以资产认购而新增的股份自股份发行结束之日起至少12个月内不得转让

C. 丙投资者以资产认购而新增的股份自股份发行结束之日起至少12个月内不得转让

D. 丙投资者认购的价格可以同甲投资者不一样

E. 乙投资者认购的价格可以同甲投资者不一样

答案：ABCD

解析：本题考查的是发行股份购买资产同时募集部分配套资金的规定，根据规定，特定对象为上市公司控股股东、实际控制人或者其控制的关联人，或通过认购本次发行的股份取得上市公司的实际控制权，或取得本次发行的股份时，对其用于认购股份的资产持续拥有权益的时间不足12个月的，自股份发行结束之日起36个月内不得转让，因此甲应锁定36个月，A正确，乙认购股份的资产持有时间已超过12个月，乙应锁定12个月，B正确；丙投资者不属于上述情形，应锁定12个月，C正确；同时募集配套资金的，购买资产部分和募集配套资金部分视为两次发行，分别定价，价格可以不同，但同为购买资产部分发行价格应当相同，D正确，E错误。

【模拟练习】 2017年1月，甲公司控股股东对甲公司增资3亿元，2017年6月，某A股上市公司公告重大资产重组预案，拟发行股份以30亿元的价格收购甲公司100%的股份，不考虑其他因素，以下关于上市公司本次重大资产重组的配套融资说法正确的有（　　）。

A. 本次重组可募集配套资金30亿元

B. 甲公司存在在建项目，在建项目存在专项借款1亿元，本次重组配套融资可用于偿还该专项借款

C. 上市公司需要偿还大额即将到期债务1.5亿元，本次重组配套融资可用于偿还上市公司债务

D. 本次重大资产重组中，甲公司存在人员分流，涉及0.5亿元安置费用，本次重组募集配套资金可用于支付该安置费用

E. 甲公司存在在建项目，本次重组配套融资可用于该在建项目的后续投资

答案：ADE

解析：A，募集配套资金可以超过拟购买资产交易价格，超过的由发审委审核，也可低于或等于资产交易价格，由重组委审核；B、C，不可用于上市公司和标的资产的补流和还债。

【模拟练习】上市公司发行股份购买资产的，可以同时募集部分配售资金，以下说法正确的有（　　　）。

A. 募集配套资金可用于支付本次并购交易中的现金对价

B. 募集配套资金可用于支付本次并购交易税费、人员安置费用等并购整合费用

C. 募集配套资金可用于补充公司流动资金的比例不应超过交易作价的 25%，或者不超过募集配套资金总额的 50%，构成借壳上市的，不超过 30%

D. 对于采用锁价方式募集配套资金的重组项目，募集资金部分的发行价格应当与购买资产部分一致，视为一次发行，对于采用询价方式募集资金的重组项目，募集资金部分与购买资产部分应当分别定价，视为两次发行

E. 取消募集配套资金的，视同重组方案重大变更

答案：AB

解析：E，调减或取消配套募集资金不构成重组方案的重大调整。

【模拟练习】甲公司为主板上市公司，控股股东及实际控制人为自然人张某，甲公司拟发行股份购买乙公司 100% 股权并募集配套资金，本次交易中乙公司交易价格评估值为 100 亿元，交易完成后乙公司控股股东及实际控制人王某将成为甲公司的控股股东及实际控制人。关于上述交易以下说法正确的是（　　　）。

A. 配套募集资金可以用于支付乙公司在建项目的建设

B. 配套募集资金总额不得超过 100 亿元

C. 配套资金部分可以采用询价的方式确定发行价格

D. 配套募集资金可以用于甲公司在建项目的建设

E. 王某取得的股份自发行结束之日起 36 个月内不得转让

答案：ACE

【模拟练习】下列关于重大资产重组募集配套资金的说法正确的有（　　　）。

A. 配套资金比例不超过购买资产交易价格 100% 的，一并由并购重组委进行审核

B. 募集配套资金部分与购买资产部分可以分别定价，视为两次发行

C. 募集配套资金部分与购买资产部分应当统一定价，视为一次发行

D. 自收到中国证监会核准文件之日起，需要在 12 个月内实施完毕

答案：AD

上市公司非公开发行股票与发行股份购买资产相关规定对比

事项	非公开发行股票	发行股份购买资产
发行对象	主板：不超过 10 名；创业板：不超过 5 名	不超过 200 名
发行数量	不得超过本次发行前总股本的 20%	对发行股份实施兼并事项，不设发行数量下限
定价基准日	主板：发行期首日 创业板：（1）竞价发行：发行期首日；（2）定价发行：董事会决议公告日	董事会决议公告日

事项	非公开发行股票	发行股份购买资产
发行价格	主板：不低于定价基准日前 20 个交易日公司股票均价的 90% 创业板：不低于定价基准日前 20 个交易日或前 1 个交易日公司股票均价的 90%	不低于定价基准日前 20 个、60 个或 120 个交易日股票交易均价之一的 90%
锁定期	1. 主板 （1）上市公司的控股股东、实际控制人或其控制的关联人、战略投资者、通过认购本次发行的股份取得上市公司实际控制权的投资者锁定 36 个月 （2）非上述特定对象的，锁定 12 个月 2. 创业板 （1）控股股东、实际控制人或其控制的关联方、战略投资者，以不低于董事会决议公告日前 20 个交易日或者前 1 个交易日公司股票均价的 90% 认购的，锁定 36 个月；非公开发行股票将导致上市公司控制权发生变化的，锁定 36 个月 （2）发行价低于发行期首日前 20 个交易日公司股票均价但不低于 90%，或者发行价低于发行期首日前一个交易日公司股票均价但不低于 90% 的，锁定 12 个月 （3）发行价不低于发行期首日前 1 个交易日公司股票均价的，无锁定期	1. 不构成借壳上市的锁定期 （1）特定对象以资产认购而取得的上市公司股份，自股份发行结束之日起 12 个月内不得转让 （2）属于下列情形之一的，36 个月内不得转让：①特定对象为上市公司控股股东、实际控制人或者其控制的关联人；②特定对象通过认购本次发行的股份取得上市公司的实际控制权；③特定对象取得本次发行的股份时，对其用于认购股份的资产持续拥有权益的时间不足 12 个月 2. 构成借壳上市的锁定期 （1）上市公司原控股股东、原实际控制人及其控制的关联人，以及在交易过程中从该等主体直接或间接受让该上市公司股份的特定对象应当公开承诺，在本次交易完成后 36 个月内不转让其在该上市公司中拥有权益的股份 （2）除收购人及其关联人以外的特定对象应当公开承诺，其以资产认购而取得的上市公司股份自股份发行结束之日起 24 个月内不得转让
发行审核	发审委	配套资金比例不超过拟购买资产交易价格 100% 的，一并由并购重组委予以审核；超过 100% 的，一并由发审委予以审核
募资用途	（1）募集资金数额不超过项目需要量；（2）本次募集资金用途符合国家产业政策和法律、行政法规的规定；（3）除金融类企业外，本次募集资金使用项目不得为持有交易性金融资产和可供出售的金融资产、借予他人、委托理财等财务性投资，不得直接或间接投资于以买卖有价证券为主要业务的公司；（4）投资项目实施后，不会与控股股东或实际控制人产生同业竞争或影响公司生产经营的独立性；（5）建立募集资金专项存储制度，募集资金必须存放于公司董事会决定的专项账户	（1）所募资金仅可用于：支付本次并购交易中的现金对价；支付本次并购交易税费、人员安置费用等并购整合费用；投入标的资产在建项目建设。募集配套资金不能用于补充上市公司和标的资产流动资金、偿还债务 （2）发行股份购买资产构成借壳上市的，不得同时募集部分配套资金

事项	非公开发行股票	发行股份购买资产
审计报告	主板：最近1年及1期财务报表未被CPA出具保留、否定、无法表示意见；保留、否定、无法表示意见所涉事项重大影响已消除或本次发行涉及重大重组的除外	上市公司最近1年及1期财务会计报告被注册会计师出具无保留意见审计报告；被出具保留意见、否定意见或者无法表示意见的审计报告的，须经注册会计师专项核查确认，该保留意见、否定意见或者无法表示意见所涉及事项的重大影响已经消除或者将通过本次交易予以消除
	创业板：最近3年及1期财务报表未被CPA出具否定、无法表示意见；被CPA出具保留意见或带强调事项段无保留意见的，所涉事项对上市公司无重大不利影响或在发行前重大不利影响已经消除	
禁止行为	主板：上市公司或其现任董事、高级管理人员不存在因涉嫌犯罪正被司法机关立案侦查或涉嫌违法违规正被中国证监会立案调查的情形	上市公司及其现任董事、高级管理人员不存在因涉嫌犯罪正被司法机关立案侦查或涉嫌违法违规正被中国证监会立案调查的情形，但是，涉嫌犯罪或违法违规的行为已经终止满3年，交易方案有助于消除该行为可能造成的不良后果，且不影响对相关行为人追究责任的除外
	创业板：上市公司或其现任董事、监事、高级管理人员不存在因涉嫌犯罪正被司法机关立案侦查或涉嫌违法违规正被中国证监会立案调查的情形	

注：①发行股份购买资产还有一个锁定期延长的承诺规定为：上市公司向控股股东、实际控制人或者其控制的关联人发行股份购买资产，或者发行股份购买资产将导致上市公司实际控制权发生变更的，认购股份的特定对象应当在发行股份购买资产报告书中公开承诺：a. 本次交易完成后6个月内如上市公司股票连续20个交易日的收盘价低于发行价，或者交易完成后6个月期末收盘价低于发行价的，其持有公司股票的锁定期自动延长至少6个月。b. 如本次交易因涉嫌所提供或披露的信息存在虚假记载、误导性陈述或者重大遗漏，被司法机关立案侦查或者被中国证监会立案调查的，在案件调查结论明确以前，不转让其在该上市公司拥有权益的股份。

②"募资用途"中，创业板非公开发行股票的第（1）项规定为："前次募集资金基本使用完毕，且使用进度和效果与披露情况基本一致。"

③上表列举的"审计报告"与"禁止行为"是发行股份购买资产有此条件要求，对应列举出非公开发行的相应规定，而实际上非公开发行的条件远远多于上表列举的两个，其他规定详见教材第三章第二节相关内容。

（七）发行股份购买境外资产的特别规定

1. 审批与备案

（1）取得国家发展改革委核准或备案文件

根据国家发展改革委《境外投资项目核准和备案管理办法》，上市公司发行股份购买境外资产属于境外投资项目，需要取得国家发展改革委核准或备案文件。

（2）取得商务部核准或备案文件

根据商务部《境外投资管理办法》，上市公司发行股份购买境外资产属于境外投资，需要取得商务部核准或备案文件。

（3）根据《外国投资者对上市公司战略投资管理办法》，上市公司发行股份购买境外资产，如境外投资者属于战略投资，应当经商务部审批，不属于战略投资的，无须经商务部审批。

（4）根据《国务院关于经营者集中申报标准的规定》，上市公司发行股份购买境外资产，达到申报标准的，应当向商务部申报，未达到的，无须申报。

2. 审核程序

上市公司发行股份购买境外资产，同时可能涉及国家发展改革委实施的境外投资项目的核准和备案、商务部实施的外国投资者战略投资核准、经营者集中，中国证监会不再将他们的审批事项作为其审核发行股份购买资产事项的前置条件，而是实行并联式审批。上市公司可在股东大会通过后同时向相关部委和中国证监会报送行政许可申请，中国证监会和相关部委对上市公司申请实行并联审批，独立作出核准决定。

【真题回顾（1610）】 甲上市公司拟通过发行股份购买资产方式购买乙公司100%股权，乙公司为美国公司，其控股股东为美国自然人李某，并购完成后，李某持有上市公司15%股权。以下说法正确的有（　　　　）。

A. 须取得国家发展改革委相关核准或备案文件

B. 须取得商务部相关核准或备案文件

C. 上市公司股东大会通过后，即可向中国证监会提交申报材料

D. 若本次交易不构成重大资产重组，无须经中国证监会核准

E. 购买境外资产需要进行经营者集中审查，该审查应作为中国证监会并购重组行政审批的前置条件

答案：ABC

解析：E，未达到标准的，无须申报；另外，经营者集中审查实行并联式审批，不作为中国证监会审批的前置条件。

六、上市公司重大资产重组后再融资的有关规定

（一）重大资产重组前的业绩可模拟计算的条件

1. 经中国证监会审核后获得核准的重大资产重组实施完毕后，上市公司申请公开发行新股或者公司债券，同时符合下列条件的，本次重大资产重组前的业绩在审核时可以模拟计算：

（1）进入上市公司的资产是完整经营实体。

（2）本次重大资产重组实施完毕后，重组方的承诺事项已经如期履行，上市公司经营稳定、运行良好。

（3）本次重大资产重组实施完毕后，上市公司和相关资产实现的利润达到盈利预测水平。

2. 完整经营实体，应当符合下列条件：

（1）经营业务和经营资产独立、完整，且在最近两年未发生重大变化。

（2）在进入上市公司前已在同一实际控制人之下持续经营2年以上。

（3）在进入上市公司之前实行独立核算，或者虽未独立核算，但与其经营业务相关的收入、费用在会计核算上能够清晰划分。

（4）上市公司与该经营实体的主要高级管理人员签订聘用合同或者采取其他方式，就该经营实体在交易完成后的持续经营和管理作出恰当安排。

（二）公开发行新股或公司债券的时间限制

上市公司在本次重大资产重组前不符合公开发行证券条件，或本次重组导致上市公司实际控制人发生变化的，上市公司申请公开发行新股或公司债券，距本次重组交易完成的时间应当

不少于 1 个完整会计年度。

【注 1】 适用两种情形：（1）上市公司重组前不符合公开发行证券条件；（2）本次重组导致上市公司实际控制人发生变化。两种情形有任一情形的，都须按上述要求操作，如两种情形均无的，则再融资无时间限制。

【注 2】 限制的再融资类型：公开发行新股（增发、配股）、公开发行公司债券。不包含所有非公开发行的融资类型，不包括发行优先股（公开发行和非公开发行）。

【注 3】 时间为"距本次重组交易完成的时间不少于 1 个完整会计年度"，时间起点是"本次重组交易完成的时间"，时间跨度是"1 个完整会计年度"，非 12 个月或一个自然年度，例如，某上市公司 2017 年 1 月 1 日完成重大资产重组，本次重组导致实际控制人发生变化，则其申请公开发行新股或公司债券的最早时间为 2019 年 1 月 1 日，须运行 2018 年一个完整的会计年度，若其是 2016 年 12 月 31 日完成的重组，则 2018 年 1 月 1 日即可申请公开发行新股或公司债券。

【注 4】 考试时往往会考主板上市公司重大资产重组后申请公开发行新股的最早时间，做题时需结合此处规定与主板上市公司公开发行新股的条件进行综合判断。

【真题回顾（1609）】 A 主板上市公司 2012 年和 2013 年连续亏损，为了改善经营业绩，2014 年 1 月进行重组，经中国证监会审核，将 A 上市公司全部经营性资产同甲公司所持有的乙公司股权进行置换，2014 年 4 月该重大资产重组实施完毕。甲公司于 2012 年 5 月自无关联第三方处全资收购乙公司（2012 年、2013 年净利润分别为 5 000 万元和 6 000 万元），重组后的 A 上市公司 2014 年净利润为 10 000 万元，若 2015 年、2016 年的净利润分别为 12 000 万元和 15 000 万元，则 A 上市公司最早可公开发行新股的时间是（　　）。

A. 2016 年 5 月　　　B. 2016 年 1 月　　　C. 2015 年 1 月　　　D. 2015 年 5 月　　　E. 2017 年 1 月

答案：E

解析：（1）A 公司 2012 年和 2013 年连续亏损，重组前不符合公开发行证券的条件，因此，其重组完成后须至少运行一个完整会计年度，方可申请公开发行新股，其最早可公开发行新股的时间为 2016 年 1 月 1 日。（2）进入上市公司的资产乙公司，是甲公司于 2012 年 5 月取得的，在 2014 年 4 月进入上市公司前在同一实际控制人之下持续经营时间不足 2 年，不符合完整经营实体条件，本次重大资产重组前的业绩在申请公开发行新股审核时不可模拟计算，因此，A 上市公司须以 2014 年、2015 年、2016 年三年连续盈利的财务报表予以申报，故最早时间为 2017 年 1 月。（3）综合（1）与（2），最早申报时间为 2017 年 1 月。

本题题干若将甲公司取得乙公司的时间改为 2012 年 3 月，并告知不考虑其他因素，则本题答案为 B。

【模拟练习】 甲公司为某 A 股主板上市公司，2014 年 2 月完成重大资产重组。以下情形互不关联，不考虑其他条件，甲公司 2015 年 10 月不得公开发行新股的有（　　）。

A. 2012 年、2013 年，甲公司连续两年亏损，本次重大资产重组涉及的资产为完整经营实体，模拟计算后甲公司 2012 年、2013 年均实现盈利，且加权平均净资产收益率分别为 10%、12%，2014 年甲公司的加权平均净资产收益率为 15%

B. 甲公司 2012 年、2013 年加权平均净资产收益率分别为 15%、20%，2014 年甲公司加权平均净资产收益率为 18%，本次重组导致甲公司实际控制人发生变化

C. 重组取得的对甲公司生产经营存在重大影响的核心资产，可能发生重大减值

D. 甲公司 2012～2014 年均以股票方式分配利润，累计分配金额为 2012～2014 年实现年均

可分配利润的 30%

答案：BD

解析：A，本次重大资产重组涉及的资产为完整经营实体，可以模拟计算。模拟计算后的业绩符合公开发行的条件。B，虽然符合公开发行的条件，但导致了实际控制人发生变化，仍需运行一个完整会计年度，方可公开发行。D，主板上市公司公开发行证券的条件之一为要求上市公司最近 3 年以现金方式累计分配的利润不少于最近 3 年实现的年均可分配利润的 30%。

【模拟练习】甲上市公司的实际控制人为丙公司，丙公司于 2012 年 3 月取得乙公司 100% 的股权，该上市公司通过向丙公司发行股份购买资产的方式收购乙公司 100% 的股权，上述交易构成重大资产重组，该重大资产重组事项已于 2015 年 4 月取得中国证监会的核准文件，2015 年 5 月完成了相关资产的交割过户，2012 年甲公司实现净利润 3 500 万元，2013 年亏损 3 000 万元，2014 年亏损 1 000 万元，重组完成后，2015 年甲公司实现净利润 6 000 万元（合并口径），不考虑其他因素，2016 年 5 月该上市公司拟进行再融资，以下说法正确的有（　　　）。

A. 甲公司可以公开发行公司债券　　　　B. 甲公司可以非公开发行公司债券

C. 甲公司可以进行配股　　　　　　　　D. 甲公司可以非公开发行股票

E. 甲公司可以公开增发股票

答案：BD

解析：本题甲公司 2013 年亏损 3 000 万元，2014 年亏损 1 000 万元，在本次重大资产重组前不符合公开发行证券条件（不管是主板还是创业板均不符，主板要求近三年连续盈利，创业板要求近两年连续盈利）。

七、上市公司重大资产重组共性问题的审核关注要点

2010 年 9 月，中国证监会官网上市部发布《并购重组共性问题审核意见关注要点》，是中国证监会在梳理 2009 年并购重组项目审核反馈意见所关注共性问题的基础上编制的，具体包括交易价格公允性、盈利能力与预测、资产权属及完整性、同业竞争、关联交易、持续经营能力、内幕交易、债券债务处置、股权转让和权益变动、过渡期间损益安排、矿业权的信息披露与评估、审计机构与评估机构独立性、挽救上市公司财务困难的重组方案可行性、上市公司重大资产重组报告书中通常应当披露的资产评估信息共十四项关注要点。内容较多，以下就相对"保代"考试较为容易命题的几点进行说明，具体详细内容可参考中国证监会网站。

（一）债权债务处置

1. 独立财务顾问和律师是否已对上市公司重组中债权、债务的处理的全过程和结果的合法性明确发表专业意见，包括但不限于是否已及时通知债权人、是否已有效地提前偿还债务、是否提供了充分的担保、银行等特殊债权人出具的同意函是否取得相应层级或上级主管部门的有效批准或授权。

2. 申请材料是否已经详细披露本次交易拟转移的债务总金额及债权人的总数目，在此基础上，是否披露已经同意本次重组的债权人对应的债务金额占债务总金额的比例。

3. 如确实存在无法联系到债权人或债权人对本次重组债权处理方式不发表意见的，是否明确披露其对应的债权债务数量。

4. 如果存在明确表示不同意本次重组的债权人，则其对应的债务是否在合理期限内（例如，提交并购重组委审核之前）已经偿还完毕，独立财务顾问和律师是否就此事项对本次重组的影响明确发表专业意见。

5. 上市公司、重组交易对方、原有控股股东或实际控制人等，是否对没有取得债权人明确

意见的占比较小的债务处理提出明确的、切实可行的方案，独立财务顾问和律师是否就方案的合法性和可行性明确发表意见，律师是否就以上方案是否存在潜在的法律纠纷发表明确意见，如存在，相关方是否提供了担保等保障措施，确保上市公司、股东和相关债权人的利益不受损害。

6. 部分债权人因前期无法联系或发表意见不及时，但在后续审核过程中又明确发表同意或不同意意见的，是否已经按以上的原则进行处理，上市公司和相关中介机构是否及时充分披露了债权债务处置的最新进展和影响。

【模拟练习】根据《并购重组共性问题审核意见关注要点》，以下关于上市公司重大资产重组说法正确的有（　　　　）。

A. 申请材料应详细披露本次交易拟转移的债务总金额及债权人的总数目

B. 申请材料应披露已经同意本次重组的债权人对应的债权金额占债务总金额的比例

C. 如确实存在无法联系到债权人或债权人对本次重组债权处理方式不发表意见的，可不用披露其对应的债权债务数量

D. 如果存在明确表示不同意本次重组的债权人，审核人员应关注其对应的债务是否在合理期限内已经偿还完毕

答案：ABD

（二）过渡期间损益安排

1. 上市公司拟发行股份购买资产，对于以收益现值法、假设开发法等基于未来收益预期的估值方法作为主要评估方法的，关注拟购买资产的在过渡期间（从评估基准日至资产交割日）等相关期间的损益承担安排是否可能损害上市公司和公众股东利益，期间盈利是否归上市公司所有。如期间盈利按约定非由上市公司享有，则关注是否影响标的资产估值作价的合理性，关注交易双方是否作出了其他对等性安排（例如，双方约定资产出售方不享受上市公司在过渡期间的收益，并采取具体措施确保资产出售方不能享有上市公司该项收益）。

2. 上市公司拟发行股份购买资产，标的资产作价自始确定不变的，关注标的资产在过渡期间如发生亏损，资产出售方是否向上市公司以现金等合理方式补足亏损部分。

（三）审计机构与评估机构独立性

在上市公司重大资产重组中，关注为上市公司重大资产重组活动提供服务的审计机构、人员与评估机构、人员是否能够保持独立性，包括：

1. 公司聘请的对标的资产进行审计的审计机构与对资产进行评估的评估机构是否存在主要股东相同、主要经营管理人员双重任职、受同一实际控制人控制等情形。

2. 是否由同时具备注册会计师及注册资产评估师的人员对同一标的资产既执行审计业务又执行评估业务。

【模拟练习】甲会计师事务所是为上市公司重大资产重组活动提供服务的审计机构，以下情形中，乙评估机构不得作为同次重大资产重组的评估机构的是（　　　　）。

A. 甲会计师事务所、乙评估机构受同一实际控制人控制

B. 甲会计师事务所、乙评估机构主要经营管理人员基本一致

C. 甲会计师事务所、乙评估机构的第一大股东、第二股东相同，合计持股超过50%

D. 甲会计师事务所、乙评估机构在股东层面无任何关联，但乙评估机构的注册资产评估师同时为甲会计师事务所的注册会计师，且该注册会计师参与了本次重组的审计

答案：ABCD

八、上市公司重大资产重组中相关的监督管理和法律责任

《重组办法》第七章对于监督管理和法律责任规定的内容较多，历年考题中对此处的考核集中在上市公司重大资产完成后，相关资产实现的利润未达到盈利预测水平时的处罚措施。另外，2016年9月修订的《重组办法》在第七章"监督管理和法律责任"增加一处对未经审核擅自实施借壳上市的处罚的规定，以下对这两点进行说明。

（一）未经审核擅自实施借壳上市的处罚

未经中国证监会核准擅自实施构成借壳上市的重大资产重组，交易尚未完成的，中国证监会责令上市公司补充披露相关信息、暂停交易并按照借壳上市的规定报送申请文件；交易已经完成的，可以处以警告、罚款，并对有关责任人员采取市场禁入的措施；涉嫌犯罪的，依法移送司法机关追究刑事责任。

（二）上市公司重大资产完成后，相关资产实现的利润未达到盈利预测水平时的处罚措施

重大资产重组实施完毕后，凡因不属于上市公司管理层事前无法获知且事后无法控制的原因，上市公司所购买资产实现的利润未达到资产评估报告或者估值报告预测金额的水平，或实际运营情况与重大资产重组报告书中管理层讨论与分析部分存在较大差距的，分别以下情况进行处理：

未达到预测金额的80%或实际运营存在较大差距的	未达到预测金额的50%
上市公司的董事长、总经理以及对此承担相应责任的会计师事务所、财务顾问、资产评估机构、估值机构及其从业人员应当在上市公司披露年度报告的同时，在同一报刊上作出解释，并向投资者公开道歉	中国证监会可以对上市公司、相关机构及其责任人员采取监管谈话、出具警示函、责令定期报告等监管措施

注：①对"未达到预测金额的80%或实际运营存在较大差距的"处罚的注意事项：a. 需要解释和道歉的非中介机构主体中的人员是上市公司的董事长、总经理，若上市公司所购买的资产为"公司"的，不是指被购买的公司的董事长、总经理；b. 上述（1）中人员仅包含董事长、总经理，不含如董秘、财务总监等副总经理及其他人员，如题目中有"法定代表人"的话，则也应当选，因为根据《公司法》的规定，公司法定代表人依照公司章程的规定，由董事长、执行董事或者经理担任，因此法定代表人必然是董事长或总经理，二者必具其一（股份公司须设董事会）。c. 中介机构中不含律所及其从业人员。d. 作出解释并向投资者公开道歉的时间为上市公司披露年度报告的同时，方式为与年报披露的同一报刊，而非在年度股东大会召开时。e. "作出解释"往往是"说明未实现盈利预测的原因"等。

②"未达到预测金额的50%"的处罚措施，上表中列举的是较未达到80%多出的规定，其同样包含未达到80%的处罚措施。

③须注意是上市公司"购买的资产"实现的利润未达到"该资产"的盈利预测的一定水平，非"上市公司"实现的利润未达到"上市公司备考盈利预测利润"的一定水平，与上市公司的盈利预测无关。当然，购买的"资产"可以为整个公司。

利润实现数未达到盈利预测水平的处罚措施总结

业务类型	监管措施	
	利润实现数未达到盈利预测的80%	利润实现数未达到盈利预测的50%
主板 IPO、发行新股	（1）法定代表人、盈利预测审核报告签字CPA应当在股东大会及中国证监会指定报刊上公开作出解释并道歉；（2）中国证监会可以对法定代表人处以警告	中国证监会还可以自确认之日起36个月内不受理该公司的公开发行证券申请

续表

业务类型	监管措施	
	利润实现数未达到盈利预测的80%	利润实现数未达到盈利预测的50%
创业板IPO	（1）法定代表人、财务负责人应当在股东大会及中国证监会指定网站、报刊上公开作出解释并道歉；（2）情节严重的，中国证监会给予警告等行政处罚	中国证监会可以自确认之日起36个月内不受理该公司的公开发行证券申请
创业板发行新股		中国证监会可以自确认之日起36个月内不受理该上市公司的发行证券申请
上市公司重大资产重组	上市公司的董事长、总经理以及对此承担相应责任的会计师事务所、财务顾问、资产评估机构、估值机构及其从业人员应当在上市公司披露年度报告的同时，在同一报刊上作出解释，并向投资者公开道歉	中国证监会可以对上市公司、相关机构及其责任人员采取监管谈话、出具警示函、责令定期报告等监管措施
非上市公众公司重大资产重组	公众公司的董事长、总经理、财务负责人应当在公众公司披露年度报告的同时，作出解释，并向投资者公开道歉	中国证监会可以对公众公司及相关责任人员采取监管谈话、出具警示函、责令定期报告等监管措施

【真题回顾（1605）】 甲上市公司就并购重组事项于2014年8月由会计师事务所出具盈利预测报告，该报告载明被收购的乙公司2015年净利润将达到5 000万元，2015年乙公司经审计的净利润为3 000万元，若不属于上市公司管理层事前无法获知且事后无法控制的原因导致预测金额无法实现，则应当在上市公司披露年度报告的同时，在同一报刊上作出解释，并向投资者公开道歉的有（　　　）。

A. 上市公司董事长　　　　　　　　　　B. 上市公司总经理

C. 并购重组项目的会计师事务所　　　　D. 并购重组项目的律师事务所

E. 并购重组项目盈利预测审核报告的签字会计师

答案：ABCE

【模拟练习】 甲上市公司就并购重组事项于2015年6月出具盈利预测报告，该报告载明被收购的乙公司2015年预测净利润为6 000万元，甲上市公司备考盈利预测净利润为20 000万元。2016年4月，乙公司公告2015年度经审计的净利润为4 000万元，甲上市公司经审计净利润为9 000万元。上述业绩的未能完成主要是因为2015年初开始的行业经营环境恶化，且甲公司和乙公司的下滑趋势和幅度与行业平均水平一致，下列说法正确的有（　　　）。

A. 中国证监会可以对财务顾问及其财务顾问主办人采取出示警示函的监管措施

B. 财务顾问及其财务顾问主办人需在中国证监会指定报刊上公开说明未实现盈利预测的原因

C. 财务顾问及其财务顾问主办人需要向股东和社会公众投资者道歉

D. 甲公司董事长需要向股东和社会公众投资者道歉

E. 乙公司总经理需要向社会公众投资者道歉

答案：BCD

解析：A，上市公司所购买资产乙公司实现的利润4 000万元，未达到盈利预测的6 000万元的 80%，但达到了 50%；E，应为上市公司的董事长、总经理，不含被收购公司董事长、总经理。

【模拟练习】 甲上市公司以现金方式收购乙公司 100% 的股权，构成重大资产重组，该重大资产重组实施完毕后，实际运营情况与重大资产重组报告书中管理层讨论与分析部分存在较大差距，且不属于上市公司管理层事前无法获知且事后无法控制的原因，以下哪些人员需要在年度报告披露的同时向投资者公开道歉（　　　）。

A. 甲公司董事长　　　　　　　　　　B. 甲公司总经理

C. 乙公司总经理　　　　　　　　　　D. 乙公司法定代表人

E. 并购重组项目的财务顾问

答案：ABE

九、上市公司并购重组委员会运行规则

（一）上市公司并购重组审核委员会工作规程

2014 年 4 月，中国证监会发布并实施《中国证券监督管理委员会上市公司并购重组审核委员会工作规程》，具体规定如下：

1. 应由并购重组委审核的情形

中国证监会上市公司并购重组审核委员会（以下简称并购重组委）审核下列并购重组事项的，适用本规程：

（1）根据中国证监会的相关规定构成上市公司重大资产重组的。

（2）上市公司发行股份向特定对象购买资产的。

（3）上市公司实施合并、分立的。

（4）中国证监会规定的其他情形。

【注】 上市公司非公开发行股票募集资金购买资产，一般情况下，因其发行股份募集资金与购买资产为两个相对独立事项，不属于我们此处所说的发行股份购买资产，不适用《重组办法》，应由发审委审核；而特定对象以现金或者资产认购上市公司非公开发行的股份后，上市公司用同一次非公开发行所募集的资金向该特定对象购买资产的，视同上市公司发行股份购买资产，由并购重组委审核。

2. 并购重组委的组成

（1）并购重组委由专业人员组成，人数不多于 35 名，其中中国证监会的人员不多于 7 名。并购重组委根据需要按一定比例设置专职委员。

（2）并购重组委委员每届任期 2 年，可以连任，连续任期最长不超过 4 年。

（3）并购重组委委员两次以上无故不出席并购重组委会议的，中国证监会应当予以解聘。并购重组委委员的解聘不受任期是否届满的限制。并购重组委委员解聘后，中国证监会应选聘增补新的委员。

（4）并购重组委委员以个人身份出席并购重组委会议，依法履行职责，独立发表审核意见并行使表决权。

（5）并购重组委委员接受中国证监会聘任后，应当如实申报登记证券账户及持有上市公司证券的情况；持有上市公司证券的，应当在聘任之日起一个月内清理卖出；因故不能卖出的，应当在聘任之日起一个月内提出聘任期间暂停证券交易并锁定账户的申请。

3. 并购重组委会议

（1）并购重组委通过召开并购重组委会议进行审核工作，每次参加并购重组委会议的并购

重组委委员为 5 名。并购重组委设会议召集人。

（2）并购重组委委员分成召集人组和专业组，其中专业组分为法律组、会计组、机构投资人组和金融组。分组名单应当在中国证监会网站予以公示。中国证监会应当按照分组名单及委员排序确定参会委员；对委员提出回避或者因故不能出席会议的原因，应当予以公示，并按所在组的名单顺序递延更换委员。

（3）并购重组委会议审核上市公司并购重组申请事项的，中国证监会在并购重组委会议拟定召开日的 4 个工作日前将会议审核的申请人名单、会议时间、相关当事人承诺函和参会委员名单在中国证监会网站上予以公示，并于公示的下一工作日将会议通知、工作底稿、并购重组申请文件及中国证监会的初审报告送交参会委员签收。

（4）并购重组委以记名投票方式对并购重组申请进行表决。并购重组委委员不得弃权。表决票设同意票和反对票。表决投票时同意票数达到 3 票为通过，同意票数未达到 3 票为未通过。

（5）并购重组委会议对申请人的并购重组申请形成审核意见之前，可以要求并购重组当事人及其聘请的证券服务机构的代表到会陈述意见和接受询问。

（6）并购重组委参会委员认为并购重组委会议表决结果存在显失公正情形的，可在并购重组委会议结束之日起 2 个工作日内，以书面形式提出异议，并说明理由。经中国证监会调查认为理由充分的，应当重新提请召开并购重组委会议，原则上不由原并购重组委委员审核。

（7）在并购重组委会议对并购重组申请表决通过后至中国证监会作出核准决定前，并购重组申请人发生重大事项，导致与其所报送的并购重组申请文件不一致；或并购重组委会议的审核意见具有前置条件且未能落实的，中国证监会可以提请重新召开并购重组委会议，原则上仍由原并购重组委委员审核。

（8）上市公司并购重组申请经并购重组委审核未获通过且中国证监会作出不予核准决定的，申请人对并购重组方案进行修改补充或提出新方案的，应当按照有关规定履行信息披露义务，财务顾问应审慎履行职责，提供专业服务，进行独立判断，确认符合有关并购重组规定条件的可以重新提出并购重组申请（不需要自不予核准后 6 个月后）。重新提交并购重组委审核的，原则上仍由原并购重组委委员审核。

【说明】本部分内容一般了解即可，考试较喜欢考下文"（二）上市公司并购重组审核工作规程"的规定。

（二）上市公司并购重组审核工作规程

2016 年 3 月，中国证监会发布并实施《上市公司并购重组审核工作规程》，对上市公司并购重组审核进行规范。具体内容如下：

1. 一般规定

（1）审核人员应当遵守各项保密规定。不得泄露审核过程知悉的商业秘密；不得探询与履行职责无关的信息；不得泄露会议讨论情况、签批意见等信息。

（2）审核人员遇有可能影响公正执行公务的情形时，应当主动申请回避，不得对应回避事项施加影响。

（3）反馈意见的发出、提请重组委会议应分别由反馈会、审核专题会集体决定。重组预案披露、受理、审核中遇到的疑难复杂问题，应按程序提请法律、会计专业小组集体研究。涉及重大政策把握的，还应按程序提请部务会研究决策。审核流程各环节遇到的重大事项或突发情况，应当逐级报告。

（4）审核决策会议应当妥善做好会议记录，形成会议纪要。会见沟通、约谈提醒均应在办公场所进行，应由两名以上工作人员参加，做好书面记录，相关人员签字确认后，部门存档。

2. 重组预案披露

（1）纳入直通车与事后审核

上市公司重大资产重组预案的披露纳入沪深证券交易所信息披露直通车范围，交易所对重组预案进行事后审核。

【注】重组预案的披露纳入信息披露直通车范围，交易所事后审核。需注意，非"事先审核"。

（2）涉及重大无先例事项的处理

①涉及重大无先例事项的，上市公司或中介机构可与交易所沟通，沟通应在停牌后进行，交易所应当作出明确答复意见。

②交易所依据现有政策法规无法作出判断的，应当提出处理建议并函询上市部，除涉及重大监管政策把握外，上市公司监管部（上市部）原则上应当在10个工作日内回复。

③上市公司或中介机构对交易所意见存在异议的，可与上市部直接沟通，并提前书面提交沟通申请，上市部原则上在2个工作日内作出安排。

【注】沟通应在停牌后进行；存在异议的，可与上市部直接沟通。

3. 受理

（1）申报材料由办公厅接收后送达上市部，当日完成申报材料核对和签收，指定受理审查人员。

（2）受理审查人员应当按照相关法律法规的规定，对申报材料进行形式审查。

①原则上应在3个工作日内完成受理审查、填写受理工作底稿，提出是否受理或补正的建议。

【注】补正建议应当一次性提出，经受理处室负责人签批后送交办公厅，由办公厅统一通知申请人。

②申报材料为补正材料的，受理审查人员原则上应当在1个工作日内提出是否受理的建议。

（3）受理处室提出的受理或不予受理建议，经部门负责人签批后送交办公厅，由办公厅统一通知申请人。

4. 预审

（1）初审

①审核小组由三人组成，按照标的资产所属行业试行分行业审核。

②受理重组申请到召开反馈会除特殊情形外原则上不超过10个工作日。

③初审实行静默期制度，接收申报材料至反馈意见发出之前为静默期，审核人员不得接受申请人来电、来访等任何形式的沟通交流。

【注】接收申报材料后至反馈意见发出之前，审核人员不得与申请人、中介机构等有任何形式的沟通交流。

（2）反馈会

①反馈会由审核处室负责人主持，审核小组组长、审核人员和复核处室人员参加，讨论初审中关注的主要问题、拟发出的反馈意见、并购重组项目执业质量评价等。

②重组事项相关问题存疑、存在投诉举报或媒体质疑的，经反馈会议决定，可请派出机构实地核查。实地核查未发现问题的，审核工作按程序推进；实地核查发现问题的，视情况处理。

③申请材料存在重大瑕疵的，上市部对该单重组项目的财务顾问执业质量评级为C，并约谈提醒财务顾问。

【注】③中，是"上市部"对该单重组项目的财务顾问执业质量评级为 C，非"机构部"或其他部门。

（3）反馈意见

①反馈会后，相关处室起草、复核反馈意见，报部门负责人签批后送交办公厅，由办公厅统一通知申请人。

②反馈意见发出后，上市公司或中介机构对反馈意见存在疑问的，可以提出沟通申请，上市部在 2 个工作日内作出安排。

（4）审核专题会

①审核专题会由部门负责人主持，各处室负责人及审核人员参加，讨论决定是否将许可申请提交并购重组委审议。

②审核专题会开始时间应当在收市后。

③反馈会建议直接提请审核专题会讨论的，或者申请人报送反馈意见回复后、经审核反馈问题基本落实的，可以提交审核专题会审议。

④从申请人报送反馈意见回复到召开审核专题会，原则上不超过 10 个工作日。

5. 重组委会议

（1）会议安排

①上市部原则上应在审核专题会召开后 1 个工作日内安排重组委会议。因拟上会企业较多，需要分次安排重组委会议的，时间可以顺延。

②上市部按照分组顺序通知重组委委员参会，委员确因回避等事项无法参会的，依次顺延。参会委员确定后，当天发布重组委会议公告。

③公告发布后，委员因特殊原因无法参会或无法按时参会的，应及时告知上市部。上市部发布补充公告，会议延期或另行安排委员参会。

【注】并非有委员因特殊原因无法参会或无法按时参会的，就一定会议延期。

（2）会议召开

①重组委会议由召集人组委员主持，委员对重组项目逐一发表意见。

②申请人及中介机构到会陈述和接受委员询问，人数原则上不超过 8 人，时间不超过 45 分钟。

③申请人回答完毕退场后，召集人可以组织委员再次进行讨论。

④重组委会议表决结果当场公布，当日对外公告。

⑤会议全程录音，录音记录上市部存档。

【注】④，当场公布，当日对外公告。

（3）重组申请获有条件通过的处理

①重组申请获有条件通过的，申请人应在 10 个工作日内将会后反馈回复及更新后的重组报告书报送上市部，上市部当日送达委员，委员应在 2 个工作日内作出无异议确认或者不确认的决定。

②存在委员作出不确认意见情形的，上市部将委员意见再次反馈重组申请人及中介机构。申请人再次报送会后反馈回复后，无异议确认的委员数量未达到 3 名的，应重新召开重组委会议。

【注】并非"存在委员对反馈意见回复作出不确认意见情形的"就一定需要重新召开重组委会议。

6. 审结

（1）重组申请获无条件通过或未获通过的，财务顾问应当在重组委会议召开后 2 个工作日内，协助办理申请材料封卷。

（2）重组申请获有条件通过的，财务顾问应当在落实重组委意见后 2 个工作日内，协助办理申请材料封卷。

（3）封卷材料经审核人员和财务顾问核对无误后，审核人员签字确认。

（4）封卷后审核处室启动审结程序，起草审结签报，上报签批。

【注】不管是有条件通过还是无条件通过抑或是未获通过的，均需办理申请材料封卷。前两者是在重组委会议召开后 2 个工作日内办理，后者是在落实重组委意见后 2 个工作日内办理。

7. 审核过程、审核信息公开

并购重组审核过程、审核信息对外公开。包括材料接收、补正、受理、反馈、反馈回复、重组委审议、审结在内的全部审核时点信息，以及审核反馈意见，在中国证监会外网对外公示，每周五收市后更新，节假日顺延。

【真题回顾（1605）】根据《上市公司并购重组审核工作规程》，下列说法正确的是（　　）。

A. 并购重组项目申请材料存在重大瑕疵的，机构部对该单重组项目的财务顾问执业质量评级为 C，并约谈提醒财务顾问

B. 重组申请获无条件通过的，财务顾问应当在重组委会议召开后 2 个工作日内，协助办理申请材料封卷；重组申请未获通过的，无须办理封卷

C. 重组委参会委员确定后，当天发布重组委会议公告

D. 重组委会议表决结果当场公布，当日对外公告

E. 重组申请获有条件通过的，存在委员对反馈意见回复作出不确认意见情形的，应重新召开重组委会议

答案：CD

解析：A，上市部对该单重组项目的财务顾问执业质量评级为 C，并约谈提醒财务顾问；B，不管是有条件通过还是无条件通过抑或是未获通过的，均需办理申请材料封卷；E，申请人再次报送会后反馈回复后，无异议确认的委员数量未达到 3 名的，应重新召开重组委会议。

【真题回顾（1609）】下列关于并购重组项目的说法正确的有（　　）。

A. 上市公司通过非公开发行股票方式募集资金用于收购股权类资产的，若构成重大资产重组则需提交重组委会议审核

B. 重组委会议表决结果当场公布，次日对外公告

C. 重组申报材料接收后，中介机构可以向审核人员就项目存在问题进行咨询及沟通交流

D. 上市公司重组预案的披露纳入沪深证券交易所信息披露直通车范围，交易所对重组预案进行事后审核

E. 涉及重大无先例事项的，上市公司或中介机构可与交易所沟通，沟通应在停牌后进行

答案：DE

解析：A，上市公司非公开发行股票募集资金购买资产，一般情况下，因其发行股份募集资金与购买资产为两个相对独立事项，不属于重大资产重组中发行股份购买资产，由发审委审核；B，当场公布，当日对外公告；C，重组申报材料接收后至反馈意见发出之前为静默期。

十、其他特别规定

（一）关于并购重组业绩奖励的有关规定

根据 2016 年 1 月 15 日《关于并购重组业绩奖励有关问题与解答》，上市公司重大资产重组方案中，基于相关资产实际盈利数超过利润预测数而设置对标的资产交易对方、管理层或核心技术人员的奖励对价、超额业绩奖励等业绩奖励安排时：

1. 上述业绩奖励安排应基于标的资产实际盈利数大于预测数的超额部分，奖励总额不应超过其超额业绩部分的100%，且不超过其交易作价的20%。

2. 上市公司应在重组报告书中充分披露设置业绩奖励的原因、依据及合理性，相关会计处理及对上市公司可能造成的影响。

【模拟练习】甲公司为主板上市公司，2015年收购乙公司100%的股权，交易作价1亿元，乙公司2016年净利润盈利预测数为2 000万元，2016年实际净利润5 000万元，以下对资产交易对方、管理层或核心技术人员的业绩奖励安排符合规定的有（　　　）

A. 3 000万元　　　　B. 2 000万元　　　　C. 2 500万元　　　　D. 1 500万元

答案：BD

（二）关于摊薄即期回报有关事项的规定

2015年12月，中国证监会发布《关于首发及再融资、重大资产重组摊薄即期回报有关事项的指导意见》，于2016年1月1日施行，规定，公司首次公开发行股票、上市公司发行股票（含优先股）和可转债、上市公司重大资产购买、出售、置换及上市公司发行股份购买资产（以下简称重大资产重组），应披露本次融资募集资金到位或重大资产重组完成当年公司每股收益相对上年度每股收益的变动趋势。计算每股收益应按照《公开发行证券的公司信息披露编报规则第9号——净资产收益率和每股收益的计算及披露》的规定分别计算基本每股收益和稀释每股收益，同时扣除非经常性损益的影响。具体要求如下：

1. 导致公司即期回报被摊薄的，公司应披露事项

如果预计本次融资募集资金到位或重大资产重组完成当年基本每股收益或稀释每股收益低于上年度，导致公司即期回报被摊薄的，公司应披露：

（1）董事会选择本次融资或重大资产重组的必要性和合理性。

（2）本次募集资金投资项目与公司现有业务的关系，公司从事募投项目在人员、技术、市场等方面的储备情况。

（3）公司同时应根据自身经营特点制定并披露填补回报的具体措施，增强公司持续回报能力，包括但不限于以下内容：

①公司现有业务板块运营状况，发展态势，面临的主要风险及改进措施。

②提高公司日常运营效率，降低公司运营成本，提升公司经营业绩的具体措施。

【注1】导致公司即期回报被摊薄的情形有两种，预计当年基本每股收益或稀释每股收益低于上年度，并非二者同时低于上年度方构成。

【注2】根据自身经营特点制定并披露填补回报措施，填补回报措施应与公司现有业务、日常运营相关，不得制定通过"非经常性业务"实现填补回报的措施，或者说通过"非经常性业务"的填补回报，不属于我们此处所说的填补回报。

2. 董事、高管承诺

公司的董事、高级管理人员应对公司填补回报措施能够得到切实履行作出承诺，包括但不限于：

（1）承诺不无偿或以不公平条件向其他单位或者个人输送利益，也不采用其他方式损害公司利益。

（2）承诺对董事和高级管理人员的职务消费行为进行约束。

（3）承诺不动用公司资产从事与其履行职责无关的投资、消费活动。

（4）承诺由董事会或薪酬委员会制定的薪酬制度与公司填补回报措施的执行情况相挂钩。

（5）承诺拟公布的公司股权激励的行权条件与公司填补回报措施的执行情况相挂钩。

【注1】此处明示的需要作出相关承诺的为董事、高管，不含监事。

【注2】（2）中为承诺对职务消费行为进行约束，并非"不进行职务消费行为"。

【注3】（4）、（5）承诺薪酬制度、行权条件与填补回报措施的执行情况相挂钩，不是"不挂钩"，需理解作此规定的内在逻辑。

3. 控股股东、实际控制人的行为限制及承诺补偿责任

（1）公司的控股股东、实际控制人不得越权干预公司经营管理活动，不得侵占公司利益。

（2）公司通过本次融资或重大资产重组向实际控制人、控股股东及其关联人收购资产，如果对被收购资产有效益承诺的，应明确效益无法完成时的补偿责任。

【注】与上述"2"对比，董事、高管应对公司填补回报措施能够得到切实履行作出承诺，其"承诺"是强制要求，而控股股东、实际控制人则并非强制。

4. 董事会分析与相关事项披露

（1）公司董事会应对公司本次融资和重大资产重组是否摊薄即期回报进行分析，将填补即期回报措施及相关承诺主体的承诺等事项形成议案，提交股东大会表决。

（2）公司应在招股说明书、发行预案、募集说明书或重大资产重组报告中披露相关事项，同时提示投资者制定填补回报措施不等于对公司未来利润作出保证。

（3）在定期报告中持续披露填补即期回报措施的完成情况及相关承诺主体承诺事项的履行情况。

【注1】填补回报措施及相关承诺事项须形成议案，提交股东大会表决。

【注2】相关文件中应予以披露，并提醒投资者填补回报措施不等于对公司未来利润作出保证。

【注3】公司应当在定期报告中持续披露填补即期回报措施的完成情况及相关承诺主体承诺事项的履行情况。

5. 保荐机构和财务顾问发表核查意见

（1）保荐机构和财务顾问应对公司所预计的即期回报摊薄情况的合理性、填补即期回报措施及相关承诺主体的承诺事项，是否符合《国务院办公厅关于进一步加强资本市场中小投资者合法权益保护工作的意见》中关于保护中小投资者合法权益的精神等发表核查意见。

（2）在持续督导期间，保荐机构和财务顾问应督促相关承诺主体履行所承诺的事项，并在定期报告中履行持续披露义务。督导责任落实不到位的，依法追究保荐机构和财务顾问责任。

6. 监管措施

首发及再融资、重大资产重组中出现公司披露本次融资募集资金到位或重大资产重组完成当年公司即期回报不存在被摊薄情况，利润实现数导致即期回报被摊薄，或相关责任主体违反承诺或拒不履行承诺的：

（1）相关承诺主体应在股东大会及中国证监会指定报刊公开作出解释并道歉。

（2）证券交易所、中国上市公司协会可以采取相应的自律监管措施。

（3）中国证监会可以依法给予相应监管措施，并将记入诚信档案；违反承诺给公司或者股东造成损失的，依法承担补偿责任。

【模拟练习】根据《关于首次公开发行及再融资、重大资产重组摊薄即期回报有关事项的指导意见》，下列关于首发的发行人预计募集资金到位后即期回报被摊薄说法正确的是（　　　）。

A. 公司应披露董事会选择本次融资的必要性、合理性

B. 公司应根据自身经营特点制定并披露具体措施，增强公司持续回报能力，必要时通过非经常性业务填补回报

C. 董事会应对本次融资是否摊薄即期回报进行分析，并在招股说明书中披露提示投资者制

定填补回报措施，相当于对公司未来利润作出保证

D. 公司董事会、高级管理人员应作出承诺，填补回报完成前不进行职务消费行为

答案：A

解析：B，不得制定通过"非经常性业务"实现填补回报的措施；C，填补回报措施不等于对公司未来利润作出保证；D，对职务消费行为进行约束。

【模拟练习】某上市公司进行重大资产重组，预计重组完后导致公司即期回报被摊薄，公司制定了填补回报措施，以下应当对公司填补回报措施能够得到切实履行作出承诺的人员有（　　）。

A. 公司的董事　　　　　　　　　　　　B. 公司的监事

C. 公司控股股东、实际控制人　　　　　D. 公司高管

答案：AD

【模拟练习】某上市公司进行重大资产重组，根据《关于首次公开发行及再融资、重大资产重组摊薄即期回报有关事项的指导意见》，下列说法正确的有（　　）。

A. 重大资产重组完成当年基本每股收益和稀释每股收益均低于上年度方会导致公司即期回报被摊薄

B. 导致公司即期回报被摊薄的，公司应根据自身经营特点制定并披露填补回报的具体措施

C. 董事、高管应当承诺拟公布的公司股权激励的行权条件与公司填补回报措施的执行情况不予挂钩

D. 保荐机构和财务顾问应当对公司填补即期回报措施及相关承诺事项发表明确意见，已发表意见的，公司无须在定期报告中再行披露填补回报措施的完成情况及相关承诺事项的履行情况

答案：B

第四节　涉外并购

【大纲要求】

内容	程度
1. 外国投资者并购境内企业的相关规定	掌握
2. 外国投资者以股权作为支付手段并购境内公司的有关规定	掌握
3. 外国投资者并购境内企业安全审查制度	掌握
4. 外国投资者并购境内企业的反垄断审查的有关规定	熟悉
5. 外国投资者对上市公司战略投资的相关规定	掌握

【内容精讲】

一、外国投资者并购境内企业的相关规定

（一）适用范围

外国投资者并购境内企业是指以下情形的股权并购和资产并购：

1. 股权并购情形

（1）外国投资者购买境内非外商投资企业（以下简称境内公司）股东的股权。

（2）外国投资者认购境内公司增资使该境内公司变更设立为外商投资企业。

2. 资产并购情形

（1）外国投资者先在中国境内设立外商投资企业，并通过该企业协议购买境内企业资产且运营该资产。

（2）外国投资者协议购买境内企业资产，并以该资产投资设立外商投资企业运营该资产。

【注】例外情况：（1）外国投资者购买境内已设立的外商投资企业股东的股权或认购境内外商投资企业增资的，适用于现行外商投资企业法律、行政法规和外商投资企业投资者股权变更的有关规定。其中没有规定的，再参照《关于外国投资者并购境内企业的规定》办理。（2）外国投资者通过其在中国设立的外商投资企业合并或收购境内企业的，适用关于外商投资企业合并与分立的相关规定和关于外商投资企业境内投资的相关规定。其中没有规定的，再参照《关于外国投资者并购境内企业的规定》办理。（3）外国投资者并购境内有限责任公司并将其改制为股份有限公司的，或者境内公司为股份有限公司的，适用关于设立外商股份有限公司的相关规定。其中没有规定的，再参照《关于外国投资者并购境内企业的规定》办理。

（二）并购要求

外国投资者并购境内企业应符合如下基本要求：

1. 外国投资者并购境内企业应遵守中国的法律、行政法规和规章。

2. 外国投资者并购境内企业，应符合中国法律、行政法规和规章对投资者资格的要求及产业、土地、环保等政策。

（1）依照《外商投资产业指导目录》不允许外国投资者独资经营的产业，并购不得导致外国投资者持有企业的全部股权；需由中方控股或相对控股的产业，该产业的企业被并购后，仍应由中方在企业中占控股或相对控股地位；禁止外国投资者经营的产业，外国投资者不得并购从事该产业的企业。

（2）被并购境内企业原有所投资企业的经营范围应符合有关外商投资产业政策的要求；不符合要求的，应进行调整。

3. 外国投资者并购境内企业涉及企业国有产权转让和上市公司国有股权管理事宜的，应当遵守国有资产管理的相关规定。

4. 外国投资者并购境内企业设立外商投资企业，应依照规定经审批机关批准，向登记管理机关办理变更登记或设立登记。如果被并购企业为境内上市公司，还应根据《外国投资者对上市公司战略投资管理办法》，向国务院证券监督管理机构办理相关手续。

5. 外国投资者并购境内企业所涉及的各方当事人应当按照中国税法规定纳税，接受税务机关的监督。

6. 外国投资者并购境内企业所涉及的各方当事人应遵守中国有关外汇管理的法律和行政法规，及时向外汇管理机关办理各项外汇核准、登记、备案及变更手续。

（三）审批机关

外国投资者并购境内企业审批机关为商务部或省级商务主管部门。

1. 并购后所设外商投资企业，属于应由商务部审批的特定类型或行业的外商投资企业的，省级审批机关应将申请文件转报商务部审批，商务部依法决定批准或不批准。

2. 境内公司、企业或自然人以其在境外合法设立或控制的公司名义并购与其有关联关系的境内的公司，应报商务部审批。

3. 外国投资者并购境内企业并取得实际控制权，涉及重点行业、存在影响或可能影响国家经济安全因素或者导致拥有驰名商标或中华老字号的境内企业实际控制权转移的，当事人应就此向商务部进行申报。

【注1】当事人未予申报，但其并购行为对国家经济安全造成或可能造成重大影响的，商务部可以会同相关部门要求当事人终止交易或采取转让相关股权、资产或其他有效措施，以消除并购行为对国家经济安全的影响。

【注2】如果被并购企业为境内上市公司和特殊目的公司拟进行境外上市交易的，应经国务院证券监督管理机构审核和批准。

（四）基本制度

1. 外商投资企业待遇的界定

（1）外国投资者在并购后所设外商投资企业注册资本中的出资比例高于25%的，该企业享受外商投资企业待遇。

（2）外国投资者在并购后所设外商投资企业注册资本中的出资比例低于25%的，除法律和行政法规另有规定外，该企业不享受外商投资企业待遇。

【注】审批机关向其颁发加注"外资比例低于25%"字样的外商投资企业批准证书。登记管理机关、外汇管理机关分别向其颁发加注"外资比例低于25%"字样的外商投资企业营业执照和外汇登记证。

（3）境内公司、企业或自然人以其在境外合法设立或控制的公司名义并购与其有关联关系的境内公司，所设立的外商投资企业不享受外商投资企业待遇，但该境外公司认购境内公司增资，或者该境外公司向并购后所设企业增资，增资额占所设企业注册资本比例达到25%以上的除外。

【注】根据上述方式设立的外商投资企业，其实际控制人以外的外国投资者在企业注册资本中的出资比例高于25%的，享受外商投资企业待遇。外国投资者并购境内上市公司后所设外商投资企业的待遇，按照国家有关规定办理。

2. 被并购境内公司债权和债务的处置

（1）外国投资者股权并购的，并购后所设外商投资企业承继被并购境内公司的债权和债务。

（2）外国投资者资产并购的，出售资产的境内企业承担其原有的债权和债务。

（3）外国投资者、被并购境内企业、债权人及其他当事人可以对被并购境内企业的债权、债务的处置另行达成协议，但是该协议不得损害第三人利益和社会公共利益。债权、债务的处置协议应报送审批机关。

（4）出售资产的境内企业应当在投资者向审批机关报送申请文件之前至少15日，向债权人发出通知书，并在全国发行的省级以上报纸上发布公告。

3. 交易价格确定的依据

并购当事人应以资产评估机构对拟转让的股权价值或拟出售资产的评估结果作为确定交易价格的依据。并购当事人可以约定在中国境内依法设立的资产评估机构。资产评估应采用国际通行的评估方法。

并购当事人应对并购各方是否存在关联关系进行说明，如果有两方属于同一个实际控制人，则当事人应向审批机关披露其实际控制人，并就并购目的和评估结果是否符合市场公允价值进行解释。当事人不得以信托、代持或其他方式规避前述要求。

4. 出资时间的规定

（1）外国投资者并购境内企业设立外商投资企业，外国投资者应自外商投资企业营业执照颁发之日起 3 个月内向转让股权的股东或出售资产的境内企业支付全部对价。对特殊情况需要延长者，经审批机关批准后，应自外商投资企业营业执照颁发之日起 6 个月内支付全部对价的 60% 以上，1 年内付清全部对价，并按实际交付的出资比例分配收益。

（2）外国投资者认购境内公司增资，有限责任公司和以发起方式设立的境内股份有限公司的股东应当在公司申请外商投资企业营业执照时交付不低于 20% 的新增注册资本。

（3）外国投资者设立外商投资企业，并通过该企业协议购买境内企业资产且运营该资产进行资产并购的，对与资产对价等额部分的出资，投资者应在上述规定的对价支付期限内交付；其余部分的出资应符合设立外商投资企业出资的相关规定。

（4）外国投资者并购境内企业设立外商投资企业，如果外国投资者出资比例低于企业注册资本 25%，投资者以现金出资的，应自外商投资企业营业执照颁发之日起 3 个月内缴清；投资者以实物、工业产权等出资的，应自外商投资企业营业执照颁发之日起 6 个月内缴清。

5. 出资比例的确定

（1）外国投资者协议购买境内公司股东的股权，境内公司变更设立为外商投资企业后，该外商投资企业的注册资本为原境内公司注册资本，外国投资者的出资比例为其所购买股权在原注册资本中所占比例。

（2）外国投资者认购境内有限责任公司增资的，并购后所设外商投资企业的注册资本为原境内公司注册资本与增资额之和。外国投资者与被并购境内公司原其他股东在境内公司资产评估的基础上，确定各自在外商投资企业注册资本中的出资比例。

（3）外国投资者认购境内股份有限公司增资的，按照《公司法》有关规定确定注册资本。

6. 投资总额上限的设定

（1）股权并购投资总额上限的设定

外国投资者股权并购的，除国家另有规定外，对并购后所设外商投资企业应按照以下比例确定投资总额的上限：①注册资本在 210 万美元以下的，投资总额不得超过注册资本的 10/7；②注册资本在 210 万美元至 500 万美元的，投资总额不得超过注册资本的 2 倍；③注册资本在 500 万美元至 1 200 万美元的，投资总额不得超过注册资本的 2.5 倍；④注册资本在 1 200 万美元以上的，投资总额不得超过注册资本的 3 倍。

（2）资产并购投资总额上限的设定

外国投资者资产并购的，应根据购买资产的交易价格和实际生产经营规模，确定拟设立的外商投资企业的投资总额。拟设立的外商投资企业的注册资本与投资总额的比例应符合有关规定。

（五）审批与登记

1. 申请

（1）外国投资者股权并购的，投资者应根据并购后所设外商投资企业的投资总额、企业类型及所从事的行业，向具有相应审批权限的审批机关报送申请文件。

（2）外国投资者资产并购的，投资者应根据拟设立的外商投资企业的投资总额、企业类型及所从事的行业，向具有相应审批权限的审批机关报送申请文件。

2. 审批

外国投资者并购境内企业设立外商投资企业，除另有规定外，审批机关应自收到规定报送的全部文件之日起 30 日内，依法决定批准或不批准。决定批准的，由审批机关颁发批准证书。

　　外国投资者协议购买境内公司股东股权，审批机关决定批准的，应同时将有关批准文件分别抄送股权转让方、境内公司所在地外汇管理机关。股权转让方所在地外汇管理机关为其办理转股收汇外资外汇登记并出具相关证明，转股收汇外资外汇登记证明是证明外方已交付的股权收购对价已到位的有效文件。

　　3. 申请登记、领取执照

　　（1）外国投资者资产并购的，投资者应自收到批准证书之日起 30 日内，向登记管理机关申请办理设立登记，领取外商投资企业营业执照。

　　（2）外国投资者股权并购的，被并购境内公司应向原登记管理机关申请变更登记，领取外商投资企业营业执照。

　　【注】原登记管理机关没有登记管辖权的，应自收到申请文件之日起 10 日内转送有管辖权的登记管理机关办理，同时附送该境内公司的登记档案。

　　（3）投资者自收到外商投资企业营业执照之日起 30 日内，到税务、海关、土地管理和外汇管理等有关部门办理登记手续。

　　二、外国投资者以股权作为支付手段并购境内公司的有关规定

　　《关于外国投资者并购境内企业的规定》第四章专门对外国投资者以股权作为支付手段并购境内公司进行说明，具体如下：

　　（一）以股权并购的条件

　　1. 股权并购的界定

　　所称外国投资者以股权作为支付手段并购境内公司，是指境外公司的股东以其持有的境外公司股权，或者境外公司以其增发的股份，作为支付手段，购买境内公司股东的股权或者境内公司增发股份的行为。

　　2. 境外公司的条件

　　（1）应合法设立并且其注册地具有完善的公司法律制度。

　　（2）公司及其管理层最近 3 年未受到监管机构的处罚。

　　（3）除特殊目的公司外，境外公司应为上市公司，其上市所在地应具有完善的证券交易制度。

　　【注】特殊目的公司是指中国境内公司或自然人为实现以其实际拥有的境内公司权益在境外上市而直接或间接控制的境外公司。

　　3. 外国投资者以股权并购境内公司所涉及的境内外公司的股权，应符合以下条件：

　　（1）股东合法持有并依法可以转让。

　　（2）无所有权争议且没有设定质押及任何其他权利限制。

　　（3）境外公司的股权应在境外公开合法证券交易市场（柜台交易市场除外）挂牌交易。

　　（4）境外公司的股权最近 1 年交易价格稳定。

　　【注1】（1）中，一般设定质押等权利受限的股权不可依法转让，必须解除方可，正在办理中的不符合转让条件。

　　【注2】（3）中，柜台交易市场交易的股权，不可作为此处支付手段。

　　【注3】第（3）、第（4）项不适用于特殊目的公司。即特殊目的公司股权并购可不用符合（3）和（4）条件。

　　4. 并购顾问应符合的条件

　　外国投资者以股权并购境内公司，境内公司或其股东应当聘请在中国注册登记的中介机构担任顾问。并购顾问应符合以下条件：

（1）信誉良好且有相关从业经验。

（2）无重大违法违规记录。

（3）应有调查并分析境外公司注册地和上市所在地法律制度与境外公司财务状况的能力。

【真题回顾（1605）】 根据《关于外国投资者并购境内企业的规定》，外国投资者以境外公司的股权并购境内公司所涉及的股权，下列说法错误的有（　　）。

A. 该境外公司的股权最近 1 年交易价格稳定

B. 该境外公司的第一大股东持股比例不超过 50%

C. 股东合法持有并依法可以转让

D. 无所有权争议且没有设定质押及任何其他权利限制

E. 境外公司的股权应在境外公开合法证券交易市场（含柜台交易市场）挂牌交易

答案：BE

（二）申报文件与程序

1. 申报文件

外国投资者以股权并购境内公司应报送商务部审批，境内公司除报送《关于外国投资者并购境内企业的规定》前述所要求的文件外，另须报送以下文件：（1）境内公司最近 1 年股权变动和重大资产变动情况的说明；（2）并购顾问报告；（3）所涉及的境内外公司及其股东的开业证明或身份证明文件；（4）境外公司的股东持股情况说明和持有境外公司 5% 以上股权的股东名录；（5）境外公司的章程和对外担保的情况说明；（6）境外公司最近年度经审计的财务报告和最近半年的股票交易情况报告。

2. 程序

（1）审核

商务部自收到规定报送的全部文件之日起 30 日内对并购申请进行审核，符合条件的，颁发批准证书，并在批准证书上加注"外国投资者以股权并购境内公司，自营业执照颁发之日起 6 个月内有效"。

（2）加注的外商投资企业营业执照和外汇登记证的领取

境内公司应自收到加注的批准证书之日起 30 日内，向登记管理机关、外汇管理机关办理变更登记，由登记管理机关、外汇管理机关分别向其颁发加注"自颁发之日起 8 个月内有效"字样的外商投资企业营业执照和外汇登记证。境内公司向登记管理机关办理变更登记时，应当预先提交旨在恢复股权结构的境内公司法定代表人签署的股权变更申请书、公司章程修正案、股权转让协议等文件。

（3）无加注的外商投资企业营业执照、外汇登记证的领取

自营业执照颁发之日起 6 个月内，境内公司或其股东应就其持有境外公司股权事项，向商务部、外汇管理机关申请办理境外投资开办企业核准、登记手续。当事人除向商务部报送《关于境外投资开办企业核准事项的规定》所要求的文件外，另须报送加注的外商投资企业批准证书和加注的外商投资企业营业执照。商务部在核准境内公司或其股东持有境外公司的股权后，颁发中国企业境外投资批准证书，并换发无加注的外商投资企业批准证书。境内公司取得无加注的外商投资企业批准证书后，应在 30 日内向登记管理机关、外汇管理机关申请换发无加注的外商投资企业营业执照、外汇登记证。

境内公司取得无加注的外商投资企业批准证书、外汇登记证之前，不得向股东分配利润或

向有关联关系的公司提供担保，不得对外支付转股、减资、清算等资本项目款项。

（4）税务的变更登记

境内公司或其股东凭商务部和登记管理机关颁发的无加注批准证书和营业执照，到税务机关办理。

（5）并购不成功的处理

自营业执照颁发之日起6个月内，如果境内外公司没有完成其股权变更手续，则加注的批准证书和中国企业境外投资批准证书自动失效。登记管理机关根据境内公司预先提交的股权变更登记申请文件核准变更登记，使境内公司股权结构恢复到股权并购之前的状态。并购境内公司增发股份而未实现的，在登记管理机关根据前款予以核准变更登记之前，境内公司还应当按照《公司法》的规定，减少相应的注册资本并在报纸上公告。

（三）特殊目的公司的特别规定

1. 特殊目的公司及其并购境内企业的概念

（1）特殊目的公司是指境内公司或自然人为实现以其实际拥有的境内公司权益在境外上市而直接或间接控制的境外公司。

（2）特殊目的公司并购境内企业是指特殊目的公司为实现在境外上市，其股东以其所持公司股权，或者特殊目的公司以其增发的股份，作为支付手段，购买境内公司股东的股权或者境内公司增发的股份。

【注】境内公司在境外设立特殊目的公司，应向商务部申请办理核准手续。

2. 权益在境外上市的境内公司应符合下列条件：

（1）产权明晰，不存在产权争议或潜在产权争议。

（2）有完整的业务体系和良好的持续经营能力。

（3）有健全的公司治理结构和内部管理制度。

（4）公司及其主要股东近3年无重大违法违规记录。

3. 特殊目的公司境外上市交易的条件

（1）特殊目的公司境外上市交易，应经国务院证券监督管理机构批准。

（2）所在国家或地区应有完善的法律和监管制度，其证券监管机构已与国务院证券监督管理机构签订监管合作谅解备忘录，并保持着有效的监管合作关系。

（3）特殊目的公司境外上市的股票发行价总值，不得低于其所对应的经中国有关资产评估机构评估的被并购境内公司股权的价值。

三、外国投资者并购境内企业安全审查制度

2011年2月3日，国务院办公厅发布了《国务院办公厅关于建立外国投资者并购境内企业安全审查制度的通知》，决定建立外国投资者并购境内企业安全审查部际联席会议制度，具体承担并购安全审查工作。

（一）安全审查范围

1. 并购安全审查的范围

（1）外国投资者并购境内军工及军工配套企业，重点、敏感军事设施周边企业，以及关系国防安全的其他单位。

（2）外国投资者并购境内关系国家安全的重要农产品、重要能源和资源、重要基础设施、重要运输服务、关键技术、重大装备制造等企业，且实际控制权可能被外国投资者取得。

【注】（1）中，涉及军工、军工配套及关系国防安全的须安全审查；（2）中，关系国家安

全重要领域，实际控制权可能被外国投资者取得的，须安全审查。

2. 外国投资者并购境内企业的情形

（1）外国投资者购买境内非外商投资企业的股权或认购境内非外商投资企业增资，使该境内企业变更设立为外商投资企业。

（2）外国投资者购买境内外商投资企业中方股东的股权，或认购境内外商投资企业增资。

（3）外国投资者设立外商投资企业，并通过该外商投资企业协议购买境内企业资产并且运营该资产，或通过该外商投资企业购买境内企业股权。

（4）外国投资者直接购买境内企业资产，并以该资产投资设立外商投资企业运营该资产。

3. 外国投资者取得实际控制权的情形

外国投资者取得实际控制权是指外国投资者通过并购成为境内企业的控股股东或实际控制人。包括下列情形：

（1）外国投资者及其控股母公司、控股子公司在并购后持有的股份总额在50%以上。

（2）数个外国投资者在并购后持有的股份总额合计在50%以上。

（3）外国投资者在并购后所持有的股份总额不足50%，但依其持有的股份所享有的表决权已足以对股东会或股东大会、董事会的决议产生重大影响。

（4）其他导致境内企业的经营决策、财务、人事、技术等实际控制权转移给外国投资者的情形。

【真题回顾（1609）】 关于外国投资者并购境内企业的安全审查制度，不考虑其他因素，下列说法正确的是（　　　）。

A. 外国投资者甲公司通过协议转让的方式取得乙上市公司的51%股权，拟发出收购要约，需进行并购安全审查

B. 外国投资者甲公司与境内乙公司、丙公司合资设立外商投资企业丁公司，甲公司、乙公司、丙公司持有丁公司的股权比例分别为40%、45%和15%，丁公司为军工配套，属于审查范围

C. 外国投资者拟收购境内有国家驰名商标的某知名餐饮企业60%的股权，该交易属于安全审查的范围

D. 甲公司、乙公司、丙公司均为外国投资者，拟通过增资的方式取得某军工企业丁公司的股权，若增资完成后甲、乙、丙分别持有丁公司15%、19%、18%的股权，上述交易不属于安全审查的范围

E. 外国投资者购买境内军工、基础设施类企业的股权均需进行安全审查

答案：B

解析：A，取得控制权，要看其是否是关系国家安全的重要领域的企业，是，则需要安全审查，从题目中无法判断，不能得出需进行并购安全审查的结论；B，丁公司为军工配套企业，设立时须安全审查；C，虽取得控制权，但非关系国家安全的重要领域的企业，并不强制安全审查；D，军工企业，不管控制权是否可能被取得，均需安全审查；E，基础设施类企业在实际控制权可能被外国投资者取得时方需安全审查。

（二）安全审查内容

1. 并购交易对国防安全，包括对国防需要的国内产品生产能力、国内服务提供能力和有关设备设施的影响。

2. 并购交易对国家经济稳定运行的影响。

3. 并购交易对社会基本生活秩序的影响。

4. 并购交易对涉及国家安全关键技术研发能力的影响。

【注】与国家安全、国家经济运行、社会基本生活秩序有关，不涉及具体的如产业竞争力等内容。

（三）安全审查工作机制

1. 建立外国投资者并购境内企业安全审查部际联席会议（以下简称联席会议）制度，具体承担并购安全审查工作。

2. 联席会议在国务院领导下，由国家发展改革委、商务部牵头，根据外资并购所涉及的行业和领域，会同相关部门开展并购安全审查。

3. 联席会议的主要职责是：分析外国投资者并购境内企业对国家安全的影响；研究、协调外国投资者并购境内企业安全审查工作中的重大问题；对需要进行安全审查的外国投资者并购境内企业交易进行安全审查并作出决定。

【注】由联席会议承担并购安全审查工作，非其他机构或部门。

（四）安全审查程序

1. 外国投资者并购境内企业，应由投资者向商务部提出申请。对属于安全审查范围内的并购交易，商务部应在 5 个工作日内提请联席会议进行审查。

【注】应由投资者向商务部提出申请，由商务部提请联席会议审查。非境内被并购公司提请，非商务部审查。

2. 外国投资者并购境内企业，国务院有关部门、全国性行业协会、同业企业及上下游企业认为需要进行并购安全审查的，可以通过商务部提出进行并购安全审查的建议。联席会议认为确有必要进行并购安全审查的，可以决定进行审查。

【注】国务院有关部门等可通过商务部提出进行并购安全审查的建议，不可直接提请联席会议进行审查。

3. 联席会议对商务部提请安全审查的并购交易，首先进行一般性审查，对未能通过一般性审查的，进行特别审查。

（1）一般性审查

①一般性审查采取书面征求意见的方式进行。

②联席会议收到商务部提请安全审查的并购交易申请后，在 5 个工作日内，书面征求有关部门的意见。

③有关部门在收到书面征求意见函后，应在 20 个工作日内提出书面意见。如有关部门均认为并购交易不影响国家安全，则不再进行特别审查，由联席会议在收到全部书面意见后 5 个工作日内提出审查意见，并书面通知商务部。

（2）特别审查

①如有部门认为并购交易可能对国家安全造成影响，联席会议应在收到书面意见后 5 个工作日内启动特别审查程序。

②启动特别审查程序后，联席会议组织对并购交易的安全评估，并结合评估意见对并购交易进行审查，意见基本一致的，由联席会议提出审查意见；存在重大分歧的，由联席会议报请国务院决定。

③联席会议自启动特别审查程序之日起 60 个工作日内完成特别审查，或报请国务院决定。审查意见由联席会议书面通知商务部。

【注】具体一般性审查和特别审查的程序一般了解即可，须注意的是"如有关部门均认为并

购交易不影响国家安全，则不再进行特别审查"，特别审查不是必经程序。

4. 在并购安全审查过程中，申请人可向商务部申请修改交易方案或撤销并购交易。

5. 并购安全审查意见由商务部书面通知申请人。

6. 外国投资者并购境内企业行为对国家安全已经造成或可能造成重大影响的，联席会议应要求商务部会同有关部门终止当事人的交易，或采取转让相关股权、资产或其他有效措施，消除该并购行为对国家安全的影响。

【真题回顾（1511）】 下列关于外国投资者并购境内企业安全审查的表述中，正确的是（　　）。

A. 对并购交易的安全审查应当由商务部作出最终决定

B. 评估并购交易对国内产业竞争力的影响是安全审查的重要内容

C. 拟并购境内企业的外国投资者应当按照规定向商务部申请

D. 国务院有关部门可以不经商务部直接向并购安全审查部联席会议提出审查申请

答案：C

解析：A，由商务部提请，联席会议进行审查；B，内容与国家安全、国家经济运行、社会基本生活秩序有关，不涉及具体的如产业竞争力等内容；C，外国投资者并购境内企业，由投资者向商务部提出申请，商务部在5个工作日内提请联席会议进行审查；D，国务院有关部门等可通过商务部提出进行并购安全审查的建议，不可直接提请联席会议进行审查。

【真题回顾（1610）】 关于外国投资者并购境内企业的安全审查程序，以下说法正确的是（　　）。

A. 并购安全审查均需进行一般性审查和特别审查，通过一般性审查后再进行特别审查

B. 对属于安全审查范围内的并购交易，由商务部具体承担并购安全审查工作

C. 外国投资者并购境内企业，全国性行业协会、同行业及上下游企业均可提出并购安全审查的建议

D. 关于外国投资者并购境内企业进行安全审查的，需由境内并购标的向商务部提出申请

答案：C

解析：A，对未能通过一般性审查的，进行特别审查；B，商务部提请联席会议进行审查；D，外国投资者并购境内企业，由投资者向商务部提出申请。

四、外国投资者并购境内企业的反垄断审查的有关规定

《关于外国投资者并购境内企业的规定》第五十一条规定：依据《反垄断法》的规定，外国投资者并购境内企业达到《国务院关于经营者集中申报标准的规定》规定的申报标准的，应当事先向商务部申报，未申报不得实施交易。

《国务院关于经营者集中申报标准的规定》的具体规定如下：

（一）经营者集中的概念

经营者集中是指下列情形：

1. 经营者合并。

2. 经营者通过取得股权或者资产的方式取得对其他经营者的控制权。

3. 经营者通过合同等方式取得对其他经营者的控制权或者能够对其他经营者施加决定性影响。

【模拟练习】 根据《国务院关于经营者集中申报标准的规定》的规定，以下属于经营者集中的情形有（　　）。

A. 经营者之间合并

B. 经营者通过取得股权的方式取得对其他经营者的控制权

C. 经营者通过取得资产的方式取得对其他经营者的控制权

D. 经营者通过合同的方式取得对其他经营者的控制权

E. 经营者通过合同的方式能够对其他经营者施加决定性影响

答案：ABCDE

（二）经营者集中的标准

经营者集中达到下列标准之一的，经营者应当事先向国务院商务主管部门申报，未申报的不得实施集中：

1. 参与集中的所有经营者上一会计年度在全球范围内的营业额合计超过 100 亿元人民币，并且其中至少两个经营者上一会计年度在中国境内的营业额均超过 4 亿元人民币。

2. 参与集中的所有经营者上一会计年度在中国境内的营业额合计超过 20 亿元人民币，并且其中至少两个经营者上一会计年度在中国境内的营业额均超过 4 亿元人民币。

经营者集中未达到规定的申报标准，但按照规定程序收集的事实和证据表明该经营者集中具有或者可能具有排除、限制竞争效果的，国务院商务主管部门应当依法进行调查。

【注1】应向"国务院商务主管部门"（商务部）申报，非中国证监会、国家发展改革委、反垄断委员会等。

【注2】上述标准中需注意以下几点：（1）两个标准，达到之一的，就需要申报；（2）每个标准中又有两个条件，两个条件同时满足方达到该标准；（3）条件中至少两个营业额均超过 4 亿元人民币，是指至少有两个分别各自超过 4 亿元，非两个合计超过 8 亿元；（4）所有指标均指上一会计年度，均不包含本数；（5）所有指标均为人民币，如题目中遇到外币的，需进行转换后判断。

【注3】简记：（1）所有全球内 >100 亿元且至少有两个境内 >4 亿元；（2）所有境内 >20 亿元且至少有两个境内 >4 亿元。

【真题回顾（1611）】甲公司为外国投资者，乙公司为境内公司，2016 年甲公司拟收购乙公司 51% 的股权，以下情形中，需要向国务院商务主管部门进行经营集中申报的是（ ）。

A. 2015 年，甲公司在全球营业收入为 30 亿美元，在中国境内营业收入为 5 000 万元。2015 年，乙公司在中国境内营业收入为 10 亿元

B. 2015 年，甲公司在全球营业收入为 3 亿美元，在中国境内营业收入为 15 亿元。2015 年，乙公司在中国境内营业收入为 4.5 亿元

C. 2015 年，甲公司在全球营业收入为 30 亿美元，在中国境内营业收入为 15 亿元。2015 年，乙公司在中国境内营业收入为 4.5 亿元

D. 2015 年，甲公司在全球营业收入为 30 亿美元，在中国境内营业收入为 10 亿元。2015 年，乙公司在中国境内营业收入为 2 亿元

答案：C

解析：本题甲通过收购乙的股权实现了对乙的控制权，属于经营者集中；根据已知条件计算如下：A，全球营业收入 211 亿元（201＋10），甲公司境内营业收入 0.5 亿元，乙公司境内营业收入 10 亿元，不符合境内收入的指标，不强制申报；B，全球营业收入 24.6 亿元（20.1＋4.5），甲公司境内营业收入 15 亿元，乙公司境内营业收入 4.5 亿元，不符合境收入的指标，不强制申报；C，全球营业收入 205.5 亿元（201＋4.5），甲公司境内营业收入 15 亿元，乙公司境

内营业收入 4.5 亿元，同时符合境外、境内指标，须申报；D，乙公司境内收入营业收入为 2 亿元，不符合境内指标。

【模拟练习】根据《国务院关于经营者集中申报标准的规定》，下列何种情况下，经营者集中需事先申报，未申报不得实施集中（　　）。

A. 参与集中的所有经营者上一会计年度在中国境内营业额合计为 10 亿元，其中两个经营者合计 8 亿元

B. 参与集中的所有经营者上一会计年度在全球范围内营业额合计为 110 亿元，其中两个经营者在中国境内均超过 4 亿元

C. 参与集中的所有经营者上一会计年度在中国境内营业额合计为 150 亿元，其中一个经营者营业额最高为 4 亿元

D. 参与集中的所有经营者上一会计年度在全球范围内营业额合计为 60 亿元，其中三个经营者在中国境内营业额均超过 10 亿元

答案：B

【模拟练习】经营者集中达到一定标准后，根据《国务院关于经营者集中申报标准的规定》，以下说法正确的是（　　）。

A. 经营者应当事先向中国证监会申报，未申报不得实施经营者集中

B. 经营者应当事先向反垄断委员会申报，未申报不得实施经营者集中

C. 经营者应当事先向行业协会申报，未申报不得实施经营者集中

D. 经营者应当事先向国家发展改革委申报，未申报不得实施经营者集中

E. 经营者应当事先向国务院商务主管部门申报，未申报不得实施经营者集中

答案：E

五、外国投资者对上市公司战略投资的相关规定

外国投资者对上市公司战略投资是指外国投资者对已完成股权分置改革的上市公司和股权分置改革后新上市公司通过具有一定规模的中长期战略性并购投资，取得该公司 A 股股份的行为。

经商务部批准，投资者可以对上市公司进行战略投资。

【注】注意两点：（1）已完成股权分置改革的上市公司；（2）经商务部批准。

（一）战略投资应符合的条件

1. 投资者进行战略投资应符合以下要求：

（1）以协议转让、上市公司定向发行新股方式以及国家法律法规规定的其他方式取得上市公司 A 股股份。

（2）投资可分期进行，首次投资完成后取得的股份比例不低于该公司已发行股份的 10%，但特殊行业有特别规定或经相关主管部门批准的除外。

（3）取得的上市公司 A 股股份 3 年内不得转让。

（4）法律法规对外商投资持股比例有明确规定的行业，投资者持有上述行业股份比例应符合相关规定；属法律法规禁止外商投资的领域，投资者不得对上述领域的上市公司进行投资。

（5）涉及上市公司国有股股东的，应符合国有资产管理的相关规定。

【注1】常规方式包括协议转让和定向发行新股。

【注2】（2）中，是"不低于""已发行股份的 10%"，非"不超过"或其他，需精准记忆。

【注3】不管是协议转让方式还是定向发行方式，外国投资者对上市公司战略投资锁定期均

为 3 年。

【注 4】 投资可分期进行时统一规定，涉及国有股股东的也不例外。

2. 投资者应符合以下要求：

（1）依法设立、经营的外国法人或其他组织，财务稳健、资信良好且具有成熟的管理经验。

（2）境外实有资产总额不低于 1 亿美元或管理的境外实有资产总额不低于 5 亿美元；或其母公司境外实有资产总额不低于 1 亿美元或管理的境外实有资产总额不低于 5 亿美元。

（3）有健全的治理结构和良好的内控制度，经营行为规范。

（4）近 3 年内未受到境内外监管机构的重大处罚（包括其母公司）。

【注 1】 投资者可以是法人或其他组织，不包括个人；因法条没有对其他组织进行限定，因此，考试时，若不是自然人，又符合其他要求的，应判定其符合投资者条件，比如外商投资有限合伙企业。

【注 2】 （2）可以总结为：投资者或其母公司境外实有或管理的资产不低于 1 亿美元、5 亿美元。注意，投资者和母公司不可合并计算，比如投资者境外实有资产总额为 5 000 万美元，或其母公司境外实有资产总额为 5 000 万美元，不能以二者合计不低于 1 亿美元而认定投资者符合要求。

【注 3】 近 3 年内未受到处罚的主体包括投资者及其母公司，包括境内、境外监管机构的重大处罚。

【真题回顾（1605）】 收购人 2016 年 5 月拟对我国上市公司进行收购，以下不符合收购人资格的是（　　）。

A. 甲公司是外国投资者，甲公司境外实有资产总额 8 000 万美元，甲公司管理的境外实有资产总额 8 亿美元

B. 丙公司 2013 年 8 月存在重大违法行为

C. 张某担任丁公司的法定代表人，丁公司 2013 年 1 月曾因违法被吊销营业执照

D. 赵某 2015 年 4 月因肇事逃逸被判处 1 年刑罚，2015 年 4 月执行期满

答案：B

解析：本题需结合《上市公司收购管理办法》第六条规定的"不得收购上市公司的情形"进行解答。A，虽境外实有资产总额不足 1 亿美元，但管理的境外实有资产总额不低于 5 亿美元，符合条件；B，最近 3 年有重大违法行为，不符合收购条件；C，丁公司 2013 年 1 月曾因违法被吊销营业执照，至 2016 年 5 月已超过 3 年；D，肇事逃逸被判处刑罚不属于《公司法》规定不得担任公司董、监、高的情形。

【模拟练习】 不考虑其他因素，下列外国投资者 2016 年可以对 A 股上市公司进行战略投资的有（　　）。

A. 外国法人机构境外实有资产总额 1.5 亿美元，其母公司管理的境外实有资产总额 4 亿美元

B. 2012 年受到其所在国监管机构的重大处罚的境外上市公司

C. 境外实有资产总额 3 亿美元的境外非上市公司

D. 外商投资有限合伙企业，其管理的境外实有资产总额 9 亿美元

E. 外国法人机构境外实有资产总额 0.5 亿美元，其母公司境外实有资产总额 2 亿美元

答案：ABCDE

（二）战略投资的程序

通过上市公司定向发行方式进行战略投资的，按以下程序办理	通过协议转让方式进行战略投资的，按以下程序办理	
（1）上市公司董事会通过向投资者定向发行新股及公司章程修改草案的决议	（1）上市公司董事会通过投资者以协议转让方式进行战略投资的决议	
（2）上市公司股东大会通过向投资者定向发行新股及修改公司章程的决议	（2）上市公司股东大会通过投资者以协议转让方式进行战略投资的决议	
（3）上市公司与投资者签订定向发行的合同	（3）转让方与投资者签订股份转让协议	
（4）上市公司向商务部报送相关申请文件，有特殊规定的从其规定	（4）投资者向商务部报送相关申请文件，有特殊规定的从其规定	
（5）上市公司向中国证监会报送定向发行申请文件，中国证监会依法予以核准	（5）经中国证监会备案或审核	①投资者参股上市公司的，获得前述批准后向证券交易所办理股份转让确认手续、向证券登记结算机构申请办理登记过户手续，并报中国证监会备案
		②投资者拟通过协议转让方式构成对上市公司的实际控制，获得前述批准后，向中国证监会报送上市公司收购报告书及相关文件，经中国证监会审核无异议后向证券交易所办理股份转让确认手续、向证券登记结算机构申请办理登记过户手续
（6）定向发行完成后，上市公司到商务部领取外商投资企业批准证书，并凭该批准证书到工商行政管理部门办理变更登记	（6）协议转让完成后，上市公司到商务部领取外商投资企业批准证书，并凭该批准证书到工商行政管理部门办理变更登记	

　　注：①商务部 2015 年《关于修改部分规章和规范性文件的决定》将原规定"在取得商务部就投资者对上市公司进行战略投资的原则批复函后，上市公司向中国证监会报送定向发行申请文件，中国证监会依法予以核准"删除，目前实务中对上述（4）与（5）实行并联式审批，商务部批复不再作为中国证监会审核的前置条件。

　　②需记忆两种方式的总体程序：董事会决议→股东大会决议→签订合同→报送申请文件→核准→实施→登记。

　　③注意定向发行与协议转让二者的区别：（3）中签订协议的主体不同；（4）中向商务部报送相关申请文件的主体不同，前者为"上市公司"，后者为"投资者"；（5）中审核方式不同，前者须中国证监会核准，后者，参股的，直接办理转让、登记，之后向中国证监会备案即可，控股的，方需经中国证监会审核；（5）中申请文件也不同，定向发行与协议转让中投资者参股的，不需要向中国证监会报送"上市公司收购报告书"，但协议转让中构成对上市公司的实际控制的，申请文件中则包含"上市公司收购报告书"。

【模拟练习】 2017 年 6 月，外国投资者甲公司拟取得 A 股乙上市公司 15% 的股权，交易完成后甲公司将成为乙公司的第二大股东，乙公司的实际控制人不变，以下说法正确的是（　　）。

A. 甲可以作为战略投资者参与乙公司的定向增发，也可以通过协议转让的方式取得乙公司的股份

B. 取得乙公司的股份 3 年内不得转让

C. 需取得商务部的批准及中国证监会的核准

D. 甲公司的投资可分期进行

E. 甲公司需编制上市收购报告书

答案：ABD

解析：C，协议转让，参股的，直接办理转让、登记，之后向中国证监会备案即可，无须中证监会核准；E，定向发行与协议转让中投资者参股的，不需要向中国证监会报送"上市公司收购报告书"。

【模拟练习】 某上市公司发行股份购买乙境外公司，该项交易构成外国投资者对上市公司的战略投资，依据《外国投资者对上市公司战略投资管理办法（修订）》的相关要求，下列事项发生的时间顺序正确的是（　　）。

1. 上市公司董事会通过向投资者定向发行新股及公司章程修改草案的决议

2. 上市公司股东大会通过向投资者定向发行新股及修改公司章程的决议

3. 上市公司与投资者签订定向发行的合同

4. 上市公司向中国证监会报送定向发行申请文件，中国证监会依法予以核准

5. 重组方案的具体实施

A. 3 1 2 4 5　　　　B. 1 2 4 3 5　　　　C. 3 1 4 2 5　　　　D. 1 2 3 4 5

E. 4 3 1 2 5

答案：D

第五节　非上市公众公司并购

【大纲要求】

内容	程度
1. 非上市公众公司收购	掌握
2. 非上市公众公司重大资产重组	掌握

说明：大纲表述为"掌握股票在全国中小企业股份转让系统公开转让的非上市公众公司进行重大资产重组的操作流程的一般性规定；掌握非上市公众公司重大资产重组和收购的一般性规定"。

【内容精讲】

一、非上市公众公司收购

2014 年 7 月，中国证监会发布并实施《非上市公众公司收购管理办法》，对非上市公众公司的收购及相关股份权益变动活动进行规范，股票在全国股份转让系统公开转让的公众公司，其收购及相关股份权益变动活动应当遵守《非上市公众公司收购管理办法》的规定。

非上市公司收购与上市公司收购的规定有诸多相似之处，也有明显不同的地方，考试时往往会考不同的规定，但对于重要的条款，二者规定相同的，一般情况下是在上市公司收购中进行考查，但也仍可能会在公众公司收购中考查。以下会对二者相同及相异处单独作出说明。

（一）一般规定

1. 收购方式

（1）收购人可以通过取得股份的方式成为公众公司的控股股东，可以通过投资关系、协议、其他安排的途径成为公众公司的实际控制人，也可以同时采取上述方式和途径取得公众公司控制权。

（2）收购人包括投资者及其一致行动人。

【注1】与上市公司收购一样，一定要取得实际控制权方构成收购，取得控制权的方式包括取得股份成为控股股东或通过投资关系、协议、其他安排成为实际控制人，或者二者并用。比如通过协议安排可以实际支配股份表决权超过30%或能够决定董事会半数以上成员选任或足以对股东大会的决议产生重大影响的，都视为取得控制权。

【注2】收购人包括投资者及其一致行动人，相关股权等应合并计算，与上市公司收购中含义相同。

2. 收购人

进行公众公司收购，收购人及其实际控制人应当具有良好的诚信记录，收购人及其实际控制人为法人的，应当具有健全的公司治理机制。有下列情形之一的，不得收购公众公司：

（1）收购人负有数额较大债务，到期未清偿，且处于持续状态。

（2）收购人最近2年有重大违法行为或者涉嫌有重大违法行为。

（3）收购人最近2年有严重的证券市场失信行为。

（4）收购人为自然人的，存在《公司法》第一百四十六条规定的情形。

（5）法律、行政法规规定以及中国证监会认定的不得收购公众公司的其他情形。

【注1】以上的5条禁止规定与上市公司收购基本相同，（2）、（3）中具体规定不同，上市公司的规定为3年。

【注2】负有数额较大债务，只要未出现"到期未清偿，且处于持续状态"的，不构成此处作为收购人的障碍。

3. 被收购公司相关当事人

（1）被收购公司的控股股东或实际控制人

①被收购公司的控股股东或者实际控制人不得滥用股东权利损害被收购公司或者其他股东的合法权益。

②被收购公司的控股股东、实际控制人及其关联方有损害被收购公司及其他股东合法权益的：

a. 上述控股股东、实际控制人在转让被收购公司控制权之前，应当主动消除损害。

b. 未能消除损害的，应当就其出让相关股份所得收入用于消除全部损害作出安排，对不足以消除损害的部分应当提供充分有效的履约担保或安排，并提交被收购公司股东大会审议通过，被收购公司的控股股东、实际控制人及其关联方应当回避表决。

（2）被收购公司的董事会及董、监、高

①被收购公司董事会针对收购所作出的决策及采取的措施，应当有利于维护公司及其股东

的利益，不得滥用职权对收购设置不适当的障碍，不得利用公司资源向收购人提供任何形式的财务资助。

②被收购公司的董事、监事、高级管理人员对公司负有忠实义务和勤勉义务，应当公平对待收购本公司的所有收购人。

4. 财务顾问

（1）应当聘请财务顾问的情形

收购人按照以下方式进行公众公司收购的，应当聘请任财务顾问：

①自愿要约方式。

②通过全国股份转让系统的证券转让，投资者及其一致行动人拥有权益的股份变动导致其成为公众公司第一大股东或者实际控制人。

③通过投资关系、协议转让、行政划转或者变更、执行法院裁定、继承、赠与、其他安排等方式拥有权益的股份变动导致其成为或拟成为公众公司第一大股东或者实际控制人且拥有权益的股份超过公众公司已发行股份10%的。

【注1】通过国有股行政划转或者变更、因继承取得股份、股份在同一实际控制人控制的不同主体之间进行转让、取得公众公司向其发行的新股、司法判决导致收购人成为或拟成为公众公司第一大股东或者实际控制人的情形可豁免聘请财务顾问。

【注2】上市公司收购中，国有股行政划转或者变更、股份转让在同一实际控制人控制的不同主体之间进行、因继承取得股份及投资者及其一致行动人承诺至少3年放弃行使相关股份表决权的可免于聘请财务顾问。

【注3】收购人不得聘请挂牌公司主办券商担任其财务顾问。

（2）财务顾问的职责

①收购人聘请的财务顾问应当勤勉尽责，保持独立性，对收购人进行辅导，帮助收购人全面评估被收购公司的财务和经营状况。

②对收购人的相关情况进行尽职调查，对收购人披露的文件进行充分核查和验证；对收购事项客观、公正地发表专业意见，并保证其所制作、出具文件的真实性、准确性和完整性。

③在收购人公告被收购公司收购报告书至收购完成后12个月内，财务顾问应当持续督导收购人遵守法律、行政法规、中国证监会的规定、全国中小企业股份转让系统相关规则以及公司章程，依法行使股东权利，切实履行承诺或者相关约定。

【注1】财务顾问认为收购人利用收购损害被收购公司及其股东合法权益的，应当拒绝为收购人提供财务顾问服务。

【注2】持续督导期为公告被收购公司收购报告书至收购完成后12个月内。上市公司收购中的规定为："自收购人公告上市公司收购报告书至收购完成后12个月内，财务顾问应当对收购人及被收购公司履行持续督导职责。"

【说明】上市公司收购中，对于要约收购、管理层收购均应当聘请独立财务顾问，公众公司收购中，未规定须聘请独立财务顾问的情形，要约收购中是否聘请独立财务顾问由被收购公司根据自身情况自主选择。

5. 锁定期

按照《非上市公众公司收购管理办法》进行公众公司收购后，收购人成为公司第一大股东或者实际控制人的，收购人持有的被收购公司股份，在收购完成后12个月内不得转让。

收购人在被收购公司中拥有权益的股份在同一实际控制人控制的不同主体之间进行转让不

受前述 12 个月的限制。

【模拟练习】 以下关于非上市公众公司收购的说法，正确的是（　　）。

A. 收购人自愿以要约方式收购非上市公司股份的，其预订收购的股份比例不得低于该公众公司已发行股份的 10%

B. 通过全国中小企业股份转让系统的做市方式、竞价方式进行证券转让，投资者及其一致行动人拥有权益的股份达到公众公司已发行股份的 10% 时，应当在事实发生之日起 2 日内编制权益变动报告书

C. 收购人持有的被收购非上市公众公司的股份，在收购完成后 6 个月内不得转让

D. 收购人负有数额较大债务，到期未清偿，且处于持续状态，可以收购非上市公众公司

E. 收购人以证券支付收购价款的，应当披露该证券的发行人最近 3 年经审计的财务会计报表、证券估值报告

答案：B

解析：A，与上市公司收购相同，预订收购的股份比例不得低于该公众公司已发行股份的 5%；C，在收购完成后 12 个月内不得转让；D，为不得收购的情形；E，应为最近 2 年。

【模拟练习】 根据《非上市公众公司收购管理办法》，2017 年 8 月，下列不得收购非上市公众公司的有（　　）。

A. 收购人为法人，其负有数额较大债务，资产负债率为 76%

B. 收购人为自然人，其于 2015 年 1 月有重大违法行为

C. 收购人为自然人，其于 2014 年 11 月有严重的证券市场失信行为

D. 收购人为自然人，曾经担任于 2014 年 12 月破产清算的某公司董事，并负有个人责任

答案：D

解析：A，负有数额较大债务，只要未出现"到期未清偿，且处于持续状态"的，不构成此处作为收购人的障碍；B，2015 年 1 月，不在 2 年以内；C，2014 年 11 月，不在 2 年以内；D，破产清算完结之日 2014 年 12 月至 2017 年 8 月未逾 3 年，构成障碍。

（二）权益披露

交易方式	标准	处理
1. 做市方式、竞价方式	达到 10%	（1）事实发生之日起 2 日内编制并披露权益变动报告书，报送全国中小企业股份转让系统，同时通知公众公司 （2）自该事实发生之日起至披露后 2 日内，不得再行买卖该公众公司的股票
	达到 10% 后 ±5%	
2. 协议转让方式	达到或超过 10%	
	达到或超过 10% 后 ±5%	
3. 行政划转或变更、执行法院裁定、继承、赠与等方式	达到或超过 10%	事实发生之日起 2 日内编制并披露权益变动报告书，报送全国中小企业股份转让系统，同时通知公众公司
	达到或超过 10% 后 ±5%	
4. 通过投资关系、协议、其他安排等方式进行收购导致其间接拥有权益	达到或超过 10%	
	达到或超过 10% 后 ±5%	

续表

交易方式	标准	处理
5. 因公众公司向其他投资者发行股份、减少股本导致	达到或超过 10%	（1）投资者及其一致行动人免于履行披露义务
	达到或超过 10% 后 ±5%	（2）公众公司自完成增加股本、减少股本的变更登记之日起 2 日内，就因此导致的公司股东拥有权益的股份变动情况进行披露

注：①"10% 后 ±5%"和"达到或超过 10% 后 ±5%"是指投资者及其一致行动人拥有权益的股份达到公众公司已发行股份的 10% 后，其拥有权益的股份占该公众公司已发行股份的比例每增加或者减少 5%（其拥有权益的股份每达到 5% 的整数倍时）。比如某投资者通过做市方式取得公众公司 10% 的股权，则其在刚好持有 10% 的时点需要考虑权益披露，后续在 15%、20% 等时点仍需考虑进行权益披露安排，若某投资者通过协议转让方式取得公众公司 12% 的股权，则其在 12% 的时点需要进行权益披露安排，而后又取得 3% 的股权，从而持有 15% 的股份，则其在 15% 的时点需要进行权益披露安排，而不是在 17%（12% + 5%）进行权益披露安排。

②挂牌公司股票发行导致投资者及其一致行动人达到权益披露要求的，投资者视情况决定是否披露权益变动报告书：

a. 如果投资者及其一致行动人因认购挂牌公司发行的股份，导致其持股比例在股票发行完成后符合关于权益披露的规定，该投资者应当在挂牌公司披露股票发行情况报告书的同时，单独披露权益变动报告书。

b. 如果投资者及其一致行动人没有认购挂牌公司发行的股份，仅因其他认购人参与认购导致其持股比例被动变化并符合关于权益披露的规定，则该投资者无须披露权益变动报告书。

③注意与上市公司收购权益披露的区别。

【真题回顾（1412）】 在非上市公众公司收购中，以下哪些属于信息披露义务人（　　）。

A. 被收购公司董事会
B. 拟竞价收购 3% 股份的收购人
C. 拟出让 5% 股份的股东
D. 拟协议收购 25% 股份的收购人

答案：AD

解析：B、C 均未达到 10%，不需披露。

【模拟练习】 在非上市公众公司收购中，以下哪些情形投资者需要进行权益披露（　　）。

A. 通过竞价交易方式收购非上市公众公司 10% 股份的收购人

B. 通过协议转让方式收购非上市公众公司 12% 股份的收购人

C. 通过协议转让方式收购非上市公众公司 12% 股份的收购人，之后又通过协议转让方式增持 3%，在增持 3% 时

D. 通过协议转让方式收购非上市公众公司 18% 股份的收购人，之后又通过协议转让方式减持 3%，在减持 3% 时

答案：ABCD

解析："10% 后 ±5%"和"达到或超过 10% 后 ±5%"是指投资者及其一致行动人拥有权益的股份达到公众公司已发行股份的 10% 后，其拥有权益的股份占该公众公司已发行股份的比例每增加或者减少 5%（其拥有权益的股份每达到 5% 的整数倍时）。

（三）控制权变动披露

发生以下情形之一的，投资者及其一致行动人应当在该事实发生之日起 2 日内编制收购报告书，连同财务顾问专业意见和律师出具的法律意见书一并披露，报送全国中小企业股份转让系统，同时通知该公众公司：

1. 通过全国中小企业股份转让系统的证券转让，投资者及其一致行动人拥有权益的股份变动导致其成为公众公司第一大股东或者实际控制人。

2. 通过投资关系、协议转让、行政划转或者变更、执行法院裁定、继承、赠与、其他安排等方式拥有权益的股份变动导致其成为或拟成为公众公司第一大股东或者实际控制人且拥有权益的股份超过公众公司已发行股份的10%。

【注】2016年3月15日《挂牌公司并购重组业务问答（一）》对以下情形的适用作出规定，具体如下：

（1）投资者持有的股份未发生变化的情况下，仅因其他投资者持有的股份发生变化而被动成为挂牌公司第一大股东或实际控制人的，豁免按照上述规定履行信息披露义务。但挂牌公司应当在事实发生之日起2日内披露第一大股东或实际控制人变更的公告。

（2）挂牌公司第一大股东或实际控制人的一致行动人人数发生变化，但挂牌公司第一大股东或实际控制人未发生变化的，不视为上述规定的收购事项。但对新增的一致行动人所持有的股份，应当自其成为一致行动人之日起12个月内不得转让。

（3）股份在一致行动人之间或者同一实际控制人控制的不同主体之间进行转让，如果导致挂牌公司第一大股东或实际控制人发生变化，属于上述规定的收购事项。

（4）如果挂牌公司在实际控制人未发生变化的情况下第一大股东发生变化，且变化后的第一大股东持股比例超过挂牌公司已发行股份的10%，属于上述规定的收购事项。

（四）协议收购

《非上市公众公司收购管理办法》仅对协议收购过渡期的安排作出规定，内容如下：

1. 过渡期的概念

以协议方式进行公众公司收购的，自签订收购协议起至相关股份完成过户的期间为公众公司收购过渡期。

2. 过渡期的安排

（1）过渡期内，收购人不得通过控股股东提议改选公众公司董事会，确有充分理由改选董事会的，来自收购人的董事不得超过董事会成员总数的1/3。

（2）过渡期内，被收购公司不得为收购人及其关联方提供担保。

（3）过渡期内，被收购公司不得发行股份募集资金。

（4）过渡期内，被收购公司除继续从事正常的经营活动或者执行股东大会已经作出的决议外，被收购公司董事会提出拟处置公司资产、调整公司主要业务、担保、贷款等议案，可能对公司的资产、负债、权益或者经营成果造成重大影响的，应当提交股东大会审议通过。

【注1】（1）、（2）与上市公司收购过渡期安排要求完全一致；（3）中，上市公司要求过渡期内不得公开发行股份募集资金；（4）中，此处提交股东大会审议通过可以实行，而上市公司收购中除收购人为挽救陷入危机或者面临严重财务困难的上市公司的情形外不得实行。

【注2】根据《挂牌公司并购重组业务问答（一）》，投资者通过股票发行进行挂牌公司收购的，不视为协议收购，不适用关于协议收购过渡期的相关规定。

（五）要约收购

1. 发出要约

（1）投资者自愿选择以要约方式收购公众公司股份的，可以向被收购公司所有股东发出收购其所持有的全部股份的要约，也可以向被收购公司所有股东发出收购其所持有的部分股份的要约。

（2）收购人自愿以要约方式收购公众公司股份的，其预定收购的股份比例不得低于该公众公司已发行股份的5%。

【注1】关于全面要约与部分要约的含义及预定收购的股份比例最低5%的限制与上市公司

规定完全相同。

【注2】《非上市公众公司收购管理办法》规定投资者仅在自愿选择以要约方式收购公众公司股份的情形下方进行要约收购，而《上市公司收购管理办法》，除投资者自愿外，还有强制要约收购的情形。

2. 要约收购报告书

（1）以要约方式收购公众公司股份的，收购人应当聘请财务顾问，并编制要约收购报告书，连同财务顾问专业意见和律师出具的法律意见书一并披露，报送全国中小企业股份转让系统，同时通知该公众公司。

（2）要约收购需要取得国家相关部门批准的，收购人应当在要约收购报告书中进行明确说明，并持续披露批准程序进展情况。

【注】要约方式收购的，应当聘请财务顾问。

3. 收购价格

（1）公众公司应当在公司章程中约定在公司被收购时收购人是否需要向公司全体股东发出全面要约收购，并明确全面要约收购的触发条件以及相应制度安排。

（2）收购人根据被收购公司章程规定需要向公司全体股东发出全面要约收购的，对同一种类股票的要约价格，不得低于要约收购报告书披露日前6个月内取得该种股票所支付的最高价格。

【注1】《上市公司收购管理办法》第三十五条规定：收购人按照办法规定进行要约收购的，对同一种类股票的要约价格，不得低于要约提示性公告日前6个月内收购人取得该种股票所支付的最高价格。

【注2】由于公众公司收购不存在强制要约收购的情形，为自愿要约，因此对于全面要约也无法定强制情形，而是在章程中进行约定。

4. 收购价款支付方式

（1）收购人可以采用现金、证券、现金与证券相结合等合法方式支付收购公众公司的价款。

（2）收购人以证券支付收购价款的，应当披露该证券的发行人最近2年经审计的财务会计报表、证券估值报告，并配合被收购公司或其聘请的独立财务顾问的尽职调查工作。

【注】上市公司收购中规定为3年。

（3）收购人以未在中国证券登记结算有限责任公司登记的证券支付收购价款的，必须同时提供现金方式供被收购公司的股东选择。

5. 履约保证

收购人应当在披露要约收购报告书的同时，提供以下至少一项安排保证其具备履约能力：

（1）将不少于收购价款总额的20%作为履约保证金存入中国证券登记结算有限责任公司指定的银行等金融机构；收购人以在中国证券登记结算有限责任公司登记的证券支付收购价款的，在披露要约收购报告书的同时，将用于支付的全部证券向中国证券登记结算有限责任公司申请办理权属变更或锁定。

（2）银行等金融机构对于要约收购所需价款出具的保函。

（3）财务顾问出具承担连带担保责任的书面承诺。如要约期满，收购人不支付收购价款，财务顾问应当承担连带责任，并进行支付。

6. 被收购公司董事会的义务

（1）被收购公司董事会应当对收购人的主体资格、资信情况及收购意图进行调查，对要约条件进行分析，对股东是否接受要约提出建议，并可以根据自身情况选择是否聘请独立财务顾问提供专业意见。

（2）在要约收购期间，被收购公司董事不得辞职。

（3）被收购公司决定聘请独立财务顾问的，可以聘请为其提供督导服务的主办券商为独立财务顾问，但存在影响独立性、财务顾问业务受到限制等情形的除外。

（4）被收购公司也可以同时聘请其他机构为其提供顾问服务。

【注】上市公司要约收购，被收购公司应当聘请独立财务顾问，非上市公众公司收购中为自主决定是否聘请独立财务顾问。

7. 要约期限

（1）收购要约约定的收购期限不得少于30日，并不得超过60日；但是出现竞争要约的除外。

（2）在收购要约约定的承诺期限内，收购人不得撤销其收购要约。

（3）采取要约收购方式的，收购人披露后至收购期限届满前，不得卖出被收购公司的股票，也不得采取要约规定以外的形式和超出要约的条件买入被收购公司的股票。

8. 要约变更

（1）收购人需要变更收购要约的，应当重新编制并披露要约收购报告书，报送全国中小企业股份转让系统，同时通知被收购公司。变更后的要约收购价格不得低于变更前的要约收购价格。

（2）收购要约期限届满前15日内，收购人不得变更收购要约；但是出现竞争要约的除外。

（3）出现竞争要约时，发出初始要约的收购人变更收购要约距初始要约收购期限届满不足15日的，应当延长收购期限，延长后的要约期应当不少于15日，不得超过最后一个竞争要约的期满日，并按规定比例追加履约保证能力。

发出竞争要约的收购人最迟不得晚于初始要约收购期限届满前15日披露要约收购报告书，并应当根据《非上市公众公司收购管理办法》的规定履行披露义务。

9. 预受要约

（1）同意接受收购要约的股东，应当委托证券公司办理预受要约的相关手续。

（2）在要约收购期限届满前2日内，预受股东不得撤回其对要约的接受。在要约收购期限内，收购人应当每日披露已预受收购要约的股份数量。

【注】上市公司收购规定为3日内。

10. 购买预售股份

收购期限届满，发出部分要约的收购人应当按照收购要约约定的条件购买被收购公司股东预受的股份，预受要约股份的数量超过预定收购数量时，收购人应当按照同等比例收购预受要约的股份。

发出全面要约的收购人应当购买被收购公司股东预受的全部股份。

（六）监管措施与法律责任

收购人在收购要约期限届满时，不按照约定支付收购价款或者购买预受股份的，自该事实发生之日起2年内不得收购公众公司。

【注】《上市公司收购管理办法》第七十八条规定，发出收购要约的收购人在收购要约期限届满，不按照约定支付收购价款或者购买预受股份的，自该事实发生之日起3年内不得收购上市公司，中国证监会不受理收购人及其关联方提交的申报文件。

【真题回顾（1509）】以下关于非上市公众公司收购说法正确的有（　　　）。

A. 自然人李某接受捐赠取得非上市公众公司10%的股权，可免于履行披露义务

B. 因公众公司向其他投资者发行股份、减少股本导致投资者拥有权益的股份达到10%的，投资者免于履行披露义务

C. 以要约方式收购公众公司股份的，收购人应当聘请财务顾问，被收购公司董事会应当聘请独立财务顾问提供专业意见

D. 以要约方式收购公众公司股份的，在要约收购期限届满前 3 日内，预受股东不得撤回其对要约的接受

E. 收购人在收购要约期限届满时，不按照约定支付收购价款或者购买预受股份的，自该事实发生之日起 3 年内不得收购公众公司

F. 非上市公众公司收购中，自愿以要约方式收购公众公司股份的投资者，其预定收购的股份比例可以为 4%

答案：B

解析：A，投资者及其一致行动人通过行政划转或者变更、执行法院裁定、继承、赠与等方式导致其直接拥有权益的股份变动达到前条规定比例的，应当按照相关规定履行披露义务。B，因公众公司向其他投资者发行股份、减少股本导致投资者及其一致行动人拥有权益的股份变动出现规定情形的，投资者及其一致行动人免于履行披露义务。C，非上市公众公司收购中，以要约方式收购公众公司股份的，收购人应当聘请财务顾问，被收购公司董事会可以根据自身情况选择是否聘请独立财务顾问提供专业意见。注意，上市公司收购中，收购人应当聘请财务顾问，被收购公司董事会应当聘请独立财务顾问提出专业意见。D、E，描述的是上市公司收购的规定，非上市公众公司收购中的规定分别为 2 日和 2 年。F，收购人自愿以要约方式收购公众公司股份的，其预定收购的股份比例不得低于该公众公司已发行股份的 5%。

二、非上市公众公司重大资产重组

（一）重大资产重组的标准及计算规则

1. 公众公司重大资产重组的标准

公众公司重大资产重组是指公众公司及其控股或者控制的公司在日常经营活动之外购买、出售资产或者通过其他方式进行资产交易，导致公众公司的业务、资产发生重大变化的资产交易行为。

公众公司及其控股或者控制的公司购买、出售资产，达到下列标准之一的，构成重大资产重组：

指标	法条规定	简记
资产总额标准	购买、出售的资产总额占公众公司最近一个会计年度经审计的合并财务会计报表期末资产总额的比例达到 50% 以上	资产总额比值≥50%
资产净额标准	购买、出售的资产净额占公众公司最近一个会计年度经审计的合并财务会计报表期末净资产额的比例达到 50% 以上，且购买、出售的资产总额占公众公司最近一个会计年度经审计的合并财务会计报表期末资产总额的比例达到 30% 以上	资产净额比值≥50% 且资产总额比值≥30%

注：①公众公司发行股份购买资产触及上述所列指标的，应当按照相关要求办理。上市公司重大资产重组中，不管发行股份购买资产是否构成重大资产重组，均适用《重组办法》的规定。

②根据《挂牌公司并购重组业务问答（一）》：（1）挂牌公司购买或出售土地使用权、房产、生产设备，若达到上述标准，则构成重大资产重组。（2）挂牌公司向全资子公司或控股子公司增资、新设全资子公司或控股子公司，不构成重大资产重组。但挂牌公司新设参股子公司或向参股子公司增资，若达到上述标准，则构成重大资产重组。（3）挂牌公司最近一个会计年度财务报告被出具非标准审计意见的，造成公司财务报告被出具非标准审计意见的原因已消除的，相关财务数据可以作为判断重大资产重组的依据，但独立财务顾问应当就审计机构出具非标准审计意见的原因以及该原因是否已消除作出专项说明，并予以披露。

③近几次考试中，关于重大资产重组标准的考核均为考核非上市公司中公司的规定，放弃了对上市公司的考核，此处规定非常重要，须精准把握。

2. 重大资产重组标准的计算规则

（1）总体规定

①公众公司同时购买、出售资产的，应当分别计算购买、出售资产的相关比例，并以二者中比例较高者为准。

②公众公司在 12 个月内连续对同一或者相关资产进行购买、出售的，以其累计数分别计算相应数额。已按照规定履行相应程序的资产交易行为，无须纳入累计计算的范围。

交易标的资产属于同一交易方所有或者控制，或者属于相同或者相近的业务范围，或者中国证监会认定的其他情形下，可以认定为同一或者相关资产。

（2）购买或出售资产为股权资产时的计算规则

指标	股权资产			
	取得/丧失控制权		未取得/丧失控制权	
	购买	出售	购买	出售
资产总额	max（资产总额，成交金额）	资产总额	max（资产总额×比例，成交金额）	资产总额×比例
资产净额	max（资产净额，成交金额）	资产净额	max（资产净额×比例，成交金额）	资产净额×比例

①总口诀：出售无孰高，取控、失控去比例。

②具体计算：购买的资产为股权的，且购买股权导致公众公司取得被投资企业控股权的，其资产总额以被投资企业的资产总额和成交金额二者中的较高者为准，资产净额以被投资企业的净资产额和成交金额二者中的较高者为准；出售股权导致公众公司丧失被投资企业控股权的，其资产总额、资产净额分别以被投资企业的资产总额以及净资产额为准。购买的资产为股权，未导致公众公司取得被投资企业控股权的，其资产总额、资产净额均以成交金额为准；出售的资产为股权的，其资产总额、资产净额均以该股权的账面价值为准。

（3）购买或出售资产为非股权资产时的计算规则

指标	非股权资产	
	购买	出售
资产总额	max（资产总额，成交金额）	资产总额
资产净额	Max［（资产－负债），成交金额］	资产－负债
	如该非股权资产不涉及负债的，则不适用资产净额标准	

注：①资产净额标准中，"资产－负债"是指资产与负债的账面值差额，如该非股权资产不涉及负债的，则不适用资产净额标准。

②具体计算：购买的资产为非股权资产的，其资产总额以该资产的账面值和成交金额二者中的较高者为准，资产净额以相关资产与负债账面值的差额和成交金额二者中的较高者为准；出售的资产为非股权资产的，其资产总额、资产净额分别以该资产的账面值、相关资产与负债账面值的差额为准。

【真题回顾（1509）】A 公司为一家非上市公众公司，拟收购甲、乙、丙、丁、戊五家公司股权，A 公司最近一个会计年度经审计的财务报表和拟购买公司的财务报告数据见下表，下列构成重大资产重组的是（　　）。

单位：亿元

项目	A 公司	甲公司	乙公司	丙公司	丁公司	戊公司
总资产	5	2	1.9	1.4	2.3	1.8
净资产	2	0.6	0.7	1.3	0.9	1.2
销售收入	3	1	2	1.6	1.2	0.6

A. 收购甲公司　　　　B. 收购乙公司　　　　C. 收购丙公司　　　　D. 收购丁公司

E. 收购戊公司

答案：E

解析：A、B、D，甲公司、乙公司、丁公司总资产、净资产均不符合 50% 的标准；C，丙公司总资产不符合 30% 的标准；E，戊公司符合净资产达到 50% 以上且总资产达到 30% 以上的规定。

【真题回顾（1511）】 A 为一家非上市公众公司，2015 年拟收购甲、乙、丙、丁、戊五家公司股权，购买时甲、乙、丙、丁戊的资产总额、资产净额、营业收入和 A 公司 2014 年末经审计的合并报表的相应指标的数据见下表，根据《非上市公众公司重大资产重组管理办法》的规定，以下构成重大资产重组的有（　　　　）。

单位：亿元

指标	A 公司	甲公司	乙公司	丙公司	丁公司	戊公司
总资产	5	2	1.9	1.8	2.3	1.4
净资产	2	0.8	0.7	1.2	0.9	1.1
营业收入	3	1	2	1.6	1.2	0.8

A. 对甲公司的收购

B. 对乙公司的收购

C. 对丙公司的收购

D. 对丁公司的收购

E. 对戊公司的收购

答案：C

解析：本题中总资产指标的标准甲、乙、丙、丁、戊均未达到标准。净资产指标中丙公司和戊公司达到了标准，但戊公司没有同时符合总资产占比≥30% 的规定。

（二）重大资产重组的信息管理

与上市公司规定完全相同，考试会选择考上市公司的规定，此处不再予以说明。

（三）重大资产重组的程序

1. 聘请中介机构

公众公司实施重大资产重组，应当聘请独立财务顾问、律师事务所以及具有证券期货相关业务资格的会计师事务所等证券服务机构出具相关意见。

（1）公众公司应当聘请为其提供督导服务的主办券商为独立财务顾问，但存在影响独立性、财务顾问业务受到限制等不宜担任独立财务顾问情形的除外。

（2）公众公司也可以同时聘请其他机构为其重大资产重组提供顾问服务。

【注】 除例外情形外，公众公司应当聘请主办券商为独立财务顾问。

2. 董事会决议

公众公司进行重大资产重组，应当由董事会依法作出决议，并提交股东大会审议。

（1）公众公司召开董事会决议重大资产重组事项，应当在披露决议的同时披露本次重大资产重组报告书、独立财务顾问报告、法律意见书以及重组涉及的审计报告、资产评估报告（或资产估值报告）。董事会还应当就召开股东大会事项作出安排并披露。

（2）如公众公司就本次重大资产重组首次召开董事会前，相关资产尚未完成审计等工作的：

①在披露首次董事会决议的同时应当披露重大资产重组预案及独立财务顾问对预案的核查意见。

②公众公司应在披露重大资产重组预案后 6 个月内完成审计等工作，并再次召开董事会，在披露董事会决议时一并按上述（1）的要求披露。

【注】首次董事会前重大资产重组的相关资产尚未完成审计等工作的，可先行召开董事会，按要求同时披露预案及独立财务顾问的核查意见，并在披露后 6 个月内完成审计等工作即可，需再次召开董事会。

3. 股东大会决议

（1）股东大会就重大资产重组事项作出的决议，必须经出席会议的股东所持表决权的 2/3 以上通过。

（2）公众公司股东人数超过 200 人的，应当对出席会议的持股比例在 10% 以下的股东表决情况实施单独计票。

（3）公众公司应当在决议后及时披露表决情况。

（4）公众公司重大资产重组事项与本公司股东或者其关联人存在关联关系的，股东大会就重大资产重组事项进行表决时，关联股东应当回避表决。

（5）公众公司可视自身情况在公司章程中约定是否提供网络投票方式以便于股东参加股东大会；退市公司应当采用安全、便捷的网络投票方式为股东参加股东大会提供便利。

【注 1】（1）中，注意，只要是重大资产重组，其决议就必须经出席会议的股东所持表决权的 2/3 以上通过；该种决议方式称为"特别决议"。

【注 2】（2）中持股比例在 10% 以下的股东，不包括公众公司董事、监事、高级管理人员及其关联人以及持股比例在 10% 以上股东的关联人。

【注 3】（2）中需要注意几个问题：①当且仅当公众公司股东人数超过 200 人的，应对持股比例在 10% 以下的单独计票，对股东人数未超过 200 人的，不强制单独计票；②"10% 以下"须精准记忆，非"5% 以下"，也非"10% 以上"；③是"出席会议的持股比例"在 10% 以下，非"持股比例"在 10% 以下。

【注 4】（5）中，注意，上市公司召开股东大会必须提供网络投票方式。

4. 购买资产支付手段

（1）公众公司重大资产重组可以使用现金、股份、可转换债券、优先股等支付手段购买资产。

（2）使用股份、可转换债券、优先股等支付手段购买资产的，其支付手段的价格由交易双方自行协商确定，定价可以参考董事会召开前一定期间内公众公司股票的市场价格、同行业可比公司的市盈率或市净率等。

（3）董事会应当对定价方法和依据进行充分披露。

【注】除现金外的支付手段的价格由交易双方自行协商确定。

5. 审查或审核

（1）公众公司重大资产重组不涉及发行股份或向特定对象发行股份购买资产后股东累计不超过 200 人的：

①经股东大会决议后，应当在 2 个工作日内将重大资产重组报告书、独立财务顾问报告、法律意见书以及重组涉及的审计报告、资产评估报告（或资产估值报告）等信息披露文件报送全国中小企业股份转让系统。

②全国中小企业股份转让系统应当对上述信息披露文件的完备性进行审查。

（2）公众公司向特定对象发行股份购买资产后股东累计超过200人的重大资产重组：

①经股东大会决议后，应当按照中国证监会的有关规定编制申请文件并申请核准。

②中国证监会受理申请文件后，依法进行审核，在20个工作日内作出核准、中止审核、终止审核、不予核准的决定。

6. 重组方案重大调整及终止交易、撤销申请的处理

（1）股东大会作出重大资产重组的决议后，公众公司拟对交易对象、交易标的、交易价格等作出变更，构成对原重组方案重大调整的，应当在董事会表决通过后重新提交股东大会审议，并按照规定向全国中小企业股份转让系统重新报送信息披露文件或者向中国证监会重新提出核准申请。

（2）股东大会作出重大资产重组的决议后，公众公司董事会决议终止本次交易或者撤回有关申请的，应当说明原因并披露，并提交股东大会审议。

【注】根据《挂牌公司并购重组业务问答（一）》，挂牌公司披露重大资产重组预案后，在重大资产重组报告书中对重组预案中披露的交易对象、交易标的、交易价格及支付手段等主要内容进行修改的，视为对重组方案的重大调整，应当重新申请暂停转让，并履行内幕信息知情人报备以及召开董事会、股东大会等程序。

7. 实施与持续督导

（1）公众公司重大资产重组完成相关批准程序后，应当及时实施重组方案，并在本次重大资产重组实施完毕之日起2个工作日内，编制并披露实施情况报告书及独立财务顾问、律师的专业意见。

（2）独立财务顾问应对实施重大资产重组的公众公司履行持续督导职责。持续督导的期限自公众公司完成本次重大资产重组之日起，应当不少于1个完整会计年度。

（3）独立财务顾问应当结合公众公司重大资产重组实施当年和实施完毕后的第一个完整会计年度的年报，自年报披露之日起15日内，对重大资产重组实施的具体事项出具持续督导意见，报送全国中小企业股份转让系统。

【注1】上市公司重大资产重组的持续督导期：①不构成借壳上市的，自本次重大资产重组实施完毕之日起不少于1个会计年度；②构成借壳上市的，自中国证监会核准本次重大资产重组之日起不少于3个会计年度。

【注2】此处的持续督导只有一个期间，且起点为"自完成本次重大资产重组之日起"，与"自本次重大资产重组实施完毕之日起"一个意思，与上市公司不构成借壳的规定相同。

【模拟练习】甲公司为全国中小企业股份转让系统挂牌的股份公司，下列关于甲公司进行重大资产重组的相关描述正确的有（　　　）。

A. 甲公司进行重大资产重组，应当由董事会依法作出决议，并提交股东大会经特别决议予以审议

B. 甲公司进行重大资产重组的相关资产尚未完成审计等工作的，不得召开首次董事会

C. 甲公司股东人数超过200人的，应当对出席会议的持股比例在5%以下的股东表决情况单独计票

D. 公众公司向特定对象发行股份购买资产后股东累计超过200人的重大资产重组，经股东大会决议后，应当按照有关规定编制申请文件并向全国中小企业股份转让系统申请核准

E. 独立财务顾问应当按照相关规定，对甲公司履行持续督导，且持续督导的期限应当不少于一个完整会计年度

答案：AE

解析：B，可先行召开董事会，按要求同时披露预案及独立财务顾问的核查意见，并在披露后6个月内完成审计等工作即可。C，10%以下。D，应当按照中国证监会的有关规定编制申请文件并申请核准。

（四）发行股份购买资产的特别规定

1. 审核主体

（1）向特定对象发行股份购买资产后股东累计不超过200人的，由全国中小企业股份转让系统进行完备性审查。

（2）向特定对象发行股份购买资产后股东累计超过200人的重大资产重组，经股东大会决议后，应当按照中国证监会的有关规定编制申请文件并申请核准。

2. 配套融资

（1）挂牌公司发行股份购买资产构成重大资产重组的，可以同时募集配套资金。

（2）募集配套资金部分与购买资产部分发行的股份可以分别定价，视为两次发行，但应当逐一表决、分别审议。

（3）募集配套资金金额不应超过重组交易作价的50%（不含本数）。

3. 信息披露与不予核准后的重新申请

（1）公众公司收到中国证监会就其发行股份购买资产的重大资产重组申请作出的核准、中止审核、终止审核、不予核准的决定后，应当在2个工作日内披露。

（2）中国证监会不予核准的，自中国证监会作出不予核准的决定之日起3个月内，中国证监会不受理该公众公司发行股份购买资产的重大资产重组申请。

4. 锁定期

本次重大资产重组涉及发行股份的，特定对象以资产认购而取得的公众公司股份，自股份发行结束之日起6个月内不得转让；属于下列情形之一的，12个月内不得转让：

（1）特定对象为公众公司控股股东、实际控制人或者其控制的关联人。

（2）特定对象通过认购本次发行的股份取得公众公司的实际控制权。

（3）特定对象取得本次发行的股份时，对其用于认购股份的资产持续拥有权益的时间不足12个月。

【注】上市公司重大资产重组中，对于不构成借壳上市的规定为：属于上述情形之一的，锁定36个月，否则锁定12个月。

【模拟练习】根据《非上市公众公司重大资产重组管理办法》的规定，下列说法正确的是（　　）。

A. 股东大会就重大资产重组事项作出的决议，必须经过出席会议的股东所持表决权的2/3以上通过

B. 公众公司股东人数超过200人的，应当对出席会议的持股比例在5%以下的股东表决情况实施单独计票，公众公司应当在决议后及时披露表决情况

C. 公众公司重大资产重组可以使用现金、股份、可转换债券、优先股等支付手段购买资产，使用股份、可转换债券、优先股等支付手段购买资产的，其支付手段的价格由交易双方自行协商确定

D. 公众公司向控股股东发行股份购买资产，控股股东以资产认购而取得的公众公司股份，自股份发行结束之日起12个月内不得转让

E. 独立财务顾问应当对实施重大资产重组的公众公司履行持续督导职责，持续督导的期限自中国证监会核准之日起，应当不少于一个完整会计年度

答案：ACD

解析：B，应当对出席会议的持股比例在10%以下的股东表决情况实施单独计票；E，应当是"自公众公司完成本次重大资产重组之日起，应当不少于一个完整会计年度"。

【模拟练习】某公司为在全国中小企业股份转让系统挂牌的公众公司，下列关于该公司发行股份购买资产锁定期的描述正确的是（   ）。

A. 特定对象取得本次发行的股份时，对其用于认购股份的资产持续拥有权益的时间不足12个月，自股份发行结束之日起36个月内不得转让

B. 特定对象通过本次发行的股份而取得该公司的实际控制权，自股份发行结束之日起36个月内不得转让

C. 特定对象以现金认购而取得的该公司股份，其新增股自股份发行结束之日起6个月内不得转让

D. 特定对象为该公司控股股东，实际控制人或控制关联人，自股份发行结束之日起12个月内不得转让

答案：D

解析：A、B，锁定12个月；C，以现金认购发行的股份，不属于发行股份购买资产重组行为，不适用发行股份购买资产锁定期的规定。

（五）监督管理与法律责任

重大资产重组实施完毕后，凡因不属于公众公司管理层事前无法获知且事后无法控制的原因，购买资产实现的利润未达到盈利预测报告或资产评估报告预测金额的水平，或实际运营情况与重大资产重组报告书中管理层讨论与分析部分存在较大差距的，分别以下情况进行处理：

未达到预测金额的80%或实际运营存在较大差距的	未达到预测金额的50%
公众公司的董事长、总经理、财务负责人应在公众公司披露年度报告的同时，作出解释，并向投资者公开道歉	中国证监会可以对公众公司及相关责任人员采取监管谈话、出具警示函、责令定期报告等监管措施

注：①与上市公司的规定略有区别：未达到预测金额的80%或实际运营存在较大差距的，上市公司中的规定为"董事长、总经理以及对此承担相应责任的会计师事务所、财务顾问、资产评估机构、估值机构及其从业人员"应当解释并道歉。

②注意，是公众公司的董事长、总经理、财务负责人，若购买的资产为"公司"的，被购买的公司的董事长、总经理、财务负责人不需要解释并道歉。

【模拟练习】以下关于非上市公共公司重大资产重组的说法，错误的是（   ）。

A. 若不存在影响独立性、财务顾问业务受限等不宜担任独立财务顾问的情形，非上市公众公司应当聘请为其提供督导服务的主办券商为独立财务顾问

B. 非上市公众公司重大资产重组，必须经过出席会议的股东所持有表决权的2/3以上通过，同时应当对出席会议的持股比例在10%以下的股东表决情况实施单独计票

C. 发行股份方式购买资产的，股票的发行价格定价可以参考董事会召开前一定期间内非上市公司股票的市场价格、同行业可比公司的市盈率或市净率等，由交易双方自行协商确定

D. 重大资产重组实施完毕后，实际运营情况与重大资产重组报告书存在较大差距的，非上

市公众公司的董事长、总经理、财务负责人应当在非上市公众公司披露年度报告的同时向投资者致歉

答案：B

解析：B，股东人数未超过 200 人的，不强制单独计票。

（六）其他规定

1. 重大资产重组进程中，是否可以进行证券发行或再次筹划重大资产重组事项

（1）挂牌公司如存在尚未完成的重大资产重组事项，在前次重大资产重组实施完毕并披露实施情况报告书之前，不得筹划新的重大资产重组事项，也不得因重大资产重组申请暂停转让。

（2）挂牌公司如存在尚未完成的证券发行，在前次证券发行完成新增证券登记前，不得筹划重大资产重组事项，也不得因重大资产重组申请暂停转让。

（3）除发行股份购买资产构成重大资产重组并募集配套资金的情况外，在前次重大资产重组实施完毕并披露实施情况报告书前，挂牌公司不得在重组实施期间启动证券发行程序。

2. 挂牌公司终止重大资产重组进程的处理

（1）挂牌公司披露重大资产重组预案或重大资产重组报告书后，因自愿选择终止重组、独立财务顾问或律师对异常转让无法发表意见或认为存在内幕交易且不符合恢复重大资产重组进程要求等原因终止本次重大资产重组的，应当及时披露关于终止重大资产重组的临时公告，并同时在公告中承诺自公告之日起至少 3 个月内不再筹划重大资产重组。

（2）中国证监会发现公众公司进行重大资产重组未按照规定履行信息披露及相关义务、存在可能损害公众公司或者投资者合法权益情形的有权要求其补充披露相关信息、暂停或者终止其重大资产重组，要求挂牌公司终止重大资产重组进程的，挂牌公司应当及时披露关于重大资产重组被要求终止的临时公告，并同时在公告中承诺自公告之日起至少 12 个月内不再筹划重大资产重组。

【注】自愿选择终止等，应承诺自公告之日起至少 3 个月内不再筹划重大资产重组；中国证监会要求终止的，应承诺自公告之日起至少 12 个月内不再筹划重大资产重组。

第七章 持续督导

本章考情分析

本章与债务融资、并购重组考分所占权重相当，属于重点章节，平均每次考试命制约 18 道题，分值 15 分左右。

本章的知识特点与第六章并购重组刚好相反，就内容的专业性说，难度不大，许多均是记忆类知识点，无须太多理解便可掌握，但本章复习难度却比较大，原因是本章涉及法规较多，而对诸多同类法规又因交易所与板块的不同而有很多版本，比如股票上市规则就有三部，分别为上交所、深交所主板（中小板含在内）和深交所创业板股票上市规则，规范运作指引有三部，分别为深交所主板、中小板、创业板三大板块规范运作指引，上交所未出集成的规范运作指引，但对一些事项的规范运作分别以不同的专项指引予以规定，比如《上海证券交易所上市公司控股股东、实际控制人行为指引》、《上海证券交易所上市公司关联交易实施指引》等，涉及法规很多。复习过程中运用法规时，建议大家对于股票上市规则和规范运作指引均选择《深圳证券交易所股票上市规则》和《深圳证券交易所主板上市公司规范运作指引》为蓝本，对于其他同类法规中有不同规定的，在上述文件中作出标注即可，因为这些法规篇幅较大，且诸多内容规定相同，同时多部法规均涉及的话，难免会过多阅读冗余信息，降低学习效率。本教材已在编写时根据大纲知识点的要求对不同板块中有不同规定的均作出了特别说明，以便大家对比学习。

本章共分五节内容，其中法人治理与规范运作较为重要，法律法规一节历次考试很少涉及，可予以忽略。法人治理、规范运作涉及内容与法规较多，但考点相对稳定，不难把握。信守承诺一节考点比较集中，涉及法规也较少，主要集中在对股份限售的承诺及上市公司现金分红的相关规定，比较容易把握。持续信息披露一节考点相对比较分散，且涉及法规篇幅较大，需根据核心考点，重点突破。

2016 年四次考试题型、题量分析表

节次 \ 时间 题型题量	2016 - 05		2016 - 09		2016 - 10		2016 - 11	
法人治理	2 单 4 组	5 分	3 单 6 组	7.5 分	3 单 5 组	6.5 分	1 单 2 组	2.5 分
规范运作	2 单 4 组	5 分	2 单 5 组	6 分	2 单 4 组	5 分	2 单 3 组	4 分
信守承诺	1 单 1 组	1.5 分	1 组	1 分	1 单 1 组	1.5 分	1 单 2 组	2.5 分
持续信息披露	1 单 3 组	3.5 分	1 单 2 组	2.5 分	1 单 2 组	2.5 分	1 单 3 组	3.5 分
法律责任	0	0	0	0	0	0	0	0
合计	6 单 12 组	15 分	6 单 14 组	17 分	7 单 12 组	15.5 分	5 单 10 组	12.5 分
分值占比	15%		17%		15.5%		12.5%	

核心考点分析表

节次	考点	星级
法人治理	1. 上市公司股东的权利与义务（知情权、撤销权、征集投票权等）	5
	2. 上市公司控股股东的行为规范（买卖股份窗口期等）	2
	3. 上市公司股东大会的提案（含临时提案权的规定）	2
	4. 上市公司临时股东大会的召开（需召开的情形或提议人）	3
	5. 上市公司股东大会召集	2
	6. 累积投票权的相关规定	2
	7. 征集投票权的相关规定	2
	8. 须股东大会特别决议审议的事项	2
	9. 董事的任职资格	1
	10. 上市公司董事会对于关联交易事项的审议程序	3
	11. 董事会专门委员会的相关规定	3
	12. 独立董事的特别职权	3
	13. 应当由独立董事发表独立意见的情形	3
	14. 监事会的职权	1
	15. 股东大会、董事会、监事会会议记录的签署及保管规定	2
	16. 经理的职权	1
	17. 内幕信息知情人登记制度的相关规定	1
规范运作	1. 上市公司"五独立"的要求	1
	2. 上市公司关联交易、关联方资金占用及与控股股东资金往来	5
	3. 需经股东大会审核的担保事项	2
	4. 对外担保的审议程序	2
	5. 上市公司内部控制的要求（含内部审计、对外担保等规定）	2
	6. 上市公司分拆境外上市的相关规定	2
	7. 上市公司股权激励的相关规定	5
	8. 上市公司董、监、高持有本公司股份的监管规定	5
	9. 上市公司募集资金管理的相关规定（须经股东大会审议的事项等）	2
	10. 上市公司回购公司股票相关规定	1
信守承诺	1. 股份限售及其他相关承诺的规定	3
	2. 上市公司现金分红的相关规定	5
持续信息披露	1. 上市公司信息披露的一般规定（相关主体的职责等）	1
	2. 上市公司信息披露事务管理的相关规定	1
	3. 定期报告相关规定（含商业银行的特别规定）	5
	4. 临时报告相关规定（首次触发披露时点及需披露的重大事项）	5
	5. 业绩预告与业绩快报的相关规定	2
	6. 风险警示、暂停上市与终止上市的相关规定	5

本章核心法规

节次	法规名称	施行年月	星级
法人治理	1.《上市公司章程指引》	2016 – 09	5
	2.《上市公司治理准则》	2002 – 01	3

节次	法规名称	施行年月	星级
	3.《深圳证券交易所股票上市规则》	2014 – 10	3
	4.《深圳证券交易所创业板股票上市规则》	2014 – 10	3
	5.《上海证券交易所股票上市规则》	2014 – 10	3
	6.《关于在上市公司建立独立董事制度的指导意见》	2001 – 08	3
	7.《关于上市公司建立内幕信息知情人登记管理制度的规定》	2011 – 11	2
规范运作	8.《深圳证券交易所主板上市公司规范运作指引》	2015 – 03	3
	9.《深圳证券交易所中小板上市公司规范运作指引》	2015 – 03	3
	10.《深圳证券交易所创业板上市公司规范运作指引》	2015 – 03	3
	11.《上海证券交易所上市公司控股股东、实际控制人行为指引》	2010 – 07	2
	12.《关于规范上市公司对外担保行为的通知》	2005 – 11	3
	13.《关于规范上市公司与关联方资金往来及上市公司对外担保若干问题的通知》	2003 – 08	3
	14.《关于进一步做好清理大股东占用上市公司资金工作的通知》	2006 – 11	3
	15.《关于规范境内上市公司所属企业到境外上市有关问题的通知》	2014 – 07	2
	16.《上市公司股权激励管理办法》	2016 – 08	5
	17.《国有控股上市公司（境内）实施股权激励试行办法》	2006 – 09	1
	18.《关于上市公司实施员工持股计划试点的指导意见》	2014 – 06	1
	19.《上市公司董事、监事和高级管理人员所持本公司股份及其变动管理规则》	2007 – 04	5
	20.《上市公司监管指引第 2 号——上市公司募集资金管理和使用的监管要求》	2012 – 12	2
信守承诺	21.《中国证券监督管理委员会关于进一步落实上市公司现金分红有关事项的通知》	2012 – 05	2
	22.《上市公司监管指引第 3 号——上市公司现金分红》	2013 – 11	5
	23.《上海证券交易所上市公司现金分红指引》	2013 – 01	2
	24.《上市公司监管指引第 4 号——上市公司实际控制人、股东、关联方、收购人以及上市公司承诺及履行》	2013 – 12	3
持续信息披露	25.《上市公司信息披露管理办法》	2007 – 01	3
	26.《公开发行证券的公司信息披露编报规则第 15 号——财务报告的一般规定》	2014 – 12	1
	27.《公开发行证券的公司信息披露内容与格式准则第 2 号——年度报告的内容与格式》	2016 – 12	1
	28.《公开发行证券的公司信息披露内容与格式准则第 3 号——半年度报告的内容与格式》	2016 – 12	1

本章思维导图

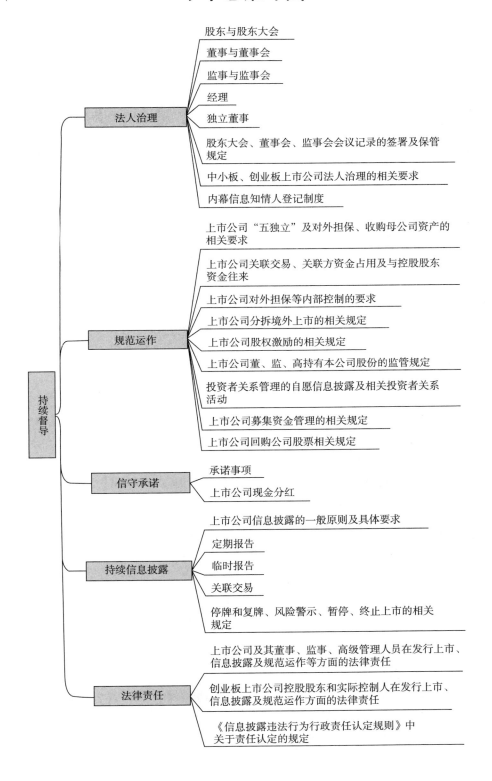

本章具体内容

第一节　法人治理

一、股东与股东大会

【大纲要求】

内容	程度
1. 上市公司股东的权利、义务及相应法律责任	掌握
2. 上市公司控股股东的行为规范	掌握
3. 上市公司股东大会的职权	掌握
4. 上市公司股东大会的召集与通知	掌握
5. 上市公司股东大会的提案规则	掌握
6. 上市公司股东大会的召开	掌握

说明：股东大会的召开包含议事规则、决议程序、网络投票、累积投票、征集投票等。

【内容精讲】

（一）上市公司股东的权利、义务

1. 上市公司股东的权利

《上市公司章程指引》（以下简称《章程指引》）和《上市公司治理准则》（以下简称《治理准则》）均对上市公司股东的权利进行了说明，其中《上市公司治理准则》因至今没有修订，比较笼统，以下对《上市公司章程指引》中对股东权利的规范进行说明。

《章程指引》第三十二条规定，公司股东享有下列权利：

（1）依照其所持有的股份份额获得股利和其他形式的利益分配。

（2）依法请求、召集、主持、参加或者委派股东代理人参加股东大会，并行使相应的表决权。

（3）对公司的经营进行监督，提出建议或者质询。

（4）依照法律、行政法规及公司章程的规定转让、赠与或质押其所持有的股份。

（5）查阅公司章程、股东名册、公司债券存根、股东大会会议记录、董事会会议决议、监事会会议决议、财务会计报告。

（6）公司终止或者清算时，按其所持有的股份份额参加公司剩余财产的分配。

（7）对股东大会作出的公司合并、分立决议持异议的股东，要求公司收购其股份。

（8）法律、行政法规、部门规章或公司章程规定的其他权利。

【注】发行优先股的公司，应当在章程中明确优先股股东不出席股东大会会议，所持股份没有表决权，但以下情况除外：①修改公司章程中与优先股相关的内容；②一次或累计减少公司注册资本超过10%；③公司合并、分立、解散或变更公司形式；④发行优先股；⑤公司章程规定的其他情形。

发行优先股的公司，还应当在章程中明确规定：公司累计 3 个会计年度或者连续 2 个会计年度未按约定支付优先股股息的，优先股股东有权出席股东大会，每股优先股股份享有公司章程规定的表决权。对于股息可以累积到下一会计年度的优先股，表决权恢复直至公司全额支付所欠股息。对于股息不可累积的优先股，表决权恢复直至公司全额支付当年股息。公司章程可以规定优先股表决权恢复的其他情形。

《章程指引》上述关于公司的权利分别为分红权、表决权、监督权、处置权、知情权、剩余财产分配权、异议回购请求权等，《公司法》中对这些权利作出了具体的规定，以下列举几条考试中常考的几点内容进行说明。

（1）分红权

有限公司股东按照实缴的出资比例分取红利，但全体股东约定不按照出资比例分取红利的除外。

股份公司按照股东持有的股份比例分配，但股份有限公司章程规定不按持股比例分配的除外。

【注】不管是有限公司还是股份公司，有约定按约定，无约定按比例分配。（有限公司为实缴的出资比例，非认缴，股份公司为持股比例）

（2）表决权

有限责任公司的股东按照出资比例行使表决权，但公司章程另有规定的除外。

股份有限公司的股东按照持股比例行使表决权。

公司持有的本公司股份没有表决权。

公司为股东或者实际控制人提供担保的，必须经股东（大）会决议，"接受担保的股东或者受实际控制人支配的股东"应当回避，不得参加表决。

【注】关于表决权，有限公司仍然是有约定按约定，无约定按比例，而股份公司则只能按照持股比例行使表决权，不可在章程中另行约定。

【总结】关于股东分红权与表决权的总结见下表：

权利类型	有限公司规定	股份公司规定
分红权	有约定按约定，无约定按比例	有约定按约定，无约定按比例
表决权		按照持股比例，不可章程约定

（3）知情权

有限公司股东有权查阅、复制公司章程、股东会会议记录、董事会会议决议、监事会会议决议和财务会计报告。股东可以要求查阅公司会计账簿（会计账簿不能复制），要求查阅的，应向公司提出书面请求。

股份公司股东有权查阅公司章程、股东名册、公司债券存根、股东大会会议记录、董事会会议决议、监事会会议决议、财务会计报告（只能查阅，不能复制，较有限公司少一个查阅会计账簿，多出股东名册和公司债券存根）。

【注1】有限公司"会计账簿"只能查阅，其他资料既可以查阅也可以复制；而股份公司所有资料只能查阅，不能复制。另外，股份公司相对于有限公司而言少一个查阅"会计账簿"，多出查阅"股东名册和公司债券存根"。

【注2】关于查阅或复制的"三会"的资料，注意，股东（大）会的是"会议记录"非决议，董事会与监事会的是"会议决议"。

【注3】优先股股东享有同股份公司相同的知情权。

（4）异议股东股权回购请求权

有限责任公司出现下列3种情形之一的，对股东会决议投反对票的股东，可以请求公司按照合理价格收购其股权：

①公司连续5年不向股东分配利润，而公司该5年连续盈利，并且符合法律规定的分配利润条件的。

②公司合并、分立、转让主要财产的。

③公司章程规定的营业期限届满或者章程规定的其他解散事由出现，股东会会议通过决议修改章程使公司存续的。

自股东会会议决议通过之日起60日内，股东与公司不能达成股权收购协议的，股东可以自股东会会议决议通过之日起90日内向人民法院提起诉讼，要求公司回购股权。

【注】注意，此时对股东会决议投反对票的股东可以请求公司按照合理的价格收购其股权，但不具有申请认定无效或可撤销或不经其他股东过半数同意对外转让的权利。

股份公司股东因对股东大会作出的公司"合并、分立"决议持异议，可要求公司收购其股份。

（5）新股优先认购权

有限公司新增资本时，股东有权优先按照实缴的出资比例认缴出资；但是，全体股东事先约定不按照出资比例优先认缴出资的除外。

股份有限公司的股东没有新股优先认购权，除非股东大会在发行新股时通过向原股东配售新股的决议。

（6）诉讼权

关于股东诉讼权按照股东是否可以直接向法院提起诉讼划分为直接诉讼和间接诉讼（又称股东代表诉讼或代位诉讼），直接诉讼是指相关人员侵害到股东利益的，股东可以直接以自己的名义依法向人民法院提起诉讼。间接诉讼是指相关人员对公司的利益造成侵害的，股东应当先请求监事会或董事会向法院提起诉讼，当监事会或董事会不作为或情况紧急时，股东可直接以自己的名义向法院提起诉讼。关于间接诉讼的具体规定如下：

①董事、高管侵犯公司利益→找监事会

股东（有限责任公司的股东、股份有限公司连续180日以上单独或者合计持有公司1%以上股份的股东）可以书面请求"监事会"向人民法院提起诉讼。

如果监事会收到股东的书面请求后拒绝提起诉讼，或者自收到请求之日起30日内未提起诉讼，或者情况紧急、不立即提起诉讼将会使公司利益受到难以弥补的损害的，股东有权为了公司的利益以自己的名义直接向人民法院提起诉讼。

②"监事"侵犯公司利益→找董事会

股东（有限责任公司的股东、股份有限公司连续180日以上单独或者合计持有公司1%以上股份的股东）可以书面请求"董事会"向人民法院提起诉讼。如果董事会收到股东的书面请求后拒绝提起诉讼，或者自收到请求之日起30日内未提起诉讼，或者情况紧急、不立即提起诉讼将会使公司利益受到难以弥补的损害的，股东有权为了公司的利益以自己的名义直接向人民法院提起诉讼。

③公司以外的他人侵犯公司利益→找董事会或者监事会

股东（有限责任公司的股东、股份有限公司连续180日以上单独或者合计持有公司1%以上股份的股东），可以书面请求董事会或者监事会向人民法院提起诉讼。

如果董事会、监事会收到股东的书面请求后拒绝提起诉讼，或者自收到请求之日起 30 日内未提起诉讼，或者情况紧急、不立即提起诉讼将会使公司利益受到难以弥补的损害的，股东有权为了公司的利益以自己的名义直接向人民法院提起诉讼。

【注1】　股东诉讼中的股东包括有限公司的所有股东（没有条件限制）和股份公司连续 180日以上单独或者合计持有公司 1% 以上股份的股东。

【注2】　股东不管是直接诉讼还是间接诉讼，只要向法院提起诉讼了，一定是以自己的名义，而非公司名义，只不过是间接诉讼中是以自己的名义代表公司进行的诉讼。

另外，股东的诉讼权按照诉讼的内容划分还包括两会决议撤销诉讼权和提起解散公司诉讼权，具体规定如下：

撤销之诉：股东（大）会、董事会的决议内容违反法律、行政法规的无效。股东（大）会、董事会的会议召集程序、表决方式违反法律、行政法规或者公司章程，或者决议内容违反公司章程的，股东可以自决议作出之日起 60 日内，请求人民法院撤销。

【注1】　内容违法绝对无效，内容违章或程序违法、违章可撤销，也可不撤销。

【注2】　股东提起诉讼的，人民法院可以应公司的请求，要求股东提供相应担保。

解散之诉：公司经营管理发生严重困难，继续存续会使股东利益受到重大损失，通过其他途径不能解决的，持有公司全部股东表决权 10% 以上的股东，可以请求人民法院解散公司。

【注1】　有以下情形之一的，称为严重困难：

①公司持续 2 年以上无法召开股东会或者股东大会，公司经营管理发生严重困难的。

②股东表决时无法达到法定或者公司章程规定的比例，持续 2 年以上不能作出有效的股东会或者股东大会决议，公司经营管理发生严重困难的。

③公司董事长期冲突，并且无法通过股东会或者股东大会解决，公司经营管理发生严重困难的。

④经营管理发生其他严重困难，公司继续存续会使股东利益受到重大损失的情形。

【注2】　股东以知情权、利润分配请求权等权益受到损害，或者公司亏损、财产不足以偿还全部债务，以及公司被吊销企业法人营业执照未进行清算等为由，提起解散公司诉讼的，人民法院不予受理。

2. 上市公司股东的义务

（1）公司股东承担下列义务：

①遵守法律、行政法规和公司章程。

②依其所认购的股份和入股方式缴纳股金。

③除法律、法规规定的情形外，不得退股。

④不得滥用股东权利损害公司或者其他股东的利益；不得滥用公司法人独立地位和股东有限责任损害公司债权人的利益；公司股东滥用股东权利给公司或者其他股东造成损失的，应当依法承担赔偿责任。公司股东滥用公司法人独立地位和股东有限责任，逃避债务，严重损害公司债权人利益的，应当对公司债务承担连带责任。

⑤法律、行政法规及公司章程规定应当承担的其他义务。

【注】　考试中常考的是第④点，这也是《公司法》对所有公司的规定。

（2）持有公司 5% 以上有表决权股份的股东，将其持有的股份进行质押的，应当自该事实发生当日，向公司作出书面报告。

【注】注意以下几点：①含5%本数，持股低于5%的股东股份质押时无须报告；②质押"当日"报告，非"次日"或其他日期。

（3）控股股东、实际控制人的义务

①公司的控股股东、实际控制人不得利用其关联关系损害公司利益。违反规定的，给公司造成损失的，应当承担赔偿责任。

②控股股东应严格依法行使出资人的权利，控股股东不得利用利润分配、资产重组、对外投资、资金占用、借款担保等方式损害公司和社会公众股股东的合法权益，不得利用其控制地位损害公司和社会公众股股东的利益。

【真题回顾（1505）】 甲公司是一家上市公司，则其股东可以查阅的资料有（　　）。

A. 股东大会会议记录

B. 董事会会议记录

C. 监事会会议记录

D. 经理办公会会议决议

E. 独立董事会议记录

答案：A

【真题回顾（2012）】 某有限公司连续五年盈利，并且符合《公司法》规定的分配利润条件，公司连续五年不向股东分配利润，则股东可以（　　）。

A. 请求公司以合理价格收购其股权

B. 不经他人同意将股份转让

C. 请求法院认定该决议无效

D. 请求法院撤销该决议

答案：A

【真题回顾（1605）】 以下关于上市公司股东权利与义务的说法正确的是（　　）。

A. 股东无权查阅公司债券存根

B. 持有公司6%有表决权股份的股东，将股份进行质押，应当在质押完成后的2日内向公司作出书面报告

C. 股东有权查阅董事会的会议记录

D. 董事会通知时间不符合相关规定，股东有权自决议作出之日起60日内，请求人民法院撤销

E. 公司股东应按照持有股份的比例行使表决权，但公司章程中另有规定的除外

答案：D

解析：A，属于股份公司公司股东知情权。C，可以查阅的董事会、监事会均为决议，记录不可以。B，《上市公司章程指引》第三十八条："持有公司5%以上有表决权股份的股东，将其持有的股份进行质押的，应当自该事实发生当日，向公司作出书面报告。"E，股份公司表决权不可在章程中另行规定。

【模拟练习】 下列关于上市公司股东权利的说法中，正确的有（　　）。

A. 有权查阅股东大会会议记录、董事会会议记录、监事会会议记录、财务会计报告

B. 对公司的经营进行监督、提出建议或质询

C. 对股东大会作出的公司合并、分立持异议的股东，要求公司收购其股份

D. 转让、赠与或质押其所持有的股份

E. 依法请求、召集、主持、参加或者委派股东代理人参加股东大会，并行使相应的表决权

答案：BCDE

解析：A，应为董事会会议决议、监事会会议决议。

【模拟练习】根据《公司法》的规定，公司发生的下列事项中，属于公司股东可以依法请求人民法院予以撤销的有（　　　）。

A. 股东会的决议内容违反法律的

B. 董事会的决议内容违反法律的

C. 股东会的会议表决方式违反法律的

D. 董事会的会议表决方式违反法律的

E. 股东会的决议内容违反公司章程规定的

答案：CDE

解析：A、B 为无效情形。

（二）上市公司控股股东的行为规范

根据《公司法》的规定，控股股东是指其出资额占有限责任公司资本总额 50% 以上或者其持有的股份占股份有限公司股本总额 50% 以上的股东；出资额或者持有股份的比例虽然不足 50%，但依其出资额或者持有的股份所享有的表决权已足以对股东会、股东大会的决议产生重大影响的股东。

关于上市公司控股股东行为的规范，《上市公司治理准则》第二章第一节专门进行了规定，但因《治理准则》从 2002 年起至今一直没有修订，规定的内容比较笼统，没有实质性考点，这里不再展开说明。

《上海证券交易所上市公司控股股东、实际控制人行为指引》和深圳证券交易所主板、中小板、创业板上市公司规范运作指引均对上市公司控股股东及实际控制人的行为规范进行了相关规定，法规条文规定的内容相对较多，这里把与考试相关相对比较重要的几点以《深圳证券交易所主板上市公司规范运作指引》（2015 年修订）为准进行说明，其他有不同规定的，进行对比分析。

1. 不得占用上市公司资金

控股股东、实际控制人不得以下列任何方式占用上市公司资金：

（1）要求公司为其垫付、承担工资、福利、保险、广告等费用、成本和其他支出。

（2）要求公司代其偿还债务。

（3）要求公司有偿或者无偿、直接或者间接拆借资金给其使用。

（4）要求公司通过银行或者非银行金融机构向其提供委托贷款。

（5）要求公司委托其进行投资活动。

（6）要求公司为其开具没有真实交易背景的商业承兑汇票。

（7）要求公司在没有商品和劳务对价的情况下以其他方式向其提供资金。

（8）不及时偿还公司承担对其的担保责任而形成的债务。

（9）中国证监会及交易所认定的其他情形。

【注】中小板、创业板的规定与深交所主板相同，《上海证券交易所上市公司控股股东、实际控制人行为指引》未对此作出规定。

2. 买卖上市公司股份窗口期

控股股东、实际控制人在下列期间不得买卖上市公司股份：

（1）公司年度报告公告前 30 日内，因特殊原因推迟年度报告公告日期的，自原预约公告日前 30 日起算，直至公告前 1 日。

（2）公司业绩预告、业绩快报公告前 10 日内。

（3）自可能对公司股票及其衍生品种交易价格产生较大影响的重大事件发生之日或者进入决策程序之日，至依法披露后 2 个交易日内。

（4）中国证监会及交易所规定的其他期间。

上述（1）~（4）深交所主板、中小板、创业板的规定完全相同。

【注 1】深交所主板同时规定，控股股东、实际控制人为自然人的，其配偶、未成年子女在上述规定的期间不得买卖该上公司股份。创业板同时规定，控股股东、实际控制人直接或者间接控制的法人、非法人组织以及控股股东、实际控制人为自然人的，其配偶、未成年子女在上述规定的期间不得买卖该上公司股份。中小板未作出限制主体的扩展规定。

《上海证券交易所上市公司控股股东、实际控制人行为指引》规定，控股股东、实际控制人在下列情形下不得增持上市公司股份：

（1）上市公司定期报告披露前 10 日内。

（2）上市公司业绩快报、业绩预告披露前 10 日内。

（3）控股股东、实际控制人通过证券交易所证券交易，在权益变动报告、公告期限内和报告、公告后 2 日内。

（4）自知悉可能对上市公司股票交易价格产生重大影响的事件发生或在决策过程中，至该事件依法披露后 2 个交易日内。

（5）控股股东、实际控制人承诺一定期限内不买卖上市公司股份且在该期限内。

（6）《证券法》第四十七条规定的情形。

（7）相关法律法规和规范性文件规定的其他情形。

控股股东、实际控制人买卖上市公司股份窗口期总结见下表：

深交所主板、中小板、创业板	上交所主板
（1）年度报告公告前 30 日内	（1）定期报告披露前 10 日内
（2）业绩预告、业绩快报公告前 10 日内	（2）业绩预告、业绩快报披露前 10 日内
（3）重大事件发生之日或者进入决策程序之日，至依法披露后 2 个交易日内	（3）重大影响的事件发生或在决策过程中，至该事件依法披露后 2 个交易日内
（4）中国证监会及交易所规定的其他期间	（4）控股股东、实际控制人通过证券交易所证券交易，在权益变动报告、公告期限内和报告、公告后 2 日内
	（5）控股股东、实际控制人承诺一定期限内不买卖上市公司股份且在该期限内
	（6）《证券法》第四十七条规定的情形
	（7）相关法律法规和规范性文件规定的其他情形

注：因特殊原因推迟年度报告公告日期的，自原预约公告日前 30 日起算，直至公告前 1 日。

3. 控股股东、实际控制人出售上市公司股份需刊登提示性公告的情形

存在下列情形之一的，控股股东、实际控制人通过证券交易系统出售其持有或者控制的上

市公司股份，应当在首次出售2个交易日前刊登提示性公告：

深交所主板	创业板	中小板
预计未来6个月内出售股份可能达到或者超过公司股份总数的5%	（1）预计未来6个月内出售股份可能达到或者超过公司股份总数的5%	（1）预计未来6个月内出售股份可能达到或者超过公司股份总数的5%
	（2）交易所认定的其他情形	（2）最近12个月内控股股东、实际控制人受到交易所公开谴责或者2次以上通报批评处分
		（3）公司股票被实施退市风险警示
		（4）交易所认定的其他情形

控股股东、实际控制人未按照前述规定刊登提示性公告的，任意连续6个月内通过证券交易系统出售上市公司股份不得达到或者超过公司股份总数的5%。

另外，中小板还作出一条特别规定，要求控股股东、实际控制人通过证券交易系统买卖上市公司股份，增加或者减少比例达到1%，应当在该事实发生之日起2个交易日内就该事项作出公告。减少比例达到公司股份总数1%且未按规定作出披露的，控股股东、实际控制人还应当在公告中承诺连续6个月内出售的股份低于公司股份总数的5%。

【真题回顾（2012）】上市公司不得以下列方式将资金直接或间接地提供给控股股东及其他关联方使用（　　）。

A. 有偿或无偿地拆借公司的资金给控股股东及其他关联方使用

B. 通过银行或非银行金融机构向关联方提供委托贷款

C. 委托控股股东及其他关联方进行投资活动

D. 为控股股东及其他关联方开具没有真实交易背景的商业承兑汇票

E. 代控股股东及其他关联方偿还债务

答案：ABCDE

【真题回顾（1311）】中小板上市公司控股股东通过证券交易系统出售其持有的上市公司股份，以下应当在首次出售2个交易日前刊登提示性公告的有（　　）。

A. 预计未来6个月内出售股份可能达到公司股份总数5%的

B. 最近12个月内控股股东受到深交所1次通报批评处分

C. 最近12个月内控股股东受到深交所公开谴责

D. 公司股票被实施退市风险警示

答案：ACD

解析：B，最近12个月内控股股东受到深交所2次以上通报批评处分才需要刊登提示性公告。在2013年11月考试的时候此处考的是创业板的规定，本题根据修订后的规范运作指引进行了改编，因2015年2月新修订的《创业板上市公司规范运作指引》对此处修订较大，修订后的情形只有一种"预计未来6个月内出售股份可能达到或者超过公司股份总数的5%"，以后再考，考中小板的规定的可能性比较大。

【模拟练习】上海证券交易所上市公司控股股东，拟通过证券交易所证券交易的形式增持上市公司股东，在下列时间窗口可以进行增持的是（　　）。

A. 上市公司半年报披露5日前

B. 权益变动报告公告 2 日后

C. 上市公司业绩预告披露 7 日前

D. 上市公司年报披露 7 日前

答案：B

（三）上市公司股东大会的职权

《上市公司章程指引》规定，股东大会是公司的权力机构，依法行使下列职权：

1. 决定公司的经营方针和投资计划。

2. 选举和更换非由职工代表担任的董事、监事，决定有关董事、监事的报酬事项。

3. 审议批准董事会的报告。

4. 审议批准监事会报告。

5. 审议批准公司的年度财务预算方案、决算方案。

6. 审议批准公司的利润分配方案和弥补亏损方案。

7. 对公司增加或者减少注册资本作出决议。

8. 对发行公司债券作出决议。

9. 对公司合并、分立、解散、清算或者变更公司形式作出决议。

10. 修改公司章程。

11. 对公司聘用、解聘会计师事务所作出决议。

12. 审议批准上市公司对外担保事项。

13. 审议公司在一年内购买、出售重大资产或者担保金额超过公司最近一期经审计总资产 30% 的事项。

14. 审议批准变更募集资金用途事项。

15. 审议股权激励计划。

16. 审议法律、行政法规、部门规章或公司章程规定应当由股东大会决定的其他事项。

上述股东大会的职权不得通过授权的形式由董事会或其他机构和个人代为行使。

【注】"12. 审议批准上市公司对外担保事项"是指以下担保事项：

（1）对股东、实际控制人及其关联方提供的担保。

（2）单笔担保额超过最近一期经审计净资产 10% 的担保。

（3）公司的对外担保总额，达到或超过最近一期经审计总资产的 30% 以后提供的任何担保。

（4）本公司及本公司控股子公司的对外担保总额，达到或超过最近一期经审计净资产的 50% 以后提供的任何担保。

（5）为资产负债率超过 70% 的担保对象提供的担保。

说明：上述（1）～（5）中的担保事项，经股东大会普通决议通过即可。需要注意的是，根据《公司法》第一百二十一条的规定，上市公司在一年内购买、出售重大资产或者担保金额超过公司资产总额 30% 的，应当由股东大会特别决议通过。

【真题回顾（1406）】上市公司聘用会计师事务所应当由董事会决定。

答案：×

解析：上市公司聘用会计师事务所属于股东大会的职权。

（四）股东大会的召集

1. 上市公司股东大会的召集

《公司法》规定，有限责任公司首次股东会会议由出资最多的股东召集和主持，股份公司的首次股东大会即创立大会由发起人召集主持。《上市公司章程指引》中关于上市公司股东大会的召集的规定如下：

（1）独立董事有权向董事会提议召开临时股东大会

①对独立董事要求召开临时股东大会的提议，董事会应在收到提议后10日内提出同意或不同意召开的书面反馈意见。

②董事会同意召开的，将在作出董事会决议后的5日内发出召开股东大会的通知；董事会不同意召开的，将说明理由并公告。

（2）监事会有权向董事会提议召开临时股东大会，并书面形式向董事会提出

①董事会应当在收到提案后10日内提出同意或不同意召开的书面反馈意见。

②董事会同意召开的，将在作出董事会决议后的5日内发出召开股东大会的通知，通知中对原提议的变更，应征得监事会的同意。

③董事会不同意召开的，或者在收到提案后10日内未作出反馈的，视为董事会不能履行或者不履行召集股东大会会议职责，监事会可以自行召集和主持。

（3）单独或者合计持有公司10%以上股份的股东有权向董事会请求召开临时股东大会，并应当以书面形式向董事会提出

①董事会应当在收到请求后10日内提出同意或不同意召开临时股东大会的书面反馈意见。

②董事会同意召开的，应当在作出董事会决议后的5日内发出召开股东大会的通知，通知中对原请求的变更，应当征得相关股东的同意。

③董事会不同意召开的，或者在收到请求后10日内未作出反馈的，单独或者合计持有公司10%以上股份的股东有权向监事会提议召开临时股东大会，并应当以书面形式向监事会提出请求。

a. 监事会同意召开的，应在收到请求5日内发出召开股东大会的通知，通知中对原提案的变更，应当征得相关股东的同意。

b. 监事会未在规定期限内发出股东大会通知的，视为监事会不召集和主持股东大会，连续90日以上单独或者合计持有公司10%以上股份的股东可以自行召集和主持。

【注1】计算（3）中所称持股比例时，仅计算普通股和表决权恢复的优先股。

【注2】总结：（1）可以提议召开临时股东大会的有独立董事、监事会、单独或者合计持有公司10%以上股份的股东；（2）可以担任股东大会的召集人的有董事会、监事会、连续90日以上单独或者合计持有公司10%以上股份的股东。

（4）监事会或股东决定自行召集股东大会的，须书面通知董事会，同时向公司所在地中国证监会派出机构和证券交易所备案。

（5）监事会或股东自行召集的股东大会，会议所必需的费用由本公司承担。

（6）在股东大会决议公告前，召集股东持股比例不得低于10%。召集股东应在发出股东大会通知及股东大会决议公告时，向公司所在地中国证监会派出机构和证券交易所提交有关证明材料。

2. 股份公司应当召开临时股东大会的情形

有下列情形之一的，公司应当在事实发生之日起2个月以内召开临时股东大会：

（1）董事人数不足《公司法》规定人数或者公司章程所定人数的2/3时。

（2）公司未弥补的亏损达实收股本总额的1/3时。

（3）单独或者合计持有公司10%以上股份的股东请求时。

（4）董事会认为必要时。

（5）监事会提议召开时。

（6）法律、行政法规、部门规章或公司章程规定的其他情形。

【注1】股份公司董事会成员为5～19人；（1）中注意，两者出现之一的，即需召开，例如，章程规定董事成员为9人，现有4人辞职，剩下5人虽满足法定最低要求，但已不足章程规定的2/3，需召开临时股东大会。

【注2】（2）中，为"实收股本"，非"注册资本"。

【注3】单独的董事、监事，包括董事长、监事会主席，不能提议召开临时股东大会，只有董事会、监事会方可。监事会一般是在董事会不作为时方可自行召集和主持。

【注4】独立董事须向董事会提议召开临时股东大会。

【真题回顾（2009）】某股份公司注册资本为9 000万元，实收资本为6 000万元，按公司章程的规定，公司董事会设有9名董事，监事会设有5名监事，在下列情况下，公司应当召开临时股东大会的是（　　　）。

A. 2名监事提议召开时

B. 4名董事辞职，公司只有5名董事时

C. 持有公司股份5%的股东请求时，该股东连续持有股份超过90天

D. 持有公司股份10%的股东请求时，该股东于股东大会召开前2周内购入股份

E. 公司未弥补的亏损达到2 500万元

答案：BDE

【真题回顾（1306）】有限责任公司首次股东会的召集人是（　　　）。

A. 出资最多的人

B. 三分之一董事

C. 10%表决权股东

D. 监事会或不设监事会的监事

答案：A

解析：《公司法》第三十八条："首次股东会会议由出资最多的股东召集和主持，依照本法规定行使职权。"

【真题回顾（1306）】以下关于股份公司召开临时股东大会的说法正确的有（　　　）。

A. 某股东在所持股份达到10%的当天便可提议召开

B. 持有10%以上股东提议召开，在股权登记日后，所持10%股份的股东将股份卖掉至低于10%，不影响对临时股东大会召开的有效性

C. 连续90日持有公司股份比例达到10%以上的股东可提议召开

D. 三分之一以上董事可提议召开

答案：AC

解析：B，决议公告前不得低于10%；D，是股份公司临时董事会提议召开人之一。

【真题回顾（1509）】以下可以提议召开临时股东大会的有（　　　）。

A. 独立董事　　B. 监事会　　C. 监事　　D. 董事长　　E. 连续180日持股3%以上股份的股东

答案：AB

解析：C，有限责任公司的股东会、不设监事会的监事可以提议召开临时股东大会。

【模拟练习】以下关于某上市公司股东大会的召集、召开，符合相关规定的有（　　　）。

A. 独立董事向董事会提议召开临时股东大会

B. 监事王某以书面形式向董事会提议召开临时股东大会

C. 张某持有该公司 5% 的股权，张某以书面形式向董事会请求召开临时股东大会

D. 某上市公司董事会事先确定了非公开发行股票的发行对象，并在召开董事会前一日与发行对象签订了附条件生效的认购合同，认购合同同时约定本次发行一经上市公司董事会、股东大会批准并经中国证监会核准，该合同即应生效

E. 符合条件的股东自行召集的股东大会，会议所必需的费用由相应的股东承担

答案：AD

解析：C，需 10% 以上；D，《上市公司非公开发行股票实施细则》第十二条：董事会决议确定具体发行对象的，上市公司应当在召开董事会的当日或者前一日与相应发行对象签订附条件生效的股份认购合同。

（五）股东大会的提案与通知

1. 股东大会的提案权

（1）一般规定

公司召开股东大会，董事会、监事会以及单独或者合并持有公司 3% 以上股份的股东，有权向公司提出提案。

（2）临时提案权

单独或者合计持有公司 3% 以上股份的股东，可以在股东大会召开 10 日前提出临时提案并书面提交召集人。

【注1】临时提案权仅有"单独或者合计持有公司 3% 以上股份的股东"具有，董事会、监事会不具有临时提案权。

【注2】计算上述持股比例时，仅计算普通股和表决权恢复的优先股。

【注3】①独立董事的提名：董事会、监事会、单独或合计持有 1% 以上股东；②征集投票权：董事会、独立董事、符合一定条件的股东。

2. 股东大会的通知

召集人将在年度股东大会召开 20 日前以公告方式通知各股东，临时股东大会将于会议召开 15 日前以公告方式通知各股东。

【注】公司在计算起始期限时，不应当包括会议召开当日。

【真题回顾（1505）】在股东大会会议通知发出后，以下可以提出临时股东大会议案的有（　　）。

A. 甲持股 3%　　　　　　　　　　B. 乙持股 2% 与丙持股 1.5% 联合提出

C. 董事会　　　　　　　　　　　　D. 监事会

E. 三分之一以上董事

答案：AB

【真题回顾（1509）】下列关于上市公司股东大会提案的说法正确的是（　　）。

A. 有权提出提案的股东，应在股东大会召开 10 日前提出临时议案并书面提交召集人

B. 单独或者合计持有 1% 的股东，有权提案

C. 在某上市公司审议股东大会利润分配方案时，其 10% 股东在会议现场建议修改原定方案，经召集人同意，本次股东大会可就修改后方案表决

D. 董事会召集股东大会，发出通知公告后，董事会应 1/2 以上独立董事要求，可以在召开

前 10 日内增加提案

答案：A

解析：B，公司召开股东大会，董事会、监事会以及单独或者合并持有公司 3% 以上股份的股东，有权向公司提出提案。C，除临时提案情形外，召集人在发出股东大会通知公告后，不得修改股东大会通知中已列明的提案或增加新的提案。D，独立董事有权向董事会提议召开临时股东大会，但并无向董事会提议增加临时提案的权利。

（六）股东大会的召开

1. 股东大会的出席人员

（1）股权登记日登记在册的所有普通股股东（含表决权恢复的优先股股东）或其代理人，均有权出席股东大会。

股东可以亲自出席股东大会，也可以委托代理人代为出席和表决。

（2）股东大会召开时，本公司全体董事、监事和董事会秘书应当出席会议，经理和其他高级管理人员应当列席会议。

【注 1】保荐代表人、会计师有权列席。

【注 2】董事会召开时，公司经理、董事会秘书应当列席董事会会议；监事可以列席；经会议主持人认为必要，可以通知其他人员列席。

【真题回顾（2008）】上市公司的下列人员中，应当出席股东大会的是（　　　）。

A. 董事　　　　　　　　B. 监事　　　　　　　　C. 经理　　　　　　　　D. 董事会秘书

E. 保荐代表人

答案：ABD

2. 股东大会的表决和决议

（1）普通决议

股东大会作出普通决议，应当由出席股东大会的股东（包括股东代理人）所持表决权的 1/2 以上通过。下列事项由股东大会以普通决议通过：

①董事会和监事会的工作报告。

②董事会拟订的利润分配方案和弥补亏损方案。

③董事会和监事会成员的任免及其报酬和支付方法。

④公司年度预算方案、决算方案。

⑤公司年度报告。

⑥发行公司债券。

⑦员工持股计划。

⑧变更募集资金用途。

⑨选举非职工代表董事、监事。

⑩一般担保事项。

【注】⑩，对于担保中，除"照担保金额连续 12 个月内累计计算原则，超过公司最近一期经审计总资产 30% 的担保"需特别决议通过的外，其他均为一般决议，详细内容见本章第二节关于上市公司对外担保的相关规定。

（2）特别决议

股东大会作出特别决议，应当由出席股东大会的股东（包括股东代理人）所持表决权的 2/3 以上通过。下列事项由股东大会以特别决议通过：

①公司增加或者减少注册资本。

【注】包括发行新股（含优先股）、资本公积转增股本、盈余公积转增股本、回购公司股份、派发股票股利。

②公司的分立、合并、解散和清算与变更公司形式。

③公司章程的修改。

④公司在一年内购买、出售重大资产或者担保金额超过公司最近一期经审计总资产30%的。

⑤股权激励计划。

⑥股权激励中，任何一名激励对象通过全部有效的股权激励计划获授的本公司股票累计超过公司股本总额的1%。

⑦对公司章程确定的现金分红政策进行调整或变更。

⑧发行可转换公司债券。

⑨重大资产重组。

⑩法律、行政法规或公司章程规定的，以及股东大会以普通决议认定会对公司产生重大影响的、需要以特别决议通过的其他事项。

【注】股东大会就以下事项作出特别决议，除须经出席会议的普通股股东（含表决权恢复的优先股股东，包括股东代理人）所持表决权的2/3以上通过之外，还须经出席会议的优先股股东（不含表决权恢复的优先股股东，包括股东代理人）所持表决权的2/3以上通过：①修改公司章程中与优先股相关的内容；②一次或累计减少公司注册资本超过10%；③公司合并、分立、解散或变更公司形式；④发行优先股；⑤公司章程规定的其他情形。

【真题回顾（2011）】上市公司的下列事项，必须经股东大会特别决议通过的有（　　　）。

A. 非公开发行股票

B. 股权激励

C. 一年内购买重大资产超过公司最近一期经审计总资产的30%

D. 回购股份减少资本

答案：ABCD

解析：A，非公开发行股票属于增资行为，需要特别决议通过。

【真题回顾（1511）】上市公司的下列事项，必须经股东大会特别决议通过的有（　　　）。

A. 发行公司债券

B. 员工股权激励

C. 一年内购买重大资产超过公司最近一期经审计总资产的30%

D. 对公司章程确定的现金分红政策进行调整或者变更

E. 为资产负债率超过70%的担保对象提供的担保

答案：BCD

解析：D，根据《关于进一步落实上市公司现金分红有关事项的通知》的规定，上市公司应当严格执行公司章程确定的现金分红政策以及股东大会审议批准的现金分红具体方案。确有必要对公司章程确定的现金分红政策进行调整或者变更的，应当满足公司章程规定的条件，经过详细论证后，履行相应的决策程序，并经出席股东大会的股东所持表决权的2/3以上通过。E，上市公司对外担保的几种情形中，仅有"公司在一年内超过公司最近一期经审计总资产30%的担保"需要特别决议通过，其他均为一般决议。

3. 股东大会的议事规则

（1）除累积投票制外，股东大会将对所有提案进行逐项表决，对同一事项有不同提案的，将按提案提出的时间顺序进行表决。

（2）股东大会审议提案时，不会对提案进行修改，否则，有关变更应当被视为一个新的提案，不能在本次股东大会上进行表决。

（3）公司持有的本公司股份没有表决权，且该部分股份不计入出席股东大会有表决权的股份总数。

（4）同一表决权只能选择现场、网络或其他表决方式中的一种。同一表决权出现重复表决的以第一次投票结果为准。

（5）股东大会采取记名方式投票表决。

（6）股东大会现场结束时间不得早于网络或其他方式。

（7）出席股东大会的股东，应当对提交表决的提案发表以下意见之一：同意、反对或弃权。未填、错填、字迹无法辨认的表决票、未投的表决票均为"弃权"。

（8）股东大会通过有关派现、送股或资本公积转增股本提案的，公司将在股东大会结束后 2 个月内实施具体方案。

【注】（4）中，以第一次投票结果为准。

4. 网络投票

（1）网络投票审议事项

根据《深圳证券交易所上市公司股东大会网络投票实施细则》（2014 年 9 月修订）（深证上〔2014〕318 号）及《上海证券交易所上市公司股东大会网络投票实施细则》（2015 年修订）的规定，上市公司召开股东大会，应当按照相关规定向股东提供网络投票方式。

【注】在相关规则修订之前，上交所及深交所主板、中小板、创业板关于召开股东大会需要采取网络投票的情形各不相同，现在统一规定，上市公司只要召开股东大会，就必须同时向股东提供网络投票的方式。

（2）其他规定

股东大会采用网络或其他方式的，应当在股东大会通知中明确载明网络或其他方式的表决时间及表决程序。股东大会网络或其他方式投票的开始时间，不得早于现场股东大会召开前一日下午 3：00，并不得迟于现场股东大会召开当日上午 9：30，其结束时间不得早于现场股东大会结束当日下午 3：00。

通过网络或其他方式投票的公司股东或其代理人，有权通过相应的投票系统查验自己的投票结果。

5. 选举董事、监事的累积投票

累积投票制是指股东大会选举董事或者监事时，每一股份拥有与应选董事或者监事人数相同的表决权，股东拥有的表决权可以集中使用。

【注】注意是与"应选"董事或监事人数，非"候选"人数，比如某上市公司拟采用累积投票选举 3 名非职工董事，候选人为 4 人，分别为张某、王某、李某、赵某；股东甲持有 5 000 股普通股，则其拥有的表决权股份合计为 15 000 股，非 20 000 股。该 15 000 股表决权可投给一个人，也可分别投给多人。

（1）《公司法》规定

股东大会选举董事、监事，可以依照公司章程的规定或者股东大会的决议，实行累积投票制。

（2）《上市公司治理准则》规定

股东大会在董事选举中应积极推行累积投票制度。控股股东控股比例在30%以上的上市公司，应当采用累积投票制。

（3）创业板的具体规定

①《创业板上市公司规范运作指引》规定，上市公司应当在公司章程中规定选举2名及以上董事或监事时实行累积投票制。

②《创业板股票上市规则》规定，独立董事选举应当实行累积投票制。

（4）深交所主板的具体规定

《深圳证券交易所主板上市公司规范运作指引》规定，上市公司应当在董事、监事选举中积极推行累积投票制度，控股股东控股比例在30%以上的公司，应当采用累积投票制。采用累积投票制度的公司应当在公司章程中规定该制度的实施细则。

股东大会以累积投票方式选举董事的，独立董事和非独立董事的表决应当分别进行。

（5）中小板的具体规定

《中小板上市公司规范运作指引》规定，上市公司应当在公司章程中规定选举2名以上董事或监事时实行累积投票制度。股东大会以累积投票方式选举董事的，独立董事和非独立董事的表决应当分别进行。

【注】中小板特别规定，鼓励公司在公司章程中规定单独或者合计持有公司1%以上股份的股东可以在股东大会召开前提出董事、监事候选人人选。

（6）证券公司的具体规定

《证券公司治理准则》（2012年12月11日，中国证监会公告〔2012〕41号）规定，证券公司在董事、监事的选举中可以采用累积投票制度。证券公司股东单独或者与关联方合并持有公司50%以上股权的，董事、监事的选举应当采用累积投票制度，但证券公司为一人公司的除外。

各板块应当实行累积投票制的情形总结

板块	具体情形
创业板	（1）选举2名以上董事或监事 （2）控股股东持股比例在30%以上时选董事 （3）选举独立董事
中小板	（1）选举2名以上董事或监事 （2）控股股东持股比例在30%以上时选董事
深交所主板	当控股股东控股比例在30%以上时选董事、监事
上交所主板	当控股股东控股比例在30%以上时选董事

【注】股东大会以累积投票方式选举董事的，独立董事和非独立董事的表决应当分别进行。

【真题回顾（2011）】创业板上市公司以下人员的选举中，需要采取累积投票的有（　　　）。

A. 选举总经理时

B. 选举一名董事时

C. 选举两名以上监事时

D. 选举两名以上董事时

答案：CD

解析：B，当控股股东持股 30% 以上选举董事时。

【模拟练习】 某上市公司采用累积投票选举 3 名非职工董事，候选人为 4 人，分别为张某、王某、李某和赵某。刘某持有该上市公司 5 000 股普通股股票，投票时刘某投了张某 5 000 票赞成票，则刘某最多还可以投给王某的赞成票数为（　　　　）。

A. 5 000 票　　　　　　　B. 10 000 票　　　　　　　C. 0　　　　　　　D. 15 000 票

E. 20 000 票

答案：B

解析：5 000 × 3 − 5 000。

6. 征集投票权

《上市公司章程指引》规定，召开股东大会时，公司董事会、独立董事和符合相关规定条件的股东可以公开征集股东投票权。

（1）公司董事会、独立董事和符合相关规定条件的股东可以公开征集股东投票权。

（2）征集股东投票权应当向被征集人充分披露具体投票意向等信息。

（3）禁止以有偿或者变相有偿的方式征集股东投票权。

（4）公司不得对征集投票权提出最低持股比例限制。

【注】 独立董事在行使征集投票权时应取得全体独立董事的 1/2 以上同意。

【模拟练习】 关于上市公司征集股东投票权，以下说法正确的是（　　　　）。

A. 征集股东投票权可以不向被征集人披露具体投票意向

B. 为了防止相关方随意使用征集股东投票权，公司可以对征集股东投票权提出最低持股比例限制

C. 征集股东投票权不能以有偿的方式

D. 公司董事会、独立董事、监事会和符合相关条件的股东可以公开征集股东投票权

E. 独立董事在行使征集投票权时应取得全体独立董事的 1/2 以上同意

答案：C

二、董事与董事会

【大纲要求】

内容	程度
1. 董事的任职资格和产生程序	掌握
2. 董事的权利和义务	掌握
3. 董事长的职权	掌握
4. 董事会的职权、议事规则、规范运作及决议方式	掌握
5. 董事会秘书的任职资格、权利和义务	熟悉
6. 董事会专门委员会的职责	掌握

【内容精讲】

（一）董事的任职资格和产生程序

1. 董事的任职资格

（1）基本规定

对于董事的任职资格，《公司法》第一百四十六条和《上市公司章程指引》第九十五条均进

行了规定，其中《章程指引》在《公司法》规定的基础上增加了两点，规定如下：

有下列情形之一的，不得担任公司的董事、监事、高级管理人员：

①无民事行为能力或者限制民事行为能力。

②因贪污、贿赂、侵占财产、挪用财产或者破坏社会主义市场经济秩序，被判处刑罚，执行期满未逾5年，或者因犯罪被剥夺政治权利，执行期满未逾5年。

③担任破产清算的公司、企业的董事或者厂长、经理，对该公司、企业的破产负有个人责任的，自该公司、企业破产清算完结之日起未逾3年。

④担任因违法被吊销营业执照、责令关闭的公司、企业的法定代表人，并负有个人责任的，自该公司、企业被吊销营业执照之日起未逾3年。

⑤个人所负数额较大的债务到期未清偿。

⑥被中国证监会证券市场禁入处罚，尚在禁入期的。

⑦法律行政法规或部分规章规定的其他内容。

【注1】①～⑤是《公司法》的规定，⑥、⑦是《章程指引》较《公司法》增加的两点规定。

【注2】根据《民法通则》的规定，关于民事行为能力的划分见下表。

能力划分	无民事行为能力	限制民事行为能力	完全民事行为能力
精神状态	完全不能辨认自己的行为	不能完全辨认自己的行为	完全能够辨认自己的行为
年龄	不满10周岁	年满10周岁，不满18周岁	年满18周岁

特殊规定：对于已年满16周岁，不满18周岁，生活来源完全来自其个人的劳动收入，视为具备完全民事行为能力。

【注3】《章程指引》第九十五条规定的仅是"有下列情形之一的，不得担任公司的董事"，同时《章程指引》第一百二十五条、第一百三十五条规定，《章程指引》第九十五条关于不得担任董事的情形的规定同样适用于经理和监事，实际上，上述内容对董、监、高均适用，此处一起进行说明。

（2）证券交易所的具体规定

深圳证券交易所主板、中小板、创业板规范运作指引对董监高的任职资格均作出了如下规定：

董事、监事和高级管理人员候选人存在下列情形之一的，不得被提名担任上市公司董事、监事和高级管理人员：

①《公司法》第一百四十六条规定的情形之一。

②被中国证监会采取证券市场禁入措施，期限尚未届满。

③被证券交易所公开认定为不适合担任上市公司董事、监事和高级管理人员，期限尚未届满。

④交易所规定的其他情形。

【注1】如果上述人员被选举、委派或者聘任，该选举、委派或者聘任无效；

【注2】主板、创业板规定，董、监、高在任职期间出现上述情形之一的，应当在该事实发生之日起一个月内离职。中小板规定，董、监、高在任职期间出现上述情形之一的，应当在该事实发生之日起一个月内离职，半数以上董、监、高在任职期间出现上述应当离职情形的，经公司申请并经交易所同意，离职期限可以适当延长，但延长时间最长不得超过三个月。

【注3】深圳证券交易所主板、中小板、创业板规范运作指引同时规定，董事、监事和高级管理人员候选人存在下列情形之一的，上市公司应当披露该候选人具体情形、拟聘请该候选人

的原因以及是否影响上市公司规范运作：

①最近 3 年内受到中国证监会行政处罚。

②最近 3 年内受到证券交易所公开谴责或者三次以上通报批评。

③因涉嫌犯罪被司法机关立案侦查或者涉嫌违法违规被中国证监会立案调查，尚未有明确结论意见。

《上海证券交易所上市公司董事选任与行为指引（2013 年修订）》规定，董事候选人的任职资格应符合《公司法》等法律法规的相关规定。有下列情形之一的，不得被提名为董事候选人：

①3 年内受中国证监会行政处罚。

②3 年内受证券交易所公开谴责或 2 次以上通报批评。

③处于中国证监会认定的市场禁入期。

④处于证券交易所认定不适合担任上市公司董事的期间。

【注】上市公司的在任董事出现上述①、②项规定的情形之一，董事会认为该董事继续担任董事职务对公司经营有重要作用的，可以提名其为下一届董事会的董事候选人，并应充分披露提名理由。

综上所述，深交所和上交所对于不得被提名担任上市公司董事、监事和高级管理人员的规定实质上是一致的，可总结为以下三点：

①《公司法》第一百四十六条规定的情形之一。

②处于中国证监会认定的市场禁入期。

③处于证券交易所认定不适合担任期间。

2. 董事的产生程序

（1）职工代表董事的产生

职工代表董事由公司职工通过职工代表大会、职工大会或其他形式民主产生。

（2）非职工代表董事的产生

公司形式	产生程序
股份公司	由股东大会（包含创立大会）选举和更换
普通有限	由股东会选举和更换
1 人有限	不设股东会，由该 1 人股东选换
国有独资	不设股东会，由国有资产监管机构委派

注：①有限公司一共有 3 种形式，普通有限、1 人有限和国有独资公司。一人有限公司是指只有一个自然人股东或者一个法人股东的有限责任公司。国有独资公司，是指国家单独出资、由国务院或者地方人民政府授权本级人民政府国有资产监督管理机构履行出资人职责的有限责任公司。普通有限是指除一人有限和国有独资以外的有限责任公司，股东人数 2~50 人。普通有限公司中有种特殊的形式我们称为"国有有限"，是指由两个以上国有企业或两个以上其他国有投资主体投资设立的有限公司。

②董事产生的特别规定。董事可以由经理或者其他高级管理人员兼任，但兼任经理或者其他高级管理人员职务的董事以及由职工代表担任的董事，总计不得超过公司董事总数的 1/2。（《章程指引》第九十六条，适用所有上市公司）

③董事会成员中关于职工代表董事的规定。国有独资公司和国有有限公司董事会成员中应当有职工代表董事（无比例要求），其他有限公司及股份有限公司董事会成员中可以有职工代表董事。

④股份公司的非职工代表董事由股东大会选举产生，注意，股东大会包括创立大会。

⑤股东大会在董事选举中应积极推行累积投票制度。控股股东控股比例在 30% 以上的上市公司，应当采用累积投票制。（《上市公司治理准则》第三十一条，适用所有上市公司）

【真题回顾（2011）】 假定不考虑其他因素，仅就下列选项中的单个信息，以下可以担任董、监、高的有（ ）。

A. 谢某担任某企业法定代表人，因未按规定期限办理工商年检被吊销营业执照，谢某负有个人责任，营业执照被吊销未逾 3 年

B. 公司技术副经理 17 岁，为发明天才，已经拥有 4 项发明专利，并从 15 岁起从事发明创造负担家庭生活

C. 李某为甲公司经理，因公司经营不善，导致公司破产，自申请破产清算之日起已超过 3 年

D. 张某在担任甲公司法定代表人期间，因公司输油管道发生爆炸，导致 5 人死亡，张某负有重大过失责任，被判处刑罚，执行期满未逾 5 年

答案：BD

解析：B，根据《民法通则》的规定，16 周岁以上不满 18 周岁的公民，以自己的劳动收入为主要生活来源的，视为完全民事行为能力人。C，应当是自破产清算完结之日起超过 3 年方可。D，不属于经济犯罪，不受影响。

【模拟练习】 中小板某上市公司 2017 年 6 月需要进行董事会换届，下列人员中，可以被提名担任该上市公司董事的有（ ）。

A. 张某两年前曾担任一家煤炭开采公司董事长，因为行业整体不景气，该煤炭开采公司已破产清算

B. 王某是该上市公司实际控制人之子，本科生在读，19 周岁

C. 李某是某大学会计学教授，2014 年 9 月被中国证监会采取证券市场禁入 3 年的处罚措施

D. 刘某是行业知名专家，因个人原因欠银行 1 000 万元贷款到期未清偿

答案：AB

解析：A，因行业原因破产，张某不负有个人责任，不影响；C，李某在 2017 年 6 月尚在禁入期。

（二）董事的权利和义务

"保代"考试关于董事的权利与义务更多的是对义务的考核，董事的义务具体规定如下：

1. 忠实义务

《章程指引》第九十七条规定，董事应当遵守法律、行政法规和公司章程，对公司负有下列忠实义务：

（1）不得利用职权收受贿赂或者其他非法收入，不得侵占公司的财产。

（2）不得挪用公司资金。

（3）不得将公司资产或者资金以其个人名义或者其他个人名义开立账户存储。

（4）不得违反公司章程的规定，未经股东大会或董事会同意，将公司资金借贷给他人或者以公司财产为他人提供担保。

（5）不得违反公司章程的规定或未经股东大会同意，与本公司订立合同或者进行交易；（关联交易）

（6）未经股东大会同意，不得利用职务便利，为自己或他人谋取本应属于公司的商业机会，自营或者为他人经营与本公司同类的业务。（同业竞争）

（7）不得接受与公司交易的佣金归为己有。

（8）不得擅自披露公司秘密。

（9）不得利用其关联关系损害公司利益。

（10）法律、行政法规、部门规章及公司章程规定的其他忠实义务。

董事违反上述规定所得的收入，应当归公司所有；给公司造成损失的，应当承担赔偿责任。

【注1】 除以上各项义务的要求外，公司可以根据具体情况，在章程中增加对董事其他义务的要求。

【注2】 常考的考点是第（5）点和第（6）点的规定，即关于关联交易和同业竞争的规定，可简单归纳如下：

关联交易：章程有规定按规定，未规定，则应经股东（大）会同意，不同意视为不可。

同业竞争：应经股东（大）会同意，不同意不可（不可在章程中约定允许同业竞争）。

【注3】 上述董事的忠实义务同样适用于高管，但不适用监事。

2. 勤勉义务

略。

3. 上市公司董事的行为规范

（1）《章程指引》的规定

董事连续2次未能亲自出席，也不委托其他董事出席董事会会议；视为不能履行职责，董事会应当建议股东大会予以撤换。（《章程指引》第九十九条）

（2）交易所规范运作指引关于董事委托其他董事代为出席董事会的规定

董事应当亲自出席董事会会议，因故不能亲自出席董事会会议的，应当审慎选择并以书面形式委托其他董事代为出席，独立董事不得委托非独立董事代为出席会议。

涉及表决事项的，委托人应当在委托书中明确对每一事项发表同意、反对或者弃权的意见。董事不得作出或者接受无表决意向的委托、全权委托或者授权范围不明确的委托。董事对表决事项的责任不因委托其他董事出席而免除。

一名董事不得在一次董事会会议上接受超过两名董事的委托代为出席会议。在审议关联交易事项时，非关联董事不得委托关联董事代为出席会议。

【注】 深交所主板、中小板、创业板规范运作指引中的规定均相同。

【真题回顾（2007）】 李某为甲公司高级管理人员，以下符合规定的有（　　）。

A. 公司章程中未对经理是否有权将资金借贷给他人作出要求，经过股东大会同意，李某将公司资金借贷给他人使用

B. 甲公司为能够聘任李某为经理，在公司章程中约定，李某可以自营或者为他人经营与甲公司同类的业务

C. 公司章程中未对经理是否可以与公司签订合同进行交易作出约定，也未经股东大会同意，李某可以与公司订立合同或者进行交易

D. 经过股东大会同意，李某与公司订立合同或者进行交易

E. 甲公司章程中约定，经理可以与公司签订合同进行交易

答案：ADE

解析：A，经股东（大）会同意，可以将公司资金借贷给他人使用；B、C、D、E，对于关联交易，章程有规定按规定，未规定，则应经股东（大）会同意，不同意视为不可；对于同业竞争，应经股东（大）会同意，不同意不可（不可在章程中约定允许同业竞争）。

【真题回顾（2011）】 关于董事委托出席董事会会议的问题，以下说法正确的有（　　）。

A. 某董事全权委托另一名董事对所有议案进行投票，未在委托书中明确对每一事项发表同

意、反对或者弃权的意见

B. 独立董事不能同时接受两名以上董事的委托

C. 在审议关联交易事项时，非关联董事不得委托关联董事代为出席会议

D. 独立董事不得委托非独立董事代为出席会议

答案：BCD

解析：A，董事不得作出或者接受无表决意向的委托、全权委托或者授权范围不明确的委托。

（三）董事长的职权

1. 董事长的产生

《公司法》规定，董事会设董事长1人，可以设副董事长。有限公司的董事长、副董事长产生办法由章程规定；股份公司的董事长、副董事长由董事会以全体董事过半数选举产生。

【注】国有独资公司的董事长、副董事长由国有资产监督管理机构从董事会成员中指定。

2. 董事长的职权

《上市公司章程指引》第一百一十二条规定，董事长行使下列职权：

（1）主持股东大会和召集、主持董事会会议。

（2）督促、检查董事会决议的执行。

（3）董事会授予的其他职权。

【注】董事会应谨慎授予董事长职权，例行或长期授权须在章程中明确规定。

（四）董事会的职权、设定与组成、议事规则与规范运作及决议方式

1. 董事会的职权

根据《上市公司章程指引》第一百零七条的规定，董事会行使下列职权：

（1）召集股东大会，并向股东大会报告工作。

（2）执行股东大会的决议。

（3）决定公司的经营计划和投资方案。

（4）制订公司的年度财务预算方案、决算方案。

（5）制订公司的利润分配方案和弥补亏损方案。

（6）制订公司增加或者减少注册资本、发行债券或其他证券及上市方案。

（7）拟订公司重大收购、收购本公司股票或者合并、分立、解散及变更公司形式的方案。

（8）在股东大会授权范围内，决定公司对外投资、收购出售资产、资产抵押、对外担保事项、委托理财、关联交易等事项。

（9）决定公司内部管理机构的设置。

（10）聘任或者解聘公司经理、董事会秘书；根据经理的提名，聘任或者解聘公司副经理、财务负责人等高级管理人员，并决定其报酬事项和奖惩事项。

（11）制定公司的基本管理制度。

（12）制订公司章程的修改方案。

（13）管理公司信息披露事项。

（14）向股东大会提请聘请或更换为公司审计的会计师事务所。

（15）听取公司经理的工作汇报并检查经理的工作。

（16）法律、行政法规、部门规章或公司章程授予的其他职权。

【注1】（1）～（11）为《公司法》中已规定内容，适用有限公司和股份公司。

【注2】董事会的一般职权是"制订方案"，提交股东（大）会表决通过，董事会有权直接"决定"的事项包括上述（3）、（9）、（10），也是考试比较关注的。

【注3】根据"（14）向股东大会提请聘请或更换为公司审计的会计师事务所"可知，聘请或更换为公司审计的会计师事务所是股东大会的职权，非董事会的职权。

2. 董事会的设定与组成

（1）股东人数较少或规模较小的有限公司，可设1名执行董事，不设董事会，执行董事可以兼任经理，其职权由章程规定。国有独资公司、股份公司应当设董事会。

（2）有限公司董事会由3~13人组成，股份有限公司董事会由5~19人组成。

（3）国有独资公司和国有有限公司董事会成员中应当有职工代表董事（无比例要求），其他有限公司及股份有限公司董事会成员中可以有职工代表董事。

（4）董事任期由公司章程规定，但每届任期不得超过3年。董事任期届满，连选可以连任。

【注】《公司法》规定，所有设监事会的公司监事会中均应包含职工代表监事，且比例不得低于1/3。

3. 董事会的议事规则与规范运作

（1）股份公司董事会每年度至少召开2次会议，每次会议应当于会议召开10日前通知全体董事和监事。（《公司法》对有限公司年度董事会没有明确的规定，应看章程具体规定）

【注】股份公司监事会每6个月至少召开一次会议。

（2）董事会会议应有全体董事过半数出席方可举行。董事会作出决议，必须经全体董事的过半数通过。

【注】对于股东（大）会，除股份公司创立大会要求应有代表股份总数过半数的发起人、认股人出席，方可举行之外，未对出席股东（大）会的最低人数和持股比例作出要求。

（3）董事会会议由董事长召集和主持；董事长不能履行职务或者不履行职务的，由副董事长召集和主持；副董事长不能履行职务或者不履行职务的，由半数以上董事共同推举一名董事召集和主持。

（4）董事会决议的表决，实行一人一票。

（5）董事会应当对所议事项的决定作成会议记录，出席会议的董事应当在会议记录上签名。董事会会议记录作为公司档案保存，保存期限不少于10年。

（6）对于股份公司，代表1/10以上表决权的股东、1/3以上董事或者监事会，可以提议召开董事会临时会议；董事长应当自接到提议后10日内，召集和主持董事会会议。

【注】有限责任公司，代表1/10以上表决权的股东，1/3以上的董事，监事会或者不设监事会的公司的监事提议召开临时股东会议的，应当召开临时股东会。

（7）公司董事会应当就注册会计师对公司财务报告出具的非标准审计意见向股东大会作出说明。

4. 董事会的决议方式

（1）全体 + >1/2

董事会作出决议，必须经全体董事的过半数通过。比如选举董事长、更换高管。

（2）出席 + ≥2/3

上市公司应由董事会审批的对外担保，必须经出席董事会的2/3以上董事审议同意并作出决议。

（3）回避 + >1/2

上市公司董事与董事会会议决议事项所涉及的企业有关联关系的，不得对该项决议行使表决权，也不得代理其他董事行使表决权。该董事会会议由过半数的"无关联关系"董事出席即可举行，董事会会议所作决议须经"无关联关系"董事过半数通过。出席董事会的无关联关系董事人数不足3人的，应将该事项提交上市公司股东大会审议。

【真题回顾（2011）】 以下说法正确的有（　　　）。

A. 有限公司的董事长的产生办法由公司章程规定，包括国有独资公司的董事长产生办法也由公司章程规定

B. 股份公司董事长由董事会以全体董事过半数选举产生

C. 股份公司董事会成员中应当有职工代表

D. 国有独资公司董事会成员中应当有职工代表

E. 股份公司监事会成员中应当有职工代表

答案：BDE

解析：A，国有独资公司的董事长、副董事长由国有资产监督管理机构从董事会成员中指定。C，国有独资公司和国有有限公司董事会成员中应当有职工代表董事（无比例要求），其他有限公司及股份有限公司董事会成员中可以有职工代表董事。E，《公司法》规定，所有设监事会的公司监事会中均应包含职工代表监事，且比例不得低于1/3。

【真题回顾（2012）】 上市公司共11名董事，5名是关联董事，审议关联事项最低出席和最低通过的董事人数分别为（　　　）。

A. 6，6　　　　　　　　　B. 6，5　　　　　　　　　C. 4，4　　　　　　　　　D. 4，3

E. 3，3

答案：C

【真题回顾（1505）】 根据《公司法》的规定，股份公司可以提议召开临时董事会的有（　　　）。

A. 独立董事　　　　　　　　　　　　　　B. 监事会

C. 三分之一以上监事　　　　　　　　　　D. 十分之一以上表决权的股东

答案：BD

【模拟练习】 根据相关规定，下列关于上市公司董事会对于关联交易事项审议程序的说法正确的有（　　　）。

A. 关联董事应当回避表决

B. 关联董事不得代理其他董事行使表决权

C. 董事会会议由过半数的无关联董事出席即可举行

D. 董事会决议须经全体无关联董事2/3以上通过

E. 出席董事会会议的非关联董事人数不足3人的，公司当将该事项提交股东大会审议

答案：ABCE

解析：D，董事会会议所作决议须经无关联关系董事过半数通过。

【模拟练习】 根据相关规定，以下说法错误的有（　　　）。

A. 股份有限公司董事会的表决，实行一人一票；有限责任公司董事会的表决，可以实行一人一票，也可由公司章程作出特别约定

B. 董事会决议通过经理薪酬事项，董事会共9名董事，5名出席，其中一名退出，没有进行表决，则本次董事会决议有效

C. 某上市公司董事会共5人，分别为甲、乙、丙、丁、戊，现审议一项议案，该议案为向

甲和乙共同投资的一家公司出资，则该议案应提交股东大会审议

D．聘任或者解聘公司副经理、财务负责人属于经理的职权，无须董事会审议

答案：ABD

解析：A，均是一人一票；B，全体过半数通过方可；C，出席董事会的无关联关系董事人数不足3人的，应将该事项提交上市公司股东大会审议，本题尚有丙、丁、戊为无关联关系董事；D，属于董事会职权。

（五）董事会秘书的任职资格、权利和义务

关于董事会秘书，《公司法》、《深圳证券交易所股票上市规则》、《深圳证券交易所创业板股票上市规则》、《上海证券交易所股票上市规则》、《上海证券交易所上市公司董事会秘书管理办法》以及深交所主板、中小板、创业板规范运作指引均有相关规定，具体如下：

1．一般规定

（1）上市公司应当设董事会秘书

上市公司设董事会秘书，作为公司与交易所之间的指定联络人，负责公司股东大会和董事会会议的筹备、文件保管以及公司股东资料的管理，办理信息披露事务等事宜。董事会秘书是公司的高级管理人员。

（2）董事会秘书的选任

董事会秘书是公司高级管理人员，对董事会负责，由董事长提名，经董事会聘任或解聘。

董事会秘书应当由谁来担任，深交所主板、中小板、创业板规范运作指引中分别作出规定，具体见下表。

深交所主板	鼓励上市公司董事会秘书由公司董事、副总经理、财务负责人或者其他高级管理人员挂任
中小板、创业板	董事会秘书应当由上市公司董事、副总经理、财务负责人或者公司章程规定的其他高级管理人员担任

上交所未对此作出明确规定。

（3）首发董事会秘书聘任时间

上市公司应当在首次公开发行股票上市后3个月内或者原任董事会秘书离职后3个月内聘任董事会秘书。

（4）证券事务代表

上市公司在聘任董事会秘书的同时，还应当聘任证券事务代表，协助董事会秘书履行职责。在董事会秘书不能履行职责时，由证券事务代表行使其权利并履行其职责，在此期间，并不当然免除董事会秘书对公司信息披露事务所负有的责任。证券事务代表应当参加交易所组织的董事会秘书资格培训并取得董事会秘书资格证书。

（5）应解聘的情形

董事会秘书连续3个月以上不能履行职责，或者出现不得担任董事会秘书的情形或在履行职责时出现重大错误或者疏漏、违反法律法规和公司章程的规定，给投资者造成重大损失的，上市公司应当自事实发生之日起1个月内解聘董事会秘书。

（6）空缺期的处理

上市公司董事会秘书空缺期间，董事会应当指定一名董事或者高管代行董事会秘书的职责，并报交易所备案。公司指定代行董事会秘书职责的人员之前，由董事长代行董事会秘书职责。

董事会秘书空缺期间超过 3 个月之后，董事长应当代行董事会秘书职责，直至公司正式聘任董事会秘书。

2. 董事会秘书的任职资格

有下列情形之一的人士不得担任上市公司董事会秘书：

序号	深交所主板、中小板	创业板	上交所
（1）	有《公司法》第一百四十六条规定情形之一的	同左	同左
（2）	自受到中国证监会最近一次行政处罚未满 3 年的	被中国证监会采取证券市场禁入措施，期限尚未届满	最近 3 年受到过中国证监会行政处罚
（3）	最近 3 年受到证券交易所公开谴责或者 3 次以上通报批评的	同左	同左
（4）	本公司现任监事	同左	同左
（5）	交易所认定不适合担任董事会秘书的其他情形	同左	同左

注：①上述分别是在《深圳证券交易所股票上市规则》、《深圳证券交易所创业板股票上市规则》、《上海证券交易所股票上市规则》中规定的。

②《公司法》第一百四十六条规定的是不得担任公司的董、监、高的情形。

③《上海证券交易所上市公司董事会秘书管理办法》（2015 年 4 月修订）增加一点"曾被证券交易所公开认定为不适合担任上市公司董事会秘书"的不得担任上市公司董事会秘书。

3. 董事会秘书的权利和义务

公司设董事会秘书，负责公司股东大会和董事会会议的筹备、文件保管以及公司股东资料管理，办理信息披露事务等事宜。

董事会秘书应遵守法律、行政法规、部门规章及公司章程的有关规定。

（六）董事会专门委员会的职责

1. 专门委员会的设立

《上市公司治理准则》关于董事会专门委员会的规定如下：

（1）董事会专门委员会的设立

①上市公司董事会可以按照股东大会的有关决议，设立战略、审计、提名、薪酬与考核等专门委员会。

②专门委员会成员全部由董事组成，其中审计委员会、提名委员会、薪酬与考核委员会中独立董事应占多数并担任召集人。

③审计委员会中至少应有一名独立董事是会计专业人士。

（2）各专门委员会可以聘请中介机构提供专业意见，有关费用由公司承担

（3）各专门委员会对董事会负责，各专门委员会的提案应提交董事会审查决定

【注】原《中小板上市公司规范运作指引》和《创业板上市公司规范运作指引》要求，上市公司应当设立审计委员会、薪酬与考核委员会等专门委员会，2015 年 2 月，深交所分别对主板、中小板、创业板上市公司规范运作指引进行了修订，修订后的指引赋予公司更大自主权，公司可以根据公司章程或者股东大会决议，在董事会中设立专门委员会。修订后，各板块对于

专门委员会的设立均为可以设立，非强制设立。

2. 专门委员会的职责

《上市公司治理准则》对专门委员会的职责作出了规定，具体如下：

（1）战略委员会的职责

战略委员会的主要职责是对公司长期发展战略和重大投资决策进行研究并提出建议。

（2）审计委员会的主要职责

①提议聘请或更换外部审计机构。

②监督公司的内部审计制度及其实施。

③负责内部审计与外部审计之间的沟通。

④审核公司的财务信息及其披露。

⑤审查公司的内控制度。

（3）提名委员会的主要职责

①研究董事、经理人员的选择标准和程序并提出建议。

②广泛搜寻合格的董事和经理人员的人选。

③对董事候选人和经理人选进行审查并提出建议。

（4）薪酬与考核委员会的主要职责

①研究董事与经理人员考核的标准，进行考核并提出建议。

②研究和审查董事、高级管理人员的薪酬政策与方案。

【注1】各专门委员会可以聘请中介机构提供专业意见，有关费用由公司承担。

【注2】各专门委员会对董事会负责，各专门委员会的提案应提交董事会审查决定。

【真题回顾（2011）】下列关于创业板规范运作的说法符合规定的是（　　　）。

A. 创业板董事长可担任薪酬与考核委员会召集人

B. 董事会成员6名，其中4名高管

C. 董秘由财务负责人兼任

D. 董事会专门委员会未设战略委员会和提名委员会

E. 财务总监担任审计委员会召集人

答案：CD

解析：A、E，根据规定，专门委员会的召集人应当由独立董事担任，董事长与财务总监不可能是公司独立董事，A、E错误。B，《上市公司章程指引》第九十六条规定，董事可以由经理或者其他高级管理人员兼任，但兼任经理或者其他高级管理人员职务的董事以及由职工代表担任的董事，总计不得超过公司董事总数的1/2。C，创业板规范运作指引规定，董事会秘书应当由上市公司董事、副总经理、财务负责人或者公司章程规定的其他高级管理人员担任。D项在考试时点也是正确的，修订前的创业板规范运作指引规定上市公司应当设立审计委员会、薪酬与考核委员会，战略委员会和提名委员会并不必然应当设立，根据现行规定，四个委员会均不再强制要求必须设立，因此D按照现行规定也是正确的。

【真题回顾（1406）】以下关于上市公司董事会专门委员会的说法正确的有（　　　）。

A. 提名委员会可聘请中介机构提供专业意见，费用由公司承担

B. 董事会可聘请董事会成员之外的专业人士担任专门委员会成员

C. 薪酬与考核委员会中独立董事应占多数，并担任召集人

D. 审计委员会中至少有一名独立董事是会计专业人士

答案：ACD

解析：B，专门委员会成员全部由董事组成。

【真题回顾（1511）】以下关于董事会专门委员会的说法正确的有（　　）。

A. 董事会专门委员会对股东大会负责

B. 提名委员会中独立董事应占多数，由董事长担任召集人

C. 薪酬与考核委员会中独立董事应占多数，由董事长担任召集人

D. 审计委员会中有 1 名独立董事是会计专业人士，由该会计专业人士独立董事担任召集人

E. 专门委员会委员全部由董事组成

答案：DE

解析：A，各专门委员会对董事会负责，各专门委员会的提案应提交董事会审查决定；B、C，专门委员会的召集人应当由独立董事担任。

【模拟练习】下列关于某创业板上市公司治理的相关做法，不违反相关规定的是（　　）。

A. 董事长担任战略委员会召集人

B. 公司章程中规定董事会秘书由公司总经理兼任

C. 董事会专门委员会只设战略委员会和提名委员会，未设审计委员会

D. 提名委员会由 3 名人员组成，其中独立董事 1 名

E. 提名委员会的职责包括审查与候选董事相关的薪酬政策

答案：ABC

解析：B，董秘是公司高级管理人员，对董事会负责，由董事长提名，经董事会聘任或解聘。中小板、创业板上市公司董事会秘书应当由上市公司董事、副总经理、财务负责人或者公司章程规定的其他高级管理人员担任，B 符合规定。D，独立董事应占多数。E，薪酬政策应当是薪酬与考核等专门委员会的职责。

三、监事与监事会

【大纲要求】

内容	程度
1. 监事的任职资格和产生程序	掌握
2. 监事的权利义务	熟悉
3. 监事会的组成、职权和议事规则、规范运作和决议方式	熟悉

【内容精讲】

（一）监事的任职资格和产生程序

1. 监事的任职资格

（1）《上市公司章程指引》第一百三十五条规定，关于不得担任董事的情形，同时适用于监事。因此监事的任职资格同董事，详见本节"二、董事与董事会"中的具体规定。

（2）董事、高管不得兼任监事。

2. 监事的产生程序

（1）职工代表监事的产生

职工代表监事由公司职工通过职工代表大会、职工大会或其他形式民主产生。

（2）非职工代表监事的产生

公司形式	产生程序
股份公司	由股东大会（包含创立大会）选举和更换
普通有限	由股东会选举和更换
1 人有限	不设股东会，由该 1 人股东选换
国有独资	不设股东会，由国有资产监管机构委派

注：①监事产生的特别规定：

a.《创业板上市公司规范运作指引》规定，最近 2 年内曾担任过公司董事或高管的监事人数不得超过公司监事总数的 1/2。

b.《中小板上市公司规范运作指引》规定，最近 2 年内曾担任过公司董事或高管的监事人数不得超过公司监事总数的 1/2，单一股东提名的监事不得超过公司监事总数的 1/2。

②股份公司的非职工代表监事由股东大会选举产生，注意，股东大会包括创立大会。

【真题回顾（1412）】监事可以通过以下方式产生（　　）。

A. 创立大会

B. 董事会

C. 股东大会

D. 职工代表大会

答案：ACD

解析：非职工董事、监事应该由股东（大）会层面选换，不设股东会的有限公司，由股东指派或任命（如国有独资公司，由国有资产监督管理机构指派），因此本题中如果增加一个 E 选项为"国有资产监督管理机构"也应当选；而对于职工董事或监事职工则通过职工代表大会、职工大会或其他形式民主产生。

（二）监事的权利义务

1. 监事的权利

（1）监事可以列席董事会会议，并对董事会决议事项提出质询或者建议。

（2）监事会、不设监事会的公司的监事发现公司经营情况异常，可以进行调查；必要时，可以聘请会计师事务所等协助其工作，费用由公司承担。

（3）监事可以提议召开临时监事会会议。

2. 监事的义务

略。

（三）监事会的组成、职权和议事规则、规范运作和决议方式

1. 监事会的组成

（1）有限责任公司设监事会，其成员 ≥3 人（其中国有独资公司 ≥5 人）。股东人数较少或者规模较小的有限责任公司，可以设 1 至 2 名监事，不设监事会。

（2）股份公司应当设监事会，其成员 ≥3 人。

（3）监事会应当包括股东代表和适当比例的公司职工代表，其中职工代表的比例不得低于 ≥1/3，具体比例由公司章程规定。（不管是有限公司还是股份公司，均应如此）

（4）监事每届任期 3 年，任期届满，连选可以连任。

【注】董事每届任期不得超过 3 年，任期届满，连选可以连任。

2. 监事会的职权

《公司法》与《上市公司章程指引》均规定，监事会行使下列职权：

（1）应当对董事会编制的公司定期报告进行审核并提出书面审核意见。

（2）检查公司财务。

（3）对董事、高级管理人员执行公司职务的行为进行监督，对违反法律、行政法规、公司章程或者股东大会决议的董事、高级管理人员提出罢免的建议。

（4）当董事、高级管理人员的行为损害公司的利益时，要求董事、高级管理人员予以纠正。

（5）提议召开临时股东大会，在董事会不履行《公司法》规定的召集和主持股东大会职责时召集和主持股东大会。

（6）向股东大会提出提案。

（7）依照《公司法》第一百五十二条的规定，对董事、高级管理人员提起诉讼。

（8）发现公司经营情况异常，可以进行调查；必要时，可以聘请会计师事务所、律师事务所等专业机构协助其工作，费用由公司承担。

【注1】公司章程可以规定监事的其他职权。

【注2】不设监事会的监事也可行使上述职权。

【注3】监事会行使职权所必需的费用，由公司承担。

3. 监事的议事规则与规范运作

（1）有限公司监事会每年至少召开一次，股份公司监事会每6个月至少召开一次。

（2）监事会决议应当经半数以上监事通过。（董事会为过半数）

（3）监事会设主席一人，可以设副主席。监事会主席和副主席由全体监事过半数选举产生。监事会主席召集和主持监事会会议；监事会主席不能履行职务或者不履行职务的，由监事会副主席召集和主持监事会会议；监事会副主席不能履行职务或者不履行职务的，由半数以上监事共同推举一名监事召集和主持监事会会议。

（4）监事会应当对所议事项的决定作成会议记录，出席会议的监事应当在会议记录上签名。监事会会议记录作为公司档案至少保存10年。

4. 监事会的决议方式

监事会决议应当经半数以上监事通过。（董事会为全体董事过半数通过）

【真题回顾（2011）】根据《公司法》的规定，以下说法正确的有（　　）。

A. 不管是有限公司还是股份公司，监事会成员中都应该有职工代表监事

B. 股份公司的非职工代表监事由股东大会选举产生

C. 国有独资公司的监事，不管是职工代表监事还是非职工代表监事，均应由国有资产监督管理机构委派

D. 监事的任期为每届不得超过3年，任期届满，连选可以连任

答案：AB

解析：不管是股份公司还是有限公司，监事会应当包括股东代表和适当比例的公司职工代表，其中职工代表的比例不得低于≥1/3，具体比例由公司章程规定，A正确。C，国有独资公司的非职工监事由国资监管部门委派，职工代表监事由职工代表大会、职工大会或其他形式民主产生。D，监事任期为3年。

【真题回顾（1511）】根据相关规定，以下是监事会可以行使的职权有（　　）。

A. 对董事会编制的公司定期报告进行审核并提出书面审核意见

B. 检查公司财务

C. 对董事、高级管理人员执行公司职务的行为进行监督，对董事、高级管理人员提出罢免的建议

D. 提议召开临时股东大会

E. 向股东大会提出提案

答案：ABCDE

四、经理

【大纲要求】

内容	程度
经理的任职资格、产生办法和职责	熟悉

【内容精讲】

（一）经理的任职资格

《上市公司章程指引》第一百二十五条规定，关于不得担任董事的情形，同时适用于高级管理人员。因此经理的任职资格同董事，详见本节"二、董事与董事会"中的具体规定。

（二）经理的产生办法

（1）有限责任公司可以设经理，国有独资公司设经理，股份有限公司设经理，上述经理均由董事会决定聘任或者解聘。（注：股东人数较少或规模较小的有限公司，可设1名执行董事，不设董事会，执行董事可以兼任经理，其职权由章程规定）

（2）经理列席董事会会议。

【注】上市公司的经理人员不得在控股股东单位担任除董事以外的其他职务。

（三）经理的职权

《公司法》和《上市公司章程指引》均规定，经理对董事会负责，行使下列职权：

1. 主持公司的生产经营管理工作，组织实施董事会决议。

2. 组织实施公司年度经营计划和投资方案。

3. 拟订公司内部管理机构设置方案。

4. 拟定公司的基本管理制度。

5. 制定公司的具体规章。

6. 提请聘任或者解聘公司副经理、财务负责人。

7. 决定聘任或者解聘除应由董事会决定聘任或者解聘以外的负责管理人员。

8. 公司章程或董事会授予的其他职权。

【注】经理的实质性权利只有上述"1"和"7"，注意，"制定公司的基本管理制度"、"高级管理人员的聘任或解聘"是董事会的职权，"非职工代表董事、监事的聘任或解聘"是股东（大）会的职权。

【模拟练习】王某为上市公司的总经理，其下列做法中符合相关法律法规规定的有（　　）。

A. 组织实施公司年度经营计划和投资方案

B. 经过研究，发现公司内部管理机构设置存在不合理之处，经过总经理办公会讨论，重新调整了公司内部管理机构设置

C. 经过总经理办公会讨论，制定了公司部分具体规章

D. 聘任了一名分管销售的副总经理

E. 经过总经理办公会讨论，制定了公司的基本管理制度

答案：AC

解析：《上市公司章程指引》第一百二十八条。B、E，内部管理机构设置及公司的基本管理制度是董事会的权限，总经理只能拟订内部管理机构设置方案、拟定公司的基本管理制度。D，聘任高管，属于董事会的职权。

五、独立董事

【大纲要求】

内容	程度
1. 独立董事的产生程序、任职资格、职权、在董事会中所占比例及专业构成等要求	掌握
2. 需要独立董事发表独立意见的情形	了解
3. 保证独立董事行使职权的措施	熟悉
4. 独立董事在年度报告期间的相关工作	熟悉

【内容精讲】

关于独立董事的相关规定，主要由《关于在上市公司建立独立董事制度的指导意见》（2001年8月16日证监发〔2001〕102号）（以下简称《指导意见》）进行规范。

（一）独立董事的产生程序、组成、任职资格、职权

上市公司独立董事是指不在公司担任除董事外的其他职务，并与其所受聘的上市公司及其主要股东不存在可能妨碍其进行独立客观判断的关系的董事。

1. 独立董事的产生程序

（1）独立董事的提名与选举

上市公司董事会、监事会、单独或合并持有上市公司已发行股份1%以上的股东可以提出独立董事候选人。上市公司召开股东大会，选举独立董事。

（2）独立董事的任期和更换

①独立董事每届任期与该上市公司其他董事任期相同，任期届满，连选可以连任，但是连任时间不得超过6年。

②独立董事连续3次未亲自出席董事会会议的，由董事会提请股东大会予以撤换。

2. 独立董事的组成

（1）上市公司董事会成员中应至少1/3为独立董事。

（2）如果上市公司董事会下设审计、提名、薪酬与考核委员会的，独立董事应当在委员会成员中占多数，并且担任召集人。

（3）独立董事中至少包括1名会计专业人士。

【链接】专门委员会成员全部由董事组成，其中审计委员会、提名委员会、薪酬与考核委员会中独立董事应占多数并担任召集人，审计委员会中至少应有1名独立董事是会计专业人士。

3. 独立董事的任职资格

（1）基本条件

独立董事应当具备与其行使职权相适应的任职条件，担任独立董事应当符合下列基本条件：

①根据法律、行政法规及其他有关规定，具备担任上市公司董事的资格。

②具有《指导意见》所要求的独立性。

③具备上市公司运作的基本知识，熟悉相关法律、行政法规、规章及规则。

④具有5年以上法律、经济或者其他履行独立董事职责所必需的工作经验。

⑤公司章程规定的其他条件。

【注】重点关注第④点规定。

（2）独立董事必须具有独立性，下列人员不得担任独立董事：

①在上市公司或者其附属企业任职的人员及其直系亲属、主要社会关系。

【注】直系亲属是指配偶、父母、子女等；主要社会关系是指兄弟姐妹、岳父母、儿媳女婿、兄弟姐妹的配偶、配偶的兄弟姐妹等，不含亲家。

②直接或间接持有上市公司已发行股份1%以上或者是上市公司前10名股东中的自然人股东及其直系亲属。

③在直接或间接持有上市公司已发行股份5%以上的股东单位或者在上市公司前5名股东单位任职的人员及其直系亲属。

④最近1年内曾经具有前3项所列举情形的人员。

⑤为上市公司或者其附属企业提供财务、法律、咨询等服务的人员。

⑥公司章程规定的其他人员。

⑦中国证监会认定的其他人员。

【注1】独立董事原则上最多在5家上市公司兼任独立董事。

【注2】《指导意见》中的①、②、③、⑤均指"现在"正在具有相应情形，而《深圳证券交易所独立董事备案办法》及《上海证券交易所上市公司独立董事备案及培训工作指引》均规定最近1年内具有上述相应情形的，也不得担任独立董事。

4. 独立董事的职权

独立董事除应当具有一般董事的职权外，取得全体独立董事的1/2以上同意后可以行使以下特别职权：

（1）重大关联交易（指上市公司拟与关联人达成的总额高于300万元或高于上市公司最近经审计净资产值的5%的关联交易）应由独立董事认可后（独董发表意见），提交董事会讨论；独立董事作出判断前，可以聘请中介机构出具独立财务顾问报告，作为其判断的依据。

（2）向董事会提议聘用或解聘会计师事务所。

（3）向董事会提请召开临时股东大会。

（4）提议召开董事会。

（5）独立聘请外部审计机构和咨询机构。

（6）可以在股东大会召开前公开向股东征集投票权。

如上述提议未被采纳或上述职权不能正常行使，上市公司应将有关情况予以披露。

【注】独立董事进行表决的情形：

①一般情况下：取得全体独立董事的1/2以上同意后即可。

②管理层收购时需要由2/3独立董事同意后才能提交股东大会审议。

③创业板超募资金永久补流需经全体董事的2/3以上和全体独立董事同意。

【真题回顾（2009）】拟上市公司董事会构成符合规定的有（　　　）。

A. 一名独立董事担任合伙人的律师事务所曾担任公司常年法律顾问，现已解除服务合同

B. 一名独立董事为会计专业人士，同时兼任 4 家上市公司独立董事

C. 董事会由 9 人构成，其中独立董事 4 名、董事长兼总经理 1 名、副董事长兼副总经理 1 名，另外三名董事分别由职工代表、财务总监、董事会秘书兼任

D. 董事会由 9 人构成，其中独立董事 4 名，董事长 1 名，副董事长 1 名

答案：ABD

解析：A，《关于在上市公司建立独立董事制度的指导意见》规定"为上市公司或者其附属企业提供财务、法律、咨询等服务的人员"不得担任独立董事，指的是正在为上市公司或者其附属企业提供财务、法律、咨询等服务的人员，《深圳证券交易所独立董事备案办法》及《上海证券交易所上市公司独立董事备案及培训工作指引》均规定最近 1 年内为上市公司或者其附属企业提供财务、法律、咨询等服务的人员，也不得担任独立董事。按 2009 年时点的规定，解除服务合同即不影响独立性。以后遇到该考点，要注意 1 年内提供过法律、财务、咨询等服务的，影响独立性。C，《上市公司章程指引》规定，董事可以由经理或者其他高级管理人员兼任，但兼任经理或者其他高级管理人员职务的董事以及由职工代表担任的董事，总计不得超过公司董事总数的 1/2。本题 C 选项中有 5 名董事是兼任高管董事和职工代表担任的董事，超过了一半，不符合规定。

【真题回顾（2011）】以下可以担任上市公司独立董事的有（　　）。

A. 某人儿子持有上市公司 0.9% 股份，但属于前 10 大股东中自然人股东

B. 某人所在咨询机构为该上市公司下属重要子公司在 1 年前提供过咨询服务

C. 某人弟弟持有该公司 2% 的股份

D. 董事儿子的岳母在上市公司子公司任职

答案：BCD

解析：A，前 10 名股东中自然人股东不具有独立性。B，1 年前提供过咨询服务不影响独立性，近 1 年内提供过咨询服务才影响独立性。C，直接或间接持有上市公司已发行股份 1% 以上或者是上市公司前 10 名股东中的自然人股东及其直系亲属不具有独立性。这里不包括其他社会关系，弟弟属于其他社会关系。D，在上市公司或者其附属企业任职的人员及其直系亲属、主要社会关系不具有独立性。本题中儿子的岳母属于亲家，亲家不属于主要社会关系，主要社会关系是指兄弟姐妹、岳父母、儿媳女婿、兄弟姐妹的配偶、配偶的兄弟姐妹等，不含亲家。

【真题回顾（1509）】以下经全体独立董事的 1/2 以上同意后可以行使的特别职权有（　　）。

A. 向董事会提议召开临时股东大会

B. 提议召开董事会

C. 向董事会提议解聘会计师事务所

D. 独立聘请财务顾问

E. 管理层收购时，全体独立董事的 1/2 以上同意后提交股东大会审议

答案：ABCD

解析：D，独立董事可以独立聘请外部审计机构和咨询机构；E，管理层收购时，需要全体独立董事的 2/3 以上同意后提交股东大会审议。

（二）需要独立董事发表独立意见的情形

1. 《关于在上市公司建立独立董事制度的指导意见》的规定

独立董事除履行上述特别职权外，还应当对以下事项向董事会或股东大会发表独立意见：

（1）提名、任免董事。

（2）聘任或解聘高级管理人员。

（3）公司董事、高级管理人员的薪酬。

（4）上市公司的股东、实际控制人及其关联企业对上市公司现有或新发生的总额高于300万元或高于上市公司最近经审计净资产值的5%的借款或其他资金往来，以及公司是否采取有效措施回收欠款。

（5）独立董事认为可能损害中小股东权益的事项。

（6）公司章程规定的其他事项。

【注】（1）、（2）可合并记忆，任免董事、高管及决定他们的薪酬，不含监事；（2）中，聘任或解聘，一般管理人员不需要发表意见。

2. 其他法律法规中对上市公司独立董事发表意见事项的规定

（1）上市公司管理层收购

上市公司涉及管理层收购的，应当经董事会非关联董事作出决议，且取得2/3以上的独立董事同意后，提交公司股东大会审议，经出席股东大会的非关联股东所持表决权过半数通过。独立董事发表意见前，应当聘请独立财务顾问就本次收购出具专业意见，独立董事及独立财务顾问的意见应当一并予以公告。

（2）上市公司现金分红方案

上市公司独立董事应当对现金分红方案发表明确意见。独立董事可以征集中小股东的意见，提出分红提案，并直接提交董事会审议。

（3）上市公司对外担保

①董事会审议对外担保事项时，上交所不强制要求独立董事发表意见，深交所强制要求独立董事发表意见，对合并范围内子公司提供担保除外。

②年度报告披露时，独立董事应进行专项说明，并发表独立意见。

（4）上市公司募集资金管理和使用

上市公司募集资金管理和使用中，以下情形需独立董事发表独立意见：

①上市公司以募集资金置换预先已投入募集资金投资项目的。

②上市公司闲置募集资金暂时用于补充流动资金的。

③上市公司对暂时闲置的募集资金进行现金管理，上市公司使用闲置募集资金投资产品的。

④变更募集资金用途的。比如，取消原募集资金项目，实施新项目；变更募集资金投资项目实施主体（实施主体由上市公司变为全资子公司或者全资子公司变为上市公司的除外）；变更募集资金投资项目实施方式。

⑤节余募集资金的使用中需独立董事发表独立意见的情形：

a. 单个募集资金投资项目完成后，将该项目节余募集资金（包括利息收入）用于非募集资金投资项目（包括补流）。

b. 全部募集资金投资项目完成后，节余募集资金占募集资金净额10%以上的。

【注】a中，将该项目节余募集资金用于其他募集资金投资项目的，不需要独立董事发表独立意见；b中，全部募集资金投资项目完成后，节余募集资金低于募集资金净额10%的，不需要独立董事发表独立意见。

⑥上市公司使用超募资金偿还银行贷款或者永久补充流动资金的。

【注】其中创业板规定需经全体独立董事同意。

（5）上市公司股权激励事项

上市公司股权激励的下列事项需独立董事发表意见：①股权激励计划草案；②在向激励对象授出权益前，董事会就设定的激励对象获授权益的条件是否成就进行审议；③向激励对象授出权益与股权激励计划的安排存在差异；④激励对象在行使权益前，董事会就设定的激励对象行使权益的条件是否成就进行审议；⑤变更股权激励计划。

（6）上市公司财务会计报告被注册会计师出具非标准无保留审计意见

上市公司的财务会计报告被注册会计师出具非标准无保留审计意见的，公司在报送定期报告的同时应当向交易所报送独立董事对审计意见涉及事项的意见。

（7）重大资产重组方案

上市公司独立董事应当就重大资产重组发表独立意见。重大资产重组构成关联交易的，独立董事可以另行聘请独立财务顾问就本次交易对上市公司非关联股东的影响发表意见。

【模拟练习】上市公司发生的下列事项中应当由独立董事发表独立意见的有（　　）。

A. 确定董事薪酬　　　　　　　　　　B. 申请高新技术企业认定

C. 聘任财务部经理　　　　　　　　　D. 增设总经理办公室

E. 任免监事

答案：A

解析：C，财务部经理并非高管。E，任免监事无须独立董事发表独立意见。

【模拟练习】深交所中小板上市公司的下列事项中，其独立董事应当发表独立意见的是（　　）。

A. 公司高级管理人员的薪酬

B. 现金分红方案

C. 全部募集资金投资项目完成后，节余募集资金占募集资金净额的比例为8%，上市公司拟使用节余资金

D. 拟将闲置的300万元募集资金补充流动资金

答案：ABD

解析：C，节余募集资金低于募集资金净额10%的，不需要独立董事发表独立意见。

（三）保证独立董事行使职权的措施

为了保证独立董事有效行使职权，上市公司应当为独立董事提供必要的条件：

1. 上市公司应当保证独立董事享有与其他董事同等的知情权。

（1）凡须经董事会决策的事项，上市公司必须按法定的时间提前通知独立董事并同时提供足够的资料，独立董事认为资料不充分的，可以要求补充。

（2）当2名或2名以上独立董事认为资料不充分或论证不明确时，可联名书面向董事会提出延期召开董事会会议或延期审议该事项，董事会应予以采纳。

（3）上市公司向独立董事提供的资料，上市公司及独立董事本人应当至少保存5年。

2. 上市公司应提供独立董事履行职责所必需的工作条件。

3. 独立董事行使职权时，上市公司有关人员应当积极配合，不得拒绝、阻碍或隐瞒，不得干预其独立行使职权。

4. 独立董事聘请中介机构的费用及其他行使职权时所需的费用由上市公司承担。

5. 上市公司应当给予独立董事适当的津贴。

（1）津贴的标准应当由董事会制订预案，股东大会审议通过，并在公司年报中进行披露。

（2）除上述津贴外，独立董事不应从该上市公司及其主要股东或有利害关系的机构和人员

取得额外的、未予披露的其他利益。

6. 上市公司可以建立必要的独立董事责任保险制度，以降低独立董事正常履行职责可能引致的风险。

（四）独立董事在年度报告期间的相关工作

上市公司的财务会计报告被注册会计师出具非标准无保留审计意见的，独立董事应对审计意见涉及事项发表独立意见。

六、股东大会、董事会、监事会会议记录的签署及保管规定

【大纲要求】

内容	程度
1. 股东大会会议记录的签署及保管规定	熟悉
2. 董事会会议记录的签署及保管规定	熟悉
3. 监事会会议记录的签署及保管规定	熟悉

【内容精讲】

（一）股东大会会议记录的签署及保管规定

关于股东大会会议记录的签署及保管，《上市公司章程指引》和《上市公司股东大会规则》均作出了规定，但二者规定稍有出入，具体见下表。

《上市公司章程指引》的规定	《上市公司股东大会规则》的规定
1. 股东大会应有会议记录，由董事会秘书负责	
2. 召集人应当保证会议记录内容真实、准确和完整	出席会议的董事、董事会秘书、召集人或其代表、会议主持人应当在会议记录上签名，并保证会议记录内容真实、准确和完整
3. 出席会议的董事、监事、董事会秘书、召集人或其代表、会议主持人应当在会议记录上签名	
4. 会议记录应当与现场出席股东的签名册及代理出席的委托书、网络及其他方式表决情况的有效资料一并保存，保存期限不少于 10 年	

注：①公司应当根据具体情况，在章程中规定股东大会会议记录的保管期限。

②关于签名人员，《上市公司股东大会规则》较指引少"监事"，且保证会议记录内容真实、准确和完整的人员规定也不同，指引规定为"召集人"，规则规定为"所有签署人"。

③考试时，出题老师出于谨慎起见，可能会出一个不含监事的题支，如"出席会议的董事、董事会秘书、召集人或其代表、会议主持人应当在会议记录上签名"，如此，是绝对正确的，若出包含监事的选项，本教材认为应当选择，以《章程指引》为准，我们可以理解为《上市公司股东大会规则》未涵盖全。对于保证会议记录内容真实、准确和完整的人员，考试时应当回避，若考到，以《上市公司股东大会规则》的规定为准。

④股东大会会议记录应由"董秘"负责，非"证券事务代表"或其他人员，需精准记忆，同时需注意，会议记录中的签署人员无"证券事务代表"。

【真题回顾（1406）】 下列关于上市公司股东大会的说法正确的有（　　）。

A. 股东大会的会议记录应当与现场出席股东的签名册等有效资料一并保存，保存期限不少于 5 年

B. 同意表决权只能选择现场、网络或其他表决方式中的一种。同一表决权出现重复表决的

以第一次投票结果为准

C. 公司召开股东大会，董事会、监事会以及单独或者合并持有公司 3% 以上股份的股东，有权向公司提出提案

D. 单独或合计持有公司 10% 以上股份的股东有权向董事会请求召开临时股东大会，并应当以书面形式向董事会提出

E. 独立董事有权向董事会提议召开临时股东大会，对独立董事要求召开临时股东大会的提议，董事会应当根据法律、行政法规和章程的规定，在收到提议后 10 日内提出同意或不同意召开临时股东大会的书面反馈意见

答案：BCDE

解析：A，保存期限不少于 10 年。

（二）董事会会议记录的签署及保管规定

1. 董事会应当将会议所议事项的决定作成会议记录，出席会议的董事应当在会议记录上签名。

2. 董事会会议记录作为公司档案保存，保存期限不少于 10 年。

【注】公司应当根据具体情况，在章程中规定会议记录的保管期限。

（三）监事会会议记录的签署及保管规定

1. 监事会应当将所议事项的决定作成会议记录，出席会议的监事应当在会议记录上签名。

2. 监事有权要求在记录上对其在会议上的发言作出某种说明性记载。

3. 监事会会议记录作为公司档案至少保存 10 年。

【注】公司应当根据具体情况，在章程中规定会议记录的保管期限。

股东（大）会、董事会、监事会会议记录的签署人员

会议类型	签署人		
	有限公司	股份公司（非上市）	上市公司
股东（大）会	出席会议的股东	出席会议的董事和主持人	董、监、董和召集人（或其代表）及主持人
董事会	出席会议的董事		出席会议的董事 + 记录人 + 董秘
监事会	出席会议的监事		出席会议的监事 + 记录人

注："三会"会议记录的保管期限均为 10 年。

【模拟练习】下列关于上市公司股东大会会议记录的签署及保管的说法，正确的有（ ）。

A. 公司股东大会会议记录由证券事务代表负责

B. 出席公司股东大会的董事、董事会秘书、召集人或其代表、会议主持人应当在会议记录上签名

C. 股东大会、董事会、监事会会议记录保存期限不少于 15 年

D. 股东大会会议记录应当与现场出席股东的签名册及代理出席的委托书、网络及其他方式表决情况的有效资料一并保存

答案：BD

解析：A，董秘负责；C，10 年。

七、中小板、创业板上市公司法人治理的相关要求

关于中小板与创业板在上市公司法人治理方面的特别要求已在前述相关规定中作出特别说

明，此处进行归纳如下：

（一）中小板的特殊要求

1. 控股股东、实际控制人出售上市公司股份需刊登提示性公告的情形

存在下列情形之一的，控股股东、实际控制人通过证券交易系统出售其持有或者控制的上市公司股份，应当在首次出售2个交易日前刊登提示性公告：

（1）预计未来6个月内出售股份可能达到或者超过公司股份总数的5%。

（2）最近12个月内控股股东、实际控制人受到交易所公开谴责或者2次以上通报批评处分。

（3）公司股票被实施退市风险警示。

（4）交易所认定的其他情形。

【注】深交所主板、创业板的规定为：预计未来6个月内出售股份可能达到或者超过公司股份总数的5%的。

2. 控股股东、实际控制人通过证券交易系统买卖上市公司股份，增加或者减少比例达到1%，应当在该事实发生之日起2个交易日内就该事项作出公告。减少比例达到公司股份总数1%且未按规定作出披露的，控股股东、实际控制人还应当在公告中承诺连续6个月内出售的股份低于公司股份总数的5%。

3. 上市公司应当在公司章程中规定选举2名以上董事或监事时实行累积投票制度。股东大会以累积投票方式选举董事的，独立董事和非独立董事的表决应当分别进行。

4. 最近2年内曾担任过公司董事或高管的监事人数不得超过公司监事总数的1/2，单一股东提名的监事不得超过公司监事总数的1/2。

（二）创业板的特殊要求

1. 上市公司应当在公司章程中规定选举2名及以上董事或监事时实行累积投票制；股东大会以累积投票方式选举董事的，独立董事和非独立董事的表决应当分别进行。独立董事选举应当实行累积投票制。

2. 最近2年内曾担任过公司董事或高管的监事人数不得超过公司监事总数的1/2。

（三）中小板、创业板相对于主板的共同特殊要求

董事会秘书应当由上市公司董事、副总经理、财务负责人或者公司章程规定的其他高级管理人员担任。

【注】主板：鼓励上市公司董事会秘书由公司董事、副总经理、财务负责人或者其他高级管理人员担任。

八、内幕信息知情人登记制度

关于内幕信息知情人登记制度，规范运作指引中均有专门"内幕信息知情人登记管理"进行规定，同时，中国证监会2011年11月发布实施《关于上市公司建立内幕信息知情人登记管理制度的规定》，以下对该规定的内容进行介绍。

（一）内幕信息知情人登记制度的建立与监督

1. 上市公司应当建立内幕信息知情人登记管理制度，对内幕信息的保密管理及在内幕信息依法公开披露前的内幕信息知情人的登记管理作出规定。

2. 上市公司内幕信息知情人登记管理制度中应当包括对公司下属各部门、分公司、控股子公司及上市公司能够对其实施重大影响的参股公司的内幕信息管理的内容，明确上述主体的内部报告义务、报告程序和有关人员的信息披露职责。

3. 上市公司监事会应当对内幕信息知情人登记管理制度实施情况进行监督。

【注】可见，上市公司、下属各部门、分公司、控股子公司、重大影响的参股公司均包括在上市公司内幕信息知情人登记管理制度中。

（二）内幕信息知情人档案

1. 基本规定

（1）在内幕信息依法公开披露前，上市公司应当填写上市公司内幕信息知情人档案，及时记录商议筹划、论证咨询、合同订立等阶段及报告、传递、编制、决议、披露等环节的内幕信息知情人名单，及其知悉内幕信息的时间、地点、依据、方式、内容等信息。

（2）上市公司董事会应当保证内幕信息知情人档案真实、准确和完整，董事长为主要责任人。

（3）董事会秘书负责办理上市公司内幕信息知情人的登记入档事宜。

【注】内幕信息知情人档案真实、准确和完整由"董事会"保证；"董事长"为主要责任人；"董事会秘书"负责办理入档事宜。

2. 应当填写内幕信息知情人档案的情形及主体

（1）上市公司的股东、实际控制人及其关联方研究、发起涉及上市公司的重大事项，以及发生对上市公司股价有重大影响的其他事项时，应当填写本单位内幕信息知情人的档案。

（2）证券公司、证券服务机构、律师事务所等中介机构接受委托从事证券服务业务，该受托事项对上市公司股价有重大影响的，应当填写本机构内幕信息知情人的档案。

（3）收购人、重大资产重组交易对方以及涉及上市公司并对上市公司股价有重大影响事项的其他发起方，应当填写本单位内幕信息知情人的档案。

（4）行政管理部门人员接触到上市公司内幕信息的，应当按照相关行政部门的要求做好登记工作。

【注】上述（1）～（3）的主体应当根据事项进程将内幕信息知情人档案分阶段送达相关上市公司，但完整的内幕信息知情人档案的送达时间不得晚于内幕信息公开披露的时间。

3. 上市公司应当及时补充完善内幕信息知情人档案信息。内幕信息知情人档案自记录（含补充完善）之日起至少保存 10 年。

（三）重大事项进程备忘录

上市公司进行收购、重大资产重组、发行证券、合并、分立、回购股份等重大事项的：

1. 上市公司除按规定填写上市公司内幕信息知情人档案外，还应当制作重大事项进程备忘录，内容包括但不限于筹划决策过程中各个关键时点的时间、参与筹划决策人员名单、筹划决策方式等。

2. 上市公司应当督促备忘录涉及的相关人员在备忘录上签名确认。

3. 上市公司应当在内幕信息依法公开披露后及时将内幕信息知情人档案及重大事项进程备忘录报送证券交易所。证券交易所可视情况要求上市公司披露重大事项进程备忘录中的相关内容。

【注】是在内幕信息"公开披露后"及时报送，非"公开披露前"。

【模拟练习】根据《关于上市公司建立内幕信息知情人登记管理制度的规定》的规定，下列说法正确的有（　　）。

A. 上市公司董事会应当保证内幕信息知情人档案的真实、准确和完整

B. 董事长为上市公司内幕信息知情人档案真实、准确和完整的主要负责人

C. 董事会秘书负责办理上市公司内幕信息知情人的登记入档事宜

D. 上市公司监事会应当对内幕信息知情人登记管理制度实施情况进行监督

E. 上市公司内幕信息知情人档案自记录之日起至少保存 10 年

答案：ABCDE

第二节　规范运作

【大纲要求】

内容		程度
1. 上市公司"五独立"及对外担保、收购母公司资产的相关要求	（1）对上市公司"五独立"的要求	掌握
	（2）上市公司对外担保应履行的程序、信息披露要求及应采取的保护措施	掌握
	（3）上市公司收购母公司资产应履行的程序、信息披露要求及应采取的保护措施	掌握
2. 关联交易、关联方资金占用及与控股股东资金往来	（1）关联交易的形式、界定及其处理原则	掌握
	（2）上市公司与控股股东资金往来的限制性规定	掌握
	（3）上市公司被关联方占用的资金应采取的清偿方式、范围和应履行的程序	掌握
3. 上市公司对外担保等内部控制要求	（1）上市公司对外担保、关联交易、委托理财、信息披露、控股子公司、对外承诺、衍生品交易等方面的内部控制要求	掌握
	（2）上市公司关联交易等的检查和信息披露要求	掌握
4. 上市公司分拆境外上市的条件、批准程序及信息披露要求		掌握
5. 上市公司股权激励的相关要求		掌握
6. 上市公司董事、监事和高级管理人员持有本公司股份的监管规定		掌握
7. 投资者关系管理的自愿信息披露及相关投资者关系活动		熟悉
8. 关于募集资金管理的相关规定		掌握

【内容精讲】

一、上市公司"五独立"及对外担保、收购母公司资产的相关要求

（一）上市公司"五独立"的要求

《上市公司治理准则》第二节"上市公司的独立性"对此进行了规定，具体如下：

控股股东与上市公司应实行人员、资产、财务分开，机构、业务独立，各自独立核算、独立承担责任和风险。

1. 人员独立

上市公司人员应独立于控股股东。上市公司的经理人员、财务负责人、营销负责人和董事会秘书在控股股东单位不得担任除董事以外的其他职务。控股股东高级管理人员兼任上市公司董事的，应保证有足够的时间和精力承担上市公司的工作。

2. 资产完整

控股股东投入上市公司的资产应独立完整、权属清晰。控股股东以非货币性资产出资的，

应办理产权变更手续，明确界定该资产的范围。上市公司应当对该资产独立登记、建账、核算、管理。控股股东不得占用、支配该资产或干预上市公司对该资产的经营管理。

3. 财务独立

上市公司应按照有关法律、法规的要求建立健全的财务、会计管理制度，独立核算。控股股东应尊重公司财务的独立性，不得干预公司的财务、会计活动。

4. 机构独立

上市公司的董事会、监事会及其他内部机构应独立运作。控股股东及其职能部门与上市公司及其职能部门之间没有上下级关系。控股股东及其下属机构不得向上市公司及其下属机构下达任何有关上市公司经营的计划和指令，也不得以其他任何形式影响其经营管理的独立性。

5. 业务独立

上市公司业务应完全独立于控股股东。控股股东及其下属的其他单位不应从事与上市公司相同或相近的业务。控股股东应采取有效措施避免同业竞争。

（二）上市公司对外担保的相关要求

《关于规范上市公司对外担保行为的通知》、《上市公司章程指引》以及交易所的股票上市规则均对上市公司对外担保相关规定进行了规范，具体如下：

1. 对外担保的界定

《关于规范上市公司对外担保行为的通知》所称"对外担保"，是指上市公司为他人提供的担保，包括上市公司对控股子公司的担保。所称"上市公司及其控股子公司的对外担保总额"，是指包括上市公司对控股子公司担保在内的上市公司对外担保总额与上市公司控股子公司对外担保总额之和。

【注】上市公司对外担保＝上市公司对除控股子公司外的他人的担保＋上市公司对控股子公司担保＋控股子公司对外担保（不需乘持股比例）。

2. 上市公司对外担保的具体规定

（1）上市公司对外担保必须经董事会或股东大会审议。

（2）上市公司的公司章程应当明确股东大会、董事会审批对外担保的权限及违反审批权限、审议程序的责任追究制度。

（3）应由股东大会审批的对外担保，必须经董事会审议通过后，方可提交股东大会审批。

【注】须经股东大会审批的对外担保的具体情形见下文。

（4）股东大会在审议为股东、实际控制人及其关联方提供的担保议案时，该股东或受该实际控制人支配的股东，不得参与该项表决，该项表决由出席股东大会的其他股东所持表决权的半数以上通过。

（5）应由董事会审批的对外担保，必须经出席董事会的2/3以上董事审议同意并作出决议。

（6）上市公司董事会或股东大会审议批准的对外担保，必须在中国证监会指定信息披露报刊上及时披露，披露的内容包括董事会或股东大会决议、截止信息披露日上市公司及其控股子公司对外担保总额、上市公司对控股子公司提供担保的总额。

（7）上市公司控股子公司的对外担保，比照上述规定执行。上市公司控股子公司应在其董事会或股东大会作出决议后及时通知上市公司履行有关信息披露义务。

3. 须经股东大会审批的对外担保

（1）《上市公司章程指引》规定，以下担保事项须经董事会审议通过后提交股东大会审批：

①对股东、实际控制人及其关联方提供的担保。

②单笔担保额超过最近一期经审计净资产10%的担保。

③公司的对外担保总额，达到或超过最近一期经审计总资产的30%以后提供的任何担保。

④本公司及控股子公司的对外担保总额，达到或超过最近一期经审计净资产的50%以后提供的任何担保。

⑤为资产负债率超过70%的担保对象提供的担保。

【注1】《关于规范上市公司对外担保行为的通知》没有第③点规定，以《章程指引》为准。

【注2】①，对股东、实际控制人及其关联方提供的担保，不论数额大小，均应当在董事会审议通过后提交股东大会审议。

（2）《深圳证券交易所股票上市规则》、《深圳证券交易所创业板股票上市规则》以及《上海证券交易所股票上市规则》规定，以下担保事项应当在董事会审议通过后提交股东大会审议：

①单笔担保额超过公司最近一期经审计净资产10%的担保。

②按照担保金额连续12个月内累计计算原则，超过公司最近一期经审计总资产30%的担保。

③按照担保金额连续12个月内累计计算原则，超过公司最近一期经审计净资产的50%，且绝对金额超过5 000万元（创业板为"且绝对金额超过3 000万元"）。

④公司及其控股子公司的对外担保总额，超过公司最近一期经审计净资产的50%以后提供的任何担保。

⑤为资产负债率超过70%的担保对象提供的担保。

⑥上市公司为关联人提供担保的，不论数额大小，均应当在董事会审议通过后提交股东大会审议。

⑦交易所或者公司章程规定的其他担保。

【注1】"②"所述情形应当经出席会议的股东所持表决权的2/3以上通过。

【注2】《公司法》规定，公司在一年内购买、出售重大资产或者担保金额超过公司最近一期经审计总资产30%的事项需经股东大会特别决议通过；其实上述"②"所述情形是涵盖在《公司法》的规定之中的。

【注3】总资产口径为合并财务报表总资产，净资产为合并报表中归属于母公司的净资产，不含少数股东权益。

【注4】注意不同比例对应的不同指标，30%的比例为总资产指标，50%的比例为净资产指标。

【注5】⑥中，关联人将在下文介绍。

综上所述，上市公司对外担保事项须在董事会审议通过后提交股东大会审议的情形总结见下表。

须经股东大会审议的情形	会议类型
（1）对股东、实际控制人及其关联方提供的担保	一般
（2）上市公司为关联人提供担保	一般
（3）单笔担保额超过最近一期经审计净资产10%的担保	一般
（4）公司的对外担保总额，达到或超过最近一期经审计总资产的30%以后提供的任何担保	一般
（5）本公司及控股子公司的对外担保总额，达到或超过最近一期经审计净资产的50%以后提供的任何担保	一般

续表

须经股东大会审议的情形	会议类型
（6）为资产负债率超过 70% 的担保对象提供的担保	一般
（7）按照担保金额连续 12 个月内累计计算原则，超过公司最近一期经审计总资产 30% 的担保	特别
（8）按照担保金额连续 12 个月内累计计算原则，超过公司最近一期经审计净资产的 50%，且绝对金额超过 5 000 万元（创业板为"且绝对金额超过 3 000 万元"）	一般

【真题回顾（1509）】 下列有关上市公司的担保中，属于须经股东大会审批的对外担保的是（　　）。

A. 上市公司及其控股子公司的对外担保总额达到或超过最近一期经审计净资产的 50% 以后提供的任何担保，此对外担保总额包括上市公司对其控制子公司的担保

B. 公司的对外担保总额，达到或超过最近一期经审计总资产的 30% 以后的任何担保

C. 为资产负债率超过 70% 的担保对象提供的担保

D. 单笔担保额超过最近一期经审计净资产 10% 的担保

E. 对股东、实际控制人及其关联方提供的担保

答案：ABCDE

【模拟练习】 下列关于创业板上市公司对外担保事项审议程序的说法中正确的是（　　）。

A. 董事会审议担保事项时，须经出席董事会会议的 2/3 以上董事审议同意

B. 上市公司为关联人提供担保的，不论数额大小，均应当在董事会审议通过后提交股东大会审议

C. 股东大会审议连续 12 个月内累计担保金额超过公司最近一期经审计净资产 30% 的担保事项时，应当经出席会议的股东所持表决权的 2/3 以上通过

D. 股东大会在审议为股东、实际控制人及其关联人提供的担保议案时，该股东或者受该实际控制人支配的股东，不得参与该项表决，该项表决须经出席股东大会的其他股东所持表决权的半数以上通过

答案：ABD

解析：C，总资产的 30%。

（三）上市公司收购母公司资产的相关要求

《上海证券交易所关于上市公司收购母公司商标等无形资产信息披露问题的通知》（上交所，2000 - 12 - 06）对上市公司收购母公司资产进行了相关规定，具体如下：

1. 上市公司收购母公司资产应履行的程序

（1）董事会、股东大会审议

收购母公司资产属于关联交易，要按关联交易的审批程序，要通过董事会（关联董事要回避）、股东大会（关联股东要回避）等相关程序。如果构成重大资产重组或并购，还要报中国证监会核准。

（2）聘请独立财务顾问

上市公司必须严格执行《上海证券交易所股票上市规则》中有关关联交易的规定，必须聘请独立财务顾问发布独立财务顾问报告。独立财务顾问必须就自己是否完全独立作出明确声明，董事会对财务顾问是否独立也要发表意见。财务顾问报告至少应对以下两项内容发表意见：

①对该无形资产历年形成中关联双方的贡献进行量化分析，确定该无形资产的价值分摊比例。

②对此次关联交易是否公允发表意见。

2. 信息披露

（1）上市公司董事会必须对此次关联交易是否公允发表意见，同时应至少披露以下事项：

①此次交易前，上市公司与关联方有偿使用该无形资产的协议情况等。

②此次交易完成后，该无形资产的摊销年限及对上市公司未来经营产生的影响（用前三年与未来三年对比的方式，披露该项交易对经营财务指标的影响，尤其是对每股收益的影响）。

③此次交易完成后，关联交易的对方是否还使用该无形资产，如果继续使用，须披露有关协议。

（2）上市公司应在指定报刊上披露评估报告的摘要内容，至少包括评估标的、范围、方法、关键结论或建议等。评估报告全文必须上网。如果评估报告内容涉及商业机密的，上市公司可就此项内容向交易所申请豁免披露。

二、上市公司关联交易、关联方资金占用及与控股股东资金往来

（一）关联方及关联交易

1. 关联方的界定

考试大纲要求掌握到关联法人和关联自然人，股票上市规则中对关联法人和关联自然人的情形分别进行列举，且交叉索引较多，给我们记忆造成很大的不便，其实我们不必先去分是关联自然人还是关联法人，首先第一步能够判断其是否为关联方即可（是关联方的，其是关联法人或关联自然人一目了然），这样记忆起来就比较方便，关联方关系的界定具体见下图。

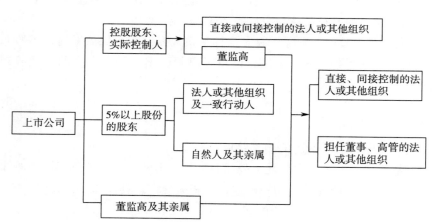

【注1】（1）实际控制人可以是法人、其他组织或自然人；上市公司与兄弟公司（实际控制人控制除上市公司及其控股子公司以外的企业）因受同一国有资产管理机构控制，不因此构成关联关系。但该法人的董事长、经理或者半数以上的董事属于上市公司董监高的除外。（2）上图中的"实际控制人"，创业板的规定为"实际控制人的董监高及其亲属"。

【注2】（1）过去12个月内存在上述情形之一的，属于关联方；（2）签署协议或安排生效后具有上述情形之一的，属于关联方；（3）签署协议或安排，未来12个月内存在上述情形之一的，属于关联方。

【注3】亲属是指：（1）配偶、父母、年满18周岁的子女；（2）兄弟姐妹、兄弟姐妹的配偶、配偶的兄弟姐妹；（3）岳父母、公婆、女婿儿媳、亲家。

【注4】上交所多出：上市公司具有重要影响的控股子公司的参股10%以上的人（法人其他组织或自然人）。

【注5】注意以下陷阱：（1）控股子公司的董监高不属于关联自然人；（2）关联自然人任监事的公司不是关联法人；（3）兄弟公司的董监高不是关联方；（4）持股5%以上法人股东（不构成控制）的董监高，不是关联方。

【总结】各种情形下的亲属见下表。

事项	范围	说明
关联交易（股票上市规则）	关系密切的家庭成员，包括配偶、年满18周岁的子女及其配偶、父母及配偶的父母、兄弟姐妹及其配偶、配偶的兄弟姐妹、子女配偶的父母	只有关联交易才包括亲家 不包括连襟 只有股票上市规则要求子女成年
独立董事	直系亲属是指配偶、父母、子女等；主要社会关系是指兄弟姐妹、岳父母、儿媳女婿、兄弟姐妹的配偶、配偶的兄弟姐妹等	不含亲家 不含连襟
一致行动人的界定	亲属是指父母、配偶、配偶的父母、配偶的兄弟姐妹及其配偶、子女及其配偶、兄弟姐妹及其配偶等亲属	不含亲家 多了连襟（只有一致行动人才有连襟）
发审委回避	亲属是指委员的配偶、父母、子女、兄弟姐妹、配偶的父母、子女的配偶、兄弟姐妹的配偶	不含亲家 不含连襟
并购委回避	亲属是指委员的父母、配偶、子女及其配偶	直系＋儿媳、女婿

【真题回顾（2012）】按照股票上市规则的规定，下列属于上市公司关联方的是（　　　）。

A. 5个月前辞职的监事

B. 未来8个月控股股东控制的公司

C. 提供审计服务满3年的会计师

D. 独立董事任董事的公司

答案：ABD

解析：A，上市公司的董、监、高及其亲属属于上市公司的关联方，过去12个月内存在也属于上市公司的关联方；D，董、监、高及其亲属担任董事、高管的法人或其他组织属于上市公司的关联方。

【模拟练习】根据股票上市规则的规定，下列属于某上市公司关联人的是（　　　）。

A. 王某，其11个月前减持了持有的该上市公司2%的股权，减持后仍持有该上市公司3%

的股权

  B. 赵某，担任该上市公司控股股东的监事

  C. 张某，根据其与该上市公司签署的协议，将于 10 个月后担任该上市公司副总经理

  D. 甲公司，该上市公司监事李某担任甲公司副总经理

  E. 乙公司，该上市公司总经理担任乙公司独立董事

  答案：ABCDE

  解析：D，若是该上市公司副总经理担任甲公司监事，则不构成关联方。

  2. 关联交易事项

  上市公司的关联交易，是指上市公司或者其控股子公司与上市公司关联人之间发生的转移资源或者义务的事项，包括：

  （1）如下相关交易事项：

  ①购买或者出售资产。

  ②对外投资（含委托理财、委托贷款、对子公司投资等）。

  ③提供财务资助。

  ④提供担保。

  ⑤租入或者租出资产。

  ⑥签订管理方面的合同（含委托经营、受托经营等）。

  ⑦赠与或者受赠资产。

  ⑧债权或者债务重组。

  ⑨研究与开发项目的转移。

  ⑩签订许可协议。

  ⑪交易所认定的其他交易。

  上述购买、出售的资产不含购买原材料、燃料和动力，以及出售产品、商品等与日常经营相关的资产，但资产置换中涉及购买、出售此类资产的，仍包含在内。

  （2）购买原材料、燃料、动力。

  （3）销售产品、商品。

  （4）提供或者接受劳务。

  （5）委托或者受托销售。

  （6）关联双方共同投资。

  （7）其他通过约定可能造成资源或者义务转移的事项。

  【注】上交所多出一项"在关联人财务公司存贷款"的规定。

  3. 关联交易的披露和审议程序

  董事会和股东大会在审议关联交易时关联董事及股东应当回避，以下是关联交易的审议及披露程序。

程序与披露	上交所、深交所主板、中小板	创业板
（1）董事会＋及时披露	自然人：≥30 万元	自然人：≥30 万元
	法人：≥300 万元∧≥0.5%	法人：≥100 万元∧≥0.5%
（2）董事会＋及时披露后＋审计/评估＋股大	≥3 000 万元∧≥5%	≥1 000 万元∧≥5%

续表

程序与披露	上交所、深交所主板、中小板	创业板
（3）董事会＋及时披露＋股大	上市公司为关联人提供担保，即关联担保，不管数额大小（为持股5%以下的股东提供担保的，参照执行）	
（4）及时披露＋股大	与公司董监高发生关联交易（创业板为董监高及其配偶）	

注：①若交易标的为股权，则需审计；若为非股权资产，则需评估；若交易是与日常经营相关的，如采购原料或销售商品，则可以不进行审计或评估。

②表中绝对值是指关联交易金额，相对值是指关联交易金额/最近一期经审计净资产绝对值。

③表中"（2）""（3）""（4）"情形没有分关联法人和关联自然人，只要是关联方的关联交易都适用。

④几个板块的股票上市规则均规定了"协议没有具体总交易金额的，应提交股东大会审议"，具体如下：

a. 首次发生的日常关联交易。公司应当与关联人订立书面协议并及时披露，根据协议涉及的总交易金额提交董事会或者股东大会审议，协议没有具体总交易金额的，应当提交股东大会审议。

b. 已经公司董事会或者股东大会审议通过且正在执行的日常关联交易协议，如果协议在执行过程中主要条款发生重大变化或者协议期满需要续签的，公司应当将新修订或者续签的日常关联交易协议根据协议涉及的总交易金额提交董事会或者股东大会审议，协议没有具体总交易金额的，应当提交股东大会审议。

c. 每年新发生的各类日常关联交易数量较多，需要经常订立新的日常关联交易协议等，难以按照前项规定将每份协议提交董事会或者股东大会审议的，公司可以按类别对本公司当年度将发生的日常关联交易总金额进行合理预计，根据预计结果提交董事会或者股东大会审议并披露；公司实际执行中超出预计总金额的，应当根据超出量重新提请董事会或者股东大会审议并披露。

【总结】考试时比较喜欢考需要经股东大会审议的关联交易事项，具体总结有以下几点：

（1）上市公司与关联人发生的交易（上市公司获赠现金资产和提供担保除外）金额在3 000万元以上，且占上市公司最近一期经审计净资产绝对值5%以上的关联交易。

【注】深交所主板、中小板，上交所均是上述规定，创业板的规定为"金额在1 000万元以上，且占上市公司最近一期经审计净资产绝对值5%以上的关联交易"需要经股东大会审议。

（2）上市公司为关联人提供担保的，不论数额大小，均应当在董事会审议通过后提交股东大会审议。

（3）与公司董、监、高发生的关联交易。（创业板为董、监、高及其配偶）

（4）上述"注④"中描述的"协议没有具体总交易金额的，应提交股东大会审议"的情形。

4. 免于按照关联交易的方式进行审议和披露的情形

《深圳证券交易所股票上市规则》、《深圳证券交易所创业板股票上市规则》、《上海证券交易所股票上市规则》均规定，上市公司与关联人达成以下关联交易时，可以免于按照关联交易的方式履行相关义务：

（1）一方以现金方式认购另一方公开发行的股票、公司债券或者企业债券、可转换公司债券或者其他衍生品种。

（2）一方作为承销团成员承销另一方公开发行的股票、公司债券或者企业债券、可转换公司债券或者其他衍生品种。

（3）一方依据另一方股东大会决议领取股息、红利或者报酬。

（4）本所认定的其他情况。

【注1】（1）～（3）所有情形均是可以交互的，并非仅限单向行为。

【注2】（1）中，注意，是公开发行的证券品种，非公开发行的不行。

【注3】（2）中，承销的也是公开发行的证券方可，非公开发行的不行。

【注4】（3）中，不仅包括股息、红利，还包括"报酬"。

【注5】（3）中，是依据"股东大会决议"领取，非"董事会决议"。

【真题回顾（1306）】某主板上市公司最近一期经审计的净资产为5亿元，以下应提交股东大会审议的关联交易有（　　）。

A. 向持有公司6%股份的股东提供的担保

B. 向监事提供某地的销售代理权

C. 向监事担任的董事的公司购买3 000万元的机器设备

D. 对外担保金额800万元

答案：ABC

解析：A，持有公司6%股份的股东属于上市公司的关联方，上市公司为关联人提供担保的，不论数额大小，均应当在董事会审议通过后提交股东大会审议。B，与公司董、监、高发生的关联交易，应经股东大会审议。C，监事担任的董事的公司属于上市公司的关联方，3 000÷50 000＝6%，与关联人发生的交易金额在3 000万元以上，且占上市公司最近一期经审计净资产绝对值5%以上的关联交易应经股东大会审议。D，800÷50 000＜10%，未达到单笔担保超过最近一期经审计净资产10%的标准，也不满足其他应当提交股东大会审议的担保标准。注意，本题A，若改为1%，也应当选，为股东、实际控制人提供的担保，不管持股比例多少，均应当经股东大会审批。

【真题回顾（1605）】根据股票上市规则的要求，下列可以免于按照关联交易的方式进行审议和披露的情形有（　　）。

A. 关联人以现金方式认购上市公司定向增发的股票

B. 关联人作为承销团成员承销上市公司公开发行的公司债券

C. 关联人依据上市公司股东大会决议领取上市公司分派的股息

D. 关联人依据上市公司股东大会决议向上市公司领取报酬

E. 关联人依据上市公司董事会决议领取上市公司分派的现金分红

答案：BCD

（二）关联方资金占用及与控股股东资金往来

《关于规范上市公司与关联方资金往来及上市公司对外担保若干问题的通知》对上市公司与控股股东资金往来及对外担保相关问题进行说明，其中对外担保的部分内容已被《关于规范上市公司对外担保行为的通知》取代。以下对关联方资金往来的规定进行说明。

1. 上市公司与控股股东资金往来的限制性规定

上市公司与控股股东及其他关联方的资金往来，应当遵守以下规定：

（1）控股股东及其他关联方与上市公司发生的经营性资金往来中，应当严格限制占用上市公司资金。控股股东及其他关联方不得要求上市公司为其垫支工资、福利、保险、广告等期间费用，也不得互相代为承担成本和其他支出。

（2）上市公司不得以下列方式将资金直接或间接地提供给控股股东及其他关联方使用：

①有偿或无偿地拆借公司的资金给控股股东及其他关联方使用。

②通过银行或非银行金融机构向关联方提供委托贷款。

③委托控股股东及其他关联方进行投资活动。

④为控股股东及其他关联方开具没有真实交易背景的商业承兑汇票。

⑤代控股股东及其他关联方偿还债务。

⑥中国证监会认定的其他方式。

【注】①，有偿拆借也不可以。

（3）注册会计师在对上市公司年度财务会计报告进行审计工作中，应当根据上述规定事项，对上市公司存在控股股东及其他关联方占用资金的情况出具专项说明，公司应当就专项说明作出公告。

2. 上市公司被关联方占用的资金应采取的清偿方式

（1）上市公司被关联方占用的资金，原则上应当以现金清偿。在符合现行法律法规的条件下，可以探索金融创新的方式进行清偿，但需按法定程序报有关部门批准。

【注】并非只能以现金清偿，可以用非现金资产清偿，只是控制比较严格。

（2）严格控制关联方以非现金资产清偿占用的上市公司资金。关联方拟用非现金资产清偿占用的上市公司资金，应当遵守以下规定：

①用于抵偿的资产必须属于上市公司同一业务体系，并有利于增强上市公司独立性和核心竞争力，减少关联交易，不得是尚未投入使用的资产或没有客观明确账面净值的资产。

②上市公司应当聘请有证券期货相关业务资格的中介机构对符合以资抵债条件的资产进行评估，以资产评估值或经审计的账面净值作为以资抵债的定价基础，但最终定价不得损害上市公司利益，并充分考虑所占用资金的现值予以折扣。审计报告和评估报告应当向社会公告。

③独立董事应当就上市公司关联方以资抵债方案发表独立意见，或者聘请有证券期货相关业务资格的中介机构出具独立财务顾问报告。

④上市公司关联方的以资抵债方案应当报中国证监会批准。中国证监会认为以资抵债方案不符合《关于规范上市公司与关联方资金往来及上市公司对外担保若干问题的通知》的规定，或者有明显损害公司和中小投资者利益的情形，可以制止该方案的实施。

⑤上市公司关联方以资抵债方案须经股东大会审议批准，关联方股东应当回避投票。

【注1】①，抵债资产必须属于上市公司同一业务体系；不得使用尚未投入使用的资产或没有明确账面净值的资产抵债。

【注2】以非现金资产清偿占用的上市公司资金，关于评估、审计、独立董事发表独立意见、独立财务顾问的规定总结为：a. 评估是必须的，审计不是必须的，审计、评估的机构需具备证券期货业务资格；b. 抵债的定价基础可以为资产评估值，也可以为经审计的账面净值，并非只能是资产评估值；c. 独立董事发表意见和独立财务顾问出具报告二者具其一即可，即独立财务顾问、独立董事意见单独来说都不是必须的，但二者至少要有一项；d. 审计报告和评估报告应当向社会公告。

【注3】以资抵债方案应经股东大会审议批准，并未规定须经特别决议通过，应为普通决议通过。

【注4】以资抵债方案应当报中国证监会批准。

【模拟练习】深交所某上市公司拟将下列事项提交股东大会审议并在股东大会审议通过后实施，其中符合规定的是（　　　）。

A. 公司拟向控股股东提供一笔6个月期限的资金支持，控股股东承诺按10%年利率水平支付资金占用费

B. 公司拟通过某商业银行向控股股东的控股子公司提供一笔委托贷款，贷款利率参照市场水平执行

C. 公司拟为控股股东的一笔贷款提供担保

D. 鉴于控股股东在境外某地拥有分支机构，公司拟委托控股股东代为在当地进行投资活动

答案：C

解析：关联担保，按规定履行经董事会审议并经股东大会通过并进行披露即可。

【模拟练习】 根据《关于规范上市公司与关联方资金往来及上市公司对外担保若干问题的通知》，下列关于上市公司关联方以非现金资产清偿占用的上市公司资金的说法正确的是（　　）。

A. 上市公司应当聘请具有保荐业务资格的证券经营机构出具独立财务顾问报告

B. 上市公司应当聘请有证券期货相关业务资格的中介机构对符合以资抵债条件的资产进行评估，并以资产评估值作为定价基础

C. 用于抵债的资产必须属于上市公司同一业务体系，且不得是尚未投入使用的资产

D. 上市公司关联方以资抵债方案须经股东大会审议批准，并应经出席会议的股东所持有表决权的 2/3 以上通过，关联方股东应该回避投票

E. 用于抵债的资产的审计报告和评估报告涉及的主要数据应当公告，相关报告原文件可以不予公告

答案：C

三、上市公司对外担保等内部控制的要求

上市公司董事会应当对公司内部控制制度的制定和有效执行负责。

上市公司的内部控制包括对外担保、关联交易、委托理财、信息披露、控股子公司、对外承诺、衍生品交易等方面的内部控制要求，深交所主板、中小板、创业板规范运作指引"第八章内部控制"均对上市公司的上述内部控制进行了规范。具体如下：

（一）上市公司对外担保等内部控制

1. 上市公司对外担保的内部控制

深交所主板、中小板、创业板规范运作指引"第八章内部控制"均对上市公司对外担保的内部控制作出规定，且规定基本一致，没有实质性区别，以下几点需要适当关注：

（1）上市公司对外担保应当要求对方提供反担保，谨慎判断反担保提供方的实际担保能力和反担保的可执行性，严格控制担保风险。

（2）上市公司独立董事应当在董事会审议对外担保事项（对合并范围内子公司提供担保除外）时就其合法合规性、对公司的影响及存在风险等发表独立意见，必要时可以聘请会计师事务所对公司累计和当期对外担保情况进行核查。

（3）上市公司担保的债务到期后需展期并需继续由其提供担保的，应当作为新的对外担保，重新履行担保审批程序和信息披露义务。

（4）上市公司控股子公司的对外担保，上市公司应当比照执行上述规定。

2. 上市公司关联交易、委托理财、信息披露、控股子公司、对外承诺、衍生品交易的内部控制

略。

（二）上市公司内部控制的检查和披露

关于本部分内容，中小板规范运作指引有特殊规定，重点掌握中小板内部审计的相关规定，具体如下：

1. 内部审计部门的设立及组成

（1）上市公司应当在股票上市后 6 个月内建立内部审计制度，并设立内部审计部门。

（2）上市公司应当配置专职人员从事内部审计工作，且专职人员应当不少于 2 人。内部审计部门的负责人应当为专职，由董事会或者其专门委员会提名，董事会任免。

2. 内部审计部门的职责

内部审计部门应（包括但不限于以下内容）：

（1）至少每季度向董事会或者其专门委员会报告一次，内容包括内部审计计划的执行情况以及内部审计工作中发现的问题等。

（2）至少每季度查阅一次公司与关联人之间的资金往来情况，了解公司是否存在被董事、监事、高级管理人员、控股股东、实际控制人及其关联人占用、转移公司资金、资产及其他资源的情况，如发现异常情况，应当及时提请公司董事会采取相应措施。

（3）应当在每个会计年度结束前 2 个月内向董事会或者其专门委员会提交次一年度内部审计工作计划，并在每个会计年度结束后 2 个月内向董事会或者其专门委员会提交年度内部审计工作报告。

（4）应当按照有关规定实施适当的审查程序，评价公司内部控制的有效性，并至少每年向董事会或者其专门委员会提交一次内部控制评价报告。

3. 重要事项的审计

（1）内部审计部门应当在重要的对外投资事项、重要的购买和出售资产事项、重要的对外担保事项、重要的关联交易事项发生后及时进行审计。

（2）内部审计部门应当至少每季度对募集资金的存放与使用情况进行一次审计，并对募集资金使用的真实性和合规性发表意见。

（3）内部审计部门应当在业绩快报对外披露前，对业绩快报进行审计。

4. 其他规定

（1）上市公司董事会应当在审议年度报告的同时，对内部控制自我评价报告形成决议。监事会和独立董事应当对内部控制自我评价报告发表意见，保荐机构应当对内部控制自我评价报告进行核查，并出具核查意见。

（2）上市公司在聘请会计师事务所进行年度审计的同时，应当至少每 2 年要求会计师事务所对内部控制设计与运行的有效性进行一次审计或者鉴证，出具内部控制审计报告或者鉴证报告。

【真题回顾（1406）】 以下关于中小板上市公司内部审计的说法正确的有（　　）。

A. 内部审计部门应至少每年向审计委员会提交一次内部控制评价报告

B. 内部审计部门应当至少每半年向审计委员会报告一次内部审计计划的执行情况

C. 内部审计部门应当在重要的对外担保事项发生后及时进行审计

D. 上市公司应当在股票上市后 6 个月建立内部审计制度，设立内部审计部门

答案：ACD

解析：B，根据《深圳证券交易所中小板上市公司规范运作指引》，内部审计部门应当至少每季度向审计委员会报告一次内部审计计划的执行情况。

【真题回顾（1511）】 以下关于中小板上市公司内部审计的说法正确的有（　　）。

A. 上市公司应当配置专职人员从事内部审计工作，且专职人员应当不少于 2 人

B. 内部审计部门应当至少每半年对募集资金的存放与使用情况进行一次审计，并对募集资金使用的真实性和合规性发表意见

C. 内部审计部门应当在业绩快报对外披露后，对业绩快报进行审计

D. 上市公司应当至少每年要求会计师事务所对内部控制设计与运行的有效性进行一次审计或者鉴证，出具内部控制审计报告或者鉴证报告。

答案：A

解析：B，内部审计部门应当至少每季度对募集资金的存放与使用情况进行一次审计，并对募集资金使用的真实性和合规性发表意见。C，内部审计部门应当在业绩快报对外披露前，对业绩快报进行审计。D，上市公司在聘请会计师事务所进行年度审计的同时，应当至少每2年要求会计师事务所对内部控制设计与运行的有效性进行一次审计或者鉴证，出具内部控制审计报告或者鉴证报告。

四、上市公司分拆境外上市的相关规定

本部分内容由《关于规范境内上市公司所属企业到境外上市有关问题的通知》（2004年7月21日，证监发〔2004〕67号）进行规范，具体规定如下：

（一）分拆境外上市的条件

分拆境外上市，即上市公司所属企业到境外上市，是指上市公司有控制权的所属企业（以下简称所属企业）到境外证券市场公开发行股票并上市的行为。

所属企业申请到境外上市，上市公司应当符合下列条件：

1. 三个"3年"的规定

（1）上市公司在最近3年连续盈利。

（2）上市公司最近3年无重大违法违规行为。

（3）上市公司最近3个会计年度内发行股份及募集资金投向的业务和资产不得作为对所属企业的出资申请境外上市。

2. 两个"最近1个会计年度"的规定

（1）上市公司最近1个会计年度合并报表中按权益享有的所属企业的净利润不得超过上市公司合并报表净利润的50%。

（2）上市公司最近1个会计年度合并报表中按权益享有的所属企业净资产不得超过上市公司合并报表净资产的30%。

3. 三种情况

（1）上市公司与所属企业不存在同业竞争，且资产、财务独立，经理人员不存在交叉任职。

（2）上市公司不存在资金、资产被具有实际控制权的个人、法人或其他组织及其关联人占用的情形，或其他损害公司利益的重大关联交易。

（3）上市公司及所属企业董事、高级管理人员及其关联人员持有所属企业的股份，不得超过所属企业到境外上市前总股本的10%。

【真题回顾（1412）】甲上市公司所属企业乙公司拟于2014年4月申请分拆境外上市，以下对乙公司分拆境外上市构成障碍的有（ ）。

A. 甲公司董事、高管合计持有乙公司股份15%

B. 甲公司2013年度合并报表中按权益享有的乙公司的净利润占甲公司合并报表净利润的30%

C. 甲公司2010年发行股份募集资金的项目作为对乙公司的出资由乙公司实施，申请境外上市

D. 甲公司2011年亏损，2012年、2013年盈利

答案：AD

解析：A，上市公司及所属企业董事、高级管理人员及其关联人员持有所属企业的股份，不得超过所属企业到境外上市前总股本的10%；B，没有超过50%，不构成障碍；C，上市公司最近3个会计年度内发行股份及募集资金投向的业务和资产不得作为对所属企业的出资申请境外上市，2010年不属于最近3个会计年度内的情形；D，所属企业申请到境外上市，上市公司应当符合的条件之一是上市公司在最近3年连续盈利。

（二）分拆境外上市的批准程序

1. 所属企业到境外上市事项，上市公司应依法就下列事项作出决议：

（1）董事会应当就所属企业到境外上市是否符合通知规定、所属企业到境外上市方案、上市公司维持独立上市地位承诺及持续盈利能力的说明与前景作出决议，并提请股东大会批准。

（2）股东大会应当就董事会提案中有关所属企业境外上市方案、上市公司维持独立上市地位及持续盈利能力的说明与前景进行逐项审议并表决。

（3）上市公司董事、高级管理人员在所属企业安排持股计划的，独立董事应当就该事项向流通股（社会公众股）股东征集投票权，该事项独立表决并须获得出席股东大会的流通股（社会公众股）股东所持表决权的半数以上通过。

【注】（3）中须注意：①仅董事、高管在所属企业安排持股计划的，方需独立董事征集投票，并经股东大会通过；②股东为普通决议，过半数通过即可，无须2/3以上通过的特别决议。

2. 上市公司应当聘请经中国证监会注册登记并列入保荐机构名单的证券经营机构担任其维持持续上市地位的财务顾问。财务顾问承担以下职责：

（1）财务顾问应当对上市公司所属企业到境外上市申请文件进行尽职调查、审慎核查，出具财务顾问报告，承诺有充分理由确信上市公司申请文件不存在虚假记载、误导性陈述或者重大遗漏，确信上市公司在所属企业到境外上市后仍然具备独立的持续上市地位、保留的核心资产与业务具有持续经营能力。

（2）财务顾问应当在所属企业到境外上市当年剩余时间及其后1个完整会计年度，持续督导上市公司维持独立上市地位。

3. 上市公司所属企业申请到境外上市，应当按照中国证监会的要求编制并报送申请文件及相关材料。中国证监会对上市公司所属企业到境外上市申请实施行政许可。

【模拟练习】根据《关于规范境内上市公司所属企业到境外上市有关问题的通知》的规定，下列关于境内上市公司所属企业到境外上市应履行程序的说法正确的有（　　　）。

A. 董事会应当就所属企业到境外上市是否符合通知规定、所属企业到境外上市方案、上市公司维持独立上市地位承诺及持续盈利能力的说明与前景作出决议，并提请股东大会批准

B. 股东大会应当就董事会提案中有关所属企业境外上市方案、上市公司维持独立上市地位及持续盈利能力的说明与前景进行逐项审议并表决

C. 上市公司董事、高级管理人员在所属企业安排持股计划的，独立董事应当就该事项流通股（社会公众股）股东征集投票权，该事项独立表决并须获得出席股东大会的流通股（社会公众股）股东所持表决权的2/3以上通过

D. 上市公司应当聘请经中国证监会注册登记并列入保荐机构名单的证券经营机构担任其维持持续上市地位的财务顾问

E. 上市公司所属企业申请到境外上市，应当按照中国证监会的要求编制并报送申请文件及相关材料。中国证监会对上市公司所属企业到境外上市申请实施行政许可

答案：ABDE

解析：C，过半数通过即可。

（三）分拆境外上市的信息披露

所属企业到境外上市，上市公司应当在下述事件发生后次日履行信息披露义务：

1. 所属企业到境外上市的董事会、股东大会决议。

2. 所属企业向中国证监会提交的境外上市申请获得受理。

3. 所属企业获准境外发行上市。

4. 上市公司应当及时向境内投资者披露所属企业向境外投资者披露的任何可能引起股价异常波动的重大事件。

5. 上市公司应当在年度报告的重大事项中就所属企业业务发展情况予以说明。

五、上市公司股权激励的相关规定

2016 年 8 月，中国证监会发布并实施《上市公司股权激励管理办法》（以下简称《办法》），原试行办法废止，《办法》对原试行办法进行了较大幅度的修订，包括不得实行股权激励的情形、股权激励对象范围等。另外，《国有控股上市公司（境内）实施股权激励试行办法》仍然有效，以下结合该两部法规进行说明。另外，《关于上市公司实施员工持股计划试点的指导意见》对上市公司实施员工持股计划进行了规范，以下将其并入本部分内容一起进行说明。

（一）上市公司股权激励的一般规定

1. 概念与方式

（1）《办法》所称股权激励是指上市公司以本公司股票为标的，对其董事、高级管理人员及其他员工进行的长期性激励。

（2）上市公司以限制性股票、股票期权实行股权激励的，适用《办法》；以法律、行政法规允许的其他方式实行股权激励的，参照《办法》有关规定执行。

2. 不得实行股权激励计划的情形

上市公司具有下列情形之一的，不得实行股权激励：

（1）最近 1 个会计年度财务会计报告被注册会计师出具否定意见或者无法表示意见的审计报告。

（2）最近 1 个会计年度财务报告内部控制被注册会计师出具否定意见或无法表示意见的审计报告。

（3）上市后最近 36 个月内出现过未按法律法规、公司章程、公开承诺进行利润分配的情形。

（4）法律法规规定不得实行股权激励的。

（5）中国证监会认定的其他情形。

【注1】（1）、（2）可合并为"最近 1 个会计年度财务报告或内部控制被出具否定或无法表示意见"。注意两点：①一个会计年度——以前出现的，不受影响；例如，某上市公司拟于 2017 年 6 月实行股权激励，2015 年财务会计报告被注册会计师出具否定意见，不构成障碍；②无保留、保留意见不受任何影响，不管是否是在一个年度以内。

【注2】《办法》未规定受到中国证监会予以行政处罚、交易所公开谴责不得实行股权激励计划的情形。

【注3】上市公司发生上述情形之一的，应当终止实施股权激励计划，不得向激励对象继续授予新的权益，激励对象根据股权激励计划已获授但尚未行使的权益应当终止行使。

3. 激励对象

（1）可以作为激励对象的人员

①激励对象可以包括上市公司的董事、高级管理人员、核心技术人员或者核心业务人员，

以及公司认为应当激励的对公司经营业绩和未来发展有直接影响的其他员工，但不应当包括独立董事和监事。

②在境内工作的外籍员工任职上市公司董事、高级管理人员、核心技术人员或者核心业务人员的，可以成为激励对象。

【注】外籍员工在境内工作且任职上市公司的可激励人员，则可以成为激励对象。

（2）不可以作为激励对象的人员

①独立董事和监事。

②单独或合计持有上市公司5%以上股份的股东或实际控制人及其配偶、父母、子女。

③最近12个月内因重大违法违规行为被中国证监会及其派出机构行政处罚或者采取市场禁入措施的人员。

④最近12个月内被中国证监会及其派出机构、证券交易所认定为不适当人选的人员。

⑤具有《公司法》规定的不得担任公司董事、高级管理人员情形的人员。

⑥法律法规规定不得参与上市公司股权激励的人员。

【注1】由②可见，持股5%以下的股东，如无其他不得作为激励对象的情形，是可以作为激励对象的。

【注2】上述禁止人员中不包括最近12个月受到交易所公开谴责的人员。

【注3】在股权激励计划实施过程中，出现上述不得成为激励对象情形的，上市公司不得继续授予其权益，其已获授但尚未行使的权益应当终止行使。

4. 获授权益、行使权益的条件与绩效考核指标

（1）获授权益、行使权益的条件

①上市公司应当设立激励对象获授权益、行使权益的条件。

②拟分次授出权益的，应当就每次激励对象获授权益分别设立条件；分期行权的，应当就每次激励对象行使权益分别设立条件。

③激励对象为董事、高级管理人员的，上市公司应当设立绩效考核指标作为激励对象行使权益的条件。

（2）绩效考核指标

①绩效考核指标应当包括公司业绩指标和激励对象个人绩效指标。

②上市公司可以公司历史业绩或同行业可比公司相关指标作为公司业绩指标对照依据，以同行业可比公司相关指标作为对照依据的，选取的对照公司不少于3家。

③激励对象个人绩效指标由上市公司自行确定。

【注】上市公司应当在公告股权激励计划草案的同时披露所设定指标的科学性和合理性。

5. 标的股票来源

拟实行股权激励的上市公司，可以下列方式作为标的股票来源：

（1）向激励对象发行股份。

（2）回购本公司股份。

（3）法律、行政法规允许的其他方式。

6. 股权激励计划的有效期

股权激励计划的有效期从首次授予权益日起不得超过10年。

【注】自首次授予权益日起算。

7. 股权激励计划股票数量限制

（1）上市公司可以同时实行多期股权激励计划。同时实行多期股权激励计划的，各期激励计划设立的公司业绩指标应当保持可比性，后期激励计划的公司业绩指标低于前期激励计划的，上市公司应当充分说明其原因与合理性。

（2）上市公司全部在有效期内的股权激励计划所涉及的标的股票总数累计不得超过公司股本总额的10%。上市公司为国有控股上市公司（境内）的，首次实施股权激励计划授予的股权数量原则上应控制在上市公司股本总额的1%以内。

（3）非经股东大会特别决议批准，任何一名激励对象通过全部在有效期内的股权激励计划获授的本公司股票，累计不得超过公司股本总额的1%。

【注1】股本总额是指股东大会批准最近一次股权激励计划时公司已发行的股本总额。

【注2】（3）中须注意：①经股东大会特别决议批准，是可以突破1%限制的，并非绝对不可；②必须经特别决议批准，普通决议不行。

8. 预留收益

（1）上市公司在推出股权激励计划时，可以设置预留权益。

（2）预留比例不得超过本次股权激励计划拟授予权益数量的20%。

（3）上市公司应当在股权激励计划经股东大会审议通过后12个月内明确预留权益的授予对象；超过12个月未明确激励对象的，预留权益失效。

9. 其他规定

（1）相关法律、行政法规、部门规章对上市公司董事、高级管理人员买卖本公司股票的期间有限制的，上市公司不得在相关限制期间内向激励对象授出限制性股票，激励对象也不得行使权益。

（2）上市公司启动及实施增发新股、并购重组、资产注入、发行可转债、发行公司债券等重大事项期间，可以实行股权激励计划。

（3）上市公司应当承诺，股权激励计划相关信息披露文件不存在虚、误、漏。所有激励对象应当承诺，上市公司因信息披露文件中有虚、误、漏，导致不符合授予权益或行使权益安排的，激励对象应当自相关信息披露文件被确认存在虚、误、漏后，将由股权激励计划所获得的全部利益返还公司。

（4）激励对象参与股权激励计划的资金来源应当合法合规。上市公司不得为激励对象依股权激励计划获取有关权益提供贷款以及其他任何形式的财务资助，包括为其贷款提供担保。

【模拟练习】甲上市公司拟于2017年6月实施股权激励计划，下列事项中，不构成障碍的是（　　）

A. 2016年度财务会计报告被注册会计师出具保留意见

B. 2016年度财务会计报告被注册会计师出具否定意见

C. 2016年度财务报告内部控制被注册会计师出具无法表示意见

D. 2015年度财务会计报告被注册会计师出具无法表示意见

E. 2016年度财务报告内部控制被注册会计师出具否定意见

答案：AD

【模拟练习】甲公司是境内A股上市公司，拟于2017年9月实施股权激励，根据《上市公司股权激励管理办法》，以下将导致甲公司不得施行股权激励的情形有（　　　）。

A. 2016年度财务会计报告被注册会计师出具保留意见的审计报告

B．2016 年度内部控制被注册会计师出具无法表示意见的审计报告

C．2015 年 6 月，未按照公开的承诺进行利润分配

D．2016 年 11 月，被中国证监会行政处罚

答案：BC

解析：D，《上市公司股权激励管理办法》将原试点办法中"最近 1 年内因重大违法违规行为被中国证监会予以行政处罚"的障碍情形予以删除，改为兜底条款，若考试考到，以明文规定为准。

【模拟练习】下列关于上市公司股权激励的表述，正确的是（　　　　）。

A．上市公司独立董事和监事均不得成为股权激励对象

B．上市公司某核心技术人员成为股权激励对象后，上市公司因重大违法违规行为被中国证监会行政处罚，则该核心技术人员根据股权激励计划已获授但尚未行使的权益应当终止行使

C．股票期权授权日与获授股票期权首次可以行权日之间的间隔不得少于 12 个月，股票期权的有效期从首次授权日计算不得超过 10 年

D．上市公司全部有效的股权激励计划所涉及的标的股票总数累计不得超过公司股本总额的 5%

答案：AC

解析：B，新施行的《办法》未明确列示受到中国证监会予以行政处罚不得实施股权激励的情形；D，10%。

【模拟练习】甲公司是境内 A 股上市公司，拟于 2017 年 6 月实施股权激励，根据《上市公司股权激励管理办法》的规定，以下可以成为激励对象的人员有（　　　　）。

A．甲公司的董事（包括独立董事）、高级管理人员

B．在甲公司担任董事的英国籍工作人员，在境内工作

C．在甲公司担任高管的美国籍工作人员，在境外工作

D．持有甲公司 5% 股份的李某的妻子张某，在甲公司担任高管

E．王某是甲公司高管，于 2016 年 7 月被甲公司所在地证监局认定为不适当人选

答案：B

【模拟练习】某上市公司拟实施股权激励，下列人员中可以成为股权激励对象的是（　　　　）。

A．赵某，上市公司总经理，持股 9%

B．钱某，美国籍，任上市公司副总经理，在境内工作

C．孙某，上市公司独立董事

D．李某，上市公司监事

E．周某，上市公司实际控制人的儿子，技术负责人

答案：B

解析：《上市公司股权激励管理办法》第八条。B，外籍工作人员在境内工作可以成为股权激励对象，若在境外工作则不可。

【模拟练习】某上市公司股本总额为 1 亿股，拟实行股权激励计划，下列说法不符合股权激励相关规定的是（　　　　）。

A．标的股票来源为回购本公司股份 1 000 万股股票

B．经出席股东大会的股东所持表决权过半数通过，授予公司总经理 120 万股股票

C. 因没有足够的资金行权，公司一名董事将获授的股票期权无偿转让给另一名董事

D. 审议通过股权激励计划草案，需董事会 2/3 以上的董事同意

答案：ABCD

解析：A，股权激励的总额不得超过股份总额的 10%，即不得超过 1 000 万股，但根据《公司法》的规定，回购股票用于股权激励的，其回购本公司股份的比例，不得超过本公司已发行股份总额的 5%，即不得超过 500 万股。B，超过了股本总额的 1%，应以股东大会特别决议通过。C，不管是有偿还是无偿，激励对象获授的股票期权不得转让、用于担保或偿还债务。D，董事会过半数成员同意即可审议通过股权激励计划草案。

（二）限制性股票与股票期权

1. 限制性股票

（1）概念与限制

①限制性股票是指激励对象按照股权激励计划规定的条件，获得的转让等部分权利受到限制的本公司股票。

②限制性股票在解除限售前不得转让、用于担保或偿还债务。

【注】在解除限售前不得转让、用于担保或偿还债务，解除限售后则可以。

（2）授予价格的确定

上市公司在授予激励对象限制性股票时，应当确定授予价格或授予价格的确定方法。授予价格不得低于股票票面金额，且原则上不得低于下列价格较高者：

①股权激励计划草案公布前 1 个交易日的公司股票交易均价的 50%。

②股权激励计划草案公布前 20 个交易日、60 个交易日或者 120 个交易日的公司股票交易均价之一的 50%。

【注1】上市公司采用其他方法确定限制性股票授予价格的，应当在股权激励计划中对定价依据及定价方式作出说明。

【注2】可见，价格并非一定要按照上述原则确定，也可按其他方法确定。按上述原则确定的，注意是不低于①中与②中的孰高，并非指不低于前 1 个交易日的 50%、前 20 个交易日的 50%、前 60 个交易日的 50%、前 120 个交易日的 50% 的孰高。

（3）解除限售

①限制性股票授予日与首次解除限售日之间的间隔不得少于 12 个月。

②在限制性股票有效期内，上市公司应当规定分期解除限售，每期时限不得少于 12 个月。

③各期解除限售的比例不得超过激励对象获授限制性股票总额的 50%。

④当期解除限售的条件未成就的，限制性股票不得解除限售或递延至下期解除限售。

【注】当期条件未成就的，不得解除限售，也不得递延至下期解除限售，应当予以回购。

（4）未解除限售股票的回购

①出现上市公司不得实施股权激励的情形或个人不得作为股权激励对象的情形，或者其他终止实施股权激励计划的情形或激励对象未达到解除限售条件的，上市公司应当回购尚未解除限售的限制性股票，并按照《公司法》的规定进行处理。

②对出现上市公司不得实施股权激励的情形负有个人责任的，或出现个人不得作为股权激励对象的情形的，回购价格不得高于授予价格；出现其他情形的，回购价格不得高于授予价格加上银行同期存款利息之和。

③上市公司应当在上述①、②情形出现后及时召开董事会审议回购股份方案，并依法将回

购股份方案提交股东大会批准。

【注】由②可见，"回购价格不得高于授予价格"并非绝对，而是在出现一定情形时方有此限制。

2. 股票期权

（1）概念与限制

①股票期权是指上市公司授予激励对象在未来一定期限内以预先确定的条件购买本公司一定数量股份的权利。

②激励对象获授的股票期权不得转让、用于担保或偿还债务。

【注】股票期权绝对不可转让。

（2）行权价格的确定

上市公司在授予激励对象股票期权时，应当确定行权价格或者行权价格的确定方法。行权价格不得低于股票票面金额，且原则上不得低于下列价格较高者：

①股权激励计划草案公布前 1 个交易日的公司股票交易均价。

②股权激励计划草案公布前 20 个交易日、60 个交易日或者 120 个交易日的公司股票交易均价之一。

【注1】上市公司采用其他方法确定行权价格的，应当在股权激励计划中对定价依据及定价方式作出说明。

【注2】可见，价格并非一定要按照上述原则确定，也可按其他方法确定。

【注3】注意与限制性股票的区别，限制性股票有打五折的规定，此处没有，均为原价。

（3）行权

①股票期权授权日与获授股票期权首次可行权日之间的间隔不得少于 12 个月。

②在股票期权有效期内，上市公司应当规定激励对象分期行权，每期时限不得少于 12 个月，后一行权期的起算日不得早于前一行权期的届满日。

③每期可行权的股票期权比例不得超过激励对象获授股票期权总额的 50%。

④当期行权条件未成就的，股票期权不得行权或递延至下期行权，上市公司应当注销对应的股票期权。

（4）终止行权与注销

①股票期权各行权期结束后，激励对象未行权的，当期股票期权应当终止行权，上市公司应当及时注销。

②出现上市公司不得实施股权激励的情形或个人不得作为股权激励对象的情形或行权条件未成就的，或者其他终止实施股权激励计划的情形或激励对象不符合行权条件的，上市公司应当注销对应的股票期权。

限制性股票与股票期权的规定对比

事项	限制性股票	股票期权
概念与限制	（1）激励对象按照股权激励计划规定的条件，获得的转让等部分权利受到限制的本公司股票	（1）上市公司授予激励对象在未来一定期限内以预先确定的条件购买本公司一定数量股份的权利
	（2）在解除限售前不得转让、用于担保或偿还债务	（2）激励对象获授的股票期权不得转让、用于担保或偿还债务

事项	限制性股票	股票期权
授予价格/行权价格的确定	（1）授予价格/行权价格不得低于股票票面金额，且原则上不得低于下列价格较高者 ①股权激励计划草案公布前1个交易日的公司股票交易均价的50% ②股权激励计划草案公布前20个交易日、60个交易日或者120个交易日的公司股票交易均价之一的50% 【注】股票期权无50%的打折规定，是原价，其他一致	
	（2）上市公司采用其他方法确定授予价格/行权价格的，应当在股权激励计划中对定价依据及定价方式作出说明	
解除限售/行权	（1）授予日与首次解除限售日之间的间隔不得少于12个月	（1）股票期权授权日与获授股票期权首次可行权日之间的间隔不得少于12个月
	（2）在有效期内，上市公司应当规定分期解除限售，每期时限不得少于12个月	（2）在有效期内，上市公司应当规定激励对象分期行权，每期时限不得少于12个月，后一行权期的起算日不得早于前一行权期的届满日
	（3）各期解除限售的比例不得超过激励对象获授限制性股票总额的50%	（3）每期可行权的股票期权比例不得超过激励对象获授股票期权总额的50%
	（4）当期解除限售的条件未成就的，限制性股票不得解除限售或递延至下期解除限售。上市公司应回购尚未解除限售的限制性股票	（4）当期行权条件未成就的，股票期权不得行权或递延至下期行权，上市公司应当注销对应的股票期权
回购/注销	（1）出现须终止实施股权激励计划的情形或激励对象未达到解除限售条件的，上市公司应当回购尚未解除限售的限制性股票，并按照《公司法》的规定进行处理	（1）股票期权各行权期结束后，激励对象未行权的当期股票期权应当终止行权，上市公司应当及时注销
	（2）出现上市公司不得实施股权激励的情形负有个人责任的，或出现个人不得作为股权激励对象的情形的，回购价格不得高于授予价格；出现其他情形的，回购价格不得高于授予价格加上银行同期存款利息之和	（2）出现上市公司不得实施股权激励的情形或个人不得作为股权激励对象的情形或行权条件未成就的，或者其他终止实施股权激励计划的情形或激励对象不符合行权条件的，上市公司应当注销对应的股票期权
	（3）上市公司应当在上述（1）、（2）情形出现后及时召开董事会审议回购股份方案，并依法将回购股份方案提交股东大会批准	

【模拟练习】根据《上市公司股权激励管理办法》（2016 年修订），下列上市公司采用限制性股票进行股权激励的说法，正确的有（ ）。

A. 限制性股票授予日与首次解除限售日之间的间隔不得少于 12 个月

B. 在限制性股票有效期内，上市公司应当规定分期解除限售，每期时限不得少于 12 个月

C. 各期解除限售的比例不得超过激励对象获授限制性股票总额的 50%

D. 当期解除限售的条件未成就的，限制性股票不得解除限售，可以递延至下期解除限售

E. 上市公司回购未解除限售的限制性股票的，回购价格不得高于授予价格

答案：ABC

解析：D，也不得递延至下期解除限售；E，"回购价格不得高于授予价格"并非绝对，而是在出现一定情形时方有此限制。

【模拟练习】根据《上市公司股权激励管理办法》的规定，下列上市公司采用股票期权进行股权激励的说法，正确的有（ ）。

A. 激励对象获授的股票期权不得转让，但可用于担保或偿还债务

B. 股票期权授权日与获授股票期权首次可行权日之间的间隔不得少于 12 个月

C. 在股票期权有效期内，上市公司应当规定激励对象分期行权，每期时限不得少于 12 个月，后一行权期的起算日不得晚于前一行权期的届满日

D. 每期可行权的股票期权比例不得超过激励对象获授股票期权总额的 30%，当期行权条件未成就的，股票期权不得行权或递延至下期行权

E. 股票期权各行权期结束后，激励对象未行权的当期股票期权可延至下期继续行权或者终止行权

答案：B

解析：A，不得用于担保或偿还债务；C，应为"不得早于"；D，50%；E，应及时注销。

（三）上市公司股权激励的实施程序

1. 股权激励计划（草案）

（1）上市公司董事会下设的薪酬与考核委员会负责拟订股权激励计划草案。

（2）独立董事及监事会应当就股权激励计划草案发表意见。

（3）独立董事或监事会认为有必要的，可以建议上市公司聘请独立财务顾问，对股权激励计划发表专业意见。上市公司未按照建议聘请独立财务顾问的，应当就此事项作特别说明。

（4）上市公司未按照定价原则，而采用其他方法确定限制性股票授予价格或股票期权行权价格的，应当聘请独立财务顾问，对股权激励计划发表专业意见。

（5）上市公司应当聘请律师事务所对股权激励计划出具法律意见书。

【注1】独立董事、董事会、独立财务顾问对股权激励计划（草案）的可行性、是否有利于上市公司的持续发展、相关定价依据和定价方法的合理性、是否损害上市公司利益以及对股东利益的影响发表意见。

【注2】只有当上市公司未按照定价原则，而采用其他方法确定限制性股票授予价格或股票期权行权价格的，方须聘请独立财务顾问，其他情形下对于聘请独立财务顾问为非强制规定。

【注3】（1）中，股权激励属于薪酬的一种体现，因此由薪酬与考核委员会负责拟订股权激励计划草案，不是战略委员会，也不是审计委员会，防止出题人偷换。

2. 董事会审议

上市公司实行股权激励，董事会应当依法对股权激励计划草案作出决议，拟作为激励对象

的董事或与其存在关联关系的董事应当回避表决。

【注】通过股权激励计划草案的决议，仅需过半数通过即可，无须董事会2/3以上的董事同意。

3. 公示与公告

（1）上市公司应当在董事会审议通过股权激励计划草案后，及时公告董事会决议、股权激励计划草案、独立董事意见及监事会意见。上市公司实行股权激励计划依照规定需要取得有关部门批准的，应当在取得有关批复文件后的2个交易日内进行公告。

（2）上市公司在发出召开股东大会审议股权激励计划的通知时，应当同时公告法律意见书；聘请独立财务顾问的，还应当同时公告独立财务顾问报告。

（3）上市公司应当在召开股东大会前，通过公司网站或者其他途径，在公司内部公示激励对象的姓名和职务，公示期不少于10天。监事会应当对股权激励名单进行审核，充分听取公示意见。上市公司应当在股东大会审议股权激励计划前5日披露监事会对激励名单审核及公示情况的说明。

【注】董事会决议、股权激励计划草案、独立董事意见及监事会意见，在董事会审议通过股权激励计划草案后及时公告；法律意见书、独立财务顾问报告与发出召开股东大会通知同时公告；实务中，一般情况下，董事会决议与发出召开股东大会通知往往是在同一时间。股权激励名单的审核与公示是在召开股东大会前，应至少在前5日披露监事会对激励名单审核及公示情况的说明。

4. 股东大会审议

（1）上市公司召开股东大会审议股权激励计划时，独立董事应当就股权激励计划向所有的股东征集委托投票权。

（2）股东大会应当对股权激励计划内容进行表决，并经出席会议的股东所持表决权的2/3以上通过，拟为激励对象的股东或者与激励对象存在关联关系的股东，应当回避表决。

（3）除上市公司董事、监事、高级管理人员、单独或合计持有上市公司5%以上股份的股东以外，其他股东的投票情况应当单独统计并予以披露。

5. 股权激励计划的实施

（1）负责实施的主体

上市公司董事会应当根据股东大会决议，负责实施限制性股票的授予、解除限售和回购以及股票期权的授权、行权和注销。上市公司监事会应当对限制性股票授予日及期权授予日激励对象名单进行核实并发表意见。

（2）授予权益并完成公告、登记

①股权激励计划经股东大会审议通过后，上市公司应当在60日内授予权益并完成公告、登记；有获授权益条件的，应当在条件成就后60日内授出权益并完成公告、登记。

②上市公司未能在60日内完成上述工作的，应当及时披露未完成的原因，并宣告终止实施股权激励，自公告之日起3个月内不得再次审议股权激励计划。根据《办法》的规定，上市公司不得授出权益的期间不计算在60日内。

③上市公司应当按照证券登记结算机构的业务规则，在证券登记结算机构开设证券账户，用于股权激励的实施。

④激励对象为境内工作的外籍员工的，可以向证券登记结算机构申请开立证券账户，用于持有或卖出因股权激励获得的权益，但不得使用该证券账户从事其他证券交易活动。

⑤尚未行权的股票期权，以及不得转让的标的股票，应当予以锁定。

（3）授出权益

①上市公司在向激励对象授出权益前，董事会应当就股权激励计划设定的激励对象获授权益的条件是否成就进行审议，独立董事及监事会应当同时发表明确意见。

②律师事务所应当对激励对象获授权益的条件是否成就出具法律意见。

③上市公司向激励对象授出权益与股权激励计划的安排存在差异时，独立董事、监事会（当激励对象发生变化时）、律师事务所、独立财务顾问（如有）应当同时发表明确意见。

④分次授出权益的，在每次授出权益前，上市公司应当召开董事会会议，按照股权激励计划的内容及首次授出权益时确定的原则，决定授出的权益价格、行使权益安排等内容。当次授予权益的条件未成就时，上市公司不得向激励对象授予权益，未授予的权益也不得递延下期授予。

（4）行使权益

①激励对象在行使权益前，董事会应当就股权激励计划设定的激励对象行使权益的条件是否成就进行审议，独立董事及监事会应当同时发表明确意见。

②律师事务所应当对激励对象行使权益的条件是否成就出具法律意见。

（5）调整权益价格或者数量

因标的股票除权、除息或者其他原因需要调整权益价格或者数量的，上市公司董事会应当按照股权激励计划规定的原则、方式和程序进行调整。律师事务所应当就上述调整是否符合《办法》、公司章程的规定和股权激励计划的安排出具专业意见。

6. 股权激励方案变更的处理

（1）上市公司在股东大会审议通过股权激励方案之前可对其进行变更。变更需经董事会审议通过。

（2）对于已通过股东大会审议的股权激励方案，以下情形上市公司不得变更股权激励方案：导致加速行权或提前解除限售的情形；降低行权价格或授予价格的情形。

（3）上市公司对已通过股东大会审议的股权激励方案进行变更的，应当及时公告并提交股东大会审议。

（4）独立董事、监事会应当就变更后的方案发表独立意见。律师事务所应当就变更后的方案发表专业意见。

【注1】股东大会审议通过前变更的，变更需经董事会审议通过；股东大会审议通过后变更的，应当及时公告并提交股东大会审议。

【注2】不管是之前的变更还是之后的变更，均需独立董事、监事会、律师事务所发表意见。

7. 股权激励方案终止实施的处理

（1）上市公司在股东大会审议股权激励计划之前拟终止实施股权激励的，需经董事会审议通过。

（2）上市公司在股东大会审议通过股权激励计划之后终止实施股权激励的，应当由股东大会审议决定。

（3）律师事务所应当就上市公司终止实施激励发表专业意见。

（4）上市公司股东大会或董事会审议通过终止实施股权激励计划决议，或者股东大会审议未通过股权激励计划的，自决议公告之日起3个月内，上市公司不得再次审议股权激励计划。

【注1】之前终止的，董事会审议；之后终止的，股东大会审议。

【注2】终止实施激励的，律师事务所发表意见，无独立董事、监事会发表意见的要求。

股权激励计划中相关主体须发表意见事项总结

相关事项	监事会	独董	律所	独财
1. 股权激励计划草案	✓	✓	✓	？
2. 审核股权激励名单（含限制性股票及股票期权授予日名单审核）	✓	×	×	×
3. 授出权益前，董事会就设定的激励对象获授权益的条件是否成就进行的审议	✓	✓	✓	？
4. 向激励对象授出权益与股权激励计划的安排存在差异	✓	✓	✓	？
5. 激励对象在行使权益前，董事会就设定的激励对象行使权益的条件是否成就进行的审议	✓	✓	✓	×
6. 因标的股票除权、除息或者其他原因需要调整权益价格或者数量的	×	×	✓	×
7. 变更股权激励计划方案	✓	✓	✓	×
8. 终止实施股权激励计划	×	×	✓	×

注：①"1"中，一般情况下不需要独立财务顾问发表意见，但上市公司未按照定价原则，而采用其他方法确定限制性股票授予价格或股票期权行权价格的，应当聘请独立财务顾问，对股权激励计划发表专业意见。"3""4"中如果根据规定需聘请独立财务顾问的，则独立财务顾问应发表专业意见。

②重点记忆"1""7""8"中的规定。

【模拟练习】根据《上市公司股权激励管理办法》，以下说法正确的有（　　）。

A. 上市公司董事会下设的战略委员会负责拟订股权激励计划草案

B. 上市公司应当聘请独立财务顾问对股权激励计划发表专业意见

C. 董事会应当依法对股权激励计划草案作出决议，并经全体董事2/3以上通过

D. 股东大会应当对股权激励计划内容进行表决，并经出席会议的股东所持表决权的2/3以上通过

E. 上市公司监事会应当根据股东大会决议，负责实施限制性股票的授予、解除限售和回购以及股票期权的授权、行权和注销

答案：D

解析：A，薪酬考核委员会；B，聘请独立财务顾问为非强制要求；C，过半数通过即可；E，董事会。

【模拟练习】根据《上市公司股权激励管理办法》，以下关于股权激励方案变更及股权激励方案终止实施的说法正确的有（　　）。

A. 上市公司在股东大会审议通过股权激励方案之前可对其进行变更，变更需经董事会审议通过

B. 独立董事、监事会应当就变更后的方案发表独立意见

C. 对于已通过股东大会审议的股权激励方案，上市公司不得对其进行变更

D. 上市公司在股东大会审议通过股权激励计划之后终止实施股权激励的，应当由股东大会审议决定

E. 独立董事、监事会应当就终止实施激励发表独立意见

答案：ABD

解析：C，可变更，须经股东大会审议；E，股权激励方案终止实施的，仅需律师事务所发表意见即可。

（四）上市公司实施员工持股计划的相关规定

2014年6月，中国证监会发布实施《关于上市公司实施员工持股计划试点的指导意见》，以下为其主要内容。

1. 员工持股计划的概念

员工持股计划是指上市公司根据员工意愿，通过合法方式使员工获得本公司股票并长期持有，股份权益按约定分配给员工的制度安排。员工持股计划的参加对象为公司员工，包括管理层人员。

2. 资金和股票来源

（1）员工持股计划可以通过以下方式解决所需资金：

①员工的合法薪酬。

②法律、行政法规允许的其他方式。

（2）员工持股计划可以通过以下方式解决股票来源：

①上市公司回购本公司股票；②二级市场购买；③认购非公开发行股票；④股东自愿赠与；⑤法律、行政法规允许的其他方式。

3. 持股期限和持股计划的规模

（1）每期员工持股计划的持股期限不得低于12个月，以非公开发行方式实施员工持股计划的，持股期限不得低于36个月，自上市公司公告标的股票过户至本期持股计划名下时起算；上市公司应当在员工持股计划届满前6个月公告到期计划持有的股票数量。

（2）上市公司全部有效的员工持股计划所持有的股票总数累计不得超过公司股本总额的10%，单个员工所获股份权益对应的股票总数累计不得超过公司股本总额的1%。员工持股计划持有的股票总数不包括员工在公司首次公开发行股票上市前获得的股份、通过二级市场自行购买的股份及通过股权激励获得的股份。

4. 员工持股计划的管理

上市公司可以自行管理本公司的员工持股计划，也可以将本公司员工持股计划委托给下列具有资产管理资质的机构管理：（1）信托公司；（2）保险资产管理公司；（3）证券公司；（4）基金管理公司；（5）其他符合条件的资产管理机构。

5. 独立董事、监事会、律师事务所意见

（1）独立董事和监事会应当就员工持股计划是否有利于上市公司的持续发展，是否损害上市公司及全体股东利益，公司是否以摊派、强行分配等方式强制员工参加本公司持股计划发表意见。

（2）上市公司应当聘请律师事务所对员工持股计划出具法律意见书，并在召开关于审议员工持股计划的股东大会前公告法律意见书。

6. 员工持股计划的监管

除非公开发行方式外，中国证监会对员工持股计划的实施不设行政许可，由上市公司根据自身实际情况决定实施。

【真题回顾（1509）】根据《关于上市公司实施员工持股计划试点的指导意见》，下列说法正确的有（　　　　）。

A. 上市公司全部有效的员工持股计划所持有的股票总数累计不得超过公司股本总额的5%

B. 单个员工所获股份权益对应的股票总数累计不得超过公司股本总额的1%

C. 员工持股计划持有的股票总数包括首发上市前获得的股份

D. 员工持股计划持有的股票总数包括其通过二级市场自行购买的股份

E. 公司股东大会对员工持股计划作出决议的，应当经出席会议的股东所持表决权的1/2通过

答案：BE

解析：上市公司全部有效的员工持股计划所持有的股票总数累计不得超过公司股本总额的10%，单个员工所获股份权益对应的股票总数累计不得超过公司股本总额的1%。员工持股计划持有的股票总数不包括员工在公司首次公开发行股票上市前获得的股份、通过二级市场自行购买的股份及通过股权激励获得的股份；公司股东大会对员工持股计划作出决议的，应当经出席会议的股东所持表决权的半数以上通过。

六、上市公司董、监、高持有本公司股份的监管规定

（一）限售的一般规定

1.《上市公司章程指引》的统一规定

（1）公司董事、监事、高级管理人员应当向公司申报所持有的本公司的股份（含优先股股份）及其变动情况，在任职期间每年转让的股份不得超过其所持有本公司同一种类股份总数的25%。

（2）所持本公司股份自公司股票上市交易之日起1年内不得转让。上述人员离职后半年内，不得转让其所持有的本公司股份。

【注】（2）中"上市交易之日起1年内"、"离职后半年内"限制的均为减持，并未限制增持。

2. 创业板上市公司的特别规定

（1）创业板上市公司董、监、高在首次公开发行股票上市之日起6个月内申报离职的，自申报离职之日起18个月内不得转让其直接持有的本公司股份；在首次公开发行股票上市之日起第7个月至第12个月之间申报离职的，自申报离职之日起12个月内不得转让其直接持有的本公司股份。

（2）因上市公司进行权益分派等导致其董事、监事和高级管理人员直接持有本公司股份发生变化的，遵守（1）中的规定。

（3）因上市公司进行权益分派、减资缩股等导致其董、监、高直接持有本公司股份发生变化的，本年度可转让股份额度作相应变更。

（4）上市公司董事、监事和高级管理人员离职时，应及时以书面形式委托上市公司向深交所申报离职信息。

（5）自上市公司申报董事、监事和高级管理人员离职信息之日起，离职人员所持股份将按规定予以锁定。

（6）自离职人员的离职信息申报之日起6个月内，离职人员增持本公司股份也将予以锁定。

（7）深交所鼓励上市公司董事、监事和高级管理人员在规定之外追加延长锁定期、设定最低减持价格等承诺并公告，公告至少应当包括以下内容：追加承诺董事、监事和高级管理人员持股情况；追加承诺的主要内容；上市公司董事会对承诺执行情况的跟踪措施等。

（8）保荐机构及其保荐代表人应当重点关注上市公司董事、监事和高级管理人员离职情况，督导上市公司董事、监事和高级管理人员严格履行其作出的各项承诺。

（9）保荐机构及其保荐代表人应当对上市公司董事、监事和高级管理人员所持股份上市流

通的合规性进行核查，并对解除锁定股份数量、上市流通时间是否符合规定，相关承诺是否严格履行，信息披露是否真实、准确、完整发表意见。

3. 中小板上市公司的特别规定

上市公司董、监、高在申报离任6个月后的12个月内通过证券交易所挂牌交易出售本公司股票数量占其所持有本公司股票总数的比例不得超过50%。

4.《上市公司董、监、高所持本公司股份及其变动管理规则》的规定

（1）上市公司董事、监事和高级管理人员在任职期间，每年通过集中竞价、大宗交易、协议转让等方式转让的股份不得超过其所持本公司股份总数的25%，因司法强制执行、继承、遗赠、依法分割财产等导致股份变动的除外。

（2）上市公司董事、监事和高级管理人员所持股份不超过1 000股的，可一次全部转让，不受上述转让比例的限制。

（3）上市公司董事、监事和高级管理人员以上年末其所持有本公司发行的股份为基数，计算其中可转让股份的数量。

（4）因上市公司公开或非公开发行股份、实施股权激励计划，或因董事、监事和高级管理人员在二级市场购买、可转债转股、行权、协议受让等各种年内新增股份，新增无限售条件股份当年可转让25%，新增有限售条件的股份计入次年可转让股份的计算基数。

（5）因上市公司进行权益分派导致董事、监事和高级管理人员所持本公司股份增加的，可同比例增加当年可转让数量。

（6）上市公司董事、监事和高级管理人员当年可转让但未转让的本公司股份，应当计入当年末其所持有本公司股份的总数，该总数作为次年可转让股份的计算基数。

5.《中国证监会关于进一步推进新股发行体制改革的意见》的规定

发行人控股股东、持有发行人股份的董事和高级管理人员应在公开募集及上市文件中公开承诺：所持股票在锁定期满后两年内减持的，其减持价格不低于发行价；公司上市后6个月内如公司股票连续20个交易日的收盘价均低于发行价，或者上市后6个月期末收盘价低于发行价，持有公司股票的锁定期限自动延长至少6个月。

【真题回顾（1511）】 2014年12月31日，A公司首次公开发行股票并在上海证券交易所上市，发行价格为10元/股，发行前A公司董事会秘书持有0.1%股份，发行后，2015年上半年股票曾连续20个交易日低于10元/股，则该董事会秘书所持股份自上市之日起最短应锁定（　　　）。

A. 3.5年　　　　　　　B. 3年　　　　　　　C. 2年　　　　　　　D. 1.5年

E. 1年

答案：D

解析：高管所持本公司股份自公司股票上市交易之日起一年内不得转让，另外，公司上市后6个月内如公司股票连续20个交易日的收盘价均低于发行价，高管所持股票锁定期自动延长至少6个月。

【模拟练习】 某中小板上市公司于2012年3月10日首发上市，张某为该上市公司监事，上市前持有该公司600万股股份，承诺上市后三年内不减持股份，限售股解禁后，张某于2015年10月15日在二级市场减持该公司50万股股份，2016年4月25日增持该公司100万股股份，不考虑其他权益变动及限制性因素，2016年10月26日，张某最多可减持的股份数为（　　　）。

A. 162.5万股　　　　　B. 137.5万股　　　　　C. 237.5万股　　　　　D. 0

答案：A

解析：以上年末其所持有本公司发行的股份为基数，计算其中可转让股份的数量，新增无限售条件股份当年可转让25%。（600－50）×25%＋100×25%＝162.5（万股）。

【模拟练习】下列关于公司董事、监事、高管持有本公司股票的说法，错误的是（　　　）。

A. 在任职期间，每年转让的股份不得超过其所持有本公司同一种类股份总数的25%

B. 应当向公司申报所持有的本公司的股份（含优先股）及其变动情况

C. 离职后半年内，不得增持本公司股份

D. 所持本公司股份自公司股票上市交易之日起一年内不得转让

答案：C

解析：不得减持，可以增持。

【模拟练习】下列关于创业板上市公司董事、监事和高级管理人员买卖本公司股票的行为，正确的有（　　　）。

A. 上市公司监事在首次公开发行股票上市之日起第7个月至第12个月申报离职的，自申报离职之日起12个月内不得转让其直接持有的本公司股份

B. 上市公司高级管理人员在首次公开发行股票上市之日起6个月内申报离职的，自申报离职之日起18个月内不得转让其直接维持有的本公司股份

C. 上市公司监事在首次公开发行股票上市之日起第7个月至第12个月申报离职的，离职人员股票锁定期间内增持本公司的股份也将予以锁定

D. 上市公司董事、监事和高级管理人员在规定之外追加延长锁定期的承诺公告中，应包括上市公司董事会对承诺执行情况的跟踪

E. 保荐代表人应当对上市公司董事、监事和高级管理人员所持股份上市流通承诺是否严格履行发表意见

答案：ABDE

解析：C，第7个月至第12个月申报离职的，自申报离职之日起12个月内不得转让其直接持有的本公司股份。根据规定，自离职人员的离职信息申报之日起6个月内，离职人员增持本公司股份也将予以锁定。因此，前6个月增持的应当予以锁定，但后6个月内增持的，不予锁定。

（二）短线交易的规定

《证券法》规定，上市公司董、监、高、持有上市公司股份5%以上的股东，将其持有的该公司的股票在买入后6个月内卖出，或者在卖出后6个月内又买入，由此所得收益归该公司所有，公司董事会应当收回其所得收益。公司董事会不按照规定执行的，股东有权要求董事会在30日内执行。公司董事会未在30内执行的，股东有权为了公司的利益以自己的名义直接向人民法院提起诉讼。

【注1】证券公司因包销购入售后剩余股票而持有5%以上股份的，卖出该股票不受6个月时间限制。

【注2】中国证监会2015年7月8日证监发〔2015〕51号《关于上市公司大股东及董事、监事、高级管理人员增持本公司股票相关事项的通知》规定，在6个月内减持过本公司股票的上市公司大股东及董事、监事、高级管理人员，通过证券公司、基金管理公司定向资产管理等方式购买本公司股票的，不属于《证券法》关于短线交易的禁止情形。通过上述方式购买的本公司股票6个月内不得减持。

【真题回顾（1306）】上市公司董监高6个月内买进股票又卖出，以下说法正确的有（　　　）。

A. 董事会应当收回所得收益，董事会不执行的，股东有权要求董事会在30日内执行

B. 董事会未在 30 日内执行的，股东有权为了公司的利益以自己的名义直接向人民法院提起诉讼

C. 董事会不执行或未在 30 日内执行的，负有责任的董事依法应当承担连带责任

D. 董事会应当收回所得收益，董事会不执行的，股东应申请监事会执行，不可直接向人民法院提起诉讼

答案：ABC

（三）买卖本公司股票的时间窗口

《上市公司董事、监事和高级管理人员所持本公司股份及其变动管理规则》（2007 年 4 月 5 日，证监公司字〔2007〕56 号）规定，上市公司董事、监事和高级管理人员在下列期间不得买卖本公司股票：

1. 上市公司定期报告公告前 30 日内。

2. 上市公司业绩预告、业绩快报公告前 10 日内。

3. 自可能对本公司股票交易价格产生重大影响的重大事项发生之日或在决策过程中，至依法披露后 2 个交易日内。

4. 证券交易所规定的其他期间。

【注1】深交所主板、中小板、创业板规范运作指引均把买卖本公司股票时间窗口的限定对象扩大为"上市公司董事、监事和高级管理人员、证券事务代表及他们的配偶"，而且均对上述"1. 上市公司定期报告公告前 30 日内"进行了细化，规定为"公司定期报告公告前 30 日内，因特殊原因推迟年度报告、半年度报告公告日期的，自原预约公告日前 30 日起算，至公告前 1 日"。例如，某创业板上市公司拟于 2017 年 3 月 31 日披露 2016 年年度报告，后因特殊原因推迟至 4 月 21 日披露，则窗口期为 3 月 1 日至 4 月 20 日。

【注2】例如，某深交所主板上市公司于 2017 年 6 月 1 日开始筹划一项大额销售订单与采购单位进行洽谈，6 月 21 日正式签订销售合同，并于 6 月 22 日就签订重大销售合同进行了披露，则窗口期为 6 月 1 日至 6 月 24 日。

【模拟练习】深交所某上市公司原拟于 2017 年 4 月 11 日披露 2016 年年度报告，后因推迟到 2017 年 4 月 29 日披露，下列做法符合相关规定的有（　　　）。

A. 董事王某于 2017 年 3 月 15 日减持了公司股份 1 万股

B. 实际控制人张某的配偶于 2017 年 4 月 5 日减持了公司股份 5 万股

C. 监事赵某于 2017 年 4 月 29 日减持了公司股份 5 万股

D. 财务总监李某于 2017 年 5 月 3 日增持了公司股份 2 万股

E. 控股股东刘某于 2017 年 4 月 1 日增持了公司股份 5 万股

答案：CD

解析：因特殊原因推迟年度报告、半年度报告公告日期的，自原预约公告日前 30 日起算，至公告前 1 日为时间窗口。本题时间窗口为 2017 年 3 月 12 日至 4 月 28 日。控股股东、实际控制人，其配偶、未成年子女，也属禁止对象。

（四）董、监、高以外其他主体所持股票的相关限售规定

1. 发起人

《公司法》及《章程指引》均规定，发起人持有的本公司股份，自公司成立之日起 1 年内不得转让。公司公开发行股份前已发行的股份，自公司股票在证券交易所上市交易之日起 1 年内不得转让。

2. 控股股东、实际控制人

各板块股票上市规则均规定，控股股东和实际控制人应当承诺：36 个月内不转让或委托他人管理其直接和间接持有的发行人首次公开发行股票前已发行股份，也不由发行人回购该部分股份。

3. 员工持股计划

每期员工持股计划的持股期限不得低于 12 个月，以非公开发行方式实施员工持股计划的，持股期限不得低于 36 个月，自上市公司公告标的股票过户至本期持股计划名下时起算。

4. 战略投资者

（1）《证券发行与承销管理办法》规定，战略投资者不参与网下询价，且应当承诺获得本次配售的股票持有期限不少于 12 个月，持有期自本次公开发行的股票上市之日起计算。

（2）《外国投资者对上市公司战略投资管理办法》规定，投资者进行战略投资取得的上市公司 A 股股份 3 年内不得转让。

【注】非公开发行的境内外战略投资者锁定期均为 36 个月（自发行结束之日起）。

5. 上市公司收购人

（1）在上市公司收购中，收购人持有的被收购的上市公司的股票，在收购行为完成后的 12 个月内不得转让。

（2）收购人在被收购公司中拥有权益的股份在同一实际控制人控制的不同主体之间进行转让不受前述 12 个月的限制，但应当遵守豁免的有关规定。

6. 上市公司重大资产重组特定对象

（1）不构成借壳上市的

①特定对象以资产认购而取得的上市公司股份，自股份发行结束之日起 12 个月内不得转让。

②属于下列情形之一的，36 个月内不得转让：a. 特定对象为上市公司控股股东、实际控制人或者其控制的关联人；b. 特定对象通过认购本次发行的股份取得上市公司的实际控制权；c. 特定对象取得本次发行的股份时，对其用于认购股份的资产持续拥有权益的时间不足 12 个月。

（2）构成借壳上市的锁定期

①上市公司原控股股东、原实际控制人及其控制的关联人，以及在交易过程中从该等主体直接或间接受让该上市公司股份的特定对象应当公开承诺，在本次交易完成后 36 个月内不转让其在该上市公司中拥有权益的股份。

②除收购人及其关联人以外的特定对象应当公开承诺，其以资产认购而取得的上市公司股份自股份发行结束之日起 24 个月内不得转让。

7. 非公开发行对象

本次发行的股份自发行结束之日起，12 个月内不得转让，发行对象属于下列情形之一的，认购的股份自发行结束之日起 36 个月内不得转让：

（1）上市公司的控股股东、实际控制人或其控制的关联人。

（2）通过认购本次发行的股份取得上市公司实际控制权的投资者。

（3）董事会拟引入的境内外战略投资者。

8. 配股、公开增发、可转债

（1）关于配股，深交所主板、中小板、创业板上市公司规范运作指引均规定，持有限售股份的股东在上市公司配股时通过行使配股权所认购的股份，限售期限与原持有的限售股份的限售期限相同。

（2）公开增发与发行可转换公司债券无限售期规定。

七、投资者关系管理的自愿信息披露及相关投资者关系活动

说明：本部分内容历次考试均未涉及，因此，仅作了解即可。

（一）投资者关系工作的概念与原则

1. 概念

投资者关系工作是指公司通过信息披露与交流，加强与投资者及潜在投资者之间的沟通，增进投资者对公司的了解和认同，提升公司治理水平，以实现公司整体利益最大化和保护投资者合法权益的重要工作。

2. 投资者关系工作的基本原则

（1）充分披露信息原则。除强制的信息披露以外，公司可主动披露投资者关心的其他相关信息。

（2）合规披露信息原则。公司应遵守国家法律、法规及证券监管部门、证券交易所对上市公司信息披露的规定，保证信息披露真实、准确、完整、及时。在开展投资者关系工作时应注意尚未公布信息及其他内部信息的保密，一旦出现泄密的情形，公司应当按有关规定及时予以披露。

（3）投资者机会均等原则。公司应公平对待公司的所有股东及潜在投资者，避免进行选择性信息披露。

（4）诚实守信原则。公司的投资者关系工作应客观、真实和准确，避免过度宣传和误导。

（5）高效低耗原则。选择投资者关系工作方式时，公司应充分考虑提高沟通效率，降低沟通成本。

（6）互动沟通原则。公司应主动听取投资者的意见、建议，实现公司与投资者之间的双向沟通，形成良性互动。

（二）投资者关系工作的内容和方式

1. 投资者关系工作中公司与投资者沟通的内容

（1）公司的发展战略，包括公司的发展方向、发展规划、竞争战略和经营方针等。

（2）法定信息披露及其说明，包括定期报告和临时公告等。

（3）公司依法可以披露的经营管理信息，包括生产经营状况、财务状况、新产品或新技术的研究开发、经营业绩、股利分配等。

（4）公司依法可以披露的重大事项，包括公司的重大投资及其变化、资产重组、收购兼并、对外合作、对外担保、重大合同、关联交易、重大诉讼或仲裁、管理层变动以及大股东变化等信息。

（5）企业文化建设。

（6）公司的其他相关信息。

2. 其他规定

（1）根据规定应进行披露的信息必须于第一时间在公司信息披露指定报纸和指定网站公布。

（2）公司在其他公共传媒披露的信息不得先于指定报纸和指定网站，不得以新闻发布或答记者问等其他形式代替公司公告。

（3）公司应明确区分宣传广告与媒体的报道，不应以宣传广告材料以及有偿手段影响媒体的客观独立报道。公司应及时关注媒体的宣传报道，必要时可适当回应。

（4）公司应设立专门的投资者咨询电话和传真，咨询电话由熟悉情况的专人负责，保证在工作时间线路畅通、认真接听。咨询电话号码如有变更应尽快公布。公司可利用网络等现代通信工具定期或不定期开展有利于改善投资者关系的交流活动。

（5）公司可安排投资者、分析师等到公司现场参观、座谈沟通。公司应合理、妥善地安排参观过程，使参观人员了解公司业务和经营情况，同时注意避免参观者有机会得到未公开的重要信息。

（6）公司可在定期报告结束后，举行业绩说明会，或在认为必要时与投资者、基金经理、分析师就公司的经营情况、财务状况及其他事项进行一对一的沟通，介绍情况、回答有关问题并听取相关建议。

（7）公司不得在业绩说明会或一对一的沟通中发布尚未披露的公司重大信息。对于所提供的相关信息，公司应平等地提供给其他投资者。

（8）公司可将包括定期报告和临时报告在内的公司公告寄送给投资者或分析师等相关机构和人员。

（三）投资者关系工作的组织与实施

1. 公司应确定由董事会秘书负责投资者关系工作。

2. 公司可视情况指定或设立投资者关系工作专职部门，负责公司投资者关系工作事务。

3. 公司可结合本公司实际制定投资者关系工作制度和工作规范。

4. 公司应建立良好的内部协调机制和信息采集制度。负责投资者关系工作的部门或人员应及时归集各部门及下属公司的生产经营、财务、诉讼等信息，公司各部门及下属公司应积极配合。

5. 除非得到明确授权，公司高级管理人员和其他员工不得在投资者关系活动中代表公司发言。

6. 公司可聘请专业的投资者关系工作机构协助实施投资者关系工作。

八、上市公司募集资金管理的相关规定

关于上市公司募集资金管理，《上市公司监管指引第 2 号——上市公司募集资金管理和使用的监管要求》对所有上市公司的募集资金管理作出了统一规定，《上海证券交易所上市公司募集资金管理办法（2013 年修订）》及深交所三个板块的规范运作指引分别对上交所上市公司、深交所主板、中小板、创业板上市公司的募集资金管理作出具体规定。具体如下：

（一）《上市公司监管指引第 2 号——上市公司募集资金管理和使用的监管要求》的统一规定

事项	要求
1. 三方监管协议	（1）上市公司应当将募集资金存放于经董事会批准设立的专项账户集中管理和使用，专项账户不得存放非募集资金或用于其他用途
	（2）上市公司应当在募集资金到位后 1 个月内与保荐机构、存放募集资金的商业银行签订三方监管协议
2. 按说明书所列用途使用	（1）上市公司募集资金应当按照招股说明书或募集说明书所列用途使用
	（2）上市公司改变招股说明书或募集说明书所列资金用途的，必须经股东大会作出决议
3. 闲置募集资金现金管理	（1）暂时闲置的募集资金可进行现金管理，用于投资产品
	（2）使用闲置募集资金投资产品的，应当经上市公司董事会审议通过，独立董事、监事会、保荐机构发表明确同意意见（董事会＋保、独、监）
4. 暂时闲置募集资金暂时补流	（1）暂时闲置的募集资金可暂时用于补充流动资金
	（2）暂时补流，仅限于与主营业务相关的生产经营使用，不得通过直接或间接安排用于新股配售、申购，或用于股票及其衍生品种、可转换公司债券等的交易
	（3）暂时补流的，应当经上市公司董事会审议通过，独立董事、监事会、保荐机构发表明确同意意见并披露（董事会＋保、独、监）
	（4）单次补充流动资金最长不得超过 12 个月

续表

事项	要求
5. 超募资金使用	（1）超募资金是指上市公司实际募集资金净额超过计划募集资金金额的部分
	（2）超募资金可用于永久补充流动资金和归还银行借款，每 12 个月内累计金额不得超过超募资金总额的 30%
	（3）超募用于永久补流和归还银行借款的，应当经上市公司股东大会审议批准，独立董事、保荐机构应当发表明确同意意见并披露（股大 + 保、独）
6. 置换自筹资金	（1）上市公司以自筹资金预先投入募集资金投资项目的，可以在募集资金到账后 6 个月内，以募集资金置换自筹资金
	（2）置换事项应当经董事会审议通过，会计师事务所出具鉴证报告，并由独立董事、监事会、保荐机构发表明确同意意见并披露（董事会 + 会计师鉴证 + 保、独、监）
7. 监督管理	（1）董事会应当每半年度全面核查募集资金投资项目的进展情况，出具《公司募集资金存放与实际使用情况的专项报告》并披露
	（2）年度审计时，上市公司应聘请会计师事务所对募集资金存放与使用情况出具鉴证报告
	（3）经 1/2 以上独立董事同意，独立董事可以聘请会计师事务所对募集资金存放与使用情况出具鉴证报告，上市公司应当积极配合，并承担必要的费用
	（4）保荐机构应当至少每半年度对上市公司募集资金的存放与使用情况进行一次现场核查。每个会计年度结束后，保荐机构应当对上市公司年度募集资金存放与使用情况出具专项核查报告并披露

（二）交易所不同板块的具体规定

说明：以下内容以深交所主板上市公司规范运作指引的规定为准进行讲解，对于中小板、创业板、上交所有不同规定的，进行特别说明。

1. 总体要求

（1）上市公司不得随意改变募集资金的投向，应在年度审计的同时聘请会计师事务所对募集资金存放与使用情况进行鉴证。

（2）上市公司董事会应当负责建立健全公司募集资金管理制度，并确保该制度的有效实施。募集资金投资项目通过上市公司的子公司或者公司控制的其他企业实施的，公司应当确保该子公司或者受控制的其他企业遵守其募集资金管理制度。

2. 募集资金专户存储

（1）募集资金专户管理

上市公司募集资金应当存放于董事会决定的专户集中管理，专户不得存放非募集资金或者用于其他用途。

公司存在两次以上融资的，应当独立设置募集资金专户。

超募资金也应当存放于募集资金专户管理。

【注1】2015 年 1 月新修订的指引取消了原指引关于"公司募集资金存储账户个数应当与募集资金投资项目相同"的限制。

【注2】 超募资金是指实际募集资金净额超过计划募集资金金额。

（2）三方监管协议

上市公司应当在募集资金到位后 1 个月内与保荐机构、商业银行签订三方监管协议。

协议至少应当包括但不限于：公司 1 次或者 12 个月内累计从该专户中支取的金额超过 5 000 万元人民币或者募集资金净额的 10% 的，公司及商业银行应当及时通知保荐机构。

【注1】 此为公司及商业银行的通知义务，中小板、创业板及上交所均有不同的规定，具体见下表。

事项	上交所	深交所主板	中小板	创业板
三方监管协议签订	募集资金到位后 1 个月内			
通知义务	>5 000 万元∧≥募资净额的 20%	>5 000 万元∨≥募资净额的 10%	>1 000 万元∨≥募资净额的 5%	>1 000 万元∨≥募资净额的 10%

说明："∧"表示"且"，"∨"表示"或"。

【注2】 公司通过控股子公司实施募投项目的，应当由上市公司、实施募投项目的控股子公司、商业银行和保荐机构共同签署三方监管协议，公司及其控股子公司应当视为共同一方。

【注3】 深交所主板、中小板、创业板均规定，协议在有效期届满前提前终止的，公司应当自协议终止之日起 1 个月内与相关当事人签订新的协议，并及时报交易所备案后公告。上交所规定为"上市公司应当自协议终止之日起两周内与相关当事人签订新的协议"。

3. 募集资金使用

（1）一般规定

除金融类企业外，募集资金投资项目不得为持有交易性金融资产和可供出售金融资产、借予他人、委托理财等财务性投资，不得直接或者间接投资于以买卖有价证券为主要业务的公司。

上市公司不得将募集资金用于质押、委托贷款或者其他变相改变募集资金用途的投资。

（2）半年全面核查与调整募投计划

上市公司董事会应当每半年全面核查募集资金投资项目的进展情况。

募集资金投资项目年度实际使用募集资金与最近一次披露的募集资金投资计划当年预计使用金额差异超过 30% 的，公司应当调整募集资金投资计划。

（3）重新论证募投项目

募集资金投资项目出现下列情形之一的，上市公司应当对该项目的可行性、预计收益等重新进行论证，决定是否继续实施该项目：

①募集资金投资项目涉及的市场环境发生重大变化的。

②募集资金投资项目搁置时间超过 1 年的。

③超过最近一次募集资金投资计划的完成期限且募集资金投入金额未达到相关计划金额 50% 的。

④募集资金投资项目出现其他异常情形的。

（4）募集资金置换自筹资金（董事会＋会计师鉴证＋保、独、监）

上市公司以募集资金置换预先已投入募集资金投资项目的自筹资金的，应当经公司董事会审议通过、会计师事务所出具鉴证报告及独立董事、监事会、保荐机构发表明确同意意见并履行信息披露义务后方可实施。

（5）闲置募集资金暂时补流（董事会＋保、独、监）

上市公司闲置募集资金暂时用于补充流动资金的，应当符合下列条件：

①经董事会审议通过，独立董事、监事会、保荐机构发表明确同意意见并披露。

②单次补充流动资金时间不得超过 12 个月。

③已归还前次用于暂时补充流动资金的募集资金（如适用）。

④闲置募集资金用于补充流动资金时，仅限于与主营业务相关的生产经营使用，不得直接或者间接安排用于新股配售、申购或者用于股票及其衍生品种、可转债等的交易。

⑤不使用闲置募集资金进行高风险投资。

⑥不得变相改变募集资金用途或者影响募集资金投资计划的正常进行。

【注 1】 中小板第"⑤"点的规定为："过去 12 个月内未进行风险投资，并承诺在使用闲置募集资金暂时补充流动资金期间不进行风险投资、不对控股子公司以外的对象提供财务资助。"（"风险投资"包括股票及其衍生品投资、基金投资、期货投资、以非房地产为主营业务的上市公司从事房地产投资、以上述投资为标的的证券投资产品以及交易所认定的其他投资行为）

【注 2】 创业板、上交所未作出上述第"⑤"点规定。

（6）闲置募集资金现金管理（董事会 + 保、独、监）

上市公司可以对暂时闲置的募集资金进行现金管理，上市公司使用闲置募集资金投资产品的，应当经公司董事会审议通过，独立董事、监事会、保荐机构发表明确同意意见。

【注 1】 这也是本次指引修订内容之一，原规定暂时闲置的募集资金仅可用于补流，其他方式使用需按照募集资金用途变更处理。

【注 2】 中小板特别规定，上市公司使用暂时闲置的募集资金进行现金管理的，投资产品的期限不得超过 12 个月，公司原则上应当仅对发行主体为商业银行的投资产品进行投资。

4. 募集资金用途变更

事项	深交所（主板、中小板、创业板）	上交所
募集资金用途变更的认定	（1）取消原募集资金项目，实施新项目	未正向列举。规定，仅变更募投项目实施地点的，不视为募投变更
	（2）变更募集资金投资项目实施主体（实施主体由上市公司变为全资子公司或者全资子公司变为上市公司的除外）	
	（3）变更募集资金投资项目实施方式	
	（4）本所认定为募集资金用途变更的其他情形	
程序	（1）构成募投变更的程序：董事会 + 股大 + 保、独、监	
	（2）仅变更实施地点的程序：董事会 + 保（荐机构意见）	

5. 节余募集资金的使用

事项	具体情形	处理程序
单个募集资金投资项目完成后，将该项目节余募集资金（包括利息收入）	用于其他募集资金投资项目	董事会 + 保（荐机构意见）[注1]
		节余募资 < 100 万元或 < 该项目承诺投资的 1%，使用情况在年度报告中披露即可[注2]
	用于非募集资金投资项目（包括补流）	董事会 + 股大 + 保、独、监（视同构成募投变更）

续表

事项	具体情形	处理程序
全部募集资金投资项目完成后，节余募集资金（包括利息收入）	低于募集资金净额10%的	董事会＋保（荐机构意见）[注3]
		低于500万元，或低于募集资金净额1%的，使用情况在年度报告中披露即可[注4]
	占募集资金净额10%以上的	董事会＋股大＋保、独、监

注：①上述表为深交所主板、中小板的规定，上交所、创业板规定略有不同。

a. 上表"注1"中，上交所规定，应当经董事会审议通过，且经独立董事、保荐机构、监事会发表明确同意意见后方可使用。

b. 上表"注2"中，上交所规定，节余募集资金（包括利息收入）低于100万元或者低于该项目募集资金承诺投资额5%的，使用情况在年度报告中披露即可。

c. 上表"注3"中，上交所规定，应当经董事会审议通过，且经独立董事、保荐机构、监事会发表明确同意意见后方可使用。

d. 上表"注4"中，上交所规定，节余募集资金（包括利息收入）低于500万元或者低于募集资金净额5%的，使用情况在最近一期定期报告中披露即可。

除上述特殊标注不同之外，关于节余募集资金的使用的其他规定上交所与深交所相同。

②创业板关于节余募集资金的使用的规定如下：a. 单个或者全部募集资金投资项目完成后，上市公司将少量节余资金（包括利息收入）用于其他用途应当经董事会审议通过、保荐机构发表明确同意的意见后方可使用。b. 节余募集资金（包括利息收入）低于100万元人民币或者低于单个项目或者全部项目募集资金承诺投资额1%的，可以豁免履行前款程序，其使用情况应当在年度报告中披露。c. 公司节余募集资金（包括利息收入）超过单个或者全部募集资金投资项目计划资金的30%或者以上，需提交股东大会审议通过。

6. 超募资金使用

深交所主板上市公司规范运作指引未对超募资金使用作出专门规定，遵照《上市公司监管指引第2号》的统一规定。

中小板上市公司规范运作指引规定，上市公司使用超募资金偿还银行贷款或者永久补充流动资金的，应符合下列条件：

（1）应当经股东大会审议通过，独立董事、保荐机构应当发表明确同意意见并披露。（股大＋保、独）

（2）公司应当按照实际需求偿还银行贷款或者补充流动资金，每12个月内累计金额不得超过超募资金总额的30%。

（3）公司应当承诺偿还银行贷款或者补充流动资金后12个月内不进行风险投资及为控股子公司以外的对象提供财务资助并对外披露。

（4）公司最近12个月未进行风险投资，未为控股子公司以外的对象提供财务资助。

创业板上市公司规范运作指引规定，上市公司计划使用超募资金偿还银行贷款或者补充流动资金的，应符合下列条件：

（1）经董事会全体董事的2/3以上和全体独立董事同意，并经公司股东大会审议通过，保荐机构就本次超募资金使用计划是否符合前述条件进行核查并明确表示同意。（2/3董事会＋股大＋保、全独）

（2）超募资金用于永久补充流动资金和归还银行贷款的金额，每12个月内累计不得超过超募资金总额的30%。

（3）公司最近 12 个月内未将自有资金用于持有交易性金融资产和可供出售的金融资产、借予他人、委托理财（现金管理除外）等财务性投资或者从事证券投资、衍生品投资、创业投资等高风险投资。

（4）公司承诺偿还银行贷款或者补充流动资金后 12 个月内不进行高风险投资（包括财务性投资）以及为他人提供财务资助。

【注】超募资金用于暂时补充流动资金的，视同用闲置募集资金暂时补充流动资金。

《上海证券交易所上市公司募集资金管理办法》规定，超募资金用于永久补充流动资金或者归还银行贷款，每 12 个月内累计使用金额不得超过超募资金总额的 30%，且应当承诺在补充流动资金后的 12 个月内不进行高风险投资以及为他人提供财务资助。应当经上市公司董事会、股东大会审议通过，并为股东提供网络投票表决方式，独立董事、监事会、保荐机构发表明确同意意见。

综上所述，对于超募资金的使用，重点掌握超募资金用于永久补流和归还银行贷款的规定，注意以下几点：

项目	深交所主板	中小板	创业板	上交所
（1）程序	股大＋保、独	股大＋保、独	2/3 董事会＋股大＋保、全独	董事会＋股大＋保、独、监
（2）超募用于永久补流和还贷的金额，每 12 个月内累计不得超过超募资金总额的 30%				
（3）公司应当承诺偿还银行贷款或者补充流动资金后 12 个月内不进行风险投资等				

【真题回顾（2011）】中小板的上市公司以下关于募投项目变更的说法正确的有（　　）。

A. 变更募投项目由控股子公司实施，应经股东大会审议通过

B. 变更募投项目实施地点，经董事会通过，保荐机构发表意见

C. 取消原募集资金项目，实施新项目，董事会通过，无须经股东大会通过

D. 变更募集资金投资项目实施方式，董事会通过，无须经股东大会通过

答案：AB

解析：A，由控股子公司实施属于变更募集资金投资项目实施主体（注意，如果是由全资子公司实施则不属于），属于募集资金用途变更；B，仅变更实施地点的，不属于募集资金用途变更，董事会通过，保荐机构发表意见即可。

【真题回顾（2011）】关于募集资金，以下说法正确的有（　　）。

A. 创业板上市公司一次或 12 个月内累计从专户中支取的金额超过人民币 1 000 万元或募集资金净额的 10% 的，上市公司及商业银行应当及时通知保荐机构

B. 创业板上市公司有一个募投项目，该项目节余资金 50 万元，补充流动资金，需股东大会审议批准

C. 创业板上市公司超募资金为 3 亿元，12 个月内累计用超募资金归还银行贷款一亿元

D. 创业板上市公司拟使用超募资金归还银行贷款，但有一个独立董事不同意

答案：A

解析：A，关于通知义务的规定，上交所：>5 000 万元且≥募资净额的 20%；深交所主板：>5 000 万元或≥募资净额的 10%；中小板：>1 000 万元或≥募资净额的 5%；创业板：>1 000 万元或≥募资净额的 10%。B，创业板单个或全部募集资金投资项目完成后，使用节余募集资金，由董事会审议通过，保荐机构发表明确同意的意见后使用，节余募集资金（包括利息收入）低于 100 万元或低于单个项目或者全部项目募集资金承诺投资额 1% 的，可以豁免履行

前述程序，其使用情况应当在年度报告中披露。当公司节余募集资金（包括利息收入）超过单个或者全部募集资金投资项目计划资金的30%或者以上时，需提交股东大会审议通过。B，项目节余资金50万元，小于100万元，使用情况在年度报告中披露即可，无须董事会、股东大会审议。C，公司应当按照实际需求偿还银行贷款或者补充流动资金，每12个月内累计金额不得超过超募资金总额的30%。D，创业板规范运作指引规定，创业板上市公司计划使用超募资金偿还银行贷款或者补充流动资金的，经董事会全体董事的2/3以上和全体独立董事同意，并经公司股东大会审议通过，保荐机构就本次超募资金使用计划是否符合前述条件进行核查并明确表示同意。

【真题回顾（1311）】根据《上海证券交易所上市公司募集资金管理办法》，下列说法正确的有（　　）。

A. 上市公司应当在募集资金到账后一个月内与保荐机构、存放募集资金的商业银行签订募集资金专户存储三方监管协议

B. 单次补充流动资金时间不得超过12个月

C. 上市公司实际募集资金净额超过计划募集资金金额的部分，可用于永久补充流动资金或者归还银行贷款，但每12个月内累计使用金额不得超过超募资金总额的20%

D. 三方协议在有效期届满前因保荐机构或商业银行变更等原因提前终止的，上市公司应当自协议终止之日起一个月内与相关当事人签订新的协议

E. 单个募投项目完成后，上市公司将该项目节余募集资金（包括利息收入）用于其他募投项目的，应当经股东大会审议通过

F. 上市公司单个募投项目节余募集资金（包括利息收入）用于非募投项目（包括补充流动资金）的，属于募投项目变更，需要股东大会审议通过

答案：ABF

解析：C，每12个月内累计使用金额不得超过超募资金总额的30%；D，应该是"自协议终止之日起两周内与相关当事人签订新的协议"；E，用于其他募投项目的，应当经董事会审议通过，且经独立董事、保荐机构、监事会发表明确同意意见后方可使用。节余募集资金（包括利息收入）低于100万元或者低于该项目募集资金承诺投资额5%的，免于前述程序，使用情况在年度报告中披露即可。

【真题回顾（1511）】以下关于上市公司募集资金的管理和使用需要经股东大会审议的有（　　）。

A. 闲置募集资金暂时补流

B. 超募资金用于永久补充流动资金和归还银行借款

C. 上市公司以自筹资金置换预先投入募集资金投资项目

D. 上市公司取消原募集资金项目，实施新项目

答案：BD

解析：A，闲置募集资金暂时补流，应当经上市公司董事会审议通过，独立董事、监事会、保荐机构发表明确同意意见并披露（董事会＋保、独、监），不需要股东大会审批。B，超募用于永久补流和归还银行借款的，应当经上市公司股东大会审议批准，独立董事、保荐机构应当发表明确同意意见并披露（股大＋保、独）。C，置换事项应当经董事会审议通过，会计师事务所出具鉴证报告，并由独立董事、监事会、保荐机构发表明确同意意见并披露（董事会＋会计师鉴证＋保、独、监），不需要股东大会审批。D，取消原募集资金项目，实施新项目属于募集

资金用途变更，应履行"董事会 + 股大 + 保、独、监"程序。

九、上市公司回购公司股票相关规定

（一）《公司法》第一百四十二条的规定

公司不得收购本公司股份。但是，有下列情形之一的除外：

1. 减少公司注册资本。

2. 与持有本公司股份的其他公司合并。

3. 将股份奖励给本公司职工。

4. 股东因对股东大会作出的公司合并、分立决议持异议，要求公司收购其股份的。

【注1】 公司因 1 ~ 3 项的原因收购本公司股份的，应当经股东大会决议。

【注2】 属于第 1 项情形的，应当自收购之日起 10 日内注销；属于第 2 项、第 4 项情形的，应当在 6 个月内转让或者注销；属于第 3 项情形的，收购的本公司股份，不得超过本公司已发行股份总额的 5%，用于收购的资金应当从公司的税后利润中支出，所收购的股份应当在一年内转让给职工。

【真题回顾（1511）】 下列关于股份公司回购股票，说法正确的有（　　　）。

A. 因减少公司注册资本而发生的股票回购，应当自收购之日起 30 日内注销

B. 公司使用税前利润资金回购本公司 1% 股份奖励职工，并在 6 个月内转让给员工

C. 因与持有本公司股份的其他公司合并而回购股票，并在 6 个月内转让

D. 回购对股东大会作出的分立决议持异议的股东股票，并在 6 个月内转让

答案：CD

（二）《上市公司回购社会公众股份管理办法》、《关于上市公司以集中竞价交易方式回购股份的补充规定》的规定

上市公司回购社会公众股份是指上市公司为减少注册资本而购买本公司社会公众股份并予以注销的行为。

【注】 这两个法规规范的是因为减少注册资本而购买本公司股份的行为，不包括《公司法》第一百四十二条规定的另外三种情形。

1. 回购条件

上市公司回购股份应当符合以下条件：

（1）公司股票上市已满一年。

（2）公司最近一年无重大违法行为。

（3）回购股份后，上市公司具备持续经营能力。

（4）回购股份后，上市公司的股权分布原则上应当符合上市条件；公司拟通过回购股份终止其股票上市交易的，应当符合相关规定并取得证券交易所的批准。

2. 回购方式与回购价格

（1）上市公司回购股份可以采取证券交易所集中竞价交易方式、要约方式回购股份。

（2）上市公司采取证券交易所集中竞价交易方式的，回购股份的价格不得为公司股票当日交易涨幅限制的价格。

（3）上市公司以要约方式回购股份的，要约价格不得低于回购报告书公告前 30 个交易日该种股票每日加权平均价的算术平均值。要约的期限不得少于 30 日，并不得超过 60 日。

3. 集中竞价交易方式下的回购委托与回购时间限制

（1）上市公司采取证券交易所集中竞价交易方式的，不得在以下交易时间进行股份回购的

委托：

①开盘集合竞价。

②收盘前半小时内。

③股票价格无涨跌幅限制。

（2）上市公司采取证券交易所集中竞价交易方式的，在下列期间不得回购股份：

①上市公司定期报告或业绩快报公告前10个交易日内。

②自可能对公司股票交易价格产生重大影响的重大事项发生之日或在决策过程中，至披露后2个交易日内。

4. 集中竞价交易方式下回购，应当履行报告、公告义务的情形

上市公司采取证券交易所集中竞价交易方式的，应当在下列情形履行报告、公告义务：

（1）上市公司应当在首次回购股份事实发生的次日予以公告。

（2）上市公司回购股份占上市公司总股本的比例每增加1%的，应当自该事实发生之日起3日内予以公告。

（3）上市公司在回购期间应当在定期报告中公告回购进展情况，包括已回购股份的数量和比例、购买的最高价和最低价、支付的总金额。

（4）回购期届满或者回购方案已实施完毕的，上市公司应当停止回购行为，并在3日内公告回购股份情况以及公司股份变动报告，包括已回购股份总额、购买的最高价和最低价以及支付的总金额等内容。

5. 回购程序

（1）上市公司回购股份，应当向中国证监会报送备案材料。

（2）上市公司董事会应当在作出回购股份决议后的两个工作日内公告董事会决议、回购股份预案，并发布召开股东大会的通知。

（3）独立财务顾问应当就上市公司回购股份事宜进行尽职调查，出具独立财务顾问报告，并在股东大会召开5日前在中国证监会指定报刊公告。

（4）上市公司以集中竞价交易方式回购股份的，应当由董事会依法作出决议，并提交股东大会批准。上市公司独立董事应当在充分了解相关信息的基础上，就回购股份事宜发表独立意见。

（5）上市公司股东大会应当对股份回购事项逐项进行表决，上市公司股东大会对回购股份作出决议，须经出席会议的股东所持表决权的2/3以上通过。

（6）上市公司作出回购股份决议后，应当依法通知债权人。

6. 其他规定

（1）上市公司回购股份期间不得发行股份募集资金。

（2）因上市公司回购股份，导致股东持有、控制的股份超过该公司已发行股份的30%的，该等股东无须履行要约收购义务。

【真题回顾（1509）】根据《关于上市公司以集中竞价交易方式回购股份的补充规定》，以下说法正确的是（　　）。

A. 上市公司回购股份占上市公司总股本的比例每增加1%的，应当自该事实发生之日起3日内公告

B. 股东大会对回购股份作出决议，经股东大会以普通决议审议通过

C. 上市公司可以在除开盘集合竞价时间外的其他任何交易时间实行股份回购委托

D. 上市公司回购股份期间可以发行股份募集资金

E. 上市公司独立董事应当在充分了解相关信息的基础上，就回购股份事宜发表独立意见

答案：AE

解析：B，上市公司股东大会对回购股份作出决议，必须经出席会议的股东所持表决权的2/3以上通过。

第三节　信守承诺

【大纲要求】

内容		程度
1. 承诺事项	（1）现行规则对上市公司及相关当事人承诺及承诺履行的相关要求	掌握
	（2）《上市公司监管指引第4号》的规定	—
	（3）对上市公司及相关当事人信守承诺进行持续督导的基本要求、督导措施	掌握
2. 上市公司现金分红的相关要求		掌握

【内容精讲】

一、承诺事项

（一）现行规则对上市公司及相关当事人承诺及承诺履行的相关要求

1. 首次公开发行股票并上市中的相关承诺

（1）主板招股说明书扉页应载承诺事项

招股说明书扉页应载有如下声明及承诺：

①发行人及全体董事、监事、高级管理人员承诺招股说明书及其摘要不存在虚假记载、误导性陈述或重大遗漏，并对其真实性、准确性、完整性承担个别和连带的法律责任。

②公司负责人和主管会计工作的负责人、会计机构负责人保证招股说明书及其摘要中财务会计资料真实、完整。

③保荐人承诺因其为发行人首次公开发行股票制作、出具的文件有虚假记载、误导性陈述或者重大遗漏，给投资者造成损失的，将先行赔偿投资者损失。

【注1】招股说明书摘要应在显要位置载有同招股说明书扉页应载有的完全相同的声明及承诺。

【注2】③中须注意，保荐人即保荐机构承担将先行赔偿责任，非连带赔偿责任。注意，只有首发时才有现行赔偿责任，且仅有保荐机构承担此责任，其他机构不需承担。

（2）创业板招股说明书扉页应载承诺事项

招股说明书扉页应载有如下声明及承诺：

①发行人及全体董事、监事、高级管理人员承诺招股说明书不存在虚假记载、误导性陈述或重大遗漏，并对其真实性、准确性、完整性、及时性承担个别和连带的法律责任。

②发行人及全体董事、监事、高级管理人员、发行人的控股股东、实际控制人以及保荐人、承销的证券公司承诺因发行人招股说明书及其他信息披露资料有虚假记载、误导性陈述或者重

大遗漏，致使投资者在证券发行和交易中遭受损失的，将依法赔偿投资者损失。

③保荐人承诺因其为发行人首次公开发行股票制作、出具的文件有虚假记载、误导性陈述或者重大遗漏，给投资者造成损失的，将先行赔偿投资者损失。

④证券服务机构承诺因其为发行人本次公开发行制作、出具的文件有虚假记载、误导性陈述或者重大遗漏，给他人造成损失的，将依法赔偿投资者损失。

⑤公司负责人和主管会计工作的负责人、会计机构负责人保证招股说明书中财务会计资料真实、完整。

（3）创业板招股说明书特有承诺事项

发行人应当在招股说明书中披露相关责任主体以及保荐人、证券服务机构及相关人员作出的承诺事项、承诺履行情况以及对未能履行承诺采取的约束措施，包括但不限于：

①本次发行前股东所持股份的限售安排、自愿锁定股份、延长锁定期限或者相关股东减持意向的承诺。

②稳定股价预案。

③依法承担赔偿或者补偿责任的承诺。

④填补被摊薄即期回报的措施及承诺。

⑤利润分配政策（包括现金分红政策）的安排及承诺。

2. 公开募集及上市文件中的承诺

（1）发行人控股股东、持有发行人股份的董事和高级管理人员应在公开募集及上市文件中公开承诺：所持股票在锁定期满后两年内减持的，其减持价格不低于发行价；公司上市后6个月内如公司股票连续20个交易日的收盘价均低于发行价，或者上市后6个月期末收盘价低于发行价，持有公司股票的锁定期限自动延长至少6个月。

（2）发行人及其控股股东应在公开募集及上市文件中公开承诺，发行人招股说明书有虚假记载、误导性陈述或者重大遗漏，对判断发行人是否符合法律规定的发行条件构成重大、实质影响的，将依法回购首次公开发行的全部新股，且发行人控股股东将购回已转让的原限售股份。发行人及其控股股东、实际控制人、董事、监事、高级管理人员等相关责任主体应在公开募集及上市文件中公开承诺：发行人招股说明书有虚假记载、误导性陈述或者重大遗漏，致使投资者在证券交易中遭受损失的，将依法赔偿投资者损失。

【注】一般情况下为首发。

3. 上市公司并购重组中的承诺事项

（1）财务顾问对其出具财务顾问意见作出的承诺

财务顾问应当在充分尽职调查和内部核查的基础上，按照中国证监会的相关规定，对并购重组事项出具财务顾问专业意见，并作出以下承诺：

①已按照规定履行尽职调查义务，有充分理由确信所发表的专业意见与委托人披露的文件内容不存在实质性差异。

②已对委托人披露的文件进行核查，确信披露文件的内容与格式符合要求。

③有充分理由确信委托人委托财务顾问出具意见的并购重组方案符合法律、法规和中国证监会及证券交易所的相关规定，所披露的信息真实、准确、完整，不存在虚假记载、误导性陈述或者重大遗漏。

④有关本次并购重组事项的财务顾问专业意见已提交内部核查机构审查，并同意出具此专业意见。

⑤在与委托人接触后到担任财务顾问期间，已采取严格的保密措施，严格执行风险控制和内部隔离制度，不存在内幕交易、操纵市场和证券欺诈问题。

（2）上市公司重大资产重组中的承诺事项

①构成借壳上市的，上市公司原控股股东、原实际控制人及其控制的关联人，以及在交易过程中从该等主体直接或间接受让该上市公司股份的特定对象应当公开承诺，在本次交易完成后36个月内不转让其在该上市公司中拥有权益的股份；除收购人及其关联人以外的特定对象应当公开承诺，其以资产认购而取得的上市公司股份自股份发行结束之日起24个月内不得转让。

②上市公司向控股股东、实际控制人或者其控制的关联人发行股份购买资产，或者发行股份购买资产将导致上市公司实际控制权发生变更的，认购股份的特定对象应当在发行股份购买资产报告书中公开承诺：本次交易完成后6个月内如上市公司股票连续20个交易日的收盘价低于发行价，或者交易完成后6个月期末收盘价低于发行价的，其持有公司股票的锁定期自动延长至少6个月。

③上述②中特定对象还应当在发行股份购买资产报告书中公开承诺：如本次交易因涉嫌所提供或披露的信息存在虚假记载、误导性陈述或者重大遗漏，被司法机关立案侦查或者被中国证监会立案调查的，在案件调查结论明确以前，不转让其在该上市公司拥有权益的股份。

4. 上市规则及规范运作中的承诺事项

（1）上市公司董事、监事和高级管理人员承诺事项

上市公司董事、监事和高级管理人员应当履行以下职责并在《董事（监事、高级管理人员）声明及承诺书》中作出承诺：

①遵守并促使上市公司遵守国家法律、行政法规、部门规章、规范性文件，履行忠实义务和勤勉义务。

②遵守并促使上市公司遵守本规则和交易所其他相关规定，接受交易所监管。

③遵守并促使上市公司遵守公司章程。

④交易所认为应当履行的其他职责和应当作出的其他承诺。

监事还应当承诺监督董事和高级管理人员遵守其承诺。

高级管理人员还应当承诺及时向董事会报告有关公司经营或者财务方面出现的可能对公司股票及其衍生品种交易价格产生较大影响的事项。

（2）控股股东、实际控制人一般承诺事项

控股股东、实际控制人应当履行下列职责并在《控股股东、实际控制人声明及承诺书》中作出承诺：

①遵守并促使上市公司遵守法律、行政法规、部门规章、规范性文件。

②遵守并促使公司遵守交易所《股票上市规则》、本指引、交易所其他相关规定，接受交易所监管。

③遵守并促使公司遵守公司章程。

④依法行使股东权利，不滥用控制权损害公司或者其他股东的利益。

⑤严格履行作出的公开声明和各项承诺，不擅自变更或者解除。

⑥严格按照有关规定履行信息披露义务。

⑦交易所认为应当履行的其他职责和应当作出的其他承诺。

控股股东、实际控制人应当明确承诺如存在控股股东、实际控制人及其关联人占用公司资金、要求公司违法违规提供担保的，在占用资金全部归还、违规担保全部解除前不转让所持有、

控制的公司股份，并授权公司董事会办理股份锁定手续。

（3）控股股东和实际控制人锁定承诺事项

公司控股股东和实际控制人应当承诺：自公司股票重新上市之日起 36 个月内，不转让或者委托他人管理其直接或者间接持有的公司股份，也不由公司回购其直接或者间接持有的公司股份。公司董事、监事及高级管理人员应当承诺：自公司股票重新上市之日起 12 个月内，不转让或者委托他人管理其直接或者间接持有的公司股份，也不由公司回购其直接或者间接持有的公司股份。

（4）退市后重新上市的承诺

公司控股股东和实际控制人应当承诺：自公司股票重新上市之日起 36 个月内，不转让或者委托他人管理其直接或者间接持有的公司股份，也不由公司回购其直接或者间接持有的公司股份。公司董事、监事及高级管理人员应当承诺：自公司股票重新上市之日起 12 个月内，不转让或者委托他人管理其直接或者间接持有的公司股份，也不由公司回购其直接或者间接持有的公司股份。

【说明】考试往往喜欢考关于锁定期的承诺，因此，对于我们以上列举的有关锁定期的承诺须特别留意，另外，对于上述未列举的，根据我们之前所学的相关内容，比如"董事、监事、高级管理人员所持有的公司股份自股票上市交易之日起 1 年内不得转让"，若题目中出到"董事、监事、高级管理人员承诺其所持有的公司股份自股票上市交易之日起 1 年内不得转让"则是正确的，因为除了法定承诺事项外，还有自愿承诺，自愿承诺不得与法规相关规定相冲突，但可严于法规的最低要求，比如上述若题目中出到"董事、监事、高级管理人员承诺其所持有的公司股份自股票上市交易之日起 2 年内不得转让"也是正确的。

（二）《上市公司监管指引第 4 号》的规定

2013 年 12 月，中国证监会发布并实施《上市公司监管指引第 4 号——上市公司实际控制人、股东、关联方、收购人以及上市公司承诺及履行》，就上市公司实际控制人、股东、关联方、收购人以及上市公司承诺及履行承诺行为规范如下：

1. 基本规定

上市公司实际控制人、股东、关联方、收购人以及上市公司在首次公开发行股票、再融资、股改、并购重组以及公司治理专项活动等过程中作出的解决同业竞争、资产注入、股权激励、解决产权瑕疵等各项承诺事项：

（1）必须有明确的履约时限，不得使用"尽快"、"时机成熟时"等模糊性词语，承诺履行涉及行业政策限制的，应当在政策允许的基础上明确履约时限。

（2）上市公司应对承诺事项的具体内容、履约方式及时间、履约能力分析、履约风险及对策、不能履约时的制约措施等方面进行充分的信息披露。

（3）承诺相关方在作出承诺前应分析论证承诺事项的可实现性并公开披露相关内容，不得承诺根据当时情况判断明显不可能实现的事项。

（4）承诺事项需要主管部门审批的，承诺相关方应明确披露需要取得的审批，并明确如无法取得审批的补救措施。

（5）因相关法律法规、政策变化、自然灾害等自身无法控制的客观原因导致承诺无法履行或无法按期履行的承诺相关方应及时披露相关信息。

（6）除因相关法律法规、政策变化、自然灾害等自身无法控制的客观原因外，承诺确已无法履行或者履行承诺不利于维护上市公司权益的：

①承诺相关方应充分披露原因，并向上市公司或其他投资者提出用新承诺替代原有承诺或者提出豁免履行承诺义务。

②上述变更方案应提交股东大会审议，上市公司应向股东提供网络投票方式，承诺相关方及关联方应回避表决。

③独立董事、监事会应就承诺相关方提出的变更方案是否合法合规、是否有利于保护上市公司或其他投资者的利益发表意见。

④变更方案未经股东大会审议通过且承诺到期的，视同超期未履行承诺。

（7）除因相关法律法规、政策变化、自然灾害等承诺相关方自身无法控制的客观原因外，超期未履行承诺或违反承诺的：

①中国证监会将相关情况记入诚信档案，并对承诺相关方采取监管谈话、责令公开说明、责令改正、出具警示函、将承诺相关方主要决策者认定为不适当担任上市公司董事、监事、高管人选等监管措施。

②在承诺履行完毕或替代方案经股东大会批准前，中国证监会将对承诺相关方提交的行政许可申请，以及其作为上市公司交易对手方的行政许可申请（如上市公司向其购买资产、募集资金等）审慎审核或作出不予许可的决定。

（8）有证据表明承诺相关方在作出承诺时已知承诺不可履行的：

①中国证监会将对承诺相关方依据《证券法》等有关规定予以处理。

②相关问题查实后，在对责任人作出处理及整改前，依据《证券法》、《上市公司收购管理办法》的有关规定，限制承诺相关方对其持有或者实际支配的股份行使表决权。

（9）承诺相关方所作出的承诺应由上市公司进行信息披露，上市公司如发现承诺相关方作出的承诺事项不符合要求，应及时披露相关信息并向投资者作出风险提示。

（10）上市公司应在定期报告中披露报告期内发生或正在履行中的承诺事项及进展情况。

2. 上市公司收购中的特别规定

收购人收购上市公司成为新的实际控制人时，如原实际控制人承诺的相关事项未履行完毕，相关承诺义务应予以履行或由收购人予以承接，相关事项应在收购报告书中明确披露。

【注】原实际控制人承诺事项未履行完毕的，有两种解决方法：（1）由原实际控制人继续履行；（2）由收购人（因发生了变更，成为了新的实际控制人）予以承接。无论如何处理，均应在收购报告书中明确披露。

（三）上市公司及相关当事人信守承诺进行持续督导的基本要求、督导措施

1. 《证券发行上市保荐业务管理办法》中的承诺

在发行保荐书和上市保荐书中，保荐机构应当就下列事项作出承诺：

（1）有充分理由确信发行人符合法律法规及中国证监会有关证券发行上市的相关规定。

（2）有充分理由确信发行人申请文件和信息披露资料不存在虚假记载、误导性陈述或者重大遗漏。

（3）有充分理由确信发行人及其董事在申请文件和信息披露资料中表达意见的依据充分合理。

（4）有充分理由确信申请文件和信息披露资料与证券服务机构发表的意见不存在实质性差异。

（5）保证所指定的保荐代表人及本保荐机构的相关人员已勤勉尽责，对发行人申请文件和信息披露资料进行了尽职调查、审慎核查。

（6）保证保荐书、与履行保荐职责有关的其他文件不存在虚假记载、误导性陈述或者重大遗漏。

（7）保证对发行人提供的专业服务和出具的专业意见符合法律、行政法规、中国证监会的规定和行业规范。

（8）自愿接受中国证监会依照本办法采取的监管措施。

（9）中国证监会规定的其他事项。

【注】注意（2）～（6）的规定。

2.《关于进一步加强保荐机构内部控制有关问题的通知》中的承诺

保荐代表人承诺：我已根据《证券法》、《证券发行上市保荐业务管理办法》和《保荐人尽职调查工作准则》等规定认真、忠实地履行尽职调查义务，勤勉尽责地对发行人有关事项进行了核查验证，认真做好了招股说明书的验证工作，确保上述问核事项和招股说明书中披露的信息真实、准确、完整，不存在虚假记载、误导性陈述和重大遗漏，并将对发行人进行持续跟踪和尽职调查，及时、主动修改和更新申请文件并报告修改更新情况。我及近亲属、特定关系人与发行人之间不存在直接或间接的股权关系或者通过从事保荐业务谋取任何不正当利益。如违反上述承诺，我自愿接受中国证监会根据有关规定采取的监管措施或行政处罚。

【模拟练习】下列关于股票限售期的说法，正确的是（   ）。

A. 首次公开发行股票并上市的公司，其控股股东、持有发行人股份的董事和高级管理人员应公开承诺，所持股票在锁定期满后两年内减持的，其减持价格不低于发行价；公司上市后6个月内如公司股票连续20个交易日的收盘价均低于发行价，或者上市后6个月期末收盘价低于发行价，持有公司股票的锁定期限自动延长至少6个月

B. 首次公开发行股票并在创业板上市，发行人在股票首次公开发行前6个月内（以中国证监会正式受理日为基准日）进行增资扩股的，新增股份持有人应作出关于"自发行人股票上市之日24个月内，转让的上述新增股份不超过其所持有该新增股份总额的50%"的承诺

C. 中小板上市公司董事、监事和高级管理人员在申报离任六个月后的12个月内通过证券交易所出售本公司股票数量占其所持有本公司股票总数的比例不得超过50%

D. 首次公开发行股票并上市的公司，控股股东及实际控制人在上市前直接或间接持有的股份分三批解除转让限制，每批解除转让限制的数量均为其上市前所持股票的三分之一，解除转让限制的时间分别为上市之日、上市期满一年和两年

E. 首次公开发行股票并上市的公司，公司董事、监事、高级管理人员在任职期间每年转让的股份不得超过其所持有公司股份总数的25%，所持有的公司股份自股票上市交易之日起1年内不得转让

答案：ACE

解析：B，是创业板原突击入股限制的规定，新股票上市规则该规定已删除。D，挂牌公司控股股东转让限制。

【模拟练习】下列主体中，因其为发行人首次公开发行股票制作出具的文件存在虚假记载、误导性陈述或者重大遗漏的，并给投资者造成损失的，负有先行赔偿投资者损失责任的是（   ）。

A. 发行人的控股股东及实际控制人   B. 保荐机构

C. 发行人   D. 律师事务所

E. 会计师事务所

答案：C

解析：《公开发行证券的公司信息披露内容与格式准则第 1 号——招股说明书》第十八条：招股说明书扉页应载有如下声明及承诺："保荐人承诺因其为发行人首次公开发行股票制作、出具的文件有虚假记载、误导性陈述或者重大遗漏，给投资者造成损失的，将先行赔偿投资者损失。"

【模拟练习】以下关于上市公司实际控制人、股东、关联方、收购人以及上市公司承诺及履行的说法，正确的有（　　）。

A. 申请首次公开发行股票并在创业板上市的公司应在招股说明书中披露有关主体作出的"稳定股价预案"及"填补被摊薄即期回报的措施及承诺"等相关承诺事项

B. 上市公司向控股股东、实际控制人或者其控制的关联人之外的特定对象购买资产且未导致控制权发生变更的，交易对方应当与上市公司就相关资产实际盈利数不足利润预测数的情况签订明确可行的补偿协议

C. 上市公司向控股股东、实际控制人或者其控制的关联人发行股份购买资产，或者发行股份购买资产将导致上市公司实际控制权发生变更的，认购股份的特定对象应当在发行股份购买资产报告书中公开承诺，本次交易完成后 6 个月内如上市公司股票连续 20 个交易日的收盘价低于发行价，或者交易完成后 6 个月期末收盘价低于发行价的，其持有公司股票的锁定期自动延长至少 6 个月

D. 收购人收购上市公司成为新的实际控制人时，如原实际控制人承诺的相关事项未履行完毕，相关承诺义务在原实际控制人无力履行的情况下，新的实际控制人可不予承接，但应在收购报告书中明确披露相关事项

答案：AC

解析：B，上市公司向控股股东、实际控制人或者其控制的关联人之外的特定对象购买资产且未导致控制权发生变更的，上市公司与交易对方可以根据市场化原则，自主协商是否采取业绩补偿和每股收益填补措施及相关具体安排。D，应予履行或由收购人予以承接，且相关事项在收购报告书中明确披露。

【模拟练习】根据《证券发行上市保荐业务管理办法》及相关信息披露内容与格式准则，下列有关保荐机构承诺的相关表述，正确的有（　　）。

A. 保荐机构在发行保荐书中应承诺"保荐人承诺因其为上市公司再融资制作、出具的文件有虚假记载、误导性陈述或者重大遗漏，给投资者造成损失的，将先行赔偿投资者损失"

B. 保荐机构在招股书明书中应承诺"保荐人承诺因其为发行人首次公开发行股票制作、出具的文件有虚假记载、误导性陈述或者重大遗漏，给投资者造成损失的，将承担连带赔偿责任"

C. 保荐机构在发行保荐书中应承诺"有充分理由确信申请文件和信息披露资料与证券服务机构发表的意见不存在实质性差异"

D. 保荐机构在发行保荐书中应承诺"保证所指定的保荐代表人及本保荐机构的相关人员已勤勉尽责，对发行人申请文件和信息披露资料进行了尽职调查、审慎核查"

答案：CD

解析：B，给投资者造成损失的，将先行赔偿投资者损失。

二、上市公司现金分红

（一）《关于进一步落实上市公司现金分红有关事项的通知》的规定

2012 年 5 月 4 日，中国证监会发布《关于进一步落实上市公司现金分红有关事项的通知》，

其主要规定如下：

1. 上市公司在制订现金分红具体方案时的程序（董事会＋独董意见＋股大）

上市公司在制订现金分红具体方案时，董事会应当认真研究和论证公司现金分红的时机、条件和最低比例、调整的条件及其决策程序要求等事宜，独立董事应当发表明确意见。股东大会对现金分红具体方案进行审议时，应当通过多种渠道主动与股东特别是中小股东进行沟通和交流，充分听取中小股东的意见和诉求，并及时答复中小股东关心的问题。

2. 对现金分红政策的调整和变更（股东大会特别决议）

上市公司应当严格执行公司章程确定的现金分红政策以及股东大会审议批准的现金分红具体方案。确有必要对公司章程确定的现金分红政策进行调整或者变更的，应当满足公司章程规定的条件，经过详细论证后，履行相应的决策程序，并经出席股东大会的股东所持表决权的2/3以上通过。

3. 利润分配政策的披露

（1）定期报告中的披露

上市公司应当在定期报告中详细披露现金分红政策的制定及执行情况。

【注1】具体为说明是否符合公司章程的规定或者股东大会决议的要求，分红标准和比例是否明确和清晰，相关的决策程序和机制是否完备，独立董事是否尽职履责并发挥了应有的作用，中小股东是否有充分表达意见和诉求的机会，中小股东的合法权益是否得到充分维护等。对现金分红政策进行调整或变更的，还要详细说明调整或变更的条件和程序是否合规和透明等。

【注2】包括年度报告、半年度报告、季度报告。

（2）首发招股说明书中利润分配的披露

①披露公司章程（草案）中利润分配相关内容。

②披露董事会关于股东回报事宜的专项研究论证情况以及相应的规划安排理由等信息。

③披露公司利润分配政策制定时的主要考虑因素及已经履行的决策程序。利润分配政策中明确不采取现金分红或者有现金分红最低比例安排的，应当进一步披露制定相关政策或者比例时的主要考虑因素。发行人利润主要来源于控股子公司的，应当披露控股子公司的财务管理制度、章程中利润分配条款内容以及能否保证发行人未来具备现金分红能力。发行人应结合自身生产经营情况详细说明未分配利润的使用安排情况。

④披露公司是否有未来3年具体利润分配计划。如有，应当进一步披露计划的具体内容、制订的依据和可行性。发行人应结合自身生产经营情况详细说明未分配利润的使用安排情况。

⑤披露公司长期回报规划的具体内容，以及规划制订时主要考虑因素。分红回报规划应当着眼于公司的长远和可持续发展，在综合分析企业经营发展实际、股东要求和意愿、社会资金成本、外部融资环境等因素的基础上，充分考虑公司目前及未来盈利规模、现金流量状况、发展所处阶段、项目投资资金需求、本次发行融资、银行信贷及债权融资环境等情况，建立对投资者持续、稳定、科学的回报机制，保持利润分配政策的连续性和稳定性。

⑥在招股说明书中作"重大事项提示"，提醒投资者关注公司发行上市后的利润分配政策、现金分红的最低比例（如有）、未来3年具体利润分配计划（如有）和长期回报规划，并提示详细参阅招股说明书中的具体内容。

保荐机构应当在保荐工作报告中反映发行人利润分配政策的完善情况，对发行人利润分配的决策机制是否符合规定，对发行人利润分配政策和未来分红规划是否注重给予投资者合理回报、是否有利于保护投资者合法权益等发表明确意见。

（3）再融资时信息披露

上市公司应当在募集说明书或发行预案中增加披露利润分配政策尤其是现金分红政策的制定及执行情况、最近3年现金分红金额及比例、未分配利润使用安排情况，并作"重大事项提示"，提醒投资者关注上述情况。保荐机构应当在保荐工作报告中对上市公司利润分配政策的决策机制是否合规，是否建立了对投资者持续、稳定、科学的回报机制，现金分红的承诺是否履行，有关通知的要求是否已经落实发表明确意见。

对于最近3年现金分红水平较低的上市公司，发行人及保荐机构应结合不同行业和不同类型公司的特点和经营模式、公司所处发展阶段、盈利水平、资金需求等因素说明公司现金分红水平较低的原因，并对公司是否充分考虑了股东要求和意愿、是否给予了投资者合理回报以及公司的现金分红政策是否符合上市公司股东利益最大化原则发表明确意见。

【注】注意，考试可能会结合主板上市公司公开发行证券要求"最近3年以现金方式分配的利润不少于最近3年实现的年均可分配利润的30%"进行考查。

（4）控制权发生变更时的信息披露

拟发行证券、借壳上市、重大资产重组、合并分立或者因收购导致上市公司控制权发生变更的，应当在募集说明书或发行预案、重大资产重组报告书、权益变动报告书或者收购报告书中详细披露募集或发行、重组或者控制权发生变更后上市公司的现金分红政策及相应的安排、董事会对上述情况的说明等信息。

（二）《上市公司监管指引第3号——上市公司现金分红》的规定

2013年11月30日，中国证监会发布《上市公司监管指引第3号——上市公司现金分红》（证监会公告〔2013〕43号），进一步规范上市公司现金分红，具体规定如下（与《关于进一步落实上市公司现金分红有关事项的通知》的规定一致的不再赘述）：

1. 公司章程中应明确现金分红优于股票股利

（1）上市公司应当在章程中明确现金分红相对于股票股利在利润分配方式中的优先顺序。

（2）具备现金分红条件的，应当采用现金分红进行利润分配。

（3）采用股票股利进行利润分配的，应当具有公司成长性、每股净资产的摊薄等真实合理因素。

2. 差异化的现金分红政策

公司董事会应当综合考虑所处行业特点、发展阶段、自身经营模式、盈利水平以及是否有重大资金支出安排等因素，区分下列情形，并按照章程规定的程序，提出差异化的现金分红政策：

（1）公司发展阶段属成熟期且无重大资金支出安排的，进行利润分配时，现金分红在本次利润分配中所占比例最低应达到80%。

（2）公司发展阶段属成熟期且有重大资金支出安排的，进行利润分配时，现金分红在本次利润分配中所占比例最低应达到40%。

（3）公司发展阶段属成长期且有重大资金支出安排的，进行利润分配时，现金分红在本次利润分配中所占比例最低应达到20%。

（4）公司发展阶段不易区分但有重大资金支出安排的，进行利润分配时，现金分红在本次利润分配中所占比例最低应达到20%。

【注】上述比例均为现金分红比例，其计算公式为：现金分红比例＝现金红利／（现金红利＋股票股利）。注意，分母是本次利润分配的金额，非留存未分配利润或其他。

3. 现金分红具体方案的审议

（1）上市公司在制订现金分红具体方案时，董事会应当认真研究和论证公司现金分红的时机、条件和最低比例、调整的条件及其决策程序要求等事宜，独立董事应当发表明确意见。

（2）独立董事可以征集中小股东的意见，提出分红提案，并直接提交董事会审议。

（3）股东大会对现金分红具体方案进行审议前，上市公司应当通过多种渠道主动与股东特别是中小股东进行沟通和交流，充分听取中小股东的意见和诉求，及时答复中小股东关心的问题。

另外，《上市公司监管指引第 3 号——上市公司现金分红》对上市公司在制订现金分红具体方案时的程序及现金分红政策的调整和变更程序也作出了规定，与《关于进一步落实上市公司现金分红有关事项的通知》的规定相同，不再赘述。

（三）深交所规范运作指引的规定

深交所主板、中小板、创业板规范运作指引在 2015 年 2 月进行修订时，均在第七章"其他重大事件管理"中增加一节"利润分配和资本公积转增股本"的内容，三个板块规定基本相同，对于在《关于进一步落实上市公司现金分红有关事项的通知》和《上市公司监管指引第 3 号——上市公司现金分红》中已经统一规定的内容，此处不再赘述，而是就规范运作指引中的特殊规定作出说明。

1. 利润分配的数据依据

上市公司制订利润分配方案时，应当以母公司报表中可供分配利润为依据。同时，为避免出现超分配的情况，公司应当以合并报表、母公司报表中可供分配利润孰低的原则来确定具体的利润分配比例。

【注】上交所《上市公司定期报告工作备忘录第七号——关于年报工作中与现金分红相关的注意事项》（2014 年 1 月修订）》规定：上市公司在确定可供分配利润时应当以母公司口径为基础。上市公司本年度拟进行利润分配的，需提前做好下属子公司对母公司利润分配的准备工作，避免出现因母公司报表与合并报表利润差异过大而无法满足现金分红需求的情况。

2. 半年报现金分红的审计要求

上市公司拟以半年度财务报告为基础进行现金分红，且不送红股或者不进行资本公积转增股本的，半年度财务报告可以不经审计。

3. 现金分红比例较高的信息披露

上市公司利润分配方案中现金分红的金额达到或者超过当期归属于上市公司股东的净利润的 100%，且达到或者超过当期累计可分配利润的 50% 的，公司应当同时披露该现金分红方案的提议人，公司确定该现金分红方案的理由，方案是否将造成公司流动资金短缺，公司在过去 12 个月内是否使用过募集资金补充流动资金以及在未来 12 个月内是否计划使用募集资金补充流动资金等内容。

【说明】深交所主板、中小板、创业板规范运作指引关于上述的规定完全相同。

（四）《上海证券交易所上市公司现金分红指引》的特别规定

1. 上市公司一般可以选择以下 4 种股利政策之一，作为现金分红政策：

（1）固定金额政策：确定在未来一段期间内每年发放的现金红利为固定金额。

（2）固定比率政策：按实现的可分配利润的固定比例发放现金红利。

（3）超额股利政策：在按固定金额政策或固定比率政策支付股利的基础上，如同时满足利润增长和可支配现金增加等条件时，向股东附加发放额外现金红利。

预期盈利稳定增长的公司在运用该股利政策时，可以在固定金额股利的基础上，确定目标股利成长率，以保证公司的现金红利水平逐年定率递增。

（4）剩余股利政策：上市公司根据未来投资项目和资金来源测算出所需的内部筹资额，从未分配利润中予以扣除后，将剩余的未分配利润作为现金红利分配给股东。

2. 分红不符合规定的处理

（1）上市公司在特殊情况下无法按照既定的现金分红政策或最低现金分红比例确定当年利润分配方案的，应当在年度报告中披露具体原因以及独立董事的明确意见。公司当年利润分配方案应当经出席股东大会的股东所持表决权的 2/3 以上通过。

（2）上市公司年度报告期内盈利且累计未分配利润为正，未进行现金分红或拟分配的现金红利总额（包括中期已分配的现金红利）与当年归属于上市公司股东的净利润之比低于 30% 的，公司应当在审议通过年度报告的董事会公告中详细披露以下事项：

①结合所处行业特点、发展阶段和自身经营模式、盈利水平、资金需求等因素，对于未进行现金分红或现金分红水平较低原因的说明。

②留存未分配利润的确切用途以及预计收益情况。

③董事会会议的审议和表决情况。

④独立董事对未进行现金分红或现金分红水平较低的合理性发表的独立意见。

利润分配议案提交股东大会审议时，应当为投资者提供网络投票便利条件。

【注】中期可以进行现金分红。

（3）公司董事长、独立董事和总经理、财务负责人等高级管理人员应当在年度报告披露之后、年度股东大会股权登记日之前，在上市公司业绩发布会中就现金分红方案相关事宜予以重点说明。如未召开业绩发布会的，应当通过现场、网络或其他有效方式召开说明会，就相关事项与媒体、股东特别是持有上市公司股份的机构投资者、中小股东进行沟通和交流，及时答复媒体和股东关心的问题。

（4）上市公司在将指引第①条和第②条所述利润分配议案提交股东大会审议时，应当为投资者提供网络投票便利条件，同时按照参与表决的 A 股股东的持股比例分段披露表决结果。分段区间为持股 1% 以下、1%～5%、5% 以上 3 个区间；对持股比例在 1% 以下的股东，还应当按照单一股东持股市值 50 万元以上和以下两类情形，进一步披露相关 A 股股东表决结果。

【真题回顾（2011）】关于上市公司分红，下列说法正确的是（　　）。

A. 上交所上市公司可供分配利润母公司为 800 万元，合并报表为 1 200 万元，当年分 1 000 万元

B. 中小板母公司可供分配利润负 200 万元，合并报表为 1 000 万元，当年分 800 万元

C. 深交所主板上市公司可供分配利润合并报表为 1 000 万元，母公司为 1 200 万元，当年分 1 200 万元

D. 创业板上市公司可供分配利润母公司为 800 万元，合并报表为 1 200 万元，当年分 800 万元

答案：D

解析：深交所主板、中小板、创业板规范运作指引均规定，上市公司制订利润分配方案时，应当以母公司报表中可供分配利润为依据。同时，为避免出现超分配的情况，公司应当以合并报表、母公司报表中可供分配利润孰低的原则来确定具体的利润分配比例。

上交所规定，上市公司在确定可供分配利润时应当以母公司口径为基础。

【真题回顾（1306）】 关于公司分红，下列说法正确的是（　　）。

A. 对公司章程确定的现金分红政策进行调整，需经出席股东大会的股东所持表决权的 2/3 以上通过

B. 首次公开发行股票招股书发行人应披露最近 3 年股利分配政策、实际股利分配情况以及发行后的股利分配政策

C. 再融资募集说明书应披露最近 5 年现金分红金额及比例

D. 在公司现金流满足公司正常经营和长期发展的前提下，优先采用现金分红的利润分配方式

答案：AD

解析：A，上市公司应当严格执行公司章程确定的现金分红政策以及股东大会审议批准的现金分红具体方案。确有必要对公司章程确定的现金分红政策进行调整或者变更的，应履行相应的决策程序，并经出席股东大会的股东所持表决权的 2/3 以上通过。B，首发上市不需要披露过去 3 年的股利分配政策，可以披露未来 3 年具体利润分配计划（如有）和长期回报规划。C，再融资募集说明书应披露最近 3 年现金分红金额及比例。

【真题回顾（1509）】 某上市公司股本总额为 1 亿元，截至 2015 年 12 月 31 日可分配利润为 1 亿元，董事会认为公司发展阶段属成长期且有重大资金支出安排，以下备选 2015 年方案中，不符合《上市公司监管指引第 3 号——上市公司现金分红》规定的有（　　）。

A. 10 送 2 派 1 元　　　　B. 10 送 3 派 2 元　　　　C. 10 送 5 派 1 元　　　　D. 10 送 5 派 2 元

答案：C

解析：差异化分红政策规定：公司发展阶段属成长期且有重大资金支出安排的，进行利润分配时，现金分红在本次利润分配中所占比例最低应达到 20%；A，1/3 = 33.33%，符合；B，2/5 = 40%，符合；C，1/6 = 17%，不符合；D，2/7 = 28.58%，符合。

【真题回顾（1511）】 以下关于上市公司分红说法正确的有（　　）。

A. 公司发展阶段属成熟期且无重大资金支出安排的，进行利润分配时，现金分红在本次利润分配中所占比例最低应达到 80%

B. 公司发展阶段属成熟期且有重大资金支出安排的，进行利润分配时，现金分红在本次利润分配中所占比例最低应达到 40%

C. 上市公司对公司章程确定的现金分红政策进行调整或者变更的，应当经股东大会特别决议审议通过

D. 上市公司应当在章程中明确现金分红相对于股票股利在利润分配方式中的优先顺序

答案：ABCD

【模拟练习】 根据《上市公司监管指引第 3 号——上市公司现金分红》的规定，下列关于上市公司现金分红的说法正确的有（　　）。

A. 上市公司应当在章程中明确现金分红相对于股票股利在利润分配方式中的优先顺序

B. 独立董事可以征集中小股东的意见，提出分红提案，并直接提交董事会审议

C. 上市公司对公司章程确定的现金分红政策进行调整或者变更的，应经出席股东大会的股东所持表决权的 2/3 以上通过

D. 上市公司应当在年度报告及半年度报告中详细披露现金分红政策的制定及执行情况

E. 因收购导致上市公司控制权发生变更的，应当在收购报告书中详细披露控制权发生变更后上市公司的现金分红政策及相应的安排，董事会对上述情况的说明等信息

答案：ABCDE

第四节　持续信息披露

一、上市公司信息披露的一般原则及具体要求

【大纲要求】

内容	程度
上市公司信息披露的一般原则及具体要求	掌握

【内容精讲】

关于信息披露，《上市公司信息披露管理办法》、《深圳证券交易所股票上市规则》、《深圳证券交易所创业板股票上市规则》、《上海证券交易所股票上市规则》均作出了规定，其中《上市公司信息披露管理办法》对所有上市公司作出统一规定，各板块的上市规则作出具体规定，以下在对交易所具体规定进行叙述时，以《深圳证券交易所股票上市规则》规定为准，其他板块有不同规定的，作出特别说明。

（一）信息披露的一般原则

1. 发行人、上市公司的董事、监事、高级管理人员应保证披露信息的真实、准确、完整、及时、公平。

2. 信息披露文件主要包括招股说明书、募集说明书、上市公告书、定期报告和临时报告等。

3. 上市公司及其他信息披露义务人依法披露信息，应当将公告文稿和相关备查文件报送证券交易所登记，并在中国证监会指定的媒体发布。

4. 信息披露义务人在公司网站及其他媒体发布信息的时间不得先于指定媒体，不得以新闻发布或者答记者问等任何形式代替应当履行的报告、公告义务，不得以定期报告形式代替应当履行的临时报告义务。

5. 信息披露义务人应当将信息披露公告文稿和相关备查文件报送上市公司注册地证监局，并置备于公司住所供社会公众查阅。

6. 信息披露文件应当采用中文文本。同时采用外文文本的，信息披露义务人应当保证两种文本的内容一致。两种文本发生歧义时，以中文文本为准。

7. 上市公司拟披露的信息属于国家机密、商业秘密或者交易所认可的其他情况，按上市规则披露或者履行相关义务可能会导致其违反国家有关保密法律、行政法规规定或者损害公司利益的，公司可以向交易所申请豁免按上市规则披露或者履行相关义务。

8. 上市公司拟披露的信息存在不确定性、属于临时性商业秘密或者交易所认可的其他情形，及时披露可能会损害公司利益或者误导投资者，且符合以下条件的，公司可以向交易所提出暂缓披露申请，说明暂缓披露的理由和期限：

（1）拟披露的信息未泄露。

（2）有关内幕人士已书面承诺保密。

（3）公司股票及其衍生品种交易未发生异常波动。

经交易所同意，公司可以暂缓披露相关信息。暂缓披露的期限一般不超过2个月。

9. 上市公司发生的或者与之有关的事件没有达到上市规则规定的披露标准，或者上市规则

没有具体规定，但交易所或者公司董事会认为该事件对公司股票及其衍生品种交易价格可能产生较大影响的，公司应当比照上市规则及时披露。

10. 交易所对定期报告实行事前登记、事后审核；对临时报告依不同情况实行事前审核或者事前登记、事后审核。

【注】1～6为《上市公司信息披露管理办法》的规定，7～10为《深圳证券交易所股票上市规则》的规定，7～10，上交所及深交所创业板与其一致。

（二）信息披露事务管理

1. 信息披露事务管理制度的内容

上市公司应当制定信息披露事务管理制度，并经公司董事会审议通过，报注册地证监局和证券交易所备案。信息披露事务管理制度应当包括：

（1）明确上市公司应当披露的信息，确定披露标准。

（2）未公开信息的传递、审核、披露流程。

（3）信息披露事务管理部门及其负责人在信息披露中的职责。

（4）董事和董事会、监事和监事会、高级管理人员等的报告、审议和披露的职责。

（5）董事、监事、高级管理人员履行职责的记录和保管制度。

（6）未公开信息的保密措施，内幕信息知情人的范围和保密责任。

（7）财务管理和会计核算的内部控制及监督机制。

（8）对外发布信息的申请、审核、发布流程；与投资者、证券服务机构、媒体等的信息沟通与制度。

（9）信息披露相关文件、资料的档案管理。

（10）涉及子公司的信息披露事务管理和报告制度。

（11）未按规定披露信息的责任追究机制，对违反规定人员的处理措施。

2. 定期报告与临时报告程序

（1）定期报告

①上市公司应当制定定期报告的编制、审议、披露程序。

②经理、财务负责人、董事会秘书等高级管理人员应当及时编制定期报告草案，提请董事会审议。

③董事会秘书负责送达董事审阅。

④董事长负责召集和主持董事会会议审议定期报告。

⑤监事会负责审核董事会编制的定期报告。

⑥董事会秘书负责组织定期报告的披露工作。

（2）临时报告

①上市公司应当制定重大事件的报告、传递、审核、披露程序。

②董事、监事、高级管理人员知悉重大事件发生时，应当按照公司规定立即履行报告义务。

③董事长在接到报告后，应当立即向董事会报告，并敦促董事会秘书组织临时报告的披露工作。

3. 信息披露相关当事人的职责

（1）董事、监事、高级管理人员

上市公司董事、监事、高级管理人员应关注信息披露文件的编制情况，保证定期报告、临时报告在规定期限内披露，配合上市公司及其他信息披露义务人履行信息披露义务。董事、监事、高级管理人员非经董事会书面授权，不得对外发布上市公司未披露信息。

①董事应当了解并持续关注公司生产经营情况、财务状况和公司已经发生的或者可能发生的重大事件及其影响，主动调查、获取决策所需要的资料。

②监事应当对公司董事、高级管理人员履行信息披露职责的行为进行监督；关注公司信息披露情况，发现信息披露存在违法违规问题的，应当进行调查并提出处理建议。

③高级管理人员应当及时向董事会报告有关公司经营或者财务方面出现的重大事件、已披露的事件的进展或者变化情况及其他相关信息。

（2）董事会秘书特有职责

①董事会秘书负责组织和协调公司信息披露事务，汇集上市公司应予披露的信息并报告董事会，持续关注媒体对公司的报道并主动求证报道的真实情况。

②董事会秘书有权参加股东大会、董事会会议、监事会会议和高级管理人员相关会议，有权了解公司的财务和经营情况，查阅涉及信息披露事宜的所有文件。

③董事会秘书负责办理上市公司信息对外公布等相关事宜。上市公司应当为董事会秘书履行职责提供便利条件，财务负责人应当配合董事会秘书在财务信息披露方面的相关工作。

（3）监事会

①监事会对定期报告出具的书面审核意见，应当说明编制和审核的程序是否符合规定，报告的内容是否能够真实、准确、完整地反映上市公司的实际情况。

②除监事会公告外，上市公司披露的信息应当以董事会公告的形式发布。

（4）控股股东、实际控制人

上市公司的股东、实际控制人发生以下事件时，应当主动告知上市公司董事会，并配合上市公司履行信息披露义务。

①持有公司5%以上股份的股东或者实际控制人，其持有股份或者控制公司的情况发生较大变化。

②法院裁决禁止控股股东转让其所持股份，任一股东所持公司5%以上股份被质押、冻结、司法拍卖、托管、设定信托或者被依法限制表决权。

③拟对上市公司进行重大资产或者业务重组。

④中国证监会规定的其他情形。

应当披露的信息依法披露前，相关信息已在媒体上传播或者公司证券及其衍生品种出现交易异常情况的，股东或者实际控制人应当及时、准确地向上市公司作出书面报告，并配合上市公司及时、准确地公告。

（5）其他主体

①上市公司董事、监事、高级管理人员、持股5%以上的股东及其一致行动人、实际控制人应当及时向上市公司董事会报送上市公司关联人名单及关联关系的说明。

②通过接受委托或者信托等方式持有上市公司5%以上股份的股东或者实际控制人，应当及时将委托人情况告知上市公司，配合上市公司履行信息披露义务。

③信息披露义务人应当向其聘用的保荐人、证券服务机构提供与执业相关的所有资料，并确保资料的真实、准确、完整。

④保荐人、证券服务机构在为信息披露出具专项文件时，发现上市公司及其他信息披露义务人提供的材料有虚假记载、误导性陈述、重大遗漏或者其他重大违法行为的，应当要求其补充、纠正。信息披露义务人不予补充、纠正的，保荐人、证券服务机构应当及时向公司注册地

证监局和证券交易所报告。

⑤股东大会作出解聘、更换会计师事务所决议的，上市公司应当在披露时说明更换的具体原因和会计师事务所的陈述意见。

⑥为信息披露义务人履行信息披露义务出具专项文件的保荐人、证券服务机构，应当保证所出具文件的真实性、准确性和完整性。

（三）信息披露的具体要求

具体要求包括定期报告、临时报告等的披露的具体要求，详见本节"二、定期报告"、"三、临时报告"等部分内容。

《上市公司信息披露管理办法》第二章对招股说明书、募集说明书与上市公告书的信息披露作出了相关规定，具体如下：

1. 发行人的董、监、高，应当对招股说明书签署书面确认意见，保证所披露的信息真实、准确、完整。招股说明书应当加盖发行人公章。

2. 预先披露的招股说明书申报稿不是发行人发行股票的正式文件，不能含有价格信息，发行人不得据此发行股票。

3. 发行人的董、监、高，应当对上市公告书签署书面确认意见，保证所披露的信息真实、准确、完整。上市公告书应当加盖发行人公章。

二、定期报告

【大纲要求】

内容	程度
1. 年度报告、半年度和季度报告的编制及披露要求	熟悉
2. 上市公司向监管机构报送定期报告的时间要求	熟悉
3. 定期报告中主要财务指标的计算方法	掌握
4. 年度报告中关于重大关联交易披露的规定	掌握
5. 金融类上市公司年度报告补充审计需重点关注的内容	掌握
6. 被责令改正或主动改正会计差错和虚假陈述、非标意见等事项的披露要求	掌握
7. 保荐机构在上市公司定期报告制作中的作用及需要履行的程序	掌握
8. 保荐机构对创业板上市公司信息披露跟踪报告的要求及对重大事项发表独立意见的要求	掌握
9. 财务信息的更正及相关披露	掌握

【内容精讲】

（一）年度报告、半年度和季度报告的编制及披露要求

1. 年度报告的编制及披露要求

《公开发行证券的公司信息披露内容与格式准则第 2 号——年度报告的内容与格式》（以下简称 2 号准则）规定如下：

（1）同时在境内和境外证券市场上市的公司，如果境外证券市场对年度报告的编制和披露要求与本准则不同，应当遵循报告内容从多不从少、报告要求从严不从宽的原则，并在同一日公布年度报告。

发行境内上市外资股及其衍生证券并在证券交易所上市的公司，应当同时编制年度报告的外文译本。

（2）公司年度报告中的财务报告应当经具有证券期货相关业务资格的会计师事务所审计，审计报告应当由该所两名注册会计师签字。

（3）公司应当在每个会计年度结束之日起4个月内将年度报告全文刊登在中国证监会指定网站上；同时将年度报告摘要刊登在至少一种中国证监会指定报纸上，也可以刊登在中国证监会指定网站上。

公司可以将年度报告刊登在其他媒体上，但不得早于在中国证监会指定媒体披露的时间。

（4）公司应当在年度报告披露后，将年度报告原件备置于公司住所，以供股东及社会公众查阅。

（5）公司董事会、监事会及董、监、高应当保证年度报告内容的真实、准确、完整，不存在虚假记载、误导性陈述或重大遗漏，并承担个别和连带的法律责任。

2. 半年度报告的编制及披露要求

《公开发行证券的公司信息披露内容与格式准则第3号——半年度报告的内容与格式》（以下简称3号准则）规定如下：

（1）与上述"年度报告的编制及披露要求"中"（1）"的规定相同。

（2）公司半年度报告中的财务报告可以不经审计，但有下列情形之一的，公司应当审计：

①拟在下半年进行利润分配、公积金转增股本或者弥补亏损的。（仅以现金分红方式的除外）

②中国证监会或者交易所认为应当进行审计的其他情形。

【注1】创业板另外增加特别规定：最近两个年度的财务会计报告均被注册会计师出具否定或者无法表示意见的审计报告其股票被暂停上市的，半年报需聘请会计师事务所进行审计。

【注2】上述①后括号中"仅以现金分红方式的除外"是沪深交易所《关于做好上市公司2013年半年度报告披露工作的通知》中追加的规定。

（3）公司应当在每个会计年度上半年度结束之日起2个月内将半年度报告全文刊登在中国证监会指定网站上；同时将半年度报告摘要刊登在至少一种中国证监会指定报纸上，也可以刊登在中国证监会指定网站上。

公司可以将半年度报告刊登在其他媒体上，但不得早于在中国证监会指定媒体披露的时间。

（4）、（5）同上述"年度报告的编制及披露要求"中"（4）"、"（5）"的规定。

3. 季度报告的编制及披露要求

《公开发行证券的公司信息披露编报规则第13号——季度报告内容与格式特别规定》（以下简称13号准则）规定如下：

（1）公司应当在会计年度前3个月、9个月结束后的1个月内将季度报告正文刊登于至少一种中国证监会指定的报纸上，并将季度报告全文（包括正文及附录）刊登于中国证监会指定网站上。

季度报告的报告期是指季度初至季度末3个月期间。第一季度报告的披露时间不得早于上一年度报告。

（2）公司季度报告中的财务报表可以不经审计，但中国证监会和证券交易所另有规定的除外。

【说明】上述2号准则、3号准则、13号准则规范主板（包括深交所主板和上交所主板）和中小板上市公司，创业板上市公司年度报告、半年度报告、季度报告有其自己专门的内容与格式准则，创业板关于上述内容的规定，除了已标明的关于半年度报告是否需要审计的规定有不同之外，其他规定相同。

【真题回顾（1306）】 2012 年 9 月，上市公司以下情形中半年度财务报表需要审计的有（　　）。

  A. 拟在下半年公开发行股票   B. 拟在下半年现金分红

  C. 拟在下半年资本公积转增股本 D. 拟在下半年现金分红并送红股

  E. 拟在下半年配股

答案：CD

解析：拟在下半年进行利润分配、公积金转增股本或者弥补亏损的，半年报需要审计。（仅以现金分红方式的除外）

【真题回顾（1505）】 创业板上市公司以下情形中，需要对半年度报告进行审计的有（　　）。

  A. 拟在下半年分配股票股利

  B. 拟在下半年实行公积金转增股本

  C. 拟在下半年以盈余公积弥补亏损

  D. 因最近两个年度的财务会计报告均被注册会计师出具否定意见的审计报告其股票被暂停上市后的首个半年度报告

答案：ABCD

解析：拟在下半年进行利润分配、公积金转增股本或者弥补亏损的，半年报需要审计（仅以现金分红方式的除外）。D，创业板另外增加特别规定：最近两个年度的财务会计报告均被注册会计师出具否定或者无法表示意见的审计报告其股票被暂停上市的，半年报需聘请会计师事务所进行审计。

【注】 2015 年 11 月考了一道年报和半年报共同披露的事项，详见我爱投行网题库系统（www. 52touhang. com）。

（二）上市公司向监管机构报送定期报告的时间要求

2 号准则规定，公司应当在年度报告披露后 10 个工作日内，将年度报告及其相关文件报送公司登记住所地所在辖区的中国证监会派出机构。

对于半年度报告和季度报告的报送时间，3 号准则和 13 号准则均未作出明确要求。

（三）定期报告中主要财务指标的计算方法

公司应当采用数据列表方式，提供截至报告期末公司近 3 年的主要会计数据和财务指标，包括但不限于：总资产、营业收入、归属于上市公司股东的净利润、归属于上市公司股东的扣除非经常性损益的净利润、归属于上市公司股东的净资产、经营活动产生的现金流量净额、净资产收益率、每股收益。

1. 加权平均净资产收益率 $= P_0 / (E_0 + NP \div 2 + E_i \times M_i \div M_0 - E_j \times M_j \div M_0 \pm E_k \times M_k \div M_0)$

其中，P_0 为归属于公司普通股股东的净利润或扣除非经常性损益后归属于公司普通股股东的净利润；NP 为归属于公司普通股股东的净利润；E_0 为归属于公司普通股股东的期初净资产；E_i 为报告期发行新股或债转股等新增的、归属于公司普通股股东的净资产；E_j 为报告期回购或现金分红等减少的、归属于公司普通股股东的净资产；M_0 为报告期月份数；M_i 为新增净资产次月起至报告期期末的累计月数；M_j 为减少净资产次月起至报告期期末的累计月数；E_k 为因其他交易或事项引起的、归属于公司普通股股东的净资产增减变动；M_k 为发生其他净资产增减变动次月起至报告期期末的累计月数。

报告期发生同一控制下企业合并的，计算加权平均净资产收益率时，被合并方的净资产从报告期期初起进行加权；计算扣除非经常性损益后的加权平均净资产收益率时，被合并方的净资产从合并日的次月起进行加权。计算比较期间的加权平均净资产收益率时，被合并方的净利润、净资产均从比较期间期初起进行加权；计算比较期间扣除非经常性损益后的加权平均净资产收益率时，被合并方的净资产不予加权计算（权重为零）。

2. 基本每股收益 $= P_0 \div S$

$$S = S_0 + S_1 + S_i \times M_i \div M_0 - S_j \times M_j \div M_0 - S_k$$

其中，P_0 为归属于公司普通股股东的净利润或扣除非经常性损益后归属于普通股股东的净利润；S 为发行在外的普通股加权平均数；S_0 为期初股份总数；S_1 为报告期因公积金转增股本或股票股利分配等增加股份数；S_i 为报告期因发行新股或债转股等增加股份数；S_j 为报告期因回购等减少股份数；S_k 为报告期缩股数；M_0 报告期月份数；M_i 为增加股份次月起至报告期期末的累计月数；M_j 为减少股份次月起至报告期期末的累计月数。

（四）年度报告中关于重大关联交易披露的规定

关于上市公司年度报告中关于重大关联交易披露的规定，详见本章第二节"规范运作""二、上市公司关联交易及与控股股东资金往来、资金占用"的规定。

（五）金融类上市公司年度报告补充审计需重点关注的内容

2007 年 3 月 8 日，中国证监会"证监会计字〔2007〕12 号"《关于不再实施特定上市公司特殊审计要求的通知》规定："鉴于我国会计和审计制度的调整，此前实施的金融类上市公司在法定审计之外聘请国际会计师事务所进行审计和对一次发行量超过 3 亿（含 3 亿）股以上的公司进行补充审计的相关规定不再执行。"

商业银行定期报告披露有一定特殊要求，根据《公开发行证券的公司信息披露编报规则第26 号——商业银行信息披露特别规定》第十五条：商业银行应在定期报告中披露对财务状况和经营成果造成重大影响的表外项目余额，包括但不限于信贷承诺（不可撤销的贷款承诺、银行承兑汇票、开出保函、开出信用证）、租赁承诺、资本性支出承诺等项目的具体情况。

【真题回顾（1605）】以下商业银行应在定期报告中披露的表外项目余额中，属于信贷承诺事项的有（　　）。

A. 不可撤销的贷款承诺　　　　　　　　B. 银行承兑汇票

C. 租赁承诺　　　　　　　　　　　　　D. 开出保函

E. 开出信用证

答案：ABDE

（六）被责令改正或主动改正会计差错和虚假陈述、非标意见等事项的披露要求

1. 被责令改正或主动改正会计差错和虚假陈述的披露要求

根据《公开发行证券的公司信息披露编报规则第 19 号——财务信息的更正及相关披露》（2003 年 12 月 1 日，证监会计字〔2003〕16 号）（以下简称 19 号编报规则）的规定：

公司因前期已公开披露的定期报告存在差错被责令改正或经董事会决定更正的，适用 19 号编报规则的规定，按照下述处理：

（1）公司对以前年度已经公布的年度财务报告进行更正，需要聘请具有执行证券期货相关业务资格的会计师事务所对更正后的年度报告进行审计。

（2）公司在临时报告中应当披露以下内容：

①公司董事会和管理层对更正事项的性质及原因的说明。

②更正事项对公司财务状况和经营成果的影响及更正后的财务指标。

③更正后经审计的年度财务报表及涉及更正事项的相关财务报表附注以及出具审计报告的会计师事务所名称。

如果更正后年度财务报告被出具了无保留意见加强调事项段、保留意见、否定意见、无法表示意见的审计报告，则应当同时披露审计意见全文。

如果公司对最近一期年度财务报告进行更正，但不能及时披露更正后经审计的年度财务报表及相关附注，公司应就此更正事项及时刊登"提示性公告"，并应当在该临时公告公布之日起45天内披露经具有执行证券期货相关业务资格的会计师事务所审计的更正后的年度报告。

④更正后未经审计的中期财务报表及涉及更正事项的相关财务报表附注。

（3）更正后的财务报表包括三种情况：

①若公司对已披露的以前期间财务信息（包括年度、半年度、季度财务信息）作出更正，应披露受更正事项影响的最近1个完整会计年度更正后的年度财务报表以及受更正事项影响的最近一期更正后的中期财务报表。

②若公司仅对本年度已披露的中期财务信息作出更正，应披露更正后的本年度受到更正事项影响的中期财务报表（包括季度财务报表、半年度财务报表）。

③若公司对上一会计年度已披露的中期财务信息作出更正，且上一会计年度财务报表尚未公开披露，应披露更正后的受到更正事项影响的中期财务报表（包括季度财务报表、半年度财务报表）。

（4）如果公司对3年以前年度财务信息作出更正，且更正事项对最近3年财务报告没有影响，可以不披露相关年度更正后的财务信息。

2. 被出具非标意见的披露要求

根据《公开发行证券的公司信息披露编报规则第14号——非标准无保留审计意见及其涉及事项的处理》（2001年12月22日，证监发〔2001〕157号）的规定：

（1）非标准无保留审计意见是指注册会计师出具的除标准无保留审计意见外的其他类型审计意见。

（2）非标意见对利润分配的影响：

如保留意见或否定意见涉及事项对上市公司利润产生影响，注册会计师估计了该事项对利润影响数的，上市公司应当在制订利润分配方案时扣除上述审计意见的影响数，待该审计意见涉及事项及其对利润的影响消除后再行分配；如果注册会计师出具了无法表示意见的审计报告，上市公司当年不得进行利润分配。

另外，深交所主板（含中小板）、创业板及上交所股票上市规则对于被出具非标准审计意见的处理均作出以下规定（包括但不限于）：

（1）上市公司的财务会计报告被注册会计师出具非标准无保留审计意见的，公司在报送定期报告的同时应当向交易所提交下列文件：

①董事会针对该审计意见涉及事项所作的专项说明，审议此专项说明的董事会决议以及决议所依据的材料。

②独立董事对审计意见涉及事项的意见。

③监事会对董事会有关说明的意见和相关的决议。

④负责审计的会计师事务所及注册会计师出具的专项说明。

⑤中国证监会和交易所要求的其他文件。

（2）非标准无保留审计意见涉及事项不属于明显违反会计准则及相关信息披露规范性规定的，上市公司董事会应当在相应定期报告中对该审计意见涉及事项作出详细说明。

（3）非标准无保留审计意见涉及事项属于明显违反会计准则及相关信息披露规范性规定的，上市公司应当对有关事项进行纠正，重新审计，并在交易所规定的期限内披露纠正后的财务会计报告和有关审计报告。

【真题回顾（2011）】有关利润分配的财务报表的审计，以下说法正确的有（　　　）。

A. 保留意见，但对公司利润没有影响，可以分配

B. 否定意见，对公司利润产生影响，会计师估计了该事项对利润影响数的，在制订利润分配方案时扣除上述审计意见的影响，且审计涉及事项对利润的影响已经消除，可以分配

C. 无法表示意见，对公司利润产生影响，会计师估计了该事项对利润影响数的，在制订利润分配方案时扣除上述审计意见的影响，且审计涉及事项对利润的影响已经消除，可以分配

D. 保留意见，但对利润有影响，注册会计师估计了该事项对利润影响数，可以分配

答案：AB

解析：简单地说，保留意见和否定意见对利润有影响的，会计师估计了影响数，利润分配方案中扣除影响数，影响消除后可分配，否则不可分配。无法表示意见，无论如何不得分配。

【真题回顾（1406）】深交所上市公司的财务会计报告被出具非标准无保留审计意见时，公司在报送定期报告的同时应报送下列哪些资料（　　　）。

A. 董事会对该审计意见涉及事项的说明

B. 监事会对董事会有关说明的意见

C. 独立董事对审计意见涉及事项的意见

D. 负责审计的会计师事务所及注册会计师的说明

答案：ABCD

（七）保荐机构在上市公司定期报告制作中的作用及需要履行的程序

略。

（八）保荐机构对创业板上市公司信息披露跟踪报告的要求及对重大事项发表独立意见的要求

详见本书第一章"保荐业务监管"部分内容。

（九）财务信息的更正及相关披露

见本节"二、定期报告""（六）被责令改正或主动改正会计差错和虚假陈述、非标意见等事项的披露要求"的规定。

三、临时报告

【大纲要求】

内容	程度
1. 需要提交临时报告的事项、首次披露和持续披露要求	掌握
2. 上市公司收购、出售资产、股份变动等交易的披露标准、审议程序和计算口径	掌握
3. 上市公司收购、出售资产需要股东大会批准的标准及需要履行的其他程序	掌握
4. 年度报告中关于重大关联交易披露的规定	掌握
5. 上市公司收购、出售资产公告的内容及要求	掌握

【内容精讲】

以下以《深圳证券交易所股票上市规则》的规定进行叙述，对于创业板与上交所主板有不同规定的，作出特别说明。

（一）需要提交临时报告的事项、首次披露和持续披露要求

1. 需要提交临时报告的事项

本部分涉及内容比较多，根据《深圳证券交易所股票上市规则》的规定，上市公司发行可转换公司债券出现一定情形（11.7.1 条）、上市公司应当在董事会作出向法院申请重整、和解或者破产清算的决定时，或者知悉债权人向法院申请公司重整或者破产清算时（11.10.1 条）、上市公司出现使公司面临重大风险情形时（11.11.3 条）、上市公司出现如经营方针、经营范围重大变化时（11.11.4 条）等情形时，上市公司应及时向交易所报告并披露，具体情形详见上述各条款具体规定。

【注】创业板与上交所的规定大体一致。

2. 首次披露的要求

临时报告（监事会公告除外）应当加盖董事会公章并由公司董事会发布。

上市公司应当在临时报告所涉及的重大事件最先触及下列任一时点后及时履行首次披露义务：

（1）董事会或者监事会作出决议时。

（2）签署意向书或者协议（无论是否附加条件或者期限）时。

（3）公司（含任一董事、监事或者高级管理人员）知悉或者理应知悉重大事件发生时。

【注】创业板规定完全相同，上交所第"（3）"点规定为："任何董事、监事或者高级管理人员知道或应当知道该重大事项时。"

对上市公司股票及其衍生品种交易价格可能产生较大影响的重大事件正处于筹划阶段，虽然尚未触及上述规定的时点，但出现下列情形之一的，公司应当及时披露相关筹划情况和既有事实：

（1）该事件难以保密。

（2）该事件已经泄露或者市场出现有关该事件的传闻。

（3）公司股票及其衍生品种交易已发生异常波动。

【注】创业板增加一条特别规定：上市公司可以在中午休市期间或者下午 3 点 30 分后通过指定网站披露临时报告。在下列紧急情况下，公司可以向交易所申请相关股票及其衍生品种临时停牌，并在上午开市前或者市场交易期间通过指定网站披露临时报告：

①公共媒体中传播的信息可能或者已经对公司股票及其衍生品种交易价格产生较大影响，需要进行澄清的。

②公司股票及其衍生品种交易异常波动，需要进行说明的。

③公司及相关信息披露义务人发生可能对公司股票及其衍生品种交易价格产生较大影响的重大事件（包括处于筹划阶段的重大事件），有关信息难以保密或者已经泄露的。

④中国证监会或者交易所认为必要的其他情况。

【真题回顾（1605）】当发生临时报告所涉及的重大事项时，上市公司应当在最先触及的下列哪些时点及时进行披露（　　）。

A. 公司监事会就该重大事项作出决议时

B. 公司董事会就该重大事项作出决议时

C. 有关各方就该重大事项签署附加条件的意向书时

D. 公司某一高管理应知道该重大事项时

E. 公司某一董事知道重大事项时

答案：ABCDE

3. 持续披露的要求

上市公司按照规定履行首次披露义务后，还应当按照以下规定持续披露有关重大事件的进展情况：

（1）董事会、监事会或者股东大会就已披露的重大事件作出决议的，应当及时披露决议情况。

（2）公司就已披露的重大事件与有关当事人签署意向书或者协议的，应当及时披露意向书或者协议的主要内容。

上述意向书或者协议的内容或者履行情况发生重大变更，或者被解除、终止的，公司应当及时披露变更、解除或者终止的情况和原因。

（3）已披露的重大事件获得有关部门批准或者被否决的，应当及时披露批准或者否决情况。

（4）已披露的重大事件出现逾期付款情形的，应当及时披露逾期付款的原因和相关付款安排。

（5）已披露的重大事件涉及主要标的尚待交付或者过户的，应当及时披露有关交付或者过户事宜。

超过约定交付或者过户期限 3 个月仍未完成交付或者过户的，应当及时披露未如期完成的原因、进展情况和预计完成的时间，并在此后每隔 30 日公告一次进展情况，直至完成交付或者过户。

（6）已披露的重大事件出现可能对上市公司股票及其衍生品种交易价格产生较大影响的其他进展或者变化的，应当及时披露事件的进展或者变化情况。

4. 上市公司控股子公司和参股公司的适用

（1）上市公司控股子公司发生的应披露的交易、关联交易、其他重大事件等所述重大事件，视同上市公司发生的重大事件处理。

（2）上市公司参股公司发生应披露的交易、其他重大事件等重大事件，或者与上市公司的关联人发生关联交易，可能对上市公司股票及其衍生品种交易价格产生较大影响的，公司应当参照上市公司的规定，履行信息披露义务。

【注】创业板对于参股公司的规定为：原则上按照上市公司在该参股公司的持股比例适用。

（二）上市公司收购、出售资产、股份变动等交易的披露标准、审议程序和计算口径

1. 披露标准和审议程序

上市公司会发生很多交易行为，以下是交易所股票上市规则规定的交易事项：（1）购买或者出售资产；（2）对外投资（含委托理财、委托贷款、对子公司投资等）；（3）提供财务资助；（4）提供担保；（5）租入或者租出资产；（6）签订管理方面的合同（含委托经营、受托经营等）；（7）赠与或者受赠资产；（8）债权或者债务重组；（9）研究与开发项目的转移；（10）签订许可协议；（11）交易所认定的其他交易。

上市公司购买、出售资产属于上市公司交易行为，购买、出售的资产不含购买原材料、燃

料和动力，以及出售产品、商品等与日常经营相关的资产，但资产置换中涉及购买、出售此类资产的，仍包含在内。关于上市公司发生的交易达到的披露标准及披露且经股东大会审议标准总结见下表。

指标	及时披露		及时披露且提交股东大会审议	
	创业板	沪深主板	创业板	沪深主板
总资产比值	≥10%		≥50%	
净利润比值	≥10%且>100万元		≥50%且>300万元	≥50%且>500万元
营业收入、净资产比值	≥10%且>500万元	≥10%且>1 000万元	≥50%且>3 000万元	≥50%且>5 000万元

注：①总资产比值指：交易涉及资产总额/上市公司最近一期经审计总资产；净利润比值指：交易标的近一年产生净利润/上市公司近一年经审计净利润或交易产生净利润/上市公司近一年经审计净利润；营业收入比值指：交易标的近一年产生营业收入/上市公司近一年经审计营业收入；净资产比值指：成交金额/上市公司近一期经审计净资产。

②上表中"且"后面的"＞……"是指"绝对金额超过……"，比如"且＞500万元"是指"且绝对金额超过500万元"。

③对于达到需提交股东大会审议规定标准的交易，若交易标的为公司股权，上市公司应当聘请具有从事证券期货相关业务资格的会计师事务所对交易标的最近1年又1期财务会计报告进行审计，审计截止日距协议签署日不得超过6个月；若交易标的为股权以外的其他资产，公司应当聘请具有从事证券期货相关业务资格资产评估机构进行评估，评估基准日距协议签署日不得超过1年。对于未达到需提交股东大会审议规定标准的交易，若交易所认为有必要的，公司也应当按照上述规定，聘请相关会计师事务所或者资产评估机构进行审计或者评估。

④对外担保事项需要经过股东大会审议的情形详见本章第二节"一、上市公司'五独立'及对外担保、收购母公司资产的相关要求"的规定。

2. 计算口径

（1）双务合同，按孰高

上市公司与同一交易方同时发生方向相反的两个相关交易时，应当按照其中单个方向的交易涉及指标中较高者计算披露标准。

【注】此方法不适用上述交易中的对外投资（含委托理财、委托贷款、对子公司投资等）、提供财务资助和提供担保。

（2）股权转让涉及合并报表范围变更的，按整体计算资产总额和营业收入

交易标的为公司股权，且购买或者出售该股权将导致上市公司合并报表范围发生变更的，该股权所对应的公司的全部资产总额和营业收入，视为涉及的资产总额和与交易标的相关的营业收入。

（3）设立公司，按全部出资额

上市公司投资设立公司，分期缴足出资额的，应当以协议约定的全部出资额为标准适用规定。

（4）连续累计计算

上市公司进行"提供财务资助"、"委托理财"等交易时，应当以发生额作为计算标准，并按照交易类别在连续12个月内累计计算。

上市公司在12个月内发生的交易标的相关的同类交易，应当按照累计计算的原则适用。

【真题回顾（2009）】以下应当由股东大会审议的交易有（　　　）。

A. 上交所上市公司交易成交金额占净资产 50% 以上且超过 3 000 万元

B. 创业板上市公司交易标的营业收入占上市公司营业收入 50% 以上且超过 3 000 万元

C. 中小板上市公司交易产生的利润占上市公司净利润 10% 且超过 100 万元

D. 创业板上市公司交易产生的利润总额占上市公司利润总额 50% 且超过 500 万元

答案：B

解析：A，50% 以上且超过 5 000 万元，提交股东大会审议。C，50% 以上且超过 500 万元方需股东大会审议。D，没有利润总额的指标。

【真题回顾（1406）】 以下关于创业板上市公司非关联交易信息披露的说法，符合相关规定的有（　　）。

A. 出售股权，交易标的最近一个会计年度的净利润为 5 000 万元，占上市公司最近一个会计年度净利润的 8%，该项交易无须披露

B. 债务重组，交易产生利润为 2 500 万元，占上市公司最近一个会计年度净利润的 55%，该项交易除应当及时披露外，还应当提交股东大会审议

C. 签订委托经营合同，交易的成交金额为 25 000 万元，占上市公司最近一期经审计净资产的 60%，该项交易除应当及时披露外，还应当提交股东大会审议

D. 收购资产，交易标的在最近一个会计年度的营业收入为 900 万元，占上市公司最近一个会计年度营业收入的 12% 以上，该项交易应当及时披露

答案：ABCD

解析：A，≥10% 且 >100 万时方需要披露；B≥50% 且 >300 万元，需要股东大会审议；C，≥50% 且 >3 000 万元，需要股东大会审议；D，≥10% 且 >500 万元，应及时披露，≥50% 且 >3 000 万元时方需股东大会审议。

（三）上市公司收购、出售资产需要股东大会批准的标准及需要履行的其他程序

见上述"（二）上市公司收购、出售资产、股份变动等交易的披露标准、审议程序和计算口径"的规定。

（四）年度报告中关于重大关联交易披露的规定

详见本章第二节"二、上市公司关联交易、关联方资金占用及与控股股东资金往来"的规定。

（五）上市公司收购、出售资产公告的内容及要求

详见本教材第六章"财务顾问"部分的内容。

四、关联交易

【大纲要求】

内容	程度
1. 上市公司主要关联交易事项及关联法人、关联自然人	掌握
2. 上市公司关联交易审议程序及披露要求	掌握

【内容精讲】

详见本章第二节"二、上市公司关联交易、关联方资金占用及与控股股东资金往来"的规定。

五、其他重大事件

【大纲要求】

内容	程度
1. 上市公司重大诉讼和仲裁审议程序及披露要求	掌握
2. 上市公司募集资金变更审议程序及披露要求	掌握
3. 业绩预告、业绩快报和盈利预测	掌握
4. "三会"决议的信息披露	掌握
5. 上市公司临时公告及相关附件报送监管机构备案的要求	—

【内容精讲】

（一）上市公司重大诉讼和仲裁审议程序及披露要求

1. 上市公司应当及时披露涉案金额超过1 000万元，并且占公司最近一期经审计净资产绝对值10%以上的重大诉讼、仲裁事项。

未达到上述标准或者没有具体涉案金额的诉讼、仲裁事项，董事会基于案件特殊性认为可能对公司股票及其衍生品种交易价格产生较大影响，或者交易所认为有必要的，以及涉及股东大会、董事会决议被申请撤销或者宣告无效的诉讼，公司也应当及时披露。

【注1】创业板的规定为"500万元+10%以上"。

【注2】上市公司连续12个月内发生的诉讼和仲裁事项涉案金额累计达到上述标准的，适用上述规定。

2. 上市公司应当及时披露重大诉讼、仲裁事项的重大进展情况及其对公司的影响，包括但不限于诉讼案件的一审和二审判决结果、仲裁裁决结果以及判决、裁决执行情况等。

（二）上市公司募集资金变更审议程序及披露要求

1. 募集资金变更的审议程序（董事会+披露+股大）

上市公司拟变更募集资金投资项目的，应当自董事会审议后及时披露，并提交股东大会审议。

【链接】本章第二节"规范运作""八、上市公司募集资金管理的相关规定"同时规定，募集资金用途变更的，需要履行"董事会+股大+保、独、监"程序。

2. 募集资金变更的披露要求

上市公司变更募集资金投资项目，应当披露以下内容：

（1）原项目基本情况及变更的具体原因。

（2）新项目的基本情况、市场前景和风险提示。

（3）新项目已经取得或者尚待有关部门审批的说明（如适用）。

（4）有关变更募集资金投资项目尚需提交股东大会审议的说明。

（5）交易所要求的其他内容。

新项目涉及购买资产、对外投资的，还应当按照相关规定进行披露。

（三）业绩预告、业绩快报和盈利预测

1. 业绩预告

上市公司预计半年度、前三季度、全年度经营业绩将出现下列情形之一的，应当及时进行业绩预告：

沪深主板、中小板	创业板
（1）净利润为负值	（1）相同
（2）净利润与上年同期相比上升或者下降50%以上	（2）相同
（3）实现扭亏为盈	（3）与上年同期或者最近一期定期报告业绩相比，出现盈亏性质的变化
	（4）期末净资产为负

说明：上表为各板块股票上市规则的规定。

【注】创业板另外规定，上市公司连续2年亏损或者因追溯调整导致最近连续2年以上亏损的，应当于其后披露的首个半年度报告和第三季度报告中分别对前三季度和全年盈亏情况进行预告。

【链接】2015年1月9日，深圳证券交易所对《信息披露业务备忘录第21号——业绩预告及定期报告披露》进行修订，修订后关于业绩预告及业绩快报的主要规定如下：

如预计公司本报告期或未来报告期（预计时点距报告期末不应超过12个月）出现以下情形之一的，应当及时进行预告：

（1）净利润为负值。

（2）实现扭亏为盈。

（3）实现盈利，但净利润与上年同期相比上升或者下降50%以上。

（4）期末净资产为负值。

（5）年度营业收入低于1 000万元人民币。

上市公司披露定期报告的业绩预告最迟不得晚于：

（1）年度报告业绩预告不应晚于报告期次年的1月31日。

（2）第一季度报告业绩预告不应晚于报告期当年的4月15日。

（3）半年度报告业绩预告不应晚于报告期当年的7月15日。

（4）第三季度报告业绩预告不应晚于报告期当年的10月15日。

上市公司在对其第三季度报告的经营业绩进行业绩预告及修正时，应同时披露公司年初至本报告期末以及第三季度本季度的业绩情况。

拟发布第一季度报告业绩预告但其上年年报尚未披露的上市公司，应当在发布业绩预告的同时披露其上年度的业绩快报。

2. 业绩快报和盈利预测

（1）交易所鼓励上市公司在定期报告披露前，主动披露定期报告业绩快报。

在定期报告披露前业绩被提前泄露，或者因业绩传闻导致公司股票及其衍生品种交易异常波动的，上市公司应当及时披露包括本报告期相关财务数据在内的业绩快报。

拟发布第一季度报告业绩预告但其上年年报尚未披露的上市公司，应当在发布业绩预告的同时披露其上年度的业绩快报。

（2）上市公司可以在定期报告披露前发布业绩快报，业绩快报应当披露上市公司本期及上年同期营业收入、营业利润、利润总额、净利润、总资产、净资产、每股收益、每股净资产和净资产收益率等数据和指标。

【注】业绩快报披露的是指标的金额，而业绩预报则是区间，比如，某公司预计2015年1～9月归属于上市公司股东的净利润盈利：8574.95万元～12362.38万元，比上年同期减少：45%～60%。

（3）上市公司应当确保业绩快报中的财务数据和指标与相关定期报告的实际数据和指标不存在重大差异。若有关财务数据和指标的差异幅度达到20%以上的，上市公司应当在披露相关定期报告的同时，以董事会公告的形式进行致歉，并说明差异内容及其原因、对公司内部责任人的认定情况等。

（4）上市公司预计本期业绩与已披露的盈利预测有重大差异的，应当及时披露盈利预测修正公告。

【注】深交所主板、中小板、创业板规定相同，上交所关于上述"（2）"项的规定为："在披露定期报告之前，公司若发现有关财务数据和指标的差异幅度将达到10%的，应当及时披露业绩快报更正公告，说明具体差异及造成差异的原因；差异幅度达到20%的，公司还应当在披露相关定期报告的同时，以董事会公告的形式进行致歉，说明对公司内部责任人的认定情况等。"

【真题回顾（2012）】创业板上市公司预计全年度、半年度、前三季度经营业绩出现下列情形之一的，应当及时进行业绩预告（　　　）。

A. 净利润与上一期相比上升或下降50%以上

B. 净资产为负

C. 净利润为负

D. 与上年同期相比公司实现扭亏为盈

答案：BCD

解析：A，应当是与上年同期相比上升或者下降50%以上方需进行业绩预告。

【真题回顾（1412）】创业板上市公司2014年半年报，出现以下情形，应当进行业绩预告的有（　　　）。

A. 净利润比2013年度半年报下降30%

B. 2014年6月30日净资产为－100万元

C. 净利润与2014年第一季度报告相比上升50%

D. 2013年度半年报净利润为－50万元，本期净利润为150万元

E. 2014年第一季度报告净利润为100万元，本期净利润为－50万元

答案：BDE

【真题回顾（1511）】以下是中小板上市公司应当进行业绩预告的情形的有（　　　）。

A. 预计净利润为负值

B. 预计净利润与上年同期相比下降50%

C. 预计期末净资产为负值

D. 实现扭亏为盈

E. 预计净利润与上期相比上升50%

答案：ABCD

解析：C，是创业板应进行业绩预告的情形；E，应当是与"上年同期"。

【真题回顾（1306）】对于深交所主板上市公司，以下关于业绩快报和业绩预告的说法正确

的有（　　）。

A. 如果2月底预计第一季度扭亏，可以在披露年报的同时披露第一季度业绩预告

B. 业绩预告披露的内容是金额区间或比例区间

C. 中小板上市公司，如果发现实际业绩与业绩快报差异超过10%，应刊登业绩快报更正公告，上市公司和董事长需道歉

D. 2013年1月，上市公司拟发布第一季度报告业绩预告，但2012年年报尚未披露的，应当在发布业绩预告的同时披露其2012年度的业绩快报。

答案：ABD

解析：C，深交所上市公司的规定是，若有关财务数据和指标的差异幅度达到20%以上的，上市公司应当在披露相关定期报告的同时，以董事会公告的形式进行致歉。D，拟发布第一季度报告业绩预告但其上年年报尚未披露的上市公司，应当在发布业绩预告的同时披露其上年度的业绩快报。

（四）"三会"决议的信息披露

1. 董事会决议的披露

（1）上市公司召开董事会会议，应当在会议结束后及时将董事会决议（包括所有提案均被否决的董事会决议）报送交易所备案。董事会决议应当经与会董事签字确认。

交易所要求提供董事会会议记录的，公司应当按交易所要求提供。

（2）董事会决议涉及须经股东大会表决的事项或者定期报告、应当披露的交易、关联交易和其他重大事件的，上市公司应当及时披露；涉及交易所认为有必要披露的其他事项的，上市公司也应当及时披露。（董事会决议都要报送，但不是必须都要披露）

（3）董事会决议涉及定期报告、应当披露的交易、关联交易和其他重大事件，需要按照中国证监会有关规定或者交易所制定的公告格式指引进行公告的，上市公司应当分别披露董事会决议公告和相关重大事件公告。

2. 监事会决议的披露

上市公司召开监事会会议，应当在会议结束后及时将监事会决议报送交易所备案，经交易所登记后公告。

监事会决议应当经过与会监事签字确认。

3. 股东大会决议的披露

（1）提案的披露

上市公司应当在年度股东大会召开20日前或者临时股东大会召开15日前，以公告方式向股东发出股东大会通知。股东大会通知中应当列明会议召开的时间、地点、方式以及会议召集人和股权登记日等事项，并充分、完整地披露所有提案的具体内容。

（2）决议的披露

上市公司应当在股东大会结束当日，将股东大会决议公告文稿、股东大会决议和法律意见书报送交易所，经交易所登记后披露股东大会决议公告。

交易所要求提供股东大会会议记录的，上市公司应当按交易所要求提供。

【注】上交所规定为"经交易所同意后披露股东大会决议公告"。

（3）股东自行召集股东大会的，在公告股东大会决议前，召集股东持股比例不得低于公司总股份的10%，召集股东应当在发出股东大会通知前申请在上述期间锁定其持有的公司股份。

【总结】关于上市公司"三会"相关文件的报送及披露见下表：

会议类型		会议通知	会议提案	会议决议	会议记录
董事会	报送	—	—	须报送	要求则提供
	披露	—	—	特定事项须披露	—
监事会	报送	—	—	须报送	—
	披露	—	—	所有均需披露	—
股东大会	报送	—	—	须报送	要求则提供
	披露	—	披露所有提案	须披露	—

说明："—"表示交易所股票上市规则未明确规定或要求。

【真题回顾（2008）】上市公司董事会决议均应披露，而监事会决议在有些情况下可以不披露。

答案：×

（五）上市公司临时公告及相关附件报送监管机构备案的要求

略。

六、停牌和复牌、风险警示、暂停、终止上市的相关规定

【大纲要求】

内容	程度
1. 上市公司停牌、复牌、风险警示及暂停上市的相关规定	掌握
2. 上市公司恢复上市、终止上市及退市公司重新上市的相关规定	掌握

【内容精讲】

（一）停牌和复牌

《深圳证券交易所股票上市规则》第十二章专门对停牌的各种情形及复牌进行规定，其他板块的规定基本一致。

1. 基本规定

（1）上市公司发生本章规定的停牌事项，应当向交易所申请对其股票及其衍生品种停牌与复牌。

（2）本章未有明确规定的，公司可以以交易所认为合理的理由向交易所申请对其股票及其衍生品种停牌与复牌，交易所视情况决定公司股票及其衍生品种的停牌与复牌事宜。

2. 具体情形

关于需要停牌的情形以及如何复牌规定内容较多，过往考试中也未曾考到，此处不再予以说明，详见股票上市规则相关内容。

3. 可转换公司债券停牌

可转换公司债券上市交易期间出现下列情况之一时，可转换公司债券停止交易：

（1）可转换公司债券流通面值少于3 000万元时，在公司发布相关公告3个交易日后停止其可转换公司债券的交易。

（2）可转换公司债券转换期结束前的10个交易日停止其交易。

（3）可转换公司债券在赎回期间停止交易。

（4）中国证监会和交易所认为应当停止交易的其他情况。

（二）上市公司一般风险警示

风险警示包括退市风险警示（"*ST"）和其他风险警示（"ST"），退市风险警示和其他风险警示日涨跌幅限制均为 5%，恢复上市首日不受 5% 的限制。

上市公司出现下列情形之一的，交易所有权对其股票交易实行其他风险警示：

1. 公司生产经营活动受到严重影响且预计在 3 个月以内不能恢复正常。

2. 公司主要银行账号被冻结。

3. 公司董事会无法正常召开会议并形成董事会决议。

4. 公司向控股股东或者其关联人提供资金或者违反规定程序对外提供担保且情形严重的。

5. 交易所认定的其他情形。

【注1】上交所多出一项："被暂停上市的公司股票恢复上市后或者被终止上市的公司股票重新上市后，公司尚未发布首份年度报告。"

【注2】深交所对"向控股股东或者其关联人提供资金或者违反规定程序对外提供担保且情形严重"进行了解释，是指上市公司存在下列情形之一且无可行的解决方案或者虽提出解决方案但预计无法在 1 个月内解决的：

①上市公司向控股股东或者其关联人提供资金的余额在 1 000 万元以上，或者占上市公司最近一期经审计净资产的 5% 以上。

②上市公司违反规定程序对外提供担保的余额（担保对象为上市公司合并报表范围内子公司的除外）在 5 000 万元以上，且占上市公司最近一期经审计净资产的 10% 以上。

（三）退市风险警示、暂停上市、终止上市的规定

2012 年修订的创业板上市规则取消了退市风险警示的规定，目前只有沪深主板、中小板有退市风险警示的规定。关于退市风险警示，上交所、深交所主板（含中小板）规定相同。关于暂停与终止上市，上交所、深交所主板规定相同，中小板略有不同，创业板有诸多不同之处。具体见下表。

标准	主板、中小板退市风险警示	主板、中小板		创业板	
		暂停	终止	暂停	终止
1. 连续亏损	2	3	4	3	4
	近两年连亏	*ST 首个年度仍亏损	暂停后 1 年仍亏损	连续 3 年亏损	暂停后 1 年仍亏损
2. 净资产<0	1	2	3	1	2
3. 营业收入<1 000 万元	1	2	3	—	—
4. 被否或无法表示	1	2	3	2	2.5
	近 1 年被否或无	*ST 仍被否或无	暂停后被否或无	近 2 年被否或无	暂停首个半年报被否或无
5. 财报有错未改或虚假记载	2 月	4 月	6 月	4 月	6 月
	有错未改，且股票已停牌 2 个月	*ST 后 2 个月仍未改正	暂停后 2 个月仍未改正	规定期限届满 4 个月仍未改正	暂停后 2 个月仍未改正

标准	主板、中小板退市风险警示	主板、中小板		创业板	
		暂停	终止	暂停	终止
6. 未在法定期限内披露年报、半年报	2月	4月	6月	2月	3月
	未披露，且股票已停牌2个月	*ST后2个月仍未披露	暂停后2个月仍未披露	法定期限届满2个月未披露	暂停后1个月仍未披露
7. 欺诈发行受处罚或被移送公安机关	因欺诈发行受中国证监会行政处罚或被移送公安机关	*ST的30个交易日期限届满	暂停后，中国证监会作出行政处罚决定、移送决定之日起12个月内被法院作出有罪判决或未满足恢复上市条件	因欺诈发行受中国证监会行政处罚或被移送公安机关	同主板终止情形
8. 信息披露违法受处罚或被移送公安机关	因重大信息披露违法受中国证监会行政处罚或被移送公安机关	*ST的30个交易日期限届满	暂停后，中国证监会作出行政处罚决定、移送决定之日起12个月内被法院作出有罪判决或未满足恢复上市条件	因重大信息披露违法受中国证监会行政处罚或被移送公安机关	同主板终止情形
9. 股权分布不具备上市条件（创业板多一个股东人数不具备上市条件）	披露的解决方案存在重大不确定性，或在规定期限内未披露解决方案，或在披露可行的解决方案后1个月内未实施完成	*ST后6个月内股权分布仍不具备上市条件	暂停后6个月内股权分布仍不具备上市条件	股票被复牌后的6个月内，股权分布或股东人数仍不具备上市条件	未在规定期限提交解决方案，或被暂停后6个月内仍不具备上市条件
10. 法院受理重整、和解或破产清算申请	法院受理重整、和解或破产清算申请	—	公司被法院宣告破产	—	公司被法院宣告破产
11. 出现可能被强制解散情形	出现可能被强制解散情形	—	公司被依法强制解散	—	公司被依法强制解散
12. 股本变化不再具备上市条件	—（直停）	直接暂停	暂停后规定期限仍未达上市条件	规定期限内仍未达上市条件	暂停后规定期限仍未消除情形

续表

标准	主板、中小板退市风险警示	主板、中小板		创业板	
		暂停	终止	暂停	终止
13. 连续 120 个交易日累计成交量	—	—	终止	—	<100 万股直接终止
14. 连续 20 个交易日每日收盘价 < 面值	—	—	直接终止	—	直接终止
15. 连续 20 个交易日股东人数 <2 000 人或 1 000 人	—	—	终止	—	—
16. 近 36 个月内累计受 3 次公谴	—	—	主板未规定，中小板直接终止	—	直接终止

注：① "9" 中，股东人数发生变化不具备上市条件是指股东人数少于 200 人。

②a. 主板：仅 A 股：<500 万股；仅 B 股：<100 万股；A 股且 B 股：A<500 万股 ∧ B<100 万股；b. 中小板：<300 万股。

③不含公司股票全天停牌的交易日、不含公司首次公开发行股票上市之日起的 20 个交易日。中小板为 1 000 人。

④另外如公司未在相关情形后 5 个交易日内提出恢复上市申请，或提出申请未被受理或未被核准的，应予终止上市；以终止上市为目的的回购或要约收购实施完毕后公司股本、股权分布或股东人数不符合上市条件也要终止等。

⑤对于亏损的相关情形在认定时，在判断风险警示和暂停时无 "扣非前后孰低" 之说，而对于恢复上市和终止上市判断时，以扣非前后孰低为准。

⑥所列终止上市的规定是强制终止上市的情形，2014 年 10 月修订的股票上市规则增加了一种主动终止上市的情形。关于主动终止上市的情形，深交所主板、中小板、创业板及上交所的规定均相同，《深圳证券交易所股票上市规则》规定，上市公司出现下列情形之一的，可以向交易所申请终止其股票上市交易：

a. 上市公司股东大会决议主动撤回其股票在交易所上市交易、并决定不再在交易所交易。

b. 上市公司股东大会决议主动撤回其股票在交易所上市交易，并转而申请在其他交易场所交易或转让。

c. 上市公司股东大会决议解散。

d. 上市公司因新设合并或者吸收合并，不再具有独立主体资格并被注销。

e. 上市公司以终止公司股票上市为目的，向公司所有股东发出回购全部股份或者部分股份的要约，导致公司股本总额、股权分布等发生变化不再具备上市条件。

f. 上市公司股东以终止公司股票上市为目的，向公司所有其他股东发出收购全部股份或者部分股份的要约，导致公司股本总额、股权分布等发生变化不再具备上市条件。

g. 上市公司股东以外的其他收购人以终止公司股票上市为目的，向公司所有股东发出收购全部股份或者部分股份的要约，导致公司股本总额、股权分布等发生变化不再具备上市条件。

h. 中国证监会或交易所认可的其他主动终止上市情形。

A 股股票和 B 股股票同时在交易所上市交易的上市公司，依照上述规定申请主动终止上市的，如无特殊理由其 A 股股票和 B 股股票应当同时终止上市。（注：创业板无此规定）

上市公司出现上述"a"、"b"项规定情形的，应当经出席股东大会的股东所持表决权的 2/3 以上通过，且经出席会议的除上市公司的董、监、高和单独或者合计持有上市公司 5% 以上股份的股东以外的其他股东所持表决权的 2/3 以上通过。

【真题回顾（2009）】 以下属于深交所中小板上市公司应实行 ST 的情形有（ ）。

A. 公司向控股股东提供资金，金额较大，提出解决方案，但预计无法在一个月内解决

B. 最近一年被出具了无法表示意见的审计报告

C. 向控股股东违规担保，金额较大，且预计无法在一个月内解决

D. 最近一年经审计的净资产为 −1 000 万元

E. 没有按照规定披露年报且停牌 2 个月

答案：AC

解析：B、D、E 属于应进行退市风险警示的情形。

【真题回顾（1306）】 上交所上市公司因财务指标不达标被暂停上市后，首个年度以下情况需终止上市的有（ ）。

A. 扣非后利润为负，扣非前为正

B. 被 CPA 出具保留意见审计报告

C. 营业收入低于 1 000 万元

D. 净资产为负

答案：ABCD

解析：上述均是上交所上市公司应终止上市的情形。

【真题回顾（1406）】 以下是上交所上市公司在 2014 年将会被实施退市风险警示的情形有（ ）。

A. 2013 年的营业收入为 1 500 万元

B. 2013 年被出具无法表示意见的审计报告

C. 2013 年末的净资产为负值

D. 2012 年度、2013 年度净利润追溯重述后连续为负值

答案：BCD

解析：A，2013 年的营业收入小于 1 000 万元时会被实施退市风险警示。

【真题回顾（1511）】 以下是创业板上市公司需暂停上市的情形的有（ ）

A. 连续 2 年亏损　　　　　　　　　　B. 最近一年末净资产为负

C. 最近两年被出具保留意见审计报告　　D. 连续两年营业收入低于 1 000 万元

答案：B

解析：A，连续 3 年亏损方暂停；C，最近两年被出具否定或无法表示意见的审计报告；D，创业板没有"营业收入低于 1 000 万元"需暂停或终止的指标要求。

（四）恢复上市

上市公司申请恢复上市，应当聘请具有主办券商业务资格的保荐人保荐。

（五）重新上市

创业板无重新上市的规定，深交所主板（含中小板）、上交所的规定基本一致，无实质性差异。重新上市统一比照 IPO 的条件，股票上市规则关于重新上市应符合的条件规定如下：

申请重新上市的公司，应当同时符合以下条件：

1. 公司股本总额不少于 5 000 万元。

2. 社会公众持有的股份占公司股份总数的比例为 25% 以上；公司股本总额超过 4 亿元的，社会公众持有的股份占公司股份总数的比例为 10% 以上。

3. 最近 3 年公司无重大违法行为，财务会计报告无虚假记载。

4. 公司最近 3 个会计年度的财务会计报告未被出具保留意见、无法表示意见或者否定意见的审计报告。

5. 公司最近 3 个会计年度经审计的净利润均为正值且累计超过 3 000 万元（净利润以扣除非经常性损益前后较低者为计算依据）。

6. 公司最近 3 个会计年度经营活动产生的现金流量净额累计超过 5 000 万元；或者公司最近 3 个会计年度营业收入累计超过 3 亿元。

7. 公司最近 1 个会计年度经审计的期末净资产为正值。

8. 公司最近 3 年主营业务、董事、高级管理人员未发生重大变化，最近 3 年实际控制人未发生变更。

9. 公司具备持续经营能力。

10. 具备健全的公司治理结构和内部控制制度且运作规范。

11. 公司董事、监事、高级管理人员具备法律、行政法规、部门规章、规范性文件、交易所有关规定及公司章程规定的任职资格，且不存在影响其任职的情形。

12. 交易所要求的其他条件。

上述第 11 项所称"影响其任职的情形"，包括：被中国证监会采取证券市场禁入措施尚在禁入期的；最近 36 个月内受到中国证监会行政处罚，或者最近 12 个月内受到证券交易所公开谴责；因涉嫌犯罪被司法机关立案侦查或者涉嫌违法违规被中国证监会立案调查，尚未有明确结论意见等情形。

第五节　法律责任

【大纲要求】

内容	程度
1. 上市公司及其董事、监事、高级管理人员在发行上市、信息披露及规范运作等方面的法律责任	掌握
2. 创业板上市公司控股股东和实际控制人在发行上市、信息披露及规范运作方面的法律责任	掌握

【内容精讲】

一、上市公司及其董事、监事、高级管理人员在发行上市、信息披露及规范运作等方面的法律责任

（一）发行上市方面

发行人向中国证监会报送的发行申请文件有虚假记载、误导性陈述或者重大遗漏的，发行

人不符合发行条件以欺骗手段骗取发行核准的，发行人以不正当手段干扰中国证监会及其发行审核委员会审核工作的，发行人或其董事、监事、高级管理人员的签字、盖章是伪造或者变造的，除依照《证券法》的有关规定处罚外，中国证监会将采取终止审核并在 36 个月内不受理发行人的股票发行申请的监管措施。

（二）信息披露方面

上市公司董事、监事、高级管理人员应当对公司信息披露的真实性、准确性、完整性、及时性、公平性负责，但有充分证据表明其已经履行勤勉尽责义务的除外。

上市公司董事长、经理、董事会秘书，应当对公司临时报告信息披露的真实性、准确性、完整性、及时性、公平性承担主要责任。

上市公司董事长、经理、财务负责人应对公司财务报告的真实性、准确性、完整性、及时性、公平性承担主要责任。

（三）规范运作方面

1. 交易所对上市公司及其董事、监事、高级管理人员、股东、实际控制人、收购人等自然人、机构及其相关人员，以及保荐机构及其保荐代表人、证券服务机构及其相关人员等对象实施监管，具体监管措施包括：

（1）要求上市公司及相关信息披露义务人或者其董事（会）、监事（会）和高级管理人员、保荐人及其保荐代表人、证券服务机构及其相关人员对有关问题作出解释和说明。

（2）要求公司聘请相关中介机构对公司存在的问题进行核查并发表意见。

（3）向公司发出各种通知和函件等。

（4）约见相关人员。

（5）对相关当事人证券账户采取限制交易措施。

（6）暂不受理保荐人或者其保荐代表人、证券服务机构或者其相关人员出具的文件。

（7）向中国证监会报告有关违法违规行为。

（8）其他监管措施。

2. 上市公司、相关信息披露义务人及其相关人员违反《股票上市规则》、交易所其他相关规定或者其所作出的承诺的，交易所视情节轻重给予以下处分：

（1）通报批评。

（2）公开谴责。

3. 上市公司董事、监事、高级管理人员违反《股票上市规则》、交易所其他相关规定或者其所作出的承诺的，交易所视情节轻重给予以下处分：

（1）通报批评。

（2）公开谴责。

（3）公开认定其不适合担任上市公司董事、监事、高级管理人员。（上交所：公开认定其三年以上不适合担任上市公司董事、监事、高级管理人员）

上述（2）、（3）项可以并处。

二、创业板上市公司控股股东和实际控制人在发行上市、信息披露及规范运作方面的法律责任

（一）发行上市方面

发行人向中国证监会报送的发行申请文件有虚假记载、误导性陈述或者重大遗漏的，发行人不符合发行条件以欺骗手段骗取发行核准的，发行人以不正当手段干扰中国证监会及其发行审核委员会审核工作的，发行人或其董事、监事、高级管理人员、控股股东、实际控制人的签名、盖章是伪造或者变造的，发行人及与本次发行有关的当事人违反首发办法规定为公开发行股票进行宣传的，中国证监会将采取终止审核并在三十六个月内不受理发行人的股票发行申请的监管措施，并依照《证券法》的有关规定进行处罚。

（二）规范运作方面

1. 交易所对上市公司及其董事、监事、高级管理人员、股东、实际控制人、收购人等自然人、机构及其相关人员，以及保荐机构及其保荐代表人、证券服务机构及其相关人员等进行监管。具体监管措施包括：

（1）要求作出解释和说明。

（2）要求中介机构或者要求聘请中介机构进行核查并发表意见。

（3）书面警示（发出各种通知和函件）。

（4）约见谈话。

（5）撤销任职资格证书。

（6）暂不受理有关当事人出具的文件。

（7）限制交易。

（8）上报中国证监会。

（9）其他监管措施。

2. 上市公司、相关信息披露义务人及其相关人员违反《创业板股票上市规则》、交易所其他相关规定或者其所作出的承诺的，交易所视情节轻重给予以下处分：

（1）通报批评。

（2）公开谴责。

三、《信息披露违法行为行政责任认定规则》中关于责任认定的规定

1. 认定从轻或者减轻处罚的考虑情形

（1）未直接参与信息披露违法行为。

（2）在信息披露违法行为被发现前，及时主动要求公司采取纠正措施或者向证券监管机构报告。

（3）在获悉公司信息披露违法后，向公司有关主管人员或者公司上级主管提出质疑并采取了适当措施。

（4）配合证券监管机构调查且有立功表现。

（5）受他人胁迫参与信息披露违法行为。

（6）其他需要考虑的情形。

2. 认定为不予行政处罚的考虑情形

（1）当事人对认定的信息披露违法事项提出具体异议记载于董事会、监事会、公司办公会会议记录等，并在上述会议中投反对票的。

（2）当事人在信息披露违法事实所涉及期间，由于不可抗力、失去人身自由等无法正常履行职责的。

（3）对公司信息披露违法行为不负有主要责任的人员在公司信息披露违法行为发生后及时向公司和证券交易所、证券监管机构报告的。

（4）其他需要考虑的情形。

3. 任何下列情形，不得单独作为不予处罚情形认定

（1）不直接从事经营管理。

（2）能力不足、无相关职业背景。

（3）任职时间短、不了解情况。

（4）相信专业机构或者专业人员出具的意见和报告。

（5）受到股东、实际控制人控制或者其他外部干预。

4. 下列情形认定为应当从重处罚情形

（1）不配合证券监管机构监管，或者拒绝、阻碍证券监管机构及其工作人员执法，甚至以暴力、威胁及其他手段干扰执法。

（2）在信息披露违法案件中变造、隐瞒、毁灭证据，或者提供伪证，妨碍调查。

（3）两次以上违反信息披露规定并受到行政处罚或者证券交易所纪律处分。

（4）在信息披露上有不良诚信记录并记入证券期货诚信档案。

（5）中国证监会认定的其他情形。

【真题回顾（1311）】 根据《信息披露违法行为行政责任认定规则》的规定，以下应认定为不予行政处罚的考虑情形的有（　　　）。

A. 当事人对认定的信息披露违法事项提出具体异议记载于董事会、监事会、公司办公会会议记录等，并在上述会议中投反对票的

B. 当事人在信息披露违法事实所涉及期间，由于不可抗力、失去人身自由等无法正常履行职责的

C. 对公司信息披露违法行为不负有主要责任的人员在公司信息披露违法行为发生后及时向公司和证券交易所、证券监管机构报告的

D. 在信息披露违法行为被发现前，及时主动要求公司采取纠正措施或者向证券监管机构报告

E. 未直接参与信息披露违法行为

答案：ABC

解析：D、E，属于认定从轻或者减轻处罚的考虑情形。

保荐代表人胜任能力考试辅导教材

投资银行业务（第二版）
下册·财务分析

朱保丛　编著

中国金融出版社

目 录

下册·财务分析

第一章 会 计

第一节 总 论

【大纲要求】

内容	程度	变化
1. 会计前导知识	—	—
2. 会计核算基本假设、会计基础及会计信息的质量要求	掌握	原有
3. 资产、负债、所有者权益、收入、费用、利润等会计要素的确认与计量原则	掌握	原有

说明：（1）"1"中会计前导知识除"会计基本假设"、"会计基础"及"会计要素"是大纲要求掌握的内容外，其他内容不对应大纲具体要求，本部分引用的所有考点在后面章节均会陆续涉及，如果水平在会计中级以上，建议越过。通过学习本部分内容，可以把握借贷关系及处理、理解T形账户、了解资产负债表和利润表、了解公司开办之初到发生业务的处理以及年底计提盈余公积等全部业务处理过程，对会计分录和报表之间的衔接有一个整体感性认识。（2）本节内容在CPA和会计中级职称考试中屡屡涉及，但"保代"考试较少考核。

【内容精讲】

一、会计前导知识

（一）会计的定义

编者理解，会计就是一种语言，是一种记录方式，用凭证、账本和报表记录及反映企业的财务状况、经营成果和现金流量。

（二）会计的内容

确认、计量、记录、报告。

编者理解如下：

1. 确认：解决"是不是"的问题。比如或有事项是否确认为负债、某项销售业务是否确认为收入。

2. 计量：解决"是多少"的问题。就是一个事项应该确认为多少钱。

【例题1·（2016年CPA教材例题选编）】 2012年12月27日，甲企业因合同违约而涉及一桩诉讼案。根据企业的法律顾问判断，最终的判决很可能对甲企业不利。2012年12月31日，甲企业尚未接到法院的判决，因诉讼须承担的赔偿金额也无法准确地确定。不过，据专业人士估计，赔偿金额可能是80万~100万元的某一金额，而且这个区间内每个金额的可能性都大致相同。

此例中，甲企业应在2012年12月31日的资产负债表中确认一项负债，计量金额 ＝ （80 ＋ 100） ÷2 ＝90（万元）。

（三）会计基本假设

1. 会计主体

会计主体，是指企业会计确认、计量和报告的空间范围。

编者理解：以谁的名义记账。

会计主体不同于法律主体。一般来说，法律主体就是会计主体，但会计主体不一定是法律主体。

（1）分公司，会计上要求独立核算的是会计主体，但不是法律主体。

（2）集团合并财务报表，是会计主体，但不是法律主体。

（3）企业有必要在分析判断金融资产转移是否符合金融资产终止条件前，着重关注金融资产转移的转出方能否对转入方实施控制。如果能够实施控制，则表明转入方是转出方的子公司，从而应纳入转出方的合并财务报表。站在合并财务报表的角度，该金融资产的转移属于内部交易，不能终止确认。

【例题2·（1509）】甲公司为深交所主板上市公司，拟于2015年10月申请配股，公司合并报表2012年至2014年三年累计实现的可分配利润为9 000万元，母公司2012年至2014年三年累计实现的可分配利润为7 500万元，则甲公司以下利润分配方案中符合配股条件的有（　　　）。

A. 2012年至2014年以现金方式累计分配利润900万元

B. 2012年至2014年以现金方式累计分配利润750万元

C. 2012年至2014年以现金加股票方式累计分配利润900万元

D. 2012年至2014年以现金加股票方式累计分配利润750万元

E. 2012年至2014年以现金方式累计分配利润600万元

答案：A

解析：上市公司公开发行股票的，其最近3年以现金方式累计分配的利润不少于最近三年实现的年均可分配利润的30%。配股属于公开发行，应符合"最近3年以现金方式累计分配的利润不少于最近3年实现的年均可分配利润的30%"的规定，此处"可分配利润"为合并报表口径数据，非母公司口径。

再比如，分配利润的时候不能超分，也就是不能超过母公司和子公司净利润，用低的那个作为标准。

2. 持续经营

持续经营，是指在可以预见的将来，企业将会按当前的规模和状态继续经营下去，不会停业，也不会大规模削减业务。

在持续经营假设下，企业会计确认、计量和报告应当以持续经营为前提。明确这一基本假设，就意味着会计主体将按照既定用途使用资产，按照既定的合约条件清偿债务，会计人员就可以在此基础上选择会计政策和估计方法。

比如，固定资产、无形资产按照历史成本计提折旧、摊销便是基于持续经营的假设。

3. 会计分期

会计分期，是指将一个企业持续经营的生产经营活动期间划分为若干连续的、长短相同的期间。

在会计分期假设下，会计核算应划分会计期间，分期结算账目和编制财务报告。

会计期间分为年度和中期。年度和中期均按公历起讫日期确定。中期是指短于一个完整的会计年度的报告期间。

4. 货币计量

货币计量，是指会计主体在财务会计确认、计量和报告时以货币计量，反映会计主体的财务状况、经营成果和现金流量。在用外币计量时，因采用不同汇率而产生会计记账本位币金额的差异会形成汇兑损益。

（四）会计基础

目前，我国的行政单位会计采用收付实现制，事业单位会计除经营业务可以采用权责发生制外，其他大部分业务采用收付实现制。

企业会计的确认、计量和报告应当以权责发生制为基础，这是因为权责发生制的存在会产生长期待摊费用的摊销。

权责发生制，是指企业按收入的权利和支出的义务是否归属于本期来确认收入、费用的标准，而不是按款项的实际收支是否在本期发生，也就是以应收应付为标准。在权责发生制下，凡属本期的收入和费用，不论收到或者支付，均要计入本期。

1. 由于企业本期已向客户发货而尚未收到货款的交易，应作为本期的收入，不应作为收到货款期间的收入。

2. 对于本期已经预收货款而尚未发出商品的交易，由于本期不具有收取货款的权利，不能作为本期的收入，而只能作为一项负债。

3. 对于企业本期应付的借款利息，尽管本期尚未支付，但由于本期受益，就应作为本期的费用，而不作为支付期的费用。

4. 对于本期预付下期的租金，尽管款项本期支付，但由于并不受益，就不能作为本期的费用。

收付实现制是与权责发生制相对应的一种会计基础，它是以收到或支付的现金作为确认收入和费用等的依据。

凡是本期实际收到款项的收入和付出款项的费用，不论款项是否属于本期，只要在本期实际发生，即作为本期的收入和费用。

（五）资产负债表的平衡关系

【例1】11月1日，长征公司成立，股东李某投入银行存款400万元，生产机床100万元作为固定资产使用，这两项投资作为公司初始的实收资本，足额缴纳注册资本500万元。12月1日，长征公司从银行获得短期借款100万元（不考虑计提的利息），并存入银行。就以这两笔业务填写资产负债表如下：

编制单位：长征公司 单位：万元

资产	期末余额	年初余额	负债和股东权益 （或股东权益）	期末余额	年初余额
流动资产：	500	0	流动负债：	100	0
货币资金（现金 + 银行存款）	400 + 100 = 500	0	短期借款	100	0
以公允价值计量且其变动计入当期损益的金融资产			以公允价值计量且其变动计入当期损益的金融负债		

资　产	期末余额	年初余额	负债和股东权益 （或股东权益）	期末余额	年初余额
应收票据			应付票据		
应收账款			应付账款		
预付款项			预收款项		
应收利息			应付职工薪酬		
应收股利			应交税费		
其他应收款			应付利息		
存货			应付股利		
划分为持有待售的资产			其他应付款		
一年内到期的非流动资产			划分为持有待售的负债		
其他流动资产			一年内到期的非流动负债		
流动资产合计	500	0	其他流动负债		
非流动资产：			流动负债合计	100	0
可供出售金融资产			非流动负债：		
持有至到期投资			长期借款		
长期应收款			应付债券		
长期股权投资			长期应付款		
投资性房地产			专项应付款		
固定资产	100	0	预计负债		
在建工程			递延收益		
工程物资			递延所得税负债		
固定资产清理			其他非流动负债		
生产性生物资产			非流动负债合计		
油气资产			负债合计	100	0
无形资产			股东权益：		
开发支出			实收资本（或股本）	400 + 100 = 500	0
商誉			资本公积		
长期待摊费用			减：库存股		
递延所得税资产			其他综合收益		
其他非流动资产			盈余公积		
非流动资产合计	100	0	未分配利润		
			股东权益合计	500	0
资产总计	600	0	负债和股东权益总计	600	0

1. 引入会计要素概念

会计要素是对会计对象的具体化、基本分类，分为资产、负债、所有者权益、收入、费用、利润六大会计要素。

（1）资产，是指企业过去的交易或者事项形成的、由企业拥有或者控制的、预期会给企业带来经济利益的资源。结合上面的资产负债表，企业的资产按流动性不同，可以分为流动资产和非流动资产。流动资产是指可以在一年或者超过一年的一个营业周期内变现或者耗用的资产，包括现金及各种存款、应收及预付款项、存货等。非流动资产，包括长期股权投资、固定资产、无形资产、投资性房地产等。这个表里面的名称也叫做报表项目，是汇总显示的，是由会计科目合并抵减填列的。比如存货项目就包括原材料、在产品、产成品等多个会计科目，就要由这些科目的余额合并填列。再比如应收账款报表项目，是由应收账款会计科目账面余额减去坏账准备会计科目余额填列的。合并报表时，调表不调账，调整的是报表项目，而不是会计科目。

会计科目为了分类又分成了好几级，比如实务中，应交税费——应交增值税（进项税额）。就是个三级会计科目。

（2）负债，是指企业过去的交易或者事项形成的、预期会导致经济利益流出企业的现时义务。

企业的负债按偿付期不同，分为流动负债和非流动负债。流动负债是指将在一年或者超过一年的一个营业周期内偿还的债务，结合上面的资产负债表，包括短期借款、应付票据、应付账款、应付职工薪酬、应交税费、应付利息、其他应付款等。非流动负债是指偿付期在一年或者超过一年的一个营业周期以上的债务，包括长期借款、应付债券、长期应付款项等。

（3）所有者权益，是指企业资产扣除负债后，由所有者享有的剩余权益。包括企业投资者对企业的投入资本、留存收益（盈余公积和未分配利润）等。

（4）收入，是指企业日常活动中形成、会导致所有者权益增加、与所有者投入资本无关的经济利益总流入。

（5）费用，是指企业日常活动中发生的、导致所有者权益减少、与向所有者分配利润无关的经济利益总流出。按与收入的配比关系，可分为营业成本和期间费用。

营业成本：主营业务成本、其他业务成本。

期间费用：管理费用、销售费用、财务费用及所得税费费用。

（6）利润，是指企业在一定会计期间的经营成果，包括收入减去费用后的净额、直接计入当期利润的利得和损失等。

利润总额 = 营业利润 + 营业外收入 − 营业外支出

净利润 = 利润总额 − 所得税费用

利润表格式

编制单位：××公司　　　　　　　　　××年度　　　　　　　　　单位：元

项目	本期金额	上期金额
一、营业收入		
减：营业成本		
营业税金及附加		
销售费用		
管理费用		

项目	本期金额	上期金额
财务费用		
资产减值损失		
加：公允价值变动收益（损失以"－"号填列）		
投资收益（损失以"－"号填列）		
其中：对联营企业和合营企业的投资收益		
二、营业利润（亏损以"－"号填列）		
加：营业外收入		
减：营业外支出		
其中：非流动资产处置损失		
三、利润总额（亏损总额以"－"号填列）		
减：所得税费用		
四、净利润（净亏损以"－"号填列）		
五、其他综合收益的税后净额		
（一）以后不能重分类进损益的其他综合收益	举例：重新计量设定受益计划净负债或净资产导致的变动	
（二）以后将重分类进损益的其他综合收益		
权益法下在被投资单位以后将重分类进损益的其他综合收益中享有的份额		
六、综合收益总额		
七、每股收益		
（一）基本每股收益		
（二）稀释每股收益		

2. 会计恒等式

资金占用＝资金来源，左边代表资产，右边代表来源。左边的资产有银行存款和固定资产，合计600万元，右边有负债和所有者权益，合计也是600万元。资产＝负债＋所有者权益。

【例2】具体业务举例：

（1）李某投入银行存款400万元。（资产和所有者权益同时增加）

银行存款是资产，资产增加了400万元，右边的所有者权益中的股本增加了400万元。

（2）长征公司获得短期借款100万元，并存入银行。（资产和负债同时增加）

银行存款是资产，资产增加了100万元，右边的短期借款增加了100万元。

（3）企业用银行存款120万元购买厂房。（资产内部变化，资产总体不变）

银行存款减少了120万元，厂房增加了120万元，资产此消彼长，总体没有变化。

（4）将应付账款转入应付票据80万元。

应付账款减少80万元，应付票据增加80万元。负债项目之间的此增彼减，会计恒等式保持不变。

（5）将控股股东豁免的应付账款600万元转入所有者权益。

应付账款减少600万元，所有者权益增加600万元。负债与所有者权益项目的此增彼减，会计恒等式保持不变。

（六）复式记账

【例3】延续【例1】11月1日，长征公司成立，李某投入银行存款400万元，生产机床100万元作为固定资产使用，这两项投资作为公司初始的实收资本，足额缴纳注册资本500万元。11月3日，企业用银行存款120万元购买办公楼，12月1日，从银行借入款项100万元。站在企业的角度，银行存款流水账如下：

（1）11月1日 股东投入股本 +400万元

（2）11月2日 支出款项购买办公楼 −120万元

（3）12月1日 从银行借入款项 +100万元

那么1月31日的银行存款就是380万元。

以上就是银行存款流水账的记录方式，就像我们自己记录日常收支一样，其实现在企业的出纳账就是这种记录方式。但是这种方式有两个缺点，一是只能反映现金或者银行存款的收支，没有体现出非现金业务，比如本例中投入的固定资产。二是如果漏记或者错记，很难找到问题出在哪里。如果是复式记账，分录就是这样写的：

（1）Dr：（借：）银行存款 400
　　　　　 固定资产 100
　　 Cr：（贷：）所有者权益 500

（2）Dr：固定资产——厂房 120
　　 Cr：银行存款 120

（3）Dr：银行存款 100
　　 Cr：短期借款 100

复式记账法的含义：复式记账法是对发生的每一笔会计交易或事项引起的会计要素的增减变动，以相等的金额同时在两个或两个以上的账户中相互联系地进行记录的一种方法。

复式记账法的理论依据：资产＝负债＋所有者权益。

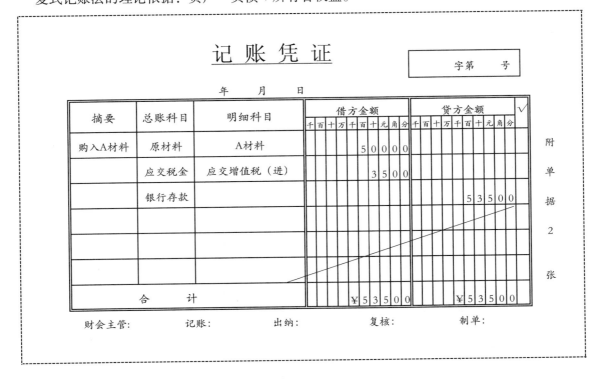

将凭证表述为分录如下：

Dr：原材料 500

应交税费——应交增值税（进项税额） 35

Cr：银行存款 535

以上就是实物中记账凭证的样子，我们写成一借一贷，就是用简单的方式写清楚了这张记账凭证，借贷的会计分录实际就展示了记账凭证。会计就是这样一个学科，不用做实验，不用看现场。在纸上就可以演绎春秋。只要你书本学会了，实务操作就能明白，不用转化。司法考试考完后，在法律实践中还要有一个应用和转化的过程，现实中有一套亚制度。而会计是一门所见即所得的学科，只要书本学会了，实务中就这样操作。

注意事项：

①借贷用字母表示，是为了考试的时候迅速罗列分录，保代考试时间紧张，输入字母比汉字快，大家不用考虑借贷有什么深层的含义，就把它当做一个符号就行。Dr 是英文 debit，即借方的缩写，Cr 是 credit，即贷方的缩写，用字母表示可以提高书写的速度。先 D 后 C，借 D 贷 C。

②约定俗成是 Cr 要往后空几个格写，空多少没有要求。

③借贷分录一般是一对一，比如第（2）笔和第（3）笔业务；也可以一对多，比如第（1）笔。也有可能多对多，比如非货币交易，用自己的专利（无形资产）交换别人的厂房（固定资产）和非专利技术（无形资产），并支付补价 50 元。

Dr：固定资产——厂房 800

无形资产 200

Cr：无形资产 950

银行存款 50

账户是根据会计科目设置的，具有一定格式和结构，是用于分类反映会计要素增减变动情况及其结果的载体。下表为账页局部，是会计凭证上的科目连续记录后的结果。

应收账款明细账

科目名称：

年	月	日	凭证号	摘要	借方	贷方	方向	余额
2016	1	31	略	本月合计	20 050.00	8 000.00	借	12 050.00
				本年累计	20 050.00	8 000.00	借	12 050.00
2016	2	3		应收 A 公司货款	5 850.00		借	17 900.00
2016	2	4		收到 A 公司货款		5 850.00	借	12 050.00
				本月累计	5 850.00	5 850.00		
				本年累计	25 900.00	13 850.00	借	12 050.00

本期余额 = 期初余额 + 本期增加额 − 本期减少额。我们的 T 形账户完美地描述了账页。这个记录结构是非常重要的，我们在外币借款汇兑差额资本化、各种准备计提、预计负债、股份支付等，都会用到这种记录方式，它能让我们准确地解答题目。

应收账款

2016 年 1 月 31 日余额：	12 050		
本期增加额：	58 500	本期减少额：	58 500
2016 年 2 月 29 日余额：	12 050		

　　同会计科目的分类相对应，账户按其所提供信息的详细程度及其统驭关系不同分为总分类账户（简称总账账户或总账）和明细分类账户（简称明细账）；按其所反映的经济内容不同分为资产类账户、负债类账户、所有者权益类账户、成本类账户、损益类账户等。

借贷记账法的账户结构：

账户的基本结构

借方（Dr）	账户名称	贷方（Cr）

账户的基本内容：

①期初余额：是指上期结余的金额。

期初余额在借方称为借方期初余额；在贷方称为贷方期初余额。

②本期发生额：是指账户借方或贷方登记的金额。

借方登记的金额称为借方本期发生额；贷方登记的金额称为贷方本期发生额。

③期末余额：是指本期期末的结余金额。

期末余额在借方称为借方期末余额；在贷方称为贷方期末余额。

资产、成本、费用		负债、所有者权益、收入、利润	
期初余额 增加额	减少额	减少额	期初余额 增加额
本期发生额	本期发生额	本期发生额	本期发生额
期末余额			期末余额

期末余额 = 期初余额 + 本期增加额 - 本期减少额。

【注1】会计上的右手定则，再联想一下资产负债表的结构。

【注2】编制会计分录时，应当按照以下步骤逐步进行：

（1）对所要处理的交易或事项，判断其究竟引起了哪些账户产生了变化。

（2）判断这些账户的性质，即它们各属于什么会计要素。

（3）确定这些账户受影响的方向，即增加还是减少。

（4）根据这些账户的性质和其增减方向，确定究竟是借记还是贷记。

（5）根据会计分录的格式要求，编制完整的会计分录。

【总结】增加情形：资产借方，负债和所有者权益贷方，成本费用借方，收入和利润贷方。

【例4】借贷记账法及 T 形账户的运用（本部分改编自张志凤《会计入门一点通》）。

（1）甲公司从银行取得短期借款 30 000 元。

解析：资产项目和负债项目同时增加。该类会计交易或事项主要包括：从银行取得借款；

购入货物尚未支付货款等。

银行存款		短期借款	
30 000			30 000

会计分录：

借：银行存款　　　　　　　　　　　　　　　　　　　　　　　　　30 000

　贷：短期借款　　　　　　　　　　　　　　　　　　　　　　　　　　　30 000

（2）甲公司接受张某投入固定资产 50 000 元。

解析：资产项目和所有者项目同时增加。该类会计交易或事项主要有：收到投资者投入的资产等。

固定资产		实收资本	
50 000			50 000

会计分录：

借：固定资产　　　　　　　　　　　　　　　　　　　　　　　　　50 000

　贷：实收资本　　　　　　　　　　　　　　　　　　　　　　　　　　　50 000

（3）甲公司用银行存款 30 000 元偿还已到期的银行借款。

解析：资产项目和负债项目同时减少。该类会计交易或事项主要有：以银行存款偿还银行借款；以银行存款偿还应付账款；以银行存款支付应付职工薪酬等（具有类似性）。

银行存款		短期借款	
	30 000	30 000	

会计分录：

借：短期借款　　　　　　　　　　　　　　　　　　　　　　　　　30 000

　贷：银行存款　　　　　　　　　　　　　　　　　　　　　　　　　　　30 000

（4）甲公司以银行存款 20 000 元，归还李某投资。

解析：资产项目和所有者项目同时减少。该类会计交易或事项主要有：以银行存款归还投资者投资等。

银行存款		实收资本	
	20 000	20 000	

会计分录：

借：实收资本　　　　　　　　　　　　　　　　　　　　　　　　　20 000

　贷：银行存款　　　　　　　　　　　　　　　　　　　　　　　　　　　20 000

（5）甲公司以银行存款 8 000 元购买原材料。

解析：资产项目一增一减。该类交易或事项主要有：以银行存款购买原材料或库存商品；将现金存入银行；从银行存款中提取现金；以银行存款购买固定资产等。

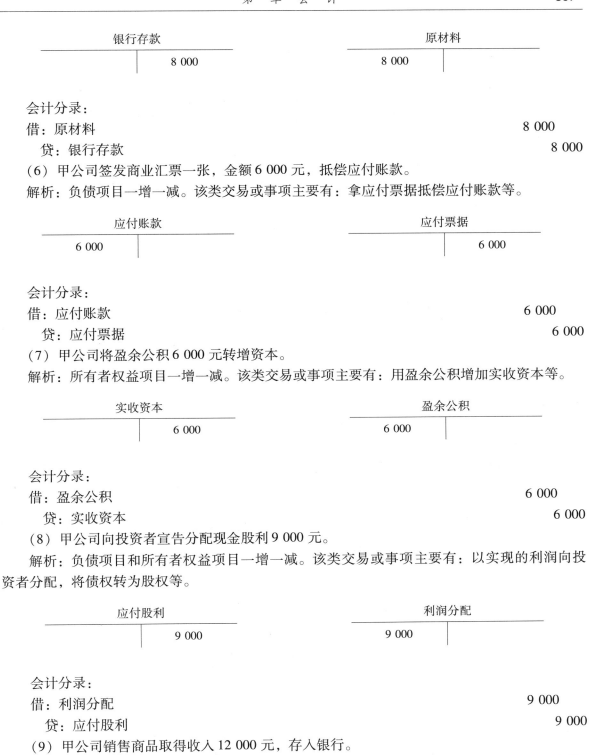

银行存款		原材料	
	8 000	8 000	

会计分录：

借：原材料 8 000

　　贷：银行存款 8 000

（6）甲公司签发商业汇票一张，金额6 000元，抵偿应付账款。

解析：负债项目一增一减。该类交易或事项主要有：拿应付票据抵偿应付账款等。

应付账款		应付票据	
6 000			6 000

会计分录：

借：应付账款 6 000

　　贷：应付票据 6 000

（7）甲公司将盈余公积6 000元转增资本。

解析：所有者权益项目一增一减。该类交易或事项主要有：用盈余公积增加实收资本等。

实收资本		盈余公积	
	6 000	6 000	

会计分录：

借：盈余公积 6 000

　　贷：实收资本 6 000

（8）甲公司向投资者宣告分配现金股利9 000元。

解析：负债项目和所有者权益项目一增一减。该类交易或事项主要有：以实现的利润向投资者分配，将债权转为股权等。

应付股利		利润分配	
	9 000	9 000	

会计分录：

借：利润分配 9 000

　　贷：应付股利 9 000

（9）甲公司销售商品取得收入12 000元，存入银行。

解析：收入项目增加、资产项目增加。该类交易或事项主要有：销售商品收到银行存款；销售商品尚未收到货款等。

银行存款		主营业务收入	
12 000			12 000

会计分录：

借：银行存款   12 000

 贷：主营业务收入   12 000

（10）甲公司销售商品确认收入 5 000 元，此前甲公司已预收该笔账款。

解析：收入项目增加、负债项目减少。该类交易或事项主要有：以销售商品收入抵偿负债、冲减预收账款等。

会计分录：

借：预收账款   5 000

 贷：主营业务收入   5 000

（11）甲公司以现金 3 000 元支付办公费用。

解析：费用项目增加、资产项目减少。该类交易或事项主要有：以现金支付办公费；以银行存款支付利息费用等。

会计分录：

借：管理费用   3 000

 贷：库存现金   3 000

（12）甲公司本月管理部门消耗电费 600 元，尚未支付。

解析：费用项目增加、负债项目增加。该类交易或事项主要有：尚未支付的管理部门消耗电费；尚未支付的管理部门职工薪酬等。

会计分录：

借：管理费用   600

 贷：应付账款   600

【例5】从企业开始成立，生产销售到年底提取盈余公积等全部过程。

（1）2015 年 11 月 1 日，长征公司成立，李某投入银行存款 400 万元，投入 100 万元的生产机床作为固定资产使用，这两项投资作为公司初始投资。

Dr：（借：）银行存款   4 000 000

     固定资产   1 000 000

 Cr：（贷：）实收资本   5 000 000

（2）12 月 1 日从银行借入长期借款 100 万元，年利率 12%，按年结息。

Dr：银行存款　　　　　　　　　　　　　　　　　　　　　　　　　　　　　1 000 000
　　Cr：长期借款　　　　　　　　　　　　　　　　　　　　　　　　　　　　　1 000 000

（3）12 月 31 日资产负债表日计提银行借款利息，$100 \times 12\% / 12 = 1$（万元）。

Dr：财务费用　　　　　　　　　　　　　　　　　　　　　　　　　　　　　　10 000
　　Cr：长期借款——应计利息　　　　　　　　　　　　　　　　　　　　　　　10 000

（4）长征公司取出现金 2 万元。

Dr：库存现金　　　　　　　　　　　　　　　　　　　　　　　　　　　　　　20 000
　　Cr：银行存款　　　　　　　　　　　　　　　　　　　　　　　　　　　　　20 000

（5）其他应收款。其他应收款是指企业除应收票据、应收账款、预付账款等以外的其他各种应收及暂付款项，主要内容包括：①应收的各种赔款、罚款，如因企业财产等遭受意外损失而向有关保险公司收取的赔款等。②应收的出租包装物租金。③向职工收取的各种垫付款项，如为职工垫付的水电费，应由职工负担的医药费、房租等。④存出保证金，如租入包装物支付的押金。⑤其他各种应收、暂付款项。⑥职工差旅费。

该账户借记发生的其他各种应收款项，贷方登记收回的各种其他应收款；余额在借方，表示尚未收回的各种其他应收款。

11 月 3 日，王总经理出差去北京，从公司预支 5 000 元作为差旅费。

Dr：其他应收款——王总　　　　　　　　　　　　　　　　　　　　　　　　5 000
　　Cr：库存现金　　　　　　　　　　　　　　　　　　　　　　　　　　　　5 000

11 月 6 日，王总回来后报销差旅费用，实际支出差旅费 4 000 元。剩余作为备用金使用。

Dr：管理费用　　　　　　　　　　　　　　　　　　　　　　　　　　　　　4 000
　　库存现金　　　　　　　　　　　　　　　　　　　　　　　　　　　　　1 000
　　Cr：其他应收款　　　　　　　　　　　　　　　　　　　　　　　　　　　5 000

备注：如果两笔合成一笔，就相当于用银行存款支付管理费用 4 000 元。但是通过其他应收款的账户中转，就可以在账上查到，王总预借的差旅费没有归还。挂账就是债权，没收回来一目了然。

（6）11 月 1 日用银行存款 100 万元购买原材料，作为生产使用，进项税金 17 万元。

Dr：原材料　　　　　　　　　　　　　　　　　　　　　　　　　　　　　1 000 000
　　应交税费——应交增值税（进项税额）　　　　　　　　　　　　　　　　170 000
　　Cr：银行存款　　　　　　　　　　　　　　　　　　　　　　　　　　　1 170 000

应交税费——应交增值税。最早起源于欧洲的"什（十）一"税，后来发现下游税负过重，比如铁矿石 10 元卖给铁匠，铁匠花了 7 元成本，生产的斧子卖 20 元，按照见十取一的标准，就应该交 2 元的税。但是实际上其中的 10 元已经交过"十一"税了，相当于重复征收，而且铁匠很冤枉，本来只有 10 元的增值空间，却按照 20 元交税。这种没有抵扣的"十一"税越是下游环节税负越重。

于是聪明的人想到可以抵扣进项。这样每个环节仅对自己增值部分交税，实现税负均衡。销项和进项的差额作为负债处理，不影响利润。销项举例见第十二笔业务。

（7）11 月 3 日，用银行存款 1 200 000 元购买固定资产，作为管理用办公楼使用，按照直线法计提折旧，使用时间为 10 年，残值为零。

Dr：固定资产——办公楼　　　　　　　　　　　　　　　　　　　　　　　1 200 000
　　Cr：银行存款　　　　　　　　　　　　　　　　　　　　　　　　　　　1 200 000

解释：所有购买资产都是这个分录，比如购买固定资产、无形资产、长期股权投资等。接下来以固定资产为例。

①为什么计提折旧，新车价值 10 万元，总共能开 10 年，不能说开了 5 年还是 10 万元，如果每年里程数相同，那么 5 年后剩下的价值是 5 万元了。这个说法比较容易懂。资产减少的同时，对应的成本增加了，利润减少，进而所有者权益减少。

②为什么不在 11 月计提，而在 12 月开始计提折旧，因为固定资产当月增加，当月不计提，当月减少当月计提。无形资产是当月增加，当月计提；当月减少，当月不计提。接下来计提折旧：

Dr：管理费用　　　　　　　　　　　　　　　$[(1\,200\,000-0)\times 1/(10\times 12)]$ 10 000

　Cr：累积折旧　　　　　　　　　　　　　　　　　　　　　　　　　　　10 000

12 月末发现资产有减值迹象，预计可收回金额是 1 071 000 元，需要计提减值准备。原价 1 200 000 – 10 000 = 1 190 000，1 190 000 – 1 071 000 = 119 000 元。

Dr：资产减值损失　　　　　　　　　　　　　　　　　　　　　　　　　119 000

　Cr：固定资产减值准备　　　　　　　　　　　　　　　　　　　　　　　119 000

减值准备是一个备抵科目，它对应的借方进入损益类科目，减值准备相当于资产类科目的备抵项目。期末资产负债表以固定资产原值 – 累计折旧 – 减值损失后的金额列示，本题中在年报资产负债表中，固定资产栏目填写的值：原值 1 200 000 – 累积折旧 10 000 – 固定资产减值准备 119 000 = 固定资产净值 1 071 000。

注意：在资产负债表上填写的金额有一些是以净值计入的，比如应收账款科目、固定资产科目、无形资产科目、存货科目、在建工程科目等，都是如此。

（8）12 月末，计提生产车间用固定资产折旧，原值 100 万元，残值为 4 万元，预计使用年限为 8 年，按照直线法计提折旧。

（原值 100 – 残值 4）/（8×12）= 1（万元）

Dr：制造费用　　　　　　　　　　　　　　　　　　　　　　　　　　　10 000

　Cr：累计折旧　　　　　　　　　　　　　　　　　　　　　　　　　　　10 000

（9）12 月，长征公司用银行存款购买东方公司 1 万元的股票，交易费用 1 000 元，准备短期内增值后转让。

Dr：交易性金融资产　　　　　　　　　　　　　　　　　　　　　　　　10 000

　投资收益　　　　　　　　　　　　　　　　　　　　　　　　　　　1 000

　Cr：银行存款　　　　　　　　　　　　　　　　　　　　　　　　　　11 000

（10）12 月 1 日，共有员工 20 名，应付工资总计 10 万元，其中管理人员工资 1 万元，车间工人工资 9 万元。

Dr：管理费用　　　　　　　　　　　　　　　　　　　　　　　　　　　10 000

　生产成本　　　　　　　　　　　　　　　　　　　　　　　　　　　90 000

　Cr：应付职工薪酬　　　　　　　　　　　　　　　　　　　　　　　　100 000

（11）假定年末没有在产品科目，当年生产的产品全部制作完成，并成功销售。为了生产这些产品，共领用原材料 90 万元，所有的制造费用均转入库存商品（制造费用为生产设备计提折旧 1 万元）。

Dr：生产成本　　　　　　　　　　　　　　　　　　　　　　　　　　　910 000

　Cr：制造费用　　　　　　　　　　　　　　　　　　　　　　　　　　10 000

　原材料　　　　　　　　　　　　　　　　　　　　　　　　　　　900 000

| Dr：库存商品 | 1 000 000 |
| Cr：生产成本 | 1 000 000 |

"生产成本"科目核算的是与生产产品有关的直接支出，比如直接材料、直接人工等。"制造费用"科目核算的是为组织和管理生产而产生的间接费用，比如车间管理人员的工资，生产设备的折旧费用等。制造费用是对生产成本细分后用于核算成本的科目，在期末时"制造费用"科目余额一般都要转入"生产成本"科目中。然后，成本还要在完工产品与未完工的在产品之间分配。

（12）预售商品，收到彩虹公司预付货款 10 万元。

| Dr：银行存款 | 100 000 |
| Cr：预收账款 | 100 000 |

当年所有商品实现销售，所有商品均已售出，售价为 200 万元。

Dr：预收账款	100 000
银行存款	2 240 000
Cr：主营业务收入	2 000 000
应交税金——应交增值税（销项税额）	340 000
Dr：主营业务成本	1 000 000
Cr：库存商品	1 000 000

（13）12 月 15 日，收到供应商捐赠原材料 15.4 万元，作为营业外收入。

| Dr：原材料 | 154 000 |
| Cr：营业外收入 | 154 000 |

（14）假定税法和会计的基础相同，就按照 25% 交纳所得税，年底应交所得税 25 万元。

Dr：所得税费用	250 000
Cr：应交税金——应交所得税	250 000
Dr：应交税金——应交所得税	250 000
Cr：银行存款	250 000

（15）年底结转时

Dr：主营业务收入	2 000 000
营业外收入	154 000
Cr：本年利润	2 154 000
Dr：本年利润	1 404 000
Cr：主营业务成本	1 000 000
管理费用	24 000
财务费用	10 000
资产减值损失	119 000
投资收益	1 000
所得税	250 000

（16）年底计提盈余公积，并分配利润。此处本年利润结余 75 万元，按照 10% 计提法定盈余公积（补充）。

| Dr：利润分配——提取法定盈余公积 | 75 000 |
| Cr：盈余公积——法定盈余公积 | 75 000 |

Dr：利润分配——未分配利润 　　　　　　　　　　　　　　　　　　　　75 000
　Cr：利润分配——提取法定盈余公积 　　　　　　　　　　　　　　　　　75 000
Dr：本年利润 　　　　　　　　　　　　　　　　　　　　　　　　　　　750 000
　Cr：利润分配——未分配利润 　　　　　　　　　　　　　　　　　　　750 000

　　法定盈余公积，是指按照企业净利润和法定比例计提的盈余公积。它的提取比例一般为净利润的10%，当法定盈余公积累计金额达到企业注册资本的50%以上时，可以不再提取。法定盈余公积的用途：①弥补公司亏损；②扩大公司生产经营；③转增公司资本（转增时所留存的该科目余额不得少于转增前注册资本的25%）。

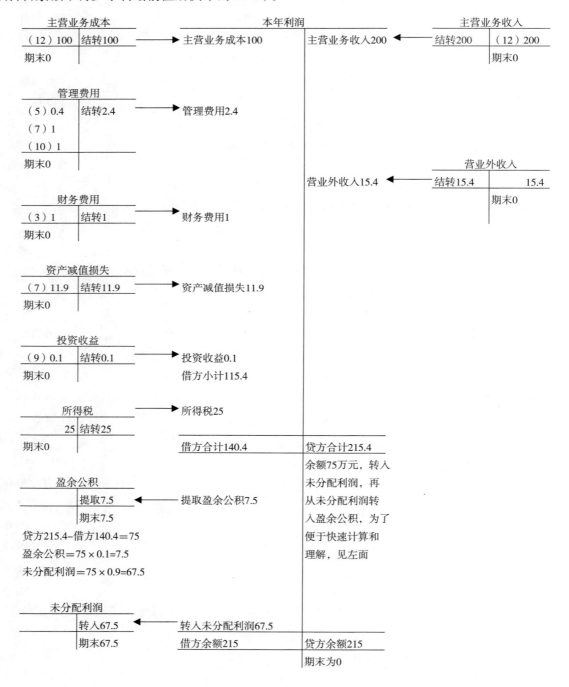

假定通过以上分录，利润表模拟计算结果填列如以下"利润表"：

编制单位：××公司 　　　　　　　　　　　　　　　　　　　　　　　　××年度 单位：元

项目	本期金额	上期金额
一、营业收入	2 000 000	
减：营业成本	1 000 000	
营业税金及附加		
销售费用		
管理费用	24 000	
财务费用	10 000	
资产减值损失	119 000	
加：公允价值变动收益（损失以"－"号填列）		
投资收益（损失以"－"号填列）	－1 000	
其中：对联营企业和合营企业的投资收益		
二、营业利润（亏损以"－"号填列）	846 000	
加：营业外收入	154 000	
减：营业外支出		
其中：非流动资产处置损失		
三、利润总额（亏损总额以"－"号填列）	1 000 000	
减：所得税费用	250 000	
四、净利润（净亏损以"－"号填列）	750 000	
五、其他综合收益的税后净额		
（一）以后不能重分类进损益的其他综合收益		
（二）以后将重分类进损益的其他综合收益		
权益法下在被投资单位以后将重分类进损益的其他综合收益中享有的份额		
六、综合收益总额		
七、每股收益		
（一）基本每股收益		
（二）稀释每股收益		

假定通过以上分录，资产负债表模拟计算结果填列如下表：

编制单位：长征公司 　　　　　　　　　　　　　　　　　　　　　　　　　　　单位：万元

资产	期末余额	年初余额	负债和股东权益（或股东权益）	期末余额	年初余额
流动资产：			流动负债：		
货币资金	470.5	0	短期借款		0
以公允价值计量且其变动计入当期损益的金融资产	1		以公允价值计量且其变动计入当期损益的金融负债		
应收票据			应付票据		

续表

资产	期末余额	年初余额	负债和股东权益 （或股东权益）	期末余额	年初余额
应收账款			应付账款		
预付款项			预收款项		
应收利息			应付职工薪酬	10	
应收股利			应交税费	17	
其他应收款			应付利息		
存货	25.4		应付股利		
划分为持有待售的资产			其他应付款		
一年内到期的非流动资产			划分为持有待售的负债		
其他流动资产			一年内到期的非流动负债		
流动资产合计	496.9	0	其他流动负债		
非流动资产：			流动负债合计	27	0
可供出售金融资产			非流动负债：		
持有至到期投资			长期借款	101	
长期应收款			应付债券		
长期股权投资			长期应付款		
投资性房地产			专项应付款		
固定资产	206.1	0	预计负债		
在建工程			递延收益		
工程物资			递延所得税负债		
固定资产清理			其他非流动负债		
生产性生物资产			非流动负债合计	101	
油气资产			负债合计	128	
无形资产			股东权益：		
开发支出			实收资本（或股本）	500	0
商誉			资本公积		
长期待摊费用			减：库存股		
递延所得税资产			其他综合收益		
其他非流动资产			盈余公积	7.5	
非流动资产合计	206.1	0	未分配利润	67.5	
			股东权益合计	575	0
资产总计	703	0	负债和股东权益总计	703	0

【注1】 几个比率：①资产负债率＝负债/资产，本题中＝128/703＝18.2%

②产权比率＝负债/净资产，本题中＝128/575＝22.3%

③权益乘数＝资产/净资产＝1＋产权比率＝1/（1－资产负债率）

本题中＝1＋22.3%＝122.3%或者＝703/575＝122.3%

【注2】 根据《创业板上市公司证券发行管理暂行办法》（2014年5月14日 证监会令第100

号）第九条的规定，最近一期末资产负债率高于45%，才能公开发行股票。因为如果低于这个比率，应该先去发行债务。

【注3】《上市公司章程指引》规定，股东大会是公司的权力机构，依法行使下列职权：包括为资产负债率超过70%的担保对象提供的担保。注意：普通程序通过即可。

二、会计核算基本假设、会计基础及会计信息的质量要求

（一）会计核算基本假设

详见上述"一、会计前导知识"之"（三）会计基本假设"具体内容，此处不再赘述。

（二）会计基础

详见上述"一、会计前导知识"之"（四）会计基础"具体内容，此处不再赘述。

（三）会计信息质量要求

1. 可靠性

可靠性要求企业应当以实际发生的交易或者事项为依据进行确认、计量和报告，如实反映符合确认和计量要求的各项会计要素及其他相关信息，保证会计信息真实可靠、内容完整。

2. 相关性

相关性要求企业提供的会计信息应当与财务报告使用者的经济决策需要相关，有助于财务报告使用者对企业过去、现在或者未来的情况作出评价或者预测。

3. 可理解性

可理解性要求企业提供的会计信息应当清晰明了，便于财务报告使用者理解和使用。

4. 可比性

可比性要求企业提供的会计信息应当具有可比性。具体包括下列要求：

（1）同一企业对于不同时期发生的相同或者相似的交易或者事项，应当采用一致的会计政策，不得随意变更。

（2）不同企业发生的相同或者相似的交易或者事项，应当采用规定的会计政策，确保会计信息口径一致、相互可比，即对于相同或者相似的交易或者事项，不同企业应当采用一致的会计政策，以使不同企业按照一致的确认、计量和报告基础提供有关会计信息。

【例题1·（模拟）】下列做法中，不违背会计信息质量可比性要求的是（　　　）。

A. 投资性房地产的后续计量由公允价值模式改为成本模式

B. 因预计发生年度亏损，将以前年度计提的无形资产减值准备全部予以转回

C. 因专利申请成功，将已计入前期损益的研究与开发费用转为无形资产的成本

D. 因追加投资，使原投资比例由50%增加到80%，而对被投资单位由具有重大影响变为具有控制权，故将长期股权投资由权益法改为成本法核算

答案：D

解析：选项A、B和C的会计处理不符合会计准则的规定，因此违背会计信息质量可比性要求。

5. 实质重于形式

实质重于形式要求企业应当按照交易或者事项的经济实质进行会计确认、计量和报告，不应仅以交易或者事项的法律形式为依据。

例如，以融资租赁方式租入的资产，虽然从法律形式来讲企业并不拥有其所有权，但是由于租赁合同中规定的租赁期相当长，接近于该资产的使用寿命；租赁期结束时承租企业有优先购买该资产的选择权；在租赁期内承租企业有权支配资产并从中受益等，因此，从其经济实质来看，企业能够控制融资租入资产所创造的未来经济利益，在会计确认、计量和报告上就应当

将以融资租赁方式租入的资产视为企业的资产，列入企业的资产负债表。

【例题2·（2014CPA）】 下列各项中，体现实质重于形式这一会计信息质量要求的是（　　）。

A. 确认预计负债　　　　　　　　　　　B. 对应收账款计提坏账准备

C. 对外公布财务报表时提供可比信息　　　D. 将融资租入固定资产视同自有资产入账

答案：D

解析：融资租入固定资产视同自有资产核算，符合会计信息质量要求的实质重于形式原则，其他选项不符合。

6. 重要性

重要性要求企业提供的会计信息应当反映与企业财务状况、经营成果和现金流量有关的所有重要交易或者事项。

比如采用权益法核算的长期股权投资，在确认应享有或应分担被投资单位的净利润或净亏损时，在被投资单位账面净利润的基础上，应考虑以取得投资时被投资单位各项可辨认资产等的公允价值为基础的影响进行适当调整，但投资时被投资单位可辨认资产的公允价值与其账面价值相比，两者之间的差额较小的，可以不进行调整，体现的就是重要性原则；再比如存货的减值准备由单项认定变更为按类别计提，还有对于不重要的前期差错，累积影响数不切实可行可以不进行追溯调整而采用未来适用法等。

【例题3·（1412）】 将存货的减值准备由单项认定变更为按类别计提，体现了（　　）。

A. 重要性原则　　　B. 可理解性原则　　　C. 可靠性原则　　　D. 实质重于形式原则

答案：A

7. 谨慎性

谨慎性要求企业对交易或者事项进行会计确认、计量和报告时应当保持应有的谨慎，不应高估资产或者收益、低估负债或者费用。

但是，谨慎性的应用并不允许企业设置秘密准备，如果企业故意低估资产或者收益，或者故意高估负债或者费用，将不符合会计信息的可靠性和相关性要求，损害会计信息质量，扭曲企业实际的财务状况和经营成果，从而对使用者的决策产生误导，这是会计准则所不允许的。

【例题4·（模拟）】 下列各项中，体现会计信息质量的谨慎性要求的有（　　）。

A. 因本年实现利润远超过预算，对所有固定资产大量计提减值准备

B. 符合条件的或有应付金额确认为预计负债

C. 对投资性房地产计提减值准备

D. 将长期借款利息予以资本化

答案：BC

解析：选项A属于滥用会计政策，与谨慎性要求无关；选项D不符合谨慎性要求。

8. 及时性

及时性要求企业对于已经发生的交易或者事项，应当及时进行确认、计量和报告，不得提前或者延后。及时性对相关性和可靠性起着制约作用。

【例题5·（2010CPA）】 下列各项会计信息质量要求中，对相关性和可靠性起着制约作用的是（　　）。

A. 及时性　　　B. 谨慎性　　　C. 重要性　　　D. 实质重于形式

答案：A

解析：会计信息的价值在于帮助所有者或者其他方面作出经济决策，具有时效性。即使是

可靠、相关的会计信息，如果不及时提供，就失去了时效性，对于使用者的效率就大大降低，甚至不再具有实际意义。

三、资产、负债、所有者权益、收入、费用、利润等会计要素确认与计量

（一）会计要素的确认

1. 资产的定义及其确认

定义	企业过去的交易或者事项形成的、由企业拥有或者控制的、预期会给企业带来经济利益的资源	
特征	（1）资产应为企业拥有或者控制的资源	
	（2）资产预期会给企业带来经济利益	
	（3）资产是由企业过去的交易或者事项形成的	
确认	将一项资源确认为资产，需要符合资产的定义，并同时满足以下两个条件	
	（1）与该资源有关的经济利益很可能流入企业	
	（2）该资源的成本或者价值能够可靠计量	

2. 负债的定义及其确认

定义	企业过去的交易或者事项形成的、预期会导致经济利益流出企业的现时义务
特征	（1）负债是企业承担的现时义务
	（2）负债的清偿预期会导致经济利益流出企业
	（3）负债是由企业过去的交易或者事项形成的
确认	将一项义务确认为负债，需要符合负债的定义，并同时满足以下两个条件
	（1）与该义务有关的经济利益很可能流出企业
	（2）未来流出的经济利益能够可靠计量

3. 所有者权益的定义及其确认

定义	企业资产扣除负债后，由所有者享有的剩余权益。公司的所有者权益又称为股东权益。所有者权益是所有者对企业资产的剩余索取权
构成	所有者权益按其来源主要包括所有者投入的资本、直接计入所有者权益的利得和损失、留存收益等
	（1）所有者投入的资本，是指所有者投入企业的资本部分，它既包括构成企业注册资本或者股本部分的金额，也包括投入资本超过注册资本或者股本部分的金额，即资本溢价或者股本溢价
	（2）直接计入所有者权益的利得和损失，是指不应计入当期损益、会导致所有者权益发生增减变动的、与所有者投入资本或者向所有者分配利润无关的利得或者损失。其中，利得是指由企业非日常活动所形成的、会导致所有者权益增加的、与所有者投入资本无关的经济利益的流入。损失是指由企业非日常活动所发生的、会导致所有者权益减少的、与向所有者分配利润无关的经济利益的流出（如可供出售金融资产公允价值的变动，公允价值增加为贷方记其他综合收益，是利得，公允价值减少，借方记其他综合收益，是损失）
	（3）留存收益是企业历年实现的净利润留存于企业的部分，主要包括计提的盈余公积和未分配利润
	除以上常规的所有者权益外，还有库存股、专项储备等
确认	所有者权益金额的确定也主要取决于资产和负债的计量

【例题1·（2014CPA）】 下列交易事项中，能够引起资产和所有者权益同时发生增减变动的有（　　）。

A. 分配股票股利　　　　　　　　　B. 接受现金捐赠

C. 财产清查中固定资产盘盈　　　　D. 以银行存款支付原材料采购价款

答案：BC

解析：选项A，属于所有者权益内部结转，不影响资产；选项D，属于资产内部增减变动。

4. 收入的定义及其确认

定义	企业在日常活动中形成的、会导致所有者权益增加的、与所有者投入资本无关的经济利益的总流入 VS利得：利得是指由企业非日常活动所形成的、会导致所有者权益增加的、与所有者投入资本无关的经济利益的净流入
特征	（1）收入是企业在日常活动中形成的
	（2）收入最终会导致所有者权益增加
	（3）收入是经济利益的总流入
确认	确认收入应同时满足以下三个条件
	（1）与收入相关的经济利益很可能流入企业
	（2）经济利益流入企业的结果会导致企业资产增加或者负债减少
	（3）经济利益的流入额能够可靠计量

【例题2·（模拟）】 以下事项中，不属于企业收入的是（　　）。

A. 销售商品所取得的收入　　　　　B. 提供劳务所取得的收入

C. 出售无形资产取得的净收益　　　D. 出售投资性房地产取得的收入

答案：C

解析：出售无形资产取得的净收益不属于日常活动，不属于收入。

5. 费用的定义及其确认条件

定义	企业在日常活动中发生的、会导致所有者权益减少的、与向所有者分配利润无关的经济利益的总流出 VS损失：损失是指由企业非日常活动所形成的、会导致所有者权益减少的、与向所有者分配利润无关的经济利益的净流出
特征	（1）费用应当是企业在日常活动中发生的
	（2）费用会导致所有者权益减少
	（3）费用是与向所有者分配利润无关的经济利益的总流出
确认	确认费用应同时满足以下三个条件
	（1）与费用相关的经济利益很可能流出企业
	（2）经济利益流出企业的结果会导致资产减少或者负债增加
	（3）经济利益的流出额能够可靠计量

6. 利润的定义及其确认条件

定义	企业在一定会计期间的经营成果。反映的是企业的经营业绩情况，是业绩考核的重要指标
构成	包括收入减去费用后的净额、直接计入当期利润的利得和损失等
确认	主要依赖于收入、费用以及利得和损失的确认。其金额的确定也主要取决于收入、费用、利得和损失金额的计量 利润 = 收入 − 费用 + 利得 − 损失

【总结】收入与利得、费用与损失的区别与联系

项目	区别	联系	举例
收入与利得	（1）收入与日常活动有关，利得与非日常活动有关 （2）收入是经济利益总流入，利得是经济利益净流入	都会导致所有者权益增加，且都与所有者投入资本无关	销售商品取得收入：日常、总流入（分别记收入和成本，而不是以差额来记） 出售固定资产净收益：非日常、净流入（此为影响利润的利得） 可供出售金融资产公允价值增加：非日常、净流入（此为直接计入所有者权益的利得） 以上三种情形均会导致所有者权益增加，且均与所有者投入资本无关
费用与损失	（1）费用与日常活动有关，损失与非日常活动有关 （2）费用是经济利益总流出，损失是经济利益净流出	都会导致所有者权益减少，且与向所有者分配利润无关	销售商品结转成本：日常、总流出 出售固定资产净损失：非日常、净流出（此为影响利润的损失） 可供出售金融资产公允价值减少：非日常、净流出（此为直接计入所有者权益的损失） 以上三种情形均会导致所有者权益减少，且均与向所有者分配利润无关

【例题3·（2012CPA）】下列各项中，属于应计入损益的利得的有（　　　）。

A. 处置固定资产产生的净收益

B. 重组债务形成的债务重组收益

C. 持有可供出售金融资产公允价值增加额

D. 对联营企业投资的初始投资成本小于应享有投资时联营企业净资产公允价值份额的差额

答案：ABD

解析：选项C，持有可供出售金融资产公允价值增加额计入其他综合收益，属于直接计入所有者权益的利得。

（二）会计要素的计量属性及应用原则

1. 计量属性

从会计角度看，计量属性反映的是会计要素金额的确定基础，主要包括历史成本、重置成本、可变现净值、现值和公允价值等。

计量属性	定义	备注
历史成本	又称为实际成本，就是取得或制造某项财产物资时所实际支付的现金或者其他等价物	取得资产时按取得时的公允价值计量
重置成本	又称现行成本，是指按照当前市场条件，重新取得同样一项资产所需支付的现金或现金等价物金额	一般盘盈的存货等实物资产用重置成本计量
可变现净值	是指在正常生产经营过程中，以预计售价减去进一步加工成本和销售所必需的预计税金、费用后的净值	存货期末按成本与可变现净值孰低计量
现值	是指对未来现金流量以恰当的折现率进行折现后的价值，是考虑货币时间价值因素等的一种计量属性	具有融资性质的分期付款购入、分期收款销售采用现值计量
公允价值	是指市场参与者在计量日发生的有序交易中，出售一项资产所能收到或者转移一项负债所支付的价格	交易性金融资产、可供出售金融资产、采用公允价值进行后续计量的投资性房地产及现金结算的股份支付确认的应付职工薪酬等期末采用公允价值计量

2. 应用原则

企业在对会计要素进行计量时，一般应当采用历史成本。

在保证所确定的会计要素金额能够取得并可靠计量时，也可采用重置成本、可变现净值、现值、公允价值计量。

【例题4·（2012CPA）】下列各项资产、负债中，应当采用公允价值进行后续计量的有（　　）。

A. 持有以备出售的商品

B. 为交易目的持有的5年期债券

C. 远期外汇合同形成的衍生金融负债

D. 实施以现金结算的股份支付计划形成的应付职工薪酬

答案：BCD

解析：存货按照成本与可变现净值进行期末计量，不采用公允价值，选项A错误；为交易目的而持有的债券属于交易性金融资产核算的范围，后续计量采用公允价值，选项B正确；远期外汇合同形成的衍生金融负债属于交易性金融负债，后续计量采用公允价值，选项C正确；实施以现金结算的股份支付计划形成的应付职工薪酬，按照股价的公允价值为基础确定，选项D正确。

【例题5·（2014中级）】企业取得或生产制造某项财产物资时所实际支付的现金或者其他等价物属于（　　）。

A. 现值　　　　B. 重置成本　　　　C. 历史成本　　　　D. 可变现净值

答案：C

解析：历史成本又称实际成本，是指取得或制造某项财产物资时所实际支付的现金或者其他等价物，选项C正确。

第二节 金融资产

【大纲要求】

内容	程度	变化
1. 金融资产的定义和分类	熟悉	原有
2. 以公允价值计量且变动计入当期损益的金融资产的分类及会计处理	熟悉	删除
3. 持有至到期投资的分类及会计处理	熟悉	删除
4. 可供出售的金融资产的分类及会计处理	熟悉	删除
5. 金融资产减值损失的确认和计量	熟悉	原有
6. 金融资产转移的确认和计量	熟悉	原有

总体要求：（1）初始计量与后续计量；（2）债务工具或权益工具；（3）交易费用处理；（4）计提减值准备。

【内容精讲】

一、金融资产的定义和分类

（一）金融资产的定义

广义金融资产主要包括库存现金、银行存款、应收账款、应收票据、其他应收款项、股权投资、债权投资和衍生金融工具形成的资产等。虽然长期股权投资的确认和计量没有在《企业会计准则第 22 号——金融工具确认和计量》中，但长期股权投资属于金融资产。如果题目中没有特殊说明，金融资产不包括货币资金及长期股权投资。本教材中的金融资产也不包括货币资金及长期股权投资。

（二）广义金融资产的分类

1.（狭义）金融资产的分类

狭义金融资产主要划分为下列四类：

（1）以公允价值计量且其变动计入当期损益的金融资产。取得该金融资产的目的，主要是为了近期内出售。（权益工具 + 债务工具）

（2）持有至到期投资。是指到期日固定、回收金额固定或可确定，且企业有明确意图和能力持有至到期的非衍生金融资产。（债务工具）

（3）贷款和应收款项。是指在活跃市场中没有报价、回收金额固定或可确定的非衍生金融资产。

（4）可供出售金融资产。没有划分为持有至到期投资、贷款和应收款项、以公允价值计量且其变动计入当期损益的金融资产。（兜底条款，权益工具 + 债务工具）

【注意】四类金融资产，只有持有至到期投资和可供出售金融资产在满足一定条件情形下方可进行重分类，其他各金融资产之间不得进行重分类。

【例题 1·（1609）】某上市公司的下列资产中，按照会计准则的规定，属于金融资产核算范围的有（　　）。

A. 购买的以公允价值计量的投资性房地产

B. 投资的某非上市公司 10% 的股权，对其不构成重大影响

C. 销售产品收到的商业承兑汇票

D. 购买的只有 2 个月就到期的债券投资，企业拟持有至到期兑付

E. 已经出售给一家资产管理公司的某笔应收款，出售协议约定，如果在应收款债权到期后未能偿还，则该资产管理公司有权向上市公司追偿

答案：BCDE

解析：A 是投资性房地产；B《企业会计准则第 2 号——长期股权投资》规定，当具有控制、共同控制或重大影响的权益性投资方划分为长期股权投资核算，对于不具有控制、共同控制或重大影响的权益性投资，不管其在活跃市场上有没有报价，也不管其公允价值能不能可靠计量，均按"金融资产"章节的要求进行核算；C 属于贷款和应收款项；D 是持有至到期投资，同时也属于现金等价物（现金等价物通常包括三个月内到期的债券投资等）；E 由于附追索权出售，不应确认收入，仍应该作为上市公司应收款项核算。

【例题 2·（模拟）】 关于金融资产的重分类，下列说法中正确的有（　　）。

A. 以公允价值计量且其变动计入当期损益的金融资产不能重分类为可供出售金融资产

B. 以公允价值计量且其变动计入当期损益的金融资产可以重分类为持有至到期投资

C. 持有至到期投资不能重分类为以公允价值计量且其变动计入当期损益的金融资产

D. 贷款和应收款项可以重分类为以公允价值计量且其变动计入当期损益的金融资产

E. 可供出售金融资产可以重分类为交易性金融资产

答案：AC

解析：企业在初始确认时将某金融资产划分为以公允价值计量且其变动计入当期损益的金融资产后，不能重分类为其他类金融资产；其他类金融资产也不能重分类为以公允价值计量且其变动计入当期损益的金融资产。

2. 长期股权投资核算的范围

（1）企业持有的能够对被投资单位实施控制的权益性投资，即对子公司投资。

（2）企业持有的能够与其他合营方一同对被投资单位实施共同控制的权益性投资，即对合营企业投资。

（3）企业持有的能够对被投资单位施加重大影响的权益性投资，即对联营企业投资。

投资企业持有的对被投资单位不具有共同控制或重大影响，并且在活跃市场中没有报价、公允价值不能可靠计量的权益性投资，按照本教材本节"金融资产"的要求进行核算。

特例 1. 风险投资机构、共同基金以及类似主体持有的、在初始确认时按照《企业会计准则第 22 号——金融工具确认和计量》的规定以公允价值计量且其变动计入当期损益的金融资产，投资性主体对不纳入合并财务报表的子公司的权益性投资，以及本准则未予规范的其他权益性投资，适用《企业会计准则第 22 号——金融工具确认和计量》。（链接企业合并章节"投资性主体纳入合并财务报表范围"理解）

特例 2. 投资方对联营企业的权益性投资，其中一部分通过风险投资机构、共同基金、信托公司或包括投连险基金在内的类似主体间接持有的，无论以上主体是否对这部分投资具有重大影响，投资方都可以按照《企业会计准则第 22 号——金融工具确认和计量》的有关规定，对间接持有的该部分投资选择以公允价值计量且其变动计入损益，并对其余部分采用权益法核算。

特例 3. 根据《企业会计准则解释第 1 号》的规定，股权分置改革过程的限售股，对被投资单位具有控制、共同控制或重大影响，划分为长期股权投资，不具有控制、共同控制或重大影响，应当划分为可供出售金融资产。按《企业会计准则解释第 3 号》的规定，股权分置改革以外的限售股，对被投资单位具有控制、共同控制或重大影响，划分为长期股权投资，对被投资

单位不具有控制、共同控制或重大影响，既可以划分为可供出售金融资产，也可以划分为以公允价值计量且其变动计入当期损益的金融资产。对于限售股其划分总结如下表：

对被投资单位的影响	划分	
对被投资单位具有控制、共同控制或重大影响	长期股权投资（不管是否处于股权分置改革过程中）	
对被投资单位不具有控制、共同控制或重大影响	处于股权分置改革过程的限售股	只能划分为可供出售金融资产
	非处于股权分置改革过程的限售股	既可以划分为可供出售金融资产，也可以划分为以公允价值计量且其变动计入当期损益的金融资产

【例题3·（2009）】 以下关于资产的分类说法正确的是（　　　）。

A. 出租车经营权（到期可更新车辆）属于金融资产

B. 商品期货（非套期保值）应划分为交易性金融资产

C. 限售股不应划分为以公允价值计量且其变动计入当期损益的金融资产

D. 某机构购入甲上市公司股票，并准备长期持有，应将其划分为持有至到期投资

答案：B

解析：A，出租车经营权是一种特许经营权，属于无形资产；B，商品期货属于衍生工具，一般划分为交易性金融资产，但套期保值的除外；C，对被投资单位不具有控制、共同控制或重大影响的，非处于股权分置改革过程的限售股，既可以划分为可供出售金融资产，也可以划分为以公允价值计量且其变动计入当期损益的金融资产；D，持有至到期投资不可能是权益工具。

【例题4·（1505）】 以下关于资产的分类说法正确的有（　　　）。

A. 不处于股权分置改革过程对被投资单位具有控制、共同控制、重大影响的股权投资应划分为长期股权投资

B. 处于股权分置改革过程对被投资单位具有控制、共同控制、重大影响的股权投资不应划分为长期股权投资

C. 持有某全国中小企业股份转让系统挂牌公司的10%股份的股权投资应划分为长期股权投资，并按照成本法进行核算

D. 持有某公司10%股权，该公司不是上市公司，也不是全国中小企业股份转让系统挂牌的非上市公众公司，且该股权公允价值不能可靠取得，则该股权投资应划分为长期股权投资，并按照成本法进行核算

答案：A

【例题5·（1511）】 下列关于金融资产的说法，正确的是（　　　）。

A. 企业持有的股权分置改革以外的上市公司限售股且对上市公司不具有控制、共同控制或重大影响的，该限售股权可划分为可供出售金融资产或以公允价值计量且变动计入当期损益的金融资产

B. 指定为有效套期工具的衍生工具应划分为交易性金融资产或金融负债

C. 持有至到期投资可重分类为可供出售金融资产

D. 以公允价值计量且变动计入当期损益的金融资产不可重分类为其他类金融资产

E. 持有至到期投资和可供出售金融资产的后续计量都采取公允价值计量

答案：ACD

解析：A项正确。B项错误，一般衍生工具是交易性金融资产或负债，但指定为有效套期工

具的衍生工具不应划分为交易性金融资产或金融负债。C项、D项正确，四类金融资产，只有持有至到期投资和可供出售金融资产在满足一定条件情形下方可进行重分类，其他各金融资产之间不得进行重分类。E项错误，持有至到期投资后续计量按照摊余成本计量，可供出售金融资产后续计量采用公允价值计量。

（三）权益工具和债务工具

1. 《企业会计准则第37号——金融工具列报》第九条规定，权益工具是指能证明拥有某个企业在扣除所有负债后的资产中的剩余权益的合同。在同时满足下列条件的情况下，企业应当将发行的金融工具分类为权益工具：（1）该金融工具应当不包括交付现金或其他金融资产给其他方，或在潜在不利条件下与其他方交换金融资产或金融负债的合同义务。（2）将来须用或可用企业自身权益工具结算该金融工具。如为非衍生工具，该金融工具应当不包括交付可变数量的自身权益工具进行结算的合同义务；如为衍生工具，企业只能通过以固定数量的自身权益工具交换固定金额的现金或其他金融资产结算该金融工具。企业自身权益工具不包括应按照本准则第三章分类为权益工具的金融工具，也不包括本身就要求在未来收取或交付企业自身权益工具的合同。比如，企业发行的普通股，以及企业发行的、使持有者有权以固定价格购入固定数量本企业普通股的认股权证等。

2. 债务工具是金融工具当中会形成债权债务的一类工具，如各种债券。

3. 长期股权投资及金融资产对应权益工具和债务工具分类表

类别	权益工具	债务工具
长期股权投资	对被投资单位具有控制、共同控制或重大影响	无
以公允价值计量且其变动计入当期损益的金融资产	对被投资单位不具有控制、共同控制或重大影响。公允价值后续计量＋进损益	实际利率摊销＋公允价值后续计量＋进损益
可供出售金融资产	对被投资单位不具有控制、共同控制或重大影响。公允价值后续计量＋进权益	实际利率摊销＋公允价值后续计量＋进权益
持有至到期投资	无	实际利率摊销

【例题6·（1511）】甲公司发行了每股面值100元人民币的优先股100万份，甲公司能够自主决定是否派发优先股股息，当期未派发的股息不会累计至下一年度。该优先股息具有一项强制转股条款，即当某些特定事件发生时，优先股持有方需把每股优先股转化为5股甲公司普通股，该金融工具是（　　　　）。

A. 权益工具　　　　B. 金融负债　　　　C. 金融资产　　　　D. 复合金融工具

E. 衍生金融工具

答案：A

解析：该合同符合"固定对固定"原则，因此，甲公司应该作为权益工具核算。

二、以公允价值计量且其变动计入当期损益的金融资产的分类及会计处理

（一）分类

以公允价值计量且其变动计入当期损益的金融资产，可以进一步分为交易性金融资产和指定为以公允价值计量且其变动计入当期损益的金融资产。

1. 交易性金融资产

金融资产满足以下条件之一的，应当划分为交易性金融资产：

（1）取得该金融资产的目的，主要是为了近期内出售。比如，企业以赚取差价为目的从二级市场购入的股票、债券、基金等。

（2）属于进行集中管理的可辨认金融工具组合的一部分，且有客观证据表明企业近期采用短期获利方式对该组合进行管理。

（3）属于衍生工具。但套期保值的除外。（此处可以链接金融负债对比记忆）

注：通常情况下一项金融资产是衍生金融资产时，则其应划分为交易性金融资产，其他三类（贷款和应收款项、持有至到期投资、可供出售金融资产）均属于非衍生金融资产。

2. 指定为以公允价值计量且其变动计入当期损益的金融资产

（1）该指定可以消除或明显减少由于该金融资产的计量基础不同所导致的相关利得或损失在确认和计量方面不一致的情况。

（2）企业的风险管理或投资策略的正式书面文件已载明，该金融资产组合、或该金融资产和金融负债组合，以公允价值为基础进行管理、评价并向关键管理人员报告。

（二）以公允价值计量且其变动计入当期损益的金融资产及可供出售金融资产（权益工具）会计处理

	两类资产按公允价值计量	以公允价值计量且其变动计入当期损益的金融资产③会计分录	可供出售金融资产（权益工具）②会计分录
初始计量	相关交易费用计入当期损益（投资收益）①，已宣告但尚未发放的现金股利或已到付息期但尚未领取的利息，应当确认为应收项目（各类金融资产均相同）	借：交易性金融资产——成本（公允价值） 投资收益（发生的交易费用） 应收股利 应收利息 贷：银行存款等	权益工具： 借：可供出售金融资产——成本（公允价值与交易费用之和） 应收股利 贷：银行存款等
后续计量	资产负债表日按公允价值计量。以公允价值计量且其变动计入当期损益的金融资产，公允价值变动计入公允价值变动损益；可供出售金融资产公允价值变动计入其他综合收益	计息： 借：应收股利 应收利息 贷：投资收益 公允价值变动： 公允价值上升（如下降则分录相反） 借：交易性金融资产——公允价值变动 贷：公允价值变动损益	计息： 借：应收股利 贷：投资收益 公允价值变动： 公允价值上升（如下降则分录相反） 借：可供出售金融资产——公允价值变动 贷：其他综合收益
处置	处置时，售价与账面价值的差额计入投资收益。将交易性金融资产持有期间公允价值变动损益转入投资收益；将可供出售金融资产持有期间其他综合收益转入投资收益	借：银行存款（价款扣除手续费） 贷：交易性金融资产 投资收益（差额，也可能在借方） 同时 借：公允价值变动损益 贷：投资收益 或反向	借：银行存款等 贷：可供出售金融资产 投资收益（差额，也可能在借方） 同时 借：其他综合收益（从其他综合收益中转出的公允价值累计变动额，也可能在借方） 贷：投资收益

注：①四类金融资产取得时的交易费用仅"以公允价值计量且其变动计入当期损益的金融资产"计入当期损益，其他三类均计入取得成本。

②可供出售金融资产（债务工具）会计处理将与持有至到期投资一并介绍。

③以公允价值计量且其变动计入当期损益的金融资产出售时，投资收益＝出售净价－取得时成本。

以公允价值计量且其变动计入当期损益的金融资产出售时，处置损益（影响利润总额的金额）＝出售净价－出售时账面价值

【例题1·（2015CPA教材例2-1）】2007年5月13日，甲公司支付价款1 060 000元从二级市场购入乙公司发行的股票100 000股，每股价格10.60元（含已宣告但尚未发放的现金股利0.60元），另支付交易费用1 000元。甲公司将持有的乙公司股权划分为交易性金融资产，且持有乙公司股权后对其无重大影响。

甲公司其他相关资料如下：

（1）5月23日，收到乙公司发放的现金股利。

（2）6月30日，乙公司股票价格涨到每股13元。

（3）8月15日，将持有的乙公司股票全部售出，每股售价15元。

按照本题，甲公司的账务处理见左侧分录，如果甲公司将投资作为可供出售金融资产核算见右侧分录：

左侧分录	右侧分录
（1）5月13日，购入乙公司股票： 借：交易性金融资产——成本　　1 000 000 　　应收股利　　60 000 　　投资收益　　1 000 　　贷：银行存款　　1 061 000	（1）5月13日，购入乙公司股票： 借：可供出售金融资产——成本　　1 001 000 　　应收股利　　60 000 　　贷：银行存款　　1 061 000
（2）5月23日，收到乙公司发放的现金股利： 借：银行存款　　60 000 　　贷：应收股利　　60 000	（2）5月23日，收到乙公司发放的现金股利： 借：银行存款　　60 000 　　贷：应收股利　　60 000
（3）6月30日，确认股票价格变动： 借：交易性金融资产——公允价值变动　　300 000 　　贷：公允价值变动损益　　300 000	（3）6月30日，确认股票价格变动： 借：可供出售金融资产——公允价值变动　300 000 　　贷：其他综合收益　　300 000
（4）8月15日，乙公司股票全部售出： 借：银行存款　　1 500 000 　　贷：交易性金融资产——成本　　1 000 000 　　　　　　　　　　——公允价值变动　　300 000 　　　　投资收益　　200 000 借：公允价值变动损益　　300 000 　　贷：投资收益　　300 000	（4）8月15日，乙公司股票全部售出： 借：银行存款　　1 500 000 　　贷：可供出售金融资产——成本　　1 001 000 　　　　　　　　　　——公允价值变动　　300 000 　　　　投资收益　　199 000 借：其他综合收益　　300 000 　　贷：投资收益　　300 000
①出售时投资收益＝150－100＝50（万元） ②出售时处置损益＝150－130＝20（万元） ③2007年投资收益＝－0.1＋20＋30＝49.9（万元）	①出售时投资收益＝30＋19.9＝49.9（万元） ②出售时处置损益＝49.9（万元） ③2007年投资收益＝49.9（万元）

【例题2·（1406）】2012年6月，甲公司支付价款8 000万元，自二级市场购入乙公司股票1 000万股，购入时包含已宣告但尚未发放的现金股利1 000万元，甲公司将购入股票划分为可供出售金融资产。2012年12月31日，乙公司股票的市场价格为每股10元。2013年8月，甲公司以每股12元的价格出售全部股票。2013年，甲公司出售乙公司股票应确认的投资收益是（　　）。

A. 2 000万元　　　B. 3 000万元　　　C. 4 000万元　　　D. 5 000万元

答案：D

【例题3·（2014中级）】下列关于不存在减值迹象的可供出售金融资产会计处理的表述中，

正确的是（　　）。

  A. 取得时发生的相关交易费用计入当期损益

  B. 将出售的剩余部分重分类为交易性金融资产

  C. 资产负债表日将公允价值与账面价值的差额计入当期损益

  D. 将出售时实际收到的金额与账面价值之间的差额计入当期损益

答案：D

解析：选项 A，取得时发生的相关交易费用应计入可供出售金融资产初始入账价值中；选项 B，交易性金融资产不得与其他类金融资产进行重分类；选项 C，资产负债表日将公允价值与账面价值的差额计入其他综合收益，不影响当期损益。

【例题 4·（2008）】2008 年 3 月 1 日，机构投资者甲从二级市场购入乙公司发行的股票 100 万股，每股价格 10 元，另支付交易费用 1 万元。乙公司于 3 月 5 日宣告按每股 0.1 元的比例分配现金股利，甲于 3 月 10 日收到现金股利 10 万元。3 月 20 日，甲以每股 11 元的价格将股票全部出售，另支付交易费用 1 万元，则 2008 年 3 月，甲应确认的投资收益为（　　）。

  A. 110 万元   B. 109 万元   C. 108 万元   D. 98 万元

答案：C

解析：机构投资者从二级市场购入股票应当是以赚取差价为目的，准备近期出售的（3 月 1 日购入，3 月 20 日便全部售出），因此应划分为交易性金融资产。

甲公司 2008 年 3 月应确认的投资收益为（从取得到出售全部投资收益）：持有期间的收益 – 取得时支付的交易费用 + 出售时确认的投资收益 = –1 + 10 + [（100×11 – 1）– 100×10] = 108（万元）

本题若是问甲公司 2008 年 3 月 20 日应当确认的投资收益为多少，则答案应当是：出售净价 – 取得时成本 =（100×11 – 1）– 100×10 = 99（万元）

【注】关于支付的交易费用，题目中有时候会表述为支付总价款是×××，其中包含交易费用×××，本题中表述为另支付交易费用 1 万元，在计算金融资产取得的初始成本时应注意计算。

三、持有至到期投资的分类及会计处理

（一）定义及特征

定义	到期日固定、回收金额固定或可确定，且企业有明确意图和能力持有至到期的非衍生金融资产
特征	通常情况下，企业持有的、在活跃市场上有公开报价的国债、企业债券、金融债券等，可以划分为持有至到期投资。将金融资产划分为持有至到期投资时应注意以下特征
	1. 到期日固定、回收金额固定或可确定 （1）权益工具投资不能划分为持有至到期投资 （2）在符合其他条件情况下，不能仅由于某债务工具投资是浮动利率投资而不将其划分为持有至到期投资
	2. 有明确意图持有至到期
	3. 有能力持有至到期 "有能力持有至到期"是指企业有足够的财务资源，并不受外部因素影响将投资持有至到期

续表

	注：到期前处置或重分类对所持有剩余部分的影响
特征	企业将持有至到期投资在到期前处置或重分类，通常表明其违背了将投资持有至到期的最初意图。如果处置或重分类为其他类金融资产的金额相对于该类投资（企业全部持有至到期投资）在出售或重分类前的总额较大时，则企业在处置或重分类后应立即将其剩余的持有至到期投资（全部持有至到期投资扣除已处置或重分类的部分）重分类为可供出售金融资产，且在本年度及以后两个完整的会计年度内不得再将金融资产划分为持有至到期投资 但是，需要说明的是，遇到以下情况时可以例外 ①出售日或重分类日距离该项投资到期日或赎回日较近（如到期前三个月内），且市场利率变化对该项投资的公允价值没有显著影响 ②根据合同约定的偿付方式，企业已收回几乎所有初始本金 ③出售或重分类是由于企业无法控制、预期不会重复发生且难以合理预计的独立事件所引起的

注：持有至到期投资只可能是债务工具，不可能是权益工具，而以公允价值计量且其变动计入当期损益的金融资产及可供出售金融资产既可以是债务工具也可以是权益工具。

【例题1·（模拟）】 下列各项中，某一项金融资产划分为持有至到期投资必须具有的特征有（　　）。

A. 该金融资产到期日固定　　　　　　B. 该金融资产回收金额固定或可确定

C. 企业有能力将该金融资产持有至到期　　D. 企业有明确意图将该金融资产持有至到期

答案：ABCD

（二）会计处理

【前导知识】 在教材中会涉及多处实际利率进行摊销的会计处理，持有至到期投资 VS 应付债券，分期销售商品 VS 分期付款购买固定资产或无形资产，融资租赁，存在弃置费用的固定资产等都会用到。

首先介绍现值和终值的概念，比如 2015 年 1 月 1 日，存在银行 100 元，1 年期银行的利息是 5%，那么到 12 月 31 日，银行存款就是 105 元。1 月 1 日的现值就是 100 元，12 月 31 日的终值就是 105 元。这里面 5 元的价值就是货币的时间价值，是随着时间自然增长的价值。即可以理解为现值 1 元，1 年后终值就是 1.05 元，现在的 1 元钱，就相当于 1 年后的 1.05 元。用公式表示就是（F/P，1，5%）=1.05。现值：present value，终值：final value。这个就叫做（P/F，i，n），表示复利现值系数。通过英文单词便于记忆。

$$\text{复利现值系数}(P/F, i, n) = \frac{\text{现值}}{\text{终值}} = \frac{Present\ value}{Final\ value} = P/F$$

$$\text{复利终值系数}(F/P, i, n) = \frac{\text{终值}}{\text{现值}} = \frac{Final\ value}{Present\ value} = F/P$$

$$\text{年金现值系数}(P/A, i, n) = \frac{\text{现值}}{\text{年金}} = \frac{Present\ value}{Annuity} = P/A$$

$$\text{年金终值系数}(F/A, i, n) = \frac{\text{终值}}{\text{年金}} = \frac{Final\ value}{Annuity} = F/A$$

（F/P，i，n）表示复利终值系数。那么反过来，如果终值是 1 元，也就是 1 年后有 1 元，现值（P/F，1，5%）怎么算呢？应该用 1/1.05 ≈ 0.95，也可以看出（P/F，1，5%）×（F/P，1，5%）= 0.95×1.05 ≈ 1，互为倒数关系。

上面这个例子是 1 年的例子，也就是年金里的 1 期，如果是多期该怎么算呢，比如年利率是 5% 按照 5 期计算，结果是多少呢？这里列个数轴。

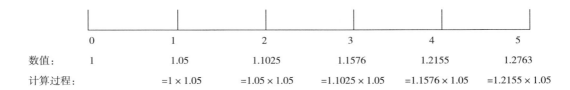

	0	1	2	3	4	5
数值:	1	1.05	1.1025	1.1576	1.2155	1.2763
计算过程:		=1×1.05	=1.05×1.05	=1.1025×1.05	=1.1576×1.05	=1.2155×1.05

从上面的数轴可知，（F/P，5，5%）=1.2763，通过数轴，计算过程是（F/P，5，5%）= 1×（1+5%）^{5}=1.2763

那么（P/F，5，5%）=1/1.2763=0.783=1×（1+5%）$^{-5}$

接下来介绍年金现值系数，如果每年到年底还1元，共还5年，实际利率为5%，数值上看还了5元，那么期初可以借多少钱呢？这里就是在求（P/A，5，5%）。

时点	0	1	2	3	4	5
年金现值	求和=4.3295	1÷1.05=0.9524	1.05^{-2}=0.9070	1.05^{-3}=0.8638	1.05^{-4}=0.8227	1.05^{-5}=0.7835

年金（Annuity）现值，就是把每期末的数值折算到期初之后求和。即（P/A，5，5%）=4.3295。

对应的（F/A，i，n）表示年金终值系数，（F/A，5，5%）=5.5256，与年金现值不是互为倒数关系，"保代"考试中很少涉及，就不展开了。

【应用】实际利率是指使某项资产或负债未来现金流量现值等于当前公允价值的折现率，进行摊销。

【例题2·（2016年CPA教材例2-3改编）】20×0年1月1日，甲公司支付价款950元，另支付交易费用50元，从活跃市场上购入某公司5年期债券，面值1 250元，票面年利率4.72%，按年支付利息（每年支付59元），本金最后一次支付。合同约定，该债券的发行方在遇到特定情况时可以将债券赎回，且不需要为提前赎回支付额外款项。甲公司在购买该债券时，预计发行方不会提前赎回。甲公司将购入的该公司债券划分为持有至到期投资，且不考虑所得税、减值损失等因素。

经查"年金现值系数表"、"复利现值系数表"可知：

59×（P/A，5，10%）+1 250×（P/F，5，10%）

=59×3.7908+1 250×0.62

≈1 000（如果查表计算的结果与1 000出入较大，要采用内插法计算）

实际利率为10%。

单位：元

年份	应收利息①	实际利息收入 ②=期初④×实际利率	摊余成本减少额 ③=①-②	期末摊余成本 期末④=期初④-本期③
				1 000
20×0	59	100	-41	1 041
20×1	59	104	-45	1 086
20×2	59	109	-50	1 136
20×3	59	114	-55	1 191
20×4	1 309 （1 250+59）	118	1 191	0

根据上述数据，甲公司的有关账务处理如下：

（1）20×0年1月1日，购入债券：

借：持有至到期投资——成本		1 250
贷：银行存款		1 000
持有至到期投资——利息调整		250

（2）20×0年12月31日，确认实际利息收入、收到票面利息等：

借：应收利息	59	①
持有至到期投资——利息调整	41	③
贷：投资收益	100	②
借：银行存款	59	
贷：应收利息	59	

以后年度略。

由上述分类可见，此时持有至到期投资摊余成本的变动为1 000×10% − 59 = 41（元），其对应的是投资收益，因此，持有至到期投资摊余成本的变动会影响利润。

1. 总体会计处理原则

初始计量	按公允价值和交易费用之和计量 实际支付款项中包含已到付息期尚未领取的利息，应单独确认为应收项目（各金融资产均相同）	借：持有至到期投资——成本（面值） 　　　　　　　　　——利息调整（差额，也可能在贷方） 　　应收利息（实际支付的款项中包含的利息）①或持有至到期投资——应计利息（到期一次还本付息债券的票面利息） 　贷：银行存款等
后续计量	采用实际利率法，按摊余成本计量 以上期摊余成本乘以实际利率的积作为本期投资收益，与按照面值和票面利率计算的应收利息或应计利息之间的差额作为持有至到期投资的摊余成本的调增或调减	借：应收利息（分期付息债券按票面利率计算的利息） 　贷：投资收益（持有至到期投资摊余成本和实际利率计算确定的利息收入） 　　持有至到期投资——利息调整（差额，也可能在借方）
转换为可供出售金融资产②	可供出售金融资产按重分类日公允价值计量，公允价值与原持有至到期投资账面价值的差额计入其他综合收益	借：可供出售金融资产（重分类日公允价值） 　　持有至到期投资减值准备 　贷：持有至到期投资 　　其他综合收益（差额，也可能在借方）
处置	处置时，售价与账面价值的差额计入投资收益	借：银行存款等 　　持有至到期投资减值准备 　贷：持有至到期投资 　　投资收益（差额，也可能在借方）

注：①企业无论以何种方式取得股权投资，也无论将取得的股权投资作为何种金融资产（长期股权投资、交易性金融资产、可供出售金融资产）核算，取得投资时，对于支付的对价中包含的应享有被投资单位已经宣告但尚未发放的现金股利或利润应确认为应收股利；企业无论以何种方式取得债权投资，也无论将取得的债权投资作为何种金融资产（持有至到期投资、交易性金融资产、可供出售金融资产）核算，取得投资时，对于支付的对价中包含的已到付息期但尚未领取的利息应确认为应收利息。

②将可供出售金融资产重分类为采用成本或摊余成本计量的金融资产。重分类日该项金融资产的公允价值或账面价值作为成本或摊余成本，该项金融资产没有固定到期日的，与该金融资产相关、原直接计入所有者权益的利得或损失，仍应记入"其他综合收益"科目，在该金融资产被处置时转入当期损益。该金融资产有固定到期日的，应当在该金融资产的剩余期限内，采用实际利率法摊销，计入当期损益。

2. 特殊处理

如果划分为可供出售金融资产，特殊处理之处见下表：

资产负债表日公允 价值正常变动	（1）公允价值上升 借：可供出售金融资产——公允价值变动 　　贷：其他综合收益 （2）公允价值下降 借：其他综合收益 　　贷：可供出售金融资产——公允价值变动
出售可供出售金融资产	借：银行存款等 　　贷：可供出售金融资产 　　　　投资收益（差额，也可能在借方） 同时 借：其他综合收益（从其他综合收益中转出的公允价值累计变动额，也可能 在借方） 　　贷：投资收益

【例题 3 · （2013 中级）】 下列关于金融资产后续计量的表述中，正确的有（　　　）。

A. 贷款和应收款项应采用实际利率法，按摊余成本计量

B. 持有至到期投资应采用实际利率法，按摊余成本计量

C. 交易性金融资产应按公允价值计量，并扣除处置时可能发生的交易费用

D. 可供出售金融资产应按公允价值计量，并扣除处置时可能发生的交易费用

答案：AB

解析：贷款、应收款项和持有至到期投资采用实际利率法，按照摊余成本进行后续计量，选项 A 和选项 B 正确；交易性金融资产和可供出售金融资产按照公允价值进行后续计量，不能扣除可能发生的交易费用，选项 C 和选项 D 错误。

【例题 4 · （2011）】 乙公司 2008 年 1 月 1 日购买三年期债券并准备持有至到期，2008 年 4 月 1 日，公司因临时资金紧张，出售 60%，取得价款 720 万元。假定 4 月 1 日该债券出售前账面余额（成本）为 1 000 万元，不考虑其他因素的影响，则以下说法正确的是（　　　）万元。

A. 乙公司 2008 年 4 月 1 日应确认投资收益 200

B. 乙公司 2008 年 4 月 1 日应确认投资收益 120

C. 乙公司 2008 年 4 月 1 日应确认资本公积 200

D. 乙公司 2008 年 4 月 1 日应确认其他综合收益 80

E. 可供出售金融资产入账价值为 400

F. 可供出售金融资产入账价值为 480

答案：BDF

解析：根据《企业会计准则第 22 号——金融工具确认和计量》的规定，企业因持有意图或能力发生改变，使某项投资不再适合划分为持有至到期投资的，应当将其重分类为可供出售金融资产，并以公允价值进行后续计量。重分类日，该投资的账面价值与公允价值之间的差额计入所有者权益，在该可供出售金融资产发生减值或终止确认时转出，计入当期损益。

因此，乙公司 2008 年 4 月 1 日出售并重分类持有至到期投资的账务处理为

借：银行存款　　　　　　　　　　　　　　　　　　　　　　　7 200 000

贷：持有至到期投资——成本		6 000 000
投资收益		1 200 000
借：可供出售金融资产	4 800 000	
贷：持有至到期投资——成本		4 000 000
其他综合收益		800 000

假定 2008 年 4 月 20 日，乙公司将剩余该债券全部出售，收取价款 580 万元，则乙公司的相关账务处理如下：

借：银行存款	5 800 000	
贷：可供出售金融资产		4 800 000
投资收益		1 000 000
借：其他综合收益	800 000	
贷：投资收益		800 000

四、可供出售的金融资产的分类及会计处理

（一）定义及分类

定义	可供出售金融资产，是指初始确认时即被指定为可供出售的非衍生金融资产，以及没有划分为持有至到期投资、贷款和应收款项、以公允价值计量且其变动计入当期损益的金融资产
特征	通常情况下，划分为此类的金融资产应当在活跃的市场上有报价，因此，企业从二级市场上购入的、有报价的债券投资、股票投资、基金投资等，可以划分为可供出售金融资产（可供出售金融资产既可以是债务工具也可以是权益工具）

（二）会计处理原则

初始计量	（1）按公允价值和交易费用之和计量（其中，债券投资的交易费用在"可供出售金融资产——利息调整"科目核算） （2）实际支付的款项中包含的利息（债券投资），应单独确认为应收利息；已宣告但尚未发放的现金股利（股票投资）应当确认为应收股利
后续计量	资产负债表日按公允价值计量，公允价值变动计入其他综合收益（不考虑减值因素）
处置	处置时，售价与账面价值的差额计入投资收益
	将持有可供出售金融资产期间产生的"其他综合收益"转入"投资收益"

　　注：可供出售金融资产发生的减值损失，应当计入当期损益；如果可供出售金融资产是外币货币性金融资产，则其形成的汇兑差额应计入当期损益；如果可供出售金融资产是外币非货币性金融资产，则其形成的汇兑差额计入其他综合收益。

【例题 1·（2008）】下列关于金融资产对企业财务状况和经营成果影响的说法，正确的是（　　）。

A. 可供出售金融资产公允价值的变动，既不影响利润，也不影响净资产

B. 交易性金融资产公允价值的变动影响利润

C. 指定为以公允价值计量且其变动计入当期损益的金融资产公允价值的变动影响利润

D. 持有至到期国债摊余成本的变动不影响利润

答案：BC

解析：A，可供出售金融资产以公允价值计量，公允价值变动计入"其他综合收益"。故可

供出售资产公允价值的变动，不影响利润，但影响所有者权益，即影响净资产；BC，交易性金融资产和以公允价值计量且其变动计入当期损益的金融资产按公允价值进行后续计量，公允价值变动计入当期损益，影响利润。D，企业应在持有至到期投资持有期间，采用实际利率法，按照摊余成本和实际利率计算确认利息收入，计入投资收益。持有至到期国债摊余成本的变动对应的是投资收益，影响利润。

【总结】金融资产的初始计量及后续计量如下：

类别	初始计量	后续计量
以公允价值计量且其变动计入当期损益的金融资产	公允价值，交易费用计入当期损益	公允价值，公允价值变动计入当期损益
持有至到期投资	公允价值，交易费用计入初始入账金额	摊余成本
贷款和应收款项		摊余成本
可供出售金融资产		公允价值，公允价值变动计入所有者权益（公允价值下降幅度较大或非暂时性时计入资产减值损失）

【例题 2·（2016 中级）】 企业对下列金融资产进行初始计量时，应将发生的相关交易费用计入初始确认金额的有（　　）。

A. 持有至到期投资　　　　　　　　　B. 委托贷款

C. 可供出售金融资产　　　　　　　　D. 交易性金融资产

答案：ABC

解析：选项 D，取得交易性金融资产发生的交易费用应当记入"投资收益"科目借方。

【例题 3·（2015CPA）】 下列资产分类或转换的会计处理中，符合会计准则规定的有（　　）。

A. 将投资性房地产的后续计量由公允价值模式转为成本模式

B. 因签订不可撤销的出售协议，将对联营企业投资终止采用权益法并作为持有待售资产列报

C. 对子公司失去控制或重大影响导致将长期股权投资转换为持有至到期投资

D. 因出售具有重要性的债券投资导致持有至到期投资转为可供出售金融资产

答案：BD

解析：选项 A，投资性房地产不能由公允价值模式转为成本模式；选项 C，股权投资没有固定到期日和固定收回金额，因此不能划分为持有至到期投资。

【例题 4·（2012 中级）】 2012 年 1 月 1 日，甲公司从二级市场购入丙公司面值为 200 万元的债券，支付的总价款为 195 万元（其中包括已到付息期但尚未领取的利息 4 万元），另支付相关交易费用 1 万元，甲公司将其划分为可供出售金额资产。该资产入账对应的"可供出售金融资产——利息调整"科目的金额为（　　）万元。

A. 4（借方）　　　　B. 4（贷方）　　　　C. 8（借方）　　　　D. 8（贷方）

答案：D

解析：本题会计分录如下：

借：可供出售金融资产——成本　　　　　　　　　　　　　　　　　　　　　　200①

　　　　应收利息　　　　　　　　　　　　　　　　　　　　　　　　　　　　　4②

　　　贷：银行存款　　　　　　　　　　　　　　　　　　　　　　196③

　　　　可供出售金融资产——利息调整　　　　　　　　　　　　　　　8④

从上述分录可知，"可供出售金融资产——利息调整"科目应为贷方 8 万元，选项 D 正确。

五、贷款和应收款项

贷款和应收款项主要是指金融企业发放的贷款和其他债权。

非金融企业销售商品或提供劳务形成的应收款项等债权，只要符合贷款和应收款项的定义，均可划分为此类。贷款和应收款项类金融资产在活跃市场中没有报价。

贷款和应收款项应按取得时的公允价值和相关交易费用之和作为初始确认金额。金融企业按当前市场条件发放的贷款，应按发放贷款的本金和相关交易费用之和作为初始确认金额。非金融企业对外销售商品或提供劳务形成的应收债权，应按从购货方应收的合同或协议价值作为初始入账金额，但应收的合同或协议价款不公允的除外。

合同或协议价款的收取采用递延方式、实质上具有融资性质的（通常期限在 3 年以上），应按应收债权的现值计量。

贷款持有期间所确认的利息收入，应当根据实际利率计算。实际利率应在取得贷款时确定，在随后期间保持不变。实际利率与合同约定的名义利率差别不大的，也可按名义利率计算利息收入。

资产负债表日，贷款和应收款项应当以摊余成本计量。企业收回或处置贷款和应收款项时，应按取得对价的公允价值与该贷款和应收款项账面价值之间的差额，确认为当期损益。

六、金融资产减值损失确认和计量

（一）金融资产减值损失的确认

企业应当在资产负债表日对以公允价值计量且其变动计入当期损益的金融资产以外的金融资产的账面价值进行检查，有客观证据表明该金融资产发生减值的，应当计提减值准备。

1. 以公允价值计量且其公允价值变动计入当期损益的资产不能计提减值准备，如以公允价值计量且其变动计入当期损益的金融资产，以公允价值模式进行后续计量的投资性房地产等。

2. 可供出售金融资产虽然期末按公允价值计量，但其正常的公允价值变动没有影响利润总额，所以当其发生减值时（非正常公允价值变动），应计提减值准备，反映在利润表的利润总额中。

3. 金融资产发生减值的主要客观证据：

（1）发行方或债务人发生严重财务困难。

（2）债务人违反了合同条款，如偿付利息或本金发生违约或逾期等。

（3）债权人出于经济或法律等方面因素的考虑，对发生财务困难的债务人作出让步。

（4）债务人很可能倒闭或进行其他财务重组。

（5）因发行方发生重大财务困难，该金融资产无法在活跃市场继续交易。

（6）无法辨认一组金融资产中的某项资产的现金流量是否已经减少，但根据公开的数据对其进行总体评价后发现，该组金融资产自初始确认以来的预计未来现金流量确已减少且可计量，如该组金融资产的债务人支付能力逐步恶化，或债务人所在国家或地区失业率提高、担保物在其所在地区的价格明显下降、所处行业不景气等。

（7）债务人经营所处的技术、市场、经济或法律环境等发生重大不利变化，使权益工具投资人可能无法收回投资成本。

（8）权益工具投资的公允价值发生严重或非暂时性下跌。

（9）其他表明金融资产发生减值的客观证据。

4. 企业在根据以上客观证据判断金融资产是否发生减值损失时，应注意以下几点：

（1）这些客观证据相关的事项（也称"损失事项"）必须影响金融资产的预计未来现金流量，并且能够可靠计量。对于预期未来事项可能导致的损失，无论其发生的可能性有多大，均不能作为减值损失予以确认。

（2）企业通常难以找到某项单独的证据来认定金融资产是否已发生减值，因而应综合考虑相关证据的总体影响进行判断。

（3）债务方或金融资产发行方信用等级下降本身不足以说明企业所持的金融资产发生了减值。但是，如果企业将债务人或金融资产发行方的信用等级下降因素，与可获得的其他客观的减值依据联系起来，往往能够对金融资产是否已发生减值作出判断。

（4）对于可供出售权益工具投资，其公允价值低于其成本本身不足以说明可供出售权益工具投资已发生减值，而应当综合相关因素判断该投资公允价值下降是否是严重或非暂时性下跌的。同时，企业应当从持有可供出售权益工具投资的整个期间来判断。

如果权益工具投资在活跃市场上没有报价，从而不能根据其公允价值下降的严重程度或持续时间来进行减值判断时，应当综合考虑其他因素（如被投资单位经营所处的技术、市场、经济或法律环境等）是否发生重大不利变化。

对于以外币计价的权益工具投资，企业在判断其是否发生减值时，应当将该投资在初始确认时以记账本位币反映的成本，与资产负债表日以记账本位币反映的公允价值进行比较，同时考虑其他相关因素。

【例题 1 · （2012）】 以下哪些情况需计提金融资产减值准备（　　　）。

A. 发生严重财务困难

B. 利息支付违约、逾期

C. 发生重大财务困难，金融资产无法在活跃市场继续交易

D. 经济环境发生重大不利变化，可能无法收回投资成本

答案：ABCD

解析：以公允价值计量且其变动计入当期损益的金融资产不需确认资产减值损失，其余金融资产需在资产负债表日对金融资产的账面价值进行检查，有客观证据表明该金融资产发生减值的，应当确认减值损失，计提减值准备。以上都是证明金融资产发生减值的客观证据。

（二）金融资产减值损失的计量

项目	计提减值准备	减值准备转回
持有至到期投资、贷款和应收款项	发生减值时，应当将该金融资产的账面价值减记至预计未来现金流量现值，减记的金额确认为资产减值损失，计入当期损益	如有客观证据表明该金融资产价值已恢复，原确认的减值损失应当予以转回，计入当期损益
可供出售金融资产	发生减值时，应当将该金融资产的账面价值减记至公允价值，原直接计入其他综合收益的因公允价值下降形成的累计损失，也应当予以转出，计入当期损益	可供出售债务工具投资发生的减值损失，在随后的会计期间公允价值已上升且客观上与原减值损失确认后发生的事项有关的，原确认的减值损失应当予以转回，计入当期损益
		可供出售权益工具投资发生的减值损失，不得通过损益转回，公允价值上升计入其他综合收益

注：以公允价值计量且其变动计入当期损益的金融资产不计提减值准备。

1. 持有至到期投资、贷款和应收款项减值损失的计量

（1）发生减值

借：资产减值损失

　　贷：持有至到期投资减值准备等

（2）减值测试方式

如果单项金融资产数额比较大，则需要单独进行减值测试；如果单项金融资产数额不大，可采用组合的方式进行减值测试。单项测试未减值，再进入组合测试。

（3）减值转回

借：持有至到期投资减值准备等

　　贷：资产减值损失

【注意】转回后的账面价值不应当超过假定不计提减值准备情况下该金融资产在转回日的摊余成本。

2. 可供出售金融资产减值损失的计量

（1）可供出售金融资产发生减值时，即使该金融资产没有终止确认，原直接计入所有者权益的因公允价值下降形成的累计损失，也应当予以转出，计入当期损益（资产减值损失）。会计处理如下：

借：资产减值损失

　　贷：其他综合收益（从其他综合收益中转出原计入其他综合收益的累计损失金额）

　　　　可供出售金融资产——公允价值变动

（2）对于已确认减值损失的可供出售债务工具（如债券投资），在随后的会计期间公允价值已上升且客观上与原减值损失确认后发生的事项有关的，原确认的减值损失应当予以转回，计入当期损益（资产减值损失）。会计处理如下：

借：可供出售金融资产——公允价值变动

　　贷：资产减值损失

（3）可供出售权益工具（股票投资）投资发生的减值损失，不得通过损益转回，转回时计入其他综合收益。（注意：并不是说可供出售权益工具投资发生的减值损失不可转回）

借：可供出售金融资产——公允价值变动

　　贷：其他综合收益

【例题2·（1610）】某上市公司有关金融资产减值的会计政策中，不符合企业会计准则规定的是（　　）。

A. 持有至到期投资发生减值时，应当将该金融资产的账面价值与资产负债表日公允价值间的差额，确认为减值损失，计入当期损益

B. 单独测试未发现减值的单项金额重大金融资产，不应继续包括在具有类似信用风险特征的金融资产组合中再进行减值测试

C. 外币金融资产预计未来现金流量现值时应先按外币确定，在计量减值时再按资产负债表日即期汇率折合成记账本位币反映的金额来确定

D. 以摊余成本计量的金融资产预计未来现金流量现值测算时，应当按照资产负债表日的市场利率折现确定

答案：ABD

解析：A 不符合，持有至到期投资发生减值时，应当将该金融资产的账面价值与预计未来

现金流量现值之间的差额，确认为减值损失，计入当期损益；B 不符合，单独测试未发现减值的金融资产（包括单项金额重大和不重大的金融资产），应当包括在具有类似信用风险特征的金融资产组合中再进行减值测试；C 符合；D 不符合，以摊余成本计量的金融资产的预计未来现金流量现值，应当按照该金融资产的原实际利率折现确定，并考虑相关担保物的价值（取得和出售该担保物发生的费用应当予以扣除），原实际利率是初始确认该金融资产时计算确定的实际利率。

【例题 3·（2007CPA）】下列有关可供出售金融资产会计处理的表述中，正确的有（ ）。

A. 可供出售金融资产发生的减值损失应计入当期损益

B. 取得可供出售金融资产发生的交易费用应计入资产成本

C. 可供出售金融资产期末应采用摊余成本计量

D. 可供出售金融资产持有期间取得的现金股利应冲减资产成本

E. 以外币计价的可供出售货币性金融资产发生的汇兑差额应计入当期损益

答案：ABE

解析：可供出售金融资产期末应采用公允价值计量；可供出售金融资产持有期间取得的现金股利计入投资收益。

【例题 4·（模拟）】以下事项会对利润造成影响的情形有（ ）。

A. 持有至到期投资重分类为可供出售金融资产，公允价值大于账面价值

B. 资产负债表日，可供出售金融资产公允价值变动

C. 可供出售权益工具投资发生减值损失，计提减值准备

D. 可供出售债务工具发生减值损失后公允价值上升，减值损失转回

E. 可供出售权益工具发生减值损失后公允价值上升，减值损失转回

答案：CD

解析：持有至到期投资重分类为可供出售金融资产，公允价值大于账面价值部分应计入所有者权益（其他综合收益），A 错；可供出售金融资产公允价值变动应计入所有者权益（其他综合收益），B 错；金融资产发生减值，计提减值准备，均通过"资产减值损失"科目核算，计入当期损益，C 说法正确；可供出售权益工具投资发生的减值损失，不得通过损益转回，转回时计入其他综合收益。可供出售债务工具投资发生的减值损失，转回时应通过资产减值损失核算，计入当期损益。因此 D 说法正确，E 说法错误。

【例题 5·（2014CPA）】下列各项资产计提减值后，持有期间内在原计提减值损失范围内可通过损益转回的有（ ）。

A. 存货跌价准备   B. 应收账款坏账准备

C. 持有至到期投资减值准备   D. 可供出售债务工具投资减值准备

答案：ABCD

解析：选项 A、B、C 和 D 在减值之后，持有期间内均可以在原计提减值范围内通过损益转回原确认的减值金额。

【例题 6·（2014CPA）】下列与可供出售金融资产相关的价值变动中，应当直接计入发生当期损益的是（ ）。

A. 可供出售权益工具公允价值的增加

B. 购买可供出售金融资产时发生的交易费用

C. 可供出售债务工具减值准备在原减值损失范围内的转回

D. 以外币计价的可供出售权益工具由于汇率变动引起的价值上升

答案：C

解析：可供出售权益工具公允价值的增加计入其他综合收益；购买可供出售金融资产时发生的交易费用计入初始投资成本；可供出售债务工具减值准备在原减值损失范围内的转回计入资产减值损失，选项 C 为正确选项；以外币计价的可供出售权益工具由于汇率变动引起的价值上升计入其他综合收益。

【例题 7·（2012CPA）】 20×6 年 12 月 31 日，甲公司持有的某项可供出售权益工具投资的公允价值为 2 200 万元，账面价值为 3 500 万元。该可供出售权益工具投资前期已因公允价值下降减少账面价值 1 500 万元。考虑到股票市场持续低迷已超过 9 个月，甲公司判断该资产价值发生严重且非暂时性下跌。甲公司对该金融资产应确认的减值损失金额为（　　　）。

A. 700 万元　　　　　　B. 1 300 万元　　　　　　C. 1 500 万元　　　　　　D. 2 800 万元

答案：D

解析：可供出售金融资产发生减值时，原直接计入其他综合收益中的因公允价值下降形成的累计损失，应予以转出计入当期损益。则甲公司对该金融资产应确认的减值损失金额 =（3 500 – 2 200）＋1 500 ＝2 800（万元）。账务处理如下：

借：其他综合收益　　　　　　　　　　　　　　　　　　　　　　　　　1 500
　贷：可供出售金融资产——公允价值变动　　　　　　　　　　　　　　　1 500
借：资产减值损失　　　　　　　　　　　　　　　　　　　　　　　　　2 800
　贷：其他综合收益　　　　　　　　　　　　　　　　　　　　　　　　　1 500
　　可供出售金融资产——公允价值变动　　　　　　　　　　　　　　　1 300

【例题 8·（1306）】 A 投资者 2012 年 9 月 30 日向某券商融券，卖出 10 万股 B 股票，融券期限 4 个月，融券卖出价格 10 元每股，融券年利率为 12%，2012 年 11 月 30 日 B 股票价格为 9 元每股，2012 年 12 月 31 日价格为 7 元每股，2013 年 1 月 31 日股票价格为 8 元每股，2013 年 1 月 31 日投资者平仓结算，则下面说法正确的是（　　　）。

A. A 投资者损益为 17 万元

B. A 投资者损益为 18 万元

C. 证券公司 2012 年 11 月 30 日确认公允价值变动损益 – 10 万元

D. 证券公司 2012 年 12 月 31 日确认公允价值变动损益 – 20 万元

答案：CD

解析：融资融券业务，是指证券公司向客户出借资金供其买入证券或者出借证券供其卖出，并由客户交存相应担保物的经营活动。企业发生的融资融券业务，分为融资业务和融券业务两类。关于融资业务，证券公司及其客户均应当按照《企业会计准则第 22 号——金融工具确认和计量》的有关规定进行会计处理。证券公司融出的资金，应当确认应收债权，并确认相应利息收入；客户融入的资金，应当确认应付债务，并确认相应利息费用。关于融券业务，证券公司融出的证券，按照《企业会计准则第 23 号——金融资产转移》的有关规定，不应终止确认该证券，但应确认相应利息收入；客户融入的证券，应当按照《企业会计准则第 22 号——金融工具确认和计量》的有关规定进行会计处理，并确认相应利息费用。证券公司对客户融资融券并代客户买卖证券时，应当作为证券经纪业务员进行会计处理。证券公司及其客户发生的融资融券业务，应当按照《企业会计准则第 37 号——金融工具列报》的有关规定披露相关会计信息。

A 投资者损益 =（10 – 8）×10 – 10×10×12%×4/12 ＝16（万元）

证券公司 11 月 30 日确认公允价值变动损益 =（9 – 10）×10 ＝ – 10（万元）

证券公司 12 月 31 日确认公允价值变动损益 ＝ （7 － 9） × 10 ＝ － 20 （万元）

七、金融资产转移的确认和计量

（一）金融资产转移的定义

金融资产（含单项或一组类似金融资产）转移，是指企业（转出方）将金融资产让与或交付给该金融资产发行方以外的另一方（转入方）。

（二）金融资产转移的确认和计量

1. 金融资产整体转移和部分转移的区分与不同处理

如为整体转移，则应将金融资产终止确认的判断条件运用于整项金融资产；如为部分转移，则只需将金融资产终止确认判断条件运用于发生转移的部分金融资产。

金融资产部分转移，包括下列三种情形：

（1）将金融资产所产生现金流量中特定、可辨认部分转移，如企业将一组类似贷款的应收利息转移等。

（2）将金融资产所产生全部现金流量的一定比例转移，如企业将一组类似贷款的本金和应收利息合计的 90% 转移等。

（3）将金融资产所产生现金流量中特定、可辨认部分的一定比例转移，如企业将一组类似贷款的应收利息的 90% 转移等。

2. 金融资产转移的确认

企业有必要在分析判断金融资产转移是否符合金融资产终止条件前，着重关注金融资产转移的转出方能否对转入方实施控制。如果能够实施控制，则表明转入方是转出方的子公司，从而应纳入转出方的合并财务报表。从合并财务报表的意义上，这种情况下的金融资产转移属于内部交易，不存在终止确认问题。

符合终止确认条件的情形	不符合终止确认条件的情形
以下情形表明企业已将金融资产所有权上几乎所有的风险和报酬转移给了转入方	以下情形通常表明企业保留了金融资产所有权上几乎所有的风险和报酬
（1）不附任何追索权方式出售金融资产	（1）采用附追索权方式出售金融资产
（2）附回购协议的金融资产出售，回购价为回购时该金融资产的公允价值	（2）将信贷资产或应收款项整体出售，同时保证对金融资产购买方可能发生的信用损失等进行全额补偿
（3）附重大价外看跌期权（或重大价外看涨期权）的金融资产出售。企业将金融资产出售，同时与购买方签订看跌（或看涨）期权合约，但从合约条款判断，由于该期权为重大价外期权，致使到期时或到期前行权的可能性极小，此时可以认定企业已经转移了该项金融资产所有权上几乎所有的风险和报酬，因此，应当终止确认该金融资产	（3）附回购协议的金融资产出售，回购价固定或是原售价加合理回报
	（4）附总回报互换协议的金融资产出售，该互换使市场风险又转回给了金融资产出售方
	（5）附重大价内看跌期权（或重大价内看涨期权）的金融资产出售

注：①看涨期权：买入期权，是指期权的购买者拥有在期权合约有效期内按执行价格买进一定数量标的物的权利。

②看跌期权：卖出期权，是指期权的购买者拥有在期权合约有效期内按执行价格卖出一定数量标的物的权利。

③重大价外期权：行权可能性很小。

④重大价内期权：行权可能性很大。

【例题 1·（1509）】 关于金融资产转移，下列项目中，应终止确认金融资产的有（　　）。

A. 乙公司为甲公司的子公司，甲公司以不附追索权方式出售金融资产给乙公司

B. 企业将金融资产出售，同时与买入方签订协议，在约定期限结束时按当日该金融资产的公允价值回购

C. 企业将金融资产出售，同时与买入方签订看跌期权合约，但从合约条款判断，该看跌期权是一项重大价外期权

D. 企业采用附追索权方式出售金融资产

E. 企业将金融资产出售，同时与买入方签订协议，在约定期限结束时按固定价格将该金融资产回购

答案：BC

解析：选项 A，资产转入方是转出方的子公司，从而应纳入转出方的合并财务报表。从合并财务报表的意义上，这种情况下的金融资产转移属于内部交易，不存在终止确认问题。

选项 D 和选项 E 表明企业保留了金融资产所有权上几乎所有风险和报酬，不应当终止确认相关金融资产。

3. 金融资产转移的计量

（1）符合终止确认条件时的计量

金融资产整体转移的损益 = 因转移收到的对价 + 原直接计入其他综合收益的公允价值变动累计利得（如为累计损失，应为减项）－ 所转移金融资产的账面价值。

金融资产部分转移满足终止确认条件的，应当将所转移金融资产整体的账面价值，在终止确认部分和未终止确认部分（在此种情况下，所保留的部分资产应当视同未终止确认金融资产的一部分）之间，按照各自的相对公允价值进行分摊。

【例题 2·2016 年 CPA 教材例 2 – 11】 20 × 4 年 3 月 15 日，甲公司销售一批商品给乙公司，开出的增值税专用发票上注明的销售价款为 300 000 元，增值税销项税额为 51 000 元，款项尚未收到。双方约定，乙公司应于 20 × 4 年 10 月 31 日付款。20 × 4 年 6 月 4 日，经与中国银行协商后约定：甲公司将应收乙公司的货款出售给中国银行，价款为 263 250 元；在应收乙公司货款到期无法收回时，中国银行不能向甲公司追偿。甲公司根据以往经验，预计该批商品将发生的销售退回金额为 23 400 元，其中，增值税销项税额为 3 400 元，成本为 13 000 元，实际发生的销售退回由甲公司承担。20 × 4 年 8 月 3 日，甲公司收到乙公司退回的商品，价款为 23 400 元。假定不考虑其他因素。

甲公司与应收债权出售有关的账务处理如下：

①20 × 4 年 6 月 4 日出售应收债权：

借：银行存款	263 250
营业外支出	64 350
其他应收款	23 400
贷：应收账款	351 000

②20 × 4 年 8 月 3 日收到退回的商品：

借：主营业务收入	20 000
应交税费——应交增值税（销项税额）	3 400
贷：其他应收款	23 400
借：库存商品	13 000

贷：主营业务成本	13 000

（2）不符合终止确认时的计量

金融资产转移不满足终止确认条件的，应当继续确认该金融资产，所收到的对价确认为一项金融负债。此类金融资产转移实质上具有融资性质，不能将金融资产与所确认的金融负债相互抵销。

【例题3·2016年CPA教材例2－12】 甲企业销售一批商品给乙企业，货已发出，增值税专用发票上注明的商品价款为200 000元，增值税销项税额为34 000元。当日收到乙企业签发的不带息商业承兑汇票一张，该票据的期限为3个月。相关销售商品收入符合收入确认条件。

甲企业的账务处理如下：

①销售实现时：

借：应收票据	234 000
贷：主营业务收入	200 000
应交税费——应交增值税（销项税额）	34 000

②3个月后，应收票据到期，甲企业收回款项234 000元，存入银行：

借：银行存款	234 000
贷：应收票据	234 000

③如果甲企业在该票据到期前向银行贴现，且银行拥有追索权，则表明甲企业的应收票据贴现不符合金融资产终止确认条件，应将贴现所得确认为一项金融负债（短期借款）。假定甲企业贴现获得现金净额231 660元，则甲企业相关账务处理如下：

借：银行存款	231 660
短期借款——利息调整	2 340
贷：短期借款——成本	234 000

第三节　存　货

【大纲要求】

内容	程度	变化
1. 存货的确认和计量	熟悉	新增
2. 存货的种类和确认条件	掌握	删除
3. 取得、发出及期末存货的计量	掌握	删除

【内容精讲】

一、存货的确认

（一）存货的概念

存货，是指企业在日常活动中持有以备出售的产成品或商品、处在生产过程中的在产品、在生产过程或提供劳务过程中耗用的材料、物料等。

存货在符合定义的情况下，同时满足下列条件的，才能予以确认：

1. 与该存货有关的经济利益很可能流入企业。

2. 该存货的成本能够可靠计量。

（二）存货的种类

1. 种类

种类	定义
原材料	企业在生产过程中经加工改变其形态或性质并构成产品主要实体的各种原料及主要材料、辅助材料、外购半成品（外购件）、修理用备件（备品备件）、包装材料、燃料等
在产品	企业正在制造尚未完工的产品，包括正在各个生产工序加工的产品和已加工完毕但尚未检验或已检验但尚未办理入库手续的产品
半成品	经过一定生产过程并已检验合格交付半成品仓库保管，但尚未制造完工成为产成品，仍需进一步加工的中间产品
产成品	工业企业已经完成全部生产过程并验收入库，可以按照合同规定的条件送交订货单位，或者可以作为商品对外销售的产品
商品	商品流通企业外购或委托加工完成验收入库用于销售的各种商品
周转材料	企业能够多次使用但不符合固定资产定义的材料，如各种包装物，各种工具、管理用具、玻璃器皿、劳动保护用品以及在经营过程中周转使用的容器等低值易耗品和建造承包商的钢模板、木模板、脚手架等其他周转材料。但是，周转材料符合固定资产定义的，应当作为固定资产处理

2. 是否是企业存货的具体判断

（1）以下不属于企业存货

①工程物资、工程材料不属于存货。为建造固定资产而储备的各种材料，虽然同属于材料，但是由于是用于建造固定资产等各项工程，不符合存货的定义，因此不能作为企业的存货进行核算。

②根据销售合同已经售出，所有权已经转移的存货，不管该存货是否运离企业，均不得再作为企业存货核算。

③房地产开发企业建造的、用于对外出租的商品房（应当作为"投资性房地产"核算）。

④受托代销商品。

（2）下列项目属于企业存货

①制造完成验收入库后的代制品和修理完成验收入库后的代修品

企业接受外来原材料加工制造的代制品和为外单位加工修理的代修品，制造和修理完成验收入库后，应视同企业的产成品。

②房地产开发企业购入的土地用于建造商品房属于企业的存货。

③房地产开发企业建造的用于出售的商品房。

④已经取得商品所有权，但尚未验收入库的在途物资。

⑤已经发货但存货的风险和报酬并未转移给购买方的发出商品。

⑥委托加工物资。

⑦委托代销商品。

（3）周转材料可能是存货，也可能是固定资产。周转材料符合固定资产定义的，应当作为固定资产处理。

【例题1·（模拟）】下列各种物资中，应当作为企业存货核算的有（　　　）。

A. 房地产开发企业建造的用于对外出租的商品房

B. 发出商品

C. 低值易耗品

D. 房地产开发企业建造的用于对外出售的商品房

答案：BCD

解析：房地产开发企业建造的用于对外出租的商品房属于投资性房地产，用于对外出售的商品房属于存货，选项 A 不属于存货。

【例题 2·（2008）·（2009）·（2012）】 下列应在资产负债表中存货项目反映的是（ ）。

A. 肉鸡饲养场饲养的肉鸡

B. 收到外来材料加工制造的代制品，已经制造完成验收入库

C. 收到委托方委托代销的、只收手续费的代销商品，已经入库

D. 用于建造自用住房的工程物资

答案：AB

解析：A，肉鸡饲养场的肉鸡，属于消耗性生物资产，在资产负债表上作为存货列报。B，代制品、代修品加工修理完成并入库后属于企业存货；C，代销商品分为委托代销商品和受托代销商品，前者是委托别人代为销售，后者是接受委托代别人销售。委托代销商品尽管存货已发出至受托方，但在收到受托方开出代销清单前（尤其是只收手续费的代销，视同买断的代销看合同具体如何约定），商品所有权与风险并未转移，应作为委托方存货核算，因此委托代销商品属于企业存货，受托代销商品不属于企业存货。（说明：受托企业在收到受托代销商品的时候，借记"受托代销商品"科目，贷记"代销商品款"科目，将受托代销商品纳入账内核算。但是在编制资产负债表时，"受托代销商品"科目与"代销商品款"科目余额均填入"存货"项目并且借贷金额相互冲销，事实上资产负债表的"存货"项目并没有包括受托代销商品，即受托代销商品在资产负债表中并没有确认为一项资产。将受托代销商品纳入账内核算的目的，主要为了便于企业加强对存货的实物管理，保证受托代销商品的安全。）D，工程物资不属于存货。

【例题 3·（1406）】 下列属于存货的是（ ）。

A. 房地产开发企业购入的用于建造商品房的土地使用权

B. 房地产开发企业建造完工的用于对外出租的商铺

C. 建筑施工企业工程施工大于工程结算的金额

D. 公司销售了一批负有安装义务的电梯，电梯已运抵客户工地但未安装，货款已收到

E. 公司销售一批商品，约定 3 个月后在售价基础上加价 15% 回购

答案：ACDE

解析：B 属于投资性房地产，D、E 均为风险与报酬尚未转移，收入未实现，仍属于企业的存货。

二、存货的计量

（一）取得存货的计量

存货应当按照成本进行初始计量。存货成本包括采购成本、加工成本和其他成本。

1. 外购存货的成本

外购存货的成本即存货的采购成本，是指企业物资从采购到入库前所发生的全部支出，包括购买价款、相关税费，及其他相关费用。

购买价款	企业购入材料或商品的发票账单上列明的价款，但不包括按规定可抵扣的增值税进项税额
相关税费	企业购买存货发生的进口关税以及不能抵扣的增值税进项税额等应计入存货采购成本的税费 注意：（1）小规模纳税人购入货物相关的增值税计入存货成本。（2）一般纳税人购入货物相关的增值税可以抵扣的不计入成本；不能抵扣的应计入成本
其他相关费用	采购过程中发生的运输费、装卸费、保险费、包装费、仓储费，运输途中的合理损耗、入库前的挑选整理费用等

2. 加工取得存货的成本

存货的加工成本，包括直接人工以及按照一定方法分配的制造费用。

3. 通过提供劳务取得的存货

通过提供劳务取得存货的，所发生的从事劳务提供人员的直接人工和其他直接费用以及可归属于该存货的间接费用，计入存货成本。

4. 其他方式取得存货的成本

企业取得存货的其他方式主要包括接受投资者投资、非货币性资产交换、债务重组、企业合并等。

（1）投资者投入存货的成本

投资者投入存货的成本应当按照投资合同或协议约定的价值确定，但合同或协议约定价值不公允的除外。

（2）通过非货币性资产交换、债务重组、企业合并等方式取得的存货的成本执行相关准则。（见后面相关章节）

（3）盘盈存货的成本

盘盈的存货应按其重置成本作为入账价值，并通过"待处理财产损溢"科目进行会计处理，按管理权限报经批准后冲减当期管理费用。

【注意】下列费用应当在发生时确认为当期损益，不计入存货成本：

（1）非正常消耗的直接材料、直接人工和制造费用。

（2）仓储费用（不包括在生产过程中为达到下一个生产阶段所必需的费用，在生产过程中为达到下一个生产阶段所必需的仓储费用应计入存货成本）。

（3）用于广告营销活动的特定商品或服务。企业采购用于广告营销活动的特定商品或取得广告营销性质的服务，向客户预付款项未取得商品或相关服务时，应作为预付账款进行会计处理，待取得相关商品或相关服务时计入当期损益（销售费用）。

【例题1·（模拟）】下列项目中，应计入存货成本的有（　　　）。

A. 商品流通企业在采购商品过程中发生的运输费

B. 非正常消耗的直接材料、直接人工和制造费用

C. 在生产过程中为达到下一个生产阶段所必需的仓储费用

D. 材料入库后发生的储存费用

E. 存货的加工成本

F. 企业采购用于广告营销活动的特定商品

G. 材料采购过程中发生的保险费

答案：ACEG

解析：材料入库后发生的储存费用应计入当期管理费用，企业采购用于广告营销活动的特

定商品计入销售费用。

【例题 2·（2014CPA）】 甲公司为制造企业，其在日常经营活动中发生的下列费用或损失，应当计入存货成本的是（　　　）。

A. 仓库保管人员的工资　　　　　　B. 季节性停工期间发生的制造费用

C. 未使用管理用固定资产计提的折旧　D. 采购运输过程中因自然灾害产生的损失

答案：B

解析：仓库保管人员的工资计入管理费用，不影响存货成本；制造费用是一项间接生产成本，影响存货成本，选项 B 为正确选项；未使用管理用固定资产计提的折旧计入管理费用，不影响存货成本；采购运输过程中因自然灾害发生的损失计入营业外支出，不影响存货成本。

【例题 3·（2012CPA）】 下列各项中，应计入制造企业存货成本的有（　　　）。

A. 进口原材料支付的关税

B. 采购原材料发生的运输费

C. 自然灾害造成的原材料净损失

D. 用于生产产品的固定资产修理期间的停工损失

答案：ABD

解析：选项 C 应计入营业外支出。

【例题 4·（2013CPA）】 下列各项中，应当计入相关资产初始确认金额的有（　　　）。

A. 采购原材料过程中发生的装卸费

B. 取得持有至到期投资时发生的交易费用

C. 通过非同一控制下企业合并取得子公司过程中支付的印花税

D. 融资租赁承租人签订租赁合同过程中发生的可归属于租赁项目的初始直接费用

答案：ABD

解析：选项 C 应计入管理费用。

【例题 5·（2015 中级）】 企业为外购存货发生的下列各项支出中，应计入存货成本的有（　　　）。

A. 入库前的挑选整理费　　　　　　B. 运输途中的合理损耗

C. 不能抵扣的增值税进项税额　　　D. 运输途中因自然灾害发生的损失

答案：ABC

解析：选项 D，自然灾害损失（非常损失）不属于合理损耗，应作为营业外支出，不计入存货成本。

（二）发出存货的计量

1. 发出存货成本的计量方法

企业可采用先进先出法、移动加权平均法、月末一次加权平均法或者个别计价法确定发出存货的实际成本。

【注意】 根据新企业会计准则，取消了原后进先出法，发出存货不能采用后进先出法计量。

（1）先进先出法

先进先出法是指以先购入的存货应先发出（销售或耗用）这样一种存货实物流转假设为前提，对发出存货进行计价的一种方法。

【说明】 期末存货成本接近于市价，如果存货的市价呈上升趋势而发出成本偏低，会高估企业当期利润和库存存货价值；反之，会低估企业存货价值和当期利润。

（2）移动加权平均法

存货单位成本 =（原有库存存货的实际成本 + 本次进货的实际成本）/（原有库存存货数量 + 本次进货数量）

本次发出存货的成本 = 本次发出存货的数量 × 本次发货前存货的单位成本

本月月末库存存货成本 = 月末库存存货的数量 × 本月月末存货单位成本

（3）月末一次加权平均法

计算公式如下：

存货单位成本 =［月初库存存货的实际成本 + ∑（本月某批进货的实际单位成本 × 本月某批进货的数量）］/（月初库存存货数量 + 本月各批进货数量之和）

本月发出存货的成本 = 本月发出存货的数量 × 存货单位成本

本月月末库存存货成本 = 月末库存存货的数量 × 存货单位成本

（4）个别计价法

【注意】 个别计价法的适用情形：对于不能替代使用的存货、为特定项目专门购入或制造的存货以及提供的劳务，通常采用个别计价法确定发出存货的成本。

【例题6·（1609）】 某企业 A 产品的进销存情况如下表：

时间	数量	金额（元）	数量
6月1日结存	100	800	
6月7日入库	200	1 440	
6月10日出库			100
6月20日入库	100	880	
6月25日出库			100
6月30日结存	200		

该企业采用的是月末一次加权平均法核算当月发出存货的成本，A 产品本月发出的成本为（　　）元。

A. 1 560　　　　　B. 1 537.78　　　　　C. 228 000　　　　　D. 233 777.78

答案：A

解析：以往考试考核存货发出几种核算方法，属于文字型题目，现在已经升级为计算题了。以下将三种涉及计算的存货发出方法用 T 形账户予以列示。

月末一次加权平均法计算发出存货成本

6月1日期初余额 100 （800）	
6月7日入库　　200（1 440）	
	6月10日出库 100
6月20日入库　　100（880）	
	6月20日出库 100
期末余额　　200　（1 560）	

期末数量 = 100 + 200 + 100 − 100 − 100 = 200

单价 =（800 + 1 440 + 880）/（100 + 200 + 100）= 7.8

发出 200 件 = 200 × 7.8 = 1 560

移动加权平均法计算发出存货成本

6月1日期初余额100　（800）		
6月7日入库　　200（1 440）		单价（800 + 1 440）/（100 + 200）= 7.47
	6月10日出库100	发出100件 = 100 × 7.47 = 747
存货数量 = 100 + 200 − 100 = 200		
存货余额 = 800 + 1 440 − 747 = 1 493		
6月20日入库　　100　（880）		单价（1 493 + 880）/（200 + 100）= 7.91
	6月20日出库100	发出100件 = 100 × 7.91 = 791
期末余额 = 200 + 100 − 100 = 200		
期末数量 = 1 493 + 880 − 791 = 1 582		
发出金额 = 747 + 791 = 1 538		

先进先出法计算发出存货成本

6月1日期初余额100　（800）		
6月7日入库　　200（1 440）		6月1日期初余额先出100（800）
	6月10日出库100	6月7日按照顺序转出
6月20日入库　　100　（880）	6月20日出库100	1 440/200 × 100 = 720
期末余额 = 200 + 100 − 100 = 200		
期末数量 = 1 440 + 880 − 720 = 1 600		
发出金额 = 800 + 720 = 1 520		

【例题7·（1406）】甲为一家生产中成药的上市公司，2010年原材料价格持续上涨，甲公司以下做法正确的有（　　）。

A. 从谨慎性原则考虑，从年初开始采用后进先出法确认发出存货的实际成本

B. 按照产品A的预估售价确定其可变现净值，以此为基础确定是否要计提跌价准备，未考虑销售费用等支出

C. 盘盈的存货应按其重置成本作为入账价值，并通过"待处理财产损溢"科目进行会计处理，按管理权限报经批准后冲减当期管理费用

D. 存货计提的跌价准备不得转回

答案：C

解析：A，2006年企业会计准则取消了关于出货发出后进先出法的规定。B，不管是直接用于出售的存货还是需要进一步加工的材料存货，在确定其可变现净值时均应考虑销售费用和相关税费：（1）直接用于出售的存货可变现净值 = 估计售价 − 估计的销售费用 − 估计的相关税费；（2）需要经过加工的材料存货可变现净值 = 估计售价 − 进一步完工成本 − 估计的销售费用 − 估计的相关税费。D，存货计提的跌价准备价值恢复时可以转回。

2. 存货成本的结转

对已售存货计提了存货跌价准备的，还应结转已计提的存货跌价准备，冲减当期主营业务成本或其他业务成本，实际上是按已售产成品或商品的账面价值结转主营业务成本或其他业务成本。企业按存货类别计提存货跌价准备的，也应按比例结转相应的存货跌价准备。

业务类型		会计处理
对外销售商品（或产品）		借：主营业务成本 　　存货跌价准备 　贷：库存商品/产成品
对外销售材料		借：其他业务成本 　　存货跌价准备 　贷：原材料
包装物的会计处理	（1）生产领用的包装物	借：制造费用等 　贷：周转材料——包装物
	（2）出借包装物及随同产品出售不单独计价的包装物	借：销售费用 　贷：周转材料——包装物
	（3）出租包装物及随同产品出售单独计价的包装物	借：其他业务成本 　贷：周转材料——包装物

【例题8·（1412）】 以下说法正确的是（　　　）。

A. 出借的包装物，其成本计入管理费用

B. 生产车间使用的固定资产修理费用计入生产成本

C. 盘亏的存货应计入管理费用

D. 盘盈的存货应按其重置成本作为入账价值，并通过"待处理财产损溢"科目进行会计处理，按管理权限报经批准后冲减当期管理费用

答案：D

解析：A，出借的包装物，其成本计入销售费用；B，生产车间使用固定资产发生的修理费用计入管理费用；C，对于盘亏存货处理要具体分析原因，若是自然灾害等非常原因所致，应计入营业外支出；若是收发计量等正常原因所致，则应计入管理费用。

（三）期末存货的计量

1. 存货期末计量原则

资产负债表日，存货应当按照成本与可变现净值孰低计量。存货成本高于其可变现净值的，应当计提存货跌价准备，计入当期损益。

2. 存货的可变现净值

存货的可变现净值，是指在日常活动中，存货的估计售价减去至完工时估计将要发生的成本、估计的销售费用以及相关税费后的金额。（存货可变现净值＝估计售价－进一步完工成本－销售费用－相关税费）

可变现净值的基本特征	（1）确定存货可变现净值的前提是企业在进行日常活动
	（2）可变现净值为存货的预计未来净现金流量，而不是存货的售价或合同价
	（3）不同存货可变现净值的构成不同 ①直接用于出售的存货可变现净值＝估计售价－估计的销售费用－估计的相关税费，如产成品、商品和直接用于出售的材料等 ②需要经过加工的材料存货可变现净值＝估计售价－进一步完工成本－估计的销售费用－估计的相关税费

续表

确定存货的可变现净值应考虑的因素	（1）确定存货的可变现净值，应当以取得的确凿证据为基础
	（2）确定存货的可变现净值，应当考虑持有存货的目的 持有以备出售的存货还是将在生产过程或提供劳务过程中耗用的存货
	（3）确定存货的可变现净值，应当考虑资产负债表日后事项等的影响 资产负债表日至财务报告批准报出日之间存货售价发生波动的，如有确凿证据表明其对资产负债表日存货已经存在的情况提供了新的或进一步的证据，则在确定存货可变现净值时应当予以考虑

3. 存货期末计量的具体方法

存货期末计量以成本与可变现净值孰低计量，成本是某项存货的账面成本，是已有的，关键是确定可变现净值，而可变现净值又因持有存货的目的不同有两种计算方法，如前所述分为以下两种：

直接用于出售的存货可变现净值＝产品估计售价－销售产品估计的销售费用和税费

需要经过加工的材料存货可变现净值＝产品的估计售价－至完工将要发生的成本－销售产品估计的销售费用和税费

进一步完工成本、估计的销售费用、估计的相关税费相对较为容易确定，最主要的是估计售价的确定。

（1）存货估计售价的确定

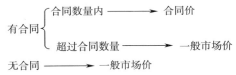

（2）材料存货的期末计量

注：产品减值：材料可变现净值＝产品估计售价－至完工估计将要发生的成本－销售产品估计的销售费用和相关税金。
计算过程举例：甲公司有一种A材料准备直接出售，A材料成本为10万元，市场销售价格为11万元，销售材料估计的销售费用和相关税金为1.5万元，则A材料的期末价值为其可变现净值11－1.5＝9.5（万元）（小于成本10万元，孰低计量）。

4. 存货跌价准备

（1）存货需要计提跌价准备的情形

存货期末按照成本与可变现净值孰低计量，当期末可变现净值大于等于账面成本时，期末存货按照账面成本计量，不需计提跌价准备；当期末可变现净值小于账面成本时，期末存货按照可变现净值计量，需按照账面价值与可变现净值之间的差额计提存货跌价准备。

当存货存在下列情形之一时，通常表明存货的可变现净值低于成本：

①该存货的市场价格持续下跌，并且在可预见的未来无回升的希望。

②企业使用该项原材料生产的产品的成本大于产品的销售价格。

③企业因产品更新换代，原有库存原材料已不适应新产品的需要，而该原材料的市场价格又低于其账面成本。

④因企业所提供的商品或劳务过时、或消费者偏好改变而使市场的需求发生变化，导致市场价格逐渐下跌。

⑤其他足以证明该项存货实质上已经发生减值的情形。

当存货存在下列情形之一时，通常表明存货的可变现净值为零：

①已霉烂变质的存货。

②已过期且无转让价值的存货。

③生产中已不再需要，并且已无使用价值和转让价值的存货。

④其他足以证明已无使用价值和转让价值的存货。

（2）计提存货跌价准备的方法

①企业通常应当按照单个存货项目计提存货跌价准备。

②对于数量繁多、单价较低的存货，可以按照存货类别计提存货跌价准备。

③与在同一地区生产和销售的产品系列相关、具有相同或类似最终用途或目的，且难以与其他项目分开计量的存货，可以合并计提存货跌价准备。

④期末对存货进行计量时，如果同一类存货，其中一部分是有合同价格约定的，而另一部分不存在合同价格，在这种情况下，企业应区分有合同价格约定的和没有合同价格约定的存货，分别确定其期末可变现净值，并与其相对应的成本进行比较，从而分别确定是否需计提存货跌价准备或转回的金额，由此计提的存货跌价准备不得相互抵销。

【例题9·（2010）】 甲公司现有某种存货 1 000 件，成本为 0.8 万元/件，其中 600 件有合同，合同价格为 500 万元；400 件没有合同，市场价格为 1 万元/件，预计每件产品销售费用约为 0.1 万元，变现相关税费约为 0.1 万元/件，该存货应计提多少存货跌价准备（　　）。

A. 100 万元　　　　　B. 0　　　　　　　　C. 166.67 万元　　　D. −100 万元

答案：A

解析：（1）对于有合同部分的 600 件存货，可变现净值 = 500 − 600 × （0.1 + 0.1） = 380（万元），存货成本 = 600 × 0.8 = 480（万元），需计提存货跌价准备 100 万元。（2）对于 400 件没有合同部分的存货，可变现净值 = 400 × （1 − 0.1 − 0.1） = 320（万元），成本为 400 × 0.8 = 320（万元）。不需计提存货跌价准备。故 1 000 件存货期末需计提 100 万元存货跌价准备。

【例题10·（2014 中级）】 2013 年 12 月 1 日，甲公司与乙公司签订了一项不可撤销的销售合同，约定甲公司于 2014 年 1 月 12 日以每吨 2 万元的价格（不含增值税）向乙公司销售 K 产品 200 吨。2013 年 12 月 31 日，甲公司库存该产品 300 吨，单位成本为 1.8 万元，单位市场销售价格为 1.5 万元（不含增值税）。甲公司预计销售上述 300 吨库存产品将发生销售费用和其他相关税费 25 万元。不考虑其他因素，2013 年 12 月 31 日，上述 300 吨库存产品的账面价值为（　　）万元。

A. 425　　　　　　　B. 501.67　　　　　C. 540　　　　　　D. 550

答案：B

解析：有合同部分：200 吨库存商品可变现净值 = 2 × 200 − 25 × 200/300 = 383.33（万元），其成本 = 1.8 × 200 = 360（万元），可变现净值大于成本，所以该部分库存商品未减值，期末按照成本计量；无合同部分：100 吨库存商品可变现净值 = 1.5 × 100 − 25 × 100/300 = 141.67（万元），其成本 = 1.8 × 100 = 180（万元），可变现净值小于成本，发生减值，期末该部分商品按照可变现净值计量；上述 300 吨库存产品的账面价值 = 1.8 × 200 + 141.67 = 501.67（万元）。

【例题 11 · (1505)】甲公司有 A 原材料账面价 12 万元/套，专门用于生产产品 X，该原材料市场销售价格为 9 万元/套。每套原材料加工成 X 产品将要发生成本 15 万元，每件 X 产品估计的销售税费为 1 万元，产品售价 26 元/套，问期末该原材料要计提（ ）万元跌价准备。

A. 0   B. 1   C. 2   D. 4

答案：C

解析：为生产而持有的原材料，若产品没有发生减值，材料按成本计量，不计提跌价准备。

若产品发生减值，则材料按成本与可变现净值孰低计量，材料可变现净值 = 产品的估计售价 − 至完工将要发生的成本 − 销售产品估计的销售费用和税费。

本题中用该原材料生产的产品可变现净值为 26 − 1 = 25（万元），产品成本 = 12 + 15 = 27（万元），产品发生减值，则材料按成本与可变现净值孰低计量。

A 材料可变现净值 = 26 − 15 − 1 = 10（万元），材料成本为 12 万元，则需计提跌价准备 2 万元。

【例题 12 · (2014CPA)】20 × 3 年末，甲公司库存 A 原材料账面余额为 200 万元，数量为 10 吨。该原材料全部用于生产按照合同约定向乙公司销售的 10 件 B 产品。合同约定：甲公司应于 20 × 4 年 5 月 1 日前向乙公司发出 10 件 B 产品，每件售价为 30 万元（不含增值税）。将 A 原材料加工成 B 产品尚需发生加工成本 110 万元，预计销售每件 B 产品尚需发生相关税费 0.5 万元。20 × 3 年末，市场上 A 原材料每吨售价为 18 万元，预计销售每吨 A 原材料尚需发生相关税费 0.2 万元。20 × 3 年初，A 原材料未计提存货跌价准备。不考虑其他因素，甲公司 20 × 3 年 12 月 31 日对 A 原材料应计提的存货跌价准备是（ ）。

A. 5 万元   B. 10 万元   C. 15 万元   D. 20 万元

答案：C

解析：B 产品的可变现净值 = 30 × 10 − 10 × 0.5 = 295（万元），B 产品的成本 = 200 + 110 = 310（万元），B 产品发生减值，故 A 原材料发生减值，A 原材料的可变现净值 = 295 − 110 = 185（万元），甲公司 20 × 3 年 12 月 31 日对 A 原材料应计提的存货跌价准备 = 200 − 185 = 15（万元）。

（3）存货跌价准备转回的处理

企业应在每一资产负债表日，比较存货成本与可变现净值，计算出应计提的存货跌价准备，再与已提数进行比较，若应提数大于已提数，应予补提。企业计提的存货跌价准备，应计入当期损益（资产减值损失）。

借：资产减值损失

　贷：存货跌价准备

当以前减记存货价值的影响因素已经消失时，减记的金额应当予以恢复，并在原已计提的存货跌价准备金额内转回，转回的金额计入当期损益（资产减值损失）。

借：存货跌价准备

　贷：资产减值损失

当符合存货跌价准备转回的条件时，应在原已计提的存货跌价准备的金额内转回，转回的金额以将存货跌价准备余额冲减至零为限。

【例题 13 · (模拟)】2007 年 12 月 31 日，甲公司 W7 型机器的账面成本为 500 万元，但由于 W7 型机器的市场价格下跌，预计可变现净值为 400 万元，由此计提存货跌价准备 100 万元。

2008 年 6 月 30 日，W7 型机器的账面成本仍为 500 万元，但由于 W7 型机器市场价格有所上升，W7 型机器的预计可变现净值变为 480 万元。2008 年 12 月 31 日，W7 型机器的账面成本仍为 500 万元，由于 W7 型机器的市场价格进一步上升，预计 W7 型机器的可变现净值为 550 万元。则以下说法正确的是（　　　　）。

　　A. 2007 年 12 月 31 日，甲公司就 W7 型机器应计提存货跌价准备 100 万元

　　B. 2008 年 6 月 30 日，甲公司就 W7 型机器应计提存货跌价准备 20 万元

　　C. 2008 年 12 月 31 日，甲公司就 W7 型机器应转回存货跌价准备 70 万元

　　D. 2008 年 12 月 31 日，甲公司就 W7 型机器应转回存货跌价准备 50 万元

　　E. 2008 年 12 月 31 日，甲公司就 W7 型机器应转回存货跌价准备 150 万元

　　F. 2008 年 12 月 31 日，甲公司就 W7 型机器应转回存货跌价准备 20 万元

　　答案：AF

　　解析：当符合存货跌价准备转回的条件时，应在原已计提的存货跌价准备的金额内转回。转回的金额以将存货跌价准备余额冲减至零为限。

存货跌价准备　　　　　　　　　　　　　单位：万元

	2007 年 12 月 31 日余额：100
计算本期减少额：100 + 0 - 20 = 80	本期增加额：　　　　　0
	2008 年 6 月 30 日余额：　20
计算本期减少额：　　20 - 0 = 20	本期增加额：　　　　　0
	2008 年 12 月 31 日余额：0

　　（4）存货跌价准备的结转

　　企业计提了存货跌价准备，如果其中有部分存货已经销售，则企业在结转销售成本时，应同时结转对其已计提的存货跌价准备。

　　借：主营业务成本

　　　　存货跌价准备

　　　贷：库存商品

　　类似思维逻辑链接：

　　借：银行存款

　　　　坏账准备

　　　贷：应收账款

　　　　　资产减值损失（如果有差额在贷方）

　　（四）存货盘亏或毁损的处理

　　存货发生的盘亏或毁损，应作为待处理财产损溢进行核算。按管理权限报经批准后，根据造成存货盘亏或毁损的原因，分别按以下情况进行处理：

　　1. 属于收发计量差错和管理不善等原因造成的存货短缺，应先扣除残料价值、可以收回的保险赔偿和过失人赔偿，将净损失计入管理费用。

　　2. 属于自然灾害等非常原因造成的存货毁损，应先扣除处置收入（如残料价值）、可以收回的保险赔偿和过失人赔偿，将净损失计入营业外支出。

　　因非正常原因导致的存货盘亏或毁损，按规定不能抵扣的增值税进项税额，应当予以转出。

第四节　长期股权投资及合营安排

【大纲要求】

内容	程度	变化
1. 长期股权投资的确认	掌握	原有
2. 长期股权投资的计量	掌握	原有
3. 长期股权投资核算方法转换	掌握	删除
4. 长期股权投资的处置	掌握	删除
5. 长期股权投资减值的判断标准及会计处理	掌握	调整
6. 共同经营的会计处理	熟悉	新增
7. 控制、共同控制、重大影响等概念	掌握	删除

【内容精讲】

长期股权投资的确认见金融资产章节。

一、基础知识

长期股权投资在持有期间，根据投资企业对被投资企业的影响程度进行划分，应当分别采用成本法和权益法进行核算。

影响程度	后续计量
控制①	成本法④
共同控制②、重大影响③	权益法
不具有控制、共同控制、重大影响且在活跃市场中没有报价且公允价值不能可靠计量	原成本法，现在为金融工具确认计量准则规范
不具有控制、共同控制、重大影响但在活跃市场中有报价或公允价值能够可靠计量	金融工具确认计量准则规范

注：①控制，是指投资方拥有对被投资方的权利，通过参与被投资方的相关活动而享有可变回报，并且有能力运用对被投资方的权利影响其回报金额。

②共同控制，是指按照相关约定对某项安排所共同的控制，并且该安排的相关活动必须经过分享控制权的参与方一致同意后才能决策。

③重大影响，是指投资方对被投资方的财务和经营政策有参与决策的权利，但并不能够控制或者与其他方一起共同控制这些政策的制定。

④长期股权投资在取得时，应按初始投资成本入账。长期股权投资的初始投资成本，应区分形成控股合并和不形成控股合并情况。控股合并后续计量一般采用成本法，不形成控股合并后续计量一般采用权益法。

二、长期股权投资的成本法

投资方能够对被投资单位实施控制的长期股权投资应当采用成本法核算。成本法，是指投资按成本计价的方法。成本法下，在投资持有期间不根据被投资单位所有者权益的变动情况对长期股权投资账面价值进行调整（个别报表）。

比如以企业合并的方式取得控制：

$$企业合并的方式\begin{cases}控股合并 & A+B=A+B & （合并方被合并方法人资格存续）\\ 吸收合并 & A+B=A & （被合并方法人资格注销）\\ 新设合并 & A+B=C & （合并各方法人资格均注销）\end{cases}$$

吸收合并和新设合并均不涉及长期股权投资的问题，这里主要讨论控股合并形成的长期股权投资。且应区分同一控制下控股合并与非同一控制下控股合并两种情况，确定长期股权投资的初始投资成本。

（一）成本法的初始计量

初始投资或追加投资时，按照投资成本作为长期股权投资的账面价值（初始计量）。

1. 同一控制下控股合并形成的长期股权投资

（1）处理原则

要点：账面价值，长期股权投资初始投资成本为享有被投资方所有者权益账面价值的份额确定，投出的资产按照账面价值计量，差额调整资本公积（资本溢价或股本溢价）、留存收益（盈余公积、利润分配——未分配利润）。

①被投资单位采用的会计政策及会计期间与投资方不一致的，应当按照投资方的会计政策及会计期间对被投资单位的财务报表进行调整，并据以确认投资收益和其他综合收益等。（无论是否同一控制下控股合并，此规则均相同）

②同一控制下的企业合并，被合并方账面所有者权益是指被合并方的所有者权益相对于最终控制方而言的账面价值。

③形成同一控制下控股合并的长期股权投资，如果子公司按照改制时确定的资产、负债经评估确认的价值调整资产、负债账面价值的，合并方应当按照取得子公司经评估确认的净资产的份额作为长期股权投资的初始投资成本。

④如果被合并方本身编制合并财务报表的，被合并方的账面所有者权益价值应当以其合并财务报表为基础确定。

（2）同一控制下控股合并形成的长期股权投资不同投资方式举例

①合并方以支付现金、转让非现金资产或承担债务方式作为合并对价

借：长期股权投资（被合并方所有者权益在最终控制方合并财务报表中的账面价值的份额 + 包括最终控制方收购被合并方而形成的商誉）

　　贷：负债（承担债务账面价值）

　　　　资产（投出资产账面价值）

　　　　资本公积——资本溢价或股本溢价（差额在借方，不足的调整留存收益）

借：管理费用（审计、法律服务评估咨询等相关费用）

　　贷：银行存款

【例题1·（2012）】某公司甲自大股东处购买某企业乙的股权，甲以 1 000 万元现金及一宗账面价值 3 200 万元的土地使用权换取乙企业 80% 的股权，该土地公允价值 3 600 万元，乙企业账面净资产价值 6 000 万元，公允价值 7 000 万元，公允价值高于账面价值的原因是一套固定资产评估增值。则关于甲公司会计处理的说法正确的有（　　　）。

A. 确认乙企业长期股权投资的入账价值为 4 800 万元

B. 贷记资本公积 400 万元

C. 贷记资本公积 200 万元

D. 确认营业外收入 400 万元

E. 确认营业外收入 600 万元

答案：A

解析：同一控制下控股合并，投资及享有份额均按照账面价值计量，差额调整资本公积不

足的再调留存收益。乙企业股权的入账价值 6 000 × 80% = 4 800（万元），与投资成本 4 200（1 000 + 3 200）万元之间的差额 600 万元计入资本公积贷方。

【例题 2·（2008）】 甲上市公司向控股股东支付 2 000 万元购买其子公司 A 公司 80% 的股权，A 公司所有者权益账面价值 2 000 万元，公允价值 2 200 万元，甲公司资本公积金额为 400 万元，其中资本公积——股本溢价为 240 万元，资本公积——其他资本公积为 160 万元，下列会计处理正确的是（　　）。

A. 甲公司确认长期股权投资的初始成本为 1 600 万元

B. 甲公司确认长期股权投资的初始成本为 2 000 万元

C. 甲公司确认长期股权投资的初始成本为 1 760 万元

D. 甲公司冲减资本公积 400 万元

E. 甲公司确认当期损益 400 万元

答案：A

解析：同一控制下控股合并形成的长期股权投资，以合并日被合并方所有者权益账面价值为基础计量，长期股权投资初始投资成本为 2 000 × 80% = 1 600（万元），A 正确，BC 错误；同一控制下控股合并，合并对价与初始投资成本之间的差额应当调整资本公积（资本溢价或股本溢价），资本公积（资本溢价或股本溢价）不足冲减的，则调整留存收益。因此，本题中只能调整资本公积 240 万元，不能调整资本公积——其他资本公积 160 万元，DE 错误。

【例题 3·（2016 年 CPA 教材例题改编）】 甲公司为母公司，分别控制乙公司和丙公司，2007 年 1 月 1 日，甲公司从集团外部取得丁公司 80% 股权（非同一控制企业合并），丁公司可辨认净资产公允价值为 2 000 万元，账面价值为 1500 万元。2009 年 1 月 1 日，乙公司购入甲公司所持丁公司 80% 股权，丁公司按照购买日净资产公允价值计算实现的净利润为 1 000 万元；按照购买日净资产账面价值计算实现的净利润为 2 000 万元。无其他所有者权益变动。则 2009 年 1 月 1 日，乙公司购入丁公司的初始投资成本为（　　）万元。

A. 2 400　　　　B. 2 800　　　　C. 3 200　　　　D. 2 000

答案：A

解析：（2 000 + 1 000）× 80% = 2 400（万元）。说明：此处为举例直接告诉了按照公允价值和账面价值分别计算的净利润，考试时可能会给出具体情形，如存货、无形资产或固定资产账面价值和公允价值之间有差异，告诉按照账面价值计算的净利润是多少，要会计算按照公允价值计算的净利润是多少，从而确定按照最终控制方计算的确定的长期股权投资初始入账价值。

【例题 4·（1306）】 甲公司同一控制下取得乙公司 60% 股权，乙公司本身也有子公司，乙公司个别报表的所有者权益账面价值 3 000 万元、公允价值 3 200 万元，合并报表所有者权益合计 3 300 万元，公允价值 3 500 万元，则长期股权投资初始投资成本为（　　）万元。

A. 1 800　　　　B. 1 920　　　　C. 1 980　　　　D. 2 100

答案：C

解析：确定长期股权投资的初始投资成本时，如果被合并方本身编制合并财务报表的，被合并方的账面所有者权益价值应当以其合并财务报表为基础确定。初始投资成本 = 3 300 × 60% = 1 980（万元）。

【例题 5·（模拟）】 关于同一控制下的企业合并，在按照合并日应享有被合并方账面所有者权益的份额确定长期股权投资的初始投资成本时，对于被合并方账面所有者权益的确定，下列说法中正确的是（　　）。

A. 若被合并方需要编制合并财务报表，被合并方的账面所有者权益价值应当以其合并财务报表为基础确定

B. 无论被合并方是否编制合并财务报表，被合并方的账面所有者权益价值均应当以其个别财务报表为基础确定

C. 被合并方账面所有者权益是指被合并方的所有者权益相对应最终控制方而言的账面价值

D. 如果合并前合并方与被合并方的会计政策、会计期间不同的，应首先按照合并方的会计政策、会计期间对被合并方资产、负债的账面价值进行调整，在此基础上计算确定被合并方账面所有者权益

答案：ACD

解析：如果被合并方本身编制合并财务报表的，被合并方的账面所有者权益价值应当以其合并财务报表为基础确定，B 错误。

②合并方以发行权益性证券作为合并对价

借：长期股权投资（被合并方所有者权益在最终控制方合并财务报表中的账面价值的份额＋包括最终控制方收购被合并方而形成的商誉）

贷：股本（发行股票的数量×每股面值）

资本公积——股本溢价（差额）

借：资本公积——股本溢价（权益性证券发行费用）

贷：银行存款

【注1】上述调整的是资本公积（资本溢价或股本溢价），不能调整资本公积（其他资本公积）。若资本公积（资本溢价或股本溢价）不足冲减，则调整留存收益。

【注2】关于发行费用和应收股利的处理，见《关于印发企业会计准则解释第 4 号的通知》（财会［2010］15 号）：

"同一控制下的企业合并中，合并方发生的审计、法律服务、评估咨询等中介费用以及其他相关管理费用，应当于发生时计入当期损益。非同一控制下的企业合并中，购买方发生的上述费用，应当如何进行会计处理？

答：非同一控制下的企业合并中，购买方为企业合并发生的审计、法律服务、评估咨询等中介费用以及其他相关管理费用，应当于发生时计入当期损益；购买方作为合并对价发行的权益性证券或债务性证券的交易费用，应当计入权益性证券或债务性证券的初始确认金额。"

项目		直接相关费用、税金	发行权益性证券支付的手续费、佣金等	发行债务证券支付的手续费、佣金等	已宣告尚未发放的现金股利或利润
长期股权投资	形成控股合并（不管是同一控制还是非同一控制）	计入管理费用	应自权益性证券的溢价发行收入中扣除，溢价收入不足扣除的，应冲减盈余公积和未分配利润	应计入应付债券初始确认金额（其中折价发行，该部分费用增加折价的金额，溢价发行则减少溢价金额）	确认为应收股利，不包括在投资成本中
	不形成控股合并	计入成本			
交易性金融资产		投资收益			
持有至到期投资		计入成本			
可供出售金融资产		计入成本			

发行权益性证券过程中发生的广告费、路演费、上市酒会费等费用，应当计入当期损益。

【例题 6·（2010）】 甲公司以定向增发股票的方式购买同一集团内另一企业持有的 A 公司 80% 股权。为取得该股权，甲公司增发 2 000 万股普通股，每股面值为 1 元，每股公允价值为 5 元；支付审计评估等费用 100 万元，为发行股票另支付承销商佣金 50 万元。取得该股权时，A 公司可辨认净资产账面价值为 9 000 万元，公允价值为 12 000 万元。假定甲公司和 A 公司采用的会计政策、会计期间相同，甲公司取得该股权时应确认的资本公积为（　　　）万元。

A. 5 150　　　　　B. 5 200　　　　　C. 7 550　　　　　D. 7 600

答案：A

解析：甲公司取得该股权时应确认的资本公积 = 9 000 × 80% − 2 000 × 1 − 50 = 5 150（万元）。100 万元审计评估等费用应计入当期管理费用。

借：长期股权投资　　　　　　　　　　　　　　　　　　　　　　7 200
　　贷：股本　　　　　　　　　　　　　　　　　　　　　　　　　　2 000
　　　　资本公积——股本溢价　　　　　　　　　　　　　　　　　　5 200

支付承销商佣金时：

借：资本公积——股本溢价　　　　　　　　　　　　　　　　　　　50
　　贷：银行存款　　　　　　　　　　　　　　　　　　　　　　　　50

支付审计费时：

借：管理费用——审计费评估费　　　　　　　　　　　　　　　　100
　　贷：银行存款　　　　　　　　　　　　　　　　　　　　　　　100

再比如一家 IPO 的企业，发行 1 亿股，融资 10 亿元，支付保荐费 1.2 亿元，支付 CPA 审计费 130 万元，会计处理为：

借：银行存款　　　　　　　　　　　　　　　　　　　　　　　　10 亿
　　贷：股本　　　　　　　　　　　　　　　　　　　　　　　　　1 亿
　　　　资本公积　　　　　　　　　　　　　　　　　　　　　　　9 亿

支付保荐费时：

借：资本公积　　　　　　　　　　　　　　　　　　　　　　　1.2 亿
　　贷：银行存款　　　　　　　　　　　　　　　　　　　　　1.2 亿

支付审计费时：

借：管理费用——审计费　　　　　　　　　　　　　　　　　130 万
　　贷：银行存款　　　　　　　　　　　　　　　　　　　　　130 万

可见审计费冲减是利润，而保荐费相当于融资的折扣，不影响利润，不但二者的心理效果不同，而且实务中收费也相差悬殊。

【例题 7·（2012CPA 改编）】 下列各项涉及交易费用会计处理的表述中，正确的有（　　　）。

A. 购买子公司股权发生的手续费直接计入当期损益

B. 定向增发普通股支付的券商手续费直接计入当期损益

C. 购买交易性金融资产发生的手续费直接计入当期损益

D. 购买持有至到期投资发生的手续费直接计入当期损益

答案：AC

解析：选项 B，定向增发普通股支付的券商手续费冲减发行股票的溢价收入；选项 D，购买持有至到期投资发生的手续费直接计入其初始投资成本。

【例题 8·（2014CPA 改编）】 下列各项交易费用中，应当于发生时直接计入当期损益的有（　　　）。

A. 与取得交易性金融资产相关的交易费用

B. 同一控制下企业合并中发生的审计费用

C. 取得一项持有至到期投资发生的交易费用

D. 非同一控制下企业合并中发生的资产评估费用

E. 非同一控制下的企业合并中，购买方作为合并对价发行的权益性证券或债务性证券的交易费用

答案：ABD

解析：选项 A，交易费用计入投资收益借方；选项 BDE，相关费用计入管理费用。

根据《企业会计准则解释第 4 号》："同一控制下的企业合并中，合并方发生的审计、法律服务、评估咨询等中介费用以及其他相关管理费用，应当于发生时计入当期损益。非同一控制下的企业合并中，购买方发生的上述费用，应当如何进行会计处理？

答：非同一控制下的企业合并中，购买方为企业合并发生的审计、法律服务、评估咨询等中介费用以及其他相关管理费用，应当于发生时计入当期损益；购买方作为合并对价发行的权益性证券或债务性证券的交易费用，应当计入权益性证券或债务性证券的初始确认金额。"

选项 C，交易费用计入持有至到期投资成本。

【例题 9·（1611）】 上市公司下列各项费用中，应当于发生时直接计入当期损益的有（　　　）。

A. 取得交易性金融资产发生的交易费用

B. 以现金支付对价的同一控制下企业合并中发生的审计费用

C. 取得一项持有至到期投资发生的交易费用

D. 以固定资产支付对价的非同一控制下企业合并中发生的资产评估费用

E. 向无关联第三方发行股份购买资产、构成重组上市，向独立财务顾问支付的承销费

答案：ABD

【例题 10·（2014CPA）】 甲公司 20×3 年 7 月 1 日自母公司（丁公司）取得乙公司 60% 股权，当日，乙公司个别财务报表中净资产账面价值为 3 200 万元。该股权是丁公司 20×1 年 6 月自公开市场购入，丁公司在购入乙公司 60% 股权时确认了 800 万元商誉。20×3 年 7 月 1 日，按丁公司取得该股权时乙公司可辨认净资产公允价值为基础持续计算的乙公司可辨认净资产价值为 4 800 万元。为进行该项交易，甲公司支付有关审计等中介机构费用 120 万元。不考虑其他因素，甲公司应确认对乙公司股权投资的初始投资成本是（　　　）。

A. 1 920 万元　　　　B. 2 040 万元　　　　C. 2 880 万元　　　　D. 3 680 万元

答案：D

解析：甲公司应确认对乙公司股权投资的初始投资成本 = 4 800 × 60% + 800 = 3 680（万元）。

【例题 11·（1406）】 2012 年 1 月 1 日，甲公司从非关联方处购买了 A 公司 80% 的股权，实际支付款项 4 200 万元，购买日，A 公司一项土地使用权公允价值为 2 000 万元，账面价值为 500 万元，剩余使用年限 10 年，采用直线法进行摊销，此外其他资产及负债的公允价值与账面

价值相等。A公司净资产账面价值为3 500万元。2012年1月1日至2013年12月31日，A公司账面净利润为1 500万元，无其他所有者权益变动。2014年1月1日，甲公司全资子公司乙公司用5 700万元从甲公司处购买了A公司80%股权，下列说法正确的有（　　）。

A. 2014年1月1日，乙公司购买A公司80%股权的初始投资成本为5 160万元

B. 2014年1月1日，乙公司购买A公司80%股权的入账价值为5 700万元

C. 2014年1月1日，乙公司购买A公司股权是同一控制下企业合并

D. 2014年1月1日，乙公司购买A公司股权是非同一控制下企业合并

答案：AC

解析：乙公司购入A公司80%股权属于同一控制下的控股合并，合并日A公司账面所有者权益是指其相对于最终控制方甲公司而言的账面价值。2014年1月1日，A公司按购买日公允价值持续计算的所有者权益 = （3 500 + 1 500） + ［1 500 - （2 000 - 500）/10 × 2］ = 6 200（万元），购买日应确认合并商誉 = 4 200 - （3 500 + 1 500） × 80% = 200（万元），2014年1月1日，合并日乙公司购入丁公司80%股权的初始投资成本 = 6 200 × 80% + 200 = 5 160（万元）。

【例题12·（1505）】 甲公司为乙公司的母公司。2013年1月1日，甲公司从集团外部用银行存款3 500万元购入丁公司80%股权（属于非同一控制下控股合并）并能够控制丁公司的财务和经营政策，购买日，丁公司可辨认净资产的公允价值为4 000万元，账面价值为3 800万元，除一项存货外，其他资产、负债的公允价值与账面价值相等，该项存货的公允价值为500万元，账面价值为300万元。

至2014年7月1日，丁公司将上述存货对外销售60%。2014年7月1日，乙公司购入甲公司所持有的丁公司80%股权，实际支付款项3 000万元，形成同一控制下的控股合并。2013年1月1日至2014年7月1日，丁公司实现的净利润为800万元，无其他所有者权益变动。则2014年7月1日，乙公司购入丁公司80%股权的初始投资成本为（　　）万元。

A. 3 700　　　　　B. 3 744　　　　　C. 3 680　　　　　D. 4 044

答案：D

解析：乙公司购入丁公司80%股权属于同一控制下的控股合并，合并日丁公司账面所有者权益是指其相对于最终控制方甲公司而言的账面价值。2014年7月1日，丁公司按购买日公允价值持续计算的所有者权益 = 4 000 + ［800 - （500 - 300） × 60%］ = 4 680（万元），购买日应确认合并商誉 = 3 500 - 4 000 × 80% = 300（万元），2014年7月1日，合并日乙公司购入丁公司80%股权的初始投资成本 = 4 680 × 80% + 300 = 4 044（万元）。

③通过多次交换交易，分步取得股权最终形成同一控制下控股合并

合并日初始投资成本 = 合并日被合并方账面所有者权益 × 全部持股比例

新增投资部分初始投资成本 = 合并日初始投资成本 - 原长期股权投资账面价值

新增投资部分初始投资成本与新支付对价的公允价值的差额，调整资本公积（资本溢价或股本溢价），资本公积（资本溢价或股本溢价）不足冲减的，冲减留存收益。

【注意】 若一次交易形成同一控制下的企业合并，则考虑支付对价的账面价值；这里是通过多次交换交易最终形成企业合并，合并日前付出对价考虑的是公允价值，所以新增投资部分也应用支付对价的公允价值。

2. 非同一控制下控股合并形成的长期股权投资

（1）一次交易实现的控股合并

关键点：支付对价的公允价值作为长期股权投资的初始投资成本

项目	处理
初始投资成本的确定	购买方应当按照确定的企业合并成本作为长期股权投资的初始投资成本 企业合并成本包括购买方付出的资产、发生或承担的负债、发行的权益性证券的公允价值之和
相关费用的会计处理	与同一控制相同，计入当期损益（管理费用）

【注】非同一控制下的控股合并，投出资产为非货币性资产时，投出资产公允价值与其账面价值的差额应分别不同资产进行会计处理（与出售资产影响损益的处理是相同的）：

投出资产为固定资产或无形资产的，其差额计入营业外收入或营业外支出。

投出资产为存货的，按其公允价值确认主营业务收入或其他业务收入，按其成本结转主营业务成本或其他业务成本。

投出资产为可供出售金融资产等投资的，其差额计入投资收益。可供出售金融资产持有期间公允价值变动形成的"其他综合收益"应一并转入投资收益。

（2）通过多次交换交易分步实现非同一控制下控股合并

购买日初始投资成本＝购买日之前所持被购买方的股权投资的账面价值＋购买日新增投资成本

【准则原文】投资方因追加投资等原因能够对非同一控制下的被投资单位实施控制的，在编制个别财务报表时，应当按照原持有的股权投资账面价值加上新增投资成本之和，作为改按成本法核算的初始投资成本。购买日之前持有的股权投资因采用权益法核算而确认的其他综合收益，应当在处置该项投资时采用与被投资单位直接处置相关资产或负债相同的基础进行会计处理。

购买日之前持有的股权投资按照《企业会计准则第 22 号——金融工具确认和计量》的有关规定进行会计处理的，原计入其他综合收益的累计公允价值变动应当在改按成本法核算时转入当期损益。在编制合并财务报表时，应当按照《企业会计准则第 33 号——合并财务报表》的有关规定进行会计处理。

【提示】按准则指南，如原投资按公允价值计量（如可供出售金融资产），购买日的公允价值与账面价值相等。

【例题 13·（2016 年 CPA 教材例 4－2）】A 公司于 20×8 年 3 月以 2 000 万元取得 B 上市公司 5% 的股权，对 B 公司不具有重大影响，A 公司将其分类为可供出售金融资产，按公允价值计量。20×9 年 4 月 1 日，A 公司又斥资 25 000 万元自 C 公司取得 B 公司另外 50% 股权。假定 A 公司在取得对 B 公司的长期股权投资后，B 公司未宣告发放现金股利。A 公司原持有 B 公司 5% 的股权于 20×9 年 3 月 31 日的公允价值为 2 500 万元（与 20×9 年 4 月 1 日的公允价值相等），累计计入其他综合收益的金额为 500 万元。A 公司与 C 公司不存在任何关联方关系。

本例中，A 公司是通过分步购买最终达到对 B 公司控制，因 A 公司与 C 公司不存在任何关联方关系，故形成非同一控制下企业合并。在购买日，A 公司应进行如下账务处理：

借：长期股权投资　　　　　　　　　　　　　　　　　　　　　　27 500

　贷：可供出售金融资产　　　　　　　　　　　　　　　　　　　2 500

　　　银行存款　　　　　　　　　　　　　　　　　　　　　　25 000

借：其他综合收益　　　　　　　　　　　　　　　　　　　　　　500

　　贷：投资收益　　　　　　　　　　　　　　　　　　　　　　　　　　　　500

　　假定，A 公司于 20×8 年 3 月以 12 000 万元取得 B 公司 20% 的股权，并能对 B 公司施加重大影响，采用权益法核算该项股权投资，当年确认对 B 公司的投资收益 450 万元。20×9 年 4 月，A 公司又斥资 15 000 万元自 C 公司取得 B 公司另外 30% 的股权。A 公司除净利润外，无其他所有者权益变动，按净利润的 10% 提取盈余公积。A 公司对该项长期股权投资未计提任何减值准备。其他资料同上。购买日，A 公司应进行以下账务处理：

　　借：长期股权投资　　　　　　　　　　　　　　　　　　　　　　　　15 000
　　　贷：银行存款　　　　　　　　　　　　　　　　　　　　　　　　　15 000

　　购买日对 B 公司长期股权投资的账面价值 =（12 000 + 450）+ 15 000 = 27 450（万元）

（二）成本法的后续计量

1. 被投资单位宣告发放现金股利（不管利润分配是投资前还是投资后取得的）

　　借：应收股利（享有被投资单位宣告发放的现金股利或利润）
　　　贷：投资收益

2. 计提减值准备

　　借：资产减值损失
　　　贷：长期股权投资减值准备

　　【注】子公司将未分配利润或盈余公积转增股本（实收资本），且未向投资方提供等值现金股利或利润的选择权时，投资方并没有获得收取现金或者利润的权利，该项交易通常属于子公司自身权益结构的重分类，母公司不应确认相关的投资收益。

　　【例题 14·（2008）】甲公司于 2007 年 1 月 1 日投资 A 公司（非上市公司），取得 A 公司有表决权资本的 80%。A 公司于 2007 年 4 月 1 日宣告分配现金股利 10 万元，2007 年实现净利润 40 万元，2008 年 4 月 1 日宣告分配现金股利 10 万元，下列说法正确的有（　　　）。

　　A. 甲公司 2007 年确认投资收益 0
　　B. 甲公司 2007 年确认投资收益 8 万元
　　C. 甲公司 2008 年确认投资收益 8 万元
　　D. 甲公司 2008 年确认投资收益 16 万元
　　E. 甲公司 2008 年恢复长期股权投资成本 8 万元

　　答案：BC

　　解析：对被投资单位能够实施控制，长期股权投资应采用成本法核算，投资企业按照被投资单位宣告发放的现金股利或利润应享有的份额确认投资收益。

三、长期股权投资的权益法

　　权益法，是指投资以初始投资成本计量后，在投资持有期间根据投资企业享有被投资单位所有者权益份额的变动对投资的账面价值进行调整的方法。投资企业对被投资单位具有共同控制或重大影响的长期股权投资，应当采用权益法核算。权益法科目设置如下：

　　长期股权投资——投资成本（投资时点）
　　　　　　　　——损益调整（持有期间被投资单位净损益及利润分配变动）
　　　　　　　　——其他综合收益（投资后其他综合收益变动）
　　　　　　　　——其他权益变动（投资后其他所有者权益变动情况）

　　【编者理解】权益法类似公允价值计量，是一种随动反应模式。成本法计量的长期股权投资在合并报表中也采用权益法，之后进行合并。

（一）长期股权投资的权益法初始计量

取得方式	初始投资成本确认
以支付现金取得	（1）成本为实际支付的购买价款（包括与取得长期股权投资直接相关的费用、税金及其他必要支出） （2）支付的对价中包含的应享有被投资单位已经宣告但尚未发放的现金股利或利润应确认为应收股利，不包括在长期股权投资成本中
以发行权益性证券取得	（1）成本为权益性证券的公允价值 （2）不包括被投资单位已经宣告但尚未发放的现金股利或利润 （3）不包括为发行权益性证券支付给有关证券承销机构等的手续费、佣金等与权益性证券发行直接相关的费用（该部分费用应自权益性证券的溢价发行收入中扣除）
投资者投入	按照投资合同或协议约定的价值作为初始投资成本，但合同或协议约定的价值不公允的除外
以债务重组、非货币性资产交换等方式取得	按照《企业会计准则第12号——债务重组》和《企业会计准则第7号——非货币性资产交换》的规定确定

【例题1·（2016年CPA教材例4-3）】20×6年3月5日，A公司通过增发9 000万股本公司普通股（每股面值1元）取得B公司20%的股权，该9 000万股股份的公允价值为15 600万元。为增发该部分股份，A公司向证券承销机构等支付了600万元的佣金和手续费。假定A公司取得该部分股权后，能够对B公司的财务和生产经营决策施加重大影响。

A公司应当以所发行股份的公允价值作为取得长期股权投资的成本，账务处理为：

借：长期股权投资　　　　　　　　　　　　　　　　　　　156 000 000

　　贷：股本　　　　　　　　　　　　　　　　　　　　　　90 000 000

　　　　资本公积——股本溢价　　　　　　　　　　　　　　66 000 000

发行权益性证券过程中支付的佣金和手续费，应冲减权益性证券的溢价发行收入，账务处理为：

借：资本公积——股本溢价　　　　　　　　　　　　　　　　6 000 000

　　贷：银行存款　　　　　　　　　　　　　　　　　　　　6 000 000

【例题2】A公司于2015年1月1日按面值发行5 000万元的债券取得B公司60%的股份，2015年1月1日B公司所有者权益的账面价值为10 000万元，A公司另支付发行债券手续费15万元。A公司和B公司为同一集团的两家子公司。

借：长期股权投资——B公司　　　　　　　　6 000（10 000×60%）

　　贷：应付债券——面值　　　　　　　　　　　　　　　　　5 000

　　　　资本公积　　　　　　　　　　　　　　　　　　　　　1 000

借：应付债券——利息调整　　　　　　　　　　　　　　　　　　15

　　贷：银行存款　　　　　　　　　　　　　　　　　　　　　　　15

【例题3·（2014CPA）】20×4年2月1日，甲公司以增发1 000万股本公司普通股股票和一台大型设备为对价，取得乙公司25%的股权。其中，所发行普通股面值为每股1元，公允价值为每股10元。为增发股份，甲公司向证券承销机构等支付佣金和手续费400万元。用做对价的设备账面价值为 1 000 万元，公允价值为 1 200 万元。当日，乙公司可辨认净资产公允价值为 40 000 万元。假定甲公司能够对乙公司施加重大影响。不考虑其他因素，甲公司该项长期股权投资的初始投资成本是（　　）。

A. 10 000 万元　　　B. 11 000 万元　　　C. 11 200 万元　　　D. 11 600 万元

答案：C

解析：甲公司该项长期股权投资的初始投资成本 = 1 000 × 10 + 1 200 = 11 200（万元）。

（二）长期股权投资权益法后续计量

1. 初始投资成本的调整

因权益法核算的长期股权投资要求在投资持有期间根据投资企业享有被投资单位所有者权益份额的变动对投资的账面价值进行调整，因此初始投资价值确定后，紧接着就要就初始投资成本与享有被投资单位可辨认净资产公允价值份额之间的差额进行相应的处理。（分为调整和不调整两种情形）

（1）长期股权投资的初始投资成本大于投资时，应享有被投资单位可辨认净资产公允价值份额的，不调整长期股权投资的初始投资成本。（差额体现为商誉）

（2）长期股权投资的初始投资成本小于投资时，应享有被投资单位可辨认净资产公允价值份额的，应按其差额，借记"长期股权投资——投资成本"科目，贷记"营业外收入"科目。

【例题 4·（2016 年 CPA 教材例 4 – 5）】A 企业于 2005 年 1 月取得 B 公司 30% 的股权，支付价款 9 000 元。取得投资时被投资单位净资产账面价值为 22 500 元（假定被投资单位各项可辨认资产、负债的公允价值与其账面价值相同）。

在 B 公司的生产经营决策过程中，所有股东均按持股比例行使表决权。A 企业在取得 B 公司的股权后，派人参与了 B 公司的生产经营决策。因能够对 B 公司施加重大影响，A 企业对该投资应当采用权益法核算。

取得投资时，A 企业应进行以下账务处理：

借：长期股权投资——投资成本　　　　　　　　　　　　　　　　　　9 000
　贷：银行存款　　　　　　　　　　　　　　　　　　　　　　　　　　9 000

长期股权投资的初始投资成本 9 000 元大于取得投资时应享有被投资单位可辨认净资产公允价值份额 6 750（22 500 × 30%）元，两者之间的差额不调整长期股权投资的账面价值。

如果本例中取得投资时被投资单位可辨认净资产的公允价值为 36 000 元，A 企业按持股比例 30% 计算确定应享有 10 800 元，则初始投资成本与应享有被投资单位可辨认净资产公允价值份额之间的差额 1 800 元应计入取得投资当期的营业外收入，账务处理如下：

借：长期股权投资——投资成本　　　　　　　　　　　　　　　　　　9 000
　贷：银行存款　　　　　　　　　　　　　　　　　　　　　　　　　　9 000
借：长期股权投资——投资成本　　　　　　　　　　　　　　　　　　1 800
　贷：营业外收入　　　　　　　　　　　　　　　　　　　　　　　　　1 800

成本法核算，在个别报表上不确认营业外收入。

【例题 5·（1311）】A 公司与 B 公司是无关联的公司，2012 年 3 月 1 日，A 公司通过增发 1 000万股普通股（每股面值 1 元），取得 B 公司 30% 的股权，对 B 公司有重大影响，A 公司增发该 1 000 万股普通股时每股市价 2 元，A 公司向证券承销机构等支付了 40 万元的佣金和手续费，当日 B 公司的 30% 股权对应的公允价值为 1 950 万元，其中包含已宣告尚未发放的现金股利 30 万元，则 A 公司取得 B 公司 30% 的长期股权投资成本为（　　）万元。

A. 1 930　　　　　　B. 1 950　　　　　　C. 2 040　　　　　　D. 1 970

答案：D

解析：本题考查的是发行权益性证券取得的不形成控股合并的长期股权投资的初始投资成本的计量，其初始成本确定如下：（1）成本为权益性证券的公允价值；（2）不包括被投资单位已经宣告但尚未发放的现金股利或利润；（3）不包括为发行权益性证券支付给有关证券承销机构等的手续费、佣金等与权益性证券发行直接相关的费用（该部分费用应自权益性证券的溢价发行收入中扣除）。因此本题 A 公司取得 B 公司 30% 的长期股权投资成本为 2 000 - 30 = 1 970（万元）。

会计处理：借：长期股权投资——投资成本　　　　　　　　　　　　1 970

　　　　　　　　应收股利　　　　　　　　　　　　　　　　　　　30

　　　　　　　贷：股本　　　　　　　　　　　　　　　　　　　　　　　1 000

　　　　　　　　　资本公积——股本溢价　　　　　　　　　　　　　　　1 000

　　　　　　借：资本公积——股本溢价　　　　　　　　　　　　　　40

　　　　　　　贷：银行存款　　　　　　　　　　　　　　　　　　　　　　40

2. 被投资单位实现净损益或所有者权益变化时对长期股权投资账面价值进行调整

【编者理解】 随动调整。

（1）投资损益的确认

投资企业取得长期股权投资后，应当按照应享有或应分担的被投资单位实现的净利润或发生净亏损的份额，调整长期股权投资的账面价值，并确认为当期损益。投资企业按照被投资单位宣告分派的利润或现金股利计算应分得的部分，相应减少长期股权投资的账面价值。

①被投资单位实现净利润

借：长期股权投资——损益调整

　　贷：投资收益

②被投资单位发生净亏损

借：投资收益

　　贷：长期股权投资——损益调整

（2）超额亏损的确认

在确认应分担被投资单位发生的净亏损时，应按以下顺序进行调整：

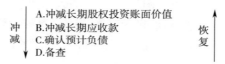

【例题6·（模拟）】 在采用权益法核算时，确认对被投资单位发生的净亏损时有以下几种情况：①冲减长期股权投资账面价值；②确认预计负债；③冲减长期应收款；④账外备查登记，以下调整顺序正确的是（　　　）。

A. ①②③④　　　　B. ①③②④　　　　C. ③②①④　　　　D. ③①②④

答案：B

【例题7·（2016 年 CPA 教材例 4 - 11 改编）】 甲企业持有乙企业 40% 的股权，能够对乙企业施加重大影响。2004 年 12 月 31 日，该项长期股权投资的账面价值为 5 000 元。乙企业 2005 年亏损 20 000 元。甲企业在取得该投资时，乙企业各项可辨认资产、负债的公允价值与其账面价值相等，双方所采用的会计政策及会计期间也相同。2005 年末，甲企业有一项实质上构成对乙企业净投资的长期应收款 2 000 元，假定不考虑其他因素，则甲企业 2005 年应确认的投资损失为（   ）元。

    A. 8 000   B. 5 000   C. 7 000   D. 6 000

答案：C

解析：甲企业 2005 年应进行的账务处理为：

    借：投资收益   7 000

        贷：长期股权投资——损益调整   5 000

             长期应收款   2 000

（3）其他综合收益的处理

在权益法核算下，被投资单位确认的其他综合收益及其变动，也会影响被投资单位所有者权益总额，进而影响投资企业应享有被投资单位所有者权益的份额。因此，当被投资单位其他综合收益发生变动时，投资企业应当按照归属于本企业的部分，相应调整长期股权投资的账面价值，同时增加或减少其他综合收益。

    借：长期股权投资——其他综合收益

        贷：其他综合收益

（或相反会计分录）

【例题 8 · （2016 年 CPA 教材例 4 - 12）】 甲公司持有乙公司 25% 的股份，并能对乙公司施加重大影响。当期，乙公司将其作为存货的房地产转换为以公允价值模式计量的投资性房地产，转换日公允价值大于账面 1 500 万元，计入了其他综合收益。不考虑其他因素，甲公司当期按照权益法核算应确认的其他综合收益的会计处理如下：

    按权益法核算，甲公司应确认的其他综合收益 = 1 500 × 25% = 375（万元）

    借：长期股权投资——其他综合收益   3 750 000

        贷：其他综合收益   3 750 000

（4）被投资单位所有者权益其他变动处理

采用权益法核算时，投资企业对于被投资单位除净损益、其他综合收益以及利润分配以外所有者权益的其他变动，应按照持股比例与被投资单位所有者权益的其他变动计算的归属于本企业的部分，相应调整长期股权投资的账面价值，同时增加或减少资本公积（其他资本公积）。

被投资单位除净损益、其他综合收益以及利润分配以外所有者权益的其他变动，主要包括：被投资单位接受其他股东的资本性投入、被投资单位发行可分离交易的可转换公司债券中包含的权益成分、以权益结算的股份支付等。

    借：长期股权投资——其他权益变动

        贷：资本公积——其他资本公积

（或相反会计分录）

【例题 9 · （2016 年 CPA 教材例 4 - 13）】 A 企业持有 B 企业 30% 的股份，能够对 B 企业施加重大影响。B 企业为上市公司，当期 B 企业的母公司给予 B 公司捐赠 1 000 万元，该捐赠实质上属于资本性投入，B 公司将其计入资本公积（股本溢价）。不考虑其他因素，A 企业按权益法作如下会计处理：

    A 企业确认应享有被投资单位所有者权益的其他变动 = 1 000 × 30% = 300（万元）

    借：长期股权投资——其他权益变动   3 000 000

        贷：资本公积——其他资本公积   3 000 000

【例题 10 · （1611）】 甲公司 2015 年 1 月 1 日以 3 000 万元的价格购入乙公司 30% 的股份，另支付相关交易费用 10 万元，购入时乙公司可辨认净资产的公允价值为 10 000 万元（假定乙公司各项可辨认资产、负债的公允价值与账面价值相等），乙公司 2015 年实现净利润 600 万元，甲公司取得该项投资后对乙公司具有重大影响。假定不考虑其他因素，该投资对甲公司 2015 年利润总额影响为（   ）。

A. 480 万元　　　　　　B. 290 万元　　　　　　C. 470 万元　　　　　　D. 180 万元

答案：D

解析：$600 \times 30\% = 180$（万元），长期股权投资不形成控股合并，交易费用计入成本。

【例题 11 · （2010）】 甲公司和乙公司于 2009 年 1 月 1 日分别以 500 万元银行存款取得 A 公司 50% 股权，大于 A 公司可辨认净资产的公允价值，A 公司 2009 年、2010 年分别实现净利润 200 万元和 400 万元，2010 年可供出售金融资产公允价值变动增加 100 万元，交易性金融资产公允价值变动增加 50 万元，2010 年末甲公司将 A 公司 50% 股权转让，转让价款 900 万元，则 2010 年甲公司的投资收益为多少？

答案：300 万元。

解析：根据题意，甲公司取得乙公司 50% 股权应采用权益法核算（与乙公司共同控制），交易性金融资产公允价值变动增加 50 万元已经内含在净利润之中，不用再特殊考虑。

甲公司会计处理如下：

（1）2009 年 1 月 1 日取得股权

借：长期股权投资——成本　　　　　　　　　　　　　　　　　　　　　500
　　贷：银行存款　　　　　　　　　　　　　　　　　　　　　　　　　　　　500

（2）2009 年 A 公司实现净利润 200 万元

借：长期股权投资——损益调整　　　　　　　　　　　　　　　　　　　100
　　贷：投资收益　　　　　　　　　　　　　　　　　　　　　　　　　　　　100

（3）2010 年 A 公司实现净利润 400 万元和可供出售金融资产公允价值变动增加 100 万元

借：长期股权投资——损益调整　　　　　　　　　　　　　　　　　　　200
　　　　　　　　　　——其他综合收益　　　　　　　　　　　　　　　　　　50
　　贷：投资收益　　　　　　　　　　　　　　　　　　　　　　　　　　　　200
　　　　其他综合收益　　　　　　　　　　　　　　　　　　　　　　　　　　50

则在甲公司出售 A 公司 50% 股权之前长期股权投资账面余额为 $500 + 100 + 200 + 50 = 850$（万元）。

（4）2010 年甲公司出售持有 A 公司 50% 股权

借：银行存款　　　　　　　　　　　　　　　　　　　　　　　　　　900
　　贷：长期股权投资　　　　　　　　　　　　　　　　　　　　　　　　　850
　　　　投资收益　　　　　　　　　　　　　　　　　　　　　　　　　　　50

同时　借：其他综合收益　　　　　　　　　　　　　　　　　　　　　　　50
　　　　　贷：投资收益　　　　　　　　　　　　　　　　　　　　　　　　　50

因此，甲公司 2010 年应确认的投资收益为 $200 + 50 + 50 = 300$（万元）。

分录（4）可以合并如下：

借：银行存款　　　　　　　　　　　　　　　　　　　　　　　　　　900
　　其他综合收益　　　　　　　　　　　　　　　　　　　　　　　　　　50

贷：长期股权投资——成本	500
——损益调整	300
——其他综合收益	50
投资收益	100

从合并角度理解，相当于没有影响损益的其他综合收益和长期股权投资账面价值对冲了。

2009 年除长期股权投资——其他综合收益明细科目以外的账面价值为 500 + 100 = 600（万元）。

则 2010 年应确认的投资收益为 900 - 600 = 300（万元）。

【例题 12·（1412）】 甲企业以 1 300 万元收购无关联乙企业 30% 的股权，乙企业 2013 年 1 月 1 日的净资产账面价值6 000 万元，公允价值5 000 万元。2013 年，乙企业全年实现利润2 000 万元，向股东派发现金股利 2 500 万元。问，不考虑其他情况，以下说法正确的有（　　　）。

　　A. 2013 年 1 月 31 日，甲企业的长期股权投资账面价值 1 500 万元

　　B. 因向乙投资，2013 年甲企业应确认投资收益 300 万元

　　C. 因向乙投资，2013 年甲企业应确认投资收益 600 万元

　　D. 因向乙投资，2013 年甲企业应确认投资收益 900 万元

答案：AC

解析：本题考的是长期股权投资初始计量与后续计量，甲企业的账务处理如下：

（1）2013 年 1 月 1 日购入乙企业 30% 股权

借：长期股权投资	1 300
贷：银行存款	1 300

同时根据享有的被投资的单位所有者权益公允价值的份额对长期股权投资进行调整，5 000 × 30% = 1 500（万元）。

借：长期股权投资	200
贷：营业外收入	200

（2）2013 年乙企业实现净利润 2 000 万元

借：长期股权投资——损益调整	600
贷：投资收益	600

权益法核算向股东派发现金股利应冲减长期股权投资账面价值，不确认投资收益。

3. 初始投资时公允价值与账面价值差异的后续调整

【例题 13·（2016 年 CPA 教材例 4 - 7 改编）】 甲公司于 2007 年 1 月 1 日购入乙公司30%的股份，购买价款为 1 200 元，并自取得投资之日起派人参与乙公司的财务和生产经营决策。取得投资当日，乙公司可辨认净资产公允价值为 5 000 元，账面价值 4 000 元，其中除存货账面价值 1 000 元，公允价值为 2 000 元外，其他各项账面价值和公允价值均相同，乙公司 2007 年实现净利润 1 000 元，乙公司 2007 年账面存货 80% 对外销售，则以下说法正确的是（　　　）。

　　A. 2007 年 12 月 31 日，甲公司对乙公司的长期股权投资账面价值为 1 500 元

　　B. 2007 年 12 月 31 日，甲公司对乙公司的长期股权投资账面价值为 1 560 元

　　C. 2007 年甲公司因投资乙公司应确认的投资收益为 300 元

　　D. 2007 年甲公司因投资乙公司应确认的投资收益为 60 元

答案：BD

解析：①长期股权投资初始投资成本为 1 200 元；②对初始投资成本进行调整，初始投资成

本 1 200 元，享有可辨认净资产公允价值份额为 5 000 × 30% = 1 500（元），因此应调整增加长期股权投资账面价值 300 元，同时调增营业外收入 300 元；③确认投资收益 = 调整后净利润 × 30% = [1 000 − (5 000 − 4 000) × 80%] × 30% = 60（元），同时增加长期股权投资——损益调整 60 元。

则 2007 年 12 月 31 日，甲公司对乙公司的长期股权投资账面价值为 1 200 + 300 + 60 = 1 560（元）。

说明：本例题为简化起见是以存货的公允价值和账面价值不一致进行举例的，考试中可能还会有固定资产、无形资产公允价值和账面价值不一致，要会计算调整后的净利润。

【注】在针对被投资单位实现的净利润按照取得投资时可辨认净资产公允价值为基础进行调整时，应考虑重要性原则，不具重要性的项目可不予调整。符合下列条件之一的，投资企业可以以被投资单位的账面净利润为基础，计算确认投资损益，同时应在会计报表附注中说明不能按照准则规定进行核算的原因：①投资企业无法合理确定取得投资时被投资单位各项可辨认资产等的公允价值；②投资时被投资单位可辨认资产的公允价值与其账面价值相比，两者之间的差额不具重要性的；③其他原因导致无法取得被投资单位的有关资料，不能按照准则中规定的原则对被投资单位的净损益进行调整的。

【例题 14·（1306）】A 公司持有 B 公司 30% 的股权，对 B 公司生产经营具有重大影响，采用权益法核算对 B 公司的长期股权投资，以下哪些情形下，A 公司在 B 公司实现利润时可以 B 公司账面净利润为基础计算确认投资损益（　　）。

A. A 公司无法合理确定取得投资时 B 公司各项可辨认资产的公允价值

B. 为计算方便直接以 B 公司账面净利润为基础计算确认投资损益

C. 投资时 B 公司可辨认资产的公允价值与其账面价值相比，差额不具重要性

D. 因不可抗力，在投资时 A 公司无法取得 B 公司相关资料

答案：ACD

4. 取得股利的会计处理

（1）现金股利或利润的处理

①被投资单位宣告分派现金股利或利润时

借：应收股利

　　贷：长期股权投资——损益调整（冲减的是长期股权投资的账面价值）

②收到现金股利或利润时

借：银行存款

　　贷：应收股利

（2）股票股利的处理

被投资单位分派的股票股利，投资企业不作账务处理，但应于除权日注明所增加的股数，以反映股份的变化情况。

【例题 15·（2009）】甲公司对参股公司乙采用权益法核算，根据企业会计准则的规定，会引起甲公司长期股权投资账面价值发生变动的情形有（　　）。

A. 乙公司接受设备捐赠　　　　　　　　B. 乙公司宣告分配现金股利

C. 乙公司宣告分派股票股利　　　　　　D. 乙公司以盈余公积转增资本

答案：AB

解析：A，乙公司接受捐赠增加当期营业外收入或资本公积，从而增加净资产，甲公司应调

增相应的长期股权投资；B，权益法核算被投资企业宣告分派现金股利时，投资企业的会计处理是：借记"应收股利"，贷记"长期股权投资——损益调整"，长期股权投资账面价值减少；C，被投资企业宣告分派股票股利，投资企业不作处理；D，乙公司所有者权益未发生变化。

【例题 16·（1406）综合性例题】 甲公司 2013 年 1 月购入乙公司 30% 的股份并可对乙公司施加重大影响，2013 年发生的下列交易或事项中，对甲公司当年个别财务报表中确认对乙公司投资收益有影响的是（　　）。

A. 甲公司向乙公司提供借款 100 万元，并收取借款利息 5 万元

B. 乙公司持有的可供出售金融资产期末公允价值上升 30 万元，由此增加其他综合收益 30 万元

C. 乙公司将账面价值 20 万元的专利权作价 60 万元转让给甲公司

D. 乙公司股东大会宣布分派现金股利 20 万元

答案：AC

解析：A，借款利息无须从净利润中调整，属于净利润的构成，会影响投资收益。B 选项在考试时是增加"资本公积——其他资本公积"30 万元，按照现行规定，应增加"其他综合收益"30 万元，均不会对投资收益产生影响。D，被投资单位宣告分派现金股利，投资单位借记"应收股利"科目，贷记"长期股权投资——损益调整"科目。

【例题 17·（2013CPA）】 甲公司 20×3 年 1 月 2 日取得乙公司 30% 的股权，并与其他投资方共同控制乙公司，甲公司、乙公司 20×3 年发生的下列交易或事项中，会对甲公司 20×3 年个别财务报表中确认对乙公司投资收益产生影响的有（　　）。

A. 乙公司股东大会通过发放股票股利的议案

B. 甲公司将成本为 50 万元的产品以 80 万元出售给乙公司作为固定资产

C. 投资时甲公司投资成本小于应享有乙公司可辨认净资产公允价值的份额

D. 乙公司将账面价值 200 万元的专利权作价 360 万元出售给甲公司作为无形资产

答案：BD

解析：选项 A，宣告发放股票股利，乙公司不作会计处理，对所有者权益没有影响，甲公司不作会计处理；选项 B 和选项 D 属于内部交易，影响调整后的净利润，因此影响投资收益；选项 C，确认营业外收入，不影响投资收益。

5. 抵销未实现内部交易损益的会计处理

投资企业在采用权益法确认投资收益时，应抵销与其联营企业及合营企业之间发生的未实现内部交易损益。该未实现内部交易既包括顺流交易也包括逆流交易。

顺流交易：投资企业销售给被投资企业（联营企业或合营企业）。

逆流交易：被投资企业销售给投资企业。

【注】 投资企业与其联营企业及合营企业之间的未实现内部交易损益抵销与投资企业与子公司之间的未实现内部交易损益抵销有所不同，母子公司之间的未实现内部交易损益在合并财务报表中是全额抵销的，而投资企业与其联营企业及合营企业之间的未实现内部交易损益抵销仅仅是享有联营企业或合营企业的权益份额部分（包括投资企业或纳入投资企业合并财务报表范围的子公司）。

【例题 18·（2016 年 CPA 教材例 4-8 改编）·（1306）·（1509）】 甲企业于 2007 年 1 月取得乙公司 20% 有表决权股份，能够对乙公司施加重大影响。假定甲企业取得该项投资时，乙公司各项可辨认资产、负债的公允价值与其账面价值相同。2007 年 8 月，乙公司将其成本为

600 元的某商品以 1 000 元的价格出售给甲企业，甲企业将取得的商品作为存货。至 2007 年 12 月 31 日，甲企业对外（非合并范围独立第三方）销售了 80%，仍有 20% 尚未对外销售，乙公司 2007 年实现净利润 1 000 元；2008 年，甲企业将剩余的 20% 对外销售，乙公司 2008 年实现净利润 2 000 元。假定不考虑所得税因素，则以下说法正确的是（　　　）。

  A. 2007 年甲企业因对乙公司投资应确认的投资收益为 184 元

  B. 2007 年甲企业因对乙公司投资应确认的投资收益为 200 元

  C. 2008 年甲企业因对乙公司投资应确认的投资收益为 416 元

  D. 2008 年甲企业因对乙公司投资应确认的投资收益为 400 元

  答案：AC

  解析：2007 年甲公司从乙公司购入存货 20% 尚未实现对外销售，20% 部分中未实现内部销售利润部分应当予以抵销，故应抵销的未实现内部销售利润为（1 000 - 600）×20% = 80（元）。

  2007 年甲企业因对乙公司投资应确认的投资收益为（1 000 - 80）×20% = 184（元）。

  2008 年甲企业因对乙公司投资应确认的投资收益为（2 000 + 80）×20% = 416（元）。

  甲企业按照权益法确认应享有乙公司 2007 年净损益时，应进行以下账务处理：

  借：长期股权投资——损益调整   184 （1 000 - 80）×20% = 184

   贷：投资收益   184

  进行上述处理后，投资企业有子公司，需要编制合并财务报表的，在合并财务报表中，因该未实现内部交易损益体现在投资企业持有存货的账面价值当中，应在合并财务报表中进行以下调整：

  借：长期股权投资——损益调整   16 80×20% = 16

   贷：存货   16

  【例题 19·（2016 年 CPA 教材例 4 - 9）】 甲企业持有乙公司 20% 有表决权股份，能够对乙公司的财务和生产经营决策施加重大影响。20×7 年，甲企业将其账面价值为 600 元的商品以 1 000 元的价格出售给乙公司。至 20×7 年资产负债表日，该批商品尚未对外部第三方出售。假定甲企业取得该项投资时，乙公司各项可辨认资产、负债的公允价值与其账面价值相同，两者在以前期间未发生过内部交易。乙公司 20×7 年净利润为 2 000 元。假定不考虑所得税因素。

  甲企业在该项交易中实现利润 400 元，其中的 80（400×20%）元是针对本企业持有的对联营企业的权益份额，在采用权益法计算确认投资损益时应予以抵销，即甲企业应当进行的账务处理为：

  借：长期股权投资——损益调整   320 [（2 000 - 400）×20%]

   贷：投资收益   320

  甲企业如需编制合并财务报表，在合并财务报表中对该未实现内部交易损益应在个别报表已确认投资损益的基础上进行以下调整：

  借：营业收入   200（1 000×20%）

   贷：营业成本   120（600×20%）

    投资收益   80

  【注】 在甲企业的个别报表中，无论甲企业销售给乙公司的是何种资产，其产生的未实现内部销售利润的消除均反映在"投资收益"中；但从合并财务报表的角度，应消除具体报表项目（如营业收入、营业成本、营业外收入等）的金额，本例应消除的是营业收入和营业成本。

  假定至 20×7 年资产负债表日，该批商品对外部第三方出售 70%，30% 形成期末存货。甲企业应当进行的账务处理为：

借：长期股权投资——损益调整 376 ［（2 000 – 400 × 30%）× 20%］

　　贷：投资收益 376

【例题 20·CPA 教材例 4 – 9 延伸】 乙公司于 20 × 8 年将上述商品全部出售，乙公司 20 × 8 年实现净利润 3 600 元。假定不考虑所得税因素。

个别报表应确认投资收益 =（3 600 + 400）× 20% = 800（元）。

借：长期股权投资——损益调整 800

　　贷：投资收益 800

合并报表中无调整分录。

值得注意的是，投资企业与其联营企业及合营企业之间发生的无论是顺流交易还是逆流交易产生的未实现内部交易损失，属于所转让资产发生减值损失的，有关的未实现内部交易损失不应予以抵销。

【例题 21·（2012 中级）】 甲公司将持有的乙公司 20% 有表决权的股份作为长期股权投资，并采用权益法核算。该投资为甲公司 2010 年购入，取得投资当日，乙公司各项可辨认资产、负债的公允价值与其账面价值均相同。2011 年 12 月 25 日，甲公司以银行存款 1 000 万元从乙公司购入一批产品，作为存货核算，至 12 月 31 日尚未出售。乙公司生产该批产品的实际成本为 800 万元，2011 年利润表列示的净利润为 3 000 万元。甲公司在 2011 年因存在全资子公司丙公司需要编制合并财务报表，假定不考虑其他因素，下列关于甲公司会计处理的表述中，正确的有（　　）。

A. 合并财务报表中抵销存货 40 万元　　　B. 个别财务报表中确认投资收益 560 万元

C. 合并财务报表中抵销营业成本 160 万元　D. 合并财务报表中抵销营业收入 1 000 万元

答案：AB

解析：个别财务报表中，应调减乙公司实现净利润 200（1 000 – 800）万元，确认长期股权投资和投资收益的金额 =（3 000 – 200）× 20% = 560（万元）。

合并财务报表中，应抵销虚增存货价值 40［（1 000 – 800）× 20%］万元，同时将个别财务报表中长期股权投资恢复 40 万元。

甲公司个别财务报表的会计分录如下：

借：长期股权投资（3 000 × 20% – 40） 560

　　贷：投资收益 560

甲公司合并财务报表的会计分录如下：

借：长期股权投资 40

　　贷：存货 40

【例题 22·（1509）】 A 上市公司 2013 年 1 月 1 日持有 B 公司 30% 的股权，对 B 公司有重大影响，采用权益法核算此项投资。取得投资时，B 公司一项固定资产公允价值为 1 000 万元，账面价值 600 万元，尚可使用年限为 10 年，净残值为零，按平均年限法计提折旧；一项无形资产公允价值为 600 万元，账面价值 400 万元，预计尚可使用年限为 5 年，按直线法摊销。除此之外，B 公司其他资产和负债的公允价值和账面价值相等。2013 年 5 月，A 公司将一批存货销售给 B 公司，售价为 400 万元，成本 200 万元。截至 2013 年末，B 公司将该批存货的 40% 销售给独立第三方。B 公司 2013 年实现净利润 1 200 万元。不考虑其他因素，固定资产折旧和无形资产摊销均影响损益。2013 年甲公司应确认的投资收益为（　　）万元。

A. 300   B. 312   C. 276   D. 336

答案：A

解析：（B公司净利润－顺流影响的部分－公允价值和账面价值差异影响的部分）×持股比例＝［1 200－（400－200）×60%－（1 000－600）÷10－（600－400）÷5］×30%＝300（万元）。

（三）成本法和权益法会计处理对比

事项	被投资单位的处理	投资单位的处理		合并报表
		成本法	权益法 公允价值，随动调整	调整分录
初始投资成本的调整	—	借：长期股权投资——投资成本 　贷：投出资产公允价值	借：长期股权投资——投资成本 　贷：投出资产公允价值 　　营业外收入（如有） 如果在借方为合并报表商誉，不调整	追溯调整期初（如果借方大于贷方） 借：长期股权投资——投资成本 　贷：投出资产公允价值 　　营业外收入 借：长期股权投资——投资成本 　　商誉（资本公积） 　贷：投出资产公允价值
调整公允价值和账面价值的差异对利润的影响	—	—	1. 被投资单位固定资产、无形资产公允价值与账面不同，取得和折旧时调整；2. 存货销售时的调整	1. 被投资单位固定资产、无形资产公允价值与账面不同，取得和折旧时调整；2. 存货销售时的调整
被投资单位实现利润或亏损	—	不作处理	借：长期股权投资——损益调整 　贷：投资收益 借：投资收益 　贷：长期股权投资——损益调整	借：长期股权投资——损益调整 　贷：投资收益 借：投资收益 　贷：长期股权投资——损益调整
被投资单位宣告发放现金股利	借：利润分配 　贷：应付股利	借：应收股利 　贷：投资收益	借：应收股利 　贷：长期股权投资——损益调整	借：投资收益 　贷：长期股权投资——损益调整
实际分派股利或利润（取得现金股利或利润）	借：应付股利 　贷：银行存款	借：银行存款 　贷：应收股利	借：银行存款 　贷：应收股利	不调整

续表

事项	被投资单位的处理	投资单位的处理		合并报表
		成本法	权益法 公允价值，随动调整	调整分录
被投资企业宣告分派股票股利	借：利润分配 　贷：股本（或实收资本）	不作处理（但应在除权日注明所增加的股数）	不作处理（但应在除权日注明所增加的股数）	不调整
被投资单位其他综合收益	借：可供出售金融资产 　贷：其他综合收益	不作处理	借：长期股权投资——其他综合收益 　贷：其他综合收益	借：长期股权投资——其他综合收益 　贷：其他综合收益
被投资单位所有者权益的其他变动	借：银行存款等 　贷：资本公积——股本溢价等	不作处理	借：长期股权投资——其他权益变动 　贷：资本公积——其他资本公积	借：长期股权投资——其他权益变动 　贷：资本公积——其他资本公积
发生减值	—	计提后不能转回 借：资产减值损失 　贷：长期股权投资减值准备	计提后不能转回 借：资产减值损失 　贷：长期股权投资减值准备	根据个别报表与合并报表之间的差异进行调整

注：采用权益法核算的长期股权投资，在确认应享有或应分担被投资单位的净利润或净亏损时，在被投资单位账面净利润的基础上，应考虑以下因素的影响进行适当调整：

a. 被投资单位采用的会计政策及会计期间与投资企业不一致的，应按投资企业的会计政策及会计期间对被投资单位的财务报表进行调整。

b. 以取得投资时被投资单位各项可辨认资产等的公允价值为基础，对被投资单位的净利润进行调整。（折旧、摊销、存货出售影响的营业成本、资产减值损失等）

c. 在评估投资方对被投资单位是否具有重大影响时，应当考虑潜在表决权的影响，但在确定应享有的被投资单位实现的净损益、其他综合收益和其他所有者权益变动的份额时，潜在表决权所对应的权益份额不应予以考虑。

d. 在确认应享有或应分担的被投资单位净利润（或亏损）额时，法规或章程规定不属于投资企业的净损益应当予以剔除后计算，例如，被投资单位发行了分类为权益的可累积优先股等类似的权益工具，无论被投资单位是否宣告分配优先股股利，投资方计算应享有被投资单位的净利润时，均应将归属于其他投资方的累积优先股股利予以扣除。

e. 在持有投资期间，被投资单位编制合并财务报表的，应当以合并财务报表中净利润、其他综合收益和其他所有者权益变动中归属于被投资单位的金额为基础进行会计处理。

【例题 23·（1610）】某企业持有甲公司 10% 的股份，同时该企业还持有甲上市公司发行的可转换债务 10 亿元，如果这些可转债全部转换为普通股，那么该企业所持有上市公司普通股的比例为 20%，据此判断该企业对甲上市公司有重大影响，甲上市公司 2015 年部分利润表如下：

项目	金额（万元）
净利润（净亏损以"－"号填列）	30 000
归属于母公司所有者的净利润	25 000
少数股东损益	5 000
其他综合收益的税后净额	1 000
（一）以后不能重分类进损益的其他综合收益	300
（二）以后能重分类进损益的其他综合收益	700
综合收益总额	31 000
归属于母公司所有者的综合收益总额	26 000
归属于少数股东的综合收益总额	5 000

该企业对应收账款的坏账提取比例和甲上市公司不同，如上市公司按照该企业的坏账比例计提坏账准备，将减少净利润100万元（减少归属于母公司所有者的净利润90万元）。甲上市公司发行了分类为权益的可累积优先股10亿元，股息率为5%。甲上市公司未宣告2015年分配优先股股利。该企业和上市公司不存在其他关联关系，不考虑其他因素的影响，下列说法正确的有（　　）。

A. 该企业将增加其他综合收益100万元

B. 该企业应该确定投资收益4 000万元

C. 该企业应该确认投资收益1 991万元

D. 该企业长期股权投资账面价值将增加2 600万元

E. 该企业长期投资账面价值将增加3 100万元

答案：AC

解析：该企业将增加其他综合收益为1 000×10%＝100（万元）；该企业应该确定投资收益为（30 000－100 000×5%－90）×10%＝1 991（万元）；该企业长期股权投资账面价值将增加100＋1 991＝2 091（万元）。

依据：①依据归属于母公司所有者的净利润25 000万元为起点计算。

权益法核算长期股权投资的投资收益时，采用被投资单位合并报表里"归属于母公司所有者的利润"。

②上市公司按照该企业的坏账比例计提坏账准备，减少归属于母公司所有者的净利润90万元。

《企业会计准则第2号——长期股权投资》：投资方对联营企业和合营企业的长期股权投资，应当按照本准则第十条至第十三条规定，采用权益法核算。被投资单位采用的会计政策及会计期间与投资企业不一致的，应按投资企业的会计政策及会计期间对被投资单位的财务报表进行调整。

③应扣除甲上市公司发行了分类为权益的可累积优先股10亿元，股息率为5%。

根据《关于印发〈企业会计准则解释第7号〉的通知》（财会〔2015〕19号）

问：子公司发行优先股等其他权益工具的，应如何计算母公司合并利润表中的"归属于母公司股东的净利润"？

答：该问题主要涉及《企业会计准则第33号——合并财务报表》等准则。

子公司发行累积优先股等其他权益工具的，无论当期是否宣告发放其股利，在计算列报母公司合并利润表中的"归属于母公司股东的净利润"时，应扣除当期归属于除母公司之外的其他权益工具持有者的可累积分配股利，扣除金额应在"少数股东损益"项目中列示。

子公司发行不可累积优先股等其他权益工具的，在计算列报母公司合并利润表中的"归属于母公司股东的净利润"时，应扣除当期宣告发放的归属于除母公司之外的其他权益工具持有者的不可累积分配股利，扣除金额应在"少数股东损益"项目中列示。

④在判断对被投资单位是否构成重大影响时，要考虑可转债全部转换为普通股的影响，在权益法投资计算投资收益时，不考虑该影响。

四、长期股权投资核算方法的转换

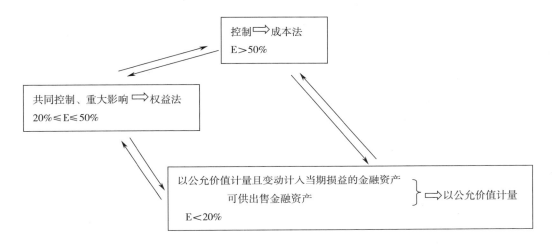

（一）成本法转换为公允价值计量

投资企业原持有被投资单位的股份达到控制，后因部分处置等原因导致持股比例下降，不能再对被投资单位实施控制的，应将剩余股权改按《企业会计准则第22号——金融工具确认和计量》的要求进行会计处理，并于丧失控制权日将剩余股权按公允价值进行重新计量，公允价值与账面价值的差额计入当期损益。

【例题1·（2016年CPA教材例4－17）】甲公司持有乙公司60%股权并能控制乙公司，投资成本为1 200万元，按成本法核算。20×8年5月12日，甲公司出售所持乙公司股权的90%给非关联方，所得价款为1 800万元，剩余6%股权于丧失控制权日的公允价值为200万元，甲公司将其分类为以公允价值计量且其变动计入当期损益的金融资产中的交易性金融资产。假定不考虑其他因素，甲公司于丧失控制权日的会计处理如下：

出售股权

借：银行存款 18 000 000

　　交易性金融资产 2 000 000

　　贷：长期股权投资 12 000 000

　　　　投资收益 8 000 000

【编者理解】借方为全部资产的公允价值＝卖出的1 800万元＋剩余公允价值核算的200万元，贷方为长期股权投资账面价值1 200万元，差额就是投资收益。

如果分步确认，会计分录如下：

（1）确认有关股权投资的处置损益

借：银行存款

　　贷：长期股权投资（出售部分账面价值）

　　　　投资收益

（2）剩余股权投资转为可供出售金融资产等

借：可供出售金融资产等（剩余部分公允价值）

　　贷：长期股权投资（剩余部分账面价值）

　　　　投资收益（差额）

【例题2·（1609）】 某企业持有甲公司60%的普通股，能控制甲公司，对该股权投资采用成本法进行核算。2015年11月，该企业将该项投资中的80%出售给非关联方，取得价款8 000万元。出售完成后，某企业无法再对甲公司实施控制和共同控制，也无重大影响。出售时，该项长期股权投资的账面价值为8 000万元，剩余股权的公允价值为2 000万元，不考虑其他因素，下列说法正确的有（　　　）。

A. 该企业账面将减少长期股权投资6 400万元

B. 该企业账面将增加投资收益2 000万元

C. 该企业账面将增加可供出售金融资产2 000万元

D. 该企业账面将增加其他综合收益400万元

答案：BC

解析：出售股权时，账务处理如下：

借：银行存款	8 000
可供出售金融资产	2 000
贷：长期股权投资	8 000
投资收益	2 000

A错误，账面减少长期股权投资8 000万元；D错误，不涉及其他综合收益。

（二）权益法转换为公允价值计量

投资企业原持有的被投资单位的股权对其具有共同控制或重大影响，因部分处置等原因导致持股比例下降，不能再对被投资单位实施共同控制或重大影响，应于失去共同控制或重大影响时，改按《企业会计准则第22号——金融工具确认和计量》的规定对剩余股权进行会计处理。

1. 处置部分

借：银行存款

　　　贷：长期股权投资

　　　　　投资收益

2. 原权益法核算确认的全部其他综合收益（假定被投资单位实现的其他综合收益均可结转到损益）

借：其他综合收益

　　贷：投资收益

　　　　或作相反分录

3. 原权益法核算计入资本公积的其他所有者权益变动

借：资本公积——其他资本公积

　　贷：投资收益

或作相反分录

4. 剩余股权投资转为可供出售金融资产等

借：可供出售金融资产等（转换日公允价值）

　　贷：长期股权投资（剩余投资账面价值）

　　　　投资收益（差额）

【例题 3 · （2016 年 CPA 教材例 4 - 16）】甲公司持有乙公司 30% 的有表决权股份，能够对乙公司施加重大影响，对该股权投资采用权益法核算。20 × 8 年 10 月，甲公司将该项投资中的 50% 出售给非关联方，取得价款 1 800 万元。相关股权划转手续于当日完成。甲公司持有乙公司剩余 15% 股权，无法再对乙公司施加重大影响，转为可供出售金融资产。股权出售日，剩余股权的公允价值为 1 800 万元。

出售该股权时，长期股权投资的账面价值为 3 200 万元，其中投资成本 2 600 万元，损益调整为 300 万元，因被投资单位的可供出售金融资产的累计公允价值变动享有部分为 200 万元，除净损益、其他综合收益和利润分配以外的其他所有者权益变动为 100 万元。不考虑相关税费等其他因素影响。甲公司的会计处理如下：

（1）确认有关股权投资的处置损益。

借：银行存款　　　　　　　　　　　　　　　　　　　　　　　　　18 000 000

　　贷：长期股权投资　　　　　　　　　　　　　　　　　　　　　16 000 000

　　　　投资收益　　　　　　　　　　　　　　　　　　　　　　　　2 000 000

（2）剩余股权投资转为可供出售金融资产，当天公允价值为 1 800 万元，账面价值为 1 600 万元，两者的差异计入当期投资收益。

借：可供出售金融资产　　　　　　　　　　　　　　　　　　　　　18 000 000

　　贷：长期股权投资　　　　　　　　　　　　　　　　　　　　　16 000 000

　　　　投资收益　　　　　　　　　　　　　　　　　　　　　　　　2 000 000

简便方法：（1）、（2）也可以合并成一笔分录如下：

借：银行存款　　　　　　　　　　　　　　　　　　　　　　　　　18 000 000

　　可供出售金融资产　　　　　　　　　　　　　　　　　　　　　18 000 000

　　贷：长期股权投资　　　　　　　　　　　　　　　　　　　　　32 000 000

　　　　投资收益　　　　　　　　　　　　　　　　　　　　　　　　4 000 000

理解：借方全部公允，贷方转出长期股权投资账面价值，差额为投资收益。

（3）由于终止采用权益法核算，将原确认的相关其他综合收益全部转入当期损益。（注意是全部）

借：其他综合收益　　　　　　　　　　　　　　　　　　　　　　　2 000 000

　　贷：投资收益　　　　　　　　　　　　　　　　　　　　　　　　2 000 000

（4）由于终止采用权益法核算，将原计入资本公积的其他所有者权益变动全部转入当期损益。（注意是全部）

借：资本公积——其他资本公积　　　　　　　　　　　　　　　　　1 000 000

　　贷：投资收益　　　　　　　　　　　　　　　　　　　　　　　　1 000 000

（三）公允价值计量或权益法转换为成本法

因追加投资导致的原持有分类为以公允价值计量且其变动计入当期损益的金融资产（或分类为可供出售金融资产），以及对联营企业或合营企业的投资转变为对子公司的投资的，长期股权投资账面价值的调整按以下处理：

1. 原投资权益法核算

转换后长期股权投资初始投资成本 = 原投资账面价值 + 新增投资成本

2. 原投资公允价值计量

转换后长期股权投资初始投资成本 = 原投资账面价值（公允价值）＋新增投资成本

【注意】若原投资公允价值计量，转换日公允价值与账面价值相等。

【例题4· （张志凤2016CPA讲义）】长江公司于2015年1月1日以货币资金3 100万元取得了大海公司30%的有表决权股份，对大海公司能够施加重大影响，当日大海公司可辨认净资产的公允价值是11 000万元。

2015年1月1日，大海公司除一项固定资产的公允价值与其账面价值不同外，其他资产和负债的公允价值与账面价值均相等。购买日，该固定资产的公允价值为300万元，账面价值为100万元，剩余使用年限为10年，采用年限平均法计提折旧，无残值。

大海公司2015年实现净利润1 000万元，未发放现金股利，因可供出售金融资产公允价值变动增加其他综合收益200万元。

2016年1月1日，长江公司以货币资金5 220万元进一步取得大海公司40%的有表决权股份，因此取得了对大海公司的控制权。大海公司在该日所有者权益的账面价值为12 000万元，其中股本5 000万元，资本公积1 200万元，其他综合收益1 000万元，盈余公积480万元，未分配利润4 320万元；可辨认净资产的公允价值是12 300万元。

2016年1月1日，大海公司除一项固定资产的公允价值与其账面价值不同外，其他资产和负债的公允价值与账面价值均相等。当日该固定资产的公允价值为390万元，账面价值为90万元，剩余使用年限为9年，采用年限平均法计提折旧，无残值。

长江公司和大海公司属于非同一控制下的公司。

假定：

①原30%股权在购买日的公允价值为3 915万元。

②不考虑所得税和内部交易的影响。

要求：

（1）编制2015年1月1日至2016年1月1日长江公司对大海公司长期股权投资的会计分录。

（2）计算2016年1月1日长江公司追加投资后个别财务报表中长期股权投资的账面价值。

【答案】

（1）①2015年1月1日

借：长期股权投资——投资成本　　　　　　　　　　　　　　　　　　3 100

　　贷：银行存款　　　　　　　　　　　　　　　　　　　　　　　　　　3 100

借：长期股权投资——投资成本　　　　　　　　　　　　　　　　　　200

　　　　　　　　　　　　　　（11 000×30% － 3 100）

　　贷：营业外收入　　　　　　　　　　　　　　　　　　　　　　　　　200

②2015年12月31日

借：长期股权投资——损益调整　　　　　　　　　　　　　　　　　　294

　　　　　　　　　　　［1 000 － （300 － 100） ÷10］ ×30%

　　贷：投资收益　　　　　　　　　　　　　　　　　　　　　　　　　　294

借：长期股权投资——其他综合收益　　　　　　　　　　　　　　　　60

　　　　贷：其他综合收益　　　　　　　　　　　　　　　　　　　　　　　　　　　　60
　　③2016 年 1 月 1 日
　　借：长期股权投资　　　　　　　　　　　　　　　　　　　　　　　　5 220
　　　　贷：银行存款　　　　　　　　　　　　　　　　　　　　　　　　　　　　5 220
　　借：长期股权投资　　　　　　　　　　　　　　　　　　　　　　　　3 654
　　　　贷：长期股权投资——投资成本　　　　　　　　　　　　　　　　　　3 300
　　　　　　　　　　　　——损益调整　　　　　　　　　　　　　　　　　　　294
　　　　　　　　　　　　——其他综合收益　　　　　　　　　　　　　　　　　　60

（2）个别财务报表中长期股权投资账面价值 = 3 654 + 5 220 = 8 874（万元）。

（四）公允价值计量转换为权益法核算

投资企业对原持有的被投资单位股权不具有控制、共同控制或重大影响，按《企业会计准则第 22 号——金融工具确认和计量》进行会计处理的，因追加投资等原因导致持股比例增加，使其能够对被投资单位实施共同控制或重大影响而转按权益法核算的，按照以下方法处理：

事项	处理
1. 转换后长期股权投资初始投资成本	转换日原投资公允价值 + 新增投资的公允价值
2. 转换日原股权投资的公允价值与账面价值之间的差额；原计入其他综合收益的累计公允价值变动	转入改按权益法核算的当期损益（投资收益）
3. 初始投资成本 - 获得被投资单位共同控制或重大影响时应享有的被投资单位可辨认净资产公允价值份额	（1）>0，不调整长期股权投资账面价值 （2）<0，调整长期股权投资账面价值，差额计入"营业外收入"

【例题 5·（2016 年 CPA 教材例 4 - 15）】甲公司于 20×5 年 2 月取得乙公司 10% 股权，对乙公司不具有控制、共同控制和重大影响，甲公司将其分类为可供出售金融资产，投资成本为 900 万元，取得时乙公司可辨认净资产公允价值总额为 8 400 万元（假定公允价值与账面价值相同）。

20×6 年 3 月 1 日，甲公司又以 1 800 万元取得乙公司 12% 的股权，当日乙公司可辨认净资产公允价值总额为 12 000 万元。取得该部分股权后，按照乙公司章程规定，甲公司能够派人参与乙公司的财务和生产经营决策，对该项长期股权投资转为采用权益法核算。假定甲公司在取得乙公司 10% 的股权后，双方未发生任何内部交易。乙公司通过生产经营活动实现的净利润为 900 万元，未派发现金股利或利润。除所实现净利润外，未发生其他所有者权益变动事项。20×6 年 3 月 1 日，甲公司对乙公司投资原 10% 股权的公允价值为 1 300 万元，原计入其他综合收益的累计公允价值变动收益为 120 万元。

本例中，20×6 年 3 月 1 日，甲公司对乙公司投资原 10% 股权的公允价值为 1 300 万元，账面价值为 1 020 万元，差额计入损益；同时，因追加投资改按权益法核算，原计入其他综合收益的累计公允价值变动收益 120 万元转入损益。

甲公司对乙公司股权增持后，持股比例改为 22%，初始投资成本为 3 100 万元（旧 1 300 + 新 1 800），应享有乙公司可辨认净资产公允价值份额为 2 640 万元（12 000 × 22%），前者大于后者 460 万元，不调整长期股权投资的账面价值。

甲公司对上述交易的会计处理如下：

借：长期股权投资——投资成本　　　　　　31 000 000　　　长期股权投资初始确认

　　贷：银行存款　　　　　　　　　　　　　　　　　　18 000 000　　新

　　　　投资收益　　　　　　　　　　　　　　　　　　 2 800 000　⎫

　　　　可供出售金融资产　　　　　　　　　　　　　 10 200 000　⎭ 旧

借：其他综合收益　　　　　　　　　　　　　　　　　 1 200 000

　　贷：投资收益　　　　　　　　　　　　　　　　　　　　　1 200 000

（五）成本法转换为权益法

1. 个别财务报表

关键点：剩余持股比例部分应从取得投资时点采用权益法核算，即对剩余持股比例投资追溯调整，将其调整到权益法核算的结果。

（1）处置部分

借：银行存款

　　贷：长期股权投资

投资收益（差额）

（2）剩余部分追溯调整

①投资时点商誉的追溯

剩余的长期股权初始投资成本与按照剩余持股比例计算原投资时应享有被投资单位可辨认净资产公允价值的份额，属于投资作价中体现的商誉部分，不调整长期股权投资的账面价值；属于初始投资成本小于原投资时应享有被投资单位可辨认净资产公允价值份额的，在调整长期股权投资成本的同时，应调整留存收益。

②投资后的追溯调整

借：长期股权投资

　　贷：留存收益（盈余公积、利润分配——未分配利润）（原投资时至处置投资当期期初被投资单位留存收益变动×剩余持股比例）收益分段计算前期的

　　　　投资收益（处置投资当期期初至处置日被投资单位的净损益变动×剩余持股比例）收益分段计算当期的

　　　　其他综合收益（被投资单位其他综合收益变动×剩余持股比例）权益计算不分段

　　　　资本公积——其他资本公积（其他原因导致被投资单位其他所有者权益变动×剩余持股比例）权益计算不分段

【注意】调整留存收益和投资收益时，应自被投资方实现的净损益中扣除已发放或已宣告发放的现金股利或利润。

长期股权投资自成本法转为权益法后，未来期间应当按照准则规定计算确认应享有被投资单位实现的净损益、其他综合收益及所有者权益其他变动的份额。

2. 合并财务报表

见合并报表章节。

【例题6·（2014 中级）】因部分处置长期股权投资，企业将剩余长期股权投资的核算方法由成本法转变权益法时进行的下列会计处理中，正确的有（　　　）。

A. 按照处置部分的比例结转应终止确认的长期股权投资成本

B. 剩余股权按照处置投资当期期初至处置投资日应享有的被投资单位已实现净损益中的份额调整当期损益

C. 剩余股权按照原取得投资时至处置投资当期期初应享有的被投资单位已实现净损益中的份额调整留存收益

D. 将剩余股权的账面价值大于按照剩余持股比例计算原投资时应享有的投资单位可辨认净资产公允价值份额的差额，调整长期股权投资的账面价值

答案：ABC

解析：选项 D，不调整长期股权投资。

【例题 7·（2016 年 CPA 教材例 4－14）】 20×7 年 1 月 1 日，甲公司支付 600 万元取得乙公司 100% 的股权，投资当时乙公司可辨认净资产的公允价值为 500 万元，商誉 100 万元。20×7 年 1 月 1 日至 20×8 年 12 月 31 日，乙公司的净资产增加了 75 万元，其中按购买日公允价值计算实现净利润 50 万元，持有可供出售金融资产的公允价值升值 25 万元。

20×9 年 1 月 8 日，甲公司转让乙公司 60% 的股权，收取现金 480 万元存入银行，转让后甲公司对乙公司的持股比例为 40%，能够对其施加重大影响。20×9 年 1 月 8 日，即甲公司丧失对乙公司的控制权日，假定甲、乙公司提取盈余公积的比例均为 10%。假定乙公司未分配现金股利，并不考虑其他因素。

甲公司在其个别和合并财务报表中的处理分别如下：

甲公司个别财务报表的处理

①确认部分股权处置收益

借：银行存款	4 800 000
贷：长期股权投资	3 600 000（6 000 000×60%）
投资收益	1 200 000

②对剩余股权改按权益法核算

计算乙公司剩余 40% 股权的公允价值为：

总体公允价值：4 800 000÷60%＝8 000 000（元），剩余 40% 的公允价值：8 000 000×40%＝3 200 000（元）

剩余的长期股权初始投资成本与按照剩余持股比例计算原投资时应享有被投资单位可辨认净资产公允价值的份额，属于投资作价中体现的商誉部分，不调整长期股权投资的账面价值；属于初始投资成本小于原投资时应享有被投资单位可辨认净资产公允价值份额的，在调整长期股权投资成本的同时，应调整留存收益。

本题中，20×7 年 1 月 1 日，购买日支付 600 万元，乙公司公允价值为 500 万元，产生了商誉，不需要调整。

借：长期股权投资	300 000
贷：盈余公积（500 000×40%×10%）	20 000
利润分配（500 000×40%×90%）	180 000
其他综合收益（250 000×40%）	100 000

经上述调整后，在个别财务报表中，剩余股权的账面价值为 270（600×40%＋30）万元。

注：若购买日乙公司的公允价值为 800 万元，则需要调整如下：

借：长期股权投资	（800－600）×40%＝80
贷：盈余公积	80×10%＝8
利润分配——未分配利润	80×90%＝72

五、长期股权投资的处置

企业处置长期股权投资时，应相应结转与所售股权相对应的长期股权投资的账面价值。

处置长期股权投资，其账面价值与实际取得价款的差额，应确认为处置损益（投资收益）。

采用权益法核算的长期股权投资，原计入其他综合收益（不能结转损益的除外）或资本公积（其他资本公积）中的金额，处置时按与出售股权相对应的部分转入当期损益（投资收益）。

【例题 1·（2016 年 CPA 教材例 4 – 18）】 A 企业原持有 B 企业 40% 的股权，20 ×6 年 12 月 20 日，A 企业决定出售 10% 的 B 企业股权，出售时 A 企业账面上对 B 企业长期股权投资的构成为：投资成本 1 800 万元，损益调整 480 万元，可转入损益的其他综合收益 100 万元、其他权益变动 200 万元。出售取得价款 705 万元。

（1）A 企业确认处置损益的账务处理为：

借：银行存款　　　　　　　　　　　　　　　　　　　　　　　　　7 050 000

　　贷：长期股权投资　　　　　　　　　　　　　　　　　　　　　　6 450 000

　　　　　　　　〔（18 000 000 + 4 800 000 + 1 000 000 + 2 000 000）÷40% ×10%〕

　　　　投资收益　　　　　　　　　　　　　　　　　　　　　　　　　600 000

（2）除应将实际取得价款与出售长期股权投资的账面价值进行结转，确认出售损益以外，还应将原计入其他综合收益或资本公积的部分按比例转入当期损益。

借：资本公积——其他资本公积　　　　　　　　　　　　　　　　　　500 000

　　其他综合收益　　　　　　　　　　　　　　　　　　　　　　　　250 000

　　贷：投资收益　　　　　　　　　　　　　　　　　　　　　　　　750 000

六、共同经营的会计处理

（一）合营安排概念

合营安排是指一项由两个或两个以上的参与方共同控制的安排。合营安排具有下列特征：

1. 各参与方均受到该安排的约束。

2. 两个或两个以上的参与方对该安排实施共同控制。

共同控制，是指按照相关约定对某项安排所共同的控制，并且该安排的相关活动必须经过分享控制权的参与方一致同意后才能决策。

（1）集体控制。如果所有参与方或一组参与方必须一致行动才能决定某项安排的相关活动，则称所有参与方或一组参与方集体控制该安排。

（2）相关活动的决策。主体应当在确定是由参与方组合集体控制该安排，而不是某一参与方单独控制该安排后，再判断这些集体控制该安排的参与方是否共同控制该安排。当且仅当相关活动的决策要求集体控制该安排的参与方一致同意时，才存在共同控制。

如果存在两个或两个以上的参与方组合能够集体控制某项安排的，不构成共同控制。

【例题 1·（2016 年 CPA 教材例 4 – 19）】 假定一项安排涉及三方：A 公司、B 公司、C 公司，在该安排中拥有的表决权分别为 50% 、30% 和 20% 。A 公司、B 公司、C 公司之间的相关约定规定，75% 以上的表决权即可对安排的相关活动作出决策。

在本例中，A 公司和 B 公司是能够集体控制该安排的唯一组合，当且仅当 A 公司、B 公司一致同意时，该安排的相关活动决策方能表决通过。因此 A 公司、B 公司对安排具有共同控制权。

【例题 2·单选题】 甲企业由 A 公司、B 公司和 C 公司组成，协议规定，相关活动的决策至少需要 75% 表决权通过才能实施。假定 A 公司、B 公司和 C 公司任意两方均可达成一致意见，但三方不可能同时达成一致意见。下列项目中属于共同控制的是（　　）。

A. A 公司、B 公司、C 公司在该甲企业中拥有的表决权分别为 50% 、35% 和 15%

B. A 公司、B 公司、C 公司在该甲企业中拥有的表决权分别为 50% 、25% 和 25%

C. A 公司、B 公司、C 公司在该甲企业中拥有的表决权分别为 80%、10% 和 10%

D. A 公司、B 公司、C 公司在该甲企业中拥有的表决权分别为 40%、30% 和 30%

答案：A

解析：选项 A，A 公司和 B 公司是能够集体控制该安排的唯一组合，属于共同控制；选项 B，A 公司和 B 公司、A 公司和 C 公司是能够集体控制该安排的两个组合，如果存在两个或两个以上的参与方组合能够集体控制某项安排的，不构成共同控制；选项 C，A 公司可以对甲企业实施控制，不属于共同控制范围；选项 D，任意两个投资者持股比例都达不到 75%，不属于共同控制。

（3）争议解决机制。相关约定条款的存在一般不会妨碍某项安排成为合营安排。但是，如果在各方未就相关活动的重大决策达成一致意见的情况下，其中一方具备"一票通过权"或者潜在表决权等特殊权力，就需要仔细分析，很可能具有特殊权力的一方实质上具备控制权，不构成合营安排。

（4）仅享有保护性权利的参与方不享有共同控制。

（5）一项安排的不同活动可能分别由不同的参与方或参与方组合主导。

（6）综合评估多项相关协议。

有时，一项安排的各参与方之间可能存在多项相关协议。在单独考虑一份协议时，某参与方可能对合营安排具有共同控制，但在综合考虑该安排的目的和设计的所有情况时，该参与方实际上不一定对该安排并不具有共同控制。因此，在判断是否存在共同控制时，需要综合考虑该多项相关协议。

注：只要两个或两个以上的参与方对该安排实施共同控制，一项安排就可以被认定为合营安排，并不要求所有参与方都对该安排享有共同控制。对合营安排享有共同控制的参与方（分享控制权的参与方）被称为"合营方"；对合营安排不享有共同控制的参与方被称为"非合营方"。

（二）合营安排分为共同经营和合营企业

共同经营，是指合营方享有该安排相关资产且承担该安排相关负债的合营安排。合营企业，是指合营方仅对该安排的净资产享有权利的合营安排。

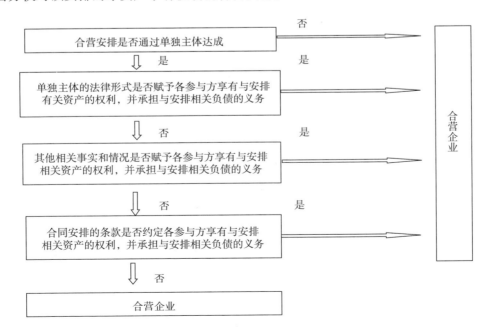

【例题3·（1610）】 下列关于合营安排的有关说法中，不正确的是（　　　）。

A. 合营安排参与方包括对合营安排不享有共同控制的参与方

B. 合营安排的特征之一是两个或两个以上的参与方对该安排实施共同控制

C. 合营安排分为共同经营和合营企业

D. 合营安排的各个参与方均受到该安排的约束

E. 合营安排的任何两个或者两个以上的参与方都不能控制该安排，对该安排具有共同控制的任何两个或者两个以上的参与方均能够阻止其他参与方或者参与方组合控制该安排

答案：E

解析：A正确，合营安排不要求所有参与方都对该安排实施共同控制。合营安排参与方既包括对合营安排享有共同控制的参与方（合营方），也包括对合营安排不享有共同控制的参与方。BD正确，合营安排，是指一项由两个或两个以上的参与方共同控制的安排。合营安排具有下列特征：（1）各参与方均受到该安排的约束；（2）两个或两个以上的参与方对该安排实施共同控制，任何一个参与方（此处可知E错误）都不能够单独控制该安排，对该安排具有共同控制的任何一个参与方均能够阻止其他参与方或参与方组合单独控制该安排。C正确，合营安排分为共同经营和合营企业。

【例题4·（2015CPA）】 下列关于合营安排的表述中，正确的是（　　　）。

A. 当合营安排未通过单独主体达成时，该合营安排为共同经营

B. 合营安排中参与方对合营安排提供担保的，该合营安排为共同经营

C. 两个参与方组合能够集体控制某项安排的，该安排构成合营安排

D. 合营安排为共同经营的，参与方对合营安排有关的净资产享有权利

答案：A

解析：选项B，参与方为合营安排提供担保（或提供担保的承诺）的行为本身并不直接导致一项安排被分类为共同经营；选项C，必须是具有唯一一组集体控制的组合；选项D，合营安排划分为合营企业的，参与方对合营安排有关的净资产享有权利。

（三）共同经营中合营方的会计处理

1. 一般会计处理原则

合营方应当确认其与共同经营中利益份额相关的下列项目，并按照相关企业会计准则的规定进行会计处理：一是确认单独所持有的资产和单独所承担的负债；二是共同经营中的资产、负债、收入和费用按比例确定。

【例题5·（2016年CPA教材例4-20）】 20×3年1月1日，A公司和B公司共同出资购买一栋写字楼，各自拥有该写字楼50%的产权，用于出租收取租金。合同约定，该写字楼相关活动的决策需要A公司和B公司一致同意方可作出；A公司和B公司的出资比例、收入分享比例和费用分担比例均为各自50%。该写字楼购买价款为8 000万元，由A公司和B公司以银行存款支付，预计使用寿命20年，预计净残值为320万元，采用年限平均法按月计提折旧。该写字楼的租赁合同约定，租赁期限为10年，每年租金为480万元，按月交付。该写字楼每月支付维修费2万元。

另外，A公司和B公司约定，该写字楼的后续维护和维修支出（包括再装修支出和任何其他的大修支出）以及与该写字楼相关的任何资金需求，均由A公司和B公司按比例承担。假设A公司和B公司均采用成本法对投资性房地产进行后续计量，不考虑税费等其他因素影响。

本例中，由于关于该写字楼相关活动的决策需要A公司和B公司一致同意方可作出，所以

A 公司和 B 公司共同控制该写字楼，购买并出租该写字楼为一项合营安排。由于该合营安排并未通过一个单独主体来架构，并明确约定了 A 公司和 B 公司享有该安排中资产的权利、获得该安排相应收入的权利、承担相应费用的责任等，因此该合营安排是共同经营。A 公司的相关会计处理如下：

（1）出资购买写字楼时

借：投资性房地产 （8 000 万元 ×50%）40 000 000

　　贷：银行存款 40 000 000

（2）每月确认租金收入时

借：银行存款 （480 万元 ×50% ÷12）200 000

　　贷：其他业务收入 200 000

（3）每月计提写字楼折旧时

借：其他业务成本 160 000

　　贷：投资性房地产累计折旧 160 000

$$[（8\ 000\ 万元 - 320\ 万元）÷20÷12×50\%]$$

（4）支付维修费时

借：其他业务成本 （20 000×50%）10 000

　　贷：银行存款 10 000

2. 合营方向共同经营投出或者出售不构成业务的资产的会计处理

合营方向共同经营投出或出售资产等（该资产构成业务的除外），在共同经营将相关资产出售给第三方或相关资产消耗之前（未实现内部利润仍包括在共同经营持有的资产账面价值中时），应当仅确认归属于共同经营其他参与方的利得或损失。如果投出或出售的资产发生符合《企业会计准则第 8 号——资产减值》等规定的资产减值损失的，合营方应当全额确认该损失。

3. 合营方自共同经营购买不构成业务的资产的会计处理

合营方自共同经营购买资产等（该资产构成业务的除外），在将该资产等出售给第三方之前（未实现内部利润仍包括在合营方持有的资产账面价值中时），不应当确认因该交易产生的损益中该合营方应享有的部分。即此时应当仅确认因该交易产生的损益中归属于共同经营其他参与方的部分。

4. 合营方取得构成业务的共同经营的利益份额的会计处理

企业应当按照《企业会计准则第 20 号——企业合并》的相关规定判断该共同经营是否构成业务。该处理原则不仅适用于收购现有的构成业务的共同经营中的利益份额，也适用于与其他参与方一起设立共同经营，且由于有其他参与方注入既存业务，使共同经营设立时即构成业务。

（四）对共同经营不享有共同控制的参与方的会计处理原则

对共同经营不享有共同控制的参与方（非合营方），如果享有该共同经营相关资产且承担该共同经营相关负债的，比照合营方进行会计处理。否则，应当按照《企业会计准则第 20 号——企业合并》的规定对其利益份额进行会计处理。例如，如果该参与方对于合营安排的净资产享有权利并且具有重大影响，则按照《企业会计准则第 2 号——长期股权投资》等相关规定进行会计处理。

如果该参与方对于合营安排的净资产享有权利并且无重大影响，则按照《企业会计准则第 22 号——金融工具确认和计量》等相关规定进行会计处理；向共同经营投出构成业务的资产的，以及取得共同经营的利益份额的，则按照《企业会计准则第 33 号——合并财务报表》及《企业会计准则第 20 号——企业合并》等相关准则进行会计处理。

【例题6·（2016CPA）】 不考虑其他因素，下列关于合营安排的表述中，正确的有（　　）。

A. 合营安排要求所有参与方都对该安排实施共同控制

B. 能够对合营企业施加重大影响的参与方，应当对其投资采用权益法核算

C. 两个参与方组合能够集体控制某项安排的，该安排不构成共同控制

D. 合营安排为共同经营的，合营方按一定比例享有该安排相关资产且承担该安排相关负债

答案：BC

解析：选项A，合营安排是指一项由两个或两个以上的参与方共同控制的安排，共同控制的前提是集体控制，集体控制的组合是指能够联合起来控制安排，又使参与方数量最少的参与方组合，所以并不要求所有参与方都对该安排实施共同控制。选项D，合营安排为共同经营的，合营方享有该安排相关资产且承担该安排相关负债。

第五节　固定资产

【大纲要求】

内容	程度	变化
1. 固定资产的确认	掌握	原有
2. 固定资产的计量	掌握	原有
3. 固定资产处置的会计处理	熟悉	原有
4. 固定资产减值的判断标准	熟悉	原有
5. 高危行业提取安全生产费的会计处理	熟悉	删除

【内容精讲】

一、固定资产的确认

（一）定义、特征与确认条件

定义	为生产商品、提供劳务、出租或经营管理而持有的，使用寿命超过一个会计年度的有形资产	
特征	（1）为生产商品、提供劳务、出租或经营管理而持有	
	（2）使用寿命超过一个会计年度	
	（3）固定资产是有形资产	
确认	固定资产同时满足下列条件的，才能予以确认	
	（1）与该固定资产有关的经济利益很可能流入企业	
	（2）该固定资产的成本能够可靠计量	

注：其中"出租"的固定资产是指企业以经营租赁方式出租的机器设备类固定资产，不包括以经营租赁方式出租的建筑物，后者属于企业的投资性房地产，不属于固定资产。

（二）具体确认

1. 以下应确认为企业的固定资产

（1）融资租入的固定资产

判断一项资产经济利益是否可能流入企业，主要是判断与该资产相关的风险和报酬是否转

移到企业，取得所有权是判断与该资产相关的风险和报酬已经转移到企业的重要标志，但不是唯一标志，某些情况下，企业尽管不拥有资产所有权，但是实质上控制该资产相关的经济利益已流入企业，根据实质重于形式原则，该资产可以确认为企业的资产，融资租赁即属于该种情形。

【链接1】 融资租赁背景知识介绍

租赁分为融资租赁和经营租赁。满足下列标准之一的，应当认定外融资租赁，除融资租赁外均为经营租赁。

①在租赁期届满时，资产的所有权转移给承租人（在租赁协议中已经约定，或根据其他条件在租赁开始日即可以合理地判断）。②承租人有购买租赁资产的选择权，所订立的购买价款预计远低于行使选择权时租赁资产的公允价值，因而在租赁开始日就可以合理确定承租人将会行使这种选择权。③租赁期占租赁资产使用寿命的大部分（≥75%）；需要注意的是，这条标准强调的是租赁期占租赁资产使用寿命的比例，而非租赁期占该项资产全部可使用年限的比例。如果租赁资产是旧资产，在租赁前已使用年限超过资产自全新时起算可使用年限的75%以上时（≥75%），则这条判断标准不适用，不能使用这条标准确定租赁的分类。④承租人在租赁开始日的最低租赁付款额现值几乎相当于租赁开始日租赁资产公允价值（≥90%）；出租人在租赁开始日的最低租赁收款额现值几乎相当于租赁开始日租赁资产公允价值（≥90%）。⑤租赁资产性质特殊，如果不作较大改造，只有承租人才能使用。

融资租赁固定资产采用了实际利率摊销的处理方式。

【链接2】 经营租赁方式租入的固定资产所有权不属承租人，所有权仍属于出租人。

【链接3】 以经营租赁方式出租的建筑物属于投资性房地产，以经营租赁方式出租的机器设备属于企业固定资产。

（2）环保设备和安全设备

虽然环保设备和安全设备不能直接为企业带来经济利益，但有助于企业从相关资产获得经济利益，或者将减少企业未来经济利益的流出。

（3）需要与相关固定资产组合发挥效用的某些备品备件和维修设备

工业企业所持有的备品备件和维修设备等资产通常确认为存货，但某些备品备件和维修设备需要与相关固定资产组合发挥效用，如民用航空运输企业的高价周转件，应当确认为固定资产。

2. 以下不应确认为企业的固定资产

（1）非生产商品、提供劳务、出租或经营管理的，如用于出售的产品或商品，为存货。

（2）固定资产的各组成部分具有不同使用寿命或者以不同方式为企业提供经济利益，适用不同折旧率或折旧方法的，应当分别将各组成部分确认为单项固定资产。如飞机引擎，如果与飞机机身有不同的使用寿命，适用不同折旧率或折旧方法，则应将其确认为单项固定资产。

【例题1·（模拟）】 某企业为一般的生产企业，以下应作为企业固定资产核算的有（　　）。

A. 企业融资租入的房屋建筑物　　　　B. 企业融资租入的机器设备

C. 企业经营租出的房屋建筑物　　　　D. 企业经营租出的机器设备

E. 持有待售的生产用机器设备

答案：ABDE

解析：C属于投资性房地产。

二、固定资产的计量

（一）固定资产的初始计量

固定资产应当按照成本进行初始计量。

　　固定资产的成本，是指企业购建某项固定资产达到预定可使用状态前所发生的一切合理、必要的支出，包括直接发生的价款、运杂费、包装费和安装成本等，也包括间接发生的，如应承担的借款利息、外币借款折算差额以及应分摊的其他间接费用。对于特殊行业的特定固定资产，确定其初始入账成本时还应考虑弃置费用。

　　【注1】此处表达为"运杂费"，若表述为"运输费"，则根据营改增规定，当企业是增值税一般纳税人，取得的是一般纳税人运输企业开具的运费增值税专用发票时，按11%抵扣进项税额，所取得的运费发票是小规模纳税人运输企业开具的，则按3%计算抵扣。

　　【注2】2009年1月1日增值税转型改革后，企业购建（包括购进、接受捐赠、实务投资、自制、改扩建等）生产用固定资产发生的增值税进项税额可以从销项税额中抵扣，不再计入固定资产成本。

　　1. 外购固定资产

　　企业外购固定资产的成本，包括购买价款、相关税费（不含可抵扣的增值税进项税额）、使固定资产达到预定可使用状态前所发生的可归属于该项资产的运输费、装卸费、安装费和专业人员服务费等。

　　不包括员工培训费，培训费应于发生时计入当期损益（如购入某项使用较为复杂的固定资产，需操作工进行专门培训发生的费用）。

　　（1）购入不需安装的固定资产，通过"固定资产"科目核算

　　（2）购入需要安装的固定资产，通过"在建工程"科目核算

　　【例题1·（2016年CPA教材例5-1改编）】20×9年2月1日，甲公司购入一台需要安装的生产用机器设备，取得的增值税专用发票上注明的设备价款为50万元，增值税进项税额为85 000元，支付的运输费不含增值税为2 225元，运输费适用的增值税税率为11%；安装设备时，领用本公司原材料一批，价值3万元，购进该批原材料时支付的增值税进项税额为5 100元；支付安装工人的工资为4 900元，2009年4月1日安装完毕，达到预定可使用状态，假定不考虑其他相关税费，2009年4月1日该固定资产入账价值为多少？

　　入账价值 = 500 000 + 2 225 + 30 000 + 4 900 = 537 125（元）

　　（3）超过正常信用条件延期支付价款，实质上具有融资性质的购入固定资产

　　固定资产的成本应当以购买价款的现值为基础确定。实际支付的价款与购买价款的现值之间的差额，应当在信用期间内采用实际利率法进行摊销，摊销金额除满足借款费用资本化条件的应当计入固定资产成本外，均应当在信用期间内确认为财务费用，计入当期损益。

　　【例题2·（2009）·（2012）】某电信公司与一供货商签订一项购货合同购入一套3G设备，合同约定，采用分期付款方式支付价款。该设备价款共计100亿元，分5年付清，每年支付20亿元，则电信公司固定资产入账价值为100亿元。

　　答案：×

　　【例题3·（2016年CPA教材例11-5）】20×5年1月1日，甲公司采用分期收款方式向乙公司销售一套大型设备，合同约定的销售价格为2 000万元，分5次于每年12月31日等额收取。该大型设备成本为1 560万元。在现销方式下，该大型设备的销售价格为1 600万元。假定甲公司发出商品时，其有关的增值税纳税义务尚未发生，在合同约定的收款日期，发生有关的增值税纳税义务。实际利率 $r = 7.93\%$。

　　根据本例的资料，甲公司应当确认的销售商品收入金额为1 600万元。

单位：万元

日　期	每期收现 ①	财务费用 ②=④×7.93%	已收本金 ③=①-②	未收本金 ④=上期④-本期③
20×1年1月1日				a：1 600.00
20×1年12月31日	b：400	c：126.88	d：273.12	e：1 326.88
20×2年12月31日	400	105.22	294.78	1 032.10
20×3年12月31日	400	81.85	318.15	713.95
20×4年12月31日	400	56.62	343.38	370.57
20×5年12月31日	400	29.43*	370.57	0
总额	2 000	400	1 600.00	

注：＊为尾数调整。

甲公司各期的账务处理如下：

（1）20×1年1月1日销售实现

借：长期应收款　　　　　　　　　　20 000 000
　　银行存款　　　　　　　　　　　3 400 000
　　贷：主营业务收入　　　　　　　　　　　16 000 000
　　　　应交税费——应交增值税（销项税额）3 400 000
　　　　未实现融资收益　　　　　　　　　　4 000 000
借：主营业务成本　　　　　　　　　15 600 000
　　贷：库存商品　　　　　　　　　　　　　15 600 000

（2）20×1年12月31日收取货款

借：银行存款　　　　　　　　　　　4 000 000
　　贷：长期应收款　　　　　　　　　　　　4 000 000
借：未实现融资收益　　　　　　　　1 268 800
　　贷：财务费用　　　　　　　　　　　　　1 268 800

（3）20×2年12月31日收取货款

借：银行存款　　　　　　　　　　　4 000 000
　　贷：长期应收款　　　　　　　　　　　　4 000 000
借：未实现融资收益　　　　　　　　1 052 200
　　贷：财务费用　　　　　　　　　　　　　1 052 200

（4）20×3年12月31日收取货款

借：银行存款　　　　　　　　　　　4 000 000
　　贷：长期应收款　　　　　　　　　　　　4 000 000
借：未实现融资收益　　　　　　　　　818 500
　　贷：财务费用　　　　　　　　　　　　　818 500

（5）20×4年12月31日收取货款

借：银行存款　　　　　　　　　　　4 000 000
　　贷：长期应收款　　　　　　　　　　　　4 000 000
借：未实现融资收益　　　　　　　　　566 200
　　贷：财务费用　　　　　　　　　　　　　566 200

（6）20×5年12月31日收取货款和增值税额

借：银行存款　　　　　　　　　　　4 000 000
　　贷：长期应收款　　　　　　　　　　　　4 000 000
借：未确认融资收益　　　　　　　　　294 300
　　贷：财务费用　　　　　　　　　　　　　294 300

乙公司各期的账务处理如下：

（1）20×1年1月1日购买资产

借：固定资产　　　　　　　　　　　16 000 000
　　应交税费——应交增值税（进项税额）
　　　　　　　　　　　　　　　　　3 400 000
　　未确认融资费用　　　　　　　　4 000 000
　　贷：长期应付款　　　　　　　　　　　　20 000 000
　　　　银行存款　　　　　　　　　　　　　3 400 000
乙公司固定资产计提折旧的分录略

（2）20×1年12月31日支付货款

借：长期应付款　　　　　　　　　　4 000 000
　　贷：银行存款　　　　　　　　　　　　　4 000 000
借：财务费用　　　　　　　　　　　1 268 800
　　贷：未确认融资费用　　　　　　　　　　1 268 800

（3）20×2年12月31日支付货款

借：长期应付款　　　　　　　　　　4 000 000
　　贷：银行存款　　　　　　　　　　　　　4 000 000
借：财务费用　　　　　　　　　　　1 052 200
　　贷：未确认融资费用　　　　　　　　　　1 052 200

（4）20×3年12月31日支付货款

借：长期应付款　　　　　　　　　　4 000 000
　　贷：银行存款　　　　　　　　　　　　　4 000 000
借：财务费用　　　　　　　　　　　818 500
　　贷：未确认融资费用　　　　　　　　　　818 500

（5）20×4年12月31日支付货款

借：长期应付款　　　　　　　　　　4 000 000
　　贷：银行存款　　　　　　　　　　　　　4 000 000
借：财务费用　　　　　　　　　　　566 200
　　贷：未确认融资费用　　　　　　　　　　566 200

（6）20×5年12月31日支付货款和增值税额

借：银行存款　　　　　　　　　　　4 000 000
　　贷：长期应付款　　　　　　　　　　　　4 000 000
借：财务费用　　　　　　　　　　　294 300
　　贷：未确认融资费用　　　　　　　　　　294 300

【例题 4·（2016 年 CPA 教材例 5-2 改编）】2007 年 1 月 1 日，甲公司与乙公司签订一项购货合同，甲公司从乙公司购入一台需要安装的特大型设备。合同约定，甲公司采用分期付款方式支付价款。该设备价款共计 1 000 万元（不考虑增值税），在 2007 年至 2011 年的 5 年内每半年支付 100 万元，每年的付款日期分别为当年 6 月 30 日和 12 月 31 日。2007 年 1 月 1 日，设备如期运抵甲公司并开始安装，假定半年的折现率为 5%，已知（P/A，5%，10）= 6.1446，则关于 2007 年 1 月 1 日甲公司的会计处理以下说法正确的是（　　　）。

A. 应确认固定资产入账价值 1 000 万元　　　B. 应确认在建工程入账价值 1 000 万元

C. 应确认长期应付款 1 000 万元　　　　　　D. 应确认固定资产入账价值 614.46 万元

E. 应确认在建工程入账价值 614.46 万元

答案：CE

解析：购买价款的现值为 100×（P/A，5%，10）= 100×6.1446 = 614.46（万元）。

2007 年 1 月 1 日甲公司会计处理如下：

借：在建工程　　　　　　　　　　　　　　　　　　　　　　　　　614.46

　　未确认融资费用　　　　　　　　　　　　　　　　　　　　　　385.54

　　贷：长期应付款　　　　　　　　　　　　　　　　　　　　　　　　1 000

【例题 5·（2016 年 9 月考题，CPA 教材例 6-2 改编，本教材第一版例题）】2015 年 1 月 1 日甲公司从乙公司购入一项无形资产，甲公司与乙公司协议约定分期付款，协议约定该无形资产作价 2 000 万元，甲公司每年末付款 400 万元，分 5 年付清，假定同期市场利率为 5%，5 年期 5% 利率的年金现值系数为 4.3295，甲公司该无形资产预计可以使用 10 年，无残值，用直线法摊销，不考虑其他因素，下列说法正确的有（　　　）。

A. 2015 年 1 月 1 日无形资产入账金额为 2 000 万元

B. 2015 年末无形资产余额为 1 558.62 万元

C. 2016 年应该确认财务费用 70.92 万元

D. 2015 年末未确认融资费用 181.61 万元

E. 2015 年末长期应付款列报为 1 418.39 万元

答案：BCDE

解析：实际利率摊销法表格（持有至到期投资 VS 应付债券，分期销售商品 VS 分期付款购买固定资产或无形资产，融资租赁均同此表格）。

先求无形资产入账价值：400×（P/A，5，5%）= 400×4.3295 = 1 731.8（万元）。

日期	每期收（付）现	财务费用	已收（付）本金	未收（付）本金
	①	②=④×5%	③=①-②	④=上期④-本期③
2015 年 1 月 1 日				1 731.80
2015 年末	400.00	86.59	313.41	1 418.39
2016 年末	400.00	70.92	329.08	1 089.31
2017 年末	400.00	54.47	345.53	743.77
2018 年末	400.00	37.19	362.81	380.96
2019 年末	400.00	19.05	380.96	0.00
合计	2 000	268.2	1 731.8	

账务处理如下（单位均为万元）：

（1）2015 年 1 月 1 日

借：无形资产　　　　　　　　　　　　　　　　　　　　　1 731.8

　　未确认融资费用　　　　　　　　　　　　　　　　　　　268.2

　　贷：长期应付款　　　　　　　　　　　　　　　　　　　　　2 000

（2）2015 年末支付货款

借：长期应付款　　　　　　　　　　　　　　　　　　　　　400

　　贷：银行存款　　　　　　　　　　　　　　　　　　　　　　400

借：财务费用　　　　　　　　　　　　　　　　　　　　　86.59

　　贷：未确认融资费用　　　　　　　　　　　　　　　　　　86.59

2015 年末未确认融资费用科目余额 = 268.2 - 86.59 = 181.61（万元）。

2015 年 12 月 31 日长期应付款列报金额："未确认融资费用"是"长期应付款"的备抵科目，"未确认融资费用"科目的借方余额，会减少"长期应付款"项目的金额。2015 年 12 月 31日长期应付款列报金额 =（2 000 - 400）- 181.61 = 1 418.39（万元）。

（3）2016 年末支付货款

借：长期应付款　　　　　　　　　　　　　　　　　　　　　400

　　贷：银行存款　　　　　　　　　　　　　　　　　　　　　　400

借：财务费用　　　　　　　　　　　　　　　　　　　　　70.92

　　贷：未确认融资费用　　　　　　　　　　　　　　　　　　70.92

2015 年末无形资产摊销余额 = 1 731.8 -（1 731.8 - 0）/10 = 1 558.62（万元）。

补充知识点：出售方的会计处理

借：长期应收款　　　　　　　　　　　　　　　　　　　　2 000

　　贷：无形资产 + 营业外收入　　　　　　　　　　　　　　1 731.8

　　　未实现融资收益　　　　　　　　　　　　　　　　　　268.2

借：银行存款　　　　　　　　　　　　　　　　　　　　　400

　　贷：长期应收款　　　　　　　　　　　　　　　　　　　　400

借：未实现融资收益　　　　　　　　　　　　　　　　　86.59

　　贷：财务费用　　　　　　　　　　　　　　　　　　　　　86.59

2. 自行建造固定资产

（1）自营方式建造固定资产

企业如有以自营方式建造固定资产，其成本应当按照直接材料、直接人工、直接机械施工费等计量。

①企业为建造固定资产准备的各种物资应当按照实际支付的买价、运输费、保险费等相关税费作为实际成本。用于生产设备的工程物资，其进项税额可以抵扣。

②工程物资的盘亏、报废及毁损及盘盈。

建设期间发生的工程物资盘亏、报废及毁损，减去残料价值以及保险公司、过失人等赔款后的净损失，计入所建工程项目的成本；盘盈的工程物资或处置净收益，冲减所建工程项目的成本。

工程完工后发生的工程物资盘盈、盘亏、报废、毁损，计入当期营业外收支。

③所建造的固定资产已达到预定可使用状态，但尚未办理竣工决算的，应当自达到预定可

使用状态之日起，根据工程预算、造价或者工程实际成本等，按暂估价值转入固定资产，并按有关计提固定资产折旧的规定，计提固定资产折旧。待办理了竣工决算手续后再调整原来的暂估价值，但不需要调整原来的折旧额。

（2）出包方式建造固定资产

企业以出包方式建造固定资产，其成本由建造该项固定资产达到预定可使用状态前所发生的必要支出构成，包括发生的建筑工程支出、安装工程支出，以及需分摊计入各固定资产价值的待摊支出。

【注意】①企业为建造固定资产通过出让方式取得土地使用权不计入在建工程成本，应确认为无形资产（房地产开发企业通过出让方式取得土地使用权计入存货）。②在建工程项目达到预定可使用状态前，试生产产品对外出售取得的收入应冲减在建工程成本（不能计入营业外收入或其他业务收入等）。

3. 其他方式取得的固定资产的成本

（1）盘盈的固定资产

盘盈的固定资产应作为前期差错处理。在按管理权限报经批准前，应通过"以前年度损益调整"科目核算。

借：固定资产
　　贷：以前年度损益调整
借：以前年度损益调整
　　贷：盈余公积
　　　　利润分配——未分配利润

（2）投资者投入的固定资产

按照投资合同或协议的约定价值确定，不公允的除外。

（3）通过非货币性资产交换、债务重组、企业合并等方式取得的固定资产

分别按照相关规定确定。

4. 存在弃置费用的固定资产

要求：会计算考虑弃置费用固定资产的初始入账价值（知识点链接：持有至到期投资 VS 应付债券，分期销售商品 VS 分期付款购买固定资产或无形资产，融资租赁，存在弃置费用的固定资产）。

对于特殊行业的特定固定资产，确定其初始成本时，还应考虑弃置费用。应当把弃置费用的现值，作为固定资产初始入账价值的一部分，公式如下：

考虑弃置费用固定资产的初始入账价值 = 弃置费用现值 + 实际发生的建造成本

【注意】一般工商企业的固定资产发生的报废清理费用，不属于弃置费用，应当在发生时作为固定资产处置费用处理。

具体会计处理如下：

借：固定资产
　　贷：在建工程（实际发生的建造成本）
　　　　预计负债（弃置费用的现值）
借：财务费用（每期初预计负债的摊余成本×实际利率）
　　贷：预计负债
借：预计负债

贷：银行存款等（发生弃置费用支出时）

【例题6·（2016年CPA教材例5-3）】 乙公司经国家批准2007年1月1日建造完成核电站核反应堆并交付使用，建造成本为250亿元。预计使用寿命40年。根据法律规定，该核反应堆将会对生态环境产生一定的影响，企业应在该项设施使用期满后将其拆除，并对造成的污染进行整治，预计发生弃置费用25亿元。假定适用的折现率为5%，已知（P/F，5%，40）=0.1420，则该固定资产入账价值是多少？

解析：考虑弃置费用固定资产的初始入账价值=弃置费用现值+实际发生的建造成本=25×0.1420+250=253.5（亿元），会计处理如下：

（1）2007年1月1日

借：固定资产 2 535 000

　　贷：在建工程 2 500 000

　　　　预计负债 35 000

（2）计算第1年应负担的利息费用=35 000×5%=1 750（万元）

借：财务费用 1 750

　　贷：预计负债 1 750

以后年度，企业应当按照实际利率法计算确定每年财务费用，并增加预计负债，如此下去，至第40年时，预计负债为25亿元，当年假定真的是花了25亿元处置，则

借：预计负债 250 000

　　贷：银行存款 250 000

【链接】 2014年1月17日，财政部发布《企业会计准则解释第6号》，自发布之日起实施。关于弃置费用的规定如下：

企业因固定资产弃置费用确认的预计负债发生变动的，应当如何进行会计处理？

答：企业应当进一步规范关于固定资产弃置费用的会计核算，根据《企业会计准则第4号——固定资产》应用指南的规定，对固定资产的弃置费用进行会计处理。

本解释所称的弃置费用形成的预计负债在确认后，按照实际利率法计算的利息费用应当确认为财务费用；由于技术进步、法律要求或市场环境变化等原因，特定固定资产的履行弃置义务可能发生支出金额、预计弃置时点、折现率等变动而引起的预计负债变动，应按照以下原则调整该固定资产的成本：

（1）对于预计负债的减少，以该固定资产账面价值为限扣减固定资产成本。如果预计负债的减少额超过该固定资产账面价值，超出部分确认为当期损益。

（2）对于预计负债的增加，增加该固定资产的成本。

按照上述原则调整的固定资产，在资产剩余使用年限内计提折旧。一旦该固定资产的使用寿命结束，预计负债的所有后续变动应在发生时确认为损益。

（二）固定资产的后续计量

1. 固定资产折旧

影响固定资产折旧的因素主要有固定资产原价、预计净残值、固定资产减值准备、固定资产的使用寿命四个因素。

（1）固定资产使用寿命的定义

固定资产的使用寿命，是指企业使用固定资产的预计期间，或者该固定资产所能生产产品或提供劳务的数量。企业确定固定资产使用寿命时，应当考虑下列因素：

①该项资产预计生产能力或实物产量。

②该项资产预计有形损耗，是指固定资产在使用过程中，由于正常使用和自然力的作用而引起的使用价值和价值的损失，如设备使用中发生磨损、房屋建筑物受到自然侵蚀等。

③该项资产预计无形损耗，是指由于科学技术的进步和劳动生产率的提高而带来的固定资产价值上的损失，如因新技术的出现而使现有的资产技术水平相对陈旧、市场需求变化使其所生产的产品过时等。

④法律或者类似规定对该项资产使用的限制。

某些固定资产的使用寿命可能受法律或类似规定的约束。如对于融资租赁的固定资产，根据《企业会计准则第 21 号——租赁》的规定，能够合理确定租赁期届满时将会取得租赁资产所有权的，应当在租赁资产使用寿命内计提折旧；如果无法合理确定租赁期届满时能够取得租赁资产所有权的，应当在租赁期与租赁资产使用寿命两者中较短的期间内计提折旧。

（2）固定资产折旧范围

△企业应当对所有的固定资产计提折旧，注意以下几点：

1）固定资产应当按月计提折旧。固定资产应自达到预定可使用状态时开始计提折旧，终止确认时或划分为持有待售非流动资产时停止计提折旧。当月增加的固定资产，当月不计提折旧，从下月起计提折旧；当月减少的固定资产，当月仍计提折旧，从下月起不计提折旧。

2）已达到预定可使用状态但尚未办理竣工决算的固定资产，应当按照估计价值确定其成本，并计提折旧；待办理竣工决算后再按实际成本调整原来的暂估价值，但不需要调整原已计提的折旧额。

3）处于更新改造过程停止使用的固定资产，应将其账面价值转入在建工程，不再计提折旧。更新改造项目达到预定可使用状态转为固定资产后，再按重新确定的折旧方法和该项固定资产尚可使用寿命计提折旧。

4）未使用固定资产应当计提折旧，计入"管理费用"科目。

5）固定资产定期大修理间隔期间，应照提折旧。

△以下固定资产不计提（或不再计提，即终止计提）折旧：

1）已提足折旧的固定资产（不论能否继续使用，均不再计提折旧）。

2）单独计价入账的土地。

关于土地，共有以下几种核算方法：

①固定资产——土地（历史遗留问题，老国有企业）。

②存货（房地产开发企业）。

③无形资产（一般工商企业）。

④投资性房地产（用于出租的土地）。

3）终止确认或划分为持有待售非流动资产的固定资产。

4）提前报废的固定资产不再补提折旧。

5）处于更新改造过程停止使用的固定资产，应将其账面价值转入在建工程，不再计提折旧。

6）以经营租赁方式租入的固定资产不计提折旧。

【例题 7·（1610）】下列有关说法，符合会计准则规定的有（　　　）。

A. 已经达到预定可使用状态但未办理竣工决算的固定资产，应当按照估计价值确定其价值，并计算折旧，待办理竣工决算后再核实实际成本调整折旧价值，并调整已计提的折旧额

B. 企业至少应当于每年年度终了，对固定资产的使用寿命、预计净残值和折旧方法进行复核

C. 与固定资产有关的修理费用，不符合固定资产确认条件的，应当根据不同情况分别在发生时计入当期管理费用或销售费用

D. 持有待售资产不计提折旧，按照账面价值与公允价值孰低进行计量

E. 固定资产后续支出涉及替换原固定资产的某组成部分，当发生的后续支出符合固定资产确认条件时，应将其计入固定资产成本，同时将被替换部分的账面价值扣除

答案：BCE

解析：A错误，所建造的固定资产已达到预定可使用状态，但尚未办理竣工决算的，应当自达到预定可使用状态之日起，根据工程预算、造价或者工程实际成本等，按暂估价值转入固定资产，并按有关计提固定资产折旧的规定，计提固定资产折旧。待办理了竣工决算手续后再调整原来的暂估价值，但不需要调整原来的折旧额。

B正确，企业至少应当于每年年度终了，对固定资产的使用寿命、预计净残值和折旧方法进行复核。使用寿命预计数与原先估计数有差异的，应当调整固定资产使用寿命。预计净残值预计数与原先估计数有差异的，应当调整预计净残值。与固定资产有关的经济利益预期实现方式有重大改变的，应当改变固定资产折旧方法。固定资产使用寿命、预计净残值和折旧方法的改变应当作为会计估计变更。

C正确，与固定资产有关的修理费用等后续支出，不符合固定资产确认条件的，应当根据不同情况分别在发生时计入当期管理费用或销售费用。生产车间使用固定资产发生的修理费用计入管理费用。

D错误，企业对于持有待售的固定资产，应当调整该项固定资产的预计净残值，该预计净残值不得超过符合持有待售条件时该项固定资产的原账面价值，原账面价值高于调整后预计净残值的差额，应当作为资产减值损失计入当期损益。

E正确，固定资产后续支出，是指固定资产在使用过程中发生的更新改造支出、修理费用等。后续支出的处理原则为：符合固定资产确认条件的，应当计入固定资产成本，同时将被替换部分的账面价值扣除；不符合固定资产确认条件的，应当计入当期损益。

（3）固定资产折旧方法

企业应当根据与固定资产有关的经济利益的预期实现方式，合理选择固定资产折旧方法。

可选用的折旧方法包括年限平均法、工作量法、双倍余额递减法和年数总和法等。固定资产的折旧方法一经确定，不得随意变更。

①年限平均法

年折旧额 =（原价 - 预计净残值）÷ 预计使用年限

　　　　 = 原价 ×（1 - 预计净残值/原价）÷ 预计使用年限

　　　　 = 原价 × 年折旧率

②工作量法

单位工作量折旧额 = 固定资产原价 ×（1 - 预计净残值率）÷ 预计总工作量

某项固定资产月折旧额 = 该项固定资产当月工作量 × 单位工作量折旧额

【例题8·（模拟题）】乙公司的一台机器设备原价为 80 000 元，预计生产产品产量为 400 000 个，预计净残值率为5%，本月生产产品 2 000 个；假设乙公司没有对该机器设备计提减值准备。请计算该台机器设备的本月折旧额。

单个产品折旧额 = 80 000 × （1 - 5%）/400 000 = 0.19（元/个）

本月折旧额 = 2 000 × 0.19 = 380（元）

③双倍余额递减法

年折旧额 = 期初固定资产净值 × 2/预计使用年限（注意：开始几年不扣除预计净残值进行计算）。

最后两年改为年限平均法（最后两年相等，扣除预计净残值/2）。

【例题 9·（2016 年 CPA 教材例 5 - 4）】甲公司某项设备原价为 120 万元，预计使用寿命为 5 年，预计净残值率为 4%，假设甲公司没有对该机器设备计提减值准备。

甲公司按双倍余额递减法计算折旧，每年折旧额计算如下：

年折旧率 = 2/5 × 100% = 40%

第一年应计提的折旧额 = 120 × 40% = 48（万元）

第二年应计提的折旧额 = （120 - 48）× 40% = 28.8（万元）

第三年应计提的折旧额 = （120 - 48 - 28.8）× 40% = 17.28（万元）

从第四年起改按年限平均法（直线法）计提折旧：

第四、第五年应计提的折旧额 = （120 - 48 - 28.8 - 17.28 - 120 × 4%）÷ 2 = 10.56（万元）

【例题 10·（2016 年 5 月）】甲公司是增值税一般纳税人，于 2014 年 8 月购入一台需要安装的设备，取得的增值税专用发票上注明的设备价款为 500 万元，增值税进项税额为 85 万元，取得的增值税专用发票上注明的运输费为 10 万元，运输途中保险费为 20 万元，设备安装过程中，安装工人工资 10 万元，调试费用 20 万元，该设备于 2014 年 12 月 31 日达到可使用状态。甲公司对该设备采用双倍余额递减法计提折旧，预计使用 10 年，预计净残值为零，预计使用期满后发生弃置费用的现值为 50 万元，假定不考虑其他相关税费，2015 年该设备应计提的折旧额为（　　）。

A. 118 万元　　　　B. 108 万元　　　　C. 139 万元　　　　D. 120 万元

E. 122 万元

解析：（500 + 10 + 20 + 10 + 20 + 50）× 2/10 = 122（万元）

【解题要点】（1）运输费、保险费、安装工人工资及安装调试费用均计入"在建工程"；达到可使用状态后转入固定资产。（2）弃置费用现值计入固定资产成本。

④年数总和法

年折旧额 = （原价 - 预计净残值）× 年折旧率

年折旧率 = N/（1 + 2 + 3 + … + n），N 为剩余使用年限，n 为固定资产预计使用寿命。

【例题 11·（2016 年 CPA 教材例 5 - 5）】甲公司某项设备原价为 120 万元，预计使用寿命为 5 年，预计净残值率为 4%，假设甲公司没有对该机器设备计提减值准备。采用年数总和法计算各年折旧额如下：

第一年应计提的折旧额 = 120 × （1 - 4%）× 5/（1 + 2 + 3 + 4 + 5）= 38.4（万元）

第二年应计提的折旧额 = 120 × （1 - 4%）× 4/（1 + 2 + 3 + 4 + 5）= 30.72（万元）

第三年、第四年、第五年略。

【例题 12·（1511）】某公司 2014 年 1 月对某生产线进行了更新改造，该生产线账面原值为 1 000 万元，已计提折旧 750 万元。改良时被替换资产的账面价值为 60 万元，发生的可资本化相关支出共计 230 万元。2014 年 6 月工程完工。改良后该生产线使用寿命为 5 年，预计净残值为零，按年数总和法计提折旧，该公司 2014 年对改良后的生产线应计提的折旧为（　　）。

A. 80 万元　　　　　B. 70 万元　　　　　C. 35 万元　　　　　D. 58. 33 万元

E. 42 万元

答案：B

解析：年数总和法计算公式为：年折旧额 =（原价 – 预计净残值）×年折旧率

年折旧率 = N/（1 + 2 + 3 + … + n），N 为剩余使用年限，n 为固定资产预计使用寿命。

本题中固定资产原价 = 1 000 – 750 – 60 + 230 = 420（万元），2014 年计提折旧的期限是 6 个月。

折旧额 = 原价×年折旧率×时间比率 = 420 ×（5/15）×（6/12）= 70（万元）

（4）固定资产预计使用寿命、预计净残值和折旧方法的复核

企业至少应当于每年年度终了，对固定资产的使用寿命、预计净残值和折旧方法进行复核。

使用寿命预计数与原先估计数有差异的，应当调整固定资产使用寿命。

预计净残值预计数与原先估计数有差异的，应当调整预计净残值。

与固定资产有关的经济利益预期实现方式有重大改变的，应当改变固定资产折旧方法。

固定资产使用寿命、预计净残值和折旧方法的改变应当作为会计估计变更。

【例题 13 ·（模拟）】甲公司 2013 年 12 月 20 日购入一台管理用设备，初始入账价值为 1 000 万元，原估计使用年限为 10 年，预计净残值为 40 万元，按双倍余额递减法计提折旧。由于固定资产所含经济利益预期实现方式的改变和技术因素的原因，已不能继续按原定的折旧方法、折旧年限计提折旧。甲公司于 2016 年 1 月 1 日将设备的折旧方法改为年限平均法，将设备的折旧年限由原来的 10 年改为 8 年，预计净残值仍为 40 万元。甲公司适用的所得税税率为 25%。

要求：（1）计算上述设备 2014 年和 2015 年计提的折旧额。

（2）计算上述设备 2016 年计提的折旧额。

（3）计算上述会计估计变更对 2016 年净利润的影响。

解析：（1）设备 2014 年计提的折旧额 = 1 000 ×2/10 = 200（万元）

设备 2015 年计提的折旧额 =（1 000 – 200）×2/10 = 160（万元）

（2）2016 年 1 月 1 日设备的账面净值 = 1 000 – 200 – 160 = 640（万元）

设备 2016 年计提的折旧额 =（640 – 40）÷（8 – 2）= 100（万元）

（3）按原会计估计，设备 2016 年计提的折旧额 =（1 000 – 200 – 160）×2/10 = 128（万元）

上述会计估计变更使 2016 年净利润增加 =（128 – 100）×（1 – 25%）= 21（万元）

2. 固定资产后续支出

固定资产后续支出，是指固定资产在使用过程中发生的更新改造支出、修理费用等。

后续支出的处理原则为：符合固定资产确认条件的，应当计入固定资产成本，同时将被替换部分的账面价值扣除；不符合固定资产确认条件的，应当计入当期损益。

（1）资本化的后续支出

①更新改造支出

与固定资产有关的更新改造等后续支出，符合固定资产确认条件的，应当计入固定资产成本，同时将被替换部分的账面价值扣除。

会计处理如下：

A. 将固定资产进行更新改造，转入在建工程

借：在建工程

　　贷：固定资产账面价值

此时停止计提折旧。

B. 实际发生可资本化后续支出

借：在建工程

　　贷：银行存款

　　　　应付职工薪酬等

C. 达到预定可使用状态时

借：固定资产

　　贷：在建工程

如涉及替换原固定资产中部分的，还应将被替换的部分固定资产账面价值转销。

【例题14·（2016年CPA教材例5-8改编）】 某航空公司2000年12月购入一架飞机，总计花费8 000万元（含发动机），发动机当时的购价为500万元。公司未将发动机作为一项单独的固定资产进行核算。2009年初，公司开辟新航线，航程增加。为延长飞机的空中飞行时间，公司决定更换一部性能更为先进的发动机。新发动机购价695万元，另需支付安装费用5万元。假定2000年初飞机已累计计提折旧2 000万元，账面净值为6 000万元，其中发动机已计提折旧125万元，账面净值375万元，则2009年初新购发动机安装完毕固定资产入账价值为（　　）万元。

A. 6 325　　　　　　B. 6 700　　　　　　C. 700　　　　　　D. 325

答案：A

解析：6 000＋（695＋5）－375＝6 325（万元）

会计分录如下（分录不要求掌握，只是为了帮助理解时作参考）：

（1）20×9年初固定资产转入在建工程

借：在建工程 ——××飞机　　　　　　　　　　　　　　　　　6 000

　　累计折旧　　　　　　　　　　　　　　　　　　　　　　　2 000

　　　贷：固定资产——××飞机　　　　　　　　　　　　　　　　　　8 000

（2）安装新发动机

借：在建工程—— ××飞机　　　　　　　　　　　　　　　　　　700

　　贷：工程物资——××飞机　　　　　　　　　　　　　　　　　　695

　　　　银行存款　　　　　　　　　　　　　　　　　　　　　　　　5

（3）20×9年初老发动机的账面价值为375万元，终止确认老发动机的账面价值。假定报废处理，无残值。

借：营业外支出　　　　　　　　　　　　　　　　　　　　　　375

　　贷：在建工程 ——××飞机　　　　　　　　　　　　　　　　　　375

（4）发动机安装完毕，投入使用。固定资产的入账价值为6 000＋700－375＝6 325（万元）

借：固定资产——××飞机　　　　　　　　　　　　　　　　　6 325

　　贷：在建工程 ——××飞机　　　　　　　　　　　　　　　　　　6 325

【例题15·（2013中级）】 甲公司某项固定资产已完成改造，累计发生的改造成本为400万元，拆除部分的原价为200万元。改造前，该项固定资产原价为800万元，已计提折旧250万元，不考虑其他因素，甲公司该项固定资产改造后的账面价值为（　　）万元。

A. 750   B. 812.5   C. 950   D. 1 000

答案：B

解析：该项固定资产被替换部分的账面价值 = 200 - 200/800 × 250 = 137.5（万元），固定资产更新改造后的账面价值 = 800 - 250 - 137.5 + 400 = 812.5（万元）。

【例题 16 · （2016CPA）】甲公司为增值税一般纳税人。20×5 年 2 月，甲公司对一条生产线进行改造，该生产线改造时的账面价值为 3 500 万元。其中，拆除原冷却装置部分的账面价值为 500 万元。生产线改造过程中发生以下费用或支出：（1）购买新的冷却装置 1 200 万元，增值税额 204 万元；（2）在资本化期间内发生专门借款利息 80 万元；（3）生产线改造过程中发生人工费用 320 万元；（4）领用库存原材料 200 万元，增值税额 34 万元；（5）外购工程物资 400 万元（全部用于该生产线），增值税额 68 万元。该改造工程于 20×5 年 12 月达到预定可使用状态。不考虑其他因素，下列各项关于甲公司对该生产线改造达到预定可使用状态结转固定资产时确定的入账价值中，正确的是（   ）。

A. 4 000 万元   B. 5 506 万元   C. 5 200 万元   D. 5 700 万元

答案：C

解析：生产线为动产，更新改造领用物资的增值税可以抵扣，不计入生产线成本，则甲公司对该生产线改造达到预定可使用状态结转固定资产的入账价值 = 原账面价值 3 500 - 拆除原冷却装置账面价值 500 + 新的冷却装置价值 1 200 + 资本化利息 80 + 人工费用 320 + 原材料 200 + 工程物资 400 = 5 200（万元）。

【例题 17 · （2010）】甲企业是生产企业，因生产线老旧对该生产线进行更新改造，重新安装新的空调设备替换原生产线中的陈旧的空调设备，新安装的空调设备预计使用寿命与原生产线剩余使用年限不同，下述说法正确的是（   ）。

A. 该空调设备应单独确定使用寿命并计提折旧

B. 生产线安装期间不计提折旧

C. 安装的空调设备价值应计入生产线入账价值

D. 生产线中被替代原空调设备部分账面价值应予以扣除

答案：ABD

解析：A、C，根据《企业会计准则第 4 号——固定资产》第五条的规定，固定资产的各组成部分，如果各自具有不同使用寿命或者以不同方式为企业提供经济利益，从而适用不同折旧率或折旧方法的，企业应当分别将各组成部分确认为单项固定资产。本题中，新安装的空调设备预计使用寿命与原生产线剩余使用年限不同，应确认为单项固定资产。A 正确，C 错误。

B，处于更新改造过程停止使用的固定资产，应将其账面价值转入在建工程，不再计提折旧。更新改造项目达到预定可使用状态转为固定资产后，再按重新确定的折旧方法和该项固定资产尚可使用寿命计提折旧。

D，后续支出的处理原则为：符合固定资产确认条件的，应当计入固定资产成本，同时将被替换部分的账面价值扣除。

【注意】经营租赁方式租入的固定资产发生的改良支出，应予以资本化，作为长期待摊费用合理进行摊销。

②定期检查发生的大修理费用

企业对固定资产进行定期检查发生的大修理费用，符合资本化条件的，可以计入固定资产成本，不符合资本化条件的，应当费用化，计入当期损益。固定资产在定期大修理间隔期间，照提折旧。

【注意】固定资产更新改造支出和定期检查发生的大修理费用均有可能资本化，也有可能费用化，而日常修理费用只能费用化。

（2）费用化的后续支出

与固定资产有关的修理费用等后续支出，不符合固定资产确认条件的，应当根据不同情况分别在发生时计入当期管理费用或销售费用。

固定资产日常修理费应当费用化，计入当期损益。

生产车间使用固定资产发生的修理费用计入管理费用。

【例题 18 · （1412）】以下说法正确的是（　　）。

A. 出借的包装物，其成本计入管理费用

B. 生产车间使用的固定资产修理费用，计入生产成本

C. 盘亏的存货应计入管理费用

D. 盘盈的存货应按其重置成本作为入账价值，并通过"待处理财产损溢"科目进行会计处理，按管理权限报经批准后冲减当期管理费用

答案：D

解析：A，出借的包装物，其成本计入销售费用；B，生产车间使用固定资产发生的修理费用计入管理费用；C，对于盘亏存货处理要具体分析原因，若是自然灾害等非常原因所致，应计入营业外支出，若是收发计量等正常原因所致，则应计入管理费用。

【例题 19 · （2014CPA 改编）】甲公司以出包方式建造厂房，建造过程中发生的下列支出中，应计入所建造厂房成本的有（　　）。

A. 支付给第三方监理公司的监理费

B. 为取得土地使用权而缴纳的土地出让金

C. 建造期间进行试生产发生的负荷联合试车费用

D. 建造期间因可预见的不可抗力导致暂停施工发生的费用

答案：ACD

解析：选项 B，应作为无形资产核算。

【例题 20 · （2011）】A 公司为增值税一般纳税人，下列关于 A 公司相关固定资产说法正确的有（　　）。

A. 购买固定资产时增值税专用发票设备价款为 500 000 元，增值税额为 85 000 元，发生的运输费为 1 000 元，则入账价值为 501 000 元

B. 固定资产折旧方法由直线法改为年数总和法为会计估计变更

C. 固定资产日常修理费用可以资本化

D. 固定资产发生大修理支出 50 万元，并替换了其中 20 万元的原有设备，则应资本化支出 50 万元

答案：B

解析：A，考试时点，运输费 1 000 元，只能按照 93% 计入固定资产入账价值；C，日常修理费用应费用化直接计入当期损益，一般计入管理费用，企业专设销售机构的，计入销售费用；D，应扣除被替换部分账面价值。

【例题 21 · （2015CPA）】下列关于固定资产折旧会计处理的表述中，正确的有（　　）。

A. 处于季节性修理过程中的固定资产在修理期间应当停止计提折旧

B. 已达到预定可使用状态但尚未办理竣工决算的固定资产应当按暂估价值计提折旧

C. 自用固定资产转为成本模式进行后续计量的投资性房地产后仍应当计提折旧

D. 与固定资产有关的经济利益预期实现方式发生重大改变的，应当调整折旧方法

答案：BCD

解析：选项 A，应该继续计提折旧。

三、固定资产的处置

（一）固定资产处置的会计处理

固定资产处置，包括固定资产的出售、转让、报废和毁损、对外投资、非货币性资产交换、债务重组等。固定资产处置一般通过"固定资产清理"科目核算。

固定资产满足下列条件之一的，应当予以终止确认：

1. 该固定资产处于处置状态。

2. 该固定资产预期通过使用或处置不能产生经济利益。

具体如何进行会计处理，略。

要会算固定资产处置损益，处置净收益计入"营业外收入"，处置净损失计入"营业外支出"。

企业出售、转让、报废固定资产或发生固定资产毁损的，应当将处置收入扣除账面价值和相关税费后的金额计入当期损益。固定资产的账面价值是固定资产成本扣减累计折旧和累计减值准备后的金额。

处置净损益＝（出售价款＋残料变价收入＋应由保险公司或过失人赔偿的损失）－（处置前账面价值＋清理费用＋应支付的相关税费）

结果为正数则确认为营业外收入，为负数则确认为营业外支出。

会计处理：

①将要处置的固定资产转入清理

借：固定资产清理

　　累计折旧

　　固定资产减值准备

　贷：固定资产

②发生清理费用时

借：固定资产清理

　贷：银行存款、应缴税费等

③处置的收入

借：银行存款等相关科目

　贷：固定资产清理

④清理净损益，将固定资产清理转平

借：固定资产清理

　贷：营业外收入

或者　借：营业外支出

　　　　贷：固定资产清理

【例题 1·（模拟）】乙公司有一台设备，因使用期满经批准报废。该设备原价为 18 万元，累计已计提折旧 16 万元、减值准备 0.5 万元。在清理过程中，以银行存款支付清理费用 0.5 万元，收到残料变卖收入 0.8 万元，应支付相关税费 0.2 万元。乙公司处置该固定资产对公司税前

利润的影响为多少？

解析：处置净损益 =（出售价款 + 残料变价收入 + 应由保险公司或过失人赔偿的损失）－（处置前账面价值 + 清理费用 + 应支付的相关税费）= 0.8 －［（18 － 16 － 0.5）+ 0.5 + 0.2］= － 1.4（万元），乙公司应确认营业外支出 1.4 万元。

（二）持有待售固定资产的划分标准及会计处理

1. 持有待售固定资产的划分标准

同时满足下列条件的非流动资产应当划分为持有待售：

（1）企业已经就处置该非流动资产作出决议。

（2）企业已经与受让方签订了不可撤销的转让协议。

（3）该项转让将在一年内完成。

2. 持有待售固定资产的会计处理

（1）企业对于持有待售的固定资产，应当调整该项固定资产的预计净残值，该预计净残值不得超过符合持有待售条件时该项固定资产的原账面价值，原账面价值高于调整后预计净残值的差额的，应当作为资产减值损失计入当期损益。

比如，甲公司有一项固定资产符合持有待售固定资产条件，预计预计净残值为 2 万元，此时该固定资产账面价值为 5 万元，则会计处理为"借：资产减值损失 30 000 贷：固定资产减值准备 30 000"，若此时该固定资产账面价值为 1 万元，则不需作出处理。

（2）某项资产或处置组被划归为持有待售，但后来不再满足持有待售的固定资产的确认条件，企业应当停止将其划归为持有待售，并按照下列两项金额中较低者计量：

①该资产或处置组被划归为持有待售之前的账面价值，按照其假定在没有被划归为持有待售的情况下原应确认的折旧、摊销或减值进行调整后的金额。

②决定不再出售之日的可收回金额。

（3）持有待售固定资产不计提折旧，按照账面价值与"公允价值——处置费用"孰低计量。

【例题 2·（1306）】有关持有待售的固定资产说法正确的有（　　　）。

A. 某项资产或处置组被划归为持有待售，但后来不再满足持有待售的固定资产的确认条件，企业应当停止将其划归为持有待售

B. 企业对于持有待售的固定资产，应当调整该项固定资产的预计净残值，使该项固定资产的预计净残值能够反映其公允价值减去处置费用后的金额，但不得超过符合持有待售条件时该项固定资产的原账面价值，原账面价值高于调整后预计净残值的差额的，应作为资产减值损失计入当期损益

C. 企业应当在报表附注中披露持有待售的固定资产名称、账面价值、公允价值、预计处置费用和预计处置时间等

D. 持有待售的固定资产不计提折旧，按照账面价值与公允价值减去处置费用后的净额孰低进行计量

答案：ABCD

【例题 3·（2014CPA）】下列资产中，不需要计提折旧的有（　　　）。

A. 已划分为持有待售的固定资产

B. 以公允价值模式进行后续计量的已出租厂房

C. 因产品市场不景气尚未投入使用的外购机器设备

D. 已经完工投入使用但尚未办理竣工决算的自建厂房

答案：AB

解析：C项及D项尚未投入使用的固定资产和已经完工投入使用但尚未办理竣工决算的自建厂房都需要计提折旧。

【例题4·（2014CPA）】 甲公司计划出售一项固定资产，该固定资产于20×7年6月30日被划分为持有待售固定资产，公允价值为320万元，预计处置费用为5万元。该固定资产购买于20×0年12月11日，原值为1 000万元，预计净残值为零，预计使用寿命为10年，采用年限平均法计提折旧，取得时已达到预定可使用状态。不考虑其他因素，该固定资产20×7年6月30日应予列报的金额是（   ）。

A. 315万元   B. 320万元   C. 345万元   D. 350万元

答案：A

解析：该固定资产20×7年6月30日划分为持有待售固定资产前的账面价值 = 1 000 − 1 000/10×6.5 = 350（万元），20×7年6月30日划分为持有待售固定资产的公允价值减去处置费用后的金额为315万元（320 − 5），划分为持有待售固定资产时按两者孰低计量，即按照315万元列报。

【例题5·（1609）】 甲公司2015年6月20日作出决议将出售某办公固定资产，并和A企业签署了不可撤销协议，约定2017年2月将该固定资产作价335万元出售给A企业，2015年6月30日时该固定资产的公允价值为360万元，预计处置费用15万元。该固定资产购买于2008年12月20日，原值为1 000万元，预计净残值为零，预计使用寿命10年。采用年限平均法计提折旧，取得后马上投入使用。不考虑其他因素的影响，该固定资产2015年6月30日应列报的金额为（   ）。

A. 345万元   B. 350万元   C. 360万元   D. 335万元

E. 320万元

答案：E

解析：《企业会计准则第8号——资产减值》第八条："资产的公允价值减去处置费用后的净额，应当根据公平交易中销售协议价格减去可直接归属于该资产处置费用的金额确定。不存在销售协议但存在资产活跃市场的，应当按照该资产的市场价格减去处置费用后的金额确定。资产的市场价格通常应当根据资产的买方出价确定。"

固定资产账面价值 = 1 000 − 1000×6.5/10 = 350（万元）

计提减值后列示金额：资产的公允价值减去处置费用后的净额 = 335 − 15 = 320（万元）。

【例题6·（1509）】 关于持有待售的固定资产，下列说法正确的是（   ）。

A. 持有待售的固定资产，是指在当前状况下准备出售的固定资产

B. 持有待售的固定资产账面价值高于重新预计的净残值的金额计入当期损益

C. 持有待售的固定资产，应当对其预计净残值进行调整

D. 划分为持有待售的固定资产必须满足该项转让将在一年内完成的条件

E. 持有待售的固定资产在资产负债表上应该按照非流动资产列报

答案：BCD

解析：A项仅有转让意图不能凭此判断为持有至到期投资，E项持有待售的固定资产在资产负债表上应该按照流动资产列报。

（三）固定资产盘亏的会计处理

1. 财产清查中盘亏固定资产

借：待处理财产损溢

  贷：固定资产账面价值（将固定资产原值、累计折旧、减值准备均转销）

2. 按管理权限报经批准后

借：其他应收款（获得赔偿的部分）

    营业外支出——盘亏损失（待处理财产损溢——其他应收款）

  贷：待处理财产损溢

【总结】关于现金、存货、固定资产、工程物资盘盈盘亏的总结

项目	盘盈	盘亏
现金	营业外收入	管理费用
存货	冲减管理费用	自然灾害等非常原因所致：营业外支出
		收发计量等正常原因所致：管理费用
固定资产	按照前期差错处理，追溯调整	营业外支出
工程物资	建设期间盘盈的工程物资或处置净收益，冲减所建工程项目的成本	建设期间发生的工程物资盘亏、报废及毁损，减去残料价值以及保险公司、过失人等赔款后的净损失，计入所建工程项目的成本
	工程完工后发生的工程物资盘盈计入营业外收入	工程完工后发生的工程物资盘亏、报废、毁损，计入当期营业外支出

四、固定资产减值的判断标准（略）

五、高危行业提取安全生产费的会计处理

说明：2014 年 12 月考试大纲删除了对本部分的要求。

高危行业企业应按照国家规定提取安全生产费，具体会计处理如下：

1. 提取安全生产费用时

借：生产成本（或当期损益）

  贷：专项储备

2. 使用提取的安全生产费用时

（1）属于费用性支出，直接冲减专项储备

借：专项储备

  贷：银行存款

（2）形成固定资产的

①支出时通过在建工程归集

借：在建工程

  贷：银行存款

    应付职工薪酬

②待安全项目完工达到预定可使用状态时确认为固定资产，同时，按照形成固定资产的成本冲减专项储备，并确认相同金额的累计折旧。该固定资产以后期间不再计提折旧

借：固定资产

  贷：在建工程

同时确认相同金额的累计折旧

借：专项储备

  贷：累计折旧

"专项储备"科目期末余额在资产负债表所有者权益项目下"减：库存股"和"盈余公积"之间增设"专项储备"项目反映。

【例题1·（2010）·（2012）】以下关于高危行业计提及使用安全生产费用会计处理正确的是（ ）。

  A. 提取安全生产费用时，应借记"生产成本"或当期损益，贷记"专项储备"

  B. 使用专项储备时，应按照实际支出的金额借记"专项储备"，贷记"银行存款"

  C. 使用专项储备时，应按照实际支出的金额借记"在建工程"，贷记"银行存款"等

  D. 使用专项储备形成固定资产的，在固定资产达到预定可使用状态时应借记"固定资产"贷记"在建工程"，并同时确认相同金额的累计折旧，借记"专项储备"贷记"累计折旧"

  答案：AD

【例题2·（1311）】以下关于高危行业计提及使用安全生产费用会计处理正确的是（ ）。

  A. 使用安全生产费用购买固定资产以扣除残值的金额冲减专项储备

  B. 固定资产完工后，按照形成固定资产的成本冲减专项储备，并确认相同金额的累计折旧。该固定资产在以后期间不再计提折旧

  C. 使用专项储备时，应按照实际支出的金额借记"在建工程"贷记"银行存款"等

  D. 使用专项储备形成固定资产的，在固定资产达到预定可使用状态时应借记"固定资产"贷记"在建工程"，并同时确认相同金额的累计折旧，借记"专项储备"贷记"累计折旧"

  答案：BD

第六节　无形资产

【大纲要求】

内容	程度	变化
1. 无形资产的确认条件及主要类别	掌握	原有
2. 无形资产的计量（含研究阶段和开发阶段的划分及计量）	掌握	原有
3. 无形资产的处置	熟悉	删除

【内容精讲】

一、无形资产的定义、确认条件及主要类别

定义	企业拥有或者控制的没有实物形态的可辨认非货币性资产	
确认	无形资产在符合定义的前提下，同时满足下列条件的，才能予以确认	
	（1）与该无形资产有关的经济利益很可能流入企业	
	（2）该无形资产的成本能够可靠计量	
类别	无形资产主要包括专利权、非专利技术、商标权、著作权、土地使用权、特许权等	

注：商誉、品牌、报刊名等的存在无法与企业自身分离，不具有可辨认性，不属于本节所指无形资产。

【例题1·（2014CPA）】 下列各项中，制造企业应确认为无形资产的是（　　）。

A. 自创的商誉

B. 企业合并产生的商誉

C. 内部研究开发项目研究阶段发生的支出

D. 以缴纳土地出让金方式取得的土地使用权

答案：D

解析：自创的商誉、企业合并产生的商誉，以及开发项目研究阶段发生的支出，不符合无形资产的定义，不能确认为无形资产。

二、无形资产计量

（一）初始计量

无形资产通常按照实际成本进行初始计量。

1. 外购的无形资产成本

外购的无形资产，其成本包括：购买价款、相关税费以及直接归属于使该项资产达到预定用途所发生的其他支出（如专业服务费用、测试费用等）。

【注意】 下列各项不包括在无形资产初始成本中：

（1）为引入新产品进行宣传发生的广告费、管理费用及其他间接费用。

（2）无形资产已经达到预定用途以后发生的费用。

【注意】 超过正常信用条件延期支付价款（分期付款），实质上具有融资性质的购入无形资产的处理（参照固定资产章节）。

外购的无形资产，应按其取得成本进行初始计量；如果购入的无形资产超过正常信用条件延期支付价款，实质上具有融资性质的，应按所取得无形资产购买价款的现值计量其成本，现值与应付价款之间的差额作为未确认的融资费用，在付款期间内按照实际利率法确认为利息费用。（例题参见固定资产章节）

2. 投资者投入无形资产的成本

投资者投入无形资产的成本，应当按照投资合同或协议约定的价值确定，但合同或协议约定价值不公允的除外。

3. 非货币性资产交换、债务重组、政府补助取得无形资产的成本

按照相关准则的规定处理，具体见后续相关章节。

4. 特殊情形——土地使用权的处理

土地使用权共有四种核算科目归集，分别为以下具体情况：

（1）作为无形资产核算

企业取得的土地使用权通常应确认为无形资产。土地使用权用于自行开发建造厂房等地上建筑物时，土地使用权与地上建筑物应分别进行摊销和提取折旧，即土地使用权应按照无形资产核算。

（2）作为存货核算

房地产开发企业取得的土地使用权用于建造对外出售的房屋建筑物，相关的土地使用权应当计入所建造的房屋建筑物成本。（用于自行建造办公楼的仍应按照无形资产核算）

（3）作为固定资产核算

企业外购房屋建筑物所支付的价款应当按照合理的方法在地上建筑物与土地使用权之间进行分配，能够合理分配的，分别按照固定资产和无形资产核算；难以合理分配的，应当全部作

为固定资产处理。

（4）作为投资性房地产核算

企业改变土地使用权的用途，停止自用土地使用权用于赚取租金或资本增值时，应将其账面价值转为投资性房地产。

【例题1·（2010）】 关于土地使用权，以下正确的是（   ）。

A. 企业购入的房屋建筑物用于生产经营，房地无法合理分配，应全部确认为固定资产

B. 房地产公司购入的土地使用权用于开发，应作为存货核算

C. 购入土地使用权用于自行开发建造厂房，应确认为固定资产

D. 企业改变土地使用权的用途停止自用用于赚取租金，应将其账面价值转为投资性房地产

答案：ABD

解析：C 应作为无形资产核算。

（二）研究阶段和开发阶段的划分及计量

1. 研究阶段和开发阶段的划分

企业自行进行的研发项目，应区分研究阶段和开发阶段两个部分分别进行核算。对于如何划分两个阶段及各阶段的特征我们无须掌握，考试往往会直接告诉我们发生的一项支出是研究阶段还是开发阶段，关键是要掌握研究阶段和开发阶段费用的不同处理。

内部研究开发费用的会计处理如下图所示：

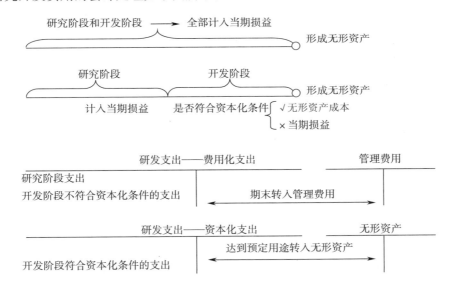

注：①无法区分研究阶段和开发阶段的支出，应当在发生时费用化，计入当期损益（管理费用）。

②一般情况下，研究阶段的支出肯定是要费用化，计入当期损益的，但如果开始不是自己研究，而是以其他方式取得，如从外部购入的研发支出项目，不管该购入的项目是处于研究阶段还是处于开发阶段，都应按确定的金额借记"研发支出——资本化支出"科目，即都应该资本化，后期的支出再按照上述原则处理（符合资本化条件的资本化，不符合资本化条件的费用化）。

2. 开发阶段有关支出资本化的条件及计量

（1）开发阶段有关支出资本化的条件

①完成该无形资产，以使其能够使用或出售在技术上具有可行性。

②有足够的技术、财务资源和其他资源支持，以完成该无形资产的开发，并有能力使用或出售该无形资产。

③具有完成该无形资产并使用或出售的意图。

④无形资产产生经济利益的方式，包括能够证明运用该无形资产生产的产品存在市场或无形资产自身存在市场，无形资产将在内部使用的，应当证明其有用性。

⑤归属于该无形资产开发阶段的支出能够可靠计量。

（2）开发阶段有关支出资本化的计量

内部研发活动形成的无形资产成本，由可直接归属于该资产的创造、生产并使该资产能够以管理层预定的方式运作的所有必要支出组成。包括：开发该无形资产时耗费的材料、劳务成本、注册费、在开发该无形资产过程中使用的其他专利权和特许权的摊销，以及按照借款费用的处理原则可资本化的利息支出。

但需要注意以下两点：

①无形资产达到预定用途前发生的可辨认的无效和初始运作损失、为运行该无形资产发生的培训支出等，不构成无形资产的开发成本。

②内部开发无形资产的成本仅包括在满足资本化条件的时点至无形资产达到预定用途前发生的支出总额，对于同一项无形资产在开发过程中达到资本化条件之前已经费用化计入当期损益的支出不再进行调整。

（3）"研发支出——资本化支出"余额计入资产负债表中的"开发支出"项目

【例题2·（2011）】 某公司2010年自行研发无形资产，在达到预定用途之前研究阶段发生研发支出120万元，开发阶段符合资本化条件的工资支出为100万元，其他支出为140万元。2010年11月，公司将该项无形资产入账，并按5年摊销。以下说法正确的有（   ）。

A. 2010年10月无形资产入账价值为240万元

B. 2010年10月无形资产入账价值为360万元

C. 2010年计入费用的金额为128万元

D. 2010年计入费用的金额为12万元

答案：C

解析：题中研发费用120万元是研究阶段，应计入当期损益。无形资产的成本应该为240万元，当月增加的无形资产当月摊销，2010年摊销的期限为2个月，摊销金额为240/（5×12）×2＝8（万元），摊销金额一般计入当期损益，除非其他会计准则另有规定。计入当年损益的金额为120＋8＝128（万元）。

3. 以其他方式取得的正在进行的研究开发项目的计量和会计处理

企业以其他方式取得的正在进行中的研究开发项目（如从外部购入，不管是处于研究阶段还是处于开发阶段），应按确定的金额借记"研发支出——资本化支出"科目，贷记"银行存款"等科目，以后发生的研发支出满足资本化条件的借记"研发支出——资本化支出"，不满足资本化条件的借记"研发支出——费用化支出"。

【例题3·（2010）】 企业以400万元从外部购买了一个研究阶段项目，后来又发生了150万元的资本化开发支出，则无形资产的确认金额是（   ）。

A. 150万元   B. 400万元   C. 550万元   D. 0

答案：C

解析：企业以其他方式取得的正在进行中的研究开发项目（如从外部购入，不管是处于研究阶段还是处于开发阶段），应按确定的金额借记"研发支出——资本化支出"科目，贷记"银行存款"等科目，以后发生的研发支出满足资本化条件的借记"研发支出——资本化支出"，不满足资本化条件的借记"研发支出——费用化支出"。

三、无形资产的后续计量

无形资产初始确认和计量后，在其后使用该项无形资产期间内应以成本减去累计摊销额和累计减值损失后的余额计量。要确定无形资产在使用过程中的累计摊销额，基础是估计其使用寿命，而使用寿命有限的无形资产才需要在估计使用寿命内采用系统合理的方法进行摊销，对于使用寿命不确定的无形资产则不需要摊销。

（一）无形资产使用寿命的估计要素

估计无形资产使用寿命应考虑的主要因素包括：

1. 该资产通常的产品寿命周期，以及可获得的类似资产使用寿命的信息。

2. 技术、工艺等方面的现实情况及对未来发展的估计。

3. 以该资产在该行业运用的稳定性和生产的产品或服务的市场需求情况。

4. 现在或潜在的竞争者预期采取的行动。

5. 为维持该资产产生未来经济利益的能力所需要的维护支出，以及企业预计支付有关支出的能力。

6. 对该资产的控制期限，以及对该资产使用的法律或类似限制，如特许使用期间、租赁期间等。

7. 与企业持有的其他资产使用寿命的关联性等。

【注意】无法预见无形资产为企业带来未来经济利益期限的，应当视为使用寿命不确定的无形资产。

（二）无形资产使用寿命的确定

1. 在估计无形资产的使用寿命时，应当综合考虑各方面相关因素的影响，其中通常应当考虑的因素有：

①运用该资产生产的产品通常的寿命周期、可获得的类似资产使用寿命的信息。

②技术、工艺等方面的现实状况及对未来发展的估计。

③以该资产生产的产品或提供的服务的市场需求情况。

④现在或潜在的竞争者预期将采取的行动。

⑤为维持该资产产生未来经济利益的能力预期的维护支出，以及企业预计支付有关支出的能力。

⑥对该资产的控制预期，以及对该资产使用的法律或类似限制，如特许使用期间、租赁期等。

⑦与企业持有的其他使用寿命的关联性。

【例题1·（2012 中级）】企业在估计无形资产使用寿命时应考虑的因素有（　　　）。

A. 无形资产相关技术的未来发展情况

B. 使用无形资产生产的产品的寿命周期

C. 使用无形资产生产的产品市场需求情况

D. 现在或潜在竞争者预期将采取的研发战略

答案：ABCD

2. 权利期限与预期使用期限孰短确定使用寿命

某些无形资产的取得源自合同性权利或其他法定权利，其使用寿命不应超过合同性权利或其他法定权利的期限。但如果企业使用资产的预期的期限短于合同性权利或其他法定权利规定的期限的，则应当按照企业预期使用的期限确定其使用寿命。

例如，企业取得一项专利技术，法律保护期为 20 年，企业预计运用该专利生产的产品在未来 15 年内会为企业带来经济利益。就该项专利技术，第三方向企业承诺在 5 年内以其取得之日公允价值的 60% 购买该专利权，从企业管理层目前的持有计划来看，准备在 5 年内将其出售给第三方。为此，该项专利权的实际使用寿命为 5 年。

【例题 2·（1505）】 某项内部开发的无形资产达到资本化条件后发生的支出是 100 万元，另发生无形资产注册费发生支出 20 万元，因该项无形资产操作复杂，专门组织对员工培训费 12 万元。该项无形资产于 2014 年 11 月 1 日达到预定可使用状态，该无形资产法律保护期为 15 年，企业预计运用该无形资产在未来 15 年内会为企业带来经济利益，乙公司承诺 5 年后以 80 万元价格购买该无形资产，企业管理层准备在 5 年后将其出售给第三方。则上述事项影响 2014 年利润的金额为（　　）万元。

A. 16　　　　　　B. 4.4　　　　　　C. 13.33　　　　　　D. 23.73

答案：C

解析：内部研发活动形成的无形资产成本，由可直接归属于该资产的创造、生产并使该资产能够以管理层预定的方式运作的所有必要支出组成。包括：开发该无形资产时耗费的材料、劳务成本、注册费，在开发该无形资产过程中使用的其他专利权和特许权的摊销，以及按照借款费用的处理原则可资本化的利息支出。但无形资产达到预定用途前发生的可辨认的无效和初始运作损失、为运行该无形资产发生的培训支出等，不构成无形资产的开发成本。除下列情况外，无形资产的残值一般为零：（1）有第三方承诺在无形资产使用寿命结束时购买该项无形资产；（2）可以根据活跃市场得到无形资产预计残值信息，并且该市场在该项无形资产使用寿命结束时可能存在。

本题中无形资产的入账价值应当为 120 万元（100 + 20），培训费用 12 万元应当于发生时直接计入当期损益（管理费用）。无形资产残值按照 80 万元确定。

2014 年该无形资产应摊销 =（120 - 80）÷ 5 ÷ 12 × 2 = 1.33（万元）。2014 年影响利润的金额为 12 + 1.33 = 13.33（万元）。

3. 不需要重大成本的权利续约可包含在使用寿命之中

如果合同性权利或其他法定权利能够在到期时因续约等延续，则仅当有证据表明企业续约不需要付出重大成本时，续约期才能够包括在使用寿命的估计中。如果企业为延续无形资产持有期间而付出的成本与预期从重新延续中流入企业的未来经济利益相比具有重要性，则从本质上来看是企业获得的一项新的无形资产。

4. 没有明确的合同或法律规定的无形资产使用寿命的确定

没有明确的合同或法律规定无形资产的使用寿命的，企业应当综合各方面情况，如企业经过努力、聘请相关专家进行论证、与同行业的情况进行比较以及参考企业的历史经验等，来确定无形资产为企业带来未来经济利益的期限。如果经过这些努力，仍确实无法合理确定无形资产为企业带来经济利益的期限的，才能将该无形资产作为使用寿命不确定的无形资产。

【例题 3·（2011 年选择题）】 下列关于无形资产说法正确的有（　　）。

A. 某高新技术成果使用年限无法律法规或合同规定，公司聘请专家评估的使用寿命为 10 年，公司按照 10 年予以摊销

B. 使用寿命不确定的无形资产按不超过 10 年摊销

C. 商誉按 10 年摊销

D. 某高新技术成果使用年限无法律法规或合同规定，应将该无形资产作为使用寿命不确定的无形资产

答案：A

解析：根据规定，没有明确的合同或法律规定的无形资产，企业应当综合各方面情况，如聘请相关专家进行论证或与同行业的情况进行比较以及参考企业的历史经验等，来确定无形资产为企业带来未来经济利益的期限，如果经过这些努力确实无法合理确定无形资产为企业带来经济利益期限，再将其作为使用寿命不确定的无形资产。

（三）无形资产使用寿命的复核

1. 企业至少应当于每年年度终了，对使用寿命有限的无形资产的使用寿命及摊销方法进行复核。如果无形资产的使用寿命及摊销方法与以前估计不同的，应当改变摊销期限和摊销方法。

2. 企业应当在每个会计期间对使用寿命不确定的无形资产的使用寿命进行复核。如果有证据表明无形资产的使用寿命是有限的，应当估计其使用寿命，按使用寿命有限的无形资产的有关规定处理。

3. 使用寿命不确定的无形资产改为使用寿命有限的无形资产属于会计估计变更。

（四）使用寿命有限的无形资产后续计量

1. 摊销期和摊销方法

摊销期	当月增加的无形资产，当月开始摊销；当月减少的无形资产，当月不再摊销
摊销方法	企业选择的无形资产摊销方法，应当能够反映与该项无形资产有关的经济利益的预期实现方式，可相应采取加速摊销、直线法摊销、产量法摊销等，对于无法可靠确定其预期实现方式的，应当采用直线法进行摊销

注：①持有待售的无形资产不进行摊销，按照账面价值与公允价值减去处置费用后的净额孰低进行计量。②无形资产的摊销一般应费用化计入当期损益，但如果某项无形资产是专门用于生产某种产品或资产，则摊销可以计入该产品或资产成本。

2. 残值的确定

除下列情况外，无形资产的残值一般为零：

（1）有第三方承诺在无形资产使用寿命结束时购买该项无形资产。

（2）可以根据活跃市场得到无形资产预计残值信息，并且该市场在该项无形资产使用寿命结束时可能存在。

残值确定后，企业至少于每年末对残值进行复核，预计其残值与原估计金额不同的，应按照会计估计变更进行处理。如果无形资产的残值重新估计以后高于其账面价值的，则无形资产不再摊销，直至残值降至低于账面价值时再恢复摊销。

（五）使用寿命不确定的无形资产的后续计量

对于使用寿命不确定的无形资产，在持有期间内不需要摊销，但应当在每个会计期间进行减值测试。如经减值测试表明已发生减值，则需要计提相应的减值准备。

【例题4·（2013 中级）】下列关于无形资产后续计量的表述中，正确的有（　　　）。

A. 至少应于每年年度终了对以前确定的无形资产残值进行复核

B. 应在每个会计期间对使用寿命不确定的无形资产的使用寿命进行复核

C. 至少应于每年年度终了对使用寿命有限的无形资产的使用寿命进行复核

D. 至少应于每年年度终了对使用寿命有限的无形资产的摊销方法进行复核

答案：ABCD

解析：企业应至少于每年年度终了对使用寿命有限的无形资产的使用寿命、摊销方法及预计净残值进行复核，选项 A、选项 C 和选项 D 正确；企业应于每个会计期间对使用寿命不确定的无形资产的使用寿命进行复核，选项 B 正确。

【例题 5·（2016 中级）】 下列关于企业无形资产摊销的会计处理中，正确的有（　　）。

A. 对使用寿命有限的无形资产选择的摊销方法应当一致地运用于不同会计期间

B. 持有待售的无形资产不进行摊销

C. 使用寿命不确定的无形资产按照不低于 10 年的期限进行摊销

D. 使用寿命有限的无形资产自可供使用时起开始摊销

答案：BD

解析：选项 A，企业选择的无形资产摊销方法，应当能够反映与该项无形资产有关的经济利益的预期实现方式，并一致地运用于不同会计期间；选项 C，使用寿命不确定的无形资产，会计上不进行摊销。

【例题 6·（1610）】 以下有关无形资产会计处理的说法中，符合会计准则规定的是（　　）。

A. 企业合并产生的商誉可以作为无形资产核算

B. 使用寿命不确定的无形资产改为使用寿命有限的无形资产属于会计政策变更

C. 企业购买的用于绿化用地应确认为无形资产

D. 同一控制下合并中，合并方应确认被合并方在该项交易前未确认的无形资产

E. 使用寿命不确定的无形资产在持有过程中应该摊销也需要考虑减值

答案：C

解析：A 错误，商誉、品牌、报刊名等的存在无法与企业自身分离，不具有可辨认性，均不通过无形资产科目核算。B 错误，使用寿命不确定的无形资产改为使用寿命有限的无形资产属于会计估计变更。C 正确，企业取得的土地使用权通常应确认为无形资产，企业购买的用于绿化用地属于取得土地使用权，应作为无形资产确认。D 错误，不需要确认该金额。E 错误，对于使用寿命不确定的无形资产，在持有期间内不需要摊销，但应当在每个会计期间进行减值测试。如经减值测试表明已发生减值，则需要计提相应的减值准备。

【例题 7·（2015CPA）】 下列各项关于无形资产会计处理的表述中，正确的是（　　）。

A. 自行研究开发的无形资产在尚未达到预定用途前无须考虑减值

B. 非同一控制下企业合并中，购买方应确认被购买方在该项交易前未确认但可单独辨认且公允价值能够可靠计量的无形资产

C. 使用寿命不确定的无形资产在持有过程中不应该摊销也不考虑减值

D. 同一控制下企业合并中，合并方应确认被合并方在该项交易前未确认的无形资产

答案：B

解析：选项 C，使用寿命不确定的无形资产在持有过程中不应该摊销，但至少需要在每年末进行减值测试；选项 D，不需要确认该金额。

四、无形资产的处置

（一）无形资产的出售

企业出售无形资产，应当将取得的价款与该无形资产账面价值及应交税费的差额计入当期损益（营业外收入或营业外支出）。

借：银行存款
　　无形资产减值准备
　　累计摊销
　　营业外支出（借方差额）
　　贷：无形资产
　　　　应交税费——应交营业税
　　　　营业外收入（贷方差额）

（二）无形资产的出租

1. 应当按照有关收入确认原则确认所取得的转让使用权收入

借：银行存款
　　贷：其他业务收入

2. 将发生的与该转让使用权有关的相关费用计入其他业务成本

借：其他业务成本
　　贷：累计摊销
　　　　银行存款

3. 计算应交营业税

借：营业税金及附加
　　贷：应交税费——应交营业税

（三）无形资产的报废

无形资产预期不能为企业带来未来经济利益的，应当将该无形资产的账面价值予以转销，其账面价值转作当期损益（营业外支出）。

借：营业外支出
　　累计摊销
　　无形资产减值准备
　　贷：无形资产

第七节　投资性房地产

【大纲要求】

内容	程度	变化
1. 投资性房地产的确认条件	熟悉	删除
2. 投资性房地产初始计量及投资性房地产相关后续支出的会计处理	熟悉	删除
3. 投资性房地产后续计量模式、计量模式选择依据、计量模式的变更的会计处理	熟悉	删除
4. 投资性房地产的转换以及处置的会计处理	熟悉	删除

说明：2014年12月考试大纲将投资性房地产的相关要求全部删除，但因本节内容仍在近期真题内出现，且本节与其他章节结合紧密，故予以详解。

【内容精讲】

一、投资性房地产的概念、确认条件、范围

（一）概念与确认条件

概念	为赚取租金或资本增值而持有的房地产
确认	将某个项目确认为投资性房地产，首先应当符合投资性房地产的概念，其次要同时满足投资性房地产的两个确认条件
	（1）与该投资性房地产相关的经济利益很可能流入企业
	（2）该投资性房地产的成本能够可靠计量

（二）投资性房地产的范围

根据投资性房地产的概念及确认条件，投资性房地产的范围如下：

范围	概念	注意事项	确认为投资性房地产的时点
已出租的土地使用权	是指企业通过出让或转让方式取得的以经营租赁方式租出的土地使用权	（1）以融资租赁方式租出的土地使用权不属于 （2）以经营方式租入再转租给其他单位的不属于 （3）企业计划用于出租的土地使用权不属于	租赁协议约定的租赁期开始日
持有并准备增值后转让的土地使用权	是指企业取得的准备增值后转让的土地使用权	按照国家规定认定的闲置土地不属于	停止自用，准备增值后转让的日期
已出租的建筑物	是指企业拥有产权，并以经营租赁方式出租的建筑物	（1）以融资租赁方式租出的建筑物不属于 （2）以经营方式租入再转租给其他单位的不属于 （3）企业持有以备经营出租的空置建筑物或在建建筑物，只要企业管理当局（董事会或类似机构）作出正式书面协议，明确表明将其用于经营出租且持有意图短期内不再发生变化的，即使尚未签订租赁协议，也可视为投资性房地产	（1）一般情况下为租赁协议约定的租赁期开始日 （2）空置建筑物或在建建筑物：管理当局作出正式书面协议，明确表明将其用于经营出租且持有意图短期内不再发生变化的日期

【注】下列各项不属于投资性房地产：

（1）自用房地产，即为生产商品、提供劳务或者经营管理而持有的房地产。例如，企业出租给本企业职工居住的房屋；企业拥有并自行经营的旅馆饭店；企业自用的办公楼、生产车间厂房等。

（2）作为存货的房地产，作为存货的房地产是指房地产开发企业在正常经营过程中销售的或为销售而正在开发的商品房和土地。这部分房地产属于房地产开发企业的存货，不属于投资性房地产。

如果某项房地产，部分用于赚取租金或资本增值、部分用于生产商品、提供劳务或经营管理，能够单独计量和出售的、用于赚取租金或资本增值的部分，应当确认为投资性房地产；不能够单独计量和出售的、用于赚取租金或资本增值的部分，不确认为投资性房地产。

【例题1·（1505）】下列各项中，属于投资性房地产的有（　　）。

A. 企业出租给本企业职工居住的房屋

B. 企业自用的办公楼

C. 房地产开发企业为销售而正在开发的商品房

D. 企业拥有产权，并以经营租赁方式出租的建筑物

E. 企业取得的准备增值后转让的土地使用权

答案：DE

解析：A、B为其他自用固定资产，C作为企业存货核算。

【例题2·（1509）】下列各项中，属于投资性房地产的有（　　）。

A. 企业持有并准备增值后转让的房屋建筑物

B. 待出租的建筑物

C. 已出租的土地使用权

D. 以经营租赁方式租入后再转租的建筑物

E. 企业持有并准备增值后转让的土地使用权

答案：CE

解析：投资性房地产包括：（1）已出租的土地使用权；（2）持有并准备增值后转让的土地使用权；（3）已出租的建筑物。选项A，没有这样的说法；选项B，待出租的建筑物不属于投资性房地产；选项D，以经营租赁方式租入的建筑物不属于企业持有的资产。

【例题3·（2010CPA）】下列各项关于土地使用权会计处理的表述中，正确的有（　　）。

A. 为建造固定资产购入的土地使用权确认为无形资产

B. 房地产开发企业为开发商品房购入的土地使用权确认为存货

C. 用于出租的土地使用权及其地上建筑物一并确认为投资性房地产

D. 用于建造厂房的土地使用权摊销金额在厂房建造期间计入在建工程成本

E. 土地使用权在地上建筑物达到预定可使用状态时与地上建筑物一并确认为固定资产

答案：ABCD

解析：企业取得的土地使用权一般确认为无形资产。土地使用权用于自行开发建造厂房等地上建筑物时，土地使用权的账面价值不与地上建筑物合并计算其成本，而仍作为无形资产进行核算，并计提摊销；对于房地产开发企业取得的土地使用权用于建造对外出售的房屋建筑物时，土地使用权作为存货核算，待开发时计入房屋建筑物的成本；用于出租的土地使用权，应将其转为投资性房地产核算。

二、投资性房地产初始计量及相关后续支出的会计处理

（一）投资性房地产的初始计量

1. 外购的投资性房地产的确认和初始计量

外购投资性房地产的实际成本，包括购买价款、相关税费和可直接归属于该资产的其他支出。

2. 自行建造投资性房地产的确认和初始计量

其成本为建造该项资产达到预定可使用状态前发生的各项必要支出构成，包括土地开发费、建筑成本、安装成本、应予以资本化的借款费用、支付的其他费用和分摊的间接费用等。

建造过程中发生的非正常性损失，直接计入当期损益，不计入建造成本。

3. 非投资性房地产转换为投资性房地产的确认和初始计量

参见"投资性房地产的转换和处置"部分内容。

（二）与投资性房地产有关的后续支出

1. 资本化的后续支出

与投资性房地产有关的后续支出，满足投资性房地产确认条件的，应当计入投资性房地产成本。

企业对某项投资性房地产进行改扩建等再开发且将来仍作为投资性房地产的，在再开发期间应继续将其作为投资性房地产，再开发期间不计提折旧或摊销。

转为改扩建时的分录如下：

（1）成本模式

借：投资性房地产——在建

　　投资性房地产累计折旧（摊销）

　　投资性房地产减值准备

　贷：投资性房地产

（2）公允价值模式

借：投资性房地产——在建

　贷：投资性房地产——成本

　　　　　　　——公允价值变动（也可能在借方）

2. 费用化的后续支出

与投资性房地产有关的后续支出，不满足投资性房地产确认条件的，应当在发生时计入当期损益。

【例题 1·（1311）】 投资性房地产以成本模式进行后续计量，其符合资本化的支出计入资产成本，投资性房地产按公允价值计量，其符合资本化的支出计入当期损益。

答案：×

解析：与投资性房地产有关的后续支出，满足投资性房地产确认条件的应当计入投资性房地产成本。与投资性房地产有关的后续支出，不满足投资性房地产确认条件的应当在发生时计入当期损益。是否资本化与后续计量模式没有关系。

三、投资性房地产的后续计量

（一）投资性房地产的后续计量模式

企业通常应当采用成本模式对投资性房地产进行后续计量，满足特定条件时也可以采用公允价值模式对投资性房地产进行后续计量。但是，同一企业只能采用一种模式对所有投资性房

地产进行后续计量，不得同时采用两种计量模式。

	成本模式	公允价值模式
原则	按照固定资产或无形资产有关规定计提折旧或摊销，存在减值迹象的，还应当按照资产减值的有关规定进行处理（类似固定资产或无形资产）	不计提折旧或者摊销，不计提减值准备，按照公允价值进行后续计量（类似交易性金融资产）
科目设置	投资性房地产 投资性房地产累计折旧（摊销） 投资性房地产减值准备	投资性房地产——成本 　　　　　　——公允价值变动
会计处理	①计提折旧或进行摊销时 借：其他业务成本 　　贷：投资性房地产累计折旧（摊销） ②计提减值准备时 借：资产减值损失 　　贷：投资性房地产减值准备	借：投资性房地产——公允价值变动 　　贷：公允减值变动损益 　　或相反分录
出租	借：银行存款 　　贷：其他业务收入	

（二）投资性房地产的后续计量模式选择依据

1. 一般情况下，企业应当采用成本模式进行后续计量。

2. 有确凿证据表明投资性房地产的公允价值能够持续可靠取得的，可以对投资性房地产采用公允价值模式进行后续计量。

该确凿证据是指同时满足以下两个条件方可采用公允价值模式计量投资性房地产：

（1）投资性房地产所在地有活跃的房地产交易市场。

（2）企业能够从房地产交易市场上取得同类或类似房地产的市场价格及其他相关信息，从而对投资性房地产的公允价值作出科学合理的估计。

3. 同一企业只能采取一种模式对所有投资性房地产进行后续计量，不得同时采用两种模式进行后续计量。原则上如此规定，如何理解如下：

（1）企业已经采用公允价值模式进行计量的，又取得投资性房地产，但无法确定公允价值的，应采用成本模式计量；其中

①该又取得的投资性房地产先以成本模式计量，满足一定条件后再以公允价值模式计量

采用公允价值模式进行后续计量的企业，对于在建投资性房地产（包括企业首次取得的在建投资性房地产），如果其公允价值无法可靠确定但预期该房地产完工后的公允价值能够持续取得的，应当以成本计量该在建投资性房地产，其公允价值能够可靠计量时或其完工后（两者孰早），再以公允价值计量。

②该又取得的投资性房地产一直以成本模式计量，直至处置

在极少数情况下，采用公允价值对投资性房地产进行后续计量的企业，有证据表明，当企业首次取得某项非在建投资性房地产（或某项现有房地产在改变用途后首次成为投资性房地产）时，该投资性房地产公允价值不能持续可靠取得的，应当对该投资性房地产采用成本模式计量

直至处置，并假设无残值。

（2）企业采用成本模式对投资性房地产进行后续计量的，不管后续取得的投资性房地产能否确定公允价值，都应当以成本模式计量。

【例题1·（1306）】 以下有关投资性房地产的说法正确的是（　　）。

A. 采用公允价值对投资性房地产进行后续计量的企业，有证据表明，当企业首次取得某项非在建投资性房地产时，该投资性房地产公允价值不能持续可靠取得的，应当对该投资性房地产采用成本模式计量直至处置，并假设无残值

B. 采用公允价值模式进行后续计量的企业，对于在建投资性房地产，如果其公允价值无法可靠确定但预期该房地产完工后的公允价值能够持续取得的，应当以成本计量该在建投资性房地产，其公允价值能够可靠计量时或其完工后（两者孰早），再以公允价值计量

C. 采用成本模式对投资性房地产进行后续计量的企业，有证据表明企业首次取得某项投资性房地产时，该投资性房地产公允价值能够持续可靠取得，该企业对该投资性房地产可按照公允价值模式进行后续计量

D. 采用成本模式对投资性房地产进行后续计量的企业，有证据表明企业首次取得某项投资性房地产时，该投资性房地产公允价值能够持续可靠取得，该企业仍应对该投资性房地产按照成本模式进行后续计量

答案：ABD

【例题2·（1311）】 下列关于投资性房地产的说法正确的是（　　）。

A. 采用公允价值对投资性房地产进行后续计量的企业，有证据表明，当企业首次取得某项投资性房地产时，该投资性房地产的公允价值不能持续可靠取得的，应当对该投资性房地产采用成本模式计量直至处置，并且假设无残值

B. 采用成本模式对投资性房地产进行后续计量的企业，即使有证据表明，企业首次取得某项投资性房地产时，该投资性房地产的公允价值能够持续可靠取得的，该企业仍应对该投资性房地产采用成本模式进行后续计量

C. 处置投资性房地产应计入其他业务收入

D. 处置投资性房地产应按照取得价款与投资性房地产账面价值之间的差额确认营业外收支

答案：ABC

（三）投资性房地产后续计量模式的变更

企业对投资性房地产的计量模式一经确定，不得随意变更。

以成本模式转为公允价值模式的，应当作为会计政策变更处理，将计量模式变更时公允价值与账面价值的差额，调整期初留存收益。

已采用公允价值模式计量的投资性房地产，不得从公允价值模式转为成本模式。

【例题3·（2011中级）】 投资性房地产的后续计量从成本模式转为公允价值模式的，转换日投资性房地产的公允价值高于其账面价值的差额，会对下列财务报表项目产生影响的是（　　）。

A. 资本公积　　　　B. 营业外收入　　　　C. 未分配利润　　　　D. 投资收益

答案：C

解析：投资性房地产后续计量由成本模式变更为公允价值模式计量的，属于会计政策变更，采用追溯调整法处理，变更时应将公允价值与原账面价值的差额调整期初留存收益（盈余公积和未分配利润），选项C正确。

四、投资性房地产的转换及处置

（一）投资性房地产的转换

1. 转换形式和转换日

转换形式	转换日
自用房地产或存货→投资性房地产	详见本节第一部分内容
投资性房地产→自用房地产	房地产达到自用状态日期
投资性房地产→存货	租赁期届满，企业董事会或类似机构作出书面决议明确表明将其重新开发用于对外销售的日期

2. 转换的会计处理

（1）投资性房地产为成本计量模式下的转换

在成本计量模式下，非投资性房地产与投资性房地产之间的转换，应当将房地产转换前的账面价值作为转换后的入账价值。

（2）投资性房地产为公允价值模式下的转换

①公允价值计量的投资性房地产转换为自用房地产或存货

采用公允价值模式计量的投资性房地产转换为自用房地产或存货时，应当以其转换当日的公允价值作为自用房地产或存货的账面价值，公允价值与原账面价值的差额计入当期损益（公允价值变动损益）。（相当于先以公允价值与账面价值之间的差额，借记"投资性房地产——公允价值变动"，贷记"公允价值变动损益"，或相反分录将账面价值调整为公允价值，然后再进行转换处理。）

借：自用房地产或存货 （公允价值）
  贷：投资性房地产 （账面价值）
    公允价值变动损益 （也可能在借方）

②自用房地产或存货转换为采用公允价值模式计量的投资性房地产

转换日公允价值与账面价值之间大小关系的不同，处理方式也不同，具体如下：

公允价值＜原账面价值	差额计入当期损益（公允价值变动损益）
	借：投资性房地产 （公允价值）
	  公允价值变动损益
	    贷：自用房地产或存货 （账面价值）

公允价值＞原账面价值	差额作为其他综合收益，计入所有者权益。处置该项投资性房地产时，原计入所有者权益的部分应当转入处置当期损益（其他业务成本）
	借：投资性房地产 （公允价值）
	    贷：自用房地产或存货 （账面价值）
	      其他综合收益 （待处置时转入其他业务成本）

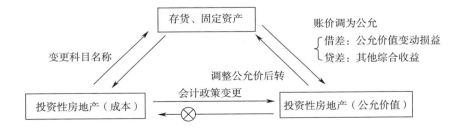

【例题 1·（2008 年选择题）】 2007 年 1 月 1 日，甲公司将一栋自用的房屋对外出租，董事会已决议作为投资性房地产核算。假设甲公司房屋符合采用公允价值模式计量条件，甲公司决定采用公允价值模式计量。甲公司房屋原价 120 万元，已计提折旧 20 万元，公允价值为 110 万元，下列会计处理正确的是（　　　）。

A. 确认其他综合收益 10 万元　　　　　　B. 确认营业外收入 10 万元

C. 确认投资收益 10 万元　　　　　　　　D. 确认公允价值变动损益 10 万元

答案：A

解析：自用房地产转换为公允价值模式计量的投资性房地产时，以转换日的公允价值计量，公允价值与账面价值之间的差额，若公允价值大于账面价值，计入其他综合收益，若公允价值小于账面价值，差额计入公允价值变动损益。本题公允价值为 110 万元，账面价值为 120 − 20 = 100（万元），因此应当计入其他综合收益 10 万元。

【例题 2·（2009）】 2008 年 1 月 1 日，甲公司将一栋自用的房屋对外出租，董事会已决议作为投资性房地产核算。假设甲公司房屋符合采用公允价值模式计量条件，甲公司决定采用公允价值模式计量。甲公司房屋原价 120 万元，已计提折旧 20 万元，公允价值为 90 万元，下列会计处理正确的是（　　　）。

A. 借记"资本公积"10 万元　　　　　　　B. 确认营业外支出 10 万元

C. 借记"投资收益"10 万元　　　　　　　D. 借记"其他业务成本"10 万元

E. 借记"公允价值变动损益"10 万元

答案：E

解析：自用房地产转换为公允价值模式计量的投资性房地产时，以转换日的公允价值计量，公允价值与账面价值之间的差额，若公允价值大于账面价值，计入其他综合收益，若公允价值小于账面价值，差额计入公允价值变动损益。本题公允价值为 90 万元，账面价值为 120 − 20 = 100（万元），因此应当借方记公允价值变动损益 10 万元。

【例题 3·（2010）】 2009 年 1 月 1 日，因租赁期满，甲公司将一栋对外出租办公楼用于企业行政管理，并已于当日达到自用状态。2009 年 1 月 1 日，该写字楼的公允价值为 4 800 万元。该写字楼在转换前采用公允价值模式进行后续计量，原账面价值为 4 750 万元，其中成本为 4 500万元，公允价值变动为增值 250 万元。转换日甲公司下列会计处理正确的是（　　　）。

A. 确认资本公积 50 万元　　　　　　　　B. 确认营业外收入 50 万元

C. 确认投资收益 50 万元　　　　　　　　D. 确认公允价值变动损益 50 万元

答案：D

解析：公允价值模式计量的投资性房地产转换为自用房地产时，以转换日的公允价值计量，公允价值与账面价值之间的差额，计入公允价值变动损益。不管是借方差额还是贷方差额。

【例题 4·（2012 中级）】 2011 年 7 月 1 日，甲公司将一项按照成本模式进行后续计量的投资性房地产转换为固定资产。该资产在转换前的账面原价为 4 000 万元，已计提折旧 200 万元，已计提减值准备 100 万元，转换日的公允价值为 3 850 万元，假定不考虑其他因素，转换日甲公司应借记"固定资产"科目的金额为（　　　）万元。

A. 3 700　　　　　　B. 3 800　　　　　　C. 3 850　　　　　　D. 4 000

答案：D

解析：该题目会计分录为

借：固定资产　　　　　　　　　　　　　　4 000（原投资性房地产账面余额）

投资性房地产累计折旧	200
投资性房地产减值准备	100
贷：投资性房地产	4 000
累计折旧	200
固定资产减值准备	100

【例题5·（2012）】 下列事项影响当期损益的是（　　）。

A. 自用房地产转为公允价值模式的投资性房地产，转换时公允价值大于账面价值

B. 作为存货的房地产转为公允价值模式的投资性房地产，转换时公允价值小于账面价值

C. 采用公允价值模式计量的投资性房地产，期末公允价值低于账面价值

D. 采用公允价值模式计量的投资性房地产，期末公允价值高于账面价值

答案：BCD

解析：公允价值模式计量的投资性房地产转换为自用房地产，肯定影响当期损益，不管账面价值与公允价值谁大。而自用房地产转换为公允价值模式计量的投资性房地产时，若公允价值大于账面价值，差额计入其他综合收益，若公允价值小于账面价值，差额计入公允价值变动损益。

【例题6·（2016CPA）】 下列各项有关投资性房地产会计处理的表述中，正确的是（　　）。

A. 以成本模式后续计量的投资性房地产转换为存货，存货应按转换日的公允价值计量，公允价值大于原账面价值的差额确认为其他综合收益

B. 以成本模式后续计量的投资性房地产转换为自用固定资产，自用固定资产应按转换日的公允价值计量，公允价值小于原账面价值的差额确认为当期损益

C. 以存货转换为以公允价值模式后续计量的投资性房地产，投资性房地产应按转换日的公允价值计量，公允价值小于存货账面价值的差额确认为当期损益

D. 以公允价值模式后续计量的投资性房地产转换为自用固定资产，自用固定资产应按转换日的公允价值计量，公允价值大于账面价值的差额确认为其他综合收益

答案：C

解析：采用成本模式计量的投资性房地产转为非投资性房地产，应当将该房地产转换前的账面价值作为转换后的入账价值，选项A和选项B错误；采用公允价值模式计量的投资性房地产转换为自用房地产时，应当以其转换当日的公允价值作为自用房地产的入账价值，公允价值与原账面价值的差额计入当期损益（公允价值变动损益），选项D错误。

（二）投资性房地产的处置

当投资性房地产被处置，或者永久退出使用且预计不能从其处置中取得经济利益时，应当终止确认该项投资性房地产。

企业出售、转让、报废投资性房地产或者发生投资性房地产毁损时，应当将处置收入扣除其账面价值和相关税费后的金额计入当期损益（将实际收到的处置收入计入其他业务收入，所处置投资性房地产的账面价值计入其他业务成本）。

1. 采用成本模式计量

借：银行存款

　　贷：其他业务收入

借：其他业务成本

　　投资性房地产累计折旧（摊销）

　　投资性房地产减值准备

贷：投资性房地产

（与固定资产、无形资产处置不同，投资性房地产处置时账面价值计入"其他业务成本"，取得价款计入其他业务收入，而固定资产和无形资产在处置时是已取得各项收入扣除各项费用后与账面价值的差额计入营业外收支。）

2. 采用公允价值模式计量

借：银行存款

　　贷：其他业务收入

借：其他业务成本

　　贷：投资性房地产——成本

　　　　　　　　——公允价值变动

借：其他综合收益

　　贷：其他业务成本

借：公允价值变动损益

　　贷：其他业务成本

或反向分录

【例题7·（2010）】某上市公司2007年4月1日将一栋写字楼出租给乙公司使用，租赁期从当日开始，2007年4月1日该写字楼账面价值1 800万元，公允价值2 000万元，2007年12月31日该投资性房地产公允价值2 400万元，2008年4月1日，租赁期届满，甲公司收回该写字楼并以2 800万元对外出售，出售价款已收讫，甲公司采用公允价值模式计量，不考虑相关税费，则以下说法正确的是（　　　）。

A. 转让时转让产生的收益为1 000万元

B. 转让时转让产生的收益为600万元

C. 转让时确认的其他业务成本为1 800万元

D. 转让时确认的其他业务成本为2 400万元

答案：BC

解析：甲公司会计处理如下：

（1）2007年4月1日，自用写字楼转换为公允价值模式计量的投资性房地产

借：投资性房地产——成本　　　　　　　　　　　　　　　　　　　　2 000

　　贷：固定资产（账面余额）　　　　　　　　　　　　　　　　　　1 800

　　　　其他综合收益　　　　　　　　　　　　　　　　　　　　　　 200

（2）2007年12月31日，公允价值变动

借：投资性房地产——公允价值变动　　　　　　　　　　　　　　　　 400

　　贷：公允价值变动损益　　　　　　　　　　　　　　　　　　　　 400

（3）2008年4月1日，出售投资性房地产

借：银行存款　　　　　　　　　　　　　　　　　　　　　　　　　2 800

　　贷：其他业务收入　　　　　　　　　　　　　　　　　　　　　　2 800

借：其他业务成本　　　　　　　　　　　　　　　　　　　　　　　2 400

　　贷：投资性房地产——成本　　　　　　　　　　　　　　　　　　2 000

　　　　　　　　——公允价值变动　　　　　　　　　　　　　　　　 400

借：公允价值变动损益　　　　　　　　　　　　　　　　　　　　　　 400

其他综合收益	200
贷：其他业务成本	600

　　处置时确认的其他业务成本 = 2 400 − 400 − 200 = 1 800（万元）（就是写字楼在转换为投资性房地产之前的账面价值，且必然是这个数）

　　因为处置时其他业务成本 = 处置时投资性房地产账面价值 ± 投资性房地产持有期间的公允减值变动损益 − 原自用房地产转换为投资性房地产时确认的其他综合收益

　　 = 处置时投资性房地产（成本）± 处置时投资性房地产（公允价值变动）∓ 投资性房地产持有期间的公允价值变动损益 − 原自用房地产转换为投资性房地产时确认的其他综合收益

　　 = 处置时投资性房地产（成本）− 原自用房地产转换为投资性房地产时确认的其他综合收益

　　 = 原自用房地产转换为投资性房地产时的账面价值

　　计算处置损益时直接拿出售价款减出售时账面价值，再将原计入其他综合收益（资本公积）因需要冲减成本而应作为收益的加项

　　即处置损益 = 出售价款 − 出售时账面价值 + 原自用房地产转换为投资性房地产时确认的其他综合收益 = 2 800 − 2400 + 200 = 600（万元）

第八节　资产减值

【大纲要求】

内容	程度	变化
1. 资产减值准则涵盖的范围	掌握	原有
2. 资产减值的迹象与测试	熟悉	原有
3. 估计资产可收回金额的基本方法	掌握	原有
4. 资产减值的会计处理	熟悉	调整
5. 资产组的认定及减值测试	掌握	删除

考点：（1）哪些资产减值适用《企业会计准则第 8 号——资产减值》。

（2）哪些资产在计提资产减值准备后可以转回，哪些不可以转回。

【内容精讲】

一、资产减值准则涵盖的范围

资产减值类别	适用的准则	资产减值的计量	能否转回
对子公司、合营企业和联营企业的长期股权投资，固定资产，无形资产，采用成本模式后续计量的投资性房地产，生产性生物资产，商誉，探明石油天然气矿区权益和井及相关设施减值	《企业会计准则第 8 号——资产减值》	账面价值大于可收回金额	不得转回（注：①采用公允价值模式进行后续计量投资性房地产适用《企业会计准则第 3 号——投资性房地产》，公允价值变动计入"公允减值变动损益"，不计提资产减值损失，也不存在转回问题；②消耗性生物资产可以转回，公益性生物资产不计提减值准备）

续表

资产减值类别	适用的准则	资产减值的计量	能否转回
存货减值	《企业会计准则第1号——存货》	成本大于可变现净值	可以转回
贷款和应收款项减值、持有至到期投资减值	《企业会计准则第22号——金融工具确认和计量》	账面价值大于未来现金流量现值	可以转回
可供出售金融资产减值	《企业会计准则第22号——金融工具确认和计量》	累计损失	可以转回（其中债务工具可通过损益转回，权益工具不得通过损益转回）
建造合同形成的资产减值	《企业会计准则第15号——建造合同》	预计总成本超过预计总收入，未完工部分应计提减值	可以转回
融资租赁中出租人未担保余值	《企业会计准则第21号——租赁》		可以转回
递延所得税资产	《企业会计准则第18号——所得税》	期末递延所得税余额小于期初递延所得税	可以转回

【例题1·（2008）】 企业确认的下列各项资产减值损失中，以后期间不得转回的有（　　）。

A. 采用成本模式进行后续计量的投资性房地产

B. 商誉

C. 存货

D. 可供出售金融资产

答案：AB

【例题2·（2009）】 以下资产中企业计提的资产减值损失，以后期间可以转回的有（　　）。

A. 高速公路收费权

B. 采用公允价值模式进行后续计量的投资性房地产

C. 可供出售金融资产（股票投资）

D. 可供出售金融资产（债券投资）

答案：CD

解析：A，高速公路收费权属于无形资产，适用《企业会计准则第8号——资产减值》，不能转回；B，采用公允价值模式进行后续计量的投资性房地产无须计提资产减值准备，不存在转回情形；C，可供出售权益工具通过资本公积转回；D，可供出售债务工具通过"资产减值损失"转回。

【例题3·（2011）】 以下资产中计提的资产减值可以转回的有（　　）。

A. 存货

B. 商誉

C. 持有至到期投资

D. 长期股权投资

E. 可供出售债务工具

答案：ACE

【例题4·（模拟）】以下资产减值中，适用《企业会计准则第8号——资产减值》的有（　　）。

A. 采用成本模式进行后续计量的投资性房地产

B. 商誉

C. 存货

D. 可供出售金融资产

E. 采用公允价值模式进行后续计量的投资性房地产

F. 不具有重大影响、在活跃市场中没有报价、公允价值不能可靠计量的金融资产

G. 探明石油天然气矿区权益

答案：ABG

【例题5·（1406）】以下已经计提的资产减值准备，可以通过损益转回的有（　　）。

A. 以成本模式进行后续计量的投资性房地产

B. 可供出售权益工具

C. 存货

D. 持有至到期投资

E. 无形资产

答案：CD

解析：A、E不可转回；B不能通过损益转回。

【例题6·（1505）】以下已经计提的资产减值准备不得转回的有（　　）。

A. 以成本计量的投资性房地产　　　　B. 商誉

C. 存货　　　　　　　　　　　　　　D. 持有至到期投资

答案：AB

【例题7·（1609）】下列各项资产减值准备中，在相关资产持有期间内可以通过损益转回的有（　　）。

A. 商誉减值准备　　　　　　　　　　B. 存货跌价准备

C. 长期应收款坏账准备　　　　　　　D. 长期股权投资减值准备

E. 可供出售权益工具投资减值准备

答案：BC

解析：本题是根据2013年CPA考试会计科目考题改编的，选项A、选项D不得转回，选项E转回时计入其他综合收益。

二、资产减值的迹象与测试

（一）资产减值迹象的判断原则

公允价值下降或未来现金流量现值下降。

【例题1·（2014中级）】下列各项中，属于固定资产减值迹象的有（　　）。

A. 固定资产将被闲置

B. 计划提前处置固定资产

C. 有证据表明资产已经陈旧过时

D. 企业经营所处的经济环境在当期发生重大变化且对企业产生不利影响

答案：ABCD

（二）资产减值的测试

1. 需进行资产减值测试的情形

通常情况下，有确凿证据表明资产存在减值迹象时应当进行减值测试，没有减值迹象可不进行减值测试，但以下三种资产不管是否存在减值迹象，均应当至少于每年年度终了进行减值测试：

（1）因企业合并形成的商誉。

（2）使用寿命不确定的无形资产。

（3）尚未达到可使用状态的无形资产。

【例题2·（2012）】以下资产中，需每年年度终了进行减值测试的有（   ）。

A. 固定资产
B. 使用寿命不确定的无形资产
C. 因企业合并形成的商誉
D. 投资性房地产
E. 长期股权投资

答案：BC

【例题3·（2014CPA）】下列各项中，无论是否有确凿证据表明资产存在减值迹象，均应至少于每年末进行减值测试的有（   ）。

A. 对联营企业的长期股权投资
B. 使用寿命不确定的专有技术
C. 非同一控制下企业合并产生的商誉
D. 尚未达到预定可使用状态的无形资产

答案：BCD

【例题4·（1611）】下列各项资产，无论是否存在减值迹象，每年末均需进行减值测试的有（   ）。

A. 对子公司的长期股权投资
B. 使用寿命不确定的商标
C. 非同一控制下企业合并产生的商誉
D. 吸收合并含有商誉企业形成的商誉
E. 尚未达到预定可使用状态的无形资产

答案：BCDE

解析：《企业会计准则第8号——资产减值》第六章商誉减值的处理："第二十三条 企业合并所形成的商誉，至少应当在每年年度终了进行减值测试。商誉应当结合与其相关的资产组或者资产组组合进行减值测试。"

2. 在判断资产减值迹象以决定是否需要估计资产可收回金额时，可以不估计资产的可收回金额的情形有：

（1）以前报告期间的计算结果表明，资产可收回金额显著高于其账面价值，之后又没有发生消除这一差异的交易或者事项的。

（2）以前报告期间的计算与分析表明，资产可收回金额相对于某种减值迹象反应不敏感，在本报告期间又发生了该减值迹象的，可以不因该减值迹象的出现而重新估计该资产的可收回金额。

三、估计资产可收回金额的基本方法

（一）估计资产可收回金额的基本方法

可收回金额 = max（公允价值减去处置费用后净额，资产预计未来现金流量现值）

估计资产的可收回金额时，通常需要同时估计该资产的公允价值减去处置费用后的净额和资产预计未来现金流量的现值。但以下情况特殊考虑：

1. 资产的公允价值减去处置费用后的净额与资产预计未来现金流量的现值，只要有一项超过了资产的账面价值，就表明资产没有发生减值，不需再估计另一项金额。

2. 没有确凿证据或者理由表明，资产预计未来现金流量现值显著高于其公允价值减去处置费用后的净额的，可以将资产的公允价值减去处置费用后的净额视为资产的可收回金额。

3. 资产的公允价值减去处置费用后的净额如果无法可靠估计的，应当以该资产预计未来现金流量的现值作为其可收回金额。

【例题1·（1509）】在估计资产可收回金额时，下列说法正确的是（　　）。

A. 以前报告期间的计算结果表明，资产可收回金额显著高于账面价值，之后又没有发生消除这一差异交易或事项，资产负债表日可以不重新估计该资产的可收回金额

B. 以前报告期间计算和分析表明，资产可收回金额相对于某种减值迹象反应不敏感，在本报告期间又发生了减值迹象的，可以不因该减值迹象的出现而重新估计该资产的可收回金额

C. 资产的公允价值减去处置费用后的净额与资产预计未来现金流量的现值，只要有一项超过了资产的账面价值，就表明资产没有发生减值，不需要再估计另一项金额

D. 以前报告期间的计算结果表明，资产可收回金额高于其账面价值，之后又发生消除这一差异的交易或事项，资产负债表日可以不重新估计该资产的可收回金额

答案：ABC

【例题2·（模拟）】关于资产可收回金额的计量，下列说法中正确的有（　　）。

A. 可收回金额应当根据资产的销售净价减去处置费用后的净额与资产预计未来现金流量的现值两者之间较高者确定

B. 可收回金额应当根据资产的销售净价减去处置费用后的净额与资产预计未来现金流量的现值两者之间较低者确定

C. 可收回金额应当根据资产的公允价值减去处置费用后的净额与资产预计未来现金流量的现值两者之间较高者确定

D. 资产的公允价值减去处置费用后的净额与资产预计未来现金流量的现值，只要有一项超过了资产的账面价值，就表明资产没有发生减值，不需再估计另一项金额

E. 资产的公允价值减去处置费用后的净额如果无法可靠估计的，应当以该资产预计未来现金流量的现值作为其可收回金额

F. 没有确凿证据或者理由表明，资产预计未来现金流量现值显著高于其公允价值减去处置费用后的净额的，可以将资产的公允价值减去处置费用后的净额视为资产的可收回金额

答案：CDEF

解析：估计的基础是公允价值而不是销售净价。

4. 处置费用是指可以直接归属于资产处置的增量成本，包括与资产处置有关的法律费用、相关税费、搬运费以及为使资产达到可销售状态所发生的直接费用等，但是，财务费用和所得税费用等不包括在内。

【例题3·（1605）】某航运企业判断某一艘轮船减值事项时，考虑的与资产处置有关的处置费用包括（　　）。

A. 购买该轮船所支付的借款利息支出

B. 处置价值低于账面价值形成的所得税抵减

C. 支付给律师的费用

D. 缴纳的增值税

E. 如出售时使该轮船到达出售地支付的油费

答案：CE

解析：增值税不应包含在处置费用内，存货跌价准备的计提计算中没有考虑过增值税的因素。

5. 预计未来现金流量的内容及考虑因素包括：

（1）为维持资产正常运转发生的现金流出。

（2）资产持续使用过程中产生的现金流入。

（3）未来年度因实施已承诺重组减少的现金流出等，未来年度为改良资产发生的现金流出不应当包括在内。

【例题4·（2011中级）】下列关于企业为固定资产减值测试目的预计未来现金流量的表述中，不正确的是（　　　）。

A. 预计未来现金流量包括与所得税相关的现金流量

B. 预计未来现金流量应当以固定资产的当前状况为基础

C. 预计未来现金流量不包括与筹资活动相关的现金流量

D. 预计未来现金流量不包括与固定资产改良相关的现金流量

答案：A

解析：预计资产未来现金流量时，应以资产的当前状况为基础不应当包括与将来可能会发生的、尚未作出承诺的重组事项或者与资产改良有关的预计未来现金流量；不应当包括筹资活动和与所得税收付有关的现金流量等。

【例题5】2016年12月31日，甲公司某在建工程项目的账面价值为2 300万元，预计至达到预定可使用状态尚需投入210万元。该项目以前未计提减值准备。由于市场发生了变化，甲公司于2016年末对该在建项目进行减值测试，经测试表明：扣除继续在建所需投入因素预计未来现金流量现值为1 450万元，未扣除继续在建所需投入因素预计的未来现金流量现值为1 650万元。2016年12月31日，该项目的公允价值减去相关费用后的净额为1 500万元。甲公司于2016年末对该在建工程项目应确认的减值损失金额为（　　　）万元。

A. 650　　　　　　　B. 850　　　　　　　C. 800　　　　　　　D. 1 010

答案：C

解析：对于在建工程，企业在预计其未来现金流量时，应当考虑继续在建所需投入因素，所以其未来现金流量现值为1 450万元，公允价值减去相关费用后的净额为1 500万元，可收回金额为两者之中较高者为1 500万元，该在建工程项目应确认的减值损失 = 2 300 - 1 500 = 800（万元）。

【例题6·（1609）·（2015CPA）】下列关于固定资产减值的表述中，符合会计准则规定的是（　　　）。

A. 单项固定资产本身的可收回金额难以有效估计的，应当以其所在的资产组为基础确定资产组的可收回金额

B. 在确定固定资产未来现金流量现值时，应当考虑将来可能发生与改良有关的预计现金流量的影响

C. 固定资产的公允价值减去处置费用后的净额高于其账面价值，但预计未来现金流量现值低于其账面价值的，应当计提减值

D. 预计固定资产未来现金流量应当考虑与所得税收付相关的现金流量

答案：A

解析：选项 B 错误，不需要考虑与改良有关的预计现金流量；选项 C 错误，公允价值减去处置费用后的净额与预计未来现金流量现值中有一个高于账面价值，不需要计提减值；选项 D 错误，不需要考虑与所得税收付相关的现金流量。

【例题 7·（1610）】 下列关于企业持有无形资产（土地使用权）减值的说法中，符合会计准则规定的是（   ）。

A. 在确定无形资产未来现金流量现值时，应当考虑将来可能发生的改良支出有关的预计现金流量的影响

B. 预计无形资产未来现金流量应当考虑与所得税收付相关的现金流量

C. 无形资产的公允价值减去处置费用后的净额高于其账面价值，但预计未来现金流量现值低于其账面价值的，应当计提减值

D. 该无形资产本身的可收回金额难以有效估计的，应当以其所在的资产组为基础确定资产组的可收回金额

E. 该无形资产应该每年年终进行减值测试

答案：D

解析：A 错误，在预计资产未来现金流量时，企业应当以资产的当前状况为基础，不应当包括与将来可能会发生的、尚未作出承诺的重组事项或与资产改良有关的预计未来现金流量；B 错误，预计资产未来现金流量不应当包括筹资活动和所得税收付产生的现金流量；C 错误，资产可收回金额的估计，应当根据其公允价值减去处置费用后的净额与资产预计未来现金流量的现值两者之间较高者确定，所以此项不应计提减值；D 正确，在估计资产可收回金额时，原则上应当以单项资产为基础，如果企业难以对单项资产的可收回金额进行估计的，应当以该资产所属的资产组为基础确定资产组的可收回金额；E 错误，对于使用寿命确定的无形资产，企业在资产负债表日应当判断资产是否存在可能发生减值的迹象，且资产存在减值迹象是资产是否需要进行减值测试的必要前提，但使用寿命不确定的无形资产应当在每年年度终了进行减值测试。

（二）资产减值损失确认与计量的一般原则（2014 年 12 月大纲删除）

1. 资产减值损失的确认

可收回金额低于其账面价值的，企业应当将资产的账面价值减记至可收回金额，减记的金额确认为资产减值损失（账面价值减可收回金额），计入当期损益，同时计提相应的资产减值准备。

2. 确认减值损失后折旧摊销的会计处理

资产减值损失确认后，减值资产的折旧或者摊销费用应当在未来期间作相应调整，以使该资产在剩余使用寿命内，系统地分摊调整后的资产账面价值（扣除预计净残值）。

3. 减值准备是否可以转回

见本节第一部分总结的表（注意区分转回与转销/转出的区别）。

四、资产减值的会计处理

说明：本教材仅对商誉减值的会计处理进行说明。

（一）商誉减值测试的基本要求

1. 企业合并所形成的商誉，至少应当在每年年度终了时进行减值测试。

2. 商誉应当结合与其相关的资产组或者资产组组合进行减值测试（相关的资产组或者资产组组合应当是能够从企业合并的协同效应中受益的资产组或者资产组组合，不应当大于企业所确定的报告分部）。

3. 对于已经分摊商誉的资产组或资产组组合，不论是否存在资产组或资产组组合可能发生减值的迹象，每年都应当通过比较包含商誉的资产组或资产组组合的账面价值与可收回金额进行减值测试。

4. 企业进行资产减值测试，对于因企业合并形成的商誉的账面价值，应当自购买日起按照合理的方法分摊至相关的资产组；难以分摊至相关的资产组的，应当将其分摊至相关的资产组组合。

（二）商誉减值测试的方法与会计处理

1. 方法

企业在对包含商誉的相关资产组或者资产组组合进行减值测试时，如与商誉相关的资产组或者资产组组合存在减值迹象的，应当首先对不包含商誉的资产组或者资产组组合进行减值测试，计算可收回金额，并与相关账面价值比较，确认相应的减值损失。然后，再对包含商誉的资产组或者资产组组合进行减值测试，比较这些相关资产组或者资产组组合的账面价值（包括所分摊的商誉的账面价值部分）与其可收回金额，如相关资产组或者资产组组合的可收回金额低于其账面价值的，应当就其差额确认减值损失。

减值损失金额应当先抵减分摊至资产组或者资产组组合中商誉的账面价值，再根据资产组或者资产组组合中除商誉之外的其他各项资产的账面价值所占比重，按比例抵减其他各项资产的账面价值。

【例题 1·（2016CPA）】下列关于商誉会计处理的表述中，正确的有（　　）。

A. 商誉应当结合与其相关的资产组或资产组组合进行减值测试

B. 与商誉相关的资产组或资产组组合发生的减值损失首先抵减分摊至资产组或资产组组合中商誉的账面价值

C. 商誉于资产负债表日不存在减值迹象的，无须对其进行减值测试

D. 与商誉相关的资产组或资产组组合存在减值迹象的，首先对不包含商誉的资产组或资产组组合进行减值测试

答案：ABD

解析：选项 C，资产负债表日，无论是否有确凿证据表明商誉存在减值迹象，均应至少于每年末对商誉进行减值测试。

2. 会计处理

商誉减值的会计处理如下：

借：资产减值损失

　　贷：商誉减值准备

【例题 2·（1306）根据 2015CPA 教材例 8－13 改编】甲公司 2012 年 1 月 1 日以 1 800 万元的价格收购了乙公司 60% 的股权。收购日乙公司可辨认净资产的公允价值为 2 000 万元，没有负债和或有负债。假定乙企业的所有资产被认定为一个资产组，2012 年 12 月 31 日，甲企业确定该资产组的可收回金额为 1 500 万元，可辨认净资产的账面价值为 1 600 万元。则以下说法正确的是（　　）。

A. 甲公司合并报表中确认商誉减值准备 1 000 万元

B. 甲公司合并报表中确认商誉减值准备 600 万元

C. 甲公司合并报表中确认资产减值损失 600 万元

D. 甲公司合并报表中列示资产减值损失 100 万元

答案：B

解析：（1）资产组账面价值 = 商誉 + 可辨认净资产账面价值 =（600 + 400）+ 1 600 = 2 600（万元）（其中 400 万元为未确认归属于少数股东权益的商誉价值）

（2）资产组减值损失 = 资产组账面价值 - 资产组可收回金额 = 2 600 - 1 500 = 1 100（万元）

（3）1 100 万元首先抵减商誉的账面价值 1 000 万元，剩余 100 万元在可辨认净资产之间分配，即商誉减值 1 000 万元（对于资产组来说），可辨认净资产减值 100 万元。其中合并报表中商誉减值为 600 万元，因此在合并报表中资产减值损失为 600 + 100 = 700（万元）。具体测试及分摊见下表：

商誉减值测试表 单位：万元

2012 年	商誉	可辨认净资产	合计
账面价值	600	1 600	2 200
未确认归属少数股东商誉价值	400		400
调整后账面价值	1 000	1 600	2 600
可收回金额			1 500
减值损失			1 100

商誉减值分摊表 单位：万元

2012 年	商誉	可辨认净资产	合计
账面价值	600	1 600	2 200
确认的减值损失	600	100	700
确认减值损失后账面价值		1 500	1 500

第九节 负 债

【大纲要求】

内容	程度	变化
1. 短期借款、应付票据、预收款项、职工薪酬、应交税费、应付利息、应付股利、其他应付款等流动负债的核算内容	熟悉	原有
2. 长期借款、应付债券、长期应付款的核算内容	熟悉	原有
3. 以公允价值计量且其变动计入当期损益的金融负债的类别	熟悉	删除

说明："职工薪酬"的内容将在本章第十三节进行专门说明。

【内容精讲】

一、负债分类及核算范围

以公允价值计量且其变动计入当期损益的金融负债、短期借款、应付票据、预收款项、职工薪酬、应交税费、应付利息、应付股利、其他应付款核算的内容，总结如下表：

分类		相关规定
金融负债	以公允价值计量且其变动计入当期损益的金融负债（如短期融资券）	（1）金融负债在初始确认时分为以公允价值计量且其变动计入当期损益的金融负债和其他金融负债，初始确认时分类后，不能随意变更 （2）金融负债应当以公允价值进行初始计量，以公允价值计量且变动计入当期损益的金融负债，应按照公允价值进行后续计量 （3）以公允价值计量且其变动计入当期损益的金融负债，包括交易性金融负债和直接指定为以公允价值计量且其变动计入当期损益的金融负债 （4）满足以下条件之一的金融负债，应当划分为交易性金融负债 ①承担该金融负债的目的，主要是为了近期内出售或回购 ②属于进行集中管理的可辨认金融工具组合的一部分，且有客观证据表明企业近期采用短期获利方式对该组合进行管理。在这种情况下，即使组合中有某个组成项目持有的期限稍长也不受影响 ③属于衍生工具。但是，被指定为有效套期工具的衍生工具、属于财务担保合同的衍生工具、与在活跃市场中没有报价且其公允价值不能可靠计量的权益工具投资挂钩并须通过交付该权益工具结算的衍生工具除外。其中，财务担保合同是指保证人和债权人约定，当债务人不履行债务时，保证人按照约定履行债务或者承担责任的合同
	其他金融负债	其他金融负债，主要包括短期借款、应付票据、应付债券、长期借款等，企业初始确认金融负债，应当按照公允价值计量，对于其他金融负债，相关交易费用应当计入初始确认金额，后续按"摊余成本"计量
非金融负债		金融负债的特点是由金融工具形成的"合同义务"，非金融负债不是"合同义务"，如应交税费

（一）以公允价值计量且其变动计入当期损益的金融负债

1. 以公允价值计量且其变动计入当期损益的金融负债概述

金融负债在初始确认时分为：

（1）以公允价值计量且其变动计入当期损益的金融负债。

（2）其他金融负债。

以公允价值计量且其变动计入当期损益的金融负债可进一步分为交易性金融负债和直接指定为以公允价值计量且其变动计入当期损益的金融负债。

2. 以公允价值计量且其变动计入当期损益的金融负债的会计处理

（1）初始计量

企业初始确认交易性金融负债，应当按照公允价值计量。相关交易费用应当直接计入当期损益（投资收益）。

借：银行存款等

　　投资收益（交易费用）

　　贷：交易性金融负债——成本

（2）后续计量

①资产负债表日，按交易性金融负债的票面利率计算利息，借记"投资收益"科目，贷记"应付利息"科目。

借：投资收益

　　贷：应付利息

②资产负债表日，企业应当按照公允价值进行后续计量，其公允价值变动形成的利得或损失，除与套期保值有关外，应当计入当期损益（公允价值变动损益）。

借：交易性金融负债——公允价值变动

　　贷：公允价值变动损益

或

借：公允价值变动损益

　　贷：交易性金融负债——公允价值变动

③处置（偿还）时

借：交易性金融负债——成本

　　　　　　　　——公允价值变动

　　贷：银行存款

　　　　投资收益（或借方）

借：公允价值变动损益

　　贷：投资收益

或

借：投资收益

　　贷：公允价值变动损益

【例题 1 · （张志凤 2016CPA 讲义）】 2015 年 10 月 1 日，甲公司经批准在全国银行间债券市场按面值公开发行 100 亿元人民币短期融资券，期限为 1 年，票面年利率为 8%，每张面值为 100 元，到期一次性还本付息。所募集资金主要用于甲公司购买生产经营所需的原材料及配套件等。甲公司将该短期融资券指定为以公允价值计量且其变动计入当期损益的金融负债。假定发行短期融资券相关的交易费用 1 000 万元。2015 年 12 月 31 日，该短期融资券市场价格为每张 108 元（不含利息）；2016 年 3 月 31 日，该短期融资券市场价格为每张 105 元（不含利息）；2016 年 6 月 30 日，该短期融资券市场价格为每张 103 元（不含利息）；2016 年 9 月 30 日，该短期融资券到期兑付完成。

假定不考虑其他相关因素，且甲公司按季度提供财务报告。

要求：编制甲公司从发行短期融资券至其到期的会计分录。

答案（单位：万元）：

（1）2015 年 10 月 1 日，发行短期融资券

借：银行存款	999 000
投资收益	1 000
贷：交易性金融负债——成本	1 000 000

（2）2015 年 12 月 31 日，确认公允价值变动和利息费用

借：公允价值变动损益	80 000
贷：交易性金融负债——公允价值变动	80 000
借：投资收益	20 000
贷：应付利息	20 000

（3）2016 年 3 月 31 日，确认公允价值变动和利息费用

借：交易性金融负债——公允价值变动	30 000
贷：公允价值变动损益	30 000

借：投资收益   20 000

    贷：应付利息   20 000

（4）2016 年 6 月 30 日，确认公允价值变动和利息费用

借：交易性金融负债——公允价值变动   20 000

    贷：公允价值变动损益   20 000

借：投资收益   20 000

    贷：应付利息   20 000

（5）2016 年 9 月 30 日，短期融资券到期

借：投资收益   20 000

    贷：应付利息   20 000

借：交易性金融负债——成本   1 000 000

           ——公允价值变动   30 000

  应付利息   80 000

    贷：银行存款   1 080 000

      投资收益   30 000

借：投资收益   30 000

    贷：公允价值变动损益   30 000

【例题 2·（张志凤 2016CPA 讲义）】 关于交易性金融负债，下列说法中正确的有（   ）。

A. 企业承担交易性金融负债时，发生的交易费用应计入投资收益

B. 企业承担交易性金融负债时，发生的交易费用应计入财务费用

C. 企业承担交易性金融负债时，发生的交易费用应计入负债初始确认金额

D. 资产负债表日，按交易性金融负债票面利率计算的利息，应借记"投资收益"科目，贷记"应付利息"科目

答案：AD

解析：企业承担交易性金融负债时，应按实际收到的金额，借记"银行存款"等科目，按发生的交易费用，借记"投资收益"科目，按交易性金融负债的公允价值，贷记"交易性金融负债——成本"科目。

【例题 3·（1512）·（1605）】 下列关于金融负债的说法正确的有（   ）。

A. 企业应将所有的衍生工具确认为交易性金融负债

B. 对于交易性金融负债，可以按摊余成本进行后续计量

C. 对于以公允价值计量且其变动成本计入当期损益的金融负债，应当按公允价值进行初始计量和后续计量

D. 对于以公允价值计量且其变动成本计入当期损益的金融负债，其初始计量时发生的相关交易费用应当计入当期损益

E. 金融负债应当以公允价值进行初始计量和后续计量

答案：CD

解析：本题考核内容为金融负债的相关规定，A，并非所有的衍生工具均应确认为交易性金融负债；B，交易性金融负债应当按公允价值进行后续计量。

【例题 4·（2016CPA）】 20×5 年 1 月 3 日，甲公司经批准按面值发行优先股，发行的票面价值总额为 5 000 万元。优先股发行方案规定，该优先股为无期限、浮动利率、非累积、非参

与。设置了自发行之日起 5 年期满时，投资者有权要求甲公司按票面价值及票面价值和基准利率计算的本息合计金额赎回，优先股的利率确定为：第 1 个 5 年按照发行时的基准利率确定，每 5 年调整一次利率。调整的利率为前 1 次利率的基础上增加 300 个基点，利率不设上限。优先股股利由董事会批准后按年支付，但如果分配普通股股利，则必须先支付优先股股利。不考虑其他因素，下列关于甲公司发行优先股可以选择的会计处理有（　　　）。

A. 确认为所有者权益

B. 指定为以公允价值计量且其变动计入当期损益的金融负债

C. 确认为以摊余成本计量的金融负债

D. 按发行优先股的公允价值确认金融负债，发行价格总额减去金融负债公允价值的差额确认为所有者权益

答案：CD

解析：该金融工具涉及发行方和持有方无法控制的或有事项，即投资者有权要求甲公司按票面价值及票面价值和基准利率计算的本息合计金额赎回，将无法避免地导致甲公司的经济利益流出企业，从而存在支付现金偿还本金的合同义务，应该确认为金融负债，选项 C 和选项 D 正确。

（二）短期借款

短期借款是指企业向银行或其他金融机构等借入的期限在一年以下（含一年）的各种借款。

短期借款科目的核算是短期借款的本金增减变动的情况，短期借款的利息可以发生时直接计入财务费用，如果按季支付，按月可以预提，预提时通过"应付利息"科目核算。

会计处理如下：

1. 借款本金增减

借款时

借：银行存款

　　贷：短期借款

还款时分录相反

2. 支付或预提利息

借：财务费用

　　贷：银行存款/应付利息

（三）应付票据

应付票据是由出票人出票，委托付款人在指定日期无条件支付特定金额给收款人或者持票人的票据。应付票据按是否带息分为不带息应付票据和带息应付票据两种。

对于带息应付票据，通常应在期末对尚未支付的应付票据计提利息，计入财务费用。

（四）预收款项

预收账款是指买卖双方协议商定，由购货方预先支付一部分货款给供应方而发生的一项负债。预收账款一般按预收金额入账。预收账款的核算，应视企业具体情况而定。如果预收账款较多，可以设置"预收账款"科目；如果预收账款不多，可以将预收的款项直接记入"应收账款"科目的贷方，不设置"预收账款"科目。"期末余额"根据有关明细科目的余额计算填列。

预收款项 = 应收账款所属明细科目贷方余额 + 预收账款所属明细科目贷方余额

以下同理：应付账款 = 应付账款所属明细科目贷方余额 + 预付账款所属明细科目贷方余额

预付款项 = 应付账款所属明细科目借方余额 + 预付账款所属明细科目借方余额

应收账款 = 应收账款所属明细科目借方余额 + 预收账款所属明细科目借方余额 − 与应收账

款有关坏账准备贷方余额

【例题 5 · （2016CPA）】 20×5 年 6 月，甲公司与乙公司签订股权转让框架协议，协议约定将甲公司持有的丁公司 20% 的股权转让给乙公司，总价款为 7 亿元，乙公司分为三次支付。20×5年支付了第一笔款项 2 亿元。为了保证乙公司的利益，甲公司于 20×5 年 11 月将其持有的丁公司的 5% 股权过户给乙公司，但乙公司暂时并不拥有与该 5% 股权对应的表决权和利润分配权。假定甲公司、乙公司不存在关联方关系，不考虑其他因素。下列关于甲公司对该股权转让于 20×5 年会计处理的表述中，正确的是（　　　）。

A. 将实际收到的价款确认为负债

B. 将实际收到价款与所对应的 5% 股权投资账面价值的差额确认为股权转让损益

C. 将甲公司与乙公司签订的股权转让协议作为或有事项在财务报表附注中披露

D. 将转让总价款与对丁公司 20% 股权投资账面价值的差额确认为股权转让损益，未收到的转让款确认为应收款

答案：A

解析：因乙公司暂时并不拥有与该 5% 股权对应的表决权和利润分配权，表明该 5% 股权的风险和报酬依然保留在甲公司，甲公司不能对该 5% 股权进行终止确认；收到的款项作为预收款项，A 正确。

（五）职工薪酬

本部分内容见本章第十三节"职工薪酬"。

（六）应交税费

应交税费，包括企业依法交纳的增值税、消费税、营业税、城市维护建设税、教育费附加、资源税、土地增值税、房产税、土地使用税、车船税、印花税、耕地占用税、矿产资源补偿费、所得税、个人所得税等税费，以及在上缴国家之前，由企业代扣代缴的个人所得税等。

税种	科目设置	会计处理
增值税	在"应交税费"科目下设置"应交增值税"明细科目进行核算。"应交增值税"借方发生额，反映企业购进货物或接受应税劳务支付的进项税额、实际已交纳的增值税等；贷方发生额，反映销售货物或提供应税劳务应交纳的增值税额、出口货物退税、转出已支付或应分担的增值税等；期末借方余额，反映企业尚未抵扣的增值税	1. 购进货物 借：库存商品等 　　应交税费——应交增值税（进项税额） 　贷：银行存款等 2. 销售货物 借：应收账款等 　贷：主营业务收入 　　　应交税费——应交增值税（销项税额）
消费税	在"应交税费"科目下设置"应交消费税"明细科目进行核算。"应交消费税"明细科目的借方发生额，反映实际交纳的消费税和待扣的消费税；贷方发生额，反映按规定应交纳的消费税；期末贷方余额，反映尚未交纳的消费税；期末借方余额，反映多交或待扣的消费税	1. 企业对外销售产品应交纳的消费税，计入"营业税金及附加"科目 2. 在建工程领用自产产品，应交纳的消费税计入在建工程成本 3. 企业委托加工应税消费品，委托加工应税消费品收回后直接用于销售的，其消费税计入委托加工应税消费品成本；委托加工收回后用于连续生产应税消费品按规定准予抵扣的，计入"应交消费税"科目的借方

续表

税种	科目设置	会计处理
营业税	在"应交税费"科目下设置"应交营业税"明细科目,"应交营业税"明细科目的借方发生额,反映企业已交纳的营业税;贷方发生额,反映企业应交纳的营业税;期末借方余额,反映企业多交的营业税;期末贷方余额,反映尚未交纳的营业税	1. 主营业务及其他业务应交纳营业税计入"营业税金及附加"科目 2. 与销售不动产相关的营业税计入"固定资产清理"科目 3. 出售无形资产相关的营业税计入营业外收支
城建税	在"应交税费"科目下设置"应交城建税"明细科目,"应交城建税"明细科目的借方发生额,反映企业已交纳的城建税;贷方发生额,反映企业应交纳的城建税;期末借方余额,反映企业多交的城建税;期末贷方余额,反映尚未交纳的城建税	根据企业当期实际缴纳的增、消、营合计为基数按照一定的比例计提(7%、5%、1%),计入"营业税金及附加"科目
教育费附加、地方教育费附加	在"应交税费"科目下设置"应交教育费附加"、"应交地方教育费附加"明细科目,借方发生额,反映企业已交纳的教育费附加;贷方发生额,反映企业应交纳的教育费附加;期末借方余额,反映企业多交的教育费附加;期末贷方余额,反映尚未交纳的教育费附加	根据企业当期实际缴纳的增、消、营合计为基数按照一定的比例计提,计入"营业税金及附加"科目
资源税	在"应交税费"科目下设置"应交资源税"明细科目进行核算。"应交资源税"明细科目的借方发生额,反映企业已交纳的或按规定允许抵扣的资源税;贷方发生额,反映应交纳的资源税;期末借方余额,反映多交或尚未抵扣的资源税;期末贷方余额,反映尚未交纳的资源税	1. 销售产品交纳的资源税计入"营业税金及附加"科目 2. 自产自用产品交纳的资源税计入"生产成本"、"制造费用"等科目 3. 收购未税矿产品代扣代缴的资源税,计入收购矿产品的成本 4. 收购液体盐加工固体盐相关的资源税,按规定允许抵扣的资源税计入"应交税费——应交资源税"科目的借方
土地增值税	在"应交税费"科目下设置"应交土地增值税"明细科目进行核算	1. 兼营房地产业务的企业,应由当期收入负担的土地增值税,计入"营业税金及附加"科目 2. 转让的国有土地使用权与其地上建筑物及其附着物一并在"固定资产"或"在建工程"科目核算的,转让时应交纳的土地增值税,借记"固定资产清理"、"在建工程"科目,贷记"应交税费——应交土地增值税"科目

税种	科目设置	会计处理
房产税、土地使用税、车船税、矿产资源补偿费	在"应交税费"科目下设置"应交房产税"、"应交土地使用税"、"应交车船税""应交矿产资源补偿费"明细科目进行核算	企业按规定计算应交纳的房产税、土地使用税、车船税、矿产资源补偿费时，借记"管理费用"科目，贷记"应交税费——应交房产税（或土地使用税、车船税、矿产资源补偿费）"科目
印花税	企业交纳的印花税，不会发生应付未付税款的情况，不需要预计应纳税金额，同时也不存在与税务机关结算或清算的问题。因此，企业交纳的印花税不需要通过"应交税费"科目进行核算	企业在购买印花税票时，直接借记"管理费用"科目，贷记"银行存款"科目
耕地占用税	企业交纳的耕地占用税，不需要通过"应交税费"科目进行核算	企业按规定计算交纳耕地占用税时，借记"在建工程"科目，贷记"银行存款"科目
所得税	在"应交税费"科目下设置"应交所得税"	1. 预缴时 借：应交税费——应交所得税 　　贷：银行存款 2. 汇算清缴时 借：所得税费用 　　贷：应交税费——应交所得税
代扣代缴个人所得税	在"应交税费"科目下设置"应交个人所得税"	1. 代扣时 借：应付职工薪酬——职工工资 　　贷：应交税费——应交个人所得税 　　　　库存现金/银行存款 2. 缴纳时 借：应交税费——应交个人所得税 　　贷：银行存款

由上表可总结如下：

（1）不需要通过"应交税费"科目核算的税种有：①印花税；②耕地占用税。

（2）承担该税负（计提或实际缴纳）应计入"管理费用"的税种有：①房产税；②车船税；③土地使用税；④矿产资源补偿费；⑤印花税（房、车、土、矿、印）。

（3）承担该税费可能会计入"营业税金及附加"科目的税种有：营业税、消费税、城建税、教育费附加和地方教育费附加、资源税、土地增值税。

（4）计算缴纳该税费时不会对损益产生影响的税种有：增值税、代扣代缴个人所得税。

【注意】①土地增值税、土地使用税、耕地占用税三税种不同；②资源税和矿产资源补偿费不同。

【例题 6·（1311）】下列不通过应交税费核算的税种有（　　　）。

A. 印花税　　　　　B. 耕地占用税　　　C. 资源税　　　　　D. 土地使用税

E. 房产税　　　　　F. 车船税

答案：AB

【例题 7·（模拟）】以下税费中，在承担该税费时应计入管理费用的有（　　　）。

A. 车船税　　　　　B. 土地增值税　　　C. 矿产资源补偿费　D. 消费税

答案：AC

【例题 8·（模拟）】以下税费中，在承担该税费时应计入管理费用的有（　　　）。

A. 印花税　　　　　B. 耕地占用税　　　C. 资源税　　　　　D. 土地使用税

E. 房产税

答案：ADE

（七）应付利息

应付利息，是指企业按照合同约定应支付的利息，包括吸收存款、分期付息到期还本的长期借款、企业债券等应支付的利息。

（八）应付股利

应付股利，是指企业经股东大会或类似机构审议批准分配的现金股利或利润。企业股东大会或类似机构审议批准的利润分配方案、宣告分派的现金股利或利润，在实际支付前，形成企业的负债。

企业董事会或类似机构通过的利润分配方案中拟分配的现金股利或利润，不应确认为负债，但应在附注中披露。

（九）其他应付款

其他应付款，是指应付、暂收其他单位或个人的款项，如应付经营租入固定资产租金、应付租入包装物租金、存入保证金等。企业采用售后回购方式融入的资金，应按实际收到的款项，借记"银行存款"科目，贷记"其他应付款"科目。回购价格与原销售价格之间的差额，应在售后回购期间内按期计提利息费用，借记"财务费用"科目，贷记"其他应付款"科目。按照合同约定购回该项商品时，应按实际支付的款项，借记"其他应付款"科目，贷记"银行存款"科目。

二、长期借款、应付债券、长期应付款的核算内容

（一）长期借款

长期借款，是指企业从银行或其他金融机构借入的期限在 1 年以上（不含 1 年）的各项借款。

其会计处理如下：

1. 企业借入长期借款

借：银行存款

　　长期借款——利息调整

　贷：长期借款——本金

2. 资产负债表日

借：在建工程、制造费用、财务费用、研发支出等

贷：应付利息

　　　长期借款——利息调整

【注】到期一次还本付息的长期借款，其利息通过"长期借款——应计利息"核算。

3. 归还长期借款本金

借：长期借款——本金

　　贷：银行存款

（二）应付债券

1. 一般公司债券

（1）债券的发行

不管是溢价、折价还是平价发行，债券的入账价值为发行债券实际收到的款项（面值＋溢价－折价－交易费用），按实际收到的款项，借记"银行存款"、"库存现金"等科目，按债券票面价值，贷记"应付债券——面值"科目，按实际收到的款项与票面价值之间的差额，贷记或借记"应付债券——利息调整"科目（溢价、折价及交易费用全部放在"应付债券——利息调整"中）。

（2）期末计提利息

每期计入"在建工程"、"制造费用"、"财务费用"等科目的利息费用＝期初摊余成本×实际利率；每期确认的"应付利息"或"应付债券——应计利息"＝债券面值×票面利率。

借："在建工程"、"制造费用"、"财务费用"等科目

　　　应付债券——利息调整

　　贷：应付利息（分期付息债券利息）

　　　　应付债券——应计利息（到期一次还本付息债券利息）

【提示】"应付债券——利息调整"科目的发生额也可能在贷方。

（3）到期归还本金和利息

借：应付债券——面值

　　　　　　——应计利息（到期一次还本付息债券利息）

　　　应付利息（分期付息债券的最后一次利息）

　　贷：银行存款

【考点】会算发行时债券的入账价值，会算利息费用的确认。（知识点链接：持有至到期投资 VS 应付债券，分期销售商品 VS 分期付款购买固定资产或无形资产，融资租赁，存在弃置费用的固定资产）

【例题1·（2016年CPA教材例9-6）】20×1年12月31日，甲公司经批准发行5年期一次还本、分期付息的公司债券1 000万元，债券利息在每年12月31日支付，票面利率为年利率6%。假定债券发行时的市场利率为5%。已知（P/F，5，5%）＝0.7835，（P/A，5，5%）＝4.3295，则甲公司发行债券时收到的款项为10 432 700元，并已存入银行。20×2年12月31日应确认的利息费用是多少？

解析：甲公司该债券实际发行价格为10 000 000×0.7835＋10 000 000×6%×4.3295＝10 432 700（元），即为债券入账价值，也为债券首期摊余成本。则2012年12月31日应确认的利息费用为10 432 700×5%＝521 635（元）。

甲公司根据上述资料，采用实际利率法和摊余成本计算确定的利息费用，见下表：

利息费用一览表

单位：元

付息日期	支付利息①	利息费用 ② = 期初④×5%	摊销的利息调整 ③ = ① − ②	应付债券摊余成本 期末④ = 期初④ − 本期③
20×1 年 12 月 31 日				10 432 700
20×2 年 12 月 31 日	600 000	521 635	78 365	10 354 335
20×3 年 12 月 31 日	600 000	517 716.75	82 283.25	10 272 051.75
20×4 年 12 月 31 日	600 000	513 602.59	86 397.41	10 185 654.34
20×5 年 12 月 31 日	600 000	509 282.72	90 717.28	10 094 937.06
20×6 年 12 月 31 日	600 000	505 062.94 ∗	94 937.06	10 000 000
合 计	3 000 000	2 567 300	432 700	

注：∗为尾数调整。

调整后的表如下：

单位：万元

付息日期	利息费用	支付利息前	支付利息	应付债券摊余成本
20×1 年 12 月 31 日				1 043.3
20×2 年 12 月 31 日	52.2	1 095.5	60	1 035.5
20×3 年 12 月 31 日	51.7	1 087.2	60	1 027.2
20×4 年 12 月 31 日	51.4	1 078.6	60	1 018.6
20×5 年 12 月 31 日	50.9	1 069.5	60	1 009.5
20×6 年 12 月 31 日	50.5	1 060	60	1 000

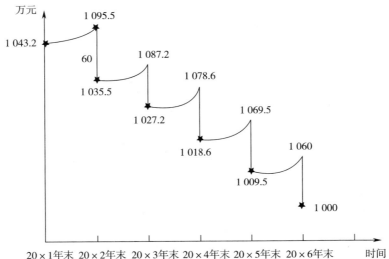

根据上表的资料，甲公司的账务处理如下：

（1）20×1年12月31日发行债券时

借：银行存款　　　　　　　　　　　　　　　　　　　　10 432 700

　　贷：应付债券——面值　　　　　　　　　　　　　　　10 000 000

　　　　　　　　——利息调整　　　　　　　　　　　　　　432 700

（2）20×2年12月31日计算利息费用时

借：财务费用等　　　　　　　　　　　　　　　　　　　521 635②

　　应付债券——利息调整　　　　　　　　　　　　　　　78 365③

　　贷：应付利息　　　　　　　　　　　　　　　　　　　600 000①

20×3年、20×4年、20×5年确认利息费用的会计处理同20×1年。

（3）20×6年12月31日归还债券本金及最后一期利息费用时

借：财务费用等　　　　　　　　　　　　　　　　　　505 062.94

　　应付债券——利息调整　　　　　　　　　　　　　　94 937.06

　　贷：银行存款　　　　　　　　　　　　　　　　　　　600 000

借：应付债券——面值　　　　　　　　　　　　　　　10 000 000

　　贷：银行存款　　　　　　　　　　　　　　　　　　10 000 000

　　面值1 000万元的债券，发行价为1 043.27万元，这就是溢价发行，债券卖出来的钱超过了面值，原因是票面利率6%高于实际利率5%，也就是以后每年支付的利息6%比投资人应得的5%高，所以前期就要卖得贵，就要溢价发行。

　　与之相反的就是折价发行，比如票面利率是4%，求解：10 000 000×0.7835+10 000 000×4%×4.3295=9 566 800（元）。可见，如果票面利率低于实际利率，那么现值一定低于票面价值，一定是折价发行的。

　　【引申内容】 债券价值的影响因素

　　影响债券价值的因素共5个，包括债券面值、票面利率、计息期、折现率和到期时间。

影响因素	与债券价值的关系	
债券面值	正向：债券面值越大，债券价值越大	
票面利率	正向：票面利率越高，债券价值越大	
计息期	（1）折价发行债券：反向	计息期越多，价值越小
	（2）溢价发行证券：正向	计息期越多，价值越大
	（3）平价发行债券：无影响	债券价值＝面值，与计息期无关
折现率	反向：折现率越高，债券价值越小	（1）票面利率＝实际利率，债券价值＝债券面值，平价
		（2）票面利率＜实际利率，债券价值＜债券面值，折价
		（3）票面利率＞实际利率，债券价值＞债券面值，溢价
到期时间	（1）折价发行债券：反向	到期时间越长，债券价值越小，越短则越大
	（2）溢价发行证券：正向	到期时间越长，债券价值越大，越短则越小
	（3）平价发行债券：无影响	折现率＝票面利率时，到期时间的长短对债券价值没有影响，债券价值＝面值，与到期时间无关

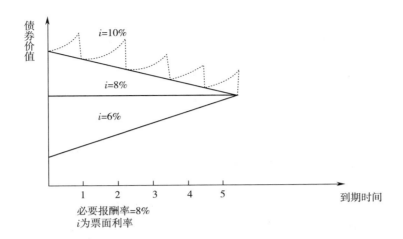

必要报酬率=8%
i为票面利率

【例题2·（2011）】以下关于债券价值的说法正确的有（　　）。

A. 市场利率低于票面利率时，增加债券期限可以增加债券价值

B. 市场利率不变的情况下，债券价值随着时间逐步向票面价格趋近

C. 市场利率高于票面利率时，债券到期时间越长，债券价值越大

D. 债券价值与市场利率呈正向关系，折现率越大，债券价值越大

E. 在市场利率和票面利率相等的时候债券价值不会受到计息期和到期时间的影响

答案：ABE

解析：市场利率低于票面利率，此时债券溢价发行，计息期越长，价值越大，增加债券期限可以增加债券价值，A正确；不管是折价发行的债券还是溢价发行的债券，随着时间的推移，债券价值逐渐向票面价值趋近，B正确；市场利率高于票面利率时，为折价发行，到期时间越长，债券价值越小，C错误；D说反了；E说法正确。

【例题3·（1406）】甲上市公司发行期限为5年、每年付息1次、到期还本的公司债券，以下关于债券价值的判断正确的有（　　）。

A. 当市场利率保持不变时，随着时间延续，债券价值逐渐接近其面值

B. 随着该债券到期时间的缩短，市场利率的变动对债券价值的影响越来越大

C. 如果该债券票面利率低于市场利率，债券将以折价方式出售

D. 如果该债券票面利率高于市场利率，将其发行方案改为发行期限为6年会导致债券价值上升

答案：ACD

解析：B，随着到期时间的缩短，市场利率的变动对债券价值的影响越来越小。

【下册引申内容结束】

【例题4·（2011）】甲公司按面值发行分期付息、到期一次还本的公司债券100万张，支付发行手续费25万元，实际取得发行价款9 975万元。该债券每张面值为100元，期限为5年，票面年利率为4%。则发行债券时应付债券的初始确认金额为（　　）万元。

A. 10 000　　　　B. 9 975　　　　C. 10 400　　　　D. 10 375

答案：B

解析：应付债券的初始确认金额（初始入账价值）为发行债券实际收到的款项。

本题发行时的账务处理如下：

借：银行存款　　　　　　　　　　　　　　　　　　　　　　9 975

贷：应付债券——面值   10 000

       ——利息调整   -25

2. 可转换公司债券

（1）发行可转换公司债券时

企业发行的可转换公司债券，应当在初始确认时将其包含的负债成分和权益成分进行分拆，将负债成分确认为应付债券，将权益成分确认为其他权益工具。

①负债成分初始确认金额：负债成分的未来现金流量现值。分录时：1）按照面值确定计入"应付债券——可转换公司债券（面值）"科目；2）按照（面值－负债成分初始确认金额）确认计入"应付债券——可转换公司债券（利息调整）"科目。

②权益成分的初始确认金额：发行价格总额－负债成分初始确认金额。

③发行可转换公司债券发生的交易费用：应当在负债成分和权益成分之间按照各自的相对公允价值进行分摊［负债成分负担的发行费用计入"应付债券——可转换公司债券（利息调整）"科目；权益成分负担的发行费用计入"其他权益工具"科目］。

会计分录如下：

借：银行存款

  贷：应付债券——可转换公司债券（面值）

      其他权益工具（权益成分的公允价值）

      应付债券——可转换公司债券（利息调整）（也可能在借方）

（2）期末计提利息

可转换公司债券的负债成分，在转换为股份前，其会计处理与一般公司债券相同，即按照实际利率和摊余成本确认利息费用，按面值和票面利率确认应付债券，差额作为利息调整进行摊销。

（3）转换股份时

借：应付债券——可转换公司债券（面值、利息调整）（账面余额）

    其他权益工具（原确认的权益成分的金额）

  贷：股本（股票面值×转换的股数）

    资本公积——股本溢价（差额）

【例题 5·（1306）】甲公司 2011 年 1 月 1 日按面值发行 3 年期一次还本、按年付息的可转债 2 万份，每份面值 100 元，债券票面年利率 6%，每份可转换 25 股，甲公司发行可转换公司债券时二级市场上与之类似的没有附带转换权的债券市场利率为 10%；假定 2012 年 1 月 1 日债券持有人将持有的可转换公司债券全部转换为普通股股票，已知（P/F，3，10%）=0.75，（P/A，3，10%）=2.5。则下列说法正确的是（   ）。

A. 2011 年 1 月 1 日，计入应付债券的金额为 180 万元

B. 2011 年 1 月 1 日，计入"其他权益工具"的金额为 20 万元

C. 2012 年 1 月 1 日，计入"资本公积——股本溢价"的金额为 136 万元

D. 2012 年 1 月 1 日，计入"资本公积——股本溢价"的金额为 156 万元

答案：ABD

解析：甲公司的账务处理如下：

（1）发行可转债时

应付债券的初始入账金额 = 200 × 0.75 + 200 × 6% × 2.5 = 180（万元）

权益部分其他权益工具初始入账金额 = 200 - 180 = 20（万元）

借：银行存款   200

  贷：应付债券——可转换公司债券（面值） 200

    应付债券——可转换公司债券（利息调整） -20

    其他权益工具   20

（2）2011 年 12 月 31 日计提利息时

借：财务费用等 （180×10%） 18

  贷：应付利息——可转换公司债券利息（200×6%） 12

    应付债券——可转换公司债券（利息调整） 6

（3）2012 年 1 月 1 日转股时

借：应付债券——可转换公司债券（面值） 200

  应付债券——可转换公司债券（利息调整） -14

  其他权益工具   20

  贷：股本（25×2） 50

    资本公积——股本溢价   156

【例题 6 · (1505)】 甲公司经批准于 2011 年 1 月 1 日按面值发行 5 年期一次还本按年付息的可转换公司债券 20 000 万元，款项已收存银行，债券票面年利率为 6%。债券发行 1 年后可转换为普通股股票，初始转股价为每股 10 元，股票面值为每股 1 元。债券持有人若在当期付息前转换股票的，应按债券面值和应付利息之和除以转股价，计算转换的股份数。假定 2012 年 1 月 1 日债券持有人将持有的可转换公司债券全部转换为普通股股票，甲公司发行可转换公司债券时二级市场上与之类似的没有附带转换权的债券市场利率为 9%。已知 (P/F, 5, 9%) = 0.6499, (P/A, 5, 9%) = 3.8897。则下列说法正确的是（   ）。

A. 2011 年 1 月 1 日，计入应付债券的金额为 20 000 万元

B. 2011 年 1 月 1 日，计入应付债券的金额为 17 665.64 万元

C. 2011 年 1 月 1 日，计入"其他权益工具"的金额为 2 334.36 万元

D. 2011 年 1 月 1 日，计入"资本公积——其他资本公积"的金额为 2 334.36 万元

答案：BC

解析：负债成分初始确认金额 = 20 000×0.6499 + 20 000×6%×3.8897 = 12 998 + 4 667.64 = 17 665.64（万元）；权益成分入账价值 = 20 000 - 17 665.64 = 2334.36（万元）。

甲公司发行时的账务处理如下：

借：银行存款   20 000

  贷：应付债券——可转换公司债券（面值） 20 000

    应付债券——可转换公司债券（利息调整） -2 334.36

    其他权益工具   2 334.36

【例题 7 · (2009)】 关于可转换公司债券的会计处理，以下说法正确的是（   ）。

A. 发行可转换公司债券发生的交易费用应当于发生时计入当期损益

B. 发行可转换公司债券发生的交易费用应当在负债成分和权益成分之间按照各自的相对公允价值进行分摊

C. 发行可转换公司债券发生的交易费用应当于发生时全部计入权益

D. 发行可转换公司债券发生的交易费用应当于发生时全部计入负债

答案：B

解析：发行可转换公司债券发生的交易费用应当在负债成分和权益成分之间按照各自的相对公允价值进行分摊。

【例题 8·（2010）·（2012 类似）】 2008 年 1 月 1 日，甲上市公司发行面值为 100 亿元的可转换公司债券，发行价为 105 亿元，款项已收存银行。债券票面年利率为 6%，期限为 3 年，每年末支付利息，甲公司发行可转换公司债券时二级市场上与之类似的没有附带转换权的债券市场利率为 9%。假设（P/F，3，9%）＝0.8，（P/A，3，9%）＝3，假定不考虑其他相关因素，以下说法正确的是（　　）。

A. 甲上市公司本次发行时应计入其他权益工具的金额为 7 亿元

B. 甲上市公司本次发行时应计入其他权益工具的金额为 5 亿元

C. 甲上市公司本次发行时应付债券的入账价值为 98 亿元

D. 甲上市公司本次发行时应付债券的入账价值为 105 亿元

E. 甲上市公司本次发行时应付债券的入账价值为 100 亿元

F. 2008 年 12 月 31 日甲上市公司应确认利息费用 8.82 亿元

G. 2008 年 12 月 31 日甲上市公司应确认利息费用 5.88 亿元

答案：ACF

解析：可转换公司债券负债成分的公允价值＝100×0.8＋100×6%×3＝98（亿元）；可转换公司债券权益成分的公允价值为 105－98＝7（亿元）；2008 年 12 月 31 日甲上市公司应确认利息费用＝98×9%＝8.82（亿元）。

说明：A 与 B 选项中的"其他权益工具"考试时的试题描述为"资本公积——其他资本公积"。

【注意】 ①企业发行附有赎回选择权的可转换公司债券，其在赎回日可能支付的利息补偿金，即债券约定赎回期届满日应当支付的利息减去应付债券票面利息的差额，应当在债券发行日至债券约定赎回届满日期间计提应付利息，计提的应付利息，分别计入相关资产成本或财务费用。②企业可能修订可转换工具的条款以促使持有方提前转换，例如，提供更有利的转换比率或在特定日期前转换则支付额外的补偿。在条款修订日，持有方根据修订后的条款进行转换所能获得的补偿的公允价值与根据原有条款进行转换所能获得的补偿的公允价值之差，应在利润表中确认为一项损失。

【例题 9·（2012）】 发行人给予可转债持有人在特定日期前转换支付额外的补偿，在条款修订日，持有方根据修订后的条款进行转换所能获得的补偿的公允价值与根据原有条款进行转换所能获得的补偿的公允价值之差，应确认为利润表中的损失。

答案：√

（三）长期应付款

长期应付款，是指企业除长期借款和应付债券以外的其他各种长期应付款项，包括应付融资租入固定资产的租赁费、以分期付款方式购入固定资产发生的应付款项、采用补偿贸易方式引进国外设备发生的应付款项等。

企业采用融资租赁方式租入的固定资产，应按最低租赁付款额，确认长期应付款。

企业延期付款购买资产，如果延期支付的购买价款超过正常信用条件，实质上具有融资性质的，所购资产的成本应当以延期支付购买价款的现值为基础确定。实际支付的价款与购买价款的现值之间的差额，应当在信用期间内采用实际利率法进行摊销，计入相关资产成本或当期损益。

第十节 所有者权益

【大纲要求】

内容	程度	变化
1. 实收资本确认和计量的基本要求	熟悉	原有
2. 资本公积的主要内容、确认和计量	熟悉	原有
3. 综合收益的概念及核算内容	熟悉	原有
4. 盈余公积的核算内容	熟悉	原有
5. 利润分配的会计处理	熟悉	原有

【内容精讲】

一、实收资本

（一）实收资本确认和计量的基本要求

股份有限公司，应当设置"股本"科目；除股份有限公司外，其他企业应设置"实收资本"科目，核算投资者投入资本的增减变动情况。该科目的贷方登记实收资本的增加数额，借方登记实收资本的减少数额，期末贷方余额反映企业期末实收资本实有数额。

（二）实收资本增减变动的会计处理

1. 实收资本增加的会计处理

事项	具体会计处理
所有者投入	借：银行存款等 　　贷：实收资本/股本
资本公积转增	借：资本公积——资本溢价/股本溢价 　　贷：实收资本/股本 注：资本公积——其他资本公积不可转增资本
盈余公积转增	借：盈余公积 　　贷：实收资本/股本
股份有限公司以发行股票股利的方法实现增资	借：利润分配——转作股本的股利 　　贷：股本
可转换公司债券持有人行使转换权利	借：应付债券 　　　其他权益工具 　　贷：股本 　　　资本公积——股本溢价
企业将重组债务转为资本	借：应付账款等 　　贷：实收资本（或股本） 　　　资本公积——资本溢价（或股本溢价） 　　　营业外收入

事项	具体会计处理
以权益结算的股份支付的行权	借：资本公积——其他资本公积 　　贷：实收资本（或股本） 　　　　资本公积——资本溢价（或股本溢价） 说明：这里的"资本公积——其他资本公积"是作为"资本公积"核算的，没有作为"其他综合收益"核算，因为其最终会转入"资本公积——股本溢价"里面

2. 实收资本减少的会计处理

（1）一般企业减资

借：实收资本

　　贷：银行存款等

（2）股份有限公司采用回购本企业股票减资

①回购本公司股票时

借：库存股（实际支付的金额）

　　贷：银行存款

②注销库存股时

借：股本（注销股票的面值总额）

　　资本公积——股本溢价（差额先冲减股本溢价）

　　盈余公积（股本溢价不足，冲减盈余公积）

　　利润分配——未分配利润（股本溢价和盈余公积仍不足部分）

　　贷：库存股（注销库存股的账面余额）

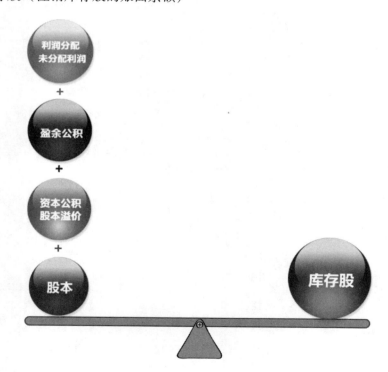

③回购价格低于回购股票的面值总额时

借：股本（注销股票的面值总额）

　贷：库存股（注销库存股的账面余额）

　　资本公积——股本溢价（差额）

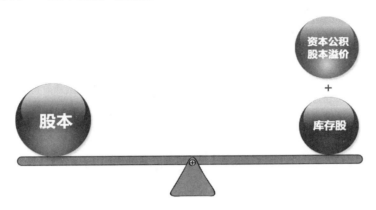

【例题1·（2016年CPA教材例10-14）】B股份有限公司截至2008年12月31日共发行股票300万股，股票面值为1元，资本公积（股本溢价）600万元，盈余公积金400万元。经股东大会批准，B公司以现金回购本公司股票300万股并注销。

假定B公司按照每股4元回购股票，不考虑其他因素，B公司的财务处理如下：

库存股的成本 = 300 × 4 = 1 200（万元）

【说明】为方便起见，分录中以万元为单位，实务中应该以元为单位。

（1）回购库存股

借：库存股 　　　　　　　　　　　　　　　　　　　　　　　1 200

　贷：银行存款 　　　　　　　　　　　　　　　　　　　　　　　　1 200

（2）注销回购库存股

借：股本 　　　　　　　　　　　　　　　　　　　　　　　　300

　资本公积——股本溢价 　　　　　　　　　　　　　　　　600

　盈余公积 　　　　　　　　　　　　　　　　　　　　　　300

　贷：库存股 　　　　　　　　　　　　　　　　　　　　　　　　1 200

假定B公司以每股0.9元回购股票，其他条件不变。B公司的账务处理如下：

库存股的成本 = 300 × 0.9 = 270（万元）

借：库存股 　　　　　　　　　　　　　　　　　　　　　　　270

　贷：银行存款 　　　　　　　　　　　　　　　　　　　　　　　　270

借：股本 　　　　　　　　　　　　　　　　　　　　　　　　300

　贷：库存股 　　　　　　　　　　　　　　　　　　　　　　　　270

　　资本公积——股本溢价 　　　　　　　　　　　　　　　　　　30

由于B公司以低于面值的价格回购股票，股本与库存股成本的差额300 000元应作增加资本公积处理。

【例题2·（1311）】A上市公司2012年末，未分配利润0、盈余公积500万元、资本公积800万元（其中资本溢价500万元），经股东大会批准，A公司以5元每股现金回购本公司股票200万股并注销，下列会计处理正确的是（　　　）。

A. 库存股的入账价值 1 000 万元　　　B. 注销库存股冲减资本公积 500 万元

C. 注销库存股冲减盈余公积 300 万元　　　D. 注销库存股不影响所有者权益

E. 注销库存股影响所有者权益 200 万元

答案：ABCD

解析：注销库存股不影响所有者权益，库存股入账价值以回购成本计算。注销时冲减资本公积的金额以"资本公积——股本溢价"余额为限。

会计分录：

（1）回购库存股

借：库存股　　　　　　　　　　　　　　　　　　　　　　　　　1 000

　　贷：银行存款　　　　　　　　　　　　　　　　　　　　　　　　　1 000

（2）注销库存股

借：股本　　　　　　　　　　　　　　　　　　　　　　　　　　　200

　　资本公积——股本溢价　　　　　　　　　　　　　　　　　　　　500

　　盈余公积　　　　　　　　　　　　　　　　　　　　　　　　　　300

　　贷：库存股　　　　　　　　　　　　　　　　　　　　　　　　　1 000

二、资本公积

（一）资本公积的内容

1. 资本（或股本）溢价，是指企业收到投资者的超过其在企业注册资本或股本中所占份额的投资。

2. 直接计入所有者权益的利得和损失，是指不应计入当期损益、会导致所有者权益发生增减变动的、与所有者投入资本或者向所有者分配利润无关的利得或者损失。

（二）资本公积的确认和计量

1. 资本（或股本）溢价的会计处理

（1）资本溢价

投资者投入的资本中按其投资比例计算的出资额部分，应计入"实收资本"科目，超出部分计入"资本公积——资本溢价"科目。

（2）股本溢价（详见长期股权投资章节）

股份有限公司在采用溢价发行股票的情况下，企业发行股票取得的收入，相当于股票的面值部分计入"股本"科目，超过股票面值的溢价部分在扣除发行手续费、佣金等发行费用后，计入"资本公积——股本溢价"。

【注】上市公司 2008 年报工作中应注意的会计问题：在未达业绩承诺时控股股东根据承诺补足差额的会计处理问题。

上市公司收到的由其控股股东或其他原非流通股股东根据股改承诺为补足当期利润而支付的现金，应作为权益性交易计入所有者权益。

2. 其他资本公积的会计处理

（1）采用权益法核算的长期股权投资

①被投资单位除净损益、其他综合收益和利润分配以外的所有者权益的其他变动，投资方按持股比例计算应享有的份额

借：长期股权投资——其他权益变动

　　贷：资本公积——其他资本公积

或作相反会计分录

②处置采用权益法核算的长期股权投资时

借：资本公积——其他资本公积

　　贷：投资收益（或相反会计分录）

（2）以权益结算的股份支付

①在每个资产负债表日，应按确定的金额

借：管理费用等

　　贷：资本公积——其他资本公积（注：不属于其他综合收益）

②在行权日，应按实际行权的权益工具数量计算确定的金额

借：银行存款（按行权价收取的金额）

　　资本公积——其他资本公积（原确定的金额）

　　贷：股本（增加的股份的面值）

　　　　资本公积——股本溢价（差额）

【注意】以下两种情况，原在"资本公积——其他资本公积"核算，根据现行规定，不再在"资本公积——其他资本公积"科目进行核算：

①可转换公司债券的发行与转股

可转债原发行时按权益成分的公允价值计入"资本公积——其他资本公积"，转股时冲减，现发行时将其计入"其他权益工具"，转股时冲减"其他权益工具"，不再涉及"资本公积——其他资本公积"的问题。

②自用房地产或存货转为以公允价值计量的投资性房地产等

原企业将作为存货的房地产转为采用公允价值模式计量的投资性房地产，其公允价值大于账面价值的，可供出售金融资产公允价值变动、可供出售外币非货币性项目的汇兑差额（外币货币性项目汇兑差额计入损益）、持有至到期投资重分类为可供出售金融资产原账面值与公允价值的差额等原计入"资本公积——其他资本公积"项目的，现在均改为计入"其他综合收益"作为其他综合收益核算。

【例题1·（2011）】2011 年 6 月，甲公司存货盘亏 100 万元，可供出售金融资产公允价值变动 120 万元（公允价值上升），向股东分配现金股利 70 万元，股东新增投入资本 430 万元，不考虑其他因素，甲公司当月直接计所有者权益的利得和损失金额为 480 万元。

答案：×

解析：本题考的是直接计所有者权益的利得和损失的概念。直接计所有者权益的利得和损失是指不应计入当期损益、会导致所有者权益增减变动的、与所有者投入资本或向所有者分配利润无关的利得和损失。

本题中存货盘亏 100 万元最终计入管理费用或营业外支出科目，向股东分配现金股利 70 万元借记"应付股利"，贷记"货币资金"，新增资本 430 万元，借记"货币资金"，贷记"股本"及"资本公积——股本溢价"。

甲公司当月直接计所有者权益的利得和损失金额应为 120 万元。（现在计入"其他综合收益"）

【例题2·（1311）】下列项目中，可能引起资本公积变动的有（　　）。

A. 与发行权益性证券直接相关的手续费、佣金

B. 可转债转换成普通股

C. 股份支付行权

D. 自用房地产转为公允价值核算的投资性房地产，转换时公允价值大于账面价值

E. 可供出售金融资产重分类为持有至到期投资

答案：ABC

解析：D、E，所述情形均应作为"其他综合收益"核算。

【例题3·（1605）】企业发生的下列交易或者事项中，不考虑其他因素，会引起当期"资本公积——资本（股本）溢价"发生变动的有（　　　）。

A. 以资本公积转增股本

B. 根据股东会决议，每10股发放2股股票股利

C. 授予员工股票期权在等待期内确认相关成本费用

D. 同一控制下企业合并中取得被合并方净资产份额小于所支付对价账面价值

E. 当前公司每股净资产5元，每股面值1元，接受投资者以每股4元增资200万股

答案：ADE

解析：A，注意，资本公积包括"资本公积——资本溢价/股本溢价"和"资本公积——其他资本公积"，"资本公积——资本溢价/股本溢价"可转增资本，"资本公积——其他资本公积"不可转增资本。转增时会计处理为借记"资本公积——资本溢价/股本溢价"科目，贷记"实收资本/股本"科目。A当选。

B，股东大会批准的利润分配方案中分配的股票股利，应在办理增资手续后，借记"利润分配"科目，贷记"股本"科目。B选项内容不影响资本公积。

C，股份支付中，企业应当在等待期内的每个资产负债表日，将取得职工或其他方提供的服务计入成本费用，同时确认所有者权益或负债。其中权益结算的股份支付确认所有者权益，现金结算的股份支付确认负债，具体如下：

权益结算的股份支付	按照授予日权益工具的公允价值计入成本费用和资本公积，不确认其后续公允价值变动 借：管理费用等 　　贷：资本公积——其他资本公积
现金结算的股份支付	按照每个资产负债表日权益工具的公允价值重新计量，确定成本费用和应付职工薪酬 借：管理费用等 　　贷：应付职工薪酬

注：权益结算的股份支付确认所有者权益时计入的是"资本公积——其他资本公积"科目，非"资本公积——股本溢价"科目。

D，同一控制下企业合并中取得被合并方净资产份额小于所支付对价账面价值冲减"资本公积——资本溢价/股本溢价"，不足冲减的，调整留存收益。

E，题支描述的为增资的会计处理（"公司每股净资产5元"为干扰信息），具体处理如下：

借：银行存款　　　　　　　　　　　　　　　　　　　　　　　　　800

　　贷：股本　　　　　　　　　　　　　　　　　　　　　　　　　　200

　　　　资本公积——资本溢价/股本溢价　　　　　　　　　　　　　600

说明：方便起见，会计分录中以万元为单位，实务处理应当以元为单位。

三、综合收益

从利润表项目可知，综合收益是由净利润和其他综合收益的税后净额构成的，净利润由诸

多利润表项目最终决定，此处我们重点说明其他综合收益的内容。

其他综合收益，是指企业根据会计准则规定未在当期损益中确认的各项利得和损失。包括以后会计期间不能重分类进损益的其他综合收益和以后会计期间满足规定条件时将重分类进损益的其他综合收益两类。

（一）以后会计期间不能重分类进损益的其他综合收益项目

主要包括重新计量设定受益计划净负债或净资产导致的变动，以及按照权益法核算因被投资单位重新计量设定受益计划净负债或净资产变动导致的权益变动，投资企业按持股比例计算确认的该部分其他综合收益项目。

（二）以后会计期间满足规定条件时将重分类进损益的其他综合收益项目

1. 可供出售金融资产公允价值的变动

可供出售金融资产公允价值变动形成的利得，除减值损失和外币货币性金融资产形成的汇兑差额外

借：可供出售金融资产——公允价值变动

　　贷：其他综合收益

或作相反的会计分录

2. 可供出售外币非货币性项目的汇兑差额

（1）汇兑损失

借：其他综合收益

　　贷：可供出售金融资产

（2）汇兑收益

作相反会计分录。

【注】可供出售外币货币性项目的汇兑差额应计入当期损益。

3. 金融资产的重分类

（1）将可供出售金融资产重分类为采用成本或摊余成本计量的金融资产

重分类日该项金融资产的公允价值或账面价值作为成本或摊余成本，该项金融资产没有固定到期日的，与该金融资产相关、原直接计入所有者权益的利得或损失，仍应计入"其他综合收益"科目，在该金融资产被处置时转入当期损益。

该金融资产有固定到期日的，应当在该金融资产的剩余期限内，采用实际利率法摊销，计入当期损益。

不管是否有固定到期日，若在后续计量期间，该金融资产发生减值的，原直接计入所有者权益的相关利得或损失，应当转出计入当期损益。

（2）将持有至到期投资重分类为可供出售金融资产，并以公允价值进行后续计量

借：可供出售金融资产（金融资产的公允价值）

　　持有至到期投资减值准备

　　贷：持有至到期投资

　　　　其他综合收益（差额，或借方）

产生的"其他综合收益"在该可供出售金融资产发生减值或终止确认时转入当期损益。

（3）按规定应当以公允价值计量，但以前公允价值不能可靠计量的可供出售金融资产，在其公允价值能够可靠计量时改按公允价值计量，将相关账面价值与公允价值之间的差额计入"其他综合收益"科目，在该可供出售金融资产发生减值或终止确认时转入当期损益

4. 采用权益法核算的长期股权投资

（1）被投资单位其他综合收益变动，投资方按持股比例计算应享有的份额

借：长期股权投资——其他综合收益

　　贷：其他综合收益

被投资单位其他综合收益减少作相反的会计分录

（2）处置采用权益法核算的长期股权投资时

借：其他综合收益

　　贷：投资收益（或相反会计分录）

5. 存货或自用房地产转换为投资性房地产

（1）企业将作为存货和自用的房地产转为采用公允价值模式计量的投资性房地产，其公允价值大于账面价值的

借：投资性房地产——成本（转换日的公允价值）

　　贷：开发产品等

　　　　其他综合收益（差额）

借：投资性房地产——成本（转换日的公允价值）

　　累计折旧

　　固定资产减值准备

　　贷：固定资产

　　　　其他综合收益（差额）

（2）处置该项投资性房地产时，因转换计入其他综合收益的金额应转入当期其他业务成本

借：其他综合收益

　　贷：其他业务成本

6. 现金流量套期工具产生的利得或损失中属于有效套期的部分

现金流量套期工具利得或损失中属于有效套期部分，直接确认为其他综合收益。

7. 外币财务报表折算差额

按照外币折算的要求，企业在处置境外经营的当期，将已列入合并财务报表所有者权益的外币报表折算差额中与该境外经营相关部分，自其他综合收益项目转入处置当期损益。如果是部分处置境外经营，应当按处置的比例计算处置部分的外币报表折算差额，转入处置当期损益。

【例题1·（2015 中级）】下列各项中，属于以后不能重分类进损益的其他综合收益的是（　　）。

A. 外币财务报表折算差额

B. 现金流量套期的有效部分

C. 可供出售金融资产公允价值变动损益

D. 重新计算设定收益计划净负债或净资产变动额

答案：D

解析：重新计量设定收益计划净负债或净资产的变动额计入其他综合收益，该其他综合收益将来不能转入损益。

【例题2·（1611）】根据企业会计准则的规定，下列事项中属于以后会计期间满足规定条件时将重分类进损益的其他综合收益项目的有（　　）。

A. 重新计量设定受益计划净资产导致的权益变动

B. 自用房产转换为投资性房地产

C. 外币报表折算差额

D. 现金流量套期工具产生的利得中属于有效套保的部分

E. 大股东对上市公司的债务豁免

答案：BCD

解析：该真题貌似例题1 2015年中级会计实务真题的改编，A项不选，重新计量设定收益计划净负债或净资产的变动额计入其他综合收益，该其他综合收益将来不能转入损益。

E项不选，《上市公司执行企业会计准则监管问题解答》（2009年第2期）"问题1：对于上市公司的控股股东、控股股东控制的其他关联方、上市公司的实质控制人对上市公司进行直接或间接的捐赠、债务豁免等单方面的利益输送行为，如何进行会计处理？

解答：由于交易是基于双方的特殊身份才得以发生的，且使上市公司明显地、单方面地从中获益，因此，监管中应认定为其经济实质具有资本投入性质，形成的利得应计入所有者权益。上市公司与潜在控股股东之间发生的上述交易，应比照上述原则进行监管。"

另外要注意，《上市公司2008年报工作中应注意的会计问题》："在未达业绩承诺时控股股东根据承诺补足差额的会计处理问题。

上市公司收到的由其控股股东或其他原非流通股股东根据股改承诺为补足当期利润而支付的现金，应作为权益性交易计入所有者权益。"

【例题3·（2012中级）】下列各项中，应计入其他资本公积但不属于其他综合收益的是（   ）。

A. 溢价发行股票形成的资本公积

B. 因享有联营企业其他综合收益形成的资本公积

C. 可供出售金融资产公允价值变动形成的资本公积

D. 以权益结算的股份支付在等待期内形成的资本公积

答案：D

解析：其他综合收益，是指企业根据企业会计准则规定未在损益中确认的各项利得和损失扣除所得税影响后的净额。因此，其他综合收益最终要转至损益中。溢价发行股票形成的资本公积计入"资本公积——股本溢价"科目，而不是"资本公积——其他资本公积"科目，因此A不正确；以权益结算的股份支付在等待期内形成的资本公积计入"资本公积——其他资本公积"科目，但其最终转入"资本公积——股本溢价"科目，因此不属于其他综合收益，因此本题正确答案为D。

【例题4·（1505）】以下属于或会涉及其他综合收益核算的内容的有（   ）。

A. 可供出售外币货币性项目的汇兑差额

B. 权益结算的股份支付的行权

C. 采用权益法核算的长期股权投资被投资单位除净损益、其他综合收益和利润分配以外的所有者权益的其他变动

D. 可转换公司债券发行时按权益成分的公允价值的入账

E. 可供出售金融资产的公允价值变动

答案：E

解析：A，可供出售外币货币性项目的汇兑差额应计入当期损益，可供出售外币非货币性项

目的汇兑差额方作为其他综合收益核算；B，权益结算的股份支付的行权冲减"资本公积——其他资本公积"，不属于其他综合收益核算的内容；C，借：长期股权投资——其他权益变动　贷：资本公积——其他资本公积；D，应计入"其他权益工具"科目。

【例题5·（1509）】 以下属于其他综合收益核算的内容的有（　　）。

A. 可供出售外币货币性项目的汇兑差额

B. 权益结算的股份支付的行权

C. 企业将作为存货和自用的房地产转为采用公允价值模式计量的投资性房地产，其账面价值大于公允价值的

D. 现金流量套期工具利得或损失中属于无效套期部分

E. 可供出售金融资产的公允价值下降

答案：E

解析：A，可供出售外币货币性项目的汇兑差额应计入当期损益，可供出售外币非货币性项目的汇兑差额方作为其他综合收益核算；B，权益结算的股份支付的行权冲减"资本公积——其他资本公积"，不属于其他综合收益核算的内容；C，账面价值大于公允价值的，计入"公允价值变动损益"；D，有效套期部分属于，无效套期不属于。

【例题6·（1511）】 某工业企业发生下列事项，应该在其他综合收益中核算的有（　　）。

A. 持有的可供出售金融资产公允价值下跌500万元，为正常公允价值变动，未发生减值

B. 持有的可供出售外币货币性资产由于汇率变化形成的汇兑差额200万元

C. 持有60%的子公司由于重新计量设定收益计划净资产增加50万元

D. 将自用的一栋房屋出售，该房屋公允价值高于账面价值30万元，该公司以成本法计量投资性房地产

E. 合并财务报表时，境外子公司会计报表折算产生差额20万元

答案：AE

解析：B，应当计入财务费用，可供出售的非货币资产由于汇率变化形成的汇兑差额计入其他综合收益；C，子公司所有者权益变动，投资方不作账务处理；D，成本模式下不涉及公允价值变动的处理。A项和E项正确。

【例题7·（模拟）】 以下属于其他综合收益核算的内容的有（　　）。

A. 现金流量套期工具利得或损失中属于无效套期部分

B. 外币财务报表折算差额

C. 将可供出售金融资产重分类为采用成本或摊余成本计量的金融资产，重分类日该项金融资产没有固定到期日，与该金融资产相关、原直接计入所有者权益的利得或损失

D. 将可供出售金融资产重分类为采用成本或摊余成本计量的金融资产，重分类日该项金融资产有固定到期日的，与该金融资产相关、原直接计入所有者权益的利得或损失

E. 将持有至到期投资重分类为可供出售金融资产，并以公允价值进行后续计量，持有至到期投资账面价值与公允价值之间的差额

答案：BCDE

解析：A，有效套期部分属于其他综合收益核算的内容。

C、D，将可供出售金融资产重分类为采用成本或摊余成本计量的金融资产，重分类日该项金融资产的公允价值或账面价值作为成本或摊余成本，该项金融资产没有固定到期日的，与该金融资产相关、原直接计入所有者权益的利得或损失，仍应计入"其他综合收益"科目，在该

金融资产被处置时转入当期损益。该金融资产有固定到期日的，应当在该金融资产的剩余期限内，采用实际利率法摊销，计入当期损益。

没有到期日的，应当是把"其他综合收益"逐期摊销入损益，并非一次性计入损益。

【例题8·（2013CPA）】 企业发生的下列交易或事项中，不会引起当期资本公积（资本溢价）发生变动的是（　　）。

A. 以资本公积转增股本

B. 根据董事会决议，每2股缩为1股

C. 授予员工股票期权在等待期内确认相关费用

D. 同一控制下企业合并中取得被合并方净资产份额小于所支付对价账面价值

答案：C

解析：选项C，股份支付在等待期内借记相关费用，同时贷方计入"资本公积——其他资本公积"科目。

【例题9·（2012CPA）】 下列各项中，在相关资产处置时不应转入当期损益的是（　　）。

A. 可供出售金融资产因公允价值变动计入其他综合收益的部分

B. 权益法核算的股权投资因享有联营企业其他综合收益计入其他综合收益的部分

C. 同一控制下企业合并中股权投资入账价值与支付对价差额计入资本公积的部分

D. 自用房地产转为以公允价值计量的投资性房地产在转换日计入其他综合收益的部分

答案：C

解析：同一控制下企业合并中确认长期股权投资时形成的资本公积属于资本溢价或股本溢价，处置时不能转入当期损益。

【例题10·（2015CPA）】 下列项目中，会产生直接计入所有者权益的利得或损失的有（　　）。

A. 现金流量套期工具产生的利得或损失中属于有效套期工具的部分

B. 因联营企业增资导致持股比例下降但仍具有重大影响，投资方享有被投资单位增资后净资产份额的增加额

C. 作为可供出售类别核算的外币非货币性项目所产生的汇兑差额

D. 以权益结算的股份支付在等待期内计算确认所有者权益的金额

答案：AC

解析：选项B，计入资本公积——其他资本公积；选项D，计入资本公积——其他资本公积。

四、盈余公积

（一）盈余公积核算的范围

1. 法定盈余公积

法定盈余公积，是指企业按照规定的比例从净利润中提取的盈余公积。在计算提取法定盈余公积的基数时，不应包括企业年初未分配利润；公司的法定公积金不足以弥补以前年度亏损的，在提取法定公积金之前，应当先用当年利润弥补亏损。

2. 任意盈余公积

任意盈余公积，是指企业按照股东会或股东大会决议提取的盈余公积。企业提取的盈余公积可用于弥补亏损、扩大生产经营、转增资本或派送新股等。

（二）盈余公积的会计处理

1. 提取盈余公积

借：利润分配——提取法定盈余公积

　　　　　　——提取任意盈余公积

　贷：盈余公积——法定盈余公积

　　　　　　——任意盈余公积

外商投资企业按净利润的一定比例提取的储备基金、企业发展基金，也作为盈余公积核算。但其提取的职工奖励及福利基金，则作为应付职工薪酬核算。

外商投资企业按规定提取储备基金、企业发展基金时

借：利润分配——提取储备基金

　　　　　　——提取企业发展基金

　贷：盈余公积——储备基金

　　　　　　——企业发展基金

外商投资企业按规定提取职工奖励及福利基金时

借：利润分配——提取职工奖励及福利基金

　贷：应付职工薪酬

【总结】一般情况下提取盈余公积不影响所有者权益总额，但外商投资企业提取职工奖励及福利基金除外。（增加负债，减少所有者权益）

2. 盈余公积弥补亏损

借：盈余公积

　贷：利润分配——盈余公积补亏

3. 盈余公积转增资本

借：盈余公积

　贷：实收资本（或股本）

4. 用盈余公积派送新股

借：盈余公积

　贷：股本

五、利润分配

企业所有者权益除前文所说的实收资本（或股本）、资本公积、盈余公积外，还包括未分配利润，以下对未分配利润及弥补亏损的会计处理进行说明。

（一）分配股利或利润的会计处理

1. 经股东大会或类似机构决议，分配现金股利或利润（注：董事会决议分配股利只在附注中说明，不作会计处理）

借：利润分配——应付现金股利或利润

　贷：应付股利

2. 经股东大会或类似机构决议，分配股票股利（应在办理增资手续后作账务处理）

借：利润分配——转作股本的股利

　贷：股本

（二）期末结转的会计处理（略）

（三）弥补亏损的会计处理

企业以当年实现的利润弥补以前年度亏损时，不需要进行专门的会计处理。企业应将当年实现的利润自"本年利润"科目转入"利润分配——未分配利润"科目的贷方，其贷方发生额与"利润分配——未分配利润"的借方余额自然抵补。无论是以税前利润还是以税后利润弥补亏损，其会计处理方法均相同，且均不需作专门的会计处理。

【例题1·（2008）】 下列各项中，会引起所有者权益变动的是（　　　）。

A. 用盈余公积弥补亏损　　　　　　　　B. 股东大会宣告现金股利分配方案

C. 分配股票股利　　　　　　　　　　　D. 资本公积转增股本

答案：B

解析：注意现金股利和股票股利的区别

项目	股东（大）会或类似机构形成决议宣告分配时	实际发放/办理增值手续后
现金股利	借：利润分配　贷：应付股利	借：应付股利　贷：货币资金
股票股利	不作会计处理（待增值手续完成后再行处理）	借：利润分配　贷：股本

【例题2·（2011）】 以下事项会引起财务报表负债和所有者权益同时变动的情形有（　　　）。

A. 资本公积转增股本　　　　　　　　　B. 宣告分配现金股利

C. 分配股票股利　　　　　　　　　　　D. 可转债转为股份

E. 发放现金股利

答案：BD

解析：A、C，所有者权益内部调整，不引起所有者权益总额变动，不涉及负债问题；B，宣告分配现金股利，负债增加，所有者权益减少；E，实际分配现金股利时，"借：应付股利　贷：货币资金"，所有者权益不变；D，可转债转为股份，"借：应付债券　贷：股本　资本公积"，负债减少，所有者权益增加。

【例题3·（1406）】 下列交易可能引起所有者权益总额发生变动的有（　　　）。

A. 收到非控股股东作为股改对价的捐赠

B. 按照 IPO 时的承诺，控股股东无偿为上市公司承担以前年度的税收罚金

C. 可供出售外币非货币性项目事项汇兑收益

D. 注销回购的普通股库存股

答案：ABC

解析：C，可供出售外币非货币性项目事项汇兑收益计入"其他综合收益"；D，注销时为所有者权益内部变化。

【例题4·模拟】 下列各项，能够引起所有者权益总额变化的是（　　　）。

A. 以资本公积转增资本　　　　　　　　B. 增发新股

C. 向股东支付已宣告分派的现金股利　　D. 以盈余公积弥补亏损

E. 提取盈余公积　　　　　　　　　　　F. 外商投资企业提取职工奖励基金

G. 以当年实现税前利润弥补以前年度亏损　　H. 以当年实现税后利润弥补以前年度亏损

答案：BF

解析：股份有限公司增发新股能够引起所有者权益总额变化，外商投资企业提取职工奖励基金"借：利润分配　贷：应付职工薪酬"。以利润弥补亏损，不管是税前利润还是税后利润均不作账务处理，只是在计算缴纳所得税时有区别。

第十一节 收入、费用和利润

【大纲要求】

内容	程度	变化
1. 收入的定义和分类	掌握	原有
2. 各类收入的确认条件和计量方法	掌握	原有
3. 成本和费用的概念及核算内容	掌握	原有
4. 营业外收支的核算内容	掌握	原有
5. 利润的构成	掌握	调整

说明："5. 利润的构成"大纲并未要求，但历年曾多次考到过本考点，因此调整增加处理，同样要求掌握。

【内容精讲】

一、收入的定义及其分类

（一）收入的定义

收入，是指企业在日常活动中形成的、会导致所有者权益增加的、与所有者投入资本无关的经济利益的总流入。

【例题1·（模拟）】下列各项中，符合收入会计要素定义，可以确认为收入的是（　　　　）。

A. 出售无形资产的净收益　　　　　　　　B. 出售固定资产的净收益

C. 投资性房地产取得的租金收入　　　　　D. 出售长期股权投资的净收益

答案：C

解析：投资性房地产取得的租金收入属于日常活动，符合收入会计要素定义。

（二）收入的分类

分类标准	具体分类	举例
按照企业从事日常活动的性质	（1）销售商品收入 （2）提供劳务收入 （3）让渡资产使用权收入 （4）建造合同收入等	（1）如工业企业制造并销售产品，商业企业销售商品 （2）如咨询公司提供咨询服务，软件开发企业为客户开发软件，安装公司提供安装服务等实现的收入 （3）如租赁公司出租资产，商业银行对外贷款等 （4）企业承担建造合同所形成的收入
按照企业从事日常活动在企业的重要性	（1）主营业务收入 （2）其他业务收入	（1）如工业企业制造并销售产品，商业企业销售商品等 （2）如工业企业对外销售不需要的原材料，对外转让无形资产使用权等

二、收入的确认条件和计量方法

（一）销售商品收入

1. 销售商品收入的确认条件

销售商品收入只有同时满足以下条件时，才能加以确认：

（1）企业已将商品所有权上的主要风险和报酬转移给购货方

交易事项	风险报酬是否转移	事项举例	是否确认收入
转移商品所有权凭证并交付实物后	通常情况下风险和报酬随之转移	大多数零售商品	是
转移商品所有权凭证或交付实物后	某些情况下主要风险和报酬随之转移	交款提货方式销售商品	是
	某些情况下主要风险和报酬并未随之转移	（1）企业销售的商品在质量、品种、规格等方面不符合合同或协议的要求，又未根据正常的保证条款予以弥补，因而仍负有责任	否
		（2）采用支付手续费方式委托代销商品	否
		（3）企业尚未完成售出商品的安装或检验工作，且安装或检验工作是销售合同或协议的重要组成部分	否
		（4）销售合同或协议中规定了买方由于特定原因有权退货的条款，且企业又不能确定退货的可能性	否

注：①通常情况下，已经交款，尚未提货，应确认收入。如甲公司销售一批商品给乙公司。乙公司已根据甲公司开出的发票账单支付了货款，取得了提货单，但甲公司尚未将商品移交乙公司。甲公司应确认收入。

②质量纠纷，未达成一致意见，不应确认收入。如甲公司向乙公司销售一批商品，商品已经发出，乙公司已经预付部分货款，剩余货款由乙公司开出一张商业承兑汇票，销售发票账单已交付乙公司。乙公司收到商品后，发现商品质量没有达到合同约定的要求，立即根据合同有关条款与甲公司交涉，要求在价格上给予一定折让，否则要求退货。双方没有就此达成一致意见，甲公司也未采取任何补救措施。甲公司不应确认收入。

③必须安装，尚未安装，不应确认收入。如甲公司向乙公司销售一部电梯，电梯已经运抵乙公司，发票账单已经交付，同时收到部分货款。合同约定，甲公司应负责该电梯的安装工作，在安装工作结束并经乙公司验收合格后，乙公司应立即支付剩余货款。甲公司不应确认收入。

在需要安装或检验的销售中，如果安装程序比较简单或检验是为了最终确定合同或协议价格而必须进行的程序，企业可以在发出商品时确认收入。

④买方有权退货，企业不能确定退货可能性，不应确认收入。如甲公司为推销一种新产品，承诺凡购买新产品的客户均有一个月的试用期，在试用期内如果对产品使用效果不满意的，甲公司无条件给予退货。该种新产品已交付买方，货款已收讫。甲公司不应确认收入。

（2）企业既没有保留通常与所有权相联系的继续管理权，也没有对已售出的商品实施有效控制

如果商品售出后，企业仍对商品可以实施有效控制（如具有融资性质的售后回购），则说明销售不能成立，企业不应确认销售商品收入。

但如果企业仅保留与所有权无关的继续管理权（如房地产公司销售商品房时保留的物业管理权），不影响收入的确认。如甲公司属于房地产开发商。甲公司将住宅小区销售给业主后，接受业主委托代售住宅小区商品房并管理住宅小区物业。甲公司应确认收入。再如乙公司属于软件开发公司。乙公司销售某成套软件给客户后，接受客户委托对该成套软件进行日常有偿维护

管理。乙公司应确认收入。（例子要记住）

（3）收入的金额能够可靠计量

（4）相关的经济利益很可能流入企业

（5）相关的已发生或将发生的成本能够可靠计量

根据收入和费用配比原则，与同一项销售有关的收入和成本应在同一会计期间予以确认。成本不能可靠计量，相关的收入也不能确认，如已收到价款，收到的价款应确认为一项负债。

例如，甲公司与乙公司签订协议，约定甲公司生产并向乙公司销售一台大型设备。限于自身生产能力不足，甲公司委托丙公司生产该大型设备的一个主要部件。甲公司与丙公司签订的协议约定，丙公司生产该主要部件发生的成本经甲公司认定后，其金额的110%即为甲公司应支付给丙公司的款项。假定甲公司本身负责的部件生产任务和丙公司负责的部件生产任务均已完成，并由甲公司组装后运抵乙公司，乙公司验收合格后及时支付了货款。但是，丙公司尚未将由其负责的部件相关的成本资料交付甲公司认定，甲公司不应确认收入。

2. 销售商品收入的会计处理

销售方式	会计处理	
通常情况下销售商品收入	（1）借：应收账款等 　　　贷：主营业务收入 　　　　　应交税费——应交增值税（销项税额） （2）借：主营业务成本 　　　存货跌价准备 　　　贷：库存商品	
托收承付方式销售商品	企业通常应在发出商品且办妥托收手续时确认收入	
销售商品涉及现金折扣、商业折扣、销售折让的处理	（1）现金折扣	①销售商品时按不扣除现金折扣的金额确认收入 ②现金折扣在实际发生时计入当期损益（财务费用）
	（2）商业折扣	按照扣除商业折扣后的金额确定销售商品收入金额
	（3）销售折让	①已经确认销售商品收入的，在发生时冲减当期的销售商品收入 ②属于资产负债表日后事项的，按照资产负债表日后事项的相关规定进行处理
销售退回的处理	（1）未确认收入的销售退回	借：库存商品 　　贷：发出商品
	（2）已确认收入的销售退回	①应当在发生时冲减当期销售商品收入、销售成本等 ②属于资产负债表日后事项的，按照资产负债表日后事项的相关规定进行处理
特殊销售商品业务的处理	见附表"特殊销售商品业务的处理"	

附表：特殊销售商品业务的处理

销售方式		收入确认与计量	
（1）代销商品	①视同买断方式	A. 受托方在取得代销商品后，无论是否能够卖出、是否获利，均与委托方无关	委托方发出商品，符合收入确认条件时确认收入
		B. 受托方没有将商品售出时可以将商品退回给委托方，或受托方因代销商品出现亏损时可以要求委托方补偿	委托方收到代销清单时，确认销售收入
	②收取手续费方式	委托方收到代销清单时，确认收入	
（2）预收款销售方式		发出商品时确认收入，在此之前预收的货款应确认为负债	
（3）具有融资性质的分期收款销售商品		①应当按照应收的合同或协议价款的公允价值确定收入金额 ②应收的合同或协议价款与其公允价值之间的差额，应当在合同或协议期间内，按照应收款项的摊余成本和实际利率计算确定的金额进行摊销，作为财务费用的抵减处理	
（4）附有销售退回条件的商品销售	①根据以往经验能够合理估计退货可能性的	应在发出商品时确认收入，并在期末确认与退货相关的负债	
	②不能够合理估计退货可能性的	应在售出商品退货期满时确认收入	
（5）售后回购	①属于融资交易（回购价格固定或等于原售价加合理回报）	A. 不确认收入，收到的款项确认为负债 B. 回购价格大于原售价的差额，在回购期间按期计提利息，计入财务费用	
	②有确凿证据表明满足收入条件	按售价确认收入	
（6）售后租回		参见《企业会计准则第 21 号——租赁》相关内容①	
（7）以旧换新销售		销售的商品按照销售商品收入确认条件确认收入，回收的商品作为购进商品处理	

注：①《企业会计准则第 21 号——租赁》中关于售后租回会计处理见下表：

售后租回交易形成融资租赁			售价与账面价值的差额应计入递延收益，并按该项租赁资产的折旧进度进行分摊，作为折旧费用的调整	
售后租回交易形成经营租赁	交易按照公允价值达成		售价与账面价值的差额应当计入当期损益	
	交易不是按照公允价值达成	售价低于公允价值（损失）	售价＞账面价值	应确认利润
			售价＜账面价值（损失）	损失不能得到补偿，确认损失
				损失能够得到补偿，确认递延收益，以后摊销
		售价高于公允价值	其高出公允价值的部分应予递延，并在预计的使用期限内摊销，公允价值与账面价值的差额计入当期损益	

【例题1·（2016年CPA教材例11-1）】 现金折扣：甲公司在20×7年7月1日向乙公司销售一批商品，开出的增值税专用发票上注明的销售价款为20 000元，增值税税额为3 400元。为尽早收回货款，甲公司和乙公司约定的现金折扣条件为：2/10，1/20，n/30。假定计算现金折扣时不考虑增值税税额。甲公司的账务处理如下：

（1）7月1日销售实现时，按销售总价确认收入

借：应收账款　　　　　　　　　　　　　　　　　　　　　　23 400

　　贷：主营业务收入　　　　　　　　　　　　　　　　　　20 000

　　　　应交税费——应交增值税（销项税额）　　　　　　　3 400

（2）如果乙公司在7月9日付清货款，则按销售总价20 000元的2%享受现金折扣400（20 000×2%）元，实际付款23 000（23 400-400）元

借：银行存款　　　　　　　　　　　　　　　　　　　　　　23 000

　　财务费用　　　　　　　　　　　　　　　　　　　　　　400

　　　　贷：应收账款　　　　　　　　　　　　　　　　　　23 400

（3）如果乙公司在7月18日付清货款，则按销售总价20 000元的1%享受现金折扣200（20 000×1%）元，实际付款23 200（23 400-200）元

借：银行存款　　　　　　　　　　　　　　　　　　　　　　23 200

　　财务费用　　　　　　　　　　　　　　　　　　　　　　200

　　　　贷：应收账款　　　　　　　　　　　　　　　　　　23 400

（4）如果乙公司在7月底才付清货款，则按全额付款

借：银行存款　　　　　　　　　　　　　　　　　　　　　　23 400

　　　　贷：应收账款　　　　　　　　　　　　　　　　　　23 400

【例题2·（2014CPA）】 20×4年3月1日，甲公司向乙公司销售商品5 000件，每件售价为20元（不含增值税），甲、乙公司均为增值税一般纳税人，适用的增值税税率均为17%。甲公司向乙公司销售商品给予10%的商业折扣，提供的现金折扣条件为2/10、1/20、n/30，并代垫运杂费1 000元。乙公司于20×4年3月15日付款。不考虑其他因素，甲公司在该项交易中应确认的收入是（　　　）。

A. 90 000元　　　　　　B. 99 000元　　　　　C. 100 000元　　　　　D. 101 000元

答案：A

解析：甲公司在该项交易中应确认的收入=5 000×20×（1-10%）=90 000（元），现金折扣在实际发生时计入当期损益（财务费用），不影响收入金额。

【例题3·（2016年CPA教材例11-2）】 销售折让：甲公司向乙公司销售一批商品，开出的增值税专用发票上注明的销售价款为800 000元，增值税税额为136 000元。乙公司在验收过程中发现商品质量不合格，要求在价格上给予5%的折让。假定甲公司已确认销售收入，款项尚未收到，已取得税务机关开具的红字增值税专用发票。甲公司的账务处理如下：

（1）销售实现时

借：应收账款　　　　　　　　　　　　　　　　　　　　　　936 000

　　贷：主营业务收入　　　　　　　　　　　　　　　　　　800 000

　　　　应交税费——应交增值税（销项税额）　　　　　　　136 000

（2）发生销售折让时

借：主营业务收入　　　　　　　　　　　　　　　　　　　　40 000

应交税费——应交增值税（销项税额）	6 800
贷：应收账款	46 800

（3）实际收到款项时

借：银行存款	889 200
贷：应收账款	889 200

【例题 4·（2015CPA）】 甲公司为增值税一般纳税人，适用的增值税税率为 17%，20×4 年 11 月 20 日，甲公司向乙公司销售一批商品，增值税专用发票注明的销售价款为 200 万元，增值税税额为 34 万元，当日，商品运抵乙公司，乙公司在验收过程中发现有瑕疵，经与甲公司协商，甲公司同意公允价值上给予 3% 的折让。为尽早收回货款，甲公司和乙公司约定的现金折扣条件为：2/10，1/20，n/30。乙公司于 20×4 年 12 月 8 日支付了扣除销售折让和现金折扣的货款，不考虑其他因素，甲公司应当确认的商品销售收入是（　　）。

A. 190.12 万元　　　B. 200 万元　　　C. 190.06 万元　　　D. 194 万元

答案：D

解析：甲公司应当按照考虑销售折让后的金额确认收入，因此商品销售收入 = 200 × （1 － 3%） = 194 （万元）。

【例题 5·（2016 年 CPA 教材例 11－3）】 销售退回：甲公司在 20×7 年 12 月 18 日向乙公司销售一批商品，开出的增值税专用发票上注明的销售价款为 50 000 元，增值税税额为 8 500 元。该批商品成本为 26 000 元。为尽早收回货款，甲公司和乙公司约定的现金折扣条件为：2/10，1/20，n/30。乙公司在 20×7 年 12 月 27 日支付货款。20×8 年 4 月 5 日，该批商品因质量问题被乙公司退回，甲公司当日支付有关款项。假定计算现金折扣时不考虑增值税，假定销售退回不属于资产负债表日后事项。甲公司的账务处理如下：

（1）20×7 年 12 月 18 日销售实现时，按销售总价确认收入时

借：应收账款	58 500
贷：主营业务收入	50 000
应交税费——应交增值税（销项税额）	8 500
借：主营业务成本	26 000
贷：库存商品	26 000

（2）在 20×7 年 12 月 27 日收到货款时，按销售总价 50 000 元的 2% 享受现金折扣 1 000 （50 000×2%）元，实际收款 57 500 （58 500 － 1 000）元

借：银行存款	57 500
财务费用	1 000
贷：应收账款	58 500

（3）20×8 年 4 月 5 日发生销售退回时

借：主营业务收入	50 000
应交税费——应交增值税（销项税额）	8 500
贷：银行存款	57 500
财务费用	1 000
借：库存商品	26 000
贷：主营业务成本	26 000

【例题6·（2016年CPA教材例11-8）】售后回购：20×7年5月1日，甲公司向乙公司销售一批商品，开出的增值税专用发票上注明的销售价款为100万元，增值税税额为17万元。该批商品成本为80万元；商品并未发出，款项已经收到。协议约定，甲公司应于9月30日将所售商品购回，回购价为110万元（不含增值税额）。

甲公司的账务处理如下：

①5月1日销售商品开出增值税专用发票时

借：银行存款　　　　　　　　　　　　　　　　　　　　　　　　　1 170 000

　　贷：其他应付款　　　　　　　　　　　　　　　　　　　　　　1 000 000

　　　　应交税费——应交增值税（销项税额）　　　　　　　　　　　170 000

②回购价大于原售价的差额，应在回购期间按期计提利息费用，计入当期财务费用。由于回购期间为5个月，货币时间价值影响不大，采用直线法计提利息费用，每月计提利息费用为2万元（10÷5）

借：财务费用　　　　　　　　　　　　　　　　　　　　　　　　　　20 000

　　贷：其他应付款　　　　　　　　　　　　　　　　　　　　　　　　20 000

以后各期（略）。

【例题7·（2012）】下列关于收入的说法正确的是（　　　　）。

A. 甲公司2012年6月1日销售一批商品给乙公司，开出的增值税专用发票上注明的价款为20 000元，与乙公司约定的现金折扣条件为2/10、1/30、n/45，假定乙公司当年6月10日前付款的可能性为10%，6月10日后7月1日前付款的可能性为60%，7月1日后付款的可能性为30%，则甲公司6月1日应确认收入19 800元

B. 甲公司为促进商品销售，某商品标价1 000元，现准备给予客户20%的价格折扣，则该公司应确认1 000元收入，同时确认200元销售费用

C. 甲公司2011年8月销售一批商品给乙公司，销售价款为10 000元，商品已运抵乙公司，款项也已收到，2011年9月，因商品质量问题乙公司与甲公司交涉，甲公司给予乙公司20%的折让，则甲公司应冲减9月收入2 000元

D. 甲公司2011年12月销售一批商品给乙公司，销售价款为10 000元，商品已运抵乙公司，款项也已收到，2012年1月，因商品质量问题乙公司与甲公司交涉，甲公司给予乙公司20%的折让，截至2012年1月31日甲公司财务报表尚未批准报出，则甲公司应冲减2012年1月收入2 000元

答案：C

解析：A，现金折扣应先按总价法全额确认销售收入，现金折扣实际发生时计入财务费用；B，商业折扣应按照扣除商业折扣后的金额确定销售收入；C、D，销售折让，已经确认销售商品收入的，在发生时冲减当期的销售商品收入；属于资产负债表日后事项的，按照资产负债表日后事项的相关规定进行处理。

【例题8·（2011）】以下关于收入确认的说法正确的是（　　　　）。

A. 2010年12月1日，A公司向B公司销售商品5 000万元，已交货并开具发票，2010年12月25日，B公司因质量问题要求退货，双方未达成一致意见，A公司2010年确认上述收入5 000万元

B. 甲公司以视同买断方式委托乙公司销售商品100件，协议价为200元每件，成本为120元每件，代销协议约定，将来乙公司没有将商品售出时可以将商品退回给甲公司。这批商品已

经发出，货款尚未收到，则甲公司在发出商品时应确认收入 20 000 元

C. 甲公司向乙公司销售一部电梯，电梯已经运抵乙公司，发票账单已经交付，同时收到部分货款。合同约定，甲公司应负责该电梯的安装工作，在安装工作结束并经乙公司验收合格后，乙公司应立即支付剩余货款。电梯尚未安装，甲公司确认收入

D. 2010 年 11 月 30 日甲公司向乙公司销售一批商品，开出的增值税专用发票上注明的销售价款为 100 万元，增值税税额为 17 万元。该批商品成本为 80 万元；商品并未发出，款项已经收到。协议约定，甲公司应于 9 月 30 日将所售商品购回，回购价为 110 万元，甲公司 2011 年 11 月 30 日确认收入 100 万元

E. 甲公司属于软件开发公司，2011 年 6 月 1 日甲公司以 1 000 万元销售某成套软件给乙公司，软件已销售，款项已收到。同时，甲公司接受乙公司委托对该成套软件进行日常有偿维护管理，维护管理协议约定自 2011 年 6 月 1 日至 2014 年 5 月 31 日。甲公司 2011 年 6 月 1 日确认收入 1 000 万元

答案：E

解析：A，产品质量纠纷，未达成一致意见，不应确认收入；B，视同买断方式代销商品，若协议约定受托方没有将商品售出时可以将商品退回给委托方，或受托方因代销商品出现亏损时可以要求委托方补偿，则委托方收到代销清单时方可确认销售收入；C，企业尚未完成售出商品的安装或检验工作，且安装或检验工作是销售合同或协议的重要组成部分，不应确认收入；D，售后回购，回购价大于销售价，具有融资性质，不确认收入，收到的款项确认为负债。

【例题 9 · （2011）】 下列关于收入的说法正确的是（ ）。

A. 企业甲 2011 年 9 月 1 日出售一批货物给乙公司，货物作价 300 万元，约定 6 个月后即 2012 年 3 月 1 日以 315 万元回购货物，企业 2011 年末确认财务费用 10 万元

B. 企业甲 2011 年 9 月 1 日出售一批货物给乙公司，货物作价 300 万元，约定 6 个月后即 2012 年 3 月 1 日以 315 万元回购货物，企业 2011 年末确认销售收入 300 万元

C. 企业 2011 年 9 月销售一批按摩椅，销售价格为 250 万元，购货方 6 个月后享有退货权，按照企业的历史经验，该笔货物的退货概率为 20%，企业 2011 年确认收入 200 万元

D. 企业分期收款销售商品，2011 年 1 月 1 日销售总价款为 2 000 万元，分 5 分年付清，其后每年 1 月 1 日等额付款，该笔货物市场销售价格为 1 600 万元，成本为 1 500 万元，企业 2011 年确认收入 1 600 万元，财务费用 400 万元

答案：AC

解析：B，售后回购具有融资性质的，不应确认收入，收到的款项应确认为一项负债；D，分期收款销售商品，合同价款与公允价值的差额 400 万元，先确认为"未确认融资收益"，然后按照摊余成本与实际利率计算确定的金额在 5 年内进行摊销，作为财务费用的抵减项。

（二）提供劳务收入

1. 一般劳务收入的确认和计量（确认条件及计量方法）

一般劳务情形	确认及计量方法及会计处理
提供劳务的交易结果能够可靠估计	应当采用完工百分比法确认收入

一般劳务情形	确认及计量方法及会计处理		
提供劳务的交易结果不能可靠估计	不能采用完工百分比法确认收入	①已发生的劳务成本预计能够得到补偿的（部分或全部）	按照已经发生的劳务成本金额确认提供劳务收入，并按相同金额结转成本
		②已发生的劳务成本预计全部不能得到补偿的	应将已发生的劳务成本计入当期损益，不确认收入
同时销售商品和提供劳务交易	①销售商品部分和提供劳务部分能够区分且能够单独计量的		应当分别核算销售商品部分和提供劳务部分，将销售商品的部分作为销售商品处理，将提供劳务的部分作为提供劳务处理
	②不能够区分或虽能区分但不能够单独计量的		应当将销售商品部分和提供劳务部分全部作为销售商品部分进行会计处理

【附】（1）提供劳务的交易结果能够可靠估计的条件

提供劳务的交易结果能否可靠估计，依据以下条件进行判断。如同时满足下列条件，则表明提供劳务交易的结果能够可靠估计：

①收入的金额能够可靠计量。

②相关的经济利益很可能流入企业。

③交易的完工进度能够可靠确定。

企业确定提供劳务交易的完成进度，通常可以选用下列方法：已完工作的测量、已经提供的劳务占应提供劳务总量的比例以及已经发生的成本占估计总成本的比例。

④交易中已发生和将要发生的成本能够可靠计量。

不能同时满足上述四个条件时，企业不能采用完工百分比法确认提供劳务收入。

（2）完工百分比法的具体应用

企业应当按照从接受劳务方已收或应收的合同或协议价款确定提供劳务收入总额，但已收或应收的合同或协议价款不公允的除外。

在采用完工百分比法确认收入时，收入和相关成本应按以下公式计算：

本期确认的收入 = 提供劳务收入总额 × 完工进度 − 以前会计期间累计已确认提供劳务收入

本期确认的成本 = 提供劳务预计成本总额 × 完工进度 − 以前会计期间累计已确认提供劳务成本

【例题1·（2016年CPA教材例11−9）】完工百分比法的具体应用：A公司于20×7年12月1日接受一项设备安装任务，安装期为3个月，合同总收入600 000元，至年底已预收安装费440 000元，实际发生安装费用280 000元（假定均为安装人员薪酬），估计还会发生120 000元。假定甲公司按实际发生的成本占估计总成本的比例确定劳务的完工进度。

甲公司的账务处理如下：

（1）计算

实际发生的成本占估计总成本的比例 = 280 000 ÷（280 000 + 120 000）= 70%

20×7年12月31日确认的提供劳务收入 = 600 000 × 70% − 0 = 420 000（元）

20×7年12月31日结转的提供劳务成本 =（280 000 + 120 000）× 70% − 0 = 280 000（元）

（2）账务处理

①实际发生劳务成本时

借：劳务成本 280 000

　　贷：应付职工薪酬 280 000

②预收劳务款时

借：银行存款 440 000

　　贷：预收账款 440 000

③20×7年12月31日确认提供劳务收入并结转劳务成本时

借：预收账款 420 000

　　贷：主营业务收入 420 000

借：主营业务成本 280 000

　　贷：劳务成本 280 000

【例题 2·（2016 年 CPA 教材例 11−10）】 同时销售商品和提供劳务交易：甲公司与乙公司签订合同，向乙公司销售一部电梯并负责安装。甲公司开出的增值税专用发票上注明的价款合计为 1 000 000 元，其中电梯销售价格为 980 000 元，安装费为 20 000 元，增值税税额为 170 000 元。电梯的成本为 560 000 元；电梯安装过程中发生安装费 12 000 元，均为安装人员薪酬。假定电梯已经安装完成并经验收合格，款项尚未收到；安装工作是销售合同的重要组成部分。

甲公司的账务处理如下：

（1）电梯发出时

借：发出商品 560 000

　　贷：库存商品 560 000

（2）实际发生安装费用 12 000 元时

借：劳务成本 12 000

　　贷：应付职工薪酬 12 000

（3）电梯销售实现确认收入 980 000 元并结转电梯成本 560 000 元时

借：应收账款 1 150 000

　　贷：主营业务收入 980 000

　　　　应交税费——应交增值税（销项税额） 170 000

借：主营业务成本 560 000

　　贷：发出商品 560 000

（4）确认安装费收入 20 000 元并结转安装成本 12 000 元时

借：应收账款 20 000

　　贷：主营业务收入 20 000

借：主营业务成本 12 000

　　贷：劳务成本 12 000

【2016 年 CPA 教材例 11−11】 沿用【教材例 11−10】的资料。同时假定电梯销售价格和安装费用无法区分。

甲公司的账务处理如下：

（1）电梯发出时

| 借：发出商品 | 560 000 |
| 　　贷：库存商品 | 560 000 |

（2）发生安装费用 12 000 元时

| 借：劳务成本 | 12 000 |
| 　　贷：应付职工薪酬 | 12 000 |

（3）销售实现确认收入 1 000 000 元并结转成本 572 000 元时

借：应收账款	1 170 000
贷：主营业务收入	1 000 000
应交税费——应交增值税（销项税额）	170 000
借：主营业务成本	572 000
贷：发出商品	560 000
劳务成本	12 000

【例题 3·（2011）】 甲公司向乙公司销售设备并提供安装服务。安装的设备价款为 500 万元，安装简单易行，安装服务费为 5000 元。截至年底，客户已经验货并开具销售发票，安装工作已完成 90%。则甲公司应确认的收入为（　　）。

A. 确认商品销售收入 500 万元，确认劳务收入 5 000 元

B. 确认商品销售收入 500 万元，确认劳务收入 4 500 元

C. 确认商品销售收入 450 万元，确认劳务收入 5 000 元

D. 确认商品销售收入 450 万元，确认劳务收入 4 500 元

答案：B

解析：销售商品部分和提供劳务部分能够区分且能够单独计量的，应当分别核算销售商品部分和提供劳务部分，将销售商品的部分作为销售商品处理，将提供劳务的部分作为提供劳务处理；对于安装费，安装工作不是商品销售附带条件的，在资产负债表日根据安装的完工进度确认收入。

【例题 4·（1505）】 甲公司于 2014 年 11 月接受一项产品安装任务，提供劳务的交易结果能够可靠计量，预计安装期 14 个月，合同总收入 200 万元，合同预计总成本为 158 万元。至 2015 年底已预收款项 160 万元，余款在安装完成时收回，至 2015 年 12 月 31 日实际发生成本 152 万元，预计还将发生成本 8 万元。2014 年已确认收入 80 万元，则以下说法正确的是（　　）。

A. 甲公司 2015 年应确认收入为 190 万元

B. 甲公司 2015 年应确认收入为 110 万元

C. 甲公司 2015 年应确认收入为 78 万元

D. 甲公司应采用完工百分比法确认提供劳务收入

答案：BD

解析：此题为 2009 年原题再现，提供劳务的交易结果能够可靠计量，应采用完工百分比法确认提供劳务收入。该企业 2015 年确认收入 = 200 × 152/（152 + 8）－ 80 = 110（万元）。

【例题 5·（1511）】 2014 年 1 月 1 日，甲公司客户忠诚度计划为：持积分卡的客户在甲公司消费一定金额时，甲公司向其授予奖励积分，客户可以使用奖励积分（每一奖励积分的公允价值为 0.01 元）购买甲公司经营的任何一种商品；奖励积分自授予之日起 3 年内有效，过期作废。2014 年，甲公司销售各类商品共计 12 000 万元（不包括客户使用奖励积分购买的

商品，下同），授予客户奖励积分共计 12 000 万分，客户使用奖励积分共计 6 000 万分。2014 年末，甲公司估计 2014 年授予的奖励积分将有 80% 被使用。则 2014 年应确认的销售收入为（　　）。

A. 12 000 万元　　　　B. 11 880 万元　　　　C. 11 955 万元　　　　D. 11 940 万元

答案：C

解析：授予客户奖励积分的处理：①在销售产品或提供劳务的同时，应当将销售取得的货款或应收货款在本次商品销售或劳务提供产生的收入与奖励积分的公允价值之间进行分配，将取得的货款或应收货款扣除奖励积分公允价值的部分确认为收入、奖励积分的公允价值确认为递延收益。②在客户兑换奖励积分时，授予企业应将原计入递延收益的与所兑换积分相关的部分确认为收入，确认为收入的金额应当以被兑换用于换取奖励的积分数额占预期将兑换用于换取奖励的积分总数的比例为基础计算确定。

确认销售时

借：银存或应收账款　　　　　　　　　　　　　　　　　　　　　　　　　12 000

　　贷：主营业务收入　　　　　　　　　　　　　11 880（12 000 - 120 = 11 880）

　　　　递延收益　　　　　　　　　　　　　　　120（12 000 × 0.01 = 120）

借：递延收益　　　　　　　　　　　　　　　　　　　　　　　　　　　　　75

　　贷：主营业务收入　　　　　　　　　　120 × 6 000/（12 000 × 80%）= 75

当年应确认收入 = 11 880 + 75 = 11 955（万元）

注：奖励积分确认收入比例时，分母为预计兑换奖励积分（要乘以 80%）。

【例题 6·（2016 中级）】甲公司开设一家连锁店，并于 30 日内向乙公司一次性收取特许权等费用 50 万元（其中 35 万元为当年 11 月提供柜台等设施收费，设施提供后由乙公司所有；15 万元为次年 1 月提供市场培育等后续服务收费），2015 年 11 月 1 日，甲公司收到上述款项后向乙公司提供了柜台等设施，成本为 30 万元，预计 2016 年 1 月提供相关后续服务的成本为 12 万元。不考虑其他因素，甲公司 2015 年因该交易应确认的收入为（　　）万元。

A. 9　　　　　　　　B. 15　　　　　　　　C. 35　　　　　　　　D. 50

答案：C

解析：甲公司 2015 年因该交易应确认的收入为 35 万元，收取的次年 1 月提供市场培育等后续服务费应当确认为预收账款，选项 C 正确。

2. 几种特殊劳务收入的确认和计量

（1）BOT 参与公共基础设施建设业务（BOT：建设经营移交方式）

①BOT 参与公共基础设施建设业务应满足的条件（同时满足以下条件）

A. 合同授予方为政府及其有关部门或政府授权进行招标的企业。

B. 合同投资方为按照有关程序取得该特许经营权合同的企业（合同投资方）。合同投资方按照规定设立项目公司（以下简称项目公司）进行项目建设和运营。项目单位除取得建造有关基础设施的权利以外，在基础设施建造完成以后的一定期间内负责提供后续经营服务。

C. 特许经营权合同中对所建造基础设施的质量标准、工期、开始经营后提供服务的对象、收费标准及后续调整作出约定，同时在合同期满，合同投资方负有将有关基础设施移交给合同授予方的义务，并对基础设施在移交时的性能、状态等作出规定。

D. 在某些情况下，合同投资方为了服务协议目的建造或从第三方购买的基础设施，或合同授予方基于服务协议目的提供给合同投资方经营的现有基础设施，也应比照 BOT 业务的原则处理。

②BOT 参与公共基础设施建设业务具体处理

项目		具体处理	
与 BOT 业务相关收入的确认	建造期间按照《企业会计准则第 15 号——建造合同》确认提供的建造服务收入；基础设施建成后按照《企业会计准则第 14 号——收入》确认与后续经营服务相关的收入和费用。其中建造合同收入按以下处理	可无条件地收取确定金额或差价补偿：合同规定基础设施建成后的一定期间内，项目公司可以无条件地自合同授予方收取确定金额的货币资金或其他金融资产，或在项目公司提供经营服务的收费低于某一限定金额的情况下，合同授予方按照合同规定负责将有关差价补偿给项目公司的	应当在确认收入的同时确认金融资产，根据已收取或应收取对价的公允价值，借记"银行存款"、"应收账款"等科目，贷记"工程结算"
		收取金额不确定的：合同规定项目公司在有关基础设施建成后，从事经营的一定期间内有权利向获取服务的对象收取费用，但收费金额不确定的	应当在确认收入的同时确认无形资产，根据应收取对价的公允价值，借记"无形资产"科目，贷记"工程结算"科目
	项目公司未提供实际建造服务，将基础设施建造发包给其他方的	不应确认建造服务收入，应当按照建造过程中支付的工程价款等考虑合同规定，分别确认为金融资产或无形资产	
按照合同规定，企业为使有关基础设施保持一定的服务能力或在移交给合同授予方之前保持一定的使用状态，预计将发生的支出		应当按照《企业会计准则第 13 号——或有事项》的规定处理	
按照特许经营权合同规定，项目公司应提供不止一项服务的（如既提供基础设施建造服务又提供建成后经营服务）		各项服务能够单独区分时，收取或应收的对价应当按照各项服务的相对公允价值比例分配给所提供的各项服务	
BOT 业务所建造基础设施不应确认为项目公司的固定资产			
授予方向项目公司提供除基础设施以外的其他资产	该资产不构成授予方应付合同价款的一部分	应作为政府补助处理	
	该资产构成授予方应付合同价款的一部分	不应作为政府补助处理，项目公司自授予方取得资产时，应以其公允价值确认，未提供与获取该资产相关的服务前应确认为一项负债	

（2）授予客户奖励积分的处理

①在销售产品或提供劳务的同时，应当将销售取得的货款或应收货款在本次商品销售或劳务提供产生的收入与奖励积分的公允价值之间进行分配，将取得的货款或应收货款扣除奖励积分公允价值的部分确认为收入、奖励积分的公允价值确认为递延收益。

②在客户兑换奖励积分时，授予企业应将原计入递延收益的与所兑换积分相关的部分确认为收入，确认为收入的金额应当以被兑换用于换取奖励的积分数额占预期将兑换用于换取奖励的积分总数的比例为基础计算确定。

（3）其他特殊劳务收入

项目	收入确认的时点	
①安装费	安装工作是商品销售附带条件的	在确认商品销售实现时确认安装费收入
	安装工作不是商品销售附带条件的	在资产负债表日根据安装的完工进度确认收入
②广告的制作费	在资产负债表日根据制作广告的完工进度确认收入	
③宣传媒介的收费	在相关的广告或商业行为开始出现于公众面前时确认收入	
④为特定客户开发软件的收费	在资产负债表日根据开发的完工进度确认收入	
⑤包括在商品售价内可区分的服务费	在提供服务的期间内分期确认收入	
⑥艺术表演、招待宴会和其他特殊活动的收费	在相关活动发生时确认收入。收费涉及几项活动的，预收的款项应合理分配给每项活动，分别确认收入	
⑦申请入会费和会员费	只允许取得会籍，所有其他服务或商品都要另行收费的	在款项收回不存在重大不确定性时确认收入
	申请入会费和会员费能使会员在会员期内得到各种服务或商品，或者以低于非会员的价格销售商品或提供服务的	在整个受益期内分期确认收入
⑧属于提供设备和其他有形资产的特许权费	通常在交付资产或转移资产所有权时确认收入	
	属于提供初始及后续服务的特许权费	在提供服务时确认收入
⑨长期为客户提供重复的劳务收取的劳务费	在相关劳务活动发生时确认收入	

【例题7·（2012）】 下列有关股份有限公司收入确认的表述中，正确的有（ ）。

A. 广告制作费应在相关广告或商业行为开始出现于公众面前时，确认为劳务收入

B. 与商品销售收入分开的安装费，应在资产负债表日根据安装的完工程度确认为收入

C. 对附有销售退回条件的商品销售，如不能合理地确定退货的可能性，则应在售出商品退货期满时确认收入

D. 劳务开始和完成分属于不同的会计年度时，在劳务结果能够可靠估计的情况下，应在资产负债表日按完工百分比法确认收入

E. 劳务开始和完成分属于不同的会计年度且劳务结果不能可靠估计的情况下，如已发生的劳务成本预计能够补偿，则应在资产负债表日按已发生的劳务成本确认收入

答案：BCDE

解析：广告制作佣金应在年度终了时根据项目的完成程度确认。宣传媒介的佣金收入应在

相关广告或商业行为开始出现于公众面前时确认收入。

【例题8·（2016CPA）】不考虑其他因素，下列各项有关收入确认时点的表述中，正确的有（　　）。

A. 放映电影的收费，在电影放映完毕时确认收入

B. 提供建筑设计服务的收费，在资产负债表日根据设计的完工进度确认收入

C. 提供培训服务的收费，在培训服务提供的相应期间确认收入

D. 包括在商品销售价格内可区分的服务费，在提供服务的期间内分期确认收入

答案：ABCD

【例题9·（2012）】下列关于BOT会计处理的说法正确的是（　　）。

A. 在某些情况下，合同投资方为了服务协议目的建造或从第三方购买的基础设施，也应比照BOT业务的原则处理

B. 项目公司未提供实际建造服务，将基础设施建造发包给其他方的，也可以确认建造服务收入

C. BOT业务所建造基础设施可以确认为项目公司的固定资产

D. 授予方向项目公司提供除基础设施以外的其他资产，该资产构成授予方应付合同价款的一部分，项目公司应作为政府补助处理

答案：A

【例题10·（1306）】下列关于BOT会计处理的说法正确的是（　　）。

A. 合同规定项目公司在有关基础设施建成后，从事经营的一定期间内有权利向获取服务的对象收取费用，但收费金额不确定的，项目公司应当在确认收入的同时确认无形资产

B. 与BOT业务相关的收入在建造期间及基础设施建成后，均应按照《企业会计准则第15号——建造合同》确认收入

C. 按照合同规定，企业为使有关基础设施保持一定的服务能力或在移交给合同授予方之前保持一定的使用状态，预计将发生的支出应当按照《企业会计准则第13号——或有事项》的规定处理

D. 按照特许经营权合同规定，项目公司应提供不止一项服务的，各项服务能够单独区分时，收取或应收的对价应当按照各项服务的相对公允价值比例分配给所提供的各项服务

答案：ACD

解析：B，在建造期间和基础设施建成后应分别按照《企业会计准则第15号——建造合同》和《企业会计准则第14号——收入》确认收入。

【例题11·（1505）·（1509）】下列关于BOT会计处理的说法正确的是（　　）。

A. 在某些情况下，合同投资方为了服务协议目的建造或从第三方购买的基础设施，也应比照BOT业务的原则处理

B. 与BOT业务相关的收入在建造期间及基础设施建成后，均应按照《企业会计准则第14号——收入》确认收入

C. 项目公司未提供实际建造服务，将基础设施建造发包给其他方的，也可以确认建造服务收入

D. 按照特许经营权合同规定，项目公司应提供不止一项服务的，各项服务能够单独区分时，收取或应收的对价应当按照各项服务的相对公允价值比例分配给所提供的各项服务

答案：AD

（三）让渡资产使用权收入

项目	收入确认计量		
1. 利息收入	按照他人使用本企业货币资金的时间和实际利率计算确定		
2. 使用费收入	（1）一次性收取使用费的	①不提供后续服务的	收款时一次确认收入
		②提供后续服务的	在合同期内分期确认收入
	（2）分期收取使用费的	通常应按合同或协议规定的收款时间和金额或规定的收费方法计算确定的金额分期确认收入	

（四）建造合同收入

1. 合同收入与合同成本的组成

（1）合同收入的组成

合同收入包括合同规定的初始收入以及因合同变更、索赔、奖励等形成的收入两部分。

①合同规定的初始收入，即建造承包商与客户在双方签订的合同中最初商定的合同总金额，它构成合同收入的基本内容。

②因合同变更、索赔、奖励等形成的收入。这部分收入并不构成合同双方在签订合同时已在合同中商定的合同总金额，而是在执行合同过程中由于合同变更、索赔、奖励等原因而形成的收入。建造承包商不能随意确认这些收入，只有在符合规定条件时才能构成合同总收入。

（2）合同成本的组成

合同成本应当包括从合同签订开始至合同完成止所发生的、与执行合同有关的直接费用和间接费用。直接费用在发生时直接计入合同成本。间接费用是企业下属的施工单位或生产单位为组织和管理施工生产活动所发生的费用。合同成本不包括应当计入当期损益的管理费用、销售费用和财务费用。因订立合同而发生的有关费用，应当直接计入当期损益。

合同的直接费用应当包括下列内容：①耗用的材料费用；②耗用的人工费用；③耗用的机械使用费；④其他直接费用，指其他可以直接计入合同成本的费用。

【注意】①因订立合同而发生的费用。建造承包商为订立合同而发生的差旅费、投标费等，能够单独区分和可靠计量且合同很可能订立的，应当予以归集，待取得合同时计入合同成本；未满足上述条件的，应当计入当期损益。②零星收益。与合同有关的零星收益，是指在合同执行过程中取得的非经常性零星收益，不应计入合同收入，而应冲减合同成本，如合同完成后处置残留物资取得的收益。③不计入合同成本的各项费用。下列各项费用属于期间费用，应在发生时计入当期损益，不计入建造合同成本：A. 企业行政管理部门为组织和管理生产经营活动所发生的管理费用；B. 船舶等制造企业的销售费用；C. 企业为建造合同借入款项所发生的、不符合《企业会计准则第17号——借款费用》规定的资本化条件的借款费用。例如，企业在建造合同完成后发生的利息净支出、汇兑净损失、金融机构手续费以及筹资发生的其他财务费用。

【例题1·（2016 中级）】建造施工企业发生的下列支出中，属于与执行合同有关的直接费用的有（　　）。

A. 构成工程实体的材料成本　　　　B. 施工人员的工资

C. 财产保险费　　　　D. 经营租入施工机械的租赁费

答案：ABD

解析：选项C，财产保险费属于间接费用。

2. 合同收入和合同费用的确认和计量

（1）合同收入和合同费用的确认的基本原则

建造合同结果是否能可靠估计		具体确认
①能可靠估计		企业应根据完工百分比法在资产负债表日确认合同收入和合同费用
②不能可靠估计	A. 合同成本能够收回的	合同收入根据能够收回的实际合同成本金额予以确认，合同成本在其发生的当期确认为合同费用
	B. 合同成本不可能收回的	应在发生时立即确认为合同费用，不确认合同收入
③合同预计总成本超过合同总收入的		应将预计损失确认为当期费用

（2）确定完工进度的方法

①根据累计实际发生的合同成本占合同预计总成本的比例确定

本方法是确定合同完工进度比较常用的方法。计算公式如下：

合同完工进度 = 累计实际发生的合同成本 ÷ 合同预计总成本 × 100%

注意：累计实际发生的合同成本不包括与合同未来活动相关的合同成本（如施工中尚未安装、使用或耗用的材料成本），以及在分包工程的工作量完成之前预付给分包单位的款项（根据分包工程进度支付的分包工程进度款，应构成累计实际发生的合同成本）。

②根据已经完成的合同工作量占合同预计总工作量的比例确定

本方法适用于合同工作量容易确定的建造合同，如道路工程、土石方挖掘、砌筑工程等。计算公式如下：

合同完工进度 = 已经完成的合同工作量 ÷ 合同预计总工作量 × 100%

③根据实际测定的完工进度确定

（3）不同情形的具体运用

①建造合同结果能可靠估计的完工百分比法的运用

根据完工百分比法确认建造合同收入和费用的公式如下：

当期合同收入 = 合同总收入 × 完工进度 − 以前会计期间累计已确认的收入

当期合同费用 = 合同预计总成本 × 完工进度 − 以前会计期间累计已确认费用

当期确认的毛利 = 当期合同收入 − 当期合同费用

【例题2·（2016年CPA教材例11−13）】某建筑企业签订了一项总金额为2 700 000元的固定造价合同，合同完工进度按照累计实际发生的合同成本占合同预计总成本的比例确定。工程已于20×7年2月开工，预计20×9年9月完工。最初预计的工程总成本为2 500 000元，到20×8年底，由于材料价格上涨等因素调整了预计总成本，预计工程总成本已为3 000 000元。该建筑企业于20×9年7月提前两个月完成了建造合同，工程质量优良，客户同意支付奖励款300 000元。建造该工程的其他有关资料如下表所示。

单位：元

项目	20×7年	20×8年	20×9年
累计实际发生成本	800 000	2 100 000	2 950 000
预计完成合同尚需发生成本	1 700 000	900 000	—
结算合同价款	1 000 000	1 100 000	900 000
实际收到价款	800 000	900 000	1 300 000

该建筑企业对本项建造合同的有关账务处理如下（为简化起见，会计分录以汇总数反映，有关纳税业务的会计分录略）：

（1）20×7年账务处理如下：

登记实际发生的合同成本

借：工程施工——合同成本 800 000

　　贷：原材料、应付职工薪酬、机械作业等 800 000

登记已结算的合同价款

借：应收账款 1 000 000

　　贷：工程结算 1 000 000

登记实际收到的合同价款

借：银行存款 800 000

　　贷：应收账款 800 000

确认计量当年的合同收入和费用，并登记入账

20×7年的完工进度 = 800 000 ÷（800 000 + 1 700 000）×100% = 32%

20×7年确认的合同收入 = 2 700 000 × 32% = 864 000（元）

20×7年确认的合同费用 =（800 000 + 1 700 000）× 32% = 800 000（元）

20×7年确认的合同毛利 = 864 000 - 800 000 = 64 000（元）

借：主营业务成本 800 000

　　工程施工——合同毛利 64 000

　　贷：主营业务收入 864 000

（2）20×8年的账务处理如下：

登记实际发生的合同成本

借：工程施工——合同成本 1 300 000

　　贷：原材料、应付职工薪酬、机械作业等 1 300 000

登记结算的合同价款

借：应收账款 1 100 000

　　贷：工程结算 1 100 000

登记实际收到的合同价款

借：银行存款 900 000

　　贷：应收账款 900 000

确认计量当年的合同收入和费用，并登记入账

20×8年的完工进度 = 2 100 000 ÷（2 100 000 + 900 000）×100% = 70%

20×8年确认的合同收入 = 2 700 000 × 70% - 864 000 = 1 026 000（元）

20×8年确认的合同费用 =（2 100 000 + 900 000）× 70% - 800 000 = 1 300 000（元）

20×8年确认的合同毛利 = 1 026 000 - 1 300 000 = -274 000（元）

20×8年确认的合同预计损失 =（2 100 000 + 900 000 - 2 700 000）×（1 - 70%）= 90 000（元）

【注】在20×8年底，由于该合同预计总成本（3 000 000 元）大于合同总收入（2 700 000元），预计发生损失总额为300 000 元，由于已在"工程施工——合同毛利"中反映了 -210 000（64 000 - 274 000）元的亏损，因此应将剩余的、为完成工程将发生的预计损失90 000 元确认为

当期费用。

借：主营业务成本		1 300 000
贷：主营业务收入		1 026 000
工程施工——合同毛利		274 000
借：资产减值损失	90 000（注：会算这个数据）	
贷：存货跌价准备		90 000

（3）20×9年的账务处理如下：

登记实际发生的合同成本

借：工程施工——合同成本	850 000
贷：原材料、应付职工薪酬、机械作业等	850 000

登记结算的合同价款

借：应收账款	900 000
贷：工程结算	900 000

登记实际收到的合同价款

借：银行存款	1 300 000
贷：应收账款	1 300 000

确认计量当年的合同收入和费用，并登记入账

20×9年确认的合同收入＝（2 700 000＋300 000）－（864 000＋1 026 000）＝1 110 000（元）

20×9年确认的合同费用＝2 950 000－800 000－1 300 000＝850 000（元）

20×9年确认的合同毛利＝1 110 000－850 000＝260 000（元）

借：主营业务成本	850 000
工程施工——合同毛利	260 000
贷：主营业务收入	1 110 000

20×9年工程全部完工，应将"存货跌价准备"科目相关余额冲减"主营业务成本"，同时将"工程施工"科目的余额与"工程结算"科目的余额相对冲。

借：存货跌价准备	90 000
贷：主营业务成本	90 000
借：工程结算	3 000 000
贷：工程施工——合同成本	2 950 000
——合同毛利	50 000

【编者理解】在学习的时候并不要求所有分录都会做，注意把握以下几点就可以了。①会计算不同年度的完工进度，从而进一步计算合同收入、合同费用（成本）、合同毛利；②当合同预计总成本大于合同总收入时，会计算资产减值损失，即当年资产减值损失＝（合同预计总成本－合同预计总收入）×（1－当年完工进度）。以下是参照ACCA计算完工百分比的方法列表，按表计算，又快又准。

单位：元

项目	20×7年	20×8年	20×9年
累计实际发生成本（1）	800 000	2 100 000	2 950 000
预计完成合同尚需发生成本	1 700 000	900 000	—

续表

项目	20×7年	20×8年	20×9年
预计总成本（2）	2 500 000	3 000 000	2 950 000
计算比例（3）＝（1）÷（2）	0.32	0.7	1
累计确认收益前两年是 2 700 000 ×（3），最后一年是 3 000 000 元	864 000	1 890 000	3 000 000
本期应确认收益（4）	864 000	1 026 000	1 110 000
本期应确认费用（5）	800 000	1 300 000	850 000
本期毛利（4）－（5）	64 000	－274 000	260 000
本期预提减值［（2）－2 700 000］×［1－（3）］		90 000	

【注1】三年毛利之和为 64 000 －274 000 ＋260 000 ＝50 000（元）。最后收益 3 000 000 －实际成本 2 950 000 ＝50 000（元）。

【注2】减值准备计提时

借：资产减值损失　　　　　　　　　　　　　　　90 000　（注：会算这个数据）

　　贷：存货跌价准备　　　　　　　　　　　　　　　　　　　　90 000

出售时

借：存货跌价准备　　　　　　　　　　　　　　　　　　　　　90 000

　　贷：主营业务成本　　　　　　　　　　　　　　　　　　　　90 000

两笔会计分录合并相当于

借：资产减值损失　　　　　　　　　　　　　　　　　　　　　90 000

　　贷：主营业务成本　　　　　　　　　　　　　　　　　　　　90 000

相当于有 9 万元的成本以减值损失列示了。

【例题3·（2016 年 CPA 教材例 11－16）·（1306）】某建筑公司签订了一项总金额为 120 万元的固定造价合同，最初预计总成本为 100 万元。第一年实际发生成本 70 万元。年末，预计为完成合同尚需发生成本 55 万元。该合同的结果能够可靠估计。则以下说法正确的是（　　　）。

A. 第一年应确认合同收入 84 万元　　　B. 第一年合同费用为 70 万元

C. 第一年合同毛利为－2.8 万元　　　　D. 第一年应确认资产减值损失 2.2 万元

答案：BCD

解析：第一年合同完工进度＝70÷（70＋55）×100%＝56%

　　　第一年确认的合同收入＝120×56%＝67.2（万元）

　　　第一年确认的合同费用＝（70＋55）×56%＝70（万元）

　　　第一年确认的合同毛利＝67.2－70＝－2.8（万元）

　　　第一年预计的合同损失＝［（70＋55）－120］×（1－56%）＝2.2（万元）

其账务处理如下：

借：主营业务成本　　　　　　　　　　　　　　　　　　　　700 000

　　贷：主营业务收入　　　　　　　　　　　　　　　　　　672 000

　　　　工程施工——合同毛利　　　　　　　　　　　　　　 28 000

借：资产减值损失　　　　　　　　　　　　　　　　　　　　 22 000

贷：存货跌价准备	22 000

【例题4·（1605）】 某公司和客户签订了一项建造办公楼的固定造价合同，合同约定如下：工程造价总额为 8 000 万元，工期 3 年，该公司预计建造办公楼的总成本为 6 400 万元，工程于 2014 年 4 月 1 日开工，至 2014 年 12 月 31 日实际发生成本 1 600 万元（其中材料成本 1 300 万元，人工成本 300 万元），确认合同收入 2 000 万元，由于建筑材料成本上涨，2015 年实际发生成本 4 800 万元，预计为完成合同尚需发生成本 1 600 万元，下列说法中正确的有（　　　）。

　　A. 2015 年该公司应该确认该合同收入 4 400 万元

　　B. 2015 年该公司应该确认该合同毛利 0

　　C. 2015 年该公司应该确认该合同的成本 4 800 万元

　　D. 2015 年该公司应该为该合同确认资产减值损失 800 万元

　　E. 2015 年该公司应该为该合同确认预计负债 800 万元

　　答案：AC

　　解析：截至 2015 年底完工进度 $=$（1 600 ＋4 800）／（1 600 ＋4 800 ＋1 600）＝80%

　　2015 年应确认的合同收入 $=8\ 000 \times 80\% -2\ 000 = 4\ 400$（万元）

　　2015 年应确认的合同成本 $=$（1 600 ＋4 800 ＋1 600）$\times 80\% -1\ 600 = 4\ 800$（万元）

　　2015 年应该确认该合同的毛利 $=4\ 400 -4\ 800 = -400$（万元）

　　2015 年应确认资产减值损失 $=$（8 000 －8 000）$\times$（1 －80%）＝0

　　②建造合同的结果不能可靠估计的运用

【例题5·2016 年 CPA 教材例 11 –14】 某建筑公司与客户签订了一项总金额为 120 万元的建造合同。第一年实际发生工程成本 50 万元，双方均能履行合同规定的义务，但建筑公司在年末时对该项工程的完工进度无法可靠确定。

　　本例中，该公司不能采用完工百分比法确认收入。由于客户能够履行合同，当年发生的成本均能收回，所以公司可将当年发生的成本金额同时确认为当年的收入和费用，当年不确认利润。其账务处理如下：

借：主营业务成本	500 000
贷：主营业务收入	500 000

　　如果该公司当年与客户只办理价款结算 30 万元，其余款项可能收不回来。这种情况下，该公司只能将 30 万元确认为当年的收入，50 万元应确认为当年的费用。其账务处理如下：

借：主营业务成本	500 000
贷：主营业务收入	300 000
工程施工——合同毛利	200 000

　　假设使建造合同的结果不能可靠估计的不确定因素不复存在了，就不应再按照上述规定确认合同收入和费用，而应转为按照完工百分比法确认合同收入和费用。

【教材例 11 –15】 沿用 **【例 11 –14】** 如果到第二年，完工进度无法可靠确定的因素消除。第二年实际发生成本为 30 万元，预计为完成合同尚需发生的成本为 20 万元，则企业应当计算合同收入和费用如下：

　　第二年合同完工进度 $=$（50 ＋30）÷（50 ＋30 ＋20）$\times 100\% = 80\%$

　　第二年确认的合同收入 $=120 \times 80\% -30 = 66$（万元）

　　第二年确认的合同成本 $=$（50 ＋30 ＋20）$\times 80\% -50 = 30$（万元）

　　第二年确认的合同毛利 $=66 -30 = 36$（万元）

账务处理如下：

借：主营业务成本　　　　　　　　　　　　　　　　　　　　　　　　　　　300 000

　　工程施工——合同毛利　　　　　　　　　　　　　　　　　　　　　　　360 000

　　贷：主营业务收入　　　　　　　　　　　　　　　　　　　　　　　　　　660 000

③合同预计总成本超过合同总收入，产生预计损失的运用

【例题6·（1609）】以下各公司会计处理正确的有（　　　）。

A. 甲公司以建设经营移交方式（BOT）参与公共基础设施建设项目，甲公司将全部基础设施建设分包给其他公司，甲公司参考BOT合同约定根据工程进度相应确认建造服务收入

B. 乙公司与客户签订建造合同，承建客户的厂房，2015年实际发生工程成本300万元，丙公司实际付款600万元，但乙公司在年末时无法估计该工程的完工进度，因此，乙公司确认收入600万元

C. 丙公司2015年采用以旧换新方式销售某商品，该商品售价100万元，旧商品可抵20万元，甲公司确认收入80万元

D. 戊公司销售产品时提供客户奖励积分，在客户兑换奖励积分时，公司以被兑换用于换取奖励的积分数额占预期将兑换用于换取奖励的积分总数的比例为基础计算确定应确认的收入

E. 丁公司为广告公司，2014年与某客户签订广告制作合同，2014年底制作完成，2015年在电视台播出，丁公司在广告在电视台播出时一次性确认全部收入

答案：D

解析：A不正确，不应确认建造服务收入，应当按照建造过程中支付的工程价款等考虑合同规定，分别确认为金融资产或无形资产。B不正确，《企业会计准则第15号——建造合同》第二十五条："建造合同的结果不能可靠估计的，应当分别下列情况处理：（一）合同成本能够收回的，合同收入根据能够收回的实际合同成本予以确认，合同成本在其发生的当期确认为合同费用。（二）合同成本不可能收回的，在发生时立即确认为合同费用，不确认合同收入。"乙公司应确认收入300万元。C不正确，以旧换新销售，销售的商品按照销售商品收入确认条件确认收入，回收的商品作为购进商品处理。E不正确，广告的制作费在资产负债表日根据制作广告的完工进度确认收入。宣传媒介的收费在相关的广告或商业行为开始出现于公众面前时确认收入。

【例题7·（1306）】以下有关收入的说法正确的有（　　　）。

A. 包括在商品售价内可区分的服务费，应当在销售商品时一次确认收入

B. 安装费，安装工作不是商品销售附带条件的，在资产负债表日按照完工进度确认收入

C. 广告制作的收费，在相关广告出现于公众面前时确认收入

D. 建造合同按照完工进度确认收入

答案：B

解析：包括在商品售价内可区分的服务费，在提供服务的期间内分期确认收入。

安装费，安装工作是商品销售附带条件的，在确认商品销售实现时确认安装费收入；安装工作不是商品销售附带条件的，在资产负债表日根据安装的完工进度确认收入。

广告制作的收费，在资产负债表日根据制作广告的完工进度确认收入；宣传媒介的收费，在相关的广告或商业行为开始出现于公众面前时确认收入。

建造合同，建造合同的结果能可靠估计的，企业应根据完工百分比法在资产负债表日确认合同收入和合同费用；不能可靠估计，合同成本能够收回的，合同收入根据能够收回的实际合

同成本金额予以确认，合同成本在其发生的当期确认为合同费用；合同成本不可能收回的，应在发生时立即确认为合同费用，不确认合同收入。

【例题8·（1611）】下列说法或做法中，符合企业会计准则规定的有（　　）。

A. BOT业务中确认建造服务收入的同时应当确认为金融资产或无形资产

B. 航空公司授予乘客的奖励积分应当作为确认相关机票收入当期的营销费用处理

C. 具有融资性质的分期收款销售商品，应当按照应收合同价款的公允价值确定收入金额

D. 按照公允价值达成的售后租回交易中，形成经营租赁的，售价与资产账面价值的差额应当计入当期损益

E. 宣传广告的制作费，在相关广告开始出现在公众面前时确认收入

答案：ACD

解析：此题在2015CPA原题的基础上增加了E选项作为题支，该原题不再列示。选项B错误，应该将奖励积分按照公允价值确认为递延收益，在将来乘客使用时转入使用积分当期的收入。E错误，广告的制作费在资产负债表日根据制作广告的完工进度确认收入；宣传媒介的收费在相关的广告或商业行为开始出现于公众面前时确认收入。

【例题9·（2008）】下列有关收入确认的表述中，正确的有（　　）。

A. 以售后回购方式销售商品时，应当按销售收入的款项高于商品账面价值的差额确认收入

B. 分期收款销售商品，如延期收款具有融资性质，则企业应当按应收的合同或协议价款的公允价值确认收入

C. 已经发生的劳务成本预计全部不能得到补偿的，企业应将已经发生的劳务成本计入当期损益，不确认提供劳务收入

D. 让渡资产使用权收入包括企业依合同约定按销售收入一定比例收取的专利权使用费

E. 建造合同完成后，处置残余物资取得的收益，应当确认为其他业务收入

答案：BCD

解析：A，售后回购交易属于融资交易的，企业不应确认收入；回购价格大于原售价的部分，应在回购期间按期计提利息费用，计入财务费用；E，处置残余物资取得的收益属于零星收益，不应当确认为收入，应冲减合同成本。

3. 房地产建造协议收入的确认

协议条款情况	适用准则
（1）购买方对房地产工程设计有重大影响 房地产购买方在建造工程开始前能够规定房地产设计的主要结构要素，或者能够在建造过程中决定主要结构变动的，房地产建造协议符合建造合同定义	企业应当遵循《企业会计准则第15号——建造合同》确认收入
（2）购买方对房地产工程设计影响有限的 （如仅能对基本设计方案作微小变动）	企业应当遵循《企业会计准则第14号——收入》中有关商品销售收入的原则确认收入

【例题10·（1406）】如果建造合同的结果能够可靠估计，企业应根据完工百分比法在资产负债表日确认合同收入和合同费用，对于成本加成合同的结果能够可靠估计的认定标准为同时具备以下条件：与合同相关的经济利益很可能流入企业；实际发生的合同成本能够清楚区分和

可靠确定。

答案：√

三、成本和费用的概念及核算内容

（一）费用的概念

费用是指企业在日常活动中发生的、会导致所有者权益减少的、与向所有者分配利润无关的经济利益的总流出。

（二）费用的核算内容

费用分为生产费用和期间费用，生产费用计入产品成本，而期间费用直接计入当期损益。期间费用可进一步划分为管理费用、销售费用和财务费用。

1. 管理费用

管理费用是指企业为组织和管理企业生产经营所发生的管理费用，主要包括以下内容：

（1）开办费：筹建期间内发生的开办费。（2）公司经费：董事会和行政管理部门在企业的经营管理中发生的或者应由企业统一负担的公司经费（包括行政管理部门职工工资及福利费、物料消耗、低值易耗品摊销、办公费和差旅费等）。（3）工会经费。（4）董事会费：包括董事会成员津贴、会议费和差旅费等。（5）聘请中介机构费、咨询费（含顾问费）、业务招待费。（6）诉讼费。（7）房产税、车船税、土地使用税、矿产资源补偿费、印花税（房、车、土、矿、印）。（8）研究费用、技术转让费。（9）企业生产车间（部门）和行政管理部门等发生的固定资产修理费用。

2. 销售费用

销售费用是指企业在销售商品和材料、提供劳务的过程中发生的各种费用。

【注】商品流通企业采购商品过程中发生的采购费用应计入存货成本，不计入销售费用。

3. 财务费用

财务费用是指企业为筹集生产经营所需资金等而发生的筹资费用。包括利息支出（减利息收入）、汇兑损益以及相关的手续费等。

【注】以公允价值计量且其变动计入当期损益的金融负债发生的初始直接费用及计提的利息计入投资收益，不计入财务费用。

【例题1·（2010）】以下应计入管理费用的有（   ）。

A. 董事津贴
B. 研究费用
C. 销售部门固定资产折旧费用
D. 生产车间固定资产折旧
E. 生产车间固定资产修理费用

答案：ABE

解析：生产车间的固定资产修理费用计入管理费用。

【例题2·（2007CPA）】下列各项中，不应计入管理费用的是（   ）。

A. 发生的排污费
B. 发生的矿产资源补偿费
C. 管理部门固定资产报废净损失
D. 发生的业务招待费

答案：C

解析：管理部门固定资产报废净损失应计入营业外支出。

【例题3·（模拟）】以下应计入管理费用的有（   ）。

A. 行政管理部门职工工资及福利费
B. 筹建期间内发生的开办费
C. 董事会成员差旅费
D. 聘请会计师事务所的审计费

E. 土地增值税　　　　　　　　　　　　F. 房产税

答案：ABCDF

解析：房产税、车船税、土地使用税、矿产资源补偿费、印花税五种税种计入管理费用。

【例题4·（1605）】 下列交易或者事项中，应当计入管理费用的有（　　）。

A. 生产用专利技术转让费

B. 权益法核算的长期股权投资取得时发生的直接相关费用

C. 同一控制下企业合并，发生的相关审计费用

D. 土地增值税

E. 生产车间缴纳的房产税

答案：ACE

解析：管理费用是指企业为组织和管理企业生产经营所发生的管理费用，包括企业在筹建期间内发生的开办费、董事会和行政管理部门在企业的经营管理中发生的或者应由企业统一负担的公司经费（包括行政管理部门职工工资及福利费、物料消耗、低值易耗品摊销、办公费和差旅费等）、工会经费、董事会费（包括董事会成员津贴、会议费和差旅费等）、聘请中介机构费、咨询费（含顾问费）、诉讼费、业务招待费、房产税、车船税、土地使用税、印花税、技术转让费、矿产资源补偿费、研究费用、排污费以及企业生产车间（部门）和行政管理部门等发生的固定资产修理费用等。

本题B、C，考查的是长期股权投资直接相关费用的处理，根据规定，控股合并形成的长期股权投资（不管是否为同一控制下）中发生的直接相关费用计入"管理费用"，不形成控股的长期股权投资，按照权益法进行核算，发生的直接相关费用计入长期股权投资成本。

【例题5·（2016CPA）】 2×15年12月31日，甲公司向乙公司订购的印有甲公司标志、为促销宣传准备的卡通毛绒玩具到货并收到相关购货发票，50万元货款已经支付。该卡通毛绒玩具将按计划于2×16年1月向客户及潜在客户派发，不考虑相关税费及其他因素。下列关于甲公司2×15年对订购卡通毛绒玩具所发生支出的会计处理中，正确的是（　　）。

A. 确认为库存商品　　　　　　　　　　B. 确认为当期管理费用

C. 确认为当期销售成本　　　　　　　　D. 确认为当期销售费用

答案：D

解析：企业采购用于广告营销活动的特定商品，向客户预付货款未取得商品时，应作为预付账款进行会计处理，待取得相关商品时计入当期损益（销售费用）。企业取得广告营销性质的服务比照该原则进行处理。

【例题6·（1610）】 甲公司于2015年发生下列支出，其中会计处理正确的有（　　）。

A. 销售商品发生的商业折扣，计入销售费用

B. 生产车间固定资产修理费用，计入制造费用

C. 作为高危行业计提的安全生产费，计入管理费用

D. 按照生产工人工资的2%计提的工会经费，计入生产成本

E. 采用一次摊销法结转的首次出借新包装物成本，计入销售费用

答案：CDE

解析：A选项错误，直接扣除即可，不影响销售商品收入的计量。B选项错误，生产车间固定资产修理费用计入管理费用。C选项正确，根据《企业会计准则第3号——投资性房地产》（财会〔2009〕8号）"问：高危行业企业提取的安全生产费，应当如何进行会计处理？

答：高危行业企业按照国家规定提取的安全生产费，应当计入相关产品的成本或当期损益，同时计入'4301专项储备'科目。"根据组合选项的设置，倾向于该答案正确。D选项正确。E选项正确，解析见下表。

业务类型		会计处理
包装物的会计处理	（1）生产领用的包装物	借：制造费用等 　贷：周转材料——包装物
	（2）出借包装物及随同产品出售不单独计价的包装物	借：销售费用 　贷：周转材料——包装物
	（3）出租包装物及随同产品出售单独计价的包装物	借：其他业务成本 　贷：周转材料——包装物

四、营业外收支的核算内容

（一）营业外收入

营业外收入是指企业发生的与其日常活动无直接关系的各项利得，主要包括以下内容：

项目	定义及说明
1. 非流动资产处置利得	（1）固定资产处置利得，是指企业出售固定资产所取得价款或报废固定资产的残料价值和变价收入等，扣除固定资产的账面价值、清理费用、处置相关税费后的净收益；但是不含投资性房地产，投资性房地产出租出售均进入其他业务收支
	（2）无形资产出售利得，是指企业出售无形资产所取得价款扣除出售无形资产的账面价值、出售相关税费后的净收益
2. 非货币性资产交换利得	在非货币性资产交换中换出资产为固定资产、无形资产的，换入资产公允价值大于换出资产账面价值的差额，扣除相关费用后计入营业外收入的金额
3. 债务重组利得	重组债务的账面价值超过清偿债务的现金、非现金资产的公允价值、所转股份的公允价值，或者重组后债务账面价值之间的差额
4. 盘盈利得	企业对于现金清查盘点中盘盈现金，报经批准后计入营业外收入的金额（固定资产盘盈作前期差错处理，存货盘盈冲减管理费用）
5. 政府补助	企业从政府无偿取得货币性资产或非货币性资产形成的利得
6. 捐赠利得	企业接受捐赠产生的利得。企业接受的捐赠和债务豁免，按照会计准则规定符合确认条件的，通常应当确认为当期收益。但是，企业接受控股股东（或控股股东的子公司）或非控股股东（或非控股股东的子公司）直接或间接代为偿债、债务豁免或捐赠，经济实质表明属于控股股东或非控股股东对企业的资本性投入，应当将相关利得计入所有者权益
7. 破产重整让渡股权公允价值与债务账面价值的差额	企业发生破产重整，其股东（包括控股和非控股）因执行人民法院批准的破产重整计划，通过让渡所持有的该企业部分股份向企业债权人偿债的，企业应将股东所让渡股份按照其在让渡之日的公允价值计入所有者权益，减少所豁免债务的账面价值，并将让渡股份公允价值与被豁免的债务账面价值之间的差额计入当期损益（营业外收入）

【例题1·（2007CPA）】下列各项中，应计入营业外收入的是（　　）。

A. 非货币性资产交换利得
B. 处置长期股权投资产生的收益
C. 出租无形资产取得的收入
D. 处置投资性房地产取得的收入

答案：A

解析：非货币性资产交换利得计入营业外收入；处置长期股权投资产生的收益计入投资收益；出租无形资产取得的收入和处置投资性房地产取得的收入计入其他业务收入。

（二）营业外支出

营业外支出是指企业发生的与其日常活动无直接关系的各项损失，主要包括以下内容：

项目	定义及说明
1. 非流动资产处置损失	（1）固定资产处置损失是指企业出售固定资产所取得价款或报废固定资产的残料价值和变价收入等，不足抵补处置固定资产的账面价值、清理费用、处置相关税费后的净损失
	（2）无形资产出售损失是指企业出售无形资产所取得价款，不足抵补出售无形资产的账面价值、处置相关税费后的净损失
2. 非货币性资产交换损失	在非货币性资产交换中换出资产为固定资产、无形资产的，换入资产公允价值小于换出资产账面价值的差额，扣除相关费用后计入营业外支出的金额
3. 债务重组损失	重组债权的账面余额超过受让资产的公允价值、所转股份的公允价值，或者重组后债权的账面价值之间的差额
4. 公益性捐赠支出	企业对外进行公益性捐赠发生的支出
5. 非常损失	企业对于因客观因素（如自然灾害等）造成的损失，在扣除保险公司赔偿后计入营业外支出的净损失
6. 盘亏损失	固定资产盘亏及因自然灾害等非常原因所致的存货盘亏（现金盘亏计入"管理费用"，收发计量等正常原因所致的存货盘亏计入"管理费用"）

【例题2·（2010CPA）】下列各项中，不应计入营业外支出的是（　　）。

A. 支付的合同违约金
B. 发生的债务重组损失
C. 向慈善机构支付的捐赠款
D. 在建工程建设期间发生的工程物资盘亏损失

答案：D

解析：在建工程建设期间发生的工程物资盘亏损失计入所建工程项目成本，选项D错误。

【例题3·（2008）】下列项目中，应作为营业外收支核算的是（　　）。

A. 因自然灾害造成的存货盘亏
B. 非货币性资产交换中换出固定资产的公允价值大于其账面价值的差额
C. 接受捐赠收到的现金（捐赠方与公司无关联关系）
D. 出售无形资产的净收益
E. 盘盈固定资产

答案：ABCD

解析：C，对于普通的接受捐赠，应作为营业外收入处理（受赠方与捐赠方无关联关系），此处要注意，但根据《上市公司执行企业会计准则监管问题解答》（2009 年第 2 期）规定，对于上市公司的控股股东、控股股东控制的其他关联方、上市公司的实质控制人对上市公司进行直接或间接的捐赠、债务豁免等单方面的利益输送行为，由于交易是基于双方的特殊身份才得以发生，且使上市公司明显地、单方面地从中获益，因此，监管中应认定为其经济实质具有资本投入性质，形成的利得应计入所有者权益。E 不当选，固定资产盘盈作为前期差错处理。

【例题 4 · （1511）】 某工业企业发生的下列业务中，应该在营业外收支中核算的有（　　）。

A. 自产的 200 台手机用于市场销售，价款 5 万元

B. 投资的企业发生重大损失，计提投资损失 300 万元

C. 通过盘点存货，发现盘盈存货 5 吨，价值 3 万元

D. 通过红十字向灾区捐赠 200 万元

E. 政府给予的科技开发费用补贴 50 万元

答案：DE

解析：A 项错误，应通过主营业务收支或者其他业务收支科目核算；B 项错误，应在投资收益科目核算；C 项错误，盘盈存货最后冲减管理费用。

【例题 5 · （1610）】 以下关于营业外收支说法正确的有（　　）。

A. 债务人以固定资产清偿债务的应将应付债务的账面价值高于固定资产的账面价值的差额，确认为债务重组利得计入营业外收入

B. 公司接受控股股东捐赠，应将相关利得计入营业外收入

C. 公司对慈善组织进行捐赠，应计入营业外支出

D. 建造合同执行过程中取得的非经营性零星收益不应计入合同收入，而应冲减合同成本

E. 公司应将火灾造成的损失扣除保险赔偿后的净额计入营业外支出

答案：CDE

解析：A 错误，债务人以固定资产清偿债务的应将应付债务的账面价值高于固定资产的公允价值的差额，确认为债务重组利得计入营业外收入；B 错误，公司接受控股股东捐赠，应将相关利得计入资本公积；C 正确；D 正确，与合同有关的零星收益，是指在合同执行过程中取得的非经常性零星收益，不应计入合同收入，而应冲减合同成本，如合同完成后处置残留物资取得的收益；E 正确。

五、利润的构成

（一）利润的概念

利润是指企业在一定会计期间的经营成果。利润包括收入减去费用后的净额、直接计入当期利润的利得和损失等。

（二）利润的具体构成

利润表中相关利润的构成具体包括以下几个：

1. 营业利润

营业利润 = 营业收入 - 营业成本 - 营业税金及附加 - 销售费用 - 管理费用 - 财务费用 - 资产减值损失 + 公允价值变动收益（- 公允价值变动损失）+ 投资收益（- 投资损失）

其中，营业收入是指企业经营业务所确认的收入总额，包括主营业务收入和其他业务收入。

营业成本是指企业经营业务所发生的实际成本总额，包括主营业务成本和其他业务成本。资产减值损失是指企业计提各项资产减值准备所形成的损失。

公允价值变动收益（或损失）是指企业交易性金融资产等公允价值变动形成的应计入当期

损益的利得（或损失）。

投资收益（或损失）是指企业以各种方式对外投资所取得的收益（或发生的损失）。

【注意】考试时会给一些利润表构成项目的具体金额，让计算营业利润，其实不必正向记忆营业利润的构成，可反向记忆，即影响净利润的因素中扣除所得税费用和营业外收支就是营业利润了。

2．利润总额

利润总额 = 营业利润 + 营业外收入 - 营业外支出

3．净利润

净利润 = 利润总额 - 所得税费用

利润表格式

编制单位：××公司　　　　　　　××年度　　　　　　　单位：元

项目	本期金额	上期金额
一、营业收入		
减：营业成本		
营业税金及附加		
销售费用		
管理费用		
财务费用		
资产减值损失		
加：公允价值变动收益（损失以"-"号填列）		
投资收益（损失以"-"号填列）		
其中：对联营企业和合营企业的投资收益		
二、营业利润（亏损以"-"号填列）		
加：营业外收入		
减：营业外支出		
其中：非流动资产处置损失		
三、利润总额（亏损总额以"-"号填列）		
减：所得税费用		
四、净利润（净亏损以"-"号填列）		
五、其他综合收益的税后净额		
（一）以后不能重分类进损益的其他综合收益		
（二）以后将重分类进损益的其他综合收益		
权益法下在被投资单位以后将重分类进损益的其他综合收益中享有的份额		
六、综合收益总额		
七、每股收益		
（一）基本每股收益		
（二）稀释每股收益		

【例题1·（2008）】某上市公司适用25%的所得税税率，2008年上半年合并报表口径的营业收入为750 000万元、营业成本为500 000万元、营业税金及附加为50 000万元、销售费用为50 000万元、管理费用为30 000万元、财务费用为20 000万元、资产减值损失为5 000万元、公允价值变动收益为5 000万元、投资收益为10 000万元、营业外收入为10 000万元、营业外支出为5 000万元，则该上市公司2008年上半年合并报表口径的营业利润为（　　　）。

A. 200 000万元　　　　B. 115 000万元　　　C. 110 000万元　　　D. 28 750万元

答案：C

解析：除营业外收支和所得税费用外其他项目作加减处理即可。75－50－5－5－3－2－0.5＋0.5＋1＝11（亿元）。

【例题2·（1311）】下列各项交易或事项中，会影响发生当期营业利润的有（　　　）。

A. 处置长期股权投资　　　　　　　　B. 处置固定资产净收益

C. 出租投资性房地产　　　　　　　　D. 出售无形资产的净损失

E. 计提存货跌价准备

F. 可供出售金融资产公允价值变动

答案：ACE

解析：处置固定资产净收益、出售无形资产取得净收益均作营业外收支处理，不影响营业利润。

【例题3·（2011CPA）】下列各项交易或事项中，不会影响发生当期营业利润的有（　　　）。

A. 计提应收账款坏账准备

B. 出售无形资产取得净收益

C. 开发无形资产时发生符合资本化条件的支出

D. 自营建造固定资产期间处置工程物资取得净收益

E. 以公允价值进行后续计量的投资性房地产持有期间公允价值发生变动

答案：BCD

解析：D，自营建造固定资产期间处置工程物资取得的净收益，冲减在建工程成本；C，开发无形资产时发生符合资本化条件的支出，应资本化，不影响损益。

【例题4·（1406）】下列各项交易中，会影响公司当期损益的有（　　　）。

A. 公司在建工程达到预定可试用状态前进行负荷联合试车发生的费用

B. 公司持有待售的固定资产预计净残值低于其账面价值部分进行账务处理

C. 出于市场环境变化等原因导致核电公司原因弃置费用形成的预计负债减少，减少额超过该固定资产账面价值

D. 公司在建工程达到预定可使用状态后发生的工程物资盘盈净收益

答案：BCD

解析：A，应计入在建工程成本；B，公司持有待售的固定资产预计净残值低于其账面价值部分计入"资产减值损失"科目；C，应计入当期损益；D，建设期间发生的工程物资盘亏、报废及毁损，减去残料价值以及保险公司、过失人等赔款后的净损失，计入所建工程项目的成本；盘盈的工程物资或处置净收益，冲减所建工程项目的成本。工程完工后发生的工程物资盘盈、盘亏、报废、毁损，计入当期营业外收支。

【例题5·（1610）】甲公司在2014年发生的交易或事项如下：（1）因合同违约支付违约金80万元；（2）因处置固定资产产生净损失50万元；（3）收到联营企业分派的现金股利100万

元；（4）因火灾造成存货净损失20万元；（5）持有的可供出售金融资产公允价值上升50万元；（6）因存货市场价格上升转回上年计提的存货跌价准备100万元。根据上述资料，不考虑所得税和其他因素影响，以下说法正确的是（　　）。

　　A. 上述交易或事项对甲公司2014年利润总额的影响是50万元

　　B. 上述交易或事项对甲公司2014年其他综合收益总额的影响是 –150万元

　　C. 上述交易或事项对甲公司2014年综合收益总额的影响是0

　　D. 上述交易或事项对甲公司2014年综合收益总额的影响是100万元

　　E. 上述交易或事项对甲公司2014年营业利润的影响是50万元

　　答案：C

　　解析：参照上文利润表的格式，C正确，合同违约支付违约金、处置固定资产产生的净损失、因火灾造成存货净损失均应计入营业外支出，共计150（80 + 50 + 20）万元；收到联营企业分配的现金股利（借：银行存款，贷：应收股利）不影响损益；持有可供出售金融资产公允价值上升确认为其他综合收益50万元；因存货市场价格上升转回上年计提存货跌价准备应冲减资产减值损失100万元。综上所述，上述交易或事项对甲公司营业利润的影响是100万元；利润总额的影响是 –50万元；其他综合收益总额的影响是50万元；综合收益总额的影响是0。

【例题6·（2014CPA改编）】企业因下列交易事项产生的损益中，不影响发生当期营业利润的是（　　）。

　　A. 固定资产处置损失

　　B. 投资于银行理财产品取得的收益

　　C. 预计与当期产品销售相关的保修义务

　　D. 因授予高管人员股票期权在当期确认的费用

　　答案：A

　　解析：固定资产处置损失计入营业外支出，不影响当期营业利润，选项A正确；选项B计入投资收益，影响营业利润；选项C计入销售费用，影响营业利润；选项D计入管理费用，影响营业利润。

【例题7·（2014CPA）】下列交易事项中，会影响企业当期营业利润的有（　　）。

　　A. 出租无形资产取得的租金收入

　　B. 出售无形资产取得的出售收益

　　C. 使用寿命有限的管理用无形资产的摊销

　　D. 使用寿命不确定的无形资产计提的减值

　　答案：ACD

　　解析：选项B，出售无形资产取得的处置收益计入营业外收入，不影响营业利润。

【例题8·（1609）】下列交易事项中，会影响当期营业利润的有（　　）。

　　A. 固定资产处置收益　　　　　　　　　B. 无形资产减值损失

　　C. 政府给予的技术开发费用补贴　　　　D. 可供出售金融资产公允价值变动收益

　　E. 给交易对方以现金折扣

　　答案：BE

　　解析：A项计入营业外收支，B项计入公允价值变动损益，C项计入营业外收入或递延收益，D项计入其他综合收益，E项计入财务费用。

第十二节　财务报告

【大纲要求】

内容	程度	变化
1. 财务报表的主要构成及基本内容	掌握	原有
2. 间接法调整计算经营活动现金流量	掌握	原有
3. 财务报告附注的有关披露要求	掌握	原有
4. 分部报告的内容和披露要求	掌握	原有
5. 关联方。包括构成关联方关系的情形，关联方交易的类别；关联方关系及关联方交易的披露内容和要求；关联方交易公允的条件	掌握	删除
6. 中期财务报告的构成及编制要求	掌握	删除

【内容精讲】

一、财务报表的主要构成及基本内容

（一）财务报表的主要构成和分类

1. 构成（4 表加 1 注）

财务报表是对企业财务状况、经营成果和现金流量的结构性表述。财务报表至少应当包括下列组成部分：（1）资产负债表；（2）利润表；（3）现金流量表；（4）所有者权益（或股东权益，下同）变动表；（5）附注。

2. 分类

分类标准	具体分类	
按财务报表编报期间的不同	（1）中期财务报表	是指以短于一个完整会计年度的报告期间为基础编制的财务报表，包括月报、季报和半年报等
	（2）年度财务报表	
按财务报表编报主体的不同	（1）个别财务报表	是由企业在自身会计核算基础上对账簿记录进行加工而编制的财务报表，它主要用于反映企业自身的财务状况、经营成果和现金流量情况
	（2）合并财务报表	是以母公司和子公司组成的企业集团为会计主体，根据母公司和所属子公司的财务报表，由母公司编制的综合反映企业集团财务状况、经营成果及现金流量的财务报表

（二）财务报表的基本内容

见下文"二、财务报表的基本内容，间接法调整计算经营活动现金流量"。

二、财务报表的基本内容，间接法调整计算经营活动现金流量

（一）资产负债表的主要项目及编制方法

资产负债表示例：

编制单位：××公司　　　　　　　　　　　××年度　　　　　　　　　　　单位：元

资产	期末余额	年初余额	负债和所有者权益（或股东权益）	期末余额	年初余额
流动资产：			流动负债：		
货币资金			短期借款		
以公允价值计量且其变动计入当期损益的金融资产			以公允价值计量且其变动计入当期损益的金融负债		
应收票据			应付票据		
应收账款			应付账款		
预付款项			预收款项		
应收利息			应付职工薪酬		
应收股利			应交税费		
其他应收款			应付利息		
存货			应付股利		
划分为持有待售的资产			其他应付款		
一年内到期的非流动资产			划分为持有待售的负债		
其他流动资产			一年内到期的非流动负债		
流动资产合计			其他流动负债		
非流动资产：			流动负债合计		
可供出售金融资产			非流动负债：		
持有至到期投资			长期借款		
长期应收款			应付债券		
长期股权投资			长期应付款		
投资性房地产			专项应付款		
固定资产			预计负债		
在建工程			递延收益		
工程物资			递延所得税负债		
固定资产清理			其他非流动负债		
生产性生物资产			非流动负债合计		
油气资产			负债合计		
无形资产			股东权益：		
开发支出			实收资本（或股本）		
商誉			资本公积		
长期待摊费用			减：库存股		
递延所得税资产			其他综合收益		
其他非流动资产			盈余公积		
非流动资产合计			未分配利润		
			所有者权益合计		
资产总计			负债和所有者权益总计		

1. 资产和负债的流动性列报

资产满足下列条件之一的，应当归类为流动资产	负债满足下列条件之一的，应当归类为流动负债
（1）预计在一个正常营业周期中变现、出售或耗用	（1）预计在一个正常营业周期中清偿
（2）主要为交易目的而持有	（2）主要为交易目的而持有
（3）预计在资产负债表日起一年内（含一年）变现	（3）自资产负债表日起一年内到期应予以清偿
（4）自资产负债表日起一年内，交换其他资产或清偿负债的能力不受限制的现金或现金等价物	（4）企业无权自主地将清偿推迟至资产负债表日后一年以上

注：正常营业周期，是指企业从购买用于加工的资产起至实现现金或现金等价物的期间。正常营业周期通常短于一年。因生产周期较长等导致正常营业周期长于一年的，尽管相关资产往往超过一年才变现、出售或耗用，仍应当划分为流动资产。正常营业周期不能确定的，应当以一年（12个月）作为正常营业周期。

2. 资产负债表一些重要项目总结

（1）四大金融资产的流动性划分

四大金融资产中交易性金融资产、贷款和应收款项属于流动资产，可供出售金融资产、持有至到期投资属于非流动资产。但要注意，可供出售金融资产预计在一年内出售变现，以及一年内到期的持有至到期投资，均属于流动资产。

并非所有交易性金融资产均为流动资产，比如自资产负债表日起超过12个月到期且预期持有超过12个月的衍生工具应当划分为非流动资产或非流动负债。

（2）资产负债表中列示的"一年内到期的非流动资产"主要包括以下几项内容

①一年内到期的持有至到期投资。

②剩余摊销期在一年以内的"长期待摊费用"。

③剩余期限在一年以内的长期应收款。

（3）资产负债表中列示的"一年内到期的非流动负债"主要包括以下几项内容。

①资产负债表日起一年内到期的负债，企业不能自主地将清偿义务展期。

说明：A. 即使在资产负债表日后、财务报告批准报出日前签订了重新安排清偿计划协议，从资产负债表日来看，此项负债仍应当归类为流动负债。B. 若企业预计能够自主地将清偿义务展期至资产负债表日后一年以上的，应当归类为非流动负债。

②违约的导致贷款人可随时要求清偿的长期负债。

说明：A. 企业在资产负债表日或之前违反了长期借款协议，导致贷款人可随时要求清偿的负债，应当归类为流动负债。这是因为，在这种情况下，债务清偿的主动权并不在企业，企业只能被动地无条件归还贷款，而且该事实在资产负债表日即已存在，所以该负债应当作为流动负债列报。B. 如果贷款人在资产负债表日或之前同意提供在资产负债表日后一年以上的宽限期，企业能够在此期限内改正违约行为，且贷款人不能要求随时清偿时，在资产负债表日的此项负债并不符合流动负债的判断标准，应当归类为非流动负债。

【注1】对于划分为持有待售的非流动资产（既包括单项资产也包括处置组），应当归类为流动资产，在"划分为持有待售的资产"项目列报；被划分为持有待售的处置组中的与转让资产相关的负债，应当归类为流动负债，在"划分为持有待售的负债"项目列报。其中，处置组是指在一项交易中作为整体通过出售或其他方式一并处置的一组资产以及在该交易中转让的与这些资产直接相关的负债。

【注2】关于可转换债券负债成分的分类，负债在其对手方选择的情况下可通过发行权益进行清偿的条款与在资产负债表日负债的流动性划分无关。

例如，2015 年 12 月 1 日，甲公司发行每张面值为 100 元的可转换债券 2 000 万份，期限 5 年，到期前债券持有人有权随时按每张面值 100 元的债券转换 10 股的转股价格，将持有的债券转换为甲公司的普通股。甲公司有可能在该批债券到期前（包括资产负债表日起 12 个月内）予以清偿，但甲公司在 2015 年 12 月 31 日资产负债表日判断该可转换债券的负债成分为流动负债还是非流动负债时，不应考虑转股导致的清偿情况，因此，该可转换债券的负债成分在 2015 年 12 月 31 日甲公司的资产负债表上仍应当分类为非流动负债（假定不考虑其他因素和情况）。

【例题1·（2010）】 以下属于流动资产或流动负债的是（　　　）。

A. 一年内到期的长期借款，企业不能自主地将清偿义务展期

B. 预计在一年内出售的可供出售金融资产

C. 因违约被银行要求即刻偿还的长期借款

D. 一年内到期的持有至到期投资

E. 交易性金融资产

F. 递延所得税资产

G. 商誉

答案：ABCDE

【例题2·（2013CPA）】 甲公司 20×3 年 12 月 31 日持有的下列资产、负债中，应当作为 20×3 年资产负债表中流动性项目列报的有（　　　）。

A. 将于 20×4 年 7 月出售的账面价值为 800 万元的可供出售金融资产

B. 预付固定资产购买价款 1 000 万元，该固定资产将于 20×4 年 6 月取得

C. 因计提固定资产减值确认递延所得税资产 500 万元，相关固定资产没有明确的处置计划

D. 到期日为 20×4 年 6 月 30 日的负债 2 000 万元，该负债在 20×3 年资产负债日后事项期间已签订展期一年的协议

答案：ABD

解析：选项 C，应作为非流动资产列报；选项 D，对于在资产负债表日起一年内到期的负债，甲公司不能自主地将清偿义务展期，即使在资产负债表日后事项期间重新签订清偿计划，仍应当作为流动负债列报。

【例题3·（1406）】 关于资产负债表的列报，下列说法正确的有（　　　）。

A. 造船企业制造的用于出售的大型船只，该船只制造期限已超过 1 年，应在流动资产中列示

B. 在资产负债表日之前因违反了长期借款协议，导致银行可随时要求清偿的负债，应当归类为流动负债

C. 交易性金融资产只能在流动资产中列示

D. 在资产负债表日起一年内到期的负债，虽然企业不能自主地将清偿义务展期，但在资产负债表日后，财务报告批准报出日前签订了展期 1 年的协议，该负债应在非流动负债中列示

答案：AB

解析：C 错误，并非所有交易性金融资产均为流动资产，如自报告期日起超过 12 个月到期且预期持有超过 12 个月的衍生工具应当划分为非流动资产或非流动负债。

【例题4·（1611）】 根据《企业会计准则》，下列关于某公司 2015 年资产负债表列报的说

法中，正确的是（　　）。

A. 交易性金融资产应在流动资产中列示

B. 预计将在 1 年内出售的可供出售金融资产应在流动资产中列示

C. 公司自行进行的研究开发项目，其中开发阶段的支出，应在非流动资产中列示

D. 被划分为持有待售的处置组中的与转让资产相关的负债，应在流动负债中列示

E. 到期日为 2016 年 9 月 30 日的银行借款，该笔借款在资产负债表日后、财务报告批准报出日前签订了展期 1 年的协议，该负债应在流动负债中列示

答案：BDE

解析：B 正确，交易性金融资产、贷款和应收款项属于流动资产，可供出售金融资产、持有至到期投资属于非流动资产。但要注意，可供出售金融资产预计在一年内出售变现，以及一年内到期的持有至到期投资，均属于流动资产。C 错误，"研发支出——资本化支出"余额计入资产负债表中的"开发支出"项目，"研发支出——费用化支出"金额转入"管理费用"科目。D 项正确，对于划分为持有待售的非流动资产（既包括单项资产也包括处置组），应当归类为流动资产，在"划分为持有待售的资产"项目列报；被划分为持有待售的处置组中的与转让资产相关的负债，应当归类为流动负债，在"划分为持有待售的负债"项目列报。其中，处置组是指在一项交易中作为整体通过出售或其他方式一并处置的一组资产以及在该交易中转让的与这些资产直接相关的负债。E 正确，对于在资产负债表日起一年内到期的负债，甲公司不能自主地将清偿义务展期，即使在资产负债表日后事项期间重新签订清偿计划，仍应当作为流动负债列报。

3. 金融资产和金融负债允许抵销和不得相互抵销的要求

（1）金融资产和金融负债相互抵销的条件

金融资产和金融负债应当在资产负债表内分别列示，不得相互抵销。但是，同时满足下列条件的，应当以相互抵销后的净额在资产负债表内列示：

①企业具有抵销已确认金额的法定权利，且该种法定权利现在是可执行的。

②企业计划以净额结算，或同时变现该金融资产和清偿该金融负债。

不满足终止确认条件的金融资产转移，转出方不得将已转移的金融资产和相关负债进行抵销。

例如，甲公司与乙公司有长期合作关系，为简化结算，甲公司和乙公司在合同中明确约定，双方往来款项定期以净额结算。这种情况满足金融资产和金融负债相互抵销的条件，应当在资产负债表中以净额列示相关的应收款项或应付款项。

再如，两项金融工具的同时结算可能通过有组织的金融市场中清算机构的结算或面对面交换等来实现。在这些情况下，现金流量实际上等于单一的净额，且没有信用风险或流动性风险敞口。这种风险敞口尽管相对短暂，但影响可能重大。相应地，金融资产的变现和金融负债的结算只有发生在同一时刻，才被认为是同时进行的。

（2）金融资产和金融负债不能相互抵销的主要情形

①将几项金融工具组合在一起模仿成某项金融资产或金融负债，例如，将浮动利率长期债券与收取浮动利息、支付固定利息的互换组合在一起，模仿或"合成"为一项固定利率长期债券。这种组合内的各单项金融工具形成的金融资产或金融负债不能相互抵销。

②作为某金融负债担保物的金融资产，不能与被担保的金融负债抵销。

③企业与外部交易对手进行多项金融工具交易，同时签订"总抵销协议"。根据该协议，一旦某单项金融工具交易发生违约或解约，企业可以将所有金融工具交易以单一净额进行结算，

以减少交易对手可能无法履约造成损失的风险。如果只是存在这种总抵销协议，而交易对手尚没有违约或解约，则不能说明企业已满足金融资产和金融负债相互抵销的条件。

④保险公司在保险合同下的应收分保保险责任准备金，不能与相关保险责任准备金抵销。

⑤金融工具所形成的金融资产和金融负债具有同样的基础风险（例如，远期合同或其他衍生工具组合中的资产和负债），但涉及不同的交易对手，不能相互抵销。

⑥债务人为解除某项负债将一定的金融资产进行托管，但债权人尚未接受以这些资产清偿负债，如偿债基金安排，不能将相关金融资产和负债相互抵销。

⑦导致企业发生损失的事项而承担的义务，预期可根据保险合同向第三方索赔而得以补偿，不能相互抵销。

【例题 5·（1311）】 下列可以净额列示的是（　　　）。

A. 金融负债可以以净额列示的

B. 企业具有抵销已确认金额的法定权利，但公司管理层不打算执行

C. 甲公司与乙公司有长期合作关系，为简化结算，甲公司和乙公司在合同中明确约定，双方往来款项定期以净额结算

D. 作为某金融负债担保物的金融资产，可以与被担保的金融负债抵销后净额列示

答案：C

解析：A，金融资产和金融负债应当在资产负债表内分别列示，不得相互抵销，除非符合一定的条件。B，可以抵销的必备条件之一是"企业具有抵销已确认金额的法定权利，且该种法定权利现在是可执行的"，本选项中现在不可执行，因此不符合可抵销的条件。D，作为某金融负债担保物的金融资产，不能与被担保的金融负债抵销。

【例题 6·（2016CPA）】 下列各组资产和负债中，允许以净额在资产负债表上列示的是（　　　）。

A. 作为金融负债担保物的金融资产和被担保的金融负债

B. 与交易方明确约定定期以净额结算的应收款项和应付款项

C. 因或有事项需承担的义务和基本确定可获得的第三方赔偿

D. 基础风险相同但涉及不同交易对手的远期合同中的金融资产和金融负债

答案：B

解析：选项 A 错误，作为某金融负债担保物的金融资产，不能与被担保的金融负债抵销；选项 B 正确，同时满足净额结算的要求，可以按净额结算；选项 C 错误，对于负债部分确认为负债，对于基本确定可获得的第三方赔偿，需要单独确认为其他应收款；选项 D 错误，虽然风险相同可以作为组合处理，但交易对象不同，需要分别核算。

4. 资产负债表的编制方法

（1）"年初余额"栏的填列方法

资产负债表中的"年初余额"栏通常根据上年末有关项目的期末余额填列，且与上年末资产负债表"期末余额"栏相一致。

（2）"期末余额"栏的填列方法

"期末余额"是指相关项目某一资产负债表日的金额，即月末、季末、半年末或年末的金额。资产负债表各项目"期末余额"的数据来源，可以通过以下几种方式取得：

①根据总账科目的余额直接填列

如"交易性金融资产"、"短期借款"、"应付票据"、"应付职工薪酬"等项目。

②根据几个总账科目的余额计算填列

货币资金＝库存现金＋银行存款＋其他货币资金

③根据有关明细科目的余额计算填列

应付账款＝应付账款所属明细科目贷方余额＋预付账款所属明细科目贷方余额

预付款项＝应付账款所属明细科目借方余额＋预付账款所属明细科目借方余额

应收账款＝应收账款所属明细科目借方余额＋预收账款所属明细科目借方余额－与应收账款有关坏账准备贷方余额

预收款项＝应收账款所属明细科目贷方余额＋预收账款所属明细科目贷方余额

④根据总账科目和明细科目的余额分析计算填列

"长期借款"项目，应根据"长期借款"总账科目余额扣除"长期借款"科目所属的明细科目中将在资产负债表日起一年内到期且企业不能自主地将清偿义务展期的长期借款后的金额填列。

"长期应收款"项目，应当根据"长期应收款"总账科目余额，减去"未实现融资收益"总账科目余额，再减去所属相关明细科目中将于一年内到期的部分填列。

"长期应付款"项目，应当根据"长期应付款"总账科目余额，减去"未确认融资费用"总账科目余额，再减去所属相关明细科目中将于一年内到期的部分填列。

⑤根据总账科目与其备抵科目抵销后的净额填列

如资产负债表中的"持有至到期投资"、"长期股权投资"等项目，应根据"持有至到期投资"、"长期股权投资"等科目的期末余额减去"持有至到期投资减值准备"、"长期股权投资减值准备"等科目余额后的净额填列；"固定资产"项目，应根据"固定资产"科目期末余额减去"累计折旧"、"固定资产减值准备"科目余额后的净额填列；"无形资产"项目，应根据"无形资产"科目期末余额减去"累计摊销"、"无形资产减值准备"科目余额后的净额填列。

（二）利润表的主要项目及编制方法

1. 利润表的主要项目

利润表，是反映企业在一定会计期间经营成果的财务报表。格式及主要项目构成如下：

利润表

编制单位：××公司　　　　　　　　　××年度　　　　　　　　　单位：元

项目	本期金额	上期金额
一、营业收入		
减：营业成本		
营业税金及附加		
销售费用		
管理费用		
财务费用		
资产减值损失		

项目	本期金额	上期金额
加：公允价值变动收益（损失以"－"号填列）		
投资收益（损失以"－"号填列）		
其中：对联营企业和合营企业的投资收益		
二、营业利润（亏损以"－"号填列）		
加：营业外收入		
减：营业外支出		
其中：非流动资产处置损失		
三、利润总额（亏损总额以"－"号填列）		
减：所得税费用		
四、净利润（净亏损以"－"号填列）		
五、其他综合收益的税后净额		
（一）以后不能重分类进损益的其他综合收益		
（二）以后将重分类进损益的其他综合收益		
权益法下在被投资单位以后将重分类进损益的其他综合收益中享有的份额		
六、综合收益总额		
七、每股收益		
（一）基本每股收益		
（二）稀释每股收益		

2. 利润表的编制方法

项目	计算方法
一、营业收入	主营业务收入＋其他业务收入
二、营业利润	营业收入－营业成本－营业税金及附加－期间费用－资产减值损失±公允价值变动损益±投资收益
三、利润总额	营业利润＋营业外收入－营业外支出
四、净利润	利润总额－所得税费用
五、其他综合收益的税后净额	反映企业根据企业会计准则规定未在损益中确认的各项利得和损失扣除所得税影响后的净额
六、综合收益总额	净利润＋其他综合收益的税后净额
七、每股收益	净利润/股本

【例题 7 · (2009CPA)】甲公司 20×8 年发生的有关交易或事项如下：

（1）因出租房屋取得租金收入 120 万元。

（2）因处置固定资产产生净收益 30 万元。

（3）收到联营企业分派的现金股利 60 万元。

（4）因收发差错造成存货短缺净损失 10 万元。

（5）管理用机器设备发生日常维护支出 40 万元。

（6）办公楼所在地块的土地使用权摊销 300 万元。

（7）持有的交易性金融资产公允价值上升 60 万元。

（8）因存货市价上升转回上年计提的存货跌价准备 100 万元。

要求：根据上述资料，不考虑其他因素，回答下列第（1）题至第（2）题。

（1）甲公司 20×8 年因上述交易或事项而确认的管理费用金额是（ ）万元。

A. 240   B. 250   C. 340   D. 350

答案：D

解析：各事项的会计处理如下：

①确认其他业务收入 120 万元。

②确认营业外收入 30 万元。

③冲减确认的应收股利 60 万元。

④确认管理费用 10 万元。

⑤确认管理费用 40 万元。

⑥确认管理费用 300 万元。

⑦确认公允价值变动损益（贷方发生额）60 万元。

⑧确认资产减值损失（贷方发生额）100 万元。

确认的管理费用金额 = 10 + 40 + 300 = 350（万元）。

（2）上述交易或事项对甲公司 20×8 年营业利润的影响是（ ）万元。

A. -10   B. -40   C. -70   D. 20

答案：C

解析：上述交易或事项对甲公司 20×8 年营业利润的影响 = 120 - 10 - 40 - 300 + 60 + 100 = -70（万元）。

【例题 8 · (2011)】以下应计入其他综合收益的项目有（ ）。

A. 持有至到期投资公允价值变动

B. 现金分红

C. 股东投资时形成的股本溢价

D. 作为存货的房地产转换为采用公允价值模式进行后续计量的投资性房地产，转换时公允价值大于账面价值

E. 以权益结算的股份支付形成的资本公积

答案：D

解析："其他综合收益"项目，反映企业根据企业会计准则规定未在损益中确认的各项利得和损失扣除所得税影响后的净额。

A，持有至到期投资初始确认时，按照公允价值和相关交易费用之和作为入账金额，采用实际利率法按摊余成本进行后续计量，持有至到期投资的公允价值变动不作账务处理，持有至到

期投资重分类为可供出售金融资产时，重分类日公允价值和账面价值之间的差额计入"其他综合收益"。

B，股东大会及类似权力机构宣告分派现金股利时，借记"利润分配"，贷记"应付股利"，实际分红时，借记"应付股利"，贷记"货币资金"。

E，以权益结算的股份支付，在等待期的每个资产负债表日，借方计入管理费用等科目，贷方计入"资本公积——其他资本公积"，行权时由"资本公积——其他资本公积"转入"资本公积——股本溢价"。

【例题 9·（1406）】 可能影响所有者权益变动表但不影响净利润的有（ ）。

A. 现金流量套期工具产生的利得中属于有效套期的部分

B. 外币财务报表折算差额

C. 持有至到期投资重分类为可供出售金融资产形成的利得

D. 可供出售债务工具的减值准备的转回

E. 可供出售外币非货币性金融资产的汇兑损益

答案：ABCE

（三）现金流量表的主要项目及编制方法

1. 基本概念

（1）现金流量表，是指反映企业在一定会计期间现金和现金等价物流入和流出的报表。

（2）现金，是指企业库存现金以及可以随时用于支付的存款。不能随时支取的定期存款不属于此处的现金；提前通知金融企业便可支取的定期存款，则应包括在此处现金范围内。

（3）现金等价物，是指企业持有的期限短、流动性强、易于转换为已知金额现金、价值变动风险很小的投资。期限短，一般是指从购买日起三个月内到期。现金等价物通常包括三个月内到期的债券投资等。权益性投资变现的金额通常不确定，因而不属于现金等价物。企业应当根据具体情况，确定现金等价物的范围，一经确定不得随意变更。

【例题 10·（2014CPA）】 下列各项中，能够引起现金流量净额发生变动的是（ ）。

A. 以存货抵偿债务

B. 以银行存款支付采购款

C. 将现金存为银行活期存款

D. 以银行存款购买 2 个月内到期的债券投资

答案：B

解析：选项 A，不涉及现金流量变动；选项 B，使现金流量减少，能够引起现金流量表净额发生变动；选项 C，银行活期存款属于银行存款，不涉及现金流量变动；选项 D，2 个月内到期的债券投资属于现金等价物，银行存款换取现金等价物不涉及现金流量的变动。

（4）现金流量表按照收付实现制编制，分为经营活动现金流量、投资活动现金流量和筹资活动现金流量三个部分。

（5）现金流量表的编制方法是编制现金流量表时，列报经营活动现金流量的方法有两种：一是直接法；二是间接法。企业可根据业务量的大小及复杂程度，选择采用工作底稿法、T 形账户法，或直接根据有关科目的记录分析填列现金流量表。

2. 现金流量表正表及其项目分析

现金流量表正表

项目	本期金额	上期金额
一、经营活动产生的现金流量：		
销售商品、提供劳务收到的现金		
收到的税费返还		
收到其他与经营活动有关的现金		
经营活动现金流入小计		
购买商品、接受劳务支付的现金		
支付给职工以及为职工支付的现金		
支付的各项税费		
支付其他与经营活动有关的现金		
经营活动现金流出小计		
经营活动产生的现金流量净额		
二、投资活动产生的现金流量：		
收回投资收到的现金		
取得投资收益收到的现金		
处置固定资产、无形资产和其他长期资产收回的现金净额		
处置子公司及其他营业单位收到的现金净额		
收到其他与投资活动有关的现金		
投资活动现金流入小计		
购建固定资产、无形资产和其他长期资产支付的现金		
投资支付的现金		
取得子公司及其他营业单位支付的现金净额		
支付其他与投资活动有关的现金		
投资活动现金流出小计		
投资活动产生的现金流量净额		
三、筹资活动产生的现金流量：		
吸收投资收到的现金		
取得借款收到的现金		
收到其他与筹资活动有关的现金		
筹资活动现金流入小计		
偿还债务支付的现金		
分配股利、利润或偿付利息支付的现金		
支付其他与筹资活动有关的现金		
筹资活动现金流出小计		
筹资活动产生的现金流量净额		
四、汇率变动对现金及现金等价物的影响		
五、现金及现金等价物净增加额		
加：期初现金及现金等价物余额		
六、期末现金及现金等价物余额		

【说明】现金流量表补充资料见"3. 间接法调整计算经营活动现金流量"。

（1）经营活动产生的现金流量

经营活动，是指企业投资活动和筹资活动以外的所有交易和事项，包括销售商品或提供劳务、购买商品或接受劳务、收到返还的税费、经营性租赁、支付工资、支付广告费用、交纳各项税款等。

①销售商品、提供劳务收到的现金

"销售商品、提供劳务收到的现金"项目，反映企业销售商品、提供劳务实际收到的现金（含销售收入和应向购买者收取的增值税税额）。

②收到的税费返还

本项目反映企业收到返还的各种税费，如收到的增值税、营业税、所得税等返还款。

③收到其他与经营活动有关的现金

本项目反映企业除上述各项目外，收到的其他与经营活动有关的现金，如罚款收入、经营租赁固定资产收到的现金、投资性房地产收到的租金收入等。

④购买商品、接受劳务支付的现金

"购买商品、接受劳务支付的现金"项目，反映企业购买商品、接受劳务支付的现金（包括支付的增值税进项税额）。

⑤支付给职工以及为职工支付的现金

不包括支付给离退休人员的工资和在建工程人员的工资。

【注意】支付给离退休人员的工资在"支付其他与经营活动有关的现金"项目中反映；支付给在建工程人员的工资在"购建固定资产、无形资产和其他长期资产支付的现金"项目中反映。

（2）投资活动产生的现金流量

投资活动，是指企业长期资产的购建和不包括在现金等价物范围内的投资及其处置活动，包括取得和收回投资、购建和处置固定资产、购买和处置无形资产等。

①收回投资收到的现金

本项目反映企业出售、转让或到期收回除现金等价物以外的交易性金融资产、持有至到期投资、可供出售金融资产、长期股权投资等而收到的现金。不包括债权性投资收回的利息、收回的非现金资产，以及处置子公司及其他营业单位收到的现金净额。债权性投资收回的本金，在本项目中反映，债权性投资收回的利息，不在本项目中反映，而在"取得投资收益所收到的现金"项目中反映。

②取得投资收益收到的现金

本项目反映企业因股权性投资而分得的现金股利，因债权性投资而取得的利息收入。股票股利由于不产生现金流量，不在本项目中反映；包括在现金等价物范围内的债券性投资，其利息收入在本项目中反映。

③处置固定资产、无形资产和其他长期资产而收回的现金净额

【注意】如所收回的现金净额为负数，则在"支付其他与投资活动有关的现金"项目中反映。

④处置子公司及其他营业单位收到的现金净额

本项目反映企业处置子公司及其他营业单位所取得的现金减去子公司或其他营业单位持有的现金和现金等价物以及相关处置费用后的净额。

如本项目为负数，则在"支付其他与投资活动有关的现金"项目中反映。

⑤收到其他与投资活动有关的现金

如收回购买股票和债券时支付的已宣告但尚未发放的现金股利或已到付息期但尚未领取的债券利息。

⑥购建固定资产、无形资产和其他长期资产支付的现金

【注意】不包括为购建固定资产而发生的借款利息资本化的部分，以及融资租入固定资产支付的租赁费。（属于筹资活动的现金流量）

【注】为购建固定资产、无形资产和其他长期资产而发生的借款利息资本化部分，在"分配股利、利润或偿付利息支付的现金"项目中反映（属于筹资活动的现金流量）；融资租入固定资产所支付的租赁费，在"支付其他与筹资活动有关的现金"项目中反映（属于筹资活动的现金流量）。

⑦投资支付的现金

本项目反映企业进行权益性投资和债权性投资所支付的现金，包括企业取得的除现金等价物以外的交易性金融资产、持有至到期投资、可供出售金融资产而支付的现金，以及支付的佣金、手续费等交易费用。

⑧取得子公司及其他营业单位支付的现金净额

本项目反映企业取得子公司及其他营业单位购买出价中以现金支付的部分，减去子公司或其他营业单位持有的现金和现金等价物后的净额。

如为负数，应在"收到其他与投资活动有关的现金"项目中反映。

⑨支付其他与投资活动有关的现金

如企业购买股票和债券时，实际支付的价款中包含的已宣告但尚未发放的现金股利或已到付息期但尚未领取的债券利息。

（3）筹资活动产生的现金流量

筹资活动，是指导致企业资本及债务规模和构成发生变化的活动，包括发行股票或接受投入资本、分派现金股利、取得和偿还银行借款、发行和偿还公司债券等。

①吸收投资收到的现金

本项目反映企业以发行股票等方式筹集资金实际收到的款项净额（发行收入减去支付的佣金等发行费用后的净额）。以发行股票等方式筹集资金而由企业直接支付的审计、咨询等费用，在"支付其他与筹资活动有关的现金"项目中反映。

②取得借款收到的现金

本项目反映企业举借各种短期、长期借款而收到的现金，以及发行债券实际收到的款项净额（发行收入减去直接支付的佣金等发行费用后的净额）。

③收到其他与筹资活动有关的现金

本项目反映企业除上述各项目外，收到的其他与筹资活动有关的现金。其他与筹资活动有关的现金，如果价值较大的，应单列项目反映。

④偿还债务支付的现金

本项目反映企业以现金偿还债务的本金，包括：归还金融企业的借款本金、偿付企业到期的债券本金等。企业偿还的借款利息、债券利息，在"分配股利、利润或偿付利息支付的现金"项目中反映。

⑤分配股利、利润和偿付利息支付的现金

本项目反映企业实际支付的现金股利、支付给其他投资单位的利润或用现金支付的借款利息、债券利息。（为购建固定资产、无形资产和其他长期资产而发生的借款利息资本化部分包含

在本项目下）

⑥支付其他与筹资活动有关的现金

本项目反映企业除上述各项目外，支付的其他与筹资活动有关的现金，如以发行股票、债券等方式筹集资金而由企业直接支付的审计、咨询等费用，融资租赁各期支付的现金、以分期付款方式购建固定资产、无形资产等各期支付的现金等。其他与筹资活动有关的现金，如果价值较大的，应单列项目反映。（融资租入固定资产所支付的租赁费包含在本项目下）

（4）汇率变动对现金及现金等价物的影响

汇率变动对现金的影响，是指企业外币现金流量及境外子公司的现金流量折算成记账本币时，所采用的是现金流量发生日的汇率或即期汇率的近似汇率，而现金流量表"现金及现金等价物净增加额"项目中外币现金净增加额是按资产负债表日的即期汇率折算。这两者的差额即为汇率变动对现金的影响。

（5）现金及现金等价物净增加额

（6）期末现金及现金等价物余额

【例题 11·（2011）】以下属于筹资活动现金流量的有（　　　）。

A. 为购建固定资产、无形资产和其他长期资产而发生的借款利息资本化部分

B. 融资租入固定资产所支付的租赁费

C. 发行证券筹集资金而由企业直接支付的审计、咨询等费用

D. 购建固定资产、无形资产支付的现金

答案：ABC

解析：D，购建固定资产、无形资产支付的现金，属于投资活动的现金流量；A，为购建固定资产、无形资产和其他长期资产而发生的借款利息资本化部分，在"分配股利、利润和偿付利息支付的现金"项下反映，属于筹资活动的现金流量；B，融资租入固定资产所支付的租赁费，在"支付其他与筹资活动有关的现金"项下反映，属于筹资活动的现金流量；C，发行证券筹集资金而由企业直接支付的审计、咨询等费用在"支付其他与筹资活动有关的现金"项下反映，属于筹资活动的现金流量。

【例题 12·（1406）】关于现金流量表的编制，以下说法正确的有（　　　）。

A. 融资租入固定资产所支付的租赁费列入支付其他与筹资活动有关的现金

B. 公司转让一项专利权的使用权收到的现金列入收到其他与经营活动有关的现金

C. 处置子公司收到的现金列入收回投资收到的现金

D. 收到政府的补助收入均列入收到其他与经营活动有关的现金

答案：ACD

解析：B，专利权属于无形资产，属于投资活动现金流量，应在"处置固定资产、无形资产和其他长期资产而收回的现金净额"核算。

【例题 13·（1505）】以下属于经营活动产生的现金流量有（　　　）。

A. 税收返还

B. 为管理层购买商业保险

C. 融资租入固定资产产生的租金

D. 支付给离退休人员的工资

答案：ABD

解析：融资租入固定资产产生的租金属于筹资活动产生的现金流量。

【例题 14 · （2014CPA）】在编制现金流量表时，下列现金流量中属于经营活动现金流量的有（　　）。

A. 当期缴纳的所得税

B. 收到的活期存款利息

C. 发行债券过程中支付的交易费用

D. 支付的基于股份支付方案给予高管人员的现金增值额

答案：ABD

解析：选项 C，属于筹资活动现金流量。

【例题 15 · （1610）】乙公司是非金融企业，在编制管理用现金流量表进行财务分析时，下列经济活动中，可能影响管理用现金流量表中经营活动现金流量的有（　　）。

A. 经营活动

B. 生产性资产投资活动

C. 支付利息

D. 债券筹资、买卖金融资产

E. 分配活动

答案：AB

解析：管理用现金流量表相关内容如下表所示。

经营活动现金流量	经营活动现金流量是指企业因销售商品或提供劳务等营运活动以及与此相关的生产性资产投资活动产生的现金流量；经营现金流量代表了企业经营活动的全部成果，是企业生产的现金，因此又称为实体经营现金流量
融资活动现金流量	①债务现金流量是与债权人之间的交易形成的现金流，包括支付利息、偿还或借入债务，以及金融资产购入或出售 ②股权现金流量是与股东之间的交易形成的现金流，包括股利分配、股份发行和回购等

【例题 16 · （1610）】根据《企业会计准则》的规定，假设下列所有交易均为以现金或现金等价物结算的交易，下列关于现金流量表的编制，说法正确的有（　　）。

A. 支付给离休人员的工资应列入"支付其他与经营活动有关的现金"项目

B. 出售交易性金融资产收到的现金应列入"取得投资收益收到的现金"项目

C. 融资租入固定资产所支付的租赁费应列入"支付其他与筹资活动有关的现金"项目

D. 公司发行股票支付的佣金应列入"支付其他与筹资活动有关的现金"项目

E. 因购货退回而收到的现金应列入"收到其他与经营活动有关的现金"项目

答案：AC

解析：A 正确，支付给离休人员的工资不应列入"支付给职工以及为职工支付的现金"，应该列入"支付其他与经营活动有关的现金"；B 错误，出售交易性金融资产收到的现金应列入"收回投资收到的现金"；C 正确；D 错误，公司发行股票支付的佣金，应在募集资金中直接扣除，并将净额列入"吸收投资收到的现金"；E 错误，企业因购货退回而收到的现金，应作为现金流量表中"购买商品、接受劳务支付的现金"项目的减项列示。

【例题 17 · （2013CPA）】甲公司 20×2 年发生与现金流量相关的交易或事项包括：（1）以

现金支付管理人员的现金股票增值权 500 万元；（2）办公楼换取股权交易中，以现金支付补价 240 万元；（3）销售 A 产品收到现金 5 900 万元；（4）支付经营租入固定资产租金 300 万元；（5）支付管理人员报销差旅费 2 万元；（6）发行权益性证券收到现金 5 000 万元。下列各项关于甲公司 20×2 年现金流量相关的表述中，正确的有（　　　）。

A. 经营活动现金流出 802 万元

B. 经营活动现金流入 5 900 万元

C. 投资活动现金流出 540 万元

D. 筹资活动现金流入 10 900 万元

答案：AB

解析：经营活动现金流出 = 500 + 300 + 2 = 802（万元），选项 A 正确；经营活动现金流入为 5 900 万元，选项 B 正确；投资活动现金流出为 240 万元，选项 C 错误；筹资活动现金流入为 5 000万元，选项 D 错误。

【例题 18·（2015CPA）】 甲公司为制造企业，20×4 年发生的现金流量包括：（1）将销售产生的应收账款申请保理，取得现金 1 200 万元，银行对于标的债券具有追索权；（2）购入作为交易性金融资产核算的股票支付现金 200 万元；（3）收到保险公司对存货损毁的赔偿款 120 万元；（4）收到所得税返还款 260 万元；（5）向其他方提供劳务收取现金 400 万元。不考虑其他因素。甲公司 20×4 年经营活动产生的现金流量净额是（　　　）。

A. 780 万元　　　　　　B. 2 180 万元　　　　　　C. 980 万元　　　　　　D. 1 980 万元

答案：A

解析：事项（1）属于筹资活动；事项（2）属于投资活动；其他事项属于经营活动，产生的经营活动现金流量净额 = 120 + 260 + 400 = 780（万元）。

3. 间接法调整计算经营活动现金流量

现金流量表补充资料表

补充资料	本期金额	上期金额
1. 将净利润调节为经营活动现金流量		
净利润		
加：资产减值准备		
固定资产折旧、油气资产折耗、生产性生物资产折旧		
无形资产摊销		
长期待摊费用摊销		
处置固定资产、无形资产和其他长期资产的损失（收益以"－"号填列）		
固定资产报废损失（收益以"－"号填列）		
公允价值变动损失（收益以"－"号填列）		
财务费用（收益以"－"号填列）		
投资损失（收益以"－"号填列）		
递延所得税资产减少（增加以"－"号填列）		
递延所得税负债增加（减少以"－"号填列）		

续表

补充资料	本期金额	上期金额
存货的减少（增加以"－"号填列）		
经营性应收项目的减少（增加以"－"号填列）		
经营性应付项目的增加（减少以"－"号填列）		
其他		
经营活动产生的现金流量净额		
2. 不涉及现金收支的重大投资和筹资活动		
债务转为资本		
一年内到期的可转换公司债券		
融资租入固定资产		
3. 现金及现金等价物净变动情况		
现金的期末余额		
减：现金的期初余额		
加：现金等价物的期末余额		
减：现金等价物的期初余额		
现金及现金等价物净增加额		

将净利润调节为经营活动现金流量：

净利润

　+（1）资产减值准备

　+（2）固定资产折旧（不含计入"在建工程"或"研发支出——资本化支出"的固定资产折旧）

　+（3）无形资产摊销（不含计入"在建工程"或"研发支出——资本化支出"的无形资产摊销）

　+（4）长期待摊费用摊销

　+（5）处置固定资产、无形资产和其他长期资产的损失（收益以"－"号填列）

　+（6）固定资产报废损失（收益以"－"号填列）

　+（7）公允价值变动损失（收益以"－"号填列）

　+（8）财务费用（收益以"－"号填列）（不含与经营活动有关的财务费用）

　+（9）投资损失（收益以"－"号填列）

　+（10）递延所得税资产减少（增加以"－"号填列）

　+（11）递延所得税负债增加（减少以"－"号填列）

　+（12）存货的减少（增加以"－"号填列）（不含计入投资活动和筹资活动部分）

　+（13）经营性应收项目的减少（增加以"－"号填列）（不含计入投资活动和筹资活动部分）

＝经营活动产生的现金流量净额

【说明】考试时会给出一些事项，问在间接法反映经营活动现金流量时是否为调整事项。也可能会给出净利润，然后给出一些需要调整的事项，要求以净利润为基础计算出经营活动现金流量净额。如果经营活动现金流量和净利润同等变化，就不需要调整，否则就需要调整，具体主要有以下三种事项：

（1）不影响净利润的经营活动现金收付（不影响净利润的其他活动现金收付不调整）。

（2）影响净利润但未发生现金收付的事项。

（3）经营性应收、应付项目的增减变动。

总结如下表：

将净利润调节为经营活动现金流量	备注
净利润	
加：资产减值准备	此类项目只影响净利润，不影响现金流，所以反向调整
固定资产折旧、生产性生物资产折旧	
无形资产摊销	
长期待摊费用摊销	
公允价值变动损失（收益以"－"号填列）	
处置固定资产、无形资产和其他长期资产的损失（收益以"－"号填列）	此类项目虽然影响利润和现金流，但是属于投资活动或筹资活动现金流，所以反向调整
固定资产报废损失（收益以"－"号填列）	
财务费用（收益以"－"号填列）应收票据贴现支出不作调整	
投资损失（收益以"－"号填列）	
递延所得税资产减少（增加以"－"号填列）	借记所得税，贷记递延所得税负债。递延所得税负债↗，所得税↗，净利润↘，但现金没动。所以反向调整
递延所得税负债增加（减少以"－"号填列）	
经营性应收项目的减少（增加以"－"号填列）	剩余三个项目见下图
经营性应付项目的增加（减少以"－"号填列）	
存货的减少（增加以"－"号填列）	
其他	
经营活动产生的现金流量净额	

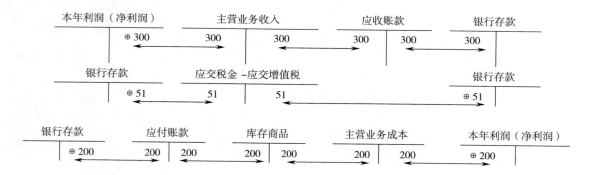

【例题 19 · （2011）】以下属于间接法编制现金流量表应调整的项目有（ ）。

A. 固定资产处置收益
B. 应收账款增加
C. 支付现金股利
D. 资产减值损失转回
E. 递延所得税负债增加

答案：ABDE

解析：C，支付现金股利，虽然不影响净利润，但其影响的是筹资活动现金流，不影响经营性现金流变动，无须调整。

【例题 20 · （1306）】间接法调节经营活动现金流量，以下属于调增项目的有（ ）。

A. 销售商品导致存货减少
B. 递延所得税负债减少
C. 固定资产报废的损失
D. 计入在建工程的无形资产摊销
E. 贴现汇票的利息支出

答案：AC

解析：使净利润减少的为调增项目，在资产负债表项目中涉及会计科目贷方的为调增项目。其中，计入在建工程或研发出的固定资产折旧、无形资产摊销不予调整（属于投资活动）；调整时不考虑与经营活动有关的财务费用（如票据贴现息、现金折扣等）。A 项为资产负债项目贷方，B 项为资产负债项目借方，C 项为利润减少，D 项和 E 项为不予调整项。故调增项选 AC。

【例题 21 · （1509）】某企业当期净利润为 600 万元，投资收益为 100 万元，财务费用为 100 万元，其中与筹资活动有关的财务费用 50 万元，销售产品应收票据贴现的利息支出 50 万元，经营性应收项目增加 75 万元，经营性应付项目减少 25 万元，固定资产折旧 60 万元，其中计入在建工程 20 万元，计入管理费用 40 万元，无形资产摊销 10 万元，全部影响当期净利润。没有其他影响经营活动现金流量的项目，则该企业当期经营活动产生的现金流量净额为（ ）万元。

A. 400
B. 850
C. 450
D. 500

答案：D

解析：该企业当期经营活动产生的现金流量净额 = 600 − 100 + 50 − 75 − 25 + 40 + 10 = 500（万元），注意，销售产品应收票据贴现的利息支出 50 万元与计入在建工程 20 万元的固定资产折旧不予调整。

（四）所有者权益变动表的内容及编制方法（略）

三、财务报告附注的有关披露要求

附注是财务报表的重要组成部分。附注应当按照如下顺序披露有关内容：

（一）企业的基本情况

1. 企业注册地、组织形式和总部地址。

2. 企业的业务性质和主要经营活动，如企业所处的行业、所提供的主要产品或服务、客户的性质、销售策略、监管环境的性质等。

3. 母公司以及集团最终母公司的名称。

4. 财务报告的批准报出者和财务报告批准报出日。

（二）财务报表的编制基础

（三）遵循企业会计准则的声明

企业应当明确说明编制的财务报表符合企业会计准则的要求，真实、公允地反映企业的财务状况、经营成果和现金流量等有关信息，以此明确企业编制财务报表所依据的制度基础。如果企业编制的财务报表只是部分地遵循了企业会计准则，附注中不得作出这种表述。

（四）重要会计政策和会计估计

企业应当披露采用的重要会计政策和会计估计，不重要的会计政策和会计估计可以不披露。例如，为正在进行中的诉讼确认预计负债时最佳估计数的确定依据等。这些假设的变动对这些资产和负债项目金额的确定影响很大，有可能会在下一个会计年度内作出重大调整。因此，强调这一披露要求，有助于提高财务报表的可理解性。

（五）会计政策和会计估计变更以及差错更正的说明

企业应当按照《企业会计准则第28号——会计政策、会计估计变更和差错更正》及其应用指南的规定，披露会计政策和会计估计变更以及差错更正的有关情况。

（六）重要报表项目的说明

企业应当以文字和数字描述相结合，尽可能以列表形式披露报表重要项目的构成或当期增减变动情况，并且报表重要项目的明细金额合计，应当与报表项目金额相衔接。在披露顺序上，一般应当按照资产负债表、利润表、现金流量表、所有者权益变动表的顺序及其项目列示的顺序。

（七）其他需要说明的重要事项

主要包括或有和承诺事项、资产负债表日后非调整事项、关联方关系及其交易等，具体的披露要求须遵循相关准则的规定。资产负债表日后事项，已经作为调整事项调整会计报表有关项目数字的，除法律、法规以及其他会计准则另有规定外，不需要在会计报表附注中进行披露。

【例题1·（1605）】根据企业会计准则，下列各项属于甲公司2015年财务报表附注中应当披露的信息的有（　　）。

A. 甲公司的组织形式

B. 甲公司销售的商品在资产负债表日后事项期间发生退回的情况说明

C. 甲公司财务报告批准报出者

D. 甲公司对一项正在进行中的诉讼确认预计负债时最佳估计数的确定依据

E. 甲公司的母公司名称

答案：ACDE

四、分部报告的内容和披露要求

报告分部的确定与内容

1. 重要性标准的判断

企业应当以经营分部为基础确定报告分部，经营分部满足下列三个条件之一的，应当确定为报告分部：

（1）该分部的分部资产占所有分部资产合计的10%或者以上。［分部资产/$\sum$分部资产$\geqslant 10\%$］

（2）该分部的分部收入占所有分部收入合计的10%或者以上。［分部收入/$\sum$分部收入$\geqslant 10\%$］

（3）该分部的分部利润（亏损）的绝对额，占所有盈利分部利润合计额或者所有亏损分部亏损合计额的绝对额两者中较大者的10%或者以上。

【注】（1）分部收入通常不包括下列项目：①利息收入与股利收入（采用成本法核算的长期股权投资取得的股利收入），但分部的日常活动是金融性质的除外。②营业外收入。③处置投资产生的净收益，但分部的日常活动是金融性质的除外。④采用权益法核算的长期股权投资确

认的投资收益，但分部的日常活动是金融性质的除外。

（2）分部费用通常不包括下列项目：①利息费用（包括因预收或向其他分部借款而确认的利息费用），如发行债券等，但分部的日常活动是金融性质的除外。②营业外支出。③处置投资产生的净损失，但分部的日常活动是金融性质的除外。④采用权益法核算的长期股权投资确认的投资损失，但分部的日常活动是金融性质的除外。⑤与企业整体相关的管理费用和其他费用。

（3）分部资产，是指分部经营活动使用的可归属于该分部的资产，不包括递延所得税资产。

2. 低于10%重要性标准的选择

经营分部未满足上述10%重要性标准的，可以按照下列规定确定报告分部：

（1）直接指定

企业管理层认为披露该经营分部信息对会计信息使用者有用的，无论该经营分部是否满足10%的重要性标准，企业可以直接将其指定为报告分部。

（2）与其他相似经营分部合并

对于企业未满足10%临界线的经营分部，可将该经营分部与一个或一个以上的具有相似经济特征、满足经营分部合并条件的其他经营分部合并，作为一个报告分部。

（3）不作为报告分部的经营分部，应当将该经营分部的信息与其他组成部分的信息合并，作为其他项目单独披露。

3. 报告分部75%的标准

企业的经营分部达到规定的10%重要性标准认定为报告分部后，确定为报告分部的经营分部的对外交易收入合计额占合并总收入或企业总收入的比重应当达到75%的比例。

如果未达到75%的标准，企业必须增加报告分部的数量，将其他未作为报告分部的经营分部纳入报告分部的范围，直到该比重达到75%。此时，其他未作为报告分部的经营分部很可能未满足前述规定的10%重要性标准，但为了使报告分部的对外交易收入合计额占合并总收入或企业总收入的总体比重能够达到75%的比例要求，也应当将其确定为报告分部。

4. 报告分部的数量≤10个

如果报告分部的数量超过10个，企业应当考虑将具有相似经济特征、满足经营分部合并条件的报告分部进行合并，以使合并后的报告分部数量不超过10个。

5. 为提供可比信息确定报告分部

对于某一经营分部而言，是否确定为报告部分，除应当遵循相应的确定标准以外，还应当考虑不同会计期间分部信息的可比性和一贯性。

（1）上期满足报告分部的确定条件确定为报告分部，本期并不满足报告分部的确定条件

此时，如果企业认为单独披露该经营分部的信息能够更有助于会计信息使用者了解企业的整体情况，则不需考虑该经营分部的重要性标准，仍应当将该经营分部确定为本期的报告分部。

（2）本期满足报告分部的确定条件确定为报告分部，但上期并不满足报告分部的确定条件未确定为报告分部

此时，出于比较目的提供的以前会计期间的分部信息应当重述，即使其不满足确定为报告分部的条件，也应将该经营分部反映为一个报告分部。

【例题1·（2011）】可以将经营分部确定为报告分部的情形有（   ）。

A. 该分部的资产占所有分部资产合计的10%

B. 该分部的利润占所有分部利润之和或所有分部亏损之和绝对值的10%

C. 该分部亏损占所有分部利润之和或所有分部亏损之和绝对值的较高者的10%

D. 该分部的收入占所有分部收入合计的 10%

答案：AD

【例题 2·（1306）】 下列关于分部报告的说法正确的是（　　）。

A. 企业应当以业务分部或地区分部为基础确定报告分部

B. 报告分部不能超过 10 个，超过 10 个的，应该合并处理

C. 递延所得税资产不计入分部资产

D. 营业外支出不计入分部费用

答案：BCD

解析：企业应当以业务分部为基础确定报告分部。

【例题 3·（1311）】 下列报告分部的确定正确的是（　　）。

A. 该经营分部的分部收入占所有分部收入合计的 10% 或者以上

B. 该分部的营业利润占全部营业利润的 10% 或者以上

C. 该分部的分部资产占所有分部资产合计额的 10% 或者以上

D. 该分部的亏损占全部亏损的 10% 或者以上

E. 企业的经营分部达到规定的 10% 重要性标准确认为报告分部后，确定为报告分部的经营分部的对外交易收入合计额占合并总收入或企业总收入的比重应当达到 75% 的比例。如果未达到 75% 的标准，企业必须增加报告分部的数量，将其他未作为报告分部的经营分部纳入报告分部的范围，直到该比重达到 75%

答案：ACE

【例题 4·（2015CPA）】 下列各经营分部中，应当确定为报告部分的有（　　）。

A. 该分部的分部负债占所有分部负债合计的 10% 或者以上

B. 该分部的分部利润（亏损）绝对额占所有盈利分部利润合计额或所有亏损分部亏损合计额较大者的 10% 或者以上

C. 该分部的分部收入占所有分部收入合计额的 10% 或者以上

D. 该分部的分部资产占所有分部资产合计额的 10% 或者以上

答案：BCD

解析：选项 A，该分部的分部资产占所有分部资产合计额的 10% 或者以上，应当确认为报告分部。

【例题 5·（1511）】 企业将某经营分部确定为报告部分，可能满足的条件有（　　）。

A. 该分部的分部收入占所有分部收入合计的 10% 以上

B. 该分部的分部利润的绝对值占所有分部利润合计数的绝对值 10% 以上

D. 该分部的分部净资产占所有分部净资产合计额的 10% 以上

D. 该分部的分部费用总额占所有分部净费用总额的 10% 以上

E. 尽管不满足 10% 的重要性标准，但管理层认为披露该经营分部的信息有利于会计信息使用者，因此将其确定为报告分部

答案：AE

解析：企业应当以经营分部为基础确定报告分部，经营分部满足下列三个条件之一的，应当确定为报告分部：（1）该分部的分部资产占所有分部资产合计的 10% 或者以上［分部资产/ $\sum$ 分部资产≥10%］；（2）该分部的分部收入占所有分部收入合计的 10% 或者以上［分部收入/ $\sum$ 分部收入≥10%］；（3）该分部的分部利润（亏损）的绝对额，占所有盈利分部利润合计额

或者所有亏损分部亏损合计额的绝对额两者中较大者的 10% 或者以上。

B 项错误，分母应为盈利分部利润合计额或者所有亏损分部亏损合计额的绝对额两者中较大者；D 项错误，没有分部费用这个说法；E 项正确，企业管理层认为披露该经营分部信息对会计信息使用者有用的，无论该经营分部是否满足 10% 的重要性标准，企业可以直接将其指定为报告分部。

五、关联方关系、关联方交易及其披露

说明：2014 年 12 月大纲本部分内容删除。

（一）构成关联方关系的情形

1. 构成关联方关系的情形

一方控制、共同控制另一方或对另一方施加重大影响，以及两方或两方以上同受一方控制、共同控制的，构成关联方。关联方关系是指有关联的各方之间的关系。

具体包括以下情形：

（1）该企业的母公司，不仅包括直接或间接地控制该企业的其他企业，也包括能够对该企业实施直接或间接控制的单位等。

①某一个企业直接控制一个或多个企业。例如，母公司控制一个或若干个子公司，则母公司与子公司之间存在关联方关系。

②某一个企业通过一个或若干中间企业间接控制一个或多个企业。例如，母公司通过其子公司，间接控制子公司的子公司，表明母公司与其子公司的子公司存在关联方关系。

③一个企业直接地和通过一个或若干中间企业间接地控制一个或多个企业。例如，母公司对某一企业的投资虽然没有达到控股的程度，但由于其子公司也拥有该企业的股份或权益，如果母公司与其子公司对该企业的投资之和达到拥有该企业一半以上表决权资本的控制权，则母公司直接和间接地控制该企业，表明母公司与该企业之间存在关联方关系。

（2）该企业的子公司，包括直接或间接地被该企业控制的其他企业，也包括直接或间接地被该企业控制的企业、单位、基金等特殊目的实体。

（3）与该企业受同一母公司控制的其他企业。例如，A 公司和 B 公司同受 C 公司控制，从而 A 公司和 B 公司之间构成关联方关系。

（4）对该企业实施共同控制的投资方。这里的共同控制包括直接的共同控制和间接的共同控制。对企业实施直接或间接共同控制的投资方与该企业之间是关联方关系，但这些投资方之间并不能仅仅因为共同控制了同一家企业而视为存在关联方关系。例如，A、B、C 三个企业共同控制 D 企业，从而 A 和 D、B 和 D，以及 C 和 D 成为关联方关系。如果不存在其他关联方关系，A 和 B，A 和 C 以及 B 和 C 之间不构成关联方关系。

（5）对该企业施加重大影响的投资方。

这里的重大影响包括直接的重大影响和间接的重大影响。对企业实施重大影响的投资方与该企业之间是关联方关系，但这些投资方之间并不能仅仅因为对同一家企业具有重大影响而视为存在关联方关系。

（6）该企业的各合营方。合营企业包括合营企业的子公司。合营企业是以共同控制为前提的，两方或多方共同控制某一企业时，该企业则为投资者的合营企业。例如，A、B、C、D 企业各占 F 企业有表决权资本的 25%，按照合同规定，投资各方按照出资比例控制 F 企业，由于出资比例相同，F 企业由 A、B、C、D 企业共同控制，在这种情况下，A 和 F、B 和 F、C 和 F 以及 D 和 F 之间构成关联方关系，但 A、B、C、D 之间并不因此构成关联方关系。（与"4"是相

互关系，实质是一样的）

（7）该企业的联营企业。联营企业包括联营企业的子公司。联营企业和重大影响是相联系的，如果投资者能对被投资企业施加重大影响，则该被投资企业应被视为投资者的联营企业。（与"5"是相互关系，实质是一样的）

（8）该企业的主要投资者个人及与其关系密切的家庭成员。主要投资者个人，是指能够控制、共同控制一个企业或者对一个企业施加重大影响的个人投资者。

①某一企业与其主要投资者个人之间的关系。例如，张三是 A 企业的主要投资者，则 A 企业与张三构成关联方关系。

②某一企业与其主要投资者个人关系密切的家庭成员之间的关系。例如，A 企业的主要投资者张三的儿子与 A 企业构成关联方关系。

（9）该企业或其母公司的关键管理人员及与其关系密切的家庭成员。关键管理人员，是指有权力并负责计划、指挥和控制企业活动的人员。通常情况下，企业关键管理人员负责管理企业的日常经营活动，并且负责制订经营计划、战略目标、指挥调度生产经营活动等，主要包括董事长、董事、董事会秘书、总经理、总会计师、财务总监、主管各项事务的副总经理以及行使类似决策职能的人员等。

①某一企业与其关键管理人员之间的关系。例如，A 企业的总经理与 A 企业构成关联方关系。

②某一企业与其关键管理人员关系密切的家庭成员之间的关系。例如，A 企业的总经理张三的儿子张小三与 A 企业构成关联方关系。

（10）该企业主要投资者个人、关键管理人员或与其关系密切的家庭成员控制、共同控制的其他企业。与主要投资者个人或关键管理人员关系密切的家庭成员，是指在处理与企业的交易时可能影响该个人或受该个人影响的家庭成员，如父母、配偶、兄弟、姐妹和子女等。对于这类关联方，应当根据主要投资者个人、关键管理人员或与其关系密切的家庭成员对两家企业的实际影响力具体分析判断。

①某一企业与受该企业主要投资者个人控制、共同控制或施加重大影响的其他企业之间的关系。例如，A 企业的主要投资者 H 拥有 B 企业 60% 的表决权资本，则 A 和 B 存在关联方关系。

②某一企业与受该企业主要投资者个人关系密切的家庭成员控制、共同控制或施加重大影响的其他企业之间的关系。例如，A 企业的主要投资者 Y 的妻子拥有 B 企业 60% 的表决权资本，则 A 和 B 存在关联方关系。

③某一企业与受该企业关键管理人员控制、共同控制的其他企业之间的关系。例如，A 企业的关键管理人员 H 控制了 B 企业，则 A 和 B 存在关联方关系。

④某一企业与受该企业关键管理人员关系密切的家庭成员控制、共同控制或施加重大影响的其他企业之间的关系。例如，A 企业的财务总监 Y 的妻子是 B 企业的董事长，则 A 和 B 存在关联方关系。

特别需要注意的是，企业设立的企业年金基金，也构成企业的关联方。

2. 不构成关联方关系的情况（比"1"更重要，熟记）

（1）与该企业发生日常往来的资金提供者、公用事业部门、政府部门和机构，以及因与该企业发生大量交易而存在经济依存关系的单个客户、供应商、特许商、经销商和代理商之间，不构成关联方关系。

（2）与该企业共同控制合营企业的合营者之间，通常不构成关联方关系。

（3）受同一方重大影响的企业之间不构成关联方关系。

（4）仅仅同受国家控制而不存在控制、共同控制或重大影响关系的企业，不构成关联方关系。

【例题1·（1306）】 根据企业会计准则的规定，下列不属于关联方的是（　　）。

A. 同时受国资委控制的两个企业，无其他控制、共同控制重大影响关系

B. 与该企业发生大量交易而存在经济依存关系的单个客户

C. 与该企业发生日常往来的资金提供者、公用事业部门、政府部门和机构

D. 企业设立的企业年金基金

答案：ABC

【例题2·（1306）】 甲公司持有乙公司35%的股份，并向乙公司派一名董事，乙公司持有丙公司55%的股份，根据企业会计准则的规定，甲和丙属于关联方关系。

答案：√

解析：甲公司持有乙公司35%的股份，并向乙公司派一名董事，甲对乙有重大影响，乙公司持有丙公司55%的股份，乙控制丙，乙公司为联营企业，甲公司为联营企业投资方，丙公司为联营企业的子公司，甲与丙属于关联方关系。（公式：A重大影响B控制C，A与C为关联方关系）

（二）关联方交易的类型

存在关联方关系的情况下，关联方之间发生的交易为关联方交易，关联方的交易类型主要有：

1. 购买或销售商品

购买或销售商品是关联方交易较常见的交易事项，例如，企业集团成员企业之间互相购买或销售商品，形成关联方交易。

2. 购买或销售除商品以外的其他资产

例如，母公司出售给其子公司设备或建筑物等。

3. 提供或接受劳务

例如，A企业是B企业的联营企业，A企业专门从事设备维修服务，B企业的所有设备均由A企业负责维修，B企业每年支付设备维修费用300万元，该维修服务构成A企业与B企业的关联方交易。

4. 担保

担保包括在借贷、买卖、货物运输、加工承揽等经济活动中，为了保障其债权实现而实行的担保等。当存在关联方关系时，一方往往为另一方提供为取得借款、买卖等经济活动中所需要的担保。

5. 提供资金（贷款或股权投资）

例如，企业从其关联方取得资金，或权益性资金在关联方之间的增减变动等。

6. 租赁

租赁通常包括经营租赁和融资租赁等，关联方之间的租赁合同也是主要的交易事项。

7. 代理

代理主要是依据合同条款，一方可为另一方代理某些事务，如代理销售货物，或代理签订合同等。

8. 研究与开发项目的转移

在存在关联方关系时，有时某一企业所研究与开发的项目会由于一方的要求而放弃或转移给其他企业。例如，B公司是A公司的子公司，A公司要求B公司停止对某一新产品的研究和试制，并将B公司研究的现有成果转给A公司最近购买的、研究与开发能力超过B公司的C公

司继续研制，形成关联方交易。

9. 许可协议

当存在关联方关系时，关联方之间可能达成某项协议，允许一方使用另一方商标等，从而形成了关联方之间的交易。

10. 代表企业或由企业代表另一方进行债务结算

11. 关键管理人员薪酬

企业支付给关键管理人员的报酬，也是一项主要的关联方交易。

【例题3·（模拟）】 以下构成关联交易的是（　　　）。

A. 母公司将设备出售给其子公司

B. 母公司经营租赁子公司房屋建筑物

C. 子公司融资租赁母公司一条生产线

D. B 公司是 A 公司的子公司，A 公司要求 B 公司停止对某一新产品的研究和试制，并将 B 公司研究的现有成果转给 A 公司最近购买的、研究与开发能力超过 B 公司的 C 公司继续研制。

答案：ABCD

解析：关联方之间的融资租赁和经营租赁均构成关联交易。

（三）关联方关系及关联方交易的披露内容和要求

1. 企业无论是否发生关联方交易，均应当在附注中披露与该企业之间存在直接控制关系的母公司和子公司有关的信息。

（1）母公司不是该企业最终控制方的，还应当披露企业集团内对该企业享有最终控制权的企业（或主体）的名称。

（2）母公司和最终控制方均不对外提供财务报表的，还应当披露母公司之上与其最相近的对外提供财务报表的母公司名称。

2. 企业与关联方发生关联方交易的，应当在附注中披露该关联方关系的性质、交易类型及交易要素。

关联方交易的披露应遵循重要性原则，对企业财务状况、经营成果有重大影响的关联交易，应当分别关联方以及交易类型披露，不具有重要性的，类型相似的非重大交易可合并披露。

3. 对外提供合并财务报表的，对于已经包括在合并范围内各企业之间的交易不予披露。

合并范围内的各企业之间的交易在合并时均予以抵销。

上述关于关联方披露的要求如下表所示：

具体情形		如何披露
（1）无论企业是否发生关联交易均应披露的关联方信息	①母公司是该企业最终控制方的	披露与该企业之间存在直接控制关系的母公司和子公司有关的信息
	②母公司不是该企业最终控制方的	A. 披露与该企业之间存在直接控制关系的母公司和子公司有关的信息 B. 还应当披露企业集团内对该企业享有最终控制权的企业（或主体）的名称
	③母公司和最终控制方均不对外提供财务报表	在上述②披露的基础上还应披露母公司之上与其最相近的对外提供财务报表的母公司名称

续表

具体情形		如何披露	
（2）企业与关联方发生关联交易的应该披露的关联方信息	除（1）中应披露的外，还应当在附注中披露该关联方关系的性质、交易类型及交易要素	①关联方交易重要的，即关联方交易对企业财务状况、经营成果有重大影响的	应当分别关联方以及交易类型披露
		②关联方交易不重要的	类型相似的非重大交易可合并披露
（3）对外提供合并财务报表的	对于已经包括在合并范围内各企业之间的交易不予披露		

【例题4·（1306）】 根据企业会计准则的规定，下列关于关联方披露的说法正确的有（　　）。

A. 企业与关联方发生关联方交易的，应当在附注中披露该关联方关系的性质、交易类型及交易要素

B. 对企业财务状况、经营成果有重大影响的关联交易，应当分别关联方以及交易类型予以披露，类型相似的非重大交易可合并披露

C. 企业无论是否发生关联方交易，均应当在附注中披露与该企业之间存在直接控制关系的母公司和子公司有关的信息

D. 关联方交易的披露应遵循重要性原则，对企业财务状况、经营成果没有重大影响的关联交易可以不披露

答案：AC

解析：B，不具有重要性的，类型相似的非重大交易可合并披露。D，企业与关联方发生关联方交易的，应当在附注中披露该关联方关系的性质、交易类型及交易要素。关联交易不具有重要性的，类型相似的非重大交易可合并披露，但不能不披露。

【例题5·（2016CPA）】 不考虑其他因素，下列各方中，构成甲公司关联方的有（　　）。

A. 与甲公司同受重大影响的乙公司

B. 甲公司财务总监之妻投资设立并控制的丁公司

C. 与甲公司共同经营华新公司的丙公司

D. 甲公司受托管理且能主导相关投资活动的戊资产管理计划

答案：BD

解析：选项A，受同一方重大影响的企业之间不构成关联方；选项C，与该企业共同控制合营企业的合营者之间不构成关联方。

【例题6·（模拟）】 甲公司是报告主体，X公司是甲公司的子公司，乙公司是甲公司的母公司，丙公司是乙公司的母公司，丁公司是丙公司的母公司，自然人张某为丁公司的实际控制人，乙公司不对外提供财务报表，丙公司、丁公司均对外提供财务报表，则根据企业会计准则的规定，应在附注中披露的关联方信息有（　　）。

A. X公司的相关信息　　　　B. 乙公司的相关信息

C. 丙公司的名称　　　　　　D. 丁公司的名称

E. 自然人张某的姓名

答案：ABCE

解析：企业无论是否发生关联方交易，均应当在附注中披露与该企业之间存在直接控制关

系的母公司和子公司有关的信息，AB应选；母公司不是该企业最终控制方的，还应当披露企业集团内对该企业享有最终控制权的企业（或主体）的名称，E应选；母公司和最终控制方均不对外提供财务报表的，还应当披露母公司之上与其最相近的对外提供财务报表的母公司名称，C应选，D不应选。

【例题7·（模拟）】 根据企业会计准则的规定，下列关于关联方披露的说法正确的有（　　）。

A. 企业与关联方发生关联方交易的，应当在附注中披露该关联方关系的性质、交易类型及交易要素。如果该关联交易不具有重要性，即对企业财务状况、经营成果没有重大影响，则类型相似的交易可合并披露

B. 不管企业是否与关联方发生关联方交易，均应当在附注中披露该关联方关系的性质、交易类型及交易要素

C. 企业无论是否发生关联方交易，均应当在附注中披露与该企业之间存在直接控制关系的母公司和子公司有关的信息

D. 企业只有发生了关联交易，才需要在附注中披露与该企业之间存在直接控制关系的母公司和子公司有关的信息

E. 不管企业是否对外提供合并财务报表，对于已经包括在合并范围内各企业之间的交易均应予以披露

答案：C

解析：A，关联方交易的披露应遵循重要性原则，对企业财务状况、经营成果有重大影响的关联交易，应当分别关联方以及交易类型披露，不具有重要性的，类型相似的非重大交易可合并披露。

（四）关联交易公允的条件（略）

六、中期财务报告的构成及编制要求

说明：2014年12月大纲删除对本部分内容的要求。

（一）中期财务报告定义及其构成

1. 定义

中期财务报告，是指以中期为基础编制的财务报告。中期财务报告包括月度财务报告、季度财务报告、半年度财务报告，也包括年初至本中期末的财务报告（如1月1日至9月30日）。

2. 中期财务报告的构成

（1）中期财务报告由3表加1注（资产负债表、利润表、现金流量表、附注）构成，所有者权益（或股东权益）变动表不强制要求，企业可根据需要自行决定。

（2）中期资产负债表、利润表和现金流量表的格式和内容，应当与上年度财务报表相一致。但如果当年新施行的会计准则对财务报表格式和内容作了修改的，中期财务报表应当按照修改后的报表格式和内容编制，与此同时，在中期财务报告中提供的上年度比较财务报表的格式和内容也应当作相应的调整。

（3）中期财务报告中的附注相对于年度财务报告中的附注而言，是适当简化的。

【例题1·（模拟）】 以下关于中期财务报告的说法正确的是（　　）。

A. 中期财务报告同年度财务报告一样应当由资产负债表、利润表、现金流量表、所有者权益变动表以及附注构成

B. 中期资产负债表、利润表和现金流量表的格式和内容，应当与上年度财务报表相一致

C. 中期财务报告中的附注相对于年度财务报告中的附注而言，是适当简化的

D. 中期财务报告由资产负债表、利润表、现金流量表以及附注构成

答案：BCD

解析：A，中期财务报告由 3 表加 1 注（资产负债表、利润表、现金流量表、附注）构成，所有者权益（或股东权益）变动表不强制要求，企业可根据需要自行决定。

（二）中期财务报告的编制要求

1. 中期财务报告编制应遵循的原则

（1）遵循与年度财务报告相一致的会计政策原则

（2）遵循重要性原则

①重要性程度的判断应当以中期财务数据为基础，而不得以预计的年度财务数据为基础。

②重要性原则的运用应当保证中期财务报告包括了与理解企业中期末财务状况和中期经营成果及其现金流量相关的信息。

③重要性程度的判断需要根据具体情况作具体分析和职业判断。

【注】①中所指的"中期财务数据"，既包括本中期的财务数据，也包括年初至本中期末的财务数据。

（3）遵循及时性原则

2. 中期合并财务报表和母公司财务报表编报要求

（1）上年度编报合并财务报表的企业，其中期财务报告中也应当编制合并财务报表。

（2）上年度财务报告包括了合并财务报表，但报告中期内处置了所有应纳入合并范围的子公司的，中期财务报告应包括当年子公司处置前的相关财务信息。

（3）企业在报告中期内新增子公司的，在中期末就应当将该子公司财务报表纳入合并财务报表的合并范围。

（4）应当编制合并财务报表的企业，如果在上年度财务报告中除了提供合并财务报表外，还提供了母公司财务报表，那么在其中期财务报告中除了应当提供合并财务报表之外，也应当提供母公司财务报表。

3. 比较财务报表编制要求

在中期财务报告中，企业应当提供以下比较财务报表：

（1）本中期末的资产负债表和上年度末的资产负债表。

（2）本中期的利润表、年初至本中期末的利润表以及上年度可比期间的利润表（其中上年度可比期间的利润表是指上年度可比中期的利润表和上年度年初至上年可比中期末的利润表）。

（3）年初至本中期末的现金流量表和上年度年初至上年可比本期末的现金流量表。

【例题 2·举例】甲公司拟提供 2013 年第一季度、第二季度、半年度、第三季度的财务报告，则比较财务报表的编制如下：

（1）2013 年第一季度财务报告应当提供的财务报表

报表类别	本年度中期财务报表时间（或者期间）	上年度比较财务报表时间（或者期间）
资产负债表	2013 年 3 月 31 日	2012 年 12 月 31 日
利润表*	2013 年 1 月 1 日至 3 月 31 日	2012 年 1 月 1 日至 3 月 31 日
现金流量表	2013 年 1 月 1 日至 3 月 31 日	2012 年 1 月 1 日至 3 月 31 日

注：*在第一季度财务报告中，"本中期"与"年初至本中期末"的期间是相同的，所以在第一季度财务报告中只需提供一张利润表，因为在第一季度，本中期利润表即为年初至本中期末利润表，相应地，上年度的比较财务报表也只需提供一张利润表。

（2）2013 年第二季度财务报告应当提供的财务报表

报表类别	本年度中期财务报表时间（或期间）	上年度比较财务报表时间（或期间）
资产负债表	2013 年 6 月 30 日	2012 年 12 月 31 日
利润表（本中期）	2013 年 4 月 1 日至 6 月 30 日	2012 年 4 月 1 日至 6 月 30 日
利润表 （年初至本中期末）	2013 年 1 月 1 日至 6 月 30 日	2012 年 1 月 1 日至 6 月 30 日
现金流量表	2013 年 1 月 1 日至 6 月 30 日	2012 年 1 月 1 日至 6 月 30 日

（3）2013 年半年度财务报告应当提供的财务报表

报表类别	本年度中期财务报表时间（或者期间）	上年度比较财务报表时间（或者期间）
资产负债表	2013 年 6 月 30 日	2012 年 12 月 31 日
利润表*	2013 年 1 月 1 日至 6 月 30 日	2012 年 1 月 1 日至 6 月 30 日
现金流量表	2013 年 1 月 1 日至 6 月 30 日	2012 年 1 月 1 日至 6 月 30 日

注：*在半年度财务报告中，"本中期"与"年初至本中期末"的期间是相同的，所以在半年度财务报告中只需提供一张利润表，因为在半年度，本中期利润表即为年初至本中期末利润表，相应地，上年度的比较财务报表也只需提供一张利润表。

（4）2013 年第三季度财务报告应当提供的财务报表

报表类别	本年度中期财务报表时间（或期间）	上年度比较财务报表时间（或期间）
资产负债表	2013 年 9 月 30 日	2012 年 12 月 31 日
利润表（本中期）	2013 年 7 月 1 日至 9 月 30 日	2012 年 7 月 1 日至 9 月 30 日
利润表 （年初至本中期末）	2013 年 1 月 1 日至 9 月 30 日	2012 年 1 月 1 日至 9 月 30 日
现金流量表	2013 年 1 月 1 日至 9 月 30 日	2012 年 1 月 1 日至 9 月 30 日

【例题 3·（2011）】2010 年第三季度财务报告应该包括以下哪些报表（　　）。

A. 2009 年 12 月 31 日的资产负债表和 2010 年 9 月 30 日的资产负债表

B. 2009 年 1—9 月的利润表和 2010 年 1—9 月的利润表

C. 2009 年 7—9 月的利润表和 2010 年 7—9 月的利润表

D. 2009 年 1—9 月的现金流量表和 2010 年 1—9 月的现金流量表

E. 2009 年 7—9 月的现金流量表和 2010 年 7—9 月的现金流量表

答案：ABCD

【例题 4·（2012）】甲公司拟提供 2012 年半年度财务报告，则 2012 年半年度比较财务报表包括以下哪些报表（　　）。

A. 2012 年 6 月 30 日的资产负债表和 2011 年 12 月 31 日的资产负债表

B. 2012 年 6 月 30 日的资产负债表和 2011 年 6 月 30 日的资产负债表

C. 2012 年 1—6 月的利润表和 2011 年 1—6 月的利润表

D. 2012 年 4—6 月的利润表和 2011 年 4—6 月的利润表

E. 2012 年 1—6 月的现金流量表和 2011 年 1—6 月的现金流量表

F. 2012 年 4—6 月的现金流量表和 2011 年 4—6 月的现金流量表

答案：ACE

4. 中期财务报告的确认与计量

（1）中期财务报告的确认与计量的基本原则

①中期财务报告中各会计要素的确认和计量原则应当与年度财务报表所采用的原则相一致。

②在编制中期财务报告时，中期会计计量应当以年初至本中期末为基础，而不应当以本中期作为会计计量的期间基础。

③企业在中期不得随意变更会计政策。

（2）季节性、周期性或者偶然性取得的收入的确认和计量

对于季节性、周期性或者偶然性取得的收入，除了在会计年度末允许预计或者递延的之外，企业都应当在发生时予以确认和计量，不应当在中期财务报表中预计或者递延。

（3）会计年度中不均匀发生的费用的确认与计量

对于会计年度中不均匀发生的费用，除了在会计年度末允许预提或者待摊的之外，企业均应当在发生时予以确认和计量，不应当在中期财务报表中预提或者待摊。

5. 中期会计政策变更的处理

企业在中期如果发生了会计政策的变更，应当按照《企业会计准则第 28 号——会计政策、会计估计变更和差错更正》的规定处理，并按照准则规定在财务报表附注中作相应披露。

6. 中期财务报告附注编制的要求

（1）中期财务报告附注应当以年初至本中期末为基础披露

编制中期财务报告的目的是为了向报告使用者提供自上年度资产负债表日之后所发生的重要交易或者事项，因此，中期财务报告中的附注应当以"年初至本中期末"为基础进行编制，而不应当仅仅披露本中期所发生的重要交易或者事项。

（2）中期财务报告附注应当对自上年度资产负债表日之后发生的重要的交易或者事项进行披露（重要性）

中期财务报告中的附注应当以年初至本中期末为基础编制，披露自上年度资产负债表日之后发生的，有助于理解企业财务状况、经营成果和现金流量变化情况的重要交易或者事项，此外，对于理解本中期财务状况、经营成果和现金流量有关的重要交易或者事项，也应当在附注中作相应披露。

7. 中期财务报告中的附注至少应当包括下列信息

《企业会计准则第 32 号——中期财务报告》第八条：

"（一）中期财务报表所采用的会计政策与上年度财务报表相一致的声明。

会计政策发生变更的，应当说明会计政策变更的性质、内容、原因及其影响数；无法进行追溯调整的，应当说明原因。

（二）会计估计变更的内容、原因及其影响数；影响数不能确定的，应当说明原因。

（三）前期差错的性质及其更正金额；无法进行追溯重述的，应当说明原因。

（四）企业经营的季节性或者周期性特征。

（五）存在控制关系的关联方发生变化的情况；关联方之间发生交易的，应当披露关联方关系的性质、交易类型和交易要素。

（六）合并财务报表的合并范围发生变化的情况。

（七）对性质特别或者金额异常的财务报表项目的说明。

（八）证券发行、回购和偿还情况。

（九）向所有者分配利润的情况，包括在中期内实施的利润分配和已提出或者已批准但尚未实施的利润分配情况。

（十）根据《企业会计准则第 35 号——分部报告》规定披露分部报告信息的，应当披露主要报告形式的分部收入与分部利润（亏损）。

（十一）中期资产负债表日至中期财务报告批准报出日之间发生的非调整事项。

（十二）上年度资产负债表日以后所发生的或有负债和或有资产的变化情况。

（十三）企业结构变化情况，包括企业合并，对被投资单位具有重大影响、共同控制或者控制关系的长期股权投资的购买或者处置，终止经营等。

（十四）其他重大交易或者事项，包括重大的长期资产转让及其出售情况、重大的固定资产和无形资产取得情况、重大的研究和开发支出、重大的资产减值损失情况等。

企业在提供上述（五）和（十）有关关联方交易、分部收入与分部利润（亏损）信息时，应当同时提供本中期（或者本中期末）和本年度年初至本中期末的数据，以及上年度可比本中期（或者可比期末）和可比年初至本中期末的比较数据。"

【例题 5·（2008）】 下列关于编制 2008 年第二季度财务报告的说法正确的是（　　　）。

A. 附注以 2008 年 4 月初至 2008 年 6 月末为基础编制

B. 重要性判断以 2008 年全年预计的财务数据为基础

C. 中期会计计量以 2008 年初至 2008 年 6 月末为基础

D. 可以不编制所有者权益变动表

答案：CD

解析：A，附注应当以年初至本中期末为基础编制，即应以 2008 年初至 2008 年 6 月末为基础编制。B，重要性程度的判断应当以中期财务数据为基础，不应当以预计的年度财务数据为基础。这里所指的"中期财务数据"，既包括本中期的财务数据，也包括年初至本中期末的财务数据。C，中期会计计量应当以年初至本中期末为基础，而不应当以本中期作为会计计量的期间基础。D，资产负债表、利润表、现金流量表和附注是中期财务报告至少应当编制的法定内容。所有者权益变动表不是中期财务报告必须编制的内容。

【例题 6·（2015CPA）】 下列有关编制中期财务报告的表述中，符合会计准则规定的是（　　　）。

A. 中期财务报告会计计量以本报告期末为基础

B. 在报告中期内新增子公司的中期末不应将新增子公司纳入合并范围

C. 中期财务报告会计要素确认和计量原则应与本年度财务报告相一致

D. 中期财务报告的重要性判断应以预计的年度财务报告数据为基础

答案：C

解析：A 错误，以本中期末数据为基础编制；B 错误，应将新增子公司纳入合并范围；D 错误，应以中期财务数据为基础。

【例题 7·（2016CPA）】 下列关于企业中期财务报告附注应当披露的内容中，正确的有（　　　）。

A. 企业经营的季节性或周期性特征

B. 中期财务报告采用的会计政策与上年度财务报告相一致的声明

C. 会计估计变更的内容、原因及其影响数

D. 中期资产负债表日到中期财务报告批准报出日之间发生的非调整事项

答案：ABCD

第十三节 职工薪酬

【大纲要求】

内容	程度	变化
职工薪酬的核算内容	熟悉	原有

说明：本节内容由第九节负债部分调整过来单独作为一节。

【内容精讲】

一、职工薪酬的范围及分类

（一）职工的定义及劳动合同的形式

1. 职工的定义

《企业会计准则第 9 号——职工薪酬》第三条："本准则所称职工，是指与企业订立劳动合同的所有人员，含全职、兼职和临时职工，也包括虽未与企业订立劳动合同但由企业正式任命的人员。未与企业订立劳动合同或未由其正式任命，但向企业所提供服务与职工所提供服务类似的人员，也属于职工的范畴，包括通过企业与劳务中介公司签订用工合同而向企业提供服务的人员。"

2. 劳动合同的形式

《劳动合同法》：第十二条 劳动合同分为固定期限劳动合同、无固定期限劳动合同和以完成一定工作任务为期限的劳动合同。

第十三条 固定期限劳动合同，是指用人单位与劳动者约定合同终止时间的劳动合同。用人单位与劳动者协商一致，可以订立固定期限劳动合同。

第十四条 无固定期限劳动合同，是指用人单位与劳动者约定无确定终止时间的劳动合同。

第十五条 以完成一定工作任务为期限的劳动合同，是指用人单位与劳动者约定以某项工作的完成为合同期限的劳动合同。

【例题 1·（1611）】用人单位与劳动者协商一致，可以订立以完成一定工作任务为期限的劳动合同。根据《企业会计准则第 9 号——职工薪酬》的规定，属于职工范畴的人员有（ ）。

A. 与企业订立了无固定期限的劳动合同的人员

B. 未与企业签订劳动合同的独立董事

C. 通过劳务公司签订用工合同而向企业提供服务的人员

D. 与企业签订以完成一定工作为期限合同的临时人员

答案：ABCD

（二）职工薪酬的定义及分类

职工薪酬，是指企业为获得职工提供的服务或解除劳动关系而给予的各种形式的报酬。企业提供给职工配偶、子女、受赡养人、已故员工遗属及其他受益人等的福利，也属于职工薪酬。职工薪酬主要包括短期薪酬、离职后福利、辞退福利和其他长期职工福利。因解除与职工的劳动关系给予的补偿属于辞退福利范畴。

1. 短期薪酬

短期薪酬，是指企业在职工提供相关服务的年度报告期间结束后十二个月内需要全部予以支付的职工薪酬，因解除与职工的劳动关系给予的补偿除外。因解除与职工的劳动关系给予的补偿属于辞退福利的范畴。短期薪酬主要包括：

（1）职工工资、奖金、津贴和补贴；（2）职工福利费；（3）医疗保险费、工伤保险费和生育保险费等社会保险费；（4）住房公积金；（5）工会经费和职工教育经费；（6）职工带薪缺勤；（7）短期利润分享计划；（8）非货币性福利；（9）其他短期薪酬。

如企业以商业保险形式提供给职工的各种保险待遇、以现金结算的股份支付、以权益形式结算的认股权也属于职工薪酬。

【注】个人储蓄性养老保险不属于职工薪酬核算的范畴。

我国养老保险分为三个层次：第一层次是社会统筹与职工个人账户相结合的基本养老保险；第二层次是企业补充养老保险；第三层次是个人储蓄性养老保险，属于职工个人的行为，与企业无关，不属于职工薪酬核算的范畴。

2. 离职后福利

离职后福利，是指企业为获得职工提供的服务而在职工退休或与企业解除劳动关系后，提供的各种形式的报酬和福利，属于短期薪酬和辞退福利的除外。

3. 辞退福利

辞退福利，是指企业在职工劳动合同到期之前解除与职工的劳务合同关系，或者为鼓励职工自愿接受裁减而给予职工的补偿。

辞退福利主要包括：

（1）在职工劳动关系合同尚未到期前，不论职工本人是否愿意，企业决定解除与职工的劳动关系而给予的补偿。

（2）在职工劳动合同尚未到期前，为鼓励职工自愿接受裁减而给予的补偿，职工有权利选择继续在职或接受补偿离职。

4. 其他长期职工福利

其他长期职工福利，是指除短期薪酬、离职后福利、辞退福利之外所有的职工薪酬，包括长期带薪缺勤、长期残疾福利、长期利润分享计划等。

【例题2·（2010）】下列各项属于职工薪酬内容的是（　　　）。

A. 工资

B. 因解除与职工的劳动关系给予的补偿

C. 劳动保险费

D. 以产品发放的非货币福利

E. 工会经费

F. 教育经费

G. 在建工程施工人员工资

答案：ABCDEFG

【例题3·（1406）】以下属于职工薪酬的有（　　　）。

A. 支付给职工遗属的福利

B. 支付给劳务中介派遣员工的福利

C. 支付给临时工子女的福利

D. 支付给职工配偶的慰问金

E. 临时职工薪酬

答案：ABCDE

【例题4·（1412）】以下属于职工薪酬范围的有（　　　）。

A. 企业以自己的产品发放给职工作为福利　　B. 企业租赁房屋供职工无偿居住

C. 个人储蓄性养老保险　　　　　　　　　　D. 因解除与职工的劳动关系而给予的补偿

答案：ABD

解析：C，个人储蓄性养老保险属于职工个人的行为，与企业无关，不属于职工薪酬核算的范畴。

【例题 5·（2016 中级）】 下列各项中，企业应作为职工薪酬核算的有（　　　）。

A. 职工教育经费　　B. 非货币性福利　　C. 长期残疾福利　　D. 累积带薪缺勤

答案：ABCD

解析：职工薪酬是指企业为获得职工提供的服务而给予各种形式的报酬以及其他相关支出，包括职工在职期间和离职后提供给职工的全部货币性薪酬和非货币性福利。企业提供给职工配偶、子女或其他被赡养人的福利等，也属于职工薪酬。以上选项均正确。

二、职工薪酬的确认与计量

（一）短期薪酬的确认与计量

带薪缺勤分为累积带薪缺勤和非累积带薪缺勤两类。

（1）累积带薪缺勤

累积带薪缺勤是指带薪权利可以结转下期的带薪缺勤，本期尚未用完的带薪缺勤权可以在未来期间使用。

企业应当在职工提供服务从而增加了其未来享有的带薪缺勤权利时，确认与累积带薪缺勤相关的职工薪酬，并以累积未行使权利而增加的预期支付金额计量。

【例题 1·（2016 年 CPA 教材例题）】 乙公司共有 1 000 名职工，从 2×15 年 1 月 1 日起，该公司实行累积带薪缺勤制度。该制度规定，每个职工每年可享受 5 个工作日带薪年休假，未使用的年休假只能向后结转一个日历年度，超过 1 年未使用的权利作废，不能在职工离开公司时获得现金支付；职工休年休假是以后进先出为基础的，即首先从当年可享受的权利中扣除，再从上年结转的带薪年休假余额中扣除；职工离开公司时，公司对职工未使用的累积带薪年休假不支付现金。

2×15 年 12 月 31 日，每个职工当年平均未使用带薪年休假为 2 天。根据过去的经验并预期该经验将继续适用，乙公司预计 2×16 年有 950 名职工将享受不超过 5 天的带薪年休假，剩余50 名职工每人将平均享受 6 天半年休假，假定这 50 名职工全部为总部各部门经理，该公司平均每名职工每个工作日工资为 300 元。

解析：乙公司在 2×15 年 12 月 31 日应当预计由于职工累积未使用的带薪年休假权利而导致预期将支付的工资负债，即相当于 75 天（50×1.5 天）的年休假工资 22 500（75×300）元，并作如下账务处理：

借：管理费用　　　　　　　　　　　　　　　　　　　　　　　　　　　　22 500

　　贷：应付职工薪酬——累积带薪缺勤　　　　　　　　　　　　　　　　　22 500

2×16 年，如果 50 名职工均未使用带薪年休假，则冲回上年度确认的费用。

借：应付职工薪酬——累积带薪缺勤　　　　　　　　　　　　　　　　　　22 500

　　贷：管理费用　　　　　　　　　　　　　　　　　　　　　　　　　　22 500

2×16 年，如果 50 名职工均享受了累积未使用的带薪年休假，则 2×16 年确认的工资费用应扣除上年度已确认的累计带薪费用。

【例题 2·单选题】 甲公司共有 200 名职工，其中 50 名为总部管理人员，150 名为直接生产工人。从 2016 年 1 月 1 日起，该公司实行累积带薪缺勤制度。该制度规定，每名职工每年可享受 5 个工作日带薪年休假，未使用的年休假只能向后结转一个日历年度，超过 1 年未行使的权利作废；职工休年休假时，首先使用当年享受的权利，不足部分再从上年结转的带薪年休假余额中扣除；职工离开公司时，对未使用的累积带薪年休假无权获得现金支付。2016 年 12 月 31 日，每个职工当年平均未使用带薪年休假为 2 天。

根据过去的经验并预期该经验将继续使用，甲公司预计 2017 年有 150 名职工将享受不超过 5 天的带薪年休假，剩余 50 名总部管理人员每人将平均享受 6 天带薪年休假，该公司平均每名职工每个工作日工资为 400 元。甲公司 2016 年末累积因带薪缺勤计入管理费用的金额为（　　）元。

A. 20 000　　　　　B. 120 000　　　　　C. 60 000　　　　　D. 0

答案：A

解析：甲公司 2016 年末应当预计由于累积未使用的带薪年休假而导致预期将支付的工资负债，根据甲公司预计 2017 年职工的年休假情况，只有 50 名总部管理人员会使用 2016 年的未使用带薪年休假 1 天（6 - 5），而其他 2016 年累计未使用的带薪年休假都将失效，所以应计入管理费用的金额 = 50 × （6 - 5） × 400 = 20 000（元）。

【例题 3·（2016CPA）】甲公司实行累积带薪休假制度，当年未享受的休假只可结转至下一年度。2 × 14 年末，甲公司因当年度管理人员未享受休假而预计了将于 2 × 15 年支付的职工薪酬 20 万元。2 × 15 年末，该累积带薪休假尚有 40% 未使用，不考虑其他因素。下列各项中，关于甲公司因其管理人员 2 × 15 年未享受累积带薪休假而原多预计的 8 万元负债（应付职工薪酬）于 2 × 15 年的会计处理，正确的是（　　）。

A. 不作账务处理

B. 从应付职工薪酬转出计入资本公积

C. 冲减当期的管理费用

D. 作为会计差错追溯重述上年财务报表相关项目的金额

答案：C

解析：甲公司规定未使用的年休假只能结转下一年度，其他未使用带薪年休假在本期冲回，应冲减当期管理费用。2 × 14 年末应当预计由于职工累积未使用的带薪年休假权利而导致预期将支付的工资负债 20 万元。

借：管理费用　　　　　　　　　　　　　　　　　　　　　　　　　200 000
　　贷：应付职工薪酬——累积带薪缺勤　　　　　　　　　　　　　　200 000

2 × 15 年，冲回甲公司管理人员 2 × 15 年未享受累积带薪休假而原多预计的 8 万元负债。

借：应付职工薪酬——累积带薪缺勤　　　　　　　　　　　　　　　80 000
　　贷：管理费用　　　　　　　　　　　　　　　　　　　　　　　　80 000

（2）非累积带薪缺勤

非累积带薪缺勤是指带薪权利不能结转下期的带薪缺勤，本期尚未用完的带薪缺勤权利将予以取消，并且职工离开企业时也无权获得现金支付。

企业应当在职工实际发生缺勤的会计期间确认与非累积带薪缺勤相关的职工薪酬。

（二）离职后福利的确认与计量

离职后福利计划，是指企业与职工就离职后福利达成的协议或者企业为向职工提供离职后福利制定的规章或办法等。企业应当将离职后福利计划分类为设定提存计划和设定受益计划两种类型。

1. 设定提存计划，是指向独立的基金缴存固定费用后，企业不再承担进一步支付义务的离职后福利计划。企业应在资产负债表日确认为换取职工在会计期间内为企业提供的服务而应付给设定提存计划的提存金，并作为一项费用计入当期损益或相关资产成本。

借：管理费用
　　贷：应付职工薪酬
借：应付职工薪酬
　　贷：银行存款

【例题 4·（2016 年 CPA 教材例 13 – 7）】甲企业为管理人员设立了一项企业年金：每月该企业按照每个管理人员工资的 5% 向独立于甲企业的年金基金缴存企业年金，年金基金将其计入该管理人员个人账户并负责资金的运作。该管理人员退休时可以一次性获得其个人账户的累积额，包括公司历年来的缴存额以及相应的投资收益。公司除了按照约定向年金基金缴存之外不再负有其他义务，既不享有缴存资金产生的收益，也不承担投资风险。因此，该福利计划为设定提存计划。2×15 年，按照计划安排，该企业向年金基金缴存的金额为 1 000 万元。账务处理如下：

借：管理费用　　　　　　　　　　　　　　　　　　　　　　　　10 000 000
　　贷：应付职工薪酬　　　　　　　　　　　　　　　　　　　　　　10 000 000
借：应付职工薪酬　　　　　　　　　　　　　　　　　　　　　　10 000 000
　　贷：银行存款　　　　　　　　　　　　　　　　　　　　　　　　10 000 000

2. 设定受益计划

（1）设定受益计划是指除设定提存计划以外的离职后福利计划。

（2）在设定提存计划下，风险实质上由职工来承担。在设定受益计划下，风险实质上由企业来承担。

（3）区分应当计入当期损益的金额和应当计入其他综合收益的金额。

计入当期损益金额包括：①当期服务成本；②过去服务成本；③结算利得和损失；④设定受益计划净负债或净资产的利息净额。

计入其他综合收益的金额包括：①精算利得和损失；②计划资产回报，扣除包括在设定受益净负债或净资产的利息净额中的金额；③资产上限影响的变动，扣除包括在设定受益计划净负债或净资产的利息净额中的金额。

【例题 5·（2015CPA）】下列各项有关职工薪酬的会计处理中，正确的是（　　　）。

A. 与设定受益计划相关的当期服务成本应计入当期损益

B. 与设定受益计划负债相关的利息费用应计入其他综合收益

C. 与设定受益计划相关的过去服务成本应计入期初留存收益

D. 因重新计量设定受益计划净负债产生的精算损失应计入当期损益

答案：A

解析：选项 B，应该计入当期损益；选项 C，应该计入当期成本或损益；选项 D，应该计入其他综合收益。

【例题 6·（2015 中级）】下列各项中，属于设定受益计划中计划资产回报的有（　　　）。

A. 计划资产产生的股利　　　　　　　　B. 计划资产产生的利息

C. 计划资产已实现的利得　　　　　　　D. 计划资产未实现的损失

答案：ABCD

解析：计划资产回报，是指计划资产产生的利息、股利和其他收入，以及计划资产已实现和未实现的利得和损失。

（三）辞退福利的确认与计量

1. 辞退福利的定义

辞退福利，是指企业在职工劳动合同到期之前解除与职工的劳动关系，或者为鼓励职工自愿接受裁减而给予职工的补偿。辞退福利还包括当公司控制权发生变动时，对辞退的管理层人员进行补偿的情况。

2. 辞退福利的确认

企业向职工提供辞退福利的，应当在以下两者孰早日确认辞退福利产生的职工薪酬负债，并计入当期损益：

（1）企业不能单方面撤回解除劳动关系计划或裁减建议所提供的辞退福利时。

（2）企业确认涉及支付辞退福利的重组相关的成本或费用时。

在确认辞退福利时，需要注意以下两个方面：①对于分期或分阶段实施的解除劳动关系计划或自愿裁减建议，企业应当将整个计划看做是由各单项解除劳动关系计划或自愿裁减建议组成的，在每期或每阶段计划符合预计负债确认条件时，将该期或该阶段计划中由提供辞退福利产生的预计负债予以确认，计入该部分计划满足预计负债确认条件的当期管理费用，不能等全部计划都符合确认条件时再予以确认。②对于企业实施的职工内部退休计划，由于这部分职工不再为企业带来经济利益，企业应当比照辞退福利处理。

3. 辞退福利的计量

辞退福利的计量因辞退计划中职工有无选择权而有所不同：

（1）对于职工没有选择权的辞退计划，应当根据计划条款规定拟解除劳动关系的职工数量、每一职位的辞退补偿等计提应付职工薪酬。

（2）对于自愿接受裁减的建议，因接受裁减的职工数量不确定，企业应当根据《企业会计准则第13号——或有事项》的规定，预计将会接受裁减建议的职工数量，根据预计的职工数量和每一职位的辞退补偿等计提应付职工薪酬。

（3）企业应当按照辞退计划条款的规定，合理预计并确认辞退福利产生的应付职工薪酬。辞退福利预期在其确认的年度报告期间期末后12个月内完全支付的，应当适用短期薪酬的相关规定。

（4）对于辞退福利预期在年度报告期间期末后12个月内不能完全支付的，应当适用《企业会计准则第9号——职工薪酬》关于其他长期职工福利的有关规定。即实质性辞退工作在一年内实施完毕但补偿款项超过一年支付的辞退计划，企业应当选择恰当的折现率，以折现后的金额计量应计入当期损益的辞退福利金额。

由于被辞退的职工不再为企业带来未来经济利益，因此，对于所有辞退福利，均应当于辞退计划满足负债确认条件的当期一次计入费用（12个月内支付），不计入资产成本。

借：管理费用

　　贷：应付职工薪酬

【例题7·（2012）】企业因实施职工内部退休计划而产生的内退费用应当在职工内退后的期间内分期确认。

答案：×

解析：按照内退规定，将自职工停止服务日至正常退休日期间，企业拟支付的内退人员工资及缴纳的社会保险费等确认为预计负债，一次计入当期管理费用。

第十四节　或有事项

【大纲要求】

内容	程度	变化
1. 或有事项的概念及特征	掌握	原有
2. 或有负债和或有资产的主要内容	掌握	原有
3. 或有事项的确认、预计负债的计量及复核	掌握	原有
4. 或有事项会计的具体应用	掌握	原有
5. 预计负债的列报，或有负债的披露，或有资产的披露	掌握	删除

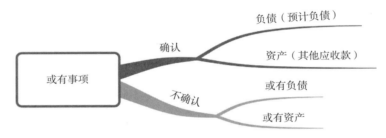

注：或有资产以及或有负债不能确认为资产或者负债。

【内容精讲】

一、或有事项的概念和特征

（一）概念

或有事项，是指过去的交易或者事项形成的，其结果须由某些未来事项的发生或不发生才能决定的不确定事项。

（二）特征

或有事项具有以下特征：

1. 由过去的交易或事项形成

或有事项的现存状况是过去交易或事项引起的客观存在。注意，未来可能发生的自然灾害、交通事故、经营亏损等事项，不属于企业会计准则规范的或有事项。

2. 结果具有不确定性（结果发生与否或发生的具体时间不确定）

或有事项的结果是否发生具有不确定性，或者或有事项的结果预计将会发生，但发生的具体时间或金额具有不确定性。

3. 由未来事项决定

或有事项的结果只能由未来不确定事项的发生或不发生才能决定。

常见的或有事项有：未决诉讼或未决仲裁、债务担保、产品质量保证（含产品安全保证）、环境污染整治、承诺、亏损合同、重组义务等。

【注意】在会计处理过程中存在不确定性的事项并不都是或有事项，企业应当按照或有事项的定义和特征进行判断。例如，对固定资产计提折旧虽然也涉及对固定资产预计净残值和使用寿命进行分析和判断，带有一定的不确定性，但是，固定资产折旧是已经发生的损耗，固定资产的原值是确定的，其价值最终会转移到成本或费用中也是确定的，该事项的结果是确定的，因此，对固定资产计提折旧不属于或有事项。（无形资产摊销也一样）

二、或有负债和或有资产的主要内容

项目	概念及内容	
或有负债	（1）过去的交易或者事项形成的潜在义务	其存在须通过未来不确定事项的发生或不发生予以证实
	（2）过去的交易或者事项形成的现时义务	履行该义务不是很可能导致经济利益流出企业或该义务的金额不能可靠计量
或有资产	过去的交易或者事项形成的潜在资产	其存在须通过未来不确定事项的发生或不发生予以证实

或有负债和或有资产不符合负债或资产的确认条件，企业不应当确认或有负债和或有资产，而应当进行相应的披露。

三、或有事项的确认、预计负债的计量及复核

（一）或有事项的确认

或有事项确认为负债的条件	或有事项确认为资产的条件
与或有事项相关的义务同时满足以下条件的，应当确认为预计负债 1. 该义务是企业承担的现时义务 2. 履行该义务很可能导致经济利益流出企业（可能性＞50%） 3. 该义务的金额能够可靠计量	或有事项形成的或有资产只有在企业基本确定能够收到的情况下，才转变为真正的资产，从而予以确认（计入"其他应收款"）

注：①或有事项确认负债的三个条件任一条件不满足的，则属于或有负债。

②"1"中现时义务包括法定义务和推定义务。

法定义务，是指因合同、法规或其他司法解释等产生的义务，通常是企业在经济管理和经济协调中，依照经济法律、法规的规定必须履行的责任。比如，企业与其他企业签订购货合同产生的义务就属于法定义务。

推定义务，是指因企业的特定行为而产生的义务。"特定行为"，泛指企业以往的习惯做法、已公开的承诺或已公开宣布的经营政策。例如，甲公司是一家化工企业，因扩大经营规模，到A国创办了一家分公司。假定A国尚未针对甲公司这类企业的生产经营可能产生的环境污染制定相关法律，因而甲公司的分公司对在A国生产经营可能产生的环境污染不承担法定义务。但是，甲公司为在A国树立良好的形象，自行向社会公告，宣称将对生产经营可能产生的环境污染进行治理。甲公司的分公司为此承担的义务就属于推定义务。

③"2"中"很可能"是指导致经济利益流出企业的可能性超过50%，但尚未达到基本确定的程度。

关于基本确定、很可能、可能和极小可能，按照下列情况加以判断：

项目	发生的概率区间
基本确定	（95%，100%）
很可能	（50%，95%］
可能	（5%，50%］
极小可能	（0，5%］

（二）预计负债的计量及复核

或有事项的计量主要涉及两方面：一是最佳估计数的确定，预计负债应当按照履行相关现时义务所需支出的最佳估计数进行初始计量；二是预期可获得补偿的处理，企业清偿预计负债所需支出还可能从第三方或其他方获得补偿。

（1）最佳估计数的确定

预计负债应当按照履行相关现时义务所需支出的最佳估计数进行初始计量，具体如下：

最佳估计数的确定	所需支出存在一个连续范围（或区间），且该范围内各种结果发生的可能性相同	应当按照该范围内的中间值，即上下限金额的平均数确定	
	所需支出不存在一个连续范围，或者虽然存在一个连续范围，但该范围内各种结果发生的可能性不相同	或有事项涉及单个项目	最佳估计数按照最可能发生金额确定
		或有事项涉及多个项目	最佳估计数按照各种可能结果及相关概率计算确定

【例题1·（2016年CPA教材例题选编）】2012年12月27日，甲企业因合同违约而涉及一桩诉讼案。根据企业的法律顾问判断，最终的判决很可能对甲企业不利。2012年12月31日，甲企业尚未接到法院的判决，因诉讼须承担的赔偿金额也无法准确地确定。不过，据专业人士估计，赔偿金额可能是80万元至100万元之间的某一金额，而且这个区间内每个金额的可能性都大致相同。

此例中，甲企业应在2012年12月31日的资产负债表中确认一项负债，金额＝（80＋100）÷2＝90（万元）。

【例题2·（2016年CPA教材例14－1）】2008年10月2日，乙股份有限公司涉及一起诉讼案。2008年12月31日，乙股份有限公司尚未接到法院的判决。在咨询了公司的法律顾问后，公司认为，胜诉的可能性为40%，败诉的可能性为60%。如果败诉，需要赔偿200万元。此时，乙股份有限公司在资产负债表中确认的负债金额应为最可能发生的金额，即200万元。（单个项目，按最可能发生的金额确认）

【例题3·（2016年CPA教材例14－2）】甲股份有限公司是生产并销售A产品的企业，2008年第一季度，共销售A产品60 000件，销售收入为36 000万元。根据公司的产品质量保证条款，该产品售出后一年内，如发生正常质量问题，公司将负责免费维修。根据以前年度的维修记录，如果发生较小的质量问题，发生的维修费用为销售收入的1%；如果发生较大的质量问题，发生的维修费用为销售收入的2%。根据公司技术部门的预测，本季度销售的产品中，80%不会发生质量问题；15%可能发生较小质量问题；5%可能发生较大质量问题。（涉及多个项目，按照各种可能结果及相关概率计算确定）

据此，20×8年第一季度末，甲股份有限公司应在资产负债表中确认的负债金额 = 36 000 × (0×80% + 1%×15% + 2%×5%) = 90（万元）。

（2）预期可获得补偿的处理

企业清偿预计负债所需支出全部或部分预期由第三方补偿的，补偿金额只有在基本确定能够收到时才能作为资产单独确认，确认的补偿金额不应超过预计负债的账面价值。

【注意】或有事项确认资产的前提是或有事项确认为负债，或有事项确认资产通过其他应收款科目核算，不能冲减预计负债。

【例题4·（2016年CPA教材例14-3）】2008年12月31日，乙股份有限公司因或有事项而确认了一笔金额为100万元的负债；同时，公司因该或有事项，基本确定可从甲股份有限公司获得40万元的赔偿。

本例中，乙股份有限公司应分别确认一项金额为100万元的负债和一项金额为40万元的资产，而不能只确认一项金额为60万元的负债。同时，公司所确认的补偿金额40万元不能超过所确认的负债的账面价值100万元。

借：营业外支出   60
    其他应收款   40
  贷：预计负债   100

【例题5·（模拟）】2012年12月31日，甲公司存在一项未决诉讼。根据类似案例的经验判断，该项诉讼败诉的可能性为90%。如果败诉，甲公司将须赔偿对方100万元并承担诉讼费用5万元，同时基本确定可从保险公司收到赔偿款120万元。2012年12月31日，甲公司以下处理正确的是（　　）。

A. 确认预计负债100万元   B. 确认预计负债105万元
C. 确认其他应收款120万元   D. 确认其他应收款100万元

答案：B

解析：甲公司应就此项未决诉讼确认的预计负债金额 = 100 + 5 = 105（万元）。

补偿金额只有在基本确定能够收到时才能作为资产单独确认，确认的补偿金额不应超过预计负债的账面价值。

【例题6·（2008）】甲公司因专利纠纷于2007年9月起诉乙公司，要求乙公司赔偿300万元。乙公司在年末编制会计报表时，根据法律诉讼的进展情况以及律师的意见，认为赔偿的可能性在50%以上，赔偿金额在150万元至200万元之间，而且这个区间内每个金额的可能性都相同，另需支付诉讼费2万元。同时，公司因该或有事项，基本确定可从丙公司获得120万元的赔偿，乙公司年末时以下处理正确的是（　　）。

A. 确认预计负债177万元，确认其他应收款120万元

B. 确认预计负债177万元，在财务报表中披露或有资产120万元

C. 披露或有负债177万元，确认其他应收款120万元

D. 确认预计负债200万元，确认其他应收款120万元

答案：A

解析：确认的预计负债177万元中，其中175万元计入"营业外支出"，2万元诉讼费计入

"管理费用"。

【例题7·（2012年选择）】 甲公司发生产品质量纠纷诉讼，60%很可能败诉，赔偿1 000万元；20%可能败诉，赔偿300万元；20%可能胜诉，不赔偿。如果败诉，那么基本确定可以获得保险赔偿款200万元。以下正确的有（ ）。

A. 应确认的预计负债是660万元 B. 应确认的预计负债是1 000万元

C. 应确认的预计负债是300万元 D. 应确认的其他应收款是200万元

E. 应确认的其他应收款是300万元

答案：BD

解析：预计负债所需支出不存在一个连续的范围，涉及单个项目，按最可能发生的金额确定，需确定预计负债1 000万元。那么基本确定可以获得保险赔偿款200万元，应确认的其他应收款200万元。

（3）预计负债的计量需要考虑的其他因素

企业在确定最佳估计数时，应当综合考虑与或有事项有关的风险和不确定性、货币时间价值和未来事项等因素。

①风险和不确定性

企业应当充分考虑与或有事项有关的风险和不确定性，既不能忽略风险和不确定性对或有事项计量的影响，也需要避免对风险和不确定性进行重复调整，从而在低估和高估预计负债金额之间寻找平衡点。

②货币时间价值

如果预计负债的确认时点距离实际清偿有较长的时间跨度，货币时间价值的影响重大，那么在确定预计负债的确认金额时，应考虑采用现值计量，即通过对相关未来现金流出进行折现后确定最佳估计数。

③未来事项

企业应当考虑可能影响履行现时义务所需金额的相关未来事项。也就是说，对于这些未来事项，如果有足够的客观证据表明它们将发生，如未来技术进步、相关法规出台等，则应当在预计负债计量中考虑相关未来事项的影响，但不应考虑预期处置相关资产形成的利得。

预期的未来事项可能对预计负债的计量较为重要。例如，某核电企业预计，在生产结束时清理核废料的费用将因未来技术的变化而显著降低。那么，该企业因此确认的预计负债金额应当反映有关专家对技术发展以及清理费用减少作出的合理预测。

【例题8·（模拟）】 以下属于在预计负债计量时需要考虑的因素有（ ）。

A. 最佳估计数的确定 B. 预期可以获得的补偿

C. 风险和不确定性 D. 货币的时间价值

E. 预期处置相关资产形成的利得

答案：ABCD

【例题9·（2015CPA）】 下列关于或有事项的表述中，正确的是（ ）。

A. 或有事项形成的预计负债是企业承担的现时义务

B. 预计负债应当与其相关的或有资产相抵后在资产负债表中以净额列报

C. 或有事项形成的资产应当在很可能收到时予以确认

D. 预计负债计量应考虑与其相关的或有资产预期处置产生的损益

答案：A

解析：选项 B，预计负债与或有资产不能相互抵销。选项 C，基本确定收到时才能确认为资产。

（三）对预计负债账面价值的复核

企业应当在资产负债表日对预计负债的账面价值进行复核，有确凿证据表明该账面价值不能真实反映当前最佳估计数的，应当按照当前最佳估计数对该账面价值进行调整。

四、或有事项会计的具体应用

（一）未决诉讼或未决仲裁

对于未决诉讼，企业当期实际发生的诉讼损失金额与已计提的相关预计负债之间的差额，应分别情况处理：

相关预计负债计提情况	与当期实际发生的诉讼损失之间的差额的处理
1. 前期已合理计提：在前期资产负债表日，依据当时实际情况和所掌握的证据合理预计了预计负债	直接计入或冲减当期营业外支出
2. 前期未合理计提（金额重大）：在前期资产负债表日，依据当时实际情况和所掌握的证据，原本应当能够合理估计诉讼损失，但企业所作的估计却与当时的事实严重不符（如未合理预计损失或不恰当地多计或少计损失）	应当按照重大会计差错更正的方法进行处理
3. 前期无法合理预计，未计提：在前期资产负债表日，依据当时实际情况和所掌握的证据，确实无法合理预计诉讼损失，因而未确认预计负债	在该项损失实际发生的当期，直接计入当期营业外支出
4. 资产负债表日后至财务报告批准报出日之间发生的需要调整或说明的未决诉讼	按照资产负债表日后事项的有关规定进行会计处理

【例题 1·（1306）】关于或有事项，以下处理正确的有（　　　）。

A. 2012 年 12 月，甲公司涉及一桩经济纠纷诉讼，认为败诉的可能性为 90%，赔偿金额在 300 万~400 万元，且该范围内的每一金额可能性均相同，企业依据实际情况合理预计了预计负债，甲公司财务报表批准报出日为 2013 年 3 月 31 日，2013 年 3 月 30 日，甲公司收到法院判决书，判决甲公司应赔偿 500 万元，则甲公司 2012 年财务报表中应调减预计负债 350 万元，调增其他应付款 500 万元，同时调增营业外支出 150 万元

B. 2012 年 12 月，乙公司涉及一桩经济纠纷诉讼，认为败诉的可能性为 51%，若败诉，需赔偿 300 万元，乙公司没有确认预计负债，2013 年 2 月，乙公司收到法院判决，应赔偿 500 万元，则乙公司直接在当月（2013 年 2 月）确认营业外支出 500 万元

C. 2012 年 8 月，丙公司涉及一桩经济纠纷诉讼，认为很可能败诉，已依据当时实际情况和所掌握的证据合理预计了 200 万元预计负债，2012 年 9 月，丙公司收到法院判决，应赔偿 300 万元，则丙公司应冲减 2012 年 8 月的营业外支出 200 万元，计入 2012 年 9 月营业外支出 300 万元

D. 2012 年 12 月，乙公司涉及一桩经济纠纷诉讼，认为可能败诉，但败诉需赔偿的具体金额无法确认，乙公司没有确认预计负债，2013 年 2 月，乙公司收到法院判决，应赔偿 500 万元，

则乙公司直接在 2013 年 2 月确认营业外支出 500 万元

答案：AD

解析：A，应按照资产负债表日后事项处理，题中表述正确；B，应当按照重大会计差错更正的方法进行处理；C，应按照差额确认或冲减当期；D，在该项损失实际发生的当期，直接计入当期营业外支出。

【例题 2 · （2016 年 CPA 教材例 14 – 4）】2008 年 11 月 1 日，乙股份有限公司因合同违约而被丁公司起诉。2008 年 12 月 31 日，公司尚未接到法院的判决。丁公司预计，如无特殊情况很可能在诉讼中获胜，假定丁公司估计将来很可能获得赔偿金额 190 万元。在咨询了公司的法律顾问后，乙公司认为最终的法律判决很可能对公司不利。假定乙公司预计将要支付的赔偿金额、诉讼费等费用为 160 万元至 200 万元之间的某一金额，而且这个区间内每个金额的可能性都大致相同，其中诉讼费为 3 万元。

此例中，丁公司不应当确认或有资产，而应当在 2008 年 12 月 31 日的报表附注中披露或有资产 190 万元。

乙股份有限公司应在资产负债表中确认一项预计负债，金额为（160 + 200）÷2 = 180（万元），同时在 2008 年 12 月 31 日的附注中进行披露。

乙公司的有关账务处理如下：

借：管理费用——诉讼费 3

营业外支出 177

贷：预计负债——未决诉讼 180

【例题 3 · （1509）】下列关于或有事项的说法中，正确的有（ ）。

A. 甲公司因产品质量不合格而被乙公司起诉。至 2014 年 12 月 31 日，该起诉讼尚未判决，甲公司估计很可能承担违约赔偿责任，需要赔偿 200 万元的可能性为 70%，需要赔偿 100 万元的可能性为 30%，甲公司对该起诉讼应确认的预计负债金额为 170 万元

B. 甲公司 11 月收到法院通知被某单位提起诉讼，要求甲公司赔偿违约造成的经济损失 100 万元，至 12 月 31 日，法院尚未作出判决。对于此项诉讼，甲公司预计有 80% 的可能性败诉，需支付赔偿对方 60 万 ~ 80 万元，并支付诉讼费用 2 万元。甲公司确认预计负债 70 万元，管理费用 2 万元

C. 某公司销售一批商品同时计提产品质量保证费用，应在确认销售费用的同时确认预计负债

D. 甲上市公司有一桩经济纠纷案件，若企业有 80% 的可能性获得补偿 200 万元，则企业就应将其确认为资产

答案：C

解析：A 项不正确，不是最佳估计数的计算，而是应该按照 70% 可能性赔偿 200 万元计算；B 项错误，很可能败诉，应当按照 72 万元确认预计负债；C 项正确；D 项不正确，或有事项形成的或有资产只有在企业基本确定能够收到的情况下，才转变为真正的资产，从而予以确认。

【例题 4 · （2015CPA）】2014 年 1 月 1 日，甲公司为乙公司的 800 万元债务提供 50% 担保。2014 年 6 月 1 日，乙公司因无力偿还到期债务被债权人起诉。至 2014 年 12 月 31 日，法院尚未判决，但经咨询律师，甲公司认为有 55% 的可能性需要承担全部保证责任，赔偿 400 万元，并预计承担诉讼费用 4 万元；有 45% 的可能无须承担保证责任。20×5 年 2 月 10 日，法院作出判

决，甲公司需承担全部担保责任和诉讼费用。甲公司表示服从法院判决，于当日履行了担保责任，并支付了4万元的诉讼费。2015年2月20日，2014年财务报告经董事会批准报出。不考虑其他因素，下列关于甲公司对该事件的处理正确的有（　　　）。

A. 在2015年实际支付担保款项时进行会计处理

B. 在2014年的利润表中将预计的诉讼费用4万元确认为管理费用

C. 2014年的利润表中确认营业外支出400万元

D. 在2014年的财务报表附注中披露或有负债400万元

答案：BC

解析：选项A，应该在2014年末确认预计负债；选项D，应披露预计负债404万元。

【例题5·（1609）】2015年11月，甲公司因合同违约被乙公司起诉，2015年12月31日，甲公司尚未收到法院的判决。乙公司预计很可能在诉讼中获胜，并可获得赔偿200万元。甲公司咨询了律师后，认为很可能败诉，需要支付的赔偿金额为160万元至240万元之间的某一金额，并且这个区间内每个金额的可能性都大致相同。另外，此案的诉讼费为3万元。不考虑其他因素的影响，下列说法中正确的有（　　　）。

A. 甲公司应该确定营业外支出200万元

B. 甲公司应该确认其他应付款200万元

C. 甲公司应该确认管理费用3万元

D. 乙公司可以确认或有资产200万元

E. 乙公司可以确认其他应收款200万元

答案：AC

解析：预计赔偿金额为连续区间，取中间值，本题=（160+240）/2=200（万元）。

借：营业外支出　　　　　　　　　　　　　　　　　　　　　　　　　　　200
　　管理费用——诉讼费　　　　　　　　　　　　　　　　　　　　　　　　　3
　　　贷：预计负债　　　　　　　　　　　　　　　　　　　　　　　　　　203

【例题6·（1610）】2014年12月20日，丙公司因合同违约而涉及一桩诉讼案件。根据丙公司的法律顾问判断，最终的判决很可能对丙公司不利。2014年12月31日，丙公司尚未接到法院的判决，因诉讼需承担的赔偿的金额也无法准确地确定。不过，据专业人士估计，赔偿金额可能在90万元至100万元之间（含丙公司将承担的诉讼费2万元），且该范围内支付各种赔偿金额的可能性相同。根据《企业会计准则第13号——或有事项》的规定，丙公司应在2014年利润表中确认营业外支出金额为（　　　）。

A. 93万元　　　　　B. 95万元　　　　　C. 90万元　　　　　D. 88万元

E. 78万元

答案：A

解析：或有事项的计量主要涉及两个问题，一是最佳估计数的确定；二是预期可获得补偿的处理。本题中虽然尚未接到法院的判决，但是未来的判决很可能对甲公司不利，所以应确认预计负债，金额为（90+100）/2=95（万元），其中甲公司将承担诉讼费用2万元，应计入管理费用，差额计入营业外支出。会计分录如下：

借：管理费用——诉讼费　　　　　　　　　　　　　　　　　　　　　　　　2
　　营业外支出　　　　　　　　　　　　　　　　　　　　　　　　　　　　93
　　　贷：预计负债——未决诉讼　　　　　　　　　　　　　　　　　　　　95

（二）债务担保

【例题 7·（2016 年 CPA 教材例 14-5）】 2007 年 10 月，B 公司从银行贷款人民币 2 000 万元，期限 2 年，由 A 公司全额担保；2009 年 4 月，C 公司从银行贷款 100 万美元，期限 1 年，由 A 公司担保 50%；2009 年 6 月，D 公司通过银行从 G 公司贷款人民币 1 000 万元，期限 2 年，由 A 公司全额担保。

截至 2009 年 12 月 31 日，各贷款单位的情况如下：B 公司贷款逾期未还，银行已起诉 B 公司和 A 公司，A 公司因连带责任很可能需要赔偿，赔偿的金额在 1 600 万~2 000 万元，且该范围内的每一金额可能性均相同；C 公司由于受政策影响和内部管理不善等原因，经营效益不如以往，可能不能偿还到期美元债务；D 公司经营情况良好，预期不存在还款困难。

本例中，对 B 公司而言，A 公司很可能需履行连带责任，且金额已经能够可靠计量，应确认预计负债 1 800 万元；就 C 公司而言，A 公司可能需履行连带责任，应在附注中对或有负债作相应的披露；就 D 公司而言，A 公司履行连带责任的可能性极小。

（三）产品质量保证

产品质量保证，通常指销售商或制造商在销售产品或提供劳务后，对客户提供服务的一种承诺。在约定期内（或终身保修），若产品或劳务在正常使用过程中出现质量或与之相关的其他属于正常范围的问题，企业负有更换产品、免费或只收成本价进行修理等责任。为此，企业应当在符合确认条件的情况下，于销售成立时确认预计负债。

在对产品质量保证确认预计负债时，需要注意以下几点：

1. 如果发现保证费用的实际发生额与预计数相差较大，应及时对预计比例进行调整。

2. 如果企业针对特定批次产品确认预计负债，则在保修期结束时，应将"预计负债——产品质量保证"余额冲销，不留余额。

3. 已对其确认预计负债的产品，若企业不再生产了，那么应在相应的产品质量保证期满后，将"预计负债——产品质量保证"余额冲销，不留余额。

【例题 8·（1605）】 甲公司从 2015 年 2 月起为售出的 A 产品提供"三包"服务，按照当期产品销售收入的 2% 预计产品修理费用，规定产品出售后一定期限内出现质量问题，负责退换或免费提供修理，假定甲公司只生产和销售 A 产品，2016 年初，甲公司"预计负债——产品质量保证"账面余额为 100 万元，A 产品的"三包"期限为 2 年，2016 年实际销售收入 5 000 万元，实际发生修理费用 80 万元，不考虑其他因素，下列说法正确的有（   ）。

A. 2016 年实际发生修理费 80 万元应该冲减预计负债

B. 2016 年应该计提"预计负债——产品质量保证"100 万元

C. 2016 年末"预计负债——产品质量保证"科目余额为 40 万元

D. 2016 年末因计提产品质量保证费用应计入销售费用 80 万元

E. 2016 年末"预计负债——产品质量保证"科目余额为 120 万元

答案：ABE

解析：

预计负债

本期减少：冲减修理费 80	期初余额	100
	本期增加：计提 5 000 × 2% = 100	
	期末：100 + 100 - 80 = 120	

2016 年甲公司的账务处理如下：

（1）确认与产品质量保证有关的预计负债

借：销售费用——产品质量保证　　　　　　　　　　　　　　　　　100（5 000×2%）

　　贷：预计负债——产品质量保证　　　　　　　　　　　　　　　　　　　100

（2）发生产品质量保证费用（修理费）

借：预计负债——产品质量保证　　　　　　　　　　　　　　　　　　　　　80

　　贷：银行存款或原材料等　　　　　　　　　　　　　　　　　　　　　　　80

"预计负债——产品质量保证"科目 2016 年末的余额为：100 − 80 + 100 = 120（万元）。

【例题 9 · （1609）】 甲公司为售出产品提供"三包"服务，规定产品出售后一定期限内出现质量问题，负责退换或免费提供修理，假定公司只生产和销售 A 产品。2014 年末甲公司按照当期该产品销售收入的 2% 预计产品修理费用。2014 年初"预计负债——产品质量保证"账面余额为 45 万元，2014 年末实际销售收入为 2 000 万元，实际发生修理费用 30 万元，均为人工费用，关于 2014 年有关产品质量保证的表述中（不考虑递延所得税等因素的影响），正确的是（　　）。

A. 2014 年实际发生修理费用 30 万元应冲减预计负债

B. 2014 年计提产品质量保证应增加"销售费用"40 万元

C. 2014 年计提产品质量保证应增加"预计负债"40 万元

D. 2014 年末"预计负债"科目的账面余额为 10 万元

答案：ABC

解析：D 项 2014 年末"预计负债"科目的账面余额应为 55 万元，具体计算过程见 2016 年 5 月真题解析。

【例题 10 · （模拟）】 以下关于或有事项说法正确的是（　　）。

A. 或有负债不应当确认为负债

B. 在对产品质量保证确认预计负债时，如果发现保证费用的实际发生额与预计数相差较大，应及时对预计比例进行调整

C. 在对产品质量保证确认预计负债时，如果企业针对特定批次产品确认预计负债，则在特定批次产品销售完成时，应将"预计负债——产品质量保证"余额冲销，不留余额

D. 在对产品质量保证确认预计负债时，已对其确认预计负债的产品，若企业不再生产了，那么应在停产当期，将"预计负债——产品质量保证"余额冲销，不留余额

答案：AB

（四）亏损合同

1. 待执行合同与亏损合同的定义及内容

项目	待执行合同	亏损合同
定义	是指合同各方未履行任何合同义务，或部分履行了同等义务的合同	是指履行合同义务不可避免发生的成本超过预期经济利益的合同
内容	企业与其他企业签订的商品销售合同、劳务合同、租赁合同等，均属于待执行合同	企业与其他单位签订的商品销售合同、劳务合同、租赁合同等，均可能变为亏损合同
是否属或有事项	待执行合同不属于或有事项，待执行合同变为亏损合同的，应当作为或有事项	亏损合同属于或有事项

2. 亏损合同的会计处理原则

具体情形		处理原则		
与亏损合同相关的义务是否可无偿撤销	（1）不需支付任何补偿即可撤销	不应确认预计负债		
	（2）不可（无偿）撤销	相关义务在满足预计负债确认条件时，应当确认预计负债		
待执行合同变为亏损合同时	（1）合同存在标的资产的	应当对标的资产进行减值测试并按规定确认减值损失	①预计亏损超过确认的减值损失	将超过部分确认为预计负债
			②预计亏损未超过确认的减值损失	不需确认预计负债
	（2）合同不存在标的资产的	亏损合同相关义务满足预计负债确认条件时，应当确认预计负债		

注：预计负债的金额应是执行合同发生的损失和撤销合同发生的损失的较低者。

【例题 11 · （2016 年 CPA 教材例题选编）】乙企业 2013 年 1 月 1 日与某外贸公司签订了一项产品销售合同，约定在 2013 年 2 月 15 日以每件产品 100 元的价格向外贸公司提供 10 000 件 A 产品，若不能按期交货，乙企业需要交纳 300 000 元的违约金。这批产品在签订合同时尚未开始生产，但企业开始筹备原材料以生产这批产品时，原材料价格突然上涨，预计生产每件产品的成本升至 125 元。

本例中，乙企业生产产品的成本为每件 125 元，而售价为每件 100 元，每销售 1 件产品亏损 25 元，共计损失 250 000 元。因此，这项销售合同是一项亏损合同。如果撤销合同，乙企业需要交纳 300 000 元的违约金。

乙公司的会计处理如下：

（1）由于该合同变为亏损合同时不存在标的资产，乙企业应当按照履行合同造成的损失与违约金两者中的较低者确认一项预计负债

借：营业外支出	250 000
贷：预计负债	250 000

（2）待相关产品生产完成后，将已确认的预计负债冲减产品成本

借：预计负债	250 000
贷：库存商品	250 000

【例题 12 · （模拟）】丙企业以生产 B 产品为主，目前企业库存积压较大，产品成本为每件 180 元。为了消化库存，盘活资金，丙企业 2008 年 1 月 25 日与某外贸公司签订了一项产品销售合同，约定在 2008 年 2 月 5 日，以每件 150 元的价格向外贸公司提供 10 000 件产品，合同不可撤销。若不能交货，丙企业需按照总价款的 10% 支付违约金。丙企业对该品产品进行减值测试，并按规定确认了 10 万元的减值损失。则以下说法正确的是（　　）。

A. 应确认预计负债 5 万元　　　　　B. 应确认预计负债 30 万元

C. 应确认预计负债 15 万元　　　　　D. 不需确认预计负债

答案：A

解析：丙公司该项合同为亏损合同，预计负债的金额应是执行合同发生的损失和撤销合同

发生的损失的较低者，应为 15 万元（150×10%＜30）。

乙公司的会计处理如下：

借：资产减值损失　　　　　　　　　　　　　　　　　　　　　100 000

　　贷：存货跌价准备　　　　　　　　　　　　　　　　　　　　100 000

借：营业外支出　　　　　　　　　　　　　　　　　　　　　　 50 000

　　贷：预计负债　　　　　　　　　　　　　　　　　　　　　　 50 000

【例题 13·（1505）】 甲企业是一家大型机床制造企业，2013 年 12 月 1 日与乙公司签订了一项不可撤销销售合同，约定于 2014 年 4 月 1 日以 300 万元的价格向乙公司销售大型机床一台。若不能按期交货，甲企业需按照总价款的 10% 支付违约金。至 2013 年 12 月 31 日，甲企业尚未开始生产该机床。由于原料上涨等因素，甲企业预计生产该机床成本不可避免地升至 320 万元。假定不考虑其他因素。2013 年 12 月 31 日，甲企业的下列处理中，正确的是（　　）。

A. 确认预计负债 20 万元　　　　　　B. 确认预计负债 30 万元

C. 确认存货跌价准备 20 万元　　　　D. 确认存货跌价准备 30 万元

答案：A

解析：因为标的资产不存在，所以不能确认存货跌价准备，履约发生的损失为 20 万元（320－300），不履约发生的损失 =300×10% =30（万元），确认预计负债 20 万元。

【例题 14·（2012）】 以下关于或有事项的说法正确的有（　　）。

A. 与亏损合同相关的义务不需支付任何补偿即可撤销的，企业不应确认预计负债

B. 甲公司与乙公司签订的一项尚待执行的商品销售合同，因合同尚未执行，具有不确定性，属于或有事项

C. 待执行合同变为亏损合同时，合同存在标的资产的，应当对标的资产进行减值测试并按规定确认减值损失，不需要再确定预计负债

D. 待执行合同变为亏损合同时，合同不存在标的资产的，亏损合同相关义务满足预计负债确认条件时，应当确认预计负债

答案：AD

解析：待执行合同不属于或有事项，待执行合同变为亏损合同时属于或有事项；待执行合同变为亏损合同时，合同存在标的资产的，应当对标的资产进行减值测试并按规定确认减值损失，若预计亏损超过计提的减值损失，则符合负债确认条件的，仍应确认预计负债。

【例题 15·（2016CPA）】 2×14 年 10 月，法院规定量准了甲公司的重整计划。截至 2×15 年 4 月 10 日，甲公司已经清偿了所有应以现金清偿的债务：应清偿给债权人的 3 500 万股股票已经过户到相应的债权人名下，预留给尚未登记债权人的股票也过户到管理人指定的账户。甲公司认为，有关重整事项已经基本执行完毕，很可能得到法院对该重整协议履行完毕的裁决。预计重整收益 1 500 万元。甲公司于 2×15 年 4 月 20 日经董事会批准对外报出 2×14 年财务报告。不考虑其他因素，下列关于甲公司有关重整的会计处理中，正确的有（　　）。

A. 按持续经营假设编制重整期间的财务报表

B. 在 2×14 年财务报表附注中披露该重整事项的有关情况

C. 在 2×14 年财务报表中确认 1 500 万元的重整收益

D. 在重整协议相关重大不确定性消除时确认 1 500 万元的重整收益

答案：ABD

解析：甲公司重整事项基本执行完毕，且很可能得到法院对该重整协议履行完毕的裁决，可以判断企业能进行持续经营，选项 A 说法正确，可以使用持续经营假设编制重整期间的财务报表；选项 B 正确，在 2×14 年财务报表附注中披露该重整事项的有关情况；选项 C，选项 D，因重整情况的执行和结果在资产负债表日存在重大不确定性，应在法院裁定破产重整协议履行完毕后确认重整收益。

【例题 16·（2016CPA）】 2×14 年 1 月 1 日，甲公司通过向乙公司股东定向增发 1 500 万股普通股（每股面值为 1 元，市价为 6 元），取得乙公司 80% 股权，并控制乙公司，另以银行存款支付财务顾问费 300 万元。双方约定，如果乙公司未来 3 年平均净利润增长率超过 8%，甲公司需要另外向乙公司股股东支付 100 万元的合并对价；当日，甲公司预计乙公司未来 3 年平均净利润增长率很可能达到 10%。该项交易前，甲公司与乙公司及其控股股东不存在关联关系。不考虑其他因素，甲公司该项企业合并的合并成本是（　　）。

A. 9 000 万元　　　B. 9 300 万元　　　C. 9 100 万元　　　D. 9 400 万元

答案：C

解析：财务顾问费属于为企业合并发生的直接费用，计入管理费用；甲公司需要另外支付的 100 万元的合并对价很可能发生，需要计入合并成本；甲公司该项企业合并的合并成本 = 1 500 × 6 + 100 = 9 100（万元）。

（五）重组义务

定义	是指企业制定和控制的，将显著改变企业组织形式、经营范围或经营方式的计划实施行为
构成	属于重组的事项主要包括
	1. 出售或终止企业的部分业务
	2. 对企业的组织结构进行较大调整
	3. 关闭企业的部分营业场所，或将营业活动由一个国家或地区迁移到其他国家或地区
	【注意】企业合并、债务重组不属于重组
确认	下列情况同时存在时，表明企业承担了重组义务
	1. 有详细、正式的重组计划，包括重组涉及的业务、主要地点、需要补偿的职工人数及其岗位性质、预计重组支出、计划实施时间等
	2. 该重组计划已对外公告
计量	1. 企业承担的重组义务满足或有事项确认条件的，应当确认为预计负债。企业应当按照与重组有关的直接支出确定预计负债金额计入当期损益
	2. 直接支出不包括留用职工岗前培训、市场推广、新系统和营销网络投入等支出，也不包括处置相关资产（厂房、店面，有时是一个事业部整体）可能形成的利得或损失，即使资产的出售构成重组的一部分也是如此，这些利得或损失应当单独确认

判断某项支出是否属于与重组有关的直接支出，是确定预计负债金额的关键。（企业应当按照与重组有关的直接支出确定预计负债金额计入当期损益）

支出项目	包括	不包括	不包括的原因
自愿遣散	✓		
强制遣散（如果自愿遣散目标未满足）	✓		
将不再使用的厂房的租赁撤销费	✓		
将职工和设备从拟关闭的工厂转移到继续使用的工厂		✓	支出与继续进行的活动相关
剩余职工的再培训		✓	支出与继续进行的活动相关
新经理的招募成本		✓	支出与继续进行的活动相关
推广公司新形象的营销成本		✓	支出与继续进行的活动相关
对新分销网络的投资		✓	支出与继续进行的活动相关
重组的未来可辨认经营损失（最新预计值）		✓	支出与继续进行的活动相关
特定不动产、厂场和设备的减值损失		✓	资产减值准备应当按照《企业会计准则第8号——资产减值》进行评估，并作为资产的抵减项

【例题17·（模拟）】以下与重组有关的支出，可确定未预计负债的包括（　　　）。

A. 自愿遣散支出　　　　　　　　　　　B. 将不再使用的厂房的租赁撤销支出

C. 剩余职工的再培训支出　　　　　　　D. 职工的岗前培训支出

E. 新系统和营销网络投入

答案：AB

【例题18·（1611）】某公司预计将停止A产品的生产，构成了重组义务，则可以确认的包含在重组义务中的支出的有（　　　）。

A. 员工的自愿遣散费用　　　　　　　　B. 预计不再使用的厂房租赁违约金

C. 剩余员工的培训费用　　　　　　　　D. 新项目的市场推广费用

E. 专用设备的减值损失

答案：AB

五、预计负债的列报，或有负债的披露，或有资产的披露

说明：本部分内容要求2014年12月考试大纲予以删除。

（一）预计负债的列报（确认＋披露）

因或有事项而确认的负债（预计负债）应与其他负债项目区别开来，单独反映。如果企业因多项或有事项确认了预计负债，在资产负债表上一般只需通过"预计负债"项目进行总括反映。

同时，为了使会计报表使用者获得充分、详细的有关或有事项的信息，企业应在会计报表附注中披露以下内容：

1. 预计负债的种类、形成原因以及经济利益流出不确定性的说明。

2. 各类预计负债的期初余额、期末余额和本期变动情况。

3. 与预计负债有关的预期补偿金额和本期已确认的预期补偿金额。

（二）或有负债的披露

或有负债无论作为潜在义务还是现时义务，均不符合负债的确认条件，因而不予确认。但是，除非或有负债极小可能导致经济利益流出企业，否则企业应当在附注中披露有关信息，具体包括：

1. 或有负债的种类及其形成原因以及经济利益流出不确定性的说明。

2. 或有负债预预计产生的财务影响，以及获得补偿的可能性；无法预计的，应当说明原因。（较预计负债少披露"各类预计负债的期初余额、期末余额和本期变动情况"，因为或有负债没有确认为负债）

在涉及未决诉讼、未决仲裁的情况下，按相关规定披露全部或部分信息预期对企业造成重大不利影响的，企业无须披露这些信息，但应当披露该未决诉讼、未决仲裁的性质，以及没有披露这些信息的事实和原因。

（三）或有资产的披露

企业通常不应当披露或有资产，但或有资产很可能会给企业带来经济利益的，应当披露其形成的原因、预计产生的财务影响等。

【总结】关于或有事项应根据其可能性的大小分情况确认为资产（其他应收款）、负债（预计负债），或者不确认资产负债但应在附注中披露，有的甚至不需披露，具体总结如下：

概率区间	可能性	义务	权利
（95%，100%）	基本确定	确认其他应付款 + 披露	确认其他应收款 + 披露
（50%，95%］	很可能	确认预计负债 + 披露	不确认资产，披露或有资产
（5%，50%］	可能	不确认负债，披露或有负债	不确认资产，也不披露
（0，5%］	极小可能	不确认负债，也不披露	不确认资产，也不披露

注：①左边均为圆括号，不包含本身，右边除100%（为确定）外均为方括号，包含本身。

②或有事项在确认为资产（其他应收款）时，其确认的条件是该事项已确认负债，且确认的资产不得超已确认负债金额。

【例题1·（2009）】2008年12月31日，甲公司存在一项未决诉讼。根据类似案例的经验判断，该项诉讼败诉的可能性为95%。如果败诉，甲公司将须赔偿对方100万元并承担诉讼费用3万元，但很可能从第三方收到补偿款10万元。2008年12月31日，甲公司应确认预计负债103万元，在附注披露预计负债的相关信息，很可能从第三方收到补偿款10万元不确认为资产，应在附注中披露。

答案：√

【例题2·（2011）】以下关于或有事项的披露，说法正确的有（   ）。

A. 公司是上市公司，在年度报告中对于或有负债在附注中应逐项说明或有负债的种类及其形成原因以及期初余额、期末余额和本期变动情况

B. 或有事项涉及未决诉讼、未决仲裁的情况下，按相关规定披露全部或部分信息预期对企业造成重大不利影响的，企业无须披露未决诉讼未决仲裁的任何信息

C. 或有资产很可能会给企业带来经济利益的，应当披露其形成的原因、预计产生的财务影响

D. 或有资产很可能会给企业带来经济利益的，应当披露其形成的原因、预计产生的财务影响以及期初余额、期末余额和本期变动情况

答案：C

解析：AD，或有资产及或有负债均不能确认为资产和负债，因此不存在期初余额、期末余

额和本期变动情况；B，在涉及未决诉讼、未决仲裁的情况下，按相关规定披露全部或部分信息预期对企业造成重大不利影响的，企业无须披露这些信息，但应当披露该未决诉讼、未决仲裁的性质，以及没有披露这些信息的事实和原因。

第十五节　非货币性资产交换

【大纲要求】

内容	程度	变化
1. 非货币性资产交换的认定	掌握	原有
2. 非货币性资产交换的确认和计量原则	掌握	原有
3. 非货币性资产交换的会计处理	掌握	原有

说明："2. 非货币性资产交换的确认和计量原则"原大纲规定为"非货币性资产交换的确认和计量原则，商业实质的判断"，新大纲把对"商业实质的判断"的要求删除了。

【内容精讲】

一、非货币性资产交换的认定

（一）货币性资产与非货币性资产的定义及构成内容

项目	定义	构成内容
货币性资产	企业持有的货币资金和将以固定或可确定的金额收取的资产（【编者理解】确定的钱）	包括现金、银行存款、其他货币资金、应收账款、应收票据、其他应收款以及准备持有至到期的债券投资等
非货币性资产	货币性资产以外的资产	交易性金融资产、存货、可供出售金融资产、预付账款、不准备持有至到期的债券投资、长期股权投资、投资性房地产、固定资产、在建工程、工程物资、无形资产等

【总结】四大金融资产关于流动性和货币性的划分：

项目	流动性划分	货币性划分
交易性金融资产	流动资产	非货币性资产
贷款和应收款项	流动资产	货币性资产
可供出售金融资产	非流动资产	非货币性资产
持有至到期投资	非流动资产	货币性资产

【例题1·（模拟）】下列资产中，属于非货币性资产的有（　　）。

A. 预付款项　　　　　　　　　　B. 固定资产

C. 准备持有至到期的债券投资　　D. 应收账款

E. 在建工程

答案：ABE

解析：货币性资产，是指持有的货币资金及将以固定或可确定金额的货币收取的资产，包括现金、银行存款、应收账款和应收票据，以及准备持有至到期的债券投资等。货币性资产以外的资产属于非货币性资产，选项 A、B、E 都属于非货币性资产。

（二）非货币性资产交换的定义及认定

定义	是指交易双方主要以非货币性资产进行的交换。该交换不涉及或只涉及少量的货币性资产（补价）
认定	补价÷交换的公允价值较大者＜25%（收付的货币性资产÷换入或换出资产公允价值较大者＜25%）

【特例】以下情形不属于非货币性资产交换：

1. 与所有者或所有者以外方面的非货币性资产非互惠转让

所谓非互惠转让，是指企业将其拥有的非货币性资产无代价地转让给其所有者或其他企业，或由其所有者或其他企业将非货币性资产无代价地转让给企业。如以非货币性资产作为股利发放给股东等，属于资本性交易，适用《企业会计准则第 37 号——金融工具列报》；再如政府无偿提供非货币性资产给企业建造固定资产，属于政府以非互惠方式提供非货币性资产，适用《企业会计准则第 16 号——政府补助》。

2. 在企业合并、债务重组中和发行股票取得的非货币性资产

在企业合并、债务重组中取得的非货币性资产，其成本确定分别适用《企业会计准则第 20 号——企业合并》和《企业会计准则第 12 号——债务重组》；企业以发行股票形式取得的非货币性资产，相当于以权益工具换入非货币性资产，其成本确定适用《企业会计准则第 37 号——金融工具列报》。

【例题 2·（2016CPA）】下列各项中，甲公司应按非货币性资产交换进行会计处理的是（ ）。

A. 以持有的应收账款换取乙公司的产品

B. 以持有的商品换取乙公司的产品作为固定资产使用

C. 以持有的应收票据换取乙公司的电子设备

D. 以持有的准备持有至到期的债权投资换取乙公司的一项股权投资

答案：B

解析：选项 A、C 和 D，应收账款、应收票据与准备持有至到期的债券投资均为货币性资产，不属于非货币性资产交换。

【例题 3·（1509）】下列交易属于非货币性资产交换的有（ ）。

A. 甲以一批公允价值为 75 万元的存货换取乙一台设备并支付 25 万元补价

B. 甲以公允价值为 100 万元的准备持有至到期债券投资换取乙的无形资产，乙的无形资产公允价值 120 万元，甲向乙支付补价 20 万元

C. 甲以账面价值为 100 万元的应收账款换取乙公允价值为 120 万元的机器设备，并向乙支付 20 万元补价

D. 甲公司因购买乙公司一批货物 500 万元到期无法清偿，现以公允价值 480 万元的机器设备予以清偿，余款 20 万元不再支付

E. 甲以公允价值为 200 万元的不准备持有至到期的债券投资换取乙一项专利技术，并向乙支付补价 20 万元

F. 甲公司发行股票100万股，每股股票市价为2元，取得乙公司一项价值为200万元的专利权

答案：E

解析：A，存货与设备均属于非货币性资产，补价÷交换的公允价值较大者＝25÷100＝25%，当补价比例≥25%时，不再属于非货币性资产交换；B、C，准备持有至到期债券投资、应收账款均属于货币性资产；D，属于债务重组情形，不属于非货币性资产交换；F，是发行股份购买资产，也不是非货币性资产交换。

【例题4·（1511）】关于非货币性资产交换，以下说法不正确的有（　　　）。

A. 应收账款属于非货币性资产

B. 预付账款属于非货币性资产

C. 甲公司以420万元的持有至到期债券投资与乙公司公允价值为400万元的无形资产进行交换，乙公司支付补价20万元，该事项属于非货币性资产交换

D. 丙公司以公允价值75万元的电子设备换取一辆小汽车，同时支付补价25万元，该事项属于非货币性资产交换

E. 乙公司为甲公司的全资子公司，现甲公司以持有乙公司100%的股权，与丙公司的股东交换其持有的丙公司60%的股权，该项交易属于非货币性资产交换

答案：ACDE

解析：A项错误，应为货币性资产；B项正确；C项错误，持有至到期投资为货币性资产；D项，补价÷交换的公允价值较大者＝25÷100＝25%，当补价比例≥25%时，不再属于非货币性资产交换；E项是企业合并，不是非货币交换。

【例题5·（1610）】下列交易属于非货币资产交换的有（　　　）。

A. 以公允价值200万元的存货换取固定资产

B. 以公允价值46万元的一台设备换取一辆小汽车，另支付补价4万元

C. 以公允价值410万元的债券（持有至到期投资）换长期股权投资

D. 以公允价值2 300万元的债券（可供出售金融资产）换取生产设备

E. 以520万元的预付账款换取交易性金融资产，另支付对价150万元

答案：ABDE

解析：补价比例＜25%时，属于非货币性资产交换；补价比例≥25%时，不再属于非货币性资产交换。B项，4/（46＋4）＝8%；E项，150/（150＋520）＝22%。

【例题6·（1306）】下列交易属于非货币性资产交换的是（　　　）。

A. 甲企业用账面价值100万元的持有至到期投资换取乙公司的无形资产，乙公司的无形资产价值102万元

B. 乙公司为甲公司的全资子公司，现甲公司以持有乙公司100%的股权，与丙公司的股东交换其持有的丙公司60%的股权

C. 甲公司与乙公司同为丙公司的控股子公司，现甲公司以一台设备与乙公司一项专利交换，设备的公允价值为80万元，甲公司另向乙公司支付补价20万元

D. 甲企业用公允价值200万元的房产换取乙公司的机器设备，并收到补价32万元

F. 丙公司向红十字会捐赠叉车10辆

G. 甲公司年终时将公司存货作为股利发放给股东

H. 甲公司发行股票100万股，取得乙公司一项专利权

答案：CD

解析：A，持有至到期投资为货币性资产，A 不属于非货币性资产交换；B，在企业合并、债务重组中取得的非货币性资产，其成本确定分别适用《企业会计准则第 20 号——企业合并》和《企业会计准则第 12 号——债务重组》，B 不属于非货币性资产交换；C，20÷（80＋20）＝20%＜25%，属于非货币性资产交换（注意，此处甲公司和乙公司尽管属于关联方，但只说明其交换资产可能导致非货币性资产交换不具有商业实质，从而影响非货币性资产是采用公允价值计量还是账面价值计量，但并不影响该项交易属于非货币性资产交易的认定）；D，32÷＝16%＜25%，属于非货币性资产交换；F、G，企业将其拥有的非货币性资产无代价地转让给其所有者或其他企业，或由其所有者或其他企业将非货币性资产无代价地转让给企业属于非互惠转让，不属于非货币性资产交换；H，企业以发行股票形式取得的非货币性资产，相当于以权益工具换入非货币性资产，其成本确定适用《企业会计准则第 37 号——金融工具列报》，不属于非货币性资产交换。

【例题 7·（2013CPA）】 按照企业会计准则的规定，下列各项中，属于非货币性资产交换的有（　　）。

A. 以应收账款换取土地使用权

B. 以专利技术换取拥有控制权的股权投资

C. 以可供出售金融资产换取未到期应收票据

D. 以作为交易性金融资产的股票投资换取机器设备

答案：BD

解析：应收账款和应收票据属于货币性资产。

【例题 8·（2014CPA）】 不考虑其他因素，甲公司发生的下列交易事项中，应当按照非货币性资产交换进行会计处理的有（　　）。

A. 以对子公司股权投资换入一项投资性物业

B. 以本公司生产的产品换入生产用专利技术

C. 以原准备持有至到期的债权投资换入固定资产

D. 定向发行本公司股票取得某被投资单位 40% 股权

答案：AB

解析：选项 C，持有至到期投资属于货币性资产，该交换不属于非货币性资产交换；选项 D，发行的本公司股票属于公司所有者权益，不属于资产，该交换不属于非货币性资产交换。

【例题 9·（1406）】 下列属于非货币性资产交换的有（　　）。

A. 以其他应收款换入投资性房地产

B. 以持有至到期债券投资换入固定资产

C. 以交易性金融资产换入长期股权投资

D. 以公允价值 100 万元专利技术和公允价值 30 万元应收账款换入一批存货

答案：CD

【例题 10·（2015CPA）】 在不涉及补价的情况下，下列各项交易事项中，属于非货币性资产交换的是（　　）。

A. 开出商业承兑汇票购买原材料

B. 以作为持有至到期投资核算的债券投资换入机器设备

C. 以拥有的股权投资换入专利技术

D. 以应收账款换入对联营企业投资

答案：C

解析：选项 A、B 和 D 中商业汇票、持有至到期投资、应收账款都是货币性资产。

二、非货币性资产交换的确认和计量

（一）确认和计量原则

非货币资产交换，关键是如何确定换入资产的成本（入账价值），不管是一换一、一换多、多换一还是多换多，换入资产的成本均有两种计量基础，即公允价值和账面价值，在可以以公允价值为计量基础的情形下，优先选用以换出资产公允价值为基础。

计量基础	满足条件及具体情形		换入资产成本（入账价值）的确定	换出资产公允价值与账面价差额的处理
公允价值	同时满足（1）该项交换具有商业实质（2）换入资产或换出资产的公允价值能够可靠计量	①换出资产公允价值能够可靠计量的（换入、换出均可 + 换出可、换入不可）	换出资产公允价值 + 支付的相关税费 ± 补价（如有确凿证据表明换入资产公允价更可靠，则换入资产公允价 ± 补价）	计入当期损益
		②换出不可，换入资产公允价值能够可靠计量的	换入资产公允价值 + 支付的相关税费	换出资产无公允价值，则以换入资产公允价值 ± 补价，视同换出资产的公允价值，与账面价值的差额，也计入当期损益
账面价值	不具有商业实质，或换入、换出资产公允价值均不能可靠计量		换出资产账面价值 + 支付的相关税费 ± 补价	不管是否涉及补价，均不确认损益

注：换出资产公允价值与账面价值差额应分情况处理：

a. 换出资产为存货的，应当作为销售处理，按其公允价值确认收入，同时结转相应的成本。

b. 换出资产为固定资产、无形资产的，差额计入营业外收支。

c. 换出资产为长期股权投资、可供出售金融资产的，差额计入投资收益，并将长期股权投资和可供出售金融资产持有期间形成的"资本公积——其他资本公积"及"其他综合收益"转入投资收益。

【注意】一个恒等式：换出资产公允价值 = 换入资产公允价值 ± 补价。

（二）商业实质的判断

1. 判断条件

满足下列条件之一的非货币性资产交换具有商业实质：

（1）换入资产的未来现金流量在风险、时间和金额方面与换出资产显著不同。

主要包括但不仅限于以下几种情形：

①未来现金流量的风险、金额相同，时间不同。此种情形是指换入资产和换出资产产生的未来现金流量总额相同，获得这些现金流量的风险相同，但现金流量流入企业的时间不同。

②未来现金流量的时间、金额相同，风险不同。此种情形是指换入资产和换出资产产生的

未来现金流量时间和金额相同，但企业获得现金流量的不确定性程度存在明显差异。

③未来现金流量的风险、时间相同，金额不同。此种情形是指换入资产和换出资产的现金流量总额相同，预计为企业带来现金流量的时间跨度相同，风险也相同，但各年产生的现金流量金额存在明显差异。

（2）换入资产与换出资产的预计未来现金流量现值不同，且其差额与换入资产和换出资产的公允价值相比是重大的。

2. 关联方之间资产交换与商业实质的关系

在确定非货币性资产交换是否具有商业实质时，企业应当关注交易各方之间是否存在关联方关系。关联方关系的存在可能导致发生的非货币性资产交换不具有商业实质。

【例题1·（2012）】 关联方关系的存在将会导致非货币性资产交换不具有商业性质。

答案：×

解析：只是可能，并不必然导致不具有商业性质。

三、非货币性资产交换的会计处理

（一）以公允价值计量的会计处理

会计处理方法已经在非货币性资产交换的确认和计量原则中以表格的形式反映，这里主要举例。

【例题1·（2016年CPA教材例15－2）】 甲公司与乙公司经协商，甲公司以其拥有的全部用于经营出租目的的一幢公寓楼与乙公司持有的交易目的的股票投资交换。甲公司的公寓楼符合投资性房地产的定义，但公司未采用公允价值模式计量。在交换日，该幢公寓楼的账面原价为9 000万元，已提折旧1 500万元，未计提减值准备，在交换日的公允价值和计税价格均为8 000万元，营业税税率为5%；乙公司持有的交易目的的股票投资账面价值为6 000万元，乙公司对该股票投资采用公允价值模式计量，在交换日的公允价值为7 550万元，乙公司另支付了450万元给甲公司。乙公司换入公寓楼后继续用于经营出租目的，并拟采用公允价值计量模式，甲公司换入股票投资后仍然用于交易目的。转让公寓楼的营业税尚未支付，假定除营业税外，该交易过程中不涉及其他相关税费。

分析：补价450万元÷换出、换入资产的公允价值较大者8 000万元＝5.6%＜25%，属于非货币性资产交换。

甲公司的账务处理如下：

借：其他业务成本　　　　　　　　　　　　　　　　　　　　　　7 500

　　投资性房地产累计折旧　　　　　　　　　　　　　　　　　　1 500

　　贷：投资性房地产　　　　　　　　　　　　　　　　　　　　　　　9 000

借：营业税金及附加　　　　　　　　　　　　　　　400（8 000×5%）

　　贷：应交税费——应交营业税　　　　　　　　　　　　　　　　　　400

借：交易性金融资产　　　　　　　　　　　　　　　　　　　　7 550

　　银行存款　　　　　　　　　　　　　　　　　　　　　　　450

　　贷：其他业务收入　　　　　　　　　　　　　　　　　　　　　　8 000

乙公司账务处理如下：

借：投资性房地产　　　　　　　　　　　　　　　　　　　　8 000

　　贷：交易性金融资产　　　　　　　　　　　　　　　　　　　　6 000

　　　银行存款　　　　　　　　　　　　　　　　　　　　　　　450

投资收益　　　　　　　　　　　　　　　　　　　　　　　　　　　　1 550

【例题2·（2011）】 A公司将专利技术无形资产与B公司交换取土地使用权。A公司无形资产账面价值1 800万元，公允价值2 800万元，另支付200万元补价；B公司土地使用权公允价值3 000万元，账面价值2 000万元。假设不考虑税收等其他因素，下列说法正确的是（　　）。

A. A公司应确认资产处置收益1 000万元　　B. A公司应确认资产处置收益800万元

C. B公司应确认资产处置收益1 000万元　　D. B公司应确认资产处置收益1 200万元

答案：AC

解析：换出资产有公允价值的，则公允价值与账面价值之间的差额计入当期损益，换出无公允价值，但换入有公允价值的，则换入资产公允价值±补价视同换出资产公允价值，与账面价值之间的差额计入当期损益。本题中换入换出资产均有公允价值，均为无形资产，各自公允价值与账面价值的差额均应计入营业外收支项目。

【例题3·（2013CPA）】 甲公司与丙公司签订一项资产置换合同，甲公司以其持有的联营企业30%的股权作为对价，另以银行存款支付补价100万元，换取丙公司生产的一大型设备，该设备的总价款为3 900万元，该联营企业30%股权的取得成本为2 200万元；取得时该联营企业可辨认净资产公允价值为7 500万元（可辨认资产、负债的公允价值与账面价值相等）。

甲公司取得该股权后至置换大型设备时，该联营企业累计实现净利润3 500万元，分配现金股利400万元，其他综合收益增加650万元。交换日，甲公司持有该联营企业30%股权的公允价值为3 800万元，不考虑税费及其他因素，下列各项对上述交易的会计处理中，正确的有（　　）。

A. 甲公司处置该联营企业股权确认投资收益620万元

B. 丙公司确认换入该联营企业股权入账价值为3 800万元

C. 丙公司确认换出大型专用设备的营业收入为3 900万元

D. 甲公司确认换入大型专用设备的入账价值为3 900万元

答案：ABCD

解析：长期股权投资处置时的账面价值 = 2 200 + （7 500 × 30% − 2 200） + （3 500 − 400） × 30% + 650 × 30% = 3 375（万元），甲公司处置该联营企业股权确认投资收益 = 3 800 − 3 375 + 650 × 30% = 620（万元），选项A正确；丙公司换入该联营企业股权按其公允价值3 800万元入账，选项B正确；甲公司确认换入大型专用设备的入账价值 = 3 800 + 100 = 3 900（万元），选项C正确；丙公司换出其生产的大型专用设备应按其公允价值3 900万元确认营业收入，选项D正确。

【例题4（2015CPA）】 经与乙公司协商，甲公司以一批产品换入乙公司的一项专利技术，交换日，甲公司换出产品的账面价值为560万元，公允价值为700万元（等于计税价格），甲公司将产品运抵乙公司并向乙公司开具了增值税专用发票，当日双方办妥了专利技术所有权转让手续。经评估确认，该专项技术的公允价值为900万元，甲公司另以银行存款支付乙公司81万元，甲、乙公司均为增值税一般纳税人，适用的增值税税率均为17%，不考虑其他因素，甲公司换入专利技术的入账价值是（　　）。

A. 641万元　　　　　B. 900万元　　　　　C. 781万元　　　　　D. 819万元

答案：B

解析：入账价值 = 换出产品公允价值 + 增值税销项税额 + 支付的补价 = 700 + 700 × 17% + 81 = 900（万元）。

（二）以换出资产账面价值计量的会计处理

【例题5·（2016年CPA教材例15−3）】 丙公司拥有一台专有设备，该设备账面原价450

万元，已计提折旧330万元。丁公司拥有一项长期股权投资，账面价值90万元，两项资产均未计提减值准备。丙公司决定以其专有设备交换丁公司的长期股权投资，该专有设备是生产某种产品必需的设备。由于专有设备是当时专门制造、性质特殊，其公允价值不能可靠计量；丁公司拥有的长期股权投资在活跃市场中没有报价，其公允价值也不能可靠计量。经双方商定，丁支付了20万元补价。假定交易中没有涉及相关税费。

分析：补价20万元÷换入、换出资产账面价值较大者120万元=16.7%＜25%，因此，该项交换属于非货币性资产交换。由于两项资产的公允价值不能可靠计量，因此，对于该项资产交换，换入资产的成本应当按照换出资产的账面价值确定。

丙公司的账务处理如下：

借：固定资产清理	120
累计折旧	330
贷：固定资产——专有设备	450
借：长期股权投资	100
银行存款	20
贷：固定资产清理	120

丁公司的账务处理如下：

借：固定资产——专有设备	110
贷：长期股权投资	90
银行存款	20

【例题6·（2008）】 甲公司用房屋换取乙公司的专利，甲公司的房屋符合投资性房地产的定义，但甲公司未采用公允价值模式计量。在交换日，甲公司房屋账面原价为120万元，已提折旧20万元，公允价值110万元，乙公司专利账面价值10万元，无公允价值，甲公司另向乙公司支付30万元。假设不考虑资产交换过程中产生的相关税费，下列会计处理正确的是（　　　）。

A. 甲公司确认营业外收入10万元

B. 甲公司换入的专利的入账价值为130万元

C. 甲公司换入的专利的入账价值为140万元

D. 乙公司确认营业外收入130万元

E. 乙公司换入的房屋入账价值为120万元

答案：CD

解析：甲公司以投资性房地产与乙公司无形资产交换，交换双方资产均为非货币性资产，涉及补价，30÷（110+30）=21%小于25%，属于非货币性资产交换。

甲公司账务处理如下：

借：无形资产——专利（110+30）	140
贷：其他业务收入	110
银行存款	30
同时　借：其他业务成本	100
贷：投资性房地产——净值	100（为方便起见）

乙公司账务处理如下：

借：银行存款	30
投资性房地产	110

贷：无形资产（账面价值）	10（方便起见）
营业外收入	130

【例题7·（2009）】 2008 年 2 月，甲公司以其持有的丙上市公司股票交换乙公司生产的一台办公设备，并将换入办公设备作为固定资产核算，该交换具有商业实质。乙公司换入丙公司股票后对丙公司不具有控制、共同控制或重大影响，拟随时处置丙公司股票以获取差价。本次交换未涉及补价。甲公司和乙公司均为增值税一般纳税人。甲公司和乙公司不存在任何关联方关系。下列各项关于乙公司上述交易会计处理的表述中，错误的是（　　）。

A. 换出办公设备作为销售处理并计缴增值税

B. 换入丙公司股票确认为可供出售金融资产

C. 换入丙公司股票按换出办公设备的账面价值计量

D. 换出办公设备按照账面价值确认销售收入并结转销售成本

答案：BCD

解析：A，自己生产的办公设备用于交换，作为销售处理并计缴增值税，A 说法正确；B，持有股票的目的是短期内出售获取差价，应该作为交易性金融资产核算；C，本题有一隐含条件，即甲公司换出的资产是有公允价值的（丙上市公司股票），非货币性资产交换的一方具有公允价值的，应以公允价值计量；D，应当按照换出资产的公允价值确认收入，换出资产无公允价值的，按照换入资产的公允价值 ± 补价作为换出资产的公允价值确定。

【例题8·（1609）】 不考虑税费等其他因素，甲公司 2015 年的下列会计处理中，正确的是（　　）。

A. 甲公司以公允价值为 1 000 万元的存货（成本为 800 万元）换入非关联方的一台机器设备，同时支付补价 300 万元，甲公司确认营业收入 1 000 万元，结转成本 800 万元

B. 甲公司以公允价值为 5 000 万元的房屋（账面价值为 3 000 万元）从母公司处换入乙公司 100% 的股权，甲公司确认营业外收入 2 000 万元

C. 甲公司以公允价值为 4 000 万元的出租用办公楼（账面价值为 3 800 万元）换入非关联方的一座厂房，甲公司确认营业外收入 200 万元

D. 甲公司以公允价值为 1 500 万元的专利技术（账面价值为 1 000 万元）换入母公司的公允价值为 2 500 万元的存货，甲公司确认营业外收入 500 万元

E. 甲公司持有丙公司 100% 的股权，甲公司个别报表中，对丙公司长期股权投资的账面价值为 3 000 万元，相关的其他综合收益为 400 万元，甲公司以丙公司 25% 的股权换入非关联方公允价值为 1 000 万元的交易性金融资产，甲公司个别报表中确认投资收益 250 万元

答案：AD

解析：A 项正确，300 ÷ 1 300 = 23.08% 为非货币性资产交换，类似销售，按照公允价值进行账务处理；B 项错误，同一控制下企业合并即使借贷方有差额，也优先计入资本公积——股本溢价，不影响损益；C 项错误，为非货币性资产交换，类似销售，投资性房地产计入其他业务收入和其他业务成本，不是营业外收入；D 项正确，为非货币性资产交换，类似销售，按照公允价值进行账务处理；E 项错误。

借：交易性金融资产	1 000
贷：长期股权投资——投资成本	750
投资收益	250
借：其他综合收益	100

　　贷：投资收益 100

（三）涉及多项非货币性资产交换的会计处理（掌握处理原则）

1. 涉及多项非货币性资产交换的会计处理原则

资产交换能否具有商业实质	各项换入和换出资产公允价值能否可靠计量	换入资产总成本的确定	各项换入资产的成本如何分配
（1）具有	均能可靠计量	按照换出资产公允价值总额为基础确定，除非有确凿证据证明换入资产的公允价值总额更可靠	按照各项换入资产的公允价值占换入资产公允价值总额的比例分配
（2）具有	换出能可靠计量，换入不能可靠计量	按照换出资产的公允价值总额为基础确定	按照各项换入资产的原账面价值占换入资产原账面价值总额的比例对换入资产总成本进行分配
（3）具有	换入能可靠计量，换出不能可靠计量	按照换入资产的公允价值总额为基础确定	按照各项换入资产的公允价值占换入资产公允价值总额的比例对换入资产总成本进行分配
（4）不具有商业实质，或换入资产和换出资产的公允价值均不能可靠计量		按照换出资产的账面价值总额为基础确定	按照各项换入资产的原账面价值占换入资产的账面价值总额的比例对换入资产总成本进行分配

　　【总结】（1）换入资产总成本的确定原则：①应当以公允价值为基础计量的（具有商业实质，且至少有一方有公允价值的），优先按照换出资产公允价值为基础确定，换出资产无公允价值的按照换入资产的公允价值为基础确定；②应当以账面价值为基础计量的（无商业实质或均无公允价值），则换入资产总成本按换出资产的原账面价值为基础确定。

　　（2）换入资产总成本的分配原则（如何在各项换入资产之间分配）：一律按照换入资产价值比例确定，换入资产有公允价值的，按照公允价值比例分配，无公允价值的，按照账面价值分配。不具有商业实质的，即便有公允价值，也按照账面价值分配。

　　2. 涉及多项非货币性资产交换的会计处理具体举例

　　【例题9·（1311）】甲公司以存货换取乙公司A、B两项专利权，A、B专利权均无公允价值，存货公允价值为1 000万元，增值税税率为17%，甲公司另支付现金130万元给乙公司，专利权A账面价值为640万元，专利权B账面价值为480万元，此次交换具有商业实质。则A、B专利权作为无形资产的入账价值分别是（　　　）。

　　A. 640万元和480万元　　　　　　　　B. 742.82万元和557.18万元

　　C. 645.7万元和484.3万元　　　　　　D. 571.4万元和428.6万元

　　答案：B

　　解析：具有商业实质，换出资产有公允价值，换入资产无公允价值的，换入资产总成本按照换出资产公允价值为基础确认，各项换入资产的成本按照换入资产的原账面价值占换入资产原账面价值总额的比例进行分配。

　　换入资产总成本＝换出资产公允价值＋换出资产增值税销项税额－换入资产可抵扣的增值税进项税额＋支付的其他应计入换入资产成本的税费±补价＝1 000＋170＋130＝1 300（万元）

A 专利入账价值 = 1 300 × 640／（640 + 480） = 742.82（万元）

B 专利入账价值 = 1 300 × 480／（640 + 480） = 557.18（万元）（或 1 300 - 742.82）

第十六节　债务重组

【大纲要求】

内容	程度	变化
1. 债务重组的定义及主要方式	掌握	原有
2. 各种债务重组方式下债务重组的会计处理	掌握	原有

【内容精讲】

一、债务重组的定义和主要方式

（一）债务重组的定义

债务重组，是指在债务人发生财务困难的情况下，债权人按照其与债务人达成的协议或者法院的裁定作出让步的事项。

"债务人发生财务困难"，是指债务人出现资金周转困难或经营陷入困境，导致其无法或者没有能力按原定条件偿还债务。

"债权人作出让步"的情形主要包括：

（1）债权人减免部分债务本金或者利息。

（2）降低债务的利率等。

仅是延长还款期限，不属于债务重组。

【例题1·（2012）】2012 年 8 月 31 日，甲公司从乙银行的一笔借款 1 000 万元到期，年利率为 6%，由于甲公司发生财务困难，乙银行预计该笔贷款短期内无法收回。乙银行就该债权与甲公司进行协商，由甲公司先把 1 年的利息 80 万元支付给乙银行，本金 1 000 万元延迟到 2 年后支付，在未来两年期间，每年仍按照 6% 计提利息，并于当年末支付。上述情形不属于债务重组。

答案：√

解析：本例中乙银行并未作出实质性让步，不属于债务重组。

（二）债务重组的主要方式

方式	定义	注意
1. 以资产清偿债务	债务人转让其资产给债权人以清偿债务的债务重组方式。资产主要有：货币资金、存货、固定资产、无形资产等	以等量的货币资金偿还所欠债务，则不属于本节所指的债务重组
2. 债务转为资本	债务人将债务转为资本，同时债权人将债权转为股权的债务重组方式	债务人根据转换协议，将应付可转换公司债券转为资本的，则属于正常情况下的债务转为资本，不能作为债务重组处理（可转债的转股不属于）
3. 修改其他债务条件	如减免本息、降低利率等	
4. 以上三种方式的组合		

二、债务重组的会计处理

（一）以资产清偿债务方式

清偿方式	债务人账务处理			债权人账务处理		
1. 以现金清偿债务	债务重组利得的确认 = ①重组债务账面价值 - ②支付的现金，差额为重组利得，计入③营业外收入			重组损失或冲减已计提资产减值损失的确定	重组债权账面价值 - 收到的现金	（1）>0，借差计入"营业外支出"
						（2）<0，贷差冲减已计提的资产减值损失
2. 以非现金资产清偿债务	（1）债务重组利得的确认（计入营业外收入）	①债权人不向债务人另行支付增值税	重组债务账面价值 - 转让的非现金资产的公允价值 - 该非现金资产增值税销项税	（1）受让的非现金资产入账价值的确定	= 受让的非现金资产的公允价值 + 收到非现金资产时发生的有关运杂费等	
		②债权人向债务人另行支付增值税	重组债务账面价值 - 转让的非现金资产的公允价值	（2）重组损失或冲减已计提资产减值损失的确定	重组债权账面价值 - 受让的非现金资产的公允价值 - （增值税进项税）	（1）>0，借差计入"营业外支出"
	（2）资产转让损益的确认	= （转让的非现金资产的公允价值 - 账面价值 - 转让过程中发生的相关税费（如评估费、运杂费等））				（2）<0，贷差冲减已计提的资产减值损失

注：①资产转让损益，应当分不同情况进行处理：

a. 非现金资产为存货的，应当视同销售处理，根据《企业会计准则第 14 号——收入》相关规定，按存货的公允价值确认销售商品收入，同时结转相应的成本。

b. 非现金资产为固定资产、无形资产的，其公允价值和账面价值的差额，计入营业外收入或营业外支出。

c. 非现金资产为长期股权投资等投资性资产的，其公允价值和账面价值的差额，计入投资收益。换出资产为长期股权投资、可供出售金融资产的，还应将"其他综合收益"对应部分转出，计入投资收益。

②如债权人不向债务人另行支付增值税，则增值税进项税额可以作为冲减重组债权的账面价值处理，表中公式则为"= 重组债权账面价值 - 受让的非现金资产的公允价值 - 增值税进项税"；如债权人向债务人另行支付增值税，则增值税进项税额不能作为冲减重组债权的账面余额处理，表中公式则为"= 重组债权账面价值 - 受让的非现金资产的公允价值"。

1. 以现金清偿债务举例

【例题 1·（2011 年 CPA 教材选编）】 甲企业于 2013 年 1 月 20 日销售一批材料给乙企业，不含税价格为 200 000 元，增值税税率为 17%，按合同规定，乙企业应于 2013 年 4 月 1 日前偿付货款。由于乙企业发生财务困难，无法按合同规定的期限偿还债务，经双方协议于 7 月 1 日进行债务重组。债务重组协议规定，甲企业同意减免乙企业 30 000 元债务，余额用现金立即偿清。乙企业于当日通过银行转账支付了该笔剩余款项，甲企业随即收到了通过银行转账偿还的款项。甲企业已为该项应收债权计提了 20 000 元的坏账准备。

（1）乙企业的账务处理：

借：应付账款　　　　　　　　　　　　　　　　　　234 000①
　　贷：银行存款　　　　　　　　　　　　　　　　　204 000②
　　　　营业外收入——债务重组利得　　　　　　　　 30 000③

（2）甲企业的账务处理：

甲企业已为该项应收债权计提了 20 000 元坏账准备	甲企业已为该项应收账款计提了 40 000 元坏账准备
借：银行存款　　　　　　204 000②	借：银行存款　　　　　　204 000②
营业外支出——债务重组损失	坏账准备　　　　　　 40 000①
10 000③	贷：应收账款　　　　　　234 000①
坏账准备　　　　　　 20 000①	资产减值损失　　　　 10 000③
贷：应收账款　　　　　　234 000①	选择题中一般将此处表述为甲公司冲减资产减值损失 1 万元。

【例题 2·（2011）】 乙公司欠甲公司一笔货款 200 万元，2011 年 7 月 31 日货款到期日，因乙公司财务出现困难无法支付，经双方协议于 8 月 10 日进行债务重组，债务重组协议规定，甲公司同意减免乙公司 50 万元债务，余款用现金立即清偿，乙公司于当日通过银行转账支付了剩余款项 150 万元，甲公司也已收到该款项。甲公司已为该项债权计提了 60 万元的坏账准备。则以下说法正确的是（　　）。

A. 甲公司确认营业外支出 50 万元　　　　　B. 乙公司确认营业外收入 50 万元
C. 甲公司冲减资产减值损失 60 万元　　　　D. 甲公司冲减资产减值损失 10 万元
答案：BD

【例题 3·（2012）】 甲企业 2011 年 9 月销售一批货物给乙企业，销售价款为 100 万元（含增值税），到年底因乙公司出现财务困难无法清偿款项，甲企业已为该项债权计提了 3.5 万元的坏账准备，2012 年 5 月，甲乙达成协议，甲企业同意减免乙企业 3 万元债务，余款即日付清，甲于当日收到乙支付的 97 万元货款，下列关于甲乙会计处理说法正确的有（　　）。

A. 甲企业确认营业外支出 3 万元

B. 乙企业确认营业外收入 3 万元

C. 甲企业确认资产减值损失 -0.5 万元

D. 甲企业冲减资产减值损失 3.5 万元，同时确认营业外支出 3 万元

答案：BC

【例题 4·（1406）】 甲公司 2012 年应收乙公司票据的账面余额为 55 000 元，其中 5 000 元为利息，票面年利率为 4%，由于乙公司资金周转困难，不能偿付，经双方协商，于 2013 年 1

月进行债务重组。甲公司同意将债务本金减至 30 000 元，免去债务人所欠的全部利息。将利率从 4% 降到 2%，并将债务到期日延期至 2014 年 12 月 31 日。甲公司已为该项应收账款计提了 5 000 元的坏账准备。甲公司应确认的债务重组损失为（　　）元。

　　A. 20 000　　　　　　　B. 22 800　　　　　　C. 30 000　　　　　　D. 25 000

答案：A

2. 以非现金资产清偿债务举例

（1）以库存材料、商品、产品清偿债务举例

【例题 5 ·（2016 年 CPA 教材例 16－1）】 甲公司欠乙公司购货款 350 000 元。由于甲公司财务发生困难，短期内不能支付已于 2007 年 5 月 1 日到期的货款。2007 年 7 月 1 日，经双方协商，乙公司同意甲公司以其生产的产品偿还债务。该产品的公允价值为 200 000 元，实际成本为 120 000 元。甲公司为增值税一般纳税人，适用的增值税税率为 17%。乙公司于 2007 年 8 月 1 日收到甲公司抵债的产品，并作为库存商品入库；乙公司对该项应收账款计提了 50 000 元的坏账准备。

　　①甲公司的账务处理：

借：应付账款	350 000①
贷：主营业务收入	200 000②
应交税费——应交增值税（销项税额）	34 000②
营业外收入——债务重组利得	116 000③
借：主营业务成本	120 000
贷：库存商品	120 000

在本例中，甲公司销售产品取得的利润体现在营业利润中，债务重组利得作为营业外收入处理。

　　②乙公司会计分录如下：

借：库存商品	200 000②
应交税费——应交增值税（进项税额）	34 000②
营业外支出——债务重组损失	66 000③
坏账准备	50 000①
贷：应收账款	350 000①

本题假如乙公司向甲公司单独支付增值税

　　①甲公司的账务处理：

借：应付账款	350 000①
银行存款	34 000③
贷：主营业务收入	200 000②
应交税费——应交增值税（销项税额）	34 000②
营业外收入——债务重组利得	150 000④
借：主营业务成本	120 000
贷：库存商品	120 000

　　②乙公司的账务处理：

借：库存商品	200 000②
应交税费——应交增值税（进项税额）	34 000②
营业外支出——债务重组损失	100 000④

坏账准备		50 000①
贷：应收账款		350 000①
银行存款		34 000③

本题假如乙公司计提坏账准备 120 000 元（不单独支付增值税）

借：库存商品		200 000
应交税费——应交增值税（进项税额）		34 000
坏账准备		120 000
贷：应收账款		350 000
资产减值损失		4 000

【例题 6·（1311）】 债务人甲公司以公允价值为 7 000 万元、账面价值为 6 000 万元的存货，偿还账面价值为 8 000 万元的债务给债权人乙公司。增值税税率为 17%，增值税由债权人另行支付，乙公司对该项债权计提坏账准备 1 200 万元，甲、乙公司的会计处理正确的是（　　）。

A．乙公司冲减资产减值损失 200 万元　　　B．甲公司确认营业外收入 2 000 万元

C．甲公司确认营业外收入 1 000 万元　　　D．乙公司确认营业外支出 1 000 万元

E．乙公司冲减坏账准备 1 200 万元　　　　F．甲公司确认营业收入 7 000 万元

答案：ACEF

解析：甲公司债务重组利得 = 8 000 − 7 000 = 1 000（万元）

①甲公司账务处理如下：

借：应付账款		8 000①
银行存款		1 190③
贷：主营业务收入		7 000②
应交税费——应交增值税（销项税额）		1 190②
营业外收入——债务重组利得		1 000④
借：主营业务成本		6 000
贷：库存商品		6 000

②乙公司的账务处理：

借：库存商品		7 000②
应交税费——应交增值税（进项税额）		1 190②
坏账准备		1 200①
贷：应收账款		8 000①
资产减值损失		200④
银行存款		1 190③

（2）以固定资产清偿债务举例

【例题 7·（2016 年 CPA 教材例题选编）】 甲公司于 2012 年 1 月 1 日销售给乙公司一批材料，价值 400 000 元（包括应收取的增值税税额），按购销合同约定，乙公司应于 2012 年 10 月 31 日前支付货款，但至 2013 年 1 月 31 日乙公司尚未支付货款。由于乙公司财务发生困难，短期内不能支付货款。2013 年 2 月 3 日，与甲公司协商，甲公司同意乙公司以一台设备偿还债务。该项设备的账面原价为 350 000 元，已提折旧 50 000 元，设备的公允价值为 310 000 元（应交增值税 52 700 元）。

甲公司对该项应收账款已提取坏账准备 40 000 元。抵债设备已于 2013 年 3 月 10 日运抵甲

公司。假定不考虑与该项债务重组相关的税费。

①乙公司的账务处理：

确认债务重组利得

借：应付账款	400 000①
贷：固定资产账面价值	300 000②
营业外收入——处置固定资产利得	10 000②
应交税费——应交增值税（销项税额）	52 700②
营业外收入——债务重组利得	37 300③

②甲公司的账务处理：

借：固定资产	310 000②
应交税费——应交增值税（进项税额）	52 700②
坏账准备	40 000①
贷：应收账款	400 000①
资产减值损失	2 700③

（3）以股票、债券等金融资产清偿债务举例

【例题8·（2016年CPA教材例题选编）】甲公司于2013年7月1日销售给乙公司一批产品，价值450 000元（包括应收取的增值税税额），乙公司于2013年7月1日开出6个月承兑的商业汇票。乙公司于2013年12月31日尚未支付货款。由于乙公司财务发生困难，短期内不能支付货款。当日经与甲公司协商，甲公司同意乙公司以其所拥有并作为以公允价值计量且公允价值变动计入当期损益的某公司股票抵偿债务。乙公司该股票的账面价值为400 000元（成本390 000元，公允价值变动10 000元），当日的公允价值380 000元。

假定甲公司为该项应收账款提取了坏账准备40 000元。用于抵债的股票于当日即办理相关转让手续，甲公司将取得的股票作为以公允价值计量且公允价值变动计入当期损益的金融资产处理。债务重组前甲公司已将该项应收票据转入应收账款；乙公司已将应付票据转入应付账款。假定不考虑与商业汇票或者应付款项有关的利息。

①乙公司的账务处理：

借：应付账款	450 000
投资收益	20 000
贷：交易性金融资产	400 000
营业外收入——债务重组利得	70 000
借：公允价值变动损益	10 000
贷：投资收益	10 000

②甲公司的账务处理：

借：交易性金融资产	380 000
营业外支出——债务重组损失	30 000
坏账准备	40 000
贷：应收账款	450 000

假如甲公司计提坏账准备80 000元

借：交易性金融资产	380 000
坏账准备	80 000

贷：应收账款 450 000

资产减值损失 10 000

【例题9·（1306）】 甲公司于2012年1月1日销售给乙公司一批材料，价值4 000万元（含增值税），按购销合同约定，乙公司应于2012年10月31日前支付货款，但至2013年1月31日乙公司尚未支付货款。由于乙公司财务发生困难，短期内不能支付货款。2013年2月3日，与甲公司协商，甲公司同意乙公司以一项投资性房地产清偿债务，乙公司采用成本模式对投资性房地产进行后续计量，该项投资性房地产原值为5 000万元，已计提折旧1 200万元，计提减值准备800万元，该投资性房地产的公允价值为3 300万元，甲公司已为该项债权计提了800万元的坏账准备。则以下说法正确的是（　　）。

A. 乙公司债务重组利得确认营业外收入700万元

B. 乙公司债务重组利得确认营业外收入1 000万元

C. 乙公司资产处置损益确认营业外收入300万元

D. 乙公司确认其他业务收入3 300万元

E. 甲公司确认营业外支出700万元

F. 甲公司确认资产减值损失100万元

答案：ADF

解析：①乙公司账务处理如下：

借：应付账款 4 000

　　贷：其他业务收入 3 300

　　　　营业外收入——债务重组利得 700

同时　借：其他业务成本 3 000

　　　　贷：投资性房地产账面价值

3 000（将投资性房地产原值、累计折旧、减值准备均转销）

②甲公司账务处理：

借：固定资产 3 300（假如甲公司取得后作为固定资产核算）

　　贷：应收账款 3 200（4 000 - 800）

　　资产减值损失 100

【例题10·（2014CPA）】 甲公司应收乙公司货款2 000万元，因乙公司财务困难到期未予偿付，甲公司就该项债权计提了400万元的坏账准备。20×3年6月10日，双方签订协议，约定以乙公司生产的100件A产品抵偿该债务。乙公司A产品售价为13万元/件（不含增值税），成本为10万元/件；6月20日，乙公司将抵债产品运抵甲公司并向甲公司开具了增值税专用发票。甲、乙公司均为增值税一般纳税人，适用的增值税税率均为17%。不考虑其他因素，甲公司应确认的债务重组损失是（　　）。

A. 79万元　　　　B. 279万元　　　　C. 300万元　　　　D. 600万元

答案：A

解析：甲公司应确认的债务重组损失 = （2 000 - 400） - 100×13×（1 + 17%） = 79（万元）。

【例题11·（2014CPA）】 20×4年3月1日，甲公司因发生财务困难，无力偿还所欠乙公司800万元款项。经双方协商同意，甲公司以自有的一栋办公楼和一批存货抵偿所欠债务。用于抵债的办公楼原值为700万元，已提折旧为200万元，公允价值为600万元；用于抵债的存货账面价值为90万元，公允价值为120万元。不考虑税费等其他因素，下列有关甲公司对该项债务重组的会计处理中，正确的是（　　　）。

A. 确认债务重组收益 80 万元　　　　　　B. 确认商品销售收入 90 万元

C. 确认其他综合收益 100 万元　　　　　D. 确认资产处置利得 130 万元

答案：A

解析：确认债务重组收益 ＝ 800 －（600 ＋ 120）＝ 80（万元），选项 A 正确；确认商品销售收入 120 万元，选项 B 错误；该事项不确认其他综合收益，选项 C 错误；确认资产处置利得 ＝ 600 －（700 － 200）＝ 100（万元），选项 D 错误。

【例题 12 ·（1505）】2014 年 3 月 1 日，甲公司因发生财务困难，无力偿还所欠乙公司 800 万元款项，乙公司已对该项债权计提了 300 万元的坏账准备。经双方协商同意，甲公司以一项无形资产抵偿所欠债务。甲公司用于抵债的无形资产原值为 700 万元，已摊销 200 万元，公允价值为 600 万元；不考虑税费等其他因素，下列有关该项债务重组的会计处理中，正确的是（　　　）。

A. 甲公司应确认债务重组收益 200 万元

B. 甲公司应确认资产处置收益 100 万元

C. 乙公司应确认债务重组损失 200 万元

D. 乙公司取得该项无形资产入账价值为 800 万元

答案：AB

【例题 13 ·（1509）】甲、乙公司均为增值税一般纳税人，适用的增值税税率为 17%。甲公司销售给乙公司一批商品，形成应收账款 600 万元（含增值税），款项尚未收到。到期时乙公司无法按照合同规定偿还债务，经双方协商，甲公司同意乙公司用存货抵偿该项债务，该批存货公允价值 500 万元，成本 300 万元。甲公司在重组日已对该应收账款计提 100 万元的坏账准备，以下说法正确的是（　　　）。

A. 甲公司冲减资产减值损失 100 万元

B. 甲公司冲减资产减值损失 85 万元

C. 乙公司应确认债务重组利得为 15 万元

D. 乙公司应确认主营业务收入 500 万元

E. 乙公司影响当期利润表的金额为 215 万元

答案：BCDE

解析：

甲公司账务处理：

借：存货（存货公允价值）　　　　　　500

　　应交税金——应交增值税（进项税额）

　　　　　　　　　　　　　　　　　　85

　　坏账准备（已知）　　　　　　　　100

　　贷：应收账款（已知）　　　　　　　　600

　　　　资产减值损失（根据借贷平衡计算）

　　　　　　　　　　　　　　　　　　　85

乙公司账务处理：

借：应付账款　　　　　　　　　　　　600

　　贷：主营业务收入　　　　　　　　　　500

　　　　应交税金——应交增值税（销项税额）

　　　　　　　　　　　　　　　　　　　85

　　　　营业外收入（债务重组利得）　　　15

借：主营业务成本　　　　　　　　　　300

　　贷：存货　　　　　　　　　　　　　　300

对损益的影响：500 ＋ 15 － 300 ＝ 215

【例题 14 ·（1609）】2013 年，甲公司应收乙公司货款 125 万元（未计提坏账准备），由于乙公司发生财务困难，双方于 2013 年 12 月 31 日进行债务重组，甲公司同意债务延期 2 年，免除债务 25 万元，利息按年支付，利率 5%（与实际利率相同），同时约定，债务重组后，如乙公司第二年（2015 年）有盈利，则额外支付甲公司 2 万元。本次重组谈判，甲公司发生律师费用 1 万元。预计 2015 年乙公司很可能盈利，则下列说法正确的有（　　　）。

    A. 甲公司重组债务的入账价值为 100 万元

    B. 甲公司确认的债务重组损失为 23 万元

    C. 乙公司重组债务的入账价值为 102 万元

    D. 乙公司确认的债务重组利得为 23 万元

    E. 甲公司确认的债务重组损失为 24 万元

    答案：AD

    解析：（1）或有应付金额符合预计负债确认条件的，债务人应当将该或有应付金额单独确认为预计负债，而不是并入重组后债务账面价值。债权人不应当确认或有应收金额，不得将其计入重组后债权的账面价值。只有在或有应收金额实际发生时，才计入当期损益。（2）关于债务重组涉及的费用在《企业会计准则第 12 号——债务重组》中并没有明确规定，编者认为应当直接计入债务重组的损益。（3）债务人的账务处理：抵债资产账面价值和抵债资产公允价值之间的差额是资产转让损益，视同销售处理，抵债资产公允价值和应付账款价值之间的差额是债务重组利得，计入营业外收入。

    账务处理如下：

    债权人甲公司会计处理（单位：万元）：

借：应收账款——债务重组	100
营业外支出——债务重组损失	26
贷：应收账款	125
银行存款	1

    债务人乙公司会计处理：

借：应付账款	125
贷：应付账款——债务重组	100
预计负债	2
营业外收入——债务重组利得	23

    【例题 15·（1611）】 甲公司（债务人）与乙公司（债权人）达成债务重组协议，重组债务为 1 000 万元，债权人已计提坏账准备 100 万元，乙公司同意甲公司以一项可供出售金融资产偿还，该项可供出售的金融资产的账面价值为 600 万元，其中成本为 500 万元，累计公允价值变动 100 万元，债务重组日的公允价值为 700 万元，乙公司为取得该金融资产支付相关费用为 5 万元，乙公司将其作为交易性金融资产核算，不考虑其他因素，以下说法正确的是（　　　）。

    A. 乙公司取得该项金融资产的入账价值为 705 万元

    B. 上述事项影响甲公司当期损益 400 万元

    C. 乙公司本次债务重组损失为 200 万元

    D. 上述事项影响乙公司当期损益为 -205 万元

    E. 甲公司实现债务重组收益 400 万元

    答案：CD

    解析：

乙公司（债权人）会计处理如下：

借：交易性金融资产　　　　　　700
　　投资收益　　　　　　　　　　　5
　　营业外支出　　　　　　　　200
　　坏账准备　　　　　　　　　100
　　贷：应收账款　　　　　　　　　　　1 000
　　　　银行存款　　　　　　　　　　　　　5

对当期损益影响＝ － 205

甲公司（债务人）会计处理如下：

借：应付账款　　　　　　　　1 000
　　贷：可供出售金融资产——成本　　　500
　　　　　　　　　　——公允价值变动　100
　　　　投资收益　　　　　　　　　　　100
　　　　营业外收入　　　　　　　　　　300
借：其他综合收益　　　　　　　100
　　贷：投资收益　　　　　　　　　　　100

对当期损益影响＝500

（二）债务转为资本方式

债务人的会计处理	债权人的会计处理
（1）重组利得的确认：重组债务的账面价值与股份的公允价值总额之间的差额确认为债务重组利得，计入当期损益	（1）重组损失或冲减资产减值损失的确认 ①（重组债权的账面价值 – 股份的公允价值）＞0，差额确认为重组损失，计入营业外支出
（2）股本的确认：债务人应将债权人因放弃债权而享有股份的面值总额确认为股本	②（重组债权的账面价值 – 股份的公允价值）＜0，差额冲减已计提的资产减值损失
（3）股份的公允价值总额与股本之间的差额的处理：确认为资本公积	（2）相关税费的处理 ①形成控制的：计入管理费用 ②未形成控制的：计入投资成本

注："股本（实收资本）"和"资本公积——股本溢价（资本溢价）"之和反映股份的公允价值总额。

【例题 16 · （2016 年 CPA 教材例题选编）】 2013 年 7 月 1 日，甲公司应收乙公司账款的账面余额为 60 000 元，由于乙公司发生财务困难，无法偿付应付账款。经双方协商同意，采取将乙公司所欠债务转为乙公司股本的方式进行债务重组，假定乙公司普通股的面值为 1 元，乙公司以 20 000 股抵偿该项债务，股票每股市价为 2.5 元。甲公司对该项应收账款计提了坏账准备 2 000 元。股票登记手续已办理完毕，甲公司对其作为长期股权投资处理。

（1）乙公司的账务处理：

借：应付账款　　　　　　　　　　　　　　　　　　　　　　　　　　　60 000
　　贷：股本　　　　　　　　　　　　　　　　　　　　　　　　　　　　　20 000
　　　　资本公积——股本溢价　　　　　　　　　　　　　　　　　　　　　30 000
　　　　营业外收入——债务重组利得　　　　　　　　　　　　　　　　　　10 000

（2）甲公司的账务处理：

借：长期股权投资　　　　　　　　　　　　　　　　　　　　　　　　　50 000
　　营业外支出——债务重组损失　　　　　　　　　　　　　　　　　　　 8 000
　　坏账准备　　　　　　　　　　　　　　　　　　　　　　　　　　　 2 000
　　贷：应收账款　　　　　　　　　　　　　　　　　　　　　　　　　　　60 000

本题假如计提坏账准备 12 000 元

借：长期股权投资　　　　　　　　　　　　　　　　　　　　　　　　　50 000

坏账准备		12 000
贷：应收账款		60 000
资产减值损失		2 000

（三）修改其他债务条件的方式

1. 不附或有条件的债务重组方式

概念	是指在债务重组中不存在或有应付（或应收）金额
债务人会计处理	（1）重组后债务入账价值的确认：应将修改后债务的公允价值作为重组后债务的入账价值
	（2）重组利得的确认：（重组债务的账面价值 − 重组后债务的入账价值 ÷ 修改后债务的公允价值）的差额确认为重组利得，计入营业外收入
债权人会计处理	（1）重组后债权入账价值的确认：应当将修改后的债权的公允价值作为重组后债权的账面价值（就等于债务人修改后债务的公允价值，即重组后债权入账价值 = 重组后债务入账价值）
	（2）债务重组损失或应冲减资产减值损失的确认 ①（重组债权的账面价值 − 重组后债权的账面价值）＞0，差额确认为债务重组损失，计入营业外支出 ②（重组债权的账面价值 − 重组后债权的账面价值）＜0，差额冲减已计提的资产减值损失

【例题 17·（2015 年 CPA 教材例 16 − 2）】甲公司 2007 年 12 月 31 日应收乙公司票据的账面余额为 65 400 元，其中，5 400 元为累计未付的利息，票面年利率 4%。由于乙公司连年亏损，资金周转困难，不能偿付应于 2007 年 12 月 31 日前支付的应付票据。经双方协商，于 2008 年 1 月 5 日进行债务重组。甲公司同意将债务本金减至 50 000 元；免去债务人所欠的全部利息；将利率从 4% 降低到 2%（等于实际利率），并将债务到期日延至 2009 年 12 月 31 日，利息按年支付。该项债务重组协议从协议签订日起开始实施。甲、乙公司已将应收、应付票据转入应收、应付账款。甲公司已为该项应收款项计提了 5 000 元坏账准备。

（1）乙公司的账务处理：

①债务重组时

借：应付账款		65 400
贷：应付账款——债务重组		50 000
营业外收入——债务重组利得		15 400

②2008 年 12 月 31 日支付利息

借：财务费用		1 000
贷：银行存款（50 000×2%）		1 000

③2009 年 12 月 31 日偿还本金和最后一年利息

借：应付账款——债务重组		50 000
财务费用		1 000
贷：银行存款		51 000

（2）甲公司的账务处理：

①债务重组日的会计分录

借：应收账款——债务重组 50 000

营业外支出——债务重组损失 10 400

坏账准备 5 000

贷：应收账款 65 400

②2008 年 12 月 31 日收到利息

借：银行存款 1 000

贷：财务费用（50 000×2%） 1 000

③2009 年 12 月 31 日收到本金和最后一年利息

借：银行存款 51 000

贷：财务费用 1 000

应收账款 50 000

2. 附或有条件的债务重组方式

概念	是指在债务重组协议中附或有应付条件的重组	
债务人会计处理（或有应付金额符合预计负债确认条件的，债务人确认预计负债）	（1）重组后债务入账价值的确认：应将修改后债务的公允价值作为重组后债务的入账价值	
	（2）修改后债务条款涉及或有应付金额的处理：修改后的债务条款涉及或有应付金额，且该或有应付金额符合预计负债确认条件的，债务人应当将该或有应付金额确认为预计负债	
	（3）重组利得的确认：（重组债务的账面价值－重组后债务的入账价值－预计负债）的差额确认为重组利得，计入营业外收入	
	（4）"（3）"中或有应付金额确认了预计负债，在随后会计期间没有发生的处理：上述或有应付金额在随后会计期间没有发生的，企业应当冲销已确认的预计负债，同时确认营业外收入	
债权人会计处理（或有应收金额，债权人不应当确认）	（1）重组后债权入账价值的确认：应当将修改后的债权的公允价值作为重组后债权的账面价值	
	（2）债务重组损失或应冲减资产减值损失的确认 ①（重组债权的账面价值－重组后债权的账面价值）＞0，差额确认为债务重组损失，计入营业外支出 ②（重组债权的账面价值－重组后债权的账面价值）＜0，差额冲减已计提的资产减值损失	
	（3）修改后的债务条款中涉及或有应收金额的处理：不应当确认或有应收金额，不得将其计入重组后债权的账面价值。只有在或有应收金额实际发生时，才计入当期损益	

注：或有应付金额符合预计负债确认条件的，债务人应当将该或有应付金额单独确认为预计负债，而不是并入重组后债务账面价值。

【例题 18·（2011）】债务人与债权人（银行）协商，将应于 2007 年底到期的逾期贷款 800 万元延期两年，约定新的利率为 5%，如债务人 2008 年和 2009 年净利润超过 2 000 万元，则利率按 8% 计算。2008 年债务人预计 2008 年和 2009 年公司很可能实现每年 2 000 万元的利润，应披露的或有负债或确认的预计负债金额为（　　　）。

A. 0　　　　　　　　B. 24 万元　　　　　　C. 48 万元　　　　　D. 128 万元

答案：C

解析：本题考的是附或有条件债务重组，对债务人而言，修改后的债务条款中涉及或有应付金额，且该或有应付金额符合预计负债确认条件的，债务人应当将该或有应付金额确认为预计负债，本题中"债务人预计 2008 年和 2009 年公司很可能实现每年 2 000 万元的利润"，符合预计负债确认条件，应确认预计负债 800 ×（8% − 5%）×2 = 48（万元）。

（四）以上三种方式的组合方式

1. 债务人的会计处理

债务重组以现金清偿债务、非现金资产清偿债务、债务转为资本、修改其他债务条件等方式的组合进行的，债务人应当以支付的现金、转让的非现金资产公允价值、债权人享有股份的公允价值冲减重组债务的账面价值，再按照债务人修改其他债务条件的规定进行会计处理。

2. 债权人的会计处理

债务重组采用以现金清偿债务、非现金资产清偿债务、债务转为资本、修改其他债务条件等方式的组合进行的，债权人应当依次以收到的现金、接受的非现金资产公允价值、债权人享有股份的公允价值冲减重组债权的账面余额，再按债权人修改其他债务条件的规定进行会计处理。

【链接】上市公司 2008 年报工作中应注意的会计问题：关于债务重组收益确认问题。

（1）A 公司在重组过程中，控股股东收购 ZG 银行对 A 公司的债权后，豁免了 A 公司的债务。该行为从经济实质上判断是控股股东的资本投入，应将豁免债务全额计入所有者权益（资本公积）。

（2）某上市公司以零价格向公司实际控制人 HY 集团转让其全部资产与负债，出售资产（含负债）的评估净额为 − 29 472.71 万元。该行为从经济实质上判断是控股股东对企业的资本投入，该上市公司应将相关利得计入所有者权益（资本公积）。

【例题 19·（1306）】2012 年 12 月 31 日，甲公司控股股东豁免公司所欠债务 1 000 万元，非控股股东豁免公司所欠债务 500 万元，甲公司下列会计处理正确的是（　　　）。

A. 确认 1 500 万元资本公积

B. 确认 1 000 万元资本公积，500 万元营业外收入

C. 确认 500 万元资本公积，1 000 万元营业外收入

D. 确认 1 500 万元营业外收入

答案：A

解析：不管是控股股东还是非控股股东，对其持股公司债务的豁免，持股公司均应计入资本公积，不可作计入损益处理；同样，在上市公司股东的业绩承诺中，上市公司未完成业绩，控股股东、非控股股东存在业绩承诺，由股东将未完成部分的业绩补偿给公司的，均作为资本公积处理。

第十七节 政府补助

【大纲要求】

内容	程度	变化
1. 政府补助的定义，政府补助的主要形式及分类	掌握	原有
2. 政府补助的会计处理	熟悉	原有

【内容精讲】

一、政府补助的特征、认定及分类

（一）政府补助的特征与认定

特征	1. 无偿性	政府为了支持企业而无偿拨付给企业的资金，通常在拨款时明确规定了资金用途
	2. 直接取得资产	政府为支持特定领域或区域发展，根据国家宏观经济形势和政策目标，对承贷企业的银行贷款利息给予的补贴
认定	1. 属于政府补助的事项	（1）财政拨款：如财政部门拨付给企业的粮食定额补贴，鼓励企业安置职工就业的奖励等
		（2）财政贴息：政府为支持特定领域或区域发展，根据国家宏观经济形势和政策目标，对承贷企业的银行贷款利息给予的补贴
		（3）税收返还：如先征后返、先征后退、即征即退
		（4）无偿划拨非货币性资产：如划拨的土地使用权、天然起源的天然林等
	2. 不属于政府补助的事项	（1）企业与政府发生交易所取得的收入，如果该交易具有商业实质，且与企业销售商品或提供劳务等日常经营活动密切相关（有偿，故不是）
		（2）政府作为企业所有者投入的资本（要求分红，有偿，故不是）
		（3）政府与企业间的债务豁免（不涉及资产直接转移，故不是）
		（4）增值税出口退税（不涉及资产直接转移）
		（5）税收的直接减征、免征、增加计税抵扣额、抵免部分税额等（不涉及资产直接转移）

（二）政府补助的分类

政府补助分为与资产相关的政府补助和与收益相关的政府补助。

项目	与资产相关的政府补助	与收益相关的政府补助
概念	是指企业取得的、用于购建或以其他方式形成长期资产的政府补助	是指除与资产相关的政府补助之外的政府补助

续表

项目	与资产相关的政府补助	与收益相关的政府补助
一般情况下的确认和计量	这类补助一般以银行转账的方式拨付，如政府拨付的用于企业购买无形资产的财政拨款、政府对企业用于建造固定资产的相关贷款给予的财政贴息等，应当在实际收到款项时按照到账的实际金额确认和计量	这类补助通常以银行转账的方式拨付，应当在实际收到款项时按照到账的实际金额确认和计量
很少情况下的确认计量	在很少的情况下，这类补助也可能表现为政府向企业无偿划拨长期非货币性资产，应当在实际取得资产并办妥相关受让手续时按照其公允价值确认和计量，公允价值不能可靠取得的，按照名义金额（1元）计量。计入当期营业外收入	只有存在确凿证据表明该项补助是按照固定的定额标准拨付的，才可以在这项补助成为应收款时予以确认并按照应收的金额计量

【例题1·（2010）】 下列属于政府补助的是（　　）。

A. 政府向其投资的企业某项目提供建设补助

B. 增值税即征即退

C. 增值税先征后返

D. 粮油企业定额补贴

E. 出口退税

F. 税收减免

G. 企业因沉陷区治理收到的政府补助的企业重建过程中的停工损失

H. 企业因城镇整体规划收到的政府补助企业在搬迁过程中的固定资产损失

答案：BCDGH

【例题2·（1306）】 以下属于政府补助的是（　　）。

A. 无偿划拨土地使用权　　　　　　B. 出口退税

C. 财政贴息　　　　　　　　　　　D. 职工安置奖励

答案：ACD

解析：A属于政府无偿划拨的非货币性资产，属于政府补助；出口退税不属于政府补助；D，属于财政拨款的形式，属于政府补助。

【例题3·（1412）】 以下属于政府补助的有（　　）。

A. 直接减免的所得税

B. 先征后返的所得税

C. 政府向其投资的企业某项目提供建设补助

D. 增值税出口退税

答案：B

【例题4·（1611）】 下列关于政府补助的说法中，正确的是（　　）。

A. 通过政府招标采购为区政府提供办公设备，收到的设备款项作为政府补助处理

B. 政府对企业的债务豁免，企业应作为政府补助处理

C. 企业收到与收益相关的政府补助，用于补偿以后期间费用或损失的，在取得时应先确认为递延收益，然后在确认相关费用的期间再计入当期损益

D. 企业收到的出口退税款项不属于政府补助

E. 企业取得的针对综合性项目的补助，需要将进行分解并作相关处理，难以区分的将政府补助整体归类为与资产相关的政府补助，按项目期间进行摊销

答案：CD

（三）企业收到政府给予的搬迁补偿款的会计处理（企业会计准则解释第3号）

企业因城镇整体规划、库区建设、棚户区改造、沉陷区治理等公共利益进行搬迁，收到政府从财政预算直接拨付的搬迁补偿款，应作为专项应付款处理。其中，属于对企业在搬迁和重建过程中发生的固定资产和无形资产损失、有关费用性支出、停工损失及搬迁后拟新建资产进行补偿的，应自专项应付款转入递延收益，并按照《企业会计准则第16号——政府补助》进行会计处理。企业取得的搬迁补偿款扣除转入递延收益的金额后如有结余的，应当作为资本公积处理。（借：专项应付款 贷：资本公积）

企业收到除上述之外的搬迁补偿款，应当按照《企业会计准则第4号——固定资产》、《企业会计准则第16号——政府补助》等会计准则进行处理。

会计处理如下：

收到政府从财政预算直接拨付的搬迁补偿款

借：银行存款 1 000

　　贷：专项应付款 1 000

相关支出补偿

借：专项应付款 800

　　贷：递延收益 800

差额部分转入资本公积

借：专项应付款 200

　　贷：资本公积 200

二、政府补助的会计处理

从理论上讲，政府补助有两种会计处理方法：收益法与资本法。所谓收益法是将政府补助计入当期收益或递延收益；所谓资本法是将政府补助计入所有者权益。收益法又有两种具体方法：总额法与净额法。总额法是在确认政府补助时，将其全额确认为收益；净额法是将政府补助确认为对相关资产账面余额或者所补偿费用的扣减。《企业会计准则第16号——政府补助》要求采用的是收益法中的总额法，以便更真实、完整地反映政府补助的相关信息。

（一）政府补助的会计处理原则

分类	处理原则	具体会计处理	
1. 与收益相关的政府补助	应当在其补偿的相关费用或损失发生的期间计入当期损益	（1）用于补偿企业已发生费用或损失的	取得时直接计入当期营业外收入
		（2）用于补偿企业以后期间费用或损失的	在取得时先确认为递延收益，然后在确认相关费用的期间计入当期营业外收入

分类	处理原则	具体会计处理	
2. 与资产相关的政府补助	应当先确认为递延收益（不能全额确认为当期收益），然后自相关资产可供使用时起，在该项资产使用寿命内平均分配，计入当期营业外收入	（1）实际收到款项时	按照实际收到的款项，借记"银行存款"等科目，贷记"递延收益"
		（2）将递延收益在资产使用寿命内平均分配，计入当期营业外收入	借记"递延收益"科目，贷记"营业外收入"科目
		（3）相关资产在使用寿命结束时或结束前被处置（出售、转让、报废等）	尚未分摊的递延收益余额应当一次性转入资产处置当期的收益，不再予以递延
3. 难以区分的综合性项目的政府补助	企业取得的综合性项目的政府补助，需要将其分解为与资产相关的部分和与收益相关的部分，分别进行会计处理；难以区分的，将政府补助整体归类为与收益相关的政府补助，视情况不同计入当期损益，或者在项目期内分期确认为当期收益		

注：①企业取得的各种政府补助为货币性资产的，如通过银行转账等方式拨付的补助，通常按照实际收到的金额计量；存在确凿证据表明该项补助是按照固定的定额标准拨付的，如按照实际销量或储备量与单位补贴定额计算的补助等，可以按照应收的金额计量。

②在很少的情况下，与资产相关的政府补助也可能表现为政府向企业无偿划拨长期非货币性资产，应当在实际取得资产并办妥相关受让手续时按照其公允价值确认和计量：

a. 凭证注明的价值与公允价值差异不大：以凭证中注明的价值作为公允价值。

b. 如凭证无注明价值或注明价值与公允价值差异较大的：以活跃市场价格作为公允价值。

c. 不能可靠取得公允价值的：应当按照名义金额计量，名义金额为1元。（借：固定资产1　贷：营业外收入1）

企业取得的政府补助为非货币性资产的，应当首先同时确认一项资产（固定资产或无形资产等）和递延收益，然后在相关资产使用寿命内平均分摊递延收益，计入当期收益。但是，以名义金额计量的政府补助，在取得时计入当期损益。（借：固定资产1　贷：营业外收入1）

③企业与政府发生交易所取得的收入，如果该交易具有商业实质，且与企业销售商品或提供劳务等日常经营活动密切相关的，应当按照收入确认的原则进行会计处理。

【例题1·（模拟）】下列项目中，属于与收益相关的政府补助的是（　　　）。

A. 政府拨付的用于企业购买无形资产的财政拨款

B. 政府向企业无偿划拨长期非货币性资产

C. 政府对企业用于建造固定资产的相关贷款给予的财政补贴

D. 企业收到的先征后返的增值税

答案：D

解析：ABC均形成了长期资产的政府补助，属于与资产相关的政府补助，只有D，企业收到的先征后返的增值税，属于与收益相关的政府补助，应将其计入当期营业外收入。

【例题2·（2008）】下列关于政府补助的说法正确的有（　　　）。

A. 增值税出口退税属于政府补助

B. 先征后返的企业所得税属于政府补助

C. 政府一次性向某企业无偿划拨大量的环保设备，因这些环保设备的公允价值不能可靠取得，该企业按照名义金额（1元）计量

D. 企业收到即征即退的增值税时，应确认为递延收益

E. 企业取得的政府补助为非货币性资产的，均应当首先同时确认一项资产和递延收益，然后在相关资产使用寿命内平均分摊递延收益，计入当期收益

答案：BC

解析：D错误，企业收到即征即退的增值税，属于用于补偿企业已发生费用或损失的，取得时直接计入当期营业外收入；E错误，以名义金额计量的非货币性资产政府补助，在取得时计入当期损益。

【例题3·（2009）】以下政府补助，应当在取得时确认递延收益的有（　　）。

A. 与收益相关的政府补助，用于补偿企业已发生费用或损失的

B. 与收益相关的政府补助，用于补偿企业以后期间费用或损失的

C. 企业取得的与资产相关的政府补助，该资产公允价值能可靠计量

D. 企业取得的政府补助的非货币性资产，无法可靠确定公允价值，以名义金额计量

答案：BC

【例题4·（2012）】以下关于政府补助说法正确的是（　　）。

A. 企业取得的综合性项目的政府补助，需要将其分解为与资产相关的部分和与收益相关的部分，分别进行会计处理；难以区分的，应整体归类为与收益相关的政府补助

B. 企业收到棚户区改造厂房搬迁的政府补助，2010年6月收到了1 000万元，2010年12月企业重建厂房支出750万元，当年完工投入使用，余额250万元计入当期损益

C. 企业收到棚户区改造厂房搬迁的政府补助，2010年6月收到了1 000万元，2011年6月企业重建厂房支出750万元，当年完工投入使用，余额250万元进入调整当期期初留存收益

D. 企业收到与资产相关的政府补助的，公允价值无法取得时，按照名义金额计入递延收益，分期摊销

答案：A

解析：B、C，余额250万元应转入资本公积；D，按照名义金额计入营业外收入。

【例题5·（1505）】下列关于政府补助说法正确的是（　　）。

A. 增值税出口退税属于政府补助

B. 先征后返的企业所得税属于政府补助

C. 政府一次性向某企业无偿划拨大量的环保设备，因这些环保设备的公允价值不能可靠取得，因此计入递延收益

D. 政府通过招标定制开发某软件系统，政府支付交易对价，软件开发公司中标后开发该软件系统，软件开发公司应当将取得的对价确认为营业外收入

答案：B

解析：C说法错误，政府向企业无偿划拨长期非货币性资产，应当在实际取得资产并办妥相关受让手续时按照其公允价值确认和计量，不能可靠取得公允价值的，应当按照名义金额计量，名义金额为1元。D说法错误，政府通过招标定制开发某软件系统，政府支付交易对价，获得软件产权，是互惠交易，应根据《企业会计准则第14号——收入》确认收入和成本。

【例题6·（1511）】 下列属于《企业会计准则第16号——政府补助》范围的政府补助的是（　　）。

A. 政府无偿划拨给企业天然起源的天然林

B. 政府以投资者身份向企业投入的物资

C. 政府对企业债务的豁免

D. 增值税出口退税

E. 先征后返的企业所得税

答案：AE

【例题7·（2016CPA）】 甲公司从2×10年开始，受政府委托进口医药类特种丙原料，再将丙原料销售给国内生产企业，加工出丁产品并由政府定价后销售给最终用户，由于国际市场上丙原料的价格上涨，而国内丁产品的价格保持不变，形成进销价格倒挂的局面。2×14年之前，甲公司销售给生产企业的丙原料以进口价格为基础定价，国家财政弥补生产企业产生的进销差价；2×14年以后，国家为规范管理，改为限定甲公司对生产企业的销售价格，然后由国家财政弥补甲公司的进销差价。不考虑其他因素，从上述交易的实质判断，下列关于甲公司从政府获得进销差价弥补的会计处理中，正确的是（　　）。

A. 确认为与销售丙原料相关的营业收入

B. 确认为与收益相关的政府补助，直接计入当期营业外收入

C. 确认为所有者的资本性投入计入所有者权益

D. 确认为与资产相关的政府补助，并按照销量比例在各期分摊计入营业外收入

答案：A

解析：甲公司自财政部门取得的款项不属于政府补助，从政府获得了经济资源，但甲公司交付了商品，不是无偿取得，该交易具有商业实质，需要根据《企业会计准则第14号——收入》确认为营业收入。

（二）政府补助会计处理举例

1. 与收益相关的政府补助举例

（1）用于补偿企业已发生费用或损失举例

【例题8·（2016年CPA教材例17-2）】 C企业生产一种先进的模具产品，按照国家相关规定，该企业的这种产品适用增值税先征后返政策，按实际缴纳增值税额返还70%。2007年1月，该企业实际缴纳增值税额150万元。2007年2月，该企业实际收到返还的增值税额105万元。C企业实际收到返还的增值税额时，账务处理如下：

借：银行存款　　　　　　　　　　　　　　　　　　　　　　　　1 050 000

　　贷：营业外收入　　　　　　　　　　　　　　　　　　　　　　　1 050 000

（2）用于补偿企业以后期间费用或损失的举例

【例题9·（2016年CPA教材例17-1）】 A储备粮企业（以下简称A企业），2007年实际粮食储备量1.5亿斤。根据国家有关规定，财政部门按照企业的实际储备量给予每斤0.039元的粮食保管费补贴，于每个季度初支付。2007年1月10日，A企业收到财政拨付的补贴款。

A企业的账务处理如下：

（1）2007年1月1日，A企业确认应收的财政补贴款

借：其他应收款　　　　　　　　　　　　　　　　　　　　　　　5 850 000

　　贷：递延收益　　　　　　　　　　　　　　　　　　　　　　　　5 850 000

（2）2007 年 1 月 10 日，A 企业实际收到财政补贴款

借：银行存款　　　　　　　　　　　　　　　　　　　　　　　　　5 850 000

　　贷：其他应收款　　　　　　　　　　　　　　　　　　　　　　　　5 850 000

（3）2007 年 1 月，将补偿 1 月保管费的补贴计入当期收益

借：递延收益　　　　　　　　　　　　　　　　　　　　　　　　　1 950 000

　　贷：营业外收入　　　　　　　　　　　　　　　　　　　　　　　　1 950 000

20×7 年 2 月和 3 月的会计分录同上。

2. 与资产相关的政府补助举例

【例题 10·（2016 年 CPA 教材例 17 - 4）】 2001 年 2 月，甲企业需购置一台环保设备，预计价款为 500 万元，因资金不足，按相关规定向有关部门提出补助 210 万元的申请。2001 年 3 月 1 日，政府批准了甲企业的申请并拨付甲企业 210 万元财政拨款（同日到账）。2001 年 4 月 30 日，甲企业购入不需安装环保设备，实际成本为 480 万元，使用寿命 10 年，采用直线法计提折旧（假设无残值）。2009 年 4 月，甲企业出售了这台设备，取得价款 120 万元（假定不考虑其他因素）。

甲企业的账务处理如下：

（1）2001 年 3 月 1 日实际收到财政拨款，确认政府补助

借：银行存款　　　　　　　　　　　　　　　　　　　　　　　　　2 100 000

　　贷：递延收益　　　　　　　　　　　　　　　　　　　　　　　　　2 100 000

（2）2001 年 4 月 30 日购入设备

借：固定资产　　　　　　　　　　　　　　　　　　　　　　　　　4 800 000

　　贷：银行存款　　　　　　　　　　　　　　　　　　　　　　　　　4 800 000

（3）自 2001 年 5 月起每个资产负债表日（月末）计提折旧，同时分摊递延收益

①计提折旧

借：管理费用　　　　　　　　　　　　　　　　　　　　　　　　　　40 000

　　贷：累计折旧〔（480 - 0）÷（10×12）〕　　　　　　　　　　　　　40 000

②分摊递延收益（月末）

借：递延收益　　　　　　　　　　　　　　　　　　　　　　　　　　17 500

　　贷：营业外收入〔210÷（10×12）〕　　　　　　　　　　　　　　　17 500

（4）2009 年 4 月出售设备，同时转销递延收益余额

①出售设备

借：固定资产清理　　　　　　　　　　　　　　　　　　　　　　　　960 000

　　累计折旧　　　　　　　　　　　　　　　　　　　　　　　　3 840 000

　　贷：固定资产　　　　　　　　　　　　　　　　　　　　　　　　　4 800 000

借：银行存款　　　　　　　　　　　　　　　　　　　　　　　　1 200 000

　　贷：固定资产清理　　　　　　　　　　　　　　　　　　　　　　　　960 000

　　　　营业外收入　　　　　　　　　　　　　　　　　　　　　　　　　240 000

②转销递延收益余额

借：递延收益　　　　　　　　　　　　　　　　　　　　　　　　　　420 000

　　贷：营业外收入　　　　　　　　　　　　　　　　　　　　　　　　　420 000

值得注意的是，企业与政府发生交易所取得的收入，如果该交易具有商业实质，且与企业

销售商品或提供劳务等日常经营活动密切相关的，应当按照收入确认的原则进行会计处理。在判断该交易是否具有商业实质时，应该考虑该交易是否具有经济上的互惠性，与交易相关的合同、协议、国家有关文件是否已明确规定了交易目的、交易双方的权利和义务，如属于政府采购的，是否已履行相关的政府采购程序等。

【例题 11·（2013CPA）】 甲公司 20×3 年自财政部门取得以下款项：（1）2 月 20 日，收到拨来的以前年度已完成重点科研项目的经费补贴 260 万元；（2）6 月 20 日，取得国家对公司进行扶改项目的支持资金 3 000 万元，用于购置固定资产，相关资产于当年 12 月 28 日达到预定可使用状态，预计使用 20 年，采用年限平均法计提折旧；（3）12 月 30 日，收到战略性新兴产业研究补贴 4 000 万元，该项目至取得补贴款时已发生研究支出 1 600 万元，预计项目结项前仍将发生研究支出 2 400 万元。假定上述政府补助在 20×3 年以前均未予以确认，不考虑其他因素，下列关于甲公司 20×3 年对政府补助相关的会计处理中，正确的有（   ）。

A. 当期应计入损益的政府补助是 1 860 万元

B. 当期取得与收益相关的政府补助是 260 万元

C. 当期取得与资产相关的政府补助是 3 000 万元

D. 当期应计入资本公积的政府补助是 4 000 万元

答案：AC

解析：当期应计入损益的政府补助 = 260 + 1 600 = 1 860（万元），选项 A 正确；当期取得与收益相关的政府补助为 4 260 万元（260 + 4 000），选项 B 错误；当期取得与资产相关的政府补助为 3 000 万元，选项 C 正确；政府补助不计入资本公积，选项 D 错误。

【例题 12·（1610）】 某公司 2012 年 12 月申请研发补贴。申请书有关内容如下：公司于 2012 年 1 月启动机器人研发项目，预计总投资 360 万元，为期 3 年，已投资 120 万元，项目还需投资新增投资 240 万元（其中固定资产 80 万元，场地租赁费 40 万元，人员费 100 万元，市场营销费 20 万元），计划自筹资金 120 万元，申请财政补贴 120 万元。2013 年 1 月 1 日，主管部门批准了该公司的申报，签订的补贴协议规定：批准公司补贴申请，共补贴款项 120 万元，分两期支付。合同签订日拨付 60 万元，结项验收时支付 60 万元（若不通过验收，则不支付第二笔款项）。2015 年 1 月 1 日，项目通过验收，公司收到 60 万元补贴款。不考虑其他因素，下列说法正确的有（   ）。

A. 公司 2013 年收到补贴款时，确认营业外收入 60 万元

B. 公司 2013 年收到补贴款时，确认营业外收入 40 万元

C. 2014 年，公司确认营业外收入 30 万元

D. 2014 年，公司确认营业外收入 60 万元

E. 公司 2015 年收到补贴款时，确认营业外收入 60 万元

答案：CE

解析：该真题是完全按照 CPA 教材的例题编写的。企业取得针对综合性项目的政府补助，需要将其分解为与资产相关的部分和与收益相关的部分，分别进行会计处理；难以区分的，将政府补助整体归类为与收益相关的政府补助，视情况不同计入当期损益，或者在项目期内分期确认为当期损益。

账务处理如下：

（1）2013 年 1 月 1 日，实际收到拨款 60 万元

借：银行存款   600 000

贷：递延收益 600 000

（2）自 2013 年 1 月 1 日至 2015 年 1 月 1 日

每个资产负债表日，分配递延收益（假设按年分配）

借：递延收益 300 000

　贷：营业外收入 300 000

（3）2015 年项目完工，假设通过验收，于 1 月 1 日实际收到拨付 60 万元

借：银行存款 600 000

　贷：营业外收入 600 000

【例题 13 · （模拟）】 关于企业与政府发生交易所取得的收入，下列会计处理中正确的有（　）。

A. 政府通过招标定制开发某软件系统，政府支付交易对价，软件开发公司中标后开发该软件系统，软件开发公司应当按照收入确认的原则进行会计处理

B. 政府通过招标定制开发某软件系统，政府支付交易对价，软件开发公司中标后开发该软件系统，软件开发公司应当将取得的对价确认为营业外收入

C. 政府行文单方面资助某软件开发公司开发某类软件，产权归属该软件公司，软件公司收到的款项应确认为营业外收入

D. 政府行文单方面资助某软件开发公司开发某类软件，产权归属该软件公司，软件公司收到的款项应确认为主营业务收入

答案：AC

解析：政府通过招标定制开发某软件系统，政府支付交易对价，获得软件产权，是互惠交易，应根据《企业会计准则第 14 号——收入》确认收入和成本，选项 A 正确，选项 B 错误；如果政府行文单方面资助某企业或某类企业用于开发某类软件，产权归属某企业或某类企业的，是无偿的行为，应根据《企业会计准则第 16 号——政府补助》确认营业外收入，选项 C 正确，选项 D 错误。

【例题 14 · （2013CPA）】 甲公司 20×3 年自财政部门取得以下款项：（1）2 月 20 日，收到拨来的以前年度已完成重点科研项目的经费补贴 260 万元；（2）6 月 20 日，取得国家对公司进行扶改项目的支持资金 3 000 万元，用于购置固定资产，相关资产于当年 12 月 28 日达到预定可使用状态，预计使用年限为 20 年，采用年限平均法计提折旧；（3）12 月 30 日，收到战略性新兴产业研究补贴 4 000 万元，该项目至取得补贴款时已发生研究支出 1 600 万元，预计项目结项前仍将发生研究支出 2 400 万元。假定上述政府补助在 20×3 年以前均未予确认，不考虑其他因素，下列关于甲公司 20×3 年对政府补助相关的会计处理中，正确的有（　）。

A. 当期应计入损益的政府补助是 1 860 万元

B. 当期取得与收益相关的政府补助是 260 万元

C. 当期取得与资产相关的政府补助是 3 000 万元

D. 当期应计入资本公积的政府补助是 4 000 万元

答案：AC

解析：当期应计入损益的政府补助 = 260 + 1 600 = 1 860（万元），选项 A 正确；当期取得与收益相关的政府补助 = 260 + 4 000 = 4 260（万元），选项 B 错误；当期取得与资产相关的政府补助为 3 000 万元，选项 C 正确；政府补助不计入资本公积，选项 D 错误。

【例题 15 · （2009）】 建设项目投资 800 万元，2007 年 1 月开始建设。2007 年 1 月借款 600

万元，为期两年，利率 6%。政府贴息 36 万元，分两笔到账，2007 年 5 月第一批 18 万元到账，下列处理正确的是（　　）。

A. 增加递延收益 18 万元　　　　　　B. 冲减财务费用 18 万元

C. 冲减在建工程 18 万元　　　　　　D. 增加营业外收入 18 万元

答案：A

解析：与资产相关的政府补助，实际收到款项时计入递延收益（除政府拨付的无公允价值以名义金额计量的非货币性资产外），待资产达到预定可使用状态后在资产预计可使用寿命内分配计入各期营业外收入。

【例题 16·（2011）】2010 年 5 月，甲企业需购置一台环保设备，预计价款为 2 000 万元，因资金不足，按相关规定向有关部门提出补助 1 200 万元的申请，2010 年 6 月 1 日政府批准了甲企业的申请并拨付甲企业 1 200 万元财政拨款（同日到账），2010 年 7 月 31 日，甲企业购买环保设备并完成安装达到预定可使用状态后入账，实际成本为 1 800 万元，该设备使用寿命 5 年，采用直线法计提折旧（假设无残值）。假定不考虑其他因素，下列说法正确的有（　　）。

A. 2010 年 6 月 1 日确认递延收益 1 200 万元

B. 2010 年 6 月 1 日确认营业外收入 1 200 万元

C. 2010 年 8 月计提折旧 30 万元

D. 2010 年 8 月计提折旧 20 万元

E. 2010 年 8 月确认营业外收入 30 万元

F. 2010 年 8 月确认营业外收入 20 万元

答案：ACF

解析：2010 年 6 月计入递延收益 1 200 万元；2010 年 7 月形成固定资产，2010 年 8 月开始计提折旧，2010 年 8 月需计提折旧 30 万元（1800÷5÷12），确认营业外收入 20 万元（1200÷5÷12）。

【例题 17·（1509）】2014 年，甲公司发生的相关交易事项如下，其会计处理正确的是（　　）。

A. 4 月 30 日，收到先征后返的增值税 600 万元，甲公司计入当期损益

B. 6 月 30 日，甲公司以 3 000 万元的价格取得一栋已经达到使用状态的厂房，该厂房预计使用年限为 30 年。当地政府为鼓励甲公司在当地投资，于同日拨付甲公司 600 万元作为甲公司取得该厂房的补偿。甲公司将 600 万元计入当期损益

C. 8 月 30 日，甲公司收到政府拨付的 300 万元，用于正在建造的新型设备，至 12 月 31 日，该设备仍在建造过程中。甲公司将 300 万元冲减设备的建造成本

D. 2012 年 1 月启动高铁数字控制开发项目，为期三年，已投入金额 60 万元，需新增投资 120 万元（其中固定资产 80 万元，人员工资 40 万元），计划自筹 60 万元，申请补贴 60 万元。2013 年 1 月 1 日，主管机关与甲公司签订财政补助协议，当日拨付 30 万元。2014 年项目验收合格后，又收到补贴 30 万元。甲公司将该项 60 万元补助作为与收益相关的政府补助

E. 2014 年 3 月 1 日，收到政府部门拨付的购买环保设备补助 2 160 万元财政拨款（同日到账）。4 月 1 日，甲公司购买环保设备并投入使用，实际成本为 3 600 万元，使用寿命 5 年，预计净残值为 0，采用年限平均法计提折旧。甲公司 2014 年因政府补助确认的营业外收入 288 万元

答案：ADE

解析：A 项正确，与收益相关的政府补助，且用于补偿企业已发生费用或损失的，取得时

直接计入当期营业外收入。借记银行存款 600 万元，贷记营业外收入 600 万元；B 项错误，取得与资产相关的政府补助，应先贷记递延收益，以后在寿命期内转为营业外收入；C 项错误，解释同 B 项；D 项正确，企业取得的综合性项目的政府补助，需要将其分解为与资产相关的部分和与收益相关的部分，分别进行会计处理；难以区分的，将政府补助整体归类为与收益相关的政府补助，视情况不同计入当期损益，或者在项目期内分期确认为当期收益。E 项正确，3 月 1 日收到政府补助时，2 160 万元计入递延收益，在寿命期内转为营业外收入，计算过程为 2 160×8÷（5×12）=288（万元）。

【例题 18 · （1605）】某偏远山区为吸引投资，向甲公司无偿划拨了一片荒山，使用年限为 50 年，当地尚不存在活跃市场，公允价值无法可靠计量，甲公司以下会计处理正确的是（　　）。

A. 作为政府投入，以 1 元价格计入资本公积

B. 由于不存在可比市场，可参照该市的房地产市场中土地使用权的同期市场价格确定评估值，进行计量，计入递延收益并于 50 年内进行摊销

C. 投资者应当按照名义金额计量，为避免财务报表产生误导，投资者对于不能合理确定价值的政府补助，应当在附注中披露该政府补助的性质、范围和期限

D. 由于未支付任何款项，无须确认，但需要建立资产备查簿进行登记

E. 作为政府投入，以 1 元价格计入资产，同时作营业外收入处理

答案：CE

解析：企业取得的政府补助为非货币性资产的，应当首先同时确认一项资产（固定资产或无形资产等）和递延收益，然后在相关资产使用寿命内平均分摊递延收益，计入当期收益（营业外收入）。但是，以名义金额计量的政府补助，在取得时计入当期损益。为了避免财务报表产生误导，对于不能合理确定价值的政府补助，应当在附注中披露该政府补助的性质、范围和期限。

本题应当以名义金额 1 元计入固定资产，同时作营业外收入处理。

第十八节　借款费用

【大纲要求】

内容	程度	变化
1. 借款及借款费用的范围	掌握	删除
2. 借款费用开始资本化的时点，暂停资本化和停止资本化的时点	掌握	删除
3. 借款费用资本化的会计处理	掌握	原有

【内容精讲】

一、借款及借款费用的范围（略）

【例题 1 · （2016 中级）】企业发生的下列各项融资费用中，不属于借款费用的是（　　）。

A. 股票发行费用　　　　　　　　　　B. 长期借款的手续费

C. 外币借款的汇兑差额　　　　　　　D. 溢价发行债券的利息调整

答案：A

解析：借款费用包括借款利息、折价或者溢价的摊销、辅助费用以及因外币借款而发生的汇兑差额等，对于企业发生的权益性融资费用，不应包括在借款费用中。【注】是溢价发行债券的利息调整，而不是发行债券的溢价。

二、借款费用开始资本化的时点，暂停资本化和停止资本化的时点

借款费用确认的基本原则是企业发生的借款费用，可直接归属于符合资本化条件的资产的，应当予以资本化，计入符合资本化条件的资产成本。其他借款费用，应当在发生时根据其发生额确认为财务费用，计入当期损益。

（一）借款费用开始资本化的时点

借款费用开始资本化必须同时满足三个条件，各条件及具体界定如下表：

满足的条件	具体界定	
1. 资产支出已经发生	是指企业已经发生了支付现金、转移非现金资产或者承担带息债务形式所发生的支出	（1）支付现金：是指用货币资金支付符合资本化条件的资产的购建或者生产支出。如用现金或银行存款购买符合资本化条件资产所需用材料，支付有关职工薪酬，支付工程进度款等
		（2）转移非现金资产：是指企业将自己的非现金资产直接用于符合资本化条件的资产的购建或者生产。如企业将自己生产的产品用于相关资产的建造和生产，将自己的产品和其他企业换取用于相关资产所需的工程物资等
		（3）承担带息债务：是指企业为了购建或者生产符合资本化条件的资产所需用物资等而承担的带息应付款项（如带息应付票据）（赊购不带息形式发生的支出不属于资产支出）
2. 借款费用已经发生	是指企业已经发生了因购建或者生产符合资本化条件的资产而专门借入款项的借款费用或者所占用的一般借款的借款费用	
3. 购建或生产活动已经开始	是指符合资本化条件的资产的实体建造或者生产工作已经开始，如主体设备的安装、厂房的实际开工建造等。【注】不包括仅仅持有资产、但没有发生为改变资产形态而进行的实质上建造或者生产活动	

【例题1·（1306）】 以下可以界定为借款费用允许资本化的资产支出已经发生的情形有（　　）。

A. 开出承兑汇票，年利率6%

B. 采购用于购建固定资产的物资，但尚未付款

C. 计提了与资产支出相关的职工薪酬

D. 以现金采购了用于购建固定资产的物资

E. 转移了非现金资产

F. 使用自己生产的产品用于购建固定资产

答案：ADEF

解析：A，为承担带息债务；B，尚未付款，资产支出尚未发生；C，若是支付了与资产支出有关的职工薪酬则选，本题中为"计提"，资产支出尚未发生，不选；DEF均为资产支出已经发生，教材中均有列举。

（二）借款费用暂停资本化的时间

1. 暂停资本化的条件	非正常中断 ∧ 中断连续时间 > 3 个月		
2. 暂停资本化会计处理	（1）暂停期间资本化的利息支出中断，利息收入同样也应中断 （2）中断期间所发生的借款费用，应当计入当期损益		
3. 非正常中断的判断	项目	概念	具体事例
	正常中断	资产达到预定可使用或者可销售状态所必要的程序、可预见的不可抗力因素导致的中断	（1）正常测试、调试停工：如某些工程建造到一定阶段必须暂停下来进行质量检查或者安全检查，检查通过后才可继续下一阶段的建造工作 （2）可预见的不可抗力因素：如雨季或冰冻季节等原因，导致施工出现停顿
	非正常中断	通常是由于企业管理决策上的原因或者其他不可预见的原因等所导致的中断	（1）企业因与施工方发生了质量纠纷 （2）工程、生产用料没有及时供应 （3）资金周转发生了困难 （4）施工、生产发生了安全事故 （5）发生了与资产购建、生产有关的劳动纠纷等

注："∧"表示"且"，"∨"表示"或"。

（三）借款费用停止资本化的时点

1. 停止资本化的条件	资产达到预定可使用或者可销售状态时，借款费用应当停止资本化	
2. 达到预定状态的判断	（1）完成：资产的实体建造（包括安装）或者生产工作已经全部完成或者实质上已经完成 （2）基本符合设计要求：资产与设计要求、合同规定或者生产要求相符或者基本相符，即使有极个别与设计、合同或者生产要求不相符的地方，也不影响其正常使用或者销售 （3）后续支出很少，甚至没有：继续发生在所购建或生产的符合资本化条件的资产上的支出金额很少或者几乎不再发生 （4）试生产产品合格：如果所购建固定资产需要试生产或试运行，则在试生产结果表明资产能够正常生产出合格产品时，或试运行结果表明能够正常运转或营业时，就应当认为资产已经达到预定可使用状态	
3. 所购建或者生产的资产分别建造、分别完工的处理	（1）分别建造、分别完工的资产，且每部分在其他部分继续建造或者生产过程中可供使用或者可对外销售的	应当停止完工部分借款费用的资本化
	（2）分别建造、分别完工的资产，必须等到整体完工后才可使用或者可对外销售的	应当在该资产整体完工时停止借款费用的资本化

三、借款费用资本化的会计处理

（一）借款利息资本化金额的确定

在借款费用资本化期间内，每一会计期间的利息（包括折价或溢价的摊销）资本化金额，应当按照下列方法确定：

项目	借款利息资本化金额的确定	
	描述	简化公式
1. 为购建或者生产符合资本化条件的资产而借入专门借款的	以专门借款当期实际发生的利息费用，减去将尚未动用的借款资金存入银行取得的利息收入或进行暂时性投资取得的投资收益后的金额确定	＝专门借款金额×利率 － 未动用部分收益 （注：①对专门借款而言，资本化期间的借款费用全部资本化，费用化期间的借款费用全部费用化；②该专门借款金额是借款的全部金额，与开工支出款项无关）
2. 为购建或者生产符合资本化条件的资产而占用了一般借款的	应当根据累计资产支出超过专门借款部分的资产支出加权平均数乘以所占用一般借款的资本化率，计算确定一般借款应予资本化的利息金额	一般借款利息费用资本化金额 ＝ 累计资产支出超过专门借款部分的资产支出加权平均数×所占用一般借款的资本化率
3. 每一会计期间的利息资本化金额，不应当超过当期相关借款实际发生的利息金额		

注：一般借款利息费用资本化金额＝累计资产支出超过专门借款部分的资产支出加权平均数×所占用一般借款的资本化率

Σ（所占用每笔一般借款本金×每笔一般借款在当期所占用的天数/当期天数）

所占用一般借款当期实际发生的利息之和÷所占用一般借款本金加权平均数

【例题1·（2010）】 甲公司 2009 年 10 月 1 日借入专门借款 5 000 万元用于建造厂房，年利率 6%，借款期限为 2 年。2010 年 1 月 1 日开工建设，并于当日支付施工款 3 000 万元，剩余款项存入银行，全年取得利息收入 50 万元。2010 年 9 月 1 日，因可预见的冰冻天气连续暂停建设 3 个月，于 12 月 1 日重新开工，2010 年 12 月 31 日完工。则甲公司该厂房 2010 年资本化的利息费用为（　　）万元。

A. 250　　　　　　　B. 300　　　　　　　C. 225　　　　　　　D. 175

答案：A

解析：因可预见的冰冻天气中断属于正常中断，不管时间多长都不应当暂停资本化。应予资本化的金额为 5 000×6% － 50 ＝ 250（万元）。本题开工前支付的借款费用应该费用化，即 2009 年支付的利息费用 75 万元（5 000×6%×3/12）应该费用化，计入当期财务费用。

【例题2·（1311）】 甲公司 2008 年 1 月 1 日取得 2 000 万元专门借款用于建造厂房，期限 3

年，借款利率为 8%，剩余款项存入银行，年利率为 3%。2008 年 3 月 1 日甲公司支付 1 000 万元工程款给承包商，同日，承包商开始施工。2008 年 8 月 1 日发生安全事故，8 月 1 日到 11 月 30 日停工，12 月 1 日重新开工。2009 年底建成。则 2008 年借款费用资本化金额为（ ）。

    A. 108.33 万元   B. 65 万元   C. 80 万元   D. 133.33 万元

答案：B

解析：非正常中断，通常是由于企业管理决策上的原因或者其他不可预见的原因等所导致的中断。例如，企业因与施工方发生了质量纠纷，或者工程、生产用料没有及时供应，或者资金周转发生了困难，或者施工、生产发生了安全事故，均属于非正常中断。本题"发生安全事故"为非正常中断，且中断连续超过 3 个月，应暂停资本化。2008 年借款费用资本化金额为 $2\,000 \times 8\% \times 6/12 - 1\,000 \times 3\% \times 6/12 = 65$（万元）（3 月 1 日至 12 月 31 日共 10 个月，扣除暂停的 4 个月）。

【例题 3·（2011）】甲上市公司 2007 年 7 月 1 日专门借款 6 000 万元建厂房，2 年期限，年利率 5%，2007 年 7 月 1 日开工，并于当日支付部分款项。2008 年 1 月 1 日至 3 月 31 日因为冰冻季节性停工，2008 年 4 月 1 日复工，2008 年 12 月 31 日达到预定可使用状态，2007 年 7 月 1 日至 2008 年 12 月 31 日专门借款闲置资金利息收入为 50 万元。下列说法正确的有（ ）。

    A. 2007 年资本化利息金额为 0

    B. 资本化利息支出应自 2007 年 7 月 1 日开始

    C. 甲公司该厂房利息费用资本化的金额为 400 万元

    D. 甲公司该厂房利息费用资本化的金额为 350 万元

    E. 甲公司该厂房利息费用资本化的金额为 325 万元

答案：BC

解析：冰冻季节性停工属于正常中断，不暂停资本化。资本化金额 $= 6\,000 \times 5\% \times 1.5 - 50 = 400$（万元）。

【例题 4·（1306）】甲公司 2012 年 1 月 1 日专门借款 2 000 万元，年利率为 5%，当日支付 1 600 万元工程款，假设尚未动用的专门借款在尚未动用期间无收益。2013 年 1 月 1 日，又借入一笔一般借款 1 000 万元，年利率 8%。同日，支付工程款 800 万元。项目在 2013 年 3 月 31 日完工。则以下说法正确的是（ ）。

    A. 2013 年专门借款利息资本化金额为 25 万元

    B. 2013 年专门借款利息资本化金额为 20 万元

    C. 2013 年一般借款利息资本化金额为 8 万元

    D. 2013 年一般借款利息资本化金额为 20 万元

    E. 2013 年一般借款利息资本化金额为 16 万元

答案：AC

解析：专门借款 2012 年利息资本化金额 $= 2\,000 \times 5\% - 0 = 100$（万元）；2013 年专门借款利息资本化金额 $= 2\,000 \times 5\% \times 3 \div 12 = 25$（万元）；一般借款 2013 年利息资本化金额 = 超过专门借款部分的资产支出加权平均数 × 所占用一般借款的资本化率 = ［$800 - （2\,000 - 1\,600）$］× $3 \div 12 \times 8\% = 8$（万元）。

【例题 5·（1511）】下列关于借款费用的说法正确的是（ ）。

    A. 承租人根据《企业会计准则第 21 号——租赁》的规定确认的融资租赁发生的融资费用属于借款费用

B. 需要 15 个月的正常生产活动才能达到销售状态的存货属于符合资本化条件的资产

C. 借款费用开始资本化的资产支出，包括为购建符合资本化条件的资产而转移非现金资产

D. 固定资产在购建过程中，因发生质量纠纷，并且非连续中断时间累计达 3 个月，应当暂停借款费用资本化

E. 在借款费用资本化期间内，为购建符合资本化条件的资产而借入的一般外币借款的本金和利息产生的汇兑差额，应当予以资本化

答案：ABC

解析：符合资本化条件的资产，是指需要经过相当长时间（≥1 年）的购建或者生产活动才能达到预定可使用或者可销售状态的固定资产、投资性房地产和存货等资产。选项 B 正确。暂停资本化的条件是非正常中断且中断连续时间 >3 个月，质量纠纷是非正常中断，但不满足连续 3 个月以上的条件，所以选项 D 错误。在资本化期间内，外币专门借款本金及利息的汇兑差额，应当予以资本化，计入符合资本化条件的资产的成本。外币一般借款本金及利息所产生的汇兑差额计入当期损益，不予资本化。E 选项错误。

【例题 6·（1610）】 甲公司于 2015 年 1 月 1 日从银行取得了一笔专门用于自用厂房建设的长期借款，本金 1 000 万元，年利率是 12%，期限 3 年，每年末付息，到期还本。工程于 2015 年 4 月 1 日开工建设。2015 年资产支出如下：（1）4 月 1 日支出 100 万元；（2）7 月 1 日支出 200 万元；（3）9 月 1 日支出 200 万元。闲置资金购买国债可取得 0.2% 的月收益，不考虑其他因素，该公司 2015 年借款费用资本化金额为（ ）。

A. 101.4 万元　　　　　B. 77.4 万元　　　　C. 101.8 万元　　　　D. 77.8 万元

E. 76.4 万元

答案：D

解析：2015 年借款费用资本化金额 = 1 000 × 12% × 9 ÷ 12 − （900 × 0.2% × 3 + 700 × 0.2% × 2 + 500 × 0.2% × 4）= 77.8（万元）。

【例题 7·（1509）】 该道选择题虽然只有 0.5 分，但考点涉及了专门借款与一般借款组合资本化计算、借款费用暂停资本化、一般借款加权资本化率等知识点。原题还原为计算题如下：

ABC 公司于 20×7 年 1 月 1 日正式动工兴建一幢办公楼，工程采用出包方式。办公楼于 20×7 年 1 月 1 日开始施工，20×7 年 2 月 1 日至 20×7 年 5 月 31 日发生了非正常中断，于 20×7 年 6 月 1 日继续施工，20×8 年 6 月 30 日完工，达到预定可使用状态。假定全年按 360 天计算。

（1）ABC 公司公司为建造办公楼于 20×7 年 1 月 1 日专门借款 2 000 万元，借款期限为 3 年，年利率为 6%。专门借款闲置资金均用于固定收益债券短期投资，该短期投资月收益率为 0.5%。

（2）ABC 公司为建造办公楼一般借款有两笔，假定这两笔一般借款除了用于办公楼建设外，没有用于其他符合资本化条件的资产的购建或者生产活动。一般借款为：①向 A 银行长期贷款 2 000 万元，期限为 20×6 年 12 月 1 日至 20×9 年 12 月 1 日，年利率为 6%，按年支付利息。②发行公司债券 1 亿元，于 20×6 年 1 月 1 日发行，期限为 5 年，年利率为 8%，按年支付利息。

（3）工程款项支付情况：ABC 公司分别于 20×7 年 1 月 1 日支付工程进度款 1 500 万元，20×7 年 7 月 1 日支付工程进度款 2 500 万元，20×8 年 1 月 1 日支付工程进度款 1 500 万元。

请对以上业务进行账务处理。

解题思路：公司应当首先计算专门借款利息的资本化金额，然后计算所占用一般借款利息的资本化金额。具体如下：

（1）计算一般借款资本化金额

计算两笔一般资产支出的资本化率＝（2 000×6％＋10 000×8％）÷（2 000＋10 000）＝7.67％

（2）计算 20×7 年财务费用金额

20×7 年专门借款利息资本化金额＝2 000×240÷360×6％－500×0.5％×（6－4）＝75（万元）

20×7 年应予资本化的一般借款利息金额＝2 000×7.67％×（6÷12）＝76.70（万元）

20×7 年利息资本化金额＝75＋76.70＝151.70（万元）

20×7 年应收利息＝500×0.5％×6＝15（万元）

20×7 年应付利息＝2 000×6％＋10 000×8％＋2 000×6％＝1 040（万元）

20×7 年账务处理：

20×7 年 12 月 31 日

借：在建工程	1 517 000
财务费用	8 733 000
应收利息（或银行存款）	150 000
贷：应付利息	10 400 000

（3）计算 20×8 年财务费用金额

20×8 年专门借款利息资本化金额＝2 000×6％×180÷360＝60（万元）

20×8 年占用了一般借款的资产支出平均数＝（2 000＋1 500）×7.67％×（6÷12）＝134.23（万元）

20×8 年利息资本化金额＝60＋134.23＝194.23（万元）

20×8 年 1 月 1 日至 6 月 30 日的实际借款利息＝1 040÷2＝520（万元）

（4）有关账务处理如下：

20×8 年 6 月 30 日

借：在建工程	1 942 300
财务费用	3 257 700
贷：应付利息	5 200 000

（二）外币专门借款汇兑差额资本化金额的确定

在资本化期间内，外币专门借款本金及利息的汇兑差额，应当予以资本化，计入符合资本化条件的资产的成本。外币一般借款本金及利息所产生的汇兑差额计入当期损益，不予资本化。

【例题8·（2016 年 9 月）根据 CPA 教材例题改编】某公司于 2011 年 1 月 1 日为建造某工程项目专门以面值发行美元公司债券 1 000 万元，年利率 8％，期限 3 年。合同约定，每年 1 月 1 日支付上年利息，到期还本。工程于 2011 年 1 月 1 日开始实体建造，2012 年 6 月 30 日完工，达到预定可使用状态，期间发生的资产支出为：2011 年 1 月 1 日，支出 200 万美元；2011 年 7 月 1 日，支出 500 万美元；2012 年 1 月 1 日，支出 300 万美元。公司的记账本位币为人民币。外币业务采用外币业务发生时当日的市场汇率折算。相关记录如下：2011 年 1 月 1 日 1 美元＝7.7 元人民币，2011 年 12 月 31 日 1 美元＝7.75 元人民币，2012 年 1 月 1 日 1 美元＝7.77 元人民币，2012 年 6 月 30 日 1 美元＝7.8 元人民币。不考虑其他因素，2012 年该公司应予资本化的金额为（　　）。

A. 363.6 万元　　　　B. 313.6 万元　　　　C. 362 万元　　　　D. 312 万元

E. 336.4 万元

答案：A

解析：在资本化期间内，外币专门借款本金及利息的汇兑差额，应当予以资本化，计入符合资本化条件的资产的成本。外币一般借款的借款费用计入当期损益，不予资本化。

简便算法：

应付债券（汇兑损益资本化计算）

	2011.1.1 借入美元债券 $1\,000 \times 7.7$ 2011.12.31 计提利息 $1\,000 \times 8\% \times 7.75$ 2011 年末计算期末汇兑损益 $=1\,080 \times 7.75 - 1\,000 \times 7.7 - 80 \times 7.75 = 50$
2012.1.1 支付利息：80×7.77	2012.1.1 期初余额：80×7.75 2012.6.30 计提利息：40×7.8
	2012.6.30 美元账户余额 $=1\,080 + 40 - 80 = 1\,040$ 计算期末汇兑损益 $1\,040 \times 7.8 - (1\,080 \times 7.75 + 40 \times 7.8 - 80 \times 7.77) = 51.6$

计算过程：

①债券应付利息 $=1\,000 \times 8\% \times 1/2 \times 7.80 = 40 \times 7.80 = 312$（万元）

②汇兑损益资本化 51.6 万元

③合计 $312 + 51.6 = 363.6$（万元）

CPA 教材列示的会计处理：

（1）计算 20×1 年汇兑差额资本化金额

①债券应付利息 $=1\,000 \times 8\% \times 7.75 = 80 \times 7.75 = 620$（万元）

账务处理为：

借：在建工程	6 200 000	
贷：应付利息		6 200 000

②外币债券本金及利息汇兑差额 $=1\,000 \times (7.75 - 7.70) + 80 \times (7.75 - 7.75) = 50$（万元）

③账务处理为：

借：在建工程	500 000	
贷：应付债券		500 000

（2）20×2 年 1 月 1 日实际支付利息时，应当支付 80 万美元，折算成人民币为 621.60 万元。该金额与原账面金额 620 万元的差额 1.60 万元应当继续予以资本化，计入在建工程成本。

账务处理为：

借：应付利息	6 200 000	
在建工程	16 000	
贷：银行存款		6 216 000

（3）计算 20×2 年 6 月 30 日时的汇兑差额资本化金额

①债券应付利息 $=1\,000 \times 8\% \times 1/2 \times 7.80 = 40 \times 7.80 = 312$（万元）

账务处理为：

借：在建工程　　　　　　　　　　　　　　　　　　　　　　　3 120 000

　　贷：应付利息　　　　　　　　　　　　　　　　　　　　　　3 120 000

②外币债券本金及利息汇兑差额 = 1 000 × （7.80 - 7.75） + 40 × （7.80 - 7.80） = 50（万元）

③账务处理为：

借：在建工程　　　　　　　　　　　　　　　　　　　　　　　500 000

　　贷：应付债券　　　　　　　　　　　　　　　　　　　　　　500 000

第十九节　股份支付

【大纲要求】

内容	程度	变化
1. 股份支付工具的主要类型	掌握	原有
2. 股份支付的确认和计量原则	掌握	原有
3. 权益工具公允价值的取得方式	熟悉	原有
4. 股份支付各个时点的会计处理	熟悉	原有
5. 所授予权益性工具条款和条件发生变更时的会计处理	掌握	删除
6. 集团内涉及不同企业股份支付交易的会计处理	熟悉	删除

【内容精讲】

一、股份支付工具的主要类型

（一）股份支付的定义及特征

定义	股份支付，是"以股份为基础的支付"的简称，是指企业为获取职工和其他方提供服务而授予权益工具或者承担以权益工具为基础确定的负债的交易	
特征	1. 股份支付是企业与职工或其他方之间发生的交易	只有发生在企业与其职工之间或企业与向企业提供服务的其他方之间的交易，才可能符合股份支付的定义；发生在企业与股东之间、合并交易中的合并方与被合并方之间的以股份为基础的支付不符合股份支付的定义
	2. 股份支付是以获取职工或其他方服务为目的的交易	企业在股份支付交易中意在获取其职工或其他方提供的服务（费用）或取得这些服务的权利（资产）。企业获取这些服务或权利的目的是用于其正常生产经营，不是转手获利等。为转手获利而获取职工或其他方提供的服务不符合股份支付的定义
	3. 股份支付交易的对价或其定价与企业自身权益工具未来的价值密切相关	在股份支付中，企业要么向职工支付其自身权益工具，要么向职工支付一笔现金，而其金额高低取决于结算时企业自身权益工具的公允价值。企业自身权益工具包括会计主体本身、母公司和同集团的其他会计主体的权益工具

【例题1·（1505）】 以下符合《企业会计准则第11号——股份支付》的事项有（ ）。

A. 甲公司发行股份购买乙公司资产

B. 甲公司以1 000万股股份作为对价交换乙公司资产

C. 甲公司发行股份获取职工服务

D. 甲公司发行股份获取其他公司服务

答案：CD

（二）股份支付工具的主要类型

1. 以权益结算的股份支付

以权益结算的股权支付，是指企业为获取服务而以股份或其他权益工具作为对价进行结算的交易。包括限制性股票和股票期权。

2. 以现金结算的股份支付

以现金结算的股份支付，是指企业为获取服务而承担以股份或其他权益工具为基础计算的交付现金或其他资产义务的交易。包括股票增值权和模拟股票。

以现金结算的股份支付，对职工或其他方最终要支付现金或其他资产。

【例题2·（2014CPA）】 下列各项中，应当作为以现金结算的股份支付进行会计处理的是（ ）。

A. 以低于市价向员工出售限制性股票的计划

B. 授予高管人员低于市价购买公司股票的期权计划

C. 公司承诺达到业绩条件时向员工无对价定向发行股票的计划

D. 授予研发人员以预期股价相对于基准日股价的上涨幅度为基础支付奖励款的计划

答案：D

解析：选项A、选项B和选项C，是企业为获取职工服务而以股份或其他权益工具作为对价进行结算的交易，属于以权益结算的股份支付；选项D，是企业为获取服务而承担的以股份或其他权益工具为基础计算的交付现金义务的交易，属于以现金结算的股份支付。

【例题3·（2013CPA）】 甲公司为母公司，其所控制的企业集团内20×3年发生以下与股份支付相关的交易或事项：（1）甲公司与其子公司（乙公司）高管签订协议，授予乙公司高管100万份股票期权，待满足行权条件时，乙公司高管可以每股4元的价格自甲公司购买乙公司股票；（2）乙公司授予其研发人员20万份现金股票增值权，这些研发人员在乙公司连续服务2年，即可按照乙公司股价的增值幅度获得现金；（3）乙公司自市场回购本公司股票100万股，并与销售人员签订协议，如未来3年销售业绩达标，销售人员将无偿取得该部分股票；（4）乙公司向丁公司发行500万股本公司股票，作为支付丁公司为乙公司提供咨询服务的价款。不考虑其他因素，下列各项中，乙公司应当作为以权益结算的股份支付的有（ ）。

A. 乙公司高管与甲公司签订的股份支付协议

B. 乙公司与本公司销售人员签订的股份支付协议

C. 乙公司与本公司研发人员签订的股份支付协议

D. 乙公司以定向发行本公司股票取得咨询服务的协议

答案：ABD

解析：母公司授予子公司激励对象股票期权，乙公司应当作为以权益结算的股份支付处理，选项A正确；乙公司与本公司销售人员以及与定向发行本公司股票取得咨询服务，属于以权益结算的股份支付，选项B和选项D正确；授予本公司研发人员的现金股票增值权属于以现金结算的股份支付，选项 C 错误。

二、股份支付的确认和计量原则

（一）权益结算的股份支付的确认和计量原则

项目	计量原则	会计处理	
1. 换取职工服务的股份支付	应当以股份支付所授予的权益工具的公允价值计量	（1）等待期内每个资产负债表日的账务处理 ①以可行权权益工具数量的最佳估计为基础 ②按照权益工具在授予日的公允价值 ③将当期取得的服务计入相关资产成本或当期费用，同时计入资本公积中的其他资本公积	
		（2）授予后立即可行权的股份支付的处理（如授予限制性股票的股份支付）： 应在授予日按照权益工具的公允价值，将取得的服务计入相关资产成本或当期费用，同时计入资本公积中的股本溢价（除此之外其他情形在授予日均不作账务处理）	
2. 换取其他方服务的股份支付	（1）其他方服务的公允价值能够可靠计量的	应当以股份支付所换取的服务的公允价值计量，按照其他方服务在取得日的公允价值，将取得的服务计入相关资产成本或费用	
	（2）其他方服务的公允价值不能可靠计量，但权益工具的公允价值能够可靠计量时	企业应当按照权益工具在服务取得日的公允价值，将取得的服务计入相关资产成本或费用	
3. 权益工具公允价值无法可靠确定时的处理	应在获取服务的时点、后续的每个资产负债表日和结算日，以内在价值计量该权益工具	内在价值的变动应计入当期损益，对上述以内在价值计量的已授予权益工具进行结算，应当遵循两点要求	（1）结算发生在等待期内的：应当将结算作为加速可行权处理，即立即确认本应于剩余等待期内确认的服务金额 （2）结算时支付的款项的处理：应当作为回购该工具处理，即减少所有者权益，结算支付的款项高于该权益工具在回购日内在价值的部分，计入当期损益

注：内在价值是指交易双方有权认购或取得的股份的公允价值，与其按照股份支付协议应当支付的价格间的差额。

【例题 1 · （2012）】2008 年 10 月 8 日，甲公司与培训机构签订培训协议，支付 1 万股公司股份，请培训机构于 2009 年 3 月 1 日给公司员工培训，2008 年 10 月 8 日公司股价为每股 100 元，培训机构培训费市场价格为 106 万元；2009 年 3 月 1 日公司股价为 120 元每股，培训机构培训费市场价格为 110 万元，则为员工进行的培训费的计量金额为（　　）。

　　A. 100 万元　　　　B. 106 万元　　　　C. 110 万元　　　　D. 120 万元

　　答案：C

解析：本题考的是股份支付的计量原则，换取其他方服务的股份支付，其他方服务的公允价值能够可靠计量的，应当以股份支付所换取的服务的公允价值计量，按照其他方服务在取得日的公允价值，将取得的服务计入相关资产成本或费用。公允价值不能可靠计量，但权益工具的公允价值能够可靠计量时，应当按照权益工具在服务取得日的公允价值计量。本题其他服务公允价值能够可靠取得，取得日为 2009 年 3 月 1 日，故应以 110 万元计量。

（二）现金结算的股份支付的确认和计量原则

企业应当在等待期按资产负债表日权益工具的公允价值重新计量，确认成本费用和相应的应付职工薪酬；并在结算前的每个资产负债表日和结算日对负债的公允价值重新计量，将其变动计入当期损益（公允价值变动损益）。

对于授予后立即可行权的现金结算的股份支付，企业应当在授予日按照企业承担负债的公允价值计入相关资产成本或费用，同时计入负债，并在结算前的每个资产负债表日和结算日对负债的公允价值重新计量，将其变动计入损益。

三、权益工具公允价值的取得方式（略）

应当以市场价格为基础。如果没有活跃的交易市场，应当考虑估值技术。

四、股份支付各个时点的会计处理

（一）各个时点会计处理原则

时点	具体会计处理		
1. 授予日	（1）授予后立即可行权	① 权益结算股份支付	应在授予日按照权益工具公允价值 借：相关资产成本或当期费用 　贷：股本 　　　资本公积——股本溢价
		② 现金结算的股份支付	应在授予日按照企业承担负债的公允价值 借：相关资产成本或当期费用 　贷：应付职工薪酬
	（2）不是授予后立即可行权	授予日不作会计处理（不管是权益结算股份支付还是现金结算股份支付）	
2. 等待期每个资产负债表日	企业应当在等待期内的每个资产负债表日，将取得职工或其他方提供的服务计入成本费用，同时确认所有者权益或负债	（1）权益结算的股份支付	按照授予日权益工具的公允价值计入成本费用和资本公积，不确认其后续公允价值变动 借：管理费用等 　贷：资本公积——其他资本公积
		（2）现金结算的股份支付	按照每个资产负债表日权益工具的公允价值重新计量，确定成本费用和应付职工薪酬 借：管理费用等 　贷：应付职工薪酬

续表

时点		具体会计处理
3. 可行权日之后	（1）权益结算的股份支付	在可行权日之后不再对已确认的成本费用和所有者权益总额进行调整
	（2）现金结算的股份支付	企业在可行权日之后不再确认成本费用，负债（应付职工薪酬）公允价值的变动应当计入当期损益（公允价值变动损益）
4. 回购股份进行职工期权激励	（1）回购股份	借：库存股 　贷：银行存款（实际支付的款项）
	（2）确认成本费用	借：管理费用等 　贷：资本公积——其他资本公积
	（3）职工行权	借：银行存款（企业收到的股票价款） 　　资本公积——其他资本公积（等待期内资本公积累计确认的金额） 　贷：库存股（交付给职工的库存股成本） 　　资本公积——股本溢价（差额）

【例题 1·（2012 中级）】 2010 年 1 月 1 日，甲公司向 50 名高管人员每人授予 2 万份股票期权，这些人员从被授予股票期权之日起连续服务满 2 年，即可按每股 6 元的价格购买甲公司 2 万股普通股股票（每股面值 1 元）。该期权在授予日的公允价值为每股 12 元。2011 年 10 月 20 日，甲公司从二级市场以每股 15 元的价格回购本公司普通股股票 100 万股，拟用于高管人员股权激励。在等待期内，甲公司没有高管人员离职。2011 年 12 月 31 日，高管人员全部行权，当日甲公司普通股市场价格为每股 16 元。2011 年 12 月 31 日，甲公司因高管人员行权应确认的股本溢价为（　　）万元。

A. 200　　　　　　B. 300　　　　　　C. 500　　　　　　D. 1 700

答案：B

解析：本题为权益结算的股份支付，因此是以授予日（2010 年 1 月 1 日）的公允价值为基础确认等待期的相关成本费用和权益，至 2011 年 12 月 31 日，累计确认"资本公积——其他资本公积"科目的金额 = 50 × 2 × 12 = 1 200（万元）。2011 年 12 月 31 日甲公司高管行权时会计分录如下：

服务费用和资本公积计算过程如下表所示：

年份	计算	当期费用	累计费用
2010	50 × 2 × 12 × 1/2	600	600
2011	50 × 2 × 12 × 2/2 − 600	600	1 200

相关会计分录为：

2010 年

借：管理费用　　　　　　　　　　　　　　　　　　　　　　　　600

　贷：资本公积——其他资本公积　　　　　　　　　　　　　　　　　600

2011 年

借：管理费用   600

 贷：资本公积——其他资本公积   600

回购股份时

借：库存股   1 500

 贷：银行存款   1 500

行权时

借：银行存款   600（50×2×6）

  资本公积——其他资本公积   1 200

 贷：库存股   1 500（15×100）

  资本公积——股本溢价   300

从上述分录可知，甲公司因高管人员行权确认的"资本公积——股本溢价"为 300 万元，选项 B 正确。

【例题 2·（2016 中级）】 企业采用股票期权方式激励职工，在等待期内每个资产负债表日对取得职工提供的服务进行计量的基础是（ ）。

A. 等待期内每个资产负债表日股票期权的公允价值

B. 可行权日股票期权的公允价值

C. 行权日股票期权的公允价值

D. 授予日股票期权的公允价值

答案：D

解析：企业采用股票期权方式激励职工，在等待期内每个资产负债表日，应当按照授予日股票期权的公允价值对取得职工提供的服务进行计量。

【例题 3·（1306）】 下列关于股份支付的说法正确的是（ ）。

A. 除可立即行权的股份支付外，无论是权益结算的股份支付还是现金结算的股份支付在授予日均不作会计处理

B. 对于换取职工服务的股份支付，企业应以股份支付所授予的股份权益工具的公允价值计量

C. 现金结算的股份支付，在可行权日之后，负债的公允价值变动应计入当期损益

D. 以权益结算的股份支付，在可行权日之后不再对已确认所有者权益总额进行调整

答案：ABCD

【例题 4·（2014CPA）】 下列各项关于附等待期的股份支付会计处理的表述中，正确的有（ ）。

A. 以权益结算的股份支付，相关权益性工具的公允价值在授予日后不再调整

B. 现金结算的股份支付在授予日不作会计处理，但权益结算的股份支付应予处理

C. 附市场条件的股份支付，应在所有市场及非市场条件均满足时确认相关成本费用

D. 业绩条件为非市场条件的股份支付，等待期内应根据后续信息调整对可行权情况的估计

答案：AD

解析：除了立即可行权的股份支付外，无论是现金结算的股份支付还是权益结算的股份支付，在授予日均不作处理，选项 B 错误；附市场条件的股份支付，应在非市场条件满足时确认相关成本费用，选项 C 错误。

【例题5·（1610）】下列事项中，将会导致企业股本增加的有（ ）。

A. 股份公司发放股票股利　　　　　　B. 投资者增资、资本公积转增资本

C. 可转换公司债券持有人行使转换权利　　D. 可交换公司债券持有人行使转换权利

E. 以自身权益结算的股份支付的行权

答案：ABCE

解析：A正确，股票股利，投资方不作任何账务处理，被投资方在宣告发放时是不作账务处理的，当实际发放时会计分录如下：

借：利润分配——转作股本的普通股股利（股票的面值×股数）

　　贷：股本（股票的面值×股数）

如果是采取市价发行的则应当是

借：利润分配——转作股本的普通股股利（股票的市价×股数）

　　贷：股本（股票的面值×股数）

　　　　资本公积（市价与面值的差额×股数）

BCE正确，D错误，可交换公司债券属于公司控股股东发行的一种债券，当可交换公司债券持有人行使转换权利时，对总股本没有影响。

（二）股份支付的应用举例

1. 附服务年限条件的权益结算股份支付

【例题6·（2016年CPA教材例19-2）】A公司为一上市公司。2007年1月1日，公司向其200名管理人员每人授予100股股票期权，这些职员从2007年1月1日起在该公司连续服务3年，即可以5元每股购买100股A公司股票，从而获益。公司估计该期权在授予日的公允价值为18元。

第一年有20名职员离开A公司，A公司估计三年中离开的职员的比例将达到20%；第二年又有10名职员离开公司，公司将估计的职员离开比例修正为15%；第三年又有15名职员离开。

（1）费用和资本公积计算过程如下表所示

单位：元

年份	计算	当期费用	累计费用
2007	$200 \times 100 \times (1-20\%) \times 18 \times 1/3$	96 000	96 000
2008	$200 \times 100 \times (1-15\%) \times 18 \times 2/3 - 96\,000$	108 000	204 000
2009	$155 \times 100 \times 18 - 204\,000$	75 000	279 000

（2）账务处理如下

①2007年1月1日

授予日不作账务处理。

②2007年12月31日

借：管理费用　　　　　　　　　　　　　　　　　　　　96 000

　　贷：资本公积——其他资本公积　　　　　　　　　　　　　96 000

③2008年12月31日

借：管理费用　　　　　　　　　　　　　　　　　　　　108 000

　　贷：资本公积——其他资本公积　　　　　　　　　　　　　108 000

④2009年12月31日

借：管理费用　　　　　　　　　　　　　　　　　　　75 000
　　贷：资本公积——其他资本公积　　　　　　　　　　　　　75 000

⑤假设全部 155 名职员都在 2010 年 12 月 31 日行权，A 公司股份面值为 1 元

借：银行存款　　　　　　　　　　　　　　　　　　　77 500
　　资本公积——其他资本公积　　　　　　　　　　　　279 000
　　贷：股本　　　　　　　　　　　　　　　　　　　　15 500
　　　　资本公积——股本溢价　　　　　　　　　　　　341 000

2. 附非市场业绩条件的权益结算股份支付

【例题 7·（2016 年 CPA 教材例 19 – 3）】2007 年 1 月 1 日，A 公司为其 100 名管理人员每人授予 100 份股票期权：第一年末的可行权条件为企业净利润增长率达到 20%；第二年末的可行权条件为企业净利润两年平均增长 15%；第三年末的可行权条件为企业净利润三年平均增长 10%。每份期权在 2007 年 1 月 1 日的公允价值为 24 元。

2007 年 12 月 31 日，权益净利润增长了 18%，同时有 8 名管理人员离开，公司预计 2008 年将以同样速度增长，因此预计将于 2008 年 12 月 31 日可行权。另外，公司预计 2008 年 12 月 31 日又将有 8 名管理人员离开企业。

2008 年 12 月 31 日，公司净利润仅增长了 10%，因此无法达到可行权状态。另外，实际有 10 名管理人员离开，预计第三年将有 12 名管理人员离开企业。

2009 年 12 月 31 日，公司净利润增长了 8%，三年平均增长率为 12%，因此达到可行权状态。当年有 8 名管理人员离开。

分析：按照《企业会计准则第 11 号——股份支付》，本例中的可行权条件是一项非市场业绩条件。

第一年末，虽然没有实现净利润增长 20% 的目标，但公司预计下年将以同样速度增长，因此能实现两年平均年增长 15% 的目标。所以公司将其预计等待期调整为 2 年。由于有 8 名管理人员离开，公司同时调整了期满（两年）后预计可行权期权的数量（100 – 8 – 8）。

第二年末，虽然两年实现 15% 增长的目标再次落空，但公司仍然估计能够在第三年取得较理想的业绩，从而实现 3 年平均增长 10% 的目标。所以公司将其预计等待期调整为 3 年。由于第二年有 10 名管理人员离开，高于预计数字，因此公司相应调增了第三年预计离开的人数（100 – 8 – 10 – 12）。

第三年末，目标实现，实际离开人数为 8 人。公司根据实际情况确定累计费用，并据此确认了第三年费用和调整。

费用和资本公积计算过程如下表所示。

单位：元

年份	计算	当期费用	累计费用
2007	（100 – 8 – 8）×100×24×1/2	100 800	100 800
2008	（100 – 8 – 10 – 12）×100×24×2/3 – 100 800	11 200	112 000
2009	（100 – 8 – 10 – 8）×100×24 – 112 000	65 600	177 600

账务处理如下：

（1）20×7 年 1 月 1 日

授予日不作账务处理。

（2）20×7 年 12 月 31 日

借：管理费用 100 800

　　贷：资本公积——其他资本公积 100 800

（3）20×8 年 12 月 31 日

借：管理费用 11 200

　　贷：资本公积——其他资本公积 11 200

（4）20×9 年 12 月 31 日

借：管理费用 65 600

　　贷：资本公积——其他资本公积 65 600

（5）假设全部 74 名职员都在 20×0 年 12 月 31 日行权（免费获得 A 公司股票），A 公司股份面值为 1 元

借：资本公积——其他资本公积 177 600

　　贷：股本 7 400

　　　　资本公积——股本溢价 170 200

【例题 8 · （1406）】甲上市公司 2009 年 7 月 1 日向其 50 名高管每人授予 1 000 份认股权证，该认股权证将于 2013 年末期满时行权。行权时高管将以 3 元每股购入该公司股票，该认股权证在授予日的公允价值为 5 元。2009 年和 2010 年 12 月 31 日该公司股票公允价值均为 6 元每股，2011 年和 2012 年 12 月 31 日该公司股票公允价值均为 8 元每股，股票面值为 1 元。2013 年 12 月 31 日该公司股票公允价值均为 10 元每股。假定预计 2009 年末 10% 会离职。甲公司因该项股份支付应计入 2009 年管理费用的金额为（ ）。

A. 15 000 元　　　　B. 25 000 元　　　　C. 30 000 元　　　　D. 45 000 元

答案：B

解析：应计入 2009 年管理费用的金额为 50 × （1 - 10%） × 1 000 × 5 × 1/4.5 × 6/12 = 25 000（元）。

【例题 9 · （1412）】甲公司 2014 年 3 月 1 日，授予可立即行权的股票期权。2014 年底，预计部分会被行权。授予日股票市场价格 10 元每股，2014 年 6 月 30 日为 11 元每股，2014 年 12 月 31 日的价格为 12 元每股。则以下说法正确的有（ ）。

A. 该股权支付应按照 2014 年 3 月 1 日该期权的公允价值确认

B. 该股权支付应按照 2014 年 6 月 30 日该期权的公允价值确认

C. 该股权支付应按照 2014 年 12 月 31 日该期权的公允价值确认

D. 2014 年末，应确认"应付职工薪酬"

E. 2014 年末，应确认为权益

答案：AE

3. 现金结算的股份支付

【例题 10 · （2016 年 CPA 教材例 19 - 4）】2005 年初，公司为其 200 名中层以上职员每人授予 100 份现金股票增值权，这些职员从 2005 年 1 月 1 日起在该公司连续服务 3 年，即可按照当时股价的增长幅度获得现金，该增值权应在 2009 年 12 月 31 日之前行使。A 公司估计，该增值权在负债结算之前的每一资产负债表日以及结算日的公允价值和可行权后的每份增值权现金支出额如下表所示。

单位：元

年份	公允价值	支付现金
2005	14	
2006	15	
2007	18	16
2008	21	20
2009		25

第一年有 20 名职员离开 A 公司，A 公司估计三年中还将有 15 名职员离开；第二年又有 10 名职员离开公司，公司估计还将有 10 名职员离开；第三年又有 15 名职员离开。第三年末，有 70 人行使股份增值权取得了现金。第四年末，有 50 人行使了股份增值权。第五年末，剩余 35 人也行使了股份增值权。

（1）费用和应付职工薪酬的计算过程如下表所示

年　份	负债计算①	支付现金计算②	负债③	支付现金④	当期费用⑤
2005	（200－35）×100×14×1/3		77 000		77 000
2006	（200－40）×100×15×2/3		160 000		83 000
2007	（200－45－70）×100×18	70×100×16	153 000	112 000	105 000
2008	（200－45－70－50）×100×21	50×100×20	73 500	100 000	20 500
2009	0	35×100×25	0	87 500	14 000
总额				299 500	299 500

其中：①计算得③，②计算得④，当期③－前一期③＋当期④＝当期⑤。

（2）账务处理如下：

①20×5 年 12 月 31 日

| 借：管理费用 | 77 000 | |
| 　贷：应付职工薪酬——股份支付 | | 77 000 |

②20×6 年 12 月 31 日

| 借：管理费用 | 83 000 | |
| 　贷：应付职工薪酬——股份支付 | | 83 000 |

③20×7 年 12 月 31 日

借：管理费用	105 000	
贷：应付职工薪酬——股份支付		105 000
借：应付职工薪酬——股份支付	112 000	
贷：银行存款		112 000

④20×8 年 12 月 31 日

借：公允价值变动损益	20 500	
贷：应付职工薪酬——股份支付		20 500
借：应付职工薪酬——股份支付	100 000	
贷：银行存款		100 000

⑤20×9年12月31日

借：公允价值变动损益 14 000

    贷：应付职工薪酬——股份支付 14 000

借：应付职工薪酬——股份支付 87 500

    贷：银行存款 87 500

【例题11·（1605）】 经董事会批准，甲公司于2010年1月1日实施股权激励计划，向100名中层以上管理人员授予每人1 000份现金股票增值权，起始日为2013年12月31日，该增值权应在2015年12月31日前行使完毕，甲公司授予日期股票市价为每股5元，截至2013年累计确认负债60万元，2010年至2013年共计10人离职，2014年无人离职但有15人行权，共支付现金20万元，2014年末增值权公允价值为12元，预计2015年无人离职，甲公司因该项股份支付在2014年末应确认的公允价值变动损益为（   ）。

A. 0   B. −50万元   C. 68万元   D. 50万元

答案：B

解析：

2014年应付职工薪酬——股份支付"T"形账户

③本期减少：20万元	①期初余额：60万元
	②计算本期增加额
	④期末余额90万元

①已知"应付职工薪酬——股份支付"科目期初余额为60万元

③本期减少额为支付的现金20万元

④期末余额为（100−10−15）×1 000×12＝90（万元）

计算②：①＋②−③＝④

②＝④＋③−①＝90＋20−60＝50万元

借：公允价值变动损益 500 000

    贷：应付职工薪酬——股份支付 500 000

公允价值变动损益为−50万元。

五、授予权益性工具条款和条件发生变更时的会计处理

本部分内容新大纲予以删除。

（一）总体原则

1. 可行权条件是指能够确定企业是否得到职工或其他方提供的服务，且该服务使职工或其他方具有获取股份支付协议规定的权益工具或现金等权利的条件；反之，为非可行权条件。可行权条件包括服务期限条件和业绩条件。

企业在确定权益工具在授予日的公允价值时，不考虑非市场条件的影响。但非市场条件是否得到满足，影响企业对预计可行权情况的估计。对于可行权条件为业绩条件的股份支付，只要职工满足了其他所有非市场条件（如利润增长率、服务期限等），企业就应当确认已取得的服务。

2. 通常不能随意修改，某些情况下可以修改

通常情况下，股份支付协议生效后，不应对其条款和条件随意修改。但在某些情况下，可能需要修改授予权益工具的股份支付协议中的条款和条件。例如，股票除权、除息或者其他原因需要调整行权价格或股票期权数量。

3. 无论如何修改，至少应按照所授予的权益工具在授予日的公允价值来计量获取的相应服务

在会计核算上，无论已授予的权益工具的条款和条件如何修改，甚至取消权益工具的授予或结算该权益工具，企业都应至少确认按照所授予的权益工具在授予日的公允价值来计量获取的相应服务，除非因不能满足权益工具的可行权条件（除市场条件外）而无法可行权。

（二）具体修改的会计处理

条款和条件的修改		具体会计处理
1. 条款和条件的有利修改	（1）修改增加了所授予的权益工具的公允价值	应按照权益工具公允价值的增加相应地确认取得服务的增加
	（2）如果修改增加了所授予的权益工具的数量	应将增加的权益工具的公允价值相应地确认为取得服务的增加
	（3）如果企业按照有利于职工的方式修改可行权条件，如缩短等待期、变更或取消业绩条件（非市场条件）	企业在处理可行权条件时，应当考虑修改后的可行权条件
2. 条款和条件的不利修改：如果企业以减少股份支付公允价值总额的方式或其他不利于职工的方式修改条款和条件，企业仍应继续对取得的服务进行会计处理，如同该变更从未发生，除非企业取消了部分或全部已授予的权益工具。具体包括如下几种情况	（1）如果修改减少了授予的权益工具的公允价值	企业应当继续以权益工具在授予日的公允价值为基础，确认取得服务的金额，而不应考虑权益工具公允价值的减少
	（2）如果修改减少了授予的权益工具的数量	企业应当将减少部分作为已授予的权益工具的取消来进行处理
	（3）如果企业以不利于职工的方式修改了可行权条件，如延长等待期、增加或变更业绩条件（非市场条件）	企业在处理可行权条件时，不应考虑修改后的可行权条件
3. 取消或结算：如果企业在等待期内取消了所授予的权益工具或结算了所授予的权益工具（因未满足可行权条件而被取消的除外），企业应当	（1）取消或结算的处理	将取消或结算作为加速可行权处理，立即确认原本应在剩余等待期内确认的金额
	（2）在取消或结算时支付给职工的所有款项的处理	均应作为权益的回购处理，回购支付的金额高于该权益工具在回购日公允价值的部分，计入当期费用
	（3）如果向职工授予新的权益工具，并在新权益工具授予日认定所授予的新权益工具是用于替代被取消的权益工具的	企业应以与处理原权益工具条款和条件修改相同的方式，对所授予的替代权益工具进行处理

注：表中所述"有利"指的是对职工来说是有利的。

【例题1·（1511）】 下列关于股份支付的表述及会计处理的说法，正确的是（　　）。

A. 权益结算的股份支付中，对于换取其他方服务的股份支付，应当首先考虑按照其他服务在取得日的公允价值计量，而不是权益工具在授予日的公允价值计量

B. 对于现金结算的股份支付，企业在可行权日之后不再确认成本或费用，负债公允价值的变动应当计入当期损益

C. 企业在确定权益工具在授予日的公允价值时，应考虑股份支付协议中规定的市场条件和非市场条件的影响

D. 市场条件和非市场条件是否得到满足，会影响企业对预计可行权情况的估计

E. 如果企业在等待期内结算了所授予的权益工具，但因未满足可行条件而被取消的除外，在结算时支付给职工的所有款项的应作为权益的回购处理，回购支付的金额高于该权益工具在回购日公允价值的部分，计入资本公积

答案：AB

解析：业绩条件是指企业达到特定业绩目标的条件，具体包括市场条件和非市场条件。企业在确定权益工具在授予日的公允价值时，应考虑市场条件的影响，而不考虑非市场条件的影响，选项C表述错误；市场条件是否得到满足，不影响企业对预计可行权情况的估计，选项D表述错误；回购支付的金额高于该权益工具在回购日公允价值的部分，计入当期费用，选项E表述错误。

【例题2·（2010）】 A公司向高管共10人每人授予10万股股票期权，2007年1月1日为授予日，授予日每股公允价值20元，每人需服务4年，2008年末每股公允价值为28元，2009年6月30日取消行权。假设无人离职。

（1）2009年取消股份支付时应确认的管理费用是多少？

（2）如果假定2007年7月1日为授予日，则2009年取消股份支付时应确认的管理费用是多少？

解析：2009年6月30日取消行权，进行结算，视同加速行权处理，立即确认本应于剩余等待期内确认的服务金额。

（1）授予的股票期权公允价值总额 = 10 × 10 × 20 = 2 000（万元）

应自2007年至2010年每年末计入管理费用500万元。

2009年6月30日取消行权视同加速行权，剩余等待期内的服务金额为1 000万元，计入2009年管理费用。

（2）假定2007年7月1日为授予日

2009年6月30日已确认的管理费用为2 000/4 × 1/2（2007年的）+ 2 000/4（2008年的）= 750（万元），剩余1 250万元（2 000 − 750）应计入2009年管理费用（注意，已计入的费用中2009年1月1日至6月30日半年不能算，因为应是每年末的时候方确认计量）。

六、集团内涉及不同企业股份支付交易

本部分内容新大纲予以删除。但2015年9月以来的几次考题均涉及本部分内容。

（一）集团内涉及不同企业股份支付交易分类

企业集团（由母公司和其全部子公司构成）内发生的股份支付交易，主要问题是如何确定股份支付是权益结算的股份支付还是现金结算的股份支付，下表分"结算企业"和"接受服务企业"进行总结。

结算企业和接受服务企业	结算方法		股份支付的类型
结算企业	（1）以自身权益工具结算	包括以自身权益工具为自己结算和以自身权益工具为他人结算	权益结算的股份支付
	（2）以现金结算	包括以现金为自己结算和以现金为别人结算	现金结算的股份支付
	（3）以他人权益工具结算	以他人权益工具为自己结算和以他人权益工具为他人结算	现金结算的股份支付
接受服务企业	（1）接受服务的企业没有结算义务（别人给自己结算）	不管结算工具是权益工具还是现金工具，均为	权益结算的股份支付
	（2）接受服务的企业有结算义务（自己要结算的）	①结算工具为自身权益工具	权益结算的股份支付
		②结算工具为他人权益工具	现金结算的股份支付
		③结算工具为现金工具	现金结算的股份支付

【编者理解】

结算企业和接受服务企业	股份支付的类型	具体情形
结算企业	权益结算的股份支付	没花钱。以自身权益工具结算，不管给谁，因为没花钱
	现金结算的股份支付	花钱了。以现金结算或者以他人权益结算，他人权益也是花钱来的
接受服务企业	权益结算的股份支付	没花钱。没有结算义务，或者用自身权益结算，母公司用乙公司股票期权给乙公司结算
	现金结算的股份支付	花钱了。除自身权益外的结算义务

（二）集团内涉及不同企业股份支付交易的会计处理

结算企业是接受服务企业的投资者的，应当按照授予日权益工具的公允价值或应承担负债的公允价值确认为对接受服务企业的长期股权投资，同时确认资本公积（其他资本公积）或负债。即"借：长期股权投资，贷：资本公积——其他资本公积或应付职工薪酬"，具体处理如下：

1. 结算企业（母公司）以其本身权益工具结算，接受服务企业（子公司）没有结算义务

（1）结算企业

借：长期股权投资

　　贷：资本公积（按权益结算股份支付计量原则确认资本公积）

（2）接受服务企业

借：管理费用等

贷：资本公积（按权益结算股份支付计量原则确认资本公积）

（3）合并财务报表中应编制如下抵销分录

借：资本公积

    贷：长期股权投资

【关键点】 合并财务报表中反映的是，相当于母公司授予母公司职工权益结算股份支付的结果。

【例题1·（1611）】 甲公司向其子公司乙公司的 10 名管理人员每人授予 10 万份股票期权，股份支付协议规定，该等人员自授予日起在乙公司连续服务 2 年，服务期满后可以每股 5 元的价格购买 10 万股甲公司的股票，2015 年 7 月 1 日该股权激励计划经股东大会批准，该股票期权在授予日的公允价值为每份 12 元，至 2015 年 12 月 31 日，有 1 名管理人员离开乙公司，甲公司估计乙公司未来有 2 名管理人员离开，以下说法正确的有（   ）。

A. 该项计划，甲公司与乙公司均作为权益结算的股份支付进行相应会计处理

B. 2015 年甲公司个别报表确认长期股权投资 420 万元

C. 2015 年乙公司个别报表确认管理费用 420 万元

D. 2015 年甲公司合并报表确认管理费用 420 万元

E. 2015 年 7 月 1 日为本股权激励计划的授予日，甲公司应于个别报表进行相应的会计处理，乙公司不进行会计处理

答案：A

解析：A 正确，由于结算企业（母公司）以其本身权益工具结算，接受服务企业（子公司）没有结算义务，甲公司与乙公司均作为权益结算的股份支付进行相应会计处理。

截至 2015 年 12 月 31 日，乙公司应确认的管理费用金额为：（10 − 3）× 12 × 1/2 × 0.5 = 210（万元）。账务处理如下：

（1）甲公司

借：长期股权投资   210

    贷：资本公积   210

（2）乙公司

借：管理费用等   210

    贷：资本公积   210

（3）合并财务报表中应编制如下抵销分录

借：资本公积   210

    贷：长期股权投资   210

因为该项业务，合并报表上反映的是，管理费用等 210 万元，资本公积 210 万元，相当于母公司授予母公司职工权益结算股份支付的结果。

2. 结算企业（母公司）不是以其本身权益工具结算，接受服务企业（子公司）没有结算义务

（1）结算企业

借：长期股权投资

    贷：应付职工薪酬（按现金结算股份支付计量原则确认应付职工薪酬）

（2）接受服务企业

借：管理费用等

贷：资本公积（按权益结算股份支付计量原则确认资本公积）

（3）合并财务报表中应编制如下抵销分录

借：资本公积

　　管理费用等（差额，也可能在贷方）

　　贷：长期股权投资

【关键点】 合并财务报表中反映的是，相当于集团会计主体授予集团会计主体职工现金结算股份支付的结果，合并财务报表中最终体现的是按现金结算股份支付计量原则确认的应付职工薪酬和管理费用，因接受服务企业确认的管理费用是按权益结算股份支付计量原则确定的，所以合并财务报表中会出现差额，该差额计入管理费用。

3. 结算企业和接受服务企业均为母公司，且授予本公司职工的是其本身权益工具

借：管理费用等

　　贷：资本公积（按权益结算股份支付计量原则确认资本公积）

4. 结算企业和接受服务企业均为母公司，且不是以其本身权益工具结算

借：管理费用等

　　贷：应付职工薪酬（按现金结算股份支付计量原则确认应付职工薪酬）

【例题2·（2010）】 集团公司甲为上市公司，其拥有上市子公司乙、非上市子公司丙。下列关于集团公司股份支付的处理正确的有（　　　）。

A. 集团甲以其持有的乙公司股权对乙公司高管股权激励；甲按现金结算股份支付处理；乙按权益结算股份支付处理

B. 集团甲以自身股权对乙高管股权激励；甲按权益结算；乙按现金结算

C. 集团甲以丙公司股权对乙高管股权激励；甲按现金结算；乙按现金结算

D. 集团甲以股票增值权（现金）对乙公司高管激励；甲按现金结算，乙按权益结算

E. 乙公司以丙公司股权对乙公司高管激励；乙公司按现金结算

答案：ADE

解析：A，集团甲是结算企业，以他人权益工具为他人结算，为现金结算股份支付；乙是接受服务企业，无结算义务，为权益结算股份支付。

B，集团甲为以自身权益工具为他人结算，为权益结算股份支付；乙是接受服务企业，无结算义务，为权益结算股份支付。

C，集团甲为以他人权益工具为他人结算，是现金结算股份支付；乙是接受服务企业，无结算义务，为权益结算股份支付。

D，集团甲为以现金为他人结算，是现金结算股份支付；乙是接受服务企业，无结算义务，为权益结算股份支付。

E，乙公司为以他人权益工具为自己结算，为现金结算股份支付。

【例题3·（1311）】 甲是集团公司，乙是其子公司。乙实施股权激励，甲用持有乙的股权作为结算工具，合并报表当中体现的有（　　　）。

A. 管理费用　　　　B. 资本公积　　　　C. 长期股权投资　　　　D. 应付职工薪酬

答案：AD

解析：结算企业（母公司）不是以其本身权益工具结算，接受服务企业（子公司）没有结算义务。抵销后合并报表中有"管理费用等"科目和"应付职工薪酬"相当于集团内为现金结算的股份支付。

【例题4·（1509）】 关于股份支付的计量，下列说法正确的是（　　）。

A. 以现金结算的股份支付，应按资产负债表日当日权益工具的公允价值重新计量

B. 以权益结算的股份支付，应按授予日权益工具的公允价值计量，不确认其后续公允价值变动

C. 结算企业是接受服务企业的投资者的，若以其本身权益工具结算的，应在个别财务报表中按授予日的公允价值确认长期股权投资和股本

D. 结算企业为接受服务企业的投资者的，若不是以其本身权益工具而是以集团内其他企业的权益工具结算的，应将该股份支付交易作为现金结算的股份支付进行会计处理

E. 接受服务企业没有结算义务且授予本企业职工的是其本身权益工具，应将该股份支付交易作为权益结算的股份支付处理

答案：ABDE

解析：C项错误，结算企业是接受服务企业的投资者的，若以其本身权益工具结算的，应按照授予日权益工具的公允价值计入成本费用和资本公积。

【例题5·（1605）】 企业发生的下列交易或者事项中，不考虑其他因素，会引起当期"资本公积——资本（股本）溢价"发生变动的有（　　）。

A. 以资本公积转增股本

B. 根据股东会决议，每10股发放2股股票股利

C. 授予员工股票期权在等待期内确认相关成本费用

D. 同一控制下企业合并中取得被合并方净资产份额小于所支付对价账面价值

E. 当前公司每股净资产5元，每股面值1元，接受投资者以每股4元增资200万股

答案：ADE

解析：A，注意，资本公积包括"资本公积——资本溢价/股本溢价"和"资本公积——其他资本公积"，"资本公积——资本溢价/股本溢价"可转增资本，"资本公积——其他资本公积"不可转增资本。转增时会计处理为借记"资本公积——资本溢价/股本溢价"科目，贷记"实收资本/股本"科目。A当选。

B，股东大会批准的利润分配方案中分配的股票股利，应在办理增资手续后，借记"利润分配"科目，贷记"股本"科目。B选项内容不影响资本公积。

C，计入的是"资本公积——其他资本公积"科目，非"资本公积——股本溢价"科目。

D，同一控制下企业合并中取得被合并方净资产份额小于所支付对价账面价值冲减"资本公积——资本溢价/股本溢价"，不足冲减的，调整留存收益。

E，题支描述的为增资的会计处理（"公司每股净资产5元"是干扰信息），具体处理如下：

借：银行存款　　　　　　　　　　　　　　　　　　　　　　　　800

　　贷：股本　　　　　　　　　　　　　　　　　　　　　　　　　200

　　　　资本公积—资本溢价/股本溢价　　　　　　　　　　　　　600

【例题6·（1605）】 甲公司是乙公司和丙公司的母公司，拟推出如下股份支付相关计划，以下说法正确的有（　　）。

A. 甲公司向乙公司高级管理人员授予现金股票增值权，达到既定的行权条件的，高级管理人员可以从甲公司获得稍高于行权当日甲公司股票每股市场价格的现金，乙公司个别报表应当以权益结算的股份支付进行相应的会计处理

B. 甲公司授予乙公司高级管理人员丙公司的股票期权，符合行权条件后，乙公司的高级管

理人员可以以既定的价格获得丙公司股票，甲公司个别报表应当作为现金结算的股份支付进行相应的会计处理

C. 乙公司以定向发行本公司股票取得咨询服务的协议，乙公司应当作为以权益结算的股份支付进行相应的会计处理

D. 甲公司回购本企业200万普通股，对乙公司的销售人员进行奖励，约定销售人员满足可行权条件可以以既定的低于市价的价格获得股票，乙公司个别报表应作为权益性结算股份支付进行相应的会计处理

E. 乙公司自市场回购本公司股票并与本公司销售人员签订协议，如果未来3年业绩达标，销售人员将无偿获得该部分股票，乙公司应当以权益结算的股份支付进行相应的会计处理

答案：ABCDE

解析：选项A、D，乙公司为接受服务的企业，自己没有结算义务，则不管结算工具是权益工具还是现金工具，均为权益结算的股份支付，A、D说法正确；选项B，甲公司为结算企业，仅有以自身权益工具为结算工具的时候方可按照权益结算的股份支付处理，以现金结算和以他人权益工具结算的均应作为现金结算的股份支付处理，B说法正确；选项C、E，乙公司以自身权益工具为自己结算，应按照权益结算的股份支付处理，此处不要在意是发行股票还是回购股票，C说法正确。

【例题7·（1609）】甲公司持有乙公司100%的股权，持有丙公司75%的股权，乙公司持有丙公司另外25%的股权，拟在集团内实施股权激励计划，在评估各方案的财务影响时，下列说法中正确的是（　　）。

A. 甲公司对乙公司的管理层实施股权激励计划，以丙公司股权结算，甲公司应在等待期的每个资产负债表日，确认对乙公司的长期股权投资，同时确认资本公积

B. 甲公司对乙公司的管理层实施股权激励计划，以丙公司股份结算，乙公司应在等待期的每个资产负债表日，确认管理费用，同时确认资本公积

C. 乙公司对其管理层实施股权激励计划，以丙公司股份结算，乙公司应将该股份支付作为现金结算的股份支付处理

D. 甲公司对乙公司的管理层实施股权激励计划，以丙公司股份结算，甲公司应在等待期的每个资产负债表日，确认对丙公司的长期股权投资，同时确认负债

答案：BC

第二十节　所得税

【大纲要求】

内容	程度	变化
1. 资产负债表法的理论基础	熟悉	删除
2. 资产、负债的计税基础和暂时性差异	掌握	原有
3. 递延所得税负债及递延所得税资产的确认和计量	掌握	删除
4. 当期所得税、递延所得税、所得税费用的确认和计量	熟悉	原有

【前导课程】

所得税根据应纳税所得额的一定比例进行征收，应纳税所得额是根据会计上的利润总额进行调整而来的。我国的所得税税率一般是 25%。

居民企业应当就其来源于中国境内、境外的所得缴纳企业所得税。非居民企业在中国境内设立机构、场所的，应当就其所设机构、场所取得的来源于中国境内的所得，以及发生在中国境外但与其所设机构、场所有实际联系的所得，缴纳企业所得税。非居民企业在中国境内未设立机构、场所的，或者虽设立机构、场所但取得的所得与其所设机构、场所没有实际联系的，应当就其来源于中国境内的所得缴纳企业所得税。

【例1·（2016年CPA会计教材例20-17）】 甲公司于20×1年12月底购入一台机器设备，成本为525 000元，预计使用年限为6年，预计净残值为零。会计上按直线法计提折旧，因该设备符合税法规定的税收优惠条件，计税时可采用年数总和法计提折旧，假定税法规定的使用年限及净残值均与会计相同。本例假定该公司各会计期间均未对固定资产计提减值准备，除该项固定资产产生的会计与税法之间的差异外，不存在其他会计与税收的差异。20×2年至20×7年，甲公司每年净利润均为100万元。所得税税率是25%。

（1）固定资产折旧方法按照年限平均法及年数总和法计算结果

直线法计提折旧，每年的折旧额：（525 000 - 0）÷6 = 87 500（元）

年数总和法：计算年数总和 1 + 2 + 3 + 4 + 5 + 6 = 21（年）

第一年计提折旧：（525 000 - 0）×6÷21 = 150 000（元）

第二年计提折旧：（525 000 - 0）×5÷21 = 125 000（元）

第三年计提折旧：（525 000 - 0）×4÷21 = 100 000（元）

第四年计提折旧：（525 000 - 0）×3÷21 = 75 000（元）

第五年计提折旧：（525 000 - 0）×2÷21 = 50 000（元）

第六年计提折旧：（525 000 - 0）×1÷21 = 25 000（元）

每期计提的折旧见下表：

单位：元

		20×2年	20×3年	20×4年	20×5年	20×6年	20×7年
	固定资产原价	525 000	525 000	525 000	525 000	525 000	525 000
直线法计提折旧	年度会计折旧	87 500	87 500	87 500	87 500	87 500	87 500
	累计会计折旧	87 500	175 000	262 500	350 000	437 500	525 000
	账面价值	437 500	350 000	262 500	175 000	87 500	0
年数总和法计提折旧	年度会计折旧	150 000	125 000	100 000	75 000	50 000	25 000
	累计计税折旧	150 000	275 000	375 000	450 000	500 000	525 000
	计税基础	375 000	250 000	150 000	75 000	25 000	0

直线法和年数总和法每期折旧对比图如下：

（2）该公司每年因固定资产账面价值与计税基础不同应予确认的递延所得税情况如下表所示

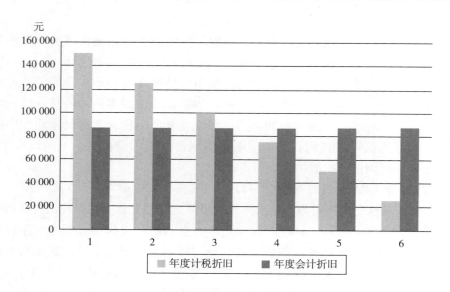

折旧及所得税汇总表　　　　　　　　　　　　　　　　　　单位：元

	20×2 年	20×3 年	20×4 年	20×5 年	20×6 年	20×7 年	合计
实际成本	525 000	525 000	525 000	525 000	525 000	525 000	
累计会计折旧	87 500	175 000	262 500	350 000	437 500	525 000	
账面价值	437 500	350 000	262 500	175 000	87 500	0	
累计计税折旧	150 000	275 000	375 000	450 000	500 000	525 000	
计税基础	375 000	250 000	150 000	75 000	25 000	0	
暂时性差异	62 500	100 000	112 500	100 000	62 500	0	
递延所得税负债余额（累计数）	15 625	25 000	28 125	25 000	15 625	0	
当期递延所得税负债	15 625	9 375	3 125	−3 125	−9 375	−15 625	0
每期利润总额	1 000 000	1 000 000	1 000 000	1 000 000	1 000 000	1 000 000	6 000 000
应交所得税（按税法）	234 375	240 625	246 875	253 125	259 375	265 625	1 500 000
所得税费用（按会计）	250 000	250 000	250 000	250 000	250 000	250 000	1 500 000
净利润	750 000	750 000	750 000	750 000	750 000	750 000	4 500 000

注：①资产的计税基础，是指企业收回资产账面价值的过程中，计算应纳税所得额时按照税法规定可以自应税经济利益中抵扣的金额，即某一项资产在未来期间计税时可以税前扣除的金额（资产的计税基础 = 未来可税前列支的金额）。资产在初始确认时，其计税基础一般为取得成本。本例中，20×1 年末，取得固定资产时，资产的账面价值和计税基础都是 52.5 万元。20×2 年末，资产的账面价值是 52.5 万元，资产的计税基础是 37.5 万元。

②负债的计税基础，是指负债的账面价值减去未来期间计算应纳税所得额时按照税法规定可予抵扣的金额。例如，甲公司 2016 年 5 月末预计负债账面金额为 50 万元（预提产品保修费用），假设产品保修费用在实际支付时抵扣，则预计负债计税基础 = 负债账面价值 50 − 其在未来期间计算应税利润时可予抵扣的金额 50 = 0。

③账面价值和计税基础比较，以 20×2 年为例，账面价值为 43.75 万元，会计认为将来可以抵扣 43.75 万元，计税基础是 37.5 万元，也就是税法认为将来可以抵扣的是 37.5 万元。税上将来抵扣的少，那么将来就会多交税，其实不论怎么计算，在未来的 6 年内，资产都要抵光，可见表格里的两种方法，无论是直线法还是双倍余额递减法，最后累积折旧都是 52.5 万元。可以看到表格中，无论是应交所得税（税法据实征收），还是会计上调整后的所得税费用，最后的合计数都相等，都是 150 万元。将来多交税，现在就少交税。递延所得税负债有明显负债的性质，所以要确认为递延所得税负债。反过来，如果是递延所得税资产，也是现在多交，以后就少交了。

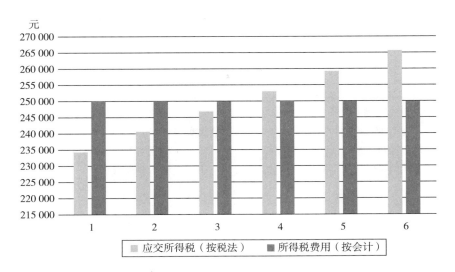

应交所得税（按税法）和所得税费用（按会计）对比图

（3）账务处理，该项固定资产各年度账面价值与计税基础确定如下

20×2 年资产负债表日：

账面价值 = 固定资产原价 - 会计利润 = 525 000 - 87 500 = 437 500（元）

计税基础 = 固定资产原价 - 税前扣除的折旧额 = 525 000 - 150 000 = 375 000（元）

应纳税所得额 = 利润总额 1 000 000 + 会计计提折旧 87 500 - 税法计提折旧 150 000 = 937 500（元）

应纳所得税额 = 937 500 × 0.25 = 234 375（元）

因固定资产账面价值 437 500 元大于其计税基础 375 000 元，两者之间产生的 62 500 元差异会增加未来期间的应纳税所得额和应交所得税，属于应纳税暂时性差异，应确认与其相关的递延所得税负债 15 625（62 500 × 25%）元，账务处理如下：

借：所得税费用 250 000

贷：应交税费——应交所得税 234 375

递延所得税负债 15 625

以后年度略。

将递延所得税总结如下表：

形成情形	差异类型	资产类型	是否计入所得税费用
资产的账面价值 < 计税基础 负债的账面价值 > 计税基础	可抵扣暂时性差异	确认递延所得税资产	计入所得税费用 ①与直接计入所有者权益的交易或事项相关，计入"资本公积"或"其他综合收益"；②与企业合并中取得资产、负债相关计入"商誉"；③计入留存收益
		不确认递延所得税资产：无形资产及其研发支出计税时允许加计扣除	

续表

形成情形	差异类型	资产类型	是否计入所得税费用
资产的账面价值＞计税基础 负债的账面价值＜计税基础	应纳税暂时性差异	确认递延所得税负债	计入所得税费用
		不确认递延所得税负债	不计入所得税费用

注：①税上认为现在财产多，要比会计多征，将来少征，作为资产记忆。

②税上认为现在财产少，要比会计少征，将来多征，作为负债记忆。

③以转回期间税率计量：递延所得税负债应以相关应纳税暂时性差异转回期间所得税税率计量。不要求折现：无论应纳税暂时性差异的转回期间如何，相关的递延所得税负债不要求折现。

【内容精讲】

一、资产负债表法的理论基础（略）

二、资产、负债的计税基础及暂时性差异

所得税会计核算的关键在于确定资产、负债的计税基础。资产、负债的计税基础的确定，与税收法规的规定密切关联。企业在取得资产、负债时，应当确定其计税基础。

（一）资产、负债的计税基础

1. 资产的计税基础

资产的计税基础，指企业收回资产账面价值的过程中，计算应纳税所得额时按照税法可以自应税经济利益中抵扣的金额。（资产的计税基础＝未来可税前列支的金额）

具体情形		计税基础与账面价值的关系	是否形成暂时性差异	是否确认递延所得税资产/负债
初始确认时	（1）一般情况下	计税基础＝账面价值	否	否
	（2）特殊情况下：如内部研发形成的无形资产初始确认时（见例20-3）	计税基础＞账面价值	是	不确认
后续计量时		往往计税基础与账面价值会形成差异，主要原因有折旧、摊销政策的不一致、会计上计提减值、公允价值的变动等，具体如下		
资产名称		账面价值与计税基础之间可能会形成差异的原因		
（1）固定资产		①折旧方法、年限的差异；②会计上计提资产减值准备		
（2）无形资产		①摊销年限的差异（含使用期限不确定的无形资产会计上不摊销，税法上要求按照一定期限摊销也会形成差异） ②会计上计提资产减值准备		
（3）投资性房地产		①成本模式	同固定资产	
		②公允价值模式	公允价值的变动	
（4）公允价值变动计入当期损益的金融资产		公允价值的变动		

续表

具体情形	计税基础与 账面价值的关系	是否形成 暂时性差异	是否确认递延 所得税资产/负债
（5）可供出售金融资产	①公允价值的变动；②会计上计提资产减值准备		
（6）存货	计提的存货跌价准备		

注：一项资产或负债的确认既不影响会计利润，也不影响应纳税所得额，则即便形成了暂时性差异，也不确认相关递延所得税。要注意，此时这种情况是形成了可抵扣暂时性差异的，只是不确认递延所得税资产罢了。

【例题 1 ·（2016 年 CPA 教材例 20 - 3）】 A 企业当期为开发新技术发生研究开发支出计 2 000万元，其中研究阶段支出 400 万元，开发阶段符合资本化条件前发生的支出为 400 万元，符合资本化条件后至达到预定用途前发生的支出为 1 200 万元。税法规定，企业为开发新技术、新产品、新工艺发生的研究开发费用，未形成无形资产计入当期损益的，按照研究开发费用的 50% 加计扣除；形成无形资产的，按照无形资产成本的 150% 摊销。假定开发形成的无形资产在当期末已达到预定用途（尚未开始摊销）。

A 企业当期发生的研究开发支出中，按照会计准则规定应予费用化的金额为 800 万元，形成无形资产的成本为 1 200 万元，即期末所形成无形资产的账面价值为 1 200 万元。

A 企业当期发生的 2 000 万元研究开发支出，按照税法规定可在当期税前扣除的金额为 1 200 万元。所形成的无形资产在未来期间可予税前扣除的金额为 1 800 万元（1 200 × 1.5 = 1 800），其计税基础为 1 800 万元，形成暂时性差异 600 万元。但不确认递延所得税资产或负债。

【例题 2 ·（1412）】 2012 年，甲企业在筹办期间发生了开办费 900 万元，经税务机关认定，可以分 3 年在以后年度抵扣；2013 年，甲企业开始运营，当年抵扣了 300 万元。则该项费用在 2013 年末的计税基础为（　　）万元。

A. 150　　　　　　B. 600　　　　　　C. 900　　　　　　D. 400

E. 0

答案：B

解析：本题考的是资产的计税基础。资产的计税基础，是指企业收回资产账面价值的过程中，计算应纳税所得额时按照税法可以自应税经济利益中抵扣的金额。（公式：资产的计税基础 = 未来可税前列支的金额）

本题 2012 年发生的开办费 900 万元已全部计入费用，可视同资产账面价值为 0，2012 年时计税基础为 900 万元。2013 年当年已抵扣 300 万元，未来可以税前抵扣的金额为 600 万元，即计税基础为 600 万元。

2. 负债的计税基础

负债的计税基础，是指负债的账面价值减去未来期间计算应纳税所得额时按照税法规定可予抵扣的金额。（负债的计税基础 = 账面价值 - 未来期间按照税法规定可予税前扣除的金额）

负债计税基础的确认原则：

负债在未来是否可税前扣除	是否产生暂时性差异	计税基础的确定
该负债在未来可以税前扣除	产生暂时性差异	计税基础 = 0
该负债在未来不可税前扣除	不产生暂时性差异	计税基础 = 账面价值

一般情况下，负债的计税基础 = 账面价值，但某些情况下，负债的确认会影响企业的损益，

进而影响不同期间的应纳税所得额，使计税基础与账面价值之间产生差异。具体有以下几种负债需要注意：

（1）企业因销售商品提供售后服务等原因确认的预计负债

【例题3·（2016年CPA教材例20-10）】 甲企业2007年因销售产品承诺提供3年的保修服务，在当年利润表中确认了500万元的销售费用，同时确认为预计负债，当年未发生任何保修支出。假定按照税法规定，与产品售后服务相关的费用在实际发生时允许税前扣除。

该项预计负债在甲企业2007年12月31日资产负债表中的账面价值为500万元。

该项预计负债的计税基础＝账面价值－未来期间计算应纳税所得额时按照税法规定可予抵扣的金额＝500万元－500万元＝0。

（2）预收账款

【例题4·（2016年CPA教材例20-11）】 A公司于2007年12月20日自客户收到一笔合同预付款，金额为2500万元，作为预收账款核算。按照适用税法规定，该款项应计入取得当期应纳税所得额计算交纳所得税。

分析：该预收账款在A公司2007年12月31日资产负债表中的账面价值为2500万元。

该预收账款的计税基础＝账面价值2500万元－未来期间计算应纳税所得额时按照税法规定可予抵扣的金额2500万元＝0

该项负债的账面价值2500万元与其计税基础零之间产生的2500万元暂时性差异，会减少企业于未来期间的应纳税所得额。

（3）应付职工薪酬

一般情况下，未超过扣除标准的部分，在当期全部允许扣除，以后期间允许税前扣除的金额为零，因此计税基础＝账面价值；而对于超过扣除标准的部分，超过部分根据税法规定在以后期间也不允许税前扣除，因此计税基础＝账面价值。因此，一般而言，应付职工薪酬账面价值＝计税基础，不会产生暂时性差异。

注：现金结算的股份支付每一资产负债表日确认的应付职工薪酬的计税基础为零。对于以现金结算的股份支付，企业在每一个资产负债表日确认的应付职工薪酬，税法规定，实际支付时可计入应纳税所得额，未来期间可予税前扣除的金额为其账面价值，因此计税基础为零。

【例题5·（2016年CPA教材例20-12）】 甲企业2007年12月计入成本费用的职工工资总额为4000万元，至2007年12月31日尚未支付。按照适用税法规定，当期计入成本费用的4000万元工资支出中，可予税前扣除的合理部分为3000万元。

该项应付职工薪酬负债于2007年12月31日的账面价值为4000万元。

该项应付职工薪酬负债于2007年12月31日的计税基础＝账面价值4000万元－未来期间计算应纳税所得额时按照税法规定可予抵扣的金额0＝4000（万元）

该项负债的账面价值4000万元与其计税基础4000万元相同，不形成暂时性差异。

（4）其他负债（如应交的罚款、滞纳金等）（计税基础＝账面价值）

其他负债如企业应交的罚款和滞纳金等，在尚未支付之前按照会计规定确认为费用，同时作为负债反映。税法规定，行政性的罚款和滞纳金不得税前扣除，其计税基础为账面价值减去未来期间计税时可予税前扣除的金额0之间的差额，即计税基础等于账面价值。

【例题6·（2016年CPA教材例20-13）】 A公司2007年12月因违反当地有关环保法规的规定，接到环保部门的处罚通知，要求其支付罚款500万元。税法规定，企业因违反国家有关法律法规支付的罚款和滞纳金，计算应纳税所得额时不允许税前扣除。至2007年12月31日，该项罚款尚未支付。

应支付罚款产生的负债账面价值为 500 万元。

该项负债的计税基础 = 账面价值 500 万元 – 未来期间计算应纳税所得额时按照税法规定可予抵扣的金额 0 = 500（万元）

该项负债的账面价值 500 万元与其计税基础 500 万元相同，不形成暂时性差异。

（二）暂时性差异

暂时性差异，是指资产或负债的账面价值与其计税基础之间的差额。根据暂时性差异对未来期间应纳税所得额影响的不同，分为应纳税暂时性差异和可抵扣暂时性差异。

差异类型	形成情形	具体举例
1. 可抵扣暂时性差异	（1）资产的账面价值 < 计税基础	库存商品计提减值准备
	（2）负债的账面价值 > 计税基础	因销售商品计提供售后服务预计负债
2. 应纳税暂时性差异	（1）资产的账面价值 > 计税基础	交易性金融资产公允价值上升
	（2）负债的账面价值 < 计税基础	交易性金融负债公允价值下降
3. 特殊项目产生的暂时性差异	①未作为资产负债确认的项目产生的暂时性差异	如超额广告费，（视做资产）账面价值为 0，计税基础为以后年度允许扣除的金额，账面价值小于计税基础，形成可抵扣暂时性差异（见例 20 – 14）
	②可抵扣亏损及税款抵扣产生的暂时性差异	按照税法规定可以结转以后年度的未弥补亏损及税款抵减，能够减少未来期间的应纳税所得额，会计处理上视同可抵扣暂时性差异，符合条件的情况下，应确认与其相关的递延所得税资产（见例 20 – 15）

【记忆】记住一个资产账面小于计税基础为可抵扣，其他就都会记住了。

【例题 7 · （2016 年 CPA 教材例 20 – 14）】A 公司 2007 年发生了 2 000 万元广告费支出，发生时已作为销售费用计入当期损益，税法规定，该类支出不超过当年销售收入 15% 的部分允许当期税前扣除，超过部分允许向以后年度结转税前扣除。A 公司 2007 年实现销售收入 10 000 万元。

该广告费支出发生时已计入当期损益，视为资产，其账面价值为 0。

该广告费支出当期可予税前扣除 1 500（10 000 × 15%）万元，剩余 500 万元可以向以后年度结转，其计税基础为 500 万元。

该项资产的账面价值 0 与其计税基础 500 万元之间产生了 500 万元的暂时性差异，为可抵扣暂时性差异，符合确认条件时，应确认相关的递延所得税资产。

【例题 8 · （2016 年 CPA 教材例 20 – 15）】甲公司于 2007 年因政策性原因发生经营亏损 2 000 万元，按照税法规定，该亏损可用于抵减以后 5 个年度的应纳税所得额。该公司预计其于未来 5 年期间能够产生足够的应纳税所得额弥补该亏损。

该经营亏损不是资产、负债的账面价值与其计税基础不同产生的，但从性质上可以减少未来期间企业的应纳税所得额和应交所得税，属于可抵扣暂时性差异。企业预计未来期间能够产生足够的应纳税所得额利用该可抵扣亏损时，应确认相关的递延所得税资产。

【例题9·（2010）】以下事项产生暂时性差异的有（　　　）。

A. 可供出售金融资产公允价值变动

B. 符合资本化条件的开发支出，税法规定可按照形成无形资产的150%摊销

C. 交易性金融资产公允价值变动

D. 会计折旧年限小于税法规定的折旧年限

答案：ABCD

三、递延所得税负债及递延所得税资产的确认和计量

（一）递延所得税负债的确认和计量

1. 确认和计量的原则

项目		确认与计量原则	
确认	（1）是否确认	除《企业会计准则第18号——所得税》中明确规定可不确认递延所得税负债的情况以外，对于所有的应纳税暂时性差异均应确认相关的递延所得税负债	
	（2）计入何方	①与直接计入所有者权益的交易或事项相关	计入"资本公积"或"其他综合收益"
		②与企业合并中取得资产、负债相关	计入"商誉"
		③除上述①和②之外	计入"所得税费用"
计量	（1）以转回期间税率计量：递延所得税负债应以相关应纳税暂时性差异转回期间所得税税率计量		
	（2）不要求折现：无论应纳税暂时性差异的转回期间如何，相关的递延所得税负债不要求折现		

2. 不确认递延所得税负债的情况

有些情况下，虽然资产、负债的账面价值与其计税基础不同，产生了应纳税暂时性差异，但出于各方面考虑，《企业会计准则第18号——所得税》中规定不确认相应的递延所得税负债，详见下表：

项目		是否确认递延所得税负债	确认或不确认的原因或举例
（1）合并商誉（非同一控制下免税合并，有的题目表述为使用特殊性税务处理）	①初始确认	商誉本身不确认递延所得税负债	商誉＝合并成本－被购买方可辨认净资产公允价值的份额；商誉的计税基础为0，形成差异，若确认递延所得税负债，则减少被购买方可辨认净资产公允价值，增加商誉，由此进入不断循环状态
	②后续计量	商誉本身确认递延所得税资产或者负债	非同一控制下的企业合并形成的商誉，初始确认时计税基础等于账面价值的（应税合并形成的商誉），该商誉在后续计量过程中因计提减值准备，会产生可抵扣暂时性差异，应确认相关的所得税影响

续表

项目		是否确认递延所得税负债	确认或不确认的原因或举例
（2）除企业合并外其他不影响会计利润∧不影响应纳税所得额的交易和事项形成的暂时性差异①		不确认递延所得税资产或者负债	资产＝负债＋所有者权益，若确认，则违背了该等式
（3）与子公司、联营企业、合营企业投资	①一般情况下	应确认	—
	②满足后面条件的	不确认	投资企业能够控制暂时性差异转回的时间∧该差异在可预见的将来很可能不会转回
（4）采用权益法核算的长期股权投资	①拟长期持有	不确认	长期持有，转回的时间无限长，视同不会转回，因此不确认
	②拟近期出售	确认	—

说明：本表中对于准则中规定的可不确认为递延所得税负债的情况，同时也列示了它们在什么情况下应该确认的情形。

注：①该种情形是形成暂时性差异的，只是不确认递延所得税而已。

②非同一控制下吸收合并时，如果是应税合并，资产或负债的计税基础就是公允价值，而取得资产或负债的入账价值也是其公允价值，不产生差异，不确认递延所得税。免税合并中，计税基础和账面价值不等，由此产生的暂时性差异应确认递延所得税资产或递延所得税负债，其对应科目为商誉。

③非同一控制下控股合并，在合并报表中不区分应税合并和免税合并，被购买方的可辨认资产和负债的计税基础维持原被购买方的计税基础，而账面价值应反映购买日的公允价值，由此产生的暂时性差异应确认递延所得税资产或递延所得税负债，其对应科目为商誉（理解：因为法人主体没变，计算基础没变。初始调整到资本公积，最终还是要进入商誉）。

（二）递延所得税资产的确认和计量

项目		确认与计量原则
确认	（1）以未来期间可能取得的应纳税所得额为限确认	①转回的未来期间，无法产生足够的应纳税所得额用于利用可抵扣暂时性差异的影响的：不确认递延所得税资产
		②有明确的证据表明转回的未来期间能够产生足够的应纳税所得额的：以可能取得的应纳税所得额为限，确认相关的递延所得税资产
	（2）判断未来期间是否能够产生足够的应纳税所得额应考虑的因素	应考虑正常经营实现的应纳税所得额和暂时性差异未来转回时将增加的应纳税所得额
计量	（1）以转回期间税率计量：递延所得税负债应以相关应纳税暂时性差异转回期间所得税税率计量	
	（2）不要求折现：无论应纳税暂时性差异的转回期间如何，相关的递延所得税负债不要求折现	

（三）特殊交易或事项中涉及递延所得税的确认

交易或事项		如何确认
1. 与直接计入所有者权益的交易或事项相关的所得税	应当计入所有者权益（资本公积）具体包括	①会计政策变更采用追溯调整法或对前期差错更正采用追溯重述法调整期初留存收益 ②可供出售金融资产公允价值的变动计入所有者权益 ③同时包含负债成分及权益成分的金融工具在初始确认时计入所有者权益等
2. 与企业合并相关的递延所得税，如购买日取得的被购买方在以前期间发生的未弥补亏损，按照税法规定可以用于抵减以后年度应纳税所得额	购买日不符合递延所得税资产确认条件的	购买日不予确认递延所得税资产，购买日后 12 个月内，如取得新的或进一步的信息表明购买日的相关情况已经存在，预期被购买方在购买日可抵扣暂时性差异带来的经济利益能够实现的，应当确认相关的递延所得税资产，同时减少商誉，商誉不足冲减的，差额部分确认为当期损益；除上述情况以外确认与企业合并相关的递延所得税资产的，应当计入当期损益

注：此处指的是购买日不符合递延所得税资产确认条件的可抵扣暂时性差异，购买日后符合条件确认递延所得税资产的会计处理。对购买日符合递延所得税资产确认条件的可抵扣暂时性差异，应确认递延所得税资产，同时减少商誉。

【例题 1·（2016 年 CPA 教材例 20-20）】甲公司于 2008 年 1 月 1 日购买乙公司 80% 的股权，形成非同一控制下企业合并。因会计准则规定的处理方法与适用税法规定的处理方法不同，在购买日产生可抵扣暂时性差异 300 万元。假定购买日及未来期间企业适用的所得税税率为 25%。

购买日，因预计未来期间无法取得足够的应纳税所得额，未确认与可抵扣暂时性差异相关的递延所得税资产 75 万元。购买日确认的商誉为 50 万元。

在购买日后 6 个月，甲公司预计能够产生足够的应纳税所得额用于抵扣企业合并时产生的可抵扣暂时性差异 300 万元，且该事实于购买日已经存在，则甲公司应作如下会计处理：

借：递延所得税资产　　　　　　　　　　　　　　　　　　　　　750 000
　贷：商誉　　　　　　　　　　　　　　　　　　　　　　　　　　500 000
　　　所得税费用　　　　　　　　　　　　　　　　　　　　　　　250 000

假定，在购买日后 6 个月，甲公司根据新的事实预计能够产生足够的应纳税所得额用于抵扣企业合并时产生的可抵扣暂时性差异 300 万元，且该新的事实于购买日并不存在，则甲公司应作如下会计处理：

借：递延所得税资产　　　　　　　　　　　　　　　　　　　　　750 000
　贷：所得税费用　　　　　　　　　　　　　　　　　　　　　　　750 000

（四）适用税率变化对已确认递延所得税资产和递延所得税负债的影响

因税收法规的变化，导致企业在某一会计期间适用的所得税税率发生变化的，企业应对已确认的递延所得税资产和递延所得税负债按照新的税率重新计量。

【例题 2·（2008）】下列企业适用的企业所得税税率均为 25%，不考虑其他因素，关于递延所得税的会计处理错误的是（　　）。

A. 甲公司 2007 年经营亏损 1 亿元，公司预计在未来 5 年内能够产生足够的应纳税所得额，

为此确认递延所得税资产 2 500 万元

B. 乙公司 2007 年初购入设备一台，公司在会计处理时按照直线法计提折旧，该设备符合税收优惠条件，计税时按年数总和法计提折旧，当年比直线计提法多计 1 000 万元，为此确认递延所得税资产 250 万元

C. 丙公司 2007 年初以 2 000 万元购入一项可供出售金融资产，2007 年末该项金融资产的公允价值为 3 000 万元，为此公司确认递延所得税负债 250 万元

D. 丁公司 2007 年初以 4 000 万元购入一项投资性房地产，2007 年末该项投资性房地产的公允价值为 3 000 万元，为此确认递延所得税资产 250 万元

答案：B

解析：选项 B 中固定资产账面价值比计税基础多 1 000 万元，形成应纳税暂时性差异，应确认为递延所得税负债。

【例题 3 · （2010）】 以下各项不确认递延所得税的暂时性差异情形有（　　　）。

A. 自行研发形成的税法规定可按照 150% 摊销的无形资产

B. 采用权益法核算准备长期持有的长期股权投资

C. 分期付款、实质上具有融资性质购入固定资产、无形资产

D. 非同一控制下企业合并形成的商誉

答案：ABCD

解析：以上几种情形均会形成暂时性差异，但都不确认递延所得税。C 属于不影响损益同时也不会影响应纳税所得额的交易或事项。

【例题 4 · （2012）】 研发费用的加计扣除和内部研发形成的无形资产税法规定可按照资产价值的 150% 摊销，形成的暂时性差异不应确认递延所得税。

答案：✓

解析：某些情况下，如果企业发生的某项交易或事项不属于企业合并，并且交易发生时既不影响会计利润也不影响应纳税所得额，产生可抵扣暂时性差异的，在交易或事项发生时不确认相关的递延所得税资产。

【例题 5 · （1311）】 内部研发形成符合加计扣除的无形资产形成（　　　）。

A. 可抵扣暂时性差异　　　　　　　　　　B. 应纳税暂时性差异

C. 确认递延所得税资产　　　　　　　　　D. 确认递延所得税负债

E. 永久性差异

答案：A

解析：形成可抵扣暂时性差异，但不能确认递延所得税资产。

【例题 6 · （1609）】 不考虑其他因素，下列关于资产、负债的计税基础和暂时性差异的说法中，正确的有（　　　）。

A. 甲公司 2015 年为开发新技术发生研发支出 2 000 万元，其中研发阶段支出 400 万元，符合资本化条件的开发阶段支出 1 600 万元（无形资产尚未开始摊销）。2015 年末形成可抵扣暂时性差异 800 万元

B. 乙公司 2015 年计入成本费用的职工工资总额为 5 000 万元，年末尚未支付。按照适用税法的规定，其中可于税前抵扣的合理部分为 4 000 万元。2015 年末形成应纳税暂时性差异 1 000 万元

C. 丙公司 2015 年因政策性原因发生经营亏损 500 万元（无法预计何时能扭亏为盈），2015

年末形成可抵扣暂时性差异 500 万元

D. 2015 年，丁公司以增发股份的方式购买无关联关系的戊公司 100% 的股权，使用特殊性税务处理，戊公司的存货，购买日账面价值为 2 000 万元，可辨认公允价值为 2 200 万元，至年末尚未卖出，2015 年末丁公司合并报表中形成应纳税暂时性差异 200 万元

E. 已公司 2015 年因违反环保规定被处罚罚款 50 万元，已公司提出行政复议。截至 2015 年 12 月 31 日，罚款款项尚未支付，但预计支付的可能性为 60%。2015 年末形成可抵扣暂时性差异 50 万元

答案：ACD

解析：A 项正确，形成可抵扣暂时性差异，但不确认递延所得税。

B 项错误，该项应付职工薪酬负债于 2015 年末的账面价值为 5 000 万元。该项应付职工薪酬负债于 2015 年末的计税基础 = 账面价值 5 000 万元 – 未来期间计算应纳税所得额时按照税法规定可予抵扣的金额 0 = 5 000（万元），该项负债的账面价值 5 000 万元与其计税基础 5 000 万元相同，不形成暂时性差异。

C 项正确，弥补亏损形成的可抵扣暂时性差异：按照《企业所得税法》的规定，企业纳税年度发生的亏损可以结转以后年度在税前扣除，但结转抵扣期限最长不得超过 5 年。按照企业会计准则的规定，企业预计在未来期间能够产生足够的应纳税所得额来抵扣亏损时，应确认相应的递延所得税资产，即将亏损视同为可抵扣暂时性差异。

D 项正确，题目中表述为使用特殊性税务处理，变相在表达免税合并的意思，非同一控制下吸收合并时，如果是应税合并，计税基础和账面价值相等，没有暂时性差异；免税合并中，计税基础和账面价值不等，由此产生的暂时性差异应确认递延所得税资产或递延所得税负债，其对应科目为商誉。

E 项错误，解析同 B 项。

四、当期所得税、递延所得税、所得税费用的确认和计量

采用资产负债表债务法核算所得税的情况下，利润表中的所得税费用由两个部分组成：当期所得税和递延所得税。

（一）当期所得税

当期所得税，即当期应交所得税，是指企业按照税法规定计算确定的针对当期发生的交易和事项，应交纳给税务部门的所得税金额，即应交所得税，应以适用的税收法规为基础计算确定。

记住这个会计分录

借：所得税费用　　　　　　　　　③根据平衡关系倒算
　　递延所得税资产　　　　　　　　②由可抵扣暂时性差异符合一定条件确认
　贷：应交税费——应交所得税　　　①按照税法规定计算应交所得税，固定不变
　　　递延所得税负债　　　　　　　②由应纳税暂时性差异符合一定条件确认

应交所得税 = 应纳税所得额 × 所得税税率 = 税前会计利润 + 纳税调整增加额 – 纳税调整减少额

（二）递延所得税

递延所得税，是指按照企业会计准则规定应予确认的递延所得税资产和递延所得税负债在期末应有的金额相对于原已确认金额之间的差额，即递延所得税资产及递延所得税负债的当期发生额。但不包括计入所有者权益的交易或事项及企业合并的所得税影响。（递延所得税资产及

递延所得税负债的确认除了一般情况下计入"所得税费用"外，还可能计入商誉、资本公积、留存收益等）

【例题 1·（2016 年 CPA 教材例 20 – 21）】 甲企业持有的某项可供出售金融资产，成本为 500 万元，会计期末，其公允价值为 600 万元，该企业适用的所得税税率为 25%。除该事项外，该企业不存在其他会计与税收法规之间的差异，且递延所得税资产和递延所得税负债不存在期初余额。

会计期末在确认 100 万元的公允价值变动时，账务处理为：

借：可供出售金融资产　　　　　　　　　　　　　　　　　　　　　　1 000 000

　　贷：其他综合收益　　　　　　　　　　　　　　　　　　　　　　1 000 000

确认应纳税暂时性差异的所得税影响时，账务处理为：

借：其他综合收益　　　　　　　　　　　　　　　　　　　　　　　　250 000

　　贷：递延所得税负债　　　　　　　　　　　　　　　　　　　　　250 000

此处递延所得税负债 25 万元不属于递延所得税。

因此，递延所得税的公式为：递延所得税 =（递延所得税负债的期末余额 – 递延所得税负债的期初余额）–（递延所得税资产的期末余额 – 递延所得税资产的期初余额）± 计入商誉、留存收益、资本公积的递延所得税资产和负债

或者 = 当期确认的递延所得税负债 – 当期确认的递延所得税资产 ± 计入商誉、留存收益、资本公积的递延所得税资产和负债

（三）所得税费用

所得税费用 = 当期所得税 + 递延所得税费用

计入当期损益的所得税费用或收益不包括企业合并和直接在所有者权益中确认的交易或事项产生的所得税影响。与直接计入所有者权益的交易或者事项相关的当期所得税和递延所得税，应当计入所有者权益。

【例题 2·（2016 年 CPA 教材例 20 – 22）】 A 公司 2007 年利润表中利润总额为 3 000 万元，该公司适用的所得税税率为 25%。递延所得税资产及递延所得税负债不存在期初余额。2007 年发生的有关交易和事项中，会计处理与税收处理存在差别的有：

（1）2007 年 1 月开始计提折旧的一项固定资产，成本为 1 500 万元，使用年限为 10 年，净残值为 0，会计处理按双倍余额递减法计提折旧，税收处理按直线法计提折旧。假定税法规定的使用年限及净残值与会计规定相同。（会计计提 300 万元，税法计提 150 万元，可抵扣暂时性差异 150 万元）

（2）向关联企业捐赠现金 500 万元。假定按照税法规定，企业向关联方的捐赠不允许税前扣除。（不产生暂时性差异）

（3）当期取得作为交易性金融资产核算的股票投资成本为 800 万元，2007 年 12 月 31 日的公允价值为 1 200 万元。税法规定，以公允价值计量的金融资产持有期间市价变动不计入应纳税所得额。（应纳税暂时性差异 400 万元）

（4）违反环保法规定应支付罚款 250 万元。（不产生暂时性差异）

（5）期末对持有的存货计提了 75 万元的存货跌价准备。（可抵扣暂时性差异 75 万元）

分析：

（1）2007 年当期应交所得税

应纳税所得额 = 3 000 + 150 + 500 – 400 + 250 + 75 = 3 575（万元）

应交所得税 $= 3\,575 \times 25\% = 893.75$（万元）

（2）2007年递延所得税

递延所得税资产 $= 225 \times 25\% = 56.25$（万元）

递延所得税负债 $= 400 \times 25\% = 100$（万元）

递延所得税 $= 100 - 56.25 = 43.75$（万元）

（3）利润表中应确认的所得税费用

所得税费用 $= 893.75 + 43.75 = 937.50$（万元），确认所得税费用的账务处理如下：

借：所得税费用	937.5
递延所得税资产	56.25
贷：应交税费——应交所得税	893.75
递延所得税负债	100

【例题3·（2009）】关于递延所得税，以下说法正确的是（　　）。

A. 资产的账面价值大于计税基础时，应确认递延所得税负债

B. 负债的账面价值小于计税基础时，应确认递延所得税资产

C. 资产负债表上资产和负债的账面价值和计税基础的差异都是暂时性差异

D. 当期的所得税和递延所得税都计入当期的所得税费用

答案：C

解析：A，资产账面价值大于计税基础，产生应纳税暂时性差异，一般应确认递延所得税负债，但存在例外的情况，如非同一控制下企业合并中商誉的初始确认不确认为递延所得税负债。

B，负债的账面价值小于计税基础时，一般应确认为递延所得税负债，但除企业合并外其他不影响会计利润且不影响应纳税所得额的交易和事项形成的暂时性差异不确认为递延所得税负债，如内部研发形成的无形资产；D，递延所得税中有些计入商誉、资本公积、留存收益。

C，新准则下的资产负债表债务法，已无永久性差异的说法。

【例题4·（2011）】甲公司2010年利润总额为2 600万元，2010年经营期间受到行政罚款200万元。对于固定资产，会计上按双倍余额递减法计提折旧，税法规定按年限平均法折旧，原值为2 000万元，折旧年限为10年，净残值为0。企业所得税税率为25%。当年为固定资产折旧年限第一年，递延所得税资产和递延所得税负债期初余额均为0，以下说法正确的是（　　）。

A. 甲公司2010年当期所得税为750万元　　B. 甲公司2010年当期所得税为700万元

C. 甲公司2010年所得税费用为750万元　　D. 甲公司2010年所得税费用为700万元

答案：AD

解析：（1）确定递延所得税：固定资产会计折旧 $= 2\,000 \times 2/10 = 400$（万元），税法折旧 $= 2\,000 \times 1/10 = 200$（万元），产生可抵扣暂时性差异200万元，应确认递延所得税资产 $200 \times 25\% = 50$（万元）

（2）确定当期所得税 $=$ 应纳税所得额 $\times$ 税率 $= [2\,600 + 200 + (400 - 200)] \times 25\% = 750$（万元）

（3）确定利润表中的所得税费用 $=$ 当期所得税 $\pm$ 递延所得税 $= 750 - 50 = 700$（万元）

【例题5·（1605）】甲公司2015年实现利润总额为2 000万元，其中国债利息收入50万元，长期股权投资（准备长期持有）采取权益法核算确认投资收益180万元，计提存货跌价准备200万元，当期确认并支付合同违约金为200万元，2015年末管理部门使用的固定资产会计上以直线法计提折旧年折旧额为30万元，税法基础年计提为200万元，假定甲公司2015年递延

所得税资产和递延所得税负债均无期初余额，甲公司的所得税税率为25%，不考虑其他因素，以下说法正确的有（   ）。

A. 2015 年甲公司应交所得税为 500 万元

B. 2015 年甲公司的所得税费用为 442.5 万元

C. 2015 年甲公司确认的递延所得税负债为 42.5 万元

D. 2015 年甲公司确认的递延所得税资产为 50 万元

E. 2015 年甲公司财务报表列示的净利润为 1 547.50 万元

答案：BCD

解析：对于采用权益法核算的长期股权投资，其计税基础与账面价值产生的有关暂时性差异是否应确认相关的所得税影响，应当考虑该项投资的持有意图。

（1）在准备长期持有的情况下，对于采用权益法核算的长期股权投资账面价值与计税基础之间的差异，投资企业一般不确认相关的所得税影响。

（2）在持有意图由长期持有转变为拟近期出售的情况下，因长期股权投资的账面价值与计税基础不同产生的有关暂时性差异，均应确认相关的所得税影响。

本题中为长期持有，不产生纳税差异。

税法规定，行政性的罚款和滞纳金不得税前扣除，其计税基础为账面价值减去未来期间计税时可予税前扣除的金额 0 之间的差额，即计税基础等于账面价值。但是不包括纳税人按照经济合同规定支付的违约金（包括银行罚息）、罚款和诉讼费。本题中的合同违约金可以税前扣除。

（1）甲公司应交所得税 =（2 000 - 50 - 180 + 200 - 170）×25% = 450（万元）

（2）递延所得税资产：存货跌价准备 200 × 25% = 50（万元）

（3）递延所得税负债：由于折旧：200 - 30 = 170（万元），170 × 25% = 42.5（万元）

（4）根据借贷平衡关系：所得税 = 应交所得税 + 递延所得税负债 - 递延所得税资产

$$= 450 + 42.5 - 50 = 442.5（万元）$$

（5）净利润 = 利润总额 - 所得税费用 = 2 000 - 442.5 = 1557.5（万元）

【例题 6·（1609）】某公司 2014 年利润表中利润总额为 3 000 万元。该公司适用的所得税税率为 25%，递延所得税资产及递延所得税负债不存在期初余额，与所得税核算的有关情况如下：（1）2014 年 1 月开始计提折旧的一项固定资产，成本为 1 500 万元，使用年限为 10 年，净残值为 0，会计处理按双倍余额递减法计提折旧，税收处理按直线法计提折旧，税法规定的使用年限及净残值与会计规定相同；（2）向关联方捐赠现金 150 万元，假定税法规定，企业向关联方的捐赠不允许税前扣除；（3）2014 年 12 月 31 日接受控股股东资产捐赠，价值 300 万元；（4）当期取得作为可供出售金融资产核算的股票投资成本为 800 万元，2014 年 12 月 31 日的公允价值为 1 200 万元；（5）违反环保法规定支付罚款 250 万元；（6）期末对持有的存货计提了 150 万元的存货跌价准备。不考虑其他因素，2014 年该公司确认的所得税费用为（   ）。

A. 1 025 万元　　　　B. 850 万元　　　　C. 925 万元　　　　D. 950 万元

E. 887.5 万元

答案：C

解析：企业接受代为偿债、债务豁免或捐赠，按照企业会计准则规定符合确认条件的，通常应当确认为当期收益；但是，企业接受非控股股东（或非控股股东的子公司）直接或间接代为偿债、债务豁免或捐赠，经济实质表明属于非控股股东对企业的资本性投入，应当将相关利得计入所有者权益（资本公积）。

（1）按照会计每年计提折旧 $1\,500 \times 2/10 = 300$（万元），按照税法计提折旧 $(1\,500 - 0)/10 = 150$（万元）。缴纳所得税时需纳税调增 150（万元），同时确认递延所得税资产 $150 \times 25\% = 37.5$（万元）。

（2）纳税调增 150 万元，不确认递延所得税资产或负债

（3）纳税调增 300 万元，不确认递延所得税资产或负债

（4）可供出售金融资产公允价值变动，利润没有增加，也不需要纳税调减

借：可供出售金融资产——公允价值变动　　　　　　　　　　　　　　　　400

　　贷：其他综合收益　　　　　　　　　　　　　　　　　　　　　　　　　400

借：其他综合收益　　　　　　　　　　　　　　　　　　　　　　　　　100

　　贷：递延所得税负债 $(1\,200 - 800) \times 25\% = 100$

（5）纳税调增 250 万元，不确认递延所得税资产或负债

（6）纳税调增 150 万元，确认递延所得税资产 $150 \times 25\% = 37.5$（万元）

甲公司应交所得税 $= (3\,000 + 150 + 150 + 30 + 250 + 150) \times 25\% = 1\,000$（万元）

递延所得税资产 $= 37.5 + 37.5 = 75$（万元），题目中没有确认递延所得税负债。

根据借贷平衡关系，所得税费用 $= 1\,000 - 75 = 925$（万元）。

本题目的简便算法，如果题目仅仅问所得税费用金额，那么在计算过程中直接忽略递延所得税资产和递延所得税负债的金额计算，可以一遍出结果。所得税费用 $= 3\,000$（会计利润）$+ 150$（不形成递延所得税资产或者负债的项目）$+ 300 + 250 = 3\,700$（万元），$3\,700 \times 25\% = 925$（万元）。

但如果题目中要求算应交税金——应交所得税，递延所得税资产或递延所得税负债，那就要老老实实地一步一步计算了。

【例题 7·（1509）】 甲公司拥有乙公司 80% 的有表决权股份，能够控制乙公司财务和经营决策。2013 年 6 月 1 日，甲公司将本公司生产的一批产品出售给乙公司，售价为 1 600 万元（不含增值税），成本为 1 000 万元。至 2013 年 12 月 31 日，乙公司已对外售出该批存货的 40%，当日，剩余存货的可变现净值为 500 万元。甲公司、乙公司均采用资产负债表债务法核算其所得税，适用的所得税税率均为 25%。不考虑其他因素，对上述交易进行抵销后。2013 年 12 月 31 日在合并财务报表层面因该业务应列示的递延所得税资产为（　　）万元。

A. 25　　　　　　　　B. 95　　　　　　　　C. 100　　　　　　　　D. 115

答案：D

解析：简便算法如下：计税基础为 $1\,600 \times 60\% = 960$（万元），合并且考虑减值后的账面价值为 500 万元，则递延所得税资产为 $(960 - 500) \times 25\% = 115$（万元）。

【例题 8·（2014CPA）】 20×3 年，甲公司实现利润总额 210 万元，包括：20×3 年收到的国债利息收入 10 万元，因违反环保法规被环保部门处以罚款 20 万元。甲公司 20×3 年初递延所得税负债余额为 20 万元，年末余额为 25 万元，上述递延所得税负债均产生于固定资产账面价值与计税基础的差异。甲公司适用的所得税税率为 25%。不考虑其他因素，甲公司 20×3 年的所得税费用是（　　）。

A. 52.5 万元　　　　B. 55 万元　　　　C. 57.5 万元　　　　D. 60 万元

答案：B

解析：甲公司 20×3 年应交所得税 $= (210 - 10 + 20) \times 25\% - (25 - 20) = 50$（万元），确认所得税费用 50 万元；确认递延所得税费用 $= 25 - 20 = 5$（万元），甲公司 20×3 年确认的所

得税费用 = 50 + 5 = 55（万元）。

（四）所得税的列报

一般情况下，在个别财务报表中，当期所得税资产与负债及递延所得税资产与负债可以以抵销后的净额列示。在合并财务报表中，纳入合并范围的企业中，一方与另一方的一般不能予以抵销，除非所涉及的企业具有以净额结算的法定权利并且意图以净额结算。

第二十一节 非经常性损益

【大纲要求】

内容	程度	变化
非经常性损益的定义	熟悉	原有

【内容精讲】

2008 年 10 月 31 日，证监会发布"公开发行证券的公司信息披露解释性公告第 1 号——非经常性损益（证监会公告〔2008〕43 号）"，大纲要求熟悉非经常性损益的定义，实际上考试的时候会考非经常性损益具体包括的项目。以下内容来源于"解释性公告第 1 号"。具体规定如下：

一、非经常性损益的定义

非经常性损益是指与公司正常经营业务无直接关系，以及虽与正常经营业务相关，但由于其性质特殊和偶发性，影响报表使用人对公司经营业绩和盈利能力作出正常判断的各项交易和事项产生的损益。

二、非经常性损益通常包括以下项目（以下将原文和解读放在一起分块列示，原文前加★）

（一）资产出售

1.【条文引述】

★非流动性资产处置损益，包括已计提资产减值准备的冲销部分。

★处置交易性金融资产、交易性金融负债和可供出售金融资产取得的投资收益。

2.【编者理解】

金融工具处置损益一般属于非经常性损益，可供出售金融资产、持有至到期投资与正常经营有关的有效套期保值部分的损益除外。

会计科目	情形	损益性质	计入会计科目
流动资产、流动负债的处置损益	交易性金融资产、交易性金融负债处置损益	非经常性损益	投资收益
	其他流动项目处置，如存货、应收票据贴现等	经常性损益	成本、财务费用等
非流动资产处置	固定资产、无形资产等处置损益	非经常性损益	营业外收支
	投资性房地产处置损益	非经常性损益	其他业务收支
	长期投资、持有至到期投资、可供出售金融资产处置损益	非经常性损益	投资收益
	特例：PE 公司处置长期股权投资是经常性损益；可供出售金融资产、持有至到期投资与正常经营有关的有效套期保值部分的损益	经常性损益	

（二）减值准备

1. 【条文引述】

★因不可抗力因素，如遭受自然灾害而计提的各项资产减值准备。

★单独进行减值测试的应收款项减值准备转回。

2. 【编者理解】

（1）资产减值损失的计提与转回

①正常情况下的计提与转回：均∈经常性损益。

②天灾减值（原文表述为"不可抗力"）的计提：∈非经常性损益。

③单独测试的应收款项已提减值的转回：∈非经常性损益

（2）已计提减值的资产减值准备（或跌价准备）的转出

①流动资产：∈经常性损益，如存货出售时对其已计提的存货跌价准备的转出（内含在成本中）。

②非流动资产：∈非经常性损益，如固定资产、无形资产等处置时已计提减值的转出（内含在营业外收支中），投资性房地产处置时已计提减值的转出（内含在其他业务收支中），长期股权投资、可供出售金融资产、持有至到期投资等处置时已计提减值的转出（内含在投资收益中）。

（三）政府补助

1. 【条文引述】

★计入当期损益的政府补助，但与公司正常经营业务密切相关，符合国家政策规定、按照一定标准定额或定量持续享受的政府补助除外。

★越权审批，或无正式批准文件，或偶发性的税收返还、减免。

2. 【编者理解】

（1）一般情形：∈非经常性损益（注意：与资产相关的政府补助在初始取得时计入递延收益，没有发生损益，此时不属于非经常性损益）。

（2）特殊情形：与正常经营密切相关且按规定可持续定额或定量享受的政府补助：∈经常性损益（何为"定额定量取得"参见《企业会计准则第16号——政府补助》）。

（3）其他：①出口退税、税收减免等不属于政府补助，因此通常其产生损益也不属于非经常损益；②偶发性的税收减免尽管不属于政府补助，因不具备经常状态表现为偶发的时候则属于非经常性损益。

（四）资金占用费

1. 【条文引述】

★计入当期损益的对非金融企业收取的资金占用费。

2. 【编者理解】

（1）金融企业收取及支付，非金融企业支付的均∈经常性损益（如银行提供给企业贷款收取利息，银行支付储户利息等，企业支付银行贷款利息）。

（2）非金融企业收取的：∈非经常性损益（注：存在银行的款项利息收入属于经常性损益）。

（五）公允价值

【条文引述】

★交易价格显失公允的交易产生的超过公允价值部分的损益。

★采用公允价值模式进行后续计量的投资性房地产公允价值变动产生的损益。

★除同公司正常经营业务相关的有效套期保值业务外，持有交易性金融资产、交易性金融负债产生的公允价值变动损益。

（六）几种特殊的交易（产生的损益均属于非经常性损益）

【条文引述】

★非货币性资产交换损益。

★债务重组损益。

★企业重组费用，如安置职工的支出、整合费用等。

★委托他人投资或管理资产的损益。

★对外委托贷款取得的损益。

★受托经营取得的托管费收入。

★与公司正常经营业务无关的或有事项产生的损益。

（七）其他营业外收支

1. 【条文引述】

★根据税收、会计等法律、法规的要求对当期损益进行一次性调整对当期损益的影响。

★除上述各项之外的其他营业外收入和支出。

★其他符合非经常性损益定义的损益项目。

2. 【编者理解】

例如，①现金盘盈（注意：现金盘亏不是，现金盘盈在查明原因后仍盘盈的计入"营业外收入"，而盘亏则计入"管理费用"）。

②存货因自然灾害等非常原因的盘亏（注意：盘盈不是，存货盘盈冲减"管理费用"，因收发计量等正常原因盘亏也是计入"管理费用"不属于非经常性损益）。

③固定资产盘亏（注意：固定资产盘盈按照前期差错进行追溯调整，因此不属于当期损益，便也不是当期非经常性损益了）。

（八）企业合并

【条文引述】

★同一控制下企业合并产生的子公司期初至合并日的当期净损益。

★企业取得子公司、联营企业及合营企业的投资成本小于取得投资时应享有被投资单位可辨认净资产公允价值产生的收益。

【例题1·（2010）】以下属于非经常性损益的有（   ）。

A. 固定资产处置收益

B. 某 PE 公司将其一项长期股权投资处置产生的损益

C. 某储备粮企业，根据国家有关规定，财政部门按照企业的实际储备量给予每斤固定金额粮食保管费补贴，于每个季度初支付，该收益属于非经常性损益

D. 取得子公司的投资成本小于被投资方可辨认净资产公允价值份额的收益

答案：AD

解析：正常的非流动资产处置损益，包括长期股权投资的处置损益属于非经常性损益，但PE 处置其投资属于经常性损益，本题 A 正确，B 不选。C，与正常经营密切相关且按规定可持续定额或定量享受的政府补助属于经常性损益。

【例题2·（2011）】下列属于非经常性损益的是（   ）。

A. 生猪屠宰企业根据政府的有关规定获得国家冻肉储备补贴

B. 软件企业的增值税退税

C. 固定资产减值准备

D. 出口增值税退税

E. 同一控制下企业合并产生的子公司期初至合并日的当期净损益

答案：E

【例题3·（2012）】下列属于非经常性损益的是（　　）。

A. 乙公司向甲公司按照年利率20%进行资金拆借1 000万元，年底甲公司收到乙公司的利息100万元

B. 甲公司因地震导致产成品大量毁损，计提1 000万元存货跌价准备

C. 单独测试的应收账款坏账准备的转回

D. 银行支付储户的利息

答案：ABC

解析：A，计入当期损益的对非金融企业收取的资金占用费，属于非经常性损益。B，因不可抗力因素，如遭受自然灾害而计提的各项资产减值准备属于非经常性损益。C，单独进行减值测试的应收款项减值准备转回属于非经常性损益。D，对于金融企业而言，不管是收取还是支付，均∈经常性损益（如银行提供给企业贷款收取利息，银行支付储户利息等）。

【例题4·（1412）】以下属于非经常性损益的有（　　）。

A. 向关联方销售，售价3 000万元，公允价值3 050万元

B. 债务重组，账面600万元，公允价值700万元，抵销了一项800万元的债务

C. 非控股股东控制的子公司对上市公司的债务豁免200万元

D. A公司与B公司均为甲公司的子公司，2014年6月30日A公司从甲公司处购买B公司80%的股权，B公司2014年1月至6月的净利润800万元

答案：ABD

解析：本题A为交易价格显失公允的交易产生的超过公允价值部分的损益；B为债务重组损益；C应作为资本公积处理，不影响损益；D为同一控制下企业合并产生的子公司期初至合并日的当期净损益。

【例题5·（1505）】以下属于非经常性损益的有（　　）。

A. 长期股权投资的处置收益

B. 增值税出口退税

C. 同一控制下企业合并产生的子公司期初至合并日的当期净损益

D. 债务重组损益

答案：ACD

解析：A，若为PE公司处置长期股权投资产生的损益则为经常性损益。

【例题6·（1511）】下列项目属于非经常性损益的是（　　）。

A. 非流动性资产处置损益，不包括已计提资产减值准备中的冲销部分

B. 与公司正常经营业务密切相关，符合国家规定，按照一定标准定额或定量持续享受的政府补助

C. 计入当期损益的对非金融企业收取的资金占用费用

D. 同一控制下企业合并产生的子公司期初至合并日的当期净损益

E. 单独进行减值测试的应收款项减值准备转回

答案：CDE

解析：A错误，非流动性资产处置损益，包括已计提资产减值准备的冲销部分。

第二十二节 租赁

【大纲要求】

内容	程度	变化
1. 与租赁相关的定义及租赁的分类	掌握	原有
2. 经营租赁及融资租赁的不同会计处理方式	掌握	原有
3. 售后租回交易的会计处理	掌握	删除

【内容精讲】

一、与租赁相关的定义及租赁的分类

（一）与租赁相关的定义

相关概念	定义	计算公式
1. 租赁	在约定的期间内，出租人将资产使用权让与承租人，以获取租金的协议	
2. 租赁期	租赁协议规定的不可撤销的租赁期间	
3. 租赁开始日	租赁协议日与租赁各方就主要条款作出承诺日中的较早者。租赁开始日，承租人和出租人应当将租赁认定为融资租赁或经营租赁，并确定在租赁期开始日应确认的金额	
4. 租赁期开始日	承租人有权行使其使用租赁资产权利的日期，表明租赁行为的开始。在租赁期开始日，承租人应当对租入资产、最低租赁付款额和未确认融资费用进行初始确认；出租人应当对应收融资租赁款、未担保余值和未实现融资收益进行初始确认	
5. 资产余值	在租赁开始日估计的租赁期届满时租赁资产的公允价值	＝出租人而言的担保余值＋未担保余值
6. 担保余值	（1）就承租人而言：是指由承租人或与其有关的第三方担保的资产余值	＝承租人担保的资产余值＋与承租人有关的第三方担保的资产余值
	（2）就出租人而言：是指就承租人而言的担保余值加上独立第三方担保的资产余值	＝承租人而言的担保余值＋独立第三方担保的资产余值
7. 最低租赁付款额	在租赁期内，承租人应支付或可能被要求支付的款项（不包括或有租金和履约成本），加上由承租人或与其有关的第三方担保的资产余值（出租人支付但可退还的税金除外）	（1）租赁合同没有规定优惠购买选择权时，＝各期租金之和＋承租人或与其有关的第三方担保的资产余值
		（2）租赁合同规定有优惠购买选择权时，＝各期租金之和＋承租人行使优惠购买选择权而支付的款项

相关概念	定义	计算公式
8. 最低租赁收款额	最低租赁付款额加上独立第三方对出租人担保的资产余值	= 最低租赁付款额 + 独立第三方对出租人担保的资产余值
9. 或有租金	金额不固定、以时间长短以外的其他因素（如销售量、使用量、物价指数等）为依据计算的租金	
10. 履约成本	租赁期内为租赁资产支付的各种使用费用，如技术咨询和服务费、人员培训费、维修费、保险费等	

注：①独立第三方是指独立于出租人和承租人的第三方，当没有独立第三方的时候，就出租人而言的担保余值和就承租人而言的担保余值是相同的。

②承租人有购买租赁资产选择权，所订立的购买价款预计将远低于行使选择权时租赁资产的公允价值，因而在租赁开始日就可以合理确定承租人将会行使这种选择权，购买价款应当计入最低租赁付款额。此时行使购买选择权就不需要再支付担保余值，因此此时最低租赁付款额 = 各期租金之和 + 承租人行使优惠购买选择权而支付的款项。

③当没有独立第三方对出租人担保的资产余值时，最低租赁收款额等于最低租赁付款额。

【例题1·（模拟）】以下关于租赁的说法正确的有（　　）。

A. 租赁期开始日承租人和出租人应当将租赁认定为融资租赁或经营租赁

B. 租赁开始日，承租人应当对租入资产、最低租赁付款额和未确认融资费用进行初始确认；出租人应当对应收融资租赁款、未担保余值和未实现融资收益进行初始确认

C. 就一项资产的租赁来说，对承租人和出租人来说担保余值可能是不同的

D. 就一项资产的租赁来说，对承租人和出租人来说担保余值一定是不同的

E. 就一项资产的租赁来说，最低租赁收款额与最低租赁付款额一定是不等的

答案：C

【例题2·（1509）】以下关于租赁的说法正确的有（　　）。

A. 租赁期开始日，是指租赁协议日与租赁各方就主要条款作出承诺日中的较早者。租赁开始日，承租人和出租人应当将租赁认定为融资租赁或经营租赁，并确定在租赁期开始日应确认的金额

B. 资产余值，是指在租赁开始日估计的租赁期届满时租赁资产的公允价值

C. 担保余值，就承租人而言指由承租人或与其有关的第三方担保的资产余值

D. 最低租赁付款额，是指在租赁期内，承租人应支付或可能被要求支付的款项，包括或有租金和履约成本，加上由承租人或与其有关的第三方担保的资产余值

E. 最低租赁收款额，是指最低租赁付款额加上独立第三方对出租人担保的资产余值

答案：BCE

解析：A，描述的是租赁开始日的定义，租赁期开始日是指承租人有权行使其使用租赁资产权利的日期，表明租赁行为的开始。D，应不包括或有租金和履约成本。

【例题3·（1511）】乙公司2014年1月10日采用融资租赁方式出租一台大型设备。租赁合同规定：（1）该设备租赁期为5年，每年支付租金10万元；（2）或有租金为5万元；（3）履约成本为6万元；（4）承租人提供的租赁资产担保余值为8万元；（5）与承租人和乙公司均无关联关系的第三方提供的租赁资产担保余值为4万元。乙公司2014年1月10日对该租出大型设备

确认的应收融资租赁款为（ ）万元。

A. 73   B. 67   C. 62   D. 68

E. 50

答案：C

解析：最低租赁收款额 = 最低租赁付款额 + 独立第三方对出租人担保的资产余值

   = （各期租金之和 + 承租人或与其有关第三方担保的资产余值） + 独立第三方对出租人担保的资产余值 = （10 × 5） + 8 + 4 = 62（万元）

【例题 4 · （2015 中级）】 2015 年 1 月 1 日，甲公司从乙公司融资租入一台生产设备，该设备公允价值为 800 万元，最低租赁付款额的现值为 750 万元，甲公司担保的资产余值为 100 万元。不考虑其他因素，甲公司该设备的入账价值为（ ）万元。

A. 650   B. 750   C. 800   D. 850

答案：B

解析：融资租入固定资产，应以最低租赁付款额的现值与租赁资产公允价值二者孰低加上初始直接费用确定，本题不涉及初始直接费用，所以固定资产的入账价值 = 750 万元。

（二）租赁的分类

租赁分为融资租赁和经营租赁。

1. 何时划分

承租人和出租人应当在租赁开始日将租赁分为融资租赁和经营租赁。（非租赁期开始日）

2. 如何划分

满足下列标准之一的，应当认定为融资租赁，除融资租赁外均为经营租赁：

（1）在租赁期届满时，资产的所有权转移给承租人（在租赁协议中已经约定，或根据其他条件在租赁开始日即可以合理地判断）。

（2）承租人有购买租赁资产的选择权，所订立的购买价款预计远低于行使选择权时租赁资产的公允价值，因而在租赁开始日就可以合理确定承租人将会行使这种选择权。

（3）租赁期占租赁资产使用寿命的大部分（≥75%）。

需要注意的是，这条标准强调的是租赁期占租赁资产使用寿命的比例，而非租赁期占该项资产全部可使用年限的比例。如果租赁资产是旧资产，在租赁前已使用年限超过资产自全新时起算可使用年限的 75% 以上时（≥75%），则这条判断标准不适用，不能使用这条标准确定租赁的分类。

（4）承租人在租赁开始日的最低租赁付款额现值几乎相当于租赁开始日租赁资产公允价值（≥90%）；出租人在租赁开始日的最低租赁收款额现值几乎相当于租赁开始日租赁资产公允价值（≥90%）。

（5）租赁资产性质特殊，如果不作较大改造，只有承租人才能使用。

【例题 5 · （模拟）】 以下租赁中，不考虑其他因素，应将其划分为融资租赁的有（ ）。

A. 某项租赁，设备全新时的可使用年限为 10 年，已经使用了 3 年，从第 4 年开始租出，租赁期为 6 年

B. 某项租赁，设备全新时的可使用年限为 10 年，已经使用了 3 年，从第 4 年开始租出，租赁期为 3 年

C. 某项租赁，设备全新时的可使用年限为 10 年，已经使用了 8 年，从第 9 年开始租出，租赁期为 2 年

D. 某项租赁，设备全新时的可使用年限为 10 年，已经使用了 7 年，从第 8 年开始租出，租

赁期为 3 年

答案：AD

解析：租赁期÷租赁资产使用寿命≥75% 的，且租赁资产租赁时已使用年限÷租赁资产全新时可使用年限 <75% 时，为融资租赁。本题 B，租赁期÷租赁资产使用寿命 =3÷7=42.9% <75%，不是融资租赁；本题 C，租赁期÷租赁资产使用寿命 =2÷2=100%，但租赁资产租赁时已使用年限÷租赁资产全新时可使用年限 =8÷10=80% >75%，不是融资租赁。

【例题 6 · （模拟）】 出租人和承租人签订了一项租赁协议，租赁期限为 3 年，租赁协议约定租赁期届满时承租人有权以 10 000 元的价格购买租赁资产，在签订租赁协议时估计该租赁资产租赁期届满时的公允价值为 40 000 元，在租赁开始日即可判断该项租赁为融资租赁。

答案：√

解析：由于购买价格仅为公允价值的 25%（远低于公允价值 40 000 元），如果没有特别的情况，承租人在租赁期届满时将会购买该项资产。在这种情况下，在租赁开始日即可判断该项租赁应当认定为融资租赁。

【例题 7 · （1306）】 以下租赁中，不考虑其他因素，应将其划分为融资租赁的有（　　　　）。

A. 租赁协议中已经约定，在租赁期届满时，资产的所有权转移给承租人

B. 承租人有购买租赁资产的选择权，所订立的购买价款预计远低于行使选择权时租赁资产的公允价值

C. 租赁开始日租赁资产的公允价值为 1 000 万元，承租人在租赁开始日的最低租赁付款额现值为 900 万元

D. 租赁开始日租赁资产的公允价值为 1 000 万元，承租人在租赁开始日的最低租赁付款额现值为 901 万元

E. 租赁开始日租赁资产的公允价值为 2 000 万元，出租人在租赁开始日的最低租赁收款额为 1 800 万元

F. 租赁资产特地为承租人设计制造，只有承租人才能使用

答案：ABCDF

解析：几个注意的点：（1）"几乎相当于"为≥90%，包含 90%；（2）"最低租赁付款额现值"和"最低租赁收款额现值"，一定是折现后的现值达标才可。

二、经营租赁及融资租赁的不同会计处理方式

（一）经营租赁的会计处理

1. 经营租赁会计处理的原则及方法

项目	承租人	出租人
（1）（租入/租出）资产的处理	不须将所取得的租入资产的使用权资本化	出租人仍应按自有资产的处理方法，将租赁资产反映在资产负债表上
（2）租金的处理总原则	应当在租赁期内的各个期间按直线法确认为费用（其他方法更合理，也可以采用其他方法）	应当在租赁期内的各个期间按直线法确认为收入（其他方法更合理，也可以采用其他方法）
（3）出租人提供免租期的激励措施的租金处理	应将租金总额在不扣除免租期的整个租赁期内按直线法或其他合理的方法进行分摊，免租期内应确认租金费用	应将租金总额在不扣除免租期的整个租赁期内，按直线法或其他合理的方法进行分配，免租期内应确认租赁收入

续表

项目	承租人	出租人
（4）出租人承担了承租人的某些费用的租金处理	应将该费用从租金总额中扣除，并将租金余额在租赁期内进行分摊	应将该费用从租金总额中扣除，并将租金收入余额在租赁期内进行分配
（5）初始直接费用的会计处理①	应当计入当期损益（管理费用）	应当计入当期损益（管理费用），金额较大的应当资本化，在整个租赁期内按与确认收入相同的基础分期计入当期损益
（6）或有租金的会计处理②	在实际发生时计入当期损益（财务费用）	在实际发生时计入当期损益（其他业务收入、租赁收入）
（7）相关信息的披露	对于重大的经营租赁，应当在附注中披露下列信息：①资负日后连续三个会计年度每年将支付的不可撤销经营租赁的最低租赁付款额；②以后年度将支付的不可撤销经营租赁的最低租赁付款额总额	出租人还应在财务报告中披露每类租出资产在资产负债表日的账面价值

注：①初始直接费用是指在租赁谈判和签订租赁合同的过程中发生的可直接归属于租赁项目的手续费、律师费、差旅费、印花税等。初始直接费用的处理，融资租赁中承租人计入租赁资产成本。

②或有租金的处理经营租赁与融资租赁相同，均于实际发生时计入当期损益（承租人计入"财务费用"，出租人计入"其他业务收入"等）。

2. 经营租赁会计处理举例

（1）承租人经营租赁的会计处理

【例题1·（2016 年 CPA 教材例 22 −1）】2007 年 1 月 1 日，A 公司向 B 公司租入办公设备一台，租期为 3 年。设备价值为 1 000 000 元，预计使用年限为 10 年。租赁合同规定，租赁开始日（2007 年 1 月 1 日）A 公司向 B 公司一次性预付租金 150 000 元，第 1 年末支付租金 150 000 元，第 2 年末支付租金 200 000 元，第 3 年末支付租金 250 000 元。租赁期届满后 B 公司收回设备，3 年的租金总额为 750 000 元（假定 A 公司和 B 公司均在年末确认租金费用和租金收入，并且不存在租金逾期支付的情况）。

分析：此项租赁没有满足融资租赁的任何一条标准，应作为经营租赁处理。确认租金费用时，不能依据各期实际支付的租金的金额确定，而应采用直线法分摊确认各期的租金费用。此项租赁租金费用总额为 750 000 元，按直线法计算，每年应分摊的租金费用为 250 000 元。账务处理如下：

2007 年 1 月 1 日

借：长期待摊费用   150 000

    贷：银行存款   150 000

2007 年 12 月 31 日

借：管理费用   250 000

    贷：长期待摊费用   100 000

银行存款	150 000

2008 年 12 月 31 日

借：管理费用		250 000
贷：长期待摊费用		50 000
银行存款		200 000

2009 年 12 月 31 日

借：管理费用		250 000
贷：银行存款		250 000

【例题 2·（2009CPA）】 2007 年 1 月 1 日，甲公司与租赁公司签订了一项经营租赁合同，向租赁公司租入一台设备。租赁合同约定：租赁期为 3 年，租赁期开始日为合同签订当日，月租金为 6 万元，每年末支付当年租金；前 3 个月免交租金；如果市场平均月租金水平较上月上涨的幅度超过 10%，自次月起每月增加租金 0.5 万元。甲公司为签订上述经营租赁合同于 2007 年 1 月 5 日支付律师费 3 万元。已知租赁开始日租赁设备的公允价值为 980 万元。下列各项关于甲公司经营租赁会计处理的表述中，正确的有（　　）。

A. 或有租金在实际发生时计入当期损益

B. 为签订租赁合同发生的律师费用计入当期损益

C. 经营租赁设备按照租赁开始日的公允价值确认为固定资产

D. 经营租赁设备按照与自有资产相同的折旧方法计提折旧

E. 免租期内按照租金总额在整个租赁期内采用合理方法分摊的金额确认租金费用

答案：ABE

解析：或有租金在实际发生时计入"销售费用"科目；发生的初始直接费用计入"管理费用"科目；对于经营租赁设备，承租人甲公司并不承担租赁资产的主要风险，所以不能将租入资产视为本企业的固定资产，也不能视同自有固定资产计提折旧；存在免租期的，免租期应确认租金费用。

【例题 3·（2010）】 甲公司 2008 年 1 月 1 日经营租入一项房产，每年租金为 600 万元，租期为 3 年，每年末支付租金，租赁协议约定前 3 个月免交租金，则甲公司 2008 年应确认的租金费用为（　　）。

A. 600 万元　　　　B. 450 万元　　　　C. 550 万元　　　　D. 1 800 万元

E. 1 650 万元

答案：C

解析：前 3 个月免租金，则免去的租金为 $600 \div 12 \times 3 = 150$（万元），故 3 年累计租金为 $600 \times 3 - 150 = 1 650$（万元），2008 年应计入的租金费用为 $1 650 \div 3 = 550$（万元）。

【例题 4·（1511）】 2014 年 1 月 1 日，甲公司与乙公司签订了一项合同，向乙公司租入一台生产设备。租赁开始日该设备的公允价值为 1 000 万元，预计尚可使用年限为 10 年。租赁合同约定：租赁期为 3 年，租赁期开始日为合同签订当日，第一年前 3 个月免交租金，4～12 月租金合计为 90 万元，第二年租金合计为 140 万元，第三年租金合计为 160 万元，甲公司每年末支付当年租金，租赁期满后乙公司收回该设备，甲公司为签订上述租赁合同于 2014 年 1 月 3 日支付律师费用 10 万元。2014 年 1 月甲公司应就此项租赁确认的租金费用为（　　）万元。

A. 11.82　　　　B. 10.83　　　　C. 0　　　　D. 10

E. 20.82

答案：B

解析：题目中租赁时间为预计尚可使用年限的 30%，为经营租赁。其实在考试的时候如果是融资租赁，应该给出租赁内含利率，否则一道单选，就复杂了。

初始直接费用是指在租赁谈判和签订租赁合同的过程中发生的可直接归属于租赁项目的手续费、律师费、差旅费、印花税等，应当计入当期损益（管理费用），金额较大的应当资本化，在整个租赁期内按与确认收入相同的基础分期计入当期损益。融资租赁中承租人计入租赁资产成本。律师费用 10 万元在本题中直接计入管理费用。

存在免租期的，免租期应当确认租金费用，每月租金计算过程为：$(90 + 140 + 160) \div 3 \div 12 = 10.83$（万元）。

（2）出租人经营租赁的会计处理（略）

（二）融资租赁的会计处理

1. 融资租赁的会计处理原则及方法

在教材中会涉及多处实际利率进行摊销的会计处理，持有至到期投资 VS 应付债券，分期销售商品 VS 分期付款购买固定资产或无形资产，融资租赁，存在弃置费用的固定资产等都会用到。

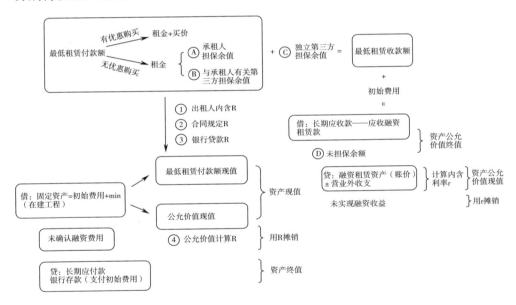

（1）承租人融资租赁的会计处理原则及方法

项目	处理原则及方法
租赁期开始日的会计处理	（1）租入资产入账价值的确定：以租赁开始日租赁资产公允价值与最低租赁付款额现值两者中较低者作为租入资产的入账价值（如果发生初始直接费用了还应当将该费用计上），将最低租赁付款额作为长期应付款的入账价值，其差额作为未确认融资费用
	（2）初始直接费用的处理：承租人在租赁谈判和签订租赁合同过程中发生的可归属于租赁项目的手续费、律师费、差旅费、印花税等初始直接费用，应当计入租入资产的价值

项目	处理原则及方法
租赁期开始日的会计处理	（3）会计分录 借：固定资产（或在建工程）＝min（租赁资产公允价值，最低租赁付款额现值）＋初始直接费用 　未确认融资费用 　贷：长期应付款（最低租赁付款额） 　　　银行存款（初始直接费用）
	（4）计算最低租赁付款额时顺序选择折现率： ①出租人的租赁内含利率；②租赁合同规定的利率；③同期银行贷款利率
未确认融资费用的分摊	未确认融资费用应当在租赁期内各个期间进行分摊。承租人应当采用实际利率法计算确认当期的融资费用。分摊率的确定具体分为下列几种情况 （1）以（租赁内含利率/合同规定利率/银行同期贷款利率）为折现率将最低租赁付款额折现，且以该现值作为租赁资产入账价值的，应当将相应的"率"作为未确认融资费用的分摊率 （2）以租赁资产公允价值为入账价值的，应当重新计算分摊率。该分摊率是使最低租赁付款额的现值等于租赁资产公允价值的折现率
租赁资产折旧的计提	（1）折旧政策：承租人应当采用与自有固定资产相一致的折旧政策计提租赁资产折旧 （2）折旧期间：①能够合理确定承租人在租赁期届满时取得租赁资产所有权的：应当在租赁资产使用寿命内计提折旧；②无法合理确定承租人在租赁期届满时是否能够取得租赁资产所有权的：应当在租赁期与租赁资产使用寿命两者中较短的期间内计提折旧
履约成本的会计处理	通常计入当期损益（租赁期内为租赁资产支付的各种使用费用，如技术咨询和服务费、人员培训费、维修费、保险费等）
或有租金的会计处理	在或有租金实际发生时，计入当期损益（财务费用）
出租人提供激励措施的处理	（1）出租人提供免租期的：承租人应将租金总额在不扣除免租期的整个租赁期内，按直线法或其他合理的方法进行分摊，免租期内应当确认租金费用及相应的负债 （2）出租人承担了承租人某些费用的：承租人应将该费用从租金费用总额中扣除，按扣除后的租金费用余额在租赁期内进行分摊
租赁期届满时的会计处理	略
相关会计信息的列报与披露	承租人应当在资产负债表中，将与融资租赁相关的长期应付款减去未确认融资费用的差额，分别长期负债和一年内到期的长期负债列示

（2）出租人融资租赁的会计处理原则及方法

项目	处理原则及方法
租赁期开始日租赁债权的确认	出租人应当在租赁期开始日，将租赁开始日最低租赁收款额与初始直接费用之和作为应收融资租赁款的入账价值（长期应收款） 承租人将初始直接费用计入租入资产的价值
未实现融资收益分配的会计处理	未实现融资收益应当在租赁期内各个期间进行分配。出租人应当采用实际利率法计算确认当期的融资收益和租金收入
应收融资租赁款坏账准备的计提	对应收融资租赁款减去未实现融资收益的差额部分合理计提坏账准备
未担保余值发生变动的会计处理	（1）出租人至少应当于每年年度终了，对未担保余值进行复核 （2）未担保余值发生变动的会计处理 ①未担保余值增加的：不作调整 ②有证据表明未担保余值已经减少的，应当重新计算租赁内含利率，将由此引起的租赁投资净额的减少，计入当期损失；以后各期根据修正后的租赁投资净额和重新计算的租赁内含利率确认融资收入 ③已确认损失的未担保余值得以恢复的，应当在原已确认的损失金额内转回，并重新计算租赁内含利率，以后各期根据修正后的租赁投资净额和重新计算的租赁内含利率确认融资收入
或有租金的会计处理	或有租金应当在实际发生时确认为当期收入
租赁期届满时的会计处理	略

（3）关于租赁中初始直接费用的确认总结如下

租赁类型	承租人	出租人
经营租赁	计入当期损益（管理费用）	①一般计入管理费用②金额较大的应当资本化
融资租赁	计入租入资产入账价值	计入"长期应收款"

【例题5·（1611）】下列关于租赁会计处理说法中，正确的是（　　　）。

A. 融资租赁中承租人发生的初始直接费用应计入资产成本

B. 经营租赁中承租人发生的初始直接费用应计入当期损益

C. 融资租赁中承租人发生的技术咨询费和服务费、人员培训费、维修费等履约成本通常应计入资产成本

D. 融资租赁中承租人发生的或有租金应计入资产成本计量

E. 租赁开始日承租人应当对租入资产、最低租赁付款额和未确认融资费用进行初始确认，出租人应当对应收融资租赁款、未担保余值和未实现融资收益进行初始确认

答案：AB

解析：AB正确，见上表；CD错误，应计入当期损益；E错误，应为租赁期开始日。

2. 融资租赁的会计处理举例

【例题6·（2016年CPA教材例22-2，教材例22-3）】融资租入固定资产会计处理，含

出租人及承租人会计处理

（1）租赁合同

20×1年12月28日，A公司与B公司签订了一份租赁合同。合同主要条款如下：

①租赁标的物：程控生产线。

②租赁期开始日：租赁物运抵A公司生产车间之日（20×2年1月1日）。

③租赁期：从租赁期开始日算起36个月（20×2年1月1日至20×4年12月31日）。

④租金支付方式：自租赁期开始日起每年末支付租金1 000 000元。

⑤该生产线在20×2年1月1日B公司的公允价值为2 600 000元。

⑥租赁合同规定的利率为8%（年利率）。

⑦该生产线为全新设备，估计使用年限为5年。

⑧20×3年和20×4年两年，A公司每年按该生产线所生产的产品——微波炉的年销售收入的1%向B公司支付经营分享收入。

（2）A公司的有关资料如下：

①采用实际利率法确认本期应分摊的未确认融资费用。

②采用年限平均法计提固定资产折旧。

③20×3年、20×4年A公司分别实现微波炉销售收入10 000 000元和15 000 000元。

④20×4年12月31日，将该生产线退还B公司。

⑤A公司在租赁谈判和签订租赁合同过程中发生可归属于租赁项目的手续费、差旅费10 000元。

B公司的有关资料如下：

①该程控生产线账面价值为2 600 000元。

②发生初始直接费用100 000元。

③采用实际利率法确认本期应分配的未实现融资收益。

④20×3年、20×4年A公司分别实现微波炉销售收入10 000 000元和15 000 000元，根据合同规定，这两年应向A公司取得的经营分享收入分别为100 000元和150 000元。

⑤20×4年12月31日，从A公司收回该生产线。

解析：A公司的账务处理如下：

①租赁开始日的会计处理

第一步，判断租赁类型。

本例中租赁期（3年）占租赁资产尚可使用年限（5年）的60%（小于75%），没有满足融资租赁的第3条标准；另外，最低租赁付款额的现值为2 577 100元（计算过程见后）大于租赁资产公允价值的90%，即2 340 000元（2 600 000×90%），满足融资租赁的第4条标准，因此，A公司应当将该项租赁认定为融资租赁。

第二步，计算租赁开始日最低租赁付款额的现值，确定租赁资产的入账价值。

本例中A公司不知道出租人的租赁内含利率，因此应选择租赁合同规定的利率8%作为最低租赁付款额的折现率。

最低租赁付款额=各期租金之和+承租人担保的资产余值=1 000 000×3+0=3 000 000（元）

计算现值的过程如下：

每期租金1 000 000元的年金现值=1 000 000×（P/A，8%，3），查表得知：（P/A，8%，3）=2.5771。

每期租金的现值之和 = 1 000 000 × 2.5771 = 2 577 100（元），小于租赁资产公允价值 2 600 000元。

根据孰低原则，租赁资产的入账价值应为其折现值 2 577 100 元。

第三步，计算未确认融资费用。

未确认融资费用 = 最低租赁付款额 – 最低租赁付款额现值 = 3 000 000 – 2 577 100 = 422 900（元）

第四步，将初始直接费用计入资产价值。

补充讲解：初始直接费用，是指在租赁谈判和签订租赁协议的过程中发生的可直接归属于租赁项目的费用。承租人发生的初始直接费用，通常有印花税、佣金、律师费、差旅费、谈判费等。承租人发生的初始直接费用，应当计入租入资产价值。

租赁资产的入账价值 = 2 577 100 + 10 000 = 2 587 100（元）

账务处理为：

20×2 年 1 月 1 日，租入程控生产线

借：固定资产——融资租入固定资产   2 587 100

    未确认融资费用   422 900

    贷：长期应付款——应付融资租赁款   3 000 000

      银行存款   10 000

②分摊未确认融资费用的会计处理

第一步，确定融资费用分摊率。

由于租赁资产的入账价值为其最低租赁付款额的折现值，因此该折现率就是其融资费用分摊率，即8%。

第二步，在租赁期内采用实际利率法分摊未确认融资费用（见下表）。

未确认融资费用分摊表（实际利率法）

日期	租金	融资费用	应付本金减少额	应付本金余额
	①	② = ④ × 8%	③ = ① – ②	④ = 上期④ – 本期③
20×2 年 1 月 1 日				2 577 100
20×2 年 12 月 31 日	1 000 000	206 168	793 832	1 783 268
20×3 年 12 月 31 日	1 000 000	142 661.44	857 338.56	925 929.44
20×4 年 12 月 31 日	1 000 000	74 070.56 *	925 929.44 *	0
合计	3 000 000	422 900	2 577 100	

注：* 为调整，74 070.56 = 1 000 000 – 925 929.44，925 929.44 = 925 929.44 – 0。

补充讲解：

本题表未确认融资费用分摊的计算：

20×2 年 12 月 31 日确认的融资费用 = （3 000 000 – 422 900）× 8% = 206 168（元）

20×3 年 12 月 31 日确认的融资费用 = [（3 000 000 – 1 000 000）– （422 900 – 206 168）] × 8% = 142 661.44（元）

20×4 年 12 月 31 日确认的融资费用 = 422 900 – 206 168 – 142 661.44 = 74 070.56（元）

第三步，账务处理为：

20×2 年 12 月 31 日，支付第 1 期租金

借：长期应付款——应付融资租赁款　　　　　　　　　　　　　　1 000 000

　　贷：银行存款　　　　　　　　　　　　　　　　　　　　　　　　1 000 000

20×2 年 1～12 月，每月分摊未确认融资费用时，每月财务费用 = 206 168÷12 = 17 180.67（元）

借：财务费用　　　　　　　　　　　　　　　　　　　　　　　　17 180.67

　　贷：未确认融资费用　　　　　　　　　　　　　　　　　　　　17 180.67

20×3 年 12 月 31 日，支付第 2 期租金

借：长期应付款——应付融资租赁款　　　　　　　　　　　　　　1 000 000

　贷：银行存款　　　　　　　　　　　　　　　　　　　　　　　　1 000 000

20×3 年 1～12 月，每月分摊未确认融资费用时，每月财务费用 = 142 661.44÷12 = 11 888.45（元）

借：财务费用　　　　　　　　　　　　　　　　　　　　　　　　11 888.45

　　贷：未确认融资费用　　　　　　　　　　　　　　　　　　　　11 888.45

20×4 年 12 月 31 日，支付第 3 期租金

借：长期应付款——应付融资租赁款　　　　　　　　　　　　　　1 000 000

　　贷：银行存款　　　　　　　　　　　　　　　　　　　　　　　1 000 000

20×4 年 1～12 月，每月分摊未确认融资费用时，每月财务费用 = 74 070.56÷12 = 6 172.55（元）

借：财务费用　　　　　　　　　　　　　　　　　　　　　　　　6 172.55

　　贷：未确认融资费用　　　　　　　　　　　　　　　　　　　　6 172.55

③计提租赁资产折旧的会计处理

第一步，融资租入固定资产折旧的计算

第二步，账务处理：

20×2 年 2 月 28 日，计提本月折旧 = 812 866.82÷11 = 73 896.98（元）

借：制造费用——折旧费　　　　　　　　　　　　　　　　　　73 896.98

　　贷：累计折旧　　　　　　　　　　　　　　　　　　　　　　　73 896.98

20×2 年 3 月至 20×4 年 12 月的会计分录，同上。

融资租入固定资产折旧计算表（年限平均法）

日期	固定资产原价	估计余值	折旧率	当年折旧费	累计折旧	固定资产净值
20×2 年 1 月 1 日	2 587 100					2 587 100
20×2 年 12 月 31 日		0	31.42%	812 866.82	812 866.82	1 774 233.18
20×3 年 12 月 31 日			34.29%	887 116.59	1 699 983.41	887 116.59
20×4 年 12 月 31 日			34.29%	887 116.59	2 587 100	0
合计	2 587 100	0	100%	2 587 100		

注：根据合同规定，由于 A 公司无法合理确定在租赁期届满时能够取得租赁资产的所有权，因此，应当在租赁期与租赁资产尚可使用年限两者中的较短的期间内计提折旧。本例中，租赁期为 3 年，短于租赁资产尚可使用年限 5 年，因此应按 3 年计提折旧。同时，根据"当月增加的固定资产，当月不提折旧，从下月起计提折旧"这一规定，本租赁合同应按 35 个月计提折旧，即 20×2 年应按 11 个月计提折旧，其他 2 年分别按 12 个月计提折旧。

④或有租金的账务处理

20×3年12月31日，根据合同规定，应向B公司支付经营分享收入100 000元

借：销售费用 100 000

   贷：其他应付款——B公司 100 000

20×4年12月31日，根据合同规定，应向B公司支付经营分享收入150 000元

借：销售费用 150 000

   贷：其他应付款——B公司 150 000

⑤租赁期届满时的会计处理

20×4年12月31日，将该生产线退还B公司

借：累计折旧 2 587 100

   贷：固定资产——融资租入固定资产 2 587 100

B公司的账务处理如下：

①租赁开始日的账务处理

第一步，计算租赁内含利率。

租赁内含利率是指在租赁开始日，使最低租赁收款额的现值与未担保余值的现值之和等于租赁资产公允价值与出租人的初始直接费用之和的折现率。

由于本例中不存在独立于承租人和出租人的第三方对出租人担保的资产余值，因此最低租赁收款额等于最低租赁付款额，即租金×期数+承租人担保余值=1 000 000×3+0=3 000 000（元），因此有1 000 000×（P/A，R，3）=2 600 000+100 000=2 700 000（元）（租赁资产的公允价值+初始直接费用）。

经查表，可知：

年金系数	利率
2.7232	5%
2.7	R
2.6730	6%

$$\frac{2.7232 - 2.7}{2.7232 - 2.6730} = \frac{5\% - R}{5\% - 6\%}$$

R=5.46%

即租赁内含利率为5.46%。

第二步，计算租赁开始日最低租赁收款额及其现值和未实现融资收益。

最低租赁收款额+未担保余值=（最低租赁付款额+第三方担保的余值）+未担保余值=［（各期租金之和+承租人担保余值）+第三方担保余值］+未担保余值=［（1 000 000×3+0）+0］+0=3 000 000（元）

最低租赁收款额=1 000 000×3=3 000 000（元）

最低租赁收款额的现值=1 000 000×（P/A，5.46%，3）=2 700 000（元）

未实现融资收益=（最低租赁收款额+未担保余值）－（最低租赁收款额的现值+未担保余值的现值）=3 000 000－2 700 000=300 000（元）

第三步，判断租赁类型。

本例中租赁期（3年）占租赁资产尚未可使用年限（5年）的60%，没有满足融资租赁的第3条标准；另外，最低租赁收款额的现值为2 700 000元，大于租赁资产原账面价值的90%，

即 2 340 000 元（2 600 000 × 90%），满足融资租赁的第 4 条标准，因此，B 公司应当将该项租赁认定为融资租赁。

第四步，账务处理。

20 × 2 年 1 月 1 日，租出程控生产线，发生初始直接费用

借：长期应收款——应收融资租赁款   3 000 000

  贷：融资租赁资产   2 600 000

    银行存款   100 000

    未实现融资收益   300 000

②未实现融资收益分配的账务处理

第一步，计算租赁期内各租金收取期应分配的未实现融资收益（见下表）。

未确认融资收益分摊表（实际利率法）

日期	租金	融资费用	应付本金减少额	应付本金余额
	①	② = ④ × 5.46%	③ = ① − ②	④ = 上期④ − 本期③
20 × 2 年 1 月 1 日				2 700 000
20 × 2 年 12 月 31 日	1 000 000	147 420	852 580	1 847 420
20 × 3 年 12 月 31 日	1 000 000	100 869.13	899 130.87	948 289.13
20 × 4 年 12 月 31 日	1 000 000	51 710.87 *	948 289.13 *	0
合计	3 000 000	300 000	2 700 000	

注：* 为调整，51 710.87 = 1 000 000 − 948 289.13，948 289.13 = 948 289.13 − 0。

第二步，账务处理。

20 × 2 年 12 月 31 日，收到第 1 期租金

借：银行存款   1 000 000

  贷：长期应收款——应收融资租赁款   1 000 000

20 × 2 年 1 ~ 12 月，每月确认融资收入时

借：未实现融资收益   12 285 （147 420/12）

  贷：租赁收入   12 285

20 × 3 年 12 月 31 日，收到第 2 期租金

借：银行存款   1 000 000

  贷：长期应收款——应收融资租赁款   1 000 000

20 × 3 年 1 ~ 12 月，每月确认融资收入时

借：未实现融资收益   8 405.76 （100 869.13/12）

  贷：租赁收入   8 405.76

20 × 4 年 12 月 31 日，收到第 3 期租金

借：银行存款   1 000 000

  贷：长期应收款——应收融资租赁款   1 000 000

20 × 4 年 1 ~ 12 月，每月确认融资收入时

借：未实现融资收益   4 309.24 （51 710.87/12）

  贷：租赁收入   4 309.24

③或有租金的账务处理

20 × 3 年 12 月 31 日，根据合同规定，应向 A 公司收取经营分享收入 100 000 元

借：应收账款——A公司 100 000
　　贷：租赁收入 100 000

20×4年12月31日，根据合同规定，应向A公司收取经营分享收入150 000元

借：应收账款——A公司 150 000
　　贷：租赁收入 150 000

④租赁期届满时的账务处理

20×4年12月31日，将该生产线从A公司收回，作备查登记。

【例题7·（2007CPA）】 承租人对融资租入的资产采用公允价值作为入账价值的，分摊未确认融资费用所采用的分摊率是（ ）。

A. 银行同期贷款利率

B. 租赁合同中规定的利率

C. 出租人出租资产的无风险利率

D. 使最低租赁付款额的现值与租赁资产公允价值相等的折现率

答案：D

解析：以租赁资产公允价值为入账价值的，应重新计算融资费用分摊率，所采用的分摊率是使最低租赁付款额的现值与租赁资产公允价值相等的折现率。

【例题8·（1406）】 关于租赁，以下说法正确的有（ ）。

A. 承租人以租赁资产公允价值为入账价值的，分摊未确认融资费用的分摊率为使最低租赁付款额的现值等于租赁公允价值的折现率

B. 承租人应合理估计或有租金并确认为预计负债，或有租金实际发生时，冲减预计负债

C. 未担保余值发生增加时，出租人应重新计算租赁内含率，并将由此引起的租赁投资净额的变化确认为当期损益

D. 承租人应当在资产负债表中，将与融资租赁相关的长期应付款（减去未确认融资费用）分为长期负债和一年内到期的长期负债列示

答案：AD

解析：出租人至少应当于每年年度终了，对未担保余值进行复核，未担保余值增加的，不作调整。

【例题9·（1605）】 承租人对融资租入的资产采用公允价值作为入账价值的，分摊未确认融资费用所采用的分摊率为（ ）。

A. 租赁合同中规定的利率

B. 使最低租赁付款额的现值与租赁资产公允价值相等的折现率

C. 银行同期贷款利率

D. 出租人出租资产的租赁内含率

E. 5年期以上国债利率

答案：B

解析：未确认融资费用应当在租赁期内各个期间进行分摊。承租人应当采用实际利率法计算确认当期的融资费用。分摊率的确定具体分为下列几种情况：

（1）以（租赁内含利率/合同规定利率/银行同期贷款利率）为折现率将最低租赁付款额折现，且以该现值作为租赁资产入账价值的，应当将相应的"率"作为未确认融资费用的分摊率。

（2）以租赁资产公允价值为入账价值的，应当重新计算分摊率。该分摊率是使最低租赁付

款额的现值等于租赁资产公允价值的折现率。

【例题 10·（2014CPA 改编）】 下列关于融资租赁有关会计处理的表述中，正确的有(　　　)。

A. 承租人或有租金应于发生时计入当期损益

B. 承租人预计将发生的履约成本应计入租入资产成本

C. 租赁期满承租人行使优惠购买选择权支付的价款应冲减相关负债

D. 知悉出租人的租赁内含利率时，承租人应以租赁内含利率对最低租赁付款额折现

E. 当未担保余值减少时，出租人对前期已确认的融资收入不作追溯调整，只对未担保余值减少的当期和以后各期，根据修正后的租赁投资净额和重新计算的租赁内含利率计算应确认的租赁收入

F. 当未担保余值增加时，出租人不作调整

答案：ACDEF

解析：选择 B，承租人发生的履约成本应当直接计入当期损益。

三、售后租回交易的会计处理

说明：本部分内容的要求新大纲删除了，但在 2016 年考试中出现过。

售后租回交易处理的基本原则

1. 总的原则

（1）不管是出租人还是承租人，均应当对售后租回交易进行划分，确定是融资租赁还是经营租赁。

（2）对出租人来说售后租回交易不管是融资租赁还是经营租赁，与其他业务的租赁会计处理没有区别；而对承租人来说则有所不同。

2. 售后租回形成融资租赁和经营租赁承租人对售后租回的"售价与账面价"差异的不同处理

售后租回交易形成融资租赁	售价与账面价值的差额应计入递延收益，并按该项租赁资产的折旧进度进行分摊，作为折旧费用的调整			
售后租回交易形成经营租赁	交易按照公允价值达成	售价与账面价值的差额应当计入当期损益		
	交易不是按照公允价值达成	售价低于公允价值	售价 > 账面价值	应确认利润
			售价 < 账面价值（损失）	损失不能得到补偿，确认损失
				损失能够得到补偿，确认递延收益，以后摊销
		售价高于公允价值	其高出公允价值的部分应予递延，并在预计的使用期限内摊销，公允价值与账面价值的差额计入当期损益	

【例题 1·（2010）】 甲公司向乙公司销售一项设备，并随即租回形成经营租赁，已知售价为 1 000 万元，出售时甲公司该项设备账面原值为 1 200 万元，已计提折旧 500 万元，未计提减值准备，该设备出售时市场中同等设备市场销售价为 900 万元，则甲公司该项售后租回应确认递延收益 100 万元，确认营业外收入 200 万元。

答案：✓

解析：售后租回形成经营租赁，售价高于公允价值的，其高出公允价值的部分应予递延，

并在预计的使用期限内摊销，公允价值与账面价值的差额计入当期损益（营业外收支）。

【例题2·（模拟）】甲公司销售给乙公司一项固定资产，之后再租回，为售后租回交易形成经营租赁，资产账面价值1 000，公允价值2 000。

借：固定资产清理   1 000

  累计折旧   200

 贷：固定资产   1 200

（1）公允价值＞售价＞账面价值，账面价值和售价的差额计入资产处置损益，同正常资产处置

如果售价1 600，则1 600－1 000计入资产处置损益，无递延收益。

借：银行存款   1 600

 贷：固定资产清理   1 600

借：固定资产清理   600

 贷：营业外收入   600

（2）售价＞公允价值，售价2 400，则2 000－1 000计入资产处置损益，2 400－2 000计入递延收益

借：银行存款   2 400

 贷：固定资产清理   2 000

  递延收益   400

借：固定资产清理   1 000

 贷：营业外收入   1 000

以后期间递延收益摊销作为对租金费用的调整。

（3）公允价值＞账面价值＞售价。且售价低于账面价值的损失，在未来可以少支付租金的，售价低于账面价值的差额递延

如果售价800，则800－1 000计入递延收益。

借：银行存款   800

  递延收益   200

 贷：固定资产清理   1 000

以后期间递延收益摊销作为对租金费用的调整。

【例题3·（1609）】甲公司2014年12月将一台原值1 500万元的通用生产设备出售给乙公司，该项资产已提折旧100万元，计提减值准备100万元，售价为1 600万元，同日签订租赁合同，从乙公司租回该设备，租期5年，每年末支付租金150万元，当日同类设备的市场租金为120万元。此设备的公允价值为1 800万元，尚可使用年限为10年，期满后归还设备。甲公司当年用该设备生产的产品已全部对外出售，假定不考虑其他因素，此项业务对甲公司当年的损益的影响为（   ）。

 A. －90万元   B. －150万元   C. 150万元   D. 90万元

 E. 50万元

 答案：C

 解析：由题目内容可以判断此题为经营租赁。且售价小于公允价值，售价大于账面价值，售价与账面价值之差，应确认为收益。即收益金额＝1 600－（1 500－100－100）＝300（万元），当年末支付租金计入制造费用但由于当年用该设备生产的产品已全部对外出售，所以租金已经影响损益（营业成本）＝150（万元），综上，此项业务对当年损益影响金额＝300－150＝150（万元）。

【例题4·（2016年10月）】 2014年12月31日，甲公司将销售部门的一台大型运输设备以330万元的价格出售给乙公司，款项已收存银行。该运输设备的账面原价为540万元，已计提折旧180万元，预计尚可使用8年，预计净残值为零。2015年1月1日，甲公司与乙公司签订一份经营租赁合同，将该运输设备租回供销售部门使用。租赁开始日为2015年1月1日，租赁期为3年，租赁期满甲公司可以设备的市场价格购回该设备，每年租金为48万元，类似设备的年租金市场价格为60万元。假定出售该设备的公允价值为360万元，不考虑其他因素，甲公司2015年使用该运输设备应计入当期损益的金额为（　　　）。

A. 48万元　　　　　B. 58万元　　　　　C. 68万元　　　　　D. 38万元

E. 60万元

答案：B

解析：按照租赁的分类及融资租赁的判断条件，可见本题属于售后租回交易形成经营租赁，售价=330，账面价=360，公允价=360，约定年租金=48，市场年租金=60。

交易不是按公允价值达成的，售价小于账面价值，损失能够得到补偿，应确定递延收益，以后摊销。会计分录如下：

```
借：固定资产清理                                            360
    累计折旧                                               180
    贷：固定资产                                                540
借：银行存款                                               330
    递延收益                                                30
    贷：固定资产清理                                            360
        支付租金
借：销售费用                                                48
    贷：银行存款                                                 48
        分摊时
借：销售费用（360-330）/3                                  10
    贷：递延收益—— 未实现售后租回损益                            10
```

所以，本题中甲公司2015年使用该运输设备应计入当期损益的金额为58万元，减少利润。

第二十三节　会计政策、会计估计变更和差错更正

【大纲要求】

内容	程度	变化
1. 会计政策及其变更的定义	掌握	原有
2. 追溯调整法及未来适用法的适用情况及会计处理	掌握	原有
3. 会计估计、会计估计变更的定义	掌握	原有
4. 前期会计差错的定义、更正的会计处理	掌握	原有

说明：新大纲删除了原大纲要求的会计政策变更在附注中的披露、会计估计变更在附注中的披露、前期差错更正的披露的相关要求。

【内容精讲】

一、会计政策变更、会计估计变更的定义

会计政策变更，是指企业对相同的交易或事项由原来采用的会计政策改用另一会计政策的行为。可以变更会计政策的情形：①法律、行政法规或者国家统一的会计制度等要求变更；②会计政策变更能够提供更可靠、更相关的会计信息。

企业应当披露重要的会计政策，不具有重要性的会计政策可以不予披露。判断会计政策是否重要，应当考虑与会计政策相关项目的性质和金额。

会计估计变更，是指由于资产和负债的当前状况及预期经济利益和义务发生了变化，从而对资产或负债的账面价值或者资产的定期消耗金额进行调整。会计估计变更，并不意味着以前期间会计估计是错误的，只是由于情况发生了变化，或者掌握了新的信息，积累了更多的经验，使变更会计估计能够更好地反映企业的财务状况和经营成果。但是如果以前期间的会计估计是错误的，则属于会计差错按会计差错更正的会计处理办法进行处理。

企业应当披露重要的会计估计，不具有重要性的会计估计可以不披露。判断会计估计是否重要，应当考虑与会计估计相关项目的性质和金额。

前期差错，是指由于没有运用或错误运用前期财务报表编制时及前期财务报告批准报出时能够取得的可靠信息，而对前期财务报表造成省略或错报。企业应当在附注中披露与前期差错更正有关的下列信息（新大纲删除）：前期差错的性质；各个列报前期财务报表中受影响的项目名称和更正金额。无法进行追溯重述的，说明该事实和原因以及对前期差错开始进行更正的时点、具体更正情况。

在以后期间的财务报表中，不需要重复披露在以前期间的附注中已披露的前期差错更正的信息。（不管是否重要）

二、适用情况及会计处理

（一）会计政策变更与会计估计变更适用情形

1. 以下属于会计政策变更

（1）发出存货成本的计量由先进先出法变更为加权平均法。

（2）企业前期对购入的价款超过正常信用条件延期支付的固定资产初始计量采用历史成本，而当期按照《企业会计准则第 4 号——固定资产》的规定，该类固定资产的初始成本以购买价款的现值为基础确定。

（3）对投资性房地产的后续计量由成本模式变更为公允价值模式。

（4）取得的固定资产初始成本由以购买价款变更为以购买价款的现值。

（5）为取得生物资产而产生的借款费用，由计入当期费用变更为予以资本化。

（6）企业内部研究开发项目开发阶段的支出由原来发生时计入当期损益变更为确认为无形资产。

（7）非货币性资产交换以换出资产的公允价值作为确定换入资产成本的基础变更为以换出资产的账面价值作为确定换入资产成本的基础。

（8）企业确认收入时要同时满足已将商品所有权上的主要风险和报酬转移给购货方、收入的金额能够可靠计量、相关经济利益很可能流入企业等条件。

（9）企业确认建造合同的合同收入和合同费用由原来的方法变更为采用完工百分比法，由费用化变更为资本化。

（10）企业前期将某项内部研究开发项目开发阶段的支出计入当期损益，而当期按照《企业

会计准则第 6 号——无形资产》的规定，该项支出符合无形资产的确认条件，确认为无形资产。

（11）企业在前期将购建固定资产相关的一般借款利息计入当期损益，当期根据会计准则的规定，将其予以资本化，企业因此将对该事项进行变更，该事项涉及会计确认和列报的变更所以属于会计政策变更。

（12）某商业企业在前期将商品采购费用列入营业费用，当期根据《企业会计准则第 1 号——存货》的规定，将采购费用列入存货成本。

2. 以下属于会计估计变更

（1）存货可变现净值的确定。（存货跌价准备由按单项存货计提变更为按存货类别计提属于会计估计变更）

（2）采用公允价值模式下的投资性房地产公允价值的确定。

（3）固定资产的预计使用寿命与净残值；固定资产的折旧方法。

（4）生物资产的预计使用寿命与净残值；各类生产性生物资产的折旧方法。

（5）使用寿命有限的无形资产的预计使用寿命与净残值。

（6）可收回金额按照资产组的公允价值减去处置费用后的净额确定的，确定公允价值减去处置费用后的净额的方法。

可收回金额按照资产组的预计未来现金流量的现值确定的，预计未来现金流量的确定。

（7）合同完工进度的确定。

（8）权益工具公允价值的确定。

（9）债务人债务重组中转让的非现金资产的公允价值、由债务转成的股份的公允价值和修改其他债务条件后债务的公允价值的确定。

债权人债务重组中受让的非现金资产的公允价值、由债权转成的股份的公允价值和修改其他债务条件后债权的公允价值的确定。

（10）预计负债初始计量的最佳估计数的确定。

（11）金融资产公允价值的确定。

（12）承租人对未确认融资费用的分摊；出租人对未实现融资收益的分配。

（13）探明矿区权益、井及相关设施的折耗方法。与油气开采活动相关的辅助设备及设施的折旧方法。

（14）非同一控制下企业合并成本的公允价值的确定。

【总结】诸如公允价值确定方法、可变现净值的确定方法、折旧摊销方法、预计净残值的估计、预计使用寿命或年限的估计、完工进度的确定、最佳估计数的确定等均为会计估计，相应的变更则属于会计估计变更。

3. 以下既不属于会计政策变更也不属于会计估计变更

（1）本期发生的交易或者事项与以前相比具有本质差别而采用新的会计政策。

例如，经营租赁设备租赁期届满又采用融资租赁方式签订续签合同，由经营租赁会计处理方法变更为融资租赁会计处理方法。

（2）对初次发生的或不重要的交易或者事项采用新的会计政策。

例如，企业以前没有建造合同业务，当年签订一项建造合同为另一企业建造厂房，对该项建造合同采用完工百分比法确认收入，不是会计政策变更。

再如，企业原在生产经营过程中使用少量的低值易耗品，并且价值较低，故企业在领用低值易耗品时一次计入费用。该企业于近期投产新产品，所需低值易耗品比较多，且价值较大，企业对领用的低值易耗品处理方法改为五五摊销法。该企业低值易耗品在企业生产经营中所占的费用比例并不大，改变低值易耗品处理方法后，对损益的影响也不大，属于不重要的事项，不属于会计政策变更。

4. 以下属于会计差错

（1）计算以及账户分类错误。例如，企业购入的五年期国债，意图长期持有，但在记账时计入了交易性金融资产，导致账户分类上的错误，并导致在资产负债表上流动资产和非流动资产的分类也有误。

（2）错用会计政策：采用法律、行政法规或者国家统一的会计制度等不允许的会计政策。例如，企业固定资产已达到预定可使用状态后发生的借款费用，仍计入该固定资产的价值，予以资本化。

（3）对事实的疏忽或曲解，以及舞弊。例如，企业对某项建造合同应按建造合同规定的方法确认营业收入，但该企业却按确认商品销售收入的原则确认收入。

需要注意的是，会计估计变更不属于前期差错更正，以前的会计估计是错误的，则属于会计差错。

（二）会计政策变更、会计估计变更、前期差错会计处理

事项	采用的方法	适用的情形
（1）会计政策变更	追溯调整法	①法律法规、制度要求变更，国家发布会计处理办法，要求按照追溯调整法处理的
		②会计政策变更能够提供更可靠、更相关的会计信息，企业自主变更的
	未来适用法	①法律法规、制度要求变更，国家发布会计处理办法，要求按照未来适用法处理的
		②在会计政策变更当期期初，确定会计政策变更对以前各期累积影响数不切实可行的，应当采用未来适用法处理
（2）会计估计变更	未来适用法	不存在累计影响数问题，一定采用未来适用法
（3）前期差错更正	追溯调整法	重要且确定前期差错累积影响数切实可行的
	未来适用法	①重要，但确定前期差错累积影响数不切实可行的
		②不重要的前期差错
（4）资产负债表日后事项	不管是否重要，只要有"错"，该调就调	

注：①需要注意的是，发出存货计价方法的改变（如由先进先出法改为移动加权平均法）属于会计政策变更，但采用未来适用法进行会计处理。

②追溯调整法是指对某项交易或事项变更会计政策，视同该项交易或事项初次发生时即采用变更后的会计政策，应计算会计政策变更的累积影响数，并对以前期间的财务报表进行重述。

③未来适用法是将变更后的会计政策应用于变更日及以后发生的交易或者事项，或者在会计估计变更当期和未来期间确认会计估计变更影响数的方法。不需要计算会计政策变更产生的累积影响数，也无须重编以前年度的财务报表。

④这种情形是可以采用未来适用法的情形，也可以从可追溯重述的最早期间开始调整留存收益的期初余额，财务报表其他相关项目的期初余额也应当一并调整。其余均为"应当采用"。对于以下特定前期，对某项会计政策变更应用追溯调整法或进行追溯重述以更正一项前期差错是不切实可行的：

（1）应用追溯调整法或追溯重述法的累积影响数不能确定。

（2）应用追溯调整法或追溯重述法要求对管理层在该期当时的意图作出假定。

（3）应用追溯调整法或追溯重述法要求对有关金额进行重大估计，并且不可能将提供有关交易发生时存在状况的证据和该期间财务报表批准报出时能够取得的信息这两类信息与其他信息客观地加以区分。

会计差错重要性的判断：重要的前期差错，是指足以影响财务报表使用者对企业财务状况、经营成果和现金流量作出正确判断的前期差错。判断该前期差错是否具有重要性的决定性因素是前期差错所影响的财务报表项目的金额或性质，一般来说，金额越大、性质越严重，其重要性水平越高。

【例题1·（1412）】关于会计政策变更和会计估计变更以下说法正确的是（　　　）。

A. 固定资产折旧由工作量法变更为直线法，属于会计估计变更，适用未来适用法

B. 存货跌价准备原来由单项计提变为按类别计提，属于会计估计变更

C. 发出存货计价由先进先出法变为加权平均法，属于会计估计变更

D. 包装物由五五摊销法（按平均）变为一次摊销费，属于会计政策变更

答案：AB

解析：C，属于会计政策变更；D，属于不重要的交易或者事项采用新的会计政策。

【例题2·（2010）】下列各项中，属于会计估计变更的有（　　　）。

A. 存货跌价准备由按单项存货计提变更为按存货类别计提

B. 固定资产的折旧方法由年限平均法变更为年数总和法

C. 投资性房地产的后续计量由成本模式变更为公允价值模式

D. 发出存货的计价方法由先进先出法变更为加权平均法

E. 应收账款计提坏账准备由余额百分比法变更为账龄分析法

F. 长期股权投资的后续计量由权益法变为成本法

答案：ABE

解析：存货计提跌价准备，需要确定其可变现净值，存货可变现净值的确定属于会计估计，因此，可变现净值确定方法的变更属于会计估计变更。

【例题3·（2012）】下列属于会计政策变更的是（　　　）。

A. 投资性房地产后续计量模式由成本模式转为公允价值模式

B. 发出存货计价由先进先出法变更为加权平均法

C. 固定资产的折旧方法由年限平均法变更为年数总和法

D. 建造合同完工进度由根据累计实际发生的合同成本占合同预计总成本的比例确定变更为根据实际测定的完工进度确定

答案：AB

【例题4·（1306）】下列关于会计估计说法正确的是（　　　）。

A. 会计估计变更仅影响变更当期的，其影响数应当在变更当期予以确认

B. 会计估计变更既影响变更当期又影响未来期间的，其影响数应当在变更当期和未来期间予以确认

C. 企业难以对某项变更区分为会计政策变更或会计估计变更的，应当将其作为会计政策变更处理

D. 重要的会计估计变更采用追溯调整法，不重要的采用未来适用法

答案：AB

解析：难以区分某项变更是会计政策变更还是会计估计变更的，应当将其作为会计估计变更处理。

【例题5·（1311）】下列属于会计政策变更的有（　　　）。

A. 第一次拥有投资性房地产，采用公允价值模式计量

B. 存货计量由移动平均法改为先进先出法

C. 首次执行新企业会计准则，根据准则的要求，长期股权投资由权益法改为成本法

D. 固定资产折旧由年数总和法改成直线法

答案：BC

解析：A属于初次发生采用新的会计政策，不属于会计政策变更，当然也不是会计估计变更；D是会计估计变更。

【例题6·（2016中级）】下列各项中，企业需要进行会计估计的有（　　　）。

A. 预计负债计量金额的确定　　　　　B. 应收账款未来现金流量的确定

C. 建造合同完工进度的确定　　　　　D. 固定资产折旧方法的选择

答案：ABCD

解析：以上选项均属于需要进行会计估计的事项。

【例题7·（2016CPA）】甲公司2×15年2月购置了一栋办公楼，预计使用寿命40年，为此，该公司2×15年4月30日发布公告称：经公司董事会审议通过《关于公司固定资产折旧年限会计估计变更的议案》。决定调整公司房屋建筑物的预计使用寿命，从原定的20～30年调整为20～40年。不考虑其他因素。下列关于甲公司对该公告所述折旧年限调整会计处理的表述中，正确的是（　　　）。

A. 对房屋建筑物折旧年限的变更应当作为会计政策变更并进行追溯调整

B. 对房屋建筑物折旧年限变更作为会计估计变更并应当从2×15年1月1日起开始未来适用

C. 对2×15年2月新购置的办公楼按照新的会计估计40年折旧不属于会计估计变更

D. 对因2×15年2月新购置办公楼折旧年限的确定导致对原有房屋建筑物折旧年限的变更应当作为重大会计差错进行追溯重述

答案：C

解析：选项A，固定资产折旧年限的改变属于会计估计变更；选项B，会计估计变更按照未来适用法处理，应在变更当期及以后期间确认；选项D，固定资产折旧年限的改变不作为前期差错更正处理。

【例题8·（模拟）】以下关于前期差错的处理说法正确的有（　　　）。

A. 对于重要的前期差错，确定前期差错累积影响数切实可行的，应当采用追溯调整法进行会计处理

B. 对于重要的前期差错，确定前期差错累积影响数不切实可行的，只能采用未来适用法进行会计处理

C. 对于不重要的前期差错，确定前期差错累积影响数切实可行的，应当采用追溯调整法进行会计处理，确定前期差错累积影响数不切实可行的，应当采用未来适用法进行会计处理

D. 对于不重要的前期差错，不管确定前期差错累积影响数是否切实可行，均采用未来适用法进行会计处理

答案：AD

【例题9·（2016中级）】2015年12月31日，甲公司发现应自2014年10月开始计提折旧的一项固定资产从2015年1月才开始计提折旧，导致2014年管理费用少计200万元，被认定为重大差错，税务部门允许调整2015年度的应交所得税。甲公司使用的企业所得税税率为25%，无其他纳税调整事项，甲公司利润表中的2014年度利润为500万元，并按10%提取了法定盈余公积。不考虑其他因素，甲公司更正差错时应将2015年12月31日资产负债表未分配利润项目年初余额调减为（　　　）万元。

　　A. 15　　　　　　　　B. 50　　　　　　　　C. 135　　　　　　　　D. 150

答案：C

解析：甲公司更正该差错时应将2015年12月31日资产负债表未分配利润项目年初余额调减200×（1−25%）×（1−10%）=135（万元）。相关会计分录为：

借：以前年度损益调整——管理费用		200	
贷：累计折旧			200
借：应交税费——应交所得税（200×25%）		50	
贷：以前年度损益调整——所得税费用			50
借：盈余公积		15	
利润分配——未分配利润		135	
贷：以前年度损益调整（200−50）			150

【例题10·（2011）】需调整期初未分配利润的事项（　　　）。

　　A. 前期达到预定可使用状态后的工程建设借款利息费用，错误资本化，计入资产成本

　　B. 投资性房地产后续计量模式由成本模式转为公允价值模式

　　C. 现金分红

　　D. 管理费用和销售费用错记

答案：AB

解析：A，属于重要的前期差错，确定前期差错累积影响数切实可行，应采用追溯调整法；B，投资性房地产后续计量模式的变更应当作为会计政策变更处理，按照计量模式变更时公允价值与账面价值的差额调整期初留存收益；D，属于前期差错，若重要的话，追溯调整前期相关项目，因均属于费用，不影响前期的损益，故不需调整期初未分配利润。

【例题11·（1306）】下列各项中属于会计差错的有（　　　）。

　　A. 固定资产盘亏　　　　　　　　　　　B. 存货盘盈

　　C. 疏忽或曲解事实　　　　　　　　　　D. 舞弊

　　E. 会计政策的变更　　　　　　　　　　F. 会计估计的错误运用

答案：CDF

【例题12·（2014CPA）】甲公司为某集团母公司，其与控股子公司（乙公司）会计处理存在差异的下列事项中，在编制合并财务报表时，应当作为会计政策予以统一的是（　　　）。

　　A. 甲公司产品保修费用的计提比例为售价的3%，乙公司为售价的1%

　　B. 甲公司对机器设备的折旧年限按不少于10年确定，乙公司为不少于15年

　　C. 甲公司对投资性房地产采用成本模式进行后续计量，乙公司采用公允价值模式

　　D. 甲公司对1年以内应收款项计提坏账准备的比例为期末余额的5%，乙公司为期末余额的10%

答案：C

解析：选项 A、B 和 D，属于会计估计；选项 C，属于会计政策。

【例题 13 · （1509）】某上市公司 2016 年的下列会计处理相关事项中，属于会计政策变更的有（　　）。

A. 按新的控制定义调整合并财务报表合并范围

B. 会计准则修订要求将不具有控制、共同控制和重大影响的权益性投资由长期股权投资转为可供出售金融资产

C. 公允价值计量使用的估值技术由市场法变更为收益法

D. 因处置部分股权投资丧失了对子公司的控制导致长期股权投资的后续记录方法由成本法转变为权益法

E. 将发出存货的计价方法由移动平均加权平均法改为先进先出法

答案：ABE

解析：本题是 2015CPA 真题改编，该真题前四个选项与本题相同，就不再列示。选项 C，属于会计估计变更；选项 D，由于处置股权导致的核算方法的改变，属于新的事项，不属于会计政策变更；A、B、E 属于会计政策变更。

【例题 14 · （2015CPA）】甲公司 20×4 年经董事会决议作出的下列变更中，属于会计估计变更的有（　　）。

A. 将发出存货的计价方法由移动加权平均法改为先进先出法

B. 改变离职后福利核算方法，按照新的会计准则有关设定受益计划的规定进行追溯

C. 因车流量不均衡，将高速公路收费权的摊销方法由年限平均法改为车流量法

D. 因市场条件变化，将某项采用公允价值计量的金融资产的公允价值确定方法由第一层级转变为第二层级

答案：CD

解析：选项 A 和选项 B 属于会计政策变更。

【例题 15 · （2015CPA）】下列情形中，根据会计准则规定应当重述比较期间财务报表的有（　　）。

A. 本年发现重要的前期差错

B. 因部分处置对联营企业投资将剩余长期股权投资转变为采用公允价值计量的金融资产

C. 发生同一控制下企业合并，自最终控制方取得被投资单位 60% 的股权

D. 购买日后 12 个月内对上年非同一控制下企业合并中取得的可辨认资产负债暂时确定的价值进行调整

答案：ACD

解析：选项 B，直接作为当期事项处理。

【例题 16 · （1605）】以下所述事项中，属于会计政策变更的有（　　）。

A. 投资性房地产后续计量由公允价值模式改为成本模式

B. 首次执行新准则，商品流通企业采购费用的会计处理由计入期间费用改为计入存货成本

C. 无形资产摊销方法由直线法改为年数总和法

D. 发出存货的核算由先进先出法改为每月一次加权平均法

E. 包装物由五五摊销法变为一次摊销法

答案：BD

解析：A，成本模式转为公允价值模式的，应当作为会计政策变更处理，并按计量模式变更

时公允价值与账面价值的差额调整期初留存收益。已采用公允价值模式计量的投资性房地产，不得从公允价值模式转为成本模式。本题支为伪命题。C属于会计估计变更。E属于不重要的交易或者事项采用新的会计政策，并非会计政策变更。

【例题17· （1605）】2015年某公司的下列交易或事项中，可能引起期初留存收益发生变化的有（　　　　）。

A. 固定资产盘盈

B. 投资性房地产后续计量模式由成本模式变为公允价值模式

C. 因减资导致对长期股权投资的核算由成本法变为权益法

D. 因增资导致对长期股权投资的核算由权益法变为成本法

E. 房地产企业的待售商品房转为以公允价值模式计量的投资性房地产，公允价值大于账面价值

答案：ABC

解析：A，固定资产盘盈应调整期初留存收益。B，所述情形作为会计政策变更处理，涉及调整期初留存收益。C，成本法转为权益法核算需要进行追溯调整，涉及调整期初留存收益。D，仅仅是账面价值的转换，不涉及调整期初留存收益。E，公允价值大于账面价值的部分直接计入其他综合收益，不涉及调整期初留存收益。关于现金、存货、固定资产、工程物资盘盈盘亏的总结表如下：

项目	盘盈	盘亏
现金	营业外收入	管理费用
存货	冲减管理费用	自然灾害等非常原因所致：营业外支出
		收发计量等正常原因所致：管理费用
固定资产	按照前期差错处理，追溯调整	营业外支出
工程物资	建设期间盘盈的工程物资或处置净收益，冲减所建工程项目的成本	建设期间发生的工程物资盘亏、报废及毁损，减去残料价值以及保险公司、过失人等赔款后的净损失，计入所建工程项目的成本
	工程完工后发生的工程物资盘盈计入营业外收入	工程完工后发生的工程物资盘亏、报废、毁损，计入当期营业外支出

注：①盘盈固定资产应作为前期差错处理。在按管理权限报经批准前，应通过"以前年度损益调整"科目核算。

借：固定资产

　贷：以前年度损益调整

借：以前年度损益调整

　贷：盈余公积

　　　利润分配——未分配利润

②固定资产盘亏的会计处理

借：待处理财产损溢

　贷：固定资产账面价值（将固定资产原值、累计折旧、减值准备均转销）

按管理权限报经批准后

借：其他应收款（获得赔偿的部分）

　　营业外支出——盘亏损失（待处理财产损溢——其他应收款）

　贷：待处理财产损溢

第二十四节　资产负债表日后事项

【大纲要求】

内容	程度	变化
1. 资产负债表日后事项的定义及相关会计处理	掌握	原有
2. 调整事项与非调整事项的区别与处理原则	掌握	删除

【内容精讲】

一、资产负债表日后事项的定义、涵盖期间和内容

（一）定义

定义		资产负债表日至财务报告批准报出日之间发生的有利或不利事项。它包括资产负债表日后调整事项和资产负债表日后非调整事项
几个概念	1. 资产负债表日	包括会计年度末和会计中期期末（中期是指短于一个完整的会计年度的报告期间）。年度资产负债表日是每年的 12 月 31 日；中期资产负债表日是各会计中期期末
	2. 财务报告批准报出日	董事会或类似机构批准财务报告报出的日期
	3. 有利事项和不利事项	资产负债表日后对企业财务状况和经营成果具有一定影响的事项（包括有利和不利）。如果某些事项的发生对企业并无任何影响，则不属于这里所说的资产负债表日后事项

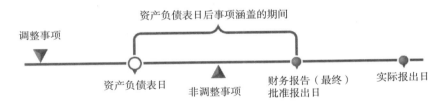

（二）资产负债表日后事项涵盖的期间

资产负债表日后事项所涵盖的期间是自资产负债表日次日起至财务报告（最终）批准报出日止的一段时间。（非资产负债表日起，非实际报出日）

【注】财务报告批准报出以后、实际报出之前又发生与资产负债表日后事项有关的事项，并由此影响财务报告对外公布日期的，应以董事会或类似机构再次批准财务报告对外公布的日期为截止日期。

【例题1·（2016 年 CPA 教材例 24－1）】某上市公司 2007 年的年度财务报告于 2008 年 2 月 20 日编制完成，注册会计师完成年度财务报表审计工作并签署审计报告的日期为 2008 年 4 月 16 日，董事会批准财务报告对外公布的日期为 2008 年 4 月 17 日，财务报告实际对外公布的日期为 2008 年 4 月 23 日，股东大会召开日期为 2008 年 5 月 10 日。

该公司 2007 年年报的资产负债表日后事项涵盖的期间为 2008 年 1 月 1 日至 2008 年 4 月 17 日。

如果在 4 月 17 日至 23 日之间发生了重大事项，需要调整财务报表相关项目的数字或需要在

财务报表附注中披露；经调整或说明后的财务报告再经董事会批准报出的日期为 2008 年 4 月 25 日，实际报出的日期为 2008 年 4 月 30 日。此时，资产负债表日后事项涵盖的期间为 2008 年 1 月 1 日至 2008 年 4 月 25 日。

【例题 2·（1509）】 甲上市公司 2012 年的财务报告批准报出日为 2013 年 4 月 26 日。该公司发生在 2013 年 1 月 1 日至 4 月 25 日的事项的会计处理中，正确的是（　　　）。

A. 2012 年销售的商品退回，原销售价格 50 万元，销售成本 30 万元。公司冲减了 2012 年利润表上营业收入和营业成本等项目，并调整了资产负债表有关的项目

B. 2013 年 3 月 20 日某债务单位发生火灾，导致应收账款中的 45 万元预计不能收回。甲公司据此作为坏账损失。调整 2012 年利润表、资产负债表的相关项目，并在财务报表附注中予以说明

C. 2012 年 12 月与乙公司发生经济诉讼事项，2013 年 2 月 4 日经双方协商，甲公司同意当日支付乙公司 8 万元作为赔偿，乙公司撤回起诉，甲公司 2013 年 2 月 5 日将此项赔偿款确认为 2012 年度的损失，并调整 2012 年度的利润表、资产负债表相关事项，但未对现金流量表有关项目调整

D. 2013 年 1 月 10 日销售的商品，于 3 月 20 日发生退货，原销售价格 20 万元，销售成本 10 万元，甲公司将其作为调整事项调整了 2012 年报表的数字

答案：AC

解析：A 项为资产负债表日后调整事项，正确；B 项错误，应为资产负债表日后非调整事项；C 项正确，请注意调整事项是不调整现金流量表的；D 项错误，应为资产负债表日后非调整事项。

（三）资产负债表日后事项的内容

资产负债表日后事项包括资产负债表日后调整事项和资产负债表日后非调整事项。具体如下：

项目	调整事项	非调整事项
定义	对资产负债表日已经存在的情况提供了新的或进一步证据的事项	表明资产负债表日后发生的情况的事项
构成内容	（1）日后诉讼案件结案：资产负债表日后诉讼案件结案，法院判决证实了企业在资产负债表日已经存在现时义务，需要调整原先确认的与该诉讼案件相关的预计负债，或确认一项新负债 （2）日后表明资产负债表日发生减值：资产负债表日后取得确凿证据，表明某项资产在资产负债表日发生了减值或者需要调整该项资产原先确认的减值金额 （3）购入资产的成本或售出资产的收入的进一步确认：资产负债表日后进一步确定了资产负债表日前购入资产的成本或售出资产的收入 （4）资产负债表日后发现了财务报表舞弊或差错	（1）资产负债表日后发生重大诉讼、仲裁、承诺 （2）资产负债表日后资产价格、税收政策、外汇汇率发生重大变化 （3）资产负债表日后因自然灾害导致资产发生重大损失 （4）资产负债表日后发行股票和债券以及其他巨额举债 （5）资产负债表日后资本公积转增资本 （6）资产负债表日后发生巨额亏损 （7）资产负债表日后发生企业合并或处置子公司 （8）资产负债表日后，企业利润分配方案中拟分配的以及经审议批准宣告发放的股利或利润

注：①对于调整事项，不管其是否重要均应调整，调整后不需另行披露。

②注意资产负债表日后事项中"差错"的处理，与"前期差错"处理有所不同，对于前期差错重要的则需要追溯调整，不重要的采用未来适用法，调整当期即可，而资产负债表日后事项中"差错"不管其是否重要、金额大小均应调整报告期的数字。例如，甲公司是一家大型上市公司，公司 2012 年财务报告批准报出为 2013 年 3 月 31 日，实际报出日为 4 月 1 日。2013 年 2 月 27 日，甲公司发现 2012 年一项固定资产忘记计提折旧，折旧为 100 元，此时甲公司应调整 2012 年度报告，调增 100 元折旧费，并调减固定资产账面价值 100 元。若公司 2013 年 4 月 2 日在编报 2013 年一季报的时候发现上述事项，则直接在 2014 年 4 月补提折旧，计入当期即可，无须追溯调整。

二、资产负债表日后事项的会计处理

（一）调整事项与非调整事项的区别

1. 判断标准

对于资产负债表日后事项，若在资产负债表日或之前已经存在，则属于调整事项；反之，则属于非调整事项。

（1）同一性质的事项可能是调整事项，也可能是非调整事项，这取决于该事项表明的情况是在资产负债表日或资产负债表日以前已经存在或发生还是在资产负债表日后才发生的。（如销售退回，资产负债表日后期间内退回的若是资产负债表日或之前销售的则作为资产负债表日后调整事项处理，若是在资产负债表批准报出日之后退回的，即不是在日后期间退回的，则直接冲减退回当期的收入、成本）

（2）企业会计准则以列举的方式说明了资产负债表日后事项中，哪些属于调整事项，哪些属于非调整事项，但并没有列举详尽。实务中，会计人员应按照资产负债表日后事项的判断原则，确定资产负债表日后发生的事项中哪些属于调整事项，哪些属于非调整事项。

（3）资产负债表日至财务报告批准报出日之间存货售价发生波动的，如有确凿证据表明其对资产负债表日存货已经存在的情况提供了新的证据，应当作为调整事项进行处理；否则，作为非调整事项处理。

2. 调整事项与非调整事项例题

【例题 1·（2016 年 CPA 教材例 24 -3）】 乙公司欠甲公司货款 2 000 万元，至 2007 年 12 月 31 日，乙公司尚未付款。假定甲公司在编制 2007 年度财务报告时有两种情况：（1）2007 年 12 月 31 日甲公司根据掌握的资料判断，乙公司有可能破产清算，估计该应收账款将有 20% 无法收回，故按 20% 的比例计提坏账准备；2008 年 1 月 20 日，甲公司收到通知，乙公司已被宣告破产清算，甲公司估计有 70% 的债权无法收回。（2）2007 年 12 月 31 日乙公司的财务状况良好，甲公司预计应收账款可按时收回；2008 年 1 月 20 日，乙公司发生重大火灾，导致甲公司 50% 的应收账款无法收回。

2008 年 3 月 15 日，甲公司的财务报告经批准对外公布。

本例中，（1）导致甲公司应收账款无法收回的事实是乙公司财务状况恶化，该事实在资产负债表日已经存在，乙公司被宣告破产只是证实了资产负债表日乙公司财务状况恶化的情况，因此，乙公司破产导致甲公司应收款项无法收回的事项属于调整事项。

（2）导致甲公司应收账款损失的因素是火灾，火灾是不可预计的，应收账款发生损失这一事实在资产负债表日以后才发生，因此乙公司发生火灾导致甲公司应收款项发生坏账的事项属于非调整事项。

【例题 2·（2008）】 某上市公司 2007 年度财务报告批准报出日为 3 月 20 日，该公司于 2008 年 2 月 10 日发生地震，致使 2007 年购入的存货发生毁损 300 万元，注册会计师要求作为资产负债表日后非调整事项处理。

答案：√

【例题 3·（2009）】 甲公司 2008 年度财务报告批准报出日为 2009 年 3 月 30 日，实际对外公布日期为 2009 年 4 月 3 日。该公司 2009 年发生的下列事项中，应作为资产负债表日后调整事项的有（　　）。

A. 3 月 1 日发现 2008 年 10 月一项固定资产尚未入账

B. 4 月 2 日甲公司从银行借入 8 000 万元长期借款签订重大资产抵押合同

C. 2 月 1 日，与丁公司签订的债务重组协议执行完毕，该协议是甲公司与丁公司于 2009 年

1月5日签订的

　　D. 3月10日甲公司被法院判决败诉，并要求支付赔款1 000万元，此项诉讼是甲公司2008年的未决诉讼，甲公司已于2008年末确认预计负债600万元

　　答案：AD

　　解析：B发生事项不在资产负债表日后期间，不属于日后事项；C属于非调整事项。

　　【例题4·（2010）】甲公司2009年度财务报告批准报出日为2010年3月10日，以下事项或交易中属于资产负债表日后调整事项的有（　　）。

　　A. 2010年2月10日，甲公司因雪灾财产受到严重损失

　　B. 2010年2月8日，甲公司收到法院判决，公司败诉，需赔偿1 000万元，该诉讼是2009年10月乙公司起诉的，至2009年12月31日尚未收到法院判决，甲公司已确认预计负债800万元

　　C. 2010年2月一批商品发生销售退回，该批商品是甲公司2010年1月15日销售的

　　D. 截至2009年12月31日，甲公司应收丙公司款项1 000万元，截至年末，丙公司运行正常，甲公司按照应收账款余额的5%计提了坏账准备，2010年2月丙公司突发火灾，导致甲公司1 000万元的应收款无法收回

　　答案：B

　　解析：C，销售退回的事项在资产负债表日及其以前并不存在，应于退回日直接冲减当期收入、成本。本题该批销售的货物如果是2009年某月或更早之前销售的，则应作为调整事项处理。

　　【例题5·（2011）】甲公司2010年度财务报告批准报出日为2011年3月20日，甲公司以下交易或事项中属于资产负债表日后调整事项的有（　　）。

　　A. 应收乙公司账款2010年末已经计提20%坏账准备，2010年12月31日乙公司遭遇严重自然灾害，损失惨重，甲公司预计90%的款项无法收回。甲公司于2011年2月15日获知此消息

　　B. 2011年2月10日，甲公司收到法院传票，因产品质量纠纷，乙公司起诉甲公司，并要求巨额赔偿

　　C. 甲公司在2010年11月20日为丁公司提供担保，因丁公司财务状况恶化，无法支付逾期的银行借款，贷款银行于2011年3月15日要求甲公司按照合同约定履行债务担保责任。丁公司财务状况于2010年底便已明显恶化，甲公司2010年度财务报告未确认与该担保事项相关的预计负债

　　D. 甲公司在2011年3月10日，董事会通过了利润分配预案

　　答案：AC

　　【例题6·（2012）】甲公司2011年度财务报告批准报出日为2012年3月30日，以下属于资产负债表日后非调整事项的有（　　）。

　　A. 2012年2月10日，因产品质量问题收到客户退回一批货物，该货物是2011年10月销售给该客户的

　　B. 2012年3月30日董事会宣告分配现金股利

　　C. 2011年12月28日拿到发行批文，2012年2月15日发行新股1亿股

　　D. 2012年2月8日发现2010年漏记固定资产折旧0.03万元

　　答案：BC

　　解析：D属于资产负债表日后发现的差错，不管其金额大小，均应予以调整。

　　【例题7·（1306）】甲公司是外贸企业，2012年度财务报告批准报出日为2013年3月31日，以下属于资产负债表日后非调整事项的有（　　）。

　　A. 甲公司一项无形资产账面价值5 000万元，因技术升级，2013年2月甲公司知悉在2012

年底市场上出现的一种新技术完全可以替代甲公司该项无形资产的功能，而该项技术的取得仅需 2 000 万元

B. 2013 年 3 与 10 日甲公司控股股东股票限售期满，控股股东减持股份

C. 2013 年 3 月 10 日，美元兑人民币汇率出现大幅变动

D. 2013 年 2 月 15 日，甲公司以资本公积 1 亿元转增股本 1 亿股

E. 2013 年 3 月 5 日，甲公司以 2 亿元价格将其全资子公司乙公司出售

答案：BCDE

【例题 8·（1406）】下列关于资产负债表日后事项的表述正确的有（　　　）。

A. 资产负债表日后事项中，企业制订利润分配方案，经批准后宣告发放现金股利，属于非调整事项，但应当披露该信息

B. 资产负债表日后事项中，企业制订利润分配方案，经批准后发放股票股利，属于非调整事项，但应当披露该信息

C. 资产负债表日后事项的非调整事项均应在附注中进行披露

D. 资产负债表日后事项是指资产负债表日至财务报告批准报出日之间发生的有利或不利事项，包括调整事项和非调整事项

答案：ABD

解析：C，重要的非调整事项在附注中披露，不重要的无须披露。

【例题 9·（1406）】甲公司 2012 年度财务报告经董事会批准对外公布的日期为 2013 年 4 月 5 日，实际报出日为 4 月 7 日，2013 年甲公司发生的下列事项应作为资产负债表日后调整事项的有（　　　）。

A. 2013 年 4 月 6 日宣告分派股票股利

B. 2013 年 4 月 6 日审计时发现 2012 年 12 月底有项固定资产盘盈未入账

C. 2013 年 3 月 10 日甲公司被法院判决败诉，并要求支付赔款 1 000 万元，此项诉讼是甲公司 2012 年的未决诉讼，甲公司已于 2012 年末确认预计负债 600 万元

D. 2013 年 2 月 1 日，与丁公司签订的债务重组协议执行完毕，该协议是甲公司与丁公司于 2013 年 1 月 5 日签订的

答案：C

【例题 10·（2007CPA）】在报告年度资产负债表日至财务报告批准报出日之间发生的下列事项中，属于资产负债表日后调整事项的有（　　　）。

A. 发现报告年度财务报表存在严重舞弊

B. 发现报告年度会计处理存在重大差错

C. 国家发布对企业经营业绩将产生重大影响的产业政策

D. 发现某商品销售合同在报告年度资产负债表日已成为亏损合同的证据

E. 为缓解报告年度资产负债表日以后存在的资金紧张状况而发行巨额公司债券

答案：ABD

解析：选项 C 和选项 E 属于资产负债表日后非调整事项。

【例题 11·（1505）】甲股份有限公司 2010 年度财务报告批准对外报出日为 2011 年 3 月 30 日，实际对外报出日为 2011 年 4 月 3 日。该公司 2011 年 1 月 1 日至 4 月 3 日发生的下列事项中，应当作为资产负债表日后事项中的调整事项的有（　　　）。

A. 3 月 1 日发现 2010 年 10 月接受捐赠获得的一项固定资产尚未入账

B. 3月11日临时股东大会决议购买乙公司51%的股权并于4月2日执行完毕

C. 4月2日甲公司为从丙银行借入8 000万元长期借款而签订重大资产抵押合同

D. 2月1日与丁公司签订的债务重组协议执行完毕，该债务重组协议是甲公司于2011年1月5日与丁公司签订的

E. 3月10日甲公司被法院判决败诉并要求支付赔款1 000万元，对此项诉讼甲公司已于2010年末确认预计负债800万元

答案：AE

解析：3月1日发现2010年10月接受捐赠获得的一项固定资产尚未入账，是会计差错，属于调整事项；3月10日甲公司被法院判决败诉并要求支付赔款1 000万元，对此项诉讼甲公司已于2010年末确认预计负债800万元，属于调整事项。

【例题12·（2015中级）】企业对该资产负债表日后调整事项进行会计处理时，下列报告年度财务报表项目中，不应调整的是（　　）。

A. 损益类项目　　　　B. 应收账款项目　　　　C. 货币资金项目　　　　D. 所有者权益类项目

答案：C

解析：资产负债表日后调整事项中涉及的货币资金，是本年度的现金流量，不影响报告年底的现金项目，所以不能调整报告年度资产负债表的货币资金项目。

【例题13·（2014CPA）】甲公司20×3年财务报表于20×4年4月10日对外报出。假定其20×4年发生的下列有关事项均具有重要性，甲公司应当据以调整20×3年财务报表的是（　　）。

A. 5月2日，自20×3年9月即已开始策划的企业合并交易获得股东大会批准

B. 4月15日，发现20×3年一项重要交易会计处理未充分考虑当时情况，导致虚增20×3年利润

C. 3月12日，某项于20×3年资产负债表日已存在的未决诉讼结案，由于新的司法解释出台，甲公司实际支付赔偿金额大于原已确认的预计负债

D. 4月10日，因某客户所在地发生自然灾害造成重大损失，导致甲公司20×3年资产负债表日应收该客户货款按新的情况预计的坏账高于原预计金额

答案：C

解析：选项A和选项B不属于资产负债表日后事项期间发生的交易或事项；选项D，因自然灾害导致的重大损失，属于非调整事项。

【例题14·（2015CPA）】20×4年财务报告于20×5年3月20日对外报出，其于20×5年发生的下列交易事项中，应作为20×4年调整事项处理的有（　　）。

A. 1月20日，收到客户退回的部分商品，该商品于20×4年9月确认销售收入

B. 3月18日，甲公司的子公司发布20×4年经审计的利润，根据购买该子公司协议约定，甲公司在原预计或有对价基础上向出售方多支付1 600万元

C. 2月25日发布重大资产重组公告，发行股份收购一家下游企业100%的股权

D. 3月10日，20×3年被提起诉讼的案件结案，法院判决甲公司赔偿金额与原预计金额相差1 200万元

答案：ABD

解析：选项C属于非调整事项。

【例题15·（2016中级）】在资产负债表日后至财务报告批准报出日前发生的下列事项中，属于资产负债表日后调整事项的有（　　）。

A. 因汇率发生重大变化导致企业持有的外币资金出现重大汇兑损失

B. 企业报告年度销售给某主要客户的一批产品因存在质量缺陷被退回

C. 报告年度未决诉讼经人民法院判决败诉，企业需要赔偿的金额大幅超过已确认的预计负债

D. 企业获悉某主要客户在报告年度发生重大火灾，需要大额补提报告年度应收该客户账款的坏账准备

答案：BCD

解析：选项 A，因汇率发生重大变化导致企业持有的外币资金出现重大汇兑损失属于资产负债表日后非调整事项。

【例题 16·（2016CPA）】 甲公司 2×15 年 3 月 20 日披露 2×14 年财务报告。2×15 年 3 月 3 日，甲公司收到所在地政府于 3 月 1 日发布的通知，规定自 2×13 年 6 月 1 日起，对装机容量在 2.5 万千瓦及以上有发电收入的水库和水电站，按照上网电量 8 厘/千瓦时征收库区基金。按照该通知界定的征收范围，甲公司所属已投产电站均需缴纳库区基金。不考虑其他因素，下列关于甲公司对上述事项会计处理的表述中，正确的是（　　）。

A. 作为 2×15 年发生的事项在 2×15 年财务报表中进行会计处理

B. 作为会计政策变更追溯调整 2×14 年财务报表的数据并调整相关的比较信息

C. 作为重大会计差错追溯重述 2×14 年财务报表的数据并重述相关的比较信息

D. 作为资产负债表日后调整事项调整 2×14 年财务报表的当年发生数及年末数

答案：D

解析：资产负债表日后期间发生的政策变更，应该按照资产负债表日后调整事项的原则处理，选项 D 正确。

（二）调整事项与非调整事项的处理原则

1. 调整事项的处理原则

总体原则	资产负债表日后发生的调整事项，应当如同资产负债表所属期间发生的事项一样，作出相关账务处理，并对资产负债表日已经编制的财务报表进行调整（这里的财务报表包括资产负债表、利润表及所有者权益变动表等内容，但不包括现金流量表正表）
具体原则	资产负债表日后发生的调整事项，应当分以下情况进行处理
	（1）涉及损益的事项，通过"以前年度损益调整"科目核算，调整完成后，应将"以前年度损益调整"科目的贷方或借方余额，转入"利润分配——未分配利润"科目
	（2）涉及利润分配调整的事项，直接在"利润分配——未分配利润"科目核算
	（3）不涉及损益以及利润分配的事项，调整相关科目
	（4）通过上述账务处理后，还应同时调整财务报表相关项目的数字，包括 ①资产负债表日编制的财务报表相关项目的期末数或本年发生数 ②当期编制的财务报表相关项目的期初数或上年数 ③经过上述调整后，如果涉及报表附注内容的，还应当调整报表附注相关项目的数字

【例题 17·（2016 年 CPA 教材例 24 - 4）】 资产负债表日后诉讼案件结案，法院判决证实了企业在资产负债表日已经存在现时义务，需要调整原先确认的与该诉讼案件相关的预计负债，或确认一项新负债。

甲公司与乙公司签订一项销售合同，合同中订明甲公司应在 20×7 年 8 月销售给乙公司一批物资。由于甲公司未能按照合同发货，致使乙公司发生重大经济损失。20×7 年 12 月，乙公司

将甲公司告上法庭，要求甲公司赔偿450万元。20×7年12月31日法院尚未判决，甲公司按或有事项准则对该诉讼事项确认预计负债300万元。20×8年2月10日，经法院判决甲公司应赔偿乙公司400万元。甲、乙双方均服从判决。判决当日，甲公司向乙公司支付赔偿款400万元。甲、乙两公司20×7年所得税汇算清缴均在20×8年3月20日完成（假定该项预计负债产生的损失不允许在预计时税前抵扣，只有在损失实际发生时，才允许税前抵扣）。

本例中，20×8年2月10日的判决证实了甲、乙两公司在资产负债表日（20×7年12月31日）分别存在现时赔偿义务和获赔权利，因此两公司都应将"法院判决"这一事项作为调整事项进行处理。甲公司和乙公司20×7年所得税汇算清缴均在20×8年3月20日完成，因此，应根据法院判决结果调整报告年度应纳税所得额和应纳所得税税额。

（1）甲公司的账务处理如下：

①20×7年12月31日，确认预计负债　　　　　　　从调整的角度，最终的结果是

借：营业外支出　　　3 000 000　　　　　借：营业外支出　　　4 000 000

　　贷：预计负债　　　3 000 000　　　　　　贷：其他应付款　　　4 000 000

借：递延所得税资产　750 000　　　　　　借：应交税费——应交所得税

　　　　　　　　　　　　　　　　　　　　　　　　　　　　　　　1 000 000

　　贷：所得税费用　　750 000　　　　　　贷：所得税费用　　　1 000 000

②20×8年2月10日，记录支付的赔款，并调整递延所得税资产

借：以前年度损益调整　　　　　　　　　　　　　　　　　1 000 000

　　预计负债　　　　　　　　　　　　　　　　　　　　　3 000 000

　　贷：其他应付款　　　　　　　　　　　　　　　　　　4 000 000

借：应交税费——应交所得税　　　　　　　　　　　　　　1 000 000

　　贷：以前年度损益调整　　　　　　　　　　　　　　　1 000 000

借：以前年度损益调整　　　　　　　　　　　　　　　　　750 000

　　贷：递延所得税资产　　　　　　　　　　　　　　　　750 000

借：其他应付款　　　　　　　　　　　　　　　　　　　　4 000 000

　　贷：银行存款　　　　　　　　　　　　　　　　　　　4 000 000

注：20×7年末因确认预计负债300万元时已确认相应的递延所得税资产，资产负债表日后事项发生后递延所得税资产不复存在，故应冲销相应记录。

③将"以前年度损益调整"科目余额转入未分配利润

借：利润分配——未分配利润　　　　　　　　　　　　　　750 000

　　贷：以前年度损益调整　　　　　　　　　　　　　　　750 000

④因净利润变动，调整盈余公积

借：盈余公积（750 000×10%）　　　　　　　　　　　　75 000

　　贷：利润分配——未分配利润　　　　　　　　　　　　75 000

⑤调整报告年度报表

a. 资产负债表项目的年末数调整

调减递延所得税资产75万元；调增其他应付款400万元，调减应交税费100万元，调减预计负债300万元；调减盈余公积7.5万元，调减未分配利润67.5万元。

b. 利润表项目的调整

调增营业外支出100万元，调减所得税费用25万元，调减净利润75万元。

c. 所有者权益变动表项目的调整

调减净利润 75 万元，提取盈余公积项目中盈余公积一栏调减 7.5 万元，未分配利润一栏调减 67.5 万元。

（2）乙公司的账务处理如下：

①20×8 年 2 月 10 日，记录收到的赔款，并调整应交所得税

借：其他应收款　　　　　　　　　　　　　　　　　　　　　　　　　4 000 000
　　贷：以前年度损益调整　　　　　　　　　　　　　　　　　　　　　　　　4 000 000
借：以前年度损益调整　　　　　　　　　　　　　　　　　　　　　　　1 000 000
　　贷：应交税费——应交所得税　　　　　　　　　　　　　　　　　　　　　1 000 000
借：银行存款　　　　　　　　　　　　　　　　　　　　　　　　　　　4 000 000
　　贷：其他应收款　　　　　　　　　　　　　　　　　　　　　　　　　　　4 000 000

②将"以前年度损益调整"科目余额转入未分配利润

借：以前年度损益调整　　　　　　　　　　　　　　　　　　　　　　　3 000 000
　　贷：利润分配——未分配利润　　　　　　　　　　　　　　　　　　　　　3 000 000

③因净利润增加，补提盈余公积

借：利润分配——未分配利润　　　　　　　　　　　　　　　　　　　　　300 000
　　贷：盈余公积　　　　　　　　　　　　　　　　　　　　　　　　　　　　300 000

④调整报告年度财务报表相关项目的数字

a. 资产负债表项目的年末数调整

调增其他应收款 400 万元，调增应交税费 100 万元，调增盈余公积 30 万元，调增未分配利润 270 万元。

b. 利润表项目的调整

调增营业外收入 400 万元，调增所得税费用 100 万元，调增净利润 300 万元。

c. 所有者权益变动表项目的调整

调增净利润 300 万元，提取盈余公积项目中盈余公积一栏调增 30 万元，未分配利润一栏调减 30 万元。

【例题 18·（张志凤 2016CPA 讲义）】 A 公司 2014 年 10 月与乙公司签订一项供销合同，由于 A 公司未按合同发货，致使乙公司发生重大经济损失。被乙公司起诉，至 2014 年 12 月 31 日法院尚未判决。A 公司 2014 年 12 月 31 日在资产负债表中的"预计负债"项目反映了 1 000 万元的赔偿款。2015 年 3 月 5 日经法院判决，A 公司需偿付乙公司经济损失 1 200 万元。A 公司不再上诉，并假定赔偿款已经支付。A 公司 2014 年度财务报告批准报出日为 2015 年 4 月 28 日，报告年度资产负债表中有关项目调整的正确处理方法是（　　　）。

A. "预计负债"项目调增 200 万元；"其他应付款"项目调整 0

B. "预计负债"项目调减 1 000 万元；"其他应付款"项目调增 1 200 万元

C. "预计负债"项目调增 200 万元；"其他应付款"项目调增 1 200 万元

D. "预计负债"项目调减 1 200 万元；"其他应付款"项目调增 200 万元

答案：B

解析：应冲减原确认的预计负债，并将 A 公司需偿付乙公司经济损失 1 200 万元反映在其他应付款中。

【例题 19·（张志凤 2016CPA 讲义）】 资产负债表日后取得确凿证据，表明某项资产在资

产负债表日发生了减值或者需要调整该项资产原先确认的减值金额。

甲公司20×9年6月销售给乙公司一批物资，货款为2 000 000元（含增值税）。乙公司于7月收到所购物资并验收入库。按合同规定，乙公司应于收到所购物资后3个月内付款。由于乙公司财务状况不佳，到20×9年12月31日仍未付款。甲公司于20×9年12月31日已为该项应收账款计提坏账准备100 000元。20×9年12月31日资产负债表上"应收账款"项目的金额为4 000 000元，其中1 900 000元为该项应收账款。甲公司于2×10年2月3日（所得税汇算清缴前）收到人民法院通知，乙公司已宣告破产清算，无力偿还所欠部分货款。甲公司预计可收回应收账款的60%。

本例中，甲公司在收到人民法院通知后，首先可判断该事项属于资产负债表日后调整事项。甲公司原对应收乙公司账款计提了100 000元的坏账准备，按照新的证据应计提的坏账准备为800 000元（2 000 000×40%），差额700 000元应当调整20×9年度财务报表相关项目的数字。

甲公司的账务处理如下：

（1）补提坏账准备

应补提的坏账准备=2 000 000×40%-100 000=700 000（元）

借：以前年度损益调整——资产减值损失	700 000	
贷：坏账准备		700 000

（2）调整递延所得税资产

借：递延所得税资产	175 000	
贷：以前年度损益调整——所得税费用		175 000（700 000×25%）

（3）将"以前年度损益调整"科目的余额转入未分配利润

借：利润分配——未分配利润	525 000	
贷：以前年度损益调整		525 000

（4）因净利润减少，调减盈余公积

借：盈余公积——法定盈余公积	52 500	
贷：利润分配——未分配利润		52 500（525 000×10%）

（5）调整报告年度财务报表相关项目的数字（财务报表略）

①资产负债表项目的调整

调减应收账款700 000元，调增递延所得税资产175 000元；调减盈余公积52 500元，调减未分配利润472 500元。

②利润表项目的调整

调增资产减值损失700 000元，调减所得税费用175 000元，调减净利润525 000元。

③所有者权益变动表项目的调整

调减净利润525 000元；提取盈余公积项目中盈余公积一栏调减52 500元，未分配利润调减472 500元。

（6）调整2×10年2月资产负债表相关项目的年初数（资产负债表略）

甲公司在编制2×10年1月的资产负债表时，按照调整前20×9年12月31日的资产负债表的数字作为资产负债表的年初数，由于发生了资产负债表日后调整事项，甲公司除了调整20×9年度资产负债表相关项目的数字外，还应当调整2×10年2月资产负债表相关项目的年初数，其年初数按照20×9年12月31日调整后的数字填列。

【例题20·（2016年CPA教材例11-6）】 资产负债表日后进一步确定了资产负债表日前购

入资产的成本或售出资产的收入，非日后事项及日后事项销售退回详解。甲公司是一家健身器材销售公司。20×7 年 1 月 1 日，甲公司向乙公司销售 5 000 件健身器材，单位销售价格为 500 元，单位成本为 400 元，开出的增值税专用发票上注明的销售价款为 2 500 000 元，增值税税额为 425 000 元。协议约定，乙公司应于 2 月 1 日之前支付货款，在 6 月 30 日之前有权退还健身器材。健身器材已经发出，款项尚未收到。假定甲公司根据过去的经验，估计该批健身器材退货率约为 20%；健身器材发出时纳税义务已经发生；实际发生销售退回时取得税务机关开具的红字增值税专用发票。

甲公司的账务处理见下表左侧，如果题目中20×6 年 12 月 1 日销售，在 20×7 年 3 月 30 日发生销售退回，资产负债表于 4 月 18 日批准报出，为资产负债表日后调整事项，会计分录如下表右侧。

①1 月 1 日发出健身器材时 借：应收账款　　　　　　2 925 000 　　贷：主营业务收入　　　2 500 000 　　　　应交税费——应交增值税（销项税额） 　　　　　　　　　　　　425 000 借：主营业务成本　　　　2 000 000 　　贷：库存商品　　　　　2 000 000	①12 月 1 日发出健身器材时 借：应收账款　　　　　　2 925 000 　　贷：主营业务收入　　　2 500 000 　　　　应交税费——应交增值税（销项税额）425 000 借：主营业务成本　　　　2 000 000 　　贷：库存商品　　　　　2 000 000
②1 月 31 日确认估计的销售退回时 借：主营业务收入　　　　500 000 　　贷：主营业务成本　　　400 000 　　　　预计负债　　　　　100 000	②12 月 31 日确认估计的销售退回时 借：主营业务收入　　　　500 000 　　贷：主营业务成本　　　400 000 　　　　预计负债　　　　　100 000 借：递延所得税资产　　　25 000 　　贷：所得税费用　　　　25 000
③2 月 1 日前收到货款时 借：银行存款　　　　　　2 925 000 　　贷：应收账款　　　　　2 925 000	③2 月 1 日前收到货款时 借：银行存款　　　　　　2 925 000 　　贷：应收账款　　　　　2 925 000
④6 月 30 日发生销售退回，实际退货量为 1 000 件，款项已经支付 借：库存商品　　　　　　400 000 　　应交税费——应交增值税（销项税额） 　　　　　　　　　　　　85 000 　　预计负债　　　　　　100 000 　　贷：银行存款　　　　　585 000 如果实际退货量为 800 件时 借：库存商品　　　　　　320 000 　　应交税费——应交增值税（销项税额） 　　　　　　　　　　　　68 000 　　主营业务成本　　　　80 000 　　预计负债　　　　　　100 000 　　贷：银行存款　　　　　468 000 　　　　主营业务收入　　　100 000 如果实际退货量为 1 200 件时 借：库存商品　　　　　　480 000 　　应交税费——应交增值税（销项税额） 　　　　　　　　　　　　102 000	④A. 3 月 30 日发生销售退回，实际退货量为 1 000 件，款项已经支付 借：库存商品　　　　　　400 000 　　应交税费——应交增值税（销项税额） 　　　　　　　　　　　　85 000 　　预计负债　　　　　　100 000 　　贷：银行存款　　　　　585 000 借：应交税金——应交所得税 　　　　　　　　25 000（汇算清缴前） 　　贷：递延所得税资产　　25 000 B. 次年 3 月 30 日，如果实际退货量为 800 件 借：库存商品　　　　　　320 000 　　应交税费——应交增值税（销项税额） 　　　　　　　　　　　　68 000 　　预计负债　　　　　　80 000 　　贷：银行存款　　　　　468 000 借：应交税金——应交所得税 　　　　　　　　20 000（汇算清缴前） 　　贷：递延所得税资产　　20 000

主营业务收入	100 000
预计负债	100 000
贷：主营业务成本	80 000
银行存款	702 000

⑤6 月 30 日之前如果没有发生退货

借：主营业务成本	400 000
预计负债	100 000
贷：主营业务收入	500 000

即②的相反分录。

如果到 6 月 30 日，还是只有 800 件退回，退货期已过，将预计负债冲回。

借：主营业务成本	80 000
预计负债	20 000
贷：主营业务收入	100 000
借：所得税费用	5 000
贷：递延所得税资产	5 000

C. 次年 3 月 30 日，如果实际退货量为 1 200 件

借：库存商品	480 000
应交税费——应交增值税（销项税额）	
	102 000
以前年度损益调整——主营业务收入	
	100 000
预计负债	100 000
贷：以前年度损益调整——主营业务成本	80 000
银行存款	702 000

20×6 年所得税还没有汇算清缴，则调整应交税金

借：应交税金——应交所得税	30 000
贷：以前年度损益调整——所得税费用	5 000
递延所得税资产	25 000

20×6 年所得税已经汇算清缴，则调整以前年度损益调整——所得税费用

借：递延所得税资产	5 000
贷：以前年度损益调整——所得税费用	5 000
借：盈余公积	1 500
利润非配——未分配利润	13 500
贷：以前年度损益调整	15 000

⑤次年 3 月 30 日，如果没有发生退货

预计负债不动，不用调整分录，不是日后事项

6 月 30 日之前如果没有发生退货

借：主营业务成本	400 000
预计负债	100 000
贷：主营业务收入	500 000

即②的相反分录。

| 借：所得税费用 | 25 000 |
| 　贷：递延所得税资产 | 25 000 |

【例题 21·（1605）】甲公司为增值税一般纳税人，适用的增值税税率为 17%，2015 年 12 月 1 日与乙公司签订产品销售合同。合同约定，甲公司向乙公司销售 A 产品 10 件，单价 6 000 元（不含增值税税额），单位成本价为 5 000 元；乙公司在产品发出后 1 个月内支付款项，乙公司收到 A 产品后 5 个月内如发生质量问题有权退货。甲公司 2015 年 12 月 25 日发出 A 产品，并开具增值税专用发票，根据历史经验，甲公司估计 A 产品的退货率为 20%。至 2015 年 12 月 31 日止，上述已销售的 A 产品尚未发生退货，甲公司于 2015 年度财务报告批准对外报出前，A 产品尚未发生退货；至 2016 年退货期满，2015 年售出的 A 产品实际退货率为 25%，所得税税率为

25％，不考虑其他因素的影响，甲公司因销售 A 产品对 2015 年利润总额的影响是（　　）万元。

  A. 2.7   B. 0.8   C. 3.2   D. 0

  E. 3.0

  答案：B

  解析：本题考查的是销售退回的会计处理，本题日后事项期间未发生退货（"甲公司于 2015 年度财务报告批准对外报出前，A 产品尚未发生退回"），应根据退货期满实际退货率 25％与原估计退货率 20％的差额调整 2016 年的收入和成本。甲公司因销售 A 产品对 2015 年利润总额的影响 = 10 ×（6 000 - 5 000）×（1 - 20％）= 8 000（元）。

  【例题 22 ·（1412）】 甲企业 2013 年 11 月 3 日，销售 10 万件产品给乙企业，售价 20 元，成本 10 元，约定保质期 5 个月，如果发生质量问题，5 个月内可以退回。甲企业已于 2013 年 12 月 31 日，根据以往的经验确认可能的退货率为 10％。2014 年 3 月 31 日，甲公司 2013 年的会计报表经批准报出，截至 2014 年 3 月 31 日，实际退货率为 5％，不考虑所得税的影响，2013 年甲公司报表以下说法正确的有（　　）万元。

  A. 确认预计负债 100   B. 确认预计负债 50

  C. 对甲公司的利润影响 95   D. 对甲公司的利润影响 90

  E. 对甲公司的利润影响 100

  答案：D

  解析：本题考的是资产负债表日后事项（涵盖的期间）和附有销售退回条件的商品销售的会计处理。

  账务处理如下：

  （1）11 月 3 日销售时

  借：应收账款   234

    贷：主营业务收入   200

      应交税费——应交增值税（销项税额）   34

  同时结转成本

  借：主营业务成本   100

    贷：库存商品   100

  （2）2013 年 11 月 30 日估计的 10％销售退回

  借：主营业务收入   20

    贷：主营业务成本   10

      预计负债   10

  （3）2014 年 3 月 31 日，实际退货率为 5％，调整预计负债

  借：库存商品   5

    应交税金——应交增值税（销项税额）   1.7

    预计负债   5（把预计负债理解为主营业务收入和主营业务成本）

    贷：银行存款   11.7

  【例题 23 ·（1611）】 某公司适用的所得税税率为 25％，2014 年度财务报告批准报出日为 2015 年 4 月 30 日，2014 年所得税汇算清缴于 2015 年 4 月 30 日完成，公司在 2015 年 1 月 1 日至 4 月 30 日发生下列事项，（1）2015 年 4 月 15 日公司在一起历时半年的违约诉讼中败诉，支付赔

偿金 500 万元，公司在 2014 年末已确认预计负债 520 万元，税法规定该诉讼损失实际发生时允许税前扣除。（2）2015 年 4 月 20 日，因产品质量原因，客户将 2014 年 12 月 10 日购入的一批大额商品退回，全部价款为 500 万元，成本为 400 万元，则下列说法中，正确的有（　　　　）。

A. 因产品退回，冲减 2014 年利润表营业收入 500 万元、营业成本 400 万元

B. 因产品退回，冲减 2015 年利润表营业收入 500 万元、营业成本 400 万元

C. 法院判决违约损失，应在 2014 年资产负债表中调整减少预计负债 20 万元

D. 法院判决违约损失，应在 2014 年资产负债表中调整减少递延所得税资产 5 万元

E. 法院判决违约损失，公司应支付赔偿金 500 万元，不影响 2014 年现金流量表正表

答案：AE

解析：（1）2014 年末已确认预计负债 520 万元

借：营业外支出　　　　　　　　　　　　　　　　　　　　　　520

　　贷：预计负债　　　　　　　　　　　　　　　　　　　　　　　　520

借：递延所得税资产　　　　　　　　　　　　　　　　　　　　105

　　贷：所得税费用　　　　　　　　　　　　　　　　　　　　　　　105

（2）2015 年，资产负债表日后期间实际支付违约金 500 万元

借：预计负债　　　　　　　　　　520（C 项认为调整预计负债 20 万元错误）

　　贷：以前年度损益调整　　　　　　　　　　　　　　　　　　　　　20

　　　　其他应付款　　　　　　　　　　　　　　　　　　　　　　　500

借：应交税费——应交所得税　　　　　　　　　　　　　　　　125

　　贷：以前年度损益调整　　　　　　　　　　　　　　　　　　　　125

借：以前年度损益调整　　　　　　　　　　　　　　　　　　　105

　　贷：递延所得税资产　　　　105（D 项调整减少递延所得税资产 5 万元错误）

借：其他应付款　　　　　　　　　　　　　　　　　　　　　　500

　　贷：银行存款　　　　　　　　　　　　　　　　　　　　　　　　500

（3）2015 年 4 月 20 日，因产品质量原因，客户将 2014 年 12 月 10 日购入的一批大额商品退回，应作为资产负债表日后调整事项处理

①20×8 年 1 月 12 日，调整销售收入

借：以前年度损益调整　　　　　　　　　　　　　　　　　　　500

　　应交税费——应交增值税（销项税额）　　　　　　　　　　　85

　　贷：应收账款　　　　　　　　　　　　　　　　　　　　　　　585

②调整销售成本

借：库存商品　　　　　　　　　　　　　　　　　　　　　　　400

　　贷：以前年度损益调整　　　　　　　　　　　　　　　　　　　　400

③调整应缴纳的所得税

借：应交税费——应交所得税　　　　　　　　　　　　　　　　　25

　　贷：以前年度损益调整　　　　　　　　　　　　　　　　　　　　25

④将"以前年度损益调整"科目的余额转入利润分配（略）

总结：①如果在上期正常销售，没有提到退货期、退货率等条件，正常确认收入结转成本，在下期的日后期间内因产品质量等原因发生退货，这种情况属于日后调整事项；如果在下期的非日后期间内因产品质量等原因发生退货，则不属于日后事项，应冲减退回当月的收入、成本。

②如果在上期销售时，确认了收入结转了成本，但能够根据以往经验合理估计退货率，并作了相关处理，即冲减了一部分收入成本，下年再发生退货时就不属于日后事项；但是如果有证据表明，上年的估计是错误的，例如，仅估计了 10%，却发生了 80% 的退货，此时属于前期差错，如果在日后期间发生，要作为日后调整事项进行账务处理。

③如果在上期销售时，存在一个退货期，并且无法合理估计退货率，此时销售是不能确认收入结转成本的，只能借：发出商品　贷：库存商品；在下期退货期内发生退货，不属于日后事项，退货期满时确认收入、结转成本。

④所得税汇算清缴前，借：应交税费——应交所得税 贷：以前年度损益调整——所得税费用。所得税汇算清缴后，借：递延所得税资产　贷：以前年度损益调整——所得税费用。

2. 非调整事项的处理原则

（1）不调整财务报表

资产负债表日后发生的非调整事项，是表明资产负债表日后发生的情况的事项，与资产负债表日存在状况无关，不应当调整资产负债表日的财务报表。

（2）重要的非调整事项，应当在附注中披露（不重要的可以不披露）

有的非调整事项对财务报告使用者具有重大影响，《企业会计准则第 29 号——资产负债表日后事项》要求对于重要的资产负债表日后非调整事项，应当在附注中披露其性质、内容，及其对财务状况和经营成果的影响，无法作出估计的，应当说明原因。

【注】资产负债表日后，企业利润分配方案中拟分配的以及经审议批准宣告发放的股利或利润，不确认为资产负债表日负债，但应当在附注中单独披露。

第二十五节　企业合并

【大纲要求】

内容	程度	变化
1. 企业合并的概念、方式、类型的划分	掌握	原有
2. 同一控制下企业合并的处理原则、费用确认以及会计处理	掌握	删除
3. 非同一控制下企业合并的处理原则、费用确认以及会计处理	掌握	删除
4. 通过多次交易分步实现企业合并、购买子公司少数股权、丧失控制权下处置子公司投资及不丧失控制权下处置对子公司部分投资的处理	掌握	删除
5. 反向购买的概念和会计处理	掌握	删除
6. 非上市公司购买上市公司股权间接上市的会计处理	掌握	删除

【内容精讲】

一、企业合并及合并报表

（一）企业合并

企业合并是将两个或两个以上单独的企业合并形成一个报告主体的交易或事项。

$$企业合并的方式 \begin{cases} 控股合并 & A+B=A+B（合并方被合并方法人资格存续） \\ 吸收合并 & A+B=A \quad （被合并方法人资格注销） \\ 新设合并 & A+B=C \quad （合并各方法人资格均注销） \end{cases}$$

控股合并，合并方取得被合并方控制权，将被合并方纳入合并报表范围，形成报告主体变化。

吸收合并，合并方取得被合并方资产、负债，被合并方注销，合并方将被合并方资产、负债纳入自身核算，报告主体发生变化。

新设合并，合并各方注销，新成立企业，报告主体发生变化。

反例：购买子公司的少数股权，考虑到该交易或事项发生前后，不涉及控制权的转移，不形成报告主体的变化，不属于企业合并。两方或多方形成合营企业。

（二）构成企业合并的两个必要条件

1. 取得对另一个或多个企业（或业务）的控制权，从而引起报告主体发生变化

控制，是指投资方拥有对被投资方的权力，通过参与被投资方的相关活动而享有可变回报，并且有能力运用对被投资方的权力影响其回报金额。

（1）可变回报的定义及形式

可变回报的定义：享有控制权的投资方，通过参与被投资方相关活动，享有的是可变回报。可变回报，是不固定且可能随着被投资方业绩而变化的回报，可以仅是正回报，仅是负回报，或者同时包括正回报和负回报。

可变回报的形式：投资方在评价其享有被投资方的回报是否可变以及可变的程度时，需基于合同安排的实质，而不是法律形式。例如，投资方持有固定利息的债券投资时，由于债券存在违约风险，投资方需承担被投资方不履约而产生的信用风险，因此投资方享有的固定利息回报也可能是一种可变回报。又如，投资方管理被投资方资产而获得的固定管理费也是一种变动回报，因为投资方是否能获得此回报依赖于被投资方是否获得足够的收益以支付该固定管理费。

（2）判断投资方是否对被投资方拥有权力，并能够运用此权力影响回报金额

①权力的定义

投资方能够主导被投资方的相关活动时，称投资方对被投资方享有"权力"。在判断投资方是否对被投资方拥有权力时，应注意以下几点：

A. 权力只表明投资方主导被投资方相关活动的现时能力，并不要求投资方实际行使其权力。即如果投资方拥有主导被投资方相关活动的现时能力，即使这种能力尚未被实际行使，也视为该投资方拥有对被投资方的权力。B. 权力是一种实质性权利，而不是保护性权利。C. 权力是为自己行使的，而不是代其他方行使。D. 权力通常表现为表决权，但有时也可能表现为其他合同安排。

②相关活动

A. 识别相关活动

相关活动是指对被投资方的回报产生重大影响的活动。这些活动可能包括但不限于：商品或劳务的销售和购买；金融资产的管理；资产的购买和处置；研究与开发活动；确定资本结构和获取融资。

B. 分析相关活动的决策机制

就相关活动作出的决策包括但不限于：对被投资方的经营、融资等活动作出决策，包括编制预算；任命被投资方的关键管理人员或服务提供商，并决定其报酬，以及终止该关键管理人

员的劳务关系或终止与服务提供商的业务关系。

C. 两个或两个以上投资方能够分别单方面主导被投资方的不同相关活动时，如何判断哪方拥有权力

在具体判断哪个投资方对被投资方拥有权力时，投资方通常需要考虑的因素包括：被投资方的设立目的；影响被投资方利润率、收入和企业价值的决定因素；各投资方拥有的与上述决定因素相关的决策职权的范围，以及这些职权分别对被投资方回报的影响程度；投资方对于可变回报的风险敞口的大小。

③"权力"是一种实质性权利

实质性权利，是指持有人在对相关活动进行决策时，有实际能力行使的可执行权利。通常情况下实质性权利应当是当前可执行的权利，但在某些情况下目前不可行使的权利也可能是实质性权利。

保护性权利旨在保护持有这些权利的当事方的权益，而不赋予当事方对这些权利所涉及的主体的权力。

④权力的持有人应为主要责任人

权力是能够"主导"被投资方相关活动的现时能力，可见，权力是为自己行使的（行使人为主要责任人），而不是代其他方行使权力（行使人为代理人）。

在评估控制时，代理人的决策权应被视为由主要责任人直接持有，权力属于主要责任人，而非代理人。

⑤权利的一般来源——来自表决权

A. 直接或间接持有被投资方半数以上表决权

在进行控制分析时，投资方需要考虑其持有的潜在表决权以及其他方持有的潜在表决权的影响，以确定其对被投资方是否拥有权力。潜在表决权为获得被投资方表决权的权利，如可转换工具、认股权证、远期股权购买合同或期权所产生的权利。

B. 持有被投资方半数以上表决权但无权力

投资方虽然持有被投资方半数以上表决权，但当这些表决权不是实质性权利时，其并不拥有对被投资方的权力。

C. 直接或间接持有被投资方半数或半数以下表决权

持有半数或半数以下表决权的投资方（或者虽持有半数以上表决权，但仅凭自身表决权比例仍不足以主导被投资方相关活动的投资方），应综合考虑具体事实和情况，以判断其持有的表决权与相关事实和情况相结合是否可以赋予投资方拥有对于被投资方的权力。

⑥权力源自表决权之外的其他权利——来自合同安排

在某些情况下，某些主体的投资方对其的权力并非源自表决权（例如，表决权可能仅与日常行政活动工作相关），被投资方的相关活动由一项或多项合同安排决定，如证券化产品、资产支持融资工具、部分投资基金等结构化主体。

结构化主体，是指其设计导致在确定其控制方时不能将表决权或类似权利作为决定因素的主体。

⑦权力与回报之间的联系

投资方必须不仅拥有对被投资方的权力和因涉入被投资者而承担或有权获得可变回报，而且要有能力使用权力来影响因涉入被投资者而获得的投资方回报。只有当投资方不仅拥有对被投资方的权力、通过参与被投资方的相关活动而享有可变回报，并且有能力运用对被投资方的

权力来影响其回报的金额时，投资方才控制被投资方。

⑧控制的持续评估

控制的评估是持续的，当环境或情况发生变化时，投资方需要评估控制的两个基本要素中的一个或多个是否发生了变化。如果有任何事实或情况表明控制的两项基本要素中的一个或多个发生了变化，投资方应重新评估对被投资方是否具有控制。

【例题1·（模拟）】 关于合并范围，下列说法中正确的有（　　）。

A. 在判断投资方是否拥有对被投资方的权力时，应仅考虑投资方及其他方享有的实质性权利

B. 在判断投资方是否拥有对被投资方的权力时，应同时考虑投资方及其他方享有的实质性权利和保护性权利

C. 投资方仅持有保护性权利不能对被投资方实施控制，也不能阻止其他方对被投资方实施控制

D. 在判断投资方是否拥有对被投资方的权力时，应仅考虑投资方及其他方享有的保护性权利

答案：AC

解析：在判断投资方是否拥有对被投资方的权力时，应仅考虑投资方及其他方享有的实质性权利，不考虑保护性权利，选项B和选项D错误。

2. 被合并方（被购买方）必须构成业务

业务是指企业内部某些生产经营活动或资产负债的组合，该组合具有投入、加工处理过程和产出能力，能够独立计算其成本费用或所产生的收入。

如果一个企业取得了对另一个或多个企业的控制权，而被购买方（或被合并方）并不构成业务，如仅仅购买一项资产，则不构成企业合并。

企业取得不形成业务的一组资产或净资产时，应将购买成本按购买日所取得各项可辨认资产、负债的相对公允价值为基础进行分配，不按照企业合并准则进行处理，按照权益性交易原则不得确认商誉或当期损益。

【例题2·（2012判断）】 甲上市公司是面粉生产企业，为了资产重组需要，将全部资产和负债出售，并遣散大部分员工，账面上只有货币资金1 000万元和持有未到期的国债2 000万元，该上市公司不构成业务。

答案：√

解析：业务是指企业内部某些生产经营活动或资产负债的组合，该组合具有投入、加工处理过程和产出能力，能够独立计算其成本费用或所产生的收入。甲公司仅有货币资金1 000万元和持有未到期的国债2 000万元，不再投入、具有加工处理过程和产出能力，不构成业务。

【例题3·（2011选择）】 以下事项中，构成企业合并的有（　　）。

A. 甲公司发行股份购买控股股东乙的办公楼

B. 购买子公司的少数股权

C. 甲公司与乙公司共同出资丙公司，各占50%的股份，共同控制丙公司

D. 企业A和B构成业务，企业A支付现金自B公司原股东处取得B公司全部股权，B公司仍持续经营

E. 企业A和B构成业务，企业A发行股份取得B公司全部资产和负债，B公司注销

答案：DE

解析：构成企业合并至少包括两个条件：一是取得对另一个或多个企业（或业务）的控制权；二是所合并的企业必须构成业务。A 仅购买资产，不构成业务，从而不属于企业合并；B、C 均没有取得控制权，报告主体没有发生变化，不构成企业合并；D 属于控股合并；E 属于吸收合并。

（三）合并财务报表

1. 合并财务报表的概念

合并财务报表是指反映母公司和其全部子公司形成的企业集团整体财务状况、经营成果和现金流量的财务报表。母公司应当编制合并财务报表。合并财务报表的合并范围应当以控制为基础予以确定。

【例题 4·（1609）】 下列有关合并报表合并范围表述正确的有（　　）。

A. 甲公司直接持有 A 公司 40% 的股权，乙公司直接持有 A 公司 60% 的股权，根据甲公司与乙公司签署的书面协议，乙公司将所持有 30% 的股份对应的表决权委托给甲公司行使，甲公司根据协议于董事会中拥有半数以上表决权，乙公司根据持股比例将 A 公司纳入其合并范围

B. 甲公司直接持有海外公司乙公司 70% 的股权，乙公司的业务性质与甲公司不同且乙公司因所在国外汇管制其向甲公司的资金调度受到限制，甲公司拥有董事会超过一半的席位，甲公司将乙公司纳入合并报表范围

C. 甲公司因经营业务特殊需要设立特殊目的公司 A 公司，甲公司作为出资人初始投资 1 000 万元持有 10% 的股权，乙公司初始投资 9 000 万元持有 90% 的股权，甲公司与乙公司签署协议约定：每年度 A 公司的分红首先保证乙公司享有其初始投资额 10% 的红利，不足部分由甲公司支持，如有剩余分红则全部由甲公司享有；A 公司经营期限到期清算时，所得的清算收入首先由乙公司享有 10 000 万元，不足部分由甲公司支付，如有剩余则全部由甲公司享有。乙公司将 A 公司纳入其合并范围

D. 甲公司是创投类投资性主体，编制合并报表时甲公司仅将为其投资提供相关服务的子公司纳入合并范围，其他投资子公司均未合并

E. 甲公司直接持有乙公司 100% 的股权，乙公司因经营不善、到期债务不能偿还，法院已经宣告其破产，目前乙公司正处于破产重整阶段。甲公司未将乙公司纳入合并报表范围

答案：BDE

解析：C 项错误，根据《企业会计准则第 33 号——合并财务报表》（财会〔2014〕10 号），甲公司应将 A 公司纳入其合并范围。

2. 合并财务报表的范围

母公司应当将其全部子公司（包括母公司所控制的被投资单位可分割部分、结构化主体）纳入合并范围。但是，如果母公司是投资性主体，则只应将那些为投资性主体的投资活动提供相关服务的子公司纳入合并范围，其他子公司不应予以合并，母公司对其他子公司的投资应当按照公允价值计量且其变动计入当期损益。

一个投资性主体的母公司如果其本身不是投资性主体，则应当将其控制的全部主体，包括投资性主体以及通过投资性主体间接控制的主体，纳入合并财务报表范围。

（1）母公司合并范围及不应纳入合并的范围的一般原则

母公司应当将其全部子公司，纳入合并财务报表的合并范围。只要是由母公司所控制的子

公司，不论子公司的规模大小、子公司向母公司转移资金能力是否受到严格限制，也不论子公司的业务性质与母公司或企业集团内其他子公司是否有显著差别，都应当纳入合并财务报表的合并范围。

对于受所在国外汇管制及其他管制，资金调度受到限制的境外子公司，只要该子公司的财务和经营政策仍然由母公司决定，母公司也能从其经营活动中获取利益，资金调度受到限制并不妨碍本公司对其实施控制，母公司应将其纳入合并财务报表的合并范围。

母公司不应纳入合并范围：①不再控制的子公司（如已宣告被清理整顿的原子公司；已宣告破产的原子公司）；②共同控制的主体（如 A 与 B 各持有甲公司 50% 的股份，共同控制甲公司，则 A 不能将甲纳入合并范围）；③其他母公司不能控制的被投资单位。

（2）投资性主体

①投资性主体的概念

当母公司同时满足以下三个条件时，该母公司属于投资性主体：A. 该公司以向投资方提供投资管理服务为目的，从一个或多个投资者处获取资金；B. 该公司的唯一经营目的，是通过资本增值、投资收益或两者兼有而让投资者获得回报；C. 该公司按照公允价值对几乎所有投资的业绩进行计量和评价。

②投资性主体的特征

A. 拥有一个以上投资；B. 拥有一个以上投资者；C. 投资者不是该主体的关联方；D. 其所有者权益以股权或类似权益方式存在。

③因投资性主体转换引起的合并范围的变化

当母公司由非投资性主体转变为投资性主体时，除仅将为其投资活动提供相关服务的子公司纳入合并财务报表范围编制合并财务报表外，企业自转变日起对其他子公司不再予以合并，其会计处理参照部分处置子公司股权但不丧失控制权的处理原则。

当母公司由投资性主体转变为非投资性主体时，应将原未纳入合并财务报表范围的子公司于转变日纳入合并财务报表范围，原未纳入合并财务报表范围的子公司在转变日的公允价值视同为购买的交易对价，按照非同一控制下企业合并的会计处理方法进行会计处理。

【例题 5·（1605）】乙公司是投资性主体，丙、丁是其两个子公司，其中丙公司为乙公司的投资活动提供管理服务，丁公司为做市转让的新三板挂牌公司，不为乙公司的投资活动提供管理服务，甲公司为乙公司的母公司，非投资性主体，不考虑其他因素，下列说法正确的有（　　）。

A. 乙公司应将丁公司纳入其合并报表范围

B. 甲公司应将丁公司纳入其合并报表范围

C. 乙公司应将丙公司纳入其合并报表范围

D. 乙公司对丁公司的投资按交易性金融资产核算

E. 甲公司应将乙、丙、丁公司全部纳入其合并报表范围

答案：BCDE

解析：

纳入甲的合并范围：乙、丙、丁

纳入乙的合并范围：丙

【例题6·（2016CPA）】甲公司（非投资性主体）为乙公司、丙公司的母公司。乙公司为投资性主体，拥有两家全资子公司，两家子公司均不为乙公司的投资活动提供相关服务，丙公司为股权投资基金，拥有两家联营企业，丙公司对其拥有的两家联营企业按照公允价值考核和评价管理层业绩。不考虑其他因素，下列关于甲公司、乙公司和丙公司对其所持股权投资的会计处理中，正确的有（　　　）。

A. 乙公司不应编制合并财务报表

B. 丙公司在个别财务报表中对其拥有的两家联营企业的投资应按照公允价值计量，公允价值变动计入当期损益

C. 乙公司在个别财务报表中对其拥有的两家子公司应按照公允价值计量，公允价值变动计入当期损益

D. 甲公司在编制合并财务报表时，应将通过乙公司间接控制的两家子公司按公允价值计量，公允价值变动计入当期损益

答案：ABCD

（3）纳入合并范围的特殊情况——对被投资方可分割部分的控制

投资方通常应当对是否控制被投资方整体进行判断。但在少数情况下，如果有确凿证据表明同时满足下列条件并且符合相关法律法规规定的，投资方应当将被投资方的一部分视为被投资方可分割的部分，进而判断是否控制该部分（可分割部分）：①该部分的资产是偿付该部分负债或该部分其他利益方的唯一来源，不能用于偿还该部分以外的被投资方的其他负债；②除与该部分相关的各方外，其他方不享有与该部分资产相关的权利，也不享有与该部分资产剩余现金流量相关的权利。

【例题7·（2011）】以下应纳入合并报表范围的公司有（　　　）

A. 已宣告破产清理整顿的子公司

B. 境外子公司，但分红和其他资金调度均受到外汇管制，该公司财务和经营政策仍由母公司决定

C. A公司借款给自然人甲，甲出资设立公司，但A公司与自然人甲协议约定，设立的公司经营决策和财务政策由A公司决定

D. A公司和B公司是C公司股东，A公司占60%的股份，B公司占40%的股份，但是根据股东之间的协议，A公司不参与C公司经营管理，每年拿固定收益200万元

答案：BC

解析：D，A公司仅收取固定收益，不参与C公司经营管理，并不能实质控制C公司，不纳入合并范围。

【例题8·（1406）】以下应纳入A上市公司2013年合并报表范围的有（　　　）。

A. 甲公司由自然人李某向A公司借款出资设立，李某持有全部股权，A公司与李某约定，甲公司全部经营管理决策由A公司决定，A公司享有全部经营收益并承担风险

B. 乙公司由A公司与自然人张某出资设立，A公司、张某分别持股60%、40%，双方约定，乙公司由张某负责主要生产经营决策，每年向A公司提供200万元投资回报

C. 丙公司为A公司持股51%并控制的境外公司，由于受到所在国外汇管制，丙公司向A公司支付分红及其他资金调度均受到限制

D. 丁公司为A公司的全资子公司，由于资不抵债，在2013年5月被法院宣告进入破产程序

答案：AC

（四）企业合并类型的划分

企业合并类型	概念
同一控制下企业合并	是指参与合并的企业在合并前后均受同一方或相同的多方最终控制且该控制并非暂时性的
非同一控制下企业合并	是指参与合并各方在合并前后不受同一方或相同的多方最终控制的合并交易，即除判断属于同一控制下企业合并的情况以外其他的企业合并

判断某一企业合并是否属于同一控制下的企业合并，应当把握以下要点：

1. 能够对参与合并各方在合并前后均实施最终控制的一方通常是指企业集团的母公司。

2. 能够对参与合并的企业在合并前后均实施最终控制的相同多方，是指根据合同或协议的约定，拥有最终决定参与合并企业的财务和经营政策，并从中获取利益的投资者群体。

3. 实施控制的时间性要求，是指参与合并各方在合并前后较长时间内为最终控制方所控制。具体是指在企业合并之前，参与合并各方在最终控制方的控制时间一般≥1年，企业合并后所形成的报告主体在最终控制方的控制时间也应≥1年。

4. 企业之间的合并是否属于同一控制下的企业合并，应综合构成企业合并交易的各方面情况，按照实质重于形式的原则进行判断。通常情况下，同一控制下的企业合并是指发生在同一企业集团内部企业之间的合并。同受国家控制的企业之间发生的合并，不应仅仅因为参与合并各方在合并前后均受国家控制而将其作为同一控制下的企业合并。

【例题9·（2011）】以下事项中，构成同一控制下企业合并的有（　　　）。

A. 甲公司发行股份购买控股股东乙的办公楼

B. 乙公司是甲公司的子公司，甲公司购买乙公司的少数股权

C. 甲公司2009年1月1日投资设立A公司，为全资子公司，2009年2月1日从独立第三方购入B公司，持有B公司100%的股权，能够决定B公司的财务及生产经营决策，2010年1月1日，A公司支付现金从甲公司处购入B公司100%的股权，购入后A公司可对B公司实施控制

D. A公司和B公司均为国有企业，成立均1年以上，其控股股东和实际控制人均为国务院国资委，A公司于2011年4月1日以直接支付现金方式取得B公司全部股权，B公司仍持续经营

E. A公司和B公司均为甲公司直接投资的全资子公司，成立均1年以上，2011年4月1日A公司以直接支付现金方式从甲公司处取得B公司全部股权，B公司仍持续经营。

答案：E

解析：构成企业合并至少包括两个条件：一是取得对另一个或多个企业（或业务）的控制权；二是所合并的企业必须构成业务。A，仅购买资产，不构成业务，从而不属于企业合并；B，没有取得控制权，报告主体没有发生变化，不构成企业合并；C，合并前同一控制的时间不足1年，不能认定为同一控制下企业合并。

二、同一控制下的企业合并的会计处理

权益结合法，也称股权结合法、权益联营法，是企业合并会计处理的处理方法之一。与购买法相比，基于不同的假设，即视企业合并为参与合并的双方，通过股权的交换形成所有者权益的联合，而非资产的交易。换言之，它是由两个或两个以上经营主体对一个联合后的企业或集团公司开展经营活动的资产贡献，即经济资源的联合。

在权益结合法中，原所有者权益继续存在，以前会计基础保持不变。参与合并的各企业的

资产和负债继续按其原来的账面价值记录，合并中不产生新的资产和负债。

合并后企业的利润包括合并日之前本年度已实现的利润；以前年度累积的留存利润也应予以合并。

被合并方在企业合并前账面上原已确认的商誉应作为合并中取得的资产确认，由于没有控制权的变更，合并过程中不产生新的商誉。

（一）同一控制下的控股合并

1. 个别报表长期股权投资的确认和计量

借：长期股权投资（合并日享有被合并方相对于最终控制方而言的账面价值的份额）

　　应收股利（享有被投资单位已宣告但尚未发放的现金股利）

　贷：有关资产、负债（支付的合并对价的账面价值）

　　　股本（发行股票面值总额）

　　　资本公积——资本溢价或股本溢价（倒挤）

【提示】"资本公积"也可能在借方。当资本公积在借方时，表示冲减母公司的资本公积（资本溢价或股本溢价），资本公积（资本溢价或股本溢价）的余额不足冲减的，应冲减留存收益（盈余公积和未分配利润）。例题见"长期股权投资"章节。

【链接】2014 年 1 月 17 日，财政部发布《企业会计准则解释第 6 号》，自发布之日起实施。关于企业合并的规定如下：

"根据《企业会计准则第 20 号——企业合并》，在同一控制下的企业合并中，合并方在企业合并中取得的资产和负债，应当按照合并日在被合并方的账面价值计量。在被合并方是最终控制方以前年度从第三方收购来的情况下，合并方在编制财务报表时，应如何确定被合并方资产、负债的账面价值？

答：同一控制下的企业合并，是指参与合并的企业在合并前后均受同一方或相同的多方最终控制，且该控制不是暂时性的。从最终控制方的角度看，其在合并前后实际控制的经济资源并没有发生变化，因此有关交易事项不应视为购买。合并方编制财务报表时，在被合并方是最终控制方以前年度从第三方收购来的情况下，应视同合并后形成的报告主体自最终控制方开始实施控制时起，一直是一体化存续下来的，应以被合并方的资产、负债（包括最终控制方收购被合并方而形成的商誉）在最终控制方财务报表中的账面价值为基础，进行相关会计处理。合并方的财务报表比较数据追溯调整的期间应不早于双方处于最终控制方的控制之下孰晚的时间。"

【例题 1·（张志凤 2016CPA 讲义）】A 公司为 P 公司 2012 年 1 月 1 日购入的全资子公司。2013 年 1 月 1 日，A 公司与非关联方 B 公司设立 C 公司，并分别持有 C 公司 20% 和 80% 的股权。2015 年 1 月 1 日，P 公司向 B 公司收购其持有 C 公司 80% 的股权，C 公司成为 P 公司的全资子公司。2016 年 1 月 1 日，A 公司向 P 公司购买其持有 C 公司 80% 的股权，C 公司成为 A 公司的全资子公司。A 公司购买 C 公司 80% 股权的交易和原取得 C 公司 20% 股权的交易不属于"一揽子交易"。下列说法中正确的有（　　　）。

A. A 公司从 P 公司手中购买 C 公司 80% 股权的交易属于同一控制下企业合并

B. A 公司 2013 年 1 月 1 日至 2015 年 1 月 1 日的合并财务报表不应重述

C. 视同自 2015 年 1 月 1 日起 A 公司即持有 C 公司 100% 的股权并重述合并财务报表的比较数据

D. 视同自 2013 年 1 月 1 日起 A 公司即持有 C 公司 100% 的股权并重述合并财务报表的比较

数据

答案：ABC

解析：因 A 公司为 P 公司的全资子公司，所以 A 公司从 P 公司处购买 C 公司 80% 的股权属于同一控制下企业合并，选项 A 正确；A 公司合并财务报表应自取得原股权之日（2013 年 1 月 1 日）和双方同处于同一方最终控制之日（2015 年 1 月 1 日）孰晚日（2015 年 1 月 1 日）起开始将 C 公司纳入合并范围，即视同自 2015 年 1 月 1 日起 A 公司即持有 C 公司 100% 的股权并重述合并财务报表的比较数据。2013 年 1 月 1 日至 2015 年 1 月 1 日的合并财务报表不应重述。选项 B 和选项 C 正确，选项 D 错误。

2. 合并日合并财务报表的编制

同一控制下控股合并在合并日编制合并财务报表时，一般包括合并资产负债表、合并利润表、合并现金流量表。（VS 非同一控制下控股合并，在购买日仅需编制合并资产负债表即可，无须编制合并利润表、合并现金流量表）

（1）合并资产负债表

同一控制下企业合并的基本处理原则是视同合并后形成的报告主体在合并日及以前期间一直存在，在编制合并日合并财务报表时，应将母公司长期股权投资和子公司所有者权益抵销，但子公司原留存收益在合并财务报表中是存在的，所以对于被合并方在企业合并前实现的留存收益（盈余公积和未分配利润之和）中归属于合并方的部分应当予以恢复，在合并工作底稿中，应编制下列会计分录：

借：资本公积（以合并后资本公积——资本溢价或股本溢价的贷方余额为限）

贷：盈余公积（被合并方原账面×母公司现持股比例）

未分配利润（被合并方原账面×母公司现持股比例）

【例题 2·（2010）（2012）】甲公司从其控股股东处以现金 4 200 万元收购乙公司 60% 的股权，合并日乙公司可辨认净资产账面价值 6 000 万元，公允价值 8 000 万元，合并日甲、乙公司简要财务报表如下，其中甲公司资本公积 2 500 万元均为股本溢价，假定甲乙公司之间未发生内部交易，则甲公司合并日编制的合并资产负债表中资本公积是（　　）。

单位：万元

甲公司		乙公司	
项目	金额	项目	金额
股本	6 000	股本	4 000
资本公积	2 500	资本公积	900
盈余公积	500	盈余公积	600
未分配利润	1 000	未分配利润	500
合计	10 000	合计	6 000

A. 1 240　　　　　　B. 2 500　　　　　　C. 1 900　　　　　　E. 700

F. 1 400

答案：A

解析：同一控制下控股合并，视同合并后报告主体一直存在，最后需要恢复被合并方中归属于母公司的留存收益。

本题甲公司合并乙公司时产生借方资本公积 600 万元（4 200 － 6 000 ×60%），合并后甲公司个别报表中资本公积为 2 500 – 600 = 1 900（万元）。

在编制合并报表时，第一步是把乙公司的所有者权益全部抵销了，此时合并报表中资本公积为甲公司个别报表数 1 900 万元；第二步，要以合并后母公司资本公司——股本溢价为限恢复被合并方中归属于母公司的留存收益。

本题中合并后资本公积 1 900 万元均为"资本公积——股本溢价"，因此，可恢复的留存收益为（600 + 500）×60% = 660（万元），从合并资本公积减少 660 万元，最后合并报表资本公积金额为 1 900 – 660 = 1 240（万元）。

附：甲公司会计处理如下（考试时往往要求计算合并报表中资本公积金额）：

①合并时甲公司个别报表

借：长期股权投资　　　　　　　　　　　　　　　　　　　　　　3 600

　　资本公积——股本溢价　　　　　　　　　　　　　　　　　　　600

　　贷：现金　　　　　　　　　　　　　　　　　　　　　　　　　　4 200

②甲公司在编制合并日的合并财务报表时抵销分录

借：股本　　　　　　　　　　　　　　　　　　　　　　　　　　4 000

　　资本公积　　　　　　　　　　　　　　　　　　　　　　　　　900

　　盈余公积　　　　　　　　　　　　　　　　　　　　　　　　　600

　　未分配利润　　　　　　　　　　　　　　　　　　　　　　　　500

　　贷：长期股权投资　　　　　　　　　　　　　　　　　　　　　3 600

　　　　少数股东权益　　　　　　　　　　　　　　　　　　　　　2 400

③将被合并方在企业合并前实现的留存收益中归属于合并方的部分，自"资本公积——资本溢价或股本溢价"转入留存收益

借：资本公积　　　　　　　　　　　　　　　　　　　　　　　　660

　　贷：盈余公积　　　　　　　　　　　　　　　　　　　　　　　360

　　　　未分配利润　　　　　　　　　　　　　　　　　　　　　　300

合并日合并报表里资本公积为 2 500 – 600 – 660 = 1 240（万元）。

【延伸】本题原题中给定的甲公司合并前个别报表中资本公积 2 500 万元均为"资本公积——股本溢价"，若改为合并日甲公司个别报表中 2 500 万元资本公积，其中 1 100 万元为"资本公积——股本溢价"，1 400 万元为"资本公积——其他资本公积"，则合并日合并财务报表中资本公积的金额为 2 500 – 600 – 500 = 1 400（万元），其中没能恢复的留存收益 160 万元（1 100 × 60% – 500）在附注中进行说明。

（2）合并利润表

合并方在编制合并日的合并利润表时，应包含合并方及被合并方自合并当期期初至合并日实现的净利润，双方在当期发生的交易，应当按照合并财务报表的有关原则进行抵销。

（3）合并现金流量表

合并日合并现金流量表的编制与合并利润表的编制原理相同，当期期初至合并日。

【例题 3·（模拟）】同一控制下的企业合并形成母子公司关系的，在合并日，下列说法中正确的有（　　）。

A. 合并资产负债表中被合并方的各项资产、负债，应当按其账面价值计量

B. 合并资产负债表中被合并方的各项资产、负债，应当按其公允价值计量

C. 合并利润表应当包括参与合并各方自合并当期期初至合并日所发生的收入、费用和利润

D. 合并利润表不应当包括参与合并各方自合并当期期初至合并日所发生的收入、费用和利润

E. 合并现金流量表应当包括参与合并各方自合并当期期初至合并日的现金流量

答案：ACE

解析：同一控制下的企业合并，合并资产负债表中被合并方的各项资产、负债，应当按其账面价值计量。因被合并方采用的会计政策与合并方不一致，按照《企业会计准则第20号——企业合并》规定进行调整的，应当以调整后的账面价值计量。合并利润表应当包括参与合并各方自合并当期期初至合并日所发生的收入、费用和利润。被合并方在合并前实现的净利润，应当在合并利润表中单列项目反映。合并现金流量表应当包括参与合并各方自合并当期期初至合并日的现金流量。

（二）同一控制下的吸收合并

1. 以支付现金、非现金资产方式

借：净资产（被合并方账面价值，实质上是借方记资产，贷方记负债，此处简便列示）

　　贷：资产（合并方非现金资产账面价值）

　　　　银行存款

　　　　资本公积——资本溢价或股本溢价（或在借方，资本公积——资本溢价或股本溢价不足冲减部分冲减盈余公积和未分配利润）

2. 以发行权益性方式

借：净资产（被合并方账面价值，实质上是借方记资产，贷方记负债，此处简便列示）

　　贷：股本（股票面值）

　　　　资本公积——资本溢价或股本溢价（或在借方，资本公积——资本溢价或股本溢价不足冲减部分冲减盈余公积和未分配利润）

【注1】合并方向被合并方原股东支付对价，取得的是被合并方的资产和负债，上述分录中不会涉及被合并方的所有者权益。

【注2】吸收合并编制的是个别财务报表，不存在合并财务报表问题。

【例题4·（2016CPA教材例题改编）】20×7年6月30日，P公司向S公司的股东定向增发1 000万股普通股（每股面值为1元，市价为10.85元）对S公司进行吸收合并，并于当日取得S公司净资产。当日，P公司、S公司资产、负债情况如下表所示。

单位：万元

项　目	P公司	S公司	
	账面价值	账面价值	公允价值
资产：			
货币资金	4 312.50	450	450
存货	6 200	255	450
应收账款	3 000	2 000	2 000
长期股权投资	5 000	2 150	3 800
固定资产：			
固定资产原价	10 000	4 000	5 500

续表

项　目	P公司	S公司	
	账面价值	账面价值	公允价值
减：累计折旧	3 000	1 000	0
固定资产净值	7 000	3 000	
无形资产	4 500	500	1 500
商誉	0	0	0
资产总计	30 012.50	8 355	13 700
负债和所有者权益：			
短期借款	2 500	2 250	2 250
应付账款	3 750	300	300
其他负债	375	300	300
负债合计	6 625	2 850	2 850
实收资本（股本）	7 500	2 500	
资本公积	5 000	1 500	
盈余公积	5 000	500	
未分配利润	5 887.50	1 005	
所有者权益合计	23 387.50	5 505	10 850
负债和所有者权益总计	30 012.50	8 355	

P公司应确认资本公积（　　　）元。

A. 21 500 000　　　　　B. 45 050 000　　　　　C. 20 000 000　　　　　D. 42 000 000

答案：B

解析：本例题中，假定P公司和S公司为同一集团内两家全资子公司，合并前其共同的母公司为A公司。该项合并中参与合并的企业在合并前及合并后均为A公司最终控制，为同一控制下的企业合并。自6月30日开始，P公司能够对S公司净资产实施控制，该日即为合并日。

因合并后S公司失去其法人资格，P公司应确认合并中取得的S公司的各项资产和负债，假定P公司与S公司在合并前采用的会计政策相同。P公司对该项合并应进行的会计处理为

借：货币资金　　　　　　　　　　　　　　　　　　　　　　　　4 500 000

　　库存商品（存货）　　　　　　　　　　　　　　　　　　　　2 550 000

　　应收账款　　　　　　　　　　　　　　　　　　　　　　　20 000 000

　　长期股权投资　　　　　　　　　　　　　　　　　　　　　21 500 000

　　固定资产　　　　　　　　　　　　　　　　　　　　　　　30 000 000

　　无形资产　　　　　　　　　　　　　　　　　　　　　　　　5 000 000

　贷：短期借款　　　　　　　　　　　　　　　　　　　　　　　22 500 000

　　　应付账款　　　　　　　　　　　　　　　　　　　　　　　3 000 000

　　　其他应付款（其他负债）　　　　　　　　　　　　　　　　3 000 000

　　　股本　　　　　　　　　　　　　　　　　　　　　　　　10 000 000

　　　资本公积　　　　　　　　　　　　　　　　　　　　　　45 050 000

三、非同一控制下企业合并的处理

（一）非同一控制下企业合并的处理原则

基本原则是购买法。即将企业合并视为购买企业以一定的价款购进被购买企业的机器设备、存货等资产项目，同时承担该企业的所有负债的行为，从而按合并时的公允价值计量被购买企业的净资产，将投资成本（购买价格）超过净资产公允价值的差额确认为商誉的会计方法。

1. 确定购买方

非同一控制下的企业合并，在购买日取得对其他参与合并企业控制权的一方为购买方，参与合并的其他企业为被购买方。（同一控制下称谓是合并方和被合并方）

2. 确定购买日

购买日，是指购买方实际取得对被购买方控制权的日期。（同一控制下称谓是合并日）

同时满足以下条件时，一般可认为实现了控制权的转移，形成购买日：

（1）企业合并合同或协议已获股东大会等内部权力机构通过。

（2）按照规定，合并事项需要经过国家有关主管部门审批的，已获得相关部门的批准。

（3）参与合并各方已办理了必要的财产产权交接手续。

（4）购买方已支付了购买价款的大部分（一般应超过50%），并且有能力、有计划支付剩余款项。

（5）购买方实际上已经控制了被购买方的财务和经营政策，享有相应的收益并承担相应的风险。

例题参见反向购买章节2016年CPA考试真题。

3. 确定企业合并成本

企业合并成本包括购买方为进行企业合并支付的现金或非现金资产、发行或承担的债务、发行的权益性证券等在购买日的公允价值。

【注1】合并成本中包含或有对价的公允价值。某些情况下，当企业合并合同或协议中规定视未来或有事项的发生，购买方通过发行额外证券、支付额外现金或其他资产等方式追加合并对价，或者要求返还之前已经支付的对价。购买方应当将合并协议约定的或有对价作为企业合并转移对价的一部分，按照其在购买日的公允价值计入企业合并成本。

【注2】非同一控制下企业合并中发生的与企业合并相关的费用直接计入管理费用，支付给证券公司的佣金或手续费冲减资本公积或计入债券成本。

4. 企业合并成本在取得的可辨认资产和负债之间的分配（此处适合出文字题）

（1）合并中取得的被购买方除无形资产以外的其他各项资产（不仅限于被购买方原已确认的资产），其所带来的未来经济利益预期很可能流入企业且公允价值能够可靠计量的，应当单独予以确认并按照公允价值计量。

（2）企业合并中取得的无形资产的确认

非同一控制下的企业合并中，购买方在对企业合并中取得的被购买方资产进行初始确认时，应对被购买方拥有的但在其财务报表中未确认的无形资产进行充分辨认和合理判断，满足以下条件之一的，应确认为无形资产：

①源于合同性权利或其他法定权利（如采矿权）。

②能够从被购买方中分离或者划分出来，并能单独或与相关合同、资产和负债一起，用于出售、转移、授予许可、租赁或交换。

（3）合并中取得的被购买方除或有负债以外的其他各项负债，履行有关的义务很可能导致经济利益流出企业且公允价值能够可靠计量的，应当单独予以确认为负债并按照公允价值计量。

（4）合并中取得的被购买方的或有负债，在购买日其公允价值能够可靠计量的，应当单独确认为负债并按照公允价值计量。

【链接】2013年上市公司年报会计监管报告关于"企业合并中递延所得税的确认"。

企业合并中，购买方按照会计准则规定的原则确认和计量合并中取得的被购买方的资产、负债在购买方财务报表中的价值可能与其计税基础之间存在差异，从而带来递延所得税的确认问题。常见的情形是以控股合并方式完成的非同一控制下企业合并中，购买方取得的被购买方可辨认资产在购买方的合并报表中按照购买日的公允价值确认和计量，但这些资产的计税基础未发生变化。

由于通常情况下资产的公允价值大于其计税基础，上述差异大多为应纳税暂时性差异，应按照会计准则的规定确认递延所得税负债。此外，以吸收合并方式进行的同一控制下企业合并，在合并不满足税法规定的免税条件时，合并方取得的被合并方资产的计税基础应调整为该等资产的公允价值，与会计上按照同一控制下企业合并原则确认的账面价值之间存在差异。由于通常情况下资产的账面价值小于按照公允价值确定的新的计税基础，上述差异为可抵扣暂时性差异，应按照会计准则的规定确认递延所得税资产。

5. 企业合并成本与合并中取得的被购买方可辨认净资产公允价值份额差额的处理

（1）购买方对合并成本大于合并中取得的被购买方可辨认净资产公允价值份额的差额，应当确认为商誉。

（2）购买方对合并成本小于合并中取得的被购买方可辨认净资产公允价值份额的差额，应当按照下列规定处理：

①对取得的被购买方各项可辨认资产、负债及或有负债的公允价值以及合并成本的计量进行复核。

②经复核后合并成本仍小于合并中取得的被购买方可辨认净资产公允价值份额的，其差额应当计入当期损益（营业外收入），并在会计报表附注中予以说明。

6. 企业合并成本或合并中取得的有关可辨认资产、负债公允价值暂时确定的情况

企业合并发生当期的期末，因合并中取得的各项可辨认资产、负债及或有负债的公允价值或企业合并成本只能暂时确定的，购买方应当以所确定的暂时价值为基础对企业合并进行确认和计量。

购买日后12个月内对原确认的暂时价值进行调整的，视同在购买日进行的确认和计量，即进行追溯调整。

7. 购买日合并财务报表的编制

（1）母公司应当编制购买日的合并资产负债表。（吸收合并不存在）

（2）企业合并取得的被购买方各项可辨认资产、负债应当以其在购买日的公允价值计量。

控股合并的，母公司的合并成本与取得的子公司可辨认净资产公允价值份额的借方差额，在合并资产负债表中确认为商誉；贷方差额应计入合并当期损益。因购买日不需要编制合并利润表，该差额体现在合并资产负债表上，应调整合并资产负债表盈余公积和未分配利润。

（二）非同一控制下企业合并会计处理

1. 非同一控制下的控股合并

（1）长期股权投资的初始投资成本确定

参见长期股权投资章节部分的内容。

（2）购买日合并财务报表的编制

【编者理解】调整时用的是报表项目，而不是会计科目；以下分录是合并报表的调整，个别报表中不过账。

①将子公司各项资产、负债由账面价值调整到公允价值

以固定资产为例，假定固定资产的公允价值大于账面价值

借：固定资产

    贷：资本公积

②确认递延所得税

借：资本公积（差异在哪儿，就把递延所得税负债记到哪儿）

    贷：递延所得税负债

        购买日抵销分录：

借：股本

    资本公积

    其他综合收益

    盈余公积

    未分配利润

    商誉（借方差额）

    贷：长期股权投资

        少数股东权益（少数股东权益中不包含任何商誉）

        盈余公积、未分配利润（贷方差额）

【例题1·（CPA教材例25-3）】P公司和S公司为非同一控制下企业合并，P公司在该项合并中发行1 000万股普通股（每股面值1元，市场价格为8.75元），取得了S公司70%的股权。不考虑所得税影响，编制购买方于购买日的合并资产负债表。

购买日，P公司、S公司资产、负债情况见下表：

单位：万元

项　目	P公司	S公司	
	账面价值	账面价值	公允价值
资产：			
货币资金	4 312.50	450	450
存货	6 200	255	450
应收账款	3 000	2 000	2 000
长期股权投资	5 000	2 150	3 800
固定资产			
固定资产原价	10 000	4 000	5 500
减：累计折旧	3 000	1 000	0
固定资产净值	7 000	3 000	
无形资产	4 500	500	1 500
商誉	0	0	0

续表

项 目	P公司	S公司	
	账面价值	账面价值	公允价值
资产总计	30 012.50	8 355	13 700
负债和所有者权益：			
短期借款	2 500	2 250	2 250
应付账款	3 750	300	300
其他负债	375	300	300
负债合计	6 625	2 850	2 850
实收资本（股本）	7 500	2 500	
资本公积	5 000	1 500	
盈余公积	5 000	500	
未分配利润	5 887.50	1 005	
所有者权益合计	23 387.50	5 505	10 850
负债和所有者权益总计	30 012.50	8 355	

（1）个别报表中确认长期股权投资

借：长期股权投资　　　　　　　　　　　　　　8 750（1 000×8.75）

　　贷：股本　　　　　　　　　　　　　　　　　　　　　　1 000

　　　　资本公积——股本溢价　　　　　　　　　　　　　　7 750

（2）合并报表计算确定商誉

假定S公司除已确认资产外，不存在其他需要确认的资产及负债，则P公司首先计算合并中应确认的合并商誉：

合并商誉＝企业合并成本－合并中取得被购买方可辨认净资产公允价值份额＝8 750－10 850×70%＝1 155（万元）

（3）编制调整和抵销分录

借：存货　　　　　　　　　　　　　　　　　　　195

　　长期股权投资　　　　　　　　　　　　　　1 650

　　固定资产　　　　　　　　　　　　　　　　2 500

　　无形资产　　　　　　　　　　　　　　　　1 000

　　　贷：资本公积　　　　　　　　　　　　　　　　　　　5 345

借：实收资本　　　　　　　　　　　　　　　　2 500

　　资本公积　　　　　　　　　　　　　　　　6 845

　　盈余公积　　　　　　　　　　　　　　　　　500

　　未分配利润　　　　　　　　　　　　　　　1 005

　　商誉　　　　　　　　　　　　　　　　　　1 155

　　　贷：长期股权投资　　　　　　　　　　　　　　　　　8 750

　　　　　少数股东权益　　　　　　　　　　　　　　　　　3 255

（4）编制合并资产负债表（如下表所示）：

资产负债表（简表）　　20×7年6月30日　　　　单位：万元

项目	P公司	S公司	抵销分录		合并金额
			借方	贷方	
资产：					
货币资金	4 312.50	450			4 762.5
存货	6 200	255	195		6 650
应收账款	3 000	2 000			5 000
长期股权投资	13 750	2 150	1 650	8 750	8 800
固定资产：					0
固定资产原价	10 000	4 000	2 500		16 500
减：累计折旧	3 000	1 000			4 000
无形资产	4 500	500	1 000		6 000
商誉	0	0	1 155		1 155
资产总计	30 762.50	8 355			44 867.5
负债和所有者权益：					0
短期借款	2 500	2 250			4 750
应付账款	3 750	300			4 050
其他负债	375	300			675
负债合计	6 625	2 850			9 475
实收资本（股本）	8 500	2 500	2 500		8 500
资本公积	12 750	1 500	6 845	5 345	12 750
盈余公积	5 000	500	500		5 000
未分配利润	5 887.50	1 005	1 005		5 887.5
少数股东权益				3 255	3 255
所有者权益合计	32 137.5	5 505			35 392.5
负债和所有者权益总计	38 762.5	8 355			44 867.5

【例题2·（2014年6月选择）】 甲公司2010年1月1日购入乙公司80%的股权，能够对乙公司的财务和经营政策实施控制。除乙公司外，甲公司无其他子公司。2010年，乙公司按照购买日可辨认净资产公允价值为基础计算实现的净利润为2 000万元，无其他所有者权益变动。2010年末，甲公司合并财务报表中少数股东权益为825万元。2011年，乙公司按购买日可辨认净资产公允价值为基础计算的净亏损为5 000万元，无其他所有者权益变动。2011年末，甲公司个别财务报表中所有者权益总额为8 500万元。

下列各项关于甲公司2010年和2011年合并财务报表列报的表述中，正确的有（　　　）。

A. 2011年少数股东损益为0

B. 2010年少数股东损益为400万元

C. 2011年12月31日少数股东权益为0

D. 2011年12月31日股东权益总额为5 925万元

E. 2011 年 12 月 31 日归属于母公司股东权益为 6 100 万元

答案：BDE

解析：2010 年少数股东损益 = 2 000 × 20% = 400（万元），选项 B 正确；2011 年少数股东损益 = − 5 000 × 20% = − 1 000（万元），选项 A 错误；2011 年 12 月 31 日少数股东权益 = 825 − 5 000 × 20% = − 175（万元），选项 C 错误；2011 年 12 月 31 日归属于母公司的股东权益 = 8 500 + （2 000 − 5 000）× 80% = 6 100（万元），选项 E 正确；2011 年 12 月 31 日股东权益总额 = 6 100 − 175 = 5 925（万元），选项 D 正确。

2. 非同一控制下的吸收合并

取得的资产、负债按公允价值计量；作为合并对价的非货币性资产在购买日公允价值与账面价值的差额计入当期损益；合并成本大于可辨认净资产公允价值的差额确认为商誉，合并成本小于可辨认净资产公允价值的差额作为合并当期损益计入利润表。

3. 通过多次交易分步实现的企业合并

（1）个别财务报表（请参见本教材长期股权投资章节）

（2）合并财务报表

①购买方对于购买日之前持有的被购买方的股权，按照该股权在购买日的公允价值进行重新计量，公允价值与账面价值的差额计入当期投资收益。

②合并成本 = 购买日之前持有的被购买方的股权于购买日的公允价值 + 购买日新购入股权所支付对价的公允价值。

③比较购买日合并成本与享有的被购买方可辨认净资产公允价值的份额，确定购买日应予确认的商誉，或者应计入营业外收入（用留存收益代替）的金额。

④购买日之前持有的被购买方的股权涉及权益法核算下的其他综合收益以及除净损益、其他综合收益和利润分配外的其他所有者权益变动的，与其相关的其他综合收益、其他所有者权益变动应当转为购买日所属当期损益，由于被购买方重新计量设定受益计划净负债或净资产变动而产生的其他综合收益除外。

【注】若原投资系可供出售金融资产，购买日公允价值与购买日之前的账面价值的差额及原计入其他综合收益的累计公允价值变动已在个别报表中转入当期损益，不存在合并报表调整的问题。

【例题 3·（张志凤 2016CPA 讲义）】长江公司于 2015 年 1 月 1 日以货币资金 3 100 万元取得了大海公司 30% 的有表决权股份，对大海公司能够施加重大影响，当日大海公司可辨认净资产的公允价值是 11 000 万元。

2015 年 1 月 1 日，大海公司除一项固定资产的公允价值与其账面价值不同外，其他资产和负债的公允价值与账面价值均相等。购买日，该固定资产的公允价值为 300 万元，账面价值为 100 万元，剩余使用年限为 10 年，采用年限平均法计提折旧，无残值。

大海公司 2015 年实现净利润 1 000 万元，未发放现金股利，因可供出售金融资产公允价值变动增加其他综合收益 200 万元。

2016 年 1 月 1 日，长江公司以货币资金 5 220 万元进一步取得大海公司 40% 的有表决权股份，因此取得了对大海公司的控制权。大海公司在该日所有者权益的账面价值为 12 000 万元，其中股本 5 000 万元，资本公积 1 200 万元，其他综合收益 1 000 万元，盈余公积 480 万元，未分配利润 4 320 万元；可辨认净资产的公允价值是 12 300 万元。

2016 年 1 月 1 日，大海公司除一项固定资产的公允价值与其账面价值不同外，其他资产和负债的公允价值与账面价值均相等。当日该固定资产的公允价值为 390 万元，账面价值为 90 万元，剩余使用年限为 9 年，采用年限平均法计提折旧，无残值。

长江公司和大海公司属于非同一控制下的公司。

假定：

①原 30% 的股权在购买日的公允价值为 3 915 万元。

②不考虑所得税和内部交易的影响。

要求：

（1）编制 2015 年 1 月 1 日至 2016 年 1 月 1 日长江公司对大海公司长期股权投资的会计分录。

（2）计算 2016 年 1 月 1 日长江公司追加投资后个别财务报表中长期股权投资的账面价值。

（3）计算长江公司对大海公司投资形成的商誉的金额。

（4）编制在购买日合并财务报表工作底稿中对大海公司个别财务报表进行调整的会计分录。

（5）在购买日合并财务报表工作底稿中编制调整长期股权投资的会计分录。

（6）在合并财务报表工作底稿中编制购买日与投资有关的抵销分录。

【答案】

（1）①2015 年 1 月 1 日

借：长期股权投资——投资成本　　　　　　　　　　　　　　　　　　　3 100

　　贷：银行存款　　　　　　　　　　　　　　　　　　　　　　　　　　　3 100

借：长期股权投资——投资成本　　　　　　　　　　　　　　　　　　　200

　　　　　　　　　　　　　　　　　　　（11 000 × 30% − 3 100）

　　贷：营业外收入　　　　　　　　　　　　　　　　　　　　　　　　　　200

②2015 年 12 月 31 日

借：长期股权投资——损益调整　　　　　　　　　　　　　　　　　　　294

　　　　　　　　　　［1 000 − （300 − 100）÷ 10］× 30%

　　贷：投资收益　　　　　　　　　　　　　　　　　　　　　　　　　　　294

借：长期股权投资——其他综合收益　　　　　　　　　　　　　　　　　60

　　贷：其他综合收益　　　　　　　　　　　　　　　　　　　　　　　　　60

③2016 年 1 月 1 日

借：长期股权投资　　　　　　　　　　　　　　　　　　　　　　　　　5 220

　　贷：银行存款　　　　　　　　　　　　　　　　　　　　　　　　　　　5 220

借：长期股权投资　　　　　　　　　　　　　　　　　　　　　　　　　3 654

　　贷：长期股权投资——投资成本　　　　　　　　　　　　　　　　　　3 300

　　　　　　　　　　　　——损益调整　　　　　　　　　　　　　　　　294

　　　　　　　　　　　　——其他综合收益　　　　　　　　　　　　　　60

（2）个别财务报表中长期股权投资账面价值 = 3 654 + 5 220 = 8 874（万元）

（3）长江公司对大海公司投资形成的商誉 =（3 915 + 5 220）− 12 300 × 70% = 525（万元）

（4）

借：固定资产　　　　　　　　　　　　　　　　　　　　　　　　　　　300

　　贷：资本公积　　　　　　　　　　　　　　　　　　　　　　　　　　　300

（5）将原 30% 的持股比例长期股权投资账面价值调整到购买日公允价值，调整金额 = 3 915

−3 654 = 261（万元）

借：长期股权投资 261

　　贷：投资收益 261

将原30%的持股比例长期股权投资权益法核算形成的其他综合收益转入投资收益

借：其他综合收益 60

　　贷：投资收益 60

（6）

借：股本 5 000

　　资本公积 1 500（1 200 + 300）

　　其他综合收益 1 000

　　盈余公积 480

　　未分配利润 4 320

　　商誉 525

　　贷：长期股权投资 9 135（3 915 + 5 220）

　　　少数股东权益 3 690（12 300 × 30%）

【例题4·（1306）·（1311）】 2010年1月1日，甲公司支付1 000万元，取得乙公司10%的股权，取得投资时乙公司可辨认净资产公允价值为9 500万元，假定该项投资不存在活跃市场，公允价值无法可靠计量。甲公司与乙公司没有关联关系。2011年1月1日，甲公司另支付5 600万元取得乙公司50%股权，能够对乙公司实施控制，购买日乙公司可辨认净资产公允价值为11 000万元，甲公司之前取得的10%的股权于购买日的公允价值为1 120万元。乙公司2010年实现净利润1 000万元，未进行利润分配，乙公司净资产无其他变化。下面对于甲公司2011年12月31日报表列示正确的有（ ）。

A. 甲公司个别资产负债表对乙公司长期股权投资账面价值为6 600万元

B. 甲公司合并利润表2011年投资收益为120万元

C. 甲公司合并资产负债表商誉账面价值为120万元

D. 甲公司个别利润表投资收益为0

E. 甲公司合并资产负债表商誉账面价值为150万元

答案：ABCD

解析：本题为非同一控制下通过多次交易分步实现企业合并情形。

个别报表长期股权投资账面价值 = 原投资账面价值 + 新增投资公允价值 = 1 000 + 5 600 = 6 600（万元），A正确；

合并报表投资收益 = 原投资购买日重新计算的公允价值 − 原投资账面价值 + 原投资的其他综合收益 = 1 120 − 1 000 + 0 = 120（万元），B正确；

合并报表商誉 = 全部投资在购买日公允价值（原投资购买日公允价值 + 购买日新增投资支付的对价公允价值）− 购买日被购买方可辨认净资产公允价值份额 =（5 600 + 1 120）− 60% × 11 000 = 120（万元），C正确，E错误；

甲公司个别报表中购买日前后均为成本法核算，投资收益为0，D正确。

本题若增加一个条件，"2010年1月1日至2011年1月1日，乙公司可供出售金融资产公允价值变动收益500万元"，其他条件不变，则在计算合并报表投资收益时应将原投资的其他综合收益转入投资收益，合并投资收益 = 1 120 − 1 000 + 500 × 10% = 170（万元）。

【例题 5·（2016 中级）】 编制合并财务报表时，母公司对本期增加的子公司进行的下列会计处理中，正确的有（　　）。

A. 非同一控制下增加的子公司应将其期初至报告期末的现金流量纳入合并现金流量表

B. 同一控制下增加的子公司应调整合并资产负债表的期初数

C. 非同一控制下增加的子公司不需调整合并资产负债表的期初数

D. 同一控制下增加的子公司应将其期初至报告期末收入、费用和利润纳入合并利润表

答案：BCD

解析：选项 A，非同一控制下增加的子公司，自购买日开始纳入合并报财务表，不调整财务报表期初数。

四、反向购买的概念和会计处理

（一）反向购买的概念

非同一控制下的企业合并，是以发行权益性证券交换股权的方式进行的，通常发行权益性证券的一方为购买方。但某些企业合并中，发行权益性证券的一方因其生产经营决策在合并后被参与合并的另一方所控制，发行权益性证券的一方虽然为法律上的母公司，但其为会计上的被收购方，该类企业合并通常称为"反向购买"。

例如，A 公司为一家规模较小的上市公司，B 公司为一家规模较大的贸易公司。B 公司拟通过收购 A 公司的方式达到上市目的，但该交易是通过 A 公司向 B 公司原股东发行普通股用于交换 B 公司原股东持有的对 B 公司股权方式实现的。该项交易后，B 公司原控股股东持有 A 公司 50% 以上股权，A 公司持有 B 公司 50% 以上股权，A 公司为法律上的母公司，B 公司为法律上的子公司，但从会计角度，A 公司为被购买方，B 公司为购买方。

（二）反向购买的会计处理

主要掌握以下三点：（1）会计算合并成本；（2）会计算商誉；（3）反向购买后，法律上的母公司在编制合并财务报表应当遵从的原则。

1. 企业合并成本

反向购买中，法律上的子公司（购买方）的企业合并成本是指其如果以发行权益性证券的方式为获取在合并后报告主体的股权比例，应向法律上母公司（被购买方）的股东发行的权益性证券数量与其公允价值计算的结果。购买方的权益性证券在购买日存在公开报价的，通常应以公开报价作为其公允价值。

购买方的权益性证券在购买日不存在可靠公开报价的，应参照购买方的公允价值和被购买方的公允价值二者之中有更为明显证据支持的作为基础，确定购买方假定应发行权益性证券的公允价值。

2. 合并商誉的计算

合并商誉 = 合并成本 − 合并日法律上母公司净资产公允价值

3. 合并财务报表的编制

反向购买后，法律上的母公司应当遵从以下原则编制合并财务报表：

（1）合并财务报表中，法律上子公司的资产、负债应以其在合并前的账面价值进行确认和计量。

（2）合并财务报表中的留存收益和其他权益性余额应当反映的是法律上子公司在合并前的留存收益和其他权益余额。

（3）合并财务报表中的权益性工具的金额应当反映法律上子公司合并前发行在外的股份面

值以及假定在确定该项企业合并成本过程中新发行的权益性工具的金额。但是在合并财务报表中的权益结构应当反映法律上母公司的权益结构，即法律上母公司发行在外权益性证券的数量及种类。

（4）法律上母公司的有关可辨认资产、负债在并入合并财务报表时，应以其在购买日确定的公允价值进行合并，企业合并成本大于合并中取得的法律上母公司（被购买方）可辨认净资产公允价值的份额体现为商誉，小于合并中取得的法律上母公司（被购买方）可辨认净资产公允价值的份额确认为合并当期损益。

（5）合并财务报表的比较信息应当是法律上子公司的比较信息（法律上子公司的前期合并财务报表）。

（6）法律上子公司的有关股东在合并过程中未将其持有的股份转换为对法律上母公司股份的，该部分股东享有的权益份额在合并财务报表中应作为少数股东权益列示。因法律上子公司的部分股东未将其持有的股份转换为法律上母公司的股权，其享有的权益份额仍仅限于对法律上子公司的部分，该部分少数股东权益反映的是少数股东按持股比例计算享有法律上子公司合并前净资产账面价值的份额。另外，对于法律上母公司的所有股东，虽然该项合并中其被认为被购买方，但其享有合并形成报告主体的净资产及损益，不应作为少数股东权益列示。

A 公司和 B 公司合并报表金额计算如下：

项目	合并金额
流动资产	A 公司公允价值 + B 公司账面价值
非流动资产	A 公司公允价值（不含反向购买时产生的长期股权投资）+ B 公司账面价值
商誉	合并成本 – A 公司可辨认净资产公允价值（如为负数，应反映在留存收益中）
资产总额	合计
流动负债	A 公司公允价值 + B 公司账面价值
非流动负债	A 公司公允价值 + B 公司账面价值
负债总额	合计
股本（A 公司股票股数）	B 公司合并前发行在外的股份面值 × A 公司持股比例 + 假定 B 公司在确定该项企业合并成本过程中新发行的权益性工具的面值
资本公积	差额
盈余公积	B 公司合并前盈余公积 × A 公司持股比例
未分配利润	B 公司合并前未分配利润 × A 公司持股比例
少数股东权益	少数股东按持股比例计算享有 B 公司合并前净资产账面价值的份额
所有者权益总额	资产总额 – 负债总额

【例题 1·（2010）】A 上市公司于 2007 年 9 月 30 日通过定向增发本企业普通股对 B 公司进行合并，取得 B 公司 100% 的股权。两个公司都形成经营业务，两公司股本分别为 1 亿元和 0.6 亿元，A 发行 1.2 亿股取得 B 公司 100% 的股权，A 的净资产公允价值 18 亿元，B 的净资产公允价值 50 亿元，B 公司股票每股公允价值 40 元，则合并形成的商誉为（　　　）。

A. 6 亿元　　　　　　B. 5 亿元　　　　　　C. 2 亿元　　　　　　D. 0

答案：C

解析：该类题目一拿到马上就应该意识到属于反向购买。本题中，A 公司发行 1.2 亿股，A 公司总股本为 2.2 亿股，B 公司股东取得股份 1.2 亿股，持股比例为 1.2/2.2，超过 50%，取得 A 公司控制权，A 为法律上的母公司，B 公司为会计上的收购方，构成反向购买。考试中可不作此验证，因为考的就是反向购买，肯定要构成。

合并成本＝B 公司取得 A 公司全部股权发行应发行 B 公司股票的公允价值，从题目中 A 发行 1.2 亿股取得 B 公司 100% 股权（0.6 亿元），可见用 B 股票换 A 股票可 1 股换两股，因此若取得 A 公司全部 1 亿股则应发行 B 股数量为 $1 \times 1/2 = 0.5$（亿股），故合并成本 $= 0.5 \times 40 = 20$（亿元），合并商誉 $= 20 - 18$（A 公司的公允价值）$= 2$（亿元）。

【例题 2 · （2012）】甲是上市公司，乙是收购方，甲向乙发行 1.2 亿股份，甲乙的资料：甲的股本 1 亿元，乙的股本 0.6 亿元，甲的净资产公允价值 18 亿元，乙的净资产公允价值 50 亿元，乙的每股公允价值 40 元，则合并形成的商誉为（　　）亿元。

A. 0　　　　　　B. 2　　　　　　C. 5　　　　　　D. 6

答案：B

解析：完全同例题 1。

【例题 3 · （1605）】甲公司为一家规模较小的上市公司，乙公司为某大型未上市的民营企业，甲公司和乙公司的股本分别为 8 000 万元、15 000 万元，为实现资源的优化配置，甲公司于 2015 年 4 月 30 日通过向乙公司原股东定向增发 12 000 万股本企业普通股的方式获得了乙公司全部的 15 000 万股普通股，甲公司每股普通股在 2015 年 4 月 30 日的公允价值为 5 元，乙公司每股普通股当日的公允价值为 4 元。甲公司、乙公司每股普通股的面值均为 1 元，假定甲公司和乙公司在合并前不存在任何关联方关系，合并完成后，甲公司的生产经营决策由乙公司控制，下列关于此项合并的表述中，正确的有（　　）。

A. 此项合并构成反向购买

B. 合并财务报表中，乙公司的资产和负债应以其在合并前的账面价值进行确认和计量

C. 合并成本为 4 亿元

D. 合并财务报表中的留存收益和其他权益性余额应当反映的是甲公司在合并前的留存收益和其他权益余额

E. 合并财务报表中的权益性工具的金额应当反映甲公司合并前发行在外的股份面值以及假定在确定该项企业合并成本过程中新发行的权益性工具的金额

答案：AC

解析：

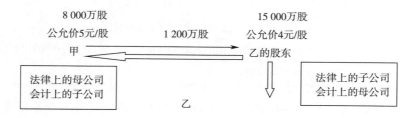

A，本题中甲公司发行 1.2 亿股，发行后甲公司总股本为 2 亿股，乙公司股东取得股份 1.2 亿股，持股比例为 1.2/2，超过 50%，取得甲公司控制权，甲公司为法律上的母公司，乙公司为

会计上的收购方，构成反向购买。

合并成本＝乙公司取得甲公司全部股权应发行乙公司股票的公允价值＝（15 000×1.5/1.2）×4＝7.5（亿元），B 错误。C 正确。D 项错误，应该是乙公司在合并前的留存收益和其他权益余额。E 项错误，合并财务报表中的权益性工具的金额应当反映乙公司合并前发行在外的股份面值以及假定在确定该项企业合并成本过程中新发行的权益性工具的金额。

【例题 4·（CPA 教材例 25 - 4）】A 上市公司于 20×7 年 9 月 30 日通过定向增发本企业普通股对 B 企业进行合并，取得 B 企业 100% 的股权。假定不考虑所得税影响。A 公司及 B 企业在进行合并前简化资产负债表如下表所示。

A 公司及 B 企业合并前资产负债表

单位：万元

	A 公司	B 企业
流动资产	3 000	2 700
非流动资产	21 000	36 000
资产总额	24 000	38 700
流动负债	1 200	900
非流动负债	300	1 800
负债总额	1 500	2 700
所有者权益：		
股本	1 500	900
资本公积		
盈余公积	6 000	10 260
未分配利润	15 000	24 840
所有者权益总额	22 500	36 000

其他资料：

（1）20×7 年 9 月 30 日，A 公司通过定向增发本企业普通股，以 2 股换 1 股的比例自 B 企业原股东处取得了 B 企业全部股权。A 公司共发行了 1 800 万股普通股以取得 B 企业全部 900 万股普通股。

（2）A 公司普通股在 20×7 年 9 月 30 日的公允价值为 20 元，B 企业每股普通股当日的公允价值为 40 元。A 公司、B 企业每股普通股的面值为 1 元。

（3）20×7 年 9 月 30 日，A 公司除非流动资产公允价值较账面价值高 4 500 万元以外，其他资产、负债项目的公允价值与其账面价值相同。

（4）假定 A 公司与 B 企业在合并前不存在任何关联方关系。

对于该项企业合并，虽然在合并中发行权益性证券的一方为 A 公司，但因其生产经营决策的控制权在合并后由 B 企业原股东控制，B 企业应为购买方，A 公司为被购买方。

（1）确定该项合并中 B 企业的合并成本

A 公司在该项合并中向 B 企业原股东增发了 1 800 万股普通股，合并后 B 企业原股东持有 A 公司的股权比例为 54.55%（1 800/3 300），如果假定 B 企业发行本企业普通股在合并后主体享有同样的股权比例，则 B 企业应当发行的普通股股数为 750 万股（900÷54.55% － 900 ＝ 750，此处也可以渐变计算 1 500/2 = 750），其公允价值为 30 000 万元，企业合并成本为 30 000 万元。

（2）企业合并成本在可辨认资产、负债的分配

企业合并成本	30 000
A 公司可辨认资产、负债：	
流动资产	3 000
非流动资产	（21 000 + 4 500）25 500
流动负债	（1 200）
非流动负债	（300）
商誉	3 000

A 公司 20 ×7 年 9 月 30 日合并资产负债表　　　　　　　　　单位：万元

项目	金额
流动资产	5 700
非流动资产	61 500
商誉	3 000
资产总额	70 200
流动负债	2 100
非流动负债	2 100
负债总额	4 200
所有者权益	
股本（3 300 万股普通股） （用 A 的股数表示 = 1 500 + 1 800）	1 650（用 B 的股票面值表示 = 900 + 1 500/2）
资本公积	29 250（66 000 − 1 650 − 10 260 − 24 840）
盈余公积	10 260（B 企业）
未分配利润	24 840（B 企业）
所有者权益总额	66 000（资产总额 70 200 − 负债 4 200）

（3）每股收益

本例中，假定 B 企业 20 ×6 年实现合并净利润 1 800 万元，20 ×7 年 A 公司与 B 企业形成的主体实现合并净利润 3 450 万元，自 20 ×6 年 1 月 1 日至 20 ×7 年 9 月 30 日，B 企业发行在外的普通股股数未发生变化。

A 公司 20 ×7 年基本每股收益 = 3 450/（1 800 ×9 ÷12 + 3 300 ×3 ÷12）= 1. 59（元）。

该计算分为前 9 个月和后 3 个月两段计算，股权结构 1 800 和 3 300 均为法律上母公司的。

提供比较报表的情况下，比较报表中的每股收益应进行调整，A 公司 20 ×6 年的基本每股收益 = 1 800/1 800 = 1（元）。

（4）本例中，B 企业的全部股东中假定只有其中的 90% 以原持有的对 B 企业股权换取了 A 公司增发的普通股。A 公司应发行的普通股股数为 1 620 万股（900 ×90% ×2）。企业合并后，B 企业的股东拥有合并后报告主体的股权比例为 51. 92%（1 620/3 120）。

通过假定 B 企业向 A 公司发行本企业普通股在合并后主体享有同样的股权比例，在计算 B 企业须发行的普通股数量时不考虑少数股权的因素，故 B 企业应当发行的普通股股数为 750 万

股（900×90%÷51.92% –900×90%），B 企业在该项合并中的企业合并成本为 30 000 万元 [（1 560 –810）×40 或者 750×40]，B 企业未参与股权交换的股东拥有 B 企业的股份为 10%，享有 B 企业合并前净资产的份额为 6 000 万元，在合并财务报表中应作为少数股东权益列示。

【例题 5·（2016CPA）】 甲公司为境内上市公司，专门从事能源生产业务。2×15 年，甲公司发生的企业合并及相关交易或事项如下：合并前，丙公司、丁公司分别持有乙公司 80% 和 20% 于股权，甲公司与乙公司、丙公司、丁公司不存在任何关联方关系；合并后，甲公司与乙公司除资料（3）所述内部交易外，不存在其他任何内部交易。

甲公司和乙公司均按照年度净利润的 10% 计提法定盈余公积，不计提任意盈余公积。企业合并后，甲公司和乙公司没有向股东分配利润。

甲公司和乙公司适用的企业所得税税率均为 25%，甲公司以换股方式购买乙公司 80% 股权的交易用特殊税务处理规定，即收购企业、被收购企业的原有各项资产和负债的计税基础保持不变，甲公司和乙公司合并前的各项资产、负债的账面价值与其计税基础相同。不存在其他未确认暂时性差异所得税影响的事项。甲公司和乙公司预计未来年度均有足够的应纳税所得额用于抵扣可抵扣暂时性差异。其他相关资料如下：

（1）2×15 年 2 月 20 日，甲公司召开董事会，审议通过了以换股方式购买专门从事新能源开发业务的乙公司 80% 股权的议案。2×15 年 3 月 10 日，甲公司、乙公司及其控股股东丙公司各自内部决策机构批准了该项交易方案。2×15 年 6 月 15 日，证券监管机构核准了甲公司以换股方式购买乙公司 80% 股权的方案。

2×15 年 6 月 30 日，甲公司以 3:1 的比例向丙公司发行 6 000 万股普通股，取得乙公司 80% 股权，有关股份登记和股东变更手续当日完成；同日，甲公司、乙公司的董事会进行了改选，丙公司开始控制甲公司，甲公司开始控制乙公司，甲公司、乙公司普通股每股面值均为 1 元，2×15 年 6 月 30 日，甲公司普通股的公允价值为每股 3 元，乙公司普通股的公允价值为每股 9 元。

2×15 年 7 月 16 日，甲公司支付为实施上述换股合并而发生的会计师、律师、评估师等费用 350 万元，支付财务顾问费 1 200 万元。

（2）甲公司、乙公司资产、负债等情况如下：

2×15 年 6 月 30 日，甲公司账面资产总额 17 200 万元，其中固定资产账面价值 4 500 万元，无形资产账面价值 1 500 万元；账面负债总额 9 000 万元；账面所有者权益（股东权益）合计 8 200 万元，其中股本 5 000 万元（每股面值 1 元），资本公积 1 200 万元，盈余公积 600 万元，未分配利润 1 400 万元。

2×15 年 6 月 30 日，甲公司除一项无形资产外，其他资产、负债的公允价值与其账面价值相同，该无形资产为一项商标权，账面价值 1 000 万元，公允价值 3 000 万元，按直线法摊销，预计尚可使用 5 年，预计净残值为零。

2×15 年 6 月 30 日，乙公司账面资产总额 34 400 万元，其中固定资产账面价值 8 000 万元，无形资产账面价值 3 500 万元，账面负债总额 13 400 万元，账面所有者权益（股东权益）合计 21 000 万元。其中，股本 2 500 万元（每股面值 1 元），资本公积 500 万元，盈余公积 1 800 万元，未分配利润 16 200 万元。

2×15 年 6 月 30 日，乙公司除一项固定资产外，其他资产、负债的公允价值与其账面价值相同，该固定资产为一栋办公楼，账面价值 3 500 万元，公允价值 6 000 万元，按年限平均法计提折旧。预计尚可使用 20 年，预计净残值为零。

（3）2×15 年 12 月 20 日，甲公司向乙公司销售一批产品，销售价格（不含增值税）为 100

万元，成本为 80 万元，款项已收取。截至 2×15 年 12 月 31 日，乙公司确认甲公司购入的产品已对外出售 50%，其余 50% 形成存货。

除所得税外，不考虑增值税及其他相关税费，不考虑其他因素，要求：

（1）根据资料（1）、资料（2）及其他有关资料，判断该项企业合并的类型及会计上的购买方和被购买方，并说明理由。

（2）根据资料（1）、资料（2）及其他有关资料，确定该项企业合并的购买日（或合并日），并说明理由。

（3）根据资料（1）、资料（2）及其他有关资料，计算甲公司取得乙公司 80% 的股权投资的成本，并编制相关会计分录。

（4）根据资料（1）、资料（2）及其他有关资料，计算该项企业合并的合并成本和商誉（如有）。

（5）根据资料（1）、资料（2）及其他有关资料，计算甲公司购买日（或合并日）合并资产负债表中固定资产、无形资产、递延所得税资产（或负债）、盈余公积和未分配利润的列报金额。

（6）根据资料（3）编制甲公司 2×15 年合并财务报表相关的抵销分录。

答案：

（1）合并类型：构成业务的反向购买；会计上的购买方为乙公司；会计上的被购买方为甲公司。

理由：2×15 年 6 月 30 日，甲公司以 3:1 的比例向丙公司发行 6 000 万普通股，取得乙公司 80% 的股权，有关股份登记和股东变更手续当日完成，甲公司和乙公司应编制合并财务报表；同日，甲公司、乙公司的董事会进行了改选，丙公司持有甲公司股权比例 = 6 000 ÷ （5 000 + 6 000） = 54.55%，丙公司开始控制甲公司。

（2）购买日为 2×15 年 6 月 30 日。

理由：2×15 年 6 月 30 日，甲公司以 3:1 的比例向丙公司发行 6 000 万普通股，取得乙公司 80% 的股权，有关股份登记和股东变更手续当日完成；同日，甲公司、乙公司的董事会进行了改选，实质上购买方取得对被购买方的控制权。

（3）甲公司取得乙公司 80% 的股权投资的成本 = 6 000 × 3 = 18 000 （万元）。

会计分录：

借：长期股权投资	18 000	
贷：股本		6 000
资本公积——股本溢价		12 000
借：管理费用	1 550	
贷：银行存款		1 550

（4）企业合并后，乙公司原股东丙公司持有甲公司的股权比例 = 6 000/ （6 000 + 5 000） × 100% = 54.55%；假定乙公司发行本公司普通股股票合并甲公司，在合并后主体享有同样的股权比例，乙公司应当发行的普通股股数 = 2 500 × 80%/54.55% − 2 500 × 80% = 1 666.36 （万股）。

或   因甲公司 3 股股票换入乙公司 1 股股票，假定乙公司发行本公司普通股股票合并原甲公司净资产，则需发行股票股数 = 5 000 ÷ 3 = 1 666.67 （万股）。

企业合并成本 = 1 666.67 × 9 = 15 000 （万元）（此处也可简便计算 = 甲公司 5 000 万股本 ×

每股公允价3元）

企业合并商誉 = 15 000 － （8 200 + 2 000 － 2 000 × 25%） = 5 300（万元）（将甲公司的净资产的账面价值调成公允价值）

（5）固定资产的列报金额 = 4 500 + 8 000 = 12 500（万元）

无形资产的列报金额 = 1500 + （3 000 － 1 000） + 3 500 = 7 000（万元）

递延所得税负债的列报金额 = （3 000 － 1 000） × 25% = 500（万元）

盈余公积的列报金额 = 1 800 × 80% = 1 440（万元）

未分配利润的列报金额 = 16 200 × 80% = 12 960（万元）

（6）

借：营业收入	100	
贷：营业成本		90
存货		10
借：递延所得税资产（10 × 25%）	2.5	
贷：所得税费用		2.5

第二十六节　合并财务报表

【大纲要求】

内容	程度	变化
1. 控制标准的具体应用	掌握	原有
2. 合并财务报表合并范围的确定	掌握	原有
3. 编制合并报表应进行抵销处理	熟悉	原有

说明：为了便于连贯理解，"1"和"2"的相关内容已经移至第二十五节。

【内容精讲】

一、合并报表前期准备事项及编制程序

（一）合并财务报表编制的前期准备事项

1. 统一母子公司的会计政策

2. 统一母子公司的资产负债表日及会计期间

3. 对子公司以外币表示的财务报表进行折算

4. 收集编制合并财务报表的相关资料

【例题1·（2015中级）】母公司在编制合并财务报表前，对子公司所采用会计政策与其不一致的情形进行的下列会计处理中，正确的有（　　　）。

A. 按照子公司的会计政策另行编报母公司的财务报表

B. 要求子公司按照母公司的会计政策另行编报子公司的财务报表

C. 按照母公司自身的会计政策对子公司财务报表进行必要的调整

D. 按照子公司的会计政策对母公司自身财务报表进行必要的调整

答案：BC

解析：编制财务报表前，应当尽可能地统一母公司和子公司的会计政策，统一要求子公司所采用的会计政策与母公司保持一致。

（二）合并财务报表的编制程序

1. 设置合并工作底稿

2. 将母公司、纳入合并范围的子公司个别资产负债表、利润表及所有者权益变动表各项目的数据纳入合并工作底稿，并在合并工作底稿中对母公司和子公司个别财务报表各项目的数据进行加总，计算得出个别资产负债表、个别利润表及个别所有者权益变动表各项目合计数额

3. 编制调整分录与抵销分录

4. 计算合并财务报表各项目的合并金额

5. 填列合并财务报表

二、编制合并报表基本抵销处理

作为企业集团不存在的事项均应抵销。

（一）同一控制下的处理

1. 同一控制下取得子公司合并日合并财务报表的编制

合并过程中发生的审计、评估和法律服务等相关费用计入管理费用，不涉及抵销处理的问题。

抵销分录为：

借：股本（实收资本）

　　资本公积

　　其他综合收益

　　盈余公积

　　未分配利润

　贷：长期股权投资

　　　少数股东权益

注：同一控制下企业合并不产生新商誉。同一控制下企业合并中按一体化存续原则，在合并财务报表上，对被合并方在企业合并前实现的留存收益中归属于合并方的部分，应自合并方资本公积（资本溢价或股本溢价）转入留存收益。

2. 直接投资及同一控制下取得子公司合并日后合并财务报表的编制

（1）对子公司个别财务报表进行调整的内容

同一控制下不需按照公允价值对子公司个别报表进行调整。

（2）按权益法调整对子公司的长期股权

长期股权投资成本法核算的结果调整为权益法核算的结果。

调整分录如下：

投资当年

①调整被投资单位盈利

借：长期股权投资

　贷：投资收益

②调整被投资单位亏损

借：投资收益

　贷：长期股权投资

③调整被投资单位分派现金股利

借：投资收益

　　贷：长期股权投资

④调整子公司除净损益以外所有者权益的其他变动（假定所有者权益增加）

借：长期股权投资

　　贷：资本公积——本年

【注意】连续编制合并财务报表，合并财务报表中的数字依然是来自个别报表，最后调整而来。

①调整以前年度被投资单位盈亏

借：长期股权投资

　　贷：年初未分配利润

（注：若为亏损则作相反分录）

②调整被投资单位本年盈利

借：长期股权投资

　　贷：投资收益

③调整被投资单位本年亏损

借：投资收益

　　贷：长期股权投资

④调整被投资单位以前年度分派现金股利

借：年初未分配利润

　　贷：长期股权投资

⑤调整被投资单位当年分派现金股利

借：投资收益

　　贷：长期股权投资

⑥调整子公司以前年度其他综合收益变动（假定其他综合收益增加）

借：长期股权投资

　　贷：其他综合收益——年初

（注：若减少作相反分录）

⑦调整子公司本年其他综合收益变动（假定其他综合收益增加）

借：长期股权投资

　　贷：其他综合收益——本年

（注：若减少作相反分录）

⑧调整子公司以前年度除净损益、其他综合收益以及利润分配以外的所有者权益的其他变动（假定所有者权益增加）

借：长期股权投资

　　贷：资本公积——年初

（注：若减少作相反分录）

⑨调整子公司本年除净损益、其他综合收益以及利润分配以外的所有者权益的其他变动（假定所有者权益增加）

借：长期股权投资

贷：资本公积——本年

（注：若减少作相反分录）

（3）合并抵销处理

在合并工作底稿中，对长期股权投资的金额进行调整后，长期股权投资的金额正好反映母公司在子公司所有者权益中所拥有的份额。按照编制合并财务报表的要求进行合并抵销处理，将母公司与子公司之间的内部交易对合并财务报表的影响予以抵销。

①母公司长期股权投资与子公司所有者权益的抵销

借：股本（实收资本）

　　　资本公积

　　　其他综合收益

　　　盈余公积

　　　未分配利润

　　贷：长期股权投资（母公司）

　　　　少数股东权益（子公司所有者权益×少数股东持股比例）

注：在合并财务报表中，子公司少数股东分担的当期亏损超过了少数股东在该子公司期初所有者权益中所享有的份额的（发生超额亏损），其余额仍应当冲减少数股东权益，即少数股东权益可以出现负数。

②母公司对子公司、子公司相互之间持有对方长期股权投资的投资收益的抵销

借：投资收益

　　　少数股东损益

　　　年初未分配利润

　　贷：提取盈余公积

　　　　对所有者（或股东）的分配

　　　　年末未分配利润

同时，被合并方在企业合并前实现的留存收益中归属于合并方的部分，应自资本公积转入留存收益。

值得注意的是，子公司发行累积优先股等其他权益工具的，无论当期是否宣告发放其股利，在计算列报母公司合并利润表中的"归属于母公司股东的净利润"时，应扣除当期归属于除母公司之外的其他权益工具持有者的可累积分配股利，扣除金额应在"少数股东损益"项目列示；子公司发行不可累积优先股等其他权益工具的，在计算列报母公司合并利润表中的"归属于母公司股东的净利润"时，应扣除当期宣告发放的归属于除母公司之外的其他权益工具持有者的不可累积分配股利，扣除金额应在"少数股东损益"项目中列示。子公司发行累积或不可累积优先股等其他权益工具的，在资产负债表和股东权益变动表中的列报原则与利润表相同。

【例题1·（CPA 教材例 26 –21、例 26 –22）】甲公司 20×2 年 1 月 1 日以 28 600 万元的价格取得 A 公司 80% 的股权，A 公司净资产的公允价值为 35 000 万元。甲公司在购买 A 公司过程中发生审计、评估和法律服务等相关费用 120 万元。上述价款均以银行存款支付。甲公司与 A 公司均为同一控制下的企业。A 公司采用的会计政策与甲公司一致。

A 公司股东权益总额为 32 000 万元，其中股本为 20 000 万元，资本公积为 8 000 万元，盈余公积为 1 200 万元，未分配利润为 2 800 万元。合并后，甲公司在 A 公司股东权益中所拥有的

份额为 25 600 万元。

甲公司于 20×2 年 1 月 1 日，以 28 600 万元的价格取得 A 公司 80% 的股权，使其成为子公司。

A 公司 20×2 年 1 月 1 日股东权益总额为 32 000 万元，其中股本为 20 000 万元，资本公积为 8 000 万元，盈余公积为 1 200 万元，未分配利润为 2 800 万元；20×2 年 12 月 31 日，股东权益总额为 38 000 万元，其中股本为 20 000 万元，资本公积 8 000 万元，盈余公积为 3 200 万元，未分配利润为 6 800 万元。

A 公司 20×2 年全年实现净利润 10 500 万元，经公司董事会提议并经股东会批准，20×2 年提取盈余公积 2 000 万元，向股东宣告分派现金股利 4 500 万元。

（1）甲公司个别报表

甲公司对 A 公司长期股权投资的初始投资成本为 25 600 万元。购买该股权过程中发生的审计、估值等相关费用直接计入当期损益，即计入当期管理费用。

```
借：长期股权投资——A 公司              25 600
    管理费用                           120
    资本公积                         3 000
  贷：银行存款                  28 720（28 600 + 120）
```

（2）同一控制下取得子公司合并日合并财务报表

```
借：股本                             20 000
    资本公积                         8 000
    盈余公积                         1 200
    未分配利润                        2 800
  贷：长期股权投资                     25 600
```

（解读：此处合并报表的长期股权投资与个别报表中相同，因为同一控制下就是按照账面价值来的）

```
      少数股东权益                      6 400
借：资本公积                           3 200
  贷：盈余公积（1 200×80%）         960（还原子公司盈余公积）
    未分配利润（2 800×80%）            2 240
```

（3）编制 20×2 年期末合并报表，将成本法核算的结果调整为权益法核算结果的相关的调整分录如下：

```
借：长期股权投资——A 公司         8 400（10 500×80%）
  贷：投资收益                       8 400
借：投资收益                         3 600
  贷：长期股权投资——A 公司     3 600（4 500×80%）
```

经过上述调整分录后，甲公司对 A 公司长期股权投资的账面价值为 30 400 万元（25 600 + 8 400 − 3 600）。甲公司对 A 公司长期股权投资账面价值 30 400 万元正好与母公司在 A 公司股东权益所拥有的份额相等。

（4）编制 20×2 年期末合并报表，本例经过调整后甲公司对 A 公司长期股权投资的金额为 30 400 万元；A 公司股东权益总额为 38 000 万元，甲公司拥有 80% 的股权，即在子公司股东权益中拥有 30 400 万元；其余 20% 则属于少数股东权益。

长期股权投资与子公司所有者权益抵销时，其抵销分录如下：

借：股本	20 000
资本公积	8 000
盈余公积	3 200
未分配利润	6 800
贷：长期股权投资	30 400
少数股东权益	7 600

此外，还必须将对子公司的投资收益与子公司当年利润分配相抵销，使合并财务报表反映母公司股东权益变动的情况，其抵销分录如下：

借：投资收益	8 400
少数股东损益	2 100
年初未分配利润	2 800
贷：提取盈余公积	2 000
向股东分配利润	4 500
未分配利润	6 800

（理解：贷方未分配利润减去借方年初未分配利润就是本期的发生数）

借：资本公积	3 200
贷：盈余公积（1 200×80%）	960
未分配利润（2 800×80%）	2 240

另外，本例中A公司本年宣告分派现金股利4 500万元，股利款项尚未支付，A公司已将其计列应付股利4 500万元。甲公司根据A公司宣告的分派现金股利的公告，按照其所享有的金额，已确认应收股利，并在其资产负债表中计列应收股利3 600万元。这属于母公司与子公司之间的债权债务，在编制合并资产负债表时必须将其予以抵销，其抵销分录如下：

| 借：应付股利 | 3 600 |
| 　贷：应收股利 | 3 600 |

【编者理解】 如果实际发放了，就不涉及抵销分录了。

（二）非同一控制下的处理

1. 非同一控制下取得子公司购买日合并财务报表的编制

（1）按公允价值对非同一控制下取得子公司的财务报表进行调整

调整分录（以固定资产为例，假定固定资产公允价值大于账面价值）如下：

借：固定资产——原价（调增固定资产价值）
　贷：资本公积
借：资本公积
　贷：递延所得税负债

（2）母公司长期股权投资与子公司所有者权益抵销处理

借：股本（实收资本）
　　资本公积
　　其他综合收益
　　盈余公积
　　未分配利润
　　商誉（借方差额）

贷：长期股权投资

　　少数股东权益

　　盈余公积、未分配利润（贷方差额）

【例题2· （CPA教材例26－23）】甲公司20×1年1月1日以定向增发公司普通股股票的方式，购买取得A公司70%的股权。甲公司定向增发普通股股票10 000万股（每股面值为1元），甲公司普通股股票面值每股为1元，市场价格每股为2.95元。甲公司并购A公司属于非同一控制下的企业合并，假定不考虑所得税、甲公司增发该普通股股票所发生的审计以及发行等相关的费用。

A公司在购买日股东权益总额为32 000万元，其中股本为20 000万元，资本公积为8 000万元，盈余公积为1 200万元，未分配利润为2 800万元。A公司购买日应收账款账面价值为3 920万元，公允价值为3 820万元，存货的账面价值为20 000万元，公允价值为21 100万元；固定资产账面价值为18 000万元，公允价值为21 000万元。购买日股东权益公允价值总额为36 000万元。

甲公司将购买取得A公司70%的股权作为长期股权投资入账，其账务处理如下：

借：长期股权投资——A公司　　　　　　　　　　　　　　　　29 500

　　贷：股本　　　　　　　　　　　　　　　　　　　　　　10 000

　　　　资本公积　　　　　　　　　　　　　　　　　　　　19 500

编制购买日的合并资产负债表时，将A公司资产和负债的评估增值或减值分别调增或调减相关资产和负债项目的金额。在合并工作底稿中调整分录如下：

借：存货　　　　　　　　　　　　　　　　　　　　　　　　1 100

　　固定资产　　　　　　　　　　　　　　　　　　　　　　3 000

　　贷：应收账款　　　　　　　　　　　　　　　　　　　　　100

　　　　资本公积　　　　　　　　　　　　　　　　　　　　4 000

基于资产和负债的公允价值对A公司财务报表调整后，有关计算如下：

甲公司合并成本 = 2.95 × 10 000 = 29 500（万元）

A公司调整后的股东权益总额 = 32 000 + 4 000 = 36 000（万元）

合并商誉 = 29 500 - 36 000 × 70% = 4 300（万元）

少数股东权益 = 36 000 × 30% = 10 800（万元）

借：股本　　　　　　　　　　　　　　　　　　　　　　　　20 000

　　资本公积　　　　　　　　　　　　　　　12 000（8 000 + 4 000）

　　盈余公积　　　　　　　　　　　　　　　　　　　　　　1 200

　　未分配利润　　　　　　　　　　　　　　　　　　　　　2 800

　　商誉　　　　　　　　　　　　　　　　　　　　　　　　4 300

　　贷：长期股权投资——A公司　　　　　　　　　　　　　29 500

　　　　少数股东权益　　　　　　　　　　　　　　　　　　10 800

2. 非同一控制下取得子公司购买日后合并财务报表的编制

（1）对子公司个别财务报表进行调整

对于非同一控制下企业合并中取得的子公司，应当根据母公司在购买日设置的备查簿中登记的该子公司有关可辨认资产、负债的公允价值，对子公司的个别财务报表进行调整，使子公司的个别财务报表反映为在购买日公允价值基础上确定的可辨认资产、负债等在本期资产负债表日应有的金额。

调整分录（以固定资产为例，假定固定资产公允价值大于账面价值）如下：

①投资当年

借：固定资产——原价（调整固定资产价值）

　　贷：资本公积

借：资本公积

　　贷：递延所得税负债

借：管理费用（当年按公允价值应补提折旧）

　　贷：固定资产——累计折旧

借：递延所得税负债

　　贷：所得税费用

②连续编制合并财务报表

借：固定资产——原价（调整固定资产价值）

　　贷：资本公积——年初

借：资本公积——年初

　　贷：递延所得税负债

借：年初未分配利润（年初累计补提折旧）

　　贷：固定资产——累计折旧

借：递延所得税负债

　　贷：年初未分配利润

借：管理费用（当年补提折旧）

　　贷：固定资产——累计折旧

借：递延所得税负债

　　贷：所得税费用

理解：画两张 T 形账户如下：

A 公司固定资产账面价值

2011 年 1 月 1 日 100	计提折旧 10
2012 年 1 月 1 日 90	计提折旧 10
2013 年 1 月 1 日 80	

A 公司固定资产公允价值

2011 年 1 月 1 日 200	计提折旧 20
2012 年 1 月 1 日 180	计提折旧 20
2013 年 1 月 1 日 160	

（2）长期股权投资由成本法调整为权益法

长期股权投资成本法核算的结果调整为权益法核算的结果的会计处理与同一控制相同。

（3）抵销分录

母公司长期股权投资与子公司所有者权益的抵销。

借：股本（实收资本）

　　资本公积

　　其他综合收益

　　盈余公积

　　未分配利润

　　　　商誉（借方差额）

　　　贷：长期股权投资（母公司）

　　　　　少数股东权益（子公司所有者权益×少数股东投资持股比例）

　　　　　母公司对子公司、子公司相互之间持有对方长期股权投资的投资收益的抵销

　　借：投资收益

　　　　少数股东损益

　　　　年初未分配利润

　　　贷：提取盈余公积

　　　　　对所有者（或股东）的分配

　　　　　未分配利润

【例题 3 · （CPA 教材例 26 – 24 接教材例 26 – 23）】 甲公司 20×1 年 1 月 1 日以定向增发普通股股票的方式，购买持有 A 公司 70% 的股权。甲公司对 A 公司长期股权投资的金额为 29 500 万元，甲公司购买日编制的合并资产负债表中确认合并商誉 4 300 万元。

　　A 公司在购买日股东权益总额为 32 000 万元，其中股本为 20 000 万元，资本公积为 8 000 万元，盈余公积为 1 200 万元，未分配利润为 2 800 万元。A 公司购买日应收账款账面价值为 3 920 万元，公允价值为 3 820 万元；存货的账面价值为 20 000 万元，公允价值为 21 100 万元；固定资产账面价值为 18 000 万元，公允价值为 21 000 万元。

　　A 公司 20×1 年 12 月 31 日股东权益总额为 38 000 万元，其中股本为 20 000 万元，资本公积为 8 000 万元，盈余公积为 3 200 万元，未分配利润为 6 800 万元。A 公司 20×1 年全年实现净利润 10 500 万元，A 公司当年提取盈余公积 2 000 万元，向股东分配现金股利 4 500 万元。截至 20×1 年 12 月 31 日，应收账款按购买日确认的金额收回，确认的坏账已核销；购买日存货公允价值增值部分，当年已全部实现对外销售。

　　购买日固定资产原价公允价值增加是公司用办公楼增值。该办公楼采用的折旧方法为年限平均法，该办公楼剩余折旧年限为 20 年，假定该办公楼评估增值在未来 20 年内平均摊销。

　　1. 甲公司 20×1 年末编制合并财务报表时相关项目计算如下：

　　A 公司调整后本年净利润 = 10 500 + ［100（购买日应收账款公允价值减值的实现而调减资产减值损失）– 1 100（购买日存货公允价值增值的实现而调增营业成本）– 150（固定资产公允价值增值计算的折旧而调增管理费用）］= 9 350（万元）

　　150 万元是固定资产公允价值增值 3 000 万元按剩余折旧年限摊销。

　　A 公司调整后本年末未分配利润 = 2 800（年初）+ 9 350 – 2 000（提取盈余公积）– 4 500（分派股利）= 5 650（万元）

　　权益法下甲公司对 A 公司投资的投资收益 = 9 350 × 70% = 6 545（万元）

　　权益法下甲公司对 A 公司长期股权投资本年末余额 = 29 500 + 6 545 – 4 500（分派股利）× 70% = 32 895（万元）

　　少数股东损益 = 9 350 × 30% = 2 805（万元）

　　少数股东权益的年末余额 = 10 800 + 2 805 – 4 500 × 30% = 12 255（万元）

　　2. 甲公司 20×1 年编制合并财务报表时，应当进行如下调整抵销处理：

　　（1）按公允价值对 A 公司财务报表项目进行调整。根据购买日 A 公司资产和负债的公允价值与账面价值之间的差额，调整 A 公司相关公允价值变动的资产和负债项目及资本公积项目。

　　在合并工作底稿中，其调整分录如下：

借：存货   1 100

  固定资产   3 000

  贷：应收账款   100

   资本公积   4 000

借：营业成本   1 100

  贷：存货   1 100

借：管理费用   150

  贷：固定资产   150

借：应收账款   100

  贷：资产减值损失   100

（2）按照权益法对甲公司财务报表项目进行调整

借：长期股权投资——A 公司   6 545

  贷：投资收益   6 545

借：投资收益   3 150

  贷：长期股权投资   3 150

（3）长期股权投资与所有者权益的抵销

借：股本   20 000

  资本公积   12 000（8 000 + 4 000）

  盈余公积   3 200

  未分配利润   5 650

  商誉   4 300

  贷：长期股权投资   32 895

   少数股东权益   12 255

（4）投资收益与子公司利润分配等项目的抵销

借：投资收益   6 545

  少数股东损益   2 805

  未分配利润——年初   2 800

  贷：提取盈余公积   2 000

   向股东分配利润   4 500

   年末未分配利润   5 650

（5）应收股利与应付股利的抵销

借：应付股利   3 150

  贷：应收股利   3 150

【例题 4·（CPA 教材例 26 - 25 接教材例 26 - 24）】 A 公司在购买日相关资产和负债等资料同上，即购买日 A 公司股东权益总额为 32 000 万元，其中股本为 20 000 万元，资本公积为 8 000 万元，盈余公积为 1 200 万元，未分配利润为 2 800 万元。A 公司购买日应收账款账面价值为 3 920 万元，公允价值为 3 820 万元；存货的账面价值为 20 000 万元，公允价值为 21 100 万元；固定资产账面价值为 18 000 万元，公允价值为 21 000 万元。截至 20×1 年 12 月 31 日，应收账款按购买日公允价值的金额收回；购买日的存货，当年已实现对外销售。

购买日固定资产公允价值增加的是公司管理用办公楼，该办公楼采用的折旧方法为年限平均法。

该办公楼剩余折旧年限为 20 年，假定该办公楼评估增值在未来 20 年内平均摊销。

A 公司 20×2 年 12 月 31 日股东权益总额为 44 000 万元，其中股本为 20 000 万元，资本公积为 8 000 万元，盈余公积为 5 600 万元，未分配利润为 10 400 万元。A 公司 20×2 年全年实现净利润 12 000 万元，A 公司当年提取盈余公积 2 400 万元，向股东分配现金股利 6 000 万元。

1. 甲公司编制 20×2 年合并财务报表时，相关项目计算如下：

A 公司调整后本年净利润 = 12 000 - 150（固定资产公允价值增值计算的折旧）= 11 850（万元）

A 公司调整后本年初未分配利润 = 6 800 + 100（上年实现的购买日应收账款公允价值减值）- 1 100（上年实现的购买日存货公允价值增值）- 150（固定资产公允价值增值计算的折旧）= 5 650（万元）

A 公司调整后本年末未分配利润 = 5 650 + 11 850 - 2 400（提取盈余公积）- 6 000（分派股利）= 9 100（万元）

权益法下甲公司对 A 公司投资的投资收益 = 11 850×70% = 8 295（万元）

权益法下甲公司对 A 公司长期股权投资本年末余额 = 32 895（上年末长期股权投资余额）+ 8 295 - 6 000（分派股利）×70% = 36 990（万元）

少数股东损益 = 11 850×30% = 3 555（万元）

少数股东权益的年末余额 = 12 255 + 3 555 - 6 000×30% = 14 010（万元）

2. 甲公司 20×2 年编制合并财务报表时，应当进行的调整抵销处理如下：

（1）按公允价值对 A 公司财务报表项目进行调整其调整分录如下：

借：存货	1 100	
固定资产	3 000	
贷：应收账款		100
资本公积		4 000
借：未分配利润——年初	1 100	
贷：存货		1 100
借：未分配利润——年初	150	
贷：固定资产		150
借：应收账款	100	
贷：未分配利润——年初		100
借：管理费用	150	
贷：固定资产		150

或

借：固定资产	2 850（3 000 - 150）	
未分配利润——年初	1 150	
贷：资本公积		4 000
借：管理费用	150	
贷：固定资产		150

（2）按照权益法对甲公司财务报表项目进行调整

借：长期股权投资	6 545	

　　贷：未分配利润——年初　　　　　　　　　　　　　　　　　　6 545
　　借：未分配利润——年初　　　　　　　　　　　　　　　　　　3 150
　　　贷：长期股权投资　　　　　　　　　　　　　　　　　　　　3 150
　　借：长期股权投资　　　　　　　　　　　　　　　　　　　　8 295
　　　贷：投资收益　　　　　　　　　　　　　　　　　　　　　　8 295
　　借：投资收益　　　　　　　　　　　　　　　　　　　　　　4 200
　　　贷：长期股权投资　　　　　　　　　　　　　　　　　　　　4 200

（3）长期股权投资与子公司所有者权益的抵销

　　借：股本　　　　　　　　　　　　　　　　　　　　　　　20 000
　　　　资本公积　　　　　　　　　　　　　　　12 000（8 000 + 4 000）
　　　　盈余公积　　　　　　　　　　　　　　　　　　　　　5 600
　　　　未分配利润　　　　　　　　　　　　　　　　　　　　9 100
　　　　商誉　　　　　　　　　　　　　　　　　　　　　　　4 300
　　　贷：长期股权投资　　　　　　　　　　　　　　　　　　36 990
　　　　少数股东权益　　　　　　　　　　　　　　　　　　　14 010

（4）投资收益与子公司利润分配等项目的抵销

　　借：投资收益　　　　　　　　　　　　　　　　　　　　8 295
　　　　少数股东损益　　　　　　　　　　　　　　　　　　3 555
　　　　未分配利润——年初　　　　　　　　　　　　　　　5 650
　　　贷：提取盈余公积　　　　　　　　　　　　　　　　　2 400
　　　　向股东分配利润　　　　　　　　　　　　　　　　　6 000
　　　　年末未分配利润　　　　　　　　　　　　　　　　　9 100

（5）应收股利与应付股利的抵销

　　借：应付股利　　　　　　　　　　　　　　　　　　　　4 200
　　　贷：应收股利　　　　　　　　　　　　　　　　　　　　4 200

【例题5·（2013CPA）】甲公司持有乙公司70%的股权并控制乙公司，甲公司20×3年合并财务报表中少数股东权益为950万元，20×4年，乙公司发生净亏损3 500万元。无其他所有者权益变动，除乙公司外，甲公司没有其他子公司。不考虑其他因素，下列关于甲公司在编制20×4年合并财务报表的处理中，正确的有（　　　）。

　　A. 母公司所有者权益减少950万元　　　　B. 少数股东承担乙公司亏损950万元
　　C. 母公司承担乙公司亏损2 450万元　　　D. 少数股东权益的列报金额为 - 100万元

　　答案：CD

　　解析：母公司所有者权益减少 = 3 500 × 70% = 2 450（万元），选项A错误；少数股东承担乙公司亏损 = 3 500 × 30% = 1 050（万元），选项B错误；母公司承担乙公司亏损 = 3 500 × 70% = 2 450（万元），选项C正确；少数股东权益的列报金额 = 950 - 1 050 = - 100（万元），选项D正确。

（三）内部商品交易的合并处理

此处不区分是否同一控制下企业合并。

1. 当年销售抵销分录

借：营业收入

　　贷：营业成本

　　　期末存货中未实现内部销售利润 = 购货方内部存货结存价值 × 销售方毛利率

　　　毛利率 = （销售收入 − 销售成本）÷ 销售收入

借：营业成本

　贷：存货

　　存货中未实现内部销售利润导致账面价值小于计税基础，应确认递延所得税资产

借：递延所得税资产（不存在减值时，上一笔存货分录中的数值 × 所得税税率）

　贷：所得税费用

【例题 6·（CPA 教材例 26 − 61）】 甲公司持有 A 公司 80% 的股权，是 A 公司的母公司。甲公司 20×1 年利润表列示的营业收入为 5 000 万元，是当年向 A 公司销售产品取得的销售收入，该产品销售成本为 3 500 万元。A 公司在 20×1 年将该批内部购进商品的 60% 实现对外销售，其销售收入为 3 750 万元，销售成本为 3 000 万元，并列示于其利润表中；该批商品的另外 40% 则形成 A 公司期末存货，即期末存货为 2 000 万元，列示于 A 公司 20×1 年的资产负债表中。甲公司和 A 公司适用的企业所得税税率均为 25%。

抵销分录：

借：营业收入 　　　　　　　　　　　　　　　　　　　　　　　　　　5 000

　贷：营业成本 　　　　　　　　　　　　　　　　　　　　　　　　　　　5 000

借：营业成本 　　　　　　　　　　　　　　　　　　600（1 500×40%）

　贷：存货 　　　　　　　　　　　　　　　　　　　　　　　　　　　　600

存货中未实现内部销售利润导致账面价值小于计税基础，应确认递延所得税资产 = 600 × 25% = 150（万元）。

借：递延所得税资产 　　　　　　　　　　　　　　　　　　　　　　　　150

　贷：所得税费用 　　　　　　　　　　　　　　　　　　　　　　　　　　150

2. 下一年抵销分录

借：期初未分配利润（年初存货中包含的未实现内部销售利润）

　　营业收入（本期内部商品销售产生的收入）

　贷：营业成本

　　　存货（期末存货中未实现内部销售利润）

　　上述抵销分录的原理为：本期发生的未实现内部销售收入与本期发生存货中未实现内部销售利润之差即为本期发生的未实现内部销售成本。抵销分录中的"期初未分配利润"和"存货"两项之差即为本期发生的存货中未实现内部销售利润。

　　针对考试，将上述抵销分录分为：

（1）将年初存货中未实现内部销售利润抵销

借：期初未分配利润（期初存货中未实现内部销售利润）

　贷：营业成本

（2）将本期内部商品销售收入抵销

借：营业收入（本期内部商品销售产生的收入）

　贷：营业成本

（3）将期末存货中未实现内部销售利润抵销

借：营业成本

　　　　贷：存货（期末存货中未实现内部销售利润）

（4）调整期初递延所得税资产

借：递延所得税资产

　　贷：期初未分配利润

（5）调整本期递延所得税资产（如有）

借：递延所得税资产

　　贷：所得税费用

3. 存货跌价准备的合并处理

（1）首先抵销存货跌价准备期初数，抵销分录为：

借：存货——存货跌价准备

　　贷：期初未分配利润

借：递延所得税资产

　　贷：期初未分配利润

（2）然后抵销因本期销售存货结转的存货跌价准备，抵销分录为：

借：营业成本

　　贷：存货——存货跌价准备

（3）最后抵销存货跌价准备期末数与上述余额的差额，但存货跌价准备的抵销以存货中未实现内部销售利润为限。

借：存货——存货跌价准备

　　贷：资产减值损失

　　　　或作相反分录。

借：递延所得税资产

　　贷：所得税费用

　　　　或作相反分录。

【例题7· （张志凤2016CPA讲义）】2015年1月1日，P公司以银行存款购入S公司80%的股份，能够对S公司实施控制。2015年S公司从P公司购进A商品400件，购买价格为每件2万元（不含增值税，下同）。P公司A商品每件成本为1.5万元。2015年S公司对外销售A商品300件，每件销售价格为2.2万元；2015年末结存A商品100件。2015年12月31日，A商品每件可变现净值为1.8万元；S公司对A商品计提存货跌价准备20万元。

　　2016年S公司对外销售A商品20件，每件销售价格为1.8万元。2016年12月31日，S公司年末存货中包括从P公司购进的A商品80件，A商品每件可变现净值为1.4万元。S公司个别财务报表中A商品存货跌价准备的期末余额为48万元。假定P公司和S公司适用的所得税税率均为25%。

　　要求：编制2015年和2016年与存货有关的抵销分录。

　　解析：（1）2015年抵销分录

①抵销内部存货交易中未实现的收入、成本和利润

借：营业收入　　　　　　　　　　　　　　　　　　　　　　　　　800（400×2）

　　贷：营业成本　　　　　　　　　　　　　　　　　　　　　　　　　　　800

借：营业成本　　　　　　　　　　　　　　　　　　　　　　　　　　　　50

　　贷：存货　　　　　　　　　　　　　　　　　　　　　　50 [100×（2−1.5）]

②抵销计提的存货跌价准备

借：存货——存货跌价准备 20

    贷：资产减值损失 20

③调整合并财务报表中递延所得税资产

2015年12月31日合并财务报表中结存存货账面价值 = $100 \times 1.5 = 150$（万元），计税基础 = $100 \times 2 = 200$（万元），合并财务报表中应确认递延所得税资产 = $(200 - 150) \times 25\% = 12.5$（万元），因S公司个别财务报表中已确认递延所得税资产 = $20 \times 25\% = 5$（万元），所以合并财务报表中递延所得税资产调整金额 = $12.5 - 5 = 7.5$（万元）。2015年合并财务报表中分录如下：

借：递延所得税资产 7.5

    贷：所得税费用 7.5

（2）2016年抵销分录

①抵销期初存货中未实现内部销售利润

借：期初未分配利润 50

    贷：营业成本 50

②抵销期末存货中未实现内部销售利润

借：营业成本 40

    贷：存货 40 $[80 \times (2 - 1.5)]$

为了便于理解，引入两个T形账户：

2016年个别报表存货跌价准备

	期初	20
本期减少 4	本期计提	32
	期末	48

2016年合并报表存货跌价准备

	期初	0
本期减少 0	本期计提	8
	期末	8

③抵销期初存货跌价准备

借：存货——存货跌价准备 20

    贷：期初未分配利润 20

④抵销本期销售商品结转的存货跌价准备

借：营业成本（20/100×20） 4

    贷：存货——存货跌价准备 4

⑤调整本期存货跌价准备

借：存货——存货跌价准备 24

    贷：资产减值损失 24

⑥调整合并财务报表中递延所得税资产

2016年12月31日合并报表中结存存货账面价值 = $80 \times 1.4 = 112$（万元），计税基础 = $80 \times 2 = 160$（万元），合并报表中应确认递延所得税资产余额 = $(160 - 112) \times 25\% = 12$（万元）。

因S公司个别报表中已确认递延所得税资产 = $48 \times 25\% = 12$（万元），期末合并报表递延所得税资产期末数调整金额 = $12 - 12 = 0$。应编制调整分录如下：

先调期初数

借：递延所得税资产　　　　　　　　　　　　　　　　　　　　　　　7.5

　　贷：期初未分配利润　　　　　　　　　　　　　　　　　　　　　　7.5

再调期初、期末数的差额

借：所得税费用　　　　　　　　　　　　　　　　　　　　　　　　　7.5

　　贷：递延所得税资产　　　　　　　　　　　　　　　　　　　　　　7.5

【例题8·（1311）】A公司控制B公司60%的股权，2012年A公司向B出售一批商品，成本为800万元，售价为1 000万元。截至年末，B公司已经对外出售20%，销售收入为250万元，成本为200万元，剩余80%的存货尚未发生减值，B公司2012年为高新技术企业，所得税税率为15%，但是预计明年不能取得该资格，明年的所得税税率预计为25%，则年底A公司合并报表中应确认（　　　）。

A. 递延所得税资产40万元　　　　　　B. 营业收入250万元

C. 递延所得税资产24万元　　　　　　D. 存货160万元

E. 存货640万元

答案：ABE

解析：在编制合并财务报表时，其抵销分录如下：

借：营业收入　　　　　　　　　　　　　　　　　　　　　　　　　1 000

　　贷：营业成本　　　　　　　　　　　　　　　　　　　　　　　　1 000

期末存货中未实现内部销售利润=（1 000-800）×80%=160（万元）

借：营业成本　　　　　　　　　　　　　　　　　　　　　　　　　　160

　　贷：存货　　　　　　　　　　　　　　　　　　　　　　　　　　　160

本期合并报表中确认营业收入250万元

本期合并报表中确认营业成本=800×20%=160（万元）

本期期末合并报表中列示的存货=800×80%=640（万元）

合并报表中存货未实现内部销售利润为160万元，应确认递延所得税资产余额=160×25%=40（万元）

借：递延所得税资产　　　　　　　　　　　　　　　　　　　　　　　　40

　　贷：所得税费用　　　　　　　　　　　　　　　　　　　　　　　　　40

【例题9·（2010）】甲公司是乙公司母公司，2009年8月甲公司向乙公司销售一批货物，甲公司确认收入5万元，成本为3万元，期末甲公司未收到乙公司5万元货款，截至期末该批货物乙公司已向外销售了60%，取得销售收入8万元，结转成本3万元，已收到款项。则以下说法正确的是（　　　）。

A. 合并报表应确认收入8万元　　　　B. 合并报表应确认成本8万元

C. 合并报表存货为1.2万元　　　　　D. 合并报表应收账款为5万元

答案：AC

解析：合并报表应确认成本3×60%=1.8（万元），B错；合并报表存货为3×40%=1.2（万元），C正确；合并报表应收账款为0。

（四）内部债权债务的合并处理

以内部应收账款计提坏账准备的抵销为例：

借：应付账款

　　贷：应收账款

在应收账款采用备抵法核算其坏账损失的情况下，某一会计期间坏账准备的数额是以当期应收账款为基础计提的。在编制合并财务报表时，随着内部应收账款的抵销，与此相联系，也需将内部应收账款计提的坏账准备抵销。其抵销程序如下：

首先抵销坏账准备的期初数，抵销分录为：

借：应收账款——坏账准备

　　贷：未分配利润——年初

然后将本期计提（或冲回）的坏账准备数额抵销，抵销分录与计提（或冲回）分录借贷方向相反。

即，借：应收账款——坏账准备

　　　　贷：资产减值损失

或

借：资产减值损失

　　贷：应收账款——坏账准备

具体做法是，先抵销期初数，然后抵销期初数与期末数的差额。

【例题 10·（CPA 教材例 26 –60 改编）】 甲公司为 A 公司的母公司。甲公司 2015 年个别资产负债表应收账款中有 1 700 万元为应收 A 公司账款，该应收账款账面余额为 1 800 万元，甲公司 2015 年对其计提坏账准备 100 万元。A 公司 2015 年个别资产负债表中列示有应付甲公司账款 1 800 万元。甲公司 2016 年个别资产负债表中的内部应收账款项目为 1 560 万元，甲公司对 A 公司坏账准备账户期末余额为 40 万元，甲公司和 A 公司适用的所得税税率均为 25%。

2015 年抵销分录为：

借：应付账款	1 800
贷：应收账款	1 800
借：应收账款——坏账准备	100
贷：资产减值损失	100
借：所得税费用	25
贷：递延所得税资产	25

2016 年抵销分录为：

借：应付账款	（1 560 +40）1 600
贷：应收账款	1 600
借：应收账款——坏账准备	100
贷：期初未分配利润	100
借：资产减值损失	60
贷：应收账款——坏账准备	60
借：期初未分配利润	25
贷：递延所得税资产	25
借：递延所得税资产	15
贷：所得税费用	15

（五）内部交易固定资产会计处理

【例题 11·（2016 年 CPA 教材例 26 –43）】 A 公司和 B 公司同为甲公司控制下的两个子公司。A 公司于 2011 年 1 月 1 日，将自己生产的产品销售给 B 公司作为固定资产使用，A 公司销售该产品的销售收入为 1 680 万元，销售成本为 1 200 万元。B 公司以 1 680 万元的价格作为该固定资产的原价入账。B 公司购买的该固定资产用于公司的行政管理，该固定资产属于不需要安装的固定资产，当月投入使用，其折旧年限为 4 年，预计净残值为零。为简化合并处理，假定该内部交易固定资产在交易当年按 12 个月计提折旧。

甲公司在编制合并财务报表时，应当进行如下抵销处理：

（1）将该内部交易固定资产相关销售收入与销售成本及原价中包含的未实现内部销售利润予以抵消。本例中，A 公司因该内部交易确认销售收入 1 680 万元，结转销售成本 1 200 万元；B 公司该固定资产的原价为 1 680 万元，其中包含的未实现内部销售损益为 480 万元（1 680 – 1 200）。在合并工作底稿中应进行如下抵销处理：

借：营业收入　　　　　　　　　　　　　　　　　　　　　　　　　　1 680

　　贷：营业成本　　　　　　　　　　　　　　　　　　　　　　　　1 200

　　　　固定资产——原价　　　　　　　　　　　　　　　　　　　　　480

（2）将当年计提的折旧和累计折旧中包含的未实现内部销售损益予以抵销。该固定资产在 B 公司按 4 年的折旧年限计提折旧，每年计提折旧 420 万元，其中每年计提的折旧和累计折旧中均包含未实现内部销售损益的摊销额 120 万元。在合并工作底稿中应进行如下抵销处理：

借：固定资产——累计折旧　　　　　　　　　　　　　　　　　　　　120

　　贷：管理费用　　　　　　　　　　　　　　　　　　　　　　　　120

（3）未实现内部销售损益确认递延所得税资产

2011 年 12 月 31 日固定资产中未实现内部销售利润 = 480 – 120 = 360（万元），应确认递延所得税资产 = 360 × 25% = 90（万元）

借：递延所得税资产　　　　　　　　　　　　　　　　　　　　　　　90

　　贷：所得税费用　　　　　　　　　　　　　　　　　　　　　　　90

【例题 12 · （2016 年 CPA 教材例 26 – 44 接教材例 26 – 43）】 B 公司 2012 年个别资产负债中，该内部交易固定资产原价为 1 680 万元，累计折旧为 840 万元，该固定资产净值为 840 万元。

甲公司编制 2012 年合并财务报表时，应当进行如下抵销处理：

（1）借：未分配利润——年初　　　　　　　　　　　　　　　　　　480

　　　　贷：固定资产——原价　　　　　　　　　　　　　　　　　　480

（2）借：固定资产——累计折旧　　　　　　　　　　　　　　　　　120

　　　　贷：未分配利润——年初　　　　　　　　　　　　　　　　　120

（3）借：递延所得税资产　　　　　　　　　　　　　　　　　　　　90

　　　　贷：未分配利润——年初　　　　　　　　　　　　　　　　　90

（4）借：固定资产——累计折旧　　　　　　　　　　　　　　　　　120

　　　　贷：管理费用　　　　　　　　　　　　　　　　　　　　　　120

【教材例 26 – 44】 接【教材例 26 – 43】 B 公司 20 × 2 年个别资产负债中，该内部交易固定资产原价为 1 680 万元，累计折旧为 840 万元，该固定资产净值为 840 万元。

甲公司编制 20 × 2 年合并财务报表时，应当进行如下抵销处理：

（1）借：期初未分配利润　　　　　　　　　　　　　　　　　　　　480

　　　　贷：固定资产——原价　　　　　　　　　　　　　　　　　　480

（2）借：固定资产——累计折旧　　　　　　　　　　　　　　　　　120

　　　　贷：期初未分配利润　　　　　　　　　　　　　　　　　　　　　　　120
（3）借：固定资产——累计折旧　　　　　　　　　　　　　　　　　　　120
　　　　贷：管理费用　　　　　　　　　　　　　　　　　　　　　　　　　120

【教材例 26 – 45】接**【教材例 26 – 44】**B 公司 20×3 年个别资产负债表中，该内部交易固定资产原价为 1 680 万元，累计折旧为 1 260 万元，该固定资产净值为 420 万元。该内部交易固定资产 20×3 年计提折旧为 420 万元。

甲公司编制 20×3 年度合并财务报表时，应当进行如下抵销处理：
（1）借：期初未分配利润　　　　　　　　　　　　　　　　　　　　　　480
　　　　贷：固定资产——原价　　　　　　　　　　　　　　　　　　　　480
（2）借：固定资产——累计折旧　　　　　　　　　　　　　　　　　　　240
　　　　贷：期初未分配利润　　　　　　　　　　　　　　　　　　　　　240
（3）借：固定资产——累计折旧　　　　　　　　　　　　　　　　　　　120
　　　　贷：管理费用　　　　　　　　　　　　　　　　　　　　　　　　　120

发生变卖或报废情况下的内部固定资产交易的抵销：

将上述抵销分录中的"固定资产——原价"项目和"固定资产——累计折旧"项目用"营业外收入"项目或"营业外支出"项目代替。

（1）将期初固定资产原价中未实现内部销售利润抵销

借：期初未分配利润
　　贷：营业外收入（期初固定资产原价中未实现内部销售利润）

（2）将期初累计多提折旧抵销

借：营业外收入（期初累计多提折旧）
　　贷：期初未分配利润

（3）将本期多提折旧抵销

借：营业外收入（本期多提折旧）
　　贷：管理费用

【教材例 26 – 46】接**【教材例 26 – 45】**20×4 年 12 月该内部交易固定资产使用期满，B 公司于 20×4 年 12 月对其进行清理。B 公司对该固定资产清理时实现固定资产清理净收益 14 万元，在 20×4 年个别利润表中以营业外收入项目列示。随着对该固定资产的清理，该固定资产的原价和累计折旧转销，在 20×4 年 12 月 31 日个别资产负债表固定资产中已无该固定资产的列示。

此时，甲公司编制合并财务报表时，应当进行如下抵销处理：

（1）按照内部交易固定资产原价中包含的未实现内部销售利润，调整"期初未分配利润"项目

借：期初未分配利润　　　　　　　　　　　　　　　　　　　　　　　　480
　　贷：营业外收入　　　　　　　　　　　　　　　　　　　　　　　　　480

（2）按以前会计期间因固定资产原价中包含的未实现内部销售利润而多计提累计折旧的数额，调整"未分配利润——年初"科目

借：营业外收入　　　　　　　　　　　　　　　　　　　　　　　　　　360
　　贷：期初未分配利润　　　　　　　　　　　　　　　　　　　　　　　360

（3）将本期因固定资产原价中包含的未实现内部销售利润而多计提的折旧额抵销

借：营业外收入　　　　　　　　　　　　　　　　　　　　　　　　　　120

$$贷：管理费用 \qquad 120$$

以上三笔抵销分录，可以合并为以下抵销分录：

$$借：未分配利润——年初 \qquad 120$$
$$贷：管理费用 \qquad 120$$

【教材例 26 –47】 接**【教材例 26 – 45】** 20×4 年 12 月 31 日，该内部交易固定资产使用期满，但该固定资产仍处于使用之中，B 公司未对其进行清理报废。B 公司 20×4 年个别资产负债表固定资产仍列示该固定资产的原价 1 680 万元，累计折旧 1 680 万元；在其个别利润表列示固定资产当年计提的折旧为 420 万元。此时，甲公司在编制 20×4 年合并财务报表时，应当进行如下抵销处理：

（1）将内部交易固定资产原价中包含的未实现内部销售利润抵销，并调整"未分配利润——年初"项目

$$借：期初未分配利润 \qquad 480$$
$$贷：固定资产——原价 \qquad 480$$

（2）将因固定资产原价中包含的未实现内部销售利润而多计提的累计折旧抵销，并调整"未分配利润——年初"项目

$$借：固定资产——累计折旧 \qquad 360$$
$$贷：期初未分配利润 \qquad 360$$

（3）将本期因固定资产原价中包含的未实现内部销售利润而多计提的折旧额抵销

$$借：固定资产——累计折旧 \qquad 120$$
$$贷：管理费用 \qquad 120$$

【教材例 26 –48】 接**【教材例 26 – 47】** 该内部交易固定资产 20×5 年仍处于使用之中。B 公司个别资产负债表中内部交易固定资产为 1 680 万元，累计折旧为 1 680 万元；由于固定资产超期使用不计提折旧，B 公司个别利润表中无该内部固定资产计提的折旧费用。

（1）将固定资产原价中包含的未实现内部销售利润抵销

$$借：期初未分配利润 \qquad 480$$
$$贷：固定资产——原价 \qquad 480$$

（2）将累计折旧包含的未实现内部销售利润抵销

$$借：固定资产——累计折旧 \qquad 480$$
$$贷：期初未分配利润 \qquad 480$$

【教材例 26 –49】 接**【教材例 26 – 45】** B 公司于 20×3 年 12 月对该内部交易固定资产进行清理处置，在对其清理过程中取得清理净收入 25 万元，在其个别利润表作为营业外收入列示。该内部交易固定资产于 20×3 年 12 月，已经使用三年，B 公司对该固定资产累计计提折旧 1 260 万元。

此时，编制合并财务报表时，应编制如下抵销分录：

$$（1）借：期初未分配利润 \qquad 480$$
$$贷：营业外收入 \qquad 480$$
$$（2）借：营业外收入 \qquad 240$$
$$贷：期初未分配利润 \qquad 240$$
$$（3）借：营业外收入 \qquad 120$$
$$贷：管理费用 \qquad 120$$

【例题 13·（1306）】 甲公司 2011 年 1 月 1 日购买乙公司 80% 的股权，为非同一控制下企

业合并，2011 年 3 月 3 日，乙公司将自己生产的产品销售给甲公司作为固定资产使用，乙公司销售该产品的销售收入为 2 000 万元，销售成本为 1 760 万元。甲、乙公司适用的所得税税率均为 25%，甲公司已支付款项，甲公司购买的该固定资产用于公司的行政管理，该固定资产不需要安装，当月投入使用，折旧年限为 4 年，预计净残值为零。采用直线法计提折旧，假设会计计提折旧方法、预计使用年限、净残值均与税法规定相同。则 2011 年和 2012 年甲公司合并报表关于该内部关联交易以下会计分录，处理正确的有（　　）。

A. 2011 年抵销营业收入 2 000 万元

B. 2011 年确认递延所得税资产 48. 75 万元

C. 2012 年抵销年初未分配利润 146. 25 万元

D. 2012 年抵销管理费用 60 万元

答案：ABCD

解析：（1）2011 年抵销分录

①抵销内部交易

借：营业收入　　　　　　　　　　　　　　　　　　　　　　　2 000

　　贷：营业成本　　　　　　　　　　　　　　　　　　　　　　　1 760

　　　　固定资产——原价　　　　　　　　　　　　　　　　　　　　240

②抵销多提的折旧

借：固定资产——累计折旧　　　　　　　　45　　　（240 ÷ 4 ÷ 12 × 9）

　　贷：管理费用　　　　　　　　　　　　　　　　　　　　　　　　45

③确认未实现内部销售损益的递延所得税资产

借：递延所得税资产　　　　　　　　48. 75　　　［（240 － 45）× 25%］

　　贷：所得税费用　　　　　　　　　　　　　　　　　　　　　　48. 75

（2）2012 年抵销分录

①抵销年初数

借：未分配利润——年初　　　　　　　　　　　　　　　　　　　240

　　贷：固定资产——原价　　　　　　　　　　　　　　　　　　　　240

借：固定资产——累计折旧　　　　　　　　　　　　　　　　　　　45

　　贷：未分配利润——年初　　　　　　　　　　　　　　　　　　　45

借：递延所得税资产　　　　　　　　48. 75　　　［（240 － 45）× 25%］

　　贷：未分配利润——年初　　　　　　　　　　　　　　　　　　48. 75

②抵销本年多提的折旧

借：固定资产——累计折旧　　　　　　　　60　　　（240 ÷ 4）

　　贷：管理费用　　　　　　　　　　　　　　　　　　　　　　　　60

③确认本年递延所得税资产

借：递延所得税资产　　　　　　　　　　　　　　15［60 × 25%］

　　贷：所得税费用　　　　　　　　　　　　　　　　　　　　　　　15

（六）内部交易无形资产会计处理

1. 未发生变卖或报废的内部交易无形资产的抵销

①将期初无形资产原价中未实现内部销售利润抵销

借：未分配利润——年初

贷：无形资产——原价（期初无形资产原价中未实现内部销售利润）

②将期初累计多提摊销抵销

借：无形资产——累计摊销（期初累计多提摊销）

　　贷：未分配利润——年初

③将本期购入的无形资产原价中未实现内部销售利润抵销

借：营业外收入

　　贷：无形资产——原价

④将本期多提摊销抵销

借：无形资产——累计摊销（本期多提摊销）

　　贷：管理费用

2. 发生变卖情况下的内部无形资产交易的抵销

将上述抵销分录中的"无形资产——原价"项目和"无形资产——累计摊销"项目用"营业外收入"项目或"营业外支出"项目代替。

①将期初无形资产原价中未实现内部销售利润抵销

借：未分配利润——年初

　　贷：营业外收入（期初无形资产原价中未实现内部销售利润）

②将期初累计多提摊销抵销

借：营业外收入（期初累计多提摊销）

　　贷：未分配利润——年初

③将本期多提摊销抵销

借：营业外收入（本期多提摊销）

　　贷：管理费用

【例题 14·（2016 年 CPA 教材例 26－30）】 甲公司是 A 公司的母公司，甲公司 20×1 年 1 月 8 日向 A 公司转让无形资产一项，转让价格为 820 万元，该无形资产的账面成本为 700 万元。A 公司购入该无形资产后，即投入使用，确定使用年限为 5 年。A 公司 20×1 年 12 月 31 日资产负债表中无形资产项目的金额为 656 万元，利润表管理费用项目中记有当年摊销的该无形资产价值 164 万元。

此时，A 公司该无形资产入账价值为 820 万元，其中包含的未实现内部销售利润为 120 万元；按 5 年的期限，本期摊销的金额为 164 万元（与固定资产不同，无形资产从取得的当月起开始摊销），其中包含的未实现内部销售利润的摊销额为 24 万元。

甲公司在编制 20×1 年合并财务报表时，应当对该内部无形资产交易进行如下抵销处理：

（1）将 A 公司受让取得该内部交易无形资产时其价值中包含的未实现内部销售利润抵销

借：营业外收入　　　　　　　　　　　　　　　　　　　　　　　　　　120

　　贷：无形资产　　　　　　　　　　　　　　　　　　　　　　　　　　　　120

（2）将 A 公司本期该内部交易无形资产价值摊销额中包含的未实现内部销售利润抵销

借：累计摊销　　　　　　　　　　　　　　　　　　　　　　　　　　　　24

　　贷：管理费用　　　　　　　　　　　　　　　　　　　　　　　　　　　　24

【例题 15·（1505）】 甲公司持有乙公司 80% 的股权，能够对乙公司实施控制，2015 年 12 月 31 日，乙公司无形资产中包含一项从甲公司购入的商标权。该商标权是 2015 年 4 月 1 日从甲公司购入的，购入价格为 860 万元。乙公司购入该商标权后立即投入使用，预计使用年限为 6

年，采用直线法摊销。甲公司该商标权于2011年4月注册，有效期为10年。该商标权的入账价值为100万元，至出售日已累计摊销40万元。甲公司和乙公司对商标权的摊销均计入管理费用。下列会计处理中正确的有（ ）。

A. 乙公司购入无形资产时包含内部交易利润为800万元

B. 2015年12月31日甲公司编制合并报表时应抵销该无形资产价值700万元

C. 2015年12月31日甲公司合并报表上该项无形资产应列示为52.5万元

D. 抵销该项内部交易的结果将减少合并利润700万元

E. 抵销该项内部交易的结果将减少合并利润800万元

答案：ABCD

解析：选项A，860－（100－40）＝800（万元）；选项B，800－800/6×9/12＝700（万元）；选项C，60－60/6×9/12＝52.5（万元）；D选项，与选项B金额相同。

抵销分录如下：

借：营业外收入 800（860－60）

　贷：无形资产——原价 800

借：无形资产——累计摊销 100

　贷：管理费用 100（800/6×9/12）

【例题16·（1610）】甲公司与其子公司乙公司2013～2015年发生的有关交易或事项如下：

（1）2013年12月31日，甲公司与乙公司签订一项专利销售合同，将新完成自行研发的一项专利权销售给乙公司，售价550万元，当日收取价款。专利权的成本为400万元。乙公司将购买的专利权作为无形资产，购入后即投入使用。甲公司和乙公司均采用年限平均法计提摊销，预计该专利权可使用5年，预计净残值为零。

（2）2014年12月31日，专利权的可收回金额是360万元。

（3）2015年12月31日，乙公司以260万元的价格将专利权出售给独立的第三方，价款已经收取，根据税法规定，出售专利权应缴纳营业税13万元。

不考虑其他因素，下列说法正确的有（ ）。

A. 甲公司合并报表中，2015年转让专利权影响利润总额7万元

B. 甲公司合并报表中，2014年专利权账面价值为360万元

C. 甲公司合并报表中，2015年专利权摊销90万元

D. 乙公司个别报表中，2015年专利权摊销80万元

E. 乙公司个别报表中，2015年转让专利权影响总额－23万元

答案：A

解析：本题目中没有涉及合并报表中递延所得税等项目的计算，可以用简便算法，理解如下，个别报表无须赘述，合并报表就视为东西没有销售出去，就是按照原来的成本计算，解析过程如下：

个别报表，就是乙公司为主体，取得时成本为550万元，2013年12月摊销＝550/（5×12）＝9.17（万元），2013年摊销＝550/5＝110（万元）（此处可知D选项不正确）。2014年12月31日，个别报表中无形资产的账面价值＝550－9.17－110＝430.83（万元），专利权的可收回金额为360万元，账面价值应该计到360万元（个别报表中计提减值70.83万元）。

个别报表，到出售时，无形资产账面价值为360－360×2/3＝240（万元），售价260万元，营业税13万元，则个别报表中出售时损益＝260－240－13＝7（万元）（此处可知E选项不正确）。

合并报表，原则就是按照原来的成本计算。2013 年 12 月 31 日专利权的成本为 400 万元，每年摊销额为 400/5 = 80 万元（此处可知 C 选项不正确）。2014 年 12 月 31 日，合并报表价值 = 400 - 80 = 320（万元）（此处可知 B 选项不正确），专利权的可收回金额为 360 万元，合并层面不涉及减值。

合并报表，到出售时，2015 年 12 月 31 日，合并报表价值 = 400 - 80 × 2 = 240（万元），售价 260 万元，营业税 13 万元，则个别报表中出售时损益 = 260 - 240 - 13 = 7（万元）（此处可知 A 选项不正确）。

三、追加投资的会计处理

（一）母公司购买子公司少数股东股权

母公司购买子公司少数股东拥有的子公司股权的，在母公司个别财务报表中，其自子公司少数股东处新取得的长期股权投资应当按照《企业会计准则第 2 号——长期股权投资》的规定确定其入账价值。

在合并财务报表中，子公司的资产、负债应以购买日或合并日所确定的净资产价值开始持续计算的金额反映，因购买少数股权新取得的长期股权投资与按照新增持股比例计算应享有子公司自购买日或合并日开始持续计算的净资产份额之间的差额，应当调整母公司个别财务报表中的资本公积（资本溢价或股本溢价），资本公积不足冲减的，调整留存收益。

注：购买子公司少数股权在合并财务报表中属于权益性交易。因控制权未发生改变，商誉金额只反映原投资部分，新增持股比例部分在合并财务报表中不确认商誉。

【例题 1 ·（CPA 教材例 26 – 53）】2×12 年 12 月 26 日，甲公司以 7 000 万元取得 A 公司 60% 的股权，能够对 A 公司实施控制，形成非同一控制下的企业合并。2×13 年 12 月 23 日，甲公司又以公允价值为 2 000 万元、原账面价值为 1 600 万元的固定资产作为对价，自 A 公司的少数股东取得 A 公司 15% 的股权。本例中，甲公司与 A 公司的少数股东在交易前不存在任何关联方关系（不考虑所得税等影响）。

2×12 年 12 月 26 日，甲公司在取得 A 公司 60% 的股权时，A 公司可辨认净资产公允价值为 9 000 万元。

2×13 年 12 月 23 日，A 公司自购买日开始持续计算的净资产账面价值为 10 000 万元。

本例中，2×13 年 12 月 23 日，甲公司进一步取得 A 公司 15% 的股权时，甲公司合并财务报表的会计处理如下：

合并财务报表中，A 公司的有关资产、负债按照自购买日开始持续计算的价值进行合并，无须按照公允价值进行重新计量。

甲公司按新增持股比例计算应享有自购买日开始持续计算的净资产份额为 1 500 万元（10 000 × 15%），与新增长期股权投资 2 000 万元之间的差额为 500 万元，在合并资产负债表中应调整所有者权益相关项目，首先调整归属于母公司的资本公积（资本溢价或股本溢价），资本公积不足冲减的冲减归属于母公司的盈余公积，盈余公积不足冲减的，冲减归属于母公司的未分配利润。

甲公司作为对价的固定资产的公允价值（2 000 万元）与账面价值（1 600 万元）的差异（400 万元），应计入甲公司利润表中的营业外收入。

【例题 2 ·（2011）】A 公司于 2010 年 12 月 30 日以 8 000 万元取得对 B 公司 70% 的股权，能够对 B 公司实施控制，A 公司与 B 公司无关联关系，取得投资时 B 公司可辨认净资产公允价值为 10 000 万元；2011 年 12 月 25 日 A 公司又以 3 500 万元自 B 公司其他股东处取得 B 公司

30%的股权，该日 B 公司可辨认净资产自购买日开始持续计算的公允价值为 11 000 万元，则 2011 年末，A 公司应在合并报表中确定的商誉为（ ）。

A. 500 万元　　　　　B. 1 200 万元　　　　　C. 1 000 万元　　　　　D. 1 500 万元

答案：C

解析：本题为购买子公司少数股权情形。

合并报表商誉 = 新增投资前的商誉 = 8 000 − 10 000 × 70% = 1 000（万元）

本题要会算个别报表中长期股权投资账面价值，合并报表中投资收益，合并报表应调整的资本公积或留存收益金额。

【例题 3·（1611）】 甲公司于 2014 年 12 月 29 日以 2 000 万元取得对乙公司 80% 的股权，能够对乙公司实施控制，形成非同一控制下的企业合并，合并当日乙公司可辨认净资产公允价值总额为 1 600 万元，2015 年 12 月 25 日甲公司又出资 200 万元自乙公司的其他股东处取得乙公司 10% 的股权，交易日乙公司净资产账面价值为 1 800 万元，可辨认净资产公允价值总额为 1 950 万元，有关资产、负债以购买日开始持续计算的金额（对母公司的价值）为 1 900 万元，甲公司、乙公司及乙公司的少数股东在交易前不存在任何关联方关系，不考虑其他因素，下列说法正确的有（ ）。

A. 甲公司 2015 年个别报表中，10% 的少数股权入账价值为 200 万元

B. 甲公司 2015 年合并报表中，因收购少数股权而调减资本公积 10 万元

C. 甲公司 2015 年合并报表中，因收购少数股权而调减资本公积 0

D. 甲公司 2015 年合并报表中，商誉为 710 万元

E. 甲公司 2015 年个别报表中，10% 少数股权的入账价值为 180 万元

答案：AB

解析：本题为母公司购买子公司少数股东股权个别报表及合并报表账务处理。

个别报表：

①2014 年 12 月 29 日，甲公司取得乙公司 80% 的股权

借：长期股权投资　　　　　　　　　　　　　　　　　　　　　　2 000

　　贷：银行存款　　　　　　　　　　　　　　　　　　　　　　　　2 000

②2015 年 12 月 25 日，甲公司又出资 200 万元取得乙公司 10% 的股权

借：长期股权投资　　　　　　　　　　　　　　　　　　　　　　　200

　　贷：银行存款　　　　　　　　　　　　　　　　　　　　　　　　　200

合并报表：

①2014 年 12 月 29 日，甲公司取得乙公司 80% 的股权时，合并报表的商誉 = 2 000 − 1 600 × 80% = 720（万元）。

②2015 年 12 月 25 日甲公司又出资 200 万元自乙公司的其他股东处取得乙公司 10% 的股权时，商誉不调整，仍为 720 万元，D 错误。

③合并财务报表中，乙公司的有关资产、负债按照自购买日开始持续计算的价值进行合并，并调整归属于甲公司的资本公积。

④调整的资本公积 = 200 − 1 900 × 10% = 10（万元）。

（二）企业因追加投资等原因能够对非同一控制下的被投资方实施控制

企业因追加投资等原因，通过多次交易分步实现非同一控制下企业合并的，在合并财务报表上，首先应结合分步交易的各个步骤的协议条款，以及各个步骤中分别取得的股权比例、取

得对象、取得方式、取得时点及取得对价等信息来判断分步交易是否属于"一揽子交易"。

各项交易的条款、条件以及经济影响符合以下一种或多种情况的，通常应将多次交易事项作为"一揽子交易"进行会计处理：一是这些交易是同时或者在考虑了彼此影响的情况下订立的；二是这些交易整体才能达成一项完整的商业结果；三是一项交易的发生取决于至少一项其他交易的发生；四是一项交易单独看是不经济的，但是和其他交易一并考虑时是经济的。

如果分步取得对子公司股权投资直至取得控制权的各项交易属于"一揽子交易"，应当将各项交易作为一项取得子公司控制权的交易进行会计处理。

如果不属于"一揽子交易"，在合并财务报表中，对于购买日之前持有的被购买方的股权，应当按照该股权在购买日的公允价值进行重新计量，公允价值与其账面价值之间的差额计入当期投资收益。

购买日之前持有的被购买方的股权涉及权益法核算下的其他综合收益以及除净损益、其他综合收益和利润分配外的其他所有者权益变动的，与其相关的其他综合收益、其他所有者权益变动应当转为购买日所属当期收益，由于被投资方重新计量设定受益计划净负债或净资产变动而产生的其他综合收益除外。购买方应当在附注中披露其在购买日之前持有的被购买方的股权在购买日的公允价值、按照公允价值重新计量产生的相关利得或损失的金额。

【例题 4·（2016 中级）】以非"一揽子交易"形成的非同一控制下的控股合并，购买日之前持有的被购买方的原股权在购买日的公允价值与其账面价值的差额，企业应在合并财务报表中确认为（　　）。

A. 管理费用　　　　B. 资本公积　　　　C. 商誉　　　　D. 投资收益

答案：D

解析：以非"一揽子交易"形成的非同一控制下的控股合并，合并报表中对于原股权按照公允价值重新计量，原股权公允价值和账面价值之间的差额计入投资收益，选项 D 正确。

【例题 5·（CPA 教材例 26－54）】2×11 年 1 月 1 日，甲公司以每股 3 元的价格购入 A 上市公司股票 500 万股，并由此持有 A 公司 5% 的股权。投资前甲公司与 A 公司不存在关联方关系。甲公司将对 A 公司的该项投资作为可供出售金融资产。2×13 年 1 月 1 日，甲公司以现金 2.2 亿元为对价，向 A 公司大股东收购 A 公司 55% 的股权，从而取得对 A 公司的控制权；A 公司当日股价为每股 4 元，A 公司可辨认净资产的公允价值为 3 亿元。甲公司购买 A 公司 5% 的股权和后续购买 55% 的股权不构成"一揽子交易"（不考虑所得税等影响）。

甲公司在编制合并财务报表时，首先，应考虑对原持有股权按公允价值进行重新计量。因为甲公司将原持有 A 公司 5% 的股权作为可供出售金融资产，所以以 2×13 年 1 月 1 日，该股权的公允价值与其账面价值相等，为 2 000 万元，不存在差额；同时，将原计入其他综合收益的 500 万元〔500×（4－3）〕转入合并当期投资收益（以个别报表作为合并报表编制基础的情况下，在其个别报表中已将其他综合收益转入当期投资收益的，合并财务报表中无须再作处理）。

其次，按照《企业会计准则第 20 号——企业合并》有关非同一控制下企业合并的相关规定，甲公司购买 A 公司股权并取得控制权的合并对价为 2.4 亿元（原持有股权在购买日的公允价值 2 000 万元＋合并日应支付的对价 2.2 亿元）。由于甲公司享有 A 公司于购买日的可辨认净资产公允价值的份额为 1.8 亿元（3×60%），因此，购买日形成的商誉为 0.6 亿元（2.4－1.8）。

【例题 6·（CPA 教材例 26－55）】2×11 年 1 月 1 日，甲公司以现金 4 000 万元取得 A 公司 20% 的股权并具有重大影响，按权益法进行核算。当日，A 公司可辨认净资产公允价值为 1.8 亿元。2×13 年 1 月 1 日，甲公司另支付现金 9 000 万元取得 A 公司 35% 的股权，并取得对 A 公司的控制权。2×13 年 1 月 1 日，甲公司原持有的对 A 公司 20% 股权的公允价值为 5 000 万元，账面价值为 4 600 万元（其中，与 A 公司权益法核算相关的累计净损益为 150 万元，累计其他综合收益为 450 万元）。A 公司可辨认净资产公允价值为 2.2 亿元（不考虑所得税等影响）。

甲公司在编制合并财务报表时，首先，应对原持有股权按照公允价值进行重新计量。在购买日（2×13 年 1 月 1 日），该项股权投资的公允价值为 5 000 万元，与其账面价值（4 600 万元）之间的差额（400 万元）应计入合并当期投资收益；同时，将原计入其他综合收益的 450 万元转入合并当期投资收益。

其次，按照《企业会计准则第 20 号——企业合并》有关非同一控制下企业合并的相关规定，甲公司购买 A 公司股权并取得控制权的合并对价应为 1.4 亿元（原持有股权于购买日的公允价值 5 000 万元 + 合并日新支付的对价 9 000 万元）。由于甲公司享有 A 公司在购买日的可辨认净资产公允价值的份额为 1.21 亿元（2.2×55%），因此，购买日形成的商誉为 0.19 亿元（1.4 − 1.21）。

【例题 7·（1611）】2014 年 1 月 1 日，甲公司支付对价 3750 万元收购乙公司 30% 的股权，同时具有重大影响。当日乙公司可辨认净资产公允价值为 10 000 万元，2014 年乙公司实现利润确认的投资收益为 350 万元，当年无其他事项。2015 年 1 月 5 日，甲支付了 9 400 万元取得乙公司剩余 70% 的股权，当日被投资单位可辨认净资产公允价值为 13 000 万元。原 30% 的部分对应公允价值为 3 800 万元。若按照 2014 年 1 月 1 日可辨认公允价值连续计算，则可辨认净资产价值为 14 000 万元，原 30% 对应的价值为 4 000 万元。不考虑其他因素，甲公司企业合并中确认的商誉为（　　）。

A. 300 万元　　　　　B. 950 万元　　　　　C. 200 万元　　　　　D. 0

E. 400 万元

答案：E

解析："一点计算商誉"，按照《企业会计准则第 20 号——企业合并》有关非同一控制下企业合并的相关规定，甲公司购买乙公司股权并取得控制权的合并对价 = 原持有股权于购买日的公允价值 4 000 万元 + 合并日新支付的对价 9 400 万元 = 13 400（万元）。由于甲公司享有 A 公司在购买日的可辨认净资产公允价值为 13 000 万元，因此，购买日形成的商誉为 400 万元。

注：甲公司享有 A 公司在购买日的可辨认净资产公允价值取值为当日被投资单位可辨认净资产公允价值 13 000 万元，而不是按照 2014 年 1 月 1 日可辨认公允价值连续计算的 14 000 万元。

（三）通过多次交易分步实现同一控制下企业合并

对于分步实现的同一控制下企业合并，在编制合并财务报表时，应视同参与合并的各方在最终控制方开始控制时即以目前的状态存在进行调整，在编制比较报表时，以不早于合并方和被合并方同处于最终控制方的控制之下的时点开始，将被合并方的有关资产、负债并入合并方合并财务报表的比较报表中，并将合并而增加的净资产在比较报表中调整所有者权益项下的相关项目。

为避免对被合并方净资产的价值进行重复计算，合并方在取得被合并方控制权之前持有的股权投资，在取得原股权之日与合并方和被合并方同处于同一方最终控制之日孰晚日起至合并日之间已确认有关损益、其他综合收益以及其他净资产变动，应分别冲减比较报表期间的期初留存收益或当期损益。

【**例题 8·（CPA 教材例 26 – 56）**】甲公司为 P 公司的全资子公司。2×11 年 1 月 1 日，甲公司与非关联方 A 公司分别出资 600 万元及 1 400 万元设立乙公司，并分别持有乙公司 30% 及 70% 的股权。

　　2×12 年 1 月 1 日，P 公司向 A 公司收购其持有乙公司 70% 的股权，乙公司成为 P 公司的全资子公司，当日乙公司净资产的账面价值与其公允价值相等。

　　2×13 年 3 月 1 日，甲公司向 P 公司购买其持有乙公司 70% 的股权，乙公司成为甲公司的全资子公司。

　　甲公司与 A 公司不存在关联关系，甲公司购买乙公司 70% 股权的交易和原取得乙公司 30% 股权的交易不属于"一揽子交易"，甲公司在可预见的未来打算一直持有乙公司股权。

　　乙公司自 2×11 年 1 月 1 日至 2×12 年 1 月 1 日实现净利润 800 万元，自 2×12 年 1 月 1 日至 2×13 年 1 月 1 日实现净利润 600 万元，自 2×13 年 1 月 1 日至 2×13 年 3 月 1 日实现净利润 100 万元（不考虑所得税等影响）。

　　本例中，2×13 年 3 月 1 日，甲公司从 P 公司手中购买乙公司 70% 股权的交易属于同一控制下企业合并。并且甲公司自 2×12 年 1 月 1 日起与乙公司同受 P 公司最终控制，甲公司合并财务报表应自取得原股权之日（2×11 年 1 月 1 日）和双方同处于同一方最终控制之日（2×12 年 1 月 1 日）孰晚日（2×12 年 1 月 1 日）起，将乙公司纳入合并范围。

　　在甲公司合并财务报表中，视同自 2×12 年 1 月 1 日起，甲公司即持有乙公司 100% 的股权，重溯 2×12 年 1 月 1 日的报表项目，2×11 年 1 月 1 日至 2×12 年 1 月 1 日的合并财务报表并不重溯。

　　2×12 年 1 月 1 日，乙公司净资产的账面价值为 2 800 万元（2 000 + 800）。此前，甲公司持有对乙公司的长期股权投资的账面价值为 840 万元（600 + 800×30%）。因此，甲公司在编制合并财务报表时，并入乙公司 2×12 年（比较期间）年初各项资产、负债后，因合并而增加净资产 2 800 万元，冲减长期股权投资账面价值 840 万元，两者之间的差额调增资本公积 1 960 万元（2 800 – 840）。

　　借：资产、负债　　　　　　　　　　　　　　　　　　　　　　　　　2 800
　　　贷：长期股权投资　　　　　　　　　　　　　　　　　　　　　　　　　840
　　　　　资本公积　　　　　　　　　　　　　　　　　　　　　　　　　1 960

　　理解：我们前面所作的分录是先把子公司的资产、负债、所有者权益计入合并工作底稿里，所以抵销分录时要抵销的是所有者权益，而此处是直接通过分录将子公司的资产负债并入合并报表，所以不涉及所有者权益的抵销问题，此处与我们经常讲的抵消所有者权益不矛盾。

　　甲公司对于合并日（2×13 年 3 月 1 日）的各报表项目，除按照本节"合并报表前期准备事项及编制程序"的一般规定编制合并分录外，还应冲减 2×12 年 1 月 1 日至 2×13 年 1 月 1 日对乙公司 30% 的长期股权投资的权益法核算结果，冲减乙公司 2×13 年 1 月 1 日至 2×13 年 3 月 1 日实现的净利润中按照权益法核算归属于甲公司的份额。即冲减期初留存收益 180 万元（600×30%），冲减投资收益 30 万元（100×30%）。

　　借：期初留存收益　　　　　　　　　　　　　　　　　　　　　　　　　180
　　　　投资收益　　　　　　　　　　　　　　　　　　　　　　　　　　　 30
　　　贷：长期股权投资　　　　　　　　　　　　　　　　　　　　　　　　　210

　　理解：此处 2×11 年 1 月 1 日至 2×12 年 1 月 1 日的投资收益并没有抵销，抵销的是 2×12 年 1 月 1 日至 2×13 年 3 月 1 日，因为 2×12 年 1 月 1 日在同一集团角度，双方已经是母子公司了，而母子公司是一体的，所以不能说自己对自己存在长期股权投资，此处长期股权投资确认的部分要抵销。

（四）本期增加子公司合并财务报表（非同一控制下企业合并）

编制合并资产负债表时，以本期取得的子公司在合并资产负债表日的资产负债表为基础编制。对于本期投资或追加投资取得的子公司，不需要调整合并资产负债表的期初数。

但为了提高会计信息的可比性，应当在财务报表附注中披露本期取得的子公司对合并财务报表的财务状况的影响，即披露本期取得的子公司在购买日的资产和负债金额，包括流动资产、长期股权投资、固定资产、无形资产及其他资产和流动负债、长期负债等的金额。

编制合并利润表时，应当以本期取得的子公司自取得控制权日起至本期末为会计期间的财务报表为基础编制，将本期取得的子公司自取得控制权日起至本期末的收入、费用和利润通过合并，纳入合并财务报表之中。同时，为了提高会计信息的可比性，应在财务报表附注中披露本期取得的子公司对合并财务报表的经营成果的影响，以及对前期相关金额的影响，即披露本期取得的子公司自取得控制权日至本期末止的经营成果，包括营业收入、营业利润、利润总额、所得税费用和净利润等。

编制合并现金流量表时，应当将本期取得的子公司自取得控制权日起至本期末止的现金流量的信息纳入合并现金流量表，并将取得子公司所支付的现金扣除子公司于购买日持有的现金及现金等价物后的净额，在有关投资活动类的"取得子公司及其他营业单位所支付的现金"项目反映。

四、处置对子公司投资的会计处理

（一）在不丧失控制权的情况下部分处置对子公司长期股权投资

母公司不丧失控制权的情况下部分处置对子公司的长期股权投资的，在母公司个别财务报表中作为长期股权投资的处置，确认有关处置损益。即出售股权取得的价款或对价的公允价值与所处置投资账面价值的差额，应作为投资收益或损失计入处置投资当期母公司的个别财务报表。

在合并财务报表中，因出售部分股权后，母公司仍能够对被投资单位实施控制，被投资单位应当纳入母公司合并财务报表。因此，在合并财务报表中，处置价款与处置长期股权投资相对应享有子公司自购买日或合并日开始持续计算的净资产份额之间的差额，应当调整资本公积（资本溢价或股本溢价），资本公积不足冲减的，调整留存收益。

【注1】该交易从合并财务报表角度属于权益性交易，合并财务报表中不确认投资收益。

【注2】合并财务报表中的商誉不因持股比例改变而改变。

【注3】合并财务报表中确认资本公积的金额＝出售净价－出售日应享有子公司按购买日公允价值持续计算的金额对应处置比例份额。

【例题1·（2011）】甲公司于2006年1月1日以1 000万元取得乙公司100%的股权，购买日乙公司可辨认净资产公允价值总额为800万元，甲乙公司之间无关联关系。假定该项合并为非同一控制下企业合并，且按照税法规定该项合并为应税合并。乙公司2006年以公允价值为基础实现的净利润为500万元，2007年上半年实现利润500万元。2007年7月1日，甲公司对外转让其持有的乙公司20%的股权，取得1 000万元价款，出售时乙公司自甲公司取得100%股权之日持续计算的可辨认净资产额为2 400万元。则股权出售日，以下说法正确的是（　　　）。

A. 出售股权后，甲公司个别报表中长期股权投资账面价值为640万元

B. 甲公司个别报表中应确认投资收益800万元

C. 甲公司合并报表应确认投资收益 520 万元

D. 甲公司合并报表中商誉为 200 万元

E. 甲公司合并报表应确认资本公积 520 万元

答案：BDE

解析：本题属于不丧失控制权情况下处置部分对子公司投资。

甲公司个别报表

借：银行存款　　　　　　　　　　　　　　　　　　　　　　　　　　1 000

　　贷：长期股权投资　　　　　　　　　　　　　　　　　　　　　　　　200

　　　　投资收益　　　　　　　　　　　　　　　　　　　　　　　　　　800

个别报表投资收益＝出售股权取得对价的公允价值－处置投资的账面价值＝1 000－1 000×20%＝800（万元）

个别报表中长期股权投资账面价值＝1 000－1 000×20%＝800（万元）

合并报表不确认投资收益，即合并报表投资收益为 0

合并报表资本公积＝售价－出售比例×出售日子公司自购买日起持续计算的净资产＝1 000－2 400×20%＝520（万元）

合并报表商誉＝处置部分投资前的商誉＝1000－800×100%＝200（万元）

（二）母公司因处置对子公司长期股权投资而丧失控制权

1. 一次交易处置子公司

母公司因处置部分股权投资或其他原因丧失了对原有子公司控制的，在合并财务报表中，应当进行如下会计处理：

（1）终止确认长期股权资产、商誉等的账面价值，并终止确认少数股东权益（包括属于少数股东的其他综合收益）的账面价值。

（2）按照丧失控制权日的公允价值进行重新计量剩余股权，按剩余股权对被投资方的影响程度，将剩余股权作为长期股权投资或金融工具进行核算。

（3）处置股权取得的对价与剩余股权的公允价值之和，减去按原持股比例计算应享有原有子公司自购买日开始持续计算的净资产账面价值份额与商誉之和，形成的差额计入丧失控制权当期的投资收益。

（4）与原有子公司的股权投资相关的其他综合收益、其他所有者权益变动，应当在丧失控制权时转入当期损益，由于被投资方重新计量设定受益计划净负债或净资产变动而产生的其他综合收益除外。

2. 多次交易分步处置子公司

企业通过多次交易分步处置对子公司股权投资直至丧失控制权，在合并财务报表中，首先应判断分步交易是否属于"一揽子交易"。

如果分步交易不属于"一揽子交易"，则在丧失对子公司控制权以前的各项交易，应按照本节中"（一）在不丧失控制权的情况下部分处置对子公司长期股权投资"的规定进行会计处理。

如果分步交易属于"一揽子交易"，则应将各项交易作为一项处置原有子公司并丧失控制权的交易进行会计处理，其中，对于丧失控制权之前的每一次交易，处置价款与处置投资对应的享有该子公司自购买日开始持续计算的净资产账面价值的份额之间的差额，在合并财务报表中应当计入其他综合收益，在丧失控制权时一并转入丧失控制权当期的损益。

【编者理解】分步交易不属于"一揽子交易"，虽然没有母子公司的合并报表，但依然有个别报表和合并报表，但此处说的合并报表是指母公司与其子公司（这个子公司不是指处置股权那个公司，是指母公司其他子公司）。

母公司因处置部分股权投资或其他原因丧失了对原有子公司控制的，在合并财务报表中，对于剩余股权，应当按照丧失控制权日的公允价值进行重新计量。处置股权取得的对价和剩余股权公允价值之和，减去按原持股比例计算应享有原有子公司自购买日开始持续计算的净资产的份额与商誉之和的差额，计入丧失控制权当期的投资收益。

此外，与原有子公司的股权投资相关的其他综合收益、其他所有者权益变动，应当在丧失控制权时一并转入当期损益，由于被投资方重新计量设定受益计划净负债或净资产变动而产生的其他综合收益除外。

关键点：因控制权发生改变（由原控制转为不再控制），在合并财务报表中剩余投资要重新计量，即视为将投资全部出售（售价与账面价值之间的差额计入投资收益），再将剩余部分投资按出售日的公允价值回购。

虽然丧失控制权的被投资单位不纳入合并财务报表的合并范围，但投资企业有其他子公司的，则仍需编制合并财务报表。在合并财务报表中，对丧失控制权的被投资单位的会计处理与其个别财务报表的会计处理不同，在合并财务报表中需作出调整。

（1）丧失控制权日合并财务报表中的投资收益

合并财务报表中确认的投资收益＝处置股权取得的对价与剩余股权公允价值之和－按原持股比例计算应享有原有子公司自购买日开始持续计算的可辨认净资产的份额－按原持股比例计算的商誉＋与原有子公司股权投资相关的其他综合收益、其他权益变动。

（2）丧失控制权日合并财务报表中的调整分录

①将剩余股权投资由个别财务报表中的账面价值在合并财务报表中调整到丧失控制权日的公允价值，其调整分录为：借记"长期股权投资"科目，贷记"投资收益"科目，或作相反分录。

②对个别财务报表中确认的投资收益的归属期间进行调整，其调整分录为：借记"投资收益"科目，贷记"盈余公积"、"未分配利润"、"其他综合收益"、"资本公积——其他资本公积"科目，或作相反分录。

③将与原投资有关的其他综合收益、其他所有者权益变动转入投资收益，其调整分录为：借记"其他综合收益"科目、"资本公积——其他资本公积"，贷记"投资收益"科目，或作相反分录。

【例题2·（CPA教材例26－57）】为集中力量发展优势业务，甲公司计划剥离辅业，处置全资子公司A公司。2×11年11月20日，甲公司与乙公司签订不可撤销的转让协议，约定甲公司向乙公司转让其持有的A公司100%的股权，对价总额为7 000万元。考虑到股权平稳过渡，双方协议约定，乙公司应在2×11年12月31日之前支付3 000万元，以先取得A公司30%的股权；乙公司应在2×12年12月31日之前支付4 000万元，以取得A公司剩余70%的股权。2×11年12月31日至乙公司支付剩余价款的期间，A公司仍由甲公司控制，若A公司在此期间向股东进行利润分配，则后续70%股权的购买对价按乙公司已分得的金额进行相应调整。

20×1年12月31日，乙公司按照协议约定向甲公司支付3 000万元，甲公司将A公司30%的股权转让给乙公司，股权变更手续已于当日完成；当日，A公司自购买日持续计算的净资产账面价值为5 000万元。

20×2年9月30日，乙公司向甲公司支付4 000万元，甲公司将A公司剩余70%的股权转让给乙公司并办理完毕股权变更手续，至此乙公司取得 A 公司的控制权；当日，A 公司自购买日持续计算的净资产账面价值为 6 000 万元。

20×2 年 1 月 1 日至 20×2 年 9 月 30 日，A 公司实现净利润 1 000 万元，无其他净资产变动事项（不考虑所得税等影响）。

本例中，甲公司通过两次交易分步处置其持有 A 公司 100% 的股权：第一次交易处置 A 公司 30% 股权，仍保留对 A 公司的控制权；第二次交易处置剩余 70% 股权，并丧失对 A 公司的控制权。

需要分析上述两次交易是否属于"一揽子交易"：

（1）甲公司处置 A 公司股权是出于集中力量发展优势业务、剥离辅业的考虑，甲公司的目的是全部处置其持有的 A 公司股权，两次处置交易结合起来才能达到其商业目的。

（2）两次交易在同一转让协议中同时约定。

（3）在第一次交易中，30% 的股权对价为 3 000 万元，相对于 100% 的股权对价总额 7 000 万元而言，第一次交易单独来看对乙公司而言并不经济，和第二次交易一并考虑才反映真正的经济影响，此外，如果在两次交易期间 A 公司进行了利润分配，也将据此调整对价，说明两次交易是在考虑了彼此影响的情况下订立的。

综上所述，在合并财务报表中，两次交易应作为"一揽子交易"，按照分步处置子公司股权至丧失控制权并构成"一揽子交易"的相关规定进行会计处理。

20×1 年 12 月 31 日，甲公司转让 A 公司 30% 的股权，在 A 公司中所占股权比例下降至 70%，甲公司仍控制 A 公司。处置价款 3 000 万元与处置 30% 的股权对应的 A 公司净资产账面价值份额 1 500 万元（5 000×30%）之间的差额为 1 500 万元，在合并财务报表中计入其他综合收益：

借：银行存款　　　　　　　　　　　　　　　　　　　　　　　3 000
　　贷：少数股东权益　　　　　　　　　　　　　　　　　　　　　1 500
　　　　其他综合收益　　　　　　　　　　　　　　　　　　　　　1 500

2×12 年 1 月 1 日至 2×12 年 9 月 30 日，A 公司作为甲公司持股 70% 的非全资子公司应纳入甲公司合并财务报表合并范围，A 公司实现的净利润 1 000 万元中归属于乙公司的份额为 300 万元（1 000×30%），在甲公司合并财务报表中确认少数股东损益 300 万元，并调整少数股东权益。

2×12 年 9 月 30 日，甲公司转让 A 公司剩余 70% 的股权，丧失对 A 公司的控制权，不再将 A 公司纳入合并范围。甲公司应终止确认对 A 公司的长期股权投资及少数股东权益等，并将处置价款 4 000 万元与享有的 A 公司净资产份额 4 200 万元（6 000×70%）之间的差额 200 万元，计入当期损益；同时，将第一次交易计入其他综合收益的 1 500 万元转入当期损益。

【例题 3·（张志凤 2016CPA 讲义）】 B 公司为 A 公司的全资子公司，2015 年 11 月 30 日，A 公司与 C 公司签订不可撤销的转让协议（属于"一揽子交易"），约定 A 公司向 C 公司转让其持有的 B 公司 100% 的股权，对价总额为 5 000 万元。考虑到 C 公司的资金压力以及股权平稳过渡，双方在协议中约定，C 公司应在 2015 年 12 月 31 日之前支付 2 000 万元，以先取得 B 公司 20% 的股权；C 公司应在 2016 年 12 月 31 日之前支付 3 000 万元以后取得 B 公司剩余 80% 的股权。2015 年 12 月 31 日至 2016 年 12 月 31 日，B 公司的相关活动仍然由 A 公司单方面主导。2015 年 12 月 31 日，按照协议约定，C 公司向 A 公司支付 2 000 万元，A 公司将其持有的 B 公司 20% 的股权转让给 C 公司并已办理股权变更手续；当日，B 公司自购买日持续计算的净资产账面价值为 3 500 万元。2016 年 6 月 30 日，C 公司向 A 公司支付 3 000 万元，A 公司将其持有的 B

公司剩余 80% 股权转让给 C 公司并已办理股权变更手续，至此 C 公司取得 B 公司的控制权；当日，B 公司自购买日持续计算的净资产账面价值为 4 000 万元。A 公司下列说法或会计处理中正确的有（ ）。

  A. 2015 年 12 月 31 日，在合并财务报表中计入投资收益 1 300 万元

  B. 2015 年 12 月 31 日，在合并财务报表中计入其他综合收益 1 300 万元

  C. 2016 年 6 月 30 日，A 公司不再将 B 公司纳入合并范围

  D. 2016 年 6 月 30 日，A 公司应确认投资收益 1 100 万元

答案：BCD

解析：2015 年 12 月 31 日，A 公司转让持有的 B 公司 20% 的股权，在 B 公司的股权比例下降至 80%，A 公司仍控制 B 公司。处置价款 2 000 万元与处置 20% 的股权对应的 B 公司净资产账面价值的份额 700 万元（3 500×20%）之间的差额 1 300 万元，在合并财务报表中计入其他综合收益，选项 A 错误，选项 B 正确；2016 年 6 月 30 日，A 公司转让 B 公司剩余 80% 的股权，丧失对 B 公司控制权，不再将 B 公司纳入合并范围，选项 C 正确；2016 年 6 月 30 日，A 公司应将处置价款 3 000 万元与享有的 B 公司净资产份额 3 200 万元（4 000×80%）之间的差额 200 万元，计入投资收益；同时，将第一次交易计入其他综合收益的 1 300 万元转入投资收益，应确认投资收益 = −200 + 1 300 = 1 100（万元）。

  【例题 4 · （2016 年 CPA 教材例 4 − 14）】 20×7 年 1 月 1 日，甲公司支付 600 万元取得乙公司为 100% 的股权，投资当时乙公司可辨认净资产的公允价值为 500 万元，商誉为 100 万元。20×7 年 1 月 1 日至 20×8 年 12 月 31 日，乙公司的净资产增加了 75 万元，其中按购买日公允价值计算实现的净利润为 50 万元，持有可供出售金融资产的公允价值升值 25 万元。

  20×9 年 1 月 8 日，甲公司转让乙公司 60% 的股权，收取现金 480 万元存入银行，转让后甲公司对乙公司的持股比例为 40%，能够对其施加重大影响。20×9 年 1 月 8 日，即甲公司丧失对乙公司的控制权日，假定甲、乙公司提取盈余公积的比例均为 10%。假定乙公司未分配现金股利，并不考虑其他因素。

  甲公司在其个别和合并财务报表中的处理分别如下：

  （1）甲公司个别财务报表的处理

  ①确认部分股权处置收益

借：银行存款   4 800 000

  贷：长期股权投资（6 000 000×60%）   3 600 000

    投资收益   1 200 000

  ②对剩余股权改按权益法核算

  计算乙公司剩余 40% 的股权公允价值为：

  总体公允价值：4 800 000÷60% = 8 000 000，剩余 40% 的公允价值：8 000 000×40% = 3 200 000

  剩余的长期股权初始投资成本与按照剩余持股比例计算原投资时应享有被投资单位可辨认净资产公允价值的份额，属于投资作价中体现的商誉部分，不调整长期股权投资的账面价值；属于初始投资成本小于原投资时应享有被投资单位可辨认净资产公允价值份额的，在调整长期股权投资成本的同时，应调整留存收益。

  本题中，20×7 年 1 月 1 日，购买日支付 600 万元，乙公司公允价值为 500 万元，产生了商誉，不需要调整。

借：长期股权投资　　　　　　　　　　　　　　　　　　　　　　　　300 000
　　贷：盈余公积（500 000×40%×10%）　　　　　　　　　　　　　　20 000
　　　　利润分配（500 000×40%×90%）　　　　　　　　　　　　　180 000
　　　　其他综合收益（250 000×40%）　　　　　　　　　　　　　　100 000

经上述调整后，在个别财务报表中，剩余股权的账面价值为270万元（600×40%＋30）。

注：若购买日乙公司的公允价值为800万元，则需要调整如下：

借：长期股权投资　　　　　　　　　　　　　　　　（800－600）×40%＝80
　　贷：盈余公积　　　　　　　　　　　　　　　　　　　　　80×10%＝8
　　　　利润分配——未分配利润　　　　　　　　　　　　　　80×90%＝72

（2）甲公司合并财务报表的处理

合并财务报表中应确认的投资收益＝（480＋320）－（500＋75）－100＋25＝150（万元）。
由于个别财务报表中已经确认了120万元的投资收益，在合并财务报表中作如下调整：

①对剩余股权按丧失控制权日的公允价值重新计量的调整

借：长期股权投资　　　　　　　　　　　　　　　　　　　　　　　3 200 000
　　贷：长期股权投资　　　　　　2 700 000（6 000 000＋750 000）×40%
　　　　投资收益　　　　　　　　　　　　　　　　　　　　　　　　500 000

②对个别财务报表中的部分处置收益的归属期间进行调整

借：投资收益　　　　　　　　　　　　　　　　　　　　　　　　　450 000
　　贷：盈余公积　　　　　　　30 000（500 000×60%×10%）50×60%
　　　　未分配利润　　　　　　270 000（500 000×60%×90%）
　　　　其他综合收益　　　　　150 000（250 000×60%）25×60%

③将其他综合收益25万元转入投资收益

借：其他综合收益　　　　　　　　　　　　　　　　　　　　　　　250 000
　　贷：投资收益　　　　　　　　　　　　　　　　　　　　　　　250 000

为了便于理解，合并报表自始发生的分录如下：

①对个别财务报表中的部分处置收益的归属期间进行调整

借：长期股权投资　　　　　　　　　　　　　　　　　　　　　　　750 000
　　贷：盈余公积＋未分配利润　　　　　　　　　　　　　　　　　500 000
　　　　其他综合收益　　　　　　　　　　　　　　　　　　　　　250 000

②对出售的长期股权投资部分按照公允价值卖了，剩余的长期股权投资按照公允价值调整了，包括综合收益也转入投资收益了（理解：所以有公式，相当于全卖了，再公允买回来按照长投权益法核算）。

借：长期股权投资　　　　　　　　　　　　　　　　　　　　　　8 000 000
　　贷：长期股权投资　　　　　　　　　　　　　　　　　　　　6 750 000
　　　　投资收益　　　　　　　　　　　　　　　　　　　　　　　125 000

③将其他综合收益25万元转入投资收益

借：其他综合收益　　　　　　　　　　　　　　　　　　　　　　　250 000
　　贷：投资收益　　　　　　　　　　　　　　　　　　　　　　　250 000

这里介绍一种简便方法：从合并报表角度长期股权投资都是以权益法计量的，权益法核算的长期股权投资按照公允价值全部处置所得的收益就是合并报表的投资收益，和处置长期股权投资时一样，也将其他综合收益转入投资收益中。

计算过程如下：800（处置时公允价值）－（600＋75）（长期股权投资初始按照权益法计算至今的账面价值）＋25（其他综合收益转入投资收益）＝150（万元）。

【例题5·（2010）】 甲公司拥有 A、B、C 三家子公司，其中 A 公司是 2010 年 6 月 30 日，甲公司支付 9 000 万元现金取得的，拥有 A 公司 60% 的股权；取得当日，A 公司可辨认净资产账面价值为 9 500 万元，公允价值为 10 000 万元。2012 年 6 月 30 日，甲公司处置了对 A 公司 40% 股权，取得处置价款 8 000 万元，处置后对 A 公司的持股比例将为 20%，剩余 20% 股权的公允价值为 4 000 万元，丧失了对 A 公司的控制权，但对 A 公司仍存在重大影响；处置当日，A 公司可辨认净资产账面价值为 10 200 万元，公允价值为 10 700 万元。A 公司在 2010 年 7 月 1 日至 2012 年 6 月 30 日之间实现的净利润为 600 万元，其他综合收益为 100 万元。则以下说法正确的是（ ）。

A. 甲公司个别财务报表因出售 A 公司 40% 的股权，应确认投资收益 2 000 万元
B. 甲公司个别财务报表因出售 A 公司 40% 的股权，应确认投资收益 4 000 万元
C. 处置当日，甲公司合并财务报表中确认的投资收益为 2 640 万元
D. 处置当日，甲公司合并财务报表中确认的投资收益为 2 580 万元

解析：本题为丧失控制权情况下处置部分对子公司投资情形，甲公司出售 A 公司 40% 股权个别财务报表中应确认的投资收益为 $8\ 000 - 9\ 000 \times 40\% / 60\% = 2\ 000$（万元），合并财务报表中确认的投资收益 ＝ $8\ 000 + 4\ 000 - 10\ 700 \times 60\% - (9\ 000 - 10\ 000 \times 60\%) + 100 \times 60\% = 2\ 640$（万元）。

【例题6·（1406）】 2010 年 1 月 1 日，甲公司支付 600 万元取得乙公司 100% 的股权，投资时乙公司可确认净资产的公允价值为 500 万元。2010 年 1 月 1 日至 2011 年 12 月 31 日，乙公司的净资产增加了 75 万元，其中按购买日公允价值计算实现的净利润为 50 万元，持有可供出售金融资产的公允减值增加 25 万元。2012 年 1 月 5 日，甲公司以 480 万元的价格转让 A 公司 60% 的股权，转让后甲公司持有 A 公司 40% 的股权，当日公允价值为 320 万元，甲公司能对 A 公司实施重大影响，假定乙公司未进行过利润分配，在不考虑其他因素的情况下，下列说法正确的有（ ）。

A. 甲公司个别报表中，由于上述交易应确认股权处置收益 180 万元
B. 甲公司合并报表中，由于上述交易应确认投资收益 150 万元
C. 转让日甲公司个别报表中持有的 A 公司长期股权投资账面价值为 270 万元
D. 转让日甲公司合并报表中持有的 A 公司股权的账面价值为 320 万元

答案：BCD

（三）本期减少子公司时如何编制合并财务报表（不区分是否同一控制下）

在本期出售转让子公司部分股份或全部股份，丧失对该子公司的控制权而使其成为非子公司的情况下，应当将其排除在合并财务报表的合并范围之外。

在编制合并资产负债表时，不需要对该出售转让股份而成为非子公司的资产负债表进行合并。

编制合并利润表时，应当以该子公司期初至丧失控制权成为非子公司之日止的利润表为基础，将该子公司自期初至丧失控制权之日止的收入、费用、利润纳入合并利润表。

在编制现金流量表时，应将该子公司自期初至丧失控制权之日止的现金流量信息纳入合并现金流量表，并将出售该子公司所收到的现金扣除子公司持有的现金和现金等价物以及相关处置费用后的净额，在有关投资活动类的"处置子公司及其他营业单位所收到的现金"项目中反映。

（四）因子公司少数股东增资导致母公司股权稀释

如果由于子公司的少数股东对子公司进行增资，导致母公司股权稀释，母公司应当按照增资前的股权比例计算其在增资前子公司账面净资产中的份额，将该份额与增资后按母公司持股比例计算的在增资后子公司账面净资产份额之间的差额计入资本公积，资本公积不足冲减的，调整留存收益。

【例题 7·（CPA 教材例 26 −58）】 2×12 年 1 月 1 日，甲公司和乙公司分别出资 800 万元和 200 万元设立 A 公司，甲公司、乙公司的持股比例分别为 80% 和 20%。A 公司为甲公司的子公司。2×13 年 1 月 1 日，乙公司对 A 公司增资 400 万元，增资后占 A 公司股权比例为 30%。增资完成后，甲公司仍控制 A 公司。A 公司自成立日至增资前实现净利润 1 000 万元，除此之外，不存在其他影响 A 公司净资产变动的事项（不考虑所得税等影响）。

本例中，甲公司持股比例原为 80%，由于少数股东乙公司增资而变为 70%。增资前，甲公司按照 80% 的持股比例享有的 A 公司净资产账面价值为 1 600 万元（2 000 ×80%）；增资后，甲公司按照 70% 的持股比例享有的净资产账面价值为 1 680 万元（2 400 ×70%），两者之间的差额 80 万元，在甲公司合并资产负债表中应调增资本公积。

【例题 8·张志凤 2016CPA 讲义】 2015 年，A 公司和 B 公司分别出资 750 万元和 250 万元设立 C 公司，A 公司、B 公司对 C 公司的持股比例分别为 75% 和 25%。C 公司为 A 公司的子公司，2016 年 B 公司对 C 公司增资 500 万元，增资后占 C 公司股权比例为 35%。交易完成后，A 公司仍控制 C 公司。C 公司自成立日至增资前实现净利润 1 000 万元，除此之外，不存在其他影响 C 公司净资产变动的事项（不考虑所得税等影响）。A 公司下列会计处理中正确的有（　　　）。

A. B 公司对 C 公司增资前 A 公司享有的 C 公司净资产账面价值为 1 500 万元

B. B 公司对 C 公司增资后 A 公司享有的 C 公司净资产账面价值为 1 625 万元

C. 增资后 A 公司合并资产负债表中应调增资本公积 125 万元

D. 增资后 A 公司个别负债表中应调增资本公积 125 万元

答案：ABC

解析：A 公司持股比例原为 75%，由于少数股东增资而变为 65%。增资前，A 公司按照 75% 的持股比例享有的 C 公司净资产账面价值为 1 500 万元（2 000 ×75%），选项 A 正确；增资后，A 公司按照 65% 的持股比例享有的净资产账面价值为 1 625 万元（2 500 ×65%），两者之间的差额 125 万元，在 A 公司合并资产负债表中应调增资本公积，选项 B 和选项 C 正确，选项 D 错误。

五、特殊交易事项在合并报表中的会计处理

（一）交叉持股的合并处理

交叉持股，是指在由母公司和子公司组成的企业集团中，母公司持有子公司一定比例股份，能够对其实施控制，同时子公司也持有母公司一定比例股份，即相互持有对方的股份。

母子公司有交互持股情形的，在编制合并财务报表时，对于母公司持有的子公司股权，与通常情况下母公司长期股权投资与子公司所有者权益的合并抵销处理相同。对于子公司持有的母公司股权，应当按照子公司取得母公司股权日所确认的长期股权投资的初始投资成本，将其转为合并财务报表中的库存股，作为所有者权益的减项，在合并资产负债表中所有者权益项目下以"减：库存股"项目列示；对于子公司持有母公司股权所确认的投资收益（如利润分配或现金股利），应当进行抵销处理。子公司将所持有的母公司股权分类为可供出售金融资产的，按照公允价值计量，同时冲销子公司累计确认的公允价值变动。

子公司相互之间持有的长期股权投资，应当比照母公司对子公司的股权投资的抵销方法，将长期股权投资与其对应的子公司所有者权益中所享有的份额相互抵销。

【例题1·（张志凤2016CPA讲义）】甲公司于2015年1月1日，以银行存款42 000万元取得A公司80%的股权，A公司成为甲公司的子公司（属于非同一控制下企业合并）。A公司于同日以银行存款10 000万元取得甲公司10%的股权作为可供出售金融资产核算。甲公司股东权益总额为100 000万元，其中股本为50 000万元，资本公积为40 000万元，盈余公积为1 000万元，未分配利润为9 000万元。

A公司股东权益总额为50 000万元，其中股本为10 000万元，资本公积为30 000万元，其他综合收益5 000万元，盈余公积为1 200万元，未分配利润为3 800万元。

甲公司2015年实现净利润36 000万元，其中包括对A公司长期股权投资确认的投资收益3 600万元（A公司当年宣告分派现金股利4 500万元），本年提取盈余公积7000万元，向股东分配利润20 000万元，无其他所有者权益变动。

A公司2015年实现净利润10 500万元，其中包括对甲公司股权投资确认的投资收益2 000万元（甲公司当年宣告分派现金股利20 000万元），本年提取盈余公积2 000万元，向股东分配利润4 500万元。A公司持有甲公司股权投资当年增加其他综合收益10 000万元，无其他所有者权益变动。

假定取得股权日，甲公司和A公司可辨认净资产公允价值与账面价值均相等，不考虑所得税等其他因素的影响。

要求：

（1）编制购买日（2015年1月1日）合并财务报表的抵销分录。

（2）编制2015年合并财务报表的调整分录和抵销分录。

【答案】

（1）

①对A公司持有甲公司（母公司）10%的股权，其抵销分录如下：

借：库存股		10 000
贷：可供出售金融资产		10 000

②对甲公司持有A公司的80%股权，其抵销处理如下：

借：股本		10 000
资本公积		30 000
其他综合收益		5 000
盈余公积		1 200
未分配利润		3 800
商誉	2 000（42 000−50 000×80%）	
贷：长期股权投资		42 000
少数股东权益		10 000

（2）

①将A公司对甲公司股权投资调整为库存股

借：库存股		10 000
贷：可供出售金融资产		10 000

②冲销A公司持有甲公司股权累计确认的公允价值变动

借：其他综合收益		10 000

  贷：可供出售金融资产   10 000

③将甲公司向 A 公司分派的现金股利与 A 公司由此所确认的投资收益相抵销

  借：投资收益   2 000

    贷：对所有者（或股东）的分配   2 000（20 000×10%）

④按权益法调整甲公司对 A 公司的投资收益。其调整分录如下：

  借：投资收益   3 600（4 500×80%）

    贷：长期股权投资   3 600

  借：长期股权投资   8 400（10 500×80%）

    贷：投资收益   8 400

⑤甲公司长期股权投资与 A 公司股东权益相抵销

  扣除持有甲公司股权累计确认的公允价值变动后，A 公司 2015 年 12 月 31 日股东权益 = 50 000 + 10 500 - 4 500 = 56 000（万元），少数股东权益 = 56 000×20% = 11 200（万元），其抵销分录如下：

  借：股本   10 000

    资本公积   30 000

    其他综合收益   5 000

    盈余公积   3 200（1 200 + 2 000）

    未分配利润   7 800（3 800 + 10 500 - 2 000 - 4 500）

    商誉   2 000（42 000 - 50 000×80%）

    贷：长期股权投资   46 800（42 000 - 3 600 + 8 400）

      少数股东权益   11200（56 000×20%）

⑥投资收益与利润分配相抵销。甲公司本期对 A 公司投资收益为 8 400 万元；少数股东损益为 2 100 万元。其抵销分录如下：

  借：投资收益   8 400（10 500×80%）

    少数股东损益   2 100（10 500×20%）

    年初未分配利润   3 800

    贷：提取盈余公积   2 000

      对所有者（或股东）的分配   4 500

      年末未分配利润   7 800

（二）逆流交易的合并处理

  如果母子公司之间发生逆流交易，即子公司向母公司出售资产，则所发生的未实现内部交易损益，应当按照母公司对该子公司的分配比例在"归属于母公司所有者的净利润"和"少数股东损益"之间分配抵销。

  【例题 2·（教材例 26 - 59）】甲公司是 A 公司的母公司，持有 A 公司 80% 的股权。2×13 年 5 月 1 日，A 公司向甲公司销售商品 1 000 万元，商品销售成本为 700 万元，甲公司以银行存款支付全款，将购进的该批商品作为存货核算。截至 2×13 年 12 月 31 日，该批商品仍有 20% 未实现对外销售。2×13 年末，甲公司对剩余存货进行检查，发现未发生存货跌价损失。除此之外，甲公司与 A 公司 2×13 年未发生其他交易（不考虑所得税等影响）。

  本例中，2×13 年存货中包含的未实现内部销售损益为 60 万元 [（1 000 - 700）×20%]。在 2×13 年合并财务报表工作底稿中的抵销分录如下：

借：营业收入　　　　　　　　　　　　　　　　　　　　　　　　　　　　1 000
　　贷：营业成本　　　　　　　　　　　　　　　　　　　　　　　　　　　　940
　　　　存货　　　　　　　　　　　　　　　　　　　　　　　　　　　　　　60

同时，由于该交易为逆流交易，应将内部销售形成的存货中包含的未实现内部销售损益在甲公司和 A 公司少数股东之间进行分摊。

在存货中包含的未实现内部销售损益中，归属于少数股东的未实现内部销售损益分摊金额为 12 万元（60×20%）。在 2×13 年合并财务报表工作底稿中的抵销分录如下：

借：少数股东权益　　　　　　　　　　　　　　　　　　　　　　　　　　12
　　贷：少数股东损益　　　　　　　　　　　　　　　　　　　　　　　　　12

子公司之间出售资产所发生的未实现内部交易损益，应当按照母公司对出售方子公司的持股比例在"归属于母公司所有者的净利润"和"少数股东损益"之间分配抵销。

（三）其他特殊交易

对于站在企业集团合并财务报表角度的确认和计量结果与其所属的母公司或子公司的个别财务报表层面的确认和计量结果不一致的，在编制合并财务报表时，应站在企业集团角度对该特殊交易事项予以调整。例如，子公司作为投资性房地产的大厦，出租给集团内其他企业使用，母公司应在合并财务报表层面作为固定资产反映。

【例题 3·（1611）】下列关于递延所得税及所得税列报的说法中，正确的有（　　　）。

A. 无论预计暂时性差异的转回期间如何，相关的递延所得税资产及递延所得税负债均不需要折现确认

B. 资产负债表日，对于递延所得税资产应按照预期收回该资产或清偿该负债期间适用的税率进行计量，如果未来期间税率发生变化的，应按原确认的税率继续确认，无须进行调整

C. 企业在编制合并财务报表时，因抵销未实现内部销售损益导致合并资产负债表中资产、负债的账面价值与其在纳入合并范围的企业按照适用税法规定确定的计税基础之间产生暂时性差异的，在合并资产负债表中应当确认递延所得税资产或递延所得税负债，同时调整合并利润表中的所得税费用

D. 在合并报表中，纳入合并范围的企业，一方的递延所得税资产与另一方的递延所得税负债应当按照合并抵销的原则抵销后以净额列示

E. 在企业合并中，购买方取得的可抵扣暂时性差异，在购买日不符合递延所得税资产确认条件而不予确认，购买后 12 个月内，如取得新的或进一步的信息表明购买日的相关情况已经存在，预期被购买方在购买日可抵扣暂时性差异带来的经济利益能够实现的，也不应当确认相关递延所得税资产

答案：AC

解析：B 错误，因税收法规的变化，导致企业在某一会计期间适用的所得税税率发生变化的，企业应对已确认的递延所得税资产和递延所得税负债按照新的税率重新计量；D 错误，在合并财务报表中，纳入合并范围的企业，一方的当期所得税资产或递延所得税负债与另一方的当期所得税负债或递延所得税资产一般不能予以抵销，除非所涉及的企业具有以净额结算的法定权利并且意图以净额结算；E 错误，在企业合并中，购买方取得的可抵扣暂时性差异，在购买日因不符合递延所得税资产确认条件的而未予确认。12 个月以内，取得新的或进一步信息表明购买日相关情况已经存在，符合条件能够确认时应予确认，同时冲减商誉，差额部分计入所得税费用；其他情况一律计入所得税费用。

举例如下：甲公司于 20×6 年 1 月 1 日购买乙公司 80% 的股权，形成非同一控制下企业合并。因会计准则规定与适用税法规定的处理方法不同，在购买日产生可抵扣暂时性差异 300 万元。假定购买日及未来期间企业适用的所得税税率为 25%。

购买日，因预计未来期间无法取得足够的应纳税所得额，未确认与可抵扣暂时性差异相关的递延所得税资产 75 万元。购买日确认的商誉为 50 万元。

① 在购买日后 6 个月，甲公司预计能够产生足够的应纳税所得额用于抵扣企业合并时产生的可抵扣暂时性差异 300 万元。且该事实于购买日已经存在，则甲公司应作如下会计处理：

借：递延所得税资产　　　　　　　　　　　　　　　　　　　　750 000
　　贷：商誉　　　　　　　　　　　　　　　　　　　　　　　　500 000
　　　　所得税费用　　　　　　　　　　　　　　　　　　　　　250 000

② 假定在购买日后 6 个月，甲公司根据新的事实预计能够产生足够的应纳税所得额用于抵扣企业合并时产生的可抵扣暂时性差异 300 万元，且该新的事实于购买日并不存在，则甲公司应作如下会计处理：

借：递延所得税资产　　　　　　　　　　　　　　　　　　　　750 000
　　贷：所得税费用　　　　　　　　　　　　　　　　　　　　　750 000

【例题 4·（2015 年 CPA 综合题）】甲公司为一上市的集团公司，原持有乙公司 30% 的股权，能够对乙公司施加重大影响。甲公司 20×3 年及 20×4 年发生的相关交易事项如下：

其他相关资料：（1）20×3 年 1 月 1 日，甲公司从乙公司的控股股东——丙公司处受让乙公司 50% 的股权，受让价格为 13 000 万元，款项已用银行存款支付，并办理了股东变更登记手续。购买日，乙公司可辨认净资产的账面价值为 18 000 万元，公允价值为 20 000 万元（含原未确认的无形资产公允价值 2 000 万元），除原未确认入账的无形资产外，其他各项可辨认资产及负债的公允价值与账面价值相同。上述无形资产是一项商标权，自购买日开始尚可使用 10 年，预计净残值为零，采用直线法摊销。甲公司受让乙公司 50% 的股权后，共计持有乙公司 80% 的股权，能够对乙公司实施控制。甲公司受让乙公司 50% 的股权时，所持乙公司 30% 的股权的账面价值为 5 400 万元，其中投资成本 4 500 万元，损益调整 870 万元，其他权益变动 30 万元；公允价值为 6 200 万元。

（2）20×3 年 1 月 1 日，乙公司个别财务报表中所有者权益的账面价值为 18 000 万元，其中实收资本 15 000 万元，资本公积 100 万元，盈余公积为 290 万元，未分配利润 2 610 万元。20×3 年，乙公司个别财务报表实现净利润 500 万元，因可供出售金融资产公允价值变动产生的其他综合收益 60 万元。

（3）20×4 年 1 月 1 日，甲公司向丁公司转让所持乙公司 70% 的股权，转让价格为 20 000 万元，款项已经收到，并办理了股东变更登记手续。出售日，甲公司所持乙公司剩余 10% 的股权的公允价值为 2 500 万元。转让乙公司 70% 的股权后，甲公司不能对乙公司实施控制、共同控制和重大影响。

甲公司与丙公司、丁公司于交易发生前无任何关联方关系。甲公司受让乙公司 50% 的股权后，甲公司与乙公司无任何关联方交易。

乙公司按照净利润的 10% 计提法定盈余公积，不计提任意盈余公积；20×3 年及 20×4 年，乙公司未向股东分配利润。

不考虑相关税费及其他因素。

要求：

（1）根据资料（1），计算甲公司 20×3 年个别报表中受让乙公司 50% 的股权后长期股权投资的初始投资成本，并编制与取得该股权相关的会计分录。

（2）根据资料（1），计算甲公司20×3年合并财务报表中因购买乙公司发生的合并成本及应列报的商誉。

（3）根据资料（1），计算甲公司20×3年合并财务报表中因购买乙公司50%的股权应确认的投资收益。

（4）根据资料（1）和（2）编制甲公司20×3年合并资产负债表和合并利润表相关的调整及抵销分录。

（5）根据上述资料，计算甲公司20×4年个别财务报表中因处置70%的股权应确认的投资收益，并编制相关会计分录。

（6）根据上述资料，计算甲公司20×4年合并财务报表中因处置70%的股权应确认的投资收益。

【答案】

（1）根据资料（1），计算甲公司20×3年个别报表中受让乙公司50%的股权后长期股权投资的初始投资成本，并编制与取得该股权相关的会计分录。

长期股权投资的初始投资成本 = 5 400 + 13 000 = 18 400（万元）

借：长期股权投资　　　　　　　　　　　　　　　　　　　　　　　　13 000
　　贷：银行存款　　　　　　　　　　　　　　　　　　　　　　　　　　　13 000

（2）根据资料（1），计算甲公司20×3年合并财务报表中因购买乙公司发生的合并成本及应列报的商誉。

合并成本 = 6 200 + 13 000 = 19 200（万元）

商誉 = （6 200 + 13 000）－ 20 000 × 80% = 3 200（万元）（理解："一点计算商誉"）

（3）根据资料（1），计算甲公司20×3年合并财务报表中因购买乙公司50%的股权应确认的投资收益。

应确认的投资收益 = （6 200 － 5 400）+ 30 = 830（万元）

（4）根据资料（1）和（2），编制甲公司20×3年合并资产负债表和合并利润表相关的调整及抵销分录。

借：无形资产　　　　　　　　　　　　　　　　　　　　　　　　　　2 000
　　贷：资本公积　　　　　　　　　　　　　　　　　　　　　　　　　　　2 000
借：管理费用　　　　　　　　　　　　　　　　　　　　　　　　　　　200
　　贷：无形资产　　　　　　　　　　　　　　　　　　　　　　　　　　　200
借：长期股权投资　　　　　　　　　　　　　　　　　　（6200 － 5400）800
　　贷：投资收益　　　　　　　　　　　　　　　　　　　　　　　　　　　800
借：资本公积（此处是合并报表项目）　　　　　　　　　　　　　　　　30
　　贷：投资收益　　　　　　　　　　　　　　　　　　　　　　　　　　　30
借：长期股权投资　　　　　　　　　　　　　　　　　　　　　　　　288
　　贷：投资收益　　　　　　　　　　　　　　　　　　240［（500 － 200）× 80%］

（200是净利润减去无形资产公允价值和账面价值摊销差额）

　　　　其他综合收益　　　　　　　　　　　　　　　　　　　48（60 × 80%）
借：实收资本　　　　　　　　　　　　　　　　　　　　　　　　　　15 000
　　资本公积　　　　　　　　　　　　　　　　　　　　　2 100（2 000 + 100）
　　其他综合收益　　　　　　　　　　　　　　　　　　　　　　　　60
　　盈余公积　　　　　　　　　　　　　　　　　　　　　　340（290 + 50）

　　　年末未分配利润　　　　　　　　　　　　　　　　　2 860（2 610 + 500 − 200 − 50）

（期初未分配利润 + 本年利润 − 无形资产摊销差额 − 提取盈余公积 = 2 860）

　　　商誉　　　　　　　　　　　　　　　　　　　　　　　3 200

　贷：长期股权投资　　　　　　　　　　　　　　　19 488（18 400 + 800 + 288）

　　　少数股东权益　　　　　　　　　　　　　　　　　　　4 072

借：投资收益　　　　　　　　　　　　　　　240 ［（500 − 200）×80% ］

　　少数股东损益　　　　　　　　　　　　　　60 ［（500 − 200）×20% ］

　　年初未分配利润　　　　　　　　　　　　　2 610

　贷：提取盈余公积　　　　　　　　　　　　　　　　　　　50

　　　年末未分配利润　　　　　　　　　　　　　　　　　2 860

（5）根据上述资料，计算甲公司20 ×4 年个别财务报表中因处置70% 的股权应确认的投资收益，并编制相关会计分录。

应确认的投资收益 =（20 000 − 16 100）+ 30 +（2 500 − 2 300）= 4 130（万元）

借：银行存款　　　　　　　　　　　　　　　　　20 000

　贷：长期股权投资　　　　　　　　　　　　　16 100（18 400 ÷80% ×70% ）

　　　投资收益　　　　　　　　　　　　　　　　　　　3 900

借：资本公积——其他资本公积　　　　　　　　　　30

　贷：投资收益　　　　　　　　　　　　　　　　　　　30

借：可供出售金融资产（或交易性金融资产）　　　　2 500

　贷：长期股权投资（18 400 − 16 100）　　　　　　2 300

　　　投资收益　　　　　　　　　　　　　　　　　　　200

（6）根据上述资料，计算甲公司20 ×4 年合并财务报表中因处置70% 的股权应确认的投资收益。

应确认的投资收益 =（20 000 + 2 500）−（18 000 + 2 000 + 500 + 60 − 200）×80% − 3 200 + 60 ×80% = 3 060（万元）

理解：长期股权投资公允价值 − 子公司公允价值 × 投资比例 − 商誉 + 子公司其他综合收益 × 投资比例

第二十七节　每股收益

【大纲要求】

内容	程度	变化
1. 每股收益的概念	掌握	删除
2. 基本每股收益中分子及分母的确定	掌握	删除
3. 稀释每股收益的基本计算原则，各种情况下对稀释每股收益的影响	掌握	原有
4. 派发股票股利等情况下每股收益的重新计算及列报	掌握	删除

【内容精讲】

一、每股收益的概念

每股收益是指普通股股东每持有一股普通股所能享有的企业净利润或需承担的企业净亏损。

每股收益包括基本每股收益和稀释每股收益两类。

普通股或潜在普通股已公开交易的企业，以及正处于公开发行普通股或潜在普通股过程中的企业，应当计算每股收益指标，在招股说明书、年度财务报告、中期财务报告等公开披露信息中予以列报。

二、基本每股收益

基本每股收益只考虑当期实际发行在外的普通股股份，按照归属于普通股股东的当期净利润除以当期实际发行在外普通股的加权平均数计算确定。

基本每股收益＝归属于普通股股东的当期净利润／发行在外普通股的加权平均数

（一）分子的确定

报告主体	分子的确定	
单体	分子为归属于普通股股东的当期净利润	
合并	（1）以合并财务报表为基础计算的每股收益	分子应当是归属于母公司普通股股东的当期合并净利润（扣减少数股东损益后的余额）
	（2）与合并财务报表一同提供的母公司财务报表中企业自行选择列报每股收益的	分子应当是归属于母公司全部普通股股东的当期净利润

（二）分母的确定

发行在外普通股加权平均数＝期初发行在外普通股股数＋当期新发行普通股股数×已发行时间／报告期时间－当期回购普通股股数×已回购时间／报告期时间

注意：对于年中进行的送股，应视同期初就已经存在，即其权数按照 1 来计算。

【例题 1·（2016 年 CPA 教材例 27 - 1）】 某公司 2007 年期初发行在外的普通股为 30 000 万股；4 月 30 日新发行普通股 16 200 万股；12 月 1 日回购普通股 7 200 万股以备将来奖励职工之用。该公司当年实现净利润 16 250 万元。假定该公司按月数计算每股收益的时间权重。2007 年基本每股收益计算如下：

发行在外普通股加权平均数为

$30\,000 \times 12/12 + 16\,200 \times 8/12 - 7\,200 \times 1/12 = 40\,200$（万股）

基本每股收益 $= 16\,250/40\,200 = 0.4$（元/股）

新发行普通股股数应当根据发行合同的具体条款，从应收对价之日（一般为股票发行日）起计算确定。通常包括下列情况：（1）为收取现金而发行的普通股股数，从应收现金之日起计算。（2）因债务转资本而发行的普通股股数，从停计债务利息之日或结算日起计算。（3）非同一控制下的企业合并，作为对价发行的普通股股数，从购买日起计算；同一控制下的企业合并，作为对价发行的普通股股数，应当计入各列报期间普通股的加权平均数。（4）为收购非现金资产而发行的普通股股数，从确认收购之日起计算。

【例题 2·（1505）】 某公司 2015 年期初发行在外的普通股为 2.5 亿股，2015 年 4 月 30 日，10 送 2 分红，2015 年 7 月 1 日，公开增发 4 亿股，则计算 2015 年基本每股收益时的分母是（ ）。

A. 4 亿股   B. 5 亿股   C. 4.73 亿股   D. 7 亿股

答案：B

解析：发行在外普通股加权平均数＝期初发行在外普通股股数＋期中送股＋当期新发行普通股股数×已发行时间／报告期时间－当期回购普通股股数×已回购时间／报告期时间

$= 2.5 + 2.5 \times 20\% + 4 \times 6/12$

=5（亿股）

【例题3·（1412）】下列关于每股收益说法正确的是（　　　）。

A. 基本每股收益是按照归属于普通股股东的当期净利润，除以当期实际发行在外的普通股的加权平均数计算确定的

B. 同一控制下的合并，加权平均股数的确认时点为通过股东大会决议时

C. 因债务转资本而发行的普通股股数，加权平均股数的计算时点自购买日开始

D. 同一控制下的合并，向同一控制下的企业发行的股份，应视同本期初存在，计算加权平均股份

答案：AD

解析：A，基本每股收益只考虑当期实际发行在外的普通股股份，按照归属于普通股股东的当期净利润除以当期实际发行在外普通股的加权平均数计算确定。

B、C、D，新发行普通股股数应当根据发行合同的具体条款，从应收对价之日（一般为股票发行日）起计算确定。通常包括下列情况：（1）为收取现金而发行的普通股股数，从应收现金之日起计算。（2）因债务转资本而发行的普通股股数，从停计债务利息之日或结算日起计算。（3）非同一控制下的企业合并，作为对价发行的普通股股数，从购买日起计算；同一控制下的企业合并，作为对价发行的普通股股数，应当计入各列报期间普通股的加权平均数。（4）为收购非现金资产而发行的普通股股数，从确认收购之日起计算。

【链接】《公开发行证券的公司信息披露编报规则第9号——净资产收益率和每股收益的计算及披露》（2010年修订）

"第八条　报告期内发生同一控制下企业合并，合并方在合并日发行新股份并作为对价的，计算报告期末的基本每股收益时，应把该股份视同在合并期初即已发行在外的普通股处理（按权重为1进行加权平均）。计算比较期间的基本每股收益时，应把该股份视同在比较期间期初，即已发行在外的普通股处理。计算报告期末扣除非经常性损益后的每股收益时，合并方在合并日发行的新股份从合并日起次月进行加权。计算比较期间扣除非经常性损益后的每股收益时，合并方在合并日发行的新股份不予加权计算（权重为零）。

报告期发生同一控制下企业合并，合并方在合并日发行新股份并作为对价的，计算报告期和比较期间的稀释每股收益时，比照计算基本每股收益的原则处理。"

【例题4·（2016CPA）】下列各项中，需要重新计算财务报表各列报期间每股收益的有（　　　）。

A. 报告年度以资本公积转增股本

B. 报告年度以发行股份为对价实现非同一控制下企业合并

C. 报告年度资产负债表日后事项期间分拆股份

D. 报告年度发现前期差错并采用追溯重述法重述上年度损益

答案：ACD

解析：企业派发股票股利、公积金转增资本、拆股或并股等内容，会增加或减少其发行在外普通股，但不影响所有者权益总额，也不改变企业的盈利能力。企业应当在相关报批手续全部完成后，按调整后的股数重新计算各列报期间的每股收益。上述变化发生于资产负债表日至财务报告批准报出日之间的，应当以调整后的股数重新计算各列报期间的每股收益，选项A和选项C正确。会计差错对以前年度损益进行追溯重述的，应当重新计算各列报期间的每股收益，选项D正确。发行股份作为对价实现非同一控制企业合并，会影响企业所拥有或控制的经济资

源，也会影响所有者权益总额，不需要重新计算各列报期的每股收益，选项 B 错误。

【例题5·（1610）】 某上市公司 2013 年初发行在外的普通股为 8 亿股，2013 年归属于普通股股东的净利润为 8 亿元，2014 年 6 月 30 日，该公司全体股东配股 2 亿股，配股价为每股 6 元，2014 年 6 月 30 日该公司股票收盘价 11 元，2014 年该公司实现归属于普通股股东的净利润为 11.28 亿元。不考虑其他，在 2014 年年度报告中说法正确的有（ ）。

A. 利润表中 2013 年基本每股收益为 1.1 元

B. 利润表中 2013 年基本每股收益为 1 元

C. 利润表中 2014 年基本每股收益为 1.13 元

D. 利润表中 2014 年基本每股收益为 1.15 元

答案：BC

解析：2013 年基本每股收益 = 8/8 = 1（元），2014 年基本每股收益 = 11.28/10 = 1.128 ≈ 1.13（元）。

对于年中送股的，应视同期初就已经存在，权数按 1 计算。而为收取现金发行的普通股，应从收取现金之日起计算，此题有很大的迷惑性，但是配股价低于收盘价，还是应判断为送股的性质，按照权数 1 计算。题目中给出了价格，请注意，在计算稀释每股收益中，计算认股权证的时候会用到价格的计算，但不是在计算基本每股收益中使用，潜在普通股主要有可转换公司债券、认股权证、股份期权。

【例题6·（2009）】 A 公司的普通股股本为 3 000 万股，2009 年 7 月 1 日，A 公司又分别发行新股 500 万股和 800 万股购买了 B 公司和 C 公司的 80% 的股权，并取得了控制，其中，B 公司与 A 公司受同一大股东控制，C 公司与 A 公司合并前没有关联关系，A 公司、B 公司和 C 公司 2009 年的个别报表中净利润分别为 6 000 万元、1 800 万元和 2 300 万元，合并前的净利润分别为 3 000 万元、900 万元和 1 200 万元，则 A 公司 2009 年合并基本每股收益为多少？

解析：按照《公开发行证券的公司信息披露编报规则第 9 号——净资产收益率和每股收益的计算及披露》（2010 年修订）第八条的规定计算如下：

扣非前基本每股收益 = （6 000 + 1 800 × 0.8 + 1 100 × 0.8）/（3 000 + 500 + 800/2）= 2.13（元）

扣非后基本每股收益 = （6 000 + 900 × 0.8 + 1 100 × 0.8）/（3 000 + 1 300/2）= 2.08（元）

【例题7·（2010）】 甲公司和乙公司分别是 A 公司控制下的两家全资子公司。2008 年 7 月 1 日，甲公司定向增发 4 000 万股自母公司 A 公司处取得乙公司 100% 的股权。甲公司 2007 年净利润为 3 000 万元，乙公司 2007 年净利润为 500 万元；甲公司 2008 年合并净利润为 5 000 万元，其中包括被合并方乙公司在合并前实现的净利润 450 万元。合并前甲公司发行在外的普通股为 20 000 万股。假定除定向增发股票外，股数未变，甲公司和乙公司采用的会计政策相同，两家公司在合并前未发生交易，合并前甲公司旗下没有子公司。甲公司合并利润表中基本每股收益为（ ）。

A. 2008 年基本每股收益为 0.21 元

B. 2008 年扣非后基本每股收益为 0.25 元

C. 2007 年基本每股收益为 0.15 元

D. 2007 年扣非后基本每股收益为 0.15 元

答案：ABCD

解析：本题同 2009 年考题，该项合并中，参与合并的企业在合并前及合并后均为 A 公司最终控制，为同一控制下的企业合并。

2008 年基本每股收益为 5 000 ÷（20 000 + 4 000）= 0.21（元），扣非后 =（5 000 − 450）÷

（20 000 + 4 000/2）= 0.25（元）。

2007 年基本每股收益为（3 000 + 500）÷（20 000 + 4 000）= 0.15（元），扣非后 = 3 000 ÷ 20 000 = 0.15（元）。

【例题 8·（2011）】 A 公司在 2010 年 12 月 31 日发行 1 亿股同一控制下合并 B 公司，A 公司 2010 年总股本为 1 亿股，净利润 0.6 亿元，B 公司 2010 年净利润 0.2 亿元。则 A 公司 2010 年基本每股收益 0.4 元，扣非后每股收益 0.6 元。

答案：✓

解析：本题同 2009 年及 2010 年考题，连续 3 年考到同一考点。

基本每股收益 =（0.6 + 0.2）÷（1 + 1）= 0.4（元）

扣非后基本每股收益 =（0.6 + 0.2 - 0.2）÷ 1 = 0.6（元）

三、稀释每股收益

（一）稀释每股收益的基本计算原则

稀释每股收益是以基本每股收益为基础，假设企业所有发行在外的稀释性潜在普通股均已转换为普通股，从而分别调整归属于普通股股东的当期净利润以及发行在外普通股的加权平均数计算而得的每股收益。

1. 稀释性潜在普通股

（1）我国目前潜在普通股主要类型

目前，我国企业发行的潜在普通股主要有可转换公司债券、认股权证、股份期权等。

（2）稀释性潜在普通股的概念

稀释性潜在普通股，是指假设当期转换为普通股会减少盈利企业的每股收益或增加亏损企业的每股亏损的潜在普通股。

【注】 潜在普通股是否具有稀释性的判断标准是看其对持续经营每股收益的影响，也就是说，假定潜在普通股当期转换为普通股，如果会减少持续经营每股收益或增加持续经营每股亏损，表明具有稀释性，否则，具有反稀释性。

2. 分子的调整

计算稀释每股收益时，应当根据下列事项对归属于普通股股东的当期净利润进行调整：

（1）当期已确认为费用的稀释性潜在普通股的利息。

（2）稀释性潜在普通股转换时将产生的收益或费用。

上述调整应当考虑相关的所得税影响。

3. 分母的调整

计算稀释每股收益时，当期发行在外普通股的加权平均数应当为计算基本每股收益时普通股的加权平均数与假定稀释性潜在普通股转换为已发行普通股而增加的普通股股数的加权平均数之和。

计算稀释性潜在普通股转换为已发行普通股而增加的普通股股数的加权平均数时，以前期间发行的稀释性潜在普通股，应当假设在当期期初转换；当期发行的稀释性潜在普通股，应当假设在发行日转换；当期被注销或终止的稀释性潜在普通股，应当按照当期发行在外的时间加权平均计入稀释每股收益。

（二）各种潜在普通股对稀释每股收益的影响

1. 可转换公司债券

稀释每股收益 =（净利润 + 假设转换时增加的净利润）/（发行在外普通股加权平均数 + 假

设转换所增加的普通股股数加权平均数）

【例题1·（2016 年 CPA 教材例 27 - 2）】 某上市公司 2007 年归属于普通股股东的净利润为 38 200 万元，期初发行在外普通股股数为 20 000 万股，年内普通股股数未发生变化。2007 年 1 月 1 日，公司按面值发行 60 000 万元的三年期可转换公司债券，债券每张面值 100 元，票面固定年利率为 2%，利息自发行之日起每年支付一次，即每年 12 月 31 日为付息日。该批可转换公司债券自发行结束后 12 个月以后即可转换为公司股票，即转股期为发行 12 个月后至债券到期日止的期间。转股价格为每股 10 元，即每 100 元债券可转换为 10 股面值为 1 元的普通股。债券利息不符合资本化条件，直接计入当期损益，所得税税率为 25%。

假设不具备转换选择权的类似债券的市场利率为 3%。公司在对该批可转换公司债券初始确认时，根据《企业会计准则第 37 号——金融工具列报》的有关规定将负债成分和权益成分进行了分拆。2007 年稀释每股收益计算如下：

基本每股收益 = 38 200/20 000 = 1.91（元）

每年支付利息 = 60 000×2% = 1 200（万元）

负债成分公允价值 = 1 200/（1 + 3%） + 1 200/（1 + 3%）² + 61 200/（1 + 3%）³ = 58 302.83（万元）

权益成分公允价值：60 000 - 58 302.83 = 1 697.17（万元）

假设转换所增加的净利润 = 58 302.83×3% ×（1 - 25%） = 1 311.81（万元）

备注：如题目中"假设不考虑可转换公司债券在负债成分和权益成分的分拆，且债券票面利率等于实际利率，均为 3%"，则假设转换所增加的净利润 = 60 000×3% ×（1 - 25%） = 1 350（万元）

假设转换所增加的普通股股数 = 60 000/10 = 6 000（万股）

增量股的每股收益 = 1 311.81/6 000 = 0.22（元）

增量股的每股收益小于基本每股收益，可转换公司债券具有稀释作用。

稀释每股收益 = （38 200 + 1 311.81）/（20 000 + 6 000） = 1.52（元）

【注】 假设转换法判断稀释性：拿"增加的净利润/增加的普通股股数"与原每股收益比较，减少了则具有稀释性，否则具有反稀释性。

2. 认股权证、股份期权

（1）是否具有稀释性的判断

对于盈利企业	对于亏损企业
①行权价格 < 当期普通股平均市场价格时，具有稀释性	假设行权一般不影响净亏损，但增加普通股股数，从而导致每股亏损金额的减少，实际上产生了反稀释的作用，不应当计算稀释每股收益
②行权价格 > 当期普通股平均市场价格时，具有反稀释性，不计算稀释每股收益（因为此时权证及期权持有人肯定不会行权）	**【注】** 对于稀释性认股权证、股份期权，计算稀释每股收益时，一般无须调整分子净利润金额，只需调整分母即可

【例题2·（1406）】 下列关于每股收益的说法正确的有（　　　）。

A. 对亏损企业，稀释性潜在普通股如当期转为普通股，会增加每股亏损金额，则具有稀释性

B. 对亏损企业，稀释性潜在普通股如当期转为普通股，会减少每股亏损金额，则具有稀释性

C. 计算基本每股收益时，需要考虑配股中的送股因素，将无对价的送股视同列报最早期间期初已经发行在外

D. 存在稀释性潜在普通股的，应当分别调整净利润和普通股股数

答案：AC

【例题3·（1406）·（1605）】 计算稀释每股收益时，下列说法正确的有（　　）。

A. 不具有稀释性的潜在普通股不影响稀释每股收益

B. 对当期净利润的调整事项包括当期已确认为费用的可转债（具有稀释性）的利息

C. 调整当期净利润不应考虑相关所得税影响

D. 以前期间发行的稀释性潜在普通股，应当假定对普通股持有者最有利的时间转换为普通股

E. 当期发行的稀释性潜在普通股，应当假设在发行日转换

答案：ABE

解析：计算稀释每股收益时，应当根据下列事项对归属于普通股股东的当期净利润进行调整：

①当期已确认为费用的稀释性潜在普通股的利息。

②稀释性潜在普通股转换时将产生的收益或费用。

上述调整应当考虑相关的所得税影响。

B 正确、C 错误。

计算稀释每股收益时，当期发行在外普通股的加权平均数应当为计算基本每股收益时普通股的加权平均数与假定稀释性潜在普通股转换为已发行普通股而增加的普通股股数的加权平均数之和。

计算稀释性潜在普通股转换为已发行普通股而增加的普通股股数的加权平均数时，以前期间发行的稀释性潜在普通股，应当假设在当期期初转换；当期发行的稀释性潜在普通股，应当假设在发行日转换；当期被注销或终止的稀释性潜在普通股，应当按照当期发行在外的时间加权平均计入稀释每股收益。

D、E 正确。

【例题4·（2015CPA）】 对于盈利企业，下列各项潜在普通股中，具有稀释性的有（　　）。

A. 发行的行权价格低于普通股平均价格的期权

B. 签订的承诺以高于当期普通股平均市场价格回购本公司股份的协议

C. 发行的购买价格高于当期普通股平均市场价格的认股权证

D. 持有的增量每股收益大于当期基本每股收益的可转换公司债券

答案：AB

解析：选项 C，对于盈利企业，发行的购买价格低于当期普通股平均市场价格的认股权证，具有稀释性；选项 D，对于盈利企业，持有的增量每股收益小于当期基本每股收益的可转换公司债券，具有稀释性。

（2）增加股数的计算（分母增量）

增加的普通股股数 = 拟行权时转换的普通股股数 − 行权价格 × 拟行权时转换的普通股股数/当期普通股平均市场价格

【注】 有对价发行部分，不具有稀释作用，也不具有反稀释作用，不计入普通股股数；无对价发行部分具有稀释作用，计入普通股股数。

【例题5·（2016 年 CPA 教材例 27 − 3）】 某公司 2007 年归属于普通股股东的净利润为 2 750万元，发行在外普通股加权平均数为 5 000 万股，该普通股平均每股市场价格为 8 元。2007 年 1 月 1 日，该公司对外发行 1 000 万份认股权证，行权日为 2008 年 3 月 1 日，每份认股权证可以在行权日以 7 元的价格认购本公司 1 股新发的股份。

该公司2007年每股收益计算如下：

基本每股收益＝2 750/5 000＝0.55（元）

调整增加的普通股股数＝1 000－1 000×7/8＝125（万股）

稀释每股收益＝2 750/（5 000＋125）＝0.54（元）

"7/8"的理解：本来要8 000元认购1 000份，现仅需7 000元就能认购1 000份，则省下的1 000元/8元每股＝125（股），是增量股份。

【例题6·（1311）】某公司2012年净利润为2 060万元，发行在外普通股加权平均数为5 000万股，该普通股平均每股市场价格为6元，2012年4月1日公司对外发行1 200万股认股权证，每份认股权证可以在行权日以5元的价格认购本公司1股新发的股份。则该公司2012年稀释每股收益为0.4元。

答案：√

解析：认股权证调整增加的普通股股数＝1 200－1 200×5/6＝200（万股），稀释每股收益＝2 060/（5 000＋200×9/12）＝0.4（元）

3. 企业承诺将回购其股份的合同

对于盈利企业，企业承诺将回购其股份的合同中规定的回购价格＞当期普通股平均市场价格时，应当考虑其稀释性。（VS 认股权证 & 股份期权：对于盈利企业，①行权价格＜市场价格时，具有稀释性；②行权价格＞市场价格时，具有反稀释性）

增加的普通股股数＝回购价格×承诺回购的普通股股数/当期普通股平均市场价格－承诺回购的普通股股数

【例题7·（2016年CPA教材例27－4）】某公司2007年归属于普通股股东的净利润为400万元，发行在外普通股加权平均数为1 000万股。2007年3月2日该公司与股东签订一份远期回购合同，承诺一年后以每股5.5元的价格回购其发行在外的240万股普通股。假设该普通股2007年3月至12月平均市场价格为5元。

2007年每股收益计算如下：

基本每股收益＝400/1 000＝0.4（元）

调整增加的普通股股数＝240×5.5/5－240＝24（万股）

稀释每股收益＝400/（1 000＋24×10/12）＝0.39（元）

【例题8·（1311）】某企业2012年3月1日发行2.4亿股，增资后总股数为3.6亿股，7月1日通过决议未来1年以5.5元/股回购8 000万股，7～12月市场均价为5元。当年净利润4.8亿元。无其他事项，则以下关于基本每股收益和稀释后每股收益的说法正确的是（   ）。

A. 稀释每股收益是1.48元

B. 稀释每股收益是1.46元

C. 基本每股收益是1.5元

D. 基本每股收益是1.6元

答案：AC

解析：基本每股收益＝4.8÷［2.4×10/12＋（3.6－2.4）］＝4.8/3.2＝1.5（元）

回购增加的股份＝8 000÷5.5/5－8 000＝800（万股）

稀释每股收益＝4.8/（3.2＋800/10 000×6/12）＝1.48（元）

【例题9·（2014CPA）】甲公司20×3年实现归属于普通股股东的净利润为1 500万元，发行在外普通股的加权平均数为3 000万股。甲公司20×3年有两项与普通股相关的合同：（1）4月1日授予的规定持有者可于20×4年4月1日以5元/股的价格购买甲公司900万股普通股的期权合约；（2）7月1日授予员工100万份股票期权，每份期权于2年后的到期日可以3元/股的价格购买 1 股甲公司普通股。甲公司 20×3 年普通股平均市场价格为 6 元/股。不考虑其他因素，甲公司 20×3 年稀释每股收益是（　　）。

A. 0.38 元　　　　　　　B. 0.48 元　　　　　　　C. 0.49 元　　　　　　　D. 0.50 元

答案：B

解析：事项（1）调整增加的普通股股数 = 900 - 900×5/6 = 150（万股），事项（2）调整增加的普通股股数 = 100 - 100×3/6 = 50（万股），甲公司 20×3 年稀释每股收益 = 1 500/（3 000 + 150×9/12 + 50×6/12）= 0.48（元）。

4. 多项潜在普通股

（1）单独考察其中某潜在普通股可能具有稀释作用，但如果和其他潜在普通股一并考察时可能恰恰变为反稀释作用。

（2）为了反映潜在普通股最大的稀释作用，应当按照各潜在普通股的稀释程度从大到小的顺序计入稀释每股收益，直至稀释每股收益达到最小值。

（3）稀释程度根据增量股的每股收益衡量，即假定稀释性潜在普通股转换为普通股的情况下，将增加的归属于普通股股东的当期净利润除以增加的普通股股数的金额。

（4）需要强调的是，企业每次发行的潜在普通股应当视做不同的潜在普通股，分别判断其稀释性，而不能将其作为一个总体考虑。

（5）通常情况下，股份期权和认股权证排在前面计算，因为其假设行权一般不影响净利润。

【例题 10·（2016 年 CPA 教材例 27 - 5）2015 年 9 月关于股份支付的选择题与此题目类似】某公司 2007 年归属于普通股股东的净利润为 5 625 万元，发行在外普通股加权平均数为 18 750 万股。年初已发行在外的潜在普通股有：（1）认股权证 7 200 万份，每份认股权证可以在行权日以 8 元的价格认购 1 股本公司新发股票。（2）按面值发行的 5 年期可转换公司债券 75 000 万元，债券每张面值 100 元，票面年利率为 2.6%，转股价格为每股 12.5 元，即每 100 元债券可转换为 8 股面值为 1 元的普通股。（3）按面值发行的三年期可转换公司债券 150 000 万元，债券每张面值 100 元，票面年利率为 1.4%，转股价格为每股 10 元，即每 100 元债券可转换为 10 股面值为 1 元的普通股。当期普通股平均市场价格为 12 元，年度内没有认股权证被行权，也没有可转换公司债券被转换或赎回，所得税税率为 25%。假设不考虑可转换公司债券在负债成分和权益成分的分拆，且债券票面利率等于实际利率。

2007 年每股收益计算如下：

（1）基本每股收益 = 5 625/18 750 = 0.3（元）

（2）计算稀释每股收益：

①假设潜在普通股转换为普通股，计算增量股每股收益并排序，如下表所示。

增量股每股收益的计算

项目	净利润增加（万元）	股数增加（万股）	增量股的每股收益（元）	顺序
认股权证	—	2 400a	—	1
2.6% 债券	1 462.5b	60 000c	0.24	3
1.4% 债券	1 575d	15 000e	0.11	2

a. 7 200 - 7 200×8/12 = 2 400（万股）

b. 75 000×2.6%×（1 - 25%）= 1 462.5（万元）

c. 75 000/12.5 = 6 000（万股）

d. 150 000×1.4%×（1 - 25%）= 1 575（万元）

e. 150 000/10 = 15 000（万股）

由此可见，认股权证的稀释性最大，2.6%可转债的稀释性最小。

②分步计入稀释每股收益如下表所示。

稀释每股收益的计算

项目	净利润	股数（万股）	每股收益（元）	稀释性
基本每股收益	5 625	18 750	0.3	
认股权证	0	2 400		
	5 625	21 150	0.27	稀释
1.4%债券	1 575	15 000		
	7 200	36 150	0.2	稀释
2.6%债券	1 462.5	6 000		
	8 622.5	42 150	0.21	反稀释

因此，稀释每股收益为0.20元。

5. 子公司、合营企业或联营企业发行的潜在普通股

子公司、合营企业、联营企业发行能够转换成其普通股的稀释性潜在普通股时，不仅应当包括在该子公司、合营企业、联营企业稀释每股收益的计算中，而且还应当包括在合并稀释每股收益以及投资者稀释每股收益的计算中。

【例题11·（2016年CPA教材例27－6）】甲公司2007年归属于普通股股东的净利润为72 000万元（不包括子公司乙公司利润或乙公司支付的股利），发行在外普通股加权平均数为60 000万股，持有乙公司70%的普通股股权。乙公司2007年归属于普通股股东的净利润为32 400万元，发行在外普通股加权平均数为13 500万股，该普通股当年平均市场价格为8元。年初，乙公司对外发行900万份可用于购买其普通股的认股权证，行权价格为4元，甲公司持有18万份认股权证，当年无认股权证被行权。假设除股利外，母子公司之间没有其他需抵销的内部交易；甲公司取得对乙公司投资时，乙公司各项可辨认资产等的公允价值与其账面价值一致。

2007年每股收益计算如下：

（1）子公司每股收益

①基本每股收益 = 32 400/13 500 = 2.4（元）

②调整增加的普通股股数 = 900 - 900×4/8 = 450（万股）

稀释每股收益 = 32 400/（13 500+450）= 2.32（元）

（2）合并每股收益

①归属于母公司普通股股东的母公司净利润 = 72 000（万元）

包括在合并基本每股收益计算中的子公司净利润部分 = 2.4×13 500×70% = 22 680（万元）

基本每股收益 =（72 000+22 680）/60 000 = 1.58（元）

②子公司净利润中归属于普通股且由母公司享有的部分 = 2.32×13 500×70% = 21 924（万元）

子公司净利润中归属于认股权证且由母公司享有的部分 = 2.32×450×18/900 = 20.88（万元）

稀释每股收益 =（72 000+21 924+20.88）/60 000 = 1.57（元）

【例题12·（1611）】甲公司2015年归属于普通股股东的净利润为4 000万元，发行在外普通股加权平均数为1 500万股，该普通股平均每股市场价格为40元，2015年1月1日，该公司对外发行500万份认股权证，行权日为2016年3月1日，每份股权认证可以在行权日以32元的价格认购该公司1股新发行的股份。不考虑其他因素，该公司2015年稀释每股收益为（　　　）。

A. 2元　　　　　　B. 2.5元　　　　　　C. 2.25元　　　　　　D. 2.6元

E. 2.67 元

答案：B

解析：①2015 年 1 月 1 日，调整增加的普通股股数 = 500 - 500 × 32/40 = 100（万股）

②稀释每股收益 = 4 000/（1 500 + 100）= 2.5（元）

【例题 13·（1609）】 下列各项关于每股收益的表述中，正确的是（   ）。

A. 在计算稀释每股收益时，股份期权应假设于发行期当年 1 月 1 日转换为普通股

B. 在计算合并财务报表的稀释每股收益时，其分子应包括少数股东损益

C. 在计算稀释每股收益时，应在基本每股收益的基础上考虑稀释性潜在普通股的影响

D. 在计算稀释每股收益时，不用考虑其投资的联营企业所发行的能够转换成其普通股的稀释性潜在普通股因素

答案：C

解析：A 项错误，期权应假设在发行日转换；B 项错误，分子应当是归属于母公司普通股股东的当期合并净利润（扣减少数股东损益后的余额）；D 项错误，子公司、合营企业、联营企业发行能够转换成其普通股的稀释性潜在普通股，不仅应当包括在其稀释每股收益的计算中，而且还应当包括在合并稀释每股收益以及投资者稀释每股收益的计算中。

第二十八节　在其他主体中权益的披露

【大纲要求】

内容	程度	变化
在其他主体中权益的披露	熟悉	原有

【内容精讲】

本节要求掌握的内容为财政部 2014 年 3 月 14 日财会［2014］16 号文《企业会计准则第 41 号——在其他主体中权益的披露》（以下简称《准则》）规定的内容。

一、《准则》适用的范围

（一）在其他主体中的权益的概念

《准则》第三条　本准则所指的在其他主体中的权益，是指通过合同或其他形式能够使企业参与其他主体的相关活动并因此享有可变回报的权益。参与方式包括持有其他主体的股权、债权，或向其他主体提供资金、流动性支持、信用增级和担保等。企业通过这些参与方式实现对其他主体的控制、共同控制或重大影响。

其他主体包括企业的子公司、合营安排（包括共同经营和合营企业）、联营企业以及未纳入合并财务报表范围的结构化主体等。

结构化主体，是指在确定其控制方时没有将表决权或类似权利作为决定因素而设计的主体。

（二）《准则》的适用范围

1. 适用《准则》的情形

《准则》第四条　本准则适用于企业在子公司、合营安排、联营企业和未纳入合并财务报表范围的结构化主体中权益的披露。

企业同时提供合并财务报表和母公司个别财务报表的，应当在合并财务报表附注中披露本准则要求的信息，不需要在母公司个别财务报表附注中重复披露相关信息。

2. 不适用《准则》的情形

《准则》第五条 下列各项的披露适用其他相关会计准则：

（一）离职后福利计划或其他长期职工福利计划，适用《企业会计准则第9号——职工薪酬》。

（二）企业在其参与的但不享有共同控制的合营安排中的权益，适用《企业会计准则第37号——金融工具列报》。但是，企业对该合营安排具有重大影响或该合营安排是结构化主体的，适用本准则。

（三）企业持有的由《企业会计准则第22号——金融工具确认和计量》规范的在其他主体中的权益，适用《企业会计准则第37号——金融工具列报》。但是，企业在未纳入合并财务报表范围的结构化主体中的权益，以及根据其他相关会计准则以公允价值计量且其变动计入当期损益的在联营企业或合营企业中的权益，适用本准则。

二、重大判断和假设的披露

《准则》第六条 企业应当披露对其他主体实施控制、共同控制或重大影响的重大判断和假设，以及这些判断和假设变更的情况，包括但不限于下列各项：

（一）企业持有其他主体半数或以下的表决权但仍控制该主体的判断和假设，或者持有其他主体半数以上的表决权但并不控制该主体的判断和假设。

（二）企业持有其他主体20%以下的表决权但对该主体具有重大影响的判断和假设，或者持有其他主体20%或以上的表决权但对该主体不具有重大影响的判断和假设。

（三）企业通过单独主体达成合营安排的，确定该合营安排是共同经营还是合营企业的判断和假设。

（四）确定企业是代理人还是委托人的判断和假设。

《准则》第七条 企业应当披露按照《企业会计准则第33号——合并财务报表》被确定为投资性主体的重大判断和假设，以及虽然不符合《企业会计准则第33号——合并财务报表》有关投资性主体的一项或多项特征但仍被确定为投资性主体的原因。企业（母公司）由非投资性主体转变为投资性主体的，应当披露该变化及其原因，并披露该变化对财务报表的影响，包括对变化当日不再纳入合并财务报表范围子公司的投资的公允价值、按照公允价值重新计量产生的利得或损失以及相应的列报项目。企业（母公司）由投资性主体转变为非投资性主体的，应当披露该变化及其原因。

三、在子公司中权益的披露

《准则》第八条 企业应当在合并财务报表附注中披露企业集团的构成，包括子公司的名称、主要经营地及注册地、业务性质、企业的持股比例（或类似权益比例，下同）等。

子公司少数股东持有的权益对企业集团重要的，企业还应当在合并财务报表附注中披露下列信息：

（一）子公司少数股东的持股比例。子公司少数股东的持股比例不同于其持有的表决权比例的，企业还应当披露该表决权比例。

（二）当期归属于子公司少数股东的损益以及向少数股东支付的股利。

（三）子公司在当期期末累计的少数股东权益余额。

（四）子公司的主要财务信息。

《准则》第九条　使用企业集团资产和清偿企业集团债务存在重大限制的，企业应当在合并财务报表附注中披露下列信息：

（一）该限制的内容，包括对母公司或其子公司与企业集团内其他主体相互转移现金或其他资产的限制，以及对企业集团内主体之间发放股利或进行利润分配、发放或收回贷款或垫款等的限制。

（二）子公司少数股东享有保护性权利，并且该保护性权利对企业使用企业集团资产或清偿企业集团负债的能力存在重大限制的，该限制的性质和程度。

（三）该限制涉及的资产和负债在合并财务报表中的金额。

《准则》第十条　企业存在纳入合并财务报表范围的结构化主体的，应当在合并财务报表附注中披露下列信息：

（一）合同约定企业或其子公司向该结构化主体提供财务支持的，应当披露提供财务支持的合同条款，包括可能导致企业承担损失的事项或情况。

（二）在没有合同约定的情况下，企业或其子公司当期向该结构化主体提供了财务支持或其他支持，应当披露所提供支持的类型、金额及原因，包括帮助该结构化主体获得财务支持的情况。其中，企业或其子公司当期对以前未纳入合并财务报表范围的结构化主体提供了财务支持或其他支持并且该支持导致企业控制了该结构化主体的，还应当披露决定提供支持的相关因素。

（三）企业存在向该结构化主体提供财务支持或其他支持的意图的，应当披露该意图，包括帮助该结构化主体获得财务支持的意图。

《准则》第十一条　企业在其子公司所有者权益份额发生变化且该变化未导致企业丧失对子公司控制权的，应当在合并财务报表附注中披露该变化对本企业所有者权益的影响。

企业丧失对子公司控制权的，应当在合并财务报表附注中披露按照《企业会计准则第33号——合并财务报表》计算的下列信息：

（一）由于丧失控制权而产生的利得或损失以及相应的列报项目。

（二）剩余股权在丧失控制权日按照公允价值重新计量而产生的利得或损失。

《准则》第十二条　企业是投资性主体且存在未纳入合并财务报表范围的子公司，并对该子公司权益按照公允价值计量且其变动计入当期损益的，应当在财务报表附注中对该情况予以说明。同时，对于未纳入合并财务报表范围的子公司，企业应当披露下列信息：

（一）子公司的名称、主要经营地及注册地。

（二）企业对子公司的持股比例。持股比例不同于企业持有的表决权比例的，企业还应当披露该表决权比例。企业的子公司也是投资性主体且该子公司存在未纳入合并财务报表范围的下属子公司的，企业应当按照上述要求披露该下属子公司的相关信息。

《准则》第十三条　企业是投资性主体的，对其在未纳入合并财务报表范围的子公司中的权益，应当披露与该权益相关的风险信息：

（一）该未纳入合并财务报表范围的子公司以发放现金股利、归还贷款或垫款等形式向企业转移资金的能力存在重大限制的，企业应当披露该限制的性质和程度。

（二）企业存在向未纳入合并财务报表范围的子公司提供财务支持或其他支持的承诺或意图的，企业应当披露该承诺或意图，包括帮助该子公司获得财务支持的承诺或意图。

在没有合同约定的情况下，企业或其子公司当期向未纳入合并财务报表范围的子公司提供财务支持或其他支持的，企业应当披露提供支持的类型、金额及原因。

（三）合同约定企业或其未纳入合并财务报表范围的子公司向未纳入合并财务报表范围，但受企业控制的结构化主体提供财务支持的，企业应当披露相关合同条款，以及可能导致企业承担损失的事项或情况。在没有合同约定的情况下，企业或其未纳入合并财务报表范围的子公司当期向原先不受企业控制且未纳入合并财务报表范围的结构化主体提供财务支持或其他支持，并且所提供的支持导致企业控制该结构化主体的，企业应当披露决定提供上述支持的相关因素。

四、在合营安排或联营企业中权益的披露

《准则》第十四条　存在重要的合营安排或联营企业的，企业应当披露下列信息：

（一）合营安排或联营企业的名称、主要经营地及注册地。

（二）企业与合营安排或联营企业的关系的性质，包括合营安排或联营企业活动的性质，以及合营安排或联营企业对企业活动是否具有战略性等。

（三）企业的持股比例。持股比例不同于企业持有的表决权比例的，企业还应当披露该表决权比例。

《准则》第十五条　对于重要的合营企业或联营企业，企业除了应当按照本准则第十四条披露相关信息外，还应当披露对合营企业或联营企业投资的会计处理方法，从合营企业或联营企业收到的股利，以及合营企业或联营企业在其自身财务报表中的主要财务信息。

企业对上述合营企业或联营企业投资采用权益法进行会计处理的，上述主要财务信息应当是按照权益法对合营企业或联营企业相关财务信息调整后的金额；同时，企业应当披露将上述主要财务信息按照权益法调整至企业对合营企业或联营企业投资账面价值的调节过程。企业对上述合营企业或联营企业投资采用权益法进行会计处理但该投资存在公开报价的，还应当披露其公允价值。

《准则》第十六条　企业在单个合营企业或联营企业中的权益不重要的，应当分别就合营企业和联营企业两类披露下列信息：

（一）按照权益法进行会计处理的对合营企业或联营企业投资的账面价值合计数。

（二）对合营企业或联营企业的净利润、终止经营的净利润、其他综合收益、综合收益等项目，企业按照其持股比例计算的金额的合计数。

《准则》第十七条　合营企业或联营企业以发放现金股利、归还贷款或垫款等形式向企业转移资金的能力存在重大限制的，企业应当披露该限制的性质和程度。

《准则》第十八条　企业对合营企业或联营企业投资采用权益法进行会计处理，被投资方发生超额亏损且投资方不再确认其应分担合营企业或联营企业损失份额的，应当披露未确认的合营企业或联营企业损失份额，包括当期份额和累积份额。

《准则》第十九条　企业应当单独披露与其对合营企业投资相关的未确认承诺，以及与其对合营企业或联营企业投资相关的或有负债。

《准则》第二十条　企业是投资性主体的，不需要披露《准则》第十五条和第十六条规定的信息。

五、在未纳入合并财务报表范围的结构化主体中权益的披露

《准则》第二十一条　对于未纳入合并财务报表范围的结构化主体，企业应当披露下列信息：

（一）未纳入合并财务报表范围的结构化主体的性质、目的、规模、活动及融资方式。

（二）在财务报表中确认的与企业在未纳入合并财务报表范围的结构化主体中权益相关的资产和负债的账面价值及其在资产负债表中的列报项目。

（三）在未纳入合并财务报表范围的结构化主体中权益的最大损失敞口及其确定方法。企业

不能量化最大损失敞口的，应当披露这一事实及其原因。

（四）在财务报表中确认的与企业在未纳入合并财务报表范围的结构化主体中权益相关的资产和负债的账面价值与其最大损失敞口的比较。企业发起设立未纳入合并财务报表范围的结构化主体，但资产负债表日在该结构化主体中没有权益的，企业不需要披露上述（二）至（四）项要求的信息，但应当披露企业作为该结构化主体发起人的认定依据，并分类披露企业当期从该结构化主体获得的收益、收益类型，以及转移至该结构化主体的所有资产在转移时的账面价值。

《准则》第二十二条　企业应当披露其向未纳入合并财务报表范围的结构化主体提供财务支持或其他支持的意图，包括帮助该结构化主体获得财务支持的意图。在没有合同约定的情况下，企业当期向结构化主体（包括企业前期或当期持有权益的结构化主体）提供财务支持或其他支持的，还应当披露提供支持的类型、金额及原因，包括帮助该结构化主体获得财务支持的情况。

《准则》第二十三条　企业是投资性主体的，对受其控制但未纳入合并财务报表范围的结构化主体，应当按照《准则》第十二条和第十三条的规定进行披露，不需要按照本章规定进行披露。

【例题1·（模拟）】 子公司少数股东持有的权益对企业集团重要的，企业还应当在合并财务报表附注中披露下列信息（　　　）。

A. 子公司少数股东的持股比例

B. 当期归属于子公司少数股东的损益以及向少数股东支付的股利

C. 子公司在当期期末累计的少数股东权益余额

D. 子公司的主要财务信息

答案：ABCD

【例题2·（模拟）】 以下关于在其他主体中权益及披露说法正确的有（　　　）。

A. 在其他主体中的权益，是指通过合同或其他形式能够使企业参与其他主体的相关活动并因此享有可变回报的权益。参与方式是指持有其他主体的股权，不包括向其他主体提供债权及流动性支持等

B. 其他主体包括企业的子公司、合营安排中的合营企业、联营企业以及未纳入合并财务报表范围的结构化主体，不包括合营安排中的共同经营

C. 企业同时提供合并财务报表和母公司个别财务报表的，应当同时在合并财务报表附注和母公司个别财务报表附注中披露《企业会计准则第41号——在其他主体中权益的披露》要求的信息

D. 离职后福利计划或其他长期职工福利计划的披露适用《企业会计准则第9号——职工薪酬》，不适用《企业会计准则第41号——在其他主体中权益的披露》

答案：D

解析：《准则》相关规定如下：

第三条　本准则所指的在其他主体中的权益，是指通过合同或其他形式能够使企业参与其他主体的相关活动并因此享有可变回报的权益。参与方式包括持有其他主体的股权、债权，或向其他主体提供资金、流动性支持、信用增级和担保等。企业通过这些参与方式实现对其他主体的控制、共同控制或重大影响。

其他主体包括企业的子公司、合营安排（包括共同经营和合营企业）、联营企业以及未纳入合并财务报表范围的结构化主体等。

第四条 本准则适用于企业在子公司、合营安排、联营企业和未纳入合并财务报表范围的结构化主体中权益的披露。

企业同时提供合并财务报表和母公司个别财务报表的，应当在合并财务报表附注中披露本准则要求的信息，不需要在母公司个别财务报表附注中重复披露相关信息。

第五条 下列各项的披露适用其他相关会计准则：

（一）离职后福利计划或其他长期职工福利计划，适用《企业会计准则第 9 号——职工薪酬》。

（二）企业在其参与的但不享有共同控制的合营安排中的权益，适用《企业会计准则第 37 号——金融工具列报》。但是，企业对该合营安排具有重大影响或该合营安排是结构化主体的，适用本准则。

（三）企业持有的由《企业会计准则第 22 号——金融工具确认和计量》规范的在其他主体中的权益，适用《企业会计准则第 37 号——金融工具列报》。但是，企业在未纳入合并财务报表范围的结构化主体中的权益，以及根据其他相关会计准则以公允价值计量且其变动计入当期损益的在联营企业或合营企业中的权益，适用本准则。

【例题 3·（模拟）】企业在其子公司所有者权益份额发生变化且该变化导致企业丧失对子公司控制权的，应当在合并财务报表附注中披露该变化对本企业所有者权益的影响，该变化未导致企业丧失对子公司控制权的，不需要在合并财务报表附注中另行披露。

答案：×

解析：《准则》第十一条 企业在其子公司所有者权益份额发生变化且该变化未导致企业丧失对子公司控制权的，应当在合并财务报表附注中披露该变化对本企业所有者权益的影响。

企业丧失对子公司控制权的，应当在合并财务报表附注中披露按照《企业会计准则第 33 号——合并财务报表》计算的下列信息：

（一）由于丧失控制权而产生的利得或损失以及相应的列报项目。

（二）剩余股权在丧失控制权日按照公允价值重新计量而产生的利得或损失。

【例题 4】下列说法符合《企业会计准则第 41 号——在其他主体中权益的披露》相关规定的有（ ）。

A. 结构化主体是指在确定其控制方时没有将表决权或类似权利作为规定因素而设计的主体

B. 对于未纳入合并财务报表范围的结构化主体，企业应当披露该结构化主体的性质、目的、规模、活动及融资方式，逐一披露每个结构化主体的信息

C. 企业在未纳入合并财务报表范围内的结构化主体中有权益的最大损失敞口，在判断最大损失敞口时应该考虑损失发生的可能性

D. 企业存在纳入合并报表范围的结构化主体的应当披露合同约定企业或其子公司向该结构化主体提供财务支持的，应当披露提供财务支持的合同条款，包括可能导致企业承担损失的事项或情况

答案：ABD

解析：AB 正确。C 错误，在未纳入合并财务报表范围的结构化主体中权益的最大损失敞口及其确定方法。最大损失敞口应当是企业因在结构化主体中持有权益而可能发生的最大损失。在确定最大损失敞口时，不需要考虑损失发生的可能性，因为最大损失敞口并不是企业的预计损失。企业不能量化最大损失敞口的，应当披露这一事实及其原因。D 正确。

第二章　财务成本管理

第一节　财务比率分析

【大纲要求】

内容	程度	变化
1. 基本财务比率的分类	掌握	原有
2. 具体财务比率的计算与分析	掌握	原有
3. 传统财务分析体系及改进财务分析体系的应用	掌握	删除
4. 企业价值评估——现金流量折现法之现金流量的计算	—	无

说明："4"中内容非大纲明确要求掌握内容，但考试中曾考过该知识点。

【内容精讲】

一、基本财务比率的分类

（一）财务比率规律

1. AB 率（母子率）

AB 率一般 = B/A，如资产负债率 = 负债/资产，长期资本负债率 = 长期负债/长期资本

2. AB 比（子比率）

AB 比，某某比率一般 = A/B，如现金比率 = 现金资产/流动负债

3. 周转率

应收账款周转率 = 周转额/应收账款

应收账款周转天数 = 计算期天数/周转率

【注】通常情况下，上述比率的分子分母中若为流量的（通常为利润表项目及现金流量表项目），应当直接取流量数，若为存量的（通常为资产负债表项目），应取平均数，特殊说明例外的除外。如应收账款周转率 = 销售收入/应收账款，其中销售收入为当期的销售收入，为时期数，而应收账款为年初与年末的平均数。

（二）财务比率分类

1. 短期偿债能力比率

2. 长期偿债能力比率

3. 营运能力比率

4. 盈利能力比率

5. 市价比率

二、具体财务比率的计算与分析

财务比率分析大部分指标取自财务报表项目，为了便于进行财务比率分析，资产负债表项目区分为流动项目和非流动项目，并且按照流动性强弱排序；利润表采用多步式结构。了解资产负债表和利润表的基本结构及相关报表项目，有利于大家对财务比率的公式及其内涵的学习。

资产负债表

货币资金	现金资产	速动资产	流动资产	短期借款、应付账款、其他应付款、预收账款，一年内到期的非流动负债、其他流动负债等		流动负债	
交易性金融资产							
应收账款等							
存货、预付账款、1年内到期的非流动资产、其他流动资产等非速动资产							
可供出售金融资产、固定资产、无形资产等（长期投资）			非流动资产	长期借款、应付债券、长期应付款等		非流动负债（长期负债）	长期资本
				实收资本、资本公积、其他综合收益、盈余公积、未分配利润		股东权益	
资产合计				负债和股东权益合计			

利润表

编制单位：××公司 　　　　××年度 　　　　单位：元

项目	本期金额	上期金额
一、营业收入		
减：营业成本		
营业税金及附加		
销售费用		
管理费用		
财务费用		
资产减值损失		
加：公允价值变动收益（损失以"－"号填列）		
投资收益（损失以"－"号填列）		
其中：对联营企业和合营企业的投资收益		
二、营业利润（亏损以"－"号填列）		
加：营业外收入		
减：营业外支出		
其中：非流动资产处置损失		
三、利润总额（亏损总额以"－"号填列）		
减：所得税费用		
四、净利润（净亏损以"－"号填列）		

（一）短期偿债能力比率

1. 基本比率

短期偿债比率		定义	公式
（1）营运资本		流动资产超过流动负债的部分	＝流动资产－流动负债 ＝长期资本－长期资产
存量比率	（2）流动比率	全部流动资产与流动负债的比值	＝流动资产÷流动负债
	（3）速动比率	速动资产与流动负债的比值	＝速动资产÷流动负债 速动资产＝流动资产－存货－预付账款－待摊费用－1年内到期的非流动资产－其他流动资产
	（4）现金比率	现金资产与流动负债的比值	＝（货币资金＋交易性金融资产）÷流动负债
（5）现金流量比率		经营活动现金流量净额与流动负债的比值	＝经营现金流量净额÷流动负债

【注1】掌握营运资本需注意以下几个问题：

①营运资本数额越大，短期偿债能力越强，财务状况越稳定。

②营运资本为正数：流动资产＞流动负债；长期资本＞长期资产，有部分流动资产由长期资本提供资金来源。

流动资产	流动负债
长期资产	长期资本

③营运资本为负数：流动资产＜流动负债；长期资本＜长期资产，有部分长期资产由流动负债提供资金来源。

流动资产	流动负债
长期资产	长期资本

④营运资本是绝对数，不便于不同历史时期及不同企业之间的比较。因此，在实务中很少直接使用营运资本作为偿债能力指标。

【例题1·（2016CPA）】下列关于营运资本的说法中，正确的是（　　　）。

A. 营运资本越多的企业，流动比率越大

B. 营运资本越多，长期资本用于流动资产的金额越大

C. 营运资本增加，说明企业短期偿债能力提高

D. 营运资本越多的企业，短期偿债能力越强

答案：B

解析：营运资本＝流动资产－流动负债＝长期资本－长期资产。营运资本为正数，说明长期资本的数额大于长期资产，营运资本数额越大，财务状况越稳定。所以选项B正确。营运资本是绝对数，不便于直接评价企业短期偿债能力，而用营运资本的配置比率（营运资本/流动资产）更加合理。

【注2】掌握流动比率需注意以下几个问题：

①不存在同一标准的流动比率数值，不同行业有明显差别。营业周期越短的行业，合理的流动比率越低。

②流动比率是相对数，排除了企业规模的影响，更适合同业比较以及本企业不同历史时期的比较，而且流动比率计算简单，因而被广泛应用。

③流动比率有其局限：流动比率假设全部流动资产都可以变现为现金并用于偿债，全部流动负债都需要还清。因此，流动比率是对短期偿债能力的粗略估计。

【注3】掌握速动比率需注意以下几个问题：

①与流动比率一样，不同行业的速动比率差别很大。

②影响速动比率可信性的重要因素是应收款项的变现能力。账面上的应收款项不一定都能变成现金，实际坏账可能比计提的准备要多；季节性的变化，可能使报表上的应收账款不能反映平均水平。

③流动资产中存货、预付账款、待摊费用、1年内到期的非流动资产、其他流动资产属于非速动资产，要注意的是"待摊费用"科目和报表项目在新准则中已经取消，但题目中如果出现，仍应将其从流动资产中扣除。

【例题2·（2010）】以下不会引起速动比率变化的有（　　）。

A. 短期借款还应付账款　　　　　　　　B. 现金买存货

C. 现金买固定资产　　　　　　　　　　D. 现金买交易性金融资产

E. 存货对外投资

答案：ADE

解析：速动比率＝速动资产/流动负债，应非常清楚哪些是速动资产，哪些是非速动资产，哪些是长期资产。

【例题3·（2011）】下列事项会引起速动比率变动的有（　　）。

A. 以原材料抵偿应付账款　　　　　　　B. 出售可供出售金融资产，收到现金

C. 收回应收账款　　　　　　　　　　　D. 转销不能带来收益的长期待摊费用

答案：AB

解析：A，存货减少，应付账款减少，速动资产不变，流动负债减少，会引起速动比率上升。本题A选项若为"以原材料抵偿长期借款"，则不会引起速动比率的变化，若为"以原材料抵偿债务"则不确定，因为债务可能是流动负债，也可能是长期负债。B，速动资产增加，流动负债不变，会引起速动比率上升。C，速动资产不变，流动负债不变，速动比率不变。D，速动资产不变，流动负债不变，速动比率不变；D选项若改为"转销不能带来收益的待摊费用"则速动资产也不变，流动负债不变。（只是新准则下已无"待摊费用"科目及项目）

【注4】掌握现金比率应该注意以下几点：

①现金资产是速动资产中，流动性最强、可直接用于偿债的资产。

②现金资产包括货币资金、交易性金融资产等。

【例题4·（2010）】A公司流动负债1亿元，全部为银行贷款，现金与流动负债比为0.2，现借入5年期贷款5 000万元偿还上述银行贷款，完成后，现金与流动负债比为0.1。

答案：×

解析：现金比率＝现金资产/流动负债，本题现金资产为2 000万元，借入5年期贷款5 000万元偿还银行贷款后流动负债降为5 000万元，故现金资产/流动负债＝2 000/5 000＝40%。

【注5】 掌握现金流量比率应该注意以下几点：

一般情况下，在财务比率中的分子和分母，一个是存量（时点）的，一个是流量（时期）的，存量的要用平均数（一般为期初与期末的平均），但此处比较特殊，其对应的流动负债存量就用期末数，不采用平均数，因为实际需要偿还的是期末金额，而非平均金额。

【例题5·（2013CPA）】 现金流量比率是反映企业短期偿债能力的一个财务指标。在计算年度现金流量比率时，通常使用流动负债的（　　　）。

A. 年初余额　　　　　　　　　　　　B. 年末余额

C. 年初余额和年末余额的平均值　　　D. 各月末余额的平均值

答案：B

解析：该比率中的流动负债采用期末数而非平均数，因为实际需要偿还的是期末金额，而非平均金额。

2. 表外因素

上述短期偿债能力比率都是根据财务报表数据计算来的，还有一些表外因素会影响企业的短期偿债能力，具体如下：

（1）增强短期偿债能力的表外因素

①可动用的银行贷款指标。

②准备很快变现的非流动资产，如储备的土地、未开采的采矿权、目前出租的房产等。

③偿债能力的声誉。

（2）降低短期偿债能力的表外因素

①与担保有关的或有负债。

②经营租赁合同中的承诺付款。

【例题6·（1609）】 下列事项中，有助于提高公司短期偿债能力的是（　　　）。

A. 补充长期资本，使长期资本的增加量超过长期资产的增加量

B. 为扩大营业面积，与租赁公司签订一项新的长期房屋租赁合同

C. 提高流动负债中的无息负债的比例

D. 利用短期借款增加对流动资产的投资

E. 将应收票据贴现以增加货币资金

答案：A

解析：A，营运资本＝长期资本－长期资产，长期资本的增加超过长期资产的增加，营运资本增多，短期偿债能力增强；B，与租赁公司签订新的长期房屋租赁合同，属于经营租赁合同，而经营租赁合同中的承诺付款会降低短期偿债能力；C，提高流动负债中的无息负债的比例，仅仅影响无息流动负债的金额，并不影响流动负债总额，所以对短期偿债能力指标不产生影响；D，利用短期借款增加对流动资产的投资，流动资产与流动负债同时增加，无法判定是否能够提高短期偿债能力；E，将应收票据贴现以增加货币资金，流动资产总额没有变化，短期偿债能力不变。

【例题7·（2010CPA）】 下列事项中，有助于提高企业短期偿债能力的是（　　　）。

A. 利用短期借款增加对流动资产的投资

B. 为扩大营业面积，与租赁公司签订一项新的长期房屋租赁合同

C. 补充长期资本，使长期资本的增加量超过长期资产的增加量

D. 提高流动负债中的无息负债比率

答案：C

解析：选项A，会使流动负债、流动资产同时增加，营运资本不变；选项B，会使企业实际的偿债能力降低；选项D，不会提高短期偿债能力；只有选项C，可以使营运资本增加，因而会提高短期偿债能力。

【例题8·（模拟）】下列业务中，能够降低企业短期偿债能力的是（　　）。

A. 企业采用分期付款方式购置一台大型机械设备

B. 企业从某国有银行取得3年期500万元的贷款

C. 企业向战略投资者进行定向增发

D. 企业向股东发放股票股利

答案：A

解析：长期资产购置合同中的分期付款，也是一种承诺，应视同需要偿还的债务，属于降低短期偿债能力的表外因素；选项B、选项C，会增加企业短期偿债能力；选项D，不会影响企业短期偿债能力。

（二）长期偿债能力比率

1. 基本比率

长期偿债比率		定义	公式
存量比率	（1）资产负债率、产权比率及权益乘数	①资产负债率：是总负债占总资产的比率	=总负债/总资产
		②产权比率：是总负债占股东权益的比率	=总负债/股东权益
		③权益乘数：是总资产相对于股东权益的倍数	=总资产/股东权益＝1＋产权比率 =1/（1－资产负债率）
	（2）长期资本负债率	非流动负债占长期资本的比率	=非流动负债/长期资本 =非流动负债/（非流动负债＋股东权益）
流量比率	（3）利息保障倍数	息税前利润相对于利息费用的倍数	=息税前利润（EBIT）/利息费用 =（净利润＋所得税费用＋利息费用）/利息费用 =（利润总额＋利息费用）/利息费用
	（4）现金流量利息保障倍数	经营活动现金流量净额对利息费用的倍数	=经营活动现金流量净额/利息费用
	（5）现金流量债务比	经营活动现金流量净额与债务总额的比率	=经营活动现金流量净额/债务总额

【注1】掌握资产负债率时应该注意以下几点：

①不同企业的资产负债率不同，与其持有的资产类别相关。

②资产负债率可以衡量企业清算时对债权人利益的保护程度。资产负债率越低，企业偿债能力越强，贷款越安全。

③资产负债率还可以代表企业的举债能力。资产负债率越低，举债越容易。

【例题9·（1406）】 某公司2013年的资产净利率为20%，2013年初和2013年末的产权比率均为1.5，则以下说法正确的有（　　　）。

A. 该公司2013年的权益净利率为40%　　　　B. 该公司2013年的权益净利率为50%

C. 该公司2013年末的资产负债率为60%　　　　D. 该公司2013年末的资产负债率为40%

答案：BC

解析：产权比率＝负债/股东权益，资产负债率＝负债/资产，本题中假定负债＝1.5，则所有者权益为1，总资产为2.5，资产负债率＝1.5÷2.5＝60%，资产净利率＝净利润/总资产＝20%，则权益净利率＝净利润/所有者权益＝资产净利率×（总资产/净资产）＝20%×2.5＝50%。

【注2】 产权比率、权益乘数是两种常用的财务杠杆比率。财务杠杆既表明债务多少，与偿债能力有关。财务杠杆影响总资产净利率和权益净利率之间的关系，还表明权益净利率的风险高低，与盈利能力有关。

【例题10·（2010）】 某公司总资产1亿元，资产负债率为70%，为降低资产负债率，拟股本融资4 000万元。则融资后的权益乘数为（　　　）。

A. 2倍　　　　　　B. 3.33倍　　　　　　C. 4.67倍　　　　　　D. 0.5倍

答案：A

解析：负债为7 000万元，净资产为3 000万元，股权融资后总资产为14 000万元，净资产为3 000＋4 000＝7 000（万元），则股权融资前权益乘数＝10 000/3 000＝3.33（倍），股权融资后权益乘数＝14 000/7 000＝2（倍）。

【例题11·（1311）】 下列影响权益乘数的有（　　　）。

A. 现金购买股权　　　　　　　　　B. 发行公司债券

C. 发行股票　　　　　　　　　　　D. 用现金偿还采购款

答案：BCD

解析：权益乘数＝资产/股东权益，A，分子分母均不变；B，资产增加，负债增加，股东权益不变，权益乘数增大；C，资产增加，净资产增加，分子分母同时增加相同金额，分子＞分母的，则分数减少，故权益乘数降低；D，资产减少，负债减少，股东权益不变，权益乘数减小。

【注3】 长期资本负债率反映企业资本结构。由于流动负债的金额经常变化，资本结构管理使用资本结构。

【注4】 掌握利息保障倍数时应该注意以下几点：

①分母中的利息费用是指本期的全部应付利息，本期的全部应计利息＝财务费用的利息费用＋资本化利息。

②分子的利息费用则是指本期的全部费用化利息，本期全部费用化利息＝财务费用的利息费用＋资本化利息本期费用化部分（包含以前期间资本化利息本期费用化部分）。

③实务中，如果本期资本化利息金额较小，可将财务费用金额作为分母中的利息费用；如果资本化利息的本期费用化金额较小，则分子中此部分可忽略不计，不作调整。

④利息保障倍数越大，利息支付越有保障，如果利息支付尚且缺乏保障，归还本金就更难指望。因此，利息保障倍数可以反映长期偿债能力。

【例题12·（2011）·（2012）】 甲公司2010年利息支出为32万元，其中计入在建工程的利息支出为16万元，2010年净利润为24万元，所得税费用为8万元，则利息保障倍数为（　　　）倍。

A. 2　　　　　　　B. 1.5　　　　　　C. 1　　　　　　D. 1/2

答案：B

解析：利息保障倍数 = EBIT/I = ［24 + 8 + （32 - 16）］/32 = 1.5（倍）

注意：分母为所有的利息支出，包括费用化的和资本化的，分子为利润总额 + 费用化利息支出。

【注5】现金流量保障倍数比利息保障倍数更可靠，因为实际用于支付利息的是现金，而不是利润。

【注6】掌握现金流量债务比时应该注意以下几点：

①现金流量债务比中的债务总额采用的是期末数而非平均数，因为实际需要偿还的是期末金额，而非平均金额。

②现金流量债务比越高，偿还债务总额的能力越强。

2. 表外因素

上述长期偿债能力比率都是根据财务报表数据计算来的，还有一些表外因素会影响企业的长期偿债能力，具体如下：

（1）长期租赁

当企业急需某种设备或厂房而又缺乏足够资金时，可以通过租赁的方式解决。财产租赁的形式包括融资租赁和经营租赁。融资租赁形成的负债会反映在资产负债表中，而经营租赁的负债则未反映在资产负债表中。当企业的经营租赁额比较大、期限比较长或具有经常性时，就形成了一种长期性融资，因此，经营租赁也是一种表外融资。这种长期融资，到期时必须支付租金，会对企业偿债能力产生影响。因此，如果企业经常发生经营租赁，应考虑租赁费用对偿债能力的影响。

【结论】融资租赁负债计入财务报表，影响资产负债率，影响企业的长期偿债能力；经营租赁不计入财务报表，不影响资产负债率，但长期经营租赁影响企业长期偿债能力。

（2）债务担保

债务担保项目时间长短不一，有的影响企业的长期偿债能力，有的影响企业的短期偿债能力。在分析企业长期偿债能力时，应根据有关资料判断担保责任带来的影响。

（3）未决诉讼

未决诉讼一旦判决败诉，便会影响企业的偿债能力，因此在评价企业长期偿债能力时要考虑其潜在影响。

【例题13·（2012）】下列关于影响长期偿债能力的说法正确的是（　　）。

A. 长期经营租赁不影响资产负债率，但影响公司的长期偿债能力

B. 融资租赁影响资产负债率，也影响长期偿债能力

C. 债务担保一定会影响长期偿债能力

D. 在评价长期偿债能力时，要考虑未决诉讼对企业长期偿债能力的潜在影响

答案：ABD

解析：债务担保项目时间长短不一，有的影响企业的长期偿债能力，有的影响企业的短期偿债能力。

【例题14·（2009CPA）】下列各项中，可能会影响企业长期偿债能力的事项有（　　）。

A. 未决诉讼　　　　B. 债务担保　　　　C. 长期租赁　　　　D. 或有负债

答案：ABCD

解析：选项 A、选项 B、选项 C、选项 D 均为影响长期偿债能力的表外影响因素。

（三）营运能力比率

通用公式：周转次数（率）＝周转额/××资产平均余额

周转天数＝365/周转次数

××与收入比＝××资产平均余额/周转额

营运能力比率	定义		公式
（1）应收账款周转率	①应收账款周转次数		＝销售收入/应收账款
	②应收账款周转天数		＝365/应收账款周转次数
	③应收账款与收入比		＝应收账款/销售收入
（2）存货周转率	销售收入（销售成本）与存货的比率		＝销售收入（销售成本）/存货
（3）流动资产周转率	销售收入与流动资产的比率		＝销售收入/流动资产
（4）非流动资产周转率	销售收入与非流动资产的比率		＝销售收入/非流动资产
（5）营运资本周转率	销售收入与营运资本的比率		＝销售收入/营运资本
（6）总资产周转率	销售收入与总资产的比率		＝销售收入/总资产

【注1】掌握应收账款周转率时应注意以下问题：

①假设现销是收现时间等于零的应收账款。只要现销与赊销的比例保持稳定，不妨碍与上期数据的可比性，只是一贯高估了周转次数。但问题是与其他企业比较时，不知道可比企业的赊销比例，无从知道应收账款周转率是否可比。

②应收账款年末余额可靠性问题。应收账款是特定时点的存量，容易受季节性、偶然性和人为因素影响。在用应收账款周转率进行行业业绩评价时，可以使用年初和年末的平均数，或者使用多个时点的平均数，以减少这些因素的影响。

③应收账款的减值准备问题。财务报表上列示的应收账款是已经计提坏账准备后的净额，而销售收入并未相应减少。计提的坏账准备越多，应收账款周转次数越多、天数越多。这种现象不是业绩改善的结果，反而说明应收账款管理欠佳。如果坏账准备的金额较大，就应进行调整，使用未计提坏账准备的应收账款进行计算。

④应收票据是否计入应收账款周转率。大部分应收票据是销售形成的，是应收账款的另一种形式，应将其纳入应收账款周转率的计算。

⑤应收账款周转天数是否越少越好。应收账款是赊销引起的，如果赊销有可能比现销更有利，周转天数就不是越少越好。

⑥应收账款分析应与销售额分析、现金分析相联系。销售增加引起应收账款增加，现金存量和经营活动现金流量也会随之增加。

【例题15·（2014CPA）】甲公司的生产经营存在季节性，每年的6月到10月是生产经营旺季，11月到次年5月是生产经营淡季。如果使用应收账款年初余额和年末余额的平均数计算应收账款周转次数，计算结果会（　　　　）。

A. 高估应收账款周转速度

B. 低估应收账款周转速度

C. 正确反映应收账款周转速度

D. 无法判断对应收账款周转速度的影响

答案：A

解析：应收账款的年初余额是在 1 月初，应收账款的年末余额是在 12 月末，这两个月都是该企业的生产经营淡季，应收账款的数额较少，因此用这两个月的应收账款余额平均数计算出的应收账款周转速度会比较高。

【注 2】掌握存货周转率时应注意以下问题：

①在计算存货周转率时，使用"销售收入"还是"销售成本"作为周转额，要看分析的目的。a. 在短期偿债能力分析中，为了评估资产的变现能力需要计量存货转换为现金的金额和时间，应采用"销售收入"。b. 为了评估存货管理的业绩，应当使用"销售成本"计算存货周转率，使其分子和分母保持口径一致。实际上，两种周转率的差额是毛利引起的，用哪一个计算都能达到分析目的。

②存货周转天数不是越少越好。存货过多会浪费资金，存货过少不能满足流转需要，在特定的生产经营条件下存在一个最佳的存货水平，所以存货不是越少越好。

③注意应付账款、存货和应收账款（销售收入）之间的关系。销售增加会拉动应收账款、存货、应付账款的增加，不会引起周转率的明显变化。但是有时在订单没有实现销售以前，先表现为存货等周转天数增加，这种周转天数增加，没有什么不好；相反，预见销售会萎缩时，通常会先减少存货，进而引起存货周转天数等下降，这种下降，不是什么好事，并非资产管理改善。因此，任何财务分析都以认识经营活动本质为目的，不可根据数据的高低作简单结论。

④关注构成存货的原材料、在产品、半成品、产成品和低值易耗品之间的比例关系。

正常情况下，如果产成品大量增加，其他项目减少，很可能是销售不畅，放慢了生产节奏。此时，总的存货金额可能没有显著变动，甚至尚未引起存货周转率的显著变化。因此，分析时既要重点关注变化大的项目，也不能完全忽视变化小的项目，其内部可能隐藏重要问题。

【例题 16·（2008）】某公司 2007 年初和年末存货分别为 4 000 万元和 5 000 万元，存货周转次数为 4 次，2008 年末存货比 2008 年初减少 20%，销售收入和销售成本均增长 20%，则 2008 年存货周转次数为（　　　）次。

A. 4　　　　　　　　B. 4.3　　　　　　　　C. 4.8　　　　　　　　D. 5.4

答案：C

解析：2008 年初存货余额 = 2007 年末余额 = 5 000 万元，2008 年末存货余额 = 5 000 ×（1 − 20%）= 4 000（万元）

2008 年存货周转次数 = 2008 年销售收入/2008 年平均存货 = 2007 年销售收入 ×（1 + 20%）/4 500 = 2007 年销售收入/4500 ×（1 + 20%）= 2007 年周转次数 × 1.2 = 4.8（次）

【例题 17·（2015CPA）】甲公司是一家电器销售企业，每年 6 ~ 10 月是销售旺季，管理层拟用存货周转率评价全年存货管理业绩，适合使用的公式是（　　　）。

A. 存货周转率 $= \dfrac{销售收入}{（年初存货 + 年末存货）/2}$

B. 存货周转率 $= \dfrac{销售收入}{\sum 各月末存货/12}$

C. 存货周转率 $= \dfrac{销售成本}{（年初存货 + 年末存货）/2}$

D. 存货周转率 $= \dfrac{销售成本}{\sum 各月末存货/12}$

答案：D

解析：用存货周转率评价全年存货管理业绩时，应该保持分子和分母的口径一致，所以，应当使用"销售成本"计算，即选项 A 和 B 不是答案；由于本题中存货项目的数据受季节性因素影响较大，因此，采用 12 个月的平均数比采用年初和年末的平均数计算的结果更真实可靠，所以，选项 C 不是答案，选项 D 是答案。

【注3】 营运资本周转率是一个综合性的比率。严格意义上，应仅有经营性资产和负债被用于这一目标，即短期借款、交易性金融资产和超额现金等因素不是经营活动必需的而应被排除在外。

【注4】 总资产由各项资产组成，在销售收入既定的情况下，总资产周转率的驱动因素是各项资产。通过驱动因素分析，可以了解总资产周转率变动是由哪些资产项目引起的，以及什么是影响较大的因素，从而为进一步分析指出方向。

总资产周转率的驱动因素分析，通常使用"资产周转天数"或"资产与收入比"。

总资产周转天数 = 365/周转率 = 365 × 总资产平均余额/销售收入

总资产与收入比 = 总资产平均余额/销售收入

【注5】 流动资产周转率、非流动资产周转率、营运资本周转率、总资产周转率还都有另外的"周转天数"和"与收入比"的公式，与应收账款相关公式相似，本表未予反映。

【例题18·（2010）】 某公司 2009 年销售收入 10 000 万元，货币资金 300 万元，应收账款 1 000 万元，存货 1 000 万元，一年内到期长期资产 200 万元，预计将于 1 年内出售的可供出售金融资产 1 000 万元，固定资产 400 万元，假定本题中给定的相关资产均为平均数，则该公司 2009 年流动资产周转率为 4。

答案：×

解析：流动资产周转率 = 销售收入/平均流动资产 = 10 000/（300 + 1 000 + 1 000 + 200 + 1 000）

注意：可供出售金融资产为非流动资产，但预计将于 1 年内出售的则为流动资产，应在流动资产中列示。

【例题19·（1505）】 一上市公司总资产周转率、应收账款周转率、流动资产周转率、毛利率均下降，以下保代的哪些回复符合逻辑（　　　）。

A. 毛利率降低的主要原因是低价格销售给子公司代为销售

B. 备用金较高，导致应收账款周转率降低

C. 在建项目未完工，导致资产周转率降低

D. 因接到一个大订单，公司加大产品生产量，增加产品储备，导致流动资产周转率低

答案：CD

解析：A，销售给子公司在合并报表中会进行抵销，不构成其毛利率低的合理因素；B，备用金一般在"其他应收款"核算，与应收账款周转率没有关系。

（四）盈利能力比率

盈利能力比率	定义	公式
（1）销售净利率	净利润与销售收入的比率	= 净利润/销售收入（又称净利率）
（2）（总）资产净利率	净利润与总资产的比率	= 净利润/总资产 = 销售净利率 × 资产周转率（次数）
（3）权益净利率	净利润与净资产的比率	= 净利润/净资产 = 销售净利率 × 资产周转率 × 权益乘数

三个比率之间的关系：

总资产净利率＝销售净利率×总资产周转率

权益净利率＝总资产净利率×权益乘数

综上所述，权益净利率＝销售净利率×总资产周转率×权益乘数

（五）市价比率

市价比率	定义	公式
（1）市盈率	普通股每股市价与每股收益的比率	＝每股市价/每股收益 ＝市值/净利润 每股收益＝普通股股东净利润/流通在外普通股加权平均股数
（2）市净率	普通股每股市价与每股净资产的比率	＝每股市价/每股净资产 ＝市值/净资产
（3）市销率	又称收入乘数，是指普通股每股市价与每股销售收入的比率	＝每股市价/每股销售收入 ＝市值/销售收入

【注1】在计算和使用市盈率和每股收益时，应注意以下问题：

①每股市价实际上反映了投资者对未来收益的预期。如果投资者预期收益将从当前水平大幅增长，市盈率将会相当高；如果投资者预期收益将由当前水平下降，市盈率将会相当低。因此，市盈率反映了投资者对公司未来前景的预期，相当于每股收益的资本化。

②对仅有普通股的公司而言，每股收益的计算相对简单。如果公司还有优先股，则计算公式如下：

每股收益＝（净利润－优先股股利）/流通在外普通股加权平均股数

【例题20·（模拟）】市盈率是评价上市公司盈利能力的指标，下列表述正确有（　　　）。

A. 市盈率越高，意味着期望的未来收益较之于当前报告收益就越高

B. 市盈率高意味着投资者对该公司的发展前景看好，愿意出较高的价格购买该公司股票

C. 成长性较好的高科技公司股票的市盈率通常要高一些

D. 市盈率过高，意味着这种股票具有较高的投资风险

答案：ABCD

【注2】在计算市净率和每股净资产时，应注意所使用的是资产负债表日流通在外普通股股数，而不是当期流通在外普通股加权平均股数，因为每股净资产的分子（每股市价）为时点数，分母应与其口径一致，应选取同一时点数。

$$每股净资产＝\frac{股东权益总额－优先股权益（优先股清算价值和拖欠的股利）}{流通在外普通股}$$

【注3】上述三个市价比率主要用于企业价值评估。

【例题21·（模拟）】已知甲公司2014年的所有者权益为5 000万元，其中优先股的账面价值为1 000万元，发行在外的普通股股数为1 000万股，优先股数为500万股，普通股的每股收益为0.8元，该公司的市盈率为25，则甲公司的市净率为（　　　）。

A. 4　　　　　　　　B. 4.5　　　　　　　　C. 5　　　　　　　　D. 0.5

答案：C

解析：甲公司的每股净资产＝（5 000－1 000）/1 000＝4（元）

每股市价 $=0.8 \times 25 = 20$ （元）

市净率 = 每股市价/每股净资产 $= 20/4 = 5$

三、传统财务分析体系及改进财务分析体系的应用

（一）传统杜邦分析体系

1. 传统杜邦分析体系的核心公式

$$权益净利率 = \frac{净利润}{销售收入} \times \frac{销售收入}{总资产} \times \frac{总资产}{净资产} = 销售净利率 \times 总资产周转率 \times 权益乘数$$

盈利能力 　　　　营运能力 　　　偿债能力

注：总资产净利率 = 销售净利率×总资产周转率

权益净利率 = 总资产净利率×权益乘数

2. 传统杜邦分析体系的局限性

（1）计算总资产利润率的"总资产"与"净利润"不匹配。

（2）没有区分经营活动损益和金融活动损益。

（3）没有区分金融负债与经营负债。

【例题1·（2011）】甲公司2009年、2010年的销售净利率分别为6%、9%，总资产周转次数为2、1.5，产权比率不变，则2010年权益净利率较2009年为上升了。

答案：✓

解析：传统杜邦财务分析体系的核心比率：权益净利率 = 销售净利率×资产周转率×权益乘数。权益乘数 = 1+产权比率，产权比率不变，则权益乘数也不变。

【例题2·（2009CPA）】甲公司2008年的销售净利率比2007年下降5%，总资产周转率提高10%，假定其他条件与2007年相同，那么甲公司2008年的净资产收益率比2007年提高（　　）。

A. 4.5%　　　　　　B. 5.5%　　　　　　C. 10%　　　　　　D. 10.5%

答案：A

解析：$(1-5\%)(1+10\%) - 1 = 1.045 - 1 = 4.5\%$

【例题3·（1611）】甲公司2015年的销售净利率比2014年上升5%，总资产周转率降低10%，2015年产权比率为1.5，2014年产权比率为1，则甲公司2015年的权益净利率比2014年的权益净利率（　　）

A. 下降0.25%　　B. 提高41.75%　　C. 提高18.125%　　D. 下降0.125%

E. 下降5.50%

答案：C

解析：权益净利率 = 销售净利率×资产周转率×权益乘数

权益乘数 = 1+产权比率

2015年权益乘数 = 1+1.5 = 2.5；2014年权益乘数 = 1+1 = 2

权益乘数变化率为（2.5-2）/2 = 25%

在2014年基础上计算2015年权益净利率 = （1+5%）×（1-10%）×（1+25%）= 1.18125

2015年权益净利率变化率 = （1.18125-1）/1 = 18.125%

（二）改进财务分析体系

改进财务分析体系是建立在管理用财务报表的基础上的。管理用财务报表即对通用财务报

表中的会计要素进行重新分类为经营类和金融类。在调整财务报表前，要明确企业从事的是什么业务，这是经营类和金融类划分的关键。例如，非金融企业，存款和贷款是金融性资产和负债；对于银行等金融机构，吸收存款或者贷款是经营性资产和负债。同时，经营性资产和负债形成的损益，属于经营损益；金融资产和负债形成的损益，属于金融损益。

1. 管理用财务报表结构（以资产负债表和利润表为例）

（1）通用资产负债表

资产	负债
	股东权益
资产合计	负债及股东权益合计

分拆通用资产负债表

经营资产	经营负债
	金融负债
金融资产	股东权益
资产合计	负债与股东权益合计

管理用资产负债表

经营资产 减：经营负债	金融负债 减：金融资产
	净金融负债（净负债）
	股东权益
净经营资产合计	净金融负债及股东权益合计

扩展管理用资产负债表

净经营资产	净负债及股东权益
经营性流动资产 减：经营性流动负债	金融负债 减：金融资产
经营性营运资本	净负债
经营性长期资产 减：经营性长期负债	股东权益
净经营性长期资产	
净经营资产合计	净负债及股东权益合计

（2）通用利润表

项目	本年金额	上年金额
一、营业收入		
减：营业成本		
营业税金及附加		
销售费用		
管理费用		
财务费用		
资产减值损失		
加：公允价值变动收益		
投资收益		
二、营业利润		
加：营业外收入		
减：营业外支出		
三、利润总额		
减：所得税费用		
四、净利润		

管理用利润表

项目	本年金额	上年金额
经营损益		
一、营业收入		
减：营业成本		
二、毛利		
减：营业税金及附加		
销售费用		
管理费用		
资产减值损失（经营）		
加：投资收益（经营）		
公允价值变动收益（经营）		
三、税前营业利润		
加：营业外收入		
减：营业外支出		
四、税前经营利润		
减：经营利润所得税		
五、税后经营净利润		
金融损益		
六、利息费用		
减：利息费用抵税		
七、税后利息费用		
八、净利润		

2. 改进的财务分析体系的核心公式

$$权益净利率 = \frac{税后经营净利润}{股东权益} - \frac{税后利息费用}{股东权益}$$

$$= \frac{税后经营净利润}{净经营资产} \times \frac{净经营资产}{股东权益} - \frac{税后利息费用}{净负债} \times \frac{净负债}{股东权益}$$

$$= \frac{税后经营净利润}{净经营资产} \times \left(1 + \frac{净负债}{股东权益}\right) - \frac{税后利息费用}{净负债} \times \frac{净负债}{股东权益}$$

$$= 净经营资产净利率 + （净经营资产净利率 - 税后利息率）\times净财务杠杆$$

$$= 净经营资产净利率 + 杠杆贡献率$$

根据该公式，权益净利率的高低取决于三个驱动因素：净经营资产净利率（可进一步分解为销售经营净利率和净经营资产周转率）、税后利息率和净财务杠杆。

【注】上述公式中基于以下基本等式：

（1）税后经营净利润 = 税前经营利润 × （1 - 所得税税率）

$$= 净利润 + 税后利息费用$$

$$= 净利润 + 利息费用 \times （1 - 所得税税率）$$

（2）净经营资产 = 净金融负债 + 股东权益

其中，净经营资产 = 经营资产 - 经营负债

净金融负债 = 金融负债 - 金融资产

3. 改进的财务分析体系核心公式分析

（1）公式中的几个率

①净财务杠杆 = 净负债/股东权益

②经营差异率 = 净经营资产净利率 - 税后利息率

③杠杆贡献率 = 经营差异率 × 净财务杠杆 = （净经营资产净利率 - 税后利息率）×净负债/股东权益

（2）经营差异率与杠杆贡献率分析

①经营差异率分析

经营差异率是衡量借款是否合理的重要依据之一。如果经营差异率为正，借款可以增加股东报酬；如果为负，借款会减少股东报酬。从增加股东报酬来看，净资产经营净利率是企业可以承担的借款税后利息率的上限。

②杠杆贡献率分析

杠杆贡献率是经营差异率和净财务杠杆的乘积。如果经营差异率不能提高，是否可以进一步提高净财务杠杆呢？如果公司进一步增加借款，会增加财务风险，推动利息率上升，使经营差异率进一步缩小。因此，依靠提高净财务杠杆来增加杠杆贡献率是有限度的。

【例题4·（2009CPA）】假设其他因素不变，下列变动中有助于提高杠杆贡献率的有（　　）。

A. 提高净经营资产利润率　　　　　　B. 降低负债的税后利息率

C. 减少净负债的金额　　　　　　　　D. 减少经营资产周转次数

答案：AB

解析：杠杆贡献率 = （净经营资产利润率 - 税后利息率）×净财务杠杆 = （税后经营净利率×净经营资产周转次数 - 税后利息率）×净负债/股东权益，可见选项A、选项B是正确的。

【例题5·（1605）】甲公司是一家家电制造业企业，采用管理用财务报表分析体系进行权

益净利润的分析，2015 年该公司主要的管理用财务报表数据如下表所示，下列财务分析指标正确的是（　　）。

单位：万元

项目	2015 年/2015 年 12 月 31 日
净经营资产	1 000
净负债	400
股东权益	600
销售收入	3 000
税后经营净利润	200
减：税后利息费用	20
净利润	180

A. 净经营资产净利率 = 18%　　　　B. 税后利息率 = 5%

C. 净财务杠杆 = 66.67%　　　　　　D. 杠杆负债率 = 13.33%

E. 权益净利率 = 10%

答案：BC

解析：权益净利率 = 净经营资产净利率 +（净经营资产净利率 − 税后利息率）× 净财务杠杆
　　　　　　 =（税后经营净利润 − 税后利息）/ 所有者权益 =（200 − 20）/600 = 30%

净经营资产净利率 = 税后经营净利润 / 净经营资产 = 200/1 000 = 20%

税后利息率 = 税后利息费用 / 净负债 = 20/400 = 5%

净财务杠杆 = 净负债 / 所有者权益 = 400/600 = 66.67%

四、企业价值评估——现金流量折现模型之现金流量的计算

企业价值评估简称企业评估，目的是分析和衡量一个企业或一个经营单位的公平市场价值，并提供有关信息以帮助投资人和管理当局改善决策。

企业价值评估方法包括现金流量折现模型、相对价值评估方法。这里我们主要介绍现金流量折现模型中的现金流量的计算方法和公式。

预计现金流量表是根据管理用预计资产负债表和利润表编制而成的，如下表所示。

预计现金流量表

项目	基期	预测期				
		20×1 年	20×2 年	20×3 年	20×4 年	20×5 年
税后经营净利润						
加：折旧与摊销						
营业现金毛流量						
减：经营营运资本增加						
营业现金净流量						
减：净经营性长期资产增加						
折旧与摊销						
实体现金流量						

续表

项目	基期	预测期				
		20×1 年	20×2 年	20×3 年	20×4 年	20×5 年
债务现金流量：						
税后利息费用						
减：短期借款增减						
长期借款增加						
债务现金流量						
股权现金流量：						
股利分配						
减：股权资本发行						
股权现金流量						
融资现金流量总计						

【注意】此处要加强对公式的理解和掌握。

税后经营净利润 = 销售收入 – 销售成本 – 销售和管理费用 – 折旧与摊销 – 经营利润所得税

实体现金流量 = 税后经营净利润 + 折旧与摊销 – 经营营运资本增加 – 净经营性长期资产增加 – 折旧与摊销

资本支出 = 净经营性长期资产增加额 + 折旧与摊销

净经营资产总投资 = 经营营运资本增加 + 资本支出

　　　　　　　　 = 经营营运资本增加额 + 净经营性长期资产增加额 + 折旧与摊销

净经营资产净投资 = 净经营资产总投资 – 折旧与摊销

　　　　　　　　 = 经营营运资本增加额 + 净经营性长期资产增加额

综上，

实体现金流量 = 税后经营净利润 + 折旧与摊销 – 经营营运资本增加 – 净经营性长期资产增加 – 折旧与摊销

　　　　　　 = 税后经营净利润 + 折旧与摊销 – （经营营运资本增加 + 净经营性长期资产增加 + 折旧与摊销）

　　　　　　 = 税后经营净利润 + 折旧与摊销 – （经营营运资本增加 + 资本支出）

　　　　　　 = 营业现金毛流量 – 净经营资产总投资

　　　　　　 = 税后经营净利润 – 净经营资产净投资

股权现金流量 = 股利分配 – 股份发行 + 股份回购

债务现金流量 = 税后利息费用 – 净负债增加

【例题 1 · （1609）】甲公司是一家非金融企业，在编制管理用现金流量表进行财务分析时，下列关于各类现金流量计算方法正确的有（　　　）。

　　A. 实体现金流量 = 税后经营净利润 + 折旧与摊销 – 净经营资产总投资

　　B. 实体现金流量 = 税后经营净利润 – 经营性营运资本增加 – 净经营性长期资产增加

　　C. 股权现金流量 = 税后经营净利润 – 净经营资产净投资 – 债务现金流量

　　D. 股权现金流量 = 股利分配 – 股权资本净增加

E. 债务现金流量 = 净负债增加 – 税后利息费用

答案：ABCD

解析：A、B，实体现金流量 = 税后经营净利润 + 折旧与摊销 – 经营营运资本增加 – 净经营性长期资产增加 – 折旧与摊销

$$= 税后经营净利润 + 折旧与摊销 – （经营营运资本增加 + 净经营性长期资产增加 + 折旧与摊销）$$

$$= 税后经营净利润 – 经营营运资本增加 – 净经营性长期资产增加$$

C，股权现金流量 = 实体现金流量 – 债务现金流量

$$= 税后经营净利润 – 净经营资产净投资 – 债务现金流量$$

D，股权现金流量 = 股利分配 – 股份资本发行 + 股份回购

$$= 股利分配 – 股权资本净增加$$

E，债务现金流量 = 税后利息费用 – 净负债增加

【例题2·（2014CPA）】 下列关于实体现金流量计算的公式中，正确的有（ ）。

A. 实体现金流量 = 税后经营净利润 – 净经营资产净投资

B. 实体现金流量 = 税后经营净利润 – 经营性营运资本增加 – 资本支出

C. 实体现金流量 = 税后经营净利润 – 经营性资产增加 – 经营性负债增加

D. 实体现金流量 = 税后经营净利润 – 经营性营运资本增加 – 净经营性长期资产增加

答案：AD

解析：实体现金流量 = 税后经营净利润 + 折旧与摊销 – 经营营运资本增加 – 净经营长期资产增加 – 折旧与摊销 = 税后经营净利润 – （经营营运资本增加 + 净经营长期资产增加） = 税后经营净利润 – 净经营性资产净投资。

第二节　本量利分析

【大纲要求】

内容	程度	变化
1. 公司基本分析与财务分析的要素与方法	掌握	新增
2. 成本性态的概念和按成本性态对成本的分类	掌握	原有
3. 量本利分析法中损益方程式的计算	掌握	原有
4. 边际贡献和盈亏临界点的概念及计算	掌握	原有
5. 敏感分析（大纲中无此部分内容，但考试曾经考过该知识点）	掌握	无
6. 杠杆效应（大纲中无此部分内容，但考试曾经考过该知识点）	了解	无

【内容精讲】

一、公司基本分析与财务分析的要素与方法

（一）公司基本分析的要素

1. 公司行业地位分析

行业地位分析的目的是判断公司在所处行业中的竞争地位。

企业的行业地位决定了其盈利能力是高于还是低于行业平均水平,决定了其在行业内的竞争地位。

2. 公司经济区位分析

经济区位是指地理范畴上的经济增长点及其辐射范围。处在好的经济区位内的上市公司,一般具有较高的投资价值。

3. 公司产品竞争能力分析

(1)成本优势

含义:公司的产品依靠低成本获得高于同行业其他企业盈利的能力。

成本优势是决定竞争优势的关键因素。

成本优势可通过规模经济、专有技术、优惠的原材料、低廉的劳动力、科学的管理、发达的营销网络等实现。

由资本的集中度决定的规模效益是决定产品生产成本的基本因素。

(2)技术优势(研发能力与核心技术)

含义:公司拥有比其他竞争对手更强的技术实力及其研究与开发新产品的能力,主要体现在公司的生产技术水平和产品技术含量上面。

公司新产品的研究与开发(R&D)能力是决定公司竞争成败的关键因素。

实现方式:产品创新和人才创新。

(3)质量优势

含义:公司的产品以高于其他公司同类产品的质量赢得市场,从而获得竞争优势。

(4)产品的市场占有情况

通常可以从两个方面进行考察:

①公司产品销售市场的地域分布情况

公司销售市场可分为:地区型、全国型和世界范围型。(大致估计经营能力和实力)

②公司产品在同类产品市场上的占有率(较精确的估计)

市场占有率是指公司某产品销售量占该类产品整个市场销售总量的比例。市场占有率越高,表示公司的经营能力和竞争力越强,公司的销售和利润水平越好、越稳定。

(5)产品的品牌战略

品牌是一个商品名称和商标的总称,可以用于辨别一个卖者或者卖者集团的货物或劳务,以便同竞争者的产品相区别。

品牌竞争是产品竞争的延伸和深化;产业进入成熟阶段后,品牌就成为产品及企业竞争力的一个越来越重要的因素。

品牌的三种功能:创造市场的功能、联合市场的功能、巩固市场的功能。

4. 公司经营能力分析

(1)公司法人治理结构

公司法人治理结构有狭义和广义两种定义,狭义上的公司法人治理结构是指有关公司董事会的功能、结构和股东的权利等方面的制度安排;广义上的法人治理结构是指有关企业控制权和剩余索取权分配的一整套法律、文化和制度安排,包括人力资源管理、收益分配和激励机制、财务制度、内部制度和管理等。

(2)公司经理层素质

①素质:个人品质、性格、学识、能力、体质五方面特性的总和。

②在一定意义上，是否有卓越的企业经理人员和经理层，直接决定着企业的经营成果。

经理人员应该具备的素质：从事管理工作的愿望；专业技术能力；良好的道德品质修养；人际关系协调能力。

③公司从业人员素质和创新能力包括专业技术能力，对企业的忠诚度、责任感、团队合作精神和创新能力等。

对员工的素质进行分析，可以判断公司发展的持久力和创新能力。

5. 公司盈利能力和公司成长性分析

（1）公司盈利预测

盈利预测是在对公司深入了解和判断的基础上，通过对公司基本面分析而预测未来盈利。

主要包括：销售收入预测、生产成本预测、管理和销售费用预测、财务费用预测、其他。

销售收入预测的准确性是公司盈利预测中最为关键的因素。

（2）公司经营战略分析

经营战略是企业面对激烈的变化与严峻挑战的环境，为求得长期生存和不断发展而进行的总体性谋划。

经营战略是在符合和保证实现企业使命的条件下，在充分利用环境中存在的各种机会和创造新机会的基础上，确定企业同环境的关系，规定企业从事的经营范围、成长方向和竞争对策，合理地调整企业结构和分配企业的资源。

经营战略的特征：全局性、长远性、纲领性。

（3）公司规模变动特征及扩张潜力分析

公司规模变动特征和扩张潜力一般与其所处的行业发展阶段、市场结构、经营战略密切相关，是从微观方面具体考察公司的成长性。

6. 公司偿债能力分析

公司偿债能力分析包括：短期偿债能力分析、长期偿债能力分析。

在分析短期偿债能力时，一方面应结合指标的变动趋势，动态地加以评价；另一方面，要结合同行业平均水平，进行横向比较分析。

长期偿债能力与公司的获利能力是密切相关的。对于长期债务不仅要从偿债的角度考虑，还要从保持资本结构合理性的角度来考虑。

（二）公司财务分析的方法

财务报表分析的方法有比较分析法和因素分析法两大类。

1. 比较分析法

财务报表的比较分析是指对两个或几个有关的可比数据进行对比，揭示财务指标的差异和变动关系，是财务报表分析中最基本的方法。

最常用的比较分析方法有：单个年度的财务比率分析、不同时期的财务报表比较分析、与同行业其他公司之间的财务指标比较分析三种。

功能：单个年度的财务比率分析可以判断年度内偿债能力、资产管理效率、经营效率、盈利能力等；不同时期的财务报表分析，可以对公司持续经营能力、财务状况变动趋势、盈利能力作出分析，从一个较长时期来动态地分析公司状况；与同行业其他公司的比较可以了解公司各种指标的优劣，在群体中判断个体。

2. 因素分析法

财务报表的因素分析法也称因素替换法、连环替代法，它依据分析指标和影响因素的关系，从数量上确定各因素对财务指标的影响程度。

二、成本性态的概念和按成本性态对成本的分类

（一）成本性态的概念

成本性态，是指成本总额与产量之间的依存关系。成本总额为产量的函数，成本按照其性态，可分为固定成本、变动成本和混合成本三大类。

（二）按成本性态对成本的分类

1. 总体分类

按性态分类	概念	举例	特点
固定成本	在特定的业务范围内不受业务量变动影响，一定期间的总额能保持相对稳定的成本	固定的月工资、固定资产折旧、取暖费、财产保险费、职工培训费等	特定业务量范围内固定成本总额不变，单位固定成本随业务量增加而降低
变动成本	在特定的产量范围内，其总额随产量变动而成正比例变动的成本	直接材料、直接人工等	特定产量范围内变动成本总额随产量增加而成正比例增加，单位变动成本不变
混合成本	除固定成本和变动成本之外的成本	半变动成本、阶梯式成本、延期变动成本	成本总额随产量变动而变动，但不成正比例关系

2. 进一步分类

成本	分类	特点
固定成本	约束性固定成本	（1）不能通过当前的管理决策行动加以改变的固定成本 （2）约束性固定成本给企业带来的是持续一定时间的生产经营能力，不是产品 （3）约束性固定成本属于企业"经营能力"成本，是企业为了维持一定的业务量所必须负担的最低成本 （4）要想降低约束性固定成本，只能从合理利用经营能力、降低单位固定成本入手 典型项目：固定资产折旧、财产保险、管理人员工资、取暖费、照明费等
	酌量性固定成本	（1）可以通过管理决策行动改变其数额的固定成本 （2）酌量性固定成本关系到企业的竞争能力，也是一种提供生产"经营能力"的成本 典型项目：科研开发费、广告费、职工培训费等
变动成本	技术性变动成本	与业务量有明确的技术或实物关系的变动成本，它是利用生产能力所必须发生的成本
	酌量性变动成本	可以通过管理决策行动改变的变动成本，称为酌量性变动成本 典型项目：按销售额一定百分比开支的佣金、新产品研制费等
混合成本	半变动成本	在初始基数的基础上随产量正比例增长的成本
	阶梯式成本	成本总额随产量呈阶梯式增长的成本。也称步增成本或半固定成本
	延期变动成本	在一定产量范围内总额保持稳定，超过特定产量则开始随产量比例增长的成本
	曲线成本	成本总额随产量增长呈曲线增长的成本，包括变化率递减的曲线成本和变化率递增的曲线成本

【例题1·（2009CPA）】 下列各项中，属于约束性固定成本的有（　　）。

A. 管理人员薪酬　　B. 折旧费　　　　C. 职工培训费　　　　D. 研究开发支出

答案：AB

解析：提供和维持生产经营所需设施、机构而支出的成本，如固定资产折旧、财产保险、管理人员工资、取暖费、照明费等。这种不能通过当前的管理决策行动加以改变的固定成本，称为约束性固定成本或承担固定成本。酌量性固定成本属于经营方针成本，发生额根据企业经营方针由经理人员决定。

【例题2·（2015CPA）】 下列各项成本费用中，属于酌量性固定成本的是（　　）。

A. 广告费　　　　　　　　　　　　　B. 运输车辆保险费

C. 行政部门耗用水费　　　　　　　　D. 生产部门管理人员工资

答案：A

解析：酌量性固定成本指的是可以通过管理决策行动而改变数额的固定成本，包括科研开发费、广告费、职工培训费等，所以选项A正确。

【例题3·（1509）】 下列各项中，属于酌量性变动成本的是（　　）。

A. 直接材料成本　　　　　　　　　　B. 产品销售税金及附加

C. 按销售额一定比例支付的销售代理费　D. 直接人工成本

E. 科研开发费

答案：C

解析：酌量性变动成本是指由经理人员决定的变动成本，称为酌量性变动成本，所以C正确；A、B、D都属于技术性变动成本；E，科研开发费属于酌量性固定成本。

【例题4·（2013CPA）】 下列各项中，属于酌量性变动成本的是（　　）。

A. 直接人工成本　　　　　　　　　　B. 直接材料成本

C. 产品销售税金及附加　　　　　　　D. 按销售额一定比例支付的销售代理费

答案：D

解析：酌量性变动成本的发生额是由经理人员决定的，所以选项D正确。

【例题5·（2016CPA）】 甲消费者每月购买的某移动通信公司58元套餐，含主叫长市话450分钟，超出后主叫国内长市话每分钟0.15元。该通信费是（　　）。

A. 变动成本　　　　B. 延期变动成本　　　　C. 阶梯式成本　　　　D. 半变动成本

答案：B

解析：延期变动成本，是指在一定业务量范围内总额保持稳定，超过特定业务量则开始随业务量比例增长的成本。该通信费在450分钟内总额保持稳定，超过450分钟则开始随通话量成正比例增长，所以选择选项B。

三、量本利分析法中损益方程式的计算

基本的损益方程式

量本利的基本模型	（1）基本损益方程式 （税前）利润 = 单价 × 销量 - 单位变动成本 × 销量 - 固定成本 $= P \times Q - V \times Q - F = (P - V) Q - F$
	（2）税后利润的损益方程式 税后利润 $= [(P - V) Q - F] \times (1 - T)$

应注意的问题	（1）这个方程式是最基本也是最重要的方程式，要求给定其中4个，能够求出另一个变量的值 （2）公式中的成本是广义的：既包括付现成本也包括非付现成本，既包括制造成本也包括期间费用

【例题1·（2008）】 某公司2007年税后利润2 100万元，税率30%，固定成本5 000万元，2008年销量增长20%，其他条件不变，则2008年税前利润为（　　）。

A. 3 520万元　　　　B. 4 600万元　　　　C. 8 000万元　　　　D. 9 600万元

答案：B

解析：根据2007年税后利润为2 100万元，$[(P-V)Q_1 - 5\,000] \times (1-30\%) = 2\,100$（万元），$(P-V)Q_1 = 8\,000$（万元）。2008年税前利润为$(P-V)Q_2 - 5\,000 = 8\,000 \times (1+20\%) - 5\,000 = 4\,600$（万元）。

四、边际贡献和盈亏临界点的概念及计算

（一）边际贡献的概念及计算

边际贡献是指销售收入减去变动成本后的差额。

1. 边际贡献与单位边际贡献

（1）边际贡献	边际贡献=销售收入-变动成本=（单价-单位变动成本）×销量=$(P-V) \times Q$
（2）单位边际贡献	单位边际贡献=单价-单位变动成本=$P-V$
应注意的问题	边际贡献具体分为制造边际贡献（生产边际贡献）和产品边际贡献（总营业边际贡献） $\begin{cases} 制造边际贡献=销售收入-产品变动成本 \\ 产品边际贡献=制造边际贡献-销售和管理变动成本 \end{cases}$ 【提示】通常，如果在"边际贡献"前未加任何定语，那么则是指"产品边际贡献"

2. 变动成本率与边际贡献率

边际贡献率	边际贡献率=边际贡献/销售收入=单位边际贡献/单价=$(P-V)/P = 1-V/P$
变动成本率	变动成本率=变动成本/销售收入=单位变动成本/单价=V/P
应注意的问题	（1）关系公式：变动成本率+边际贡献率=1 （2）多种产品的边际贡献率要用加权平均数，其公式为 $$= \frac{\sum 各产品边际贡献}{\sum 各产品销售收入} \times 100\%$$ $$= \sum（各产品边际贡献率×各产品销售占总销售比重）$$ （3）注意影响因素 单一产品边际贡献率只受P、V的影响 多品种产品边际贡献率受P、V和Q的影响

3. 边际贡献方程式

利润=边际贡献-固定成本=销量×单位边际贡献-固定成本=销售收入×边际贡献率-

固定成本

（二）盈亏临界点及安全边际的概念与计算

1. 盈亏临界点与安全边际的概念

（1）盈亏临界点是企业收入和成本相等的经营状态，即边际贡献等于固定成本时企业所处的既不盈利也不亏损的状态。

（2）安全边际是指正常销售额超过盈亏临界点的差额，它表明销售额下降多少企业仍不至于亏损。

2. 盈亏临界点（或盈亏平衡点）与安全边际的确定

表示方法		盈亏临界点	安全边际
Q 表示	指标	盈亏临界点销售量（Q_0）	安全边际量
	计算公式	$Q_0 = \dfrac{\text{固定成本}}{\text{单价} - \text{单位变动成本}}$ $= \dfrac{F}{P-V}$	安全边际量 = 正常销售量 - 盈亏临界点销售量 $= Q - Q_0$
S 表示	指标	盈亏临界点销售额（S_0）	安全边际额
	计算公式	$S_0 = \dfrac{\text{固定成本}}{\text{边际贡献率}}$	安全边际额 = 正常销售额 - 盈亏临界点销售额 $= S - S_0$
相对数（率）	指标	盈亏临界点作业率	安全边际率
	计算公式	盈亏临界点作业率 $= \dfrac{Q_0}{Q}$ 或 $\dfrac{S_0}{S}$	安全边际率 $= \dfrac{Q - Q_0}{Q}$ 或 $\dfrac{S - S_0}{S}$
	关系公式	盈亏临界点作业率 + 安全边际率 = 1	

3. 安全边际与利润的关系

关系	公式
计算利润	利润 = 安全边际额 × 边际贡献率
计算销售利润率	销售利润率 = 安全边际率 × 边际贡献率

注：只有安全边际才能为企业提供利润，盈亏临界点所提供的边际贡献等于固定成本，安全边际所提供的边际贡献等于企业利润。

【例题 1 · （1509）】已知甲公司产品正常销量为 100 万件，销售 60 万件可实现盈亏平衡，产品单价为 10 元，单位变动成本为 5 元，则甲公司产品销售利润率为（　　）。

A. 30%　　　　　　　　　　　　　B. 20%

C. 60%　　　　　　　　　　　　　D. 40%

E. 50%

答案：B

解析：本题盈亏临界点作业率 = 60/100 = 60%，安全边际率 = 1 - 60% = 40%；变动成本

率 $=5/10=50\%$，则边际贡献率 $=1-50\%=50\%$。

销售利润率 $=$ 安全边际率 $\times$ 边际贡献率 $=40\%\times50\%=20\%$

【例题 2 · (2009/2011)】 已知某公司销售产品边际贡献率为 30%，销售单价为 10 元，固定成本为 3 000 万元，则盈亏临界点销售量为 1 000 万件。

答案：✓

解析：盈亏临界点销售量 $Q=\dfrac{F}{P-V}=F/$ 单位边际贡献 $=F/$（单价 $\times$ 边际贡献率） $=3\,000/3=1\,000$（万元）

【例题 3 · (2010)】 某企业只销售一种产品，固定成本 5 000 万元，单价 50 元，单位变动成本 30 元，销售量 300 万件，则安全边际是 2 500 万元。

答案：✓

解析：盈亏临界点销售额 $=$ 盈亏临界点销售量 $\times$ 单价 $=\dfrac{F}{P-V}\times P=5\,000/$（$50-30$）$\times50=12\,500$（万元）

安全边际 $=$ 正常销售额 $-$ 盈亏临界点销售额 $=300\times50-12\,500=2\,500$（万元）

【例题 4 · (2012)】 变动成本率为 60%，固定成本为 1.2 亿元，销售量 800 万件，单价 50 元，以下说法正确的是（ ）。

A. 安全边际率为 25%
B. 安全边际率为 50%
C. 盈亏平衡点销售量为 600 万件
D. 盈亏平衡点销售量为 800 万件

答案：AC

解析：变动成本率 $V/P=60\%$，$P=50\rightarrow V=30$

盈亏平衡点销售量 $Q_0=\dfrac{F}{P-V}=12\,000/$（$50-30$）$=600$（万件）

安全边际率 $=\dfrac{Q-Q_0}{Q}=200/800=25\%$

【例题 5 · (1406)】 甲公司只生产一种产品，2013 年产品销售单价为 20 万元，边际贡献率为 50%，固定成本为 10 000 万元，以下说法正确的有（ ）。

A. 2013 年盈亏临界点的销量为 500 件
B. 2013 年盈亏临界点的销量为 1 000 件
C. 若 2013 年的销量为 4 000 件，则甲公司的安全边际率为 75%
D. 甲公司可以通过增加产销量以达到既降低盈亏临界点又提高安全边际的目的

答案：BC

解析：本题 $P=20$ 万元，$V=20\times$（$1-50\%$）$=10$（万元）

盈亏临界点销量 $Q=F/$（$P-V$）$=10\,000/$（$20-10$）$=1\,000$（件）

安全边际率 $=$ 安全边际量/正常销量 $=$（$4\,000-1\,000$）$/4\,000=75\%$

【例题 6 · (1412)】 下列说法中，在其他情况不变的情况下，导致安全边际量和盈亏平衡销量同时变动的是（ ）。

A. 销售价格提高　　B. 变动成本降低　　　C. 产销量增加　　　　D. 降低固定成本

答案：ABD

解析：盈亏平衡点销售量 $Q_0=F/$（$P-V$），安全边际量 $=$ 正常销售量 $-$ 盈亏临界点销售量 $=Q-Q_0$。A，其他条件不变时，销售价格提高 $\rightarrow Q_0\downarrow$，在其他条件不变的时候安全边际量

↑；B，其他条件不变时，变动成本降低→Q_0↓，在其他条件不变的时候安全边际量↑；C，产销量增加在其他条件都不变的情况下可以增加安全边际量，但不会引起盈亏平衡点销售量 Q_0 的变化；D，其他条件不变时，降低固定成本→Q_0↓，安全边际量↑。

【例题7·（1505）】 已知销售收入3亿元，利润6 000万元，变动成本率60%，则安全边际率为（　　　）。

A. 30%　　　　　　　　B. 40%　　　　　　　　C. 50%　　　　　　　　D. 60%

答案：C

解析：收入 $Q×P=3$ 亿元，$V/P=60\%$，则变动成本 $=Q×V=3/P×V=3V/P=3×60\%=1.8$（亿元），$3-1.8-F=0.6$（亿元），$F=0.6$ 亿元。

盈亏临界点销售额 $S_0=F/$边际贡献率$=0.6/40\%=1.5$（亿元）

安全边际率 $=\dfrac{S-S_0}{S}=(3-1.5)/3=50\%$

【例题8·（1605）】 甲公司只生产一种产品，该产品的变动成本率为30%，盈亏临界点作业率为60%，甲公司的息税前利润率是（　　　）。

A. 0.18　　　　　　　　B. 0.12　　　　　　　　C. 0.42　　　　　　　　D. 0.24

E. 0.28

答案：E

解析：息税前利润率 = 安全边际率 × 边际贡献率 =（1 − 盈亏临界点作业率）×（1 − 变动成本率）=（1 − 60%）×（1 − 30%）= 28%

息税前利润 = 销售收入 − 变动成本 − 固定成本

　　　　　　= 边际贡献 − 固定成本

　　　　　　= 销售收入 × 边际贡献率 − 固定成本

　　　　　　= 销售收入 × 边际贡献率 − 盈亏临界点销售收入 × 边际贡献率

　　　　　　=（销售收入 − 盈亏临界点销售收入）× 边际贡献率

所以，息税前利润 = 安全边际 × 边际贡献率

两边同时除以收入，可得：息税前利润率 = 安全边际率 × 边际贡献率

【例题9·（2013CPA）】 甲公司只生产一种产品，变动成本率为40%，盈亏临界点作业率为70%。甲公司的息税前利润率是（　　　）。

A. 12%　　　　　　　　B. 18%　　　　　　　　C. 28%　　　　　　　　D. 42%

答案：B

解析：息税前利润率 = 安全边际率 × 边际贡献率 =（1 − 70%）×（1 − 40%）= 18%

【例题10·（1610）】 下列关于边际贡献和安全边际的说法中，正确的有（　　　）。

A. 边际贡献的大小与固定成本和变动成本支出的多少有关

B. 提高安全边际或提高边际贡献率，可以提高利润

C. 安全边际表明销售额下降多少企业仍不至于亏损

D. 安全边际部分的销售额也就是企业的利润

E. 安全边际率大于0则表明企业经营安全

答案：BCE

解析：A 错误，边际贡献 = 销售收入 − 变动成本，所以边际贡献大小与固定成本无关；B 正确，利润 = 安全边际额 × 边际贡献率，所以提高安全边际或提高边际贡献率，可以提高利润；C

正确，安全边际额＝正常销售额－盈亏临界点销售额；D 错误，安全边际所提供的边际贡献等于企业利润；E 正确，安全边际率＝（正常销售额－盈亏临界点销售额）／正常销售额，因此，只要正常销售额＞盈亏临界点销售额，即安全边际率＞0，企业经营安全。

【例题 11 · （1611）】以下公式表述正确的是（　　）。

A. 制造边际贡献＝产品边际贡献－销售和管理变动成本

B. 加权平均边际贡献＝（利润＋固定成本）／∑各产品销售收入

C. 利润＝单位边际贡献＋安全边际

D. 增加产销量既可以提高安全边际量也可以降低盈亏临界点销售量

E. 边际贡献的大小与固定成本支出的多少无关

答案：BE

解析：A 错误，制造边际贡献＝销售收入－产品变动成本

产品边际贡献＝制造边际贡献－销售和管理变动成本

边际贡献＝销售收入－变动成本＝销售收入－产品变动成本－销售和管理变动成本

B 正确，$边际贡献率 = \dfrac{边际贡献}{销售收入}$

$加权平均边际贡献 = \dfrac{\sum 各产品边际贡献}{\sum 各产品销售收入} = \sum （各种产品边际贡献率 \times 各产品占总销售比重）$

C 错误，边际贡献＝销售收入－变动成本

安全边际＝销售收入－盈亏临近点销售收入

利润＝边际贡献－固定成本

　＝安全边际额×边际贡献率

D 错误，安全边际量＝正常销售量－盈亏临界点销售量

当（单价－单位变动成本）×销售量－固定成本＝0 时，此时销售量为盈亏临界点销售量，因此，增加产销量可以提高安全边际量但不会影响盈亏临界点销售量。

E 正确，边际贡献＝销售收入－变动成本，与固定成本无关。

【总结】涉及的公式总结如下：

指标	公式
1. 利润	＝单价×销量－单位变动成本×销量－固定成本＝$P \times Q - V \times Q - F$＝$(P-V)Q-F$
2. 边际贡献	＝销售收入－变动成本＝（单价－单位变动成本）×销量＝M＝$(P-V)Q$
3. 单位边际贡献	＝单价－单位变动成本＝$P-V$
4. 边际贡献率	＝边际贡献/销售收入＝$1-V/P$
5. 变动成本率	＝变动成本/销售收入＝V/P
6. 盈亏临界点销售量	$Q_0 = \dfrac{固定成本}{单价 - 单位变动成本} = \dfrac{F}{P-V}$
7. 盈亏临界点销售额	$S_0 = \dfrac{固定成本}{边际贡献率}$

续表

指标	公式
8. 盈亏临界点作业率	$= \dfrac{Q_0}{Q}$ 或 $\dfrac{S_0}{S}$
9. 安全边际量	= 正常销售量 - 盈亏临界点销售量
10. 安全边际额	= 正常销售额 - 盈亏临界点销售额
11. 安全边际率	$= \dfrac{Q - Q_0}{Q}$ 或 $\dfrac{S - S_0}{S}$

五、敏感分析

利润 = 销售收入 - 变动成本 - 固定成本

　　　 = （单价 - 单位变动成本）×销售量 - 固定成本

因此，单价、单位变动成本、销售量、固定成本每一个参数发生变化都会引起利润的变化，但其影响程度各不相同。

反映敏感程度的指标是敏感系数：

敏感系数 $= \dfrac{\text{目标值变动百分比}}{\text{参量值变动百分比}}$，例如，单价的敏感系数 $= \dfrac{\text{利润变动百分比}}{\text{单价变动百分比}}$

【例题 1·（1610）】甲公司只生产一种产品，每件产品的单价为 4 元，单价敏感系数为 4，假设其他条件不变，甲公司盈亏平衡时的产品单价是（　　　）。

A. 4 元　　　　　　B. 2.5 元　　　　　　C. 5 元　　　　　　D. 3 元

E. 2 元

答案：D

解析：敏感系数 = 目标值（利润）变动率/参数变动率。根据题意，△利润/△单价 = 4。所以当单价下降 25% 的时候，利润下降 100%，就是下降为 0，故盈亏平衡点产品销售单价为 4 × （1 - 25%） = 3（元）。

【例题 2·（1611）】甲公司只生产销售一件单价为 40 元，边际贡献率为 30%，每年固定成本 200 万元，预计下一年销售 20 万件，则利润对单价的敏感系数为（　　　）。

A. 10　　　　　　B. 8　　　　　　C. 20　　　　　　D. 6

E. 30

答案：C

解析：单位变动成本 = 40 × （1 - 30%） = 28（元）

下一年正常销售利润 = 20 × （40 - 28） - 200 = 40（万元）

下一年正常销售利润为 0 时：20 × （P - 28） - 200 = 0　求解 P = 38

敏感系数 = 1/〔（40 - 38）/40〕 = 20

【例题 3·（2014CPA）】甲公司只生产一种产品，每件产品的单价为 5 元，单价敏感系数为 5。假定其他条件不变，甲公司盈亏平衡时的产品单价是（　　　）元。

A. 3　　　　　　B. 3.5　　　　　　C. 4　　　　　　D. 4.5

答案：C

解析：单价敏感系数 = 利润变动百分比/单价变动百分比 = 〔（0 - EBIT）/EBIT〕/〔（单价 - 5）/5〕 = -1/〔（单价 - 5）/5〕 = 5，单价 = 4 元。

六、杠杆效应

（一）杠杆效应含义

财务管理中的杠杆效应，主要表现为：由于特定费用（如固定成本或固定财务费用）的存在而导致的，当某一财务变量以较小幅度变动时，另一相关财务变量会以较大幅度变动。

合理运用杠杆原理，有助于企业合理规避风险，提高资金营运效率。财务管理中的杠杆效应有三种形式，即经营杠杆、财务杠杆、联合杠杆。

（二）经营杠杆

公司经营杠杆是由与产品生产或提供劳务有关的固定性经营成本所引起的杠杆效应。在一定的销售量范围内，固定成本总额是不变的，随着销售量的增加，单位固定成本就会降低，从而单位产品的利润提高，息税前利润的增长率将大于销售量的增长率。但是，如果企业不存在固定成本，则息税前利润的变动率将与销售量的变动率保持一致。这种在某一固定成本比重的作用下，由于销售量一定程度的变动引起息税前利润产生更大程度变动的现象被称为经营杠杆效应。

1. 经营风险

（1）定义

经营风险，是指企业未使用债务时经营的内在风险。

（2）影响因素

①产品需求

市场对企业产品需求稳定，则经营风险小；反之，经营风险大。

②产品售价

产品售价稳定，则经营风险小；反之，经营风险大。

③产品成本

产品成本是收入的抵减，成本不稳定，会导致利润不稳定，因此，产品成本变动大，则经营风险大；反之，经营风险小。

④调整价格的能力

当产品成本变动时，若企业具有较强的调节价格的能力，则经营风险小；反之，经营风险就大。

⑤固定成本比重

在企业全部成本中，固定成本所占比重较大时，单位产品分摊的固定成本额较多，若产品数量发生变动则单位产品分摊的固定成本随之变动，会最后导致利润更大的变动，经营风险就大；反之，经营风险就小。

2. 经营杠杆系数

$$DOL = \dfrac{\dfrac{\Delta EBIT}{EBIT}}{\dfrac{\Delta S}{S}} = \dfrac{\dfrac{\Delta EBIT}{EBIT}}{\dfrac{\Delta Q}{Q}}$$

式中：DOL——经营杠杆系数

ΔEBIT——息税前利润变动额

EBIT——变动前息税前利润

ΔS（ΔQ）——营业收入（销售量）变动量

S（Q）——变动前营业收入（销售量）

计算公式的推导：

基期：$EBIT = (P - V) Q - F$

预计：$EBIT_1 = (P - V) Q_1 - F$

$\Delta EBIT = (P - V) \Delta Q$

$$DOL = \frac{\dfrac{\Delta EBIT}{EBIT}}{\dfrac{\Delta Q}{Q}} = \frac{\dfrac{(P - V)\Delta Q}{EBIT}}{\dfrac{\Delta Q}{Q}} = \frac{(P - V)Q}{EBIT} = \frac{M}{EBIT} = \frac{EBIT + F}{EBIT}$$

注：经营杠杆系数越大，表明经营杠杆作用越大，经营风险也就越大；经营杠杆系数越小，表明经营杠杆作用越小，经营风险也就越小。

【例题1·（模拟）】下列关于经营杠杆的说法中，正确的有（   ）。

A. 经营杠杆反映的是营业收入的变化对每股收益的影响程度

B. 如果没有固定性经营成本，则不存在经营杠杆效应

C. 经营杠杆的大小是由固定性经营成本和息税前利润共同决定的

D. 经营杠杆系数越大，经营风险越大

答案：BCD

解析：经营杠杆反映的是营业收入的变化对息税前利润的影响程度。

（三）财务杠杆

财务杠杆则是由债务利息等固定性融资成本所引起的杠杆效应。

1. 财务风险定义

财务风险，是指由于企业运用了债务筹资方式而产生的丧失偿付能力的风险。

2. 财务杠杆系数

$$DFL = \frac{\dfrac{\Delta EPS}{EPS}}{\dfrac{\Delta EBIT}{EBIT}} = \frac{EBIT}{EBIT - I - PD/(1 - T)}$$

式中：DFL——财务杠杆系数

ΔEPS——普通股每股收益变动额

EPS——变动前的普通股每股收益

$\Delta EBIT$——息税前利润变动额

EBIT——变动前的息税前利润

I——债务利息

PD——优先股股利

T——所得税税率

注：财务杠杆系数越大，表明财务杠杆作用越大，财务风险就越大；财务杠杆系数越小，表明财务杠杆作用越小，财务风险越小。

【例题2·（模拟）】下列关于财务杠杆的说法中，正确的有（   ）。

A. 财务杠杆系数越小，财务风险越小

B. 如果财务杠杆系数为1，表示不存在财务杠杆效应

C. 财务杠杆的大小是由利息、税前优先股股利和税前利润共同决定的

D. 如果没有利息和优先股股利，则不存在财务杠杆效应

答案：ABCD

【例题 3·（2014CPA）】 甲公司只生产一种产品，产品单价为 6 元，单位变动成本为 4 元，产品销量为 10 万件/年，固定成本为 5 万元/年，利息支出为 3 万元/年。则甲公司的财务杠杆为（　　）。

　　A. 1.18　　　　　　　B. 1.25　　　　　　　C. 1.33　　　　　　　D. 1.66

答案：B

解析：财务杠杆系数 = 息税前利润/（息税前利润 – 利息）=〔（6 – 4）× 10 – 5〕/〔（6 – 4）× 10 – 5 – 3〕= 1.25

（四）联合杠杆

联合杠杆是由于固定经营成本和固定性融资成本的存在所引起的杠杆效应。联合杠杆系数衡量考察营业收入的变化对每股收益的影响程度，即把经营杠杆和财务杠杆作用叠加，联合杠杆作用的大小可以用联合杠杆系数（DTL）表示。

$$DTL = \frac{\frac{\Delta EPS}{EPS}}{\frac{\Delta S}{S}} = DOL \times DFL$$

【例题 4·（2013CPA）】 总杠杆可以反映（　　）。

　　A. 营业收入变化对边际贡献的影响程度
　　B. 营业收入变化对息税前利润的影响程度
　　C. 营业收入变化对每股收益的影响程度
　　D. 息税前利润变化对每股收益的影响程度

答案：C

解析：选项 B 反映的是经营杠杆，选项 D 反映的是财务杠杆。总杠杆系数 = 每股收益变动率/营业收入变动率，所以选项 C 正确。

【例题 5·（1509）】 已知变动成本率为 50%，盈亏平衡点作业率为 60%，安全边际量为 1 200 台，单价为 500 元，预计下年产销量增长 20%，则以下说法正确的是（　　）。

　　A. 实际销售额为 100 万元
　　B. 销售利润率 20%
　　C. 边际贡献率和安全边际分别为 50% 和 40%
　　D. 销售息税前利润为 30 万元
　　E. 企业经营杠杆系数为 2.2

答案：BCD

解析：A，V = P × 50% = 500 × 50% = 250（元），Q = 1 200/（1 – 60%）= 3 000，S = P × Q = 500 × 3 000 = 150（万元）；B，销售息税前利润率 = 安全边际率 × 边际贡献率 = 40% × 50% = 20%；C，边际贡献率 + 变动成本率 = 1，安全边际率 + 盈亏临界点作业率 = 1，所以边际贡献率 = 1 – 50% = 50%，安全边际率 = 1 – 盈亏临界点作业率 = 1 – 60% = 40%；D，EBIT = 销售息税前利润率 × 销售收入 = 20% × 150 = 30（万元）；E，实际上是求 DOL，DOL = M/EBIT = 50% × 150/30 = 2.5。

【例题 6·（2016CPA）】 甲公司 2015 年每股收益 1 元，经营杠杆系数 1.2，财务杠杆系数 1.5，假设公司不进行股票分割。如果 2016 年每股收益达到 1.9 元，根据杠杆效应，其营业收入应比 2015 年增加（　　）。

　　A. 50%　　　　　　　B. 90%　　　　　　　C. 75%　　　　　　　D. 60%

答案：A

解析：联合杠杆系数 = 每股收益变动百分比/营业收入变动百分比 = 经营杠杆系数 × 财务杠杆系数 = 1.2 × 1.5 = 1.8。2016 年每股收益增长率 = （1.9 - 1）/1 = 0.9，则营业收入增长比 = 0.9/1.8 = 50%。

【例题 7·（2016CPA）】 甲公司 2015 年营业收入 200 万元，变动成本率 40%，经营杠杆系数 2.5，财务杠杆系数 1.6。如果公司 2016 年利息费用增加 5 万元，其他各项收入和费用保持不变，公司联合杠杆系数将变为（　　）。

A. 2.8　　　　　　　B. 4.8　　　　　　　C. 4　　　　　　　D. 3.2

答案：B

解析：经营杠杆系数 = 边际贡献/息税前利润，边际贡献 = 200 × （1 - 40%） = 120 （万元），息税前利润 = 边际贡献/经营杠杆系数 = 120/2.5 = 48 （万元）。财务杠杆系数 = 息税前利润/（息税前利润 - 利息） = 48/（48 - 利息） = 1.6，利息 = 18 万元，所以 2016 年财务杠杆系数 = 48/（48 - 18 - 5） = 1.92，经营杠杆系数不变，所以联合杠杆 = 经营杠杆系数 × 财务杠杆系数 = 2.5 × 1.92 = 4.8。

第三章 税 法

【大纲要求】

内容	程度	变化
1. 税法概论（税收管理体制、我国税法的制定与实施、现行税法体系）	熟悉	原有
2. 增值税法的纳税义务人、征税对象、税率、计税依据和税收优惠等相关规定	掌握	原有
3. 消费税法的纳税义务人、征税对象、税率、计税依据和税收优惠等相关规定	掌握	原有
4. 企业所得税法的纳税义务人、征税对象、税率、计税依据和税收优惠等相关规定	掌握	原有
5. 企业改制、重组业务中企业所得税的相关规定	掌握	原有
6. 营业税法的纳税义务人、征税对象、税率、计税依据和税收优惠等相关规定	掌握	略
7. 个人所得税的纳税义务人与征税范围，税率、应纳税所得额、应纳税额的计算与征收管理，个人转让上市公司限售股的征收规定	熟悉	删除
8. 土地增值税法的纳税义务人、征税范围、税率、应税收入与扣除项目的确定、清算时间、征收管理与纳税申报	掌握	删除

说明：（1）本部分内容对应的是 CPA 考试税法课程几章的要求，其中每个部分相关信息含量都很大，而作为"保代"考试而言是考试的非重点章节，每次考试最多 1 道题，经常会出现整个税法部分内容不出题的情况，因此，对于本部分内容，本教材主要采取以历年曾经考过的真题的形式列举相关知识点及考点；（2）由于 2016 年 5 月 1 日开始全面实施营改增，所以此处营业税法的相关内容略去；（3）大纲已删除内容也不作为教材内容。

第一节 税法概论

【内容精讲】

一、税收管理体制

税收管理体制是在各级国家机构之间划分税权的制度。

简单地将税收管理权限划分为税收立法权和税收执法权。

税权的纵向划分——中央与地方

税权的横向划分——立法；司法；行政

【例题1·（CPA）】税收管理体制的核心内容是（　　）。

A. 税权的划分　　　B. 事权的划分　　　C. 财权的划分　　　D. 收入的划分

答案：A

二、税收立法（我国税法的制定与实施）

（一）税收立法的概念

税收立法是指有权机关依据一定的程序，遵循一定的原则，运用一定的技术，制定、公布、修改、补充和废止有关税收法律、法规、规章的活动。

（二）税收立法原则

1. 从实际出发的原则

2. 公平原则

3. 民主决策的原则

4. 原则性与灵活性相结合的原则

5. 法律的稳定性、连续性与废、改、立相结合的原则

（三）税收立法权及其划分

1. 税收立法权划分的种类

第一，按照税种类型的不同来划分，如按商品和劳务税类、所得税类、地方税类。

第二，根据任何税种的基本要素来划分，任何税种的机构都由几个要素构成：纳税人、征税对象、税基、税率、税目、纳税环节等。

第三，根据税收执法的级次来划分。立法权可以给予某级政府，行政上的执行权给予另一级——我国的税收立法权的划分就属于这种模式。

2. 我国税收立法权划分的现状

注意三个要点：

（1）中央税、中央与地方共享税以及全国统一实行的地方税的立法权集中在中央。

（2）地区性地方税收的立法权应只限于省级立法机关或经省级立法机关授权同级政府，不能层层下放。

（3）我国目前尚无完整的税收立法权划分的法律规定，仅散见于各项法律法规中。

（四）税收立法机关

狭义的税法与广义的税法。

本教材口径是广义的税法：各有权机关根据国家立法体制规定所制定的一系列税收法律、法规、规章和规范性文件，构成了我国的税收法律体系。

我国制定税收法规的机关不同，其法律级次也不同：

1. 全国人大及常委会制定的税收法律。

2. 全国人大及常委会授权国务院制定的暂行规定及条例。

3. 国务院制定的税收行政法规。

4. 地方人大及常委会制定的税收地方性法规。

5. 国务院税务主管部门制定的税收部门规章。

6. 地方政府制定的税收地方规章。

法律法规分类	立法机关	说明
税收法律	全国人大及常委会制定的税收法律	除《宪法》外，在税收法律体系中，税收法律具有最高法律效力
授权立法	全国人大及常委会授权国务院制定的暂行规定及条例	属于准法律。具有国家法律的性质和地位，其法律效力高于行政法规，为待条件成熟上升为法律作好准备

续表

法律法规分类	立法机关	说明
税收法规	国务院制定的税收行政法规	在中国法律形式中处于低于宪法、法律，高于地方法规、部门规章、地方规章的地位，在全国普遍适用
	地方人大及常委会制定的税收地方性法规	目前仅限海南省、民族自治地区等特定地区
税收规章	国务院税务主管部门制定的税收部门规章	国务院税务主管部门指财政部、国家税务总局和海关总署。该级次规章不得与宪法、法律、法规相抵触
	地方政府制定的税收地方规章	在法律法规明确授权的前提下进行，不得与税收法律、行政法规相抵触

【说明】（1）在现行税法中，如《企业所得税法》、《个人所得税法》、《车船税法》、《税收征收管理法》以及1993年12月全国人大常委会通过的《关于外商投资企业和外国企业适用增值税、消费税、营业税等税收暂行条例的决定》都是税收法律。

（2）人大不止一次授权国务院立法。

三、我国现行税法体系

我国现行税法体系包括：

（一）税收实体法体系

我国现有税种除企业所得税、个人所得税、车船税是以国家法律的形式发布实施外，其他税种都是经全国人大授权立法，由国务院以暂行条例的形式发布实施的。这些税收法律、法规组成了我国的税收实体法体系。

1. 商品和劳务税类（以前叫"流转税类"）

包括增值税、消费税、营业税和关税。主要在生产、流通或者服务业中发挥调节作用。

2. 所得税类

包括企业所得税、个人所得税。主要是在国民收入形成后，对生产经营者的利润和个人的纯收入发挥调节作用。

3. 财产和行为税类

包括房产税、车船税、印花税、契税，主要是对某些财产和行为发挥调节作用。

4. 资源税类

包括资源税、土地增值税和城镇土地使用税。主要是对因开发和利用自然资源差异而形成的级差收入发挥调节作用。

5. 特定目的税类

包括城市维护建设税、车辆购置税、耕地占用税、船舶吨税和烟叶税，主要是为了达到特定目的，对特定对象和特定行为发挥作用。

上述税种中的关税和船舶吨税由海关负责征收管理，其他税种由税务机关负责征收管理。

【例题1·（2008）】下列属于流转税的有（　　）。

A. 增值税　　　　　　B. 消费税　　　　　　C. 印花税　　　　　　D. 营业税

答案：ABD

解析：本题考的是我国的税收实体法体系，流转税包括增值税、消费税、营业税、关税。

按照现行的说法应当是商品和劳务税类。

【例题2·（模拟）】以下税种中应当由税务机关负责征收管理的有（　　）。

A. 增值税　　　　　B. 车船税　　　　　C. 船舶吨税　　　　　D. 关税

答案：AB

解析：目前我国征收的18个税种中，关税和船舶吨税由海关负责征收管理，其他税种由税务机关负责征收管理。

（二）税收程序法体系

除税收实体法外，我国对税收征收管理适用的法律制度，是按照税收管理机关的不同而分别规定的：

1. 由税务机关负责征收的税种的征收管理，按照全国人大常委会发布实施的《税收征收管理法》执行。

2. 由海关机关负责征收的税种的征收管理，按照《海关法》及《进出口关税条例》等有关规定执行。

上述税收实体法和税收征收管理的程序法共同构成了我国现行税法体系。

第二节　增值税法

一、征税范围

（一）一般规定

1. 销售或者进口的货物

货物：有形动产，含电力、热力、气体在内。

销售货物：有偿转让货物的所有权。

进口货物：申报进入我国海关境内的货物。

2. 提供的应税劳务

包括委托加工和修理修配劳务，不含单位或个体工商户聘用员工为本单位或者雇主提供的加工、修配劳务。

3. 提供销售服务（2016年5月1日开始全面实施营改增，部分原来缴纳营业税的业务均改为增值税）

行业	应税服务	具体内容
1. 交通运输业	（1）陆路运输服务	包括铁路、公路、缆车、索道、地铁、城市轨道、出租车等运输
	（2）水路运输服务	远洋运输的程租、期租业务，属于水路运输服务
	（3）航空运输服务	航空运输的湿租业务、航天运输，属于航空运输服务
	（4）管道运输服务	通过管道输送气体、液体、固体物质的运输服务
2. 邮政业	（1）邮政普遍服务	函件、包裹等邮件寄递，以及邮票发行、报刊发行和邮政汇兑等业务活动
	（2）邮政特殊服务	义务兵平常信函、机要通信、盲人读物和革命烈士遗物的寄递等业务活动
	（3）其他邮政	邮册等邮品销售、邮政代理等活动

续表

行业	应税服务	具体内容
3. 电信业	基础电信服务	利用固网、移动网、互联网提供语音通话服务，及出租出售宽带、波长等网络元素
	增值电信服务	提供短信、电子数据和信息传输及应用服务、互联网接入服务等
4. 建筑业	（1）工程服务	新建、改建各种建筑物、构筑物的工程作业
	（2）安装服务	包括固话、有线电视、宽带、水、电、燃气、暖气等经营者向用户收取的安装费、初装费、开户费、扩容费以及类似收费
	（3）修缮服务	对建筑物进行修补、加固、养护、改善
	（4）装饰服务	修饰装修，使之美观或特定用途的工程
	（5）其他建筑服务	如钻井（打井）、拆除建筑物、平整土地、园林绿化等
5. 金融服务	（1）贷款服务	各种占用、拆借资金取得的收入，以及融资性售后回租、罚息、票据贴现、转贷等业务取得的利息 特殊：以货币资金投资收取的固定利润或者保底利润
	（2）直接收费金融服务	包括提供信用卡、基金管理、金融交易场所管理、资金结算、资金清算等
	（3）保险服务	包括人身保险服务和财产保险服务
	（4）金融商品转让	包括转让外汇、有价证券、非货物期货和其他金融商品所有权的业务活动
6. 现代服务业	（1）研发和技术服务	包括研发服务、合同能源管理服务、工程勘察勘探服务、专业技术服务（如气象服务、地震服务、海洋服务、测绘服务、城市规划、环境与生态监测服务等专项技术服务）
	（2）信息技术服务	包括软件服务、电路设计及测试服务、信息系统服务、业务流程管理服务
	（3）文化创意服务	包括设计服务、知识产权服务、广告服务和会议展览服务
	（4）物流辅助服务	包括航空服务、港口码头服务、货运客运场站服务、打捞救助服务、装卸搬运服务、仓储服务、收派服务
	（5）租赁服务	（1）形式包括融资租赁和经营性租赁；范围包括动产、不动产 （2）经营性租赁中 ①远洋运输的光租业务、航空运输的干租业务 ②将不动产或飞机、车辆等动产的广告位出租给其他单位或个人用于发布广告 ③车辆停放服务、道路通行服务（包括过路费、过桥费、过闸费等）
	（6）鉴证咨询服务	包括认证服务、鉴证服务和咨询服务 如会计税务法律鉴证、工程监理、资产评估、环境评估、房地产土地评估、建筑图纸审核、医疗事故鉴定等

行业	应税服务	具体内容
6. 现代服务业	（7）广播影视服务	包括广播影视节目（作品）的制作服务、发行服务、播映（含放映）服务
	（8）商务辅助服务	包括企业管理服务、经纪代理服务、人力资源服务、安全保护服务如金融代理、知识产权代理、货物运输代理、代理报关、法律代理、房地产中介、婚姻中介、代理记账、拍卖等
	（9）其他	
7. 生活服务业	（1）文化体育服务	包括文艺表演、比赛，档案馆的档案管理，文物及非物质文化遗产保护，提供游览场所等
	（2）教育医疗服务	教育服务，是指提供学历教育服务、非学历教育服务、教育辅助服务的业务活动
	（3）旅游娱乐服务	
	（4）餐饮住宿服务	
	（5）居民日常服务	包括市容市政管理、家政、婚庆、养老、殡葬、护理、美容美发、按摩、桑拿、沐浴、洗染、摄影扩印等服务
	（6）其他	

注：①应税服务的基本界定

基本界定——有偿、营业性、境内提供

有偿，是指取得货币、货物或者其他经济利益。

非营业活动是指：a. 非企业性单位按照法律和行政法规的规定，为履行国家行政管理和公共服务职能收取政府性基金或者行政事业性收费的活动。b. 单位或者个体工商户聘用的员工为本单位或者雇主提供应税服务。c. 单位或者个体工商户为员工提供应税服务。d. 财政部和国家税务总局规定的其他情形。在境内提供应税服务，是指应税服务提供方或者接受方在境内。

②a. 出租车公司向使用本公司自有出租车的出租车司机收取的管理费用，按陆路运输服务征收增值税。

b. 航空运输企业提供的旅客利用里程积分兑换的航空运输服务，不征收增值税。

c. 航空运输企业试点纳税人根据国家指令无偿提供的航空运输服务，属于以公益活动为目的的服务，不征收增值税。

d. 航空运输企业已售票但未提供航空运输服务取得的逾期票证收入，按照航空运输服务征收增值税。

③邮政业：不包括邮政储蓄。

邮政汇兑不等于邮政储蓄。邮政储蓄银行的邮政储蓄业务属于营业税金融保险业的范围。

④以积分兑换形式赠送电信业服务，不征收增值税。

⑤a. 代理记账、翻译服务按照"咨询服务"征收增值税。

b. 同城快递，属于收派。异地快递，包括收派及货物运输两项服务。

【例题1·（1609）】 下列2016年7月发生的收入中，应当征收增值税的是（　　　）。

A. 航空运输企业提供的旅客利用积分兑换的航空运输服务

B. 增值税纳税人收取的会员费

C. 供电企业进行电力调压并按电量收取的并网服务费

D. 燃油电厂从政府财政专户取得的发电补贴

E. 月销售额为 3 万元的增值税小规模纳税人的销售收入

答案：C

解析：A，航空运输企业提供的旅客利用积分兑换的航空运输服务，不征收增值税；B，增值税纳税人收取的会员费，属于营业税征税范围；C，根据《增值税暂行条例》和《营业税暂行条例》的有关规定，对于上述供电企业进行电力调压并按电量向电厂收取的并网服务费，应当征收增值税；D，燃油电厂从政府财政专户取得的发电补贴，不属于规定的价外费用，不征收增值税；E，根据规定，增值税小规模纳税人月销售额不超过 3 万元（包括 3 万元），免征增值税。

4. 销售无形资产

无形资产：转让所有权、使用权。

包括：技术、商标、著作权、商誉、自然资源使用权和其他权益性无形资产。

其他权益性无形资产，包括基础设施资产经营权、公共事业特许权、配额、经营权（包括特许经营权、连锁经营权、其他经营权）、经销权、分销权、代理权、网络游戏虚拟道具、域名、肖像权、冠名权、转会费等。

5. 销售不动产

不动产：转让所有权。

注意：在转让建筑物或者构筑物时一并转让其所占土地的使用权的，按照销售不动产缴纳增值税。

（二）具体规定

属于征税范围的特殊项目：包括货物期货（纳税人在期货实物交割环节缴纳增值税）、银行销售金银的业务等。（略）

【例题 2·（1505）】以下应当征收增值税的有（　　　）。

A. 商品期货实物交割

B. 电力公司向发电企业收取的过网费

C. 自来水企业收取的与销售数量无关的一次性费用

D. 交通运输服务

答案：ABD

解析：对从事热力、电力、燃气、自来水等公用事业的增值税纳税人收取的一次性费用，凡与货物的销售数量有直接关系的，征收增值税；凡与货物的销售数量无直接关系的，不征收增值税。

二、出口货物和服务的退（免）税

出口货物退（免）税是指在国际贸易业务中，对报关出口的货物退还或免征其在国内各生产环节和流转环节按税法规定已承担或应承担的间接税（增值税、消费税）。

退（免）税政策——出口免税并退税

免税政策——出口免税但不退税

征税政策——出口不免税也不退税

"免、抵、退"税办法：

即：免征增值税，相应的进项税额抵减应纳增值税额（不包括适用增值税即征即退、先征后退政策的应纳增值税额），未抵减完的部分予以退还。

1. 生产企业出口自产货物和视同自产货物及对外提供加工修理修配劳务，以及列名的生产企业出口非自产货物。

2. 营改增纳税人（适用一般计税方法）提供零税率应税服务，也按照上述"免、抵、退"税办法。

计算步骤：

（1）剔税 = $\dfrac{\text{进行税额转出}}{\text{征}\% \neq \text{退}\%}$ 不予免抵税额（进"成本"）

$$\downarrow$$

$$\text{出口价} \times （\text{征}\% - \text{退}\%）$$

（2）抵税 = $\dfrac{\text{应纳税额}}{}$ < 0（未抵扣完的进项税额）

（3）限额 = $\dfrac{\text{免抵退税额}}{}$ 名义退税额

$$\downarrow$$

$$\text{出口价} \times \text{退}\%$$

（4）退税 $\dfrac{\text{应退税额}}{}$（2）（3）较小者

（5）挤兑 $\dfrac{\text{免抵税额}}{}$ 平衡关系

【例题1·（2016年注册会计师税法教材例2−4）】 某自营出口的生产企业为增值税一般纳税人，出口货物的征税税率为17%，退税税率为13%。2014年4月的有关经营业务为：购进原材料一批，取得的增值税专用发票注明的价款200万元，外购货物准予抵扣的进项税额34万元通过认证。上月末留抵税款3万元，本月内销货物不含税销售额100万元，收款117万元存入银行，本月出口货物的销售额折合人民币200万元。

要求：试计算该企业当期的"免、抵、退"税额。

（1）当期"免、抵、退"税不得免征和抵扣税额 = 200 × （17% − 13%）= 8（万元）

（2）当期应纳税额 = 100 × 17% − （34 − 8）− 3 = 17 − 26 − 3 = − 12（万元）

（3）出口货物"免、抵、退"税额 = 200 × 13% = 26（万元）

（4）当期应退税额 = 12（万元）

（5）当期免抵税额 = 当期免抵退税额 − 当期应退税额

当期免抵税额 = 26 − 12 = 14（万元）

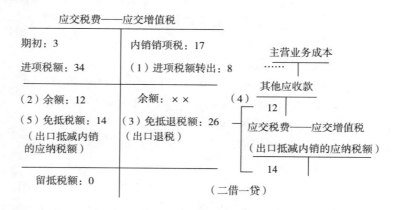

【例题2·（2016年注册会计师税法教材例2−5）】 某自营出口的生产企业为增值税一般纳税人，出口货物的征税税率为17%，退税税率为13%。2014年6月有关经营业务为：购原材料

一批，取得的增值税专用发票注明的价款400万元，外购货物准予抵扣的进项税额68万元通过认证。上期末留抵税款5万元。本月内销货物不含税销售额100万元，收款117万元存入银行。本月出口货物的销售额折合人民币200万元。

要求：计算该企业当期的"免、抵、退"税额。

解析：（1）当期"免、抵、退"税不得免征和抵扣税额 = 200 × （17% － 13%） = 8（万元）

（2）当期应纳税额 = 100 × 17% － （68 － 8） － 5 = 17 － 60 － 5 = －48（万元）

（3）出口货物"免、抵、退"税额 = 200 × 13% = 26（万元）

（4）当期应退税额 = 26万元

（5）当期免抵税额 = 26 － 26 = 0

（6）6月期末留抵结转下期继续抵扣税额为22万元（48 － 26）

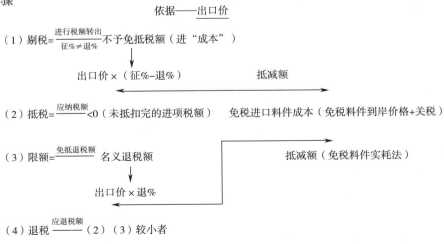

出口货物使用了免税购进的原材料

如果出口货物使用了免税（或保税）购进的原材料，应扣除出口货物所含的购进免税（或保税）原材料的金额。

当期进料加工保税进口料件的价格为进料加工出口货物耗用的保税进口料件金额——实耗法。

进料加工出口货物耗用的保税进口料件金额 = 进料加工出口货物人民币离岸价 × 进料加工计划分配率

计算步骤

依据——出口价

（1）剔税 = $\frac{进行税额转出}{征\% \ne 退\%}$ 不予免抵税额（进"成本"）

出口价 × （征% － 退%）　　　　　抵减额

（2）抵税 = $\frac{应纳税额}{}$ <0（未抵扣完的进项税额）　免税进口料件成本（免税料件到岸价格 + 关税）

（3）限额 = $\frac{免抵退税额}{}$ 名义退税额　　　　　抵减额（免税料件实耗法）

出口价 × 退%

（4）退税 $\frac{应退税额}{}$（2）（3）较小者

（5）挤兑 $\frac{免抵税额}{}$ 平衡关系

【例题3·（注册会计师税法教材例2-6）】 某自营出口生产企业是增值税一般纳税人，出口货物的征税税率为17%，退税税率为13%。2014年8月有关经营业务为：购原材料一批，取得的增值税专用发票注明的价款200万元，外购货物准予抵扣进项税额34万元通过认证。当月进料加工出口货物耗用的保税进口料件金额100万元。上期末留抵税款6万元。本月内销货物不含税销售额100万元，收款117万元存入银行。本月出口货物销售额折合人民币200万元。试计算该企业当期的"免、抵、退"税额。

解析：（1）"免、抵、退"税不得免征和抵扣税额 = 200 × （17% - 13%） - 100 × （17% - 13%） = 100 × （17% - 13%） = 4（万元）

（2）当期应纳税额 = 100 × 17% - （34 - 4） - 6 = 17 - 30 - 6 = -19（万元）

（3）出口货物"免、抵、退"税额 = 200 × 13% - 100 × 13% = 100 × 13% = 13（万元）

（4）应退税额 = 13万元

（5）当期免抵税额 = 0

（6）8月期末留抵结转下期继续抵扣税额为6万元（19 - 13）

【例题4·（2012）·（2013）】 某生产型企业，出口增值税税率征税率为17%，退税率为13%，其2012年2月发生以下业务：采购货物增值税进项税额300万元，国内销售货物1 000万元，增值税税率为17%，出口货物1 000万元，退税率为13%，月初留抵税20万元，则该公司2月缴纳税款情况为（　　）。

A. 退税40万元　　　B. 交税130万元　　　C. 退税110万元　　　D. 退税130万元

E. 交税110万元

答案：C

解析：

（1）当期允许抵扣的进行税额 = 300 + 20 - 40 = 280（万元）

①国内采购货物进项税300万元

②出口当期不得免征、抵扣：1 000 × （17% - 13%） = 40（万元）

③期初留抵20万元

（2）当期销项税额 = 1 000 × 17% = 170（万元）

（3）当期应纳税额 = 170 - 280 = -110（万元）

（4）当期出口免抵税额 = 1 000 × 13% = 130（万元）

110 < 130，故应退税110万元，免抵20万元

本题若当期应纳税额计算出来为-150万元，则当期退税130万元。

【例题5·（1610）】 甲生产企业是增值税一般纳税人，于2016年6月1日开始营业，2016年6月外购原材料取得增值税专用发票，注明进项税额136万元人民币，并通过主管税务机关认证。当月内销货物取得不含税销售额200万元人民币，外销货物取得收入120万美元（美元与人民币的比价是1∶6.5），该企业适用增值税税率17%，出口退税率为13%。甲企业2016年6月应退的增值税是（　　）。

A. 102万元　　　B. 70.8万元　　　C. 0.6万元　　　D. 101.4万元

E. 203.4万元

答案：B

解析：（1）剔税 = 120 × 6.5 × （17% - 13%） = 31.2（万元）；（2）抵税 = 200 × 17% - （136 - 31.2） = -70.8（万元）；（3）限额 = 120 × 6.5 × 13% = 101.4（万元）；（4）应退税

额 = 70.8 万元。

三、税收优惠

（一）《增值税暂行条例》规定的免税项目

1. 农业生产者销售的自产农业产品

2. 避孕药品和用具

3. 古旧图书

4. 直接用于科学研究、科学实验和教学的进口仪器、设备

5. 外国政府、国际组织无偿援助的进口物资和设备

6. 由残疾人的组织直接进口供残疾人专用的物品

7. 自己使用过的物品，指销售其他自己使用过的物品

（二）财政部、国家税务总局规定的其他减免税项目

这部分内容比较多和杂，主要把握以下几点：

1. 资源综合利用产品和劳务

根据财税〔2015〕78 号关于印发《资源综合利用产品和劳务增值税优惠目录》通知的规定，纳税人销售自产的资源综合利用产品和提供资源综合利用劳务，可享受增值税即征即退政策。退税比例有 30%、50%、70%、100% 4 个档次。

2. 对电影产业的税收优惠

对电影制片企业销售电影拷贝收入、转让电影版权收入、电影发行收入以及在农村取得的电影放映收入自 2014 年 1 月 1 日至 2018 年 12 月 31 日免征增值税。

3. 免征蔬菜流通环节（包括批发、零售）增值税

【注意】（1）享受免征增值税的对象，是指从事蔬菜、肉、蛋批发、零售的纳税人。

（2）包括经过切分、晾晒、冷藏、冷冻程序加工的蔬菜，但不包括蔬菜罐头。

4. 节能服务公司将项目中的货物转让给用能企业，免征增值税。

5. 饲料、制种的优惠政策

（1）豆粕属于征收增值税的饲料产品，除豆粕以外的其他粕类饲料产品，均免征增值税。

（2）制种行业：制种企业生产销售种子，属于农业生产者销售自产农业产品，免征增值税。

6. 债转股原企业免征增值税政策

按债转股企业与金融资产管理公司签订的债转股协议，债转股原企业将货物资产作为投资提供给债转股新公司的，免征增值税。

（三）营业税改征增值税试点过渡政策的规定

1. 下列项目免征增值税：

（1）个人转让著作权。

（2）残疾人个人提供应税服务。

（3）航空公司提供飞机播撒农药服务。

（4）试点纳税人提供技术转让、技术开发和与之相关的技术咨询、技术服务。

提示：包括转让者拥有的专利和非专利技术的所有权或者使用权有偿转让他人。

（5）符合条件的节能服务公司实施合同能源管理项目中提供的应税服务。

（6）我国台湾地区的台湾航运公司从事海峡两岸海上直航业务在大陆取得的运输收入。

（7）我国台湾地区的台湾航空公司从事海峡两岸空中直航业务在大陆取得的运输收入。

（8）美国 ABS 船级社在非营利宗旨不变、中国船级社在美国享受同等免税待遇的前提下，

在中国境内提供船检服务。

（9）随军家属就业。

（10）军队转业干部就业。

（11）城镇退役士兵就业。

（12）失业人员就业。

（13）试点纳税人提供的国际货物运输代理服务。

（14）中国邮政集团公司及其所属邮政企业提供的邮政普遍服务和邮政特殊服务。

（15）中国邮政集团公司及其所属邮政企业为中国邮政速递物流股份有限公司及其子公司（含各级分支机构）代办速递、物流、国际包裹、快递包裹以及礼仪业务等速递物流类业务取得的代理收入，以及为金融机构代办金融保险业务取得的代理收入。

（16）青藏铁路公司提供的铁路运输服务。

（17）境内单位和个人向境外单位提供的电信业服务。

2. 下列项目实行增值税即征即退

（1）安置残疾人的单位，实行由税务机关按照单位实际安置残疾人的人数，限额即征即退增值税的办法。

（2）装机容量超100万千瓦的水力发电站销售自产电力产品：实际税负超过8%的部分实行增值税即征即退（2013~2015年）；实际税负超过12%的部分实行增值税即征即退（2016~2017年）。

（3）一般纳税人的动漫企业销售自主开发生产的动漫软件，按17%计算增值税后，实际税负超过3%的部分实行即征即退。

【例题1·（2011）】 以下属于免征增值税的有（　　　）。

A. 农场销售自产产品

B. 软件企业随同软件销售收取的服务费

C. 农资部门批发农药

D. 图书销售

答案：A

解析：B，为超出部分即征即退；C，为低税率13%；D，古旧图书免征。

（四）纳税义务发生时间

1. 一般规定

（1）纳税人销售货物或者应税劳务，其纳税义务发生时间为收讫销售款项或取得索取销售款项凭据的当天；先开具发票的，为开具发票的当天。

（2）纳税人进口货物，其纳税义务发生时间为报关进口的当天。

（3）增值税扣缴义务发生时间为纳税人增值税纳税义务发生的当天。

2. 具体规定

销售方式		纳税义务发生时间
（1）直接收款方式销售货物	不论货物是否发出	均为收到销售款或者取得索取销售款凭据的当天
（2）托收承付和委托银行收款方式销售货物		为发出货物并办妥托收手续的当天

续表

销售方式		纳税义务发生时间
（3）采取赊销和分期收款方式销售货物	①有书面合同的	为书面合同约定的收款日期的当天
	②无书面合同或书面合同未约定收款日期的	为货物发出的当天
（4）采取预收货款方式销售货物		①一般为货物发出的当天 ②生产销售生产工期超过 12 个月的大型机械设备、船舶、飞机等货物，为收到预收款或者书面合同约定的收款日期的当天
（5）委托其他纳税人代销货物	①180 天内收到代销清单或货款的	为收到代销清单或者收到全部或者部分货款的当天
	②180 天内未收到代销清单及货款的	为发出代销货物满 180 天的当天
（6）提供应税劳务		为提供劳务同时收讫销售款或者取得索取销售款的凭据的当天
（7）纳税人发生视同销售货物行为		为货物移送的当天

【例题 2·（2012）】 关于增值税纳税义务发生时间的说法正确的是（　　）。

A. 赊销和分期收款方式，有书面合同的，为书面合同约定的收款日期的当天

B. 委托银行收款方式，为收到款项的当天

C. 提供应税劳务的，为提供劳务同时收讫销售款或者取得索取销售款的凭据的当天

D. 销售货物，在未收到款项或取得索取销售款项凭据之前开具发票的，为开具发票的次日

答案：AC

解析：B，为发出货物并办妥托收手续的当天；D，销售货物，在未收到款项或取得索取销售款项凭据之前开具发票的，为开具发票的当日。（在增值税纳税义务发生时间中所有的说法均为当日，没有次日的说法）

第三节 消费税法

一、纳税人

在中华人民共和国境内生产、委托加工和进口条例规定的消费品的单位和个人，以及国务院确定的销售应税消费品的其他单位和个人，为消费税的纳税义务人。

二、税目

税目	子目	注释
一、烟	1. 卷烟 2. 雪茄 3. 烟丝	

续表

税目	子目	注释
二、酒	1. 粮食白酒 2. 薯类白酒 3. 黄酒 4. 啤酒 5. 其他酒	【关注】 （1）调味料酒、酒精不征消费税 （2）娱乐业、饮食业自制啤酒 （3）配制酒按白酒、其他酒
三、化妆品	包括成套化妆品	不包括舞台、戏剧、影视演员化妆用的上妆油、卸妆油、油彩等
四、贵重首饰及珠宝玉石	包括翡翠、珍珠、宝石、宝石坯等	金银首饰、钻石及钻石饰品，零售环节征收消费税
五、鞭炮、焰火		体育上用的发令纸、鞭炮引线不属于应税消费品
六、成品油	包括汽油、柴油等7个子目	纯生物柴油免征；对成品油生产过程中，作燃料、动力及原料消耗掉的自产成品油，免征消费税
七、摩托车	轻便摩托车、摩托车（两轮、三轮）	气缸容量250毫升（不含）以下的小排量摩托车不征消费税
八、小汽车		（1）对于购进乘用车或中轻型商用客车整车改装生产的汽车，征收消费税 （2）电动汽车、沙滩车、雪地车、卡丁车、高尔夫车不征消费税
九、高尔夫球及球具		包括球包、球杆、球袋
十、高档手表		不含增值税售价每只10 000元以上
十一、游艇		>8米且<90米，玻璃钢、铝合金等材制
十二、木制一次性筷子		
十三、实木地板		包括实木复合地板、素板
十四、电池		包括原电池、蓄电池、燃料电池、太阳能电池和其他电池
十五、涂料		

三、纳税环节

（一）生产环节：生产应税消费品、委托加工应税消费品

（二）零售环节：零售金银首饰、钻石、钻石饰品、铂金饰品

（三）进口环节：进口应税消费品

（四）批发环节：卷烟除了在生产环节征收消费税外，在批发环节加征一道从价计征的消费税

【例题 1 · （2010）】下列在生产环节应征收消费税的有（　　　）。

A. 金银饰品　　　　　B. 化妆品　　　　　　　C. 实木地板　　　　　　D. 卷烟

E. 进口应税消费品

答案：BCD

解析：A，金银饰品在零售环节征税。

第四节　企业所得税法

一、纳税义务人

（一）概念

在中华人民共和国境内，企业和其他取得收入的组织（以下统称企业）为企业所得税的纳税人。个人独资企业、合伙企业不是企业所得税的纳税人。

$$私营企业\begin{cases} 公司制 —— 交企业所得税 \\ 个人独资、合伙企业 —— 交个人所得税 \end{cases}$$

【例题 1 · （1311）】下列要征企业所得税的是（　　　）。

A. 有限责任公司　　　B. 个人独资企业　　　　C. 合伙企业　　　　　　D. 股份有限公司

答案：AD

（二）分类

1. 居民企业，是指依法在中国境内成立，或者依照外国（地区）法律成立但实际管理机构在中国境内的企业。

2. 非居民企业，是指依照外国（地区）法律成立且实际管理机构不在中国境内，但在中国境内设立机构、场所的，或者在中国境内未设立机构、场所，但有来源于中国境内所得的企业。

纳税人身份	构成条件		征税对象
	在境内成立（注册法人）	实际管理机构在境内	
（1）居民企业	✓	×	来源于境内、境外的所得
	×	✓	
	✓	✓	
（2）非居民企业（包含两种情况）	×	×	
	①××+在中国境内设立机构场所的		来源于境内，及发生在境外但与境内所设机构、场所有实际联系的所得
	②××+未在中国境内设立机构场所的+有来源于中国境内所得		就来源于中国境内的所得缴纳企业所得税

【例题 2 · （1406）】下列符合《企业所得税法》规定的有（　　　）。

A. 未设立机构、场所的非居民企业应当就其来源于中国境内的所得缴纳企业所得税

B. 在中国境内设立机构、场所的非居民企业应当就其来源于中国境内、境外的所得交纳企业所得税

C. 居民企业应当就其来源于中国境外的所得缴纳企业所得税

D. 居民企业应当就其来源于中国境内的所得缴纳企业所得税

答案：ACD

解析：《中华人民共和国企业所得税法》（2007 年 3 月 16 日）第三条："居民企业应当就其来源于中国境内、境外的所得缴纳企业所得税。

非居民企业在中国境内设立机构、场所的，应当就其所设机构、场所取得的来源于中国境内的所得，以及发生在中国境外但与其所设机构、场所有实际联系的所得，缴纳企业所得税。

非居民企业在中国境内未设立机构、场所的，或者虽设立机构、场所但取得的所得与其所设机构、场所没有实际联系的，应当就其来源于中国境内的所得缴纳企业所得税。"

二、征税对象（见上表）

三、税率

企业所得税的纳税人不同，适用的税率也不同。

纳税人			税收管辖权		征税对象	税率
1. 居民企业			居民管辖权，就其世界范围所得征税		居民企业、非居民企业在华机构的生产经营所得和其他所得	基本税率25%
2. 非居民企业	（1）在境内设立机构场所	①取得所得与设立机构场所有联系的	地域管辖权	就其来自我国的所得和发生在中国境外但与其境内所设机构、场所有实际联系的所得征税		
		②取得所得与设立机构场所没有实际联系的		仅就其来自我国的所得征税	来源于我国的所得	低税率20%（实际减按10%的税率征收）
	（2）未在境内设立机构场所，却有来源于我国的所得					

【链接】 居民企业中符合条件的小微企业减按 20％ 的税率征税；国家重点扶持的高新技术企业减按 15％ 的税率征税。

四、计税依据

应纳税所得额 = 收入总额 − 不征税收入 − 免税收入 − 各项扣除金额 − 弥补亏损 （直接法）

　　　　　　 = 利润总额 ± 纳税调整项目金额　　　　　　　　　　　　　　（间接法）

（一）收入总额

1. 一般收入的确认

（1）销售货物收入。

（2）劳务收入。

（3）转让财产收入。

（4）股息、红利等权益性投资收益，是指企业因权益性投资从被投资方取得的收入。被投资企业将股权（票）溢价所形成的资本公积转为股本的，不作为投资企业的股息、红利收入。

（5）利息收入。

（6）租金收入。

（7）特许权使用费收入。

（8）接受捐赠收入。

（9）其他收入，是指企业取得的除以上收入外的其他收入，包括企业资产溢余收入、逾期未退包装物押金收入、确实无法偿付的应付款项、已作坏账损失处理后又收回的应收款项、债务重组收入、补贴收入、违约金收入、汇兑收益等。

2. 特殊收入及相关收入的确认

（1）分期收款方式销售货物

按照合同约定的收款日期确认收入的实现。

（2）采用售后回购方式销售商品

①属于融资交易（回购价格固定或等于原售价加合理回报），不确认收入，收到的款项确认为负债；回购价格大于原售价的差额，在回购期间按期计提利息，计入财务费用。

②有确凿证据表明满足收入条件的，销售的商品按售价确认收入，回购的商品作为购进商品处理。

（3）销售商品以旧换新

销售商品应当按照销售商品收入确认条件确认收入，回收的商品作为购进商品处理。

（4）商业折扣条件销售

企业为促进商品销售而在商品价格上给予的价格扣除属于商业折扣，商品销售涉及商业折扣的，应当按照扣除商业折扣后的金额确定销售商品收入金额。

（5）现金折扣条件销售

应当按扣除现金折扣前的金额确定销售商品收入金额，现金折扣在实际发生时作为财务费用扣除。

（6）折让方式销售

企业已经确认销售收入的售出商品发生销售折让和销售退回，应当在发生当期冲减当期销售商品收入。

（7）买一赠一方式组合销售

企业以买一赠一等方式组合销售本企业商品的，不属于捐赠，应将总的销售金额按各项商品的公允价值的比例来分摊确认各项的销售收入。

（8）持续时间超过 12 个月的劳务

企业受托加工制造大型机械设备、船舶、飞机，以及从事建筑、安装、装配工程业务或者提供劳务等，持续时间超过 12 个月的，按照纳税年度内完工进度或者完成的工作量确认收入的实现。

（9）采取产品分成方式取得收入

以企业分得产品的时间确认收入的实现，其收入额按照产品的公允价值确定。

（10）非货币性资产交换及货物劳务流出企业

企业发生非货币性资产交换，以及将货物、财产、劳务用于捐赠、偿债、赞助、集资、广告、样品、职工福利和进行利润分配等用途，应当视同销售货物、转让财产和提供劳务。

3. 处置资产收入的确认

（1）内部处置资产——所有权在形式和内容上均不变，不视同销售确认收入（将资产移至境外的视同销售）。

（2）资产移送他人——所有权属已发生改变，按视同销售确定收入。

【链接】所得税与增值税的视同销售规则是存在差别的。将自产货物用于企业内部行为，诸如在建工程、管理部门、分公司，流转税视同销售处理但是所得税不视同销售。

行为	增值税	所得税
自产产品在境内总机构与分支机构之间转移，用于销售（同一县市的除外）	征税	不计收入
将自产产品用于企业不动产在建工程	征税	不计收入
将自产产品用于赞助、集资、广告、样品、职工福利、奖励	征税	计收入征税
将自产产品用于换取生产资料和消费资料、投资入股、抵偿债务	按同类平均价征税	按同类公允价计收入征税

注：表中自产产品含房地产开发企业自己开发的房产。

【例题1·（2009）】 按照企业所得税口径应该确认为收入的包括下面哪些（　　　）。

A. 以产品发放股利

B. 以产品发放福利或者奖金

C. 以自身产品作为固定资产投入再生产

D. 房地产企业将自身开发房屋用做办公场所

答案：AB

解析：A和B所有权均发生改变的，视同销售，应确认收入；C和D所有权没有发生改变的，不视同销售，不确认收入。

（二）不征税收入和免税收入

不征税收入	免税收入
1. 财政拨款（针对事业单位和社团） 2. 依法收取并纳入财政管理的行政事业性收费、政府性基金（实施公共管理过程中向特定对象收取并纳入财政管理） 3. 国务院规定的其他不征税收入（针对企业） 4. 专项用途财政性资金	1. 国债利息收入（国债转让收入不免税） 2. 符合条件的居民企业之间的股息、红利等权益性投资收益 3. 在中国境内设立机构、场所的非居民企业从居民企业取得与该机构、场所有实际联系的股息、红利等权益性投资收益（注：连续持有居民企业公开发行并上市流通的股票不足12个月取得的投资收益应当纳税） 4. 符合条件的非营利组织的非营利收入

（三）扣除项目

1. 可以扣除的项目

企业实际发生的与取得收入有关的、合理的支出，包括成本、费用、税金、损失和其他支出，准予在计算应纳税所得额时扣除。具体如下：

（1）成本

成本，是指企业在生产经营活动中发生的销售成本、销货成本、业务支出以及其他耗费，即企业销售商品（产品、材料、下脚料、废料、废旧物资等）、提供劳务、转让固定资产、无形资产（包括技术转让）的成本。

（2）费用

费用，是指企业每一个纳税年度为生产、经营商品和提供劳务等所发生的销售（经营）费用、管理费用和财务费用。已经计入成本的有关费用除外。

（3）税金

税金，是指企业发生的除企业所得税和允许抵扣的增值税以外的企业缴纳的各项税金及其附加。即企业按规定缴纳的消费税、营业税、城市维护建设税、关税、资源税、土地增值税、房产税、车船税、土地使用税、印花税、教育费附加等产品销售税金及附加。这些已纳税金准予税前扣除。

（4）损失

损失，是指企业在生产经营活动中发生的固定资产和存货的盘亏、毁损、报废损失，转让财产损失，呆账损失，坏账损失，自然灾害等不可抗力因素造成的损失以及其他损失。

企业发生的损失，减除责任人赔偿和保险赔款后的余额，依照国务院财政、税务主管部门的规定扣除。

企业已经作为损失处理的资产，在以后纳税年度又全部收回或者部分收回时，应当计入当期收入。

（5）其他支出

其他支出，是指除成本、费用、税金、损失外，企业在生产经营活动中发生的与生产经营活动有关的、合理的支出。

【例题2·（1311）】下列可以在所得税前扣除的有（　　　）。

A. 企业在汇总计算缴纳企业所得税时，其境外营业机构的亏损不得抵减境内营业机构的盈利

B. 企业因存货盘亏、毁损、报废、被盗等原因不得从增值税销项税额中抵扣的进项税额，可以与存货损失一起在计算应纳税所得额时扣除

C. 对企业盘亏的固定资产或存货，以该固定资产的账面净值或存货的成本减除责任人赔偿后的余额，作为固定资产或存货盘亏损失在计算应纳税所得额时扣除

D. 对企业毁损、报废的固定资产或存货，以该固定资产的账面净值或存货的成本减除残值、保险赔款和责任人赔偿后的余额，作为固定资产或存货毁损、报废损失在计算应纳税所得额时扣除

E. 对企业被盗的固定资产或存货，以该固定资产的账面净值或存货的成本减除保险赔款和责任人赔偿后的余额，作为固定资产或存货被盗损失在计算应纳税所得额时扣除

答案：ABCDE

2. 不得扣除的项目

（1）向投资者支付的股息、红利等权益性投资收益款项。

（2）企业所得税税款（可抵扣的增值税也不得税前扣除）。

（3）税收滞纳金。

（4）罚金、罚款和被没收财物的损失。

（5）不符合税法规定的捐赠支出。

（6）赞助支出（企业发生的各种非广告性质的赞助支出）。

（7）未经核定的准备金支出（企业未经国务院财政、税务主管部门核定而提取的各项资产减值准备、风险准备等准备金）。

（8）企业之间支付的管理费、企业内营业机构之间支付的租金和特许权使用费，以及非银行企业内营业机构之间支付的利息，不得扣除。

（9）与取得收入无关的其他支出。

【例题3·（2011）】以下在计算应纳税所得额时不得扣除的有（　　　）。

A. 向投资者支付的股息　　　　　　　　B. 红利等权益性投资收益款项

C. 税收滞纳金 D. 罚金、罚款和被没收财物的损失

E. 赞助支出

答案：ABCDE

五、税收优惠

企业所得税法的税收优惠方式包括免税、减税、加计扣除、加速折旧、减计收入、税额抵免等。

（一）居民企业的主要税收优惠规定

1. 税额式减免优惠（免税、减税、税额抵免）（具体略）

企业从事农、林、牧、渔业项目的所得，可以免征、减征企业所得税。

（1）企业从事下列项目的所得，免征企业所得税：

①蔬菜、谷物、薯类、油料、豆类、棉花、麻类、糖料、水果、坚果的种植。

②农作物新品种的选育。

③中药材的种植。

④林木的培育和种植。

⑤牲畜、家禽的饲养。

⑥林产品的采集。

⑦灌溉、农产品初加工、兽医、农技推广、农机作业和维修等农、林、牧、渔服务业项目。

⑧远洋捕捞。

企业从事下列项目的所得，减半征收企业所得税：

①花卉、茶以及其他饮料作物和香料作物的种植。

②海水养殖、内陆养殖。

企业从事国家限制和禁止发展的项目，不得享受本条规定的企业所得税优惠。

【例题1·（2014）】 企业从事下列项目取得的所得中，免征企业所得税的是（　　）。

A. 花卉种植 B. 蔬菜种植 C. 海水养殖 D. 内陆养殖

答案：B

解析：企业从事下列项目的所得，减半征收企业所得税：（1）花卉、茶以及其他饮料作物和香料作物的种植。（2）海水养殖、内陆养殖。

【例题2·（1610）】 下列项目减半征收企业所得税的有（　　）。

A. 麻类、豆类种植 B. 远洋捕捞

C. 海水养殖、内陆养殖 D. 花卉、茶

E. 油料、棉花、水果、坚果的种植

答案：CD

解析：A、B、E免征企业所得税；C、D减半征收企业所得税。

（2）从事国家重点扶持的公共基础设施项目投资经营的所得（第一笔生产经营收入年度起三免三减半）。

（3）符合条件的技术转让所得（一个纳税年度500万元以下免，超过500万元的部分，减半征收）。

（4）从事符合条件的环境保护、节能节水项目的所得（第一笔生产经营收入年度起三免三减半）。

（5）企业购置用于环境保护、节能节水、安全生产等专用设备（有目录）的投资额，该专

用设备的投资额的 10% 可以从企业当年的应纳税额中抵免；当年不足抵免的，可以在以后 5 个纳税年度结转抵免。

（6）对符合条件的节能服务公司实施合同能源管理项目自项目取得第一笔生产经营收入所属纳税年度起，企业所得税 3 年免税 3 年减半征收。

（7）对经济特区和上海浦东新区内在 2008 年 1 月 1 日（含）之后完成登记注册的国家需要重点扶持的高新技术企业（以下简称新设高新技术企业），在经济特区和上海浦东新区内取得的所得，自取得第一笔生产经营收入所属纳税年度起，第一年至第二年免征企业所得税，第三年至第五年按照 25% 的法定税率减半征收企业所得税。

（8）关于鼓励软件产业和集成电路产业发展的优惠政策（获利年度起两免三减半）。

（9）对在西部地区新办交通、电力、水利、邮政、广播电视企业，上述项目业务收入占企业总收入 70% 以上的，内资企业从开始生产经营之日起，可享受"两免三减半"的优惠政策，减半时按照 15% 的税率计算出应纳税额后减半。

2. 税基式减免优惠（加计扣除、加速折旧、减计收入）

（1）用减计收入的方法缩小税基的优惠：企业综合利用资源，生产符合国家产业政策规定的产品所取得的收入，可以在计算应纳税所得额时减计收入（减按 90% 计入收入）。

（2）用加计扣除的方法减少税基的优惠：企业开发新技术、新产品、新工艺发生的研究开发费用（加计 50% 扣除）；安置残疾人员所支付的工资（加计 100% 扣除）。

（3）用单独计算扣除的方法减少税基的优惠：创业投资企业从事国家需要重点扶持和鼓励的创业投资，可以按投资额的一定比例抵扣应纳税所得额。

（4）用加速折旧的方法影响税基：企业的固定资产由于技术进步等原因，确需加速折旧的，可以缩短折旧年限或者采取加速折旧的方法。

3. 税率式减免优惠（减低税率）

（1）国家需要重点扶持的高新技术企业，减按 15% 的税率征收企业所得税。

（2）自 2011 年 1 月 1 日至 2020 年 12 月 31 日，对设在西部地区的鼓励类产业企业减按 15% 的税率征收企业所得税。

（3）符合条件的小型微利企业，减按 20% 的税率征收企业所得税。

（二）非居民企业税收优惠

1. 减按低税率

在我国未设立机构场所，或设立机构场所，但取得的所得与机构场所没有实际联系的非居民企业减按 10% 的税率征收企业所得税。

2. 免征企业所得税

非居民企业的下列所得免征企业所得税：

①外国政府向中国政府提供贷款取得的利息所得；

②国际金融组织向中国政府和居民企业提供优惠贷款取得的利息所得；

③经国务院批准的其他所得。

（三）特殊行业的优惠（略）

【例题 3·（2012）】下列关于所得税税收优惠的说法正确的有（　　）。

A. 软件企业即征即退的增值税用于产品开发扩大再生产的，可以作为不征税收入，在计算应纳税所得额时从收入总额中减除

B. 节能水项目企业，节能水项目所得，享受两免三减半政策

C. 农产品初加工免征企业所得税

D. 环保设备投资额的 10% 税前扣除，当年不足抵免的，可以在以后 5 个纳税年度结转抵免

答案：ACD

解析：A，《关于进一步鼓励软件产业和集成电路产业发展企业所得税政策的通知》（财税 [2012] 27 号）规定，由企业专项用于软件产品研发和扩大再生产并单独进行核算，可以作为不征税收入，在计算应纳税所得额时从收入总额中减除。B，企业从事符合条件的环境保护、节能节水项目的所得，自项目取得第一笔生产经营收入所属纳税年度起，三免三减半。C，农产品初加工的，免征企业所得税。D，企业购置并实际使用符合规定的环境保护、节能节水、安全生产等专用设备的，该专用设备的投资额的 10% 可以从企业当年的应纳税额中抵免；当年不足抵免的，可以在以后 5 个纳税年度结转抵免。

六、企业改制、重组业务中企业所得税的相关规定

（一）企业改制业务中企业所得税的相关规定（略）

（二）企业重组业务中的所得税处理

1. 企业重组含义及形式（了解）

（1）含义：是指企业在日常经营活动以外发生的法律结构或经济结构重大改变的交易，包括企业法律形式改变、债务重组、股权收购、资产收购、合并、分立等。

（2）对价支付方式——股权支付与非股权支付

①股权支付：在企业重组购买、换取资产的一方支付的对价中，以本企业或其控股企业的股权、股份作为支付的形式。

②非股权支付：以本企业的现金、银行存款、应收款项、有价证券、存货、固定资产、其他资产以及承担债务等作为支付的形式。

（3）重组所得（或损失）：按财产转让所得税务处理。

2. 企业重组的一般性税务处理

（1）企业法律形式改变

企业由法人转变为个人独资企业、合伙企业等非法人组织，或将登记注册地转移至中华人民共和国境外（包括港澳台地区）：应视同企业进行清算、分配，股东重新投资成立新企业。企业的全部资产以及股东投资的计税基础均应以公允价值为基础确定。

（2）企业债务重组，相关交易应按以下规定处理

①以非货币资产清偿债务，应当分解为：

a. 转让相关非货币性资产。

b. 按非货币性资产公允价值清偿债务两项业务，确认相关资产的所得或损失。

【例题1·（模拟）】甲企业与乙公司达成债务重组协议，甲以一批库存商品抵偿所欠乙公司一年前发生的债务 180.8 万元，该批库存商品的账面成本为 130 万元，市场不含税销售价为 140 万元。请计算该项重组业务应纳企业所得税为多少？

答案：财产转让所得 = 140 - 130 = 10（万元）

债务重组收入——税法中的其他收入：180.8 - 140 - 140 × 17% = 17（万元）

该项重组业务应纳企业所得税 =（10 + 17）× 25% = 6.75（万元）

②发生债权转股权的，应当分解为债务清偿和股权投资两项业务，确认有关债务清偿所得或损失。

③债务人应当按照支付的债务清偿额低于债务计税基础的差额，确认债务重组所得；债权

人应当按照收到的债务清偿额低于债权计税基础的差额，确认债务重组损失。

（3）企业股权收购、资产收购重组交易（了解）

①被收购方应确认股权、资产转让所得或损失。

②收购方取得股权或资产的计税基础应以公允价值为基础确定。

（4）企业合并（了解）

①合并企业应按公允价值确定接受被合并企业各项资产和负债的计税基础。

②被合并企业及其股东都应按清算进行所得税处理。

③被合并企业的亏损不得在合并企业结转弥补。

（5）企业分立（了解）

①被分立企业对分立出去资产应按公允价值确认资产转让所得或损失。

②分立企业应按公允价值确认接受资产的计税基础。

③被分立企业继续存在时，其股东取得的对价应视同被分立企业分配进行处理。

④被分立企业不再继续存在时，被分立企业及其股东都应按清算进行所得税处理。

⑤企业分立相关企业的亏损不得相互结转弥补。

3. 适用特殊性税务处理的条件

企业重组同时符合下列条件的，适用特殊性税务处理规定：

（1）具有合理的商业目的，且不以减少、免除或者推迟缴纳税款为主要目的。

（2）被收购、合并或分立部分的资产或股权比例符合规定的比例。

（3）企业重组后的连续 12 个月内不改变重组资产原来的实质性经营活动。

（4）重组交易对价中涉及股权支付金额符合规定比例。

（5）企业重组中取得股权支付的原主要股东，在重组后连续 12 个月内，不得转让所取得的股权。

4. 五种重组的特殊性税务处理的规定

（1）企业债务重组

①债务重组：确认的应纳税所得额占该企业当年应纳税所得额 50% 以上，可以在 5 个纳税年度的期间内，均匀计入各年度的应纳税所得额。

②债转股业务：对债务清偿和股权投资两项业务暂不确认有关债务清偿所得或损失，股权投资的计税基础以原债权的计税基础确定。

股权收购、资产收购、企业合并、企业分立——税务处理相同

重组方式	相关条件	特殊性税务处理
股权收购 资产收购	（1）购买的股权（收购的资产）不低于被收购企业全部股权（转让企业全部资产）的 50% （2）股权支付金额不低于其交易支付总额的 85%	（1）对交易中一方取得股权支付：暂不确认有关资产的转让所得或损失 另一方按原计税基础确认新资产或负债的计税基础 （2）对交易中非股权支付：确认所得或损失 非股权支付对应的资产转让所得或损失 =（被转让资产的公允价值 - 被转让资产的计税基础）×（非股权支付金额 ÷ 被转让资产的公允价值） 另一方按公允价值确认资产或负债的计税基础

续表

重组方式	相关条件	特殊性税务处理
合并	（1）股权支付金额不低于其交易支付总额的85% （2）同一控制下且不需要支付对价的企业合并	（3）合并中的亏损弥补 被合并企业合并前的亏损可由合并企业弥补，补亏限额＝被合并企业净资产公允价值×截至合并业务发生当年末国家发行的最长期限的国债利率
分立	（1）股权支付金额不低于其交易支付总额的85% （2）被分立企业所有股东按原持股比例取得分立企业的股权	（4）被分立企业未超过法定弥补期限的亏损额可按分立资产占全部资产的比例进行分配，由分立企业继续弥补

（2）股权、资产划转税收规则

《关于促进企业重组有关企业所得税处理问题的通知》（财税〔2014〕109号），自2014年1月1日起执行。

①划转的类型：对100%直接控制的居民企业之间，以及受同一或相同多家居民企业100%直接控制的居民企业之间按账面净值划转股权或资产。

②符合的条件：凡具有合理商业目的、不以减少、免除或者推迟缴纳税款为主要目的，股权或资产划转后连续12个月内不改变被划转股权或资产原来实质性经营活动，且划出方企业和划入方企业均未在会计上确认损益。

③可以选择按以下规定进行特殊性税务处理

a. 划出方企业和划入方企业均不确认所得。

b. 划入方企业取得被划转股权或资产的计税基础，以被划转股权或资产的原账面净值确定。

c. 划入方企业取得的被划转资产，应按其原账面净值计算折旧扣除。

【例题2·（1605）】甲公司股本为1 200万股，乙公司出于合理商业目的收购甲公司800万股股份，收购完成后甲公司成为乙公司的控股子公司，且乙公司承诺未来12个月不转让所持有的甲公司股份，收购日甲公司的每股资产的计税基础为7元，每股资产的公允价格为10元（甲公司无负债），在收购对价中乙公司以股权形式支付7 000万元，以银行存款支付1 000万元，不考虑其他因素，公司股东此项业务对当期应纳税所得额的影响至少是（　　　　）。

A. 2 400万元　　　　　B. 300万元　　　　　　　C. 0　　　　　　　　　D. 8 000万元

E. 1 000万元

答案：B

解析：非股权支付对应的资产转让所得或损失＝（被转让资产的公允价值－被转让资产的计税基础）×（非股权支付金额/被转让资产的公允价值）

1. 直接确定每股转让所得或损失为10－7＝3（元）

2. 公司股东此项业务对当期应纳税所得额的影响至少是：3×800×（1 000/8 000）＝300（万元）

第四章　鉴证业务、内部控制与资产评估

第一节　基础知识

【大纲要求】

内容	程度	变化
1. 审计报告内容及其意见的基本类型	掌握	原有
2. 审计证据的性质和获取审计证据的程序	掌握	原有
3. 内部控制的定义、目标、原则、要素，内部控制各要素的具体内容和实施要求	掌握	原有
4. 风险评估的概念、程序及信息来源	掌握	新增

【内容精讲】

一、审计报告内容及其意见的基本类型

（一）审计报告含义

审计报告是指注册会计师根据审计准则的规定，在执行审计工作的基础上对财务报表发表审计意见的书面文件。

（二）审计报告的要素

审计报告应当包括下列要素：（1）标题；（2）收件人；（3）引言段；（4）管理层对财务报表的责任段；（5）注册会计师的责任段；（6）审计意见段；（7）注册会计师的签名和盖章；（8）会计师事务所的名称、地址及盖章；（9）报告日期。

【例题1】标准无保留审计报告

审计报告

ABC 股份有限公司全体股东：

一、对财务报表出具的审计报告

我们审计了后附的 ABC 股份有限公司（以下简称 ABC 公司）财务报表，包括20×1 年12 月 31 日的资产负债表，20×1 年度的利润表、现金流量表和所有者权益变动表以及财务报表附注。

（一）管理层对财务报表的责任

编制和公允列报财务报表是 ABC 公司管理层的责任，这种责任包括：（1）按照企业会计准则的规定编制财务报表，并使其实现公允反映；（2）设计、执行和维护必要的内部控制，以使财务报表不存在由于舞弊或错误导致的重大错报。

（二）注册会计师的责任

我们的责任是在执行审计工作的基础上对财务报表发表审计意见。我们按照中国注册会计师审计准则的规定执行了审计工作。中国注册会计师审计准则要求我们遵守中国注册会计师职业道德守则，计划和执行审计工作以对财务报表是否不存在重大错报获取合理保证。

审计工作涉及实施审计程序，以获取有关财务报表金额和披露的审计证据。选择的审计程序取决于注册会计师的判断，包括对由于舞弊或错误导致的财务报表重大错报风险的评估。在进行风险评估时，注册会计师考虑与财务报表编制和公允列报相关的内部控制，以设计恰当的审计程序，但目的并非对内部控制的有效性发表意见。审计工作还包括评价管理层选用会计政策的恰当性和作出会计估计的合理性，以及评价财务报表的总体列报。

我们相信，我们获取的审计证据是充分、适当的，为发表审计意见提供了基础。

（三）审计意见

我们认为，ABC 公司财务报表在所有重大方面按照企业会计准则的规定编制，公允反映了 ABC 公司 20×1 年 12 月 31 日的财务状况以及 20×1 年度的经营成果和现金流量。

二、按照相关法律法规的要求报告的事项

（本部分报告的格式和内容，取决于相关法律法规对其他报告责任的认定。）

××会计师事务所   中国注册会计师：×××

（盖章）   （签名并盖章）

                    中国注册会计师：×××

                     （签名并盖章）

中国××市   二〇×二年×月×日

（三）审计报告的类型

审计报告分为标准审计报告和非标准审计报告。

标准审计报告，是指不含有说明段、强调事项段、其他事项段或其他任何修饰性用语的无保留意见的审计报告。

非标准审计报告，是指带强调事项段或其他事项段的无保留意见的审计报告和非无保留意见的审计报告。非无保留意见的审计报告包括保留意见的审计报告、否定意见的审计报告和无法表示意见的审计报告。

1. 非无保留意见的审计报告

（1）非无保留意见的含义

非无保留意见是指保留意见、否定意见或无法表示意见。

（2）发表非无保留意见的情形

①根据获取的审计证据，得出财务报表整体存在重大错报的结论。

②无法获取充分、适当的审计证据，不能得出财务报表整体不存在重大错报的结论。

如果注册会计师能够通过实施替代程序获取充分、适当的审计证据，则无法实施特定的程序并不构成对审计范围的限制。

2. 确定非无保留意见的类型

注册会计师确定恰当的非无保留意见类型，取决于下列事项：

（1）导致非无保留意见的事项的性质，是财务报表存在重大错报，还是在无法获取充分、适当的审计证据的情况下，财务报表可能存在重大错报。

（2）注册会计师就导致非无保留意见的事项对财务报表产生或可能产生影响的广泛性作出的判断。根据注册会计师的判断，对财务报表的影响具有广泛性的情形包括：

①不限于对财务报表的特定要素、账户或项目产生影响。

②虽然仅对财务报表的特定要素、账户或项目产生影响，但这些要素、账户或项目是或可能是财务报表的主要组成部分。

③当与披露相关时，产生的影响对财务报表使用者理解财务报表至关重要。

非无保留意见具体类型的确定的基本原则

导致发生非无保留意见的事项的性质	这些事项对财务报表产生或可能产生影响的广泛性	
	重大但不具有广泛性	重大且具有广泛性
（1）财务报表存在重大错报	保留意见	否定意见
（2）无法获取充分、适当的审计证据	保留意见	无法表示意见

注：①如果注意到管理层对审计范围施加了限制，且认为这些限制可能导致对财务报表发表保留意见或无法表示意见，注册会计师应当要求管理层消除这些限制。如果管理层拒绝消除限制，除非治理层全部成员参与管理被审计单位，注册会计师应当就此事项与治理层沟通，并确定能否实施替代程序以获取充分、适当的审计证据。

②如果受到的限制产生的影响重大且具有广泛性，应当在可行时解除业务约定，如果在出具审计报告之前解除业务约定被禁止或不可行，应当发表无法表示意见。注册会计师可能认为需要在审计报告中增加其他事项段。

③如果认为有必要对财务报表整体发表否定意见或无法表示意见，注册会计师不应在同一审计报告中对按照相同财务报告编制基础编制的单一财务报表或者财务报表特定要素、账户或项目发表无保留意见。

【例题2·（2014CPA）】 下列各项错报中，通常对财务报表具有广泛影响的有（　　）。

A. 被审计单位没有披露关键管理人员薪酬

B. 信息系统缺陷导致的应收账款、存货等多个财务报表项目的错报

C. 被审计单位没有将年内收购的一家重要子公司纳入合并范围

D. 被审计单位没有按照成本与可变现净值孰低原则对存货进行计量

答案：BC

解析：对财务报表的影响具有广泛性的情形包括不限于对财务报表特定要素、账户或项目产生影响。未将子公司纳入合并范围将会涉及多个财务报表项目而不局限于特定的项目，因此B、C正确。

3. 非无保留意见的审计报告的格式和内容（详细内容参见【例题3】【例题4】【例题5】）

（1）导致非无保留意见的事项段

（2）审计意见段

（3）非无保留意见对审计报告要素内容的修改

4. 审计报告的强调事项段

（1）强调事项段的含义

审计报告的强调事项段是指审计报告中含有的一个段落，该段落提及已在财务报表中恰当

列报或披露的事项，根据注册会计师的职业判断，该事项对财务报表使用者理解财务报表至关重要。

（2）增加强调事项段的情形

如果认为有必要提醒财务报表使用者关注已在财务报表中列报或披露，且根据职业判断认为对财务报表使用者理解财务报表至关重要的事项，注册会计师在已获取充分、适当的审计证据证明该事项在财务报表中不存在重大错报的条件下，应当在审计报告中增加强调事项段。

注册会计师可能认为需要加强调事项段的情形举例如下：

①异常诉讼或监管行动的未来结果存在不确定性。

②提前应用（在允许的情况下）对财务报表有广泛影响的新会计准则。

③存在已经或持续对被审计单位财务状况产生重大影响的特大灾难。

（3）在审计报告中增加强调事项段时注册会计师采取的措施

如果在审计报告中增加强调事项段，注册会计师应当采取下列措施：

①将强调事项段紧接在审计意见段之后。

②使用"强调事项"或其他适当标题。

③明确提及被强调事项以及相关披露的位置，以便能够在财务报表中找到对该事项的详细描述。

④指出审计意见没有因该强调事项而改变。

5. 审计报告的其他事项段

（1）其他事项段的含义

其他事项段是指审计报告中含有的一个段落，该段落提及未在财务报表中列报或披露的事项，根据注册会计师的职业判断，该事项与财务报表使用者理解审计工作、注册会计师责任或审计报告相关。

（2）需要增加其他事项段的情形

对于未在财务报表中列报或披露，但根据职业判断认为与财务报表使用者理解审计工作、注册会计师的责任或审计报告相关且未被法律法规禁止的事项，如果认为有必要沟通，注册会计师应当在审计报告中增加其他事项段，并使用"其他事项"或其他适当标题。注册会计师应当将其他事项段紧接在审计意见段和强调事项段（如有）之后。需要在审计报告中增加其他事项段的情形包括：

①与使用者理解审计工作相关的情形。

在极其特殊的情况下，即使由于管理层对审计范围施加的限制导致无法获取充分、适当的审计证据可能产生的影响具有广泛性，注册会计师也不能解除业务约定。在这种情况下，注册会计师可能认为有必要在审计报告中增加其他事项段，解释为何不能解除业务约定。

②与使用者理解注册会计师的责任或审计报告相关的情形。

③对两套以上财务报表出具审计报告的情形。

④限制审计报告分发和使用的情形。

由于审计报告旨在提供给特定使用者，注册会计师可能认为在这种情况下需要增加其他事项段，说明审计报告只是提供给财务报表预期使用者，不应被分发给其他机构或人员或者被其他机构或人员使用。

【**例题3**】保留意见的审计报告

审计报告

ABC 股份有限公司全体股东：

一、对财务报表出具的审计报告

我们审计了后附的 ABC 股份有限公司（以下简称 ABC 公司）财务报表，包括20×1年12月31日的资产负债表，20×1年度的利润表、现金流量表和所有者权益变动表以及财务报表附注。

（一）管理层对财务报表的责任

编制和公允列报财务报表是 ABC 公司管理层的责任，这种责任包括：（1）按照企业会计准则的规定编制财务报表，并使其实现公允反映；（2）设计、执行和维护必要的内部控制，以使财务报表不存在由于舞弊或错误导致的重大错报。

（二）注册会计师的责任

我们的责任是在执行审计工作的基础上对财务报表发表审计意见。我们按照中国注册会计师审计准则的规定执行了审计工作。中国注册会计师审计准则要求我们遵守中国注册会计师职业道德守则，计划和执行审计工作以对财务报表是否不存在重大错报获取合理保证。

审计工作涉及实施审计程序，以获取有关财务报表金额和披露的审计证据。选择的审计程序取决于注册会计师的判断，包括对由于舞弊或错误导致的财务报表重大错报风险的评估。在进行风险评估时，注册会计师考虑与财务报表编制和公允列报相关的内部控制，以设计恰当的审计程序，但目的并非对内部控制的有效性发表意见。审计工作还包括评价管理层选用会计政策的恰当性和作出会计估计的合理性，以及评价财务报表的总体列报。

我们相信，我们获取的审计证据是充分、适当的，为发表保留意见提供了基础。

（三）导致保留意见的事项

ABC 公司20×1年12月31日资产负债表中存货的列示金额为×元。管理层根据成本对存货进行计量，而没有根据成本与可变现净值孰低的原则进行计量，这不符合企业会计准则的规定。公司的会计记录显示，如果管理层以成本与可变现净值孰低来计量存货，存货列示金额将减少×元。相应地，资产减值损失将增加×元，所得税、净利润和所有者权益将分别减少×元、×元和×元。

（四）保留意见

我们认为，除"（三）导致保留意见的事项"段所述事项（可能）产生的影响外，ABC 公司财务报表在所有重大方面按照企业会计准则的规定编制，公允反映了 ABC 公司20×1年12月31日的财务状况以及20×1年度的经营成果和现金流量。

二、按照相关法律法规的要求报告的事项

（本部分报告的格式和内容，取决于相关法律法规对其他报告责任的认定。）

××会计师事务所　　　　　　　　　　　中国注册会计师：×××

（盖章）　　　　　　　　　　　　　　　　　　（签名并盖章）

　　　　　　　　　　　　　　　　　　中国注册会计师：×××

　　　　　　　　　　　　　　　　　　　　（签名并盖章）

中国××市　　　　　　　　　　　　　　二〇×二年×月×日

【例题4】 否定意见的审计报告

审计报告

ABC 股份有限公司全体股东：

一、对合并财务报表出具的审计报告

我们审计了后附的 ABC 股份有限公司（以下简称 ABC 公司）合并财务报表，包括20×1年12月31日的合并资产负债表，20×1年度的合并利润表、合并现金流量表和合并所有者权益变动表以及财务报表附注。

（一）管理层对合并财务报表的责任

编制和公允列报合并财务报表是 ABC 公司管理层的责任，这种责任包括：（1）按照企业会计准则的规定编制合并财务报表，并使其实现公允反映；（2）设计、执行和维护必要的内部控制，以使合并财务报表不存在由于舞弊或错误导致的重大错报。

（二）注册会计师的责任

我们的责任是在执行审计工作的基础上对合并财务报表发表审计意见。我们按照中国注册会计师审计准则的规定执行了审计工作。中国注册会计师审计准则要求我们遵守中国注册会计师职业道德守则，计划和执行审计工作以对合并财务报表是否不存在重大错报获取合理保证。

审计工作涉及实施审计程序，以获取有关合并财务报表金额和披露的审计证据。选择的审计程序取决于注册会计师的判断，包括对由于舞弊或错误导致的合并财务报表重大错报风险的评估。在进行风险评估时，注册会计师考虑与合并财务报表编制和公允列报相关的内部控制，以设计恰当的审计程序，但目的并非对内部控制的有效性发表意见。审计工作还包括评价管理层选用会计政策的恰当性和作出会计估计的合理性，以及评价合并财务报表的总体列报。

我们相信，我们获取的审计证据是充分、适当的，为发表否定意见提供了基础。

（三）导致否定意见的事项

如财务报表附注×所述，20×1年 ABC 公司通过非同一控制下的企业合并获得对 XYZ 公司的控制权，因未能取得购买日 XYZ 公司某些重要资产和负债的公允价值，故未将 XYZ 公司纳入合并财务报表的范围，而是按成本法核算对 XYZ 公司的股权投资。ABC 公司的这项会计处理不符合企业会计准则的规定。如果将 XYZ 公司纳入合并财务报表的范围，ABC 公司合并财务报表的多个报表项目将受到重大影响。但我们无法确定未将 XYZ 公司纳入合并范围对财务报表产生的影响。

（四）否定意见

我们认为，由于"（三）导致否定意见的事项"段所述事项的重要性，ABC 公司的合并财务报表没有在所有重大方面按照企业会计准则的规定编制，未能公允反映 ABC 公司及其子公司20×1年12月31日的财务状况以及20×1年度的经营成果和现金流量。

二、按照相关法律法规的要求报告的事项

（本部分报告的格式和内容，取决于相关法律法规对其他报告责任的认定。）

××会计师事务所	中国注册会计师：×××
（盖章）	（签名并盖章）
	中国注册会计师：×××
	（签名并盖章）
中国××市	二〇×二年×月×日

【例题5】 无法表示意见的审计报告

审计报告

ABC股份有限公司全体股东：

一、对财务报表出具的审计报告

我们接受委托，审计后附的ABC股份有限公司（以下简称ABC公司）财务报表，包括20×1年12月31日的资产负债表，20×1年度的利润表、现金流量表和所有者权益变动表以及财务报表附注。

（一）管理层对财务报表的责任

编制和公允列报财务报表是ABC公司管理层的责任，这种责任包括：（1）按照企业会计准则的规定编制财务报表，并使其实现公允反映；（2）设计、执行和维护必要的内部控制，以使财务报表不存在由于舞弊或错误导致的重大错报。

（二）注册会计师的责任

我们的责任是在按照中国注册会计师审计准则的规定执行审计工作的基础上，对财务报表发表审计意见。但由于"（三）导致无法表示意见的事项"段中所述的事项，我们无法获取充分、适当的审计证据以为发表审计意见提供基础。

（三）导致无法表示意见的事项

我们于20×2年1月接受ABC公司的审计委托，因而未能对ABC公司20×1年年初金额为×元的存货和年末金额为×元的存货实施监盘程序。此外，我们也无法实施替代审计程序获取充分、适当的审计证据。并且，ABC公司于20×1年9月采用新的应收账款电算化系统，由于存在系统缺陷导致应收账款出现大量错误。截至审计报告日，管理层仍在纠正系统缺陷并更正错误，我们也无法实施替代审计程序，以对截至20×1年12月31日的应收账款总额×元获取充分、适当的审计证据。因此，我们无法确定是否有必要对存货、应收账款以及财务报表其他项目作出调整，也无法确定应调整的金额。

（四）无法表示意见

由于"（三）导致无法表示意见的事项"段所述事项的重要性，我们无法获取充分、适当的审计证据以为发表审计意见提供基础，因此，我们不对ABC公司财务报表发表审计意见。

二、按照相关法律法规的要求报告的事项

（本部分报告的格式和内容，取决于相关法律法规对其他报告责任的认定。）

××会计师事务所　　　　　　　　　中国注册会计师：×××

（盖章）　　　　　　　　　　　　　　　　　（签名并盖章）

　　　　　　　　　　　　　　　　　中国注册会计师：×××

　　　　　　　　　　　　　　　　　　　　　（签名并盖章）

中国××市　　　　　　　　　　　　二○×二年×月×日

【例题6·（2008）·（2009）】 某上市公司2007年未经审计总资产10亿元，净资产5亿元，净利润3000万元。某会计师事务所于2008年3月对该公司进行审计，注册会计师确定的会计报表层次的重要性水平为500万元，注册会计师发现该公司2007年10月销售的一批产品于2008年2月因质量问题退回，影响利润3600万元，除此之外，注册会计师未发现公司违反会计准则和相关会计制度规定的情况，审计范围也未受到限制，则下列关于注册会计师对该公司2007年财务报表出具审计报告的说法正确的是（　　　）。

A. 无须调整2007年报表，在附注披露销售退回情况，出具标准无保留意见的审计报告

B. 无须调整 2007 年报表，在附注披露销售退回情况，出具带强调事项段的无保留意见的审计报告

C. 注册会计师要求调整 2007 年报表，如公司拒绝调整，出具否定意见的审计报告

D. 注册会计师要求调整 2007 年报表，如公司拒绝调整，出具无法表示意见的审计

答案：C

解析：本题属于典型财务报表存在重大错报，重大且具有广泛性，不调整则应出具否定意见。

【例题 7·（2012）】 甲公司是母公司，有一个子公司乙，甲公司长期股权投资以成本法核算，因乙公司公允价值无法取得，甲公司在期末编制合并报表时没有把乙公司纳入合并报表范围，本事项对多个会计科目影响重大，CPA 审计时审计范围没有受到限制。则 CPA 应出具审计报告的意见类型为（　　　）。

A. 带强调事项段无保留意见 　　　　　B. 保留意见

C. 否定意见 　　　　　　　　　　　　D. 无法表示意见

答案：C

解析：报表存在重大错报，且影响广泛，否定。

二、审计证据的性质和获取审计证据的程序

（一）审计证据的含义

审计证据是指注册会计师为了得出审计结论、形成审计意见而使用的所有信息，包括构成财务报表基础的会计记录所含有的信息和其他信息。

会计记录中含有的信息本身并不足以提供充分的审计证据作为对财务报表发表审计意见的基础，注册会计师还应获取用做审计证据的其他信息。

（二）审计证据的充分性和适当性

1. 审计证据的充分性是对审计证据数量的衡量，主要与注册会计师确定的样本量有关

注册会计师需要获取的审计证据的数量受其对重大错报风险评估的影响。评估的重大错报风险越大，需要的审计证据可能越多。

2. 审计证据的适当性是对审计证据质量的衡量，包括相关性和可靠性

（1）审计证据是否相关必须结合具体审计目标来考虑。在确定审计证据的相关性时，注册会计师应当考虑：

①特定的审计程序可能只为某些认定提供相关的审计证据，而与其他认定无关。

②针对同一项认定可以从不同来源获取审计证据或获取不同性质的审计证据。

③只与特定认定相关的审计证据并不能替代与其他认定相关的审计证据。

（2）审计证据的可靠性受其来源和性质的影响，并取决于获取审计证据的具体环境。注册会计师在判断审计证据的可靠性时，通常会考虑下列原则：

①从外部独立来源获取的审计证据比从其他来源获取的审计证据更可靠。

②内部控制有效时内部生成的审计证据比内部控制薄弱时内部生成的审计证据更可靠。

③直接获取的审计证据比间接获取或推论得出的审计证据更可靠。

④以文件、记录形式（无论是纸质、电子或其他介质）存在的审计证据比口头形式的审计证据更可靠。

⑤从原件获取的审计证据比从传真件或复印件获取的审计证据更可靠。

3. 充分性和适当性的关系

证据的数量受质量的影响；但质量存在缺陷，仅靠提高数量可能难以弥补。

4. 评价充分性和适当性时的特殊考虑

①对文件记录可靠性的考虑

审计工作通常不涉及鉴定文件记录的真伪，但应当考虑用做审计证据信息的可靠性，并考虑与这些信息生成和维护相关控制的有效性。

如果在审计过程中识别出的情况使其认为文件记录可能是伪造的，或文件记录中的某些条款已发生变动，注册会计师应当作出进一步调查，包括直接向第三方询证，或考虑利用专家的工作以评价文件记录的真伪。

②使用被审计单位生成信息时的考虑

如果在实施审计程序时使用被审计单位生成的信息，注册会计师应当就这些信息的准确性和完整性获取审计证据。

③证据相互矛盾时的考虑

如果针对某项认定从不同来源获取的审计证据或获取的不同性质的审计证据能够相互印证，则与该项认定相关的审计证据具有更强的说服力。如果从不同来源获取的审计证据或获取的不同性质的审计证据不一致，表明某项审计证据可能不可靠，注册会计师应当追加必要的审计程序。

④获取审计证据时对成本的考虑

a. 在满足充分、适当的前提下，注册会计师可以考虑获取审计证据的成本与所获取信息的有用性之间的关系。

b. 不应以获取审计证据的困难和成本为由减少不可替代的审计程序。

c. 如果确实无法获取必要的审计证据且无较好的替代程序，应视为审计范围受到限制。

【例题1·（模拟）】 以下关于审计证据的说法正确的有（　　　）。

A. 注册会计师需要获取的审计证据的数量受其对重大错报风险评估的影响，评估的重大错报风险越高，需要的审计证据可能越多

B. 注册会计师需要获取的审计证据的数量受审计证据质量的影响，审计证据质量越高，需要的审计证据可能越少

C. 需获取的审计证据数量与审计证据质量成反比，注册会计师可以靠获取更多的审计证据来弥补其质量上的缺陷

D. 从被审计企业内部获取的审计证据比从外部来源获取的审计证据更可靠

E. 内部控制有效时内部生成的审计证据比内部控制薄弱时内部生成的审计证据更可靠

答案：ABE

解析：C，如果审计证据的质量存在缺陷，不能通过增加审计数量来弥补；D，从被审计企业外部获取的审计证据比从企业内部获取的审计证据更可靠。

【例题2·（模拟）】 注册会计师的下列做法中，正确的是（　　　）。

A. 设计相关可靠的审计程序，以消除财务报表中存在重大错报的风险

B. 获取审计证据时，不得考虑取证成本

C. 特定程序可能只与某些认定相关，而与其他认定无关

D. 不因获取审计证据的困难和成本减少不可替代的审计程序

答案：CD

解析：A，重大错报风险只能"评估"，不能"控制""降低""消除"；B，注册会计师可以考虑取证成本与信息有用性之间的关系。

【例题3·（2015CPA）】 下列有关审计证据充分性的说法中，错误的是（　　　）。

A. 初步评估的控制风险越低，需要通过控制测试获取的审计证据可能越少

B. 计划从实质性程序中获取的保证程度越高，需要的审计证据可能越多

C. 审计证据质量越高，需要的审计证据可能越少

D. 评估的重大错报风险越高，需要的审计证据可能越多

答案：A

解析：选项 A，评估的控制风险越低，说明预期信赖内部控制，则通过实施控制测试获取的审计证据可能越多。

【例题4·（2015CPA）】下列有关审计证据的说法中，正确的是（　　　）。

A. 外部证据与内部证据矛盾时，注册会计师应当采用外部证据

B. 审计证据不包括会计师事务所接受与保持客户或业务时实施质量控制程序获取的信息

C. 注册会计师可以考虑获取审计证据的成本与所获取信息的有用性之间的关系

D. 注册会计师无须鉴定作为审计证据的文件记录的真伪

答案：C

解析：选项 A，外部证据与内部证据矛盾时，首先应查明原因，之后再确定采用哪个审计证据；选项 B，审计证据包括会计师事务所接受与保持客户或业务时实施质量控制程序获取的信息；选项 D，审计工作通常不涉及鉴定文件记录的真伪，注册会计师也不是鉴定文件记录真伪的专家，但应当考虑用做审计证据的信息的可靠性。

【例题5·（2014CPA）】下列有关审计证据的说法中，错误的是（　　　）。

A. 审计证据包括会计师事务所接受与保持客户或业务时实施质量控制程序获取的信息

B. 审计证据包括从公开渠道获取的与管理层认定相矛盾的信息

C. 审计证据包括被审计单位聘请的专家编制的信息

D. 信息的缺乏本身不构成审计证据

答案：D

解析：在某些情况下，信息的缺乏本身也构成审计证据，可以被注册会计师利用。

【例题6·（2016CPA）】下列有关审计证据可靠性的说法中，正确的是（　　　）。

A. 可靠的审计证据是高质量的审计证据

B. 审计证据的充分性影响审计证据的可靠性

C. 内部控制薄弱时内部生成的审计证据是不可靠的

D. 从独立的外部来源获得的审计证据可能是不可靠的

答案：D

解析：相关性和可靠性是审计证据适当性的核心内容，只有相关且可靠的审计证据才是高质量的，选项 A 错误；审计证据的可靠性受其来源和性质的影响，并取决于获取审计证据的具体环境，不受充分性的影响，选项 B 错误；C 的说法过于绝对，选项 C 错误。

（三）获取审计证据的程序

在审计过程中，注册会计师可根据需要单独或综合运用以下审计程序，以获取充分适当的审计证据。

1. 检查

检查是指注册会计师对被审计单位内部或外部生成的，以纸质、电子或其他介质形式存在的记录和文件进行审查，或对资产进行实物审查。

注：检查有形资产或文件记录。

2. 观察

观察是指注册会计师察看相关人员正在从事的活动或实施的程序。

注：观察可以提供执行有关过程或程序的审计证据，但观察所提供的审计证据仅限于观察的时点。

3. 询问

询问是指注册会计师以书面或口头方式，向被审计单位内部或外部的知情人员获取财务信息和非财务信息，并对答复进行评价的过程。

注：单独实施询问程序不能获取充分适当的审计证据，询问作为其他程序的补充，需要结合其他程序一起使用，以获取充分适当的审计证据。

4. 函证

函证，是指注册会计师直接从第三方（被询证者）获取书面答复以作为审计证据的过程，书面答复可以采用纸质、电子或其他介质等形式。

注：只要涉及第三方，就可以函证。函证不必仅仅局限于账户余额，还可以函证相关协议条款等特殊内容。

5. 重新计算

重新计算是指注册会计师对记录或文件中的数据计算的准确性进行核对。

注：一般对企业长短期银行借款利息、应收账款的坏账准备、固定资产的折旧需要进行重新计算，来与企业的账上数进行对比分析。

6. 重新执行

重新执行是指注册会计师独立执行原本作为被审计单位内部控制组成部分的程序或控制。

注：重新执行属于控制测试程序之一，但由于操作成本较高，一般在执行控制测试时不是必然要实施重新执行程序。如果询问、观察、检查程序能够获取充分适当的审计证据，就不再使用重新执行程序。

7. 分析程序

分析程序，是指注册会计师通过分析不同财务数据之间以及财务数据与非财务数据之间的内在关系，对财务信息作出评价。

上述审计程序基于审计的不同阶段和目的单独或组合起来，可用于风险评估程序、控制测试和实质性程序。

三、内部控制的定义、目标、原则、要素，内部控制各要素的具体内容和实施要求

1. 内部控制的定义

内部控制，是由企业董事会、监事会、经理层和全体员工实施的、旨在实现控制目标的过程。

2. 内部控制的目标

合理保证企业经营管理合法合规、资产安全、财务报告及相关信息真实完整，提高经营效率和效果，促进企业实现发展战略。

3. 内部控制建立与实施原则

企业建立与实施内部控制，应当遵循下列原则：

（1）全面性原则。内部控制应当贯穿决策、执行和监督全过程，覆盖企业及其所属单位的各种业务和事项。

（2）重要性原则。内部控制应当在全面控制的基础上，关注重要业务事项和高风险领域。

（3）制衡性原则。内部控制应当在治理结构、机构设置及权责分配、业务流程等方面形成相互制约、相互监督，同时兼顾运营效率。

（4）适应性原则。内部控制应当与企业经营规模、业务范围、竞争状况和风险水平等相适应，并随着情况的变化及时加以调整。

（5）成本效益原则。内部控制应当权衡实施成本与预期效益以适当的成本实现有效控制。

4. 内部控制的要素

应当包括下列要素：内部环境；风险评估；控制活动；信息系统与沟通；内部监督。

控制要素	含义
1. 内部环境	企业实施内部控制的基础 包括治理职能和管理职能，态度、认识和措施
2. 风险评估	企业及时识别、系统分析经营活动中与实现内部控制目标相关的风险，合理确定风险应对策略
3. 控制活动	企业根据风险评估结果，采用相应的控制措施，将风险控制在可承受度之内
4. 信息系统与沟通	企业及时准确地收集传递与内部控制相关的信息，确保信息在企业内部、企业与外部之间进行有效沟通
5. 内部监督	企业对内部控制建立与实施情况进行监督检查，评价内部控制的有效性，发现内部控制缺陷，应当及时加以改进

【例题 1 · （1605）】下列属于企业建立与实施有效的内部控制应该包括的要素是（　　）。

A. 组织架构　　　　　B. 风险评估　　　　　C. 信息系统与沟通　　　D. 全面预算

E. 内部监督

答案：BCE

解析：内部控制要素包括：内部环境；风险评估；控制活动；信息系统与沟通；内部监督。

5. 内部控制评价

内部控制评价是指企业董事会或类似权力机构对内部控制有效性进行全面评价、形成评价结论、出具评价报告的过程。在企业内部控制实务中，内部控制评价是极为重要的一环。企业董事会应当对内部控制评价报告的真实性负责。

根据《企业内部控制评价指引》的要求，内部控制评价应遵循以下三个原则：

（1）全面性原则。评价工作应当包括内部控制的设计与运行，涵盖企业及其所属单位的各种业务和事项。

（2）重要性原则。评价工作应当在全面评价的基础上，关注重要业务单位、重大业务事项和高风险领域。

（3）客观性原则。评价工作应当准确地揭示经营管理的风险状况，如实反映内部控制设计与运行的有效性。

【例题 2 · （1609）】下列既属于内部控制原则，又属于内部控制评价至少应当遵循的原则有（　　）。

A. 全面性原则　　　　B. 客观性原则　　　　C. 重要性原则　　　　　D. 适应性原则

E. 成本效益原则

答案：AC

解析：内部控制原则包括全面性原则、重要性原则、制衡性原则、适应性原则、成本效益原则；内部控制评价原则包括全面性原则、重要性原则、客观性原则。

四、风险评估的概念、程序及信息来源

（一）定义

风险识别与评估，是指注册会计师通过实施风险评估程序，识别和评估财务报表层次和认定层次的重大错报风险。其中，风险识别是指找出财务报表层次和认定层次的重大错报风险；风险评估是指对重大错报发生的可能性和后果严重程度进行评估。

（二）程序和信息来源

1. 风险评估的程序

注册会计师了解被审计单位及其环境，目的是识别和评估财务报表重大错报风险。为了解被审计单位及其环境而实施的程序称为"风险评估程序"。

注册会计师应当实施下列风险评估程序，以了解被审计单位及其环境：（1）询问管理层和被审计单位内部其他相关人员；（2）分析程序；（3）观察和检查。

【注1】注册会计师在了解被审计单位及其环境过程中，往往将上述程序结合在一起。

【注2】注册会计师并非在了解被审计单位及其环境的每个方面均实施上述所有风险评估程序。

2. 风险评估的信息来源

风险评估程序的信息来源于被审计单位内部或外部。例如，注册会计师通过询问获取的大部分信息来自管理层和负责财务报告的人员。

注册会计师也可以通过询问被审计单位内部的其他不同层级的人员获取信息，或为识别重大错报风险提供不同的视角。注册会计师也可以通过询问被审计单位聘请的外部法律顾问、专业评估师、投资顾问和财务顾问等。

【例题1·（模拟）】为了解被审计单位，注册会计师应当实施的风险评估程序有（　　　）。

A. 询问

B. 观察

C. 检查

D. 分析程序

E. 函证

答案：ABCD

解析：函证属于实质性程序，是进一步审计程序之一，在风险评估之后实施。

第二节　实务操作

【大纲要求】

内容	程度	变化
1. 了解被审计单位及其环境、被审计单位内部控制的风险评估程序	了解	新增
2. 函证、监盘及分析程序的运用	掌握	原有
3. 销售与收款循环、采购与付款循环、生产与存货循环涉及的主要业务活动及上述循环的常用控制测试程序	掌握	新增

【内容精讲】

一、了解被审计单位及其环境、被审计单位内部控制的风险评估程序

（一）了解被审计单位及其环境

了解被审计单位及其环境，目的是识别和评估财务报表重大错报风险。

注册会计师应当从下列方面了解被审计单位及其环境：1. 相关行业状况、法律环境与监管环境及其他外部因素；2. 被审计单位的性质；3. 被审计单位对会计政策的选择和运用；4. 被审计单位的目标、战略以及可能导致重大错报风险的相关经营风险；5. 对被审计单位财务业绩的衡量和评价；6. 被审计单位的内部控制。

上述第1项是被审计单位的外部环境，第2、第3、第4、第6项为内部因素，第5项既有内部因素也有外部因素。值得注意的是，各方面的情况可能会互相影响，注册会计师在了解各方面情况时，应当考虑各个因素之间的相互关系。

1. 行业状况、法律环境和监管环境以及其他外部因素

（1）行业状况

了解行业状况有助于注册会计师识别与被审计单位所处行业有关的重大错报风险。

注册会计师应当了解被审计单位的行业状况，主要包括：①所处行业的市场与竞争，包括市场需求、生产能力和价格竞争；②生产经营的季节性和周期性；③与被审计单位产品相关的生产技术；④能源供应与成本；⑤行业的关键指标和统计数据。

（2）法律环境及监管环境

注册会计师应当了解被审计单位所处的法律环境与监管环境，主要包括：①会计原则和行业特定惯例；②受管制行业的法规框架；③对被审计单位经营活动产生重大影响的法律法规，包括直接的监管活动；④税收政策；⑤目前对被审计单位开展经营活动产生影响的政府政策，如货币政策等；⑥影响行业和被审计单位经营活动的环保要求。

（3）其他外部因素

注册会计师应当了解影响被审计单位经营的其他外部因素，主要包括总体经济情况、利率、融资的可获得性、通货膨胀水平或币值变动等。

2. 被审计单位的性质

（1）所有权结构

对被审计单位所有权的了解有助于注册会计师识别关联方关系并了解被审计单位的决策过程。

（2）治理结构

良好的治理结构可以对被审计单位的经营和财务运作实施有效的监督，从而降低财务报表发生重大错报的风险。

（3）组织结构

注册会计师应当了解被审计单位的组织结构，考虑复杂组织结构可能导致的重大错报风险，包括财务报表合并、商誉减值以及长期股权投资核算等问题。

（4）经营活动

了解被审计单位的经营活动有助于注册会计师识别预期在财务报表中反映的主要交易类别、重要账户余额和列报。

（5）投资活动

了解被审计单位投资活动有助于注册会计师关注被审计单位在经营策略和方向上的重大

变化。

（6）筹资活动

了解被审计单位筹资活动有助于注册会计师评估被审计单位在融资方面的压力，并进一步考虑被审计单位在可预见未来的持续经营能力。

（7）财务报告

例如，会计政策和行业特定惯例；收入确认惯例；公允价值会计核算；外币资产、负债与交易；异常或复杂交易的会计处理等。

3. 被审计单位对会计政策的选择和运用

被审计单位对会计政策的选择与运用，重点关注在选择或变更会计政策时是否合法、合理，处理是否正确等问题。

4. 被审计单位的目标、战略以及相关经营风险

目标是企业经营活动的指针；战略是管理层为实现经营目标采用的方法；经营风险是指可能对被审计单位实现目标和实施战略的能力产生不利影响的重要状况、事项、情况、作为（或不作为）所导致的风险，或由于制定不恰当的目标和战略而导致的风险。

被审计单位目标或战略的不恰当，可能导致经营风险，而多数经营风险最终都会产生财务后果，从而影响财务报表，所以注册会计师应当了解被审计单位的目标、战略以及相关经营风险。

注册会计师了解被审计单位的经营风险有助于其识别财务报表重大错报风险。但并非所有的经营风险都与财务报表相关，注册会计师没有责任识别或评估对财务报表没有重大影响的经营风险。

5. 被审计单位财务业绩的衡量和评价

注册会计师应当关注被审计单位内部财务业绩衡量所显示的未预期到的结果或趋势、管理层的调查结果和纠正措施，以及相关信息是否显示财务报表可能存在重大错报。

【例题1·（模拟）】注册会计师应当了解被审计单位的行业状况，主要包括（　　）。

A. 所处行业的市场与竞争，包括市场需求、生产能力和价格竞争

B. 生产经营的季节性和周期性

C. 与被审计单位产品相关的生产技术

D. 总体经济情况

E. 能源供应与成本

答案：ABCE

解析：总体经济情况是影响被审计单位经营的其他外部因素，不属于行业状况因素。

【例题2·（2016CPA）】下列情形中，通常表明存在财务报表层次重大错报风险的是（　　）。

A. 被审计单位的竞争者开发的新产品上市　　B. 被审计单位从事复杂的金融工具投资

C. 被审计单位资产的流动性出现问题　　　　D. 被审计单位存在重大的关联方交易

答案：C

解析：某些重大错报风险可能与财务报表整体广泛相关，进而影响多项认定。例如，在经济不稳定的国家和地区开展业务、资产的流动性出现问题、重要客户流失、融资能力受到限制等，可能导致注册会计师对被审计单位的持续经营能力产生重大疑虑。又如，管理层缺乏诚信或承受异常的压力可能引发舞弊风险，这些风险与财务报表整体相关。

6. 被审计单位的内部控制

被审计单位的内部控制的相关内容详见"（二）被审计单位的内部控制的风险评估程序"的相关规定。

（二）被审计单位的内部控制的风险评估程序

1. 内部控制的含义、责任主体、要素

内部控制是被审计单位为了合理保证财务报告的可靠性、经营的效率和效果以及对法律法规的遵守，由治理层、管理层和其他人员设计与执行的政策及程序。

设计和实施内部控制的责任主体是被审计单位治理层、管理层和其他人员，组织中的每一个人都对内部控制负有责任。

内部控制要素包括：控制环境、风险评估过程、与财务报告相关的信息系统与沟通、控制活动、对控制的监督。

2. 与审计相关的控制

内部控制的目标旨在合理保证财务报告的可靠性、经营的效率和效果及对法律的遵守。

注册会计师需要了解和评价的内部控制只是与财务报表审计相关的内部控制，并非被审计单位所有的内部控制。

【例题3·（2014CPA）】下列有关与审计相关的内部控制的说法中，正确的是（　　）。

A. 与财务报告相关的内部控制均与审计相关

B. 与审计相关的内部控制并非均与财务报告相关

C. 与经营目标相关的内部控制与审计无关

D. 与合规目标相关的内部控制与审计无关

答案：B

解析：与财务报告相关的内部控制，可能与审计无关，选项 A 错误；如果与经营和合规目标相关的控制与注册会计师实施审计程序时评价或使用的数据相关，则这些控制也可能与审计相关，选项 C、D 错误。

3. 对内部控制了解的深度

注册会计师通过询问、观察、检查和穿行测试了解被审计单位的内部控制，以评价内部控制设计是否合理以及是否得到执行。

在进一步程序中，针对设计合理且得到执行的控制，实施控制测试程序，目的是要确定内控的有效性。如果控制设计不当，不需要再考虑控制是否得到执行；询问本身并不足以评价控制的设计以及确定其是否得到执行，注册会计师应当将询问与其他风险评估程序结合使用；除非存在某些可以使控制得到一贯运行的自动化控制，注册会计师对控制的了解并不能够代替对控制运行有效性的测试。

4. 内部控制的局限性

（1）在决策时人为判断可能出现错误和由于人为失误而导致内部控制失效。

（2）可能由于两个或更多的人员进行串通或管理层凌驾于内部控制之上而被规避。

此外，如果被审计单位内部行使控制职能的人员素质不适应岗位要求，也会影响内部控制功能的正常发挥。当实施某项控制的成本大于控制效果而发生损失时，就没有必要设置控制环节或控制措施。

5. 控制环境

控制环境包括治理职能和管理职能，以及治理层和管理层对内部控制及其重要性的态度、认识和措施。良好的控制环境是实施有效内部控制的基础。因此，财务报表层次的重大错报风险通常源自薄弱的控制环境。

控制环境对重大错报风险的评估具有广泛影响，控制环境本身并不能防止或发现并纠正各类交易、账户余额、披露认定层次的重大错报。在确定构成控制环境的要素是否得到执行时，注册会计师应当考虑将询问与其他风险评估程序相结合以获取审计证据。

控制环境要素包括：（1）对诚信和道德价值观念的沟通与落实；（2）对胜任能力的重视；（3）治理层的参与程度；（4）管理层的理念和经营风格；（5）组织结构及职权与责任的分配；（6）人力资源政策与实务。

【例题4·（2014CPA）】下列有关控制环境的说法中，错误的是（ ）。

A. 控制环境对重大错报风险的评估具有广泛影响

B. 有效地控制环境本身可以防止、发现并纠正各类交易、账户余额和披露认定层次的重大错报

C. 有效的控制环境可以降低舞弊发生的风险

D. 财务报表层次重大错报风险很可能源于控制环境存在缺陷

答案：B

解析：控制环境本身并不能防止、发现并纠正各类交易、账户余额和披露认定层次的重大错报，在评估重大错报风险时，应将控制环境连同其他内部控制要素产生的影响一并考虑。

【例题5·（2013CPA）】下列有关控制环境的说法中，错误的是（ ）。

A. 在审计业务承接阶段，注册会计师无须了解和评价控制环境

B. 在实施风险评估程序时，注册会计师需要对控制环境的构成要素获取足够了解，并考虑内部控制的实质及其综合效果

C. 在进行风险评估时，如果注册会计师认为被审计单位的控制环境薄弱，则很难认定某一流程的控制是有效的

D. 在评估重大错报风险时，注册会计师应当将控制环境连同其他内部控制要素产生的影响一并考虑

答案：A

解析：实际上，在审计业务承接阶段，注册会计师就需要对控制环境作出初步了解和评价，选项A错误。

【例题6·（2016CPA）】下列各项中，不属于控制环境要素的是（ ）。

A. 对诚信和道德价值观的沟通与落实　　B. 内部审计的职能范围

C. 治理层的参与　　　　　　　　　　　D. 人力资源政策与实务

答案：B

解析：选项B属于内部控制要素中控制监督的范畴。

6. 被审计单位的风险评估过程

风险评估过程的作用是识别、评估和管理影响被审计单位实现经营目标能力的各种风险。

注册会计师应当询问管理层识别出的经营风险，并考虑这些风险是否可能导致重大错报。

在审计过程中，如果发现与财务报表有关的风险因素，注册会计师可通过向管理层询问和检查有关文件确定被审计单位的风险评估过程是否也发现了该风险；如果识别出管理层未能识别的重大错报风险，注册会计师应当考虑被审计单位的风险评估过程为何没有识别出这些风险，以及评估过程是否适合于具体环境。

7. 信息系统与沟通

（1）与财务报告相关的信息系统

与财务报告相关的信息系统，包括用于生成、记录、处理和报告交易、事项和情况，对相关资产、负债和所有者权益履行经营管理责任的程序和记录。

①与财务报告相关的信息系统应当与业务流程相适应。

②应当特别关注由于管理层凌驾于账户记录之上而产生的重大错报风险。

自动化程序和控制可能降低了发生无意错误的风险，但是并没有消除个人凌驾于控制之上的风险。

（2）与财务报告相关的沟通

与财务报告相关的沟通包括使员工了解各自在与财务报告有关的内部控制方面的角色和职责，员工之间的工作联系，以及向适当级别的管理层报告例外事项的方式。

注册会计师应当了解被审计单位内部如何对财务报告的岗位职责，以及与财务报告相关的重大事项进行沟通。注册会计师还应当了解管理层与治理层（特别是审计委员会）之间的沟通，以及被审计单位与外部（包括与监管部门）的沟通。

8. 控制活动

控制活动是指有助于确保管理层的指令得以执行的政策和程序。包括与授权、业绩评价、信息处理、实物控制和职责分离等相关的活动。

（1）授权

授权的目的在于保证交易在管理层授权范围内进行。

（2）业绩评价

注册会计师应当了解与业绩评价有关的控制活动，主要包括被审计单位分析评价实际业绩与预算的差异，以及对发现的异常差异或关系采取必要的调查与纠正措施。

（3）信息处理

注册会计师应当了解与信息处理有关的控制活动，包括信息技术的一般控制和应用控制。被审计单位通常执行各种措施，检查各种类型信息处理环境下的交易的准确性、完整性和授权。

（4）实物控制

注册会计师应当了解实物控制，主要包括了解对资产和记录采取适当的安全保护措施，对访问计算机程序和数据文件设置授权，以及定期盘点并将盘点记录与会计记录相核对。实物控制的效果影响资产的安全，从而对财务报表的可靠性及审计产生影响。

（5）职责分离

注册会计师应当了解职责分离，主要包括了解被审计单位如何将交易授权、交易记录以及资产保管等职责分配给不同员工，以防范同一员工在履行多项职责时可能发生的舞弊或错误。当信息技术运用于信息系统时，职责分离可以通过设置安全控制来实现。

注册会计师对被审计单位整体层面的控制活动进行的了解和评估，主要是针对被审计单位的一般控制活动，特别是信息技术的一般控制。控制活动主要影响业务流程层面。

9. 对控制的监督

对控制的监督是指被审计单位评价内部控制在一段时间内运行有效性的过程，该过程包括及时评价控制的设计和运行，以及根据情况的变化采取必要的纠正措施。

被审计单位通过持续的监督活动、专门的评价活动或两者相结合，实现对控制的监督。

内部控制的某些要素（如控制环境）更多地对被审计单位整体层面产生影响，而其他要素

（如信息系统与沟通、控制活动）则可能更多地与特定业务流程相关。在实务中，注册会计师应当从被审计单位整体层面和业务流程层面分别了解和评价被审计单位的内部控制。

二、函证、监盘及分析程序的运用

（一）函证

1. 函证决策

注册会计师应当确定是否有必要实施函证以获取认定层次的充分、适当的审计证据。在作出决策时，注册会计师应当考虑以下三个因素：

（1）评估的认定层次重大错报风险

评估的认定层次重大错报风险水平越高，注册会计师对通过实质性程序获取的审计证据的相关性和可靠性的要求越高。函证程序的运用对于提供充分、适当的审计证据可能是有效的。

（2）函证程序针对的认定

函证可以为某些认定提供审计证据，但是对不同的认定，函证的证明力是不同的。对特定认定函证的相关性受注册会计师选择函证信息的影响。

（3）实施除函证以外的其他审计程序

针对同一项认定可以从不同来源获取审计证据或获取不同性质的审计证据。注册会计师应当考虑被审计单位的经营环境、内部控制的有效性、账户或交易的性质、被询证者处理询证函的习惯做法及回函的可能性等，以确定函证的内容、范围、时间和方式。

此外，注册会计师还可以考虑的因素有：

（1）被询证者对函证事项的了解。

（2）预期被询证者回复询证函的能力或意愿。

（3）预期被询证者的客观性。

2. 函证的对象

（1）银行存款、借款及与金融机构往来的其他重要信息

注册会计师应当对银行存款（包括零余额账户和在本期内注销的账户）、借款及与金融机构往来的其他重要信息实施函证程序，除非有充分证据表明某一银行存款、借款及与金融机构往来的其他重要信息对财务报表不重要且与之相关的重大错报风险很低。如果不对这些项目实施函证程序，注册会计师应当在审计工作底稿中说明理由。

（2）应收账款

注册会计师应当对应收账款实施函证程序，除非有充分证据表明应收账款对财务报表不重要或函证很可能无效。如果不对应收账款函证，注册会计师应当在工作底稿中说明理由。

（3）函证的其他内容

函证通常适用于账户余额及其组成部分（如应收账款明细账），但是不一定限于这些项目。例如，可以函证合同条款等。

【例题1·（1605）】下列有关注册会计师是否实施应收账款函证程序的说法中，正确的有（　　）。

A. 对上市公司财务报表执行审计时，注册会计师均应当实施应收账款函证程序

B. 以为企业的相关内部控制可信时，注册会计师可以不实施应收账款函证程序

C. 如果有充分证据表明函证很可能无效，注册会计师可以不实施应收账款函证程序

D. 如果判断在收入确认方面不存在由于舞弊导致的重大错报风险，注册会计师可以不实施应收账款函证程序

E. 如果有充分证据表明应收账款对财务报表不重要，注册会计师可以不实施应收账款函证程序

答案：CE

解析：注册会计师应当对应收账款实施函证程序，除非有充分证据表明应收账款对财务报表不重要或函证很可能无效。

3. 函证程序实施的范围

如果采用审计抽样的方式确定函证程序的范围，无论是采用统计抽样方法，还是采用非统计抽样方法，选取的样本应当足以代表总体。根据被审计单位的了解、评估的重大错报风险以及所测试总体的特征，注册会计师可以确定从总体中选取特定项目进行测试。选取的特定项目可能包括：金额较大的项目；账龄较长的项目；交易频繁但期末余额较小的项目；重大关联方交易；重大或异常的交易；可能存在争议、舞弊或错误的交易。

4. 函证的时间

注册会计师通常以资产负债表日为截止日，在资产负债表日后适当时间内实施函证。如果重大错报风险评估为低水平，注册会计师可选择资产负债表日前适当日期为截止日实施函证，并对所函证项目自该截止日起至资产负债表日止发生的变动实施实质性程序。

5. 管理层要求不实施函证时的处理

当被审计单位管理层要求对拟函证的某些账户余额或其他信息不实施函证时，注册会计师应当考虑该项要求是否合理，并获取审计证据予以支持。如果认为管理层的要求合理，注册会计师应当实施替代审计程序，以获取与这些账户余额或其他信息相关的充分、适当的审计证据。如果认为管理层的要求不合理，且被其阻挠而无法实施函证，注册会计师应当视为审计范围受到限制，并考虑对审计报告可能产生的影响。

6. 询证函的设计

（1）设计询证函的总体要求

注册会计师应当根据特定审计目标设计询证函。询证函的设计服从于审计目标的需要。通常，在针对账户余额的存在性认定获取审计证据时，注册会计师应当在询证函中列明相关信息，要求对方核对确认。但在针对账户余额的完整性认定获取审计证据时，注册会计师则需要改变询证函的内容设计或者采用其他审计程序。

（2）设计询证函需要考虑的因素

在设计询证函时，注册会计师应当考虑所审计的认定以及可能影响函证可靠性的因素。

①函证的方式

函证的方式有两种：积极式函证和消极式函证。不同的函证方式，其提供审计证据的可靠性不同。

②以往审计或类似业务的经验

当注册会计师根据以往经验认为，即使询证函设计恰当，回函率仍很低，应考虑从其他途径获取审计证据。

③拟函证信息的性质

注册会计师应当了解被审计单位与第三方之间交易的实质，以确定哪些信息需要进行函证。

④选择被询证者的适当性

注册会计师应当向对所询证信息知情的第三方发送询证函。

函证所提供的审计证据的可靠性还受到被询证者的能力、独立性、客观性、回函者是否有

权回函等因素的影响。

当存在重大、异常、在期末前发生的、对财务报表产生重大影响的交易，而被询证者在经济上依赖于被审计单位时，注册会计师应当考虑被询证者可能被驱使提供不正确的回函。

⑤被询证者易于回函的信息类型

询证函所函证信息是否便于被询证者回答，影响到回函率和所获取审计证据的性质。

询证函通常应当包含被审计单位管理层的授权，授权被询证者向注册会计师提供有关信息。

（3）积极与消极的函证方式

注册会计师可采用积极的或消极的函证方式实施函证，也可将两种方式结合使用。

①积极的函证方式

如果采用积极的函证方式，注册会计师应当要求被询证者在所有情况下必须回函，确认询证函所列示信息是否正确，或填列询证函要求的信息。

积极的函证方式又分为两种：

a. 在询证函中列明拟函证的账户余额或其他信息，要求被询证者确认所函证的款项是否正确。通常认为，对这种询证函的回复能够提供可靠的审计证据。但是，其缺点是被询证者可能对所列示信息根本不加以验证就予以回函确认。

b. 在询证函中不列明账户余额或其他信息，而要求被询证者填写有关信息或提供进一步信息。由于这种询证函要求被询证者作出更多的努力，可能会导致回函率降低，进而导致注册会计师执行更多的替代程序。

在采用积极的函证方式时，只有注册会计师收到回函，才能为财务报表认定提供审计证据。注册会计师没有收到回函，就无法证明函证信息是否正确。

②消极的函证方式

如果采用消极的函证方式，注册会计师只要求被询证者仅在不同意询证函列示信息的情况下才予以回函。

对消极式询证函而言，未收到回函并不能明确表明预期的被询证者已经收到询证函或已经核实了询证函中包含的信息的准确性。因此，未收到消极式询证函的回函提供的审计证据，远不如积极式询证函的回函提供的审计证据有说服力。

当同时存在下列情况时，注册会计师可考虑采用消极的函证方式：

a. 重大错报风险评估为低水平。

b. 涉及大量余额较小的账户。

c. 预期不存在大量的错误。

d. 没有理由相信被询证者不认真对待函证。

③两种方式的结合使用

7. 函证的实施与评价

（1）对函证过程的控制

①函证发出前的控制措施

询证函经被审计单位盖章后，应当由注册会计师直接发出。

在询证函发出前，注册会计师需要对询证函上的各项资料进行充分核对，注意事项可能包括：

a. 询证函中填列的需要被询证者确认的信息是否与被审计单位账簿中的有关记录保持一致。对于银行存款的函证，需要银行确认的信息是否与银行对账单等保持一致。

b. 考虑选择的被询证者是否适当，包括被询证者对被函证信息是否知情、是否具有客观性、是否拥有回函的授权等。

c. 是否已在询证函中正确填列被询证者直接向注册会计师回函的地址。

d. 是否已将被询证者的名称、地址与被审计单位有关记录进行核对，以确保询证函中的名称、地址等内容的准确性。

②通过不同方式发出询证函时的控制措施

询证函的发出和收回可以采用邮寄、跟函、电子形式函证（包括传真、电子邮件、直接访问网站等）等方式。

a. 通过邮寄方式发出询证函时采取的控制措施

为避免询证函被拦截、篡改等舞弊风险，在邮寄询证函时，注册会计师可以在核实由被审计单位提供的被询证者的联系方式后，不使用被审计单位本身的邮寄设施，而是独立寄发询证函。

b. 通过跟函方式发出询证函时采取的控制措施

如果注册会计师认为跟函的方式能够获取可靠信息，可以采取该方式发送并收回询证函。

如果被询证者同意注册会计师独自前往被询证者执行函证程序，注册会计师可以独自前往。如果注册会计师跟函时需有被审计单位人员陪伴，注册会计师需要在整个过程中保持对询证函的控制，同时，对被审计单位和被询证者之间串通舞弊的风险保持警觉。

（2）积极式函证未收到回函时的处理

如果采用积极的函证方式实施函证而未能收到回函，注册会计师应当考虑必要时再次向被询证者寄发询证函。如果未能得到被询证者的回应，注册会计师应当实施替代审计程序。

（3）评价审计证据充分性和适当性时考虑的因素

如果注册会计师认为取得积极式函证回函是获取充分、适当的审计证据的必要程序，则替代程序不能提供注册会计师所需要的审计证据。

如果未获取回函，注册会计师应当确定其对审计工作和审计意见的影响。

（4）评价函证的可靠性

函证所获取的审计证据的可靠性主要取决于注册会计师设计询证函、实施函证程序和评价函证结果等程序的适当性。

在评价函证的可靠性时，注册会计师应当考虑：对询证函的设计、发出及收回的控制情况；被询证者的胜任能力、独立性、授权回函情况、对函证项目的了解及其客观性；被审计单位施加的限制或回函中的限制。

收到回函后，根据不同情况，注册会计师可以分别实施程序，以验证回函的可靠性。在验证回函的可靠性时，注册会计师需要保持职业怀疑。

①通过邮寄方式收到的回函

注册会计师可以验证以下信息：

a. 被询证者确认的询证函是否是原件，是否与注册会计师发出的询证函是同一份。

b. 回函是否由被询证者直接寄给注册会计师。

c. 寄给注册会计师的回邮信封或快递信封中记录的发件方名称、地址是否与询证函中记载的被询证者名称、地址一致。

d. 回邮信封上寄出方的邮戳显示发出城市或地区是否与被询证者的地址一致。

e. 被询证者加盖在询证函上的印章以及签名中显示的被询证者名称是否与询证函中记载的

被询证者名称一致。在认为必要的情况下，注册会计师还可以进一步与被审计单位持有的其他文件进行核对或亲自前往被询证者进行核实等。

如果被询证者将回函寄至被审计单位，被审计单位将其转交注册会计师，该回函不能视为可靠的审计证据。在这种情况下，注册会计师可以要求被询证者直接书面回复。

②通过跟函方式收到的回函

对于通过跟函方式获取的回函，注册会计师可以实施以下审计程序：

a. 了解被询证者处理函证的通常流程和处理人员。

b. 确认处理询证函人员的身份和处理询证函的权限，如索要名片、观察员工卡或姓名牌等。

c. 观察处理询证函的人员是否按照处理函证的正常流程认真处理询证函，例如，该人员是否在其计算机系统或相关记录中核对相关信息。

③以电子形式收到的回函

对以电子形式收到的回函，可靠性存在风险。注册会计师和回函者采用一定的程序为电子形式的回函创造安全环境，可以降低该风险。如果注册会计师确信该程序安全并得到适当控制，则会提高相关回函的可靠性。

电子函证程序涉及多种确认发件人身份的技术，如加密技术、电子数码签名技术、网页真实性认证程序。

当注册会计师存有疑虑时，可以与被询证者联系以核实回函的来源及内容。必要时，注册会计师可以要求被询证者提供回函原件。

④对询证函的口头回复

只对询证函进行口头回复不是对注册会计师的直接书面回复，不符合函证的要求，因此，不能作为可靠的审计证据。

在收到对询证函口头回复的情况下，注册会计师可以要求被询证者提供直接书面回复。如果仍未收到书面回函，注册会计师需要通过实施替代程序，寻找其他审计证据以支持口头回复中的信息。

⑤限制性条款对询证函可靠性的影响

被询证者的回函中可能包括免责或其他限制条款。回函中存在免责或其他限制条款是影响外部函证可靠性的因素之一，但这种限制不一定使回函失去可靠性，注册会计师能否依赖回函信息以及依赖的程度取决于免责或限制条款的性质和实质。

a. 对回函可靠性不产生影响的条款

回函中格式化的免责条款可能并不会影响所确认信息的可靠性，实务中常见的这种免责条款的例子包括：

"提供的本信息仅出于礼貌，我方没有义务必须提供，我方不因此承担任何明示或暗示的责任、义务和担保"。

"本回复仅用于审计目的，被询证方、其员工或代理人无任何责任，也不能免除注册会计师作其他询问或执行其他工作的责任"。

其他限制条款如果与所测试的认定无关，也不会导致回函失去可靠性。

b. 对回函可靠性产生影响的限制条款

实务中常见的此类限制条款的例子包括：

"本信息是从电子数据库中取得的，可能不包括被询证方所拥有的全部信息"。

"本信息既不保证准确也不保证是最新的，其他方可能会持有不同意见"。

"接收人不能依赖函证中的信息"。

如果限制条款使注册会计师将回函作为可靠审计证据的程度受到了限制，则注册会计师可能需要执行额外的或替代审计程序。

如果注册会计师不能通过替代或额外的审计程序获取充分、适当的审计证据，注册会计师应当确定其对审计工作和审计意见的影响。

如果认为询证函回函不可靠，注册会计师应当评价其对评估的相关重大错报风险（包括舞弊风险），以及其他审计程序的性质、时间安排和范围的影响。

（5）对不符事项的处理

注册会计师应当考虑不符事项是否构成错报及其对财务报表可能产生的影响，并将结果形成审计工作记录。

（6）实施函证时需要关注的舞弊风险迹象以及采取的应对措施

在函证过程中，注册会计师需要始终保持职业怀疑，对舞弊风险迹象保持警觉。

①注册会计师需要关注的舞弊风险迹象

与函证程序有关的舞弊风险迹象的例子包括：管理层不允许寄发询证函；管理层试图拦截、篡改询证函或回函；被询证者将回函寄至被审计单位；注册会计师跟进访问被询证者，发现回函信息与被询证者记录不一致；从私人电子信箱发送的回函；收到同一日期发回的、相同笔迹的多份回函；位于不同地址的多家被询证者的回函邮戳显示的发函地址相同；不正常的回函率；被询证者缺乏独立性等。

②针对舞弊风险迹象注册会计师可以采取的应对措施

针对舞弊风险迹象，注册会计师根据具体情况可以实施的审计程序的例子包括：

a. 验证被询证者是否存在、是否与被审计单位之间缺乏独立性，其业务性质和规模是否与被询证者和被审计单位之间的交易记录相匹配。

b. 将与从其他来源得到的被询证者的地址相比较，验证寄出方地址的有效性。

c. 将被审计单位档案中有关被询证者的签名样本、公司公章与回函核对。

d. 要求与被询证者相关人员直接沟通讨论询证事项，考虑是否有必要前往被询证者工作地点以验证其是否存在。

e. 分别在中期和期末寄发询证函，并使用被审计单位账面记录和其他相关信息核对相关账户的期间变动。

f. 考虑从金融机构获得被审计单位的信用记录，加盖该金融机构公章，并与被审计单位会计记录相核对，以证实是否存在被审计单位没有记录的贷款、担保、开立银行承兑汇票、信用证、保函等事项。

【例题 2·（模拟）】下列有关函证的说法中，错误的是（　　　　）。

A. 如果注册会计师认为取得积极式函证回函是获取充分、适当的审计证据的必要程序，则替代程序不能提供注册会计师所需要的审计证据

B. 如果被审计单位与银行存款存在认定有关的内部控制设计良好并有效运行，注册会计师可适当减少函证的样本量

C. 注册会计师应当对应收账款实施函证程序，除非应收账款对财务报表不重要且评估的重大错报风险低

D. 如果注册会计师将重大错报风险评估为低水平，且预期不符事项的发生率很低，可以将消极式函证作为唯一的实质性程序

答案：BCD

解析：B，注册会计师应当对银行存款实施函证程序，除非有充分证据表明某一银行存款对财务报表不重要且与之相关的重大错报风险很低；C，注册会计师应当对应收账款实施函证程序，除非应收账款对财务报表不重要，或函证很可能无效；D，首先可以考虑采用消极的函证方式的条件还应包括涉及大量余额较小的账户、没有理由相信被询证者不认真对待函证，其次实质性程序是多种程序的组合，一般不具有唯一性。

【例题3·（1609）】注册会计师在上市公司甲公司2015年财务报表审计过程中，发现如下事项：（1）甲公司2015年6月注销1个银行账户，截至2015年12月31日拥有4个正常使用的银行账户，其他某账户余额为0；（2）甲公司存货共计1.5亿元，其中价值1亿元产成品已经发出，产品处于调试过程中，无证据表明上述某项对甲公司财务报表不重要且与之相关的重大错报风险很低，不考虑其他因素，针对上述事项，注册会计师实施的以下审计程序中，说法正确的是（　　　）。

A. 注册会计师应当对甲公司4个在用的银行账户包括余额为0的账户及其相关的存款、借款以及与银行往来的其他重要信息（如抵押、质押、担保情况）实施函证，未对注销的账户实施函证

B. 在函证银行账户过程中，被函证的银行可以以原件、传真、电子邮件等方式回函至会计师，会计师无须实施其他程序将其作为可靠审计证据留存。若银行回函至甲公司，由其转交至会计师，则该回函不能视为可靠的审计证据

C. 针对甲公司存货，注册会计师错过了2015年12月31日企业组织的存货盘点工作，应当在资产负债表日后对在库存货进行适当检查或重新盘点，并对重盘日与资产负债表日之间发生的交易进行测试

D. 针对甲公司发出商品，注册会计师应当向该批存货的保管方（客户）发出询证函，在回函确定的情况下可以不实施实地监盘程序

答案：CD

解析：A错误，注册会计师应当对银行存款（包括零余额账户和在本期内注销的账户）、借款及与金融机构往来的其他重要信息实施函证程序，除非有充分证据表明某一银行存款、借款及与金融机构往来的其他重要信息对财务报表不重要且与之相关的重大错报风险很低。如果不对这些项目实施函证程序，注册会计师应当在审计工作底稿中说明理由。B错误，在函证银行存款账户过程中，被函证的银行如果以原件、传真、电子邮件等方式回函至会计师，收到回函后，根据不同情况，注册会计师可以分别实施程序，以验证回函的可靠性。在验证回函的可靠性时，注册会计师需要保持职业怀疑，即使是原件也要进行验证。

【例题4·（2014CPA）】下列有关函证的说法中，正确的是（　　　）。

A. 如果注册会计师认为取得积极式函证回函是获取充分、适当的审计证据的必要程序，则替代程序不能提供注册会计师所需要的审计证据

B. 如果被审计单位与银行存款存在认定有关的内部控制设计良好并有效运行，注册会计师可适当减少函证的样本量

C. 注册会计师应当对应收账款实施函证程序，除非应收账款对财务报表不重要且评估的重大错报风险低

D. 如果注册会计师将重大错报风险评估为低水平，且预期不符事项的发生率很低，可以将消极式函证作为唯一的实质性程序

答案：A

解析：选项B，注册会计师应当对银行存款实施函证程序，除非有充分证据表明某一银行存款对财务报表不重要且与之相关的重大错报风险很低；选项C，注册会计师应当对应收账款实施函证程序，除非应收账款对财务报表不重要，或函证很可能无效；选项D，首先可以考虑采用消极的函证方式的条件还应包括涉及大量余额较小的账户、没有理由相信被询证者不认真对待函证，其次实质性程序是多种程序的组合，一般不具有唯一性。

【例题5·（2013CPA）】 下列有关注册会计师是否实施应收账款函证程序的说法中，正确的是（　　　）。

A. 对上市公司财务报表执行审计时，注册会计师应当实施应收账款函证程序

B. 对小型企业财务报表执行审计时，注册会计师可以不实施应收账款函证程序

C. 如果有充分证据表明函证很可能无效，注册会计师可以不实施应收账款函证程序

D. 如果在收入确认方面不存在由于舞弊导致的重大错报风险，注册会计师可以不实施应收账款函证程序

答案：C

解析：注册会计师应当对应收账款实施函证程序，除非有充分证据表明应收账款对财务报表不重要，或函证很可能无效。如果认为函证很可能无效，注册会计师应当实施替代审计程序，获取相关、可靠的审计证据。

【例题6·（2016CPA）】 下列有关询证函回函可靠性的说法中，错误的有（　　　）。

A. 被询证者对于函证信息的口头回复是可靠的审计证据

B. 询证函回函中的免责条款削弱了回函的可靠性

C. 由被审计单位转交给注册会计师的回函不是可靠的审计证据

D. 以电子形式收到的回函不是可靠的审计证据

答案：ABD

解析：只对询证函进行口头回复不是对注册会计师的直接书面回复，不符合函证的要求，因此，不作为可靠的审计证据，选项A错误；回函中格式化的免责条款可能并不会影响所确认信息的可靠性，选项B错误；如果对电子形式的回函，确认程序安全并得到适当控制，则会提高相关回函的可靠性，选项D错误。

（二）监盘

1. 存货监盘

（1）存货监盘的目的与责任

注册会计师监盘存货的目的在于获取有关存货数量和状况的审计证据。因此，存货监盘针对的主要是存货的存在认定，对存货的完整性认定及计价认定，也能提供部分审计证据。此外，注册会计师还可能在存货监盘中获取有关存货所有权的部分审计证据。存货监盘本身并不足以供注册会计师确定存货的所有权，注册会计师可能需要执行其他实质性审计程序以应对所有权认定的相关风险。

实施存货监盘，获取有关期末存货数量和状况的充分、适当的审计证据是注册会计师的责任，但这并不能取代被审计单位管理层定期盘点存货、合理确定存货的数量和状况的责任。

（2）存货监盘计划

①制订存货监盘计划的基本要求

注册会计师应当根据被审计单位存货的特点、盘存制度和存货内部控制的有效性等情况，

在评价被审计单位管理层制订的存货盘点程序的基础上，编制存货监盘计划，对存货监盘作出合理安排。

②制订存货监盘计划应考虑的相关事项

在编制存货监盘计划时，注册会计师需要考虑以下事项：

a. 与存货相关的重大错报风险

b. 与存货相关的内部控制的性质

c. 对存货盘点是否制定了适当的程序，并下达了正确的指令

注册会计师一般需要复核或与管理层讨论其存货盘点程序。在复核或与管理层讨论其存货盘点程序时，注册会计师应当考虑下列主要因素，以评价其能否合理地确定存货的数量和状况：盘点的时间安排；存货盘点范围和场所的确定；盘点人员的分工及胜任能力；盘点前的会议及任务布置；存货的整理和排列，对毁损、陈旧、过时、残次及所有权不属于被审计单位的存货的区分；存货的计量工具和计量方法；在产品完工程度的确定方法；存放在外单位的存货的盘点安排；存货收发截止的控制；盘点期间存货移动的控制；盘点表单的设计、使用与控制；盘点结果的汇总以及盘盈或盘亏的分析、调查与处理。

如果认为被审计单位的存货盘点程序存在缺陷，注册会计师应当提请被审计单位调整。

d. 存货盘点的时间安排

如果存货盘点在财务报表日以外的其他日期进行，注册会计师除实施存货监盘相关审计程序外，还应当实施其他审计程序，以获取审计证据，确定存货盘点日与财务报表日之间的存货变动是否已得到恰当的记录。

e. 被审计单位是否一贯采用永续盘存制

f. 存货的存放地点（包括不同存放地点的存货的重要性和重大错报风险），以确定适当的监盘地点

在获取完整的存货存放地点清单的基础上，注册会计师可以根据不同地点所存放存货的重要性以及对各个地点与存货相关的重大错报风险的评估结果（例如，注册会计师在以往审计中可能注意到某些地点存在存货相关的错报，因此，在本期审计时对其予以特别关注），选择适当的地点进行监盘，并记录选择这些地点的原因。

如果识别出由于舞弊导致的影响存货数量的重大错报风险，注册会计师在检查被审计单位存货记录的基础上，可能决定在不预先通知的情况下对特定存放地点的存货实施监盘，或在同一天对所有存放地点的存货实施监盘。

同时，在连续审计中，注册会计师可以考虑在不同期间的审计中变更所选择实施监盘的地点。

g. 是否需要专家协助

③存货监盘计划的主要内容

存货监盘计划应当包括以下主要内容：

a. 存货监盘的目标、范围及时间安排

存货监盘的主要目标包括获取被审计单位资产负债表日有关存货数量和状况以及有关管理层存货盘点程序可靠性的审计证据，检查存货的数量是否真实完整，是否归属审计单位，存货有无毁损、陈旧、过时、残次和短缺等状况。

存货监盘范围的大小取决于存货的内容、性质及与存货相关的内部控制的完善程度和重大错报风险的评估结果。

存货监盘的时间，包括实地察看盘点现场的时间、观察存货盘点的时间和对已盘点存货实施检查的时间等，应当与被审计单位实施存货盘点的时间相协调。

b. 存货监盘的要点及关注事项

存货监盘的要点主要包括注册会计师实施存货监盘程序的方法、步骤，各个环节应注意的问题以及所要解决的问题。注册会计师需要重点关注的事项包括盘点期间的存货移动、存货的状况、存货的截止确认、存货的各个存放地点及金额等。

c. 参加存货监盘人员的分工

注册会计师应当根据被审计单位参加存货盘点人员分工、分组情况、存货监盘工作量的大小和人员素质情况，确定参加存货监盘的人员组成以及各组成人员的职责和具体分工情况，并加强督导。

d. 检查存货的范围

注册会计师应当根据对被审计单位存货盘点和对被审计单位内部控制的评价结果确定检查存货的范围。在实施观察程序后，如果认为被审计单位内部控制设计良好且得到有效实施、存货盘点组织良好，可以相应缩小实施检查程序的范围。

（3）存货监盘程序

在存货盘点现场实施监盘时，注册会计师应当实施下列审计程序：

①评价管理层用于记录和控制存货盘点结果的指令和程序。注册会计师需要考虑指令和程序是否包括：

a. 适当控制活动的运用，例如，收集已使用的存货盘点记录，清点未使用的存货盘点表单，实施盘点和复盘程序。

b. 准确认定在产品的完工程度，流动缓慢、过时或毁损的存货项目，以及第三方拥有的存货。

c. 在适用的情况下用于估计存货数量的方法，如可能需要估计煤堆的重量。

d. 对存货在不同存放地点之间移动以及截止日前后期间出入库的控制。

一般而言，被审计单位在盘点过程中停止生产并关闭存货存放地点以确保停止存货的移动，有利于保证盘点的准确性。但特定情况下，被审计单位可能由于实际原因无法停止生产或收发货物。这种情况下，注册会计师可以根据被审计单位的具体情况考虑其无法停止存货移动的原因及其合理性。

同时，注册会计师可以通过询问管理层以及阅读被审计单位的盘点计划等方式，了解被审计单位对存货移动所采取的控制程序和对存货收发截止影响的考虑。例如，如果被审计单位在盘点过程中无法停止生产，可以考虑在仓库内划分出独立的过渡区域，将预计在盘点期领用的存货移至过渡区域，对盘点期间办理入库手续的存货暂时存放在过渡区域，以此确保相关存货只被盘点一次。

在实施存货监盘程序时，注册会计师需要观察被审计单位有关存货移动的控制程序是否得到执行。同时，注册会计师可以向管理层索取盘点期间存货移动相关的书面记录以及出入库资料作为执行截止测试的资料，为监盘结束的后续工作提供证据。

②观察管理层制定的盘点程序（如对盘点时及其前后的存货移动的控制程序）的执行情况。这有助于注册会计师获取有关管理层指令和程序是否得到适当设计和执行的审计证据。尽管盘点存货时最好能保持存货不发生移动，但在某些情况下，存货的移动是难以避免的。如果在盘点过程中被审计单位的生产经营仍将持续进行，注册会计师应通过实施必要的检查程序，确定

被审计单位是否已经对此设置了相应的控制程序，确保在适当的期间内对存货作出了准确记录。

此外，注册会计师可以获取有关截止性信息（如存货移动的具体情况）的复印件，有助于日后对存货移动的会计处理实施审计程序。具体来说，注册会计师一般应当获取盘点日前后存货收发及移动的凭证，检查库存记录与会计记录期末截止是否正确。注册会计师在对期末存货进行截止测试时，通常应当关注：

所有在截止日以前入库的存货项目是否均已包括在盘点范围内，并已反映在截止日以前的会计记录中。任何在截止日期以后入库的存货项目是否均未包括在盘点范围内，也未反映在截止日以前的会计记录中。

所有在截止日以前装运出库的存货项目是否均未包括在盘点范围内，且未包括在截止日的存货账面余额中。任何在截止日期以后装运出库的存货项目是否均已包括在盘点范围内，并已包括在截止日的存货账面余额中。

所有已确认为销售但尚未装运出库的商品是否均未包括在盘点范围内，且未包括在截止日的存货账面余额中；所有已记录为购货但尚未入库的存货是否均已包括在盘点范围内，并已反映在会计记录中。

在途存货和被审计单位直接向顾客发运的存货是否均已得到了适当的会计处理。

注册会计师通常可观察存货的验收入库地点和装运出库地点以执行截止测试。在存货入库和装运过程中采用连续编号的凭证时，注册会计师应当关注截止日期前的最后编号。如果被审计单位没有使用连续编号的凭证，注册会计师应当列出截止日期以前的最后几笔装运和入库记录。如果被审计单位使用运货车厢或拖车进行存储、运输或验收入库，注册会计师应当详细列出存货场地上满载和空载的车厢或拖车，并记录各自的存货状况。

③检查存货

在存货监盘过程中检查存货，虽然不一定能确定存货的所有权，但有助于确定存货的存在，以及识别过时、毁损或陈旧的存货。

④执行抽盘

在对存货盘点结果进行测试时，注册会计师可以从存货盘点记录中选取项目追查至存货实物，以及从存货实物中选取项目追查至盘点记录，以获取有关盘点记录的准确性和完整性的审计证据。需要说明的是，注册会计师应尽可能避免让被审计单位事先了解将抽盘的存货项目。

注册会计师在实施抽盘程序时发现差异，很可能表明被审计单位的存货盘点在准确性或完整性方面存在错误。由于检查的内容通常仅仅是已盘点存货中的一部分，所以在检查中发现的错误很可能意味着被审计单位存货盘点还存在着其他错误。一方面，注册会计师应当查明原因，并及时提请被审计单位更正；另一方面，注册会计师应当考虑错误的潜在范围和重大程度，在可能的情况下，扩大检查范围以减少错误的发生。注册会计师还可要求被审计单位重新盘点。重新盘点的范围可限于某一特殊领域的存货或特定盘点小组。

存货监盘的相关程序可以用做控制测试或者实质性程序。注册会计师可以根据风险评估结果、审计方案和实施的特定程序作出判断。例如，如果只有少数项目构成了存货的主要部分，注册会计师可能选择将存货监盘用做实质性程序。

⑤需要特别关注的情况

a. 存货盘点范围。在被审计单位盘点存货前，注册会计师应当观察盘点现场，确定应纳入盘点范围的存货是否已经适当整理和排列，并附有盘点标识，防止遗漏或重复盘点。对未纳入盘点范围的存货，注册会计师应当查明未纳入的原因。

对所有权不属于被审计单位的存货，注册会计师应当取得其规格、数量等有关资料，确定是否已单独存放、标明，且未被纳入盘点范围。

b. 对特殊类型存货的监盘。对某些特殊类型的存货而言，被审计单位通常使用的盘点方法和控制程序并不完全适用。这些存货通常或者没有标签，或者其数量难以估计，或者其质量难以确定，或者盘点人员无法对其移动实施控制。在这些情况下，注册会计师需要运用职业判断，根据存货的实际情况，设计恰当的审计程序，对存货的数量和状况获取审计证据。

⑥存货监盘结束时的工作

在被审计单位存货盘点结束前，注册会计师应当：

a. 再次观察盘点现场，以确定所有应纳入盘点范围的存货是否均已盘点。

b. 取得并检查已填用、作废及未使用盘点表单的号码记录，确定其是否连续编号，查明已发放的表单是否均已收回，并与存货盘点的汇总记录进行核对。

如果存货盘点日不是资产负债表日，注册会计师应当实施适当的审计程序，确定盘点日与资产负债表日之间存货的变动是否已得到恰当的记录。

在实务中，注册会计师可以结合盘点日至财务报表日之间间隔期的长短、相关内部控制的有效性等因素进行风险评估，设计和执行适当的审计程序。

（4）特殊情况的处理

①在存货盘点现场实施存货监盘不可行

如果在存货盘点现场实施存货监盘不可行，注册会计师应当实施替代审计程序（如检查盘点日后出售盘点日之前取得或购买的特定存货的文件记录），以获取有关存货的存在和状况的充分、适当的审计证据。

但在其他一些情况下，如果不能实施替代审计程序，或者实施替代审计程序可能无法获取有关存货的存在和状况的充分、适当的审计证据，注册会计师需要按照规定发表非无保留意见。

②因不可预见的情况导致无法在存货盘点现场实施监盘

有时，由于不可预见情况而导致无法在预定日期实施存货监盘，两种比较典型的情况包括：一是注册会计师无法亲临现场，即由于不可抗力导致其无法到达存货存放地实施存货监盘；二是气候因素，即由于恶劣的天气导致注册会计师无法实施存货监盘程序，或由于恶劣的天气无法观察存货，如木材被积雪覆盖。

注册会计师应当另择日期实施监盘，并对间隔期内发生的交易实施审计程序。

③由第三方保管或控制的存货

如果由第三方保管或控制的存货对财务报表是重要的，注册会计师应当实施下列一项或两项审计程序，以获取有关该存货存在和状况的充分、适当的审计证据：

a. 向持有被审计单位存货的第三方函证存货的数量和状况。

b. 实施检查或其他适合具体情况的审计程序。注册会计师可能认为实施其他审计程序是适当的。其他审计程序可以作为函证的替代程序，也可以作为追加的审计程序。

其他审计程序的示例包括：

a. 实施或安排其他注册会计师实施对第三方的存货监盘（如可行）。

b. 获取其他注册会计师或服务机构注册会计师针对用于保证存货得到恰当盘点和保管的内部控制的适当性而出具报告。

c. 检查与第三方持有的存货相关的文件记录，如仓储单。

d. 当存货被作为抵押品时，要求其他机构或人员进行确认。

考虑到第三方仅在特定时点执行存货盘点工作，在实务中，注册会计师可以事先考虑实施函证的可行性。如果预期不能通过函证获取相关审计证据，可以事先计划和安排存货监盘等工作。

此外，注册会计师可以考虑由第三方保管存货的商业理由的合理性，以进行存货相关风险（包括舞弊风险）的评估，并计划和实施适当的审计程序。

【例题7·（1406）】 CPA 为甲公司进行 2013 年财务报表审计，以下工作正确的有（　　）。

A. 甲公司 80% 的产成品存放于各地销售处，为证实该部分存货的存在，以积极的方式向所有销售处实施 100% 函证

B. CPA 以预计回函无效为由未对与债务人发生纠纷存在争议的应收账款进行函证

C. 甲公司 2013 年初有 20 个银行账户，2013 年增加 5 个，注销 3 个，CPA 确定的函证对象为 22 个在用账户及注销的 3 个账户

D. CPA 将交易频繁但期末余额较小，甚至为 0 的应收账款纳入函证范围

答案：CD

解析：A，此处不必实施 100% 函证。B，与债务人发生纠纷的应收账款应该函证。

【例题8·（1505）】 以下关于存货盘点及 CPA 监盘的说法正确的有（　　）。

A. 同种存货存放在不同地点，CPA 可以在不预先通知的情况下对特定存放地点的存货实施监盘，也可以在同一天对所有存放地点的存货实施监盘

B. 采取预收货款方式的存货，该存货已经发出，应将该存货纳入盘点范围

C. 已经完成采购但尚未入库的存货应纳入盘点范围

D. CPA 应当对企业所有存货进行监盘

答案：AC

解析：B，企业应将属于自己的存货全部纳入盘点范围，预收货款方式销售商品收入成本确认的时间为发出货物的时间，因此此时该存货已不属于企业的存货。C，属于企业的存货，应纳入盘点范围。D，CPA 抽盘。

【例题9·（1509）】 以下关于存货监盘的说法正确的有（　　）。

A. 注册会计师应当对企业期末所有存货实施监盘

B. CPA 对企业存货实施监盘，可获取有关期末存货数量和状况的充分、适当的审计证据，因此，在有 CPA 监盘的时点，被审计单位可以不用自己再对存货另行盘点

C. CPA 欲对 2014 年 12 月 31 日的存货期末余额、数量进行确认，其实施的存货监盘程序只能在 2014 年 12 月 31 日当天或期后的 10 天内

D. 实施存货监盘应当事先制订实地监盘计划

答案：D

解析：A，对存货的监盘是抽盘，现金是全盘；B，需要说明的是，尽管实施存货监盘，获取有关期末存货数量和状况的充分、适当的审计证据是注册会计师的责任，但这并不能取代被审计单位管理层定期盘点存货、合理确定存货的数量和状况的责任；C，可在资产负债表日前后进行。

【例题10·（1611）】 某制造业公司拟申报 IPO，因存货余额较大，保荐代表人在尽职调查过程中，对会计师的存货监盘审计工作底稿进行了复核，其中，正确的做法有（　　）。

A. 审计项目组拟不信赖与存货相关的内部控制运行的有效性，故在监盘时不再观察管理层

制定的盘点程序的执行情况

　　B. 审计项目组获取了盘点日前后存货收发及移动的凭证，以确定公司是否将盘点日前入库的存货、盘点日后出库的存货包括在盘点范围内的

　　C. 由于公司人手不足，审计项目组受管理层委托，代为盘点公司异地存放的存货，并将盘点记录作为公司盘点记录和审计项目组监盘工作底稿

　　D. 审计项目组按存货项目定义抽样单元，选取 A 产品为抽盘样本项目之一，A 产品分布 5 个仓库中，考虑到监盘人员安排困难，审计项目组对其中 3 个仓库的 A 产品进行抽盘，未发现差异，对该样本项目的抽盘结果满意

　　E. 在公司存货盘点结束前，审计项目组取得并检查了已填用、作废及未使用盘点表单的号码记录，确定其是否连续编号以及已发放的表单是否均已收回，并与存货盘点汇总表中记录的盘点表单使用情况一致

　　答案：BE

　　解析：A 错误，观察管理层制定的盘点程序的执行情况有助于注册会计师获取有关管理层指令和程序是否得到适当设计和执行的审计证据，属于了解被审计单位内部控制必须要执行的程序，即使拟不信赖与存货相关的内部控制运行的有效性（不打算实施控制测试）也要实施该程序。C 错误，实施存货监盘，获取有关期末存货数量和状况的充分、适当的审计证据是注册会计师的责任，但这并不能取代被审计单位管理层定期盘点存货、合理确定存货的数量和状况的责任。同时，审计项目组人员代为盘点企业存货属于代行管理层职责，形成的盘点记录，属于审计对象，会因为自我评价对项目组人员独立性产生不利影响。D 错误，审计监盘中对注册会计师带来不便的一般因素不足以支持注册会计师作出实施存货监盘不可行的决定。审计中的困难、时间或成本等事项本身，不能作为注册会计师省略不可替代的审计程序或满足于说服力不足的审计证据的正当理由。所以项目组应将 5 个仓库的 A 产品均要进行抽盘。

　　【例题 11·（2015CPA）】下列有关存货监盘的说法中，正确的是（　　　　）。

　　A. 注册会计师主要采用观察程序实施存货监盘

　　B. 注册会计师在实施存货监盘过程中不应协助被审计单位的盘点工作

　　C. 由于不可预见的情况而导致无法在预定日期实施存货监盘，注册会计师可以实施替代审计程序

　　D. 注册会计师实施存货监盘通常可以确定存货的所有权

　　答案：B

　　解析：选项 A，存货监盘主要采用的程序除了观察外，还有检查程序等；选项 C，如果由于不可预见的情况无法在存货盘点现场实施监盘，注册会计师应当另择日期实施监盘，并对间隔期内发生的交易实施审计程序；选项 D，存货监盘主要验证存货的存在认定，存货监盘本身并不足以提供注册会计师确定存货的所有权，注册会计师可能需要执行其他实质性程序以应对所有权认定的相关风险。

　　【例题 12·（2014CPA）】下列有关存货监盘的说法中，正确的有（　　　　）。

　　A. 注册会计师在制订监盘计划时，需要考虑是否在监盘中利用专家的工作

　　B. 如果存货盘点在财务报表日以外的其他日期进行，注册会计师除实施监盘相关审计程序外，还应当实施其他程序，以确定盘点日与财务报表日之间的存货变动已得到恰当记录

　　C. 如果存货存放在不同地点，注册会计师的监盘应当覆盖所有存放地点

　　D. 如果由于不可预见的情况，无法在存货盘点现场实施监盘，注册会计师应当实施替代审

计程序

答案：AB

解析：选项 C，注册会计师通常应当考虑被审计单位的重要存货存放地点，将这些存货地点列入监盘地点；选项 D，如果是不可预见情况导致无法在存货盘点现场实施监盘，应当另择日期实施监盘，并对间隔期内发生的交易实施审计程序。

2. 库存现金监盘

监盘库存现金是证实资产负债表中货币资金项目下所列库存现金是否存在的一项重要审计程序。

企业盘点库存现金，通常包括对已收但未存入银行的现金、零用金、找换金等的盘点。盘点库存现金的时间和人员应视被审计单位的具体而定，但现金出纳员和被审计单位会计主管人员必须参加，并由注册会计师进行监盘。盘点和监盘库存现金的步骤与方法主要有：

（1）制订监盘计划，确定监盘时间。对库存现金的监盘最好实施突击性检查，时间最好选择在上午上班前或下午下班时，盘点的范围一般包括被审计单位各部门经管的现金。在进行现金盘点前，应由出纳员将现金集中起来存入保险柜。必要时可加以封存，然后由出纳员把已办妥现金收付手续的收付款凭证登入库存现金日记账。如被审计单位库存现金存放部门有两处或两处以上的，应同时进行盘点。

（2）审阅库存现金日记账并同时与现金收付凭证相核对。一方面检查库存现金日记账的记录与凭证的内容和金额是否相符；另一方面了解凭证日期与库存现金日记账日期是否相符或接近。

（3）由出纳员根据库存现金日记账加计累计数额，结出现金结余额。

（4）盘点保险柜内的现金实存数，同时由注册会计师编制"库存现金监盘表"（格式参考【例题13】），分币种、面值列示盘点金额。

（5）将盘点金额与库存现金日记账余额进行核对，如有差异，应要求被审计单位按管理权限批准后作出调整。

（6）若有冲抵库存现金的借条、未提现支票、未作报销的原始凭证，应在"库存现金监盘表"中注明，必要时应提请被审计单位作出调整。

（7）在非资产负债表日进行盘点和监盘时，应调整至资产负债表日的金额。

【例题13】

库存现金监盘表

被审计单位：					索引号：					
项目：					财务报表截止日：					
编制：					复核：					
日期：					日期：					

检查盘点记录				实有库存现金盘点记录						
项目	项次	人民币	美元	某外币	面额	人民币		美元		某外币	
						张	金额	张	金额	张	金额
上一日账面库存金额	①										
监盘日发生传票收入金额	②				100元						

检查盘点记录					实有库存现金盘点记录			
项目	项次	人民币	美元	某外币	面额	人民币	美元	某外币
监盘日发生传票支出金额	③				50 元			
监盘日账面应有金额	④＝①＋②－③				10 元			
盘点实有库存现金数额	⑤				5 元			
监盘日应有与实有差异	⑥＝④－⑤				2 元			
差异原因分析	白条顶库				1 元			
					0.5 元			
					0.2 元			
					0.1 元			
					合计			
追溯调整	报表日至监盘日库存现金付出总额							
	报表日至监盘日库存现金收入总额							
	报表日库存现金应有余额							
	报表日账面汇率							
	报表日余额折合本位币金额							
本位币合计								

出纳员：　　　　　会计主管人员：　　　　　监盘人：　　　　　检查日期：

审计说明：

（三）分析程序的运用

1. 定义

分析程序，是指注册会计师通过分析不同财务数据之间以及财务数据与非财务数据之间的内在关系，对财务信息作出评价。分析程序还包括在必要时对识别出的、与其他相关信息不一致或与预期值差异重大的波动或关系进行调查。

2. 注册会计师实施分析程序的目的

注册会计师实施分析程序的目的具体包括：

（1）用做风险评估程序，以了解被审计单位及其环境

分析程序可以帮助注册会计师发现财务报表中的异常变化，或者预期发生而未发生的变化，识别存在潜在重大错报风险的领域。分析程序还可以帮助注册会计师发现财务状况或盈利能力发生变化的信息和征兆，识别那些表明被审计单位持续经营能力问题的事项。

（2）当使用分析程序比细节测试能更有效地将认定层次的检查风险降至可接受的水平时，分析程序可以用做实质性程序

在针对评估的重大错报风险实施进一步审计程序时，注册会计师可以将分析程序作为实质性程序的一种，单独或结合其他细节测试，收集充分、适当的审计证据。此时运用分析程序可以减少细节测试的工作量，节约审计成本，降低审计风险，使审计工作更有效率和效果。

（3）在审计结束或临近结束时对财务报表进行总体复核

在审计结束或临近结束时，注册会计师应当运用分析程序，在已收集的审计证据的基础上，对财务报表整体的合理性作最终把关，评价报表仍然存在重大错报风险而未被发现的可能性，考虑是否需要追加审计程序，以便为发表审计意见提供合理基础。

3. 将分析程序用于风险评估程序

（1）总体要求

注册会计师在实施风险评估程序时，应当运用分析程序，以了解被审计单位及其环境。在这个阶段运用分析程序是强制要求的。

（2）在风险评估程序中的具体运用

注册会计师可以将分析程序与询问、检查和观察程序结合运用，以获取对被审计单位及其环境的了解，识别和评估财务报表层次及具体认定层次的重大错报风险。

在运用分析程序时，注册会计师应重点关注关键的账户余额、趋势和财务比率关系等方面，对其形成一个合理的预期，并与被审计单位记录的金额、依据记录金额计算的比率或趋势相比较。如果分析程序的结果显示的比率、比例或趋势与注册会计师对被审计单位及其环境的了解不一致，并且被审计单位管理层无法提出合理的解释，或者无法取得相关的支持性文件证据，注册会计师应当考虑其是否表明被审计单位的财务报表存在重大错报风险。

需要注意的是，注册会计师无须在了解被审计单位及其环境的每一方面时都实施分析程序。例如，在对内部控制的了解中，注册会计师一般不会运用分析程序。

（3）风险评估过程中运用分析程序的特点

风险评估程序中运用分析程序的主要目的在于识别那些可能表明财务报表存在重大错报风险的异常变化。因此，所使用的数据汇总性比较强，其对象主要是财务报表中账户余额及其相互之间的关系；所使用的分析程序通常包括对账户余额变化的分析，并辅之以趋势分析和比率分析。

与实质性分析程序相比，在风险评估过程中使用的分析程序所进行比较的性质、预期值的精确程度，以及所进行的分析和调查的范围都并不足以提供很高的保证水平。

4. 将分析程序用于实质性程序

（1）总体要求

注册会计师应当针对评估的认定层次重大错报风险设计和实施实质性程序。实质性分析程序与细节测试都可用于收集审计证据，以识别财务报表认定层次的重大错报风险。

当使用分析程序比细节测试能更有效地将认定层次的检查风险降至可接受的水平时，注册会计师可以考虑单独或结合细节测试，运用实质性分析程序。

如果重大错报风险较低且数据之间存在稳定的预期关系，注册会计师可以单独使用实质性分析程序获取充分、适当的审计证据。

相对于细节测试而言，实质性分析程序能够达到的精确度可能受到种种限制，所提供的证据在很大程度上是间接证据，证明力相对较弱。

在设计和实施实质性分析程序时，无论单独使用或与细节测试结合使用，注册会计师都应当：

①考虑针对所涉及认定评估的重大错报风险和实施的细节测试（如有），确定特定实质性分析程序对这些认定的适用性。

②考虑可获得信息的来源、可比性、性质和相关性以及与信息编制相关的控制，评价在对已记录的金额或比率作出预期时使用数据的可靠性。

③对已记录的金额或比率作出预期，并评价预期值是否足够精确以识别重大错报（包括单项重大的错报和单项虽不重大但连同其他错报可能导致财务报表产生重大错报的错报）。

④确定已记录金额与预期值之间可接受的，且无须按《中国注册会计师审计准则第 1313 号——分析程序》第七条的要求作进一步调查的差异额。

（2）实质性分析程序对特定认定的适用性

实质性分析程序通常更适用于在一段时期内存在预期关系的大量交易；在某些情况下，不复杂的预测模型也可以用于实施有效的分析程序；不同类型的分析程序提供不同程度的保证；对特定实质性分析程序适用性的确定，受到认定的性质和注册会计师对重大错报风险评估的影响；在针对同一认定实施细节测试时，特定的实质性分析程序也可能视为是适当的。

（3）数据的可靠性

注册会计师对已记录的金额或比率作出预期时，需要采用内部或外部的数据。

数据的可靠性直接影响根据数据形成的预期值。数据的可靠性越高，预期的准确性也将越高，分析程序将更有效。注册会计师计划获取的保证水平越高，对数据可靠性的要求也就越高。

确定实质性分析程序使用的数据是否可靠时，注册会计师应当考虑的因素有：

①可获得信息的来源。例如，从被审计单位以外的独立来源获取的信息可能更加可靠。

②可获得信息的可比性。例如，对于生产和销售特殊产品的被审计单位，可能需要对宽泛的行业数据进行补充，使其更具可比性。

③可获得信息的性质和相关性。例如，预算是否作为预期的结果，而不是作为将要达到的目标。

④与信息编制相关的控制，用于确保信息完整、准确和有效。例如，与预算的编制、复核和维护相关的控制。

（4）评价预期值的准确程度

准确程度是对预期值与真实值之间接近程度的度量，也称精确度。分析程序的有效性很大程度上取决于注册会计师形成的预期值的准确性。预期值的准确性越高，注册会计师通过分析程序获取的保证水平越高。

在评价作出预期的准确程度是否足以在计划的保证水平上识别重大错报时，注册会计师应当考虑的主要因素有：

①对实质性分析程序的预期结果作出预测的准确性。

②信息可分解的程度。

③财务和非财务信息的可获得性。

（5）已记录金额与预期值之间可接受的差异额

在设计和实施实质性分析程序时，注册会计师应当确定已记录金额与预期值之间可接受的差异额。注册会计师应当将识别出的差异额与可接受的差异额进行比较，以确定差异是否重大，是否需要作进一步调查。

5. 将分析程序用于总体复核

（1）总体要求

在审计结束或临近结束时，注册会计师运用分析程序的目的是确定财务报表整体是否与其对被审计单位的了解一致。

（2）总体复核阶段分析程序的特点

因为在总体复核阶段实施的分析程序并非为了对特定账户余额和披露提供实质性的保证水平，因此并不如实质性分析程序那样详细和具体，而往往集中在财务报表层次。

（3）再评估重大错报风险

如果识别出以前未识别的重大错报风险，注册会计师应当重新考虑对全部或部分各类交易、账户余额、列报评估的风险是否恰当，并在此基础上重新评价之前计划的审计程序是否充分，是否有必要追加审计程序。

【例题14·（2014CPA）】下列有关注册会计师在临近审计结束时实施分析程序的说法中，错误的是（　　）。

A. 实施分析程序的目的是确定财务报表是否与注册会计师对被审计单位的了解一致

B. 实施分析程序所使用的手段与风险评估程序中使用的分析程序基本相同

C. 实施分析程序应当达到与实质性分析程序相同的保证水平

D. 如果通过实施分析程序识别出以前未识别的重大错报风险，注册会计师应当修改原计划实施的进一步审计程序

答案：C

解析：在总体复核阶段实施的分析程序并非为了对特定账户余额和披露提供实质性的保证水平，因此并不能达到与实质性分析程序相同的保证水平。

【例题15·（模拟）】下列项目中，注册会计师通常认为不适合运用分析程序的是（　　）。

A. 营业收入　　　　B. 应收账款　　　　C. 营业外支出　　　　D. 管理费用

E. 营业外收入

答案：CE

解析：具有稳定的可预期关系是注册会计师采用分析程序的前提条件，而营业外支出、营业外收入不具有稳定性。

【例题16·（2014CPA）】下列有关在实施实质性分析程序时确定可接受差异额的说法中，正确的有（　　）。

A. 评估的重大错报风险越高，可接受差异额越低

B. 重要性影响可接受差异额

C. 确定可接受差异额时，需要考虑一项错报单独或连同其他错报导致财务报表发生重大错报的可能性

D. 需要从实质性分析程序中获取的保证程度越高，可接受差异额越高

答案：ABC

解析：需要从实质性分析程序中获取的保证程度越高，可接受差异额应当越低，选项 D 错误。

【例题17·（2016CPA）】下列有关分析程序的说法中，正确的是（　　）。

A. 分析程序是指注册会计师通过分析不同财务数据之间的内在关系对财务信息作出评价

B. 注册会计师无须在了解被审计单位及其环境的各个方面实施分析程序

C. 细节测试比实质性分析程序更能有效地将认定层次的检查风险降至可接受的水平

D. 用于总体复核的分析程序的主要目的在于识别那些可能表明财务报表存在重大错报风险的异常变化

答案：B

解析：分析程序，是指注册会计师通过分析不同财务数据之间以及财务数据与非财务数据之间的内在关系，对财务信息作出评价，选项 A 错误；分析程序比细节测试能更有效地将认定层次的检查风险降至可接受的水平时，分析程序可以用做实质性程序，选项 C 错误；在审计结束或临近结束时，注册会计师运用分析程序的目的是确定财务报表整体是否与其对被审计单位的了解一致，选项 D 错误。

三、销售与收款、采购与付款、生产与存货循环涉及的主要业务活动及其常用的控制测试程序

（一）销售与收款循环涉及的主要业务活动、内部控制以及常用控制测试

1. 销售与收款循环涉及的主要业务活动

（1）接受客户订购单

（2）批准赊销信用

（3）按销售单供货

（4）按销售单装运货物

（5）向客户开具账单

（6）记录销售

（7）办理和记录现金、银行存款收入

（8）办理和记录销售退回、销售折扣与折让

（9）注销坏账

（10）提取坏账准备

2. 销售交易的内部控制目标、关键内部控制和常用的控制测试

内部控制目标	关键内部控制	常用的控制测试
登记入账的销售交易确系已经发货给真实的客户（发生）	销售交易是以经过审核的发运凭证及经过批准的客户订购单为依据登记入账的 在发货前，客户的赊购已经被授权批准 每月向客户寄送对账单，对客户提出的意见作专门追查	检查销售发票副联是否附有发运凭证（或提货单）及销售单（或客户订购单） 检查客户的赊购是否经授权批准 询问是否寄发对账单，并检查客户回函档案
所有销售交易均已登记入账（完整性）	发运凭证（或提货单）均经事先编号并已经登记入账 销售发票均经事先编号，并已登记入账	检查发运凭证连续编号的完整性 检查销售发票连续编号的完整性
登记入账的销售数量确系已发货的数量，已正确开具账单并登记入账（计价和分摊）	销售有经批准的装运凭证和客户订购单支持将装运数量与开具账单的数量相比对 从价格清单主文档获取销售单价	检查销售发票有无支持凭证 检查比对留下的证据 检查价格清单的准确性及是否经恰当批准
销售交易的记录及时（截止）	采用尽量能在销售发生时开具收款账单和登记入账的控制方法 每月末由独立人员对销售部门的销售记录、发运部门的发运记录和财务部门的销售交易入账情况作内部核查	检查尚未开具收款账单的发货和尚未登记入账的销售交易 检查有关凭证上内部核查的标记

续表

内部控制目标	关键内部控制	常用的控制测试
销售交易已经正确计入明细账，并经正确汇总（准确性、计价和分摊）	每月定期给客户寄送对账单 由独立人员对应收账款明细账作内部核查 将应收款明细账余额合计数与其总账余额进行比较	观察对账单是否已经寄出 检查内部核查标记 检查将应收账款明细账余额合计数与其总账余额进行比较的标记

【例题1·（模拟）】以下属于销售与收款循环涉及的主要业务活动有（　　）。

A. 接受客户订单　　　B. 按销售单供货　　　C. 验收商品　　　D. 向客户开具账单

E. 记录销售

答案：ABDE

解析：C属于采购与付款循环主要业务活动之一。

【例题2·（2014CPA）】下列认定中，与销售信用批准控制相关的是（　　）。

A. 发生

B. 计价和分摊

C. 权利和义务

D. 完整性

答案：B

解析：设计信用批准控制的目的是为了降低坏账风险，因此与应收账款账面余额的"计价和分摊"认定有关。

（二）采购与付款循环涉及的主要业务活动、内部控制以及常用控制测试

1. 采购与付款循环涉及的主要业务活动

（1）请购商品与劳务

（2）编制订购单

（3）验收商品

（4）储存已验收的商品

（5）编制付款凭单

（6）确认与记录负债

（7）付款

（8）记录现金、银行存款支出

2. 采购交易的内部控制目标、关键内部控制和常用的控制测试

内部控制目标	关键内部控制	常用的控制测试
所记录的采购都确已收到商品或已接受劳务（发生）	请购单、订购单、验收单和卖方发票一应俱全，并附在付款凭单后 采购经适当级别批准 注销凭证以防止重复使用 对卖方发票、验收单、订购单和请购单作内部核查	查验付款凭单后是否附有完整的相关单据 检查批准采购的标记 检查注销凭证的标记

内部控制目标	关键内部控制	常用的控制测试
已发生的采购交易均已记录（完整性）	订购单均经事先编号并将已完成的采购登记入账 验收单均经事先编号，并已登记入账 应付凭单均经事先连续编号并已登记入账	检查订购单连续编号的完整性 检查验收单连续编号的完整性 检查应付凭单连续编号的完整性
所记录的采购交易估价正确（准确性、计价和分摊）	对计算准确性进行内部核查 采购价格和折扣的批准	检查内部核查的标记 检查批准采购价格和折扣的标记
采购交易的分类正确（分类）	采用适当的会计科目表 分类的内部核查	检查工作手册和会计科目表 检查有关凭证上内部核查的标记
采购交易按正确的日期记录（截止）	要求收到商品或接受劳务后及时记录采购交易 内部核查	检查工作手册并观察有无未记录的卖方发票的存在 检查内部核查的标记
采购交易被正确计入应付账款和存货等明细账中，并正确汇总（准确性、计价和分摊）	应付账款明细账内容的内部核查	检查内部核查的标记

（三）生产与存货循环涉及的主要业务活动、内部控制以及常用控制测试

1. 生产与存货循环涉及的主要业务活动

（1）计划和安排生产

（2）发出原材料

（3）生产产品

（4）核算产品成本

（5）储存产成品

（6）发出产成品

2. 成本会计制度的内部控制目标、关键内部控制和常用的控制测试

内部控制目标	关键内部控制	常用的控制测试
生产业务是根据管理层一般或特定的授权进行的（发生）	对以下三个关键点，应履行恰当的手续，经过特别审批或一般审批：（1）生产指令的授权批准；（2）领料单的授权批准；（3）工薪的授权批准	检查凭证中是否包括这三个关键点的恰当审批；检查生产指令、领料单、工薪等是否经过授权
记录的成本为实际发生的而非虚构的（发生）	成本的核算是以经过审核的生产通知单、领发料凭证、产量和工时记录、工薪费用分配表、材料费用分配表、制造费用分配表为依据的	检查有关成本的记账凭证是否附有生产通知单、领发料凭证、产量和工时记录、工薪费用分配表、材料费用分配表、制造费用分配表等，原始凭证的顺序编号是否完整

续表

内部控制目标	关键内部控制	常用的控制测试
所有耗费和物化劳动均已反映在成本中（完整性）	生产通知单、领发料凭证、产量和工时记录、工薪费用分配表、材料费用分配表、制造费用分配表均事先编号并已经登记入账	检查生产通知单、领发料凭证、产量和工时记录、工薪费用分配表、材料费用分配表、制造费用分配表的顺序编号是否完整
成本是以正确的金额，在恰当的会计期间及时记录于适当的账户（发生、完整、准确性、计价和分摊）	采用适当的成本核算方法，并且前后各期一致；采用适当的费用分配方法，并且前后各期一致；采用适当的成本核算流程和账务处理流程；内部核查	选取样本测试各种费用的归集和分配以及成本的计算；测试是否按照规定的成本核算流程和账务处理流程进行核算和账务处理
对存货实施保护措施，保管人员相互独立（存在、完整）	存货保管人员与记录人员职务相分离	询问和观察存货与记录的接触控制以及相应的批准程序
账面存货与实际存货定期核对相符（存在、完整性、计价和分摊）	定期进行存货盘点	询问和观察存货盘点程序

第三节　其他报告格式、内容及要求

【大纲要求】

内容	程度	变化
1. 内部控制审计报告相关规定及格式与内容	掌握	原有
2. 验资相关规定及验资报告格式与内容	掌握	原有
3. 预测性财务信息审核及预测性财务信息审核报告格式与内容	掌握	原有
4. 前次募集资金使用情况报告的相关规定及前次募集资金使用情况的鉴证报告格式与内容	掌握	原有

【内容精讲】

一、内部控制审计报告相关规定及格式与内容

（一）内部控制审计报告的相关规定

1. 内部控制审计，是指会计师事务所接受委托，对特定基准日内部控制设计与运行的有效性进行审计。

2. 注册会计师应当对财务报告内部控制的有效性发表审计意见，并对内部控制审计过程中注意到的非财务报告内部控制的重大缺陷，在内部控制审计报告中增加"非财务报告内部控制重大缺陷描述段"予以披露。

3. 注册会计师可以单独进行内部控制审计，也可以将内部控制审计与财务报表审计整合进行（以下简称整合审计）。

4. 在整合审计中，注册会计师应当对内部控制设计与运行的有效性进行测试，以同时实现下列目标：

（1）获取充分、适当的证据，支持其在内部控制审计中对内部控制有效性发表的意见。

（2）获取充分、适当的证据，支持其在财务报表审计中对控制风险的评估结果。

5. 内部控制的特定领域存在重大缺陷的风险越高，给予该领域的审计关注就越多。

6. 注册会计师应当对企业内部控制自我评价工作进行评估，判断是否利用企业内部审计人员、内部控制评价人员和其他相关人员的工作以及可利用的程度，相应减少可能本应由注册会计师执行的工作。注册会计师利用企业内部审计人员、内部控制评价人员和其他相关人员的工作，应当对其专业胜任能力和客观性进行充分评价。

与某项控制相关的风险越高，可利用程度就越低，注册会计师应当更多地对该项控制亲自进行测试。注册会计师应当对发表的审计意见独立承担责任，其责任不因为利用企业内部审计人员、内部控制评价人员和其他相关人员的工作而减轻。

7. 注册会计师应当测试内部控制设计与运行的有效性。

如果某项控制正在按照设计运行，执行人员拥有必要授权和专业胜任能力，能够实现控制目标，表明该项控制的运行是有效的。

8. 注册会计师在测试控制设计与运行的有效性时，应当综合运用询问适当人员、观察经营活动、检查相关文件、穿行测试和重新执行等方法。

询问本身并不足以提供充分、适当的证据。

9. 注册会计师在确定测试的时间安排时，应当在下列两个因素之间作出平衡，以获取充分、适当的证据：

（1）尽量在接近企业内部控制自我评价基准日实施测试。

（2）实施的测试需要涵盖足够长的期间。

10. 内部控制缺陷按其成因分为设计缺陷和运行缺陷，按其影响程度分为重大缺陷、重要缺陷和一般缺陷。

注册会计师应当评价其识别的各项内部控制缺陷的严重程度，以确定这些缺陷单独或组合起来，是否构成重大缺陷。

11. 表明内部控制可能存在重大缺陷的迹象，主要包括：

（1）注册会计师发现董事、监事和高级管理人员舞弊。

（2）企业更正已经公布的财务报表。

（3）注册会计师发现当期财务报表存在重大错报，而内部控制在运行过程中未能发现该错报。

（4）企业审计委员会和内部审计机构对内部控制的监督无效。

12. 企业如果拒绝提供或以其他不当理由回避书面声明，注册会计师应当将其视为审计范围受到限制，解除业务约定或出具无法表示意见的内部控制审计报告。

13. 注册会计师应当与企业沟通审计过程中识别的所有控制缺陷。对于其中的重大缺陷和重要缺陷，应当以书面形式与董事会和经理层沟通。

注册会计师认为审计委员会和内部审计机构对内部控制的监督无效的，应当就此以书面形式直接与董事会和经理层沟通。

书面沟通应当在注册会计师出具内部控制审计报告之前进行。

14. 符合下列所有条件的，注册会计师应当对财务报告内部控制出具无保留意见的内部控制审计报告：

（1）企业按照《企业内部控制基本规范》、《企业内部控制应用指引》、《企业内部控制评价指引》以及企业自身内部控制制度的要求，在所有重大方面保持了有效的内部控制。

（2）注册会计师已经按照《企业内部控制审计指引》的要求计划和实施审计工作，在审计过程中未受到限制。

15. 注册会计师认为财务报告内部控制虽不存在重大缺陷，但仍有一项或者多项重大事项需要提请内部控制审计报告使用者注意的，应当在内部控制审计报告中增加强调事项段予以说明。

16. 注册会计师认为财务报告内部控制存在一项或多项重大缺陷的，除非审计范围受到限制，应当对财务报告内部控制发表否定意见。

注册会计师出具否定意见的内部控制审计报告，还应当包括下列内容：

（1）重大缺陷的定义。

（2）重大缺陷的性质及其对财务报告内部控制的影响程度。

17. 注册会计师审计范围受到限制的，应当解除业务约定或出具无法表示意见的内部控制审计报告，并就审计范围受到限制的情况，以书面形式与董事会进行沟通。

注册会计师在出具无法表示意见的内部控制审计报告时，应当在内部控制审计报告中指明审计范围受到限制，无法对内部控制的有效性发表意见。

注册会计师在已执行的有限程序中发现财务报告内部控制存在重大缺陷的，应当在内部控制审计报告中对重大缺陷作出详细说明。

18. 注册会计师对在审计过程中注意到的非财务报告内部控制缺陷，应当区别具体情况予以处理：

（1）注册会计师认为非财务报告内部控制缺陷为一般缺陷的，应当与企业进行沟通，提醒企业加以改进，但无须在内部控制审计报告中说明。

（2）注册会计师认为非财务报告内部控制缺陷为重要缺陷的，应当以书面形式与企业董事会和经理层沟通，提醒企业加以改进，但无须在内部控制审计报告中说明。

（3）注册会计师认为非财务报告内部控制缺陷为重大缺陷的，应当以书面形式与企业董事会和经理层沟通，提醒企业加以改进；同时应当在内部控制审计报告中增加非财务报告内部控制重大缺陷描述段，对重大缺陷的性质及其对实现相关控制目标的影响程度进行披露，提示内部控制审计报告使用者注意相关风险。

19. 注册会计师知悉对企业内部控制自我评价基准日内部控制有效性有重大负面影响的期后事项的，应当对财务报告内部控制发表否定意见。

20. 注册会计师不能确定期后事项对内部控制有效性的影响程度的，应当出具无法表示意见的内部控制审计报告。

（二）内部控制审计报告的格式与内容（标准内部控制审计报告）

内部控制审计报告

××股份有限公司全体股东：

按照《企业内部控制审计指引》及中国注册会计师执业准则的相关要求，我们审计了××股份有限公司（以下简称××公司）××年×月×日的财务报告内部控制的有效性。

一、企业对内部控制的责任

按照《企业内部控制基本规范》、《企业内部控制应用指引》、《企业内部控制评价指引》的规定，建立健全和有效实施内部控制，并评价其有效性是企业董事会的责任。

二、注册会计师的责任

我们的责任是在实施审计工作的基础上，对财务报告内部控制的有效性发表审计意见，并对注意到的非财务报告内部控制的重大缺陷进行披露。

三、内部控制的固有局限性

内部控制具有固有局限性，存在不能防止和发现错报的可能性。此外，由于情况的变化可能导致内部控制变得不恰当，或对控制政策和程序遵循的程度降低，根据内部控制审计结果推测未来内部控制的有效性具有一定风险。

四、财务报告内部控制审计意见

我们认为，××公司按照《企业内部控制基本规范》和相关规定在所有重大方面保持了有效的财务报告内部控制。

五、非财务报告内部控制的重大缺陷

在内部控制审计过程中，我们注意到××公司的非财务报告内部控制存在重大缺陷（描述该缺陷的性质及其对实现相关控制目标的影响程度）。由于存在上述重大缺陷，我们提醒本报告使用者注意相关风险。需要指出的是，我们并不对××公司的非财务报告内部控制发表意见或提供保证。本段内容不影响对财务报告内部控制有效性发表的审计意见。

××会计师事务所 　　　　　　　　　　中国注册会计师：×××

（盖章） 　　　　　　　　　　　　　　　　（签名并盖章）

　　　　　　　　　　　　　　　　　　中国注册会计师：×××

　　　　　　　　　　　　　　　　　　　　（签名并盖章）

中国××市 　　　　　　　　　　　二〇×二年×月×日

【例题1·（2011）】以下关于上市公司执行内部控制规范并接受审计的说法正确的有(　　)。

A. 某会计师事务所为上市公司提供内部控制咨询服务，同时对该公司董事会编制的内部控制自我评价报告进行审计

B. 某会计师事务所接受上市公司委托提供年度财务报告和内部控制自我评价报告审计服务，可以分别进行，也可以整合进行

C. 内部控制规范从2012年1月1日起在沪深主板和中小板上市公司实施

D. 会计师事务所接受上市公司委托提供年度财务报告和内部控制自我评价报告审计服务，只能分别进行，不可以整合进行

答案：B

解析：A，《企业内部控制基本规范》规定，为企业内部控制提供咨询的会计师事务所，不得同时为同一企业提供内部控制审计服务。B，《企业内部控制审计指引》规定，注册会计师可以单独进行内部控制审计，也可以将财务报表审计与内部控制审计整合进行。C，不包括中小板。内部控制规范的相关规定自2011年1月1日起在境内外同时上市的公司施行，自2012年1月1日起在上海证券交易所、深圳证券交易所主板上市公司施行；在此基础上，择机在中小板和创业板上市公司施行。鼓励非上市大中型企业提前执行。

【例题2·（1605）】下列关于企业内部控制审计及内部控制审计报告的表述中，正确的是(　　)。

A. 注册会计师对内部控制审计过程中注意到的非财务报告内部控制的重大缺陷，应在内部控制审计报告中增加"非财务报告内部控制重大缺陷描述段"予以披露，并对其发表审计意见

B. 注册会计师出具否定意见的内部控制审计报告时，还需要包括相关重大缺陷的定义、重大缺陷的性质及其对财务报告内部控制的影响程度

C. 注册会计师出具无法表示意见的内部控制审计报告时，如注册会计师在已执行的有限程序中发现财务报告内部控制存在重大缺陷的，应在内部控制审计报告中指明所执行的程序并对重大缺陷作出说明

D. 注册会计师进行内部控制审计时可以利用企业内部审计人员、内部控制评价人员和其他相关人员的工作

答案：BD

解析：A，注册会计师应当对财务报告内部控制的有效性发表审计意见，并对内部控制审计过程中注意到的非财务报告内部控制的重大缺陷，在内部控制审计报告中增加"非财务报告内部控制重大缺陷描述段"予以披露。不需要对非财务报告内部控制发表意见。

二、验资相关规定及验资报告格式与内容

$$鉴证业务\begin{cases} 审计（包含验资）\\ 审阅\\ 其他鉴证业务（包含预测性财务信息审核和前次募集资金使用情况的鉴证）\end{cases}$$

（一）验资相关规定

1. 验资，是指注册会计师依法接受委托，对被审验单位（在中华人民共和国境内拟设立或已设立的，依法应当接受验资的有限责任公司和股份有限公司）注册资本的实收情况或注册资本及实收资本的变更情况进行审验，并出具验资报告。

验资分为设立验资和变更验资。设立验资是指注册会计师对被审验单位申请设立登记时的注册资本实收情况进行的审验。变更验资是指注册会计师对被审验单位申请变更登记时的注册资本及实收资本的变更情况进行的审验。

2. 按照法律法规以及协议、合同、章程的要求出资，提供真实、合法、完整的验资资料，保护资产的安全、完整，是出资者和被审验单位的责任。

3. 按照《中国注册会计师审计准则第1602号——验资》的规定，对被审验单位注册资本的实收情况或注册资本及实收资本的变更情况进行审验，出具验资报告，是注册会计师的责任。注册会计师的责任不能减轻出资者和被审验单位的责任。

4. 注册会计师执行验资业务，应当遵守相关的职业道德规范，恪守独立、客观、公正的原则，保持专业胜任能力和应有的关注，并对执业过程中获知的信息保密。

5. 设立验资的审验范围一般限于与被审验单位注册资本实收情况有关的事项，包括出资者、出资币种、出资金额、出资时间、出资方式和出资比例等。变更验资的审验范围一般限于与被审验单位注册资本及实收资本增减变动情况有关的事项。

增加注册资本及实收资本时，审验范围包括与增资相关的出资者、出资币种、出资金额、出资时间、出资方式、出资比例和相关会计处理，以及增资后的出资者、出资金额和出资比例等。

减少注册资本及实收资本时，审验范围包括与减资相关的减资者、减资币种、减资金额、减资时间、减资方式、债务清偿或债务担保情况、相关会计处理，以及减资后的出资者、出资

金额和出资比例等。

6. 对于出资者投入的资本及其相关的资产、负债，注册会计师应当分别采用下列方法进行审验：

（1）以货币出资的，应当在检查被审验单位开户银行出具的收款凭证、对账单及银行询证函回函等的基础上，审验出资者的实际出资金额和货币出资比例是否符合规定。

（2）以实物出资的，应当观察、检查实物，审验其权属转移情况，并按照国家有关规定在资产评估的基础上审验其价值。

（3）以知识产权、土地使用权等无形资产出资的，应当审验其权属转移情况，并按照国家有关规定在资产评估的基础上审验其价值。如果被审验单位是外商投资企业，注册会计师应当按照国家有关外商投资企业的规定，审验无形资产出资的价值。

（4）以净资产折合实收资本的，或以资本公积、盈余公积、未分配利润转增注册资本及实收资本的，应当在审计的基础上按照国家有关规定审验其价值。

（5）以货币、实物、知识产权、土地使用权以外的其他财产出资的，注册会计师应当审验出资是否符合国家有关规定。

（6）外商投资企业的外方出资者以本条第（1）项至第（5）项所述方式出资的，注册会计师还应当关注其是否符合国家外汇管理有关规定，向企业注册地的外汇管理部门发出外方出资情况询证函，并根据外方出资者的出资方式附送银行询证函回函、资本项目外汇业务核准件及进口货物报关单等文件的复印件，以询证上述文件内容的真实性、合规性。

7. 对于出资者以实物、知识产权和土地使用权等非货币财产作价出资的，注册会计师应当在出资者依法办理财产权转移手续后予以审验。

8. 注册会计师在审验过程中利用专家协助工作时，应当考虑其专业胜任能力和客观性，并对利用专家工作结果所形成的审验结论负责。

9. 注册会计师应当向出资者和被审验单位获取与验资业务有关的重大事项的书面声明。

10. 验资报告的意见段应当说明已审验的被审验单位注册资本的实收情况或注册资本及实收资本的变更情况。

对于变更验资，注册会计师仅对本次注册资本及实收资本的变更情况发表审验意见。

11. 如果在注册资本及实收资本的确认方面与被审验单位存在异议，且无法协商一致，注册会计师应当在验资报告说明段中清晰地反映有关事项及其差异和理由。

12. 验资报告的附件应当包括已审验的注册资本实收情况明细表或注册资本、实收资本变更情况明细表和验资事项说明等。

13. 注册会计师在审验过程中，遇有下列情形之一时，应当拒绝出具验资报告并解除业务约定：

（1）被审验单位或出资者不提供真实、合法、完整的验资资料的。

（2）被审验单位或出资者对注册会计师应当实施的审验程序不予合作，甚至阻挠审验的。

（3）被审验单位或出资者坚持要求注册会计师作不实证明的。

14. 验资报告具有法定证明效力，供被审验单位申请设立登记或变更登记及据此向出资者签发出资证明时使用。

验资报告不应被视为对被审验单位验资报告日后资本保全、偿债能力和持续经营能力等的保证。委托人、被审验单位及其他第三方因使用验资报告不当所造成的后果，与注册会计师及其所在的会计师事务所无关。

（二）验资报告的格式与内容（有限责任新设立验资）

验资报告

××有限责任公司（筹）：

我们接受委托，审验了贵公司（筹）截至20 年 月 日止申请设立登记的注册资本实收情况。按照法律法规以及协议、章程的要求出资，提供真实、合法、完整的验资资料，保护资产的安全、完整是全体股东及贵公司（筹）的责任。我们的责任是对贵公司（筹）注册资本的实收情况发表审验意见。我们的审验是依据《中国注册会计师审计准则第1602号——验资》进行的。在审验过程中，我们结合贵公司（筹）的实际情况，实施了检查等必要的审验程序。

根据协议、章程的规定，贵公司（筹）申请登记的注册资本为人民币元，由全体股东于20 年 月 日之前一次缴足。经我们审验，截至20 年 月 日止，贵公司（筹）已收到全体股东缴纳的注册资本（实收资本），合计人民币 万元整（大写）。股东以货币出资 元，以无形资产（专有技术）出资 元。

本验资报告供贵公司（筹）申请办理设立登记及据此向全体股东签发出资证明时使用，不应被视为是对贵公司（筹）验资报告日后资本保全、偿债能力和持续经营能力等的保证。因使用不当造成的后果，与执行本验资业务的注册会计师及本会计师事务所无关。

附件：1. 注册资本实收情况明细表
 2. 验资事项说明
 3. 银行进账单、对账单及银行询证函（与原件核对相符）

××会计师事务所　　　　　　　　　　　中国注册会计师：×××
（盖章）　　　　　　　　　　　　　　　　　　　（签名并盖章）
　　　　　　　　　　　　　　　　　　中国注册会计师：×××
　　　　　　　　　　　　　　　　　　　　　（签名并盖章）

中国××市　　　　　　　　　　　　　　二○×二年×月×日

三、预测性财务信息审核相关规定及预测性财务信息审核报告格式与内容

（一）预测性财务信息审核相关规定

1. 预测性财务信息，是指被审核单位依据对未来可能发生的事项或采取的行动的假设而编制的财务信息。

预测性财务信息可以表现为预测、规划或两者的结合，可能包括财务报表或财务报表的一项或多项要素。

这里所称预测，是指管理层在最佳估计假设的基础上编制的预测性财务信息。最佳估计假设是指截至编制预测性财务信息日，管理层对预期未来发生的事项和采取的行动作出的假设。

这里所称规划，是指管理层基于推测性假设，或同时基于推测性假设和最佳估计假设编制的预测性财务信息。推测性假设是指管理层对未来事项和采取的行动作出的假设，该事项或行动预期在未来未必发生。

2. 在执行预测性财务信息审核业务时，注册会计师应当就下列事项获取充分、适当的证据：

（1）管理层编制预测性财务信息所依据的最佳估计假设并非不合理；在依据推测性假设的情况下，推测性假设与信息的编制目的是相适应的。

（2）预测性财务信息是在假设的基础上恰当编制的。

（3）预测性财务信息已恰当列报，所有重大假设已充分披露，包括说明采用的是推测性假设还是最佳估计假设。

（4）预测性财务信息的编制基础与历史财务报表一致，并选用了恰当的会计政策。

3. 管理层负责编制预测性财务信息，包括识别和披露预测性财务信息依据的假设。

注册会计师接受委托对预测性财务信息实施审核并出具报告，可增强该信息的可信赖程度。

4. 注册会计师不应对预测性财务信息的结果能否实现发表意见。

5. 当对管理层采用的假设的合理性发表意见时，注册会计师仅提供有限保证。

6. 在承接预测性财务信息审核业务前，注册会计师应当考虑下列因素：

（1）信息的预定用途。

（2）信息是广为分发还是有限分发。

（3）假设的性质，即假设是最佳估计假设还是推测性假设。

（4）信息中包含的要素。

（5）信息涵盖的期间。

7. 如果假设明显不切实际，或认为预测性财务信息并不适合预定用途，注册会计师应当拒绝接受委托，或解除业务约定。

8. 如果对上期历史财务信息出具了非标准审计报告或非标准审阅报告，或被审核单位尚处于营业初期，注册会计师应当考虑各项相关的事实及其对预测性财务信息审核的影响。

9. 注册会计师应当考虑预测性财务信息涵盖的期间。随着涵盖期间的延长，假设的主观性将会增加，管理层作出最佳估计假设的能力将会减弱。预测性财务信息涵盖的期间不应超过管理层可作出合理假设的期间。

10. 注册会计师可以从下列方面考虑预测性财务信息涵盖的期间是否合理：

（1）经营周期。

（2）假设的可靠程度。

（3）使用者的需求。

11. 在确定审核程序的性质、时间和范围时，注册会计师应当考虑下列因素：

（1）重大错报的可能性。

（2）以前期间执行业务所了解的情况。

（3）管理层编制预测性财务信息的能力。

（4）预测性财务信息受管理层判断影响的程度。

（5）基础数据的恰当性和可靠性。

12. 注册会计师应当评估支持管理层作出最佳估计假设的证据的来源和可靠性。注册会计师可以从内部或外部来源获取支持这些假设的充分、适当的证据，包括根据历史财务信息考虑这些假设，以及评价这些假设是否依据被审核单位有能力实现的计划。

13. 注册会计师应当就下列事项向管理层获取书面声明：

（1）预测性财务信息的预定用途。

（2）管理层作出的重大假设的完整性。

（3）管理层认可对预测性财务信息的责任。

14. 审核报告应当说明：

（1）根据对支持假设的证据的检查，注册会计师是否注意到任何事项，导致其认为这些假设不能为预测性财务信息提供合理基础。

（2）对预测性财务信息是否依据这些假设恰当编制，并按照适用的会计准则和相关会计制度的规定进行列报发表意见。

（3）由于预期事项通常并非如预期那样发生，并且变动可能重大，实际结果可能与预测性财务信息存在差异；同样，当预测性财务信息以区间形式表述时，对实际结果是否处于该区间内不提供任何保证。

（4）在审核规划的情况下，编制预测性财务信息是为了特定目的（列明具体目的）。在编制过程中运用了一整套假设，包括有关未来事项和管理层行动的推测性假设，而这些事项和行动预期在未来未必发生。因此，提醒信息使用者注意，预测性财务信息不得用于该特定目的以外的其他目的。

15. 如果认为预测性财务信息的列报不恰当，注册会计师应当对预测性财务信息出具保留或否定意见的审核报告，或解除业务约定。

16. 如果认为一项或者多项重大假设不能为依据最佳估计假设编制的预测性财务信息提供合理基础，或在给定的推测性假设下，一项或者多项重大假设不能为依据推测性假设编制的预测性财务信息提供合理基础，注册会计师应当对预测性财务信息出具否定意见的审核报告，或解除业务约定。

17. 如果审核范围受到限制，导致无法实施必要的审核程序，注册会计师应当解除业务约定，或出具无法表示意见的审核报告，并在报告中说明审核范围受到限制的情况。

（二）预测性财务信息审核报告的格式与内容（以预测为基础的无保留意见的报告）

审核报告

ABC 股份有限公司：

我们审核了后附的 ABC 股份有限公司（以下简称 ABC 公司）编制的预测（列明预测涵盖的期间和预测的名称）。我们的审核依据是《中国注册会计师其他鉴证业务准则第 3111 号——预测性财务信息的审核》。ABC 公司管理层对该预测及其所依据的各项假设负责。这些假设已在附注×中披露。

根据我们对支持这些假设的证据的审核，我们没有注意到任何事项使我们认为这些假设没有为预测提供合理基础。而且，我们认为，该预测是在这些假设的基础上恰当编制的，并按照××编制基础的规定进行了列报。

由于预期事项通常并非如预期那样发生，并且变动可能很大，实际结果可能与预测性财务信息存在差异。

××会计师事务所　　　　　　　　　　中国注册会计师：×××
（盖章）　　　　　　　　　　　　　　　　　（签名并盖章）
　　　　　　　　　　　　　　　　　　中国注册会计师：×××
　　　　　　　　　　　　　　　　　　　　（签名并盖章）

中国××市　　　　　　　　　　　　　二○×二年×月×日

四、前次募集资金使用情况报告的相关规定及前次募集资金使用情况报告的鉴证报告格式与内容

（一）前次募集资金使用情况报告的鉴证报告的相关规定

2007 年 12 月 26 日中国证券监督管理委员会发布《关于前次募集资金使用情况报告的规定》

（证监发行字［2007］500 号），其中第三条规定：

前次募集资金使用情况报告在提请股东大会批准前应由具有证券、期货相关业务资格的会计师事务所按照《中国注册会计师其他鉴证业务准则第 3101 号——历史财务信息审计或审阅以外的鉴证业务》的相关规定出具鉴证报告。

注册会计师应当以积极方式对前次募集资金使用情况报告是否已经按照本规定编制以及是否如实反映了上市公司前次募集资金使用情况发表鉴证意见。

（二）前次募集资金使用情况的鉴证报告格式与内容

关于 ABC 股份有限公司前次募集资金使用情况的鉴证报告

ABC 股份有限公司全体股东：

我们接受委托，对 ABC 股份有限公司（以下简称 ABC 公司）截至 20×3 年 12 月 31 日止的前次募集资金使用情况报告进行鉴证。

一、管理层的责任

ABC 公司管理层的责任是按照中国证监会《上市公司证券发行管理办法》及《关于前次募集资金使用情况报告的规定》（证监发行字［2007］500 号）编制截至 20×3 年 12 月 31 日止的前次募集资金使用情况报告，并保证其内容真实、准确和完整，不存在虚假记载、误导性陈述或重大遗漏。

二、注册会计师的责任

我们的责任是在实施鉴证的基础上对 ABC 公司前次募集资金使用情况报告发表鉴证结论。我们按照《中国注册会计师其他鉴证业务准则第 3101 号——历史财务信息审计或审阅以外的鉴证业务》的规定执行了鉴证工作。该准则要求我们计划和实施鉴证工作，以对 ABC 公司前次募集资金使用情况报告是否不存在重大错报获取合理保证。

在鉴证过程中，我们实施了包括了解、询问、检查、重新计算以及我们认为必要的其他程序。选择的鉴证程序取决于我们的职业判断，包括对由于舞弊或错误导致的前次募集资金使用情况报告重大错报风险的评估。在进行风险评估时，我们考虑与前次募集资金使用情况报告编制相关的内部控制，以设计恰当的鉴证程序，但目的并非对内部控制的有效性发表意见。我们相信，我们获取的鉴证证据是充分、适当的，为发表结论提供了合理的基础。

三、鉴证结论

我们认为，ABC 公司前次募集资金使用情况报告的编制符合中国证监会《关于前次募集资金使用情况报告的规定》（证监发行字［2007］500 号），在所有重大方面如实反映了 ABC 公司截至 20×3 年 12 月 31 日的前次募集资金使用情况。

四、对报告使用者和使用目的的限定

需要说明的是，本鉴证报告仅供 ABC 公司 20×3 年年度报告披露之目的使用，不得用做任何其他目的。我们同意将本报告作为 ABC 公司年度报告的必备文件，随其他文件一起报送并对外披露。

××会计师事务所　　　　　　　　　　　中国注册会计师：×××
（盖章）　　　　　　　　　　　　　　　　　　　（签名并盖章）
　　　　　　　　　　　　　　　　　　中国注册会计师：×××
　　　　　　　　　　　　　　　　　　　　　　（签名并盖章）

中国××市　　　　　　　　　　　　　二○×二年×月×日

第四节　资产评估

【大纲要求】

内容	程度	变化
资产评估的基本方法及适用条件	掌握	原有

【内容精讲】

一、资产评估的含义和范围

（一）资产评估的含义

资产评估是专业机构和人员按照国家法律、法规以及资产评估准则，根据特定目的，遵循评估原则，依照相关程序，选择适当的价值类型，运用科学方法，按照规定的程序和标准，对资产价值进行分析评定、估算。

（二）资产评估的范围及分类

1. 范围

资产评估的范围包括固定资产、长期投资、流动资产、无形资产、其他资产及负债。

2. 分类

资产评估根据评估范围的不同，可以分为单项资产评估、部分资产评估及整体资产评估。

（1）单项资产评估，是指对一台机器设备、一座建筑物、一项知识产权等单项资产价值的评估；部分资产评估是指对一类或几类资产的价值进行的评估。

（2）整体资产评估，是指对参与某种经营活动的全部资产和负债进行的评估。

3. 改组公司评估范围确定原则

公司在改组为上市公司时，应当根据公司改组和资产重组的方案确定资产评估的范围。基本原则是：进入股份有限公司的资产都必须进行评估。拟改组上市的公司在进行资产评估时，必须由取得证券业从业资格的资产评估机构进行评估。

二、资产评估的基本方法

我国采用资产评估的方法主要有收益现值法、重置成本法、现行市价法和清算价格法。在资产评估时，应根据不同的评估目的、评估对象，选用不同的且最适当的价格标准。对不同公司投入股份有限公司的同类资产，应当采用同一价格标准评估。

（一）收益现值法

收益现值法是将评估对象剩余寿命期间每年（或每月）的预期收益，用适当的折现率折现，累加得出评估基准日的现值，以此估算资产价值的方法。

用收益现值法进行资产评估的，应当根据被评估资产合理的预期获利能力和适当的折现率，计算出资产的现值，并以此评定重估价值。

（二）重置成本法

重置成本法是在现时条件下，被评估资产全新状态的重置成本减去该项资产的实体性贬值、功能性贬值和经济性贬值，估算资产价值的方法。

重置成本法的计算公式是：

被评估资产价值＝重置全价－实体性陈旧贬值－功能性陈旧贬值－经济性陈旧贬值或被评估资产价值＝重置全价×成新率

其中，重置全价是指被评估资产在全新状态下的重置成本。

（三）现行市价法

现行市价法是通过市场调查，选择一个或多个与评估对象相同或类似的资产作为比较对象，分析比较对象的成交价格和交易条件，进行对比调整，估算出资产价值的方法。

现行市价法的计算公式是：

被评估资产价值＝被评估资产全新市价－折旧或被评估资产价值＝被评估资产全新市价×成新率

用现行市价法进行资产评估的，应当参照相同或者类似资产的市场价格评定重估价值。

（四）清算价格法

清算价格法是适用于依照《中华人民共和国企业破产法》的规定，对经人民法院宣告破产的企业的资产评估方法。它是根据企业清算对资产可变现的价值，评定重估确定所需评估的资产价值的方法。

三、资产评估的各种基本方法的适用情况

资产评估的基本方法	适用的情形
1. 收益现值法	通常用于①有收益企业的整体评估；②无形资产评估等
2. 重置成本法	最适用的范围是没有收益、市场上又很难找到交易参照物的评估对象 如学校、医院、教堂、公路、桥梁、涵洞等。这类资产既无法运用收益现值法，又不能运用现行市价法进行评估，唯有应用重置成本法才是可行的
3. 现行市价法（市场法）	①存在着3个及3个以上具有可比性的参照物；②是价值影响因素，明确并可量化
4. 清算价格法	①适用于依照《中华人民共和国企业破产法（试行）》的规定，经人民法院宣告破产的公司；②抵押，以所有资产作抵押物进行融资的一种经济行为，合同当事人一方用自己特定的财产向对方保证履行合同义务的担保形式；③清理，是指企业由于经营不善导致严重亏损，已临近破产的边缘或因其他原因将无法继续经营下去，为弄清企业财物现状，对全部财产进行清点、整理和查核 注：公司在股份制改组中一般不使用这一办法

注：通常情况下，流动资产评估价值，以经审计的账面价值作为评估值。

【例题1·（2008）】下列关于资产评估方法的选择正确的有（　　　）。

A. 对某非上市公司40%的股权，采用收益现值法评估

B. 对没有市场价格的某机器设备，采用重置成本法评估

C. 某区域房地产交易活跃，对其中的50亩土地，采用市场法（现行市价法）评估

D. 在评估某企业的流动资产时，以该企业的应收账款的经审计后账面值直接确定为评估值

答案：ABCD

【例题2·（2010）·（2011）】CPA在审计时，甲公司经审计的合并应收账款余额为2 000万元，甲公司应收账款项目母公司计提了300万元坏账准备（不含对合并范围内主体的应收账款），持股80%的子公司计提了100万元坏账准备（不含对合并范围内主体的应收账款），资产

评估机构对应收账款进行评估，则合并应收账款的评估值为（　　　）万元。

  A. 2 000   B. 1 700   C. 1 600   D. 1 620

  答案：D

  解析：通常情况下，流动资产评估价值，以经审计的账面价值作为评估值。

  【例题3·（1306）·（1311）】下列关于资产评估的说法正确的有（　　　）。

  A. 使用重置成本法进行评估的前提是被评估资产处于继续使用状态，或被假定处于继续使用状态，被评估资产的预期收益能够支持其重置价值

  B. 复原重置成本是指采用与鉴证标的相同的材料、建筑或制造标准、设计、规格及技术等，以现时（基准日）价格水平重新购建与鉴证标的相同的全新物品所发生的费用

  C. 使用不同评估方法的前提假设可以不一样

  D. 使用市场法一般要选3个参照物，但是如果有一样的参照物也可以只选一个

  答案：AB

  【例题4·（1406）】资产评估师为上市公司重大资产重组出具评估报告时，下列说法正确的有（　　　）。

  A. 资产评估师应关注相关审计报告的审计意见，当审计意见为否定意见或无法表示意见时，注册资产评估师应当在评估报告中对相关事项及评估处理方式进行披露

  B. 对上市公司购买拥有矿业公司的股权，如果矿业权处置价款已确定，披露是否存在未付的款项并已足额记为负债

  C. 对矿业采矿权进行评估时，需要对矿产资源储量进行核实并评审备案

  D. 资产评估时应关注相关审计报告的审计意见，当审计意见为否定意见或无法表示意见时，注册资产评估师不应当出具资产评估报告

  答案：ABC

  解析：《资产评估操作专家提示——上市公司重大资产重组评估报告披露》（中国资产评估协会2012年12月28日 中评协〔2012〕246号）规定：

  第四条　审计意见为否定意见或无法表示意见时，注册资产评估师应当在评估报告中对相关事项及评估处理方式进行披露。A正确，D错误。

  第六条　上市公司购买拥有矿业权公司的股权，如果矿业权处置价款已确定，披露是否存在未付的款项并已足额记为负债；如果矿业权应当处置而未处置并且涉及价款的，披露未来支付的相关协议或者意向以及支付方式，及其对评估结论的影响。B、C正确。